U0594981

国学经典文库　图文珍藏版

中華兵書大典

孙武等◎著

线装書局

图书在版编目（CIP）数据

中华兵书大典／（春秋）孙武等著．－北京：线装书局，2009.12（2022.3）

ISBN 978-7-5120-0046-9

Ⅰ.①中… Ⅱ.①孙… Ⅲ.①兵法—中国—古代
Ⅳ.①E892.2

中国版本图书馆CIP数据核字（2009）第221124号

中华兵书大典

作　　者：孙　武　等
责任编辑：李　琳　郑金刚
出版发行：线装书局
　　地　址：北京市丰台区方庄日月天地大厦B座17层（100078）
　　电　话：010-58077126（发行部）010-58076938（总编室）
　　网　址：www.zgxzsj.com
经　　销：新华书店
印　　制：北京彩虹伟业印刷有限公司
开　　本：710×1040毫米　1/16
印　　张：112
字　　数：1840千字
版　　次：2022年3月第1版第3次印刷
印　　数：3001-9000套

线装书局官方微信

定　　价：598.00元（全四卷）

总序

·弘扬国学文化　点亮智慧人生·

中华文化源远流长，国学经典灿若星河，熠熠生辉的国学经典凝聚了前贤圣哲的大智大慧，浓缩了华夏文明的思想精粹，是中华文明和民族精神得以生发的深厚土壤。可以说，国学是中华民族优秀的传统文化的核心价值，是数千年来中国人思维方式、行为方式和生活方式的高度总结，浸润着每个中华儿女的血液和灵魂。中华民族因为自己博大精深的文化而存续，而骄傲，而伟大！重视传统文化、传承国学经典已成为人民物质生活水平提高后必然的精神需求，更是经济社会发展的迫切需要。

世界潮流，浩浩荡荡。新世纪是世界大变革、大转折、大发展的时代，中华民族迎来了千载难逢的大好机遇，正处在全面复兴的历史新起点。从涵养社会主义核心价值观的重要源泉、实现“两个一百年”奋斗目标和中华民族伟大复兴的中国梦的重要精神支撑的高度，弘扬优秀传统文化。鉴于此，在有关专家学者的积极倡导下，我们精心组织完成了这一大型古籍文献整理出版工程——《国学经典文库》，力图将最经典、最精华的中华传统文化奉献给广大读者。

《国学经典文库》弥足珍贵，是家庭阅读和收藏的首选。我们知道，藏书既是社会进步和发展的标志，更是读书人成才立业所必备的重要条件，一代伟人毛泽东曾说“我一生最大的爱好就是读书”，“饭可以一日不吃，觉可以一日不睡，书不可一日不读。”已故国学大师季羡林先生生前曾再三强调读书、藏书之重要，认为“后一代的人必须读书，才能继承和发扬前人的智慧。”习近平总书记曾说“读书已成为我的一种生活方式，读书可以让人保持思想活力，让人得到智慧启发，让人滋养浩然正气”。爱书、读书、惜书、藏书，是中华民族的光荣传统。

《国学经典文库》先期推出两辑：即《反经》《四书五经》《古文观止》《汉书》《后汉书》《智囊全集》《三国志》《随园诗话》《纲鉴易知录》《菜根谭》《唐宋八大家散文鉴赏》《四大名著》《资治通鉴》《续资治通鉴》《明通鉴》《清通鉴》《孔子家语通解》《孟子》《庄子》《冰鉴》《水经注》《儒家经典》《论语诠解》《道德经》《中华上下五千年》《中华成语典故》《说文解字》《群书治要》《纳兰性德全集》《孝经诠解》《墨子诠解》《茶经》《王阳明全集》《东周列国志》《诗经》《楚辞》《鬼谷子全书》《蒙学经典》《孙子兵法》《三十六计》《二十五史》《四库全书》《三言二拍》《唐诗宋词元曲》《中华传世家训》《中华兵书大典》《中华茶道》《中华酒典》《二十四史》《史记》《容斋随笔》《黄帝内经》《本草纲目》《中国艺术百科》《中国历代通俗演义》《诸子百家鉴赏大典》《中国皇帝全传》《国学智慧大典》《三希堂法帖》《芥子园画传》《中国书法鉴赏大典》《中国通史》《中华名人大传》《周易全书》《中华宫廷秘史》《中国全史》《钦定古今图书集成》《中国古典名著百部》等等。荟萃了中华古代文明之精华，凝聚了五千年华夏智慧之经典，囊括了中国历史上最具思想性与收藏价值的古籍巨著。我们坚信，此类大型藏书的陆续出版，将为学术界、文化界、收藏界提供弥足珍贵的传世善本，便于我们对中华古代文化的研究、借鉴与继承，是一件造福子孙后代的善举。

《国学经典文库》耗时十余载，参与整理编辑人员近百人之多，并得到国内外众多专家学者、知名研究机构及著名馆藏单位等的大力支持和帮助，在此特表示由衷的谢意。另外，因资料范围广、精选难度高、编辑工作繁杂等诸多原因，书中难免存在疏漏与不足之处，恳请广大读者给予谅解和指正，以便我们及时修订。

孙武和《孙子兵法》

《孙子兵法》又称“孙子兵书”，是我国古代流传下来的最早、最完整、最著名的军事著作，在中国军事史上占有重要的地位，作者为春秋末年的齐国人孙武。中国历史上许多重要的战役中，我们都会看到《孙子兵法》中所提及的战争要旨，这部军事宝典后又被译成日、英、法、德、俄等十几种文字，在世界各地广为流传，享有“兵学圣典”的美誉。

鬼谷子和《鬼谷子兵书》

《鬼谷子》一书，从主要内容来看，是针对谈判游说活动而言的，但是由于其中涉及到大量的谋略问题，与军事问题触类旁通，也被称为兵书。此书，是一部研究社会政治斗争谋略权术的书，因此可以说，《鬼谷子》的智慧也就是一部“治人兵法”。

姜太公和《姜太公兵书》

姜太公即姜子牙。他是中国古代第一名将和第一名相。姜太公的谋略思想，主要体现在《六韬》之中，其中文、武韬是太公的政治谋略思想，龙、虎、豹、犬韬是太公的军事谋略思想。该书在社会上流传很广，内容奥秘精深、变化无穷，其军事谋略思想，至今仍具有可资借鉴的参考价值。

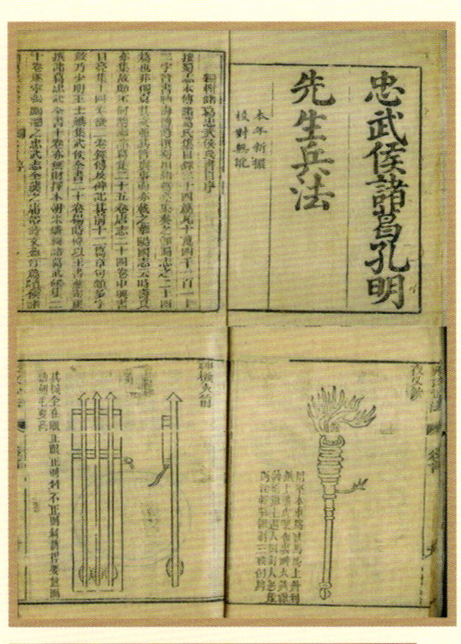
忠武侯諸葛孔明先生兵法

诸葛亮和《诸葛亮兵书》

诸葛亮，三国时期著名的政治家、军事家。反映其在治国、治军方面的思想和理论的《诸葛亮兵书》采撷了原书之精华，有译文，有心得，便于读者理解领悟其中的意思。全书收有诸葛亮的《将苑》五十篇、《便宜十六策》。仔细阅读、研讨，当能了解诸葛亮及其治国用兵的精炼要义。

刘基和《刘伯温兵书》

刘伯温，中国明初大臣，文学家。元至顺间举进士。博通经史，尤精象纬之学，时人比之诸葛亮。《刘伯温兵书》是作者用其毕生精力写的一本传世奇书，书中选取历代兵法的精华，阐述了谋略的应用，作者用历史事件来解释自己对兵法的总结。

戚继光和《纪效新书》

《纪效新书》是戚继光在浙江练兵、作战的总结，又是他在此后抗倭战争中练兵、作战的指导原则。该书一出现，就受到人们的重视。当时郑若曾编写的《筹海图编》就曾在各卷中多处引用《纪效新书》的论述，明代的许多兵书也大量引用过《纪效新书》中的军事思想和练兵、作战原则。

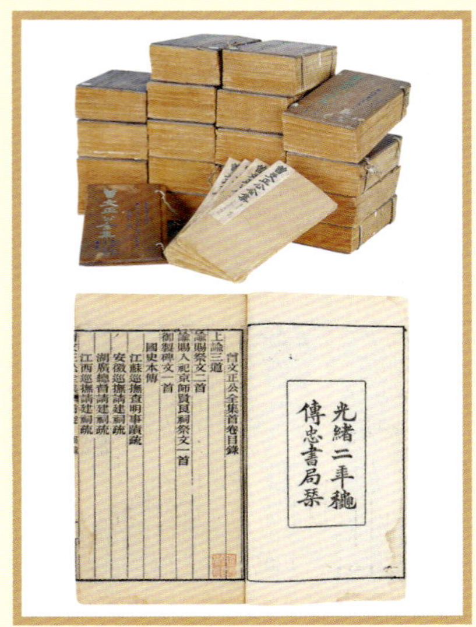

曾国藩和《曾国藩兵书》

《曾国藩兵书》概括了曾国藩在治理军事方面的才能，整理出一些曾国藩疏奏、书信兵法思想、曾国藩治兵语录等语段，对原书文字做了较详细、确切的注释和翻译，特别以“评析”的形式对原文所揭示的深刻智慧做了深入浅出又切合要旨的阐释，以期帮助读者更好地理解曾国藩的带兵之道。

郑若曾和《郑若曾兵书》

各国军事专家认为，郑若曾无疑是明清两代最重要的军事家。说他重要，一是他身处倭寇最猖狂的时代，运用世界地理知识对日本及周边国家开展深入而广泛地研究，制订了一系列御倭的方略，是当时最卓越的军事家之一；其二，他的军事著作《筹海图编》等对后世产生了深远的影响。

黄石公和《素书》

《素书》是一部类似“语录”体的书，流传甚广，影响很大。另名《钤经》，又名《玉钤经》。古人认为，军事是政治的延续，政治是军事的高度集中，是一种高层次的军事。“败莫败于多私”“阴计外泄者败”“小功不赏则大功不立，小怨不赦则大怨必生”等，对于指导政治或军事行动，有着同样的意义。

李筌和《李筌兵书》

《李筌兵书》即《太白阴经》。李筌的理论，基本上以先秦道家、前人道教学说为核心，并很好地融合了法家、兵家的思想为基础，构造出自己的思想体系。他的军事基本理论点是：人的主观努力是决定战争胜负成败的主要因素。

前言

中国古典军事理论博大精深，前人把中华文化概括为“兵、医、农、艺”，兵列其榜首，这至少可以说明一点：在堪称世界四大文明古国之一的中国，兵学典籍即兵书在中国传统文化中占有重要的一席之地。中国古代的兵书号称4000部，存世者也近500部。不仅内容博大，而且“著述罕闻，古今卓绝”，包含的文化底蕴也相当深厚。

中国的兵书，特别其中有代表性的几种兵书，也同其余的重要学术著作一样，表现了中华文化的特有品质。无论是专门的兵书，或有兵学内容的哲学、历史和文学著作，大多谈今论古、气势磅礴，笔不涉同，辞有异彩。因而，人们只需浏览其中几本，便会感觉到其有一种独抵华屋之下，一览群小的气度。虽说言兵，但不限于军旅之事，而是拓宽视野，将经济、政治、人文意识、宗教心理、艺术以及其他相关的各种要素，统摄于一体，使人获得一种整体印象。常常通过形象而生动的例证，给人以哲学与文化的教益。

一位伟人在谈到西方古代文化时曾说过：“希腊奴隶社会的文明里，有很多东西是我们今天无法企及的，但它并不随着那个时代的消亡而消亡，它具有永久的价值与永恒的魅力。”读到中国古代的兵学著作，人们也会有这种感觉。

读兵书，你可以就兵言兵，把兵学仅仅看成是谈论兵戈剑戟、攻占杀伐，或者扩展为战略学、战术学以及与之相关的军事建设等一类的学科。你也可以不为具体的兵学内容所限，是透过兵学本身的“雕弓宝剑”和“残钺折戟”，着重发掘其文化意识内涵、思维特色与人文睿智。

作为兵学，自然十分看重“兵”在社会历史中的作用，这一点毫无疑问；但也正因为“兵”是支撑一座国家大厦的鼎立三足之一（另两者是经济、政治），同社会生活的各个领域与各个层面有极为密切的关系，因而以“兵”为研究对象的兵学，又丝毫不能忽视社会中其他要素的作用。这种实用的性质决定了兵学文化里不固守某种文化观念，或排斥另外的文化观念；也不毫无原则地赞同或附和其中的一种文化观念，更不是把学派之争看得至高无上，而是能在论述某一兵学见解时，使不同的观点相互掺杂、相互吸收，相反相济或相辅相成。例如在兵学论著里，常常渗透有儒家的观点、道家的观点和法家的观点等。也正是中华兵学文化的兼容性格，使得它不容易走向极端。

不管是中国传统文化还是军事文化，其中一个很大的优点就是爱好和平。西方军事学的代表作是德国克劳塞维茨的《战争论》，该书开宗明义，认为战争是暴力行为，要最大限度地打击敌人，一击致命而让对方毫无还手余地。中国古代的兵书则不同。孙子主张，“上兵伐谋”，攻城、杀人为不得已之法。《司马法·卷上·仁本》提出了“以战止战”的论断，即战争不是目的，而是实现和平的手段。明代署名刘基的《百战奇略·好战》则云：“黩武穷兵，祸不旋踵。”中国爱好和平的良好传统已得到国际社会的承认，日本研究《孙子兵法》的一位专家指出，孙子主张“不战主义”，维护和平自古以来就是中国人民的“良好夙愿”。“他山之石，可以攻玉。”漫漫五千载的华夏文明，在充满竞争浪花的历史长河中，那些安邦定国的大谋略家，无一不是满腹经纶的饱学之士。古人讲，“授人以鱼，只供一餐之需；授人以渔，则终身受益无穷。”本套丛书精选中国古代兵书经典 19 部，即《孙子兵书》《吴子兵书》《三十六计》《鬼谷子兵书》《姜太公兵书》《尉缭子兵书》《孙膑兵书》《诸葛亮兵书》《刘伯温兵书》《戚继光兵书》《曾国藩兵书》《司马兵书》《郑若曾兵书》《阵纪》《陈规兵书》《黄石公兵书》《武经总要》《李筌兵书》和《唐李问对》，其内容涵盖选将练兵、行军布阵、攻城防守、天时地利、战具武器等，堪称军事百科，另外还包含治国方略、礼仪教育等经典理论，全书系统介绍了每部经典的中心观点、内容特色、经典原文和精彩译文，精选历史上经典战例，深入分析胜败原因，解析兵法精髓，我们相信，当您走进中国古代兵书，领略其奥妙，撷取其精华，必将得到意想不到的收获和启示。

目录

孙子兵书

吴子兵书

三十六计

鬼谷子兵书

姜太公兵书

尉缭子兵书

孙膑兵书

诸葛亮兵书

刘伯温兵书

戚继光兵书

曾国藩兵书

司马兵书

郑若曾兵书

阵　纪

陈规兵书

黄石公兵书

武经总要

李筌兵书

唐李问对

孙子兵书

导读

春秋时期著名的军事家孙武撰写了一部《孙子兵书》，又名《孙子兵法》《孙武兵法》《吴孙子兵法》《孙武兵书》，被誉为天下第一军事奇书，自问世以来即被奉为“兵经”，对我国的军事理论和实践产生了深远的影响，在世界军事史上也占据着非常重要的地位。在兵学史上，《孙子兵书》是我国古代最著名的兵书，也是世界

上最古老的军事理论著作。作为一部军事圣典，它一直被历代政治家、军事家、商人、学者奉为至宝。这部百家兵法之始祖，曾造就了一批批伟大的军事家和政治家。无论是三国时的曹操、诸葛亮，还是近代指点江山的风云人物，他们在军事、政治、外交等诸多方面，都无一例外地受到了孙子谋略思想的启发。在短短 6000 字里，《孙子兵书》把人类的智慧淋漓尽致地展现于我们的面前。

正是由于《孙子兵书》揭示了战争的普遍规律，因此，二次大战以来，国内外许多军政要员都把《孙子兵书》视为克敌制胜的法宝。孙子在两千多年前提出之“兵者诡道”“上兵伐谋”“攻其无备，出其不意”“知彼知己者，百战不殆”等凝聚着深刻谋略思想的名言粹语，至今仍具有十分重要的指导意义。

让人惊奇的是，日本许多商界巨子的案头，放在显著位置的也是《孙子兵书》，而不是 MBA 的教程。《孙子兵书》已然成了众商家克敌制胜的不传之秘。

今天，当我们受变化多端的世界所迷惑的时候，聆听孙子的教诲，也许我们会发觉，世界原来如此简单。

第一章　始计篇

本章导语

《始计篇》是《孙子兵书》十三篇的总纲，主要阐述了战争指导者在开战之前以及在战争中如何筹划全局的问题，论述了谋划在战争中具有的重要意义，并探讨决定战争胜败的各项基本条件。

孙子开篇就指出："兵者，国之大事，死生之地，存亡之道，不可不察也。"强调了战争是关系国家存亡、人民生死的大事，对于开战之前的谋划，必须要高度的重视，并进行认真的探究，这其中蕴含着对关系社稷安危的战争问题必须慎重处之，以及没有认真的准备和周密的部署，不能随意兴师开战的慎战思想。自古至今，孙子的这些教诲一直被人们当作至理名言，世代尊奉。

孙子在本篇中还强调，作战前必须对敌我双方的客观条件进行周密的研究、明智的判断和认真的谋划，以便在此基础上制定正确的作战计划。他指出了决定战争胜负的基本条件，即"五事"——"道"（道义）、"天"（天时）、"地"（地利）、"将"（将帅）、"法"（法制），和"七计"——"主孰有道？将孰有能？天地孰得？法令执行？兵众孰强？上卒孰练？赏罚孰明？"只有在对这些条件进行认真研究、考核比较的基础上，分析敌我双方的强弱优劣，才有可能预测和判断战争的胜负。

孙子认为，谋划周密就可能在战争中取胜，谋划不周则难于取胜，根本不进行谋划则必然失败。他主张充分发挥战争指导者的主观能动性，分析、把握各种条件，根据利害关系和不断变化的形势来进行研究和谋划，创造战略战术上的有利态势，从而确保自己在战争中立于不败之地。为了取得战争的优势与主动，他还提出了"攻其不备，出其不意"的战术，强调以灵活机动、快速多变、欺敌误敌的战法来打击、消灭敌人。

兵者，国之大事

【原文】

兵者[①]，国之大事[②]，死生之地，存亡之道，不可不察[③]也。

【注释】

①兵：本义为兵械。《说文》："兵，械也。"后逐渐引申为士、军队、战争等。这里作战争解。

②国之大事：国家的重大事务。

③不可不察：察，考察、研究。不可不察，意指不可不仔细审察，谨慎对待。

【译文】

战争是国家的大事，是军民生死安危的主宰，是国家兴衰存亡的关键，是不可以不认真考察研究的。

【赏析】

孙子开篇明确提出了谋划在战争中的重要地位。他对君王将相要求是：对待战争，必须有对国家、人民高度负责的态度，强调在开战之前，要有战略意识和全局观念，对敌我双方的基本条件作周密地研究、认真地谋划，以便制定正确的迎战措施和作战计划；并应随时加强军队训练，培养精兵良将，以免在战争来临时对国家和军民造成灾难。历史的经验也表明，战时要审慎地对待战争，平时要加强对战争中各个因素地研究，防患于未然。

不重视战争，导致国破家亡的事例屡见不鲜。五代时，南唐末代君主李煜平时纵情诗酒，沉溺声色，疏于政务，对战争及国家大事一概不问；既不谙事，又不识人，轻易中了宋太祖的反间计，杀害了自己能征善战的大将林仁肇和忠臣潘佑，以致在宋军压境之时，束手无策，最后只好光着身子自缚请降。这位未识干戈的君王，最终酿成了国破家亡的千古之恨，山河易色之悲，让人沉思。

当代社会，经济领域的竞争愈演愈烈，为了能在这场无硝烟的战争中取得最终的胜利，战略意识和全局观念同样必不可少，只有通过重视科技和教育，激发企业活力，提高产品的竞争力，增强整体实力，才能在激烈的经济角逐中保持不败。

日本就是一个以商业兴国的典型。二战后的日本经济萧条，近于崩溃。但是，在短短几十年的时间中，它的经济却得到了奇迹般的恢复和发展，在20世纪70年代中期，一跃成为世界第二大经济强国，发展速度之快，震惊了整个世界。他们的产品从打入没有竞争对手的亚非拉各国开始，逐渐进入澳大利亚，最后凭借着雄厚的财力突破欧美经济防线，并以价廉物美的产品迅速打开了欧美市场。现在，誉满全球的日货，在国际市场上随处可见。日本的发展正是源自国家对科技和教育的大量投入，对发展经济以激发企业活力的高度重视。因此，我们说，发展经济也是“国之大事”，“不可不察也”。

经之以五事

【原文】

故经之以五事，校之以计，而索其情[①]：一曰道，二曰天，三曰地，四曰将，五曰法。道[②]者，令民与上同意，可以与之死，可以与之生，而不畏危也。天者，阴阳、寒暑、时制[③]也。地者，远近、险易、广狭、死生[④]也。将者，智、信、仁、勇、严也。法者，曲制、官道、主用也[⑤]。

【注释】

①故经之以五事，校之以计，而索其情：经，量度，即分析。校，比较。句意为需从五个方面来分析、比较双方的谋划，以探索战争的情势。

②道：道路。此处指政治开明。

③时制：季节更替。

④死生：死，不可攻守进退之地。生，可以攻守进退之地。

⑤法者，曲制、官道、主用也：曲，军队编制。制，指挥号令。官道，各级官吏之职责与管理。主用，军需配备与使用。

【译文】

因此必须审度敌我五个方面的情况，比较双方的谋划，以探求对战争情势的认识。这五个方面，一是政治，二是天时，三是地利，四是将才，五是法制。所谓政治，就是要让人民认同、拥护国君，使人民愿为国君不顾危险，出生入死；所谓天时，是指昼夜、晴雨、寒冷、酷热、四季更替；所谓地利，就是指征战路途的远近，地势的险要与平坦，作战区域的宽广与狭窄，地形对于攻守的益处和弊端；所谓将领，就是要求将帅足智多谋、赏罚分明、爱护部属、勇敢果断、军纪严明，以树立良好的威信；所谓法制，就是指军队之组织编制的设立、各级将吏的统辖管理和职责分工、军需物质的供应和掌管。

【赏析】

孙子在这里强调战争是国家最大、最重要的问题,对于战争决策务必全面而认真地权衡。由此他提出了“五事”“七计”。就五事来讲,要求用兵之前要从五个方面来分析研究胜负的情况,第一是政策是否符合人心,天气是否适宜,地理环境是否有利,是否有德才兼备的将才,队伍的组织是否职责明确、制度严明,这五个方面是判断战争胜负的最基本条件,也是战争谋划中不可不考虑的因素。

历史上记载武王伐纣时“牧野倒戈”就是利用了人心的力量,让纣王的军队掉转长矛,敌我合一攻入朝歌,终于获得胜利,建立了周朝;关羽水淹七军用的是水,孔明草船借箭凭的是雾,周瑜火烧赤壁靠的是风;拿破仑、希特勒的百万雄师所向披靡,却抵挡不住莫斯科的严寒;秦国据函谷之险,抵御了六国的联合进攻;曹操在行军中规定,如果军士踩踏了老百姓的麦田,将处以死罪,后因自己违背了这一项规定,便割发代首来严明军纪,最后终于取得了官渡之战的胜利。所有这些都说明了孙子所说的“五事”对于战争胜负的影响。

在商业领域,要取得市场竞争的胜利,在对企业经营活动的目标、方针、策略进行决策时,也必须考虑多方面的因素。既要充分了解消费者的需求,又要选择恰当的市场目标,抓住商机,根据天时、地利、人和的原则,制定正确的市场策略,以取得竞争的胜利。

20 世纪 80 年代初,美国出现了一位可怕的死神——艾滋病,既想保持开放的性观念,又怕见上帝的美国人,发现只有一种办法才能有效地抵挡死神的攻击,这就是保险套。远在东半球的这一边,一位嗅觉灵敏的日本人发现了这座金山,他开动全公司所有的机器,争分夺秒地生产乳胶保险套,并将之火速运往美国。一时间,美国经销商的商店门庭若市,熙熙攘攘,几亿个保险套销售一空。这位腰包鼓得满满的日本人该是多么得意。他正是抓住孙子所说的“道”与“天”,而一举成功的。

主孰有道

【原文】

主孰有道[①]?将孰有能[②]?天地孰得[③]?法令孰行?兵众孰强[④]?士卒孰练[⑤]?赏罚孰明?吾以此知胜负矣[⑥]。

【注释】

①主孰有道:指哪一方的国君施政清明。
②将孰有能:哪一方的将领更有才能。
③天地孰得:哪一方拥有天时、地利。
④兵众孰强:哪一方的兵械锋利,士卒众多。兵,此处指的是兵械。
⑤士卒孰练:哪一方的军队训练有素。练,娴熟。

⑥吾以此知胜负矣：我根据这些情况来分析，即可预知胜负的归属了。

【译文】

哪一方的国君施政清明，哪一方的将领更有才能，哪一方能占据较有利的天时、地利，哪一方的法令能有效地贯彻执行，哪一方的武器装备更为精良，哪一方的士卒训练有素，哪一方的赏罚更为公正严明，根据这些情况就可以判断胜负的归属了。

【赏析】

孙子提出了用兵之前，决定胜负的五个基本要素，而要详细解析这五个基本因素，探索战争的胜负形势，还要从"七计"中去推断。首先要看一个国君的政策是否能上下一心；其次要看双方的将帅谁的素质更好、才干更高；第三要看是否占据了更有利的气候条件和优越的地利环境；第四要看军队的纪律是否严明，第五要看武器的装备情况；第六要看部队是否训练有素，具有战斗力；最后要看奖惩是否公平。对这七计进行细统研究后，才能判断谁具备胜利的条件，谁将获得战争的胜利。

计利以听，乃为之势，以佐其外

【原文】

计利以听①，乃为之势②，以佐其外③。势者，因利而制权④也。

【注释】

①计利以听：计利，计谋有利。听，听从，采纳。

②乃为之势：乃，于是、就的意思。为，创造、造就。之，虚词。势，态势。此句意谓造成一种积极的军事态势。

③以佐其外：用来辅佐他对外的军事活动。佐，辅佐、辅助。

④因利而制权：因，根据、凭依。制，决定、采取之意。权，权变，灵活处置之意。意谓根据利害关系采取灵活的对策。

【译文】

除了采纳有利的作战策略，还要设法造"势"，形成一种积极的军事态势，以辅佐战争的进行。所谓"势"，是指根据有利于自己的条件，灵活机动，采取相应的对策。

【赏析】

在战争中，有利的计谋是取胜的关键，然而，策略不能单独发生作用，因为策略

是隐蔽的,需要有相应的环境、条件才能充分发挥效力。所以,作战主体要根据战争需要,采取多种对策,以造就一种对我军有利的形势,使战争得以顺利进行。

隋朝末年,李密与王世充交战,王世充找了一个长得很像李密的人,捆起来藏在军中,等到双方战斗到最激烈的时候,王世充命人带"李密"从阵前经过,并不断高呼活捉了"李密",此举鼓舞了自己部队的士气,动摇了敌人的军心,使李密的军队大败而归。秦灭六国的时候,秦始皇也是采用李斯、尉缭子之计,远交近攻,依据作战的需要,对其他国家进行分化收买拉拢政策,使六国各自为政,内部上下异心,首尾难顾。秦国反用了六年时间,就歼灭六国,一举建立了中国历史上第一个封建王朝。

商战中同样需要"乃为之势"。而商场中的"造势",运用最多的是广告,许多企业为提高知名度,促销新产品,透过别出心裁的广告宣传,制造各种轰动效应,此即通过"造势"树立良好的产品形象,吸引更多的消费者。

坐落在华盛顿市 52 层的美国联合碳化公司总部大楼落成后,利用了飞进大楼的一大群鸽子来提高公司知名度。他们先关闭所有的门窗,拘禁所有的鸽子;然后又通知动物保护委员会,处理有关保护动物的大事;接着,电告各个新闻机构,大楼将出现颇有情趣的捉鸽事件等等。在 3 天捉鸽的时间里,形象生动的消息、报道、特写、评论等充斥报刊。公司高级经理人员还纷纷在电视上亮相,在大谈保护动物的神圣职责的同时,兼向公众介绍公司的宗旨和服务范围,一夜间,公司声名鹊起。

兵者,诡道也

【原文】

兵者,诡道也[①]。故能而示之不能[②],用而示之不用,近而示之远,远而示之近。

【注释】

①诡道也:诡诈之术。诡,欺诈,诡作。道,学说。
②能而示之不能:能,有能力。示,显示。即言能战却装作不能战的样子。

【译文】

用兵打仗是一种诡诈之术。因此需要做到:能战却装作不能战,想攻却装作不想攻,想进攻近处,却装作要进攻远处,要进攻远处,却装作要进攻近处。

【赏析】

孙子全部的作战思维,是以"奇袭"为经,以"诡道"为纬交织而成。"奇和诡"的思想贯穿《孙子兵书》全文。历史的事实表明:兵需用诈,兵不厌诈。战争中,敌我双方为了掩藏各自的目的和企图,就以各种假象迷惑敌人,诱骗对方,造成敌人的错觉,使之摸不清行动者的真实意图。这是一种斗智的作战指导思想。在战争中,没有仁义、诚实可言,只要有利于战胜对方,可以不择手段。不识诈,势必误入圈套；不用诈，则难以争取主动。

利而诱之，乱而取之

【原文】

利而诱之[①]，乱而取之[②]，实而备之[③]，强而避之[④]，怒而挠之[⑤]，卑而骄之[⑥]，佚而劳之[⑦]，亲而离之[⑧]。

【注释】

①利而诱之：利，此处作动词用，指贪利的意思。诱，引诱。意谓敌人贪利，则以利来引诱，伺机打击它。

②乱而取之：乱，混乱。意谓对处于混乱状态的敌人，要抓住时机予以进攻。

③实而备之：实，实力雄厚。指对待实力雄厚的敌人需严加防备。

④强而避之：面对强大的敌人，当避其锋芒，不可硬拼。

⑤怒而挠之：怒，易怒而脾气暴躁。挠，挑逗、扰乱。意谓如果敌人易怒，就设法激怒之，使之丧失理智，临阵做出错误的决策，导致失败。

⑥卑而骄之：卑，小、怯。意谓敌人卑怯谨慎，应设法使其骄傲自大，然后伺机破之。也有另一种解释，是说己方主动卑辞示弱，给人造成错觉令其骄矜。

⑦佚而劳之：佚，同"逸"，安逸、自在。劳，作动词，使之疲劳。意谓敌方安逸，就设法使它疲劳。

⑧亲而离之：亲，亲近、团结；离，离间、分化。此句意谓如果敌人内部团结，则设计离间、分化他们。

【译文】

敌人贪利，就用小利来引诱它，伺机攻击它；对于处在混乱状态的敌人，要抓住时机攻击它；对于实力雄厚的敌人，则需严加防备；对于兵强气锐的敌人，当避其锋芒；对于易怒的敌人，就透过挑逗的方式设法去激怒他，使他丧失理智；对于轻视我方的敌人，应设法使其更加骄傲自大；对于经过充分休整的敌人，要设法使之疲劳；对于内部团结的敌人，则要设计离间、分化他们。

【赏析】

孙子著名的"诡道十二法"，就是兵不厌诈的方法。所谓诡道，是一种欺骗行为，千变万化，因时因地因敌而异。"诡道十二法"的前四种，是隐蔽自己的策略，后八种是利用敌人的方法，这些都是作战中利用诡道的原则。在敌人贪利、混乱、失去理智的时候，要懂得抓住时机，乘虚而入；对于强大的敌人，就要加强防备，避开他们的优势，千方百计使他们骄傲、懈怠，并让他们焦躁、疲惫，从而变优势为劣势，以利我军行动。总之，正如《唐太宗李卫公问对》中所说："千章万句，不出乎诡之一句而已。"古今中外，战争的诡道事实不胜枚举。

攻其无备,出其不意

【原文】

攻其无备[①],出其不意[②],此兵家之胜[③],不可先传也[④]。

【注释】

①备:防备,准备。
②意:考虑,预料。
③胜:奥妙。
④不可先传也:先,预先、事先。传,传授、规定。

【译文】

要在敌人没有防备的状态下实施攻击,在敌人意想不到时采取行动,这是军事家指挥作战的奥妙所在,是要依据具体情况临机做出决断,不能事先予以规定的。

【赏析】

"攻其无备,出其不意"这是千古传诵的至理名言。历史上许多战争都是在敌人失去戒备或在其料想不到的时候、地点,果断地采取行动,突施袭击,使敌人判断错误、计划错误、行动错误,最终被杀个措手不及,以致兵败连连。"攻其无备,出其不意"可以说是孙子"诡道"谋略最重要的宗旨,也是兵家出敌制胜的奥妙所在。

东汉末年,群雄纷争,孙策趁机举兵江东。在建安元年八月,孙策奉兵攻取会稽郡。但会稽郡太守王朗据守固陵,抗击孙策,使孙策多次从水路进攻都未能成功。后来孙策采纳了孙静的建议,放弃正面进攻,采取"攻其无备,出其不意"的战术,于夜间在多处点起烟火,布下疑兵,以迷惑王朗。而孙策则率兵突袭高迁屯,王朗大惊,忙派丹阳太守周昕迎战。周昕战败,王朗乘船逃跑,孙策大军乘胜追击,王朗的军队被迫投降,孙策便占据了会稽郡。

"攻其无备,出其不意"的战术在商战中也被广泛应用。其核心就是个"奇"字,即捕捉对方的思想弱点,利用对方的思维惯性,抓住对方防备的"死角",反常用兵,出奇制胜。因此现代商战,经营者们绞尽脑汁,面对不同的形势,采用灵活多变的策略,希望通过"出其不意"来占据优势,此兵家之胜,"不可先传也"。

一个美国商人在与日本人做生意前,根据日本人狡诈多变的特点,事先制定了10多套对策并将之熟记于心。可到达日本后,日本人恭敬的态度大大满足了美国商人的虚荣心。在不知不觉的交谈中,日本人已掌握了对方必须在两周内归国的讯息。尔后,日商又开始展开了谈判技巧。在接下来的时间里,日商安排美国商人到处游览,对谈判事宜一拖再拖。等到第12天上午才开始正式谈判,下午又安排打网球,第12天的谈判又由于欢送仪式而被取消。归期已到,谈判毫无结果,美国商人以前所想的计策一个也没用上。第14天,谈判刚开始,接待他的两个高级官员就来送行，谈判只好在汽车里进行，让美商大为惊奇的是，真正与之谈判的就只有这两个高级官员！在到达机场前，协定终于达成，其结果如何？照那位美国商人的话说：是日本偷袭珍珠港以来第一次的大胜利。

夫未战而庙算胜者，得算多也

【原文】

夫未战而庙算[①]胜者，得算多也[②]；未战而庙算不胜者，得算少也。多算胜[③]，少算不胜，而况于无算乎？

【注释】

①庙算：古代兴师开战之前，通常要在庙堂里商议谋划，分析战争的利害得失，制定作战方略。此一作准备的程序，就叫作“庙算”。

②得算多也：意谓取得胜利的条件充分、居多。算，计数用的筹码。此处引申为取得胜利的条件。

③多算胜，少算不胜，而况于无算乎：胜利条件具备多者可以获胜，反之，则无法取胜，更何况未曾具备任何取胜条件！而况，何况。于，至于。

【译文】

开战之前就预测能够取胜的，是因为筹划周密，胜利条件充分；开战之前就预计不能取胜的，是因为筹划不周，胜利条件缺乏。筹划周密、条件具备就能取胜，筹划不周、条件缺乏就不能取胜，更何况不做筹划，且毫无条件呢？

【赏析】

用兵之要，谋划在先，需从“五事”“七计”测算交战双方的优劣，对于敌之强弱、将之贤愚、兵之多寡、地之险易进行认真的比较分析。总之，自古至今，无数的战争表明，在开战之前，倘若计算周密，取胜的条件多，然后出兵，就会取得胜利；若是策划不周密，取胜条件不充足，就必然遭致失败。

第二章　作战篇

本章导语

本章从战争对人力、物力、财力等物质条件的依赖关系出发,指出了旷日持久的战争对国家造成的危害,阐明了速战速胜的重要性。

因为出兵作战要耗损国家大量的人力、物力、财力,拖久了会使军队疲惫、锐气挫伤、财力枯竭,别的诸侯国更会乘机进攻。大凡用兵作战,先发制人贵速,主动攻击贵速,利用战机贵速。在战略持久的外线作战中,进行战役进攻的外线作战,也贵在速战速决。用兵作战贵在迅雷不及掩耳,疾电不及瞬目。长久暴师于坚城之下,必然钝兵挫折;进行速战速决,方能势如破竹。因此"兵贵拙速,不尚巧迟,速者乘机,迟者生变。"所以从速胜的观点出发,孙子反对以当时简陋的作战武器去攻克坚固的城寨,也反对在国内一再征集兵员和调运军用物资,而主张在敌国就地解决粮草,主张用财货厚赏士兵,主张优待俘虏,主张用缴获的物资来补充壮大自己。他认为只有这样做,才能保持自己的实力,迅速克敌制胜。

孙子根据当时战争的实际情况,特别是交通运输、财力特力等条件限制,提出了"役不再籍,粮不三载"的具体要求,是符合当时社会生产力水平要求的,也是孙子以朴素唯物主义观点研究战争的一种表现。

其用战也胜,久则钝兵挫锐

【原文】

其用战也胜,久则钝兵挫锐①,攻城则力屈②,久暴师则国用不足③。夫钝兵挫锐,屈力殚货④,则诸侯乘其弊而起⑤,虽有智者⑥,不能善其后矣!故兵闻拙速,未睹巧之久也⑦。夫兵久而国利者,未之有也⑧。故不尽知⑨用兵之害者,则不能尽知用兵之利也。

【注释】

①久则钝兵挫锐:意谓用兵旷日持久就会造成军队疲惫,锐气挫伤。钝,意为不锋利,疲惫、困乏的意思。挫,挫伤。

②力屈:力量耗尽。

③久暴师则国用不足:长久陈师于外就会给国家经济造成困难。暴:同"曝",露在日光下,文中指在外作战。国用,国家的开支。

④屈力殚货:殚,枯竭。货,财货,此处指经济。此为力量耗尽,经济枯竭。

⑤诸侯乘其弊而起:其他诸侯国便会利用这种危机前来进攻。弊,疲困,此处

作危机解。

⑥虽有智者,不能善其后矣:意谓即使有智慧超群的人,也将无法挽回既成的败局。后,后事,此处指败局。

⑦兵闻拙速,未睹巧之久也:拙,笨拙。巧,工巧、巧妙。此句意谓用兵打仗只听过宁可指挥笨拙而求速胜,而没见过为求指挥巧妙而使战争长期拖延的。

⑧夫兵久而国利者,未之有也:长期用兵而有利于国家的情况,从未曾有过。

⑨不尽知:不完全了解。

【译文】

用这样大规模的军队打仗,就要求速胜。旷日持久会使军队疲惫,锐气受挫。攻打城池,会使得兵力耗尽。军队长期在外作战,会使国家财力不继。如果军队疲惫、锐气挫伤、实力耗尽、国家经济枯竭,那么诸侯列国就会乘此危机发兵进攻,那时候即使有足智多谋的人,也无法挽回颓势了。因此,在军事上,只听说过指挥虽拙但求速胜的情况,而没有见过为讲究指挥技巧而追求旷日持久的现象。战事久拖不决而对国家有利的情形,从来不曾有过。因此不完全了解用兵弊端的人,也就无法真正理解用兵的益处。

【赏析】

在战争中,古今中外的军事家都强调"兵贵神速""速战速决"的作战原则。拿破仑曾说过这样一句话:"我也许会失去一场战斗,但我绝不会失去一分钟。"特别是进攻作战,军需消耗巨大,运输任务艰难,久战不下必然造成"国用不足""屈力殚货"。劳民伤财、国库空虚的局面将加重国家的经济负担,倘若拖久了必定会导致"钝兵挫锐",军心涣散,给人可乘之机。那时,"诸侯乘其弊而起",将使自己四面受敌,从而陷入困顿。

取用于国,因粮于敌

【原文】

善用兵者,役不再籍[①],粮不三载[②],取用于国[③],因粮于敌[④],故军食可足也。国之贫于师者远输[⑤],远输则百姓贫。近于师者贵卖[⑥],贵卖则百姓财竭,财竭则急于丘役[⑦]。力屈、财殚中原,内虚于家[⑧]。

【注释】

①役不再籍:役,兵役。籍,本义为名册,此处作动词用,即登记、征集。再,二次。意即不二次从国内征集兵员。

②粮不三载:三,多次,载,运送。即不多次从本国运送军粮。

③取用于国:指武器装备等从国内取用。

④因粮于敌:因,依靠、凭借。粮草给养优先在敌国就地解决。

⑤国之贫于师者远输:之,虚词,无实义。师,指军队。远输,远道运输。此句意谓国家之所以因用兵而导致贫困,是由于军粮的远道运输。

⑥近于师者贵卖:近,临。贵卖,指物价飞涨,意谓临军队驻扎点地区的物价会飞涨。

⑦急于丘役:急,在这里有加重之意。丘役,军赋,古代按丘为单位征集军赋。

⑧力屈、财殚中原,内虚于家:中原,此处指原野。句意为国内百姓之家因远道运输而变得贫困、国家空虚。

【译文】

擅长用兵作战的人,兵员不再次征集,粮草不多次运送。武器装备由国内提供,粮食给养在敌国补充,如此,军队的粮草供给就充足了。国家之所以因用兵而导致贫困,就是由于远道运输,远道运输会使百姓陷于贫困。临近驻军的地区物价必定飞涨,物价飞涨,就会使得百姓之财富枯竭。公家财富枯竭,国家就急于增加赋役。这样一来,国内便家家空虚。

【赏析】

孙子在这里阐述了军事后勤的问题,提出"因粮于敌"的军事思想。"兵马未动,粮草先行",在古代战争,最主要的消耗即在粮草的供应上,对此,孙子明确指出"国之贫于师者运输,远输则百姓贫"。在当时交通运输十分落后的情况下,远道运输不仅劳民伤财,致使兵饥民疲,而且还会加重国家的经济负担,使"中原内虚于家",况且运输线也常常成为敌人攻击的目标,一旦粮道被敌人断绝,士卒将会困于虎口。基于这种情况,孙子提出"因粮于敌"的主张。在古代,"因粮于敌"的思想一直是指导作战的原则,这反映了孙子取之于敌,用之于战的战略思想。

智将务食于敌

【原文】

故智将务食于敌①,食敌一盅②,当吾二十盅;萁秆一石③,当吾二十石。

【注释】

①智将务食于敌:智将,明智的将领。务,务求、力图。意为明智的将帅总是务求就食于敌国。

②盅:古代的容量单位,每盅为6斛4斗。

③萁秆一石:萁秆,泛指马及其他中等牲畜的饲料。石,古代的容量单位,30斤为钧,4钧为1石。

【译文】

所以,明智的将帅总是务求在敌国解决粮草的供给问题。因为消耗敌国的1

盅粮草，等同于从本国运送20盅，耗费敌国的1石草料，相当于从本国运送20石。

【赏析】

古代军队的粮草运输，往往耗资巨大，而且还必须派兵保护粮道，这不仅给国家造成巨大的经济负担，而且还分散作战精力。因此，历代的军事家都注重从敌国获取粮食。这样的做法，不仅有助于减轻本国沉重的负担，免除运输的压力，而且能在一定程度上削弱敌国的实力，并有较高的效益保障。“食敌一盅，当吾二十盅；萁秆一石，当吾二十石”表明了孙子认为“取敌之利”，可以达到“胜敌而愈强”的效果。

故杀敌者，怒也

【原文】

故杀敌者，怒也①；取敌之利者，货也②。故车战，得车十乘已上③，赏其先得者，而更其旌旗④，车杂而乘之⑤，卒善而养之⑥，是谓胜敌而益强⑦。

【注释】

①杀敌者，怒也：怒，动词用法，这里指激励士气。意谓军队英勇杀敌，关键在于激励部队的士气。

②取敌之利者，货也：利，财物。货，财货，此处指用财货奖赏的意思。句意为若要使军队勇于夺取敌人的财物，就要先依靠财货奖赏。

③已上：已，同“以”，“已上”即“以上”。

④更其旌旗：更，更换。此句意谓在掳获的敌方车辆上更换上我军的旗帜。

⑤车杂而乘之：杂，掺杂、混合。乘，驾、使用。意谓将缴获的敌方战车和我方车辆掺杂在一起，用于作战。

⑥卒善而养之：卒，俘虏、降卒。意谓善待被俘的敌军士兵，使之为己所用。

⑦是谓胜敌而益强：这就是说在战胜敌人的同时使自己更加强大。

【译文】

要让军队英勇杀敌，就应鼓舞士兵同仇敌忾的士气；要想夺取敌人的军需物资，就必须借助物质奖励。因此，在车战中，凡是缴获战车十辆以上的，就奖赏最先夺得战车的人，并且换上我军的旗帜，混合编入自己的战车行列。对于敌俘，要善待和保证供给。这就是说愈是战胜敌人，自己也就愈加强大。

【赏析】

孙子在这里提出了用“怒”和“货”激发士兵在战斗中勇敢作战，缴获敌人物资的手段。高明的将领不仅善于激发部队对敌人的仇恨，使大家同仇敌忾，在战场上勇往直前，而且擅长利用敌军物资，奖励立功者，以激发斗志，提高战斗力。同时，孙子还主张善待俘虏，对他们要“善而养之”，不仅以精神感召来消除他们的思归心理，有效地瓦解敌方的斗志，还可借俘兵来壮大自身力量，达到“胜敌而益强”的效果。

兵贵胜，不贵久

【原文】

故兵贵[①]胜，不贵久。

【注释】

①贵：重在、贵在。

【译文】

因此，用兵打仗贵在速战速决，而不宜旷日持久。

【赏析】

战争中，时间是胜利的保障，在开篇孙子就旷日持久的战争对国家和民众造成的危害进行了详细的论述，因此提出进攻作战应该速战速决，宁可“拙速”，不可“巧久”。这种速战速决的作战原则，在现代战争中仍具有不可小视的借鉴意义。速战能使我方拥有初战的锐势和主道战争之优势，从而占据先机，而敌方由于要仓促应战，常常措手不及，这样有利于我方达到作战的目的。

故知兵之将，民之司命

【原文】

故知兵之将[①]，民之司命[②]，国家安危之主[③]也。

【注释】

①知兵之将:知,认识、了解。指深刻理解用兵之法的优秀将帅。

②民之司命:民,泛指一般人民。司命,传说主宰生死之神,此处引申为命运的主宰。

③国家安危之主:国家安危存亡的主宰者。主,主宰之意。

【译文】

懂得用兵之道的将领,是人民生死的掌握者,是国家安危存亡的主宰。

【赏析】

将帅是一切军事活动的中枢,不管是军队的管理,还是部署作战,将帅都占有举足轻重的地位。行军作战是决定国家兴衰存亡最为关键的活动,这关系到人民的生死,以及国家的存亡与否,可见将帅责任之重大。一个不懂用兵之法的将帅将会对国家造成不可估量的损失,所谓"置将不善,一败涂地",甚至导致国破家亡。因此,在《孙子兵书》中多次提到了任用良将的重要性。

企业的运作同样需要优秀的管理人才,所谓"千军易夺,一将难求",一个精通市场运作的经理人对企业的发展来说是至关重要的,他不仅能通过正确的市场决策将企业带上高速发展之路,还能影响一个企业的经营理念、管理思想甚至企业文化。由此可见,一个优秀的经理人对企业的影响力是极其深远的。

阿普尔电脑公司是美国电脑事业的后起之秀。28 岁的公司创始人和前总经理均擅长电脑技术,但缺乏组织销售的能力。因此公司聘用了前美国百事可乐公司的总经理约翰·施库利担任总经理,他精通销售学,曾运用有效的营销手段使百事可乐公司在短短几年的时间里缩短了与主要竞争对手可口可乐公司的距离。上任前,施库利先对公司情况做了全面的分析。上任后,就提出了公司发展的战略计划,并通过有效的管理和营销战术使公司的业务迅速增长。可见,一个懂得在商场中"用兵打仗"的将领对企业的发展是多么重要啊!

第三章　谋攻篇

本章导语

本篇论述用计谋征服敌人的问题。孙子认为"不战而屈人之兵"是"善中之善者","全国""全军""全旅""全卒""全伍"地强迫敌人屈服投降是最理想的作战方案,"破国""破军""破旅""破卒""破伍"地用武力去破敌人则次一等,是"非善之善者"。

如何才能做到"不战而屈人之兵"呢?孙子认为上策是"伐谋",其次是"伐

交”，再次是“伐兵”，即主张通过政治攻势、外交手段和武装力量来征服敌人。“伐谋”，指以己方之谋略挫败敌方，不战而屈人之兵。孙子认为伐谋是最好的战争手段。伐谋的实质是指敌人正在或即将要施行其谋划时，能窥破其谋，揭穿其谋，破坏其谋，借以实现己方的政治目的。在与敌人作战时，如果敌强我弱，应该集中优势兵力战胜敌人，做到“十则围之，五则攻之，倍则分之，敌则能战之，少则能逃之，不若则能避之”，即有10倍于敌的兵力就包围敌人，有5倍于敌的兵力就进攻敌人，有一倍于敌的兵力就设法分散敌人，和敌人的兵力相等就要善于战胜敌人，比敌人的兵力少就要善于退却，战斗力不如敌人时就要避免与敌人作战，不能强拼硬打。孙子在此篇中提出了“知彼知己，百战不殆”的光辉思想，认为谋略必须建立在了解敌我双方情况的基础上。

不战而屈人之兵

【原文】

孙子曰：凡用兵之法，全国为上，破国次之①；全军为上，破军次之；全旅为上，破旅次之；全卒为上，破卒次之；全伍为上，破伍次之②。是故百战百胜，非善之善者也③；不战而屈人之兵④，善之善者也。

【注释】

①全国为上，破国次之：全，完整。国，春秋时主要指都城，或指包括外城及周围的地区。意谓以实力为后盾，迫使敌方城邑完整地降服为上策，而通过战争交锋，攻破敌方城邑则稍差一些。

②军、旅、卒、伍：春秋时军队编制单位。1.25万人为军，500人为旅，100人为卒，5人为伍。

③非善之善者也：不是好中最好的。

④不战而屈人之兵，善之善者也：屈，屈服、降服。此句意为不动用武力便使敌人屈服，这是高明中最高明的。

【译文】

孙子说：一般的战争指导法则是，使敌人举国降服为上策，而击破敌国就略逊一等；使敌人全军完整地降服为上策，而击溃敌人的军队就略逊一筹；使敌人全旅完整地降服为上策，而用武力击垮它就逊一等；使敌人全卒完整地降服是上策，用武力打垮它就次一等；使敌人全伍降服是上策，用武力击溃它就次一等。因此，百战百胜，并不是高明中最高明的；不经交战而能使敌人屈服，这才算是最高明的。

【赏析】

孙子在这里提出了全胜论的战略思想——“不战而屈人之兵”。军事斗争的最终目的是为了安国及保民，但战争必然要付出许多财物与性命等沉重代价，即使百战百胜,终究也是一将功成万骨枯。所以孙子提出了“百战百胜,非善之善者也;不战而屈人之兵,善之善者也”的主张。他认为大至敌国、敌军,小至敌之卒、伍,都能不战而使其屈服。历代战争中许多谋臣良将,都是将主要的心力放在战场之外,主张以谋略取胜,以武力威胁和政策攻心相结合,或施以恩信,或晓以大义,或说以利害,或以敌制敌,或大张声威,或大军压境,或断其归路,或绝其粮草,这些都是不战而屈人之兵、求全求胜的光辉战例。

烛之武说秦师,就是利用敌方盟国内部利益的矛盾,分化瓦解对方,拆散其联盟达到屈人之兵、不战而胜的目的。秦穆公三十年,公元前630年,晋秦伐郑。郑国使者对秦穆公说,郑亡对秦不利,一是帮助晋扩大了地盘,增加了实力,二是秦对晋有恩,晋却有恩不报,食言自肥,筑城以秦为患,三是晋贪得无厌,亡郑后必伐秦。一番话,秦郑反敌为友,缔结盟约,晋也只好罢兵。

在商业竞争中,一味地拼价格、拼成本,想借恶性竞争来打击对手,这是非常愚蠢的,而且往往得不偿失,有时甚至会造成两败俱伤的恶果。孙子提出的不战而屈人之兵,才是谋攻的最高原则,同时也是战略的最高目标。许多企业常常会利用广告效应,造成一种声势,为自己的商品赋予一种商业以外的意义,进而在不知不觉中,得到消费者认同,顺利进入新市场。

上兵伐谋,其次伐交

【原文】

故上兵伐谋①,其次伐交②,其次伐兵③,其下攻城。攻城之法④,为不得已⑤。

【注释】

①上兵伐谋:上兵,上乘用兵之法。伐谋,以谋略克敌制胜。此句意为:用兵的最高境界是用谋略战胜敌人。

②其次伐交:交,交合,此处指外交。伐交,即进行外交斗争以争取主动。当时的外交斗争,主要表现为运用外交手段瓦解敌国的联盟,扩大、巩固自己的盟国,孤立敌人,迫使其屈服。

③伐兵:通过军队间交锋一决胜负。兵,军队。

④攻城之法:法,办法、做法。

⑤为不得已:指出于无奈而为之。

【译文】

因此,用兵的上策是用谋略战胜敌人,其次是挫败敌人的外交联盟,再次就是直接与敌人交战,击败敌人的军队,下策就是攻打敌人的城池。选择攻城的做法出于不得已。

【赏析】

孙子在这里提出了以谋制敌，夺取全胜的战略思想。通过战争让敌人屈服有“智胜”和“力胜”两种方式，相应就有“全胜”和“破胜”两种结局。“智胜”对方，我方付出的代价不大，有助于保存实力；“力胜”，我方付出的代价大，各种损失不可避免；“智胜”能安国、保民，“力胜”将造成国弊兵疲的局面。由此，孙子主张用谋略来制胜，通过“力”与“智”的完美结合，力争不战而屈人之兵。

历史上，田忌与齐威王赛马，每次必输，他总是以上马对上马，中马对中马，下马对下马，所以屡战屡败。孙膑教他以下马对上马，以上马对中马，以中马对下马，就可以三局二胜，赢得全局，田忌按孙膑指点，果然赢了齐威王。马还是那些马，顺序一变，胜负迥异，可见“谋”的重要。

孙子“上兵伐谋”的策略在市场竞争中同样至关重要。商战既是经济实力的对抗，更是智慧的较量。通过“伐谋”而获得成功，通过计略而战胜对手，既可保存实力，又能占领市场，这才是上策。

善用兵者，屈人之兵而非战

【原文】

故善用兵者，屈人之兵而非战也①，拔人之城而非攻也②，毁人之国而非久也③。必以全争于天下④，故兵不顿而利可全⑤，此谋攻之法也⑥。

【注释】

①屈人之兵而非战也：屈，使人屈服。

②拔人之城而非攻也：拔，攻取。

③毁人之国而非久也：非久，不是旷日持久。指灭亡敌人之国毋需旷日持久。

④必以全争于天下：全，即上言“全国”“全军”，“全旅”“全卒”“全伍”之“全”。此句意为一定要根据全胜的战略战胜于天下。

⑤故兵不顿而利可全：顿，整顿、召集。

⑥此谋攻之法也:这就是以谋略胜敌的最高标准。法,标准、准则。

【译文】

因此,擅长用兵的人,使敌人屈服不是靠交战,攻占敌人的城池也不是靠强攻,毁灭敌人的国家更不是靠久战。一定要用全胜的战略争胜天下,这样才不使自己的军队疲惫受挫,又能取得圆满、全面的胜利,这就是以谋略胜敌的标准。

【赏析】

战争双方在正面交锋中不可避免地会有不同程度的伤亡,作为指挥者,应站在求全、求胜的角度,发挥计谋的作用,充分利用战机的创造、兵力的部署、战术的运用、目标的选择等等,以智取胜而非以武力硬拼。

商业的竞争既可以凭借雄厚的经济实力占领市场,击败弱者,也可以利用对手的弱点,巧施计谋,以智取胜,"屈人之兵而非战",取得竞争的胜利。

第一次世界大战后,退伍回家的希尔顿在得克萨斯州买下了莫希利旅店,从此翻开了希尔顿王国辉煌的第一页。创业之初,举步维艰,在修建达拉斯希尔顿饭店时,资金严重缺乏,而饭店的建筑费需要 100 万美元!希尔顿心生一计,找到卖地皮给他的房地产商人杜德,威胁他说:"如果饭店停工,附近的地价将大大下跌,假如我告诉别人饭店停工是因为位置不好而将另选新址,那你的地皮就不能卖高价了。"杜德无可奈何,终于同意按希尔顿的要求协助他将饭店盖好,然后再由他分期付款买下。1925 年,饭店竣工,从此希尔顿的饭店王国步入迅速发展之路,成为闻名于世的大饭店。希尔顿在进退维谷之际,巧借他人之手,不战而胜,获得了巨大成功。

用兵之法,十则围之

【原文】

故用兵之法,十则围之①,五则攻之,倍则分之②,敌则能战之③,少则能逃之④,不若则能避之⑤。故小敌之坚⑥,大敌之擒也。

【注释】

①十则围之:兵力十倍于敌就包围敌人。

②倍则分之:有一倍于敌人的兵力,就设法分散敌人,造成局部上的更大优势。

③敌则能战之:意谓如果敌我力量相当,则当敢于抗击、对峙。

④少则能逃之:少,兵力少。逃、逃跑躲避。

⑤不若则能避之:不若,不如,指实际力量不如敌人,就要设法避其锋芒。

⑥小敌之坚,大敌之擒也:小敌,弱小的军队。坚,坚定、强硬,此处指固守硬拼。此句意谓弱小的部队如果坚持硬拼,就会被强大的敌人所俘虏。

【译文】

所以用兵的原则是，拥有10倍于敌的兵力就包围敌人，拥有5倍于敌的兵力就进攻敌人，拥有2倍于敌的兵力就设法分散敌人，兵力相等就要努力抗击敌人，兵力少于敌人就要退却，兵力弱于敌人就要避免决战。因此，弱小的军队如果一味坚持硬拼，就势必成为强大敌人的俘虏。

【赏析】

孙子在这里阐述了依据敌我力量的强弱而采取不同的战术，审己察敌，量力用兵，以争取最大的胜利而避免自己遭受损失，使战与不战均朝有利于我方的方向发展。一方面孙子主张在具有优势兵力的条件下，应该采用进攻策略，集中优势兵力，采用"以众击寡"的作战方针，并依靠灵活的指挥和巧妙的兵力部署来达到目的。另一方面，他反对实力弱小之军和强大的敌人死拼硬战，以卵击石，而要避其锋芒，保存自身的实力。总而言之，无论对待敌人还是自己，都要审时度势，根据不同的情况采取不同的战术。

夫将者，国之辅也

【原文】

夫将者，国之辅也①，辅周则国必强②，辅隙则国必弱③。

【注释】

①国之辅也：国，指国君。辅，原意谓辅木，这里引申为辅助、助手。

②辅周则国必强：周，周密。意谓辅助周密、相依无间，国家就强盛。

③辅隙则国必弱：隙，缝隙，此处指有缺陷、不周全。此句意谓辅助有缺陷则国家必弱。

【译文】

将帅是国君的助手，辅助周密，国家就一定强盛；辅助有缺陷，国家就一定衰弱。

【赏析】

在一定程度上讲，兵法就是为将之法。将领作为制定军事行动的决策者和国家战略决策的执行者，不仅战争的胜负，甚至国家的安危均系于一身。所以，选将任帅，必须十分谨慎。假如将帅具备将之五德——"智、信、仁、勇、严"，将会主安而国强。

故君之所以患于军者三

【原文】

故君之所以患于军者三①:不知军之不可以进而谓之进②,不知军之不可以退而谓之退,是谓縻军③;不知三军之事而同三军之政④,则军士惑矣⑤;不知三军之权而同三军之任⑥,则军士疑矣。三军既惑且疑,则诸侯之难至矣,是谓乱军引胜⑦。

【注释】

①君之所以患于军者三:君,国君。患,危害。意为国君危害军队行动的情况有三个方面。

②谓之进:谓,使的意思,即"使(命令)之进。"

③是谓縻军:这叫作束缚军队。

④不知三军之事而同三军之政:不了解军事而干预军队的政令。三军:泛指军队。春秋时一些大的诸侯国普遍设有三军,有的为上、中、下三军,有的为左、中、右三军。同,此处是参与、干预的意思。政,政务,这里专指军队的行政事务。

⑤军士惑矣:军士,指军队的吏卒。惑,迷惑、困惑。

⑥不知三军之权而同三军之任:不知军队行动的权变灵活性质,而直接干预军

队的指挥。

⑦是谓乱军引胜:乱军,扰乱军队。此谓自乱军队,失去了胜机。

【译文】

国君危害军事行动的情况有三种:不了解军队不能前进而硬让军队前进,不了解军队不能后退而硬让军队后退,这叫作束缚军队;不了解军队的内部事务,而去干预军队的行政,就会使将士迷惑;不懂得军事上的权宜机变,而去干涉军队的指挥,就会使得将士产生疑虑。军队既迷惑又心存疑虑,那为诸侯列国乘机进犯的灾难也就随之降临了,这叫作自乱其军。

【赏析】

孙子在这里论述了君主不能干涉将帅的独立指挥权的问题。一旦选好了将领,就应为授权于他,对于军队的作战,国君不能任意干涉。虽然将领受命于君主,负责安国辅君保民的任务,但在受命之后,不能处处固守君命。孙子指出:"凡用兵之法,将受命于君,合军聚众,……君命有所不受。"身在战场,熟知军情的将领应该在"唯人是保,利合于主"的最高原则下,结合战争的实际进程,机断行事,只有如此才可能取得战争的胜利,否则就会"三军既惑且疑",必然自乱其军,自取败亡。

此五者,知胜之道也

【原文】

故知胜有五:知可以战与不可以战者胜,识众寡之用者胜①,上下同欲者胜②,以虞待不虞者胜③,将能而君不御者胜④。此五者,知胜之道也⑤。

【注释】

①识众寡之用者胜:能根据双方兵力对比情况而采取正确战法,就能取胜。

②上下同欲者胜:上下同心协力的能够获胜。

③以虞待不虞者胜:以充足的准备对付没有准备者则能得胜。

④将能而君不御者胜:将帅有才能而国君不加掣肘的能够获胜。御,原意驾御,这里指牵制、制约。

⑤知胜之道也:认识、把握胜利的规律。

【译文】

预知胜利的情况有五种:知道可不可战的,能够胜利;了解兵多和兵少不同用法的,能够胜利;全军上下意愿一致的,能够胜利,自己准备充足对付没有准备的能得胜。将帅有才能而国君不加掣肘的,能够胜。凡此五条,就是预知胜利的方法。

【赏析】

孙子在此列举了五种取得胜利的方法。这五种方法目的在于"知己"。在自身具备胜利条件的情况下出兵,才能有胜利的把握。由此可见孙子对于出兵打仗抱着十分谨慎的态度。他认为要对战争形势的分析能力、用兵之法的掌握、军队士气、自身准备情况和优秀将帅的指挥权等五个方面了解自身情况,才能预知胜利。

知彼知己,百战不殆

【原文】

故曰:知彼知己,百战不殆[1]。不知彼而知己,一胜一负[2]。不知彼不知己,每战必殆。

【注释】

①殆:危险、失败。
②一胜一负:即胜负各半.指没有必胜的把握。

【译文】

所以说:既了解敌人,又了解自己,百战都不会有任何危险;虽不了解敌人,但了解自己,便有时能胜利,有时会失败;既不了解敌人,又不了解自己,则每次用兵都会有危险。

【赏析】

孙子指明了战争的指挥者对敌我双方情况的了解和认识与战争胜负间的关系。"知彼知己,百战不殆"是孙子关于兵家制胜、"知"与"战"关系的指导思想,它既包括了敌我双方各种客观条件的了解,和对战争的指导规律与作战原则的认识,还揭示掌握和了解敌方情况与战争胜负的关系。"知彼知己,百战不殆"不仅是历代兵家必须遵循的谋略原则,也是一条科学的真理。

第四章　军形篇

本章导语

本章论述用兵作战要先为自己创造不被敌人战胜的条件,以等待敌人可以被我战胜的时机,使自己"止于不败之地"。

孙子认为:战争的胜负决定于敌我双方力量的大小,要想战胜敌人,就必须在

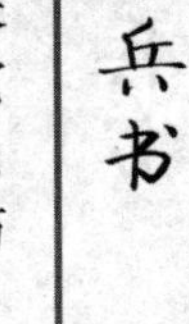

力量的对比上使自己处于绝对优势,造成一种迅猛不可抵挡之势。除此之外,还要等待敌人可以被我战胜的有利时机,善于抓住敌人的弱点,这样,就能轻而易举地战胜敌人。

孙子曾说:“兵者,国之大事,死生之地,存亡之道,不可不察也。”开宗明义地指出战争关系国家存亡,应持慎重态度。国君不可以因一时的愤怒而兴兵打仗,将帅不可凭一时怨愤而与敌交战。孙子同时提出了“非利不动,非得不用,非危不战”,“合于利而动,不合于利而止”的思想。并且告诫说:“怒可以变喜,愠可以变悦,亡国不可以复存,死者不可以复生。故明君慎之,良将警之,此安国全军之道也。”

孙子又认为,要在作战中取胜,务必善于对待攻和守的问题。兵力不足就防守,兵力有余就进攻。防守时要十分严密地隐蔽自己,进攻时要杀得敌人措手不及。这样,就能达到“自保而全胜”的目的了。

善战者,先为不可胜

【原文】

孙子曰:昔之善战者,先为不可胜①,以待敌之可胜②。不可胜在己,可胜在敌③。故善战者,能为不可胜,不能使敌之可胜④。故曰:胜可知,而不可为⑤。

【注释】

①先为不可胜:为,造成、创造。不可胜,使敌人不可能战胜自己。此句意为先创造条件,使敌人不能战胜自己。

②以待敌之可胜:待,等待、寻找、捕捉的意思。敌之可胜,指敌人可以被我战胜的时机。

③不可胜在己,可胜在敌:指创造不被敌人战胜的条件,在于自己主观的努力,而敌方是否能被取胜,取决于敌方自己的失误,而非我方主观所能决定。

④能为不可胜,不能使敌之可胜:能够创造自己不为敌所胜的条件,而不能强令敌人一定具有可以被我战胜的时机。

⑤胜可知,而不可为:知,预知、预见。意为胜利可以预测,却不能强求。

【译文】

孙子说:以前擅长用兵打仗的人,先要做到不会被敌方战胜,然后捕捉时机战胜敌人。不会被敌人战胜的主动权操在自己手中,能否战胜敌人则取决于敌人是否有隙可乘。因此,擅长打仗的人,能创造不被敌人战胜的条件,但却不可能做到使敌人一定被我战胜。

【赏析】

孙子在此从“军形”的角度论述了“先为不可胜”的战略思想。强调要让自己立于不败之地，必须加强自身实力的培养。“先为不可胜”的实质就是实力问题，要求在军事斗争中，重视军队的训练与养成，奠定雄厚的实力。只有精良的装备，训练有素的士卒，再配合懂得用兵之法的将帅等等条件，才能有强大的军事实力，也才可能不被敌人战胜。

不可胜者，守也

【原文】

不可胜者，守也[①]。可胜者，攻也。守则不足，攻则有余[②]。善守者，藏于九地之下；善攻者，动于九天之上[③]，故能自保而全胜[④]也。

【注释】

①不可胜者，守也。可胜者，攻也：意为使敌人不能胜我，在于我方防守得当；而战胜敌人，则取决于我方进攻得当。

②守则不足，攻则有余：采取防守的办法，是因为自己的力量处于劣势。采取进攻的办法，是因为自己的力量处于优势。

③“九地、九天”句：九，虚数，泛指多，古人常用“九”来表示数的极点。九地，形容地深不可知；九天，形容天高不可测。此句谓善于防守的人，能够隐蔽军队的活动，如藏物于极深之地下，令敌方莫测虚实；善于进攻的人，进攻时能做到行动神速、突然，如同从九霄飞降，出其不意，迅猛异常。

④自保而全胜：保全自己而战胜敌人。

【译文】

要想不被敌人战胜，在于防守严密；想要战胜敌人，在于进攻得当。实行防御，是由于兵力不足，采取进攻，是因为兵力有余。善于防守的人，隐蔽自己的兵力如同深藏于地下；善于进攻的人，展开自己的兵力就像自九霄而降。所以，既能保全自己，又能夺取胜利。

【赏析】

孙子在此论述了“善攻”和“善守”的运用，“攻”就要“动于九天之上”，突然、迅猛、出其不意，让敌人措手不及；“守”就要“藏于九地之下”，选好藏身之地以等待时机，守住敌人的进攻而寻机胜敌，以静制动，以不变应万变，从而达到“自保而全胜”的目的。能攻善守从来就是战争取胜的两个至要关键，不论是攻还是守，其目的只有一个——保护自己而战胜敌人。将领要根据自身的实力来选择“攻势”或是“守势”。实力强大，具备胜利的条件，就要果断进攻；实力不足，尚不具备胜利的条件，就采取守势，以保存实力，寻求战机。

故善战者之胜也，无智名，无勇功

【原文】

故善战者之胜也，无智名，无勇功。故其战胜不忒[1]。不忒者，其所措必胜，胜已败者也[2]。

【注释】

①忒：差错，失误；不忒：不出差错。
②胜已败者也：战胜败局已成的敌人。

【译文】

所以，擅长打仗的人打了胜仗，既不显露出指挥的名声，也不表现为勇武的战功。他们取得的胜利，是不会有差错的。其之所以不会有差错，是因为它们的作战措施建立在必胜的基础上，能战胜那些已经处于失败地位的敌人。

【赏析】

善战者之所以能取胜，是由于他们能抓住战机，胜之于无形。他们的胜利，既不显示智谋的名声，也不表现勇武的战功。他们只是牢牢抓住胜利的主控权，让胜利建立在切实可靠的基础上。

故善战者，立于不败之地，而不失敌之败也

【原文】

故善战者，立于不败之地，而不失敌之败也[1]。是故胜兵先胜而后求战[2]，败兵先战而后求胜[3]。

【注释】

①不失敌之败也：不放过使敌人失败的机会。
②胜兵先胜而后求战：胜兵，胜利的军队。先胜，先创造不可被敌战胜的条件。意为能取胜的军队，总是先创造取胜的条件，然后才和敌人决战。
③败兵先战而后求胜：指失败的军队总是贸然开战，然后企求侥幸取胜。

【译文】

擅长作战的人，总是确保自己立于不败之地，同时不放过任何击败敌人的机会。所以，胜利的军队总是先创造获胜的条件，而后才寻机与敌决战。而失败的军

队,却总是先和敌人交战,而后企望侥幸取胜。

【赏析】

孙子多次强调胜利的条件,主张“慎战”而不“畏战”,既不要随意开战,也不要放过任何可以战胜敌人的机会。在开战之前必须创造有利的条件,让自己具备胜利的因素,这也就是“先谋后战”。孙子反对先战而后求胜,他认为盲目行动只会招致恶果。

善用兵者,修道而保法

【原文】

善用兵者,修道而保法①,故能为胜败之政②。

【注释】

①修道而保法:道,政治,政治条件。法,法度,法制。意为修明政治,确保各项法制的贯彻落实。

②故能为胜败之政:政,同“正”,引申为主宰的意思。为胜败之政,即成为胜败的主宰。

【译文】

擅长指挥军队作战的人,必须修明政治,确保法制,如此才能掌握战争胜负的决定权。

【赏析】

孙子把修明政治的“道”放在首位,认为它是决定战争胜败的关键因素。“修道”要求借令人满意的政治措施、经济环境和道德伦理,使君民同心,士兵“上下欲同”。孙子认为“法”也是决定战争胜负的因素之一,军在法随,有了能严格执行的军纪,才能使军队的运作有章可循,没有军纪的部队,将是个混乱的军队,自然也是个失败的军队。

企业要想不被战胜,首先就要建立制胜的内部机制。企业的管理不外乎人、财、物、技术与资讯五个方面,经营者只有通过计划、组织、指挥、协调、控制等活动强化这五个方面的管理,建立有效的运作机制,才能在竞争中稳操胜券。如果没有严格的规章制度,没有科学的管理方式,企业是没有发展可言的。

兵法:一曰度,二曰量,三曰数

【原文】

兵法:一曰度①,二曰量②,三曰数③,四曰称④,五曰胜。地生度⑤,度生量⑥,量生数⑦,数生称⑧,称生胜⑨。

【注释】

①度:指土地幅员的大小。
②量:容量、数量,指物质资源的数量。
③数:数量、数目,指兵员的多寡。
④称:衡量轻重,指敌对方实力状况的衡量对比。
⑤地生度:生,产生。意谓因所处地域的不同,产生土地幅员大小的差异。
⑥度牛量:指因土地幅员的大小差异,产生物质资源的多少不同。
⑦量生数:指因物质资源的多少不同,产生兵员多寡的差异。
⑧数生称:指因兵员多寡的不同,产生军事实力的强弱不同。
⑨称生胜:指因军事实力对比的不同,决定了战争胜负的不同。

【译文】

兵法的基本原则有五条:一是“度”,二是“量”,三是“数”,四是“称”,五是“胜”。敌我所处的地域不同,产生双方幅员大小不同的“度”,敌我地幅大小——“度”的不同产生了双方物质资源丰瘠不同的“量”;敌我物质资源丰瘠——“量”的不同，产生了双方军事实力强弱不同的“称”；敌我军事实力强弱——“称”的不同，最终决定了战争的胜负成败。

【赏析】

孙子认为无论是军事实力的竞争，还是发动战争都必须量力而行。国家军事实力要以国家的综合实力为基础。发展军备必须考虑“度、量、数、称、胜”五个环节。这五个环节相互联系，一环“生”一环，形成一种必然的逻辑关系。国家幅员的大小决定了资源的多少，资源的多少决定了国家所能承担的武装力量，而武装力量的大小决定了该国军事实力的强弱，军事实力的强弱又决定了战争的胜负、国家的安危。各个环节之间要相互协调，保持一定的比例才能促进各方面的健康发展，如果不顾国力，单方面发展军备，将导致比例失衡，从长远来看，军事实力也不可能得以加强。

作为谋略，灵活性和变通性是竞争中非常需要的素质。灵活性指对周围各种情况反应敏捷，无论接收信息、做出决策，还是付诸行动、反馈调节，都迅速快捷，不拖泥带水。变通性指当情况变化或发生意外情况或遇到困难时，能随机应变，改变原定计划，绕过障碍，克服困难，而不呆板、固执。

决积水于千仞之溪者，形也

【原文】

故胜兵若以镒称铢[①]，败兵若以铢称镒。胜者之战民[②]也，若决积水于千仞[③]之溪者，形也。

【注释】

①以镒称铢：镒，古代重量单位，合 24 两或 20 两，意谓其重；铢，古代重量单位，24 铢为一两，意谓其轻。此处指实力悬殊。

②战民：士兵。

③仞：古代长度单位，8 尺为一仞；此句指犹如 8000 尺上之水，决堵而下，势不可挡。

【译文】

胜利的军队较之于失败的军队，犹如以“铢”比“镒”那样，占有绝对的优势。而失败的军队较之胜利的军队，就像用“镒”比“铢”那样，处于绝对的劣势。胜利者指挥军队与敌作战，就像在万丈悬崖掘开山涧的积水，所向披靡，这就是“形”的军事实力。

【赏析】

在战争中，如何发挥自身优势，避免劣势是将帅指挥的艺术。总体优势如果不善于利用，就会变为局部劣势，成为“以铢称镒”的败兵；总体劣势如果巧妙运用，也有可能转化为局部优势，成为“以镒称铢”。因此需要将帅认真的谋划，一方面要充分发挥自己的优势，另一方面要转劣势为优势，以“决积水于千仞之溪者”的气势战胜敌人。

第五章　兵势篇

本章导语

本章论述用兵作战要造成一种可以压倒敌人的迅猛之势，并要善于利用这种迅猛之势，势是什么呢？孙子说，这种势就像可以漂起石头的激流，就像一触即发的弓弩，就像圆石从千仞高山上滚下，有一种不可抵挡的力量。用这种力量打击敌人，就能够以一当十，所向无敌。

湍急的流水冲击力之猛，足以漂走石头，那是由于水流迅猛的“势”造成的；鸷鸟从高空往下猛烈搏击，以致能捕杀鸟雀，那是由于抓住了时机。因此说，善于作战的人，他们造成的态势总是十分险峻，他们抓住的时机总是非常短促。他们造成的态势就像已经张开的弓弩一样，险恶异常，他们抓住的时机就像正要用手扳动机钮一样，瞬间即发。

如何才能造成这种势呢？首先，要给自己创造条件，使本身具有战胜敌人的强大力量。其次，要“择人而任势”，选择熟知军事、知人善任的将帅，指挥士兵作战灵活自如，并且善于用假象迷惑敌人，用小利驱动敌人，引诱敌人陷入圈套，然后用伏兵狠狠地打击敌人。

凡治众如治寡，分数是也

【原文】

孙子曰：凡治众如治寡①，分数是也②；斗众③如斗寡，形名④是也；三军之众，可使必受敌而无败⑤者，奇正⑥是也；兵之所加，如以碫投卵⑦者，虚实⑧是也。

【注释】

①治众如治寡：治，治理、管理，意为管理人数众多的部队如同管理人数很少的部队一样。

②分数是也：分数，此处指军队的编制。把整体分为若干部分，就叫分数，这里是指分级分层管理之意。

③斗众：指挥人数众多的部队作战。斗，动词，为使……战斗之意。

④形名：形，指旌旗；名，指金鼓。在战场上，投入兵力众多，分布面积也很宽

广，主帅下达的命令难以传达，所以设置旗帜，高举于手中，让将士知道前进或后退等命令，而用金鼓来节制将士或进行战斗或终止战斗。

⑤必受敌而无败：必，“毕”的同意假借，意为完全、全部。

⑥奇正：常规与奇兵并用。奇正，古兵法常用术语，指军队作战的特殊战法和常用战法。就兵力部署而言，以正面受敌者为正，以机动突击为奇；就作战方式言，正面进攻为正，侧翼包抄偷袭为奇，以实力围歼为正，以诱骗欺诈为奇等。

⑦以碫投卵：比喻以坚击脆，以实击虚。

⑧虚实：古兵法常用术语，指军事实力上的强弱、优劣。有实力为“实”，反之为“虚”。有备为“实”，无备为“虚”，休整良好为“实”，疲敝松懈为“虚”。此处含有以强击弱、以实击虚的意思。

【译文】

孙子说：一般而言，管理大部队如同管理小部队一样，这属于军队的组织编制问题；指挥大部队作战如同指挥小部队作战一样，这属于指挥号令的问题；整个部队遭到敌人攻击而没有溃败，这属于“奇正”战术的变化问题；对敌军所实施的打击，如同以石击卵一样，这属于“避实就虚”原则的正确运用问题。

【赏析】

孙子认为治理军队首先要有合理的编制，使上下能协调一致，以便于管理；其次，对资讯的处理需要及时，使将帅的命令能迅速而准确地传达出去，这样才能有效地指挥调动；再者，在战术的应用上要出奇制胜，以实击虚，有法但不困于法，随机应变，让对手无法捉摸，以此取得胜利。

凡战者，以正合，以奇胜

【原文】

凡战者，以正合[①]，以奇胜。故善出奇者，无穷如天地，不竭如江河[②]。终而复始，日月是也；死而复生，四时是也[③]。

【注释】

①以正合，以奇胜：合，交战、合战。此句意即以正兵合战，奇兵制胜。

②无穷如天地，不竭如江河：喻正奇之变化有如宇宙万物之变化无穷，江河水流之不竭尽。

③死而复生，四时是也：去而复来，如春、夏、秋、冬四季更替。

【译文】

一般的作战，总是以“正兵”合战，用“奇兵”取胜。所以，善于出奇制胜的人，其战法的变化如天地运行那样变化无穷，像江河那样奔流不息。终而复始，就像日月的运行;去而复来,如同四季的更替。

【赏析】

“出奇制胜”体现了孙子合理部署兵力、灵活运用战术的思想。《孙膑兵书·奇正篇》云:“同,不足为相胜也,故以异为奇。”作为一般的作战原则,明于正暗于奇,与敌正面作战为正,围剿、包抄为奇;列阵对敌、明攻为正,突击、偷袭或采用特殊战法为奇。作战必须有“正奇”的变化,要“以正合,以奇胜”才能战胜敌人,此一军事思想,已为后来许多军事家所运用。用此战略战术为指导而赢得战争胜利的战例俯拾皆是。

奇正之变,不可胜穷也

【原文】

战势[①],不过奇正,奇正之变,不可胜穷也。奇正相生[②],如环之无端[③],孰能穷之[④]?

【注释】

①战势:指具体的兵力部署和作战方式。
②奇正相生:意为奇正之间相互依存、转化。
③如环之无端:端,无始无终。言奇正之变化无始无终,永无尽头。
④孰能穷之:孰,谁。穷,穷尽。之,指奇正相生变化。

【译文】

作战的方式不过“奇”“正”两种,可是“奇”“正”的变化,却永远未可穷尽。“奇”“正”之间的相互转化,就像顺着圆环旋绕似的,无始无终,又有谁能够穷尽它呢?

【赏析】

在战争中,没有一成不变的打法,也没有拘泥于固定模式的战术,只有随机应变,出奇制胜才能战胜对方。因此孙子指出“奇正之变,不可胜穷”,他认为正与奇互为依托,又相互转变,在相生相变中创造战机,给敌人出其不意的打击,使之措手不及,从而收到出奇制胜的效果。

是故善战者,其势险,其节短

【原文】

激水之疾,至于漂石者,势也。鸷鸟[①]之疾,至于毁折者,节[②]也。是故善战者,其势险，其节短。势如彍弩[③]，节如发机[④]。

【注释】

①鸷鸟：一种凶猛的鹰隼。

②节：节奏。指动作爆发得既快捷、猛烈，又恰到好处。

③势如彍弩：彍，弩弓张满的意思。彍弩，即弓满待发之弩。

④发机：即引发弩机的机纽。

【译文】

湍急的河水迅速地奔流，以致能够把巨石冲走，这是因为它飞快的流速所形成的“势”使然，鸷鸟高飞猛击，以致能捕杀鸟雀，这就是短促迅捷的“节”使然。因此，善于指挥作战的人，他所造成的态势险峻逼人，他进攻的节奏短促有力，险峻的势就像张满的弓弩，迅疾的节奏犹似击发弩机把箭突然射出。

【赏析】

孙子提出在作战时要善于利用态势，掌握节制、控制距离、抓住稍纵即逝的战机，以快捷、凌厉的态势，击溃敌人。他认为创造和利用态势，合理部署兵力，能使军力得以充分发挥。指挥者要善于创造险峻的态势，犹如“激水之疾，至于漂石”，利用短促的节奏，好像“势如彍弩，节如发机”，使军队勇猛无比，所向披靡。

乱生于治，怯生于勇

【原文】

乱生于治[①]，怯生于勇，弱生于强[②]。治乱，数也[③]。勇怯，势也。强弱，形也。

【注释】

①乱生于治:示敌混乱,是由于有严整的组织。

②弱生于强:示敌弱小,是由于本身拥有强大的兵力。

③治乱,数也:数,即前言之“分数”。指军队的组织编制。意为军队的治或乱决定于编制是否有序。

【译文】

向敌显示混乱,是由于己方组织编制的严整。向敌显示怯懦,是由于己方具备了勇敢的素质。向敌诈示弱小,是由于己方拥有强大的兵力。严整或者混乱,是由组织编制的好坏而定的。勇敢或怯懦,是由作战态势的优劣所造成的,强大或者弱小,是双方实力大小的外在显示。

【赏析】

战争的一切因素都在不断的变化中,在作战中,必须留意战场形势的变化,而根据变化的情况采取相应的措施,把握胜利的机会。治乱、勇怯、强弱在一定的条件下可以互相转化,所以只有处处警觉,处处小心,方得以把握时局。

形之,敌必从之

【原文】

故善动敌[①]者,形之[②],敌必从之。予之,敌必取之。以利动之,以卒待之[③]。

【注释】

①动敌:调动敌人。

②形之:形,动词,即示形,示敌以形。指用假象迷惑敌人,使其判断失误。

③以卒待之:用重兵伺机破敌。

【译文】

因此擅长调动敌人的将帅,会伪装假象迷惑敌人,敌人因此会听从调动;用小利引诱敌人,敌人就会前来争夺。用这样的办法积极调唆敌人,再预备重兵伺机攻击它。

【赏析】

如果能利用计谋,影响敌方的行动,让敌人落入自己的圈套,就能创造对己有利的形势,从而战胜它。因此优秀的将帅善于分析敌方的心理,利用各种因素影响调动敌方的行动,示之以利,投其所好,为全歼敌人埋下伏笔。

公元前 341 年,魏国太子申和大将庞涓率军 10 万攻赵,齐派兵救赵。田忌采用军师孙膑之计，直扑魏国都城大梁。魏军回兵救大梁，齐军根据孙膑建议，采用佯退示弱、诱敌来追的方针。以每天减少军用烧饭的灶数造成假象，令庞涓误认为齐军不敌而逃亡大半，便率部分兵马追击。结果在马陵被孙膑的伏军万箭截杀，庞涓最后兵败自杀。齐军乘胜追击，大获全胜，俘虏了太子申。

在商战中，我们也要学会利用人们的心理，采用积极有效的诱导方式，为对方提供足够的利益，说服各方给予合作，以此达到自己的目标。

1963 年，日本几家电视机制造厂共同制定了最低出口价格，该价格比美国电视机便宜 40~60%，但并未触犯反倾销法，因此合法地进入了美国市场。当时美国企业采取一系列手段来降低成本，试图把电视机的价格控制在一定范围内，使日本的低价策略不足以摧毁美国的电视机产业。由于要想把美国商家挤出市场，就需再降低价格，但又不能因此触犯反倾销法，于是日本厂商采用了提供回扣的方法：在美国海关总署以“最低出口价”申报电视机价格，私下却把最低出口价和实际倾销价的差额作为回扣提供给美国进口商。于是日本很快找到了西尔斯公司——美国最大的零售代理商，后来，有 80 多个美国零售商愿意接受日本倾销的电视机。这样，日本利用回扣这种小利，一举占领了美国市场。

择人而任势

【原文】

故善战者，求之于势，不责于人①，故能择人而任势②。

【注释】

①求之于势，不责于人：责，求、苛求。此句意谓当追求有利的作战态势，而不是苛求下属。

②择人而任势：择，选择。任，任用、利用、掌握、驾驭的意思。

【译文】

善于用兵打仗的人，总是努力创造有利的态势，而不对部属责备求全，所以他能够选择人才去利用和创造有利的态势。

【赏析】

孙子认为要创造对我方有利的“势”，才能确保战争的胜利。而“势”要靠人去把握、利用，因此选择适当的人才是创造和利用有利势态的关键。历史上，由于选人不当，用人失策，因而“失势”造成兵败的例子不胜枚举。所以，要求国君或将帅在关键时刻一定要选好人才，以便获得有利的态势，获得最终的胜利。

周文王渭水得姜尚，萧何月下追韩信，可谓择人任势。在战争中，领导者若能择人任势，就会取得战争的主导权和胜利优势。

一个企业，无论先进还是传统，发挥决定作用的终究是人。企业的经营管理，关键是要“选人、用人”，以此抓住“机会”、创造“机会”。而孙子的造势、任势，也就是要求企业适时、适势而又正确地用人。在步入知识经济时代的今天，企业的竞争已经转变为人才的竞争，所以“人才”成为决定企业能否长远发展的关键所在。

福特汽车公司是美国第二大汽车公司，在国际上享有崇高的声誉，但它的发展并非一帆风顺。当福特公司的创始人亨利·福特一世决定退休，由亨利二世接任总经理时，福特公司因为经营管理不善，已经陷入了困境。在亨利二世接管奄奄一息的福特公司时，当务之急便是扭转公司高级管理人员匮乏的窘况。因此，他不惜高薪聘请管理人才，而且让他们在工作中拥有实职实权，充分发挥出他们的才干。以桑顿为首的10名卓然有才的年轻军官组成的“桑顿小组”，具有非凡的运筹能力，但他们要求的年薪标准均在8000美元到1.5万美元之间。亨利二世认为，这种高级人才必然对发展公司事业有利，付给高薪是值得的，因此便将他们全部礼聘到公司，并委以重任。20世纪40～60年代，从这10名军官中，先后产生了4位公司高级主管，为福特公司的发展做出很大的贡献。由此可见，正是因为亨利二世深知人才的重要，并给予最适合他们施展才能的机会，才使公司焕然一新，起死回生，产生了生机勃勃的新气象。

故善战人之势，如转圆石于千仞之山者

【原文】

任势者，其战人也，如转木石。木石之性[①]，安[②]则静，危[③]则动，方则止，圆则行。故善战人之势，如转圆石于千仞之山者，势[④]也。

【注释】

①木石之性：木石的特性。性、性质、特性。

②安：安稳，这里指平坦的地势。

③危：局峻、危险，此处指地势高峻陡峭。

④势：是指在“形”（军事实力）的基础上，发挥将帅的主观作用，因而造成有利的作战态势。

【译文】

擅长利用态势的人指挥军队作战，就如同滚动木头、石头一般。木头和石头的特性是：置放在平坦之处就静止不动，置放在险峻陡峭之处就滚动，方的容易静止，圆的滚动灵活。因此，擅长指挥作战的人所造成的有利态势，就像将圆石从万丈高山上推滚下来那样，这就是所谓的“势”。

【赏析】

孙子曾多次提到了“势”，他一直认为要取得战争的胜利必须擅长造势和因势利导，懂得创造和利用有利的势态是制胜的关键。“势”是一个国家军事实力的体

现、使用和发挥。在有利的势态上进行作战，才具有更大的震撼力，也才能发挥势的威力。

蒙古发动三次攻宋的战役。第一次由窝阔台领军，第二次领军蒙哥汗都由于战线长，兵力分散，最后损兵折将无功而退。而第三次忽必烈从襄樊开刀，实行中间突破，正如降将笼如德所言："襄樊，宋之咽喉也，咽喉被塞，不败待何为？"可见襄樊一失，宋室自然大势已去，这种态势产生的冲击力，不可阻挡。

商界的竞争同样残酷无情。因此在激烈动荡的市场竞争中，我们同样要善于创造和利用"势"，以先进的管理制度和正确的企业经营战略来创造有利的态势，通过准确预测市场供求变化，把握消费者心理，抓住市场机遇，力求在市场中保持领先地位。

零售大王沃尔顿在创业之初，发现像凯玛特、吉布森等一大批颇具规模的公司，都将目标市场瞄准大城市，而忽视了小城镇。他认为在城市人口增多，以及汽车普及的条件下，小镇里同样存在着许多商业机会。于是他敏锐地把握了这一个有利的商机，首先进军小镇，占领小镇市场，再逐渐向全国推进，形成了星火燎原之势。沃尔顿将"低价销售、保证满意"作为企业的经营宗旨，这是沃尔顿在零售业市场中战胜诸多强大竞争对手，迅速脱颖而出的一个重要原因。同时，沃尔顿实行进销分离的体制，采取"统一定货、统一分配"的分销方式，大大降低了进货成本。他还积极采用先进的资讯技术为其高效的分销系统提供保证，将电脑用于分销系统和存货管理，此一高效的自动化控制使公司大大减少了资金成本和库存费用。这一切使沃尔顿的公司在同行业中始终保持着竞争优势。

第六章 虚实篇

本章导语

本章论述用兵作战须采用"避实而击虚"的方针。避实击虚，虚破则实减。进攻者在选择作战目标，确实进攻路线和主攻方向时坚持避实击虚，作战行动就会顺利如庖丁解牛，游刃有余。战争中避实击虚的战例很多。战国时期魏伐赵，请救于齐。齐威王使田忌为将军，孙膑做军师。田忌打算率领大军直奔赵国，孙膑说："夫解杂乱纷纠者不控捲，救斗者不搏击，批亢捣虚，形格势禁，则自为解耳。"这里的"批亢捣虚"即避实击虚。

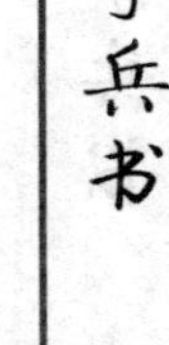

怎样才能做到避实击虚呢？首先，要使我方处于主动地位，使敌方处于被动地位，把战争的主动权掌握在自己手里。善于用兵作战的人，能够设法调动敌人，而不被敌人所调动。其次，要出其不意，攻其不备，打击敌人兵力空虚之处。第三，要集中自己的兵力，并设法分散敌人的兵力，造成战术上的我多敌寡。孙子指出，运用避实击虚的作战方针，要从分析敌情出发，而随着形势变化，因为战争过程中的多寡、强弱、攻守、进退等等关系都处在急剧的变化之中，"故兵无常势，水无常形，能因敌变化而取胜者谓之神”。

故善战者,致人而不致于人

【原文】

孙子曰:凡先处战地而待敌者佚[①],后处战地而趋战者劳[②]。故善战者,致人而不致于人[③]。

【注释】

①凡先处战地而待敌者佚:处,占据。佚,即“逸”,指安逸、从容。此句意谓在作战中,若能率先占据战地,就能使自己处于以逸待劳的主动地位。

②后处战地而趋战者劳:趋,奔赶,此处为仓促之意,趋战,仓促应战。此句意谓后处战地,仓促应战则疲劳被动。

③致人而不致于人:致,招致、引来。致人,牵制敌人。致于人,为敌人所牵制。

【译文】

孙子说:凡是占据战场,等待敌人的就主动安逸,而后到达战场仓促应战的就疲惫被动。因此善于指挥作战的人,总是能够调动敌人而不被敌人所牵制。

【赏析】

孙子指出,在战争中,最重要的一点便是要掌握战斗的主动权,没有主动权,便会陷入被动、消极防御甚至处处挨打的境地。克敌制胜的关键是主动,它贯穿了整个战争的全部过程。

明永乐八年(公元140年)2月,成祖朱棣率50万大军亲征鞑靼,至兴和(今河北张北县)。鞑靼诱明军深入,朱棣不为所动,下令休整,5月进至胪朐河(今蒙古克鲁伦河)中游南岸,鞑靼分为两支,本雅失里率一支西逃,知院阿鲁台率一支东遁,诱明军分兵。朱棣更不上当,置东路不顾,集中兵力向西追歼本雅失里,追至兀儿扎河(今蒙古勒吉河),不见踪影,乃留下辎重,亲率2万轻骑,携20日干粮急追,终于在斡难河(今鄂嫩河)南岸追上本雅失里,立即挥师出击,鞑靼军大败,仅本雅失里率数骑逃脱。朱棣复率军返回胪朐河,乘胜东击阿鲁台。最后,阿鲁台不得不率家眷仓皇北逃。

商业竞争中,最重要的一点也是掌握主动权。如果没有主动权,只会被人牵着鼻子走,陷入被动的局面。尤其在以知识经济为特征的新经济下,科技发展迅速,企业面对的市场更是瞬息万变,因此必须在市场中掌握主动权。要学会“致人”,满足消费者的需求,为他们提供满意的商品;更要学会“不致于人”,充分发挥自身优势,不断地变革求新,争取主动,使企业立于不败之地。

能使敌人自至者，利之也

【原文】

能使敌人自至者，利之也[①]；能使敌人不得至者，害之也[②]。故敌佚能劳之[③]饱能饥之，安能动之[④]。

【注释】

①能使敌人自至者，利之也：利之，以利引诱。意谓能使敌人自来，乃是以利引诱的缘故。

②能使敌人不得至者，害之也：害，妨害、牵制。此意谓能使敌人不得到达战地，乃是牵制敌人的结果。

③劳之：劳，使之疲劳。

④安能动之：意谓敌若固守，我就设法牵动它。

【译文】

能够使敌人自动进到我预定的地域，是因为用小利引诱的缘故；能够使敌人不能抵达其预定领域的，则是设置重重困难阻挠的缘故。敌人休整得好，就设法使它疲劳；敌人粮食充足，就设法使它饥饿；敌人驻扎安稳，就设法使它移动。

【赏析】

将帅要善于利用优势条件，更要善于改变对己不利的形势，利用“使敌人自至者，利之也”，“使敌人不得至者，害之也”的方法，让敌人“佚能劳之，饱能饥之，安能动之”，由被动变主动，取得胜利。

商场如战场，要想在商战中获胜，首先要得到消费者的认同，争取消费者，这不仅需要高质量的产品，还要有满意的服务，甚至是附加的服务。例如，日本的一家银行为吸引顾客，还开设占星术讲座，并免费为顾客卜卦。许多想预测自己投资命运的人，受此诱惑，成为该银行的客户，正所谓：“能使敌人自至者，利之也。”此举惠顾客以“小利”，而银行却能得以“大利”，何乐而不为？

而斯托夫公司的成功正是利用了“敌人不得至者，害之也”的策略，打击竞争对手，增强自己的实力。在许多美国人正为高热量、高脂肪的食品头疼时，斯托夫公司推出了“林魁辛”——一种无脂肪的熟菜，它是一道单独上桌的冷冻主菜，一上市，便得到消费者的青睐，不到一年的时间，便占领了美国10%的冷冻主菜市场。斯托夫公司成功的一个重要原因在于：它一直通过诸如成本、价格、宣传等各种方式为竞争者的进入设置障碍，保持对竞争者的强大压力，力求在各方面和竞争者拉开差距。而随着这一品牌的成长，它控制了冷冻熟菜市场，有效阻止了竞争者的攻势。

故善攻者，敌不知其所守

【原文】

故善攻者，敌不知其所守[①]。善守者，敌不知其所攻。微乎微乎，至于无形[②]。神乎神乎，至于无声[③]，故能为敌之司命[④]。

【注释】

①故善攻者，敌不知其所守。善守者，敌不知其所攻：此句谓善于进攻的军队，使敌人不知该守何处，善于防守的军队，使敌人不知该进攻何处。

②微乎微乎，至于无形：微，微妙。此句谓虚实运用微妙之极，则无形可睹。

③神乎神乎，至于无声：神，神奇、高妙。意为虚实运用神奇之至，则无声息可闻。

④司命：命运之主宰。

【译文】

所以擅长进攻的，能使敌人不知道该如何防守；擅长防御的，能使敌人不知道该怎样进攻。微妙啊，微妙到看不出任何形貌！神奇啊，神奇到听不见丝毫声音！因此，这能够成为敌人命运的主宰。

【赏析】

孙子强调，将帅要根据兵力的多寡，正确判断战争的形势，通过各种手段迷惑敌人，使敌人难以找到确切的战场和攻击方向，从而能使我军掌握主动，处于有利的地位。

《三国演义》写道：魏将陈泰守祁山时，蜀将姜维领兵来攻，每日放出5番哨马，或10里、15里而回，并不前来交战。邓艾登高瞭望，告陈泰说："姜维已不在此间，必是见我有备，率主力攻我侧后去了。"陈泰惊问何故，邓艾说："你不见蜀兵哨马困乏，反复前来的都是这班人马，只不过换了旗号衣甲而已。"陈泰恍然大悟，又问蜀军主力指向何处？邓艾说："必是出董亭，径袭南安去了。"并告诉陈泰先敌抢占武城山，诱姜维攻取南安屯粮之所——上圭，然后于段谷山险地窄处伏击蜀军。结果姜维果然完全按照邓艾的判断行事，败退汉中。邓艾对战争情势变化反应之快，观察之透，判断之准，不得不叫人拍案称绝。难怪连智勇双全的姜维都碰在他的钉子上了，其可谓"善守者"。

二战中，苏军在发动白俄罗斯战役时，为了隐藏战役企图，采取天然伪装错乱德军的视觉和听觉的方法，使之难以发现和分辨。同时，在战线南翼波罗的海沿岸地区，利用游动火炮从假阵地内实施射击，并出动歼击机巡逻，显示假阵地上有严密的对空防御部署。由于计划周密，行动隐蔽，虽然伪装规模很大，地域甚广，但一直没有露出明显的破绽。结果蒙骗了德军，一直以为苏军主力在南翼而不在白俄罗斯，达到了“示假”“隐真”之目的。直到战役发起的前几天，德军统帅部还认为苏军进攻的目标在战线南翼，而不是白俄罗斯，于是大大地分散了德国在白俄罗斯的兵力。白俄罗斯战役发起后，苏军出敌不意地突破德军防御，迅速解放了白俄罗斯和立陶宛、拉脱维亚的一部分，将战线向前推进550~600公里，一路逼近东普鲁士边境地区。

无论是市场的进攻者，还是防御者，都可以通过不断创新或者寻找未被占领的市场，使自己处于不断“运动”的状态，让竞争对手“不知其所守”，“不知其所攻”，而以此严守或扩大自己的市场占有率。

肯索尼克公司是音响设备的大型制造企业，以集中制造超高级产品战略取得成功。创业仅4年，就甩掉了大企业，在高级扩音器市场上独占鳌头。该公司成功的原因之一就是在大企业尚未涉足的领域展开竞争，把有音乐素养的音乐爱好者当作对象，以500亿日元的扩音器市场的1/10作为目标。这一不太显目的领域属于市场的盲点，大企业不太可能集中实力进行争夺。由此，公司透过这种正确的市场定位，加上一流的产品性能和一流的售后服务，一举占领了高级扩音器市场。

攻其所必救

【原文】

进而不可御者，冲其虚也①；退而不可追者，速而不可及也②。故我欲战，敌虽高垒深沟，不得不与我战者，攻其所必救也③；我不欲战，画地而守之④，敌不得与我战者，乖其所之也⑤。

【注释】

①进而不可御者，冲其虚也：御，抵御。冲，攻击、袭击。虚，防备空虚之处。此谓我军进击而敌无法抵御，是由于攻击点正是敌之虚懈处。

②退而不可追者，速而不可及也：速，迅速。及，赶上、追上。此句意为我军后撤而敌不能追击，是由于我后撤迅速，敌追赶不及。因此，撤退的主动权也操于我手。

③我欲战……攻其所必救也：必救，必定救援之处，喻利害攸关之地。此句意为由于我已把握了战争的主动权，故当我欲与敌进行决战时，敌不得不从命。所以如此是因为我所选择的攻击点，正是敌之要害处。

④画地而守之：画地而守，即据地而守，喻防守颇易。

⑤乖其所之也：乖，违、相反，此处有改变、调动的意思。之，往、去。句意谓牵动敌人，将其引往他处。

【译文】

进击而使敌人无法抵御，是由于击中敌军懈怠空虚的地方；撤退而使敌人不来追击，是因为行动迅速而使敌人追赶不及。所以我军求战时，敌人即使高垒深沟也不得不出来与我交锋，这是因为我们攻击了敌人所必救的地方；我军不想作战时，驻扎一个地方防守，敌人也无法同我作战，这是因为诱使敌人改变进攻方向。

【赏析】

“攻其所必救”是掌握战争主动权的重要手段，它要求将帅要善于攻击敌方要害，或断其粮草，或占其后路，从而调动敌方军队，为己方造成有利的态势，把难击之敌变为易攻之敌。

公元前353年，魏国以庞涓为将，率兵8万伐赵，很快打到了赵国首都邯郸，赵国抵挡不住，遣使向齐国求救。齐威王命田忌为大将，孙膑为军师，率兵8万救赵。刚开始，田忌主张直接进军邯郸与魏军主力决战，配合赵国里应外合夹击魏军。可是，孙膑认为不可与魏军死打硬拼。田忌不解地问：“赵国邯郸危在旦夕，除了直接前去解救之外，还有更好的办法吗？”孙膑说：“现在魏国的精兵强将都调到了邯郸城下，国内只剩些老弱残兵。我们可以直接攻打魏国国都大梁，乘虚而入，庞涓必然率军回救，自动撤离邯郸，这样，既可解邯郸之危，又可乘魏军回救疲劳之际狠狠攻击之，岂不一举两得吗？”田忌听后，连声赞叹：“好计，好计！”立刻改变计划，直扑大梁。庞涓听到这个消息，心急如焚，立即撤军回救。魏军长期攻城作战，此时又长途回奔，人困马乏，疲劳不堪。当行至桂陵之时，又遭齐军伏击，几至全军覆没。

现代社会，市场风云多变，应争取主动权，攻击对方要害，改变对方的优势条件，使自己化被动为主动，方能获得成功。

20世纪70年代，美国比奇·那特公司战胜当时处于领先地位的伯格公司就是最好的例子。比奇·那特公司通过研究后发现，伯格公司的儿童食品所含的糖分和盐分过多，违反了营养学家和生理学家关于儿童不宜进食过多糖和盐的意见。于是，他们在这上面大做文章，以科学家们的意见为依据，指责伯格公司的食品有害儿童健康。同时又透过各大媒体大肆宣传自己公司新产的低盐、低糖或无糖的儿童食品，造成伯格公司的产品销售量大减，由此，比奇·那特公司轻而易举地夺取了伯格公司的市场。

故形人而我无形，则我专而敌分

【原文】

故形人而我无形[①]，则我专而敌分[②]；我专为一，敌分为十，是以十攻其一也[③]，则我众而敌寡；能以众击寡者，则吾之所与战者，约矣[④]。

【注释】

①故形人而我无形：形人，使敌人现形。形，此处作动词，显露的意思。无形，即不显露形态（隐蔽真形）。

②我专而敌分：我专一（集中）而敌分散。

③是以十攻其一也：指我在局部上对敌拥有以十击一的绝对优势。

④吾之所与战者，约矣：约，少、寡。此句意谓能以众击寡，则我欲进击之敌必定弱小有限。

【译文】

要使敌人暴露而我军隐蔽，这样，我军兵力就可以集中而敌人兵力却不得不分散。我们的兵力集中在一处，敌人的兵力如散在十处，这样，我们就能以十倍于敌的兵力去进攻敌人了，因而造成我多而敌寡的有利态势。如果能做到集中优势兵力攻击劣势的敌人，那么同我军正面交战的敌人也就有限了。

【赏析】

孙子强调，将帅要擅长将己方分散的兵力集中，而利用计谋分散敌军的兵力，削弱他们的实力，造成以多击寡的优势，"以十攻其一""我众而敌寡"，胜利也就顺理成章了。

韩信善出奇兵，俘魏王豹，捉赵王歇，败齐王田广，水淹楚军等故事广为流传。同时，韩信也曾用兵"以众击寡"，因此俗话说韩信用兵"多多益善"。汉高祖五年（公元前202年）刘邦用韩信之计，调集各路大军追击项羽至固陵（今安徽寿县），与九江王黥布会合攻城父（今安徽涡阳东），一路由固陵向东，将项羽围于垓下，层层包围，水泄不通。项羽"兵少、食尽"，屡战不胜，军无战心。入夜，刘邦使人于楚军四周高唱楚歌，项羽闻之大惊，以为汉军已攻占楚地，即率800骑突围而出，天明仅存28骑，汉军追至乌江，项羽势单力薄，自刎而死。

在商战中专注才能独步，特别对于实力不强的公司，集中力量于一个领域，比分散实力于不同领域会有更大的发展。要知道联合起来的力量不仅仅只是分散力量的简单相加，它会使企业具有更强的实力。

无所不备，则无所不寡

【原文】

故备前则后寡，备后则前寡，备左则右寡，备右则左寡，无所不备，则无所不寡[①]。寡者，备人者也[②]；众者，使人备己者也[③]。

【注释】

①无所不备，则无所不寡：即言如果处处设防，必然是处处兵寡力弱，陷入被动。

②寡者，备人者也：言兵力之所以相对薄弱，在于分兵备敌。

③众者，使人备己者也：意谓兵力之所以占有相对优势，是因为迫使对方分兵备战。

【译文】

防备了前面,后面的兵力就薄弱,防备了后面,前面的兵力就薄弱。防备了左边,右边的兵力就薄弱,防备了右边,左边的兵力就薄弱。处处加以防备,就处处兵力薄弱。兵力之所以薄弱,是因为处处分兵防备;兵力之所以充足,是因为迫使对方处处分兵防备。

【赏析】

将帅在作战中要善于隐蔽自己,而让敌人难以判断我方优势兵力的具体位置,从而多方防备,使兵力分散,此即“无所不备,则无所不寡”。如此一来,就算敌人的兵力再多,也无法取胜,而我方便可以众击寡,一举突破。

随着蒙古日益强大,金朝逐步加强了北部边境的防御。修筑堡寨,派兵戍守,金朝处处备边,以为可以阻止蒙古骑兵全线侵扰。元太祖 6 年(公元 1221 年)2 月,成吉思汗侦悉金朝边防部署不严的情况后,率 10 万人马南征。4 月蒙军取大水泺(今内蒙古商都南)、丰利(今内蒙古尚义县境内)等地。后因天气炎热,蒙军不适,遂暂停进攻。金帝得知蒙军大举南犯,恐惧异常,定州刺史赵秉文建议派一军袭击蒙古腹地,使蒙军有后顾之忧,迫其撤军而还,但金帝并未采纳。7 月,经过休整后的蒙军,趁着秋高马肥,朝东南进军。蒙军以众击寡,势如破竹,直逼中都(今北京市)城下,金军非降即逃。

在商战中,经常可以看到许多公司过度地扩张,在同一时间内推出太多的商品,由于资源过度的分散,反而导致实力的降低,最后甚至分崩离析!

针对美国通用公司的大型汽车,大为汽车公司打出了“精致小巧”的小型车广告,在当时的汽车市场获得了空前的胜利,但大为汽车公司为进一步提高竞争力,便开始考虑生产大型汽车了。它相继推出 8 人座中型客车、4 门轿车,娱乐用达夏汽车以及吉普型大为汽车。过多的产品不仅分散了该公司的兵力,更让丰田、达特桑、本田汽车突破其薄弱的防线,瓜分其市场占有率。大为汽车一度在美国进口轿车市场上占据 67%的比例,而现在却连美国进口车市场的 7%都不到。

故知战之地,知战之日,则可千里而会战

【原文】

故知战之地,知战之日①,则可千里而会战。不知战地,不知战日,则左不能救右,右不能救左,前不能救后,后不能救前,而况远者数十里,近者数里乎②?……故曰:胜可为也。敌虽众,可使无斗③。

【注释】

①故知战之地,知战之日,则可千里而会战:如能预先了解掌握战场的地形条件与交战时间,则可以赴千里与敌交战。

②不知战地……近者数里乎：言若不能预先知道战场的条件与作战之时，则前、后、左、右无暇相顾，不及相救，何况作战行动往往是在绵延数里甚至数十里方圆范围内展开的。

③无斗：无法与我战斗。

【译文】

因此，如能预知交战的地点和时间，即使跋涉千里也可以去和敌人会战。而若不能预知在什么地方、时间交战，则会导致左翼救不了右翼，右翼救不了左翼，前不能救后，后不能救前的情况，何况想要在远达数十里，近在数里的范围内做到应付自如？所以说，胜利是可以造就的。敌兵虽多，还是可以使它失去战斗力。

【赏析】

优秀的将帅可以根据战场的形势，分析敌我双方的情况，预知交战的时间、地点，并明白应该在何时、何地交战才能掌握主动，获得胜利。因此，胜利是可以争取的，只要具备一定的客观条件，发挥主观能动性，因势利导，就能夺取胜利。

英国为扩大侵华利益，趁清廷国防不振，挑起第二次鸦片战争，并与法美俄结成联盟，与法国组成联军，以舰船20余艘，陆战队1000余人，北犯天津，企图胁迫清廷就范，与之签订新约。清军沿白河两岸架大沽炮台设防，英、法联军十余艘炮艇、千余名陆战队，分前后两路到达白河口处。联军深知欲克大沽炮台，首先要占领拦江沙，使炮台难以发挥火力。5月19日，联军8艘火轮闯入拦江沙，声称是“各国会晤”，守军只是派员询问，并不阻拦，于是联军顺利占据拦江沙，完成兵力集结。5月20日8时，英法联军向清军送来通牒，要求清军于2小时内退出岸上各炮台，否则开战。未等清军回复，即有火轮冲入开炮，南北炮台同时还击，战约两个多小时重创敌艇多艘。但因清军大炮陈旧及不便于发挥火力，而联军船坚炮利，北炮台顶盖终被掀去，清守将阵亡，联军陆战队抢占了北面火炮台，然后又攻陷南面炮台。后路清军马队未及出援即弃营溃逃，联军逆江而上，直至天津城下，英、法、美、俄四国公使迫使清廷签订了丧权辱国的《天津条约》。

在变化无常的商场，“知战之地，知战之日”是成功的保证，只要按照“胜可为”的原则，发挥人的主观能动性，预测市场动态，及早做好准备，机会来到时就不至于因毫无准备而贻误商机了。

美国著名的企业家哈默，在1931年从俄国返国后，曾对美国的政治局势进行了认真研究，他认定罗斯福一定会掌握美国政权，而一旦罗斯福实行他的“新政”，1920年的禁酒令将会被废除。届时若要解决全国对酒的需求，一定需要相当数量的酒桶，而当时市场上却没酒桶销售。于是，哈默向俄国订购了几船桶板，并在纽约码头俄国轮船停泊的地方设立了临时桶板加工厂。当哈默的酒桶源源不断地制成时，正好赶上禁酒令的废除，使酒厂的生产量大增，酒桶的需求量也跟着飞升。于是哈默的酒桶很快便被高价抢购一空，哈默也因此大发了一笔。

策之而知得失之计

【原文】

故策之而知得失之计[①]，作之而知动静之理[②]，形之而知死生之地[③]，角之而知有余不足之处[④]。

【注释】

①策之而知得失之计：策，策度、筹算。意谓我当仔细筹算，以了解判断敌人作战计划之优劣。

②作之而知动静之理：作，兴起，此处指挑动。动静之理，指敌人的活动规律。意为挑动敌人，借以了解其活动的一般规律。

③形之而知死生之地：形之，示形于敌。死生之地，指敌之优势或薄弱环节、致命环节的所在。地，同下“处”，非实指战地。句意为以示形于敌的手段，来了解敌方的优劣环节。

④角之而知有余不足之处：角，量、较量。有余，指实、强之处。不足，指虚、弱之处。意谓要通过对敌作试探性地较量，以掌握敌人的虚实强弱情况。

【译文】

因此要通过认真的筹算，来分析敌人作战计划的优劣得失；要通过挑逗敌人，来了解敌人的活动规律；要通过佯动示形，来试探敌人生死命脉的所在；要通过小型交锋，来了解敌人兵力的虚实强弱。

【赏析】

以上是孙子关于“知彼”方法的论述。作战者要通过“策之”“作之”“形之”“角之”各种手段来探悉敌情，“知”敌的强弱虚实，找出要害之处，了解强弱虚实，掌握活动规律，以有利于我军制定相应的作战计划。

在军事战斗中，为了弄清敌人的虚实，或使敌人的火力布防暴露、或引开敌人的兵力、火力，常以假的、小的行动对敌进行试探，看敌人作如何反映，然后采取相应对策，以达到自己的目的。

西汉时,黥布作乱。汉高祖刘邦问薛公:“黥布将采取何种战略?”薛公说:“黥布若出上策,山东非汉所有;出中策,胜负未可知;出下策,陛下可高枕而卧。”高祖问:“什么是上、中、下策呢?”薛公说:“东取吴,西取楚,并齐取鲁,传檄燕赵,此上策也;东取吴,西取楚,并韩取魏,据在仓之粟,塞成为之口,此中策也;东取吴,西取下蔡,身归长沙,此下策也。”高祖问:“黥布可能采取哪一种策略呢?”薛公答:“黥布眼光短浅,必出下策。”结果,不出薛公所料,黥布出下策,迅速为高祖所平定。

现代商场瞬息万变,同样需要透过“策之”“作之”“形之”“角之”来了解市场状况。比如许多厂商在正式投入市场之前,往往要采用“角之”之策,试销其新产品,以刺探行情,征求消费者意见,为新产品上市打好基础。可见,经商者必须要善于分析市场动向、预测需求的变化和根据市场的动态来制定自己的战略战术。

其战胜不复,而应形于无穷

【原文】

故形兵之极,至于无形[1]。无形,则深间不能窥,智者不能谋[2]。因形而措胜于众,众不能知;人皆知我所以胜之形,而莫知吾所以制胜之形。故其战胜不复,而应形于无穷[3]。

【注释】

①故形兵之极,至于无形:形兵,指军队部署过程中的伪装佯动。书示形于敌的最高境界是没有形态,使敌人无法捉摸。

②深间不能窥,智者不能谋:间,间谍。深间,指隐藏极深的间谍。窥,刺探、窥视。表示佯装达到至高境界,则敌之深间也无从推测底细,聪明的敌人也束手无策。

③应形于无穷:应,适应。形,形状、形态,此处指敌情。

【译文】

因此当佯动示形进入最高的境界,就再也看不出什么迹象和形态了。那么,即使是深藏的间谍也窥察不了底细,老谋深算的敌人也想不出对策。人们只能知道我用来战胜敌人的办法,却无从知道我是怎样运用这些办法出奇制胜的。因此每一次胜利,都不是简单的重复,而是根据不同的情况变化无穷。

【赏析】

孙子主张根据不同的形势灵活用兵。需因形制胜,因形取胜,这要求将帅不能墨守成规,拘泥于某一种形势。作战的方法多种多样,这次用此作战方案获得了成功,但在下一次却未必适用。因此,应该根据战场的具体情况制定相应的作战方案,根据不同的敌人采取不同的措施,灵活机动,“因形”“应形”来做出正确的判断。

唐宪宗元和十一年(公元816年)李愬平定吴元济。事后诸将不解,问他:“起初,你败于朗山为何不忧?在吴房本可以获胜,为什么又放弃?何以顶着大风雪孤军深入敌后(蔡州)?我们都不大明白。”李愬回答说:“朗山失利,可以使敌人骄纵松懈,轻视我们,表面上失败,实则麻痹了敌人;吴房本可以占据,但那样会使敌人逃奔蔡州,联兵固守,所以故意放弃,意在分散敌人兵力;大风雪则有利于我军隐蔽,使敌人难以知道我军形态;而深入敌后,使将士都抱着决一死战的决心,奋勇拼杀。我是看到远处才不看近处,想到了大局才不计小事,如果因小胜而骄,小败而恼,必自挫自败,岂能有大的成功?”言罢,大家都佩服之极。这不是故弄玄虚,而是缜密的测算、高深的谋略、卓越指挥的结果。

企业是生产力发展的重要前线阵地之一。在20世纪70~80年代里,一场全球性的经济危机曾像狂涛怒浪般席卷世界各地。在这股浪潮的严重冲击下,有的企业衰败沦落、倒闭破产;有的企业积极应变、奋起直追,以不同的历程在世界工业史上留下了自己的足迹。他们成功的秘诀是:在激烈的竞争中,根据市场的变化采用不同的策略,此即“其战胜不复,而应形于无穷”,是以“新”、以“奇”取胜。

西尔斯公司在创业初期,主要是供给美国农民所需物件,专门组织生产和提供符合农村需要的商品,并建立了邮购服务的业务。米利斯·罗森沃尔德继任后,更大力发展邮购服务的业务,他针对农村交通不便的状况,采取了一系列措施,而始终坚持“如不满意,原款退还”的原则,使邮购业务得到极大的发展;20世纪20年代后期,伍德接班,在持续经营邮购业务的同时,还大力发展门市零售来服务城市和农村的消费者,并建立连锁商店;50年代初,西尔斯公司首创郊区型购物中心,这种集金融商业、服务业和娱乐业为一体的购物中心大受欢迎,很快便普及美国。50年代后,公司涉及的领域更广了,不仅在百货市场中占有一席重要地位,而且成为世界上最大的宝石商和美国最大的书店之一;60~70年代,又将经营范围扩大到了金融业和不动产业中。80年代,面对公司业务的下滑,新上任的布吉克一方面对公司进行人员精简,另一方面按地区和市场要求建立专门的商店或销售处,很快地又使公司重新踏上兴旺之路。

兵之形,避实而击虚

【原文】

夫兵形象水[①],水之形,避高而趋下。兵之形,避实而击虚[②]。水因地而制流,兵因敌而制胜[③]。故兵无常势,水无常形[④];能因敌变化而取胜者,谓之神[⑤]。

【注释】

①兵形象水:此言用兵的法则就如同水的运动规律一样。兵形,用兵打仗的方式,亦可理解为用兵的法则。

②兵之形,避实而击虚:即用兵的原则是避开敌人坚实之地,攻击其空虚薄弱的地方。

③水因地而制流，兵因敌而制胜：制，制约、决定。制胜，制服敌人以取胜。此句为水之流向受到地形高低不同的制约，作战中的取胜方法则依据敌情不同来决定。

④兵无常势，水无常形：即用兵打仗无固定刻板的态势，似流水并无一成不变的形态。势，态势。常势，固定永恒的态势。常形，一成不变的形态。

⑤能因敌变化而取胜者，谓之神：意谓若能依据敌情变化而灵活处置以取胜，则可视之为用兵如神。

【译文】

用兵的法则就像流水的属性，是避开高处而流向低处；行军打仗的原则是避开敌人坚实之处而攻击其弱点。水因地形的高低而制约其流向，作战则根据不同的敌情而制定取胜的策略。因此，用兵作战没有固定刻板的态势，正如水的流动不会有一成不变的形态一样，倘若能够根据敌情变化而灵活机动取胜，就可以叫作用兵如神。

【赏析】

孙子在这里论述了“因敌而制胜”的军事原则，指出作战者如果能善于运用计谋，用兵出神入化，才是最高明的。孙子认为“兵无常势，水无常形”，打仗用兵没有固定的模式，虚虚实实，真真假假，这就是“兵无常势”之计。“空城计”就是此计的最佳展现，它利用了对方既成的心理定式，将空虚暴露于敌，使敌方难以揣摩，而在犹豫不决中丧失战机，不战自败。

公元263年，魏将钟会攻蜀，蜀将姜维凭险死守剑阁（今四川剑阁县东北）。钟会久攻不克，寸步难移。邓艾遂率军从甘肃、四川间的阴平抄小路绕过剑阁，行经荒无人烟的凌岭，凿山开路，架设便桥，攀缘山崖树木。由于蜀军认为魏军不会由此进攻，所以并未设防，因此魏军沿途未遇“一夫当关”。最后，魏军出敌不意地突然到达江油（今四川江油市东），迫使蜀将士投降后，再迅速挺进成都，灭了蜀国。

“兵无常势，水无常形”在商战中也极为重要，它要求领导者不可墨守成规，需突破心理定式获得胜利。

美国绿巨人罐头食品公司在产品首次进军市场时，为建立产品的健康形象，决定以身披树叶的绿巨人为企业塑像展开强大的广告攻势，代表健康的绿色和强壮的巨人使顾客对其产品印象深刻。产品上市不到一年，绿巨人的形象几乎家喻户晓，该公司罐头食品的销售量也直线上升。但由于市场需求量太大，公司产量有限，无法满足广大的市场需求，于是公司又做了一则“红脸绿巨人”图案的广告，再配上弦外之音：“很抱歉，因为我们的产品供不应求，我们感到难为情！”这则幽默又贴切的广告深得消费者喜爱，使绿巨人平安度过了真空阶段，奠定了它在罐头食品业的霸主地位。

第七章　军争篇

本章导语

本章阐述如何争夺制胜的有利条件，使自己掌握作战主动权的问题。谁能在战争中占领有利的地势，掌握有利的战机，就能形成有利于自身作战的形势。孙子在此篇中提出了“以迂为主”的迂制之计，强调在战争中“后人发，先人至”的思想。

怎样才能在作战中掌握主动权呢？孙子认为：第一，必须了解各诸侯国的政治动向，必须熟悉地形，必须使用向导，做到情况明朗；第二，必须行动统一，步调一致，做到“其疾如风，其徐如林，侵掠如火，不动如山，难知如阴，动如雷震”，“勇者不得独进，怯者不得独退”；第三，要求指挥正确，机动灵活，“避其锐气，击其惰归”。第四，要针对敌人的心理状况而采取相对应的措施，其作战原则是“以治待乱，以静待哗”“以近待远，以逸待劳，以饱待饥”。第五，“兵不厌诈”，在战争中要把握主动，争取胜利，就要善于利用巧妙的变化，虚虚实实，真真假假，采用各种计谋，使敌人难以了解己方的真实意图，然后出奇制胜，取得胜利。只有做到以上几点，才能在战争中处于有利的位置。

后人发，先人至

【原文】

军争之难者，以迂为直[①]，以患为利。故迂其途[②]而诱之以利，后人发，先人至[③]，此知迂直之计者也[④]。

【注释】

①以迂为直，以患为利：迂，曲折、迂回。直，近便的直路。意为将迂回的道路变成直达的道路，把不利的（害处）变为有利的。

②故迂其途而诱之以利：“其”“之”均指敌人。迂，此处当作动词。前句就我军而言，此句就敌军而言。军争时既要使自己“以迂为直，以患为利”，也要善于使敌方以直为迂，以利为患。而要达到此一目的，在于以利引诱敌人，使其行迂趋患，陷入困境。

③后人发，先人至：比敌人后出动，却先抵达将要争夺的要地。

④此知迂直之计者也：知，这里是掌握的意思。计，方法、手段。

【译文】

争求制胜条件最困难的地方，在于要把迂回的弯路变为直路。要把不利的条件转化为有利的。同时，要让敌人的近直之利变为迂远之患，并用小利引诱敌人，这样就能比敌人后出动而先抵达必争的战略要地，这就是掌握了以迂为直的方法。

【赏析】

在战争中只有抢先占领有利的地势，掌握有利的战机，才能形成有利于我方作战的形势。为此，孙子采用逆向思维的方式，提出了“以迂为直”的迂制之计，强调在战争中“后人发，先人至”的思想。所谓远而虚者，是指如果敌人没有防备，我方易进易行、灵活机动、费时少，就会成了实际上的近者；至于近而实者，是指如果敌人有了防备，我方反而难进难行、缺乏机动、费时多，如此就成了实际上的远者。因此，在战场上要善于分析形势，敢于打破常规，这样才能收到意想不到的效果：比敌人后出动而先到达，变不利为有利。

战国赵惠文王二十九年（公元前 270 年），秦加速向中原推进，包围了赵国要地关与城，双方相持不下。廉颇、乐乘皆认为不可救。赵王命赵奢为主将，领大军救援。赵奢领大军在离邯郸 30 里处驻扎，并下令：“凡谈军事，下令进兵者，立即处死”，从此无论秦军怎样叫战，赵奢就是坚壁不进。当时赵国军中有一军吏擅自言战，被斩。28 天后，赵军加筑一道工事，秦派人来刺探军情，赵奢盛情款待。秦将认为，赵奢驻军不前，意在增垒防守，而非救援。赵奢趁秦军松弛守备之后，立即下令前去解救关与城之围，赵军连夜兼程，隐蔽地穿越秦军营地，历时一天一夜赶到关与城。赵奢命善射的士兵在关与城外 50 里的地方扎营，又采用部下许历的建议，占领关与北山。待秦军一到，赵军内外夹攻，秦军人仰马翻，伤亡惨重。秦将胡阳见士卒丧失斗志，便下令撤军。

商业竞争中，在人力、物力、财力上均有限，不能直接实现经营目标的情况下，善于利用这种直中有曲，曲中有直的迂直之计，同样能实现既定目标。采取迂回曲折的手段，表面上虽然多费了一番工夫，但由于它是故意绕过障碍、投以小利，因此虽是落后于他人的行动，实际上却能更直接、更有效、更迅速地达到目标。

美国人图德拉从朋友那里他得知阿根廷即将在市场上购买 2000 万美元的丁烷气体，但竞争对手却是英国石油公司和壳牌石油公司。同时，他还了解到该国正想不顾一切地卖掉牛肉。于是他告诉阿根廷政府：如果你们向我买 2000 万美元的丁烷，我一定买你们 2000 万美元的牛肉。以此为条件，阿根廷政府就和他订下了契约。得到契约后，他又来到西班牙一个因缺少订单而濒临倒闭的造船厂，向他们承诺：如果你们向我买 2000 万美元的牛肉，我就向你们的造船厂订购一艘 2000 万美元的超级油轮，西班牙人欣然同意。接着图德拉又来到费城的太阳石油公司，对他们说：如果你们租用我正在西班牙建造的价值 2000 万美元的超级油轮，我将向你们购买 2000 万美元的丁烷气体，太阳石油公司也同意了他的条件。就这样，图德拉不费一文就做成了 2000 万美元的丁烷生意，并如愿以偿地进入石油业。图德拉正是利用了迂回战术，抓住机遇，改变自身的不利条件，然后伺机获取原本得不到的利益。

军争为利,军争为危

【原文】

故军争为利,军争为危。举军而争利则不及①,委军而争利②则辎重捐。

【注释】

①举军而争利则不及:举,全、皆。率领装备辎重的军队前去争取先机则不能按时到达。不及,不能按时到达预定地点。

②委军而争利则辎重捐:委,丢弃、舍弃。辎重,军用物资的装载,包括军用器械、营具、粮秣、服装等。捐,弃、损失。此句意谓如果扔掉一部分军队去争利,则装载之军用物资将会受到损失。

【译文】

军争不但有不顺利的一面,同时也有危险的一面。假如全军携带满载的军用物资去争利,就无法按时抵达预定地域,倘若丢下部分军队前去争利,则装载的军用物资将会受到损失。

【赏析】

利与弊在事物的发展过程中始终是交织在一起的。孙子说"军争为利,军争为危"正是这种辩证思想的体现。倘若万事俱备,可能会影响军事行动的迅捷;倘若轻装前进,就不得不扔掉大量的装备,两者均有得失。

1941年6月22日,德国调集了190个师、550万人、4980架战斗机、4300辆坦克,2万门火炮,分为北方集团军群、中央集团军群及南方集团军群,在1000多公里的战线上,向苏联发起突袭。德军以迅雷般地速度,一刻不息,昼夜兼程。3个星期时间,德军推进了350~600公里。这个阶段可以说是委军争利的前期,德军取得了辉煌的战果。但德军劳师远袭,疲惫不堪,许多辎重,设备、供应都没有跟上,加上严寒提前到来,而德军却无御寒设备,因此冻伤了无数的官兵。9月30日,德军以疲惫之师进攻莫斯科,损失兵力及装备各半,终于彻底丧失进攻能力,被迫转入防御。可见,举军争利与委军争利各有利弊。

企业的目标是以最小的成本去争取最大的利润。加强内部管理,减少资讯传递环节,明确职责,才能抓住市场机会,对瞬息万变的供求变化做出迅速的反应。而对于企业来说,一定数量的管理人员能达到协调企业内部矛盾,保证企业正常运转的作用,但管理人员如果超过一定限度就会造成机构重叠、人浮于事,这对企业的发展是很不利的。

某制药厂长期亏损,究其原因在于组织臃肿。该制药厂的管理部门多达20余个,而非正式接触生产的间接人员占了全体员工总数的15%,如此之大的组织,导致厂里的职责不明、管理混乱。为改变现状,厂长首先精简组织,将管理部门从原有的 20 个减为 3 个，然后精简人员，将间接人员从以前的 150 个减至 25 个。调整后的制药厂，部门职权明确，员工各司其职，效率大为提高了。

是故军无辎重则亡，无粮食则亡，无委积则亡

【原文】

是故军无辎重则亡①，无粮食则亡，无委积则亡②。

【注释】

①军无辎重则亡：军队没有随行的兵器、器械则不能生存。

②无委积则亡：委积，指物资储备。军队没有物资储备作补充，亦不能生存。

【译文】

须知军队没有辎重就会失败，没有粮食就不能生存，没有物资储备就难以为继。

【赏析】

孙子在此深刻揭示了战争对后方供应的依赖性。辎重、粮食、物资主要是靠生产经营而来，越国范蠡提倡经商，齐国管仲兴办盐业，汉晁错收盐铁之利，刘邦苦苦经营汉中积累财帛，诸葛亮广取织锦之益，都是为军队准备充足的物质供应，以保障战争的胜利。从另一方面而言，破坏敌方的物质基础，也是保证我方胜利的重要因素之一。

隋文帝杨坚，为灭亡南陈，将战争划分为军事及物资两个阶段进行。首先进行的是物资战，即每逢南陈播种或收获季节，就出动少量隋军佯装进攻，让南陈军民放下农具，拿起武器，准备战斗。等南陈准备好了，隋军又立即撤走。而南陈由于耽误了播种和收获，粮产大大减少，加上战备，又消耗了器械及储备物资。连续 7 年，南陈的财、物消耗殆尽，全民陷于食无粮、穿无衣、用无器械的困境，而隋在这 7 年间积极发展生产，加强战备，兵精粮足。公元 589 年初，隋大举进攻南陈，仅仅用了 4 个月的时间，就将南陈灭亡了。

从经营角度讲，“无辎重则亡，无粮食则亡，无委积则亡”，孙子所说的三亡，从反面向我们说明了一个不争的事实：经济实力对于企业发展的重要性。实力强大的公司常利用他们雄厚的资金、先进的设备、充足的原料和能源供应让对手望之却步，在竞争中轻易获胜。

成立于 1929 年的上海中国飞轮制线厂，为取得“制线霸主”的地位，大造舆论。他们每天在报纸上刊登大幅宣传广告，并标明“飞轮”的价格，使其他厂商的产销和价格均受限制；然后又在国内外建立强大的销售网络，形成包围之势；接着又请来本行中小企业的经理和有意开办工厂的人来参观。看到“飞轮”全新的设备和宏伟的规模，许多制线厂自觉自身实力过于薄弱，没有足够的物力、人力、财力与之

进行长期的竞争，只好宣告停业，而不少原有意涉足这一行业的人也放弃了这种打算。飞轮制线厂后来成为全国乃至远东地区设备最新、规模最大的制线厂。飞轮制线厂这种“以势逼人”的做法，正是懂得“无辎重则亡，无粮食则亡，无委积则亡”的道理，依靠本身拥有的强大实力，让竞争对手知难而退，轻而易举地取得了竞争的胜利。

故兵以诈立，以利动

【原文】

故兵以诈立[①]，以利动[②]，以分合为变者也。

【注释】

①兵以诈立：立，成立，此处指成功。
②以利动：利，好处、利益。

【译文】

因此用兵作战必须依靠多变的计谋以争取成功，根据是否有利来决定自己的行动，而按照分散或集中兵力的方式来变换战术。

【赏析】

孙子认为在战争中要把握主动，争取胜利，就要善于利用巧妙的变化，虚虚实实，真真假假，采用各种计谋，让敌人难以了解我方行动的真实意图，然后出奇制胜，取得胜利。

公元前1200年，希腊麦蒂斯皇后海伦，被海对岸的特洛伊王子巴星斯拐骗了去。希腊人渡过爱琴海去攻打特洛伊，但因其防守甚严，历时9年仍未攻克。最后，希腊人想出一条妙计，他们听说特洛伊王子喜欢马，于是造了一匹高大无比的大木马，将士兵藏匿在木马之中，然后将其弃置在城墙上，其余的人都上船，佯装撤退。表面看来，他们似乎放弃了这场战争，等希腊人走了之后，特洛伊人发现了一匹高大精巧的木马，于是将大木马拉进城中，等到天黑以后，木马里的士兵出来杀了守城的特洛伊人，再打开城门让藏在城外的希腊军冲进城内，大败特洛伊守军，并将特洛伊城夷为平地。然后，麦蒂斯国王将海伦王后接回了希腊。

在商战中，也应该以智取，现代企业普遍敬重儒商便说明了这个道理。

1980年，益田以三井公司和财政界人物作后盾，准备设立大海运公司。三菱的米太郎避开与这家公司正面竞争，而采取设置障碍让对手计划流产，以除去劲敌。一是利用传媒使大海运公司的幕后主持人涩泽的声誉降低，动摇参加者的信心；二是用厚利诱惑新公司的积极参与者藤井，使他脱离新公司；三是收买东京股票交易所的股东，撤换涩泽的亲信，断绝其资金来源，使新公司虽然成立，但由于资金和业务问题而无法正常运作。三菱的米太郎采用的迂直之计，可谓高明。

先知迂直之计者胜

【原文】

故其疾如风，其徐如林，侵掠如火，不动如山，难知如阴[①]，动如雷震。掠乡分众[②]，廓地分利[③]，悬权[④]而动。先知迂直之计者胜，此军争之法也。

【注释】

①难知如阴：荫蔽难测。
②掠乡分众：分兵掠夺城邑。
③廓地分利：开拓疆土，分守利害。
④悬权：秤锤悬秤杆上，在此指衡量。

【译文】

因此，军队行动迅速时就像疾风骤起，行动舒缓时就像林木森然不乱，攻击敌人时像烈火，实施防御时像山岳，隐蔽时如同浓云蔽日，冲锋时如迅雷不及掩耳。要分兵掳掠敌方的乡邑，要分兵扼守要地，以扩展自己的领土，并权衡利害关系，然后伺机而动。懂得以迂为直方法的将帅就能取得胜利，这是争夺制胜的原则。

【赏析】

孙子在这里再次强调了懂得迂直之计的重要性。在战争中，无论采取哪种行动战略，重要的是分清形势，权衡利弊，在充分分析形势的基础上，采取果断的行动，以迂为直，以退为进，从而取得战争主动者的胜利。在实际的战争行动中，我们通常牺牲较小的利益而获得更大的主动与胜利。

1940 年 11 月 14 日晚上 7:05 时，英国考文垂市警报长鸣。5 分钟后，德国的轰炸机在皎洁的月光下对考文垂市进行长达 10 个小时的空袭……考文垂市惨遭重创，人员死伤不计其数。德国空军此次对考文垂市展开大规模轰炸作战的命令，是在 1940 年 11 月 12 日上午发出，代号为“月光奏鸣曲”。其实，在考文垂市遭受轰炸的 48 小时之前，英国所制的“超级机密”密码机就破译了德军的轰炸密令，但丘吉尔决定不对此采取防御行动，目的是为了保卫新制成的“超级机密”密码机。就这个例子来看，牺牲一个城是“迂”，保存以后破译德国更多的机密是“直”。所以，在日后保卫英伦三岛的长期作战中，全局的作用远远超过一个考文垂市。换言之，牺牲一个考文垂，保存了更多的考文垂。

在商业竞争中，高明的决策者懂得如何设定目标，并分析与目标相关的各种因素，而采取迂回策略来达到目的。

上个世纪初，美孚石油公司为开拓中国市场，经过认真的分析策划，决定先生产许多造型精美的煤油灯免费送给消费者使用。等灯里的煤油用完后，人们就不得不到美孚去购买煤油。就这样，美孚利用这种方法，使购买煤油的人越来越多，

而一举占领了中国市场。这种迂回的销售策略,使公司很快达到了目的。

三军可夺气,将军可夺心

【原文】

故三军可夺气①,将军可夺心②。

【注释】

①夺气:挫败锐气。
②将军可夺心:动摇敌将之心。

【译文】

对于敌人的军队,可以使其士气低落;对于敌军的将帅,可以使其决心动摇。

【赏析】

此为孙子关于心理战的论述。孙子认为挫败敌军士卒的士气,动摇敌军将领的决心,是克敌制胜的关键所在。拿破仑就曾说过:一支军队的实力,四分之三是由士气构成的。战争不仅仅是武力的角逐,也是士气和军心的较量,一个军心涣散的部队是没有战斗力的。由此,孙子强调要善于利用各种心理攻势对敌人施加压力,瓦解其士气,动摇其军心,先从心理上打败它,使其丧失战斗力。

汉高祖五年(公元前 202 年)冬,刘邦封韩信为齐王,鼓越为梁王,合兵 30 万,围项羽于垓下。时值隆冬,北风肆虐,楚军将士挨饥受冻,多有怨言。这时,张良使人唱出凄凉的楚歌,并伴有哀戚的箫声。楚军听罢思念家乡父母妻儿,个个潸然泪下,于是将士厌战,东逃西散,连跟随项羽多年的季布、钟离昧也都暗中离去了。数万大军很快只剩下四成,一时军心大乱。项羽向南突围至乌江边,后被汉军追上,自刎而死。是楚歌夺去了楚军的士气,加速楚军的灭亡。

在商战中,只有通过"夺心",建立良好的企业形象,取得消费者的信任,才能赢得市场。伊莱克斯为了打入我国市场,特别针对目标消费群特征和产品风格精心设计了一条充满亲情色彩的营销策略,并以"静音冰箱"作为最主要的销售诉求点。

伊莱克斯提出:"冰箱的噪音你要忍受的不是一天、两天,而是 10 年,15 年……","好得让您一生都能相依相靠,静得让您日日夜夜都察觉不到。"这种具有亲情色彩的营销标语,除了使消费者感受到温馨和真诚外,品牌形象和产品形象也随之得到了认可。这不但扩大了市场占有率,更重要的是在消费者心中建立起了亲情形象,而亲情形象反过来又强化了品牌优势,形成新的良性循环。俗话说:"谁拥有了消费者的心,谁就占有了市场",伊莱克斯当然是深谙此道。

善用兵者，避其锐气，击其惰归，此治气者也

【原文】

是故朝气锐，昼气惰，暮气归。故善用兵者，避其锐气，击其惰归[①]，此治气者也[②]。

【注释】

①避其锐气，击其惰归：避开士气旺盛之敌，打击疲劳沮丧、士气衰竭之敌。

②此治气者也：治，此处作掌握解。意谓这是掌握运用士气变化的通常规律。

【译文】

因此善于用兵的人，总是先避开敌人初来时的锐气，而等到敌人士气懈怠衰竭时再去攻击它，这是掌握运用军队士气的方法。用自己的严整来对付敌人的混乱，用自己的镇静来对付敌人的轻躁，这是把握将帅心理的手段。

【赏析】

旺盛的士气是影响军队战斗力的主要因素。孙子认为善于用兵打仗的将帅，要避开敌军士气最盛的时候，而在敌人士气衰竭的时候展开攻势，这样才能使自己处于有利的地位。

“长勺之战”便是避锐击惰的最好战例。齐桓公二年（公元前684年）春，齐桓公任鲍叔牙为大将，率军攻打鲁国，战于长勺。齐军猛击战鼓，首先发动攻击。鲁庄公正欲击鼓出战，却被曹刿劝止说：“齐军士气正旺，不宜出战，只可坚守阵地”。齐军再次擂鼓邀战，鲁军仍是坚守不出。鲍叔牙以为鲁军投降，第三次擂击战鼓，此时齐军已经疲惫，有气无力地冲过来，曹刿才说：“现在可以出击了”，于是士气旺盛的鲁国军队发起反击，大败齐军，追击30余里，事后，鲁庄公问曹刿打败齐军的道理，曹刿说：“夫战，勇气也。一鼓作气，再而衰，三而竭，彼竭我盛，故克之。”

“避其锐气，击其惰归”也是市场营销游击战原则的集中体现，其表现在认真分析竞争对手的情况，并研究其长处和弱处，有针对性地改善自己的产品，而跻身对手所占有的市场中。

美国一种名为《有限公司》的杂志从1979年发行以来，已取得了非凡的成功。这归功于它的创始人泊纳德·A·戈迪亚斯敏锐的洞察力。他发现那些全国性的商业杂志，都是为大企业服务的，于是便针对占美国企业绝大多数的中小企业创立了《有限公司》，它在发行的第一年，就接下了600多页的广告生意，价值约600万美元。

以治待乱,以静待哗

【原文】

以治待乱[①],以静待哗[②],此治心者也[③]。以近待远,以佚待劳,以饱待饥,此治力者也[④]。无邀正正之旗,无击堂堂之陈,此治变者也[⑤]。

【注释】

①以治待乱:以严整有序的军队对付混乱不整之敌。
②以静待哗:以自己的沉着冷静对付敌人的轻躁喧哗。
③此治心者也:这是掌握利用将帅心理的一般方法。
④此治力者也:这是掌握利用军队战斗力的基本方法。
⑤此治变者也:这是掌握机动应变的一般方法。

【译文】

用自己的严整来对付敌人的混乱,用自己的镇静来对付敌人的轻躁,这是掌握将帅心理的手段。用自己部队接近的战场来对付远道而来的敌人,用自己供应充足的部队来对付饥饿不堪的敌人,这是掌握军队战斗力的秘诀。不要去打击旗帜整齐的敌人,不要去进攻阵容雄壮的敌人,这是掌握灵活机变的原则。

【赏析】

“以治待乱,以静待哗”“以近待远,以佚待劳,以饱待饥”等作战原则都是孙子针对敌人的心理状况而采取的相应措施。“治心”即掌握军心。行军打仗,首先是要治理好自己,无论进攻、防御,都要军容严整,临阵不乱,才能用自己的严整来对付敌人的混乱。孙子主张善战的将帅不仅自己应“治”,更要使敌人“乱”。意志混乱的军队,即使兵多将广,都不会有强大的战斗力。因此使敌人“乱”就能乘此机会,乱中取胜。

东汉后期,军阀混战。辽东太守公孙康,偏安一隅。但他明白,一旦中原混战结束,河北袁氏兄弟转而北向,辽东极有可能会被吞并,因此他对袁氏久存戒心。官渡之战,袁绍兵败,曹操从容地占据了冀、青、幽、并四州。袁尚、袁熙逃往辽东依附公孙康,公孙康既不愿袁氏在辽东落脚,又怕曹操急攻辽东,自己势单力孤,于是将二袁留下。公元207年,曹操伐乌桓之后,有人劝曹操攻辽东、擒二袁,曹操说:“不用动兵,等着公孙康将二袁之头送来”,于是便带军队经柳城撤回。此时,公孙康正担心曹操会以二袁为口实讨伐他,想不到曹操并无此意,于是他马上想到除掉二袁,一则讨好曹操,二则去掉辽东大患。没过几天,二袁的首级就送到曹操手中了。曹操不费一兵一卒便消灭了二袁、安定了辽东,主要是他看到二袁与公孙康之间的关系,所以拿定主意,以静待哗。如果他轻信人言,进攻辽东,公孙康与二袁必合力抵抗,而操久战疲惫,必将成为强弩之末,胜败难料。何况后方还有刘表割据,左右掣肘。反之,不攻辽东,公孙与袁必互相争斗,曹操真是用兵如神啊!

在商战中,经营者应学会"以治待乱"的计策,趁竞争对手毫无准备,或力量衰弱之际,突然出击,夺取市场。

多年以来,美国福特汽车公司一直想占领世界豪华汽车市场,但由于竞争对手的实力强大,特别是英国美洲虎汽车公司在研制开发新型高档车方面有独特的优势,使福特的希望一直未能实现。但是,到了1988年,美洲虎汽车公司由于劳资关系紧张,内部管理混乱,加上生产成本上升,使得利润锐减。11月1日,英国贸易局突然宣布放弃该公司的决定性股份——黄金股份。此乃天赐良机,福特公司"乱而取之",在24小时后宣布以16亿英镑的价格收购美洲虎汽车公司,实现了多年来未能如愿的梦想。

故用兵之法,穷寇勿迫

【原文】

故用兵之法,高陵勿向①,背丘勿逆②,佯北勿从③,锐卒勿攻④,饵兵勿食⑤,归师勿遏⑥,围师必阙⑦,穷寇勿迫⑧,此用兵之法也。

【注释】

①高陵勿向:高陵,高山地带。向,仰攻。即对已占领高地的敌人,不要去进攻。

②背丘勿逆:背,倚仗之意。敌人如果背倚丘陵险阻,我军不要去正面进攻。

③佯北勿从:佯,假装。从,跟随。言敌人如果是假装败退,我军不要去追击。

④锐卒勿攻:意谓如果敌军的士气旺盛,我军不要去进攻。

⑤饵兵勿食:此谓敌人若以小利作饵引诱我军,则不要去理睬它。

⑥归师勿遏:遏,阻击。对于正在向本国归返的敌师,不要去正面阻击它。

⑦围师必阙:阙,同"缺"。在包围敌军作战时,当留有缺口以避免使敌人做困兽之斗。

⑧穷寇勿迫:指对陷入绝境的敌人,不要加以逼迫,以免其抵死挣扎。

【译文】

用兵的法则是:假如敌人占领山地就不要去仰攻,若敌人背靠高地也不要正面去攻击,敌人假装败退时不要跟踪追击,同时也不要去攻击士气旺盛的敌军,不要去理睬敌人的诱兵,对正在退回本国途中的敌军不要正面遭遇,包围敌人时要留出缺口,而对陷入绝境的敌人不要过分逼迫,这些都是用兵的法则。

【赏析】

孙子强调"高陵勿向,背丘勿逆,佯北勿从,锐卒勿攻,饵兵勿食,归师勿遏,围师必阙,穷寇勿迫"的原则,其目的是提供指挥者在指挥作战时能辨清形势、认清敌人用兵的方法，必须针对不同的敌情采取不同的措施，以发挥遏制敌人的作用。

商场如战场。在商业竞争中，经营者也需要认清形势，懂得“锐卒勿攻”的道理，不要冒险和强大的竞争对手硬拼财力、物力和人力，而是要找出竞争者的弱点，发起进攻，才能一举成功。

美国福特公司在刚成立的时候，规模很小，无法与其他实力强大的汽车公司相抗衡。当时，许多汽车制造商致力于高档汽车的生产，如果福特贸然与大公司争夺高档汽车的市场，无疑是以卵击石。于是，福特另辟蹊径，生产一种平价汽车。产品面市后，因价格低廉而广受中低阶层的消费群欢迎而致供不应求，给福特公司带来了巨大的利润。在此基础上，福特公司不断发展，由默默无闻的小企业一跃而成为举世闻名的大公司。

第八章　九变篇

本章导语

本章论述将帅指挥作战应根据各种具体情况灵活机动地处理问题，不要因循守旧而招致失败，此外，并就战争中面临的具体问题对将帅提出了要求。孙子强调，将帅处置问题时必须做到：第一，考虑问题要兼顾利与害两个方面。在有利的情况下要想到不利的因素，在不利的情况下要想到有利的因素。第二，要根据不同的竞争目标，采取不同的竞争手段。第三，自己要立足在充分准备、使敌人不可攻破的基础上，不能心存侥幸。第四，要克服偏激的性情，全面、慎重、冷静地考虑问题。只有做到以上这些，方能“得地之利”“得人之用”。孙子认为，将帅要从实际出发来处置问题才能战胜敌人，因此对于国君违背实际情况的命令可以不执行，对此他大胆地提出了“君命有所不受”的军事名言。“九变”是指作战时要机动灵活，根据特定的地形、敌情，采取特定的处理方式。孙子强调，任何方针、策略都离不开机变行事、灵活运用，要因势而变，不能墨守成规。只有真正懂得“九变之利者”，才能获得胜利。

地有所不争，君命有所不受

【原文】

孙子曰：凡用兵之法，将受命于君，合军聚众。圮地无舍①，衢地交合②，绝地无留③，围地则谋④，死地⑤则战，涂有所不由⑥，军有所不击⑦，城有所不攻⑧，地有所不争⑨，君命有所不受⑩。

【注释】

①圮地无舍：圮地，指难于通行之地。舍，止也，此处指宿营驻扎。

②衢地交合：衢，四通八达，衢地即四通八达之地。交合，指结交邻国以为援。

③绝地无留：绝地，难以生存之地。意为遭逢绝地，不要停留。

④围地则谋：围地，指进退困难易被包围之地，谋，即设定奇妙之计谋。在易被围困之地要设奇计摆脱困难。

⑤死地：进则无路，退亦不能，指非经死战则难以生存之地。

⑥涂有所不由：由，从、通过。这里指有的道路不要过。

⑦军有所不击：指有的军队不宜攻击。

⑧城有所不攻：有的城邑不应攻打。

⑨地有所不争：有些地方可以不去争夺。

⑩君命有所不受：有时君主的命令也可以不接受。

【译文】

孙子说，大凡用兵的法则是：将帅接受国君的命令，征集民众、组织军队。出征时在沼泽延绵的“圮地”上不可驻扎，在多国交界的“衢地”上应结交邻国，在“绝地”上不要停留，退上“围地”时要巧设奇谋，陷入“死地”后要殊死战斗。有的道路不要通行，有的敌军不要攻打，有的城池不要攻取，有的地方不要争夺，国君的部分命令不要遵行。

【赏析】

战场情况千变万化、错综复杂，为此，孙子提出将帅在用兵之时要“因地”“因情”“因势”，灵活机动地处理问题，不要因循守旧。而处在“圮地”“衢地”“绝地”“围地”“死地”等不同战场时，也要采用相应的对策。同时孙子强调任何事都要从全局出发，去分析问题，对于无关大局的局部目标，或未影响全局作战目的者，要坚决“不由”“不击”“不攻”“不争”。总之，慎重而灵活地选择作战方案，才能保证必胜、全胜。

公元224年，魏国大将曹爽领军伐蜀，穿过骆谷，进至兴势山前，发现蜀将已经占据有利地形，很难攻破，如不迅速撤回，被蜀军抄了后路就有全军覆没的危险，于是不等魏王旨意，便果断下令撤退。魏军撤退途中，果然发现蜀军将领正率军向魏军后方的三岭地区移动。曹爽率领魏军抄小路方躲过蜀军堵截，才能安全撤回。

在残酷的市场竞争中，最困难也是最重要的就是决策了。在无法把握商机，失

去竞争主动权时,能否及时而勇敢地撤退,就需要睿智的远见和果断的决策力了。对于经营者来说,没有希望的市场,要赶快撤退,另辟蹊径;对于已被占领的市场不要争夺,以避免可能遭受的挫折和损失。

1964年,松下通信工业公司做出了一个举世震惊的决定——停止大型电脑的生产。之前,松下已经花费了5年的时间去研制开发大型电脑的技术,而且还投入了十几亿的研究经费。就在快要进入最后冲刺阶段,松下却做出了全盘放弃的决策,让人不可理解。其实,松下的决定是因为考虑到大型电脑的竞争过于激烈,稍有差错就会影响全公司的发展,甚至造成难以挽回的损失,届时再做出撤退的决定,就为时已晚了。因此,在可进可退之时撤退,才是最好的选择。实际上,大型电脑市场几乎已被IBM独揽,许多世界著名的公司也已退出这一个竞争的领域。而日本实力雄厚的大公司,包括日立、富士通等也都在此投下了巨额资金。在这样的条件下,松下权衡利弊,做出了撤退的决定。松下的退出是"高明"的,正体现了"途有所不由,军有所不击,城有所不攻,地有所不争"的道理。

通于九变之利者,知用兵矣

【原文】

故将通于九变之利者,知用兵矣①。将不通九变之利者,虽知地形,不能得地之利矣②。治兵不知九变之术③,虽知五利④,不能得人之用矣⑤。

【注释】

①故将通于九变之利者,知用兵矣:将帅如果能通晓九变之利,就懂得如何用兵作战了。通,通晓、精通。

②将不通九变之利者,虽知地形,不能得地之利矣:将帅如果不通晓九变的利弊,即使了解地形,也不能从中获得帮助。

③九变之术:九变的具体手段和方法。

④五利:指"途有所不由"至"君命有所不受"等五事之利。

⑤不得人之用矣:指不能够充分发挥军队的战斗力。

【译文】

将帅如果能精通各种机变的利弊,就是懂得用兵了。将帅如果不能精通各种机变的利弊,那么即使了解地形,也不能够得到充分利用地理的优势,以达到战胜敌人的目的。指挥军队如果不知道九变的方法,那么虽然知道"五利",也不能充分发挥军队的战斗力。

【赏析】

孙子一直非常强调"九变",他认为任何方针、策略都离不开机变行事、灵活运用,要因势而变,不能墨守成规。

《三国演义》第62回描写刘备应刘璋之请，进驻葭萌关，抗拒汉中张鲁入侵，后来因刘备向刘璋借军马钱粮受到刁难，双方翻了脸。是进是退，刘备拿不定主意，问计于庞统。庞统回答："我有三条计策可以让主公选择。现在马上选派精兵昼夜兼程去偷袭成都，这是上计。主公假意说自己回荆州，然后，将前来送行的守关将领杨沛、高沛擒住杀了，夺取葭萌关，攻占涪城，然后再攻打成都，这是中计。撤军退还白帝城，星夜赶回荆州，再慢慢打算，这是下计。若在这里迟疑不决，军队就要遭受重大损失，无计可救了。"刘备深思后认为："上计太仓促了，下计太缓慢了，中计可以实施"。于是依计行事，轻易地夺下了涪水关，然后攻下雒城，取绵竹，直捣成都。庞统多谋，刘备善断，因此取得了最佳效果。且庞、刘是在对当地形势进行翔实的分析后才采取了正确的决策，因而赢得了战争的胜利。

"用师之本，在知敌情"，"陈兵布阵，分军力敌"。这一军事上的用兵原则也可以成为企业产品管理方略之一。

企业经营没有固定一致的成功模式，没有"万灵丹"，一切都得靠经营者善于审时度势，从市场实际出发，临机处置，定下最好的决策。市场的机会随时、随地都存在，但关键在于企业能否发现机会，有效地把握机会，并选定正确的战略，以及运用适合的战术去取得竞争的胜利不懂得随机应变的企业，即使看到机会，但最终还是会失去机会

20世纪20年代初，南洋橡胶业的丰厚利润，吸引了美国、英国、日本的商人纷纷涌入从事橡胶的种植和生产。一时之间橡胶的产量大增，结果供过于求，造成价格急跌，利润大幅下降。见此情况，许多人急于让售胶园、胶厂。在一片混乱之中，陈嘉庚先生却看到了商机。他认为，由于橡胶用途广泛，将成为20世纪重要的原料，眼前的生产过剩和利润下降只是暂时的现象。于是他出资把其他人出让的胶厂都买了下来，同时改进设备，扩大自己胶厂原有的规模，并投资扩建橡胶熟品制造厂。果然，1922年11月，由于英国政府对橡胶生产的限制，使得橡胶价格回升，橡胶业恢复了以前的生机。陈嘉庚的成功，正是"通于九变之利"的最佳明证。

智者之虑，必杂于利害

【原文】

是故智者之虑[①]，必杂于利害[②]。杂于利而务可信也，杂于害而患可解也。

【注释】

①智者之虑：聪明的将帅思考问题。虑，思考。

②必杂于利害：必然充分考虑和兼顾到利弊两方面的因素。

【译文】

因此，明智的将帅考虑问题，必须兼顾利与害两个方面。在有利的情况下考虑到不利的方面，大事便可以顺利进行；在困难的情况下考虑到有利的方面，那么祸

患就可以消除了。

【赏析】

孙子主张将帅要从利害的矛盾两方面来分析问题、权衡得失。所谓“杂于利害”,在有利的条件下,要看到不利的因素,在不利的情况下,要善于发掘有利因素,而考虑问题时切忌偏激和片面。指挥者要具有整体意识,认清利害之间的关系,创造并利用利害相互转化的关系,趋利避害,防患于未然。

1962 年,苏联道弹运往古巴,美国为了对付古巴、苏联,通过对形势的分析认为:如果对此事不闻不问,则显得美国软弱,有损威信;如果出兵干预,则风险太大,有挑起第三次世界大战的可能。而如果用舆论工具或谈判方式,可能时间花费长,且成效慢。但如果对古巴进行海上的经济封锁,切断其一切贸易通路,在经济上拖垮古巴,既可展示美国的雄风,又能避免武装冲突,还可在短期内解决问题。于是美国毅然采取经济封锁的策略,果然使苏联在 5 天后撤走了导弹。这就是进行“趋利避害”选择的结果。

在激烈的市场竞争中,利与害也是相辅相成的,所谓“祸兮福所依,福兮祸所伏”,因此,经营者要有“杂于利害”的思想,在不利的时候要善于分析企业的优势,在顺利的时候则要看到潜伏的危机,防患于未然。

屈诸侯者以害,役诸侯者以业

【原文】

是故屈诸侯者以害,役诸侯者以业,趋诸侯者以利[①]。

【注释】

①趋诸侯者以利:趋,奔赴、奔走,此处作动词用。句意指用利引诱调动敌人,使之奔走无暇。

【译文】

所以,要用诸侯害怕的事情使其屈服,要用危险的事情去役使诸侯,要用小利去使诸侯归附。

【赏析】

孙子在此指出根据不同的战略目的,分别采取不同的战略手段去达到自己最初“屈”以“害”“役”以“业”“趋”以“利”的战略原则。

吴蜀夷陵之战后,刘备战败病死白帝城。魏主曹丕采用司马懿之计,采取封官许愿、重金收买、割地分利等方法,凑集 50 万大军攻蜀,调五路大兵来取西川:第一路,曹真起兵取阳平关;第二路,孟达领军犯汉中;第三路,东吴起精兵取峡口入川;第四路,蛮王孟获兴兵犯益州四郡;第五路,番王轲比能起羌兵犯西平关。企图以武力迫使蜀国君臣屈服。诸葛亮以马超守西平，羌人爱戴马超，必可不战自退；魏延疑设伏兵，孟获惧险必退；李严致书孟达，孟达必称病不进；赵子龙据险守关拒曹真，必万无一失；吴见四路兵败，必观望不进，再马上与之结盟，联合抗敌，魏军必败。诸葛亮根据五路兵马不同的弱点，对症下药，或诱之以利，或威之以险，加之以害，分化瓦解，轻易地粉碎了50万兵马的进攻。

在商业竞争中，如何充分利用消费者的心理“趋诸侯者以利”，来吸引他们的注意，提高企业的知名度，打开商品的销路，这需要经营者仔细研究、精心策划。

有一年的圣诞节，英国食品批发商普顿为出售他代理的奶酪，别出心裁地在每50块奶酪中选一块放进一枚一英镑的金币，并散发传单，大造声势。许多人受金币的诱惑，涌向普顿的奶酪店。该做法引起了同行的强烈不满，而由于人太多，又引来了警察的干预。于是普顿又张贴了一张告示，希望在奶酪中发现金币的人，如数退还。通告一贴，“奶酪含金币”的诱惑使消费者更加踊跃。警察再次就安全问题进行干预，精明的普顿在报上又刊登了大幅广告，提醒消费者在食用奶酪时，应谨慎小心，不要把金币吞到肚子里。这则广告在表面上虽然是应付了警察，但实际上却造成了更大的轰动，前去光顾的人也就更多了。

用兵之法，无恃其不来

【原文】

故用兵之法，无恃其不来，恃吾有以待也[1]；无恃其不攻，恃吾有所不可攻也[2]。

【注释】

①无恃其不来，恃吾有以待也：意为不要寄望于敌人不来，而要依靠自己做好充分的准备。

②无恃其不攻，恃吾有所不可攻也：不要寄望于敌人不来进攻，而依靠自己具备强大实力，使得敌人不敢来进攻。

【译文】

因此，用兵的法则是：不要寄希望于敌人不会来，而要依赖自己有充分的准备，严阵以待；不要寄望于敌人不会进攻，而要依靠自己有充足的力量，使敌人无法进攻。

【赏析】

孙子在这里提出了“有以待”“有所不可攻”的观点，强调任何时候都不要把希望寄托在敌人“不来”或“不攻”上面，而应该有充分的准备，使敌人无机可乘，而自己无懈可击、有备无患。事实证明，平时、战时注重“有备无患”，做到“以虞待不虞”就能取得胜利。

这种“虞”，重点在于知己知彼，即孙子所谓的“知彼知己，百战不殆”。未战以

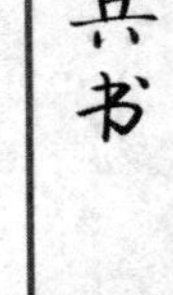

前，先充分了解敌情我情，综合双方主要条件，全面地比较、分析、研究，做出正确判断，做好充分准备，这样就一定能打胜仗。知彼而不知己，或知己而不知彼，一旦交战，处于盲目状态，可能自己的弱点恰好为敌所乘，而敌之强点却为己所遇，胜败均毫无把握。

《左传·隐公五年》云："不备不虞，不可以师。"又《左传·宣公十二年》云："有备无败。"都是强调预有准备，料敌计险，先胜而后求战。以有虞之己战不虞之敌，胜敌当为必然。

赤壁之战中，诸葛亮设了三路伏兵袭击曹操。第一路兵马赵云，第二路兵马张飞，第三路兵马关羽，曹操被赵云、张飞的兵马杀得人仰马翻，诸将多已带伤。当曹操带领残兵败将摆脱张飞的追杀后，来到岔路口，发现有两条路可以通往荆州；一是条大路，平坦但路程较长；二是条小路，路程短，但崎岖难行。当曹操派人得知："小路山边有数处烟起"而"大路并无动静"后，曹操决定取华容小道直奔荆州。诸将皆不明白，纷纷发问："烽烟起处，必有军马，为何要走这条路"，曹操自鸣得意地说："虚则实之，实则虚之，孔明多谋，教人放烟诈我，而伏兵于大路，想诱我中计，我却不上当。"当曹操走上华容道上时，还不知道奉派埋伏的关云长早领着500校刀手等他，害得他不得不跪地求饶。

商场中没有永远的胜利者，要想在竞争中始终保持优势、处于主动，就必须不断增强自己的实力，防止竞争对手的攻击。例如有许多处于行业领导者地位的企业，为巩固既有的地位，经常借由不断开发新产品和服务的方式，来加强自己的地位。

在个人电脑市场上，竞争异常激烈，不能有半点的松懈。对此，IBM的策略是使公司不断推陈出新，让对手很难找到攻击点。IBM首先推出了个人电脑XT型，具有大容量的硬碟；接着是装置全新微处理机的个人电脑AT型，它的价格极低，功能却很多，这给他的竞争对手带来了巨大的压力，使他们不得不开始考虑自己的产品和策略。AT型电脑的推出，使许多电脑公司出现了重大危机，有的开始背负巨额的亏损，甚至倒闭。

将有五危

【原文】

故将有五危：必死，可杀也[①]。必生，可虏也[②]。忿速，可侮也[③]。廉洁，可辱也[④]。爱民，可烦也[⑤]。凡此五者，将之过也，用兵之灾也。覆军杀将[⑥]，必以五危[⑦]，不可不察也。

【注释】

①必死，可杀也：必，坚持、固执之意。此句言坚持死拼，则有被杀的危险。

②必生，可虏也：言将帅若一味贪生，则不免沦为战俘。

③忿速，可侮也：忿，愤怒、愤懑。速，快捷、迅速，这里指急躁、偏激。意谓将帅

急躁易怒，就有容易中敌人轻侮之计的危险。

④廉洁，可辱也：将帅如果过于洁身清廉，自矜名节，就有受辱的危险。

⑤爱民，可烦也：将帅如果溺于爱民，不知从全局把握问题，就易为敌所乘，有被烦扰的危险。

⑥覆军杀将：使军队覆灭，将帅被杀。覆，覆灭、倾覆。

⑦必以五危：必，一定、肯定。以，由、因的意思。五危，指上述"必死""必生"等五事。言"覆军杀将"都是由此五危所引起的，故不可不充分注意。

【译文】

因此，当将帅的有五种致命的毛病：只知死拼蛮干，就可能被敌人诱杀；只顾贪生活命，就可能被敌人俘虏；急躁易怒，就可能中敌人的凌辱之计；廉洁好名，就可能中敌人侮辱的圈套；只顾"爱民"，就可能导致烦扰而不得安宁。以上五点，是将帅最容易出现的过错，也是用兵的祸害。军队覆没，将领被杀，大部是由于这五种过失造成的，这是不得不慎重考虑的。

【赏析】

孙子列举为将的五种危险倾向：有勇无谋、贪生怕死、急躁易怒、过于自尊自爱、过于爱民如子。这些倾向，在对敌斗争中可能为敌所用、所困、所攻、所杀。

就拿爱民如子来说，刘备可谓典范，这让他在关键时刻差点险遭不测，误了大事。刘备失襄樊，奔江陵，百姓大呼："我等虽死，愿随使君"。简雍劝他速走，刘备不听，与十万军民同行，大小车数千辆，老老少少，一天只行十余里，特别是渡襄江便耽误了许多时间，阻碍了军队的行动。曹操利用刘备军队行动迟缓，一路冲杀，刘军大乱，将帅分离，妻儿离散，死伤无数。糜夫人投井而尽，赵子龙不得不单骑救主，张翼德不得不长坂坡阻敌，有如丧家之犬。刘备爱民不得法，最后以害民、害军告终。

公司的运作是以人为中心的,策略由人制定,战术由人执行,因此,公司的成功无疑就是人的成功。公司的经营者就如同战争的指挥者,公司的员工无疑是攻城的士卒。经营者是否具有将帅之才对一个公司的发展具有举足轻重的作用。

李·艾科卡于1979年到克莱斯勒汽车公司担任总裁时,接手的是一个债台高筑的烂摊子。在万般无奈下,艾科卡只好求助于政府的担保,以便从银行获得10亿美元的贷款,用于克莱斯勒公司研发新型轿车的工程上。但此举引来各界的不满,因为在美国,企业界如果靠政府帮助来发展自己的企业,是不合乎自由竞争原则的。面对企业界、舆论界、美国政府和国会的各种斥责、反对声浪,艾科卡经过冷静的分析后,采取了"分兵合进、各个击破"的战术,争取到社会各界的同情与支援,他所需要的10亿美元贷款也终于顺利地到手了。他利用这笔得来不易的贷款,一举开发出了几种新轿车。从1982年起,克莱斯勒公司就开始转亏为盈,翌年又赚取了9亿多美元的利润,创造了该公司有史以来盈利最丰的纪录。克莱斯勒公司由此写下新的辉煌史,艾科卡也一举成名,成为最受美国人敬佩及世人瞩目的优秀企业家。试想,如果李·艾科卡优柔寡断,胆小怕事,现在的克莱斯勒公司会是怎样的景况呢?

第九章 行军篇

本章导语

本章专门论述作战中有关行军的各种问题,诸如部队行进时如何安营扎寨,如何察看和利用地形,如何侦察敌情等等。

全篇内容大体分为四部分:

第一,分别从山岳地带、河川地带、盐碱地带、平原地带,以及其各种险阻地带论述了行军扎营、应敌所必须注意的事项和应该采取的策略。

第二,论述行军过程中侦察敌情的几种基本方法。诸如"敌近而静者,恃其险也;远而挑战者,欲人之进也;其所居易者,利也;众树动者,来也;众草多障者,疑也;鸟起者,伏也……"

第三,指出用兵打仗,主要的并不在于兵力多,而在于"并力、料敌、取人",也就是善于集中兵力,判明敌情,以智取胜;那种"无虑而易敌",一味只知盲目猛进的人,将"必擒于人"。

第四,指出统帅军队必须重视平时的教育,同时,也更要重视战时军纪严肃,赏罚分明。强调为将者要言而有信,令行禁止,士卒们才会心悦诚服。

孙子在本章还提出了"令之以文,齐之以武"的文武兼用之治军原则,既要用道义来教育士兵,用法纪来统一步调,这样的军队打起仗来一定能取得胜利。

半济而击之，利

【原文】

绝水必远水[①]，客[②]绝水而来，勿迎之于水内，令半济而击之[③]，利。

【注释】

①绝水必远水：意谓横渡江河，一定要远离江河之处驻扎。

②客：指敌军，下同。

③勿迎之于水内，令半济而击之：迎，迎击。济，渡。半济，渡过一半。此句谓不要在敌军刚到水边时迎击，而要在敌军渡河渡到一半时再发动攻击，因为此时敌军首尾不接，行伍混乱，攻之容易取胜。

【译文】

横渡江河，必须在远离水流之处驻扎。敌人渡河来战，不要在江河中迎击，要等它渡过一半时再出击，这样较为有利。

【赏析】

孙子说细论述在江河地带行军作战的策略，提出了令敌"半济而击之"的作战原则。意思是当敌人渡河来战，不要在江河边迎击，而应当在它渡河渡到一半时再发动攻击，分批歼敌于水际滩头。孙子这一项作战原则，虽仅就渡河作战来说，但实际上，其精神是适用于一切水域防御作战。现代抵抗登陆作战中，以劣势装备胜优势装备之敌，尤其要掌握这样一个作战原则，以便抓住最有利的战机歼灭敌人。

1821 年 8 月，拿破仑远征莫斯科受挫，撤军至别列津纳河一线，准备渡河。但河上的桥梁已被苏军炸毁，河水解冻，无法徒步过河，拿破仑遂于渡口边以北五公里外不足二十尺宽的浅水区架了两座高架浮桥。11 月 26 日晚，法军开始渡河，就在前卫刚到达彼岸，而大部分士兵仍在渡河之际，俄军大举进攻，轰炸浮桥、封锁通道。一时之间法军如入瓮中，任人宰割，死伤无数。此时，一座浮架被炸毁，形势更加混乱，许多人企图泅渡，结果葬身河底。29 日，法军为摆脱追击而炸毁浮桥，1 万多名法国士兵留在东岸，成了刀下之鬼。

"半济而击之"往往是企业后发制人的招数之一。在竞争对手推出新产品时，常常按兵不动，静观其变。然后通过市场调查，去了解消费者对其产品的意见和建议，同时对竞争对手的新产品进行认真分析、仔细研究，在找出对方产品优缺点的基础上，截长补短，研制出更完善的产品推向市场，从而一举跃居前位。

日本松下公司曾用"半济而击之"的策略击败实力强大的索尼公司。1969 年，索尼公司研制成功并推出世界上最早的家用小型录影机，一时风靡市场。这时，松下公司并不急于步其后尘，而是通过分析和研究，针对新录影机的弱点和市场需求的变化，研制出更受消费者喜爱的可录影 4 ~ 6 小时的机种，其录影时间比索尼的产品长，而且价格也便宜约15%。故该产品一上市销售量便很快压过索尼，独占鳌头。

凡军好高而恶下，贵阳而贱阴

【原文】

凡军好高而恶下①，贵阳而贱阴②，养生处实③，军无百疾，是谓必胜。丘陵堤防，必处其阳而右背之④，此兵之利，地之助⑤也。

【注释】

①好高而恶下：即喜欢高处而讨厌低处。
②贵阳而贱阴：贵，重视。贱，轻视。句意为看重向阳之处而轻视阴湿地带。
③养生而处实：指军队要选择水草和粮食充足、物资供给方便的地域驻扎。养生，指水草丰盛、粮食充足，能使人马得以休养生息。
④必处其阳而右背之：指置军向阳之地并使其主要侧翼背靠高地。
⑤地之助：意谓得自地形的辅助。

【译文】

大凡驻军总是喜好高地，厌恶低洼之地；看重向阳的地方，轻视阴湿的地方；靠近水草，军需充实，将士百病不生，这是军队必胜的条件。在丘陵堤防行军，必须占领它向阳的一面，而主要侧翼要背靠它，这对军队有利，算是得到了地形的辅助。

【赏析】

孙子在此提出了关于军队驻地的选择问题，他强调行军打仗时，军队驻地的选择必须在高处、向阳处和物资丰富处，这既有利于我军的出击与休整，也有利于粮食的供应，而占据有利条件，胜利自然也就有了保障。

唐昭宗干宁四年，汴州刺史、宣武节度使朱全忠大举兴师，讨伐淮南节度使杨行离。朱全忠命令庞师古攻扬州，葛从周攻寿州。庞师古率兵7万驻清口，部属认为清口低洼，不宜驻军，但师古自以为兵多，不以为意。杨行离奉军至楚州拒敌，命朱谨在滩河上堵水截流，准备水淹汴军。探子报告师古，师古认为是谣言惑众，一意孤行。一天，朱谨率军五千人，伪冒汴州军旗号，将汴军杀得措手不及，杨行离后又决堤放水，汴军死伤无数，继又亲率大军掩杀，全歼庞师古军于渭水，葛从周只好撤退，杨行离乘胜追击，汴军大败。

对于企业而言，重要的是寻找一个适当的市场定位，一个适合企业发展的目标市场是成功的基本保障。在激烈的竞争中，最关键的是分析自己和竞争者的优劣势，以便找出自己的市场，使企业能在自己适合的市场为消费者提供更有效的服务，并且有足够的实力去和其他企业竞争，以及有足够的空间让企业自由发展。

企业的竞争犹如战场上角逐，优存而劣汰。经营者如果没有独特之处，必将被淘汰。

皇冠瓶盖公司的发展就是一个最好的例子。它看准了啤酒、软性饮料和喷雾剂业中罐头的用途，同时经过分析发现，在这个市场上，自己的公司具有相当的实力，能以独树一格的形象和低成本的生产占据优势。于是它把目标定在这个竞争不太激烈的市场上，并且只生产钢罐，而不同时生产铝罐。在其目标市场上，公司以服务、技术协助和提供种类齐全的钢罐、罐盖和罐装机为特色。同时，公司还将其厂房设备专用于生产既定市场的顾客所需求的罐头种类，并积极进取，在现代化的钢罐两段成形技术方面投资，使公司在这个不大的目标市场上取得了巨大的成功。

谨覆索之

【原文】

凡地有绝涧①、天井②、天牢③、天罗④、天陷⑤、天隙⑥，必亟去之，勿近也。吾远之，敌近之；吾迎之，敌背之⑦。军旁有险阻⑧、潢井⑨、葭苇⑩、山林翳荟者，必谨覆索之⑪，此伏奸之所处也⑫。

【注释】

①绝涧：指两岸峻峭、水流其间的险恶地形。

②天井：指四周高峻、中间低洼的地形。

③天牢：牢，牢狱。天牢即是对山险环绕，易进难出之地形的描述。

④天罗：罗，罗网。指荆棘丛生，使军队进入后如陷罗网而无法摆脱的地形。

⑤天陷：陷，陷阱。指地势低洼、泥泞易陷的地带。

⑥天隙，隙，狭隙。指两山之间狭窄难行的谷地。

⑦吾远之，敌近之；吾迎之，敌背之：意谓对于上述“绝涧”等“六害”地形，我们要远离它，正对它，而让敌军接近它，背靠它。

⑧军旁有险阻：险阻，险山大川阻绝之地。

⑨潢井：潢，积水池；井，指出水之穴地。

⑩葭苇：芦草，此处泛指水草丛聚之地。

⑪必谨覆索之：一定要仔细、反复地进行搜索。谨，谨慎。覆，反复。索，搜索、寻找。

⑫此伏奸之所处也：指“险阻”“潢井”等处往往是敌人伏兵或奸细的藏身之处。

【译文】

大凡遇到“绝涧”“天井”“天牢”“天罗”“天陷”“天隙”等地形，务必迅速避开它、远离它，让敌人接近它。而行军路上遇到险山大川、洼陷、水草丛聚之地，一定要仔细、反复地进行搜索，因为这里往往是敌人伏兵或奸细的藏身之处。

【赏析】

这里孙子强调的是重地利的原则，阐述在地方位置的选择上，要明利弊。

1863年5月初，太平天国翼王石达开发兵四川，由花园津至德昌、马道子，得知渡口有清军及地方势力把守，于是派浇冕宁、越嶲，于14日到紧打地（今主顺场）。其间左有松林小河、右有先鸦漩河，前面更有汹涌的大渡河。山高水急，峭壁绝涧，凶险异常。遇到这种不利的地形，本应迅速离开，但石达开由于当夜妻子产下一子，犒赏三军，休息三日。石达开的延缓，使清军云集，占据险隘，拆去索桥。5月21日，石达开抢渡大渡河未果，改由泸定桥趋天全，欲渡松林小河，又被阻。5月29日，土司兵夜袭马鞍山，断粮道。6月3日，太平军抢渡又未果。清将激国泰、参将杨应刚又分两路扑到。石达开率七、八千太平军退至老鸦漩，又为土司兵所阻，其妻妾、幼子及一部分亲随携手投河。石达开致书骆康章，欲以一死保全部下生命。6月13日，石达开全营被扣押，清将唐支耕杀2000太平军于大树堡，石达开则在成都被杀害。

"谨覆索之"反映在商战中，就是提醒经营者在准备投入某一市场前，不能太过贸然。首先必须对市场供求进行深入调查，了解消费者的需求，引起消费者对产品的兴趣和注意，再以此为依据，为企业找到进入市场的突破口。

美国著名企业柯达公司在研制新产品时，非常注重市场调查，他们会先收集消费者的意见和建议，不断改进新产品，然后再正式推出市场。例如，他们在生产碟式相机时，首先是进行广泛的市场调查，以提出开发这种新产品的构想，再设计出相机的模型，并对相机的各项性能做可行性报告。由生产部门造出样机后，公司再进行第二次市场调查，找出样机与消费者期望之间存在的差距，再加以改进；而改进后的相机交由消费者试用，在得到大多数消费者的认同和欢迎后，才将最后结果上报总公司，批准后交给工厂试产。再把试产品交给市场开发部门做进一步详细调查，最后才确定价格，正式投入生产，推向市场。可见，柯达公司对推出新产品是非常谨慎的，在掌握市场动向，了解消费者需求后，才正式上市。如此一来，即可避免产品脱离市场，而使公司造成损失了。

辞卑而益备者，进也

【原文】

辞卑而益备者，进也①；辞强而进驱者，退也②；轻车先出居其侧者，陈也③；无约而请和者，谋也④；奔走而陈兵车者，期也⑤；半进半退者，诱也⑥。

【注释】

①辞卑而益备者，进也：敌人措辞谦卑恭顺，同时又加强战略，这表明敌人准备进犯。卑，卑谦、恭敬。益，增加、更加之意。

②辞强而进驱者，退也：敌人措辞强硬，在行动上又示以进攻的姿态，这是表示

其准备后撤。

③轻车先出居其侧者：陈，同“阵”，即布阵。句意为战车先出而摆在侧翼，是在布列阵势。

④无约而请和者，谋也：敌人还没有陷入困境，却主动前来请和，其中必有阴谋。

⑤奔走而陈兵车者，期也：敌人急速奔走、摆开兵车阵势，这是想与我进行作战。

⑥半进半退者，诱也：似退非退，是为了引诱我进入圈套。

【译文】

敌人措辞谦卑恭顺，同时又加强战备，这表明敌人准备进犯；敌人措辞强硬，在行动上又表示出进攻的姿态，这是其准备后撤；战车先出而摆在侧翼，是在布列阵势。敌人还没有陷入困境，却主动前来请和，其中必有阴谋；敌人急速奔走、摆开兵车阵势，是想与我作战。敌人似进不进，似退不退，是为了引诱我进入圈套。

【赏析】

孙子在这里论述了敌人想进攻而施用的阴谋诡计，我方一定要加强戒备，切不可上当。指挥作战，一定要眼光敏锐，决不可为假象迷惑，上当中计，导致失误。

在销售中利用“辞卑而备者”，常会收到意想不到的效果。

20世纪70年代的石油危机，导致世界石油价格猛涨，导致汽车销售非常困难。而一位日本丰田的推销员，面对犹豫不决的美国顾客时，用流利的英语对他们说道：“现在油价太高，买汽车的确不划算。相较之下，还是自行车好，不仅价格便宜，而且又不耗油。上个月，我就买了一辆自行车骑去上班，谁知足足花了我4个小时才赶到公司。天哪！累得我汗流浃背，气喘吁吁，躺在沙发上，动都不想动。但转念一想，经理看到非炒我鱿鱼不可，于是拼命支撑到下班，浑身像散了一样，想到还得骑车回家，泪水就不由自主地流下来。这时我才明白，自行车虽好，轿车却是无论如何都要具备。不过我想告诉顾客，买车最好选丰田，因为丰田汽车的品质好、价格低、又省油。”推销员一席话，让顾客争相订购丰田汽车。

兵非益多也

【原文】

兵非益多[①]也，惟无武进[②]，足以并力、料敌[③]、取人而已。无惟无虑而易敌[④]者，必擒于人。

【注释】

①兵非益多：兵不以多为有利。

②惟无武进：不能恃武轻进。

③并力、料敌：集中兵力，察明敌情。

④无虑而易敌：无谋而轻敌。

【译文】

作战不在于兵愈多愈好，只要不盲目贸进，能够集中兵力、判断敌情、取胜于地就足够了；那种既无深谋远虑而又轻敌的，必定会被敌人所俘虏。

【赏析】

孙子在这里论述了“兵非益多”的作战思想，战胜敌人的关键在于将帅能否集中使用兵力、准确判断敌情。要先敌制胜，慎战、并力、料敌、取人是用兵取胜的四个要素。但要获得最终的胜利，主要要靠兵精、将谋。

秦始皇十一年，王翦带兵进攻赵国，攻陷9座城池。十八年（公元前229年），王翦再次带兵攻打赵国，赵王投降。之后，王翦代李信伐楚国，楚国便集合全国三军拒秦，王翦到达楚地后，坚壁不出。无论楚兵怎样挑战，王翦就是不应，每日让士卒休息盥沐，善办伙食，同饮共餐。过了一些日子，王翦问身边的士兵：“在做什么？”士兵回答：“在练投石。”。待楚军退却时，王翦即命士兵追击，结果大败楚军，项燕战死。一年后，楚灭，楚王当了俘虏。此战，王翦兵精，训练有素，养精处逸，终于平定浩大的楚军。

在商业竞争中，小企业虽然在规模、资源上无法与大企业抗衡，但如能充分发挥企业有限的资源，一如集中兵力，同样也能在市场中大显身手。但如果分散兵力，只会让自己自顾不暇，甚至连以前仅有的一点竞争力也会失去，以致在市场中难以立足。

拉克航空公司的失败就是一个典型的例子。与其他实力雄厚的大航空公司相比，拉克航空公司无论在规模或资源上都处于劣势，但公司起初在北大西洋上采用不提供非必要服务为基础的低成本战略，集中资源把目标对准那些对价格极为敏感的普通旅客，因此取得了不小的成功。但是，随着时间的推移，公司想进一步扩大市场，希望以此提高竞争力，于是开始增加新的服务和开辟新的航线，这使得它的低价形象大受影响。况且，由于本身的物力、人力、财力有限，其服务和运输系统无法与大航空公司相比，最后，拉克航空公司不得不落入倒闭的命运。

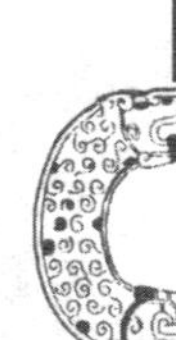

令之以文，齐之以武

【原文】

卒已亲附[①]而罚不行[②]，则不可用。故令之以文，齐之以武[③]，是谓必取。

【注释】

①亲附：施恩德使士兵亲近归服。

②而罚不行：有刑罚而不严格执行。

③令之以文,齐之以武:文,仁恩;武,威刑。

【译文】

士卒已经亲近依附,倘若仍不执行军纪军法,也是不能用他们来打仗的。因此,要用政治道义教育他们齐心协力,用军纪军法来统一他们的行动,这样的军队才是必胜的军队。

【赏析】

孙子提出的治军的核心思想是以政治道义教育士兵,用军纪军法来统一步调,使士兵服从将帅的指挥,这样的军队才能够打胜仗。他主张奖与罚、宽与严并用,恩威兼施,孙子的这个原则为历代兵家引以为典,极为推崇。这表明,恩威并举、宽严相济,是孙子统军的基本思想。

公元前636年春,晋文公回国主持政权后,为争霸中原,积极备战。他首先采取有效措施,使人民安居乐业,并以"尊周"来获得诸侯的拥护。他攻打周天子赐给他的封地——原,出兵前说只打三天,三天一到,明知敌人马上就败,仍退兵30里以示自己言而有信。此外,还设置专门机构办理官吏升迁和处理有关纪律的问题。后来他看到晋国老百姓对国家已有信任,便于公元前632年出兵,在城濮大败楚军,称霸天下。

企业的活力来源于合理的内部管理,而企业的管理,在一定程度上就是人的管理,必须发挥每个人的最大潜力,激发其积极性,这同样需要"恩威并济"的管理方针与原则。

惠普公司就具有高超的人力资源管理技巧。成立于1939年的惠普公司是以电器产品为主的生产厂家。该公司不仅让员工的业绩和其收入紧密联系,而且在经营中实行人本主义管理,使员工在公司内有引以为傲的尊严感、认同感和成就感。在管理中,公司重视个人的自由和主动性,并强调共同的目标和团队合作。而公司明确的目标也为员工指明了方向,员工可以创造性地采用自己的方式来实现此一目标,为公司的成功做出贡献。为了保证公司以个人为中心,并且保持非正式的、开放的风格,公司内部各部门都实行小型化。当某些分支机构因过度发展以致超过理想的规模时,惠普公司就对这些部门再进行划分。坚持以人力资源管理为核心的原则,使公司一直保持领先的地位,结果不论是作为受雇者,或者作为经营者,在公司都受到很高的评价。

令素行以教其民,则民服

【原文】

令素行[①]以教其民,则民服;令不素行以教其民,则民不服。令素行者,与众相得也[②]。

【注释】

①令素行:一贯严行法纪。
②与众相得也:得,这里指相处很和谐。

【译文】

平时认真执行法令、教育士卒,士卒就会服从。向来不注重执行法令、教育士卒,士卒就不会服从。平时法令能够认真执行的,这表明将帅与士卒之间关系相处得很好。

【赏析】

领导者以身作则是无声的命令,中外古今莫不如此。只有这样,才能增加军队的凝聚力,众志成城,锐不可当。

1799 年 6 月,拿破仑进军维利亚,吃了败仗,于是向埃及撤退。队伍行进在一望无际的荒漠上,高温、鼠疫威胁着官兵,不少人生了病。为了保持战斗力,拿破仑命令所有的马匹和马车运送伤病人员,其余的人一律步行,军官和士兵都一样。命令下达后,管马匹的军官认为总司令拿破仑应当例外,便问他要哪匹马。拿破仑说:“全体步行,我第一个先走。”全军深受鼓舞,终于克服了难以想象的困难,顺利到达开罗,接着与土耳其军队展开英勇战斗,歼敌 1.5 万多人。

管理是门高超的艺术,如果能设计和保持一种良好的制度安排,使人在这种环境里主动完成任务,就能以高效率达到目标,形成一种和谐的力量,推动公司的发展。

第十章　地形篇

本章导语

本章论述用兵作战该怎样利用地形的问题,孙子从不同的角度说明了作战与地形的密切关系,强调将帅要重视对地形的研究和利用,以采取恰当的策略,夺取战争的胜利。孙子指出,用兵打仗经常会遇到“通形”“挂形”“支形”“隘行”“险行”“远行”等六种地形。为将者应审慎判明各种不同地形并采用不同的战法加以利用。比如,对敌能来,我军能往的“通行”,应“先居高阳,利粮道”,以应战敌人。他又明确地指出“地形者,兵之助也”,行军打仗如果“知彼知己”,则“胜乃不殆”,如“知天知地”,则“胜乃可全”。

孙子详细论述了九种战地的特点和士兵处在这些地区的心理状态,相应地提出了在这些地区用兵的不同措施。他认为如果深入敌国,就等于把士兵投置在危地、陷入死地,他们会因此拼死作战,发挥更大的战斗力;而且,深入敌国还可就地补充军粮，且离家太远兵士就不会逃散，会服从指挥，一心一意作战，夺得战争的胜利。

孙子认为将帅由于指挥失误会导致“走、弛、陷、崩、乱、北”六种失败的局面，此“非天地之灾”，而是“将之过也”。他强调将帅要深刻认识自己对于军队、国家的重大责任，要“退不避罪，唯民是保”，一切以取得战争胜利为目的。

通形者，先居高阳，利粮道，以战则利

【原文】

我可以往，彼可以来，曰通。通形者，先居高阳①，利粮道②，以战则利③。

【注释】

①先居高阳：意为抢先占据地势高且向阳之处，以争取主动。

②利粮道：指保持粮道畅通。利，此处作动词。

③以战则利：以，凭借。此句承上“先居高阳，利粮道”而言，意谓若能先敌抵达，占据高阳地带，并保持粮道畅通，如此进行战斗则大为有利。

【译文】

大凡我们可以去，敌人也可以来的地域，叫作“通”；在“通”形地区，应抢先占领开阔向阳的高地，并积极保持粮草补给线的畅通，这样有利于对敌作战。

【赏析】

孙子指出，战地地形一般有“通”“挂”“支”“隘”“险”“远”六类。在“通形”地区的处置方法是：要占据地势高的位置，并且确保粮食等后勤军需供应的畅通无

阻,如此便可取得战争的胜利。“通形”地区,一般交通发达,敌、我都可以进入,因此抢占了有利位置等于抓住战争的先机和主动。

三国时,荆州成了各路兵家的必争之地,因为荆州连接魏、蜀、吴,交通四通八达,粮产丰富。孙权要一统江南,必取荆州;曹操要跨过长江,实现统一大业,必取荆州;刘备要夺取西州,也非据有荆州不可。三家为夺取荆州绞尽脑汁、机关算尽。赤壁战败,曹操只好逃出荆州,为了联合刘备抗曹,孙权只好借出荆州。赤壁胜利是孙、刘两家齐心协力的结果,刘备可以理直气壮地将荆州占为己有,但为了孙刘联盟,刘备采取诸葛亮的两全之策,用“借”字,既有生存的一席之地,又不破坏两家的联盟。由于蜀国棋高一着,刘备长时间占领荆州,并以此为根据地,向西取得了西川与汉中,孙权无话可说。

现代的竞争日趋激烈,企业要想在竞争中占据先机,必须考虑选择一个恰当的地点与竞争对手进行较量。这一地点的选择,应该是在竞争对手尚未准备充分或不太感兴趣的市场面,而该市场面可能集中于成本基础上,或者不同档次的产品种类,以及其他领域。企业要想在竞争中获胜,“先居高阳,利粮道,以战则利”的策略是必不可少的。

挂形者,敌无备,出而胜之

【原文】

可以往,难以返,曰挂;挂形者,敌无备,出而胜之,敌若有备,出而不胜,难以返,不利①。

【注释】

①挂形者……难以返,不利:往,前往、开往。返,返回。出,出兵。

【译文】

大凡可以前进、难以返回的地区,称作“挂”;在挂形的地域上,假如敌人有防备,我们出击就不能取胜,而且难以回师,对我军就不利了。

【赏析】

凡是地形复杂的地区,易进难出。对于此种情况,统帅要灵活处理,在敌人没有防备的情况下,我方要出奇制胜;在敌人有防备的情况下,就要果断离开,以免造成军队的损失。

《三国演义》中有这样一段故事:曹操攻克南郑之后,司马懿、刘晔建议应迅速攻蜀,不然诸葛亮为相、关张为将,蜀地既定,攻取将十分困难。曹操以蜀地可以往,难以进为由,一直按兵不动。曹操在胜利的情况下,审时度势,知难而退,实乃明智之举。一是劳师袭远,后方空虚,孙权、关羽如抄后路,则前后受敌;二是刘备军力旺盛,蜀地易守难攻,胜负难料;三是入川凶险,长途跋涉,难以持续作战。曹操在胜利时能看到部队潜在的危险,确实是一个高明的统帅。

选择适合的市场切入点,对每个企业来说都是相当重要的。但关键在于必须在竞争对手毫无防备的地点发动进攻,否则后果将不堪设想。

多年以来,美国通用汽车一直以生产中档汽车为主,它的雪佛莱、奥兹莫比尔、卡迪拉克闻名于世,曾轻而易举地击败了福特、克莱斯勒和美国汽车公司的进攻,有很长的一段时期一直主宰着汽车市场,成为带有传奇色彩的故事。但二次大战后,通用汽车公司遭受到两次强有力的冲击,一次是日本人用价格低廉的诸如丰田、大发、本田等小型汽车一举打入美国市场;另一次是德国人的宾士和 BMW 以其高昂的价格、豪华的设计顺利进入市场。日本人和德国人的成功正是因为他们绕过了通用的“马其诺”防线,在通用没有防备的地方突施袭击。试想如果他们在中档车上与通用一决高低,结果又会怎样?

支形者,令敌半出而击之

【原文】

我出而不利,彼出而不利[①],曰支。支形者,敌虽利我[②],我无出也,引而去之[③],令敌半出而击之[④],利。

【注释】

①彼出而不利:敌人出击也同样不会得到多大好处。
②敌虽利我:敌虽以利相诱。
③引而去之:引,带领。引而去之,指率领部队伪装退去。
④令敌半出而击之:令,使。击,反击、攻打。

【译文】

大凡会使敌我两军出击均不利的地段叫作“支”。在“支形”的地域上,敌人虽然以利相诱,我们也不要出击,而应该率军假装退却,诱使敌人出击一半时再回师反击,这样就有利了。

【赏析】

对于敌我双方都不利的地形,要审慎决策,辨明凶险,不要轻易冒险出击。我方要善于利用敌方弱点,诱敌深入。然后使敌于不利,从而取得辉煌战果。

德军的著名将领埃尔温·隆美尔号称“沙漠之狐”,以狡诈善战著称。他在战争中,屡次大败英军。1942 年 8 月 15 日,英军任命伯纳德·劳·蒙哥马利为将军。蒙哥马利利用隆美尔急于速战的特点,制造假情报诱敌上钩。隆美尔不听劝阻,不知不觉中了圈套,陷入了英军精心设置的地雷区。双方最后会战的拉吉尔地区,正是“我出而不利,彼出而不利”的地区;在这种地形上应当是敌人利诱我方出战,我也不能贸然出击。但隆美尔忽略了地理因素,而使自己的部队一开始进攻便陷入

困境，付出了重大的代价。德军伤亡4800余人，损失了70多门火炮和50余辆坦克。这是英军自第二次世界大战开战以来，第一次赢得对德作战的胜利。

“支”就市场而言，多指需求量相对较小，被大多商家所忽视的偏远市场。其实，这类市场如能好好把握，同样能让企业获益匪浅。

美国的《商业周刊》《福布斯》和《幸福》等杂志，都是实力强大、发行全国的期刊，但在20世纪70年代，美国地区性的商业市场却长期被人们所忽视。1978年，克雷恩通讯社创立了芝加哥商业周刊，该周刊花了三年时间打入黑人读者群。如今，克雷恩在芝加哥拥有千万家订户，其续订率高达75%。当然，千万份的发行量与《商业周刊》这种全国性大型杂志80万份的发行量相比，虽然不算什么，但单就芝加哥地区来说，克雷恩创办的商业周刊是胜过美国《商业周刊》的。

此六者，败之道也

【原文】

夫势均，以一击十，曰走①。卒强吏弱，曰弛②。吏强卒弱，曰陷③。大吏怒而不服④，遇敌怼而自战⑤，将不知其能，曰崩⑥。将弱不严⑦，教道不明⑧，吏卒无常⑨，陈兵纵横⑩，曰乱。将不能料敌⑪，以少合⑫众，以弱击强，兵无选锋⑬，曰北。凡此六者，败之道也，将之至任，不可不察也。

【注释】

①走：跑、奔，这里指军队败逃。

②弛：涣散难约制。

③陷：陷没。此言将吏虽勇强，但士卒没有战斗力，将吏不得不孤身奋战，力不能支，最终陷于失败。

④大吏怒而不服：大吏，指小将。句意为副将愤怒，不肯服从主将的命令。

⑤遇敌怼而自战：意为心怀不满的“大吏”遇敌时，擅自出阵作战。

⑥崩：比喻溃败。

⑦将弱不严：指将帅懦弱无能，毫无威严以服下。

⑧教道不明：指治军缺乏法度、军队管理不善。

⑨吏卒无常：无常，指没有法纪、常规，军中上下关系处于失常状态。

⑩陈兵纵横：指布兵列阵杂乱无章。

⑪料敌：指分析、研究敌情。

⑫合：指两军交战。

⑬选锋：由精选的士兵所组成的精锐部队。

【译文】

在势均力敌的情况下，以一击十而招致失败的，叫作“走”。士卒强悍，却因将帅怯懦而造成败北的，叫作“弛”。将帅强悍，却因士卒怯懦而遭致溃败的，叫作

"陷"。偏将恚怒不服从指挥,遇到敌人愤然擅自出战,主将又不了解他们的能力,因而导致失败的,叫作"崩"。将帅懦弱缺乏威严,训练教育没有章法,官兵关系混乱紧张,列兵布阵杂乱无章,因此而致败的,叫作"乱"。将帅不能正确的判断敌情,以少击多,以弱击强,作战又没有精锐先锋部队,因而落败的,叫作"北"。以上六种情况,均是导致失败的原因。这是将帅责任之所在,是不可不认真考察研究的。

【赏析】

孙子认为,将帅统兵导致军队失利的六种情况是:以弱战强、兵强将弱、将强兵弱、军令不行、秩序混乱、判断失误、以少击多。两军交战,总有胜败,聪明的将帅要善于从历史和现实总结前车之鉴,以资借鉴。

地形者,兵之助也

【原文】

夫地形者[1],兵之助也。料敌制胜,计险厄远近[2],上将[3]之道也。知此而用战者,必胜[4];不知此而用战者,必败。

【注释】

①夫地形者,兵之助也:地形是用兵作战的重要辅助条件。

②计险厄远近:指考察地形的险要,计算道路的远近。

③上将:贤能、高明之将。

④知此而用战者,必胜:知此,言知道并懂得上述道理。

【译文】

地形是用兵打仗的辅助条件,正确判断敌情、积极掌握主动权、考察地形险恶、计算道路远近,这些都是贤能的将领必须掌握的要点。懂得这些道理去指挥作战的,必定能够胜利,不了解这些道理去指挥作战的,必定失败。

【赏析】

孙子指出地形、环境乃是决定战争胜负的一个重要因素。运用地形的最高原则在于变害为利,扬长避短。假如能因地制宜,活用地形,就可以以弱击强,以少胜多。他认为地形乃战争中不可缺少的辅助要件,将帅必须予以高度重视。

精明的战争指挥者,不仅能准确地判断敌情,并且非常重视对地形的考查,研究地形的险易、远近,并针对具体的敌情制定取胜的谋略和行动计划,从而进攻,可乘虚而入,而防御可凭险坚守,稳操胜券。汉献帝三年(公元 198 年),曹操率军征伐南阳张绣。张绣联合刘表共同抗曹,曹军受挫,退兵至安为与张刘联军对峙。一日曹操得报袁绍欲犯许都,操恐有闪失,即日回兵。探子报告张绣,张绣欲追,谋士

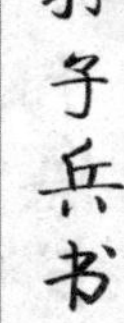

贾诩认为追之必败。刘表、张绣不听,率军追赶,结果中了曹操埋伏,大败而归。贾诩曰:“可休兵再追,必大获全胜”。表疑之,不肯复追。绣信之,自引一军前往,曹兵果然大败。刘表问贾谢其故,谢曰:“前曹军败走,操善用兵,必以劲派殿后,或以伏兵待我,必败。许都有事,曹兵急于退兵,见已破我追军,料我必不敢复追,自然不复为备,我乘其不备而追之,故能胜也”。

地理位置的优劣对于企业发展同样具有重要的作用,选择和利用好的地理位置,是商家经营制胜的基本条件之一。因此,市场营销人员对企业所定的区位决策十分关心,他们往往把是否方便顾客购物作为一个重要的因素加以考虑。一般而言,零售机构应选择在顾客最多的地方。

古人说:“不务天时,则财不生;不务地利,则库不盈”,就是讲的自然条件对经营的影响。自然条件、地理条件及各种政治、经济、交通、文化等因素,对于各种经营的成败,有着至关重要的影响。在可能的条件下,经营都要尽量运用地利。不管是建工厂,还是开办商店,首先就是选择理想的地址。

二次大战以后成立的雷克公司,是一家专门生产汽车座椅外套的公司,其经销网是由某些专门销售雷克公司产品、享有独家贩售权的经销商共同组成。雷克公司非常重视零售网点的选址,他们首先要评估各个地区的利润潜量,在确定某几个市场潜力大的地区后,再决定应设立多少个零售点,设在哪些特定的地方,以及在同样的投资额之下,是在中心地段设立一个大型商场,还是在不同的地方设立几个小零售店等等,总之,在对影响销售地区的多种因素进行科学分析,认真研究后,最后再确定具体的销售点。正是由于雷克公司以科学、谨慎的态度选择销售网站,他们产品的销售量才一直保持佳绩。到了 1958 年,雷克公司在全美已有 150 家中介商在 60 个不同的城市经营,而它的全国性销售网站还在不断增加,使公司业绩稳步上升。

进不求名,退不避罪

【原文】

故进不求名,退不避罪,唯民是保①,而利合于主②,国之宝也③。

【注释】

①唯民是保:民,百姓、民众。保,保全。此句谓进退处置只求保全民众。
②利合于主:指符合、满足国君的利益。
③国之宝也:即国家的宝贵财富。

【译文】

进不谋求战胜的名声,退不回避违命的罪责,只是想着保全百姓,指引符合国君利益,这样的将帅,是国家的宝贵财富。

【赏析】

军队要绝对服从命令、听从指挥,否则各行其是,必然成为一盘散沙。但军队也应坚持从实际出发,审时度势,见机行事,为的是不误战机,夺取胜利。如果一心从命,一味“唯上”“唯书”“不唯实”,必然损兵受辱。

汉景帝三年(公元前154年)吴王刘濞率军20万于广陵西渡淮水,会合楚王刘成的军队,攻占了淮阳,而后乘胜西进,其势甚锐。景帝拜周亚夫为太尉,挥师出武关,据荥阳,进攻吴楚联军。吴楚并力攻梁,梁王刘武求救于周亚夫,周拒不发兵。梁王转而求救于景帝,景帝命周亚夫发兵救梁,周亚夫知联军势盛,但不持久,仍不发兵救梁。因而一面派遣骑兵出淮泗口,以绝吴楚联军之后,断其粮道;一面率大军进至昌邑,再进至下邑,深沟高垒。吴楚军听闻粮道被断,急于求战,周亚夫却仍坚壁不出。联军人心离散,刘濞引军撤退,周亚夫全力反击,大败吴楚联军,梁围不救自解。

优秀的管理人才是企业最宝贵的财富。正是由于他们的智慧和努力,才能使一个濒临倒闭的企业起死回生,使一个规模不大的小公司发展成拥有庞大资产的跨国企业。

1983年前后,迪士尼——美国文化娱乐王国曾一度陷入危机,几乎惨遭被人收购的厄运。在此紧要关头,该公司董事会聘请了娱乐界的奇才迈克尔·艾斯纳临危受命,出任公司的董事会主席。他一上任,就采取一系列措施,很快扭转了迪士尼当时的劣势,使公司摆脱危机,而且业务发展如日中天。仅仅五年的时间,迪士尼从以前一个微不足道的电影公司,发展成现在这样规模巨大的电影公司。公司的收入和利润都超过历年的最高纪录,成为美国企业界的佳话。艾斯纳认为,第三世界的娱乐业发展正方兴未艾,他的理想是在南美、亚洲等地修建游乐场,带领迪士尼成为一个真正国际性的娱乐公司。

视卒如婴儿,故可与之赴深谿

【原文】

视[1]卒如婴儿,故可与之赴深溪[2]。视卒如爱子,故可与之俱死。厚而不能使,爱而不能令[3],乱而不能治[4],譬如骄子,不可用也[5]。

【注释】

①视:看待、对待的意思。

②深溪:很深的溪涧,这里喻危险地带。

③厚而不能使,爱而不能令:只知厚待而不能使用,只知溺爱而不重教育。

④乱而不能治:指士卒行为乖张不羁而不能加以约束惩治。

⑤譬如骄子,不可用也:此句言为将者,仅施“仁爱”而不济威严,只会使士卒成为骄子而不能使用。

【译文】

对待士卒就像对待婴儿一样,那样士卒就可以同他共患难;对待士卒就像对待爱子一样,那么士卒就可以跟他同生共死。如果厚待士卒而不能使用,溺爱而不能教育,违法而不能惩治,那就如同娇惯了的子女一样,是不可以用来和敌人打仗的。

【赏析】

孙子主张将“爱”与“严”相结合,既要“视卒如婴儿”“视卒如爱子”,更要从严治军,使之“能使”“能令”。恩威并用,刚柔相济,令行禁止,不苛不驰,赏罚严明,才能让军队上下同仇敌忾,同生共死,提高军队战斗力。如果宽严无度,军队的战斗力必然锐减。

南宋将领岳飞爱护士卒,把将士视为兄弟骨肉,老百姓犒劳部队的酒肉,他总是平分给大家,有时酒的数量太少,他宁可叫人和水进去,也一定叫大家都喝上一口。军队远征,便派自己的妻子去慰问将士们的家属。将士有病,他亲自调药。将士战死,他负责安排养育他们的遗孤。但岳飞治军又是非常严格的,功过赏罚分明,因而部属都拥戴他,切实执行他的命令。他的军队对群众秋毫无犯,做到“冻死不撤屋,饿死不掳掠”。岳家军经过,群众夹道相迎,“额手示敬,感慕至泣”。因此,打起仗来,总是奋勇争先,以少胜多。金军深知:“撼山易,撼岳家军难”。

成功的企业家都懂得利用感情投资来打动员工,以人情味的管理来激发员工与企业同舟共济的决心,发挥他们最大潜力,为企业发展尽心尽力,创造出更多的财富。

不知敌之不可击,胜之半也

【原文】

知吾卒之可以击,而不知敌之不可击,胜之半也[①];知敌之可击,而不知吾卒之不可以击,胜之半也;知敌之可击,知吾卒之可以击,而不知地形之不可以战,胜之半也[②]。

【注释】

①胜之半也:胜利或失败的可能性各占一半。指没有必胜的把握。

②不知地形之不可以战,胜之半也:如果不知道地形不适宜作战,得不到地形之助,取胜同样也只有一半的把握。

【译文】

只了解自己的部队可以作战,而不了解敌人不可与之作战,取胜的可能性只有一半,只了解敌人可以打,而不了解自己的部队不可以进攻,取胜的可能性也只有一半。既知道敌人可以打,也知道自己的部队能够出击,但是不了解地形不利于作战，取胜的可能性仍只有一半。

【赏析】

如果对于敌、我和地理环境这三方面的因素，只了解其中的某一方面，其胜负的概率必然参半，只有对敌我双方和地理环境有清楚透彻的了解，才能全面赢得战争的胜利。

公元382年冬，前秦王苻坚命吕光伐西域，吕光率步兵10万、铁甲骑兵5000西出玉门。越过荒漠，服焉耆，破鬼兹，败狯胡、涡宿等国，战胜西域诸国70万众，威名大震。前秦王苻坚闻报封吕光为西域校尉，都督玉门以西各军。公元385年，苻坚为姚苌所杀，苻丕才即位，担心吕光心存二心，建议凉州刺史梁熙驻高格谷口与伊言关两处都隘口，控制水源，以制服吕光。梁熙认为吕光长途跋涉，自己以逸待劳必能获胜。于是梁熙舍弃坚险不守，反与吕光战于安弥，安弥无险可据，5万梁军一战即败。武威太守彭济倒戈，诱捕梁熙献予吕光。此乃梁熙不知地利，自取其辱，损兵折将。

企业要在激烈的市场竞争占有一席之地，如果只了解自身情况，但不知道消费者的喜好，不掌握市场动态，或只了解市场需求而不根据自身条件制定战略，不但不会有胜利的把握，有时甚至会遭受重大损失。

1962年，英国航空公司和法国航空公司都是世界数一数二的航空公司，但在没有进行认真的市场调查，并充分考虑各方面因素的前提下，双方决定共同研制快速、豪华的新式大型超音速“协和”民航客机。经过十几年的共同努力，耗资数亿元，终于在1975年研制成功，成为当时最豪华的新式客机。但在十几年的时间中，市场情况已发生很大变化，一方面油价上涨，使飞行成本提高，另一方面票价过高，使许多对价格敏感的乘客望之却步，再加上“协和”飞机噪音太大，有时甚至会震坏建筑物上的玻璃。所以，飞机制造出来后几乎无人问津，大亏其本。从“协和”飞机“宠儿”变“弃儿”的教训中，我们可以看到，自恃实力雄厚，忽视市场调查，脱离市场需求者，最终将被市场抛弃。

知地知天，胜乃可全

【原文】

故知兵者[①]，动而不迷[②]，举而不穷[③]。故曰：知彼知己，胜乃不殆；知地知天，胜乃不穷[④]。

【注释】

①知兵者：通晓用兵打仗之道的人。

②动而不迷：迷，迷惑、困惑。

③举而不穷：举，行动。穷，困窘、困厄的意思。句意为行动自由不为所困。

④胜乃不穷：指胜利不会有穷尽。

【译文】

因此，懂得用兵的人，行动起来不会迷惑，他的作战措施变化无穷，而不困窘。所以说，了解对方，了解自己，争取胜利也就不会有危险；懂得天时，懂得地利，胜利也就永无穷尽了。

【赏析】

孙子在这里特别强调天时、地利在战争中的重要作用及运用。战争是在一定的时间、空间内进行，受到气候、地形等多种自然条件的制约和影响，所以孙子把“天”“地”都纳入了战争的五大制胜要素之列，认为天时、地利是决定战争胜负的一个重要因素。将帅的基本职责在于不仅要“知彼知己”，还要“知地知天”，要能灵活运用天时、地利才能取得全胜。即使是现代战争，在研究对手的基础上，也从没有放弃对天时、地利的研究和运用。

无论是兵戎战争，还是市场竞争，如果能充分利用天时、地利，将会对企业发展产生极大的推动作用，使自己立于不败之地。

日本洋贩株式会社的成功，正是借用了孙子“知天知地”的思想，利用“地利”创造了奇迹。20 世纪 50 年代中期，日本渡边正弘在东京创立了洋贩株式会社，这是日本首家经营杂志发行的服务公司。该公司千方百计借用东京皇家饭店这块宝地，在其门厅销售各种杂志。由于地利好，广受政界人士和达官贵人的喜爱，公司很快站稳了脚跟。于是公司又在其他著名饭店，借“地”售刊，使公司的生意更为蓬勃发展。30 年后，该公司已在 8 个大城市设立了分公司，并受理发行 17 个国家的 1200 多种杂志。公司在东京和大阪各建一座 10 层楼高的办公大楼，以前“寄人篱下”的日本洋贩株式会社，已经被公认为是日本最成功的企业之一了。

第十一章 九地篇

本章导语

本章论述了军队在九种不同的地域作战时的用兵原则，强调要善于利用在不同作战地域官兵的不同心理状态，采取相应的作战策略。

孙子在本章提出了“兵之情主速，乘人之不及。由不虞之道，攻其所不戒也”“并敌一向，千里杀将”等作战原则，一直为古今中外的军事家所推崇。

孙子在本章指出了深入敌国作战的诸多好处，首先深入敌国后，士兵能听从命令，不易逃跑，有利于将帅的指挥，即“为客之道，深则专，浅则散”；其次，深入敌国作战，军队可以在敌国就地解决给养问题，有利于削弱敌国，而增强自身实力，即所谓“掠于饶野，三军足食”；最后士兵在敛国，深入危险境地，就会无所畏惧，奋勇作战，正所谓“士甚陷则不惧”，“不得已则斗”。孙子认为，为了战争的胜利，有时要把部队置于死亡绝地，反而能胜利，而保存军队。处在无法避免的争战厮杀的情况之下，不战则必死，战则可能不必死的环境中，就会激发部队拼死奋斗的情绪，以必死的决心努力拼杀，以求我胜而敌败。因此将军要善于“聚三军之众，投之于险”，做到“投之亡地然后存，陷之死地然后生”。

衢地则合交

【原文】

是故散地则无战[①]，轻地则无止[②]，争地则无攻[③]，交地则无绝[④]，衢地则合交[⑤]，重地则掠[⑥]，圮地则行[⑦]，围地则谋，死地则战[⑧]。

【注释】

①散地则无战：在散地上不宜作战。

②无止：止，停留、逗留。无止，即不宜停留。

③争地则无攻：遇到争地，我方应该先行占据；如果敌方已先行占领，则不要去与强敌争夺。

④交地则无绝：绝，隔断、断绝。

⑤衢地则合交：合交，结交。

⑥重地则掠：掠，掠取、抢掠。

⑦行：迅速通过。

⑧死地则战：军队如进入“死地”就必须奋勇作战，死里逃生。

【译文】

所以，处于散地就不宜作战，处于轻地就不宜停留，遇上争地就不要勉强进攻，遇上交地就不要断绝联络，进入衢地就应该结交诸侯，深入重地就要抢掠粮草，碰到圮地就必须迅速通过，陷入围地就要设谋脱险，处于死地就要力战求生。

【赏析】

孙子指出，按照用兵的法则，兵要地理有散地、有轻地、有争地、有交地、有衢地、有重地、有圮地、有围地、有死地。诸侯在本国境内作战的地区，是散地。进入敌国浅近纵深作战的地区，是轻地。我军得到有利，敌军也得到有利的地区，是争地。我军可以往，敌军可以来的地区，是交地。三国交界、先到就可以得到诸侯列国援助的地区，是衢地。深入敌境、远离城邑的地区，是重地。行于山林、险阻、沼泽，凡是难于通行的地区，是圮地。进入的道路狭隘、退归的道路迂远、敌军能够以其少击我之多的地区，是围地。迅速奋勇作战就能生存、不迅速奋勇作战就只有死亡的地区，是死地。因此，散地，不宜作战。轻地，不宜停留。争地，不要在被动情况下进攻。交地，部队的联系不可断绝。衢地，则应结交诸侯。重地，就要掠取。圮地，就要迅速通过。围地，就要运谋设计。死地，就要奋勇作战，死里求生。

以上对战地的划分，提出了处于不同地区的作战原则，以及违背了原则的处置补救方法。这里拿“衢地则合交”来进行说明。孙子在此说明了广泛结交邻国，争取盟国的益处，强调要亲仁善邻，反对到处树敌，使自己有个良好的国际环境，以便长远发展。

在波斯湾战争中，美国总统的特使就频频出使海湾各国，展开活跃的外交攻势，拉拢“衢地”国家，以达到孤立伊拉克的目的。伊拉克为摆脱孤立的不利局面，向以色列不断发射“飞毛腿”导弹，希望以此来激起阿拉伯国家的宗教和民族争端。但在美国特使的压力下，以色列只好忍气吞声，使阿拉伯这些“衢地”国家保持了中立或者直接加入盟国，伊拉克的企图最后终于落空。

在商战中，联合盟友以增强实力同样具有相当的影响力。通过合并或吸收其他行业的企业，进行跨地区、跨行业、跨部门的联合，可以使企业获得长期稳定的发展。

世界著名的麦当劳速食店、假日酒店及可口可乐等公司都是通过建立联盟来发展自身实力的企业。他们只生产某种同一形式的“包装”，并把它供应给各地的经营者，让他们用公司统一的名称、服务及产品去开展经营，正是由于这种联合，使这些公司的连锁店遍及世界各地。还有一个联盟的典型例子是韩国汽车工业的发展。在 20 世纪 80 年代初，汽车制造业对于韩国企业来说还是一个崭新的领域。韩国的三大企业集团通过与美国、日本的著名企业合作营销，取得了明显的效果。现代与三菱、克莱斯勒，大丰与通用、铃木，马自达与福特分别建立起多种形式的合作营销，这种“衢地则合交”的策略使韩国在不到 10 年的时间里，从一无所有一跃成为世界的主要汽车生产和出口国。

合于利而动,不合于利而止

【原文】

所谓古之善用兵者,能使敌人前后不相及[①],众寡不相恃[②],贵贱不相救[③],上下不相收[④],卒离而不集[⑤],兵合而不齐[⑥]。合于利而动,不合于利而止[⑦]。

【注释】

①前后不相及:前军、后军不能相互策应配合。及,策应。
②众寡不相恃:众,指大部队。寡,指小分队。恃,依靠。
③贵贱不相救:贵,军官。贱,士卒。
④上下不相收:收,聚集、联系。
⑤卒离而不集:离,分、散。集,集中。言士卒分散难以集中。
⑥兵合而不齐:虽能使士卒集合在一起,但无法让军队整齐统一。
⑦合于利而动,不合于利而止:合,符合。动,作战。止,不战。

【译文】

以前善于用兵作战的人,能够使敌人前后部队不能相互策应,主力部队和小部队之间无法相互依靠,官兵之间不能相互救援,上下隔断无法聚集。至于我军,则是见对我有利就打,对我无利就停止行动。

【赏析】

孙子在此提出了“合于利而动,不合于利而止”的战争指导原则。他认为高明的将帅应该选取对自己有利的时机采取行动。他们采用各种计谋使敌人力量分散,处于支离破碎的不利状态,并审时度势,根据战争的形势,进退有度,攻守有法,从而符合整体战争有利的原则。

魏青龙二年(公元234年),东吴陆逊率30万大军攻合肥,正值酷暑,人马多生疾病,陆逊打算撤退,但他丝毫不露声色,仍然让军队在营外种豆菽,自己和诸将在辕门外射箭取乐,令诸葛瑾整顿船只,张扬声势,显现出要向襄阳进发的态势。对此,魏军捉摸不透,正在揣测谋动之际,东吴分三路大军已安然撤回。魏主曹睿叹道:“陆逊用兵,不亚孙吴”。“合于利而动,不合于利而止”,陆逊可谓深谙此道。

孙子“合于利而动”的思想反映了企业的根本性质。企业的核心就是追求利润,这既是企业经营的出发点,也是企业最终的归宿点。企业的运作过程,无非就是以最少的成本,投资生产出符合市场需求的产品,以争取更大的市场,赢得更多利润。而“降本求利”的实质是在保证或优化产品基本功能的前提下,配备必要的辅助功能,舍弃多余的过剩功能,从而达到降低成本,增强产品市场适销力的目标。但是否符合“利”,这就需要公司冷静分析、权衡利弊。

兵之情主速，乘人之不及

【原文】

兵之情主速[1]，乘人之不及，由不虞之道[2]，攻其所不戒也。

【注释】

①兵之情主速：情，情理。主，重在、要在。速，迅速、疾速。
②由不虞之道：由，经过、通过。不虞，不曾料想、意料到。

【译文】

用兵之理贵在神速，乘敌人措手不及的时候，走敌人意料不到的道路，攻击敌人没有戒备的地方。

【赏析】

用兵贵在神速，这是孙子著名的军事思想，这里主要强调一个“速”字。俗话说，时间就是战斗力，只有争取时间、抓住战机，才能速战速决，歼敌制胜。用兵作战，贵在迅雷不及掩耳，使敌猝不及防。我军如以破竹之势，出其不意，攻其不备，方能速战速决，一举获胜。

公元前206年，项羽分封诸王。刘邦被封往巴蜀、汉中，心中非常不满，但在向汉中进发时，他下令烧毁了沿途的栈道，意在告诉项羽，他以后不出去了。4个月过后项羽陷入了与齐王田荣的战争，无暇西顾。刘邦决定北上，还定三秦。明里命樊哙遣1000兵员去修复栈道，限一个月完成。雍王章邯认为绵延数百里的栈道，就是用一年都难以修复，于是不加防范，不久，关中三王被消减。汉军神速，原来是韩信暗中发现陈仓有一条小道可通中原。于是扬言修复栈道，以迷惑项羽和章邯，而大军从小路昼夜兼程，神不知、鬼不觉地进至大散关，使章邯成为瓮中之鳖。

早在战国时期，魏国的大商人白圭就曾说过：“趋时若猛兽鸷鸟之发。”对企业来说，时间就是金钱，效率就是生命。在一种潜在的需求出现时，企业的经营者必须具备敏锐的洞察力和果断的决策力，抓住战机，掌握主动权，乘人之不及，尽快将试销成功的新产品投入市场，以保障企业在竞争中的优势，否则将会因贻误商机而导致失败。

美国的一个药品制造公司在推出了一种叫达特利尔牌的止痛药时，为了解顾客对此的反映，首先进行一段时期的市场试销。这引起强有力的竞争对手——强生公司的注意，而把该产品视为强生的一个潜在威胁。公司的试销使强生有了充足的时间采取措施，也使该公司丧失了成功的机会。而日本的索尼公司却深知“兵之情主速”的道理。有一次，公司在日本发现了一台美国答录机，便立即买下其专利，迅速生产出日本第一批答录机投入市场，结果销路大畅。1952年，听到美国成功研制“电晶体”的消息后，公司主管立即前往考察，并买下专利，回国几周后，日本的第一批电晶体面市，大受欢迎。这种雷厉风行的作风，正是索尼成功的原因。

深入则专

【原文】

凡为客之道①，深入则专②，主人不克③；掠于饶野④，三军足食。

【注释】

①为客之道：客，客军，指离开本国进入敌国的军队。

②深入则专：专，齐心、专心。

③主人不克：即在本国作战的军队，无法战胜客军。主，在本地作战。克，战胜。

④掠于饶野：掠取敌方富饶田野上的庄稼。

【译文】

在敌国丰饶的田野上掠取粮食，全军上下的给养就有了足够的保障。在敌国境内进行作战的一般规则是：深入敌国的腹地，我军的军心就会坚固，敌人就不易战胜我们。

【赏析】

孙子主张深入敌国腹地作战。他认为越深入敌境，越能使士兵心智专一，听从指挥，勇往直前；在富饶的地区作战，还可以容易获得供给，为战争胜利取得必要的保障；深入腹地，可以通过提高士气、巧设计谋来战胜敌军。

公元 409 年 4 月，东晋刘裕率 10 万大军，深入南燕境内的浪牙。南燕征虏将军公孙楼主张坚守号称“齐南天险”的大岘山，阻敌深入，挫其锐气，而国主慕容超主张放晋深入，再以精锐之师出击。南燕的纵敌深入，使晋军顺利地越过天险，一到平川，到处都是成熟的庄稼，晋军因此轻易地解决了缺粮之忧。当刘裕军至临朐，慕容超亲率 9 万大军迎战。晋军前锋迅速攻占城南之区蔑水，直攻临朐，城中空虚，一攻即破，慕容超逃向广涸。刘裕乘余威攻破广涸，慕容超被活捉处斩，南燕亡。

对于许多企业来说，在进入国外市场时，如能有效利用当地的资源，为顾客提供品质最高的产品和最周到的服务，也能创造意想不到的奇迹。

二次大战后，随着美军的撤离，可口可乐面临失去大批“海外推销员”的危机。而且国内百事可乐与之展开了激烈的竞争。于是，可口可乐公司另出新招，利用当地的人力、物力和财力，大力开拓海外市场。公司只负责提供可口可乐“秘密配方”的浓缩液，并统一制定经营方针，进行人员培训和技术服务。当地人则负责一切设备、材料、运输和销售。依靠这样的策略，公司在国外的业务有了迅猛的发展，而其董事长伍德鲁夫也争取到了“世界汽水霸王”的称号。

连兵计谋,为不可测

【原文】

谨养而勿劳①,并气积力②,运兵计谋,为不可测③。

【注释】

①谨养而勿劳:谨,注意。养,休整。

②并气积力:并,合,引申为集中、保持。积,积蓄。意谓保持士气,积蓄战斗力。

③为不可测:测,推测、判断。

【译文】

要注意休整部队,不要使其过于疲劳。保持士气,积蓄力量,部署兵力,巧设计谋,使敌人无法判断出我军的意图。

【赏析】

孙子在此强调,在战斗中,要善于保养士兵的体力,使军队具有充沛的战斗力。并且要严守军队的机密,出兵神出鬼没,使敌人无法捉摸,最终落入我军的圈套。

吴王夫差即位,兴兵伐越,勾践战败投降,做了吴王夫差的仆役。勾践立志报仇,为了迷惑吴王,勾践服侍夫差寸步不离,千依百顺。夫差生病,勾践亲尝粪便,探询病情。夫差被勾践迷惑,以为他丧失报仇之志,于是放之回国。勾践回国后,一面卧薪尝胆,励精图治,蓄积国力,一方面向吴王进贡珠宝美女,装作绝对地服从,使其不起疑心。吴王夫差骄奢淫逸,杀忠臣,致使人心不稳,但勾践仍奉承、巴结他。吴王伐齐,越王派兵相随,使吴王更加深信其忠心。吴王于艾陵大败齐军,又与晋军战于黄池,被击败。越王勾践趁吴王新败出兵,三战三胜,最后攻克吴都,杀了吴王夫差。

商场如战场,同样需要出奇制胜。但"运兵计谋"要十分保密,一旦被竞争对手掌握,将对自己造成不可弥补的损失。

日本的神日制铁株式会社,十分重视技术的保密,为防止泄密,参观工厂者只能站在生产线四十公尺以外的地方,根本不能看清生产线。与此相反,我国专业技术的泄密情况却十分严重。美国某公司曾经想开办一家天然高分子材料生产工厂,但该公司对此领域毫不了解,通过查询了解到我国某化工研究院有这方面成熟的工艺技术,而且技术水准在世界上处于领先地位。美商遂以购买技术或合作为名义,与该研究院取得了联系,在一次、二次、三次的传真中,获得了专案的可行性分析报告、简单的工艺介绍和设备布置图等;而后美商又表现得非常积极和真诚,前来该研究院洽谈合作事宜。在草订了协定后,又提出参观工厂生产线的要求,研究院答应该公司提出的要求,派工程师带领该公司的人员参观工厂生产线,还以留念的名义拍摄了很多照片。在愉快的气氛中,美商离开了研究院;此后,便杳无音讯。尽管研究院曾多次试图与这家公司联系,但毫无回音……后来得到消息,这个美国公司已在北美和越南建起了工厂。

兵士甚陷则不惧,无所往则固

【原文】

兵士甚陷则不惧[①],无所往则固[②],深入则拘[③],不得已则斗[④]。是故其兵不修而戒[⑤],不求而得,不约而亲[⑥],不令而信[⑦]。禁祥去疑[⑧],至死无所之[⑨]。

【注释】

①兵士甚陷则不惧:甚,很、非常的意思。

②无所往则固:无路可走的情况下军心就会稳固。

③深入则拘:拘,拘束、束缚,这里指凝聚。

④不得已则斗:迫不得已就会殊死战斗。

⑤是故其兵不修而戒:修,修治、修明法令。戒,戒备、警戒。指士卒不待督促,就知道加强戒备。

⑥不约而亲:约,约束。亲,团结。

⑦不令而信:不待三令五申就能做到信任服从。信,服从、信从。

⑧禁祥去疑:祥,吉凶的预兆。这里指占卜之类的迷信活动。

⑨至死无所之:即使到死也不会逃避。

【译文】

将部队置于无路可走的绝境,士卒就会宁死不退。士卒既能宁死不退,又怎么会不殊死作战呢?士卒深陷危险的境地,心里就不再存有恐惧,无路可走,军心自会巩固。深入敌境,军队就不会离散。遇到迫不得已的情况,军队就会殊死奋战,因此,这样的军队不须整饬就能注意戒备,不用强求就能完成任务,无须约束就能亲密团结,不待申令就会遵守纪律。禁止占卜迷信,消除士卒的疑虑,他们就至死也不会逃避。

【赏析】

孙子认为,军队将士越是深入险恶的环境,越是无路可退,就会更加自觉严明,团结一致,战斗力也会越强,这样将能取得意想不到的效果。

“疾战则存,不疾战则亡者,为死地。”“死地,吾将示之以不活。”“死地则战。”军处死地,奋力拼杀则生,必死则生,不奋力拼杀就必然灭亡,幸生则死。在这样的地方,应当告诉士卒,抱定必死的决心,奋勇作战,死里求生。

陈胜、吴广揭竿而起,真可谓不得已而斗。秦二世元年(公元前 209 年)7月,陈胜、吴广等贫苦农民 900 多人,从淮河流域被强征去渔阳戍守。当他们行至蕲县大泽乡，连遇暴雨，道路不通，误了去渔阳的日期，按照秦法，戍卒误期要斩首。就是说，走也是死，不走也是死，于是陈胜、吴广密谋起义。他们斩木为兵，揭竿为旗，杀秦尉，攻城略地，各地农民踊跃回应，欢欣鼓舞，地主豪绅望风而逃。义军很快攻下陈县，陷入水深火热的民众纷纷响应，很快便成为数万之众。众人公推陈胜为王，吴广为假王，国号“张楚”，使强大的秦王朝处于风雨飘摇之中。

在人生历程中，越是走投无路，越是促人奋发。

美国田纳西州中部小城霍恩沃尔德，一位土著的后裔尼科尔，因为失业，生活困难。他想做生意，但没有本钱。后来，他发现芝加哥有大量旧衣，价格很便宜，如果买回本地来卖，应该可以赚钱。于是，他从母亲那儿借了少量的资金，做起破烂生意，结果竟然比卖新衣更赚钱，不久他就成了一个富翁。尼科尔的经营策略，很快被该镇的人仿效起来，做破烂生意的人越来越多，顾客有穷人也有富翁，有“白领”阶层也有“蓝领”阶层。星期六上午八点以前，从四面八方涌来的顾客便在各旧货商场门前排好队，等着每周一次的“破烂交易”。久而久之，霍恩沃尔德镇获得了“世界破烂之都”的称呼，闻名遐迩。当地人对自己在困难中的崛起丝毫不感到羞耻，反而引以为豪。

齐勇若一，政之道也

【原文】

是故方马埋轮，未足恃也[①]；齐勇若一，政之道也[②]；刚柔皆得，地之理也，故善用兵者，携手若使一人，不得已也。

【注释】

①方马埋轮，未足恃也：言将马并排地系缚在一起，将车轮埋起来，想用此来稳定部队，以示坚守的决心，是靠不住的。

②齐勇若一，政之道也；齐，齐心协力。政，治理、管理的意思。

【译文】

因此，想用把马并缚在一起、深埋车轮这种显示死战决心的办法来稳定部队，那是靠不住的，要使部队能够齐心协力奋勇作战，关键在于部队管理教育有方；要使优劣条件不同的士卒都能发挥作用，根本在于恰当地利用战区地形。所以，擅长用兵的人，能使全军将士携起手来像一个人一样，这是因为他能造成一种形势，使部队不得不这样做的缘故。

【赏析】

孙子在这里强调了领导艺术和将士齐心的问题，管理部队要有方，指挥者或领导者要使军队能够协调一致，形成整体的作战指导思想。孙子认为作战是两军集体力量的较量，而不是个体之间的斗勇角力。这种“治众”“斗众”的指挥艺术，需要具备统军御众的才能，指挥三军像指挥一个人一样，使各部队之间，能够相互策应，相互配合，互相救援，形成一个有机的整体。

宋将岳飞治理军队的确达到了携手如一人的良好成效。岳飞非常爱惜其部卒，“卒有疾，亲为之调汤药；将远戍，遣妻慰劳其家；将士战死，厚祀而育其孤；凡有赏赐，均给将士”。有一次，一部将分赏不均，岳飞将之处斩。由于岳飞部队令行禁止、纪律严明，对百姓秋毫无犯，且部队作战中，总是互相协助，万众一心，排除万难，奋勇向前。

在商业经营中，尤其是对大企业而言，针对他们规模大、资金雄厚、市场开拓能力强，而适应能力较为不足的特点，为了分散风险，有效利用经营资源，实施多元化战略，这就要求借鉴孙子的“齐勇若一”的思想。在多元化发展过程中，必须注意统一协调，使不同的经营部门成为企业整体优势的一部分，避免公司因为某一种产品的崩溃而大伤元气。

吉利牌刮胡刀公司曾是一个触角遍及全球的非竞争性公司。但随着“盖斯曼”新刀片的上市而使吉利的销售每况愈下，并最终被盖斯曼收购，成为新的吉利公司。这个新公司的历史就是一部多元化发展的历史。现在的吉利公司已是包括打火机制造、植物肥料生产、国际货运等在内的多元化发展集团企业。各个公司之间的关系由总公司统一协调管理，以保证公司的整体利益，不会因为某一产品发生问题而对公司造成太大的冲击。正是这种“齐勇若一”的策略，使公司的经营一直处于稳定状态。

将军主事，静以幽，正以治

【原文】

将军主事①，静以幽②，正以治③；能愚士卒之耳目，使之无知④。易其事，革其谋，使人无识⑤；易其居，迂其途，使人不得虑⑥。

【注释】

①将军主事：将，动词，主持、指挥的意思。此句意为指挥军队打仗的事。

②静以幽：静，沉着冷静。幽，高深莫测。

③正以治：谓严肃公正而治理得宜。正，严正、公正。

④能愚士卒之耳目，使之无知：愚，蒙蔽、蒙骗。句意为能够蒙蔽士卒，使他们不能知觉。

⑤易其事，革其谋，使人无识：变更正在做的事情，改变计谋，使他人无法识破。易，变更。

⑥易其居，迂其途，使人不得虑：更换驻防的地点，行军迂回，使敌人无法图谋。

【译文】

在统率军队这件事情上，要做到考虑谋略沉着冷静而幽深莫测，管理部队公正严明而又有条不紊。要能蒙蔽士卒的视听，使他们对于军事行动毫无所知；变更作战部署，改变原订计划，使人无法识破真相；并不时变换驻地，故意迂回前进，使人不能揣测其行动的意图。

【赏析】

孙子指出为帅之道，要处危不乱，具有远见卓识，要"静、幽、正、治"。人们仰慕诸葛亮，在"空城计"中的沉着冷静、在"隆中对"时的远见卓识、在"舌战群儒"中的条理分明，无不体现孙子所提倡的"静、幽、正、治"。不过历史上另一个宰相，东晋的谢安也很出色。

公元383年，前秦王苻坚以90万之军伐东晋，连陷重镇，认为他的军队投鞭便可断流，灭晋不在话下。东晋君臣惊慌失措，唯宰相谢安泰然处之，推荐侄儿谢石、谢玄率军8万拒秦。谢石、谢玄问他破敌之策，谢安回答说："到时自有安排"。然后驾车出游，至夜方归。谢安回到府中之后连夜发布号令，对众将指示机宜，众将无不信服。结果，肥水一战，晋军以弱胜强。当捷报送到谢安处，他正在与客人下围棋。当客人问他"战况如何"时，他淡淡地回答："儿辈遂已破贼"。后人评他具有"静以幽、正以治"的大将风度。

成功的企业需要真正的企业家，在竞争白热化的今天，人们对企业家的期盼也不断提高，要求他们具有军事家的胆略、哲学家的思维、政治家的胸怀及外交家的灵活。只有这样的企业家才可以使企业在激烈的市场竞争中立于不败之地。

登高而去其梯

【原文】

帅与之期，如登高而去其梯[①]。帅与之深入诸侯之地而发其机[②]，若驱群羊，驱而往，驱而来，莫知所之。

【注释】

①帅与之期，如登高而去其梯：句意为主帅赋予军队作战任务，要断其退路，犹如登高而去梯，使之勇往直前。

②帅与之深入诸侯之地而发其机：统帅与军队深入敌国，就如击发弩机射出的箭一般，笔直向前而不可复回。

【译文】

将帅向部队分配作战任务后，要使其像登上高楼而去掉梯子一样，有进无退。将帅率领士卒深入诸侯国土，要像弩机发出的箭一样勇往直前。要烧掉舟船，打碎煮饭的器皿，以示死战的决心。对待士卒要能如驱赶羊群一样，使他们只知服从命令往前走，却不知道要到哪里去。

【赏析】

孙子在此提出的“登高去梯”之计，就是要求将帅在指挥作战时，要善于蒙蔽、使用士兵，断绝他们一切退路，让他们能进不能退，从而听从指挥，与敌人决一死战。

秦二世三年（公元前206年）秦军大败赵军，赵王歇退守巨鹿，秦将王离奉军包围巨鹿。赵王四处求救，楚怀王命宋义、项羽率军救赵。楚军行至安阳，宋义害怕，临阵退缩，一连几天不肯前进。项羽下令，每人只带三天干粮，砸破所有的饭锅，凿沉所有的渡船，准备决一死战，不解巨鹿之围决不下生还，因此鼓舞全军将士。接着，项羽接连发动九次攻击，以一当十，锐不可当，终于大破秦军，俘秦将王离。经此一战，项羽名震天下，成为各路诸侯军之领袖。

然而，“登高去梯”之计亦可作为临敌作战时的一种计策，即是先制造某种让敌人有机可乘的局面，引诱他们进入圈套后，再断其后路，给予致命的打击。在商战中，设下圈套，诱使对方上当的策略，正是孙子所言的“登高而去其梯”。所以，作为企业的决策者对于纷繁复杂的市场现象一定要冷静分析，以避免不必要的损失。

德国人梅里特兄弟移居美国的密沙比，无意中发现这里有蕴藏丰富的铁矿。于是他们悄悄收购地产，成立了一个铁矿公司。而迟来一步的洛克菲勒对这片铁矿垂涎三尺。1873年，美国发生经济危机，梅里特的公司陷入困境。这时，本地牧师劳埃德拜访他们家，得知他们的困难，便称他的朋友愿意借给他们一笔钱渡过难关，梅里特兄弟听了欣喜万分。于是他们立下字据，表明梅里特兄弟借到“考尔贷款”42万元，利息三厘，恐口说无凭，特立字据为证。过了半年，牧师又上门告诉他们，他的朋友是洛克菲勒，要求马上归还贷款。梅里特兄弟早把42万元用在矿产上，根本无力还债。于是两人被告上法庭，原告律师直接拿出那张字据作为举证，字据上写得非常清楚，这是一种可以随时收回的贷款。梅里特兄弟根本不清楚字据上“考尔贷款”的含义，所以落入陷阱。他们不得不宣告破产，以52万的代价将矿产卖给洛克菲勒。显然，这是洛克菲勒精心设计的圈套，诱使梅里特兄弟束手就擒。

夫王霸之兵，伐大国，则其众不得聚

【原文】

夫霸王之兵，伐大国，则其众不得聚①；威加于敌，则其交不得合②。

【注释】

①其众不得聚：指敌国军民来不及动员和集中。

②威加于敌，则其交不得合：国家强大的威力施加在敌人头上，使它在外交上无法联合诸国。

【译文】

大凡称霸的军队，进攻敌国，能使敌国的军民来不及动员集中；兵威加在敌国头上，能够使敌方的盟国无法配合策应。

【赏析】

孙子指出，真正雄霸天下的威武之师，在战争中要先入为主，先发制人，掌握战争的主动权，一旦起兵攻伐敌国，便可使其措手不及，兵不得聚，人心散乱，军无斗志，盟国也不敢驰援。

周赧王五十五年(公元前 260 年)，秦国攻打齐之盟国——赵国，于长平坑杀赵兵 40 万。齐与赵虽有合纵抗秦盟约，但由于惧怕秦国而拒绝援助。谋臣周子谏道："赵乃齐之屏障，今日赵亡，明日齐危"。齐王田建不仅不采纳，反而撤除合纵之盟，不修攻战之备，一味恭顺秦国。秦见各国国力削弱，联盟破裂，于是，接连发动战争，破燕，灭韩、亡魏，一个一个地收拾，齐国坐视各国灭亡而不救。代国灭后，秦国大军压境，并直捣齐国首都临淄，齐王毫无抵抗之力。只好向秦国求降。惧敌媚敌的齐国终遭灭亡。

"先发制人"的策略在商业竞争中被广泛运用。英国 TSB 是一家私人金融服务集团，面对不断发展的业务，为迎接新的挑战，它推出了一项切实改善大众对公司认识的规划，致力于至少 100 人入股的目标。为此，他们以广告为先导，旨在创造具有广阔前景的企业形象。在伦敦的新闻发布会上，公司选用"圆顶硬礼帽"——伦敦的象征作为主题，用具有鼓动性的标语"现在轮到 OK!"为广告词。同时把介绍公司的小册子分送给五万多个金融中介商，在全国各地张贴 1.5 万张大型宣传海报，而上万个写着"圆顶硬礼帽"标语的气球则在伦敦的上空飘扬。TSB 并把创业计划书全文刊登在《泰晤士报》《每日邮报》和《金融时报》上，计划书的印制总量超过 700 万份，使所有员工和所有对股票有兴趣的大众人手一册。TSB 的广告果然奏效，300 多万的民众对其股票产生了极大的兴趣。

投之亡地然后存，陷之死地然后生

【原文】

投之亡地然后存，陷之死地然后生。夫众陷于害，然后能为胜败[①]。

【注释】

①夫众陷于害，然后能为胜败：只有把军队投置于险恶的境地，才能取胜。害，害处，指恶劣的环境。

【译文】

将士卒投置于危亡境地，才能转危为安。使士卒陷身于死地，才能起死回生。军队深陷绝境，然后才能反客为主，赢得胜利。

【赏析】

“投之亡地然后存，陷之死地然后生”，这是孙子的一句名言，也是他认为将领带兵打仗的一种有用的方法。他指出如果将三军置于“死地”“危地”“重地”后，既不可能退避，也不可能坚守自保，必然会同心协力，奋力作战，以超常的勇气与敌人决一死战，这样反而可能化险为夷，反败为胜。

梁武帝大通元年（公元527年），梁将陈庆之守卫涡阳城，与魏军对峙长达数月，经过了上百次交战，梁军已非常疲乏。这时，魏军援军又想在梁军的后方构筑营垒。梁军诸将怕腹背受敌，商议退兵。陈庆之则认为现在梁军消耗极大，丧失斗志，应先将他们置之死地，再与敌人交战，必能取得胜利。于是，诸将依计行事，率军夜袭魏军，在攻下四个营垒后，士气依然高涨，再驱赶着俘虏向魏人发动进攻，大败魏军。

在商业经营中，企业发展不会是一帆风顺的，在面临危机时，倘若善于利用这种危机给员工造成一种“紧迫感”和“危机感”，激发员工的斗志，发挥他们的潜力，往往能够绝路逢生，摆脱危机，使企业重新走上稳步发展之路，这实际上就是“投之亡地然后存，陷之死地然后生”的策略。

20世纪70年代由于石油危机的冲击，日立公司景况萧条。为尽快摆脱这种局面，公司决定让旗下的24个厂67.5万人回家待命，并发给他们97%的工资，这种做法虽然没帮公司节约多少钱，但却让员工产生危机感；1975年1月，公司决定削减4000名管理人员的薪资，以加强他们的紧迫感；同年4月，又把新工人的上班时间延后20天，使他们尚未进厂，即已产生了危机意识。这一系列的举措，大大刺激了员工的积极性，使公司在经济萧条后，恢复得比其他公司都快。

并敌一向，千里杀将

【原文】

故为兵之势，在于顺详敌之意[①]，并敌一向，千里杀将[②]，此谓巧能成事者也。

【注释】

①在于顺详敌之意：顺，假借为"慎"，谨慎的意思。句意为用兵作战要审慎地考察敌人的意图。

②并敌一向，千里杀将：并敌一向，集中主要兵力，选定恰当的主攻方向。

【译文】

因此，指导战争这种事，在于慎重地观察敌人的战略意图，集中兵力攻击敌人的一个部分，这样就可以千里奔袭，擒杀敌将。这就是所谓巧妙用兵，实现克敌制胜的目标。

【赏析】

孙子这里指出了集中兵力攻击敌人一个部分，从而巧妙地获得战争胜利的思想。在战争中首先要弄清楚敌军真实的战略企图，从而集中兵力于某个主要方向，攻击敌人，以取得成功。无论攻或防，都采用集中兵力打击敌人之一部分的战术，这是兵家共同的主张。

1981 年，以色列空军抽调 14 架战斗机，组成突击队，袭击伊位克的核反应炉。令人惊讶的是，整个袭击过程仅用了两分钟，就将原子反应炉的圆形屋顶坍塌，中心大楼被夷为平地，核反应炉被毁坏，另两座建筑物也遭到严重破坏。核反应炉的保护部队，被突如其来的袭击攻击得晕头转向，高射炮放了一阵空炮，无一命中，萨姆导弹没有来得及发射，拦截飞机也没有来得及起飞，以军飞机已逃之夭夭了。

"并敌一向，千里杀将"在企业经营中指对看准的事全力以赴。这就要求经营者掌握准确的资讯，对市场情况进行精确的分析和预测，决不能贸然决策，在选好突破口后，再集中资源到主攻方向，以一举获胜。倘若不顾自身实力，分散资源，后果将不堪设想。

拉克航空公司的失败就是一个典型的例子。这家公司起初在北大西洋上采用不提供非必要服务为基础的低成本战略，集中资源把目标对准那些对价格极为敏感的普通旅客，因此取得了不小的成功。然而，随着时间的推移，公司想进一步扩大市场，希望以此提高竞争力，于是开始增加新的服务和开辟新的航线，这使得它的低价策略大受影响。而且，由于本身的物力、人力、财力有限，其服务和运输系统无法与大航空公司相比，最后，拉克航空公司不得不落入倒闭的命运。

践墨随敌，以决战事

【原文】

践墨随敌[①]，以决战事[②]。是故始如处女，敌人开户；后如脱兔，敌不及拒[③]。

【注释】

①践墨随敌：践，是遵守、遵循的意思；墨，即为原则。

②以决战事：以决定战争胜负问题，即求得战争的胜利。

③始如处女，敌人开户；后如脱兔，敌不及拒：刚开始时如处女一样柔弱沉静，使敌人放松戒备；随后如脱逃的兔子般行动迅捷，使敌人来不及抗拒。

【译文】

所以，战斗展开之前要像处女那样显得深静柔弱，以诱使敌人放松戒备。战斗展开之后，则要像脱逃的野兔一样行动迅速，使敌人措手不及，无从抵抗。

【赏析】

两军交锋，是不可能完全按照原定作战方案不折不扣的实施。一般要依据敌情、我情而变法灵活运用，作战时要静如处女，动如脱兔。

三国时，魏国的程昱据守鄄城，手下的兵士只有 700 人，曹操听说袁绍在黎阳将要南渡，便想再给程昱补充 2000 名士兵，但程昱不愿接受，他说："袁绍拥有 70 万大军，自认为所向无敌，现在他看我的兵这么少，必然不会来攻我。如果为我补充兵员，袁绍反倒会来进攻。那么我就是有 2700 人，也不是袁绍的对手。"后来，袁绍果然因为程昱兵少，未攻鄄城。曹操对其谋士说："程昱的胆量胜过古代勇士孟贲夏育"，他根据袁绍好大喜功的性格，巧妙地采取了不增兵的策略，终于保住了鄄城。

商战中的毕克公司，真可谓"始如处女，后如脱兔"的另一个具体案例。

1949 年，毕克认定经营圆珠笔会赚钱，便借了 1000 美元，希望和华尔一起经营这项业务，但华尔认为这种商品赚不了多少钱，便拒绝了。但毕克认为赚钱不在商品的大小，而在于销量的多少。毕克于是决定制造美观、耐用、用完即可丢弃的圆珠笔，于是他利用手中的 1000 美元办起毕克公司，第一年他生产 1 亿支笔销售一空，赚了一笔钱。毕克公司的笔价廉物美，买的人很多，用后即丢，消耗得快，所以滚进他腰包的钱越来越多，而薄利多销的原则，使毕克的生意越做越大，现在毕克公司每年可销售 15 亿支的圆珠笔。1972 年，他准备发行 150 万毕克公司股票，结果竟有 800 万股的申购者，使得股票暴涨，公开上市时每股 176 美元，第二天就涨到 280 美元。仅此一项，毕克公司在一天之内就可赚到上亿美元。

第十二章　火攻篇

本章导语

本章孙子专门论述了向敌军进行火攻的各种问题，比如火攻的对象、作用、条件、方法，以及在火攻过程中应该注意的问题等等。

孙子明确指出，火攻有火人、火积、火辎、火库、火队五种，即焚烧敌军的营寨、积聚、辎重、府库和运输设施等，着眼在摧毁敌人的人力、物力和运输线。这五种火攻方法必须变化运用，同时，这种策略我军可以掌握，敌军也可以掌握，故应该注意防备。

同时，他还指出火攻必须具备的条件，除了引火的器材必须平时备有，即"行火必有因，烟火必素具"等实施火攻的物质条件之外，纵火时还要选择天时，要具有"发火有时，起火有日"的气象条件，即是要选在天气干燥和刮风的日子放火。

孙子虽然重视火，但只是把火攻作为辅助进攻的一种形式，强调实施火攻必须和士兵的进攻互相配合，他指出"以火佐攻者明，以水佐攻者强"，火攻、水攻虽然威力强大，但如不适时投入兵力，同样不能取胜，也就是说主辅之间必须密切配合，才能发挥作用，达到夺取胜利的目的。

凡火攻，必因五火之变而应之

【原文】

行火必有因[①]，烟火必素具[②]，发火有时[③]，起火有日。时者，天之燥[④]也；日者，月在箕、壁、翼、轸[⑤]也。凡此四宿者，风起之日也[⑥]。凡火攻，必因五火之变而应之[⑦]。

【注释】

①因：依据、条件。

②烟火必素具：烟火，指火攻的器具燃料等物。具，准备妥当。

③发火有时：意谓发起火攻要选择有利的时机。

④燥：指气候干燥。

⑤箕、壁、翼、轸：中国古代星宿之名称，是二十八宿中的四个。

⑥凡此四宿者，风起之日也：四宿，指箕、壁、翼、珍四个星宿。古人认为月亮行经这四个星宿位置时，便是起风的日子。

⑦必因五火之变而应之：因，根据、利用。应，策应、对策。句意为根据五种火攻所引起的敌情变化，适时地运用军队进行策应。

【译文】

实行火攻必须具备条件，火攻器材必须平素即有准备。放火要看准天时，起火要选好日子。所谓天时是指气候干燥，所谓日子是指在月亮行经“箕”“壁”“翼”“轸”四个星宿位置的时候。凡是月亮经过这四个星宿的时候，就是起风的日子。用火攻，必须根据五种火攻所引起的不同变化，灵活机动部署兵力进行配合策应。

【赏析】

孙子认为，火攻必须具备一定的条件，这些条件包括易燃的物质、干燥的天气和有利的风向，还有做内应的奸细等。古代利用火功取得胜利的战例很多。

唐朝大将哥舒翰向东追赶崔干佑军，追至一条险要的狭谷。崔军占据高处，以滚木垒石打击唐军，唐军伤亡甚众。哥舒翰令士卒用毡毯保护头部，用柴草盖着车马向前冲，眼看就要冲出峡谷，却在此时刮起强劲的东风。崔干佑见唐军逆风而来，并采用易燃物资遮护人马车辆，随即采用火攻，向谷中投入火种，一时浓烟滚滚，烈火熊熊，扑向唐军，唐兵不战自乱，自相践踏，死伤无数。

正如孙子所言：“行火必有因，烟火必素具”，当企业准备在一个新地点开拓新市场时，必须仔细考虑企业内部和外部等多方面的因素。只有在内外条件都成熟时，才能顺利打入市场。也就是说企业不仅要善于发现和了解消费者的需求，满足顾客的需要，在产品性能、价格标准、销售地点、促销手段等因素上下功夫，还要考虑当地市场政治等方面的因素，对于不同的情况，运用不同的经济、心理、政治及公共关系等手段，以博得地方各有关方面的支援和合作，从而顺利达到预期的目标。

以前可口可乐在人口众多的印度市场上一直占有优势。但 1978 年，由于印度政府排斥外商的政治因素，公司不得不撤出印度市场。而百事可乐公司通过经济和政治上的营销活动，为在印度市场的开拓成功铺平了道路。百事可乐首先与一个印度集团联合，合作经营印度软性饮料，避免了印度国内的反对声浪。同时，百事可乐公司又提出了帮助印度出口农产品的合作方案。此外，还保证它不仅在主要城市销售，而且要尽最大努力将可乐销往乡村，并同意提供食品加工、包装，和掺水处理等新技术。由于百事可乐为印度提供了一系列的利益，因此获得印度各利益集团的支持，从而顺利进入印度的市场。

在商业竞争中，受资金、技术、人才等条件的限制，有时不可能一下子直接达到目的，往往需要通过迂回战术，寻找战机，改变自身状况，改变与市场需求之间的矛盾，改变与对手之间的力量对比。开创一项事业越是艰难，越要动脑筋、想办法，在夹缝中找到出路。这需要信念、毅力和心计，需要脚踏实地的艰苦劳动。智慧和汗水会使一个经营者在山重水复疑无路之际，走进柳暗花明又一村的境界。

五火之变，以数守之

【原文】

火发于内，则早应之于外[①]。火发而其兵静者，待而勿攻。极其火力[②]，可从[③]而从之，不可从而止。火可发于外，无待于内[④]，以时发之[⑤]，火发上风，无攻下风[⑥]，昼风久，夜风止。凡军必知五火之变，以数守之[⑦]。

【注释】

①早应之于外：早用兵在外面策应，使内外齐攻，一举袭击敌人。

②极其火力：让火势烧至最旺之时。极，尽。

③从：跟从，这里指用兵进攻。

④无待于内：不必等待内应。

⑤以时发之：根据气候、月象的情况实施火攻。以，根据、依据。

⑥火发上风，无攻下风：上风，风向的上方；下风，风向的下方。

⑦以数守之：数，星宿运行度数，此指气象变化的时间，即前所述之"发火有时，起火有日"等条件。句意为等候火攻的条件。

【译文】

假如从敌人营内放火，就要及时用兵在外面策应。火已经烧起来，敌人仍然保持镇静的，就应略做等待，不要马上发动攻击。在火势很旺时，还应看情况，可以进攻就进攻，不可以进攻就停止。火可以从外面放，这时就不必等待内应，按时放火就行了。从上风时，不要在下风进攻，白天风刮久了，晚上风就容易停止。军队必须懂得这五种火攻方法的变化运用，而等待时机到来时实施火攻。

【赏析】

火攻应注意内外结合，在实施火攻的过程中，应视敌人的表现情况或攻或止，假如不辨敌情，势必损兵折将。

西晋永宁元年（公元301年），益州刺史罗尚，准备夜间火攻起义军李特兵营。李特事先得知了消息，便严加戒备，并设有伏兵。待官军到达后，义军按兵不动，官军纵火，义军仍然镇静。罗尚贸然发起进攻，于是义军伏兵齐出，内外夹攻，大败官军。

商场如战场，同样需要冷静分析形势，等找到对方的弱点后再采取行动，即“知五火之变，以数守之”。

1952 年，世界石油总产量为 6.5 亿吨，而沙特就占了 4000 万吨，而且每年以 5000 吨到 1 万吨的速度递增。西方的企业家们受到这巨额财富的诱惑，纷纷来到沙特，争取沙特石油的开采和运输权。但阿美石油公司与沙特国王早已签订了垄断开采石油的合约，合约上规定石油开采出来后，由阿美石油公司的船队运往世界各地。这份合约犹如一堵高墙，其他公司只好望洋兴叹。但希腊船王奥纳匹斯在得到这份合约的副本后，经过仔细分析，发现上面并未指明沙特不得用自己的油船队来从事石油运输。于是，奥纳西斯到沙特王宫，和国王进行了长时间的密谈，奥纳西斯建议国王自己买船运输石油。几个月后，便签订了震惊世界的《吉达协定》，按协定规定成立“沙特油船海运有限公司”，该公司拥有沙特油田的开采和石油运输垄断权，公司股东是沙特国王和奥纳西斯，阿美石油公司因此受到相当严重的打击。

不修其攻者，凶

【原文】

夫战胜攻取而不修其攻者，凶[①]，命曰费留[②]。故曰：明主虑[③]之，良将修[④]之。

【注释】

①不修其攻者，凶：言如不能及时论功行赏，巩固胜利成果，则有祸患。

②命曰费留：指若不及时赏赐，将士不用命，致使战事迟延或失败，军费将如流水般逝去。

③虑：谋虑、思考。

④修：治，治理之意。

【译文】

凡是打了胜仗，攻取了土地城邑，而不能及时论功行赏，巩固其胜利成果，就必定会有危险，这种情况叫作“费留”。因此说，明智的国君要谨慎地考虑这个问题，贤良的将帅也应当要认真地处理好这个问题。

【赏析】

孙子在这里强调胜利果实要及时巩固。如果胜利得不到巩固，就会导致失败。

明崇祯十七年（1644 年），闯王李自成率领大军进入北京，秋毫无犯，法令严明，使北京秩序很快恢复正常，不出一日，接管全国地方政权一半以上。大好形势让义军将帅冲昏了头，牛金星忙于应酬，刘宗敏忙于催饷，而李自成霸占了吴三桂的爱妾陈圆圆，激起天怒人怨。本已答应归降的吴三桂，立即叛变，占领山海关，引清军入关进入北京。李自成出战失败，刘宗敏迎战再次失败，这支浩浩荡荡的农民

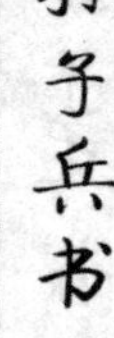

起义军入城仅42天,便又急忙地撤出北京。

在许多行业,高额的利润对许多公司有强大的吸引力,但是由于缺乏后继的资源,即使初战告捷,但最终仍逃不掉失败的命运,因此公司的经营者在制定产品战略时,需要非凡的远见卓识,把有限的资源投到公司最有竞争实力的产品上去。

在1975年,有一家叫米茨的公司首先进入小型电脑领域,生产世界上第一台型号为阿尔塔的小型电脑,获得成功。作为一个实力并不雄厚的公司,米茨在初次成功后,却因为没有足够的人力、物力和财力去支持它做进一步的发展,为此不得不在1978年宣告破产,其公司的寿命总共只有四年的时间。其实,米茨公司的失败是不难预见的,电脑这行业的发展需要大量优秀的人才、先进的技术和雄厚的资金,在没有充分考虑自身的条件,便贸然进入不适合自己的市场,失败也就在所难免,这正印证了孙子所说的"不修其攻者,凶"了。

主不可以怒而兴师,将不可以愠而致战

【原文】

非利不动,非得不用,非危不战。主不可以怒而兴[①]师,将不可以愠[②]而致战。

【注释】

①兴:发动,兴起,挑起。
②愠:生气,发怒。

【译文】

没有利益就不行动,不能取得胜利就不用兵,不是危及国家存亡就不可轻易开战。国君不可因一时愤怒而发动战争,将帅不可因一时的怨愤而出阵求战。符合国家利益才用兵,不符合国家利益即应停止作战。

【赏析】

这是孙子的慎战原则:如果没有必胜的把握,稳操胜券,或对我方有利,或到了生死存亡的关键时刻,不要轻易发动战争。否则,就会自食恶果。

隋朝末年,炀帝非危而战,三征高丽,生灵涂炭,天怒人怨,不久便爆发了声势浩大的农民起义。李密、翟让、窦建德、李渊父子从四面八方杀出,中原大乱。炀帝逃向江都,仍然沉醉于酒色之中。一日,一群叛军持刀进入宫中,杀死守军,围住炀帝。炀帝说:"我有何罪?"叛军头目马文举厉声说道:"你穷奢极侈,轻为干戈,万民涂炭"。炀帝说:"朕负百姓,不负汝等。"司马德说:"普天同怨,何止我等。今借陛下之首以谢天下。"炀帝吓得魂飞魄散,苦苦哀求道:"天子怎能身首分离",于是自解中带给狐行达,狐即将布套于炀帝脖子上,用力一抹,炀帝气绝身亡。

《孙子兵书》开篇就指出:"兵者,国之大事,死生之地,存亡之道,不可不察也。"开宗明义地指出战争关系国家存亡,应慎重对待。国君不可以因一时的愤怒

而兴兵打仗，将帅不可凭一时怨愤而与敌交战。孙子同时提出了“非利不动，非得不用，非危不战”，“合于利而动，不合于利而止”的思想。并且告诫说，“怒可以变喜。愠可以变悦，亡国不可以复存，死者不可以复生。故明君慎之，良将警之，此安国全军之道也。”在历史上，有不少主以怒而兴师，将以愠而致战，危及社稷的例子。

《资治通鉴·魏纪》记载：公元221年6月，刘备为报东吴杀害关羽之仇，要举兵进攻孙权。赵云劝刘备说：“篡夺国家的是曹操，而不是孙权，如能先出兵灭掉魏国，则孙权自会屈服投降。所以，不应把大敌魏国置于一边，反先去与吴国作战。战争一起，是不能很快结束的。伐吴不是一个上策！”向刘备劝谏的臣子很多，但刘备一概不听，于公元222年大举进攻吴国。结果被陆逊火烧连营，损失了大部分兵力，从此蜀军一蹶不振。

与此相反的例证，如司马懿忍诸葛亮胭粉之辱，不轻易出战，最后大败蜀军。

正反例证说明，君主、将帅都要以国家安危为系，“合于利而动，不合于利而止”。作为统帅，制怒、控愠事关大局，不可不予以足够重视。

同样，企业的经营者在商业竞争中，若以情感代替理智，于事轻率急躁，行事但凭一时冲动，就会给企业造成不可估量的损失。

艾柯卡在1970年成功推销“野马牌”汽车中体现了卓越的才能，成为福特汽车公司的总经理。他上任后，不顾董事长亨利·福特的反对，采取一系列的经营措施，推出一种耗油量低的小型汽车，立即成为抢手货。但福特对艾柯卡的成功并不看好，反而满怀妒忌的寻找各种理由解雇了艾柯卡。福特为了虚荣赶走为自己赚进35亿美元的总经理，结果被克莱斯勒公司网罗了一个难得的人才，濒临倒闭的公司一跃而成为福特公司强有力的竞争对手。之后，福特公司每况愈下，终于在1983年大权易人。

第十三章　用间篇

本章导语

孙子在本章论述了使用间谍侦察敌情在作战中的重要意义，并阐明间谍的种类和使用间谍的方法。

孙子十分重视间谍的作用，认为它是作战取胜的一个关键，军队往往依靠间谍提供的情报采取行动。他指出那些“爵禄百金”而不重使用间谍的人，是“不仁之至也，非人之将也，非主之佐也，非胜之主也。”

怎样才能“知彼”？如何做到“先知”？他提出“先知者，不可取于鬼神，不可象于事，不可验于度，必取于人，知敌之情者也”。

孙子把间谍分成五种：因间、内间、反间、死间、生间。所谓因间，就是利用敌国乡里的普通人为间谍。所谓内间，就是利用敌国的官吏为间谍。所谓反间，就是利用敌方的间谍来为我所用。所谓死间，就是散布假情报给敌方的我方间谍。所谓

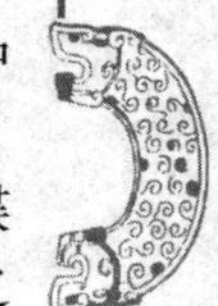

生间，就是派往敌方侦察敌情以后能生还回来报告的间谍。这五类间谍，前三种是利用敌方人员，后两种是由我方派遣潜入敌人内部的。倘若同时使用这五种间谍，情报的来源就十分广泛，打起仗来便能使敌人茫然不知所以，确实是神妙莫测。其中从反间得来的情报最为重要，因此要特别重视反间，对待反间的待遇应该特别优厚。

先知者，不可取于鬼神，不可象于事

【原文】

凡兴师十万，出征千里，百姓之费，公家之奉[①]，日费千金，内外骚动[②]，怠于道路[③]，不得操事[④]者，七十万家[⑤]。相守数年[⑥]，以争一日之胜，而爱爵禄百金[⑦]，不知敌之情者，不仁之至也，非人之将[⑧]也，非主之佐也，非胜之主[⑨]也。故明君贤将所以动而胜人[⑩]，成功出于众者，先知[⑪]也。先知者，不可取于鬼神[⑫]，不可象于事[⑬]，不可验于度[⑭]，必取于人，知敌之情者也。

【注释】

①奉：同“俸”，指军费开支。
②内外骚动：指举国上下混乱不安。内外，前方、后方的通称。
③怠于道路：怠，疲惫、疲劳。此言百姓因辗转运输而疲于道路。
④操事：指操作农事。
⑤七十万家：比喻兵事对正常农事的影响之大。
⑥相守数年：相守，指相持、对峙。相守数年即相持多年。
⑦而爱爵禄百金：而，如果；爱，吝啬。
⑧非人之将：非人，不懂得用人（间谍）。
⑨非胜之主：不是取胜的主宰者。
⑩动而胜人：动，行动、举动，这里指出兵。句意为一出兵就能战胜敌人。
⑪先知：指事先侦知敌情。
⑫不可取于鬼神：指不可以通过用祈祷、祭鬼神和占卜等方法去求知敌情。
⑬不可象于事：象，类此、比拟。意谓不可用与其他类似事情作类比的方法去求知敌情。
⑭不可验于度：指不能用分析日月星辰运行位置的办法去求知敌情。验，应验、验证。

【译文】

孙子指出，凡兴兵10万，征战千里，百姓的耗费，国家的开支，每天都要花费千金，前方后方动乱不安，民夫戍卒疲惫地在路上奔波，不能从事正常耕作生活的多达几十万家。这样相持数年，就是为了决胜于一旦。如果吝惜爵禄和金钱，不肯重用间谍，以致因不能掌握敌情而导致失败，那就是不仁到了极点，这种人不配做军队的统帅,称不上是国家的辅佐,也不是胜利的主宰者。所以,英明的君主和贤良的将帅,他们之所以一出兵就能战胜敌人,功业超越常人,就在于他们能够预先掌握敌情。要事先了解敌情,但不可用求神问鬼的方式来获取,不可拿相似的事做类比推测来得到,也不可用日月星辰运行的位置去做验证,一定要取之于人,从那些熟悉敌情者的口中去了解。

【赏析】

"先知"是孙子兵书里一个特别重要的概念,它与情报有密切关系。知己知彼、知天知地,其目的就是为了"先知"。而在战争中,要真正做到"先知",就必须重用间谍,如果吝惜钱财,反被敌方金钱所累,出卖自身利益,就会危害国家的根本利益。

虞国和虢国是春秋时期两个毗邻的小国,而且订立了盟约,互相友善。当时,晋国欲与强楚争霸中原,必须南下中原伐虢,但中间隔着虞国,不便下手。公元前658年,晋国大夫荀息获悉虞公有贪财好利、见利忘义的弱点,于是将珍贵的良马和美玉奉献给虞公,虞公不了解荀息的企图,见了良马宝玉喜不自胜。接着荀息又用甜言蜜语称颂虞公,虞公莫不欣喜若狂,不仅答应借道给晋国伐虢,而且还愿意出兵助晋伐虢,将虞虢两国的盟约和唇亡齿寒的道理忘得干干净净。公元前655年,晋国大军借途伐虢,不仅灭亡了虢国,也顺道灭了虞国。

在资讯化的今天,正确、及时的资讯是企业发展的根本需求。企业的生产经营将耗费大量的物力、人力和财力,如在从事经营和做出决策前"不知敌之情",将为企业发展带来不可估量的损失。正因如此,精明的企业家都极为重视资讯的掌握,采用各种手段和计谋了解竞争对手的商业机密,使之为己所用。

有个日本人想开啤酒厂,当时丹麦啤酒酿造技术是世界第一流。但那时候啤酒厂的保密工夫做得很彻底,不许随便参观。日本人在厂外转了三天,想尽办法也不得其门而入。后来,他发现该厂每天早晚都有一辆黑色的小轿车进出,当他得知车上坐的是啤酒厂的老板时,突然想出了一条苦肉计。一天,那辆载着啤酒厂老板的小轿车驶近时,他突然迎面朝小轿车快步走去,结果被车撞倒,并压断一条腿。他被送进了医院,啤酒厂的老板问他以后怎么办,他说:"等我腿好了以后,就让我去你的啤酒厂当个守卫,混碗饭吃吧。"啤酒厂老板一听他不找麻烦,就满口答应了。后来,这个日本人便当上了啤酒厂的守卫。经过多次的观察和琢磨,他对这家啤酒厂的设备、原料及技术已了如指掌。掌握了这些重要的技术情报后,他便扬长而去,回国开了一家规模很大的啤酒厂,抢占日本的啤酒市场,获取了高额利润。

用间有五

【原文】

故用间有五:有因间[①],有内间,有反间,有死间,有生间。五间俱起,莫知其道[②],是谓神纪[③],人君之宝[④]也。

【注释】

①因间：间谍的一种，即本篇下文所说的"乡间"，其依赖与敌人的乡亲关系获取情报，或利用与敌军官兵的同乡关系，打人敌营从事间谍活动，获取情报。

②五间俱起，莫知其道：此言若能同时使用这五种用间之法，便可使敌人无法摸清我军的行动规律。道，规律、途径。

③神纪：神妙莫测之道。纪，道、办法。

④人君之宝：宝，法宝。句意为"神纪"是国君制胜的法宝。

【译文】

间谍的运用方式有五种，即因间、内间、反间、死间、生间。要同时使用这五种用间方法，使敌人无从捉摸我用间的规律，这就是使用间谍的神妙莫测，也是国君克敌制胜的法宝。

【赏析】

孙子在这里指出了使用间谍的五种方法，提出只有将五种方法交替使用，才会神秘莫测，成为克敌制胜的法宝。孙子指出要了解敌情，就必须全面使用间谍，扩大情报的来源，以便得到完整、精确、周密的情报，并根据这些情报采取相应的军事行动，使敌人茫然无所适从，进而使我军取得战争胜利。

战国时，魏公子信陵君采取各种手段，收买了各方间谍，因此对国内外的情况了如指掌。有一次，魏公子信陵君正在和魏王下棋，突然北方传来报警的烽火，说是赵国出兵侵犯魏国。魏王惊慌失措，魏公子却说是赵王打猎。又过了一会儿，果然又从北方传来消息说："方才是赵王打猎"。魏王问魏公子原因，魏公子回答："我的门客探听的。"原来，魏公子信陵君养了许多门客，充当各种间谍，打入赵国统帅内部。可见，早在春秋战国时代，间谍战就已经非常发达了。

公元前200年，匈奴冒顿单于率领四十多万人马，攻打汉朝。占领了马邑，包围了晋阳。汉高祖刘邦率兵迎击，在平城（现在的大同）一带冒进中计，被围困在白登山上，饥饿冷冻，使汉高祖十分着急。

一天，汉将陈平在山上忽然看见一对男女在骑马指挥匈奴士兵，经过打听才知道是冒顿单于和爱妻阏氏，于是想出“婚间”一计，急忙派使者带黄金、珠宝和一幅美女图去见阏氏。汉使对阏氏说：为了汉朝与匈奴修好，请大王退兵，汉王准备把中原第一号美人儿献给大王，由于美人不在军中，所以带着这幅图画，先让大王看看。阏氏顿时产生妒意，为了使汉王不能献来美女，使自己失宠，于是，就劝单于退兵。陈平巧妙地运用“婚间”计解除了白登山之围。

公元前207年，刘邦占领咸阳，自称关中王。项羽看到后非常气愤，于是发兵去攻打刘邦。项羽的叔父项伯为了不让自己的好友张良战死，就星夜去告诉张良赶快逃走。张良又把这个消息告诉了刘邦。刘邦自知力量悬殊，不是项羽的对手，于是就恭恭敬敬地招待项伯，把自己的大女儿许给了项伯的儿子，和项伯结为亲家，项伯十分感动，当夜回来后在项羽面前给刘邦求情。在鸿门宴上项庄舞剑想刺杀刘邦，项伯也急忙与项庄对舞，用身体保护刘邦，正是由于项伯这个“亲家”保护，才使刘邦在鸿门宴脱险。

现代社会，市场的竞争也是资讯的竞争，许多企业和公司不惜成本在世界各地建立起庞大的工商业情报机构，采取各种手段，想方设法窃取、探听竞争对手的商业机密。透过准确的资讯，他们可以寻找和针对对方的弱点，制定相应的策略，发挥自身的优势，击败对方。

联华电子有限公司是香港工业财团康力集团的子公司，公司在日本设立了一个开发部，雇用十几个日本的技术人员，其主要任务就是探听和传递日本电子市场的各种新技术、新工艺和新产品的情报和样品。公司根据这些情报，开发研制了自己的新产品。他们还联合美国企业，由美国企业负责技术投资并提出新产品制造方案，联华出资开发和组织生产，而产品由双方在世界市场上销售。联华所用的手段正是孙子所说的“因间”。而日本日立公司神奈川工厂的计划部主任工程师林建治意图窃取IBM的最新技术，不惜重金收买IBM公司的员工坎迪特。但被美国联邦情报局获知，情报局的老手凯莱德逊设下圈套，使用“反间”手段使日立公司在日美电脑战中败北。

三军之事，莫亲于间

【原文】

故三军之亲，莫亲于间[①]，赏莫厚于间[②]，事莫密于间[③]。非圣智[④]不能用间，非仁义不能使间[⑤]，非微妙不能得间之实[⑥]。

【注释】

①三军之亲，莫亲于间：三军中最亲信的人，无过于委派的间谍。

②赏莫厚于间：没有比施赏给间谍更优厚的赏赐。

③事莫密于间：军机事务，没有比间谍之事更为机密的。

④圣智：才智过人的人。

⑤非仁义不能使间：指如果吝啬爵禄和金钱，不能做到以诚相待，就无法用好间谍。

⑥非微妙不能得间之实：微妙，精细机敏。这里指用心精细、手段巧妙。实，指实情。意谓不是用心精细、手段巧妙的将领，不能分析间谍取得之情报的真实与否。

【译文】

因此在军队中，没有比间谍更亲近的人；在奖赏中，没有比赏赐给间谍更为优厚的；也没有什为事情比间谍更为机密的了。不是才智超群的人不能使用间谍；不是仁慈慷慨的人不能指使间谍；不是谋虑精细的人不能分辨间谍提供的情报。微妙啊，微妙！真是无时无处不可以使用间谍！

【赏析】

孙子在此强调了间谍的极端重要性和极其重要的地位，在军队中，最亲密的人就是间谍，由于间谍身份的特殊性，对待间谍必须异于常人，给予最高的奖赏，从而达到"士为知己者死"。

据说北宋庆历年间，西夏与北宋王朝兵戎对峙。西夏王赵元昊手下有两员心腹，一个叫野利王，一个叫天都王，非常英武。宋将种世衡想派间谍侵入敌巢，离间他们之间的关系，苦于找不到可靠的人。后来，种世衡见紫云寺和尚法嵩坚强朴实，便劝他从军。由于作战立功，法嵩升为指挥使，种世衡对他关怀备至。有一天，种世衡借故严刑拷打法嵩，经过半年观察，发现法嵩没有丝毫怀恨之心，种世衡于是把间谍任务交给法嵩。法嵩按照吩咐，千方百计寻见野利王，引起敌人疑心。敌人对他进行严刑拷打审问，法嵩始终没吐露半个字，后从种世衡送给法嵩的棉袍中搜出了一封给野利王的信，措辞非常亲密，于是赵元昊怀疑野利王反叛，就把他杀了。

有的提出："择己有贤材智谋，能自开通于敌之亲贵，察其动静，知其事计，彼所为已知其实。"

时代变了，但亲、厚的原则在今天仍旧非常适用。今后的社会，谁拥有的资讯越丰富，谁获得成功的机会就越多。"三军之亲，莫亲于间"，现代商战正演化为一场商业的情报战，现在一些公司为了得到准确的商业情报，其情报网布局之广，手段之奇，情报之准确迅速，让人瞠目结舌，有时甚至可与国家军事情报机关相媲美。

1973 年，苏联声称打算找一家美国飞机制造公司，为其建造一个世界上最大的喷射客机制造厂，建成后将年产 100 架巨型客机。但是如果美国公司的条件不合适，他们将同英国或德国进行这笔价值 3 亿美元的生意。为此，美国的三大飞机制造公司都蠢蠢欲动。波音公司为了得到这笔生意，竟背着美国政府，同意让 20 名苏联专家前往飞机制造厂参观。这批苏联专家不仅仔细参观了飞机装配线，还在机密的实验室里做了认真的“考察”，拍了无数张照片，获取大量的资料，并得到波音制造巨型客机的详细计划，之后苏联人便杳无音讯。不久，美国人发现苏联居然利用波音提供的技术资料制造了伊柳辛式巨型喷射运输机。飞机的引擎是美国罗尔斯·罗伊斯引擎的仿制品，而制造飞机的合金居然也是从美国取得的。原来，当日苏联专家穿了双特制的皮鞋，鞋底能吸附从飞机部件上切削下来的金属层，带回去分析后，便得到制造合金的秘密了。

反间可得而用也

【原文】

必索敌人之间来间我者①，因而利之②，导而舍之③，故反间可得而用也。因是而知之，故乡间、内间可得而使也④；因是而知之⑤，故死间为诳事，可使告敌。因是而知之，故生间可使如期⑥。五间之事，主必知之，知之必在于反间，故反间不可不厚也⑦。

【注释】

①必索敌人之间来间我者：索，搜索。

②因而利之：趁机收买、利用敌间。因，由，这里有趁机、顺势之意。

③导而舍之：设法诱导他，并交付一定的任务，然后放他回去以利已用。

④乡间、内间可得而使也：意谓通过“反间”了解敌情，乡间和内间就能有效地加以使用了。

⑤因是而知之：指从反间那里获悉敌人内情。

⑥可使如期：可使如期回报。

⑦故反间不可不厚也：厚、厚待，有重视之意。间之中，以反间为关键，因此必须给予反间十分优厚的待遇。

【译文】

一定要搜查出敌方派来侦察我方军情的间谍，并用重金收买他、引诱利用他，然后再放他回去。这样，反间就可以为我所用了。通过反间了解敌情，这样，乡间、内间也就可以使用了。通过反间了解敌情，这样，就能使死间传播假情报给敌人了。通过反间了解敌情，这样就能使生间按预定时间回报敌情了。五种间谍的使用，国君都必须了解掌握。而了解情况的关键在于使用反间，所以对于反间不可不给予最优厚的待遇。

【赏析】

“知己知彼，百战不殆”，而做到“知彼”，孙子强调最常用的方法就是使用间谍，深入敌人内部，刺探敌人情报，因此古今中外的战争史，也可以说是一部间谍史。孙子对用间进行了全面的论述，其中特别强调反间的运用，反间的具体运用就是我们常说的反间计。《三十六计》第三十三计："反间者，因敌之间而间之也。"意思是在欺骗敌人的手段中，又布置一层"迷雾"，顺势利用敌垒内的间谍辅助我工作，就可以有效地保全自己，争取胜利。

反间计的手段是以假乱真。包含两个方面：一、敌间谍被发现或捕获后，不是公开审判，而是暗中以重金收买，使他变为己方控制下给敌方提供假情报的双重间谍。二、发现了敌间谍，并摸清了他的来意，但不露声色，装得像根本不知道一样，采取将计就计的办法，透露一些假情报，使敌以假当真，借以利用敌人的错误达到目的。

"间"与"反间"是情报战中永远的话题，为防止对方通过各种手段盗取高级技术机密，保持自身的技术优势，以便在竞争中占据领先地位，各国多很重视反间的工作。

举世闻名的"硅谷"，可以说是世界上最富于创新、最具有技术活力的地区，每天都有大量的新技术从这里诞生。但这里也成为各国工业间谍一展身手的地方。在这里，你争我夺的间谍战每天都在上演。为了防止高技术的外泄，美国政府派出精兵良将，成立了反间谍机构，加强对硅谷周围各口岸的防线。一次，他们从一封匿名信中得悉"因保发展公司"的德国老板布克豪森是专门从硅谷窃取技术的老手。于是，他们开始了跟踪调查，检查该公司发往外地的货物，发现里面装的是高技术设备，于是用沙子调换了设备，然后跟踪这批货物的走向。随着这批货物的转手，美国反间机构终于摸清了布克豪森工业间谍网的情况。他们立即查封了布克豪森在加州的所有办公室，并会同德国有关机构，搜查布克豪森在波恩、慕尼黑等地的公司。所谓"道高一尺，魔高一丈"，只要有竞争，当今社会间谍和反间谍的争夺便还会继续下去。

吴子兵书

导读

《吴子兵书》中国古代一部非常重要的兵书，与《孙子兵书》齐名。

根据记载，《吴子兵书》在战国末年和汉初曾广泛流传，尤为治军领兵者所称道，乃兵家必读之书，影响极大。

北宋时期，这部兵书被定为《武经七书》之一，更表明它在中国军事理论史上的地位。目前英国、日本、法国、俄国都有此书的译本，足见其影响深远。

相传《吴子兵书》的作者是战国时的军事家吴起（公元前 440～前 381 年），吴起是卫（今山东曹县一带）人。

据《汉书·艺文志》著录，《吴起》共 48 篇，但 1992 年在山东临沂银雀山汉墓出土大量竹简，其中有很多兵书，却没有发现该书。而根据有关学者考证，《吴起兵书》原书已经亡佚，现今所存《吴子》大约是西汉中叶时人所伪托。

有人认为，今本《吴子兵书》不一定是吴起的原著，但其内容基本上反映了吴起的政治军事思想。而吴起曾授业于曾子，因此书中之主导思想较偏向于儒家，比如说吴子对兼顾“名治武备”与“内修文德”，以及推崇“礼义”等等的主张。正是由于这些特点，使此书异于《孙子兵书》，而有其自身的独特价值。

第一章　图国篇

本章导语

谋略的目的不是为了战争，而是为了富国强兵。同时，也只有在国富兵强的基础上，才能将谋略发挥得更彻底，也才能进一步在激烈的军事和政治斗争中制服敌人、取得胜利。因此，一开始论述的不是具体的战略战术，而是谈论如何治理好国家以达到富国强兵的谋略思想。

吴起指出，要“治国”“富民”，必须“内修文德，外治武备”。对此，吴起提出要使国家长治久安，就必须施行仁政，要先“教百姓而亲万民”，主张礼义兴国、仁爱百姓，任用贤能。

当然，“选贤任能”的最终目的，是让有才能的人能各尽其才。例如现代的体育比赛，在训练之前，教练总是费尽心机选出可能发挥特长的人才，而训练时针对每个队员的特点进行训练，使之在正式比赛中尽可能地发挥所长，以期夺得冠军，甚至打破世界纪录，为国争光。在体育比赛中，不独教练、队员要尽量设法取得最佳成绩，就是本国的人民也都万众一心地盼着队员有超水准的表现，并每每为一些队员失常的表现而称憾不已！

吴起主张任用贤才，自古以来人们都在为做到人尽其才而努力，而真正能做到

人尽其才的统治者并不多。形势如此，但未能尽其才的人不能只是感叹生不逢时，应当自觉地为充分发挥自己的才能去创造条件，因为条件并不会凭空而降，而机会的得来看似亦属于偶然，然这偶然而来的机会其实往往是人们长期以来努力的结果。就当代的商业领域而言，须尽其才，才能如鱼得水般地顺利实现自己的目标。既然现实具备了能使人尽其才的众多有利条件，我们就应当好好把握住时机，因为感慨是无济于事的。

内修文德，外治武备

【原文】

吴起儒服[1]以兵机见魏文侯[2]。

文侯曰："寡人不好军旅[3]之事。"

起曰："臣以见[4]占隐，以往察来，主君何言与心违。今君四时，使斩离皮革[5]，掩以朱漆，画以丹青，烁以犀象[6]。冬日衣之则不温，夏日衣之则不凉。为长戟[7]二丈四尺，短戟一丈二尺。革车奄户[8]，缦轮笼毂[9]，观之于目则不丽，乘之以田[10]则不轻，不识主君安用此也？若以备进战退守，而不求能用者，譬犹伏鸡之搏狸，乳犬之犯虎，虽有斗心，随之死矣。昔承桑氏[11]之君，修德废武，以灭其国。有扈氏[12]之君，恃众好勇，以丧其社稷[13]。明主鉴兹，必内修文德[14]，外治武备。故当敌而不进，无逮于义矣；僵尸而哀之，无逮于仁矣。"

于是文侯身自布席，夫人捧觞，醮[15]吴起于庙，立为大将，守西河[16]。与诸侯大战七十六，全胜六十四，余则钧解[17]。辟土四面，拓地千里，皆起之功也。

【注释】

①儒服:穿戴儒家学者的衣帽。儒,指儒家学者,后来泛指古代知识分子。

②魏文侯:战国时建立魏国的君主,姓姬,名斯,公元前446年~前397年在位。

③军旅:周制以1.25万人为军,500人为旅。在此泛指治军打仗。

④见:同现。

⑤皮革:古代制造甲、胄、盾以及革车等战争器具的重要材料。

⑥烁以犀象:在人的盔、甲、车身上画上犀牛、大象等图形,以壮军威。烁,光彩耀眼。

⑦戟:古代一种长柄兵器,形状如戈与矛的结合体。长戟长二丈四尺,用于车战;短戟长一丈二尺,用于步战。

⑧革车奄户:车,辎车,装运物资的兵车。战时可用作掩护物,宿营时可供卧息,又叫重车,也泛指战车。奄,通"掩",覆盖;户,通"护"。革车奄户:即用皮革掩护覆盖重车之意。

⑨缦轮笼毂:缦,没有花纹的丝织品;笼,笼罩。毂,车轮上装轴的孔。本句意谓将战车用铁皮和没有花纹的布幔等物覆盖遮掩。

⑩田:同畋,打猎。

⑪承桑氏:相传是神农氏时东夷族部落之一,又叫穷桑氏。

⑫有扈氏:夏禹时的部落之一,禹传位于子夏启,有扈不服,兴兵讨伐,为启所灭。

⑬社稷:社,土地神;稷,谷神。古代以社稷代指国家。

⑭文德:指仁义礼乐等文教之功,常相对于武功而言。

⑮醮:古代敬神或主人向客人敬酒的仪式。

⑯西河:黄河西岸地区,今陕西东部。

⑰钧解:钧,同均,指胜负不分,打了平局。解,和也,即打和局之意。

【译文】

吴起穿戴儒生的衣冠,带着治军打仗的谋略去谒见魏文侯。

魏文侯说:"我对治军打仗方面的事情不感兴趣。"

吴起说:"臣根据外显的来观察隐藏的,根据过去来推断未来,君王为什么言不由衷呢?现在君王一年四季派人杀兽剥皮以制革,并在革上涂红漆、画色彩,烙上犀牛和大象的图形,这些东西,冬天穿着不暖和,夏天穿着不凉快。君王又派人打造二丈四尺的长戟和一丈二尺的短戟;还用皮布覆盖战车,这样的车看起来并不华丽,用它去打猎也不轻便,不知君王要拿它们做什么?如果是用来准备作战,却又不寻求会使用它们的人,这就好比孵雏的母鸡去和狸猫搏斗,也好比哺乳的母狗去挑衅老虎一样,虽然有拼命的决心,却必然丧生。从前,承桑氏的国君因只讲文德、废弃武备而丧国。有扈氏的国君因仗恃兵多、凶狠好斗、不修文德,也亡了国。英明的君主有鉴于此,必然对内修明文治,对外加强武备。所以,当敌人来战而不敢进击,这说不上是义;看着死伤的将士才哀伤,这也算不上是仁。"

于是魏文侯亲自安排席位，夫人捧着酒杯，在祖庙宴请吴起，任命吴起为大将，防守西河。后来，吴起与各诸侯国大战 76 次，大获全胜 64 次，其余 12 次未分胜负。魏国因此向四面扩张领土达千里之广，这都是吴起的功绩！

【赏析】

吴起在论述中阐明了“内修文德，外治武备”的谋略思想。文与武，历来是治国安邦的两大支柱，二者互相依存，不可偏废。武功离不开文治，如果不修礼乐法度，将无法维持社会秩序，造成国力贫乏；文治不离武功，如果没有足以维护统治的武力，国家的稳定和社稷安全也是不可能的。

文治武功相得益彰，是历史上各个全盛时期的共同特点。现代社会中，吴起所倡导的文武兼备的治国策略，已为大多数国家所认同。“无文不足以治国，无武不足以安邦”不管世界局势如何趋于缓和，只要战争形成的因素仍然存在，就不能忽视此一策略。

同时，从整段论述来看，吴起特别强调“内修文德”，他指出要使国家强盛，就必须以德为本。孔子曾说：“为政以德，譬如北辰居其所而众星拱之”，意谓用道德来治理国政，自己便会像北极星一般，被其他星辰所环绕。的确，正如吴起所言，政治上要立于不败之地有诸多因素，而坚持“以德为本”是其中最为重要的部分。

春秋时，韩起是晋国的正卿，叔向是晋国的大夫。一天，韩起对叔向抱怨说：“我空有正卿之名，却没有正卿的收入，穷得连和其他卿大夫交际往来的费用都没有。”他本想借此博得叔向的同情，想不到叔向却对他拱手道贺。韩起不解其意，便问叔向：“我如此窘迫，也常为此忧虑，你非但不同情，反而恭贺我，这是什么道理?”

叔向并没有直接回答韩起，而是先讲了两则晋国历史人物的故事：一个是贫而有德的栾书；一个是富而无道的郤至。

栾书曾是晋国的上卿，按规定应享有 500 顷田的俸禄，不过他却连 100 顷田都没有，穷得连宗庙中的祭器都购置不起。但他并不介意，反而更加注意自己的品德修养，结果赢得了全国百姓的尊敬和爱戴。郤至则正好相反，他曾是晋国的正卿，家财万贯，相当国家财富的半数，而且晋国三军中的将佐，郤氏家族就占了一半。骄奢淫逸、贪得无厌的郤至，倚仗自己的权势胡作非为、鱼肉百姓，结果不但落得死无葬身之地的下场，还连累宗室亲族被满门抄斩。

讲完这两则故事，叔向接着对韩起说：“现在，您像栾书那样贫穷，相信您也一定能行栾书之德，所以我恭贺您。如果您不致力于品德的修养、而总为自己的财富不多忧虑，那么，我为您悲伤担忧尚犹恐不及，哪还有什么心思恭贺您呢?”

听了叔向的话，韩起恍然大悟，顿时明白德行比财富更加重要，自己不该为贫穷忧心，而应该像栾书那样，在贫穷的时候树立美好的德行，以免步上郤至的后尘。于是韩起跪地叩谢叔向，感激地说：“我只考虑财富的多寡，险些就招致亡身灭族之祸，是您的一席话救了我！现在不单我感谢您，韩氏先祖和后代子孙也感谢您啊！”

以德为本，是政治谋略中最有效的手段，高明的统治者在治理国家时对此莫不重视。而没有正确道德观念为主导的社会和国家，必将混乱失序、恶善不分。所以，以德为本作为昔日社会治国之正道，在今天仍具有其借鉴的意义。

教化百姓,亲和万民

【原文】

吴子曰:"昔之图国家者,必先教百姓[①]而亲万民[②]。有四不和:不和于国,不可以出军;不和于军,不可以出陈[③];不和于陈,不可以进战;不和于战,不可以决胜。是以有道之主,将用其民,必先和而造大事[④]。不敢信其私谋,必告于祖庙,启于元龟[⑤],参之天时,吉乃后举。民知君之爱其命,惜其死,若此之至,而与之临难,则士以进死为荣,退生为辱矣。"

【注释】

①百姓:本意为百官族姓,先秦时百姓是贵族的通称。
②万民:亦称黎民、庶民。从春秋后期起,百姓与万民为通用词。
③陈:同阵。
④大事:指战争。
⑤龟:大龟,古人认为龟有神灵,可用来占卜吉凶。

【译文】

吴起说:"从前想治理好国家的君主,首先必定教育贵族百官亲近民众,关心人民疾苦。有四种不和的因素需加以注意:国内人心不统一,不可以出兵;军队内部不团结,不可以上阵;临阵部伍不一致,不可以进攻;战斗动作不协调,不可能取胜。所以英明的君主,要征召百姓前,务求内部团结一致才兴师出兵。凡有所谋,还不敢偏信个人的谋划,一定要到祖庙祭告,用大龟占卜吉凶,并观测天时,是吉兆才敢行动。民众知道君主爱护他们的生命,不忍心看他们死亡,竟然周到至此,而且愿同他们共赴急难。所以,他们就会以拼死效命为荣,而以退却偷生为耻。"

【赏析】

在上述论述中,吴起提出了两种权谋:一是教化说,二是重民说。在吴起看来,要统治人民,必须教之以礼义,才能维护国家安定。同时,统治者还应"亲民""以民为本"。

民众是立国的根本。吴起之前,《尚书·五子之歌》中就曾提出:"民唯邦本,本固邦宁。"吴起之后,历代对此一权谋思想发挥颇多。如:民可载舟,亦可覆舟;民为贵,社稷(国家)次之,君为轻;民,事之本也,财须民生,强赖民力,威恃民势,战由民行;王者以民为天,君非民不立。因此,统治者必须认识到,国以民为本,社稷亦为民而立。

海尔集团在面对家电行业激烈的市场竞争时,便深刻地认识到只有将每个员工的力量凝聚起来,才能不断发展创新。海尔曾有 3 万名员工,这是一个值得挖掘的巨大资源,但凝聚他们也是一道难题。

SBU 是海尔采用的行之有效的方法。SBU，即 StrategyBusines-sUnit，原意为策略事业单位。海尔借用它使每一个人都成为一个竞争的主体。这是一种新型的组织管理模式，主张打破企业发展原有的平衡，形成有序的非平衡结构，形成人人经营自己公司的市场链的流程。

海尔将企业的一张财务报表转化为 3 万张财务报表，把分段报表变成每个员工每天的经营报表，员工的子卡与海尔整个企业的母卡从预算到结果保持一致。这样，每个员工都要为自己每天、每月、每年的业绩算一笔账，每个员工的收入都直接与自己的业绩挂钩，员工在为企业创造市场、为用户创造价值的同时，也体现了自身的价值。内部员工相互之间的关系不仅仅是上下级的关系和同事的关系，更是市场关系。每个人都必须对他的市场目标负责，因为那里维系着他的生活质量。

运用这种方式，海尔有效地把每个员工的积极性调动起来，鼓励他们在各自的岗位上不断创新。不论是科技人员、生产人员还是市场拓展人员，都是企业创新的元素，做到“人人都经营，事事都创新”。

1984 年海尔只有一个型号的冰箱产品，目前已拥有包括白色家电、黑色家电、米色家电在内的 86 大门类 1.3 万个规格品种的产品群。海尔开展了 CFC 替代技术、节能技术、静音化技术、数字化技术、信息技术、生物工程技术、高分子材料为主的多方面超前研究，形成了较强的技术储备能力，在高效、变频、节能、环保技术方面处于国际领先水平，技术储备能力比 1993 年提高十几倍。创新也使得海尔迅速拓展了产品市场，目前，海尔冰箱、洗衣机分别位居全球品牌市场占有率第二、第三位。

海尔用人的宗旨是，给所有的人一个平等参赛的机会，“你有多大才干，企业就为你提供多大的舞台”。

海尔的所有员工都实行竞聘上岗，包括海尔高层管理人员在内。某岗位缺员，由人力资源开发中心公布招聘条件、工作目标和招聘程序，申请人可根据自己的能力、条件选择岗位。同一职位的申请人之间展开公平竞争，依据申请人以往的日常考核、工作业绩等指标进行综合评估，在比较的基础上优胜劣汰。

平等竞争的结果，促使优秀人才向专业技术岗位流动，而不适应专业技术岗位的人员则被淘汰出局。这一机制保证了专业技术人才队伍的整体素质，并为优秀人才施展才华提供了机会，实现了人尽其才。竞争落聘但有培养前途的人才，进入海尔后备人才库，纳入日常考核范围。

这样一套公正合理的竞争体制，使得海尔最优秀的员工成为企业的核心和栋梁。

海尔集团首席执行官张瑞敏曾经说过：“海尔是海。”作为国际化企业，海尔不仅致力于培育国际化人才，更以海一般的胸怀吸纳国内外优秀人才，注重整合全球人力资源为海尔所用。

顺乎天理，合乎人情

【原文】

吴子曰："夫道[①]者，所以反本复始[②]。义者，所以行事立功。谋者，所以违害就利。要[③]者，所以保业守成。若行不合道，举不合义，而处大居贵，患必及之。是以圣人绥之以道，理之以义，动之以礼[④]，抚之以仁[⑤]。此四德者，修之则兴，废之则衰，故成汤讨桀而夏民喜悦，周武伐纣而殷人不非。举顺天人，故能然矣。"

【注释】

①道：一般指规律、法则、真理。《老子》用以指宇宙万物的本源。

②反本复始：复归本始、本性，即道家所谓复归于自然。孟子则认为人性本善，恢复人的善良本性就是道。

③要：纲要、信条，这里指政治上的主要课题。

④礼：礼节、礼貌。指当时的社会规范和道德标准。

⑤仁：仁爱。

【译文】

吴起说："'道'是用来恢复人们自然本性的；'义'是用来建立功业的。'谋'是用来避害就利的；'要'是用来巩固和保护成果的。如果行为不符于'道'，举动不合乎'义'，即使掌握大权，身居要职，祸患也必将临头。所以圣人用'道'来安定天下，用'义'来治理国家，用'礼'来动员民众，用'仁'来抚慰百姓。这四项美德，发扬它国家就兴旺，废弃它国家就衰败。所以商汤讨伐夏桀而夏民喜悦，周武王讨伐商纣而殷人不怪罪。这是由于他们的行动顺乎天理、合乎人情，所以才有这样的结果。"

【赏析】

在这里，吴起更进一步阐发前面提出的"文治武备"的权谋思想，具体指出"文德"的内容是"道""义""礼""仁"，并且强调，要治理好国家必须"举顺天人"，即顺乎天理、合乎人情。

这里所讲的"道"不同于道家之道，而是指道义，和"义""礼""仁"一样，都含有极为浓厚的道德意识。古有"从道不从君"之说，其中的"道"就包含道义的内容，指对君权应有所约束，要求君王实行开明政治，其主要内容是强调施仁政、讲博爱、重礼治，"以礼教民"，使人心归服，社会安定团结，进而巩固执政者的统治地位。

明朝刑部尚书杨靖"忠有智略"，治狱公正平允，不为自己谋私利。有一次审讯一名武弁，门卒从武弁身上搜出一枚大珠，僚属们惊奇不已，杨靖却故意把它说成假的并当场砸碎。明太祖得知此事。对杨靖的人品深为叹服，认为："靖此举，有四善焉。不献朕求悦，一善也。不穷追投献，二善也。不奖门卒，杜小人侥幸，三善也。千金之珠卒然而至，略不动心，有过人之智，应变之才，四善也。”明太祖就是任用这些善于正确处理天理与人欲关系的人为官作吏，所以国家兴盛。

从现今的角度来看，人与人之间更应重礼义、讲道德。

就商业经营与管理而言，注重“道”“义”“礼”“仁”等“四美德”，必然会增进公司形象，提高社会信誉和知名度，而为公司带来更大的收益。

取信于社会，创造正派、优良的公司形象，借以扩大公司影响力，是取得经营成功的有效谋略。从内部企业管理来看，良好的公司形象可以凝聚共识，使全体员工团结一致，共同为公司的利益奋斗；从外部市场竞争来看，良好的公司形象，可以对顾客产生强大的吸引力，有助于市场营销。由此可知，公司要想在激烈的市场竞争中稳操胜券，就必须注重“道”“义”“礼”“仁”，并以此来塑造形象。

日本日产汽车公司从 1983 年起，停用原有的“达特桑”品牌，而将所有出厂车辆换用“日产”的新品牌。原来，改换汽车品牌只是日产企业统一公司形象计划中的措施之一，该公司还把所属的企业招牌以及信纸、名片乃至员工制服全部标准化。日产公司认为，统一企业形象能增强产品信誉度，不仅有助于提高公司在世界汽车市场占有率，还有助于提升公司在各方面的声誉。

在世界经济和文化高度发展的现代社会，在产品过剩的时代，一个企业想要获得长远的发展，员工的人心向背变得越来越重要，消费者的人心向背越来越重要。

教之从礼，励之以义

【原文】

吴子曰：“凡制国治军，必教之以礼，励之以义，使有耻也①。夫人有耻，在大足以战，在小足以守矣。然战胜易，守胜难。故曰：‘天下战国，五胜者祸，四胜者弊，三胜者霸，二胜者王②，一胜者帝。’是以数胜得天下者稀，以亡者众。”

【注释】

①使有耻也：使人知道羞耻之意。古人认为“知耻近乎勇”，亦即知道羞耻，就能鼓起勇气。

②王：动词，读作“旺”，是称王、成就王业的意思。

【译文】

吴起说：“凡治理国家和管理军队，必须用礼来教育，用义来鼓励，使他们有羞耻之心。人们有了羞耻之心，力量强大者可以出战，力量较小者可以防守。然而战胜敌人容易，但要守住胜利的成果却很困难。因此说，从来进行战争的国家，得胜 5 次会招致祸患，得胜 4 次会导致疲惫，得胜 3 次可以称霸，得胜两次可以称王，而得胜 1 次能成就帝业。所以靠频频打胜仗而取得天下的少，但由此而亡国的却很多。”

【赏析】

人们一般认为,治国以文,治军以武,而吴起则认为这只是看到问题的表面,而忽略问题的本质。吴起认为,从根本上看问题,治军也需要“文”,他说:“凡制国治军,必教之以礼,励之以义,使有耻也。夫人有耻,在大足以战,在小足以守矣。”意即管理国家和管理军队都必须把思想、道德和文化的教育摆在首位,让人民和士卒都懂得什么叫礼义廉耻。懂得礼义廉耻之后,战可以胜,守可以成,国家就能立于不败之地了。

中国古称“礼义之邦”。所谓“礼义之邦”,意谓要在礼义的基础上处理人与人之间的关系,其言行、为人处事都有一定的道德规范。古人所说的基础,一是物质、经济的基础;一是精神、道德的,即礼义的基础。社会和国家当然需有经济为基础,但只是单有这个基础,社会虽可以存在,却无法确保国家的稳固。因为经济基础不是一种自然生存的东西,需靠人来巩固和发展。在过去汉、唐、清等朝代,经济都曾一度繁荣,但是当以人为核心的社会腐败了,繁荣的经济便随之崩溃,强大的王朝也随之易主。《红楼梦》中的四大家族,“白玉为堂金作马”“珍珠如土金如铁”,可谓豪富之至,然而曾几何时,一切都如水流花谢,烟消云散,只“落了片白茫茫大地真干净”!

孟子曰:“人之异于禽兽者几稀”。意谓人在各方面都和动物差不多,不同点在于人有礼义廉耻的良知良能。可见,人作为社会和国家“最终可恃”的基础之基础,支柱之支柱,就在于人的道德感、礼义性,所以说“人无义不立”。

仁义道德是一种无形的力量。后汉荀巨伯远道前去探视重病的朋友,正值胡兵攻打到朋友的家乡。朋友躺在床上,对巨伯说:“我是将死之人,你莫管我,赶快逃离吧!”巨伯说:“我远道来看你,你叫我逃走,这不是要我放弃道义苟且偷生吗?这难道是我应有的德行吗?”不一会儿,胡兵闯进朋友的家,见了荀巨伯,气势汹汹地问道:“大军杀来,全城都逃光了,你是什么人,居然敢独自留在这里?”巨伯从容答道:“朋友病重,不忍抛下他而去,我愿意用自己的生命代替友人。”胡兵听后深受感动,相互说道:“我辈无义之人,而犯有义之国,不祥啊!”于是胡兵班师而还,全城百姓的生命财产也因此获得保全。道德礼义是民族文化的核心。军队战败可以东山再起,国家灭亡也可以重新建立,但道德礼义如果丧失,文化便会沦亡,而文化沦亡了,就好像人死不能再复生了。因此,文化的沦亡,就意味着一个民族失去了自己的生存立足之地。为此。人们把道义看得比生命还重要,宁愿“舍生取义”。

义以礼服,强以谦服

【原文】

吴子曰:“凡兵之所起者有五:一曰争名,二曰争利,三曰积恶[1],四曰内乱,五曰因饥。其名又有五:一曰义兵,二曰强兵,三曰刚兵,四曰暴兵,五曰逆兵。禁暴救乱曰义,恃众以伐曰强,因怒兴师曰刚,弃礼贪利曰暴,国乱人疲、举事动众曰逆。

五者之数[②]，各有其道，义必以礼服，强必以谦服，刚必以辞服，暴必以诈服，逆必以权服。"

【注释】

①积恶：两国交恶的意思。

②数：方法、办法。

【译文】

吴起在这里指出："战争有五种起因：一是争名位，二是争利益，三是积怨仇，四是起内乱，五是遭饥荒。因用兵的性质不同，军队的名称又有五种：一是义兵，二是强兵，三是刚兵，四是暴兵，五是逆兵。消除暴政平定叛乱的叫义兵，仗恃兵多讨伐别国的叫强兵，因愤怒起兵的叫刚兵，背弃礼义、贪图利益的叫暴兵；不顾国乱民疲，仍兴师动众的叫逆兵。对这五种不同性质的军队，各有其应付之道：对义兵要以礼法折服它，对强兵以谦让折服它，对刚兵用婉言折服它，对暴兵用计谋折服它，对逆兵则用权势来折服它。"

【赏析】

在这里，吴起不但分析了战争的起因和性质，同时还指出：应针对不同的战争采用不同的战略。

就战争起因而言，有争名、争利、积恶、内乱和饥荒等5种；由此，因用兵的性质不同，军队又分为义兵、强兵、刚兵、暴兵和逆兵等5种。而从今日来看，实际上可以将战争分为正义与非正义、侵略与反侵略两类。

同时，吴起还提出以柔克刚的谋略思想。以柔克刚，就是"强必以谦服，刚必以辞服"，即用弱者的面貌示人，以理服人；用柔和的方式处理问题、因势利导，以战胜刚强的对手；或者寓刚于柔，以含蓄而微妙的语言拒绝强敌的无理要求。采用这一谋略往往能收到使用武力不能获得的效果。

1928年7月，张学良在其父被炸死之后，继任东北三省保安总司令，主持东北大政。日本驻沈阳总领事林久治郎会见张学良，要求张承认其父与满铁总裁山本太郎商订的《满蒙新五路协定》并付诸实施。张学良婉言谢绝，称皇姑屯的炸弹已将其父专车里的所有文件毁灭，一切都已无根据，对方无言以对。

以柔克刚，有时又表现为暗中策划、准备，以麻痹对方。三国时，吕蒙得知关羽进攻魏地樊城，想乘机夺回荆州，便假称病重，返回建业，推荐当时还不出名的陆逊为右都督，代他镇守陆口。陆逊为进一步麻痹关羽，便施用假和好、真备战的策略。他上任后，立即修书给关羽，夸耀关羽德高望重，可与晋文公、韩信齐名：而将自己说成是个无能的书生，并千方百计地将关羽的注意力引向曹操一方。与此同时，东吴又暗中和曹操拉拢关系。正当关羽无视东吴而集中力量攻打樊城时，吕蒙把战船装扮成商船，悄悄地沿江而上，以突袭的方式夺取了荆州。

简募良才，以备不虞

【原文】

武侯①问曰："愿闻治兵、料人②、固国之道。"

起对曰："古之明王，必谨君臣之礼，饰上下之仪，安集吏民，顺俗而教，简募良才，以备不虞。昔齐桓③募士五万，以霸诸侯，晋文④召为前行四万，以获其志。秦缪⑤置陷阵三万，以服邻国。故强国之君，必料其民。民有胆勇气力者，聚为一卒⑥。乐以进战效力，以显其忠勇者，聚为一卒。能踰高超远、轻足善走者，聚为一卒。王臣失位而欲见功于上者，聚为一卒。弃城去守、欲除其丑者，聚为一卒。此五者，军之练锐也。有此三千人，内出可以决围，外入可以屠城矣。"

【注释】

①武侯：魏文侯之子，姓姬，名击。文侯死，其子击继位，公元前 397 年~前 381 年在位。

②料人：即料民，指登记户籍、调查人口。

③齐桓：齐桓公，齐国的国君，为春秋五霸的第一位霸主，姓姜，名小白，公元前 685 年~前 643 年在位。

④晋文：晋文公，晋国的君主，春秋五霸之一。姓姬名重耳，公元前 636 年~前 628 年在位。

⑤秦缪：缪通穆，即秦穆公，春秋时秦国的国君，姓嬴，名任好，公元前 659 年~前 621 年，使秦成为西方的强国。

⑥卒，古代军队编制的单位。周制百人为卒。在此泛指部队。

【译文】

武侯对吴起说："请您谈谈治理军队、统计人口，以及巩固国家的方法。"吴起说："古代贤明的君主，总是谨守君臣之礼，讲究上下等级的法度，并安抚聚集百官和民众。同时按习俗进行教育，精选有才能的人，以防不测。从前齐桓公招募 5 万壮士，赖以称霸诸侯。晋文公招集 4 万勇士作为前锋，因而实现了自己的志愿。秦穆公征集 3 万勇士作为冲锋陷阵的部队，借以制服邻国。所以欲谋求富国强兵的君王,一定要能正确地认识其民众,将群众中有胆识而强健的人,集中编为一队;把乐于进攻效命、显示忠勇的人,集中编为一队;把能攀高跳远、敏捷善跑的人,集中编为一队;把因罪罢官,想重建功勋的人,集中编为一队;把曾经弃城逃跑,想洗刷耻辱的人,集中编为一队。这5种编队,就是军中拣选的精锐部队。有了这3000精锐的部队,从内部出击能够突破敌人的包围,从外部进攻则可以摧毁敌人的城邑。"

【赏析】

在以上论述中,吴起除指出要富国强兵,统治者必须以礼义治理国家和军队,施行仁政,以仁信布天下,争取民心外,同时还进一步强调:作为一个贤明的统治者,必须善于识别人才、选拔人才和重用人才,要以人为本。

国家的"废兴之道",并不在于"兵强地广,人殷国富",关键在于"简募良才""得贤之用"。在中国的历史上,凡是力行"简募良才""得贤之用"的统治者,都能取得成功。例如舜用禹而治洪水、汤用伊尹而放桀、周得太公而杀纣、阖闾用伍员而"西破强楚,北威齐晋,南服越人"、勾践得范蠡而雪恨、齐桓公得管仲而九合诸侯、刘邦得韩信而败项羽。这些事实无不证明如能"简募良才""得贤之用",即可扶危救亡,兴国雪耻。

"简募良才""得贤之用",其一在"得",其二在"用"。"得"的关键在于"识辨"贤才,发现贤才的特长,唯有如此才能做到"知人";"用"的要枢在于"量才而用",并把握住用人之道的根本原则——信,舍此而言"善任",未免有"空谈"之嫌。

"识辨"贤才,不仅要"识",还需要"辨":一则辨忠奸,一则辨所长。有才而用于"正"者则为忠,用于"邪"者则为奸。历史上一些大奸大恶之徒,其实也算得上是"有才"之人,只不过其才表现在争逐个人利益上,而置国家、人民于不顾。例如秦桧,要是他没有"才",恐怕不但不能置岳飞于死地、引金兵于宋室,就是要想接近皇帝都是不可能的事。而宋高宗正是因为不辨忠奸,才会对秦桧言听计从,以致举南宋之地、百万之师向金北面称臣。唐玄宗也因不辨忠奸,任用李林甫、杨国忠而招致"安史之乱",唐王朝因此在藩镇割据的影响下日渐失势。再拿楚怀王来说,起初因能重用屈原而被推为诸侯盟主,后疏远屈原,宠信上官大夫、令尹子兰,而"内惑于郑袖,外欺于张仪",采取了一连串错误的外交政策,不但使楚国实力在与秦的较量中被削弱,就连自己也客死于秦国。由此可见,辨忠奸在用人时有多么重要!除此,辨贤才之所长也是极重要的。因为能识世间贤才的特长,才会在任用时扬长避短。刘邦算是善识英雄的人了,张良擅长兵法,刘邦就言听计从;韩信擅长作战,刘邦就拜为大将;萧何是后援能手,刘邦也任用不疑;郦食其长于辨,刘邦派他为代表游说于齐,不费一兵一卒就使齐国臣服了。

"得贤"不但要有眼光,还要有恰当的方法。换言之,欲"得贤"既要有求贤若渴的精神,又要有礼贤下士的态度。周文王正是凭着求贤若渴的精神才得姜太公为辅佐;刘备"三顾茅庐",才请得诸葛亮为军师。

"得贤"固然重要,但对国家兴废来说,根本之道还在于"用贤"。有贤而不用犹如衣锦夜行,无法显出贤的作用。项羽手下有谋臣范增,虽然项羽尊之为亚父,但在关键时刻却没有采纳他的谋略。当项羽与秦王朝大将章邯在巨鹿大战40余日之后，旋率40万大军去攻秦都城咸阳，但刘邦已先行入关，项羽一怒之下，决定与刘邦决战，以取得号令天下的地位，此时范增也极力怂恿项羽攻打刘邦，直到项羽听信项伯之言决定善待刘邦的时候，范增仍派刀斧手四面埋伏，要在鸿门宴上置刘邦于死地。然而项羽并没有依范增的谋略处置刘邦，反而让刘邦逃走了。范增的本事并不亚于张良，但项羽不知道重用他，结果被刘邦所击败。

吴起这种以人为本、养贤纳士、唯才是举的谋略，在当今社会也极为重要。在商战中以人为本，就是把加强对员工的培育训练作为振兴公司的根本措施。在企业的发展规划中，人是最重要的因素，人才能力的高低优劣对于公司的生存发展具有重要影响。因此，尽可能有系统地对员工进行培育训练，已成为完善经营公司的关键所在。

贤者居上，不肖者处下

【原文】

武侯问曰："愿闻陈必定、守必固、战必胜之道。"

起对曰："立见且可，岂直闻乎！君能使贤者居上，不肖者处下，则陈已定矣。民安其田宅，亲其有司，则守已固矣。百姓皆是吾君而非邻国，则战已胜矣。"

【译文】

武侯说："我想知道怎样才能使阵势必定安稳、防守必定牢固，作战必定取胜的方法。"

吴起说："马上就可以让您看到，岂止知道而已！如果您能对贤才加以重用，对没有才德的人不予重视，那么阵势就已经稳定了。能使民众安居乐业，亲近官吏，那么防守就已经牢固了。能使百姓都拥护自己的国君而不满敌国，那么战争就已经胜利了。"

【赏析】

针对魏武侯所提出如何使"陈必定、守必固、战必胜"的重大谋略问题，吴起简要地指出，作为统治者必须做到三点，即使"贤者居上、不肖居下""民安其宅，亲其有司""百姓皆是吾君而非邻国"，而其中最重要的乃是第一点。

"使贤者居上"之关键在于辨识贤才的能力，若就其能力而任用得体必可发挥人才的所长，进而使之成就一番大事业，因此作为国家领袖或权力机关，更应当具备考察贤才的能力。贤才分偏才与通才两类。偏才，是指就某一方面而言可称之为贤者；通才，是指各方面的能力都很强。偏才可作为辅佐者，而通才可委之以重任。

比如战国时的赵括，就擅长从理论上论证战略的得失，若作为将帅的参谋，不失为股肱。在其父赵奢为将领时，赵括的特长便得到了充分发挥。赵奢在率军作战之前时常与赵括讨论作战策略，而赵括的许多建议在实践中也确实发挥了极佳的成效。正因赵括乃为偏才，所以赵奢在临死时嘱咐赵括只可做参谋而不能独立担当重任。但赵王并未采行赵奢的建言，反而直接任用赵括作为统帅，率兵与秦军作战，结果招致"长平之战"的惨败。

文能治国、武能经邦的通才，自古以来极其少有。诸葛亮可算是通才，他上知天文，下通地理，又能治国经邦；唯其如此，才会让刘备"三顾茅庐"请他作为军师，后拜为丞相，自刘备亡故之后，也全凭着诸葛亮之能才保刘禅偏安巴蜀数十年。

唐太宗李世民也算是个通才，他既能率千军万马驰骋疆场，也能在得天下之后，将大唐王朝治理得井井有条，而成就后世人津津乐道的"贞观之治"盛世。

当然，我们不能以现代人的观点去苛求古人，更何况现代人中，亦罕见能真正称为通才者。现代社会的最大特点是分工细致，而这种细致的分工，其发展势将越趋精细。因为一个人的精力毕竟有限，若每个领域都要涉及，恐怕毕其一生心力都无法完成。如此一来，不要说推动人类社会向前发展，就是要保持现状也难以办到。因此，现代社会考察人才的标准主要在于"专"，虽然仍提倡"博"，但若能专精于某一领域或技能，才称得上"才"吧。

中国有一句谚语："金无足赤，人无完人。"意指任何人都不可能在各个方面都同具能力。可以这样说，如果不是为"固步自封"找借口而不愿不断改变观念、更新知识，那么不求为通才，也不为此而抱憾，确实是一种正常的现象。

当然，人们也不应当借口"专"而否定"博"，否则只会导致停滞不前。今日虽然难以致"博"，但人们也应当在"专"的基础上尽一己所能去多掌握一些知识，多培养一些能力。当代一些青年，总是抱怨"生不逢时"，似乎自己是"无用武之地"的天才，而认为那些在各行各业卓然有成的人只不过是巧遇机会而已。其实，机会对每一个人来说都是均等的，有些人之所以能做出傲人的成绩，在于他们能正确地评估自己，并在实际工作中充分发挥自己的能力。由此我们可以说世间是先有千里马，然后才有伯乐。而且我们还可以说：即使世间没有"伯乐"，只要是"千里马"就会自然发挥其日行千里的超凡能力。

世不绝圣，国不乏贤

【原文】

武侯尝谋事，群臣莫能及，罢朝而有喜色。起进曰："昔楚庄王[①]尝谋事，群臣莫能及，罢朝而有忧色。申公[②]问曰：'君有忧色，何也？'曰：'寡人闻之，世不绝圣，国不乏贤，能得其师者王，能得其友者霸。今寡人不才，而群臣莫及者，楚国其殆矣！'此楚庄王之所忧，而君说之，臣窃惧矣。"于是武侯有惭色。

【注释】

①楚庄王：春秋五霸之一。公元前613年~前591年在位。曾整顿内政，兴修水利。公元前611年攻灭庸国（今湖北竹山西南），自此国势大盛。继又进攻陆浑

之戎，陈兵周郊，派人询问象征天子权威的九鼎的轻重。后在邲（今河南荥阳北）大败晋军，陆续使鲁、宋、郑、陈等国归服，成为霸主。

②申公：即申叔时，楚国的大夫。

【译文】

武侯有一次与大臣商议国事，群臣的见解都不如他，退朝之后他颇有自得之色。吴起见了就规谏他，说："从前楚庄王曾经与群臣商议国事，群臣都不及他高明，他退朝以后面露忧色。申公见状，问他：'君王面带忧色，是为了什么？'庄王说：'我听说世上不会没有圣人，国家不会缺少贤才，能够得到他们做老师的就有资格称王，能得到他们做朋友的就能称霸。现在我没有才能，而群臣还不如我，楚国真是危险了。'楚庄王所担忧的事，您却感到高兴，我私下真为此而忧惧。"于是武侯的脸上露出了惭愧之色。

【赏析】

吴起在此更加深入地讲述如何养贤纳士，以及选贤任能的问题，他指出要做到以人为本、人尽其才，使贤能者居上。而作为国君，必须要有好的品德修养，要不骄不躁、谦虚谨慎，能容纳贤才，不能自以为是。这样，才能让那些阿谀奉承之徒远离自己，使贤良之士亲近自己，否则国家就很危险了。

吴起所主张的亲贤能、远佞人确为至理名言。作为统治者，的确必须容纳贤才、知人善任。能识别人才并且加以妥善的任用是治理好国家的重要谋略。知人善任，是古今中外所有功成名就的政治家的经验总结，也是政治家在用人之际必须坚持的基本原则。

魏征原为李建成的亲信。建成是皇太子，按理应继承皇位，但李世民在建唐战争中功勋卓著、才智过人，也觊觎皇位。在双方的明争暗斗中，魏征多次劝谏李建成杀掉李世民，以除后患。后来李世民发动兵变，杀李建成、逼父退位后登上皇位。在清算李建成余党时，魏征对当年力劝李建成杀掉李世民一事供认不讳，且对李世民出言不逊。但李世民心胸坦荡，认为魏征敢于直言，是难得的经国之才，不仅不追究昔日怨仇，并对魏征委以重任，宠信有加。魏征不负所望，犯颜直言，多次纠正李世民为政的缺失，对唐朝政治起了积极作用。

"国不乏贤"，但是在选贤任能的过程中，还必须坚持一定的原则。例如，有人认为选拔人才应该"举贤不避亲，荐能不避仇"，这种用人方法或许在特定的时代，特定的时期会有一定的效果，但其是否适用于每一个时期呢？汉朝的用人制度就明显排斥这种做法。《后汉书·蔡邕传》中说："初，朝议以州郡想党，人情比周，乃制婚姻家之家机两州人士不得对相监临，至是复有三互法，禁忌转密，选用艰难，幽冀二州，久缺不补。"

这话的意思就是：本地人不得为本地长官，婚姻之家不得相互监临，有血缘关系或者婚姻亲属关系的人，不得在同一部门或者地区为官。

对于举贤不避亲的危害，古人有很深刻的论述：举才不出世族，用法不及权贵，是以才不及务，奸无所惩。若此道不改，求以治乱，难矣。

如果大家都有襟带关系，就可能出现作奸犯科却不能进行惩罚的情况，自然没有办法进行管理，更谈不上什么稳定繁荣了。

很多人可能有疑问，你要的不是“贤”吗？只要是“贤”，你管他是不是“亲”，何必分他是不是“亲”。特别是现在，人才难得，为了表明自己对人才的渴求和不拘一格，只要是人才，都接纳，都欢迎。但是，他们没有意识到，这暂时的人才，却可能会破坏整个企业的管理制度，扰乱企业的管理环境，最终使得非亲非故的人才不愿意进来，导致企业破败了局。

企业尤其是民营企业实行“举贤避亲”，能够避免企业“家族化”，因为企业在不断发展过程中，“家族化”存在很多弊端。

民营企业研究专家、清华大学兼职教授俞飞说：“家族化经营带有一定的封闭性，家族观念根深蒂固，使得引入优秀人才比较困难。而企业又要发展壮大，急需人才加盟，此时只有从家族内部挖掘，结果家族中一些资质平平、能力一般的人进入高层。尽管这些人不比其他员工的贡献大，甚至还要小，他也会因自己的特殊关系而争权夺利、不干实事、颐指气使、自封‘元老’、养尊处优并要获得超额利益，这对执行企业的管理与激励机制打击很大，会严重影响到非家族成员的工作积极性，进而影响到企业的进一步发展壮大。”

因此，必须坚定“举贤避亲”的选才原则，必须坚决杜绝“举贤不避亲”甚至“唯亲是举”“任人唯亲”的情况，如果等到企业发现问题的严重性，这时再来制止就晚了。因为，你的核心员工或者说那些关键员工早就被“这些员工”“吓”跑了。

当然，从举贤不避亲到任人唯亲，再到举贤避亲，直至任人唯贤，这些观念的转变过程，绝不可能一蹴而就。

第二章　料敌篇

本章导语

“料敌”，就是分析判断敌情，从中确定本国因敌制胜的战略战术。这实际上讲的就是孙子所谓“知己知彼”之兵法原则中“知彼”的问题。

对于“知彼”，我们有时理解得比较狭隘，以为就是敌人某些具体的部署、谋略、消息、资料，其实不然。这仅仅是问题的一个方面，而且是微观的方面。“知彼”还有宏观的一面，就是对敌国的政治、经济、军事和民情，乃至历史、地理等基本状况的认识和把握，只有掌握这些基本状况，才能在战争中处于主控地位，而取得战争的决定性胜利。吴起这里所谓料敌知彼，讲的主要就是对敌情的宏观分析和判断。

战争本身就是人类社会的一种宏观现象。因此，要操纵战争于股掌之中，首先就得对它进行整体的认识。正如地形、地球一样，不透过地图、地球仪来对它进行宏观的整体把握，我们对它的认识就不可能突破客观的局限，而进入理性思维的分析判断。战争也是如此。

人类能够认识和把握复杂巨大的事物，靠的就是宏观。没有宏观，人类就会永远处于迷宫状态，辨不清方向，找不到出路。一旦如此，则一切的努力都是徒然。打仗也是如此，没有对战争的宏观把握，一切高强、巧妙的战术都无用武之地。诸葛亮的“八阵图”，就巧妙地利用了这个原理，而将陆逊困在其中，晕头转向，一筹莫展，但当他得知八阵图的宏观部署之后，一切神秘的威力就迎刃而解了。

一个军事统帅，如果没有大而化之的宏观本领，不管他怎样精明，始终都是一个“小器”的角色，终究不能成大器。能够从大处着眼，才能从小处着手。否则头痛医头，脚痛医脚，面对根本的问题，便束手无策了。

微观的“知彼”，大部分仅属于技术性问题，通过间谍就可以解决；宏观的“知彼”则需要全面丰富的学问和智慧。可以这么说，微观的“知彼”，相当于一个人的“小聪明”，宏观的“知彼”，才是一个人的“大智慧”。具有“小聪明”的人多，易得；具有“大智慧”的人少，难求。

军事实践作为人们有目的、有意识的活动，离不开观念的指导。在战争中，从事活动的主体，特别是战争指挥员，为保证行动中的主动权，必须在脑海中构思一个较为清晰的实践结果，必须对实践方式有一个较为准确的预定。

对于战争问题，是从主观出发进行认识并加以解决，还是立足实际认识并加以解决，体现了两种不同的战争观。无数事实说明，从主观出发，不顾客观实际的做法，往往会将战争引向失败；依据客观规律指导战争实践，必然会取得胜利的结果。吴起的伟大之处，就在于他立足于实际来研究战争，一切结论都从现实出发而得出。

安国之道，先戒为宝

【原文】

武侯谓吴起曰："今秦①胁吾西，楚②带吾南，赵③冲吾北，齐④临吾东，燕⑤绝吾后，韩⑥据吾前，六国兵四守，势甚不便，忧此奈何？"

起对曰："夫安国家之道，先戒为宝。今君已戒，祸其远矣。臣请论六国之俗，夫齐陈重而不坚，秦陈散而自斗，楚陈整而不久，燕陈守而不走⑦，三晋⑧陈治而不用。"

【注释】

①秦：秦国，战国时七强之一，在今陕西中部、甘肃东南一带地区，建都于咸阳（在今陕西咸阳东）公元前221年由秦王嬴政（即秦始皇）灭掉六国，建立统一的秦帝国。

②楚：楚国，战国时七强之一，在今湖北全部、湖南、河南、山东、安徽、江西、广西部分地区，建都于郢（今湖北江北）。公元前223年为秦所灭。

③赵：赵国，战国七强之一，在今河北西南部、山西中部、陕西北部等地区，建都于邯郸（在今河北邯郸西南）。公元前222年为秦所灭。

④齐：齐国，战国七强之一，在今山东泰山以北，河北东南等地，建都临淄（今山东淄博东）。公元前221年为秦所灭。

⑤燕：燕国，战国七强之一，在今河北北部，山西北部及辽宁，建都于蓟（今北京西）。公元前222年为秦所灭。

⑥韩：韩国，战国七强之一，在今山西东南部，河南中部，建都于宜阳（今河南宜阳）。公元前230年为秦所灭。

⑦走：跑、机动。

⑧三晋：公元前369年晋分为韩、赵、魏三个诸侯国，史称三晋。这里指韩、赵两国。魏国建都于安邑（今山西运城东北安邑），至惠王，迁都大梁（今河南开封），故魏惠王又称梁惠王。

【译文】

武侯问吴起道："现在秦国正威胁着我国西部，楚国环绕着我国南部，赵国紧盯着我国北部，齐国逼临着我国东部，燕国阻绝在我国后方，韩国据守在我国前方，六国的军队四面包围，形势对我极为不利，对此我很忧虑，该怎么办呢？"

吴起回答："保障国家安全的法则，预先做好戒备最为重要。现在您已经有了戒备，离祸患就远了。请允许我分析一下六国的情况：齐国拥有重兵但阵势很不坚固；秦国阵势分散而且惯于各自为战；楚国阵势严整但不能持久；燕国阵势长于防守但不善于机动；韩、赵阵势整齐但缺乏战斗力。"

【赏析】

吴起指出，要保障国家的安全，首先必须居安思危，防患于未然；其次，作为一个高明的国君，还应有远见卓识，要深谋远虑，掌握好谋略中的长远性问题。亦即不要受限于眼前所见，应着眼于未来，着眼于长远利益。

《左传·照公十八年》记载：郑国发生火灾，子产立即发给士兵兵器，并令其登上城墙，加强戒备。子太叔担心此举会遭到邻国晋国的讨伐，子产于是说出和吴起所提之有备无患谋略思想相符的一番话："我听说，弱小的国家没有守备就会面临险境，更何况有天灾？国家之所以不被轻视，是因为有守备之故。"由于早有准备，郑国果然未遭到侵犯。

南齐末年，社会动荡，雍州刺史萧衍准备趁国内动乱起兵夺取政权。为了掩人耳目，他伪称要建造数千房屋，需要砍伐大量的竹木，但他却把这些竹木藏于檀溪之中，以备起兵之用。其属下吕佺珍明白萧衍的用意，也暗中准备了许多船橹。后来萧衍起兵，这些预先准备好的器材派上用处，助他攻进建康。502 年，萧衍建立梁朝，为梁武帝。

第二次鸦片战争时，清军之所以能在第二次大沽之战中取得胜利，归因于清军吸取前次教训，预料英军还会进攻大沽，于是加强大沽口的防御，增置大炮、增派兵力。当英军"贸然轻进"时，清军便一举击沉敌舰 6 艘，侵略军 1200 人死伤近半，而清军伤亡仅有 32 人。

所谓："先谋后事者昌。"做任何事情都要预行策划，并充分准备才能成功。军事行动更应如此。

三国时，曹操部将满宠因破吴有功，官授伏波将军，率军南征，与东吴军对峙于湖泊两岸。有一天风特别急，满宠对诸将说："今晚大风，晚上敌人必来放火烧营，大家都要回去做好准备。"夜半，吴军果然派出 10 支小分队趁夜放火烧寨。因魏军早有准备，结果前来夜袭的吴军被伏兵打得狼狈而回。满宠先谋后事，望风而知敌意，遂使曹军免遭火灾之苦。

海尔集团总裁张瑞敏曾经说："市场竞争激烈，我们丝毫不敢放松。"结合他的那句"永远战战兢兢，永远如履薄冰"的名言，我们不难看出海尔人强烈的忧患意识和危机意识。

先让我们来看看海尔的家底：世界第四大白色家电制造商、中国最具价值品牌，品牌价值高达 786 亿元，集团在全球 30 多个国家建立本土化的设计中心、制造基地和贸易公司，全球员工总数超过 5 万人，实现营业额近 2000 亿元。

这么大规模的跨国企业集团，尚且有如此强烈的忧患意识，不能不让人敬畏。

再回头看看我们的一般企业。论规模、论品牌、论效益，没有一家能与海尔比。可是却有许多企业缺乏海尔集团那样的忧患意识、危机意识，小成即满、小富即安。

生于忧患，死于安乐。我们的企业如果缺乏强烈的忧患意识。有可能在突如其来的冲击面前惊慌失措、无从应对，从而被市场淘汰。忧患意识的可贵就在于，能够从平安中预见危机，从有利中发现不利，未雨绸缪，防患于未然。

知己知彼，百战不殆

【原文】

“夫齐性刚，其国富，君臣骄奢而简于细民，其政宽而禄不均，一陈两心，前重后轻，故重而不坚。击此之道，必三分之，猎其左右，胁而从之，其陈可坏。秦性强，其地险，其政严，其赏罚信，其人不让，皆有斗心，故散而自战。击此之道，必先示之以利而引去之，士贪于得而离其将，乘乖猎散，设伏投机，其将可取。楚性弱，其地广，其政骚，其民疲，故整而不久。击此之道，袭乱其屯，先夺其气，轻进速退，弊而劳之，勿与争战，其军可败。燕性悫[①]，其民慎，好勇义，寡诈谋，故守而不走。击此之道，触而迫之，凌[②]而远之，驰而后之，则上疑而下惧，谨我车骑，必避之路[③]，其将可虏。三晋者，中国也，其性和，其政平，其民疲于战，习于兵，轻其将，薄其禄，士无死志，故治而不用。击此之道，阻陈而压之[④]，众来则拒之，去则追之，以倦其师。此其势也。”

【注释】

①悫：诚实、谨慎、忠厚。

②凌：侵犯、欺侮。

③谨我车骑，必避之路：谨，谨慎、秘密。意思是秘密地将我军车骑埋伏在敌人败退必须经过的道路上。

④阻陈而压之：阻陈，能阻止敌人的阵势。

【译文】

“齐国人性情刚烈，它的国家富足，但君臣骄奢，忽视民众利益，政治比较松弛，分配也不平均，而一阵之中人心不齐，兵力部署前重后轻，所以阵势虽然庞大但不坚实。打击它的方法是，宜将我军分为三路，两路夹击它的左右翼，另一路乘势追击，它的阵势就可以攻破了。秦国人性情强悍，它的地势险要，政令严明，赏罚分明，士卒临阵勇猛而斗志高昂，所以能在分散的阵势中各自奋战。打击它的方法是，先施以小利引诱它的士兵脱离主将的指挥，此时我军先打击其分散的队伍，并设置伏兵伺机取胜，就可以擒获它的将领了。楚人性情柔弱，它的领土广大，政令混乱，民力疲惫，所以阵势虽然严整但不能持久。打击它的方法是，要袭扰其驻地，先动摇它的士气，然后突然进击再突然撤退，使其疲于应付，而不要急于和它决战，这样就可以打败它的军队。燕国人性情诚朴，行动谨慎，好勇尚义，但缺乏诈谋，所以它的阵势长于防守而不善于灵活出击。打击它的方法是，一交战就压迫它，打一下又迅速撤走，同时还要袭击它的后方，这样会使它的将帅疑惑而士卒恐惧，此时我军若将车骑埋伏在敌人撤退的必经之路上，就可以俘获它的将领。韩赵是中原国家，其民性情温顺，它的政治平和，百姓不好战事，而且轻视他们的将帅，不满意自己的待遇，士卒没有决死效命的斗志，所以阵势虽然整齐但不中用。打击它的方法是，可用强大的兵力压制它，如果敌人众兵来犯就与它对阵，如果它退却就追击，这样一来它的军队便会疲惫不堪。以上就是六国方面的大概形势。”

【赏析】

吴起在此极为精辟地分析了齐、秦、楚、燕、韩、赵等六国的国情兵势，并针对各国的具体情势提出不同的战略战术。这些分析与阐述，显示出吴起极为重要的谋略思想，即正确的谋略来自对敌我双方情况的准确了解，只有善于发现问题和提出问题，才能妥善解决问题，克敌制胜。

发现与提出问题是谋略的前提，“谋之于未变之前，治之于未乱之时”，意即在事物未发生骤变、质变之前，就要善于谋划，而不是被动地等到事变之后才去谋略。要做到这一点，善于提出问题、发现问题就显得非常重要，难怪爱因斯坦说：“提出一个问题往往比解决一个问题更重要。”

高明的谋略者善于发现与提出问题，并为此而先谋之。

《三国演义》第103回记载：司马懿与孔明两军对峙，司马懿仅从使者的言谈中就发现了问题。懿问曰：“孔明寝食及事之繁简若何？”使者曰：“丞相夙兴夜寐，罚二十以上皆亲览焉。所啖之食，日不过数升。”懿顾谓诸将曰：“孔明食少事烦，其能久乎？”由于司马懿料到孔明必不久于世，故令军队无论蜀兵如何挑衅都坚守不出，后来孔明果然病死五丈原，蜀军自行离去，司马懿这才得以平安班师回洛阳。

善于发现问题，就可早定谋略，而有助于战争的胜利与事业的成功。如果不善于发现与提出问题，就要陷入被动。正如鲁迅先生所说雷峰塔倒塌一样，“砖被人一块一块地抽走了，直到有一天轰的一声倒下了。”等到问题出现甚至发巨骤变之后才来谋略，未免太迟了，且往往是谋而无用了。

还有一种情况是，事后谋略并非徒劳无益，所谓“亡羊补牢，犹未晚矣！”只是大势已去，一旦错过最有利的时机，要扭转局势就十分困难了。

搴旗取将，必有能者

【原文】

“然则一军中，必有虎贲[①]之士；力轻扛鼎，足轻戎马，搴旗取将，必有能者。若此之等，选而别之，爱而贵之，是谓军命。其有工用五兵[②]、材力健疾，志在吞敌者，必加其爵列，可以决胜。厚其父母妻子，劝赏畏罚，此坚陈之士，可与持久，能审料此，可以击倍。”武侯曰：“善！”

【注释】

①虎贲：勇猛如虎的战车甲士。殷周时战车上才有甲士，春秋时也有车下甲士，他们都是军官身份。至战国士与卒连称，又有“虎贲之卒”的说法。

②五兵：泛指各种兵器。古代常用的五种兵器为戈、殳、戟、酋矛、弓矛；步兵的五兵是：弓、矢、矛、戈、戟。

【译文】

“但是,我方全军之中,一定有像猛虎一样勇敢的人;其力量可以轻易地举起大鼎,腿力矫健地可以追赶上战马,在战斗中,夺取敌旗,斩杀敌将,一定会有具备这种能力的人。像这样的人才,必须加以选拔,区别对待,爱惜并看重他们,这是军队的精英。凡有善于使用五种兵器、体格强壮、行动敏捷、有志于杀敌立功者,一定要予以加官晋爵,用他们来与敌人决战。同时还要厚待他们的父母妻子,以奖赏鼓励他们,并用刑罚警戒他们。他们是部队的中坚力量,能持久地进行战斗。能够正确地遣用他们,就可以击败两倍于自己的敌人。”

武侯说:“好啊!”

【赏析】

吴起强调,一支能征善战的军队中必须要有“虎贲之士”,也要有武艺高强、智勇双全的将领,以构成军队的核心和中坚。同时,对军队要严格地予以训练,并且须有分明的赏罚,以激励其斗志。

临阵作战,成败的关键在于将领能力的高低。因此,古时临阵拜将往往要实行隆重的仪式,以示君主对将领的信赖。比如说当年刘邦拜韩信为将时,就先斋戒数日,再择吉日设坛施行拜将之礼。

诸葛亮是三国时期最善用兵的人,然而一招之失,误用刚愎自用的马谡为将,戍守北伐曹魏途中的咽喉之地——街亭。以致街亭失守,北伐行动因此而不得不中止。

既然将领的能力关系到战争的胜败,那就不能不谨慎选将任将。

古人称知天时、明地理、善人和的将领为“神将”。以此三者为准,诸葛亮、周瑜即堪称“神将”。刘备在得诸葛亮之辅前,虽然有当时最勇猛的关羽、张飞为将,但还是处于被动地位。后来刘备“三顾茅庐”,请出诸葛亮作军师,才透过与孙权联合作战,在赤壁一役取得胜利;之后同样是借着诸葛亮之力而借荆州、取巴蜀,由此建立蜀国。刘备死后,全仗诸葛亮的苦心经营,才支撑着蜀国与比它强盛的魏、吴抗衡。

赤壁之战,诸葛亮知天时、善人和的才能得到了淋漓尽致的发挥。渡泸水、北伐中原,诸葛亮明地理的才能得到了展现。古人曾感慨地说:“千军易得,一将难求”。像诸葛亮这样的将帅之才更是千载难有。

军事上得良将可以“百战不殆”。治国之道与治军之道相同,凡能得贤良之才而委以重任,则国将大治,且可保长盛不衰。

另外,吴起所强调的赏罚分明亦是增强军队战斗力的重要谋略。该赏的赏,该罚的罚,赏罚分明,是政治谋略得以实现的重要保证,历来为古今中外政治家所重视。

赵奢是战国时赵国名将,他治军的特点是赏罚分明。早在他出任田部吏之时,就有照章办事、不徇私情的政绩。公元前 271 年,赵奢任田部吏时到平原君家收租税,可是“平原君家不肯出税”。平原君既是赵王的亲族,又曾 3 次做过赵国的宰相,乃战国时有名的"四公子"之一。更何况赵奢能在赵国为官,正是平原君向赵王保荐的结果。但他果断地接连斩杀平原君家中九个管事人员,以示惩处。平原君闻知后非常恼怒,欲杀赵奢。赵奢义正词严地向平原君说:"君于赵为贵公子,今纵君家不奉公则法削,法削则国弱,国弱则诸侯加兵,是无赵也。君安得有此富乎?以君之贵,奉公如法则上下平,上下平则国强。国强则……君为贵族,怎能置天下大事于不顾呢!"赵奢这一番话,不仅使平原君怒气全消,而且以赵奢为贤才,再次向赵王举荐。

海尔集团灵活地将"马特莱法则",又称 80∶20 法则运用于干部管理,使其的"赏罚原则"注入了新的内容。具体来说,就是从管理学角度,把 80∶20 作为确定比值,要侧重抓关键的人、关键的环节、关键的项目,即 20%,以带动 80%。运用该法则于管理,即职务越高,责任越重。对于错误和责任,干部与员工责任分别为 80/20,即干部要对其下属的错误负 80% 的责任,具体工作人员负 20% 的责任。"谁掌握多大权力,谁就承担多大责任"。虽然管理人员是少数,但是,赋予了职权,就要承担相应的责任。因此,海尔的管理是到位的,事无巨细均有人管;海尔的运转是高效的,职权利责,赏罚分明。海尔经过短短十几年的发展,从一家濒临倒闭的小企业迅速成长为具有世界声誉的国家特大型家电企业,它的成功并不是偶然的。海尔的管理模式和管理方法已被作为成功的案例,写进哈佛大学、洛桑国际管理学院、欧洲工商管理学院的案例库,成为全球通用的教材,这在中国企业界是前所未有的。这标志着海尔已经从最初的学习借鉴国外先进管理方法发展到以自己的创新管理进入国际管理界的前沿。海尔创新的人力资源管理对中国企业建立现代企业管理制度,增强企业核心竞争力将有极大的启迪和借鉴作用。

见可而进,知难而退

【原文】

吴子曰:"凡料敌,有不卜而与之战者八。一曰疾风大寒,早兴寤迁[①],剖冰济水,不惮艰难。二曰盛夏炎热,晏兴无间,行驱饥渴,务于取远。三曰师既淹久,粮食无有,百姓怨怒,妖祥数起,上不能止。四曰军资既竭,薪刍既寡,天多阴雨,欲掠无所。五曰徒众不多,水地不利,人马疾疫,四邻不至。六曰道远日暮,士众劳惧,倦而未食,解甲而息。七曰将薄吏轻,士卒不固,三军[②]数惊,师徒无助。八曰陈而未定,舍而未毕,行阪[③]涉险,半隐半出。诸如此者,击之勿疑。"

"有不占而避之者六。一曰土地广大,人民富众。二曰上爱其下,惠施流布。三曰赏信刑察,发必得时;四曰陈[④]功居列,任贤使能。五曰师徒之众,兵甲之精。六曰四邻之助,大国之援。凡此不如敌人,避之勿疑。所谓见可而进,知难而退也。"

【注释】

①寤:睡醒。寤迁,指夜间行动。

②三军：周朝的编制，天子六军，大国三军，每军 1.25 万人。春秋时，晋国有中、上、下三军，以中军之主将为三军统帅。楚国则称中、左、右三军。这里是军队的统称。

③阪：山坡。

④陈：宣扬、表彰的意思。

【译文】

吴起说："不必透过占卜判断敌情就能够与之交战的有八种情况：一是在大风

严寒中昼夜行军，破冰渡河，不顾部众艰苦的；二是盛夏炎热，出发迟缓，中途又不休息，快速行军又饥又渴，只顾赶往远地的；三是部队长期在外，粮食用尽，百姓怨恨愤怒，不祥之兆屡屡出现，而将帅制止不住的；四是军需物资耗尽，柴火饲料所剩无几，天气阴雨连绵，无处可以掠取补充的；五是兵员不足，水土不服，人马患病，邻国不来相助的；六是路程遥远，时已黄昏，士兵疲劳恐惧，既困倦又饥饿，解甲正在休息的；七是将吏能力薄弱，士众军心不稳，全军一夕数惊，三军孤立无援的；八是部署未妥，宿营未毕，或翻山越险只过了一半的，遇到这类情况，都应当迅速进击，不要迟疑。"

"不必占卜预测就应该避免和敌人作战的情况有六种：一是土地广大，人民众多而且富裕的；二是君主爱护百姓，恩惠普及全国的；三是赏必有信，罚必明察，行动及时的；四是论功授位，任用贤能的；五是军队众多，装备精良的；六是有邻国协助，大国支援的。凡在这些方面不如敌人，就应避免和它作战而不必迟疑。这就是要求视敌情可进则进，知道难以取胜便迅速退走。"

【赏析】

吴起指出，对敌情应尽可能深入、详尽地了解，而不必占卜；要找出敌人的弱点，抓住战机、迅速出击，给予敌人致命的一击。

在临阵对敌时，一定要知己知彼，才能百战百胜。所谓知己，就是正确评估我方的实力，才能确定应该采取何种攻势，是以攻为主，还是以守为主，或是以守为攻。所谓知彼，就是掌握敌方动静，了解敌方作战策略，以找出相应的对策，等待制胜的机会。

中国战争史上，凭借着"知己知彼"而取胜的典型战例很多，而为大家所熟知的就是"赤壁之战"。曹操在收服青州起义军后实力骤增，后经官渡之战击败实力强大的袁绍，继而弭平袁术，使北方得以统一。于是曹操挥军南下，欲一举消灭已不堪一击的刘备和只是表面臣服的孙权。在万分危急时刻，诸葛亮以联吴抗曹说服刘备，并只身前往东吴去劝说孙权。正当孙权犹豫不决之际，曹操投下战书，号称带领 80 万大军来与孙吴决战。孙权手下大臣，以张昭为首者主张"求和"，认为只有"和"才能保全江东。诸葛亮在"群英会"上"舌战群儒"，分析了当时曹军的弱点：一是曹军"远来疲惫"，战斗力不强；二是曹军不习水战，正好有利于孙、刘联军发挥水战之特长。

周瑜则更全面分析曹军之所以不可怕的根据：一是从人数上校正了曹操的说法，以减少孙权心中的压力；二是论证曹军战斗力不强，"以疲惫之卒御狐疑之众，众数虽多，甚未足畏"。透过诸葛亮与周瑜对形势的分析之后，孙权才下定决心与曹军作战。诸葛亮、周瑜以"知彼"而终能在"赤壁之战"中取得胜利。

指挥者正确的部署源于正确的判断，而正确的判断源于对战争形势的正确分析。在战场上，将领的作用在于正确分析形势，并根据具体形势调整战略战术。如果不能从实际出发，只会导致失败。

吴起的这一个谋略思想对现代的商业战争也极为有用。经营者如可从众所周知的资讯、资料来加以分析判断，便得以获知对手机密的经营谋略。相反的，各个国家、地区、公司也都有自己的经济和技术机密，这些机密一旦被竞争对手取得，便将使自己处于不利地位。有时这些秘密会在公开的报刊资料上露出蛛丝马迹，聪明的对手如能掌握这些线索，并细加分析，就可得知自己所要的情报。

1948 年美国为加快飞机叶片的加工速度，提出了数控机床的设想。麻省理工学院受空军委托进行设计研制，研制工作防备森严。1952 年，这一个消息传到日本，日本人千方百计想搜集相关情报。当时，日本科研人员发现美国出版的《科学》杂志上刊登一张异样机床照片后，马上深入研究分析，在放大镜下仔细揣摩，不仅确证了它就是数控机床，连工作原理部分也都分析出来了。最后，他们透过麻省理工学院的一个日本留学生拿到数控机床的说明书，由此不仅掌握了全部技术的细节情报，甚至还发现美国设计中的缺点。后来，日本自己研制数控机床，从研制到投产仅用了 6 个月的时间。而这一成功使日本机床工业跨入一个新阶段。

在当今的商战中，研究和预测市场趋向，并据此确定经营方向的谋略思想的确非常重要。市场供求瞬息万变，但总有规则可循。因此，公司在进入市场前，必须对相关的消费倾向、生产趋势以及市场变化进行分析和预测,并以此作为公司经营决策的依据。“凡事预则立,不预则废”,说的就是这个道理。

观敌之外,以知其内

【原文】

武侯问曰:“吾欲观敌之外[①]以知其内[②],察其进以知其止[③],以定胜负,可得闻乎?”

起对曰:“敌人之来,荡荡无虑,旌旗烦乱,人马数顾,一可击十,必使无措。诸侯未会[④],君臣未和,沟垒未成,禁令未施,三军匈匈[⑤],欲前不能,欲去不敢,以半击倍,百战不殆。”

【注释】

①外:现象、征候。

②内:指实际情况。

③止:终止,引申为目的、意图。

④诸侯未会:诸侯,西周、春秋时分封的各国君主,在其封疆内,世代掌握统治大权。规定要服从王命,定期朝贡述职。同时有出军赋予服役的义务,周天子可以征调诸侯的军队随他出征。诸侯未会,即各路军队尚未到齐的意思。

⑤匈匈:同汹汹,扰攘不安之意。

【译文】

武侯问道:“我想从敌人的外部现象观察其内部情况,从敌人的行动来推断它的真实意图,从而判定胜负,有什么方式可以说来听听吗?”

吴起回答说:“敌人来时如果行动散漫而全无警惕,旗帜零乱,人马东张西望,在这种情况下,我军可以以一击十,必然使敌人惊慌失措。敌人各路军队尚未会师,君臣之间意见不合,防御的沟垒还没有筑成,禁令也未能实施,而三军喧哗不安,想进不能进,想退不敢退,这时,我军可以一半的兵力攻击成倍的敌人,必然百战不败。”

【赏析】

吴起在这段论述中,讲的是料敌察机,即临战前要及时获取大量而准确的资讯,且认真仔细地侦察敌情,以了解敌军的情况,从而做出相应的谋略。

《六韬·武韬·兵道》亦云:“兵胜之术,密察敌人之机,而速乘其利,复击其不意。”临战前必须料敌虚实,明察战机。要实施这一个谋略,就必须要求军事统帅善于透过表象看到本质,须具有高度的洞察思维能力和准确的判断能力;而根据战场上的瞬息变化,要具有善于选择和抓住战机的能力。

19 世纪的俄法之战就是利用敌军自恃强大的心态而出奇制胜的战例。

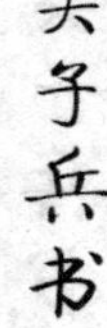

1812 年 6 月，拿破仑率 60 万法军，偷渡尼罗河侵入俄国。当时俄国由巴尔克莱指挥的军队仅 13 万余，难于抵御，遂向后撤退。8 月，俄皇亚历山大一世任命英勇善战的军事家库图佐夫为俄军总司令。库图佐夫鉴于法军兵力占绝对优势，锐气正盛，决定指挥俄军继续向内地撤退。9 月初，俄军退驻博罗季诺（莫斯科以西 124 公里）并得到一部分援军后，便择地构筑防御工事，与敌交战一次，以消耗敌人，改变力量对比。9 月 7 日，双方交战，法军屡次进攻均未能得手，俄军杀伤法军 5 万余人。此役后，库图佐夫为保存实力，便将俄军从博罗季诺、莫斯科撤出。9 月 15 日，法军占领莫斯科，一无所获。此时，因远离本土、战线太长、给养困难的法军士气低落，迫使拿破仑不得不在 10 月 7 日从莫斯科撤退。俄军在库图佐夫的指挥下，由撤退转入反攻，法军溃败，退至尼罗河时，法军仅存 5 万疲惫之师。12 月 18 日，拿破仑逃回巴黎。

吴起指出的第三种谋略可以概括为“敌疑则慑之”。其主要思想是：在敌人疑心重重或犹豫不决时，就可以威慑恫吓它。恐吓战术是心理较量中重要的一环，在敌人心疑踌躇时，以奇形恐吓，可以加速敌人心理防线的崩溃，削弱敌人斗志，使敌人军心涣散，达到瓦解敌人的目的。

公元前 555 年，晋平公会合宋、鲁、卫、郑、莒、邾、滕、薛、杞、小邾等共 12 路大小诸侯兵马进攻齐国。双方在齐国的平阴城下（今山东平邑）拉开战幕。齐国见 12 国兵马来势汹汹，非常恐慌。晋军主帅中行偃决心以心理战来威慑恫吓齐国，他派司马张君布置疑兵，凡是山泽险要之处，都虚张旌旗。又做了许多草人，披上衣甲，立在空车之上，将断木、树枝捆在车后，使人驱车来往于山谷之间，车行木动，扬尘蔽天。中行偃则亲督三路大军，从左、中、右 3 个方向进攻平阴城。各战车上载有木石，步卒携带土袋，填壕而进，突击齐军阵地。齐军大将析归父逃回平阴城，把联军填壕而进的危急情况报告齐灵公。齐灵公立即跑到巫山上瞭望敌军态势，但见山泽险要之地，都有旗帜飘扬，车马奔驰，扬起的尘土遮天蔽日，于是心生胆怯，认为诸侯们的部队太多了，便下令撤退，不战而逃。

总之，自古没有不犯错误的将军。敌军有隙可寻，我军亦如此。吴起此谋略的精要是利用对方的漏洞或故意造成敌方错觉，出其不意地战胜敌人。

审敌虚实，而趋其危

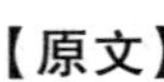

【原文】

武侯问敌必可击之道。

起对曰：“用兵必审敌虚实而趋其危。敌人远来新至，行列未定，可击。既食未设备，可击。奔走，可击。勤劳，可击。未得地利，可击。失时不从，可击。旌旗乱动[①]，可击。涉长道，后行未息，可击。涉水半渡，可击。险道狭路，可击。陈数移动，可击。将离士卒，可击。心怖，可击。若凡此者，选锐冲之，分兵继之，急击勿疑。”

【注释】

①旌旗乱动:表示部队混乱。

【译文】

武侯又问一定能战胜敌人的时机。

吴起回答说:"用兵打仗首先必须察明敌人的虚实,攻击它的弱点所在。敌人远来乍到部署未定,可以攻击。敌人刚吃完饭,还未进入战备状态,可以攻击。敌人在惊慌奔跑中,可以攻击。敌人疲劳时,可以攻击。敌人没有占据有利地形时,可以攻击。季节天气对敌人不利时,可以攻击。敌人部队混乱时,可以攻击。敌军长远跋涉,行动迟缓未能休息时,可以攻击;渡河只渡过一半时,可以攻击;通过险关隘路时,可以攻击。敌人阵势屡次移动,可以攻击;将帅与士兵分离,可以攻击;敌人军心恐惧动摇,可以攻击。凡是遇到上述情况,就应当先派精锐的部队冲向敌人,并且不断派遣兵力接应它,行动要迅速,不可迟疑。"

【赏析】

吴起在这段论述中,继续对"料敌察机""乘虚而入"的谋略思想进行了深入的阐释。他强调,必须"审敌虚实而趁其危",在决定战略战术之前,必须察明敌军的虚实情况,以攻击其薄弱环节,因此,情报要准确而及时,并需善于处理、核实情报,这样,才能透过真实情报,掌握战机,克敌制胜。

对敌人和自己的情况都了解透彻,才能百战不败。政坛如战场,要在军事或政治交锋中战胜对手,就必须把握自身实力、了解对方战力虚实。若不知彼不知己,盲目仓促上阵,结果必是百战百殆。

20 世纪 60 年代初,美苏争斗正酣。苏俄为了取得两国军事对峙中的优势地位,在美国的家门口古巴秘密建造进攻性导弹基地,企图增强对美国的威慑力量。美国利用高空侦察机发现苏俄这个行动,立刻做出强硬反应,向苏俄发出强烈抗议。美国总统肯尼迪下令封锁古巴,全球美军处于高度战备状态。在美国所表现出的不惜一战的姿态前,赫鲁晓夫退缩了,下令撤出在古巴的导弹设施。美国之所以敢于做出这么强硬的反应,是因为事先已根据可靠的情报掌握了苏俄在核武器方面的底细,知道苏俄在核武发展的科技上大大落后于美国,一旦美苏之间爆发核武战争,苏俄将占不到任何优势。所以,在古巴导弹危机中,美国以咄咄逼人的气势,成功地迫使赫鲁晓夫做出妥协。

吴起的这一个谋略思想,对当今商战亦有重要昭示。面对复杂多变的商业生产经营活动,经营者必须以高瞻远瞩的战略眼光和灵活精明的分析头脑,仔细研究当前局势,正确预占市场发展趋势,才能进而根据具体情况和事物发展规律,及时而恰当地定夺经营决策、推出经营举措。

台湾美吾发公司出品的美吾发美发用品推出之初,公司以人力推销为主,广告宣传为辅,着力在大型的美容院、美发店来做推销。后来,台湾经济起飞,国民所得大幅增加,大部分居民已能购得起美吾发的产品,此时美吾发公司立即随形势变化而调整销售策略，转而以广告促销为主，人员推销为辅。由于推销策略的变化，适应了形势的发展，因此大大提升该产品的市场占有率。

细心观察事件发生前的征兆，把握和充分利用机遇，从而取得成功也是一种商业经营的重要谋略。置身市场经济领域，必须具备敏锐的观察力，只有预见事物的发展方向，才能采取正确的超前决策。

第三章　治兵篇

本章导语

所谓治兵，即治理军队的原则和具体方法。其中最主要的是立“信”，没有“信”，再多的士兵也没有战斗力，甚至连训练习战都成效不彰。

什么是“信”？“信近于义”，“信”就是一个群体、组织包括军队的合乎道义的信用、信念和信心，是群体、组织、军队赖以生存的源泉。《论语》上记载了一则故事，子贡向孔子问领导政治的道理，孔子说：“足食、足兵、民信之”。“足食”就是大家有饭吃，有衣穿，生活富裕。“足兵”就是国防巩固，兵力充足，除了这两项，还要做到使人民信赖自己。子贡又问：假使由于某种原因的限制，不得不在这三件事中间少做一件事，应该先去掉哪一样？孔子说：“去兵”。就是先裁减军队，缩小军费预算。子贡又问：万一碰到这种情况，国家非常贫穷困苦，把军事经费撤销了，还不能维持，对于“足食”与“立信”这两项，又应该先去掉哪一项？孔子断然说：“去食，自古皆有死，民无信不立”。亦即，宁可牺牲经济建设，就算大家穷到没有饭吃都还可以忍受，可以另外想办法解决，唯有政治大原则中的“信”必须坚守，如果人民对政府的信心都没有了，这个政府就失去了立足的基础。

对于国家的建立来说，军队并不是最根本的东西，而军队的建立如同国家一样，也需要“信”的基础，因为军队也是一种团体、组织。因此，只能说国家产生军队，而不能说军队产生国家，或国家依靠军队的存在而存在。

当然，我们不能以形而上学或教条主义来回应孔子“民无信不立”的理论，而要从根本上理解这个理论的深刻意义。任何一种社会性群体或组织，都不是靠物质和强权可以长久维持的，蚕则“酒肉朋友”和“武士黑帮”就是最有生命力而能成大气候的人际关系了。

中国文化提倡“仁、义、礼、智、信”。信即诚实无欺。孔子认为，作为一个君子，一个有道德的正派人，必须“主忠信”，“敬事而信”，“谨而信”，“言而有信”。“信”，信用。人要讲信用，说过的话，就必须做到。有子说过“信近于义”。这个“义”字可能只有中国文化中才有的。义者，侠义也。所谓“路见不平，拔刀相助”。“信近于义”，答应的话一定做到。我们历史上有“季布一诺千金”的故事。守信用的人不可讲空话。一个人有“信”这种品德，才能得到别人的尊重。

明知险易，则地轻马

【原文】

武侯问曰："用兵之道何先？"

起对曰："先明四轻[1]、二重、一信。"

曰："何谓也？"

对曰："使地轻马，马轻车，车轻人，人轻战。明知险易，则地轻马。刍秣[2]以时，则马轻车。膏锏有余[3]，则车轻人。锋锐甲坚，则人轻战。进有重赏，退有重刑，行之以信。审能达此，胜之主也。"

【注释】

①轻：轻便、轻捷。

②刍秣：刍，牲口吃的草；秣，喂马的饲料。刍秣，泛指喂养战马的粮草。

③膏锏有余：膏，油脂。锏，车轴上的铁杆。膏锏有余，意为使车轴经常上油，以保持润滑。

【译文】

武侯问道："用兵打仗，首先要注意哪些问题？"

吴起回答说："首先要懂得四轻、二重、一信。"

武侯又问："这话怎么讲呢？"

吴起回答说："所谓'四轻'，就是：地形便于跑马，马便于驾车，车便于载人，人便于战斗。熟悉地形的险易，就便于纵马奔驰；饲养得时、战马健壮就便于驾车；车轴常保润滑，就便于载人；武器锋利，铠甲坚固，就便于士兵战斗。所谓'二重'，就是：勇敢前进就有重赏，怕死后退就要重罚。所谓'一信'，就是：施行赏罚必讲信用。如能认真做到以上几项，那就能主宰胜利了。"

【赏析】

在上一段论述中，吴起首先指出用兵作战必须充分利用地形。他认为"四轻"之首，就是要"使地轻马"，要选择平坦的地方做战场，以便战马奔驰，使战车便于操纵。其次，吴起还指出，要克敌制胜，必须要增强武器装备。

地形之于战争，得其利则有助于取胜。在古代，由于战争的特点是短兵相接，地形自然可以作为重要的屏障。秦国据崤山、函谷关的险阻而消灭六国；三国时期，孙权凭长江天堑，刘备依蜀道之险阻，而与曹操抗衡；东晋、南宋也是乘地利之便，与少数民族政权划江而治，偏安江南。

除了地形影响战争的胜败，"地气"也同样会制约战争的进程。曹操大军因不适应南方气候而生疾病，以致无法求得速胜反致失败。后诸葛亮渡泸水之时，将士中瘴气之毒而缺乏战斗力，以致几次无功而返。

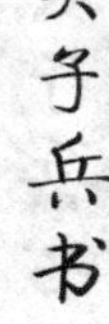

当然，地形、地气不是万能的。“峭函之固”没有一点变化，秦却迅速亡国；长江天堑从来如此，南宋却未能据江而遏制住元军的攻势。商业经营活动中，同样会受地形、地气的影响。地理位置优势明显的沿海地区，由于交通方便，近年来其经济发展的速度是举世共睹的。

也就是说，地形、地气对经济的发展并不能起决定性的作用。古人说得好，“天时不如地利，地利不如人和”，的确“人和”才是关键的因素，如不充分调动人的主观积极性，再有利的地形、再适宜的地气也不会对经济建设或商业活动起任何作用。

的确，在军事活动中，地理位置的形势，决定着部队的部署与谋略，优秀的将领通晓这个道理，而不为兵法所拘，所以往往能大建奇功。

韩信自称是用了“陷之死地而后生，投之亡地而后存”的兵法。其实，他之所以敢大胆用险，主要还是因为他了解陈余，知道陈余谋略不如自己，所以才采取背水而战的策略。如果陈余稍稍比韩信狡黠一点，识破其计，韩信岂能得手？这就叫“量敌为计”。后来的将领不懂估量敌人的实力，依样画葫采用韩信的计策，必然招致失败。

除了善于利用地形外，吴起还主张将领应灵活机动，在战场上如果能随时因势应变，往往能取得意想不到的效果。

善于作战的将领，往往都能不拘泥于“兵法”的限制，充分发挥灵活机动的特长，从而取得胜利。像赵括只会“纸上谈兵”，马谡只能死记兵书，于战事皆无补，到头来终是害人害己。

地形对作战来说，只是一种外在的客观因素，所谓的“天险”，并不就是真的“万夫莫开”，所谓的“弹丸之地”，也并不就是无险可守。险与不险，关键还在“人”，看人是否能够根据客观的地理条件，制定出相应的战术策略，以己之长来制敌之短。若单纯想依靠险要的地形来阻挡对方，是不足取的。

同时，在这段文字中吴起还提出“二重”“一信”的治兵原则，强调赏罚分明，言必有信。俗话说：“重赏之下必有勇夫”，赏赐的威力由此可见一斑。

奖励能激发士兵的斗志，因为它满足了人们内心普遍存在的一种渴望，即战斗或工作业绩得到认同、肯定和表彰的渴望。现代心理学研究表示，只有当人们意识到自己的行为受到他人重视，有特殊的重大意义时，才能充分挑动起主观能动性，潜在的能量才能得到淋漓尽致的发挥和运用。

随着企业改革的深化,我国越来越多的企业开始关注和实践"人本管理"。然而,我们不能片面地理解人本管理理论中的人才概念,仅仅把有无较高的学历或职称,作为判断某个人是否为人才的标准。其实,企业人力资源管理的根本目的,是培养和造就能够把知识、技能有效转化为生产力,转化为利润的"能人"。事实上,知识经济的浪潮推动了人力资源管理理论的进一步发展,其具体表现就是"人本管理"升华为"能本管理"。

在现代西方社会,人们对物质享受的兴趣趋淡,而对自身创造能力的关注程度则日益加强。作为人的最高需要之"自我实现"(即按照自身的兴趣、能力从工作中取得成就),正成为西方人追求的重要目标。面对人类为实现现代工业文明而付出的沉重代价,许多西方学者开始从人性和文化价值观上思考人的发展问题,期望通过"人的革命"来推动人的"自我实现",以此充分挖掘和发挥人的潜力和创造力,把人塑造成既能为企业和社会创造财富,又能在自我实现中得以升华的"能力人"。

进有重赏,退有重刑

【原文】

武侯问曰:"兵以何为胜?"

起对曰:"以治为胜。"

又问曰:"不在众寡?"

对曰:"若法令不明,赏罚不信,金[1]之不止,鼓[2]之不进,虽有百万,何益于用?所谓治者,居则有礼,动则有威,进不可当,退不可追,前却有节,左右应麾[3],虽绝成陈,虽散成行。与之安,与之危,其众可合而不可离,可用而不可疲,投之所往,天下莫当,名曰父子之兵。"

【注释】

①金:钲,军乐器,古代作战用鸣金表示收兵的信号。

②鼓:军乐器,古代作战以击鼓为进军的信号。

③麾:同挥,令旗也。

【译文】

武侯又问道:"军队怎样才能打胜仗呢?"

吴起回答说:"管理好军队就能打胜仗。"

武侯进一步问:"不在于兵力多少吗?"

吴起回答说:"如果法令不严明,赏罚无信用,鸣金不停止,擂鼓不前进,虽有百万之众,又有什么用处呢?所谓管理好,就是平时守礼法,战时有威势,前进时锐不可挡,后退时不可追击,前进后退整齐不乱,左右移动服从指挥,即使被截断联系仍

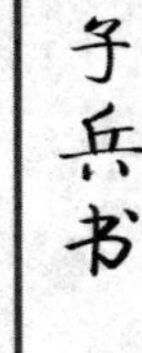

能阵脚不乱，即使被冲散仍能恢复行列。官与兵之间，同安乐，共患难，团结一致而不可离散，连续作战而不觉疲惫，无论将它投向任何地方，谁都不能抵挡。这样的军队叫作父子兵。”

【赏析】

吴起在此更加深刻地指出，用兵打仗必须“以治为胜”，否则即使是百万大军，也只是乌合之众，缺乏战斗力，不能克敌制胜。

吴起认为，要治理好军队，必须严守礼义，要有威势和勇气，服从指挥，全军上下团结一致，同心协力，唯有如此，才能训练出一支战无不胜、攻无不克的精锐部队。

训练有素且纪律严明的军队才会战无不胜，吴起认识到了这一点，对此也理解得颇为透彻。在吴起看来，使自己军队混乱而导致敌军获胜，其原因不外乎两个方面：一是“法令不明”，二是“赏罚不信”。

所谓“法令不明”，就是教导训练之时不依军法，没有严明的纪律，作战之时士卒就难以听从统一指挥，从而自乱阵脚，这样当然会不战而自败。所谓“赏罚不信”，就是经常更换将领，从而使将不知兵，兵不知将，若配合作战自然不会协调。像这样“赏罚不信”而屡战屡败的实例，在宋朝尤为突出。宋朝统治者鉴于唐王朝因藩镇割据而致灭亡的教训，改采频繁更换将领的方法来避免将士之间产生感情，其结果是将与兵互不熟悉，在实际作战时往往造成兵不听调遣，军纪涣散而没有战斗力，因此在与辽、西夏以及金兵的对阵中，几乎是每战必败。也正因为如此，才使宋王朝的外交政策总是以妥协退让为原则。这样的历史教训是应当记取的。

将此观点推而广之，我们可以这样说，在当今商业活动中，我们应当强调严明经济法纪，唯有如此，才能使商业活动沿着正确的轨道稳步前进；同时，我们也应当认识到，只有各个部门的通力合作，才能提高公司的经济效益。一个公司、一个企业如果过于频繁地更换经营者，必然导致经营管理的制度变化无常，从而使公司、企业在不断适应新制度中浪费太多的时间和精力，而且会造成各个部门因变更管理者而互相牵制，也就自然会影响经济效益。

在这段文字中，吴起还提出法令严明的谋略思想。所谓“军令如山”，就是对军令的严肃性、不可动摇的特点所做的形象描述：军令就像雄伟的高山一样严肃而不可动摇。“司令”就其本身字面的意思而言，就是“主管军队号令”的意思，但在现代军事制度中，“司令”就是一个军队的最高指挥官，这恐怕与自古以来人们都特别重视军队的号令有一定的渊源关系吧！

号令不严明的军队即使人数多也没有战斗力。清朝后期，洪秀全发动农民起义，由于汉人长期的“反清”，加上清王朝本身的腐败，于是形成了声势浩大的起义队伍，并且很快就占领了江南重镇南京。但因洪秀全不注重军令，又不以身作则，导致麾下的将领各自为政，彼此攻击。在这样的形势下，起义军的军力迅速削弱，南京旋即失守。虽然后期有李秀成、陈玉成等骁勇善战的将领苦苦支撑，但终未能力挽狂澜，扶救危亡。军令不严，不但各路将领不听中央号令，就是普通士兵也都任意胡为而不受制裁，军队当然丧失战斗力。

可见，军令的严明不仅只在制订过程，执行过程更是一大关键。如果不执行，再严明的军令也等于一纸空文。而执行时，不但要对士兵严，还应做到官兵一致，尤其是为将者应处处以身作则，如此军令才能得以落实。曹操曾下令军中：不得在行军过程中践踏百姓的庄稼，违令者斩！有一次，他所骑的马因受到惊吓而跑入百姓的庄稼中，于是曹操举剑自裁。他的手下见状大惊，急忙制止，曹操还是坚持自裁，后经大将们苦苦哀求，曹操才以"割发代首"的方式来表示自己已接受惩罚。曹操能迅速平定北方，与他的军令严明不无关系。赤壁之战时，周瑜作为军中统帅，号令营中将士不得随便与他人接触，以免泄漏军机。后来，刘备想见周瑜营中的参谋官鲁肃，周瑜明确表示不得违背军令，硬是不让刘备见鲁肃。正因为如此，周瑜后来多次设计蒙蔽曹操才得以成功。要是周瑜军令不严，在当时那种不利于孙刘联军的形势下，恐怕难免会有人去曹营通风报信，这样，周瑜和黄盖的苦肉之计恐怕也就难以成功了。诸葛亮也曾因为误用马谡守街亭而导致北伐中原大计失败，并由此而自请受罪。历史上的名将都是重军令的，而且他们总是以身作则，不独曹操、周瑜、诸葛亮才如此。

治军固然需要有严明的军令，治国同样需要有严明的法纪。美国和日本的法令条款就极其详尽，凡是有可能出现的任何有害国家、团体和他人的做法都有制裁条款。我们在此不去探求其是否完全依法办事，单就其法令条款之详尽而言，对我们来说也是大可借鉴、参考的。

进止有度，饮食有适

【原文】

吴子曰："凡行军[①]之道，无犯进止之节，无失饮食之适，无绝人马之力。此三者，所以任其上令[②]。任其上令，则治之所由生也。若进止不度，饮食不适，马疲人倦而不解舍[③]，所以不任其上令，上令既废，以居则乱，以战则败。"

【注释】

①行军：用兵作战的意思，同现代军事用语的"行军"有区别。

②任其上令：能胜任上级交付的使命。

③解舍：解甲休息。

【译文】

吴起说："用兵打仗的原则是，不要违背前进和停止的节奏，不要耽误适时的供食，不要耗尽人马的体力。这三点做到了，才能保证完成上级授予的任务。完成了上级授予的任务，就达到了治军的要求。如果前进和停止不能节制，饮食不能适时供给，人马疲乏而不能休息，就不能完成上级授予的任务。上级授予的任务不能完成的军队，驻守之地必然混乱，开赴战场必定打败仗。"

【赏析】

吴起在此谈论的是行军作战方面的问题。在吴起看来，行军必须要“进止有度”，要保证粮草的供给，以保证全军将士身体健康、精力充沛，具有旺盛的战斗力。

中国古代称粮草为辎重。辎重，又是军用器械、被装等的统称。善用兵者都充分认识到军队离开辎重就无法生存，更不能克敌制胜。所以古语说：兵马未到，粮草先行。

魏甘露二年(公元257年)4月，司马昭欲以司空官位将魏征东大将军诸葛诞召还魏都，解除其兵权。诸葛诞识破此计，拒不从召，并于5月率10余万大军据守寿春(今安徽寿县)。6月，司马昭亲率25万大军，挟魏帝曹髦东征诸葛诞。司马昭鉴于寿春城坚粮足，一时难于攻破，便先遣一部分兵力进攻驻扎在城外的诸葛诞援军朱异，朱异军溃败。7月，朱异再次领兵救援寿春，司马昭再次击败朱异，并乘胜出击，烧毁敌军粮草，逼迫诸葛诞的援军退兵。次年1月，寿春城中粮草断绝，守城将士多无斗志。司马昭乘机率军围攻寿春，斩杀诸葛诞，寿春城破。

后勤保障是军队组织实施物资经费供应、医疗救护、装备维修、交通运输等各项专业勤务保障的总称。科学技术进步，现代工业发展，使武器装备的科研和生产能力也随之提高，各种先进技术兵器不断出现，造成战争的规模扩大、战场广阔、物资消耗巨大、装备损坏与人员伤亡率提高的特点。因此，战争对后勤的依赖性越来越大，后勤保障越来越成为军队战斗力的重要因素。后勤保障作为军事后勤的中心工作，作用在于运用物质力量和技术手段，及时、准确地保障武装力量作战、建设的需要，巩固和提高部队战斗力，保证各项军事任务的完成。

必死则生，幸生则死

【原文】

吴子曰：“凡兵战之场，立尸之地，必死则生，幸生则死。其善将者，如坐漏船之中，伏烧屋之下，使智者不及谋，勇者不及怒[①]，受敌可也[②]。故曰，用兵之害，犹豫最大，三军之灾，生于狐疑。”

【注释】

①怒：军威，奋发。

②受敌可也：即当机立断、迎敌奋战、奋勇拼搏，才能保全自己的意思。

【译文】

吴起说：“战场是打仗流血的地方，只要抱着必死的决心就会闯出生路，若想侥幸偷生反而容易遭遇死亡。善于指挥作战的将领，就像坐在漏船上，又像伏在燃烧的房屋下，即使平素机智过人的人，也来不及谋划；即使勇敢的人，也来不及镇定威怒，唯一能做的就是迎敌奋战。所以说，用兵打仗，最坏事的是犹豫不决。全军失败的灾难,多半源于行动迟缓。”

【赏析】

吴起特别强调增强必胜勇气的重要性。所谓三军可夺其帅,不可夺其气。夺其帅还可不败,夺其气则必败无疑。

凡是能征善战的将领,无不视士气为军队的生命。1796 年蒙特诺特战役前,由于法国国库空虚,意大利方面军物资供应贫乏,又无法向政府领得任何东西,因此靠在意大利平原上打胜仗来保障后勤的供应是唯一出路。为此,拿破仑下令前进。然而士气并不高涨,所以拿破仑于阵前演讲以鼓舞士气。拿破仑对士兵说:“我想带你们到世界上最富饶的国家去。富饶的地方和繁华的大都市将受你们支配,你们在那儿将会得到尊敬、荣誉和财富。”就是他的这番话激发了士兵的斗志,从而取得了蒙特诺特战役的胜利。

作为军事统帅,能否果断决策、士气是否高昂,关系到对立双方孰胜孰败。果敢的行动与振奋人心的语言具有神奇的作用,它可以提振精神,作用有时胜过机枪大炮。所以,一个好的军事统帅,既要勇猛果断,还得是一个好的演说者,善于用语言激励群众,使部属有乐战之心,有献身之志。

在抗日战争中,宋哲元指挥的 29 路军在长城雪夜袭击日军,取得了歼敌逾千、震惊中外的喜峰口大捷。1937 年 7 月 7 日,又不顾国民政府“不抵抗”的命令,奋起抗战,揭开了抗日战争的序幕。29 路军之所以特别能战,与宋哲元善于激发将士爱国御侮的激情分不开。“九·一八”后,宋哲元加强了以抗日雪耻为中心的爱国教育,在每日晨操中,值日官必与士兵做如下问答:“东三省是哪一国的地方?”“是我们中国的!”“东三省被日本占去了,你们痛恨吗?”“十分痛恨!”“我们国家快要亡了,你们还不觉醒吗?你们应当怎么办呢?”“我们早就觉醒了,我们一定要团结一致,共同奋斗!”宋哲元还下达两个手谕:“宁为战死鬼,不做亡国奴”和“有进无退,死而后已”。这些言辞,大大激发了将士们抗日救国的热情,使部队官兵获得了战胜侵略者的勇气和力量。

在联想集团,许多青年人担负起高层管理的重任,在 IT 服务、投资领域、房地产经营方面再显不凡身手。联想是中国人的骄傲,是振兴中国民族工业的成功典范。针对联想超前的人才战略,主要是柳传志在培养年轻一代掌门人时的几个重要举措。

联想控股现在有五个子公司,每个公司执掌者都是年轻一代。杨元庆、郭为、朱立南、陈国栋、赵令欢被称为联想少帅,也有媒体把他们驰骋商场的作为称作“五子登科”,在我看来他们更像联想的五根顶梁柱。这种局面的形成是柳传志慧眼识才,培养、指导、大胆启用年轻人形成的一种强大的管理阵容。

1992 年,信息产业领域打开了国门,也就是国家有关部门将批文去掉,关税大幅度降低,外国企业的电脑大量涌入中国,像 IBM、康柏等等这些厂家全进来了,一下子推动了中国的信息产业的发展。但是,对国内 PC 厂家的冲击也是巨大的,当时可以说是溃不成军,联想在 1993 年第一次没有完成任务。

1994 年年初,柳传志组织联想开了三个月的会,认真讨论未来到底怎么做的

问题。研究联想到底还能不能在中国计算机这一行做下去？跟人家比有没有优势？在资金、技术水准、管理、人力资源，全居于劣势的情况下，这个仗打得还是打不得？当时有人提出，实在做不出自己的品牌呢，干脆我们就做代理算了。但是研究的结果是，联想坚决要打这个仗，他们认为自己的优势主要就在本土化方面。那年，他们把公司的组织架构，业务模式，彻底做了调整，一项项地进行检查，然后换了29岁的年轻人杨元庆来担任这个部门的负责人。

柳传志的这一决策是正确的，从1994年起，联想几乎每年都按100%的速度在增长，说明在当时把年轻人推到领导岗位这个做法成功了。柳传志说："可以说1994年我们成功跨越了一个坎儿。"

针对这一转折，有人在问杨元庆对联想的贡献时，杨元庆避开实际业绩不谈，却说是"树立起了联想老一辈开拓者对年轻人的信任和信誉"。针对杨元庆的这一说法，柳传志解释说，作为老一代创业者，我和其他人一样对年轻人不是很放心，但是1993年在市场上的失利，让我充分认识到我们这一代人，在联想打天下的过程中，发挥了奠基性的作用，这是毫无疑问的。但随着时代的发展、技术的进步，创业梯队的知识结构陈旧，对市场变化反应迟钝，对新知识的接受能力也不如年轻人了，潜藏着"老马可能拉不动大车"的危机，必须大胆启用年轻人。我找到了当时集团CAD部总经理、年方29岁的杨元庆，告诉他联想将有重大的改变，希望他以公司为重，放弃出国的念头。

1994年3月，杨元庆出任联想微机部总经理。两年之后，领导联想微机在1996年首次勇夺第一，一举打破了国内微机市场多年以来被国外品牌占据第一的局面。年轻人的成功，不仅赢得了联想老一代创业者的信任，更让柳传志在他们身上看到了希望，在竞争日趋白热化的现实面前没有什么比企业的希望更重要，更让整个团队精神振奋，给年轻人一个舞台、一个广阔的发展空间，他们会大有作为。后来，柳传志专门成立了总裁办公室，目的就是把一些具有良好可塑性的、有潜力的人才集中起来。一方面进行训练与选拔，一方面让这些年轻人在工作中加强合作与协调，把他们培养成联想的中坚力量。

2004年，联想集团在柳传志协助下，杨元庆并购IBM（PC）业务。2005年顺利完成了并购与调整，使联想真正跨入了国际竞争的行列，体现了年轻一代联想人的胆识和勇气。虽然国际市场暂时还处于整合阶段，相信他们很快就会创造出骄人的业绩。

用兵之法，教戒为先

【原文】

吴子曰："夫人常死其所不能，败其所不便[①]。故用兵之法，教戒为先。一人学战，教成十人。十人学战，教成百人。百人学战，教成千人。千人学战，教成万人。万人学战，教成三军。以近待远，以佚[②]待劳，以饱待饥。圆而方之，坐而起之，行而止之，左而右之，前而后之，分而合之，结而解之。每变皆习，乃授其兵。是谓将事。”

【注释】

①不便：这里指不擅长之事。

②佚：同逸。指得到充分的休息。

【译文】

吴子说：“士卒在战争中往往死于没有本领，败于不熟悉战法。所以，用兵的法则总以训练为先。一人学会了战斗本领，可以教会十人；十人学会了，可以教会百人；百人学会了，可以教会千人；千人学会了，可以教会万人；万人学会了，可以教会全军。我以就近待敌远来，以安逸待敌疲劳，以饱食待敌饥饿。既学圆阵又学方阵，既练坐下又练起立；如何前进，如何停止；如何向左，如何向右，如何向前，如何向后；如何使分散变集中，如何使集中变分散。各种变化都训练熟悉了，才发给兵器。这些都是将领应该做的事情。”

【赏析】

吴起强调练兵的重要性。他认为“用兵之法，教戒为先”，即必须重视对士兵运用兵器之技能和采用战术之能力的训练，只有提高士兵的作战能力，才能克敌制胜。

戚继光到浙江抗倭初期，明军与倭寇作战，常常一触即溃，难以取胜。后来，他从农民和矿工中招兵，并加以严格训练，组成著名的“戚家军”，提高了部队素质，因而能百战不殆。

平日多出汗，战时少流血。要想克敌制胜，就必须训练有素。

教育和训练可以激发出战斗力。在和平的年代，素质教育是治兵的首要任务，军事训练则是治兵的中心工作，必须结合两者，以达到相辅相成之效，进而增强战斗力，在战争中才能克敌制胜。

兵贵精不贵多，这是治兵的原则之一。兵要精，就必须提高武器装备的质量并增加数量，同时要使士兵与武器装备紧密结合。除此，还要以教戒为先，加强军队的素质教育和严格的军纪与技能训练。

一支战无不胜的军队，其制胜秘诀在于战前训练有素。吴起所讲的“教戒为先”强调了战前训练的重要性。如果想用缺乏训练的“乌合之众”在战场上取得胜利，那只是“天方夜谭”。

古代兵家重视“阵法”，临阵若只凭将领的突发奇想摆出奇阵是不可能取胜的。虽然古代讲究的阵法已不适应现代情势，但较之古代战争，现代战争更需要整体配合。而要达到整体配合的目的，又离不开战前训练。现在我们虽然处于和平时代，但为了适应可能出现的战争状况，以必要的军事演习来使军队掌握各环节间巧妙配合的要领还是不可少的。否则，一旦爆发战争，军队必定无所适从。

军事上离不开配合，就商品经济而言，各个领域、各公司的配合也是不可或缺的。虽然现代化社会的特点是分工日趋细致，但也需要“配合”，可以说如果离开了配合、协作，现代工业的机器生产就无法进行。而协力合作的顺利实现，全靠平时的训练有素。

吴起还指出训练军队既要有章可循、有法可依，还应讲“变”与“习”，正兵要常以正兵之法加以训练，而奇兵应常用奇兵之术加以训练。否则士兵就不能在战场上依将帅的布置作战。然而临阵之际，将帅又不能套用兵法，必须根据实际情况作相应的调整，才有可能取得战争的胜利。历史上，韩信、诸葛亮之所以百战百胜，就在于训练军队有章有法，调动军队灵活多变。

因材施教，知人善任

【原文】

吴子曰：“教战之令，短者持矛戟，长者持弓弩，强者持旌旗，勇者持金鼓，弱者给厮养[①]，智者为谋主。乡里相比[②]，什伍[③]相保。一鼓整兵，二鼓习陈，三鼓趋食，四鼓严辨[④]，五鼓就行。闻鼓声合，然后举旗。”

【注释】

①厮养：厮、养都是指从事炊事等杂役的役卒，泛指勤务兵。
②比：并排、挨着。这里指编在一起。
③什伍：古代军队编制，5 人为伍，10 人为什，是军队里最小的战斗编组。
④严辨：辨同办，指严整装束。

【译文】

吴起说：“教练士卒学习作战的规则是：身材矮的用矛戟，身材高的操弓弩，强壮的举军旗，勇敢的鸣金击鼓，体质弱的从事杂役，聪明有智慧的出谋策划。此外，同乡的编在一起，什伍各相联保。指挥信号是：打一通鼓，整理兵器，打二通鼓，练习伫列；打三通鼓，迅速早餐；打四通鼓，整顿装束；打五通鼓，站队入列。而听到鼓声齐响就举旗出发。”

【赏析】

吴起在此进一步指出，训练兵士的原则必须因人而异，应因材施教，因材用人。同时，吴起还指出训练兵士必须强调纪律，要统一指挥，令行禁止。

军事上，调兵遣将，讲究“量才而用”。若大材小用，则才必不为所用。韩信当初也曾处在项羽麾下，因项羽不识其才，遂投奔刘邦。反之，若小才大用，则必致失败，如赵括、马谡，本来就是无法独当大任之才，用之而有“长平之败”“街亭之失”。

治国者，要文、武并重，善于运用人才，在选拔人才的时候，应遵循“量才而用”的原则。如唐太宗的大臣中李勣善治兵，长孙无忌善治国，两人配合可保唐王朝江山。然而，李勣不易驾驭，长孙无忌又有嫉贤之短，只有设法让其扬长避短才会天下太平。唐太宗非常清楚这一点，而且让他们尽情发挥各自的才能。

的确，用人之道犹如用兵。将善御兵则可制胜，君善用臣国则富强。秦始皇善用人而得天下，刘邦善将而汉兴，太宗善用人则唐富强。反之，楚怀王有屈原而不用，以致兵败，客死异乡；玄宗后期不善用张九龄而招致“安史之乱”，国势衰颓；满清政府不善用林则徐等人而受列强欺侮，生灵涂炭。

由此可知，古人所谓“废兴之道”，不在“兵强地广，人殷国富”，而在“得贤之用”，其见解是颇为精辟的。唐太宗曾说过：“以人为鉴，可以知得失。”借唐太宗的说法，用人若以历史为鉴，则可明用人之道。

战争胜利还取决于将领能否根据实战情况作灵活调整。“奇正皆得”的将才算得上是国家的栋梁之材，所以《孙子·谋攻》称“将能而君不豫者胜”。真正能担当大任的将领，常常会在实战中体现“将在外君令有所不受”的作战原则。如战无不胜的韩信，又何曾听过刘邦战前所做的安排？而成吉思汗时代，骁勇善战的蒙古军队之所以能所向披靡，就在于成吉思汗把全权交给了指挥作战的将领。

古有“千军易得，一将难求”之说，这样的感慨是有其道理的。

无当天灶，无当龙头

【原文】

武侯问曰：“三军进止，岂有道乎？”

起对曰：“无当[①]天灶，无当龙头。天灶者，大谷之口。龙头者，大山之端。必左青龙[②]，右白虎[③]，前朱雀[④]，后玄武[⑤]，招摇[⑥]在上，从事于下。将战之时，审候风所从来，风顺致呼而从之，风逆坚陈以待之。”

【注释】

①无当：不要在……

②青龙：为天上星座二十八宿中东方七宿的总称，在方位上代表“东”，又称苍

龙。这里指军旗名,青色,上绘龙,一般为左军的旗帜。

③白虎:为二十八宿中西方七宿的总称,在方位上代表"西"。这里指军旗名,白色,上绘熊虎,一般为右军的旗帜。

④朱雀:为二十八宿中南方七宿的总称,在方位上代表"南"。这里指军旗名,红色,上绘鸟像,一般为前军的旗帜。

⑤玄武:为二十八宿中北方七宿的总称,在方位上代表"北"。这里指军旗名,黑色,上绘龟蛇,一般为后军的旗帜。

⑥招摇:北斗七星勺端的星宿,在方位上代表"中央",有指挥的意思。这里指军旗名,黄色,上绘北斗七星,一般为中军的旗帜。

【译文】

武侯问道:"军队前进、停止,有一定的原则吗?"

吴起回答说:"不要在'天灶'扎营,不要在'龙头'驻兵。所谓'天灶',就是大山谷的谷口;所谓'龙头',就是大山的顶端。指挥军队,左军必用青龙旗,右军必用白虎旗,前军用朱雀旗,后军用玄武旗,而中军用招摇旗在上方指挥,部队在下面跟着信号行动。临战前,还要观测风向,顺风时乘势鼓噪而进,逆风时就坚守阵地,待机破敌。"

【赏析】

吴起认为军队必须慎选驻扎的营地,尽量不要给敌方可乘之机,同时还应注意指挥作战的信号。

在吴起看来,驻地地形的选择极为重要。"无当天灶",即不要在大山谷的谷口扎营,以免遭敌军居高临下攻击,或放水淹灌;"无当龙头",即不要在大山的顶端驻扎军队,以免受敌人围困,水草不利。与吴起这一谋略相同,孙子也认为:凡配置军队,判断敌情,必须依据下列原则:横过山脊,必须靠近山谷。占领山地要选择居高向阳的地方,而且要背靠高地不要面向高地。

明朝刘伯温《百战奇略·谷战》亦云:"凡行军越过山险而阵,必依附山谷。一则利水草,一则附险固,以战则胜。法曰:绝山依谷。"

靠近山谷但并非在谷底,如在谷底,虽利水草,但是难防敌人以水淹灌。靠近山谷之利是:第一,水草便利;第二,凭恃险固;第三,敌处谷底或大山谷的谷口,有利于我军放水淹灌或俯冲攻击;第四,敌处大山的顶端上,我可断其水草粮食与弹药之援济。

有一利必有一弊。在山顶居高临下,攻击力强,防御力也强,但是水草不便;在谷底,水草便利,但是难防水淹,且不便指挥和观察,也不便进攻、不易扼守。所以,舍其两端用其中,靠近山谷恰好克服山顶和谷底之弊而得其利。

三国时期,蜀相诸葛亮于公元 228 年伐魏。魏大将司马懿率兵迎敌,诸葛亮派马谡为前锋,率兵 2.5 万防守街亭。街亭是通往汉中的咽喉,地势险要,战略地位极为重要。街亭若失,蜀军必败。诸葛亮再三叮嘱马谡:扎营要靠山近水,小心谨慎,以保万无一失。但是马谡到了街亭后,因轻敌而违背了诸葛亮的训诫,又不听王平的劝谏，反其道而行，扎营在远离水源的孤山顶上。魏将司马懿率军赶到，立即切断水源，四面紧围。蜀军缺水少粮，饥渴交加，司马懿趁机猛烈围攻。蜀军惨败，街亭失守，诸葛亮被迫退军。

在这段论述中，吴起还间接地提出一种军事策略，那即是断绝敌军粮道，以克敌制胜。所谓"兵马未动，粮草先行"。战争中军队不可无粮，因而高明的指挥者为了争取战争的胜利，不仅要准备充足的粮食，而且还须千方百计地确保粮食囤积地的安全及输粮道路的畅通。

所谓断绝其粮道，就是在战争中封锁敌方的粮食运输通道，或坚壁固守拖住敌方使之粮尽，或销毁敌方囤积的粮食。这是战争中运用最广的一种军事谋略。

公元前154年，汉景帝为平定七王之乱，派周亚夫率军东攻吴、楚。周亚夫见吴、楚联军兵势强大，一时难以取胜，就采取了"以梁委之，绝其粮道"的谋略。于是进驻昌邑，坚壁不出，避而不战，听任吴、楚联军进攻梁军，以便利用梁地拖住敌人。后周亚夫的军队进攻下邑，仍深沟高垒，坚壁固守。等到吴、楚联军兵疲粮尽而不得不撤退时，周亚夫才率军乘胜追击，大破吴、楚联军。

在军事作战中，围攻敌人以断绝粮草供应，使敌方军心动摇的军事策略运用得较多。如公元前202年韩信与项羽的垓下大战，韩信就将项羽军队包围在伏击圈内，然后轮番作战，使楚兵得不到食宿且马无草料，终致消耗殆尽，陷入四面楚歌之中，最后项羽兵败自杀。

吴起所指出"无当天灶，无当龙头"的观念，不仅是驻扎营地要看地形的策略，还揭示了作战必须考虑地形的战术原则。

司马昭初握重权之际，西蜀大将姜维、夏侯霸等人引兵数万进攻曹魏的陇西。姜维引兵5万，望枹罕进发。兵至洮水，守边军士报知魏雍州刺史王经、征西将军陈泰，王经便先起兵迎战姜维。

姜维引大军背洮水列阵，王经来战，大败，遂仓忙引败兵百骑杀出，往狄道城而走。姜维乘胜引兵追击，将狄道团团包围。狄道形势危急，陈泰正欲起兵报王经兵败之仇的时候，兖州刺史邓艾也领兵来到。陈泰问计于邓艾，邓艾说："敌人洮水得胜，如果勾引羌人，东争关陇，则此处四郡大概都会被姜维所得。这样的话，我们的麻烦就大了。不过狄道城垣坚固，王经高壁深垒，不与敌战，敌人急攻只是劳兵费力罢了！所以，我军应占据高岭要害之地，然后以迅雷不及掩耳之势进击，蜀兵必破无疑，而狄道之围可解。"陈泰于是先拨20队兵，带着旌旗、鼓角、烽火之类日夜伏行，去狄道城东南高山深谷中埋伏，专候蜀兵到来。而陈泰、邓艾随后亦各引2万兵士相继前往。

大军一到，于高山之上多举烽火，击鼓鸣角，告诉城中救兵已至，城中兵将士气大振。而姜维见对方救兵猝至，出乎意料，军中上下震惊。姜维引兵来战陈泰，因地势不利而退。后来，陈泰又密谋截断姜维的退兵之路。姜维闻声后，连忙引兵遁走，狄道之围获解，姜维没有占到一点好处。

行军作战，军事统帅必须懂得侦察、了解地形，以因地制宜。商业活动中，经营者同样要有很强的地理观念。古人说，"不务天时，则财不生；不务地利，则库不盈"，这是说自然条件对经营的影响。自然条件、地理条件及各种政治、经济、交通、

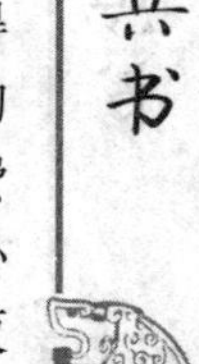

文化等因素，对于各种经营之成败有着至关重要的影响。在可能的条件下，经济活动都要尽量运用地利。不管是设厂或开店，首项要务就是选择理想的地址。

对于地利的考察和鉴别绝不是一件简单的事，所谓“捧着金碗讨饭，住在宝地喊穷”，就是典型的不识地利。在经济活动中，发挥地方优势的思想是很有见地的。坐落在西班牙马德里城商业中心的“书籍之家”，是目前欧洲的四大书店之一。该店 50 年前开张的时候，每天仅售书数 10 册。后来，书店老板利用大都市名流荟萃的优势，举办主题“书”活动，每天请有名气的作家和畅销书的作者召开茶会、演讲会，向读者介绍推荐书籍。同时又进行抽签售书，中奖者可以得到书、唱片等奖品。从此，书店生意兴隆，门庭若市，每天开门前，顾客早已排队等候。

地利是客观存在的。但是，仅仅被动地认识它，消极地运用它绝对不够，还要注意好好地开拓它、善用它，否则就会坐吃山空。

得天独厚的地利条件是每个经营者梦寐以求的，但不是人人都能得到理想的地理条件。而且好的地理条件也不代表就占有绝对优势，关键仍在于经营者的正确认识和有效利用，新加坡经济的高速发展就是很好的例证。新加坡是东南亚最小的岛国，国土面积仅有 616 平方公里，自然资源贫乏，连淡水也要靠邻国马来西亚提供。自从 1959 年成立自治邦，推行工业化政策后，经济持续快速发展，每人平均收入达六千美元，在亚洲仅次于日本。

欲善其事，先利其器

【原文】

武侯问曰：“凡蓄卒骑，岂有方乎？”

起对曰：“夫马，必安其处所，适其水草，节其饥饱。冬则温厩[①]，夏则凉庑。刻剔毛鬣[②]，谨落四下[③]，戢[④]其耳目，无令惊骇。习其驰逐，闲[⑤]其进止，人马相亲，然后可使。车骑之具，鞍、勒、衔、辔，必令完坚。凡马不伤于末，必伤于始；不伤于饥，必伤于饱。日暮道远，必数上下[⑥]。宁劳于人，慎无劳马。常令有余，备敌覆我。能明此者，横行天下。”

【注释】

①厩：马房、马圈。

②鬣：马的鬃毛。

③落四下：指为马铲蹄钉掌。落，削去。四下，四蹄。

④戢：训练。

⑤闲：通娴，熟悉。

⑥上下：指上马和下马，交替而行，使马得以休息。

【译文】

武侯问：“驯养马，有什么要领吗？”

吴起回答说:"一定要使马匹处所舒适,喝水吃草要合适,饥饱要有节制。冬天要保持马房的温暖,夏天要使它凉爽通风。随时剪刷马鬃,细心为他铲蹄钉掌,并训练他熟悉各种声音和颜色,使其不致惊骇,还要让他练习奔驰追逐和熟悉前进和停止的动作。须做到人马互相熟悉,然后才能使唤他。驾车和骑马的工具,如马鞍、笼头、嚼子、缰绳等物,一定要完好坚牢。一般来说,马匹不是伤于使用之后,就是伤于使用之初;不是伤于饥饿,就是伤于吃得过饱。当天色已晚而路途尚远时,就应当骑马与步行交替进行。宁可让人疲劳一些,千万不要使马过度疲劳。要让马儿常保余力,以防备敌人的袭击。能够懂得这些道理的,就能让自己横行天下。"

【赏析】

吴起在此特别提到有关战马的驯养问题。古代行军作战,战马是极为重要的武器装备,因此,就现代战争而言,可以说吴起在此所强调的,实际上就是军队的武器装备。

"工欲善其事,必先利其器。"意思是说:一个工匠如果想把工作做好,就必须拥有良好的工具。如果把这句话用在军事上,也可翻译成:武器装备就是战斗力。

古代军事家们往往注重使用现有的武器装备进行作战,而常忽视武器装备的改革和新技术的发明。只有那些具有远见卓识的军事天才,才能真正看到科学技术的威力。

明代的戚继光十分重视部队武器装备的改进。例如1559年至1560年,他在浙江义乌练兵抗倭时,曾就地取材创制过"狼筅"等兵器("狼筅"由毛竹制成,竹枝的每个丫杈上都绑着尖刀),并以此为基础,使每12个人组成1个"鸳鸯阵",而由此大大提升了部队的作战能力。另外,他还改进过"鸟铳",使改进型鸟铳不仅比原鸟铳射得远,其命中率也大为增加。

后人在总结清王朝割地赔款的教训时,除发现其政治之腐败外,也注意到列强"船坚炮利"的事实。当然,决定战争胜负的关键是人,不过,在现代战争中,武器装备显得越来越重要。为使武器装备不落后于敌军,在用兵作战中,一旦发现敌人拥有先进的新式兵器时,就应仿效或改进生产这类武器,以达到与敌保持军力平衡或强于对方的目的。

随着现代军事技术的发展日趋精良,现代武器的重要性也越来越突出。必须拥有先进的、强大的军事装备,才能在未来战争中立于不败之地。因此,应重视吸收他人先进新式武器的长处,并在此基础上进一步研制出比其性能更优的新式武器。

军事上如此,在企业生产中更是如此,作为企业应不断地创新,研制新产品。海尔集团20多年来累计生产出了15100多个规格的产品,申请了5469项专利。

这意味着,海尔从1984年建厂以来,平均每天产生出2个新品。从1989年申请第一项专利以来,专利申请数呈几何级数增加,到2004年平均每天申请2.7项专利。

通过自主创新掌握核心技术,拥有自主知识产权,以日新月异的优质产品引领市场,这就是海尔用21年的时间走过国际知名品牌百年道路的要诀。

在经济全球化的今天，中国企业无论是否走出国门，面对的都是全球化市场。在与具有百年历史和雄厚财力的跨国“巨鳄”的竞争中，中国企业劣势明显，既不能用时间，也不能用金钱来换取市场空间，唯有创新和速度是制胜法宝。所以，海尔人说：“自主创新是我们永远不变的基因。”

第四章　论将篇

本章导语

“千军易得，一将难求”。因为正如吴起所言：“总文武者，军之将也。”亦即只有文武兼备的人，才能够胜任将领的要职。

论将，即识别将才，这并非易事。战国时候，赵国名将赵奢之子赵括，年轻时就熟读兵法，善谈军事，他的父亲也难不倒他。但是赵奢知道自己的儿子不是将才，曾语重心长地说：“赵国不任用赵括为将帅便罢了，如果任用他为将帅，必定要葬送赵国的军队。”但是赵王却不能识别赵括只能纸上谈兵、不切实用的缺点，要他代老将廉颇挂帅，抵御秦将白起的进攻，结果长平一战，大败而亡，赵兵前后被秦军坑杀的多达45万余人！韩信与张良、萧何合称汉初“三杰”，是古今闻名的将才。他在年少时甘受胯下之辱，显得懦弱胆怯。秦末投军项羽，羽不能用；又转投刘邦，刘邦也没有发现他是个人才，于是他便弃刘而去，然而萧何知道他是个不可多得的将才，所以连夜把他追回来，说动刘邦拜他为大将，后来果然助刘邦打下了半壁江山。

一般人识别将才，往往注重他是否勇敢。吴起说，勇敢只是一个将领应该具备的若干条件之一，仅仅有勇敢甚至连当好一个士兵都不够格。勇敢是一个军人的基本品格，而基本品格不等同最高品格，更不是全部品格。打仗要不怕死，要置生死于度外，但这并不意味着轻生、拼命。赵括的父亲之所以知道自己的儿子不会带兵打仗，就是因为“兵，死地也，而括易言之”，即是说赵括不把死亡当一回事，所以他必败。据《史记》的记载，赵括也确实称得上勇敢，说他“出锐卒自博战”，为秦军所射杀。所以我们不能简单地把勇敢理解为不怕死。亡命之徒就不怕死，但亡命之徒不算勇敢。真正勇敢的人看重的是死的真正价值，正如吴起所说：“有死之荣，无生之辱。”当初韩信不杀那个侮辱他，要他从其胯下爬过的少年，是因为他认识到这么个小人物“杀之无名”，所以宁愿被人看作怯弱，也无意显示自己的勇敢。亡命之徒则不然，他们对生死并无荣辱的区分，更无价值的观念，他们常常意气用事，为了某种个人的私利和欲望，不惜一逞匹夫之勇。总而言之，真正的勇敢是一种大无畏，是一种对生命真正价值的忘我追求！

孔子说，“仁者不忧，智者不惑，勇者不惧。”（《论语·宪问》）内心的强大可以化解生命中很多很多遗憾。要做到内心强大，一个前提是要看轻身外之物的得与失。太在乎得失的人被孔子斥为“鄙夫”。这种患得患失的人不会有开阔的心胸，不会有坦然的心境，也不会有真正的勇敢。

孔子曾经对子路说:“君子义以为上。君子有勇而无义为乱,小人有勇而无义为盗。”(《论语·阳货》)意思是说,君子崇尚勇敢并没有错,但这种勇敢是有制约的、有前提的,这个前提就是“义”。有了义字当先的勇敢,才是真正的勇敢。否则,一个君子会以勇犯乱,一个小人会因为勇敢沦为盗贼。

文武兼备,刚柔并用

【原文】

吴子曰:“夫总①文武者,军之将也。兼刚柔②者,兵③之事也。凡人论将,常观于勇,勇之于将,乃数分之一尔。夫勇者,必轻合,轻合④而不知利,未可也。故将之所慎者五:一曰理,二曰备,三曰果,四曰戒,五曰约。理者,治众如治寡。备者,出门如见敌。果者,临敌不怀生。戒者,虽克⑤如始战。约者,法令省而不烦。受命而不辞,敌破而后言返,将之礼也。故出师之日,有死之荣,无生之辱。”

【注释】

①总:总领,总管,统帅。
②刚柔:有勇有谋。
③兵:这里指军队。
④轻合:轻易与敌交战。
⑤克:胜利、完成。

【译文】

吴起说:“文武兼备的人,才能胜任军队的将领。能刚柔并用的人,才可以统兵作战。一般人评论将领,往往只看他的勇敢,其实勇敢对于一个将领来说,不过是应该具备的若干条件之一。只有勇敢的人,必定轻率应战,轻易与敌交战而不顾及利害,是不可取的。所以,将领应当谨慎的有五件事:一是理,二是备,三是果,四是戒,五是约。所谓理,是指治理众多的军队如同治理少数军队一样有条理;所谓备,是指军队出动就像会遇见敌人一样保持戒备;所谓果,是指临敌交战时不考虑个人的死生;所谓戒,是指即使打了胜仗还是如同初战那样谨慎;所谓约,是指法令简明而不繁琐。此外,接受任命决不推辞,击败敌人后才说班师回朝的话,这是将领应该遵守的准则。所以,将领从率军出征那一天起,就抱定了只有光荣牺牲,绝无忍辱偷生的决心。”

【赏析】

在这段论述中,吴起指出,作为统兵将帅必须要有很好的修养,既要文武双全,又要刚柔并济。的确,身为大将不但要能够勇猛杀敌、威慑敌军,还要善于安抚,使敌军不战而降。

《左传·僖公二十七、二十八年》记载:公元前636年春,晋文公(献公的儿子

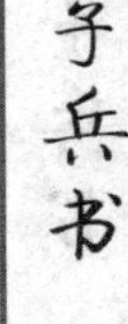

重耳)回国掌握政权后,为了争霸中原,积极资金积累对外作战。他首先采取了一些有效措施,使人民都能安居乐业。又以尊奉周王室的行动来争取各国的同情,同年,攻打周天子赐给他的封地——原(今河南济源市)。出兵前,宣布只打3天。3天没有攻下,虽然根据情报知道原地的人民马上就要投降,也不等待,还是按照预先宣布的期限,自动退兵三舍(90里)以示言而有信,并特别设置了一个专门机构来处理官吏的官爵等级和有关纪律的问题。后来,他看到晋国人民对政府已有了信任,人民在彼此交往中也很讲究信义,并能自动遵守秩序,认为教养已经成熟,就在公元前632年出兵和楚军在城濮(今山东濮县南)作战,获全胜,晋国因而称霸天下。

吴起认为,善于统帅军队的将领,性格应该是刚强时不可摧折,柔韧时则不可屈服,这样才能够以弱制强、以柔克刚。的确,如果只有柔韧而无刚强,其战斗力必然会被削弱;但如果只有刚强而无柔韧,战斗力必会殆尽。因此,只有使刚柔并济才符合为将之道的常规,此为颠扑不破的真理!为官之道又何尝不是如此呢?

有一位部门经理品德优良,做事向来兢兢业业,不计个人得失。对上,他以服从为天职,不管上级说得有没有道理,一概照办,哪怕是蛮横无理的批评,也从不申辩,甘于忍气吞声;倘若自己有什么想法和建议,总是踌躇再三,反复思量,不到自认为万无一失,决不提报上级。即使好不容易去讲了,上级如果不认可,也从不据理力争。对下面的职员,他也总是以"好人"而著称,有什么工作总要与大伙商量着办,只要略有微词或有反对的意见,他也宁肯自己多吃些苦,而不去勉强别人;凡是日常细小工作和值班之类的事情,他总是做得比下属多,任何人与他争辩或发无名之火,他也不生气。总之,的确是柔韧到了无极的顶峰,任职一年没见他跟谁吵过,甚至不愉快的事似乎也从未发生过。但是,总经理对他的评价是:只是个听话的部门经理,却不是个有见地、有魄力的领导人才,这个位置对他而言只是勉强胜任。手下人说他是位老好人,却不是位靠得住的主管。结果,该名部门经理非但没有再被提拔任用。甚至还被撤了职。

继任者汲取了前任者的教训,处处表现出自己刚强的性格。对总经理交办的事,合意则办,不合意则提出意见,有时甚至不说也不办。而一旦提出意见,就要求非准不可,否则就争辩个没完,直到把总经理"说服"为止;总经理的批评如果合理,并要求解释客观原因,错了则绝不接受,坚决顶回去。对于手下请示报告工作,不满意即大加训斥,毫不顾及情面。谁胆敢冒犯,绝不心软。结果可想而知,总经理厌恶,下属不满,任职不到半年便被免职,落得众叛亲离。如果客观分析先后两位部门经理的性格和做法,其实并非全错,也并非全无可取之处,问题在于这两位都走了极端。柔者没有一点独立的人格,刚者则是毫不通融,甚至黑白不分,如此焉有不败的道理呢?

对待下属的基本原则应该是宽大为怀。管理者的威信不是植根于高压统治或强词夺理。如果体恤下属,设身处地为下属着想,下属自然对你会效忠信服;反之,则下属不愿意回馈意见,更重要的是若是员工不愿配合管理者,纵然有才也难以发挥。因此,管理者对下要宽容大度,下属说错话或做错事,尽量不要发脾气,尤其不要当众批评,应尽力协助下属排除实际困难和具体问题,让他感受到你的支持。但是,宽容不是放纵,该严厉时仍必须要严厉,绝对不能违背处事原则。否则将因为自己的过度宽容,而使自觉性不高的下属得寸进尺,以致毫无顾忌地胡作非为,以为你软弱可欺。面临这种情况时,必须施之以威,甚至适度的展现"专制权威"。总之,凡是已经确定的事情,必须一以贯之,不能为他人所左右,并要培养下属信赖和服从的良好习惯。

概而言之,管理者不管是对上、对下,都应做到刚柔并济,这是立于不败之地的重要条件之一。

知此四机,乃可为将

【原文】

吴子曰:"凡兵有四机[①]:一曰气机,二曰地机,三曰事机,四曰力机。三军之众,百万之师,张设[②]轻重在于一人,是谓气机。路狭道险,名山大塞,十夫所守,千夫不过,是谓地机。善行间谍,轻兵往来,分散其众,使其君臣相怨,上下相咎,是谓事机。车坚管辖[③],舟利橹楫,士习战阵,马闲[④]驰逐,是谓力机。知此四者,乃可为将。然其威、德、仁、勇,必足以率下安众,怖敌决疑。施令而下不犯,所在寇不敢敌。得之国强,去之国亡。是谓良将。"

【注释】

①机:古代弩箭的发射机关,引申为一切机关的通称,也指事物的枢要、关键。这里是要善于掌握士气、利用地形、运用计谋、充实力量的意思。

②张设:安排、布置的意思。

③管辖:车辆两边的铁插销,用来闩住车轮不使脱落,是战车的重要零件。

④闲:通娴,熟练的意思。

【译文】

吴起说:"大凡用兵打仗,有四个应当注意的关键:一是掌握士气,二是利用地

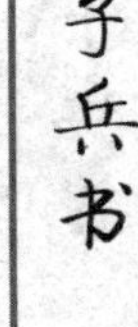

形，三是善于谋事，四是发挥兵力。三军之众，百万之师，掌握轻重缓急，在于将帅一人，这就是掌握士气的关键；狭险道路，名山要塞，十人防守，千人不能通过，这就是利用地形的关键；善于使用间谍，用轻骑不断骚扰敌人，以分散其兵，使敌人君臣不和，上下互相责怪，这就是善于谋事的关键；战车及其零件十分牢固，战船及其橹桨极为结实，士卒熟悉战阵，战马善于驰骋，这是发挥兵力的关键。懂得这四个关键，才可以担任将领。而且他的威信、品德、仁爱、勇敢，都必须足以为全军之表率，且能安抚士众，威慑敌人，决断疑难。他发布命令，部下不敢违背，所到之处，敌人不敢抵抗。得到这样的将才，国家就强盛，失去他国家就要灭亡。这就叫作良将。”

【赏析】

吴起在这里主要论述的是军事指挥者的素质与品德修养。在他看来，一个杰出的统帅，应德才兼备，既要有突出的才能，又要有高尚的品德。这是一个有作为的军事统帅应该具备的重要条件，对于为人做事更是如此。

南明抗清将领夏完淳自小天资聪颖。据说他五岁便知《五经》，7 岁能作诗文，9 岁成《代乳集》，12 岁已博览群书，为文洋洋洒洒，一挥而就，连当时的大学者钱谦益也赞许他才智过人。难能可贵的是，夏完淳自幼即关心国事。清兵进攻江南时，他才 14 岁，却同父亲一起参与抗清，受封为南明鲁王政权的中书舍人。后来他兵败被俘，在南京的监狱中，清兵软硬兼施逼他投降，但他英勇不屈。投降清朝的洪承畴亲自出马劝降，反被夏完淳痛骂一顿，令洪承畴无地自容，狼狈不堪。最后夏完淳在南京慷慨就义。

吴起认为，善于统帅军队的人，要能做到战无不胜、败而不亡。制胜之方并不全赖战争，而在于“其威、德、仁、勇，必足以率下。”远古时候，黄帝就是以其仁德而统辖四方；商汤王、周武王之得天下，也是在不得已时才誓师伐桀、纣。而黄帝、汤武征伐之初，并没有立即受天下人拥戴。由此可知，只要能把握住机会，同样也会有反败为胜的可能，例如楚昭王不是曾在与阖闾的抗衡中反败为胜吗？

重仁德而轻征伐是古人的一项传统美德，这样的观念在先秦时期尤为突出。当然，战争的确会使民不聊生，而连年战争之后往往会出现“白骨露于野，千里无鸡鸣”的惨象。而且以武制胜，胜不可久。有鉴于此，古人崇尚以仁示德，反对以武扬威。在当代，全世界人民都要求一个长治久安的和平环境，尤其在受到核武器威慑的情况下，更是激发了人们的和平意识，人们再也不愿经受两次世界大战的灾难。

不义不取，这是自古以来的另一项传统。孟子曾认为为了义可以舍生，即所谓“舍生取义”。历代的志士仁人，为了“义”，生命可以牺牲，家室可以不要；为了“义”，甚至还可以灭亲。可是“义”有公私之别，大公无私的义举历来受人颂扬。然而生活之中也有为私义而不惜一切者，为私义者，总是结党营私，彼此袒护，从而使许多不法行为受到包庇，让许多不法之徒得以逃脱法网。这种私义的行为从来都是受人所鄙弃的。再者，义有真伪，真义可以感动人心。如作为“义”之化身的关羽，为了义而“身在曹营心在汉”，也为了义而公然放走曹操，他的行为即被视为真“义”的典范。

再说行军作战，若是正义之举，自然顺乎民心，得到支援；不义之师，逆乎天理，失道寡助。日本发动不义之师侵略中国,虽然猖獗一时,却终究失败。而20世纪90年代,伊拉克入侵科威特,其行不义,结果也是以失败而告终。不只是两次世界大战中的德国等纳粹侵略军,也不只是伊拉克,凡非正义之师,其行必败。

同时,将帅对于士兵来说,是领导和主宰。善于带兵的将帅,不但能带领士兵冲锋陷阵,奋勇杀敌,还懂得如何爱护他们。反过来说,只有好好对待士兵,使他们感恩图报,才能令行禁止,无坚不摧。

在现代社会中,不管是教师、家长还是经营者,对学生、孩子、职员都要讲究“方法”和“态度”,不可一味纵容、溺爱、睁一只眼闭一只眼,也不可过于严苛。而要像岳飞带兵那样,在生活、身体方面无微不至地关怀,在纪律上“有约在先”,恩威并施,才能既树立威信,又受人爱戴和拥护。

禁令刑罚,所以威心

【原文】

吴子曰:“夫鼙鼓金铎①,所以威②耳。旌旗麾帜③,所以威目。禁令刑罚,所以威心。耳威于声,不可不清。目威于色,不可不明。心威于刑,不可不严。三者不立,虽有其国,必败于敌。故曰,将之所麾,莫不从移。将之所指,莫不前死。”

【注释】

①鼙鼓金铎:鼙、鼓、金、铎都是古代指挥军队作战的工具。

②威:通畏,震惊,引申有听从命令和受约束的意思。

③旌旗麾帜:古代指挥军队的四种旗帜。麾,通“挥”,指挥的意思。

【译文】

吴起说:“鼙鼓金铎是用来威慑耳朵的;旌旗麾帜是用来威慑眼睛的;禁令刑罚是用来威慑军心的。耳朵听命于声音,声音不可不响亮;眼睛听命于颜色,颜色不可不鲜明;军心受制于刑罚,刑罚不可不威严。三者如果不确立,虽有国家,必定被敌人打败。所以,将领指挥的部队,没有不依令而行的;将领指向的地方,没有不拼死前进的。”

【赏析】

吴起在这里重点论述了指挥军队作战的问题。吴起指出,一支军队必须统一号令。

古人将军队按照不同的兵种而分编为若干队,每队都有自己的旗帜和自己的作战特点。战时,指挥官只需挥动不同的旗帜,就能让每支小队充分发挥其作战的优势。如此号令明确,每队各司其职,自然就能取得战争的胜利。

此外,在指挥作战时,还应提高士气,这就需要将帅身先士卒。如刘秀身先士卒战昆阳就是一个成功战例。在昆阳之战中,义军被王莽大军团团包围,情况十分险恶。刘秀突围搬来援军后,其将领顾虑重重,缺乏打败敌人的信心,有的甚至怕因为打仗而损失掉自己的财物。

看到这种情势,刘秀心里万分着急。他意识到在敌强我弱的形势下,如果缺乏高昂的士气和必胜的信心,是无法与强敌作战的。因此,他在参加昆阳战斗的过程中,十分注意鼓舞全军的士气。针对一些人的畏敌情绪和贪财保命想法,他苦口婆心地开导说:“敌人虽然人数多,但都是些乌合之众,只要我们树立起必胜的信心,就不难把他们打败。如果我们这次能取得胜利,得到的财物会比现在多好几倍,而且还可以建大功、立伟业;倘若解不了昆阳之围,让敌人打过来,我们恐怕连性命都保不住,还谈得上财物吗?”这番话说得大家心服口服,连连称是,顾虑顿消。

但军队的士气不能光靠主帅的口头鼓励,还要靠主帅在实际战斗中以身作则。当刘秀率领援军急如星火般地赶到昆阳时,他们面对的是旌旗蔽天,营盘连绵的营军大阵。面对气势如此庞大的敌人,将士们的士气只要稍一动摇,就会影响战斗意志,带来难以想象的惨败。他意识到,要想继续巩固部队的士气,自己必须做出不畏强敌的榜样。于是,刘秀率领千余名骑兵当先锋,迎战莽军。为了激励士气,他身先士卒,冲入敌阵,连连杀死敌人数十名。将士们见此情景,个个精神抖擞,奋勇往敌阵冲杀,把敌人打得落花流水,取得杀敌近千人的首战胜利。

刘秀不仅用一切方法提高自己部队的士气,同时还进行瓦解敌军斗志的工作。当时另一支义军正在宛城与莽军作战,宛城已经被莽军攻占,但捷报还没有传到昆阳。刘秀在不知道宛城战斗实况的情形下,制造了一个假情报,宣称义军已经攻占了宛城,即将派大批援军前来解昆阳之围。然后他又派人把这个假情报散播到敌人阵营里去,制造假象,进一步打击敌军的士气。

刘秀采取的这些果敢而巧妙的措施,收到良好的效果,使战局朝越来越有利于义军的方向发展。从数量上看,莽军人多,义军人少;但在士气方面,莽军由于久攻昆阳不克,再加上假情报的干扰,已经出现了军心动摇的情况,而义军则士气倍增,斗志日坚,战争优势逐渐转向义军这一边。义军在昆阳之战取胜的原因很多,刘秀能够巧妙地提高将士们的士气,无疑便是其中最重要的一项原因。

同时,吴起还指出,要使将帅的指挥确实行之有效,必须严明禁令刑罚,以增强指挥的权威性,令出即行,这就要求统帅治兵以信。“信则不欺”,上下信任,则互不欺骗,令之所出,士卒奋勇。孙子《孙子兵书·计篇》曾指出,“信”乃将帅必备的五种品德之一种。在上一段文字中,魏武侯问吴起,部队行军作战的方法首先应该掌握什么问题。吴起也强调指出,首先要明确“四轻”“二重”“一信”。其中“一信”,就是赏罚严、守信用。《司马法·仁本第一》开篇也曾提到治理天下的特殊手段就是战争,而要使用这种特殊手段,就要遵守一些原则。其中之一就是“信见信”,即信用人便为人所信任。《孙膑兵书·篡卒》也指出,军队战斗力的增强在于赏罚必信。《百战奇法·信战》则说“信则不欺”,“上好信以任诚,则不用情而无疑,故战无不胜”。

在现代企业管理中,管理者最重要的工作,其实就是知人善任,但是,仅仅做到“知人”,并不意味着领导就善于用人,因为用人是需要通过建立一种制度和标准来实现的,就吴起所说的禁令与刑罚。

企业纪律是保证执行力的先决条件，什么是纪律？纪律首先是服从，下级服从上级、部门服从公司、公司服从集团。令行禁止，决定的事和布置的工作必须有反应、有落实、有结果、有答复。服从是任何一个职业经理人的基本素质。

纪律是严格遵守各项规章制度，贯彻各种会议决议，执行集团、公司制定的预算、计划、通知，这是干部员工必须履行的职责。当然，自律是纪律的重要组成部分。干部必须带头遵守有形的规章制度和无形的企业文化，这是贯彻纪律的关键。任何干部、员工都不得将个人、亲属、朋友、小团体的利益凌驾于企业利益之上。

虽然现代企业的干部员工来自五湖四海，但既然在公司里做事，工作习惯必须适应公司的纪律。形成纪律是一个人、一个团队在复杂多变的竞争环境中生存、发展乃至成功的基础。从学习规则，遵守纪律，树立纪律意识，刻意使自己的行为服从于纪律，到自觉把纪律变成自己的习惯，需要一个较长的过程，需要克服自身许多不完善之处。但只有把纪律变成为习惯，才能具备持久的战斗力。

现在大家都在谈企业文化，其实，纪律就是企业文化的核心内容。没有纪律的企业文化不可能指导各项实践有序地取得成功。

先占其将，而察其才

【原文】

吴子曰："凡战之要：必先占其将而察其才。因形用权，则不劳而功举。其将愚而信人，可诈而诱。贪而忽名，可货而赂。轻变无谋，可劳而困。上富而骄，下贫而怨，可离而间。进退多疑，其众无依，可震而走。士轻其将而有归志，塞易开险，可邀而取。进道易，退道难，可来而前[①]。进道险，退道易，可薄而击。居军下湿，水无所通，霖雨数至，可灌而沉。居军荒泽，草楚幽秽[②]，风飙[③]数至，可焚而灭。停久不移，将士懈怠，其军不备，可潜而袭。"

【注释】

①前：通剪，消灭的意思。
②秽：繁茂，多草的意思。
③飙：狂风、疾风。

【译文】

吴起说："一般说来作战最重要的是，一定要预先探知敌人的将领是谁，观察其才能。根据情况，运用计谋，不费力气而大功告成。敌将愚昧而轻信于人的，可以用欺骗的手段诱惑他。敌将贪婪而不顾名誉的，可以用金钱收买他。敌将轻率而无谋略的，可以用疲劳战术使他困顿。敌人上级军官富裕而骄横，下级吏卒贫困而怨愤的，可以用离间的手段分化他。敌人进退犹疑不定，部队无所适从的，可以用震撼的方式吓跑他。士卒藐视其将领而思归恋家的，可以阻断平坦大道而开放险阻之路，引而截击消灭他。敌人进路平易而退路艰难的，可以让他前来并消灭他。

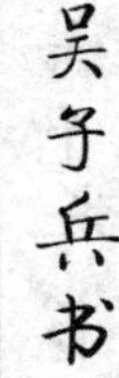

敌人进路艰险而退路平易的，可以逼近猛击他。敌人驻扎在低洼潮湿的地方，水道不通、大雨连日的，可以放水淹没他。敌人驻扎荒郊野泽、杂草丛生、环境污秽而常起狂风的，可以用火攻烧死他。敌人久住一地而没有移动，官兵懈怠、戒备疏忽的，而以乘机偷袭他。”

【赏析】

吴起在这里提出“占将察才”的战术原则，他指出在对敌作战之前，应充分了解敌军和其将领，如此才能针对其能力和个性来制定作战方案，克敌制胜。孙子也曾指出：“凡军之所欲击，城之所欲攻，人之所欲杀，必先知其守将、左右、谒者、门者舍人之姓名，令吾间必索知之。”又说：“故明君贤将，所以动而胜人，成功出于众者，先知也。”

吴起与孙子都很重视了解敌将和敌人各方面的情况，认为这是在战争中取胜不可缺少的条件。

人生境遇万千种，造就万千众生相。社会上芸芸众生，千姿百态，一个人要立身社会，面观人生，与人交往，没有一副识人的眼睛，恐怕是不行的。

诸葛亮聪明盖世，智慧超人，上知天文，下知地理，中知用人。他累积其知人察人的经验教训，为后人留下一篇《知人》的总结，从中可以了解到自古以来的“知人之道”。

诸葛亮的知人术高明就在于不但知人于未名之中，而且察人于未变之时。刘备托孤白帝城时，诸葛亮了解到大将魏延“脑后有反骨，不可重用”。但他并不因魏延有叛逆之相而贬弃他，反而继续让他领兵作战，创建功业。直到魏延言行中显示出欲别树一帜、不再屈居人下的反叛意向，诸葛亮才于弥留之际布下后发制人的锦囊妙计，让人于魏延反迹暴露时，将其处死。如果诸葛亮没有一定的知人功夫，还不葬送在魏延的手中吗？

知人之性，不单单是军事家、政治家、外交家和企业家需要，对于我们每一个人来说，进行最平常的交往，也需要“知人”。不但要把握对方与众不同的特点，比如他们的特性、能力、特殊问题、需要和兴趣，凡能表露个人性情和能力的地方也应加以注意。

要深入地知人，还要看一个人的经历，例如哲学家叔本华在一本书的首篇谈论女人，文中贬低女性，显示出他对女性有一种不正常的排斥感。为什么？这与叔本华的童年经历有关系。叔本华父亲早逝，母亲生活奢侈腐化，很少顾及他。对于一个需要母爱的孩子来说，这一切无疑使他蒙受了痛苦和耻辱，他对女性的看法也渐渐偏执起来。最后，他终身不娶，只身独居。假如我们对叔本华的童年一无所知，就无法理解叔本华的“意志说”，也无法理解他对异性的强烈排斥感和非常态的看法。

要知人之性，还需要对一个人在关键问题上的态度加以考察，因为一个人对关键问题的态度，隐含了他的性格与志趣取向；思想和价值观点。

交往不可太盲目，第一次见面便将对方奉为知己，是一种轻率、不负责任的态度。志不同，道不合，友谊迟早要消失。学一点知人之性的本领，运用于交往中，是十分必要的。

治理之道,就是善于用人之所长,避人之所短,也就是使人人各得所宜,而都能各扬其所长,避其所短。

看人说法,轻锐尝敌

【原文】

武侯问曰:"两军相望,不知其将,我欲相①之,其术如何?"

起对曰:"令贱而勇者,将轻锐以尝之。务于北,无务于得,观敌之来,一坐一起②,其政③以理,其追北④佯为不及,其见利佯为不知,如此将者,名为智将。勿与战矣。若其众讙哗⑤,旌旗烦乱,其卒自行自止,其兵或纵或横,其追北恐不及,见利恐不得,此为愚将,虽众可获。"

【注释】

①相:看,观察。

②一坐一起:坐,即坐阵,用于停止。起,由坐阵变为立阵,以便前进。一坐一起,这里指每次前进和停止。

③政:这里有指挥的意思。

④北:败。

⑤讙哗:大声喧哗。

【译文】

武侯问道:"两国对峙,不知敌将的才能,我想调查清楚,用什么办法呢?"

吴起回答说:"让地位低而勇敢的战士,率领轻装精锐的小部队去试攻敌人,务必要败退,不要求胜,然后观察敌人出战的行动。如果敌人的进退行止都有条不紊,追击假装追不上,见到战利品装作没看见,这样的将领是有智谋的,不要和他交战。如果敌人喧哗吵嚷,旌旗混乱,士卒缺乏统一的行动,兵器横七竖八,追我唯恐不及,见利唯恐不得,这样的将领是愚昧的,敌军虽多也可以俘获他。"

【赏析】

吴起在此对上一段所提出的了解敌将的问题进行了更加深入的阐述。他指出,要了解敌将必须善于"相将",要在掌握其性格、能力、用兵作战的方法等基础上,进一步透过动态的试探判断,即透过小部队的试攻,来直接而实在地了解敌军将领指挥作战的才能,摸清敌将的底细。

吴起进一步提出了"轻锐尝敌"的战术原则。此谋是在两军对峙时,为了判断敌方将领的本领从而决定是否求战、是否可胜的谋略。具体实施过程是先让地位低而勇敢者率轻捷善战的小部队进攻,以试探敌军。其任务是败北后退,目的在于诱使敌人前来追赶。观察敌人追击的行动,如果一坐一起之间,步骤井然有序,假

装追不上，见到败北的小部队丢弃的财货兵器却假装看不见，这样的敌方将领是明智的将领，我方就不可急于求战。若敌军之追击吵吵闹闹，旌旗凌乱，士卒自行自止，兵器纵横无序，狂追冒进，见到财物唯恐抢不到手。那么，率领这支部队的就是个愚蠢的将领。这样的部队，人数再多也可以战胜。

若想了解敌方将领的情况，可以采取以己度敌的谋略。此谋是指战争指挥者在谋划自己的行动方案时，必须预先打听对方的情况，判断对方的企图，从己方的行动计划中，推断敌方可能会采行的应敌措施。《兵法百家释言·累字释文》解释此一谋略时说，是“以己之心，推敌人之心；以己之能，推敌人之能；以己之智，推敌人之智”。

1944年末，苏联白俄罗斯的突击部队推进到距离柏林不远的奥得河时，与后续部队脱节，侧翼暴露，军队疲惫，且坦克因补给供不上而大量脱队。这时，苏军指挥官朱可夫联想到战争初期的一段情景：当气势汹汹的德军进攻到距离莫斯科只有30公里时，朱可夫从危机中看到了战局转化的曙光。他认为，敌人虽然兵临莫斯科城下，但战线拉长，脱离后继，已成强弩之末，没有什么突击力量了。朱可夫根据这个判断，适时组织部队从侧翼反击，一举扭转了战局。现在的情况反转过来了，苏军虽然危及柏林，但目前也已成强弩之末。希特勒的将军们也一定会想到从侧翼反击的战策。于是，朱可夫及时派出掩护侧翼的部队向北挺进。果然遇到了正在突进中的德国反击部队。由于朱可夫采用了“以己度敌”的思想谋略，才及时弥补了可能出现的失败。

己方能想到的高计妙策，敌人都可能考虑到。以己度敌、周密布置，才能使自己紧握主控权，永立不败之地。

此外还可以从敌军将领的意图中，反彼知己。这一谋略是指高明的军事统帅从敌方的行动中，不仅能探知敌方的意图，而且反过来还能了解自己军队存在的漏洞或可能会发生的错误，从而重议计策，避免漏洞，争取战争的胜利。

吴起关于“相将”的谋略，对于商业经营也至为重要。许多经营者最常挂在嘴上的一句话便是“知己知彼，百战百胜”。就知己与知他而言，知己较知他要容易些，而要做到知他，必须费些心力不可。

日本的九家商社包括三菱、三井、丸红……其外销业务占60%。这些综合性商社的特点是为厂商作设备与技术的提供，它们在海外有2000家分支机构，每天传回约6000页有关贸易的经济、政治、法律等情报。而综合商社所经手的产品多达2万多种，除销售外也重视售后服务。

综观日本综合商社能有如此庞大的影响力，最重要的原因乃是其能“知己知他”,掌握全世界市场的动态,而为日本厂商提供完备的服务,使其在国内外市场上,都能达到领先的地位。特别是三井,在1971年建立了著名的三井环球通信系统。1981年实现了一系列电脑化,形成了崭新“字母显示资讯输入通信系统”,从东京连接世界87个国家和地区的149个海外分支机构,全部用专线电传。其依靠东京、纽约、伦敦、悉尼和巴黎五个电脑控制中心,分别管辖亚洲、美洲、欧洲、大洋洲和中东地区。各中心之间用通信卫星连接,所有通信线路总长度达44万公里,可绕地球11圈。另外,1981年三井物产商社驻中国的情报人员获知中国钢铁工业的发展需要大量进口废钢铁,而驻纽约的情报人员获悉美国有大量的废铁出口,他们便意识到“这里有油水可捞”。于是立即两头牵线,一年后大批废铁便从美国转口到中国,三井物产商社从中大发一笔。

日本各商社搜集各国经济情报的广泛、迅速和准确,令人刮目相看。据报道,日本最大的五家贸易公司在世界各地的情报人员就有1.4万多人,每年开销的通信费用达1亿多美元。现在,日本企业只要1~3分钟,就可查询到日本与世界各地进出口贸易的商品品种、规格等资料。50~60秒钟,即可获得世界各地金融市场的行情。由于其对市场、对手和顾客的需求了如指掌,在竞争中自然容易获胜了。

要达到知彼,特别是随时随地的知彼,确实很难。但要“知己”,也不是件容易的事。

在一个公司中,经营者要了解自己公司的实力、员工的能力和消费者对产品的反应;还要了解公司面对危机时的应变力如何。这些分析不是坐在办公室就能得到的,特别是规模庞大的公司,必须到现场实地观察,而繁多的资料更需借助电脑分析。

在“知己知彼”的策略中,有一个相当重要的内容,那就是知“对手之性”。军事家拿破仑就是一个善于研究对方将帅的专家。每当开始一场战争的时候,他首先注意的是对方的统帅:是稳健多智的战术家还是暴虐躁进的草莽勇夫,胆怯多疑还是机警果敢,是贪利好名还是廉洁谦恭?先摸透这一切,然后才统筹全局,权衡利弊,决定自己的战略战术。凭此,他曾下了许多着离奇惊险的妙棋。

中国人传统的“观人”方法,在区分君子和小人的时候往往会从以下8个方面进行考察:

一是观气象:如果一个人看上去稳健庄重,态度温和,接触之后,令人感到谦逊安详,威而不猛,这样的人是君子。如果一个人态度谄媚,喜怒无常,就是小人。

二是观举止:举止大方,是君子;举止萎缩慌张,是小人。

三是观胸襟:心胸广阔的人是君子,可以干大事;而胸襟狭窄的人,将来可能会“以私废公”。

四是观学识:学识越丰富,越能忘我和去除私心。这样的人做事更多为公益;反之则可能存私心。

五是观心性:通过测试和考验,可以考察人的本性如何。比如,在一个人面前说出秘密的事情,看看他能不能保守秘密,借此可以知道这个人是否信守承诺。

六是观所处:根据人所处的不同地位,特别是在他的地位发生显著变化之后,对其前后的表现加以对照,就可以看出人的本性善恶。

七是观言谈：古人认为，沉默寡言的人往往是道德之士；说话滔滔不绝的人往往性情浮躁。

八是观操守：所谓“富贵不能淫，贫贱不能移，威武不能屈”，就是对“观操守”最好的解释。

当今市场，一个企业独霸某行业，无一个竞争对手的情况早已不复存在。知晓、了解自己的竞争对手已成为厂商们极重视的一件事。究其原因，市场竞争首先表现在同行企业之间的竞争。“同行是冤家”这句俗话在一定程度上反映了企业竞争的实际情况，尽管这种表述并不全面、准确。客观情况是，同行业企业的规模、资金实力、生产水平、技术力量、职工素质、销售能力、发展战略、具体产品、销售方式等，都直接影响到市场需求状况、影响到本企业的市场占有率。

企业所面临的竞争对手大致包括以下几种类型：一是愿望竞争者，即满足消费者目前各种不同愿望的竞争者；二是一般竞争者，即满足消费者某种愿望而采取不同方法的竞争者；三是产品形式竞争者，即能满足消费者某种愿望的同类商品，而在质量、价格上相互竞争的竞争者；四是品牌竞争者，即能满足消费者对同种产品具有不同品牌愿望的竞争者。

其实，竞争者不仅存在于同行之间，不同行业之间也存在着相互竞争的问题。这种竞争有两种表现形态，一是某种新兴行业、新产品对老行业、老产品的替代。譬如，晶体管替代电子管，电视机冲击电影业。所以，电子管生产厂家、电影业除了要对同行竞争对手进行了解外，还得注视这新兴行业的竞争者。不要同行间杀得天昏地暗，最后却被新兴行业“一锅端”。二是乍看起来几乎毫不相干、风马牛不相及的行业之间也同样存在着隐性的、然而又是激烈的市场竞争。因为消费者口袋里的钞票是一个常数，不是用在这里，就是用在那里，他们可以把这笔钱用于购买家用电器，可以去买高档服装，也可以用于旅游。他们可能存在把这钱用于哪一方面的模糊意向，但这意向并不是不可变更的，倘若哪一行业的哪一企业做出了颇能“蛊惑”人心的促销宣传，可能钱就流到他那里去了。所以，我们对非同行企业的种种行为亦不可视而不见或漠然视之，亦需分出一部分注意力去观察他们。

对竞争对手的了解应当是深入的、细致的、全方位的，具体说来包括下述内容：

竞争对手所生产的商品要了解，以知道他们现在正在做什么。这是对其现状的了解，属于最基本事实的了解。

竞争对手下一步还想干些什么？有哪些产品是即将问世的？有哪些产品是正在研制的？有哪些产品是其意向中考虑的。

竞争对手所有产品的价格，这些价格是属于渗透定价法，即少盈利甚至不盈利以期扩大市场占有率的，还是撇脂定价法，以期从中获取巨额利润的。

竞争对手的产品有哪些特征？是节能型的（一是能节约现有能源，二是能开发、利用新能源）？轻微型的（即质轻、灵巧、微型）？工艺型的（把产品的实用性与艺术美结合起来）？安全型的（即让消费者在更大程度上体验到安全感）？智力型的（即实现产品的自动控制、赋予智力功能）？还是传统型的（即老用途、老式样）？

竞争对手的产品系列中有哪些遗漏、忽略，有哪些长处，有哪些不足？了解这一点的意义非常之大。日本人的许多产品进军美国市场，都是在美国人产品系列中被遗忘的角落上首先大做文章，然后才全面铺开。

竞争对手产品的市场销售量如何？是呈上升趋势、下降趋势，还是多年持平？

竞争对手的市场占有率如何？其成长率又是如何？

竞争对手的销售形式、途径以及经销商的数量及其合理性如何？是否存在被竞争对手遗忘了的、抛弃了的然而却是非常重要、非常有效的销售形式与途径？竞争对手与经销商之间的关系如何？经销商对竞争对手有哪些不满？有哪些抱怨？自己能否克服、消除这些不满与抱怨？

竞争对手企业及产品的知名度如何？美誉度如何？在消费者及客户心目中的形象又是如何？其知名度、美誉度在消费者心目中的形象是逐日上升还是每况愈下？

竞争对手的广告宣传费用大约是多少？与其销售额大概呈一个什么样的比例关系？他们的广告主要是通过什么媒介传播的？

竞争对手的企业内部关系处于一个什么样的状况，是上下同心、众志成城？还是人心涣散、钩心斗角？

竞争对手的员工素质如何？如果企业的产品、销售再上一个台阶，其员工素质能否担此重任？

竞争对手的企业主管即主要决策者具有什么样的个性特征？是开拓型的还是保守型的？是喜欢弄险的还是十分稳健的？是力图创一番大事业的还是守业求安的？此外，竞争对手的企业主管的基本指导思想是什么？是重视产品开发还是重视市场营销？是重视扩大规模还是力争财政盈余？

竞争对手企业的技术力量如何？是否有一批高科技人才作为技术支撑？

竞争对手的市场营销策略是什么？战略指导思想是什么？这些策略与战略指导思想中有哪些优点？有哪些缺点？在缺点中，有哪些是属于枝节的？有哪些是属于致命的？

竞争对手的战略指导思想和市场营销策略的实现率有多高？换言之，他们的思想转换为实际行为效率大约是什么样的比例？

从总体上看，竞争对手的生产水平、科技水平、市场销售水平大致处在哪个等级上？与自己相比有多大差距？

若从上述各个方面对竞争对手有一个透彻的了解，我们就可以对竞争对手的行为做出预测，前景做出预测，攻防能力做出预测。有了这些预测，我们就可以知晓我们现在能不能够攻击竞争对手，我们将来能不能够攻击竞争对手；若竞争对手对我们发起攻击，其杀伤力有多大，我们能不能够抵御。这样一来，我们在激烈的市场竞争中就有了充分的主动权，就不会沦为凭死力、凭蛮力的盲目斗士了。

有功进飨，无功励之

【原文】

武侯问曰："严刑明赏，足以胜乎？"

起对曰:“严明之事,臣不能悉[1]。虽然,非所恃[2]也。夫[3]发号布令而人乐闻,兴师动众而人乐战,交兵[4]接刃而人乐死。此三者,人主之所恃也。”

武侯问曰:“致之奈何?”

对曰:“君举有功而进飨[5]之,无功而励之。”

于是武侯设坐庙廷[6],为三行[7]飨士大夫[8],上功坐前行,肴席兼重器[9]上牢[10];次功坐中行,肴席器差减[11];无功坐后行,肴席无重器。飨毕而出,又颁赐[12]有功者父母妻子于庙门外,亦以功为差。有死事[13]之家,岁使使[14]者劳赐其父母,著[15]不忘于心。行之三年,秦人兴师,临于西河,魏士闻之,不待吏令,介胄[16]而奋击之者以万数。

武侯召吴起而谓曰:“子前日之教行矣。”

起对曰:“臣闻人有短长,气有盛衰。君试发无功者五万人,臣请率以当之。脱[17]其不胜,取笑于诸侯,失权于天下矣。今使一死贼伏于旷野,千人追之,莫不枭视狼顾[18],何者?恐其暴起而害己也。是以一人投命[19],足惧千夫。今臣以五万之众,而为一死贼,率以讨之,固难敌矣。”

于是武侯从之,兼车五百乘,骑三千匹,而破秦五十万众,此励士之功也。

先战一日,吴起令三军曰:“诸吏士当从受敌车、骑与徒[20],若车不得车,骑不得骑,徒不得徒,虽破车,皆无功。”故战之日,其令不烦[21]而威震天下。

【注释】

①悉:知道,此指说明白的意思。

②恃:依靠、凭借。

③夫:发语词,无义。

④兵:武器。

⑤飨:送饭,这里是宴请的意思。

⑥庙廷:祖庙的大庭。

⑦三行:指座席分为三个等次。

⑧士大夫:有爵位的将佐。

⑨肴席兼重器:荤菜加宝器。肴,荤菜;兼,并,加。重器,国家的宝物,一般指鼎,古代的一种祭器,也是一种贵重的食具。

⑩上牢:古时祭祀用的三牲,牛、羊、猪。

⑪差减:按等级高低而相应减少。

⑫颁赐:颁发赏赐。

⑬死事:为国家战死之事。

⑭使使:前一个“使”为派遣意,后一个“使”为使者。

⑮著:表明。

⑯介胄:穿戴盔甲的意思,介,甲。胄,头盔。

⑰脱:倘若,或许。

⑱枭视狼顾:枭,猫头鹰。枭视,像枭寻找猎物那样目光专注。狼顾,像狼那样警惕,行走时常回头看。

⑲投命:舍命,拼命。

⑳徒:步兵。

㉑烦:多。

【译文】

武侯问道:“刑罚和奖赏都很严明,是否就足以打胜仗了?”

吴起回答:“关于赏罚严明的问题,臣不能尽道其详。但是,我认为不能完全依靠刑赏严明就可以打胜仗。只有发号施令,人人都乐意听从;兴师动众,人人都乐意出战;与敌交战,人人都乐意效死,这三项才是君主能够打胜仗的依靠。”

武侯又问:“如何才能做到乐闻、乐战、乐死这三点呢?”

吴起回答说:“君王可以选拔有功的将士设宴慰劳,让未曾建功的人也来参加,并给予鼓励。”

于是武侯在宗庙的大殿上设置了席位,分前、中、后三排宴请士大夫。建立上等功绩的人员坐前排,宴席加上贵重的礼器;次等功绩的人员坐中排,席上的食品和礼器依次减等;未曾立过功绩的人员坐后排,席上无礼器。宴会结束以后从宗庙出来,又在庙门之外赏赐有功人员的父母妻室,也以功绩大小分别等级。凡是为国捐躯的将士家庭,朝廷每年派遣使者去慰问、赏赐他们的父母,表明朝廷永远不忘烈士的功勋。此法实行了3年,碰上秦国兴兵来犯,兵临西河国境,魏国的将士知道了这个消息,不等朝廷发出号令,数万人便纷纷自戴盔甲投军上阵,奋勇杀敌。

武侯于是召见吴起,对他说道:“你以前所说的‘励士之道’,今日见到成效了。”

吴起回答:“臣听说一个人的才能各有所短,也各有所长;士气有时旺盛,有时衰微。君王不妨试着派出毫无功绩的5万人,请允许我率领他们去抵御秦同军队。倘若战而不胜,那就会被诸侯所取笑,并且对时局失去举足轻重的地位。这就好比假使有一个犯了死罪的贼寇,潜伏在荒野之中,派1000人去追捕,但这1000人都瞻前怕后,原因何在呢?这是因为大家都怕这个贼寇突然出其不意地伤害自己。所以一个人舍命拼死,足以威慑千人。现在我把5万大军集合成像那个犯了死罪的贼寇一样,率领他们去讨伐敌军,威力自然难以抵抗了。”

于是武侯听从了吴起的建议,另拨战车500百辆,骑兵3000人,一战而击败了秦国50万大军,这都是励士之道的功效啊!

作战开始的前一天,吴起对三军发布命令说:“各级士吏要听从号令,与敌人的车兵、骑兵、步兵作战,如果我方的车兵不能俘获敌人的车兵,骑兵不能俘获敌人的骑兵,步兵不能俘获敌人的步兵,全军虽然最终打了胜仗,也无功绩可言。”所以开战那一天,下达的命令虽极简略,却威震于天下。

【赏析】

赏罚严明,对于治军来说十分重要。但是如果要比较一下赏与罚二者谁是更为根本和重要的东西,不同的人可能有不同的回答,或说二者不可偏废,不能计较主次。但吴起却不这样看。他认为严刑并不是治军打仗取得胜利的可靠保证,明

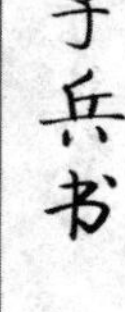

赏比起严刑来说，更具有激励士气的作用。

历史上秦始皇最讲严刑，他治军治国治民，都变本加厉地接受了法家刻薄寡恩的那一套哲学，推行极为严密和苛峻的法令。结果怎样呢？正如老子所说："法令滋彰，盗贼多有。"即一个社会法令越多，犯法的人就越多，法令规定越繁，漏洞也就越大，也越有人会起来造反。汉高祖一攻入咸阳，把秦始皇的法令全部废除，和百姓约法三章：杀人者死，伤人及盗抵罪。很简单的三条，却使百姓既获得安全、保障，也获得自由，所以都拥护刘邦的政权。

严刑意味着统治、要求、权利；明赏意味着恩泽、给予、义务。严刑可以迫使人们不得不这样去做，但也可能因此造成人们的不满、愤怒，甚至反抗；明赏却可以促使人们心甘情愿为之效命，而且唯恐报效不力。在严刑的威慑之下，即使有不做坏事的人，未必有争做好事的人；在明赏的激励之下，虽然也可能有做坏事的人，但却有更多争做好事的人。

当然，治军也不能只赏不罚，关键还是在于无论赏与罚都要公正，唯有如此才能真正做到"令不烦而威震天下"。诸葛亮治兵，就非常重视以"法"治军。《三国志·诸葛亮传》中说，诸葛亮在军中"赏罚肃而号令明"。马谡是他很器重的将领，第一次北伐时，马谡作为前锋，违背了诸葛亮的部署，导致街亭失守，诸葛亮挥泪斩之。同时，诸葛亮认为自己用人不当，也有责任，上疏自贬三级。而偏将王平，在街亭失败后，能遵守法度，收容马谡的败卒，抗击曹爽的追兵，安然退兵，立了功劳，诸葛亮破格提拔他为讨寇将军。

罚与赏，是将帅治军所必须采用的重要手段，两者相辅相成。奖励战功、赏罚严明，是历代兵家重要的治军思想。这一个治军思想，引至企业经营中，具有同等的效力。著名的企业家都有自己的一套赏罚手段。作为一个经营者必须合理有效地运用赏罚这个工具，使团体纪律严明，提高工作效益。但如上所说，实施赏罚，必须注意公正合理，并注意其方式方法。

赏罚要合乎情理。情理者，众人之声也。意即，要奖励的人必须是"有功"的，是多数人所喜爱、佩服的，有实际功绩的；而要惩罚的人也必须是有实际劣绩的；善恶分明，功过分清，才能严明赏罚；或赏或罚，都需要先把道理讲清，使大家知道受赏受罚的原因，就会使众人甘心领受而不会产生怨恨之心。诸葛亮在斩马谡后，亲自临祭，为之流涕，抚其遗孤，思若生平，蜀军将士为之感动。陈寿在《三国志》上评论说："刑政虽峻而无怨者，以其用心平而劝戒明也。"

赏罚要讲究方式方法，才能收到预想的效果。日本桑得利公司老板岛井信治郎的奖励方法颇值得玩味。公司赚钱时，信治郎总是将功劳归于员工，并加发奖金，奖金之丰厚，常常出乎员工们的意料，有时发奖金还一个个把员工叫到办公室发，而且常常在员工要退出时，叫道："稍等一下，这是给你母亲的礼物。"待他要出去时，又说："这是给你太太的礼物。"这样，员工当然会大受感动。当然，奖与罚不只表现在奖金上，在此只是举例而已。

另外，赏罚还要及时，只有及时，才能鼓励先进，给予落后者警戒，激发积极性。那种待问题发生后再来"算总账"的做法，非但不能杀一儆百，反而经常会激起民怨，造成适得其反的效果。

"罚不避亲，刑不畏贵"，只有如此法才有权威性，令才有号召力。实施惩罚，不要以公司经营者一己之喜怒来决定。在公司内部实施惩罚，有降级、减薪、辞退等方式，但要惯用。在罚的标准上，亦要谨慎从之。而赏赐要不避怨仇，并做到适时、适当，才能达到目的。否则，赏之过滥，无功受禄，奖赏的这一手段，就要背离它原来的目的了。

将帅实施赏罚，常常根据不同的情况而定。例如对于常打胜仗的英雄部队，用语言刺激一下部队的自尊心，也是一种巧妙的"罚"。例如拿破仑的激将法就是如此。在一次作战中，他的两个屡立战功的团队，因士兵意志动摇而失守阵地。拿破仑用悲伤和愤怒的声调斥责说，你们不应该在慌乱中放弃自己的坚固阵地，并命令身边的参谋长在这两个团的军旗上写上一句不祥的话："他们不再属于法兰西军了。"士兵们受到如此斥责，羞愧难当，哭着恳求这位将军再考验一下他们的勇气。拿破仑于是答应了他们的要求。果然，他们在此后的战斗中英勇杀敌，终于把一切污点从他们的团旗上洗刷干净。

第五章　应变篇

本章导语

本章讨论军队面临的各种情况。特别是说明当军队处于不利的情况时，应该采取的作战原则及其方法。其基本精神是要善于灵活应变。

天地间没有静止不变的事物，一切都处在运动发展中。没有两样东西是完全相同的，所以人们做任何事都可能遇到两种以上的具体状况。要应付这些具体状况，如果没有灵活应变的能力，面对复杂的实际问题必定束手无策，更谈不上主动积极地去转化，将不利者转为有利，变坏事为好事。

打仗从根本上说，就是面对不利、面对坏事。敌人本身对自己来说就是一种不利和坏事。所谓打胜仗，就是变不利为有利，变坏事为好事的斗争。

企业经营计划是对企业未来的生产经营活动的安排，而企业经营计划在实施

过程中，面对着不断变化的客观环境，因此，计划不能太呆滞和死板，需要有一定的灵活性与应变性，才能应对环境的不确定性。

三军服威，士卒用命

【原文】

武侯问曰："车坚马良，将勇兵强，卒[①]遇敌人，乱而失行，则如之何？"

吴起对曰："凡战之法，昼以旌旗幡麾[②]为节，夜以金鼓笳笛[③]为节[④]。麾左而左，麾右而右。鼓之则进，金之则止。一吹而行，再吹而聚，不从令者诛[⑤]。三军服威，士卒用命，则战无强敌，攻无坚陈[⑥]矣。"

【注释】

①卒：同猝，突然，出乎意料。

②旌旗幡麾：都是古代指挥军队用的旗帜。幡，直幅下垂的旗子。麾，同挥，乃为指挥的意思。

③金鼓笳笛：笳，古代指挥军队用的一种吹奏乐器。古代用笳、笛吹奏出的声音以及金、鼓等击打出的声音来指挥军队。

④节：节制，文中指"号令"。

⑤诛：诛杀。

⑥陈：同阵。

【译文】

武侯问道："战车坚牢，马匹精良，将领勇猛，士卒强悍，突然遭遇敌军，队伍顿时混乱，应该怎么办？"

吴起回答："一般指挥军队作战的方法是，白天用旌旗幡帜，夜里用金鼓笳笛。旗帜指挥向左则左，指挥向右则右，擂鼓即前进，鸣金就停止。第一次吹响笛笳就前进，第二次吹响笛笳就集合。如有不服从命令的，就依法斩首。这样，三军就会听从指挥，畏服威严，士卒不敢违法，打起仗来就没有不能战胜的强敌，也没有不能攻破的坚阵。"

【赏析】

在这一篇中，吴起主要阐述对付敌军的各种应变之术。

要如何应付与敌军突然遭遇，自己的军队产生混乱局面的情况呢？吴起指出，只有平时加强训练，号令森严，遇到紧急情况才能临危不乱。

1128 年初，金兵向汴京发动进攻。其前锋进至离汴京数 10 里的白沙时，整个京城一片惊慌混乱。当时汴京留守的抗金名将宗泽，在此之前已练兵备战，是时，面对蜂拥而至的金兵，在紧迫关头，宗泽不变不惊，泰然自若地同敌人对弈。之后立即精选上兵数千，率师增援在汴京城外与金兵作战的部队，一举打败了金兵。

以治待乱也是对付突然遭遇敌军的重要谋略。在政治领域,如果致力于国家的治理,使政治清明、经济繁荣,就不怕战乱发生了。

东汉末年,天下大乱。经过连年战争,出现了魏、蜀、吴三国鼎立的局面。其中蜀国力量较弱,而邻近的魏国却十分强大,时时都想吞并了蜀汉。为抵抗曹魏的侵犯,蜀国统治者采取"以治待乱"的政策。丞相诸葛亮选贤举能,修明政治,兴修水利,发展生产,建立屯田制以增强国力。又在汉中积极操练兵马,整肃军风和政风,以稳定军心与民心。为了克服少数民族的侵扰,诸葛亮冒着酷热,亲率大军南征,迅速打败反抗蜀汉的"蛮夷"部落,"七擒七纵"其首领孟获,终于使各部落完全臣服于蜀国,消除了内患。从此国家稳定,国力蒸蒸日上,自成一霸,使曹魏不敢轻视与贸然侵犯。

士气用到企业生产中便是凝聚力,企业的凝聚力是衡量企业成员为实现企业目标而相互影响的程度。企业凝聚力的大小反映了企业成员相互作用力的大小。凝聚力越强,企业成员之间的关系越融洽,企业的整体目标和成员的个体目标越容易实现。

大道无形。无形的原因是大道本身就是随形而变的。随着企业一切要素的变化而变化管理方式,这也许就是现在我们进行企业管理的"大道",也是成功进行企业管理的核心秘密。

用众者务易,用少者务隘

【原文】

武侯问曰:"若敌众我寡,为之奈何?"

起对曰:"避之于易①,邀之于厄②。故曰,以一击十,莫善于厄;以十击百,莫善于险;以千击万,莫善于阻③。今有少卒卒起④,击金鸣鼓于厄路,虽有大众,莫不惊动。故曰,用众者务易,用少者务隘。"

【注释】

①易:坦途。

②厄:同隘,险要的地势,这里指隘路。

③阻:阻挡,这里指隘路。

④少卒卒起:少卒,少量的兵力,第二个卒为"促"的通假字,突然也。卒起,突然发起攻击。

【译文】

武侯又问吴起:"如果敌众我寡,怎么办呢?"

吴起回答说:"避免与它在平坦的地形上作战,要尽量在险要的地方拦击他们。所以,以一击十,没有比利用狭隘地形更好的;以十击百,没有比利用险要地形更好的;以千击万,没有比利用阻绝地形更好的。如果用少量的兵力,突然出击,在狭隘的道路上击鼓鸣金，敌人即便有众多的兵力，莫有不惊慌混乱的。因此，要指挥众多兵力作战，务必选择平坦的地形；要运用少数兵力打仗，务必选择险要的地形。"

【赏析】

吴起在此指出在敌众我寡时应充分利用地形，在险要之处阻击敌军，或者在深草丛林中设置伏兵，或在谷口隘路截击敌人，必定能取得胜利。这一谋略，是古代作战以少胜多的一项重要原则。一般而言，大军队在山岳丛林、深沟险谷之中难以施展实力，而小军队却可以从容应战。战争史中记载，以少量兵力对众多敌人作战，强攻硬拼是难以克敌制胜的，最好的办法是选择隐蔽、险要的地形，或设埋伏或截击，既可以保护自己，又易于达成突然歼敌的目的。

据《北史·周太祖本纪》记载，西魏大统三年，东魏天平四年（公元537年），宇文泰击败东魏高欢进攻的渭曲之战，就是应用"用少务隘"军事原则的战例之一。从当时兵力看，高欢拥兵20万，而宇文泰不足万人，形势不利于宇文泰军。但宇文泰面对强敌并不畏惧，当时诸将认为寡不敌众，请求待高欢西进时再出击。宇文泰却认为，如果高欢进至长安，人心必然大乱，所以应该乘其远道而来，立即迎击。于是，命将士只带3日粮，渡渭水，前往沙苑（今山西高陵区），在距高欢军仅60里的地方设阵。宇文泰并采纳部下李弼的建议，预先在渭曲"背水东西为阵"，命令将士隐蔽在芦苇丛中，以鼓声为号令发起攻击。

傍晚时，高欢军到，见宇文泰亲自率军前来，列阵准备决战，且西魏军兵少，争相进击，行列大乱。双方正待交兵，宇文泰鸣鼓而攻，士卒奋战向前，西魏将领于谨率众出击，李弼率铁骑横击，将高欢军腰斩为两截，斩杀无数。高欢鸣金收兵，众心离散，无法再战，连夜渡河东撤。高欢此役损失战士8万，且皆为精锐。宇文泰在渭曲会战中，以"寡军务隘"之策获大胜。

对于战争来说，地形上的有利条件并不是制胜的唯一要素。历史上有很多据守险要地势却兵败亡国的例子。其实。一个国家的存亡，统治者也占据重要因素。换言之，地形之于战争的胜负虽具有影响，但如果没有贤明的君主和机智的将帅，亦无法取得战争的胜利，因为地形本身并没有险要与不险要的区分。

"长城"本是中原各国为防御北方游牧民族的侵袭和掠夺所修筑，而蜿蜒耸立在平坦的北方原野上的这一道高墙，也确实是阻挡骑兵进攻的最好防御手段。只是过着农耕生活的中原人民，并没有受到长城太多的庇护，不管是秦始皇、汉武帝，抑或是唐高宗、宋太祖，都依旧时时面对北方剽悍的游牧民族的威胁。席卷欧亚大地的成吉思汗，踏遍了长城、长江、珠江，从北到南，纵横千里；而20世纪30年代末到40年代初短短数年间，国土面积仅相当于我国一个中等大小省份的日本，也从东北的大、小兴安岭一路打到云贵高原，半壁江山，几乎沦落敌手。我们不禁要问：如此广袤的国土，难道没有一处有险可守的地形可以抗敌吗？这其中更深层的原因，恐怕是在统治者自身。

地形是一种客观存在的事实，能否善用它，完全依赖于人本身的智慧。如同在任何情况下，不能过分强调外界因素，而应先充分发掘和灵活运用人的知识技能。战争如此，商业竞争如此，一切行业莫不如此。

所谓“天时、地利、人和”,“人和”这一项,也是成功的秘诀。日本为什么能在战后短短半个世纪内超越英美,成为世界经济“前三强”?日本企业都有一个显著的特点:家族化。企业家设法让所有职员视企业为“家”,因此集体的凝聚力及向心力极强,职员都乐意为企业终身奉献,关心、爱护企业就如同呵护自己的“家”一样。企业有这样的职员,能不兴旺发达吗?而国家拥有大量这样的企业,能不繁荣发展吗?

五军交至,必有其力

【原文】

武侯问曰:“有师甚众,既武且勇,背大险阻[①],右山左水,深沟高垒,守以强弩,退如山移,进如风雨,粮食又多,难与长守,则如之何?”

起对曰:“大哉问乎!此非车骑之力,圣人[②]之谋也,能备千乘万骑,兼之徒步[③],分为五军,各军一衢[④]。夫五军五衢,敌人必惑,莫知所加。敌人若坚守以固其兵,急行间谍[⑤]以观其虑。彼听吾说,解之而去,不听吾说,斩使焚书,分为五战。战胜勿追,不胜疾归。如是佯北,安行疾斗,一结[⑥]其前,一绝其后,两军衔枚[⑦],或左或右,而袭其处。五军交至,必有其力,此击强之道也。”

【注释】

①阻:倚仗。

②圣人:指深谋远虑的人。

③兼之徒步:兼之,加之,并同。徒步,步兵。兼之徒步,同时加用步兵。

④衢:道路。这里指方向。

⑤间谍:潜人敌处刺探情况,伺机回报的人,这里指古代各国派出的使者,兼负间谍任务。

⑥结:牵制的意思。

⑦衔枚:古代军队夜袭敌人时,令士兵将枚衔在口中,以保持肃静。枚,形如筷子,两端有带,可系在颈上。

【译文】

武侯又问:“假使敌军的人马众多、训练有素而且十分勇敢,背后依附着险要的高地,右面有山,左面临水,深沟高垒,又以劲弩固守其阵地,后退时像山一样移动,前进时像风雨一样急速,粮食又充足,难以和它长期对抗,该怎么办呢?”

吴起回答:“这是一个重大的问题啊!不是仅靠车骑的武力就能够解决,而是需要高明的智慧来谋取。如果能装备战车千辆、骑兵万人,加上一定数量的步兵,分为5支军队。而5支军队各成一路,形成5路纵队,向5个方向前进,敌人必然因此产生疑惑,不知我方意图。敌人如果坚守阵地以稳定其军心,便立刻派出军使去观察其动向。如果敌人听我劝说撤兵离去,我也撤兵而去;如果敌人不听劝说,

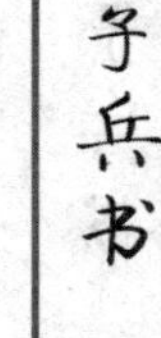

反而杀我军使，烧我军书，我军则分5路进攻。打胜了不要穷追，打不胜就急速撤回。如果要假装败退引诱敌人，则以一军稳妥地行动，与之激战，一军从正面牵制敌人，一军断其后路，另外两军衔枚而进，悄悄地从左右两侧，袭击敌人据守的地方。这样5军合击，必然形成有力的形势，这就是攻击强敌的办法。”

【赏析】

吴起就如何对付训练有素、勇猛善战且人马众多，又依附天险的敌军提出了相应的战略对策。

吴起认为在这种局势下，只能依靠智取，要以超人的谋略战胜敌人，而不能硬碰硬。针对此，吴起指出，首先应配备相应的兵力，同时利用地形，要兵分几路，各路出击，以分散敌军兵力；要迷惑敌军，派人与敌军谈判，以争取和平解决；不成，则采取引蛇出洞，或者偷袭之策略。总之，务必智取，使敌众我寡、敌强我弱成为局部的我众敌寡、我强敌弱，形成局部上的优势，以期克敌制胜。

吴起的这一个谋略思想是极有见地的。

诸葛亮火烧博望坡就是一个利用地形、以少胜多的成功战例。刘备驻兵新野，请诸葛亮为军师，待之以老师之礼，常对关羽、张飞二人说：“我有了孔明，犹如鱼之得水。”关羽、张飞见刘备信任并重用一个青年书生，心里非常不高兴。忽然，听说曹操派遣夏侯惇领兵10万，杀奔新野而来。张飞怨气未消，对关羽说：“刘备大哥既信赖孔明，这次就派孔明去迎敌好了。”其实心里是想看诸葛亮的笑话。

诸葛亮自从受聘为军师以来，这是第一次与敌人对阵。他知道自己未曾展露所学，关、张等人对自己不服，虽然已有破敌良策，但恐诸将不听号令，便对刘备说：“主公如果想让我调兵遣将，就请赐我尚方宝剑一用，以防关、张等人不听指挥。”刘备便将宝剑给了孔明。

诸葛亮有了尚方宝剑在手，不怕诸将不服，便召集众将前来听令。诸将虽然未服孔明，但对曹兵来攻却不敢大意，于是急忙赶来，看孔明如何安排。孔明见众将到齐，便开始分拨调遣。他说：“博望城左边有山，名叫豫山；右边有林，名叫安林，可以埋伏兵马。关羽领兵1000埋伏于豫山，敌人到时，不可与战，放过来便是。敌人的粮草辎重必在后面，只要看到南边起了火，就出兵进攻，烧了他们的粮草。张飞领兵1000去安林背后的山谷中埋伏，看到火起，便去博望城中放火烧敌人屯粮之所。关平、刘封带领500人，预备引火之物，到博望坡后两边等候，等到敌人兵到，便可放火。赵云领兵为先锋前去迎敌，不许赢，只许输。主公您领兵1000为赵云后援。大家便依计而行，不许违令。”

关羽见孔明安排已毕，诸将皆有差遣，只孔明自己未分派任务，便问道：“我们都出去迎敌，不知军师做些什么？”孔明说：“我一介书生，不能上阵，只好坐守新野县城了。”张飞一听，大笑说：“我们都去厮杀，你却坐在家里自在，天下有这等好事。”孔明宝剑在手，说：“尚方宝剑在此，违令者斩。”张飞只好冷笑而去。关羽心想，等他的计策失败时再来质问他不迟。诸将皆不明白孔明的安排到底如何，心中疑惑不定，但又不能违令，只好依计各自领兵安排去了。

孔明又对刘备说：“主公今天就可领兵去博望坡下驻扎。明日黄昏，敌军必到。

那时你便弃营而逃,见到火起再回头掩杀。”又命孙乾、简雍准备庆功喜筵,准备记功簿,专等诸人得胜回师。这下连刘备也疑惑起来,仗还未打便准备庆功,难道诸葛亮真能以几千人打败曹操的10万大军吗?

却说夏侯惇与于禁等人领兵到了博望,留一半人保护粮草在后慢行,自领一半精兵向前赶来,正遇上赵云领兵1000前来。只见赵云的兵马队伍散乱,旗帜不整。夏侯惇大笑说:“诸葛亮以这样的部队作前锋,无异于驱羊饲虎。看来,这次要捉刘备、诸葛亮是捉定了。”赵云一听大怒,纵马来战。几个回合下来,赵云诈败,拨马便逃,夏侯惇于后紧追不放。追出10余里,赵云回马又战,打了几下之后又跑。曹将韩浩对夏侯惇说:“赵云在诱我深入,敌人可能设有埋伏。”夏侯惇说:“瞧敌人这副德行,即使有十面埋伏,也用不着害怕。”于是又纵马紧追。

赶到博望坡,忽听一声炮响,刘备引军冲杀过来。夏侯惇大笑说:“这便是敌人的埋伏了,不过千人而已。今晚我如不到新野,绝不罢兵!”说罢引军来战,刘备、赵云不敌,急忙又逃。这时天色已晚,浓云密布,风也越来越大。夏侯惇只顾领兵追杀,道路越来越窄,两边芦苇遍地,树木丛杂。于禁一见:心里惊慌,急忙对夏侯惇说:“道路越来越窄,树木丛生,应防敌人火攻。”夏侯惇突然警醒,急令军马速回,可是为时已晚了,只听背后喊声大起,关平、刘封所率士兵到处放火,一时间,四面八方都是烈焰,又值夜深风大,熊熊大火滚滚烧来。刘备、赵云回军掩杀,曹军人马争相逃命,自相践踏,死者不计其数。曹军粮草被张飞放火烧毁,博望城被关羽抢占。这一仗直杀到天明,杀得曹军尸横遍野,血流成河。夏侯惇急忙收拾残军,回许昌去了。

这一战,诸葛亮以几千人抗击10万曹兵,形势可说是危险之极。但他却巧妙地利用了夏侯惇的轻敌心理,先以赵云为前锋迎敌,令其诈败,诱敌深入。他又预测到,夏侯惇有可能识破诱敌之计,故而又命刘备于地形宽阔处用兵,使夏侯惇误认为这便是埋伏之兵,遂不以为意,一路紧追不放,直到追赶至山势狭窄之处,但其真正的埋伏却不是兵,而是一场熊熊大火。因此,曹军人数虽众,却无用武之处,反而在大火的烧攻下自相践踏,死伤无数。此战一胜,关羽、张飞等人对孔明佩服得五体投地。

凡是要在战争中取得胜利,没有不运用智谋的。远古部落之间如果发生战斗,古代人可能还不太会运用智谋,胜负几乎完全取决于双方参战人数的多寡。进入文明社会以后,人们累积了越来越丰富的作战经验,逐渐摸索出一些战争的规律,战争于是离不开智谋了。

在战争中谋士如此重要,在其他领域也莫不如此。

例如,各界的美国总统都有自己的谋士,而且是不止一个的“智囊团”。这些人个个精明能干、足智多谋,从竞选一开始,他们就为候选人出谋策划,帮助他在与对手的竞争中一步步取得优势,最后登上总统宝座。所以,竞选美国总统除了是金钱多少的较量外,更是一场双方谋士们实力高低的较量。

在政治上如此,在经济领域中又何尝不是这般!许多经营者已经认识到这一点,有人高薪聘请工程师、大学教授担任自己公司的顾问,平时他们不用上班,只需在企业要做重大决策时出谋策划。须知,一项高明的建议往往可以带来巨大的经济效益，甚至使面临倒闭的企业起死回生。因此，现代化的市场竞争，可以说是知识和人才的竞争。

人们对谋略作用的认识越来越充分，对谋略的运用也更加广泛、深入和灵活。谋略的本质便是人类智慧的体现，能为人类文明的进步做出更大的贡献。

真正的谋略，要求领导者思维敏捷，明察事物的细微之处。即使隔着重重障碍也能预见祸福，并在危险尚未来临就察觉它的存在——这才是所谓"将帅的谋略"啊！

我众彼寡，分而乘之

【原文】

武侯问曰："敌近而薄[①]我，欲去无路，我众甚惧，为之奈何？"

起对曰："为此之术，若我众彼寡，分而乘之[②]，彼众我寡，以方从之[③]。从之无息[④]，虽众可服。"

【注释】

①薄：靠近、迫近。

②分而乘之：即分兵包围的意思。

③以方从之：即集中兵力袭击它的意思。方，并也，此处引申为集合、靠拢。

④无息：不止。

【译文】

武侯问道："当敌人逐渐向我逼近，我军想摆脱它而没有去路，士卒都很恐慌，这怎么办呢？"

吴起回答："应付此种情况的方法，如果是我众敌寡，可以分兵包围它；如果是敌众我寡，可以集中兵力袭击它，不断地袭击它，如此一来，敌人虽多也可以制服。"

【赏析】

在敌军日渐向我逼近，而我军又无可退避，军心不稳时应怎么办？吴起指出，面对这一种局势，应分不同的情况施以不同的战术。如敌众我寡，则应集中优势兵力袭击敌军；如我众敌寡，则应分兵包围敌军。

集中精锐兵力打击敌军的战例，可见于织田信长奇袭今川氏一役。

日本战国时代，群雄为争夺权势利益，展开了一场又一场惊心动魄的外交文战和武力搏斗。当时，势力最强大的有远江的今川氏、尾张的织田氏、美浓的斋藤氏、三河的即德川氏、近江的浅井氏、六角氏等。其中，今川氏势力最强。今川义元以雄厚的实力为后盾，先是迫使三河的松平氏（德川）屈从，把三河国变成自己的保护国；1544 年又与甲斐国的武田信玄、伊豆和相模的北条氏康结成"三国同盟"，解除了后顾之忧，然后便把矛头对准尾张的织田氏。

织田氏此时刚刚结束内乱,他以铁腕镇压的手段平定了同族内部趁其父信秀去世而掀起的叛乱。今川义元认为这是一个千载难逢的好机会,便于1560年5月1日兴兵2.5万(号称4万)大举进攻尾张,18日占领尾张国的逕挂城(今爱知县刈谷市附近),并以此作大本营,派兵出击织田信长军据守的丸根、惊津等城(均在今名古屋市东南),其最后目标是信长所在的清州城(今名古屋市北部)。

5月18日晚,今川军大举进攻的消息传到清州城。当时,双方力量对比悬殊,织田军全部兵力不过3000~4000人,而丸根、惊津的守军不足500,形势极为紧张。面对今川氏来犯,有些家臣主张屈服,有些建议死守,双方争论不休,莫衷一是。而织田信长却敏锐地注意到今川军布设的阵容右翼有薄弱环节,认为由此发动奇袭可能仍有获胜的机会,从而摆脱眼前的危机。

织田信长决心拼死一战。19日凌晨,他让全军站着吃了一顿加了海带和栗子的早饭,然后吹响海螺,披上甲胄,便向南出发了。在进军途中,织田信长又得到情报说,今川军已攻占丸根、惊津两城,义元本人正率领大军宿营桶狭间,因为连连获胜,全军上下饮酒歌舞、一片欢腾,放松了警戒,没有备战。

桶狭间,恰如其名所示,是一块狭窄细长的洼地,"桶狭之上山磊磊,桶狭之下海汹汹",地势极为险要。今川军在那里宿营,纵向延伸,首尾难以照应,极易被分割包围。

织田信长觉察到这是一个以少数兵力发动奇袭的好机会,便立即率领2000精骑,以急行速度于午后2时登上桶狭间背后的太子岭。这时恰好暴雨骤至,风雨声掩护了信长军的行动。暴雨初歇,2000余名信长军从太子岭上如猛虎般直扑正在饮酒歌舞的今川军,喊杀声与风雨声响成一片。被突然袭击弄得晕头转向的今川军仓促应战,今川义元开始还以为是自己的部将叛变,后来发现是织田信长亲自率兵冲杀至阵前时,不禁惊慌失措。混乱之中,今川义元被信长的家臣毛利新助擒获,砍下了首级。统帅被杀,军无指挥,士卒们四向逃窜,织田信长军大获全胜。从此,今川氏一蹶不振。

桶狭间突袭战的胜利,初次证明了织田信长作为名将的出色判断力,也使他由此登上日本的政治舞台,迈开征服天下的第一步。不久,他便进入了天皇和幕府所在地——京都，掌握了幕府的实权。

当面临敌人重兵包围的危险时，不应聚集全部兵力于一点进行抵抗，而应将兵力分成几路，各占有利位置，前后左右彼此呼应。或东或西，忽南忽北，一点一点地消耗敌人的力量，使敌人每进一步都有伤亡。这样敌人就会慢慢气竭，而我军则可一鼓作气，挫败已属强弩之末的敌军。

审察其政，乱则击之

【原文】

武侯问曰："若遇敌于溪谷[①]之间，傍多险阻，彼众我寡，为之奈何？"

起对曰："遇诸丘陵、林谷、深山、大泽[②]，疾行亟[③]去，勿得从容[④]。若高山深谷，卒然[⑤]相遇，必先鼓噪[⑥]而乘之，进弓与弩，且射且虏[⑦]，审察其政[⑧]，乱则击之勿疑。"

【注释】

①溪谷：两山之间有小水道的谷地。

②大泽：大的沼泽地。

③亟：急、迅速。

④从容：延缓、缓慢。

⑤卒然：突然。

⑥鼓噪：擂鼓和呐喊，古代军队出战时所造的声势。

⑦且射且虏：即一面杀射，一面掳掠：《通典》作"且备且虑"，即一面戒备，一面考虑计谋的意思。

⑧审察其政：即观察敌人阵势的部署。

【译文】

武侯又问："如果在溪谷之间与敌军相遇，旁边都是险阻的地形，敌众我寡，这怎么办呢？"

吴起回答说："遇到丘陵、森林、谷地、深山、大泽等地形，要迅速通过，不得迟缓。如果在高山深谷地带与敌突然相遇，一定要先击鼓呐喊并乘势攻击敌人，再使用弓箭向前挺进，一面杀射，一面掳掠，同时仔细观察敌人的阵势，一旦发现敌军混乱，就要毫不迟疑地发动攻击。"

【赏析】

吴起在这段论述中指出，在山林大河等不利地势作战时要争取主动，其一是要迅速通过这些地区；其二是要制造声势，从气势上压倒敌军，且要认真仔细地观察敌军阵势，伺机猛攻，以克敌制胜。

吴起这种争取主动、把握机遇、以克敌制胜的谋略思想是极有见地的。遇敌作战就是要灵活主动,善于捕捉战机。

《左传·昭公二十一年》云:"《军志》有之:先人有夺人之心,后人有待其衰。"又《周书·崔猷传》云:"夫兵者,务在先声后突,故能百战百胜,以弱为强也"。"先声夺人"表现在政治上,即抢先制造舆论,争取主动;表现在战术上,在于善布疑兵,大张声势,令敌丧胆。"先声夺人"谋略的实施,要求在战前或战斗开始之初,以强大的声威令敌闻之丧胆,使敌人在心理上先输一筹,然后用军事实力猛攻丧胆之敌,以取得战争的胜利。

辽宋代州之战就是一个成功的战例。宋雍熙三年(公元986年),辽军大举侵宋,与宋军相持于代州(今山西代县)城外。当时宋国兵力远在辽军之下,评估双方战力,宋军难于取胜。知州张齐贤派人求救于宋将潘美,请他率领并州(今山西太原)军队前来支援。潘美答应张齐贤的请求,随即带兵前来。不久,张齐贤得悉潘美因东路情况紧急,他所率军队离开并州不远,就接到密令,取消对代州的援救,已折回并州。

此时,张齐贤估计辽军已知道潘美率军前来援救的情报,但还不知道潘美中途折回并州的消息。于是,张齐贤将计就计,派遣200名士兵趁夜至代州西南30里处,举起旗帜,点燃柴草,故作疑兵;又派步兵2000名,设埋伏于辽军后退的路上。辽军发现代州西南处有旗帜在火光中晃动,以为并州的援军将到,辽军慌忙连夜撤退。在撤退途中,又遇伏兵袭击,辽军溃不成军。

吴起的这一项谋略要求军事统帅在指挥作战时,首先要造成不被敌人战胜的条件,以待敌人出现为我所败之机。军事统帅要懂得不被敌人战胜的主控权在己,而能战胜敌人在于敌有可乘之隙。因此,善于指挥作战的人,既要使自己立于不败之地,又不能放过任何击败敌人的机会。

明英宗正统十四年(公元1449年),明50万大军被瓦剌军歼于土木堡(今河北怀来东南),英宗被俘。接着,瓦剌军首领也先挟持英宗,挥师进逼北京。在北京处于危难之际,以于谦为首的主战派,力排妥协南撤之议,依"先为不可胜"的用兵原则,采取五项保卫北京的方略:一是诛灭造成土木堡失败的罪魁祸首宦官王振的党羽,以平众愤,根除内患;二是拥立英宗之弟朱祁钰为帝,以稳政局,使"挟天子以令诸侯"之计破灭;三是选贤举能,调兵筹饷,使京师兵力由不足10万人扩充到22万;四是加强北京四周关隘的守备,拖延瓦剌军的进犯速度,以争取保卫北京的准备时间;五是列阵九门之外,示强于瓦剌军。北京方面则按上述方策加紧布置。10月中旬,瓦剌军进抵北京城下,连攻五门未克。于是瓦剌军撤退,明军发起反攻,歼敌万余人,迫使瓦剌军退至塞外,取得了保卫北京的胜利。

车骑挑之,勿令得休

【原文】

武侯问曰:"左右高山,地甚狭迫,卒[①]遇敌人,击之不敢,去之不得,为之奈何?"

起对曰:“此谓谷战,虽众不用,募吾材士[②]与敌相当,轻足利兵以为前行,分车列骑隐于四旁,相去数里,无见[③]其兵,敌必坚陈,进退不敢。于是出旌列旆[④],行出山外营[⑤]之,敌人必惧,车骑挑之,勿令得休。此谷战之法也。”

【注释】

①卒:猝也,突然。
②材士:有才能的人。此处指精锐士卒。
③见:同现。
④旆:古代指挥军队用的一种大旗。
⑤营:同荧,迷惑、扰乱。

【译文】

武侯又问:“如果左右都是高山,地形很狭窄,突然与敌相遇,既不敢前进,又不能后退,该怎么办呢?”

吴起回答说:“这叫谷地战。兵力虽多也用不上,应该挑选精锐的士卒与敌对抗,用轻捷善走的步兵手持锐利的武器作为先锋,把战车和骑兵分别埋伏在四周,与前锋相距约几里路,而不要暴露出部队、兵卒,若让敌人知道有伏兵,必然坚守阵地,不敢轻易进退。此时,我军张旗列旆,指挥部队走出山外扰乱敌人。这样敌人必生畏惧之心,我则再用车骑袭敌,使其不得休息。这就是谷地战的原则。”

【赏析】

吴起在这里阐述了在山谷地带与敌军作战的战术原则。

吴起指出,在谷地战中,应以精锐的小部队迎敌,而大部队则埋伏起来,等诱敌深入后,再出其不意地对敌军实施攻击,使其不得喘息,从而克敌制胜。

1806 年 10 月 13 日,拿破仑率领的法国军队与普鲁士军队相遇在耶拿城附近。耶拿城北有座兰德格拉芬山,耸立于狭窄又蜿蜒曲折的萨勒河谷旁边。西北面的山坡俯临一片起伏不平、形状不整齐的高原,霍恩洛厄率领的普鲁士军队就在这高原上扎营。

普军并没有利用有利的时机展开立即进攻,法军因此有机会迅速调度一切可以调动的部队,从耶拿城北面和西面的山坡登山。

傍晚,拿破仑亲自登上兰德格拉芬山观察那一片高原。与此同时,法军在耶拿城找到一个牧人,他指示一条更北一点的小道,沿着这条小道,穿过劳塔尔峡谷,可以通到那片高原。在山的南麓是一个比较开阔的河谷,名为米尔塔尔。有一条路沿着这个河谷通往魏玛。也就在这一边,山坡陡峭、树木丛生,而且有很多峡谷,其中一个名为施内克及崞杻的峡谷蜿蜒而上。由于高原上有村落和树林,地形复杂,普军赖以取胜的横队阵势无法展开,却有利于拿破仑那种以大群散兵为前锋而继之以密集纵队为主力的作战方法。

霍恩洛厄对拿破仑的行动一无所知,以为眼前只有拉纳率领的一支法军军团,并且判定只有米尔塔尔这条路可以进入高原,于是把主力全都部署在这一边,而在兰德格拉芬山那边却没有充分警戒。

法军在拿破仑的指挥下,趁着黑夜在山顶集结军队,内伊和苏尔特的军团费了大半夜和清晨的时间向耶拿进军,在右面或北翼列阵;拉纳和近卫军据守中间高地,奥热罗军团则在米尔塔尔威胁着扼守施内克的萨克森和普鲁士军队。拿破仑还手持提灯,亲自指挥士兵沿着峡谷的羊肠小径,把一组一组的大炮拉上山顶。拂晓时刻,法军发动突击,将普军打得措手不及,很快取得了耶拿战役的胜利。

战争中,选择和利用地形是非常重要的。所以古今中外的军事家在领兵作战中无不重视地形的选择和利用。拿破仑在耶拿战役中充分利用有利的地理条件,迅速集结大量部队,夺取了居高临下的优势,然后突然向敌军发起进攻,一举夺得了胜利。

出其不意是一种非常冒险的策略,但如果运用成功,会收到非常满意的效果。

在经营做生意方面,也要遵循"地利"原则,即正确选择店址,是开店赚钱的首要条件。一个经营项目很好的店铺,若选错了店址,小则影响生意,大则还可能导致"关门大吉"。科学选址将使你获得"地利"优势而生意兴隆。

第一、依据人气选址。好的位置虽然不是绝对的,但却有很多共性,如人口流动性大、交通方便等,所以选择好位置必须考虑以下因素:人流量:平常、假日及日、夜来往人次和比例;车流量:汽车、摩托车往来流量;交通:目前及未来可能增减的运输工具;马路宽窄与停车问题;区域特征:竞争店、互补店、金融机构及文教、休闲设施等;人口勘察:该区人口数量、消费习惯等;商圈勘察:主要及次要商圈范围、租金、价位。

第二、依据地段选址。购买店铺作为不动产投资的一个品种,具有既可出租、又可自营的双重特性,早就引起了投资者的注意。但是,并不是随便买个店铺都能赚钱,店铺的选择大有讲究。

投资店铺讲究地段,店铺的地段一般有三类:第一类是成熟的中央商务圈;第二类是成型的商圈,多邻近大型的住宅区或就业中心区,能吸引大量就业人口的商务办公楼或经济开发区;第三类是住宅小区内部。

在成熟的中央商务圈投资店铺,投资额较大,而且不同商务圈的性质及发展程度,都将直接影响店铺的经营效益及场地的租金。这种店铺的运作首先是借了近在咫尺的整个商圈的人气,再者有固定的人流量保证,方可"大树底下好乘凉",得来全不费功夫。

一般说来,就业中心区为住宅区提供了需求市场,住宅区为就业中心提供了充足的劳动力。店铺的兴起,将启动住宅与就业的二度兴旺,特别是新建楼盘的品质和价位会有明显提高,这反过来又会使店铺的增值更为可观。

若投资小区内的店铺,则需慎重,一方面是人流有限;另一方面,住户在小区内消费仅仅是为图个便利,而难有持续的、大宗的消费。适合投资的小区内店铺,最好在较大规模或者是开放式小区,有宽敞的街区道路,小区主要出入口、街道转角等位置的店铺是投资的最好目标。

第三、依据经营需要选址。

一要根据经营内容来选择地址。店铺销售的商品种类不同,其对店址的要求也不同。有的店铺要求开在人流量大的地方，比如服装店、小超市；但有些店就适宜开在偏僻、安静一些的地方，比如保健用品商店和老人服务中心等等。

二要选取自发形成某类市场的地段。在长期的经营中，某条街会自发形成销售某类商品的"集中市场"，人们一想到购买某商品就会自然而然地想起这条街。

三要选择有广告空间的店面。有的店面没有独立门面，店门前自然就失去独立的广告空间，也就使你失去了在店前发挥营销智慧的空间。

四要有"借光"意识。即把店铺开在著名连锁店或强势品牌店的附近，甚至可以开在它的旁边。例如，你想经营吃的，那你就将店铺开在"麦当劳""肯德基"的周围。因为，这些著名的洋快餐在选择店址前已做过大量细致的市场调查，挨着它们开店，不仅可省去考察场地的时间和精力，还可以借助它们的品牌效应，"捡"些顾客。

所以军事善于利用地形，以奇制胜，商战中更是如此。开店选址，亦如作战选择有利地形，只有认真谋划，才能取得成功。

敌若绝水，半渡薄之

【原文】

武侯问曰："吾与敌相遇大水之泽，倾轮没辕①，水薄车骑，舟楫不设②，进退不得，为之奈何？"

起对曰："此谓水战，无用车骑，且留其旁。登高四望，必得水情，知其广狭，尽其浅深，乃可为奇以胜之。敌若绝水③，半渡而薄之④。"

【注释】

①辕：车前驾牲口的直木。
②不设：没有准备。
③绝水：横渡水。
④薄之：迫近它，指打击它。

【译文】

武侯又问："假如我军在大水沼泽地带与敌相遇，战车都淹没了，车骑也有被大水吞没的危险，同时又没有舟楫的设备，进退两难，这怎么办呢？"

吴起回答说："这叫作水战。水战用不上战车和骑兵，只好把战车和骑兵暂留一边，一定要登上高处四面眺望，观察水势，一定要得知水势的大小、深浅、宽窄，然后才能想办法出奇制胜。敌人如果渡水而来，就要趁其渡到一半的时候，迫近迎击它。"

【赏析】

吴起在这里讲述了有关水战的战术问题。他指出，水战必须登高观察，以充分了解水域的情况，同时应依据具体情况，以智谋克敌制胜。

从事水战应该掌握整个战区的情况。如石达开诱歼湘军水师就是一个典型的战例。太平天国定都天京（今南京市）后，为夺取长江中上游地区，于1853年5月派军溯长江而上进行西征。西征军一路攻关守隘，进军顺利，先后攻克了安庆、九江、庐州、汉口、汉阳等重要城镇，占领了皖北大部分和湖北部分地区，接着进军湖南，又克岳州、湘阴等地。

当时，曾国藩指挥湘军水师和陆军互为依傍，利用新购的洋枪洋炮等向太平军发动反扑。西征军不断失利，一败于湘潭，二败于岳阳，三败于武汉，四败于田家镇，长江沿岸军事重镇相继失守，太平军水师近万艘船只也被焚毁。出师告捷的曾国藩气焰十分嚣张，督率湘军水陆并进。太平军困九江时，他不待攻陷九江，便率湘军主力越过九江，东进到江西湖口一带，企图一鼓作气，顺流而下，直扑太平天国首都——天京。面对西征战场上的颓势，太平天国统帅派遣石达开赶赴湖口，主持西征战事。石达开在充分了解湖口一带水域的情况后，鉴于湘军屡胜，兵锋正锐，特别是湘军水师倍强于太平军的客观情况，决定先采取智歼湘军水师，再乘胜全面反击的战略方针。

为此，他一面派骁勇善战的陈玉成赴九江驻守，调极富战略眼光的冬官丞相罗大纲来湖口协防。西征军坚壁高垒，采取守势，暂时不与湘军硬拼决战。但另一方面，石达开命人在上游将3~5只小船联在一起，上面堆满柴草，柴草中放入火药、硝磺、膏油等易爆易燃之物，点燃后顺流放下，并派机动灵活的小船载部分太平军随后摇旗呐喊，虚张声势。

虽然这些火船被湘军以船篙等撑开，并未烧及湘军水师船只，但却使其不得不日夜严防，寝食不安，因此疲惫不堪。双方如此对峙1个月之久，湘军欲进不能，求战不得，焦躁不已。

石达开看到歼敌时机已经成熟，于是利用湘军兵骄将傲、急切求战的弱点，佯装固守不住湖口而撤军。湘军不知是计，派遣100余艘舢板快船急追进入鄱阳湖内。石达开随即回杀，并派重兵封锁住鄱阳湖与长江的重要通道湖口，将湘军水师分割为湖内与长江江面两部分。

湘军水师主要依附大船供给一切军需，而舢板快船则用于冲锋作战，两者互为依存。现被困在长江江面的湘军船只，皆为笨重大船，离开灵活轻便的舢板快船，犹如被砍下了四肢，机动作战能力极差。

1855年1月29日，石达开以优势兵力，指挥太平军就着朦胧夜色的掩护，以喷筒、火弹等，突袭湘军水师大船，一时间，火弹纷飞，杀声大作，湘军水师船纷纷起火，烈焰腾空。英勇的太平军直取曾国藩的指挥船舰，击杀其坐船管驾、监印官等。经此战役，湘军水师百余艘大船遭到焚毁，溃不成军。

湖口之战后，西征军乘胜反攻，攻克湖北省城武昌，占领了江西8府50余县，有力地稳定了长江中游的局势，巩固了太平天国政权。

石达开在湖口之战中，之所以能诱歼湘军水师，关键在于他深知“水情”、头脑冷静之故。面对强悍之敌，他先以坚壁高垒钝挫其锐气，而在对峙中等待敌之虚，然后对敌不断滋扰，使之丧失理智、感情用事，结果敌军因此违背军事原则而盲动。

此即引诱敌人在不利的情况下被迫应战而遭惨败战的例证。

吴起所指出的“半渡而击”，又称“半济而击”。即敌人渡水作战，当进至近岸水域或一部分已渡河而来，其余尚在渡河时，此时敌军部队未及整顿、头尾不接、行列混乱，有利我方攻击。这是古代敌对双方隔水作战时常用的一种谋略。《孙子兵书·行军篇》也曾主张：“客绝水而来，勿迎之于水内，令半济而击之，利。”战史上，类似的战例不胜枚举。

军事谋略是随社会、战争、思维的发展而变化。春秋以前的用兵作战强调“仁义”，所谓“君子不重伤，不擒二毛”“不鼓不成列”等。周襄王十四年（公元前638年）宋楚泓水（今河南商丘市与柘城县之间）之战，宋襄公为阻击楚军于边境，屯军泓水以北，等待楚军到来，11 月 1 日，楚军进至泓水南岸，并开始渡河。宋大司马公孙固见宋军与楚军众寡悬殊，建议宋襄公趁楚军到河中间时施以“半渡而击”的战法，宋襄公却说：“好是好，可是我们的军队是讲仁义的，怎么能乘人之危而图侥幸呢？”于是楚军从容地渡过泓水，开始布阵。公子目夷又劝宋襄公乘楚列阵未毕时攻击。宋襄公又说不可。结果宋军大败，宋襄公也受重伤，第二年夏天就过世了。

正反两方面的战例都说明，半渡中的军队队伍散乱，整体战斗力未形成，此时若受击，一般均难以招架，是进攻者的有利时机。《百战奇法·水战》亦云：“若敌奉兵渡水来战，可于水边伺其半济而击之，则利”。因此，半渡而击，成为兵家在特定条件下取得胜利不可忽略的谋略。

阴湿则停，阳燥则起

【原文】

武侯问曰：“天久连雨，马陷车止，四面受敌，三军惊骇，为之奈何？”

起对曰：“凡用车者，阴湿则停[①]，阳燥则起[②]，贵高贱下。驰其强车[③]；若进若止，必从其道。敌人若起，必逐其迹[④]。”

【注释】

①停：驻扎不动。

②起：驾车出战。

③强车：坚固的战车。

④迹：车辙马迹。

【译文】

武侯又问：“如果遇上阴雨连绵的日子，到处是积水、泥泞，车马举足艰难，而且四面又受到敌人的包围，全军非常惊慌恐惧，这怎么办呢？”

吴起回答说：“凡用兵车作战，一般在阴雨天气和泥泞的地面上就要停止行动，等到天晴而地面干燥时就行动。兵车利于高地行动，不利于低洼之地。作战的时候，迅速奔驰要用坚固的兵车，不论前进或停止，都要依从上述原则。如果敌人起而应战，要沿着它的车迹追逐。”

【赏析】

吴起在这里论述的是遇到恶劣天气时的战术问题。吴起认为在阴雨连绵等恶劣气候条件下，必须沉着应战，力求自保，选择有利地形，以等待攻击敌军的最佳时机，从而克敌制胜。

1807年2月8日，拿破仑统帅的法军与俄国总司令贝格森率领的俄军激战于埃劳。时值隆冬，天昏地暗，北风呼啸，大雪纷飞。法军集中优势兵力攻占了瞰制整个战场的克勒戈夫高地，在高地上架设火炮，以猛烈的火力轰击俄军，以迫使其后撤。俄军全线溃败，放弃了通往俄国国土道路上的重要屏障奥克拉本。俄军司令贝尼格临阵逃脱，而法军一路向奥克拉本挺进。

就在此关键时刻，本来在战场右翼另一个地区作战的俄军炮兵主将库泰伊索夫得知了这一个情况后，便不按常规，未向上级请示即抽调3个乘马炮兵连，将36门火炮转移到左翼奥克拉本方向，用霰弹猛轰法军。法军没有料到右翼的俄国火炮部队会突然出现在左翼，一时慌了手脚。没有多久，法军被迫撤退。库泰伊索夫的行动一举扭转了整个战局，俄军重新返回，占领奥克拉本，护卫住通向俄国的道路。

吴起在本段中所提出的“阴湿则停，阳燥则起”的谋略思想，可以与在前面“治兵篇”中所提出的“将战之时，审候风所从来，风顺致呼而从之，风逆坚阵以待之”合起来看。

“风顺致呼而从之，风逆坚阵以待之”也是要求军事统帅指挥作战时要善识气候，善观风时，善用风势，顺风时就乘势进击，逆风时则坚阵固守，等待变化。

公元前228年8月，位于北非和西地中海地区的奴隶制国家迦太基统帅汉尼拔，在意大利东南沿海的卡内地区，以步兵4万余人、骑兵1万人，与罗马执政官伊来里亚斯指挥的步兵8万，骑兵7千人对阵交锋。汉尼拔发现，当地每天中午时常刮强劲的东南风，为了利用风向，顺风作战，他一方面将部队布阵成背向东南的阵势，将步兵置于中央，列成半月形攻击队形，次要兵力部署在中间，并向前突出，借以诱敌之主攻部队从中间突破。而主要兵力则部署在队形两翼，并另配置骑兵，以可防敌从两翼包抄夹攻，又可主动从两翼包抄夹攻敌人及断敌退路，攻敌背后。另一方面，命令500士兵手持剑、矛、盾等武器，身藏匕首，准备向敌诈降，混入敌内破坏袭扰。

8月2日上午，双方开始会战。敌人集中兵力实行中间突破。汉尼拔命令两翼骑兵包抄夹击敌军侧翼，绕击敌军背后。步兵与敌展开激战，双方经过多次冲杀后，汉尼拔命令500诈降兵“逃到”敌阵，自动交出剑、矛、盾等武器。敌人大喜，毫不怀疑，并将这些降兵随意安置在阵后，未做严加看管，仍然集中兵力实行中间突破。汉尼拔故意指挥中间部队节节后退，诱敌进入口袋阵中。

时近中午，汉尼拔下令反攻。此时东南风骤起，风势越刮越大。敌人逆风投来的矛、箭、石，速度减退，力量削弱，方向偏离。可是汉尼拔军顺风投向敌人的矛、箭、石，速度加大，力量增强，方向准确。狂风刮得飞沙走石，劈头盖脸地打向敌人，敌人睁不开眼，张不开口，立时混乱成一团。500诈降兵乘机用匕首刺杀敌人，夺取武器；绕敌背后的骑兵也猛袭不止，与正面步兵相互呼应，前后夹击，里外相应。

战斗直到黄昏，敌仅300人遁去，其余皆被歼灭，连亲临指挥的罗马执政官伊来里亚期也被杀死。汉尼拔军仅伤亡6000人，大获全胜。

如要进行火攻或水战，更要善识气候，需观察风向，借用风力。周瑜水战，孔明巧借东风，火烧赤壁。陆逊借风，火烧连营，大败刘备……可见气候和风，对战争的胜败有很大的影响。不仅古代，现代作战也必须善识气候，善观风向。核子战争，核烟尘的飘移要看风向。化学战、毒气的使用和防范要看风向。而常规战争中，飞机起降、舰艇出航、炮兵发射炮弹，甚至连使用各种各样的轻武器、反坦克武器都必须以风为佐。由此可知，如果运用得妙，风是助力；不善用之，风就成了阻力。

暴寇之来，善守勿应

【原文】

武侯问曰：“暴寇卒来，掠吾田野，取吾牛羊，则如之何？”

起对曰：“暴寇之来，必虑其强，善[①]守勿应，彼将暮去，其装必重，其心必恐，还退务速，必有不属[②]。追而击之，其兵可覆。”

【注释】

①善：好好地。

②属：接连，接续的意思。不属，不相连接。

【译文】

武侯又问道：“如果残暴的敌寇突然来袭，掠夺我的庄稼，抢走我的牛羊，我应该怎么办呢？”

吴起回答：“敌寇突然袭来，一定要考虑它实力的强弱，应先避其锐气进行防守，不要急于应战。待它傍晚撤退时，其装备必然变得沉重不便，心里必有所恐，为求急于退还，必有不相接连的地方。这时我军如果乘机追击，就可以歼灭它了。”

【赏析】

遭到敌军突然袭击时怎么办？吴起认为在这种情况下，应采取避其锐气的策略，不要与强敌硬拼，应待其气衰力竭，再抓住有利战机，予以痛击而制胜。

两军对阵，实力强大的一方总是希望弱小的一方集中兵力与自己决战，从而达到速战速决、围歼对方的目的。在这种情况下，实力较弱的一方，应采取“善守勿应，彼将暮去”的谋略，及时退却，避免与敌决战，以保存实力。而待敌人士气衰落、粮草短缺、后援不继、精疲力竭、兵力分散时，再集中优势兵力，对敌分散之兵力各个击破，围而歼之。

在战争中，为了取得最终的胜利，在强敌面前，“善守勿应”或进行有条不紊地撤退，以保存自己的实力，这是非常必要的。如 1940 年 5 月，德国法西斯攻占比利时、荷兰和卢森堡，并绕过马其诺防线侵入法国。5 月 21 日，德军主力直逼英吉利海峡，把英国远征军和部分法军共 26 万人围困于法国北部敦刻尔克海滨。英法联军丢掉大量武器和军用物资，于 5 月 27 日到 6 月 4 日匆忙撤回英国，以保存日后反攻的力量。

对此孙子也曾提出“避其锐气，击其惰归”的原则。“锐卒”不仅指士气，更主要的是指敌方军队中装备精良、训练有素、士卒优秀的部分。对这样的敌人，应暂且避之，待时机成熟后，再攻取。

《左传·庄公十年》记载：公元前 684 年，齐国进攻鲁国，战于长勺。鲁庄公起初不待齐军疲惫，就要擂鼓出战，被曹刿劝止。等到齐军击鼓二次进攻受挫时，曹刿说可以反击了。于是鲁国军队发起反击，打败了齐军。事后，鲁庄公问曹刿打败齐军的道理，曹刿说：“打仗要靠勇气。第一次击鼓鼓足士气，第二次击鼓士气开始衰落，第三次击鼓就泄气了。敌人泄气，我们军气旺盛，所以能够打败敌人。”这是在作战中掌握军队士气的一个典型战例。

《管子·制分》说：“凡用兵者，攻坚则轫，乘瑕则神。攻坚则瑕者坚，乘瑕则坚者瑕。”这就是说，进攻敌人，打击其精锐部分，就会碰钉子，攻其弱点则容易成功。

公元 29 年，光武帝刘秀派马武、王霸围剿叛军，叛军将领苏茂率五校兵救援，把马武打得溃不成军。王霸却不出战，对部属说，苏茂兵卒精锐，其众甚多，我军此时出战，一定打败仗。等到苏茂与马武交战了一段时间后，王霸才用精兵从背后袭击苏茂军，使苏茂前后受敌，惊乱败走。王霸不攻锐卒，待机破敌，是一个成功的例子。

“避实击虚”这一原则在国内的营销实践中已被广泛运用，但我们习惯上仅从“差异化”的角度来解释，这是不够的。可以试举几例：

第一、产品上的避实击虚。在康师傅、统一所控制的高价方便面市场，产品口味一直是主要的卖点和优势，也就是产品“实”的方面，今麦郎如果也强调自己的口味，将出现“硬碰硬”的局面，以今麦郎当时的品牌实力绝对是凶多吉少。但是今麦郎将进攻的方向转移到对手的面饼上，对手的面条不精道、不耐泡，这是对手产品的弱点，是“虚”的方面，以自己的“弹面”攻击对手的弱点，一举成功。

五谷道场将其他方便面的“油炸食品，不健康”作为“虚”的位置，进而“乘虚而入”，在思想上是正确的，可惜方法上出现问题，功败垂成，令人惋惜。

合效策划机构在为某保健酒进行定位时，避开了主流保健酒抗疲劳、壮阳等等的功效宣传，而采用“解乏快”这一全新的功能诉求，也是定位中“避实击虚”思想的体现。

第二、渠道的避实击虚。在“两乐”统治的可乐市场后，娃哈哈发现市场并不是铁板一块，一二级市场虽然被“两乐”牢牢占据，但在更广阔的三级市场，其市场根基并不牢固，这是“两乐”在渠道上“虚”的地方，非常可乐避开一二级城市，目标直指三级市场，为自己寻找到了发展空间。

第三、促销的避实击虚。舒蕾洗发水刚出生就不得不与宝洁这一强大的对手展开竞争。面对宝洁铺天盖地的电视广告，舒蕾如果也将有限的资金投入到广告运动中，无疑是蜻蜓撼柱。通过对宝洁的分析发现，宝洁的空中宣传非常强势，但在卖场的货架前——这个争夺最终顾客的战场前沿却力量空虚，因此舒蕾将大部分营销资源集中在卖场里，以终端的人员促销、买断货架、卖场的立体包装等手段，对宝洁展开终端拦截，终于获得快速成长。

对于舒蕾的挑衅，宝洁当然不会坐视不理。在宝洁看来，丝宝集团及旗下的舒蕾虽短时间内占了自己的便宜，但整体实力仍旧无法与自己相提并论，在市场投入上是打不起消耗战的，这是舒蕾的“虚”，因此宝洁一方面仍旧保持着较高密度的电视广告，另一方面增加对终端的投入，与舒蕾硬碰硬的展开终端争夺，在空中和地面两条战线上分进合击，最终遏制了舒蕾以及其后的风影等洗发水的发展势头。

类似的例子不胜枚举。在目前的竞争环境下，我们在为客户制定每一个营销决策前都要将自己和对手的资源进行反复比较，目的就是希望能更有效的“避实击虚”。

其有请降，许而安之

【原文】

吴子曰：“凡攻敌围城之道，城邑既破，各入其宫①，御②其禄秩③，收其器物。军之所至，无刊④其木、发⑤其屋、取其粟、杀其六畜、燔⑥其积聚，示民无残心。其有请降，许而安之。”

【注释】

①宫：上古房屋的通称，这里指官府。

②御：驾驭、控制。

③禄秩：俸禄和爵位，这里泛指官吏。

④刊：砍、削。

⑤发：打开，拆毁的意思。

⑥燔：烧。

【译文】

吴起说：“一般围攻敌人的城邑有一套基本原则，就是城邑已为我军攻破之后，应当分别进驻它的官府，控制和使用其原来的官吏，接管它的器材物资。军队所到之处，不要砍伐树木，不要毁坏房屋建筑，也不要夺取老百姓的粮食和宰杀他们的牲口，乃至焚烧积聚的财物，向百姓表明我军不残害无辜之意。如果有请求投降归顺的，应允许他们并加以优抚。”

【赏析】

吴起在此论述了攻破敌军城池后所应采取的策略。他指出，在此情况下，应立刻采取措施占领各重要部门，没收其器物粮草；同时，应安抚百姓，禁止一切暴行，使民心安定。

抚慰人民，讨伐有罪，可以争取民心，获得老百姓的支持。刚攻下城池更需要百姓的拥护，以同仇敌忾，一致对外。

武王伐纣时，曾出告示说：“殷王纣乃用妇人之言，自绝于天，毁坏其三正，离逖其王父母弟。……乃断弃其先祖之乐，乃为淫声，用变乱正声，怡悦妇人。故今予发难共行天罚。”又说：“纣王昏弃其国家，暴虐百姓。”告示上所说的，是实际情况，纣师虽众，没有战心，反而纷纷倒戈，纣王最后登鹿台自焚。

刘邦入关，与秦父老约法三章：“杀人者死，伤人及盗抵罪，余悉除秦法。”又申明：“此来为父老除害，非有所侵暴。”并告谕各乡县。秦人大喜，争持牛羊酒食飨军。刘邦又推辞说：“仓粟积蓄还多，不想让父老破费。”秦人更加欢喜，唯恐刘邦不做秦王。

1916 年，袁世凯称帝。蔡锷在云南首先发难，列举袁世凯 19 大罪状，倡导正义，得到全国回应。袁世凯在全国一致的讨伐声中下台。

吴起所主张的乃是争取民心的谋略。它成功的关键在于，己方的举动是正义的，合乎民心的。除了战略运用得当之外，很重要的一个原因就是所为是民，所伐是罪，到处受到人民百姓的真心拥戴。获得舆论的支援与人民的同情，有助于取得战争的胜利。

《札记·檀弓下》说“师必有名”。历史上许多政治家与军事家用兵讲求“名正言顺”，没有“名”就要假借或设法找一个“名”，以标榜自己发动的战争是“正义”“顺天道”“合民意”的，借此寻求舆论支援与提高士气。《东周列国志》第 94 回记载：当初，秦约齐伐赵，苏代向齐王建议：“兵出无名，事故不成。赵无罪而伐之，得地则为秦利，齐无与焉。今宋方无道，天下号为桀宋，王与其伐赵，不如伐宋”，伐宋“有诛暴之名”。后来齐、楚、魏三国伐宋，三国大将研究伐宋计谋时，魏将芒卯说：“宋王淫虐，人民离怨，我三国皆有丧师失地之耻，宜传檄文，布其罪恶，以招故地之民，必有反戈而向宋者。”其打着“伐桀宋”旗号，发布宋王 10 大罪状的檄文，宋国百姓于是同情和欢迎三国军马，痛恨宋王无道。这样，三国军队便轻而易举地攻下了宋国都城睢阳，杀了宋王偃，分了宋国的土地。

战争中的老百姓，用到商业竞争中就是顾客。随着市场竞争的不断加剧，和同类产品的一拥而上，在市场营销的过程中，最重要的是怎样争取顾客忠诚。现代营销，竞争力体现在拥有忠诚顾客的总和。优秀的企业 80%的利润来之 20%的客户。那么作为企业也应该把重点服务放在这 20%的客户上，并通过老客户再发展新客户，再使新客户变为老客户，使市场的雪球在一个个新老客户的维系中，不断前进。

三十六计

原序

用兵如孙子，策谋三十六。

六六三十六，数中有术，术中有数。阴阳燮理，机在其中。机不可设，设则不中。

按：解语重数不重理。盖理，术语自明；而数，则在言外。若徒知术之为术，而不知术中有数，则术多不应。且诡谋权术，原在事理之中，人情之内。倘事出不经，则诡异立见，诧世惑俗，而机谋泄矣。或曰：三十六计中，每六计成为一套。第一套为胜战计；第二套为敌战计；第三套为攻战计；第四套为混战计；第五套为并战计；第六套为败战计。

第一套　胜战计

第一计　瞒天过海

【计名探源】

事见《永乐大典·薛仁贵征辽事略》。唐太宗贞观十七年，御驾亲征，领三十万大军以宁东土。一日，浩荡大军东进来到大海边上，唐太宗见眼前白浪排空，茫茫无穷，即向众将问及过海之计，众将面面相觑。忽传一个近居海上之人请求见驾，并声称三十万过海军粮此家业已独备。帝大喜，便率百官随此人来到海边。只见万户皆用一彩幕遮围，十分严密。此人东向倒步引帝入室。室内皆是绣幔锦彩，茵褥铺地。百官入座，宴饮乐甚。不久，风声四起，浪响如雷，杯盏倾侧，人身动摇，良久不止。太宗惊警，忙令近臣揭开彩幕察看，不看则已，一看愕然，满目皆一片苍茫海水，横无际涯，哪里是在百姓家里做客，大军竟然已航行于大海之上了！原来此人是新招壮士薛仁贵扮成，这“瞒天过海”的计策就是他策划的。

“瞒天过海”用在兵法上，实属一则示假隐真的疑兵之计，通过战略伪装，以期达到出其不意的战斗效果。

【原文】

备周则意怠[①]，常见则不疑。阴在阳之内，不在阳之对[②]。太[③]阳，太阴。

【注释】

①备周则意怠：防备十分周密，往往容易让人斗志松懈，削弱战斗力。

②阴在阳之内，不在阳之对：阴阳是我国古代传统哲学和文化思想的基点，其

思想涉及大千宇宙,细尘末埃,并影响到意识形态的一切领域。阴阳学说是把宇宙万物作为对立的统一体来看待,表现出朴素的辩证思想。"阴""阳"二字早在甲骨文、金文中就出现过,但作为阴气、阳气的阴阳学说,最早是由道家始祖楚国人老子所倡导,并非《易经》提出。此计中所讲的阴,指机密、隐蔽;阳,指公开,暴露。阴在阳之内,不在阳之对,在兵法上是说秘计往往隐藏于公开的事物里,而不在公开事物的对立面上,就是说非常公开的东西常常蕴藏着非常机密的事物。

③太:极,极大。此句意同②。

【译文】

当防备十分周密的时候,就容易麻痹大意;平时看惯的,往往就不再怀疑了。把秘密诡计隐藏在公开的行动中,而不是和公开的形式排斥,非常公开的东西往往蕴藏着非常机密的事。

【赏析】

古人按语:阴谋作为,不能于背于秘处行之。夜半行窃,僻巷杀人,愚俗之行,非谋士之所为也。

这是说瞒天过海之谋略绝不可以与欺上瞒下、掩耳盗铃或者诸如夜中行窃、剥人衣裘、僻处谋命之类等同,也绝不是谋略之士所应当做的事情。虽然这二者在某种程度上都有一定的欺骗性,但其动机、性质、目的是不相同的,自然不可以混为一谈。

公子重耳是晋献公的儿子。晋献公年老的时候,宠爱一妃子骊姬,想把骊姬生的小儿子奚齐立为太子,就把原来的太子申生杀了。太子一死,献公另外两个儿子重耳和夷吾都感到危险,逃到别的诸侯国去避难了。

晋献公死后,晋国发生了内乱。后来夷吾回国夺取了君位,也想除掉重耳,重耳不得不到处逃难。他先在狄国住了十二年,因为发现有人行刺他,又逃到卫国。卫国看他是个倒运公子,不肯接待他。他无可奈何离开卫国,流亡到齐国。那时齐桓公还在,待重耳挺客气,送给他不少的马匹和房子,还把王室的女儿姜氏(即齐姜)许配给重耳。当时的马匹是相当值钱的,重耳有了一笔不小的财产,又有了高贵漂亮的妻子,也就感到十分满足,便想久住齐国,不图发展了。

当年跟重耳逃亡的臣子共有九个人,个个都有安邦定国之才,他们念念不忘祖国的复兴。

可是,重耳在齐国已混过七年,日夜沉溺在温柔乡里,已把复兴祖国这件事忘记得干干净净。其中有一位大臣叫赵衰的,对大家说:"我们跟公子逃亡,目的是想借助外国力量复兴祖国罢了,但看今日齐国的情势,非常混乱,自顾不暇,哪有力量帮助我们呢?不如及早离开此地,到别的国家去想办法吧!"

另一位大臣叫狐偃的连忙阻止说:"这里不是说话的地方,我们到对面桑林里去。"

于是大伙儿走进对面的桑林里来,围成一个圈儿坐着。狐偃又说:"公子愿不愿意离开齐国,那是他自己的事;但要不要走,那是我们的事。只要大家想好办法,时刻准备好行装，等公子一出来，就邀往郊外去打猎，拥出城门，便劫他上路，到那时，他想不走也不行了。”

不料他们的谈话，给一个采桑女子偷听了，她正是齐姜的侍婢。她把听到的事一五一十地报告给齐姜。

齐姜听了，申斥她说：“不得胡说八道，根本没有这回事，也不可能有这种事情发生！”

说完，把她关进一间密室里，半夜又悄悄地派人把她杀掉灭口。

然后，齐姜把事情告诉重耳说：“你的臣子们要你离开这里到别国去，今天在桑林密谋议事，给采桑的婢女听见了，我怕她口疏传了出去，引起麻烦，便将她杀了。你还是早做准备，跟他们一道走吧！”

重耳一听，把眼一瞪，随又皱起眉来，叹息道：“何必东奔西躲呢？过去的事让它过去好了，我讨厌那种流亡生活。这里就是我的家，无论如何我都不离开你！”

第二天清早，赵衰等人来朝见重耳，请他去打猎。这时，重耳尚未起身，懒洋洋地躺在床上，听见这班人又来了，心里很不高兴，便差人出去回报他们，说身体不舒服，不能接见。

齐姜见他这样，暗骂他一声“懒骨头”，悄悄叫心腹把狐偃一人请到密室里，遣开左右，细问狐偃的来意。

狐偃说：“公子平时最喜欢打猎的，近来很少外出了，怕他四肢懒起来，荒废了武事，所以特来相请，此外别无他意。”

齐姜微笑一下，故意把话扯远，问：“这次打猎的目的地是哪里？是宋国还是秦国、楚国呢？”

狐偃一听，吃了一惊，暗忖她怎么会知道？就强作镇定地说：“打猎是不会跑得那么远的。”

“本来嘛，打猎是无所谓路程远近的，而且要猎的不一定是野兽，有时还会猎人，是不是？”

狐偃发觉这话里已有刺了，一时开口不得，忙低下头来，偷看她的脸色。

齐姜认真说：“还是我说出来吧！我已知道你们的来意了，借打猎名义，先骗出公子，劫他上路，再远走高飞，是不是？”

“这个——”狐偃惶恐起来，不知所措。

“这个我明白，但请老先生不要害怕。”齐姜忽然站起来说，“我很清楚你们是忠心耿耿的，这样做完全是为了公子的前途，为了晋国的老百姓。我昨晚也劝过他几遍了，他却执迷不悟，口口声声说死也不离开这里！”

狐偃这才把心放下，说：“难得夫人这样深明大义。”

“不过，”齐姜继续说，“我好歹都会把公子送出去的。这样罢，今晚我设法把他灌醉了，你们连夜载他出去，你看这样，好不好？”

“好是好的，不过夫人……”

“你不要给我打算！”齐姜说，“你们为公子，可以抛妻别子在外流浪，难道我不能为丈夫受点苦吗？再说公子是晋国的，晋国人民都寄希望在他身上，我怎能这般自私，使大家失望呢！”

“夫人！你……”

“你赶快回去准备罢！”

狐偃辞了齐姜出来，即刻通知众人，分头去准备，一一收拾停当。赵衰等秘密出城，在郊外等候，狐偃和魏犨把小车隐伺在宫门外，专等齐姜的消息。

当晚，齐姜特设盛宴，夫妻共饮。重耳问是什么意思，齐姜含笑问他：“你昨夜说不愿离开，不会是骗我吧？”

“谁骗你！大丈夫说不走就不走，拿刀尖顶住喉咙还是不走！”重耳举拳往空气一击，摆出一副大丈夫气概。

“啃啃！我的心肝倒认真起来了。”齐姜嫣然一笑，倒在他怀里，撒起娇来，“我是故意试探你的。那班老头儿也是，居然想拆散我们夫妻！告诉你罢，这席酒，如你真要走的话，我是挽留不住的，那是用来饯别；不走呢，那是用来庆祝我俩从此相爱不分离。唔——明白没有？真是一个蠢驴！”她用手指在重耳额上一戳，戳得他晕乎乎，两道视线接触，便不约而同地哈哈大笑起来，两人沉醉在欢乐里。

齐姜频频向重耳敬酒，重耳兴奋过度，把酒一杯杯地倒进肚里去，不一会，已酩酊大醉，颓然倒在席上。

齐姜连忙用被褥将他盖覆，叫人出去通知狐偃。狐偃和魏犨，连被带褥将重耳抬了出去，安放在车厢里，然后鞭子一摔，马蹄一蹬，车轮开始转动了。

齐姜呆呆地站在门前，频频向车子招手，忽然心里一酸，眼泪簌簌地落了下来。

此计的兵法运用，常着眼于人们对世事的观察处理中，使敌人由于对某些事情习见不疑而自觉不自觉地产生了疏漏和松懈，故能使我方乘虚而示假隐真，掩盖某种军事行动，把握时机，出奇制胜。

瞒天过海又为人类商战谋略库提供了一条有效的计谋。

瞒天过海必须是成功地“骗”，如果“瞒不了天”，“过不了海”，那他就不算是“瞒天过海”。

第二计　围魏救赵

【计名探源】

事见《史记·孙子吴起列传》,是讲战国时期齐国与魏国的桂陵之战。公元前354年,魏惠王欲报失中山的旧恨,便派大将庞涓前去攻打。这中山原本是东周时期魏国北邻的小国,被魏国收服,后来赵国乘魏国国丧之机将中山强占了。魏将庞涓认为中山不过弹丸之地,距离赵国又很近,不若直打赵国都城邯郸,既解旧恨又一举两得。魏王从之,即拨五百战车以庞涓为将,直奔赵国,围了赵国都城邯郸。赵王急难中只好求救于齐国,并许诺解围后以中山相赠。齐威王应允,令田忌为将,并起用从魏国救得的孙膑为军师,领兵出发。这孙膑曾是庞涓的同学,对用兵之法,谙熟精通。庞涓自觉能力不及孙膑,恐其贤于自己,遂以毒刑将孙膑致残,并在他脸上刺字,企图使孙膑不能行走,又羞于见人。后来孙膑装疯,幸得齐使者救助,逃到齐国。这是一段关于庞涓与孙膑的旧事。且说田忌与孙膑率兵进入魏赵交界之地时,田忌想直逼赵都邯郸,孙膑制止说:"解乱丝结绳,不可以握拳去打;排解争斗,不能参与搏击;平息纠纷要抓住要害,乘虚取势,双方因受到制约才能自然分开。现在魏国精兵倾国而出,若我直攻魏国,那庞涓必回师解救,这样一来邯郸之围定会自解。我们再于中途伏击庞涓归路,其军必败。"田忌依计而行。果然,魏军离开邯郸,归路中又遭伏击与齐军战于桂陵,魏军长途跋涉后已很疲惫,溃不成军。庞涓勉强收拾残部,退回大梁。齐师大胜,赵国之围遂解。这便是历史上有名的"围魏救赵"。又后十三年,齐魏两军再度相交于战场,庞涓又遭到孙膑的伏击,结果智穷兵败,遂自刎。孙膑从此名扬天下,世传其兵法。

【原文】

共敌不如分敌[①],敌阳不如敌阴[②]。

【注释】

①共敌不如分敌:共,集中的。分,分散,使分散。句意为打集中的敌人,不如设法分散对方而后再打。

②敌阳不如敌阴:敌,动词,攻打。句意为打击气势旺盛的敌人,不如打击气势衰落的敌人。

【译文】

打击正强大的敌人,应当诱使对方分散兵力;正面进攻,不如向对方空虚的后方作迂回出击。

【赏析】

古人按语:治兵如治水,锐者避其锋,如导疏;弱者塞其虚,如筑堰。故当齐救赵时，孙子谓田忌曰："夫解杂乱纠纷者不控拳，救斗者，不搏击，批亢捣虚，形格势禁，则自为解耳。"（《史记》卷六五《孙子吴起列传》）

对敌作战，好比治水：敌人势头强大，就要躲过冲击，如用疏导之法分流。对弱小的敌人，就抓住时机包围消灭他，就像筑堤围堰，不让水流走。

孙子的比喻十分生动形象：想理顺乱丝和结绳，只能用手指慢慢去解开，不能握紧拳头去捶打；排解搏斗纠纷，只能动口劝说，不能动手参加。对敌人，应避实就虚，攻其要害，使敌方受到挫折，受到牵制，围困可以自解。

1911年4月，著名的"黄花岗起义"前夕，黄兴押运着一条商船停靠在广州码头。船上装着一批准备起义用的武器弹药。清政府在靠岸的码头查得很严。当时正往岸上搬箱，几个稽查走了过来，上船开箱检查，先打开一箱是香蕉，又开一箱是衣料，如果再往下翻就是武器了。船上的人都非常紧张，有的人已暗暗握着手枪准备拼了。

这时，黄兴非常沉着。他机智地叫两名船员扛起一个箱子就往岸上飞跑。稽查们立刻一窝蜂似的追了上去。跑了很远的路才追上，稽查们以为这下可抓住了"大头"了，当场开箱，一看都是上好的外国酒，大失所望。这时，黄兴赶了上来，故意训骂两名船员是"不要命的酒鬼"，然后殷勤地对稽查们说："害得官员们跑了这么多路，实在过意不去。如果不嫌弃，就把这箱外国好酒犒劳各位吧。"说着叫两名船员把酒送上去。稽查们收下了。黄兴立刻叫两名船员向稽查谢恩，掏出一把银圆，生拉硬扯地请稽查们到饭馆里大吃大喝起来。

这顿饭吃了好几个时辰。等稽查们再回码头时，船上的武器弹药早就搬完了。

围魏救赵在军事上是一种机巧的战术。这种战术要点，是不直接跟敌人的力量正面接触，而是巧妙地去挖他的"墙脚"。墙脚破坏了，敌人的力量也就消灭了。

商场如战场，同样可以使用这种计谋。当所面对的敌方力量强大，那么就应尽量避免与之正面对抗，免得两败俱伤。这时最好的办法就是像孙膑所说的那样避实就虚，寻找机会攻击敌方在其他方面的薄弱点，把强敌分散，调开来打，定能取得显著的效果。

第三计　借刀杀人

【计名探源】

借刀杀人，是为了保存自己的实力而巧妙地利用矛盾的谋略。当敌方动向已明，就千方百计诱导态度暧昧的友方迅速出兵攻击敌方，自己的主力即可避免遭受损失。此计是根据《易经》六十四卦中《损》卦推演而得。《彖》曰："损下益上，其道上行。"此卦认为，"损""益"不可截然划分，二者相辅相成，充满辩证思想。此计谓借人之力攻击我方之敌，我方虽不可避免有小的损失，但可稳操胜券，大大得利。

春秋末期，齐简公派国书为大将，兴兵伐鲁。鲁国实力不敌齐国，形势危急。孔子的弟子子贡分析形势，认为惟吴国可与齐国抗衡，可借吴国兵力挫败齐国军队。于是子贡游说齐相田常。田常当时蓄谋篡位，急欲铲除异己。子贡以"忧在外者攻其

弱，忧在内者攻其强”的道理，劝他莫让异己在攻弱鲁中占据主动，扩大势力，而应攻打吴国，借强国之手铲除异己。田常心动，但因齐国已做好攻鲁的部署，转而攻吴，怕师出无名。子贡说：“这事好办。我马上去劝说吴国救鲁伐齐，这不是就有了攻吴的理由了吗？”田常高兴地同意了。子贡赶到吴国，对吴王夫差说：“如果齐国攻下鲁国，势力强大，必将伐吴。大王不如先下手为强，联鲁攻齐，吴国不就可抗衡强晋，成就霸业了吗？”子贡马不停蹄，又说服赵国，派兵随吴伐齐，解决了吴王的后顾之忧。子贡游说三国，达到了预期目的。他又想到吴国战胜齐国之后，定会要挟鲁国，鲁国不能真正解危。于是他偷偷跑到晋国，向晋定公陈述利害关系：吴国伐鲁成功，必定转而攻晋，争霸中原。劝晋国加紧备战，以防吴国进犯。公元前484年，吴王夫差亲自挂帅，率十万精兵及三千越兵攻打齐国，鲁国立即派兵助战。齐军中吴军诱敌之计，陷于重围，齐师大败，主帅国书及几员大将死于乱军之中。齐国只得请罪求和。夫差大获全胜之后，骄狂自傲，立即移师攻打晋国。晋国因早有准备，击退吴军。子贡充分利用齐、吴、越、晋四国的矛盾，巧妙周旋，借吴国之“刀”，击败齐国；借晋国之“刀”，灭了吴国的威风。鲁国损失微小，却能从危难中得以解脱。

【原文】

敌已明，友未定[①]，引友杀敌，不自出力，以《损》[②]推演。

【注释】

①友未定：“友”指军事上的盟者，也即除敌、我两方之外的第三者，可以暂时结盟而借力的人、集团或国家。

②《损》：出自《易经·损》卦：“损：有孚，元吉，无咎，可贞，利有攸往。”孚，信用。元，大。贞，正。意即取抑省之道去行事，只要有诚心，就会有大的吉利，没有错失，合于正道，这样行事就可一切如意。又卦有《彖》曰：“损，损下益上，其道上行。”意指“损”与“益”的转化关系，借用盟友的力量去打击敌人，势必要使盟友受到损失，但盟友的损失正可换得自己的利益。

【译文】

在敌方的情况已经明朗，而盟友的态度还不确定时，要诱导盟友去消灭敌人，以保存自己的实力。这一计是按照《易经·损》卦中关于“损下益上”的道理推演出来的。

【赏析】

古人按语：敌象已露。而另一势力更张，将有所为，便应借此力以毁敌人。如：郑桓公将欲袭郐，先向郐之豪杰、良臣、辨智、果敢之士，尽书姓名，择郐之良田赂之，为官爵之名而书之，因为设坛场郭门之处而埋之，衅之以鸡豭，若盟状。郐君以为内难也，而尽杀其良臣。桓公袭郐，遂取之（《韩非子·内储说下》）。诸葛亮之和吴拒魏，及关羽围樊、襄，曹欲徙都，懿及蒋济说曹曰：“刘备、孙权外亲内疏，关羽得志,权心不愿也。可遣人蹑其后,许割江南以封权,则樊围自释。"曹从之,羽遂见擒(《长知经》卷九《格形》)。

古按语举了几则战例:春秋时期,郑桓公袭击郐国之前,先打听了郐国有哪些有本领的文臣武将,开列名单,宣布打下郐国,将分别给他们封官爵,把郐国的土地送给他们,并煞有介事地在城门处设祭坛,把名单埋于坛下,对天盟誓。郐国国君一听到这个消息,怒不可遏,责怪臣子叛变,把名单上的贤臣良将全部杀了。结果当然是郑国轻而易举灭了郐国。三国时诸葛亮献计刘备,联络孙权,借吴国兵力在赤壁大破曹兵。还有,蜀将关羽围困魏地樊城、襄阳,曹操惊慌,想迁都避开关羽的威胁。司马懿和蒋济力劝曹操说:"刘备、孙权表面上是亲戚,骨子里是疏远的,关羽得意,孙权肯定不愿意。可以派人劝孙权攻击关羽的后方,并答应把江南地方分给孙权,那么樊城被围的困境自然会得以解脱。"曹操用了他们的计谋,关羽终于兵败麦城被俘。

吉姆斯·林恩出身于20世纪20年代的俄克拉荷马州一个石油工人的家庭。

二战中,他参加了美国海军,当一名电机技术员。1946年退役之后,他认为该是自己创业的时候了。

为了筹措资金,他把房子都卖了,加上服役时积蓄的钱,勉强凑足3000美元,成立了一家小公司——林恩电气行;主要的资产只有一辆小卡车、一间租来的办公室以及吉姆斯·林恩本人的智谋。

战后,美国的建筑业繁荣,办公大楼和工业方面的建筑更是方兴未艾。于是,林恩急急忙忙地参与其中,抢到了几项合同。到了20世纪50年代初期,林恩电气行的年营业额已超过100万美元了。

经过一番考虑,林恩决定将自己的电气行改造成公众公司,这样至少在开始就能减轻税负的负担,而且比起个人纳税来,有更多合法逃税的机会。尤为重要的是,股份公司更容易扩张,也更能满足林恩的雄心和欲望。

不久,林恩电气工程股份有限公司成立了,并获准发行80万股普通股票,其中林恩拥有50%的股权,其余的40万股以每股2.5元的价格公开上市。

一个小小的电气工程行竟能公开发行股票!这的确是前所未闻的事情。

他们一伙人用电话推销和挨家挨户推销的方式展开了推销工作。就这样,只用了几个月的时间,他们就把上市的股票全都推销完了。扣去各种费用,林恩公司实收资本75万美元。

林恩摇身一变而成为百万富翁。

在股市中尝到利用别人的钱赚钱的甜头后,吉姆斯·林恩决定利用股市捞到更多的资金,创立一个庞大的企业王国。

首先,他用现金购买了另一家电气工程公司,从而使林恩公司规模扩大了一倍,而公司的股票售价在证券市场上也立即扶摇直上。

如此一来,使得林恩在购买其他公司时,处于更加有利的地位,可以不必立即用现金兑现了。公司股票在证券市场上建立起稳定的声誉,价值日益看涨,可以把它当作现金来使用了,而不必动用自己和公司的现金。

随后,林恩又买下一家电子公司,并更名为林恩电子公司,这样,公司的股票上涨得更高。紧接着他又用相同的方式，收买了阿提克电子公司和迪姆柯电子公司，而将他的公司更名为林恩·阿提克电子公司和林恩·迪姆柯电子公司。

从此，林恩不再被人看作是一个小生意人。他新崛起的公司，营业额已达1500万美元。

有了雄厚的资金作后盾，林恩的胃口也越来越大。他把下一个收购目标瞄准了休斯·福特股份有限公司——美国重要的飞机和导弹制造厂。

然而，这是一个强大而顽固的对手，所以这桩交易做得并不顺利。于是，他用双管齐下的方法，一方面从证券市场公开收购，另一方面和现有股东私下议价成交，迅速取得近40%的股权，成为休斯·福特公司最大的股东。

1961年，林恩把该公司改名为林恩·迪姆柯·福特公司，也就是著名的LTV公司。

就在这个时候，华尔街开始使用"集团企业"这个名词。这个词的意思是指一家公司以吞并其他不同行业的公司方式，使自己壮大成长。这类公司的股票也成为60年代最红的一种，LTV更是其中的佼佼者。

林恩更长远的目标是收购比福特公司更有名的公司，使自己的企业王国更为壮大与辉煌。

一场更加精彩的好戏开始了——这就是吞并威尔逊公司。

威尔逊是个庞大的老公司，而且是个集团企业，但经营作风比较保守。它主要经营肉类包装、运动器材和药品三个行业，每年营业额高达10亿美元，为LTV的两倍。

然而，野心勃勃的林恩竟想收购它，真让人觉得是贪心不足蛇吞象。但他还是又一次得手了，怎么个收购法呢？当然还是借用别人的钱。

威尔逊公司的股票，是华尔街所谓的价位偏低型的股票，就是说，与相同的企业相比较，它的股价偏低了些。主要原因是威尔逊公司不爱做广告，也不在股市上哄抬自己的股价，因而投资者对它不太注意。

因此，林恩估计只要用8000万美元的价钱，就可以买到足以控制该公司的股权。但是他到什么地方去弄8000万美元呢？

首先，林恩以他LTV公司所持有的正在强势上涨的股票做抵押，从银行借到8000万美元。然后用这笔贷款买下威尔逊公司的股票，威尔逊就此成为LTV的一部分。

但与此同时，LTV公司却背上了8000万美元的贷款，如何了却这笔巨额债务呢？

林恩解决这个难题的办法，令当时整个华尔街都惊讶得透不过气来。这是他借用别人的钱来为自己谋利的最高明的一招，可谓精彩绝伦。

他的办法是，将大部分的债务转移到威尔逊公司的账下，使其变成了债务人，而不再是LTV公司了。然后，又将威尔逊公司分成三个子公司——肉类加工公司、运动器材公司、制药公司，再让每家子公司都独立发行自己的股票。这三家新公司的大部分股权属于LTV所有，其余的向公众发售，发售新股所收到的股金，正好可偿付从银行贷来的那笔巨款。

就这样，吉姆斯·林恩几乎没花自己的一分钱，就把这样一家庞大的公司给吞并了。

借刀杀人这一计，原指腐朽的封建官僚之间，相互利用、尔虞我诈的一种权术。把它运用到军事上，其基本的思想是利用第三方的力量，争取与第三方结为同盟，一致对敌作战。

此处所讲的"借"字，内容是多方面的，如诱敌就范，以逸待劳，以借敌力；迷惑敌人，造成敌人辨别的错觉，互误为敌，自相残杀，以借敌刃；取之于敌，用之于敌，以借敌物；利用敌人将领中的矛盾，令其自斗，以借敌将；知其计，而将计就计，以借敌谋等。

这里的"友"，是力量天平上的"第三砝码"，如同三角形的任意两边之和都大于第三边一样，"第三砝码"加于敌，则敌胜；加于我，则我胜。

在现代商战中，"借刀杀人"有其特殊含义，这就是通过借钱财、借技术、借人才、借设备、借资源等，以壮大发展自己的企业，从而去战胜竞争对手。

学会识别这一计谋，可以防止上大当，吃大亏。

第四计　以逸待劳

【计名探源】

以逸待劳，语出《孙子·军争篇》："故三军可夺气，将军可夺心。是故朝气锐，昼气惰，暮气归。故善用兵者，避其锐气，击其惰归，此治气者也。以治待乱，以静待哗，此治心者也。以近待远，以佚（同逸）待劳，以饱待饥，此治力者也。"又，《孙子·虚实篇》："凡先处战地而待敌者佚（同逸），后处战地而趋战者劳。故善战者，致人而不致于人。"原意是说，凡是先到战场而等待敌人的，就从容、主动，后到达战场的只能仓促应战，一定会疲劳、被动。所以，善于指挥作战的人，总是调动敌人，而决不会被敌人调动。

战国末期，秦国少年将军李信率二十万军队攻打楚国。开始时，秦军连克数城，锐不可当。不久，李信中了楚将项燕的伏兵之计，丢盔弃甲，狼狈而逃，秦军损失数万。后来，秦王又起用已告老还乡的王翦。王翦率六十万军队，陈兵于楚国边境。楚军立即发重兵抗敌。老将王翦毫无进攻之意，只是专心修筑城池，摆出一种坚壁固守的姿态。两军对垒，战争一触即发。楚军急于击退秦军，但秦军拒不出战，相持年余。王翦在军中鼓励将士养精蓄锐，吃饱喝足，休养生息。秦军将士人人身强力壮，精力充沛，平时操练，技艺精湛，王翦心中十分高兴。一年后，楚军绷紧的弦早已松懈，将士已无斗志，认为秦军的确防守自保，于是决定东撤。王翦见时机已到，下令追击正在撤退的楚军。秦军将士人人如猛虎下山，只杀得楚军溃不成军。秦军乘胜追击，势不可挡，公元前223年，秦灭楚。

此计强调：让敌方处于困难局面，不一定只用进攻之法。关键在于掌握主动权，待机而动，以不变应万变，以静待动，积极调动敌人，创造战机，不让敌人调动自己，而要努力牵着敌人的鼻子走。所以，不可把以逸待劳的"待"字理解为消极被动地等待。

【原文】

困敌之势[①],不以战;损刚益柔[②]。

【注释】

①困敌之势:迫使敌人处于困顿的境地。

②损刚益柔:语出《易经·损》卦。"刚""柔"是两个相对的事物现象,在一定条件下对立的双方又可相互转化。"损",卦名。本卦为异卦相叠(兑下艮上)。上卦为艮,艮为山;下卦为兑,兑为泽。上山下泽,意为大泽侵蚀山根之象,也就是说水浸润着山,也损着山,故卦名叫"损"。"损刚益柔"是根据此卦象讲述"刚柔相推,而生变化"的普遍道理和法则。

【译文】

要迫使敌人处于困难的局面,不一定急于采取进攻的手段,而是根据强弱相互转化的原理,先消耗、疲惫敌人,使他由强变弱,陷于被动,再发动攻击,一举歼灭。此计正是根据《损》卦的道理,以"刚"喻敌,以"柔"喻己,意谓困敌可用积极防御、逐渐消耗敌人有生力量的方法,使之由强变弱,而我因势利导又可使自己变被动为主动,不一定要用直接进攻的方法,同样可获胜。

【赏析】

古人按语:此即致敌之法也。兵书云:"凡先处战地而待敌者佚,后处战地而趋战者劳。故善战者,致人而不致于人。"(《孙子·虚实篇》)兵书论敌,此为论势,则其旨非择地以待敌;而在以简驭繁,以不变应变,以小变应大变,以不动应动,以小动应大动,以枢应环也。如管仲寓军令于内政,实而备之(《史记》卷六二《管晏列传》);孙膑于马陵道伏击庞涓(《史记》卷六五《孙子吴起列传》);李牧守雁门,久而不战,而实备之,战而大破匈奴(《史记》卷八一《廉颇蔺相如列传》)。

古按语举了管仲治国备战、孙膑马陵道伏击庞涓、李牧大破匈奴的战例,来证明调敌就范,以逸待劳,是"无有不胜"之法。强调用中心枢纽,即关键性的条件,来对付无穷无尽、变化多端的"环",即广大四周的情况。掌握战争的主动权是本计的关键。谁人不知,两个拳师相对,聪明的拳师往往退让一步,而蠢人则气势汹汹,劈头就使出全副本领,结果往往被退让者打倒。《水浒传》中的洪教头,在柴进家中要打林冲,连唤几个"来来来",结果却是退让的林冲看出其破绽,一脚踢翻了他。

三国时代,吴国将军陆逊奉孙权之命,掌六军八十一州和楚荆诸路兵马,抵御蜀军来侵。

却说刘备自猇亭排兵布阵,经川口围至夷陵界,连接七百里,前后四十营寨,昼则旌旗蔽日,夜则火光耀天。

陆逊军中有个前线指挥官叫韩当,见蜀军到来,差人报之陆逊。陆逊恐韩当妄动，急忙飞马上前观看。正在这时，韩当立于山顶，远望蜀兵军中隐隐有一把黄罗盖伞，认为是刘备亲自率兵上阵，便要准备出兵迎击。陆逊连忙制止道："刘备举兵东下，连胜十余阵，锐气正盛，现在我方只能采取守势，不可轻出，出则不利。但需激励将士，养精蓄锐，等待适当的出击机会。蜀军见我按兵不动，不堪天气炎热，必移屯于山林树木间，在山路间行军是极耗损体力的，我们可悠闲地等对方筋疲力尽时，再趁机出击。"

刘备见吴军不出，心中焦躁不堪，因为战事拖延愈久，对远征军就愈不利；而且天气炎热，军队驻扎于平原中，取水甚为不便。于是刘备命各营皆移屯于山林茂盛之地，靠近溪水。但属下马良说："我军若移动，倘吴兵突然袭击，那怎么办?"

刘备乃令吴班率领万余弱兵，屯驻在靠近吴寨的平地，自己则亲率八千精兵，埋伏在谷中。若陆逊趁蜀兵移屯时来袭，吴班即可诈败，引吴兵至谷中，刘备就可以包围，断其归路。

吴军探知蜀兵移屯，认为是发动攻击的良机，陆逊又劝阻道："前面山谷中，隐隐有杀气起，其下必有伏兵，敌军在平地设弱兵，是引诱我军出击，切不可中计。"

于是两军就这样相互僵持了半年，刘备这一方已渐露疲态。这时，陆逊集合兵力准备反击，却遭到部将们的反对，他们说："若要破蜀，当初就出兵，现在五六百里内都遭受敌人围攻，对峙长达七八个月，况且敌军所攻占的要塞，都已防备得很坚固，我军怎能攻破呢?"

但是陆逊却说："你们实在是不懂兵法啊！刘备乃一世之枭雄，智谋多端，在他刚整兵出击时，一定有精密的作战计划，我军当然无法轻易获胜。但现在战事已处于胶着状态，敌军士气低落，显得很疲惫的样子，因此正是歼灭敌幸的最佳时刻。"

诸将听了，尽皆叹服，于是发动总攻击，果然击溃蜀军，刘备狼狈逃往白帝城。陆逊这次能大败蜀军，就把握了"以逸待劳"的原则。

以逸待劳，是一种人为的调动敌人的方法。《孙子兵法》中说凡是先在阵地上等待敌人到来的，他就安逸而有精力，而后来赶到阵地仓促应战者必然疲劳。所以，凡是善于指挥作战的人，都能够做到调动敌人，而不为敌所调动。

在现代商战中，"以逸待劳"表现为一种以不变应万变、以小变应大变的谋略。就是说，商战决策者面对错综复杂的市场，应静观其变，研究对策，控制局势的发展。

第五计　趁火打劫

【计名探源】

趁火打劫的原意是：趁人家家里失火，一片混乱，无暇自顾的时候，去抢人家的财物。乘人之危捞一把，这可是不道德的行为。此计用在军事上指的是：当敌方遇到麻烦或危难的时候，就要乘此机会进兵出击，制服对手。《孙子·始计篇》云："乱而取之。"唐朝杜牧解释孙子此句为"敌有昏乱，可以乘而取之"，就是讲的这个道理。

春秋时期,吴国和越国相互争霸,战事频仍。经过长期战争,越国终因不敌吴国,只得俯首称臣。越王勾践被扣在吴国,失去行动自由。勾践立志复国,卧薪尝胆。表面上对吴王夫差百般逢迎,终于骗得夫差的信任,被放回越国。回国之后,勾践依然臣服吴国,年年进献财宝,麻痹夫差,同时不露声色地在国内采取了一系列富国强兵的措施。几年后越国实力大大加强,人丁兴旺,物资丰足,人心稳定。吴王夫差却被胜利冲昏了头脑,被勾践的假象迷惑,不把越国放在眼里。他骄纵凶残,拒绝纳谏,杀了一代名将忠臣伍子胥,重用奸臣,堵塞言路。生活淫糜奢侈,大兴土木,搞得民穷财尽。公元前 473 年,吴国颗粒不收,民怨沸腾。越王勾践选中吴王夫差北上和中原诸侯在黄池会盟的时机,大举进兵吴国。吴国国内空虚,无力还击,很快就被越国击破灭亡。勾践的胜利,正是乘敌之危、就势取胜的典型战例。

【原文】

敌之害大①,就势取利,刚决柔也②。

【注释】

①敌之害大:害,指敌人所遭遇到的困难、危厄的处境。

②刚决柔也:语出《易经·夬》卦。夬,卦名。本卦为异卦相叠(乾下兑上)。上卦为兑,兑为泽;下卦为乾,乾为天。兑上乾下,意为有洪水涨上天之象。《夬》卦的《彖》辞说:“夬,决也。刚决柔也。”决,冲决、冲开、去掉的意思。因《乾》卦为六十四卦的第一卦,乾为天,是大吉大利的贞卜,所以此卦的本义是力争上游,刚健不屈。所谓“刚决柔”,就是下乾这个阳刚之卦,在冲决上兑这个阴柔的卦。此计是以“刚”喻已,以“柔”喻敌,言乘敌之危,就势而取胜的意思。

【译文】

这一计的原意是:当敌方遇到困难、危机时,就要乘机出兵夺取利益。这是一个果敢决断、乘人之危、制服对手的谋略。

【赏析】

古人按语:敌害在内。则劫其地;敌害在外,则劫其民;内外交害,则劫其国。如:越王乘吴国内蟹食稻不遗种而谋攻之,后卒乘吴北会诸侯于黄池之际,国内空虚,因而捣之,大获全胜(《国语·吴语·越语下》)。

这则按语把“趁火打劫”之计具体化了。所谓“火”,即敌方的困难、麻烦。敌方的困难不外乎两个方面,即内忧、外患。天灾人祸,经济凋敝,民不聊生,怨声载道,农民起义,内战连年,都是内忧;外敌入侵,战事不断,都是外患。敌方有内忧,就占他的领土;敌方有外患,就争夺他的百姓;敌方内忧外患岌岌可危,赶快兼并他。总之,抓住敌方大难临头的危急之时,赶快进兵,肯定稳操胜券。《战国策·燕二》中的著名寓言“鹬蚌相争,渔翁得利”,也是“趁火打劫”之计的形象体现。

春秋时期,宋国国君宋襄公领兵攻打郑国,郑国慌忙向楚国求救。楚国国君派能征善战的大将成得臣率兵向宋国本土发起攻击。宋襄公担心国内有失,只好从

郑国撤兵，双方的军队在泓水相遇。

宋国大司马公孙固知道宋国远不是楚国的对手，劝宋襄公道：“楚国是大国，兵多将广，土地辽阔，我们一个小小的宋国哪里能与它相匹敌呢？还是跟楚国议和吧！”

宋襄公生气了，说：“楚军虽说兵力有余，但仁义不足；我们宋国兵力不足，但仁义有余，仁义之师是战无不胜的。大司马为什么要长敌人志气，灭自己的威风呢？”

公孙固还想争辩，但宋襄公怒冲冲地不许他说话，“我意已决，不要说了！”宋襄公命人做了一面大旗，高高地竖了起来，旗上绣着“仁义”两个醒目的大字。

战斗开始，楚军呐喊着强渡泓水，向宋军冲杀过来。宋将司马子鱼看到楚军一半渡过河来，一半还在河中，就劝宋襄公下令进攻，打楚军一个措手不及，宋襄公却说：“本王一向主张‘仁义’，敌人尚在渡河，我军趁此进攻，那还有什么‘仁义’可言？”

楚军渡过河，见宋军没有发起进攻，于是从容布阵。司马子鱼又劝宋襄公：“大王，楚军立阵未稳，我们赶快进攻，还有希望获胜，赶快下令吧！”宋襄公指着迎风飘扬的“仁义”大旗，说：“我们是‘仁义’之师，怎么能趁敌人布阵未稳就发起进攻呢！”宋军仍然按兵不动。

楚军布好阵，以排山倒海之势向宋军杀来。宋军被楚军的威风和气势吓破了胆，不等短兵相接，一个个掉头就跑。楚军乘势掩杀，宋军丢盔弃甲，一溃千里，宋襄公本人也被一箭射中大腿，“仁义”大旗则成了楚军的战利品。

宋襄公惨败后，还不服气，他对司马子鱼说：“仁人君子作战，重在以德服人，敌人受了重伤，不应再去伤害他；看见头发花白的敌人，也不应抓他做俘虏。敌人还没有摆好阵，我们就击鼓进军，这不能算是堂堂正正的胜利。”

司马子鱼长叹一口气，说：“我们宋国兵微将寡，本不是楚国对手，不应该跟楚国交战。可是大王您却非要交战不可。一旦交战，就应抓住战机，您又错过战机不许进攻——打仗是枪对枪、刀对刀的事，你不杀他，他就杀你，这时候哪里还有什么‘仁义’啊？如果不趁虚出击，讲‘仁义’，那就不要打仗了，这不是更‘仁义’吗？”

宋襄公无言以对。楚军“趁火打劫”，胜了宋军。

第二年五月,宋襄公因伤势过重,久治不愈,死了。

在现代商战中,"趁火打劫"是指经营者能够不失时机地捕捉对方的经济情报,一旦火候适度就果断出击。

在市场经济的大潮中,激烈的竞争,大浪淘沙,一些企业会出现亏损,甚至倒闭的情况。这无疑是产业结构调整的最佳时机。此外,政治动乱和战争、瘟疫等天灾人祸,有时也是一种机遇。"趁火打劫"的一个特定含义,就是指趁这个"机"来壮大和发展自己的经济实力。

商战中的机遇稍纵即逝,失而不可复得,能否就势取利,关键在于我们能否把握机遇。

第六计　声东击西

【计名探源】

声东击西,是忽东忽西,即打即离,制造假象,引诱敌人做出错误判断,然后乘机歼敌的策略。为使敌方的指挥发生混乱,必须采用灵活机动的方式,本不打算进攻甲地,却佯装进攻;本来决定进攻乙地,却不显出任何进攻的迹象。似可为而不为,似不可为而为之,敌方就无法推知我方意图,被假象迷惑,做出错误判断。东汉时期,班超出使西域,目的是团结西域诸国共同对抗匈奴。为了使西域诸国便于共同对抗匈奴,必须先打通南北通道。地处大漠西缘的莎车国,煽动周边小国,归附匈奴。反对汉朝。班超决定首先平定莎车。莎车国王遂向龟兹求援。龟兹王亲率五万人马,援救莎车。班超联合于阗等国,兵力只有二万五千人,敌众我寡,难以力克,必须智取。班超遂定下声东击西之计,迷惑敌人。他派人在军中散布对班超的不满言论,制造打不赢龟兹,准备撤退的迹象,并且特别让莎车俘虏听得一清二楚。这天黄昏,班超命于阗大军向东撤退,自己率部向西撤退,表面上显得慌乱,故意让俘虏趁机逃脱。俘虏逃回莎车营中,急忙报告汉军慌忙撤退的消息。龟兹王大喜,误以为班超惧怕自己而慌忙逃窜,想趁此机会,追杀班超。他立刻下令兵分两路,追击逃敌。他亲率一万精兵向西追杀班超。班超胸有成竹,趁夜幕笼罩大漠,撤退仅十里地,部队即就地隐蔽。龟兹王求胜心切,率领追兵从班超隐蔽处飞驰而过。班超立即集合部队,与事先约定的东路于阗人马,迅速回师,杀向莎车。班超的部队如从天而降,莎车猝不及防,迅速瓦解。莎车王惊魂未定,逃走不及,只得请降。龟兹王气势汹汹,追赶一夜,未见班超部队踪影,又听得莎车已被平定、人马伤亡惨重、大势已去的报告,只有收拾残部,悻悻然返回龟兹。

【原文】

敌志乱萃①,不虞②,坤下兑上之象③,利其不自主而取之。

【注释】

①敌志乱萃:援引《易经·萃》卦中《象》辞"乃乱乃萃,其志乱也"之意。萃,

悴，即憔悴。是说敌人神志混乱而且疲惫。

②不虞：未意料，未预料。

③坤下兑上：萃卦为异卦相叠（坤下兑上）。上卦为兑，兑为泽；下卦为坤，坤为地。有泽水淹及大地，洪水横流之象。

【译文】

这里没有讲声东击西的用法，只是强调用计的条件。就是说：当敌指挥官思维混乱、失去清醒的判断时，运用计谋，才容易成功。

此计是运用“坤下兑上”之卦象的象理，使“敌志乱萃”，使其陷于错乱丛杂、危机四伏的处境，而我则要抓住敌人不能自控的混乱之势，机动灵活地运用时东时西、似打似离、不攻而示之以攻、欲攻而又示之以不攻等战术，进一步造成敌人的错觉，出其不意地一举夺胜。

【赏析】

古人按语：西汉，七国反，周亚夫坚壁不战。吴兵奔壁之东南陬，亚夫便备西北；已而吴王精兵果攻西北，遂不得入（《汉书》四十《周勃传》附）。此敌志不乱，能自去也。汉末，朱儁围黄巾于宛，张围结垒，起土山以临城内，鸣鼓攻其西南，黄巾悉众赴之；儁自将精兵五千，掩其东北，遂乘虚而入。此敌志乱萃，不虞也。然则声东击西之策，须视敌志乱否为定。乱，则胜；不乱，将自取败亡，险策也。

这则按语通过使用此计的两个战例，来提醒使用此计的人必须考虑对手的情况：确可扰乱敌方指挥，用此计必胜；如果对方指挥官头脑冷静，识破计谋，此计就不可能发挥效力了。黄巾军中了朱儁佯攻西南方之计，遂丢失宛城（今河南南阳）。而周亚夫处变不惊，识破敌方计谋。吴军佯攻东南角，周亚夫下令加强西北方向的防守。当吴军主力进攻西北角时，周亚夫早有准备，吴军无功而返。

北魏时，河东太守李崇是一个最不信神鬼的人。有一天收到一件从扬州报来的人命案，却牵涉神鬼，案情荒诞。情况是这样：有两个充军扬州的逃犯，一个叫解庆宾，一个叫解思安，他们是亲兄弟。解庆宾告发当地人李盖和苏显甫杀害其弟解思安。解庆宾从城外找回弟弟尸体，但相貌被毁，难以辨认。证人是一名巫婆，她显灵得知凶手。李、苏被拷打已招认书供，上报定罪。

李太守接到案件，立刻传讯被告。李、苏二人大喊冤枉。经审讯得知：被告未曾得罪二解兄弟，只是有一天他们路经城东山路时，碰见解思安慌忙走过。当天回到城里，恰遇解庆宾为弟发丧。二人感到奇怪，近前看尸首，已腐烂难认。不觉脱口而出：“刚才在城外还看见了解思安呢，怎么这会儿就死了呢?”二人争论不休，以为白天见鬼了。第二天，解庆宾就病了，请来巫婆，跳神中自称冤魂附体，凶手是“李盖、苏显甫”……李崇已明白了几分，于是设了计谋……

不久传出消息，李、苏已定成死罪。解庆宾从州府出来后，总算放心了。有一天，来了两个北方州郡的差人找到解庆宾，盘问说：“不久前抓住一个逃跑的军犯叫解思安，你认不认识此人?”解庆宾回答说：“我虽有个弟弟叫解思安，不久前已经死了，早已安葬，天下同姓名的很多，想必是二位弄错了吧。”差人们站起来说：“他

被抓住时，要我二人来此地找他哥哥。当时我们就有些不信。只是他苦苦哀求，不要送他去官府。说他家中富有，他兄长一定会拿重金赎他。今儿个看来，这人是冒名认亲，把我俩骗得好苦！回去后一定交官府治他重罪！"说罢就走。解庆宾急忙拉住，说："二位留步，有话慢慢说。"差人说："这人既然与你无关，还有什么话说？"解沉吟了一会才说："两位贵差既然是外地人，我不妨实说，我兄弟其实没死，流亡在外。二位既然碰到，还望高抬贵手，本人一定重金相谢！决不食言。"差人说："这还差不多，好说好说。这样吧，咱们一块儿去，当着你兄弟面，咱们一手交钱，一手放人。你看怎样？"解庆宾想，这样最好，免得上当白扔钱。于是拿了银子同差人一块上路。

一行人刚走到大街上，迎面碰上本地衙役直奔解庆宾说："正找你，我们老爷传你问话，马上去！"解庆宾急得不知如何是好。北方的差人说先在路边的茶馆等他。解庆宾急忙谢了，跟着衙役匆匆而去。进了大堂，坐在正中的却是河东太守李崇。他猛击惊堂木喝道："大胆解庆宾，本官已查实，你放走解思安，又诬陷李盖、苏显甫，快从实招来！"解庆宾还在辩解。这时，李崇传出刚才那两个"北方差人"，解庆宾一见，魂飞魄散，一头趴在地上连连说："小人服罪，小人服罪。"

其实，李盖、苏显甫"定成死罪"和自称是北方的差人都是李崇设下的计谋而已。至此，真相大白。

声东击西，是以制造假象，佯动误敌来伪装攻击方向的谋略，通常是采用灵活机动的行动，不攻而示之以攻，欲攻而示之不攻；形似必然而不然，形似不然而必然；似可为而不为，似不可为而为之。忽东忽西，即打即离，巧妙地制造假象，促使对手指挥意志发生混乱。我之举动敌人无法推知，我便可以对敌出其不意，攻其不备，一战而胜。

在经商活动中，市场竞争激烈，各种关系错综复杂，经商本身就是智力的角逐，有时掩盖自己的真实意图，有意转移对方的注意力。欲买而示之以不买，欲卖而示之以不卖；低价可卖而示以高价，高价可买而示以低价，等等。

第二套　敌战计

第七计　无中生有

【计名探源】

无中生有，这个"无"，指的是"假"，是"虚"。这个"有"，指的是"真"，是"实"。无中生有，就是真真假假，虚虚实实，真中有假，假中有真，虚实互变，扰乱敌人，使敌方造成判断失误，行动失误。此计可分解为三部曲：第一步，示敌以假，让敌人误以为真；第二步，让敌方识破我方之假，掉以轻心；第三步，我方变假为真，让敌方仍误以为假。这样，敌方思想已被扰乱，主动权就被我方掌握。使用此计有两点应予注意:第一,敌方指挥官性格多疑,过于谨慎的,此计特易奏效;第二,要抓住敌方思想已经迷惑不解之机,迅速变虚为实,变假为真,变无为有,出其不意地攻击敌方。

唐朝安史之乱时,许多地方官吏纷纷投靠安禄山、史思明。唐将张巡忠于唐室,不肯投敌。他率领二三千人的军队守孤城雍丘(今河南杞县)。安禄山派降将令狐潮率四万人马围攻雍丘城。敌众我寡,张巡虽取得几次突然出城袭击的小胜,但无奈城中箭矢越来越少,赶造不及。没有箭矢,很难抵挡敌军攻城。张巡想起三国时诸葛亮草船借箭的故事,心生一计。急命军中搜集秸草,扎成千余个草人,将草人披上黑衣,夜晚用绳子慢慢往城下吊。夜幕之中,令狐潮以为张巡又要乘夜出兵偷袭,急命部队万箭齐发,急如骤雨。张巡轻而易举获敌箭数十万枝。令狐潮天明后,知道中计,气急败坏,后悔不迭。第二天夜晚,张巡又从城上往下吊草人。众贼见状,哈哈大笑。张巡见敌人已被麻痹,就迅速吊下五百名勇士,敌兵仍不在意。五百名勇士在夜幕掩护下,迅速潜入敌营,打得令狐潮措手不及,营中大乱。张巡乘此机会,率部冲出城来,杀得令狐潮大败而逃,损兵折将,只得退守陈留(今开封东南)。张巡巧用无中生有之计保住了雍丘城。

【原文】

诳①也,非诳也,实②其所诳也。少阴③,太阴,太阳④。

【注释】

①诳:欺诈、诳骗。

②实:实在,真实,此处作意动词。

③阴:指假象。

④阳:指真相。

【译文】

通俗地讲,就是用假情况去蒙骗敌人,但不是弄假到底,而是要巧妙地由假变真。在连续采用假攻击造成敌人的错觉之后,就要果敢地转为实际的攻击。其基本的逻辑程序是:假——假——真。

【赏析】

古人按语:无而示有,诳也。诳不可久而易觉,故无不可以终无。无中生有,则由诳而真,由虚而实矣。无不可以败敌,生有则败敌矣。如:令狐潮围雍丘,张巡缚蒿为人千余,披黑衣,夜缒城下;潮兵争射之,得箭数十万。其后复夜缒人,潮兵笑,不设备;乃以死士五百砍潮营,焚垒幕,追奔十余里(《新唐书》卷一九二《张巡传》《战略考·唐》)。

战国末期,七雄并立。实际上,秦国兵力最强,楚国地盘最大,齐国地势最好。其余四国都不是他们的对手。

当时,齐楚结盟,秦国无法取胜。秦国的相国张仪是个著名的谋略家,他向秦王建议,离间齐楚,再分别击之。秦王觉得有理,遂派张仪出使楚国。

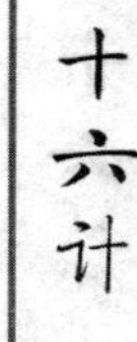

张仪带着厚礼拜见楚怀王,说秦国愿意把商於之地六百里(今河南淅川、内乡一带)送与楚国,但要楚国绝齐之盟。怀王一听,觉得有利可图:一得了地盘、二削弱了齐国、三又可与强秦结盟。于是不顾大臣的反对,痛痛快快地答应了。

怀王派逢侯丑与张仪赴秦,签订条约。二人快到咸阳的时候,张仪假装喝醉酒,从车上掉下来,回家养伤。逢侯丑只得在馆驿住下。过了几天,逢侯丑见不到张仪,只得上书秦王。秦王回信说:既然有约定,寡人当然遵守。但是楚未绝齐,怎能随便签约呢?

逢侯丑派人向楚怀王汇报,怀王哪里知道秦国早已设下圈套,立即派人到齐国,大骂齐王,于是齐楚之盟破裂。

这时,张仪的“病”也好了,碰到逢侯丑,说:“咦,你怎么还没有回国?”逢侯丑说:“正要同你一起去见秦王,谈送商於之地一事。”张仪却说:“这点小事,不要秦王亲自决定。我当时已说将我的俸邑六里,送给楚王,我说了就成了。”逢侯丑急忙说:“你说的是商於六百里!”张仪故作惊讶:“哪里的话!秦国土地都是征战所得,岂能随意送人?你们听错了吧!”

逢侯丑无奈,只得回报楚怀王。怀王大怒,发兵攻秦。可是现在秦齐已经结盟,在两国夹击之下,楚军大败,秦军尽取汉中之地六百里。最后,怀王只得割地求和。

怀王中了张仪无中生有之计,不但没有得到好处,相反却丧失了大片国土。

从字面讲,“无中生有”的意思是凭空捏造,栽赃陷害。但在军事上确有其深刻含义。无中生有与瞒天过海有相似之处,都是通过公开的形式,即佯动,使敌方由高度戒备变为放松警惕。

一般说来,无中生有中的“无”,即指迷惑敌人的假象,“有”就是在假象掩盖下的真实企图。空虚本身不可以战胜敌人,只有人为制造出虚假的东西,才可以战胜敌人。虚假的东西怎样才能掩盖真实的企图呢?其一,在短时间内,假象不可以有半点纰漏;其二,蒙蔽的对象是那些头脑过于简单或过于谨慎的指挥官,并要选择较适当的时机。

俗话说:“学百样不如精一行。”多元化经营虽不失为经营之良法,许多企业也尝到它的甜,但“世事无绝对”,单一经营“精一行”,有时也胜于“学百样”。单一经营自有无穷魅力,问题在于经营者能否发掘出来,无中生有能为单一经营这样狭小的经营空间创造出一个广阔的天地。

商业机遇有时是靠等待或抢抓得来的,但有时也是无中生有创造出来的,所以有人说:“财富是创造出来的。”

第八计　暗度陈仓

【计名探源】

暗度陈仓,意思是采取正面佯攻,当敌军被我牵制而集结固守时,我军悄悄派出一支部队迂回到敌后方,乘虚而入,进行决定性的突袭。

此计与声东击西计有相似之处，都有迷惑敌人、隐蔽进攻的作用。二者的不同之处是：声东击西，隐蔽的是攻击点；暗度陈仓，隐蔽的是攻击路线。

此计是汉朝大将军韩信创造。"明修栈道，暗度陈仓"，是古代战争史上的著名成功战例。

秦朝末年，政治腐败，群雄并起，纷纷反秦。刘邦的部队首先进入关中，攻进咸阳。势力强大的项羽进入关中后，逼迫刘邦退出关中。鸿门宴上，刘邦险些丧命。刘邦此次脱险后，只得率部退驻汉中。为了麻痹项羽，刘邦退走时，将汉中通往关中的栈道全部烧毁，表示不再返回关中。其实刘邦一天也没有忘记一定要击败项羽，夺得天下。公元前 206 年，已逐步强大起来的刘邦，派大将军韩信出兵东征。出征之前，韩信派了许多士兵去修复已被烧毁的栈道，摆出要从原路杀回的架势。关中守军闻讯，密切注视修复栈道的进展情况，并派主力部队在这条路线各个关口要塞加紧防范，阻止汉军进攻。

韩信"明修栈道"的行动，果然奏效。由于他吸引了敌军的注意力，敌军的主力调至栈道一线，于是韩信立即派大军绕道到陈仓（今陕西宝鸡市陈仓区东）发动突然袭击，一举打败章邯，平定三秦，为刘邦统一中原迈出了决定性的一步。

【原文】

示[1]之以动[2]，利其静而有主[3]，益动而巽[4]。

【注释】

①示：给人看。

②动：此指军事上的正面佯攻、佯动等迷惑敌方的军事行动。

③主：专心，专一。言敌方静下心来专注（我方的佯动）则于我方有利。

④益动而巽：语出《易经·益》卦。益：卦名。此卦为异卦相叠（震下巽上）。上卦为巽，巽为风；下卦为震，震为雷。意即风雷激荡，其势愈增，故卦名为益。与损卦之义，互相对立，构成一个统一的组卦。《益》卦的《彖》辞说："益动而巽，日进无疆。"这是说益卦下震为雷为动，上巽为风为顺，那么，动而合理，是天生地长，好处无穷。

此计是利用敌人被我"示之以动"的迷惑手段所蒙蔽，而我即乘虚而入，以达到军事上的出奇制胜。

【译文】

以佯动显示我准备沿此路线进攻，吸引敌方在这里固守，我却悄悄迂回到彼处去，乘虚而入。这样，利用人们一般的思维判断习惯去行动，就如同顺水行船一样容易成功。

【赏析】

古人按语：奇出于正，无正不能出奇。不明修栈道，则不能暗度陈仓。昔邓艾屯白水之北；姜维遣廖化屯白水之南，而结营焉。艾谓诸将曰："维令卒还，吾军少，

法当来渡，而不作桥，此维使化持我，令不得还。必自东袭取洮城矣。”艾即夜潜军，径到洮城。维果来渡。而艾先至，据城，得以不破。此则是姜维不善用暗度陈仓之计，而邓艾察知其声东击西之谋也。

这则按语讲出了军事上“奇”“正”的辩证关系。奇正相互对立，又相互联系。其实，“奇正”也可以互相转化。比如说，“明修栈道，暗度陈仓”写入兵书，此法可以说由奇变为正，而适时的正面强攻又可能转化为奇了。邓艾识破姜维“暗度陈仓”之计，认定姜维派廖化屯白水之南，不过是想迷惑自己，目的是袭取洮城。等姜维偷袭洮城时，邓艾已严阵以待了。邓艾懂得兵法中“奇”“正”互变的道理，识破姜维之计。由此可见，对于熟悉兵法的人来说，要掌握战场上的千变万化，使用各种计谋，必须审时度势，机械搬用某种计谋，是难以成功的。

暗度陈仓与声东击西，两计有异曲同工之妙。不同的是：声东击西是隐蔽攻击点的谋略，而暗度陈仓则是隐蔽攻击路线的谋略，这条谋略是历史上著名的军事家韩信创造的。

应用于商战，此计可引申为：故意暴露自己的行动，用以迷惑麻痹竞争对手或以此吸引顾客，然后暗中准备行动，战胜对手或赢得顾客。

第九计　隔岸观火

【计名探源】

隔岸观火，就是“坐山观虎斗”，“黄鹤楼上看翻船”。敌方内部分裂，矛盾激化，相互倾轧，势不两立，这时切切不可操之过急，免得反而促成他们暂时联手对付你。正确的方法是静止不动，让他们互相残杀，力量削弱，甚至自行瓦解。东汉末年，袁绍兵败身亡，几个儿子为争夺权力互相争斗，曹操决定击败袁氏兄弟。袁尚、袁熙兄弟投奔乌桓，曹操进兵击败了乌桓，袁氏兄弟又去投奔辽东太守公孙康。曹营诸将向曹操进言，要一鼓作气，平服辽东，捉拿二袁。曹操哈哈大笑说：“你等勿动，公孙康自会将二袁的头送上门来的。”于是下令班师，转回许昌，静观辽东局势。公孙康听说二袁来降，心有疑虑。袁家父子一向都有夺取辽东的野心，现在二袁兵败，如丧家之犬，无处存身，投奔辽东实为迫不得已。公孙康如收留二袁，必有后患。再者，收容二袁，肯定会得罪势力强大的曹操。但他又考虑，如果曹操进攻辽东，只得收留二袁，共同抵御曹军。当他探听到曹操已经转回许昌，并无进攻辽东之意时，认为收容二袁有害无益。于是预设伏兵，召见二袁，一举擒拿，割下首级，派人送到曹操营中。曹操笑着对众将说：“公孙康向来惧怕袁氏吞并他，二袁上门，他必定猜疑。如果我们急于用兵，反会促成他们合力抗拒。我们退兵，他们肯定会自相火并。看看结果，果然不出我所料。”

【原文】

阳乖序乱[①]，阴以待逆[②]。暴戾[③]恣睢，其势自毙。顺以动豫，豫顺以动[⑤]。

【注释】

①阳乖序乱：阳：指公开的。乖：违背，不协调。此指敌方内部矛盾激化，以致公开地表现出多方面的秩序混乱，相互倾轧。

②阴以待逆：阴：暗暗地。逆：叛逆。此指我暗中静观敌变，坐待敌方出现更进一步的恶化局面。

③戾：凶暴，猛烈。

④睢：任意胡为。

⑤顺以动豫，豫顺以动：语出《易经·豫》卦。豫：卦名。本卦为异卦相叠（坤下震上）。本卦的下卦为坤为地，上卦为震为雷。是雷生于地，雷从地底而出，突破地面，在空中自在飞腾。《豫》卦的《彖》辞说："豫，刚应而志行，顺以动。"意即豫卦的意思是顺时而动，正因为豫卦之意是顺时而动，所以天地就能随其意，做事就顺其自然。此计正是运用本卦顺时以动的哲理，说坐观敌人的内部恶变，我不急于采取攻逼手段而顺其变，"坐山观虎斗"，最后让敌人自相残杀，时机一到而我即坐收其利，一举成功。

【译文】

这段话的意思是：敌方内部矛盾趋于激化，秩序混乱，我便静待它发生暴乱。敌方反目成仇，自相残杀，势必自取灭亡。这就是以柔顺的手段，坐等有利结局的策略。

【赏析】

古人按语：乖气浮张，逼则受击，退则远之，则乱自起。昔袁尚、袁熙奔辽东，众尚有数千骑。初，辽东太守公孙康，恃远不服。及曹操破乌桓，或说曹遂征之，尚兄弟可擒也。操曰："吾方使斩送尚、熙首来，不烦兵矣。"九月，操引兵自柳城还，康即斩尚、熙，传其首。诸将问其故，操曰："彼素畏尚等，吾急之，则并力；缓之，则相图，其势然也。"或曰：此兵书火攻之道也。按兵书《火攻篇》前段言火攻之法，后段言慎动之理，与隔岸观火之意，亦相吻合。

按语提到《孙子·火攻篇》，认为孙子言慎动之理，与隔岸观火之意，亦相吻合。这是很正确的。在《火攻篇》后段，孙子强调，战争是利益的争夺，如果打了胜仗而无实际利益，这是没有作用的。所以，"非利不动，非得（指取胜）不用，非危不战。主不可以怒而兴师，将不可以愠（指怨愤、恼怒）而致战。合于利而动，不合于利而止"。所以说一定要慎用兵，戒轻战，战必以利为目的。有时与其轻举妄动，倒不如隔岸观火更为有利。当然，隔岸观火之计，不等于站在旁边看热闹，一旦时机成熟，就要改"坐观"为"出击"，以取胜得利为目的。

战国时期，韩国和魏国打了一年的仗也没有决出胜负。秦国的大臣们有的说参战好，有的说参战不好，弄得秦惠王左右为难。

于是，秦惠王就此事问楚国谋士陈轸。

陈轸讲了卞庄子刺虎的故事："卞庄子看见两只老虎吃牛，立即想去把虎刺死。一个小孩子劝阻他说：'两虎刚刚开始吃牛，等它尝到香甜滋味的时候必然相争，相争就一定要厮斗，厮斗就会使强壮的受伤，弱小的死亡。这时你再去刺杀受伤的，必定是只杀死一只老虎，而实际上却能得到两只老虎。'卞庄子认为这个主意不错，于是站在一旁观看。一会儿，两只老虎果然争斗起来了，强壮的老虎受了伤，弱小的老虎被咬死。卞庄子上去把受伤的老虎刺死，一举得了两只老虎。现在韩魏争战，难解难分，结果一定是强国受损，弱国灭亡。这时再去攻打已经受损的国家，一举两得。这同卞庄子刺虎的道理是一样的。"

秦王依计而行，没有参战。结果大国受损，小国灭亡。秦这时才起兵攻打，大获全胜。

你也许听说过哑巴卖刀的故事：哑巴由于无法叫卖，只得坐在地上用刀一截截地切铁丝，人们看到他的菜刀如此坚硬、削铁如泥便纷纷购买，一抢而光。

这一计与"坐山观虎斗"有相近的含意。一个国家、一个集团，内部出现分裂，矛盾冲突日益激烈时，外部的进攻，恰恰会促使内部的联合；外部宽松，内部的斗争则会加剧。隔岸观火正是根据这个道理，采取静观其变、坐收渔利的策略。

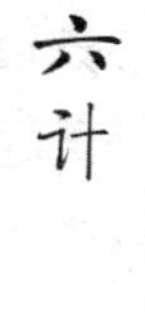

第十计　笑里藏刀

【计名探源】

笑里藏刀，原意是指那种口蜜腹剑、两面三刀、"口里喊哥哥，手里摸家伙"的做法。此计用在军事上，是运用政治外交上的伪善手段，欺骗麻痹对方，来掩盖己方的军事行动。这是一种表面友善而暗藏杀机的谋略。

战国时期，秦国为了对外扩张，夺取地势险要的黄河崤山一带，派公孙鞅为大将，率兵攻打魏国。公孙鞅大军直抵魏国吴城城下。这吴城原是魏国名将吴起苦心经营之地，地势险要，工事坚固，正面进攻很难奏效。公孙鞅苦苦思索攻城之计。

他探到魏国守将是与自己曾经有过交往的公子卬，心中大喜。他马上修书一封，主动与公子卬套近乎，信中说，虽然我们俩现在各为其主，但考虑到我们过去的交情，还是两国罢兵，订立和约为好。念旧之情，溢于言表。他还建议约定时间会谈议和大事。信送出后，公孙鞅还做出主动撤兵的姿态，命令秦军前锋立即撤回。公子卬看罢来信，又见秦军退兵，非常高兴，马上回信约定会谈日期。公孙鞅见公子卬已钻入了圈套，暗地在会谈之地设下埋伏。会谈那天，公子卬带了三百名随从到达约定地点，见公孙鞅带的随从更少，而且全部没带兵器，更加相信对方的诚意。会谈气氛十分融洽，两人重叙昔日友情，表达双方交好的诚意。公孙鞅还设宴款待公子卬。公子卬兴冲冲入席，还未坐定，忽听一声号令，伏兵从四面包围过来，公子卬和三百随从反应不及，全部被擒。公孙鞅利用被俘的随从，骗开吴城城门，占领吴城。魏国只得割让西河一带，向秦求和。秦国用公孙鞅笑里藏刀之计轻取崤山一带。

【原文】

信[①]而安[②]之，阴[③]以图之；备而后动，勿使有变。刚中柔外[④]也。

【注释】

①信：使相信。
②安：使安，安然，此指不生疑心。
③阴：暗地里。
④刚中柔外：表面柔顺，实质强硬。

【译文】

用现在的话说就是：表现出十分友好、充满诚意的样子，使对手信以为真，放松警惕；实际上暗中策划、积极准备，一有机会，立即行动，使对手来不及应变。这是外示友好、内藏杀机的谋略。

【赏析】

兵书云："辞卑而益备者，进也……无约而请和者，谋也。"故凡敌人之巧言令色，皆杀机之外露也。宋曹玮知渭州，号令明肃，西夏人惮之。一日玮方对客弈棋，会有叛卒数千，亡奔夏境。堠骑（骑马的侦察员）报至，诸将相顾失色。公言笑如平时，徐谓骑曰："吾命也，汝勿显言。"西夏人闻之。以为袭己，尽杀之。此临机应变之用也。若勾践之事夫差，则意使其久而安之矣。

宋将曹玮，闻知有人叛变投奔西夏。他非但不惊恐，反而随机应变，谈笑自如，不予追捕，说叛逃者是自己有意派到西夏去的。消息传扬，敌人误认为叛逃者是曹玮派来的内奸，就把他们全部杀光。曹玮把笑里藏刀和借刀杀人之计运用得何其自如！古代兵法早就提醒过：切不可轻信对方的甜言蜜语，要谨防他们暗中隐藏的杀机。

孔子是我国古代著名的思想家、教育家。孔子的一生，流离奔波。公元前500年，孔子在鲁国当上了"中都宰"，由于政绩显著，鲁定公任命孔子为大司寇（司法部长)，后来又以大司寇的职务代理鲁国宰相一职。孔子任职期间，曾协助鲁定公与齐景公会盟于夹谷，力挫齐景公，使齐景公不得不归还侵占鲁国的土地。此后，孔子把鲁国治理得井井有条，使鲁国渐渐强盛起来。

齐国是鲁国的近邻，对鲁国的一举一动都格外关注。孔子把鲁国治理好了，对齐国就是最大的威胁。齐景公向文武大臣请教对策。大臣犁钼献计道:“想要阻止鲁国也不难，只要疏远鲁定公与孔子的关系，使孔子知难而退，不就大告成了吗?”

齐景公问:“怎样才能疏远他们的关系?”犁钼回答:“鲁定公贪欢好色，大王只要给我几十名美女，我就能够完成使命。”齐王答应了。

犁钼在齐国各地挑选了80名美女，教她们习舞唱歌，待美女们一个个能歌善舞之后，给她们穿上最华丽的衣服，然后把80名美女献给了鲁定公。果然，鲁定公被美人们的娇媚容颜、婉转歌喉、奇绝舞姿给迷住了，一连数天，连朝也不上了。孔子连连上奏劝谏，鲁定公不予搭理，孔子还是劝说不止，鲁定公恨孔子扫了他的雅兴，传令卫士，不许孔子再来晋见。孔子碰了一鼻子灰，还希望鲁定公能回心转意，不料，鲁定公沉湎在醉生梦死之中，连祭祀这样的大事都忘了。孔子摇摇头，仰天长叹，只好弃官离开鲁国，带领弟子们再一次周游列国去了。

齐国君臣得知孔子离开鲁国，一个个拍手称快。

《孙子兵法》的《始计篇》讲了兵家的“十二诡道法”，其中第二条叫作“用而示之不用”。“笑里藏刀”之计，可以说是对孙子这一谋略思想的具体化。

使用笑里藏刀一计，要根据敌方指挥员的特点实施:对骄傲自大的要增加他的傲气;对心怀畏惧的，要表示我方的诚意，使敌人放松警惕，我方则暗中准备，寻找有利时机发难。此计用于军事、政治与外交上，有时竟能打得对方措手不及，悔之已晚。

第十一计　李代桃僵

【计名探源】

李代桃僵中的“僵”，是仆倒的意思。此计语出《乐府诗集·鸡鸣篇》:“桃生露井上，李树生桃旁。虫来啮桃根，李树代桃僵。树木身相代，兄弟还相忘?”本意是指兄弟要像桃李共患难一样相互帮助，相互友爱。此计用在军事上，指在敌我双方势均力敌，或者敌优我劣的情况下，用小的代价，换取大的胜利的谋略。很像在象棋比赛中“舍车保帅”的战术。战国后期，赵国北部经常受到匈奴襜褴国及东胡、林胡等部骚扰，边境不宁。赵王派大将李牧镇守北部门户雁门。李牧上任后，日日杀牛宰羊，犒赏将士，只许坚壁自守，不许与敌交锋。匈奴摸不清底细，也不敢贸然进犯。李牧加紧训练部队，养精蓄锐，几年后，兵强马壮，士气高昂。公元前250年，李牧准备出击匈奴。他派少数士兵保护边寨百姓出去放牧。匈奴人见状，派出小股骑兵前去劫掠，李牧的士兵与敌骑交手，假装败退，丢下一些人和牲畜。匈奴人占得便宜，得胜而归。匈奴单于心想，李牧从来不敢出城征战，果然是一个不堪一击的胆小之徒，于是亲率大军直逼雁门。李牧早料到骄兵之计已经奏效，于是严阵以待，兵分三路，给匈奴单于准备了一个大口袋。匈奴军轻敌冒进，被李牧分割成几处，逐个围歼。单于兵败，落荒而逃，襜褴国灭亡。李牧用小小的损失，换得了全局的胜利。

【原文】

势必有损，损阴①以益阳②。

【注释】

①阴：此指某些细微的、局部的事物。

②阳：此指整体意义上的、全局性的事物。这是说在军事谋略上，如果暂时要以某种损失、失利为代价才能最终取胜，指挥者应当机立断，以某些局部或暂时的牺牲，去保全或者争取全局的、整体性的胜利。这是运用我国古代阴阳学说的阴阳相生相克、相互转化的道理而制定的军事谋略。

【译文】

当战局发展必然会有所损失时，就要以局部利益的损失来保全大局的利益。这和人们所说的丢卒保车、丢车保帅的道理很相似。

【赏析】

古人按语：我敌之情，各有长短。战争之事，难得全胜，而胜负之诀，即在长短之相较，乃有以短胜长之秘诀。如以下驷敌上驷，以上驷敌中驷，以中驷敌下驷之类：则诚兵家独具之诡谋，非常理之可测也。

两军对峙，敌优我劣或势均力敌的情况是很多的。如果指挥者指导思想正确，常可变劣势为优势。孙膑赛马的故事为大家所熟知，他在田忌的马总体上不如对方的情况下，仍使他以二比一获胜。但是，运用此法也不可生搬硬套。春秋时齐魏桂陵之战，魏军左军最强，中军次之，右军最弱。齐将田忌准备按孙膑赛马之计如法炮制，孙膑却认为不可。他说，这次作战不是争个二胜一负，而应大量消灭敌人。于是用下军对敌人最强的左军，以中军对势均力敌的中军，以力量最强的部队迅速消灭敌人最弱的右军。齐军虽有局部失利，但敌方左军、中军已被钳制住，右军很快败退。田忌迅即指挥己方上军乘胜与中军合力，力克敌方中军，得手后，三军合击，一起攻破敌方最强的左军。这样，齐军在全局上形成了优势，终于取胜。

吕不韦是战国时韩国阳翟地方的大商人，他在赵国都城邯郸做买卖时遇到了在赵国做人质的秦国王孙子楚。吕不韦认为子楚不但是他发财的“摇钱树”，还可以使自己得到许多政治上的好处。于是找到子楚，说：“你是秦国的王孙，可是处境太艰难了，我可以助你一臂之力，光大你的门庭。”子楚苦笑道：“先生，有话请讲。”吕不韦道：“我听说你祖父已立你父亲安国君为太子，你父亲将来就是国君，难道你就不想做太子吗？”子楚说：“我们兄弟二十多人，我是最不得父亲和祖父喜欢的，所以才被派到赵国来做人质，即使是父亲做了国君，那也轮不到我做太子啊。”吕不韦说：“你父亲安国君最宠爱华阳夫人，但是华阳夫人却没有儿子，所以直到现在你

父亲也没有确立自己的继承人。我们不能直接找你父亲安国君，但是却可以走华阳夫人那条路啊！”子楚心领神会，对吕不韦说：“果然有这么一天，我愿与您同享秦国的天下。”

吕不韦当即拿出五百两金子，交给子楚，让他在赵国广交朋友，壮大势力，随后亲自拿着五百两黄金到秦国为子楚活动。吕不韦先用珍宝买通了华阳夫人的姐姐，然后托华阳夫人的姐姐将一大批奇珍异宝以子楚的名义送给华阳夫人，并说子楚在赵国日日夜夜不忘华阳夫人，视华阳夫人为自己的亲生母亲。华阳夫人得到这么多的礼物，又听到子楚惦念自己，心里当然很高兴。她的姐姐乘机就把吕不韦教给她的话跟华阳夫人说了一遍：“妹妹现在年轻又漂亮，得到安国君的宠爱，可是你不能生育，连个儿子也没有，将来老了怎么办？”华阳夫人被说中了心事，顿时不安起来，问：“照姐姐的意思该怎么办？”华阳夫人的姐姐说：“不如趁早认一个儿子，让安国君立他为太子，到那时候，太子感恩图报，妹妹就没有后顾之忧了。照我看，子楚又孝顺又贤德，妹妹认子楚做儿子就可以。”

华阳夫人认为姐姐的话有道理，于是找了个机会对安国君说：“我得到您的宠爱，真是三生有幸。可是我没有儿子啊，万一您有个好歹，我怎么办？您的儿子之中，子楚最为贤明，我想认他做儿子，并请您立子楚为太子，将来我老了也好有个依靠。”安国君对华阳夫人百依百顺，立刻答应了华阳夫人的请求，立子楚为自己的继承人。

几年后，子楚的祖父秦昭王死了，安国君做了国君，史称秦孝文王。子楚在吕不韦的帮助下，偷偷从赵国回到秦国，做了太子。秦孝文王在位仅一年多就死了，子楚于是即位做了国君，史称秦庄襄王。秦庄襄王为了感激吕不韦，封吕不韦做丞相。吕不韦的发财、做官之梦完全实现了。

李代桃僵作引军谋略，是隐喻以小的牺牲保全大局利益。

古人认为：在战争中，敌我双方各自都有其优势与劣势。一方在各方面都超过对方是绝不存在的。双方的胜败就在于双方强弱的较量。双方力量强弱的相较量之中，又有一个巧妙的秘诀。这个秘诀就是：在力量的对比中，指挥员要学会算账。多算者胜，少算者败。要善于用少数兵力做钳制，从全局的劣势中，争取到多个局部的优势。比如，孙膑赛马的故事就是典型的一例。

历史教会了我们许多东西，现代人的价值观固然跟古代有许多不同，然而生存的法则和力量对比则在许多情况下似乎没有变。

第十二计　顺手牵羊

【计名探源】

顺手牵羊是看准敌方在移动中出现的漏洞，抓住薄弱点，乘虚而入获取胜利的谋略。古人云：“善战者，见利不失，遇时不疑。”意思是要捕捉战机，乘隙争利。当然，小利是否应该必得，这要考虑全局，只要不会“因小失大”，小胜的机会也不应该放过。

公元383年,前秦统一了黄河流域,势力强大。前秦国王苻坚坐镇项城,调集九十万大军,打算一举消灭东晋。他派其弟苻融为先锋攻下寿阳,初战告捷。苻融判断东晋兵力不多并且严重缺粮,建议苻坚迅速进攻东晋。苻坚闻讯,不等大军齐集,立即率几千骑兵赶到寿阳。东晋将领谢石得知前秦百万大军尚未齐集,决定抓住时机,击败敌方前锋,挫敌锐气。谢石先派勇将刘牢之率精兵五万,强渡洛涧,杀了前秦守将梁成。刘牢之乘胜追击,重创前秦军。谢石率师渡过洛涧,顺淮河而上,抵达淝水一线,驻扎在八公山边,与驻扎在寿阳的前秦军隔岸对峙。苻坚见东晋阵势严整,立即命令坚守河岸,等待后续部队。谢石感到机会难得,只能速战速决。于是,他决定用激将法激怒骄狂的苻坚。他派人送去一信,说道,我要与你决一雌雄,如果你不敢决战,还是趁早投降为好;如果你有胆量与我决战,你就暂退一箭之地,让我渡河与你比个输赢。苻坚大怒,决定暂退一箭之地,等东晋部队渡到河中间,再回兵出击,将晋兵全歼水中。他哪里料到此时前秦军士气低落,撤军令下,顿时大乱。秦兵争先恐后,人马冲撞,乱成一团,怨声四起。这时指挥已经失灵,几次下令停止退却,但如潮水般撤退的人马已成溃败之势。这时谢石指挥东晋兵马,迅速渡河,乘敌大乱之际,奋力追杀,前秦大败。淝水之战,东晋军抓住战机,乘虚取胜,是古代战争史上以弱胜强的著名战例。

【原文】

微隙① 在所必乘,微利在所必得。少阴,少阳②。

【注释】

①微隙:微小的空隙,指敌方的某些漏洞、疏忽。

②少阴,少阳:少阴:此指敌方小的疏漏。少阳:指我方小的得利。此句意为我方要善于捕捉时机,伺隙捣虚,将敌方小的疏漏转化为我方小的胜利。

【译文】

这段话的意思是说:“当敌方出现了微小差错,要及时利用;战场上出现了取得微小胜利的机会,要力争获取。要随时注意敌方小的疏忽,转化为我方小的胜利。”简而言之,就是要抓住一切有利的机会来扩大战果,发展胜利。

【赏析】

古人按语:大军动处,其隙甚多。乘间取利,不必以胜。胜固可用,败亦可用。

大部队在运动的过程中,漏洞肯定很多,比如,大军急促前进,各部运动速度不同,给养可能造成困难,协调可能不灵,战线拉得越长,可乘之隙一定越多。看准敌人的空隙,抓住时机一击,只要有利,不一定完全取胜也行。这个方法,胜利者可以运用,失败者也可以运用,强大的一方可以运用,弱小的一方也可以运用。战争史上一方经常用小股游击队,钻进敌人的心脏,神出鬼没打击敌人,攻敌薄弱处,应手得利。

齐桓公是春秋时期最先称霸的霸主。由于实力相当雄厚,齐桓公不断对外发

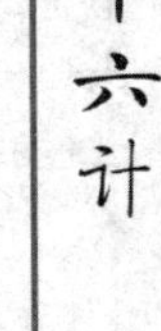

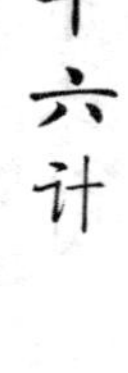

起战争，扩大领土。公元前681年，齐国与鲁国多次交战，鲁国屡战屡败，鲁庄公只好割地求和，双方约定在柯地（今山东东阿）举行签约仪式。

鲁国有位大将姓曹，名沫。曹沫力大无比，又有智谋，对齐桓公以强凌弱的做法大为愤慨，但是，又奈何不了齐桓公，思来想去，决心乘鲁齐在柯地会盟之机，教训一下齐桓公。

齐桓公拥重兵到达柯地，曹沫作为鲁庄公的侍卫也参加了会盟仪式。仪式开始后，鲁庄公和齐桓公同时登上会盟仪式的"坛"，正在这时，曹沫突然跳到坛上，一手抓住齐桓公，一手拔出藏在战袍下的匕首，对准了齐桓公。齐桓公被这突如其来的袭击吓得面无人色，挣扎了几下，却挣脱不了，只好战战兢兢地问："你……你想干什么？"

曹沫道："你们齐国以强自恃，到处欺负我们小国。我们鲁国已经没有多少土地了，你还不放过，我现在只求你把齐国夺走的土地归还给鲁国，否则，我和你一起死在这里！"

齐桓公望着寒光闪闪的刀刃，说："这……好办，我答……答应就是。"

曹沫说："这样答应不行，你要当着坛下的贵宾和所有的人宣布，齐国归还鲁国的土地！"

这时坛下的齐国将士想上前营救齐桓公，但又害怕曹沫用匕首刺杀齐桓公，一个个束手无策。齐桓公迫于无奈，只好照着曹沫的话当众宣布归还鲁国的土地。

会盟仪式结束后，齐桓公灰溜溜地回到齐国，越想越感到有失体面，不但不准备把土地归还鲁国，还想起兵灭掉鲁国。相国管仲劝道："君子言必信，行必果。大王既然已经当众答应了鲁国，再兴兵伐鲁，岂不是失信于诸侯？这样做实在是因小失大！"

齐桓公对管仲言听计从，便把靠战争夺到的国土如数归还了鲁国。

顺手牵羊同趁火打劫有相同的地方，但趁火打劫是趁敌人处于十分困难时攻击他，而顺手牵羊是抓住微小的战机打击敌人。在军事上，战争双方力量消长，是一个由量变到质变的过程。乘隙向敌人的薄弱处进攻发展，空手得利。逐渐克减对方，增强与壮大自己的实力，是实现这一转变的积极手段。

第三套　攻战计

第十三计　打草惊蛇

【计名探源】

打草惊蛇，语出段成式《酉阳杂俎》：唐代王鲁任当涂县县令，搜刮民财，贪污受贿。有一次，县民控告他的部下主簿贪赃。他见到状子，十分惊骇，情不自禁地在状子上批了八个字："汝虽打草，吾已惊蛇。"

打草惊蛇,作为谋略,是指敌方兵力没有暴露,行踪诡秘,意向不明时,切切不可轻敌冒进,应当查清敌方主力配置、运动状况再说。

公元前630年,秦穆公发兵攻打郑国,他打算和安插在郑国的奸细里应外合,夺取郑国都城。大夫蹇叔以为秦国离郑国路途遥远,兴师动众长途跋涉,郑国肯定会做好迎战准备。秦穆公不听,派孟明视等三帅率部出征。蹇叔在部队出发时,痛哭流涕地警告说,恐怕你们这次袭郑不成,反会遭到晋国的埋伏,只有到崤山去给士兵收尸了。果然不出蹇叔所料,郑国得到了秦国袭郑的情报,逼走了秦国安插的奸细,做好了迎敌准备。秦军见袭郑不成,只得回师,但部队长途跋涉,十分疲惫。部队经过晋国崤山时,毫无防备意识。他们以为秦国曾对晋国刚死不久的晋文公有恩,晋国不会攻打秦军。哪里知道,晋国早在崤山险峰峡谷中埋伏了重兵。一个炎热的中午,秦军发现晋军小股部队,孟明视十分恼怒,下令追击。追到山隘险要处,晋军突然不见踪影。孟明视一见此地山高路窄,草深林密,情知不妙。这时鼓声震天,杀声四起,晋军伏兵蜂拥而上,大败秦军,生擒孟明视等三帅。秦军不察敌情,轻举妄动,"打草惊蛇",终于遭到惨败。当然,军事上有时也可故意"打草惊蛇"而诱敌暴露,从而取得战斗的胜利。

【原文】

疑以叩[①]实,察而后动;复者[②],阴之媒也[③]。

【注释】

①叩:问,查究。意为发现了疑点就应当考实查究清楚。

②复者:反复去做,即反复去叩实而后动。

③阴之媒也:阴,此指某些隐藏着的、暂时尚不明显或未暴露的事物、情况。媒,媒介。"复者,阴之媒也",意即反复叩实查究,而后采取相应的行动,实际是发现隐藏之敌的重要手段。

【译文】

用现在的话说就是:有怀疑就要侦察核实,待情况了解清楚后再行动,用一个试探性的佯动,可以引诱敌人暴露出隐蔽很深的阴谋。有经验的军人都知道,在战场上,有在炮声隆隆中面对面的厮杀,也有看不到的敌人在寂静之处隐藏着杀机。所以兵家得出先知虚实,使其中我埋伏,而后聚而歼之。

【赏析】

古人按语:敌力不露,阴谋深沉,未可轻进,应遍挥其锋。兵书云:"军旁有险阻、潢井、葭苇、山林、翳荟者,必谨复索之,此伏奸之所处也。"(《孙子·行军篇》)

兵法早已告诫指挥者,进军的路旁,如果遇到险要地势、坑地水洼、芦苇、密林、野草遍地,一定不能麻痹大意,稍有不慎,就会"打草惊蛇",而被埋伏之敌所歼。可是,战场情况复杂,变化多端,有时己方巧设伏兵,故意"打草惊蛇",让敌军中计的战例也层出不穷。

三国时诸葛亮用计，帮刘备“借”走了荆州。周瑜为了讨回荆州，设下一计，派吕范前往荆州说媒，提出要刘备到东吴入赘，娶孙权之妹为妻。为的是把刘备骗来拘禁，若不用荆州来换，便杀了刘备。周瑜此计对诸葛亮来说“正中下怀”。他要刘备应允下来，并依从了周瑜的安排去了江东。诸葛亮交给随行的赵云三个锦囊妙计，第一个就是让随行的军士披红挂彩，大张旗鼓，在城里买办物品，大肆宣传，让全城的人都知道吴国太嫁女给刘备。刘备牵羊担酒去拜见周瑜的丈人乔国老，告诉他入赘的事。乔国老便入府向吴国太祝贺。但国太还蒙在鼓里，立即派人找孙权来问个明白。得知是周瑜之计，吴国太大为恼怒，大骂周瑜：“他当了六郡大都督，无计讨还荆州，却使我女儿做美人计。杀了刘备，我女儿便是望门寡，误了我女儿一世！”乔国老也说：“若用此计讨还荆州，必被天下人耻笑！此事如何行得？”说得孙权默默无语，最后只得依从母命，将妹妹嫁给了刘备。最后刘备带着夫人离开江东，让周瑜赔了夫人又折兵。刘备手下人在城里大肆张扬，谓之“打草”；孙权无法应付母亲，只得将妹妹嫁给刘备，谓之“惊蛇”。

打草惊蛇之计，一则指对于隐蔽的敌人，己方不得轻举妄动，以免敌方发现我军意图而采取主动；二则指用佯攻助攻等方法“打草”，引蛇出洞，使其中我埋伏，然后聚而歼之。

的确，商战中，大家你争我夺，各施其招，如八仙过海，各显神通，各种怪招、奇招，甚至坏招层出不穷。只要能达到目的，又在法律许可范围内，几乎没有什么招是不能用的。难怪有人说：“商战没道德，只有成功与失败。”

第十四计　借尸还魂

【计名探源】

借尸还魂，原意是说已经死亡的东西，又借助某种形式得以复活。用在军事上，是指利用、支配那些没有作为的势力来达到我方目的的策略。战争中往往有这类情况,对双方都有用的势力,往往难以驾驭,很难加以利用。而没有什么作为的势力,往往要寻求靠山。这个时候,利用和控制这部分势力,往往可以达到取胜的目的。

秦朝施行暴政,天下百姓"欲为乱者,十室有五"。大家都有反秦的愿望,但是如果没有强有力的领导者和组织者,也就难成大事。秦二世元年,陈胜、吴广被征发到渔阳戍边。当这些戍卒走到大泽乡时,连降大雨,道路被水淹没,眼看无法按时到达渔阳了。秦朝法律规定,凡是不能按时到达指定地点的戍卒,一律处斩。陈胜、吴广知道,即使到达渔阳,也会误期被杀,不如一拼,寻求一条活路。他们知道同去的戍卒也都有这种思想,正是举兵起义的大好时机。陈胜又想到,自己地位低下,恐怕没有号召力。当时有两位名人深受人民尊敬,一个是秦始皇的大儿子扶苏,温良贤明,已被阴险狠毒的秦二世暗中杀害,老百姓却不知情;另一个是楚将项燕,功勋卓著,爱护将士,威望极高,在秦灭六国之后不知去向。于是陈胜公开打出他们的旗号,以期能够得到大家的拥护。他们还利用当时人们的迷信心理,巧妙地做了其他安排:有一天,士兵做饭时,在鱼腹中发现一块丝帛,上写"陈胜王"(这个"王"字是称王的意思)。士兵大惊,暗中传开。吴广又趁夜深人静之时,在旷野荒庙中学狐狸叫,士兵们还隐隐约约地听到空中有"大楚兴,陈胜王"的叫声。他们以为陈胜不是一般的人,肯定是承"天意"来领导大家的。陈胜、吴广见时机已到,率领戍卒杀死朝廷派来的将尉。陈胜登高一呼,揭竿而起。他说:我们反正活不成了,不如和他们拼个你死我活,就是死,也要死出个样儿来。于是,陈胜自号为将军,吴广为都尉,攻占大泽乡,天下云集响应,节节胜利,所向披靡。后来,部下拥立陈胜为王,国号"张楚"。

【原文】

有用者,不可借①;不能用者,求借②。借不能用者而用之,匪我求童蒙,童蒙求我。③

【注释】

①有用者,不可借:意为世间许多看上去很有用处的东西,往往不容易去驾驭为己所用。

②不能用者,求借:此句意与上句相对言之。即有些看上去无甚用途的东西,往往有时还可以借助它使其为己发挥作用。犹如我欲"还魂"还必得借助看似无用的"尸体"的道理。此言兵法,是说兵家要善于抓住一切机会,甚至是看上去无甚用处的东西,努力争取主动,壮大自己,及时采取行动,变不利为有利,乃至转败为胜。

③匪我求童蒙,童蒙求我:语出《易经·蒙》卦。蒙,卦名。本卦是异卦相叠(下坎上艮)。本卦上卦为艮为山,下卦为坎为水为险。山下有险,草木丛生,故说"蒙"。这是蒙卦卦象。这里"童蒙"是指幼稚无知、求师教诲的儿童。此句意为不是我求助于愚昧之人,而是愚昧之人有求于我了。

【译文】

这段话听起来很玄妙精深,通俗地讲,它的意思是说:在战场上,对双方都有用的难以驾驭和控制,不可加以利用;凡没有作为的,往往要依附求助于他人。利用那些没有作为的并顺势控制它,从而达到不是我受别人支配,而是我指使支配别人的目的。

【赏析】

古人按语:换代之际,纷立亡国之后者,固借尸还魂之意也。凡一切寄兵权于人,而代其攻守者,皆此用也。

历史上常有这种情况,在改朝换代的时候,都喜欢推出亡国之君的后代,打着他们的旗号,来号召天下。用这种"借尸还魂"的方法,达到夺取天下的目的。在军事上,指挥官一定要善于分析战争中各种力量的变化,要善于利用一切可以利用的力量。有时,我方即使受挫,处于被动局面,但如果善于利用敌方矛盾,利用一切可以利用的力量,也能够转被动为主动,改变战争形势,达到取胜的目的。

汉高祖刘邦帝位坐稳之后,深以异姓封王为虑,便谋诛了受封王位的韩信、英布、彭越、陈豨,之后,就把王位分封给自己的儿子。在他病危临终时,还把诸王侯召到病榻前,严厉嘱咐:"此后非姓刘的不得封王,非有功的不得封侯。"

汉高祖驾崩后,吕后独揽大权,根本不理刘邦遗嘱,排除异己,大封吕氏一族,想将汉朝变为吕氏天下。刘氏诸王不是被杀便是削了兵权,大家惶惶不可终日,无计可施。

齐王刘泽眼见同胞手足遭此迫害,自己手中的兵权又被削夺,不禁在院子里仰面痛哭,恨天无眼。

刘泽有一个部属名叫田子春,颇工心计。他见到主人这般伤心,便自告奋勇去长安为他讨回兵权,只要给他两匹良驹便可。刘泽虽然半信半疑,还是依他所请。田子春带了良马,便往长安出发。

来到长安,便找个旅店住下,他打听到吕后的心腹张石庆——他要下手的目标——每天上朝都要从此经过,他就先用两匹良马拴在旅店门口,引起张石庆的注意,等张石庆开口要买马时,便顺水推舟把马送给他,并表示只是想谋一份差事罢了。

张石庆一听大喜,不疑于他,便叫他搬入官衙内居住。田子春刻意逢迎,每日与张石庆高谈阔论,很是亲近。一日,张石庆偶然提起吕后,田子春认为机不可失,便对张石庆说:

"大人若能为太后奏请封吕氏三人为王的话,太后一定很高兴,可能封您为上大夫呢!"接着又说了其中的利害关系。张石庆听了,乐得连称好计。

次日早朝,张石庆果然奏请封三吕为王,正中吕后下怀,马上封吕超为东平王,吕禄为西平王,吕产为中平王,又封张石庆为末厅丞相,赏帛金三万。

张石庆欣喜万分,回来后就告诉田子春,田子春佯装大惊,说道:

"哎呀!大人,您真的奏请封王呀?如此一来,吕氏天下就糟了。都怪我酒后胡言乱语,唉!”

张石庆大吃一惊,急问:“为什么?”

田子春解释说:“刘氏有三个王在外,如今见太后大封吕氏为王,心定不服,万一造反作乱,我们岂不弄巧成拙?”

张石庆本是“大草包”,听他这么一说,慌乱得没了主意。田子春两眼一转,就又趁机在他耳边唧唧咕咕,说得他不断点头称好。

当晚,张石庆就入宫禀奏吕后说:“关外三王刘泽、刘号、刘长,闻知太后大封三吕为王,一怒之下,正计划起兵造反。我想,如果太后也给他们一些好处,他们自然会心悦诚服的。”

吕后立即传宰相陈平进宫商议。陈平心中暗喜,知道是山东刘泽那里有人打进来了,便暗中支持刘泽。吕后见陈平也不反对给“三王”点好处,便派使者到山东传刘泽上京,授予兵符。

田子春听到消息,就赶到城外与刘泽会合,并催促刘泽拔寨起程。于是,刘泽率领所统二十五万大军,浩浩荡荡回山东去了。

不久,刘泽在山东造反,吕后大怒,怪罪张石庆。张石庆直到此时,才知道田子春乃是刘泽的谋士,可是为时已晚,田子春早就逃回山东了。吕后把满腔怒气,全都发泄在张石庆身上。张石庆被削职查办,永不录用。

他从充满血腥味的死人堆里爬了出来。

亲人都被德国鬼子杀害了,他孑然一身,手中只有父亲弥留时交给他的5美元。要不是父亲用宽厚的身体掩护了他,他的生命也许已不在这个地球上了。

他的名字叫保罗·道弥尔,那年他才14岁。

无依无靠的他只好四处流浪,自食其力。在战火纷飞的年代里,他不仅奇迹般地生存下来,还磨炼出坚忍不拔、吃苦耐劳的品格。

1948年,道弥尔离开了他的祖国匈牙利,辗转来到了美国。21岁的他别无所有,也无一技之长,身上只有父亲留给他的那5美元。

他始终没有将它花掉,哪怕是在最危难的时候。因为在这5美元里,不仅珍藏着一份难忘的亲情,还寄托着父辈那殷切的希望。

在美国找一份工作勉强度日,实在不是很难的事。何况道弥尔是个年轻力壮的小伙子呢!但是,胸怀大志的他并不以能够维持生计为满足。在1年半的时间里,他竟变换了15次工作,一旦碰上了较好的工作机会,他就把原来的工作辞掉,另就新业。

一天,他来到一个制造日用杂品的工厂,希望工厂老板给他一个工作机会。

老板问他:“你能做些什么工作?”

道弥尔回答得很简单:“除了技术性工作之外,做什么都可以。”

老板说:“那好,你就来做搬运工吧。不过,这个活儿是挣不了多少钱的。”

道弥尔考虑的不是工钱多少,他另有打算。他问工厂几点开门,老板说早上7点半。不过可以8点半上班,因为来早了没有活儿干。

第二天早上7点钟,道弥尔已经在工厂门口等候了。老板感到这是个诚实可信的青年,对他产生了好印象。道弥尔不声不响,主动帮助老板忙里忙外,干得很卖力气,还做了许多分外的工作,一直到晚上9点才离开。

以后,道弥尔仍然一直这样坚持下来。他这种刻苦耐劳、持之以恒的精神,终于赢得了老板的信任。

老板最后下了决心,决定把整个工厂交给道弥尔管理。一天,他把道弥尔叫到办公室,对他说:"我还有许多事情要做,我想请你替我照管这个工厂,你不会不同意吧?"

道弥尔当然非常高兴,也很自信:"谢谢你对我的信任,我想我会把它管理得很好。"

道弥尔做了工厂主管,每周工资由30美元升到了195美元。这在当时可以说是令人羡慕的一笔收入了。

半年之后,他又向老板提出了辞呈。老板大惑不解。他认为道弥尔把工厂经营得井井有条,彼此间又合作得很融洽,没有任何不愉快的事情发生,为何这个青年人要提出辞呈呢?

道弥尔说,想做推销员。

干推销员?这可是个苦差事!老板真不明白道弥尔为什么偏要自找苦吃。不过,他还是十分佩服这位年轻人敢于吃苦的精神。

道弥尔当上推销员之后,视野豁然开阔了许多。他广泛地同各种顾客打交道,丰富了销售产品的经验,锻炼了交际能力和技巧,学会了如何去洞察和分析顾客的心理,同时也更深地了解了当地的风俗民情。这对于一个来自异国的青年人来说,无疑又积累了一大笔无形的财富。

但是,此时的道弥尔又另有图谋。他果断地丢下了自己如日中天的推销事业,将亲手建立的销售网卖了出去,决定再从事新的事业。

道弥尔做出了一个令人震惊的决定。

他看中了一家面临倒闭的工艺品制造厂,决定以高价把它买下来。

工厂既然要破产了,为什么反要以高价购进呢?

道弥尔并非一个心血来潮的莽汉。他心里自有其如意算盘:这个工厂如果一倒闭,股东们连一半的股金也收不回来。他要确保股东们能够继续持有原有的全部股金,这对股东们来说,当然是求之不得的事情。不过,道弥尔要求给他承担风险的补偿,条件是:占有工厂盈利的90%。

卖主对此感到为难:"你拥有的股份只有70%,却要占有90%的利润,这对别的股东如何交代呢?"

道弥尔一针见血地指出:"你这个厂子已经支撑不下去了,现在谈盈利简直是说梦话。要不是我来收购,他们最终连现在这点股金也收不回去。"

经过一番讨价还价,道弥尔决定再让一步,答应其他股东如果认为这样做不划算,将来还可以撤回他们的股金。

最后,这笔生意终于拍板成交了。

道弥尔买下这个烂摊子后,工厂的人并不抱什么希望。尽管如此,道弥尔仍然毫不动摇,他知道既然自己买下了70%的股金,工厂也就差不多成了他独资经营的企业,基本上可以按照自己的想法,去大刀阔斧地进行整顿和改革了。

他一上任，就忙得顾不上白天黑夜，竟持续工作了36个小时，把工厂各个方面、各个环节细细地审查了一遍。他还仔细研究了存在的问题，并针对这些问题分别采取了紧急处置的具体措施，过去积累的经验全部有了用场。

道弥尔首先从生产和销售两个环节实行整顿。

生产环节方面要提高效率、减少开支、降低成本。他知道不少员工对工厂的前景已失去希望，便借机大批减员，而对留下来的人员，增加他们的工作量，提高他们的工资。这些措施很快见效。

销售环节方面的问题比较复杂，因为工艺品是特殊商品，在销售上不能按一般商品那样去对待。道弥尔认真分析了这种情况，对症下药，实行大胆改革。他发现前任错误地把工艺品当作普通商品对待，实行低价推销的办法，结果使工厂无利可图，又降低了工艺品在顾客心目中的地位。道弥尔认为正确的做法是反其道而行之，废止推销办法，改为行销制度；提高产品价格，保持合理利润；加强销售服务，提高工厂信誉。

经过雷厉风行的大整顿，这个病入膏肓、奄奄一息的工艺厂，如枯木逢春，顿显勃勃生机。一年之后，工厂就实现了扭亏为盈。

在道弥尔的苦心经营下，工艺品工厂闯过了一道道难关，走上了坦途，生意越来越红火。

正当道弥尔的事业蒸蒸日上的时候，他却出人意料地宣布退休，这时他才30岁。

经过两年的养精蓄锐，道弥尔又决定重返企业界再试锋芒。

这一次，他从一家银行那里买下一家已经停工的玩具公司。玩具公司是作为抵押品由银行接收下来的。道弥尔要的正是这样的企业，他要通过自己的双手使这样的企业死而复生。

来到这家混乱不堪、停工待闭的公司，道弥尔的情绪一下子高涨起来了。他像一位高明的医生，深入仔细地了解该公司的"病情"，对其"症结"进行透彻的分析。然后用他那把神奇的"手术刀"，对准3个要害部位进行大胆的改革：一、简化机构，精选人员；二、清理财务，杜绝浪费；三、根据市场需要，调整产品结构。

经过道弥尔的治理整顿，玩具公司开始高效率地运转起来，既能赚钱而又不浪费，产品适销对路，资金周转顺畅，走上了良性循环的轨道。

道弥尔再一次表现出他经营企业的卓越才干。于是，他被同行们称之为"神奇的巫师"。

道弥尔虽然很自信和自负，但他却十分注意在实践中发现问题，解决问题。

有人问道弥尔：为什么总爱买下一些濒于破产的企业来经营？

他回答得很巧妙："别人经营失败了，接过来就容易找到它失败的原因，只要把造成失败的缺点和失误找出来，并加以纠正，就会得到转机，也就会重新赚钱。这比自己从头干起要省力得多。"

道弥尔对安全感的论述颇有见地，他认为：安全感是一个有自力更生愿望和能力的人所必须获得的东西。它不是遵循常规去做所能得到的，因为那种安全并不是真正的安全。真正的安全感是在人们经过曲折的考验和实践创新才能获得的。

这些独到而精辟的见解，使道弥尔在数十年的企业经营生涯之中，常常立于不败之地。

在现代企业经营中，“借尸还魂”更广泛地用在改造旧企业、旧产品，利用名人和名牌效应方面，充分利用所有已存在的资源，避免一次白手起家或平地起高楼的艰难。

第十五计　调虎离山

【计名探源】

调虎离山，此计用在军事上，是一种调动敌人的谋略。它的核心在一“调”字。虎，指敌方。山，指敌方占据的有利地势。如果敌方占据了有利地势，并且兵力众多，防范严密，此时，我方不可硬攻。正确的方法是设计相诱，把敌人引出坚固的据点，或者把敌人诱入对我军有利的地区，这样做才可以取胜。

东汉末年，军阀并起，各霸一方。孙坚之子孙策，年仅十七岁，年少有为，继承父志，势力逐渐强大。公元199年，孙策欲向北推进，准备夺取江北卢江郡。卢江郡南有长江之险，北有淮水阻隔，易守难攻。占据卢江的军阀刘勋势力强大，野心勃勃。孙策知道，如果硬攻，取胜的机会很小。他和众将商议，定出了一条调虎离山的妙计。针对军阀刘勋极其贪财的弱点，孙策派人给刘勋送去一份厚礼，并在信中把刘勋大肆吹捧了一番。信中说刘勋功名远播，令人仰慕，并表示要与刘勋交好。孙策还以弱者的身份向刘勋求救。他说，上缭经常派兵侵扰我们，我们力量薄弱，不能远征。请求将军发兵降服上缭，我们感激不尽。刘勋见孙策极力讨好他，万分得意。上缭一带，十分富庶，刘勋早想夺取，今见孙策软弱无能，免去了后顾之忧，决定发兵上缭。部将刘晔极力劝阻，刘勋哪里听得进去？他已经被孙策的厚礼、甜言迷惑住了。孙策时刻监视刘勋的行动，见刘勋亲自率领几万兵马去攻上缭，城内空虚，心中大喜，说：“老虎已被我调出山了，我们赶快去占据它的老窝吧！”于是立即率领人马，几乎没遇到顽强的抵抗，就十分顺利地控制了卢江。刘勋猛攻上缭，一直不能取胜，突然得报，孙策已取卢江，情知中计，后悔已经来不及了，只得灰溜溜地投奔曹操。

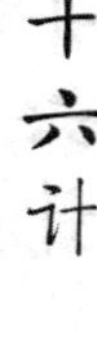

【原文】

待天以困之[1]，用人以诱之[2]，往蹇来反[3]。

【注释】

①待天以困之：天：指自然的各种条件或情况。此句意为战场上我方等到客观的条件或情况对敌方不利时，再去围困他。

②用人以诱之：用人为的假象去诱惑他（指敌人），使他就范。

③往蹇来反：语出《易经·蹇》卦。蹇：卦名。本卦为异卦相叠（艮下坎上）。上卦为坎为水，下卦为艮为山。山上有水流，山石多险，水流曲折，言行道之不容

易，这是本卦的卦象。蹇，困难。这句意为：前进会遇到危险；使对方来于我有利。

【译文】

等待客观条件对敌方不利时再去围困他，用人为的因素去诱惑调动他，让他丧失优势，由主动变为被动。向前进攻有危险时，就想办法让敌人反过来攻我。这一计核心正是调虎离山，把“虎”调开，使敌人部署出现空当，乘虚攻占他的要地。此计运用这个道理，是说战场上若遇强敌，要用假象使敌人离开驻地，诱他就范，使他丧失优势，使他处处皆难，寸步难行，由主动变为被动，而我则出其不意获取胜利。

【赏析】

古人按语：兵语曰：“下政攻城。”若攻坚，则自取败亡矣。敌既得地利，则不可争其地。且敌有主而势大：有主，则非利不来趋；势大，则非天人合用，不能胜。汉末，羌率众数千，遮虞诩于陈仓崤谷。诩即停军不进，而宣言上书请兵，须到乃发。羌闻之，乃分抄旁县。诩因其兵散，日夜进道，兼行百余里，令军士各作两灶，日倍增之，羌不敢逼，遂大破之。兵到乃发者，利诱之也；日夜兼进者，用天时以困之也；倍增其灶者，恶之以人事也（《后汉书》卷五八《虞诩传》《战略考·东汉》）。

《孙子兵法》早就指出，不顾条件地去攻城池是下等策略，是会失败的。敌人既然已占据了有利地势，又做好了应战的准备，就不能去与他争地。应该巧妙地用小利去引诱敌人，把敌人诱离坚固的防地，引诱到对我军有利的战区，我方就可以变被动为主动，利用天时、地利、人和之条件，一定可以击败敌人。前面讲的虞诩使计过险谷的故事就是个例证。他故意说等待援兵，松懈了敌人的斗志，分散了他们的兵力；他日夜兼程行军，充分利用了时间；他还增加灶的数量，让敌人误以为援军已到，不敢轻举妄动。这样就充分发挥了己方的主动性，牵住了敌方的牛鼻子，以己方的意图灵活调动了敌方，终于取得了平羌的胜利。

东汉末期，北边羌人叛乱。朝廷派虞诩平定叛乱。虞诩的部队在陈仓崤谷一带受到羌人阻截。这时，羌人士气正旺，又占据有利地势，虞诩不能强攻，又不能绕道，真是进退两难。虞诩决定诱惑羌人离开坚固的据点，他命令部队停止前进，就地扎营。对外宣称行军受阻，向朝廷请派增援部队。羌人见虞诩已停止前进，等待增援部队，就放松了戒备，纷纷离开据点，到附近劫掠财物去了。虞诩见敌人离开了据点，下令部队急行军，日夜兼程，每日超过百里。他命令在急行军时，沿途增加灶的数量，今日增灶，明日增灶，敌人误以为朝廷援军已到，自己的力量又已经分散，不敢轻易出击。虞诩顺利地通过陈仓崤谷，转入外线作战，羌人在时间和空间上都转入被动局面，不久羌人叛乱被平定。

1982 年，濒临破产倒闭的美国第三大汽车制造公司克莱斯勒，在艾柯卡的领导经营下，终于走出连续 4 年亏损的低谷，但如何重振雄风仍是艾柯卡苦苦思索的问题。

企业家常用的方法是提高企业的知名度和产品的市场占有率，而出奇制胜、价廉质优又是重要手段。艾柯卡根据克莱斯勒当时的情况，决定首先出奇制胜。他把“赌注”押在敞篷汽车上。

美国汽车制造业停止生产敞篷小汽车已经10年了,原因是时髦的空气调节器和立体声收录机对敞篷汽车来说是毫无意义的,再加上其他原因,使敞篷小汽车销声匿迹了。

虽然预计敞篷小汽车的重新出现会激起老一辈驾车人对它的怀念,也会引起年轻一代驾车人的好奇,但是克莱斯勒大病初愈,再也经不起大折腾。为了保险起见,艾柯卡采用了“投石问路”的策略。

艾柯卡指使工人用手工制造了一辆色彩新颖、造型奇特的敞篷小汽车,当时正值夏天,艾柯卡亲自驾着这辆敞篷小汽车在繁华的汽车主干道上行驶。

在形形色色的有顶汽车洪流中,敞篷小汽车仿佛是来自外星球的怪物,立即吸引了一长串汽车紧随其后,几辆高级轿车利用速度快的优势,终于把艾柯卡的敞篷小汽车逼停在了路旁,这正是艾柯卡所希望的。

追随者下车来围住坐在敞篷小汽车里的艾柯卡,提出了一连串的问题:“这是什么牌子的车?”“这车是哪家公司制造的?”“这种汽车一辆多少钱?”

艾柯卡面带微笑一一回答,心里满意极了,看来情况良好,自己的预计是对的。

为了进一步验证,艾柯卡又把敞篷小汽车开到购物中心、超级市场和娱乐中心等地,每到一处,就吸引一大群人的围观,道路旁的情景又一次次重现。

经过几次“投石”,艾柯卡掌握了市场情况。不久,克莱斯勒公司正式宣布将要生产“男爵”牌敞篷小汽车,美国各地都有大量的爱好者预付定金,其中还有一些女车手。

结果,第一年“男爵”敞篷汽车就销售了23000辆,是原来预计的7倍多。

在这一计中,“虎”指的是敌人,“山”指的是有良好的阵地条件。作战时,把敌人诱离出坚固的据点,或诱到次要的方向、对敌不利的地区,从而达到取胜的目的,这是调虎离山计的核心。

《孙子·谋攻篇》云:最下策才是围城攻坚。敌人占据有利地形,且早有准备,无利可图是不会轻易离开有利阵地的,聪明的指挥官只有利用天时、地利等有利条件,引诱敌人就范,才能取胜于敌。在商战中,“调虎离山”之计,对企业摆脱困境大为重要,要调度好资金,使这只“虎”发挥作用。资金用好了,人才用好了,技术跟上了,管理到位了,一个企业也就开始良性循环了。

第十六计　欲擒故纵

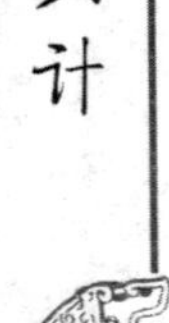

【计名探源】

欲擒故纵中的“擒”和“纵”,是一对矛盾,在军事上,“擒”是目的,“纵”是方法。古人有“穷寇莫追”的说法,实际上,不是不追,而是看怎样去追。把敌人逼急了,它只得竭尽全力,拼命反扑。不如暂时放松一步,使敌人丧失警惕,斗志松懈,然后再伺机而动,歼灭敌人。

诸葛亮七擒孟获,就是军事史上一个“欲擒故纵”的绝妙战例。

蜀汉建立之后,定下北伐大计。当时西南夷酋长孟获率十万大军侵犯蜀国。

诸葛亮为了解决北伐的后顾之忧，决定亲自率兵先平孟获。蜀军主力到达泸水（今金沙江）附近，诱敌出战，事先在山谷中埋下伏兵，孟获被诱入伏击圈内，兵败被擒。

按说，擒拿敌军主帅的目的已经达到，敌军一时也不会有很强的战斗力了，乘胜追击，自可大破敌军。但是诸葛亮考虑到孟获在西南夷中威望很高，影响很大，如果让他心悦诚服，主动请降，就能使南方真正稳定。不然的话，南夷各个部落仍不会停止侵扰，后方难以安定。诸葛亮决定对孟获采取"攻心"战，断然释放孟获。孟获表示下次定能击败蜀军，诸葛亮笑而不答。孟获回营，拖走所有船只，据守泸水南岸，阻止蜀军渡河。诸葛亮乘敌不备，从敌人不设防的下游偷渡过河，并袭击了孟获的粮仓。孟获暴怒，要严惩将士，激起将士的反抗，于是相约投降，趁孟获不备，将孟获绑赴蜀营。诸葛亮见孟获仍不服，再次将其释放。以后孟获又用了许多计策，都被诸葛亮识破，他四次被擒，四次被释放。最后一次，诸葛亮火烧孟获的藤甲兵，第七次生擒孟获。孟获终于被感动了，他真诚地感谢诸葛亮七次不杀之恩，誓不再反。从此，蜀国西南安定，诸葛亮才得以举兵北伐。

【原文】

逼则反兵，走[1]则减势。紧随勿迫，累其气力，消其斗志，散而后擒，兵不血刃[2]。需，有孚，光[3]。

【注释】

①走：跑。逼迫敌人太紧，他可能因此拼死反扑，若让他逃跑则可减削他的气势。

②血刃：血染刀刃。此句意为兵器上不沾血。

③需，有孚，光：语出《易经·需》卦。需：卦名。本卦为异卦相叠（乾下坎上）。需的下卦为乾为天，上卦为坎为水，是降雨在即之象。此卦也象征着一种危险存在着（因为"坎"有险义），必得去突破它，但突破危险又要善于等待。"需"，等待。《易经·需卦》卦辞："需，有孚，光亨。"孚，诚心。光，通"广"。句意为：要善于等待，要有诚心（包括耐心），就会大吉大利。

【译文】

逼得敌人无路可走，他就会竭力反扑；故意放他一条后路，反而会削弱敌人的气势。追击时，跟踪敌人不要过于逼迫，以消耗他的体力、瓦解他的斗志，待敌人士气沮丧、溃不成军，再去围捕，可以避免流血。按照《易经·需》卦的原理，待敌人心理完全失败而信服我时，就能赢得光明的战争结局。

【赏析】

古人按语：所谓纵者，非放之也，随之，而稍松之耳。"穷寇勿追"，亦即此意。盖不追者，非不随也，不迫之而已。武侯之七纵七擒，即纵而蹑之，故展转推进，至于不毛之地。武侯之七纵，其意在拓地，在借孟获以服诸蛮，非兵法也。故论战，则擒者不可复纵。

打仗，只有消灭敌人，夺取地盘，才是目的。如果逼得“穷寇”狗急跳墙，垂死挣扎，己方损兵失地，是不可取的。放他一马，不等于放虎归山，目的在于让敌人斗志逐渐懈怠，体力、物力逐渐消耗，最后己方寻找机会，全歼敌军，达到消灭敌人的目的。诸葛亮七擒七纵，绝非感情用事，他的最终目的是在政治上利用孟获的影响，稳住南方；在地盘上，乘机扩大疆土。在军事谋略上，有“变”“常”二字。释放敌人主帅，不属常例。通常情况下，擒住了敌人不可轻易放掉，免贻后患。而诸葛

亮审时度势，采用攻心之计，七擒七纵，主动权操在自己的手上，最后终于达到目的。

唐朝时，吐蕃鄯州节度使尚婢婢为人宽厚，有勇有谋，深得另一贵族论恐热的嫉妒。

公元843年，论恐热阴谋篡权，他害怕尚婢婢袭击他的后方，想先消灭他。这年六月，论恐热率大军进攻尚婢婢。部队来到镇西时，风雨雷电大作，人畜死伤不少。论恐热徘徊不敢轻进。尚婢婢看出论恐热的意图和犹豫，因此派人送上金钱、绸缎、牛羊、美酒等，并致信给他：“相公兴仁义之师以挽救国难，全国谁不拥护！您有什么吩咐，只要派一个人送封信来，我们怎敢不唯命是从！哪里用得着远道兴师动众，亲自前来呢！我性情愚蠢而且孤僻，只爱读书，已故君长任命我的官职，确实担当不起，我朝夕惶恐不安，只求退让隐居。若蒙相公允许我告老退居乡里，就满足我生平的愿望了！”论恐热见信后大喜，以为尚婢婢是书呆子，就回信答应了尚婢婢的要求，随即率军返回。

九月，论恐热部队驻在大夏川，尚婢婢带领精兵强将前去军营挑衅，令一支骑兵将辱骂论恐热的信绑在箭上，向其驻地射击。论恐热大怒，亲率数万人追击，尚兵佯败退走，论恐热步步紧逼，追了数十里时，尚的伏兵突然发起进攻，将论恐热的

军队打得尸体遍布五十里,只剩下论恐热一人骑马逃走。

“万事发”,即 MILD SEVEM 是日本万事发公司生产的名牌香烟。万事发公司原是一家默默无闻的公司,直到80年代末才一下子红了起来,而且不是在日本国,而是在欧洲。

然而要在烟草广告泛滥的欧洲打开市场,谈何容易!不说大名鼎鼎的名牌烟,如:555、万宝路、希尔顿、沙龙等,普通的香烟种类也达70多种,何况吸烟人,一旦吸上某种烟后很少再更换其他牌子。欧洲烟草市场能有万事发的立锥之地吗?

雷吉斯·汉诺是英国一家电视台的政治评论员,每星期四晚上都在伦敦市的电视上出现。他是个烟瘾非常大的人,平均每天就要抽掉一包香烟。他习惯抽的牌子是本国产的一种叫雷顿的香烟。

有一天,一个年轻人请求拜访他。年轻人告诉他:这是日本人生产的万事发香烟——一种新牌子,他此行的目的正是免费给汉诺送香烟来的,并说另外两个电视节目主持人都非常喜欢万事发香烟。

汉诺没有表态,他在犹豫。他想:来人也太冒昧了,叫他做香烟的试验品——谁知道这种香烟能不能令人放心。来人似乎看出汉诺的心思,说道:“我们只送给像您这样有名气有身份的人。我们公司每月都会准时寄两条万事发香烟到贵府的。如果两条不够,我们还可多赠。”

最后,年轻人留下了两条万事发香烟,告辞了。

一个月后,汉诺果然收到了两条赠寄的万事发香烟,出乎意料的是还随香烟寄来了一份调查表。汉诺从此就用万事发代替雷顿了。

有一些被万事发公司“忽略”的名人,他们为了也获得这种“专给名人抽的烟”,主动打电话给万事发公司。一时间,“万事发”成了名气的象征。

短短几个月后,万事发的代理商遍及欧洲大小120多个城市,万事发公司每月要支付这些烟的费用高达1200万日元,加上开设代理商的费用,总共每月要支出2000万日元以上。

眼见这2000万日元哗哗地流走,有去无回,公司一部分股东开始动摇了。虽然公司得到几家大银行的支持,流动资金尚不属难题,但公司的资本在日益减少却是不容置疑的事实。

“这完全是孤注一掷式的赌博,风险太高了,2000万日元,单向支出,太奢侈了!”董事局会议里,有人这样说。

“这可是年初全体董事们一致通过的方案啊。”这是欧洲事务总裁、美籍人罗伯特·歇尔的反驳。

“可2000多万日元是计划支出的3倍,难道计划中就没有指出日后支出要3倍的增加?”

“至于目前的情况,我想请来自伦敦的我们的代理商威克尔给大家说说伦敦的情况。”

罗伯特身边的一位年轻人站起来了,他就是威克尔,也就是送香烟给汉诺的人。他说:“伦敦一共有38位名人获得我们的赠烟,他们分布在各行各业,有电视节目主持人,足球教练、科学家、作家等,还有白金汉宫的一个厨师,伊丽莎白女王非常赏识的点心师，每天我们还收到几个或几十个自称是名人的电话，要求我们也赠烟给他们，但更多的电话和来信是询问哪里或怎样买到万事发香烟，或询问万事发和别的烟有什么不同。我们上个月销售量已增长到 93 条，比第一个月增长了，而且购买者大多数是有身份的人或白领……种种迹象表明，我们的赠烟举动是成功的。"

接着又有几个城市的代理商做了汇报，都表示效果令人满意。

那些心存顾虑的股东们开始平静了，但仍认为支出过于庞大，要求尽可能压缩30%的支出，他们遭到了罗伯特等人的反对。

吵吵闹闹一番后，结果以整个赠烟计划提前一个月结束，节省的资金将全部投入正常宣传渠道中去，双方达成了一致。

于是万事发公司成倍成倍地增加香烟投放量。两个月后，许多城市的市面上已随处可见万事发香烟了。同时，关于万事发牌子的广告也雨后春笋般地大量冒了出来。这时万事发的销售量达到了日销 2000 条的新纪录。

随着万事发频频抛头露面，几乎是同一天，那些消耗万事发免费烟的名人意外地没有收到赠烟了。只有一纸简单的启示，声称：由于公司的流动资金将要告罄，不得已中断赠烟，以后各位随便走出家门就可买到这种烟，见谅。

停赠香烟后，万事发的销售量又翻了一倍，达到日销 5 千多条，这个数字还在飞速增长着。

"将欲取之，必先予之。"战争是你死我活的，在某种条件下，要想夺取和保存某种东西，必须付出一定代价，必须暂时放纵之，以等待时间，创造条件，最后把它夺回来。

在战场上，这一计谋多在两种情况下采用：一是当敌人锐气正盛时，应故意避战示弱，纵敌骄傲麻痹，疏于戒备，思想懈怠，而后乘机攻击；二是处于优势主动地位时，采取围而不歼、精神瓦解等手段，选择得之容易而所付代价较小的战法或战机，去战胜敌人。

使用此计的人必须有宽广的胸怀和远大的目光，摸透对方的心理，既敢纵，又能擒得住。诸葛亮七擒孟获的故事，讲的就是运用这一计谋的典型战例。

第十七计　抛砖引玉

【计名探源】

抛砖引玉，出自《传灯录》。相传唐代诗人常建，听说赵嘏要去游览苏州的灵岩寺，为了请赵嘏作诗，常建先在庙壁上题写了两句，赵嘏见到后，立刻提笔续写了两句，而且比前两句写得好。后来文人称常建的这种做法为"抛砖引玉"。此计用于军事，是指用相类似的事物去迷惑、诱骗敌人，使其懵懂上当，中我圈套，然后乘机击败敌人的计谋。"砖"和"玉"，是一种形象的比喻。"砖"，指的是小利，是诱饵；"玉"，指的是作战的目的，即大的胜利。"引玉"，才是目的，"抛砖"，是为了达到目的的手段。钓鱼需用钓饵，让鱼儿尝到一点甜头，它才会上钩；敌人占了一点便宜,才会误入圈套,身不由己。公元前700年,楚国用“抛砖引玉”的策略,轻取绞城。这一年,楚国发兵攻打绞国(今湖北郧阳区西北),大军行动迅速。楚军兵临城下,气势旺盛,绞国自知出城迎战,凶多吉少,决定坚守城池。绞城地势险要,易守难攻。楚军多次进攻,均被击退。两军相持一个多月。楚国大夫屈瑕仔细分析了敌我双方的情况,认为绞城只可智取,不可力克。他向楚王献上一条“以鱼饵钓大鱼”的计谋。他说:“攻城不下,不如利而诱之。”楚王问他诱敌之法,屈瑕建议,趁绞城被围月余,城中缺少薪柴之时,派些士兵装扮成樵夫上山打柴运回来,敌军一定会出城劫夺柴草。头几天,让他们先得一些小利,等他们麻痹大意,大批士兵出城劫夺柴草之时,先设伏兵断其后路,然后聚而歼之,乘势夺城。楚王担心绞国不会轻易上当,屈瑕说:“大王放心,绞国虽小而轻躁,轻躁则少谋略。有这样香甜的钓饵,不愁他不上钩。”楚王于是依计而行,命一些士兵装扮成樵夫上山打柴。绞侯听探子报告有樵夫进山的情况,忙问这些樵夫有无楚军保护。探子说,他们三三两两进山,并无兵士跟随。绞侯马上布置人马,待“樵夫”背着柴禾出山之机,突然袭击,果然顺利得手,抓了三十多个“樵夫”,夺得不少柴草。一连几天,果然收获不小。见有利可图,绞国士兵出城劫夺柴草的越来越多。楚王见敌人已经吞下钓饵,便决定迅速逮大鱼。第六天,绞国士兵像前几天一样出城劫掠,“樵夫”们见绞军又来了,吓得没命地逃奔,绞国士兵紧紧追赶,不知不觉被引入楚军的埋伏圈内。只见伏兵四起,杀声震天,绞国士兵哪里抵挡得住,慌忙败退,又遇伏兵断了归路,死伤无数。楚王此时趁机攻城,绞侯自知中计,已无力抵抗,只得请降。

【原文】

类以诱之[①],击蒙也[②]。

【注释】

①类以诱之:出示某种类似的东西去诱惑他。

②击蒙也:语出《易经·蒙》卦。击,撞击,打击。句意为:诱惑敌人,便可打击这种受我诱惑的愚蒙之人了。

【译文】

用极类似的东西去迷惑敌人,从而达到打击敌人的目的。

【赏析】

古人按语:诱敌之法甚多,最妙之法,不在疑似之间,而在类同,以固其惑。以旌旗金鼓诱敌者,疑似也;以老弱粮草诱敌者,则类同也。如:楚伐绞,军其南门,屈瑕曰:“绞小而轻,轻则寡谋,请勿捍(保护)采樵者以诱之。”从之,绞人获利。明日绞人争出,驱楚役徙于山中。楚人坐守其北门,而伏诸山下,大败之,为城下之盟而还。又如孙膑减灶而诱杀庞涓(《史记》卷六十五《孙子吴起列传》)。

战争中,迷惑敌人的方法多种多样,最妙的方法不是用似是而非的方法,而是应用极相类似的方法,以假乱真。比如,用旌旗招展、鼓声震天来引诱敌人,属“疑似”法,往往难以奏效。而用老弱残兵或者遗弃粮食柴草之法诱敌,属“类同”法,这样做,容易迷惑敌人,可以收到效果。因为类同之法更容易造成敌人的错觉,使其判断失误。当然,使用此计,必须充分了解敌方将领的情况,包括他们的军事水平、心理素质、性格特征,这样才能让此计发挥效力。正如《百战奇略·利战》中所说:凡与敌战,其将愚而不知变,可诱以利,彼贪利而不知害,可设伏兵击之,其军可败。法曰:“利而诱之。”庞涓就是因为骄矜自用,才中了孙膑减灶撤军之计,死于马陵道的。

唐朝末年,以魏博节度使田悦为首的“四镇”联合起兵对抗朝廷,唐王朝派足智多谋的河东节度使马燧率兵去平定叛乱。

马燧连败田悦,长驱直入攻至河北三个叛镇的辖地,由于进兵过快,粮草供应不上,马燧陷入困境。田悦觉察到马燧的难处,深居壁垒之中,拒不出战。数天后,马燧的粮食将尽。窘迫中,马燧苦苦思索逼田悦出战的计策,忽然想到田悦的老巢在魏州(今河北大名东北)。马燧拍案而起,说:“如果去攻打魏州,不怕他田悦不救!”于是,马燧命令部队在半夜潜出军营,沿洹水直奔魏州,又令数百骑兵留在营内,击鼓鸣角,燃点营火。天亮后,马燧大军已全部离开大营,留守的骑兵停止击鼓鸣角,也潜出军营,按照马燧的命令隐藏起来。

唐营一片寂静,田悦闻报后,派人去侦察,发现是一座空营。不久,又有探骑飞报:马燧率大军扑向魏州。田悦大吃一惊,急忙传令进军,亲率轻骑驰救魏州,在半途中追上了严阵以待的官军。

马燧以逸待劳,向田悦发起进攻,但田悦叛军很有战斗力,渐渐地,官军的两翼落了下风。马燧见战局不妙,亲率自己的河东军杀入敌阵,又传令击鼓助威。官军的两翼勇气大增,反身向田悦发起反攻,田悦终于抵挡不住,向洹水边退去。到了洹水河边,三座便桥早已被马燧留守大营的骑兵烧毁,叛军顿时大乱。

马燧见机不可失,挥军冲杀过来,叛军只好跳水逃命,溺死无数。这一仗,田悦的叛军被斩杀两万多人,数千人被俘,田悦只带千余人逃回魏州,元气大伤。

历时三年的朝鲜战争结束了,刚过而立之年的霍英东已由一个一文不名的“舢板客”,成为一名千万富豪。

在航运业获得的巨大成功,使霍英东对自己的事业更充满信心,他便以更大的勇气寻找新的发展途径。他认为香港由于航运事业的繁荣,必然会带来金融贸易的发展,而香港的商业及住宅楼宇的不足,又必将影响到金融贸易的开发。于是他将目光和经营重点转移到楼宇住宅建设上去。

1954 年 12 月,霍英东在香港铜锣湾买下了他的第一幢大厦,并创办了“立信建筑置业有限公司”。他收购和拆卸旧楼,建筑新楼,开始进入他事业的全新时代。

在创业之初,霍英东也并非一帆风顺。1967 年,轰动香港的“左派暴动”正如火如荼,地产市道急剧下跌,而霍英东恰在此时建成了星光行大厦,坐落在九龙天星码头之前。由于租主吓跑了,星光行只好廉价售给怡和洋行旗下的置地公司。结果,置地在半年内将星光行数百间办公室全部租出,而霍英东却眼巴巴地损失了 3000 万港元。

失败使霍英东饱尝了痛苦,但痛苦又磨炼了他的意志。在如何经营的问题上,霍英东的创新意识发挥了作用。

他通过精心观察分析发现，当时只是有钱阶层才能够购置物业。如果要买一幢楼，你必须预先准备几十万元的现金，一次付清，即一手交钱，一手接房，少不得一毫一厘，拖不得一时半刻，一点通融的余地也没有。这种房地产生意对于买卖双方来说都是一件苦事。

经过不断探讨，他领悟到只有最大限度地扩大购买对象，房地产业才能普及并发展起来。

于是，霍英东发明了楼宇预售的办法，顾客只要预先交付10%的现金，就可以购得即将破土动工的可供出售或出租的楼宇。也就是说，买一幢10万港元的楼宇只需准备1万元现金就可以买得居住权，9万元和利息按合同以后分期付款偿还。

对房地产商来说，以前你只能建造一座楼宇，现在用同样的资金加上预收的款项，在建筑工价是售楼价三分之一的情况下，你可以兴建4座楼宇。

而对购屋者来说，更具有极大的诱惑力，你可以先付一小笔钱，待到楼宇建成，房价上涨，转手倒卖，也是白花花的银子。

这就是香港盛行的“炒楼花”。

楼花的发明，使一般市民也有机会买楼住了。用霍英东自己的话说：“今天，一个用人也可以拥有一层楼，她只需先付一小笔钱。”

霍英东这种大胆的创举扩大了购买范围，使房地产生意越做越活，资金运转快，效益日增。很快，其他房地产商亦竞相仿效。

在短短的十多年里，霍英东成为国际知名的香港房地产业巨头、亿万富翁。

抛砖引玉这句成语大家都很熟悉，多用来比喻自己发表不成熟的意见，以引出别人的高见。作为一条军事计谋，它重点是强调用“类似法”引诱敌人就范。

古人认为：引诱迷惑敌人的办法很多，但是，最好的办法，不是那种只知张设旗帜、敲锣打鼓的虚张声势，而是善于运用战术伪装，示假隐真，利而诱敌。钓鱼要用诱饵，“引玉”先得“抛砖”，先让敌人尝到一点甜头，才能引他吃大的苦头。

“抛砖引玉”作为一条营销谋略，常见到的是经营者在市场上推销自己的商品时，先抛出一些作为“诱饵”的微利，来诱发和刺激顾客的购买欲，以此来谋取更多更大的利润。

第十八计　擒贼擒王

【计名探源】

擒贼擒王，语出唐代诗人杜甫《前出塞》：“挽弓当挽强，用箭当用长。射人先射马，擒贼先擒王。”民间有“打蛇要打七寸”的说法，也是这个意思。蛇无头不行，打了蛇头，这条蛇也就完了。此计用于军事，是指打垮敌军主力，擒拿敌军首领，使敌军彻底瓦解的谋略。擒贼擒王，就是捕杀敌军首领或者摧毁敌人的首脑机关，使敌方陷于混乱，便于我方彻底击溃之。指挥员不能满足于小的胜利，要统观全局，扩大战果，以得全胜。如果错过时机，放走了敌军主力和敌方首领，就好比放虎归

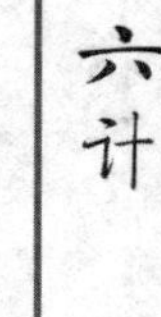

山，后患无穷。

唐朝安史之乱时，安禄山气焰嚣张，连连大捷。安禄山之子安庆绪派勇将尹子奇率十万劲旅进攻睢阳。御史中丞张巡驻守睢阳，见敌军来势汹汹，决定据城固守。敌兵二十余次攻城，均被击退。尹子奇见士兵已经疲惫，只得鸣金收兵。晚上，敌兵刚刚准备休息，忽听城头战鼓隆隆，喊声震天。尹子奇急令部队准备与冲出城来的唐军激战。而张巡"只打雷不下雨"，不时擂鼓，像要杀出城来，可是一直紧闭城门，没有出战。尹子奇的部队被折腾了整夜，没有得到休息，将士们疲乏已极，眼睛都睁不开，倒在地上就呼呼大睡。这时，城中一声呐喊，突然之间，张巡率领守兵冲杀出来。敌兵从梦中惊醒，惊慌失措，乱作一团。张巡一鼓作气，接连斩杀五十余名敌将，五千余名士兵，敌军大乱。张巡急令部队擒拿敌军首领尹子奇，部队一直冲到敌军帅旗之下。张巡从未见过尹子奇，根本不认识，现在尹子奇又混在敌军之中，更加难以辨认。张巡心生一计，让士兵用秸秆削尖作箭，射向敌军。敌军中不少人中箭，他们以为这下完了，没有命了。但是发现，自己中的是秸秆箭，心中大喜，以为张巡军中已没有箭了。他们争先恐后向尹子奇报告这个好消息。张巡见状，立刻辨认出了敌军首领尹子奇，急令神箭手、部将南霁云向尹子奇放箭，正中尹子奇左眼。这回可是真箭。只见尹子奇鲜血淋漓，抱头鼠窜，仓惶逃命。敌军一片混乱，大败而逃。

【原文】

摧其坚，夺其魁，以解其体。龙战于野，其道穷也①。

【注释】

①龙战于野，其道穷也：语出《易经.坤》卦。坤，卦名。本卦是同卦相叠（坤下坤上），为纯阴之卦。

【译文】

"摧其坚"，是指打敌军主力；"夺其魁"，是指抓住或消灭首领、指挥部。这样一来，就可以"解其体"，瓦解敌军的整体力量，敌人一旦失去指挥，就好比龙出大海到陆地上作战，面临绝境一样。

引本卦上六《象》辞："龙战于野，其道穷也。"是说即使强龙争斗在田野大地之上，也是走入了困顿的绝境。比喻战斗中擒贼先擒王谋略的威力。

【赏析】

古人按语：攻胜则利不胜取。取小遗大，卒之利、将之累、帅之害、功之亏也。舍胜而不摧坚擒王，是纵虎归山也。擒王之法，不可图辨旌旗，而当察其阵中之首动。昔张巡与尹子奇战，直冲敌营，至子奇麾下，营中大乱，斩贼将五十余人，杀士卒五千余人。巡欲射子奇而不识，剡蒿为矢，中者喜谓巡矢尽，走白子奇，乃得其状，使霁云射之，中其左目，几获之，子奇乃收军退还（《新唐书》卷一九二《张巡传》《战略考·唐》）。

战争中，打败敌人，利益是取之不尽的。如果满足于小的胜利而错过了获取大胜的时机，那是士兵的胜利，将军的累赘，主帅的祸害，战功的损失。打了个小的胜仗，而不去摧毁敌军主力，不去摧毁敌军指挥部，捉拿敌军首领，那就好比放虎归山，后患无穷。古代交战，两军对垒，白刃相交，敌军主帅的位置比较容易判定。但也不能排除这样的情况：敌方失利兵败，敌人主帅会化装隐蔽，让你一时无法认出。张巡技高一筹，用秸秆当箭，一下子让主帅尹子奇暴露出来，然后命令射手将他射伤。

东汉末年，群雄逐鹿。在几经征伐之后，黄河南北地区，逐渐形成了袁绍、曹操两大集团对峙的局面。袁绍兵多将广，地域辽阔，占有很大的优势，曹操担心袁绍攻伐，自己防不胜防，于是陈兵官渡（今河南中牟东北）以吸引袁绍。公元 200 年 8 月，袁绍率大军接近官渡，东西连营几十里。双方相持了三个月，互有伤亡，不分胜负。

曹操的实力远不如袁绍，时间一久，曹军的粮食供给发生了问题。曹操动摇起来，想撤军回许昌。他给在许昌的谋士荀彧写了封信，征询荀彧的意见。荀彧坚决反对曹操回师，他在回信中写道："袁绍军人数虽然众多但战斗力很差。我军以其十分之一的兵力扼守官渡半年多，袁绍竟不能前进半步，这就是证明。现在袁绍的军队也已很疲乏，此时正是出奇制胜的时候，万万不可错过良机……"

荀彧的信坚定了曹操在官渡击败袁绍的信心。几天后，曹军捉获袁军的一个间谍，间谍供认：袁军将领韩猛押送粮车数千辆将要运至官渡，他是来给韩猛探路的。曹操立即派徐晃、史涣二将前去堵截。韩猛不敌徐、史二将，粮食全被徐、史劫走。

袁绍失去几千车粮食，十分懊丧。再次运粮时，他派大将淳于琼率万人护送，并将粮食囤积在距自己大营以北四十里的乌巢（河南延津东南）。袁绍手下的谋士许攸是曹操的故友，其亲属因触犯军法被袁绍的亲信关入监狱之中。许攸为自己的亲属争辩了几句，袁绍大怒，将其逐出军营。许攸一气之下离开袁绍，投降了曹操，并把袁绍的军粮全集中在乌巢一事报告给曹操。

曹操正在为如何才能出奇制胜而大伤脑筋，听完许攸的话，顿时胸有成竹。他连夜采取行动，命令曹洪留守大营，亲自率领 5000 精兵，打着袁军的旗号，骗过巡逻的袁军，在破晓之前赶到乌巢。5000 精兵，人人带有引火的柴草，众人一齐动手，乌巢顿时火光冲天，而负责守护乌巢的淳于琼还来不及上马，就已成为曹操的俘虏。

乌巢的军粮被曹操焚毁后，袁军军心动摇。袁绍又偏听偏信郭图的话逼走了大将张郃、高览，士气愈发衰落。曹操抓住战机，发起猛攻，袁军折损 7 万余人，袁绍和儿子袁谭落荒而逃，逃回到河北时，仅剩下 800 余名骑兵。

在现代商战中，经营者无论是决策还是处理问题都必须掌握重点，在众多的竞争者中，要善于找出主要对手，然后集中力量将其"擒"获。只要"擒"住了市场中这个"王"，其他问题就会迎刃而解了。

日本索尼公司的国外部部长卯木肇，发现索尼彩电在美国备受冷落，便从牧童放牛中得启发，决定要抓住美国电器市场的"带头牛"。

他以百折不挠、不达目的誓不罢休的精神向马西里尔公司进攻，终于“擒”住了这条“带头牛”，也就是“擒”住了芝加哥电器销售行业的“王”。此后，一切问题迎刃而解，索尼彩电占领了芝加哥市场，进而攻占美国市场。

20世纪70年代初期，索尼公司的名字，已经在日本深入人心，它生产的彩色电视机是本国电器市场响当当的拳头产品，颇受消费者的喜爱。然而，在大洋彼岸的美国，索尼彩电却还是一种无人问津的杂牌货。

在傲慢的美国人眼里，只有美国的彩电才是世界一流的。

为了改变美国人的这种偏见，扭转不利和被动的局面，索尼公司决定派有丰富推销经验且富于想象力的卯木肇先生担任公司国外部部长。

1974年7月，卯木肇风尘仆仆地来到美国芝加哥，走马上任索尼公司国外部部长。

当他兴致勃勃地在芝加哥各大电器商场进行市场调查时，却连索尼彩电的影子都见不到。后来在几家专门出售廉价旧商品的专卖店里，才发现索尼彩电在那里蒙尘垢面，昏昏欲睡，几乎无人问津。

尽管卯木肇已有心理准备，但这种惨状仍令他惊愕不已。

在日本国内畅销的优质产品，为什么一到美国就落得如此凄凉的下场呢？卯木肇日日夜夜思考这一问题。

公司前任国外部部长曾多次在芝加哥市报刊登广告，削价销售索尼电视机。然而，即使一再削价，销路仍打不开。而且削价更使商品形象变得丑陋、低贱，愈加无人问津。

面对如此难堪的局面，连精明过人的卯木肇也一筹莫展。

一天，卯木肇偶然路过一处牧场。当时夕阳西下，飞鸟归林，一位稚气的牧童牵着一条健壮的大公牛进牛栏。公牛的脖子上系着一个铃铛，叮当叮当地响着，一大群牛跟在这头公牛后面，温驯地鱼贯而入。

卯木肇看着看着，忽然大叫一声：“有了！”

原来，他触景生情，灵感突发，悟出了一种推销彩电的办法：眼前这一群庞然大物服服帖帖地被一个不满三尺的牧童驯服，是因为牧童牵着一只“带头牛”。要是索尼彩电能找到一家“带头牛”商店率先销售，不是很快就会打开销路吗？

经过调查研究，卯木肇选定当地最大的电器销售商马西里尔公司为主攻对象。

卯木肇兴冲冲地来到马西里尔公司求见公司经理，名片经传达人员递进去很久才退回来，回答是“经理不在”。

卯木肇先生想：刚刚上班，经理肯定在办公室，也许是他太忙，不愿接见，明天再来吧。第二天，他选了一个估计经理较闲的时候求见，这次仍没见到。

直到第四次求见，卯木肇才见到这位经理。

“我们不卖索尼的产品。”没等卯木肇开口，经理劈头盖脸就来了这一句。

接着，他又叽里呱啦地大放厥词，大意是：索尼公司的产品降价拍卖，就像一个年老色衰的婊子，找上门也没人要。

为了索尼公司的事业，卯木肇忍气吞声，强装出笑脸唯唯诺诺，表示不再搞削价销售，立即着手改变商品形象。

在这次见面之后，卯木肇立即指使属下从各个寄卖商店取回索尼彩电，取消削价销售，并在当地报刊上重新刊登广告，再造索尼彩电的形象。

卯木肇带着刊登新广告的报纸，再次去见公司经理，那位经理以索尼公司的售后服务太差为由拒绝销售。

卯木肇二话没说，回驻地后立即设置索尼彩电特约维修部，负责产品的售后服务工作，并重新刊登广告，公布特约维修部的地址和电话号码，保证顾客随叫随到。

谁知马西里尔公司经理在第三次见面时，再度以索尼公司知名度不够，不受欢迎为由，而拒绝销售。

马西里尔公司就像一个层层设防的堡垒，令卯木肇屡攻不入。

卯木肇不愧是盛田昭夫的得力干将。他是个愈挫愈勇，锐意进取的人。

面对壁垒森严的马西里尔公司，他放弃了正面进攻，而采取侧面偷袭的战术。他召集 30 多名工作人员，规定每人每天拨 5 次电话，向马西里尔公司求购索尼彩电。

接连不断的求购电话，搞得马西里尔公司的职员晕头转向，误将索尼彩电列入"待交货名单"。

卯木肇再一次见到马西里尔公司的经理时，这位经理大为恼火："卯木肇先生，你太不像话了，暗中搞鬼，制造舆论，干扰我公司正常工作。"

卯木肇不急不躁，待经理气消之后，便大谈索尼彩电的优点，是日本国内最畅销的商品之一。他诚恳地说："我三番五次地求见您，一方面是为本公司利益，但同时也考虑到贵公司的利益。在日本畅销的索尼彩电，一定会成为马西里尔公司的摇钱树的。"

这位顽固不化的经理听了这番话后，又找出一条理由：索尼彩电利润少，比其他彩电的折扣少 2%。

这次，卯木肇并没有顺从对方的意愿而一味退让迁就，而是巧妙地说："折扣高 2%的商品，摆在柜台上卖不出去，贵公司获利不会增多，索尼彩电折扣虽少一点，但商品俏，销得快，资金周转快，贵公司不是将获得更多的利益吗？"

卯木肇每一句话都站在对方的立场上，处处为对方的利益着想，合情合理，态度诚恳，终于使这位经理动了心，勉强同意代销两台彩电试试，但条件十分苛刻：如果一周之内卖不出，请搬回去。

卯木肇信心满怀地回到驻地，立即选派两名能干的年轻英俊的推销员送两台彩电去马西里尔公司，并叮嘱他们：这两台彩电是百万美元订货的开始，要他们送后留在柜台旁，与马西里尔公司店员并肩推销。

临行前，卯木肇又要求他们与对方的店员搞好关系，休息时轮流请店员到附近咖啡馆喝咖啡，如果一周之内这两台彩电卖不出去，他俩就不要再返回公司了。

当天下午 4 点钟，两名推销员回来，报告两台彩电已销出，马西里尔公司又要了 2 台。

卯木肇听了非常高兴，他知道：坚冰已经打破，美好的前景正展现在眼前。

卯木肇认为：在一个地区总销量占市场份额 80%以上的几个大商店，是最值得注意的客户。他们具有强大的销售能力，能起到"带头牛"的作用。但这些客户财

大气粗，难以开拓，如果推销员缺少韧性，没有钻劲，一旦碰壁便气馁而归，去寻找那些易打交道的小商店，局面是难以打开的。

卯木肇以他过人的智慧和毅力，终于“擒”住了美国电器市场的“带头牛”。

1974年12月，是美国家用电器市场的销售旺季，经过一个圣诞节，一个月内竟卖出了700多台索尼彩电。马西里尔公司大获其利。那位经理立即对索尼彩电刮目相看，亲自登门拜访卯木肇先生，并当即决定索尼彩电为该公司年度主销产品，联袂在芝加哥市各大报刊刊登巨幅广告，以提高商品知名度。

有马西里尔公司这条“带头牛”开了路，芝加哥地区100多家商店跟在后面纷纷要求经销索尼彩电。不到3年，索尼彩电在芝加哥地区的市场占有率达到35%。

由于芝加哥这条“带头牛”，索尼彩电在美国其他城市的局面也打开了。

在军事上，擒贼擒王，是通过捕杀敌人首领，摧毁敌方的指挥部，以迅速消灭敌人的一种计谋。兵家们认为，贼王为敌人的“主心骨”，仅仅击溃了敌军也算不了什么胜利，让“贼王”跑掉，无异于放虎归山。而擒住了贼王，就会使敌人陷于群龙无首、树倒猢狲散的境地。

在现代商战中，经营者无论是决策还是处理问题都必须掌握重点，在众多的竞争者中，要善于找出主要对手，然后集中力量将其“擒”获。只要“擒”住了市场中这个“王”，其他问题就会迎刃而解了。

第四套　混战计

第十九计　釜底抽薪

【计名探源】

釜底抽薪，语出北齐魏收《为侯景叛移梁朝文》：“抽薪止沸，剪草除根。”古人还说：“故以汤止沸，沸乃不止，诚知其本，则去火而已矣。”这个比喻很浅显，道理却说得十分清楚。水烧开了，再掺开水进去是不能让水温降下来的，根本的办法是把火灭掉，水温自然就降下来了。此计用于军事，是指对强敌不可靠正面作战取胜,而应该避其锋芒,削减敌人的气势,再乘机取胜的谋略。釜底抽薪的关键是善于抓住主要矛盾。很多时候,一些影响战争全局的关键点恰恰是敌人的弱点,指挥员要准确判断,抓住时机,攻敌之弱点,比如粮草辎重,如能乘机夺得,敌军就会不战自乱。三国时的官渡之战即是一个有名的战例。

东汉末年,军阀混战,河北袁绍乘势崛起。公元200年,袁绍率领十万大军攻打许昌。当时,曹操据守官渡(今河南中牟北),兵力只有三万多人。两军隔河对峙。袁绍仗着人马众多,派兵攻打白马。曹操表面上放弃白马,命令主力开向延津渡口,摆开渡河架势。袁绍怕后方受敌,迅速率主力西进,阻挡曹军渡河。谁知曹操虚晃一枪之后,突派精锐回袭白马,斩杀颜良,初战告捷。

由于两军相持了很长时间,双方粮草供给成了关键。袁绍从河北调集了一万多车粮草,屯集在大本营以北四十里的乌巢。曹操探得乌巢并无重兵防守,决定偷袭乌巢,断其供应。他亲自率五千精兵打着袁绍的旗号,衔枚疾走,夜袭乌巢。乌巢袁军还没有弄清真相,曹军已经包围了粮仓。一把大火点燃,顿时浓烟四起。曹军乘势消灭了守粮袁军,袁军的一万多车粮草,顿时化为灰烬。袁绍大军闻讯,惊恐万状,供应断绝,军心浮动,袁绍一时没了主意。曹操此时发动全线进攻,袁军士兵已丧失战斗力,十万大军四散溃逃。袁军大败,袁绍带领八百亲兵,艰难地杀出重围,回到河北,从此一蹶不振。

【原文】

不敌[①]其力[②],而消其势[③],兑下乾上之象[④]。

【注释】

①敌:动词,攻打。

②力:最坚强的部位。

③势:气势。

④兑下乾上之象:《易经》六十四卦中,《履》卦为"兑下乾上",上卦为乾为天,下卦为兑为泽。又,兑为阴卦,为柔;乾为阳卦,为刚。兑在下,从循环关系和规律上说,下必冲上,于是出现"柔克刚"之象。

【译文】

"不敌其力,而消其势"的意思是:两军对垒,一方不直接针对敌人的锋芒与敌抗衡,而是另想办法,以求得从根本上削弱他的气势,扼制他的战斗力。这里的"兑下乾上",兑为底下,沼泽之意;乾为高上,上天之意。意思是低下反而能克上。这就如同遭遇老虎,一定要避开老虎的强头,迂回到老虎的后方,骚扰老虎的屁股。这样,不仅不会被老虎咬伤,反会消耗老虎的体力,减杀老虎的气势。

此计正是运用此象理推衍之,喻我用此计可胜强敌。

【赏析】

古人按语:水沸者,力也,火之力也,阳中之阳也,锐不可当;薪者,火之魄也,即

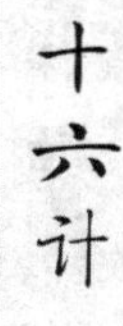

力之势也，阴中之阴也，近而无害。故力不可当而势犹可消。《尉缭子》曰："气实则斗，气夺则走。"而夺气之法，则在攻心。昔吴汉为大司马，有寇夜攻汉营，军中惊扰，汉坚卧不动，军中闻汉不动，有顷乃定。乃选精兵反击，大破之。此即不直当其力而扑消其势也。宋薛长儒为汉、湖、滑三州通判，驻汉州。州兵数百叛，开营门，谋杀知州、兵马监押，烧营以为乱。有来告者，知州、监押皆不敢出。长儒挺身徒步，自坏垣入其营中，以福祸语乱卒曰："汝辈皆有父母妻子，何故作此？叛者立于左，胁从者立于右！"于是，不与谋者数百人立于右；独主谋者十三人突门而出，散于诸村野，寻捕获。时谓非长儒，则一城涂炭矣！此即攻心夺气之用也。或曰：敌与敌对，捣强敌之虚以败其将成之功也。

锅里的水沸腾，是靠火的力量。沸腾的水和猛烈的火势是势不可挡的，而产生火的薪柴却是可以控制的。强大的敌人虽然一时阻挡不住，何不避其锋芒，以削弱他的气势？《尉缭子》上说：士气旺盛，就投入战斗；士气不旺，就应该避开敌人。削弱敌人气势的最好方法是采取攻心战。所谓"攻心"，就是运用强大的思想攻势。吴汉在大敌当前时，沉着冷静，稳定了将士，乘夜反击，获得了胜利。这就是不直接阻挡敌人、用计谋扑灭敌人气势而取胜的例子。宋朝的薛长儒在叛军气势最盛之时，挺身而出，只身进入叛军之中，采用攻心战术。他用祸福的道理开导叛军，要他们想想自己的前途和父母妻子的命运。叛军中大部分人是胁从者，所以自然被他这番话说动了。薛长儒趁势说道："现在，凡主动叛乱者站在左边，凡是不明真相的胁从者站在右边。"结果，参加叛乱的数百名士兵，都往右边站，只有为首的十三个人慌忙夺门而出，分散躲在乡间，不久都被捉拿归案。这就是用攻心的方法削弱敌人气势的一个极好例子。还有人说，敌人再强大，也会有弱点，我方突然击败敌人的薄弱之处，再击败敌人主力，这也是釜底抽薪法的具体运用。战争中也常使用袭击敌人后方基地、仓库，断其运输线的战术，同样可以收到釜底抽薪的效果。

孟尝君是战国时期有名的四公子之一，在齐国担任相国的重要职务。这一年，齐王的夫人死了，孟尝君为此大伤脑筋：齐王要立谁为夫人呢？倘若是个与自己作对的人，那就麻烦了，搞不好，相国要职也会被别人夺走。

齐王有七名宠妾，个个如花似玉，齐王经常与七名宠妾在一起。孟尝君想："齐王要立夫人肯定会从这七人中挑选一位，不过，哪一位是齐王最喜欢的呢？"孟尝君想来想去，想到了一个好主意。他命人制作了七副耳环，每副耳环都用上等美玉制作，其中一副耳环最精巧、最珍贵，然后把七副耳环献给齐王。齐王看到这么精美的耳环，立刻高兴地把它们赐给了七名宠妾。

过了几天，孟尝君再次进宫进见齐王，悄悄地观察齐王身边的七位美人，见她们都戴上了自己进献的耳环，其中一位美人戴上那一对特殊的耳环更显得楚楚动人。告别齐王回府后，孟尝君立即命人起草奏章，劝齐王立那位楚楚动人的美女为夫人。齐王接奏，正合心意，便立最中意的美人为夫人。

那位当上夫人的美人身价倍增，自然不会忘记孟尝君，所以孟尝君还是平平安安地做他的相国，齐国百姓也因此安居乐业。

1961 年，美国加利福尼亚的旧金山东部一片荒无人烟的原野上，突然耸立起一座铁塔，这是美国著名企业家哈默的西方石油公司的钻井队在进行勘探。

当钻机钻到8600英尺的深度时，传出了振奋人心的好消息：出气了！而且后来判定是加州第二大天然气田。为了这次勘探，西方石油公司孤注一掷，投入了近2000万美元的巨资。

哈默抑制不住内心的喜悦，急急忙忙赶到太平洋煤气与电力公司，他心里盘算着，准备与这家公司签订为期20年的天然气出售合同，没想到却碰了一鼻子灰，太平洋煤气与电力公司三言两语就把哈默打发走了。

他们说：对不起，我们公司不需要你们公司的天然气，因为我们最近已经耗费巨资从加拿大的艾伯塔到旧金山海湾区准备修建一条天然气管道，大量的天然气可以从加拿大通过管道输来。

这不啻给哈默当头泼了一盆冷水，他一时竟不知所措。

但哈默毕竟是多年在商业战场上滚打出来的老手，很快就冷静下来，在很短的时间里，他想出了一条"釜底抽薪"的妙计来制服太平洋煤气与电力公司。

哈默悄悄赶到洛杉矶市，因为该市是太平洋煤气与电力公司的大买主，是天然气的直接使用单位。

哈默找到市议会，绘声绘色地向议员们说，他的公司计划从拉思罗普修建一条天然气管道直达洛杉矶市，并将以比太平洋煤气与电力公司和其他任何投标企业更为便宜的价格供应天然气，以满足洛杉矶市的需要。而且，他还将加快修建管道的工程速度，将比太平洋煤气与电力公司和其他投标企业提供天然气的时间更为缩短，洛杉矶市民可在近期内用到他的价格便宜的天然气。

洛杉矶市议会的议员们一听便动了心，准备接受哈默西方石油公司的计划，而放弃太平洋煤气与电力公司的天然气。

哈默这一招果真厉害。

太平洋煤气与电力公司得知这消息后，十分惊慌，马上登门拜访哈默，表示愿意接受哈默的天然气。

这时，哈默摆起了架子，他处于居高临下的地位，提出了一系列有利于他的条件。太平洋煤气与电力公司不敢提出异议，只能乖乖地同哈默签订了合同。

在军事上，釜底抽薪这一计的主要内容是：面对强敌，我不一定与其正面交锋，而是想办法消灭其赖以生存的条件，使其从根本上瓦解。在使用这一计时，关键要把握好两点：首先，要善于发现敌人的"釜底之薪"。这是实行"釜底抽薪"的前提。这里要注意的是：战争情况不同，"抽薪"的目标也是不同。一般说，凡是影响敌人后劲的力量，就是"抽薪"的目标；第二，要善于运用"釜底抽薪"的手段和方法，要针对敌人"釜底之薪"的具体情况去选择和运用"抽薪"的手段和方法。在冷兵器时代，粮草对军队的重要性尤为突出，"军无粮则亡"。所以，古代军事家在战争中常把袭击对方粮草、截断粮道作为釜底抽薪的目标。公元200年，曹操与袁绍在官渡（今河南省中牟县）展开了一场决战。曹操便采用了釜底抽薪之计战胜了袁绍。

在现代商战中，那些致对方于死地，或是采取各种手段断对方的生路，如资金、人才、业务、货源、原料等，都属于"釜底抽薪"的范畴。抓住主要矛盾，抓住决定胜负的根本因素，是用好"釜底抽薪"谋略的关键。

第二十计　混水摸鱼

【计名探源】

混水摸鱼，原意是，在混浊的水中，鱼晕头转向，乘机下手，可以将鱼抓到。此计用于军事，是指当敌人混乱无主时，乘机出击夺取胜利的谋略。在混浊的水中，鱼儿辨不清方向，在复杂的战争中，弱小的一方经常会动摇不定，这时就有可乘之机。更多的时候，这个可乘之机不能只靠等待，而应主动去创造。一方主动去把水搅浑，使情况变得复杂起来，然后借机行事，捞取实惠。

唐朝开元年间，契丹叛乱，多次侵犯唐朝。朝廷派张守珪为幽州节度使，平定契丹之乱。契丹大将可突干几次攻幽州，未能攻下。可突干想探听唐军虚实，派使者到幽州，假意表示愿意重新归顺朝廷，永不进犯。张守珪知道契丹势力正旺，主动求和，必定有诈。他将计就计，客气地接待了来使。第二天，他派王悔代表朝廷到可突干营中宣抚，并命王悔一定要探明契丹内部的底细。王悔在契丹营中受到热情接待，他在招待酒宴上仔细观察契丹众将的一举一动。他发现，契丹众将在对朝廷的态度上并不一致。他又从一个小兵口中探听到分掌兵权的李过折一向与可突干有矛盾，两人貌合神离，互不服气。王悔特意去拜访李过折，装作不了解他和可突干之间的矛盾，当着李过折的面，假意大肆夸奖可突干的才干。李过折听罢，怒火中烧，说可突于主张反唐，使契丹陷于战乱，人民十分怨恨。并告诉王悔，契丹这次求和完全是假意，可突干已向突厥借兵，不日就要攻打幽州。王悔乘机劝说李过折，唐军势力强大，可突干肯定失败，他如脱离可突干，建功立业，朝廷保证一定会重用他。李过折果然心动，表示愿意归顺朝廷。王悔任务完成，立即辞别契丹王返回幽州。第二天晚上，李过折率领本部人马，突袭可突干的中军大帐。可突干毫无防备，被李过折斩于营中，这一下，契丹营大乱。忠于可突干的大将礁礼召集人马，与李过折展开激战，杀了李过折。张守珪探得消息，立即亲率人马赶来接应李过折的部队。唐军火速冲入契丹军营，契丹军内正在火并，混乱不堪。张守珪乘势发动猛攻，生擒礁礼，大破契丹军，终于平息契丹叛乱。

【原文】

乘其阴[①]乱，利其弱而无主。随，以向晦入宴息[②]。

【注释】

①阴：内部。意为乘敌人内部发生混乱。

②随，以向晦入宴息：语出《易经·随》卦。随，卦名。本卦为异卦相叠（震下兑上）。本卦上卦为兑为泽，下卦为震为雷。言雷入泽中，大地寒凝，万物蛰伏，故卦象名“随”。随，顺从之意。《随》卦的《象》辞说：“泽中有雷，随。君子以向晦入宴息。”意为人要随应天时去作息，向晚就当入室休息。

此计运用此象理，是说打仗时要善于抓住敌方的可乘之隙，而我借机行事，使敌军的混乱顺我之意，我便乱中取利。

【译文】

乘敌人内部发生混乱，利用他力量虚弱而没有主见的弱点，使他顺从我，这就像人们随着天时的变化，到了夜晚就要入房休息一样自然。

【赏析】

古人按语：动荡之际，数力冲撞，弱者依违无主，散蔽而不察，我随而取之。《六韬》曰："三军数惊，士卒不齐，相恐以敌强，相语以不利，耳目相属，妖言不止，众口相惑，不畏法令，不重其将：此弱征也。"是鱼，混战之际，择此而取之。如刘备之得荆州，取西川，皆此计也。

局面混乱不定，一定存在着多种互相冲突的力量，那些弱小的力量这时都在考虑，到底要依靠哪一边，就分散躲避，难以察觉。这个时候，己方就要乘机把水搅浑，随即攻取他。古代兵书《六韬》中列举了敌军的衰弱症状：全军多次受惊，兵士军心不稳，互相恐吓说敌方强大，相互传言说己方不利，交头接耳，妖言不断，谣言惑众，不怕法令，不尊重将领……这时，可以说是水已浑了，就应该乘机捞鱼，取得胜利。运用此计的关键，是指挥员一定要正确分析形势，发挥主观能动性，千方百计把水搅浑，主动权就牢牢掌握在自己的手中了。

公元前284年，燕昭王以乐毅为上将军，率领燕、秦、赵、魏、韩等国的军队，一连攻下齐国的七十余城，并攻占了齐国都城，齐国仅剩下两座城池，面临亡国的威胁。这时燕昭王已死，他的儿子惠王不信任乐毅。齐国人田单得知，便派人到燕国，到处散布流言说乐毅有二心。燕惠王早已怀疑乐毅，加上田单的挑拨，因此撤换了乐毅的职务，另派骑劫来当大将军。燕军将士因此愤慨不平，军心涣散（将水搅混，以便混水摸鱼）。

田单为了加强民众战胜敌人的信心，利用当时人们对鬼神的迷信，制造了"神师"助战的假象，使燕军听说，军心更加动摇。接着又设法让燕军割去所俘齐军士兵的鼻子，挖开齐国人的祖坟，烧毁骸骨，使得齐国军民义愤填膺，纷纷要求与燕人决一死战。

这时，田单开始准备大反攻。他制造了种种假象，让燕人以为齐国已经穷途末路，因而得意忘形，放松警惕。田单却找来一千多头牛，给它们穿上画着五彩龙纹的绸衣，牛角绑上锋利的尖刀，牛尾绑上浸透油脂的苇草，在城脚下挖了几十个洞，还挑选了五千多名勇士，跟随其后。乘夜点燃牛尾上的苇草，牛被烧痛，疯狂地冲向燕军，城里人呐喊助威，燕军惊恐万状，溃不成军，燕军统帅骑劫被斩杀，齐国人一举收复了全部失地。

在日本钟表业，精工表位居领导地位，紧追其后的星辰表自然不服气，无时不绞尽脑汁，企图取而代之。

经过无数次的策划研讨会议，星辰表终于想出一个绝妙的主意，配合新型防震表，展开了两个大型的活动。

首先，星辰表宣布将在某年某月某时某分，将新表用直升机载运到东京银座上

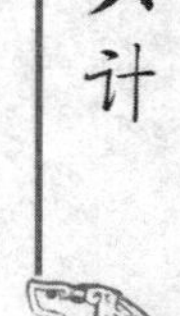

空 100 公尺处，然后将表抛下，保证新表落地以后仍走时正常。消息一经发布，立即引发了无数市民的好奇心。是日，抛表地点万头攒动，传播媒体更是争相报道：电视立即转播，报纸大幅刊载，效果空前理想。

第一个活动如此成功，第二个活动于是紧接着展开。星辰表宣布，将于某年某月某日某时某分，将 100 块新表分置于数个小篮中运到北海道，然后将之丢入海中随波逐流。其中 50 块预定半个月后在海参崴捞起，另外 50 块预定于 3 个月后在美国西海岸捞起，捞起后 100 块新表，保证走时如常。

这两场防震防水的空前演出，使得星辰表红得发紫。星辰员工欣喜若狂，认为这个攻击行动，必定能一举打败精工表，"取而代之"的夙愿眼看就要实现了。可是他们高兴得太早了。

精工表目睹了对手这两场精彩的演出，立即紧急总动员，拟妥了一招"混水摸鱼"的巧计。

在所有售卖钟表的店铺，精工都摆设了一个大型的热带鱼水箱，内置新型精工表一块，配合图片说明强调它的"防震防水"功能，并与店铺人员取得默契。当顾客感染"星辰热"到店里欲购买新表时，若未指名或记不清品牌，店铺人员即告诉顾客，鱼箱中的新表就是他要的防震防水表。

这一妙计，使得精工表力保江山，星辰表的努力大打折扣，桂冠最后还是戴在精工表的头上。

此计的解语听起来好像同趁火打劫一计的意思很相近。但也有区别，主要区别是趁火打劫讲的是在敌人内部已经发生混乱的情况下，怎么去捕捉战机，乘机取胜。而混水摸鱼讲的是在敌人的内部并未发生混乱的情况下，首先是怎么去挑起敌人内乱，创造有利战机，然后再去捕捉战机，乘机取胜。

混水摸鱼这一计的运用分为两步走：第一步，要设法把水搅混；第二步要设法趁机捞鱼。混水摸鱼一计要比趁火打劫一计有更深的谋略性，在实施的过程中，要求指挥员发挥更大的主动性。

混水摸鱼的计谋，也可以用于现代的经营战略中，众多的经营者都想从市场这个大鱼池里捉鱼回去，但并非每个人都能如愿以偿。往往是那些独具慧眼、手腕灵活的经营者渔利较多，他们常常趁着市场的混乱，甚至故意制造混乱，然后凭着自己的能力和智慧，悄悄地把鱼摸走。

第二十一计　金蝉脱壳

【计名探源】

金蝉脱壳的本意是：蝉在蜕变时，本体脱离皮壳而走，只留下蝉蜕还挂在枝头。此计用于军事，是指通过伪装摆脱敌人，撤退或转移，以实现我方的战略目标的谋略。先稳住对方，然后撤退或转移，绝不是惊慌失措，消极逃跑，而是保留形式，抽走内容，使自己脱离险境。达到己方战略目标后，己方常常可用巧妙分兵转移的机会出击另一部分敌人。

三国时期,诸葛亮六出祁山,北伐中原,但一直未能成功,终于在第六次北伐时,积劳成疾,在五丈原病死于军中。为了不使蜀军在退回汉中的路上遭受损失,诸葛亮在临终前向姜维密授退兵之计。姜维遵照诸葛亮的吩咐,在诸葛亮死后,秘不发丧,对外严密封锁消息。他带着灵柩,秘密率部撤退。司马懿派部队跟踪追击蜀军。姜维命工匠仿诸葛亮模样,雕了一个木人,羽扇纶巾,稳坐车中,并派杨仪率领部分人马大张旗鼓,向魏军发动进攻。魏军远望蜀军,军容整齐,旗鼓大张,又见诸葛亮稳坐车中,指挥若定,不知蜀军又耍什么花招,不敢轻举妄动。司马懿一向知道诸葛亮"诡计多端",又怀疑此次退兵乃是诱敌之计,于是命令部队后撤,观察蜀军动向。姜维趁司马懿退兵的大好时机,马上指挥主力部队,迅速安全转移,撤回汉中。等司马懿得知诸葛亮已死,再进兵追击,为时已晚。

【原文】

存其形,完其势①;友不疑,敌不动。巽而止蛊②。

【注释】

①存其形,完其势:保存阵地已有的战斗形貌,进一步完备继续战斗的各种态势。

②巽而止蛊:语出《易经·蛊》卦。蛊,卦名。本卦为异卦相叠(巽下艮上)。本卦上卦为艮为山为刚,为阳卦;下卦巽为风为柔,为阴卦。故"蛊"的卦象是"刚上柔下",意即高山沉静,风行于山下,事可顺当。又,艮在上卦,为静;巽为下卦,为谦逊,故说"谦虚沉静""弘大通泰",是天下大治之象。此计引本卦《彖》辞:"巽而止,蛊。"其意是我暗中谨慎地实行主力转移,稳住敌人,我则乘敌不惊疑之际脱离险境,就可安然躲过战乱之危,所以,这是顺事。

【译文】

保存阵地的原形,不改变作战态势,使得友军不怀疑,敌人也不敢突然行动,这里的"巽而止蛊"是引自《易经·蛊》卦。在这里的意思说:乘敌人迷惑不解的时候,秘密而迅速地转移主力。

【赏析】

古人按语:共友击敌,坐观其势。尚另有一敌,则须去而存势。则金蝉脱壳者,非徒走也,盖为分身之法也。故大军转动,而旌旗金鼓,俨然原阵,使敌不敢动,友不生疑,待已摧他敌而返,而友敌始知,或犹且不知。然则金蝉脱壳者,在对敌之际,而抽精锐以袭别阵也。如:诸葛亮卒于军,司马懿追焉。姜维令仪反击鸣鼓,若向懿者,懿退,于是仪结营而去(《三国志》卷三五《诸葛亮传》)。檀道济被围,乃命军士悉甲,身白服乘舆徐出外围,魏惧有伏,不敢逼,乃归(《南史》卷十五《檀道济传》《广名将传》卷七)。

认真分析形势,准确做出判断,摆脱敌人,转移部队,绝不是消极逃跑,一走了事,而应该是一种分身术,要巧妙地暗中调走精锐部队去袭击别处的敌人。但这种调动要神不知,鬼不觉,极其隐蔽。因此,一定要把假象造得有逼真的效果。转移时,依然要旗帜招展,战鼓隆隆,好像仍然保持着原来的阵势,这样可以使敌军不敢动,友军不怀疑。檀道济在被敌人围困时,竟然能带着武装士兵,自己穿着显眼的白色服装,坐在车上,不慌不忙地向外围进发。敌军见此,以为檀道济设有伏兵,不敢逼近,让檀道济安然脱离围困。檀道济此计,险中有奇,使敌人被假象迷惑,做出了错误的判断。

清朝,咸丰帝病在热河,皇后和懿贵妃都寸步不离在那里侍驾。

这懿贵妃平时野心勃勃,为人奸诈,城府甚深,这些咸丰帝都非常清楚,因此也很担心。她生了个儿子叫载淳,就是后来的同治皇帝。因为皇后无子,她生的儿子自然就是名正言顺的储君。正当咸丰帝病危之时,懿贵妃到处活动,拉拢朝臣,想在宫中夺权。咸丰帝见她如此嚣张,不择手段,要把她赐死,得皇后求情乃罢。咸丰不得已,在病榻写下遗诏与皇后,说明懿贵妃其人阴险,绝不可以信任,他日若她母凭子贵为太后时,能规规矩矩便罢,若有失检行为,可召集廷臣,宣读此诏,把她诛死,以杜后患。一面亲谕各亲王载垣、端华与肃顺等为监国摄政王。

英法联军退出了北京城,咸丰帝来不及回京便在热河行宫死了。肃顺想假传遗旨,拥载垣为嗣皇帝,入宫去向孝贞皇后索取国玺。皇后见肃顺来势汹汹,不肯交出,推说此国玺当日由先帝六王带回北京了。肃顺打算奉梓宫先回京,皇后又不许,说要和懿贵妃一块儿去,肃顺无可奈何只得遵命。

肃顺和端华等退而求其次,增派侍卫兵,扬言保护后妃,实想是在半路上干掉懿贵妃母子,奉皇后一人进京。懿贵妃早已料到这一着,先派人回京谕调荣禄带亲兵来接应,到梓宫出城之日,荣禄的人马也到了。肃顺见禁兵到来保护,无从下手。再求其次,想自己先一日回京先行布置,废除懿贵妃名号,不让其母子入京城,便故意把行程拉慢。走了几天,快到北京了,懿贵妃料定了肃顺的缓进企图,趁休息的时候,和皇后商量停当,叫两个宫女打扮成后妃模样,坐在后妃车子里,自己却和皇后、儿子载淳都化装为平民,雇了几辆轻便快车,带几名干练随员,从小路飞也似的暗进京城,真是神不知鬼不觉。后妃入宫时,肃顺等还在路上,懿妃即召集在京的文武大臣入宫,传示国玺,立儿子载淳为皇帝,改年号为同治元年,再布置兵马于城门,迎接梓宫。至第三天,载垣和端华先到,迎进城内,即被扣捕。懿妃又派人奉旨于路上把肃顺也扣押回京,控以叛国谋反之罪,押赴刑场斩首。

1956 年 2 月,日本索尼公司的副总裁盛田昭夫又踏上了美利坚的土地。这是他第 100 次横跨太平洋,寻找产品的销路。

身材矮小的盛田昭夫带着小型的晶体管收音机,顶着凛冽的寒风,穿街走巷,登门拜访那些可能与索尼公司合作的零售商。

然而,当那些零售商们见到这小小的收音机时,既感到十分有趣,又感到迷惘不解。他们说:“你们为什么要生产这种小玩意儿?我们美国人的住房特点是房子大、房间多,他们需要的是造型美、音响好,可以做房间摆设的大收音机。这小玩意儿恐怕不会有多少人想要的。”

盛田并不因此而气馁,他坚信这种耗费了无数心血而研制成的小型晶体管收音机,一定会让美国人所接受。

事情总是这样,过多的解释往往不如试用更有说服力。小巧玲珑、携带方便、选台自由、不打扰别人,正是小型晶体管收音机的优点。很快地,这种“小宝贝”就为美国人所接受。

小型晶体管收音机的销路迅速地打开了。

有一家叫宝路华的公司表示乐意经销,一下子就订了10万台,但附有一个条件,就是把索尼更换为宝路华牌子。盛田昭夫拒绝了这桩大生意,他认为决不能因有大钱可赚而埋没索尼的牌子。

不久,盛田昭夫又遇上了一位经销商,这个拥有151个联号商店的买主说,他非常喜欢这种晶体管收音机,他让盛田给他一份数量从5000、1万、3万、5万到10万台收音机的报价单。

这是一桩多么诱人的买卖啊!盛田昭夫不由得心花怒放,他告诉对方,请允许给一天时间考虑。

回到旅馆后,盛田昭夫刚才的兴奋逐渐被谨慎的思考取代了,他开始感到事情并非这么简单。

夜深了,盛田昭夫仍在继续苦思良策,他反复设想着接受这笔订货可能产生的后果,测算着价格和订货量之间的关系。他要在天亮之前想出一个既不失去这桩生意,又不使公司冒险的两全其美的妙计。

他在纸上不停地计算着,比画着,忽然他随手画出一条“U”字形曲线。望着这条曲线,他的脑海里如闪电般出现了灵感……

如果以5000台的订货量作为起点,那么1万台的价格将在曲线最低点,此时价格随着曲线的下滑而降低,过最低点,也就是超过1万台,价格将顺着曲线的上升而回升。5万台的单价超过5000台的单价,10万台那就更不用说了,差价显然是更大了。

按照这个规律,他飞快地拟出了一份报价单。

第二天,盛田昭夫早早地来到那家经销公司,将报价单交给了经销商,并笑着说:“我们公司有点与众不同,我们的价格先是随订数而降低,然后它又随订数而上涨。就是说,给你们的优惠折扣,1万台内订数越高,折扣越大,超过1万台,折扣将随着数量的增加而越来越少。”

经销商看着手中的报价单,听着他怪异的言论,眨巴着眼,感到莫名其妙。他觉得似乎被这位日本人所玩弄,他竭力控制住自己的感情说:"盛田先生,我做了快30年的经销商,从没有见过像你这样的人,我买的数量越大,价格越高,这太不合情理了。"

盛田昭夫耐心地向经销商解释他制订这份报价单的理由,客商听着、听着,终于明白了。

他会心地笑了笑,很快地和盛田昭夫签署了一份1万台小型晶体管收音机的订购合同。这个数字对双方来说,无疑都是最合适的。

就这样,盛田昭夫用一条妙计就使索尼公司摆脱了一场危险的赌博。

可以这样认为:金蝉脱壳是一种稳住对方、脱离险境的计谋。这里的"脱",不是惊慌失措,消极逃跑,而是存其形式,抽去内容,稳住敌方,脱离险境。

中国古代军事家运用"金蝉脱壳"之计脱离险境的战例很多。诸葛亮病亡军中,姜维指挥蜀军安然撤回汉中便是一例。

在现代商战中,"金蝉脱壳"计的运用,多是经营者为摆脱劣境、险境,而施以诈术迷惑对方,掩盖自己的真实意图。

第二十二计　关门捉贼

【计名探源】

关门捉贼,是指对弱小的敌军要采取四面包围、聚而歼之的谋略。如果让敌人得以脱逃,情况就会十分复杂。穷追不舍,一怕他拼命反扑,二怕中敌诱兵之计。这里所说的"贼",是指那些善于偷袭的小部队,他的特点是行动诡秘,出没不定,行踪难测。其数量不多,破坏性却很大,常会乘我方不备,侵扰我军。所以,对这种"贼",不可让其逃跑,而要断他的后路,聚而歼之。当然,此计运用得好,决不只限于"小贼",甚至可以围歼敌人的主力部队。

战国后期,秦国攻打赵国。秦军在长平(今山西高平北)受阻。长平守将是赵国名将廉颇,他见秦军势力强大,不能硬拼,便命令部队坚壁固守,不与秦军交战。两军相持四个多月,秦军仍拿不下长平。秦王采纳了范睢的建议,用离间计让赵王怀疑廉颇。赵王中计,调回廉颇,派赵括为将到长平与秦军作战。赵括到长平后,完全改变了廉颇坚守不战的策略,主张与秦军对面决战。秦将白起故意让赵括尝到一点甜头,使赵括的军队取得了几次小胜利。赵括果然得意忘形,派人到秦营下战书,这下正中白起的下怀。他分兵几路,形成对赵军的包围圈。第二天,赵括亲率四十万大军,来与秦兵决战。秦军与赵军几次交战,都打输了,赵括志得意满,哪里知道敌人用的是诱敌之计。他率领大军追赶佯败的秦军,一直追到长壁。秦军坚守不出,赵括一连数日攻克不下,只得退兵。这时突然得到消息:自己的后营已被秦军攻占,粮道也被秦军截断。秦军已把赵军全部包围起来。一连四十六天,赵军粮绝,士兵杀人相食,赵括只得拼命突围。白起已严密部署,多次击退企图突围的赵军,最后,赵括中箭身亡,赵军大乱,四十万大军都被秦军杀戮。这个赵括,只会“纸上谈兵”，在真正的战场上，一下子就中了敌军“关门捉贼”之计，损失四十万大军，使赵国从此一蹶不振。

【原文】

小敌困之[①]。剥，不利有攸往[②]。

【注释】

①小敌困之：对弱小或者数量较少的敌人，要设法去围困（或者说歼灭）他。

②剥，不利有攸往：语出《易经·剥》卦。剥，卦名。本卦异卦相叠（坤下艮上），上卦为艮为山，下卦为坤为地。意即广阔无边的大地在吞没山，故卦名曰“剥”。剥，落的意思。卦辞：“剥，不利有攸往。”意为剥卦说，有所往则不利。

【译文】

这解语里的“小敌困之”意思是说：对弱小的敌人，要包围起来歼灭。“剥，不利有攸往”是引自《易经·剥》卦，在这里的意思是指：零散小股敌人，虽然势单力薄，但出没无常，诡诈难防，因而不利于急迫远赶，而应该断其退路，聚而歼灭。

此计引此卦辞，是说对小股敌人要即时围困消灭，而不利于去急追或者远袭。

【赏析】

古人按语：捉贼而必关门，非恐其逸也，恐其逸而为他人所得也。且逸者不可复追，恐其诱也。贼者，奇兵也，游兵也，所以劳我者也。吴子曰：“今使一死贼，伏于旷野，千人追之，莫不枭视狼顾。何者？恐其暴起而害己也。是以一人投命，足惧千夫。”追贼者，贼有脱逃之机，势必死斗；若断其去路，则成擒矣。故小敌必困之，不能，则放之可也。

关门捉贼，不仅仅是害怕敌人逃走，而且怕他逃走之后被他人所利用。如果关门不紧，让敌人逃脱，千万不可轻易追赶，防止中了敌人的诱兵之计。这个贼，指的是那些出没无常、偷袭我军的游击队伍。他们的企图，是使我军疲劳，以便实现他们的目的。

兵书《吴子》中特别强调不可轻易追逐逃敌。他打了一个比方，一个亡命之徒隐藏在旷野里，你派一千个人去捉他，也会十分困难，这是为什么呢？主要是众人都怕对方突然袭击而损害自己。所以说，一个人只要是玩命不怕死，就会让一千个人害怕。根据这个道理推测，敌军如能脱逃，势必拼命战斗，如果截断他的去路，敌军就易于歼灭了。所以，对弱敌必须围而歼之，如果不能围歼，暂时放他逃走也未尝不可，千万不可轻易追击。

如果指挥员能统观全局，因势用计，因情变道，捉到的也可能不是小贼，而是敌军的主力部队。

公元 199 年，冀州袁绍包围了幽州的公孙瓒，公孙瓒几次交战都遭失败，便退回城中。他在城周围挖了 10 条壕堑，壕堑外筑起城墙，竟高达 10 丈。公孙瓒又积聚了 300 万斛粮食，心想，这可谓是重防千重，粮米无数，足以防御袁绍的攻势了。

果然，袁绍连续几年攻城，都未能攻破。

愤怒之下，袁绍动用全部兵力四面围攻，公孙瓒看到敌人来兵太多，心生怯意：重兵之下岂有安城？死守孤城，无异于坐以待毙。他派儿子杀出重围去搬救兵。

后来，儿子搬的救兵到了，公孙瓒知道后，遣人送信，相约举火为号，内外夹攻袁绍。没想到送信人被袁绍手下抓住。袁绍将计就计，按约定时间举火，使公孙瓒认为是救兵到了，出城来接，却被袁绍伏下的奇兵大败。公孙瓒只好回守孤城。

此时，袁绍又出奇计，派人暗挖地道，直达城的中央。一切准备就绪之后，对公孙瓒发起突击。公孙瓒的千重防御随即瓦解，自知必败无疑，杀死妻子女儿后自尽，瓒军也全军覆灭。

美国汽车公司一向是美国汽车制造业的骄子，与福特、通用等大公司相对峙。

然而，当历史的脚步刚刚迈入20世纪60年代，美国汽车公司便连遭重创。在竞争对手的围追堵截、前后夹击之下，该公司的销量锐减，库存严重，营业额直线下降。

一片阴霾笼罩着美国汽车公司的上空。

这天上午，该公司的会议室里坐满了神情忧郁的股东，大家一言不发，在焦急地等待一位据说能挽回败势的神秘人物。

会议主席引进一位看上去30多岁、神态优雅、轻松自信的女士。

主席介绍道："我们讨论如何夺回市场，应该听听广告界权威人士的意见。这位就是玛莉·维尔丝女士。"

没有掌声，一双双冰冷的眼睛，一张张铁板似的面孔，显露出明显的怀疑和轻视。

面对如此冷峻而难堪的场面，玛莉却镇定自如。她莞尔一笑，饱含深情地说："我非常理解各位的心情，也深切了解我的力量远不足以为各位分忧。事实上，活力存在于各位自己，根本无须外人分担。"

短短几句话，却像一股春风驱走了会场上的寒云冷雾，温暖了身处逆境的股东们的心，这些企业界强人的目光开始变得柔和起来。

机智过人的玛莉一下子就抓住了与会者的心，她接着说：

"虽然贵公司的命运掌握在各位自己手中，但是别人的一点微不足道的小意见，也很有可能会启发各位的灵感，去找出挽回颓势的良方。"

这些话令高傲的股东们听起来很舒服。

"坦白地说，贵公司的汽车在设计上、造型上、性能上都敌不过福特车，但有一点却是可以不输给他们的，那就是对顾客的爱心。比如贵公司新出的旅行车后厢有地毯，就颇讨人喜欢。"

玛莉·维尔丝不愧是驾驭人们心理活动的高超艺术家。此时股东们急于要弄清的正是：既然自己有力量改变自己，那么，这种力量在哪里呢？玛莉真诚坦率地指出了公司的弱点与优势，使股东们对自己公司的现状有了清醒的认识。

玛莉乘机扩大战果："各位千万不可深藏不露，要想法把自己的优点强调出来，要让顾客真切地体会你们的爱心。"

话音刚落，会议室里响起了一阵热烈的掌声。玛莉以出色的口才和优雅的风度征服了在座所有的股东。

此后，玛莉广告公司为美国汽车公司设计了一批出色的广告，加上公司各方的努力，使销路稳步增长，终于摆脱了困境。

玛莉·维尔丝的名声由此大振，人们称她是最能替"上帝"着想的女人。

在卡内基工学院，玛莉选择了工业设计专业。毕业后她应聘到梅西百货公司做广告工作。这位刚刚大学毕业的女学生，立即遇到了一个施展才华的机会。

梅西百货公司的经理发现刚刚问世的超短裙很适合当时女孩子爱表现自己、爱出风头的心理，想借此大大做一笔生意。

可如何做广告进行宣传呢？他找到了刚来的玛莉。

"我很欣赏超短裙，准备大量生产，你看如何设计广告最能吸引人？"

"这种广告设计，看似容易实际很难。"玛莉想了一下回答道。

"为什么？"经理有些不解地问。

"因为让那些漂亮姑娘穿上这种裙子，那种英姿勃发的神韵、青春洋溢的气息，不是任何广告所能表达的。"

"照你的意思，是要用模特儿作时装表演？"经理显然感兴趣了。

"当然这是最理想了，但这种方式也有缺点。"

"什么缺点？"

"无法同时展开，要在全国各销售店同时表演，那又得雇多少模特儿？"

"依你看怎么办？"经理不由得着急了。

这时玛莉才和盘端出了自己的办法："用对比法吧。"看着经理疑惑的表情，玛莉进一步解释："就是利用摄影技巧，让一个模特儿穿两种裙子，一种长裙，一种超短裙，同时在一个镜头出现。"

经理恍然大悟，"对，对！除非是瞎子，任何人看了，都会对女孩子穿超短裙欣赏不已。"

广告做出来了。看到这幅对比明显的广告的人，无不觉得长裙难看，超短裙美观。那些年轻的姑娘们，一下子被这幅广告抓住了。梅西公司的超短裙一下风靡市场。

1966 年 4 月，37 岁的玛莉与另外两位女士合办了一家广告公司并开始实施她的"施肥计划"。

布兰尼佛喷气式客机公司就是这个计划的首选目标。

一开始玛莉就碰了钉子，这位经理不相信广告的效用，对她很冷淡。

经过一番唇枪舌剑，经理终于同意试试看。

一连三天，她把自己关在办公室里，潜心研究。她为这幅广告定的原则是：图案要醒目动人，简洁有力，既切合飞机这一主题，又要给人一种慑人的气势。

一个个的草图画出来，又被她推翻了；而同事的建议也没一个合她的心意。几天的苦思使玛莉心烦意乱，她决定驱车出去散散心。

雨后的傍晚，空气清新，一道彩虹横贯长空。玛丽突然来了灵感，一幅动人的图案出现在眼前：一道长虹由布兰尼佛公司的标志喷发出来，相形之下，其他航空公司只有金色或银色一种色彩，显得单调、暗淡、无力。

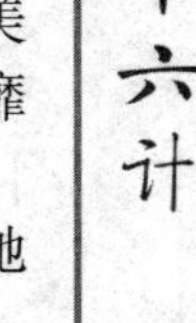

当这幅不同寻常的广告作品呈现在经理面前时,他不禁激动地说:“真棒！构思透出的气势使我们公司占了上风。更重要的是,它激发了我的雄心,激发了全体职工的进取心,就像你设计的那道彩虹,这才是决定公司命运的活力。”

这幅不同凡响的作品,不仅惊动了飞机公司全体员工,而且震动了整个广告业。一时间,嘲笑、讽刺、谩骂的声音汇成一片,说玛莉不该把广告当作诗作。

直觉告诉玛莉,必须巧妙地利用这种攻击,为自己的广告扩大宣传。于是她在报刊上激烈地反击了对她的指责。

争论吸引了人们的好奇心,玛莉的广告几乎是家喻户晓了。爱美是人的天性,人们为图案的壮美所折服,随之而来的是布兰尼佛公司的生意大振。

玛莉不仅由此获得了巨大的成功,而且得到一个意想不到的个人收获。

她与布兰尼佛航空公司经理从相识到相知,到相互倾慕,终结秦晋之好。

从此计的计名看,“关门”是指对敌四面包围,或者是不给敌留出逃路;“捉贼”是指将敌就地歼灭。这与前边讲的第十六计“欲擒故纵”正好相反。一个是虚留生路,移地歼敌;一个是不留逃路,就地歼灭。这说明,施计用谋,要因情因敌而异,不能机械地套用。

在商战中,此计为有完全必胜的把握,切不可丧失机遇,而在把握机遇时,又必须防止“关门不成,误被贼伤”。如企业捕捉到可取胜的信息,就要周密自虑企业实力,使这个“贼”既入了笼子,就把他彻底制服。

第二十三计　远交近攻

【计名探源】

远交近攻,语出《战国策·秦策》。范雎曰:“王不如远交而近攻,得寸,则王之寸;得尺,亦王之尺也。”这是范雎说服秦王的一句名言。远交近攻,是分化瓦解敌方联盟,各个击破,结交远离自己的国家而先攻打邻国的战略性谋略。当实现军事目标的企图受到地理条件的限制难以达到时,应先攻取就近的敌人,而不能越过近敌去打远离自己的敌人。为了防止敌方结盟,要千方百计去分化敌人,各个击破。消灭了近敌之后,“远交”的国家又成为新的攻击对象了。“远交”的目的,实际上是为了避免树敌过多而采用的外交诱骗。

战国末期,七雄争霸。秦国经商鞅变法之后,势力发展最快。秦昭王开始图谋吞并六国,独霸中原。公元前 270 年,秦昭王准备兴兵伐齐。范雎此时向秦昭王献上“远交近攻”之策,阻秦国攻齐。他说,齐国势力强大,离秦国又很远,攻打齐国,部队要经过韩、魏两国。军队派少了,难以取胜;多派军队,打胜了也无法占有齐国土地。不如先攻打邻国韩、魏,逐步推进。为了防止齐国与韩、魏结盟,秦昭王派使者主动与齐国结盟。其后四十余年,秦始皇继续坚持“远交近攻”之策,远交齐、楚,攻破赵、燕,统一北方;攻破楚国,平定南方;最后把齐国也收拾了。秦始皇征战十年,终于实现了统一中国的愿望。

【原文】

形禁[①]势格[②]，利从近取，害以远隔[③]。上火下泽[④]。

【注释】

①禁：禁止。

②格：阻碍。受到地势的限制和阻碍。

③利从近取，害以远隔：句意为，先攻取就近的敌人有利，越过近敌先去攻取远隔之敌是有害的。

④上火下泽：语出《易经·睽》卦。睽，卦名。本卦为异卦相叠（兑下离上）。上卦为离为火，下卦为兑为泽。上离下泽，是水火相克，水火相克则又可相生，循环无穷。又，"睽"，乖违，即矛盾。本卦《象》辞："上火下泽，睽。"意为上火下泽，两相离违、矛盾。

【译文】

当实现军事目标的企图受到地理条件的限制时，那么，利于先攻取就近的敌人，而不利于越过近敌去攻取远隔的敌国。解语中的"上火下泽"引自《易经·睽》卦，原意是说：火焰往上冒，池水往下淌，志趣不同，但可取得暂时的联合。这时的意思是：远隔的敌人，虽然和我们是相对立的，但可以同他取得暂时的联合，以利我攻取近敌后再攻破他。

此计运用"上火下泽"相互离违的道理，说明采取"远交近攻"的不同做法，使敌相互矛盾、离违，而我正好各个击破。

【赏析】

古人按语：混战之局，纵横捭阖之中，各自取利。远不可攻，而可以利相结；近者交之，反使变生肘腋。范雎之谋（《战国策·秦策》《战略考·战国》）为地理之定则，其理甚明。

远交近攻的谋略，不只是军事上的谋略，它实际上更多指总司令部甚至国家最高领导者采取的政治战略。对邻国和远方的国家，大棒和橄榄枝相互配合运用，千方百计与远方的国家结盟，对邻国则挥舞大棒，把他消灭。如果和邻国结交，恐怕变乱会在近处发生。其实，在古代国家间的相互战争中，所谓远交，也绝不可能是长期和好。消灭近邻之后，远交之国便成了近邻，新一轮的征伐也是不可避免的。

赵匡胤上台后，杯酒释了老战友们的兵权，驯服了节度使"十兄弟"，杀了兵变时为他开门放行的封邱守门官，这一些均为近攻。

与近攻同时，赵匡胤十分善于也十分注重远交。他很注意发现人才，起用了很多没有资历但很有才学的人担当重任。

陈桥兵变时，陈桥守门官忠于后周，闭门防守，不放赵军通过。赵军改走封邱，封邱守门官开门放行。赵匡胤当皇帝后，杀了封邱守门官，起用了陈桥守门官。

一次，赵宴请群臣，翰林学士王著喝醉了酒，当众痛哭后周故主。有人上奏说

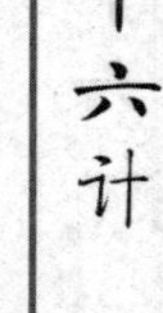

应当严惩。赵匡胤说:“在世宗时,我和他同为朝臣。一个书生,哭哭故主,没有什么问题,让他哭吧!”王著什么事也没有。

一次,赵匡胤乘驾出游,突然,有人向他射来一箭,正中黄龙旗。禁卫军大惊,有人上奏追捕杀手。赵匡胤说:“谢谢他教我箭法。”下令不准禁卫军追捕射箭人。

赵匡胤的近攻,有效地抑制了功臣和皇亲国戚的势力的不良发展;远交网络了大批人才,宽松的政治气氛与社会环境,促进了国家的发展。

位处美国汽车王国的底特律市,有一家世界最大的汽车制造商——通用汽车公司,它与同处该市的福特汽车公司年纪不相上下,都是近100岁。这100年来,可以说福特和通用各领风骚50年,前者在前50年雄踞世界汽车界霸主地位,后者却在后50年出尽风头。

俗话说:“富甲不过三代。”20世纪80年代以来,许多迹象表明通用的地位开始动摇了,给人一种岌岌可危的感觉。这种威胁来自太平洋上一个以精明和顽强著称的岛国——日本。

20世纪80年代似乎注定了通用汽车公司运途坎坷。80年代的头一年,通用汽车公司就发生了自60年代以来的首次年度亏损,亏损额高达7.6亿美元。

对通用公司来说,这是一场地震,震源当然来自日本。近些年来,励精图治的日本人,不断发展其汽车制造技术,当他们认为他们的汽车可以开出国门时,便大举进攻美国本土,其气势似乎是在雪洗二战中受核弹摧残之耻。五十铃、马自达、三菱、本田、丰田等汽车商纷纷开赴美国市场,其中最大、最具威力的“日本战车”当属丰田汽车公司。通用汽车公司受到的压力不断增大,到1980年,世界汽油价格高涨,节能、价廉、质优的日本小汽车便大行其道。以大型车为经济支柱的通用公司,其销售量锐减;曾一度最畅销的后轮驱动的小型车——切夫特也被日产的前轮驱动超小型车替代;广为人知的X型车也遇到大批退货,……通用公司终于发生地震。

面对来势汹汹的日本人,通用公司并不是束手无策,被动挨打。早在20世纪70年代中期,它就着手实施了一项耗资达50亿美元的V型车计划,旨在与本田最热门的Accord以及同类进口车一较高低。1981年6月,这项计划结出了果子,通用推出了V型车,大出意料的是市场反应冷淡,大量V型车积压,通用公司背负了沉重债务,5年的努力付之东流。

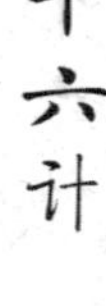

而与此同时,通用还在日夜不停设计着一种新型车——S型车,也是用于对付日本人的,预计1984年投产。可是有V型车的前车之鉴,S型车也面临“卿命薄之虞”,是舍是要,通用骑虎难下。

从此,通用不得不仰仗他身后的一位世界上最孔武有力的巨人——美国联邦政府,在对日汽车贸易中做做手脚来维持日子。

罗杰·史密斯受命于通用公司危难之时。首先面对的是公司严重的财政赤字,接着,V型车投产失败,公司雪上加霜,流动资金负债剧增至原来的4倍,流动资金不足原来的1/5。而此时的S型车也前途暗淡……公司的现状和未来发展都叫人一筹莫展。

史密斯明白,他只有3年或最多4年的时间来实施新的战略,错过这个时间,日本汽车将恢复对美国市场的大举进攻，通用就再没有机会迎头赶上了。

他一改前任的做法，停止生产本公司汽车，转过来与日本汽车商“结交”。一方面边挨骂边裁员；另一方面他购买日本厂家铃木5%的股份，作为交换，铃木公司将在出口限制解除后，每年卖给通用公司8万辆超小型车。通用将把这些车重新以“斯普林特”命名，通过“雪佛莱”销售系统卖出去。与此同时，通用公司拥有其34%的股份的日本汽车生产厂家五十铃，也同意每年向通用公司提供20万辆汽车。以后，公司又与一家成本更低的出口商——韩国的Daewoo汽车公司达成了类似的协议。

尽管有了这些合同和协议，但仍满足不了通用公司的经销系统的需求量，史密斯估计公司每年共需要100万辆小型车和超小型车。由于有了进口的限制，通用不可能从日本人手里获得更多的汽车。于是他想到了联营，既满足了销售系统的需要，又填补了公司小汽车生产线的空白。

一个最合适的合作候选者冒了出来，就是日本最大的汽车公司丰田公司。丰田因为美国限制日本汽车进口，因此打算在美国本土制造汽车，但该公司又不想冒太大风险搞单干，于是就有了联营的想法。1981年圣诞前夕，丰田派人拜访了罗杰·史密斯，提及以后两个公司间合作的可能性。

反反复复经过多次谈判后，直到1982年末，联营最终有了眉目。1983年初，通用与丰田宣布两家公司正式联营，定名NUMMI——新联合汽车制造厂。

联营给双方都带来了好处。通用公司使得其在加州弗莱蒙特的一家汽车工厂得以为继，且不必花费大量财力物力研究新车，而有物美价廉的定型汽车生产，并且还可以学到丰田汽车公司的许多技术；而丰田不但省下了在美国设厂所需的4亿美元，而且开始能够与美国的零部件配给商和汽车工人打交道，这对其立足美国是很有裨益的。

1985年2月，新联合汽车制造厂的产品雪佛莱·诺瓦斯如期投产了，每辆车的实际成本要比福特或克莱斯勒生产的国内车便宜很多。

史密斯的这些“远交”手段虽然是在美国人一片声讨中进行的，但结果已证明了他的成功和高明。在他上任的短短3年中，通用获得了50亿美元的盈利。

1985年7月，通用公司宣布选定了位于田纳西州纳什谷以南30英里处的面积2000英亩的农场作厂址。因为这里的地理位置和交通都很适合通用生产“土星”汽车。同时，公司开始为80年代末设计一种代号为通用-10型的中型汽车，拨款70亿美元，是有史以来代价最高的单项汽车生产项目。

尽管日本汽车节节胜利，通用公司在美国还是保证了超群的市场份额。通用公司不满足在市场上对日本人进行防守，便采取攻势，开发新技术，同日方进行联营，这种灵活的战术，决定了它能够长期保持这一优势地位。

罗杰·史密斯的确是“重新设计了整个通用公司”。

从这个解语中可以看出，“远交近攻”计谋，是一个分化敌方，或者防止敌方建立联盟，以达到各个击破这一战略目标的策略。这个计谋，是一个政治性很强的军事谋略。

在我国历史上，最早提出这个谋略是在战国时期。《东周列国志》第九十七回

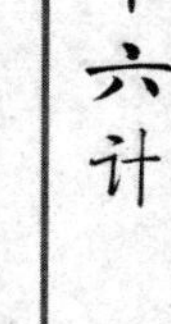

记载有这段历史。

远交近攻的好处在于文武相济，刚柔并施，双管齐下，使对手顾此失彼，难于应付。

加入世贸后，中国企业不但走向世界，还面临挑战，对此不但要加强同世界的接轨，深化改革，还要战胜我们自己，及其同行业企业，以便企业同国际市场接轨后，顺应历史大潮，迅速地发展起来。

第二十四计　假道伐虢

【计名探源】

假道伐虢：假道，是借路的意思。语出《左传·僖公二年》："晋荀息请以屈产之乘，与垂棘之璧，假道于虞以灭虢。"

处在敌我两大国中间的小国受到敌方武力胁迫时，某国常以出兵援助的姿态，把力量渗透进去。当然，对处在夹缝中的小国，只用甜言蜜语是不会取得其信任的，援助国往往以"保护"或赠给"好处"为名，迅速进军，控制其局势，使其丧失自主权；再乘机突然袭击，就可轻而易举地取得胜利。

春秋时期，晋国想吞并邻近的两个小国虞和虢。这两个国家之间关系不错。晋如袭虞，虢会出兵救援；晋若攻虢，虞也会出兵相助。大臣荀息向晋献公献上一计。他说，要想攻占这两个国家，必须离间他们，使他们互不支持。虞国的国君贪得无厌，我们正可以投其所好。他建议晋献公拿出心爱的两件宝物，屈产良马和垂棘之璧，送给虞公。献公哪里舍得！荀息说，大王放心，只不过让他暂时保管罢了，等灭了虢国再灭虞国，一切不都又回到您的手中了吗？献公依计而行。虞公得到良马美璧，高兴得嘴都合不拢。

晋国故意在晋、虢边境制造事端，找到了伐虢的借口。晋国要求虞国借道让晋国伐虢，虞公得了晋国的好处，只得答应。虞国大臣宫子奇再三劝说虞公，这件事办不得的。虞虢两国，唇齿相依，虢国一亡，唇亡齿寒，晋国是不会放过虞国的。虞公却说，交一个弱朋友去得罪一个强有力的朋友，那才是傻瓜哩！

晋大军借道虞国，攻打虢国，很快就取得了胜利。班师回国时，把劫夺的财产分了许多送给虞公。虞公更是大喜过望。晋军大将里克,这时装病,称不能带兵回国,暂时把部队驻扎在虞国京城附近。虞公毫不怀疑。几天之后,晋献公亲率大军前去,虞公出城相迎。献公约虞公前去打猎。不一会儿,只见京城中起火。虞公赶到城外时,京城已被晋军里应外合强占了。就这样,晋国又轻而易举地灭了虞国。

【原文】

两大之间,敌胁以从,我假[①]以势。困,有言不信[②]。

【注释】

①假:借。

②困,有言不信:语出《易经·困》卦。困,卦名。本卦为异卦相叠(坎下兑上),上卦为兑为泽,为阴;下卦为坎为水,为阳。卦象表明,本该处于下方的泽,现在悬于上方而向下渗透,以致泽无水而受困,水离泽流散无归也自困,故卦名为"困"。困,困乏。卦辞:"困,有言不信。"意为,处在困乏境地,难道不相信这些吗?

【译文】

对于处在敌我两个强国中间的弱国,当敌方逼迫他屈服时,我方要立刻出兵援救,也就可以借机把军事力量渗透进去。解语中的"困,有言不信",引自《易经·困》卦,这里的意思是说:对于这种面临困境的弱国,只有口头许诺而没有实际行动,是不能赢得他的信任的。

此计运用此卦理,是说处在两个大国中间的小国,面临着受人胁迫的境地时,我若说援救他,他在困顿中会不相信吗?

【赏析】

古人按语:假地用兵之举,非巧言可诳,必其势不受一方之胁从,则将受双方之夹击,如此境况之际,敌必迫之以威,我则诳之以不害,利其幸存之心,速得全势。彼将不能自阵,故不战而灭之矣。如:晋侯假道于虞以伐虢(《左传·僖公二年》),晋灭虢。师还……袭虞,灭之(《左传·僖公五年》)。

这条按语是说处在夹缝中的小国,一方想用武力威逼他,一方却用不侵犯他的利益来诱骗他,乘他心存侥幸之时,立即把力量渗透进去,控制他的局势,使其不能战斗,所以,不需要打什么大仗就可以将他消灭。此计的关键在于"假道"。善于寻找"假道"的借口,隐蔽"假道"的真正意图,突出奇兵,往往可轻而易举地取胜。

元朝末年,农民起义风起云涌,元朝统治摇摇欲坠。公元1355年6月,朱元璋率红巾军3万人由和州(今安徽和县)乘战船千艘渡过长江,攻占了元军盘踞的牛渚矶(今马鞍山市长江东岸),夺取了大量的粮食。

红巾军中有很多将士是和州人,时值和州大灾,粮食奇缺,和州的战士都想把粮食运回和州,不愿继续进军。

朱元璋与大将徐达、常遇春商议道:"退返和州,前功尽弃,而且再要攻取牛渚矶也并非一件容易的事,如今之计只有断绝将士的归心,否则,大事难成。"

徐达和常遇春都点头赞同。于是,朱元璋立刻传令亲信将士赶到江边,将停泊在江边的千余艘战船的缆绳砍断,放任战船顺江而下。转眼间,浩浩荡荡的船队就顺水而去,消失在浩渺的烟波雾霭之中。

全军将士都目瞪口呆,不知到底发生了什么事。

朱元璋对将士们说:"我们要想建立功业,就不能为一时的安乐所困扰。太平城(今安徽当涂县境内)离此不远,我们必须攻下太平把它作为立足之地,然后攻取金陵,成就大业。"

将士们面面相觑,但战船尽失,退路已无,只好死了心跟着朱元璋去进攻太平城。太平城守将鄂勒哲布哈从未遇到过如此不要命的队伍,交战不久即弃城逃走,红巾军夺取了太平城,有了安身之地。

此后,朱元璋迅速进军,不断扩大自己的势力,终于在公元1368年推翻了元朝统治,一统天下,建立了明朝。

日本SB咖喱粉公司十年前还是一家产品滞销、入不敷出、濒于破产的小公司。可现在,SB公司已成为咖喱粉业的最大商家,其国内市场占有率在50%以上。

SB公司之所以取得如此辉煌的成就是与其一次巧妙的广告分不开的。

十年前,SB公司的营业收入甚不理想,公司的咖喱粉大量积压,一切促销手段施尽后仍不理想。为此公司走马灯似的一连换了三任总经理。

第四任总经理田中上任后,开始也没能拿出多少办法,因为谁都知道公司的咖喱粉销不出去的原因是人们对SB公司的牌子陌生得很。咖喱粉又不是紧俏货,进口的、国产的咖喱粉市场上应有尽有,要使人们掉头只买SB公司的咖喱粉,谈何容易。

一天田中翻阅报纸,看到一则关于一间酒店员工罢工的追踪报道,文中说酒店的罢工问题已得到圆满解决,酒店复业了,并且生意出现了前所未有的景气。

田中突然醒悟,这家酒店之所以复业后变得兴旺,完全是无意中借助了新闻界为其作了宣传报道,使其知名度大增,而招徕顾客。SB公司何不也利用一招虚张声势吸引传媒界注意,为自己做无形宣传呢?

不做则已,做则要一鸣惊人,田中心想。一番深思熟虑后,田中心生一计。

几天后,日本几家报纸《读卖新闻》《朝日新闻》等同时刊登了一幅令每一个日本人都感到震惊的广告。广告词中称:"SB公司决定雇直升机数架,飞临白雪皑皑的富士山顶上空,然后把咖喱粉撒在山顶上。以后,人们看到的富士山将不再是白色而是咖喱粉色……"

富士山——日本一大名胜,其在日本乃至全世界人们的心中已成了日本国的象征。在如此神圣的地方,居然如此随意的撒上咖喱粉,国人怎能容忍。

等到舆论界激烈地批评SB公司,批得如火如荼,临近SB公司许诺的飞机撒咖喱粉的日子时,报纸上突然又出现了SB公司的一则郑重声明:"鉴于社会各阶层的一致强烈反对,本公司决定取消原计划……"

正义的人们正在庆贺他们成功的同时,田中和他的SB公司也在庆贺他们的胜利,不但全日本都知道了SB公司的名字,而且更重要的是人们都错误地以为这是一家实力雄厚、财大气粗的大公司。

因而不少小商小贩纷纷加入其麾下,为其大力推销 SB 咖喱粉。SB 公司咖喱粉一时间成了畅销货。

假道,即借道。本意不是为了“敌胁”我援,取信于夹缝中的小国,而是为了顺势将兵力渗透进去,控制对方,进行突然袭击。也可以理解为先利用甲做跳板,去消灭乙,达到目的后,回过头来连甲一起消灭掉。

借道出山取胜,在商战中不领先倒,其中关键是企业要重视自身实力。我国的企业在入世后,更应该寻找本企业的发展新路,挖掘自身应变能力,切不可“不用借道,更不会借逆”。

第五套　并战计

第二十五计　偷梁换柱

【计名探源】

偷梁换柱,指用偷换的办法,暗中改换事物的本质和内容,以达蒙混欺骗的目的。“偷天换日”“偷龙换凤”“调包计”,都是同样的意思。用在军事上,指联合对敌作战时,反复变动友军阵线,借以调换其兵力,等待友军有机可乘、一败涂地之时,将其全部控制。此计归于第五套“并战计”中,本意是乘友军作战不利,借机兼并他的主力为己方所用。此计中包含尔虞我诈、乘机控制别人的权术,所以也往往用于政治谋略和外交谋略。

秦始皇称帝,自以为江山一统,是子孙万代的基业了。他自以为身体还不错,一直没有去立太子,指定接班人。宫廷内,存在两个实力强大的政治集团。一个是长子扶苏、蒙恬集团,一个是幼子胡亥、赵高集团。扶苏恭顺好仁,为人正派,在全国有很高的声誉。秦始皇本意欲立扶苏为太子,为了锻炼他,派他到著名将领蒙恬驻守的北线为监军。幼子胡亥,早被娇宠坏了,在宦官赵高教唆下,只知吃喝玩乐。

公元前 210 年,秦始皇第五次南巡,到达平原津(今山东平原县附近),突然一病不起。此时,秦始皇也知道自己的大限将至,于是,连忙召丞相李斯,要李斯传达密诏,立扶苏为太子。当时掌管玉玺和起草诏书的是宦官头儿赵高。赵高早有野心,看准了这是一次难得的机会,故意扣压密诏,等待时机。几天后,秦始皇在沙丘平召(今河北广宗县境)驾崩。李斯怕太子回来之前,政局动荡,所以秘不发丧。赵高特地去找李斯,告诉他,皇上赐立扶苏的诏书,还扣在我这里。现在,立谁为太子.我和你就可以决定。狡猾的赵高又对李斯讲明利害,说,如果扶苏做了皇帝,一定会重用蒙恬,到那个时候,宰相的位置你能坐得稳吗?一席话,说得李斯果然心动。二人合谋,制造假诏书,赐死扶苏,杀了蒙恬。

赵高未用一兵一卒,只用偷梁换柱的手段,就把昏庸无能的胡亥扶为秦二世,为自己今后的专权打下基础,也为秦朝的灭亡埋下了祸根。

【原文】

频更其阵，抽其劲旅，待其[1]自败，而后乘之，曳其轮也[2]。

【注释】

①其：句中的几个“其”字，均指盟友、盟军而言。

②曳其轮也：语出《易经·既济》卦。既济，卦名。本卦为异卦相叠（离下坎上）。上卦为坎为水，下卦为离为火。水处火上，水势压倒火势，救火之事，大功告成，故卦名“既济”。既，已经；济，成功。本卦初九《象》辞：“曳其轮，义无咎也。”意为拖住了车轮，车子就不能运行了。此计运用此象理，是说拖住了车轮，车子就不能运行了。也可以说，己方抽取友方劲旅，如同抽出梁木房屋就会坍塌，于是己方便可控制他了。

【译文】

多次变动他的阵容，暗中抽换他的主力，等待他自趋失败，然后乘机控制或吞并他。这就像拖住了大车的轮子，也就控制了大车的运行一样。

【赏析】

古人按语：阵有纵横，天衡为梁，地轴为柱。梁柱以精兵为之，故观其阵，则知精兵之所在。共战他敌时，频更其阵，暗中抽换其精兵，或竟代其为梁柱，势成阵塌，遂兼其兵。并此敌以击他敌之首策也。

这则按语，主要是从军事部署的角度讲的。古代作战，双方要摆开阵式。列阵都要按东、西、南、北方位部署。阵中有“天衡”，首尾相对，是阵的大梁；“地轴”在阵中央，是阵的支柱。梁和柱的位置都是部署主力部队的地方。因此，观察敌阵，就能发现敌军主力的位置。如果与友军联合作战，应设法多次变动友军的阵容，暗中更换其主力，派自己的部队去代替他的梁柱，这样就会使他的阵地无法由他自己控制，这时我方可以立即吞并友军的部队。这是吞并这一股敌人再去攻击另一股敌人的首要战略。

以上的这段按语，反映了封建社会里军阀割据、相互吞并的情况。所谓“友军”，不过只是暂时的联合对象，所以“兼并盟友”是常事。

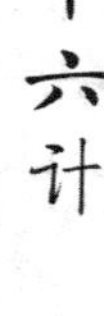

不过，从军事谋略上去理解本计，重点也可以放在对敌军“频更其阵”上。也就是多次佯攻，促使敌人变换阵容，然后伺机攻其弱点。这种调动敌人的谋略，也能收到很好的效果。

公元200年，袁绍率精兵10万，战马万匹，在官渡（今河南省中牟县）与曹操对峙。曹操此时仅有三四万兵力。袁绍派遣大将郭图、颜良率军进攻曹操的东都，在白马把守将刘廷团团围住。4月，曹操准备领兵北上去解白马之围。这个围怎么个解法，谋士荀彧向曹操献计。他说：“袁军在白马兵多势大，解白马之围，必须把袁军的主力撤走，才能战胜他。要达到撤走白马之敌的目的，你可先去延津，伪装要渡河攻打袁军的后方，袁绍必须把围攻白马的主力调走，而换成弱的兵士来接替。这时,你再袭击围攻白马的袁军,就可以打他个措手不及而取胜。”曹操听后,点头称赞。果然,袁绍中计,把围攻白马的主力换掉。曹操乘机率军去解白马之围,大败袁军,并杀了颜良。

泰迪建筑公司和莫尔比建筑公司都是英国曼彻斯特城的两大建筑公司,相互间竞争十分激烈,如同乌眼鸡似的,恨不得你吃了我,我吃了你。

这两家建筑公司所用的钢材主要由第耳钢铁材料公司提供。莫尔比公司总裁和第耳公司总裁是大学同学,关系十分密切。因此莫尔比公司总能得到质优价廉的建筑钢材,而且供应及时便利,绝不会影响施工进度。

泰迪公司的赫尔是间谍老手,经验丰富。他首先从莫尔比公司的垃圾堆中搜集情报。为了保险起见,他雇了一个流浪汉,由流浪汉专门到莫尔比公司分捡垃圾,而后送到一个隐蔽之处,再由赫尔专门挑拣。

一天,夜幕降临,赫尔像往常一样,打开最后一个垃圾袋进行分拣,无意中发现一张照片。照片很模糊,赫尔起初以为是什么员工随便扔掉的废弃照片,便随手往边上一扔。这时,他脑海里突然想起了什么,又把它捡回来,仔细端详,吓了一大跳,上面是莫尔比公司总裁与一贵妇人拥抱接吻的照片。

显然,这是在偷情寻欢!再仔细一看,隐隐约约,那女人很像第耳公司总裁的夫人。

泰迪公司总裁得到照片后,喜不自禁,急忙让有关专家进行技术鉴定,最后证实,照片上的女人果真是第耳公司总裁夫人。于是,泰迪公司总裁立即召开心腹会议,部署重大行动。他要选择最佳时机来打出这张“王牌”,将对手置于死地。

一个盛夏时节,莫尔比公司正为一家名为泰克的电子公司建造18层大楼。工地上热火朝天,机器声隆隆震耳,工人挥汗如雨。按合同,第耳公司提供的钢材正源源不断地运到工地上,一切都有条不紊地如期进行。

这天,第耳公司总裁正在办公室里批阅文件,突然,秘书送来一份急件。奇怪的是,急件上面未署发信人地址和姓名。他满腹狐疑地拆开一看,里面只有一张照片。然而,不看则已,一看,总裁的脸登时由青变紫,怒气冲冲。

不久,莫尔比公司签订新的钢材合同时,遇到了百般刁难。几个月下来,泰克电子公司施工进度一再减慢,严重影响到公司的其他生产计划,最后被索赔10多万元。

莫尔比公司每况愈下,一年后,公司员工见状纷纷离职他就。公司总裁已自知其中奥妙所在,便主动辞职而去。

目睹这一切,泰迪公司总裁开心地笑了起来。

要弄明白这个解语,还先得懂一点古代打仗的布阵问题。古代作战,在战场上的敌对双方都要进行列阵。列阵都要按东南西北的方位摆布。阵中有“天衡”首尾相对,堪称阵的大梁;连贯阵中央的有“地轴”,好像阵的支柱。通常摆在大梁和支柱上的兵力都是主力。所以,当你观察对方的阵容时,就不难发现对方的主力在哪里了。发现对方的主力在哪里,如能设法把他的主力抽换掉,那就可以乘机去控制他。

企业发展,要合法经营,不能靠偷梁换柱的办法逃税,而应该依法纳税,进行公正合理的商业竞争，在法律允许的范围内，合法经营。

第二十六计　指桑骂槐

【计名探源】

指桑骂槐，此计的寓意应从两方面来理解。一是要运用各种政治和外交谋略，“指桑”而“骂槐”，施加压力配合军事行动。对于弱小的对手，可以用警告和利诱的方法，不战而胜。对于比较强大的对手也可以旁敲侧击威慑他。春秋时期，齐相管仲为了降服鲁国和宋国，就运用了此计。他先攻下弱小的遂国，鲁国畏惧，立即谢罪求和，宋见齐鲁联盟，也只得认输求和。管仲“敲山震虎”，不用大的代价就使鲁、宋两国臣服。

另外，作为部队的指挥官，必须做到令行禁止，法令严明。否则，指挥不灵，令出不行，士兵一盘散沙，怎能打仗！所以，历代名将都特别注意军纪严明，管理部队，刚柔相济，既关心和爱护士兵，又严加约束，决不能有令不从，有禁不止。所以，有时采用“杀鸡儆猴”的方法，抓住个别坏典型，从严处理，就可以震慑全军将士。春秋时期，齐景公任命穰苴为将，带兵攻打晋、燕联军，又派宠臣庄贾作监军。穰苴与庄贾约定，第二天中午在营门集合。第二天，穰苴早早到了营中，命令装好作为计时器的标杆和滴漏盘。约定时间一到，穰苴就到军营宣布军令，整顿部队。可是庄贾迟迟不到，穰苴几次派人催促，直到黄昏时分，庄贾才带着醉容到达营门。穰苴问他为何不按时到军营来，庄贾无所谓地说：亲戚朋友都来为我设宴饯行，我总得应酬应酬吧，所以来得迟了。穰苴非常气愤，斥责他身为国家大臣，负有监军重任，却只恋自己的小家，不以国家大事为重。庄贾以为这是区区小事，仗着自己是国王的宠臣亲信，对穰苴的话，不以为然。穰苴当着全军将士，叫来军法官，问：“无故误了时间，按照军法应当如何处理？”军法官答道：“该斩！”穰苴即命拿下庄贾。庄贾吓得浑身发抖，他的随从连忙飞马进宫，向齐景公报告情况，请求景公派人救命。在景公派的使者没有赶到之前，穰苴即令将庄贾斩首示众。全军将士看到主将敢杀违犯军令的大臣，个个吓得发抖，谁还再敢不遵将令？这时，景公派来的使臣飞马闯入军营，叫穰苴放了庄贾。穰苴应道：“将在外，君命有所不受。”他见来使骄狂，便又叫来军法官，问道：“在军营乱跑马，按军法应当如何处理？”军法官答道：“该斩。”来使吓得面如土色。穰苴不慌不忙地说道：“君王派来的使者，可以不杀。”于是下令杀了他的随从和三驾车的左马，砍断马车左边的木柱。然后让使者回去报告。穰苴军纪严明，军队战斗力旺盛，果然打了不少胜仗。

【原文】

大凌小者，警以诱之[①]。刚中而应，行险而顺[②]。

【注释】

①大凌小者，警以诱之：强大者要控制弱小者，要用警诫的办法去诱导他。

②刚中而应，行险而顺：语出《易经·师》卦。师，卦名。本卦为异卦相叠(坎下坤上)。本卦下卦为坎为水，上卦为坤为地，水流地下，随势而行。这正如军旅之象，故名为"师"。本卦《彖》辞说："刚中而应，行险而顺，以此毒天下，而民从之。""刚中而应"是说九二以阳爻居于下坎的中位，叫"刚中"，又上应上坤的六五，此为互应。下卦为坎，坎表示险，上卦为坤，坤表示顺，故又有"行险而顺"之象。以此卦象的道理督治天下，百姓就会服从。这是吉祥之象。"毒"，治的意思。

【译文】

强大的慑服弱小的，可以用警告的办法来诱导他，适当的强硬，可以得到响应；果敢的手段，可以使人敬服。此计运用此象理，是说治军，有时采取适当的强硬手段便会得到应和，行险则遇顺。

【赏析】

古人按语：率数未服者以对敌，若策之不行，而利诱之，又反启其疑；于是故为自误，责他人之失，以暗警之。警之者，反诱之也：此盖以刚险驱之也。或曰：此遣将之法也。

统率不服从自己的部队去打仗，如果你调动不了他们，这时你想用金钱去利诱他们，反而会引起他们的怀疑。正确的方法是：你可以故意制造些错误，然后责备别人的过失，借此暗中警告那些不服自己指挥的人。这种警诫，是从反面去诱导他们：这就是用强硬而险诈的方法去迫使士兵服从。或者说，这就是调遣部将的方法。

对待部下将士，必须恩威并重，刚柔相济。军纪不严，乌合之众，哪能取胜？如果只是一味地严厉，甚至近于残酷，也难做到让将士们心服。所以关心将士，体贴将士，使将士们心中感激敬佩，这才算得上是称职的指挥官。"约束不明，申令不熟，将之罪也"，这就是强调治军要严。"视卒如爱子，故可与之俱死"，这就是强调要关心将士，使他们愿意与将帅一同出生入死。

春秋时期，吴王阖闾看了大军事家孙子的著作《孙子兵法》，非常佩服，立即召见孙子。吴王说："你的兵法，真是精妙绝伦。你能不能当面给我演示一下，让我开开眼界呢？"孙子说："这个不难。您可以随便找些人来，我马上操练给您看看。"吴王一听，便生好奇。随便找些人来就可操练？吴王存心想为难一下孙子，说道："我的后宫里美女多得很，先生能不能让她们来操练操练？"孙子一笑说："行呀！任何人都可以操练。"

于是，吴王从后宫叫来180名美女。众美女一到校军场上，只见旌旗招展，听得战鼓声声，煞是好看。她们嘻嘻哈哈，东瞅西瞧，漫不经心。孙子下令将180名美女编成两队，并命令吴王的两个爱姬作为队长。两个爱姬哪里做过带兵的官儿，只是觉得好笑好玩。好不容易，才把稀稀拉拉、叫叫嚷嚷的美女们排成两列。

孙子十分耐心地、认真细致地对这些美女们讲解操练要领。交代完毕，命令在校军场上摆下刑具，然后威严地说：练兵可不是儿戏！你们一定要听从命令，不得马马虎虎，嬉笑打闹。不管谁违犯军令，一律按军法处置！

美女们以为大家是来做做游戏的，不想碰见这么个一脸正经的人！这时，孙子命令擂起战鼓，开始操练。孙子发令：全体向右转！美女们一个也没有动，反而哄然大笑。孙子并不生气，说道："将军没有把动作要领交代清楚，这是我的过错！"于是他又一次详细讲述了动作要领，并问道："大家听明白了没有？"众美女齐声回答："听明白了！"

鼓声再起，孙子发令："全体向左转！"美女们还是一个未动，笑得比上次更加厉害了。吴王见此情景，也觉得有趣，心想：你孙子有再大的本领，也无法让这些美女们听你的调动。

孙子沉下脸来，说道："动作要领没有交代清楚，是将军的过错；交代清楚了，而士兵不服从命令，就是士兵的过错了。按军法，违犯军令者斩，队长带队不力，应先受罚。来人，将两个队长推出斩首！"吴王一听，慌了手脚，急忙派人对孙子说："将军确实善于用兵，军令严明，吴王十分佩服。这次，请放过吴王的两个爱姬。"孙子回答道："将在外，君命有所不受。吴王既然要我演习兵阵，我一定要按军法规定操练。"于是，将两名爱姬斩首示众，吓得众美女魂飞魄散。孙子命令继续操练。他命令排头两名美女继任队长。全场鸦雀无声。

鼓声第三次响起，众美女精神集中，处处按规定行动，一丝不苟，顺利地完成了操练任务。

吴王见孙子斩了自己的爱姬，心中不悦，但仍然佩服孙子治兵的才能。后来以孙子为将，终使吴国挤进强国之列。

近年来，美国环球航空公司不断改进质量，开展优质服务：电话订票，为行动不便人员免费40%使用最舒服的客机。因此，该公司的声誉日隆，深受顾客的欢迎。

这引起了竞争对手太平洋航空公司的关注和嫉妒。于是，太平洋公司派出间谍帕克前往环球公司刺探情报。

帕克经常乔装成乘客，前往环球公司进行情报搜集活动。环球公司每周都公布周内旅客搭乘人员数字，并显示在候机楼的大厅里。这当然是帕克感兴趣的情报数据。

经过一段时间的侦察，帕克并未发现有什么异常问题。因为，近两年来环球公司的生意较为平稳，以最近一月为例，第一周乘客量为1万人，第二周为1.1万人，第三周为0.9万人，第四周为1.2万人。

帕克的情报令太平洋公司吃了一颗定心丸，他觉得这个后起的竞争对手在近期内不会构成威胁，那些所谓的"优质服务"不过是一些好看而不实用的噱头而已。

两年后，环球公司突然显示每周乘客人数达3万左右。太平洋公司得到帕克的报告后，大为吃惊，立即召开董事会，紧急商讨对策。

经过激烈的争论，董事会终于做出决定，该公司所有机票降价10%。谁知，决定宣布后的第二天，环球公司宣布减价15%。

太平洋公司气得七窍生烟：这明明是要抢自己的乘客嘛，于是又宣布降价25%。对方也毫不示弱，立即宣布降价35%，并宣称任何旅客订环球公司机票的电话费一律由该公司支付。

几经折腾，太平洋公司在这场价格战中大伤元气，可在这种优胜劣汰的竞争中已没有第二条路可选择,他只好硬着头皮与对手血战到底,于是也宣布了同样的决定。

一年后,太平洋公司终因飞机陈旧、安全系数小、服务质量不如对手,加上经济实力较弱等原因,无力再支撑下去,宣布破产倒闭。

其实,环球公司两年中提供的情报数据全是假的,明明每周乘客人数达 2 万多,却显示 1 万左右。在两年中,环球公司避免了竞争对手的注意,悄悄地积蓄实力。两年后,环球公司羽毛丰满、实力雄强,已有能力与对手正面硬拼,并可将其拖垮,于是突然显示乘客人数已达 3 万人,以此来引蛇出洞。果不出所料,太平洋公司见到情报后,被迫"应战"。其实,此时的环球公司每周乘客数仅 2 万左右,此时的虚假和原先的隐瞒一样,都为了迷惑对方。

环球公司巧布情报迷魂阵,用假情报诱使对手上当受骗,从而从容地将对手打垮。

"指桑骂槐"作为成语,大家都很熟悉,它的意思是讲,指着甲骂乙,指着狗骂鸡。但作为军事计谋的计名,则另有他意。

此计主要是研究将帅采用什么方法教育部队。实际上是指挥员用"杀鸡儆猴、敲山震虎"的暗示手段,来慑服部属、树立威严的一种手段。古今中外的著名军事家认为"重威严不可放纵",所以也都主张要严明法纪,要通过抓住个别典型从严处理来镇服全体官兵。

运用此计于企业之中,加强管理,练好内功,提高企业全体素质才是参与商业竞争之根本。任何消极的、不利的因素都要排除掉。治军不严,等于败军,管理不严,毁于一旦。

第二十七计　假痴不癫

【计名探源】

假痴不癫,重点在一个"假"字。这里的"假",意思是伪装,装聋作哑,痴痴呆呆,而内心却特别清醒。此计作为政治谋略和军事谋略,都算高招。

用于政治谋略,就是韬晦之术,在形势不利于自己时,表面上装疯卖傻,给人以

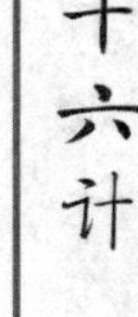

碌碌无为的印象，隐藏自己的才能，掩盖内心的政治抱负，以免引起政敌的警觉，暗里却等待时机，实现自己的抱负。三国时期，曹操与刘备煮酒论英雄这段故事，就是个典型的例证。刘备早已有夺取天下的抱负，只是当时力量太弱，根本无法与曹操抗衡，而且还处在曹操控制之下，所以每日只是饮酒种菜，装着不问世事。一日曹操请他喝酒，席上曹操问刘备谁是天下英雄，刘备列了几个名字，都被曹操否定了。忽然，曹操说道："天下的英雄，只有我和你两个人！"一句话吓得刘备惊慌失措，生怕曹操了解自己的政治抱负，手中的筷子不由掉在地下。幸好此时一阵炸雷，刘备急忙遮掩，说自己被雷声吓掉了筷子。曹操见状，大笑不止，认为刘备连打雷都害怕，成不了大事，对刘备放松了警惕。后来刘备摆脱了曹操的控制，终于在中国历史上成就了一番事业。

此计用在军事上，指的是虽然自己具有相当强大的实力，但故意不露锋芒，显得软弱可欺，用以麻痹敌人，骄纵敌人，然后伺机给敌人以措手不及的打击。

秦朝末年，匈奴内部政权变动，人心不稳。邻近一个强大的民族东胡，借机向匈奴勒索。东胡存心挑衅，要匈奴献上国宝千里马。匈奴的将领们都说东胡欺人太甚，国宝决不能轻易送给他们。匈奴单于冒顿却决定："给他们吧！不能因为一匹马与邻国失和嘛！"匈奴的将领们都不服气，冒顿却若无其事。东胡见匈奴软弱可欺，竟然向冒顿要一名妻妾。众将见东胡得寸进尺，个个义愤填膺，冒顿却说："给他们吧，不能因为舍不得一个女子与邻国失和嘛！"东胡不费吹灰之力，连连得手，料定匈奴软弱，不堪一击，根本不把匈奴放在眼里。这正是冒顿单于求之不得的。不久之后，东胡看中了与匈奴交界处的一片茫茫荒原，这荒原属于匈奴的领土。东胡派使臣去匈奴，要匈奴以此地相赠。匈奴众将认为冒顿一再忍让，这荒原又是杳无人烟之地，恐怕只得答应割让了。谁知冒顿此次突然说道："荒原虽然杳无人烟，但也是我匈奴的国土，怎可随便让人？"于是，下令集合部队，进攻东胡。匈奴将士受够了东胡的气，这一下，人人奋勇争先，锐不可当。东胡做梦也没想到那个痴愚的冒顿会突然发兵攻打自己，所以毫无准备，仓促应战，哪里是匈奴的对手。战争的结果是东胡被灭，一味逞强的东胡王也被杀于乱军之中。

【原文】

宁伪作不知不为，不伪作假知妄为[①]。静不露机，云雷屯也[②]。

【注释】

①宁伪作不知不为，不伪作假知妄为：宁可假装着无知而不行动，不可以假装假知而去轻举妄动。

②静不露机，云雷屯也：语出《易经·屯》卦。屯，卦名。本卦为异。卦相叠（震下坎上），震为雷，坎为雨。此卦象为雷雨并作，环境险恶，为事困难。"屯，难也。"《屯》卦的《象》辞又说："云雷，屯。"坎为雨，又为云，震为雷。这是说，云行于上，雷动于下，云在上有压抑雷之象征，这是屯卦之卦象。

【译文】

宁可装作糊涂而不行动，也不可冒充聪明而轻举妄动。暗中筹划而不露声色，要像《易经·屯》卦里所说的，如同冬天里的雷电蓄而待发一样。说具体一点就是：在战机还未到时，不能操之过急，而要装作什么也不知道，若无其事，实际上心里是清楚的，正如《孙子兵法》所讲的："能而示之不能，用而示之不用。"

此计运用此象理，是说在军事上，有时为了以退求进，只得假痴不癫，积蓄力量，以期后发制人。这就如同云势压住雷动，且不露机巧一样，最后一旦爆发攻击，便出其不意而获胜。

【赏析】

古人按语：假作不知而实知，假作不为而实不可为，或将有所为。司马懿之假病昏以诛曹爽，受巾帼假请命以老蜀兵，所以成功；姜维九伐中原，明知不可为而妄为之，则似痴矣，所以破灭。兵书曰："故善战者之胜也，无智名，无勇功。"当其机变未发时，静屯似痴；若假癫，则不但露机，则乱动而群疑。故假痴者胜，假癫者败。或曰：假痴可以对敌，并可以用兵。宋代，南俗尚鬼。狄青征侬智高时，大兵始出桂林之南，因佯祝曰："胜负无以为据。"乃取百钱自持，与神约，果大捷，则投此钱尽钱面也。左右谏止，倘不如意，恐沮军，青不听。万众方耸视，已而挥手一掷，百钱皆面。于是举兵欢呼，声露林野，青亦大喜；顾左右，取百钉来，即随钱疏密，布地而贴钉之，加以青纱笼，手自封焉。曰："俟凯旋，当酬神取钱。"其后平邕州还师，如言取钱，幕府士大夫共祝视，乃两面钱也(《战略考·宋》)。

自己非常清楚，却假装不知道；现在假装不行动，是因为现在还不可能行动，必须等待时机再行动。古代兵书告诉我们，真正善于打仗的，决不会炫耀自己的智谋和武力。时机不到，镇定得像个呆子。如果假作癫狂，肯定会泄露机密，让敌方或友方怀疑。所以，装痴的，肯定取胜；假装癫狂的，必然失败。司马懿诛杀曹爽就是很好的例证。还有一次，孔明送一套妇女服装给司马懿，想激怒他出战，可司马懿故意装作无所谓，上表请命，坚守不战以疲劳蜀军，也是个好例证。

也有人说，假痴可以对敌，也可以用来治军。此即所谓的"愚兵术"。《孙子兵法》："能愚士卒之耳目，使之无知。"宋代将领狄青在攻打侬智高时，为了鼓舞士气，就巧妙地利用了士兵的迷信心理。他预先私自命人做了一百枚两面都是正面的铜钱。出兵时，他祈祷神灵：如果一百枚铜钱掷出，全是正面，那此战一定能大获全胜。将领们生怕这事弄不好，反而会挫败士气。狄青胸有成竹，亲手撒下百钱，个个都是正面。士兵欢声雷动，士气高昂。狄青命人在原地把钱用钉子钉牢，盖上青纱，亲自封好。说："等到胜利归来，再酬神取钱。"此仗果然大捷，回来，揭开青纱，他的亲信们才恍然大悟。

司马懿很有谋略，且又行事果断。曹操闻其名，欲聘他为官，但司马懿见汉室衰微，曹氏专权，便假托身患风痹，不能起居，予以推辞。曹操不信，遂派人扮作刺客前去验证。司马懿在深夜之中，见有人闯入自己的卧室，举剑奔自己刺来，大吃一惊，但他立即悟到这是曹操派来的人，于是躺在床上，一动不动，任凭刺客处置。

刺客见状,认定司马懿真患了风痹,收起利剑,回禀曹操去了。

但是,司马懿不能永远躺在床上,于是便装作逐渐好转,有节制地进行活动。曹操探知,又派使者请他。司马懿审时度势:如果再一味拒绝恐招不测,况且天下大势已尽归曹操,因此司马懿便随使去见曹操,很得曹氏父子赏识。不过,精于人事的曹操很快察觉司马懿潜在的野心,认为他不是一个会永远甘心居于臣下的人,开始用疑惧的眼光看着他。这一变化,机敏的司马懿立刻警觉了,他开始计较眼前的分寸利益,把一些日常生活小事看得很重,装出一副胸无大志、目光短浅的模样。曹操竟又一次被他瞒过了。另外,他还在曹丕面前花言巧语,求得保护。

公元 230 年,魏拜司马懿为大都督,与蜀国抗衡。当时的蜀国,无论人力、物力都没有魏国雄厚,因此,蜀国要取胜,必须速战速决。司马懿看透了这一点,坚守阵地不出战。诸葛亮派人给他送去女人的衣服首饰来激怒他,他也坦然受之,始终不派出一兵一卒。最后,诸葛亮因积劳成疾,病死在五丈原,蜀兵只好退回。

公元 237 年,魏明帝病逝,临死之时,将太子曹芳托付给大将军曹爽和司马懿。曹爽把持朝政,对司马懿不放心,司马懿又一次装起大病来。曹爽派心腹李胜去探看,见司马懿"令两婢侍边,持衣,衣落;复上指口,意渴求饮……"他还求李胜照顾他的两个儿子。李胜回复,曹爽放下心来,再不怀疑。

10 年之后,毫无戒心的曹爽陪同小皇帝曹芳离开京城,在家装病的司马懿突然乘机发动政变,独揽了大权。后来,他的孙子司马炎废魏帝,建立了晋王朝。

一个周末的晚上,可恶的犯罪分子在马克斯·斯宾塞公司的马布尔·阿奇分店的橱窗里偷偷放置的一枚炸弹爆炸了,相邻的几家商店也因此受到了影响。

爆炸声惊动了这个沉睡的城市,更惊动了这家分店的员工。虽然第二天是休息日,但该店的员工们却在没有人号召的情形下,不约而同地一早回到店里,清理一片狼藉的店堂,更换橱窗上的玻璃。到了第三天的上午,周围的商店刚刚开始清扫商店内的爆炸碎片,马布尔·阿奇分店已经开始正常营业了。

人们不禁要问,该店的员工为什么会这样做呢?

其实,我们只要了解了该公司的管理方法,便不难找到准确的答案。

马克斯·斯宾塞公司是销售服装和食品的英国最大的零售商,也是英国最注重福利的公司。然而,公司并不是将福利作为慈善机构的施舍硬塞给职工,而是为了激励他们去积极工作。

公司一贯重视和关心辖下 4.5 万员工的福利待遇和个人的发展提高。管理层把每个职工都看作是有个性的人。人事部门的管理工作人员超过 900 人。他们主要是在各商店中工作,并成为商店管理班子的重要组成部分。每个人事经理要对他所管理的五六十人的福利待遇、技能培训和个人的提高发展方面负责。

公司每年要拨款 5000 万英镑,用于提高职工的奖金和福利。这是一笔相当大的数额,但是经营者对此并不认为可惜。公司董事长西夫勋爵甚至对地区经理提出更高的要求:"你就是出差错,那也必须是因为过于慷慨。"

为了调动职工的工作积极性,他们建立了高质量的职工餐厅。每个职工只要花 40 个便士(约合 65 美分)就可以吃到一顿三道菜的午餐、早晨咖啡和下午茶。这样,职工就能精力充沛地投入工作。

公司还特意为一个曾经在一家分店任过经理，在公司工作了50年的老年女士购置了一幢小型住宅，并发给养老金。这些感情投资使在职的全体职工大为感动，他们看到了公司的关怀与体贴。

这些措施大大增强了公司的凝聚力，不论是分店经理、管理人员，还是会计、营业员，甚至普通的送货员，都以自己能在马克斯·斯宾塞公司工作而感到自豪。

公司有3.5万人持有本公司的股票，倘若他们以高价出手，那么公司的控制权就会转移到其他企业，但是员工们总是紧紧捏着自己的股票不肯脱手。因为他们信赖公司，热爱公司。

假痴不癫也是一种明装痴呆，而暗中算计他人的计谋。运用到军事斗争中，能起一种迷惑敌人，缓兵待机，后发制人的作用。

假痴不癫是一种老成持重的谋略，对指挥员心理素质要求很高。只有具备沉着镇定、戒骄戒躁，不被暂时的功利所打动的指挥员，才有可能运用好这一计谋。

第二十八计　上屋抽梯

【计名探源】

上屋抽梯，有一个典故。后汉末年，刘表偏爱少子刘琮，不喜欢长子刘琦。刘琦的后母害怕刘琦得势，影响到亲子刘琮的地位，非常嫉恨他。刘琦感到自己处在十分危险的处境中，多次请教诸葛亮，但诸葛亮一直不肯为他出主意。有一天，刘琦约诸葛亮到一座高楼上饮酒，等二人正坐下饮酒之时，刘琦暗中派人拆走了楼梯。刘琦说："今日上不至天，下不至地，出君之口，入琦之耳。可以赐教矣！"诸葛亮见状，无可奈何，便给刘琦讲了个故事：春秋时期，晋献公的妃子骊姬想谋害晋献公的两个儿子：申生和重耳。重耳知道骊姬居心险恶，只得逃亡国外。申生为人厚道，力尽孝心，侍奉父王。一日，申生派人给父王送去一些好吃的东西，骊姬乘机用有毒的食品将太子送来的食品更换了。晋献公哪里知道，正准备去吃，骊姬故意说道，这膳食从外面送来，最好让人先尝尝看。于是命侍从品尝，侍从刚刚尝了一点，便倒地而死。晋献公大怒，大骂申生不孝，阴谋弑父夺位，决定要杀申生。申生闻讯，也不申辩，自刎身亡。诸葛亮对刘琦说："申生在内而亡，重耳在外而安。"刘琦马上领会了诸葛亮的意图，立即上表请求前往江夏（今湖北武昌西），避开了后母，终于免遭陷害。

刘琦引诱诸葛亮"上屋"，是为了求他指点，"抽梯"，是断其后路，也是为了打消诸葛亮的顾虑。

此计用在军事上，是指利用小利引诱敌人，然后截断敌人之援兵，以便将敌围歼的谋略。这种诱敌之计，自有其高明之处。敌人一般不是那么容易上当的，所以，你应该先给它安放好"梯子"，也就是故意给以方便。等敌人"上楼"，也就是进入已布好的"口袋"之后即可拆掉"梯子"，围歼敌人。

安放梯子，很有学问。对性贪之敌，则以利诱之；对性骄之敌，则以示我方之弱以惑之；对莽撞无谋之敌，则设下埋伏以使其中计。总之，要根据情况，巧妙地安放

“梯子”，诱敌中计。

《孙子兵法》中最早出现“去梯”之说。《孙子·九地篇》：“帅与之期，如登高而去其梯。”这句话的意思是把自己的队伍置于有进无退之地，破釜沉舟，迫使士兵同敌人决一死战。

如果将上面两层意思结合起来运用，真是相当厉害的谋略。

【原文】

假之以便，唆之使前，断其援应，陷之死地①。遇毒，位不当也②。

【注释】

①假之以便，唆之使前，断其援应，陷之死地：假，借。句意是借给敌人一些方便（即我故意暴露出一些破绽），以诱导敌人深入我方，乘机切断他的后援和前应，最终陷他于死地。

②遇毒，位不当也：语出《易经·噬嗑》卦。噬嗑，卦名。本卦为异卦相叠（震下离上）。上卦为离为火，下卦为震为雷，是既打雷，又闪电，威严得很。又离为阴卦，震为阳卦，是阴阳相济，刚柔相交，以喻人要恩威并用，宽严结合，故卦名为“噬嗑”，意为咀嚼。本卦六三《象》辞：“遇毒，位不当也。”本是说，抢吃腊肉中了毒（古人认为腊肉不新鲜，含有毒素，吃了可能中毒），因为六三阴兑爻居于阳位，是位不当。

【译文】

故意暴露破绽或放出诱饵，造成有便宜可占的假象，引诱敌人深入我方，然后再切断它的前应和后援，使它陷入我预设的“口袋”之中。解语的“遇毒，位不当也”，是引自《易经·噬嗑》卦。它的意思是说：敌人贪得无厌，必定要招致后患。

此计运用此理，是说敌人受我之唆，犹如贪食抢吃，只怪自己见利而受骗，才陷于死地。

【赏析】

古人按语：唆者，利使之也。利使之而不先为之便，或犹且不行。故抽梯之局，须先置梯，或示之梯。如：慕容垂、姚苌诸人怂秦苻坚侵晋，以乘机自起（《晋书》卷一一四《苻坚》）。

什么是唆？唆就是用利去引诱敌人。你引诱敌人而不先给敌人开方便之门，那还是不行的。开方便之门，就是事先给敌人安放一个“梯子”。既不能使他猜疑，还要让敌人能清楚地看到梯子。只要敌人爬上梯子，就不怕他不进己方事先设置的圈套。苻坚就是中了慕容垂、姚苌的上屋抽梯之计，轻易去攻打晋国，大败于淝水。慕容垂、姚苌的势力就迅速扩张起来了。

秦朝灭亡之后，各路诸侯逐鹿中原。到后来，只有项羽和刘邦的势力最为强大。其他诸侯，有的被消灭，有的急忙寻找靠山。赵王歇在巨鹿之战中，看到项羽是个了不起的英雄，心中十分佩服，在楚汉相争时期，投靠了项羽。

刘邦为了削弱项羽的力量，命令韩信、张耳率两万精兵去攻打赵王歇的军队。赵王歇听到消息之后，呵呵一笑，心想，自己有项羽做靠山，又握有二十万人马，何惧韩信、张耳。

赵王歇亲自率领二十万大军驻守井陉，准备迎敌。韩信、张耳的部队也向井陉进发，他们在离井陉三十里处安营扎寨。两军对峙，一场大战即将开始。

韩信分析了两军的兵力，敌军人数比自己多十倍，硬拼攻城，恐怕不是敌方的对手，如果久拖不决，己方经不起消耗。经过反复思考，他定下了一条妙计。

他召集将领们在营中部署：命一将领率两千精兵到山谷树林隐蔽之处埋伏起来，等到两军开战后，佯败逃跑，赵军肯定倾巢出动，在后追击。这时，你们迅速杀入敌营，插上汉军的军旗。他又命令张耳率军一万，在绵延河东岸，摆下背水一战的阵式。自己亲率八千人马正面佯攻。

第二天天刚亮，只听见韩信营中战鼓隆隆，韩信亲率大军向井陉杀来。赵军主帅陈余早有准备，立即下令出击。两军杀得个昏天黑地。韩信早已部署好了，此时一声令下，部队立即佯装败退，并且故意遗留下大量的武器及军用物资。陈余见韩信战败，大笑道："区区韩信，怎是我的对手！"他下令追击，希望全歼韩信的部队。

韩信带着败退的队伍撤到绵延河边，与张耳的部队会合一处。韩信对士兵们进行动员："前边是滔滔河水，后面是几十万追击的敌军，我们已经没有退路，只能背水一战，击溃追兵。"士兵们知道已无退路，个个奋勇争先，要与赵军拼个你死我活。

韩信、张耳突然率部杀了回来，完全出乎陈余的预料。他的部队认为以多胜少，胜利在握，斗志已不很旺盛，加上韩信故意在路上遗留了大量军用物资，士兵们你争我夺，一片混乱。

锐不可当的汉军奋勇冲进敌阵，只杀得赵军丢盔弃甲，一片狼藉，真是"兵败如山倒"。陈余下令马上收兵回营，准备修整之后，再与汉军作战。当他们退到自己大营前面时，只见大营那边飞过无数箭来，射向赵军。陈余在慌乱中，才注意到营中已插遍汉军军旗。赵军惊魂未定，营中汉军已经冲杀出来，与韩信、张耳从两边夹击赵军。张耳一刀将陈余斩于马下，赵王歇也被汉军生擒，赵军二十万人马全军覆没。

研究股票的人绝不会不知道一个名叫约瑟夫·赫希洪的人，因为其"玩"股票有术，由一文不名赚到1亿美元。

研究矿业发展史的人同样不会放过这个名叫约瑟夫·赫希洪的人，因为他善于变废为宝，为近代矿业做出了卓越的贡献。

赫希洪个子不高，性格开朗，爱开玩笑，却同时又是老奸巨猾之人。他是一个移民到美国的犹太人，出身贫民区，自小进入纽约华尔街，与股票结下不解之缘。后到加拿大从事矿业开采，买卖矿业股票使他很快成为巨富，一生中最成功的一件事是发现了西半球最重要的战略物资——铀，不但使他的财富达到1亿多美元，而且使他声名大噪。

1914年，有点历史知识的人都知道这一年世界发生了什么事，是第一次世界大战的爆发。大战刚一开始，纽约证券交易所和美国证券交易所都关闭了。交易

所成了人们悲痛欲绝的地方。

赫希洪向几个正在交易所门口打纸牌的人打听，这里能不能找到工作，这些人哄然大笑起来。他太向往在这里工作了，并不死心，转向不远处的下百老汇走去，一个办公室接着一个办公室去询问有没有工作干。直到他在120号依奎布大厦，在爱默生留声机公司找到一个在午间兼总机接线的办公室工作。

半年后，他莽撞地告诉爱默生公司总经理韦克夫，自己更喜欢给他做股票曲线和图表。从此他便与理想沾上边了，成了韦克夫的制图员。

此后3年他成了股票专业图表员，对股票买卖算是学到家了。17岁那年，他成了一名股票经纪人，开始赚大钱了，给自己添置了新衣服，又给母亲买了一幢房子，一家人终于过上了舒适的生活。可好景不长，有一次股市猛然下跌，他买进了一家钢铁公司的股票，结果他赚到手的钱又几乎一分不剩地输光了。

那一次的惨败使他变聪明了，以后他的买卖顺利了许多。1929年是赫希洪最幸运的一年，这一年是美国股市历史上最热闹的一年，"医生和屠夫们都放下他们的工作，加入了股票买卖行列，这是一个疯狂的时刻。"赫希洪回忆时说。他的经验告诉他"山雨欲来"了，他把手头上的一切股票悉数抛光，得到了原来投资的10倍——400万美元。这是他30岁以来看到的最多的钱，于是他携着这笔巨款躲到远远的地方去了。

他前脚刚踏出交易所，身后就传来了股市暴跌的消息，一落千丈，连美国银行都因暴跌而倒闭关门。

他浑身出了一身冷汗，3年后依然心有余悸，再不敢回头，远远地跑到加拿大的多伦多成立了赫希洪公司，看到没什么好干的，就小心翼翼操起老本行。

在加拿大，赫希洪重复运用这个"上屋抽梯"之法，在短短几年间就轻而易举地赚到了800多万美元。但真正使他成为亿万富翁的是他发现了铀矿。

一名叫袭宝的化学家在昂塔里奥省丛林覆盖的阿沟马盆地，发现盖氏计数器发生奇怪反应。于是，许多地质学家和探矿者以为这里会有铀矿，纷纷进行勘察，但发现铀的含量微不足道。虽然盖氏计数器依旧剧烈跳动不已，勘察者却不以为然，都草率地以为是没有价值的钍在作怪。

袭宝仍不死心，继续研究，终于找到答案——原来是雨和雪以及地面上的磷把靠近盆地地面的放射线过滤掉了，而盖氏计数器所显示的，确是表明此地含有大量铀矿床的事实，不过铀矿深藏在地下罢了。于是，他找了十几家公司及采矿商，想说服他们切切实实地做一次钻探试验。但所有的人都认为这是毫无意义的浪费而拒绝了他。最后，袭宝找到了赫希洪。

赫希洪认真倾听了袭宝的分析，觉得这又是个非常值得冒的险：成本不大，一旦成功就是绝对的一本万利。

1954年4月，赫希洪和袭宝开始在阿沟马盆地钻探，从盆地深处取出几十块矿石，拿到温哥华一间实验室去化验。很快结果出来了：60块样品，含铀的矿石就有50多块。这真是天大的成功，袭宝禁不住大声欢叫："赫希洪真幸运！"到这时为止，赫希洪只不过投资了3万美元。

一个庞大的计划悄悄地在阿沟马盆地一带展开了，他们找出这条几十公里长的铀矿带后，钉木桩把它围起来，然后请律师立即起草文件申请在此地开矿。为了不引人注意，他们动用了飞机勘探。加拿大矿业历史上最神奇的事件就在秘密中拉开了序幕。

几个月后，阿沟马盆地热闹起来了，大批工程师和大量机器云集而来，铀矿开始大量被挖掘上来。很快，赫希洪公司的股票也上市了。

20 世纪 50 年代初期是东西方冷战的开始，由于美国在日本投下的两颗原子弹，使得全世界的所有国家都以前所未有的心情关切起原子弹的制造。原子弹的制造离不开一种物质：铀。铀矿的开采和利用是各国都极端关注的事。

赫希洪他们发掘出大量的铀矿，美加两国政府和公众的震动可想而知。人们对它的股票的期待的热切程度也可想而知……

赫希洪再一次"上屋抽梯"——当他最后离开他的铀矿时，他的财富多得连他都觉得太多了，反而因担心没地方放而愁出心病来。后来他的心理医生告诉他把钱用一个盒子装起来，他接受了这个建议，花了几乎所有的钱，买下了一家大公司 2/3 的股份……他终于可以高枕无忧了。

《孙子·九地篇》中说："帅与之期，如登高而去其梯。"原意是让他人上高楼之后，去掉梯子，使其处于绝境。《三国演义》中有刘琦为请教诸葛亮而上楼抽梯一段。

让人上了高楼，便抽掉梯子，那人当然就跑不掉。拿这一点来说明捕捉灵感的方法，倒也是妥当。

商战中，上屋抽梯无疑是毒辣狡猾的一招，使自己安然离去，又无须担心后有"追兵"；使企业赢利，又无须担心产品没有销路。用好此处，很好地保存了企业自己，而不用与竞争对手在激烈的商战中疲于奔命。

第二十九计　树上开花

【计名探源】

树上开花，是指树上本来没有开花，但可以用彩色的绸子剪成花朵粘在树上，做得和真花一样，不仔细去看，真假难辨。此计用在军事上，指的是自己的力量比较小，却可以借友军势力或借某种因素制造假象，使自己的阵营显得强大。也就是说，在战争中要善于借助各种因素来为自己壮大声势。无人不知张飞是一员猛将，而他却是一个有勇有谋的大将。刘备起兵之初，与曹操交战，多次失利。刘表死后，刘备在荆州，势孤力弱。这时，曹操领兵南下，直达宛城。刘备慌忙率荆州军民退守江陵。由于老百姓跟着撤退的人太多，所以撤退的速度非常慢。曹兵追到当阳，与刘备的部队打了一仗，刘备败退，他的妻子和儿子都在乱军中被冲散了。刘备只得狼狈败退，令张飞断后，阻截追兵。

张飞只有二三十名骑兵，怎敌得过曹操的大队人马？那张飞临危不惧，临阵不慌，顿时心生一计。他命令所率的二三十名骑兵都到树林子里去，砍下树枝，绑在马后，然后骑马在林中飞跑打转。张飞一人骑着黑马，横着丈二长矛，威风凛凛地

站在长坂坡的桥上。

追兵赶到，见张飞独自骑马横矛站在桥中，好生奇怪，又看见桥东树林里尘土飞扬。追击的曹兵马上停止前进，以为树林之中定有伏兵。张飞只带二三十名骑兵，阻止住了追击的曹兵，让刘备和荆州军民顺利撤退，靠的就是这“树上开花”一计。

【原文】

借局布势，力小势大[①]。鸿渐于陆，其羽可用为仪也[②]。

【注释】

①借局布势，力小势大：借助某种局面布成阵势，兵力弱小但可使阵势强大。

②鸿渐于陆，其羽可用为仪也：语出《易经·渐》卦。渐，卦名。本卦为异卦相叠（艮下巽上）。上卦为巽为木，下卦为艮为山。卦象为木植于山上不断生长。渐，即渐进。本卦上九说鸿雁飞到陆地上，它的羽毛可用来编织舞具。

【译文】

借其他局面布成有利的阵势，虽然实际兵力弱小，但外部阵容显得很强大。解语中的“鸿渐于陆，其羽可用为仪也”，是引自《易经·渐》卦。它的意思是说：大雁虽小，但在天空飞翔，横空列阵，凭着它们羽毛丰满的双翼，却很有威势。这里是用它来比喻兵力虽然弱小，但借助外部条件，虚布强大阵势，可以以此慑服敌人。

【赏析】

古人按语：此树本无花，而树则可以有花，剪彩粘之，不细察者不易觉，使花与树交相辉映，而成玲珑全局也。此盖布精兵于友军之阵，完其势以威敌也。

用假花冒充真花，取得乱真的效果，前边已做过分析。因为战场上情况复杂，瞬息万变，指挥官很容易被假象所惑，所以，善于布置假象，巧布迷魂阵，虚张声势，可以慑服甚至击败敌人。

此按语的最后一句，是将此计解释为：把自己的军队布置在盟军阵边，以造成强大声势慑服敌人。“树上开花”这一计，用在军事上就是通过伪装使自己看起来强大，以此虚张声势，慑服敌人。《三国演义》中的不少军事谋略家，不仅在战略上，而且在战术上运用此计，常常收到出乎寻常的效果。比如张飞当年大战长坂坡一段，便令人赞不绝口。

此计运用此理，是说弱小部队凭借某种因素，改变外部形态后阵容显得强大了，就像鸿雁长了羽毛丰满的翅膀一样。

楚国考烈王没有儿子，楚相春申君为此很担忧，找了不少有生育能力的女子献给楚王，也没有生下一个儿子。

赵国人李园想把自己的妹妹献给楚王，可又担心妹妹也生不出儿子而失宠。因此设法将他的妹妹留在春申君身边，他们两人同居，其妹很快怀了孕。妹妹在哥哥李园的鼓动下，又去说服春申君：“楚王很看重您，即使他的兄弟也比不上。可是楚王没有儿子，如果楚王百年之后，肯定会让他的兄弟继位，如果新王继位，您很可能失宠，灾祸就会落在您的头上。我现在有孕在身，别人都不知道。我跟您同居时间不长，如果能够借重您的地位把我献给楚王，楚王一定会和我同居。如果我生了个男孩，您的儿子就可以继承王位，整个楚国就会为您所有，这与遭受灾祸相比，哪一种结果更好呢？”春申君同意了这一计划。

很快李园的妹妹进了宫，与楚王同居，果真生了一个男孩，男孩被立为太子，她也被立为王后。李园从此飞黄腾达，不可一世，把知道真情的春申君视为眼中钉，准备杀掉他以灭口。

有人向春申君建议早做准备，以防不测。春申君则认为李园不可能对他下毒手，置之不理。

果然，楚王一死，李园先进宫，在宫里安排了刺客。当春申君匆匆赶来时，刺客将其刺死，割下了他的头。李园又派人把春申君满门抄斩。

李园的妹妹所生之子成了楚幽王。

卜内尔·克菲尔第 1927 年 8 月出生于土耳其的一个犹太人家庭。他的父母都受过高等教育，分别在当地的贸易公司里当职员，生活还算宽裕。

在克菲尔第上小学时，欧洲大陆掀起了一股反犹太人的狂潮，犹太人如同猪狗一般被任意驱赶和杀戮。为逃避这场惨无人道的灾难，他们一家只好移居美国的布鲁克林。

不久，父亲丢世，家道衰落，一家人只能依靠母亲那微薄的收入勉强维持生活。

克菲尔第是个安分守己、好学上进的青年。他在布鲁克林大学取得了心理学学士学位后，对赚钱似乎并无太大兴趣，就加入了费城一个犹太民族社会文化组织，担任青年顾问的职务。

1954 年，刚当上父亲不久的克菲尔第觉得应该找份固定的职业来养家糊口了。于是，他离开费城来到冒险家的乐园——纽约，稀里糊涂地找了份共同基金推销员的工作。

无心插柳柳成荫，没想到克菲尔第就此开始了他一生中最成功的事业。

20 世纪 50 年代，美国的股票市场空前的繁荣鼎盛。因此，基金推销员和证券经纪商是百分之百赚钱的两种职业。当时，只要拉到一位顾客，就可以领取一份佣金，而不管这位顾客炒股票时是赚了还是亏了。

克菲尔第最初的雇主是纽约一家投资者计划公司，他在那里并不怎么出色，但也还算得上称职，因此他的收入相当不错，足够他买汽车与漂亮的曼哈顿套房。

1955 年，是克菲尔第人生旅程的一个飞跃。

这一年里，他成功地在股市中打了几个漂亮仗，为顾客和公司大赚了一笔。他开始在华尔街小有名气了。

克菲尔第终于在职业中发现了自己的才能，他认为在纽约的推销员之间竞争太激烈了，梦想着到国外去开辟一片新的天地。

是年年底，克菲尔第在公司的许可下，到了欧洲这个很有发展潜力的地方，但由于大多数欧洲国家政府不愿意原已很少的资金再流向美国，因而禁止他向当地居民推销基金股票。

经过一番深入调查之后，他发现了美国侨民这个市场。

当时的欧洲正处于冷战时期，到处都有美国驻军、外交人员和商人，而且大部分居留时间都相当长。这些美国侨民有的是多余的钱，但由于远居异国他乡，没有一条方便的途径可以让他们将这些资金投放到好景空前的华尔街上去。

而今天，克菲尔第正好提供了这样一条途径，因此他很顺利地就卖出投资者计划公司的许多股票。

1957 年，克菲尔第开始觉得原来的公司已不再适应自己了。于是，他加入了另一家冲劲十足，更令人觉得够刺激的公司——垂法斯基金，并向该公司提出一个加快开发的报告，要求垂法斯基金委派他担任欧洲代理，他只提取佣金而不领工资。

这一建议对于该基金来说，成功了则可扩大经营规模，失败了也无任何损失，因此理所当然地被接受了。

于是，克菲尔第成立了自己的公司，并取了一个响亮的名字：投资者海外服务公司，英文缩写为 IOS。

开始时，他自己推销垂法斯股票。后来就开始招聘推销员替他工作，他再从每个推销员的每一单交易中提取百分之一的佣金。到 50 年代末期，IOS 的推销员已有 100 多人，他们的推销业务由欧洲扩展到其他有美国人的地方，如非洲、印度、南美洲等地。

当推销员队伍不断扩大，以至克菲尔第自己一人已难于掌管时，他增设了中层干部，把最初的一部分推销员提升为推销主任。

1960 年，年仅 33 岁的克菲尔第已经拥有自己的 100 万美元资产，于是他迈出勇敢的一步，也是飞黄腾达、石破天惊的一步——成立自己的共同基金公司，并取名为“国际投资信托公司”，英文缩写为 IIT。

该公司的股票很快就成为热门股票，1 年之后获得投资者投入的资金有 350 万美元，最高曾达到 7.5 亿美元。

长期以来，各国股票市场规定：只能向本国公民推销股票，而不准卖给外国公民。

这个问题一直困扰着克菲尔第，他强烈地感觉到，必须把这个限制一个国家一个国家地逐个解除。

于是，克菲尔第乘坐飞机穿梭般来往于各个国家，求见其财政当局，对他们重复说同样的话：“你们担心会让资金流出本国，但我的 IIT 基金可以拿出一部分资金来购买你们国家的股票,作为你们准许我向贵国人民推销股票的交换条件。”克菲尔第的一番苦心没有白费,他成功地拆除了股票市场上那一道道的樊篱。从此,IIT 所购买的股票真可谓五花八门,应有尽有,从瑞士、荷兰、美国的热门股票,到名不见经传的冷门小公司的股票,一应俱全。

IIT 所做的冒险投机,遍布世界各地,其中甚至有许多副业是美国政府从来都不允许互助基金插手的。

克菲尔第的钱口袋是装不饱的。这个雄心勃勃的犹太人还想发得更快一些。

1962 年,他开设了一家“基金的基金”,英文缩写为 FOF,又一个响亮的名字,这无疑是一个才子的杰作。

他的推销员们向客户宣传说:“如果你投资于一个基金,就可以收到多项投资和专家经营的功效。那么,如果你投资于基金的基金,不就可以得到加倍的功效吗?你绝对赔不了。”

不管这种理论是多么地站不住脚,但它却使成千上万的人信以为真,投入大量的资金,克菲尔第也因此大发其财。

就这样,一个接一个像 FOF 的“基金的基金”相继成立起来,它们都是 IOS 的子公司。它们对任何股票都敢插一手,从炙手可热的热门股到令人望而却步的冷门股,甚至于惊险至极的投机股。它们还投资于房地产甚至北极的石油勘探,以及各种各样的冒险事业。

60 年代中期,是克菲尔第的事业最为辉煌鼎盛时期。西方世界每一位投资者与投机者,都已认识这个圆脸盘的卖股票者。一旦他乘着自己的私人飞机出现在休养地,就会被当地报纸作为头条新闻。

克菲尔第通过个人的努力奋斗,为自己赢得了“国际理财专家”的美誉,手头掌管着来自世界各地股民们的亿万资金。他完全凭借别人的金钱和成功地运用“树上开花”的谋略,在短短的 20 年里,使自己从一个穷小子成长为金融界的明星大亨。

那么,为什么要把“树上开花”作为这一计的计名呢?它与解语有什么联系呢?

这一计的计名是从“铁树开花”转化过来的。它的原意是说这种树本来是不开花的,但是可以把色彩艳丽的丝绸剪扎成花朵,把它粘贴在树枝上,这样就可以制造出非常逼真的场面,粗心的人是很难分出它的真假来的。这与解语中所说的“借局布势,力小势大”,是同一含义。

商业竞争也同样如此,积累财富、扩大生产、占领市场是商战中任何一个参战者都要达到的目的,但是每一个经营者并非都是实力庞大、资金雄厚的,尤其是创业初期,许多人往往是一贫如洗。因此在自己有限的资本不能与其他竞争对手抗衡时,成功的技巧之一就是“借”,缺资金借资金,缺人才借人才,缺技术借技术,一切为我所用。

第三十计　反客为主

【计名探源】

反客为主，用在军事上，是指在战争中，要努力变被动为主动，尽量想办法钻友军的空子，插脚进去，控制它的首脑机关或者要害部门，抓住有利时机，兼并或者控制友军。古人使用本计，往往是借援助盟军的机会，自己先站稳脚跟，然后步步为营，想方设法取而代之。

袁绍和韩馥，以前是一对盟友，当年曾经共同讨伐过董卓。后来，袁绍势力渐渐强大，总想不断扩张。他屯兵河内，缺少粮草，十分犯愁。老友韩馥知道情况之后，主动派人送去粮草，帮袁绍解决了供应困难。

袁绍觉得等待别人送粮草，不能够解决根本问题。他听了谋士逢纪的劝告，决定夺取粮仓冀州。而当时的冀州牧正是老友韩馥，袁绍也顾不了那么多了，马上下手，实施他的锦囊妙计。

他首先给公孙瓒写了一封信，建议与他一起攻打冀州。公孙瓒早就想找个由头攻占冀州，听了这个建议，正中下怀。他立即下令，准备发兵。

袁绍又暗地派人去见韩馥，说：公孙瓒和袁绍联合攻打冀州，冀州难以自保。袁绍过去不是你的老朋友吗？最近你不是还给他送过粮草吗？你何不联合袁绍，对付公孙瓒呢？让袁绍进城，冀州不就保住了吗？

韩馥只得邀请袁绍带兵进入冀州。这位请来的客人，表面上尊重韩馥，实际上他逐渐将自己的部下一个一个像钉子一样扎进了冀州的要害部门。这时，韩馥清楚地知道，他这个“主”已被“客”取而代之了。为了保全性命，他只得只身逃出冀州另觅他途。

【原文】

乘隙插足，扼其主机①，渐之进也②。

【注释】

①乘隙插足，扼其主机：找准时机插足进去，掌握他的要害关节之处。

②渐之进也：语出《易经·渐》卦（渐卦解释见前计②）。本卦《彖》辞：“渐之进也。”意为渐就是渐进的意思。此计运用此理，是说乘隙插足，扼其主机。《易经·渐》卦上说的就是这个意思，要循序渐进。

【译文】

这个解语除了“主机”二字外，其他并不难懂，什么是“主机”呢？“主机”是指出谋划策，发号施令，掌握大权的统帅机关，但也可以理解为要害部位。整句解语的意思是说，钻空子插进脚去，控制它的首脑机关或要害部门，要循序渐进。也就是说，要想取而代之，就不能操之过急，必须有计划地逐渐实现。

【赏析】

古人按语：为人驱使者为奴，为人尊处者为客，不能立足者为暂客，能立足者为久客，客久而不能主事者为贱客，能主事则可渐握机要，而为主矣。故反客为主之局：第一步须争客位；第二步须乘隙；第三步须插足；第四步须握机；第五步乃成功。为主，则并人之军矣；此渐进之阴谋也。如李渊书尊李密，密卒以败（《隋书》卷七十《李密传》）；汉高祖势未敌项羽之先，卑事项羽，使其见信，而渐以侵其势，至垓下一役，一举亡之（《史记》卷八《高祖本纪》）。

客有多种，暂客、久客、贱客，这些都还是真正的“客”，可是一到渐渐掌握了主人的机要之处，就已经反客为主了。按语中将这个过程分为五步：争客位，乘隙，插足，握机，成功。概括地讲，就是变被动为主动，把主动权慢慢地掌握到自己的手中来。分成五步，强调循序渐进，不可急躁莽撞；泄露机密，只会把事情搞坏。用在军事上，就要把别人的军队拿过来，控制指挥权。

按语称此计为“渐进之阴谋”。既是“阴谋”，又必须“渐进”，才能奏效。李渊在夺得天下之前，写信恭维李密，后来还是把李密消灭了。刘邦在兵力不能与项羽抗衡的时候，很尊敬项羽，鸿门宴上，以屈求伸，对项羽谦卑到了极点。后来他逐渐吞食项羽的势力，力量扩大，由弱变强，垓下一战，终于将项羽逼死于乌江。

所以古人说，主客之势常常发生变化，有的变客为主，有的变主为客。关键在于要变被动为主动，争取掌握主动权。

唐朝有个叛将，名字叫仆固怀恩。他煽动吐蕃和回纥两国联合出兵，进犯中原。大兵三十万，一路连战连捷，直逼泾阳城。泾阳的守将是唐朝著名将军郭子仪，他是奉命前来平息叛乱的，这时他只有一万余名精兵。面对漫山遍野的敌人，郭子仪知道形势十分严峻。

正在这时，仆固怀恩病死了。吐蕃和回纥失去了中间联系和协调的人物。双方都想争夺指挥权，矛盾逐渐激化。两军各驻一地，互不联系往来。吐蕃驻扎在东门外，回纥驻扎在西门外。

郭子仪想：何不乘机分化这两支军队？他在安史之乱时，曾和回纥将领并肩作战，对付安禄山。这种老关系何不利用一下呢？他秘密派人前往回纥营中转达自己想与过去并肩作战的老友叙叙情谊。

回纥都督药葛罗，也是个重视感情的人。听说郭子仪就在泾阳，十分高兴。但是，他说：“除非郭老令公亲自让我们见到，我们才会相信。”

郭子仪听到汇报，决定亲赴回纥营中，会见药葛罗，叙叙旧情，并乘机说服他们不要和吐蕃联合反唐。

将士们生怕回纥有诈，不让郭子仪前去。郭子仪说：“为国家，我早已把生死置之度外！我去回纥营中，如果能谈得成，这个仗就打不起来了，天下从此太平，有什么不好？”他拒绝带卫队保卫，只带少数随从，到回纥军营去。

药葛罗见郭子仪真的来了，非常高兴，设宴招待郭子仪，两人谈得十分亲热。酒酣时，郭子仪说道：“大唐、回纥关系很好，回纥在平定安史之乱时立了大功，大唐也没有亏待你们呀！今天怎么会和吐蕃联合进犯大唐呢？吐蕃是想利用你们与大

唐作战,他们好乘机得利。"

药葛罗愤然说道:"老令公说得有理,我们是被他们骗了!我们愿意和大唐一起,攻打吐蕃。"双方马上立誓结盟。

吐蕃得到报告,觉得形势骤变,于己不利,他们连夜准备,拔寨撤兵。郭子仪与回纥合兵追击,击败了吐蕃的十万大军。吐蕃大败,很长一段时期,边境无事。

《水浒传》第十九回"林冲水寨大并火,晁盖梁山小夺泊"正是反客为主的一个生动实例。

晁盖、吴用等七位英雄好汉初投梁山泊时,梁山泊寨主王伦待他们如宾客,故意为他们安排客馆歇息。王伦乃嫉贤妒能之人,生怕众豪杰势力超过他,吴用看出这一点,担心王伦不会收留他们。吴用发现林冲对王伦的态度极为不满,因此设计促使林冲火并王伦。

第二天聚会时,酒过数巡,王伦拿来重金,说自己粮少房稀,一洼之水,容不下许多真龙,请晁盖等另谋出路。晁盖便道:"小子久闻大山招贤纳士,一径地特来投托入伙,若是不能相容,我等众人自行告退。"林冲见状大喝起来:"你前番我上山来时,也推道粮少房稀,今日晁兄与众豪杰到此山寨,你又发出这等言语来,是何道理?"吴用便说:"头领息怒,自是我等来的不是,倒坏了你山寨情分。我等自去罢休。"林冲更是怒火中烧:"这是笑里藏刀,言清行浊的人!我其实今日放他不过。"吴用又道:"只因我等上山相役,反坏了头领面皮,只今办了船只,便当告退。"晁盖等七人便起身要走。林冲气极,抽出一把刀来,吴用假意劝仗,其他豪杰也趁势守住其他头领,林冲拿住王伦大骂:"你这嫉贤妒能的贼,不杀了,要你何用!你也无大量大才,也做不得山寨之主!"骂得性起,林冲顺势一刀刺进了王伦的心窝。

王伦既死,林冲提议立晁盖为山寨之主。这样,晁盖等英雄好汉,从开始投奔山寨,被当作客人,到激发林冲的不满情绪,促使林冲火并王伦,最后控制局势,晁盖又顺势坐上了第一把交椅,掌握了整个山寨。

沃尔特·迪斯尼自幼就喜欢绘画,他的首批招贴画是在第一次世界大战中做红十字救护车司机时画出的——实际上,那些画只是给士兵们指示各个医务部门的路标。一战后,他在报纸上看到肯萨斯市电影广告公司招聘一名动画片画家的广告,欣然赴聘,从此进入了动画电影界。

迪斯尼先是制作卡通片,迪斯尼称之为"滑稽短片"。在取得了经验后,迪斯尼制作了一部《爱丽丝梦游仙境》的卡通系列片,连续上映将近两年,大受欢迎。迪斯尼十分清楚,爱丽丝已经"抛头露面"很长时间了,观众会厌倦的,必须用一个新的卡通形象来取代她。这时候,环球电影公司想要制作一部以兔子为明星的影片,找到了迪斯尼。迪斯尼和他的朋友乌比夜以继日地工作,成功地推出了《幸运兔子奥斯华》,引起了轰动。

为了和环球公司洽谈新的制片业务,迪斯尼携夫人莉达·邦兹一起到了纽约。迪斯尼本以为凭借"兔子奥斯华"的"幸运",环球公司老板米菲会对他另眼相看,不料,洽谈合约时,米菲却把片酬压到低得令人不能忍受。迪斯尼气愤地站了起来,米菲却冷笑道:"如果你不接受,我就把你的人全部接过来,我已跟他们签了合约。"

迪斯尼如雷轰顶，一下子呆住了。

回到旅馆，迪斯尼给他的哥哥去了一个电话，要他核实米菲的话。不久，哥哥回说："米菲说的是真的，除了乌比之外，几乎所有的人都跟米菲签了密约。"

"真卑鄙！"迪斯尼做梦也想不到米菲公司用如此下流的手法挖走了他的人。就在迪斯尼尚未从愤怒和震惊中清醒时，米菲又抢先一步向世人宣布：奥斯华片集的所有权属于环球公司，不属于迪斯尼。这意味着米菲想利用迪斯尼的那一班人继续创作奥斯华新片，而迪斯尼分毫无份！

迪斯尼在愤怒之极时发下誓言：一定要雪耻复仇！战胜米菲！

如何战胜米菲？他已拥有了一个为人们所接受的"奥斯华"——最好的办法就是用一个更新更好的卡通形象来取代奥斯华！

迪斯尼的妻子莉达·邦兹为丈夫想出了"米老鼠"这个形象。

迪斯尼和乌比商讨后，决心以老鼠米奇为主角，以更奇特夸张的造型制作一部《疯狂的飞机》。由于与米菲签有密约的人还未离开制作场，迪斯尼和乌比白天躲在一个车库里绘画，夜晚到制作间拍摄胶片，在极其保密的情况下完成了《疯狂的飞机》和《汽船威利》的制作。时逢有声电影刚刚出现，迪斯尼深信将来是有声电影的天下，他毅然卖掉了心爱的汽车，跑遍了好莱坞和纽约，寻找能为他的米老鼠及其他角色配音的人。

《疯狂的飞机》《汽船威利》公映后，老鼠米奇那夸张的造型、滑稽的动作和幽默的声音令无数的儿童和成年人津津乐道，电影公司的老板们争先恐后地找迪斯尼购买米老鼠的片集。

老鼠米奇的出现使米菲的奥斯华新片黯然失色——那些与米菲签下密约的人，一旦离开了迪斯尼，就都变成了一事无成的蠢货，米菲彻底地输了。

"反客为主"作为成语，它的意思是指在日常生活中，主人不会招待客人，而反受客人的招待，但引作计谋的计名，当然是另有别论了。那么，通常在什么情况下运用这一计谋呢？就这一计的本意来说，它是用来对付盟友的，具体说，就是乘支援盟军的机会，把脚插进去，然后再有计划地逐步控制盟军。

第六套　败战计

第三十一计　美人计

【计名探源】

美人计，语出《六韬·文伐》："养其乱臣以迷之，进美女淫声以惑之。"意思是，对于用军事行动难以征服的敌方，要使用"糖衣炮弹"，先从思想意志上打败敌方的将帅，使其内部丧失战斗力，然后再行攻取。就像本计正文所说，对兵力强大的敌人，要制服他的将帅；对于足智多谋的将帅，要设法去腐蚀他，将帅斗志衰退，部

队肯定士气消沉，就失去了作战能力。利用多种手段，攻其弱点，己方就能得以保存实力，由弱变强。

前面曾讲到春秋时吴越之战，勾践先败于夫差。吴王夫差罚勾践夫妇在吴王宫里服劳役，借以羞辱他。越王勾践在吴王夫差面前卑躬屈膝，百般逢迎，骗取了夫差的信任，终于被放回到越国。后来越国趁火打劫，终于消灭了吴国，逼得夫差拔剑自刎。

那所趁之“火”是怎样烧起来的呢？原来勾践成功地使用了“美人计”。

勾践被释回越国之后，卧薪尝胆，不忘雪耻。吴国强大，靠武力，越国不能取胜。越大夫文种向越王献上一计：“高飞之鸟，死于美食；深泉之鱼，死于芳饵。要想复国雪耻，应投其所好，衰其斗志，这样，可置夫差于死地。”于是勾践挑选了两名绝代佳人——西施、郑旦，送给夫差，并年年向吴王进献珍奇珠宝。夫差认为勾践已经臣服，所以一点也不加怀疑。夫差整日与美人饮酒作乐，连大臣伍子胥的劝谏也完全听不进去。后来，吴国进攻齐国，勾践还出兵帮助吴王伐齐，借以表示忠心，麻痹夫差。吴国胜利之后，勾践还亲自到吴国祝贺。

夫差贪恋女色，一天比一天厉害，根本不想过问政事。伍子胥力谏无效，反被逼自尽。勾践看在眼里，喜在心中。公元前 482 年，勾践乘夫差北上会盟之时，突出奇兵伐吴。公元前 473 年，吴国终于被越所灭，夫差也只能一死了之。

【原文】

兵强者，攻其将；将智者，伐其情。将弱兵颓，其势自萎。利用御寇，顺相保也[①]。

【注释】

①利用御寇，顺相保也：语出《易经·渐》卦。本卦九三，《象》辞：“利御寇，顺相保也。”说利于抵御敌人，顺利地保卫自己。

【译文】

对兵力强大的敌人，要设法制服他的将帅；对足智多谋的将帅，要设法腐蚀他的意志。将帅的斗志衰退、兵卒的士气消沉，那么军队的战斗力也就丧失殆尽了。因此，针对敌人的弱点进行渗透瓦解，就可以顺势保存自己的实力。

此计运用此象理，是说利用敌人自身的严重缺点，己方顺势以对，可使其自颓自损，己方一举得之。

【赏析】

古人按语：兵强将智，不可以敌，势必事之。事之以土地，以增其势，如六国之事秦，策之最下者也。事之以币帛，以增其富，如宋之事辽金，策之下者也。惟事以美人，以佚其志，以弱其体，以增其下怨。如勾践以西施重宝取悦夫差（《左传·哀公十一年》），乃可转败为胜。

势力强大，将帅明智，这样的敌人不能与他正面交锋，在一个时期内，只得暂时向他屈服。这则按语,把侍奉或讨好强敌的方法分成三等。最下策是用献土地的方法,这势必增强了敌人的力量,像六国争相以地事秦,并没有什么好结果。下策是用金钱珠宝、绫罗绸缎去讨好敌人,这必然增加了敌人的财富,像宋朝侍奉辽国、金国那样,也不会有什么成效。独有用美人计才见成效,这样可以消磨敌军将帅的意志,削弱他的体质,并可以增加他的部队的怨恨情绪。春秋时期,越王勾践败于吴王夫差,便用美女西施和贵重珠宝取悦于夫差,让他贪图享受,丧失警惕,后来越国终于打败了吴国。

汉献帝九岁登基,朝廷由董卓专权。董卓为人阴险,滥施杀戮,并有谋权篡位的野心。满朝文武,对董卓又恨又怕。

司徒王允十分担心,朝廷出了这样一个奸贼,不除掉他,朝廷难保。但董卓势力强大,正面攻击,还无人斗得过他。董卓身旁有一义子,名叫吕布,骁勇异常,忠心保护董卓。

王允观察这“父子”二人,狼狈为奸,不可一世,但有一个共同的弱点:皆是好色之徒。何不用“美人计”,让他们互相残杀,以除奸贼?

王允府中有一歌女,名叫貂蝉。这个歌女,不但色艺俱佳,而且深明大义。王允向貂蝉提出用美人计诛杀董卓的计划。貂蝉为感激王允对自己的恩德,决心牺牲自己,为民除害。

在一次私人宴会上,王允主动提出将自己的“女儿”貂蝉许配给吕布。吕布见这一绝色美人,喜不自胜,十分感激王允。二人决定选择吉日完婚。

第二天,王允又请董卓到家里来,酒席筵间,要貂蝉献舞。董卓一见,馋涎欲滴。王允说:“太师如果喜欢,我就把这个歌女奉送给太师。”老贼假意推让一番,高兴地把貂蝉带回府中去了。

吕布知道之后大怒,当面斥责王允。王允编出一番巧言哄骗吕布。他说:“太师要看看自己的儿媳妇,我怎敢违命!太师说今天是良辰吉日,决定带回府去与将军成亲。”

吕布信以为真,等待董卓给他办喜事。过了几天没有动静,再一打听,原来董卓已把貂蝉据为己有。吕布一时也没了主意。

一日董卓上朝,忽然不见身后的吕布,心生疑虑,马上赶回府中。见到在后花园凤仪亭内,吕布与貂蝉抱在一起,他顿时大怒,用戟朝吕布刺去。吕布用手一挡,没被击中。吕布怒气冲冲离开太师府。原来,吕布与貂蝉私自约会,貂蝉按王允之计,挑拨他们父子的关系,大骂董卓拆散了他们。

王允见时机成熟,邀吕布到密室商议。王允大骂董贼强占了女儿,夺去了将军的妻子,实在可恨。吕布咬牙切齿,说:“不看我们是父子关系,我真想宰了他!”王允忙说:“将军错了,你姓吕,他姓董,算什么父子?再说,他抢占你的妻子,用戟刺杀你,哪里还有什么父子之情?”吕布说:“感谢司徒的提醒,不杀老贼誓不为人!”

王允见吕布已下决心,他立即假传圣旨,召董卓上朝受禅。董卓耀武扬威,进宫受禅。不料吕布突然一戟,直穿老贼咽喉。奸贼已除,朝廷内外,人人拍手称快。

他望着铁窗外那一小块星空发愣,清癯、浅黑的脸上挂着泪珠,那是忏悔的泪珠。

他明明知道哭是无济于事的,可他无法控制,一想起那不堪回首的往事他就泪如泉涌。如果不是在这异国的高墙电网内,他一定要飞回那景色迷人的千岛之国,跪在他那温柔纯洁的娇妻面前,向她忏悔,请求宽恕。

这是他走进监狱的第一夜。从现在开始,他还要在这间狭小冷寂的牢房里度过几千个夜晚。

他是什么人?

他到底犯了什么罪?

20 世纪 50 年代,苏加诺执政的印度尼西亚与苏联的关系亲密无间,就像如胶似漆的情侣。

当时的印度尼西亚刚刚独立,百废待兴,人才匮乏。总统苏加诺十分崇拜当时作为“世界革命中心”的苏联,他派遣了大批优秀青年学生到苏联留学。

哈丹托那便是其中的佼佼者。

他出身贫寒之家,可他天资聪颖,好学上进,成绩总是名列前茅。为此,他赢得了一位少女的芳心。她名叫维蒂,出身于豪门世家,其父亲还在印尼政府担任要职。

贫穷的哈丹托那需要爱情,更需要金钱。于是,维蒂常常慷慨地解囊相助,使他得以圆满地完成中学学业,并以优异的成绩考上印尼著名的学府——万隆大学。这时,两位日渐成熟的青年终于互吐衷情,共结鸳盟,在椰林、沙滩、花丛……处处留下他们热恋的足迹。

1958 年,哈丹托那以优异的成绩毕业,被印尼政府免试送到苏联莫斯科的门捷列夫大学化学工业系留学深造。

这时的哈丹托那可谓春风得意,前途无量。

门捷列夫大学是以俄国近代最杰出的化学家门捷列夫的名字来命名的,它的化工专业在苏联堪称超一流。

在留学期间,哈丹托那以勤奋好学的精神和出色的科研才能赢得该校教授的赞赏。他们甚至断言:哈丹托那一定会成为印尼未来的“化工泰斗”、世界一流的化工专家。

由于哈丹托那留学期间出类拔萃的表现,印尼政府决定:哈丹托那留学结束后,即赴日本攻读化工专业的博士生,并将此决定通知了哈丹托那本人。

哈丹托那接到通知后,激动得热泪盈眶,他觉得一条铺满鲜花的大路正展现在自己的面前。

深深陶醉在美梦之中的哈丹托那万万没想到,此时一只黑手已经悄悄向他伸来。

在大学校园里,男女大学生们的私生活是浪漫而又自由的。他们常常成双结对地出没于花丛树影间,不少人已营造起爱的小巢。

身在异乡的哈丹托那触景生情,不由地思念起远在家乡的未婚妻,回忆他们那段温馨如歌的恋爱时光。然而,他们天各一方,相隔千里,别说是见面,连相互问候一声也十分困难。

相思的日子是异常难熬的。孤独寂寞的哈丹托那只好拼命地读书,以此来摆脱心中的感情苦痛。

一天，哈丹托那又来到学校图书馆，像往常一样，借了几本专业书籍，在一个幽静的角落坐下，聚精会神地阅读起来。

“请问，我可以坐在您的身边吗?”

哈丹托那抬起头，循声望去，只见眼前站着一位身材修长、年轻貌美的俄罗斯姑娘，她那湛蓝清澈的大眼睛似有万种风情，一头金色的秀发瀑布般披散在肩头……

顿时，哈丹托那脸上感到火辣辣的，手脚竟不知如何摆放好，姑娘的美貌打动了那颗孤寂的心。

姑娘莞尔一笑，洒脱大方地坐在他身旁，一阵浓郁的香水味扑鼻而来。他的心绪被搅乱了，他再也没心思去看手中的书了，可他并没有恼怒，而是感到一种甜蜜的舒适感。

他俩一见如故，热烈地交谈起来。谈话中，他知道她的名字叫“娜达莎”，是该校的进修生。

娜达莎对印尼的一切都很感兴趣，什么自然景观、文化风俗，等等，她都问个没完，哈丹托那一一回答着。嗅着姑娘身上的香水味儿，听着她那甜润动听的话语，哈丹托那有些陶醉。

图书馆关门了。这对刚相识的青年意犹未尽，娜达莎主动提出到校园的小树林里散步继续交谈。

莫斯科郊外的夜晚很美。小树林里，银辉点点，花香阵阵，幽静宁馨，令人陶醉。他俩漫步在林间小道，娓娓而谈。

他俩谈了很多，当哈丹托那带着思念的情调谈起远在家乡的未婚妻时，娜达莎的眼睛忽闪了几下，竟流下几滴同情的热泪，她伸出手握住了哈丹托那的手。

哈丹托那浑身像触电似的，感到一阵晕眩。这是他第一次触摸异国女性的手，温热、细嫩。月色中，他看到那双明亮的大眼睛秋波流转，充满了挑逗的韵味。

娜达莎趁势将头轻轻靠在他的肩头，喃喃道:“我早就注意到你了，你才华出众，学习勤奋，不愧为印尼的骄子，我真是衷心地倾慕你。咱们做个知心朋友好吗?”

哈丹托那毕竟是个血气方刚、精力充沛的青年，身在异国他乡的单调而孤独的求学生涯，常使他备感郁闷惆怅，娜达莎的柔情蜜语使他又回忆起在印尼与维蒂热恋的情景。他情不自禁地挽起了这位俄罗斯女郎那丰腴的胳膊……

从此，他俩一次又一次地频频幽会。在哈丹托那心目中，娜达莎已经逐渐替代了那娇小棕黑的印尼姑娘的位置。

一天，他和娜达莎在校园里散步，已经很晚了，他们浑然不觉，耳鬓厮磨地喃喃私语。天忽然下起雨来，不一会儿，他俩就淋得像落汤鸡似的。幸好娜达莎的住处就在附近，他俩手牵手一齐跑进屋里。

娜达莎独居一室，房间虽小，却布置得十分雅致舒适。娜达莎让哈丹托那坐在沙发上，然后走进里屋。不一会儿，她换了一件薄如蝉翼的绣花睡袍，手握一瓶伏特加和一只高脚杯，轻盈地来到哈丹托那的面前，为他斟了一杯酒，柔声劝他喝下

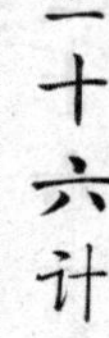

去，借以驱除身上的寒凉。

一杯下肚，哈丹托那顿觉浑身燥热，如火烧一般。他血红的眼睛直勾勾地盯着眼前的金发女郎。在柔和灯火下，她那白里透红的脸蛋分外妖冶动人，半透明的长裙使她修长的双腿隐约可见，一条雅致的腰带在纤细的腰上松松一扎，高耸的胸部凹凸分明。

娜达莎微微一笑，像一只温顺的小猫依偎在哈丹托那的怀里，眼里荡出一串灼人的秋波。哈丹托那一阵冲动，猛地将她横抱起来，走进了里屋……

沉迷于温柔乡中的哈丹托那，一点也不知道，他已经陷入了克格勃的谍网之中了。

美丽迷人的娜达莎，其真实身份是克格勃的女特工，隶属于第一总局七处。该处任务是负责刺探日本和东南亚的经济情报。娜达莎专门以女色来引诱拉拢这些国家的留学生，而后胁迫他们为克格勃搜集情报。哈丹托那就是她猎取的一个对象。

这时，娜达莎的体貌已经深深烙在哈丹托那的心里，一日不见娜达莎，就如痴似癫，失魂落魄。老练狡诈的娜达莎见此情形，知道这条"鱼儿"已经游进网中了，是该收网的时候了。

她将此事向上司做了详尽的汇报，筹划着下一步的行动。

一个周末的晚上，娜塔莎把哈丹托那领到波尔什剧场内的歌舞厅里，在幽蓝的灯光下，伴着轻柔缠绵的舞曲，他俩翩然起舞。娜达莎今天打扮得很漂亮，她身穿一件粉红色的连衣裙，酥胸微露，体态婀娜，那双美丽撩人的大眼睛半睁半闭，望着飘飘欲仙的哈丹托那，心里暗暗冷笑着。

一曲终了，娜达莎领着哈丹托那走到一个幽静的角落，只见一位中年男子已经坐在那里自斟自饮。娜达莎将这位印尼留学生介绍给他，便借故离去。

此人头顶微秃，一双鹰隼般的眼睛寒光逼人。他是娜达莎的上司，名叫安德列夫。

寒暄了几句，安德列夫便单刀直入地对哈丹托那说："我是国家安全局的官员，听说你回印尼后要作为化学工业的研究生到日本去，我们想叫你给我们搜集提供日本化学工业的情报。当然你每次事成之后会得到一笔数目可观的酬金。”

哈丹托那惊呆了，他那浅黑色的脸登时变得灰白，连忙摇头说：“要我当间谍？不行，绝对不行！”

安德列夫的脸立刻阴沉下来，用胁迫的口吻说：“先生，你应该为我们这个全世界最庞大的情报网服务而感到荣幸和自豪。”

“不……不能，我是个一心搞学问的人，决不干这种肮脏事！”哈丹托那依旧断然拒绝。

看来要向哈丹托那摊牌了，安德列夫冷笑道：“看来你是不见棺材不流泪呀，那好，请你看看这些吧。”

呈现在哈丹托那面前的是他与娜达莎在床上做爱的一组照片。

哈丹托那像被雷击似的惊呆了。

“哈丹托那先生，别忘了。你家乡还有个未婚妻，要是她知道你同娜达莎的事会怎样呢？这且不说，若惹恼你未来的岳父大人，你可就有家难归了！现在两条路摆在你面前，你看着办吧！”

哈丹托那如梦方醒，知道中了对方的“美人计”，他沮丧地低下头。

他已别无选择，只好含泪写下一纸与克格勃进行合作的保证书。

克格勃的“美人计”又一次得逞。

哈丹托那毕业后，以出色的才华和忠诚的品格博得日本人的青睐，他被日本协同合成株式会社聘为高级职员。

协同合成株式会社是日本化工大企业，主要生产有机化工合成产品，其中以生产氯化乙烯基为主。其生产工艺先进，产品在国际市场上十分畅销，对苏联的同类产品出口冲击甚大。

为扭转这个局面，克格勃严令哈丹托那设法将该会社的氯化乙烯基配制表弄到手。然而，这份配制表高度保密，只有会社的少数高级技术管理人员才能看到。哈丹托那感到无从下手。

为了确保哈丹托那这次行动的成功，克格勃总部特意派来了他在莫斯科留学时的“老情人”娜达莎。

在东京的一家豪华酒店，他俩又重逢了。娜达莎依旧楚楚动人、风姿绰约。她告诉哈丹托那，她现在的公开身份是苏联驻日商贸代表部译员。哈丹托那向她汇报了协同合成株式会社的内部情况，而后两人密谋起行动方案来。

会社档案室保管员山本一郎被列为重点对象。

山本一郎工作严谨，木讷寡言，但好喝酒。哈丹托那决定从这点入手。他设法接近山本，常请山本到酒吧里喝酒，他俩很快成了酒肉朋友。

哈丹托那又把娜达莎介绍给山本，娜达莎迷人的身段和高雅的谈吐深深地吸引了山本，他丧失了警惕性。三个人常在一起饮酒作乐。从山本嘴中，哈丹托那和娜达莎探知了氯化乙烯基工艺配制表的确切存放位置。

一次，他俩又请山本到一家小酒店喝酒，哈丹托那和娜达莎一唱一和，又是敬酒又是劝酒。山本一郎害怕喝多了误事，不敢贪杯。

于是，娜达莎站起身，装出已不胜酒力的醉态走到山本跟前，倚在他的肩头，撒

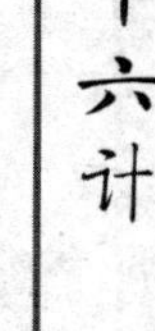

娇地劝道："山本君，我最佩服的是你具有典型的日本武士的豪爽之气，因此你一定要喝下这杯酒。若不行，你喝半杯我喝一杯，怎么样？"

山本的嗅觉里充满了娜达莎的体香，再加上娜达莎勾人魂魄的媚眼，令山本痴迷了。他竟伸手在桌底下偷偷地抚摸着娜达莎的大腿。

娜达莎趁势搂住山本的脖子，两人狂吻起来。这当儿，哈丹托那悄悄地将一包特制的粉末倒进山本的酒杯里。

山本拿起那杯酒一饮而尽，以报答"美人"的厚爱。不久，他便酩酊大醉，不省人事。

这时，夜幕已降临。哈丹托那和娜达莎把山本搀扶到会社的档案室，山本仍沉醉不醒。哈丹托那从容地从山本身上解下钥匙，打开了保险柜，娜达莎用随身携带的特制微型照相机拍摄下氯化乙烯基配制表这份绝密的工业技术情报。

克格勃又一次奖给哈丹托那一笔丰厚的酬金。

娜达莎和他重温旧梦，沉浸于温柔乡中。

短短五年时间，哈丹托那窃取了日本化工界大量的经济情报，使其蒙受一定程度的损失。他本人却获得了数十万美元的报酬。

哈丹托那得意地想：再干几次，自己便成百万富翁了。到时，他马上离开日本回国，在那里平平安安地享受荣华富贵。

然而，哈丹托那的美梦并没能实现。

日本警视厅已经悄悄盯上他了。

1969 年 5 月，哈丹托那在盗窃另一种化工产品的制作方法时彻底暴露，被日本警方当场逮捕。

在被戴上手铐的一刹那间，哈丹托那脑海中再次掠过娜达莎的影子。他无比悔恨："莫斯科之恋"毁了他的一生。

现代战争中，甚至政治争斗中，也不乏使用美人计的例子。美人计有强烈的现代色彩，多采用间谍的方式实施，利用金钱贿赂加美人诱惑，以图达到不可告人的目的，不可丧失警惕啊！

在现代商战中，这一原始的手段仍然十分有效。并且，女人温暖而柔顺的肉体加上精巧而先进的录音、摄影器材以及形形色色的圈套，使得人类这一古老而秘密的谋略更加诡谲离奇。

第三十二计　空城计

【计名探源】

空城计，这是一种心理战术。在己方无力守城的情况下，故意向敌人暴露我城内空虚，即所谓的"虚者虚之"。敌方产生怀疑，便会犹豫不前，即所谓的"疑中生疑"。敌人怕城内有埋伏，不敢陷进埋伏圈内。但这是悬而又悬的"险策"。使用此计的关键，是要清楚地了解并掌握敌方将帅的心理状况和性格特征。诸葛亮使用空城计解围，就是他充分地了解司马懿谨慎多疑的性格特点才敢出此险策。诸葛亮的空城计名闻天下，其实，早在春秋时期，就出现过使用空城计的出色战例。

春秋时期，楚国的令尹（宰相）公子元，在他哥哥楚文王死了之后，非常想占有漂亮的嫂子文夫人。他用各种方法去讨好，文夫人却无动于衷。于是他想建立功业，显显自己的能耐，以此讨得文夫人的欢心。

公元前666年，公子元亲率兵车六百乘，浩浩荡荡，攻打郑国。楚国大军一路连下几城，直逼郑国国都。郑国国力较弱，都城内更是兵力空虚，无法抵挡楚军的进犯。

郑国危在旦夕，群臣慌乱，有的主张纳款请和；有的主张决一死战；有的主张固守待援。这几种主张都难解除危局。上卿叔詹说："请和与决战都非上策。固守待援，倒是可取的方案。郑国和齐国订有盟约，而今有难，齐国会出兵相助。只是空谈固守，恐怕也难守住。公子元伐郑，实际上是想邀功图名，讨好文夫人。他一定急于求成，又特别害怕失败。我有一计，可退楚军。"

郑国按叔詹的计策，在城内做了安排。命令士兵全部埋伏起来，不让敌人看见一兵一卒。令店铺照常开门，百姓往来如常，不准露一丝慌乱之色。大开城门，放下吊桥，摆出完全不设防的样子。

楚军先锋到达郑国都城城下，见此情景，心里起了怀疑：莫非城中有了埋伏，诱我中计？不敢妄动，等待公子元。公子元赶到城下，也觉得好生奇怪。他率众将到城外高地瞭望，见城中确实空虚，但又隐隐约约看到了郑国的旌旗甲士。公子元认为其中有诈，不可贸然进攻，决定先派人进城探听虚实，于是按兵不动。

这时，齐国接到郑国的求援信，已联合鲁、宋两国发兵救郑。公子元闻报，知道三国兵到，楚军定不能胜。好在也打了几个胜仗，还是赶快撤退为妙。他害怕撤退时郑国军队会出城追击，于是下令全军连夜撤走，人衔枚，马裹蹄，不出一点声响。所有营寨都不拆走，旌旗照旧飘扬。

第二天清晨，叔詹登城一望，说道："楚军已经撤走。"众人见敌营旌旗招展，不信敌人已经撤军。叔詹说，如果营中有人，怎会有那样多的飞鸟盘旋上下呢？他也用空城计欺骗了我们，急忙撤兵了。

这就是中国历史上首次使用空城计的战例。

【原文】

虚者虚之，疑中生疑[①]；刚柔之际，奇而复奇[②]。

【注释】

①虚者虚之，疑中生疑：第一个"虚"为名词，意为空虚的，第二个"虚"为动词，使动用法，意为让它空虚。全句的意思是，空虚的就让它空虚，使它在疑惑中更加令人疑惑。

②刚柔之际：语出《易经·解》卦。解，卦名。本卦为异卦相叠（坎下震上）。上卦为震为雷，下卦为坎为雨。雷雨交加，荡涤宇内，万象更新，万物萌生，故卦名为解。解，险难解除，物情舒缓。本卦初六《象》辞："刚柔之际，义无咎也。"意为使刚与柔相互交会没有灾难。

【译文】

这解语里的“刚柔之际”，是引自《易经·解》卦，意思是指“敌众我寡”的危急关头。整段解语的意思是说：兵力空虚，但是如果再故意显示出不加防守的样子，那就会使敌人难揣摩，在敌众我寡的危急关头，这种用兵之法显得格外奇妙。

此计运用此象理，是说敌我交会相战，运用此计可产生奇妙的功效。

【赏析】

古人按语：虚虚实实，兵无常势。虚而示虚，诸葛而后。不乏其人。如吐蕃陷瓜州，王君焕死，河西恟惧。以张守珪为瓜州刺史，领余众，方复筑州城。版干（筑城墙用的夹板和立柱）裁立，敌又暴至。略无守御之具。城中相顾失色，莫有斗志。守珪曰：“彼众我寡，又疮痍之后，不可以矢石相持，须以权道制之。”乃于城上，置酒作乐，以会将士。敌疑城中有备，不敢攻而退。又如齐祖铤为北徐州刺史，至州，会有阵寇百姓多反。铤不关城门。守陴者，皆令下城，静坐街巷。禁断行人鸡犬。贼无所见闻，不测所以，或疑人走城空，不设警备。铤复令大叫。鼓噪聒天，贼大惊，顿时走散。

这则按语又讲了两个故事。张守珪接替战死的王君焕镇守瓜州，正在修筑城墙，敌兵又突然来袭。城里没有任何守御的设备，大家惊慌失措。守珪说：“敌众我寡，我们又处在城池刚被破坏之后，光用石头和弓箭是不能相持的，应该用计谋对付他。”他让将士们和他一道，坐在城上，饮酒奏乐，若无其事。敌人怀疑城中有备，只有退兵。齐祖铤也用类似的方法退兵，他的做法比张守珪又多一招：等贼兵以为人走城空，不设警备时，突然命士兵大声叫唤，更将贼兵搞得糊里糊涂，只得退兵。

虚虚实实，兵无常势，变化无穷。在敌强我虚之时，当展开心理战。一定要充分掌握对方主帅的心理和性格特征，切切不可轻易出此险招。况且，此计多数情况下，只能当作缓兵之计，还得防止敌人卷土重来。所以还必须有实力与敌方对抗，要救危局，还得凭真正的实力。

西汉时期，北方匈奴势力逐渐强大，不断兴兵进犯中原。飞将军李广任上郡太守，抵挡匈奴南进。

一天，皇帝派到上郡的宦官带人外出打猎，遭到三个匈奴兵的袭击，宦官受伤逃回。李广大怒，亲自率领一百名骑兵前去追击。一直追了几十里地，终于追上，杀了两名，活捉一名，正准备回营时，忽然发现有数千名匈奴骑兵也向这里开来。匈奴队伍也发现了李广，但看见李广只有百名骑兵，以为是大部队诱敌的前锋，不敢贸然攻击，急忙上山摆开阵势，观察动静。

李广的骑兵非常恐慌。李广沉着地稳住队伍：“我们只有百余骑，离我们的大营有几十里远。如果我们逃跑，匈奴肯定会追杀我们。如果我们按兵不动，敌人肯定会疑心我们有大规模的行动，他们绝不敢轻易进攻的。现在，我们继续前进。”到距离敌阵仅二里地光景的地方，李广下令：“全体下马休息。”李广的士兵卸下马鞍，悠闲地躺在草地上休息，看着战马在一旁津津有味地吃草。

匈奴部将感到十分奇怪，派了一名军官出阵观察形势。李广立即上马，冲杀过去，一箭射死了这个军官。然后又回到原地，继续休息。

匈奴部将见此情形，更加恐慌，料定李广胸有成竹，附近定有伏兵。天黑以后，李广的人马仍无动静。匈奴部将怕遭到大部队的突袭，慌慌张张地逃跑了。

李广的百余骑安全返回大营。

1919年，美国底特律市。

沃尔特·克莱斯勒在高地公园梧桐树环抱的一幢巍峨大厦里宣布创立克莱斯勒汽车公司。

20世纪20年代末，克莱斯勒汽车公司即脱颖而出，跻身于美国汽车行业的前列，与著名的福特、通用汽车公司鼎足而立。

这是克莱斯勒公司最辉煌的时期，它生产的车型以外形美、速度快和油耗低而驰誉汽车市场，被美其名为"车中凤凰"。

然而，到了20世纪50年代后期，克莱斯勒公司却因经营不善、盲目发展，使其陷入危机四伏的绝境。

克莱斯勒——这只昔日的"凤凰"已容衰体弱，奄奄一息了。

谁能挽救克莱斯勒？

心力交瘁、无计可施的公司董事长李嘉图在焦急地期待着、寻觅着……

1978年7月，汽车城底特律传出一则震动整个美国舆论界的新闻：亨利·福特二世将才华出众、功绩卓著的艾柯卡从福特公司总裁的宝座上踢了下去。

一时间，批评咒骂福特二世武断、自私和为艾柯卡鸣屈喊冤的呼声四起，甚至意大利黑手党人也扬言为艾柯卡打抱不平。

但这位意大利移民后裔的光明磊落与坚忍不拔的风格，使他在何去何从的问题上，仍然以理智来支配自己，他决心以美国传统方式来回敬福特——在竞争中决一雌雄。

这当儿，最高兴最激动的莫过于克莱斯勒汽车公司董事长李嘉图。他知道艾柯卡是一位难得的、精明强干的帅才，他坚信艾柯卡一定能使克莱斯勒起死回生。

李嘉图决定亲自出马，游说艾柯卡加盟克莱斯勒。

通过朋友牵线搭桥，李嘉图和艾柯卡在纽约城会晤。

李嘉图把克莱斯勒公司所面临的困境如实地向艾柯卡亮了底牌，并表示，面对重重危机，自己无能为力，欢迎艾柯卡到该公司任职，以挽救公司日趋下跌的颓势。

经过深思熟虑的艾柯卡决定接受这一巨大的新挑战，但他提出了一个条件："克莱斯勒公司必须让我放开手脚去干。这不仅仅是财政方面，我要求的是要按我的主张办一切事。"

前车可鉴，艾柯卡不能不引以为戒了。他不愿再把自己租给人家。因为，要想扭转一个濒临倒闭的公司，绝不是一个高级雇员所能完成的。

"这个公司只能有一个老板。如果你跟我们一起干，那就是你。"李嘉图开诚布公地表明态度。

李嘉图的诚挚邀请感动了艾柯卡。他看到，他曾为之呕心沥血、赚下万贯财富的福特二世，仅仅为了自己的地位，就无情地把他一脚踢开；而面前的这位董事长为了公司命运，却愿意让出自己的权力。

他恨福特二世,他要报仇雪恨。他感谢李嘉图,为他东山再起提供了机会。他下决心,不管克莱斯勒糟到何等程度,他也要使它起死回生,东山再起。

艾柯卡毅然接受了新的挑战,进入克莱斯勒公司担任总经理,不久又接替了李嘉图的职位,登上了克莱斯勒公司董事长的宝座。

上天似乎有意与艾柯卡作对,就在他到克莱斯勒上任的第一天,公司宣布连续第三个季度亏损,亏损额高达1.6亿美元,是这家公司有史以来最为严重的。

当艾柯卡着手了解公司内部存在的问题时,事情糟糕的程度超过了他的预料。公司的副总经理竟有35人之多,每个人都有一块小地盘,每个人都是一个独立的小王国。公司上下左右之间不存在明确的隶属关系。令艾柯卡最为恼火的,是公司内根本不存在一个可以信赖的信息收集和传输系统,根本无法依据输送上来的信息做出正确的判断与决策。

身临绝境,艾柯卡没有选择的余地,只有背水一战。

艾柯卡清楚地意识到,挽救克莱斯勒公司的头等大事,莫过于建立一个有效的领导班子和重振员工的斗志。在董事会的支持下,艾柯卡在公司内外采取了一系列令人瞠目结舌的措施。

首先,他在公司的管理机构上点了一把大火,在3年之内,他把35位副总经理解雇了33位,同时又从外面招聘了一批他所熟识的、精明强干的人物。艾柯卡请来的都是些在逆境中敢于迎接挑战的人,他们是一批只要认准了方向,在任何艰难困苦中都不会屈服的人,因此在公司中起到了中流砥柱的作用。

克莱斯勒这只病入膏肓的凤凰,在艾柯卡点燃的这把火中毁灭了,而一只新的、充满活力的凤凰正渐渐成长。

正当艾柯卡踌躇满志,大显身手之时,意想不到的风云袭来了。

1979年1月16日,伊朗国王巴列维突然出走了,紧接着汽油价格暴涨,与此同时,整个美国也一头栽进了经济衰退的深渊。这使得本来不堪一击的克莱斯勒公司如同雪上加霜,顿时陷入困境。

克莱斯勒公司是生产娱乐车辆及住房车辆的最大厂家。“石油危机”的灾难一来,这些巨大的“油老虎”首先遭殃。到1979年6月,他们给娱乐车厂家生产的底盘及发动机几乎一台也没有卖出去……这时,对于拥有14万多雇员、开支巨大的克莱斯勒公司来讲,面临的问题已经很简单了,不是什么建立新厂家、研制新车型,而是如何闯过这“生死存亡”的难关了。

作为公司的最高统帅艾柯卡,他意识到自己只能是一名奔波于前沿阵地上的军医,只能在有限的时间内选择几个救活率最大的伤员来治疗。

他决定对克莱斯勒公司全面大动手术:关闭或出卖了一批已成为公司包袱的工厂和从上到下大裁员。仅两次大裁员,就使他们每年减少近5亿美元的开销。

为了激励广大员工的斗志,艾柯卡又宣布最高管理层各级人员减薪百分之十,而他自己年薪只是象征性的1美元。

榜样的力量是无穷的。克莱斯勒的员工尽管身处绝境,却信心十足,斗志旺盛。因为他们明白,后退便意味着死亡,只有前进才是唯一的生路。

经过风风雨雨,苦干奋斗了3年,克莱斯勒公司终于起死回生,召回了已被解雇的工人,夺取了原先福特公司的一些市场。

1983 年,公司的经营纯利润便达 9.25 亿美元,创造了克莱斯勒有史以来的最高纪录。

1984 年,克莱斯勒公司赚取 24 亿美元利润,比这家公司前 60 年的总和还多。

当人们正在为克莱斯勒奇迹般的复兴感到惊讶之时,艾柯卡又采取了一项戏剧性的行动,他宣布将提前 7 年偿还公司贷款的全部本息。而 5 年前的这一天,正是福特二世解雇他的日子。命运之神的安排真是奇妙无比。

克莱斯勒这只"凤凰",经过烈火的洗礼,终于获得了新生,焕发出更加绚丽夺目的风采。

说到空城计,大家一定会立刻联想到三国演义里诸葛亮抚琴退兵的故事。所以说,大家对这一计并不陌生。

虽然说此用兵之法特别奇妙,但在实际运用中,是带有很大风险的。此计属于"风险之策"。但在战争舞台上,风险往往同利益成正比。"不入虎穴,焉得虎子"。

那么,这一计的关键在哪里呢?

这一计的巧妙,就在于能否正确地把握住敌人将帅的心理状态和性格特征,因人因事地以谋解危。诸葛亮之所以敢于在兵力悬殊的情况下运用空城计,就是因为他掌握了司马懿谨慎多疑的心理特征。

在现代商战中,个别企业的不法之徒,用"空城计"来套购国库资金,不以为耻,反以为荣,这种不法行为是企业发展的不健康因素,必须杜绝。

第三十三计　反间计

【计名探源】

反间计是指在疑阵中再布疑阵,使敌内部的人归附于我,我方就可万无一失。也就是巧妙地利用敌人的间谍反过来为我所用。在战争中,双方使用间谍,是十分常见的。《孙子兵法》就特别强调间谍的作用,认为将帅打仗必须事先了解敌方的情况。要准确掌握敌方的情况,不可靠鬼神,不可靠经验,"必取于人,知敌之情者也"。这里的"人",就是间谍。《孙子兵法》专门有一篇《用间篇》,指出有五种间谍:利用敌方乡里的普通人作间谍,叫因间;收买敌方官吏作间谍,叫内间;收买或利用敌方派来的间谍为我所用,叫反间;故意制造和泄露假情况给敌方的间谍,叫死间;派人去敌方侦察,再回来报告情况,叫生间。唐代杜牧对反间计解释得特别清楚,他说:"敌有间来窥我,我必先知之,或厚赂诱之,反为我用;或佯为不觉,示以伪情而纵之,则敌人之间,反为我用也。"

三国时期,赤壁大战前夕,周瑜巧用反间计杀了精通水战的叛将蔡瑁、张允,就是个有名的例子。

曹操率领号称八十三万人的大军,准备渡过长江,但队伍都由北方士兵组成,善于马战,却不善于水战。正好有两个精通水战的降将蔡瑁、张允可以为曹操训练水军。曹操把这两个人当作宝贝,优待有加。一次东吴主帅周瑜见对岸曹军在水

中摆阵,井井有条,十分在行,心中大惊。他想一定要除掉这两个心腹大患。

曹操一贯爱才,他知道周瑜年轻有为,是个军事奇才,很想拉拢他。曹营谋士蒋干自称与周瑜曾是同窗好友,愿意过江劝降。曹操当即让蒋干过江说服周瑜。

周瑜见蒋干过江,一个反间计就已经酝酿成熟了。他热情地款待蒋干,酒筵上,周瑜让众将作陪,炫耀武力,并规定只叙友情,不谈军事,堵住了蒋干的嘴巴。

周瑜佯装大醉,约蒋干同床共眠。蒋干见周瑜不让他提及劝降之事,心中不安,哪里能够入睡。他偷偷下床,见周瑜案上有一封信。他偷看了信,原来是蔡瑁、张允写来,约定与周瑜里应外合,击败曹操。这时,周瑜说着梦话,翻了翻身子,吓得蒋干连忙上床。过了一会儿,忽然有人要见周瑜,周瑜起身和来人谈话,还装作故意看看蒋干是否睡熟。蒋干装作沉睡的样子,只听周瑜他们小声谈话,听不清楚,只听见提到蔡、张二人。于是蒋干对蔡、张二人和周瑜里应外合的计划确认无疑。

他连夜赶回曹营,让曹操看了周瑜伪造的信件,曹操顿时火起,杀了蔡瑁、张允。等曹操冷静下来,才知中了周瑜的反间之计,但也无可奈何了。

【原文】

疑中之疑[①]。比之自内,不自失也[②]。

【注释】

①疑中之疑:句意为在疑阵之中再设疑阵。

②比之自内,不自失也:语出《易经·比》卦。比,卦名,本卦为异卦相叠(坤下坎上)。本卦上卦为坎为水,下卦为坤为地,水附托于大地,大地容纳着水,此为相依相赖,故名“比”。比,亲比,亲密相依。本卦六二,《象》辞:“比之自内,不自失也。”

【译文】

其中“比之自内,不自失也”,是引自《易经·比》卦,这段解语的意思说:在疑局中再布设一层“迷雾”,顺势利用隐蔽在自己内部的敌人间谍去误传假情报,这样就不会因有内奸而遭受损失。

此计运用此象理,是说在布下一重重的疑阵之后,能使来自敌人内部的间谍归顺于我,我则可有效地保全自己。

【赏析】

古人按语:间者,使敌自相疑忌也;反间者,因敌之间而间之也。如燕昭王薨,惠王自为太子时。不快于乐毅。田单乃纵反间曰:乐毅与燕王有隙,畏诛,欲连兵王齐,齐人未附。故且缓攻即墨,以待其事。齐人唯恐他将来,即墨残矣。惠王闻之,即使骑劫代将,毅遂奔赵。又如周瑜利用曹操间谍,以间其将;陈平以金纵反间于楚军,间范增,楚王疑而去之。亦疑中之疑之局也。

按语举了好几个例子来证明反间计的成效。田单守即墨,想除掉燕将乐毅,用

的是挑拨离间的手段，散布乐毅没攻下即墨，是想在齐地称王，现在齐人还未服从他，所以他暂缓攻打即墨。齐国怕的是燕国调换乐毅。燕王果然中计，以骑劫代替乐毅，乐毅只好逃到赵国去了。齐人大喜，田单以火牛阵大破燕军。陈平也是用离间之计使项羽疏远了军师范增。

曹操官渡之战后，统一了北方，乘胜挥戈南下，欲与东吴一决雌雄。决战前夕，曹操深知北军没有打水战的经验，想到设谋用间，而东吴周瑜也觉得敌强我弱，也想到设谋用间。

于是曹操派蔡中、蔡和去江东诈降。周瑜明知此二人是曹操的奸细，于是趁此机会将计就计。

周瑜收留了他们，并委任为前部。这时黄盖愿意受皮肉之苦，去曹营诈降。周瑜当着众人的面与黄盖发生争执，将黄盖打了一百军棍。黄盖因此派人去曹操请降。曹操初还不信，这时二蔡送来了一信，报告黄盖受刑的消息，曹操这才深信不疑。

曹操派来江东的蔡中、蔡和，被周瑜所利用，反过来诈了曹操。

1868 年，华尔街上发生了一场争夺萨斯克哈拉铁路的大战，争夺的双方都是当时名噪华尔街的人物，一方是铁路运输业的巨子范德比尔特，另一方是华尔街的暴发户古尔德和费斯克。

范德比尔特是美国铁路运输和船舶制造业中极为成功的风云人物，比古尔德大 42 岁。他本来是位于纽约湾内的斯达汀岛上的人，先是本地一个渡口的船夫，后来投机发迹了。在 23 岁的时候，他便拥有 1 万美元和一个船队，从而获得“海军准将”的绰号。

这位“海军准将”以勇敢和脾气暴烈著称，他长得像一只大黑熊，宽宽的肩膀、粗粗的嗓门，呷一口热气腾腾的肉汤就有可能使他咆哮如雷：“该死的，是谁把汤做得这么咸？”接着便把盘子和勺子都扔过去。

古尔德在华尔街算是一个年轻的投机者，然而他在投机业上却杀遍华尔街无敌手，厉害之极，33 岁就名声大噪。此人有一副特殊的相貌：蓄着短短的头发，瘦长的脸颊长着如刺猬的刺一般又硬又密的络腮胡子。他性情凶猛，胆大过人，擅长

阴谋诡计。

古尔德还有一位得力的伙伴名叫费斯克,此人粗壮如一头野牛,凶狠无比。

这两个狼狈为奸,互相勾结,在股票市场上横冲直撞,翻云覆雨,所向无敌,令不少人倾家荡产。伊利铁路便是他们要弄权术阴谋,从地方实业家手中强购下来的。为了弄明白古尔德和费斯克为什么如此不惜血本和老范德比尔特争夺这条铁路,还是让我们来看看萨斯克哈拉铁路的重要性吧。

萨斯克哈拉铁路从纽约州的首府奥尔巴尼通到宾夕法尼亚州北侧的宾加姆顿城,全程约 227 千米,具有极为优越的地理位置。宾加姆顿城自古便是煤炭集散地,现在更是如此,在它周围有不少铁路通往各大煤炭生产地,因而萨斯克哈拉铁路便成为联结以纽约为首的东部工业城市与各煤炭产地的大动脉。这条铁路南接古尔德的伊利铁路,西可达美国中部重镇芝加哥,使得匹兹堡的钢铁以及产油地的石油都可经此运抵纽约。

可见,这条铁路确实是一条铺满金子的生财之"道"。

对这次的萨斯克哈拉铁路之争,华尔街的各路豪杰(包括摩根在内),都采取坐山观虎斗的姿态。

他们都纷纷推测:萨斯克哈拉地方铁路的人要像可怜的小青蛙一样,被古尔德和费斯克这两条大蛇尽情玩弄,然后被一口吞掉。

为了增强自己的实力,打赢这场战斗,老范德比尔特又与第尔结成同盟。

说起第尔这个名字,在美国南北战争前的华尔街几乎是无人不晓。此人曾不择手段地使铁路公司出现翻车、脱轨等事件,然后就趁机大量收购这家公司因信誉危机而大幅跌价的股票,因此而得了个"财产剥皮者"的臭名。

在这场铁路争夺战一开始,第尔便宣布效忠范德比尔特,并取得了他的信任。

有了第尔的加盟,范德比尔特如虎添翼,实力大增。这时,胜利的天平似乎开始倾向于范德比尔特一方了。

然而,范德比尔特高兴得太早了。

一个阴森森的夜晚,古尔德和费斯克携着巨款来到第尔的府上。一见到那一大捆花花绿绿的钞票,第尔登时忘记了过往怨恨,忘记了自己的誓言。他爽快地答应了古尔德的条件——充当内奸。

接着,第尔便唆使范德比尔特大量购买伊利铁路的股票,表面上是在为范德比尔特出谋划策,使他放松警惕性,暗中却与古尔德、费斯克相勾结,不断印制大量的假伊利铁路股票。

他们特意买下纽约的渥多维小型剧场。剧场的地下室就成了他们的秘密印刷厂,一张张噼啪作响的股票从这里流出来,并迅速涌向市场。

范德比尔特被第尔的笑脸所迷惑,一直蒙在鼓里,以大量现金将这些"掺了水"的股票买下来。他为这些堆积如山、一文不值的废纸付出了 700 万美元的巨额现金。

范德比尔特察觉到第尔的阴谋后,立即向纽约法院申请禁止伊利铁路新股的发行。然而古尔德一伙不法之徒早已买通了法院的两个法官,他们有恃无恐,毫不理会法院禁止发行的命令,继续印制新股票,大量在市场抛售。

范德比尔特愤怒之极，集合所有他结识的政客律师们闹到法庭，终于挖出了接受古尔德贿赂的两个法官，这才判定了古尔德、费斯克和第尔三人污蔑法庭的罪名。

但由于美国各州行使独立的法律审判和制裁效力，法律制裁超过州界便失效了，因而古尔德一伙人在一个月黑风高之夜，由哈得逊河偷渡到乔治市，并用马车将价值达700万美元的金块带过去。

脾气暴烈的范德比尔特听后气得暴跳如雷，但也于事无补，败局已定。

在这场争夺战中，第尔是其中的主要关键人物。应该说范德比尔特主要是败在他的手里，而不是古尔德。

孙子说："知之必在于反间，故反间不可不厚也。"唐人杜牧在《十一家注孙子》中说得就很清楚了，他说："敌有间来窥我，我必先知之，或厚赂诱之，反为我用；或佯为不觉，示以伪情而纵之，则敌人之间，反为我用也。"也就是说，除了以优厚的待遇去收买敌人的间谍外，还可以佯装没有发觉敌人的间谍，并且故意把假情报供给他，这也是使敌人的间谍为我所用的有效办法。三国演义里的"蒋干盗书"，正是这种反间计的典型例子。

在现代商战中，反间计的运用比古代更加有过之而无不及，敌中有我，我中有敌，使反间计运用涂上了神秘的色彩。收买对手企业中的关键人物，使其倒戈，或提供经济技术情报，是反间计在现代商战中的最直接运用。

第三十四计　苦肉计

【计名探源】

人们都不愿意伤害自己，如果说被别人伤害，这肯定是真的。己方如果以假当真，敌方肯定信而不疑。怎样才能使苦肉之计得以成功？此计其实是一种特殊的离间计。运用此计，"自害"是真，"他害"是假，以真乱假。己方要造成内部矛盾激化的假象，再派人装作受到迫害的样子，借机钻到敌人心脏中去进行间谍活动。

周瑜打黄盖——一个愿打，一个愿挨，这已是尽人皆知的故事了。两人事先商量好了，假戏真做，自家人打自家人，骗过曹操，诈降成功，火攻了曹操八十三万兵马。

春秋时期，吴王阖闾杀了吴王僚，夺得王位。他十分惧怕吴王僚的儿子庆忌为父报仇。庆忌正在卫国扩大势力，准备攻打吴国，夺取王位。

阖闾整日提心吊胆，要大臣伍子胥替他设法除掉庆忌。伍子胥向阖闾推荐了一个智勇双全的勇士，名叫要离。阖闾见要离矮小瘦弱，说道："庆忌人高马大，勇力过人，如何杀得了他？"要离说："刺杀庆忌，要靠智不靠力。只要能接近他，事情就好办。"阖闾说："庆忌对吴国防范最严，怎么能够接近他呢？"要离说："只要大王砍断我的右臂，杀掉我的妻子，我就能取信于庆忌。"阖闾不肯答应。要离说："为国亡家，为主残身，我心甘情愿。"

吴都忽然流言四起：阖闾弑君篡位，是无道昏君。吴王下令追查，原来流言是要离散布的。阖闾下令捉了要离和他的妻子,要离当面大骂昏君。阖闾假借追查同谋,未杀要离只是斩断了他的右臂,把他夫妻二人关进监狱。

几天后,伍子胥让狱卒放松看管,让要离乘机逃出。阖闾听说要离逃跑了,就杀了他的妻子。

这件事不仅传遍吴国,连邻近的国家也都知道了。要离逃到卫国,求见庆忌,要求庆忌为他报断臂杀妻之仇,庆忌接纳了他。

要离果然接近了庆忌,他劝说庆忌伐吴。要离成了庆忌的贴身亲信。庆忌乘船向吴国进发,要离乘庆忌没有防备,从背后用矛尽力刺去,刺穿了其胸膛。庆忌的卫士要捉拿要离。庆忌说:"敢杀我的也是个勇士,放他走吧!"庆忌因失血过多而死。

要离完成了刺杀庆忌的任务,家毁身残,也自刎而死。

【原文】

人不自害,受害必真;假真真假,间以得行。童蒙之吉,顺以巽也[①]。

【注释】

①童蒙之吉,顺以巽也:语出《易经·蒙》卦(卦名解释见"借尸还魂"注③)。本卦六五《象》辞:"童蒙之吉,顺以巽也。"本意是说幼稚蒙昧之人所以吉利,是因为柔顺服从。

【译文】

人在一般情况是不会自己伤害自己的,若遭受伤害必定是真的受人之害了;我以假作真,用真的取代假的,离间的目的就可以实现了。按照这一思维规律行事,就如同逗小孩一样容易了。

【赏析】

古人按语:间者,使敌人相疑也;反间者,因敌人之疑,而实其疑也;苦肉计者,盖假作自间以间人也。凡遣与己有隙者以诱敌人,约为响应,或约为共力者,皆苦肉计之类也。如:郑武公伐胡而先以女妻胡君,并戮关其思(《韩非子·说难》);韩信下齐而骊生遭烹。

间谍工作是十分复杂而变化多端的。用间谍,使敌人互相猜忌;用反间,是利用敌人内部原来的矛盾,增加他们相互之间的猜忌;用苦肉计,是假装自己去做敌人的间谍,而实际上是到敌方从事间谍活动。派遣假装同己方有仇恨的人去迷惑敌人,不管是做内应也好,或是协同作战也好,都属于苦肉计。

郑国武公伐胡,竟先将自己的女儿许配给胡国的君主,并杀掉了主张伐胡的关其思,使胡不防郑,最后郑国举兵攻胡,一举歼灭了胡国。汉高祖派骊食其劝齐王降汉,使齐王没有防备汉军的进攻。韩信果断地乘机伐齐,齐王怒而煮死了骊食其。这类故事都让我们看到,为了胜利,花了多大的代价!只有看似违背常理的自我牺牲,才容易达到欺骗敌人的目的。

东汉末期，曹、吴两方，一北一南，即将决战于长江之上，但战幕拉开之前，东吴周瑜自感寡不敌众，曹操也觉得北军不谙水战，不约而同地想到用间。

于是曹操派蔡中、蔡和到江东诈降，周瑜收留。周瑜暗中吩咐，此二人是曹的奸细，得将计就计，为我所用。夜时黄盖来见周瑜，提出火攻曹军方案，周瑜也正需一个人去曹营诈降刺探军情。黄盖表示愿受皮肉之苦，行诈降之计。

第二天，周瑜召来手下大将，下令做好准备，与曹打一场持久战。黄盖却说，曹操人多势众，还不如投降了事。周瑜大怒，责骂黄盖在两军对垒时说这般话，是"慢我军心，挫我士气"。于是下令斩首。众将官跪下求饶："黄盖固然有罪当杀，但开战在即，我方便斩大将，恐于军不利，望都督且记下罪来，等到破曹之后，斩他不迟。"周瑜稍后气消，说他看在众官面上暂免一死，令打黄盖一百军棍，以正其罪。众官又来求饶，周瑜推翻桌子，喝退众官，立即行刑，黄盖被剥光了衣服，按在地上，打得皮开肉绽，鲜血直流，几次昏厥，众人无不落泪。

受尽皮肉之苦以后，黄盖又派人去曹营见曹操，说自己身为老臣却无端受刑，想率众归降，以图雪耻。曹操虽疑是周瑜的间谍，但遭到说客的一番奚落，又接到二蔡密信，报知黄盖被打之事，曹操这才相信。黄盖的苦肉计，颇为有效地诈住了曹操，并令曹操把宝押在黄盖身上。

1908 年 10 月，福特汽车公司成功推出 T 型车，成为市场上的抢手货，第一年就销出 6000 辆，创下历史最高纪录。以后每年都几乎以比上年翻一番的速度递增。到 1913 年止，福特汽车公司的 T 型车生产了近 20 万辆，全部销售一空，而市场依然供不应求。福特汽车公司的事业如日中天。

1914 年初的一个周末下午，福特由他刚满 20 岁的独生子埃德赛尔陪着，到工厂巡视。因为工厂不断扩大生产规模，努力提高产量，工人周末不能放假，连星期天常常也要用来加班。

他们巡视完工厂后，埃德赛尔不无忧虑地说："爸爸，工人们看你的眼神不太对劲，您注意到了吗？"

经埃德赛尔这么一提醒，福特也突然有所发觉，说："你这么一说，我似乎也觉得有点奇怪，到底是怎么回事？"

"爸爸，您和职工们沟通过吗？"

"以前常和他们交谈，但是最近因为职工人数激增，很少再和他们交谈了。"

"我倒常和他们交谈呢！"儿子说。

"那很好啊……他们有什么反应吗？或者抱怨什么吗？"

埃德赛尔沉默了几秒钟，福特回过头来注视他。

"抱怨倒没什么，但由于工作量不断加大，T 型车十分畅销，工人们情绪反而低落了。"

"为什么？"父亲有些惊讶地问，似乎也意识到了什么。

"工人们不是机器呀，即使是机器也要时时上油呢，何况是人。他们都是有家庭、老婆、孩子的人，但他们不得不把大量时间花在工厂里，难免对工厂的劳动制度有所不满。"

"不满？难道工运激进分子已潜入工厂，准备起来闹事了吗？"当时正是工人

反对资本家剥削而纷纷起来罢工、游行的高峰期,福特不得不十分警觉。

“不是的。”

“那么,是怎么回事?”

“爸爸,您最好去问问主管人苏伦森。”

福特知道苏伦森是一个非常出色的管理人员,他工作勤奋努力,技术上也是一把好手。但有一点令人担忧的是,他是个工作狂。他一周干7天,白天不休息,晚上还要熬至深夜,星期日、节假日也不例外。他要求工人们也如此,主张一周工作时间应为60小时。他不过问职工们的想法,经常武断地要求职工加班加点,职工们对这种夜以继日的劳动制度早已不满,如今快到了无法忍受的地步。

埃德赛尔看到了山雨欲来风满楼的迹象。福特也意识到问题的严重性了。

第二天是星期天,福特突然传下命令:所有管理人员停止休假,召开紧急会议。

福特首先对着苏伦森问:“现在工厂的平均工资是多少?”

“一天2元。”苏伦森不假思索地回答道。

“上一期的利润超过很多,红利达20000%(股东资金的200倍),这个你知道吗!再把工资提高点吧。”

“是的,这些我都知道,可是2元钱已经比附近的别克汽车公司多出20%了。”

“再提高点!”

“那么……加到2.5元吧!”这个数字是苏伦森费了好大劲才提出来的。

“还是太少,苏伦森先生。”福特将手抱在胸前,若有所思地说。

然后苏伦森把工资定在3元上。这时与会者议论纷纷,有的表示赞成,有的表示反对。赞成者主要认为,高薪能买来平安,使工人安心工作,继续不断扩大福特汽车公司规模,着眼点在长远;反对者则考虑到过高的加薪会引起同行们的反感,弄不好会弄巧成拙。

正当众人在热热烈烈地争论着的时候,一旁沉默着的福特说话了:“好,决定了,苏伦森先生,从明天开始,福特汽车公司的最低薪资上升为5元!”

在场的都无不目瞪口呆,面面相觑。

“5元钱!”许多人都不相信自己的耳朵。

“怎么,你们有什么意见?”

“您是想把今年所得的利润的一半分给职工?”

“是的,把股东红利的一半拿出来。”福特果断冷静地回答,接着,话锋一转,又说:“好了,这事到此为止吧。下面讨论一下工时改革。我认为每天工时10小时劳动强度过大,工人们的意见很大。我注意到了一些企业已开始尝试8小时工时制了,职工们普遍欢迎,为什么我们不尝试一下呢?”

这个意见得到大多数人的赞同,很快就决定下来了。

亨利·福特的这两个决定在美国历史上写下了高薪制度。这一历史性的一页,在美国近代劳工界掀起了一场革命风暴。

在福特公司紧急会议的第二天,《纽约时报》登载了这样一段话:福特汽车公司董事长亨利·福特提出日薪5元的最低薪资,同时提出一天8小时工作制度……这是美国工业史上的大革命,这个革命风暴势必为欧洲带来很大的影响。

消息一出，《纽约时报》的社长欧克斯嘲讽地说："福特那个乡巴佬恐怕是发神经了！什么一天5元，现在是产业革命时代，他这么做，简直是想破坏资本主义社会。"

美国财经界发言人《华尔街经济日报》也向福特猛烈攻击：福特汽车公司的清洁工一天2.34元已有些过分，现在居然升到5元，实在有悖资本家理论。

一些社会主义的激进分子也在底特律市发起了几百人的集会，指责福特的日薪5元的做法实际上是一种欺骗性的策略，目的不是保护劳工，而是为了避免罢工，这种行为可耻！

更令人遗憾的是，由于风闻福特汽车公司日薪5元，1万多名来自全美各地的求职者涌向了福特汽车公司门口，因行为粗野而和警察发生摩擦……

更有甚者，个别别有用心的人指使一名工人的妻子写信给福特说："一天的5元薪金，虽是您的恩赐，但是如此促使我丈夫赌马、酗酒、找女人……是毁灭我们家庭啊！"

各种各样的攻击铺天盖地，然而福特并没有动摇，他相信他的诚意是会被理解的。

他义无反顾实行他的日薪5元，每天8小时的工作制度，还积极改善职工的福利待遇，专门从教堂请来了马季斯神父担任工厂新成立的福利部顾问，把全厂15000名职工当作一个大家庭成员，给予每一个人关心照顾。工人们自然非常感激公司，更加努力地工作。

几年后，即20世纪20年代，欧洲、美国相继进入经济萧条期，工人的罢工运动更是风起云涌，席卷而来，许多工厂企业纷纷破产倒闭，劳资矛盾不断激化。可福特汽车公司却安然无恙。

许多企业主这时不得不赞叹福特的先见之明，也纷纷行动起来加薪，缓解劳资双方的矛盾。

苦肉计是通过假设内部有矛盾，并以自我伤害的方式，打入敌人的内部，骗取敌人的信任，进行间谍活动的一种谋略。

在古代中国，施用"苦肉计"去战胜敌人的事例很多。最令人叫绝的是三国时期，赤壁大战前夜，东吴名将周瑜和黄盖合演的那场苦肉计。

现代商战中，企业应用此计，以苦换甜，通力协作，发奋图强，使企业立于不败之地。

第三十五计　连环计

【计名探源】

连环计，指多计并用，计计相连，环环相扣，一计累敌，一计攻敌，任何强敌，攻无不克。此计正文的意思是如果敌方力量强大，就不要硬拼，而要用计使其产生失误，借以削弱敌方的战斗力。巧妙地运用谋略，就如有天神相助。

此计关键是要使敌人"自累"，就是指自己害自己，使其行动盲目。这样，就为

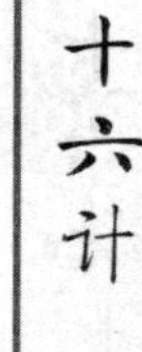

围歼敌人创造了良好的条件。

赤壁大战时，周瑜巧用反间计，让曹操误杀了熟悉水战的蔡瑁、张允，又让庞统向曹操献上锁船之计，又用苦肉计让黄盖诈降。三计连环，打得曹操大败而逃。

在"反间计"那一章里，我们讲了周瑜让曹操误杀蔡、张二将之事，曹操后悔莫及，更要命的是曹营再也没有熟悉水战的将领了。

东吴老将黄忠见曹操水寨船只一个挨一个，又无得力之人指挥，建议周瑜用火攻曹军，并主动提出，自己愿去诈降，趁曹操不备，放火烧船。周瑜说："此计甚好，只是将军去诈降，曹贼肯定生疑。"黄盖说："何不使用苦肉计？"周瑜说："那样，将军会吃大苦。"黄盖说："为了击败曹贼，我甘愿受苦。"

第二日，周瑜与众将在营中议事。黄盖当众顶撞周瑜，骂周瑜不识时务，并极力主张投降曹操。周瑜大怒，下令将黄盖推出斩首。众将苦苦求情："老将军功劳卓著，请免一死。"周瑜说："死罪既免，活罪难逃。"命令重打一百军棍，打得黄盖鲜血淋漓。

黄盖私下派人送信给曹操，信中大骂周瑜，表示一定会寻找机会前来降曹。曹操派人打听，黄盖确实受刑，正在养伤。他将信将疑，于是，派蒋干再次过江察看虚实。

周瑜这次见了蒋干，指责他盗书逃跑，坏了东吴的大事，问他这次过江，又有什么打算。周瑜说："莫怪我不念旧情，先请你住到西山，等我大破曹军之后再说。"把蒋干给软禁起来了。其实，周瑜想再次利用这个过于自作聪明的呆子，所以名为软禁，实际上又在诱他上钩。

一日，蒋干心中烦闷，在山间闲逛。忽然听到从一间茅屋中传出琅琅书声。蒋干进屋一看，见一隐士正在读兵法，攀谈之后，知道此人是名士庞统。他说，周瑜年轻自负，难以容人，所以隐居在山里。蒋干果然又自作聪明，劝庞统投奔曹操，夸耀曹操最重视人才，先生此去，定得重用。庞统应允，并偷偷把蒋干引到江边僻静处，坐一小船，悄悄驶向曹营。

蒋干哪里会想到又中周瑜一计！原来庞统早与周瑜谋划好了，故意向曹操献锁船之计，让周瑜火攻之计更显神效。

曹操得了庞统，十分欢喜，言谈之中，很佩服庞统的学问。他们巡视了各营寨，曹操请庞统提提意见。庞统说："北方兵士不习水战，在风浪中颠簸，肯定受不了，怎能与周瑜决战？"曹操问："先生有何妙计？"庞统说："曹军兵多船众，数倍于东吴，不愁不胜。为了克服北方兵士的弱点，何不将船只连起来，平平稳稳，如在陆地之上。"曹操果然依计而行，将士们都十分满意。

一日，黄盖在快船上载满油、柴、硫、硝等引火物资，遮得严严实实。他们按事先与曹操联系的信号，插上青牙旗，飞速渡江诈降。这日刮起东南风，正是周瑜他们选定的好日子。曹营官兵，见是黄盖投降的船只，并不防备。忽然间，黄盖的船上火势熊熊，直冲曹营。风助火势，火乘风威，曹营水寨的大船一个连着一个，想分也分不开，一齐着火，越烧越旺。周瑜早已准备好快船，攻向曹营，只杀得曹操数十万人马一败涂地。曹操本人仓皇逃奔，捡了一条性命。

【原文】

将多兵众，不可以敌，使其自累，以杀其势。在师中吉，承天宠也[①]。

【注释】

①在师中吉，承天宠也：语出《易经·师》卦。本卦九二，《象》辞："在师中吉，承天宠也。"是说主帅身在军中指挥，吉利，因为得到上天的宠爱。此计运用此象理，是说将帅巧妙地运用此计，克敌制胜，就如同有上天护佑一样。

【译文】

敌军兵力强大，不能同它硬拼，应当运用计谋使他自相牵制，借以削弱他的战斗能力。解语中的"在师中吉，承天宠也"，是引自《易经·师》卦，意思是指：将帅能巧妙运用计谋，达成克敌制胜目的，就像有天神在相助一样。

【赏析】

古人按语：庞统使曹操战舰勾连。而后纵火焚之，使不得脱。则连环计者，其结在使敌自累，而后图之。盖一计累敌，一计攻敌，两计扣用，以摧强势也。如宋毕再遇尝引敌与战，且前且却，至于数四。视日已晚，乃以香料煮黑豆，布地上。复前搏战，佯败走。敌乘胜追逐。其马已饥，闻豆香乃就食，鞭之不前。遇率师反攻，遂大胜(《历代名将用兵方略·宋》)。皆连环之计也。

按语举庞统和毕再遇两个战例，说明连环计是一计累敌，一计攻敌，两计扣用。而关键在于使敌"自累"，要从更高层次上去理解这"使敌自累"几个字。两个以上的计策连用称连环计，而有时并不见得看重用计的数量，而要重视用计的质量。"使敌自累"之法，可以看作战略上让敌人背上包袱，使敌人自己牵制自己，让敌人战线拉长，兵力分散，为我军集中兵力，各个击破创造有利条件。这也是"连环计"在谋略思想上的反映。

公元 249 年，魏国雍州刺史陈泰率兵包围了蜀国北部边界的麴山东、西二城，蜀将李歆拼死突围向大将军姜维寻求救兵。姜维得知麴山东、西二城势危，沉吟半晌，想得一条计策，说："陈泰率雍州之兵围了麴山二城，雍州一定空虚。我们可率大军经牛头山绕至雍州后面，伺机攻占雍州，陈泰知道后，必然回师援救雍州，麴山之围就可解救了。"于是，统率蜀军向牛头山进发。

陈泰闻讯后对部将邓艾说："兵法云：'不战而屈人之兵，善之善者也。'姜维一过牛头山，我们就截住他。此时再请征西将军郭淮兵出洮水，截断姜维退往蜀地的归路，姜维只有死路一条；倘若他知险而退，我们就可以夺得麴山东、西二城。"两人商议已定，派遣使者飞报征西将军郭淮，请郭淮进军洮水。郭淮认为陈泰之计可行，立即统率本部兵马向洮水进发。

姜维到了牛头山，陈泰早已率主力兵马抢先占据了牛头山附近的险要地段，筑起营垒，截住了姜维的去路。姜维天天向陈泰挑战，陈泰坚守不出，姜维无计可施。

将军夏侯霸对姜维说："连日挑战，陈泰只是不肯出来，此人非是庸才，定有异

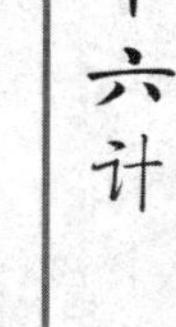

谋,不如暂时后退,再作别议。"正在商议之间,探子来报:"郭淮率大军直扑洮水!"姜维大吃一惊,对夏侯霸说:"洮水在牛头山西北,是我军退回蜀地必经之路。归路一断,我军不战自乱。罢了!罢了!"

姜维令夏侯霸率兵先退,自己领兵断后。守卫麴山的蜀将见内无粮草,外无救兵,只好开城向陈泰投降。陈泰凭借运筹得当之力,没有花费多大代价,就夺得麴山二城,迫使姜维退兵。

一个仲夏的夜晚,英国利物浦的国际机场,一架飞往德国著名工业城市埃森的波音747飞机,像颗炮弹似的从跑道上斜射向蓝黑色的夜空。机舱里,有一位30多岁的男子正闭目沉思。他名叫梅杰,是利物浦塞勃公司总裁的助理。

这次,梅杰就是奉命前往德国阿克森钢铁公司去办理一桩大生意的。

近年来,一些国家经济建设发展很快,对钢铁的需求也相应增多。德国阿克森钢铁公司因此生意日隆,销量猛增,许多订户排着队急着要货,一时出现供不应求的局面,其轧钢用的钢坯仅够两个月使用。该公司对此心急如焚,四处寻找货源。

塞勃公司得到情报后,立即派梅杰作为公司的全权代表连夜乘飞机前往阿克森公司,就出售钢坯一事进行谈判。

经过一个多小时的航程,飞机终于顺利到达埃森。

第二天,双方立即开始谈判。

双方各执己见,互不相让。阿克森公司谈判代表一筹莫展:价格是降,还是升?如果降,比例是多少?升,比例又是多少?这时候,连阿克森公司总裁施第文也有点拿不定主意,他知道自己公司遇到了一位可怕的对手。

西方有句名言:战胜男人可以用女人。老奸巨猾的施第文决定动用撒手锏——美女间谍苔丝。

苔丝是阿克森公司派驻附近大酒店的女招待。这家大酒店不是阿克森公司所办,但许多来阿克森公司谈生意的人员大多住在这儿。

梅杰一来到大酒店,便被苔丝的美貌深深地打动,尤其是她的热情、诙谐和高雅的气质，更使梅杰如痴如醉，几乎忘了这是在异国他乡。然而，要事在身，梅杰不敢纵情放肆。

苔丝似乎对梅杰很有好感，大有一见钟情之态，一有机会便主动凑过去，和梅杰聊几句。一天晚上，已经下班的苔丝主动邀请梅杰到一家舞厅去跳舞。

舞厅的灯光若明若暗，在缠绵婉转的乐曲中，苔丝紧贴着梅杰翩翩起舞。梅杰深情地凝视着怀中苔丝，发现她那双明媚的大眼睛更加楚楚动人，秋波流动。跳着跳着只见她吐气若兰，脸上已微微发红，白嫩透红的脸蛋愈发显得鲜活，嫣红的嘴唇半张半闭，像是在倾诉着什么。

搂着如此美妙动人的少女跳舞，梅杰的心早已陶醉了。苔丝看在眼里，喜在心头。

从舞厅出来，返回梅杰的住房，已是夜色阑珊的时候。

梅杰兴致甚浓，他喝了杯白兰地，痴痴地看着苔丝。见此情景，苔丝十分娇嗔地抚了一下他的肩，她身上的长裙悄然飘落下来，登时一股烈火般的欲望注入了他的五脏六腑，他含糊不清地喃喃道："我……爱你！"便疯狂地拥抱了苔丝……

一阵巫山云雨过后，梅杰得到了极大的满足。

苔丝边穿衣服，边娇声说道："亲爱的，你应该送我一件礼物……"

梅杰以为她要钱，连忙从衣袋里掏出200英镑递给她。

苔丝没有去接，而是伸出柔美的双臂搂住梅杰的脖子，在他耳畔呢喃道："你以为我是那种女人吗？我是真心地爱你，只希望能得到你的一件小礼物作纪念，我就心满意足了。"

其貌不扬的梅杰第一次听到漂亮的姑娘对自己说这样的话，不禁心花怒放，忘乎所以，立即转身取出那个黑色的密码箱，从里面取出一个昂贵而精致的胸针，这是他昨天才买的，准备回国时送给自己的妻子的，现在却"移花接木"，将它送给这位善解人意的异国"情侣"了。

然而，精明的梅杰却犯了一致命的错误，正当他打开密码锁时，苔丝已经偷偷将他开锁的一举一动清晰地"摄"入自己的脑海里。

梅杰做梦也没有料到，这位漂亮的姑娘看起来柔情似水，却别有图谋。精明过人的梅杰竟失算于这位柔弱女子。

第二天早上，阿克森公司突然告诉梅杰，谈判因故暂时中止。

梅杰独自一人在房间里，备感空虚无聊。这时，苔丝来到房间清理卫生。梅杰一见这位美人，禁不住心猿意马，又想重温昨夜好梦，却遭到苔丝婉拒。

望着梅杰那副失魂落魄的样子，苔丝认为时机已到，便谎称自己下午休班，邀请梅杰陪自己出去游玩。

心如火燎的梅杰不假思索，满口答应。

下午，梅杰喜滋滋地拥着美丽的苔丝，钻进她的小汽车。小汽车飞快地驶向郊野，在一片幽僻的小树林里，梅杰的情欲又得到了尽情的宣泄。

正在这时，另一名女招待悄悄潜入梅杰的房间，她也是阿克森公司安插在这家酒店的女间谍。她根据苔丝提供的开锁要领，用了将近一个小时，才将这个被称为世界上最保险的密码箱打开，将里面的东西全部偷拍下来。

胶卷冲洗出来后,阿克森公司保安部门的人都大为吃惊,材料上没有什么详细的文字,只是乱七八糟的数字和符号。

20 000T　　GLP
40 000T　　GKP
80 000T　　GIP
300 000T　　GGN

但保安部门还是立即将它上交给总裁。

施第文是一个很精明的企业家,他拿着这张如同天书的图片,仔细看了看,觉得里面大有文章,不然的话,梅杰决不会把它锁在密码箱里。他又反复琢磨了一阵,不禁心头大喜。前面的数字显然是多少吨,后面英文字母很可能是底价。

好狡猾的狐狸!施第文不胜感叹。

于是,施第文总裁会同保安部门立即动用计算机破译。不多久,便得出了答案:

20 000 吨　　160 美元/吨
40 000 吨　　150 美元/吨
80 000 吨　　130 美元/吨
300 000 吨　　118 美元/吨

至此,愁眉紧锁的施第文终于眉开眼笑了。因为,在商业谈判中,底价相当重要,直接关系到双方的利益。谈判一方如能摸清对手的谈判底价,便可以从容对付,制定出详细而又周全的应付方法,最大限度地发挥自己的优势,迫使对手做出最大限度的让步,从而使自己的损失减少到最低程度。

阿克森公司掌握了塞勃公司的谈判底价,这意味着他们在这场谈判中,将稳操胜券。

新的一轮谈判开始了。

阿克森公司由于有了底价,因此提出了购买 30 万吨钢坯的要求,并希望价格相应降低,每吨 115 美元。

梅杰听后大吃一惊,对手的数量和价格怎么和公司总部要求差不多?

临行前,公司总裁曾特地叮嘱,应利用各种机会,为公司多赚钱,底价可做最后参考用。想到这里,梅杰心里直发虚,对手太厉害了,看来多赚钱的愿望难以实现了。

果然不出所料,梅杰提议,如买 30 万吨,每吨 132 美元,对手一口回绝,并威胁道,阿克森公司已尽最大努力,做了最大限度的让步;如果塞勃公司还是固执己见,寸利不让,阿克森公司只好从别的公司进货了。

梅杰一听,知道来者不善,再硬顶下去,恐怕生意要难做了,这可要使公司失去一笔大生意。他心想,丢掉这笔生意自己就是本事再大也担不起责任啊!

半小时后,双方经磋商,阿克森公司同意做一点小小的"让步",以每吨 118 美元成交。

由于"军机"泄露,塞勃公司白白少赚了近 1000 万美元。

当垂头丧气的梅杰走进埃森机场的候机楼时,一位机场的服务员交给他一个小包。梅杰打开一看，原来是自己送给苔丝的那件礼物——胸针。

连环计并非连续施用两个以上的计谋，而是指运用计谋使敌人自累，然后再图谋进攻之，即一计用来累敌，一计用来攻敌，两计如同连环一样紧扣起来，结合运用。

现代商战日趋激烈和错综复杂，孤立地运用某种计谋往往难以奏效，在这种情形下，合理正确地运用连环计，则是战胜强敌的有效方法。

第三十六计　走为上计

【计名探源】

走为上，指在敌我力量悬殊的不利形势下，采取有计划的主动撤退，避开强敌，寻找战机，以退为进。这在谋略中也应是上策。

这句话出自《南齐书·王敬则传》："檀公三十六策，走为上计。"其实，我国战争史上，早就有"走为上计"运用得十分精彩的例子。

春秋初期，楚国日益强盛，楚将子玉率师攻晋。楚国还胁迫陈、蔡、郑、许四个小国出兵，配合楚军作战。此时晋文公刚攻下依附于楚国的曹国，深知晋楚之战迟早不可避免。

子玉率部浩浩荡荡向曹国进发，晋文公闻讯，分析了形势。他对这次战争的胜败没有把握，楚强晋弱，其势汹汹，他决定暂时后退，避其锋芒。于是对外假意说道："当年我被迫逃亡，楚国先君对我以礼相待。我曾与他有约定，将来如我返回晋国，愿意两国修好。如果迫不得已，两国交兵，我定先退避三舍。现在，子玉伐我，我当实行诺言，先退三舍(古时一舍为三十里)。"

晋文公撤退九十里，既临黄河，又靠着太行山，相信足以御敌。他又事先派人前往秦国和齐国求助。

子玉率部追到城濮，晋文公早已严阵以待。晋文公已探知楚国左、中、右三军，以右军最薄弱。右军前头为陈、蔡士兵，他们本是被胁迫而来，并无斗志。子玉命令左右军先进，中军继之。楚右军直扑晋军，晋军忽然撤退，陈、蔡军的将官以为晋军惧怕，才要逃跑，就紧追不舍。忽然晋军中杀出一支军队，驾车的马都蒙着老虎皮。陈、蔡军的战马以为是真虎，吓得乱蹦乱跳，转头就跑，骑兵哪里控制得住。楚右军大败。晋文公派士兵假扮陈、蔡军士，向子玉报捷："右师已胜，元帅赶快进兵。"子玉登车一望，晋军后方烟尘蔽天，他大笑道："晋军不堪一击。"其实，这是晋军的诱敌之计，他们在马后绑上树枝，来往奔跑，故意弄得烟尘蔽日，制造假象。子玉急命左军并力前进。晋军上军故意打着帅旗往后撤退。楚左军又陷于晋军伏击圈内，遭到歼灭。等子玉率中军赶到，晋军三军合力，已把子玉团团围住。子玉这才发现，右军、左军都已被歼，自己已陷重围，急令突围。虽然他在猛将成大心的护卫下，逃得性命，但部队伤亡惨重，只得悻悻回国。

这个故事中晋文公的几次撤退，都不是消极逃跑，而是主动退却，寻找或制造战机。所以，有时"走"是上策。

【原文】

全师避敌[①]。左次无咎,未失常也[②]。

【注释】

①全师避敌:全军退却,避开强敌。

②左次无咎,未失常也:语出《易经·师》卦。本卦六四,《象》辞:"左次无咎,未失常也。"是说军队在左边扎营,没有危险(因为扎营或左边或右边,是依情形而定的),这并没有违背行军常道。

【译文】

这"左次无咎,未失常也"是引自《易经·师》卦。这段解语的意思是说:在不利的形势下,全军要主动退却,避强待机。这种以退求进的做法,并没有违背正常的用兵法则。

此计运用此理,是说这种以退为进的指挥方法,是符合正常的用兵法则的。

【赏析】

古人按语:敌势全胜,我不能战,则:必降,必和,必走。降则全败,和则半败,走则未败。未败者,胜之转机也。如宋毕再遇与金人对垒,度金兵至者日众,难与争锋。一夕拔营去,留旗帜于营,豫缚生羊悬之,置其前二足于鼓上,羊不堪悬,则足击鼓有声。金人不觉为空营。相持数日,乃觉,欲追之,则已远矣(《战略考·南宋》)。可谓善走者矣!

敌方已占优势,我方不能战胜他,为了避免与敌人决战,只有三条出路:投降,讲和,撤退。三者相比,投降是彻底失败,讲和也是一半失败,而撤退不算失败。撤退,可以转败为胜。当然,撤退绝绝不是消极逃跑,撤退的目的是避免与敌军主力决战。主动撤退还可以诱敌,调动敌人,制造有利的战机。总之,退是为了进。

再说一个城濮大战之前,楚国吞并周围小国日益强盛的故事。

楚庄王为了扩张势力,发兵攻打庸国。由于庸国奋力抵抗,楚军一时难以取胜。庸国在一次战斗中还俘虏了楚将杨窗,但由于庸国疏于看守,三天后,杨窗竟从庸国逃了回来。杨窗报告了庸国的情况,说道:"庸国人人奋战,如果我们不调集主力大军,恐怕难以取胜。"

楚将师叔建议用佯装败退之计,以骄庸军。于是师叔带兵进攻,开战不久,楚军佯装难以招架,败下阵来,向后撤退。像这样一连几次,楚军节节败退。庸军七战七捷,不由得骄傲起来,不把楚国放在眼里,于是军心麻痹,斗志渐渐松懈,慢慢放松了戒备。

这时,楚庄王率领增援部队赶来,师叔说:"我军已七次佯装败退,庸人已十分骄傲,现在正是发动总攻的大好时机。"楚庄王下令兵分两路进攻庸国。庸国将士正陶醉在胜利之中,怎么也不会想到楚军突然杀回,仓促应战,抵挡不住。楚军一举消灭了庸国。

师叔七次佯装败退，是为了制造战机，一举歼敌。

1960 年，英国人哈瑞尔横渡大西洋来到了美国，买下了一家制造喷式清洁剂的小公司，开始产销命名为“配方 409”的清洁液。

20 世纪 60 年代的美国，喷式清洁液是一个毫不起眼的小市场。哈瑞尔慧眼独具，再加上经营得法，到 1976 年，几乎占领了该产品的一半市场。

看着哈瑞尔利润滚滚来，宝碱公司眼红了。这家有“日用品之王”的企业，于是开始研究一种命为“新奇”的喷式清洁剂，以财大气粗的态势，准备一口吞下这块越来越大的“清洁剂派”。

日用品大王的威势的确惊人，在正式上市之前，宝碱选择了科罗拉多州的丹佛市进行试销，结果自在意料之中——大获全胜，而且几乎是毫无抵抗地横扫市场。财单势弱的哈瑞尔，似乎被吓得躲起来了。

的确，“配方 409”是躲起来了，只不过原因不是吓坏了，哈瑞尔正导演着一出“西洋空城计”。原来，老哈早已得知宝碱将在丹佛进行“新奇”的试销，他于是采取了一个“骄兵战略”，将“配方 409”撤出丹佛这块地盘。当然他并不是直接将货品从超级市场的货架上撤走，这样做只会打草惊蛇，他的做法是：停止一切广告和促销活动，并不再补货，让“配方 409”在市场上自然消失。

为什么哈瑞尔要拱手让出市场？——为的是接下来的奇袭。

打惯了胜仗的宝碱人，似乎习惯了手到擒来的成功，于是踌躇满志的准备发动攻势席卷全国。

哈瑞尔导演的第二出好戏就在这之前开演了。

试销的成功，使宝碱对“新奇”寄望甚高，现在，哈瑞尔要使“新奇”变为惊奇，使宝碱从希望变为失望、绝望。

奇袭展开了！他把十六盎司装和半磅装的“配方 409”合并，以远低于市价的 1.48 元抛售，这是“价格割喉战”，然后以大量广告促销这个空前大优惠，消费者果然趋之若鹜。当宝碱声势浩大地展开“新奇”的上市攻势时，突然发现原有的消费者都“吃饱了”，剩下的是数量极为有限的新使用者。

一下子从希望的高峰跌入失望的谷底，宝碱绝望地舍弃了“新奇”，退出了喷式清洁剂市场。

那么，为什么要把这一计称为“走为上”呢？

这是从相对比较上说的，因为在不利的形势下，要避开与敌人决战，避免全军覆没，出路只有三条：一是投降，二是讲和，三是退却。三者相比，投降，表明彻底失败；讲和，算是一半失败；退却，则可保存实力，等待转机。“走为上策”就是从这个比较中得出来的。当然，这个“走”，绝不是消极地逃跑，而是为以后创造反攻条件而进行的有计划的主力退却，所以从形式上看它是消极的，但它含着积极的内容。“走为上策”的计谋，也给我们很好的启迪。

“走为上”是处于劣势时取得胜利的最佳途径。

在现代商战中，进取与退避是相互交替和相互转化的，只退不进自然不会成功，但只进不退也绝非智者所为。进取和退避是矛盾的统一。所谓进取与退避，其含义不仅包括产品的上马与下马，还包括经营规模的扩大与缩小，市场的开拓与退让等。

鬼谷子兵书

导读

在中国辉煌灿烂的五千年文明长河中，无数的谋臣策士呕心研究，沥血践行，写下了一部部彪炳史册的智谋典籍，创立了一个个完整而具鲜明个性的智谋理论体系，共同创造了独步世界的中国智谋文化。

而追溯这一文化的源头，我们的目光就会聚集在诸侯林立、战争频仍的战国时代。当时，由于儒学思想还没有占据意识形态的统治地位，社会政治环境相对宽松、活跃、自由、开放，诸子蜂起，百家争鸣，圣贤和英雄辈出，雄辩和华章毕呈，使这一时期成为中国历史上绝无仅有的璀璨瑰丽的文明黄金时期。诸子百家中，以鬼谷子、苏秦、张仪等为代表的纵横家们凭借其超人的智谋和善辩的口舌，合纵连横，不仅操纵社会政局数百年，而且为后人的为官经商、处世为人提供了最有力的指导。

而成书于战国中期的《鬼谷子》是战国纵横学派的独传子书，集中反映了纵横家的处世哲学和智谋思想。该书不仅文字古奥艰涩，立论奇诡幽玄，而且由于受长期占意识形态统治地位的儒学思想的排斥，《鬼谷子》的研究和传播经历了一个长期的低迷时期，只有那些满口仁义道德的伪君子私下里遮遮掩掩地把它视为至宝，因而在它久远的年轮上覆盖着一层层神秘的面纱。对于它的作者，有两汉时期的“纵横家说”、南北朝时期的“神仙说”、魏晋时期的“隐士说”、明清时期的“孙膑庞涓说”，还有苏秦假托说；对于作者的隐居地，有“颍川阳城说”“雒县城北说”“扶风池阳说”“淇县云梦山说”“清水谷说”“临沮青溪山说”，等等；该书流传的版本更是让人眼花缭乱，明代该书的刻本、抄本就有十几种，而清代至近代的抄本、刻本又有十多种，而年代更为久远的就属南北朝时期南齐的世外高人陶弘景的注本，明清时代的刻本大多也是以它为蓝本的。同时，历来人们对其评价也是褒贬不一，毁誉参半，时而人们把它尊为“神明”“人表”，时而又把它看作洪水猛兽。

无论如何，《鬼谷子》的以自己为中心，为谋取富贵荣华而崇尚奇诡变诈、阴密隐匿之权术的思想，在今天看来有它张扬个性、充分发挥自身主观能动性的一面，对处于复杂而竞争激烈的当今社会中的人们，无论是从政经商，还是立身处世，都有积极的指导意义。

对于它的作者和价值的探究，显然这区区几万字的小册子不会有太大的说服力，而把它艰涩的文字加以解释，再以现代人的口味和眼光配以通俗的点评，进而利用从古到今的大量鲜活的实例进行再论证，起到抛砖引玉之效，指导世人在从政经商、处世为人中始终立于不败之地，才是本书写作的初衷。

《鬼谷子》涵盖内容丰富、庞杂，理论系统完整，不仅是一部纵横家之书，同时也是一部对当今很有借鉴意义的外交书、兵书、商书。它不仅阐述了人们要利用阴阳互生而充分发挥主观能动性改造世界的理论主张，开创了战国时期重人轻神的人文思潮，而且通过具体的游说过程和游说策略的精到描述，教出了一代又一代滔滔雄辩、叱咤风云的名臣谋士，再配以交友术、御臣术、取宠术娓娓道来，使上至人君、下至黎民无不把它视为至宝。

历史在不断发展和变化。但过去的历史不是布满灰尘的老皇历，也不是令人生厌的垃圾场，这些纵横家们留下的智谋典籍和他们经过毕生践行和思考的这些处世策略仍然有它存在的深厚土壤和广泛的应用之地。在物竞天择、适者生存、人人追求成功的当今社会，不仅需要这鲜活的历史，更需要有利用历史的人，要求人们会用今日的眼光，取其精华，弃其糟粕，将历史变为自身的智慧和才能。只有这样，我们才不会愧对先人，才能将中华五千年的文化传承并发扬光大。

捭阖①第一

【原文】

粤②若③稽④古，圣人之在天地间也，为众生之先。观阴阳⑤之开阖以命⑥物，知存亡之门户⑦；筹策⑧万类之始终，达人心之理；见变化之朕⑨焉，而守司⑩其门户。故圣人之在天下也，自古及今，其道一也。

【注释】

①捭：开的意思。如打开心扉、积极行动、采纳良言、任用贤才皆可谓之捭。阖：闭的意思。如封闭心扉、采取守势、拒绝外物、排斥人才皆可谓之阖。

②粤：句首语助词。

③若：顺。

④稽：考察。

⑤阴阳：指宇宙万物相反相成的两个方面，如昼夜、明暗、君臣、男女、积极和消极、开放和封闭等。

⑥命：辨别。

⑦门户：这里是途径、关键的意思。

⑧筹策：推算和预测。

⑨朕：事物发展变化的征兆。

⑩司：《四部丛刊》本陶弘景注（以下简称“陶注”）：“司，主守也。”可以解释为把握。

【译文】

考察远古的历史可知，圣人之所以生存在世界上，就是要成为芸芸众生的先导。通过观察阴阳、分合等现象的变化来对事物进行辨别，并进一步了解和掌握事物存亡的途径；推算和预测事物的发展过程，通晓人们心理变化的规律；及时发现事物发展变化的征兆，从而把握和利用事物发展变化的关键。所以圣人生存在世界上，自古至今，其立身处世之道是始终如一的。

【原文】

变化无穷，各有所归。或阴或阳，或柔或刚，或开或闭，或弛或张。是故圣人一

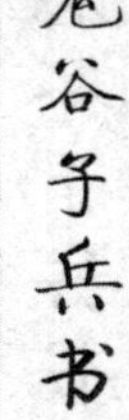

守司其门户。审察其所先后;度权量能[①],校[②]其伎巧[③]短长。夫贤不肖、智愚、勇怯、仁义有差,乃可捭,乃可阖;乃可进,乃可退;乃可贱,乃可贵,无为以牧[④]之。审定有无与其虚实,随其嗜欲以见其志意。微排其所言而捭反之,以求其实。实得其指[⑤],阖而捭之,以求其利[⑥]。或开而示之,或阖而闭之。开而示之者,同其情也;阖而闭之者,异其诚也。可与不可,明审其计谋,以原[⑦]其同异。离合[⑧]有守[⑨],先从其志。

【注释】

①度权量能:度和量都是动词,测度、比较的意思。权,指智谋。度权量能即测度和比较其智谋和能力的优劣。

②校:考校。

③伎巧:即技巧。

④牧:控制,掌握。

⑤指:同"旨",旨意,意图。

⑥求其利:意思是了解对方所说的是否于己有利。

⑦原:追源,考察。

⑧离合:指彼此计谋的乖离或契合。

⑨守:执守。

【译文】

万事万物的发展变化是无穷无尽的,然而最终都有其各自的归属:有的属阴,有的属阳;有的柔弱,有的刚强;有的开放,有的封闭;有的松弛,有的紧张。因此,圣人要始终把握事物发展变化的关键,审慎地考察何事当先,何事当后。任用人才要度量其智谋和能力的优劣,考校其技巧才艺的短长。至于人们的贤良与不肖,聪明与愚蠢,勇敢与怯懦以及仁义诸方面,都是有差别的,因而对待各色人等的态度和方法也就彼此不同,可以迎为上宾,也可以拒之门外;可以引进重用,也可以废黜斥退;可以使其卑贱,也可以使其尊贵;遵循无为而治的原则加以控驭和掌握。鉴别和选择贤才的方法,必须考察其才能的有无大小,性格品行的虚实优劣;放任其随个人嗜好和欲望行事,以发现其意趣和志向。适当地贬抑或置疑对方的言论,以便刺激他敞开议论;然后再反驳和诘难,从而求得事情的原委,摸清其真实意图。

随后，自己闭口不言以挑动对方畅所欲言，以便了解对方所说是否于已有利。全面把握了真实情况后，或者向对方敞开心扉，或者封闭心扉，不露心迹。敞开心扉，是因为双方的意愿相同；不露心迹，是因为双方的意愿相悖。确定计谋的可行与否，应该审慎地对计谋的不同方案进行仔细研究，从而搞清彼此的异同优劣。彼此的计谋或相乖离，或相契合，如果都有其合理性和可行性，应该首先采纳对方的计谋。

【原文】

即欲捭之贵周，即欲阖之贵密。周密之贵微，而与道相追[①]。捭之者，料其情[②]也；阖之者，结其诚[③]也。皆见其权衡轻重，乃为之度数[④]，圣人因而为之虑。其不中权衡度数[⑤]，圣人因而自为之虑。故捭者，或捭而出之，或捭而内[⑥]之；阖者，或阖而取之，或阖而去之。捭阖者，天地之道。捭阖者，以变动阴阳，四时开闭[⑦]，以化[⑧]万物。纵横[⑨]、反出、反覆、反忤必由此矣。捭阖者，道之大化。说之变也，必豫[⑩]审其变化。

【注释】

①追：追随，这里指与道相合。
②料其情：意思是了解和考察真实的情况。料，考察，了解。
③结其诚：即坚定和约束对方的诚心。结，陶注："结为系束。"系束，即约束。
④为之度数：测量重量和长度的数值，即做出测度和分析。
⑤不中权衡度数：即有失轻重之理，不合度量之数。中，动词，符合，适合。
⑥内：同"纳"，收纳，这里指把别人的建议纳入脑中而深藏起来。
⑦四时开闭：开，即开始；闭，即结束。四时开闭即四季更替。
⑧化：化育。这里是使动用法，使万物化育、社会进步。
⑨纵横：指事物的自然变化。
⑩豫：事先，预先。

【译文】

如果想要畅所欲言，阐明自己的见解，贵在严密周详；如果想要不露心迹，隐藏自己的观点，贵在深藏不露、严守机密，这样方可谨慎地遵循客观规律的要求。之所以要畅所欲言，是为了全面了解和考察真实的情况；之所以闭口不谈，是为了坚定和约束对方的诚心。所有这些做法，都是为了权衡得失利害、轻重缓急，从而做出测度和分析，圣人根据这些分析，进一步谋划行动的方略。如果这些分析建议有失轻重之理、不合度量之数，那么圣人也只好舍弃不用，自筹良策了。因此，所谓开放，或者是把自己的建议推出而实施，或者是把别人的建议纳入脑中而深藏起来；所谓封闭，或者是采纳别人的建议并付诸实施，或者是拒绝采纳而弃置不用。开放和封闭是天地间万事万物发展变化的基本形式。开放和封闭导致了阴阳对立统一运动、春夏秋冬四季交替，从而使得万物化育、社会进步。事物的自然变化，或离开，或返回，或翻覆，或忤逆，都是由开放和封闭这种基本的运动形式所决定的。开放和封闭的矛盾运动，是大自然的造化、万事万物运行的规律。而就言语应对而

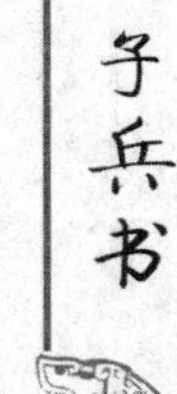

言，也存在这样的变化，所以必须事先审慎地考察其间的不同变化。

【原文】

口者，心之门户也；心者，神之主[①]也。志意、喜欲、思虑、智谋，此皆由门户出入，故关之以捭阖，制之以出入。捭之者，开也，言也，阳也；阖之者，闭也，默也，阴也。阴阳其和，始终其义。故言长生、安乐、富贵、尊荣、显名、爱好、财利、得意、喜欲为阳，为始。故言死亡、忧患、贫贱、苦辱、弃损、亡利、失意、有害、刑戮、诛罚为阴，为终。诸言法[②]阳之类者，皆曰始，言善以始其事；诸言法阴之类者，皆曰终，言恶以终其谋。

【注释】

①主：主宰。
②法：效法，这里是遵循的意思。

【译文】

口是人们心灵的门户，而心灵则是人们精神的主宰。一个人的意志、喜好、思虑、智谋都要通过这个门户出入，加以表现。因此，要通过开放和封闭来把守关口，控制出入。所谓"捭之"，就是开放、言语、阳气（公开）；所谓"阖之"，就是封闭、沉默、阴气（隐匿）。阴阳二气相中和、相协调，那么开放和封闭就有节度，有始有终，各得其宜。所以说长生、安乐、富贵、尊荣、显名、爱好、财利、得意、喜欲等，都属于阳，叫作开始；而死亡、忧患、贫贱、羞辱、弃损、亡利、失意、灾害、刑戮、诛罚等，都属于阴，叫作终结。凡是遵循阳道进行游说的人，其谈论的均属于"开始"的内容，也就是通过论证有利的方面以使自己的建议得到采纳，进而付诸实践；凡是遵循阴道进行游说的人，其谈论的都属于"终结"的内容，也就是通过论证有害的方面来终止某种计谋方略的实施。

【原文】

捭阖之道，以阴阳试[①]之，故与阳言者依崇高，与阴言者依卑小[②]。以下求小，以高求大[③]。由此言之，无所不出，无所不入，无所不可。可以说人，可以说家，可以说国，可以说天下。为小无内，为大无外[④]。益损、去就、倍反[⑤]，皆以阴阳御其事。阳动而行，阴止而藏；阳动而出，阴隐而入。阳还终阴，阴极反阳。以阳动者，德相生也；以阴静者，形相成也。以阳求阴，苞以德也；以阴结阳，施以力也；阴阳相求，由捭阖也。此天地阴阳之道，而说人之法也，为万事之先，是谓圆方[⑥]之门户。

【注释】

①试：这里指实验，实施。
②与阳言者依崇高，与阴言者依卑小：陶注："与情阳者，言高以引之；与情阴者，言卑以引之。"意思是说，同富有阳刚之气的人谈论，适合用崇高的语言来引导他；与富有阴柔之气的人谈论，适合用卑下的语言引导他。

③以下求小，以高求大：陶注："阴言卑小，故曰以下求小；阳言崇高，故曰以高求大。"这句话的意思是，以低下求取卑小，以崇高求取博大。

④为小无内，为大无外：意思是，表现小，可以小到不能再小；表现大，可以大到不可再大。

⑤倍反：倍，同"背"，背叛。反，复归。

⑥圆方：古人认为天圆地方，因此圆方在这里指天地。

【译文】

运用开放和封闭的方法，需要从阴阳两方面来实验和实施。因此，同富有阳刚之气的人谈论，适合用崇高的语言来引导他；与富有阴柔之气的人谈论，适合用卑下的语言引导他。这样以低下求取卑小，以崇高求取博大。由此看来，就可以随心所欲，出入由己，没有办不成的事情。用这样的方法去游说，可以说服一个人，可以说服一个家族，可以说服一个封国，可以说服整个天下。表现小，可以小到不能再小；表现大，可以大到不可再大。损害和裨益、离去和接近、背叛和复归，这些复杂的情形，都需要运用阴阳两种手段加以驾驭和控制。面对阳势（有利的形势），就要积极运动前进；面对阴势（不利的形势），就要停止行动而隐藏。面对阳势，就要主动出击；面对阴势，就要退避隐藏。阳势运动发展的终点是阴势，阴势运动发展的极致则是阳势。乘阳势而动的人，上下左右道德意志相生相长；乘阴势而静的人，上下左右形势相辅相成。以阳势而求助于阴势，需要用恩德相感召；以阴势而求助于阳势，则需要竭力尽智，以诚感人。阴势和阳势相互求助，遵循的正是开放与封闭的法则。这是天地万物阴阳变化的规律，同时也是游说所应遵循的基本法则。开放与封闭是万事万物生长变化的基本前提，也就是所谓的天地之门户。

【赏析】

本篇谈论的是在交谈过程中如何恰如其分地选择说辞，把握谈话的节奏和技巧，或开口（捭），或不开口（阖），因势利导，使对方的心情、实力和计谋自然地暴露出来。

捭是开的意思，为阳；阖即闭的意思，为阴。捭阖之术即阴阳之道，是《鬼谷子》的中心思想，为历代说客谋士立身处世、游说人主的基本原则。《鬼谷子》运用运动发展的观点、辩证的方法不仅将阳引申为刚、开、张，阴拓展为柔、闭、弛，而且指出世上万物是由阳开阴阖的运动转化生成的，更指出了说客的作用就是"变动阴阳"，在认识事物阴阳属性的基础上促使其向有利于社会和个人的方向转化。

不管是在战火纷飞的战争时期，还是在歌舞升平的和平时期；不管是在遥远的过去，还是在我们身处的现在，捭阖之术都被无数的有识之士当成取胜之法宝，他们不仅验证了这一百试不爽的法则，而且在创造的一个个被人传唱的故事中丰富和光大了它的内涵，使它在绵绵的历史长河中更加璀璨。风起云涌、诸子蜂起的春秋战国时代，苏秦凭其三寸不烂之舌，合纵六国，尔后张仪又凭其谋略与游说技巧，将六国合纵土崩瓦解。三国时期，孙刘之合，有曹操赤壁之败，形成鼎足之势；孙刘之分，有蜀猇亭之败，刘备白帝之哀；吴蜀再合，有诸葛亮南中之征，北伐之举。解放战争期间，毛泽东创立的人民游击战争思想，以星星之火得燎原之势。这些无不

把《鬼谷子》的捭阖之术发挥得淋漓尽致。

本篇隐含了发挥主观能动性变阳为阴或变阴为阳的“捭阖阴阳术”，软硬兼施、刚柔相济的“刚柔弛张术”，抓住事情的关键环节而去处理事情的“守司门户术”，计谋实施中要注意保密的“周密贵微术”，为他人制定计划时要暗中对自己有利的“为人自为术”，等等。

春秋时期，晋侯偏听谗言，诛戮秉忠直谏的相国赵盾，贬逐屡建战功的韩厥，致老臣公孙杵臼愤而弃官。随后又命佞臣屠岸贾，带兵抄斩赵家满门，赵氏一家三百余口被害，仅有怀有身孕的赵朔夫人逃到宫中。屠岸贾得知赵夫人产下一男婴后，为斩草除根，限令三天之内，倘无人交出赵氏孤儿，就将国中同年婴孩杀绝。赵朔的朋友程婴为救举国无辜婴孩，保存赵家一脉，与老臣公孙杵臼共商苦计：一易亲儿以代赵孤，一舍生命冒认“藏孤”之罪，并由程婴出面告发。

宫中孤儿被公孙杵臼偷出后，屠岸贾大怒，派人四处搜查，并悬赏重金。程婴便告屠岸贾，说他为得重金，愿帮屠岸贾抓到这孤儿。他们找到公孙杵臼后，公孙杵臼大骂程婴不仁不义，出卖朋友，从而使屠岸贾信以为真，一并将公孙杵臼和其身边的假孤处死，使赵朔之子得以保全。

十六年后，程婴便把长大成人的赵氏孤儿献给晋景公，并和韩厥一起谋划，将屠岸贾满门抄斩，为赵家报了仇。

围绕着赵氏孤儿的生死存亡，程婴等人冒死历险，在救孤之险、育孤之艰、失子之痛、丧子之悲、被叫骂的屈辱、被误解的痛苦的重重折磨中，程婴身上闪耀着人性的光辉，同时他将捭阖之术玩弄于股掌之间：向屠岸贾泄密是阳，暗保赵氏遗孤是阴；公孙杵臼大骂程婴是阳，骗得屠岸贾信以为真是阴。在虚虚实实、阴阴阳阳中，他们始终把握主动权，最终达到保孤的目的。

1997 年，世界药业市场的大鳄英国葛兰素制药公司为了进入世界最大的西药市场——美国，面对如林的强手，首先兼并了美国一家小药厂，并给这家药厂以充分的经营自主权，目的就是探得该地的第一手情报，了解美国药业市场情况。在迅速站稳脚跟后，该公司加快了市场拓展步伐，采用兼并这一撒手锏，吞并了多家药厂，并与美国排名前十位的瑞士罗士药厂开展合作，利用该厂的营销网络销售其药品。

这样，英国葛兰素公司不仅在美国的药业市场站稳了脚跟，而且成功地使它的主打药品“善胃得”迅速占领了美国几乎全部的肠胃药市场。当时，美国不少厂家是把自己的药品商标借给经销商，签订合同，分享利润。英国葛兰素公司却不这样，而是从原料加工到成品销售一条龙负责，保证自己产品的质量和及时了解市场行情，从而创出了名牌，将美国的药品市场控制在自己手中。

不仅如此，葛兰素公司还采用同样的手段，不断插手世界各国药品市场。葛兰素公司与德国拜耳药厂谈判，拟一次投入 80 亿欧元收购该药厂旗下的药物业务，令世界同行咋舌；它目前是我国台湾地区最大的药品商；1988 年，葛兰素公司率先与西南药业在重庆合资组建药厂，从而揭开了它进军我国内地药品市场的序幕，之后又在苏州、天津投下巨资，建立了在中国制药界投资规模排名第一、第二位的工厂，其在中国医药界欲一统天下的雄心已表露无遗……

这条世界药品市场的超级大鳄正是运用了“阴极反阳”之理，认识到“阴”“阳”

不仅是事物的静态属性，更是事物运动发展缺一不可、相辅相补、互为态势的环节。只要善于把握事物态势，掌握运动规律，充分发挥主观能动性，处于弱势时积蓄力量，适时出击，就会反客为主，实现“阴”“阳”转化，成就辉煌。

反应第二

【原文】

古之大化者①，乃与无形②俱生。反以观往，复以验来③；反以知④古，复以知今；反以知彼，复以知己。动静虚实之理，不合于今，反古而求之⑤。事有反而得复者⑥，圣人之意也，不可不察。

【注释】

①大化者：指能以大道化育万物的人。化，化育。

②无形：陶注：“无形者道也。”无形指无形的自然之道，即自然规律。

③反以观往，复以验来：意思是回首以观察既往的历史，然后再据以向前去验证未来。

④知：了解的意思。

⑤反古而求之：意思是追溯既往的历史以寻求答案。

⑥事有反而得复者：意思是事情往往有反求于远古而得到成功的启示的。反，指反求于远古。

【译文】

古代能以大道化育万物的圣人，是与无形的自然之道（自然规律）共生的。回首以观察既往的历史，然后再据以向前去验证未来；回首以了解历史，然后再据以了解当今；回首以认识他人，然后再据以认识自己。动静、虚实的道理，如果与今天的现实不符，就追溯到既往的历史中去寻找答案。事情往往有反求于远古而得到成功的启示的，这便是圣人的方法，不可不认真地加以考察。

【原文】

人言者，动也；己默者，静也。因①其言，听其辞。言有不合者，反而求之，其应②必出。言有象③，事有比④，其有象比，以观其次⑤。象者象其事，比者比其辞也。以无形求有声。其钓语⑥合事，得人实也。其张罝⑦网而取兽也，多张其会⑧而司⑨之。道合其事，彼自出之，此钓人之网也。常持其网驱之。其言无比，乃为之变，以象动之，以报其心，见其情，随而牧⑩之。已反往，彼复来⑪，言有象比，因而定基。重之袭⑫之，反之复之，万事不失其辞⑬。圣人所诱愚智，事皆不疑。

【注释】

①因：介词，依靠，根据。

②应:指对应之词。

③象:形象。这里指语言可以模拟的形象。

④比:类比。这里指事物类比的规范。

⑤次:这里指对方下一步的言行。

⑥钓语:指在诱导下说出的言辞。

⑦罝:捕兽的网。《尔雅·释器》:"兔罟谓之罝。"

⑧会:会合,这里指汇集。

⑨司:同"伺",等待的意思。

⑩牧:控制,控驭。

⑪己反往,彼复来:意思是我们向对方的言辞提出反诘,对方做出相应的回复。

⑫袭:重复。

⑬不失其辞:意思是不会因语言失实而遭致失败。

【译文】

别人说话,是动态;自己沉默,是静态。要根据别人的言谈,来听和分析出其辞意。如果其言辞有矛盾和不合事理之处,可以反过来诘难他,那么对方必定会有对应之辞。语言有其可以模拟的形象,事物有其可以类比的规范;既然语言有可以模拟的形象,事物有可以类比的规范,就可以从中预见其下一步的言行。所谓"象",就是模拟事物;所谓"比",就是类比言辞。要把无形的道理用有声的语言表达出来。诱导别人说出的言辞,如果与事实相一致,也就可以得知对方的实情。这就如同张开网诱捕野兽一样,要多张几张网,汇集在一起,等待野兽落入。如果方法得当,对方就会自投罗网,这就是钓人的网。经常张开钓人的网去追逐对方,如果对方言辞不再有平常的规范,这时就需要改变钓人的方法,要以形象的事物去激发、打动他的感情,这样就可能使对方披露实情,从而根据对方的实际情况控驭他。我们向对方的言辞提出反诘,对方做出相应的回复,这样就有了模拟和类比,据此便有了一定的基础。再经过反复详审,抛弃妄谬的成分,那么任何事物就不会因语言失实而遭致失败。圣人以此诱导智愚众人,诸事遂顺,无可置疑。

【原文】

故善反听[①]者,乃变鬼神[②]以得其情。其变当也,而牧之审也。牧之不审,得情不明;得情不明,定基不审。变象比,必有反辞[③],以还听之[④]。欲闻其声反默,欲张反敛,欲高反下,欲取反与。欲开情[⑤]者,象而比之,以牧其辞,同声相呼,实理同归。或因此,或因彼,或以事[⑥]上,或以牧下。此听真伪、知同异,得其情诈也。动作言默,与此出入[⑦],喜怒由此以见其式,皆以先定[⑧]为之法则。以反求复,观其所托[⑨]。故用此者,己欲平静,以听其辞,察其事,论万物,别雌雄。虽非其事,见微知类[⑩]。若探入而居其内,量其能射[⑪]其意也。符应不失[⑫],如螣蛇之所指[⑬],若羿之引矢[⑭]。

【注释】

①反听:指从反面听取他人的言论。

②变鬼神:这里指用鬼神般变幻莫测的方法。

③反辞:指问难的言辞。

④以还听之:陶注:"令其先说,我乃还静以听之。"意思是平静地听取对方讲下去,以观察其真实情况和意图。

⑤开情:意思是让对方敞开情怀,吐露真言。

⑥事:侍奉的意思。

⑦与此出入:意思是要根据所掌握的情况做出反应。

⑧先定:事先掌握的情况。

⑨托:寄托,指对方心理情感的寄托。

⑩虽非其事,见微知类:意思是即使所谈的内容不切实际,但是仍可以从微小的征兆中探知同类的大事。虽,即使。微,微小,这里指细微的征兆。类,种类,这里指同类的大事。

⑪射:猜度。

⑫符应不失:意思是用这种方法所得到的情况,就会像符契一样切合不误。

⑬如螣蛇之所指:意思是像螣蛇所指一样祸福不爽。螣蛇,传说中的一种神蛇,能兴云作雾,六朝术士用青龙、白虎、朱雀、玄武、螣蛇、勾陈六神以占算,谓螣蛇所指,福祸不差。

⑭若羿之引矢:意思是像后羿射箭一样准确不差。羿,即后羿,古代传说中夏代有穷国的君主,善于射箭。

【译文】

所以善于从反面听取他人言论的人,能用鬼神般变幻莫测的方法诱得他人的实情。谈话的方式随机应变而且得当,就可以周详而有效地控驭对方,从而明察其言语。如果控驭不周详,不能明察其言语,那么得到的情况就不明确;得到的情况不明确,据以制定决策的基础也就不坚实、不周密。如果我们改变了事物的模拟和事理的类比,那么对方必定随之有问难的言辞,这样我们就平静地听取对方讲下去,以观察其真实情况和意图。所以要想倾听别人的言论,自己就得先沉默;要想敞开和伸张,反而需要先收敛;要想居高,反而需要先居下;要想获取,反而需要先给予。如果想让对方敞开情怀,吐露真言,就要先用形象的模拟和比喻去诱导他,以便把握对方的言辞,这样同声相应,真情实理就会归我掌握。对方所谈的事情,有的因此而发端,有的因彼而产生,有的宜于侍奉君上,有的适宜统御臣下。根据这些不同的情况,就可辨别真伪,比较异同,得到真实或者伪诈的情形。我方的行动、运作、言语、沉默,都要根据所掌握的情况做出反应,欢喜与愤怒的方式和程度应据此做出决定。总之,行动、运作、言语、沉默、欢喜、愤怒都应该根据事先掌握的情况来确定法度。用主动试探的方法求得对方的反应或答复,借以观察对方心理情感的寄托。知人的关键在于了解其内心的情感,所以要选用这样的方法。听取他人讲话的法则是,自己先要平静,才能听进他人的言辞,据以分析事情的原委,论说万物的道理,辨别动物的雌雄。即使所谈的内容不切实际,但是仍可以从微小的征兆中探知同类的大事。这就好比探知他人的情况而深入其内部一样,通过分析他的能力,进一步探测其行动意图。用这种方法所得到的情况,就会像符契一样切合不误，像螣蛇所指一样祸福不爽，像后羿射箭一样准确不差。

【原文】

故知之始己，自知而后知人也。其相知也，若比目之鱼[①]。其伺[②]言也，若声之与响；其见形也，若光之与影也。其察言也不失，若磁石之取针，如舌之取燔骨[③]。其与人也微，其见情也疾[④]。如阴与阳，如阳与阴；如圆与方，如方与圆。未见形圆以道之[⑤]，既见形方以事之[⑥]。进退左右，以是司之[⑦]。己不先定，牧人不正。事用不巧[⑧]，是谓忘情失道[⑨]。己审先定以牧人，策而无形容[⑩]，莫见其门，是谓天神。

【注释】

①其相知也，若比目之鱼：意思是对人的相互了解，如同比目鱼的两目一般，彼此明晰可见。按：古人谓比目鱼相并而行。

②伺：探察。

③燔骨：煮熟的骨汁。

④见情也疾：意思是洞悉对方的情况非常迅速。疾，迅速。

⑤圆以道之：意思是用圆融的道理诱导对方。道，通“导”，引导，诱导。

⑥方以事之：意思是用方正的道理去控驭对方。

⑦进退左右，以是司之：意思是用人之道，不论升迁、黜退、贬左、崇右都应该用圆与方的道理进行操作。进，升迁。退，黜退。左，贬左。右，崇右。是，这，代词，这里指代圆与方的道理。司，掌握。

⑧事用不巧：意思是如果做事不掌握法则技巧。巧，技巧。

⑨忘情失道：意思是丧失人伦真情和成功之道。

⑩策而无形容：意思是于无形之中驱策众人达于成功。策，驱策。

【译文】

所以认识别人要从认识自己开始，只有先认识自己，然后才能认识他人。对人的相互了解，如同比目鱼的两目一般，彼此明晰可见；掌握对方的言辞，就如同声音和回响一样相符；观察对方的外形，就好比光和影子一样不走样；分析对方的言论，就如同磁石吸针一样没有差失，如同舌头吸取骨汁一样得心应手。自己暴露给对方的微乎其微，而洞悉对方却非常迅速，就如同阴与阳、阳与阴、方与圆、圆与方一样，运用自如，相辅相成。在对方的基本情况尚未暴露之前，就应该用圆融的道理诱导他；基本情况明朗之后，就应该用方正的道理去控驭他。用人之道，不论升迁、黜退、贬左、崇右都应该用圆与方的道理进行操作。如果不首先确定方圆进退的策略，那么统帅下属也就无法公正有序。如果做事不掌握法则技巧，这就叫作“忘情失道”（丧失人伦真情和成功之道）。自己首先确定周密的行动方略，据此以控驭自己的下属，就能于无形之中驱策众人达于成功，而下属尚不知其门道所在，这才可以称为“天神”。

【赏析】

本篇谈论的是在交谈过程中，如何用历史和发展的眼光观察事物，洞察对方的反应，如何以恰当的听者姿态诱使对方说出实情。

这里的反应和我们现在所说的反应不同，它指的是经过刺探使对手发生变化。《鬼谷子》认为别人说话是动态，自己缄默（听话）是静态，主张以静测动。在运用反应之术中，关键就是要掌握“动静”，要想让人说话，自己就要沉默，侧耳静听；要想让人敞开心扉，高谈阔论，自己就要先有所收敛；……认真听取对方言论，并适当加以诱导和分析，探取对方的实情；同时要“张网得食”，先投以作为诱饵的话，抓住对方说话的主旨，有目的有步骤地激发对方发言，从而使对方吐露真情。如果对方仍未吐出实情，就不断改变策略，观察对方的反应：或是反复交谈，从中洞察对方的意图；或是主动出击，提出一些反对观点以刺激对方说出真情。

本篇隐含了设饵钓鱼、张网捕食的“张网得实术”（使用手段，投其所好，而实现自己的愿望）；想从对方那里得到你要的，就要先给对方一点他所需的“欲取反与术”；抓住事物的共性，推测其发展趋势，早做安排的“见微知类术”；事情真相未明就加以引导，等完全暴露再去解决的“圆方之术”；要想了解别人就先了解自己，由己度人的“由己推人术”，等等。

宋景德年间，为挫败频频犯边的北辽，宋真宗决定御驾亲征。当时，北方的西夏也对宋蠢蠢欲动，叛意十分明显。为了防止西夏乘虚而入，真宗授意鄜延路缘边安抚使向敏，若发现西夏有反叛之举，可当机立断。

进入腊月，当地要举行迎神赛会，驱逐疫鬼。活动前，向敏接到密报，有西夏奸细想借活动起事。当时无法断定消息的准确性，为了不打草惊蛇，向敏冷静处之，像往常一样积极筹备赛会。当日，向敏还令当地的军政官员一同观看。

驱鬼队伍到衙门前，向敏仍令他们尽情舞蹈，装出若无其事的样子。之后，向敏叫他们转至衙内，接着一声令下，事先埋伏的官兵一拥而上，将驱鬼队伍团团围住。结果搜出了很多起事兵器，一举粉碎了他们的阴谋。

这里，向敏正是用了“圆方之术”。冷静处之、不露声色是向敏在敌人尚未露出马脚阶段的一种策略，即“圆”的策略，以麻痹对方，使之渐渐露出真相；时机一旦成熟，该出手时就出手，运用“方”的策略，一举灭之。

迈克和加斯加是美国加利福尼亚州的两个味精厂的老板，为开辟夏威夷这个新的市场，互相竞争，两家陷入势不两立的境地。竞争结果，迈克暂时通过广告将产品打入夏威夷的各大商场，而轻易将加斯加的产品挤出了当地市场。同时，迈克还挫败了当地的同类产品，控制了整个夏威夷的味精市场。

实际上加斯加并没有放弃这个庞大的市场，经过一年多的谋划，而是悄无声息地在各个居民区建起了自己的产品专卖店，接着在各大媒体进行轮番式广告“轰炸”,并采取了一个独特的营销策略:向顾客免费赠送一万袋自己的和迈克的产品,让顾客在一周内做出选择,选好后再买。由于加斯加的产品质量优,包装好,购买方便,很快赢得了大批用户,同时迈克的产品形象一落千丈,迈克最后被迫退出了夏威夷。

虽说两虎之争必有一伤,但正是有了高超的市场开拓策略,才使加斯加成为最终的赢家。开始,加斯加输给迈克,暂时让迈克尝到“甜头”,使迈克觉得对方不堪一击,丧失了警惕性;加斯加利用喘息之机,提高产品质量,精心谋划,积蓄力量,最后,给迈克来个措手不及,迎头一击,彻底打垮了对方。这是典型的“欲取反与”之策。

内揵[1]第三

【原文】

君臣上下之事,有远而亲,近而疏,就之不用[2],去之反求[3]。日进前而不御[4],遥闻声而相思[5]。事皆有内揵,素结本始[6]。或结以道德,或结以党友[7],或结以财货,或结以采色[8]。用其意[9],欲入[10]则入,欲出[11]则出,欲亲则亲,欲疏则疏,欲就则就,欲去则去,欲求则求,欲思则思。若蚨[12]母之从其子也,出无间,入无朕[13],独往独来,莫之能止。

【注释】

①内揵:内,就是向君王进谏说辞,从而结交君王取得信任;揵,就是向君王进献计策,以辅佐君王,成就事业。

②就之不用:意思是主动谋求职位的却不被任用。就,靠近,这里指接近以谋求职位。

③去之反求:意思是想要离去(即无所求)反而被召请受到重用。去,离开。求,这里是被动用法,被求,即被重用。

④御:有侍奉君主的意思。不御,即不能侍奉君主,也就是得不到君主的赏识。

⑤思:思念,这里指引起君王的思念。

⑥素结本始:意思是平时就建立了感情基础。素,平素,平时。结,结交。本,本源,在这里和始都是一开始、起初的意思。

⑦党友:同道的朋友。

⑧采色:这里指声色娱乐。

⑨用其意:君王采用其意,即得到君王的信任。

⑩入:意思是在朝为官。

⑪出:意思是出镇外邑。

⑫蚨:即青蚨,传说中的虫名。古代巫术以为青蚨之母与子的血可以相互吸引,用母血和子血涂在铜钱上,两铜钱也可以互相吸引。

⑬朕:痕迹。

【译文】

君臣上下之间的关系,有的貌似疏远而实际上却非常亲密,有的貌似亲近而实际上却彼此疏远,主动谋求职位的却不被任用,而那些离去而无所求的反而被召请受到重用。每天晋见的人得不到君王的赏识,距离遥远的人反而能引起君王的思念。这些事情,都是由于性情投合,平素就建立了感情基础的缘故。有的是以道德相结于君王,有的是以同道朋友相结于君王,有的是以钱财货利相结于君王,有的则是以声色娱乐相结于君王。做臣下的一旦得到君王的信任,那么无论是想在朝为官,或者是出镇外邑,无论是想表现出亲近或者是疏远,或有所去,或有所就,或有所求,或有所思,都可以随心所欲。就如同土蜘蛛这种动物的母亲完全依从其子那样,出去时不留间隙,进来时不留痕迹,独自出来,独自返回,谁也无法阻止它。

【原文】

内者进说辞,揵者揵所谋也。欲说者务隐度①,计事者②务循顺③。阴虑④可否,明言得失,以御其志⑤。方来应时⑥,以合其谋。详思来揵,往应事当也⑦。夫内⑧有不合者,不可施行也。乃揣切时宜,从便所为,以求其变。以变求内者,若管取揵⑨。言往者,先顺辞⑩也;说来者,以变言⑪也。善变者审知地势,乃通于天,以化四时,使鬼神,合于阴阳,而牧人民。见其谋事,知其志意。事有不合者,有所未知也。合而不结者,阳亲而阴疏⑫。事有不合者,圣人不为谋也。故远而亲者,有阴德⑬也;近而疏者,志不合也;就而不用者,策不得也;去而反求者,事中来也;日进前而不御者,施不合也;遥闻声而相思者,合于谋待决事也。故曰:不见其类而为之者,见逆⑭;不得其情而说之者,见非⑮。得其情,乃制其术⑯。此用可出可入,可揵可开。

【注释】

①隐度:意思是暗中揣度君王的心理。隐,暗中。度,揣摩。

②计事者:指向君王进献策略的人。

③循顺:意思是因势利导,顺其自然。

④阴虑:私下考虑。

⑤御其志:意思是掌握君王的思想与意志。御,控制。

⑥方来应时:意思是计谋方略要顺应时宜。方,方略。

⑦详思来揵,往应事当也:意思是首先审慎考虑建立同君王的稳固关系,然后再考虑拟献的方略计谋是否顺应时宜、合乎君王的心愿。

⑧内:通“纳”,采纳。

⑨若管取揵:意思是像一把钥匙开一把锁那样顺利。管,钥匙。揵,通“键”,锁。

⑩顺辞:顺乎君王之心的言辞。

⑪变言:指留有余地、随机应变的言辞。

⑫阳亲而阴疏:君王的赏识亲近是表面上的,实际上其内心并不以为然。阳,

指表面上。阴,指内心里。

⑬阴德:指双方的情感心愿暗合。

⑭不见其类而为之者,见逆:意思是不明了总体形势而贸然行动的人,其结果肯定是与自己的意愿背道而驰。类,这里指总体的形势。为,做。逆,相反。

⑮见非:意思是遭到非议和拒绝。

⑯制其术:意思是施展自己驾驭形势的计谋。

【译文】

所谓内,就是向君王进谏说辞,从而结交君王取得信任;所谓揵,就是向君王进献计策,以辅佐君王,成就事业。想要游说君王的,务必事先揣度君王的心理;向君王进献策略的,务必因势利导,顺其自然。首先私下深思熟虑其优劣可否、成败利钝,然后向君王阐明其利弊得失,从而掌握君王的思想与意志。计谋方略需要顺应时宜,以合乎君王的心愿。但首先要审慎考虑建立同君王的稳固关系,然后再考虑拟献的方略计谋是否顺应时宜、合乎君王的心愿。如果进献的计谋不合君王的心愿,就不可能被采纳并付诸实践。这就需要反复揣度,适应时势的要求,提出新的方案,以求其变通。这样以变通的方法求得君王的采纳,就会像一把钥匙开一把锁那样顺利。与君王谈论以往的事情,贵在顺应君王的心理加以合理解释;谈论未来的趋势,贵在留有余地,随机应变。善于应变的人能够审时度势,通于天地自然,以化合四时;役使鬼神,契合于阴阳变化的规律,从而得心应手地控驭天下百姓。看到君王谋划大事,就可洞悉君王的心理、志趣。如果提出的方略计谋不符合君王的心愿,那就是因为对君王的心愿还不够全面了解。如果提出的方略计谋合乎君王的心愿,但仍未得到重用,从而建立稳固的关系,那么就可以推断,君王的赏识亲近是表面的,实际上其内心并不以为然。如果进献的计谋不符合君王的心愿,即使圣贤之人也不愿再为谋划,无所作为了。因此,与君王表面疏远而实际上关系非常亲密的人,是因为双方的情感心愿暗合;表面亲近而实际上关系疏远的人,是因为双方的志向不相符合;主动谋求职位而得不到君王的重用的人,是因为其计谋不当,没有功效;所言不合君王心理而离去、后来又被召用的人,是因为当初所献计策被后来的事实证明是正确可行的;每天晋见却不被赏识的人,是因为他的作为不合时宜;相距遥远反而能引起君王思念的人,是因为其言行合于君王的谋划,君王亟待与他共决大事。所以说不明了总体形势而贸然行动的人,其结果肯定是南辕北辙;不了解君王的心愿便贸然进献说辞的人,必然遭到非议和拒绝。只有充分了解情况,才可以施展自己驾驭形势的计谋。这样才可能出入自由,随心所欲。

【原文】

故圣人立事,以此先知①而揵万物。由②夫道德、仁义、礼乐、忠信、计谋,先取《诗》《书》③,混说损益④,议论去就。欲合者,用内⑤;欲去者,用外⑥。外内者⑦,必明道数⑧,揣策⑨来事,见疑决之,策无失计,立功建德。治民入产业⑩,曰揵而内合⑪。上暗不治,下乱不悟,揵而反之⑫。内自得而外不留说⑬,而飞之⑭。若命自来⑮,己迎而御⑯之。若欲去之,因⑰危与⑱之。环转因化⑲,莫知所为,退为大仪⑳。

【注释】

①先知:指预先知晓全面情况。

②由:意思是来源于。

③《诗》:即《诗经》。《书》:即《尚书》。

④混说损益:意思是综合分析其利弊得失。

⑤欲合者,用内:意思是想要取得君王的信任与合作,就要在掌握君王心理方面下功夫。合,指合于君王的心意。内,内心。

⑥欲去者,用外:意思是如果无意取得君王的信任和宠幸,就不必向君王苟合取宠。

⑦外内者:指善于运用内外之术与君王周旋的人。

⑧道数:指事物发展变化的规律。

⑨策:通"测",揣测。

⑩治民入产业:陶注:"理君臣之名,使上下有序;如赋税之业,是远近无差。"意思是使朝廷君臣有序,人民安居乐业。

⑪曰揵而内合:这就叫作自己制定的计策符合君王之意。

⑫上暗不治,下乱不悟,揵而反之:意思是君王昏暗不能治理朝政,臣下混乱不能明白各自的职责,如果君王仍执迷不悟,那么就可能被臣下所控制。

⑬内自得而外不留说:意思是那些自以为圣贤、自鸣得意的君王,不能接受贤哲的谏言。得,自鸣得意。说,说辞。

⑭而飞之:陶注:"如此者,则为作声誉而飞扬之,以钓观其心也。"意思是陶醉于一片歌功颂德的欢呼声中。

⑮若命自来:意思是如果朝廷发出起用的诏令。

⑯御:指施展自己的才智。

⑰因:趁着。

⑱与:指将职权还给君王。

⑲环转因化:意思是在去就之际,要反复权衡,转圜周严,因情制变。

⑳退为大仪:陶注:"如是而退,可谓全身大仪。仪者,法也。"意思是这样退居才算是掌握了真正的秘诀。

【译文】

因此,圣人立身行事,都是预先知晓全面情况从而控制和驾驭万事万物。而这些都来源于道德、仁义、礼乐、忠信、计谋,首先要研究《诗经》《尚书》的立论,再综合分析其利弊得失,并进一步议论选择去就。如果想要取得君王的信任与宠幸,就要在掌握君王心理方面下功夫;如果无意取得君王的信任和宠幸,自然就不必研究君王的心理,也就会被拒绝而离去。善于运用内外之术与君王周旋的人,必须通晓事物发展变化的规律,预测其未来趋势,遇到疑端能够做出决断,使策略的运用不会出现失误,从而建功立业、积累德行,使朝廷君臣有序,人民安居乐业。这就叫作自己制定的计策符合君王之意。君王昏暗不能治理朝政,臣下混乱不能明白各自的职责,如果君王仍执迷不悟,就可能被臣下所控制。那些自以为圣贤、自鸣得意

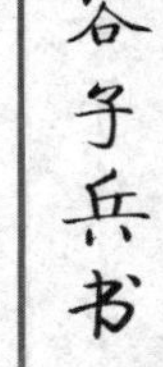

的君王,不能接受贤哲的谏言,而陶醉于一片歌功颂德的欢呼声中。这样,如果朝廷有起用的诏令,就应该欣然受命,以施智展才;如果另有所慕,不愿合作,就要利用社稷大厦将倾之机,将职权还给君王。去就之际,要反复权衡,转圜周严,因情制变,使人搞不清自己的真实意图。这才算是掌握了去就进退的真正秘诀。

【赏析】

本篇讲述的是臣子如何向君王进献计策,从而达到取宠于君王的问题。内就是指自己的计策,揵就是设法使自己的计策被君王采纳。这里,我们可以将君王引申为我们游说的对象。

《鬼谷子》首先用辩证的观点分析了向君王献计时的三种情况:第一,要揣度君王的心意,争取使自己的意向、目标和君王的暗中相合,即“有阴德”,能使自己虽身在异处,却使君王感到自己与他“心近”,善解人意;第二,如果自己的心意、志向不能与君王的暗合,那一定要保证自己的计策是合乎事物的实际情况,合乎事物的发展规律,即使暂时君王无法及时采纳,早晚君王会悔而纳之;第三,如果自己的计策既合乎君王的心意,又合乎事物的发展规律,就能被君王欣然接受,从而使自己得到君王的恩宠。

上面讲的第三种情况可以说是历来谋求荣华富贵、高官厚禄的臣子所追求的最高境界。

本篇隐含了摸透对方心意而说服、控制对方的“得情制人术”,让对方“莫知所为”,欲盖弥彰的“环转退却术”,等等。

战国时期,赵惠文王死后,因子年少,由赵威后执政。秦国趁机来攻,赵国求救于齐国,而齐国让赵威后最小的儿子长安君作为人质方可出兵。赵威后不肯,面对大臣们的竭力劝说,她怒言:“再有谏长安君为人质的,老妇将吐他一脸口水。”

触龙知道,威后正在气头上,如果厚着脸皮去谒见,向她提出让其子长安君去做人质的事,不但不会成功,而且会被她吐一脸口水。

因此,触龙装作若无其事地慢慢走了进去,首先抱歉地说:“我的脚有点毛病,行走不便,所以很久没有向您请安了,但是因担心太后的身体,现前来谒见。”

“我都是以车当步。”

“……那饮食方面呢?”

“都是吃粥。”

“我食欲也不好,每天要散散步,以增进食欲。”

几句贴心的话使正处心烦意乱的赵威后增添了喜悦之色。接着,触龙说:“我有个小儿子,不成材,让人发愁,求太后给他点事做。这是我一生的愿望。”

赵威后欣然应允,询问了他儿子的年龄,并问:“父亲也爱孩子吗?”

“当然,而且超过了母亲。”

“不,母亲才是最疼爱小儿子的。”

“是吗?我觉得太后比较疼爱长安君嫁到燕国的姐姐。”

“不,我最疼爱的是长安君。”

于是触龙说:“如果疼爱孩子,一定会为他的前途考虑。当长安君的姐姐出嫁时,您因不忍离别而哭泣,之后又常常因担心她的安危而掉泪,每当有祭拜时,您一定祈求她不要失宠而回赵国，而且希望她的孙子都能显贵，继承王位。”

“是呀，是这样。”

“那么请您想一想，至今为止有哪位封侯的地位能连续三代而不坠的？”

“没有。”

“不只是赵国，其他的诸侯呢？”

“也没有听说过。”

“为什么会这样呢？所谓祸害近可及身，远可殃及子孙，王族的子孙并非全是不肖之人，但是他们没有功绩而居高位，没有功劳而享受众多的俸禄，其最终的结果就是误了自己。现在您赐给长安君崇高的地位、丰腴的封地，却不给他建功立业的机会，万一有变化，长安君的地位能保全吗？”

最后，赵威后为长安君置办了百余辆车子，送到齐国，齐国终于出兵解围。

触龙不直言相劝，而是采用迂回之策，借以老人共有的爱子情结这一“情”作为突破口，使自己和太后有共同的话题，达到心意的暗合，进而抓住时机，申明主张，在谈话中完全控制了太后，使自己“可出可入”、游刃有余，最后成功说服太后。

1943 年，面对凶恶的德国法西斯侵略军，苏联红军在基辅附近发起了德涅伯河会战。按照上级的部署，苏军渡过德涅伯河夺取了基辅东南的希克林高地。于是，德军疯狂反击。在两次交火中，苏军失利，受到重创。当时的统帅朱可夫将军果断停止战斗，下令将主力部队转移到德军防御最为薄弱的基辅北部。为了掩护主力军的行踪，朱可夫假造了一个迷惑敌军的暂停进攻、原地休整的命令，故意将命令放入一个阵亡军官的皮包中，让敌军搜去。同时，在大部队转移过程中，仍然有一少部分官兵留在原地，虚造声势，给对方以主力仍在原地的假象。

德军果然上当，调集大量军力严阵以待，长时间多次对苏军的原驻地进行轰炸。而在德军不防备的情况下，苏军悄悄地实现了主力的战略转移，并在基辅北部成功发起大反攻，扭转了战局。

其实，像这样的战例举不胜举。朱可夫正是巧妙地运用了“环转退却术”，让德军摸不透你是进攻还是退却，并给了敌人一个积蓄力量而后进攻的假情报，从而达到牵制敌人、金蝉脱壳之目的，同时又在别处发起了扭转战局的有力反击。

抵巇第四

【原文】

物有自然，事有合离[①]。有近而不可见[②]，有远而可知[③]。近而不可见者，不察其辞也；远而可知者，反往以验来[④]也。

【注释】

①物有自然，事有合离：意思是自然界的万物都有自己运动的规律，人世间的事物也同样依照自然离合的法则发展变化。

②见：看见，这里引申为察知。

③知：了解。
④反往以验来：意思是反观以往而验证未来。

【译文】

自然界的万物都有自己运动的规律，人世间的事物也同样依照自然离合的法则发展变化。有的虽然彼此很近，却互不了解；有的虽然相距很远，反而了解得很清楚。彼此很近却不相互了解，是因为没有考察其言辞；相距遥远反而了解得很清楚，是因为反观以往而验证未来。

【原文】

巇者，罅[①]也。罅者，涧[②]也。涧者，成大隙也。巇始有朕[③]，可抵而塞，可抵而却，可抵而息，可抵而匿，可抵而得[④]，此谓抵巇之理也。

【注释】

①罅：缝隙。
②涧：在这里指中缝。
③朕：征兆。
④可抵而塞，可抵而却，可抵而息，可抵而匿，可抵而得：陶注："自中成者，可抵而塞；自外来者，可抵而却；自下生者，可抵而息；其萌微者，可抵而匿；都不可知者，可抵而得。"意思是当这种征兆从内部出现时，可以堵塞它；从外部出现时，可以击退它；从下层出现时，可以平息它；当这种征兆处于萌芽状态时，可以泯灭它；而当其危机深重、不可救药时，可以通过适当的途径取而代之。

【译文】

所谓巇，就是罅，罅也就是涧，涧天长日久就变成大隙。巇刚刚开始时会出现征兆。当这种征兆从内部出现时，可以堵塞它；从外部出现时，可以击退它；从下层出现时，可以平息它；当这种征兆处于萌芽状态时，可以泯灭它；而当其危机深重、不可救药时，可以通过适当的途径取而代之。这就是抵巇的道理。

【原文】

事之危也，圣人知之，独保其用[①]。因[②]化说事，通达计谋，以识细微[③]。经[④]起秋毫[⑤]之末，挥[⑥]之于太山[⑦]之本。其施外[⑧]，兆萌牙蘖之谋[⑨]，皆由抵巇。抵巇隙，为道术。

【注释】

①独保其用：意思是发挥自己独特的作用。
②因：根据。
③细微：这里指危机的征兆。
④经：陶注："经，始也。"即开端。
⑤秋毫：鸟兽在秋天新长的细毛，比喻微小的事物。
⑥挥：陶注："挥，动也。"指事物的发展变化。
⑦太山：即大山。
⑧施外：意思是圣人向外推行教化。施，施行，推行。
⑨兆萌牙蘖之谋：意思是防范和消除危机萌芽和征兆的计谋。牙，即芽。蘖，被砍去或倒下的树木再生的根芽。

【译文】

当事情出现危机之初，只有圣人才能知道，从而发挥自己独特的作用，进而根据事情的发展变化分析利弊，制定适当的策略，以识别这种危机的征兆。万事开始之初，都如秋毫之末那样微小，一旦任其发展，就会动摇大山的根基。当圣人教化向外推行之时，防范和消除危机萌芽和征兆的计谋，都是运用抵巇的道理进行创制的。由此可见，堵塞裂痕、漏洞的方法，也是一种道术。

【原文】

天下纷错[①]，上无明主，公侯无道德，则小人谗贼[②]，贤人不用，圣人窜[③]匿[④]，贪利诈伪者作，君臣相惑[⑤]，土崩瓦解，而相伐射[⑥]。父子离散，乖[⑦]乱反目，是谓萌芽巇罅。圣人见萌芽巇罅，则抵之以法[⑧]，世可以治则抵而塞之，不可治则抵而得之[⑨]。或抵如此，或抵如彼；或抵反之，或抵复之。五帝[⑩]之政，抵而塞之；三王[⑪]之事，抵而得之。诸侯相抵[⑫]，不可胜数，当此之时，能抵为右[⑬]。

【注释】

①错：乱的意思。
②谗：谗害。贼：害，危害。
③窜：逃跑。
④匿：隐匿，这里是隐遁、隐居的意思。
⑤惑：迷惑，这里引申为猜疑。
⑥射：射箭，这里引申为战斗。
⑦乖：违反，背离。
⑧抵之以法：意思是运用抵巇的方法予以堵塞。
⑨抵而得之：意思是用抵巇的方法取而代之。
⑩五帝：古代传说中的帝王，说法不一，通常指黄帝、颛顼、帝喾、唐尧、虞舜。
⑪三王：中国古代三位帝王，即夏禹王、商汤王、周文王。

⑫诸侯相抵：指春秋时代，诸侯之间相互攻伐兼并。

⑬能抵为右：意思是善于运用抵巇之法的就是强者。右，古代吉礼尚右，右为上位。

【译文】

天下纷乱不止，上无明君，公侯将相丧失道德，于是奸邪小人就会谗害忠良、危害社会，以至于贤明之人不被重用，圣人也隐遁起来。贪图利禄、虚伪奸诈之徒胡作非为，导致君臣上下相互猜疑，天下土崩瓦解，相互攻伐，父子离散，反目成仇，这就是裂痕萌发的表现。圣人看到了这些裂痕，就要运用抵巇的方法予以堵塞。世道尚可治理时，就用抵巇的方法加以堵塞；一旦世道不可挽救时，就用抵巇的方法取而代之。或者堵塞它，或者得到它，或者恢复治理，取而代之。五帝之时，世道尚可治理，所以就用抵巇的方法加以堵塞；夏、商、周三王更代之时，世事已无可挽救，于是就用抵巇的方法取而代之。春秋时代，诸侯攻伐兼并不可胜数，这个时候，善于运用抵巇之法的就是强者。

【原文】

自天地之合离终始，必有巇隙，不可不察也。察之以捭阖，能用此道，圣人也。圣人者，天地之使也。世无可抵[①]，则深隐而待时，时有可抵[②]，则为之谋。可以上合[③]，可以检下[④]。能因[⑤]能循，为天地守神。

【注释】

①世无可抵：意思是世道太平，没有出现裂痕不需要堵塞的时候。

②时有可抵：意思是当世事发生了裂痕需要加以堵塞时。

③上合：陶注："上合，谓抵而塞之，助时为治。"意思是协助君王恢复治道。

④检下：陶注："检下，谓抵而得之，束手归己也。"意思是通过堵塞的方法取而代之。

⑤因：和下面的"循"都是遵循的意思。

【译文】

自从天地间有了离合、始终的运动变化，万事万物也必然出现裂痕漏洞，这是不可不详加考察的问题。能够巧妙地运用捭阖之术加以考察研究的，就是圣人。所谓圣人，就是天地的使者。世道太平，没有出现裂痕不需要堵塞的时候，就深隐以待时；世事发生了裂痕需要加以堵塞时，就要应时而出，谋划堵塞的策略。这种策略可以是协助君王恢复治道，也可以是通过堵塞取而代之。能够遵循抵巇之法，就可以立于不败之地，成为天地的守护神。

【赏析】

本篇讲述的是如何洞察事物出现的裂痕（漏洞、预兆），同时采取果断措施加以弥补和利用的问题。

《鬼谷子》认为，任何事物都会出现裂痕，而且这种裂痕会由小变大。因此，作为己方在裂痕出现后应该及时分析原因，采取恰当的补救措施：是内部的原因，就要堵塞；是外部的原因，就要消除外部的原因；是刚刚开始，就及时补救；是到了难以补救的程度，就加以改造重新获得。如果自己对出现的裂痕听之任之，不施以措施，就会被对方利用，自己就会惨遭失败。

相对而言，如果我们发现了对方的裂痕，就要充分利用，果断出击，达到自己的目的。而在裂痕出现之前，我们要有耐心，静观其变，不可莽撞。在接下来的《飞箝》中，《鬼谷子》曾讲有说服他人三法——重累法、利诱法、量能立势法，其实这三法实施的关键就是“抵巇”，即要抓住对方或思想迟钝，或重财色，或不明世情的性格弱点，否则是不会成功的。

本篇隐含了善于发现并抓住对方漏洞或及时补救己方漏洞的“抵巇之术”，在裂痕出现前不要蛮干而要等待时机的“深隐待时术”，等等。

秦国为了破坏齐楚联盟，实现统一霸业，派张仪出使楚国。

张仪一到楚国就宣布：“奉我秦王之命，只要贵国拒绝和齐国的闭关之约，秦愿奉献商於之地六百里给贵国。”

张仪的这个请求，真是出乎楚怀王意料。他原本疑神疑鬼地以为拥有策士之名的秦宰相张仪特地造访楚国必定会拿出无礼要求为难他，没想到是要送土地给他。

楚怀王欣然接受了张仪的请求。

当群臣争相赞美楚怀王的决定时，只有陈轸一人提出强烈的反对意见。

“依群臣的看法，不得商於之地，齐秦必合，齐秦一合则后患必至。”

对于楚怀王的见解，陈轸说明了他的理由：“秦之所以重视楚，这是为什么？理由很简单，无非是想以楚为后盾去对抗齐国。若和齐国断交，楚必孤立，秦国不会给楚国六百里的商於之地。张仪一回到秦国，必定不承认和您的约定。一旦楚和齐断交，秦也会借题发挥，与齐国联合攻打楚。所以，以臣之见，不如表面上佯装与齐国断交，再派人去监视张仪为上策。等到从秦国获得土地之后，再完全和齐国断交也不迟。也就是说，在得到秦国土地之前，避免和齐国实质上的断交，这是很重要的一点。”

怀王却听不进去，立刻和齐国断交，且只派了一位随行将军跟张仪去秦国接受土地。

张仪回到秦国后，非常谨慎小心，他又玩弄了一个计谋。他故意松掉马缰从马车上摔下来，以此为借口有三个月没有上朝，欲使齐楚断交已成定局之后，再矢口否认对楚国的承诺。

中了张仪计策的楚怀王不但不怀疑，还特意派遣勇士到齐国骂齐王，让他了解断交不是戏言。齐国也不甘示弱，立刻采取报复措施，和秦联合。这时，张仪才对楚使者说：“我的领地六里就给你吧！”

楚国使者抗议道：“不是六里，你原来说的是六百里。”张仪不予理睬，楚使者悻悻离去，向楚怀王报告。楚王知道骗局后非常愤怒，发兵讨秦，结果战败，割了两个都邑给秦国。

张仪虽在其中运用了欺骗手段，但我们不难看出他对抵巇术的绝妙运用。一

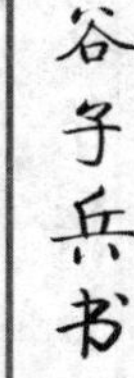

方面，他破坏了齐楚联盟，使齐楚之间出现小巇，继而大巇。另一方面，他用一系列手段来“抵”自己造成的“巇”，即原来承认的献地一事，先是三个月装病不上朝，使献地不予兑现，接着把六百里说成六里，将“巇”减小，最后不了了之，彻底消除。

1982年，濒临破产倒闭的美国第三大汽车制造公司克莱斯勒，在亚柯卡的经营下，终于走出了连续4年亏损的低谷，但如何重振雄风仍是亚柯卡苦苦思索的课题。经过反复思考，亚柯卡根据克莱斯勒当时的情况，决定首先出奇制胜。他把“赌注”押在敞篷汽车上。

美国汽车制造业停止生产敞篷汽车已经10年了，原因是时髦的空气调节器和立体声收录机对于没有车顶的敞篷汽车来说是毫无意义的，再加上其他原因，使敞篷小客车销声匿迹了。

虽然预计敞篷小客车的重新出现会激起老一辈驾车人对它的怀念之情，也会引起年轻一代驾车人的好奇，但是克莱斯勒大病初愈，再也经不起大的折腾。为了保险起见，亚柯卡采取了“打草惊蛇”的策略。

亚柯卡教导工人用手工制造了一辆色彩新颖、造型奇特的敞篷小客车。当时正值夏天，亚柯卡亲自驾驶着这辆敞篷小客车在繁华的汽车主干道上行驶。

在形形色色的有顶轿车洪流中，敞篷小汽车仿佛是来自外星球的怪物，立即吸引了一长串汽车紧随其后。几辆高级小轿车迅速超过去，终于把亚柯卡的敞篷小汽车逼停在路旁。这正是亚柯卡所希望的。

追随者下车围住了坐在敞篷小客车里的亚柯卡，提出了一连串的问题。

“这是什么牌子的汽车？”

“这车是哪家公司制造的？”

“这种汽车一辆需要多少钱？”

…………

亚柯卡面带微笑地一一回答，心里满意极了，看来情况良好，自己的预计是对的。

为了进一步验证自己的感觉，亚柯卡又把敞篷小客车开到购物中心、超级市场和娱乐中心等地，每到一处，都吸引了一大群人围观，道路旁的情景又一次次重现。

经过几次“摸底”，亚柯卡掌握了市场的情况。不久，克莱斯勒公司正式宣布将有男爵型敞篷汽车面市，美国各地都有大量的爱好者预付了订金，其中还有一些女骑士！结果，第一年敞篷汽车就销售了2.3万辆，是原来预计的7倍多。

在“裂痕”出现之前不要蛮干，先摸清动静，探测虚实，掌握情况，而一旦发现“裂痕”出现，就要果断出手，制定行之有效的策略，主动出击，这便是“深隐待时术”。亚柯卡没有将自己投产敞篷车的想法直接付诸实施，而是亲自驾车了解市场的接受程度，在确定无疑后，抓住时机，正式推出产品，结果成绩显著，从而使克莱斯勒公司重新腾飞。

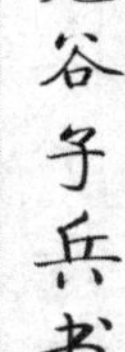

飞箝[1]第五

【原文】

凡度权量能，所以征远来近[2]。立势而制事[3]，必先察同异之党，别是非之语，见内外之辞[4]，知有无之数[5]，决安危之计，定亲疏之事[6]，然后乃权量[7]之。其有隐括[8]，乃可征，乃可求，乃可用。引[9]钩箝飞箝之辞[10]，飞而箝之。

【注释】

①飞箝：陶注："飞，谓作声誉以飞扬之。箝飞箝，谓牵持缄束令不得脱也。言取人之道，先作声誉以飞扬之，彼必露情竭志而无隐，然后因其所好，牵持缄束令不得转移。"意思是运用诱导对方说话的辞令，获知对方内心的真实感情，再用褒扬的方法控制对方。

②征远来近：意思是感召和吸引或远或近的人才。征，征召。来，使动用法，使……来。

③立势而制事：意思是确立相应的制度，以便考察和甄别人才的优劣。

④见内外之辞：意思是分析对内对外言辞的真伪。

⑤知有无之数：意思是了解有无之智数。

⑥亲疏之事：指用人时哪些人可以亲近任用，哪些人必须疏远排斥。

⑦权量：权衡和裁量。

⑧隐括：把物的屈曲注入模型中加以矫正。

⑨引：用的意思。

⑩钩箝之辞：指诱导他们说话的辞令，目的是获知对方的心理。

【译文】

大凡揣度人的权谋、衡量人的才能，就是为了感召和吸引或远或近的人才。确立相应的制度，以便考察和甄别人才的优劣，必须首先考察彼此之间的同与异，辨别言论的是与非，分析对内对外言辞的真伪，了解有无之智数，决断安危之大计，确定亲疏之大事，然后权衡彼此的轻重，裁量彼此的长短。一旦时势需要时，就可以征召他们，可以依靠他们、任用他们。要运用诱导他们说话的辞令，获知他们内心的真实感情，再用褒扬的方法控制对方。

【原文】

钩箝之语，其说辞也，乍同乍异[1]。其不可善者[2]：或先征之，而后重累[3]；或先重以累，而后毁之；或以重累为毁；或以毁为重累。其用，或称财货、琦玮[4]、珠玉、璧帛、采色[5]以事之；或量能立势[6]以钩[7]之；或伺候见涧而箝之[8]。其事用抵巇。

【注释】

①乍同乍异：意思是时而赞同对方，时而不赞同对方。

②其不可善者：指那些不为游说辞令所动的人。

③重累：意思是历数其才能，反复试探和感化。

④琦玮：琦和玮都是美玉的一种。

⑤采色：采邑声色。

⑥量能立势：陶注："量其能之优劣，然后立去就之势。"意思是衡量对方的实力，然后确立相应的制度，立赏罚去就之势。

⑦钩：钩取，意思是了解其内心真实感情和才能之高下。

⑧或伺候见涧而箝之：陶注："谓伺彼行事，见其涧而箝持之，以知其勇怯也。"意思是等待其遇到艰难困苦之时进行控制，以了解其智愚勇怯。

【译文】

诱导对方说话进而控制对方的语言，作为一种游说辞令，时而赞同对方，时而不赞同对方。对于那些不为游说辞令所动的人，或者先征召他们，然后历数其才能，反复试探和感化；或者先历数其才能，进而进行试探和感化，然后再对其才术之短进行诋毁；或者借历数其才能之名行诋毁其不足之实；或者借诋毁其不足之名行褒扬其才能之实。如果被他们感化，行将重用，或者用财货、琦玮、珠玉、璧帛、采邑、声色打动和引诱他们，以观察其贪廉；或者确立相应的制度，立赏罚去就之势，以了解其内心真实感情和才能之高下；或者等待其遇到艰难困苦之时进行控制，以了解其智愚勇怯。这些都要运用抵巇的方法。

【原文】

将欲用之于天下[①]，必度权量能。见天时之盛衰，制[②]地形之广狭，岨险之难易，人民货财之多少，诸侯之交孰亲孰疏、孰爱孰憎；心意之虑怀，审其意[③]，知其所好恶，乃就说其所重[④]，以飞箝之辞钩其所好，以箝求之。用之于人，则量智能，权[⑤]材[⑥]力，料[⑦]气势，为之枢机[⑧]，以迎之随之，以箝和之，以意宜之。此飞箝之缀[⑨]也。用之于人，则空往而实来[⑩]，缀而不失，以究其辞。可箝而从[⑪]，可箝而横[⑫]；可引而东，可引而西；可引而南，可引而北；可引而反，可引而覆。虽覆，能复，不失其度[⑬]。

【注释】

①用之于天下：陶注："用之于天下，谓用飞箝之术辅于帝王。"意思是用飞箝之术辅佐君王治理天下。

②制：控制，掌握。

③审其意：意思是了解其人的心意、情怀、志向。

④就说其所重：陶注："就其所最重者而说之。"意思是投其所重与所好而进说辞。

⑤权：权衡。

⑥材：同"才"，才能，才干。

⑦料：估计。

⑧枢机：事物的机关和枢纽。

⑨缀：连结，这里指结交诸侯。

⑩空往而实来：陶注："但以声誉扬之，故曰'空往'，彼则开心露情，归附于己，故曰'实来'。"意思是用好听的空话，褒扬对方，从而使其敞开心扉，讲出真实的情况。

⑪从：同"纵"，合纵的意思。

⑫横：连横。

⑬虽覆，能复，不失其度：陶注："虽有覆败，必能复振，不失其节度，此箝之终也。"意思是运用飞箝之术，虽然也可能覆败，但一定能转败为胜，不致丧失其度。

【译文】

如果想用飞箝之术辅佐君王治理天下，就必须揣度人的权谋，衡量人的才能，观察天时的盛衰，考察地形的广狭，山川险阻的难易，人民财货的多少，以及与各方诸侯的亲疏、爱憎关系，还要了解其人的心意、情怀、志向，知晓其好恶，然后投其所重与所好，用具有诱惑性的说辞，求得采纳和重用，进而控制对方。如果要把飞箝之术用于诸侯，就要裁量其智能，权衡其权力，估计其气势，这就如同控制了事物的机关和枢纽一样，以此迎合他、追随他，以此控制并亲和他，以此达成和议，促成合作。这就是运用飞箝之术，联结诸侯的办法。如果把飞箝之术用于他人，就要用好听的空话褒扬对方，从而使其敞开心扉，讲出真实的情况，以此结交他而不失欢，以进一步探究其言辞的真伪。这样，就可以实现合纵，也可以实现连横；可以引而向东，也可以引而向西；可以引而向南，也可以引而向北；可以引而返还，也可以引而复去。运用飞箝之术，虽然也可能覆败，但大多能转败为胜，不致丧失其度。

【赏析】

本篇讲述的是如何用褒扬之词抓住对方喜恶欲求的心理，从而达到钳制对方之目的的问题。要想控制对方，首先要摸清他的底细，掌握他的心意。如何摸清对方的底细呢？要"空往实来"，大肆宣扬对方的优点和长处，甚至违心地说一些对方足智多谋、英明非凡的话，使对方得意忘形、晕晕乎乎，觉得自己是他的知心朋友，是在真心真意地帮他，促使他敞开心扉，把他的想法、爱好、隐私向我们和盘托出。

在我们知道了对方的底细后，就要投其所好，抓住对方的心理，对喜欢财色的贪婪之人，用利诱法；对于思维迟钝之人，我们用重累法，大胆指出对方决策的缺陷，使对方猛然醒悟，顺从自己的决策；对不明世情、性格懦弱之人，我们用量能立势法，衡量敌我双方的实力，分析双方的形势，指出自己决策的合理性，使被游说者欣然接受我们的建议。合理运用这三法，或以财色引诱，或以对方的隐私威胁，使他乖乖地任我们摆布，牢牢地钳制住他。

本篇隐含了摸清对方底细，然后以褒扬之词而钳制之的"飞箝术"；摸清对方底细后，抓住对方的弱点而迫其就范的"钩箝术"以及制人三法：重累法、引诱法、量能立势法。

战国时期的张仪，带了几位同乡跑到楚国去求富贵。因找不到登龙途径，他们

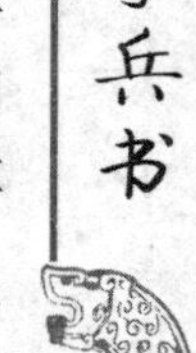

在楚国穷困潦倒,生活异常困难,同去的人忍耐不下去了,便怨气冲天地嚷着要回家去。张仪就说:“你们是不是因为穷了,享受不到什么就要回去?那根本不成问题。这样吧,再等几天,不是我夸口,只要见楚王之后,我包管大家吃穿不尽,否则的话,你们可敲碎我张仪的门牙!”

那时候,楚王正宠爱着两个美人,一个是南后,一个是郑袖。

张仪那天见到了楚王,楚王十分不悦。

张仪就说:“我到这里相当久了,大王还没有给我一点事做,如果大王真的不想用我的话,请准我离开这里,去晋国跑一趟,到那边碰碰运气!”

“好吧,你只管去吧!”楚王巴不得他快些离开,便一口答应。

“当然,不管那边有没有机会,我还是要回来一次的。”张仪说,“但请问大王,需要从晋国带些什么?譬如那边的土特产,您若喜欢,我可顺便带一些回来!”

楚王冷眼向他扫了扫,淡淡地说:“金银珠宝,象牙犀角,本国多的是,对于晋国的东西没什么可稀罕的。”

“大王就不喜欢那边的美女吗?”

这句话像电流通过一样,楚王眼一亮,连忙问:“什么?你说什么?”

“我说的是晋国的美女。”张仪假装正经地说,还做起手势向楚王解释,“哦——,那真是妙呀!漂亮极了!晋国的女人,哪一个不似仙女一样!粉红的脸蛋儿,雪白的肌肤,头发黑得发亮,走起路来如风吹杨柳,说话娇娇滴滴,简直比银铃还清脆,正所谓比花花枯谢,对月月无光,云鬓压衡岳,裙带系湘江……”

这一席话引起楚王的眼珠一直跟着张仪的手势转,连嘴巴也合不拢了,说:“对对对!本国是一个荒僻地区,我从未见过晋国的那些小娃们,你不说,我倒忘了,那你就给我去办,多带些这样的名贵‘土特产’回来吧!”

“不过,大王——”

“那还用说,货款是需要的。”楚王立即给了张仪很多银子,叫他从速去办。

张仪又故意把这消息传开,直传到南后和郑袖的耳朵里。两人听了,非常恐慌,连忙派人去向张仪疏通,告诉他说:“我们听说张先生奉楚王之命到晋国去买‘土特产’,特地送上盘缠,给先生做路费!”因此,张仪又捞了一把。

张仪要向楚王辞行了,装出依依不舍的样子,说:“我这一次到晋国去,路途遥远,交通不便,不知哪一天可以回来,请大王赐我几杯酒,给我壮壮胆吧。”

“行,行!”楚王客气地叫人赐酒给张仪。

张仪饮了几杯,脸红起来,又装模作样地再拜请楚王,说:“这里没有别的人,敢请大王特别开恩,叫最信得过的人出来,亲手再赐我几杯,给我更大的鼓励和勇气。”

“可以,不成问题,只要你能早日完成任务!”

楚王看在“土特产”份上,特别把最宠爱的南后和郑袖请了出来,轮流给张仪敬酒。

张仪一见,连酒都不敢饮了,“扑通”一声跪在楚王面前,说:“请大王把我杀了吧,我欺骗大王了。”

“为什么?”楚王惊讶不已。

张仪说:“我走遍天下,从未遇见有哪个女人长得比大王这两位贵妃漂亮的。

过去我对大王说过要去找‘土特产’,那是没有见过贵妃之故。现在见了,觉得已把大王欺骗了,真是罪该万死!”

楚王松了口气,对张仪说:“我以为什么呢!那你不必起程了,也不必介意。我明白,天下间就根本没有谁比得上我的爱妃的,是不是?”又连忙向左右贵妃献上殷勤,做了个怪样。

南后和郑袖同时眨两下眼,嘴一撇:“嗯!”

从此,楚王改变了对张仪的态度,张仪也落得岁岁平安。

张仪的成功,主要是抓住了楚王的好色心理和虚荣心理,从而牢牢钳制住了楚王,不仅从楚王、南后和郑袖那里取得了大量的好处,而且取得了楚王的欢心,把“飞箝之术”运用得绝妙至极。

世界第一大零售集团沃尔玛30多年前诞生在美国阿肯色州一个不起眼的小镇,它的发展过程是个令人瞠目结舌的奇迹。诞生10年后,它即由偏居阿肯色一隅的默默无闻的乡下人经营的廉价小公司跃入全美50强零售公司的行列。1991年,沃尔玛战胜拥有百年历史的零售巨人西尔斯,实现了全美零售额第一的夙愿。而10年前,沃尔玛24亿美元的年销售额还只及西尔斯的12%。从此,沃尔玛一直保持着全美零售额第一的地位。

同年,沃尔玛在墨西哥开设第一家海外分店,开始了它的全球化战略。截至2002年,沃尔玛在世界各地约有4500多家分店,全年销售额为2178亿美元,跃居全球500强之首,并且公司的销售额每年仍以两位数的速度增长。这样一个大公司几乎是连续几十年快速发展,堪称世界奇迹。

麦肯锡公司的一项调查报告表明,美国1995年至1999年在生产力增长中,有1/8归功于“沃尔玛”这三个字。沃尔玛的雄厚实力令它成为美国零售业中实力最强的公司。

在发展的初期,沃尔玛的创始人沃尔顿坚持“绝不在超过1万人口的城市中开店”。而在后来的实践中,沃尔玛切实体会到在城市边缘开店的优势:那些因为数量太小而被忽视的小城镇居民同样渴望优质、廉价的商品。在中小城镇建立廉价商品连锁店的选址原则为沃尔玛的发展打下了牢固基础,使得沃尔玛在实力较弱的初期可以避免太激烈的竞争。20世纪70年代初,沃尔玛上市之后就开始以平均每年28家新店的速度扩张。现在,“沃尔玛帝国”已经是气势磅礴。在发展的几十年里,沃尔玛一直恪守着薄利多销的经营战略。为了降低成本,增加商品周转速度,沃尔玛绕开中间商,直接从工厂进货。早在20世纪80年代,沃尔玛就采取了一项政策,要求从交易中排除制造商的销售代理,直接向制造商订货,同时将采购价降低2%~6%,大约相当于销售代理的佣金数额。当时,这种做法使沃尔玛每年都可以节省数百万美元的仓储费用。当沃尔玛呈现出勃勃发展势头的时候,沃尔玛与时俱进地采用了信息系统。而信息系统的采用为沃尔玛的发展起到了助推的作用。

沃尔玛高效率的物流配送中心一直以来就被业界认为是沃尔玛成功的关键因素之一。在美国,每一家沃尔玛分店销售的任何一款商品,都会通过沃尔玛的卫星通信系统及时反馈到配送中心和沃尔玛总部,直至沃尔玛的5000多家供应商,从而使得配送中心、供应商及每一家分店的每一销售点都能形成在线作业,在短短的

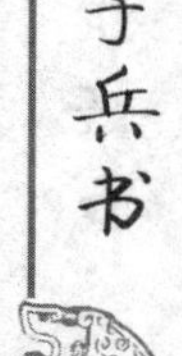

数小时内就可以完成整个配送的流程，大大提高了营业的效率和准确性。在美国，沃尔玛拥有最大的民用数据库，其规模甚至超过了美国电报电话公司。1980 年，当凯马特还在苦苦挣扎着跟踪一管牙膏是什么时候卖的以及卖了多少钱的时候，沃尔玛却通过计算机系统将一美元销售额的配货费用降低到 2 美分，而它对手的却为 5 美分。

沃尔玛对供应商残酷压价以实现对顾客“天天平价”的承诺，以节俭的企业文化得以把管理成本控制在最低的限度，以规模庞大的信息系统在竞争激烈的零售业中确立了竞争优势，从而抓住顾客的求廉、求优、求全的消费心理，使顾客心甘情愿地掏出钱包。

忤合[①]第六

【原文】

凡趋合倍反[②]，计有适合。化转环属[③]，各有形势。反复相求，因事为制[④]。是以圣人居天地之间，立身御世，施教扬声明名[⑤]也，必因[⑥]事物之会[⑦]，观天时之宜，因之所多所少[⑧]，以此先知之，与之转化[⑨]。

【注释】

①忤合：忤，忤逆，反忤。合，趋合。

②趋合倍反：指有关联合或对抗的行动。趋，小步快走。合，联合。“趋”和“合”指有关联合的行动。倍，通“背”，背叛。反，这里指与对方之意相反。“倍”和“反”指有关对抗的行动。

③化转环属：陶注：“言倍反之理，随化而转，如连环之属。”意思是分合的变化就如同连环之物，根据情况的变化而转换。

④反复相求，因事为制：陶注：“或反或复，理自相求，莫不因彼事情为之立制。”意思是彼此循环往复，互相依赖，需要根据实际情况的变化进行定夺。

⑤明名：显名。明，这里是使动用法，使……明。

⑥因：根据。

⑦会：时机，机缘。

⑧所多所少：陶注：“所多所少，谓政教所宜多，所宜少也。”指行政教化应该多、应该少的地方。

⑨转化：陶注：“转化，谓转变以从化也。”意思是根据情况的不同及其变化做出相应的调整和增减。

【译文】

大凡有关联合或对抗的行动，都会有适宜的计谋。分合的变化就如同连环之物，根据情况的变化而转换，各有不同的形势。彼此循环往复，互相依赖，需要根据实际情况的变化进行定夺。所以，圣人在天地之间立身行事，施行教化，扩大和宣扬自己的名誉和声望，都必须根据事物发展的机缘，观察天时变化的合宜与否，从而了解行政教化应该多、应该少的地方。因为预先了解了这些情况，所以才能根据情况的不同及其变化做出相应的调整和增减。

【原文】

世无常[1]贵，世无常师。圣人常无为无不为，无所听无不听，成于事而合于计谋，与之为主[2]。合于彼而离于此，计谋不两忠[3]，必有反忤[4]。反于是，忤于彼；忤于此，反于彼。

【注释】

①常：永恒的，永远的。

②成于事而合于计谋，与之为主：陶注："于事必成，于谋必合，如此者，与众立之，推以为主也。"意思是如果料定事情必然会成功，计谋也合乎实际，正确可行，那么就与众人一起推举他作为君主。

③计谋不两忠：意思是任何计谋都不可能忠实于彼此双方。

④必有反忤：意思是这其中一定有顺应和合、背反忤逆的情况。

【译文】

世界上没有永恒的尊贵，做事也没有令人永远师法的榜样。圣人无所作为而无所不为，无所兼听而无所不听。如果料定事情必然会成功，计谋也合乎实际，正确可行，那么就与众人一起推举他作为君主。与这一方顺合，就必然与另一方背离，任何计谋都不可能忠实于彼此双方，这其中一定有顺应和合、背反忤逆的情况。要顺合此方，就要悖逆彼方；要悖逆此方，就要顺合彼方。

【原文】

其术也，用之于天下，必量[1]天下而与[2]之；用之于国，必量国而与之；用之于家，必量家而与之；用之于身[3]，必量身材能[4]气势而与之。大小进退，其用一也[5]。必先谋虑，计定而后行之以飞箝之术[6]。

【注释】

①量:度量,衡量。

②与:这里是实施、施行的意思。

③身:自身,自己。

④材能:即才能。材,通“才”。

⑤大小进退,其用一也:陶注:“所行之术,虽有大小进退之异,然而至于称事扬亲则一,故曰:‘其用一也’。”意思是反忤之术的运用,虽然有大小进退的区别,但其或顺合或反逆,其道理是一贯的。

⑥行之以飞箝之术:这里指施用飞箝之术作为辅助手段。

【译文】

这种反忤之术,如果要运用到经营天下上,就必须度量天下的实际情况,决定顺合或者反逆;如果要把这种反忤之术运用到经营封国上,就必须度量封国的实际情况,以决定顺合或者反逆;如果要把这种反忤之术运用到治理家族事业上,就必须度量家族事业的实际情况,以决定顺合或者反逆;如果要把这种反忤之术运用到个人的事业上,就必须度量个人的才能气势,以决定顺合或者反逆。反忤之术的运用,虽然有大小进退的区别,但其或顺合或反逆,其道理是一贯的。一定要首先思谋考虑,确定计谋策略之后,再施用飞箝之术作为辅助手段。

【原文】

古之善背向者[①],乃协[②]四海[③]、包[④]诸侯,忤合之地而化转之[⑤],然后以之求合[⑥]。故伊尹[⑦]五就[⑧]汤[⑨],五就桀[⑩],然后合于汤。吕尚[⑪]三就文王[⑫],三入[⑬]殷[⑭],而不能有所明,然后合于文王。此知天命之箝,故归之不疑也[⑮]。

【注释】

①善背向者:指善于运用背向之理、反忤之术的人。

②协:协和。

③四海:古人认为我国疆土四面濒海,因此称全国、国内为“四海”。

④包:包举,联合。

⑤忤合之地而化转之:陶注:“驱置忤合之地,然后设法变化而转移之。”意思是驱置于忤合之地,然后再设法感化人心、转换形势。

⑥以之求合:陶注:“众心既从,乃求其真主,而与之合也。”意思是使天下归心,求得英雄之主,开创新朝。

⑦伊尹:商初名相,名挚。

⑧就:靠近,这里是臣服的意思。

⑨汤:商朝开国之君,他重用伊尹消灭了夏桀,开创了商王朝,推行善政。

⑩桀:夏末暴君,被商汤王所灭。

⑪吕尚:即姜尚,钓于渭水,遇文王,相语,文王大悦,拜为军师。封太公望。

⑫文王：姓姬名昌，周武王父，为武王灭商奠定了基础。

⑬入：进入，这里是入事的意思。

⑭殷：即商，商朝曾定都于殷，故称。这里指殷纣王，纣是商末暴君。

⑮此知天命之箝，故归之不疑也：陶注："以天命系于殷汤、文王，故二臣归二主不疑也。"意思是他们二人都知晓天命的归宿，所以最终义无反顾，归顺了明主。天命之箝，即天命所归。古人认为朝代兴衰乃天命所系。归，这里是归顺的意思。

【译文】

古代善于运用背向之理、反忤之术的人，能够协和天下四方、联合诸侯各国，驱置于忤合之地，然后再设法感化人心、转换形势，使天下归心，求得英雄之主，开创新朝。所以，伊尹五次臣服商汤，五次臣服夏桀，最后顺合于商汤。吕尚三次臣服周文王，三次入事殷纣王，无法施展自己的抱负，最后终于顺合了周文王。他们二人都知晓天命的归宿，所以最终义无反顾，归顺了明主。

【原文】

非至圣[①]达奥[②]，不能御世；非劳心苦思，不能原事[③]；不悉心见情[④]，不能成名；材质[⑤]不惠[⑥]，不能用兵[⑦]；忠实无真[⑧]，不能知人。故忤合之道，己必自度材能、知睿[⑨]，量长短、远近[⑩]、孰不如，乃可以进，乃可以退，乃可以纵，乃可以横。

【注释】

①至圣：指非凡的圣人。

②达奥：指达到了深奥的境界。

③原事：指了解事物的本来面目。原，追究根源。

④悉心见情：意思是尽心努力洞见世情。悉，全，尽。情，这里指世情。

⑤材质：才能和素质。材，同"才"，才能。

⑥惠：聪慧。

⑦用兵：这里指进行军事运筹。兵，指军事。

⑧忠实无真：意思是如果不能诚心忠实。

⑨知睿：聪明睿智。知，同"智"，聪明。

⑩量长短、远近：意思是度量自己技能的长短和见识的远近。

【译文】

假如不是非凡的圣人、达到了深奥的境界，就不能治理世事；如果不费心苦思，就不能了解事物的本来面目；如果不尽心努力洞见世情，就不可能成就声名；如果没有聪慧的素质才能，就不能进行军事运筹；如果不能诚心忠实，就不能知人善任。所以忤合之术的法则，一定要估量自己的才干能力、聪明睿智，度量自己技能的长短和见识的远近，哪一方面不如别人。这样才可以知己知彼，可以前进，可以后退，既可以纵，亦可以横，达到随心所欲、运用自如的境界。

【赏析】

本篇讲述的是分合、向背的问题，强调要善于把握这两种状态之间相互转化的态势，顺势而行，纵横自如。

《鬼谷子》认为，联合和对立都有相应的决策，而且它们之间是可以相互转化的。那么如何掌握这一规律，实施忤合之术呢？事物不但有共性，而且有其个性，那么实施的计谋不可能千篇一律，生搬硬套。决策时要从实际出发，要适合社会的实际情况，要适合解决问题的需要。决策要想被游说对象采纳，还要适合他的口味，因人而异，或利诱，或恫吓，或软硬兼施。有了正确的决策，有了切实可行的实施方案，再去“趋合倍反”，推波助澜，合纵连横，就能够翻手为云、覆手为雨。

那么我们如何才能具备制定正确的决策和实施方案的素质，也就是怎样才能做到一切从实际出发呢？《鬼谷子》告诉我们，要注意从五个方面加强训练：一是“至圣达奥”，就是要加强理论学习，学习先贤哲人的教诲，丰富自己的思想；二是“劳心苦思”，就是要善于琢磨学得的思想，积极训练和提高自己的思维能力；三是“悉心见情”，就是注重调查，通过调查掌握事情的本质；四是“材质不惠，不能用兵”，就是要有聪明灵活、明于事理的素质，能够抓住关键，不拘小节；五是“忠实无真，不能知人”，就是具备辨别真伪的能力，不被一些表面现象所蒙蔽。

本篇所论述的从实际出发而决策的因事立制的观点，对后人决策行事有积极的指导意义，可以说是一个强大的理论武器。诸葛亮辅助刘备，取汉中，与强曹、富吴鼎足天下而三分，无不是在具体实践中审时度势而决策的结果；在革命战争期间，以毛泽东为首的共产党人在与党内的“左”右倾思想的斗争中，在毛泽东《反对本本主义》的著述中，无不闪动着这一思想的光辉。

本篇隐含了根据事物的实际情况制定相应计策的“因事立制术”，根据实际情况和对方的计谋制定相应之策的“反忤之术”，看透形势而选择明主的“向背之术”，等等。

东周初期，各诸侯国都乘机扩张势力。楚文王时期，楚国势力日益强大，汉江以东小国，纷纷向楚国称臣纳贡。当时有个小国叫蔡国，仗着和陈国联姻，认为有个靠山，就不买楚国的账，楚文王怀恨在心，一直在寻找灭蔡的时机。

蔡国和另一小国息国关系很好，蔡侯、息侯都是娶的陈国女人，经常往来。但是，有一次息侯的夫人路过蔡国，蔡侯没有以上宾之礼款待，气得息侯夫人回国之后，大骂蔡侯，息侯对蔡侯有一肚子怨气。

楚文王听到这个消息，非常高兴，认为灭蔡的时机已到，于是派人与息侯联系。息侯想借刀杀人，向楚文王献上一计：让楚国假意伐息，他就向蔡侯求救，蔡侯肯定会发兵救息。这样，楚、息合兵，蔡国必败。楚文王一听，何乐而不为？他立即调兵，假意攻息。蔡侯得到息国求援的请求，马上发兵救息。可是兵到息国城下，息侯竟紧闭城门。蔡侯正准备退兵，楚军赶到，将他们围困起来，最后蔡侯也被俘虏了。

蔡侯被俘之后，痛恨息侯，对楚文王说：息侯的夫人息妫是一个绝代佳人。他这话是刺激好色的楚文王。楚文王击败蔡国之后，以巡视为名率兵到了息国都城。息侯亲自迎接，设盛宴为楚王庆功。楚文王在宴会上，趁着酒兴说：“我帮你击败了蔡国,你怎么不让夫人敬我一杯酒呀?”息侯只得放夫人息妫出来向楚文王敬酒。楚文王一见息妫,果然天姿国色,马上魂不附体,决定一定要据为己有。第二天,他举行答谢宴会,早已布置好伏兵,席间将息侯绑架,轻而易举地灭了息国。

息侯、蔡侯同施背向术,息侯为报私仇主动献计给楚国,让楚国灭蔡,却不料蔡侯也是实施背向术的老手,抓住楚王这个老色鬼的嗜好,竟使楚国顺手将息国消灭。

1985 年夏天,大连市场上的鸡蛋价格就像三伏天里的温度计放进了冰窟里,持续下跌,最后到了亏本的边缘。虽然为了保护广大养鸡专业户的利益,大连市政府制定了保护价格,但是市场是无情的,鸡蛋市场价格继续下滑。大小养鸡专业户纷纷杀鸡,有的甚至连当年刚上架的蛋鸡也杀掉了。这样,市场上的鸡肉价格也随之狂跌。

当时,大连的“中国鸡王”韩伟的鸡场也有一大批鸡蛋,经营也是入不敷出,没办法也将一批成鸡低价出售。然而,与众不同的是,他在处理成鸡的同时,又开始育雏,因为韩伟预测到低谷后必定有高峰,而且成鸡消耗的饲料多,成本加大,在等待高峰出现前亏得就多,而利用换雏可以节约饲料,降低成本。

随着大批企业的转产,养鸡专业户转向其他买卖,半年后,当韩伟的雏鸡育成并开始产蛋时,大连市场上的鸡蛋价格迅速回升,并达到了历史以来的最高点。这样,韩伟大赚了一笔,而那些曾经忙不迭杀鸡的专业户则后悔不已。

市场变幻无常,会使一部分人成为百万富翁,也会使一些人倾家荡产,功夫全在你驾驭市场的能力上。大连韩伟企业集团董事长、2000 年《福布斯》中国内地 50 名首富榜排行第 43 位的韩伟正是抓住了市场变化的规律,认真分析市场,特立独行,制定出了能够战胜市场的决策。

揣[①]篇第七

【原文】

古之善用天下[②]者,必量[③]天下之权[④],而揣诸侯之情[⑤]。量权不审,不知强弱轻重之称[⑥];揣情不审,不知隐匿变化之动静[⑦]。何谓量权?曰:度[⑧]于大小,谋于众寡。称[⑨]货财之有无,料人民之多少、饶乏[⑩]、有余不足几何,辨地形之险易孰利、孰害[⑪],谋虑孰长、孰短[⑫],揆君臣之亲疏孰贤、孰不肖[⑬],与宾客之知睿[⑭]孰少、孰多,观天时之祸福孰吉、孰凶,诸侯之亲[⑮]孰用、孰不用,百姓之心去就[⑯]变化,孰安、孰危、孰好、孰憎,反侧[⑰]孰便,能知如此者,是谓权量。

【注释】

①揣:揣度,揣摩。
②用天下:这里指统治天下,治理天下。
③量:度量,衡量。
④天下之权:这里指天下的形势。

⑤情:这里指实情。
⑥强弱轻重之称:这里指天下诸侯强弱轻重的形势。
⑦隐匿变化之动静:这里指天下诸侯隐蔽变化的动静。
⑧度:度量。
⑨称:这里是衡量的意思。
⑩饶:富足。乏:贫乏。
⑪孰利、孰害:意思是对谁有利,对谁有害。
⑫孰长、孰短:意思是哪一方高明,哪一方拙劣。
⑬不肖:即不贤,没有才能。
⑭知睿:聪明睿智。知,同"智",聪明。
⑮诸侯之亲:这里指与诸侯之间关系的亲疏远近。
⑯去就:离开和靠近,这里指人心向背。
⑰反侧:反叛的意思。

【译文】

上古时代,善于治理天下的人,必定要权衡天下的形势,揣度诸侯的实情。如果权衡天下形势不够准确,就不能准确掌握天下诸侯强弱轻重的形势;如果揣度诸侯实情不细致周密,就不可能知道天下诸侯隐蔽变化的动静。什么叫作权衡天下形势?回答是:度量大小,谋划多少。衡量物质财富的有无与数量的多少;估料民众的多少及其富足还是贫乏、有余还是不足的程度如何;辨别地形的险要与平易,以及对谁有利,对谁有害;谋略运筹方面,哪一方高明,哪一方拙劣;考察君臣之间的亲疏关系如何,以及谁更贤能,谁个不肖;还有宾客幕僚的智慧,哪一方少,哪一方多;观察天时的祸福,何时吉利,何时凶险;与诸侯之间的关系亲疏远近,哪些诸侯可以效力,哪些诸侯不能利用;天下百姓的人心向背变化,哪些地方平静,哪些地方有危机,哪些人拥戴,哪些人憎恶,如果发生反叛,如何察知。掌握了以上这些情况,就可以称得上是权衡天下的形势。

【原文】

揣情者,必以其甚喜之时,往而极[①]其欲也,其有欲也,不能隐其情;必以其甚惧之时,往而极其恶也,其有恶也,不能隐其情。情欲必出其变[②]。感动[③]而不知其变者,乃且错[④]其人勿与语,而更问其所亲,知其所安[⑤]。夫情变于内者,形见[⑥]于外。故常必以其见者,而知其隐者。此所谓测深揣情[⑦]。

【注释】

①极:极点,尽头,这里是使动用法,使……达到极点。
②情欲必出其变:意思是人的情欲必定能在其甚喜、甚惧之时表露出来。
③感动:情感受到触动。
④错:通"厝",安置,安放。
⑤更问其所亲,知其所安:陶注:"徐徐更问斯人之所亲,则其情欲所安可知

也。”意思是了解其所亲近的人，从而从侧面了解其外表不为所动、处之泰然之时的内心真实情感。

⑥见：通“现”，表现。

⑦测深揣情：意思是探测人们内心深处的真实情感。深，这里指内心深处。

【译文】

揣度诸侯的实情，一定要在他们最高兴的时候去刺激他们的欲望，使其达到极点，这样他们有了强烈的欲望，就不容易隐瞒其真实的情感；还要在他们最恐惧的时候去刺激他们厌恶的心理，使其达到极点，这样他们内心有着强烈的厌恶情绪，就难以隐瞒其真实的情感。这是因为，人的情欲必定能在其甚喜、甚惧之时表露出来。如果遇到其情感受到触动却不能体现其内心善恶、好恶变化的人，就暂且搁置起来，不与他交谈，而应该去了解其所亲近的人，从而从侧面了解其外表不为所动、处之泰然之时的内心真实情感。一般来说，内心的情感发生变化，必然会在外在形态上表现出来。所以人们必须常常根据其外在的表现，来察知他们内心的隐情。这就是所谓的探测人们内心深处真实情感的方法。

【原文】

故计[①]国事者，则当审权量；说人主，则当审揣情；谋虑情欲必出于此[②]。乃可贵，乃可贱，乃可重，乃可轻，乃可利，乃可害，乃可成，乃可败，其数一也[③]。故虽有先王之道、圣智之谋，非揣情，隐匿[④]无所索[⑤]之。此谋之大本[⑥]也，而说之法[⑦]也。常有事于人，人莫先事而至，此最难为。故曰揣情最难守司[⑧]，言必时有谋虑[⑨]。故观蜎飞蠕动[⑩]，无不有利害，可以生事美[⑪]。生事者，几之势也[⑫]。此揣情饰言成文章[⑬]，而后论之也。

【注释】

①计：谋划。

②谋虑情欲必出于此：意思是要探测人们内心的谋划思虑、情感欲望，都必须采用这种方法。

③其数一也：意思是其规律都是一样的，也就是说以上所言均由自己决定和控制，其奥妙就在于揣度之术的运用。数，规律。

④隐匿：这里指对方内心隐藏的真实情感。

⑤索：求。

⑥谋之大本：谋略的根本原则。

⑦说之法：游说君主的基本方法。

⑧守司：掌管、把握的意思。守，掌管。司，主管，掌管。

⑨言必时有谋虑：意思是向人进言必须把握好对方谋虑的时机。

⑩蜎飞蠕动：这里泛指小飞虫的运动。蜎，即孑孓，蚊子的幼虫。蠕，这里作名词，指蠕形动物。

⑪生事美：意思是根据利害顺逆的道理成就事业。

⑫生事者，几之势也：意思是事业的成就，往往在最初表现出一种微弱的趋势。几，隐微，不明显。

⑬揣情饰言成文章：意思是这些揣测实情的说辞要修饰成华丽的文章。饰，修饰。

【译文】

因此，谋划国家大事的人，就应当缜密地权衡天下的形势；向君主游说陈情献策时，就应当仔细地揣度君主的内心情感。要探测人们内心的谋划思虑、情感欲望，都必须采用这种方法。揣度之术，可以富贵，也可以贫贱；可以权倾一时，也可以微不足道；可以获取利益，也可以招致祸害；可以成事，也可以坏事，均由自己决定和控制，其奥妙就在于揣度之术的运用。所以，虽然有古圣先王的法则，圣哲智士的谋略，如果不通过揣测实情的权术，就无法探知对方内心隐藏的真实情感。这是谋略的根本原则，是游说君主的基本方法。常常有新的事情不断发生在人们的面前，而人们都不能在事先预料到，这是很难做得到的。所以说，揣测实情最难把握，向人进言，必须把握好对方谋虑的时机。所以我们观察小飞虫的运动，可以想见世间没有不具备利害之心的东西，以此观之，可以根据利害顺逆的道理成就事业。事业的成就，往往在最初表现出一种微弱的趋势。这些揣测实情的说辞要修饰成华丽的文章，然后进行论述。

【赏析】

本篇讲述的是如何揣摩人的心意，从对方表现出来的情况去了解他所掩饰的一面。

揣情有两个方面，一个是了解世情，就是衡量整个社会的形势，了解对方所处国家国力的强弱和这个国家与其他国家的对比情况；二是具体探知对方的实际情况，了解其内心世界和性格特点。了解了世情和“人情”，就得到了第一手的资料，就可以制定出具体的切实可行的游说之策。

那么如何才能做好“揣情”这个至关重要的游说环节呢？《鬼谷子》强调了两方面的内容：一是要充分认识到揣情过程的艰巨性和复杂性，不断加强自身修养（包括知识修养的养成和性格的历练），提高观察事物的能力和预知能力，坚持不懈，多法并用，最后揣得真情，摸清对方底细。二是要善于把握时机，对方高兴时眉飞色舞，最易得意忘形，露出马脚，而揣情者就要投其所好，令对方高兴，就能使对方在不经意中透出真情；对方恐惧时，内心恐慌，语无伦次，也会忘记掩饰自己，而揣情者就要设法探得对方害怕什么，给他以恫吓、威慑，从而使他在极度紧张中透出真情。

有了切实可行的游说之策，把握住了游说的时机，还要有具体的揣情方法，要眼耳并用，从对方的言辞中，从对方的表情变化上，细细揣摩，加以思考，同时要在谈话过程中注意诱导和试探，使对方表现朝着自己需要的方向深入。

本篇隐含了决策前要了解世情和“人情”的“量权揣势术”，做事情要善于筹划，在神不知鬼不觉中加以实施的“隐己成事术”，等等。

齐国的大将田忌，很喜欢赛马。有一回，他和齐威王约定，要进行一场比赛。

他们商量好，把各自的马分成上、中、下三等，比赛的时候，要上马对上马、中马对中马、下马对下马。由于齐威王每个等级的马都比田忌的马强得多，所以比赛了几次，田忌都失败了。

田忌觉得很扫兴，比赛还没有结束，就垂头丧气地离开赛马场。这时，田忌抬头一看，人群中有个人，原来是自己的好朋友孙膑。孙膑招呼田忌过去，拍着他的肩膀说："我刚才看了赛马，威王的马比你的马快不了多少呀。"

孙膑还没有说完，田忌瞪了他一眼："想不到你也来挖苦我！"孙膑说："我不是挖苦你，我是说你再同他赛一次，我有办法让你赢他。"田忌疑惑地看着孙膑："你是说另换一匹马来？"孙膑摇摇头说："连一匹马也不需要更换。"田忌毫无信心地说："那还不是照样得输！"孙膑胸有成竹地说："你就按照我的安排办事吧。"

齐威王屡战屡胜，正在得意扬扬地夸耀自己马匹的时候，看见田忌陪着孙膑迎面走来，便站起来讥讽地说："怎么，莫非你还不服气？"田忌说："当然不服气，咱们再赛一次！"说着，"哗啦"一声，把一大堆银钱倒在桌子上，作为他下的赌钱。齐威王一看，心里暗暗好笑，于是吩咐手下，把前几次赢得的银钱全部抬来，另外又加了一千两黄金，也放在桌子上。齐威王轻蔑地说："那就开始吧！"

一声锣响，比赛开始了。孙膑先以下等马对齐威王的上等马，第一局输了。齐威王站起来说："想不到赫赫有名的孙膑先生，竟然想出这样拙劣的对策。"孙膑不去理他。接着进行第二场比赛。孙膑拿上等马对齐威王的中等马，获胜了一局。齐威王有点心慌意乱了。第三局比赛，孙膑拿中等马对齐威王的下等马，又战胜了一局。这下，齐威王目瞪口呆了。比赛的结果是三局两胜，当然是田忌赢了齐威王。

只要正确分析面临的局势，依据敌我双方力量的实际对比制定策略，就能够稳操胜券。孙膑正是正确分析了赛马场上的具体情况，依据齐威王和田忌双方马匹的等级，灵活调换了马匹的出场顺序，还是用同样的马匹，就得到了转败为胜的结果。

香港有位有名的算命先生刘半仙，他专给股民和准备入市的人看相，预测他们的"钱途"。然而因为股市风云变幻，常常预测失灵。

一天晚上，大雨倾盆，刘半仙家里来了一位不速之客。这人叫邝国华，是刘半仙以前的一个朋友。邝掏出一张 5 万元的支票，塞进了刘半仙的口袋。刘半仙非常吃惊，满腹狐疑地问："这是……"邝国华笑着凑近刘半仙说："很简单，你只要……就行了。"刘半仙连连摇头："不行，不行，万一我说得不准，我这个家不就砸了。"邝国华说："我会坑你吗？现在有一些大老板，打算在香港大干一番，而他们想造点风声，所以请你帮忙。"刘半仙半信半疑地说："这个老板是谁？他想搅乱股市，没有雄厚的资金，谈何容易！""这个你不用担心，后台老板我也不知道，但我可以打包票，这些人非同一般，全都来自大洋彼岸，此事必成。"刘半仙权衡之后，决定按照邝的计策办。

当时，香港的经济繁荣，股市火爆。国际炒股集团早就对这里垂涎三尺。经过策划，以美国维克托为首的几家大的跨国炒股集团决定组成"联合舰队"，调集几十亿资金，准备搅乱香港股市。

这支"联合舰队"首先在香港组成了一个以邝国华为首的间谍兵团，在香港大造舆论，以配合他们的行动。

不久，股市中那几只“领头股”的价位果然缓慢上升。不过，没过几天，就停滞不前。紧接着，刘半仙给邝传话，说一些股民要上门找事，让他赶快想办法。邝根据总部指示，告诉刘半仙，不仅要顶住，而且要加大预言的力度，要给股民断言，这几只股票反弹在即。很快，总部将大量资金分配给间谍兵团，要他们大量吃进这几只股票，而且不准抛售。于是，这几只股票在股市上一下子稀缺了，价格迅速上扬。

这时，总部的决策人物并不想抛出，他们想大捞一笔。他们深知，刘半仙只能引诱那些层次不高的股民上钩，作用不大，真正要让大量炒股者卷入，还得靠媒体的诱导。于是他们指示间谍中的笔杆子撰写文章，通过关系，在香港各大媒体上发表，有根有据、有板有眼地断言，这几只股票必定会继续飘红。不久，这几只股票价格果然节节上升，画了一条又一条漂亮而诱人的“上扬弧线”。紧接着，总部又在西欧和北美的一些媒体上大造这几只股票的舆论。

火候到了。“立即全部出手！”总部下达指令。这样一进一出，这几家国际炒股集团赚回了大把钞票，而香港股市却随着这几只“风向”股票的狂泻而迅速下滑。

面对狂泻不止的大盘，狂热的炒股者只好忍痛割肉。然而，这几家国际炒股集团并未退出，他们想再赚一笔。总部下令动用全部资金，再次吃进。这样，这几只股票出人意料地再次狂升，甚至超出以前价位，再次将大批炒股者手中的现金变成了股票。接着，总部又是一个“全部出手”。以后，总部又下了一次次“吐纳”指令，展开了拉锯战。

不久，总部的股市专家们认为，股民的心理承受力已经到了极限，股价的上涨已到了无法突破的顶峰。于是，总部下令全部抛出。这一次，股指一跌再跌，势不可挡，而这些国际炒股集团早已携巨款逃之夭夭。

也许大家还对1997年的亚洲金融危机记忆犹新。虽然从根本原因来说，都是自身金融体制有问题，但这些金融大鳄往往都是善于运用计谋的家伙，善于发现目标，而且是悄无声息，隐己成事，待你发现之时，他们早已携巨资逃之夭夭。

摩篇第八

摩者，揣[①]之术也。内符[②]者，揣之主也。用之有道[③]，其道必隐。微摩之以其所欲[④]，测而探之，内符必应；其应也，必有为之[⑤]。故微而去之[⑥]，是谓塞窌[⑦]、匿端[⑧]、隐貌、逃情[⑨]，而人不知。故成其事而无患。摩之在此，符应在彼。从而应之，事无不可。

【注释】

①揣：揣摩，揣度，这里指揣摩内心情感。

②内符：内心情感与其外在表现。符，符验，这里指内心情感的外在表现。

③道：一定的法则。

④微摩之以其所欲：根据其情感欲望稍微进行揣度。以，根据。

⑤其应也，必有为之：陶注：“内符既应，必欲为其所为也。”意思是内外既然相

呼应，就会在行动上有所作为。

⑥微而去之：意思是稍加揣度，便排除其外在表现。去，这里是排除的意思。

⑦塞窌：堵塞漏洞。窌，地窖，这里指漏洞。

⑧匿端：隐匿头绪。端，端绪，头绪。

⑨隐貌、逃情：均指隐蔽实情。

【译文】

摩，是揣摩内心情感的一种权术；内心情感与其外在表现，是揣情之术的主体。运用揣情之术有一定的法则，而且这一法则要以隐秘的方法来进行。根据其情感欲望稍微进行揣度，再进一步探测其中的奥妙，这样其内心情感与外在表现就必然会相呼应。内外既然相呼应，就会在行动上有所作为。所以稍加揣度，便排除其外在表现，就称作堵塞漏洞、隐匿头绪、隐蔽实情，他人就无从知晓。这样，事业得以成功而又不会留下后患。隐秘的揣情之术在此处运用，而显著的表现却应在彼处，如此互相呼应，就没有什么事情不会成功。

【原文】

古之善摩者，如操钩而临深渊，饵而投之[①]，必得鱼焉。故曰：主事日成[②]而人不知，主兵[③]日胜而人不畏也。圣人谋之于阴[④]，故曰神；成之于阳[⑤]，故曰明。所谓主事日成者，积德也，而民安之，不知其所以[⑥]利；积善也，而民道之[⑦]，不知其所以然，而天下比之神明矣。主兵日胜者，常战于不争、不费[⑧]，而民不知所以服，不知所以畏，而天下比之神明矣。

【注释】

①饵而投之：即投下鱼饵。

②主事日成：意思是所做的事情每每取得成功。日，每天，这里是常常的意思。

③主兵：用兵打仗。

④谋之于阴：意思是谋事于隐秘之中。阴，暗中，暗地里。

⑤阳：公开地。

⑥所以：表示"……的原因"。

⑦道之：可以理解为"从其道"，意思是人民乐于顺从其道。

⑧战于不争、不费：意思是不经过激烈争斗、不耗费财用，从而战胜于无形之中。

【译文】

在古代，善于运用揣情之术的人，运用起来就如同拿起钓鱼竿在深水潭边，投下鱼饵，一定能钓到鱼。所以说，所进行的事情每每取得成功，而别人却不知道其中的奥秘；用兵打仗每每取得胜利，而别人却不感到畏惧。圣人谋事于隐秘之中，所以被称作神；谋略的成功法却处于光天化日之下，所以被称作明。所谓谋事每每取得成功，首先在于广积德政，而人民得以安居乐业，却不知道为何会如此顺利；其次在于多行善事，而人民乐于顺从，却不知道为什么会这样，普天之下都把他们比作神明。所谓用兵打仗每每取得胜利，其原因则在于主持其事的人常常不经过激烈争斗、不耗费财用，从而战胜于无形之中，而人民却不知道之所以能威慑征服对手的原因，不知道有什么畏惧，普天之下都把他们比作神明。

【原文】

其摩也，有以平，有以正，有以喜，有以怒，有以名，有以行，有以廉，有以信，有以利，有以卑。平者，静也。正者，直也。喜者，悦也。怒者，动[①]也。名者，发[②]也。行者，成也。廉者，洁也。信者，明也。利者，求也。卑者，谄也。故圣人所独用者，众人皆有之，然无成功者，其用之非[③]也。故谋莫难于周密，说莫难于悉听[④]，事莫难于必成，此三者，唯圣人然后能之。故谋必欲周密，必择其所与通者[⑤]说也，故曰或结而无隙[⑥]也。夫事成必合于数[⑦]，故曰道数与时相偶[⑧]也。说者听必合于情，故曰情合者听。

【注释】

①动：鼓动。

②发：陶注："名贵发扬，故曰'发也'。"

③用之非：意思是运用的方法不得当。

④悉听：指对方全部听从。悉，全，都。

⑤其所与通者：指那些可以沟通的志同道合者。

⑥结而无隙：意思是结交朋友要亲密无间。

⑦数：天数，即自然规律。

⑧道数与时相偶：意思是天道、术数与天时相配合才可以保证成功。偶。偶合，配合。

【译文】

揣摩的方法，可以有平、正、喜、怒、名、行、廉、信、利、卑等多种。所谓平，就是平静。所谓正，就是正直。所谓喜，就是喜悦。所谓怒，就是鼓动。所谓名，就是名誉。所谓行，就是成功。所谓廉，就是廉洁。所谓信，就是明了。所谓利，就是求取。所谓卑，就是谄媚。所以，圣人善于运用的方法，众人也都能够运用，然而却不能取得成功，就是运用的方法不得当。因此，谋划方略最难莫过于周详缜密，向人游说最难莫过于对方全部听从，做人行事最难莫过于一定成功。这三点，只有圣人才能够做得到。所以说，谋略要做到周详缜密，就必须选择那些可以沟通的志同道合者进行论证，所以说结交朋友要亲密无间。事情要取得成功，就一定要合乎天数即自然规律，所以说天道、术数与天时相配合才可以保证成功。向人游说要想使对方全部听从，说辞就必须与人情相合，所以说情意相合才能够被人听从。

【原文】

故物归类[①]，抱薪[②]趋[③]火，燥者先燃；平地注水，湿者先濡[④]。此物类相应[⑤]，于势[6]譬犹是[7]也。此言内符之应外摩[8]也如是。故曰:摩之以[9]其类,焉有不相应者?乃摩之以其欲,焉有不听者?故曰:独行之道[10]。夫几者不晚[11],成而不抱[12],久而化成[13]。

【注释】

①物归类:意思是世上万事万物各归其类。

②薪:柴火。

③趋:趋向,奔向。

④濡:浸润,沾湿。

⑤物类相应:意思是事物如果是同类就会相互呼应。

⑥势:指揣摩的情势。

⑦譬犹是:意思是就像前面说的那样。譬,比喻,比方。是,这样。

⑧内符之应外摩:意思是内心的情意表现于外在行色上,与外在的揣摩之术相呼应。

⑨以:根据,依据。

⑩独行之道:指志向高洁、不随流俗的人才能运用的方法。

⑪几者不晚:意思是通晓细微的征兆和趋势而果断行动的人,不会失去良机。几,指事情的苗头或预兆。

⑫成而不抱:意思是取得成功而不居功自傲。抱,这里有守功、居功的意思。

⑬化成:意思是成功地使教化行之于天下。

【译文】

所以说,世上万事万物各归其类。抱着柴薪走向大火,干燥的部分首先燃烧;往平地上倒水,潮湿的地方就首先被浸润。这就是事物同类相应的道理。至于揣摩的情势,也是相同的。也就是说,内心的情意表现于外在行色上,与外在的揣摩之术相呼应。所以说,根据事物的类别运用揣摩之术,哪有不相呼应的道理?依据其内心欲望揣摩其真实情感,哪有不听从的道理?所以说这是志向高洁、不随流俗的人才能运用的方法。通晓细微的征兆和趋势而果断行动的人,不会失去良机,取得成功也不会居功自傲,这样持之以恒,就能够逐步使教化行之于天下。

【赏析】

本篇实际是《揣篇》所讲"揣情"的继续,但上篇侧重的是掌握世情和"人情",获得与游说对象有关的外部信息,而本篇侧重将通过"揣情"得到的外部信息进行分析、归类、推度、反验,得出这些外部信息产生的内因,从而把握对方的好恶欲求。

在这一过程中,首先要根据获得的外部信息判定对方的心性类型,以人类心理活动的共性推知对方对事物的处理方式。平静之人,处理事情比较冷静客观;正直之人,做事循规蹈矩;易喜之人,目光短浅,胸无大志;易怒之人,做事莽撞,缺乏思考;重名之人,喜欢搞形式主义,好大喜功;重信之人,一诺千金,做事雷厉风行、光明正大;贪婪之人,唯利是图,做事重小利而缺乏大局观念;廉洁之人,洁身自好,做

事怕担风险,缺乏献身精神;卑鄙之人,反复无常,诡诈多变,往往为达目的不择手段。

大致了解了对方的心性类型,初步判断出对方对事物的处理方式,下面就要根据获得的外部信息,由古推今,由己推人,逐步推度出对方的真实意图,以提高摩意的准确性。

推度出对方的真实意图后,还要进行反验,验证所推的结果是不是正确的。《鬼谷子》认为,试着根据对方的好恶期望,提出建议和言辞,对方内心反应通常会在言语行为等外在形体表现;如有反应,再顺势诱导,对方的内心世界就会暴露出来。

通过揣情、摩意、反验,你所得的外部信息便经过扬弃和梳理,从而为正确决策找到了充分的依据。

本篇隐含了琢磨对方,设下诱饵,钓出实情的"操钩临渊术";一切悄无声息,事成之后对方才恍然大悟的"谋阴成阳术";杀一儆百的"燃燥濡湿术",等等。

三国时,荆州地处西川与东吴之间,是重要的兵家必争之地。当初,刘备窘迫时,向东吴"借"荆州以栖身,休养势力。后稍有恢复,东吴便再三索要荆州,而刘备当然不会把自己的唯一立足之地放弃掉,便以各种理由再三推脱。东吴的大都督周瑜十分气恼,便想用计取回荆州。

一天,听得刘备夫人新丧,周瑜顿时心生一计,对东吴大将鲁肃说:"我有计策了!必使刘备老老实实地把荆州交回来!"

鲁肃问:"什么计?"

"刘备丧妻,必将续娶。我知主公有一妹妹,刚武英豪。可假意以招婿为名,骗刘备来东吴成婚。一旦他来,则囚入牢室,再派人去讨荆州以换刘备,他们必然交还荆州。之后,放与不放、杀与不杀,不全凭我们随便处置了吗?"

鲁肃觉得这个计策甚好,表示赞同,便对东吴之主孙权说了此计。孙权表示同意,于是派大臣吕范到荆州去做媒,临行前对吕范说:"近日刘备夫人病逝。我有一妹,想招刘备为婿。两家永结姻缘,同心破曹,以扶汉室。这做媒的事,我看你去说最好。请你走一趟吧!"吕范领命,以媒人身份来到荆州。

再说刘备,中年丧妻,他很烦恼悲哀。这天正和诸葛孔明闲谈解闷,忽报东吴派吕范来了。孔明笑道:"一定是周瑜为要荆州,又有什么计谋了。我在帐后躲起来,无论吕范说什么,您都答应下来,然后我们再商量对策。"

刘备于是接见吕范。

吕范先对刘备表示慰问,然后就讲清来意:"人若无妻,就像房屋没了梁一样。

所以我不避嫌疑，特来做媒。”接着就把东吴要招刘备为婿的事及此事对刘、孙两家政治军事上的意义都认真诚挚地说出来。最后道：“因为吴太夫人特别疼爱这个最小的女儿，不愿意远嫁，所以请皇叔去东吴举行婚礼。”

“这事，你们主公知道吗？”刘备问。

吕范笑道：“这种事，不先征得吴侯同意，怎敢随便来说呢？”

刘备以年龄相差太大等理由婉拒。但吕范是个非常称职又热心撮合的媒人，一再劝说。最后刘备没理由推辞了，就说：“请您先住下来，我明天告诉您最后的决定。”

到晚上，刘备与孔明细商此事。孔明十分高兴，劝刘备答应这门亲事，并马上派孙乾和吕范回见孙权，商定娶亲事宜，择日就婚东吴。

刘备绝非平庸之辈，因此，不解地望着孔明道：“这肯定是周瑜的计谋，我怎么能草率地身入虎穴呢？”

孔明笑道：“周瑜虽能用计，但怎能出乎我所料？主公放心，我略施小计，保管使周瑜一筹莫展，孙权之妹成为主公之妻，而荆州又万无一失！”

刘备虽相信孔明的神机妙算，但对只身入虎穴的危险仍存疑惧，很是犹豫。孔明道：“我已定下三条妙计，再让赵子龙保主公过江，绝不会有差错的！”随即把赵云找来，安排了任务，又交给他三个锦囊：“你保主公入吴，可依次按这三个锦囊内的计策行事。”

于是，在建安十四年（209 年）冬十月，刘备由赵云、孙乾陪同，进入吴国境地。刚到吴境的第一个城市南徐，赵云就按孔明的吩咐打开了第一个锦囊。看罢，就命令随行的五百名士兵，一个个披红挂绿到市上购买各种婚礼所需要的物件，同时大肆宣扬刘皇叔与孙公主即将成亲的消息。东吴士官百姓闻听，更代为传播，立时，这喜庆消息就传向吴国所属各地。赵云又代刘备准备了丰厚礼品，让刘备主动拜访乔国老。

乔国老在吴国是举足轻重的人物。他的两个女儿，一个嫁给孙权的哥哥孙策，一个嫁给了周瑜；两个女婿，一个是吴国开国之主，一个是正掌大权的都督，由此可知乔国老的“一斑”了！

刘备登门拜访，使乔国老大为开心，却又为如此大事自己这个“国老”却没有被告知而大为恼火。送走刘备后，乔国老便从南徐赶到都城去见孙权的母亲吴国太。一进门，乔国老就气哼哼地冲吴国太道喜。

国太一怔：“有什么喜事呀？”

国老道：“国内都已传遍，您的贵婿也到我们门上来过了，为什么还要瞒我？”

国太大惊：“竟有此事！”忙派人把孙权叫来质问，并派人到城中探听。

派到城中探听的人先回来了，报告：“确有此事。女婿已在驿馆安歇，五百随行军士正在城中购买猪羊果品，准备成亲。做媒的女家是吕范，男方是孙乾。”

国太一听，顿足捶胸大哭。此时，孙权进见母亲。国太怒气冲冲地责问：“你心里还有我吗？女儿是我生我养，你招刘备为婿，这么大的事为什么瞒着我？”

孙权吓了一跳，没想到母亲已知此事。不得已，孙权向国太说出真情：不过是条计策，只为了把刘备骗到东吴，好以此要挟，讨还荆州，并不是真要把妹妹嫁给刘备。

国太一听更火了，大骂周瑜道："你这个堂堂六郡八十一州大都督，怎么这样没出息！没本事取荆州，却以我女儿为名，使美人计！杀了刘备，我女儿就是望门寡，以后还怎么再嫁人？"接着又怒斥孙权："你们这帮没本事的家伙，做的好事！"

孙权平日孝敬母亲，此刻只能默默无声。

乔国老也怒气冲冲："就算用这条计取了荆州，也会被天下人耻笑。这怎么能行？"

孙权羞惭不已。

乔国老又说下去："事已至此，也只能招刘备为婿了，免得出丑。"

孙权忙反对："两人年龄恐怕不相当吧！"

乔国老已对刘备有好感，就争辩："刘备是大汉皇叔，当今英雄，有何不可？"

国太道："明天我先见见刘备。他若不中我意，此事听你们去做。若中我的意，就把女儿真嫁给他！"

孙权无奈，只得答应，但预先在会见地点埋伏下刀斧手，一旦国太不满意刘备，马上拿下他。

不料，第二天在甘露寺，吴国太一见相貌堂堂、打扮齐整的刘备就喜欢得很，对乔国老赞叹："这真是配做我女婿的人！"

乔国老在其间更大赞刘备人品才能。于是国太一锤定音：择日定亲。

孙权无可奈何，只好听任国太。

刘备回馆驿后，孙乾又要他马上再见乔国老：请求早日完婚——因为东吴多有欲害刘备的人。

乔国老又面陈国太，国太十分气愤："我的女婿，谁敢杀害！"便命刘备搬入宫中，住在自己身边，并同意赵云所率五百士兵也陪住进来。

紧接着，国太就为刘备与自己的女儿举行了盛大的婚礼。

周瑜闻听此事，懊恼不已。他又心生一计，要孙权软禁刘备于宫中，提供锦衣美食、音乐歌女，企图软化刘备志向，让他贪恋享乐，不思回荆州。然后，再伺机挑拨他与关、张二人的关系，疏远他与诸葛亮的情感。最后，再用计夺回荆州。总之，绝不可让刘备再跑回去！于是孙权依计而行：修建豪华宫室给刘备夫妇居住；花木玩物，无所不尽；歌女乐师，均是色艺绝佳的人选；至于金玉锦绣、车马服饰，更是应有尽有。

刘备长年奔劳战场，猛入温柔富贵之境，果然乐而忘返，沉迷酒色之中。

赵云见状，甚忧虑。按孔明所说，于年终又拆开第二个锦囊。他看过之后，急匆匆来到正听看歌舞的刘备面前："今早接孔明来报，曹操起精兵五十万，杀奔荆州而来！军情十分紧急，请主公马上回荆州！"

刘备虽恋享乐，但还不沉迷，一听荆州危险，也吃惊。但是，刘备又舍不得离开孙夫人。赵云于是有意地几次三番催促刘备。

刘备更加为难，常面容悲戚。

孙夫人已探知内情，便果断地说："大丈夫立世，不可只顾儿女私情，妾已是夫君的人，你无论到何处，我都跟你去！"

刘备很高兴，夫妻二人于是商定：以到江边祭祖为名，离开吴境，潜回荆州。

到了元旦，夫妻二人给国太拜年。之后，孙夫人代刘备说："祖宗父母之坟在涿郡，想到江边，望北遥祭，以表人子之情。”

“这是孝道。当然可以！”国太立刻答应。

于是，当天下午，刘备、孙夫人及赵云所带五百士兵，瞒着孙权，悄悄向长江岸边进发。

第二天，孙权得知刘备走脱，忙派将领率兵去追。周瑜唯恐刘备逃跑，也一直派兵在必经之路防守。结果，刘备前后受敌，被追兵团团围住，情势万分危险。

赵云忙按孔明所嘱，在危急时刻翻看第三个锦囊。看过后，把孔明的计策告诉刘备。刘备急忙赶到孙夫人车前，流泪道：“备有几句心腹话，要告诉夫人。”接着，便把与孙夫人结婚的前后经历及周瑜、孙权以她为钓饵要谋杀刘备的全部阴谋告诉了妻子。之后，又十分真诚地表现出对夫人的爱恋之情。最后表示：若夫人不能帮自己脱离危险，则宁愿自杀在夫人面前。

孙夫人一听事情全部经过，大怒。由于夫妻情感很深，当然不会让刘备有丝毫危险，就把孙权、周瑜派来的人大骂一顿，连带着也痛骂了自己的哥哥和“不可一世”的东吴大都督。然后她立目扬眉，喝令这些人让路，否则杀无赦！

这些人见公主发怒，哪敢下手？觉得人家毕竟是王族亲贵，自己只是下人、走卒，何必掺入主子家事之间受窝囊气？又见赵云横枪立马，怒气冲天地准备厮杀，自知费力不讨好，甚至被赵云杀伤丢命，最终还会让主子谴责，就让开一条路，放刘备走了。

刘备死中逃生，打马赶路，来到长江边上。后面追兵又起：吴军将领新接孙权“宁可杀死亲妹妹，也不可让刘备逃走”的命令！正惊慌失措，江岸芦苇丛中，摇出二十多只船来。原来竟是诸葛亮专候在此，接刘备回荆州的！

刘备大喜，上船与孔明相庆。

这时，上游又铺天盖地地冲来无数战船，中间帅字旗下，周瑜亲统水军截杀而来。

刘备在孔明的指引下，弃船上岸，乘马疾行。

周瑜也弃船上岸，但水军少马，只好带少数兵力追杀刘备。不料，追至半途，一彪人马横向杀出，大将关羽威风凛凛拦在面前。周瑜胆战心惊，慌忙败退，吴兵死伤无数。

周瑜逃得性命，回到船上，还没喘息平静，就听岸上刘备士兵大声喊：“周郎妙计安天下，赔了夫人又折兵！”这讥刺的叫喊声长久地响在周瑜耳边。

周瑜恼羞成怒，大叫一声，一口鲜血喷了出来，立时昏倒在地。

周瑜为刘备娶亲，偷鸡不成蚀把米的故事至今广为流传，可以说妇孺皆知，家喻户晓。周瑜之所以使用“操钩临渊术”未获成功，反而丢了“鱼饵”，正是因为这一策略有一个重要的前提，就是摸透对方，在对方上钩之前使其一无所知。然而，诸葛亮的技高一筹，刘备的不为女色所动，是周瑜没有认识到的。

香港十大富豪之一的刘銮雄有很多“狙击手”的外号——“股坛狙击手”“明星狙击手”……而得到“股坛狙击手”的称号，是因为他先后以狙击手段收购了庄士、大酒店、华人置业等机构，这不仅在香港股市掀起了轩然大波，而且奠定了他在商界的地位。

1985 年初，刘銮雄与爱美高另一创始股东梁英伟的间隙无法弥补，刘把手上股份配售给基金，挟巨资“下野”。梁氏主持爱美高时，正值当时港元上升，公司产品严重滞销，股价下跌。面对这一形势，刘銮雄趁机在市场大笔扫入，一招“狮子回头”，重新掌握了公司大权。而刘这一出一进，已有2亿港元落袋。自此以后，刘氏“股市狙击手”的名声日隆。

1986年1月，刘銮雄瞄准的又一个目标是庄氏家族的能达科技。能达科技当时是香港庄仁集团控股的一家电子企业，但庄氏集团有意向地产领域发展，不断减持手中股票，套取大量现金。刘銮雄得知这一情况后，以极低的股价买回。当刘銮雄以第二大股东身份要求收购能达科技时，庄氏被逼之下只好斥资7000多万元进行反收购，从而遭受重大经济损失，而刘获利650余万元。

再战告捷，刘銮雄豪气顿生，随即盯上华人置业。收购华人置业是刘銮雄最得意的一战，“因为当时手上一股都没有，所有人都认为我不会成功”。但两个月后，刘创造了奇迹，冯平山和李冠春两大家族先后被拼出局，将华置拱手相让。

大酒店为香港历史最悠久的酒店企业，拥有闻名遐迩的半岛酒店和浅水湾酒店，老牌英资嘉道理家族和梁仲豪家族为大股东，拥有绝对控制权。不过，公司作风保守，被投资者评价为“不思进取”，加上净资产值高，可以说先天就带有被“狙击”的诱因。

“它（半岛酒店）是香港当时唯一的六星级酒店，古色古香，我很喜欢那种味道。”所以当机会来临的时候，刘銮雄毫不犹豫地以旗下中华娱乐行和爱美高连同丽新制衣以每股53元接手。但进入后华人受到歧视，为争取大酒店董事席位、话事权，刘銮雄和嘉道理家族展开了一年多的龙虎斗，最后以嘉道理接手刘手上大酒店股份为终结，此举刘氏旗下中华娱乐行获利达9200万，爱美高则赚取4200万。

经此几役，刘当时在股坛呼风唤雨，凡是刘染指的股票必然大升，甚至只要与他名字扯上关系的都脱胎换骨。市场曾盛传刘銮雄将收购置地和东亚银行，其股票当时就如脱缰野马般飙升。企业大股东对刘氏纷纷避之则吉，小股民却对其如痴如醉。

股市狙击在美国很早就流行，狙击手法是：当一家上市公司的大股东控制权不稳，而该公司的资产值又很高时，就很容易为企业狙击手所垂涎；在市场吸纳到相当的股份后提出全面收购，迫使对方以高价买回自己手上的股份，或是将整个公司易手，从中赚取利润。股市狙击手极不受企业大股东欢迎，被称之为“绿色敲诈”。在风云变幻的股市背后，每一次阻击的成功，都是“谋阴成阳术”的生动再现。

权[①]篇第九

【原文】

说者，说之也[②]；说之者，资[③]之也。饰言[④]者，假[⑤]之也；假之者，益损也。应对者，利辞[⑥]也；利辞者，轻论[⑦]也。成义[⑧]者，明[⑨]之也；明之者，符验[⑩]也。难言[⑪]者，却论[⑫]也；却论者，钓几[⑬]也。佞言[⑭]者，谄而干忠[⑮]；谀言[⑯]者，博而干智[⑰]；平言[⑱]者，决而干勇[⑲]；戚言[⑳]者，权而干信[㉑]；静言[㉒]者，反而干胜[㉓]。先意承欲[㉔]者，谄也；

繁称文辞[25]者，博也；策选进谋者，权也；纵舍不疑[26]者，决也；先分不足而窒非[27]者，反也。

【注释】

①权：权变。

②说者，说之也：意思是游说别人就是为了说服别人。

③资：资助。

④饰言：对说辞加以修饰。

⑤假：借助，这里指借助说辞打动对方。

⑥利辞：指悦耳的巧辩辞令。

⑦轻论：指轻视论说的外交辞令。

⑧成义：指具有义理的言论。

⑨明：意思是明辨真伪。

⑩符验：意思是符合和验证自己的内心情感。

⑪难言：指向别人发难的指责之辞。

⑫却论：意思是诘难、商榷事情。

⑬钓几：诱导、探求事物的精妙之处。钓，诱取。几，隐微。

⑭佞言：指花言巧语。

⑮谄而干忠：通过谄媚以求得忠诚之名。干，求取。

⑯谀言：指谄媚的言辞。

⑰博而干智：意思是通过繁博的虚浮之辞以求得智慧之名。

⑱平言：指平实的言辞。

⑲决而干勇：意思是通过果断不疑的言辞以求得刚勇之名。

⑳戚言：指忧愁的言辞。

㉑权而干信：意思是通过运用智谋以求得信任。

㉒静言：指镇静的言辞。

㉓反而干胜：意思是通过反攻别人以求得胜利之名。

㉔先意承欲：意思是曲意奉承以满足对方的欲望。

㉕繁称文辞：意思是文辞繁复虚浮。

㉖疑：犹疑，犹豫不决。

㉗先分不足而窒非：陶注："己实不足，不自知而内讼，而反攻人之过，窒他谓非。"意思是自己先分不足反而指责他人的过失。窒，阻塞。

【译文】

游说，就是为了说服别人；而说服别人，就是为了对别人有所资助。对说辩加以修饰，目的是假借这些说辞打动对方；假借经过修饰的说辞，是因为遇事要有所损益。应承对答的辞令，是一种悦耳的巧辩辞令；巧辩辞令，是一种轻视论说的外交辞令。具有义理的言论，目的在于明辨真伪；而明辨真伪，目的在于符合和验证自己的内心情感。向别人发难的指责之辞，意在诘难、商榷事情；而诘难、商榷事情，意在诱导、探求事物的精妙之处。花言巧语，是通过谄媚以求得忠诚之名；而谄媚之言，是通过繁博的虚浮之辞以求得智慧之名；平实之言，是通过果断不疑的言辞以求得刚勇之名；忧愁之言，是通过运用智谋以求得信任；镇静陈说，是通过反攻别人以求得胜利之名。曲意奉承，满足对方欲望，就是谄；文辞繁复虚浮，就是博；策划选择，运用智谋，就是权；纵使舍弃也毫不犹豫，就是决；掩饰自己之不足，反而指责他人的过失，就是反。

【原文】

故口者，几关[①]也，所以[②]关闭情意[③]也。耳目者，心之佐[④]助也，所以窥瞷[⑤]奸邪。故曰："参调而应，利道而动[⑥]。"故繁言而不乱[⑦]，翱翔而不迷，变易[⑧]而不危[⑨]者，睹要[⑩]得理[⑪]。故无目者，不可示以五色[⑫]；无耳者，不可告以五音[⑬]。故不可以往者，无所开之也[⑭]；不可以来者，无所受之也[⑮]。物有不通者，故不事也[⑯]。古人有言曰："口可以食，不可以言"，言者有讳忌也；"众口铄[⑰]金"，言有曲[⑱]故也。

【注释】

①几关：即机关。

②所以：表示"用来……的东西"。

③关闭情意：意思是宣布和封锁内心的情意。

④佐：辅助，帮助。

⑤窥瞷：窥视。

⑥参调而应，利道而动：意思是口、耳、目三者相互协调和呼应，从而向着有利的道路发展。"参"与"叁"在古代通用。动，这里是发展的意思。

⑦不乱：这里指思绪并不紊乱。

⑧易：改变。

⑨不危：这里指不发生危机。

⑩要：要旨。

⑪得理：意思是把握了规律。理，道理，规律。

⑫五色：即青、黄、赤、白、黑五种颜色。

⑬五音：指五声音阶中的宫、商、角、徵、羽五个音级。

⑭不可以往者，无所开之也：陶注："此不可以往说于彼者，为彼暗滞无所可开也。"意思是不能前去游说君王，是由于他们昏聩不开窍，没有可以启发的基础。往，这里指前去游说君王。开，开导，启发。

⑮不可以来者，无所受之也：陶注："彼所不来说于此者，为此浅局无所可受也。"意思是别人不到这里前来游说，是由于这里没有接受游说的基础。来，这里是使动用法，使……来。受，接受。

⑯物有不通者，故不事也：陶注："夫浅局之与暗滞，常闭塞而不通，故圣人不事也。"意思是大凡事物有不通达的，圣人就不会去从事。通，通达。

⑰铄：熔化金属。

⑱曲：曲解。

【译文】

所以说,口是人体的一个机关,可以用来宣布和封锁内心的情意。耳朵和眼睛是心灵的助手,是用来察知、发现奸诈邪恶的。所以说口、耳、目三者相互协调和呼应,从而向着有利的道路发展。因此,言辞繁复而思绪并不紊乱,自由翱翔而并不迷惑,改易变化而不发生危机,关键在于抓住了要旨、把握了规律。所以没有眼力的人,不能展示五彩给他看;没有听力的人,不能弹奏五音给他听。因而不能前去游说君王,是由于他们昏聩不开窍,没有可以启发的基础;别人不到这里前来游说,是由于这里没有接受游说的基础。大凡事物有不通达的,圣人就不会去从事。古人有句话说,"口可以用来吃东西,却不可以用来说话",这是因为说话有很多顾忌和隐讳。"众口一致的言辞可以把金属熔化",这是因为言语有所偏差和曲解的缘故。

【原文】

人之情,出言则欲听①,举事②则欲成。是故智者不用其所短,而用愚人之所长;不用其所拙,而用愚人之所工③,故不困④也。言其有利者,从其所长也;言其有害者,避其所短也。故介虫⑤之捍⑥也,必以坚厚⑦。螫虫之动也,必以毒螫⑧。故禽兽知用其长,而谈者⑨亦知用其用也。

【注释】

①听:这里是使动用法,使……听从。
②举事:这里指办理事情。
③工:工巧。
④困:意思是陷于困窘的境地。
⑤介虫:即甲虫。
⑥捍:抵御。
⑦坚厚:这里指其坚厚的外壳。
⑧毒螫:指蜜蜂、胡蜂等尾部的毒刺。
⑨谈者:指靠言谈游说的人。

【译文】

人之常情,说出话来就希望让对方听从,办理事情就希望获得成功。因此,聪慧的人就不用自己的短处,而宁肯用愚笨之人的长处;不用自己笨拙的方面,而宁肯用愚笨之人工巧的方面。这样做就不会陷于困窘的境地。这就是说,于我有利的,就顺从其所长的一面;于我有害的,就回避其所短的一面。所以甲虫抵御外来的侵害,必定要依靠自己坚厚的外壳;螫虫采取行动时,必定要用自己的毒刺。禽兽之类尚且知道运用其长处,而靠言谈游说的人也就更应运用自己该用的方法。

【原文】

故曰:辞言有五,曰病,曰怨,曰忧,曰怒,曰喜。病者,感衰气而不神①也;怨者，肠绝而无主[②]也；忧者，闭塞而不泄[③]也；怒者，妄动而不治[④]也；喜者，宣散而无要[⑤]也。此五者，精则用之，利则行之。故与智者言，依于博；与拙者言，依于辩；与辩者言，依于要；与贵者言，依于势；与富者言，依于高；与贫者言，依于利；与贱者言，依于谦；与勇者言，依于敢[⑥]；与过者[⑦]言，依于锐[⑧]。此其术也，而人常反之[⑨]。是故与智者言，将以此明之；与不智者言，将以此教之，而甚难为也。故言多类[⑩]，事多变。故终日言，不失其类，故事不乱。终日不变，而不失其主[⑪]，故智贵不妄[⑫]。听贵聪，智贵明，辞贵奇。

【注释】

①感衰气而不神：意思是言谈时感到气力衰竭而没有精神。

②肠绝而无主：意思是言谈时情伤断肠而没有主见。绝，断的意思。

③闭塞而不泄：意思是言谈时忧郁闭塞而不能宣泄。泄，宣泄。

④妄动而不治：意思是言谈草率妄动而没有条理。治，与"乱"相对，有条理，有秩序。

⑤宣散而无要：意思是言谈飘然宣散而不得要领。要，要领。

⑥敢：果敢。

⑦过者：进取的人。

⑧锐：坚决。

⑨反之：意思是反其道而用之。

⑩言多类：言谈的方法很多。类，种类，类别。

⑪主：主旨。

⑫智贵不妄：意思是聪慧之人的可贵之处就是不致紊乱。妄，胡乱。

【译文】

所以说，游说辞令有五种情况，即病言、怨言、忧言、怒言、喜言。病言，就是言谈感到气力衰竭而没有精神；怨言，就是言谈情伤断肠而没有主见；忧言，就是言谈忧郁闭塞而不能宣泄；怒言，就是言谈草率妄动而没有条理；喜言，就是言谈飘然宣散而不得要领。以上这五种情况，精通而后可用，有利而后可行。所以与聪慧之人交谈，依靠的是知识渊博；与笨拙之人交谈，依靠的是雄辩；与巧辩之人交谈，依靠的是得其要领；与尊贵之人交谈，依靠的是气势；与富有之人交谈，依靠的是高雅；与贫穷之人交谈，依靠的是利益；与卑贱之人交谈，依靠的是谦和；与勇敢之人交谈，依靠的是果敢；与进取之人交谈，依靠的是坚决。这些都是言谈的方法，而人们常常会反其道而用之。因此，与聪慧之人交谈，就运用这些方法阐明道理；与不够聪慧的人交谈，就运用这些方法加以教诲。然而，实际上是很难做到的。所以言谈的方法很多，而事物也是千变万化的。因而整日言谈而不失其基本方法，做事也不会出现混乱。终日言谈不加变化，就不会失去主旨，所以聪慧之人的可贵之处就是不致紊乱。听言贵在聪敏，智慧贵在高明，言辞贵在奇妙。

【赏析】

本篇论述的是在游说的过程中如何依据对方的才智、性格以及过程中的反应，随机应变，选择恰当的说辞。

《鬼谷子》首先把说辞分为佞言、谀言、平言、戚言和静言五种，并讲明了具体的要求和目的。佞言就是在摸透对方意图的基础上，运用巧妙自然的语言，替对方出主意想办法，使对方感到自己对他忠心耿耿，逐步缩小与对方的心理距离；谀言就是了解了对方的真实意图后，选择迎合、赞美之词，一味赞美对方，进一步拉近与对方的距离，同时在对方心目中落个"足智多谋"的美名；平言就是在取得对方信任之后，理直气壮地说出自己的主张；戚言就是说出自己的主张后，为了让对方采纳，再说一些和对方套近乎的话，让对方感觉这个主张完全是站在他的立场上考虑的；静言就是先找出对方计谋的不足，予以辩驳，让对方理屈词穷，从而使对方认同自己的观点。

在游说过程中，面对对方的发问诘难，自己还要选择恰当的辩辞。《鬼谷子》给我们总结了五种方法：一是借助对方的话头或论据进行辩驳，即资言法；二是对对方的言语进行文饰、取舍，选择有利于自己的语言进行辩论，即饰言法；三是对对方随机提出的一些问题，要用巧妙而无足轻重的语言，以为自己接下来的辩论留出余地，即应对法；四是用自己掌握的史实或事实来辩解，即成义法；五是切中要害，用反问之词进行发难，即难言法。

《鬼谷子》在告诉我们选择说辞和辩辞的方法的同时，还讲述了选择过程中的五种禁忌：一忌语言乏力，给人以理不直、气不壮之嫌；二忌语无伦次，不着要领；三忌吞吞吐吐，结结巴巴；四忌说话无条理，缺乏逻辑性；五忌胡言乱语，东一榔头西一棒。

总而言之，在游说过程中，要学会随机应变，处处主动，说话要主题明确、重点突出、条理清晰、语气连贯有力，这样才能有感染力、说服力、震慑力，达到自己游说的目的。

本篇隐含了善于发现并利用别人优点的"取长补短术"，在纷杂的环境中无论事态如何变化而恪守一种主旨和信念去应对的"多变不变术"，既要学会慎言又要学会用舆论杀人的"众口铄金术"，等等。

战国时期，魏国大夫庞葱和魏国太子一起作为赵国的人质，定于某日起程赴赵都邯郸。临行时，庞葱向魏王提出一个问题，他说："如果有一个人对您说，我看见闹市熙熙攘攘的人群中有一只老虎，君王相信吗？"魏王说："我当然不信。"庞葱又问："如果是两个人对您这样说呢？"魏王说："那我也不信。"庞葱紧接着追问了一句道："如果有三个人都说亲眼看见了闹市中的老虎，君王是否还不相信？"魏王说道："既然这么多人都说看见了老虎，肯定确有其事，所以我不能不信。"

庞葱听了这话以后，深有感触地说："果然不出我的所料，问题就出在这里！事实上，人虎相怕，各占几分。具体地说，某一次究竟是人怕虎还是虎怕人，要根据力量对比来论。众所周知，一只老虎是决不敢闯入闹市之中的。如今君王不顾及情理，不深入调查，只凭三人说有虎即肯定有虎，那么等我到了比闹市还远的邯郸，您要是听见三个或更多不喜欢我的人说我的坏话，岂不是要断言我是坏人吗？临别之前，我向您说出这点疑虑，希望君王一定不要轻信人言。"

庞葱走后，一些平时对他心怀不满的人开始在魏王面前说他的坏话。时间一长，魏王果然听信了这些谗言。当庞葱从邯郸回魏国时，魏王再也不愿意召见他了。

看来，谣言惑众，流言蜚语多了，的确足以毁掉一个人。随声附和的人一多，白的也会被说成黑的，真可谓“众口铄金”。所以我们对待任何事情都要有自己的分析，不要人云亦云，被假象所蒙蔽。

日本的山田六郎竞选议员失败后决心弃政经商，于1970年在大阪创办了叶光餐馆。然而，船漏偏遇顶头风，他的餐馆开业不久，500多名员工就罢工了。可山田并没有因此沮丧，而是一改常人的做法，利用这件事大做宣传。他一方面采取加薪的手段稳定人心，同时又把“欢迎罢工”“欢迎攻击”的标语贴满店堂。他的做法引起了众多记者的注意，他们写文章竞相将其刊载在报刊上。这等于免费替山田做了几天广告，结果好奇的市民纷纷拥向该餐馆欲一睹为快，餐馆生意异常火爆，叶光餐馆也被人戏称为“吃光”餐馆。

同时，山田善于动脑筋做别开生面的广告。他租了十多头牛，给牛穿上写有店名的彩色服装，牛背上驼着鸡、鸭、鱼、洋葱、马铃薯等，由他领先牵着牛在大街上溜达，吸引行人观看。数家报纸将这新奇的宣传方式做了报道。

从“吃光”餐馆的销售额看，山田的这种出人意料且极为突出的宣传是颇有效果的。他头年做了7000万日元的生意，次年翻了一番，为1.5亿日元，第三年增长到4亿日元，第四年猛增到了18亿日元。

“创造利润”是商家不变的目的，面对罢工的威胁和创业初期的不景气等多变的环境，山田处乱不惊，积极创造机会，争取或吸引传媒进行有利于企业的免费宣传，结果创出了滚滚财富。有人估算，在短短几年内报刊报道山田的此类广告行为，其所用的字数及版面若付广告费的话，起码得1000万日元。他的做法和国内一些财大气粗的企业争当央视“标王”的做法真可谓对比鲜明。

谋篇第十

【原文】

为人凡谋有道[①]。必得其所因[②]，以求其情[③]。审[④]得其情，乃立三仪。三仪者，曰上，曰中，曰下[⑤]。参以立焉，以生奇[⑥]。奇不知其所壅[⑦]，始于古之所从[⑧]。故郑人之取玉也，载司南之车[⑨]，为其不惑[⑩]也。夫度材、量能、揣情者，亦事之司南也。故同情而相亲者，其俱成者也；同欲而相疏者，其偏害[⑪]者也；同恶[⑫]而相亲者，其俱害[⑬]者也；同恶而相疏者，偏害者也。故相益则亲，相损则疏，其数行也[⑭]。此所以[⑮]察同异之分，其类一也。故墙坏于其隙，木毁于其节，斯[⑯]盖其分也。故变生事，事生谋，谋生计，计生议，议生说[⑰]，说生进[⑱]，进生退[⑲]，退生制[⑳]，因以制于事[㉑]。故百事一道[㉒]，而百度一数[㉓]也。

【注释】

①道：规律，法则。

②得其所因：意思是求得事情的因由。

③求其情:意思是掌握其实际情况。

④审:审察,弄清楚。

⑤上:上智。中:中才。下:下愚。

⑥参以立焉,以生奇:意思是三者综合分析,就可以产生奇谋。

⑦奇不知其所壅:陶注:“奇计既生,莫不通达,故不知其所壅蔽。”意思是奇谋运用起来是没有什么可以壅弊的。壅:壅弊。

⑧始于古之所从:意思是这是从古代的事例中得到的启示。

⑨司南之车:即指南车,车上装有磁石,指以南方,古人常以此为基准作为行军时的向导。

⑩惑:迷失方向。

⑪偏害:一方获得成功而另一方受到损害。

⑫恶:这里是被动用法,指被厌恶,被憎恨。

⑬俱害:意思是两败俱伤,同受损害。

⑭其数行也:意思是这是符合事物的规律而经常发生的情况。数,法则,规律。

⑮所以:表示“用来……的根据”。

⑯斯:这。

⑰说:指解决问题的主张和办法。

⑱说生进:意思是有了解决问题的主张和办法就将其正确地进行采用。

⑲进生退:意思是如果发现这些主张和办法有不完善的地方就要退回来加以补充完善。

⑳制:规章,制度,法则。

㉑因以制于事:意思是将这些制度、法规用来指导和制约事物的发展。

㉒百事一道:意思是万事万物都具有同样的道理。百事,指世间的万事万物。

㉓百度一数:意思是各种法度都有着一定的法则。百度,指各种法度。

【译文】

大凡为人策划谋略,都有一定的规律和法则。一定要先求得事情的因由,然后才能掌握其实际情况。考察并掌握了实际情况之后,才可以确立三仪。所谓三仪,就是上智、中才和下愚。三者综合分析,就可以产生奇谋。奇谋运用起来是没有什么可以壅弊的,这是从古代的事例中得到的启示。郑国人入山采玉石,要带着指南之车,为的是不致迷失方向。而揣度才干、衡度能力、揣测实情,也就好比是谋划事情的指南之车。情意相同而关系密切的人,谋划事情都会很成功;愿望相同而又关系疏远的人,则会有一方获得成功而另一方受到损害;同受憎恨而又关系密切的人,则必然会两败俱伤,同受损害;同受憎恨而又关系疏远的人,则必然只有一方受到伤害。所以说,相互有益则相亲近,相互有害则相疏远,这是符合事物的规律而经常发生的情况;也是用来判断同异的根据,同类事物的道理是一样的。墙壁的损坏是从裂缝开始的,树木的损坏是从节疤处开始的,这大概就是事物的共同规律。所以,有了事物的发展变化就会产生事端,有了事变就会产生谋略,有了谋划才会产生解决事端的计划,有了计划就要通过详细的论证,经过论证才会产生解决问题的主张和办法,如果这些主张和办法是正确的就加以采用,如果发现有不完善的就

要退回来加以补充完善，从而确立正确的法则，可以用来指导和制约事物的发展。万事万物都具有同样的道理，而各种法度也都有着一定的法则。

【原文】

夫仁人轻货，不可诱以利，可使出费；勇士轻难，不可惧以患[①]，可使据危[②]；智士达于数[③]，明于理[④]，不可欺以不诚，可示以道理，可使立功。是三才也。故愚者易蔽[⑤]也，不肖者[⑥]易惧也，贪者易诱也。是因事而裁之[⑦]。故为强者积于弱也，为直者积于曲也，有余者积于不足也，此其道术行也。

【注释】

①惧以患：意思是用祸患相恐吓。惧，这里是使动用法，使……惧怕。患，祸患。

②据危：据守危险之地。

③达于数：通达数术。

④明于理：明晓物理。

⑤蔽：这里是被动用法，被蒙蔽。

⑥不肖者：品行不端的人。

⑦因事而裁之：意思是要根据具体情况加以裁断。因，根据。

【译文】

有仁义之心的人轻视财货，不能以利益相引诱，而可以让他们捐助财物；勇敢的壮士轻视危难，不能用祸患相恐吓，而可以让他们据守危险之地；有智慧的人通达数术、明晓物理，不能用不诚实的言行相欺骗，而可以向他们说明道理，使他们去建功立业。这是三种有才干的人。所以愚笨的人容易被蒙蔽，品行不端的人容易被恐吓，贪婪的人容易被利诱，所有这些都要根据具体情况加以裁断。所以强大是由弱小发展而来的，壮直是由弯曲积累而成的，有余是由不足积累而成的。这就是道术的具体表现。

【原文】

故外亲而内疏者说内[①]，内亲而外疏说外[②]。故因其疑以变之，因其见[③]以然[④]之，因其说以要[⑤]之，因其势以成之，因其恶[⑥]以权[⑦]之，因其患[⑧]以斥[⑨]之。摩而恐之[⑩]，高而动之[⑪]，微而证之[⑫]，符而应之[⑬]，拥而塞之，乱而惑之，是谓计谋。计谋之用，公不如私[⑭]，私不如结[⑮]，结，比[⑯]而无隙者也。正不如奇[⑰]，奇，流而不止者也[⑱]。故说人主者，必与之言奇[⑲]；说人臣者，必与之言私[⑳]。

【注释】

①说内：意思是用得当的说辞打动其内心。

②说外：意思是要从外部着手进行游说。

③见：同“现”，表现。

④然:对其加以肯定。

⑤要:概括,总结。

⑥恶:这里指缺陷。

⑦权:权衡。

⑧患:忧患。

⑨斥:排除。

⑩摩而恐之:意思是运用揣摩的方法予以恐吓。

⑪高而动之:意思是用高远的言论予以感动。

⑫微而证之:意思是稍微采取一些行动印证自己的说辞。

⑬符而应之:意思是运用内符之术加以验证。

⑭公不如私:意思是公开策划不如隐秘筹谋。

⑮私不如结:意思是秘密筹谋不如同心相结。

⑯比:亲密无间。

⑰正不如奇:意思是循常规不如用奇计。

⑱奇,流而不止者也:意思是奇计的运用如同流水般奔腾而不可阻止。

⑲言奇:意思是进献奇策。

⑳言私:意思是要说关乎其切身利益的言辞。

【译文】

因此,对于表面亲近而内心疏远的人,游说者要用得当的说辞打动其内心;对于内心亲近而表面疏远的人,游说者要从外表着手,从而达到表里如一。所以,要根据对方的疑惑改变说辞,根据对方的表现加以肯定,根据对方的说法加以总结,根据对方所处的趋势予以成就,根据对方的缺陷加以权衡,根据对方的忧患予以排除。要运用揣摩的方法予以恐吓,用高远的言论予以感动,稍微采取一些行动印证自己的说辞,运用内符之术加以验证,制造障碍予以堵塞,制造混乱使之迷惑,这些都是运用计谋。计谋的运用,公开策划不如隐秘筹谋,而秘密筹谋不如同心相结,同心相结就亲密无间,可以做到无隙可乘。循常规不如用奇计,奇计的运用如同流水般奔腾而不可阻止。所以游说君主,一定要向他进献奇策;游说大臣,一定要关乎其切身利益。

【原文】

其身内、其言外者疏[①],其身外、其言内者危[②]。无[③]以人之近所不欲,而强[④]之于人;无以人之所不知,而教之于人。人之有好也,学而顺之;人之有恶也,避而讳之;故阴道[⑤]而阳取[⑥]之也。故去[⑦]之者纵[⑧]之,纵之者乘[⑨]之。貌者不美,又不恶,故至情托焉[⑩]。可知者,可用也;不可知者,谋者所不用也。

【注释】

①其身内、其言外者疏:陶注:“身在内,而言外泄者,必见疏也。”意思是身处亲密地位而说话却虚伪而见外,就会逐渐被疏远。疏,这里是被动用法,被疏远。

②其身外、其言内者危:陶注:“身居外,而言深切者,必见危也。”意思是身处疏远地位而说话却深切内情,毫无顾忌,就会非常危险。

③无:同“毋”,不,不要。

④强:强加。

⑤阴道:意思是通过隐秘的方式。

⑥阳取:意思是公开地获取。

⑦去:祛除。

⑧纵:放纵。

⑨乘:乘机,这里的意思是乘机采取行动。

⑩貌者不美,又不恶,故至情托焉:陶注:“貌者,谓察人之貌以知其情也。谓其人中和平淡,见善不美,见恶不非,如此者可以至情托之,故曰‘至情托’焉。”意思是通过考察人的形貌以知其真情,如果其人中和平淡,见善不美,见恶不非,就可以深情相托。

【译文】

身处亲密地位而说话却虚伪而见外,就会逐渐被疏远;身处疏远地位而说话却深切内情,毫无顾忌,就会非常危险。不要把别人所不愿接受的事情强加于人,不要用别人所不知道的事情去教诲别人。别人有所喜爱,就可以学习并迎合顺从;别人有所厌恶,就可以加以回避以免引起不快。所以通过隐秘的方式进行,而公开地获取效果。因此,要想祛除,就先放纵,放纵之后再乘机采取行动。通过考察人的形貌以知其真情,如果其人中和平淡,见善不美,见恶不非,就可以深情相托。可以知心的人,就可以重用;不可以知心的人,善于谋划的人是不会重用他的。

【原文】

故曰:“事贵制人,而不贵见[①]制于人。”制人者,握权[②]也;见制于人者,制命[③]也。故圣人之道阴[④],愚人之道阳[⑤]。智者事易,而不智者事难。以此观之,亡不可以为存,而危不可以为安,然而无为而贵智[⑥]矣;智用于众人之所不能知,而能用于众人之所不能见。既[⑦]用见可否,择事而为之,所以自为也;见不可,择事而为之,所以为人也。故先王之道阴,言有之曰:“天地之化,在高与深,圣人之制道[⑧],在隐与匿。非独忠信仁义也,中正[⑨]而已矣。”道理达于此义者,则可与言。由能得此,则可与穀远近之义[⑩]。

【注释】

①见:表示被动,相当于“被”。

②握权:意思是掌握了事情的主动权。

③制命:意思是命运掌握在别人手中。

④阴:暗中,暗地里。

⑤阳:公开地,这里指做事张扬。

⑥无为而贵智:陶注:“今欲存其亡、安其危,则他莫能为,惟智者可矣,故曰

‘无为而贵智’矣。”意思是精通谋略的智者就能够有所作为。

⑦既:表示“……之后”。

⑧制道:处世的法则。制,致事,处事。

⑨中正:这里指合于事理的中正之道。

⑩由能得此,则可与毂远近之义:陶注:“毂,养也。若能得此道之义,则可与居大宝之位,养远近之人,诱于仁寿之域也。”意思是可以以道义感召远近四方,从而成就天下事业。

【译文】

所以说,行事贵在控制别人,而不是被别人所控制。所谓控制别人,就是掌握了事情的主动权;所谓被人控制,就是命运掌握在别人手中。所以圣人立身处世的法则是隐秘谋划,而愚笨之人立身处世的法则是事事张扬。聪慧的人行事容易,而愚笨的人行事就很困难。由此看来,国家一旦灭亡就很难复兴图存,国家一旦处于危难之中就很难转危为安,然而精通谋略的智者就能够有所作为。智慧可以运用到普通大众所不能知晓的地方,而才能可以运用到普通大众所不能发现的地方。智慧和才能运用到实际中后,就可以发现可行或者不可行。如果可行,就选择事情去做,这是为了自己去做;如果不可行,也选择事情去做,这是为了别人去做。所以古圣先王行事的法则隐秘,有这样一句话说:“天地自然的造化,在高深玄妙;圣人处世的法则,在隐秘藏匿。不仅仅是忠、信、仁、义,而是寻求合于事理的中正之道罢了。”只有通达了这一境界道理的人,才可以同他谈论大事。能够掌握这一法则,就可以以道义感召远近四方,从而成就天下事业。

【译析】

本篇讲述了有关计谋的产生、使用和特点,说明如何献计献策和利用他人即交友的问题。

事物的变化是事物本身的发展产生的,这种变化会促使一些人产生一些能够诱使事物朝有利于自己的方向发展的意图,进而产生解决问题的方案,之后就要付诸实践,并在具体的环境中合理调整,最后达到自己的目的。这是一个环环相扣的系统工程。在这一过程中,要贯穿一条实事求是的思想主线,一切从实际出发,从人情出发。这是最基本的谋划决策原则。

计策在实施的过程中,要把握几个原则:一是因人主情决策的原则,就是要按对方的意图或想要解决的问题去制定策略,否则你的决策再完美也是白搭,因为对方不感兴趣。二是因亲疏关系决策的原则,关系近者可以简言、直言,关系远者要细说,有耐心,多说一些得体的话,使对方感到亲切。三是因人主品行决策的原则,贪婪者以金钱诱之,愚蠢者可用欺诈之术,不肖者可给予恐吓,而对于贤良之人,这些均行不通,所以要看人下菜、对症下药。

本篇《鬼谷子》还告诉了我们交友的一些原则:一是要了解对方,先要摸透对方的心性品行,根据其志趣爱好、知识技能、性格脾气等决定交与不交;二是性情平和之人才可交往,因为他们往往心胸坦荡,能够在处理问题的时候互相照应;三是庸才不可交,因为他无法与你互相帮助,共谋发展。交了朋友后应如何保持朋友的友谊呢？要做到利害一致、荣辱与共、一致对外、共同进步，这样才能不断巩固这份友谊。

本篇隐含了对付不同性格的人要用不同的手段的“因性制人术”，取信、阻塞、迷惑的“三步制君术”，想要除掉对方而要先纵容他的“欲除故纵术”，暗里用功夫，明里得报答的“阴道阳取术”，做事要善用智谋的“为事贵智术”，处于劣势的弱者要善于调动一切积极因素，从弱变强的“积弱为强术”，等等。

两晋末年，幽州都督王浚企图谋反篡位。晋朝名将石勒闻讯后，打算消灭王浚的部队。王浚势力强大，石勒恐一时难以取胜。他决定先麻痹王浚，派门客王子春带了大量珍珠宝物，敬献王浚，并写信向王浚表示拥戴他为天子。信中说，现在社稷衰败，中原无主，只有你威震天下，有资格称帝。王子春又在一旁添油加醋，说得王浚心里喜滋滋的，信以为真。正在这时，王浚有个部下名叫游统的，伺机谋叛王浚。游统想找石勒做靠山，石勒却杀了游统，将游统首级送给王浚。这一着，使王浚对石勒绝对放心了。

314 年，石勒探听到幽州遭受水灾，老百姓没有粮食。王浚不顾百姓生死，苛捐杂税有增无减，民怨沸腾，军心浮动。于是，石勒决定亲自率领部队攻打幽州。这年 4 月，石勒的部队到了幽州城，王浚还蒙在鼓里，以为石勒来拥戴他称帝，根本没有准备应战。等到他突然被石勒将士捉拿时，才如梦初醒。

俗话说，欲速则不达，面对势力强大的王浚，石勒巧妙利用了“欲除故纵”中的“除”和“纵”这对矛盾，先以宝物和“拥立”为诱饵，取得王浚的信任，最终使王浚身首异处，天子美梦成了泡影。

英国人威尔逊·哈勒尔 20 世纪 60 年代初到美国定居后，购进了一家制造清洁喷液的小公司，生产“配方 409”清洁喷液。到 1967 年，“配方 409”已占领美国清洁剂市场的 5%。

正当哈勒尔准备在美国大展拳脚时，遇到了历史悠久、实力雄厚、以生产“象牙肥皂”闻名的美国宝洁公司的竞争。

宝洁公司准备生产一种叫“新奇”的清洁喷液，参与市场竞争。按照宝洁的习惯做法，它在研制、命名、包装、试销和促销“新奇”这个产品时，要投入大量的资金，还要通过问卷调查、个别和集体访问做出心理和数字统计，耗费大量市场研究费用。

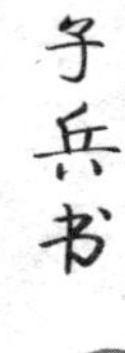

宝洁在美国丹佛市进行这项产品试销时，郑重其事，声势浩大。与此同时，投入大笔资金在全国展开广告攻势。结果在丹佛的试销小组报告：“所向披靡，大获全胜！”因此，宝洁在喜洋洋的气氛下，信心十足，虚荣心也得到极大满足。

哈勒尔感到了恐惧——他得到的信息表明他即将被踢出清洁喷液的市场，他要垮掉——他必须冷静下来，设置对抗的“阴谋”。

哈勒尔决定采取三步：一是扰乱敌人的视线；二是打击敌人的主管人员的信心；三是限制敌人产品在市场上的销售量，从而逼迫宝洁因为销量不佳，难以抵补已投入的大量资金而撤出。

首先，宝洁在丹佛试销时，哈勒尔从丹佛撤出自己的“配方 409”。当时有两种形式可供选择：第一种，把自己的产品全部从货架上搬走；第二种，先中止在丹佛的广告和促销，然后停止供货，渐渐使商店无货可补。

哈勒尔成功了。仅仅是试销,他已经让宝洁飘飘然,不可一世。

然后,实行第二步。在宝洁"新奇"大面积上市,正准备开展全国范围内的"席卷攻势"时,哈勒尔将"配方409"以原来价格的50%倾销。本来宝洁主管人员认为"哈勒尔已不在市场了",此时却感到措手不及。

同时实施第三步,哈勒尔用广告来大肆广而告之:"优惠期有限!"结果一般的清洁喷液消费者在很短的时间内几乎购买了可用半年以上的"配方409"清洁喷液。也就是说,宝洁的"新奇"再好,甚至即便也跟进降价,消费者在半年内也用不着再买此类商品了!

在此情况下,宝洁产品上市就严重滞销,宝洁内部开始认为"新奇"是个"错误的产品",最后不得不撤销了"新奇"的生产销售计划。

哈勒尔打的是一场游击战,抓住了大公司的心理:自信,财大气粗,花费大量的开发、销售费用,不密切注意小公司的动静。它成功地避开宝洁的视线,采取上述两种撤货形式的"阴道"使对手飘飘然,然后来个措手不及的"阳取",彻底打垮宝洁的信心,使其乖乖离开这里!

决篇第十一

【原文】

为人凡决[①]物,必托于疑者,善其用福,恶其有患[②]。善至于诱[③]也,终无惑,偏有利焉;去其利,则不受[④]也,奇[⑤]之所托。若有利于善者,隐托于恶[⑥],则不受矣,致疏远。故其有使失利[⑦]者,其有使离[⑧]害者,此事之失。

【注释】

①决:决断,决策。

②善其用福,恶其有患:陶注:"凡人之情,用福则善,有患则恶,福患之理未明,疑之所由生,故曰'善其用福,恶其有患'。"意思是人之常情是有了福祉就高兴,有了祸患就厌恶。

③诱:这里指诱导对方透出实情。

④受:这里是被动用法,被接受。

⑤奇:这里指奇谋妙策。

⑥隐托于恶:意思是这种利益隐藏在表面不利,甚至有祸患的形式在里面。

⑦失利:丧失利益。

⑧离:遭受。

【译文】

大凡为人决断事物疑难,一定是根据对事物的疑问。人之常情是有了福祉就高兴,有了祸患就厌恶。善于决断的人,首先诱得实情,然后加以定夺,自然不会产生困惑而只会使其受益;如果这种决断不能带来利益,就不会被接受,这就需要凭

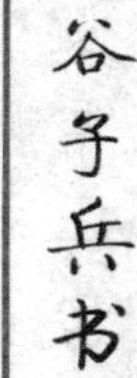

借这种情况制定奇谋妙策。这种决策尽管可以给人们带来福祉和利益,但这种利益是隐藏在表面不利甚至有祸患的形式里面的,对方自然不予理解和接受,还会导致关系逐渐疏远。所以对事物的决断,有的会使人丧失利益,有的会使人遭致祸害,这都是行事失败的表现。

【原文】

圣人所以能成其事者有五:有以阳德之[1]者,有以阴贼之[2]者,有以信诚之[3]者,有以蔽匿之[4]者,有以平素之[5]者。阳[6]励于一言[7],阴[8]励于二言[9],平素枢机以用四者,微而施之[10]。于是[11]度以往事,验之来事,参之平素,可则决之;公王大人之事也,危而美名[12]者,可则决之;不用费力而易成者,可则决之;用力犯勤苦[13],然不得已而为之者,可则决之;去患者,可则决之;从福[14]者,可则决之。故夫决情定疑[15]万事之机[16],以正乱治决成败,难为者。故先王乃用蓍龟[17]者,以自决也。

【注释】

①以阳德之:意思是以正面手段进行道德教化。德,这里作动词用,进行道德教化的意思。

②以阴贼之:意思是以阴谋诡计进行残害。贼,残害。

③以信诚之:意思是以诚信仁义相感召。诚,这里作动词用,可以解释为感召。

④以蔽匿之:意思是以隐蔽的手段藏匿真心。

⑤以平素之:意思是平和沉静,遵循常理。

⑥阳:即君道。

⑦励于一言:以一言相勉励,一言就是无为。

⑧阴:即臣道。

⑨励于二言:以二言相勉励,二言就是有为。

⑩微而施之:意思是将四者微妙配合以进行决断。

⑪于是:在这个时候。

⑫危而美名:意思是事业崇高,由此可得美名。

⑬用力犯勤苦:劳心费力而又辛勤劳苦。犯,触犯,这里引申为劳用。

⑭从福:追求、获致幸福。

⑮定疑:解决疑难。

⑯机:关键,要点。

⑰蓍龟:蓍草和龟甲,都是古人用来占卜的工具。

【译文】

圣人之所以能够成就事业,其途径和方法有以下五种:有的正大光明,以道德进行教化;有的阴谋诡计,以权术进行残害;有的诚信仁义,以诚心相感召;有的隐蔽掩饰藏匿真心;有的平和沉静,遵循常理。“阳”即君道,以一言相勉励,一言就是无为;“阴”即臣道,以二言相勉励,二言就是有为。一言、二言、平素、枢机四种方法参验使用,微妙配合,决断就会合于事理。在这个时候,揣度往事,推演未来,再参考往常的情况，如果可行就做出决断；王公大臣的事情，如果事业崇高，由此可得美名，可行的话就可以做出决断；不用花费太多精力就可以获得成功的事情，可行的话就可以做出决断；劳心费力而又辛勤劳苦，却又不得不做的事情，可行的话就可以做出决断；消除祸患的事情，可行的话就可以做出决断；追求、获致幸福的事情，可行的话就可以做出决断。所以说，判断实情、解决疑难是成就万事的关键，可以用来拨乱反正、决定兴衰成败，然而却是很难做到的。所以古圣先王在重大行动之前要借蓍草、龟甲进行占卜，也是为了帮助自己做出决断。

【赏析】

本篇讲述的是关于决策的原则、方法以及决策的意义等问题，篇幅虽短，但对后人的科学决策具有重要的指导意义。

决策前首先要选择一个目标，一个可以名利双收的目标：一是对决策的事物要上下联系，选择有把握的；二是选择对方急欲解决且棘手的问题；三是不费劲，轻而易举就能解决的；四是极耗精力但必须完成的，同时有胜算的把握；五是可以消除灾害而且自己可以完成的；六是能够为自己带来好处且有把握的。总之，要在实事求是的基础上，选择在充分发挥主观能动性的前提下能够完成的目标。

决策过程中的一个很重要的原则就是趋利避害。想让别人采纳你的建议，就得从对方的立场出发，让对方觉得有利可图，这样才容易被他采纳。

有了一个原则，还要根据目标的不同，制定不同的决策方法："阳德术"用于事理明显的问题，即公开的方式；"阴贼术"用于不太光明正大的问题，即背地里做手脚；"蔽匿术"用于暂时吃亏但之后必有大利的问题，即以退为进；"信诚术"用于明显占理但需第三方支持的问题，靠信誉结交盟友而解决问题；"平素术"用于一般性的问题，即利用对方的思维定式而打破常规解决问题。这五种解决问题的方法可以说有很强的现实指导意义。

曹操平定北方以后，208 年率领大军南下，进攻刘表。他的人马还没有到荆州，刘表已经病死。刘表的儿子刘琮听到曹军声势浩大，吓破了胆，先派人求降了。

这时候，刘备在樊城（今湖北襄阳市）驻守。他听到曹操大军南下，决定把人马撤退到江陵（今湖北江陵）。荆州的百姓听说刘备待人好，都宁愿跟着他一块撤退。

曹操赶到襄阳，听说刘备向江陵撤退，又打听到刘表在江陵囤积了大批军粮，怕被刘备占去，亲自率领五千轻骑兵追赶刘备。刘备的人马带了兵器、装备，还有十几万百姓跟着他，每天只能行军十几里。曹操的骑兵一天一夜就赶了三百多里，很快就在当阳长坂坡（今湖北当阳市东北）追上了刘备。

刘备的人马，被曹操的骑兵冲杀得七零八落。亏得张飞在长坂坡抵挡了一阵，刘备、诸葛亮才带着少数人马摆脱追兵。但是往江陵的路已经被曹军截断，他们只好改道退到夏口（在今湖北武汉市）。

曹操占领了江陵，继续沿江向东进军，很快就要到夏口了。诸葛亮对刘备说："形势紧急，我们只有向孙权求救一条路了。"

正好孙权怕荆州被曹操占领，派鲁肃来找刘备，劝说他和孙权联合抵抗曹军。诸葛亮就跟鲁肃一起到柴桑（今江西九江西南）去见孙权。

诸葛亮见了孙权,说:“现在曹操攻下了荆州,马上就要进攻东吴了。将军如果决心抵抗,就趁早同曹操断绝关系,跟我们一起抵抗;要不然,干脆向他们投降,如果再犹豫不决,祸到临头就来不及了。”

孙权反问说:“那么,刘将军为什么不投降曹操呢?”

诸葛亮严肃地说:“刘将军是皇室后代,才能盖世,怎么肯低三下四去投降曹操呢?”

孙权听诸葛亮这么一说,也激动地说:“我也不能让江东土地和十万人马白白地送人。不过刘将军刚打了败仗,怎么还能抵抗曹军呢?”

诸葛亮说:“您放心吧,刘将军虽然吃了败仗,但还有水军两万。曹操兵马虽然多,远道追来,兵士也已经筋疲力尽。再说,北方人不习惯水战,荆州的人对他们不服。只要我们协力同心,一定能够打败曹军。”

孙权听了诸葛亮的一番分析,心里挺高兴,就立刻召集部下将领,讨论抵抗曹操的办法。

正在这时候,曹操派兵士下战书来了。那信上说:“我奉大汉皇帝的命令,领兵南征。现在我准备了水军八十万,愿意和将军较量一番。”

孙权把这封信递给部下看,大伙儿看了都刷地变了脸色,说不出话来。

张昭是东吴官员中资格最老的。他说:“曹操用天子的名义来征讨,我们要抵抗他,道理上输了一着。再说,我们本来想靠长江天险,现在也靠不住了。曹军占领了荆州,又有上千艘战船,他们水陆两路一起下来,我们怎么也抵挡不了,我看只好投降。”

张昭这么一说,马上有不少人附和。只有鲁肃在旁边冷眼旁观,一声不吭。

孙权听着听着,觉得不是滋味,就走出屋子。鲁肃也跟着出来。

孙权拉着鲁肃的手,说:“你说说,该怎么办呢?”

鲁肃说:“刚才张昭他们说的话全听不得。要说投降,我鲁肃可以投降,将军就不可以。因为我投降了,大不了回老家去,照样跟名士们交往,有机会还可以当个州郡官员。将军如果投降,那么江东六郡全都落在曹操手里,您上哪儿去?”

孙权叹了口气说:“刚刚大家说的,真叫我失望。只有你说的才合我的心意。”

散会以后,鲁肃劝孙权赶快把正在鄱阳的大将周瑜召回来商量。

周瑜一到柴桑,孙权又召集文武官员讨论。周瑜在会上慷慨激昂地说:“曹操名为汉朝丞相,其实是汉室奸贼。这次他自己来送死,哪有投降他的道理?”他给大家分析了曹操许多不利条件,认为北方兵士不会水战,而且老远赶到这陌生地方,水土不服,一定会生病,兵马再多,也没有用。

孙权听了周瑜的话,胆也壮了。他站起来拔出宝剑,“豁”的一声,把案几砍去一角。他严厉地说:“谁要再提投降曹操,就跟这案桌一样。”

当天晚上,周瑜又单独去找孙权,说:“我已经打听清楚。曹操兵马号称八十万,这是虚张声势,其实只不过二十几万,其中还有不少是荆州兵士,不一定真心替他打仗。您只要给我五万精兵,我保管把他打败。”

第二天,孙权任命周瑜为都督,拨给他三万水军,叫他同刘备协力抵抗曹操。

周瑜领兵进军,在赤壁(今湖北江夏区西赤矶山)和曹军前哨碰上了。果然不出周瑜所料,曹军兵士很多人不服水土,已经得了疫病。双方一交锋,曹军就打了败仗,被迫撤退到长江的北岸。周瑜率领水军进驻南岸,和曹军隔江遥遥相对。

正像周瑜预料的那样,曹操的北方来的兵士不会水战,他们在战船上,遇到风浪颠簸就受不了。后来,他们把战船用铁索拴在一起,船果然平稳不少。

周瑜的部将黄盖看到这个情况,向周瑜献计说:“敌人兵多,我们兵少,拖下去对我们不利。现在曹军把战船都连接在一起,我看可以用火攻办法来打败他们。”

周瑜觉得黄盖的主意好,两人还商量好,让黄盖派人送了一封信给曹操,表示要脱离东吴,投降曹操。曹操以为东吴将领害怕他,对黄盖的假投降,一点也没怀疑。

黄盖叫兵士偷偷地准备好十艘大船,每艘船上都装着枯枝,浇足了油,外面裹着布幕,插着旗帜,另外又准备一批轻快的小船,拴在大船船尾上,准备在大船起火时转移。

隆冬的十一月,天气突然回暖,刮起了东南风。当天晚上,黄盖带领一批兵士分乘十条大船,驶在前面,后面跟随着一批船只。船队到了江心,扯满了风帆,像箭一样驶向江北。

曹军水寨的将士听说东吴的大将来投降,正纷纷挤到船头看热闹。没想到东吴船队离北岸约莫二里时,前面十条大船突然同时起火。火借风势,风助火威,十条火船,好比十条火龙一样,闯进曹军水寨。那里的船舰,都挤到一起,又躲不开,很快地都延烧起来。一眨眼工夫,已经烧成一片火海。水寨烧了不算,岸上的营寨也着了火,曹军一大批兵士被烧死了;还有不少人被挤到江里,不会泅水,马上淹死了。

周瑜一看北岸起火,马上带领精兵渡江进攻。他们把战鼓擂得震天响。北岸的曹军不知道后面有多少人马进攻,吓得全部溃散。

曹操拖着残兵败将沿华容(今湖北潜江县西南)的小路逃跑。那条小路全是水洼泥坑,骑兵没法通过。曹操赶忙命令老弱兵士找了一些稻草铺路。他带着骑兵好不容易才通过,可是那些填铺稻草的兵士,却被人马踩死了不少。

刘备和周瑜一起,分水陆两路紧紧追赶,一直追到南郡(今湖北江陵),曹操的几十万大军战死的加上得疫病死的,损失了一大半。曹操只好派部将曹仁、徐晃、乐进分别留守江陵和襄阳,自己带兵回北方去了。

经过这场赤壁大战,三国分立的局面已经基本形成。

黄盖以“信诚”为名,实对曹操欺骗、用诈;表面上背叛东吴,不“信诚”,实是忠心耿耿。这正是“信诚术”的活学活用。

在美国西部的某城,有两家专卖廉价商品的商店,一家名叫美国廉价商店,而另一家则称纽约廉价商店。这两家的店面相邻,但店主却是死对头,长期以来,一直就各自商品的销售进行着激烈的“战斗”。

一天,纽约廉价商店的橱窗中挂出一幅广告,上书:出售亚麻布被单,瑕微疵小,价格低廉,每床售价 6.50 美元。

居民们看到这则消息,纷纷奔走相告,趋之若鹜。但同往常一样,没过多久,隔壁美国廉价商店的橱窗里赫然出现了这样一则广告:我店的被单与隔壁的相比,犹如罗密欧与朱丽叶的亲密关系一样,注意价格:每床 5.95 美元。

这样一来,拥向纽约廉价商店的人们看到隔壁卖的比这里更便宜,马上放弃了这里的交易，转而拥向美国廉价商店，一齐挤进店内，只消片刻，被单就被蜂拥而至的人们抢买一空。

像这样的竞争在这两家商店之间可以说从未间断过。忽而东风压倒西风，忽而西风压倒东风，无尽无休。而当地的居民也总在盼望它们之间的竞争，因为它们的竞争会给人们带来好运气，可以用很少的钱就买到十分便宜的商品。

除了利用广告相互压价竞争外，两家商店的老板还常常站在各自的商店门口，相互指责、对骂，甚至拳脚相加，场面十分激烈，但最终总有一方败下阵来，才能停止这场残酷的“战斗”。这时等待已久的市民们则好比在比赛场上听到起跑令一般拥向胜利一方的商店，将店内的商品一抢而空，不论能买到什么样的商品，他们都感到很惬意。

就这样，两家商店的矛盾在当地最为著名，最为紧张，也最为持久。而附近的居民却从中获得了巨大的利益，买到了各种物美价廉的商品。他们总在盼望着两家商店的“战斗”再起，好使自己从中获益。这已经成了他们生活中不可缺少的一部分。

一晃，几十年过去了，两家商店的主人也老了。突然有一天，美国廉价商店的老板失踪了，铺面上了锁。大家再也看不到两家商店竞争的精彩场面了，感到很茫然，心里好像缺点什么。每一天，大家都在盼望出现奇迹——铺面又开张了，两家店主人又开始“战斗”，但奇迹没有出现。

过了一段时间，纽约廉价商店的老板也将自己的商店拍卖了，随后也搬走了。从此，附近的居民再也没有见到过这两个带给他们刺激和利益的怪人。

终于有一天，商店的新主人前来清理财产时，发现了一桩令人费解的事情：两家商店间有一条秘密通道相连；在楼上，还有一道门连接两家老板的卧室。

这是怎么回事？大家都有些惊讶，猜不透昔日“仇敌”的卧室为什么会相通。

经过调查得出了一个让人哗然的结果：这两个死敌，原来竟是一对亲兄弟，他们平时的咒骂、威胁、互相攻击，都是人为地扮演的。所有的“战斗”都是骗局，因为在他们两个人的“战斗”中，不论哪一方胜利了，只不过是由胜利一方把失败一方的货物一齐卖掉罢了。

几十年来，他们利用了人们的求廉心理，通过不间断的“战斗”蒙蔽了当地的消费者。在商业经营之中，经营者为了掩盖自己的企图，常常以假痴来迷惑众人，宁可有为示无为，聪明装糊涂，不可无为示有为，糊涂装聪明。这正是“蔽匿术”在商业中的经典运用。

符言[1]第十二

【原文】

安徐正静[2]，其被节无不肉[3]。善与[4]而不静[5]，虚心平意，以待倾损[6]。有主位。

【注释】

①符言：陶注："发言必验有若符契，故曰'符言'。"符，古代朝廷传达命令或征调兵将用的凭证，双方各执一半，以验真假。

②安：安详。徐：从容。正：正直。静：沉静。

③被节无不肉：陶注："被，及也。肉，肥也，谓饶裕也。言人若居位能安、徐、正、静，则所及人节度，无不饶裕。"意思是为人处世就可以左右逢源，游刃有余。

④与：交际，交往。

⑤静：沉静无为。

⑥以待倾损：意思是以防备倾覆和损害。待，这里是防备的意思。

【译文】

一个人如果能达到安详、从容、正直、沉静的境界，那么他为人处世就可以左右逢源，游刃有余。要善于交际而不沉静无为，内心谦虚、意志平和，以防备倾覆和损害。以上所说是君王安于本位的道理。

【原文】

目贵明，耳贵聪，心贵智。以天下之目视[①]者，则无不见；以天下之耳听者，则无不闻；以天下之心虑者，则无不知。辐辏[②]并进，则明不可塞[③]。有主明。

【注释】

①以天下之目视：意思是以天下人的眼睛去看。

②辐辏：意思是像车轮的辐条都集向车毂一样。

③明不可塞：意思是君王的视听如日月照临，不会被阻塞和蒙蔽。

【译文】

眼睛贵在明亮，耳朵贵在聪敏，心灵贵在智慧。以天下人的眼睛去看，就没有看不到的东西；以天下人的耳朵去听，就没有听不到的声音；以天下人的心灵去思考，就没有不知道的事情。这样，就可以像车轮的辐条都集向车毂一样天下归心，君王的视听如日月照临，不会被阻塞和蒙蔽。以上所说的是君王明察秋毫的道理。

【原文】

听之术，勿坚而拒之。许之则防守[①]，拒之则闭塞[②]。高山仰之可极[③]，深渊度之可测[④]。神明之听术，正静其莫之极[⑤]欤！有主听。

【注释】

①许之则防守：意思是采纳进言，民众就会拥护和捍卫君王。

②拒之则闭塞：意思是拒绝进言，君王就会闭目塞听。

③极：看到其顶点。

④度：度量。测：测量。这里“度”表示行为，“测”表示结果。

⑤莫之极：达不到其顶点。

【译文】

听取别人进言的方法是：不要固执己见而排拒对方。采纳进言，民众就会拥护和捍卫君王；拒绝进言，君王就会闭目塞听。山峰虽高，但仰而望之就会看到其顶点；深渊虽深，但经过测量仍可以获知其深度。神明的君王，其听言之术正直沉静，高深玄妙，是深不可测的。以上所说的就是君王端正视听的道理。

【原文】

用赏贵信，用刑贵正。赏赐贵信，必验耳目之所见闻。其所不见闻者，莫不暗化[①]矣。诚[②]畅于天下神明，而况奸者干[③]君？有主赏。

【注释】

①莫不暗化：没有不自然而然地为人民所认可和接受的。暗，默默地。

②诚：表示假设，果真，如果确实。

③干：冒犯，这里引申为加害。

【译文】

施行奖赏，贵在坚守信用；施行刑罚，贵在公正无私。奖赏和赐予贵在坚守信用，就必须以耳目所闻见的情况加以验证，即使没有经过耳闻目睹的情况，也会自然而然地为人民所认可和接受。如果确实能够做到奖赏守信，刑罚公正，从而畅行于天下，如有神明保佑，那么奸邪之人加害君王的企图，怎么会得逞呢？以上所说的就是君王赏必守信的道理。

【原文】

一曰天之，二曰地之，三曰人之[①]。四方、上下、左右、前后，荧惑[②]之处安在？有主问。

【注释】

①一曰天之，二曰地之，三曰人之：陶注：“天有逆顺之纪，地有孤虚之理，人有通塞之分，有天下者宜皆知之。”意思是君王要上知天时、下知地利、通晓人事。

②荧惑：指象征吉凶祸福的荧惑之星。

【译文】

一是上知天时，二是下知地利，三是通晓人事。这样，四方、上下、左右、前后，各种因素都通晓明白，那么象征吉凶祸福的荧惑之星又会在何处呢？以上所说的就是君王不耻下问、全面了解情况的道理。

【原文】

心为九窍[①]之治[②]，君为五官[③]之长。为善者君与之赏，为非者君与之罚。君因其政之所以求[④]，因与之，则不劳[⑤]。圣人用之，故能掌之。因之循理[⑥]，固能长久。有主因。

【注释】

①九窍：人之口、两耳、两眼、两鼻孔、两便孔为九窍。

②治：统治，这里引申为主宰的意思。

③五官：即司徒、司马、司空、司士、司寇，或谓司徒、司马、司空、司寇、宗伯，泛指百官。

④因其政之所以求：意思是根据百官行政的具体情况。

⑤不劳：不费心力。

⑥循理：遵循事理。

【译文】

心是九窍运行的主宰，君王是五官的首领。做善事，君王就予以奖赏；做恶事，君王就予以刑罚。君王根据百官行政的具体情况，给予赏赐或处罚，就不会大费心力。圣人运用这种方法，所以能够掌握他们。这样因势利导、遵循事理，统治才能够长久。以上所说的就是君王因循事理、驾驭臣民的道理。

【原文】

人主不可不周。人主不周，则群臣生乱。家于其无常也[①]，内外不通[②]，安知所开？开闭不善，不见原[③]也。有主周。

【注释】

①家于其无常也：意思是国家发生祸乱，群臣执掌无常。

②内外不通：意思是君臣上下之间无法沟通。

③原：事物的本原。

【译文】

做君王的不可不缜密周详，不缜密周详，群臣就会发生祸乱。国家发生祸乱，群臣执掌无常，君臣上下之间无法沟通，怎么知道事情的开启闭藏呢？不善于用开启闭藏之术，就不能发现事物的本原。以上所说的就是君王缜密周详的道理。

【原文】

一曰长目[①]，二曰飞耳[②]，三曰树明[③]。千里之外，隐微之中，是谓洞[④]。天下奸，莫不暗变更[⑤]。有主恭。

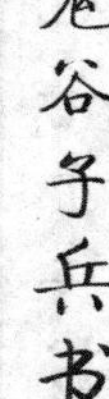

【注释】

①长目:意思是君王要用天下人的眼睛去看东西。
②飞耳:意思是君王要用天下人的耳朵去听声音。
③树明:意思是君王要用天下人的心灵去洞察问题。
④洞:洞察。
⑤变更:这里是弃恶从善、更改前非的意思。

【译文】

做君王的首先要长目,即用天下人的眼睛去看东西;其次要飞耳,即用天下人的耳朵去听声音;再次要树明,即用天下人的心灵去洞察问题。千里之外的地方,隐藏、细微之中,就叫作“洞”。天下的奸邪之徒,没有不暗中弃恶从善、更改前非的。这里所说的就是君王应耳聪、目明、心灵的道理。

【原文】

循[①]名而为,实安而完;名实相生[②],反相为情[③]。故曰:名当则生于实,实生于理,理生于名实之德[④],德生于和[⑤],和生于当。有主名。

【注释】

①循:顺,依照。
②相生:互为依托而生存。
③反相为情:意思是反过来又合乎情理。
④名实之德:名实相符的道德。
⑤和:协和。

【译文】

君王根据名分去采取实际行动,就会安全而完好。名与实互为依托而生存,反过来又合乎情理。所以说名分恰当是从实践中产生出来的,而实践则是由事理产生,事理又产生于名实相符的道德之中,道德产生于协和,协和产生于适当。以上所说的就是君王应循名求实的道理。

【赏析】

本篇实际上是为君王设计的一套御臣术,以防作为一国之君被别人左右;同时也是一套领导艺术。

本篇共讲述了九个御臣术:一是“主位术”,君王外表要安定从容,内心要胸有成竹,有王者风范;二是“主明术”,能够充分调动臣子的积极性,让他们及时汇报下情,做到明察天下;三是“主听术”,要广开言路,广纳众谏,博采众议;四是“主赏术”,明察秋毫,赏罚得当;五是“主问术”,要广泛询问,了解各方面情况;六是“主因术”,依法管理臣子,赏罚分明,调动其积极因素;七是“主周术”,做事要口风严实，注意保密；八是“主参术”，安插耳目监察外臣，在近臣中建立互相举报制度；九是“主名术”，有一套严格的官吏考核制度，奖优罚劣。

本篇所讲的君王御臣术，既不像《孟子》那样主张君臣平等，也不像《韩非子》所讲君臣是虎狼，以利害联结，它主张君王要使用计谋，既充分发挥臣子的聪明才智，各司其职，又要有驾驭臣子的能力，以免生祸乱。

前秦皇帝苻坚志在统一天下，经过二十多年的精心治理，基本上统一了中国北方，国富兵强，只剩下地处东南一角的东晋尚未征服，苻坚耿耿于怀。建元十五年（379 年），前秦攻克了东晋的襄阳，俘虏了守将朱序。苻坚认为夺取东晋，统一天下的条件已经成熟，于是决定伐晋。

建元十八年，苻坚在太极殿召见群臣说：“我从继承大业以来，将近三十年了，四方大致平定，只有东南一角，还没有蒙受君王的教化。我粗略计算了一下兵力，能有九十七万。我准备亲率大军东伐。你们以为如何？”面对苻坚的主张与发问，除秘书监朱彤表示赞成外，其余大臣都纷纷反对，久议不决。苻坚很生气地说：“算了吧，还是由我自己决断好了。”群臣退朝后，苻坚又留下弟弟苻融商议。

苻融也不同意伐晋。他认为当时伐晋有三难：一是从星象看，天意不顺；二是东晋上下安和，没有灾祸和挑衅行为，无隙可乘；三是我们多年征战，士卒疲惫，人民厌战。再说被征服的鲜卑、羌、羯等贵族也未诚心臣服。然而，苻坚听不进去。苻融又劝谏说：我们的意见不听也可以，难道连丞相王猛临终不可贪图东晋的遗言也忘了吗？此后，爱妾张夫人、太子苻宏也都劝苻坚不要伐晋。

苻坚非常失望和烦恼，他想到自己多年来精勤治国，已拥兵百万，资杖如山，为什么不可以乘统一北方的胜势征服东晋呢，以至于夜睡不宁，食不甘味。

这时，怀有二心的前燕宗室将军慕容垂和羌帅贵族姚苌，都希望苻坚伐晋失败，以便趁机恢复故国的统治，所以竭力怂恿苻坚南伐，“圣心独断”。结果，苻坚在君臣认识不一的情况下，于建元十九年（383 年）五月下达了进攻东晋的命令。随后调集九十多万兵力，陆续向东晋进发，大军旗鼓相望，绵延千里。东晋孝武帝虽然昏庸，但其宰相谢安是很有才望的政治家。在前秦大军压境的情况下，东晋内部矛盾得到缓和，出现了上下齐心、同仇敌忾的局面。他们趁前秦大军尚未完成集结之际，主动在淝水决战。交战前，苻坚急于求胜，在未经核实敌情，不明东晋意图的情况下，不听部将的劝阻，盲目同意退军决战。结果，中了东晋的圈套，一退而不可收拾，导致淝水惨败，不仅前锋统帅苻融被杀，苻坚自己也被流矢射中，落荒而逃。

淝水战后，前秦大伤元气。先前被征服的各部族酋豪，纷纷背叛苻坚，建立割据政权。其中，前燕宗室慕容垂在 384 年称帝，建立后燕；羌帅贵族姚苌也于 385 年缢杀苻坚称帝，建立后秦。前秦遂告瓦解，北方重新陷入分裂与战乱之中。

十六国时期，是我国历史上分裂割据的时代。北方各少数民族趁西晋末年的“八王之乱”，纷纷起兵反晋，先后建立了 16 个割据政权，进行了长达 130 多年的混战，出现了 70 多位君主。但是，真正有所作为，并统一了整个北方的明君，还是常被后世称道的前秦皇帝苻坚。他推贤良，励精图治；劝农桑，修水利；勤俭治国，洁身自律，开创了前秦盛世。然而遗憾的是，苻坚在对外用兵上，未能始终虚心听取群臣的意见，从而导致了英雄末路，遗恨千古。

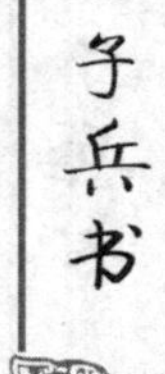

美国得克萨斯州有一位“石油大王”名为保罗·盖蒂。他在1976年6月7日去世,享年83岁。别人说他是“百足之虫,死而不僵”,言下之意,他一手创立的石油企业王国没有因他死而倒塌,规模仍然非常庞大。1982年,他的盖蒂石油公司销售收入达123亿美元;到1984年,盖蒂家族的财富达39亿美元。

创业初期,当地有一块可以采石油的土地在森林里,所有者愿意出租。很多石油公司嫌这块地面积不大,且道路不易铺设而放弃它。保罗·盖蒂和下属到现场看了这块地,发觉这里是可以采出石油的。但保罗·盖蒂却认为这块地没有前途,因为:第一,它的面积比一间房子还小,不适应用一般的开采办法开采;第二,唯一通到这块地的只有一条小路,才4尺宽,没有办法把卡车开进去。

因此,保罗·盖蒂准备放弃租用此地。当时员工们都赞同老板这一看法。后来保罗·盖蒂想了想,还是让员工们讨论一下,各抒己见,看看是否有办法克服困难。员工们见老板如此信任大家,所以无拘无束地议论起来,你一言我一语,不少主意就出来了。

“我想我们可以使用小一号的工具挖掘。”一位经过认真考虑的职工说。保罗·盖蒂得到了一点启迪,他一直认为交通是这块狭小油田的死结,现在这位员工想出使用小一号工具挖井,那么亦可以考虑使用小一号的铁路作为通向这油田的交通工具。于是,他顺着那位提建议的员工话意而说:“如果大家能找到人设计和制造出小一号的工具,我们公司就能下手在这块地开采石油。当然,接着还有一个问题,就是怎么使用小一号的交通工具把那里的石油运出来,请大家出些点子。刚才那位员工的主意实在太好了!”

保罗·盖蒂这么一说,鼓励了员工们动脑筋、想办法。大家都是与油田打交道的一线工作人员,既知道挖井采油的方法和难处,又练就了各种克难制胜的本领,人人都有不少经验和体会。为此,大家畅所欲言,把自己的看法谈出来,你一言我一语,由小一号挖井工具谈到小一号铁路和火车问题,进而谈及找谁设计和制造这些工具和交通工具的具体方案。

众人拾柴火焰高。经过保罗·盖蒂的一番激励和鼓动,员工们为开发森林里那块含油丰富的小油田找到了一个完美的答案。大家决定用小型铁路和小型器材进入那油田。1927年2月21日,盖蒂石油公司终于在那块地上挖出了第一口井,后来接二连三地挖出数口井,每口井都产出巨量的原油,每天共产原油1.7万多桶。从1927年至1939年间,这块油田为保罗·盖蒂赚了数百万美元。

人是有感情的动物,人的一切行动都受着感情的影响。很多企业的决策者懂得这个道理,在发挥人的作用时,重视感情的作用。企业的决策者对员工体贴入微、动之以情,处处信任员工,放手让大家工作,使大家对他予以信赖,这样企业就会形成合力,就能创造出理想的业绩。

转丸第十三(佚)

胠箧第十四(佚)

本经阴符七篇

盛神

【原文】

盛神[①]法[②]五龙[③]。盛神中有五气[④],神为之长,心为之舍,德为之人[⑤]。养神之所[⑥],归诸[⑦]道。道者,天地之始,一其纪[⑧]也,物之所造,天之所生,包宏无形化气[⑨],先天地而成,莫见其形,莫知其名,谓之神灵。故道者,神明之源,一其化端,是以德养五气,心能得一[⑩],乃有其术。术者,心气之道所由舍者,神乃为之使。九窍、十二舍[⑪]者,气之门户,心之总摄[⑫]也。生[⑬]受之天,谓之真人。真人者,与天为一。而知之者,内[⑭]修炼而知之,谓之圣人。圣人者,以类知之[⑮]。故人与生一[⑯],出于化物[⑰]。知类在窍,有所疑惑,通于心术。术必有不通。其通也,五气得养,务在舍神[⑱],此之谓化。化有五气者,志也,思也,神也,德也,神其一长也。静和者,养气,养气得其和。四者不衰,四边威势,无不为[⑲],存而舍之,是谓神化归于身[⑳],谓之真人。真人者,同天而合道[㉑],执一[㉒]而养产万类,怀天心[㉓],施德养[㉔],无为以包志虑、思意,而行威势者也。士者,通达之,神盛乃能养志。

【注释】

①盛神:使人们的意志和精神旺盛。

②法:效法。

③五龙:五行中的龙仙。我国古代有五行之说,认为金、木、水、火、土是构成万事万物的元素。

④五气:即神气、魂气、魄气、精气、志气;一说指心、肝、脾、肺、肾五脏之气。

⑤德为之人:意思是德能扶正祛邪,是人之所以为人的根本。

⑥所:途径。

⑦诸:之于。

⑧纪:丝的头绪,引申为开端。

⑨包宏无形化气:意思是包容着多种无形的化育万物之气。

⑩心能得一:意思是人心能得其纯一。

⑪十二舍:指目、耳、鼻、舌、身、意、色、声、香、味、触、事。

⑫摄：统摄，统领。
⑬生：同“性”，本性。
⑭内：自身。
⑮以类知之：意思是通过类推、举一反三，悟得道术。
⑯人与生一：意思是人相与生在天地之间，最初的天性是一样的。
⑰出于化物：意思是诞生之后随事物、环境不同而变化。
⑱舍神：意思是使神气留驻身体之内。舍，这里作动词，安置住宿。
⑲无不为：意思是无所不能为。
⑳神化归于身：意思是得道存养本性于自身。
㉑同天而合道：意思是与天同体，与道合一。
㉒执一：意思是秉执纯一的道术。
㉓天心：天道自然之心。
㉔施德养：意思是布施道德以滋养五气。

【译文】

要使人们的意志和精神旺盛，就得效法五龙。旺盛的意志和精神之中包含着五气即神气、魂气、魄气、精气、志气。其中，神气是居于首位的，心是五气活动的家园，而德能扶正祛邪，是人之所以为人的根本。培养神气的途径，在于道。所谓道，就是天地万物生成的初始，一是道的开端。事物的创造，天地的生成，都是从道中衍生出来的。其中包容着多种无形的化育万物之气。这种气是在天地生成之前就形成的，没法知道其形状，没法知道其名称，于是称作神灵。由此可见，所谓道，是神明的源泉，一是其变化的开端。因此，德能够滋养五气，人心能得其纯一，那么术也就是培养神明的方法就会自然产生。所谓术，是心气运行的通道和所居住的地方，而神气则是心的使者。人体中的九窍和十二舍是五气出入的门户，而心则为之总管。人的本性由上天传授，就称为得道存养本性的真人。所谓真人，也就是与天地自然融为一体了。而那些得道之人，是通过自身的修炼而获知道术的，这就被称为圣人。所谓圣人，是通过类推、举一反三，悟得道术的。所以人生于天地之间，最初的天性是一样的，只是诞生之后随事物、环境不同而变化。人认识事物首先是通过九窍，如果还有疑惑，就需要心术来沟通。如果内心没有适当的方法，必然会有无法沟通的情况。九窍一旦与心术沟通，人体的五气得以滋养，并努力使神气留驻身体之内，这就称为化育。化育五气，是指志、思、神、德而言，而神气则是五气的主宰。所谓静和，关键在于养气，养气才能使身心安静和顺。志、思、神、德四种气不衰竭，那么四边都形成了威势，就无所不能为，保有并把五气存留身体之内，这就称为得道存养本性于自身，也就是真人。所谓真人，与天同体，与道合一，秉执纯一的道术以养育万物，怀有天道自然之心，布施道德以滋养五气，无为自然而包容志、虑、思、意，从而施行威盛之势。士人必须通达此道，保持意志和精神旺盛，才能够培养心志。

养志

【原文】

养志[1]法灵龟。养志者，心气之思不达也。有所欲，志存而思之。志者，欲之使也。欲多则心散，心散则志衰，志衰则思不达也。故心气一则欲不徨[2]，欲不徨则志意不衰，志意不衰则思理达矣。理达则和通[3]，和通则乱气不烦于胸中。故内以养志，外以知人，养志则心通矣，知人则职分明矣。将欲用之于人，必先知其养气志。知人气盛衰，而养其气志，察其所安[4]，以知其所能。志不养则心气不固，心气不固则思虑不达，思虑不达则志意不实[5]，志意不实则应对不猛[6]，应对不猛则志失而心气虚，志失而心气虚则丧其神矣。神丧则仿佛[7]，仿佛则参会不一[8]。养志之始，务在安[9]己；己安则志意实坚；志意实坚，则威势不分。神明常固守，乃能分之[10]。

【注释】

①养志：培养心志。

②徨：多。

③和通：和顺畅通。

④察其所安：意思是考察他心理是否安详。

⑤实：坚实。

⑥应对不猛：意思是应对事物不果敢气壮。

⑦仿佛：意志恍惚。

⑧参会不一：指志气、心气、神气三者交会就不纯一。“参”和“叁”古代通用。

⑨安：这里是使动用法，使……安静。

⑩分之：意思是分散和动摇对方的威势。

【译文】

培养心志要效法灵龟。培养心志，是由于心神之气不通达的缘故。凡人有所欲望，就会充满心志并不时去思想。心志，是会被欲望所役使的。欲望多，心意就散漫；心意散漫，志气就会衰弱；志气衰弱，思虑就不通达。所以心气专一，欲望就不多；欲望不多，意志就不会衰弱；意志不衰弱，思绪就会通达；思绪通达，就会和顺畅通；和顺畅通，杂乱之气就不会烦扰胸中。因此，对自身应培养心志，对外则应该了解他人。培养心志则心气畅通，了解他人则职分明确。如果要把培养心志之术运用到识人用人方面，就必须首先了解他培养心志的功夫，知道他人气的盛衰，然后培养其人气和心志，考察他心理是否安详，从而了解他的才能如何。不培养心志，心气就不能巩固；心气不巩固，思虑就不能通达；思虑不通达，意志就不坚实；意志不坚实，应对事物就不果敢气壮；应对不果敢气壮，就会丧失心志而使心气虚弱；丧失心志而又心气虚弱，那么神气也就随之丧失；神气丧失，就会意志恍惚；意志恍

惚，志气、心气、神气三者交会就不纯一。培养心志的第一步，务在使自己安静；自己安静了，就会意志坚实；意志坚实，威势就不会分散。神明经常固守，才能分散和动摇对方的威势。

实意

【原文】

实意[1]法螣蛇[2]。实意者，气之虑也[3]。心欲安静，虑欲深远。心安静则神明荣[4]，虑深远则计谋成；神明荣则志不可乱，计谋成则功不可间[5]。意虑定则心遂[6]安，心遂安则其所行不错，神自得矣，得则凝[7]。识气寄[8]，奸邪得而倚[9]之，诈谋得而惑之，言无由心矣。故信心术[10]，守真一[11]而不化，待人意虑之交会，听之候之也。计谋者，存亡之枢机[12]。虑不会，则听不审矣，候之不得。计谋失矣，则意无所信，虚而无实。故计谋之虑，务在实意，实意必从心术始。无为而求安静五脏[13]，和通六腑[14]，精神魂魄固守不动，乃能内视[15]、反听[16]、定志，思之太虚[17]，待神往来。以观天地开闭，知万物所造化，见阴阳之终始，原[18]人事之政理[19]，不出户而知天下，不窥牖[20]而见天道[21]，不见而命[22]，不行而至，是谓道。知以通神明，应于无方[23]而神宿[24]矣。

【注释】

①实意：坚定充实意志。

②螣蛇：古代传说中的一种神蛇，能腾云驾雾，在云中飞舞。

③实意者，气之虑也：意思是所谓坚定充实意志，就是要使心气平和，思虑详明。

④神明荣：意思是精神充满生机。神，精神，神志。明，聪明。荣，繁茂，旺盛。

⑤间：间隔，隔断，这里引申为抹杀的意思。

⑥遂：顺。

⑦得则凝：意思是神气自得，事业才会随之成功。

⑧识气寄：意思是心气有所依附而不集中。识气，智识，心气。寄，陶注：“寄，谓客寄，言气非真，但客寄耳。”

⑨倚：靠，这里引申为乘虚而入。

⑩信心术：使心术诚明。

⑪守真一：保持纯真专一。

⑫枢机：关键。

⑬五脏：指心、肝、脾、肺、肾。

⑭六腑：中医称胃、胆、三焦、膀胱、大肠、小肠为六腑。

⑮内视：内自省察。

⑯反听：外听他人意见。

⑰思之太虚：意思是思绪进入虚幻境界。

⑱原：推究。
⑲政理：指治国安邦的道理。
⑳牖：窗户。
㉑天道：自然变化。
㉒命：为事物命名，即辨别事物。
㉓应于无方：应对各方面。无方，没有极限。
㉔神宿：使心神之气永驻。

【译文】

坚定充实意志，要效法螣蛇。所谓坚定充实意志，就是说使心气平和，思虑详明。心气要安静稳重，思虑要深沉久远。心气安静，精神才充满生机；思虑深远，计谋才能成功。精神充满生机，心志才不会紊乱；计谋成功，功绩才难以抹杀。意志思虑安定，心绪才会随之而安；心绪安定，所行之事也就不会出错，神气自得，事业才会随之成功。心气有所依附而不集中时，奸邪就会乘虚而入，诈谋也就会迷惑人心，言语也就不会发自内心。所以保持心术诚明、纯真专一而没有变化，待人接物诚心诚意，上下交流，倾听建言，获知详情，筹划计谋。计谋的优劣，是存亡的关键。思虑不进行交流，所听到的情况就不详明，等待也不能得知。计谋一旦失误，意志无所依托和信赖，就会成为虚而不实的东西。所以计谋的思虑筹划，务必充实，思虑充实又必须从心术纯真专一开始。自然无为要求安静五脏，和通六腑，精神魂魄固守不动，才能内自省察、外听他人意见，安定心志。思绪进入虚幻境界，就要等待神明往来。达到这种境界，就可以此观察天地开辟的神奇，了解万事万物的创造化育，发现阴阳变化的兴衰，推究人世间治国安邦的道理，足不出户而通晓天下事，目不出窗而了解自然变化，目不亲见就可以为事物命名，足虽不行就可以达到目的，这就叫作“道”。通晓“道”，就能通于神明，应对各个方面，使心神之气永驻。

分威

【原文】

分威[①]法伏熊[②]。分威者，神之覆也[③]。故静固志意[④]，神归其舍[⑤]，则威覆盛矣。威覆盛，则内实坚；内实坚，则莫当[⑥]；莫当，则能以分人之威，而动其势，如其天[⑦]。以实取虚，以有取无，若以镒[⑧]称铢。故动者必随，唱[⑨]者必和[⑩]。挠[⑪]其一指，观其余次[⑫]，动变见形[⑬]，无能间[⑭]者。审于唱和，以间见间[⑮]，动变明而威可分。将欲动变，必先养志，伏意[⑯]以视间。知其故实者，自养也。让己者[⑰]，养人[⑱]也。故神存兵亡[⑲]，乃为之形势[⑳]。

【注释】

①分威：分布威势、蓄积待发。
②伏熊：熊在搏击时先趴下然后突然出击，故名。

③分威者，神之覆也：意思是所谓分布威势，就是要使神气覆盖，也即涵养和充沛精神。

④静固志意：使自己思虑镇静、志向坚固。静和固在这里都是使动用法。

⑤神归其舍：使神气凝聚于心中。舍，这里指人的躯体。

⑥莫当：意思是势不可挡，无往而不胜。当，抵挡。

⑦如其天：如天之覆盖四野。

⑧镒：古代重量单位，一镒等于二十四两，一两等于二十四铢。

⑨唱：同“倡”，倡导。

⑩和：应和，附和。

⑪挠：弯曲。

⑫余次：剩下的，其他的。

⑬动变见形：意思是所有的运动和变化都能够体现出来。形，表现，表露。

⑭间：离间。

⑮以间见间：意思是以离间的方法发现其可乘之机。前一个“间”意思是离间；后一个“间”意思是可乘之机。

⑯伏意：隐藏自己的意图。

⑰让己者：自知谦虚礼让的人。让，谦让。

⑱养人：这里指可以养他人之气。

⑲兵亡：这里指对抗消失。

⑳为之形势：意思是形成自己的威势。

【译文】

分布威势、蓄积待发要效法伏熊。所谓分布威势，就是要使神气覆盖，也即涵养和充沛精神。所以要使自己思虑镇静、志向坚固，从而使神气凝聚于心中，那么其威势就更为强盛。威势强盛，那么内在意志就更坚实；内在意志坚实，就势不可当，无往而不胜；势不可当，就能使威势分布，而发动其威势，就会如天之覆盖四野。这样以实取虚，以有取无，就好比用镒来称量铢一样。所以威势所及，有所行动，就必然有人依随；有所倡导，登高一呼，就必然有人附和。弯曲一指，稍有动作，以观察其他，那么所有的运动和变化都能够体现出来，无可离间。审慎地分析彼此唱和的情况，以离间的方法发现其可乘之机，这样运动变化就能明了，威势就可分布和壮大。如果有所行动和变化，必须首先培养心志、隐藏自己的意图，以观察对方的漏洞，寻找行动的时机。自知巩固充实意志的人，就能够自我养气修炼。自知谦虚礼让的人，就可以养他人之气。所以对抗就会逐渐消失，于是就可以形成自己的威势。

散势

【原文】

散势[①]法鸷鸟[②]。散势者，神之使也[③]。用之，必循[④]间[⑤]而动。威肃、内盛，推间[⑥]而行之，则势散[⑦]。夫散势者，心虚志溢[⑧]。意衰威失，精神不专，其言外[⑨]而多变。故观其志意为度数[⑩]，乃以揣说图[⑪]事，尽圆方[⑫]，齐长短[⑬]。无间则不散势，散势者，待间而动，动而势分矣。故善思间者[⑭]，必内精五气，外视虚实，动而不失分散之实[⑮]。动则随其志意，知其计谋。势者，利害之决，权变之威。势败者，不以神肃察[⑯]也。

【注释】

①散势：散发自己的威势。

②鸷鸟：凶猛的鸟。

③散势者，神之使也：意思是向外散发威势，是由精神驱使的。

④循：顺，遵循。

⑤间：间隙，引申为时机，可乘之机。

⑥推间：寻找有利的时机。

⑦势散：威势向外分散发挥。

⑧溢：满，这里是饱满的意思。

⑨言外：意思是言辞外露。

⑩度数：揣度的标准。

⑪图：谋划。

⑫尽圆方：尽圆方自然之理。

⑬齐长短：使长短各有其用。

⑭思间者：善于研究间隙、时机的人。

⑮分散之实：散发威势的实效。

⑯以神肃察：以神明和严肃的态度去观察。

【译文】

散发自己的威势，要效法凶猛的鸷鸟。向外散发威势，是由精神驱使的。运用散发威势的方法，必须寻找到有利的可乘之间隙与时机，然后采取行动。威势整肃，内气旺盛，寻找有利的间隙、时机而采取行动，那么威势就可以向外分散发挥。向外散发威势的人，内心谦虚，意志饱满。意志衰微、精力不专一，其言辞就易于外露而且多变化。所以观察其意志作为揣度的标准，就可以据此揣摩和游说，进而图谋行事，尽圆方自然之理，使长短各有其用。如果没有间隙、时机可乘，就不可散发威势。向外散发威势，一定要等待间隙、时机而采取行动，这样的行动就能使威势发挥。所以善于研究间隙、时机的人，一定要自身精通蓄积五气。对外探察虚实，采取行动而不失散发威势的实效。采取行动就要根据其志意所向,了解其计谋。威势,决定利害关系,也是权变的威力所在。威势衰败,是不以神明和严肃的态度去观察的缘故。

转圆

【原文】

转圆[①]法猛兽。转圆者,无穷之计也。无穷者,必有圣人之心,以原[②]不测之智,以不测之智而通心术。而神道[③]混沌为一[④],以变论万类[⑤],说义[⑥]无穷。智略计谋,各有形容[⑦],或圆或方,或阴或阳,或吉或凶,事类不同。故圣人怀此之用,转圆而求其合[⑧]。故兴造化者,为始,动作无不包大道[⑨],以观神明之域[⑩]。天地无极,人事无穷,各以成其类。见其计谋,必知其吉凶、成败之所终也。转圆者,或转而吉,或转而凶。圣人以道[⑪]先知存亡,乃知转圆而从方。圆者,所以合语[⑫];方者,所以错事[⑬];转化者,所以观计谋;接物者,所以观进退之意。皆见其会,乃为要结,以接其说也[⑭]。

【注释】

①转圆:意思是使智慧如转动的圆一样无穷无尽。

②原:推究,这里引申为探测。

③神道:神奇的自然之道。

④混沌为一:浑然成为一体。混沌,原指宇宙形成前模糊一团的景象,这里引申为浑然一体的意思。

⑤变论万类:即论万物之变,意思是论析万事万物的变化。

⑥说义:阐发义理。

⑦形容:形象和状态。

⑧转圆而求其合:像转动圆体那样以求得合乎事理。

⑨包大道:意思是合乎自然之道。包,包容。

⑩域:境域。

⑪以道:指根据自然之道。

⑫圆者,所以合语:意思是转圆是为了使言语变化合乎需要。

⑬方者,所以错事:意思是转方是为了使行动安稳以便处置事体。错,同“厝”,安置,安放。

⑭皆见其会,乃为要结,以接其说也:陶注:“谓上四者,必见会之变,然后总其纲要而结之,则情伪之说可接引而尽矣。”意思是以上这些行为,都只有了解其交会融通,才可以得其要领,以沟通和接续其学说。

【译文】

要使智慧如转动的圆一样无穷无尽,就要效法猛兽威力无穷。所谓转圆,就是计谋像圆体旋转那样无穷无尽。计谋无穷，一定要有圣人的博大胸怀，去探测深不可测的智慧，再以不可测度的智慧去沟通心术。神奇的自然之道浑然一体，可以用来论析万事万物的变化，阐发无穷无尽的义理。智慧谋略计策，各有其形象和状态，或圆或方，或阴或阳，或吉或凶，事物差别各不相同。所以圣人怀有这种计谋，像转动圆体那样以求得合乎事理。所以圣人兴起创造教化之始，其行动、作为无不合乎自然之道，借以观察神明的境域。天地没有终极，人事没有穷尽，各自归于不同的类别。观察其计谋，就一定能知道其吉凶成败的结果。转圆的方法，有的转而成吉，有的转而成凶。圣人可以根据自然之道预先推知存亡之理，所以能够转圆而成方，转凶而成吉。转圆，是为了使言语变化合乎需要；转方，是为了使行动安稳以便处置事体。转化，是为了观察计谋的得失；接物，是为了观察事物的进退是非。以上这些行为，都只有了解其交会融通，才可以得其要领，以沟通和接续其学说。

损兑

【原文】

损兑[①]法灵蓍[②]。损兑者，几危之决[③]也。事有适然[④]，物有成败。几危之动，不可不察。故圣人以无为待有德，言察辞合于事[⑤]。兑者，知之也。损者，行之也。损之说之，物有不可者，圣人不为辞也。故智者不以言失人之言[⑥]，故辞不烦[⑦]，而心不虚[⑧]；志不乱，而意不邪。当其难易，而后为之谋，因[⑨]自然之道以为实。圆者[⑩]不行[⑪]，方者[⑫]不止[⑬]，是谓大功。益之损之，皆为之辞。用分威散势之权[⑭]，以见其兑[⑮]威其机危[⑯]，乃为之决。故善损兑者，譬若决水于千仞[⑰]之堤，转圆石于万仞之谷。

【注释】

①损兑：损益。

②灵蓍：用来预测吉凶的蓍草。

③几危之决：用来判断和决定事物的细微征兆和是否危险的根据。几，隐微，特指事情的迹兆。

④适然：偶然。

⑤言察辞合于事：意思是考察其言辞，以及是否与事体相合。

⑥不以言失人之言：意思是不以自己擅长言谈就抛弃他人的言论。

⑦烦：烦琐。

⑧虚：虚伪。

⑨因：根据。

⑩圆者：周全的计谋。

⑪不行：意思是令其不能实行。

⑫方者：难以成功的计谋。

⑬不止：意思是令其不能停止。

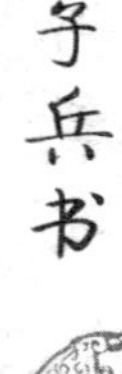

⑭权:权变。

⑮见其兑:观察和抓住有利时机。

⑯威其机危:威势发挥于对方的危机之时。

⑰仞:古时八尺或七尺叫作一仞。

【译文】

要想知道损益得失,就要效法用来预测吉凶的蓍草。所谓损兑,即损益,是用来判断和决定事物的细微征兆和是否危险的根据。凡事都有偶然,凡物都有成败,预示事物发展和成败的细微征兆,不可不明察。所以圣人以自然无为对待有德之士,考察其言辞,以及是否与事体相合。兑,就是考察了解事物;损,就是排除其他观念,从而能够实行。排除之后再行说服,事物仍有不可行,圣人就不再多加辩说。所以有智慧的人从不以自己擅长言谈就抛弃他人的言论,因而言辞得当而不烦琐,内心充实而不虚伪,心志坚定而不迷乱,思虑纯正而无邪念。当事物发展到难易成败的关键时刻,为之设定计谋,以事物发展的自然规律作为基础。对方用圆的也即周全的计谋,令其不能实行;对方用方的也即难以成功的计谋,令其不能停止,这就称为大功。计谋的增减损益及其得失,都要通过言辞来论说。运用分威、散势的权变方法,以观察和抓住有利时机,威势发挥于对方的危机之时,从而决定事物的成败。所以善于运用损益方法的人,就好比在千仞堤防上掘开洪水,又好像在万仞深谷推转圆石,其威势锐不可当。

【赏析】

《鬼谷子》对谋人策士的素质提出了一系列的要求,要求他们思维敏捷、反应迅速、知识渊博、智谋裕如。那么如何练就这些基本素质呢?我们在本篇便能找到答案——通过盛神、养志、实意三个内养项目和转圆、损兑、分威、散势四个外练项目的锻炼,就能成为一个好的谋士。

《盛神》《养志》《实意》三篇说明如何涵养精神。盛神就是主张合道炼神,使神气旺盛,从而体魄健壮,精神饱满。养志主张精力集中、寡欲少动,从而反应敏捷,思理通达。实意主张通过收集丰富的信息充实自己的意念,明知大道,保障计谋无失。

转圆就是训练出谋划策的速度,要熟知事物原委,熟悉各类计谋的形态,并能变通应用,明辨事物的普遍性和特殊性的关系,通过事物的基本原则找到解决具体矛盾的方法,从而提高决策能力;损兑就是训练变换言辞的速度,把握事态的发展,以不变应万变,拨动事物朝着有利于自己的方向发展,这是选择、改换言辞的基础和出发点,学会把握这个出发点,就能随机应变。分威和散势训练的就是提高对付别人的技能,自己精力集中、知识丰富,便能挫败对方的威气;寻找并抓住对方的漏洞,实施有效的攻击,就能使对方的形势转化为对我方有利的态势。

只要通过以上几个项目内养外练,就能时刻保持旺盛的精力和敏捷的思维,从而在决策中随机应变,为游说的成功打下坚实的基础。

本篇隐含了分散敌手的威势时要像猛熊扑人前那样静伏的“分威伏熊术”,分散敌手的威势时要像凶猛的鸷鸟那样抓住时机的“散势鸷鸟术”,等等。

范雎入秦后一年多，一直没有机会觐见秦昭王。前270年，秦在丞相魏冉的坚持下跨越韩、魏去攻打齐国的刚、寿二地。自秦昭王即位后，以宣太后为中心，形成了穰侯、华阳君、泾阳君和高陵君等宗亲贵室势力，他们专权专利，其私家富有甚至超过了王室，使昭王如芒刺在背，有苦难言。此次出战，也并非出自昭王本心。范雎抓住这个时机，基于对昭王内心世界的分析判断，向昭王上书，直刺宗室专权，紧紧抓住了昭王的心病，同时又信誓旦旦地保证自己有治国的良策，这样使秦王不得不召见他。范雎费尽心机，终于叩响了成功的大门。

范雎颇通语言的艺术，他抓住当政者大都喜听恭维之词的心理，在与秦昭王的对话中，首先从对秦的优势入手开始自己的分析。范雎认为秦"四塞以为固，利则出攻，不利则入守"，地理条件优越，经过变法图强，秦得"以秦卒之勇，车骑之众，霸之业可致也"。果然，昭王面露喜色，缓和了谈话的气氛。接着，范雎批评了当前秦国的政策，造成"闭关十五年，不敢窥兵于山东"，而这一切都归罪于为人臣的失职。这里巧妙地为昭王开脱了罪责，果然昭王很诚恳地说："寡人愿闻失计。"

范雎考虑到自己初涉秦廷，羽翼未丰，不敢言内，便先谈外事，借以观察秦王的态度。他说："夫穰侯越韩、魏而攻齐刚、寿，非计也。少出师则不足以伤齐，多出师则伤秦。"为了增强说服力，范雎还举出齐缗王远征楚国，导致内部空虚，因而被韩、魏袭击的史实。这里，范雎提出了自己的看法："王不如远交而近攻，得寸则王之寸也，得尺亦王之尺也。"

范雎在"远交近攻"的策略指导下，进一步阐明了具体的措施。他说，韩国和魏国处于中原地区的枢纽位置，秦若想成得霸业，必先控制这一地区，然后使赵、楚归附，这样齐国必然会畏惧，一时不敢与秦争锋。在秦的国势强大到压倒各国的情势下，便可一个个消灭魏、韩等，最后灭齐，一统天下。

昭王很赞赏范雎的战略原则和具体布置，遂拜他为客卿，参与国家大政，主持兵事，积极贯彻远交近攻的战略思想。经过几代的努力，秦国终于统一了全国，建立了我国历史上的第一个封建王朝。

范雎"远交近攻"的思想，破坏了六国的联合之势，转不利局势为有利，运用的就是"散势鸷鸟术"。范雎事秦十余年，对秦国的历史发展起到了继往开来的推动作用。同时，作为我国古代不可多得的谋略家，范雎"远交近攻"的策略，给中华民族的外交奇计宝库增添了光彩。

埃及前总统萨达特是1952年埃及"七·二三"革命的组织者和发起者之一。革命成功后，领导者之间争权夺利十分激烈，唯独他不图大权，恬淡自若。对于大权在握的纳赛尔，他极为尊敬。对纳赛尔所提的建议，他从不提异议，对于纳赛尔的话，他总是唯唯诺诺。纳赛尔为此称萨达特为"毕克巴希萨萨"（即"是是上校"），甚至不满意地讲："只要萨达特不老说'萨'（是），而用别的话来表示他的赞成意见时，我就会觉得舒服些。"在日常工作中，萨达特不露声色，表现得平平常常。对于内政问题和外交大事，他从不拿出主见，偶尔自己的公开态度稍有出格，他就会立刻纠正，与纳赛尔的信徒保持一致。

1967年第三次中东战争后，纳赛尔考虑隐退，将扎克里亚·毛希丁提名为继任者。但三年之后，经再三权衡，考虑到顺从及危险性小等理由，纳赛尔出人意料地选萨达特为继任者。出于易于控制和为人温和的考虑，埃及军方也支持萨达特。

1970 年 9 月纳赛尔去世，埃及开始了一场激烈的权力之争。扎克里亚·毛希丁、阿卜杜勒·拉蒂夫·巴格达迪、阿里·萨布里、卡迈里·侯赛因这些人，既有潜在势力，又都大权在握，他们互不相让，争夺激烈。后来出于政治妥协，这些人把平日不起眼的萨达特捧上了总统宝座。

1970 年 10 月萨达特继任总统后，一反平日之态，大刀阔斧地进行了一系列改革。他先是排除异己，将毛希丁、萨布里等潜在对手革职或降职，稳固了自己的权力和地位。接着实行了政治、经济改革，政治上实行民主，经济上实行改革开放。特别是外交上，1972 年 7 月他下令驱逐了在埃及的 2 万名苏联专家；1973 年 10 月向以色列发动了“十月战争”，打破了中东“不战不和”的僵持局面；1974 年 6 月与美国恢复外交关系；1977 年 11 月亲访以色列，打破埃以关系的僵局；1978 年与美、以签订戴维营协议，由此获得“诺贝尔和平奖”……这一系列外交上的惊人之举，使他成为 70 年代世界政治舞台上的风云人物。

洞察全局，保持温和格调，坐山观虎斗，待对手威势消耗殆尽，抓住时机，萨达特终于登上了总统宝座。其实，成功的人往往是笑在最后的人。萨达特继任总统后开展的一系列改革等惊人之举，也充分显示了他的领袖风范和领导艺术。

持枢

【原文】

持枢①，谓春生、夏长、秋收、冬藏，天之正②也，不可干③而逆④之。逆之者，虽成必败。故人君亦有天枢⑤，生养成藏⑥，亦复不可干而逆之。逆之者，虽盛必衰。此天道，人君之大纲⑦也。

【注释】

①持枢：掌握事物发展变化的关键。
②天之正：四时运行的自然法则。
③干：干预，干犯。
④逆：违背。
⑤天枢：指天下治乱变化的关键。
⑥生养成藏：人民的生长、养育，事业的成功与收获。
⑦纲：本意是提网的总绳，引申为纲领。

【译文】

持枢，也就是掌握事物发展变化的关键，说的是春天播种、夏天生长、秋天收获、冬天贮藏，四时运行的自然法则。不可干预和违背四时运行的自然规律。违背了这种规律，即使居于成功之位，最终也必然遭致失败。所以做君王的人也掌握着天下治乱变化的关键，人民的生长、养育，事业的成功与收获，也同样不可干预和违背。违背了这些自然的规律，即使处在盛世，也必然会走向衰亡。这是自然规律，也是做君王的人所应该遵循的根本纲领。

【赏析】

本篇讲述的是君王如何利用自然和社会规律，推动社会良好运转的学问，提出君王应该顺应民意治理社会，同时强调要主动调动人民群众的积极性。篇幅很短，系部分文字，因此今天看来不够系统完整。

本篇体现了天人合一的指导思想，认为自然规律和社会规律本质上是一致的，君王治理国家只有合民情，顺民意，才能得天下。

海瑞是明朝嘉靖时期的著名清官，由于敢于直言进谏，惩恶扬善，一心为民谋利，被人民敬为海青天、南包公，其英名流传至今。

海瑞虽然出生于官僚家庭，但童年时期的家境并不殷实，在他仅四岁时父亲不幸病逝，他和母亲相依为命，生活异常清苦。母亲很刚强，勤俭持家，教子有方，“苦针裁，营衣食，节费用，督瑞学”。在她的亲自督导下，海瑞自幼即诵读《大学》《中庸》等书，加上母亲为他所请良师的指点及严格要求，海瑞得到了良好的家教与文化教育，这使海瑞很早就有了报国爱民的思想。

明朝隆庆三年，即1569年，海瑞升任右佥都御史、钦差总督粮道、巡抚应天十府。应天十府即现在长江下游两岸，包括南京、苏州、常州等地，是个非常富庶的地方。但海瑞到任后却发现，人民在重赋和恶吏贪官的压迫下生活极为困苦。如果赶上当年发生涝灾，直到冬至的时候，还有一半田地被淹在水里，粮价飞涨，百姓不去讨饭就会饿死。于是，海瑞决定将治水与救灾一起解决，既为当前又为将来谋利。后来，终于弄清受灾原因是连接太湖通海的吴淞江淤塞所致，海瑞便召集饥民，趁冬闲季节开工，疏浚吴淞江及其支流。又经上书请求，将应该上缴的粮食留下一些解决灾民吃饭问题。这样就调动了百姓的积极性，工程很快完成，当地的百姓都很感激海瑞。

为了维护农民的利益，海瑞进一步惩罚恶霸，归还被强夺的土地。但是，当时对自己有恩的徐阶在当地占有的土地最多。徐阶知道一点不退也不行，于是就象征性地退了一些。海瑞则写信劝他应该做出表率，多退一些田，同时劝说他的儿子也改正错误。许多京官纷纷为已经告老还乡的徐阶说情，但海瑞还是联合一些官员，迫使徐阶退了二分之一的田地。同时，海瑞依照法律将徐阶两个违法的儿子充了军。其他地主们见此情景，赶忙将多占的田依数退还。

海瑞还在赋税方面减轻了人民负担。当时江南的赋税很混乱，有田的地主往往不纳或少纳，地少的农民却要负担很重的赋税。其实，加重的部分都是替地主所交的，由地方官平摊到每个百姓头上。这无疑加重了人民的负担。于是，海瑞组织人清查土地，简化赋税制度，减轻百姓负担。

海瑞担任应天巡抚时，不但爱民抚民，还为民除害谋利，但他自己却生活得很俭朴。他规定所到之处不许鼓乐迎送.也不住豪华的住宅。地方上为迎接他大摆宴席，他却规定物价高的地方每顿饭不能超过三钱银子，物价低的地方不超过二钱银子。他一生很多时间闲居家中，只靠祖上留下的一点土地过活。他没有置买田产，只在母亲去世后靠别人帮助买了一块坟地，将母亲安葬了。

海瑞去世前几天，还退还了兵部多送来的七钱银子。海瑞的妻子、儿子早已去

世,他的丧事只好由别人料理,而他的遗物只有八两银子、一匹粗布和几套旧衣服。靠同僚的帮助,他的灵柩才得以运回故乡。送灵柩的船在江上行驶时,两岸的百姓自动穿孝来哭送他,店铺也停了业,送行的队伍长达百里。

如今,在人民心中海瑞和包拯一样是正义的象征,是古代清官的典型代表。他们之所以得到人民的爱戴和景仰,就是因为他们明白水可以载舟,也可以覆舟的道理,明白人民群众才是历史的主宰。为官只有察民情、顺民意,才会得到拥护。

泰国现国王普密蓬陛下非常关心泰国人民的疾苦,他能够时刻想人民之所想,急人民之所急。他曾指出:“了解我们所要帮助的人的处境是最重要的。帮助他们得到最基本的生活所需是最有效的帮助手段。因此,在每次给予帮助之前,我们必须考虑他们的需求。我们必须了解他们遇到的情况以决定帮助他们的方法和程度。此外,我们应该有一个重要的原则,那就是我们帮助他们为的是使他们能够帮助他们自己……”

为了了解百姓的需求,普密蓬国王不辞辛苦,经常奔波于泰国各地。他总是深入到百姓中间,访贫问苦。泰国人民的心中充满了对国王的爱戴、感激和忠诚。在国王所到之处,无论是白天还是晚上,那些听到消息的人都会去拜见他。国王每到一处,总会被等待向他问好的人群所包围。

十多年前的一个下午,在图卡大坝上,虽然乌云密布,但人们却越聚越多,因为他们听说敬爱的国王要来这里。不一会儿,大雨倾盆而下。瞬间,等待中的人民全都湿透了,但这丝毫没有影响他们想见国王的殷切心情。在瓢泼大雨之中,人民静静地侍候着。

不知过了多久,国王的马车驶进了人们的视线。普密蓬国王身穿雨衣,头戴蓝帽走出了马车。像往常一样,王后走在他的身旁。国王一行人在大雨中走上山脚下的水库大坝。国王站在大坝上的时候,全身已经湿透,而这时他患心脏病才刚刚出院。国王视察完大坝,走下山坡,来到了已等候他多时的百姓中间。国王跪在泥泞的地上和百姓促膝谈心,询问他们的农场、他们的健康情况以及他们的生活条件。最后,当人们看着国王离开村庄消失在夜幕之中时,眼睛都被激动的泪水模糊了。

一位曾随国王巡访的工程师讲述过这样一个动人的故事。1985 年 2 月 18 日,当国王带领一行人在清迈省的一个乡村视察时,这位灌溉工程师的手被蚊虫叮咬了。他为国王拿地图时不经意地抓痛处。这一小小的动作硬是被细心的国王发现了。他说:“让我看一下你的手。”然后,他往工程师的手上挤了些药膏说:“好了,很快你就会感觉好多了。”在场的所有人都被国王对下属的这种体贴入微的爱护深深感动了。至于蚊虫对国王自己的叮咬,国王却经常由于忙于工作而全然不觉。1985 年 9 月的一个下午,在勘察完一个建造水库的地点后返回的路上,国王突然让马车停了几分钟。后来人们得知有几只水蛭已经在国王身上吸血多时,国王不得不停车让王后帮他去除这些饥饿的“吸血鬼”。

普密蓬国王总是尽可能地贴近人民。他总是在人民遇到困难的时候出现。在酷暑难耐或气温突变的时候,他经常奔波在崎岖的路上,为的是了解有关百姓困苦原因的第一手资料。

国王对人民疾苦的关心并不局限于泰国的某一特定地区,因为他已经走遍了每一个城镇和村落。国王每到一个地方,都会给当地的人民带来希望和幸福。他的臣民就像他的儿女,国王就像父样一样履行着他的职责,为的是使他所有的臣民都过上舒适和幸福的生活。也因为如此,泰国人把国王视为自己的父亲,把他看作永远可以依赖的人。

无论何时何地,当危机和困难出现时,国王都会向陷于危难的人们伸出他的援助之手。他对农村和城市的人民给予了同样的仁慈和同情。在曼谷发生的多次洪灾期间,人们看到国王跋涉在街上滞留的污水之中,因为他要了解问题出在哪里以及城市遭受破坏的程度。在国王随后提出的洪水预防计划实施之后,曼谷人民的苦难被大大减轻了,此外,在采用了国王发明的清水系统之后,污水问题也逐渐解决了。

普密蓬国王陛下不但关心普通百姓的生活,而且在解决社会与政治危机的过程中也发挥了关键性的作用。他的确是一位勤政爱民的好国王。而泰国人民对普密蓬国王的爱戴是国王用他对人民无微不至的关怀换来的。

中经

【原文】

中经,谓振穷趋急[①],施之能言厚德之人。救拘执[②],穷者不忘恩也。能言者,俦善博惠[③];施德者,依道;而救拘执者,养使小人[④]。盖士,当世异时,或当因免阗坑[⑤],或当伐害能言[⑥],或当破德为雄[⑦],或当抑拘成罪,或当戚戚自善[⑧],或当败败自立[⑨]。故道贵制人,不贵制于人也;制人者握权,制于人者失命。是以见形为容,象体为貌,闻声和音,解仇斗郄[⑩],缀去,却语,摄心,守义。本经纪事者纪道数[⑪],其变要[⑫]在《持枢》《中经》。

【注释】

①振穷趋急:拯救陷入窘境的人、保护处于危机之时的人。振,救济,这里是拯救的意思。趋,快步走,这里引申为保护的意思。

②拘执:这里指身陷囹圄的人。

③俦善博惠:与人为善而博施恩惠。俦,同类。

④救拘执者,养使小人:陶注:"言小人在拘执,而能救养之,则小人可得而使也。"意思是解救人于囹圄之中,即使是小人,救而养之,亦可供驱使。

⑤因免阗坑:在乱世中幸免于转死沟壑。

⑥伐害能言:能言善辩却遭谗害。

⑦破德为雄:抛弃文德拥兵自雄。

⑧戚戚自善:忧郁孤独而自善其身。

⑨败败自立:意思是在天下危败之中仍能自立于世。

⑩郄:敌人内部的裂隙。

⑪道数:这里指原理。

⑫变要:临机权变的要领。

【译文】

所谓中经,就是指拯救陷入窘境的人、保护处于危机之时的人的方法,而这必然是那些能言善辩、品德厚道的人所实施的。解救身陷囹圄的人,被救的这些处于窘境的人就不会忘记恩德。能言善辩之人,与人为善而博施恩惠;施行德义之人,所作所为必合乎自然之道;解救人于囹圄之中,即使是小人,救而养之,亦可供驱使。大凡士大夫遭逢世事变化、时局危难,有的在乱世中幸免于转死沟壑,有的能言善辩却遭谗害,有的抛弃文德拥兵自雄,有的身陷囹圄被罗织罪名,有的忧郁孤独而自善其身,有的在天下危败之中仍能自立于世。所以立身处世之道贵在控制他人,而不被别人所控制;控制他人就掌握了主动权,而被他人所控制就不能把握自己的命运。因此,这里介绍一些为人处世的技巧,也就是"见形为容,象体为貌""闻声和音""解仇斗郄""缀去""却语""摄心""守义"等七种具体的方法。《本经阴符七篇》所记载的只是一些道数即原理,而临机权变的要领则在《持枢》《中经》之中。

【原文】

见形为容,象体为貌者,谓爻为之生[①]也,可以影响[②]、形容[③]、象貌[④]而得之也。有守[⑤]之人,目不视非,耳不听邪,言必《诗》《书》[⑥],行不僻淫[⑦],以道为形,以德为容,貌庄色温,不可象貌而得[⑧]也。如是隐情塞郄[⑨]而去之。

【注释】

①爻为之生:见到爻象就能推知吉凶。爻,组成卦的符号,分阴爻和阳爻。
②影响:指人的声音影像。
③形容:指人的外部形象。
④象貌:指人的容貌举止。
⑤守:操守。
⑥《诗》:即《诗经》。《书》:即《尚书》。
⑦僻淫:邪僻淫乱。
⑧不可象貌而得:意思是不可能从相貌上看透其内心世界。
⑨隐情塞郄:隐瞒实情、堵塞漏洞。

【译文】

所谓"见形为容,象体为貌",犹如人们见到爻象就能推知吉凶一样。可以从一个人的声音影像、外部形象、容貌举止去推知其内心世界、精神风貌。那些有操守的人,非礼的东西不看,奸邪的东西不听,说话必定引用《诗经》《尚书》中的章句,行为正直而毫无邪僻淫乱之处,以道为外形,以德为面容,体貌端庄,神色温和,不可能从相貌上看透其内心世界。在这种情况下,就要隐瞒实情、堵塞漏洞,离他而去。

【原文】

闻声和音,谓声气不同[①],则恩爱不接[②]。故商、角不二合,徵、羽不相配[③]。能为四声主者，其唯宫乎[4]？故音不和则悲，是以声散伤丑害[5]者，言必逆于耳也。虽有美行盛誉，不可比目[6]，合翼[7]相须[8]也，此乃气不合、音不调者也。

【注释】

①声气不同：彼此意气不相投合。

②恩爱不接：意思是彼此不恩爱友善，在感情上不能相互沟通和接纳。

③商、角不二合，徵、羽不相配：陶注："商金，角木，徵火，羽水，递相克食，性气不同，故不相配合也。"这是用五行相生相克的道理来附会五音。五音，或称五声，是古代五声音阶上的五个级，分别是宫、商、角、徵、羽。

④能为四声主者，其唯宫乎：陶注："宫则土也，土主四季，四者由之以生，故为五声主也。"意思是：能够作为上述四音之主的，岂不是只有主土的宫音了吗？

⑤散伤丑害：四者皆为不和之音。

⑥比目：比目鱼，总是两条在水中并游。

⑦合翼：比翼鸟，传说中的鸟名，雌雄总在一起飞。

⑧相须：彼此互不可分。须，必需，必要。

【译文】

所谓"闻声和音"，就是说彼此意气不相投合，就不会恩爱友善，在感情上不能相互沟通和接纳。所以在五音之中，商主金，角主木，二音相克而不相合；徵主火，羽主水，二音相克而不相配。能够作为上述四音之主的，岂不是只有主土的宫音了吗？所以音调不和谐，听起来就悲切，因此声音出现散、伤、丑、害的情况，言语必然逆耳而不中听。一个人即使有美好行为、盛大声誉，却不能像比目鱼、合翼鸟那样和谐亲密，互相辅助，也不能与人和谐相处，这就是意气不相投合、音韵不相协调的缘故。

【原文】

解仇斗郄，谓解羸微之仇[1]。斗郄，斗强也。强郄既斗，称胜者，高其功，盛其势。弱者哀其负，伤其卑，污[2]其名，耻[3]其宗。故胜者，斗其功势[4]，苟[5]进而不知退。弱者闻哀其负[6]，见其伤则强大力倍，死而是[7]也。郄无极大，御无强大，则皆可胁而并[8]。

【注释】

①羸微之仇：微小的仇隙。羸，瘦弱，这里是微小的意思。

②污：这里是使动用法，使……受到玷污。

③耻：使……蒙受耻辱。

④斗其功势：依恃其功高势盛而斗。

⑤苟：苟且，这里是只知道的意思。

⑥闻哀其负：意思是为其哀伤失败所激励。

⑦死而是：意思是一定会死战而胜。

⑧胁而并：以武力相威胁，进而予以吞并。

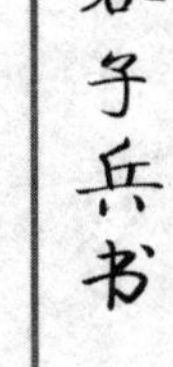

【译文】

所谓“解仇斗郄”，就是说排解微小的仇隙。斗郄。就是攻斗强者的间隙。两强相斗之后，获胜的一方就会炫耀自己的武功，壮大自己的气势。弱小的一方则哀叹自己的失败，感伤自己的卑下，使自己的名声受到玷污，使自己的祖宗蒙受耻辱。所以胜利者依恃其功高势盛，只知一味冒进而不知必要的退却；弱小者反为其哀伤失败所激励，见到自己所受打击而力量大增，一定会死战而胜。敌人内部的裂隙未达极点，守御的力量也不够强大，那么就可以武力相威胁，进而予以吞并。

【原文】

缀去者，谓缀己之系言[①]，使有余思也。故接贞信者，称其行，厉[②]其志，言可为可复，会之期喜[③]。以他人之庶[④]，引验以结往[⑤]，明疑疑而去之[⑥]。

【注释】

①缀己之系言：意思是对将要离去的人倾诉自己的挽留之意。
②厉：激励。
③会之期喜：意思是高兴地约定再次相会的日期。
④庶：希冀，希望。
⑤引验以结往：意思是结合以往的经验。
⑥明疑疑而去之：意思是阐明疑虑，疑惑自然消除。

【译文】

所谓“缀去”，就是说对将要离去的人倾诉自己挽留之意，使其过后仍有余思。所以结交忠贞诚信的人，要称颂他的品行，激励他的志向，言语可以实行，可以回复，并高兴地约定再次相会的日期。这样以他人的希冀，结合以往的经验，阐明疑虑，疑惑自然消除。

【原文】

却语者，察伺短[①]也。故言多必有数短之处，议其短验之[②]。动以忌讳，示以时禁；然后结信[③]以安其心，收语盖藏[④]而却之[⑤]，无见[⑥]己之所不能于多方之人。

【注释】

①察伺短：探察他人言语中的短处。伺，侦候，探察。

②议其短验之：意思是要记住这些短处，作为反驳的证据。
③结信：结之以信，以诚信的态度与之结交。
④收语盖藏：意思是收回方才的言语，巧妙地掩饰隐藏起来。
⑤却之：却对方之意，即批评和劝告对方。
⑥见：同“现”，表现，显露。

【译文】

所谓“却语”，就是说要善于探察他人言语中的短处。所以说言语过多就必定会有一些短处，要记住这些短处，作为反驳的证据。这样就可以用其所犯的忌讳触动他，并将当时的禁忌展示给对方，使对方因此而怀有恐惧之心，然后以诚信的态度与之结交，以安抚其恐惧之心。收回方才的言语，巧妙地掩饰隐藏起来，最后再诚恳地批评和劝告对方，不要轻易将自己的短处暴露于众人面前。

【原文】

摄心者，谓逢好学伎术者，则为之称远①；方验之，警以奇怪②，人系其心于已③。效之于人，验去乱其前④，吾归诚于己。遭⑤淫⑥色酒者，为之术，音乐动之，以为必死，生日少之忧⑦，喜以自所不见之事，终可以观漫澜之命⑧，使有后会⑨。

【注释】

①为之称远：多多称誉，使其声名远播。
②警以奇怪：意思是惊叹其记忆神奇怪异以警动对方。
③系其心于已：意思是使对方的心归向自己。系，拴，绑。
④验去乱其前：意思是将其与先贤相比较进行验证。
⑤遭：遇到。
⑥淫：过分，无节制，这里引申为沉湎。
⑦以为必死，生日少之忧：陶注：“以遇于酒色，必之死地，生日减少，以此可忧之事以感动之也。”意思是以沉湎酒色必置之死地、有生之日减少的忧患相感化。
⑧观漫澜之命：意思是看到生命充满希望。漫澜，无限遥远的样子。
⑨会：相见。

【译文】

所谓“摄心”，就是说遇到好学上进而且有一技之长的人，就要多多称誉，使其声名远播；然后验证其技艺的优劣，再惊叹其记忆神奇怪异以警动对方，那么人心就必然归向于自己了。进一步通过时人的行为和效果进行验证，并将其与先贤相比较验证，这样人们就会从内心归诚于自己。遇到沉湎酒色的人，要用美妙的音乐来触动他，再从反面以沉湎酒色必置于死地、有生之日减少的忧患相感化。用他不曾闻见的事情促其高兴，最终使其可以看到生命充满希望，使得有再见之期。

【原文】

守义者，谓守以人义①，探心在内以合也。探心深得其主②也。从外制内，事有

系由而随也。故小人比人[3]，则左道而用之，至能败家夺国。非贤智，不能守家以义，不能守国以道。圣人所贵道微妙者，诚以其可以转危为安，救亡使存也。

【注释】

①人义：即仁义。
②深得其主：意思是深入了解他的本性。
③小人比人：意思是小人以其心来揣度君子之心。

【译文】

所谓“守义”，就是说坚守仁义，探求内心意愿以迎合对方。探求其内心情感，就要深入了解他的本性。从外部控制其内心活动，使其心意有所牵系，从而使之顺从于我。所以小人以其心来揣度君子之心，就运用旁门左道，以至于发展到家破国亡。不是贤明智慧之人，便不能以义守家，进而以道守国。圣人之所以重视微妙的道术，确实是因为这种方法可以转危为安，救亡图存。

【赏析】

本篇讲述的是在社会上立身处世的各种技巧。掌握了这些技巧，就能在社会上壮大自己，控制对方，在社交中游刃有余。这些技巧具体有以下几种：一是“观人知性术”，从对方的外貌和动作探知其内心，推知他的心性品行；二是“美言结人术”，用高超的谈话技巧，使对方感到自己可亲、可信、可交；三是“解斗买友术”，对两个弱者之间的争斗，要想办法调停，并进行收买拉拢，使他们成为自己的盟友；四是“坐山观斗术”，面对两个强者则不要劝解，反而要离间他们，待他们两败俱伤的时候，再拉拢过来；五是“走人留心术”，对离开自己的人，不要反目为仇，反而应该好言相送，拴住他的心，说不定日后有用；六是“打拉并用术”，抓住对方的把柄以达到控制对方的目的，使他乖乖归附自己；七是“看人买心术”，对不同的人要采取不同的收买方式；八是“仁义探心术”，用仁义道德律条探知对方的内心世界，判断其是君子还是小人，进而运用权术控制他。

这八条立身处世之法，曾为历代无数权力场上的政客视为至宝，而今它仍有一定的借鉴意义。

湘军是曾国藩一手炮制的，它与清廷的其他军队完全不同。清廷的八旗兵和绿营兵皆由政府编练。遇到战事，清廷便调遣将领，统兵出征，事毕，军权缴回。湘军则不然，其士兵皆由各哨官亲自选募，哨官则由营官亲自选募，而营官都是曾国藩的亲朋好友、同学、同乡、门生等。由此可见，这支湘军实际上是“兵为将有”，从士兵到营官所有的人都绝对服从于曾国藩一人。这样一支具有浓烈的封建个人隶属关系的军队，包括清廷在内的任何别的团体或个人要调遣它，是相当困难甚至是不可能的！

湘军成立后，首先把攻击的矛头指向太平军。在曾国藩的指挥下，湘军依仗洋枪洋炮攻占了太平天国的部分地区。为了尽快将太平天国的起义镇压下去，在清朝正规军无能为力的情况下，清廷于 1861 年 11 月任命曾国藩统帅江苏、安徽、江西、浙江四省的军务，这四个省的巡抚（相当于省长）、提督（相当于省军区司令员）以下的文武官员，皆归曾国藩节制。自从有清以来，汉族人获得的官僚权力，最多是辖制两三个省，因此曾国藩是有清以来汉族官僚中获得最大权力的人。

对此，曾国藩并没有洋洋自得，也不敢过于高兴。他头脑非常清醒，时时怀着戒惧之心，居安思危，审时韬晦。

后来，太平天国起义被镇压下去之后，曾国藩因为作战有功，被封为毅勇侯，世袭罔替。这对曾国藩来说，真可谓功成名就。但是，富有心计的曾国藩此时并未感到春风得意，飘飘然。相反，他却感到十分惶恐，更加谨慎。他在这个时候想得更多的不是如何欣赏自已的成绩和名利，而是担心功高招忌，恐遭狡兔死、走狗烹的厄运。他想起了在中国历史上曾有许多身居权要的重臣，因为不懂得功成身退而身败名裂。

他写信给其弟曾国荃，嘱劝其将来遇有机缘，尽快抽身引退，方可“善始善终，免蹈大戾”。曾国藩叫他弟弟认真回忆一下湘军攻陷天京后是如何度过一次次政治危机的。湘军进了天京城后，大肆洗劫，城内金银财宝，其弟曾国荃抢得最多。左宗棠等人据此曾上奏弹劾曾国藩兄弟吞没财宝罪，清廷本想追查，但曾国藩很知趣，进城后，怕功高震主，树大招风，急办了三件事：一是盖贡院，当年就举行分试，提拔江南人士；二是建造南京旗兵营房，请北京的闲散旗兵南来驻防，并发给全饷；三是裁撤湘军 4 万人，以示自已并不是在谋取权势。这三件事一办，立即缓和了多方面矛盾，原来准备弹劾他的人都不上奏弹劾了，清廷也只好不再追究。

他又上折给清廷，说湘军成立和打仗的时间很长了，难免沾染上旧军队的恶习，且无昔日之生气，奏请将自已一手编练的湘军裁汰遣散。曾国藩想以此来向皇帝和朝廷表示：我曾某人无意拥军，不是个谋私利的野心家，是位忠于清廷的卫士。曾国藩的考虑是很周到的，他在奏折中虽然请求遣散湘军，但对他个人的去留问题却是只字不提。因为他知道，如果自已在奏折中说要求留在朝廷效力，必将有贪权恋栈之疑；如果在奏折中明确请求解职而回归故里，那么会产生多方面的猜疑，既有可能给清廷以他不愿继续为朝廷效力尽忠的印象，同时也有可能被许多湘军将领奉为领袖而招致清廷猜忌。

其实，太平天国被镇压下去之后，清廷就准备解决曾国藩的问题。因为他拥有朝廷不能调动的那么强大的一支军队，对清廷是一个潜在危险，清廷的大臣们是不会放过这个问题的。如果完全按照清廷的办法去解决，不仅湘军保不住，曾国藩的地位肯定也保不住。

正在朝廷琢磨如何解决这个问题时，曾国藩的主动请求，正中统治者们的下怀，于是下令遣散了大部分湘军。由于这个问题是曾国藩主动提出来的，因此在对待曾国藩个人时，仍然委任他为清廷的两江总督之职。这其实也正是曾国藩自已要达到的目的。

为人处世是一门很深的学问，特别是处在封建社会的官场上，想保住一生荣华，想保住终生名节，更是比登天都难，而曾国藩做到了。曾国藩深研学问和为人为官之道，完全掌握了立身处世的技巧。

拿破仑在漫长的战争生涯中，最主要的敌人是控制海上霸权的英国，因而他总把争取东方的农奴制沙俄帝国作为他外交政策的一项重要内容。

国学经典文库

中華兵書大典

孙武等著

线装書局

姜太公兵书

导读

姜太公就是我们所知道的姜子牙。

姜子牙原名姜望,周代东海(今山东郯城北)人,子牙是他的字。他既是中国古代第一名将,也是中国古代第一名相。

据称,他原是炎帝的后裔,因其祖先曾帮助禹治理洪水,受封于吕,因此又名吕尚。他最初是在殷朝任职,后来因年老,离开殷朝,隐居于西周,以钓鱼为生。一天,周文王外出打猎,在渭水旁遇见他,高兴地说:“我的祖上曾说,有圣贤之人来到西周,周一定会兴盛起来,莫非你就是那位圣人?我们太公盼望了好久啊。”所以,人们又称他为“太公望”“吕望”或“姜太公”。

中国完整统一的军事哲学思想,是从姜太公开始的。周公旦的“文治”与“武功”谋略,也是学自于太公而又加以发挥的,可以说,周朝的统一大业与太公的谋略精神是密不可分的。

姜太公的谋略思想,主要体现在《六韬》之中。

所谓“六韬”,分别是文、武、龙、虎、豹、犬韬,其中文、武韬是太公的政治谋略思想,龙、虎、豹、犬韬是太公的军事谋略思想。

在姜太公的军事谋略中,要求将帅要有统一指挥的意志和才能,一切军令,都应该由将领做出决定,在与敌人作战时,绝对不能三心二意。在他看来,坚决果断的勇气是最可贵的。至于军队,不管有多少人,在行动上都必须保持团结一体的最佳状态,只有像这样,才能无往不利。用太公的话说:“凡兵之道,莫过于一”“乖众不可使伐人”。没有见识的将领,没有纪律的士兵,绝不可能赢得战争的胜利。

军事谋略中,制定谋略与实施谋略的主动权,必须掌握在将帅手中。太公认为:“将不仁则三军不亲,将不勇则三军不锐,将不智则三军大疑,将不明则三军大倾,将不精微则三军失其机,将不常戒则三军失其备,将不强力则三军失其识。故将者人之司令,三军与之俱治,与之俱乱。”由此可知将帅是决定胜败的关键。强将强兵强国,弱将弱兵弱国。

《六韬》一书在社会上流传很广,内容变化无穷、玄妙莫测,其军事谋略思想,至今仍具有可资借鉴的参考价值。

第一章　文韬篇

本韬导语

本韬共分 12 篇,主要论述的是如何治国安民。

姜太公认为,天下是天下人共有的,与民共用则享有天下,独断专行则失去天下。对于“天下熙熙,一盈一虚,一治一乱”,太公指出这不是天时变化自然形成的,而是在于君主的贤明与昏庸。

作为一国之君,如何处理政务才算适度呢?太公认为,君主应宁静而安详,温和而有节度,不能浮躁急切,要多施恩惠,谦虚谨慎,不偏不袒。听别人说话,不能轻易地许诺,也不能立即加以否决。不然,或因不能兑现诺言,而失去信用,或因而造成进言途径堵塞。君主的气质风度,要像高山一样,使人仰望而不能窥其顶峰,要像深渊一样,使人俯视而无法度其深浅。

姜太公认为,君主招揽了贤才,但却得不到贤才的辅佐,使得社会混乱不安,其错误在于:把世俗所称誉的人当作贤才,把世俗诋毁的人视为不肖,拉党结派的人被选用,缺少朋党的人就被淘汰;奸邪小人互相勾结,阻挡贤才受到重用;忠心耿耿的人,往往被诬毁下狱;奸臣用虚假的荣誉骗取爵位,以上种种便是造成时局混乱的根源。

文　师

【原文】

文王将田[①],史编[②]布卜[③]曰:“田于渭阳[④],将大得[⑤]焉。非龙、非螭[⑥],非虎、非

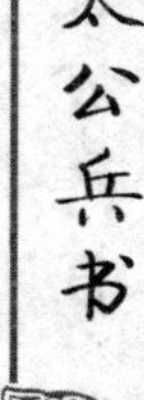

罴[7]，兆[8]得公侯，天遗[9]汝师，以之佐昌[10]，施及三王[11]。”

文王曰：“兆致是乎？”

史编曰：“编之太祖史畴[12]为禹占，得皋陶[13]，兆比于此。”

文王乃斋三日，乘田车，驾田马，田于渭阳，卒[14]见太公，坐茅以渔。

文王劳[15]而问之，曰：“子乐渔耶？”

太公曰：“臣闻君子乐得其志，小人乐得其事，今吾渔甚有似也，殆[16]非乐之也。”

文王曰：“何谓其有似也？”

太公曰：“钓有三权[17]：禄等以权；死等以权；官等以权。夫钓以求得也，其情深，可以观大矣。”

文王曰：“愿闻其情[18]！”

太公曰：“源深而水流，水流而鱼生之，情也；根深而木长，木长而实[19]生之，情也；君子情同而亲合，亲合而事生之[20]，情也。言语应对者，情之饰也；言至情者，事之极也[21]。今臣言至情不讳，君其恶之乎？”

文王曰：“唯仁人能受至谏，不恶至情。何为其然？”

太公曰：“缗[22]微饵明，小鱼食之；缗调[23]饵香，中鱼食之；缗隆[24]饵丰，大鱼食之。夫鱼食其饵，乃牵于缗；人食其禄，乃服于君。故以饵取鱼，鱼可杀；以禄取人，人可竭；以家取国，国可拔[25]。以国取天下，天下可毕[26]。”

“呜呼，曼曼绵绵[27]，其聚必散；嘿嘿昧昧[28]，其光必远。微哉！圣人之德，诱乎独见。乐哉！圣人之虑，各归其次，而树敛[29]焉。”

文王曰：“树敛何若而天下归之？”

太公曰：“天下非一人之天下，乃天下之天下也。同天下之利者则得天下；擅[30]天下之利者则失天下。天有时，地有财，能与人共之者，仁也。仁之所在，天下归之。免人之死，解人之难，救人之患，济人之急者，德也。德之所在，天下归之。与人同忧同乐，同好同恶者，义也。义之所在，天下赴之。凡人恶死而乐生，好德而归利。能生利者，道也。道之所在，天下归之。”

文王再拜曰：“允哉，敢不受天之诏命乎！”乃载与俱归，立为师。

【注释】

①田：打猎。

②史编：史，太史，官名，负责掌管祭祀和记事等；编，人名，商周时期史官兼掌天文、卜筮。

③布卜:宣布占卜的结果。布,陈述。

④渭阳:渭水的北边。阳,古称水之北、山之南为阳。

⑤大得:很大的收获。

⑥螭:古代传说中似龙非龙的动物,色黄,无角。

⑦罴:即熊。

⑧兆:古代占卜时以龟甲烧裂形成的裂纹来断吉凶,裂纹称之为兆。

⑨遗:赠,赐给。

⑩佐昌:佐,辅佐;昌,昌盛。

⑪三王:指周文王、周武王及周成王,在此泛指后代子孙。

⑫史畴:史,宫名;畴,人名。

⑬皋陶:传说中东夷族的领袖,姓偃,舜帝时曾任掌刑法之官。

⑭卒:终于。

⑮劳:慰劳、慰问。

⑯殆:近乎。

⑰三权:三种权术。权,权衡、估量。

⑱情:情况、真实道理。

⑲实:果实。

⑳亲合而事生之:与君子默契相投,才能亲密合作;亲密合作,事业才能成功。

㉑事之极:事物最后能达到至好的境界。

㉒缗:钓鱼用的丝线。

㉓调:调和、适中。

㉔隆:丰厚、丰重。

㉕拔:攻取、取得。

㉖毕:古时田猎用的长柄网。这里作动词,意谓用长柄网捕取禽兽,引申为征服。

㉗曼曼绵绵:指幅员广大,历传数代的商王朝。

㉘嘿嘿昧昧:不声不响,昏暗不明的样子。这里指周国暗中准备的意思。嘿,通默。

㉙敛:欲望,引申为信念之意。

㉚擅:独揽,此为专擅之意。

【译文】

周文王准备出城去打猎,命令史编为其占卜,得吉兆。史编对文王说:"你这次到渭水的北岸打猎，将有很大的收获。所得既不是龙、螭，也不是虎、熊，而是拥有公侯才干的人，上天将派他来做你的老师，辅佐你事业成功，还要加惠于你的子孙后代。”

周文王问：“占卜的预兆真有这样吉祥吗？”

史编说：“臣的远祖史畴曾为禹帝占卜而得皋陶，那次的兆词和今天的非常相似。”

文王于是斋戒三曰，然后乘着打猎用的车，驾着骏马，来到渭河北岸狩猎，果然遇见姜太公，他正坐在杂草丛生的河岸边钓鱼呢。

文王向前对太公表示慰劳之意，然后问他说：“先生很喜欢钓鱼吗？”

太公回答说：“我听说君子没有不乐于实现自己的抱负，一般人乐于做自己喜欢的事情。我现在钓鱼的道理与这些很相似，并不是喜不喜欢的问题。”

文王问：“怎么说道理与这很相似呢？”

太公回答说：“钓鱼这件事，如同君主网罗人才一样，有三种权术：用厚禄引诱人才，使他发挥所长，好像用鱼饵钓鱼一样，是一种权术；用重金收买勇士，使其勇于赴难，好像用香饵钓鱼一样，又是一种权术；用不同的官位授予不同的人才，使其效忠，好像是用不同的诱饵钓取不同的鱼一样，这又是一种权术。凡是垂钓者都希望钓到鱼，钓鱼的道理实在深奥，从这道理中可以观察和处理天下大事。”

文王说：“我想听听这奥妙的道理！”

太公说：“源泉深远则水流通畅不息，水流通畅不息，鱼类才得以生存，这是自然的道理。树木根深长则枝叶茂盛，枝叶茂盛，才能结出果实，这也是自然的道理。和君子相处，如果志同情合，就能亲密合作，亲密合作，就能建功立业，这同样是自然的道理。一般的言语应对，无非是表情达意的一种方式，能说出真情实意，肺腑之言，才能称得上是至交了。现在我说的话，都是至情之言，毫无隐讳，你听了不会感到厌恶吧！”

文王说：“大凡有仁德的人都能接受最正直的劝谏，不会厌恶人家讲真话；你怎么会这么说呢？”

太公说：“钓丝细微，鱼饵明显，小鱼会来吃；钓丝适中，鱼饵味美，中等大小的鱼儿会来吃；钓丝粗长，鱼饵丰硕，大鱼会来吃。鱼儿食饵上钓，就会被钓丝牵制。人们要食君俸禄，就要服从君主。所以用香饵钓鱼，鱼可供烹用；以爵禄取人，人可竭尽其力；以家为基础而取得国家，国家就能为你所有；以国家为基础而取天下，天下就可以被你征服。”

太公感慨地说：“幅员辽阔，历史悠久的商王朝，它所积聚的一切，终归要烟消

云散；不声不响，暗中准备的周国，它的光辉终会普照四方，影响深远。圣人的德行，常常是用他的德惠去打动人心，使他们都受到感化。快乐啊，圣人所思虑之事，使人人各得其所，并以此为准则来收揽人心、树立威望。”

文王又问：“要怎样树立收揽人心的方法才能使天下归顺呢？”

太公答道：“天下并不是一个人的天下，而是天下人共有的天下。与天下人同享天下之利者，则可以得天下；反之独占天下之利，就会失去天下。天有春、夏、秋、冬四季的变化更替，地有丰富的财货堆积着，能与天下百姓共享天下的福利，才能称得上是仁爱。仁爱所及的地方，天下人就归顺他。免除人们的死难，解决人们的困苦，救济人们的灾患，扶助人们的急困，才能称得上是恩德。恩德所在的地方，天下人就归附他。与天下之人同忧同乐，同好同恶，才称得上是情义。情义所在之地，天下就归附他。凡是人，总是厌恶死亡而热爱生命的，总是感恩戴德而追求利益的。能使人民生活有保障，满足人民利益的，就叫作道。谁拥有道，天下就归顺谁。”

文王听了太公这一番话，再次称谢，说道：“先生讲得太有道理了！我怎敢不接受上天的旨意呢！”于是，文王就把太公请上猎车，一同回到都城，并拜他为老师。

【赏析】

周文王为了推翻商朝腐朽的统治，求贤若渴，亲自去拜访当时著名的隐士姜子牙，于是就有了他俩在渭河边上的一席对话。据传，当时姜子牙已是 80 高龄的老人了。

从上面对话看来，姜太公不仅是一位杰出的军事家，更是一位具有远见卓识的政治家、思想家。他从钓鱼悟出君臣关系的奥妙和政治哲学，以此深入浅出地说动文王。从“君子乐得其志”讲到“仁”“义”“道”“德”之所在则“天下归之”的道理，阐明网罗人才和收揽民心的方法，把“利”看作是最关键的东西，真是一针见血，充满了一种现实主义的智慧和直率，所谓“言至情者，事之极也”。

难能可贵的是，太公还说破了一种永恒的真理："天下非一人之天下，乃天下人之天下。"姜太公是反对"家天下"的，在他心目中，君主和臣民从根本上说无非是人与人之间的平等关系，只要这种关系出现了不平衡的倾向，天下的"得失"就要发生变化了。

但姜太公并非是一个目光短浅的功利主义者。他以远大的目光注视着历史的演变和人生的终极关怀。他认为，一个腐败王朝的崩溃，和一个新政权的兴起，根本的原因不在于军事武力的较量。商纣王朝尽管貌似强大，但它终归要冰消瓦解，"其聚必散"；周国虽然暂时弱小，但它必然如日初生，"其光必远"。姜太公指出：以仁德感化众生，这才是一种最伟大的力量、最崇高的乐境。

事实的确如太公所说的一样。

春秋时郑国的公孙侨，字子产，是当时一位有名的政治改革家。他在郑国执政数十年，打击奴隶主贵族的顽固守旧势力，表彰"忠俭"，反对"太侈"，改革田制和兵赋制度，公布刑法条文，限制特权，整肃政纪，使小小的郑国，国力大为增强，国威也因此而提高。在政治统治谋略中，子产所实行的实际上就是姜太公所主张的"与民同享天下之利"，"以仁德治理天下、收揽民心"的谋略。

据《左传·昭公二十年》载，郑定公八年（公元前522年），子产病危时对子大叔说："惟有德者，能以宽服民，其次莫如猛。夫火烈，民望而畏之，故鲜死焉；夫懦弱，民狎而玩之，则多死焉。故宽难。"子产认为，统御人民，过严过宽都不好。过于严苛，人民惧怕，过于宽容，人民易轻慢。但首先应该是宽，其次才是猛。宽比严更难掌握。子产死后，子大叔执政，弃"猛"而行"宽"，社会很快就陷入混乱，盗贼蜂起，他才下定决心治理。

当时鲁国的孔子听到这个消息，感叹道："善哉！政宽则民慢，慢则纠之以猛。猛则民残，残则施之以宽。宽以济猛，猛以济宽，政是以和。"孔子的意思是：政策宽大，人民就要轻慢，纠正轻慢就要改用严厉政策；施行严厉政策免不了要杀人，杀了许多人以后，可以再施行宽政，这样宽猛相济的政策才是最适当的。《孔子家语·正论解》也云："宽猛相济，政是以和。"

显然，子产与孔子的这套统治理论，和姜子牙的主张相同，都是适应封建社会统治阶级的需要而提出来的，在几千年的历史中，备受君王将相推崇，作为一种统御的谋略。至今，以仁德治理天下，宽严结合仍然为一种可资借鉴的统治和管理的方式。

的确，孔子早就说过："宽则得众""惠则足以使人"。君主宽宏则人心归附，为民众谋利益则会使其顺从。

这是一条使人顺应的心理规律，深刻地体现出统御策略的治世原则。

宽以待人，严以律己，方能得众。为民众谋福利则会得到民众的拥护和顺从。这也就是姜子牙所说的：“仁之所在，天下归之。”

商汤是商王朝的创始人，也是我国历史上一位杰出的帝王。孔子曾推崇他和夏禹、周文王、周武王为“三代之英”。

商人原来是活动在黄河下游的一个部落，一直为夏朝征服控制，向夏王朝称臣纳贡。但在商汤即位以后，夏王朝以桀为首的奴隶主贵族，暴虐无道，人民不满其残暴统治，起而反抗夏王朝，于是便逐渐走向衰落；而商部落则由于商汤采取了一系列治国富民措施，开始逐渐强大起来。

商汤所采取的主要治国之策就是宽则得众，惠能使人，以仁德服众。

商汤不拘一格，选用贤才，突破了部落的界限，宽宏大度的起用有政治才能的外部人士，如仲虺。另外有一名叫伊尹的陪嫁奴隶.借喻于烹调滋味与汤谈论王道，生动深刻，商汤发现他是一个人才，便聘用他为相。在伊尹的辅佐下，商汤开始了一系列与夏王朝争夺附属国的活动。

商汤首先宣传自己的“仁德”，并努力影响周围部落。《史记·殷东记》记载，商汤捕鸟时网开三面，只留一面，不滥捕杀鸟类。此事虽小，但传开后，周围的部落认为“汤的仁德，能及于禽兽”，莫不诚心归服于商。商汤还采取与其他部落通婚和大量选用外部族人到商任职的方法，与许多部落建立了联盟。

商汤还大力恩惠于一些部落。有的部落祭祀无牛羊，商汤立即派人送去牛羊。有的部落缺粮，商汤就派青壮年去帮忙种田，又派老人小孩到田里送饭。所以商汤很快就掌握了黄河下游的广大地区，建立了稳固的根据地，国力大大增强。

当然，商汤也使用武力征伐。据史书记载：“汤十一征而无敌于天下”，逐步铲除了夏的羽翼。最后，当灭夏的时机成熟时，商汤便发出讨伐宣言，以激励各路诸侯和士兵。商汤率大军直逼夏都阳翟，百姓见汤军到来，“若大旱之望云霓也”，“若市者不止，耕者不变”，可见商汤为百姓所拥护的热烈景象。商军与夏军决战于鸣条山，大败夏军，夏桀败亡死于南巢，夏朝灭亡。

在建立了商王朝后，商汤展开一系列富国强兵的措施，并积极地开疆拓土。在商朝初期，商的疆土范围已是东抵海滨，西达陕西西南部，南及湖南北部，北到河北北部。据《诗·商颂·殷武》载：“昔有成汤，自彼氐羌，莫敢不来享，莫敢不来王。”说明商汤以仁德服众，惠能使人，连远方的氐族和羌族也臣服。

在王朝创立之初，周文王的当务之急应是招兵买马，用武力与商纣决一雌雄，取而代之。

本篇还论述了选贤举能的问题，提出了“钓有三权”的求才谋略。其主要内容是谈论钓贤和钓鱼都是为了求有所得。既然鱼有大小，饵就应该有所不同；而人才有差异，求贤的方法也就不一样。作为君王，有三权在手，可以用来钓贤，即：掌握俸禄厚薄之权，可使贤才毕尽所能；掌握官爵高低之权，可使臣僚恪尽职守；掌握旌赏忠勇之权，可使勇士趋难赴死。

此一谋略对当代人才的引进与使用也极具启发意义。

盈 虚

【原文】

文王问太公曰：“天下熙熙[1]，一盈一虚[2]，一治一乱，所以然者，何也？其君贤不肖[3]不等乎，其天时[4]变化自然乎？”

太公曰：“君不肖，则国危而民乱；君贤圣，则国安而民治，祸福在君，不在天时。”

文王曰：“古之贤君可得闻乎？”

太公曰：“昔者帝尧[5]之王[6]天下，上世所谓贤君也。”

文王曰：“其治如何？”

太公曰：“帝尧王天下之时，金银珠玉不饰，锦绣文绮[7]不衣，奇怪珍异不视，玩好[8]之器不宝，淫泆之乐不听，宫垣屋室不垩[9]，甍[10]桷[11]椽楹不斲[12]，茅茨[13]偏庭不剪，鹿裘御寒，布衣掩形，粝[14]粱之饭，藜藿之羹[15]，不以役作之故，害民耕绩之时，削心约志，从事乎无为[16]。吏忠正奉法者尊其位；廉洁爱人者厚其禄。民有孝慈者爱敬之；尽力农桑者慰勉之。旌别淑慝[17]，表其门闾，平心正节，以法度禁邪伪。所憎者，有功必赏；所爱者，有罪必罚。存养天下鳏、寡、孤、独[18]，振赡祸亡之家。其自奉也甚薄，其赋役也甚寡，故万民富乐而无饥寒之色。百姓戴其君如日月，亲其君如父母。”

文王曰：“大哉！贤君之德也！”

【注释】

①天下熙熙：天下纷乱的样子。熙熙，杂乱。

②一盈一虚：时而富有，时而贫弱。盈，富裕、有余。虚，空虚、不实。

③不肖：不贤、没有才能。

④天时:自然变化的时序,指天命。

⑤帝尧:传说我国古代原始社会后期部落联盟的首领,陶唐氏,名放勋,史称唐尧,在位70年,禅让于舜。

⑥王:统治、治理。

⑦锦绣文绮:带有彩色花纹、美丽图案的各种丝织品。

⑧玩好:供玩赏的东西。

⑨垩:用白粉粉刷墙壁。

⑩甍:屋脊。

⑪桷:方椽。

⑫斲:削,此为雕刻之意。

⑬茅茨:茅草、野草。

⑭粝:粗粮、糙米。

⑮藜藿之羹:用野菜做的汤。

⑯无为:道家哲学思想,即顺应自然变化的意思。

⑰旌别淑慝:表彰秉性善良、品德高尚的人。

⑱鳏、寡、孤、独:鳏,老而无妻。寡,老而无夫。

【译文】

文王请教太公说:“天下熙熙攘攘,时而强盛,时而衰弱,时而安定,时而混乱,造成这种现象的原因是什么呢?难道是由于君主有贤明与不肖的差别吗?又或者是由于天命变化的自然结果?”

太公回答说:“君主不贤,则国家危亡而人民动乱;君主贤明,则国家太平而人民安定。所以国家的祸福在于君主的贤明与否,与天命的变化无关。”

文王说:“可以把古代圣贤君主的事迹讲给我听听吗?”

太公说:“从前帝尧治理天下,上古的人都称颂他是贤明的君主。”

文王又问:“他是怎样治理国家的呢?”

太公说:“帝尧为君时,不用金银珠玉作装饰品,不穿锦绣华丽的衣服,不观赏珍贵稀有的异物,不把古玩器物当作宝贝珍藏,不听淫逸的音乐,不用白土粉饰宫廷墙垣。宫殿的栋梁、房椽、木条、支柱不作雕梁画栋的装饰,庭院的野草不加修剪。以鹿皮御寒、以布衣蔽体,吃粗粮饭、喝野菜汤。每逢耕作季节,不再使役人民,以免耽误农时,妨碍耕织。约束自己的心志,抑制自己的欲望,推行清静无为的政治治理国家。对忠心耿耿、正直守法的官吏,就提升他们的爵位;廉洁爱民的,就增加他们的俸禄。爱戴百姓、孝敬父母、慈爱幼小的，就关心敬重他；努力从事农耕、发展蚕桑的，就慰问勉励他。为了区别善良邪恶，对于秉性善良、品德高尚的人在其门闾加以表彰。以公正和礼节之心来处理政务，并以法律和规章为准绳来惩治邪恶。对于不喜欢的人，只要他有功绩也必加奖赏；对于偏爱的人，只要他有罪也必加惩罚。赡养所有鳏寡孤独的百姓，救济遭遇灾难的家庭。而他自己则生活俭朴，加上人民的赋税和劳役很少，因此，所有的百姓皆生活富裕而无饥寒之态，所以百姓爱戴他，有如天上的日月，亲近他有如自己的父母。"

文王听后感叹地说："帝尧的德行多么伟大啊！他真是一位贤明的君主。"

【赏析】

对于国家盛衰兴亡的历史演变，中国古代有三种不同的认识：一曰天命论；二曰人力论；三曰天命人力相持论。所谓"成事在天，谋事在人"，姜太公是标准的人力论实践者，他对"天时"（天命）抱持着完全否定的态度。

从根本上看来，人类社会的历史运行，都是人类自身选择的结果，具有无限的可能性，不存在非人的意志或规律来决定的神话模式。姜太公完全肯定人力的决定性作用，其观点是十分深刻而具有积极意义的。

对于人力，姜太公认为有两种形式：一是君主，二是民众。他首先强调君主的贤明，指出"君不肖则国危而民乱，君贤圣则国治而民安"。这似乎过分夸大了君主的作用，其实不然，因为姜太公是从盈虚祸福两个方面来立论的。与人民与国家的祸乱衰亡之源无关，只有君主，因为身为一国的领导者，才有可能造福于民，也可能贻害于国家。

姜太公特别强调，贻害之根在于君主，而造福却非君主个人能力所能及，因此还需要百姓们的共同努力。他用人民的"尽力农桑"和"孝慈"之风来说明这个道理，同时指出"万民富乐"才是国家兴盛的根本，一个贤明的君主，其职责就在于使"万民富乐"。为此，君主甚至要压抑自己的欲望，节制自己的享乐，尽力为人民奉献，而不是无度的索取。

君主要治理好国家，就得爱民，凝聚人心，发挥人力。同样，作为军中统帅，要想在战争中取胜，依然要做到爱兵爱民，才能团结一致，最终取得战争的胜利。

历史上有许多军事将领都非常注重爱兵爱民。如战国时期大军事家吴起，就是一位爱兵胜爱子的名将。他在魏国当将军时，与士卒同衣食，共甘苦，卧不设席，行不乘骑，亲自裹粮负重。一次，他率军进攻中山国（今河北定县），军中有个士兵身上长了毒疮，疼痛难忍。为了解除士兵的痛苦，身为大将的吴起，不顾毒疮的脏臭，亲自为士兵吮毒，挽救了他的生命。这样，部队的官兵关系得到进一步融洽，战斗力大大增强。吴起爱兵吮毒，几千年来一直被传为佳话。

我党领导的人民军队的各级指挥员，更是爱兵爱民的典范。人民军队从创建以来，就是官爱兵，兵爱官，官兵一致；军爱民，民拥军，军民鱼水情深。所以，我们的人民解放军不仅赶走了日本帝国主义者，而且打垮了国民党反动派，解放了全中国，建立起社会主义的新中国。我军现代指挥员应不断发扬革命传统，把我军建设成一支更为强大的维护世界和平的人民军队。

国　务

【原文】

文王问太公曰："愿闻为国之大务[①]。欲使主尊人安，为之奈何？"

太公曰："爱民而已！"

文王曰："爱民奈何？"

太公曰："利而勿害，成而勿败，生而勿杀，与而勿夺，乐而勿苦，喜而勿怒。"

文王曰："敢请释其故！"

太公曰："民不失务则利之；农不失时则成之；省刑罚则生之；薄赋敛[②]则与之；俭宫室台榭[③]则乐之；吏清不苛扰[④]则喜之。民失其务则害之；农失其时则败之；无罪而罚则杀之；重赋敛则夺之；多营宫室台榭以疲[⑤]民力则苦之；吏浊苛扰[⑥]则怒之。故善为国者，驭民[⑦]如父母之爱子，如兄之爱弟，见其饥寒则为之忧，见其劳苦

则为之悲，赏罚如加于身，赋敛如取己物，此爱民之道也。”

【注释】

①为国之大务：治理国家的大道理。

②薄赋敛：少向百姓征收赋税。敛，征收赋税。

③俭宫室台榭：少建筑宫室台榭。台榭：高大顶平的建筑物和建在上面的亭子。

④吏清不苛扰：清廉的官吏不用苛捐杂税滋扰百姓。

⑤疲：疲劳，此为劳民伤财。

⑥吏浊苛扰：官吏贪污，苛捐杂税扰乱百姓。

⑦驭民：治理民众。

【译文】

文王问太公说：“我很想听一听治理国家的根本道理，怎样才能使君主受到百姓的拥戴，人民生活得安乐幸福呢？”

太公说：“治国的根本道理，无非爱民罢了。”

文王又问：“应当怎样爱民呢？”

太公回答说：“要多给人民好处，而不加以损害；要促进人民生产，而不加以破坏；要保护人民的生命安全，而不要杀害无辜；要给人民实惠，而不加以掠夺；要使人民安居乐业，而不使其困苦；要让百姓喜悦，而不要激起他们的怨怒。”

文王接着说：“希望你进一步解释其中的道理。”

太公说：“不要使百姓失去工作，就是给予他们利益；不耽误农民耕作时节，就是促进他们生产；不使刑罚加于无罪之人，就是保护了他们的生命；减轻赋税，就是给人民造福；少建宫室台榭以节省民力，就能使人民安乐；官吏清廉，不苛刻扰民，就能使人民喜悦无怨。反之，如果使百姓失去工作，就是损害他们的利益；耽误农民耕作时节，就是破坏他们生产；假使人民无罪而加以刑罚，就是杀害他们；加重人民的赋税，就是掠夺他们的财富；大兴土木，劳民伤财，就是使他们陷于困苦；官吏贪污苛刻扰民，就会使得百姓怨怒。所以善于治理国家的君主，统治人民如父母爱子女、兄长爱弟妹一样，见其饥寒则为之忧虑，见其劳苦则为之哀怜。赏罚百姓，如同赏罚自己；征收赋税，好像夺取自己的财物。凡此种种，就是爱民的道理。”

【赏析】

文王向太公请教治国的大道理，无非是想让自己受到百姓的拥戴，使百姓安居乐业，不致怨怒造反。

姜太公回答说，治国的大道理在于“爱民”。同时，姜太公认为“爱民”不是一句口号。从人民的物质利益到精神生活，都要全方位地予以关心、爱护，并且落实，即使人们生活得富裕安定，还要使人们心情舒畅。

继姜太公之后，孟子也强调“保民而王”。

春秋战国之际，中原列国已进入封建社会，生产关系的剧烈变化引起意识形态的变更。

统治者已经开始把人民的地位、民心的向背看成是国家是否稳定牢固的关键。《左传》在记叙史事时，曾多次反映出“民惟邦本”的思想。孟子更明确地认为：“民为贵，社稷次之，君为轻”，希望统治者“以民为本”“保民而王”。

《战国策·赵策》曾经记载了这样一件事：齐王派使者聘问赵威后，信还没有打开，威后就问使者，齐国今年收成怎样？百姓怎样？最后才问齐王可好。使者对此感到非常困惑，认为威后不先问王而先问岁与民，把贵贱弄颠倒了。

赵威后却说：“苛无岁，何以有民？苛无民，何以有君？故有舍本而问末者耶？”明确地申明，无民则无君，民为根本，与那种君贵民贱的思想恰恰相反。

赵威后并且还提出：“助王养其民”“助王息其民”等有益于民生民心的贤者，应该受到重用，否则，“何以王齐国，子王民乎”？

对此，孟子则提出“民贵君轻”的“仁政”思想，认为“人和”是制胜的根本，“城民不以封疆为界，固国不以山溪之险，威天下不以兵革之利。得道者多助，失道者寡助。寡助之至，亲戚畔之；多助之至，天下顺之。以天下之所顺，攻亲戚之所畔——故君子有不战，战必胜矣！”

曹操在东汉末年军阀混战中能够力克群雄、统一北方，与他所采取的措施得到民众的拥护是分不开的。“白骨露于野，千里无鸡鸣”，人民迫于战乱，生活流离失所，曹操将流民安置起来，实行屯田，发展农业生产，使人民生活安顿下来。曹操所率军队号令严明，秋毫无犯。有一次，曹操率军经过一麦田，下令“践麦田者斩”的命令，当自己骑马经过麦田时，由于野鸟突然飞起导致战马受惊，践踏了一片麦子。曹操请求部队执法官对自己进行惩罚，最后“割发代首”，号令三军，以示警诫。此举深得民心。

中国历史上，商灭夏、周灭商，都是在民众怨声载道之时。平王东迁之后的东周时期，大国争霸，齐桓公、晋文公、秦穆公、楚庄公、吴王夫差、越王勾践都相继成为地区或中原霸主，他们之所以能成为霸王，关键在于他们在图谋霸业的准备时期，无不设法取得民众的信任。

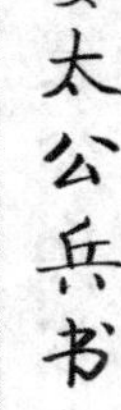

唐朝初期的强盛,也与太宗采取的选用廉吏、惩治贪官、减轻禄削、注意民众、休养生息、推行均田制等措施有直接关系。

纵观历史,我们不能不说:“爱民”“保民”是历史上形成的统治谋略中的瑰宝。“得民心者,得天下,失民心者,失天下”,此言乃历代明智的帝王将相所普遍接受认同的观念。

姜太公说得好,天下者非一人之天下,乃天下人之天下。同天下之利者,则得天下;擅天下之利者,则失天下。贤德之君,应该“其自奉也甚薄,其赋役也甚寡。故万民富乐,而无饥寒之色,百姓戴其君如日月,亲其君如父母”。治国之要务,只有爱民而已。

君主制的实践者实际上是官吏。官吏在社会的运行机制中,扮演着重要的角色。姜太公特别提到官吏的清廉与腐败问题,指出他们的行为与百姓的苦乐贫富息息相关。在古代社会,由于官僚制度本身有着不可克服的弊病,常常弄到“官逼民反”的地步。这个思想和《水浒传》作者的立场,相去不远,应该加以肯定。

大　礼

【原文】

文王问太公曰:“君臣之礼如何?”

太公曰:“为上唯临①,为下唯沉②,临而无远,沉而无隐。为上唯周③,为下唯定④。周则天也,定则地也。或天或地,大礼⑤乃成。”

文王曰:“主位如何?”

太公曰:“安徐而静,柔节先定,善与而不争,虚心平志⑥,待物以正。”

文王曰:“主听如何?”

太公曰:“勿妄而许,勿逆而担。许之则失守⑦,拒之则闭塞。高山仰止⑧,不可极也;深渊度之,不可测也。神明⑨之德,正静其极⑩。”

文王曰:“主明如何?”

太公曰:“目贵明,耳贵聪⑪,心贵智。以天下之目视,则无不见也;以天下之耳听,则无不闻也;以天下之心虑,则无不知也。辐辏⑫并进,则明不蔽矣。”

【注释】

①临:居高临下。这里是洞察下情的意思。

②沉:深沉,隐伏。这里是谦卑恭驯的意思。

③周:周遍。

④定:安定。

⑤大礼:隆重庄严的礼仪。

⑥平志:据《武经七书直解》:"平志,不私曲也。"即无私衷。

⑦守:自己心里的主见。

⑧高山仰止:见《诗·小雅·车辖》:"高山仰止,景行行止。"是仰慕、效法的意思。

⑨神明:据《武经七书录解》:"应酬万变者神也,辨别众理者明也。"即英明正确之意。

⑩极:准则。

⑪聪:听觉灵敏。

⑫辐辏:比喻人或物聚集在一起。辐,车轮上的辐条。辏,许多辐条集中于毂(车轮中心的圆木)。

【译文】

文王问太公:"君臣之间的礼法有哪些内容?"

太公回答说:"作君主的,最重要的是要能体察下情;作臣子的,重要的是要能谦恭驯服。体察下情但不要疏远臣民;谦恭驯服但不要有所隐瞒。当君主的,要普施恩德;作为臣下的,要处事安定。普施恩德,要像上天那样覆盖万物;处事安定,要像大地那样载物沉稳。君主效法天,臣下效法地,君臣之间的大礼就形成了。"

文王问:"君主应该怎样临朝执政呢?"

太公回答说:"人君临朝处事,要大度从容、气质安详、温和含蓄、有理有节。与臣下议事,要善于听取合理的意见,不固执己见,虚心静气,公平待物。"

文王又问:"君主应该怎样倾听臣下的意见呢?"

太公回答说:"人君听人之言,不可轻率接受,也不可简单拒绝。轻率接受,就失去了自己的主见;简单拒绝,就容易闭塞言路。人君的气度,应像高山一样,使人景仰,而不可及;应像深渊一样,使人俯视,而莫测其深。要有英明睿智的德行,公正宁静的风范。"

文王又问:"君主怎样才能明察一切呢?"

太公回答说:"眼睛贵在明辨事物,耳朵贵在听辨声音。心智贵在能思考问题。作为君主,倘能以天下所有人的眼睛来观察事物,就能无所不见。倘能以天下所有人的耳朵去探听消息，就能无所不闻；倘能以天下所有人的智慧去思考问题，就能无所不明。天下的情况，如果都能像车轮的辐条辏向车毂那样由四面八方汇集到君主，君主自然就能洞察一切，不受任何蒙蔽了。”

【赏析】

文王向太公问了四个问题，分别是“君臣之礼”和君主如何“主位”“主听”及“主明”。太公一一做了回答，指出君臣之礼，要效法天地的广大厚重，不可偏私轻率；而“主位”“主听”及“主明”，即说明君主临朝执政，从根本上说，需要一种宽宏的气度和超人的智慧。这实质上是要求君主具有极高的文化修养和道德风范。也就是说，君主不单只是一个集权的象征或傀儡，他必须德才兼备，一方面堪为普天之下人民的心灵耳目，一方面又具备崇高的理想人格，所谓“内圣外王”，才能洞悉一切，不虚此位，造福国家，造福百姓。否则，他就是一个昏聩的君主，无法兴盛国家，恩泽百姓。

特别值得肯定的是，姜太公还提出了一个重要的思想，即“以天下之目视，则无不见也；以天下之耳听，则无不闻也；以天下之心虑，则无不知也。”这就是说，一个明智的君主，应该始终站在人民的立场上，用人民的态度来对待一切，处处为人民的利益着想。其实岂止君王，任何一个人，只要他真正做到了这一点，他不就拥有了最高的智慧吗？

明　传

【原文】

文王寝疾[①]，召太公望，太子发[②]在侧。曰：“呜呼！天将弃予，周之社稷[③]将以属汝。今予欲师至道之言，以明传之子孙。”

太公曰：“王何所问？”

文王曰：“先圣之道，其所止，其所起，可得闻乎？”

太公曰：“见善而怠，时至而疑，知非而处，此三者道之所止也。柔而静，恭而敬[④]，强而弱，忍而刚，此四者，道之所起也。故义胜欲则昌，欲胜义则亡，敬胜怠则吉，怠胜敬则灭。”

【注释】

①寝疾：卧病。

②太子发:文王之子,名发。文王死,发继位,称武王。武王承父遗志,灭商朝建立了西周王朝。

③社稷:古代帝王、诸侯祭祀的土神、谷神。后来用以当作国家的代称。

④敬:不怠惰、不苟且。

【译文】

文王卧病在床,召见太公望,太子发也在床边。文王叹息道:“唉! 上天将要遗弃我了,周国的社稷,将要由你(指太子发)来治理了。现在我想请我们的老师讲讲至理名言,以便明确地传给后代子孙。”

太公问道:“你想问什么呢?”

文王说:“我想问问先圣治国的大道理,之所以被废弃,之所以能兴起,其原因可以讲给我听听吗?”

太公说:“见到善事却懈怠懒惰不为,时机到来而迟疑不决,明知不对却泰然处之,这三种情况,就是国君治国之道废弃的原因。对已能谦和宁静,待人能恭敬有礼,接物能刚柔得当,行动方面既能忍耐又很果断,具备这四种优点,国君治国之道就能兴旺。所以义理胜于私欲,国家必然昌盛;私欲胜于义理,国家必然衰败;动谨胜于怠惰,国家必然吉祥;怠惰胜于勤谨,国家必然灭亡。”

【赏析】

太公提倡“义”与“敬”,反对“欲”与“怠”。什么是“义”? 韩愈说:“行而宜之,谓‘义’。”以今天的话来说,就是处事合乎道理,对人民有益。有些人不然,行事单凭自己好恶,只追求个人私利,这种“欲”就是不义。所以“义”这个概念,包含了两个方面的意思,一是“道”,一是“行”,两者合起来就是“义”。空谈“道”,而没有行动,不是“义”;有行动,但不合乎“道”,也不是“义”。《水游传》上的梁山好汉们把“行道”看作“义”,就是这个道理。

什么是“敬”,“敬”就是办事恭谨虔诚,勤恳尽力。这是对“行道”的具体要求。既然“义”就是“道”的所在,那么“行道”就应该有一种敬业的精神,全心全意把事情办好,决不能有任何一点怠惰疏乎。

总之,姜太公把“义”和“敬”看作是国家兴盛的两个基本前提,实际上是从国家和人民的角度提倡一种理性的精神和实践的态度;反对“欲”与“怠”,这些话主要是讲给年轻的太子发听的,但其中无不包含着历史经验的真理。对今天的人们来说,仍然具有深刻的启发意义。年轻人有一个比较普遍的特点,那就是:理性的

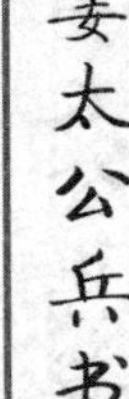

思想不够成熟，而感性的欲望易于冲动。所以，年轻人要学会克制自我。当然，在人际关系中提倡克制绝不是主张“如果有人打你的左脸，那就把你右脸也伸过去”。而在人际关系中关于克制，是为了求得和谐，建立做朋友的友好气氛。古往今来，凡是取得巨大成功的人们，大多是拥有克制力的人。克制，是理性的自控，不是压抑，不是屈服，不是奴颜婢膝，不是献殷勤，不是无原则迁就，也不是不要斗争，不要真理。

六　守

【原文】

文王问太公，曰：“君国主民[①]者，其所以失之者何也？”

太公曰：“不慎所与[②]也。人君有六守[③]、三宝[④]。”

文王曰：“六守何也？”

太公曰：“一曰仁，二曰义，三曰忠，四曰信，五曰勇，六曰谋，是谓六守。”

文王曰：“慎择六守者何？”

太公曰：“富之而观其无犯；贵之而观其无骄；付之而观其无转[⑤]；使之而观其无隐；危之而观其无恐；事之而观其无穷。富之而不犯者，仁也；贵之而不骄者，义也；付之而不转者，忠也；使之而不隐者，信也；危之而不恐者，勇也；事之而不穷者，谋也。人君无以三宝借人，借人则君失其威。”

文王曰：“敢问三宝？”

太公曰：“大农、大工、大商谓之三宝。农一[⑥]其乡[⑦]，则谷足；工一其乡，则器足；商一其乡，则货足。三宝各安其处，民乃不虑。无乱其乡，无乱其族。臣无富于君，都[⑧]无大于国。六守长，则君昌；三宝完，则国安。”

【注释】

①君国主民：为国之君，作民之主，即指君主。

②与：给予，托付。

③六守：挑选任用人才的六项标准。守，遵守的准则。

④三宝：指关系国家经济命脉的三件大事：农、工、商。宝，贵重的东西。

⑤无转：坚定不移。

⑥一：聚集。

⑦乡：行政区域单位。相传周制以1.25万家为乡。

⑧都：城邑。古时有宗庙的城邑叫都，君主居住的城邑叫国。

【译文】

文王问太公道："君主治理国家、统治人民，为什么会失掉他的国家和人民呢？"

太公回答说："那是因为用人不慎的结果。人君应当以六个德性标准来选拔人才，并以三个谋略来管理国家。"

文王问："什么是六个德性标准呢？"

太公说："一是仁爱，二是正义，三是忠实，四是诚信，五是勇敢，六是智谋。这些就是六个德性标准。"

文王又问："怎样慎选符合六个德性标准的人才呢？"

太公回答说："使他富有，观察他是否不逾越礼法；封他以高官，观察他是否不骄傲凌人；委他以重任，观察他是否能坚定不移去完成；让他去处理问题，观察他是否有所隐瞒；让他处于危难的境地，观察他是否临危不惧；让他处理突发事件，观察他是否善于应变。富有而不越礼，即是仁爱；尊贵而不骄傲，即是正义；赋予重任而能坚定不移地去完成，即是忠实；处理问题而不欺下瞒上，即是诚信；临危不惧即是勇敢；应变不穷即是智谋。人君不能把控制三件宝器的权力交给别人，若是给了别人，君主就丧失了他的权威。"

文王问："什么是三件宝器呢？"

太公回答说："三件宝器就是：农业、手工业、商业。把农民组织起来，聚居一乡，互助合作，那么粮食自然充足。把工匠们组织起来，众居一镇，交流技术，器用自然丰富。把商人组织起来，聚居一市，互通有无，货物自然充盈。重视农业、手工业、商业，使三种行业各得其所、各安其业，人民自然就心无他虑了。不要扰乱他们的领域，不要拆散他们的家族；作臣子的不能富于君主，城邑不能大于国都。长久

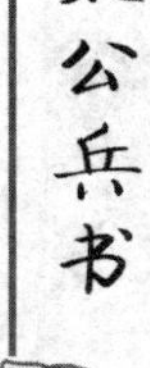

选用具有六个德性的贤才管理国家，国君的事业就会兴旺；三种经济制度完备，国家就会长治久安。”

【赏析】

一个权力至高无上的君主，为什么会失掉曾经拥有的权力，而被人民所抛弃，被他人所取代呢？

姜太公对此颇有研究。他认为君主权力的使用主要有两个方面：一是选贤用能；二是发展经济。为此，他具体提出了“六守”的用人标准和“三宝”的经济谋略。其主要精神，就是管理人才和管理方法的问题。这不仅是治理农、工、商，也是治理一切政治、经济、文化等社会事业的两个根本问题。

管理人才和管理方法是两个相关的问题。所谓人才，就是具备出色的管理方法和能力的人。不懂方法，谈不上人才；没有人才，也谈不上方法，但是管理人才与管理方法比起来，前者是更根本的东西，因为方法也是由人创造和掌握的。方法离开了人，就失去了生命，成了死的东西。

选贤任能是领导者将其工作职权分别授予被选拔的下属，使其各尽其能、发挥其长、共谋事业的一种统御策略。关于它的重要性和必要性，即如《吕氏春秋·知度篇》所指出的：“有术之主者，非一自行之也，知百官之要也。知百官之要，故事省而国治也。”同书《分职篇》还进一步阐述道：“夫君也者，处虚服而无智，故能使众智者也；能反无能，故能使众能也；能执无为，故能使众为也。”

守　土

【原文】

文王问太公曰：“守土奈何？”

太公曰：“无疏其亲[①]，无怠其众，抚其左右，御其四旁。无借人国柄[②]，借人国柄，则失其权。无掘壑而附丘[③]，无舍本而治末。日中必彗[④]，操刀必割，执斧必伐。日中不彗，是谓失时；操刀不割，失利之期；执斧不伐[⑤]，贼人将来。涓涓[⑥]不塞，将为江河；荧荧[⑦]不救，炎炎奈何；两叶[⑧]不去，将用斧柯[⑨]。是故人君必从事于富，不富无以为仁，不施无以合亲。疏其亲则害，失其众则败。无借人利器[⑩]，借人利器，则为人所害，而不终其正也[⑪]。”

文王曰：“何谓仁义？”

太公曰："敬其众，合其亲。敬其众则和，合其亲则喜，是谓仁义之纪[12]。无使人夺汝威，因其明，顺其常[13]。顺者任之以德，逆者绝之以力。敬之无疑，天下和服。"

【注释】

①亲：宗亲，即宗室亲族。

②国柄：国家的权柄。

③无掘壑而附丘：全句意思是不要损下益上。壑，深沟。附，增加。丘，土山。

④彗：通(䁤)，曝晒。

⑤执斧不伐：执法不力。

⑥涓涓：水流细小。

⑦荧荧：火光微弱的样子。

⑧两叶：这里指树木萌芽时的两片嫩叶。

⑨斧柯：指斧头。柯，斧柄。

⑩利器：古以利器指国柄，即统御国家的权力。

⑪不终其正：指非正常死亡。

⑫纪：纲纪。

⑬因其明，顺其常：因其人心之明，顺其天道之常。

【译文】

文王问太公："应该怎样守卫国土呢？"

太公回答说："不能疏远九族宗亲，不能怠慢天下民众。安抚近邻，控制四方。治国的大权不可交给旁人。大权旁落，君主就会失去权柄。在用人上，不可损下而益上，在治理国家上，不可舍本而逐末。日正当中，要赶紧晒物；拿起刀子，就要动手宰割；持有利斧，就应当及时砍伐。日正当中而不晒物，就是失掉时机；拿刀不宰割，就是丧失良机；持斧不伐，树木就会被贼人偷砍。细小的水流，如果不加堵塞，就会泛滥成河；微弱的火花，如果不加扑灭，就会燃起熊熊的烈焰，该怎么办？刚刚萌芽的嫩叶，如果不加摘除，就会长成必须用斧头砍伐的大树。所以国君必须致力于富国之道。国不富就无法施行仁政，不施行仁政就无法团结宗亲。宗亲疏远则有害国家的统一，失去民心则必然导致国家的败亡。权力是国家的利器，不可托与他人。将国家的利器托与他人，自己就会被他人所害而身死国亡。"

文王又问："什么是仁义呢？"

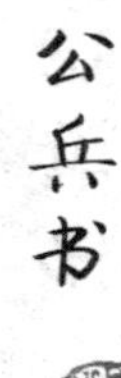

太公回答说："所谓仁义，就是尊重民意，团结宗亲。尊重民意则上下和睦，团结宗亲则族人欢喜，这是施行仁义的准则。不要让人侵夺你的权威。处理政务要根据民心，顺乎天理。对于顺从你的人，要任用他并给他恩德；对于反对你的人，要用武力去消灭他。遵循上述原则而不疑惑，人民就会归顺并服从君主地统治了。"

【赏析】

上文主要是谈论守卫江山国土的谋略。这并不是一个简单、纯粹的军事问题，也不仅仅是派兵防守而已。基本方针是团结宗族，尊重民心，安抚邻国，控制四方；具体的方法是集中权柄，治本舍末，抓住机遇，富国利民；而根本的精神则是仁义，最高的境界则是"天下和服"。

宗族是封建宗法制度的上层基础，它们是分封各国的诸侯；百姓则是这个制度的下层基础。周王朝的中央权力就建筑在这两大基础之上；其统治地位的稳定就是整个社会和王朝的稳定。如果宗族不和，百姓离心，中央的权力就会失去控制，国土就会分裂，国家就处于危亡的边缘了。

那么如何才能使宗族团结，百姓和服呢？姜太公认为要具备以下两个条件，一是"富"，二是"仁"。他要求国君一方面要"从事于富"，一方面要"从事于仁义"，两者相比较，"富"是根本的东西，所谓"不富无以为仁"。实际上，姜太公是提倡"物质文明"和"精神文明"并重，而"物质文明"则又是根本的基础。

守　国

【原文】

文王问太公曰："守国奈何？"

太公曰："斋，将语君天地之经[①]，四时所生，仁圣之道，民机[②]之情。"

王即斋七日，北面[③]再拜而问之。

太公曰："天生四时，地生万物。天下有民，仁圣牧[④]之。故春道生，万物荣；夏道长，万物成；秋道敛，万物盈；冬道藏，万物寻[⑤]。盈则藏，藏则复起，莫知所终，莫知所始。圣人配[⑥]之，以为天地经纪[⑦]。故天下治，仁圣藏；天下乱，仁圣昌。至道其然也。"

"圣人之在天地间也，其宝[⑧]固大矣。因其常而视之[⑨]，则民安。夫民动而为机，机动而得失争矣。故发之以其阴，会之以其阳[⑩]。为之先唱[⑪]，天下和[⑫]之。极反其常，莫进而争，莫退而让。守国如此，与天地同光。”

【注释】

①经：常道，指规律。

②机：事物变化的根由。

③北面：古代臣见君、卑幼见尊长，学生见师时皆须北面而立。

④牧：放牧，旧时比喻官吏管理百姓。

⑤寻：探求，生长。这里是再生的意思。

⑥配：相配。即参照遵循之意。

⑦经纪：纲纪。

⑧宝：指国君的地位和作用。

⑨因其常理而视之：按照常理教育人民。常，常理、常道。视，效法。

⑩发之以其阴，会之以其阳：隐秘地发展力量，抓住时机，正大光明地进行讨伐。发，发展。阴，秘密。会，际会、机遇。阳，光明正大。

⑪唱：通倡。

⑫和：附和、回应。

【译文】

文王问太公道：“怎样巩固国家呢？”

太公回答说：“请以虔诚地心先行斋戒，然后我再告诉你天地运行的规律、四季万物生长的变化、圣人治国的道理以及民心转变的缘由。”

于是，文王斋戒七天，北面行弟子之礼再拜而问太公。

太公说：“天有四时运行，地有万物滋生。天下有人民，人民由圣王来领导。春天的规律是滋生，万物繁荣；夏天的规律是成长，万物茂盛；秋天的规律是收获，万物成熟丰盈；冬天的规律是收藏，万物潜静。万物成熟丰盈了就要收藏起来，收藏起来明春又播种复生，如此循环，既没有终点，也没有起点。圣人可以参照这个规律，作为治理天下的法则。所以天下安定的时候，圣人的功德就隐而不显；天下大乱之际，圣人的功德就充分地发挥出来，这是必然的规律。”

太公继续说：“圣人处于天地之间，其地位和作用是非常重大的。顺应治理天下的常道而行，人民就安定。如果民心不安，便是动乱的因素。动乱一旦发生，天下就有权力之争了。所以动乱最初总是在暗处萌生，时机成熟就会聚集成公开的力量，登高一呼，天下应和。到形势恢复正常的时候，他既不进而争功，也不退而让

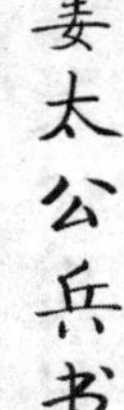

位。以这种态度来巩固国家，他的地位和作用，就可以天长地久，与日月争光了。”

【赏析】

“创业难，守业更难。”文王深知这个道理，因此他要向姜太公询问巩固国家政权的办法。太公主要讲了两点：一是“仁圣之道”，二是“民情之机”。

所谓“仁圣之道”，就是要求君主效法天地，按照自然规律来治理国家，发展经济，促进社会繁荣，提高人民的生活水平。所谓“民情之机”，就是要求君主正确对待天下动乱的现实，善于引导、拨乱反正，不必因此惊慌失措，须知人民总是希望安定的，天下最终又会恢复正常，明智的君主，任何时候都应该顺应潮流，不可违背民意，自取灭亡。

太公还特别重视君主的“仁圣”风范，这就是要功成不居，隐而不显，以无形力量征服天下，施惠人民，像天地日月一样泽及万物，而不需要人民来歌功颂德。太公认为，只要君主具备了这种“仁圣”风范，“守国”也就不是一件艰难的事了。

上　贤

【原文】

文王问太公曰：“王人[1]者何上何下，何取何去，何禁何止？”

太公曰：“王人者，上贤，下不肖[2]，取诚信，去诈伪，禁暴乱，止奢侈。故王人者有六贼、七害。”

文王曰：“愿闻其道！”

太公曰：“夫六贼者：一曰，臣有大作宫室池榭，游观倡乐者，伤王之德。

二曰，民有不事农桑，任气游侠[3]，犯历[4]法禁，不从吏教者，伤王之化。

三曰，臣有结朋党[5]，蔽[6]贤智，鄣[7]，王明者，伤王之权。

四曰，士有抗志[8]高节，以为气势，外交诸侯[9]，不重其主者，伤王之威。

五曰，臣有轻爵位，贱有司[10]，羞为上犯难者，伤功臣之劳。

六曰，强宗侵夺，凌侮贫弱者，像庶人之业。”

“七害者：一曰，无智略权谋，而以重赏尊爵之，故强勇轻战，侥幸于外，王者慎勿使为将。

二曰，有名无实，出入异言，掩善扬恶，进退为巧，王者慎勿与谋。

三曰，朴其身躬[11]，恶其衣服，语无为以求名，言无欲以求利，此伪人也，王者慎

勿近。

四曰，奇其冠带[12]，伟其衣服，博闻辩辞，虚论高议，以为容美，穷君静处，而诽时俗，此奸人也，王者慎勿宠。

五曰，谗佞苟得[13]，以求官爵，果敢轻死，以贪禄秩[14]，不图大事，得利而动，以高谈虚论，说[15]于人主，王者慎勿使。

六曰，为雕文刻镂，技巧华饰，而伤农事，王者必禁之。

七曰，伪方异技[16]，巫蛊左道[17]，不祥之言，幻惑良民，王者必止之。"

"故民不尽力，非吾民也；士不诚信，非吾士也；臣不忠谏，非吾臣也；吏不平洁爱人，非吾吏也；相不能富国强兵，调和阴阳[18]，以安万乘之主[19]，正群臣，定名实，明赏罚，乐万民，非吾相也。夫王者之道如龙首，高居而远望，深视而审听，示其形，隐其情；若天之高不可极也，若渊之深不可测也。故可怒而不怒，奸臣乃作；可杀而不杀，大贼乃发；兵势不行，敌国乃强。"

文王曰："善哉！"

【注释】

①王人：为人之王，即君主。

②不肖：不贤，指无德无才的人。

③任气游侠：浪游的侠客，古代指轻生重义、勇于救人急难的人，他们往往为此"以武犯禁"，有违法乱纪的一面。

④犯历：违犯。

⑤朋党：排斥异己的党派。

⑥蔽：遮蔽，此指排斥。

⑦鄣：障之本字。

⑧抗志：高傲的志气。

⑨外交诸侯：结交外国的诸侯，即里通外国的意思。

⑩有司：有关的主管部门或官吏。古代设官分职，各有专司，所以称官吏为有司。

⑪身躬：自身。

⑫冠带：帽子和腰带。

⑬谗佞苟得：谗，说别人的坏话。佞，奸巧谄谀。苟得，以不正当的手段获取好处。

⑭禄秩：禄是古代官吏的俸给，秩是其职位和品级。

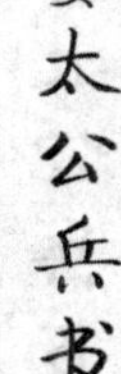

⑮说：同悦，取悦。

⑯伪方异技：指各种虚假骗人的方术技艺。

⑰巫蛊左道：巫，巫师。巫蛊，指巫师用符咒等法术吉人。左道即邪门歪道。

⑱调和阴阳：这里指妥善处理各种矛盾。阴阳，中国古代哲学的一种范畴，指自然界正反对立的两面，如天地、日月、昼夜、动静、寒热等。

⑲万乘之主：指国君。

【译文】

文王问太公："对于国君，什么样的人应该尊崇，什么样的人应该贬抑，什么样的人应该任用，什么样的人应该革去，什么样的事应该禁绝，什么样的事应该制止呢？"

太公说："作为君主，才德兼备的人应当尊崇，无才无德的人应当贬抑，诚实忠信的人应当任用，狡诈虚伪的人应当除去，违法乱纪的暴行应当禁绝，奢侈浪费的风气应当制止。所以国君用人，应当注意六种坏事和七种坏人。"

文王说："我想听听其中的道理。"

太公说："所谓六种坏事是：

第一，大臣中有大修宫室、亭池、台榭，尽情游玩观赏、歌舞行乐的，就会败坏君王的圣德。

第二，百姓有不务农桑正业、意气用事、游侠斗武、违反禁令，不服官吏管治的，就会败坏君主的教化。

第三，群臣中若有结党为朋、排斥贤能、蒙蔽君主耳目的，就会损害君王的权威。

第四，士人中若有故意坚持己见以标榜气节高尚，借此形成一股气势，对外结交诸侯，不尊重君主的，就会损害君主的威严。

第五，大臣有轻视爵位、冒犯上级，耻于为君主冒险犯难的，就会损害功臣的勋绩。

第六，强宗大族中，有争相掠夺、欺压贫弱的，就会损害人民的生计。"

"所谓七种坏人是：

第一，没有智略权谋，为了获取重赏、升官，强力逞勇，轻率出战，企图侥幸立功于疆场的，对这种人，君主切勿任他为将帅。

第二，徒有虚名而无实学，阳奉阴违，言行不一，掩人之善，扬人之恶，到处投机取巧，对这种人，君主切勿与他共谋大事。

第三，外表朴素，衣着粗劣，口说无为之道，而实则沽名钓誉；口说无欲之德，而实则唯利是图，这种虚伪的人，人君切勿与他接近。

第四，奇装异服，巧言善辩，空谈高论，以此夸耀；穷居陋巷僻静之地，以诽谤时俗为能事，此为奸诈之人，人君切勿加以宠信。

第五，谄媚逢迎，只图苟且升官；鲁莽亡命，冒死以贪俸禄；不顾大局，见利妄动，高谈阔论，取悦人主，此种人，人君切勿加以任用。

第六，大事营造雕梁画栋，装饰豪华的居室建筑，以至耽误了农事者，人君必须加以禁止。

第七，用骗人的方术，诡奇的技艺等旁门左道，咒语妖言，迷惑善良的人民者，人君必须加以禁止。”

“所以，人民如果不尽力投入自己的工作，就不算吾国的人民；士人不讲诚实信用，就不算吾国之士；大臣不能忠诚规谏君主的过错，就不算吾国之臣；官吏不能公正廉洁爱护人民，就不能算吾国之吏；宰相不能富国强兵，不能调和天地和人事间的变化关系以确保君权的稳固，不能规正群臣的纲纪、核定名实、严明赏罚，使万民安居乐业，就不算吾国之相。所谓帝王之道，就像神龙昂首，高瞻远瞩，洞察一切，对外显示庄严肃穆的仪表，内则涵隐不露的衷情。使人觉得他像天之高，高不可及；如渊之深，深不可测。因此，君主对应该发怒的事情不发怒，奸臣就会兴风作浪；应该杀人的时候不杀人，奸雄就会乘机叛乱；军事处于有利态势时而不行动，敌国就会强大起来。”

文王听罢，说道：“你讲得好极了！”

【赏析】

本篇讲用人的原则，总纲是“上贤”，即尊重贤人。

“贤”是一个伦理道德的概念，比较抽象，是道学家、理学家研究的学问。而政治家、军事家必须把它具体化，方法是从正反两个方面入手。从正面说，是“取诚

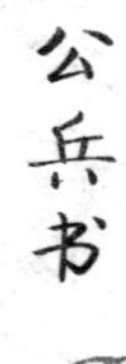

信”;从反面说是“下不肖”,“去诈伪、禁暴乱、止奢侈”;特别要防止“六贼”“七害”。这也就是说把“不贤”(“不肖”)去掉,就是“贤”了。这里有“破字当头,立在其中”的哲学。

作为统治者,要想取信于人,就要做到开诚布公。一个领导者,必须具有统御能力,能驾驭众人。使别人相信、诚服,乐于服从指挥,这就必须要领导开诚布公,言行一致,以诚待人,使下级感到领导公平、厚道,可亲可敬;如果领导表里不一,口是心非,下级就会离心。

不过,要树立一种正当而良好习俗,仅仅讲正面道理,容易流于空泛,不切实际,因为真善美的东西,总是与丑、恶同时并存,也因与丑、恶同时并存才能突显真善美的价值。“贤”可以说是中国古代哲人对真善美的一种称谓,它在与种种“不肖”的较量中得到具体展示的。

所以在姜太公看来,“贤”并不是一种纯粹自我完善的道德修养,而是必须具备的一种能力,起码能够“忠谏”“爱人”,甚至达到堪称宰相的高度:“能富国强兵,调和阴阳,以安万乘之主,正群臣,定名实,明赏罚,乐万民。”

贤而能,能而贤;既能破,又能立,就是总理国家的人才了,应当受到绝对的尊崇。

举　贤

【原文】

文王问太公曰:“君务举贤而不获其功,世乱愈甚,以致危亡者何也?”

太公曰:“举贤而不用,是有举贤之名,而无用贤之实也。”

文王曰:“其失[①]安在?”

太公曰:“其失在君好用世俗[②]之所誉[③],而不得真贤也。”

文王曰:“何如?”

太公曰:“君以世俗之所誉者为贤,以世俗之所毁者为不肖,则多党[④]者进,少党者退。若是,则群邪比周[⑤]而蔽贤[⑥],忠臣死于无罪,奸臣以虚誉取爵位,是以世乱愈甚,则国不免于危亡。”

文王曰:“举贤奈何?”

太公曰:“将相分职,而各以官名举人[⑦],按名督[⑧]实,选才考能,令实当其名,名当其实,则得举贤之道也。

【注释】

①失：过失、错误。

②世俗：一般人的平庸见解。

③誉：称赞。

④党：党羽，指邪恶势力的附和者。

⑤群邪比周：与坏人结党营私、互互勾结。比周，结党营私。

⑥蔽贤：遮蔽贤才。

⑦举人：推荐、选拔人才。

⑧督：监督、考察。

【译文】

文王问太公说："君主致力于选用贤能，却得不到贤才辅佐之效，社会越来越乱，以致国家陷于危亡，这是什么原因呢？"

太公回答说："选举贤才却不能放心任用，这只有举贤的虚名，而没有用贤之实质。"

文王又问："造成这种过失的原因是什么呢？"

太公说："造成这种过失的原因在于人君喜欢任用世俗称赞的人，就不能得到真正的贤才。"

文王问："为什么这样说呢？"

太公说："人君常常把世俗所称赞的人当作贤才，而将被世俗所诋毁的人当作不肖。因此，能多结党朋的人就被选用，而少结党朋的人就被黜退。若是这样，奸邪的人就会结党营私而排斥贤才；忠臣即使无罪，也被谗毁置于死地；奸臣虽然无德，却因虚假的声誉而取得爵位。所以社会愈加混乱，国家也不免陷于危亡了。"

文王又问："怎样举用贤才呢？"

太公说："将相分工负责，根据各级官吏应该具备的条件选拔贤才，按照一定的标准进行考核。考核他们的才学与贤能，必须名副其实，使其才德与官位相称。这样就可以收到举用贤才的实效了。"

【赏析】

古代官场中历来一直有这种现象，举贤往往流于形式，没有收到用贤的实效。姜太公一针见血地指出了这个问题的要害。

奸佞之徒常会结党营私、互相吹捧；而对真正的贤才，则恶意中伤，肆意排挤，甚至横加迫害，欲置之死地而后快。如果君王不察，很容易就误用了这种小人，他们一旦得势，便会更加嚣张，结成党羽，扰乱朝政，而真正的贤才却被障蔽、被罢黜，甚至遭到被杀害的命运。

南宋时期，秦桧得到宋高宗的信任，官至宰相。1140年，秦桧怂恿宋高宗解除主战将领的军权，并诬构谋反罪状，杀害岳飞，促成了绍兴和议。秦桧任相期间，独揽朝政，排除异己，大兴文字狱，极力贬斥主张抗金的官员，压制抗金舆论，篡改官史，奖励歌颂和议的诗文。他还推行经界法，丈量土地，重定税额，又密令各地暗增民税十分之七八，使很多贫苦农民家破人亡。这实际上是以举贤之名，用奸之实的闹剧，世风怎能不越来越混乱，国家怎能不越来越濒临危亡呢！

所以，姜太公主张举荐贤能必须进行严格的考核，用“按名督实”的标准来杜绝一切官场的虚伪狡诈，使一切奸佞之徒失去晋身的机会和钻营的缝隙，而给真正的贤才开辟出一个大显身手的广阔天地。

赏罚

【原文】

文王问太公曰：“赏所以[①]存劝[②]，罚所以示惩[③]。吾欲赏一以劝百，罚一以惩众，为之奈何？”

太公曰：“凡用赏者贵信[④]，用罚者贵必[⑤]。赏信罚必于耳目之所闻见，则所不闻见者，莫不阴化[⑥]矣。夫诚，畅[⑦]于天地，通于神明，而况于人乎！”

【注释】

①所以：用来。

②劝：鼓励、劝勉。

③示惩：表示惩罚的道理。

④凡用赏者贵信：凡用奖赏的手段，最重要的是要兑现。信，信用。

⑤用罚者贵必：凡用惩罚的手段，就要坚决执行。必，坚决实行。

⑥莫不阴化：没有不潜移默化的。阴化、暗中感化。

⑦畅：感动。

【译文】

文王问太公说："奖赏是为了鼓励好人好事，惩罚是为了警戒坏人坏事。我希望奖赏一人来鼓励一百个人，惩罚一人来警戒一百个人，应该怎么办才好呢？"

太公回答说："凡是奖赏，贵在守信；凡是惩罚，贵在坚决实行。如果能对你所见所闻的事都做到赏必信、罚必果，那么你所未看到未听到的人，没有不潜移默化了。真诚，畅达于天地、上达于神明，何况对于人呢？"

【赏析】

周文王深知，赏罚的目的，如果仅仅在于针对当事人本身，就失去了积极的社会意义。也就是说赏罚应当具有赏一劝百，罚一警众的作用，应当有利于推动整个社会风气的好转。

但是怎样才能做到这一点，文王并不十分明白。姜太公对此做了精辟的阐述。他认为，关键在于施行赏罚的君主是否具有"赏信罚必"的"诚心"。所谓诚心，就是出以公心而毫无偏私。不管谁做了好事，都不要埋没，都要论功行赏，给予鼓励；不管谁做了坏事，都不要袒护，都要量刑惩处，以为后戒。如此一来，想做好事的人，就会更加踊跃；而想做坏事的人，就会望而生畏，而整个社会人心向善的风气就会因此而形成了。

姜太公之后，《孙子兵书》开篇就在"五事""七计"中提出"赏罚孰明"的问题，可见孙武对此问题的高度重视。

信，即言而有信。赏信罚必，是古今兵家极端重视的统御谋略之一。"若法令不行，赏罚不信，金之不止，鼓之不进，虽有百万何益于用？"（《吴子兵书·治兵第三》）吴子也把"信赏必罚"看作对敌作战、欲求制胜的首要条件之一："进有重赏，退有重刑，行之以信。军能达此，胜之主也。"（《吴子兵书·治兵第三》）以上种种即是在强调：该赏的坚决赏，该罚的必须罚。

诸葛亮第一次出兵祁山失败后，不仅挥泪处斩了失守街亭的马谡，重赏有功的王平，而且还引咎自责，上疏刘禅自贬三等，这是"信赏必罚"的典型例证，也是蜀军战斗力的重要源泉。

陈寿在《三国志》中说得好，诸葛亮对"尽忠益时者，虽仇必赏；犯法怠慢者，虽亲必罚……终于邦域之内，咸畏而爱之，刑政虽峻而无怨者，以其用心平而劝戒明也。"所以，诸葛亮死后，连曾受过他惩治的人也都为之悲痛涕零。

兵 道

【原文】

武王[①]问太公曰:“兵道如何?”

太公曰:“凡兵之道,莫过乎一[②],一者能独往独来[③]。黄帝[④]曰:‘一者,阶于道[⑤],几于神[⑥]。用之在于机[⑦],显之在于势,成之在于君。故圣王号兵为凶器,不得已而用之[⑧]。’”

“今商王[⑨]知存而不知亡,知乐而不知殃。夫存者非存,在于虑亡;乐者非乐,在于虑殃。今王已虑其源,岂忧其流乎!”

武王曰:“两军相遇,彼不可来,此不可往,各设固备[⑩],未敢先发,我欲袭之,不得其利,为之奈何?”

太公曰:“外乱而内整,示饥而实饱,内精而外钝[⑪]。一合一离,一聚一散。阴其谋,密其机[⑫],高其垒,伏其锐士,寂若无声,敌不知我所备,欲其西,袭其东。”

武王曰:“敌知我情,通我谋,为之奈何?”

太公曰:“兵胜之术[⑬],密察敌人之机而速乘其利,复疾击其不意。”

【注释】

①武王:文王之子,姓姬,名发。他继承父志,起兵伐纣灭商,建立了西周王朝。

②凡兵之道,莫过乎一:凡用兵之道,没有比集中统一更为重要的了。

③独往独来:不受牵制,自由支配自己的行动。此指无敌。

④黄帝:传说中中国古代中原各族的共同祖先,号轩辕氏。他曾得到各部落的拥戴,败炎帝、杀蚩尤,成为部落联盟的领袖。

⑤一者,阶于道:统一的原则,贯通于自然规律。阶,一切事物凡渐而成其事者都叫作阶,此作动词,接近、进入之意。

⑥几于神:差不多算是异乎寻常。几,接近,差不多。

⑦用之在于机:统一原则的运用在于机变。

⑧不得已而用之:只有在不得已的时候才加以运用。

⑨商王:商纣王,商朝最后一位君主。公元前11世纪,周武王伐纣,在牧野战败纣军,纣王自焚而死。

⑩各设固备:敌我双方都设置了牢固的防守工事。

⑪外乱而内整，示饥而实饱，内精而外钝：外面假装混乱，内部要完整；表面显示粮食缺乏，而实际供应充足，士卒本为精锐之师，而故意表现出笨拙的样子。内整，内部完整。

⑫阴其谋，密其机：隐藏自己的企图，深藏自己的计谋。

⑬兵胜之术：战争取胜的方法。

【译文】

武王向太公问道："用兵的规则是什么呢？"

太公回答说："用兵的规则，没有比统一意志更重要的了。统一意志，就能做到自由灵活、纵横驰骋。黄帝曾说：'军队意志统一，就符合用兵的规则，几乎可达用兵如神的境界了。'这个规律的运用，在于掌握战机，造成有利的形势，而成功与否则在于君主运筹帷幄之中。所以古代圣王常称兵为凶器，非到迫不得已时才用它。"太公继续说："现在商纣王只知道国家还存在，却不知道它已经濒临危亡；只知道纵情享乐，却不知道自己祸殃在即。国家目前还存在，并不意味着永远存在，是否永远存在，应看他能否做到居安思危，使其不亡；自己眼前的快乐并不意味着永远的快乐，是否永远快乐，亦在于看他是否能做到乐不忘忧，使其无殃。现在你已经考虑到存亡的根本大事，还担心什么枝节的问题呢！"

武王又问："两军相遇，敌人不来攻打我，我也不能去攻打敌人，双方各设置坚固的守备，谁也不敢率先发动攻击。如果我想偷袭敌方，又没有有利的时机，应该怎么办呢？"

太公回答说："要使我军外面假装混乱，而内部组织却十分严整；表面假装粮草短缺，而实际上粮草供应充足。表面看来军队笨拙而迟钝，实际则皆是精锐之师。命令部队忽离忽合，士卒忽众忽散，仿佛号令不整、军纪不严。隐匿计谋、隐蔽企图，高筑工事、埋伏精兵，保持寂静无声，使敌人不知道我军的配备和意图，以便声东击西。"

武王说："倘若敌人已经知道我军的实情，了解我方的计谋，又该怎么办呢？"

太公回答说："用兵制胜之术，在于周密地察明敌方的军情，抓住有利的时机，以迅雷不及掩耳之势，予以出其不意的打击。"

【赏析】

太公认为，用兵的根本规律，是统一意志、集中力量。只有意志统一、力量集中，才能充分发挥君主的统帅作用，使全军的行动自由灵活、纵横驰骋，符合战争的规律，达到用兵如神的境界。所以在姜太公看来，战争既是杀人的凶器，又是智慧的艺术。

对于如何主动出击敌人、攻坚取胜，太公提出了兵不厌诈的原则，以种种假象迷惑敌方，造成敌方的错觉，使其做出错误的判断、错误的决策、错误的行动，这一系列错误的连锁反应，必定会将敌军引向错误的深渊，我军若能乘机出击，必定会战无不胜、攻无不克。

然而，造成敌人的错误，并不等于敌人就自动败退了，最终打败敌人还得靠自己亲自动手。因此，战胜敌人的前提不能建立在敌人犯错误的基础上，而应该建立在自身正确的判断和决策的基础上。所以太公认为，如果我方的伪诈被敌人识破了，也可以打败敌人，那就是周密地明察敌情，抓住有利的时机，给予出其不意的打击。

李想雪夜袭蔡州，乃是正确选择了敌军不易察觉的时候。

韩信暗度陈仓，乃是正确选择了敌军想不到的路线。

与姜太公“击其不意”的谋略思想相似，孙武也认为：“战势不过奇正”“奇正相生”“奇正之变，不可胜穷”。孙武认为一个高明的将领，当随情况变化而变换奇正战法，犹如天地一样变化无穷，江河一样奔流不竭，应善出奇兵，打败敌人。他强调“示形”“动敌”，认为这是出奇制胜的重要手段。

“奇正”战术的运用，大体包含以下内容：在作战部署上，担任守备任务者为正，集中机动者为奇；担任牵制者为正，担任突袭者为奇。在战术运用上，正面攻击者为正，迂回侧击者为奇；明攻为正，暗袭为奇。在作战方式上，一般战法为正，特殊战法为奇；常法为正，变法为奇……战争史上，“击其不意”“出奇制胜”这个谋略被广泛采用，精彩战例更是数不胜数。

公元前 718 年，郑国进攻卫国，燕国出兵救援，与郑国的军队交战于北制（今河南荥阳市境）。郑国以三军部署在燕军正面，另派遣一部分兵力偷袭燕军侧后，燕军只注意了正面防备，不料背后却遭到了郑军的突然袭击，结果大败。

此外，姜太公所谓的“商王知存而不知亡，知乐而不知殃”的论述，是讲军队和战争的政治意义，与国家存亡密切相关。在姜太公看来，一方面“兵为凶器”，是杀人的工具；一方面又“兵者利器”，是保卫国家的支柱。他特别提到“存者非存，在于虑亡；乐者非乐，在于虑殃”，这种思想是极为深刻的，对我们当今民族、国家和个人的生存与发展，仍然具有积极的启发意义。

第二章　武韬篇

本韬导语

本韬相当系统地讲清楚了一系列大军事、大战略问题。《孙子·谋攻》:“上兵伐谋,其次代交,其次伐兵,其次攻城。”“故意善用兵者,屈人之兵的而非战也,拔人之城而非攻也,毁人之国而非久也,必以全争亏天下。故兵不顿而利可全,此谋攻之法也。”这便是孙子的“全胜论”“大兵观”。《六韬》进一步阐述了这种思想。《武韬·发启》:“行其道,道可致也;从其门,门可入也;立其礼,礼可成也;争其强,强可胜也。全胜不斗,大兵无创。与鬼神通,微哉微哉!”“无甲兵而胜,无冲隆而攻,无染堑而守。大智不智,大谋不谋,大勇不勇,大利不利。”“道在不可见,事在不可闻,胜在不可知,微哉微哉!”“大明发而万物皆照,大义发而万物皆利,大兵发而万物皆服。”

在姜太公看来,“天道无殃,不可先倡;人道无灾,不可先谋”。如果要拯救百姓于水火之中,自己应先修德,要讲究策略,使天下人心归附,然后,趁商朝政治混乱,老百姓有怨气之机,伸张大义,一举发兵,将其摧毁。

一旦夺取天下,就应该顺应社会发展规律,让民众休养生息。天有经常不变的运行轨道,春生夏长,秋收冬藏;老百姓有不变的生活规律,春耕夏耘,秋敛冬息。如果君主能够和老百娃共同遵守这个规律,天下自然就平安无事了。

发　启

【原文】

文王在酆[①]召太公,曰:“呜呼!商王虐极,罪杀不辜[②]。公尚[③]助予忧民,如何?”

太公曰:“王其修德以下贤[④],惠民以观天道[⑤]。天道无殃,不可先倡;人道无灾,不可先谋[⑥]。必见天殃,又见人灾,乃可以谋。必见其阳,又见其阴,乃知其心;必见其外,又见其内,乃知其意;必见其疏,又见其亲,乃知其情。”

"行其道，道可致也；从其门，门可入也：立其礼，礼可成也；争其强，强可胜也。"

"全胜不斗，大兵无创，与鬼神通。微哉！微哉！"

"与人同病相救，同情相成。同恶相助，同好相趋。故无甲兵而胜[9]，无冲机而攻[10]，无沟堑而守。"

"大智不智、大谋不谋、大勇不勇、大利不利。利天下者，天下启之[11]；害天下者，天下闭之[12]。天下者非一人之天下，乃天下之天下也。取天下者，若逐野兽，而天下皆有分肉之心。若同舟而济，济则皆同其利，败则皆同其害。然则皆有启之，无有闭之也。"

"无取于民者，取民者也[13]；无取于国者，取国者也：无取于天下者，取天下者也。无取民者，民利之；无取国者，国利之；无取天下者，天下利之。故道在不可见，事在不可闻，胜在不可知。微哉！微哉！"

"鸷鸟[14]将击，卑飞敛[15]翼；猛兽将搏[16]，弭耳[17]俯伏；圣人将动，必有愚色。"

"今彼殷商，众口相惑，纷纷渺渺[18]，好色无极，此亡国之征也。吾观其野，草菅[19]胜谷；吾观其众，邪曲胜直[20]；吾观其吏，暴虐残贼，败法乱刑。上下不觉，此亡国之时也。"

"大明[21]发而万物皆照，大义[22]发而万物皆利，大兵发而万物皆服。大哉圣人之德，独闻独见，乐哉！"

【注释】

①酆：古地名，在今陕西西安西南。周文王筑酆邑，自岐迁此。

②罪杀不辜：残害无辜之人。

③公尚：指姜太公吕尚。

④王其修德以下贤：君主应该修养品德并且礼贤下士。

⑤惠民以观天道：施惠于民以观天道。

⑥人道无灾，不可先谋：人道还没有出现灾变，就不可谋划兴师用兵的事情。人道：指人事，社会发展的状况与规律。

⑦全胜不斗，大兵无创：大获全胜而不需与敌人交战，军队出师征讨而自己则完整无损。创，创伤。

⑧同恶相助：与人同仇，同仇相助。

⑨无甲兵而胜：没有全副武装的士兵也能获取胜利。

⑩无冲机而攻：没有良好的武器装备也能攻击敌人。冲机，这里泛指良好的兵器、器材。

⑪利天下者，天下启之：为全天下谋利益的人，全天下的人都会拥戴他。启：开、协助，此为欢迎、拥戴之意。

⑫害天下者，天下闭之：使天下受害之人，就会受到天下人的拒绝。闭，关闭、反对。

⑬无取于民者，取民者也：不夺取人民利益的人，就能得到民众的拥护和支持。

⑭鸷鸟：十分凶猛的鸟。

⑮敛：收缩、收起。

⑯搏：攫取、搏斗。

⑰弭耳：将耳朵平贴。

⑱纷纷渺渺：动乱不安。

⑲草菅胜谷：野草已埋没了庄稼。

⑳邪曲胜直：怪诞邪恶之事比公平正直的事还多。

㉑大明：圣明。

㉒大义：正义。

【译文】

文王在酆都召见太公，叹息着说："唉！现在纣王已暴虐到了极点，肆意残杀无罪之人。希望你帮助我谋划，拯救天下的百姓，怎么样？"

太公说："大王应该树立政德，礼贤下士，施惠于民，以观察天道和人道的变化。当天道还没有出现灾害预兆的时候，不可先提倡兴兵伐暴的号召；当人道还没有出现混乱迹象的时候，不可先策划兴兵之举。必须等既看到天灾，又出现人祸的时候，才可以策划征伐之事。必须看到他已犯下的罪行，又看到他暗中的阴谋，才能全面了解他的内心；既看到表面现象（实行暴政），又看到内在本质（朝廷腐朽），才

可明白他的意图；既看到他疏远什么人，又看到他亲近什么人，才能掌握他全部的实质。”

“按照一定的规律办事，就可以掌握规律，取得成功。遵循一定的路径行进，就可以登堂入室，入主天下。顺着一定的秩序建立礼仪，新的制度就形成了；努力建立并增强武装力量，就可以战胜强大的敌人。‘不用打仗就获得战争的全胜，并使整个军队完好无伤’，这样的用兵之道，简直是神鬼莫测。微妙啊，微妙啊！”

“能与人同甘苦就能互相援救，志趣相投就能互相成全，憎恶相同就能互相帮助，爱好一致就能互相亲近。因此不用兵甲也能取胜，没有良好的武器装备也能进攻敌人，没有深沟高垒也能防守。”

“有大智的人不显耀他的智慧，有深谋的人不张扬他的谋略，有大勇的人不凭血气之勇，图大利的人不只顾及自己的利益。为天下人谋利益的人，天下人都拥戴他。危害天下的人，天下人都反对他。天下不是一个人私有的天下，而是天下人共有的天下。夺取天下，就好像猎取野兽一样，天下的人都有分享猎物之心。这就好像同船渡河一样，大家同心，就能顺利到达彼岸，达到共同的目的；船翻了，大家就一同受害。能够这样与天下人共其利害，才能得到天下人的拥戴。”

“不掠夺人民的，可以得到人民；不掠夺国家的，可以得到国家；不掠夺天下的，可以得到天下。不掠夺人民的利益，人民会拥护他；不掠夺国家的利益，国家会归于他；不掠夺天下人的利益，天下人就会归顺服从他。所以治国之道妙在使人看不见，处理万机的方法妙在使人听不到不好之事，稳操胜算妙在使人不可知。真是微妙呀！微妙呀！”

“鸷鸟将要袭击目标时，必先敛翅低飞；猛兽将要扑向猎物时，必先贴耳伏地；圣人将要有所作为时，必先示人以谦恭若愚的样子。”

“现在的商纣王，被众多的谗言所迷惑，社会昏乱不已，极端好色，这是亡国的征兆啊！我观察他的农田，野草比五谷还茂盛；我观察他的群臣，歪风胜过了正气；我观察他的官吏，都极端暴虐残忍，违法乱纪。但他们君臣上下执迷不悟，这表示亡国的时候到了。”

“此时举兵伐商，犹如日月升空、万物普照；大义伸张，万民获利；军队所到之处，举国臣服。伟大啊，圣人如有此作为！多么令人鼓舞快乐啊！”

【赏析】

文王想起兵伐纣，拯救百姓，于是向太公请教。太公见文王有如此的大志大德，感到十分鼓舞和兴奋，并以能为他出谋划策，预见胜利的曙光而无比快乐。

太公认为，要完成这个伟大的事业，必须要有两个方面的战略：一是创造道义的基础，二是等待时机的成熟。

所谓道义的基础，在本质上就是获得人民的支援。所以太公要文王首先“修德”“惠民”，把握天道与人道的向背，应乎世道，顺乎人心，多为人民做好事，按照他们的愿望行动，不把自己的意志强加于他们身上，要引导，而不强迫，所谓“天道无殃，不可先倡；人道无灾，不可先谋”。为此，他还进一步深入地阐述了“利天下者，天下启之；害天下者，天下闭之”的规律，说明要取得天下，必须与天下人同其利害的道理。这种谋略思想实际上告诉我们，战争胜负的根源，在于民众；取得天下的本质，并不是统治人民，而是得到人民的拥护，始终要坚持以仁为本。

以仁为本，今天若是从进步和积极意义去理解，就是要求将帅们具备正确的战争观，即战争的终极目标并不是消灭敌人的肉体，而在于匡扶正义，用真理战胜邪恶。这样的正义之师才能赢得民心，振奋军心，战胜敌人。同时，在战争中施行“以仁为本”之谋，既与战争目的并行不悖，也可以达到瓦解敌军的斗志，破坏敌军的士气，“不战而屈人之兵”的目的。

等待成熟的时机，主要是针对敌人而言。姜太公指出，兴兵伐暴，不可过早暴露自己的意图，正像鸷鸟和猛兽要袭击猎物一样，必须先有敛气藏身的功夫，做到“圣人将动，必有愚色”，即用假象欺瞒敌人，不使他有所警觉，让他继续处于昏乱的状态，自行腐败到不可救药的地步，待到亡国的征兆已经赫然可见，亡国之日屈指可数，举兵的时机就成熟了。

反之，如果没有人民拥护的深厚基础，没有敌国危亡的成熟时机，那就是妄动干戈，无道可言。然而有这个深厚的基础和成熟的时机，敌人的失败和我军的胜利，就成了必然之势。所以，战争本身并没有实质性的意义，打不打仗并不重要。战争的最高境界是不战而胜的艺术，所谓“全胜无斗，大兵无创，与鬼神通，微哉！微哉！”这与春秋时期军事家孙武所说的：“百战百胜，非善之善者；不战而屈人之兵，善之善者也”，是同一个意思。

文启

【原文】

文王问太公曰：“圣人何守？”

太公曰：“何忧何啬[1]，万物皆得；何啬何忧，万物皆遒[2]，政之所施，莫知其化；

时之所在，莫知其移。圣人守此[3]而万物化，何穷之有，终而复始。”

“优之游之[4]，展转[5]求之；求而得之，不可不藏；既以藏之，不可不行[6]；既以行之，勿复明之[7]。夫天地不自明，故能长生；圣人不自明，故能名彰。”

“古之圣人聚人而为家，聚家而为国，聚国而为天下，分封贤人以为万国，命之曰‘大纪’。陈其政教[8]，顺其民俗，群曲化直[9]变于形容[10]；万国不通[11]，各乐其所，人爱其上，命之曰‘大定’。呜呼！圣人务静[12]之，贤人务正[13]之，愚人不能正，故与人争；上劳则刑繁，刑繁则民忧，民忧则流亡。上下不安其生，累世不休[14]，命之曰‘大失’。”

“天下之人如流水，障之则止，启之则行，静之则清。呜呼，神哉！圣人见其所始，则知其所终。”

文王曰：“静之奈何？”

太公曰：“天有常形[15]，民有常生[16]，与天下共其生[17]而天下静矣。太上因之[18]，其次化之。夫民化而从政[19]。是以天无为而成事，民无与而自富[20]，此圣人之德也。”

文王曰：“公言乃协予怀[21]，夙夜念之不忘，以用为常。”

【注释】

①何忧何啬：意思是既不需要去忧虑什么，也不需要去制止什么，一切任其自然，无为而治。

②万物皆道：天下事物自然会生长繁荣。

③此：指上文所述道理、规律。

④优之游之：从容不迫，悠闲自得的样子。

⑤展转：翻来覆去睡不着，此处借指反复考虑的意思。

⑥既以藏之，不可不行：既已把探求到的道理存在心中，就不可不付诸实行。以，同已；藏之，谓存于心中。

⑦勿复明之：不要老是炫耀自己。

⑧陈其政教：各国诸侯都要实施自己的政教。陈，宣扬。

⑨群曲化直：使不公正、邪僻之事变为正直。群曲，邪恶、不正。

⑩变于形容：改变不良的风气。形容，指表现于外在的形式、现象；这里指社会风貌。

⑪万国不通：谓各国风俗不相同。

⑫静：平静、安详。

⑬正：纠正、改正。

⑭累世不休：长期动乱不安。累世：数世，这里引申为长期的意思。

⑮常形：指四季春生、夏长、秋收、冬藏等四时变化的规律。

⑯常生：指民众在生产中所从事的春耕、夏种、秋收、冬息等生产事业。

⑰生：生活、生计。

⑱太上因之：治国最好的方法是顺乎民心。

⑲从政：听从政令之意。

⑳民无与而自富：即使不给予人民，他们的生活也能过得很好。无与，不需国家给予。

㉑公言乃协予怀：你所说的完全符合我的想法。

【译文】

文王问太公道："圣人治理天下应该遵守什么原则？"

太公回答说："不要过于忧虑，也不要太谨小慎微，顺其自然，使万物各得其所；既不须太节制，也不须太忧虑，顺其自然，万物自然会生长繁荣。政令的推行，使人民自然而然的被感化；就如时间的运行，往往是在人们不知不觉的时候发生着。圣人遵循这种自然的原则，万物为之潜移默化，如此周而复始，无有穷尽的时候。"

"这种优游自如的无为之治，人君必须反复探索；既已探索到了，就不可不牢记在心；既已牢记在心，就不可不付诸实施；既已实施了，就无须夸耀于天下。因为天地不需夸耀自己的规律，万物自然生长；圣人不需夸耀自己的思想，自然能显示出他的功业。"

"古代的圣人把人们聚集起来组成家庭，把无数的家庭聚集起来组成国家，把大小的国家聚集起来组成天下。分封贤人为各国诸侯，把这种制度叫做治理天下的纲纪。然后宣扬政教，顺应民俗，改造邪僻的行为，形成正直的风气；各国的习俗虽然不同，但都安居乐业，热爱自己的生活，敬爱自己的君主，这就叫作平定天下。总之，圣人治理天下，务求清静无为；圣人教化百姓，务求移风易俗。愚人不懂潜移默化的方法，所以与民相争。君主好事则政令繁多，政令繁多则刑罚繁多，刑罚繁多则百姓忧惧，百姓忧惧，就会流亡逃散。如此一来，上下都不能安其生业，难免长期动乱不安，这就叫作'政令大失'。"

"天下百姓心理的向背，就像流水一样，阻塞它就停滞不行，引导它就流动不息，静止就清明不浊。民心真是神妙莫测啊！只有圣人能见到它的萌芽，预见它的结果。"

文王又问："怎样才能使天下安定呢？"

太公回答说："天有一定的运行规律，人民有自己正常从事的生业。人君能与百姓同其生活之理，天下自然就安定无事了。治理国家的方法，最高的境界是顺乎民心，其次是以政治教化百姓，人民接受教化而服从政令。所以天道无为而万物自然生长，百姓不需要施予而自然富足。这就是圣人的德政。"

文王说："你的话和我的想法正好吻合，我会朝思夕念，永志不忘，把它作为治理国家的常法。"

【赏析】

本篇讲以文德教化启示人民，以清静无为治理天下，是谓"大纪"和"大定"。文德教化是为了移风易俗，更新人民的精神面貌；清静无为是为了安定国家，繁荣社会的物质生产。这实际上讲的是一个国家的精神文明建设和物质文明建设的问题。姜太公认为，精神文明建设要"有为而治"，物质文明建设要"无为而治"。

"有为而治"，就是要把人们组织起来，形成家庭、国家相统一的社会，使人们和谐相处、伦理有序，同时用贤德教化人民移风易俗，也就是要推动人类从野蛮向文明进化。这是人类脱离动物状态以来不断超越自己的一项艰巨工作，任何时候都不能中断、停止，否则人类就不可能发展、进步。正是这种"有为而治"的精神建设，才创造了中国古代灿烂的文化和艺术。

"无为而治"是古代道家的政治主张，意即顺应自然，不求有所作为而使天下得到治理。

《史记·五帝本纪》中记载，帝尧的仁德普照万物，他推算日月星辰的变化，教导人民何时播种、何时收成，并将朱鸟七宿（星名）出现在正南方的日子定为春（春分），白昼和夜晚等长。大火心宿（星名）在傍晚位于正南方的时候定为夏（夏至），此时昼夜最长。虚宿星（星名）在傍晚位于正南方且昼夜等长之时，定为秋（秋分）；而昼短且昴宿星在傍晚位于正南方的时候，则定为冬（冬至）。此外还排定了1年有365日及3年有1个闰月。

在他的仁德之下，春天一到，年轻人便到户外努力耕作，老人及小孩也都一起帮忙。在人们播种的同时，鸟兽也开始交配、繁殖后代。

到了夏天，不管老少都到户外劳动，鸟兽羽毛也变薄。秋季收成后，人们心满意足，鸟兽羽毛焕然一新，显得舒畅。而冬天一来，人们都躲在屋内取暖，鸟兽也长出细柔的绒毛以保持体温。

尧的统治时期，不仅可以说是"仁政"的典范，也可以说是顺应自然、无为而治的典型代表。

“无为而治”的统治谋略的具体实施。是在西汉时期。西汉初年,社会生产力遭到极大的破坏。据《史记》记载,其时“自天子不能具钧驷,而将相或乘牛车,齐民无盖藏”。为了恢复社会生产力,汉高祖实行“无产而治”“与民休息”的政策,即实行“轻徭薄赋”“约法省禁”,尽量不过度滋扰人民,不过度增加人民负担的政策,从而使社会生产逐渐恢复和发展起来。

无为而治的实质,不是指统治者无所作为就能达到治的目的。姜太公所言者的真实意思乃是要指出,权谋者以无为的治理方式,使人们不会感到对自已构成威胁,人们对其就会采取容忍而不是警惕的态度。此时再推行某种既定的韬略,就能达到治的目的。无为其实是一种手段。治是通过无为这一个手段而要实现的目标。

总之,“无为而治”就是要求君主清心寡欲,尊重自然的规律,顺应民心,给人民的生计予以充分的自由。天地自然有着恒定的运动规律,人民大众有着恒常的生存方式;如果能够与天下人共生共存、相安相得,那么天下就自自然然地归于平静了。首先要做的是顺乎民心,其次则是教而化之。如果君主好事喜功,就会刑役繁杂,干扰人民的生活、生产,破坏社会的正常秩序。所以,君主无为,正是为了百姓有为,百姓有为,必须要求君主无为。在君主和人民之间,姜太公认为,君主“静”,民则“动”。按古人阴阳协调的观念来说,就是要把民放在主要的地位,充分发挥它的主动性、积极性,才能发展生产、繁荣经济。这样一来,君主实际上收到了“无为而无不为”的效果,这实在是一种轻松而有益的管理艺术,何乐而不为呢?

文伐

【原文】

文王问太公曰:“文伐[①]之法奈何?”

太公曰:“凡文伐有十二节[②]:一曰,因其所喜,以顺其志,彼将生骄,必有奸事[③],苟能因之,必能去之。

二曰,亲其所爱,以分其威。一人两心,其中必衰。廷无忠臣,社稷必危。

三曰,阴赂左右,得情甚深,身内情外,国将生害。

四曰,辅其淫乐,以广其志。厚赂珠玉,娱以美人。卑辞委听[④],顺命而合。彼将不争,奸节乃定[⑤]。

五曰，严其忠臣，而薄其赂[6]。稽留其使[7]，勿听其事。亟为置代[8]，遗以诚事[9]，亲而信之，其君将复合之。苟能严之，国乃可谋[10]。

六曰，收其内，间其外[11]，才臣外相[12]，敌国内侵，国鲜不亡。

七曰，欲锢[13]其心，必厚赂之，收其左右忠爱，阴示以利，令之轻业[14]，而蓄积空虚。

八曰，赂以重宝，因与之谋，谋而利之。利之必信，是谓重亲[15]。重亲之积，必为我用。有国而外，其地大败。

九曰，尊之以名，无难其身，示以大势，从之必信；致其大尊，先为之荣，微饰[16]圣人，国乃大偷[17]。

十曰，下之必信，以得其情[18]；承意[19]应事，如与同生；既以得之，乃微收之；时及将至，若天丧之。

十一曰：塞[20]之以道，人臣无不重贵与富，恶危与咎[21]，阴示大尊，而微输重宝[22]，收其豪杰。内积甚厚，而外为乏。阴纳智士，使图其计；纳勇士，使高其气。富贵甚足，而常有繁滋[23]，徒党[24]已具，是谓塞之。有国而塞：安能有国？

十二曰，养其乱臣以迷之；进美女淫声以惑之；遗良犬马以劳之；时与大势以诱之；上察而与天下图之。”

“十二节备，乃成武事。所谓上察天，下察地，征已见[25]，乃伐之。”

【注释】

①文伐：指用非武力的手段去分化瓦解敌人。

②节：环节。指关键的手段、措施。

③奸事：坏事、邪恶之事。

④卑辞委听：装着像人微言轻的样子，委婉地打动别人。卑辞，卑微的言辞。

⑤奸节乃定：所施计谋就能获得成功。奸，邪恶。

⑥严其忠臣，而薄其赂：要尊敬敌国的忠臣，并赠予一些微薄的礼物。严：尊敬，这里意指与之交好以达到离间的目的。

⑦稽留其使：拖延其使者停留的时间。

⑧亟为置代：事态到了敌国君王准备更换使臣的时候了。置代，这里可理解为更换使命之意。

⑨遗以诚事：迅速办妥托办之事，以表忠诚之意。

⑩苟能严之，国乃可谋：假如真能做到严待敌国忠臣，图谋敌国是不无可能的。苟，假使。

⑪间其外:离间敌国国君派往国外的大臣。
⑫才臣外相:敌国的大臣已背叛君主与外国勾结。相,相助、辅助。
⑬锢:禁锢、控制。
⑭轻业:轻视、忽视。
⑮重亲:听命于我、服从我的意图。
⑯微饰:暗中文饰,意指悄悄地吹捧、粉饰。
⑰国乃大偷:国事被大大地懈怠以致废弛了。
⑱情:友情。
⑲承意:秉承意图、意志。
⑳塞:堵塞。
㉑恶危与咎:厌恶危险与灾祸。
㉒微输重宝:秘密地用珍宝收买其豪杰。
㉓繁滋:发展壮大。繁,多、盛。滋,滋生、培植。
㉔徒党:集团,同党。此处意指聚集力量。
㉕征已见:经分析判断战机已出现。

【译文】

文王问太公道:“以谋攻敌的策略是什么?”

太公回答说:“所谓以谋攻敌,其策略有十二种:

一是迎合敌君的喜好,顺从他的心意,使他滋长骄傲的情绪,如此各种奸邪的事就会随之发生。我方若能巧妙地应用此一弱点,就能消灭他。

二是拉拢敌君的近臣,以削弱敌国的力量。敌国的近臣怀有二心,其忠诚的程度必然降低。敌国的朝中没有了忠臣,国家必然产生危机。

三是暗中贿赂敌君的近臣,和他们建立密切的关系,使他们身在国内而心向国外,如此,敌国必将发生祸乱。

四是助长敌国君主享乐腐化的惰性,使其荒淫的欲望有增无减。用大量的珠玉贿赂他、用美女讨好他。用卑微的言辞委婉地打动他,顺从他的命令并且迎合其意,如此敌君就不会以我为虑,这样我方所施的计谋就能获得成功。

五是要严待敌国的忠臣,给他微薄的礼物。与他进行外交的接触,要故意拖延时间,不要听从他的意见。若敌君改派他人来替代,表示亲近、信赖、忠诚以结友好,这样敌君必然疏远其忠臣,假如能严待敌国的忠臣,此时计谋就容易实现了。

六是收买敌君左右的内臣,离间他在外的边将,使有才能的官员为我国做事,而造成其内部互相倾轧，这样的国家就没有不亡的了。

七是要控制敌君的思想，必须舍得用重金贿赂他们，并收买其左右亲信，暗中施予利益，使之忽略自己的生产经营，这样敌国的粮财便会贫乏，国防便会空虚。

八是赠送敌君贵重的珍宝，并与他结盟，给他一定的利益，取得他的信任，进而结成亲密的伙伴关系。这种亲密的伙伴关系一旦形成，必然为我所用。当自己的国家为别国所利用，其国必然遭致败亡。

九是用崇高的名声颂扬他，不让他自身感到危难；使他有威权至上的感觉，毕恭毕敬地顺从他；尊崇他以极高的地位，先夸耀他的尊荣，再以圣人的德行加以粉饰，他必然因此而自大自满，荒疏国事了。

十是对他表示恭敬诚意，以取得他的好感和信任；顺着他的心意办事，好像兄弟一般亲密；既已得到他的好感和信任，就可以进一步巧妙地控制他；等时机一到就讨伐他，使其灭亡。

十一是用以下方法蔽塞敌国君主的视听：臣子没有不想富贵而厌恶危险与灾祸的，暗中对他表示极大的尊重，秘密以重金收买其中的豪杰之士；国内积蓄充实，而对外却假装贫乏；暗中收纳智谋之士，为我出谋划策；招集勇猛之夫，使他们保持原来的士气。要满足他们想要富贵的欲望，不断发展他们的势力。如此结成党羽，以障蔽敌国君主的耳目。拥有国家但为人所障蔽、耳目昏聩，这样的国家还能持久吗？

十二是培养一批乱臣以迷惑其君主；进献一批美女以迷乱其神志；送他良犬骏马，使他劳于游猎的追逐；经常用有利的形势诱惑他，使他更加骄狂。然后仰观天象以察时变，起而与天下人共谋而攻取之。”

“以上十二种以谋攻敌的策略，如果运用得当，就可以进一步采取军事行动了。

采取军事行动时必须上察天时，下观地理，等到各种征兆都显示有利契机时，才能兴兵征伐。”

【赏析】

这篇文章说明从战略上讲，“武事”的进攻，首先要靠“文事”的进攻，也就是说军事的较量应以政治的较量为前提，武力的争斗应要以智谋的拼搏为基础。文王和太公把这称作“文伐”。

太公从战术上把“文伐”的方法归纳为十二种，目的是要造成敌国君臣分离、内部瓦解，以此削弱其军事的防备和战斗的力量。

如何分离敌国的君臣，瓦解其内部的团结呢？就己方而言，就是要发挥自己的优点，极尽智谋之能事；从敌方来说，就是要抓住其弱点，使其玩物丧志，在享乐中腐化堕落。

姜太公认为，人性都有贪图富贵、爱好虚荣、追逐声色的弱点，所以财物、声色、颂词，就是“文伐”的一种有力武器。用金钱贿赂他们，用美女讨好他们，用谀辞吹捧他们，他们就会被欲望所吞没，被享乐所腐化，被虚荣所迷惑，变得越来越自满、狂妄和堕落，丧失自己的人格意志和进取心、战斗力，一个国家的君臣，如果处于这种状态，不用别人来攻打，也要自取灭亡了。

春秋时期，越王勾践灭吴，就是运用了此一谋略。勾践用显赫的名号颂扬吴王夫差，并用至高无上的名位尊崇他，百般地施行谄谀之术表示永远臣服，永不反吴；夫差有重病，勾践去探望，问候，并亲尝其粪，为其验病；吴国欲开凿邗沟，使之与江淮二水相通，以便北上伐齐攻鲁，勾践便命文种率万名民夫支援；夫差出兵攻齐，勾践不但出兵3000助吴，而且亲自到吴国致贺，送上优厚的礼物。

勾践送西施、郑旦等大量美女给夫差，供其作乐，使其荒于政事。勾践送良木巧匠去吴国，帮助夫差建筑姑苏台，以便耗费吴国的人力、赋力。

在内政上，勾践卧薪尝胆，励精图治，与臣同甘，与民共苦，不忘夫差之辱；奖赏生育、鼓励耕织，救济灾难、抚恤死伤，招纳贤士、罗致人才，编设闾里、组织军队，加强教育、严格训练。

在外交上，勾践结齐、亲楚、附晋、厚吴，敦睦邦交。

夫差对勾践逐渐丧失了应有的警惕，一方面骄奢淫逸，萎靡腐败。另一方面却又好胜喜功，穷兵黩武。

公元前482年，夫差与晋定公相约在黄池会盟，他带上吴国所有的精兵强将，只留老弱病残守国。勾践看到时机已到，便率军袭破吴都。夫差返回，双方讲和了。但是勾践大掠而还，吴国元气大伤。

公元前 478 年，吴国大旱，仓廪空虚，勾践乘隙伐吴而灭之。勾践运用文种的谋略成功地灭吴而称霸。

正如人们所说：堡垒最容易从内部攻破。在直接武伐不能取胜时，往往采“间接路线”——实行文伐武成却能取胜。

英国人利德尔·哈特在《战略论》里说得好：“在人类历史的长河中，进行战争所采取的‘路线’（战略），如果不具有某种程度的‘间接线’（影响力），不能使敌人感到措手不及、难以应付，那么，也就难于使战争取得有效的结果。在战略上，最漫长的迂加道路，常常又是达到目的的最短途径。”

只有克服人性的弱点，才能获得成功。姜太公说：“人臣无不重贵与富。”富贵本身并不是坏事，关键在于人们怎样看待富贵、谋取富贵。古人云：“君子爱财，取之有道。”富与贵，如果取之无道，就会招来杀身之祸；如果是当官的，还会亡国败家。千百年来，这个悲剧总在一些人身上重演，至今仍然未能绝迹，其根源就在于人性的弱点。

做人应该尽量发挥人性的优点，克服人性的弱点，这样我们的事业才会兴旺发达，永远立于不败之地。

顺　启

【原文】

文王问太公，曰：“何如而可为天下[①]？”

太公曰：“大盖天下[②]，然后能容天下；信盖天下，然后能约[③]天下；仁盖天下，然后能怀[④]天下；恩盖天下，然后能保天下；权盖天下，然后能不失天下；事而不疑，则天运[⑤]不能移，时变不能迁。此六者备，然后可以为天下政。”

“故利天下者，天下启之[⑥]；害天下者，天下闭之；生天下者，天下德之；杀天下者，天下贼之[⑦]；彻天下者[⑧]，天下通之；穷天下者，天下仇之；安天下者，天下恃之；危天下者，天下灾之[⑨]。天下者，非一人之天下，唯有道者处之[⑩]。”

【注释】

①何如而可为天下：怎样才能治理好天下。为，治理。

②大盖天下：大的度量能覆盖全天下。大，器量、度量；盖，覆盖。

③约:约束。

④怀:怀柔。

⑤天运:犹言天命,指天然的机运,非人力所能控制,有自然规律的意思。

⑥天下启之:全天下的民众都爱戴、拥护之。启:开启,此为拥护之意。

⑦天下贼之:天下的百姓都仇视之。贼:作动词,意谓虐害、残杀。此处可理解为毁灭的意思。

⑧彻天下者:顺应天下民心的人。彻,贯通、遵循。此处可理解为顺应的意思。

⑨天下灾之:天下百姓将会视它为灾祸。灾之,把它看作灾害。

⑩唯有道者处之:只有品德高尚的君主才能治理它、拥有它。有道者,指合乎天理、顺应民心的贤君。

【译文】

文王问太公道:“怎样才能够治理天下呢?”

太公回答说:“大的器量盖过天下,然后才能包容天下;诚信盖过天下,然后才能约束天下;仁德盖过天下,然后才能怀柔天下;恩惠盖过天下,然后才能保有天下;权力盖过天下,然后才能不失掉天下;遇事果断而不犹豫,则天道运行,时光流逝,国家却永保安定。具备了这六方面的条件,就可以治理天下了。”

“所以能够为天下百姓谋福利的,天下百姓就会拥护他;使天下百姓受害的,天下百姓就会反抗、排斥他。关怀天下百姓的生活,天下百姓就感戴他;杀戮天下百姓的,天下百姓就仇视他;顺应百姓的心愿,百姓就拥护他;苛刻百姓使其穷困,百姓厌恶他;使天下百姓安居乐业的,百姓支持他;危害百姓的,百姓就逃离他。天下不是一个人的天下,唯有仁德的君主才能治理好天下。”

【赏析】

怎样才能统驭天下,做天下人的君主,姜太公提出了六项标准:大、信、仁、恩、权、不疑,指出只有为天下百姓谋取福利而不危害百姓的人,才能够成为君王,并永保君主的地位。

这六项标准,要求君主以伟大的心胸和真诚的意愿,推行仁、义,利用手中的权力,坚定不移地为人民多做好事,以实惠取信于民。若是做不到这六点,只是尸位素餐,名不副实,妄称天下的君主、领袖,就不是一个“有道者”。

这是一个令人深思的问题,历代的统治者,当他们想做皇帝的时候,大多都能从这六个方面去努力,所以取得了天下;可是当他们一旦登上了皇帝的宝座,往往

就忘记了这六项标准，至多具备其中两项："权"和"不疑"，即以暴力和武断专制国家。正因为这个原因，所以历代的王朝，总是勃然而兴，骤然而逝。

最典型的例子便是秦始皇，当他想做皇帝和争取做皇帝的时候，他也为人民及国家做了些好事，所以他得到了天下人的拥戴，灭掉了六国而成为万乘之主。但是，当他做上了皇帝以后，却以残酷的苛政施暴于人民，引起人民的普遍怨怒，致使秦王朝很快地土崩瓦解。所以秦始皇只是一个竭力想做皇帝但却并不善于做皇帝的人。

看来，既想做君主，又能做好君主，却并非是一件容易的事。这里有诸种因素，正如太公所说，归根究底决定于"天下者人民之天下"这个道理。所以，天下的兴亡，对于一个统治者来说，取舍就在为人民做好事还是做坏事之间。

三　疑

【原文】

武王问太公曰："予欲立功，有三疑；恐力不能攻强、离亲、散众①，为之奈何？"

太公曰："因之，慎谋，用财。夫攻强必养之使强，益之使张②，太强必折，太张必缺，攻强以强；离亲以亲；散众以众。"

"凡谋之道，周密为宝。设之以事③，玩之以利④，争心必起。"

"欲离其亲，因其所爱，与其宠人⑤，与之所欲⑥，示之所利。因以疏之，无使得志。彼贪利甚喜，遗疑乃止⑦。"

"凡攻之道，必先塞其明，而后攻其强，毁其大⑧。除民之害，淫之以色，啖⑨之以利，养之以味，娱之以乐。"

"既离其亲，必使速民，勿使知谋，扶而纳之，莫觉其意，然后可成。"

"惠施于民，必无忧财，民如牛马，数喂⑩食之，从而爱之。"

"心以启智⑪，智以启财，财以启众⑫，众以启贤⑬，贤之有启，以王天下。"

【注释】

①散众：涣散众心，此为瓦解敌人之意。

②张：拉弓，这里用来比喻，意谓使之放纵、猖狂。

③设之以事：做种种设想。

④玩之以利：用财利引诱敌人。

⑤与其宠人:接近敌君宠信之人。

⑥与之所欲:贿赂他最喜爱的东西。

⑦遗疑乃止:不再对我有所怀疑。

⑧毁其大:摧毁庞大的防御设施。

⑨啖:吃,这里是引诱的意思。

⑩喂:喂养。

⑪心以启智:用心去思考、探究。启,开启之意。

⑫财以启众;用财富收买民心。

⑬众以启贤:用众望使天下有识之士向我靠拢。

【译文】

武王问太公说:“我想建功立业,但有三点疑虑:担心我的兵力不能攻克强敌、不能离间其亲信、不能瓦解其军队,怎么办?”

太公回答说:“这里有三种相应的谋略:因势利导、缜密谋划、巧用钱财。要攻克强大的敌人,必须先助长敌人的骄横,助长敌人的气焰。过分的强横,必然会遭到挫折;过分的张狂,必定会导致失误,这是攻强以强的道理。同样的道理,离间亲信,必须利用其亲信;瓦解军队,必须利用其军队。”

“一切谋略之道,贵在周密二字。制造一些事端,给他有利可图的机会,使他产生互相争夺的欲望。”

“要想离间敌君亲信的忠臣,应当因其所好。拉拢他所宠爱的佞臣,满足这些佞臣的欲望,用丰厚的利益引诱他们,使亲信的忠臣被疏远而不得志。那些佞臣因为贪得厚利而高兴,必然疏于对我方的警戒。”

“一切攻取之道,必先蒙蔽敌国君主的耳目,而后才能攻克其强大的军队,摧毁其庞大的国家。要达到为民除害的目的,首先应当用美色去引诱他,用金钱去满足他,用美味去餍足他,用享乐去腐蚀他。”

“既已离间了他亲信的忠臣,就会使他疏远人民;不让他发觉我们的计谋,一步步将之引入我们的圈套,然后就可以成就大事了。”

“广施恩惠于人民,不要吝惜财富。百姓犹如牛马,要经常喂养他们,满足他们的民生问题,从而表示对他们的慈爱之心。”

“用心思考可以开发智慧,智慧可以产生财富,财富可以收养民心,民心向我,贤能之士便会出现,贤能之士涌现,才有人辅佐大王统一天下。”

【赏析】

这篇文章乃是讲述进攻敌国的谋略，针对武王的三点疑虑："攻强、离亲、散众"，太公提出了三种策略，即"因之，慎之，用财"，就是因势利导以攻其强，谋虑周密以离间其亲，用金钱贿赂以瓦解其众。此三者是互相联系的。这里所提到的因势利导就是顺着事物发展趋势很好地引导。

《史记·孙子吴起列传》："孙子谓田忌曰：'三晋之兵素悍勇轻齐，齐号为怯，善战者，因其势而利导之。'"

公元前 341 年，魏派庞涓伐韩。韩国向齐求援。齐派田忌、孙膑杀奔魏都大梁。庞涓获悉，急忙回救。齐军已经先于魏军过去了，向西进发。孙膑对田忌说："他们三晋军队都强悍勇敢而轻视齐军，齐军号为怯懦，善于作战的人，就要顺着敌人的发展趋势很好地引导他们。兵法说，跑百里争利就会牺牲上将军，跑五十争利就会有一半士兵赶到。我们指使齐军进入魏地后第一天做 10 万个灶，第二天做 5 万个灶，第三天做 3 万个灶。"庞涓追赶三天，大喜，说："我本来知道齐军怯懦，进入我境三天就逃亡过半了。"于是丢下步军，只率轻骑，昼夜兼程追赶。孙膑推度庞涓行程，夜晚应当到达马陵。马陵道路狭窄，两旁地势险要，可以埋伏军队。就剥去路边一棵大树的皮，在白树干上写道："庞涓死于此树之下。"命令齐军万名射箭手夹道埋伏，约定天黑以后，见到点火就一齐放箭。庞涓果然夜晚到达大树下，见到白树干上有字，就点起火来照字，读那字还未完，齐军万箭齐发。魏军大乱，相互失散。庞涓自知智穷兵败，拔剑自杀。临死时恨恨地说："居然让这小子成了名。"齐军乘胜全部消灭魏军。俘虏魏太子申而回。孙膑因此名扬天下，后世传下他的兵法。

从全文思想内容来讲，可以看作是前说《文伐》的补充，立意仍基于以人性的优点战胜人性的弱点，以人民的利益战胜个人的私欲，说明治军与治国归根究底是一场智慧与人欲、正义与邪恶、真理与谬误的较量与牵扯。

文章最后一段关于"心以启智"的话，是很值得我们思考的。要知道，人类一切日常的行径和伟大的事业，都深深植根于灵与肉的冲突之中，其成败从根本上说都是由自己选择和掌握的。正如哲学家老子所说："自胜者强"。

第三章　龙韬篇

本韬导语

本韬专门论述军政与军令方面的谋略思想，共 13 篇，都是姜太公与武王的对话。

开头讲述的是有关最高统帅部的组成。武王请教太公说："王者帅师，必有股肱羽翼，以成威神，为之奈何？"姜太公认为：心腹只可一人，策士则是越多越好。心腹过多，意见分歧，决策难断，不易成大事，可是辅佐的谋士则应该越多越好，这样方能集思广益、开阔思路。

本韬《阴符》《阴书》二篇介绍了关于战区秘密通信的方法，据考证，要比西方采用同样的方法早上千余年。《军势》一篇把道家思想引入军事战争理论，重申了"全胜不斗，大兵无创"的精神，指出："资因敌家之动，变生于两阵之间，奇正发于无穷之源。""故善战者不待张军，善除患者理于未生，善胜敌者胜于无形：上战无与战。"《奇兵》一篇除两次强调"全胜不斗，大兵无创"的精神外，还强调了将才的重要："故将者，人之司令，三军与之俱治，与之俱乱。得贤将者兵强国昌，不得贤将者兵弱国亡。"

统帅军队的将领，直接关系到战争的胜负，所以不得不慎重挑选。然而，要得到合适的将才并不容易，因为人的外貌与内心并不一致。

有人外表看去深具谋略，其实内心却轻薄浮躁；

有人外表诚实善良，但实际上却是一个盗贼；

有人表面上态度谦虚，内心却高傲自大；

有人看起来凡事顾虑周到，实则相当马虎；

有人外表如清水般纯洁，实际上却深沉机诈：

有人看似深具谋略，其实却缺乏决断力；

有人看起来好像很果敢，实际上却经常遇事裹足不前；

有人看似忠诚，实际上却不值得信赖；

这类外表与实质背离的人，虽然很难辨别，但若以太公的谋略来看，就容易多了。

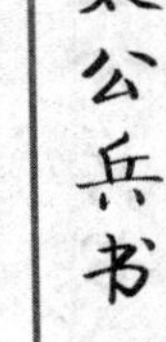

一是用语言试探,看他了解多少情况;

二是用言辞与他辩论,以观察他的应变能力;

三是告诉他私下探听到的消息,看他是否诚实;

四是直截了当地提出疑问,看他有没有隐瞒情况,并借此观察他的德行;

五是用财货进行诱惑,看他是否廉洁;

六是用女色进行挑逗,看他是否能保持德行;

七是将他置于危难境地,看他是否勇敢;

八是用美酒将他灌醉,观察他酒后的醉态。

这套系列测验法,周密实用,连"酒后吐真言"的生活常识都参照入内,足见太公谋略根底的深厚。

作为统率千军的将领,不要凭着一己主见,去违背众人的意愿,更不要听信片面之词。士众没有坐下,将军不能先坐,士众没有吃饭,将军不能先食,严寒酷暑,一定要和士众同甘共苦。这样,三军士众,才能一听见鼓声便喜不自禁,一听见锣声便怒不可遏。无论面前是高大的城墙,还是深广的护城河,士卒仍然会争先恐后地攀登,奋不顾身地为国效命。

王　翼

【原文】

武王问太公曰:"王者帅[①]师,必有股肱羽翼[②],以成威神,为之奈何?"

太公曰:"凡举兵帅师,以将为命[③];命在通达,不宁一术,因能受职[④],各取所长;随时变化,以为纲纪[⑤]。故将有股肱羽翼七十二人,以应天道。备数如法,审知命理[⑥]。殊能异技,万事毕矣。"

武王曰:"请问其目?"

太公曰:"腹心一人。主潜谋应卒[⑦],揆天消变[⑧],总揽计谋,保全民命;

谋士五人。主图安危,虑未萌,论行能,明赏罚,授官位,决嫌疑,定可否;

天文三人。主司星历[⑨],候风气[⑩],推时日,考符[⑪]验,校灾异,知人心去就之机;

地利三人。主三军行止形势[⑫],利害[⑬]消息,远近险易,水涸[⑭]山阻,不失地利;

兵法九人。主讲论异同,行事成败,简练[⑮]兵器,刺举[⑯]非法;

通粮四人。主度饮食,备蓄积,通粮道,致五谷,令三军不困乏;

奋威四人。主择材力,论兵革[⑰],风驰电击[⑱],不知所由;

伏鼓旗三人。主伏鼓旗,明耳目,诡符节[19],谬号令,暗忽往来[20],出入若神;

股肱四人。主任重持难,修沟堑[21],治壁垒,以备守御;

通材三人。主拾遗补过,应偶宾客,论议谈语,消患解结;

权士三人。主行奇谲,设殊异,非人所识,行无穷之变;

耳目七人。主往来,听言识变,览四方之事、军中之情;

爪牙[22]五人。主扬威武,激励三军;使冒难攻锐,无所疑虑;

羽翼四人。主扬名誉,震远方,摇动四境,以弱敌心;

游士八人。主伺[23]奸候变,开阖人情[24],观敌之意,以为间谍;

术士二人。主为谲诈,依托鬼神,以惑众心;

方士二人。主百药,以治金疮[25],以痊万病;

法算二人。主计会三军营壁、粮食、财用出人。"

【注释】

①帅:统帅、率领。

②股肱羽翼:比喻得力的辅佐。股,大腿。肱,手臂从肘到腕的部分。羽翼,翅膀。

③命:司令。

④因能受职:根据才能授予职务。

⑤纲纪:治理国家的原则、制度。

⑥审知命理:审知,审察把握。

⑦主潜谋应卒:主要职责是参赞、谋划以应付突发事变。卒,通"猝",指突发事件。

⑧揆天消变:揣度天时,消除灾异。天,天象,指日月星辰的运行变化。古人认为天象与人事相关,故观天象可以测知人事。

⑨星历:记载某一天体于某时某刻在天空运行的位置之表册。此指天体的运行。

⑩候风气:观测风气顺逆的意思。

⑪符:祥符,瑞符。古代认为祥瑞现象是王者受命于天的征兆。

⑫主三军行止形势:主要职责是负责侦察军队行进、驻扎的地理形势。三军:古代军队编为左、中、右三军或上、中、下三军,一般指对军队的总称。

⑬利害:利弊得失。

⑭涸:干涸、干枯。

⑮简练：检查和演习。

⑯刺举：刺探举发，即检举揭发。

⑰论兵革：指选用坚甲利兵。论，通抡，选择。

⑱风驰电击：形容行动迅速敏捷。

⑲符节：古代传达命令或征调兵将所用的凭证，授令者与执事者各执一半，相合以验真假，如兵符，虎符，用金、玉、铜制成。这里指出入门关的凭证，为符节的一种，用竹或木制成。

⑳暗忽往来：此指行动快速。暗忽，形容忽来忽往、神出鬼没。

㉑沟堑：均为护城河。

㉒爪牙：监军、督战人员。

㉓伺：探察、侦察。

㉔开阖人情：指煽动敌国的民心、军心。

㉕金疮：由兵器所致的创伤，包括为此而感染化脓的伤疮。

【译文】

武王问太公说："君王带兵打仗，必须有得力的将帅辅佐，才能形成威武神奇的大军，你以为如何？"

太公说："凡是统率军队，都以将领为部队的司令。作为司令，要通晓军法，掌握全面的情况，不墨守成规，专精一术。在任用人时，要根据才能授予职务，并应各取所长、灵活运用，这是治军的法则。所以将帅要有 72 个得力之臣辅佐，以应付各种情况的变化。按照这个原则组织军队，就能详细而全面地掌握情况，应付各种事变，使具有特殊技能的各种人才，都可以充分发挥其作用，各项任务也就可以圆满地完成了。"

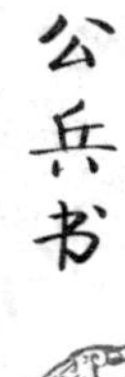

武王又问："请你讲讲这些职务当如何详细而区分？"

太公说："心腹一人。主管参机谋划，应付突然情况，观察天象的消长变化，统筹计划谋略，保全百姓生命安全。"

"谋士五人。主管谋划全军的安危，消除各种隐患，评定诸将的品德才能，严明赏罚制度，授予官职军阶，决断疑难问题，裁定军务。"

"天文三人。主管天象、历法，观察风向、气候的变化，推测时日的吉凶，考核天象的征兆与人世灾异的应验，并推测人心向背的时机。"

"地利三人。主管三军行进与驻扎的地形状况，分析地形的利弊条件，乃至远近距离、地形险易及水源枯竭与山峦阻隔等等，使我军不失战略上有利的地势。"

“兵法九人。主管研究敌我形势的异同，分析作战胜负的原因；配备各种兵器并训练其使用方法，揭发不守军纪法令的行为。”

“通粮四人。主管输送粮草，计划军队伙食，储备作战物资，疏通运粮道路，运送五谷军需，使三军的供给不致匮乏艰难。”

“奋威四人。主管选择有才干的勇士，配给他们装备精良的武器，组成突击队，以风驰电击的速度，出其不意地打击敌人。”

“伏旗鼓三人。主管旗鼓，传达号令，明确三军视听；变换军中符节，随时改变口令（用以迷惑敌人），暗中忽来忽往，出入神鬼莫测，以欺骗敌人、隐蔽自己。”

“股肱四人。主管重地保卫，守护险要工程，深挖沟堑，高筑堡垒，以备防御。”

“通材三人，主管将帅疏漏的事项，弥补他的过失，应对宾客，讨论问题，消除隐患，解决疑难。”

“权士三人。主管密谋诡诈的奇计，巧设非凡的战术，进行无穷的变化，使一般人不能识破。”

“耳目七人。主管侦察，往来于敌国之间，探听消息、勘察动静，收集各国的政治、军事情报。”

“爪牙五人。主管宣扬军威、激励士气，使三军将士敢于冒险犯难，攻坚击锐、无所畏惧。”

“羽翼四人。主管宣扬我军的声名荣誉，使其威震远方，气骇邻国，以削弱敌军的斗志。”

“游士八人。主管特务，潜入敌人内部，窥伺奸细、等候变化，煽动敌国的民情，观察敌人的意图，进行间谍活动。”

“术士二人。主管以诡诈的手段，假托鬼神来迷惑众人之心。”

“方士二人。主管制造和管理各种药材，用以治疗刀枪的创伤，治愈一切病症。”

“法算二人。主管会计，负责三军营房的分配，粮草的配备和财用的支出与收入。”

【赏析】

本篇论述军队统帅部门的组织机构及其成员的职能。理想的统帅组织，人员应有72人，分管18个方面的军务。太公将其比喻为统帅的“肱肱羽翼”。他们与统帅构成一个整体，以利于统一指挥，协同动作，从而保证和夺取战争的全面胜利。

其实，打仗并不仅仅是争勇斗狠的武力较量，还需要组织管理方面的学问和知识。没有这种学问和知识，就不可能具备将帅的领导能力和指挥才干。

太公说：“凡是率师出征，总要把大将作为关乎全军命运的关键，而大将要掌握好全军的命运，关键又在于能够通权达变、左右逢源，不能墨守成规、一成不变。要因能援职，各取所长；要随时变化，作为常法。因此，大将应该拥有由72人组成的幕僚集团，用以照应天道之数。只有按照这一原则举用人才，才能够通晓自然命定的法则；一旦大家的特殊技能都充分表现出来，对各种各样的变化也就可以完全应付自如了。”

俗话说：“三百六十行，行行出状元。”打仗也可谓是三百六十行之一，涉及一个时代的文化和人才的运用，正如太公所言，从“腹心”到“通材”，从天文历算到游方术士，无不应有尽有。打仗不仅需要有这些方面的人才、机构及管理者，还需要有善于组织和指挥这些事项的人才、机构及其管理统帅，如此才能使军队“十八般武艺”样样精通，成为克敌制胜的有力武器。

这就说明，整个军队的指挥部，就是一个以统帅为中心，且人才群集的管理机构，没有这样的管理机构，整个军队就是一盘散沙，一群乌合之众，没有任何战斗力。

任何组织机构，是否具有多方面的能量和整体的活力，都有类似军队管理的学问，值得我们深入研究，积极探讨。

论　将

【原文】

武王问太公曰：“论将之道奈何？”

太公曰：“将有五材[①]十过[②]。”

武王曰：“敢问其目？”

太公曰："所谓五材者，勇、智、仁、信、忠也。勇则不可犯，智则不可乱，仁则爱人，信则不欺，忠则无二心。"

"所谓十过者：有勇而轻死者，有急而心速者，有贪而好利者，有仁而不忍人者[③]，有智而心怯者，有信而喜信人者，有廉洁而不爱人者[④]，有智而心缓者，有刚毅而自用者，有懦而喜任人者。"

"勇而轻死者可暴也，急而心速者可久也，贪而好利者可遗也，仁而不忍人者可劳也，智而心怯者可窘也，信而喜信人者可诳也，廉洁而不爱人者可侮也，智而心缓者可袭也，刚毅而自用者可事也，懦而喜任人者可欺也。"

"故兵者，国之大事，存亡之道，命在于将。将者，国之辅，先王之所重也，故置将不可不察也。故曰：兵不两胜，亦不两败。兵出逾境，期不十日，不有亡国，必有破军杀将。"

武王曰："善哉！"

【注释】

①五材：五种美德。

②十过：十种过失、缺点。

③仁而不忍人者：意思是过于仁厚而不忍严格要求下属，会流于姑息。

④廉洁而不爱人者：意思廉洁的人，往往要求部属过于严格，近于刻薄寡恩。

【译文】

武王问太公说："评选将帅的原则是什么呢？"

太公回答说："评选将帅要在五项美德和十项缺点之间进行考察。"

武王说："请你谈谈它们的具体内容。"

太公说："所谓五项美德，就是勇、智、仁、信、忠。勇者不惧，故不可侵犯；智者多谋，故不易被人迷惑；仁者爱人，故能得心；信者不欺，故能上下信服；忠者没有二心，故可委以重任。"

"所谓十项缺点，就是勇猛而轻于拼命；浮躁而急于求成；贪婪而好私利；仁慈而流于姑息；机智却胆小；诚实却轻信他人；廉洁却不爱民；聪明却不果断；还有刚愎而自用，懦弱而喜欢依赖他人等等。"

"勇猛而轻于拼命的人容易被激怒；浮躁而急于求成的人，容易被长期围困而失去理智；贪婪而好私利的人容易被贿赂、收买；仁慈而姑息的人容易被搅扰；机智而胆小的人容易被胁迫；诚实却容易轻信别人的人容易被欺骗；廉洁却不懂爱护下属的人容易被诬告而招致侮辱；聪明却不果断的人容易被袭击；刚愎自用的人容易被奉承而骄纵；懦弱而喜欢依赖他人的人容易被利用。"

"所以说，国家的大事，存亡的关键，都掌握在将帅手中。将帅是国家的辅佐，为历代君主所重视，因此任命将帅不可不慎重审察。所以说：战争不可能使两方都获胜，也不可能使两方都失败。军队出境打仗，十日之内，胜负即见分晓，不是灭亡敌国，就是己方兵败将亡。"

武王说："你说得好极了。"

【赏析】

姜太公指出，作为一位杰出的将帅，必须具备五种美德：勇、智、仁、信、忠；必须克服十种缺点：勇而轻死、急而心速、贪而好利、仁而不忍、智而心怯、诚实而轻信、廉而不爱民、智而心缓、刚愎自用、懦而任人。最后强调了正确选拔任用将领的重要性，指出："存亡之道，命在于将。"

苏秦之所以能挂六国相印，就是因为他深知此一谋略，而在学问、才华、见识与能力上下功夫的结果。

苏秦早年就有志步入官场，但因欠于学问，曾问任于秦，未被秦惠王聘用，反而费尽盘缠，受讥于兄弟妻嫂。他想，要跻身于官场，须学得一身真本事。于是他激励发愤，伴读于青灯黄卷之下，数年寒窗，刻苦钻研《鬼谷子》谋略，精通了《六韬》《三略》，然后告别兄嫂妻子再度出门，以真才实学和过人见识去游说六国，仅半年多时间，就使六国会盟于洹水之上，六国公推苏秦为"纵约长"，佩挂六国相印，尽领风骚。其车马到洛阳，东周的周显王还派人打扫街道以示欢迎。兄弟妻嫂以及宗亲朋友，都一改从前鄙视他的态度，前来夹道欢迎。

诸葛亮为三国时蜀汉政治家、军事家。东汉末，隐居邓县隆中（今湖北襄阳西）10余年，自比管仲、乐毅、被称为"卧龙"。建安十二年（207年），经颍川徐庶推荐，刘备"三顾茅庐"，诚心求教。他向刘备提出，占据荆（今湖北襄阳）、益（今四川成都）两州；争取西南各族的支持；联合孙权，对抗曹操，最后统一全国的谋略。即所谓"隆中对"。刘备采纳了他的主张，建立蜀汉政权，诸葛亮任丞相。刘备死后，诸葛亮倾心辅佐刘禅，励精图治，赏罚分明，抑制豪强，加强对西南各族统治。并改善同西南各族人民的关系，促进当地经济、文化发展。他又屯田汉中，发展农业生产，对统一和开发我国西南地区做出重大贡献。他曾五出祁山，与魏争中原。后与司马懿在渭南对峙，病故于五丈原（今陕西眉县西南）军中。他治国汉军严谨慎重，善于用兵，有《诸葛亮集》《出师表》传世。

历史上，伊尹受聘于商汤，吕尚受聘于文王，管仲受任于齐桓公，商鞅受用于秦孝公，李斯受用于秦王政，韩信、陈平、张良受用于刘邦，诸葛亮受聘于刘备，郭嘉受用于曹操，魏征受用于李世民等等，这些都是主聘贤儒的典型例子。

一般以为“兵者诡道”，以为选用将领就在于看他是否善于玩弄权术与阴谋诡计。姜太公则不然，他论将首先看重品德素质，这是十分高明的思想。一个人如果没有良好的品德素质，就免谈将帅的资格。看来各项事业的用人之道，首先都应该论之以德。

现代科学证明，人的潜能是无限的，而这种潜能能否充分发挥，却不是潜能本身可以决定的，决定的因素在于“德”。“德者得也”，没有“德”就不可能真正得“道”。一个邪恶无德的人。他的潜能发挥是有限的，其价值则完全是负面的。

但将帅不是一个道德家，作为一个领导者和指挥者，他还必须具备完好的素质，仅有道德而没有完好的素质，对于将帅来说，仍是致命的缺点，比如仁慈而流于姑息，廉洁自爱而不关心他人，聪明智慧而优柔寡断等等，都会让一个领导者和指挥者造成严重的失误，这样的人不是坏人，但可能坏事。坏人只能干坏事，好人也可能干坏事，只有品德好而又具备优良素质的人，才有能力成就好事。选任将帅或其他领导者，必须明白这个道理。

选　将

【原文】

武王问太公曰：“王者举兵欲简练英雄，知士[1]之高下，为之奈何？”

太公曰：“夫士外貌不与中情[2]相应者十五；有严而不肖者，有温良而为盗者，有貌恭敬而心慢[3]者，有外廉谨而内无至诚者，有精精[4]而无情者，有湛湛[5]而无诚者，有好谋而不决者，有如果敢而不能者，有悾悾[6]而不信者，有怳怳惚惚[7]而反忠实者，有诡激[8]而有功效者，有外勇而内怯者，有肃肃[9]而反易人者，有嗃嗃[10]而反静悫[11]者，有势虚形劣而外出无所不至、无所不遂者。天下所贱，圣人所贵，凡人莫知，非有大明，不见其际[12]，此士之外貌不与中情相应者也。”

武王曰：“何以知之？”

太公曰：“知之有八征[13]：一曰问之以言以观其辞；二曰穷之以辞以观其变；三曰与之间谍以观其诚；四曰明白显问以观其德；五曰使之以财以观其廉；六曰试之以色以观其贞；七曰告之以难以观其勇；八曰醉之以酒以观其态。八征皆备，则贤、不肖别矣。”

【注释】

①士:古代贵族的下层人物,这里指将帅。
②中情:内心。
③慢:怠惰、轻忽。
④精精:精而又精,即精明干练。
⑤湛湛:深澄、清澈的样子,这里可理解为深厚、厚道之意。
⑥悾悾:诚恳的样子。
⑦怳怳惚惚:暧昧、神志不清,此指犹豫、动摇不定。
⑧诡激:言行过急、出言奇特。诡,诡谲。激,言语急切、直爽。
⑨肃肃:固执、严正的样子。
⑩嗃嗃:严厉的样子。
⑪静悫:诚实、冷静的样子。悫:诚实、忠厚。
⑫际:边际,此为实情、本质之意。
⑬征:证明、验证。

【译文】

武王问太公说:“王者举兵兴师,要选拔英明权略之士为将帅,怎样才能知道他到底是贤还是不肖呢?”

太公回答说:“士的外表与内在秉性不相符的有以下十五种情况:有貌似贤良而实际上是不肖的;有外貌温厚善良而实为盗贼的;有外貌恭敬而内心怠慢的;有外表谨慎而实质虚浮的;有外表精明而内无才学本领的;有外貌敦厚而内心不诚实的;有外表足智多谋而不果断的;有貌似果断而实无才干的;有貌似诚恳而不守信用的;有貌似摇摆不定而内心反而忠实的;有言行过激而办事却有功效的;有貌似勇敢而实则胆小的;有外表严肃而内心平易近人的;有表面严厉而内心温和厚道的;有外表孱弱,貌不惊人,而出使四方,纵横各国,没有不能完成使命的。外貌并不能完全代表一个人内在的实质,所以常有为世俗瞧不起的人,而独为圣人所赏识:常人不知道他们内在的才华,除非有高明的见识,否则便不能看清这种矛盾关系,此即士之外貌与内在秉性不相符的情况。”

武王说:“那么怎样才能知道这些人的真实情况呢?”

太公回答说:“有八种考验方法:一是提出问题,观察他言辞是否详尽清楚;二是追根究底，不断地追问，看他应变的能力；三是派他做间谍，考验他是否忠诚；四是明知故问，看他有无隐瞒，这可以看出他的德行；五是让他管理财物，看他是否廉洁不贪；六是用女色考验他，看他操守如何；七是告诉他处境的危难，看他有无冒险犯难的勇气；八是使他酒醉，看他是否失态。以上八种考验的方法都具备了，就可以区别士之贤与不肖了。”

【赏析】

如何识别一个人的贤与不肖，不仅是一个用兵选将的问题，也是一切知人任才或在人际交往中都会碰到的问题。姜太公就这个问题，针对表里不一的15种人提出了8种考察的方法，堪称中国古代人才学的经验总结，至今仍然值得我们参考。

一般说来，人的外在相貌、语言、举止、行为和内在的素质品德、思想、才能，有一致性，也有不一致的一面，具有一致性的表里如一，内外相符，比较好识别；不具有一致性的比较复杂，表现出各式各样的风貌。姜太公提出了15种表里不一的情况，也只是就其大略而言。同时他将这15种情况分为两类，可以概括为“面善心恶”和“面恶心善”，并告诉人们，不要被表面的假象迷惑，以致造成用人的失误。姜太公的观点很明确，就是看人不要只看外表，而要更看重实质。一个人的贤与不肖，不是由外表决定的，而是由内在实质决定的，而内在的实质就是指他的思想品德、才学、素质等因素。看一个人是否具有一个将帅的英明权略，就要对他的这些内在因素进行慎重地考察。

一个言与行始终相违背，内与外不一致，弄虚作假来迷惑视听的人，是自己磨灭志气。

如果与酒肉为朋，靠贿赂交友，以损人利己相投合，心志被物欲蒙蔽，全身心贪求权势名誉，这是贪得无厌的卑鄙小人。

如果限于小聪明而大糊涂，有小能力而办不成大事，贪求小利而不知人伦大义，这种人是华而不实的人。

还有一种检测德行的方法。那些说话中肯，行为坦荡，秉志无私，施恩不求报，性情忠厚可察，外貌拙朴安详的人，是有仁心的人。那些办事灵活有效，能在困境寻得坦途，捐身立功又能如愿的，是有智慧的人。那些身处富贵而能勤俭恭敬，虽威严却有礼不骄的，是有德行之人。那些隐退出世却不畏权势，身处安乐而不奢侈腐化，有功勋而无骄色，喜怒之情皆能节制的，是有操守之人。那些事君恭敬，事亲恩爱，即使君王性情乖戾也不会改变忠心，奉养双亲已竭尽全力，仍不会违父母之意的，是忠孝之人。

圣贤最大的长处就是聪明。聪明之所以可贵，贵在知人。能够知人，了解他们的智慧，才可能使人才们各得其所。这样，各种事业才能兴盛起来。

立　将

【原文】

武王问太公曰："立将之道奈何？"

太公曰："凡国有难，君避正殿召将而诏之曰：'社稷安危，一[①]在将军，今某国不臣[②]，愿将军帅师应之'。"

"将既受命，乃命太史卜，斋三曰，之太庙，钻灵龟[③]，卜吉日，以授斧钺[④]。君入庙门，西面而立，将入庙门，北面而立。君亲操钺持首，授将其柄曰：'从此上至天者，将军制之。'复操斧持柄，授将其刃曰：'从此下至渊者，将军制之。'见其虚则进，见其实则止，勿以三军为众而轻敌，勿以受命为重而必死，勿以身贵而贱人，勿以独见而违众，勿以辩说为必然。士未坐勿坐，士未食勿食，寒暑必同。如此，则士众必尽死力。"

"将已受命，拜而报君曰：'臣闻国不可从外治，军不可从中御[⑤]。二心不可以事君，疑志不可以应敌。臣既受命专斧钺之威，臣不敢生还。愿君亦垂一言之命于臣。君不许臣，臣不敢将。'"

"君许之，乃辞而行。军中之事，不闻君命，皆由将出，临敌决战，无有二心。若此，则无天于上，无地于下，无敌于前，无君于后。是故智者为之谋，勇者为之斗，气厉青云，疾若驰骛[⑥]，兵不接刃，而敌降服，战胜于外，功立于内，吏迁士赏，百姓懽说[⑦]，将无咎殃[⑧]。是故风雨时节，五谷丰熟，社会安宁。"

武王曰："善哉！"

【注释】

①一：完全、全部。

②不臣：不守臣道，即叛逆之意。

③钻灵龟：即占卜。商代凡有疑难之事，一定要求神问卜，卜的方式是用烧红的小铜棍烙龟甲或兽骨，看骨甲上的裂纹以决定吉凶。

④斧钺：斧，斧头。钺，宽大的斧。二者皆是古代军中行刑的兵器。授斧钺，就是象征授予军权。

⑤御:控制,此为调度指挥之意。

⑥疾若驰骛:行动迅速若奔马。驰骛,奔驰的马。

⑦百姓欢说:贵族们欢欣鼓舞。百姓,商代指贵族。懽说:"懽"通欢,"说"通悦。

⑧咎殃:灾祸。

【译文】

武王问太公道:"任命将帅的方法为何?"

太公回答说:"凡国家遇有危难,国君就避开正殿不受朝贺,而在偏殿召见主将,降诏并对他说:'国家的安危,都系于将军一身。今某国叛乱不再称臣,愿将军统率军队前去征讨'。"

"将军接受了任命,国君就命太史占卜吉凶,先斋戒三曰,然后再到太庙钻灵龟,卜吉日,举行颁授斧钺的典礼。到了吉日,君主先人太庙正殿之门,面向西方而立;将军跟人,面向北方而立。国君亲自拿着斧钺的上部,而将钺柄授予将军,并说:'从此军中之事,上至于天,皆由将军管制。'再拿着斧柄以斧刃与将军,并说:'从此军中之事,下至于深渊皆由将军管制。'授受已毕,国君并致训词:'见到敌军薄弱之处则进攻,见到敌军实力所在处则停止。不要因为三军众多而轻敌,不要因为任务重大而轻生,不要因为身居高位而瞧不起他人,不要固执己见而与众人不合,不要将诡辩之辞当作真理。士兵未就座,自己不可先坐;士兵未吃饭,自己不可先吃饭,遇严寒酷暑都要与士兵同甘共苦。能做到这样,士兵就会拼死作战,保卫国家'。"

"主将接受了任命,再拜向国君禀告:'臣听说国家不能受外部的干涉,作战不能由君主在朝廷上遥控指挥。臣怀二心就不能忠心侍奉君主,君主如果不信任臣下,臣下就难以指挥应敌。今臣既已奉命掌握军事大权,就当效命疆场,不获全胜,不敢生还。希望君上授全权之命于臣,若不许允,臣不敢受托。'"

"国君许以全权,主将辞别君主,率兵出征。自此军中之事,不再听命于君主的诏谕,只听主帅的命令。临敌决战,上下一心。这样,主帅全权指挥,上不受天时限制,下不受地形阻碍,前无敌人敢挡,后无君主从中牵制。所以,有智谋的人都能为他献策,勇猛的士卒都能为他作战,士气高昂直冲霄汉,行动神速快如奔马,军队不曾交锋,敌人便望风而降。军事战胜于疆场,功名显扬于朝廷,官吏升迁,士卒获赏,贵族欢乐,战祸消除。于是风调雨顺,五谷丰登,国家就此安宁。"

武王说:"真是太好了!"

【赏析】

本篇论述了君主任命将帅的隆重仪式，阐明兵权专一的重要性。

国家有难，安危系于主帅一身，所以任命主将是一件极为隆重而又庄严的大事，国君和主将都要进入太庙，以国家的名义，对着神灵宣誓。此时，君主要把自己的权力和信任都赋予主将，主将则将自己的身家性命献给君主及社会，其意并不仅仅在于君臣之间，而是与国家的安宁、人民的幸福密切联系在一起。姜太公认为，这就是授命仪式之所以要如此庄严隆重的根本意义。

所谓"疑人不用，用人不疑"。《三国志·魏书·郭嘉传》裴松之注引《傅子》说得好："用人无疑，唯才所宜。"宋代欧阳修《论任人之体不可疑劄子》也指出："任人之道，要在不疑。宁可艰于择人，不可轻任而不信。"任何时候，人才都是影响胜负的决定性因素。选对了人，就要信任他，放手让他发挥所长。不疑的前提是知人。封建社会里，明君用人不疑，使谋臣忠于内，将帅战于外，都能尽心竭力，报效朝廷。在现代社会亦是如此，只要用人不疑，使人才充分发挥其聪明才智，就能为社会做出更大的贡献。

将　威

【原文】

武王问太公曰："将何以为威？何以为明，何以为禁止而令行？"

太公曰："将以诛大①为威，以赏小②为明，以罚审为禁止而令行。故杀一人而三军震者，杀之；赏一人而万人说者，赏之。杀贵大，赏贵小。杀其当路④贵重之臣，是刑上极也；赏及牛竖⑤、马洗⑥厩养⑦之徒，是赏下通也。刑上极、赏下通，是将威之所行也。"

【注释】

①诛大：诛杀地位崇高的人。

②赏小：奖赏地位低贱的人。

③审：详明、审慎。

④当路：担当要职，掌握大权。

⑤牛竖：牛僮。竖，僮仆。

⑥马洗:马夫。

⑦厩养:养畜者。

【译文】

武王问太公说:“主将怎样树立威信,怎样严明军纪,怎样做到所禁必止,所令必行?”

太公回答说:“主将以诛杀地位高的人来树立威信,以奖赏地位低的人来严明军纪,以公正的惩罚来做到令行禁止。因此杀一人能使三军震慑的就杀之,赏一人能使万人欢喜的就赏之。诛杀,贵在能施于地位崇高之人,奖赏贵在能施于地位低贱之人。能诛杀那些高官显贵,就说明了刑罚能及于最上层;能奖赏到牛僮、马夫等饲牧者,说明奖赏能达到最下层。真正做到刑罚能及于最上层,奖赏能达到最下层,说明主将的威信树立并且能贯彻上下了。”

【赏析】

作为三军统帅,怎样树立自己的威信?怎样体现自己的廉明?怎样做到使全军令行禁止?姜太公认为,这主要是怎样严明赏罚的问题。

赏罚最容易掺杂个人的因素,对人不对事,不能做到论功行赏,以罪量刑。一般的情况是惩罚不加于地位崇高之人,奖赏不施于地位低贱之人。这样,赏罚就失去了应有的公正和严肃,失去了赏功罚罪、惩恶扬善的积极意义。面对这样的赏罚,地位高或与主将有私恩的人,就不会严格要求自己,甚至渎职犯罪也有恃无恐;地位卑微或与主将有怨的人就会了无建功立业之心,不愿努力杀敌。如此一来,整个部队的战斗力就会下降、削弱。

所以,太公主张“刑上极,赏下通”,这样一来,主将的威信自然就树立起来了。真正做到了这一点,有谁还敢有恃无恐,玩忽职守;又有谁会不努力效命,誓建功勋?

赏罚都是为了严明纪律,激发士卒奋勇作战。统御者要把着眼点放在激励部属这一最终目的上。古代将帅为达此目的,往往在执行赏罚时,注重“诛大赏小”。

“诛大赏小”历来受将帅的重视。因为,如果主将能够在全军将士面前做到“诛大赏小”,就在事实上表明了军法的威严和主将坚决执法的至公之心与明察秋毫的至诚之心。使将士不敢稍有疏犯,又使将士内心悦服,“无心谓小者尚无遗赏,则朕功岂肯忘心?”

吴起极力主张奖励有功。每次战后,魏武侯就在宫廷设宴,上等功坐前排,并使用贵重的器皿，食用整只的牛、羊、猪三牲；二等功的坐中排，器皿次一等；没立功的坐后排，没有贵重器皿。赏赐有功人员父母妻儿，使之得到乡里尊重。3年之后，秦国出兵，临近百何，魏国士卒听到这个消息，不等将使命令，自动穿戴盔甲奋起抗战的有上万人。

“诛大赏小”都只是在少数人身上实施，处理好坏，对全局影响极大。因而，要慎之又慎。抓住典型，牵一发而动全身。罚，要先从上面的违纪者开始，上不正，无以正下。赏，重点放在第一线立下汗马功劳的小人物，以鼓舞士气，调动他们的积极性。

“诛”和“赏”是统御手段的两个方面。是手段而非目的。还要有其他方面的手段相配合，教育部属养成遵纪守法的习惯，将帅本身要加强自身修养，注重身教。

赏罚关系着全军的军心、士气和战斗力，运用得当便会产生巨大的功效：运用不当，则会造成巨大的损失。

励　军

【原文】

武王问太公曰：“吾欲令三军之众，攻城争先登，野战争先赴，闻金声[①]而怒，闻鼓声[③]而喜，为之奈何？”

太公曰：“将有三（胜）。”

武王曰：“敢问其目？”

太公曰："将，冬不服裘，夏不操扇，雨不张盖②，名曰礼将；将不身服礼④，无以知士卒之寒暑。出隘塞，犯泥涂⑤，将必先下步，名曰力将；将不身服力⑥，无以知士卒之劳苦。军皆定次⑦，将乃就舍，炊者皆热，将乃就食，军不举火⑧，将亦不举，名曰上欲将；将不身服止欲，无以知士卒之饥饱。将与士卒共寒暑、劳苦、饥饱，故三军之众，闻鼓声则喜，闻金声则怒。高城深池，矢石繁下，士争先登；白刃始合⑨，士争先赴。士非好死而乐伤也，为其将知寒暑、饥饱之审，而见劳苦之明也。"

【注释】

①金声：即钲声。钲，古代军中的一种乐器。金声是打仗时收兵的信号。

②鼓声：古代作战用鼓声作为指挥进攻的信号。

③盖：伞盖。

④不身服礼：不能亲自躬行礼法，即不能以身作则。服，从事。

⑤犯泥涂：越过泥沼坎路。涂，通途、道路。

⑥不身服力：不能身体力行，即不能以身作则。力，劳力、勤劳。

⑦定次：扎营、驻扎。

⑧举火：点灯照明。

⑨白刃始合：指两军互相冲杀。始合，敌我双方交战。

【译文】

武王问太公说："我要使全军官兵攻城时争先登城，野战时争先冲锋，听到退兵的锣响便感愤怒，听到进攻的鼓响则欢喜，有什么办法呢？"

太公回答说："将帅有三种克敌制胜的方法。"

武王又问："请问这三个方法的具体内容。"

太公说："作将帅的，冬天再冷也不穿皮袄，夏天再热也不用扇子，雨天不张伞篷，这样就可称作是'礼将'。将帅不以身作则，就无从体会士卒的冷暖。行军出征，穿越险阻的关口，跋涉泥泞的小道，将帅应当先下马步行，这样就可称之为'力将'。将帅不身体力行，就无从体会士卒的劳苦。军队驻扎时，全军都安营就宿，将帅才进账安歇；士卒的饭菜都做好了，将帅才开始进食；士卒尚未点灯，将帅也不点灯，这样就是'止欲将'。将帅不能克制自己的欲望，就无从体验士卒的饥饱。由于将帅与士卒共寒暑、共劳苦且共饥饱，所以全军官兵，听到进军的号令就踊跃而欢喜；听到退兵的命令就愤恨而怨怒。面对敌军的高城深池，羽箭纷纷，士卒无不奋勇先登；若在野战，两军交锋，士卒无不争先冲杀。士兵们并不是甘于牺牲、乐于伤残,而是因为将帅能深知和体贴他们的寒暑、饥饱和劳苦,所以甘愿尽力报效啊!"

【赏析】

本篇阐明将帅必须以身作则,体贴士兵的寒暑、饥饱和劳苦,与他们同甘共苦,才能激励全军官兵乐于战斗、奋不顾身。

为此,太公要求统帅必须是"礼将""力将""止欲将",其中"礼将"是关键。所谓"礼将",就是懂得在人格上、生活上与士卒平等相待,绝无特殊。只有特殊的领导权力,而无其他特殊的权利。做统帅的,仅仅是管理下属、指挥下属,而不是把下属当成手中的工具。

另外,《练兵实纪》《兵经百字》等书,都对"同甘共苦"有许多论述。可见,作为一种治军率众的谋略,自姜太公之后,这种思想已为历代兵家所重视。《黄石公三略·上略》也把这称为"将礼",并举例说,从前越王勾践统兵打仗,有人赠送他一罐酒,他叫人把酒倒进河里,与士兵同流而饮。一罐酒虽然不能使整条河的水都染有酒味,但是全军将士却因将帅能与自己同甘共苦而感激奋发,愿意拼死作战,又引《军谶》语说:"军井未达,将不言渴;军幕未办,将不言倦;军灶未炊,将不言饥,冬不服裘,夏不操扇,雨不张盖,是谓将礼。"

此一谋略的要义在于:将帅与士卒同甘苦、共安危,感化士卒,以达到促使士卒自觉投入战斗,与之同生共死,拼命与敌人作战的目的。

人是有感情的动物,不仅能对其晓之以理,还可以对其动之以情。一个优秀的将帅,应该不只是教育士兵了解打仗的目的和意义,还必须关心他们的生活,体贴他们的甘苦,尊重他们的人格,把他们当成人。这样才能发挥他们的力量,使用他们的力量。使用人就是使用他的力量,而这个力量需要用正确的方法去推动,并且通过对方本人的主动才能发挥出来。所以,一个将帅如果只是把士兵当成工具,而不是一个人,就无法领兵打胜仗了。

阴　符

【原文】

武王问太公曰:"引兵深入诸侯之地,三军卒有缓急[①],或利或害。吾将以近通远,从中应外,以给三军之用,为之奈何?"

太公曰:“主与将有阴符[2],凡八等:有大胜克敌之符,长一尺;破军擒将之符,长九寸;降城得邑之符,长八寸;却敌报远之符,长七寸;警众坚守之符,长六寸;请粮益兵之符,长五寸;败军亡将之符,长四寸;失利亡士之符,长三寸。诸奉使行符,稽留若符事闻、泄告者,皆诛之。八符者,主将秘闻。所以阴通言语,不泄中外相知之术[3],敌虽圣智,莫之能识[4]。”

武王曰:“善哉!”

【注释】

①卒有缓急:突然有紧急情况。卒,突然。急,紧急情况。

②阴符:古代秘密通讯的符节。符:用铜或竹制成,上刻有纹花,用纹花或尺寸大小作为秘密通信之符节。

③中外相知之术:朝廷与出征将帅互通报情况的方法。

④识:识破。

【译文】

武王问太公说:“将帅带兵深入诸侯的国境内作战,如果军队突然遇到紧急情况,情况对于我军或者有利,或者有害,我想从近处通知远方,从国内接应在外作战的部队,以供给三军的需要,应该怎么办?”

太公回答说:“君主与将帅之间秘密通信的阴符共有八类:有我军大胜、全歼敌人的,其长一尺;有击败敌军、生擒敌将的,其长九寸;有占领城市、夺取城邑的,其长八寸;有击退敌人、报其远遁的,其长七寸;有警告军民、誓师坚守的,其长六寸;有请求发给粮草,增加兵援的,其长五寸;有战争失败、将领伤亡的,其长四寸;有战事不利,士卒伤亡的,其长三寸。凡是奉命传递阴符的人,如有延误时限,泄露机密,无论是听到的或是告知传播的人,都一律处死。上述八类阴符,是君主和将帅之间保守秘密、暗中传递消息,而用于朝廷和出征将帅间相互通报情况的最好方式,即使敌方有圣人般的聪明,也不能识破。

【赏析】

本篇讲述的是古代军中秘密通报传递资讯的一种方法:阴符。这种阴符是按行军打仗可能出现的各种情况来制作的,共有八类,只供战事的最高决策者和指挥者,即君主和统帅使用,是第一等的军事机密。这种最高军事机密,谁要予以泄露,就得处死;谁要是延误了它,就得杀头。

古代的科学技术不发达,通信工具极为简陋,不能和现代化的通信设备相比,但是道理都是一样的。机要秘密的通讯工作始终是连系战事的精神网路,必须秘而不宣,暗中牵动着整个战局的变化。

所谓事莫密于间。《武备集要》中说:"用兵莫善于用间,用间之术,总欲使人不测,机欲密。"《兵经百安·秘字》说:"谋成于密,败于泄。"无论多么高明的计谋,一旦事迹泄露,或引起敌方怀疑,或被敌人看出某些破绽,就可能为敌所用,使敌将计就计,己方必败无疑。

据《间书》载,西夏与北宋王朝兵戎对峙。西夏王李元昊手下有两员心腹大将,一个叫野利王,一个叫天都王,各统一支精兵,是李元昊部下最狠毒的将军。宋将种世衡一直想要设谋除掉这两名敌将。

紫山寺有个和尚号法嵩,种世衡经过认真地观察,认为他坚强朴实,是个可用之材,便把他请到军中,劝他从军。法嵩作战立了功,世衡表举他出任三班阶职的指挥使。家中事务,衣食住行,种世衡都代他安排得十分周到,法嵩十分感激。

有一天,种世衡突然很生气地指责法嵩:"我把你当作亲儿子一样看待,你却私通贼寇,为什么如此忘恩负义?"接着,对法嵩上刑数十天,并用各种残酷的手段惩罚他。但法嵩始终没有怨恨,只是说道:"俺法嵩是个丈夫,种公听信奸人的谗言,即使把我杀了,也不过是一死而已。"

时过半年,种世衡见法嵩毫无怨言,便把他请到自己家里,亲切地安慰他并解释道:"你本来没有罪过,我只是在试探、考验你。因为我打算派你去做间谍,那个苦处可比这大多了。你能不能答应我绝不泄露机密?"法嵩感激涕零,立即应允下来。

临走时,种世衡交代了任务,让法嵩带了很厚重的礼物,写了一封给野利王的信,用蜡密封好,藏在法嵩衣袍中,再缝好。叮嘱他说:"不到临死不能泄露,到了当泄之时,你就说:'我辜负了将军的恩德,不能完成您所托付的大事了!"'然后,又把一幅龟画和一根枣树枝交给他,让他送给野利王。之后,种世衡告诉他到了西夏,定要设法见到野利王,因为不通过此人,就不能打入敌方阵营的内部。野利王见枣、龟,心想必有书,就向法嵩索要,法嵩左右而顾说没有书信。野利王将枣、龟封好交给李元昊。李元昊对法嵩严刑拷打,法嵩最后才交出书信。李元昊将信拆开一看,发现原来是种世衡写给野利王的,措辞非常亲切机密。李元昊由此怀疑野利王有异心,便把他杀了。

野利王被杀后,种世衡又想设法除掉天都王。于是,他在边境上设立祭坛,悼念野利王。祭文说两将相有意归顺本朝,却在事情快要成功之际突然遭遇惨败。

种世衡把写祭文的木板夹在纸钱中，看到敌人来了就赶紧逃跑。因为板上的字迹不会立即被烧掉，敌人捡到板子后便将之献给了李元昊，天都王因此亦遭受怀疑而被治罪。

种世衡工于用间，可算费尽心机。他本来已对选派的间谍进行了严格的考验和切实的观察，但仍然害怕秘密泄露。他把伪造的离间信藏入法嵩衣服里，既要让法嵩“送”，又不让法嵩知道，如此密不泄露，敌人终不能识破此计，因此，种世衡这“间计”可真是用得奇绝无比。

阴　书

【原文】

武王问太公曰：“引兵深入诸侯之地，主将欲合兵①，行无穷之变，图不测之利，其事烦多②，符不能明，相去辽远，言语不通，为之奈何？”

太公曰：“诸有阴事大虑③，当用书④不用符。主以书遗将，将以书问主，书皆一合而再离⑤，三发而一知。再离者，分书为三部；三发而一知者，言三人，人操一分⑥，相参而不知情也，此谓阴书⑦。敌虽圣智，莫之能识。”

武三曰：“善哉！”

【注释】

①合兵：即交战。

②其事烦多：事物复杂而多变。烦：通繁，指多而乱之意。

③阴事大虑：隐秘之事及远大之虑。

④书：信件。

⑤再离：第二次分割，使信件成为三部分。

⑥分：份。

⑦阴书：古代一种秘密的通信方法。

【译文】

武王问太公道：“将帅带兵到诸侯国境内去打仗，想要集合各路兵马，进行各种调遣和变化，以期夺取出其不意的胜利。然而事物复杂而多变，阴符难以详细表达明白，再加上彼此相距遥远，不能当面口授说明，应当怎么办呢？”

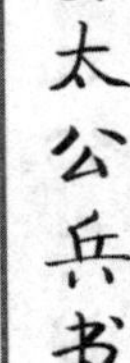

太公回答说："许多重大秘密计划和决策的传达，应当使用书信，而不用阴符。君主用书信传达给将领，将领用书信向君王请示，每份书信，都用'一合而三离，三发而一知'的方式传送。所谓'三离'，就是把一封完整的信分为三部分；所谓'三发而一知'，就是由三人各送一份，每份都不完整，送信的人也不知道其中的内容，（只有收信的人把三份文书合在一起，才能知晓全部的内容），这就叫阴书。如此，敌人就是有圣王般的聪明，也不能识破详情。"

武王说："很好！"

【赏析】

这一篇讲述的是另一种古代秘密通信的方法：阴书。

古今兵家都很重视保守秘密，而保守秘密的方式方法很多，尤其是对机密的传递，更是五花八门。战国周朝实行的烽燧制，是一种军事通信制度。人们常说的"烽火台"，实际上是"烽燧台"。烽火是晚上使用的一种重要报警信号，即在高高的土台或石台上架一个叫作"桔皋"的木架（一种可以牵引铁笼子或竹筐、木箱的木制机具），"桔皋"上随时都系一个铁笼子，铁笼子里面装满易燃柴草，一旦有了紧密军情，守关人立即点燃笼中柴草，弄得火光冲天，以报告军情。燧则是白天点的狼烟，即用狼粪烧的烟，这种烟的特点是在风中也能笔直地往上升腾，它也是用来报告军情的。那时，从京都到边关，几乎每条重要通道上都设有这样的烽燧台。

由于烽燧信号的内容简单，又不易保密，人们在实践中创造出了一种新的机密传递方法，这就是"阴符"。

相传商纣王末年，姜太公辅佐周室，使周族由弱变强。有一次，他们带领的周军指挥大营被叛兵包围，情况危急，姜太公令信使突围，回朝搬兵，他怕信使遗忘机密，又怕周文王不认识信使，耽误军务大事，就将自己珍爱的鱼竿折成数节，每节长短不一，各代表一件军机，令信使牢记，不得外传。信使几经周折回到朝中，周文王令左右将几节鱼竿合在一起，亲自检验，周文王辨认出是姜太公的心爱之物，亲率大军到事发地点，解了姜太公之危。事后，姜太公拿着那几节使他化险为夷，转危为安的鱼竿，妙思如泉涌，他将鱼竿传信的办法加以改进，便发明了"阴符"。

最初的"阴符"是竹制的，后又改用木片、铜片。这种"阴符"前线由指挥将领掌握，后方由朝廷兵部掌握，专人传送。"阴符"上无文字，无图案，传"符"人不知"符"中含义，即使被俘，叛变投敌，敌人也难以知道"符"的内容。由于阴符传递的资讯比较模糊.只能告知大致的情况，而阴书的出现则正好弥补了这个缺陷，可以传达和请示比较详细的内容、谋略、策划，只差不能当面讨论问题。

阴书涉及的机密都比较具体、详尽，不像阴符比较概括、粗略，所以保密性比阴符更重要。因此，这就不能采用一般的方式来传送，而要用“一合而三离，三发而一知”的特殊方式来传送。三人分送一封信的三部分内容，即使其中某人发生了意外，军情也不致全部泄露。但依常理推断，这三个部分恐怕不应是一封信的三个段落，而是还必须搭配特殊的组合方式与读法，有些类似现代的密码，才能保证军情或重大机密，不会轻易地被破译。

3000 多年前的阴书与现代间谍或军事上使用的密码通讯相比，在形式上虽然有天壤之别，但在思路上却是完全一致的。这说明。人类的文化和智慧是承传发展的。只有善于向古人师法，我们才能有更多创造、进步的空间。

军　势

【原文】

武王问太公曰：“攻伐之道奈何？”

太公曰：“资因[①]敌家之动，变生于两阵之间，奇正[②]发于无穷之源[③]。故至事[④]不语，用兵不言，且事之至者，其言不足听也，兵之用者，其状不足见也，倏而往，忽而来，能独专而不制者兵也。夫兵闻则议，见则图，知则困，辨则危。故善战者，不待张军[⑤]；善除患者，理于未生[⑥]；善胜敌者，胜于无形；上战无与战。故争胜于白刃之前者，非良将也；设备于已失之后者，非上圣也；智与众同，非国师[⑦]也；技与众同，非国工[⑧]也。事莫大于必克，用莫大于玄默[⑨]，动莫神于不意，谋莫善于不识。夫先胜者，先见弱于敌而后战者也。故事半而功倍焉。”

“圣人征[⑩]于天地之动，孰[⑪]知其纪，循阴阳之道[⑫]而从其候[⑬]，当天地盈缩[⑭]因以为常；物有死生，因天地之形。故曰：未见形而战，虽众必败。”

“善战者，居之[⑮]不挠，见胜则起，不胜则止。故曰，无恐惧，无犹豫。用兵之害，犹豫最大，三军之灾，莫过狐疑。善者，见利不失，遇时不疑，失利后时，反受其殃。故智者从之而不释[⑯]，巧者一决而不犹豫，是以疾雷不及掩耳，迅电不及瞑目，赴之若惊，用之若狂，当之者破，近之者亡，孰能御之？”

“夫将有所不言而守[⑰]者，神也，有所不见而视者明也。故知神明之道者，野无衡敌，对无立国。”

武王曰：“善哉！”

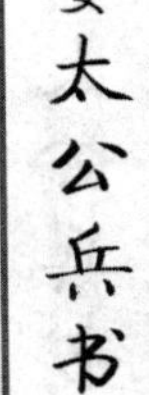

【注释】

①资因:资,据《汇解》应为“势”,指作战之形势。因,借助。

②奇正:兵法上使用的一对范畴,其含义比较广泛。归纳起来,大致可以从军队部署和战法两个方面解释。在军队部署上,常备的兵力为正,机动的兵力为奇;担任正面进攻的军队为正,担任侧面包围、迂回的部队为奇等等。在战法上,明攻为正,偷袭为奇;按一般原则作战为正,采用特殊战法为奇。奇正实质上就是要求在兵法上要灵活掌握一般与特殊的辩证关系,以适应变化无穷的战争规律。

③无穷之源:无穷的智慧。

④至事:重大机密之事。

⑤张军:展开军队,此指用兵。张,伸展。

⑥理于未生:防止战祸于未发生之前。理,治理,引申为整治。

⑦国师:太师的别称,此指才智冠于全国的人。

⑧国工:名闻全国的工匠。

⑨玄默:沉静无言。引申为不暴露军事机密。

⑩征:征兆,这里作动词用,是“从……看出征兆”的意思。

⑪孰:古熟字。引申为反复探索的意思。

⑫阴阳之道:这里指四季的运行。

⑬候:气候、季节。

⑭盈缩:指日月盈亏和昼夜长短的变化,此为往复无穷的变化。

⑮居之:居,停止,引申为固定。居之,此处可以理解为军队处于等待时机的状态。

⑯释:放下。

⑰守:保持,这里指的是心有主见、胸有成竹的意思。

【译文】

武王问太公说:“用兵进攻的方法和原则是什么?”

太公回答道:“作战的形势要随敌人的行动而变化,要根据两军对阵交战的实际状况予以临机应变,其中奇正变幻的灵活性则根据主帅智慧和谋略深浅而变化无穷。所以,军事机密不可泄露,用兵策略不可言传。而且,重要的军机大事,在谈论时不能让别人听到,用兵的策略,亦不能被敌人轻易看穿。忽然而往,忽然而来,能独断专行而不受人牵制,就是用兵制胜之道。”

"军机大事为敌人所闻，敌人就会事先商量对策；作战的谋略若被敌人发现，敌人就会设法破坏我军的行动与意图；当敌人知道了我军的意图，必然会多加阻挠；敌人若辨别和判明我军的动向，必然会带来危害。所以，善于用兵的，不待敌人发兵之际就先将其消灭；善于消除战患的，能消弭祸根于未萌之初；善于打胜仗的，能取胜于战争发生之前；最高明的战斗是不战而屈人之兵。所以与敌人争胜于兵戎相见之时的，不算是高明的将领；作战失败之后才严守防备，不是最明智的将领；智慧与一般人差不多，当不得一国的导师；技术与一般人相似，做不了一国的良工。军事之要，莫大于战必取胜；用兵之要，莫过于隐秘莫测；行动之要，莫神于出敌不意；谋略之要，莫善于揣摸不透。获胜的方法，都是先示弱于敌人，而后与之交战，这样可以事半而功倍。"

"圣人观察天地的变化，深探其中的规律。根据阴阳相生相克的道理，顺从四季的运行和季节的更替而行，能以天体运行的往复无穷，作为用兵之依据；参照万物的盛衰，寻求普遍的规律，懂得万物有死有生，都源于天地的自然法则。所以说：没有弄清楚敌人的情况就贸然出击，即使兵多将广，也必定失败。善于用兵的人，能等待时机，不为任何干扰所动；见到可胜之机，方起而行动；无取胜之把握，则马上停止。所以说：无所恐惧、无所犹豫。用兵的最大危机，莫过于犹豫不定；军队之灾害，莫过于犹豫不定。善于用兵的人，不会延误战机，遇事不会犹豫，因为失去了有利的条件，错过了有利的时机，用兵反而会导致失败。因此明智的将帅，会紧紧地抓住战机，机智的指挥者，一经决定就毫不犹豫。这样，才能以迅雷不及掩耳之势，给敌人以闪电般的袭击，冲锋陷阵如惊马，奋勇杀敌如暴风骤雨，阻挡者立即被击破，靠近者被消灭，还有谁能抵抗这样的军队呢？"

"大凡将帅，其谋略不经讨论而胸有成竹的，叫作神；对敌方军情虽未全盘了解而能洞见深微的，叫作明。所以，达到'神''明'的统帅，战场上没有敢于与之抗衡的敌手，也没有敢于与之对抗的敌国。"

武王说："你说得好啊！"

【赏析】

这里主要论述进攻作战的基本原则：第一，密守军机，胜于无形；第二，见胜则起，不胜则止；第三，见利不失，遇时不疑；第四，赴之若惊，用之若狂，同时指出，"用兵之害，犹豫最大"。

这四条基本原则讲的都是如何发挥人的主观因素，利用有利条件和时机，发起强大的攻势。太公认为，两军交战，有两个战场，一是无形的战场，一是有形的战

场。无形的战场是智慧和谋略的运用，需要充分地运筹、等待，所谓“善战者，不待张于军”；有形的战场是勇气和士气的考验，需要速战速决，有如疾雷迅电，所谓“赴之若惊，用之若狂”。

太公认为，进攻的基础实际上应先胜于“无形”的战场，所以他最后总结说，进攻的原则从根本上说就是“神明之道”。“神明”就是运筹谋划的智慧。汉高祖刘邦便是凭借着过人的智慧而取得天下的。

秦末，楚、汉两方长时间对峙着，一时难以决定胜负。于是，项王便派人给汉王刘邦下战书说：“天下纷扰不宁，百姓生灵涂炭，都是因为你我二人相争的缘故。现在，我愿与你找个地方，决一雌雄，不要再让天下无辜的老百姓再饱受战火的煎熬了。”汉高祖笑着请来使转告项王：“我宁愿与项王斗智，而不愿与他斗力。”这样，项王便与汉高祖约定隔着广武涧对话斗智。刘邦先是揭露了项王的十大罪状，项王一听火冒三丈，抽出箭来“嗖”地一下便射中了刘邦的胸膛。汉高祖强忍着胸痛，却摸着自己的脚趾骂道：“你这个莽夫，怎么射中了我的脚趾呢！”但刘邦毕竟伤势太重，不得不躺倒在营帐里休息。军师张良劝刘邦无论如何要强打起精神出去巡视一下部队，安抚安抚将士们，而不要让项王乘机攻击汉军。汉高祖只得勉强出来巡视，后来由于胸伤更加严重了，不得不撤回到成皋。

在两军对峙剑拔弩张的关键时刻，假如一位统帅在战争中受了重伤而如不能随机应变采取掩蔽真相的行动，往往延及往后，波及其他的事情，从而形成连锁反应，就会导致意外的大祸发生。在楚汉战争的初期，刘邦的军事实力处于劣势，在几次关键性的战斗中，几乎都快成为项王的阶下囚了。然而，在战争的后期，刘邦的军事实力发生了质的变化，其关键就在于刘邦能从谏如流，知人善任，自始至终地都在施展着自己的智慧，并运用其智慧去调动众人的智慧，从而顺应了天下大势，取得了战争的胜利；而刚愎自用、任人唯亲的项王，不懂得智慧是力量的源泉，只知欣赏自己那超人般的“力拔山兮气盖世”的勇气，结果反被自己的武力遮蔽了自己的耳目和思想，胸无韬略，鼠目寸光，最后弄得走投无路，四面楚歌，上演了一曲“霸王别姬”的历史悲剧。

奇　兵

【原文】

武王问太公曰：“凡用兵之道，大要如何？”

太公曰："古之善战者，非能战于天上，非能战于地下，其成与败，皆由神势，得之者昌，失之者亡。夫两阵之间，出甲阵兵，纵卒乱行者，所以为变也；深草蓊郁[①]者，所以逃遁也；谿谷险阻者，所以止车御骑也；隘塞山林者，所以少击众也；坳泽窈冥[②]者，所以匿其形也；清明无隐者，所以战勇力也；疾如流矢，如发机者，所以破精微也；诡伏设奇，远张诳诱者，所以破军擒将也；四分五裂者，所以击圆破方也；困其惊骇者，所以一击十也；因其劳倦暮舍者，所以十击百也；奇伎者，所以越深水、渡江河也；强弩长兵者，所以踰水战也；长关远候[③]，暴疾谬遁[④]者，所以降城服邑也；鼓行喧嚣者，所以行奇谋也；大风甚雨者，所以搏前擒后也；伪称敌使者，所以绝粮道也；谬号令[⑤]与敌同服者，所以备走北[⑥]也；战必以义者，所以励众胜敌也；尊爵重赏者，所以劝用命也。严刑重罚者，所以进罢怠[⑦]也；一喜一怒，一与一夺，一文一武，一徐一疾者，所以调和三军制一臣下也；处高敞者，所以警守也；保阻险者，所以为固也；山林茂秽[⑧]者，所以默往来也；深沟高垒，粮多者，所以持久也。"

"故曰：不知战攻之策，不可以语敌；不能分移[⑨]，不可以语奇；不通治乱，不可以语变。故曰：将不仁，则三军不亲；将不勇，则三军不锐；将不智，则三军大疑；将不明，则三军大倾；将不精微，则三军失其机；将不常戒，则三军失其备；将不强力，则三军失其职。故将者人之司命[⑩]，三军与之俱治，与之俱乱。得贤将者，兵强国昌；不得贤将者，兵弱国亡。"

武王曰："善哉！"

【注释】

①蓊郁：草木茂盛。

②坳泽窈冥：坳泽，低洼潮湿的水泽地带。

③长关远候：在远处设立关卡，派出侦察。

④暴疾谬遁：指行动迅速，假装逃离。

⑤谬号令：诈用敌人的号令。

⑥走北:逃跑。

⑦罴怠:疲劳、衰弱。罴:通疲,疲惫。

⑧茂秽:茂密秽乱。

⑨分移:指灵活机动地调遣兵力。

⑩司命:掌握、控制命运。

【译文】

武王问太公道:“用兵的法则,其大要如何?”

太公回答说:“古代擅长用兵的人,并非能战于天上,也非能战于地下,其胜利与失败,都在于用谋略造成神秘莫测的态势。能造成这种态势并运用得好就容易胜利,不能造成这种态势就容易失败。当两军对垒之际,出动兵甲,摆开阵势,但却放纵士卒,使其伫列混乱,这是为了引诱敌人;占据草木茂盛的地形,是为了隐蔽军队逃遁;占据溪谷险阻的地形,是为了抵挡敌军车骑的进攻;占据险隘的关塞山林,是为了便于以少击众;占领低凹幽暗的地形,是为了隐蔽队形;占据平坦开阔的地形,是为了决战斗勇;行动迅速快如飞箭离弓,突击猛如发机,是为了打乱敌人的计划;巧诈埋伏,诡设奇兵,虚张声势,诱惑敌人,是为了歼灭敌人,俘虏敌将;调兵遣将,分进合击,是为了击破敌人的各种阵法;乘敌惊慌失措进攻,是为了以少胜多,以一击十;趁敌疲劳夜晚宿营加以袭击,是为了以十击百;利用奇特的技术架桥,是为了潜越深水,强渡江河;使用弓弩长枪,是为了便于水战;在远处设置关卡、哨所,行动迅速、进退诡秘,是为了袭取敌人的城邑;行动故意鼓噪喧嚣,是为了乱敌耳目、施行奇计;冒着大风大雨前进,是为了达到攻前袭后的目的;伪装敌人的官吏潜入敌人后方,是为了破坏敌人的粮道;谎称号令,穿戴敌军的服装,是为了便于失利败走;作战前必须对官兵晓以大义,是为了激励士气以打败敌人;封高官、用重赏,是为了勉励将士竭力效命;实行严刑重罚,是为了督促疲敝的军队坚持战斗;有喜有怒、有赏有罚,文武相加、宽猛相济,是为了调和三军,统一部下;占领高点,是为了便于警戒和守御;守住险阻要地,是为了便于防守坚固;驻军山林茂密的地方,是为了便于隐蔽往来的行动;深挖沟壕、高筑壁垒,是为了广积粮草,持久作战。”

“所以说,不懂得攻战的策略,就谈不上对敌作战;不会机动地调用兵力,就谈不上出奇制胜;不精通治与乱的运用,就谈不上应变如神。因此,将帅不仁爱,全军就不拥戴;将帅不勇敢,全军就没有战斗力;将帅无智谋,全军就没有信心;将帅不英明,全军就会大败;将帅不精细,军队就会失掉战机;将帅缺乏警惕,军队就会疏于戒备;将帅不坚强有力,军队就会失职败事。所以将帅是三军命运的主宰,军队的好坏强弱、治乱成败，与之血肉相关。有了贤能的将帅，军队就会强盛，国家就会兴旺，没有贤能的将帅，军队就会衰弱，国家就易灭亡。”

武王说：“说得好啊！”

【赏析】

此段对话阐明“神势”，即神机妙算所造成的作战态势，姜太公于此具体提出了 26 种神势及其战术的运用。并进而强调将帅应具有的 7 种品质，即：仁、勇、智、明、精微、常戒、强力。最后指出，一个将帅的贤能与否，与军队和国家的强弱兴亡密切相关，甚至可以说主宰着这个国家及其军队的命运。

战争发生的缘由和最终结果，对国家、社会的影响十分巨大，是一个非常复杂的问题，非人的主观意志所能操控。但是战争一旦发生，人们就无法回避，战争的双方都不得不采取积极的态度，利用一切可能的因素和手段，以达到消灭敌人、保存自己的目的。姜太公认为“用兵之法”中，最重要的就是要利用一切积极的因素造成作战的有利态势，并巧妙地运用这种态势，这是克敌制胜的关键，即所谓“其成与败，皆由神势，得之者昌，失之者亡。”

也就是说，“神势”是人主观利用客观条件所造成的一种积极的境遇和战机。具体地说，这种客观条件，有丰富的可利用性，太公把它归纳为 26 种；而这种主观性，则有很高的全面要求，太公把它归纳为 7 项品质，为三军统帅所必备。

五　音

【原文】

武王问太公曰：“律音之声，可以知三军之消息[①]，胜负之决乎？”

太公曰：“深哉！王之问也。夫律管十二[②]，其要有五音——宫、商、角、征、羽[③]，此其正声也，万代不易。五行[④]之神，道之常也，可以知敌。金木水火土，各以其胜攻之。”

“古者三皇之世，虚无[⑤]之情，以制刚强，无有文字，皆由五行。五行之道，天地自然：六甲[⑥]之分，微妙之神。其法：以天清净，无阴云风雨，夜半，遣轻骑往至敌人之垒，去九百步外，偏持律管当耳，大呼惊之，有声应管，其来甚微。角声应管，当以白虎[⑦]；征声应管，当以玄武；商声应管，当以朱雀；羽声应管，当以勾陈；五管声尽，不应者，宫也，当以青龙。此五行之符，佐胜之征，成败之机。”

武王曰："善哉！"

太公曰："微妙之音，皆有外候[⑧]！"

武王曰："何以知之？"

太公曰："敌人惊动则听之。闻枹[⑨]鼓之音者角也；见火光者征也；闻金铁矛戟之音者商也；'闻人啸呼之音者羽也；寂寞无闻者宫也，此五者，声色[⑩]之符也。"

【注释】

①消息：音信、变化。

②律管十二：古代正音的乐器，即效音器，用竹、玉或铜制成，共12管，各管按音阶由低到高依次为黄钟、太吕、太簇、夹钟、姑洗、仲吕、蕤宾，林钟、夷则、南吕、无射、应钟。

③宫、商、角、征、羽：古代的五个基本音阶。阴阳五行家以五音配五行：以宫为土，以商为金，以角为木，以征为火，以羽为水，据以推知人事吉凶。

④五行：金、木、水、火、土。古人认为它们是构成整个自然界的五种基本物质，同时认为这五种物质相生相克，即互相依存、互相制约。

⑤虚无：道家的哲学术语，指道的清虚无为状态和性质，这里指无为而治的策略。

⑥六甲：六种以甲为首的干支。干支是古代记时的方法。干有十天干：甲、乙、丙、丁、戊、己、庚、辛、壬、癸；支有十二地支：子、丑、寅、卯、辰、巳、午、未、申、酉、戌、亥。以天干与地支逐次配合从甲子至癸亥的最小公倍数为60，这一回圈叫一周期。每一周期中有6个以甲为首的干支：甲子、甲戌、甲申、甲午、甲辰、甲寅，此即称为六甲，而人们习惯把天干、地支、时日、律历问题统称为"六甲之分"。

⑦白虎：连同下文玄武、朱雀、勾陈、青龙，是古代阴阳家所说的天上五方星座，与地上五方之神相应，白虎为西方庚辛金星神，玄武为北方壬癸水星神，朱雀为南方丙丁火星神，勾陈为中央戊己土星神，青龙为东方甲乙木星神。这里指各星神与五音相应的时日方位而言，带有阴阳五行家的神秘色彩。

⑧外候：外在的征候、征兆。

⑨枹：鼓槌，通桴。此指用鼓槌敲打之意。

⑩声色：议论的声音和脸色。此为音律各声色吻合，验证结果正确之意。

【译文】

武王问太公道："从乐器的音律声中，可以知道军队的音信，判断出胜负吗？"

太公回答说："君王提出的这个问题太深奥了！正音的律管有12种，其中主要的音阶有五：即宫、商、角、征、羽，这些音律的基础音阶，千年万代都不会改变。五行的微妙变化是自然的法则，可以推知敌情的变化，金、木、水、火、土，彼此相生相克。五音的变化也同样很微妙，可以推知敌军的消长、胜负。"

"古代三皇之世，用虚无之道以制刚强，当时没有文字，一切都按五行的相生相克来推演。以五行相生相克的道理，作为天地自然法则，还有六甲之分以记四时的推移，都是极微妙的。运用五音五行的方法是：当天气晴朗没有乌云的时候，半夜派遣轻骑前往敌军的营垒，距敌军900步以外的地方，拿着12律管，当耳朵使用，对着敌方大声呐喊以惊动它，此时敌方会有回声反应于律管之中，但回声非常微弱，须仔细辨听，如果有角声的反应，就利用白虎的时空方位从西方去攻打它；如果有征声的反应，就利用玄武的时空方位从北方去攻打它；如果有商声的反应，就利用朱雀的时空方位从南方去攻打它；如果有羽声的反应，就利用勾阵的时空方位从敌军中央去攻打它；如果所有律管都没有回声，则是宫声的反应，那么就要利用青龙的时空方位从东方去攻打它。这是五行相生相克的应验，用以辅助制胜的征兆，指示成败的关键。"

武王说："好啊！"

太公继续说："五音的微妙，亦都有流露于外的征候。"

武王问："要如何知道呢？"

太公说："当敌人惊动时用心倾听并观察。听到鼓槌击鼓的声音是角声；见到火光是征声；听到金铁矛戟兵器声是商声；听到敌人呼喊叫啸是羽声；寂寂无闻是宫声。这五种音律与外在的声色是相符的。"

【赏析】

太公在此阐明利用五音去观察敌情的策略，并以五行相生相克的哲学思想为其理论基础。

这种用五行相生相克的道理来说明军情变化的规律，并以五行金、木、水、火、土和五方西、东、北、南、中与五音角、宫、征、商、羽相配，这显得有些玄乎，因为阴阳五行这一套哲学理论，本身就带有神秘色彩，并非具有科学根据。但它的基本精神乃是将世界万物组构成一个互相矛盾而又统一的有机整体。它告诉人们从局部可以窥见整体，从现象可以认识本质，从变化可以观测趋势，从萌芽可以预见未来。

用五音去侦知敌情的方法，虽然说得神乎其神，实际就是要求用兵者要善于观察各种迹象，从中探索敌人的内部情况，以便做出正确的判断。古人云："凡音之起，由人心也。”通过五音的审听，去探知军心的变化，常常不失为一种有效的方法，历史上就有“四面楚歌”“风声鹤唳”等生动的例子。

“四面楚歌”是世人熟知的攻心之计。典出楚、汉相争中的垓下之役。公元前202年岁末，汉王刘邦和韩信、英布、彭越等会师追击项羽，韩信布置十面埋伏，把项羽围困在垓下（今安徽灵璧县东南）。项羽的人马少，粮食也快完了。他想带领一支人马冲杀出去。但是汉军和诸侯的人马把楚军包围得重重叠叠。项羽没法突围，只好仍回到垓下大营，吩咐将士小心防守，准备瞅个机会再出战。

这天夜里，项羽进了营帐，愁眉不展。他身边有个宠爱的美人名叫虞姬，看见他闷闷不乐，陪伴他喝酒解闷。到了定更的时候，只听得一阵阵西风吹得呼呼直响，风声里还夹着唱歌的声音。项羽仔细一听，歌声是由汉营里传出来的，唱的都是楚人的歌子，唱的人很多。项羽听到四面到处是楚歌声，不觉愣住了。他失神似的说：“完了！难道刘邦已经打下西楚了吗？怎么汉营里有这么多的楚人呢？”

项羽再也忍不住了，随口唱起一曲悲凉的歌来。

韩信用“四面楚歌”之法，使楚兵厌战思乡，军心大乱，斗志荡然无存。就连跟随项羽多年的将军，也暗地里不告而别，项羽的叔父项伯也偷偷离去。项羽在四面楚歌中与虞姬诀别，于乌江边拔剑自刎，楚国随之而亡。可以说，这是韩信心理战谋略的成功战例。

战斗力和群体士气分不开，而士气又与士兵情绪紧密联系。采用各种手段，挫伤敌军之情绪，激励己方之士气，成为将帅施计用谋的重要内容。《孙子兵法》说：“散地则无战，轻地则无止。”就是说，在本国境内不宜作战，因士兵离家近，进无必死之心，退有投归之处，打起仗来，容易逃散；进入他国国境不深的地区，不宜停留，因为离本国不远，容易思念家乡。可见，思乡情绪对士气的影响，自古受谋略家们的重视。

兵　征

【原文】

武王问太公曰：“吾欲未战先知敌人之强弱，豫[①]见胜负之征；为之奈何？”

太公曰：“胜负之征，精神先见，明将察之，其败在人。谨候[②]敌人出入进退，察其动静，言语祆祥，士卒所告。凡三军说怿[③]，士卒畏法，敬其将命，相喜以破敌，相陈以勇猛，相贤[④]以威武，此强征也。三军数惊，士卒不齐，相恐以敌强，相语以不利，耳目相属[⑤]，祆言不止，众口相惑，不畏法令，不重其将，此弱征也。”

“三军齐整，阵势已固，深沟高垒，又有大风甚雨之利，三军无故，旌旗前指，金铎[⑥]之声扬以清，鼙鼓[⑦]之声宛以鸣，此得神明[⑧]之助，大胜之征也。行阵不固，旌旗乱而相绕，逆大风甚雨之利，士卒恐惧，气绝而不属，戎马惊奔，兵车折轴，金铎之声下以浊，鼙鼓之声湿如沐[⑨]，此大败之征也。”

“凡攻城围邑[⑩]，城之气[⑪]色如死灰，城可屠；城之气出而北，城可克；城之气出而西，城必降；城之气出而南，城不可拔；城之气出而东，城不可攻；城之气出而复入，城主逃北[⑫]；城之气出而覆我军之上，军必病；城之气出高而无所止，用日长久[⑬]。凡攻城围邑过旬不雷不雨，必亟去之，城必有大辅[⑭]。此所以知可攻而攻，不可攻而止。”

武王曰：“善哉！”

【注释】

①豫：通预。

②候：伺望、侦察。

③说怿：欢喜。说，同悦。怿，快乐。

④相贤：互相称赞对方有贤德。

⑤耳目相属：意谓相互传递消息。相属，相关、相连。

⑥金铎：古代军队在战斗时，通常以金铎当作指挥停止战斗或撤退收兵的信号。金，锣。铎，铃，两者皆为铜制。

⑦鼙鼓：古代军队在作战时用以指挥军队前进的乐器。鼙：古代军中用的小鼓。鼓，大鼓。

⑧神明：指神祇。古时以“天曰神，地曰祇”，此处指“天时、地利、人和”。

⑨湿如沐：鼙鼓被雨淋湿后，敲击声变得低沉。

⑩邑：城邑。

⑪气：本指自然界的云气，此指气氛、气象。

⑫城主逃北：守城的主将战败。北，失败。

⑬用日长久：用兵时日长久。日：疑为“兵”之误。

⑭大辅：贤人之辅佐。大，贤人。

【译文】

武王向太公问道：“我想在战前先知敌人的强弱，预见胜败的征兆，应当怎

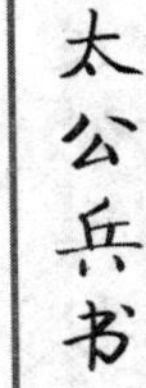

么办?”

太公回答说:“战争胜负的征兆,首先表现在军队的精神士气上,明智的将领是能够察觉的,而精神士气则通过人的行动反映出来。详细地侦察敌人的出入进退,观察它的动静、言语中的吉凶征兆,乃至士卒间传播的消息。全军士气高涨,士卒畏惧法令,尊重将帅的命令,以破敌为喜,以勇猛为誉,以威武为荣,这是军队强盛的征兆。如果全军不断地惊动,行列散乱不整,因临强敌而恐惧,好谈不利的情况,互相探听消息,谣言不止,相互迷惑,不畏惧法令,不尊重将帅,这是军队虚弱的征兆。”

“三军齐整,阵势坚固,深沟高垒,又有疾风骤雨的有利条件,三军正常而旌旗前指,金铎之声高扬而清晰,鼙鼓之声宛转而响亮,这是得到神明的佑助,取得大胜的征兆。三军阵势不稳固,旌旗纷乱而方向不明,又碰上疾风骤雨的不利条件,士卒恐惧,士气低落而涣散,战马惊奔,兵车轴断,金铎之声低沉而混浊,鼙鼓之声沉闷而不响,这是大败的征兆。”

“凡是围攻城邑可以观城上的气象。城上的气如果是烟尘乱起,此城就能被攻破;城上的气如果是出而向北流去,此城就能被攻克;城上的气如果是出而向西流去,该城就能被降服;城上的气如果是出而向南流去,该城就坚不可拔;城上的气如果出而向东流去,该城就不可能被攻取;城上的气如果升起又下降,守城的主将必逃亡败北;城上的气流如果升起又覆盖我军上空,对我军必定不利;城内的气如果高升而不止,则是用兵持久的征兆。凡是攻城围邑,如果过了十天不打雷下雨,就必须迅速撤兵,因为城内必有贤能之人的辅佐,所有这一切都告诉我们,可攻则进攻,不可攻就停止。”

武王说:“好啊!”

【赏析】

此段对话讲述胜败的征兆。

姜太公指出,有三种重要的征兆可以预见战争的胜负,一是军队的“强征”和“弱征”。这首先从精神士气上可以看出来;二是“大胜之征”和“大败之征”。这可以从敌阵治乱和军纪严整上看出来;三是攻城围邑的各种吉凶征兆。这可以通过望“城之气”看出来。前两种观察预兆的方法比较具体、科学,后一种望“气”的方法,则比较玄乎,可能含有迷信的成分,但也并非毫无可取之处。预测是人类把握世界的一种普遍方法,但仅仅从具体的现象去推测是不够的。就是说预测常常需要一种直觉的把握,太公所说的“望气”实际上就是一种直觉把握的方式。一个对某项专业有相当丰富经验的人，都具有与之相应的特殊直觉能力，就连军事家也不例外。

打仗时，士兵的士气尤为重要。这就需要先用声威瓦解敌人士气，而后再用实力歼灭敌人。公元1519年（明正德十四年），朱宸濠（朱元璋之子）从南昌起兵，声言要直取南京。兵部尚书李充嗣得到消息，亲自率军把守要地。同时发布假命令，说官军10余万，一半到南京，一半到安庆，两广士兵、湖广士官也水陆集结，以按时进攻朱宸濠叛贼。朱宸濠兵见到写有命令的火牌，十分惊恐，部众一下子逃散了一半。接着，李充嗣派出1000多人，带着各种标记和旗帜，乘100多艘快船，击鼓前进，大造声势，朱宸濠军顷刻瓦解。

从姜太公的理论中，我们看到了预测学中两个不可缺少的内容：智性的判断和直觉的判断。这无疑是正确的观点，不足之处只是他对直觉还缺乏科学的解释而已。

农器

【原文】

武王问太公曰："天下安定，国家无事，战攻之具[①]，可无修乎？守御之备，可无设乎？"

太公曰："战攻守御之具尽在于人事[②]，耒耜[③]者，其行马蒺藜[④]也；马、牛、车、兴者，其营垒，蔽橹[⑤]也；锄耰[⑥]之具，其矛戟也；蓑薛簦笠[⑦]者，其甲胄干楯[⑧]也；钁锸[⑨]斧锯杵臼[⑩]，其攻城器也；牛马所以转输，粮用也；雞犬，其伺候也；妇人织纴[⑪]，其旌旗也；丈夫平壤，其攻城也；春钹[⑫]草棘，其战车骑也；夏耨田畴[⑬]，其战步兵也；秋刈[⑭]禾薪，其粮食储备也；冬实仓廪，其坚守也；田里相伍[⑮]，其约束符信[⑯]也；里有吏，官有长，其将帅也；里有周垣[⑰]，不得相过，其队分也；输粟取刍[⑱]，其廪库也；春秋治城郭，修沟渠，其堑垒也。故用兵之具，尽在于人事也。善为国者，取于人事。故必使遂其六畜[⑲]，辟其田野，安其处所，丈夫治田有亩数，妇人织纴有尺度，是富国强兵之道也。"

武王曰："善哉！"

【注释】

①具：器具，这里指军队的器械装备。

②人事:指农事。

③耒耜:古代农具,耜是耒的铲,耒是耜的柄,为耕地翻土的工具。

④行马蒺藜:行马,用以堵塞人马通路,装有剑刀的车辆。蒺藜,本是一种带刺的果实,此处指铁制的铁蒺藜,呈三角形。行马、蒺藜,都是障碍物。

⑤蔽橹:用于防御的障碍器材。

⑥耰:农具名,无齿耙,用以平田及击碎土块。播种后用耰平土,覆盖种子。

⑦蓑薛簦笠:即蓑衣、斗笠。簦,有柄的笠,即今之雨伞。

⑧甲胄干楯:甲,古代用铁片制成的护身衣。胄,头盔。

⑨钁锸:钁:音决,似今日之锄。

⑩杵臼:杵,捣物的棒槌。

⑪纴:布帛。

⑫钹:农具名,装有长柄的刀,为割草用具。

⑬田畴:田地。

⑭刈:割草。

⑮田里相伍:伍,古代户籍和军队的编制。户籍以五家为伍,军制以五人为伍。田里,古代卿大夫的封地和住地。此处指同村、邻居。

⑯符信:凭证。

⑰周垣:围墙。

⑱刍:饲草。

⑲六畜:指六种家畜:鸡、犬、豕(猪)、牛、羊、马。

【译文】

武王问太公说:“社会安定,国家没有战争的时候,行军作战的进攻武器,可以不加修治了吗?国防的设施,可以不用装备了吗?”

太公回答说:“作战时用于进攻和防守的各种武器和设施,可结合农具进行准备。耒耜可以用来当作军队人马的障碍物。马、牛、车、舆,都可以充做营垒和屏障器材;锄头、犁耙,可以用为作战的矛戟;蓑衣、雨伞、斗笠,可以用来当作作战的盔甲和盾牌;锸、斧、锯、臼杵,都可以用作攻城的器械;牛马可以用来转运粮草;鸡可以用来报时,犬可以用来警戒;妇女纺织布帛,可以用作指挥的军旗;男人平整土地的技术,可以用于攻城作业;春天农人斩棘除草的方法,可以启发与战车骑兵作战的技术;夏天农夫耘耨土地的方法,有助于发展对步兵作战的策略;秋天农人收割庄稼,可以为战时储备粮食;冬天农民充实仓库,可以成为长期坚守的战备资源。

同村同里的百姓，平时相编为伍，可以用为战时军队管理的依据；里设吏、乡设长，平时管理百姓，战时可以用来充任将帅；里与里之间筑设围墙以分隔往来，作战时就是各部队驻防的区分。运输粮食、收割饲料，作战时就是军用的储备。春秋两季筑廓、修沟渠，作战时就是壁垒壕堑。所以说，作战的器具完全可以在农事进行之中一并筹划。因此，善于治理国家的人，都重视百姓的日常生活，必须鼓励百姓发展畜牧、开垦土地、安定住所。男人耕种一定数量的田地，女人纺织一定数量的布匹，这就是富国强兵之道。”

武王说：“真是太好了！”

【赏析】

此段对话论述的是古代封建社会耕与战关系的统一性，姜太公特别强调兵农合一、寓兵于农的道理。姜太公指出，战时的兵器装备，就来自平时的生产工具；战时的战斗技术，就来自平时的生产技术；战时的军队组织，就来自平时的生产组织；战时的军事工程，就来自平时的生产工程。

战争既是一种上层建筑的政治行为，必然立足于以一定生产方式为主的经济基础之上。这段对话文章是中国古代关于上层建筑和经济基础间关系的最好说明；同时，姜太公还意识到了经济的决定作用，从而得出了富国才能强兵的正确结论。

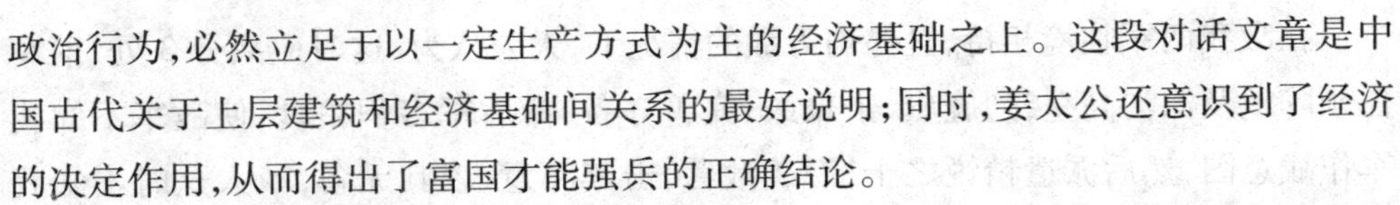

战国初期，秦国地处西陲，政治、经济、文化落后，被中原诸侯视为戎狄。秦孝公任用商鞅于公元前356~前350年，先后两次推行变法。其主要内容：废除井田制，把土地授予农民，允许自由买卖，从法律上确立了封建的土地私有制；奖耕战、奖军功，制定军功爵制；实行重农抑商政策，限制工商业发展，促进小农经济繁荣，巩固封建经济基础。且规定男子成年必须与父母分居，以利增加赋税收入；实行县制，共建31县，县设令、丞，均由中央委派，掌管全县政务；编制户口，建立什、伍连坐制；统一度量衡。现存的“商鞅量”，就是当时颁行的一件标准量器。商鞅变法加速了秦国的封建化，剥夺了奴隶主贵族的特权，巩固了新兴地主阶级的政权，推动了封建经济的发展，使秦国走上富国强兵的道路。

第四章　虎韬篇

本韬导语

本韬所阐述的是有关军备及战术的谋略思想，

姜太公认为：在敌人围困我军、断我前后、绝我粮道、进退维谷的情况下，应该鼓足勇气，集中兵力猛烈冲击，以突出重围；如果行动迟缓，则士气低沉，必然导致失败。若已突出重围，并想取胜，则要以左军击左，右军击右，勿与敌人争道。这样，中军首尾调动灵活，可前可后，可进可退。然后布置部分兵力埋伏在道路两侧，以一部分兵士诱敌深入，进入埋伏阵地，即便敌人兵多将广，他的主将也是可以擒获的。

倘若我军在退却的路上，遇到浩荡的洪水、宽阔的壕沟、深深的土坑，而难以逾越，在此危急的情况下，太公则认为，敌人一般对此不会加以防守，如若防守，其兵卒必少。这时，可先烧掉我军的辎重粮食，明确地告诉全体将士，勇斗则生，怯懦则死。在面临生死危机而又无可逃避时，士卒常常会发挥十二分的能量，敌人也就阻挡不了我军的行进，如此我军就能够化险为夷，转危为安，这就是"置之死地而后生"之谋略的具体应用。

在敌我两军临境相持，且势均力敌的情况下，太公认为，这时应兵分 3 处，前军占领阵地及深沟高垒，列旌旗、击鼙鼓、完善守备，命后军多积粮食，使敌军不知我军作战意图，然后派遣精锐之士，潜袭敌营，击其不意、攻其无备，敌人这时不知我军情况，自然不敢向我发动进攻。

军　用

【原文】

武王问太公曰："王者举兵，三军器用，攻守之具，科品[1]众寡，岂有法乎？"

太公曰："大哉，王之问也！夫攻，守之具，各有科品，此兵之大威也。"

武王曰:“愿闻之。”

太公曰:“凡用兵之大数,将甲士万人,法用:武冲大扶胥[2]三十六乘,材士[3]强弩矛戟为翼,一车二十四人推之。以八尺[4]车轮,车上立旗鼓。兵法谓之震骇,陷坚阵,败强敌。”

“武翼大橹矛戟扶胥[5]七十二具,材士强弩矛戟为翼。以五尺车轮,绞车连弩[6]自副,陷坚阵,败强敌。”

“提翼小橹扶胥[7]一百四十四具,绞车连弩自副,以鹿车轮[8],陷坚阵,败强敌。”

“大黄参连弩大扶胥[9]三十六乘,材士强弩矛戟为翼。飞凫、电影[10]自副,飞凫赤茎白羽[11],以铜为首;电影青茎赤羽,以铁为首。昼则以绛缟,长六尺,广六寸,为光耀;夜则以白缟,长六尺,广六寸,为流星。陷坚阵,败步骑。”

“大扶胥冲车[12]三十六乘,螳螂武士[13]共载,可以纵击横,可以败敌。”

“辎车骑寇[14],一名电车[15],兵法谓之电击。陷坚阵,败步骑寇夜来前。”

“矛戟扶胥轻车[16]一百六十乘,螳螂武士三人共载,兵法谓之霆击[17],陷坚阵,败步骑。”

“方首铁棓维肦[18],重十二斤,柄长五尺以上,千二百枚,一名天棓。大柯斧,刃长八寸,重八斤,柄长五尺以上,千二百枚,一名天钺。方首铁鎚[19],重八斤,柄长五尺以上,千二百枚,一名天锤。败步骑群寇。”

“飞钩[20]长八寸,钩芒长四寸,柄长六尺以上,千二百枚,以投其众。”

“三军拒守,木螳螂剑刃扶胥[21],广二丈,百二十具,一名行马。平易地,以步兵败车骑。”

“木蒺藜[22],去地二尺五寸,百二十具,败步骑,要[23]穷寇,遮走北。”

“轴旋短冲矛戟扶胥[24]百二十具,黄帝所以败蚩尤氏[25]。败步骑,要穷寇,遮走北。”

“狭路微径,张铁蒺藜。芒高四寸,广八寸,长六尺以上,千二百具,败步骑。”

“突暝[26]来前促战,白刃接,张地罗[27],铺两镞[28]蒺藜,参连织女[29],芒间相去二寸,万二千具。旷野草中,方胸铤矛[30],千二百具,张铤矛法,高一尺五寸。败步骑,要穷寇,遮走北。”

“狭路、微径、地陷,铁械锁参连[31],百二十具。败步骑,要穷寇,遮走北。”

“垒门[32]拒守,矛、戟、小橹十二具,绞车连弩自副。”

“三军拒守,天罗[33]、虎落[34]、锁连,一部广一丈五尺,高八尺,百二十具。虎落剑刃扶胥,广一丈五尺,高八尺,五百二十具。”

“渡沟堑飞桥[35],一间广一丈五尺,长二丈以上,著转关辘轳,八具,以环利通索张之。”

“渡大水，飞江[36]广一丈五尺，长二丈以上，八具，以环利通索张之。天浮铁螳螂[37]矩内圆外，径四尺以上，环络自副，三十二具。以天浮张飞江，济大海，谓之天潢，一名天舡[38]。”

“山林野居，结虎落柴营，环利铁锁，长二丈以上，千二百枚；环利大通索[39]，大四寸，长四丈以上，六百枚；环利中通索，大二寸，长四丈以上，二百枚；环利小徽缧[40]，长二丈以上，万二千枚。”

“天雨盖重车上板，结枲鉏铻[41]，广四尺，长四丈以上，车一具，以铁杙[42]张之。”

“伐木大斧，重八斤，柄长三尺以上，三百枚；棨[43]钁刃，广六寸，柄长五尺以上，三百枚；铜筑固为垂[44]，长五尺以上，三百枚；鹰爪方胸铁杷，柄长七尺以上，三百枚；方胸铁叉，柄长七尺以上，三百枚；方胸两枝铁叉，柄长七尺以上，三百枚。”

“芟[45]草木大镰，柄长七尺以上，三百枚；大橹刃[46]重八斤，柄长六尺，三百枚；委环铁杙[47]，长三尺以上，三百枚；椓杙大锤[48]，重五斤，柄长二尺以上，百二十具。”

“甲士万人，强弩六千，戟循二千，矛循二千，修治攻具、砥砺兵器巧手三百人。此举兵军用之人数也。”

武王曰：“允哉！”

【注释】

①科品：种类。

②武冲大扶胥：扶胥，车的别名。武冲大扶胥，一种大型战车，上面装有大盾作为掩蔽。

③材士：勇敢而具武艺的人。

④尺：战国的铜尺，每尺约合0.32公尺。

⑤武翼大橹矛戟扶胥：指装有大盾牌和矛戟的战车。

⑥绞车连弩：一种用绞车拉弓，可连发数箭，且射程较远的弩。

⑦提翼小橹扶胥：指一种装备有小盾牌的小战车。

⑧鹿车轮：即今之小车独轮。

⑨大黄参连弩大扶胥：指具有多箭齐发功能的大战车。

⑩飞凫、电影：两种旗子。

⑪赤茎白羽：赤茎，红色的杆或柄。

⑫大扶胥冲车：一种用于进攻的大战车。

⑬螳螂武士：螳螂，虫名。螳螂有奋击之战，所以用来形容武士。

⑭辎车骑寇：轻快的车骑部队。

⑮电车：形容速度如风驰电掣般地轻车。

⑯矛戟扶胥轻车：指车上装备有矛戟的轻便战车。轻车，古代一种轻便的战车。

⑰霆击：指突击迅速敏捷的战车。

⑱方首铁棓维朌：即大方头铁棒。棓，同棒。

⑲鎚：通锤。

⑳飞钩：古代兵器，似剑而曲，一名铁鹃脚，有四个钩，连接铁索，再系上麻绳，用以投入人群，钩取敌人。

㉑木螳螂剑刃扶胥：像螳螂前臂的战车，其上装有刀剑。

㉒木蒺藜：三角形的障碍物，其上安满用坚硬木料做成的像蒺藜一样的刺。

㉓要：腰截、阻挡。

㉔轴旋短冲矛戟扶胥：可能是装有矛戟的，便于旋转的战车。

㉕蚩尤氏：传说中九黎族的首领，骁勇善战，因扰乱各部落，被黄帝擒杀于涿鹿。

㉖瞑：闭上眼睛，视觉昏暗。此处指能见度很低。

㉗地罗：地网。

㉘镞：箭头。

㉙参连织女：指由许多蒺藜相互连缀而成的障碍物。织女，亦蒺藜之类。

㉚方胸铤矛：齐胸高的小矛，可插于山林草丛中作为障碍物。方，并列。铤，小矛。

㉛铁械锁参连：铁制的锁链，用来羁绊敌人。

㉜垒门：营门。

㉝天罗：张挂在空中的网。

㉞虎落：竹篱，用来遮拦城堡或营寨。

㉟飞桥：可以放下和收起的桥，用于通渡壕沟之类。

㊱飞江：一种渡江用的浮桥。

㊲天浮：天然浮物，如木筏之类。

㊳天潢、天舡：皆星名，这里指大船。

㊴环利大通索：带有铁环的大号绳索。

㊵徽缧：绳索。

㊶结枲鉏铻：指用麻编织车篷，以防止雨水浸入。鉏铻，不可入之意。

㊷铁杙：指铁制小木桩或钉子之类。

㊸棨：大锄头。

㊹铜筑固为垂：可能是铜杵或大铜锤。

㊺芟：除草、割草。

㊻大橹刃：一种像船桨一样的刀，用以割草。

㊼委环铁杙：带有铁环的铁橛子。

㊽椓杙大锤：钉铁橛子的大锤。

【译文】

武王问太公说："帝王起兵征伐，三军的武装配备，攻守的武器、种类和数量，有什么规定吗？"

太公回答说："你的问题很重要啊！攻和守的武器，各有不同的品种、数量，是关系军队战斗力强弱的大事！"

武王说："我希望听取这方面的知识。"

太公说："一般武器的大概数量和型号，以将领和士卒1万人的部队为例，应当配备如下：武冲大战车36辆，以材士配强弩、矛、戟在两旁护卫，每辆车用24人推行。车轮直径8尺，车上竖旗置鼓。兵法管这种车叫'震骇'，用它来攻破坚阵，击败强敌。"

"武翼大橹矛戟战车72辆，以材士配强弩、矛、戟在两旁护卫。车轮直径五尺，并装配有绞车连弩，用它来攻破坚阵、击败强敌。"

"提翼小橹战车144辆，配备绞车连弩，车身装有独轮，可用它攻破坚阵，击败强敌。"

"大黄参连弩大战车26辆，以材士执强弩、矛、戟在两旁护卫，并竖立'飞凫'、'电影'两种旗帜。'飞凫'用红色的旗杆，白色的羽，以铜矛为旗杆头；'电影'用青色的旗杆，红色的羽，以铁矛为旗杆头。白天的旗子用大红色绢绸做成，长六尺、宽六寸，光彩耀目；夜间的旗子用白色的绢绸做成，长六尺、宽六寸，闪灼如流星。这种战车可用以攻破坚阵、击溃强敌。"

"大扶胥冲车36辆，以螳螂武士载于车上，可用它纵横冲击、击溃强敌。"

"轻快的车骑，也叫'电车'，兵法上称之为'电击'。用它可以攻破坚阵、击败敌寇乘夜前来偷袭的步骑。"

"矛戟扶胥轻车160辆，载螳螂武士3人于车上，兵法谓之'霆'，可用以攻破坚阵、击败敌方步骑。"

"大方头铁棒也叫天棒,重12斤,柄长5尺以上,共1200把。大柄斧头也叫天钺,刃长8寸,重8斤,柄长5尺以上,共1200把。方头铁锤也叫天锤,重8斤,柄长5尺以上,共1200把。可用以击败敌人的步兵骑兵。"

"飞钩,长8寸,尖长4寸,柄长6尺以上,共1200支。可用它投向敌方钩取敌人。"

"军队防守时,应备有木螳螂剑刃战车,每辆宽两丈,共112辆,也叫行马。在平坦的地面上,步兵可以用它来阻挡敌军的车、骑进攻。"

"设置木蒺藜,要高于地面2.5尺寸,共120具。可用它阻止敌军的步兵、骑兵,拦腰截断敌军部队,并阻止败逃之敌。"

"轴旋短冲矛戟战车120辆。黄帝曾用它击败蚩尤氏。可用它击败步兵、骑兵,截阻败逃之敌。"

"在狭隘的路径和小道上,布设铁蒺藜。铁蒺藜制长4寸,宽8寸,长6尺以上,共1200具,可用它拦阻敌人的步兵、骑兵。"

"预防敌人趁夜前来挑战,白刃相接,可以张设地网,铺上两镞蒺藜,参连织女,各具的芒尖相距2寸,共1.2万枚。在旷野深草地区作战,配备齐胸高的铤矛,1200枚。插置矛的方法,是使它高出地面1.5尺寸。这些方法,可以击败敌人的步兵、骑兵,阻截逃跑的敌人。"

"在狭路、小道和低洼的地形上,可张设铁锁链,共120具,用它可以击败敌人的步兵、骑兵,阻截逃跑的敌人。"

"守卫营门,可用矛、戟、小橹各12具,并配备绞车链弩。"

"军队防守御敌,应设天罗、虎落锁链,每部宽1.5丈,高8尺,共120具。虎落剑刀战车,宽1.5丈,高8尺,共120辆。"

"为渡越沟堑装备的飞桥,宽1.5丈,长2丈以上,飞桥上装有转关辘轳,共8具,用铁环和长绳架设。"

"渡大水用飞江,宽1.5丈,长2丈以上,共8具,用铁环铁索牵引。天浮和铁螳螂内方外圆,直径4尺以上,有环络连结,共32具。用天浮托起飞江,渡大海,这叫天潢,又名天船。"

"军队在山林安营扎寨,用木材筑成栅栏,用铁链连结,铁链长2丈以上,共1200条;带铁环的大粗索,铁环大4寸,绳长4丈以上,共600枚;带铁环的中等绳索,铁环大2寸,绳长4丈以上,共200条;小号绳索长2丈以上,共1.2万条。"

"预防天下大雨,辎重车要盖上顶板,还要铺上用麻绳编结而成的篷布,宽4尺,长4丈以上,每辆车一张,用小铁钉固定在车上。"

“砍伐树木用的大斧，重 8 斤，柄长 3 尺以上，共 300 把；大铁锄，刃宽 6 寸，柄长 5 尺以上，共 300 把；大铜锤，长 5 尺以上，共 300 枚。鹰爪齐胸铁杷，柄长 7 尺以上，共 300 把；齐胸铁叉，柄长 7 尺以上，共 300 把；齐胸两枝铁叉，柄长 7 尺以上，共 300 把。”

“割草用的大铁镰，柄长 7 尺以上，100 把；割草用的大橹刀，重 8 斤，柄长 6 尺，300 把；带环的铁锹，长 3 尺以上，共 300 把；铁鎯头，重 5 斤，柄长 2 尺以上，共 120 把。”

“军队士卒万人，需备强弩 6000，长戟和大盾 2000 套，矛和盾 2000 套，修理攻城器械、打磨兵器的能工巧匠 300 人。以上是作战需用的武器装备的大概数目。”

武王说：“这估计很恰当啊！”

【赏析】

此段对话论述军队作战必须装备的各种兵器和器材的大概数量及其性能，是一篇内容丰富的兵器文献和兵器学说。太公在此指出，一个优秀的指挥官，不仅要精通兵法理论，善于运筹帷幄，还必须具备广博的兵器知识，否则他至多只是一个军事理论的空谈家，而不够格成为一个实战的指挥者。

作战是斗智、斗勇、斗力的综合艺术，斗智、斗勇，最终都要落实到战斗力。而谈到战斗力就离不开武器。如果没有武器，赤手空拳，赤膊上阵，或者虽有武器，却不善使用，就都只有束手就擒的下场。所以武器的使用及其性能的发挥，常常就是练兵的主要课题，直接关系到军队战斗力的“大威”。

在古代战争中，军事家们往往注重使用现有的武器装备进行作战，常常忽视武器装备的改革和新技术的发明。只有那些具有远见卓识的军事天才，才能真正看到科学技术的威力。

三国时代的诸葛亮，即可算是这方面的典范。俗话说：“兵马未动，粮草先行。”部队要上前线打仗，就必须抽调部分人力来运送军用物资。在“蜀道之难，难于上青天”且国小兵少的古代蜀国，如果能减少运输中人力的占用，无疑便可相对增加前线作战部队的力量，从而增加取胜的概率。为此，诸葛亮研制出了一种名为“木牛流马”的运输工具，使得“上山下岭，多尽其便”，“人不大劳，牛马不食”，并可以昼夜运转不绝，从而大大提高了蜀军的战斗力。

诸葛亮不仅发明了“木牛流马”，还改进制造过“损益连弩”等兵器。当诸葛亮北伐中原，使用这种武器时，魏军曾十分惊奇，呼之为“弩神”。据说，魏将张郃即是被这种武器给射死的。由此说来，把诸葛亮不断地“利其器”，看作是弱蜀能抗强魏数十年的一大原因。

三 阵

【原文】

武王问太公曰："凡用兵为天阵[①]、地阵[②]、人阵[③]，奈何？"

太公曰："日、月、星辰、斗杓[④]，一左一右，一向一背，此为天阵。丘陵水泉，亦有前后左右之利，此为地阵。用车用马，用文用武，此为人阵。"

武王曰："善哉！"

【注释】

①天阵：根据天象布设的战斗队形。

②地阵：根据地形布设的战斗队形。

③人阵：根据车辆、马匹等装备以及器械情况，决定用政治还是武力等人为手段的战斗队形。

④斗杓：指北斗七星。斗，指斗魁；杓，指斗柄。

【译文】

武王问太公道："用兵打仗有所谓的天阵、地阵、人阵，是怎么回事呢？"

太公回答说："根据日月、星辰和北斗星等天象位置的变动来部署阵形的左右向背，就叫作天阵。在山陵和江河之间布置阵形，要顾及前后左右地形的利弊，就叫作地阵。根据不同的兵种，把计谋和兵力结合起来布置阵形，就叫做人阵。"

武王说："好啊！"

【赏析】

军队战斗力的发挥，既有主观因素，也有客观因素。主观因素，即人们常说的"人和"，客观因素即人们常说的"天时""地利"。由此布置阵式，就有天、地、人三阵。它们并不是互相分裂的，而是通过人的作用相互联系，形成一个有机整体，从而发挥战斗力，往往能收到克敌制胜的最佳效果。

天阵、地阵，主要是一个利弊选择的问题，人阵的根本则是一个"用"字，"用车用马，用文用武"，即用物、用力、用智，发挥人的全部主观功能动性，在天时、地利的

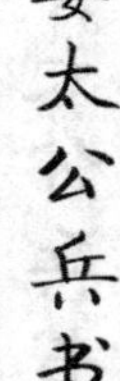

大舞台上，演出战争的戏剧。在此以"文治武功"来说明"文与武"在治国安邦中的重要作用。

文与武，历来是治国安邦的两大支柱，缺一不可。武功离不开文治，社会不安宁，动乱贫弱，不可能有强大的武力，文治离不开武功，没有足以维护统治的武力，国家的稳定和社稷安全也是不可能的。二者互相依存，互相促进，不可偏废。孔子提出"有文事者必有武备，有武事者必有文备"，主张文武不相离，反映了他对文治武功辩证关系的精深见解。

在孔子主持鲁国国政的短时期内，鲁国正处在危机四伏的多事之秋。孔丘文武并举，重礼制，使民众讲礼义、知廉耻，维护和发扬周公之德。同时，立纲陈纪，平定内乱，使鲁国一度出现了中兴迹象。

公元前500年，孔子陪同鲁定公与齐景公会盟于齐鲁界上的夹谷山前。鲁定公头脑比较简单，没有考虑采取必要的武力保护措施。孔子向定公说明了有文事者，必有武备，文武之事不可相离的道理，又讲了宋襄公不修武备而失霸权的例子，请定公命左右司马率兵随行。到了会盟之地，孔子探知齐国部队在周围驻扎甚多，亦命左、右司马提高警惕，随时准备战斗，又命大夫兹无还率兵车300乘，离会盟10里下寨。

齐国大夫犁弥对齐景公说，孔子知礼而无勇，不懂战事。明日会盟，我们用300莱夷人假扮乐工，趁其不备，拿下鲁侯君臣，杀散他们随从，鲁国命运就攥在我们手里了。

第二天，齐鲁两国君相4人登坛会盟。齐景公使300莱夷人上前奏本土之乐。鲁定公吓得变了脸色，孔子却无惧色，先让齐王去夷狄之乐，齐王自知理亏，只好让莱夷人退下；又要齐王对侮辱鲁侯的乐队领队绳之以法，齐王不肯。孔丘怒不可遏，按剑张目说：两国通好即兄弟，鲁国的执法官也就等于齐国的执法官。举袖大呼左、右司马，二将飞驰上坛，于男女乐队中各揪出一领队当即斩首，余人惊走不迭。齐景公骇然。鲁定公起身下坛。

会盟不欢而散，齐景公谴责出坏主意的大夫犁弥。为挽回影响，缓和矛盾，齐王接受晏婴建议，退还了齐顷公时侵占的鲁国领土。

《韩非子·内储说下》载，孔子用文治武功之策使鲁国道不拾遗，国力日强，使齐景公食不甘味，夜不能寐，最后用16名美女送鲁哀公，使之沉湎声色，不问国政。孔子劝谏不听，就离开鲁回到楚国去了。

文治武功相得益彰，是历史上各个全盛时期的共同特征，现代社会中，文治武功的治国之策已为大多数国家所认识。无文不足以治国，无武不足以安邦，已为大家所接受，无论当今世界局势如何趋于缓和，只要战争形成的因素尚存，就不能忽视这一策略。

疾战

【原文】

武王问太公曰："敌人围我，断我前后，绝我粮道，为之奈何？"

太公曰："此天下之困兵也。暴用之则胜，徐用之则败。如此者，为四武冲阵[①]，以武车骁骑[②]惊乱其军而疾击之，可以横行。"

武王曰："若已出围地，欲因以为胜，为之奈何？"

太公曰："左军疾左，右军疾右，无与敌人争道，中军迭前迭后[③]。敌人虽众，其将可走[④]。"

【注释】

①四武冲阵：四面都有警戒装备的战斗队形。

②骁骑：骁勇善战的骑兵。骁，勇猛矫健。

③迭前迭后：忽前忽后，轮番突击。

④走：赶跑，指击垮。

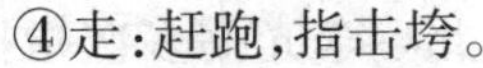

【译文】

武王问太公说："如果敌人四面包围我军，切断我军前后左右的联系，断绝我军的粮道，应该怎么办呢？"

太公回答说："这是天下处境最困难的军队了。在这种情况下，急速突围就能获救，拖延时日就会失败。要突围，就得把我军组成一种四面皆有警戒的战斗队形，以巨型的战车和骁勇的骑兵，扰乱敌军，疾速突击，这样就可以横行无阻地突围了。”

武王又问道:“如果已经冲出敌人的包围,还想乘势击败敌军,又应该怎么办呢?”

太公说:“调遣左面的部队向敌左攻击,右面的部队向敌右攻击,不要与敌人争夺道路,以免分散兵力、延误战机,而要迅速以中军轮番突击敌军的主力,或猛击敌前,或抄袭敌后。敌军虽多,也会被打败。”

【赏析】

此段文字讲述突围及突围以后进而反攻的作战方法,即怎样死里求生,反败为胜之法。一个部队、一个将帅,甚至一个士兵,在任何困难的处境中,只要希望生存,就不能束手待毙,而要想尽一切办法,竭尽一切能力,去求取生机,甚至转败为胜。所谓“困兽犹斗”,这就是一个军人应该具有的铁的意志。太公特别指出,在遭逢逆境时不能存有任何侥幸的心理坐而待援,必须立即行动,用最快的速度去突围。这对于身处各种困境的人们来说,是非常必要的。

守城的一方,若只在城内固守,粮食、武器日渐匮乏,加上又不能消耗敌军的力量,长期下去,只有被困死的命运。宋代罗大经在《鹤林玉露》甲编卷一中说:“守城不劫寨,是守死尔。”所以,守城时亦须不断组织兵力出击,还可以冲出包围联络援军,在防守中进行局部的进攻。这种“以战代守”的战术,是一种积极防御的谋略思想。大凡在守城中取得最后胜利的一方,多采取“以攻为守”“守中有攻”的战术。

三国时,魏将张辽以7000人驻守合肥,孙权以大军10万人围攻之。张辽按照曹操的安排,守中有攻。他率领800多人的敢死队突然打开城门向孙权军来回冲杀。孙权围攻十余日,“城不可拔,乃引退”。最后,张辽以弱军取得了著名的合肥保卫战的胜利。

唐代平定安史之乱,李光弼指挥的太原保卫战也是如此。李光弼多次指挥军队挖地道出城袭击敌人,破坏敌营,又造巨大的投石机,100~200人挽之,石所及,辄数10人死。最后,“出敢死士搏贼,斩首七万级”,敌军退走,太原之围得以解除。

也是在平定安史之乱中,张巡守雍丘(今河南杞县),敌军4万余人攻至城下,城内军民颇有惧心。张巡认为:“贼兵新锐,有轻我心,今出其不意击之,彼必惊溃。贼势稍折,然后城可守也。”于是他“自帅千人,分数队开门突出,巡身先士卒,直冲敌阵”;“人马辟易,贼遂退”。不久,张巡在著名的睢阳(今河南商丘市南)保卫战中,采取了同样的战术,又取得了很好的战果。据《宋史·刘锜传》记载:公元1140

年,南宋刘锜被任为东京(今开封)副留守,他率军2万多人,由临安(今杭州)向东京前进,去抵抗金人的进攻。到达顺昌(今安徽阜阳)时,得知东京城已被金人占领,即决心防守顺昌城抗击金兵击侵。

当时,他除采取了一般的防御部署外,还聚集一些器材,在城上设置了许多防御箭矢的工事:在外城根基构筑了一些土墙。墙上开有既便于观察又利于射箭的孔洞;把部队区分为几个部分,轮流担任战斗任务和休息;在城的附近又预设了伏兵,准备袭击敌人和捕捉俘虏。

6天之后,当敌人接近时,刘锜发兵袭击,挫败了敌人的进攻,并捕获了敌将两人。审讯后,刘锜知距城30里的白沙窝还驻有敌军的大部队,当夜就派军前去袭击。

不久,敌方又以几万大军继续进攻。刘锜为造成敌方疑惧,特下令把所有城门打开。金军果真疑有伏兵,不敢接近,只在远处放箭。因刘锜的部队占据便于防护又利于发射箭矢的预设工事内,所以不仅死伤很少,反而使金军遭受重大创伤。

当金军被迫退却时,刘锜又派部队截击,致金兵有大半人马被淹死在颍河里。敌军一面退守离城20里的李村地区,一面又增加兵力,企图作第3次进攻.刘锜得知后,采取了先发制人的手段,不待敌人进犯,即主动派遣勇将阎充,带领战士500人,趁着雷雨黑夜前去袭击。金兵又遭到重大伤亡,后退了30里。

第二夜,刘锜又利用雷雨的机会,派出战士百人,每人除武器外,各带竹制的哨子1个,前去敌营袭击。约定当电光照射时,即一齐吹响竹哨向金军猛攻,电光一灭就伏着不动,弄得金军军心大散、军纪大乱,整夜自相砍杀,尸横遍野,便退到远远的老婆湾。

金军最高统帅金兀术听到几次战败的消息,亲率十几万大军由开封赶来增援。刘锜为了争取这一主力会战的胜利,又运用了许多巧妙的战术:首先派定两名勇士,教他们在战斗中故意摔下马来,让金军俘去。当金元术审问他们时,就散布谣言说刘锜是一个只知贪图享乐,不会打仗的花花公子。

结果,金兀术果然上当了,产生骄傲轻敌的情绪,认为刘锜是不值一击的。

刘锜为了激怒金兀术并诱使金兵进入他的撒毒地区,又故意派人向金兀术挑战说,只要金兀术敢渡颍河和他作战,他就愿意架浮桥五座来迎。金兀术按捺不住,大发脾气说,只要他的靴尖一动,就可以把顺昌城踢倒,并答应在第二天早上渡河。

刘锜后来果真在颍河上替金军架了五座浮桥,同时在河的上游及预计金军渡河后将要占领的地区内进行撒毒工作。金兵渡河后,因中毒,生病者多,又因天气闷热，身上披着铠甲，士兵更加疲困消沉。而刘锜的部队却因得轮番休息，士气始终旺盛。

交战时，刘锜采取了敌疲我打的战法。当他看到金军已经疲倦，便先派几百人出西门，大喊大叫地向金军杀去，当金军注意力集中在西门时，他又另派几千人，各带锋利的刀斧，突然从南门杀出，金军因而大败，尸堆如山。

战斗激烈时，金兀术曾先后率领他所谓的“铁浮图”和“拐子马”等最精锐的部队督战，也被刘锜部队杀得一败涂地。

金兀术看到自己精锐尽损，无法挽回败局，便率领残部逃向开封。刘锜乘胜追击，又歼灭金军几十万。

在刘锜指挥下的顺昌保卫战，由于采取积极手段，“出奇用诈，以战代守”。取得了一次又一次的胜利。

必　出

【原文】

武王问太公曰：“引兵深入诸侯[①]之地，敌人四合而围我，断我归道，绝我粮食。敌人既众，粮食甚多，险阻又固，我欲必出，为之奈何？”

太公曰：“必出之道，器械为宝，勇斗为首。审知敌人空虚之地，无人之处，可以必出。将士人持玄旗[②]，操器械，设衔枚[③]，夜出。勇力、飞足、冒将之士[④]居前，平垒为军开道，材士强弩为伏兵居后，弱卒车骑居中。阵毕徐行，慎无惊骇。以武冲扶胥前后拒守，武翼大橹[⑤]以备左右。敌人若惊，勇力、冒将之士疾击而前，弱卒车骑以属其后，材士强弩隐伏而处。审候敌人追我，伏兵疾击其后，多其火鼓，若从地出，若从天下，三军勇斗，莫我能御。”

武王曰：“前有大水、广堑、深坑，我欲踰[⑥]渡，无舟楫之备，敌人屯垒，限我军前，塞我归道，斥候常戒，险塞尽中，车骑要我前，勇士击我后，为之奈何？”

太公曰：“大水、广堑、深坑，敌人所不守，或能守之，其卒必寡。若此者，以飞江、转关与天潢以济吾车，勇力材士从我所指，冲敌绝阵，皆致其死。先燔吾辎重，烧吾粮食，明告吏士，勇斗则生，不勇则死。已出者，令我踵军[⑦]设云火[⑧]远候，必依草木、丘墓、险阻，敌人车骑必不敢远追长驱。因以火为记，先出者令至火而止，为四武冲阵。如此，则吾三军皆精锐勇斗，莫我能止。”

武王曰：“善哉！”

【注释】

①诸侯:从商周到汉代初年,天子分封的列国君主。这里指敌国。

②玄旗:黑旗。

③衔枚:枚:状似筷子的木块,两端有带,可套在颈上,士兵行军时衔在口中,可防止喧哗,保持肃静。

④冒将之士:指敢于冒险犯难的将士。

⑤武翼大橹:即矛戟大战车,用以抵御敌人。

⑥踰:通逾,越过。

⑦踵军:后卫部队。

⑧云火:烟火。

【译文】

武王问太公道:"如果领兵深入敌国境内,敌人从四面联合包围我军,切断我军退路,断绝我军粮道。敌军人数众多、粮草充足,占领了险要的地形,守备十分坚固,我想突围而出,应该怎么办?"

太公回答说:"突破敌军包围的办法,武器装备最为重要,而首先又必须奋勇战斗。查明敌军兵力薄弱的地方,以及无人防守的地段,乘虚而入,就可以突出包围。突围的将士都拿着黑旗,手持武器,扛上军械,口中衔枚,乘夜行动,不得喧哗。派遣勇敢有力、行动轻捷,敢于冒死的将士作前锋,攻占某些敌人的营垒,为我军打开道路,让神箭手使用强弩,隐伏在后面掩护,病弱的士卒和车骑在中间进行。以上部署完毕后,要沉着行动,谨慎无误,不可惊慌,使用武冲大战车前后护卫,用武翼大橹矛戟战车在左右掩护,以防敌人的袭击。当敌人来追我时,即令伏兵迅速攻击它的后尾,并燃起大火,擂动鼓声,好像从地而出,从天而降,三军奋力疾战,敌人就不能阻挡我军的突围了。"

武王又问道:"如果前面有大河、宽沟、深坑,我军想渡越过去,却没有准备船只;敌人又屯兵筑垒,阻止我军前进,截断我军归路,关卡哨所,戒备森严,险塞之处,重兵守备,车兵骑兵腰击于前,勇士悍卒猛攻于后,我又该怎么办呢?"

太公回答说:"大河、宽沟、深坑,敌人多半不注意设防,即使有守兵,兵力一定很少。这样,我军可以用浮桥、折叠桥和船只强渡,同时勇士精兵按我的指挥,冲锋陷阵,拼死决斗。为此可以烧毁我方的军用物资和粮食,向官兵明确表示后路已断,勇斗则生,怯战则死。已经突围而出的就令其后卫部队燃起烟火信号,派兵远

处侦察，占领丛林、坟墓和险阻地形，敌人的车兵骑兵必然不敢长驱远追。之所以用火作为信号，是为了让先突围的人马到达有火的地方就停下来，编成‘四武冲阵’。这样，我军将士皆精锐而勇斗，敌人就无法阻挡我军了。”

武王说：“好啊！”

【赏析】

此段文字论述夜间突围作战和渡越江河溪谷的方法。姜太公认为，突围的原则是：“器械为宝，勇斗为首”；从敌军“空虚之地，无人之处”打开缺口。

具体方法则是：分前、中、后三路突击，以兵士强弩殿后埋伏，并将主力战车布置在前后左右以做掩护，防止敌军的袭击。最先突围而出的部队必须先做好接应的工作，一方面协助全军突围，一方面阻止敌军远追。突围中若遇大河、宽沟、深坑，便要破釜沉舟、断绝后路，并利用浮桥、船只等工具强行渡越。

以上，都说明突围虽险，却不是一场各自求生的拼命行为，而是一种具有高度组织性、纪律性的集体行动，如此才有成功的可能。

那么，对于攻城的一方来讲，要想取胜该怎么办呢？此时，应对已被围之敌要故意留下缺口，在缺口的前面设伏。古代作战，包围城池的情形很多。对于攻城一方来讲，应考虑到，守城军民被敌军围困之时，如果城攻破，其后果不堪设想，若能下定与城池共存亡的决心死守，这样就难以破城。

所以《虎钤经》认为“逼而为之者，逾数旬不变，非克敌之术”。应当如《六韬·虎韬·略地》中指出的“为之置遗缺之道”，也就是后世兵家常说的“围战之道，围其四面，须开一角，以示生路”（《百战奇法·围战》）。开一角的目的是向城中“示生路”，城中被困军民往往为求生路而开城突围，而开城突围时，又往往各自夺路，军心涣散，不如守城时之军心一致。这时，如果攻城的一方事先做好准备，“伏精兵于敌以待”，在局部变进攻为伏击，往往可以消灭突围之敌，以较小的代价攻下城池。

此项谋略，正是运用了欲擒故纵，欲歼故放的战术，先从精神上给敌人造成败势，避免困兽犹斗的局面发生。

军　略

【原文】

武王问太公曰：“引兵深入诸侯之地，遇深溪、大谷、险阻之水，吾三军未得毕济，而天暴雨流水大至，后不得属于前，无有舟梁[①]之备，又无水草之资，吾欲毕济，使三车不稽留，为之奈何？”

太公曰：“凡帅师将众，虑不先设，器械不备，教不素信，士卒不习，若此，不可以为王者之兵也。凡三军有大事，莫不习用器械。攻城围邑，则有轒辒[②]、临冲[③]；视城中则有云梯[④]、飞楼[⑤]；三军行止，则有武冲、大橹[⑥]前后拒守；绝道遮街，则有材士强弩，冲其两旁；设营垒，则有天罗、武落、行马、蒺藜；昼则登云梯远望，立五色旌旗；夜则设云火万炬，击雷鼓[⑦]，振鼙、铎、吹鸣笳；越沟堑，则有飞桥、转关、辘轳、鉏铻[⑧]；济大水则有天潢、飞江；逆波上流，则有浮海、绝江[⑨]。三军用备，主将何忧！”

【注释】

①梁：桥。

②轒辒：古代用于攻城的一种战车。

③临冲：攻城用的大战车。

④云梯：攻城用的长梯。

⑤飞楼：瞭望看哨的楼台。

⑥武冲、大橹：即大战车、大盾牌。

⑦雷鼓：指军中使用的大鼓。

⑧鉏铻：同龃龉，指上下齿不相对。此处指带齿轮的机械。

⑨浮海、绝江：两者都是渡河的工具。

【译文】

武王问太公说：“率领军队深入敌国境内，如果遇上深溪、大谷和难以通过的河流，三军还没有全部渡过，忽然天降暴雨，洪水骤涨，后面的部队被洪水阻断，即没有船只、桥梁，又没有堵水用的干草。在这种情况下，我想使全军都渡过河川，不至于被困死在那里，应当怎么办？”

太公回答说：“大凡领军作战，如果不预先做好计划，准备好器械，平时训练不成熟，士卒习武不认真，这样，就不算是国家的正规军队。凡是三军有重大军事行动时，不能有不熟悉各种器械使用方法的。如攻城围邑，就用‘轒辒’接近城墙，用‘临冲’监视敌人的行动和冲击城门；观察城内就用‘梯’、‘飞楼’，可自平地升高而望；三军进止，就用‘武冲’、‘大橹’作前后掩护；断绝交通、阻塞街道，就用勇士强弩，控制两侧；设置营垒，就用‘天罗’、‘武落’、‘行马’、‘蒺藜’；白天就登上云梯了望远处，并立五色旌旗以为标志；夜晚就在高处燃起烟火，并击‘雷鼓’、敲小鼓、摇铎铃、吹胡笳，以为信号；渡越沟堑，就用飞江、折叠桥、辘轳、鉏铻；渡大水就用大船、浮桥；逆流而上，就用‘浮海’、‘绝江’。如果军队应用的各种器材都具备了，主将还有什么可忧虑的呢？”

【赏析】

此段文字论述在江河湖沼等地带作战必须事先准备的各种装备和器材。对此，姜太公强调一个“备”字，而所“备”有三：一是要事先有准备；二是器械要完备；三是使用各种器械的技术要具备。“三备”缺一不可。

事先不做好准备，就谈不上器械的完备和技术的具备；没有完备的器械，不仅难以应付临时出现的各种情况，要攻城没有梯，要渡河没有船，而且士卒的技术也无用武之地；士卒不具备使用器械的熟练技能，完备的器械便不能发挥作用，再充分的准备也是枉费心机。可见，器械的完备和技术的具备是事先准备的具体内容，否则准备就是一句无从落实的空话！

所以说，不懂得“三备”相关的道理，就不算真正懂得“有备无患”这句名言。

明代的抗倭名将戚继光就非常重视部队武器装备的改进。例如1559年至1560年，他在浙江义乌练兵抗倭时，曾就地取材，创造过“狼筅”等兵器（“狼筅”由毛竹制成，竹枝的每个丫杈上都绑着尖刀），并以此为基础，使每12个人组成1个“鸳鸯阵”，因而，大大提高了部队的作战力。另外，他还改进过“鸟铳”，使改进型鸟铳不仅比原鸟铳射得远，其命中率也提高了。

临　境

【原文】

武王问太公曰：“吾与敌人临境相拒，彼可以来，我可以往，阵皆坚固，莫敢先举，我欲往而袭之，彼亦可来，为之奈何？”

太公曰：“兵分三处[①]，令我前军，深沟增垒而无出，列旌旗，（击）鼙鼓，完为守备。令我后军，多积粮食，无使敌人知我意。发我锐士潜袭其中，击其不意，攻其无备，敌人不知我情，则止不来矣。”

武王曰：“敌人知我之情，通我之谋，动则得我事，其锐士伏于深草，要隘路，击我便处，为之奈何？”

太公曰：“令我前军，日出挑战，以劳其意；令我老弱，拽柴扬尘[②]，鼓呼[③]而往来，或出其左，或出其右，去敌无过百步，其将必劳，其卒必骇。如此，则敌人不敢来。吾往者不止，或袭其内，或击其外，三军疾战，敌人必败。”

【注释】

①三处：三部分。处：处所、地方、位置，此处可理解为部分。

②拽柴扬尘：来回奔跑，使尘土飞扬于空中。

③鼓呼：擂鼓呐喊。

【译文】

武王问太公说：“我军在国境上与敌军相互对峙，敌军可以攻我，我军也可以攻敌。彼此阵地都很坚固，谁也不敢率先出击。如果我军想主动出击，彼方也想袭击我。在这种情况下，应该怎么办？”

太公回答说：“处理这种情况，应该把我军分为前军、中军、后军三部分。命令前军深沟高垒，不要出战，排列旌旗，击动鼙鼓，完成防守的任务；命令后军多积粮食，不要让敌人知道我军的意图；然后派遣我中军的精锐部队，潜袭敌人的部队，使出其不意、攻其不备，敌人不知我军底细，自然不敢向我进攻。”

武王又问：“如果敌人已然知道我军的情况，也清楚我军的计谋，我一行动他就知道我的目的；又派精锐的士卒埋伏在草丛中，拦截我军于狭路小道上，袭击我防备不严的地方，那又该怎么办呢？”

太公说：“对于这种情况，可命令我前军每日向敌人挑战，以搅乱敌人的斗志；同时派出老弱士卒，拖动树枝，来回奔跑，扬起尘土，击鼓呐喊，往来不停，以张声势，或者出现在敌人右面，或者出现在敌人左面，但不要进入距离敌人前线100步之内。如此不断地骚扰，敌军的将帅必定疲于应付，进而我方再派兵或袭击他的内部，或打击他的周边，然后发起全军的总攻击，奋力疾战，敌人就一定会被打败。”

【赏析】

此段文字论述了在两军对峙、势均力敌，处于胶着状态的情况下怎样取胜的策略。这个战术的总方针是：偷袭。偷袭有两种情况：一是在敌人不知我方的情况下，出其不意、攻其不备；二是在敌人已知我方的情况下，先用疲劳战术拖垮敌人，然后伺机发动全军突然袭击，全面猛攻。

攻其无备与出其不意向来为历代兵家所重视，亦是进攻作战谋略运用的基本原则，是军事家们的座右铭，流传千古。

从战争史来看,在敌军失去戒备或者料想不到的时间、地点实施突击,能在军事上和心理上取得巨大效果,并使对方在慌乱中做出错误的判断,制定错误的计划,采取错误的行动,以致使战事连连失利。在古代战争中,由于军队的武器装备原始,机动力和攻击力低,攻其无备一般多适用于战术范围!短距离的奇袭、偷袭、奔袭,只有在特殊的政治、军事、外交、伪装的配合下,才有可能在战略范围内实现攻其无备。

战略上攻其无备,在于迫使敌人采取错误的计划和方针,采取错误的战略行动,以保证己方首次打击的效果。其做法多是通过政治、军事欺骗,包括歪曲事实真相,蒙蔽、迷惑敌人的情报,以及蛊惑人心的宣传,使对方在思想上完全陷入混乱而无法统一作战行动。

战术上的攻其无备,常指在战场上采取大胆而坚决的行动,巧妙地利用天时、地利和空间,以创新的战术使用现有的兵力、兵器,抓住战机,乘敌之隙。在这里,战术手段的创新是非常重要的。那些在战场上创造奇迹的英雄,如不是新手段的创造者,便是以创新的方式使用了某种手段。

《左传》上就载有一则生动的事例:周敬王八年(公元前521年)吴王阖闾准备进攻楚国,问计于伍子胥。伍子胥说:“楚国执政的人多而不一致,且都不肯负责。

假使我们派出三支部队去疲劳他们，一支兵到，他们都会出来迎战，他们一出来迎战，我们就回营；他们一回营，我们另一支兵就又出来求战。那样，他们就要在道路上疲于奔命。轮番的侵扰使他们疲乏，再施几种诡诈计谋让他们上当。待楚军疲惫、士气低落之时，我们再集中三支兵力发动总攻击，必定能够大获全胜。”吴王阖闾采用了伍子胥的计谋，终于大破楚军。

当敌强而我弱时，可以运用“彼竭我盈”的谋略。

彼竭我盈是弱军处于强军的进攻面前，不先发制人，而是先让一步，避免不利决战，等待对方的勇气丧尽而我们的士气正旺盛，不利于敌而有利于我的情况出现时，后发制人，始求决战的谋略。

所以，军事谋略的高明之处，不在于如何以优势战胜劣势，以主动战胜被动，而在于如何从劣势、被动出发，去战胜优势，夺取主动。

任何一种军事谋略，其方法越科学，理论思维越深刻，就越能经得起时间的考验。疲劳战术，即“敌疲我打”的作战谋略，是十分科学的军事原理，所以在现代战争中仍有借鉴意义。

随着“敌疲我打”谋略思想的不断丰富和拓展，在敌我双方强弱状况发生了变化的今天，即使是强国或强大的一方，为了在战争中减少已方损失，以最小的代价获得最大的战争效益，运用“敌疲我打”谋略取得成功的战例也不少。

20世纪90年代初的波斯湾战争，多国部队的总体作战步骤就充分体现了疲劳战术，亦即“敌疲我打”的谋略思想。多国部队根据自己空中优势明显，地面优势较缺乏的特点，将战争分为空袭战和地面战两个阶段。在发动大规模的地面攻击前，先进行持续、大规模的空袭。事实上，经过一个多月的空袭，加大了双方悬殊的实力对比，双方在地面战展开前，伊拉克军队已经遭受了重大损失。

在空袭中，伊军有200多架飞机、1400多辆坦克、800辆装甲车、1200门火炮被摧毁，伤亡人数超过10万。其中一线部队损失达50%，二、三线部队损失达25%，海军基本上被消灭；所有机场被破坏，制空权完全丧失。空袭还破坏了伊拉克的通讯、交通枢纽，有3/4的桥梁被毁，伊拉克统帅部与科威特战区的有线通讯联系和90%以上的后勤供应都被切断。

多国部队经过一个多月的空中袭击和强大炮火准备，在空袭效果已达到发动地面战争的预定要求后，才以迅雷不及掩耳之势发动了大规模的地面进攻。整个地面战仅用100多个小时就重创和歼灭伊军41个师。完成以极小的代价，取得了意想不到的巨大成功。

伊拉克迅速战败，除它政治上的失理、战略决策一错再错、战法呆板与脱离实际等因素以外，与它的疲惫状态亦有很大的关系。从经济上看，伊拉克经过8年和伊朗的战争，已是国库空虚、债台高筑。伊拉克入侵科威特后又面临国际社会的制裁，更是困难重重。经过5个多月的制裁和封锁，伊拉克经济已面临崩溃的边缘，无法支援一场现代化的战争。多国部队的空袭带给伊拉克军队在心理上极大的震撼，使其一直处于高度恐慌、极度疲劳的心理状态中，战斗力急速下降。而多国部队的地面作战部队此时则以逸待劳，气势正旺。多国地面部队所以能在100个小时之内歼灭伊军41个师，“彼衰此盈”是一个重要原因。波斯湾战争的胜负结局，又一次为疲劳战术，即“敌疲我打”的作战谋略在现代高技术战争中的运用提供了成功例证。

势均力敌的双方，必然各有优势和弱点，英明的统帅则善于避其优势，攻其弱点，甚至采取各种有效的方式（比如疲劳战术），搅乱其优势，削弱其优势，从而打破双方原有的强弱差异，然后竭尽全力，以迅雷不及掩耳之势，与敌军进行决战，如此，势必得以在战局中取胜。因为，原来的优劣势态已经翻转过来了。

动　静

【原文】

武王问太公曰：“引兵深入诸侯之地，与敌之军相当，两阵相望，众寡彊弱相等，未敢先举。吾欲令敌人将帅恐惧，士卒心伤，行阵不固，后阵欲走，前阵数顾[①]，鼓噪[②]而乘之，敌人遂走，为之奈何？”

太公曰：“如此者，发我兵去寇十里而伏其两旁，车骑百里而越其前后，多其旌旗，益其金鼓，战合[③]，鼓噪而俱起，敌将必恐，其军惊骇，众寡不相救，贵贱不相待，敌军必败。”

武王曰：“敌之地势，不可以伏其两旁，车骑又无以越其前后，敌知我虑，先施其备，我士卒心伤，将帅恐惧，战则不胜，为之奈何？”

太公曰：“微哉，王之问也！如此者，先战五日，发我远候，往视其动静，审候其来，设伏而待之。必于死地[④]，与敌相避，远我旌旗，疏我行阵，必奔其前，与敌相当，战合而走，击金[⑤]无止，三里而还，伏兵乃起，或陷其两旁，或击其前后，三军疾战，敌人必走。”

武王曰：“善哉！”

【注释】

①前阵数顾:前面的士卒有后顾之忧。

②鼓噪:指军队出战时擂鼓呐喊,大张声势。

③战合:两军交锋。

④死地:指奋战就能生存,不然就会被歼灭的地区。

⑤击金:即鸣金,收兵的信号。

【译文】

武王问太公说:"如果引兵深入敌国境内,与敌人势均力敌,彼此两阵对峙,谁也不敢先采取行动,我欲使敌人将帅心生恐惧,士卒情绪悲观,行阵不稳、军心动摇,后阵想逃、前阵欲退。此时我军乘机鼓噪而攻之,必使敌败溃逃,具体方法如何?"

太公回答说:"想达到这个目的,我军应先派遣一支部队,秘密绕到离敌 10 里远的地方,在两侧埋伏;另组织战车和骑兵,迂回到敌军的前方和后方,多张旌旗,多设金鼓,等到双方交战后,同时鼓噪而起,敌将必然恐惧,士卒必然惊骇,以至惶然失措,大小部队不能互相救援,官兵上下不能互相照应,这样敌军必然失败。"

武王又问:"假如敌方所占的地势不利于我军埋伏其两侧,战车和骑兵又无法迂回到敌人前后,而且敌人知道了我军的意图,并预先有了防备,我军士气沮丧,将帅心怀恐惧,与之交战也不能取胜,该怎么办呢?"

太公回答说:"大王问得很妙啊!处于这种情况,我军可于战前 5 日,先派遣哨兵到远处侦察,观察敌人的动静,摸清敌人向我进攻的征候,以便我军预设埋伏。设埋伏必须选择对敌最不利的'死地'与之遭遇,同时派遣我方先锋部队在远处摇曳旌旗,加长行军间的距离,借以显示我军兵力之众多,然后再以一支兵力向敌方前进,刚一交锋又马上撤退,故意鸣金收兵,后退 3 里又突然回头反击,此时伏兵乘机而起,或攻其两侧,或袭其前后,全军奋力疾战,敌人必然大败而逃。"

武王说:"你讲得很对啊!"

【赏析】

此段文字继续前篇的话题,论述在两军对垒、势均力敌的情况下如何取胜的战术问题。前篇主要讲了疲劳战术,这里则主要讲论心理战术。

当兵力相当的时候,硬拼兵力,就会造成两败俱伤,难分胜负。在这种情况下,

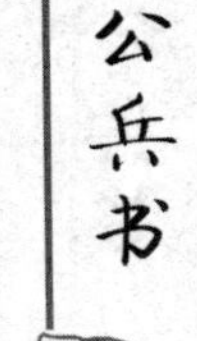

就应当绕过兵力,从其他办法去寻求一见高低的途径,这时,心力就成了一个可与之较量的关键。心力包括智力和各种心理因素、精神状态,它们与战争的胜负密切相关。武王深知这个道理,他想造成和利用敌军"将帅恐惧、士卒心伤"的局面,打败敌人,为此向太公请问具体的方法。太公做了详细的回答,归纳其原则就是:制造假象、巧用伏兵,虚实结合、四面围攻。

武王知道,在势均力敌的情况下,自己的部队也可能同样存在"将帅恐惧,士卒心伤"的心理问题,就此他又请问太公。太公认为这个问题很妙,但他没有做正面回答,只讲了一系列取胜的战术问题,实际上,他的答案就是:要"以攻为主"。

的确如此,一切心理或精神的战术,无论是对己对人,都只有"以攻为主",采取或保持一种积极进攻的姿态,才能立于不败之地。因为,在特定的情况下,进攻本身就是人类促使自己产生积极心理和保持健康精神状态的一种有效方式。

金　鼓

【原文】

武王问太公曰:"引兵深入诸侯之地,与敌相当,而天大寒甚暑,日夜霖雨,旬[①]日不止,沟垒悉坏,隘塞不守,斥候懈怠,士卒不戒[②],敌人夜来,三军无备,上下惑乱,为之奈何?"

太公曰:"凡三军,以戒为固,以怠为败。令我垒上,谁何[③]不绝,人执旌旗,外内相望,以号相命,勿令乏音[④],而皆外向[⑤]。三千人为一屯[⑥],诫而约之,各慎其处。敌人若来,亲[⑦]我军之警戒,至而必还,力尽气怠,发我锐士,随而击之。"

武王曰:"敌人知我随之,而伏其锐士,佯[⑧]北不止,遇伏而还,或击我前,或击我后,或薄[⑨]我垒,吾三军大恐,扰乱失次,离其处所,为之奈何?"

太公曰:"分为三队,随而追之,勿越其伏,三队俱至,或击其前后,或陷其两旁,明号审令,疾击而前,敌人必败。"

【注释】

①旬:古时十日为一旬,每月分上、中、下三旬。

②戒:戒备、警戒。

③谁何:此处指军中以口令相问答。

④音:指金鼓之声。

⑤外向:对敌人表示已做好战斗准备。

⑥屯:驻扎、防守。

⑦亲:亲近,引申为迫切。

⑧佯:假装。

⑨薄:迫近。

【译文】

武王问太公道:"如果引兵深入敌国境内,敌我兵力相当,而遇上天气大寒或酷暑,加之日夜大雨,10 日不止,以至沟垒全部塌坏,关塞险隘无法守备,探子哨兵麻痹懈怠,士卒疏于戒备。此时敌人乘夜来袭,三军皆无防备,官兵上下惊惶混乱,面对这种情况应该怎么办呢?"

太公回答说:"军队必须有高度的戒备才能巩固,戒备松懈必遭失败。我军营垒中要口令声不断,哨兵手执旗帜,与营内营外相联络,以信号传达命令,不可中断,对外一致严密警戒。每 3000 人设一营地,相约戒备,各自谨守其防区。这样,敌人如果来犯,见我军戒备严密,无隙可乘,必然退兵而去。此时我军宜乘敌力疲、气力衰之际,发动精锐部队,紧随其后猛击敌人。"

武王又问:"敌人知道我军将跟踪反击,预先埋伏了精锐部队,然后假装败退不止,当我军遇到伏兵时,敌人又回转头来,或袭我前锐,或击我后卫,或直逼我军营垒,致使我军恐慌,队伍顿时陷于混乱,各自擅离自已的防守,对此该怎么办呢?"

太公说:"应当将我军分为 3 个纵队,分兵跟踪反击,不要进入敌人的埋伏地区,在到埋伏地区之前就把 3 个纵队的兵力集合起来联合进攻,或攻其前后,或击其两侧,只要我军号令严明,追击勇猛快速,敌人必败。"

【赏析】

这里讲述的是防备警戒和反攻追击的原则和方法。

太公认为,军队的防御警戒要遵循"以戒为固,以怠为败"的规律,任何时候都不能掉以轻心或者大意。尤其是在艰难的环境和恶劣的条件下,更要加强警戒和防备,这样,即便有敌人来偷袭,也难寻可乘之机,必"力尽气怠"而赶紧撤退,并给我军以跟踪反击的可乘之机。

那么,怎样跟踪反击才能取胜呢?这同样不能粗心大意,必须警惕敌人可能会有的预先埋伏,并且要把攻破这种埋伏作为追击取胜的关键。否则对于我军有利的形势,又会转化为不利的形势,反而造成敌人反败为胜的可乘之机。

在真实的战斗中，战争给敌我双方都提供了胜负的机遇，这种机遇瞬息万变，随时转化，你没有理由放松警惕，也没有理由放弃信心。谁能抓住机遇，谁就能取得最后的胜利。

在现代和将来，由于科学技术高度发展，武器装备也随着高度发展，因此，战争的偶然性、突然性、危险性、破坏性、残酷性等比古代，成十倍、成百倍、成千倍、成万倍增加。一个国家要想不被灭亡，必须加强战备，把战备放在应有位置。这个“备”，不仅是必要准备，而且是充分准备；以时间上看，要常备不懈，从空间上看，要万事俱备。宁可备而不用，不可用而不备。无恃其不来，恃吾有以待之；无恃其不攻，恃吾有所不可攻也。任何麻痹、懈怠、侥幸、轻敌的思想和行动都必须干净彻底地消除。

绝 道

【原文】

武王问太公曰：“引兵深入诸侯之地，与敌相守，敌人绝我粮道，又越我前后。吾欲战则不可胜，欲守则不可久，为之奈何？”

太公曰：“凡深入敌人之地，必察地之形势，务求便利，依山林、险阻、水泉、林木而为之固，谨守关梁①，又知城邑、丘墓②、地形之利。如是，则我军坚固，敌人不能绝我粮道，又不能越我前后。”

武王曰：“吾三军过大陵、广泽、平易之地，吾盟误失，卒与敌人相薄，以战则不胜，以守则不固，敌人翼③我两旁，越我前后，三军大恐，为之奈何？”

太公曰：“凡帅师之法，当先发远候，去敌二百里，审知敌人所在。地势不利，则以武卫④为垒而前，又置两踵军⑤于后，远者百里，近者五十里，即有警急，前后相救。吾三军常完坚，必无毁伤。”

武王曰：“善哉！”

【注释】

①关梁：关隘和桥梁。

②丘墓：丘陵各墓塚。

③翼：翅膀。这里作动词，意谓包围两侧。

④武卫：武冲车。卫，疑为冲之误。

⑤踵军：跟随在后面的军队。踵，跟随。

【译文】

武王问太公曰："若引兵深入敌国境内，与敌军对阵相守，敌军截断了我军粮道，又包抄到我军的前后，我欲与之决战又不能取胜，我欲防守又不能持久，这该怎么办呢？"

太公回答说："大凡引兵深入敌国之境，必须事先熟悉地理形势，务求有利的地形，凭借山林、险阻、水源、林木形成巩固的防御；一面谨守后路之关隘桥梁，一面探悉附近之城邑、丘墓等地形的便利。这样，我军防守就能坚固，敌人便不能断绝我粮道，又不能迂回包抄我前后方了。"

武王又问："我军通过大片的森林、广阔的沼泽、平坦的旷野，由于我方侦探与瞭望哨兵的失误，未能及早发现敌人，仓促之间与敌军遭遇，此时交战不能取胜，防守又不能巩固，敌人包围了我军两侧，迂回到我军前后方，我三军大为恐惧，怎么办呢？"

太公说："凡是统率军队的法则，应当派出远方侦探，在距离敌人200里之处，就应当弄清敌人所在的位置。如果地势对我军不利，可以用武冲大战车在前面掩护行进，再编制2支'踵军'随后跟进，与主力远者相距100里，近者50里，如有紧急情况，互相联络通知。这样，全军就能形成完整的巩固阵势，不至于遭受严重的打击和伤亡。"

武王说："好啊！"

【赏析】

此段对话论述领军深入敌境而受到包围时的解救之策，主要应该注意三点：一是要查明地形；二是要探悉敌情；三是要保持自己军队的完整坚固。

一支军队离开了自己熟悉的国土和人民，来到敌国作战，面对陌生的环境，如果不迅速掌握敌国的地形和敌情，就会使自己完全处于孤立无援和被动挨打的局面。行军打仗经常会遇到"通形""挂形""支形""隘形""险形""远形"等6种地形。为将者应审慎判明各种不同的地形并采用不同的战法加以利用。比如，对敌能来，我军能往的"通形"，应"先居高阳，利粮道"，以迎战敌人。因此，查明地形和了解敌情就成了自己立脚和应战的首要前提。

同时，必须加强三军间的联络网路，保持自身的完整坚固，特别是若当敌人截断了我军的粮道与和国内联系的时候，这一点尤其重要，因为保持了自身的完整坚固，就等于保存了一种独立完整的战斗力，有了这种独立完整的战斗力，就可以更从容地应付各种预料不到的情况和复杂的变化，甚至还可以有效地打击敌人，取得逆转情势的胜利。

略　地

【原文】

武王问太公曰："战胜深入，略[①]其地，有大城不可下，其别军守险与我相拒，我欲攻城围邑，恐其别军[②]卒至而击我，中外[③]相合击我表里，三军大乱，上下恐骇，为之奈何？"

太公曰："凡攻城围邑，车骑必远，屯卫警戒，阻其外内。中人绝粮，外不得输，城人恐怖，其将必降。"

武王曰："中人绝粮，外不得输，阴为约誓，相与密谋，夜出穷寇死战，其车骑锐士，或冲我内，或击我外，上卒迷惑，三军败乱，为之奈何？"

太公曰："如此者，当分军为三军，谨视地形而处。审知敌人别军所在，及其大城别堡[④]，为之置遗缺之道，以利其心，谨备勿失。敌人恐惧，不入山林，即归大邑，走其别军，车骑远要其前，勿令遗脱。中人以为先出者得其径道，其练卒材士必出，其老弱独在。车骑深入长驱，敌人之军必莫敢至。慎勿与战，绝其粮道，围而守之，必久其日。无燔[⑤]人积聚，无坏人宫室，冢树[⑥]社丛[⑦]勿伐，降者勿杀，得而勿戮，示之以仁义，施之以厚德。令其士民曰：罪在一人。如此，则天下和服。"

武王曰："善哉！"

【注释】

①略：夺取，引申为占领。

②别军：指敌方的另一支军队。

③中外：指敌方城中守军与城外援军。

④堡：用土筑起的小城。

⑤无燔：指军队入城后不准焚烧。

⑥冢树：坟墓上的树木。

⑦社丛：庙社附近的丛林。

【译文】

武王问太公道："我军乘胜深入敌国，占领其地，有大城难以攻下，敌人另有一支部队占有险要地形，与我军相持。我军想攻其大城，又担心这支敌军突然前来袭我，如此里应外合，内外夹击，我军军心因而大乱，上下惊恐，这将怎么办呢？"

太公回答说："大凡攻城围邑，须将车兵骑兵部署在较远的地方，扼守要道，加强警戒，阻绝敌人内外的交通，敌人城中缺乏粮食，不能从城外输入，城内军民必然发生恐慌，守城的将领就会投降。"

武王又问："城内缺粮，外边又无法输入，敌人互相联系，密谋突围，乘夜出城死战，发动车骑锐士或冲入我营内，或袭击我外部，士卒遇到这种情况：心生迷惑，三军顿时一片混乱，仓惶败逃，这又该怎么办呢？"

太公回答说："处理这种情况，应当将我军分为三支部队，根据地形分别驻扎。一面探明敌军在城外的别军所在，一面侦察附近明城暗堡的动静，留给被围困的敌人一条道路，以诱其外逃，而我则严加监视，不得有所失误。外逃的敌人因为恐惧万分，不是逃向山林，就是逃向别的城邑。这时我军应以一支部队，赶走城外的别军，车兵骑兵远远地拦截敌人，阻止其前进，勿令其逃脱。城中的敌人以为先头部队已突围成功，打通了撤退的道路，其精锐的士卒必然会循旧路陆续逃出，届时城内就只剩老弱病残了。这时我军以第三支车骑部队直驱敌后，敌人必然不敢继续突围，我军也不急攻，只是断绝其粮道，把它围困起来，日子一久，必然攻克。这时不要焚烧军民的粮食和财物，也不要毁坏敌人的建筑、乱砍坟墓上的树木和社庙旁边的丛林；不杀投降的敌军，不虐待俘虏的敌人；对敌国的人民要表示仁义，并施以恩德，让他们都知道，罪过只在敌国君主一人，自己是无罪的。这样天下人就会心悦诚服于我，不再继续抵抗了。"

武王说："好啊！"

【赏析】

此段对话论述攻城围邑的方法以及攻克城邑后应采取的谋略。

太公指出，要取得攻城围邑的胜利，主要应注意三点：一断绝粮道；二阻止援军；三预防敌人突围逃跑。断绝敌人的粮草，阻止其援军，是为了把敌人进一步孤立起来，达到将其困死、不攻自破的目的。此时，敌人必然要死里求生，设法突围。突围的敌军必然是最亡命的，所以，不要急于与之硬拼，而要因势利导、将计就计，诱惑它，给它留条逃跑的"生路"，然后再控制这条"生路"的主动权，这样，"生路"

实质上就成了敌人的“死路”。

这种留“生路”的战略在兵法上又叫“围师必阙”。这个谋略的基本要求就是对已被围困之敌要故意留下缺口，而在缺口的前面设伏。古代作战，包围城池的情形很多。对于攻城的一方来讲，应考虑到，守城军民被敌军围困之时必然会做此想，如果城被攻破，其后果将不堪设想，故而往往下定决心与城池共存亡，这样就难以破城。

围师必阙的谋略，强调欲擒故纵、欲歼故放，先从精神上给敌人造成败势，避免困兽犹斗的局面发生。

单从形势上看，围师必阙似乎是消极的战术，但就其本意来讲，它实包含着积极歼敌、以求全胜的思想。因为这样部署兵力，不仅能使守者失地利，攻者得地利，而且可以使敌人保持着侥幸逃脱、不战而求生的幻想，难打的“困兽”就成了易攻的“惊弓之鸟”。

围师必阙，不仅适用于攻城夺关的攻坚战，也适用于运动伏击战。杜佑在《通典·兵十二》中记载，吴王与孙武就兵法问题相互问对。吴王问孙武曰：“若吾圆敌，则如之何？”孙武曰：“山峻谷险，难以逾越，谓之穷寇。击之之法，伏卒隐庐，开其去道，示其生路，求生透出，必无斗意，因而击之，虽众必破。”孙武讲的这段话，就是指利用良好地形伏击敌人时，运用围师必阙的具体方法。

不过，“围师必阙”这一种用兵原则在被兵家普遍认识后，其中所含的权诈之术，在实际运用时也就很容易被对方识破。网开一面必有诡诈，阙之前面多有险伏，凡有经验的指挥家都懂得这一点。所以，真正高明者，从不机械化地运用这个原则。

例如，刘伯承同志在革命战争实践中，把围师必阙这一古代军事思想，发展为“围三阙一，网开一面，虚留生路，暗设口袋”的新战法。我军运用这个战法曾经创造过光辉的战绩，但并不是处处套用。在淮海战役第二阶段对敌实行紧缩包围时，开始我军也曾考虑过敞开一个缺口，让敌人先突入我预设的口袋形阵地，再割裂、牵制和歼灭它。但又估计到敌人会采取进占一村巩固一村，逐步滚进的战法，因此，前委断然决定采用紧缩敌人于狭小范围之内困饿而歼之的对策，也就是围师不阙，取得了预期的战果。

当然，打仗的目的不是为了杀人，而是为了征服人心，使敌人不再继续反抗。所以胜利之师要优待俘虏，不杀降兵，也不破坏人民生命财产的安全。这样，不仅能使社会秩序迅速得到平静，而且会给未曾攻克而准备攻克的其他敌军造成强大的影响，为军队的继续挺进奠定基础，造成一种势如破竹的优势。楚霸王项羽大破

章邯军、坑秦卒20万，引兵西屠咸阳，杀秦降王子婴，烧秦宫室，大火3月不息，成为历史上最愚蠢的行为，最终导致了全军覆没、乌江自刎的悲剧！这从反面证明太公所讲策略的正确性！

火战

【原文】

武王问太公曰："引兵深入诸侯之地，遇深草蓊秽[1]，周[2]吾军前后左右；三军行数百里，人马疲倦休止。敌人因天燥疾风之利，燔[3]吾上风，车骑锐士坚伏吾后，吾三军恐怖，散乱而走，为之奈何？"

太公曰："若此者，则以云梯、飞楼远望左右，谨察前后，见火起，即燔吾前而广延之。又燔吾后，敌人若至，即引军而却，按黑地[4]而坚处。敌人之来，犹在吾后，见火起，必还走。吾按黑地而处，强弩材士卫吾左右，又燔吾前后。若此，则不能害我。"

武王曰："敌人燔吾左右，又燔吾前后，烟覆吾军，其大兵按黑地而起，为之奈何？"

太公曰："若此者，为'四武冲阵'，强弩翼吾左右，其法无胜亦无负。"

【注释】

①蓊秽：草丛茂盛的样子。

②周:围绕。

③燔:音凡,烧。

④黑地:草丛燃烧后的焦地呈黑色,故名黑地。

【译文】

武王问太公道:“如果引兵深入敌国境内,遇到茂密的草丛,包围了我军的前后左右,我军已行军数百里,人困马乏,需要宿营休息。敌军因天气干燥,又乘刮风的有利条件,在我军的前方纵火燃烧,并派车骑锐士埋伏于我军之后,此时我军恐怖惊慌,散乱而逃,怎么办?”

太公回答说:“面对这种情况,应当搭起云梯、飞楼,登高瞭望前后左右的全部地形。见火起,先于我军驻地前后左右烧出一大片空阔的黑地。敌人若来攻我,我军即进入黑地之中,严阵以待,并布置强弩精兵,防卫左右,又在黑地以外纵火燃烧,使敌军无法接近我军。”

武王又问道:“敌人在我前后左右燃起大火,浓烟包围了我军,其大军向我黑地进攻,又该怎么办呢?”

太公回答说:“这时可以令我军为四武冲阵,以强弩材士防卫左右,与之正面交战,这种办法虽然未必能取胜,但也不至于失败。”

【赏析】

此段对话讲述的是当军队困于草丛,受到敌人四面火攻时的解救对策,那就是用云梯、飞楼观察地形,自己主动烧出一片空地,断绝敌方的火势,然后坚守空地以御敌。

问题不同,解决的方法就不同。敌人用火攻,我方就应想方设法切断火源,阻止火势。处于不同的地形,切断不同的火源,阻止不同的火势,其方法又有所区别。被围困在草丛中,火势从不同方向袭来,这时,唯一的办法就是以火攻火,先弄清风向,主动烧出一片空地,然后占领这片空地。大火只在四周燃烧,我则处于“安全岛”上,然后寻求对策,与敌应战。此时,敌人的有力武器——大火——对我已起不了作用,到底谁胜谁负,一时也很难说了。

官渡之战后,曹操统一了北方。公元 208 年 7 月,曹操亲率几十万大军南下荆州,原守荆州的荆州牧刘表病死,次子刘琮降曹,依附刘表的刘备和刘表的长子刘琦都战败退至夏口(今汉口)一带,兵力只有 2 万余。曹操占领荆州后,打算顺流东下;乘胜进兵江东,消灭割据长江下游的孙权的势力。孙权在曹兵压境的形势下,摒弃了主和派降曹的主张；赞同了鲁肃、周瑜的主战意见，并采纳了刘备谋臣诸葛亮关于孙、刘联合抗曹的建议，任命周瑜、程普为正副统军都督，率军3万与刘备共同抗击营军。10月，周瑜率军沿江西上，在樊城（今湖北鄂城附近）与刘备会合，继续前进，在赤壁（今湖北蒲沂境内）与曹军相遇。曹军在长江北岸，孙、刘联军在长江南岸。

曹军多为北方士兵，不习水战，为了防止水上风浪颠簸，便以铁环把船连接起来（连环船）。孙、刘联军针对曹军的这一特点，决定采用诸葛亮的火攻计破曹。11月，东吴大将黄盖诈降，带领10艘艨艟斗舰，满载硫黄、干草、油脂等物，面上覆以账幕，直奔曹军船队，放起火来，曹军船只因用铁环连接，一时又分散不开，火势大着，整个江面变成一片火海，周瑜乘机率军进攻，曹军大败，曹操带领残兵败将经华容（今湖北监利西北）向江陵撤退，曹军损伤大半，孙、刘取得了赤壁战役的胜利，奠定了曹（魏）、孙（吴）、刘（蜀）三国鼎立的局面。

垒　虚

【原文】

武王问太公曰："何以知敌垒之虚实，自来自去[①]？"

太公曰："将必上知天道[②]，下知地理[③]，中知人事[④]。登高下望，以观敌之变动；望其垒，即知其虚实；望其士卒，则知其去来。"

武王曰："何以知之？"

太公曰："听其鼓无音，铎无声，望其垒上多飞鸟而不惊，上无氛气，必知敌诈而为偶人[⑤]也。敌人卒[⑥]去不远未定而复返者，彼用其士卒太疾[⑦]也。太疾则前后不相次[⑧]，不相次则行阵必乱。如此者，急出兵击之，以少击众，则必胜矣。"

【注释】

①自来自去：从何而来，从何而去。自，从。去，离开、撤退。

②天道：自然的规律。

③地理：山川土地的环境形势。

④人事：事物成败的各种人为因素、社会因素。

⑤偶人：用木偶或干草扎成的假人。

⑥卒：同猝，突然。

⑦太疾：太快，此指忙乱、慌乱。

⑧不相次：杂乱无次序。

【译文】

武王问太公说："我们怎样才能摸清敌人营垒的虚实，以及其军队的动向呢？"

太公回答说："作将帅的人，必须上知天文，下知地理，中知人事。登高下望，可以观察到敌阵人马的变动；望其营垒的动静，可以知道敌阵的内部虚实；观察士卒的行动，可以知道敌军的动向。"

武王又问："为什么呢？"

太公回答说："如果听不到敌人的鼙鼓和铃声，又望见其营垒上飞鸟没有任何惊恐的现象，空中没有尘烟飞扬，可知敌人营内没有人马活动，只有一个木偶伪装的空营。如果敌人仓促而去，去而又返回的，这是军队调动太忙乱的结果。太忙乱，其部队前后就没有秩序，行列就会混乱。这时应该迅速出兵狠狠地打击它，以少数的兵力战胜多数的敌人。"

【赏析】

要想了解敌人内部的虚实、动向，方法有三种：一、派遣特务潜入敌人内部；二、收买敌营知情的叛徒；三、观察有关现象，推测内在本质。

第一、二种方法说明要想知晓敌人内部虚实，就要用友间和内间这两种方法。友间是利用已在敌营中的朋友获取情报，或造假情况欺骗敌人。

元朝末年，沔阳人陈友谅参加红巾军自立为汉王，为了扩张势力，想与朝廷大尉张士诚勾结攻打朱元璋占据的建康（今江苏南京）。

朱元璋听说这一情况后，把和陈友谅有过来往的将领康茂才叫来说，你和陈友谅有过来往，现在陈友谅要来进攻我们，我想尽快把他引诱到这里来消灭。你写一封假信，说你要投降他，约他来攻，你做内应，引他快来。你告诉他一些假情况，让他相信。康茂才说，我家有个看门老人，过去曾经侍候过陈友谅，派他送信，陈友谅一定相信。

老人把信交给陈友谅，陈友谅看信后很高兴，问康茂才现在哪里，老人告诉他，康茂才正守卫江东大桥。又问是什么样的桥，老人说是木桥。陈友谅用酒肉招待老人，并让老人转告康茂才，说他马上就到，到那里后呼喊"老康"为暗号，之后里应外合一起行动。老人满口答应。

朱元璋得到回报，马上派人连夜拆掉木桥，改建成铁石桥。同时调兵遣将，布置好埋伏,陈友谅果真率大军乘坐战船浩浩荡荡直奔江东桥,被朱元璋打得大败。

前两种方法,不是任何时候和场合都能够办到的事,唯有后一种方法是随时随处都有条件加以利用的,所以显得尤为重要。

任何具体的存在都是现象与本质合而为一。善于观察外部现象,就不愁把握内在本质。虚实动静这些内在的东西,都有外在的表现。人们对万事万物的内部实质,都是通过其外部表现来认识和概括的,打仗也是这样。一个军事家,只要有天文、地理、人事的丰富知识,就一定能洞察一切现象与内在本质的相关性,掌握敌情的真相及其变化,从而有效地控制战局,夺取胜利。

第五章　豹韬篇

本韬导语

本韬阐述的是有关特殊情况下的应变谋略,主要有:

第一,林战之应变。本篇要领是:“弓弩为表,戟盾为里”,“斩除草木,极广吾道”,“以骑为辅,战车居前”,“更战更息,各按其部”。在丛林中,和敌人相遇,双方各自布阵相对,彼此无法知道对方的动静。遇到这种情况,应当先将自己阵地前的树林砍掉,开拓道路,消除眼前的障碍。随后把自己隐藏起来,伺机而动。一旦敌人想要进攻,就会暴露行迹,成为我方明确的目标,迎头加以痛击,敌人没有不被击败的。因为在战争中,一般讲究速战速决。久攻不下,长期相持,处于进退两难之境,将产生粮食短缺、军力损耗、士气衰落等种种后患,从而使优势逐渐转为劣势。

第二,突战之应变。其主要内容是如何应付敌人的突然袭击。由于敌军进攻太急,士兵都还未准备就绪,拖车的马也没喂饱,携带的粮食眼看就要用光了。在这种情况下,就应该趁着黑夜,采取内外夹击的战术,攻击敌军指挥部,使敌群龙无首,这样,敌人兵马再多,也毫不足惧。

第三,敌强之应变。即在敌众我寡,敌强我弱的战争形势下,如何打击敌人之方法。太公认为,此时宜主动出击,不宜长久防守,应挑选善射的士卒持强弩,以车骑作为左右护卫,猛烈攻击敌人的前后,或攻击敌人的里外,敌军必定混乱,此时我军士兵便可摆脱恐惧,从容撤离,免遭厄运。

第四,山战之应变。即在山地作战,应当采取机动灵活的鸟云阵战术。所谓

"鸟云阵",就是对山南山北各方面都要严加戒备,机动地控制各处地形。或屯兵于山之北,或屯兵于山之南。屯兵于山之北,须戒备于山南;屯兵于山南,则须戒备于山北;屯兵山左,戒备山右;屯兵山右,戒备山左。鸟云阵,聚散无常,敌击我则散,我击敌则众,这种战术在山地作战行之有效。鸟云之阵,阴阳皆备,或屯其阴,或屯其阳。处山之阳,备山之阴;处山之阴,备山之阳;处山之左,备山之右;处山之右,备山之左。凡是敌人可以进攻的地方,都派兵加以防守。交通要道与行走的山谷,由战车阻绝。部署完毕,我军根据地形,向敌人猛攻,敌人虽多,也将失败。

第五,水战之应变。在与敌人临水相拒的情况下,要采取作战与诱惑相结合,配之以伏兵的战术,诱使敌人渡河,然后打击敌人。

第六,少众之应变。太公认为,要以少击众,必须等待傍晚时分,埋伏在深草中,在险隘的道路上袭击过往敌人。以弱击强,还必须有大国的支援、邻国的援助。

第七,险地之应变。作战时,在山中险要的地方和敌人相遇,一边是险峻的高山,一边是大河,双方形成对峙的局面,在这种情势下,必须迅速将兵力向山川及河谷的左右分散,然后和中军联合,展开左、中、右三面攻势,在敌军尚未来得及行动时,率先攻击,令敌人防不胜防。

总之,决定战争胜败的因素是多方面的,主观上是否善于用兵,常常比客观上有利的形势更为重要。就像下棋一样,往往大好的局势,只因一着失误便导致满盘皆输。

林 战

【原文】

武王问太公曰:"引兵深入诸侯之地,遇大林,与敌人分林相拒,吾欲以守则固,以战则胜,为之奈何?"

太公曰:"使吾三军分为冲阵[①],便兵所处[②],弓弩为表,戟楯为里,斩除草木,极广吾道,以便战所;高置旌旗,谨敕[③]三军,无使敌人知吾之情,是谓林战。林战之法,率吾矛戟,相与为伍;林间木疏[④],以骑为辅,战车居前,见使则战,不见便则止;林多险阻,必置冲阵,以备前后,三军疾战,敌人虽众,其将可走。更战更息[⑤],各按其部,是谓林战之纪。"

【注释】

①冲阵:即四武冲阵,四面都有警戒的战斗队形。

②便兵所处：便于部队的配置。

③谨敕：严整。敕，通饬。

④林间木疏：林木稀疏。

⑤更战更息：轮番作战，轮番休息。

【译文】

武王问太公说："我军深入敌国领地，遇到广大森林，与敌人分别占据森林并相互对峙。我想防守巩固并且使进攻获得胜利，应当怎么办呢？"

太公回答说："这可以将我军部署为'四武冲阵'，安置在便于作战的地方，以弓弩手为周边，以戟楯手为核心；一面斩除草木，扩宽道路，以便于战斗；一面高挂军旗，以为标志。同时慎重命令全军保守军事机密，不让敌人探知我军的行动。这是森林战术的一般要领。在森林地带作战的方法，可以率领部下的矛戟手，组成若干小分队；如果林间树木稀疏，可用骑兵为辅，战车居前开路，发现有利情况就开打，发现形势不利就停止；如果林间多险阻地形，就必须设置'四武冲阵'，以防备敌人袭击我军前后；如果与敌人交战，行动必须迅速勇猛，即使敌人很多，也可将其打败。如此轮番作战、轮番休息，各按部署行动，是在森林作战的基本法则。"

【赏析】

此段对话专讲处于森林地形的作战方法，其要领是："弓弩为表，戟楯为里"，"斩除草木、极广吾道"，"以骑为辅，战车居前""更战更息，各按其部"。

一般说来，作战都要凭借或受制于一定的地形地势。因此指挥者在具体的战斗环境中，一方面要善于利用地形地势的有利因素，一方面要善于克服地形地势的不利因素，"见利便战，不见利便止"。比如在森林地带作战，弓弩就能发挥特殊的作用，这是善于利用地形；斩伐森林、开辟道路，就是克服不利的因素。因为树木的阻挡，不便全军同时接战，所以要各按部署行动，轮番作战、轮番休息，才可以始终保持部队旺盛的战斗力。

整个人类的生存和发展，都是一个适应环境、改造环境，最终利用环境的问题。在不同的地形、地势环境中打仗也是这样。

突　战

【原文】

武王问太公曰:“敌人深入长驱,侵掠我地,驱我牛马,其三军大至,薄我城下,吾士卒大恐,人民系累[①],为敌所虏。吾欲以守则固,以战则胜,为之奈何?”

太公曰:“如此者,谓之突兵[②],其牛马必不得食,士卒绝粮,暴击而前。令我远邑别军,选其锐士,疾击其后,审其期日,必会于晦[③]。三军疾战,敌人虽众,其将可虏。”

武王曰:“敌人分为三四,或战而侵掠我地,或止而收我牛马,其大军未尽至,而使寇薄我城下,致吾三军恐惧,为之奈何?”

太公曰:“谨候敌人未尽至,则设备而待之。去城四里而为垒,金鼓旌旗,皆列而张,别队为伏兵。令我垒上多积强弩,百步一突门[④],门有行马,车骑居外,勇力锐士隐伏而处。敌人若至,使我轻卒合战而佯走,令我城上立旌旗,击鼙鼓,完为守备。敌人以我为守城,必薄我城下,发吾伏兵,以冲其内,或击其外。三军疾战,或击其前,或击其后。勇者不得斗,轻者不及走,名曰突战。敌人虽众,其将必走。”

武王曰:“善哉!”

【注释】

①系累:捆绑,此为拘禁。

②突兵:担任突击的部队。

③晦:阴晦、昏暗,此处意为暗夜。

④突门:在城墙或垒壁上预先开设的便于部队出击敌军的暗门。

【译文】

武王问太公道:“敌人深入我国,长驱直入,侵占我土地、抢夺我牛马,三军大规模逼近我城郭之下,我军士卒为之大恐,人民受到骚扰,甚至被敌人拘禁。我想在这种情况下坚守或战胜敌人,应该怎么办?”

太公回答说:“敌人的这种进攻,叫作突袭,其行动以迅速为特点,因其所带粮食有限,牛马必然缺乏饲料,其士卒粮食必然缺少,因而迫使敌军更加迅速向我军进攻。在这种情况下,应当命令我军驻守远处城邑的部队,选拔精锐之士,袭击敌

人后路，并研究会攻的日期，以无月光的黑夜为宜。此时，我三军迅速出击，敌军虽然众多，一定可以打败他们。”

武王又问：“假如敌军分为三或四部分，以一部分侵略我土地，一部分驻守而夺我牛马，其大军还没有完全到达，而另一部分兵力已逼近我城下，致使我三军十分恐惧，该怎么办呢？”

太公回答说：“应在敌军主力未到达之前，就事先完成战备，严阵以待。在离城约四里远的地方设置营垒，金鼓旌旗，并另派一支队伍为伏兵；营垒上多安排强弓劲弩，阵地上每隔百步设一突击之门，门外设置行马防守。车兵骑兵配置在营垒以外，勇兵锐士埋伏在隐蔽之处。敌人如果来到，先使我轻兵与敌交战，随即佯装败走。此时令我城上守兵，竖立旌旗，敲击鼙鼓，严备防守。如果敌人以为我主力守城，必然逼近城下。而我则发起伏兵，突击敌人阵内，或击其外；三军迅速猛攻，或击其正面，或攻其后方，致使敌军之勇者来不及与我战斗，轻便者也无法逃脱，这就叫突战。在这种情况下，敌人虽然多，也必然被我打败。”

武王说：“好啊！”

【赏析】

此段对话讲述的是如何以“突战”对付“突兵”。太公指出，“突兵”的特点是急于求功，只知一个劲地向前进攻、掠夺，其先锋部队往往比较凶猛，但粮食不足，后

劲有限，尾部虚弱，不堪袭击。面对“突兵”，即使其大军已逼近我城下，只要我军能设法攻其后方，以所谓“突战”的方式内外夹击，必定能将敌人打败。

战争一般讲究速战速决。久攻不下，长期相持，处于进退两难之境，将产生粮食短缺、军力损耗、士气衰落等种种后患，从而使优势逐渐转为劣势。

这也说明，来势凶猛的敌人并不可怕，凶猛的背后往往掩藏着虚弱。只要我们善于调兵遣将，击其虚弱的要害，是能够战胜它的。

汉景帝三年（公元前 154 年），吴王刘濞联合楚、赵、胶东、胶西、济南、淄川等诸侯王国，以“诛晁错、清君侧”为名，发动“八王之乱”。正月，吴王刘濞、楚王刘成联兵向西进攻。他们首先攻打忠于汉朝廷的梁国，包围了梁都睢阳（今河南商丘市南），重创梁军，并于崤函间（今陕西潼关至河南灵宝一带）设下伏兵，阻止汉军东出，形势危急。景帝命周亚夫为太尉，率兵 30 万解围、平叛。周亚夫率军行至灞上（今陕西西安市长安区东），采纳赵涉建议，改变行军路线，避开崤函间吴楚伏兵，绕道武关（今陕西商南县西北）进军洛阳，然后派兵回头从后侧袭击吴楚联军设于淆函间的伏兵。继而移军荥阳（今河南荥阳市），再从荥阳出发，从北侧越过正被吴楚重兵围困的睢阳，袭占了敌军后方重镇昌邑（今山东省金乡县西北）。之后，又出奇兵长途奔袭淮泗口（今江苏淮阴区西），切断吴楚联军的水上粮道。梁王因睢阳被围，多次向周亚夫求援，周亚夫却始终屯军昌邑不动。梁王上诉到景帝那里，景帝遣人转告周亚夫，周亚夫仍不发兵。此时，数 10 万吴楚联军久攻睢阳不下，粮道被断，又不得西过，处境被动，其出兵时的猛勇之势便大为削弱，不得已，转而进攻昌邑，企图与汉军主力决战。然而周亚夫却仍然坚守不出。吴楚军采用声东击西计对昌邑城实施强攻，又被汉军在城西北角打得大败。2 月，叛军粮尽，士卒饥疲，气丧志颓，被迫退兵。周亚夫遣精兵乘机追击，大破叛军。楚王刘成自杀，吴王刘濞仅收得残兵数千乘夜逃脱，后窜至东越被诛。周亚夫仅用不到 3 个月的时间，未经大的强攻苦战，以很少的代价，便平定了声势浩大的吴楚 7 国之乱，其奥秘何在？应该说，在很大程度上是得益于他的“釜底抽薪”计。他绕开崤函伏兵，置危城睢阳而不救，吴楚兵临昌邑而不战，这就避开了强敌的锋芒；他首歼崤函伏兵，以奇兵断敌粮道，又以坚壁昌邑，避免决战，养精蓄锐，拖疲叛军，这就大大加强了自己，削减了敌人的气势，然后乘机反攻，大获全胜。这不正是“不敌其力，而削其势”的妙用么！

敌强

【原文】

武王问太公曰:“引兵深入诸侯之地,与敌人冲车[①]相当,敌众我寡,敌强我弱,敌人夜来,或攻吾左,或攻吾右,三军震动。吾欲以战则胜,以守则固,为之奈何?”

太公曰:“如此者,谓之‘震寇’[②]。利以出战,不可以守。选吾材士强弩,车骑为之左右,疾击其前,急攻其后,或击其表,或击其里,其卒必乱,其将必骇。”

武王曰:“敌人远遮[③]我前,急攻我后,断我锐兵,绝我材士,吾内外不得相闻,三军扰乱,皆散而走,士卒无斗志,将吏无守心,为之奈何?”

太公曰:“明哉!王之问也。当明号审令,出我勇锐冒将之士,人操炬火,二人同鼓,必知敌人所在,或击其表,或击其里。微号[④]相知,令之灭火,鼓音皆止,中外相应,期约皆当,三军疾战,敌必败亡。”

武王曰:“善哉!”

【注释】

①冲军:担任冲锋突击的部队。

②震寇:使我军感到震恐的敌人。

③远遮:遮断、阻截。

④微号:暗号。

【译文】

武王问太公说:“领兵深入敌国境内,与敌国攻击部队相持,敌众我寡,敌强我弱。敌人夜袭我军,既攻我的左翼,又攻我的右翼,致使我军惊恐。我想进攻就能获胜,防御就能巩固,应该怎么办呢?”

太公回答说:“敌军此用兵之法,叫作‘震寇’。我军利于进攻,不利于防守。须挑选精兵强弩,以车兵、骑兵为左右翼,迅速攻进敌人正面,猛烈袭击敌人后方;既要攻打敌人外部,也要攻打敌人内部。这样,敌军士卒必然混乱,将帅必然惊骇。”

武王又问:“敌人在远处阻截我军的前方,急攻我军后卫,阻隔我精锐的援军,我军内外失去联系,全军处于混乱状态,因败逃而散乱;士兵没有斗志,将领无心坚守,这怎么办呢?”

太公说:“大王问得高明啊!在这种情况下,应该明确下达命令,出动我勇猛精锐的士卒,每人手持火炬,让二人同时擂击战鼓。必须探明敌军所在的位置,或袭击其外部,或攻打其内部。然后发出暗号,命令熄灭手中的火炬,停止击鼓,以便我军内外相应,大家都按约定的计划行动,全军发起猛烈的激战,敌人必定败逃。”

武王说:“很好!”

【赏析】

这段对话论述了对抗强敌“震寇”夜袭的策略。

太公指出,对付强敌夜袭,应当积极“出战”,不可消极“防守”。他指出,反击敌人的夜袭,要组织严密、信号明确、统一指挥、互相应合,同时还需摸清敌部所在,给予迅速勇猛的还击,如此就能取得战斗的胜利。

《孙子兵书·虚实》云:“兵之形,避实而击虚。”意思是避开敌人的主力所在,攻击其力量薄弱的地方。这又叫避实就虚。《淮南子·要略训》亦云:“避实就虚,若驱群羊。”避实击虚,虚破而实减。进攻者在选择作战目标、确定进攻路线和主攻方向时若坚持避实击虚,作战行动就会顺利如庖丁解牛,游刃有余。

军队作战,初战时气锐;过一段时间,力量有所消耗,士气逐渐懈怠;到了后期,士气衰竭。这就要求避开敌人初来时的锐气,待其懈怠、衰竭时再去打击它。实质即是根据敌军之士气来选择决战时机的问题。

孙武在2000年前,就把作为精神因素的“士气”看成是军队战斗力的重要组成部分。但在孙武之前,姜太公更是早已注意到士气对战争胜负的影响。孙武继承并发展了前人的思想,对“士气”做了进一步具体的分析,提出了掌握和运用士气达到克敌制胜的方法,为历代兵家所重视,成为古代战争中敌强我弱情况下作战的一条主要谋略。

《左传·庄公十年》记载:公元前684年,齐国进攻鲁国,战于长勺。鲁庄公起初不待齐军疲惫,就要擂鼓出战,被曹刿劝止。等到齐军击鼓三次进攻受挫时,曹刿说可以反击了。于是鲁国军队发起反攻,打败了齐军。事后,鲁庄公问曹刿打败齐军的道理,曹刿才说:“打仗要靠勇气。第一次击鼓鼓足士气,第二次击鼓士气开始衰落,第三次击鼓就泄气了。敌人泄气,我军气势旺盛,所以能够打败敌人。”这是在作战中掌握军队士气的一个典型战例。

现代战争形式已非2000年前可比,敌之士气也非指挥者登车而可望。但避敌锐气,伺机歼敌的思想仍然可以借鉴。

敌强我弱时,还可采用避实击虚的策略,即避开敌人坚实之处,攻击敌人空虚之环节。

当己方在力量上处于劣势,敌强我弱的情况下,与敌硬碰,进行大规模决战,无异于以卵击石。这时候应该采取避实击虚的方针,避免集中力量与强大之敌国主力决战,而是攻击弱小和孤立之敌,并根据“兵以分合为变”的原则,设法将敌人强大的主力分散开来,再集中己方相对优势兵力围歼局部劣势敌人。当战争形势发生变化,敌弱我强时,便可采取避虚击实之策,寻找敌方主力部队,想方法诱惑或迫使其与己决战,一举而消灭之。

避实击虚和避虚击实常常是交替运用的,因不同时间、不同地点、不同敌我双方各方面的情况,而有不同的侧重点,有时战略上运用避实击虚,而在战役战斗上则使用了避虚击实;有时战略上运用避虚击实,而战役战斗上却常用避实击虚。虚虚实实都随着条件的变化而变化。

总之,在“敌众我寡,敌强我弱”的形势下,对于强寇的任何突袭,都应积极谋划,组织精锐的力量给予狠狠的还击,才能固守自己的阵地,甚至击败敌人,否则,就是一种“坐以待毙”的态度和局面。

敌　武

【原文】

武王问太公曰:“引兵深入诸侯之地,卒遇敌人,甚众且武,武车[①]骁骑,绕我左右,吾三军皆震,走不可止,为之奈何?”

太公曰:“如此者,谓之‘败兵’。善者以胜,不善者以亡。”

武王曰:“用之奈何?”

太公曰:“伏我材士强弩,武车骁骑,为之左右,常去前后三里,敌人逐我,发我车骑,冲其左右。如此,则敌人扰乱,吾走者自止[②]。”

武王曰:“敌人与我车骑相当,敌众我少,敌强我弱,其来整治精锐,吾阵不敢当[③],为之奈何?”

太公曰:“选我材士强弩,伏[④]于左右,车骑坚阵而处,敌人过我伏兵,积弩[⑤]射其左右。车骑锐兵疾击其军。或击其前,或击其后,敌人虽众,其将必走。”

武王曰:“善哉!”

【注释】

①武车：威武的战车。

②吾走者自止：我军的逃兵自会回来。吾走者，我军逃走的士兵。

③不敢当：难以抵挡。

④伏：埋伏。

⑤积弩：密集射来的弩箭。

【译文】

武王问太公道："我军深入敌国境内，如果突然与敌遭遇，敌军兵力甚多，势力极强，并以威武的战车和骁勇骑兵，直向我军左右两侧包抄而来，我三军为之震恐，纷纷逃散，不可遏止，该怎么办呢？"

太公回答说："这种行动的军队，称之为败兵。善于用兵的人可以制胜，不善于用兵的人可能败亡。"

武王又问："那么应该怎么办呢？"

太公回答说："埋伏我精兵强弩，以戎车骁骑掩护左右，一般离主力约3里之远，敌人如果追击而来，则出动我战车、骑兵，猛攻其两侧，这样敌人必定受到扰乱，我军逃跑的士卒就会自动回来。"

武王又问："如果敌人与我军的车骑相遇，兵力上敌众我寡、敌强我弱，敌人前来攻我，阵势整齐、士卒精锐，我军队伍无法阻挡，该怎么办呢？"

太公回答说："此时应选用我精兵强弩埋伏于左右；我车骑部队则坚守阵地。如果敌人通过我军埋伏的地方，就集中弓弩射击他的两翼，同时出动车骑，以精兵锐卒猛击之，或袭其前，或攻其后，敌人虽众，势必败走。"

武王说："好啊！"

【赏析】

这段对话论述在敌强我弱的劣势下，猝然与敌相遇，怎样击退敌人进攻的作战方略。其基本精神就是要善于调动我军各种精锐的兵力，主动还击。

太公指出，此时伏兵的运用十分重要。因为，在任何战斗中，伏兵都可以发挥出其不意的效果，以及以一当十、以弱胜强的作用。也就是说，让敌人在明处，你在暗处，敌人想攻则没有目标，想守则防不胜防，完全处于被动挨打的局面。而伏兵最能发挥特殊战斗力的武器，在古代当然就是弓弩了，所以太公特别强调"伏我材士强弩”，其他兵械则配备作战。

《百战奇法·寡战》也云：“凡战，若以寡敌众，必以日暮，或伏于深草，或邀于隘路，战则必胜。”意思是说，如果敌众我寡，一定要利用黄昏的时候，或者在深山草丛中设置伏兵，或者在谷口隘路截击敌人，战斗就一定能胜利。这些谋略思想，与姜太公所主张的相同，是古代作战以少胜多的一个重要原则。

一般说来，山岳丛林，深沟险谷，大部队难以展开，而小部队却可以从容布置。战争史上一再表明，以少量兵力对众多敌人，强攻硬拼是难以克敌制胜的，最好的办法是选择隐蔽、险要地形，或设伏、或截击，这样既可有效地保存自己，又易达成突然歼敌的目的。

从1943年10月1日起，日军调集16个大队和伪军一部，共2万余人，在飞机配合下，分三线对我晋冀鲁豫边区太岳抗日根据地进行所谓“铁滚扫荡”。八路军太岳军区386旅16团跳出了敌人的重重封锁后，于10月22日开赴延安途中，乘虚进抵敌指挥部临汾附近，获悉临汾之敌可能东进。为了打击敌人的嚣张气焰，配合根据地军民粉碎敌人扫荡，团首长决定在韩略村西南敌必经公路两侧选择有利地形设伏，以4个连的优势兵力伏击敌人的汽车运输队。24日凌晨3时，我各伏击分队全部进入了伏击阵地。8时，从临汾方向开来了13辆满载日军的汽车，内中有3辆小汽车，进入我军伏击圈内。我6连截尾，首先把最后一辆汽车打着了火，断敌退路。我9连斩头，用猛烈火力迎头拦住敌人。公路两边居高临下的轻重火力，如迅雷急雨般地倾泻下去。立时，山沟底里，硝烟弥漫，弹片横飞，日军惊恐万状，混乱一团，晕头转向，丢盔弃甲。4连和5连同时从公路两侧冲出，迅速地将敌分割成数段。勇士们有的端着刺刀，有的提着大刀，扑向敌人，与一群群拿着指挥刀的鬼子进行肉搏。激战三小时，全歼该敌120余人。从缴获的文件中查明，此敌正是“皇军战地观战团”，均少将以下联队长以上军官。敌人临汾指挥部大惊失色，急忙抽调进犯太岳抗日根据地的兵力数千人，在飞机掩护下，连夜合击我军。我16团按原计划西撤，开赴延安去了。我太岳抗日根据地军民乘机出击歼敌，粉碎了敌人的“铁滚扫荡”。

鸟云山兵

【原文】

武王问太公曰：“引兵深入诸侯之地，遇高山盘石，其上亭亭[①]，无有草木，四面受敌，吾三军恐惧，士卒迷惑，吾欲以守则固，以战则胜，为之奈何？"

太公曰："凡三军处山之高，则为敌所栖[②]，处山之下，则为敌所囚[③]。既以被山而处，必为鸟云之阵[④]。鸟云之阵，阴阳[⑤]皆备，或屯其阴，或屯其阳。处山之阳，备山之阴；处山之阴，备山之阳；处山之左，备山之右；处山之右，备山之左。其山，敌所能陵[⑥]者，兵备其表，衢道[⑦]通谷，绝以武车，高置旌旗，谨敕三军，无使敌人知吾之情，是谓山城[⑧]。行列已定，士卒已阵，法令已行，奇正已设，各置冲阵于山之表，便兵所处，乃分车骑为鸟云之阵。三军疾战，敌人虽众，其将可擒。"

【注释】

①亭亭：山峦高耸的样子。

②为敌所栖：被敌人包围。栖，本意是鸟类停息歇宿的意思。

③囚：囚禁。此为监视之意。

④鸟云之阵：指机动部队。

⑤阴阳：山的北面叫阴，南面叫阳。

⑥陵：攀登。

⑦衢道：四通八达的道路。

⑧山城：以山为城，即依托山地的防御。

【译文】

武王问太公道："我军深入敌国境内，遇到高山磐石，其峰峦高耸，没有草木，四面受敌围困，我三军因之恐惧，士卒迷惑。我想在此防守则能坚固，进攻则能取胜，应该怎么办呢？"

太公回答说："大凡军队驻扎在山顶，容易被敌人所孤立；驻扎在山下，则容易为敌人所围困。既然在山地作战，就必须布设'鸟云阵'。所谓'鸟云阵'，就是对山南山北各方面都要严加戒备，机动地控制各处地形。或屯兵于山之北，或屯兵于山之南。屯兵于山北，须戒备于山南；屯兵于山南，则须戒备于山北；屯兵山左，戒备山右；屯兵山右，戒备山左。凡是敌人能够攀越的地方，都要派兵戒备，所有交通要道和能够通行的谷地，必须用战车阻绝。同时，高挂军旗，谨饬三军，严阵以待，不使敌人探知我方军情，这叫作'山城'。部署完后，士卒各就其位，谨守法令，做好奇正变化的埋伏，分别配置冲阵于高处便于作战的地方，将战车、骑兵布为鸟云阵。敌军来攻之时，命令迅速且猛烈攻击，敌人尽管众多，也可以打败，甚至俘获它的将领。"

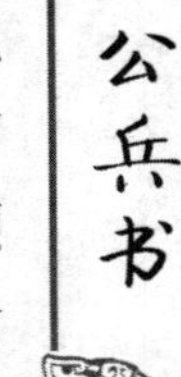

【赏析】

没有草木的高山峻岭，野兽不能隐藏，只有鸟儿可以飞越，高山打仗应从中获得启迪，为此，太公提出了“鸟云阵”的战术。

所谓鸟云阵，就是要善于利用和控制整个山势的地形，采取机动的办法驻兵和防备，使整个部队调遣灵活、攻守自如，不致被敌军孤立围困在一个地方，动弹不得。马谡失街亭便是很好的例证。

当诸葛亮平定南方后，回师北征要攻取长安时，曹叡又起用司马懿率兵迎战蜀军。

诸葛亮知道司马懿率兵前来迎战，料定他会来取街亭，决定增兵防守。并同意让马谡去守街亭。诸葛亮虽然同意马谡去守街亭，让他领 2500 精兵前往，但仍不放心，又叫谨慎的王平去协助他。马谡到街亭看地形以后，发现旁边有座孤山，异常险峻，林木遍地地，他认为这是个天然屯兵的好地方。王平极力反对，可马谡大笑，说他不懂兵法：“兵法书上说过：居高临下，势如破竹。如果魏兵敢来，我就杀他个落花流水，有来无回！”王平耐心地劝说：“我多次随丞相出征，受益很多，眼前这座山是个孤山无援的绝地，如果魏军四面围来，断绝水道，我军会不战自乱。”马谡依然不听，王平无奈，只好说：“如果参军坚持要在山上扎寨，请给我一部分人马，我到山的西面扎个小寨，好与你互相呼应，万一魏兵来攻，可以互相支援。”马谡答应了，于是王平在离山 10 里的地方扎了一个小寨，并画成图本，派人速送诸葛亮，报告马谡不听劝说，坚持扎寨山上的情况。诸葛亮一见图本，知道马谡放弃要道，占山为寨，不禁拍案大惊：“马谡无知坑害了我的军队了！”他对左右的人说：“如果魏兵四面包围，断了水源，不要两天，我军不战自乱。如果街亭失守，后路切断，如何安全撤退？”正在诸葛亮着急时，有人来报紧急军情：“街亭失守！”诸葛亮气得顿足，叹气说：“败局已定，大势已去，都怪我用人不当，过错真大啊！”他只好采取紧急措施，应付突然事变，命令蜀军先撤回汉中。

鸟云泽兵

【原文】

武王问太公曰：“引兵深入诸侯之地，与敌人临水相拒①，敌富而众，我贫而寡，逾水击之，则不能前，欲久其日②，则粮食少。吾居斥卤③之地，四旁无邑，又无草木，三军无所掠取，牛马无所刍牧[4]，为之奈何？”

太公曰：“三军无备，牛马无食，士卒无粮，如此者，索便诈敌而亟去之，设伏兵于后。”

武王曰：“敌不可得而诈，吾士卒迷惑，敌人越我前后，吾三军败乱而走，为之奈何？”

太公曰：“求途[5]之道，金玉为主[6]。必因敌使，精微为宝。”

武王曰：“敌人知我伏兵，大军不肯济[7]，别将分队以逾于水，吾三军大恐，为之奈何？”

太公曰：“如此者，分为冲阵，便兵所处，须其必出，发我伏兵，疾击其后，强弩两旁，射其左右。车骑分为鸟云之阵，备其前后，三军疾战。敌人见我战合，其大车必济水而来，发我伏兵，疾击其后，车骑冲其左右，敌人虽众，其将可走。凡用兵之大要，当敌临战，必置冲阵，便兵所处，然后以车骑分为鸟云之阵，此用兵之奇也。所谓鸟云者，鸟散而云合，变化无穷者也。”

武王曰：“善哉！”

【注释】

①相拒：对峙。拒，抵御。

②欲久其日：想久拖时日。

③斥卤：指盐碱地带。斥，咸。卤，盐。

④刍牧：割草放牧。

⑤求途：寻求退路。

⑥金玉为主：以金银财宝的诱惑为主要手段。

⑦济：渡过。

【译文】

武王问太公道："我军深入敌国之境，与敌隔水对峙，敌军资材充足，兵力众多；我军资材贫乏，兵力寡少。我想渡水攻敌，却无力前进，我想拖延时日，粮食又不足。我军处于盐碱地带，附近没有城邑，也没有草木，军队无处取得资源，牛马无处放牧，应该怎么办呢？"

太公回答说："三军没有充足的装备，牛马没有饲料，士卒没有粮食，处于这种情况下，应该寻找机会，设法欺诈敌人，迅速离开此地，并设伏兵于后，以防敌人追击。"

武王又问："如果敌人未中我计，我军士卒又恐慌迷惑，敌人前后攻来，我三军顿时溃退，该怎么办呢？"

太公回答说："这时寻求出路的方法，要以重金美玉使敌人产生掠夺之心并且贿赂敌方军使，以了解敌人的情况。此事必须周密细致，不使敌人察觉。"

武王又问："如果敌人知道我设有伏兵，而其大军不肯渡河，只派遣部分兵力渡水攻我，我三军因之恐惧，又该怎么办呢？"

太公回答说："如果这样，我应于地形便利之地设置冲击部队，等到敌军全部渡水而来，然后发动我伏兵猛烈攻击其后方，又令两侧弓弩手射其左右。此时车兵、骑兵布好鸟云阵，戒备于前后，与敌疾战。敌人见我军与之交战，其大军必渡水来攻，我则发动伏兵，疾攻其后，而车兵、骑兵则攻击其左右。敌军虽然众多，必定败溃而逃。用兵的主要原则，在于与敌交战之前，必须部署冲阵的攻击部队，将其配置在便于作战的地方。然后将车兵、骑兵组成鸟云阵，以便灵活调遣，机动出击，使各部兵力能更密切地配合作战，出其不意地打击敌人。所谓'鸟云'，就是战车和骑兵作机动兵力使用，如同飞鸟散开云朵合聚那样变化无穷的意思。"

武王说："好啊！"

【赏析】

此段对话论述在两军临水对峙，而敌众我寡、敌富我贫，我军处于极为不利条件下如何取胜的策略。假如说我有三重不利，而敌有三重优势，我军是否就没有了绝处求生的希望，只好举手投降呢？不然！战争胜败的因素是多方面的，主观上是否善于用兵，常常比客观上有利的形势更重要。就像下棋一样，往往大好的棋局，只因一着失误，便导致满盘皆输。

战争的运动规则不是一成不变，战争的成员必须服从集体的意志，但集体的意志并不完全等同于个人的意志。所以在任何势力的对立中，不免出现叛徒、腐化分子和意志薄弱者，他们是敌人的潜在"敌人"。记住这一点，就告诉我们："打仗不要忘了敌人"，他们之中也有可供我们利用的人。用金钱美玉收买"有用的敌人"，在一切意义的战场上都是极为有效的武器。姜太公主张"求途之道，金玉为主"是有道理的。

少　众

【原文】

武王问太公曰："吾欲以少击众，以弱击强，为之奈何？"

太公曰："以少击众者，必以日之暮，伏于深草，要之隘路；以弱击强者，必得大国而与，邻国之助。"

武王曰："我无深草，又无隘路，敌人已至，不适日暮；我无大国之与，又无邻国之助，为之奈何？"

太公曰："妄张诈诱[①]，以荧惑[②]其将，迂[③]其道，令过深草；远其路，令会日路[④]，前行未渡水，后行未及舍，发我伏兵，疾击其左右，车骑扰乱其前后，敌人虽众，其将可走。事大国之君，下邻国之士，厚其币，卑其辞，如此则得大国之与，邻国之助矣！"

武王曰："善哉！"

【注释】

①妄张诈诱：采用夸张欺骗的手段蛊惑之。妄张，夸张。

②荧惑：迷惑。荧，使人目眩。

③迂：绕开、迂回。

④令会日路：使敌人正好在日落天暗时与我交会。

【译文】

武王问太公道："我想以少击众，以弱击强，怎样才能取胜呢？"

太公回答说："以少击众，须待夜幕降临之际，埋伏军队于深草丛林之中，或拦腰袭击敌人于隘路险阻之处。以弱击强，须得到大国的支援、邻国的援助。”

武王又问：“我军所在地形上，既无深草丛林可以埋伏，又无隘路险阻可以利用，敌人已经攻来，正巧还未到日暮时分；我方既没有大国的支援，也没有邻国的援助，这又该怎么办呢？”

太公回答说：“可以用虚张声势、引诱诈骗的方法迷惑敌人的将帅，诱使敌人迂回前进，通过深山丛林或隘路险阻之地。引诱敌人多绕远道，拖到日暮时与我方交战，乘敌人前面的部队还没有渡河，后面的队伍还来不及扎营，我则趁此时发动伏兵，猛击其左右，同时出动车兵、骑兵扰乱其前后，敌人虽然众多，其将必定败走。采行此战法，外交上加以配合，事奉大国的君主，礼遇邻国的贤士，用厚金相赠，言辞谦逊，这样就可以得到大国的支援、邻国的援助了。”

武王说：“好啊！”

【赏析】

此段对话讲述怎样以少击众，以弱击强的战略战术。

姜太公指出：以少击众要选择有利的时空环境，即以客观的优势来弥补我军主观上的不足，而以客观的劣势来削弱敌军主观上的优势，把两方面的工作结合起来，同时进行，就能收到加倍的成果。比如草丛、黑夜、险阻，作为交战双方的时空环境，胜负往往就决定于谁更善于利用这种时空环境对自己构成优势，对敌方造成劣势。处于优势者，虽少必胜；处于劣势者，虽众必败，这是一般的规律。

在敌强我弱的情况下，欲“以少击众，以弱击强”，可以采用多种方法，伪装强大，使敌方无法判断我之虚实，因而不敢轻易与我交战，如此便可保全我军实力，安全撤退。

有一则寓言故事叫作“狼来了”，告诫人们不要说谎话。但在敌我双方的生死斗争中，“狼来了”是一种正常，甚至杰出的谋略手段。运用“虚虚实实”的谋略，实际上就是“狼来了”现象。运用和识破这个谋略是谋略家向来重视的问题。

以弱击强还要取得外交上的支援和援助，道理和以少击众是一样的。你取得了大国的支援和邻国的援助，敌人就失掉了这种支援和援助：你若益加强盛了，而敌人即相对地被削弱了。

战争是一种强化自己和弱化敌人的双管齐下的艺术。

分险

【原文】

武王问太公曰:“引兵深入诸侯之地,与敌人相遇于险阨之中,吾左山而右水,敌右山而左水,与我分险相拒,各欲以守则固,以战则胜,为之奈何?”

太公曰:“处山之左,急备山之右;处山之右,急备山之左。险有大水无舟楫者,以天潢[①]济吾三军。已济者亟广吾道,以便战所。以武冲为前后,列其强弩,令行阵皆固。衢道谷口,以武冲绝之,高置旌旗,是谓‘车城’[②]。”

“凡险战之法,以武冲为前,大橹为卫,材士强弩翼吾左右;三千人为屯[③],必置冲阵,便兵所处;左军以左,右军以右,中军以中,并攻而前,已战者,还归屯所;更战更息,必胜乃已。”

武王曰:“善哉!”

【注释】

①天潢:浮桥或其他天然浮游器材,如木筏等。

②车城:指军中用战车连接起来构成的营寨,以抵御敌人的进攻。

③屯:作战时的编制单位。

【译文】

武王问太公说:“我军深入敌国境内,与敌相遇于险阻狭隘之地。我军所处的地形是左靠山右临水;敌军所处之地形是右靠山左临水,各据险要,互相对峙,都想要以防守就能坚固,进攻就获胜。在这种情况下,应该怎么办?”

太公回答说:“我军占领山的左侧时,就应当迅速戒备山的右侧;占领山的右侧时,就应当迅速戒备山的左侧。面对险要的大江而又没有船只可资利用,就可以用天然浮物做筏子将我军渡过。已经渡过江的部队应当迅速开辟前进的道路,以便抢占有利的地形。用武冲大战车部署前后,广泛配置弓弩手,以使阵形坚固,阻绝于山口要道,并在阵地上高竖旌旗,这就构成了一座车城。”

“大凡在险处作战,其方法应以武冲大战车为前道,大盾牌为掩护,令材士强弩保障我左右两翼,步兵每 3000 人为一单位,编成攻击队形,配置在便于进攻作战的地形上。进攻时,左军用于左翼,右军用于右翼,中军用于中央,三军齐头并进,轮番作战、轮番休息,不断猛攻,直到取得胜利为止。"

武王说:"好啊!"

【赏析】

这段对话论述"险战"之法,即敌我双方在分据山水险要、互相对峙的情况下,怎样防守与攻战的方略。姜太公认为,部队要控制地形地势,开辟新的战场,以利于充分发挥我军的战斗力。

这里姜太公所谓的"险",不仅是山水地形之险,更是军队布阵用兵之险,即"车城险战"。山川之险是死的,"车城"之险是活的。这是更高的险,是险中之险。太公反复讲述了"车城险战"的布置之法和运用之方,认为这种"险"才是"以守则固,以战则胜"的根本。

从另一个角度讲,"以守则固,以战则胜",就是在不被敌人打败的情形下,等待和寻求敌人可能被我战胜的时机,而后寻敌可乘之隙,以便战而胜之。

公元618年,李世民和西秦薛仁杲作战。李世民的军队到达高摭城(今陕西长武县北),薛仁杲派他的大将宗罗喉去抵御。他几次向唐军挑战,将官们都请求应战,李世民始终坚持不出,并说:"我们刚打败仗,士气不高,敌人因为打过胜仗,很骄傲,有轻视我军的心理,所以应该坚守工事等待机会。敌人骄傲,我们奋勉,一战就可击败敌人。"于是给军队下命令。"有敢于请求出战的,一定按军法从事。"两军相持60余天,薛仁杲的粮食吃完了,一部分将士向唐军投降。李世民了解到敌人将士离心,有可胜的机会,于是派他的一位将军梁实在浅水原(今陕西长武县东北)布阵诱敌。宗罗喉果然上当,把他的全部精锐部队向梁实进攻。梁实固守,宗罗喉连攻几天不下,李世民估计敌已疲劳,才下令布阵攻敌,宗罗喉大败。

此战例正是孙子"先为不可胜,以待敌之可胜"战略的具体体现。"待敌之可胜"并非消极等待,而是一种积极的谋略思想。孙武在此段之后又说,"故善战者,立于不败之地,而不失敌之败也",就是先有"自保"不败,而后相机破敌,"不可胜在己,可胜在敌"。克服自己的弱点,要靠主观努力,修道而保法,能为胜败之政。要钻敌人的空子,必须敌人有空子可钻,引诱敌人,必使敌人上当才行。善战者,能为不可胜,但可乘敌之可胜。因为,"必可胜"不但在己,也在敌。战争双方都在高度地发挥主观能动性,但是,高明的将帅,可以通过种种手段使敌人犯错误。我们可以发现、利用敌人的弱点和错误,战而胜之。《百战奇法·守战》云:"知己有未可胜之理,则我且固守,待敌有可胜之理,则出兵以攻之,无有不胜。""待敌之可胜",在己方来说主要也靠主观能动性,发现可胜的条件。消极等待,不及时发现敌之弱点和错误，胜利是“待”不来的。

第六章　犬韬篇

本韬导语

本韬着重论述了操练、编选步兵及车骑兵的基本战术。

若要采取全面行动，就必须在预定的期限内，将所有的兵力集结起来。因为时间就是战机，时间就是胜利，必须“移书”为据，“立表”为准，以保确凿无误。为保证集结，大将宜先定战地、战日，然后颁布命令，将士们约定日期，攻城围邑，届时各部队都集合在约定的地方，并按到达的先后顺序，先到者给予适当的奖励，迟到者格杀勿论，依此法行令，无论远近，部众都会按时集合。任何分治的物件，都必须有统一的法规，才可能在必要时将它们集中起来，否则各行其是，既不能分别管理，也不能统一领导。

临敌打仗的关键，是抓住战机。太公说：“敌人所集可击，人马未食可击，天时不顺可击，地形未得可击，奔走可击，不戒可击，将离士卒可击，涉长路可击，济水可击，不暇可击，阻难狭路可击，乱行可击，心怖可击。”能够抓住以上良机，就可获得意想不到的成功。

临敌打仗时，步兵与车骑，应当收放自如。太公说：“步兵与车骑战者，必依丘陵险阻，长兵强弩居前，短兵弱弩居后。”轮流更换战斗、轮流休息，敌人车骑虽向我大举进攻，我如坚守阵地、迅速猛攻、射歼其人马，便可将敌人击败。同时，我方还必须另派一部分将士强弩防备后方。

分　合

【原文】

武王问太公曰：“王者帅师，三军分数处，将欲期会合战①，约誓②赏罚，为之奈何？”

太公曰：“凡用兵之法，三军之众，必有分合之变。其大将先定战地、战日，然后移檄书[3]与诸将吏:期攻城围邑,各会其所,明告战日,漏刻[4]有时。大将设营而阵,立表辕门[5],清道而待。诸将吏至者,校[6]其先后,先期至者赏,后期至者斩。如此,则远近奔集,三军俱至,并力合战[7]。"

【注释】

①合战:会合各部兵力与敌作战。

②约誓:宣布事前先制定好的盟约。

③檄书:古代官府用于征召、晓谕、征讨的文书。

④漏刻:古代的计时器,按漏水的刻数记时。

⑤立表辕门:立表,古代立木为表,用观察日影移动的方法来记时。辕门,军门、营门。

⑥校:校对、比较。

⑦合战:集中兵力作战。

【译文】

武王同太公说:"国君统兵出征,三军分驻数地,要想按期集合军队与敌交战,誓师颁发命令,宣布赏罚条例,应该怎么办?"

太公回答说:"用兵的法则,由于三军众多,必然有分散和集中的变化。主将首先要确定作战的地点和日期,然后用紧急文书下达各部将吏:约定围攻的城邑及各部会合的地区、作战日期、到达时间。然后主将设营布阵,在辕门立下木表,以观测日影,肃清道路,计时等候各部将士到来。将士到达的时间,要核对其先后,先到者有赏,误期迟到的斩首示众。这样,不论远近,所有部众都会按期赶来会集,三军就能集中力量与敌交战了。"

【赏析】

此段对话讲述的是"三军之众,必有分合"之变的规律特点。怎样才能将分驻各地的部队迅速集合起来,这必须按法纪的规章办事,做到坚决、严厉、准确,并用重赏严刑加以监督。

其中,最重要的是集合的时间,因为时间就是战机,时间就是胜利,必须"移书"为据,"立表"为准,以保确凿无误。

任何分治的物件,都必须有统一的法规,才可能在必要时将它们集中起来,否则各行其是,既不能分别管理,也不能统合领导。

军队有铁的纪律,才能令行禁止,有战斗力。在我国历史上,宋代的岳家军、明代的戚家军,都是由于赏罚严明,才不畏强敌,勇敢善战的。戚继光从自己的治军经验中提出,赏罚要合乎情理。情理者,众人之心声也。就是说,要奖励的人必须是群众所喜爱、佩服的,要惩罚的人也必须是群众所痛恨、厌恶的;善恶分清,功过分清,才能赏罚严明;或赏或罚,都需要先把道理讲清,使大家知道受赏受罚的原因,就会使众人真正受到教育而不会产生怨恨之心。

吴王阖闾时,孙武来到吴国。阖闾读了他的著作,很是钦佩。问道:“可以试试练兵的方法让我看看吗?”孙武说:“可以。”又问:“你的练兵方法可以适用于妇女吗?”孙武说:“可以。”。

于是阖闾挑出宫中美女 180 人,交给孙武。孙武把她们编成两队,派阖闾的两个最宠爱的姬妾,分任队长,每人都持着戟,站成了队。孙武先对她们说:“你们都知道心、左右手和背的位置吗?”她们都说“知道”。孙武说:“心在前,左手在左,右手在右,背在后。大家都明白吗?”她们都说“明白”。孙武部署已定,设下了执行军法用的斧钺,“即三令五申之”。然后击鼓使她们向右。

宫女们却嘻嘻哈哈地笑起来。孙武说:“约束不明,申令不熟,这次应由将帅负责。”于是“复三令五申而鼓之左,宫女们复大笑”。

孙武说:“部署已经明确,解释也已透彻,这次仍旧不照办,那就是士兵不听指挥的问题了,队长应受军法处分!”

吴王阖闾正在台上观看操练,见要杀他两个爱姬了,大吃一惊,急忙派人下来传话,说:“我已经知道将军善于用兵了。我没有这两个爱姬饭都吃不下的,请不要杀她们吧!”孙武答道:“我既已受命为将,将在军,君命有所不受!”当即把两个队长斩首示众,依次派第二个人分任队长。于是又击鼓操练,宫女们不论向左、向右、前进、后退、跪下、起立,全都服从命令,而且严肃认真,毫无嬉笑喧哗的声音了。

孙武便向阖闾报告道:“兵已经练好了,请大王检阅。这两队士兵,尽可任意指挥,即使叫她们到水里火里去也不会抗命了。”阖闾苦笑道:“行了,你休息休息吧,我不想检阅了。”孙武有些不满,说;“您只欣赏我的理论,却不支持我实行!”阖闾到底还是拜他为将。

武　锋

【原文】

武王问太公曰:“凡用兵之要,必有武车骁骑,驰阵选锋[①],见可则击之。如何则可击?”

太公曰:“夫欲击者,当审察敌人十四变[②],变见则击之,敌人必败。”

武王曰:“十四变可得闻乎?”

太公曰:“敌人新集[③]可击,人马未食可击;天时不顺可击;地形未得可击;奔走可击;不戒[④]可击;疲劳可击;将离士卒可击;涉长路可击;济水可击;不暇[⑤]可击;阻难狭路可击;乱行可击;心怖[⑥]可击。”

【注释】

①驰阵选锋:指冲锋陷阵的锐士。

②变:变故,指对敌不利的情况。

③新集:刚刚集中起来.

④不戒:疏于警戒。

⑤不暇:忙乱不整,张皇不安。

⑥心怖:军心恐怖,张皇不安。

【译文】

武王问太公道:“大凡用兵的原则,必须装备威武的战车,骁勇的骑兵,以及冲锋陷阵的勇士,发现敌人有可乘之机,就迅速发起攻击。但是,究竟什么时候可以发起攻击呢?”

太公回答说:“要想攻击敌人,应当观察审视敌人 14 种变化情况。这 14 种变化的情况出现了,就立即发起攻击,敌人必败。”

武王又问:“14 种对敌不利的情况是哪些呢?”

太公说:“敌人刚集众时可以攻击;人马饥饿,尚未吃饱时可以攻击;天气对敌不利时可以攻击;地形对敌不利时可以攻击;敌人奔走赶路时可以攻击;敌人毫无戒备时可以攻击;敌人疲劳时可以攻击;将帅离开部队时可以攻击;长途跋涉时可以攻击;敌军渡河时可以攻击;敌军忙乱时可以攻击;通过隘路险阻时可以攻击;行列散乱时可以攻击;军心惊恐时可以攻击。”

【赏析】

此段论述战场上最有利于攻击敌人的 14 种战机。

姜太公认为,这 14 种战机都从“审察敌人”而来。所谓“审察敌人”,就是用观察、探测等方法了解敌之天时、地利、人和等种种情况的变化,摸清敌人的动向和处境状态，掌握敌人最不利的时机，然后迅速地抓住这个时机，向敌人发起猛烈的攻击。

有利的战机，并不仅仅是我方独立自觉的优势。有利的战机还源自敌方，对敌人不利的战机，就是对我方有利的战机。胜利的战机，要从敌我双方去寻找。所谓知己知彼，才能百战百胜。

练　士

【原文】

武王问太公曰："练士[①]之道奈何？"

太公曰："军中有大勇、敢死、乐伤者，聚为一卒[②]，名曰'冒刃之士'；有锐气壮勇强暴者，聚为一卒，名曰'陷阵之士'；有奇表[③]长剑、接武[④]齐列者，聚为一卒，名曰'勇锐之士'；有拔距[⑤]、伸钩[⑥]、强梁[⑦]多力、溃破金鼓、绝灭旌旗者，聚为一卒，名曰'勇力之士'；有逾高绝远[⑧]，轻足善走者[⑨]，聚为一卒，名曰'寇兵之士'；有王臣失势，欲复见功者，聚为一卒，名曰'死斗之士'；有死将之人，子弟欲与其将报仇者，聚为一卒，名曰'敢死之士'；有赘婿[⑩]人虏，欲掩迹扬名者，聚为一卒，名曰'励钝[⑪]之士'；有贫穷愤怒，欲快其心者，聚为一卒，名曰'必死之士'；有胥靡[⑫]免罪之人，欲逃其耻者，聚为一卒，名曰'幸[⑬]用之士'；有材技兼人，能负重致远者，聚为一卒，名曰'待命之士'。此军之服习，不可不察也。"

【注释】

①练士：挑选士卒。

②卒：古时百人称卒。这里泛指军中一种有组织的单位。

③奇表：体态奇异。

④接武：接踵，一个接一个地。

⑤拔距：古代运动习武的游戏，类似今之拔河。这里形容臂力过人。

⑥伸钩：把弯钩伸直，形容力大。

⑦强梁：强横、凶暴。

⑧逾高绝远：越高山、走远路。

⑨轻足善走者：脚轻，善于奔跑之人。

⑩赘婿：男战败被虏又被招为婿的人。

⑪励钝:激励不努力的人。

⑫胥靡:刑徒囚犯。

⑬幸:封建时代指受帝王的宠爱叫幸。

【译文】

武王问太公道:“挑选和组编士兵的方法为何?”

太公回答说:“把军中有胆量、不怕死的士兵编为一队,取名‘冒刃之士’;把有锐气、强壮和凶猛的士兵编为一队,取名‘陷阵之士’;把动作奇特、善用长剑,在队列中步伐稳健的,编为一队,取名‘勇锐之士’;有臂力过人,能伸钩破敌人阵脚、凶猛强悍、捣敌金鼓、拔敌旌旗的,编为一队,取名‘勇力之士’;把能攀山越岭,长于跋涉、脚轻善走的编为一队,取名‘寇兵之士’;把在君主面前因过失势,想重新建立功勋的,编为一队,取名‘死斗之士’;有阵亡将帅的子弟想为父母兄弟报仇的,编为一队,取名‘敢死之士’;有曾被敌招赘、俘虏,希望扬名遮丑的,编为一队,取名‘励钝之士’;有贫穷愤激,要求扬眉吐气的,编为一队,取名‘必死之士’;有被释放的罪犯,要洗刷其耻辱的,编为一队,取名‘幸用之士’;有才艺超人,能任重致远的,编为一队,取名‘待命之士’。这就是军队挑选士兵、组编队伍的方法,不可不详加考虑啊!”

【赏析】

此段讲述怎样依据士兵的特点,挑选和编制队伍的方法。

军人也是人,也必然有人的复杂性。带兵的人不应该反感甚至害怕这种复杂

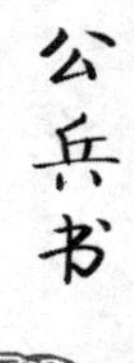

性，以为军人的头脑越简单越好。姜太公具体分析了14种不同性格、思想、心态和从军目的的人，认为只要因势利导，使用得当，就能发挥这些人的积极性和战斗作用，这是极为明智的观点。

一支具有活力的军队，不能单由一种模式的人组成，任何一个单位、一个团体也是这样，一个社会更是如此。

因此，对人才的使用和管理，必须要根据人才个体的特点，考虑人才群体的协调状况。只有根据互补原则建立起来的人才群体结构，才可能发挥其最佳功能。

唐太宗是封建帝王中最善于用人的皇帝之一。他在位22年（公元627年~649年），这个时期的政治较为清明，社会经济的恢复和发展较快，社会秩序也较安定，历史上称这个时期为“贞观之治”。能出现如此的盛世，这与唐太宗能知人善任、用其所长有关。魏征敢于犯上直谏，常常谏议治国施政的得失，指责唐太宗的过错，总是知无不言、言无不尽。他向唐太宗先后陈谏200多件事，唐太宗总是把他当作一面镜子，言听计从，让他做了多年的谏议大夫。房玄龄、杜如晦沉智善谋，审时度势，善于处理内政，唐太宗就同时任用他们二人为宰相。李靖熟读兵法、精通韬略，善于统兵征战，唐太宗就让其统率大军，南平吴、北破突厥、西定吐谷浑，为唐朝立下汗马功劳。

唐太宗不仅能用人所长，而且还引导臣下僚属们正确地评价人物，多看别人的长处，学习别人的长处。有一天，他宴请房玄龄、魏征、李靖、温彦博、戴胄、王珪等六位大臣。当大家酒兴正浓的时候，太宗对王珪说：“你善于识别和评价人才，今天不妨对在座的房玄龄等人评论一番，说说你和他们相比，有什么突出的长处。”王珪评论说：“要论孜孜奉国、知无不为，我不如玄龄；要论犯颜切谏，生怕您赶不上尧、舜，我不如魏征；要论文武兼备、出入将相，我不如李靖；要论敷奏详明、办事公平，我不如温彦博；要论处繁理剧，长于决断，我不如戴胄。至于在激浊扬清、疾恶如仇这方面，我和他们五位比起来，也有一己之长。”房玄龄等人都觉得王珪的评论恰如其分。太宗也完全赞同王珪的看法，勉励大家要虚心向别人的长处学习，互相取长补短。

人无完人，各有所长，领导者在任用人才时必须注意此要点，应用其所长，避其所短，不因其有缺陷而苛求人才，这样才能人适其用、人尽其才。舍长以就短，必然导致事业的失败。

现代社会，分工日趋复杂，人才不可能成为各方面都专精的全才，作为一名领导者更要注意用其所长、避其所短，如此才能真正做到人尽其才，才能使事业兴旺发达。

教 战

【原文】

武王问太公说:“合三军之众,欲令士卒,练士教战[1]之道奈何?”

太公曰:“凡领三军,必有金鼓之节,所以整齐士众者也。将必先明告吏士,申[2]之以三令[3],以教操兵起居[4],旌旗指麾之变法。故教吏士,使一人学战,教成,合之十人;十人学战,教成,合之百人;百人学战,教成,合之千人;千人学战,教成,合之万人;万人学战,教成,合之三军之众;大战之法,教成,合之百万之众。故能成其大兵,立威于天下。”

武王曰:“善哉!”

【注释】

①教战:教育训练部队打战。

②申:表明。

③三令:再三或反复地宣布命令。

④操兵起居:操兵,使用兵器。起居,指操练各种动作,如坐、站、进、退、分、合、解、结。

【译文】

武王问太公道:“我想集合全军官兵,教他们熟习教育训练部队打仗的技术,有什么方法呢?”

太公回答说:“凡是统率三军,必须用金鼓来指挥,才能使士卒步伐一致、队列整齐。将领必须先明确告诉官兵,再三申明军令,然后操练他们进、退、行、止等各种动作,要按旌旗的指挥变化。所以训练军队时,先进行单人教练,单人教练学成了,再十人合练;十人学成,再百人合练;百人学成,再千人合练;千人学成,再万人合练;万人学成,再三军合练大军作战的方法。各项教练都完成了,就可以会集成百万大军,组成强大的军队,立威于天下。”

武王说:“好啊!”

【赏析】

此段讲述训练军队的方法。原则是要循序渐进、由简到繁,由单兵到合成,从

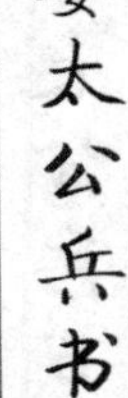

个人、小队伍练起，逐步扩大，以至于万人、百万人的大军，都可以训练出来，形成强大的部队，立威于天下。

这个办法很好，既训练了战士，也训练了指挥。能指挥一人，才能指挥十人；能指挥十人，才能指挥千人；能指挥千人，才能指挥万人；能指挥万人，才能指挥百万大军。士兵训练出来了，将官也训练出来了。所以练兵，实际上也是练官，练兵与练官是密不可分的。

均兵

【原文】

武王问太公曰："以车与步卒战，一车当[①]几步卒？几步卒当一车？以骑与步卒战，一骑当几步卒？几步卒当一骑？以车与骑战，一车当几骑？几骑当一车？"

太公曰："车者，军之羽翼也，所以陷坚阵，要强敌，遮走北[②]也。骑者军之伺候[③]也，所以踵[④]败车，绝粮道，击便寇也。故车骑不敌战，则一骑不能当步卒一人。三军之众成阵而相当，则易战之法，一车当步卒八十人，八十人当一车；一骑当步卒八人，八人当一骑；一车当十骑，十骑当一车。险战之法，一车当步卒四十人，四十人当一车；一骑当步卒四人，四人当一骑；一车当六骑，六骑当一卒。夫车骑者，车之武兵也，十乘败千人，百乘败万人；十骑败百人，百骑走千人，此其人数也。"

武王曰："车骑之吏数[⑤]，与阵法奈何？"

太公曰："置车之吏数，五车一长，十车一吏，五十车一率[⑥]，百车一将。易战之法，五车为列，相去四十步，左右十步，队间六十步。险战之法，车必循道，十车为聚，二十车为屯，前后相去二十步，左右六步，队间三十，六步，五车一长，纵横相去二里，各返故道。置骑之吏数，五骑一长，十骑一吏，百骑一率，二百骑一将。易战之法，五骑为列，前后相去二十步，左右四步，队间五十步。险战者，前后相去十步，左右二步，队间二十五步。三十骑为一屯，六十骑为一辈[⑦]，十骑一吏，纵横相去百步，周环[⑧]各复故处。"

武王曰："善哉！"

【注释】

①当：相当、抵。

②遮走北：断其退路。

③伺候:侦察敌人。伺,侦察。

④踵:跟随、接着。

⑤吏数:军官的编制方法。

⑥率:这里指车兵的一级单位。

⑦辈:这里指骑兵的一种战斗编组。

⑧周环:即周旋、交战的意思。

【译文】

武王问太公道:"用车兵与步兵打仗,一辆战车相当于几名步兵?几名步兵相当一辆战车?用骑兵与步兵打仗,一名骑兵相当于几名步兵?几名步兵相当于一名骑兵?用战车与骑兵打仗,一辆战车相当于几名骑兵?几名骑兵相当于一辆战车?"

太公回答说:"战车是军队的羽翼,用以突击敌军、截击强敌、阻断敌人退路。骑兵是三军的耳目,用以侦察敌情、追击逃敌、断绝敌人的粮道、袭击流寇。因此,车与骑运用不当的话,若与敌战,一名骑兵还不能抵挡一名步兵。如果三军布列成阵,在平坦的地形上作战,车、骑便于驰骋,一辆战车便可以抵挡80名步兵,80名步兵相当于一辆战车;一名骑兵可以抵挡8名步兵,8名步兵.相当于一名骑兵;一辆战车可以抵挡10名骑兵,10名骑兵相当于一辆战车。如果在险阻的地形上作战,一辆战车可以抵挡40名步兵,40名步兵相当于一辆战车;一名骑兵可以抵挡4名步兵,4名步兵相当于一名骑兵;一辆战车可以抵挡6名骑兵,6名骑兵相当于一辆战车。战车和骑兵,是部队中最武勇的实力。10辆战车可以击败敌人之步兵1000人,100辆战车可以击败敌人之步兵1万人;10名骑兵,可以击败敌人之步兵100人;百名骑兵可以击败敌人之步兵1000人。这些都是大约的数字。"

武王又问道:"车兵、骑兵的军官数目和阵法怎样呢?"

太公回答说:"配置车兵的军官数目是:5辆战车设一长,10辆战车设一吏,50辆战车设一率,百辆战车设一将。在平坦的地形上作战,其法是:5辆战车为一列,前后相距40步。左右间隔10步,列队间距离和间隔各36步,在险阻的地形上作战,其法是:战车必须沿道路行驶,10辆战车为一聚,20辆战车为一屯,车与车前后相距20步,左右相距6步,列队间距离和间隔各36步。5辆战车设一长,纵横相距2里,每辆战车撤出战斗后仍由原路返回。配置骑兵的军官数目是:5名骑兵设一长,10名骑兵设一吏,百名骑兵设一率,200名骑兵设一将。在平坦的地形上作战,其法是:5名骑兵为一列,前后相距20步,左右间隔4步,列队间距和间隔各50步。

在险阻地形上作战时，前后相距 10 步，左右间隔 2 步，列队间距离和间隔各 25 步，30 名骑兵为一屯，60 名骑兵为一辈，每 10 名骑兵设一吏，纵横前后相距左右各百步，环绕一圈，各自归回原处。”

武王说：“好啊！”

【赏析】

此段文字讲述车兵、骑兵、步兵的性能和作战能力的比较，以及车骑的编制和阵法。太公指出，车与骑如果运用不当的话，若于敌战，一名骑兵还不能抵挡一名步兵。由此，我们可以想到对人才的运用，好的统帅或领导一定会知晓“才有参差，各得其所”的道理。

人的能力参差有别，大小不同。就像升不可盛斛，满则外溢而丢弃。用人也是如此，倘若用非其能，又怎能不产生差错呢？姜太公说：“平时多言多语，恶言满口，终日不绝，这样的人为众人所憎恶，被人们嫉恨。可安排他们在闾巷间当差，察奸举祸。这类人喜弄权术，好事多事，晚睡早起，劳而无怨，只有妇人之能所以只配做妇人之事。胸无城府，预先告诉别人检察之事，心肠软，劝人改过而勉加餐饭，为人老实，寡言少语，分配财物平均，这样的人只能做十人之将。对上善于言辞，恭敬有礼，对下专横，不听劝谏，好用刑罚，刑必见血，不避亲情，这种人可做百人之将。言辞间争强好胜，疾恶如仇，斥人以刑，而使众人整齐划一，这是千人之将。神情谨慎，言语很少，关心士兵饥饱，熟悉下级艰难，这样的人足可做万人之将。战战栗栗，如临深渊，如履薄冰，做事一日比一日谨慎，勤于所任之事，亲近贤士，采纳众谋，用人有节制，言语不傲慢，忠心耿耿，竭诚尽力，这样的人堪为十万人之将。为人温良敦厚，做事堪称典范，一心一意，见贤则荐，严于执法，正直不阿，这样的人，可以做百万人之将。功名显赫，声传邻国，出入于豪门华屋，百姓们却愿意亲附；诚而有信，宽容大度，长于领导组织，卓有成效地做事，善于反败为胜，成事上知天文，下晓地理，对四海之内的臣民就如同对待妻儿老小一样，这样的人是英雄的楷模，是天下之英主。”

此篇里的很多古代军事数学的知识，是军事运筹与作战实践的经验总结。这种贯穿着数学精神的兵种编制和阵法，随着武器的进步已发生了很大的变化，但是兵力设计方程式的运算永远是不可废的，因为它是任何一个军队实力估计的必要手段。

武车士

【原文】

武王问太公曰："选车士[①]奈何？"

太公曰："选车士之法，取年四十已下，长七尺五寸已上；走能逐奔马，及驰而乘之，前后、左右、上下周旋[②]，能缚束[③]旌旗，力能彀[④]八石弩[⑤]，射前后左右，皆便习者，名曰武车之士，不可不厚也。"

【注释】

①车士：乘车作战的武士，即车兵。

②周旋：指对付、应战。

③缚束：这里指控制、掌执的意思。

④彀：把弓拉满。

⑤八石弩：即拉力为 960 斤的弩。石：重量单位，古代 120 斤为一石。

【译文】

武王问太公道："要怎样选拔车兵的武士呢？"

太公回答说："选拔车兵武士的方法是：选年龄 40 岁以下，身长 7 尺 5 寸以上；跑步能追赶奔马，并能在驰逐时驾驭车马，能应付前后、左右、上下各方的情况，能控制旗帜，拉满 8 石的弓弩，熟练地向左右、前后射杀敌人者。这种人是武艺高强的车兵，待遇不可不优厚。"

【赏析】

战车上的武士不仅要勇敢，还要有全方位的素质和技能，善于奔跑、行动敏捷，能够驾车、扛旗、射箭，比一般的步兵、骑兵有更高的武艺，是古代士兵中作战技术最全面的人。对待这种士兵，太公主张待遇要特别优厚。

看来古代士兵的待遇——拿现在的话来说就是薪水——是有等级之分的，其基本的原则是按能付酬。

"按能付酬"这种薪水制度，似乎比"按劳付酬"的给薪方式更为合理。按劳付酬只适用于一种消极的简单劳动，不适用于较为复杂的创造性劳动。消极的简单

劳动，比如我有东西，请你帮我挑到某处，我按这挑东西的重量和路程付给你相应的报酬。这种劳动不创造什么，只是一种劳动力的简单出卖。复杂的创造性劳动则不同，它需要人的智慧、才干和潜能的充分发挥。它要创造新的东西，这种新东西的价值，也许根本就不是金钱可以计算的。对这种劳动我们不能按劳付酬，而只能按能付酬。比如公司聘请一位经理，大学聘请一位教授，你怎么按劳付酬？若是经理人或教师都采行按劳付酬，按照所给予的报酬来付出他的劳动，也符合等价交换的原则，那么他就用不着努力去发挥他的创造性潜能了。按劳付酬在这里反而产生了消极作用，也是个不科学的概念。

因此，按能付酬才是一种最积极的薪水制度，它能充分调动人们的主体性潜能，让人们更加积极地去从事创造性劳动，为社会增加更多的财富。因此，我们应该把按劳付酬与按能付酬做一适当的结合与调整，并以按能付酬为主，否则将会影响我们社会、经济的发展与进步。

武骑士

【原文】

武王问太公曰："选骑士[①]奈何？"

太公曰："选骑之法，取年四十已下，长七尺五寸已上，壮健捷疾，超绝伦等[②]。能驰骑彀射，前后、左右、周旋进退，越沟堑，登丘陵，冒险阻，绝大泽，驰强敌，敌大众者，名曰武骑之士，不可不厚也。"

【注释】

①骑士：乘马作战的武士，指骑兵。

②伦等：指一般的人。伦，类。

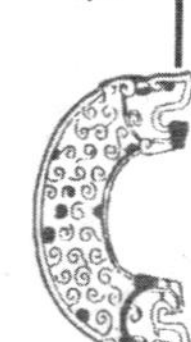

【译文】

武王问太公说："要怎样选择骑兵呢？"

太公回答说："选择骑兵的原则是：选年龄 40 岁以下，身长 7.5 尺以上，身强力壮，行动快捷，超过一般人的人。他们能在纵马疾驰中弯弓射箭，善于回旋进退，善于从前后左右各方对付敌人，敢于跨越沟堑，攀登高地，冲过险阻，横渡大水，追逐强敌，击败众多的敌人。这种人称为武骑士，待遇不可不优厚。"

【赏析】

此段是武王问太公如何选骑兵的策略。太公指出，所选的骑兵年龄要在40岁以下，身体要强壮，行动要快捷；面对敌人的围追堵截，以及各种艰难险阻，都能够无所畏惧，勇往直前。只有这样的人才能做骑兵，才能够厚待之。的确，骑兵需要拥有很好的体能和技能，而且必须勇敢和矫健，因为他常常要面临单独作战的局面。一个合乎要求的骑兵，不是一两天就可以训练出来的，所以年龄的上限可放宽至40岁。

技能是一种生命，它具有超生理的力量。即使是在古代，40岁的步兵，恐怕也归入老弱之列，在今天的部队中更找不到这种老兵了。但是对于技术性很强的兵种，年龄却可以大大地放宽，比如40岁的空军就可以驾驶飞机，驰骋蓝天，与敌交战，年轻的毛头小子未必是他的对手。

人的生理能量和生命是有限的，但掌握技能、技术的能力却是无限的。生存于现代，拥有多项专业技能是必需的，若身无几项技能，身处在竞争激烈的社会环境下，很容易就被时代淘汰了。

战　车

【原文】

武王问太公曰："战车奈何？"

太公曰："步贵知变动，车贵知地形，骑贵知别径奇道[①]。三军同名而异用也。凡车之死地[②]有十，其胜地[③]有八。"

武王曰："十死之地奈何？"

太公曰："往而无以还者，车之死地也。越绝险阻，乘敌远行者，车之竭地也。前易后险者，车之困地也。陷之险阻而难出者，车之绝地也。圮下渐泽[④]、黑土黏埴[⑤]者，车之劳地也。左险右易，上陵仰阪[⑥]者，车之逆地也。殷草横亩，犯历深泽者，车之拂地[⑦]也。车少地易，与步不敌者，车之败地也。后有沟渎[⑧]，左有深水，右有峻阪者，车之坏地也。日夜霖雨，旬日不止，道路溃陷，前不能进，后不能解者，车之陷地也。此十者，车之死地也。故拙将之所以见擒，明将之所以能避也。"

武王曰："八胜之地奈何？"

太公曰："敌之前后，行阵未定，即陷之。旌旗扰乱，人马数动，即陷之。士卒或

前或后，或左或右，即陷之。阵不坚固，士卒前后相顾，即陷之。前往而疑，后恐而怯，即陷之。三军卒惊，皆薄而起[⑨]，即陷之。战于易地，暮不能解，即陷之。远行而暮舍，三军恐惧，即陷之。此八者，车之胜地也。将明于十害、八胜，敌虽围周，千乘万骑，前驱旁驰，万战必胜。”

武王曰：“善哉！”

【注释】

①别径奇道：岔道、小路。

②死地：不利的地形，导致战败的地形。

③胜地：有利的时机、处境，导致胜利的形势。

④圮下渐泽：指坍塌积水、低湿泥泞的地带。圮，毁坏、坍塌。下，低湿之处。渐，浸水。泽，沼泽、洼地。

⑤黏埴：黏土。

⑥仰阪：高坡。阪，山坡。

⑥拂地：违背意愿，令人不如意的地方。

⑦沟渎：水沟水渠接连不断的地形。渎，小水沟、小水渠。

⑧皆薄而起：纷纷行动的意思。

【译文】

武王问太公道："用战车和敌人作战的方法应该怎样？"

太公回答说："步兵作战贵在随机应变，车兵作战贵在熟悉地形，骑兵作战贵在熟悉各种道路的特点，步、车、骑三军同是作战部队，但运用的方法各不相同。车兵会遭遇对自己不利的情况有10种，遭遇对自己有利的情况有8种。"

武王问道："有哪10种是对自己不利的情况？"

太公回答说："可以前进不可以后退，是车兵的死地；经历险阻，长途追击敌人，这是车兵的竭地；前面平坦，后面险要，这是车兵的困地；陷于危险而无法出来，是车兵的绝地；靠近沼泽的泥泞地带并有黑土黏泥，是车兵的劳地；左面险阻右面平坦，前面山势陡峭，这是车兵的逆地；草木遍地，还要经过深水，这是车兵的拂地；地势平坦，但战车太少，而与步兵配合不当，这是车兵的败地；后有沟渠，左有深水，右有高坡，这是兵车的坏地；昼夜大雨，连日不停，道路陷塌，前不能进，后不能退，这是车兵的陷地。以上10种就是车兵的死地。愚蠢的将领不了解这10种死地往往被擒，明智的将帅则由于了解这10种死地而能够避开它。"

武王又问："什么是8种胜地呢？"

太公回答说："敌军前后布阵尚未稳定就攻击它；敌人旌旗紊乱，人马骚动频繁，就乘机攻击它；敌人士卒有的向前，有的退后，有的往左，有的往右，就寻隙打击它；敌人阵地不坚固，士兵前后相观望，就乘势打击它；敌人前进犹豫，后退害怕，就乘机打击它；敌人军队惊惶失措，匆忙出战，就乘机攻击它；与敌战于平旷地带，日已黄昏，未分胜负，就乘势攻击它；敌人长途行军，天黑才安营扎寨，三军惊恐惧怕，就乘机攻击它。以上8种情况是对车兵作战有利的胜地。将帅明白了10种不利和8种有利的情况，敌人即使由四面向我围攻，我军也可以千乘万骑，纵横驰骋，每战必胜。"

武王说："太好了！"

【赏析】

每一兵种都有自己的长处，也有自己的短处，要想打败敌人，而不被敌人打败，就必须既要看到自己的长处，也要看清自己的短处，扬长避短。比如车兵，太公就指出了它的10种"死地"和8种"胜地"，一个英明的将帅明白了10种"死地"和8种"胜地"，也就是兵车的10种短处和8种长处，才能对付敌人各种强大的攻势，做到"百战必胜"。

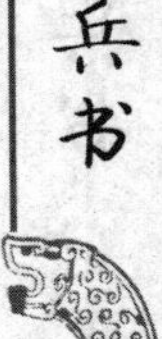

人们要办好一件事情，克服种种困难，取得最终的胜利，同样需要既看到自己的长处或优点，也看到自己的短处或缺点。发现了自身的短处或缺点，就要养成自我完善的习惯。自我完善源于不断进取的愿望；有了不断进取的愿望，求知若渴，常思上进，才能克服人生路途上的种种困难，达到最后的成功。而自我完善的工具就掌握在你自己手里，要不停地使用它们。如果斧子钝了，砍伐时就需要使更大的力气；如果机会少了，就需要花更多的精力，付出更多的艰辛。开始进展可能会很慢，但持之以恒应就能保证成功。“循序渐进”是进行思想修炼的法则，“有朝一日，你未变弱，就必将收获”。但人的情况和车兵并不完全一样。车兵的长处和短处几乎是命定的，谁也不能更改，只能利用或回避，而人的长处和短处，特别是优点和缺点，却并非宿命的东西。人们在从事任何一种具体活动时，一方面要尽量扬长避短，一方面还可以弥补这些短处的不足，更可以改正自己的缺点，不断进步，向完人的境界超越。

战车的短处是由不利的地形造成的，它的扬长避短，在具体的战斗中实际上就摆脱了短处。人是一个自身的整体，他的扬长避短在任何时候都是相对的。比如一个政治家完全不懂经济，一个经济学家完全不懂政治，或一个画家完全不懂音乐，一个音乐家完全不懂绘画，他们都可以扬长避短，但他们永远不可能摆脱其“短”的消极影响，其“扬长”也就难免会受到一定的局限。

所以，虽说“人无完人”，但完人毕竟是人生应该追求的一种理想。除了人，大千世界，林林总总，还有谁能够不断向完善迈进呢？

战　骑

【原文】

武王问太公曰：“战骑[1]奈何？”

太公曰：“骑有‘十胜’、‘九败’。”

武王曰：“十胜奈何？”

太公曰：“敌人始至，行阵未定，前后不属[2]，陷其前骑，击其左右，敌人必走；敌人行阵，整齐坚固，士卒欲斗，吾骑翼而勿去，或驰而往，或驰而来，其疾如风，其暴如雷，白昼而昏，数更旌旗，变易衣服，其军可克；敌人行阵不固，士卒不斗，薄其前后，猎[3]其左右，翼其击之，敌人必惧；敌人暮欲归舍，三军恐吓，翼其两旁，疾击其后，薄其垒口，无使得人，敌人必败；敌人无险阻保固，深入长驱，绝其粮路，敌人必饥；地平而易，四面见敌，车骑陷之，敌人必乱；敌人奔走，士卒散乱，或翼其两旁，或掩其前后，其将可擒；敌人暮返，其兵甚众，其行阵必乱，令我骑十而为队[4]，百而为屯，车五而为聚，十而为群，多设旌旗，杂以强弩，或击其两旁，或绝其前后，敌将可虏。此骑之‘十胜’也。”

武王曰：“‘九败’奈何？”

太公曰：“凡以骑陷敌，而不能破阵，敌人佯走，以车骑反击我后，此骑之败地也；追北逾险，长驱不止，敌人伏我两旁，又绝我后，此骑之围地也；往而无以返，入而无以出，是谓陷于‘天井’[5]，顿于‘地穴’[6]，此骑之死地也；所从入者隘，所从出者远，彼弱可以击我强，彼寡可以击我众，此骑之没地[7]也；大涧[8]深谷，翳薉[9]林木，此骑之竭地[10]也；左右有水，前有大阜[11]，后有高山，三军战于两水之间，敌居表里，此骑之艰地[12]也；敌人绝我粮道，往而无以返，此骑之困地也；汙下沮泽[13]，进退渐洳[14]，此骑之患地[15]也；左有深沟，右有坑阜[16]，高下如平地，进退诱敌，此骑之陷地也。此九者，骑之死地[17]也。明将之所以远避，暗[18]将之所以陷败也。”

【注释】

①战骑：骑兵。

②不属：不相联系。

③猎：打猎，这里是袭击的意思。

④队：与下文屯、众、群，都是古代骑兵部队的编制单位。

⑤天井：指四面高峻，中间低洼的地形。

⑥地穴：下陷的坑洞，又叫地陷。

⑦没地：覆没的地方。

⑧大涧：山谷中的大溪。涧，夹在两山之间的水沟。

⑨翳薉：杂草茂盛的林地。翳：用羽毛制造的华盖，引申为遮蔽。

⑩竭地：耗尽力气的不利地形。

⑪大阜：起伏不平之山丘。

⑫艰地：艰难险恶的地形。

⑬汙下沮泽：指低湿的沼泽地带。下，低洼。沮泽，水草丛生的地方。

⑭渐洳：地湿泥泞之地。

⑮患地：陷入灾难的地形。

⑯坑阜：坑，陷落的凹地。

⑰陷地：容易招引敌人使自己陷于困境的地形。

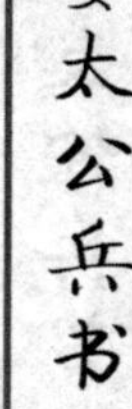

⑱暗：愚昧。

【译文】

武王问太公道："骑兵应当怎样作战？"

太公回答说："骑兵作战有十胜之机和九败之地。"

武王又问："所谓十胜之机是什么？"

太公说："敌人初到，行列阵势未定，前后不相联系，我骑兵部队冲击其前骑，袭击其左右，敌人必然败走；敌人行阵整齐坚固、士气旺盛，我骑兵部队应缠住敌人两翼不放，或纵马而前、或纵马而去，行动快如风、猛如雷霆，白昼尘土弥漫如同黄昏，经常变换旗号、衣服，敌军可以打败；敌人阵形不稳、士气低落，我骑兵攻其前后，袭其左右，从两翼夹击它，敌人必定惊惧；日暮时，敌人急于回营，三军恐吓，我骑兵夹击其两翼，疾攻其后尾，逼近其营垒入口，阻止敌人进入营垒，敌人必败；敌人失去可以固守的险阻地形，我骑兵长驱直入，切断其粮道，敌必陷于饥荒；敌人处于平旷地形，四面受到威胁，我骑兵协同战车围攻它，敌人必陷于溃乱；敌人败逃，士卒散乱，我骑兵或从其两翼夹击，或从前后进攻，敌将可被擒获；敌人日暮返回营地，其兵甚多，队形混乱，此时令我骑兵10人为一队，百人为屯，战车5辆为一众，10辆为一群，多插旌旗，配上强劲的弓弩手，或袭击其两翼，或断绝其前后，敌将可被俘获。这就是骑兵取胜的10种战机。"

武王又问："所谓九败又是什么呢？"

太公回答说："凡是用骑兵攻击敌人，如果不能突破其阵地，敌人假装败走，而以车兵和骑兵反击我后尾，这是骑兵的败地；追击逃敌越过险阻，长驱不止，敌人埋伏在我两旁，又断绝我的后路，这是骑兵的围地；能前进而无法撤退，能进入而不能退出，这叫作陷入'天井'，困于'地穴'之中，这是骑兵的死地；进路狭窄，出路遥远，敌人可以用弱击我之强，以其少击我之众，这是骑兵的没地；大涧深谷，林木茂盛，这是骑兵的竭地；左右有大水，前后有高山，我三军在两水之间作战，敌人占据了内外远近的有利地势，这是骑兵的艰地；敌人断绝我粮道，我军只有进路而失去退路，这是骑兵的困地；低洼湿地、沼泽泥泞，战马难于进退，这是骑兵的患地；左面有深沟，右面有凹地，一高一低，远看就像平地，无论进退都会招致敌人来攻，这是骑兵的陷地。这就是骑兵打败仗的9种死地。明智的将领会避开这九败之地，昏庸的将领则会陷入其中而导致失败。"

【赏析】

此段对话论述骑兵作战的"十胜"和"九败"。所谓"十胜"是指10种因敌情而可以取胜的战机，所谓“九败”是指 9 种可能使骑兵作战招致失败的地形。

任何兵种都既有其长处，也有其短处，比如骑兵有“疾如风，暴如雷”的特点，最能给敌人以措手不及的打击，但假如没有比较平旷的地形便于战马驰骋，就会陷入“英雄无用武之地”的困境。因此聪明的指挥官要熟悉兵种的性能，结合战机和地形，扬其所长、避其所短，在战斗中克敌制胜。

姜太公提出的“十胜”“九败”，就是从兵种性能的长处和短处来认识问题的。

战步

【原文】

武王问太公曰：“步兵(与)车、骑战奈何？”

太公曰：“步兵与车骑战者，必依丘陵险阻，长兵强弩居前，短兵弱弩居后，更发更止[①]。敌之车骑，虽众而至，坚阵疾战，材士强弩，以备我后。”

武王曰：“吾无丘陵，又无险阻，敌人之至，既众且武，车骑翼我两旁，猎我前后，吾三军恐怖，乱败而走，为之奈何？”

太公曰：“令我士卒为行马、木蒺藜，置牛马队伍，为‘四武冲阵’。望敌车骑将来，均置蒺藜，掘地匝[②]后，广深五尺，名曰‘命笼’[③]。人操行马进步，阑[④]车以为垒，推而前后，立而为屯[⑤]，材士强弩，备我左右，然后令我三军，皆疾战而不解[⑥]。”

武王曰：“善哉！”

【注释】

①更发更止：轮流更替地前进和停止。

②地匝：周遭的战壕。匝，周、圈。

③命笼：由壕沟、土堑等障碍物构筑的防御基地，形如环笼状。

④阑：通栏。

⑤屯：军屯，营寨。

⑥解：通懈。

【译文】

武王问太公道：“步兵应怎样与敌之车兵、骑兵作战呢？”

太公回答说：“步兵与车兵、骑兵作战，必须依据丘陵、险阻的地形，把长兵器和强弩配置在队伍的前面，把短兵器和弱弩配置在后面，轮流更替地进发和停止。敌人的车队和骑兵虽然为数众多，我仍能坚守阵地，与之激战，并使材士强弩，戒备后方。”

武王又问：“我军所处之地形，既无丘陵又无险阻可供凭借，敌人到达的兵力既多又强，用战车和骑兵包围我两翼，袭击我前后，我三军为之大恐，纷纷溃败逃跑，怎么办呢？”

太公回答说：“命令我军士卒制作行马和木蒺藜，把牛马、马车集中起来编为一队，组成‘四武冲阵’。从远处望见敌军车骑即将到来，就布设蒺藜、挖掘环形沟壕，宽、深皆5尺，名为‘命笼’。士兵操纵行马进退，用车辆组成营垒，推着它前后移动，停下来就是一座营寨，同时用精兵强弩，戒备左右，然后发动我全军，迅速投入战斗，不得懈怠。”

武王说：“好啊！”

【赏析】

此篇讲步兵与敌方车兵、骑兵作战的方法。

步兵和骑兵、车兵作战，首先要凭借丘陵、险阻的地形，使敌方车、马行进困难，不能发挥其战斗的力量。如果在平旷的地形上作战，步兵就很难抵挡敌人的车、骑攻击了。而且要对付敌方的车、骑部队，步兵必须装备长型兵器和弓弩，尽量在远端控制它、杀射它，使它不得接近自己。一般说来，如果敌人的车兵、骑兵都冲到自己的面前了，那已经是势不可挡了。

然而，步兵是否在既无丘陵，也无险阻的平旷地形上就完全不能与车、骑作战了呢？那也不一定。若是没有天然的丘陵险阻，还是可以用人为来制造“丘陵险阻”，姜太公提出了掘地为坑，拦车为垒，所谓“命笼”“为屯”就是。看来，客观的地理形势，并不是唯一的决定性因素。

决定性的因素是人。通过人的能动作用，可以使不利转化为有利，劣势转化为优势。《孙子兵法·谋攻篇》：“上兵伐谋，其次代交，其次伐兵，其下攻城；攻城之法为不得已。”“伐谋”，指以己方之谋略挫败敌方，不战而屈人之兵。孙武认为伐谋最为有利，故为“上兵”，是最好的战争手段。伐谋的实质是对敌人正在计划或刚刚开始施行其谋划时，便能窥破其谋，揭穿其谋，破坏其谋，借以实现己方的政治军事目的。在古今中外的军事史上，有多少小国打败大国、弱军战胜强军的战例。双腿致残的孙膑坐在轮椅上出谋划策，可以消灭拥有优势军力且能征善战、勇力过人的庞涓。手无缚鸡之力的刘邦能够打败力能拔鼎的项羽。轻摇羽扇的孔明，运筹于帷幄的张良，在战争舞台上无论是作用还是影响，比那些武艺绝伦的将领都辉煌得多。这些史实都证明着一个普通而又深刻的道理，在血与火的战争中，智力的状况，谋略的水平，无不与战争胜负休戚相关。

由此可见，战争既是力的较量，更是智的竞技。

尉缭子兵书

导读

《尉缭子兵书》是我国古代著名兵书《武经七书》之一，据现有资料推断，成书似在战国中期。

《尉缭子兵书》围绕“刑德可以百胜”之说，广泛论述用兵取胜之道。天官、兵谈、制谈、武议、治本等篇着重论述战争与政治、经济的关系等；战威、攻权、守权、战权等篇，主要论述攻守权谋和战法；将理、十二陵、重刑令、伍制令、分塞令、兵教、兵令等篇，着重论述治军原则、要求及各种军事律令。

《尉缭子兵书》强调农战，富国强兵，认为“土广而任则国富，民众而治［制］则国治”，这样才能“威制天下”（《续古逸丛书》影宋本，下同）。它强调人事，专篇论述靠天官（天象）、阴阳、求鬼神等，“不若人事”，不如“求己”，注意人在战争中的作用。在文武的关系上，提出“兵者，以武为植（支干），文为种（根基）；武为表，文为里”的卓越见解，含有军事从属于政治的朴素的辩证思想，这在古代军事思想史上是一个进步和发展。

《尉缭子兵书》的另一重要观点是注重谋略和战前准备，讲究“廊庙”决策，主张“权敌审将而后举兵”，“先料敌而后动”。在攻守上，讲奇正，重变通，注意争取主动。在进攻中，主张先发制人，出其不意；并论述了前锋、后续部队与大军的任务区分和行动配合。防守时，要守不失险，鼓舞士气，守军与援军要“中外相应（内外配合）”，“守必出之（必要的出击）”，这种守中有攻的思想是积极的战略思想。

《尉缭子兵书》在治军上主张“制必先定”，赏罚严明，强调三点：将帅要爱威并施，执法公正，并要以身作则，暑不张盖，寒不重衣，临战忘身；把教练作为必胜之道，提出分级教练及大部队合练的要求；并详细论述了训练的目的、方法、步骤，“号令明，法制审（缜密）”，使军令、军制完备，赏罚有据。其所拟制的一系列律令，内容极为丰富、具体、突出。其中的战斗编组、队形、指挥信号，平时和战时奖惩，士卒官将上下联保，营区划分、宿营、戒严、通行以及旗色、着装、徽章等规定都留存了中国早期的战斗、内务、纪律等方面法规性的一些具体内容，为其他先秦兵书所少见，对研究中国军制史有重大价值。

《尉缭子兵书》具有的素朴的唯物辩证思想，大致反映战国时军队和战争情况，继承《孙子兵书》《吴子兵书》有关军事思想。其所论甚广博，颇得用兵之意，对后世有重要影响。

天官

【原文】

梁惠王[①]问尉缭子曰："黄帝刑德[②]，可以百战百胜，有之乎？"

尉缭子对曰："刑以伐之，德以守之，非所谓天官时日阴阳向背也[③]。黄帝者，人事[④]而已矣。何者？今有城，东西攻不能取，南北攻不能取，四方岂无顺时乘之者邪？然不能取者，城高池深，兵器完具，财谷多积，豪士一谋者也。若城下[⑤]、池浅、守弱，则取之矣。由是观之，天官时日，不若人事也。按《天官》曰：'背水陈[⑥]为绝地，向阪[⑦]阵为废军。'武王伐纣，背济水[⑧]向山阪而阵，以二万二千五百人，击纣之亿[⑨]万而灭商，岂纣不得《天官》之阵哉！楚将公子心[⑩]与齐人战，时有彗星出，柄在齐。柄在所胜，不可击。公子心曰：'彗星何知！以彗斗，固倒而胜焉。'明日与齐战，大破之。黄帝曰：'先神先鬼，先稽[⑪]我智。'谓之天时，人事而已。"

【注释】

①梁惠王：即魏惠王，战国时魏国的国君，公元前370～前319年在位。于公元前362年从邻近秦国的安邑（今山西夏县）境内迁都大梁（今河南开封市）。故历史上又称梁惠王。

②刑德：刑，指刑罚杀戮、战争攻伐，即武力的一手；德，指施行恩惠、仁政，指治理国家、取得人心的一手。

③天官：天文星象等的总称。凡所谓望云气、望日、观星等都与天象有关，故称天官。时日阴阳向背，即指古代占星家所认为的天文星象、时日阴阳的变化，能导

致和决定人间的吉凶。

④人事:人的活动。

⑤下:低矮。

⑥陈:同阵。下文"地",原作"纪",从湖北崇文书局(简称鄂局本)改。

⑦阪:山坡。

⑧济水:亦沇水,源出河南济源市王屋山,古时直入海,今流入黄河。

⑨亿:古时10万也叫亿。据《史记·殷本纪》载:纣王发兵70万拒周武王(一说17万)。

⑩公子心:春秋战国时人,事迹不详。

⑪稽:查考。

【译文】

梁惠王问尉缭子说:"黄帝凭借刑杀和德政,可以百战百胜,真有这回事吗?"

尉缭子回答说:"刑是讲靠武力讨伐敌人的,德是讲行仁政治理国家的,并不是讲天象、时日、阴阳向背那些东西。黄帝所依赖的,就是人的作用罢了。何以见得呢?譬如当下有座城,从东西攻攻不下来,从南北攻也攻不下来,这四个方向难道都没有吉利的天象时日可利用的吗?之所以不能攻取,是由于城墙高,护城河深,守城的武器齐备,物资粮食贮积充足,将士们同心协力。假如城墙低,护城河浅,防守力量弱,就能攻下它了。由此看来,天象时日,不如人的作用。按《天官》书的说法:'背水布阵就等于置之死地,向着山坡列阵等于白白断送军队。'但是,周武王讨伐商纣王,就背着济水向着山坡摆开阵势,以2.25万人攻击纣王的几十万大军,灭掉了商朝,按照《天官》书的说法,殷纣王岂不是应该取胜吗?楚国将领公子心和齐国人打仗,当时彗星里出现在天空,彗柄在齐国一方。(按照占星家的说法,)彗柄所在的一方得胜,攻打齐国一定不利。公子心说:'彗星哪有知觉!拿彗帚与人相斗,要把彗柄倒过去打才能取胜。'第二天与齐军交战,大败齐军。所以黄帝说:'先去求神求鬼,不如先考察自己的智能。'这就是讲天时不如人的活动起决定的作用。

【赏析】

此篇论述了广泛施行德政以及充分发挥人主观能动性的重要性。

《三略》提出"良将之统军也,恕己而治人"。《百于金丹》要求"将贵取胜,尤贵得众心"。《管子》指出,"上下不和,虽安心危。"明朝张居正说过,"和,则一可当百;不和,虽有众,弗能用也。"都反映了"与众相得"的统御思想。

西汉末年,王莽篡权后,骄奢淫逸,民不聊生,各路豪杰和农民起义军纷纷兴起,与王莽政权斗争。结果,王莽政权被推翻了。然而在王莽政权倾覆之后,各路豪杰为争皇位,又打得不可开交,这其中有一支由刘秀领导的队伍。

刘秀采纳了部下邳彤的建议,用大司马的名义,召集人马,又招募到了4000精兵。他的部将任光向天下宣告说:"王郎冒充刘氏宗室,诱惑人民,大逆不道,大司马刘公从东方调百万大军前来征伐。一切军民人等,反正的,既往不咎;抗拒的,决不宽容!"

任光派骑兵,把这个通告分发到巨鹿和附近各地。老百姓看到了通告,纷纷议论,把消息越传越远。王郎手下的兵将听了,都害怕起来,好像大祸临头似的。

刘秀亲自率领4000精兵,又打下了邻近好几座县城,声势渐渐大起来。没过多少日子,又有不少地方首领,看到了通告,率兵前来投靠刘秀。刘秀十分慷慨,封了许多将军,还封了许多侯爵。就这么七拼八凑,他竟收罗了十几万人马,带着这不断壮大的军队,刘秀向巨鹿发起了攻击。

不久,刘玄也派兵来征伐王郎。两路大军联合在一起,连续攻打了一个多月,仍然没有打破巨鹿城。有几位将领对刘秀说:"咱们何必在这儿多耗时日呢?不如直接去攻打邯郸。打下了邯郸,杀了王郎,还怕巨鹿城不投降吗?"

刘秀采纳了他们的意见。留下了一部分人马继续围攻巨鹿,自己带领着大军去攻打邯郸,接连打了几个胜仗。王郎的军队支持不住了,就打开城门,献城投降。刘秀率领大军进入邯郸,杀了王郎。

刘秀住进了王郎在邯郸修建的宫殿,命令他手下的人检点朝中的公文。这些公文大部分是各郡县的官吏和豪绅大户与王郎之间往来的文书,内容大多数是奉承王郎,说刘秀坏话,甚至帮助出主意剿杀刘秀的。

对这样的文书,刘秀看也不看,全都堆在宫前的广场上,并召集全体官吏和将士,当着他们的面,把这些文书全都烧掉了。有人提醒刘秀说:“您怎么就这样烧掉了呢?反对咱们的人都在这里头呐,现在连他们的名字都查不着了。”刘秀对他们说:“我烧掉这些,就是要向所有的人说明,我不计较这些已经过去的恩恩怨怨,好让大家都安心,让更多的人拥护我们。”

劝说的人这才明白过来,刘秀不追究那些曾反对过自己的人,那些人就会心安理得地服从刘秀,而不会因为害怕刘秀报复,投入反对刘秀的营垒。大伙都佩服刘秀的深谋远虑和开阔的胸怀,一些过去反对刘秀的人,见了刘秀的这种举动,反而愿意为刘秀效力了。

刘秀赢得了人心,得到了更多人的支持,最后终于成为东汉的开国皇帝。

尉缭的政治主张是维护地主阶级利益的,在剥削阶级统治人民的社会条件下,人民在本质上不可能有共同意志的。但他把仁德和上下协力作为军事上具有普遍指导意义的原则提出来,是符合战争规律的。我们在理解和运用这一原则时,应该赋予它新的内容。我军是人民子弟兵,这就决定了我军上下在根本利益上是完全一致的,这也是我军所以能取得胜利的关键因素。

以德为本,其实是政略对内职能的最有效的手段。高明的政略家对此高度重视,认真履行。“以正治国”,“以奇用兵”,这些是千古不衰的格言。所谓“以正治国”,就是依靠正确的道德观念教育人民,规范社会,治理国家。没有正确的道德观念为主导的社会和国家必定是混乱不堪,恶善不分。以德为本作为过去社会里的治国之正道,在今天仍有其现实的意义。

“以德为本”看起来算不上商战谋略,但它却是商家立足于社会的基点,它要求商家诚实经营，尤其是要对消费者诚实，不搞坑蒙拐骗那一套把戏。

诚实经营的例子很多，赵章光就是其中一个。

赵章光是章光牌101头发再生精的发明者和生产者，产品功效甚佳，市场一度脱销。但是，他却十分诚实。他在产品广告中写道："注意：对晚期溢脂性脱发（老年性，仅剩一圈发际，毛囊基本萎缩）效果不理想，特此说明，请君不必破费。"这样诚实经营，实在难得。

企业道德是指在企业这一特定的社会经济组织中，依靠社会舆论、传统习惯和内心信念来维持的，以善恶评价为标准的道德原则、道德规范和道德活动的综合。按照道德活动主体的不同，可分为企业的组织道德和员工个人的职业道德。企业道德既是社会道德体系的重要组成部分，也是社会道德原则在企业中的具体体现。它是人格化了的企业，在生产经营活动中，在自然求索、社会交往中，所应遵循的旨在调节企业与国家、企业与他企业、企业与他单位、企业与竞争对象、企业与服务对象以及企业内部各方面关系的行为规范总和。"道德"这两个字，"道"原是指人行走的道路，引申为事物运动变化的规律和人们行为必须遵循的道理、规范。"道"与"德"的意思相近，是人们实行"道"的原则，内得于已、外绝于人，便称为"道"。我们现在所用的"道德"这个概念，主要是指一定社会或阶段用以调整人和人之间、个人和社会之间关系的道德规范的总和。它是依靠社会舆论、传统习惯，特别是通过人们的内心信念而起作用的。

企业道德是企业及员工对共同道德标准统一的认可，它有功利性、群体性、实践性、继承性和时代性5个方面的特征。企业道德具有功利性，是由企业作为以盈利基本为目的基本性质所决定的。在企业与市场以及社会的各方面关系中，道德因素之所以成为必要和被看重，就是因为企业道德的完善能够直接或间接地给企业带来利益和发展，企业道德不仅是企业的责任更是企业增强竞争力的武器之一。

企业作为市场的细胞，其直接目的是追求利润的最大化，而作为社会的一份子，企业在追求利益的同时，又必须使自身的获利过程同时也成为有益于社会进步和促进人的全面发展的过程，即必须注重企业道德。

兵 谈

【原文】

量土地肥硗[1]而立邑，建城称地[2]，以城称人，以人称粟。三相称，则内可以固守，外可以战胜。战胜于外，备主于内[3]，胜备相应，犹合符节[4]，无异故也。

治兵者，若秘于地，若邃于天，生于无，故开[5]之。大不窕[6]，小不恢[7]，明乎禁、舍、开、塞[8]，民流者亲之。地不任者任之。夫土广而任则国富，民众而制则国治[9]。富治者，民不发轫[10]，甲[11]不出暴，而威制天下。故曰："兵胜于朝廷。"

不暴甲而胜者，主胜者；阵而胜者，将胜也。兵起非可以忿也，见胜则兴[12]，不见胜则止。患在百里之内，不起一日之师。患在千里之内，不起一月之师，患在四海之内[13]，不起一岁之师。将者，上不制于天，下不制于地，中不制于人，宽不可激而怒，清不可事以财。夫心狂、目盲、耳聋，以三悖率人者，难矣。

兵之所及，羊肠亦胜，锯齿亦胜，缘山亦胜，入谷亦胜，方亦胜，圆亦胜。重者如山如林如江如河，轻者如炮如燔[14]，如垣压之，如云覆之，令人聚不得以散，散不得以聚，左不得以右，右不得以左。兵如总木[15]，弩如羊角[16]，人人无不腾陵张胆，绝乎疑虑，堂堂决[17]而去。

【注释】

①硗：瘠薄。

②称：适合，适应。华陆综认为，此句银雀山出土竹简作："□硗而立邑建城，以城称地，以地称……"据此，疑此应作："量土地肥硗而立邑建城，以城称地，以地称人，以人称粟。"

③备主以内：备：准备，战备，指战胜的因素。主：掌握。此句银雀山出土竹简作"福产于内"。

④符节：古代朝廷传达命令或征调兵将用的凭证，用金、玉、铜、竹、木制成，双方各执一半，合之以验真假。

⑤开:原作“关”,从鄂局本改。开启,实行。

⑥窕:间隙,喻留下让敌方可乘之机。

⑦恢:空,空隙,喻布置不周密。

⑧禁、舍、开、塞:禁,禁止奸邪行为;舍,赦免小过失;开,指开辟财源,增加收入;塞,指杜绝浪费。合起来,指治国的各项措施。

⑨制:原作治,从鄂局本改,指法制措施。

⑩轫:阻止车轮转动的木头。发轫:启行,开始。这里引申为烦劳百姓。

⑪甲:原作“车”,从鄂局本改。

⑫兴:原作“与”,从鄂局本改。

⑬四海之内:此处泛指边远地区。《尔雅·释地》:“九夷八狄七戎六蛮,谓之四海。”

⑭炮:用猛火烧烙。燔:烤烧。

⑮兵:原脱,从鄂局本补。这里指兵器。总木:丛木。

⑯弩:用机关发箭的弓。羊角:旋风名。

⑰堂堂:强大整齐的样子。《孙子·军事》:“无要正正之旗,无击堂堂之陈(阵)。”杜佑注:“总总者,整齐也;堂堂者,盛大之貌也。”决:果敢决断。

【译文】

依据土地的肥瘠情况建城。建城要与土地情况相适应,城的大小要与人口的多少相适应,人口的多少要与粮食供应相适应。三者都相适应,那么内可以固守国土,外可以战胜敌人。战争胜利在战场上见分晓,而掌握胜利的因素是在朝廷内部决定的,战场取胜与战前准备二者相适应,就好像符节相合,道理没有什么不同。

治理军队,要像隐藏在地下那么秘密,要像在空中那样不可捉摸,在未打仗之前就奠定胜利的基础。所以将领布置,大的方面不要给敌人以可乘之机,小的方面不要留下漏洞。明智地实行禁绝坏事、赦免小错、开发财源、杜塞浪费,对于流亡在外的百姓要招抚,让他们回到土地上,田地荒芜要开发利用。土地广阔又能开发利用,国家就富足;人口众多而又有法制可循,国家就治理得有秩序。国家富足又治理得好，不必烦劳老百姓，军队也不必出征，就能以国威制服天下。所以说，军事上的胜利是由朝廷的政策决定的。

不出动军队而取得胜利，这是国君决策的胜利。依靠在战场对阵取胜，这是将领指挥的胜利。出兵打仗不可意气用事，估计有胜利把握就出兵，没有胜利的把握就不要行动。祸患在百里之内，不要只作出兵一天的准备。祸患在千里之内，不能只作出兵一月的准备。祸患在边远地区，不能只作出兵一年的准备。在战场上指挥的将领，上不受天象的摆布，下不受地形的摆布，中不受他人的摆布。心胸要宽阔，不要一受刺激就怒气冲天，品德要清廉，不能贪图钱财。内心轻狂，拿不出计谋，两眼一抹黑，看不到实际情况，耳朵聋，听不进别人意见，具有这三种毛病的人统帅军队，那就难办了。

军队所到之处，在羊肠小道上也能取胜，在犬牙交错的地形上也能取胜，攀登高山也能取胜，深入峡谷也能取胜，攻方阵也能取胜，攻圆阵也能取胜。重兵进攻像高山密林那样铺天盖地，像长江大河那样不可阻挡；轻兵奇袭，像烈火燃烧那样迅猛，像城墙那样压过去，像乌云那样盖下来。叫敌人合不能分，分不能合，左不能救右，右不能顾左。（军队）举起刀戟像丛林，弓箭齐发像旋风。人人无不腾跃壮胆，无所畏惧，队伍强大整齐，果敢决断地奔赴前方。

【赏析】

此篇论述了治国与治军的一些方法，而《孙子兵书·火攻篇》也指出："夫战胜攻取，而不修其攻者凶，命曰费留。故曰：明主虑之，良将修之。非利不动，非得不用，非危不战。主不可以怒而兴师，将不可以愠而致战，合于利而动，不合于利而止。"《孙子兵书》还提出："兵者，国之大事，死生之地，存亡之道，不可不察也。"开宗明义地指出战争关系国家存亡，应持慎重态度。

《资治通鉴·魏纪》记载：公元 221 年 6 月，刘备为报东吴杀害关羽之仇，要举兵进攻孙权。赵云劝刘备说："篡夺国家的是曹操，而不是孙权，如能先出兵灭掉魏国，则孙权自会屈服投降。所以，不应把大敌魏国置于一边，反先去与吴国作战。战争一起，是不能很快结束的。伐吴不是一个上策！"向刘备劝谏的臣子很多，但刘备一概不听，于公元222年大举进攻吴国。结果被陆逊火烧连营，损失了大部分兵力，从此蜀军一蹶不振。

与此相反的例证，如司马懿忍诸葛亮胭粉之辱，不轻易出战，最后大败蜀军。

正反例证说明，君主、将帅都要以国家安危为系，“合于利而动，不合于利而止”。作为统帅，制怒、控愠事关大局，不可不予以足够重视。

另外作为君主和将领要尊重人才，和善于用人，所以《三国志·魏书·郭嘉传》裴松之注引《傅子》：“用人无疑，唯才所宜。”宋代欧阳修《论任人之体不可疑札子》：“任人之道，要在不疑。宁可艰于择人，不可轻任而不信。”任何时候，人才都是胜利的决定性因素。选准了，就要信任他，放手使用他，不疑的前提是知人。封建社会里，明君用人不疑，使谋臣忠于内，将帅战于外，都能尽心竭力，报效朝廷。现代社会，用人不疑，使人才充分发挥聪明才智，就能为社会做出更大贡献。

在本文中的另外一个重要观点就是“战而有备”，在《古今图书集成·兵略部》中，姜太公在回答是否可以出兵伐商时说：“先谋后事者昌，先事后谋者亡。”可以说，这是一条在各个领域都可运用的谋略。它实际上是说，任何行动，都必须建立在充分准备的基础之上。

公元前1068年，周武王姬发在孟津（今河南孟津县东北）观兵之后，在太公望（姓姜名尚，其祖先被封于吕，故亦称吕望或吕子牙）等人帮助下，采取了一系列措施，积极进行灭商的准备工作。

在这之前，周武王之父周文王已为伐商做了大量准备工作。文王死时，灭商的时机已基本成熟，周族已是“三分天下有其二”，成为商朝西方最强大的奴隶制诸侯国。姜尚曾对文王说：“鸷鸟将击，卑身翕翼；猛兽将搏，弥耳俯伏；圣人将动，必有愚色。”要文王把握伐商时机，在行动前，装出无所作为的样子，以免引起对方注意。

到了周武王十一年（公元前1066年），武王得到报告说，商纣王的叔父，大贵族比干因劝谏纣王，被纣王杀死并剖取其心；纣王庶兄（一说诸父）箕子因不满纣王残暴淫逸，被囚；纣王庶兄微子见国势将危，多次劝谏不听，遂出走。周武王问姜太公：“仁者贤者亡矣，商可伐乎？”太公说：“先谋后事者昌，先事后谋者亡，夏条可结，冬冰可折，时难得而易失。”武王于是年正月率“戎车3百乘，虎贲3千人，甲士四万五千人”，联合各诸侯国会师孟津。2月5日陈师牧野，武王指责纣王罪行，鼓励士卒，牧野一战，十几万商军“瓦解而走，遂土崩而下”，纣王登鹿台自焚，商王朝600余年统治结束。

《史记·齐世家》记载，周文王与谋士姜太公策划灭商，“其事多兵权与奇计，故后世之言兵及周之阴权，皆宗太公。”“先谋后事”是姜太公辅助文王、武王推翻商朝统治过程中的一条基本原则。这可以说是一条政治、军事、经济等多领域通用的谋略，它在今天仍然有很重要的意义。

用兵作战，为了取得最佳效益，都主张谋而后战。在经济领域，竞争越激烈，“谋而后战”的谋略越显得重要。在这种竞争中，只有那些重视经营谋略的企业才会发挥自己的活力、取得最佳经济效益。

无锡农民企业家许福民读过《尉缭子兵书》，对《尉缭子兵书》中的谋略艺术有所了解。他在经营中坚持未战先谋，谋而后战的原则，取得了一连串的胜利。许福民在开办养殖场时，他运用生物链良性循环的道理，办了奶牛场、养鸭场。牛粪、鸭粪流入鱼塘，为浮游生物提供生长的条件，浮游生物正是鱼类理想的饵料。他养鱼采用立体式，水的上层养青鱼，中下层养鲫鱼，充分利用了水面，比养单一鱼种产量高出两倍多。联合国粮农组织专家来这里考察，认为这是亚太地区的最佳模式。许福民养鸭子也与众不同，一只鸭仅值几元钱，养产蛋鸭一只可收入30元，再把鸭蛋加工成皮蛋，一只蛋鸭又可增收几十元钱。出售鸭子价钱很便宜，许福民想到北京的烤鸭很赚钱，就和同事们商量办个烤鸭店。北京烤鸭以肥著称，养殖场的英国“樱桃谷”良种鸭，正符合人们爱吃瘦肉的需要。于是，他们就在无锡闹市中办了“无锡烤鸭馆”，开张之后，三十几桌经常座无虚席，开业10个月，营业额高达400万元。烤鸭每只平均25元，比活鸭高出几倍。鸭子的内脏、肥肝还能远销国外，换取外汇。

1987年6月，许福民再度到澳大利亚考察，获悉有位印度老板急于低价出售一个农牧场，许福民经过一番调查，请示无锡市领导批准，这个拥有6万亩土地面积、6栋别墅的农场，转眼变成了太湖农场。农场位于维多利亚河畔，条件十分优越。

5 万亩牧场,1000 亩菜地、2000 亩果园,一派兴旺景象,许福民计划重点办好养羊业,把牧场办成无锡市的毛纺业原料基地。

因此,企业家要不断学习,多谋善断。未来的企业是有头脑的企业,只有灵活的头脑,才能在企业里不故步自封,墨守成规,保持鲜活的思维,为企业的发展而尽心尽力。这就需要不断地学习,包括职业经理人在内。同时作为职业经理人要多谋善断,应善于发现问题,寻找最优决策方案,随机应变地处理问题。有着 1.4 万多名员工的华为,其中博士有 300 多人,硕士有 5000 多人,知识文化层次可谓很高,但是总裁任正非仍大声疾呼:"知不等于会",即倡导所有人要继续学习,从而可见学习的重要性。

制　谈

【原文】

凡兵,制必先定,制先定则士不乱,士不乱则刑乃明。金鼓[1]所指,则百人尽斗。陷行乱陈,则千人尽斗。覆军杀将,则万人齐刃[2]。天下莫能当其陈矣。

古者士有什伍[3],车有偏列[4]。鼓鸣旗麾[5],先登者,未尝非多力国士[6]也,先死者,亦未尝非多力国士也[7]。损敌一人,而损我百人,此资敌而伤甚焉,世[8]将不能禁。征役分军而逃归,或临战自北[9],则逃伤甚焉,世将不能禁。杀人于百步之外者,弓矢也。杀人于五十步之内者,矛戟也。将已鼓,而士卒相嚣拗矢折矛抱[10]戟,利后发。战有此数者,内自败也,世将不能禁。士失什伍,车失偏列,奇兵捐[11]将而走,大众亦走,世将不能禁。夫将能禁此四者,则高山陵之,深水绝[12]之,坚阵犯之。不能禁此四者,犹亡[13]舟楫绝江河,不可得也。

民非乐死而恶生也。号令明,法制审,故能使之前。明赏于前,决罚于后,是以发能中利,动则有功。令百人一卒[14],千人一司马[15],万人一将,以少诛[16]众,以弱诛强。试听臣言其术,足使三军[17]之众,诛一人无失刑。父不敢舍[18]子,子不敢舍父,况国人乎?一贼仗剑击于市,万人无不避之者,臣谓非一人之独勇,万人皆不肖也。

何则？必死与必生，固不侔[19]也。听臣之术，足使三军之众为一死贼[20]。莫当其前，莫随其后，而能独出独入焉。独出独入者，王霸之兵也。

有提十万之众，而天下莫能当者谁？曰桓公[21]也。有提七万之众，而天下莫当者谁？曰吴起[22]也。有提三万之众，而天下莫当者谁？曰武子[23]也。今天下诸国士，所率无不及二十万之众者，然不能济功名者，不明乎"禁、舍、开、塞也。明其制，一人胜之，则十人亦以胜之也。十人胜之，则百千万人亦以胜之也。故曰，便吾器用，养吾武勇，发之如鸟击，如赴千仞之豁[24]。"

今国被患者，以重宝出聘[25]，以爱子出质[26]，以地界出割，得天下助卒，名为十万，其实不过数万尔。其兵来者，无不谓将者曰："无为人下先战。"其实不可得而战也。

量吾境内之民，无伍莫能正[27]矣。经制十万之众，而王必能使之衣吾衣[28]，食吾食[29]。战不胜，守不固者，非吾民之罪，内自致也。天下诸国助我战，犹良骥騄駬之驶[30]，彼驽马鬐[31]兴角逐，何能绍[32]吾后哉？吾用天下之用为用，吾制天下之制为制，修吾号令，明吾刑赏，使天下非农无所得食，非战无所得爵[33]，使民扬臂争出农战，而天下无敌矣。故曰发号出令，信行国内。

民言有可以胜敌者，毋[34]许其空言，必试其能战也。视人之地而有之，分人之民而畜[35]之，必能内[36]有其贤者也。不能内有其贤，而欲有天下，必覆军杀将。如此，虽战胜而国益弱，得地而国益贫，由国中之制弊[37]矣。

【注释】

①金鼓:指号令。金是古代的铜钲,有柄,狭长,打击出声。古代打仗,鸣金为收兵,击鼓为进兵。

②齐刃:齐心杀敌。

③什伍:古代军队的编制。10 人为什,5 人为伍。

④偏列:古代战车的编制。25 辆为一偏,5 辆为一列。

⑤麾:古代军队的指挥旗,这里作动词,同"挥"。

⑥国士:为国家立功、受到人们称赞的人。

⑦"亦""也"二字原脱,从鄂局本补。

⑧世:指现在、现世。

⑨北:败逃。

⑩抱:同"抛",抛弃。

⑪奇兵:古时用兵分正兵、奇兵,互相配合、变化,以战胜敌人。这里指小股奇袭部队。捐:舍弃,指为国死难。

⑫绝:横渡。

⑬亡:同无。

⑭卒:古代军队编制,百人为一卒,这里指卒长。

⑮司马:这里指千人之长。

⑯诛:剪除、消灭。

⑰三军:古代军队分为左、中、右(或前、中、后)三军。这里指全军。

⑱舍:隐藏、庇护。

⑲侔:等、同。

⑳为一死贼:比喻像一个亡命徒那样奋不顾身。

㉑桓公:齐桓公。公元前 685~前 643 年在位。他任用管仲进行改革,使齐国国力富强,成为春秋时第一个霸主。

㉒吴起:战国时兵家。卫国人,曾任鲁国和魏国将领,屡建战功。后至楚国任

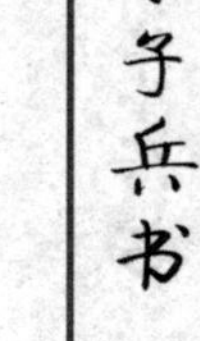

令尹(楚国的相),辅佐楚悼王实行一系列变法措施,促使楚国富强。前381年楚悼王时死,吴起被贵族杀害。他著有《吴起》48篇,已佚。今本《吴子》6篇系后人所托。

㉓孙子:孙武,春秋时著名兵家,齐国人。曾以《兵法》十三篇见吴王阖闾,被任为将,率吴军攻破楚国。所著《孙子兵书》是我国最早最杰出的兵书。

㉔仞:古代长度单位,一仞为8尺或7尺。谿:同“溪”字,山涧、溪谷。

㉕聘:聘问,指古代诸侯之间遣使访问。

㉖质:指国君把儿子送到别国当人质。

㉗正:同“征”。征调,征用。

㉘衣吾衣:前一“衣”为动词,穿。这里指穿公家的衣。

㉙食吾食:前一“食”为动词,吃,后一“食”为名词,饭。这里指吃公家的饭。

㉚良骥:骏马。駉駣也是古代骏马。“駣”原作“耳”,从鄂局本改。驶:马快速奔跑。

㉛鬐:马鬃。

㉜绍:接续、补充。引申为助长。

㉝爵:爵位,古代因军功封给爵位,获得政治上经济上的特殊地位。

㉞毋:不要。

㉟畜:饲养。引申为统治。

㊱内:同纳,动词,接纳任用。

㊲弊:毛病、弊病。

【译文】

凡是军队,制度务必先制定好。制度定好则士兵的行为不紊乱,士兵不紊乱就刑罚分明。号令所指,百人都能勇猛战斗;冲锋陷阵,千人都能奋勇当先;摧陷敌军杀死敌将,万人都能齐心格斗。这样就能天下无敌。

古代士兵有什伍的编制,战车有偏列的编制。战鼓敲响,军旗挥起,未尝不是为国尽力的勇士;先战死的,也未尝不是为国献身的勇士。但是,杀伤敌方一人,而损折我方百人，这实际上是资助了敌人，严重地损伤了自己，现在的将领不能够禁止。征兵入伍就有士兵逃亡，或遇到敌人自行败逃，就造成更加严重的逃散和伤亡，现在的将领不能禁止。杀人于百步之外的武器，是弓箭；杀人于五十步之内的武器，是矛和戟。将领已经击鼓下令进攻了，而士兵却喧哗吵闹、折箭、断矛、抛戟，只想溜到队尾保命。战斗中出现这几种情况，是部队内部自行溃败，现在的将领不能禁止。士兵的队伍混乱了，战车的编队混乱了，奇袭的部队弃将逃跑，大部队也跟逃跑，现在的将领不能够禁止。如果将领能禁止这四种情况，那么高山可以跨越，深水可以渡过，敌人的坚固阵地可以攻克。如果不能禁止这四种情况，就像没有船和桨不能过河一样，（要战胜敌人）是办不到的。

士兵并非喜欢死而厌恶生。必须号令严明，法制详密，才能使他们勇往直前。事前讲明奖赏的条件，事后对坏事不含糊地处罚，这样，出兵就能取胜，进击就能立功。使 100 人听一卒长指挥，1000 人听一司马指挥，1 万人听一将军指挥，以人少的军队消灭人多的军队，以弱军消灭强军。请听我谈谈统治的办法，完全可以使全军只杀一人而不失刑威。这样，父亲不敢庇护儿子，儿子不敢庇护父亲，何况一般的人呢？一个亡命徒持剑冲入集市，万人没有不躲避他的。我想，并不是唯独他一人勇敢，众人都无法同他相比。为什么呢？（徒手与持剑的亡命徒斗，）一方必死，一方必生，是无法相比的。如果采纳我的办法，完全可以使三军之众都像一个亡命徒那样不怕死，谁也不敢在前面阻挡，谁也不敢在后面尾追，那就所向无敌，如入无人之境了。所向无敌的军队，就是称王称霸的军队。

有率领 10 万军队，而天下无敌的是谁呢？是齐桓公。有率领 7 万军队，而天下无敌的是谁呢？是吴起。有率领 3 万军队，而天下无敌的是谁呢？是孙武。现在天下的将领，所率领的军队没有少于 20 万的，可是都不能成就功名，（原因）就在于不能严明治理的制度。如果严明了治理的制度，那么一个人就能带头战胜敌人，则十个人也能跟着战胜敌人。十个人能带头战胜敌人，则百人、千人、万人也能跟着战胜敌人。所以说，修缮我军的武器装备，培养部队的勇敢精神，打起仗来就能像猛禽捕食那样快速凶狠，像流水倾泻到千仞深谷那样势不可挡。

现在有的诸侯国遭到攻击，就用大量财宝送礼，让自己的爱子去作人质，以割

让土地作为代价,而所得天下诸侯派出的援兵,号称10万,其实才有几万人。派援兵来的诸侯国君,无不告诫他的将领说:"不要在别国之前争先出战。"论其实,并不能得到这些援兵帮助作战。

估量一下国内的民众,没有一伍不能征用的。组织起10万大军,而国君必须使他们穿国家的衣服,吃国家的饭。如果战斗还不能胜利,防守不能坚固,那也不是老百姓的罪过,而是朝廷法制不明造成的。天下诸侯国援助我们作战,(敌人)就像骏马那样奔驰,而援兵却像劣马那样竖着鬃毛追逐,这怎么能助长我军的气势呢?我们要利用天下有用的办法来为自己所用,我们要仿效天下好制度来定出自己的制度,整顿我们的号令,严明我们的赏罚,使国家的民众不务农就得不到饭吃,没有军功就得不到爵位。使民众抡起胳膊争相从事农战,就能天下无敌。所以说,号令严明,能使国内民众信服。

有人说他有办法能战胜敌人的,不要听信他的空话,必须考察他能不能打仗。要做到见别人的土地而能占领,划出别人的民众而能实行统治,(首先)必须做到纳用贤人。不能纳用贤人,却想占有天下,就必定要全军覆没、将帅败亡。这样,虽然一时打了胜仗,却会使国家更加衰弱,得到了土地,却会使国家更加贫穷,原因就在国内的制度有弊病。

【赏析】

此篇主要论述了军队中制定严明制度的重要性。东汉王符在《潜夫论》中说:"政令必行,宪禁必从,而国不治者,未尝有也。"三国时代的曹操,青年时代即能发出这样的阳刚之声、英雄之声,是非常值得称道的。

曹操12岁时就任洛阳北部尉。曹操可谓官卑职小矣。但他不因此而妄自菲薄,却很想有一番作为,上任之后,即忠于职守,制作了十多根五色棒,悬挂在衙门左右。如有违犯禁令的,即使是权贵人物,也一概用五色棒处死。

当时洛阳城里秩序混乱,豪族横行,谁会把一个小小县尉放在眼里。不久,即有汉灵帝宠爱的小太监蹇硕的叔父违禁提刀夜行,被曹操巡夜拿住,当即棒杀。人们没想到曹操初入仕途,即敢捋虎须,令行禁止。从此,京城里的豪强都吓得收敛了行迹，没有一个敢违犯禁令了。

30岁时，曹操被提升为济南国相。济南是王国，按照东汉制度，王没有实际行政权力，行政由中央政府委派国相处理。国相就是太守，实际上是一方的行政长官。当时济南国管辖十多个县，县的长吏都依附豪强贵族，贪赃枉法，搞得社会上乌烟瘴气。但是，历任国相都和他们沆瀣一气，相互包庇。曹操反其道而行之。上任以后，把八个县的长吏都检举、罢免了。由于他执法严明，没有多久，济南国乌烟瘴气的气氛有了改变。他还下令禁断淫祀、制止迷信活动。不到一个月。济南国境内600余所大小祠庙全部夷为平地，擅自搞祭祀活动的，也都受到惩办。这些雷厉风行的措施，起到了立竿见影的效果。

这两件事，说明了青年曹操"好作政教以建立名誉"的志向是正确的。汉代桓宽说过："世不患无法，而患无必行之法。"曹操之可贵不仅在于正确地立法，而且在于他的勇敢、刚毅，有法必行。

在西方管理理论中，有所谓"热炉法则"的提法。什么叫"热炉法则"呢？即法令如同烧热的火炉，谁要敢于触犯它，就必然会受到"烫"的处罚。这种处罚有如下特点；

一是即刻的：当你一碰到火炉时，立即就会被烫。

二是预先示警的：火炉是烧得通红的，任何人都知道一碰就会被烫。

三是适用于任何人：火炉烫人是不分亲疏贵贱，一律平等的。

四是彻底贯彻的：火炉烫人绝对"说到做到"，不是吓唬人的"具文"。

曹操悬挂于洛阳衙门的五色棒和他在济南国相任内的措施，不都具有"热炉法则"的特点吗？这是很值得执法者们借鉴的。

与此相反的是，比曹操早一些时候，汉桓帝时的南阳太守刘宽，则用了另外一套方法，即所谓"蒲鞭罚罪"，对于有过失的吏民，仅用蒲草编成的软鞭轻轻"鞭打"作象征性的"处罚"而已。刘宽诚然宽大，结果如何呢？南阳城更加混乱，歹徒毫无忌惮，肆意横行，刘宽也终因此举而罢官。这倒是一个很好的反面教材。

同时，也要注重对贤才的任用。《吴子·料敌第二》指出："陈功居列，任贤使能。"亦作"任贤杖能"。唐代扬炎《大唐河西平胡圣德颂序》云：故大人之作必先靖难，以摧凶取暴为治国，以任贤杖能为建功。宋代王安石《兴贤》云："国以任贤使能而兴，弃贤专己而衰"古今中外，凡是大有作为的统帅其周围都是贤士如云，形成一个强大的人才集团；他能礼贤下士，知人善任，使士尽其贤，人尽其能，因而功业显赫。

汉高祖刘邦"性明达，好谋能听"，他是任贤使能的著名政治、军事统帅。在他麾下，有一个由各类贤士能人组成的强大人才集团：张良是贵族，萧何是小吏，韩信是流氓，陈平是游士，樊哙是狗屠，灌婴是布贩，娄敬是车夫，彭越是强盗，英布是刑徒，陆贾是说客，周勃是吹鼓手，对于他们刘邦都能恰当使用，各尽所能。刘邦对麾下论述得天下之道时说："运筹帷幄之中，决胜千里之外，吾不如子房；镇国家，抚百姓，给饷馈，不绝粮道，吾不如萧何；连百万之众，战必胜，攻必取，吾不如韩信。三者皆人杰，吾能用之，此吾所以取天下者也。"又说："项羽妒贤嫉能，手下只有一个范增而不能用，此所以为我擒也。"可想而知，刘邦得天下的要诀是任贤使能。

推而广之，政治上、军事上、经济上、文化上、教育上、外交上等各行各业，要在激烈的竞争中获胜，都离不开任贤使能这一具有关键意义的条件。

战威

【原文】

凡兵，有以道胜，有以威胜，有以力胜。讲武料敌[①]，使敌之气失而师散，虽形全而不为之用，此道胜也。审法制，明赏罚，便器用，使民有必胜之心，此威胜也。破军杀将，乘阚发机[②]，溃众夺地，成功乃返，此力胜也。王侯如此，所以三胜者毕矣[③]。

夫将之所以战者民也[④]，民之所以战者气也。气实则斗，气夺则走。刑如未加，兵未接[⑤]，而所以夺敌者五：一曰庙胜之论[⑥]，二曰受命之论[⑦]，三曰逾垠之论[⑧]，四曰深沟高垒之论，五曰举阵加刑之论[⑨]。此五者，先料敌而后动，是以击虚夺之也。

善用兵者，能夺人而不夺于人。夺者心之机也，令者一众心也。众不审则数变[10]，数变则令虽出，众不信矣。故令之之法，小过无更，小疑无申。故上无疑令，则众不二听，动无疑事，则众不二志。

未有不信其心，而能得其力者；未有不得其力，而能致其死战者也。故国必有礼信[11]亲爱之义，则可以饥易饱；国必有孝慈廉耻之俗，则可以死易生。古者率民，必先礼信而后爵禄，先廉耻而后刑罚，先亲爱而后律其身[12]。故战者必本乎率身以励众士[13]，如心之使四肢也。志不励则士不死节[14]，士不死节则众不战。励士之道，民之生不可不厚也[15]；爵列之等，死丧之亲[16]，民之所营不可不显也[17]。必也因民所生而制之，因民所营而显之[18]，田禄之实，饮食之亲，乡里相劝，死丧相救，兵役相从，此民之所励也。使什伍如亲戚，卒伯如朋友[19]。止如堵墙，动如风雨，车不结辙[20]，士不旋踵[21]，此本战之道也。

地所以养民也，城所以守地也，战所以守城也，故务耕者民不饥，务守者地不危，务战者城不围。三者先王之本务也[22]。本务者兵最急[23]。故先王专务于兵有五焉，委积[24]不多则士不行；赏禄不厚则民不劝，武士不选则众不强，备用不便则力不壮；刑赏不中[25]则众不畏。务此五者，静能守其所固，动能成其所欲。夫以居攻出[26]，则居欲重，阵欲坚，发欲毕，斗欲齐[27]。

王国富民，霸国富士，仅存之国富大夫，亡国富仓府，所谓上满下漏，患无所救。故曰，举贤任能，不时日而事利；明法审令，不卜筮而事吉[28]；贵功养劳[29]，不祷祠而得福[30]。又曰：天时不如地利，地利不如人和。圣人所贵，人事而已。

夫勤劳之师，将必[31]先已，暑不张盖[32]，寒不重衣，险必下步，军井成而后饮，军食熟而后饭，军垒成而后舍，劳佚必以身同之[33]。如此，师虽久而不老不弊[34]。

【注释】

①讲武：进行军事动员和加强平时训练。

②鬭：本指围在城门外曲城的城门，这里指敌城。

③所：原脱，从鄂局本改。

④之：原作“卒”，从鄂局本改。

⑤刑如未加,兵未接:刑和兵在这里均指作战。

⑥庙胜:靠朝廷决策取胜。

⑦受命:原指将领接受国君命令。此指任用得力将领。

⑧垠:边际,界限。逾垠,指越过边境,挺进敌后。

⑨举陈:陈同“阵”。举陈:指战场布阵、短兵作战的战术。

⑩数:屡次,一再。

⑪信:原脱,从鄂局本改。

⑫律:用法律约束。

⑬战者:指带兵的将领。

⑭死节:为正义献身、为国殉难。

⑮厚:优厚,给予良好的生活待遇。

⑯亲:对死难者家属抚恤。

⑰显:指变为现实的东西,获得。

⑱营:原作“荣”,从鄂局本改。

⑲卒伯:古时军队的编制单位,百人为一卒,也称伯。这里指友邻部队之间的关系。

⑳结辙:车辆往返在地上压出的交错轨迹。车不结辙:战车前进不后退。

㉑旋踵:旋转脚后跟,后退。踵:脚后跟。

㉒也:原脱,从鄂局本补。

㉓者:原脱,从鄂局本补。“急”下“本者”二字原衍,从鄂局本删。

㉔委积:粮食、财物的囤积、储备。

㉕中:恰当、适宜。

㉖出:指运动、出击的部队。

㉗斗:原作“阙”,从鄂局本改。

㉘卜筮:古代预测吉凶祸福的迷信方法。根据烤过的龟甲上的裂纹,来预测吉凶,叫卜。用蓍草占卦,叫筮。

㉙养劳:优待劳苦的人。

㉚祷祠：拜神。

㉛必：原作“不”，从鄂局本改。

㉜盖：伞。

㉝佚：休息，享受。

㉞弊：疲惫。

【译文】

进行战争，有靠战略思想取胜，有靠全军威武的气势取胜，有靠战斗中的勇力取胜。进行军事动员、严格训练和分析敌情，设法造成敌人士气低落而队伍涣散，虽然形式完整而不能发挥战斗作用，这是靠战略思想取胜。法制严格，赏罚分明，武器齐备而锐利，使士兵都有勇猛杀敌、不怕死的决心，这是靠威武的气势取胜。攻破敌军阵地杀其将帅，登上敌城发动机弩，击溃敌人夺取土地，胜利返回，这是靠战斗中的勇力取胜。君王、诸侯知道这些道理，三项取胜的办法就完全掌握了。

将领所以能够打仗靠的是士兵，士兵所以能够英勇战斗靠的是士气。士气旺盛就战斗，士气衰落就退却。战斗还没有开始，兵器还没有交锋，而能够预先制敌的有五项：一是讲究朝廷的正确决策；二是讲究任命将领得人；三是讲究越过边境、挺进敌后的策略；四是讲究深沟高垒构筑坚固工事；五是讲究战场布阵、短兵相接的战术。这五项，就是先分析敌情然后采取行动，是利用我方优势击中敌人弱点的办法。

善于用兵的人，能够夺取主动权而不被敌人夺去主动权，夺取主动权在于运用机智。命令是用来统一大家意志的，如果大家不清楚就会大大变样，那么命令虽发了出去，大家也不相信了。因此，下达命令的准则是：小错误不更改，小疑问不申明。上级没有疑惑不清的命令，那么大家行动就会统一。行动没有犹豫，那么大家就不会三心二意了。

从来没有不得到士兵的信任，而能够得到他们尽力的；从来没有不得到士兵尽力，而能够使他们拼死作战的。所以，国家必须具有礼信亲爱、抚恤百姓的大义，就能战胜饥饿换来温饱；国家必须具有孝慈廉耻的风气，就能克服危亡换来生存。古

时候的人带兵，总是先用礼义信用教育士兵，然后才赏给官爵俸禄；先教育他们懂得廉耻，（明白什么事情不能做，）然后才动用刑罚；先亲爱体贴，然后用法律约束他们的行动。所以，指挥作战的人必须依靠本人以身作则来激励广大士兵，这样就会像意志指挥四肢一样运用自如了。不激励意志，就没有带头作战、敢于殉难的勇士，没有敢于殉难的勇士，则其他士兵不会尽力作战。激励勇士的办法，对于日用衣食的条件不能不优待；爵位的等级，对死难家属的优恤，士兵所希望获得的这些不能不让他们获得。一定要做到，对士兵日常衣食的条件要提供给他们，对士兵所希望获得的让他们得到。土地、俸禄的实际好处，饮食应酬联络感情，邻里之间互相勉励，死生关头互相救助，征兵服役一起参加，这些都是使士兵受到激励的事项。使行伍像亲戚，友邻部队像朋友，驻守下来像城墙那样稳固，行动起来如风雨那样迅猛，战车有进无退，士兵勇往直前，这就体现了作战的根本道理。

土地是用来养活人民的，城池是用来守卫土地的，作战是为了守卫城池的。所以努力生产，人民就不会饥饿；注重防守，国家就不会危险；加强战备，城池就不会被包围。这三项就是古代帝王所注重的根本大事。在根本事务中，军事是最急迫的，所以古代帝王专心于军事有五个方面：粮食物质储备不充足，军队就不出动；赏赐的俸禄不优厚，士兵就不会受激励；勇猛的战士不挑选出来，军威就不会振作；武器装备不精良，战斗力就不会加强；赏罚不严明，士兵就不会敬畏。努力做好这五项，驻守下来能使阵地稳固，行动起来就能达到预期目的。以防御反击进攻的敌人，那么防守要稳重严密，阵地要坚固，出击时要集中全部机动兵力，战斗要齐心合力。

称王天下的国家，富足的是民众；称霸诸侯的国家，富足的是士兵；勉强生存的国家，富足的是官吏；将要灭亡的国家，富足的是国库，这就是人们所说的上层富足有余，下面百姓穷困不堪，亡国的祸患是无法挽救的。所以说，选拔贤士任用能人，不择吉日事情也能办好；严明法令制度，不用占卜办事也能顺利；褒奖有功之士，优待为国操劳的人，不用求神拜鬼也能得福。又说：利用天时不如利用地理条件，利用地理条件不如依靠人心团结。圣人所重视的，不过是人的作用罢了。

能吃苦耐劳的军队，将领必须身先士卒。天气炎热时不张盖，天气寒冷时不穿厚厚的衣服，遇到路险必须下马步行，行军路上要待水井掘成（士兵都喝上水）才喝水，部队饭食做熟（士兵都吃上饭）才吃饭，军营筑成（士兵都住下了）才住宿，劳逸必须同士兵同甘苦。这样，军队虽然长久作战，也能不衰颓不疲惫。

【赏析】

本篇主要论述了作战战略思想的问题。作为军中统帅，处处要以身作则，才能得到士兵的支持。同时，还要知人善任，爱兵爱民，也只有这样，才能赢得民心，取得战争的胜利。如果指挥者贪生怕死，畏缩不前，士兵就会士气低落，指挥不灵，从而导致战争的失利。

诸葛亮《将苑·励士》："先之以身，后之以人，则士无不勇矣。"可见，将帅应以身作则，率身励士，上行下效，这样，才能做到强将手下无弱兵。这个谋略不仅应用于军队，而且对治国兴邦、富国强民均有重要的现实意义。

这是一条治军安民，取胜于天下的谋略。早在春秋初期，军事谋略家曹刿就明确指出："布德施利于天下，取信于民，是胜战之道。"《孙膑兵书》强调："得众，胜。左右和，胜。"他在《将义》篇中提出军队应做到"军博"，即军队内部要互敬互爱，团结一心，集中对敌。他在"将失"中列举了将帅打败仗的 32 种原因。其中多数是由于将帅处置不当，引起士卒和民众不满，影响上下"人和"，没有做到"军搏"所致。在本篇尉缭子提出了与之相同的看法。清代刘璞不在《将略要论》中也提到:“民为兵之源,兵无民不坚。”这些都旨在说明:作为将帅应做到爱兵爱民,因为兵民是胜利之本。

选贤任能是领导者将其工作职权分别授予被选拔的下属,使其各尽所能,共谋事业的一种统御策略。

汉高祖刘邦可以说是选贤任能的典范。首先,处虚服而无智,熟知百官之要。每当有人才投效于门下,他都要以诚相见,虚心求教,好像自己一无所知、一无所能似的。在接待和求教过程中,仔细观察来者的人品,准确把握其秉性、特长,做到熟知其要。其次,择长而授任,善使众能也。如:运筹帷幄用张良,出奇制胜用陈平,率军作战用韩信,抚民治国用萧何,安定社稷用周勃。甚至连樊哙也能发挥其匹夫之勇,使鸿门宴化险为夷。再次,将将面授权,故能使众为也。刘邦善将是众所周知的。他将将的诀窍除上述择长授任外,还在于授权、百宫既定名分后,各授予相应职权,以保障他们行使职能。其执下治军方略,让他们根据实际情况谋划之,绝不从中掣肘。如:对留任后方的萧何,事无巨细全由丞相做主;对指挥作战的韩信,进退决策皆听将军裁定。这样做的好处,一是可以从实际工作中甄别百官的才能和考核政绩;二是使文武百官有独立发挥才能的机会,从而策励他们建功立业,竞相作为,以达到君王“事省而国治”的目的。

作为领导艺术——选贤任能,不仅对于当代行政管理有其现实意义,而已在现代企业管理中也是至关重要的。因为现代企业的劳动过程无不是复杂的系统工程,企业的每件产品无不是许多劳动者分工协作的结晶。要组织和管理分工细致、协作众多的企业生产和经营活动,仅靠厂长、经理“一自行之”,是无济于事的。所以,无论哪一级地方领导和企业一把手都应善于分职。尽管分职方法要因地制宜,但下述四项基本原则是共同的:一是明确分工,择长授任;二是授职授权,专任不疑;三是妥善配置角色,力求人才互补;四是三权将将,奖优罚劣。分职后,各位领导人既有分工,又有协作,既能充分发挥个人专长,又有效地发挥了整体功能,再加一个善于弹钢琴的一把手,那么,企业管理一定会卓有成效的。

攻　权[①]

【原文】

兵以静胜，国以专胜[②]。力分者弱，心疑者背。夫力弱，故进退不豪，纵敌不擒，将吏士卒，动静一身。心既疑背，则计决而不动，动决而不禁，异口虚言，将无修容[③]，卒无常试[④]，发攻必衄[⑤]。是谓疾陵之兵[⑥]，无足与斗[⑦]。

将帅者心也，群下者支节也。其心动以诚[⑧]，则支节必力；其心动以疑，则支节必背。夫将不心制，卒不节动，虽胜，幸胜也，非攻权也。

夫民无两畏也。畏我侮敌，畏敌侮我。见侮者败，立威者胜。凡将能其道者，吏畏其将也；吏畏其将者，民畏其吏也；民畏其吏者，敌畏其民也。是故知胜败之道者，必先知畏侮之权。夫不爱说[⑨]其心者，不我用也；不严畏其心者，不我举也。爱在下顺，威在上立。爱故不二，威故不犯。故善将者爱与威而已。

战不必胜，不可以言战。攻不必拔，不可以言攻。不然，虽刑赏不足信也。信在期前，事在未兆，故众已聚不虚散，兵出不徒归，求敌若求亡子，击敌若救溺人。分险者无胜心，挑战者无全气，斗战者无胜兵。

凡挟义而战者，贵从我起，争私结怨，应不得已。怨结虽起，待之贵后。故争必当待之，息必当备之。

兵有胜于朝廷，有胜于原野，有胜于市井[⑩]。斗则得，服则失[⑪]，幸以不败，此不意彼惊惧而曲胜之也。曲胜言非全也，非全胜者无权名。故明主战攻之日[⑫]，合鼓合角[⑬]，节以兵刃，不求胜而胜也。

兵有去备彻威而胜者，以其有法故也。有器用之早定也，其应敌也周，其总率[⑭]也极。故五人而伍，十人而什，百人而卒，千人而率，万人而将，已周已极[⑮]，其朝死则朝代，暮死则暮代，权敌审将而后举兵。

故凡集兵，千里者旬日，百里者一日，必集敌境。卒聚将至，深入其地，错绝其道，栖其大城大邑，使之登城逼危。男女数重，各逼地形而攻要塞。据一城邑而数

道绝，从而攻之。敌将帅不能信，吏卒不能和，刑有所不从者，则我败之矣。敌救未至，而一城已降。

津梁未发[16]，要塞未修，城险未设，渠答[17]未张，则虽有城无守矣。远堡未入，戍客未归，则虽有人无人矣。六畜未聚，五谷未收，财用未敛，则虽有资无资矣。夫城邑空虚而资尽者，我因其空虚而攻之，法曰："独出独入[18]，敌不接刃而致[19]之。"此之谓也。

【注释】

①权：权谋，策略。攻权：指进攻的策略，与下篇《守权》相对。

②兵以静胜，国以专胜：此句简本作："【□□】□固，以槫胜。"疑宋本有误，以作"兵以静固，以专胜"较长，本书《战威篇》亦有"静能守其所固"语。

③修容：指将领的威严风度。

④试：比试，指训练和演习。

⑤衄：挫败，战败。

⑥疾：通嫉。陵：欺侮。疾陵：指轻慢官长不守纪律。

⑦与：参与。

⑧诚：诚信，专一。

⑨说：同悦。

⑩市井：指城市。

⑪此句"得服则"三字原脱，从鄂局本补。

⑫"之"字原脱，从鄂局本补。

⑬"角"字原脱，从鄂局本补。

⑭率：同帅。

⑮"周"字原作"用"，从鄂局本改。

⑯发：同伐，折毁。

⑰渠答：一种御敌工具，即铁蒺藜。

⑱独出独入：指乘虚奇袭，敌人不觉，如入无人之境。

⑲致：获得，夺得。

【译文】

用兵凭镇定待敌取胜，凭将领集中权力取胜。兵力分散攻势就软弱，心中犹疑行动就难配合。兵力弱则进攻退守都失去威风，就会让敌人跑掉而不能将它打垮。将领和士兵动作配合要和人体一样运动协调。如果将领犹豫部署失当，那么计划定了也不会行动，行动起来也约束不住，意见分歧空话无实，将领没有威严，士兵缺乏训练，发动进攻必然失败。这就是所说的将弱兵骄的军队，是经不起战斗考验的。

将领就像意志，部下就像四肢和关节。人的意志专诚，则肢节动作必然有力；意志如果犹豫，则肢节动作一定配合不好。如果将领不能像意志那样有效指挥，士兵就不能像肢节那样行动有力，尽管打了胜仗，也是侥幸取胜，并不符合进攻的权谋。

士兵没有对敌我两方面都畏惧的，畏惧自己的将领就会藐视敌人，畏惧敌人就会轻慢自己的将领。被轻侮的就会失败，树立威风的就会胜利。凡是将领指挥有方，军吏就畏惧自己的将领；军吏畏惧将领，士兵就畏惧军吏；士兵畏惧军吏，敌人就畏惧这样的士兵。所以懂得胜败道理的人，必须首先知道畏惧和轻蔑二者的利害关系。士兵不爱戴将领，就会不听命令；不敬畏将领，就会懒得办事。爱悦表现在下级顺从，威严在于将领从上面树立。士兵爱悦将领，就不会产生二心；将领有了威严，士兵就不会违抗命令。所以善于带领军队的人就在于处理好士兵拥戴和将领具有威严二者的关系而已。

打仗没有必胜的把握，不可轻易提出打仗。进攻没有必克的把握，不可轻易提出进攻。否则，虽用严刑重赏也不足以使部下信服。信用要在战前树立，准备事项要预先做好。所以，士兵已经集中起来了，就不能无缘无故地遣散；军队已经出动了，就不能一无所获地返回。搜索敌人就像寻找丢失的孩子一样心切，进攻敌人就像抢救溺水的人一样果敢。部队分兵守险就不会有战斗的决心，将领轻率挑战就不会保全高昂的士气，鲁莽作战没有谋略的军队就不能取胜。

凡是依仗正义作战的军队,贵在主动出击。因争夺私利结下怨仇作战,应在不得已才做出反应的行动。结下了怨仇,也要注意后发制人。所以作战一定要选择时机,战争平息之后一定要做好防备。

用兵打仗,有的靠朝廷决策取胜,有的靠野战取胜,有的靠攻城取胜。经过战斗取得了胜利,敌人降服而我方却损失严重,虽然侥幸没有失败,这是由于没有料到敌人惊慌恐惧而勉强取胜的。勉强取胜就不算是全胜,非完全的胜利就没有权谋的名声。所以英明的统帅在决定进攻之日,整齐号令,严明战斗纪律,不图侥幸取胜而必然胜利。

用兵有表面上解除戒备而取得胜利的,这是因为有策略办法保证的缘故。有早就准备好的武器装备,应付敌人的办法考虑得周密,统帅也极高明。所以,五人设一伍长,十人设一什长,百人设一卒长,千人设一帅,万人设一将,组织的严密达到了极点。军吏中早晨死亡者早晨就有人替代他,晚上死亡者晚上就有人替代他。掌握好敌情选好将领然后才出兵。

凡是集结军队,千里路程十天赶到,百里路程一天赶到,必须集结到敌方边境。士兵集中、将领到位后,就深入敌人的纵深地带,切断敌人的交通要道,挺进到敌方大城大邑之下驻扎,指挥部队登城突击。士兵们重重包围,分别逼近险要地形而进攻敌人的要塞。控制一个城市而断绝敌人的多条通路,从而猛攻。敌人将帅丧失威信,官兵不和睦,虽然施用刑罚也无法使人服从,那么我们就能打败敌人了。敌人援兵未到,而一城已经投降了。

渡口桥梁没有拆毁,险要地点的堡垒没有修建,城防没有构筑,障碍物没有设置,那么即使有城也无法把守。远处的堡垒没有驻守使用,守边的部队还未回城防守,那么即使有人也跟没有人一样。六畜没有集中起来,五谷没有收获,财物没有积聚,那么即使有资财也等于无资财。敌人城邑空虚而资财用尽的,我军要趁其空虚而进攻它。兵法说:“如入无人之境,敌人还来不及交锋就把它解决掉。”就是说的这种情况。

【赏析】

此篇主要阐述怎样处理好士兵拥戴和将领具有威严二者之间的关系。作为军中统帅要身先士卒，这样才能鼓舞军中士气。

《军谶》云："良将之统军也，恕己而治人，推惠施恩，士力日新，战如风发，攻如河决。"《黄石公三略·上略》引用了这句话，并且说，这样的军队"其众可望而不可当，可下而不可胜。以身先人，故其兵为天下雄"。其中"以身先人"的意义，也就是"身先士卒"的意思。本书亦有："战者必本乎率身以励众上，如心之使四肢也。"这里的"率身以励众士"也是要将帅身先士卒，以身作则，以此激励部下。这样的部队，将帅指挥起来就像自己的大脑指挥自己的四肢一样随心所欲了。他把这一点当作"本战之道"，即用兵打仗的根本道理。

公元917年，晋将李嗣源率军救援幽州，过了现在的北京房山区西北，沿山间小河前进。李嗣源派部将李从珂率3000骑兵为先锋，到达山口时，遇契丹骑兵万余人堵住山口，李从珂将士失色，部队进退两难，在此危急时刻，李嗣源带领百余骑跑到队伍前头，奋勇前进，反复三次攻入敌阵，斩契丹酋长一人。晋军跟随，一齐进攻，迫敌后退，晋军得出山口。

古代将帅治军，都很重视"身先士卒"。我们现在讲"榜样的力量是无穷的"，"领导的行动是无声的命令"，也是这个道理。兵熊熊一个，将熊熊一窝。将帅身先士卒，实在是一支军队杀敌制胜的法宝。

尉缭说：凡军之所欲击，城之所欲攻，人之所欲杀，必先知其守将、左右、谒者、门者舍人之姓名、令吾间必索知之。又说：故明君贤将，所以动而胜人，成功出于众者，先知也。

尉缭是很重视了解敌将和敌人的各方面情况的，认为这是战争取胜不可缺少的条件。

秦朝末年，刘邦率领楚兵出武关，正欲进攻峣关，谋士张良进言说："秦兵尚强，未可轻进。良闻守关秦将乃一屠户之子，必然贪利而忽名。愿足下暂留营中，一面先派人带上金银财宝贿赂秦将；一面在峣关四围，登山插旗，作为疑兵。秦将内贪重贿，外俱强敌，必定出降。"刘邦依计而行，一面派郦食其持宝入关贿赂秦将以诱其降，一面拔兵数千悄悄上山遍插旌旗。秦将登关东眺，山上山下，满目楚旗，不由自主，胆战心惊。适逢其会，郦食其叩关入见，送上重宝。秦将权衡利弊，慨然允降，愿与刘邦，共打咸阳。刘邦闻报大喜，正欲再派郦食其入关订约，张良却说："不可，此乃秦将一人贪利，忽名而慨允，料其部下未必尽从。我如轻信与他合兵入关，万一其下哗变，突袭我军，可就大祸临头了。当下最好乘其不备，立即发兵掩袭，必定胜利。"刘邦连连称善。遂派部将周勃率军潜越资山，绕出峣关背后，奇袭秦营。秦将无备，稀里糊涂地丢了脑袋。刘邦轻取峣关。

张良知秦将"贪而忽名"，刘邦"货而赂"之，掩袭无备而获全胜。

上例皆说明了占将察才，因形用权的重要性。

半个世纪以来，华特·迪斯尼画的米老鼠被编成连环画，小说故事被拍成电影，并把标志符号延伸到相关的食品业、服装业、家具业、文具业、玩具业、旅游业……成为当代美国文化的代表，与可口可乐一起成为巨大的文化产业。为什么我们的大白兔、孙悟空却难以拓展发展呢？原因在于虚与实的关系。

米奇是虚拟的形象，他诞生之时是没有具体产业的，是不断地以不同的媒体传播的一种虚拟的形象，当然人们是从他的有趣漫长的故事中，逐步认识其人格形象而形成相关的思维定式的，没有的逐渐变得有了。而我们的卡通形象都是以具体的产品为载体的，从出生起就已有产品属性，尽管有广告传播，但仅止于此。

从对比中我们可以看到，是"先虚后实"还是"先实后虚"，决定了卡通形象的命运。在想象空间大于物质空间的现在，人们从虚拟的形象中获得了精神上的寄托和释放；反之，人们又从具体的形象中产生了精神上的疲劳。于是，当米奇、麦当劳成为产业标志时，我们的大白兔还是奶糖、孙悟空还是猴子。关键是对具象和抽象的认识，其次是传播观念或是传播的方法。

守　权

【原文】

凡守者，进不郭圉退不亭障[①]以御战，非善者也。豪杰雄俊，坚甲利兵，劲弩强矢，尽在郭中。乃收窖廪[②]毁拆而入保。令客气十百倍，而主之气不半焉，敌攻者伤之甚也。然而世将弗能知。

夫守者，不失险者也。守法：城一丈，十人守之，工食[3]不与焉。出者不守，守者不出。一而当十，十而当百，百而当千，千而当万。故为城郭者，非妄费于民聚土壤也，诚为守也。千丈之城，则万人之守。池深而广，城坚而厚，士民备，薪食给，弩坚矢强，矛戟称之，此守之法也。

攻者不下十余万之众，其有必救之军者，则有必守之城。无必救之军者，则无必守之城。若彼城[4]坚而救诚，则愚夫愚妇，无不蔽城尽资血[5]者。期年[6]之城，守余于攻者，救余于守者。若彼城坚而救不诚，则愚夫愚妇，无不守陴[7]而泣下，此人之常情也，遂发其窖廪救抚，则亦不能止矣。必鼓其豪杰雄俊，坚甲利兵，劲弩强矢并于前，幺麽毁瘠[8]者并于后。

十万之军，顿[9]于城下。救必开之，守必出之。出据[10]要塞，但救其后，无绝其粮道，中外相应。此救而不之诚，则倒敌[11]而待之者也。后其壮，前其老，彼敌无前，守不得而止[12]矣，此守权之谓也。

【注释】

①障：在险要地方构筑的小城堡。

②廪：仓库。

③工食：指勤杂和炊事人员。

④“城”字原脱，从鄂局本补。

⑤无不蔽城尽资血：此处原文衍成“城”字。

⑥期年：周年。

⑦陴：城墙上的矮城，亦称女墙。

⑧毁瘠：瘦弱。

⑨顿：止，驻扎，围困。

⑩出据：“出据”二字，原作“据出”，从鄂局本改。

⑪倒敌：迷惑敌人。

⑫止：静止，指消极防御。

【译文】

大凡防守的军队，进不在周围建筑城郭，退不设立哨亭和堡垒以作防御，是不妥善的。应把壮士好汉、精锐军队，各种武器装备，全都部署在城郭之中。再把粮食财物都收集窖藏起来，拆毁可被敌人利用的东西，入城坚守。让进攻的敌人要花费十倍百倍的气力，而守城者不用费一半的气力，叫敌人进攻伤亡惨重。然而，现在的将领却不懂得这个道理。

守卫城郭的关键是，不能放弃险要的地方。防守的方法是：城一丈，要十个人防守，勤杂炊事人员不计在内。出击的部队不负责防守，防守的部队不负责出击。要以一当十，以十当百，以百当千，以千当万。之所以建城郭，并不是胡乱耗费民力堆起泥土做样子的，而是要确实发挥防守的功用。筑起一千丈的城需要一万人来防守。护城河深而宽、城墙坚实而厚，军队和民众人多势众，柴草粮食供应充足，武器装备精良适用，这些就是守城的原则。

进攻的达到十多万兵力，防守的只要有可靠的援军，那就有必定守得住的城池。没有可靠的援军，那就没有守得住的城池。如果那座城坚固而援军可靠，那么全城普通男女民众，就没有不为守城而竭尽资财、出力流血的。能够坚守一年的城池，是因为防守的力量大于攻城的力量，援军的力量大于守军的力量。如果那座城坚固而援军不可靠，那么全城男女民众，就没有不守在城墙旁边而哭泣的，这是人之常情。即使打开仓库进行救济安抚，也不能制止。必须让壮士好汉，精锐军队，手握锐利武器，挽起强弓硬箭，在前头战斗，体弱老幼者在后面配合，才能坚守取胜。

十万敌军驻扎围困于城下，援军一定要冲开重围，守军一定要主动出击。守军出击占领险要地形，援军只在敌军后面救应，却不断绝敌军粮道，守军与援军内外互相呼应。这种救援让敌军摸不清我方真实意图，就可颠倒敌人部署而等待可乘之机。结果敌人会把精壮放到后面（对付援军），把老弱摆在前面（围城），敌人前面没有主力（抵御守军出击），守军就不得只作消极防守（而应积极攻）了。这就是所说的守城权谋。

【赏析】

此篇主要论述守城权谋的问题。宋代陈亮云:"且吾又闻之,用兵之道,有攻法,有守法,此兵之常也,以攻为守,以守为攻,此兵之变也。"

距今4600余年前,蚩尤部族攻打夏族的黄帝部族,最初的接战地点,大约在河南中部。黄帝难于取胜,向北退却,到达河北省涿鹿地区。这时天时、地利、人和、给养等均对蚩尤不利,而对黄帝有利。黄帝乘狂风大作、尘沙蔽天,蚩尤部众迷乱彷徨之时,用指南车指示方向,麾众攻击蚩尤部众,大获全胜,擒杀蚩尤,从而保卫了夏族。涿鹿之战可以说是较早运用"以攻为守"谋略的著名战例。战争只有攻击和防御两种形式。攻击既是直接消灭敌人,也是间接保存自己的手段;防御是直接保存自己,也是间接消灭敌人的手段。

在攻击战中,有两种方式:一、以攻击为主,辅以防御,称为攻击,即"攻法",用以消灭敌人;二以防御为主,辅以攻击,称为防反,即"以守为攻",用以保存自己。在防御战中,也有两种方式:一以防御为主,辅以攻击,称为防御,即"守法",用以保存自己;二以攻击为主,辅以防御,称为反攻,即"以攻为守",用以消灭敌人。攻击与反攻、防反与防御,十分相似,差别是前者是攻击战使用的方式,后者是防御战作用的方式。

战略退却,是劣势军队处在优势军队进攻面前,因为顾到不能迅速地击破其进攻,为了保存军力,待机破敌,而采取的一个有计划的战略步骤。

以前的军事理论家和实际家也无不承认这是弱军对强军作战时在战争开始阶段必须采取的方针。外国的军事家就曾这样说:"战略守势的作战,大都先避不利的决战,使至有利的情况始求决战。"这是完全正确的,我们对此也没有任何的增加。

唐武德元年(公元618)七月,薛举在泾州(今甘肃省泾川县)称帝。李世民率众讨之,无功而返。不久薛举死,其子薛仁杲嗣位,李世民再次兴师讨伐,与薛仁杲在折庶城(今甘肃省泾川县东北)对峙60余日,敌众10余万人,兵锋甚锐,数来挑战,李世民按兵不动以挫敌锐气。至敌粮尽、两将来降,李世民才说:"彼气衰矣,吾当取之。"命庞玉先在浅水原(今陕西省长武县东北)南攻击敌人,敌将宗罗侯全军出战,庞玉先战败未溃之际,李世民出其不意亲率大军从浅水原北奄出,大败薛军,薛仁杲降。

纵观李世民用兵,可以用一句话概括之:先为不可胜,待敌之可胜。而先为不可胜则表现为战略退却和促使客观条件变化,使敌之可胜。

商场中的战略退却原则,是实力处于弱势的中小企业竞争者保存实力,伺机破敌的唯一方法。任何企业无论处于什么状态,都具有互相矛盾者的优势、劣势。一般竞争原则是以长击短,而如果自身处于并非有利的情况下,则不能硬拼死战。退却不是目的,是手段,而且是一种改变影响竞争胜负的竞争各方实力的手段。

十二陵①

【原文】

威在于不变。惠在于因时。机②在于应事。战在于治气。攻在意表③。守在于外饰④。无过在于度数⑤。无困在于豫备⑥。慎在于畏小。智在于治大。除害在于敢断⑦。得众在于下人⑧。

悔在于任疑。孽在于屠戮。偏在于多私。不详在于恶闻己过。不度在于竭民财。不明在于受间。不实在于轻发。固陋⑨在于离贤。祸在于好利。害在于亲小人。亡在于无所守。危在于无号令。

【注释】

①陵:原义为丘陵、高出的地方,此指办事的要点。意思是治军处事要做到前十二项,避免后十二项。

②机:机智谋略。

③意表:意外。

④外饰:指伪装、荫蔽。

⑤度数:指处理事情的分寸。

⑥无困在于豫备："困"字原作"因"，从鄂本改。豫，同"预"。

⑦断：斩断，指诛杀。

⑧下人：虚心地对待地位低的人。

⑨固陋：见闻浅少闭塞鄙陋。

【译文】

威严在于不随便改变决定。给人恩惠在于适时。机谋在于适应事物的变化。打仗在于鼓舞士气。进攻在于出敌意外。防守在于荫蔽自己的力量。不犯过失在于掌握处理事情的分寸。不陷入困境在于事前做好准备。谨慎在于小事情上提高警惕。明智在于能把握大体。除奸害在于不留情地处决坏人。得到民众拥护在于虚心待人。

后悔在于多疑寡断。罪孽在于残暴屠杀。办事不公正在于私心太重。不吉利在于厌恶听到自己的过错。挥霍无度在于耗尽民财。不明事理在于受人离间。空无所得在于轻举妄动。见识浅陋在于远离了贤能的人。受祸在于贪图财利。招害在于亲昵坏人。丧失土地在于不注重防守。陷入危境在于没有严明的号令。

【赏析】

本篇主要论述了如何治军处事的问题。指出"修道而保法"的重要性。

"修道保法"，实在是胜于无形，无智名可闻，无勇功可见。

一般人认为这样的胜利不经过什么斗争，觉得无可称颂。及至战争爆发，破军夺将，战而后胜，才大加赞扬，记歌战功。却不知后一种胜利，必须付出更多的代价、更大的伤亡和破坏，实非安国全军之上策。这远不如不战而胜、胜于无形更为合算。

在赢得民心的同时，作为领导者还要做到“静以幽，正以治”。孙子在《孙子兵书·九地篇》指出：“将军之事，静以幽，正以治。能愚士卒之耳目，使之无知。易其事，革其谋，使人无识；易其居，迂其途，使人不得虑。”意思是说：统率军队这种事情，要沉着冷静，幽深莫测，严肃认真而有条不紊。能蒙蔽士卒的耳目，使他们对军事计划毫无所知；改变任务，变更计谋，使人们不能识破；驻军常改变驻地，进军迂回绕道，使人们无法推断行动意图。

“静以幽，正以治”，说的领导者要有大将风度。静，就是沉着老练；幽，即幽深莫测，临危不惧。正，就是严正，公正；治，即管理而不乱。静以幽，正以治，就是要处事沉着老练，喜怒不形于色。

古代将相中，不乏大将风度之人，东晋宰相谢安就是一个典范。《世说新语·雅量》记载：谢安隐居东山时，与当时名士孙绰、王羲之等人在海上游玩，忽然风起浪涌，孙、王诸位皆惊恐万状，高喊：“快把船荡回去！”唯谢安精神抖擞，兴趣正浓，吟咏歌啸自若。船夫见谢安安闲愉快，因此就继续往前划。继而狂风大作，恶浪翻滚，孙、王等人被骇得站起来。这时，谢安才缓慢地说：“象这样，是不是回去？”大家回后谈起此事，都很敬佩谢安，认为他器量不凡，能成大事，当政可安朝野。又据《晋书》记载，后来谢安当了宰相。一次前秦主符坚率众 90 余万进攻东晋，连得重镇数处，进军淮水淝水间。符坚自负地说：“以我这样多的人马，将每个人的马鞭投入长江，立刻可以堵塞住流水，晋兵怎么能凭险抵御？”在这种形势下，东晋朝野大为震恐，建安（南京）城中，人心惶惶。唯谢安处之泰然，若无其事。他推荐谢石、谢玄率军 8 万去抗秦。谢玄去他住处请示如何迎战，谢安回答：“已别有旨。”谢玄等了半天，也不见下文。谢玄不敢再问，让别人再去问，谢安仍不回答，竟自驾车出游，并命谢玄同他在别墅中下棋。谢玄的棋原比谢安高一着，这时因心中有事，竟与谢安相持不下，最后输给谢安。终局后，谢安独自游涉，半夜才归。经过冷静思索，回府后连夜发号施令，向各位将帅指示机宜。结果，淝水一战，晋军以少胜多。

捷报送到谢安处,谢安正与客下围棋,看了捷报毫无表情。客人问他:“战况如何?”他淡淡地回答:“敌军已被我所破。”这就是“静以幽,正以治”的大将风度。

大将风度实际上是个性修养的一个重要方面,要培养自己的大将风度,最难的是控制自己的感情。如果一旦感情用事,会因小失大,导致事业的失败。三国时蜀昭烈帝刘备,“耻关羽之殁”,“自将伐吴”,结果被吴将陆逊以火攻破40余营,落得个“白帝托孤”的下场。唐太宗李世民可谓一代英王,但在公元645年,因贪功好大,不听群臣劝阻,亲率诸军进攻东北的高丽国。尽管唐帝国大国强兵,李世民用尽心计,但他得到的是悔不可追的失败。刘备和李世民遇到的事情各异,但失败于同一原因,即没能控制住自己的情绪。《孙子兵书·火攻篇》说:“主不可怒而兴师,将不可愠而致战,合于利而动,不合于利而止。怒可以复喜,仍可以复悦。亡国不可以复存,死者不可以复生。故明君慎之,良将警之,此安国全军之道也。”孙武讲的就是不能感情用事。这个道理对各行各业的领导者十分重要,一旦感情用事,必将铸成大错,导致事业的失败。

武　议[1]

【原文】

凡兵不攻无过之城,不攻无罪之人。夫杀人之父兄,利[2]人之财货,臣妾[3]人之子女,此皆盗也。故兵者,所以诛暴乱禁不义也。兵之所加者,农不离其田业,贾不离其肆宅[4],士大夫不离其官府,由其武议在于一人[5]。故兵不血刃,而天下亲焉。

万乘农战,千乘救守,百乘事养[6]。农战不外索权,救守不外索助,事养不外索资,夫出不足战,入不足守者,治之以市[7]。市者所以给[8]战守也。万乘无千乘之助,必有百乘之市。

凡诛者所以明武也。杀一人而三军震者杀之,赏一人而万人喜者赏之[9]。杀之贵大,赏之贵小。当杀而虽贵重必杀之,是刑上究也;赏及牛童马圉者,是赏下流也。夫能刑上究、赏下流,此将之武也。故人主重将。夫将提鼓挥枹[10],临难决战,接兵角刃，鼓之而当，则赏功立名；鼓之而不当，则身死国亡。是存亡安危在于枹端，奈何无重将也！夫提鼓挥枹，接兵角刃，君以武事成功者，臣以为非难也。

古人曰："无蒙冲[11]而攻，无渠答而守。是为[12]无善之军。"视无见，听无闻，由国无市也。夫市也者，百货之官[13]也。市贱卖贵，以限士人。食粟一斗[14]，马食菽[15]三斗。人有饥色，马有瘠形。何也？市有[16]所出，而官无主也。夫提天下之节制[17]，而无百货之官，无谓其能战也。

起兵直使甲胄生虮虱[18]者，必为吾所效用也。鸷鸟逐雀[19]，有袭人之怀，入人之室者，非出生[20]，后有惮也。

太公望[21]年七十，屠牛朝歌[22]，卖食盟津[23]。过七年余而主不听，人人谓之[24]狂夫也。及遇[25]文王，则提三万之众，一战而天下定，非武议，安得此合[26]也。故曰良马有策，远道可致；贤士有合，大道可明。武王伐纣，师渡盟津，右旄左钺[27]，死士三百，战士三万。纣之陈[28]亿万，飞廉、恶来[29]，身先戟斧，陈开百里。武王不罢[30]士民，兵不血刃，而克[31]商诛纣。无祥异[32]也，人事修不修然也。今世将考孤虚[33]，占咸[34]池，合龟兆[35]。视吉凶，观星辰风云之变，欲以成胜立功，臣以为难。夫将者，上不制于天，下不制于地，中不制于人。故兵者，凶器也，争者逆德也，将者死官[36]也。故不得已而用之。无天于上，无地于下，无主于后，无敌于前。一人之兵，如狼如虎，如风如雨，如雷如霆，震震冥冥[37]，天下皆惊。

胜兵似水。夫水至柔弱者也，然所触丘陵必为之崩，无异也，性专而触诚也。今以莫邪之利[38]，犀兕之坚[39]，三军之众，有所奇正[40]，则天下莫当其战矣。故曰，举贤用能，不时日而事利；明法审令，不卜筮而获吉；贵功养劳，不祷祠而得福。又曰，天时不如地利，地利不如人和。古之圣人，谨人事而已。

吴起与秦战，舍不平陇亩[41]，朴樕盖之[42]，以蔽霜露。如此何也？不自高人故也。乞人之死不索尊，竭人之力不责礼。故古者甲胄之士不拜，示人无已烦也。夫烦人而欲乞其死、竭其力，自古至今未尝闻矣。将受命之日忘其家，张军宿野忘其亲，援枹而鼓忘其身。吴起临战，左右进剑。起曰："将专主旗鼓尔，临难决疑，挥兵指刃，此将事也。一剑之任，非将事也。"三军成行，一舍而后成三舍[43]，三舍之余，如决川源。望敌在前，因其所长而用之。敌白者垩之[44]，赤者赭之[45]。吴起与秦战，未合，一夫不胜其勇，前获双首而还，吴起立命斩之。军吏谏[16]曰："此材士也，不可斩！"起曰："材士则是也，非吾令也，斩之！"

【注释】

①武议：指军事决策。

②利：贪图，掠夺。

③臣妾：作动词用，指奴役。

④贾：商人。肆宅：店铺。

⑤一人：古时称皇帝为"孤""朕"或"余一人"，这里指国君。

⑥农战：指古代实行的兵农合一的制度，平时是从事生产的农民，战时征发就是士兵。事养：指事养大国。

⑦市：市场贸易。

⑧"给"字原作"外"，从鄂局本改。

⑨"赏"字原为"杀"字，从华陆综校改，因下文是"杀""赏"对举。与这段文字相同的《六韬·将威》篇，亦有"赏一人而万民悦者赏之"句。

⑩枹：鼓槌。提鼓挥枹：指将领掌握指挥权。

⑪无蒙冲：蒙冲原指战船，但疑此处有误。《简本》作"无冲笼而功"，应指"渠冲"（见《荀子·强国》篇）之类的战车，战国时尚未有用艨艟进行水战的历史记载。（从华陆综说）

⑫为：通"谓"。

⑬官：通"管"，指管理百货的贸易。

⑭斗：同"斗"。当时一斗约合今二升左右。

⑮菽：豆类。原作粟，从鄂局本改。

⑯市有："有"字原脱，从鄂局本补。

⑰节制：指挥、管辖。这里指统帅部队的权力。

⑱"虽"字原脱，从鄂局本补。

⑲鸷鸟：鹰、雕之类凶猛的鸟。

⑳出生:出于本性。生,本性。

㉑太公望:即吕尚,姜姓,又称“姜太公”。相传钓于渭滨,周文王出猎相遇,相语大悦,同载而归,说:“吾太公望子久矣!”因号为太公望,立为师。武王即位,尊为师尚父,辅佐武王灭殷。周朝建立,封太公于齐,为齐国始祖。

㉒朝歌:地名,商纣王的国都,故城在今河南淇县北。

㉓盟津:即孟津,在今河南孟县南。相传周武王攻打商纣王时,曾与诸侯会盟于此,因此又叫盟津。

㉔谓之:原作“之谓”,从鄂局本改。

㉕及遇:得到知遇。

㉖合:机遇。

㉗旄:古代旗杆头上用旄牛尾作的装饰,故指有这种装饰的旗。

㉘陈:同“阵”。

㉙飞廉:商纣王的大将。恶来是飞廉的儿子,纣王的大臣。

㉚罢:通疲,疲惫。

㉛克:“克”字原脱,从鄂局本补。

㉜祥异:古代指预示吉祥或怪异的天象。

㉝考孤虚:考查日辰的一种迷信方法。《史记·龟策列传》上说:“日辰不全,故有孤虚。”

㉞占咸池:占卜星象。咸池是星名。

㉟合龟兆:指对照龟甲上的裂纹以预测事情吉凶,是古代一种迷信方法。

㊱死官:出生入死、少有生还者的官职。

㊲震震冥冥:形容战争气氛令人震惊、变化莫测。

㊳莫邪:古代传说人名,干将之妻。夫妇二人为楚王铸雌雄二剑,三年而成。干将留雄而献雌,嘱莫邪若本人被杀,将来让子复仇。楚王杀害干将,及其壮,莫邪将雄剑授与,得客之助之报父仇。“莫邪”又称利剑名。

㊴犀兕:犀牛,雄的称犀,雌的称兕,其皮坚实,可做铠甲。

㊵奇正:古代用兵的方法,如堂堂之阵为正,奇袭伏击为奇;正面作战为正,侧

翼迂回为奇等等。作战时奇正互相配合,也可以互相转换。

㊶陇亩:有田垄的田地。陇通垄。

㊷朴楸:指灌木、树枝。

㊸舍:古时行军以三十里为一舍。

㊹垩:白颜色,这里作动词用。

㊺赫:红褐色,这里作动词用。

㊻谏:直言规劝,提出批评或建议。一般用于下对上。

【译文】

大凡用兵,不攻无过失的城,不杀无罪的人。杀死别人的父兄,掠夺别人的财物,奴役别人的子女,这都是强盗行为。因此用兵的目的,就是为镇压暴乱,禁止不正义行为的。军队所过之处,农民不离开自己的田宅,商人不离开自己的店铺,官吏不离开自己的官府,这是由于君主英明的军事决策。因此,不用杀人流血,却能使天下亲附。

拥有万辆兵车的大国,要实行兵农合一;拥有千辆兵车的中等国,在于加强守备以自救;只有百辆兵车的小国,则要奉养好大国。实行兵农结合就不用仰仗别国的权势,进行自救自卫就不用乞求别国的援助,做好奉养大国到紧急时就不用向别国借贷资财。凡是对外无力作战,对内无力防守的,就应管理好市场。市场收入就是用来供应作战和防务的。有万辆兵车的大国如果没有中等诸侯国的援助,也必得有百辆兵车的小国那样的市场收入。

凡判处死刑都是为了申明军威的。杀一个人能使三军震动的就杀掉他,赏一个人能使万人高兴的就奖赏他。刑杀贵在敢于杀掉有罪的、身处高位的人物,奖赏贵在奖励有功的小人物。应当杀的,即使身居要位的人也必须杀掉,这就是刑罚能查究上层人物的不法行为。奖赏达到牛童马夫,这就是奖励不忽视下层人物。能够做到刑罚查究到上层人物、奖赏达到下层人物,这就是将领威严所在。所以国君对将领很重视。将领掌握着战争指挥权,在危难关头指挥战斗,短兵相接,拼个你死我活。如果指挥得当,则能立功受赏扬名;如果指挥不当,就会身死国亡。因此国家存亡安危就在将领指挥上头,怎能不重视将领呢!只要有得力将领指挥战斗,短兵相接,以决胜败,国君依靠战斗成就大功,我以为并非难事。

古人说:“没有冲车而发起进攻,没有铁蒺藜而进行防守,便是不善于打仗的军队。”(部队装备奇缺,就等于人)有眼睛看不见,有耳朵听不到,这是由于国家没有市场收入造成的。所谓市场,就是对百货买卖实行管理。应该在物价低贱时买进,物价昂贵时卖出,以此限制商人牟取暴利。每天每人不过吃一斗粮食,每匹马不过吃三斗豆料;可是(粮草不足)人饿得面黄肌瘦,马饿得瘦骨嶙峋。为什么呢?是市场虽有收入,却无人经营管理的缘故。统帅一国的军队,却没有经营市场百物的官员供给资财,那就谈不到做好军事部署。

出兵直到士兵盔甲上都生了虱子,这是由于受驱使必须为国家效力的缘故。就像受老鹰追逐的小雀,有的撞入人怀中,有的飞入人家里,这不是出于本性愿意,而是受恐惧所驱使。

姜太公70岁时,在朝歌宰牛,在盟津卖饭。过了7年多,纣王还是不听信他的主张,人人都说他是狂人。等到被周文王所重用,他就统率3万军队,一次战争就把天下平定了。如果没有文王、武王的军事决策,他怎么能有这样施展才能的机会呢?所以说,好马还得有人鞭策,遥远的地方才能到达;贤能之士要有人赏识,高明的政治主张才能彰明。周武王攻打商纣王,军队渡过盟津,右面排列着旗帜,左面排列着斧钺,有敢死的勇士300人、士兵3万人。而纣王陈兵数10万,大将飞廉、恶来手握长戟利斧站在最前面,摆开百里阵势。但是武王没有让军民疲惫,也没有进行血战,就灭掉商朝,杀死纣王。这并不关系到天象吉祥或降下灾异,而是由于人事治理得好不好造成的。现在的将领观测日辰,占卜星象,对照龟兆,辨别吉凶,察看星辰风云的变化,想用这种办法获胜立功,我认为难得办到。作为将领,应该上不受天时的牵制,下不受地理条件的牵制,中不受他人的牵制。用兵是凶险的事情,战争是与德治相违背的,将领是出生入死的职事,所以,只有不得已时才用兵。(一旦打仗,)那就上不顾忌天,下不顾忌地,后不顾忌国君,前不顾忌敌人。将领一人全权统帅大军,像虎狼那样凶猛,像暴风雨那样迅疾,像雷霆那样暴烈,轰轰烈烈,遮天蔽日,使天下都感到震惊。

打胜仗的军队就像流水一样。水是最柔弱的东西，可是所侵蚀到的丘陵一定会被它冲溃。没有别的原因，就是它的本性专一而又冲刷不止的缘故。如果现在使用镆铘剑那样锋利的武器，穿着犀牛皮做的坚实衣甲，拥有三军之众，指挥战阵策略得当，那么天下就没有人能抵挡他的进攻了。所以说，选拔贤材任用能人，不择吉日事情也能办好；颁行法律审明号令，不用占卜也能获得好结果；褒奖和优待有功劳的人，不靠祈祷也能得福。也可以说，天时有利不如地理条件有利，地理条件有利不如人心一致。古代的圣人，最注重的就是人的作用而已。

当年吴起与秦国作战，就在高低不平的农田露宿，上面只用树枝搭起来遮蔽霜露。这样做为了什么呢？就是他不把自己看得高贵的缘故。要求战士献身，就不要苛求他在形式上毕恭毕敬；让士卒竭尽全力，就不能督责他实行烦琐的礼节。所以古时候戴盔穿甲的战士不行跪拜礼，就是向人们表示不需要烦琐的礼节。如果使人烦劳又要他舍生忘死，竭尽全力，从古到今还没有听说过。一个将领，在他受任命那天起，就要忘掉自己的家庭；行军露宿要忘掉自己的亲人；临阵击鼓指挥要敢于付出生命。吴起临战时，左右侍从送上宝剑。吴起说："将领的专职是发号施令，在疑难时果断地做出决定，指挥军队作战，这才是将领的事。至于手握一剑与敌人厮杀，那就不是将领的事了。三军出征，开始走30里，接着走几十里，几十里之后，气势就如同决堤的洪水不可阻挡。望见远处敌人在前面，就根据它的特点去对付。敌人用白色标志我方也用白色，敌人用赤色标志我方也用赤色。"吴起与秦国作战，两军尚未交锋，一个士兵控制不住要显示自己的勇敢，冲上前去斩取两个敌兵脑袋回阵，吴起立刻下令杀掉他。军吏提出意见说："这是一个很有才能的战士，不要杀掉。"吴起说："是个有才能的战士倒不错，但没有按我的命令去做，应该杀掉。"

【赏析】

此篇主要论述了怎样治军的问题。尉缭继承和发展了《孙子兵书》《吴子兵书》的治军思想，在此篇中用响亮的口号，提出治军的总目标是："一人之兵"，即军队团结。把军队训练得像一个人那样心齐和行动自由。他治军的具体目标是："如狼如虎,如风如雨,如雷如霆,震震冥冥(即声势浩大,行动莫测),天下皆惊。”

任何军队,无论人多还是人少,其行动都必须团结一致。只有团结如一,才能行动灵活自如,能屈能伸,才可以应付各种战事的变化,取得最后的胜利。

刘邦在夺取天下之后的一次宴会上,与列侯诸将讨论这样一个问题:我刘邦为什么能得天下,而项羽又为何失去天下?有人回答说项羽妒贤嫉人而陛下与之相反等等的话。刘邦说:“公知其一,未知其二。夫运筹帷幄之中,决胜于千里之外,吾不如子房;镇国家,抚百姓,给馈饷,不绝粮道,吾不如萧何;连百万之军,战必胜,攻必取,吾不如韩信。此三者皆人杰也,吾能用之,此吾所以取天下也。项羽有一范增而不能用,此其所以为我擒也。”人才与事业成败的关系,对于刘邦来说再清楚不过了。

在选拔与重用人才时,不嫌其出身是多么低贱,家庭是多么贫寒,不计前嫌,并善于使用有缺点的人才,委以重任,用之不疑,真正做到唯才是举,这是历史上有作为帝王在使用人才时的共同特点。

在企业的核心竞争资源中,人力资源是个重要元素,是企业核心竞争力的基础动力之一。如何有效的配置人力资源最大限度地发挥人力资源优势,成为企业倾情关注的课题。21 世纪理性营销时代的到来,使个人英雄无法再在营销舞台上独唱主角,依靠个人力量叱咤风云、劲舞弄潮的日子一去不返。团队,这个营销时尚名词,开始被越来越多的企业探讨钻研。团队管理,正被纳入企业人力资源管理的治新领域。

拳头伤人之所以要比手指伤人或者巴掌伤人疼的多,因为当拳头攥紧时,整只手上的全部力量都凝聚在拳心,它更强大!如果一支军队能够攻城略地百战不殆,它最大的特征就应该是人和。在营销领域,一支优秀的经济团队同样如此,强大的凝聚力,成为他们成就梦想创造辉煌的制胜法宝。

将　理[1]

【原文】

凡将，理官也，万物之主也，不私于一人。夫能无私[2]于一人，故万物至而制[3]之，万物至而命[4]之。君子不救囚于五步之外，虽钩矢射之，弗追也[5]。故善审囚之情，不待箠楚[6]，而囚之情可毕矣。笞[7]人之背，灼人之胁[8]，束人之指，而讯囚之情，虽国士有不胜其酷而自诬矣。

今世谚云："千金不死，百金不刑。"试听臣之言，行臣之术，虽有尧舜之智，不能关一言[9]；虽有万金，不能用一铢[10]。今夫决狱，小圄[11]不下十数，中圄不下百数，大圄不下千数。十人联百人之事，百人联千人之事，千人联万人之事。所联之者，亲戚[12]兄弟也，其次婚姻也，其次知识故人也。是农无不离田业，贾无不离肆宅，士大夫无不离官府。如此关联良民，皆囚之情也。兵法曰："十万之师出，日费千金。"今良民十万而联于囚圄，上不能省[13]，臣以为危也。

【注释】

①理：指判决案件的法官。古代兵刑合一，故将领可以又兼任法官。

②私：偏私，包庇。原作"移"，从鄂局本改。

③制：统制，裁决。

④命：作动词用，发落。

⑤此句疑有错字，难以确解，只能译其大意。华陆综据《简本》作："矢射之弗及。"引清朱墉辑注《武经七书汇解》云："不救者，只于近前亲问详察，求得其情而出其死，不待五步之外始救也。钩，钧金也。矢，束矢也。射，人也。追，追其既往也。"又据《国语·齐语》："小罪谪以金分。寡问罪索讼者，三禁而不可上下，坐成以束矢。"故其注译本认为此句似应译为：正直精明的法官必亲临现场审判囚犯，而据其案情设法解救，即令囚犯有过罚缴钩金束矢的小罪，也不加以追究。此说亦可参考。

⑥箠楚：箠通“棰”，木棍；楚，荆杖。古代打人用具，故用人通称杖刑。

⑦笞：鞭打。

⑧灼：用火烫。

⑨关：拉关系说情。又华陆综注译本云：此处用“开”字更妥，《商君书·定分》篇有“天下之吏民虽有贤良辨慧，不能开一言以枉法，虽有千金，不能以用一铢”之句。亦可参考。

⑩铢：古代重量单位，一两的二十四分之一。

⑪圄：监狱。

⑫亲戚：这里指父母。

⑬省：省悟、认识。

【译文】

凡将领，也是法官，各种各样案件都由他裁决，对哪个人也不偏私。正因为能对哪个人也不偏私，所以各种复杂案情上报来都能正确裁决，遇到各种复杂事情都能发落。正直的人不等到囚犯临别时去救他，即使面临弓矢射来那样严重的压力也不追悔。所以善于审判案件的人，不用靠刑杖拷打，而案件的内情都能洞悉。用刑杖猛打背部，用烙铁烧人双胁，用紧束指头让人受苦，使用这些严刑拷打来讯问案情，即使是一国少有的勇士也会因受不了残酷对待而胡乱认罪。

当今社会上有这样的谚语：“家有千金，可以让你不被处死，家有百金，可以让你不受刑罚。”如果君王能听从我的劝告，采用我的办法，那么再聪明的人，也不能凭拉关系说私情对案件施加影响；家有万金之富，也无法拿出一铢钱来贿赂。现在等待判决的案件很多，小的监狱关押不下十几个囚犯，中等监狱关押不下百余名囚犯，大的监狱不下千余名囚犯。十人就牵连着监狱关押外上百人的事情，百人牵连着上千人的事情，千人则牵连着上万人的事情。牵连最密切的是父母兄弟，其次是联姻的亲戚，又其次是熟人朋友。结果，务农的被迫离开田野，经营的被迫离开店铺，当官吏的被迫离开官府，（都是到处为监狱中的亲人朋友奔跑营救。）这样大量的无辜百姓受牵连，这就是案件的实情。兵法上说：“十万军队出征，每日用费达千金。”如今善良的百姓成千上万人都同监狱中的囚犯牵连着，君王还不认识到问题的严重性，我以为这是很危险的！

【赏析】

本篇主要论述了将领审理案件时怎样才能做到公正的问题。尉缭指出，无论是对王公贵族，还是对下层百姓都要一视同仁，绝不偏私。

唐代武则天当政时，湖州住史江深为了诬陷该州刺史裴光，便想方设法地弄到了裴光写的一些字迹，然后，把上面的文字一个一个地剪贴下来，再按照自己的意思重新组合拼凑起来，诬告说这是裴光企图勾结徐敬业共同谋反的罪状。武则天于是就派了一个御史前去调查这个案子，这个御史仔细核对裴光的字迹后，得出结论说：“字无疑是裴光的字，但话似不像是裴光说的。”从而否定了原告。此事前后三次派人前去调查，但都无法定性。武则天最后下令张楚金接办此案。张楚金调查得出的结论仍然和以前的相同，他感到无法交差，心里十分烦闷。这天，他躺在靠西窗的床上休息，阳光从外面照射了进来，他随意又拿起那封“谋反信”对着阳光看，因为光线是从纸的背面照射过来，他突然从正面发现，信上的字竟是经过修补粘贴而成的！他心里一亮，立即把湖州的官吏们都召集过来，又让人端来了一大盆水，然后，他命令江深自己把那封信放入水里，不一会儿，信上粘贴的字便一个个地脱落了下来。江深见阴谋败露，只得低头认罪伏法了。张楚金的破案，看似有点偶然，其实必然。你看他偶然躺倒在床上，借着阳光随意拿起“谋反信”来，才发现了这个破绽，这不是极其偶然的吗？说是必然，是因为张楚金不相信已是前后三个人的调查结论，非要弄个水落石出不可。但如果他没有一种极为认真负责的精神，没有“踏破铁鞋无觅处”的气魄，那又怎么可能做到“得来全不费功夫”呢？这一事例说明：调查弄清一件案子的真实虚伪，没有一点认真负责的精神是难以办到的。封建社会里的官吏张楚金能够办到，当今社会主义时代的检察官们更应该办到。

作为将领要有一双识别人的慧眼，要懂得察奸之术。察奸之术源于《韩非子·内储说左上》，由于该书是以君主的统治术为主题，因而用许多篇幅论述了怎样才能看透臣下的内心。

《韩非子》的察奸术，有观听法、一听法、挟智法、倒言法、反察法等。

所谓观听法，就是不是片面地根据一件事实，而是进行综合的全面判断。“观听不参则诚不闻”。大意是，如果所看到的和所听到的不参证，就不能了解真情。人往往有这样的习癖，对喜好的事乐于接受，对嫌厌的事则加以排拒。如果所“观”的事令其愉快，那么有关此事的否定的评价就不愿去“听”。如果所“听”到的令人高兴，有关此事的恶劣现实也就不愿意去“观”了。了解君主这一弱点的奸邪的重臣，就往往口出蜜言，或者只让君主看到他所喜好的一面。因此，即使听到令人满意的话，也必须用自己的眼睛加以确证，即使看到令人满意的情形，也必须倾听多数人的意见。不仅对于封建君主是如此，这也是判断情报真假时基本的思维准备。

所谓一听法，是指识破隐蔽在群体之中的“滥竽充数”者。“不一听则智愚不分”。这种方法，是说若不一一听取每个人的意见，则都混杂于众人之中，不能察知每个人的能力。《韩非子·内储说左上》讲述了这一寓言以为例证：齐宣王使人吹竽，而喜爱合奏。于是经常在宫中召300人合奏。南郭处士自称吹等名手，也参与合奏，并得到丰厚俸禄。宣王死，湣王继位。新王不喜听合奏，命乐人们独奏。南郭处士迅即逃亡。这种方法，不一定仅仅限于“分别听取每个人的意见”，而被个别地巧妙应用。它也用于诘问想以摇摆不定的暧昧态度逃避责任的人，穷追不舍，看穿其真心。

所谓“挟智法”就是佯作不知以试验对方。韩阳侯有一天故意把一片剪下的指甲握在手中而假装遗失，严厉命令道："剪下的指甲如果丢失是不吉利的，无论如何也要找到！"于是近侍们在房间里到处搜寻，然而一无所获。"绝对不可能丢失，好好给我找！"一名近侍悄悄剪下自己的指甲交了出来。"找到了，在这儿找到了！"韩昭侯就这样知道了谁是说谎者。

《韩非子》对这种称为"挟智法"的察奸之术做这样的说明："挟智而问，则不智者至；深智一物，众隐皆变。""挟智"就是虽然知道却佯装不知。就是说，"佯作不知而询问，则得以明白不知之事；熟知一事，则得以明白其他隐晦之事。"如果使人觉察到我们已经知道，对方就会采取相应的对策。只有以为我们不知道，才会无所戒备地显露出其真实形态。更何况如果摆出洞察一切的面孔，最终却难免受人愚弄。

所谓倒言法是以谎言考验对方。"倒"，就是颠倒，"倒言"，就是倒错其言，用与事实相反的话来看透对方心理的方法。燕国曾有一位官至相国的名叫子之的人物。有一次，他正与部下交谈，突然说："刚才从门口跑出来的是匹白马吗？"显然，这是谎言。"没有，没有什么马跑出去呀""没有看见呀。"大家异口同声加以否认。但是，其中一位却走到门外，又来报告说："确实有一匹白马跑了出来。"子之由此知道左右谁是不诚实之人。这种方式用今天的话说，可以称作"圈套测验"。

所谓反察法是说从相反的立场寻找动机。《韩非子》中说："事起而有所利，其尸主之；有所害必反察之。"如果发生某种事件，起主要作用的是因此受益之人。在有人被害的情况下，也可以据此推测是因此受益者所为。《韩非子》中记载了这样的事例：韩喜侯入浴，浴场中发现小石子。韩喜侯唤来近侍询问："负责浴室的官员一旦免职，其继任者确定了吗？""是的，确定了。""召他到这里来。"韩喜侯严厉责问他："为什么往我的浴盆里投放石子呢？"那人无法隐瞒，招认说："负责的官员被免职，我就可以取而代之。所以，才……"不能仅限于主观的分析，而应当站在对手的立场上找寻其动机，这是识破、驾驭对手的一种方法。

在古代社会，统治者和部属之间、统治集团内部人与人之间是一种互相利用、互相猜忌、互相倾轧的关系，统御者为了自身的利益，创造了许多洞察他人心理的谋略方式。在了解这些谋略时，对它们的时代局限性也应引起足够的注意。

每个人都有长短处、优缺点，长处里会同时包括某些缺点，短处里也会同时含着某些优点。在我们周围常常会看到这样的情况，有的人很有魄力，敢想敢干，但考虑问题不够周密，显得不够稳重；有的人处事稳重，深思熟虑，却魄力不足；有的人原则性强，但工作方法可能欠灵活。怎样选人用人，怎样用其优点避其缺点是个大学问。古人对人的观察、考察方法很值得借鉴。

《吕氏春秋》提出了"八观"之法即："通则观其所礼，贵则观其所进，富则观其所养，听则观其所行，止则观其所好，习则观其所言，穷则观其所不受，贱则观其所不为。"

古人对人的观察方法是比较全面的，到现在还有一定的指导意义。用现在的话讲，实际上也是从不同的角度、不同的侧面观察人在德、能、勤、绩、廉各方面的表现和工作、生活、社交三圈的表现。

现在，我们已经进入了21世纪，信息发达、经济繁荣，人们的精神面貌发生了很大变化，岗位竞争、人才竞争也到了非常激烈的时期，如何选人用人，用什么样的人，成为各级领导和组织人事部门面临的一个课题。观察人、考察人的好方法，大致分为两部分：日常观察和任用考察。

日常观察主要是上级领导对下级，一般从以下四个方面入手：

一是留心被观察者生活、学习、工作等方面的言语举止，看其觉悟高低，作风好坏、能力大小；

二是根据同类相聚、同气相求的原理，通过观察他结交什么人、敬重仰慕什么人、鄙弃什么人，看其思想状况和品格高低；

三是通过被观察者在关键问题和关键场合中的表现辨其良莠；

四是在相互比较中观察。

任用考察是按照干部管理权限进行的考察。主要采取以下几种方法：

一是个别谈话。个别谈话考察是干部考察中通过对考察对象的领导、同事、下属、亲属、其他熟悉情况的群众等知情者的直接访谈来了解考察对象真实情况的一种方法。

二是民意测评。民意测评即通过投票法、对话法与问卷法等方式对被考察对象进行的评议。民意测评参加人员一般应有被考察对象的同级、下一级及其他有关人员。

三是查阅有关材料。主要是查阅能反映考察对象实际情况的材料,包括年度述职报告、工作总结、会议记录、重要讲话等。

四是实地考察。到能表明考察对象工作实绩的现场进行考察,直接接触群众,听取意见和反映,并核实已掌握的有关情况。

五是同考察对象面谈。直接了解被考察对象的思想状况、工作状况和思维应变能力、语言表达能力等。

原　官

【原文】

官者,事之所主,为治之本也。制者,职分四民[1],治之分也。

贵爵富禄必称,尊卑之体也。好[2]善罚恶,正比法[3],会计[4]民之具也。均地分[5],节赋敛,取与之度也[6]。程[7]工人,备器用,匠工之功也。分地塞要,殄[8]怪禁淫之事也。导法稽断[9],臣下之节也。明法稽验,主上之操也。明主守[10],等轻重,臣主之权[11]也。

明赏赉[12],严诛责,止奸之术也。审开塞,守一道[13],为政之要也。下达上通,至聪之听也。知国有无之数,用其仂也[14]。知彼弱者,强之体也。知彼动者,静之决也。官分文武,惟王之二术也。

俎豆同制[15],天子之会也。游说间[16]谍无自入,正议之术也。诸侯有谨天子之礼,君臣[17]继命,承王之命也。更造易常,违王明德,故礼得以伐也。

官无事治,上无庆赏,民无狱讼,国无商贾,何王之至也[18]!明举上达,在王垂听也。

【注释】

①四民:指士、农、工、商。

②好:喜爱、奖赏。

③正:整顿。比法:据《周礼·小司徒》:"乃颁比法于六乡之大夫,使各登其乡之众寡,六畜车辇,辨其物,以岁时入其数。以施政教,行政令,"可知比法是统计人口、财物、以作征收赋敛依据的法令。

④会:统计、管理。

⑤均地分:原文作"均井地",据《简本》改。依据农户人口数分配耕地。

⑥取与之度:指掌握征收赋税和分配土地的一定数量。

⑦程:这里指工程限额、期限。

⑧殄:杜绝、消灭。

⑨稽断:检查事物处理情况。

⑩主守:指臣子的职守。

⑪臣主之权也:此五字《简本》作"臣主根也"。

⑫赉:赏赐。

⑬一道:统一的政治原则。

⑭仂:富余部分,余额。

⑮俎豆:古代祭祀用的器具,俎是祭祀时盛牛羊的礼器,豆是古代食器,有盖,用来盛食物。俎豆同制:指礼器要统一规格,这是国家大一统的象征。

⑯间:原作"开",从鄂局本改。

⑰臣:原作"民",从鄂局本改。

⑱王:天下治理得好。至:极点。

【译文】

官员是主管各项事物的主宰,是治国的根本。设立官制,按其职能分别管理士、农、工、商,这是按照治理的需要划分的。

高贵的爵位和丰厚的俸禄二者必须相称,这是显示尊卑差别的根据。奖励善良惩罚邪恶,整顿"比法",这是正确统计百姓的财富和收成好坏的凭借。均分土地给民众耕种,有节制地征收赋税,征收和分配土地都要有适当的标准。规定工匠日常生产的数额，准备好各种器具保证使用，这是管理工程技术官员的职责。划分区域管理，充实险要地方，这是杜绝坏人坏事、禁止邪恶行为所需要。遵照法令处理好各种事务，这是官吏的本职。颁布法令并检查执行情况，这是国君掌握的大权。明确各个部门的职权任务，区分轻重不同的等级，这是国君和臣下治理政事必须掌握的关键。

赏赐要公开，惩罚要严格，这是禁止奸恶行为的有效办法。审明政策法令的利弊，遵守统一的政治原则，这是处理政事的要领。上情下达，下情上达，国家政治就清明不壅塞。明白国家财政收支盈亏的情况，要使用富余的部分。知道国家存在的弱点，这是国家求得强盛的基础。能察觉某个地方有动的因素，要求静就有办法。官员分为文臣和武将，这就是国君治理天下依靠的两手。

祭祀的俎器、豆器都统一制度，这是天子会合诸侯的要求。四处游说之士、外国间谍无法进来，这是端正言论的关键。诸侯各国都对天子恭谨有礼，国君和臣僚地位世代相传不变，这是遵行天子的意志。改变国家的秩序，违反天子的圣德，按照礼法就可以讨伐他。

官员没有什么麻烦的事情需要治理，国君不能奖赏（百姓就自觉地尽力从事农战），民众没有告状打官司的，国内没有（违法牟利的）商贾，国家的治理是多么好到极点啊！讲明这些道理向上禀告，目的就在大王听取了。

【赏析】

此篇主要论述了有关官制以及怎样治理国家的问题。春秋战国之际，中原列国已全面进入封建社会，生产关系的剧烈变化引起意识形态的变更。地主阶级开始把人民地位、民心向背看成是自身统治是否稳定牢固的关键。《战国策·赵策》曾经记载了这样一件事，齐王派使者聘问赵威后，信还没打开，威后就问使者，齐国今年收成怎样，百姓怎样，最后才问齐王可好。使者迷惑，认为威后不先问王而先问岁与民，是把贵贱弄颠倒了。赵威后却说："苟无岁，何以有民？苟无民，何以有君？故有舍本而问末者耶？"明确地申明，无民则无君，民为根本，与那种君贵民贱的思想恰恰相反。赵威后并且提出，"助王养其民""助王息其民"等有益于民生民心的贤者，应该受到重用，不这样，“何以王齐国，子王民乎?”孟子提出“民贵君轻”的“仁政”思想，认为“人和”是制胜的根本，“域民不以封疆为界，固国不以山溪之险，威天下不以兵革之利。得道者多助，失道者寡助。寡助之至，亲戚畔之；多助之至，天下顺之。以天下之所顺，攻亲戚之所畔——故君子有不战，战必胜矣!”在《孙子兵书》首篇就提出了“经之以五事”，五事之首为“道”。孙武之谓道:“令民与上同意也。”其意也在于使民与统治者的意志统一。可以说，“保民而王”，是一条关系一个国家命运的大战略。虽然这种“保民”无法与我们今天所说的“人民地位高于一切”同日而语，但不能不看到，在历史上，军事战略家、政治战略家们，能认识到民众是制胜的根本，已经难能可贵了。

中国历史上，商灭夏，周灭商，都是在夏、商脱离民众、怨声载道之时。平王东迁之后的东周时期，大国争霸，齐桓公、晋文公、秦穆公、楚庄公、吴王夫差、越王勾践都相继成为一个地区或中原霸主。一个很重要的原因就是，在他们图谋霸业的准备时期，无不想方设法取得民众的信任。刘邦所开辟的大汉皇朝，形成了封建社会前期历史发展的高峰。不仅秦王朝不能望其项背，唐王朝以前的任何朝代也难与之相比。从历史动因来看，刘邦致力于“伐无道，诛暴秦”的时代使命，并以秦朝覆亡为借鉴，采取与民生息、恢复发展生产的政策，对后世许多封建王朝都产生了重大影响。唐朝初期的强盛，与太宗采取的选用廉吏、惩治贪官、减轻剥削、注意民众休养生息，推行均田制等措施有直接关系。

“得民心者，得天下，失民心者，失天下”，为历史上明智的帝王将相所接受。吴起在给魏文侯进谏治国之策时，提出了“先教百姓而亲万民”，以新兴封建阶级的“道、义、礼、仁”去引导、治理和安抚民众。“四德”修好，国家兴盛、强大；废弃四德，国家衰败、灭亡。“四德”修好，可和于国、和于军、和于阵、和于战，就可以进行兼并战争，争夺霸权。要求做到“民安其田宅，亲其有司”，发展生产，保持国家安定。

企业间的竞争日趋激烈，而这归根到底是人才的竞争，人才是企业的第一资源，是科技进步和社会经济发展最重要的资源和主要推动力。哪个企业吸收并聚集了优秀人才，就获得了竞争的主动权，就会在激烈的科技和经济竞争中立于不败

之地。

治本

【原文】

凡治人者何？曰：非五谷无以充腹，非丝麻无以盖形。故充腹有粒，盖形有缕[①]。夫在耘耨[②]，妻在机杼[③]，民无二事，即有储蓄。夫无雕文刻镂[④]之事，女无绣饰纂组[⑤]之作。木器液，金器腥。圣人饮于土，食于土，故埏埴[⑥]以为器，天下无费。今也金木之性不寒，而衣绣饰；马牛之性食草饮水，而给菽粟。是治失其本，而宜设之制也。春夏夫出于南亩[⑦]，秋冬女练于[⑧]布帛，则民不困。今短褐[⑨]不蔽形，糟糠不充腹，失其治也。古者土无肥硗[⑩]，人无勤惰，古人何得，而今人何失邪？耕者不终亩，织有日断机，而奈何饥寒[⑪]！盖古治之行，今治之止也。

夫谓治者，使民无私也。民无私则天下为一家，而无私耕私织，共寒其寒，共饥其饥。故如有子十人，不加一饭；有子一人，不损一饭，焉有喧呼酖酒[⑫]以败善类乎？民相轻佻[⑬]，则欲心兴[⑭]，争夺之患起矣。横生一夫[⑮]，则民私饭有储食，私用有储财，民一犯禁，而拘以刑治，乌有以为人上也[⑯]。善政执其制，使民无私。为下不敢私，则无为非者矣。反本缘理[⑰]，出乎一道。则欲心去，争夺止，囹圄空，野充粟多，安民怀远[⑱]，外无天下之难，内无暴乱之事，治之至也。

苍苍之天，莫知其极，帝王之君[⑲]，谁为法则？往世不可及，来世不可待，求己者也。所谓天子者四焉：一曰神明[⑳]，二曰垂光[㉑]，三曰洪叙[㉒]，四曰无敌，此天子之事也。野物不为牺牲[㉓]，杂学不为通儒[㉔]。今说者曰："百里之海，不能饮一夫；三尺之泉，足以止三军渴。"臣谓：欲生于无度，邪生于无禁。太上神化[㉕]，其次因物[㉖]，其下在于无夺民时，无损民财。夫禁必以武而成[㉗]，赏必以文而成[㉘]。

【注释】

①缕：线，这里指衣服。

②耘耨：除草，这里指种田。

③机杼:织布机,这里指纺织。

④雕文刻镂:指雕刻花纹图案等手工艺。镂也是刻的意思。

⑤纂组:同是编织丝绸织物一类的工艺活。

⑥埏埴:埏本意为揉粘土,引申为制陶器的模型。埏埴,以陶土放入模型中制成陶器。

⑦南亩:泛指农田。

⑧练:把丝麻或布帛煮晒得柔软洁白。

⑨短褐:短小粗糙的衣服。

⑩硗:土地坚硬而瘠薄。

⑪饥寒:"饥寒"二字原作"寒饥",从鄂局本改。

⑫酖:同鸩,毒酒。酖酒,这里指酗酒闹事。

⑬轻佻:轻薄、好逸恶劳。

⑭兴:"兴"字原作"与",从鄂局本改。

⑮横:即"横遂",指为非作歹倒行逆施做坏事。一夫,这里指暴虐的君主。

⑯人上:指国君。

⑰反本:这里指返回到耕织的本业。反,同返。缘理:缘求原理,这里指缘求无私的原理。

⑱怀远:安抚边远地区的老百姓,使之归附。

⑲帝王之君:这里指古代传说中的五帝(黄帝、颛顼、帝喾、尧、舜)和夏、商、周三代开国之王(禹、汤、周文王和周武王)。

⑳神明:神智精明,目光远大,聪明过人。

㉑垂光:指恩泽广施天下。

㉒洪叙:明确封建的君臣、父子、尊卑、长幼的等级制度。

㉓牺牲:古代祭祀时杀的牲畜。这里泛指祭品。

㉔通儒:指博学有见识、懂得变通的儒者。

㉕神化:随心所欲,运用自如。

㉖因物:根据客观条件因势利导。

㉗武:指用武力和刑罚制裁。

㉘文:指思想教化。

【译文】

治理百姓要依据什么?回答是:没有五谷就不能填饱肚子,没有丝麻织成布帛就无法遮盖身体。因此,吃饱肚子要靠粮食,遮盖形体要靠衣服。丈夫在田野耕作,妻子在家中织布,百姓如果不被征用去服劳役,那么天下就会有剩余的粮食财物可以储藏。男子不要去生产专供奢侈享受用的工艺品,女子不要去从事编织布帛一类丝织物。木制的器具易漏水,金做的食器有异味。圣人是用土做饮器、用土做食器,所以揉粘土放在模型中制成陶器,不加重天下百姓的负担。现今(的情况却相反),原本金、木的本性是不怕寒冷的,却要披上锦绣作为装饰;马、牛的本性原是食草饮水,却要让它吃豆料、粮食。这是处理事情违背了根本的原则,应当采取措施加以限制。春夏两季保证男子在田里耕种,秋冬两季保证女子织染布帛,这样百姓就不会缺吃少穿。现在百姓粗布短衣不能遮体御寒,连糟糠都吃不饱,说明国家治理不好。拿古时同现今相比,土地的肥沃、瘠薄没有两样,人的勤惰没有两样,为什么古人的成效好,今人的成效不好呢?耕田的农夫(常常被征调)不能完成他的耕作,织布的妇女常常要停下织机(应付差事),这样百姓又哪能不受饥受寒呢?原因恐怕就在古时治国的根本原则得到实施,今天却得不到实行吧!

所谓治理得好,就是使民众无私心。民众无私心就把天下人都看成一家人,不再为个人小家庭耕种织布,受寒大家一同受寒,挨饿大家一同挨饿。即使你家中有十个子女,也不为你增加一份饭;即使你家只有一个子女,也不为你减少一份饭;这样又哪会有吵吵嚷嚷、酗酒闹事、伤风败俗的呢?如果民心轻薄,好逸恶劳,私心就会膨胀,就会酿起争夺的祸患了。再不幸遇到暴君统治,那么百姓就靠私人储存的粮食吃饭,靠私人储存的钱财花费。民众为了私利违反法律,把他们逮捕起来处以刑罚,那么还算什么好国君呢?清明的政治是执行国家的制度,使百姓无有私心。下层老百姓不敢有私心,就没有人干违法的事了。回归到治国的根本原则,寻求正确的道理,原原本本得到执行,那么百姓都会克服掉私心,彼此之间的争夺就会停止，监狱里就没有犯人，乡村殷实粮食充实，百姓安居乐业，边远民族归附，外部没有敌人来侵犯，内部不发生暴乱，这就是国家治理到最好的境地了。

苍茫的上天，没有人知道它的边际。五帝三王治国的办法，又应该以谁为遵行的法则呢？过去的时代不能追回来，将来的时代不应该等待，应当由自己去探求、争取。处在天子的高位，应当重视四项：一是神志清醒、目光远大；二是恩泽布施天下；三是明确区分和保持等级制度；四是国力强盛天下无敌。这些就是天子要把握的大事。野生的动物不能用作祭品，庞杂的学者不能成为“通儒”。现在有游说的人讲：“百里宽的海水，不够一人饮用，（因为它有限量）；三尺宽的泉水，却能使三军止渴，（因为它源源不断。）”我说：贪欲是由于没有节制产生的，邪恶是由于没有禁令产生的。最高境界不花费气力就能达到，随心所欲，运用自如；其次是利用客观条件因势利导；再下是不妨碍农民抓紧农忙季节从生产、不侵夺百姓的财富。禁绝坏事必须靠武力强制的手段才能达到，褒赏的事情必须靠文治教化才能实现。

【赏析】

此篇主要论述了君主怎样才能治理好国家的问题。文中指出，统治者在治理国家时，要对人民广施恩惠，救济贫穷，怜恤孤寡，藏富于民，而不要过分地掠夺人民，不要对人民施以暴政，这样人民才能拥护君主，实现国泰民安。

孔子把惠民、宽民作为“仁政”的一项重要内容，“惠”是指给老百姓以一定的物质利益;“宽”是要求统治者对臣民的统治要宽厚一点。“惠”“宽”是孔子所倡导的“能行天下者五(恭、宽、信、敏、惠)”内容之二,主张对民众“富之”,然后“教之”。

孟子发展了孔子“仁政”之说,并将其立足点放在“制民之产”上,即给老百姓以私有财产,要求统治者“省刑罚,薄税敛”,减轻人民负担,他说:“百亩之田,勿夺其时,八口之家可以无饥矣”。孔孟思想可以说是历代封建统治者运用“予而勿夺”统治人民的重要理论基础。

反之,如果失去民心,虽有强大的军事力量也不能取得战争的胜利。在“淝水之战”中,前秦近百万之兵而败于与之相比力量悬殊的东晋,就是因为失去民心,失道者寡助。前秦连年征战,兵疲民倦,民怨满怀,士兵不愿作战,内部矛盾重重,因而当苻坚令军队后移企图乘晋军半渡而击之时,风声鹤唳,草木皆兵,士兵发生混乱,纷纷溃败而不可止。谢玄率晋军乘势挥军进击,大败秦军。

作为一种经营理念,市场营销教导我们要从客户的角度看问题。但这并不就是说,客户的一切需求企业都要满足,也不能单纯的只是从客户的角度来衡量企业的产品和服务。因为服务同样是要有成本的。客户不可能在商场里面买了一瓶水,商场还派人帮他送回家。企业的最终目标依然是利润的最大化。目前许多企业为了让客户满意,大都在价格上满足客户的要求。一系列的促销和活动都离不开价格两个字。价格的确能把消费者玩的心惊肉跳,但企业的利润报表上却不怎么好看。不可否认的是价格竞争同样是市场营销中关键的利器,但企业要在价格上拼到市场,你就要掂量一下你的企业能够支持几回价格屠杀。事实已经证明能玩得起的只能是行业的老大们。至于玩不起的,还得花一些时间来研究一下,从客户的角度来看除了价格到底还有什么能够赢得客户的芳心。

一般而言,影响客户购买的因素通常有以下几个方面:一是合适的商品,满足顾客的基本需要;二是合适的价格,能符合顾客的心理价位;三是合适的时间和地点,能使顾客方便地购买;四是完善的服务,能使顾客得到额外的满足;五是品牌、包装及其他文化象征,能使顾客感到精神愉悦。从以上几个条件可以看到,价格只是决定客户购买的其中一个因素,但是不是企业只要做了这些就一定能够奏效呢?

答案是否定的,做了这一切并非就一定能够奏效。因为顾客对以上各种因素的感觉是因人而异的,而且其会对不同企业所提供的满足因素加以比较。只有当其认定了企业对他的满足程度始终是最高的,他才有可能成为企业的顾客。因此,客户在购买商品之前都会对商品的价值(质量、功能、外观)和商品的成本(价格、花费的时间、精力)有一个预期的标准。客户预期的标准是随着他的比较而发生改变的,所以,企业要达到甚至超越客户的期望,就必须仔细研究竞争对手的优缺点。通常竞争者是不会在所有方面满足客户的期望的,因此,企业需要找出的就是客户在其他几个方面的期望空缺,然后下大力气去让客户知道。这样,竞争的差异化就可以体现出来,企业也就不会被竞争对手牵着鼻子转。换位思考的目的就在于站在客户的角度思考问题,明白了客户的预期也就可以在很大程度上影响客户的购买意向,那么对于服务型的企业而言,应该在哪几个方面来策略性的争取客户呢?

第一、改变产品:企业不能只抱着一成不变的产品不放,产品的改变也必须站在客户的角度来进行思考,满足和达到客户预期的产品才是有生命力的,如:现在手机推出的可拍照的,可听 MP3 的。

第二、改变期望:客户的期望是相互比较而产生的,如果我们不能改变我们的产品怎么办?不能改变产品就改变客户的期望,当然是降低客户的期望,用你产品的优势来使客户改变原先的期望。比较成功的是美国的西南航空公司。乘坐飞机大多数人的期望是:宽敞、舒适、免费的食物和咖啡。但西南航空打破了客户的期望,他的飞机小(短距离)当然不可能很舒适,他没有提供食物和咖啡,他有的只是安全和快捷。西南航空就不停地在他的优势上面做文章,使他成为美国航空史上的奇迹。

第三、改变心理:我们知道当你坐在小河边倾听流水和你站在沙漠上面对烈日的时候,对“水”的渴望是完全不一样的。水就是一种产品,当他唾手可得的时候,他的价值就不能通过价格体现出来。当他不能唾手可得的时候,价格已经不是考虑的主要因素。因此,很多厂商针对客户这种心理推出“限量版”“珍藏版”而改变客户的这种心理感觉。

以上分析我们可以看到客户的购买更多的是取决于客户的心理感受,站在客户的角度我们来看我们的产品和销售，我们就能发现有很多的方法来策略性的引导我们的客户来购买我们的产品。同时不论我们用什么方法来引导客户，其中主要的一点是，应当使顾客感到其所获得的效用（顾客价值）高于其所支付的代价（顾客成本）。我们举一个例子来看：一个小商贩会认为一个花了100多元钱买一本学术著作的读书人是傻瓜，而这个读书人却可能因为得到了这本梦寐以求的佳作而欣喜若狂。我们可以看到顾客的感觉是一种心理因素，用这种心理因素我们就可以解释，为什么有人花几十元买一件T恤衫而有人愿意去花几千元去购买一件T恤衫，前者买的是一件衣服而后者买的是一种感觉和满足。所以在整个客户服务工作中我们要做的就是这样的事情。换位思考的结果是双赢。深刻的道理，往往是简单的；而简单的道理，真正做到了就不简单。

战 权

【原文】

兵法曰："千人而成权，万人而成武。权先加人者，敌不力交。武先加人者，敌无威接。"故兵贵先，胜于此，则胜彼矣；弗胜于此，则弗胜彼矣。

凡我往则彼来，彼来则我往，相为胜败，此战之理然也。夫精诚[①]在乎神明，战权[②]在乎道之所极。有者无之，无者有之，安[③]所信之？先王之所传闻者，任正去诈，存其慈顺，决无留刑。故知道者，必先图不知止之败，恶[④]在乎必往有功。轻进而求战，敌复图止我往，而敌制胜矣。故兵法曰："求而从之，见而加之，主人不敢当而陵之，必丧其权。"

凡夺者无气，恐者不守，败[⑤]者无人，兵无道也。意往而不疑则从之，夺敌而无败则加之，明视而高居则威之，兵道极矣。

其言无谨偷[⑥]矣，其陵犯无节破[⑦]矣，水溃雷击，三军乱矣。必安其危，去其患，以智决之。高之以廊庙之论[⑧]，重之以受命之论，锐之以逾垠[⑨]之论，则敌国可不战而服。

【注释】

①精诚:原意为真心诚意,此指能巧妙地掌握战争规律。

②“权”字原作“榏”,从鄂局本改。

③安:疑问代词,怎么,哪里的意思。

④恶:同“乌”。何,哪里。

⑤“败”字前原衍“可”字,当删去。

⑥偷:原意是窃取,这里指军事机密被窃走。

⑦破:“破”字原作“被”,从鄂局本改。

⑧论:原作“谕”,从鄂局本改。

⑨逾垠:见前《战威第四》篇注。

【译文】

兵法上说:“有一千人的军队就构成战斗的力量,有一万人的军队就构成威武的气势。先用军事力量压住敌人,敌人就不能尽其力量交锋。用威武的气势压住敌人,敌人就无法拿出威风对抗。”所以用兵最重视掌握主动权,在这个(关键)问题上取得胜利,在其他方面就能胜利;(相反地,)在这个关键问题上不能取胜,在其他问题上也不能取胜。

我方打过去,敌人就攻过来,敌人打过来,我方就攻过去,一方取胜,另一方就失败,这是战争的一般道理。指挥战争能达到巧妙境地,在于(主帅)目光远大,灵活变化,对用兵的道理理解得深透。我方有的伪装为无,我方无的虚张为有,(敌人又)怎么知道哪样是真实可信的呢?先前的帝王留传下这样的教训:任用真正的人,摒除伪诈的人,对善良顺从者要爱护,对奸恶之徒要坚决惩办决不迁就。所以懂得战争规律的人,必须先弄清楚轻率出击不知停止将招致失败的道理,又哪里能够随便出击就获战功呢?轻率出击寻找作战机会,敌人却找到机会扼守,堵截我方进路,结果被敌人掌握主动取胜了。所以兵法上又说:“(在无把握情况下)寻找战机发动进攻,一遇见敌军就出击,力量抵挡不了却去攻打它,结果一定丧失作战的主动权。”

处于被动地位就丧失士气，恐惧怯懦就守不住阵地，遭到失败就溃散无人，这就是不懂用兵的道理。决定要进攻而又不再怀疑就出击，确有把握战胜敌人而又不存在失败因素就进攻，洞悉战场各种情形处在居高临下的有利地位就有威势地攻打过去，这样做就对用兵的道理精通到极点。

说话不小心谨慎就泄露机密，出击没有节制就会被敌人攻破，（进攻鲁莽暴躁，）像洪水决堤炸雷轰击，就会造成三军战阵混乱。要确做到消除危险保证安全，排除祸患，就要靠智谋做做出正确决策。高度重视朝廷指挥的谋略，时刻想到接受国家重任（而周密计划），（发挥）越过边境挺进敌后锐不可当的攻势，那么不用打仗，敌国就会宣告降服。

【赏析】

此篇主要论述了作战时怎样取胜的问题。尉缭指出，用兵最重要的是掌握用兵的主动权，当决定要进攻而又不再怀疑时就出击，当确有把握战胜敌人而又不存在失败因素时就进攻。只有拥有进攻的主动权才能取得战争的胜利。如果总处于被动地位，军队的士气便会丧失，失败也是必然的了。这便是不懂用兵的道理了。

公元前208年，秦将章邯率军攻赵巨鹿。赵王歇求救于楚。楚怀王任命宋义为上将军，项羽为次将军，率军救赵。抵达安阳后，宋义畏缩不前，驻留此地长达46日之久。项羽劝说宋义立即击秦救赵，被宋义拒绝了。当时，天寒多雨，将士冻馁，痛苦不堪。宋义却亲到无盐，大摆宴席，送其子到齐为相，以扩展个人势力。项羽乘宋义高军之际，对将士们鼓励说：“我们奉命攻打秦军，救援赵国，现在却留在这里不能前进。这里遇到灾荒，将士只能半饱，军中已无多少粮食。上将军仍饮酒作乐，不引军渡河去赵国征粮，并与赵军合力击秦，反而美其名曰：等待秦军疲劳。强大的秦军攻击刚刚复国不久的赵国，必能灭赵。赵灭之后，秦军会更强大，根本无机可乘。况且我军刚在定陶惨败，大王坐不安席，将全军交上将军指挥，国家安危，在此一举。不料上将军却如此不爱惜将士，只顾徇私，实非社稷之臣。”此话立刻在全军中引起共鸣。当宋义返回安阳时，项羽乘机将其杀死，然后号令全军：“宋义与齐密谋反楚，楚王命我将其杀死！”诸将无不服从，楚怀王只好正式任命项羽为上将军率军救赵。项羽破釜沉舟，九战九捷，歼灭了秦军主力，解除巨鹿之围。

楚怀王是秦末农民起义军首领项梁听从谋士范增之计拥立的。楚怀王名为皇帝，实为傀儡，但他趁项梁战死后，在彭城（今江苏徐州）夺取了项羽、吕臣兵权，改用宋义为上将军，项羽当然心怀不满，伺机夺回兵权。而这时的形势，正是动手发动兵变的好时机：一方面，宋义在紧急关头，徇私误国，违背军令，贻误战机，罪该当斩；另一方面，士兵在寒风冷雨中煎熬，而宋义却饮酒作乐，大摆宴席，士兵的反叛心理经项羽一鼓动就旺盛起来了。于是，杀宋义、取兵权的主客观条件一应俱全，项羽审时度势，把握时机，既杀了宋义，夺取了兵权，又歼灭了秦军，解除了巨鹿之围，可谓一箭双雕，两全其美。

如果说话不小心谨慎就会泄露机密，势必会造成严重的损失。俗话说：“逢人只说三分话，未可全抛一片心。”“人前只说三分话，未可全抛一片心，”语出宋代朱熹《朱子语类》：“推发此心，更无余蕴，便是忠处。如今俗语云，逢人只说三分话，只此便是不忠。循体事物而无所乖违，是之谓信。”《清平山堂话本·戒指心记》：“人前只说三分话，未可全抛一片心。”明代冯梦龙《警世通言·杜十娘怒沉百宝箱》云：“孙富叫家童算还了酒钱，与公子携手下船，正是：逢人且说三分话，未可全抛一片心。”

十分话只说三分——一小部分，不要把自己的真心话或真实情况全部告诉他人。所谓“逢人”，是指除自己以外的所逢的任何人，不分亲疏、长幼、尊卑、远近、上下、中外、新旧、男女等。这一谋略广泛使用于军事、政治、经济、外交、说辩等斗争之中。

重刑令

【原文】

将自千人以上，有战而北[①]，守而降，离地逃众，命[②]曰国贼。身戮家残[③]，去其籍[4]，发其坟墓，暴其骨于市，男女公于官[5]。自百人以上，有战而北，守而降，离地逃众，命曰军贼。身死家残，男女公于官。使民内畏重刑，则外轻敌。故先王明制度于前，重威刑于后。刑重则内畏，内畏则外坚矣。

【注释】

①北：打败仗。

②命：宣布。

③戮：杀。残：残破，指抄其家。

④籍：簿籍，名册。

⑤公于官：充作官府奴隶。

【译文】

率领千人以上的将领，出战而败北，守城而投降，擅离战地抛下士兵逃跑的，就宣布为"国贼"。对这种人，要处死抄家，除掉他的官籍，挖掘他的祖坟，把尸骨放在大街上示众，男女亲戚都没收为官奴婢。率领一百名士兵以上的军吏，出战而败北，守城而投降，擅离战地抛下士兵逃跑的，就宣布为"军贼"。对这种人，要处死抄家，男女亲戚没入官府为奴婢。若能做到让民众在国内畏惧判处重刑，他们在外作战就会蔑视敌人。所以前代贤明的国君事先颁布各种制度，事后严肃地惩办犯罪的人。刑罚重将吏们就会对内畏惧，对内畏惧在外就会勇敢了。

【赏析】

本篇主要强调了刑罚的重要意义。将领在军营中发挥着极其重要的作用，正如孙子在《孙子兵书·军争篇》中所指出："三军可夺气，将军可夺心。"指挥员根据敌将心理特点，广施欺敌假象，使敌将精神迷惘，疏远朋友，沉溺于犹豫狐疑的烦恼之中，使之遇事不决；或者用各种方式使敌将放弃自己的立场，投诚反戈，都是夺敌将心的方法。

"心者，将之所主也。怒之令愤，挠之令乱，间之令疏，卑之令骄，则彼之心可夺也。”夺心,也即攻心。战争中,指挥员思想、意志和品德上的缺陷,不同的个性特征,都可能成为“夺心”的缺口。勇而谋少,骄横轻敌,容易轻举妄动,上敌方“能而示之不能”的圈套;性情暴躁,一触即跳,容易感情冲动,经不住对方的“激将法”;好大图功,刚愎自用,容易贪图小利,中敌诱兵之计;廉洁好名,过于自尊,就容易产生强烈的虚荣心,经不起敌方的污辱而失去理智;贪财好色,容易松懈斗志,被敌人以财色所诱;头脑简单,轻敌多疑,容易被诳骗,等等。一个成熟的指挥员,既要重视运用“夺心”谋略,又要处处提防被敌“夺心”。

三国时的孔明用兵作战,非常重视攻心。他曾提出,“用兵之道,攻心为上,攻城为下;心战为上,兵战为下”。他七纵七擒,收服孟获,是夺敌将之心的典型例证。

经济竞争犹如军事竞争,只有荣辱与共,才能无往不胜。高明的企业经营者,无不想方设法,使企业内部同心同德,有“一荣俱荣,一伤俱伤”之感。舍此就谈不上企业的振兴和繁荣。

在西班牙的巴利阿里群岛上,法国人曾开办了一个多国服务公司,经营多年,却囊空如洗,不得不撤离该岛。其后,那些饭馆、旅店、酒吧间的工作人员自己组织了一个合作社,合作社的主任既是领导者,又是端盘上菜的堂倌。按规定,领导者最高工资不得超过清扫工的一倍半,大家利益一致,工作十分卖力,生意非常兴隆,一年中赚取了7000万比塞塔。合作社上交的税金是西班牙同行的两倍,每个职员除了领取工资以外,年终还得到了“自己”的巨额偿金。

《孙子兵书》中“伐谋”“以智取胜”的思想已在现代商战中得到广泛的应用。在生产过剩、企业竞争升级的今天,市场竞争目标的核心就是找准顾客的心理需要,是产品信誉和企业形象在消费者心中的位置。成功的关键在于如何潜入消费者的心智中。海尔正是悟透了新形势下企业竞争的新特点、新规律,所以才在美国哈佛大学迈克尔·波特教授总结的“企业竞争三战略”的基础上,紧紧抓住了以创名牌为核心的产品定位、品牌定位和公司定位的战略。树立公司的美好形象,宣传企业文化、企业精神,树立公司领导人的形象等。同时充分运用社会舆论和受众导向原则,运用使产品的差异性与消费者需要相吻合的原则,努力得到消费者的认同,赢得消费者的芳心。海尔始终坚持实行名牌战略,先在国内,后在国外,追求用户的满意度、产品、服务的信誉度和企业美誉度，并把这些看作比什么都重要。这就是新形势下，在市场商战中“以人为本”“攻心为上”谋略的成功运用。真正的市场在人心，企业的成功也在于“人心所向”，这就是企业文化的作用，也就是企业长盛不衰的“秘诀”所在。

伍制令

【原文】

军中之制，五人为伍，伍相保也[①]；十人为什，什相保也；百人为闾[②]，闾相保也。伍有干令犯禁者[③]，揭之，免于罪；知而弗揭，全伍有诛。什有干令犯禁者，揭之，免于罪；知而弗揭，全什有诛。属有干令犯禁者，揭之，免于罪；知而弗揭，全属有诛。闾有干令犯禁者，揭之，免于罪；知而弗揭，全闾有诛。

吏自什长以上，至左右将[④]，上下皆相保也。有干令犯禁者，揭之，免于罪；知而弗揭者，皆与同罪。

夫什伍相结，上下相联，无有不得之奸，无有不揭之罪，父不得以私其子，兄不得以私其弟，而况国人[⑤]？聚舍同食，乌能以干令相私者哉[⑥]？

【注释】

①相保：互相担保，一人有罪，互保的人连坐。也称连保。

②闾：原为古代户口里甲编制的单位，据《周礼》郑注，二十家为闾。这里作为军队编制的单位，百人为闾，也称“卒”。

③干：抵触，违犯。

④左右将：辅佐的将领，副将。

⑤国人：原指居住在城邑的人或一国之人，这里指一般没有亲戚关系的人。

⑥乌：何，怎么。

【译文】

军队中的制度规定：五人编为一伍，伍内互相担保；十人编为一什，什内互相担保。一百人编为闾,闾内互相担保。一伍之中有人违犯法令禁律的,其他人揭发了,可以免罪;如果知情而不揭发,全伍都受惩罚。一什之内有违犯法令禁律的,其他人揭发了,可以免罪;如果知情而不揭发,全什都受惩罚。一属之内有人违犯法令禁律的,其他人揭发了,可以免罪;如果知情而不揭发,全属都受惩罚。一闾之内有人违犯法令禁律的,其他人揭发了,可以免罪;如果知情而不揭发,全闾都受惩罚。

军吏自什长以上至军中副将,都实行上下连保。如果军吏中有人违犯法令禁律的,其他人揭发了,可以免罪;如果知情而不揭发,则所有军吏都同违法者同样治罪。

这样,什伍的编制环环相扣,上下实行连保,就没有捉不到的奸细,没有揭发不出来的罪行。父亲都不敢以私情包庇儿子,兄长都不敢以私情包庇弟弟,更何况对没有亲属关系的普通人呢?士卒们、军吏们住宿吃饭在一起,怎么会有违犯法令而互相包庇的人呢?

【赏析】

此篇主要讨论了军队中如何制定严格规章制度的问题。只有纪律严明,才能使军队在战争中取胜,才能使国家长治久安。孙子早在《孙子兵书·军争篇》中指出:"以治待乱。以静待哗,此治心者也。"尉缭也提出了与之相同的观点。两国交

战，治者胜、乱者败，古之常理。一个国家、一支军队的“治”，非朝夕之功，靠日积月累。

公元前564年，晋悼公时，晋以治闻名。晋伐郑，郑求救于楚。楚军昼夜兼程，想趁晋军不备，借夜暗掩护，直进至晋军营门，使晋军无法出营列队。晋军面对不利局势，丝毫不乱，从容于营内平灶掩井，排列阵势。并以“三分四军”之法对付楚军，使楚军疲惫。楚军本想出其不意进攻晋军，以造成晋军内部慌乱，却被晋军从容而解。

一个国家，一支军队，一个社会团体，无不励精图治。只有严治，才能使恶人畏惧，防止动乱；只有久治，才能国泰民安，人心归向。唯有以治待乱才是胜策：那种通过“天下大乱”达到“天下大治”，或是依赖临时应付，虽然可能暂时渡过难关，但人民是要付出许多血的代价的，也是不得已的下下之策。

谋略家在施展自己某一计划时，部属并非都是“言听计从”，想到了，讲到了，就能办得到。贯彻既定的决心和方针政策，常常需要采用“三令五申”的方法。一而再，再而三地宣传某一政策和策略，以求得到大多数人的理解和拥护，并积极地执行，即使再有少数反对者，也就“大势所趋”无碍大局了。这是一种推行政策和“造势”的重要方法。

人们常说：“三流企业做事，二流企业做市，一流企业做势”。其实，营销也是这样。最聪明的营销就是在市场中审时度势、顺势而为。营销的本质就是“营势”“谋势”。“谋势者”方能执市场之牛耳，花小钱办大事。

具体而言，处在不同发展阶段的企业，谋势的重点又有不同：初级阶段造势，发展阶段要蓄势，成熟阶段要乘势。而造势又是我国中小企业在营销上的入门课、必修课。造势水平的高低将直接决定一个企业能否脱颖而出，创业成功。

造势何以能“兴风作浪”？

尽管我国市场经济已经发展20多年，但半数以上的行业发展仍不成熟，仍处在初级市场阶段。这就给我们通过“造势”来“兴风作浪”的机会。

要想“造势”，你首先要判断自己所处的行业是不是初级市场。

初级市场的第一个特点是进入门槛低。比如美容连锁行业，竞争品牌多如牛

毛，仅广州就有上千家品牌，按说竞争够激烈了，但是出人意料的是，该行业进入门槛出奇地低，基本没有专业的营销人才。很多企业的营销是在瞎做，但仍然能每年做上几个亿。

另外，在初级市场中每个行业的强势品牌都不多，而且领先品牌更替非常快。比如健身器材行业，竞争品牌多，但前三甲品牌没有固定，一会是美资的，一会是台资的。同时，要看前三甲品牌的市场总份额是否大，如果三者之和超过40%甚至超过60%，那就表明这个行业虎踞龙盘，千万不要再打它初级市场的主意了。

如果该行业从没有打过价格战，我们则可以欣然地命之为初级市场；如果该行业已经打过无数轮价格战，且打到后来，价格战也不能撬动销售时，比如家电行业，这样的行业我们还是要敬而远之，小心山芋烫手啊。

按照上述三个判断标准，我们可以试着举一些初级市场的行业出来，比如：健身器材行业、美容连锁行业、馍片行业、袜子行业、家纺行业、招聘行业、网络行业、家具行业、保暖内衣行业、运动鞋运动服行业、烟草行业、餐饮行业、理发行业、图书行业、汽车配件及汽车美容行业、大部分城市的房地产行业、驾驶培训行业、珠宝行业、蔬菜行业、木地板及瓷砖卫浴行业、床垫行业等等。可谓数不胜数。在这些领域里，你都可以通过"造势"来甩掉对手。

分塞令

【原文】

中军、左右前后军，皆有分地[①]，方之以行垣[②]，而无通其交往。将有分地，帅有分地，伯有分地，皆营其沟域[③]，而明其塞令。使非百人无得通。非其百人而入者，伯诛之；伯不诛，与之同罪。

军中纵横之道，百有二十步[④]，而立一府柱[⑤]。量人与地。柱道相望，禁行清道。非将吏之符节，不得通行。采薪刍牧者[⑥]，皆成行伍，不成行伍者，不得通行。吏属无节，士无伍者，横门诛之[⑦]。逾分干地者，诛之。故内无干令犯禁，则外无不获之奸。

【注释】

①分地:指营区。此二字原作地分,从鄂局本改。

②方:作动词用,意即在四周修建。行垣:临时的壁垒。

③营:作动词用,意即修建。

④有:同“又”。

⑤府:与“俯”通,自高向下视。府柱:高高的旗杆,用来作标志。

⑥刍:用草喂养牲畜。原作“之”,从鄂局本改。

⑦横门:又叫衡门,即栅阑门,这里指营门口,也可引申指守卫在营门口的守门吏卒。

【译文】

中军和左、右、前、后各军,都各自有划分的营区,并且在四周修筑起营壁,隔绝各营区之间随便来往。将有划分好的营地,帅有划分好的营地,伯有划分好的营地,都修建起各自营地周围的沟渠界墙,并且申明隔绝交通的禁令。实行不是本百的人不得在本营地通行。不是本百的人进入本营地,伯长就杀掉他;如果伯长不杀掉他,就与犯禁者同罪。

军营中有纵横的道路,每隔120步远,树立一根高高的旗杆,作为士卒人数和营区的标志。道路上的旗杆前后连接,派人看守,执行禁令不准随便通行。士卒除非拿着将吏的符节作凭据,不得通行。负责打柴放牧的士卒必须排成队伍。凡是不排成队伍的,不准通行。下级军吏通过没有将领准许的符节,士兵进出不排成队伍的,守门军史就地诛杀他们。凡是越过营区进入其他部队地界者,都要杀掉。这样,内部没有人敢违犯法令禁律,那么外来的奸细就没有抓不到的。

【赏析】

本篇主要论述了在营区各负其责的问题。对于私自闯入本辖区的人,严惩不殆，绝不姑息。为了维护正义或国家人民的利益，对于犯罪的亲属不徇私情，使之受到国法制裁。

北魏孝文帝迁都洛阳后，改革鲜卑族旧的风俗习惯，推行汉化政策，遭到了太子恂等人的反对。太子恂不好读书，只有 15 岁，洛阳的炎热他受不了，汉话也说不好，汉人的衣服他穿得很别扭，因此常思北归。迁都洛阳后的第三年，太子恂趁孝文帝出游嵩山之机，私自召集牧马，准备把不愿迁都的人，带回平城去。中庶子高道悦苦苦劝阻，恂不仅不听，反将高道悦杀死。尚书陆琇得悉，快马飞告孝文帝。孝文帝返回洛阳，严加斥责，并杖恂 100 大板，拘于城西别馆。孝文帝又召集大臣，公布了太子的罪行后，将他废为庶人，送往河间（今河南孟州市西）看管，只给他一些粗茶淡饭以维持生命。元恂心中怀恨，常想伺机逃跑，孝文帝知道后，将其赐死。

孝文帝大义灭亲，杀死了自己的儿子，以扫除其实行改革、推行汉化政策的障碍，其目的在于使自己的统治长治久安。

大义灭亲，不仅是政治家必须具备的政治品德，也是一种高明的统御谋略。古往今来，许多胸怀宽广、雄韬大略的政治家无不善于利用这一谋略，大做文章，达到某种政治目的。作为领导者，在自己的亲属触犯法律时，能够不徇私情，铁面无私，做到在法律面前人人平等、王子犯法与庶民同罪，才能发挥领导的表率作用，树立领导者的形象和威信，才能上行下效，达到举一反三的效果。

束伍令

【原文】

束伍之令曰：五人为伍共一符[①]，收于将吏之所。亡[②]伍而得伍，当之；得伍而不亡，有赏；亡伍不得伍，身死家残。亡长得长，当之；得长不亡，有赏；亡长不得长，身死家残；复战得首长，除之。亡将得将，当之；得将不亡，有赏，亡将不得将，坐离地遁逃之法[③]。

战诛之法曰：什长得诛十人，伯长得诛什长，千人之将得诛百人之长，万人之将得诛千人之将，左右将军得诛万人之将，大将军无不得诛。

【注释】

①符：符籍，即花名册。

②亡：伤亡，损失。

③坐：定罪。

【译文】

战场上约束队伍的法令规定：五人组成一伍，写在一个花名册上，由将吏统一收存。（作战时）伤亡一伍而消灭敌人一伍，功罪相当；消灭敌人一伍而自己无伤亡，给以奖赏；伤亡一伍而不能消灭敌人一伍，（将吏就要受到严厉的惩罚，）身死家残。伤亡一个军吏而消灭敌人一个军吏，功罪相当；消灭敌人一个军吏而我方军吏无伤亡，受奖赏；我方伤亡一个军吏而不能消灭敌人一个军吏，将吏就要受严厉处罚，身死家残；如果再战能得敌人一个为首的军吏，可以免罪。我方伤亡一个将领而消灭敌人一个将领，功罪相当；能消灭敌人一个将领而我方将领无伤亡，受奖赏；我方将领伤亡而不能消灭敌人一个将领，就按惩处临阵遁逃的法令治罪。

战场上惩处的法令规定：什长有权惩处所管辖的十名士兵，伯长有权惩处所管辖的什长，统帅千人的将领有权惩处所管辖的伯长，统帅万人的将领有权惩处所管辖千人之将，左右副将有权惩处所管辖万人之将，大将军掌握有无人不可惩处之权。

【赏析】

本篇主要论述了战场上约束队伍法令规定的问题。君王令大将军带兵作战，必须要授其以权。为了取得战争全胜，尉缭提出了两个必备的重要条件：一是明君，一是贤将。他指出了君主在军事上瞎指挥的三种表现：不知三军之不可以进，而谓之进；不知三军之不可以退，而谓之退，是谓縻军。不知三军之事而司三军之政者，则军士惑矣。不知三军之权而司三军之任者，则军士疑矣。并且认为，“三军

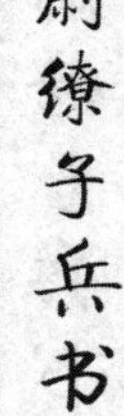

既惑且疑,则诸侯之难至矣,是为乱军引胜。”如果君主不是这样瞎指挥,而是按照军事斗争的特点正确指导,与将同志同谋,不干扰,这就是尉缭所主张的明君。他认为,君与将并非对立的,二者关系如同辅车相依,不可缺一。

燕昭王重用乐毅,乐毅亦尽心尽责,率军拔城掠地,无往不胜;而后燕惠王却从中作梗,以己之好恶而用将,终致胜而转败。

战争史也证明,君主不干预将帅,将帅充分发挥主观能动性,从战场实际情况出发,选择正确的战略战术,战则无有不胜。君主不信任将帅,过多地干预将帅,往往不合战场实际情况,只能造成指挥失误,导致失败。

在现代军事理论中,委托式指挥法实际上就是“君不御将”的完善和发展。战争指挥上的主动和自由,是指挥员产生创造力的条件,这种主动和自由,是以君主的“不御将”为前提的。

当然,这一原则讲的是“将能而君不御者胜”。另一方面,如果“将不能”,那么战争胜负就不取决于“君不御”了。这也是不容忽视的问题。“君不御者胜”的前提是“将能”。

至于将如何有“能”,需要哪些方面的“能”,那是另一方面的问题。现代条件下,不但要强调“将能”,强调“君不御”,也要强调“君”及时了解战场情况,了解战事进程,以便从全局上给战事以指导。

《孙子兵书·九地篇》云:“善用兵者,携手若使一人,不得已也。施无法之赏,悬无政之令,犯三军之众,若使一人。”尉缭在这里主要讲如何统兵作战的问题。他认为,善用兵者,能使全军战斗像牵着手使用一个人一样,这是战场情危势迫,不得不一致奋战。所以,在战争非常时期,应施行超出惯例的奖赏,即法外之赏,颁发打破常规的号令,即政外之令,以鼓励并约束全军战士冒险赴战。这样就能使全军战斗如同使用一个人战斗一样。

任何军队,都有关于赏罚的规定,我们称之为条令和各种政策,一般情况下,将帅应该根据这些规定该赏则赏,该罚则罚。但在深入敌境、决死斗争时,则与平时大不相同,为了不误战机,鼓励士卒,不可拘泥章法,应根据当时具体情况,通权达变,施行赏罚,发布命令。尉缭主张在非常时期,应“施无法之赏,悬无政之令”,激励三军，驱车赴战。这样做，不但正确，而且必要。他认为，士兵所以甘冒风险拼死不顾，并非恶生好死，实为求重赏而免严刑。除了其他的条件，如政治教育，战争性质之外，重赏严刑两项，是士卒进死为荣，退生为辱的保证。它足可击败敌人，取得胜利。

汉高祖拔韩信于军中，立为大将，又重金赐有许多缺点的陈平，纳陈之计，纵千金使间楚君臣，不问出入。终覆秦灭楚，统一天下。

战争实践证明，"施无法之赏，悬无政之令"这一策略不仅能坐而言。而且可以起而行。这是率众统军，激励部属，提高他们积极性的有效方法。

"赏罚不信，则士民不死也"。企业商法制度是对员工进行约束和激励的主要手段，是企业长生久运的关键。所以赏罚制度的建立就显得异常的重要。建立商法制度的关键在于"达与人心之理"。最好能够做到陟赏一人，然后众人信，黜罚一人，然后众人戒。这样赏罚分明，黜陟有道，最终通达人情，则企业风气自然纯朴上进。"德懋懋官，功懋懋赏"出自《尚书·仲虺之诰》。意思是说"对孜孜不倦加强德行的人，提升其做官；对于勤勉不休不断立功的人给予物质奖励"。赏罚黜陟两者不可以等价，要分别对待，混合使用。

经卒令

【原文】

经卒者[①]，以经令分之为三分焉[②]：左军苍旗，卒戴苍羽；右军白旗，卒戴白羽；中军黄旗，卒戴黄羽。

卒有五章：前一行苍章，次二行赤章，次三行黄章，次四行白章，次五行黑章。次以经卒，亡章者有诛[③]。

前一五行，置章于首，次二五行，置章于项，次三五行，置章于胸，次四五行，置章于腹，次五五行，置章于腰。如此，卒无非吏，吏无非其卒。见非而不诘[④]，见乱而不禁，其罪如之。

鼓行交斗，则前行进为犯难[⑤]，后行退为辱众[⑥]。逾五行而前进者有赏[⑦]，逾五行而后者有诛。所以知进退先后，吏卒之功也。故曰鼓之前如雷霆，动如风雨，莫敢当其前，莫敢蹑其后[⑧]。言有经也。

【注释】

①经卒：指对士卒实行战斗编队。

②经令：规定战斗编队的条令。三分：三部分。

③亡：同“无”。

④诘：盘问。原作“浩”，从鄂局本改。

⑤前行：向前进击，与下文“后行”相反。犯难：敢冒危险，不怕牺牲。

⑥退：原作“进”，从鄂局本改。

⑦逾五行：指超过原来居于前面的五排士卒。

⑧蹑：追跟在后面。

【译文】

对士卒实行战斗编队的办法，是按照编队的条令分为三部分：左军举青色旗，士兵戴青色羽毛；右军举白色旗，士兵戴白色羽毛；中军举黄色旗，士兵戴黄色羽毛。

士兵佩戴五色徽章，前一行戴青色徽章，第二行戴红色徽章，第三行戴黄色徽章，第四行戴白色徽章，第五行戴黑色徽章。按照这样的次序编队，没有戴徽章的要受处罚。

最前面的五行，徽章戴在头上；第二个五行，徽章戴在颈上；第三个五行，徽章戴在胸前；第四个五行，徽章戴在腹部；第五个五行，徽章戴在腰部。这样，士兵没有不识别自己上司的，军吏也没有不识别自己部下的。如果见到标识不同的士兵而不加盘问，见到扰乱秩序的不加禁止，那么他的罪过就同违反法令的人一样。

紧擂战鼓出兵与敌交战，向前进击就是不怕牺牲，向后退却就是给大家丢脸。超过前面的行伍冲到前头的受奖赏，后退落到后面的行伍末尾的受处罚。所以，了解队伍进退前后的情况，就知道官兵有谁立功了。这样就可以做到，擂起战鼓，部队进击就像雷霆那样威猛，行动就像暴风雨那样迅疾，敌人不敢在前面阻挡，不敢在后面尾随。这就说明部队编队有法。

【赏析】

本篇主要论述了对士卒实行战斗编队的问题。尉缭指出，只有合理有效的编队，才能激发士兵的士气，奋力作战。正如尉缭所云："使敌之气失而师散，虽形全而不为之用，此道胜也。"

士气是部队战斗力的重要因素，士气高低，直接影响着战争的胜负。所以，古今中外的名将，都把挫伤敌人的锐气，激励自己部队的士气，作为用谋定策的重要内容。

楚汉相争末期的垓下一役，韩信用一曲楚歌使陷于困境的楚军丧失斗志，战斗力锐减，加速了项羽的灭亡。

正如拿破仑所说：一支军队的实力，四分之三是由士气构成的。运用这一谋略，包括两个方面，夺敌士气和鼓励己方士气。士气与战争性质分不开，和爱国心、民族情绪、士兵思想分不开，不管是守敌士气还是鼓舞部属士气，都要从这些基本要素入手。

在一个管理制度健全的企业中，所有的升迁都是凭借个人的努力得来的，想摧毁一个组织的士气，最好的方式就是制造'玩手段才能获得晋升'的工作气氛，在这里提出了一个值得重视的问题，这就是企业的士气问题。

士气，是正气和元气的体现，对一个生命体，对一个组织和国家来说，都是生命之本、力量之源。一旦没有了"正气"和"元气"，也就会丧失了士气。而没有士气，离衰落和灭亡也就不远了。秦末年间，西楚霸王项羽，虽有万夫不当之勇，但有勇无谋，对部下功过不分，奖罚不明，更不会识才用人，导致他领导的军队士气低落，人才和有功之臣纷纷离他而去。虽有八千铁杆子弟跟随了他，但由于他根本不懂士气建设的重要，所以还是被刘邦用"四面楚歌"的攻势，彻底摧毁了其残部的士气，导致"霸王别姬"、乌江自刎的下场。

如何激发员工的士气，让员工身上的“E”元素发挥出来从而为企业创造更大的价值呢？成功的企业都有其一定的方法，每个企业的具体做法也不一样，但是总结起来，这些企业一般会从以下几方面去努力：

第一、企业应有能鼓舞和激励员工的远景目标。企业的远景目标要能够召唤及驱使人向前，它能激发员工内心有意义的价值，并能鼓舞追随者。员工在一种远景目标的召唤下，会有一种积极向上的热情。当然，企业实现了目标，其利益应能与员工共享，使员工感到自己的命运与企业的命运息息相关，这样才能更积极地为企业创造价值。

第二、使员工了解自己工作的价值。没有什么比意识到自己所做的工作毫无价值更让人士气低落的了。所以一定要让员工了解自己的工作的价值何在，不管是处于技术岗位、管理岗位或行政后勤岗位，都有其独特的价值，企业管理者应首先让员工充分了解自己岗位的价值，使员工意识到自己是在做有意义的工作。

第三、给员工以一定的自由度，让员工进行自主管理。员工在一种被动执行上级指令的状态下工作很难发挥出创造性来，员工也会很快觉得工作比较刻板与乏味，从而丧失工作热情与积极性。因此上级给员工适当的授权，而不是事必躬亲或事无巨细都安排好，能够让员工感觉到自己是工作的主人，而不是被动的机器，这样才能够充分发挥员工的主观能动性，使员工对工作充满热情。

第四、鼓励创新。员工的工作模式和工作内容总是一成不变，就会感到缺乏新鲜感，从而逐渐形成惰性，即使是很简单的工作，也可能做得力不从心。所以应鼓励员工在做好本职工作的基础上不断创新，从而对原有工作进行改善。员工在一种持续改进工作的动力驱使下，会更积极努力地工作。

第五、建立一种相互信任、融洽沟通的氛围。企业是一个整体，企业的各个部门、各个岗位都是企业链条上不可缺少的一环，因此要想实现企业的总体目标，必须要协调各个部门、各个岗位的力量共同完成任务，因此沟通就显得尤为重要。而要进行顺利的沟通，信任是一个前提和基础。员工只有在信任的基础上才能进行充分的沟通。所以企业的管理者应该在企业内建立一种相互信任、融洽沟通的氛围。管理者应当信任员工，员工也应信任管理者。员工之间也应相互信任，在相互

信任的基础上进行融洽的沟通。在沟通的过程中，员工可以了解到与自己本职工作相关的信息，从而更好地改善工作，同时也将本人在工作中遇到的对其他岗位有价值的信息反馈给其他人员，这样也有助于其他人更好地完成工作。

第六、企业应重视人性化管理。员工不仅是工作的机器，他首先是人，有人的各种需求。企业应了解员工的需求，员工的生活，员工的兴趣、爱好，企业应能适当尊重员工的需求，如定期举办一些活动等，让员工不仅有工作上的紧张，也有身心上的放松，另外，也可以在员工生日的时候送去一些问候或小礼物。员工若感到自己在企业里被当作“人”来对待时，员工会感到在企业里工作就像在一个大家庭里，有一种暖融融的温馨，充满了人情味，也充满了情趣。在这样的环境下工作，员工的心情自然也就愉悦，工作起来也才会更有干劲。

人性化管理或管理的人性化是现代企业管理的发展态势，这似乎已经成了一个不争的事实。但是，如何搞好人性化管理，如何充分发掘现代企业管理中的人性化意蕴，却需要人们进行深层的文化思考。

所谓人性化管理，就是一种在整个企业管理过程中充分注意人性要素，以充分开掘人的潜能为己任的管理模式。至于其具体内容，可以包含很多要素，如对人的尊重，充分的物质激励和精神激励，给人提供各种成长与发展机会，注重企业与个人的双赢战略，制订员工的生涯规划，等等。

勒卒令

【原文】

金、鼓、铃、旗[①]，四者各有法：鼓之则进，重鼓则击[②]。金之则止，重金则退。铃传令也。旗麾之左则左[③]，麾之右则右，奇兵则反是。一鼓一击而左，一鼓一击而右。一步一鼓，步鼓也。十步一鼓，趋鼓也[④]、音不绝，骛鼓也[⑤]。商，将鼓也[⑥]。角[⑦]，帅鼓也。小鼓，伯鼓也。三鼓同，则将帅伯其心一也。奇兵则反是。鼓失次者有诛，喧哗者有诛，不听金鼓铃旗而动者有诛。

百人而教战，教成合之千人；千人教成，合之万人；万人教成，合之于三军。三军之众，有分有合，为大战之法。教成试之以阅。方亦胜，圆亦胜，错斜亦胜[⑧]，临险亦胜。敌在山，缘而从之，敌在渊，没而从之[⑨]。求敌若求亡子，从之无疑，故能败敌而制其命。

夫蚤决先定[⑩]，若计不先定，虑不蚤决，则进退不定，疑生必败。故正兵贵先，奇兵贵后，或先或后，制敌者也。世将不知法者，专命而行，先击而勇，无不败者也。

其举有疑而不疑，其往有信而不信，其致有迟疾而不迟疾[⑪]，是三者，战之累也。

【注释】

①金：古代的铜钲，有柄，狭长，打击出声。古代打仗，鸣金为收兵。

②重鼓：再次击鼓。

③麾：同“挥”。

④越鼓：催促快速前进的鼓声。

⑤骛鼓：急催快跑前进的鼓声。骛：马奔跑的意思，这里借指跑步。

⑥商：古代五声音阶的一个音。古代五声音阶为宫、商、角、徵、羽五个音级，近似于简谱中的1、2、3、5、6。

⑦角：古代五声音阶之一。

⑧错斜：指因地形复杂队形也有错综变化。斜，原作“邪”，从鄂局本改。

⑨没:沉没,指潜水。

⑩蚤:同"早"。定,原作"敌",从鄂局本改。

⑪致:致师、挑战的意思,这里引申为进攻。

【译文】

金、鼓、铃、旗,这四种号令各有用法:击鼓就前进,再击鼓就发起攻击。鸣金就停止前进,再鸣金就退却。铃声是传达命令的。战旗向左挥动,队伍就向左,向右挥动,队伍就向右。用奇兵制胜则与此相反。一步一击鼓,这是慢步前进的信号。走十步一击鼓,这是快步前进的信号。鼓声不断,这是跑步前进的信号。发出商声,是传达将令的鼓声。发出角声,是传达帅令的鼓声。小鼓,是传达伯令的鼓。三种鼓音同时响起,表明将、帅、伯同心协力。用奇兵制胜则与此相反。击鼓指挥出了差错的要杀掉,高声喧嚷的要杀掉,不按照金鼓铃旗的指挥行动的要杀掉。

先按照一百人来训练战法,训练好了再集合一千人训练;一千人训练好了,再集合一万人训练;一万人训练好了,再集合三军一起训练。对三军的大队人马,要训练分队作战和集合作战的战术,这是训练打大仗的方法。训练好了就对部队检阅。(反复训练、检阅,最后要让部队做到)布成方阵也能取胜,布成圆队也能取胜,遇到复杂地形队伍错综变化也能取胜,面临险境也能取胜。敌人在山头,就攀登上去进攻它,敌人在深水边,就潜水过去进攻它。追歼敌人像寻找丢失的儿子一样迫切,发动进攻而毫不犹豫,这样就能打败敌人,制敌于死命。

对于重大的军事行动,要提早周密思考做出决定。如果计策不预先制定,不提早周密考虑,行动就进退不定,这种犹疑态度必然要招致失败。一般地讲,通常的打法是先发制人,出奇兵是后发制人,(灵活机动地决定)先打或后打,达到制敌于死命的目的。现在不懂兵法的庸将,只会独断专行,死板地以为抢先出击就能显示勇敢,结果没有不招致失败的。

做出决策的时候有可疑之处而不慎重考虑,进军的时候情况明白可信而又疑惑不定,发动进攻有快慢的时机而不能把握,这三项,就是造成作战失利的原因。

【赏析】

本篇主要论述了如何发号施令，领军作战的问题。《孙子兵书·计篇》说："夫未战而庙算胜者，得算多也，未战而庙算不胜者，得算少也。多算胜，少算不胜，而况于无算乎！吾以此观之，胜负见矣。"所谓"庙算"，是指古时候兴师作战，要在祖庙举行会议，谋划作战大计，预计战争的结局。这句话的意思是说，在开战之前，"庙算"能够胜过敌人的，是因为计算周密，胜利条件多；开战之前，"庙算"不能胜过敌人的，是因为计算不周，胜利条件少。计算周密，胜利条件多，可能胜敌，计算不周，胜利条件少，不能胜敌，而何况根本不计算、没有胜利条件呢！我们从这些方面来考察，谁胜谁负就可看出来了。

这虽然是说的用兵之道，但同样也适用于企业管理之中。比如，你刚刚接手一个企业，或者希望在你所领导的企业开创一个新局面，工作千头万绪，第一个应当考虑并着手解决的问题就是"计"，是"先定必胜之计"。这里的计，就是计谋、经营战略和策略。

古人说："六十算以上为多算，六十算以下为少算。"因此，只要有百分之六十以上的把握就应当敢于决策，应该有信心去行动。一个善于决策的人，不是对事情有了百分之百的把握再去决策。决策总是带有一定风险的。事情都清楚了才去"决策"，算不上决策。这样的"决策"谁都能做。要知道，条件完全具备之际，往往是最佳机会消失之时，一味追求完美，就会坐失良机。从一定意义上讲，风险和利益的大小是成正比的。风险大，成功了，得到的利益也越大。利益就是对人们所承担的风险的补偿，一点风险都不敢冒的决策，决不能算为高明的、卓有成效的决策。当然，不经任何"算计"的冒险，是不值得提倡的。

用兵作战贵在以速取胜，速战速决。兵情主速是用兵作战中强调以快制慢，乘敌来不及防范或准备不充分时将其制服。同样，在日益激烈的企业竞争中、以快制慢，以效率和速度取胜，也是企业为了更好地生存和发展所必须实现的重要目标。

工业革命给人类带来一句新格言：时间就是金钱，效率就是生命。这也是为大量实践证明的一条规律、体育竞赛中的"更快、更高、更强"原理可以推广到社会生活的几乎所有方面。在绝大多数情况下，胜利总是属于速度快而效率高的人。

被人称为"亚洲四小龙"之一的新加坡，是以快制胜的一个典型。160 年来，新加坡一直是欧亚货物的集散地。新加坡人深知，要获得更多的收入，就必须让船只快速通关。当年李光耀带领新加坡人退出马来西亚联邦时，为了使 200 万人生存下去，他们把新加坡变成一个手续简单、高速高效的自由市场。他们说；"我们没有丰饶的土地，没有金矿，不产石油，付不起慢条斯理的代价。"

在新加坡，海关每 20 分钟让一条货船通关；建屋发展局与建筑师、工厂相结合，平均每 40 分钟建成一所四房式公寓；人民协会派 5 个职员就能管理 4 万居民的社区活动中心；外国人去移民局 3 小时即可办好延长居留期签证；货物出口只需要填一、二种表单，平均两天就能出关；外国人投资，常常是当天就能知道是否核准；出租汽车每年可在遍布全岛的邮局换牌照，不必因排长龙等候而影响工作。靠这种高速度和高效率，20 年间，新加坡制造业产值增加了 30 倍，人均国民生产总值居亚洲第二位，达到 6 千多美元。

一个国家如此，一个人也同样如此。例如，在当代科学的一些前沿课题的竞争中，常常有几个到几十个不同国籍的科研小组同时在攻关，成果的发表通常仅相差几个月甚至只差几天。1976 年诺贝尔物理学奖获得者丁肇中和里克特都是用质子加速器和电子同步加速器发现了 J/ψ 粒子，丁肇中的论文发表仅领先两个月。

讲究效率，等于赢得了相对时间。苏联历史学家雷巴柯夫说得好："时间是个常数，但对勤奋者来说，是个变数，用'分'来计算时间的人，时间要多 59 倍。"

随着时间成为继价格、质量、品种后企业最重要的竞争资源，与时间相关的成本即时间成本逐渐在企业成本中占据了重要地位，开展时间成本相关研究具有一定的现实必要性。因此，应充分研究、计算时间成本，严格控制时间成本，以经济地达到规定的时间压缩目标，同时对其结果进行分析，寻求时间管理的改进途径。

将　令

【原文】

将军受命,君必先谋于庙,行令于廷。君身于斧钺授将[①],曰:“左、右、中军,皆有分职,若逾分而上请者死,军无二令,二令者诛,失令者诛。”将军告曰:“出国门之外,期日中设营[②],表置辕门期之[③],如过时则坐法。”将军入营,即闭门清道。有敢行者诛,有敢高言者诛,有敢不从令者诛。

【注释】

①以斧钺授将:斧钺是古代军法用以杀人的斧子,国君将斧钺授给将领,就表示他有权可以依法斩杀部将、僚属。

②期:限定时间,约定。

③表:古时观测日影以计时的标杆。期:等待。

【译文】

将领接受任命,国君必须先在宗庙做出计策,然后在朝廷颁布命令。国君亲自把斧钺扔给将领,说:“左、右、中三军将领,各有划定的职权范围,如果越过职权范围而向上请示者要处死。军中不容许有两个发令的人,擅自另外发令的要处死;滞留命令延误战机的要处死;不按照命令行事的要处死。”将军要禀告说:“出国都城门外,约定正中午设立军营,在军营门口竖起表柱标志时间、等待各路将士,如有超过时间才到的要按军法论处。”将军进入军营,便关闭营门戒严道路。有敢违反禁令在营门道路上行走的处死,有敢高声说话的处死,有敢不服从命令的处死。

【赏析】

俗话说:“用人不疑,疑人不用”,既然决定让他带兵打仗,就要示之以充分的信任,以使其尽忠效力,报效朝廷。封建社会里,明君用人不疑,使谋臣忠于内,将帅战于外,都能尽心竭力、报效朝廷。现代社会,用人不疑,使人才充分发挥聪明才智,就能为社会做出更大贡献。

孙膑在《孙膑兵书·篡卒》中指出:“恒胜有五:得主专制,胜。知道,胜。得众,胜。左右和,胜。量敌计险,胜。”“得主专制”,专制,指独立指挥,临机决断,不受制约。即将领得到君主信任,有独立指挥权的,能胜利。孙膑同时指出了五种不能胜的因素,其中与“得主专制”相反的,是“御将”,将在外无独立指挥、临机决断之权,受君主遥控,这就无法取得胜利。这一谋略,是讲君主与将领之间的统御关系对战争胜负所起的作用的。这一谋略思想,在《孙子兵书·九变篇》中早已有了论述。它指出:“凡用兵之法,将受命于君,合军聚众,……君命有所不受。”尉缭在此篇亦提出了相同的看法。战场上的情况千变万化,将领必须有独立指挥、临机决断、因情制宜之权,才能实施正确的指挥,确保作战胜利。否则,君主从中掣肘,将领无所适从,就没有不打败仗的。西汉前期名将周亚夫,于文帝后元六年(前158年)屯兵细柳(今陕西咸阳西南渭水北岸),军令严整,文帝举止不合营中规矩亦不准入其营门,称“将在外君命有所不受”。文帝不但不指责,反而称赞周亚夫为“真将军”。景帝五年(前154年)周亚夫率军平定吴、楚之乱,不到3个月即平定叛乱。

踵军令

【原文】

所谓踵军者[1],去大军百里,期于会地,为王日熟食,前军而行,为战合之表。合表乃起,踵军飨士,使为之战势,是谓趋战者也[2]。

兴军者,前踵军而行,合表乃起,去大军一倍其道,去踵军百里,期于会地,为六日熟食,使为战备,分卒据要害。战利则败北,按兵而趋之。踵军遇有还者,诛之。所谓诸将之兵在四奇之内者胜也[3]。

兵有什伍,有分有合,豫为之职[4],守要塞关梁而分居之。战合表起,即皆会也。大军为计日之食,起,战具不及也,令行而起,不如令者有诛。

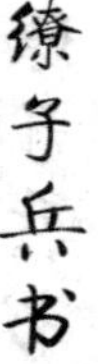

凡称分塞者，四境之内，当兴军踵军既行，则四境之民无得行者。奉王之命，授持符节，名为顺职之吏。非顺职之吏而行者，诛之。战合表起，顺职之吏乃行，用以相参⑤。故欲将先安内也。

【注释】

①踵：跟在兴军后面的作战部队。本篇把作战部分分为踵军、兴军、大军、分卒四部分。

②趋战：赶到敌人阵地之前去发动进攻，叫趋战。

③四奇：指按照作战部队所分担的不同任务分编的四种部队。奇，指四种部队各自的战斗作用。

④豫：同“预”。

⑤相参：参与谋划。

【译文】

踵军这种作战部队，离大部队100里，预先约定好会合地点，准备好三天的干粮，先于大部队出发，与大部队约好作战时间。预定作战时间一到便迅速动作，踵军士卒举行大会餐，进入临战状态，这就叫赶到敌军阵地之前去发动进攻。

兴军这种作战部队，在踵军的前头行动，预先与大部队约定作战时间，离大部队一倍的道路，离踵军100里，约定好会合地点，准备好六天的干粮，做好一切战备。并派出分卒占据要害地带。战斗顺利便乘势追击敌人，约束好部队紧追不舍。踵军如果遇到有临阵逃跑者，便将他处死。这就是各路将领都按照四种作战部队编制、配合取胜的道理。

部队有以什伍为基础的各种编队，根据作战的需要有分有合，预先规定好各自的作战任务，扼守好各处险要地形、关卡、桥梁。两军相接，预定的作战时间一到，便一起会合到主攻战场上。大部队按预定天数准备好粮食，行动要迅速，作战物资要样样准备妥当。命令一到立即出动，不执行命令的给以惩罚。

国内险要的地形分布在四境之内，在兴军和踵军出动以后，国境内四方的居民便不得外出行走。只有奉国君的命令，持有所授符节，执行特殊任务的官吏是例外。凡不是执行特殊任务的官吏却随便行走的，就把他处死。两军相接，预定攻击时间已到，执行特别使命的官吏才可以通行，他们的职责是参议军事部署。所以，要在战场取胜先要把境内安定好。

【赏析】

本篇主要论述了部队编制以及军队内部相互配合的问题。三军上下，只有团结一致，相互配合，士气高昂，才定能取得战争的胜利。

正如吴起所说："不和于军，不可以出战；不和于阵，不可以进战；不和于战，不可以决战。"可见，"团结就是力量，""军民团结如一人，试看天下谁能敌"。"三军一人"，紧密团结，同仇敌忾，一致对敌是克敌制胜的一个关键性因素。

周武王伐纣时，曾在牧野召开誓师会，他在会上宣读誓辞中有这样几句话："受（纣）有亿兆夷人，离心离德；予（我）有乱臣（善于治乱的臣子）十人，同心同德。"正因为此，周灭了殷。

心和，现今理解为共识基础上的团结一致，这是事业成功的关键；面和心不和，心不往一处想，任何事情都难于办成。高明的统帅为战胜敌国，常用反间计等破坏敌国上下左右之间的团结，造成可乘之隙，《韩非子·十过》中说的秦穆公攻破戎王的故事就是如此。戎王派由余出使秦国，秦穆公发现由余是个能臣，认为敌国的能臣就是秦国的祸害，问内史廖如何办？廖说："可以给他们送去一些歌女，必然造成他们不和。他们内部不和，就有办法了。"于是，穆公派廖给戎王送去了歌女，戎王很是喜欢，每天饮酒听歌。由余劝谏，戎王不听，结果矛盾加深，君臣不和，由余便离开戎王到秦国去了。穆公于是派兵攻打戎王，一战而胜。

心和为要，这是君主治国的关键，也是领导者搞好一个地区、一个单位工作的关键一环。领导者之间、上下级之间、群众之间，都要提倡心和，提倡团结合作，互谅共进，这样，再大的困难，再苦的环境都能战胜。

企业内部的团结一致是整个企业生存和发展的基础。只有企业内部团结，才能够取得员工和企业双赢的局面。在经济发展十分迅速的今天，市场上的产品极

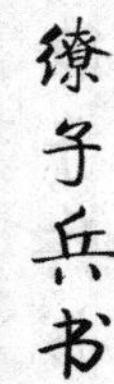

大地丰富，消费者获得了极大的选择空间。在大部分行业里，买方市场已经形成。在这种经济条件下，一个企业要想生存，就要形成自己的竞争优势。而在产品和技术越来越同质化的条件下，企业的竞争就体现在了人才的竞争上。企业内部员工的创造力和知识技能越来越成为企业最重要的财富。企业要想在市场中更好地立足，就要注重在企业内部员工中建立起团结一致的良好关系，从而为企业的生存赢得必需的条件。

兵教上

【原文】

兵之教令[①]，分营居陈。有非令而进退者，加犯教之罪。前行者前行教之，后行者后行教之，左行者左行教之，右行者右行教之。教举五人，其甲首有赏[②]。弗教，如犯教之罪。罗地者自揭其伍[③]，伍内互揭之，免其罪。

凡伍临陈，若一人有不进死于敌，则教者如犯法之罪。凡什保什，若亡一人而九人不尽死于敌，则教者如犯法者之罪。自什以上至于裨将[④]，有不若法者，则教者如犯法者之罪。凡明刑罚，正功赏，必在乎兵教之法。

将异其旗，卒异其章。左军章左肩，右军章右肩，中军章胸前，书其章曰某甲某士。前后章各五行，尊章置首上[⑤]，其次差降之。任长教其四人，以板为鼓，以瓦为金，以竿为旗。击鼓而进，低旗则趋，击金而退，麾而左之，麾而右之，金鼓俱击而坐。伍长教成，合之什长。什长教成，合之卒长[⑥]。卒长教成，合之伯长。伯长教成，合之兵尉。兵尉教成，合之裨将。裨将教成，合之大将。大将教之，陈于中野，置大表三[⑦]，百步而一。既陈，去表百步而决[⑧]，百步而趋，百步而骛，习战以成其节，乃为之赏法，自尉吏而下，尽有旗。战胜得旗者，各视其所得之爵，以明赏劝之心。战胜在乎立威，立威在乎戮力，戮力在乎正罚。正罚者，所以明赏也。

令民背国门之限，决生死之分，教之死而不疑者，有以也[⑨]。令守者必固，战者必斗；奸谋不作，奸民不语；令行无变，兵行无猜；轻者若霆，奋敌若惊；举功别德[⑩]，明知白黑，令民从上令，如四肢应心也。前军绝行乱陈，破坚如溃者，有以也。

此谓之兵教。所以开封疆，守社稷，除患害，成武德者也⑪。

【注释】

①教令：有关训练的命令，既规定了被教者应该做到的，还规定了教者所应该做到的。

②甲首：指卒长。

③自揭：自己申明，公开讲出。

④裨将：副将。

⑤尊：为首的，指最前头。

⑥卒长：二十五人之长。

⑦大表：表示位置的大旗杆或大柱。

⑧决：指射箭等战斗动作。

⑨以：原因，这里指做到严明赏罚。

⑩别：甄别，选拔。

⑪武德：指尚武精神。

【译文】

训练士兵的条令规定，按编制排列成队形训练。有不服从命令进退的，就按照违反训练条令论罪。前行的士兵由前行之长负责训练，后行的士兵由后行之长负责训练，左行士兵由左行之长负责训练，右行士兵由右行之长负责训练。训练好一行五人，伍长就应受奖赏。不进行训练，也按照违犯训练条令论罪。不能参加训练的人自己在一伍面前讲明，伍内其他人互相作证，就可以免罪。

一伍士兵临阵应战，如果有一人不拼死向敌人进攻，那么训练的人也按违犯法令论处。一什的人互相连保，如果一个伤亡而其他九人不拼死同敌人作战，那么训练者也按照违犯法令论罪。从什长以上到副将，如果有违犯法令的，那么训练者也按照违犯法令论罪。要严格施行刑罚，正确地表彰、奖赏，都必须在训练条令中体

现出来。

将领用不同的旗相区别，士兵用不同的徽章相区别。左军的徽章戴在左肩上，右军的肩章戴在右肩上，中军的徽章佩戴在胸前，徽章上写着第几伍姓名某某。前后佩戴徽章的各排成五行，最前头的徽章佩戴得最高，以下按次序下降。伍长教练其他四人时，用木板当击鼓，用瓦块当鸣金，用竹竿当军旗。击鼓命令前进，军旗低斜下来表示急速前进，鸣金命令后退，旗向左挥，表示向左边前进，旗向右挥，表示向右前进。金鼓并击就跪坐。伍长训练好，合起来什长训练；什长教练好了，合起来由佰长教练；佰长教练好了，合起来由卒长教练；卒长教练好了，合起来由兵尉教练；兵尉教练好了，合起来由副将教练；副将教练好了，合起来由大将教练。大将教练的方法，是让队伍在旷野中布阵，竖立三根大旗杆，每 100 步竖起一根。排列好队形之后，离旗杆百步之外，进行射箭等训练项目，第二个百步训练快步前进，第三个百步训练跑步前进，通过反复练习使士兵熟练掌握军事技术。于是按照规定奖赏，从尉吏以下，都以得旗为准。战胜得旗者，按照他们立功的大小赐给爵位，以申明奖励的用意。战胜敌人要以树立军威作保证，树立军威要以全力作战作保证，全力作战要以严格施行刑罚作保证。严格施行刑罚，也就为了公开地颁行奖赏。

要让民众告别自己的国门，到战场上敢于舍生赴死，而能毫不犹豫，这是有原因的，就要靠严明赏罚。要达到负责防守的坚守不后退，负责进攻的拼命作战；敌人派出的奸细无法施展计谋，坏人不敢胡说扰乱民心；执行命令毫不走样，部队行动上下毫无猜疑；轻兵出击像雷霆一样迅疾，奋力杀敌有惊人的气势；论功行赏做到人人心里明白，心悦诚服，(总之是)让民众服从上级命令，像理智指挥四肢一样自如。对敌发起进攻就能冲垮敌人的阵势，任凭敌人有再坚固的阵地也如同急流冲决堤防一样将它冲垮，能做到这样，是有原因的啊！

这就叫做教练士兵的办法，依靠它做到开辟疆土，保卫国家，排除祸患，发扬尚武的精神。

【赏析】

本篇主要论述了如何教练士兵的问题。尉缭指出，把士兵编制排列成队形进行训练，凡有不服从命令进退的，一律按违反训练条令论罪。同时，他还指出，要想让士兵在战场上敢于舍生赴死，就要做到严明赏罚。孙膑甚至要求："赏不逾日，罚不还面"，这似乎太绝对，但赏罚的目的是鞭策警示他人，时过境迁就失去了作用。

军队有铁的纪律，才能令行禁止，有战斗力。所谓"兵当先严纪律，设谋制胜在后"，就是这个意思。

纪律应该是无私的。罚不避亲，刑不畏贵，法才有权威性，令才有号召力。在我国战争史上，流传着许多执法严明的佳话，孙武演兵斩美姬，司马穰苴辕门立表斩庄贾，周亚夫细柳行军令，曹操割发自刑，孔明挥泪斩马谡等等，都是值得后人学习的。

赏和罚都是为了严明纪律，激发士兵奋勇作战。统御者要把着眼点放在激励部属这一最终目的上。古代将帅为达此目的，往往在执行赏罚时，注重"诛大赏小"。《六韬·龙韬·战威》说："将以诛大为威，以赏小为明。""杀一人而三军震者，杀之；赏一人而万人悦者，赏之。杀贵大，赏贵小。杀其当路贵重之人，是刑上极也；赏及牛竖马洗厩养之徒，是赏下通也。刑上极，赏下通，是将威之所行也。"

"诛大赏小"历来受将帅的重视。因为，如果主将能够在全军将士面前做到"诛大赏小"，就在事实上表明了军法的威严和主将坚决执法的至公之心与明察秋毫的至诚之心。使将士不敢稍有疏犯,又使将士内心悦服,“无不谓小者尚无遗赏,则肤功岂肯忘一心?”

“诛大赏小”都只是在少数人身上实施,处理好坏,对全局影响极大。因而,要慎之又慎。抓住典型,牵一发而动全身。罚,要先从上面的违纪者开始,上不正,无以正下。赏,重点放在第一线立下汗马功劳的小人物,以鼓舞士气,调动他们的积极性。

“诛”和“赏”是统御手段的两个方面,是手段而非目的。还要有其他方面的手段相配合,教育部属养成遵纪守法的习惯,将帅本身要加强自身修养,注重身教。

赏罚是为了严明纪律,赏罚不严明就失去其应有的作用。现在很多企业对赏罚的界定都比较模糊,好像奖励还是处罚仅在于全勤与否,这样有能力者就容易被埋没。公司应该把个人业绩放在第一位,如果业绩突出,则应得到提薪和升职,如果一直碌碌无为,就要坚决降薪或者降职。只有做到这一点,员工才具有最大的压力和动力。

兵教下

【原文】

臣闻人君有必胜之道,故能并兼广大以一其制度,则威加天下有十二焉:一曰连刑,谓同罪保伍也。二曰地禁,谓禁止行道,以网外奸也。三曰全车,谓甲首相附,三五相同,以结其联也。四曰开塞,谓分地以限,各死其职而坚守也。五曰分限,谓左右相禁,前后相待,垣车为固,以逆以止也。六曰号别,谓前列务进,以别其后者,不得争先登不次也。七曰五章,谓彰明行列,始卒不乱也。八曰全曲,谓曲折相从,皆有分别也。九曰金鼓,谓兴有功,致有德也。十曰陈车,谓接连前矛,马冒其目也[①]。十一曰死士,谓众军之中有材力者,乘于战车,前后纵横,出奇制胜也。十二曰力卒[②],谓经其全曲,不麾不动也。此十二者教成,犯令不舍[③]。兵弱能强之,主卑能尊之,令弊能起之,民流能亲之,人众能治之,地大能守之。国车不出于阃[4]，组甲不出于櫜[5]，而威服天下矣。

兵有五致：为将忘家；逾垠忘亲；指敌忘身；必死则生；急胜为下。百人被刃[6]，陷行乱陈。千人被刃，擒敌杀将。万人被刃，横行天下。

武王问太公望曰："吾欲少间而极用人之要[7]。"望对曰："赏如山，罚如谿。太上无过，其次补过，使人无得私语。诸罚而请不罚者死，诸赏而请不赏者死。"

伐国必因其变。示之财以观其穷；示之弊以观其病。上乖者下离[8]，若此之类，是伐之因也。凡兴师必审内外之权，以计其去。兵有备阙[9]，粮食有余不足，校所出入之路[10]，然后兴师伐乱，必能入之。地大而城小者，必先收其地；城大而窄者，必先攻其城；地广而人寡者，则绝其阨[11]；地狭而人众者，则筑大堙以临之[12]。无丧其利，无夺其时，宽其政，夷其业[13]，救其弊，则足以施天下。

今战国相攻，大伐有德，自伍而两，自两而师[14]，不一其令。率俾民心不定[15]，徒尚骄侈[16]，谋患辨讼，吏究其事，累且败也。日暮途远，还有挫气。师老将贪，争掠易败。

凡将轻、垒卑、众动，可攻也。将重、垒高、众惧[17]，可围也。凡围必开其小利，使渐夷弱，则节吝有不食者矣[18]。众夜击者，惊也，众避事者，离也。待人之救，期战而蹙[19]，皆心失而伤气也。伤气败军，曲谋败国。

【注释】

①前矛：同"前茅"，指先头部队，即前面的战车。

②力卒：强有力的士兵。

③不舍：同"不赦"。

④阃：门坎。这时指国门。

⑤组甲：用丝带连结皮革或铁片而成的铠甲。櫜：口袋。

⑥被刃：被是"及"的意思，接触。被刃，指敢于冒着敌军利刃向前冲锋。

⑦少间：很短的时间。指欲用很短时间听到最紧要的话。

⑧乖：违背道理。

⑨阙：同"缺"。

⑩校:原意是对勘订正,这里指侦查清察。

⑪阨:险要地方。

⑫堙:堆筑起来的攻城的土山。

⑬夷:平定,安定。

⑭两、师:也是古代军事编制,五伍为两,十两为师。

⑮率:通常,一般。俾:使。率俾:指大多数互相攻战的国家都发生的情况。

⑯徒:兵士。

⑰惧:畏惧,指士兵畏惧将领。

⑱节吝:节俭。

⑲蹙:皱眉,发愁。

【译文】

我听说国君有必胜的办法,所以能兼并广阔的领土,统一各项制度,用威信加于天下,这些办法共有十二项:一是连刑,即实行什伍连保,有罪同罚。二是地禁,禁止在交战时期随便在道路上通行,以捉拿外奸。三是全车,指伍长相互配合,各个编队之间互相配合,联系紧密。四是开塞,指划分防守的区域,各自尽忠职事,坚守阵地。五是分限,指营区内左右互相警戒,前后互根照应,并把军事陈列在周围作为防守的工具,以便迎击敌人和部队宿营。六是号别,指担任前攻的部队务必领先前进,使与后继部队互相区别开来,后面的部队不要抢先而不按次序。七是五章,指士兵分别佩带五色臂章标明行列,使自始至终队列不乱。八是全曲,指同一部伍在行进中依地形曲折互相连接,与别的部伍不相混淆。九是金鼓,指(号令严明,)部队出动能够立功,进攻能达到目的。十是陈车,指战车从前到后接连排列,战马的双目蒙盖起来,以防受惊。十一是死士,指从各个编队中挑选出材力过人的勇士,乘坐战车,纵横冲杀,出奇制胜。十二是力卒,掌握金鼓铃旗指挥全军,传达命令不会走样。用这十二项办法把军队训练好,若再有违犯法令的决不宽赦。(有这些必胜的办法,)军队战斗力弱的能让它加强,国君威权不高的能使他获得尊严,政令不能有效施行的能振奋一新,流散的民众能重新归附,人口众多也能治理得好，地方广大也能防守坚固。国车不用开出国门，铠甲不用取出，就能威服天下。

用兵要做到五条：被任命为将领就要忘记自己的家庭；越过国土范围要忘记自己的双亲；进攻敌人要忘掉自己；抱着必死的决心反而能够生存；用兵急躁，企图侥幸取胜，是最下策。有100人无所畏惧向敌人进攻，就可以搅乱敌人阵地。有1000人敢无畏进攻，可以生擒敌军，杀死敌将。有1万人无畏地进攻，便可以横行天下，所向无敌。

周武王对太公望说："我想用最简短的时间听到有关用人的最精要的道理。"太公望回答说："赏赐要如高山般实在，惩罚要如深谷般威严，（赏罚要极其严明。）最理想的是赏罚都无差错，其次是发现差错立即补救，使别人不要暗中议论君长。该受处罚却请求不处罚他的要处死，该受奖赏的请求不受奖赏也要处死。"

进攻别国要利用它内部发生变故。显示一下我方的财物以观察它贫穷的程度；暴露一下我方的弱点以观察它的弊病。掌权的上层行为乖戾违背情理，下层民众就离心离德，如果是这种情况，就可以利用来进攻它。凡出动军队必须先仔细衡量内外各种情况，以明白事情的利弊。看兵员是充实还是缺少，粮食储备是有余还是不足，摸清进出的道路，然后出兵讨伐祸乱，就必定能攻入敌国。（如果敌国是）领土广大而城邑小，就必须先占领它的领土；如果城池大而领土小，就必须先攻占城池；如果领土广阔而人口稀少的，就先扼守险要地带，断绝交通要道；如果土地狭小而人口稠密的，就要筑起土山强攻。不要损害当地民众的利益，不要耽误当时农时，要实行宽厚政治，使他们能安定生活，补救原先的弊病，就可以做到兼并别国土地，获得天下的民心。

现今战国之间互相攻伐，进攻治理得好的国家。从伍到两到师，各级将吏号令不统一，互相矛盾。其结果造成民心不安定，士兵意骄，心躁，内部摩擦、互相打不完的官司，军吏忙于调查他们的争端，疲惫不堪，最后招致军事上失败。天色昏黑，路程遥远，要折回原地，必定很泄气。士兵疲劳，将领贪财，发生争夺和掠取财物，这样的军队必定容易招致失败。

凡是将领轻率，防御工事低矮，人心浮动的，就可以硬攻。凡是将领稳重，防御工事高，士卒畏惧将领威权的，就可以用包围的办法。包围敌军又要给一点小的好处使他麻痹,使他越来越丧失战斗力,最后不管怎么节省也没有饭可吃了。敌军士兵夜间敲击出声,是惊恐壮胆的举动。敌人士兵们都推掉差事不干,是离心离德的表现。等待救兵来到,盼望会战而又担心忧愁,都是丧失信心、士气低落的表现,丧失士气军队就要失败,谋略错误国家就要遭殃。

【赏析】

本篇主要论述了国君统一各项制度,用威信加于天下的十二项办法。明代《投笔肤谈·兵机第八》记载:“故善制敌者,愚之使敌信之,诳之使敌疑之,韬其所长而使之玩,暴其所短而使之惑,谬其号令而使之聋,变其旗章而使之瞽,私其所忌以疏其防,投其所欲以昏其志,告之以情以款其谋,惕之以威以夺其气。”

“倡之以威”之谋就是向敌方展示自己力量的强大与士气高昂或准备的严密,使敌人感到镇服、畏惧、士气沮丧,首先在心理上瓦解敌人,从而达到战胜敌人的目的。

公元前555年,晋平公会合宋、鲁、卫、郑、莒、邾、滕、薛、杞、小邾等共十二路大小诸侯的兵马进攻齐国,就采取了“惕之以威”的谋略。双方的军队在齐国的平阴城下(今山东平邑)拉开战幕,齐军深沟高垒,掘堑而守。晋军主帅中行偃传令鲁、卫两国之兵从须句进攻,邾、莒两国之兵从城阳出击,这两路兵马均由琅琊突入齐国纵深。主力则从平阴正面突破;然后在齐国都城临淄城下会师。待四国部队分头行动后,中行偃令司马张君臣,凡是山泽险要之处,都虚张旌旗,又做了许多草人,蒙上衣甲,立在空车之上,将断木、树枝捆在车后,使人驱车来往于山谷之间,车行木动,扬尘蔽天。中行偃亲督三军,从左、中、右三个方向进攻平阴城。

中行偃实施的“惕之以威”谋略,果然取到了镇服齐国的作用。齐军大将析归父逃回平阴城,将联军填壕而进的危急情况报告齐灵公。齐灵公一听吓破了胆,就跑到山上去瞭望敌军态势,但见山中险要之地,旗帜飘扬,车马奔驰,扬起的尘土遮天蔽日。齐灵公一看这威武的场面,心中更为胆怯,便下令撤军,不战而逃。后楚国伐郑,晋国撤师救郑,才使齐国免遭亡国之灾。

在威严治军的同时,军队指挥员治理部队更要纪律严明,丝毫不侵犯老百姓的利益。这样才能得到老百姓的拥护,从而取得战争的胜利或事业的成功。

后周世宗柴荣派兵三次兵征南唐,颁发诏书,晓喻王师所至,秋毫无犯,望百姓切勿惊逃。由于军纪严明,终将南唐军队打败。北宋赵匡胤西取后蜀,攻打四川,临行前,他诫谕诸将说:吾欲得者,仅蜀地也。军营所至,不得焚荡庐舍,殴掠吏民,盗发丘坟,剪伐桑柘、违者定以军法从事。大军纪律严明,所向披靡,平定了后蜀。

“威”体现在人格的力量上,领导干部有没有权威,要看其思想、道德、人格的力量。人格力量所形成的威信是巨大的,比行政权力更持久、更有效。各级领导干部既要注重提高驾驭现代化建设全局的过硬本领,更要注重加强党性修养,培养自身的优秀人格。主要领导的党性修养过关了,整个班子就有了正气,在讨论问题、决策大事时就会从政治上观察和分析问题,就会从党和人民的利益关系上来鉴别衡量。“公生明、廉生威”,“其身正不令而行”,讲的就是这种人格力量的作用。

做一个有威信,让人敬畏的管理者是个见仁见智的话题,不同的人有不同的解读。有人把威信理解成专制,绝对服从,而有人追求的是一种不怒而威,不罚而畏,不战而屈人之兵的风格。随着社会的进步,管理方式日趋人性化发展,管理手段臣服人心远胜于臣服人形。而如何达到这一目标是一个管理者必须思考的问题。

第一、积极竞争或者说是良性竞争,而不是打击竞争对手。一个中国人是条龙,两个中国人是条虫,这话虽然有些偏颇,但也不无道理,很多时候我们发现我们的团队精神不足,原因是什么?原因在于我们总是想“克”住竞争对手,而不是怎样积极地去用业绩超越对手。

第二、对于员工的进言,虚心倾听,细致调查和甄别,区分就事论事和就事论人,无论任何结果,都要将信息反馈给进谏者,表示尊重,更是表明你的严谨。对于忠言和谗言要态度明确。

第三、说话办事言简意赅,清除垃圾发言谈话和会议,节省大家的时间。改善垃圾工作和流程,造福节约型社会的建立。

第四、发现员工的优点和自己的缺点,优劣互补,永远记住:兵熊熊一个,将熊熊一窝。没有完美的个人,但会有完美的团队。强将手下无弱兵。

第五、培养员工的独立工作能力,主动承担员工因客观原因出现的过失。

第六、把合适的人放在合适的位置，人尽其才。用人所长，而不是只用其所长，现代管理需要的全面发展的人才。

第七、功过分明，瑕不掩瑜，瑜不避瑕。培训员工扬长避短，化短为长。

第八、管理者应该是公司利益和员工利益的平衡者，能够为上下级排忧解难。

威信是因为言而有信，不罚而畏是因为赏罚分明公正无私，臣服于心胜于形是因为这种威信发自内心超越了形形色色外因的影响从而更真实更具备折射力。

兵令上

【原文】

兵者凶器也，争者逆德也。事必有本，故王者伐暴乱[①]，本仁义焉。战国则以立威抗敌相图，故不能废兵也[②]。

兵者，以武为植[③]，以文为种[④]。武为表，文为里。能审此二者，知胜败矣。文所以视利害，辨安危，武所以犯强敌，力攻守也。专一则胜[⑤]，离散则败。

陈以密则固，锋以疏则达[⑥]。卒畏将甚于敌者胜，卒畏敌甚于将者败。所以知胜败者，称将于敌也，敌与将犹权衡焉。安静则治，暴疾则乱。

出卒陈兵有常令，行伍疏散有常法，先后之次有适宜。常令者，非追北袭邑攸用也[⑦]。前后不次则失也，乱先后斩之。常陈皆向敌，有内向，有外向，有立陈，有坐陈。夫内向所以顾中也，外向所以备外也，立陈所以进也，坐陈所以止也，立坐之陈，相参进止[⑧]，将在其中。坐之兵剑斧，立之兵戟弩[⑨]，将亦居中。善御敌者，正兵先合[⑩]，而后扼之[⑪]，此必胜之术也。

陈之斧钺，饬之旗章，有功必赏，犯令必死，存亡死生，在枹之端。虽天下有善兵者，莫能御此矣。矢射未交，长刃未接，前噪者谓之虚，后噪者谓之实，不噪者谓之秘。虚、实、秘者[⑫]，兵之体也。

【注释】

①王者：指称王于天下的君主，这是作者希望出现的能制止各国互相攻伐、能

统一天下的君主。

②废兵:指结束战争。

③植:古代植可以解为"柱",这里引申为主干的意思。

④种:用种子比喻事情的根本、依据。

⑤专一:指文武合一。

⑥疏:稀疏。这里指前锋队伍宜稍为疏隔,避免拥挤,便于战斗(从华陆综说)。

⑦攸:所。

⑧相参:相配合。

⑨戟:古代兵器,将戈、矛合成一体,既能直刺,又能横击。

⑩合:接战、交锋。

⑪扼:控制要害地带。

⑫秘:原本脱,从鄂局本改。

【译文】

刀枪是不吉祥的器物,争斗是违背德政的行为。凡事都一定有个根本,因此要争取称王于天下的君主,进行讨伐暴乱的战争,他是把仁义政治作为根本的。而相互征战的诸侯各国却以显示自己兵威、互相对抗为目的,所以战争一直不能停止。

用兵这件事,用武力作为主干,以文德作为根基。武力是外在的形式,文德是内在的实质。能确实弄清楚这二者之间的关系,就能够把握胜败了。文德是观察利害、辨别安危的,武力是用来进攻强敌、稳固地防守的。文德和武力这两手相结合就能取胜,二者分离将招致失败。

布阵要周密才能牢固,进攻的队形则以适当稀疏才便于战斗。士兵畏惧将领超过畏惧敌人的,(这支军队)就胜利;士兵畏惧敌人超过畏惧将领的,(这支军队)就失败。预知胜败的依据,就在衡量将领与敌方的威势,敌方和将领的威势就好比是一架天平。将领沉着镇静部队就秩序良好,将领暴躁鲁莽部队就秩序混乱。

行军布阵有正常的法令,队形疏密有正常的法则,前后次序有适当的规定。所谓正常的法令,并不适用于追歼逃敌、强攻城池的情况。前后没有次序作战就失利，扰乱先后次序的要处死。通常的布阵都面向敌人，有内向，有外向，有立阵，有坐阵。内向布阵是为了保护本身安全，外向布阵是为了防止敌军从外部偷袭。立阵则为了适应行军，坐阵则为了适应宿营。立阵和坐阵要根据行军和宿营相配合，将领则处在阵地中央。坐阵的武器主要是靠剑、斧，立阵的武器主要是靠戟和弓箭，将领也处在阵地中央。善于抗击敌人的将领，先用正面部队与敌人交锋，然后出奇兵扼住要害（给敌军以有力打击），这是必然取胜的战术。

用（国君授予的）斧钺作为执法严明的标志，用军旗和徽章作为军容的装饰，建立军功必定受赏，违犯法令必定处死，而战场上的生死成败，则决定于将领的指挥。（这些方面都做到了，）即使天下有善于用兵的人，也无法抵挡这支（纪律严明、指挥正确的）军队。（在战场上，）双方尚未开始发箭，双方的长枪还未交锋，早早急躁地发出喧哗的是虚张声势，先厮杀而后呐喊的是沉着应战，在阵地上听不到声音的是行动神秘。虚、实、秘，正是用兵的三种不同特点。

【赏析】

本篇主要论述了行军布阵时，必须要有正常的法令。尉缭指出，用兵要以武力作为主干，以文德作为根基。文与武，历来是治国安邦的两大支柱，缺一不可。武功离不开文治，否则，社会不安宁，动乱贫弱，也不可能有强大的武力；文治离不开武功，没有足以维护统治的武力，国家的稳定和社稷安全也是不可能的。二者互相依存，互相促进、不可偏废。

文治武功相得益彰，是历史上各个全盛时期的共同特征。现代社会中，文治武功的治国之策已为大多数国家所认识。无文不足以治国，无武不足以安邦，以为民众所接受。不管世界局势怎样趋于缓和，只要战争形成的因素存在着，就不能忽视这一策略。

“出奇制胜”是一项非常重要的军事谋略。《孙子兵书·势篇》云：“凡战者，以正合以奇胜。故善出奇者，无穷如天地，不竭如江河。”杜佑注：“正者当敌，奇者从傍击不备；以正道合战，以奇变取胜也。”又《百战奇法·奇战》：“凡战，所谓奇者，攻其无备，出其不意也。”《孙膑兵书·奇正篇》云：“同，不足以相胜也，故以异为奇。”又云：“发而为正，其未发者为奇也。”“正”是指一般的、正常的；“奇”指特殊的、变化的。

孙武认为：“战势不过奇正”，“奇正相生”，“奇正之变，不可胜穷”。尉缭也认为一个高明的将领，当随情况变化而变换奇正战法，犹如天地一样变化无穷，江河一样奔流不竭，善出奇兵，打败敌人。他强调“示形”“动敌”，认为这是出奇制胜的重要手段。“奇正”在战术运用上，大体可包含以下内容：在作战部署上，担任守备任务的为正，集中机动的为奇；担任钳制的为正，担任突袭的为奇。在作战方式上，正面攻击的为正，迂回侧击者为奇；明攻为正，暗袭为奇。在作战方式上，一般战法为正，特殊战法为奇；常法为正，变法为奇，等等，战争史上，“出奇制胜”这一谋略被广泛采用，精彩战例数不胜数。

公元前718年，郑国进攻卫国，燕国出兵教授，与郑国的军队交战于北制（今河南荥阳市境）。郑国以三军部署在燕军正面，另一部分兵力偷袭燕军侧后，燕军只注意了正面防备，背后遭到了郑军的突然袭出，结果大败。

《孙子兵书·计篇》记载：“兵者，诡道也。……攻其无备，出其不意。此兵家之胜，不可先传也。”运用这一谋略，在于抓住敌思维空隙，如果行动全在敌意料之中，也就无法做到出其不意。出敌不意之法，多出于常规、常法、常识之外。

兵令下

【原文】

诸去大军为前御之备者，边县列候[①]，各相去三五里。闻大军为前御之备战，则皆禁行，所以安内也。

内卒出戍[②]，令将吏授旗鼓戈甲。发日，后将吏及出县封界者，以坐后成法[③]。兵戍边一岁遂亡，不候代者，法比亡军。父母妻子知之与同罪，弗知赦之。卒后将吏而至大将所一日，父母妻子尽同罪，卒逃归至家一日，父母妻子弗捕执及不言，亦同罪。

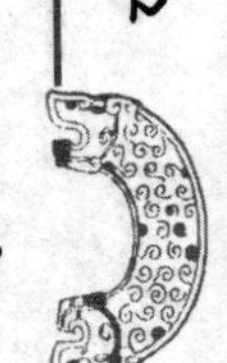

诸战而亡其将吏者,及将吏弃卒独北者,尽斩之。前吏弃其卒而北,后吏能斩之而夺其卒者赏,军无功者戍三岁。三军大战,若大将死而从吏五百人以上不能死敌者斩,大将左右近卒在陈中者皆斩,余士卒有军功者夺一级,无军功者戍三岁。战亡伍人,及伍人战死不得其尸,同伍尽夺其功,得其尸罪皆赦。

军之利害,在国之名实。今名在官而实在家,官不得其实,家不得其名。聚卒为军,有空名而无实,外不足以御敌,仙不足以守国,此军之所以不给,将之所以夺威也。臣以为卒逃归者,同舍伍人及吏罚入粮为饶[④],名为军实,是有一军之名,而有二实之出,国内空虚,自竭民岁[⑤],曷以免奔北之祸乎[⑥]?今以法止逃归禁亡军,是兵之一胜也。什伍相联,及战斗则卒吏相救,是兵之二胜也。将能立威,卒能节制,号令明信,攻守皆得,是兵之三胜也。

臣闻古之善用兵者,能杀士卒之半,其次杀其十三,其下杀其十一。能杀其半者威加海内;杀十三者力加诸侯;杀十一者令行士卒。故曰百万之众不用命,不如万人之斗也。万人之斗不用命[⑦],不如百人之奋也。赏如日月,信如四时,令如斧钺,利如干将[⑧],士卒不用命者,未之有也。

【注释】

①列:排列,罗列。候:侦察,指边境上的哨位或侦察哨所。

②戍:防守。

③坐:坐罪。后戍法:惩治因迟到延误戍守的法令。

④饶:宽恕,免予处分。

⑤岁:原指一年的农事收成,引申为粮食储备。

⑥曷:怎么,何能。

⑦不用命:“不用命”三字原脱,从鄂局本改。

⑧利如干将:“利”字原“制”,从鄂局本改。

【译文】

大部队之前被派出担任先遣部队的,应该在边境县份设置哨所,哨所间的距离大约三五里。听到大军即将行动就应加强警戒，禁止行人随便在大路上通过，这样做的目的是保证境内安定。

国内的士兵被征发担任边境防守的，要求将领或军吏授给旗、鼓、武器、盔甲。规定征集的日期，如果士兵比将领、军吏晚期到达，或延误离开本县境界的，按照“后戍法”论罪。士卒到边境防守一年之后，不等待接替防守者来到就逃跑的，要按照临阵脱逃的法令治罪。如果父、母、妻子、子女知情的，要一同治罪，不知情则赦免。士卒没有随同将领、军吏一起到大将军营，迟到一日，父、母、妻子、子女一律同样治罪；士卒逃亡回到家中一日，父、母、妻子、子女不把他抓捕又不报告的，也一同治罪。

在作战中（士卒）丢下将吏不管，以及将吏丢下士卒逃跑的，都要处斩。前面的将吏丢下士卒逃跑，后面（跟上来）的将吏能将他斩首并能带领他的士兵的受奖赏，这些士兵没有军功的罚守边三年。三军参加的大会战，如果大将战死而跟随他的军吏管带500人以上不能战死的一律处斩，大将左右负责卫护的士卒在阵中的也处斩，其他士卒有军功的降一级，没有军功的罚戍边三年。作战中同伍人战死，以及同伍人战死却不能将他的尸首夺回来的，同伍的士卒一律取消军功，如果能夺回战死者的尸体则赦免。

军队的利弊，在于国家兵员名额与实际人数是否相符。现在不少士兵名籍在军队而本人实际在家里，军队得不到这个人服役，家里的户口名册上又没有他的名字。征集士兵组成军队，只有名册上的空名额而实际兵员却不足，这样，对外没有足够的力量抗击敌人，对内没有足够的力量守卫国家，这就是军队不能充实、将领降低威信的缘故。我认为现在士兵逃跑回家的，他的同伍战士和上司官吏都要罚交粮食赎罪，名义上是军粮，实际上只有一个当兵名额，却要出二份军粮。结果是国库空虚，百姓的存粮也被搞光，这怎么能免除战争失败的灾祸呢？现在用法令禁止士卒逃跑回家，是争取作战胜利的措施之一。规定军队中什伍连保，以及战场上士兵与军吏互相救援，是争取作战胜利的措施之二。将领能够树立起权威，士卒都受到严格的统制，号令严明能够有效地执行，进攻和防守都能达到目的，这是作战取胜的措施之三。

我听说，古代善于用兵的将领对于违法者严厉处罚，能杀死士卒的一半，次一等的杀死十分之三，最少也杀死十分之一。能够杀死士卒一半的威加天下无可阻挡，杀死十分之三的能压服诸侯国，杀死十分之一的使士卒畏惧服从。所以说，即使拥有百万军队却不服从命令，不如靠一万人作战。一万人作战却不服从命令，不如靠一百人奋勇杀敌，赏赐像日月那样明正，信用像四时那样可靠，命令像斧钺一样威严，进攻的气势像宝剑一样锋利，在这样的情况下，士兵不听从命令的现象是从来没有的。

【赏析】

本篇主要论述了纪律严明、治军以严的重要性。

如何才能“以治为胜”？尉缭认为主要有三个方面：一、军队要令行禁止，象“父子之兵”那样；二、治军要“教戒为先”；三、将领要有果敢决心。

明朝时期，民族英雄戚继光开始抗倭时，从矿工和贫苦农民中募兵，组成军队，进行严格的军事训练，这样，一支著名的“戚家军”就建成了。戚家军守必固，攻必克，歼灭倭寇，屡建奇功。

公元前 203 年的韩信破齐之战和公元 625 年的李靖颉利可汗之战都体现了“以严待懈”的战法。据《史记·郦生陆贾列传》载，楚汉三年(公元前 204 年)，齐玉田广为防汉军进攻而屯重兵于历下(今山东济南)。刘邦派郦食其以威胁利诱说齐，使齐王许降汉，撤除历下重兵。齐王日与郦生纵酒为乐。韩信听说郦生说齐王成功，乘其懈，率军袭破历下，进占临淄。公元 630 年，李靖率 3000 骑自马邑(今山西朔县)趋恶阳岭(今内蒙古和林格尔县南),颉利可汗大惊,帐部数恐。李靖潜令间谍离间其心腹,夜袭定襄,破之,颉利可汗脱身遁碛口(今内蒙古固阳县西北,乌拉特中后联合旗之东),走保铁山(今内蒙古固阳县北)。颉利可汗遣使者谢罪,请举国内附。李靖往迎之,太宗又派唐俭等前往安抚,颉利军心懈怠。李靖督兵疾进,大破颉利。颉利仅以身免,旋被俘。

古人对遵守信用就是这样的重视！我国古代学者曾子每天都要反省自己的言行,把“与朋友交而不信乎?”作为内容之一,而“大丈夫一言既出,驷马难追”,也是我国民间流传已久的格言,由此可见遵守信用的重要。因为,只有遵守信用,人们才会把你看作一个正直、诚实的人,一个可以信赖的人,一个值得尊重的人。否则,不管你话说得多漂亮,但却是“语言的巨人,行动的矮子”,依然会受到人们的鄙视。

孙膑兵书

导读

《孙膑兵书》作者孙膑，齐国人，兵圣孙武的后世子孙，战国中期著名的军事家和军事理论家。真名不详，因其曾受膑刑，故称孙膑。

《孙膑兵书》又名《齐孙子》，系与《孙子兵书》区别之故。《汉书·艺文志》称“《齐孙子》八十九篇，图四卷”，但自从《隋书·经籍志》开始，便不见于历代著录，大约在东汉末年便已失传。1972年，银雀山汉墓竹简出土，这部古兵法始重见天日。但由于年代久远，竹简残缺不全，损坏严重。经竹简整理小组整理考证，文物出版社于1975年出版了简本《孙膑兵书》，共收竹简364枚，分上、下编，各15篇。对于这批简文，学术界一般认为，上篇当属原著无疑，系在孙膑著述和言论的基础上经弟子辑录、整理而成；下篇内容虽与上篇内容相类，但也存在着编撰体例上的不同，是否为孙膑及其弟子所著尚无充分的证据。1985年，文物出版社出版的《银雀山汉墓竹简(壹)》中，收入《孙膑兵书》16篇，系原上编诸篇加上下篇中的《五教法》而成，其篇目依次为：擒庞涓、见威王、威王问、陈忌问垒、篡卒、月战、八阵、地葆、势备、兵情、行篡、杀士、延气、官一、五教法、强兵。这里我们选录了1975年文物出版社出版上下编，即30篇本，内容详见正文。

在战争观上，它强调战争服从于政治、依赖于经济；认为“强兵之急”在于富国，只有国富、兵强、民安，才能“战胜而强立”；既反对企图闭门而治的幻想，又反对穷兵黩武，强调积极备战，“事备而后动”。

在军队建设上，它认为应该“间于天地之间，莫责于人”，把提高人的素质作为强兵的关键所在；强调治军不但要信赏明罚、令行禁止，还要对士卒进行系统的教育训练，包括政治教育、队列训练、行军训练、阵法训练、战法训练等多方面的内容，从而提高军队的全面素质。

在战争指导上，《孙膑兵书》创造性地提出了以“道”制胜的观点。这里的“道”相当于我们现在所说的战争规律。

在作战指导上,《孙膑兵书》提出了“必攻不守”的观点,创造性地发展了孙子的虚实理论。

《孙膑兵书》具有不可忽视的重要价值,它是战国时期一部不可多得的重要军事理论著作。

擒庞涓[1]

【原文】

昔者,梁君将攻邯郸[2],使将军庞涓、带甲[3]八万至于茬丘[4]。

齐君[5]闻之,使将军忌子[6]、带甲八万至……竞。庞子攻卫[7]□□□,将军忌子……卫□□,救与……曰:“若不救卫,将何为?”孙子曰:“请南攻平陵[8]。平陵,其城小而县大,人众甲兵盛,东阳战邑[9],难攻也。吾将示之疑。吾攻平陵,南有宋[10],北有卫,当途有市丘[11],是吾粮途绝也。吾将示之不知事。”于是徙舍[12]而走平陵。

……陵,忌子召孙子而问曰:“事将何为?”孙子曰:“都大夫孰[13]为不识事?”曰:“齐城、高唐[14]。”

孙子曰:“请取所……二大夫□以□□□臧□□都横卷四达环涂[15]□横卷所□阵也。环涂铍甲[16]之所处也。吾末甲劲,本甲[17]不断。环涂击柀[18]其后,二大夫可杀也[19]。”于是段齐城、高唐为两[20],直将蚁附[21]平陵。挟茁[22]环涂夹击其后,齐城、高唐当术而大败[23]。将军忌子召孙子问曰:“吾攻平陵不得而亡齐城、高唐,当术而厥[24]。事将何为?”

孙子曰:“请遣轻车西驰梁郊[25],以怒其气。分卒而从之,示之寡[26]。”于是为之。庞子果弃其辎重[27],兼趣舍[28]而至。孙子弗息而击之桂陵[29],而擒庞涓[30]。故曰,孙子之所以为者尽矣[31]。

【注释】

①此是篇题,写在本篇第一简简背。庞涓,战国时人,早年曾与孙膑同学兵法,

后被魏惠王任为将军。简文中庞涓又称庞子。

②梁君:指魏国国君惠王(公元前369~前319年在位)。魏国在惠王时迁都大梁(今河南开封),故魏又称梁。邯郸:赵国国都,今河北邯郸。

③带甲:穿有铠甲的士卒,此处泛指军队。

④茬丘:地名,其地不详。

⑤齐君:指齐威王(公元前356~前320年在位)。

⑥忌子:即田忌,齐国的将军,曾荐孙膑于齐威王。

⑦卫:国名,原建都朝歌(今河南淇县),春秋时迁都帝丘(今河南濮阳)。

⑧平陵:地名。据下文"吾攻平陵,南有宋,北有卫",则此平陵应在宋、卫之间。

⑨东阳:地区名。战邑:指平陵。意谓平陵是东阳地区军事上的重要城邑。

⑩宋:国名,原建都商丘(今河南商丘),战国初期迁都彭城(今江苏徐州)。

⑪市丘:地名,在魏国。

⑫徙舍:拔营。走,急趋。

⑬都:齐国称大城邑为都。都大夫:治理"都"的长官。这里似指那些率领自己都邑军队跟从田忌参加战争的都大夫。孰:谁。

⑭齐城、高唐:齐国的两个都邑。齐城:疑即齐都临淄,在今山东临淄。高唐:在今山东高唐、禹城之间。

⑮环涂:下文屡见,疑是魏军驻地或将领之名。一说"环涂"即"环途",迂回的意思。

⑯铍铍:疑借为彼此之彼。

⑰末甲:后续部队。本甲:前锋部队。

⑱柀:疑借为破。

⑲孙膑的意思似是要牺牲"不识事"的二大夫,使魏军产生齐军软弱无能的错觉。

⑳段:借为断。意谓把齐城、高唐二大夫带领的军队分成两部。

㉑蚁附:指攻城,形容军士攻城时攀登城墙,如蚂蚁附壁而上。

㉒挟茁:疑是魏军驻地或将领之名。一说借为浃渫,形容军队相连不断。

㉓术:道路。意谓齐城和高唐二大夫的军队在行军的道路上大败。

㉔厥:借为蹶,摔倒,败。

㉕请派遣轻快的战车向西直趋魏国国都大梁城郊。

㉖以上两句意谓把队伍分散,让敌人觉得我方兵力单薄。

㉗辎重:军用物资器材。

㉘趣:行进。舍:止息。趣舍:指行军。“兼趣舍”就是急行军,昼夜不停。

㉙弗息:不停息。桂陵:地名,在今山东菏泽东北。

㉚《史记·魏世家》记魏惠王十八年(据《竹书纪年》当为十七年,公元前353年)齐、魏桂陵之战,没有提到庞涓;记后十三年(据《竹书纪中》当为后十二年)的马陵之战时,说庞涓被杀,太子申被虏(《史记·孙子吴起列传》所记略同,但谓庞涓自杀)。简文记庞涓于桂陵之役被擒,与《史记》所记不同。

㉛尽:终极。意思是称赞孙膑的作为尽善尽美。

【译文】

从前,魏惠王准备攻打赵国都城邯郸,由大将庞涓统领8万大军来到卫国的茬丘。

齐威王知晓后,立即派大将田忌带领8万军兵开到齐国和卫国边境。庞涓攻打卫国,形势十分危急。田忌将军要救卫国,但有种种难以克服的困难,一时无计可施,便和谋士孙膑商议。孙膑指出,不能直接去救卫国。田忌一听,十分着急,便问道:“如果不去救卫国,那怎么办呢?”孙膑说:“请将军南下攻打魏国的平陵。平陵城池虽小,但管辖的地区很大,人口众多,兵力很强,是东阳地区的战略要地,很难攻克。我军可以故意在这里用兵,以便迷惑敌军。我军攻打平陵,平陵南面是宋国,北面是卫国,进军途中还要经过魏国的市丘,我军的运粮通道很容易被阻断。我们要假装不知道这种危险。”田忌接受了孙膑的计谋,拔营向平陵进军。

接近平陵时,田忌又请来孙膑,问道:“该怎么攻打平陵呢?”孙膑说:“大将军,您难道还不明白我们的计谋吗?”田忌说:“分兵齐城、高唐。”

孙膑说:“请派两位将领带兵从齐城、高唐攻击环涂地区魏军。环涂是魏军屯驻之地。我军让前锋发起猛烈进攻，主力部队却按兵不动。环涂的魏军必定会反击，两位将军可能打败仗，甚至牺牲。”

于是，田忌分兵两路，从齐城、高唐直向平陵进击。果然如孙膑所料，挟莅、环涂两处魏军从后面夹击齐军，两路齐军大败。田忌急忙召孙膑问计：“我军没攻下平陵，反而失去齐城、高唐，遭受很大损失，现在该怎么办呢？”

孙膑说：“请立即派出轻装战车，往西围困魏国都城城郊，激怒庞涓。庞涓必定回兵救魏国国都。我军只需分出少数兵力和庞涓交战，显出我军兵力单薄的样子。”田忌一一照办。庞涓果然丢掉辎重，昼夜兼程回救魏都。孙膑带领主力部队在桂陵埋伏，一举击败庞涓。所以，人们赞叹说，孙膑用兵如神啊。

【赏析】

此文通过讲述一个战例故事，表现了一种战略思想。因为文章的关键不在于讲故事，故战例叙述十分简要。为使读者更形象地认识，更深刻地领悟孙膑的这种军事思想，很有必要对这种战例较详细地加以说明。“围魏救赵”是我国历史上著名的战例，已经流传了两千多年，至今仍为中外人士所研究和效法。

事情发生在公元前354年，当时魏国国君梁惠王，派大将庞涓带领大军攻打赵国，一举打到赵国都城邯郸城下，赵国危难时刻求救于齐国。齐威王忙派田忌为统兵将领，孙膑任田忌的军师，领兵前去援救赵国。田忌见赵国形势危急，准备领兵直奔邯郸去解围，而孙膑却冷静地阻止了他。他分析说：“要解开纷乱的丝线，不能用手强拉硬扯；要排解别人打架，不能直接参加进去打。同样的道理，用兵解围，要避实就虚，击中要害。现在魏国和赵国打仗将近一年，双方都已疲惫不堪。魏国已把精兵都集中到邯郸去了，国内只剩下老弱病残，兵力十分空虚。”

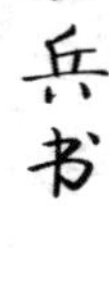

“我们不如引兵直奔魏国国都大梁，占据其交通要道，袭击其空虚的地方。魏军见国内危急，必定会放弃攻打邯郸，回军救城。我军就可以在其回军的中途，在桂陵设下埋伏，截击敌军。这样，我们不但可以轻而易举地解救赵国，还可以在中途打败魏军。”

田忌欣然接受了孙膑的作战方案，做出进攻魏国都城的佯态，庞涓果然中计，撤军救援。孙膑早已在桂陵设下埋伏，结果齐军大获全胜，消灭魏军2万人马，庞涓也差点成了齐军的俘虏。

后来，齐威王又派田忌、田婴为统兵将领，孙膑为军师，领兵伐魏救韩。田忌认为军情紧急，救兵如同救火，应该直接前往韩国都城救援。孙膑再次提出实施“围魏救赵”的战法。田忌很忧虑地说：“军师上次用过这个计策了，这次重复使用，魏国将军庞涓会识破的！”孙膑笑而答道：“我另有计谋，定让庞涓上当。”田忌有些顾虑，但还是照孙膑的计划实施了，带领军队直奔大梁。庞涓连连战胜韩国军队，马上就要攻下韩国都城了。忽然得知齐军直奔大梁而去，庞涓大恐，急忙下令撤兵回师，保卫本国国都大梁。这时，孙膑对田忌说：“韩、赵、魏三国的士兵，善战而又勇猛，齐军不能和魏国军队硬拼，只能见机行事，方能取胜。兵法说：‘从百里之外而来求利的军队，会损折士将；从50里以外而来求利的军队，其士兵只能到达半数。’我军现在应该假扮兵力极弱的样子来诱惑敌军。”田忌问道：“用什么办法诱惑敌军？”孙膑说：“让军兵今天埋设10万军灶，明天减为5万，后天再减为2万。庞涓见我军军灶大减，一定认为我军士兵大量逃亡，就会派军日夜不停地追赶我军，魏军肯定会疲惫不堪。我们乘机用计对付魏军，就可以活捉庞涓了。”

庞涓十分注意侦察路上齐军的留下的痕迹。当发现齐军军灶逐日减少时，庞涓心中甚喜。魏太子很不明白，问庞涓：“还没交战，你为何就这般喜形于色了？”庞涓说：“从迹象看，齐国军队中开小差的士兵越来越多，我军正好乘势追击。”太子申说："孙膑诡计多端，我们已经吃过他的亏了，切不可再冒险了！"庞涓哪里肯听，他让大部队缓行，只带少数精锐部队兼程赶路，到天黑的时候，终于赶上了齐军。庞涓十分得意，但他哪里知道，他已陷入齐军伏兵的包围圈了。原来，孙膑早已计算出魏军的行程，适时在马陵道设好了埋伏。马陵道是两座山丘夹峙中的一条小路，形势十分险要，是理想的伏击地方。孙膑选出 1 万名弓弩手，埋伏在道路两旁，只等火光一起，就一齐放箭。庞涓见已晚，命令军士点燃火把，照亮道路继续前进。忽然，看见路旁一棵大树独自地立在那里，树皮被剥去一段，有 7 个大字："庞涓死于此树下！"庞涓一见遂大怒而愤，但随即见其地形，方知不妙，只见两边山丘耸峙，前面已被许多树木，横七竖八地堵死了道路，不由自主地连叫："不好！不好！我中孙膑的诡计了！"庞涓的叫声还没完，齐军已是万箭齐发，乱箭如同骤雨射向魏军，魏军死伤无数。正在魏军大乱时，齐军已是喊声震天，向魏军冲杀过来，双方展开激战。庞涓见大势已去，晓得无法脱身，只好拔出佩剑，自刎而死。齐军消灭了庞涓所带精锐魏军，又立刻乘胜追击魏军后续部队，将其全部歼灭，魏太子申也成了齐军的俘虏。

通过上面的故事，我们不禁要去思考，庞涓和孙膑同为战国时著名的军事家，庞涓其才能也是无人能及，为什么庞涓却会连续中孙膑的计谋，两次惨败于孙膑手下，最后落得自刎而亡的下场呢？论当时兵力，魏国并不比齐国差，胜败的决定因素就在于战略战术的运用了。从战略上看，孙膑能纵观全局，准确地分析敌、我、友三方的形势，从而实施了"围魏救赵"的妙计。事实证明，这是一种非常正确、巧妙的战略方针，这是孙膑用兵高明的最好证明，他不受常规战法的约束，摒弃了"救兵如救火"的传统思维，采用了声东击西的机动灵活的战略方针，迷惑敌人按自己的计划行动，从而很轻松地战胜了强敌。

试想，如果孙膑按常规去救赵、救韩，那会是什么结局呢？尚不论齐军必然要付出很高的代价，恐怕也未必来得及解赵国和韩国的围，自己也陷于亡国之灾哩！从战术上说，在第二次施行"围魏救赵"计谋时，孙膑使用了"减灶计"，诱使庞涓上当，这又一次证明了孙膑杰出的军事才能，其高明还不仅在于他想出了这个办法，更在于他知己知彼，非常清楚庞涓自大、刚愎自用的性格。事实上，庞涓真的不听太子申的提醒而中了孙膑计谋。孙膑和庞涓的两次相斗，给我们留下了两个典型的战例，更值得我们去思考：一个高明的军事家不仅要熟知兵法，更要善于审时度势，根据当时当地的实际情况，灵活地、创造性地运用，要善于打破常规，出奇制胜。只有这样，才能成为百战百胜的常胜将军。孙膑的两次战例，对后世影响很大。

古今中外，不少军事家效法孙膑"围魏救赵"的灵活机动的战略战术，创造了许多类似的战例，给对方以沉重打击。

南北朝时，公元580年，杨坚命于仲文率兵支援韦孝宽作战。于仲文军至蓼隄，距梁都睢阳（今河南商丘西南）约7里路，与檀让率领的数万人马相遇。于仲文将精锐部队埋伏在阵后，以部分老弱残兵出阵挑战。檀让见阵前全是些弱兵瘦马，立即冲杀过来。这些老弱残兵刚一接战，便转身败走，檀让紧追不舍。正追之间，两边伏兵骤起。檀让措手不及，阵容大乱，檀让领残部逃往成武。

孙膑和庞涓的两次战例，给后来的军事战争带来了宝贵的经验和启示，无论是诸葛亮的妙计败曹军，还是美英的"诺曼底登陆"都体现了这种军事思想。它告诉人们在军事上要"兵不厌诈"，军事讲究的是战略和计谋，而不是两军人数的较量。所以我们不可以拘泥于常规思路，要善察、善度，以反其道行之，给敌人以料想不到的打击。

见威王

【原文】

孙子见威王，曰："夫兵者，非士恒势也[①]。此先王之傅道也[②]。战胜，则所以在亡国而继绝世也[③]。战不胜，则所以削地而危社稷[④]也。是故兵者不可不察。然夫乐兵[⑤]者亡，而利胜[⑥]者辱。兵非所乐也，而胜非所利也。事备[⑦]而后动。故城小而守固者，有委[⑧]也；卒寡而兵强者，有义也。夫守而无委，战而无义，天下无能以固且强者。

尧有天下之时，黜王命而弗行者七，夷[⑨]有二，中国[⑩]四，……素佚而致利也[⑪]。

战胜而强立，效天下服矣。昔者，神戎战斧遂[12]；黄帝战蜀禄[13]；尧伐共工[14]；舜伐厥□□而并三苗[15]，……管；汤放桀[16]；武王伐纣[17]；帝奄[18]反，故周公浅之[19]。故曰，德不若五帝[20]，而能不及三王[21]，智不若周公，曰我将欲责[22]仁义，式[23]礼乐，垂衣裳[24]，以禁争夺。此尧舜非弗欲也，不可得，效举兵绳[25]之。"

【注释】

①士：借为恃。意谓军事上没有永恒不变的有利形势可以依赖。

②傅：借为敷，布，施。意谓这是先王所传布的道理。一说"傅"为"传"字之误。

③在：存。孙膑这句话的意思是说战争的胜负关系到国家的存亡。

④社：土神。稷，谷神。古代以社稷代表国家。

⑤乐兵：好战。

⑥利胜：贪图胜利。

⑦事备：做好战争的准备。

⑧委：委积，即物资储备。

⑨夷：指古代我国东方地区的部族。

⑩中国：指中原地区。

⑪此句上文残缺，原文大概是说帝王不能无所作为而致利。佚：同逸，安闲。

⑫神戎：即神农。斧遂：或作补遂。《战国策·秦策》："昔者神农伐补遂。"

⑬蜀禄：即涿鹿，地名。《战国策·秦策》："黄帝伐涿鹿而禽蚩尤。"

⑭共工：传说中的部落首领。

⑮并：借为屏，屏除，放逐。意谓传说舜曾征伐过南方部落三苗。

⑯汤：商朝开国国君。桀：夏朝最后的国君。放：流放。

⑰武王指周武王，周王朝的建立者。纣：即商纣王，商朝最后一个王。

⑱帝：疑是商字之误。奄：商的同盟国，在今山东曲阜东。

⑲周公：周武王弟。武王死，子成王年幼，周公辅政。浅：借为践，毁、灭之意。据：《史记·周本纪》记载，周灭商后，被封的纣王之子武庚又联合奄、徐等国叛周，

被周公征服。

⑳关于五帝，历来说法不一。据《史记》，指黄帝、颛顼、帝喾、尧、舜。简文似以神农为五帝之一。

㉑三王：指夏、商、周三代开国的君主，即夏禹、商汤、周文王和周武王。

㉒责：借为积。

㉓式：用。

㉔垂衣裳：譬喻雍容礼让，不进行战争。

㉕绳：纠正。意谓以战争解决问题。

【译文】

孙膑拜见齐威王，对他说："用兵之道，并没有固定不变的模式。这是先王所陈述的道理。一个国家取得战争的胜利，就可以避免亡国，社稷才能安稳、久远。如果不能取胜，就会割让土地，以至危及国家生存了。所以，用兵不可不慎重对待。那些轻率用兵的人常遭失败，贪图胜利者常遭屈辱。所以说，用兵绝不能轻率，胜利也不是靠贪求而能得到，用兵必须做好充分准备，才能付诸行动。这样，就算城池很小，也能够坚持，这是因为有充足的储备；兵力不足，而战斗力强，是因为正义在自己一方。如果储备不足而守卫，没有正义而进行战争，如此，世上没有任何人能够固守不败，没有任何人能取得战争胜利。

唐尧治理国家时，拒不执行王命的部落共有7个，其中蛮夷地区有2个，中原地区4个……只因唐尧注重休养生息，积蓄力量，才创造了有利条件，战胜了各部落，而居于强者地位，全国都臣服于他。从前，神农氏和斧遂作战，黄帝和蜀禄交锋，唐尧讨伐共工，虞舜征讨厥……及平定三苗，……商汤驱逐夏桀，周武王讨伐商纣王，商奄反叛，周公很快就将其平定了。现在，有些人，功德比不上五帝，才能不及三王，智慧不及周公，却说'我要以积蓄仁义，实行礼乐，不用武力，来制止争夺。'其实，这种办法，并不是尧、舜不想实行，而是这种办法行不通，只好用战争去制止战争。"

【赏析】

此篇文章，孙膑阐明了自己对战争的看法，这是从宏观上讲述他的战争观。他在这篇文章中表达了这样几个观点：

第一、在一定形势下，战争是无法避免的，只有通过战争，取得胜利，才能解决问题。他说得很明确："战胜，则所以在亡国而继绝世也。战不胜，则所以削地而危社稷也。"为了阐明自己的观点正确，作者列举了被尊为圣贤的尧、舜、神农、黄帝、商汤、周武王等人以武力实现统一，以战争除暴安良，以战争推翻暴政，建立盛世的大量事例，最后强调归纳为："故曰，德不若五帝，而能不及三王，智不若周公，曰我将欲责仁义、式礼乐、垂衣裳、以禁争夺。此尧舜非弗欲也，不可得，故举兵绳之。"

作者通过被人们一致崇敬的尧舜也不得不用兵的事例作论据，的确很有说服力，使人信服。以暴除暴，以战争反对战争，以战争求得和平，这在古今中外，例子很多。在我国长达几千年的奴隶社会和封建社会，广大人民群众曾长期遭受压迫和奴役，尤其在暴君当政，小人掌权的时候，更是民不聊生，除了起义反抗之外，别无出路，所以才出现了陈胜、吴广起义，黄巾起义，黄巢起义，李自成起义，直至近代的太平天国起义……这些事例都充分表明，只有通过战争手段才能推翻暴政。还有，经过三国争战而结束东汉末年群雄割据局面而归于统一，李世民协助其父南征北战而结束隋末的割据局面，统一全国，开创贞观盛世。

第二、"事备而后动"，主张必须有充分的准备才能对敌作战。为了阐明这一观点正确，孙膑指出："城小而守固者，有委也。"并举出尧能让天下归服的所在是"素佚而致利"。孙膑的主张，确实是用兵的一条重要原则，只有充分准备之后才能作战，即只有充分明了敌势、我势、地势等等情况，才能做出正确的作战计划，从而保证作战胜利。"不打无准备之仗"，这是有见识的军事家们的共同信条。诸葛亮作为一名著名的军事家，帮助刘备入川，建立蜀汉后，念念不忘统一中国，曾经六出祁山，和魏军交战。论军事指挥，论用兵神奇，诸葛亮确实无人能及，连司马懿都自愧不如。可是，诸葛亮为什么最终没能成功呢？原因当然是多方因素，但后勤保障不利是重要原因之一，前几次出祁山都是因军粮不能及时运到而不能久战，只好退兵,这个事例从一个侧面表明,准备对于用兵取胜是何等重要。

第三、"卒寡而兵强者,有义也。"、"乐兵者亡,利胜者辱。"在这里,孙膑又提出了一个战争的根本原则——"义"。战争历来有正义战争和非正义战争之分。正义的战争,可以使弱者变强者,最后打败敌人;进行非正义战争,即使取得一时胜利,最终也难以逃脱失败的命运。战争的性质,决定着战争胜负的所在,所以作者进一步提出"乐兵者亡,而利胜者辱""战而无义,天下无能以固且强者"的观点,明确反对不正义战争。孙膑关于战争性质的观点并不难理解,很多战例都能证明其正确,而最难能可贵的是在2000多年以前,他就提出了这个观点,足以证明他是一位伟大的思想家、杰出的军事家。综上所述,孙膑在《见威王》中完整地论述的他的自我战争观,值得我们学习和思考。

威王问[1]

【原文】

齐威王问用兵孙子[2],曰:"两军相当,两将相望[3],皆坚而固,莫敢先举[4],为之奈何?"孙子答曰:"以轻卒尝[5]之,贱而勇者将[6]之,期于北[7],毋期于得[8]。为之微阵以触其侧[9]。是谓大得。"

威王曰:"用众用寡有道乎?"孙子曰:"有"。威王曰:"我强敌弱,我众敌寡,用之奈何?"孙子再拜曰:"明王之问。夫众且强,犹问用之,则安国之道也。命[10]之曰赞师。毁卒乱行[11],以顺其志,则必战矣。"

威王曰:"敌众我寡,敌强我弱,用之奈何?"孙子曰:"命曰让威。必臧其尾,令之能归[12]。长兵[13]在前,短兵[14]在□,为之流弩,以助其急者[15]。□□毋动,以待敌能[16]。"

威王曰:"我出敌出,未知众少,用之奈何?"孙子曰[17]:"命曰……威王曰:"击穷寇奈何?"孙子曰:"……可以待生计矣。"

威王曰:"击均[18]奈何?"孙子曰:"营而离之[19],我并卒[20]而击之,毋令敌知之。

然而不离[21]，按而止[22]。毋击疑。”威王曰：“以一击十，有道乎？”孙子曰：“有。攻其无备，出其不意[23]。”

威王曰：“地平卒齐[24]，合[25]而北者，何也？”孙子曰：“其阵无锋也。”威王曰：“令民素听[26]，奈何？”孙子曰：“素信[27]。”威王曰：“善哉！言兵势不穷[28]。”

田忌问孙子曰：“患兵者何也？困敌者何也？壁延不得者何也？失天者何也？失地者何也？失人者何也？请问此六者有道乎？”孙子曰：“有。患兵者地也，困敌者险也。故曰，三里瀡洳将患军[29]……涉将留大甲[30]。故曰，患兵者地也，困敌者险也，壁延不得者渢寒[31]也，……奈何？”[32]

孙子曰：“鼓而坐之[33]，十而揄之[34]。”田忌曰：“行阵已定，动而令士必听，奈何？”孙子曰：“严而示之利[35]。”田忌曰：“赏罚者，兵之急者[36]耶？”孙子曰：“非。夫赏者，所以喜众，令士忘死也。罚者，所以正乱[37]，令民畏上[38]也。可以益胜[39]，非其急者也。”

田忌曰：“权、势、谋、诈，兵之急者耶？”孙子曰：“非也。夫权者，所以聚众也。势者，所以令士必斗也。谋者，所以令敌无备也。诈者，所以困敌也。可以益胜，非其急者也。”田忌忿然作色：“此六者，皆善者[40]所用，而子大夫[41]曰非其急者也。然则其急者何也？”

孙子曰：“料敌计险[42]，必察远近，……将之道也。必攻不守[43]，兵之急者也。……骨也。”田忌问孙子曰：“张军[44]毋战有道？”孙子曰：“有。倅险增垒[45]，净戒[46]毋动，毋可□□毋可怒。”

田忌曰：“敌众且武，必战有道乎？”孙子曰：“有。埤垒广志[47]，严正辑众[48]，避而骄之，引而劳之，攻其无备，出其不意，必以为久[49]。”田忌问孙子曰：“锥行者何也？雁行者何也[50]？篡卒[51]为士者何也？劲弩趋发[52]者何也？飘风之阵者何也？众卒[53]者何也？”孙子曰：“锥行者，所以冲坚毁锐也。雁行者，所以触侧应□也。篡卒力士者，所以绝阵取将[54]也。劲弩趋发者，所以甘战持久也。飘风之阵者，所以回□□□也。众卒者，所以分功有胜也。”

孙子曰：“明主、知道[55]之将，不以众卒几[56]功。”孙子出而弟子问曰：“威王、田忌臣主之问何如？”孙子曰：“威王问九，田忌问七[57]，几[58]知兵矣，而未达于道[59]也。吾闻素信者昌,立义……用兵无备者伤,穷兵[60]者亡。齐三世其忧矣[61]。”

【注释】

①此是篇题,写在本篇第一简简背。

②齐威王问用兵的道理于孙膑。

③相望:对峙。

④先举:先采取行动。

⑤尝:试探。

⑥将:率领。

⑦期:预期。北,败北。

⑧得:得胜。

⑨微:隐蔽的。意谓以一部分隐蔽的兵力袭击敌军的侧面。

⑩命:名。

⑪卒:古代军队组织的一种单位。意谓故意使阵列显得混乱,以诱惑敌人。

⑫臧:疑借为藏。意谓隐蔽好后面的部队,以便撤退。

⑬长兵:长柄兵器,如戈矛。

⑭短兵:短柄兵器,如刀剑。

⑮弩:用机械发箭的弓。流弩,即机动的弩兵。意谓在危急的时候,以机动的弩兵救应。

⑯《通典》卷一百五十九引《孙子》佚文:“敌鼓噪不进,以观吾能。”“能”字用法与此相近。

⑰“曰”字原简写脱,据文义补。

⑱击均:攻击势均力敌的敌人。

⑲营:迷惑。离:分离。意谓迷惑敌人,使之分散兵力。

⑳并卒:集中兵力。

㉑不离:谓敌人不分散兵力。

㉒指我方按兵不动。

㉓此二句见于《孙子·计》。

㉔平:平敞。齐:严整。此句意谓地形和士卒条件都很好,却打败仗。

㉕合:交战。

㉖素:平时,一贯。听:听从命令。

㉗信:守信用。

㉘一说此句应读作:"善哉言!兵势不穷……"此简与下一简之间尚有缺简。

㉙瀸洳:即沮洳,沼泽泥泞地区。意谓周回若有三里沼泽泥泞地带,则将为军队的患害。

㉚大甲:疑指全副武装、铠甲坚厚的兵卒。

㉛湴寒:疑借为渠幨,即渠幨,亦称渠答,张在城上防矢石的设备。一说渠答就是蒺藜。

㉜此处下引号与前一上引号无关。"……壁延不得者湴寒也……"是孙膑的话,"……奈何?"应是田忌的话,其间有脱简。

㉝鼓:击鼓。古代用鼓指挥进攻。坐:疑借为挫。此句可能是说用进攻来挫败敌人。

㉞揄:引。疑此句意谓以多种办法引诱敌人。

㉟意谓要有严明的法纪,又要有奖励。

㊱急者:最要紧的事情。

㊲正乱:整饬军纪。

㊳畏上:敬畏上级。

㊴益胜:有助于取胜。

㊵善者:指善战者。

㊶子大夫:敬称,此处指孙膑。

㊷分析敌情:审察地形。

㊸指以进攻为主,而不是以防御为主的战略。

㊹张军:即陈兵。

㊺悴:借为萃,居止的意思。意谓凭据险要,增高壁垒。

㊻净:借为静。戒:戒备。意谓加强戒备,按兵不动。

㊼埤:同卑。广志:发扬士气。意谓修筑低垒,表示无所畏惧,以激励士气。

㊽正:疑借为政。辑:团结。意谓严明法令,以团结士卒。

㊾意谓必须持久。

㊿锥行、雁行:皆阵名,参看《十阵》。

51篡:借为选卒,经过挑选的善战的士卒。

52劲弩:强弩。趋发:利箭。

53众卒:与选卒相对,指一般士卒。

54绝阵取将:破敌阵、擒敌将。

55道:法则,规律。

56几:这里作指望讲。

57九和七疑指威王与田忌所问问题的数目。据上文,威王所问有“两军相当……”“我强敌弱……”“敌众我寡……”“我出敌出……”“击穷寇”“击均”“以一击十”“地平卒齐……”“令民素听”等九个问题,田忌所问有“患兵者何也……”“……奈何”“行阵已定……”“兵之急者”“张军毋战”“敌众且武必战”“锥行者何也……”等7个问题,与此处所说的数字正相符合。

58几:这里作接近讲。

59未达于道:意谓还没能达到掌握战争规律的境地。

60穷兵:指穷兵黩武。

61齐国在威王、宣王时,国势很强,至滑王末年为燕国所败之后,国势遂衰。自威王至滑王,恰为三世。由此看来,《孙膑兵书》有可能是孙膑后学在滑王以后写定的。

【译文】

齐威王和孙膑讨论用兵问题时,齐威王问他:“如果两军势力相当,双方的将领对阵,阵势都十分坚固,谁也不敢先发动攻击时,应该怎么办呢?”孙膑回答道:“先派出少量兵力,由勇敢的低级将领带领去试探敌情,要做好试探失败的准备,不要只想取胜，试探的军队要用隐蔽的行动，攻击敌阵侧翼。这就是取胜的方法。”

威王问：“用兵多少有一定的规律吗？”孙膑说：“有。”威王问：“在我强敌弱，我方兵多敌方兵少时，该怎么办？”孙膑向齐威王行礼后回答道：“君主所提问题真是英明。在我方兵多势强的形势下，还问如何用兵，这种谨慎的态度，确实是安邦的根本。在这种形势下，可以采用诱敌策略，叫作‘赞师’，即是故意让本方军队队形散乱，迎合敌方心理，引敌方和本方交战。”威王又问：“如果敌方兵多，敌强我弱，又该怎么办呢？”孙膑说：“要采取退避战术，叫作‘退威’，避过敌军的锋锐。但要做好后卫的掩护工作，让自己的军队能安全后退。后退军队持长兵器的军兵在前，持短兵器的军兵在后，并配备弓箭，作为应急之用。……我方军队要按兵不动，等待敌军疲惫时再伺机出动。”

威王问：“我军和敌军同时出动，而又不知敌军兵力多少时，该怎么办呢？”孙膑说：“叫……”威王问：“如何追击穷寇？”孙膑说：“……可以等待时机。”

威王问：“如果双方势力相当该怎么办？”孙膑回答道：“要迷惑敌军，分散其兵力，我军抓住战机，在敌军尚未发现之时，给以突然袭击。但是，在敌军兵力没有分散时，要按兵不动，耐心等待战机。千万不要中敌军疑兵之计，盲目出击。”威王问，“如果我军和敌军兵力为一比十时，有攻击敌军的办法吗？”孙膑回答道：“有！可以采用‘攻其无备，出其不意’的战术，对敌军采取突然袭击。”

威王问：“在地利和兵力都相当的情况下，却遭遇失败，又是什么原因呢？”孙膑回答:“这是由于自己的军阵没有锋锐。”。威王问:“怎样才能使得军兵听命?”孙膑答道:“靠平时的威信。”威王说:“你说得太对了！你讲的用兵的方法真让人受用无穷啊!”

田忌问孙膑:“用兵的忧虑是什么？使敌军陷入困境的办法是什么？不能攻占壁垒壕沟的原因为何呢？失去天时的原因是什么？失去地利的原因是什么？失去人和的原因是什么？请问,这 6 项有没有规律可循?”孙膑回答道:“有。用兵最大的忧虑是不得地利。让敌军陷入困境的办法是据险。所以说,几里沼泽地带就能妨碍军队行动。……可以见得,用兵的忧虑是不得地利,困敌的办法是据险。不能攻克壁垒壕沟的原因则在于没有障碍物。……又能怎样呢?”

孙膑说:“击鼓做出进军的样子而实际按兵不动,等待敌军来攻,千方百计引诱敌军。”田忌问:“进军部署已经确定,在行动中怎样让军兵完全听从命令呢?”孙膑回答说:“严明军纪,同时又明令悬赏。”田忌问:“赏罚是用兵中最要紧的事项吗?”孙膑说:“不是。赏赐是提高士气,使得军兵忘死舍生作战的办法;处罚是严明军纪,让军兵对上畏服的手段。赏赐有助于取得胜利,但不是用兵最要紧的事项。”

田忌又问:“那么,权力、威势、智谋、诡诈是用兵最紧要的事项吗?”孙膑回答:“也不是。权力是保证军队整体指挥的必需,威势是保证军兵的条件,智谋可以使敌军无处可防,诡诈能让敌军陷入困境。这些都有助于取得胜利,但又都不是用兵最要紧的事项。”田忌气得变了脸色地说:“这 6 项都是善于用兵的人常用的,而您却说这些都不是最重要的事项,那什么才是最要紧的呢?”

孙膑说:“充分了解敌情,根据当时形势和战局将会出现的变化,利用好地形……这就是领兵打仗的规律。善于进攻而不消极防备,这才是用兵最要紧的。”田忌再问孙膑:“敌军摆开阵势却不进攻,有办法对付吗?”孙膑说:“有办法。利用险要地形增加堡垒,约束士兵,不许轻举妄动,不要被敌军的挑衅所激怒。”

田忌问:“敌军兵多而且勇猛,有战胜敌军的办法吗?”孙膑说:“有。要增加堡垒,广设旗帜,用以迷惑敌军,并且严申军令,约束士兵,避敌锐气,使敌军骄傲自满,并设法牵引敌军,使敌军劳乏,然后出其不意,攻其无备,消灭敌军力量,同时还要做好打持久战的准备。”

田忌问孙膑："采用锥形队形有什么作用？用雁形队形有什么作用？选拔强壮士兵作什么用？使用发射强弩硬弓的士兵起什么作用？用飘风一般快速机动的队形起什么作用？普通士兵又起什么作用？"孙膑说："采用锥形队形，是为了冲破敌军坚固的阵地，摧毁敌军的精锐部队。运用雁形队形是对敌时便于本方相互策应。选拔强壮士兵是为了决战时能够捕捉敌人的首领。使用发射强弓硬弩的士兵是为了在双方相持不下时能够坚持作战。使用飘风式机动快速队形……普通士兵则是配合作战，保障战斗胜利。"

孙膑又说："明智的君王和精通兵法的将领，都不会用普通士兵去完成关键任务。"问答完毕，孙膑走出来。他的弟子问他："威王和田忌问策的情况怎么样？"孙膑说："威王问了 9 个问题，田忌问了 7 个问题，可以算明白用兵之道，但还没有完全掌握战争规律。我听说，一贯讲信用的君王，其国家必然强大，……没有做好准备而用兵的人必定失败，穷兵黩武的人必定灭亡。齐国已有三代之久，应该有忧患意识啊！"

【赏析】

本篇文章孙膑详尽地阐述了用兵的一系列战略和战术原则，从用兵的主导战略思想，到两军对垒时各种情况下的战略、战术，很有实用价值，足可以为解决诸多军事上的疑难问题，提供有益地指导。孙膑回答齐威王的 9 个问题，说明的是各种情况下应敌取胜的方法，对于用兵作战有着重要的指导作用，"攻其无备，出其不意"和"素信"这两条是值得人们特别重视的。

诸葛亮率军征讨南蛮，第四次捉住孟获又将其放回，孟获和其兄弟到秃龙洞去避难，自以为蜀军熬不过暑热必然退兵。秃龙洞主朵思热情地款待孟氏兄弟，对其说："请放心！若蜀兵到来，定让他们能进难回！"朵思有什么仗恃呢？原来这个秃龙洞，只有两条路能进出，东北路地势平坦，土厚水甜，人马可以通行；西北路山险岭恶，道路狭窄，毒蛇恶蝎很多，还有四大恶泉和瘴气，人马则无法通行。朵思下令堵死了东北路入口，安然地陪着孟氏兄弟整日于洞中饮酒作乐。诸葛亮询问行军向导吕凯，问不出进军道路，又让王平前去探路，结果王平带的军兵误饮哑泉水，全都中毒，不能说话。进军遇到困难，诸葛亮便亲自前去侦察，结果找到了“万安隐者”，也就是反对孟获反叛的孟节。孟节不但详细介绍了进军通路及其附近环境，而且治好中毒军士，还赠送了避瘴气的“薤叶云香”。有了孟节的帮助，诸葛亮终于找到了攻占秃龙洞的办法。一天，秃龙洞主忽然得报，银冶洞主杨锋带3万兵来助战。秃龙洞主征得孟获同意后，当即请杨锋父子进洞，并款待杨锋父子。席间，杨锋让蛮姑献舞，又让儿子给孟获、孟优敬酒。孟获、孟优甚悦，伸手接酒。哪料情况突变，杨锋的儿子一下抓住了孟获、孟优的手，并将其活捉，朵思也被拿下。孟获责问杨锋，杨锋说：“我的兄弟子侄都感谢诸葛亮丞相的恩德，现在正好捉你们去回报丞相大恩！”说完，和5个儿子押解二孟和朵思到蜀军大寨，交于诸葛亮。原来，诸葛亮在获得到孟节帮助后，一面神速地带兵通过孟获等认为无法通过的西北路到达秃龙洞前，给了蛮军一个出其不意地打击；一面让已经归服的银冶洞主杨锋父子带兵，以帮助孟获的名义前往秃龙洞，伺机捉拿孟获等人。结果，孟获再次被捉住了。这正是“攻其无备，出其不意”的妙用。这个战法的妙处就在于“无备”和“不意”，“无备”本就无法从容应战，胜算已是不多，再加上“不意”，毫无思想准备，还未做出反应就已失败，或是未做准备就应战，也必然是阵脚大乱，难逃失败的命运。

历史上无数战例表明，“出其不意，攻其无备”的确是攻击敌人的一个十分有效的战略战术。

“素信”，是孙膑强调的又一个重点，为将者若没有威信，不能以信取人，是取败之道。商汤末期，周文王为了维护自己的统治，取得民心，曾“以德感人，以德服人，予恩惠人，广行仁政，厚恤下民”。“使耕者什一而税，仕者世食其禄。面土为牢，刻木力吏，不动刑罚，而民自劝。百姓有男不能婚，女不能嫁者，则出公钱而嫁娶之。有老而无子，幼而丧父者，皆给钱帛而赈恤之。由是四方百姓，家给人足，歌颂太平。同时献出洛西之地，请纣王去掉炮烙、趸盆之刑。”周文王这种以德感人、以礼待人的政策，使百姓大力感动，殷商的其他诸侯及百姓争先入西周归顺；相反整天纵欲极奢、残酷暴虐、杀戮忠臣、残害百姓的商纣王却日益孤立。成了天下人民咒骂的独夫民贼。

过了几年后,周武王看到时机成熟,就率领军队去攻打商朝。由于纣王"失德",使得众叛亲离,士兵阵前倒戈,这个靠残暴镇压来维持统治的家伙最后被迫登鹿台自焚而死。

如今发展市场经济,有些人就认为用钱就能得到一切,而一味依靠金钱办事,事实上有些时候,有些事情金钱是办不成,办不好的,最终还得靠"素信"。对于这一点,连许多西方资本家都明白这个道理。应该牢记,只有取信于民,才能受到万民拥戴,才能众志成城!

在齐威王之后,田忌也问了7个问题。田忌作为将领,自然和威王的问题有不同,不是从宏观上谈论用兵策略,而是从领兵作战这一较为具体的问题上谈论战略,7个问题最核心的是"兵之急",也就是带兵作战最首要问题是什么。文中用"排他法",或者叫"穷举法",由田忌把带兵当中很重要的赏、罚、权、势、谋、诈诸项逐一列出,但孙膑却说都不是"用兵之急",于是田忌急问:"此六者,皆善者所用,而子大夫曰非急者也。然则其急者何也?"孙膑这才告诉他:"必攻不守,兵之急者也。"文章用这种方式证明观点,确实有奇效,一方面突出了论点,同时更说明了这个论点不一般,超出常人的认识。

田忌作为杰出将领,把善于用兵者认为十分重要的6项全举了出来,孙膑却都给予否定,从而有力地证明了他的看法,他的观点,超过像田忌这样的善于带兵作战的将领。这种表述方法确实很巧妙,孙膑在这里提出的"必攻不守",就是主张积极主动进攻,反对消极防守。在军事上,这种主动积极进攻的主张是众多军事家所认同的战略思想。人们常说,进攻是最好的钫守,先发制人,方能争得主动权。它常常可以收到意想不到的效果。而消极防守是靠不住的。二战时期,法国为了防止德国进攻,修建了举世闻名的马其诺防线,这条防线可以说是固若金汤,但是,德军来了个迂回作战,巧妙地绕过防线,打到法军防线后面去了,结果法军大败。这个战例就很好地证明了这个观点。

陈忌问垒[①]

【原文】

田忌问孙子曰："吾卒……不禁，为之奈何？"孙子曰："明将之问也。此者人之所过而不急也。此□之所以疾……志也。"

田忌曰："可得闻乎？"曰："可。用此者，所以应猝窘处隘塞死地之中也[②]。是吾所以取庞□而擒太子申也[③]。"田忌曰："善。事已往而形不见。"

孙子曰："蒺藜者，所以当沟池也[④]。车者，所以当垒【也】。□□【者】，所以当堞[⑤]也。发[⑥]者，所以当埤堄也[⑦]。长兵次之，所以救其隋也[⑧]。鏦[⑨]次之者，所以为长兵□也。短兵次之者，所以难其归而徼其衰也[⑩]。弩次之者，所以当投机也[⑪]。中央无人，故盈之以……卒已定，乃具其法。"

制曰："以弩次蒺藜，然后以其法射之。垒上弩戟分[⑫]。法曰：见使枼来言而动……去守五里置候[⑬]，令相见也。高则方之，下则圆之[⑭]。夜则举鼓，昼则举旗。"

田忌问孙子曰："子言晋邦[⑮]之将荀息[⑯]、孙轸[⑰]之于兵也，未……[⑱]……无以军恐不守。"忌子曰："善。"田忌问孙子曰："子言晋邦之将荀息、孙【轸】……也，劲将之阵也。"孙子曰："士卒……"田忌曰："善。独行之将也。……言而后中。"田忌请问……人。田忌请问兵情奈何？……见弗䙼"田忌服问孙……橐□□□焉。"孙子曰："兵之……应之。"

孙子曰："伍……孙子曰：……见之。孙子……以也。孙……将战书柧[⑲]，所以哀正也。诛□规旗，所以严后也。善为阵者，必□□贤……明之吴越，言之于齐。曰知孙氏之道者，必合于天地。孙氏者[⑳]……求其道，国故长久。"

孙子……问知道奈何。孙子……而先知胜不胜之谓知道。□战而知其所……所以知敌，所以曰智，故兵无……"

【注释】

①此是篇题，写在本篇第一简简背。陈忌即田忌，陈、田二字古代音近通用。

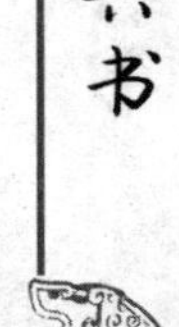

②应猝：应付突然发生的事变。这句的意思可能是说：这种方法是用来应付处于隘塞死地之中的紧急情况的。

③“庞”下所缺之字当为“子”或“涓”字。太子申，魏惠王的长子。

④蒺藜：古代用木或金属制成的带刺的障碍物，布在地面以阻碍敌军前进。因与蒺藜果实形似，故名蒺藜。池，护城河。此句意谓蒺藜的作用相当于沟池；

⑤堞：城墙上的矮墙。

⑥发：疑借为瞂，即盾。

⑦埤堄：城墙上有孔的矮墙。意谓瞂的作用相当于埤堄。

⑧隋：疑借为隳，危也。

⑨鏦：小矛。

⑩徼：通“邀”，截击。衰：疲惫。意谓截断敌军的归路，阻击疲惫的敌人。

⑪投机：抛石机。意谓弩的作用相当于抛石机。

⑫分：半。意谓壁垒上弩和戟各占一半。

⑬候：即斥候。意谓距守望之处五里设置哨所。

⑭方和圆疑指哨所的外形。

⑮晋邦：晋国。

⑯荀息：春秋时晋国名将。

⑰孙轸：《汉书·艺文志》兵形势家有《孙轸》五篇、图二卷。疑孙轸即先轸，春秋时晋国名将。

⑱自此以下各简，字体与本篇前面的简文相似，其中有的简似不属于本篇，但由于残缺过甚，不能单独成篇，故附于此。

⑲柧：或作觚，古人在上面写字用的多棱的木条。

⑳这里大概是把孙武、孙膑的军事理论作为一家的学说看待。“明之吴越”，是说孙武运用此种军事理论于吴越。“言之于齐”，是说孙膑以此种军事理论言之于齐威王。由于兼包两个孙子而言，所以称“孙氏”，不称“孙子”。

【译文】

田忌问孙膑：“我们的将士突遇敌人，难以制其进攻，该怎么应对呢？”孙膑答道:“这是聪明的将领提的问题。这是一个人们常常忽略而不看重的问题……”

田忌说:“您能讲给我听吗?”孙膑说:“可以。这个办法可以在突然陷入困境,或者进入地形不利的地境时运用。也是我用以战胜庞涓并活捉魏太子申的计略。”田忌说:“太妙了!但可惜事情已经过去,当时的情景已看不见了。”

孙膑说:“当时,我用蒺藜布阵,起壕沟的作用。用战车布阵,当作壁垒。……当作矮墙。用盾牌当作城头带洞的矮墙,既可防御,又可往外射箭。后面部署用长兵器的部队,作为紧急救援部队。长兵器部队后面部署使用小矛的部队,用以支持用长兵器的部队。而使用短兵器的部队,则用来断其后路,截击倦乏的敌军。弓弩兵发挥抛石机的作用。阵地中央没有军兵,因此布满,……一切就这样部署完成,完全符合兵法要求。兵法上说:‘把弓弩兵部署在蒺藜后面,然后按要求射击敌军。堡垒中,弓弩兵和用戟的兵各占一半。’兵法又说:‘要等派出去的侦察人员回来报告敌情后方可出击,……要在离守卫阵地五里远的地方设置瞭望哨,要让瞭望哨和守卫阵地相互见。倘若是在高处,就设置方形瞭望台;如处于低处,则设置圆形瞭望台。夜间用鼓声联络,白天举旗联络。’”

【赏析】

本文章孙膑阐明了怎样在敌强我弱的条件下,布阵设垒,积极防御,待机消灭敌军的战术。孙膑通过讲述马陵之战,说明他如何布置阵势,设置堡垒,并不只是回忆战例那么简单,而是借此战例,形象具体地给田忌讲述根据地形、地物和本军当时具备的条件,巧妙地布设阵地,与敌军对抗,战胜敌军的战术。

马陵之战,首先是孙膑战略思想正确,调动敌军,按自己的部署,在有利的时机和地点,给敌军出其不意地打击。其次,孙膑战术使用恰当,布阵巧妙严密,地形选择适当。马陵道两山相峙而立,只有中间一条路通过,路两边林木丛生,地势险恶,这正是设伏歼敌的理想地形。孙膑能根据地形和当时齐军的条件,巧妙布阵,从而取得了战斗胜利。文中,孙膑详尽论述了齐军如何用战车构筑堡垒,用盾牌当作城墙,各兵种、各兵器的部署恰到好处,都能充分发挥各自的长处。所以,当战斗开始后,魏军措手不及,很快就败下阵来。

其实，布阵设垒的原则和办法，带兵将领大都晓得，关键在于运用得当，运用得妙，才能取得战争的胜利。下面我们看一个战例。

西晋愍帝时，晋将杜曾起兵反叛，多次打败了官军，威震汉水、沔水流域。晋愍帝司马睿派周访去征讨杜曾。周访率兵8000人，进驻沔阳。杜曾的军队锐气很盛，周访说："我们先发起进攻，就可以动摇敌人的军心，这是用兵的奇谋。"于是，便派将军李常督守左翼，许朝督守右翼，周访自己则坐镇中军，大张旗鼓，造成一股强大的声势。

杜曾果然被周访的军威所震慑。于是，便避开中军，先攻击周访的左右两翼。由于杜曾以英勇善战征服晋军将士，周访恐怕会因此而影响普军的斗志，因此，便在阵后射箭以安定军心，并下命令道："我军若一翼兵败，就鸣鼓三声；两翼皆败，就鸣鼓六声。"赵胤的部队从属于左翼，经过激战失败又聚集在一起，赵胤飞马来报告周访，周访大怒地斥责他，下令他继续组织进攻，赵胤大哭而去，又重新投入战斗。

这一仗从早上一直打到晚上，周访的两翼都受到重挫。周访听到两翼失败的六声鼓点，便亲自从中军中挑选出800名精锐士兵，亲自把盏依次为他们每人敬酒，叮嘱他们不要乱动，等再听到鼓声时再出击。敌人渐渐地拥挤上来，直到离中军不到30步时，周访亲自擂响了战鼓，将士们都踊跃出击，杜曾的军队因此大败，被杀死了1000多人。当天晚上，周访要求趁夜追击，众将请求等明天再组织攻敌，周访不同意，他说："杜曾骁勇善战，刚才的失败，是因为他们多次进攻后将士们疲劳，而我军以逸待劳，所以才能战胜他们。现在应该趁他们衰败之时，乘胜追击，才能一举歼灭他们。"于是击鼓进军，追击杜曾，平定了汉水、沔水流域。杜曾逃到武当固守，周访出其不意地又组织进攻，彻底击破他们，并抓获了杜曾。

其实，不仅作战方面，各行各业都如此，一个工厂，厂长的管理水平不同，其结果不一样。同样一本教材用不同的教师去教学，不同的教法，则会有不同的结果。可见，做任何事情都有用兵之道，关键在因时、因地、因人而异，巧妙运用。阅读《陈忌问垒》的所在，不在学习布阵设垒的具体策略，而是在于领悟会其运用的巧妙，吸收其精髓，为己所用。

篹　卒[①]

【原文】

孙子曰:兵之胜在于篹卒[②],其勇在于制[③],其巧在于势[④],其利在于信[⑤],其德在于道[⑥],其富在于亟归[⑦],其强在于休民[⑧],其伤在于数战[⑨]。孙子曰:德行者,兵之厚积也[⑩]。信者,兵之[⑪]明赏也。恶战者,兵之王器也[⑫]。取众者,胜□□□也。

孙子曰:恒胜有五:得主专制,胜[⑬]。知道,胜。得众,胜。左右和,胜。量敌计险,胜。孙子曰:恒不胜有五:御将,不胜[⑭]。不知道,不胜。乖将,不胜[⑮]。不用间[⑯],不胜。不得众,不胜。孙子曰:胜在觉□,明赏,选卒,乘敌之□。是谓泰武之葆。孙子曰:不得主弗将也……

……令,一曰信,二曰忠,三曰敢。安[⑰]忠?忠王。安信?信赏。安敢?敢去不善。不忠于王,不敢用其兵。不信于赏,百姓弗德。不敢去不善,百姓弗畏。

【注释】

①此是篇题,写在本篇第一简简背。篹借为选,篹卒即选卒。

②军队打胜仗在于选用强卒。

③士卒作战勇敢在于军法严明。

④军队作战机动灵活,在于利用形势。

⑤利:锐。意谓军队战斗力强,在于将帅言而有信。一说"利"即利害之利,此句意谓将帅有信,为军队的利之所在。

⑥军队具有好的素质,在于将帅明白用兵的道理。

⑦军用不绌,在于速战速决。亟:急。

⑧军队战斗力强,在于养精蓄锐。

⑨军队战斗力挫伤,在于频繁作战。

⑩厚积:丰富的储备。意谓德行是军队的深厚基础。

⑪"之"字原简写脱,据文义补。

⑫恶:厌恶。恶战:不好战。王器:王者之器。

意谓不好战才是用兵的根本。

⑬将帅得到君主信任,有指挥作战的全权,可以胜利。

⑭御:驾驭,控制。意谓将帅受君主牵制,不能自主,就不能胜利。

⑮乖:离异。意谓将帅不和,不能胜利。

⑯间:间谍。

⑰安:疑问代词,相当于现代语的“哪里”。

【译文】

孙膑说:“用兵能够取胜,主要在于选拔士兵。士兵的勇敢在于军纪严明,士兵的作战技巧在于指挥得当,士兵的战斗力强在于将领的威信,士兵的品德在于教导。军需充足在于速战速决,军队的强大在于百姓休养生息,军队受损伤在于作战过多。”孙膑说:“品德高尚是用兵的深厚基础。以信治军,就是要对士兵明确颁示奖赏。能够进行殊死战斗的士兵是最好的士兵……”

孙膑说:“常胜方法有5点:将领得到君王充分信任,得以全权指挥军队时,可以取胜;将领懂得用兵规律,可以取胜;将领得到广大士兵的拥护,可以取胜;军队上下左右同心同德,可以取胜;将领能够充分了解敌情,并能利用地形,可以取胜!”孙膑说:“常败的原因也有5点:将领受君王控制而不能独立指挥,不能取胜;将领不晓得用兵的规律,不能取胜;将领不和,不能取胜;将领不能得到广大士兵拥护,不能取胜。”孙膑说:“取胜在于……明确赏格,选拔士兵,趁敌军……这是用兵取胜建立奇功的法宝。”孙膑说:“得不到君王的信任是无法统兵作战的……”

……一是信,二是忠,三是敢。何为是忠?就是忠于君王。何为是信?就是对悬赏讲信用。何为敢?就是敢于抛弃不正确的东西。如果不忠于君王,就不敢领君王的兵打仗。如果在奖赏方面没有信用,就不能得到士兵的拥护。如果不能摒弃不正确的东西,士兵就不会敬服。

【赏析】

孙膑在此讲述了行军作战的一系列重要的问题,可谓鞭辟入里,值得深思和研究。文章明确地提出了“兵之胜在于选卒”，这一观点，通过一系列论述之后，孙膑又突出强调“明赏、选卒……是谓太武之葆”。孙膑在2000多年前尚有如此主张，并将其作为出奇制胜的法宝，这确实难能可贵。从下面的这个例子中，我们可以领悟到选卒和明赏的重要性。

《三国演义》中关羽“温酒斩华雄”的故事，十分精彩。

吕布部将华雄，身长9尺，虎体狼腰，豹头猿臂，确有万夫不当之勇。他击败孙坚，斩了袁术骁将俞涉和韩馥上将潘凤。这时，讨伐董卓的众诸侯尽皆失色。关羽主动要求出战：“小将愿往斩华雄头，献于帐下。”袁术问此人现居何职，公孙瓒回答：“跟随刘备充马弓手。”袁术以职取人，大喝道：“汝欺吾众诸侯无大将邪？岂一弓手，安敢乱言！与我打出！”曹操独具慧眼：“此人既出大言，必有勇略，试教出马，如其不胜，责之未迟。”袁术也是世俗之见，认为“使一弓手出战，必被华雄所笑。”曹操不同意这一看法，教釃热酒一杯，与关羽饮了上马。关羽出帐提刀，飞身上马。众诸侯听得关外鼓声大震，喊声大举，如天摧地塌，岳撼山崩，众皆失惊。正欲探听，弯铃响处，马到中军，关羽提华雄之头，掷于地上，其酒尚温。关羽斩了华雄后，张飞要求：“俺哥哥斩了华雄，不就可以杀入关去，活拿董卓，更待何时！”袁术竟大怒，喝道：“俺大臣尚自谦让，量一具令手下小卒，安敢在此耀武扬威！都与我赶出帐去。”这是时，曹操提出不同意见：“得功者赏，何计贵贱乎？”这充分说明：论功行赏，是曹操常用的统御谋略。曹操能够统一当时中国的北部，这是一个重要原因。

典韦出身下层，但勇力过人。他在曹操与吕布之战中，使用短戟，立杀十余人。

后又杀散众军,救出曹操。曹操回寨后,立即重赏典韦,加为领军校尉。由于曹操"得功者赏,何计贵贱"即论功行赏的谋略思想很明确,而且付诸实践,所以将士们都乐意为曹操效力。

甘宁为黄祖部下时,多立功绩,但黄祖以"劫江贼"看待甘宁,并不重用。以后甘宁投奔孙权。孙权并不因为甘宁当过强盗就轻视他,而是大喜道:"吾得兴霸,破黄祖必矣!"后来在征讨黄祖之战中甘宁立了大功,砍死邓龙,射死黄祖,孙权立即提升甘宁为都尉。黄忠、魏延也不是出身于名门、大族,但他俩在随刘备平定西川时立了大功。刘备封黄忠为"五虎大将"之一,与关羽、张飞、赵云、马超并驾齐驱,封魏延为汉中太守。可见孙权、刘备能够创立吴国、蜀国,也和他俩论功行赏有关。

文章另一个重要的观点,就是"其强在于休民",道理是说一个国家若想壮大军事力量,必须与民休息,这个道理不仅适用于军事方面,而且适用于治国的各个方面,民富国则强,百姓才是根本。唐太宗即位后,轻徭薄赋,减轻百姓负担,让百姓休养生息,仅仅几年就医治好连年战争的创伤,百姓富足了,国家也就强大了,使唐朝成为中国历史上少有的盛世。

历史上有许多军事将领都非常注重爱兵爱民。如战国时期大军事家吴起,就是一位爱兵胜爱子的名将。他在魏国当将军时,与士卒同衣食,共甘苦,卧不设席,行不乘骑,亲自裹粮负重。一次,他率军进攻中山国(今河北定县),军中有个士兵身上长了毒疮,疼痛难忍。为了解除士兵的痛苦,身为大将的吴起,不顾毒疮的脏臭,亲自为士兵吮毒,挽救了他的生命。这样,部队的官兵关系进一步融洽,战斗力大大增强。吴起爱兵吮毒,几千年来一直被传为佳话。

《宋史・曹彬传》记载,公元974年,曹彬奉命率领10万水陆大军进攻南唐,包围金陵。为了减轻人民生命财产的损失和破坏,他下令对金陵城围而不打,并遣使劝降,迫敌就范,以确保古城安全归宋。然而南唐后主李煜执意不降。

宋军围城10个月而不攻,将士纷纷请求屠城,以解心头之恨。在即将破城时,曹彬担忧的是克城之日,难以制止将士们的复仇行动和城内军民将遭杀戮。于是,他称病卧床不起。部将同主帅得病,心急火燎,前往探视。曹彬对部下的问候闻而不答,诸将急得不知如何是好。这时曹彬恳切地说:"我的病非药石所能治愈,惟须诸公诚心发誓，在克城之日，不妄杀一人。只有这样，我的病才能不医而自愈。"大家深为曹彬的爱民之心所感动，即焚香起誓，表示不违主帅所望。破城之日，宋军严格执行曹彬的命令，使城内安然无恙。后来，元世祖忽必烈送军江南，听了这个故事后，也深受感动，特地召渝蒙古军将领要学习曹彬的榜样。所以，繁华的金陵虽几经宋军和元军夺占，都依然保全完好。

月　战[①]

【原文】

孙子曰：间于天地之间[②]，莫贵于人。战□□□□不单。天时、地利、人和，三者不得，虽胜有殃。是以必付与而□战，不得已而后战。故抚时而战，不复使其众。无方而战者小胜以付磿者也。孙子曰：十战而六胜，以星也。十战而七胜，以日者也。十战而八胜，以月者也。十战而九胜，月有……十战而十胜，将善而生过者也[③]。

一单……所不胜者也五，五者有所壹，不胜。故战之道，有多杀人而不得[④]将卒者，有得将卒而不得舍者，有得舍而不得将军者，有覆军杀将者。

故得其道，则虽欲生不可得也。

【注释】

①此是篇题，写在本篇第一简简背。

②犹言介于天地之间。

③过：疑借为祸。古代军事家多认为屡次打胜仗并不一定是好事，如《吴子·图国》说："天下战国，五胜者祸，四胜者弊，三胜者霸，二胜者王，一胜者帝。"

④得：疑是俘获之意。

【译文】

孙膑说，"人在这个世上最宝贵。……天时、地利、人和三项条件缺一不可，即

使因一项暂时取得胜利,也会后患无穷。所以,必须三项条件都具备时才能作战。如果不能三项条件不具备,除非万不得已,绝不可作战。能够把握时机出战,可以一战而胜,不必让士兵打第二仗。没有准备就去作战,却又能取得小胜利,那是由于天时符合。”

孙膑说:“打10仗能取得6次胜利,那是掌握了星辰变化的规律。打10仗能取胜7次,那是掌握了太阳运行的规律。打10仗能取胜8次,那是掌握了月亮运行的规律。打10仗能取胜9次,那是……,打10仗而能取胜10次,那则是将领善于用兵,而士兵的素质又胜过敌军的缘故了。

……不能取胜的情况有5种,而且这5种之中有任何一种,都不能取胜。所以说,用兵作战是有一定规律的,有的人用兵能杀死许多敌军,却不能俘获敌军将领和士兵;有的人用兵能俘获敌军将领,却不能占据敌军营房;有的人用兵能占据敌军营房,却不能捉住敌军统帅;有的人用兵遭致全军覆没的失败,却能杀死敌军将领。所以说,用兵有规律,掌握它就可以出奇制胜。

【赏析】

这篇文章是阐述战争如同月亮运行一样,是有规律可循的,告诉人们作战时要掌握战争的规律,只有根据战争的规律去用兵作战,才能立于不败之地。文章从大的方面阐述了战争胜败的基本规律,文章开头就指出:“间于天地之间,莫贵于人。”接着又进一步指出:“天时、地利、人和,三者不得,虽胜有殃。”说明孙膑确实深谙用兵的规律,他把人的能力放在最重要的位置,又把天时、地利、人和综合提出,显示出他作为军事家的智慧和眼力。

从古至今,许多军事家都持有相同的认识,许多战争的实例也证明了孙膑的论述是正确的。让我们看看二战的一个例子,其也说明“地利不如人和”的道理。

1945年3月,第二次世界大战接近尾声。德军在苏联红军和英美盟军的强大攻势下,陷入了绝境,只剩下了法西斯魔窟——德国首都柏林这道最后防线了。苏联红军决定一举攻克柏林,与盟军会师,迫使法西斯德国最后投降。希特勒的末日就要来到了。

苏联红军动用了十分庞大的兵力参加柏林战役，包括4个方面军和10支舰队。苏军最高统帅部决定，由朱可夫元帅指挥白俄罗斯第一方面军和由科涅夫元帅指挥乌克兰第一方面军共同完成包围、攻入柏林以及围歼德军残余力量的艰巨任务。

1945年4月14日，对法西斯德国的最后一战打响了。白俄罗斯第一方面军首先挺进到奥得河畔。奥得河口战略位置十分重要，可以说是柏林的咽喉，德军在此修筑了两道非常坚固的防线。为了突破德军的奥得河防线，朱可夫元帅一方面集中了强大的兵力和火力，另一方面积极采取巧妙的战术，以便更有效地摧毁德军的抵抗。

进攻奥得河之前，苏军派出先头部队穿越敌军雷区，侦察了敌军的主防部位、火力点等部署，然后制定出进攻的具体方略。4月16日凌晨，进攻正式开始，苏军从空中和地面同时猛击敌军阵地。但20分钟后，这种暴风骤雨般的进攻突然停了下来。

炮声刚落，苏军突然打开了100多台大功率的探照灯，强烈的光束齐刷刷地射向德军，敌军阵地顿时亮如白昼。德军被这刺眼的强烈灯光吓得不知所措，这种"灯光战术"他们见所未见、闻所未闻。他们弄不清楚苏军是用了什么新式武器，也不知道会有什么结果。而且，强烈的灯光刺得德军睁不开双眼，对面苏军的情形根本无法看清楚，更无从开枪开炮予以还击。德军甚至看不清楚自己阵地上的情况，指挥官找不到手下的士兵，士兵也看不见指挥官在哪里，炮兵连大炮结构上的位置，也只能靠手摸索。

就在德军混乱不堪时，苏军不失时机地猛扑过去，步兵和坦克同时出击，十分顺利地突入德军阵地2公里。

与此同时，科涅夫元帅也指挥乌克兰第一方面军在尼斯河畔，也向德军发动了猛攻。德军在尼斯河沿岸也构筑了两道防线。

16日凌晨，科涅夫派先头部队渡过尼斯河，查明了敌军阵地上的部署。拂晓时分，苏军阵地上突然浓烟滚滚，浓烟的烟雾慢慢飘向德军阵地。德军阵地很快便笼罩了呛人的浓烟，使德军看不清对岸苏军的动静，也看不清自己阵地上的一切，顿时成了睁眼瞎。苏军趁此良机迅速渡过尼斯河。苏军工程兵以极快速度开始架设舟桥,步兵则蹚水过河。苏军的步兵、坦克、大炮很顺利地从舟桥上被运过了尼斯河。

德军明知苏军正在抢渡尼斯河,却无法判明苏军渡河的具体地段,只好胡乱开炮轰击,这些炮弹自然通通落入了尼斯河中,而对苏军几乎没有构成威胁。苏军渡过尼斯河后,很快便突破了德军的第一道防线,并突入第二道防线约2公里。

两路苏军分别成功地扫清柏林外围德军守军后,希特勒便只剩下柏林这座孤城了。

其实,天时、地利、人和,对从政、经商、务工也有借鉴和学习的地方,一个聪明的企业家就必须把握这些因素,合乎民心,因势利导,发挥优势,从而取得成功。无论条件和困难如何不利,只要能运用天时、地利、人和的道理,就能使你在商海中处于不败之地。

八　阵①

【原文】

孙子曰:智不足,将兵,自恃也。勇不足,将兵,自广也。不知道,数战不足,将兵,幸也。夫安万乘国②,广万乘王,全万乘之民命者,唯知道。知道者,上知天之道,下知地之理,内得其民之心,外知敌之情,阵则知八阵之经,见胜而战,弗见而诤③,此王者之将也。

孙子曰:用八阵战者,因地之利,用八阵之宜。用阵三分,诲阵有锋,诲锋有后④,皆待令而动。斗一,守二⑤。以一侵敌,以二收。敌弱以⑥乱,先其选卒以乘之⑦。敌强以治⑧,先其下卒⑨以诱之。车骑与⑩战者,分以为三,一在于右,一在于左,一在于后。易⑪则多其车,险则多其骑,厄⑫则多其弩。险易必知生地、死地,居生击死⑬。

【注释】

①此是篇题,写在本篇第一简简背。古人讲布阵之法多称“八阵”。“八阵”不

是指八种不同的阵。

②万乘国：指可以出兵车万乘的大国。

③净：借为静。意谓没有取胜的把握就按兵不动。

④诲：疑借为每。锋：先锋部队。后：后续部队。

⑤意谓以三分之一的兵力与敌交战，以三分之二的兵力等待时机。

⑥以：犹言“而”。下文“敌强以治”同。

⑦乘：凌犯。意谓先以精兵攻击敌人。

⑧治：严整。意谓敌人战斗力强，阵容严整。

⑨下卒：战斗力弱的士卒。

⑩与：参与。

⑪易：地形平坦。

⑫厄：指两边高峻的狭窄的地形。

⑬生、死：指生地、死地。

【译文】

孙膑说：“智谋不足的人领兵作战，不过是自傲。勇气不足的人，自己只能安慰自己。不懂兵法，又没有作战经验的人领兵作战，那就只能靠侥幸了。若要保证一个万乘大国的安定，扩大疆域，保全万乘大国百姓的生命安全，那就只能依靠懂得用兵规律的人了。所谓懂得用兵规律的人，那就是上知天文，下知地理，在国内深得民心；对外要熟知敌情，布阵要懂得 8 种兵阵的要领，预见到必胜而出战，没有胜利的把握则避免出战。只有这样的将领才能担当重任。”

孙膑说：“用 8 种兵阵作战的将领，要善于利用地形条件，选用合适的阵势。布阵时要把兵分为三部分，每阵要有先锋，先锋之后要有后续兵力，所有军兵都要等待将令才能行动。用三分之一的兵力出击，用三分之二的兵力守卫；用三分之一的兵力攻破敌阵，用三分之二的兵力完成歼敌任务。敌军兵力弱而且阵势混乱时，就先用精兵去攻击敌军。敌军强大而且阵势严谨时，就先用一些弱兵去诱敌。用战车和骑兵出战时，把兵力分为三部分，一部分在右侧，一部分在左侧，一部分断后。

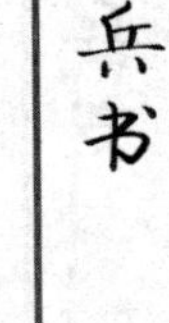

地势平坦的地方用战车，地势险阻的地方则多用骑兵，地势狭窄险要的地方多用弓弩手。无论在险阻还是平坦的地方，都必须先弄清楚生地和险地在哪里，要占据生地，把敌军置之死地而后消灭掉。”

【赏析】

孙膑在此从宏观上论述用兵的基本规律，着重于对将领的要求和使用阵法的基本原则。文章分为两部分，第一部分论述对统兵将领的基本要求，第二部分则论述使用阵法的基本原则，不过本篇文章，还是着重于论述统兵作战的将领应该而且必须具备的条件。本文围绕“智、勇、道”三个方面论述统兵作战的将领应该而且必须具备的素养。文章从反正两方面，以对比的方法，先说明“智不足”“勇不足”“不知道”三者的后果，接着又以排比的句式，突出强调保国安邦，必须而且唯有知“道”才行。在此基础上，再把“知道”归结为7项具体内容：上知天之道，下知地之理，内得其民之心，外知敌之情，阵则知八阵之经，见胜而战，弗见而诤。最后又说，只有懂得这7项的将领才是担当兴国安民的“王者之将”！“智”和“勇”，是统兵将领必不可少的素质，人人都知道，但很少有将领敢于承认自己的“智”或“勇”不足。可以说，古今中外真正足智而又勇敢的将领并不多，而智勇双全，又精通用兵之道的将领、统帅就更加难得了。我们可以看一个实例。

三国时期，曹操领兵分8路来攻樊城，为保城中百姓，刘备只得弃城出走，曹操率大军紧追其后。

万马军中，赵子龙单骑救出幼主阿斗，直穿曹兵重围，砍倒曹军大旗两面，夺槊三条，前后枪刺剑砍，杀死曹营名将50余员，离开大陈，望长坂桥而走。忽听后面又喊声大起，原来是曹将文聘引军赶来。赵云来到桥边，已是人困马乏。始见张飞挺矛立于桥上，赵云大呼：“翼德快快救我！”

张飞高呼：“子龙快走，追兵由我对付。”

原来，张飞为接应赵云，带领20余骑，来到长坂桥。张飞见曹军成千上万的兵马杀过来，他心生一计，命所有兵士到桥东的树林内砍下树枝，拴在马尾巴上，然后策马在树林内往来驰骋，冲起尘土，使人以为有重兵埋伏。而张飞则亲自横矛立马于桥上,向西而望。

曹将文聘带领大军追赵云到长坂桥,只见张飞倒竖虎须,圆睁环眼,手持蛇矛,立马桥上。又见桥东树林之后,尘土大起,疑有伏兵,便勒住马,不敢近前。不一会儿,曹仁、李典、张辽、许褚都来到长坂桥,见张飞怒目横矛,立马于桥上,都恐怕是诸葛亮用计,谁也不敢向前。只好扎住阵脚,一字儿摆在桥面,派人向后军飞报曹操。

曹操得到报告,赶紧摧马由后军来到桥头。张飞站于桥上,隐隐约约见后军有青罗伞盖、仪仗旌旗来到,料到是曹操疑心,亲自来阵前查看。

张飞等得心急,大声喝道:“我乃燕人张翼德,谁敢来我与决一死战!”声音犹如巨雷一般,吓得曹兵两腿发抖。

曹操赶紧命左右撤去伞盖,环视左右将领,说:“我以前曾听关云长说过,张飞能于百万军中,取上将头颅如在囊中取物那么容易。今天遇见,大家千千万万不可轻敌。”

曹操话音刚落,张飞又圆睁双目大声喊起来:“燕人张翼德在此,谁敢来决一死战!”

曹操见张飞如此气概,自己已是心虚,准备退军。

张飞看到曹操后军阵脚移动,又在桥上大声猛叫道:“战又不战,退又不退,却是何故?”喊声未绝,曹操身边一员大将夏侯杰惊得胆肝碎裂,从马上栽到地下,身亡而死。曹操赶紧调转马头,回身便跑。于是,曹军众将一起往西奔逃而去。一时弃枪落盔者,不计其数,人如潮涌,马似山崩,自相践踏。

张飞见曹军一拥而退,不敢追赶,急忙唤回20余骑士兵,解去马尾树枝,扳断长坂桥,回营交令去了。

文章的后一部分讲的是统兵将领应该具备排兵布阵的基本素质和一些基本原则,这些原则对作战打仗很重要,统兵将领必须懂得。对现代社会的人也有普遍的指导和启示,这个时代需要大智大勇的人,但要的不是主观臆断和恃才放旷,而是行之有“道”。

地葆

【原文】

孙子曰：凡地之道，阳为表，阴为里[①]，直者为纲，术[②]者为纪。纪纲则得，阵乃不惑。直者毛产[③]，术者半死。凡战地也，日其精也，八风[④]将来，必勿忘也。绝水[⑤]、迎陵[⑥]、逆流[⑦]、居杀地[⑧]、迎众树[⑨]者，钧举也，五者皆不胜。南阵之山，生山也。东阵之山，死山也。东注之水，生水也。北注之水，死水。不流，死水也。

五地之胜[⑩]曰：山胜陵，陵胜阜，阜胜陈丘，陈丘胜林平地。五草之胜曰：藩、棘、椐、茅、莎。五壤之胜：青胜黄，黄胜黑，黑胜赤，赤胜白，白胜青。五地之败[⑪]曰：溪、川、泽、斥。五地之杀[⑫]曰：天井、天宛、天离、天隙、天柖[⑬]。五墓[⑭]，杀地也，勿居也，勿□也。春毋降，秋毋登。军与阵皆毋政前右，右周毋左周[⑮]。

【注释】

①阳：疑指高亢明敞的地形。阴：疑指低洼幽暗的地形。

②术：疑借为屈。

③毛和产都有生长的意思，“毛产”与下文“半死”相对。

④八风：八方之风。古人认为风的方向与战争胜负相关。

⑤绝水：渡水。

⑥迎陵：面向高陵。

⑦逆流：军阵处于河流下游。

⑧杀地:极不利的地形。

⑨迎众树:面向树林。

⑩五种地形的优劣。

⑪五地之败:五种败地。此下简文仅列举四地,疑漏抄一字。

⑫五地之杀:五种杀地。

⑬《孙子·行军》说险地种类有天井、天牢、天罗、天隙、天陷五类。天井,指四边高中间低洼之地。天离即《孙子》天罗(离、罗二字古代音近通用),指草木茂密如罗网之地。天隙,指出道少而狭长的地形。天宛,疑与《孙子》天牢相当。《孙子》"天陷",银雀山竹简本《孙子兵书》作"天翘",本篇"天柖"当为"天翘"的异文。

⑭五墓:疑即指天井、天宛等五种杀地。

⑮周:周匝环绕。左周、右周,疑指山陵高地在军阵的左侧或右侧。古兵书多认为军阵右背山陵为有利。

【译文】

孙膑说:"对于地形而言,向阳的地方为表,背阴的地方为里,大路为纲,小路为纪,掌握了大小道路的分布状况,布阵用兵了如指掌了。大路畅通的地区有利于行军作战,而小路难行的地区就不便于行军作战了。凡是用于作战的地方,光照的条件都很重要,对于四面八方风向的变化,千万不能忘记观察了解。渡河涉水,向山陵进发,处在河流下游,在死地扎营驻守,靠近树林,在这五种情况下,都容易致使失败,用兵时要特别注意。适于南面布阵的山是生山,适于东面布阵的山是死山。向东流的水是生水,向北流的水是死水,不流动的水也是死水。

就5种地形对用兵的优劣比较而言,山地胜过丘陵,丘陵胜过土山,土山胜过小土丘,小土丘又胜过有树林的平地。5种草的优劣依次是:知母草、荆棘、灵寿木、茅草、莎草。5种土壤的优劣比较是:青土胜过黄土,黄土胜过黑土,黑土胜过红土,红土胜过白土,白土又胜过青土。5种可能致使作战失败的地形是:山溪、河流、沼泽、盐碱地……5种可能导致全军覆没的地形是:似天井般四周封闭的洼地,四周是高山、易进难出的地方,草木丛生有罗网的地方,两面高山夹峙的狭窄山沟,

沼泽地区。这5种地形犹如军队的坟墓一般，都是凶多吉少的‘杀地’，不能在这里驻扎……春天不能在低洼地扎营，秋天不能在高处扎营。驻军和布阵时，都不要改变右前方的有利地形，要选择右翼有丘陵或高地作为屏障，而不能让左翼有屏障。”

【赏析】

文章以论述地形为主。地利为作战的三要素之一，而有利的地形则是地利的关键。作者在本文中对各种地形在用兵作战中的利弊做了详尽的分析，特别详细地指出了“死地”“杀地”的种种地形，告诫统兵将领勿入“死地”，勿陷“杀地”。这些论述和告诫对统兵将很有用处，值得研究和思索。让我们来看看下面的这个例子。

在楚汉之争中，有一个自立为王的赵歇，他的赵国在太行山以东，其西面是代国。刘邦分兵北伐，大将韩信灭掉代国后，向赵国进军，赵王于是在井陉口，借天险，扼守20万大军。

赵国有一个经验丰富的将领叫李左车，他了解当时的形势后指出，韩信所带的汉军刚打了胜仗，士气正旺，不可正面交战。但是，汉军前来，给养困难，要从千里之外运军粮来，还得拾取柴草做饭，将士劳顿，吃饭难以保障，而且井陉口道路狭窄难行，有几百里长，骑兵只能成单行前进，运粮十分困难，必定跟不上。李左车建议，由他领兵3万，从小路插过去，截住汉军的辎重，断其后路。而由赵歇带领大军，深沟高垒，从正面阻击汉军的进路，但不与其交战。这样，汉军往前无法越过赵军坚固的防御阵地，后退又被李左车堵住退路，将被困在井陉口的山路之中，不出10天，汉军必乱，赵军可以不战自胜。

这确实是利用井陉口的有利地利消灭汉军的良策，可惜曾帮助赵歇恢复王位、身为代王的陈余却反对此方案。这个类似于马谡的陈余对李左车说，“兵书上说：‘十倍于敌人，就包围敌人；一倍于敌人，就进击敌人。’现在韩信号称有几万人马，实际只有几千，而且是8000里之外赶来，早已疲惫不堪了。我军有20万，又是以逸待劳，岂有怕他们之理，让众诸侯笑我胆怯，都来欺凌！”陈余不听李左车的意见，李左车也无能为力。这个情况，早有密探报告韩信。韩信听后大悦，当即领兵直向井陉口进发，急行军几百里，在离井陉口30里的地方驻扎下来。韩信和曾是赵歇助手、后被陈余赶走的张耳密商之后，立即调兵遣将。他先派出2000骑兵，各带一面红旗，从山中小路绕到赵军背后的山沟里埋伏，只等赵军出动，待营垒空虚时，立即冲进敌军营地，拔旗易帜，并待机夹击赵军。又派出1万人马，到达井陉口，背靠井陉东面的绵蔓河布阵。赵军没发现埋伏的2000汉军，只看见背水列阵的汉军，全都大笑韩信天才，竟把1万军兵驻扎在一个进退两难的死地之中。韩信部署完毕，等到天亮，使命令部下竖起汉军的旗号，带领主力，擂着战鼓，气势雄壮地走出井陉口。

赵军早已等得迫不及待了，一见汉军，立即冲杀过去。双方战斗十分激烈，打了一阵，汉军退向背水阵地，旗帜战鼓扔得满地狼藉。赵军以为消灭汉军的时机到了，立即全军离开营垒，争先恐后去捉拿韩信、张耳。汉军背水而战，没有退路，只有横下一条心，拼命厮杀。正当汉赵两军在河边激战时，埋伏的2000汉军，乘机冲入赵军营垒，把赵军旗帜全部拔去，换上了汉军红旗。赵军见此，顿时军心大乱。赵军随即乱纷纷地抢先逃命，赵军将领竭力制止，并当场处斩数人，仍不能阻止。占领赵军营垒的汉军一看时机到了，立即冲去，与从河边追击赵军的汉军配合，夹击逃敌。这一仗，占尽优势的赵军全军溃散，损失惨重。

“死地则战”不同于“投之亡地然而后存”，因为前者在正确的分析后才做出的决定，是在自己不利的情况下，乱敌之傲气，振己之军心的谋略。这也是韩信能够取胜，而蜀国的马谡用所谓“投之亡地然后存”必败的原因。另一方面占据一定有利的地形是很重要的，关键是善于把握和运用，不然就会让敌人钻空子。

所以，孟子曰：“天时不如地利，地利不如人和。三里之城，七里之郭，环而攻之而不胜。夫环而攻之，必有得天时者矣；然而不胜者，是天时不如地利也。城非不高也，池非不深也，兵革非不坚利也，米粟非不多也；委而去之，是地利不如人和也。”（先秦·孟轲《孟子·公孙丑下》）。

孟子在这里则主要是从军事方面来分析论述天时、地利、人和之间关系的，而且是观点鲜明：“天时不如地利，地利不如人和”，“万事俱备，只欠东风”代表着天时；“一夫当关，万夫莫开”代表着地利；“得人心者，得天下”代表着人和。三者之中,“人和”是最重要的,起决定作用的因素,“地利”次之,“天时”又次之。

“天时、地利、人和”的理论在几千年的军事作战中留下了精彩的一笔,它的理论精髓在战争、治理国家等方面发挥了极其重要的作用。那么三者孰重孰轻呢?在这方面,古人已经有了明确的答案:天时不如地利,地利不如人和。

“天地人和,礼之用,和为贵,王之道,斯之美”是在中华民族独有的处世观念,其核心文化思想为一“和”字,经过5000多年的心心相传,已演变为一精神,升华为一种境界。和而不同,求同存异,对立统一,大同共生,构成人类心灵对和谐共生永恒的渴望。凡事得天时、地利、人和者方可谋事作局,否极泰来,此为古训。

如今,随着市场经济的不断发展,信息化的程度不断增加,市场的竞争越来越激烈,作为企业的管理者,更应该清楚地认识企业如何生存与发展的目标。商场如战场,经营策略与战争策略有许多通融之处、借鉴之处。如果能够将天时、地利、人和作为企业发展的必要条件,把握天时、选择地利、依靠人和。那么企业的发展将立于不败之地。

把握天时,抓住发展机遇,制定企业中远期发展战略目标。“天时”在企业的具体运作中主要是指企业所面临的外部环境和内部环境。外部环境是指社会的发展状况(包括经济、社会安定、民族文化等因素)、所属行业的发展情况、国家政策标准、竞争对手、社会的需求等;内部环境是指企业内部的有机组成,包括企业所在地、办公环境与自身企业文化等等。所以企业生存发展的天时,是企业可持续、健康发展的前提,当然这种“天时”是有发展阶段性的,它必须符合社会的需求,并且满足社会进步发展的需要。

古人云:“虽有智慧,不如乘势;虽有兹基,不如待时,”“难得而易失者时也,时至而不旋踵者机也。故圣人常顺时而动,智者必因机以发。”政策天时,商机无限。一个国家的社会秩序稳定、经济发展、科技发展、市场繁荣、人们生活水平提高程度如何与这个国家的宏观政策和微观政策有很大的关系。政策宽松,对搞活经济,搞活企业,开拓市场,也是一个难得的天时,乃天赐商机也。

把握天时,用现在的话来说就是要抓住机会,“机不可失,时不再来”,避实击虚。市场变幻莫测,许多商机蕴合其中,关键是谁有远见、有预见,善于发现、果断决策，抢占先机，快速出击，便可得利。企业在服务宗旨上，要念“面向经”：即面向农村、面向城市、面向厂矿、面向社会、面向世界；在服务态度上，要念“一字经”：即顾客第一、品牌第一、质量第一、服务第一、热情第一；在市场布局上，要念“市场经”：即逐步建立超级市场、连锁市场、专卖市场、方便市场、综合市场、国际市场；在业务管理上，要念“有字经”：即管理有制度，进货有计划，销货有统计，存货有比例，积压有处理。在市场信息上，要念“化字经”：市场信息要多极化、合作化、准确化、纵深化、网络化、高档化、决策化、效益化。在企业经营决策思维上，要念“观念经”：即大小观念（大小兼顾，相互激发）、长短观念（扬其所长，避其所短）、新旧观念（敢于创新，不要守旧）、冷热观念（变冷为热，步步主动）、胜败观念（胜不骄，败不馁）、难易观念（变难为易，寻找契机）、快慢观念（把握时机，快速推销）、智愚观念（大智若愚，沉着稳重）、得失观念（有得有失，少失多得）、利弊观念（利弊相存，趋利防弊）、信誉观念（诚实守信，不搞欺诈）、名牌观念（打造名牌，树立形象）。诸如此类，都是制造人为天时掌握市场主动权，抢占商业先机，扩展企业的种种因素，忽视不得。我们念这些经，不是挂在口头上，而是要记在心里，落实在行动上。

选择地利。地利，古人把“地”看成是“万物之本原，诸生之根菀”（《管子·水地》），“利”字后人多从“锋利”“利益”等意义上使用它。“地利”完全是从农业生产中得出的概念。“利”虽用“以刀割禾”会意，但“禾”只是作代表，“利”可泛指土地之所出。与“地利”密切相关的还有“地宜”或“土宜”的概念。《左传》成公二年：“先王疆理天下，物土之宜而布其利。”讲“土宜”正是为了尽“地利”，因为只有用其宜，才能得其利。地，选择做事的地方，在军事上常讲占有有利地形，说明地利也很重要。“地利”是指企业的各种明确、有效的定位（产品及产品的运作定位）。它包括企业的客户定位（目标市场是什么）、区域定位（销售区域的划分、产品应用领域的划分等）、产品定位（包括产品的质量、服务水平、技术开发、品牌等）、企业战略定位、企业的运作模式等。企业拥有“地利”，就会拥有进一步向前发展的基础。这种“地利”因素在企业的具体运作中，体现最为明显。这也是时时困扰企业进一步发展的最基本原因。许许多多的企业家经常为争取到企业运作的最适合“地利”而绞尽脑汁。

依靠人和。"人和"是指企业内在和外在动力的集中体现。在企业内部具体运作中,"人和"可以说是"团队精神""企业文化"等;在外部,可以说是"公关",营造协调、互助的外部环境。"人和"理念在现代的企业运作中,越来越受到重视。很多企业采取股权制、合理的薪酬体系、良好的员工成长平台等措施促使"人和"的形成。各个企业可以根据自身"人和"的发展需要,来采取不同的措施。

人和的主体是"人",中心思想则为"和"。这里的"和"取意"中和""平和"、"和谐"之意。人,是做人,为人处事。人为万物之本,亦为万世之主。做人,是一种态度,也是一门学问,学会如何做人,则人生无忧也,我欲做人,应先学会立足于"天地"之"中"。人,生长于天地之间,下立足于"地",上敬奉于"天"。在"天地"之间休养生息本意应该是取其"中"。"天地人和"——将人处于"和谐"与"平和"的世界之中,处于天地之中。它所阐述的是一种思想,更应该是一种境界。"天地人和",传承于古而宣扬于今,顺应社会发展,共建"和谐"与"和平",更有"天时,地利,人和"的意境,如果真如此,则事业昌盛,人生吉祥也!

同时,就"天时、地利、人和"的相互关系而言,"天时不如地利,地利不如人和"同样适用于企业的具体运作。一个企业拥有"天时"即良好的外部发展环境,如果没有"地利"去具体执行,那么所谓的"天时",只不过是纸上谈兵!如果拥有"地利",假如没有"人和"作为企业向前发展动力的话,那么企业往往会支离破碎,最终退出商业舞台。

势　备[①]

【原文】

孙子曰:夫陷齿戴角,前爪后距[②],喜而合,怒而斗,天之道也,不可止也。故无天兵者[③]自为备,圣人之事也。黄帝作[④]剑,以阵象[⑤]之。羿[⑥]作弓弩,以势象之。禹[⑦]作舟车,以变象之。汤、武[⑧]作长兵,以权象之。凡此四者,兵之用也。

何以知剑之为阵也?旦暮服[⑨]之,未必用也。故曰,阵而不战,剑之为阵也。

剑无锋,虽孟贲[⑩]之勇不敢将而进者。阵无锋,非孟贲之勇也敢将而进者,不知兵之至也。剑无首铤[⑪],虽巧士不能进□□。阵无后,非巧士敢将而进者,不知兵之情者。

故有锋有后,相信不动,敌人必走[⑫]。无锋无后,……券不道。何以知弓弩之为势也?发于肩膺之间,杀人百步之外,不识其所道至[⑬]。故曰,弓弩也。

何以知舟车之为变也?高则……何以知长兵之为[⑭]权也?击非高下非……卢毁肩,故日,长兵权也。凡此四……中之近……也,视之近,中之远。权者,昼多旗,夜多鼓,所以送战也。凡此四者,兵之用也。□皆以为用,而莫彻[⑮]其道……功。凡兵之道四:曰阵,曰势,曰变,曰权。察此四者,所以破强敌,取猛将也[⑯]。

【注释】

①此是篇题,写在本篇第一简简背。

②陷:借为含。“含齿戴角、前爪后距”,指有牙、角、爪、距的禽兽。

③天兵:指自然赋予动物的武器,如齿、角、爪、距等。无天兵者:指人。

④作:创造,发明。

⑤象:象征。

⑥羿:后羿,夏代有穷国的君主。

⑦禹:夏朝的建立者。

⑧汤、武:指商汤和周武王。

⑨服:佩带。

⑩孟贲:古代著名的勇士。

⑪首铤:剑的把柄。

⑫走:败走。

⑬道:由。意谓不知从何而来。

⑭“为”字原简写脱,据文义补。

⑮彻:通达,明白。

⑯自“……功。凡兵之道四。”至此为一残简。这一简的位置也有可能在上文

“凡此四……与……中之近”之间。

【译文】

孙膑说：凡有齿、有角、有爪、有距的禽兽，都是悦时聚，怒时斗，这是自然现象和规律，是无法制止的。而人虽然没有齿、角、爪、距那样天生的武器，却可以制造，古代的圣人们就是这样做的。黄帝制造剑，而兵阵的作用就像剑一样。后羿制作弓弩，而兵势就要像弓弩发射一样，锐不可当。夏禹制作舟车，而用兵的机变也正像舟车灵活多变一般。商汤、周武王制作长兵器，兵权就要像用长兵器一般紧握在手。以上四个方面，都是用兵之本。

怎么知道军阵像剑一样呢？剑是无论早晚都佩戴在身上的，但未必使用。所以说，军队要随时保持阵形，但未必就作战，在这个意义上说，军阵像剑一样。剑如没有把柄，那么，即使技巧高超的人也不能用它去杀敌。军阵如果没有后卫，就像没有用剑技巧的人却用没把的剑去杀敌一样，那是完全不懂用兵的情理。

所以说，军阵有前锋又有后卫，而且协调一致，保持阵势稳定，敌军就必定会败走。如果军阵既无前锋又无后卫，……怎么知道兵势和弓弩一样呢？弓弩是从肩和胸部之间发射出去的，在100步以外杀伤敌人，敌人还不知弓弩是从哪里射来的。所以说，兵势要像弓弩一样，在敌军尚不知道时已经给予打击了。

怎么说用兵的机变像舟车一样的灵活呢？……怎么知道兵权像长兵器一样呢？……所以说兵权像长兵器一样。……指挥作战，白天多用旗帜，晚上多用金鼓，来传达作战命令。这四项都是运用的根本。人们总以为明白了，其实不然，你未必完全透彻。……用兵的根本有四项：第一叫兵阵，第二叫兵势，第三叫机变，第四叫兵权。懂得这四项，才能用来击败强敌，捕获猛将。

【赏析】

本文以野兽都有角、齿、爪、距，并且时聚时斗，生动形象地来说明在人们之间也难免会有争斗，并通过人类作战手段演变的情况，引出了用兵作战的四项根本。这种写法对人们很有吸引力又具有启发性。文章以剑做比喻，说明兵阵的重要和布阵的要点；用弓弩发射说明兵势的含意和作用；用舟车的灵活说明用兵必须机智；用长兵器紧握说明兵权的重要，都很形象生动，让人思考和想象。文章在最后总结时又强调指出，只有懂得这四项根本，才能破强敌，取猛将。这就是要求统兵将领必须懂得兵阵，善蓄兵势，能机智指挥，要牢牢掌握兵权。

说到兵阵，诸葛亮算是布阵的大行家了，所以很多人都怕落入他所设下的陷阱，他布阵之妙，为世人称道。

三国时，刘备进攻汉中一带，曹操亲自率领大军前来防御，两军在汉水两岸隔河相对。诸葛亮仔细观察了地势，见汉水上游，有一片丘陵地带，可埋伏 1000 余人，他回到军营中，对赵云说："将军可以带领 500 人，携带战鼓号角，埋伏在上游的丘陵地带。只要听到我军炮响，你们就可以擂鼓吹号，但不要出击敌人。"赵云遵命带兵埋伏去了。

第二天，曹军前来挑战，蜀军却闭营不出，连弓箭也不放，任凭曹军叫骂。曹军见蜀军不出战，只好撤回。晚上，诸葛亮见曹军大营灯灭人歇，便下令放响号炮。赵云听见炮声，立即下令擂鼓咚号。曹军忽听外面鼓角齐鸣，以为是蜀军前来劫营，连忙集合队伍准备应战，却看不见一个蜀军人影。

折腾了半天，刚准备回营休息，岂料一声炮响后，鼓角再鸣，蜀军呐喊声震天动地。曹军不敢休息，通宵未眠。此后，一连三个晚上，蜀军用这样方去搅得敌军疲惫不堪。曹操心中有些发慌，便令曹军后退 30 里扎营。诸葛亮于是请刘备亲自渡过汉水，在水边扎下营寨，并嘱咐他如此这般依计行事。

第二天，曹操见刘备背水扎营，不由得大喜，便指挥曹军前来进攻。蜀军派刘封出阵挑战，曹将徐晃拍马上前同他交手。两人没战几个回合，刘封抵敌不过，拨马便逃。曹操立即指挥大军掩杀过来。蜀军逃到水边，丢下刚扎起的大营，并将粮草军器散落满地。曹军见状，停住追击，纷纷争先恐后地拾取蜀军丢弃的东西，阵脚立即乱了起来。

曹操知道中计了，急忙下令鸣金收兵，但蜀军已经不失时机地杀了回来。早就埋伏好的赵云、黄忠也从两边杀出，曹军大败而逃，蜀军在后面连夜追赶。曹操想逃回南郑城，不料到了城下，却见城头上飘满了蜀军的旗帜，原来张飞、魏廷二将早

已率部攻取了南郑。曹操愈加慌乱，急忙领兵逃往阳平关。

诸葛亮命令张飞、魏廷去截断曹操的粮道，又吩咐赵云、黄忠兵分两路去放火烧山。曹操退守阳平关后，派探子出去打听蜀军的消息。探子回来报告说，蜀军已经堵截了远近小路，并且放火烧光了山上的柴草。过了一会儿，又有探子报告，张飞、魏延已经把粮草劫去了。曹操听后大惊失色，曹军的粮草供给断了！他知道拖延不是计，便领军出了阳平关，想同蜀军速战速决。两军交锋不久，蜀军便又败退，曹操求胜心切，便指挥大军不顾一切地追杀过去。突然蜀营中又鼓角齐鸣，曹操一惊，怕有埋伏，连忙下令后退。曹军上次吃了大亏，现在又听蜀营呐喊声声，便惊慌失措，自相践踏，死伤很多。

曹操率军退回阳平关不久，蜀军追兵便来到了城下。蜀军并不急于攻城，而是到处放火，又是擂鼓又是鸣号，而且喊杀声不断。曹操已如惊弓之鸟，坐立不安。他最后决定奔城出逃，蜀军又一路追杀。曹操逃到斜谷界口，见蜀军又跟杀过来了，只好勉强出战。魏廷见曹操出营了，便张弓搭箭，一箭将他射伤。曹操再不敢恋战，只好放弃斜谷界口逃命。汉中从此落入刘备之手。

再说兵势，李世民的一个故事很能说明问题。李世民当年统兵征讨王世充时，唐军刚到青城宫，还未筑营，王世充已带领2万精兵，在谷水岸边依险布阵。唐军兵将见敌军阵势严谨，军兵强壮，都有惧怕之心。李世民却对大家说道："贼军已经势穷了，他们所有军兵前来，是想拼死一战，侥幸取胜。我军只要这一仗打败了王世充，他就再也不敢出战了。"李世民随即命屈突通带领5000步兵，渡过谷水去向敌军挑战，一交锋就以纵烟为号。前锋走后，李世民命令众将士整好衣装随时待命。不久，对岸青烟如柱，升腾起来，李世民一马当先向敌阵冲去。众将士紧随其后，纷纷渡河，前去和屈突通带领的军兵会合攻敌。李世民要探知敌阵厚薄，独自带领几十名兵将，冒险杀入敌阵，从阵前杀向阵后，所向披靡，直杀到河堤，又杀了回来。这时，唐军已是各自为战，相互不能照顾，李世民和随行兵将失去联络，身边只有邱行恭一人相随。敌数骑军兵追赶过来，用强弓射李世民，未中，但他的马却中了敌箭，险些翻倒。李世民及时发现，跃下马来。邱行恭慌忙回转马来，杀敌数名敌兵不敢再前。邱行恭把马让给李世民，自己手执长刀，在马前高呼开路，又砍死几名敌兵，力保李世民突阵而出，回到唐军大队之中。李世民毫不停歇，督军继续奋战。王世充不甘示弱，指挥军兵死战。两军鼓声大震，众将士浴血拼杀，击战3~4个时辰，王世充终于坚持不住，领兵退去。李世民领兵追杀，直抵东都城下，把东都四面包围起来，昼夜不停攻城。这一仗的胜利全靠李世民身先士卒的英雄气概鼓舞了唐军将士的士气，最终唐军的气势压倒了王世充的军队。这一仗，王世充兵力占优，又据险防守，自以为唐军匆忙之间必不敢来攻。可李世民却挥军猛攻，浴血奋战。兵势在这一仗中起了决定作用。通过上面的故事，我们明白，所谓兵势，就是一支军队的士气，就是对敌军的威势，要战胜敌军，必须激发将士的士气，增强他们胜利的信心。

军事上讲的机变，就是能顺应形势，因时、因地、因人而巧用兵法，用出人意料的策略战胜敌军。说到兵权的重要，前面已有涉及。总之，对于兵权必须紧握手中，又必须善于使用，才能发挥其威力。从以上的例子中可以看到，兵阵、兵势、机变、兵权，是用兵取胜的关键。兵权，是一切军事作战的前提条件；运用兵阵，是作战的基础，不会或不善运用兵阵的人，是不可取胜的；兵势和机变，可以说是保证胜利的手段，不会造成兵势和发挥兵势，就无法增强军心，更能保证胜利；不善机变，就无法超出敌人预料，同样不能保证胜利。当然，这四项又紧密相连，所以孙膑说："察此四者，所以破强敌，取猛将也。"

兵情

【原文】

孙子曰:若欲知兵之情,弩矢其法也。矢,卒也。弩,将也。发者,主也[①]。矢,金在前,羽在后[②],故犀而善走[③]。前……今治卒则后重而前轻,阵之则辨,趣之敌则不听[④],人治卒不法矢也。

弩者,将也。弩张柄[⑤]不正,偏强偏弱而不和,其两洋之送矢也不壹[⑥],矢虽轻重得,前后适,犹不中招也……将之用心不和……得,犹不胜敌也。矢轻重得,前【后】适,而弩张正,其送矢壹,发者非也,犹不中招也[⑦]。卒轻重得,前……兵……犹不胜敌也[⑧]。

故曰,弩之中彀[⑨]合于四,兵有功……将也,卒也,□也。故曰,兵胜敌也,不异于弩之中招也。此兵之道也。

……所循以成道也。知其道者,兵有功,主有名。

【注释】

①发者:指发射的人。主:君主。

②金:箭镞。羽:箭羽。

③犀:犀利。走:疾行。

④辨:同办。以上两句意谓使之列阵,虽能办到,但使其进攻敌人,则不听命。

⑤柄:指弩臂。

⑥洋:疑借为翔。两翔:两翼。此句意谓由于弩臂不正,弩弓两翼发矢的力量就不一致。

⑦招:箭靶。犹:仍然。这几句的意思是说:弩和箭都合标准,但发射的人有错误,仍不能射中箭靶。

⑧本句残缺,大意似谓将与卒都合标准,君主不能善用,也不能胜敌。

⑨彀:箭靶。

【译文】

孙膑说:若想弄明白用兵的道理,去体会弩弓发射的道理就可以了。箭如同士兵,弩弓就如同将领,用弩弓射箭的人就是君王。箭的结构是金属箭头在前,羽毛箭翎在后,所以箭能锐利、迅速并且射得远,……现今用兵却是后重而前轻,如此的布阵方式,只能造成混乱,而去攻打敌军则会调动不灵,问题就在用兵的人不懂得射箭的道理。

弩弓就如同是将领。开弓射箭时,弓把没有摆正,用力过强或过弱不能及时发现,弓两端发箭的力量就不一致,即使箭头和箭尾的轻重是合适的,前后顺序也没有颠倒,还是不能射中目标。这个道理在用兵中也是一样,尽管士兵配置得当,但将领不和,仍然不能战胜敌军。如果箭头和箭尾的轻重得宜,前后顺序也正确,同时开弓时也把得很正,整张弓的发射力量也协调一致,但是射箭的人不得要领,不能正确发射,也还是不能射中目标。这就好比用兵时,士兵配置得当,将领也协力同心,若君王不能正确使用这支军队,那也照样不能战胜敌军。

所以说,箭射中目标的条件是箭、弩弓、射箭人和目标四项全都符合要求,而军队要战胜敌军,也必须把士兵配置得当,将领之间密切配合,君王能正确使用军队。由此可见,用兵战胜敌军,和用箭射中目标没有任何不同。这正是用兵的规律。……如能从弩弓发射之中悟出道理,就会领会用兵的规律,按这个规律去用兵作战就可以运筹帷幄。

【赏析】

文章是以军队内部关系做论述的,把它分为了三个层次,并从各自的特点指出应该注意三者之间的关系。这三层是:兵士、将领和君王。从这三层人员的关系来讲,有同层次人之间的相互关系,也有三层人之间的相互关系,如果细说这些关系,那就没这么简单了。但作者只针对最重要的一点进行分析阐述,一下子就切中了要点,孙膑确实高明。看来孙膑很善于运用比喻来论述抽象而深奥的道理,能很形象而生动地说明问题,给人留下鲜明而深刻的印象,孙膑在这篇文章中以弓箭及开弓放箭做比喻来说明军队内部的各种关系，非常贴切，很容易把道理讲明白。

孙膑说："矢，卒也。"把士兵比作成箭，并从箭的结构说明该如何配置士兵。他用箭头是金属、箭尾是羽毛箭翎的，箭才能锐利、迅速，并且射得远的道理来说明兵力配置必须前"重"后"轻"，即必须把精锐主力放在前锋线上，孙膑还进一步论述作战用兵的后重而前轻的错误，并明确地指出，这只能造成混乱，在用敌作战的时候很难灵活调动。这一兵力配置的原则是重要的，看看下面的这个故事就知道了。

汉尼拔（公元前 247 年～前 1183 年），迦太基（今突尼斯境内）战略家，统帅。他是著名将领哈尔卡巴的儿子。他生活在迦太基与罗马争夺西地中海霸权的战争时代，从小随父从军，军营生活培养了他卓越的军事才能。公元前 221 年，汉尼拔任迦太基驻西班牙军队的最高统帅。公元前 218 年，他率领 10 万大军从西班牙出发，翻越常年积雪的阿尔卑斯山，潜入意大利，揭开了第二次布匿战争的帷幕。

公元前 216 年秋，汉尼拔率领迦太基军队来到意大利东南部的坎尼，与罗马执政官瓦罗率领的军队相遇。双方在这里进行了第二次布匿战争中规模最大的会战，史称"坎尼会战"。

参加会战的罗马步兵 8 万人，骑兵 6000 人。而汉尼拔只有步兵 44 万人和骑兵 1.4 万人。战前，罗马的军队开到坎尼附近的平原上布阵。执政官瓦罗将步兵列成密集的方阵配置在中央，作主攻力量，骑兵配置在两翼作掩护，企图以步兵的猛烈冲击，打败汉尼拔的军队。汉尼拔针对罗马步兵方阵不便于机动的特点和当地中午当刮强劲东南风的气象规律，将整中部队背向东南展开，以部分步兵配置在中央，两侧靠后部署了强大的骑兵和部分便于机动的轻装步兵，形成一个中央向前凸出的半月形。汉尼拔企图以正面牵制、西翼迂回夹击的战术，围歼罗马军队。

8 月 2 日上午晨 9 时许，会战开始了。瓦罗命令罗马步兵向汉尼拔军的中央突出部进击，汉尼拔中央步兵且战且退，诱敌深入。瓦罗不知是计，趁势猛攻。使汉尼拔的步兵逐渐凹了进去，形成了一个张开的大口袋。此时，汉尼拔令 500 名士兵向罗马军队假降。罗马执政官看到这些士兵交出了武器，其余步兵后退，认为汉尼拔军队已趋战败，便纵兵追击。结果，罗马军陷于汉尼拔设置的口袋阵中。

汉尼拔见敌已中圈套，即令两侧骑兵夹击罗马步兵，形成了包围态势。罗马步兵遭此不意攻击，顿时阵势混乱，溃败逃跑。汉尼拔马上令右翼骑兵追击逃敌，左翼骑兵迂回敌后，断其退路。双方展开了激烈的厮杀。中午时分，东南风大作，狂风夹着沙石向罗马军队席卷而来，罗马军被沙石打得连眼都睁不开，军势更加混乱不堪。这时，假降的500名汉尼拔士兵，掏出武器，杀向敌人，罗马军队在汉尼拔军队的四面环攻下，死伤遍野。此战持续约12小时，罗马军被歼7万余人，被俘1万余人，只有一小部分（约200名）残敌在执政官瓦罗率领下趁夜侥幸溃逃，汉尼拔的军队仅伤亡的6000余人。

孙膑的第二个比喻是："弩，将也。"并深入分析道，"弩张柄不正，偏强偏弱而不和，其两洋之送矢也不壹，矢虽轻重得，前后适，犹不中招也……"这段论述，恰当地说明了军中将领之间的关系对作战的重要作用，将领不和，就像弓的两端有弱有强一样，哪怕好箭，也射不中目标，即便军队士兵强壮，配置得当，仍然不能战胜敌军。兵强，还须将和，才有可能胜敌。"先之以身，后之以人"就是作为将帅，要身先士卒，为人师表。这样的将帅在历史上不乏其例。

其一，忠贞爱国，为义忘己。如明朝68岁老将邓子龙在抗倭战场上任援朝水师副总兵，亲率200名勇士跃上朝鲜战船，支援受困朝鲜官兵与日军搏斗，壮烈牺牲。再如甲午战争中，海军名将邓世昌，指挥"致远"舰与日舰奋战，遭敌围攻。他沉着冷静，指挥受重创的"致远"舰向日军旗舰"吉野"猛冲，决定与敌同归于尽，不幸全舰250余名官兵同殉于难。又如太平天国青年军事统帅陈玉成被俘后慷慨陈伺："大丈夫死则死耳，何饶舌也！"显示出崇高的气节和不屈的英雄气概。

其二，生活享受，不以已先。也就是说，在物质生活上，为将者首先想到的是部属，而不应先考虑自己。如康熙帝率军远征漠北，在荒漠上驰骋数千里，正遇上大风雪。他想到的不是个人的休息，而是伫立在大风雪之中，看部队结营完毕，自己才进入行幄；部队食毕，他才进膳。他还写下了《瀚海》一诗："四月天山路，令朝瀚海行。积沙流绝塞，落日度连营；战伐因声罪，弛驱为息兵。敢云黄屋重？辛苦事奈征。"反映了康熙帝不辞劳苦的战斗精神。广大官兵受到很大的鼓舞，克服重重困难，终于取得昭莫多之战的大胜利。

其三，公而忘家，一心力国。如西汉骠骑将军霍去病“六击匈奴”，其赫赫战功深得汉武帝的重视。据《史记·卫将军骠骑列传》记载，在河西之战后，汉武帝为了表彰他的战功，特意在京城长安为他修建一所华丽的住宅，叫他去看看是否满意，霍去病谢绝汉武帝的美意说：“匈奴未死，何以为家！”这清楚地表明，霍去病在敌人还没有消灭前，决不能先为自己的家事打算。他这种为国忘家的崇高精神，使汉武帝深为感动，更加器重于他。霍去病不幸病逝后，朝野悲恸，汉武帝特命将其坟墓安置在自己的墓穴旁边，并将其坟墓建筑成祁连山那巍峨的形状，以表彰霍去病功高如山的伟绩。

其四，身体力行，平以律己。如岳飞在治军上严以律己，是有口皆碑的。他身体力行，严守“四不”：一不贪财，二不爱色，三不娶妾，四是山河未复滴酒不进。这“四不”格言，在当时的封建社会“人为钱死”“官吏多是三妻六妾”的环境之中，真正做到那是难能可贵的。有人问岳飞，天下何时太平？他回答说：“文臣不爱钱，武臣不惜死，天下太平矣。”在主将的感召下，“岳家军”秋毫无犯，“冻死不拆屋，饿死不掳掠”，所以深得民众的爱戴和支持。金兵畏其军威，纷纷传言：“撼山易，撼岳家军难。”

因此，只要将帅“先之以身，后之以人”，时时身先士卒，处处为人师表，才能带出一支攻无不克、战无不胜的军队。我们现代指挥员应从“先之以身，后之以人”的治军谋略中受到启迪。

在论述了这两层关系之后，孙膑又论述了第三层关系：“发者，主也。”把君王喻为射箭的人，又形象地说明，箭好，弓也好，假如射箭的人不懂得如何射箭，就不能射中目标。孙膑又明确指出，和射箭的道理一样，当士兵配置得当，将领也团结合作，君王若是不能正确指挥军队，便无法战胜敌军。

所以说在行军作战中“士”“将”“君王”三者的关系是很重要的，缺一不可。兵要配置得当，能服从命令；将要善于用兵，能于兵同心协力；君王要有正确指挥军队的能力，这样的军队才是强大的军队。

在企业中，企业组织结构实施是战略的一项重要工具，一个好的企业战略需要通过与其相适应的组织结构去完成，才能够起作用。实践证明，一个不适宜的组织结构必将对企业战略产生巨大的损害作用，它会使良好的战略设计变得无济于事。因此，企业组织结构是随着战略而定的，它必须按照战略目标的变化而及时调整。在战略运作中，采取何种组织结构，主要取决于企业决策者和执行者对组织战略结构含义的理解，取决于企业自身的条件和战略类型，也取决于对组织适应战略发展标准的认识和关键性任务的选择。

一般来说，从相对稳定时期的企业组织结构来划分，组织结构包括职能专业化、区域组织、事业部组织、战略经营单位、矩阵结构和横向型结构6大类。换而言之，这仅是从静态区分出来的。如果从企业发展的角度，即从动态上来看，企业处于不同的发展时期，必将会采用不同的组织结构。企业结构也一定是随着企业的发展过程而不断的推演、创新，从而寻求到最佳状态。因此，我们理解企业组织结构的战略含义，不能局限于其静态时的几种形态，更重要的是从企业的发展动态过程中来理解其演变过程，及在不同使其表现出来的复杂的历史形态。只有这样，才不会被一时的表面现象所迷惑，而能使我们在复杂的过程中更准确地把握企业组织结构的动态变迁，这才是真正的更深的战略内涵。

行　篡①

【原文】

孙子曰：用兵移民之道，权衡也②。权衡，所以篡贤取良也。阴阳，所以聚众合敌也③。正衡再累……既忠，是谓不穷。称乡县衡④，虽⑤其宜也。私公之财壹也。夫民有不足于寿而有余于货者⑥，有不足于货而有余于寿者⑦，唯明王、圣人知之，故能留之。死者不毒⑧，夺者不愠⑨。此无穷……民皆尽力，近者弗⑩则远者无能。货多则辨⑪，辨则民不德其上。货少则□，□则天下以为尊。然则为民赇也，吾所以为赇也⑫，此兵之久也。用兵之……

【注释】

①此是篇题，写在本篇第一简简背。篡借为下文“篡贤取良”即“选贤取良”。

②此句意谓:用兵和使民,如同用天平称东西一样。

③聚众:集结兵力。合敌:同敌人交战。

④称:举。乡:同向。县:同悬。衡:天平。称向:定方向。悬衡:衡量轻重利弊。

⑤虽:疑借为唯。

⑥指富有而贪生的人。

⑦指因贫困而轻生的人。

⑧毒:痛恨。

⑨愠:抱怨。

⑩弗字下疑脱漏一字。

⑪辨:疑借为便,安逸。

⑫赇:此处疑指积聚财富。

【译文】

孙膑说:利用人民的力量去作战的问题,要认真斟酌。斟酌的目的是为了能够选拔出道德才兼备的人。运用阴阳变化配合的规律,是为了聚集人民的力量去对敌。要充分考虑一个地方的实际情况,才能恰当地使用那里的民力。私人和公有的财物要统一安排使用。民众之中,有的人财物很多却贪生怕死,有的财物少却不怕死。只有明智的君王和贤明的人,才能正确处理,适当动用民力,使得牺牲生命的人不怨恨,被征用财物的人也不生气。……百姓都会尽自己的力量。如果亲近的人不愿效力,那就不可能让人民尽力了。如果征用财物过多,就会伤害民众的利益,从而导致民众对君王不满。征用财物少……君主就会得到全国的拥护。应该让百姓积累财物。我主张让百姓积累财物,是因为只有这样才能保证长时间用兵作战。

【赏析】

本文章阐述了如何保证战争需用的民力、民财问题,这是用兵作战的基本保障。没有后备兵员，物资保障不充足，任何杰出的军事家也无法取得成功的。本文章论述了这样几个观点：一是选拔贤德的将士；二是聚集民众的力量去行军作战；三是要恰当地使用民力；四是动用民力时必须大公无私，对亲、疏的人一视同仁；五是要爱护和积蓄民力。此五项都是保证战争供给的不可缺少的条件，是否做得到，是否做得好，对战争的后续保障关系重大。我们先看看下面这个事例，或许可以给我们一些启示。

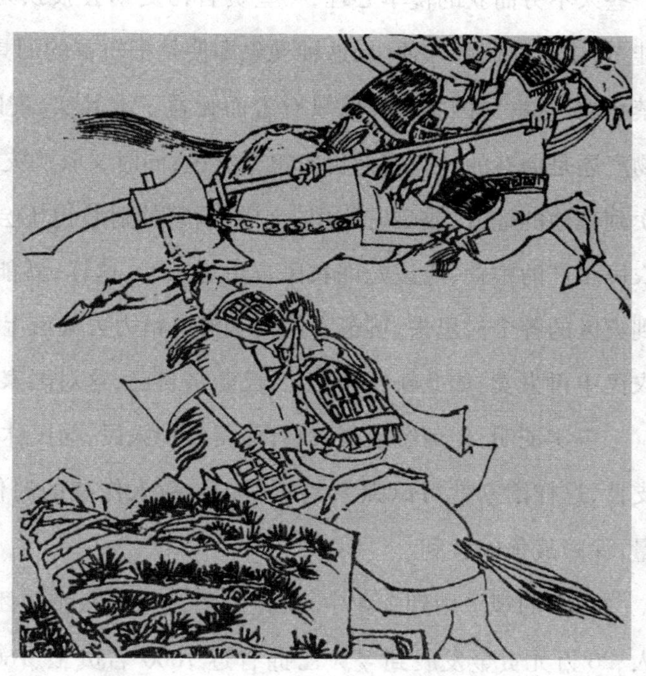

唐代宗时，刘晏被朝廷任命为转运使，当时正值安史之乱被平息以后，百废待举，国家的一切开支都要依靠刘晏去筹措。刘晏这个人精力充沛，天资聪颖，善于随机应变，对各种复杂的情况都能了如指掌，穷尽其妙。他曾高价招募骑手，在各地设置驿站，派他们去搜集全国各地的物价情况。一旦行情有了什么变化，即使是在边远的地区，也用不了几天，很快就能传到京城，刘晏因此能掌握市场物价的控制权。然后，他再组织力量，对各种物品，低价买进，高价卖出，国家因此获得了利益，而全国各地也避免了物价过高或偏低的弊病。

刘晏认为，朝廷关心灾民，不在于赏赐粮食财物多少，而是帮助他们尽快地恢复生产，自己救自己。如果是正常的年成，那就正常地收税；若是碰到荒年，那就要适当予以减免。他在各州县设立了知院官，责成他们每 10 天、1 个月及时地向朝廷如实报告天气及粮食收成等情况。若是那里的灾荒刚刚露出端倪，他便责令主管官员预先统计出官府历年储备的粮食多寡，看先减免某种税款，借贷某某户，这样，老百姓在未遇到困难时，刘晏上级的救济措施便已得到朝廷的批准而付诸执行了。但有人指责刘晏，说他不重视赈民救灾，这显然是不对的。善于治病的医生，不会让病人到了十分危险的程度才去抢救；同样，善于救灾的官员，也不会让灾民专靠救济才能生活下去。因为赈救灾民的物资发放得少了，就不够养活全部灾民；但如果想要救济更多的灾民，那就要动用更多的国家储备，国家的财政就会出现赤字，那又只得加重税赋。再说，如果赈济的物资发放得多了，则又会助长灾区里的一些人不劳而获的侥幸心理，一些贪官污吏则会狼狈为奸，互相勾结；狡猾强悍之徒多，诚实软弱的人便少，这种现象即使是把斩首的刑具摆在人们的面前也是无法禁止的，这就对国家和灾民只有害而无益了。其实，灾区最缺乏的还是粮食，其他物产还是会有的。政府低价卖粮给灾民；同时又收购灾民手中的其他物产，然后转卖到其他的地方，或政府留用，这样，国家的财政也不会发生问题了。至于丰产区农民多产的粮食，应该允许农民自由地贩卖，这样，就能够将这些粮食及时地分散到灾区的各个村里去，贫苦农民由于没有精力去集市上购买，就可以在先买到手的农民中再去卖，如此辗转相让，自己赈济自己，这对国家和灾民都有益而无害了。

事实证明，任何统治者，只有懂得爱护人民，与民休息，才能得到人民的拥护和支持，这样国家就可以强大起来。在与敌人作战的时候，人民才愿意发挥他的力量，保障战争的胜利。

孙膑的观念用到企业中，就是爱惜人才。联想集团从 1984 年创业时的 11 个人、20 万元资金发展到今天已拥有近 7000 名员工、160 亿元资产、累计上缴利税 10.5 亿，成为具有一定规模的贸、工、技一体化的中国民营高科技企业。当外界纷纷探索“联想为什么?”的时候，当一大批优秀的年轻人被联想的外部光环吸引来联想的时候，我们不妨走入联想内部，去看看联想的人力资源管理。

第一、观念的转变:从“蜡烛”到“蓄电池”。和每一个企业的成长历史相类似，联想也经历了初创、成长到成熟几个阶段。在企业成长过程中，随着企业规模扩大，企业领导层越来越认识到人的作用。1995 年，集团“人事部”改名为“人力资源部”，这种改变不仅是名称变化，更是一种观念的更新。

蒋北麒先生说:“过去的人才管理把人视作蜡烛，不停地燃烧直至告别社会舞台。而现在，把人才看作是资源，人好比蓄电池，可以不断地充电、放电。现在的管理强调人和岗位适配，强调人才的二次开发。对人才的管理不仅是让他为企业创造财富，同时也要让他寻找到最适合的岗位，最大地发挥自身潜能，体现个人价值，有利于自我成长。"

中关村是人才争夺"重地"，贝尔实验室、微软研究院、IBM 研究中心等外资研发机构纷纷在此安营扎寨。在这场人才抢夺战中，联想并不是被动挨打，而是主动迎战。他们认为这些跨国公司的进入，刺激了中国的人才市场，同时也给国内企业提供了一个更新人才观念、改变管理机制的学习机会。为此，联想提出了自己的崭新理论：项链理论。就是说：人才竞争不在于把最大最好的珠子买回，而是要先理好自己的一条线，形成完善的管理机制，把一颗颗珍珠串起来，串成一条精美的项链。而没有这条线，珠子再大再多还是一盘散沙。没有好的管理和强有力的企业凝聚力，仅仅依赖高薪也难留住人才。

第二、在赛马中识别好马。联想为那些肯努力、肯上进并肯为之奋斗的年轻人提供了很多机会。今天，联想集团管理层的平均年龄只有 31.5 岁。联想电脑公司的总经理杨元庆、联想科技发展公司总经理郭为、联想科技园区的总经理陈国栋……都是没有超过 35 岁的年轻人，他们各自掌握着几个亿，甚至几十亿营业额的决策权。从 1990 年起，联想就开始大量提拔和使用年轻人，几乎每年都有数 10 名年轻人受到提拔和重用。联想对管理者提出的口号是：你不会授权，你将不会被授权；你不会提拔人，你将不被提拔，从制度上保证年轻人的脱颖而出。

第三、善于学习者善于进步。联想创始人之一、公司副总裁李勤总结自己时说过一句话：办公司是小学毕业教中学。其含义是：办企业对他是一项全新的挑战，需要学习的知识太多。不仅是李勤一个人，不仅仅是联想一家企业，可以说中国整个企业界尚处于少年期，需要学习的地方太多，善于学习者善于进步。

第三、"小公司需要关、张、赵，大公司需要刘备"。当问到什么人在联想成长最快时，蒋经理的回答是首先要明白联想需要什么样的人。联想决策层一直关注领军人物的培养，柳传志总裁曾说过：领军人物好比是 1，后面跟 1 个 0 是 10，跟 2 个 0 是 100……。

用一个不大确切的比喻：一个刚兴起的小公司需要关羽、张飞的勇猛善斗，而一个已具规模的企业更需要刘备的知人善用。好的领袖人物需要有识人的眼光和培养人的胆略。

那么,什么人更能获得成功?

首先他要具有极强的上进心。联想要培养的是更在乎舞台和自我表现机会的年轻人,为国家、为民族富强把职业变成事业的人,纯粹求职的人在联想没有大的发展。

其次,他要乐于接受新知识并勤于学习。科技飞速发展的今天,知识更新越来越快,不会学习者就是文盲。

第三,他要有对事物的敏感性,能预见结果,具备一眼看到底的透彻力(此种能力更是智慧加经验)。

第四,也是最重要的是要有自知之明,不要自视过高,要时时清醒意识到公司及个人所处的位置,知不足而后改之。年轻人总有点自视过高,不能清醒评价自己,也不能充分领略别人的精彩之处,这种人往往不易进步的。

最后,年轻人悟性要强,要善于总结。犯错误并不可怕,可怕的是在同一个地方因同一原因摔倒两次。

杀　士①

【原文】

孙子曰:明爵禄而…………杀士则士…………知之。知士可信,毋令人离之。必胜乃战,毋令人知之。当战毋忘旁毋……必审而行之,士死……

【注释】

①此是篇题,写在本篇第一简简背。

【译文】

孙膑说:要事先明确颁示赏赐官职的等级和财物的数量……要善于了解人。

了解人才能信任人，不要因不得信任而让人离去。有必胜的把握才可出战，但不可让敌人先知此事……付诸行动必须慎重……

【赏析】

这篇文章残缺不全。不过，仅从标题和两小段残缺文字，我们仍可窥其一"斑"，给后人以深刻的启发。"杀士"，为肯于拼死效命的战士之意。文章把这个问题作为专题加以论述，可见其在战事中发挥着极其重要的作用。其实，这一点是毋庸置疑的，古今中外，一支军队要能取胜，一个国家要强大不败，的确必须有一批或者说大批忠贞不渝，肯为之牺牲一切，乃至献出生命的忠诚之士。他们可以在关键时刻站得出来，豁得出去，誓死疆场，有时战争的胜负便决定于此。

历史上有许多军事将领都非常体恤兵士，从而培养了大批"杀士"。如战国时期大军事家吴起，就是一位爱兵胜爱子的名将他在魏国当将军时，与士卒同衣食，共甘苦，卧不设席，行不乘骑，亲自裹粮负重。一次，他率军进攻中山国(今河北定县)，军中有个士兵身上长了毒疮，疼痛难忍。为了解除士兵的痛苦，身为大将的吴起，不顾毒疮的脏臭，亲自为士兵吮毒，挽救了他的生命。这样，部队的官兵关系得到进一步融洽，战斗力大大增强。吴起爱兵吮毒，几千年来一直被传为佳话。

三国时期还有类似的例子。诸葛亮第五次出兵伐魏时，鉴于前几次都是因军兵久战疲惫，粮草不能及时运到，而不得不退兵，致使徒劳往返的教训，采纳了杨仪的建议，把兵士分成两班，3 个月一换，以使兵士得到休整。

此次交战之初，蜀军连胜魏军几战，魏军坚守不出，双方对峙了好些日子，蜀军换班的时间到了。这时正赶上魏军调动雍、凉二州的大军前来攻击，并派了一支军队去袭击剑阁，企图断蜀军粮道。诸葛亮神机妙算，知其意图，随派姜维、马岱各带1 万兵去守卫剑阁险要。留下的蜀军要换班，杨仪担心敌众我寡不足以抵挡魏军的雍凉大军，建议暂不轮换。诸葛亮却说："我用兵派将，以信为本；既然有令在先，怎能失信与人呢?"诸葛亮下令，让该回去的蜀军，当天就回去。众军听后无不为之所感动，大家一致要求留下，杀敌报恩。最后，诸葛亮同意他们留下，让他们出城安营，以逸待劳，等待魏军。而西凉魏军连日急行军赶来，走得人困马乏，刚要扎营，

就被这些养精蓄锐自愿留下的蜀军杀得落花流水，溃不成军，遗尸遍野。

诸葛亮靠诚信，赢得了全军将士的依赖和拥护，激发了他们高昂的斗志和献身精神，保证了战斗的胜利。这是“杀士”誓死疆场的又一生动事例。

历史上众多事例生动地印证了孙膑所说的“杀士”的重要作用，以及得到“杀士”的重要条件。而信任必定是得到“杀士”的先决条件。中国几千年的传统道德观念表明，信义比金钱、地位更加重要，为知己者可以奉献一切，为朋友可以两肋插刀，从古至今，这样的事例数不胜数。如今，人们的价值观有所改变，“金钱至上，一切向钱看”确实成为有些人的信条，但是，大多数人还是把理解和信任看得比金钱和权势更高、更重。

海尔集团设有自己的培训学校，新进员工必须接受学校正规的培训方能上岗，而学校也不断地从全国各地请来教授、专家为员工授课，扩大员工的知识面。

“质量是企业生存之本”，海尔特别重视员工的敬业培训，有名的“砸冰箱事件”是张瑞敏教给海尔人上得敬业爱岗极为生动的一课。那是张瑞敏刚到企业后不久，发生了一起76台冰箱因检验不合格被退回的事故，张瑞敏含泪命令责任人当众用大锤砸毁了这些冰箱，铁锤砸得不仅仅是不合格的冰箱，更砸碎了不合格的自我。海尔“日清日毕日清日高”的管理培训也名扬天下。所谓“日清日毕”，就是上至总裁下至清洁工，对每天甚至每小时的工作目标、绩效、出现的问题、原因和责任都要清楚无误。

当日事必须当日毕；“日清日高”，就是从上到下，不断自我超越，自我提高。在海尔，就连走道里的一个电源开关都有责任人、检查人。在“车间日清栏”里，将每天的质量、劳动纪律工艺、文明生产、设备物耗都进行公布，其中质量状况两小时公布一次。长此以往，员工就养成了严格、认真、一丝不苟的严谨作风。

海尔人的激励培训也让每一个到过海尔的人留下了极为深刻的印象。在海尔，随处都可见到佩着“星级”标志的员工，海尔人鼓励员工脱颖而出，争做明星，而“启明焊枪”“召银扳手”“云燕镜子”等名目繁多的标志牌也使海尔内部看起来生机勃勃，争做明星员工、明星老板激励着更多的海尔人重塑自我，不断创新。

企业的竞争是人才的竞争，是文化的竞争。海尔的用人机制颇具特色，张瑞敏提出:海尔用人的原则是“赛马”而非“相马”,“作为一个企业的领导者,你的任务不是去发现人才,今天看看培养一下张三,明天考虑一下培养李四,你的职责应该是建立一个可以出人才的机制;这种机制比领导具有敏锐的发掘能力更重要”。海尔选拔人才的透明度极高,选用标准和程序都贴在食堂里,而且在用人过程中贯彻“在位要受控、升迁靠竞争、届满要轮岗”的原则,制定了“先选人才,再造名牌”的战略方针。严格、激励、创新型的人事管理保证了海尔集团的成功。

延　气[1]

【原文】

孙子曰:合军聚众,务在激气[2]。复徙[3]合军,务在治兵利气[4]。临境近敌,务在厉气[5]。战日有期,务在断气[6]。今日将战,务在延气[7]。……以威三军之士,所以激气也。将军令……其令,所以利气也。将军乃……短衣絜裘[8],以劝[9]士志,所以厉气也。将军令,令军人人为三日粮,国人家为……所以断气也。将军召将卫人者而告之曰:饮食毋……所以延气……也。……营也。

以易营之,众而贵武,敌必败。气不利则拙,拙则不及,不及则失利,失利……气不厉则慑,慑则众□,众……而弗救,身死家残。将军召使而勉之,击……

【注释】

①此是篇题,写在本篇第一简简背。

②激气:激发士气。

③徙:拔营。复徙:疑指进发。

④治兵:整治士卒。利气:使士中有锐气。

⑤厉气:即励气,意调鼓励士卒的斗志。

⑥断气:使士卒果断,有决心。

⑦延气:疑指使士卒有持续作战的精神准备。

⑧絜:疑借为褐。褐裘:疑即裘褐,粗衣。

⑨劝:勉励。

【译文】

孙膑说:召集军兵准备打仗时,务必要注意激发将士的士气。经过行军再次集合军队时,务必注意军队的训练和提高士气。当军队临近敌军阵地时,务必要注意激励士气。决战日期确定之后,务必让全军将士激发出决一死战的士气。在交战当天，务必要让将士保持高昂的士气……用来为三军将士壮威，从而激发士气……是借以提高士气。

将领……穿短衣并系紧皮衣，用以鼓舞将士们的斗志。将领下令，命令全军将士每人只带三天口粮……为了坚定将士们决一死战的决心。将领召见将担任后卫的将士们告诫说：……为了保持高昂的士气……

……士兵多而又善战，敌军就必定失败。将士们士气不高，行动就会迟缓，行动迟缓就会贻误战机，那就必然导致失利……不能救治，出现将士捐躯，家庭残破的情况。将领要派使者去慰问……

【赏析】

这篇文章是主要论述军中士气问题的，而“合军聚众，务在激气”便是全文的主旨。其意为，集结军兵，准备打仗时，务必要有得力措施，激发全军将士的士气。所以，军队的士气在军队交战中往往是起决定作用的，人们常说：“两军相遇勇者胜。”一支士气高昂的部队必定可以以一当十，以一当百；而一支士气低落的军队必定不堪一击。

公元前279年，曾以即墨小城一座，靠老弱残兵，打垮兵车万乘的强大燕国的齐国田单，却3个月没有攻下小小的狄邑。他为此请教鲁仲连其中原因。鲁仲连说，你在即墨作战时，坐下来就编草袋，站起来就拿锹干活，给士卒做榜样。将军有牺牲的决心，士卒也没有偷生的念头，他们跟你一样同敌人拼死战斗。这就是当年你能打败燕军的原因。而现在呢，你是相国，有租赋供奉，有作乐欢娱的地方，金带围腰，驱车跃马，一味贪图享乐，全无牺牲的决心，士卒怎么能和你一起效命呢？田单听此话，立刻醒悟。第二天，就亲自出马，鼓舞士气，身临战场，不顾个人安危，站在矢石如雨之处，摆鼓指挥，齐军将士个个奋勇，很快攻下了狄邑。

与士卒同甘苦，可以取信于士卒，以一人之心，争取万人之心，英勇作战，历史上这类战例很多，因而，历代将帅都把它作为治军作战的基本原则之一。

此文提出了激励士气的问题，但如何激励和保持士气呢？因文章残缺不全，我们不能尽知，但仅从现有文字可以得出：将领以身垂范，身先士卒，日常训练和教育

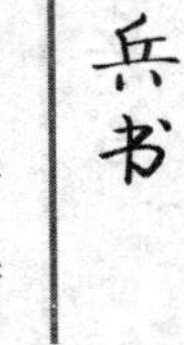

以及体恤、关心士卒等项。

李渊在晋阳起兵反隋之后，打的第一场硬仗就是在霍邑。守城隋将宋老生相当勇敢，也有一定智谋，他派出3万大军和李渊对阵，先在东门交战，曾将李渊所带军兵逼退数步，后来李渊的女婿柴绍顶住，才没有败阵。这时，宋老生又从南门出动一支军兵，前去夹击李渊，形势相当紧急。李世民见状，带领段志玄从高处快马杀下。只见李世民手握双刀，冲到宋老生身后，左砍右劈，连杀数10名敌军，两袖之中灌满了敌军鲜血，两把刀也砍缺了。但李世民，只把血水一洒，换过军刀，又冲入敌军之中，奋勇杀敌。段志玄等人，紧跟李世民，以一当百，杀得隋军旗倒人乱，马翻人仰。李世民又命军士高声呼叫："宋老生已被活捉了！隋军还不赶快投降！"已被李世民杀得丧了胆的南门隋兵军心大乱，就连城东正和李渊杀得难解难分的隋军听见喊声，也顿时没了斗志，慌忙退回城中，而他们的主将宋老生的一支孤军却被关在了门外。宋老生被李世民和李建成两头堵住，走投无路，便跳下城壕以求一死。正赶上刘弘基赶到，一刀把宋老生砍成了两段。霍邑一座孤城，随即被攻破。这一仗的胜利，首先应归功于李世民，是他英勇冲杀，是他鼓舞了士兵们的士气，震慑了敌胆，保证了战斗的胜利。领兵将领的模范行动，在这次战斗中发挥了决定性作用。

至于关心和体恤部下，那是古今许多将领都有深刻认识的。公元619年，晋北割据势力刘武周率军攻克并州，其部将宋金刚又率部攻陷晋州，夺取龙门，进逼浍州。唐高祖李渊闻讯，立即命令李世民统领关中的所有人马，渡过黄河，在柏壁一带同宋金刚的人马相对峙。唐军的诸将都请求立即同宋金刚决一死战，李世民却认为，宋金刚军精兵猛将云集，目前士气正旺。但他们是孤军深入，补给困难，军用辎重全靠就地抢掠，如果立即同宋金刚决战，反而正中他的下怀。因此李世民主张先养精蓄锐，不急于出战，使敌人的锋芒受挫。此外，分出一部分唐军去送攻敌人的腹地汾、隰两县。这样的话，宋金刚不出多久便会因为粮草殆尽、腹地受攻而撤军，到那时候再进攻，必然收到很好的效果。第二年4月，宋金刚果然被迫撤军。李世民见时机已到，立即指率唐军追击。追到高壁岭时，总管刘弘基劝李世民说："您率领大军追击敌人，到了这里，已经可算立了大功了。现在士兵们已经很疲劳，应当就地休息整顿，等粮草集结好，然后再继续追击敌人也来得及。”李世民说：“功业难于建立，却容易丢弃，良机难于得到，却容易失去。如今宋金刚被迫逃走，军心涣散，我们应当乘此良机击溃敌人。如果停止追击，宋金刚有了喘息整顿的机会，就会重新制定计谋，做好充分准备，那时就无法顺利进攻了。”唐军于是继续追敌。唐军在雀鼠谷终于追上了宋金刚军。李世民指挥唐军勇猛杀敌，将宋金刚军杀得一败涂地。刘武周、宋金刚在兵败后，都逃往突厥那里去了。李世民已有两天没沾食了，唐军的粮草也已基本上用光，军中只剩下一只羊，李世便同士兵们一起

分而食之。东西虽少，却极大地激励了士气，这就是李世民英明之所在。

孙膑的这篇文章全面而深入地论述了军队的士气问题，给人深刻的教义。今天我们正在从事伟大的建设事业，这如同一场激烈的战争。我们要和世界各先进国家竞争，不但要赶上他们，还要超过他们。在这场竞争中，也必须有一股气、民气、士气、志气，要有一股不屈不挠、不达目的绝不罢休的志气，要有一股“外国人做到的，我们要做到，外国人没做到的，我们也一定要做到”的志气。

近些年来，我们有些科技人员，有些企业，就是凭着这种“士气”，攻下了一道道难关，在激烈的竞争中取得了令世人称赞的成就。但也有些企业，就是缺少这种

精神，本来是属于自己的强项，但由于缺乏“士气”而自甘落后，甚至走向毁灭的境地。要实现中华民族的伟大复兴，离不开56个民族的凝聚力和“士气”，只有这样，我们伟大的祖国才能巍然屹立于世界东方之林。

激发员工士气，营造良好的企业氛围，很难想象若一个企业的员工士气低落，该企业将如何取得成功。

企业管理者们都知道，提高员工的士气，营造一个良好的企业氛围对于企业来讲多么重要。我们发现，很多员工的素质非常好，但是他们却未能把他们的长处充分发挥出来，所以很难为企业创造更大的价值。他们身上缺乏“E”元素，什么是“E”元素呢？就是精力、兴奋、热情、努力、活力，甚至是开支。企业管理者要把员工身上的这些“E”元素激发出来，员工才能为企业创造更多更大的价值。

如何激发员工的士气，让员工身上的“E”元素发挥出来，从而为企业创造更大的价值呢？成功的企业都有其一定的方法，每个企业的具体做法也不一样，但是总结起来，这些企业一般会从以下几方面去努力：

第一、企业应有能鼓舞和激励员工的远景目标。

第二、使员工了解自己工作的价值。

第三、给员工以一定的自由度，让员工进行自主管理。

第四、鼓励创新。员工的工作模式和工作内容总是一成不变，就会感到缺乏新鲜感，从而逐渐形成惰性，即使是很简单的工作，也可能做得力不从心。

第五、建立一种相互信任、融洽沟通的氛围。企业是一个整体，企业的各个部门、各个岗位都是企业链条上不可缺少的一环，因此要想实现企业的总体目标，必须要协调各个部门、各个岗位的力量共同完成任务，因此沟通就显得尤为重要。而要进行顺利的沟通，信任是一个前提和基础。员工只有在信任的基础上才能进行充分的沟通。所以企业的管理者应该在企业内建立一种相互信任、融洽沟通的氛围。

第六、企业应重视人性化管理。员工不是工作的机器，他首先是人，有人的各种需求。企业应了解员工的需求，员工的生活，员工的兴趣、爱好，企业应能适当尊重员工的需求，如定期举办一些活动等，让员工不仅有工作上的紧张，也有身心上的放松。另外,也可以在员工生日的时候送去一些问候或小礼物。员工若感到自己在企业里被当作“人”来对待时,员工会感到在企业里工作就像在一个大家庭里,有一种暖融融的温馨,充满了人情味,也充满了情趣。在这样的环境下工作,员工的心情自然也就愉悦,工作起来也才会更有干劲。

官 一①

【原文】

孙子曰:凡处卒利阵体甲兵者②,立官则以身宜,贱令以采章③,乘削以伦物,序行以□□,制卒以州间,授正以乡曲④,辨疑以旌舆,申令以金鼓⑤,齐兵以从迹,庵结以人雄,邋军以索阵⑥,茭肄以囚逆,陈师以危□,射战以云阵,御裹⑦以羸渭,取喙以阖燧,即败以包□,奔救以皮傅,燥战以错行。

用□以正□,用轻以正散,攻兼用行城,□地□□用方,迎陵而阵用封,险□□□用圜,交易武退用兵,□□阵临用方翼,泛战接厝用喙逢,因险解谷以□远,草驵沙荼以阳削,战胜而阵以奋国,而……为畏以山胠⑧。

秦怫以逶迤,便罢以雁行,险厄以杂管,还退以蓬错,绕山林以曲次,袭国邑以水则,辩夜退以明简,夜警以传节⑨。

厝人内寇以棺士,遇短兵以必舆,火输积以车。

阵刃以锥行,阵少卒以合杂。合杂,所以御裹也。脩行连削,所以结阵也。云折重杂,所权趮也。猋凡振陈⑩,所以乘疑也。隐匿谋诈,所以钓战也⑪。龙隋陈伏,所以山斗也。□□乖举,所以厌津也。□□□卒,所以□□也。不意侍卒,所以昧战也。

遏沟□陈,所以合少也。疏削明旗,所以疑敌也。剽阵辖车,所以从遗也。

椎下移师,所以备强也。浮沮而翼,所以燧斗也。禅括蘩避,所以莠檠也。简练剽便⑫,所以逆喙也。坚阵敦□,所以攻槥也。揆断藩薄,所以眩疑也。伪遗小亡,所以覞敌也⑬。重害,所以茭□也。顺明到声,所以夜军也。佰奉离积,所以利胜也。刚者,所以御劫也。

更者,所以过□也。□者,所以御□也。……者,所以厌□也。胡退□入,所以解困也。

【注释】

①此是篇题,写在本篇第一简简背。

②处卒:疑指选择有利地形驻军。利阵:疑谓使其阵坚利。体甲兵:疑指统帅军队。

③贱:疑借为践,实行。采章:指彩色的旗帜、车服等物。

④州闾:州里。州里、乡曲:古代地方基层行政单位。正:长。以上两句意谓按地方行政组织编制士卒,任命官长。

⑤舆:疑借为旟,古代绘有鸟纹的旗。金:指金属军乐器。以上两句意谓军中以旗帜、金鼓指挥行动,士卒不会有疑虑。

⑥索阵:与下文之囚逆、云陈、羸渭、皮傅、错行等,疑皆阵名。

⑦御:抵御。裹:包围。

⑧山胠:与下文之逶迤、杂管、篷错、曲次等,疑皆阵名。

⑨传:符信。节:符节。意谓夜间巡逻以传节为凭证。

⑩猋凡振陈:疑当读为飙风振尘。

⑪钓战:引诱敌人出战。

⑫简练:训练选拔。剽便,指骁勇敏捷的士卒。

⑬聭:西汉前期文字多用作“耻”,此处疑借为“饵”。意谓故意丢失一些财物引诱敌军。

【译文】

孙膑说:一切治理士兵、布阵统兵、用兵作战的将领,任用官员必须选用称职的人,在他们受命任职的时候,要授给他们彩色的旗帜、车服等以及相应的车辆、服装,以后他们升职或降职时,也要给予相应的物品。……要按照州县籍贯给士兵编队,从乡里选人给予带兵官职。用不同颜色的旗帜和不同的图形作为各部队的标志。用金鼓传达命令。行军时要队形严整,依次行进。向敌军讨战时可以用散乱的队形,以便引诱迷惑敌军,可以像绳索一样绵亘不断地布阵围困敌军,部署重兵威慑敌军,可以使用楼车布阵进行弩战;用防御阵形,防止军兵疲困;长距离作战时,各部队要彼此靠拢;激战时要交替使用各种部队。

……用轻装的部队去消灭溃散的敌军;攻坚的时候要用雁行阵;……面向丘陵地布阵用圭形阵;……在平坦的地方交战,撤退前先发动进攻以迷惑敌军,撤退时要部署兵力掩护;……两军混战、犬牙交错时,要善于运用精锐部队,循隙觅缝攻击敌军;……在杂草荆棘丛生的地方作战,要开辟出畅通的道路;战胜归来,要保持军队阵形严整,军容威武,以振国威;……要抢占山地右翼以威慑敌军。

遇到荆棘阻路的地方,可以绕道而行;在停止战斗时,军队要布成雁行阵势以保安全;把守险要的关隘,要使用多兵种混合部队;退军时要注意隐蔽,并交替掩护;经过山林地带要保持队形有序通过;袭击城池要像水流一样横扫千军;夜间撤退要有明显的标志识别;夜间警戒要有符节作为凭证。

插入敌阵攻敌时,要用敢死队;和敌军短兵相接时,使用长兵器和战车;紧急运送军用物资要用车。

阵锋要成锥形;兵员不足时,布阵要把各兵种混合编队;混合编队是因为便于防御敌军进攻。为了保持队伍整齐,避免混乱,要结成阵势。当黑云压城、形势危急之时,当权的人容易急躁。像狂飙烈焰一般冲击敌阵,是因为在敌人惊疑之际有机可乘。隐蔽自己的兵力,使用欺骗的谋略,是为了引诱敌军上钩。借助山区复杂的地形设伏,是为了在山地战中消灭敌军。……是为了夺取渡口。……不把作战意图告诉身边的士兵,是为了保守作战机密。

……广列兵器,多布旗帜,是为了迷惑敌军。动用快速勇猛的部队和轻便的战车,是为了追击逃敌。在敌军的威胁下转移部队,是为了避开强敌,保存实力。为了便于火攻,要借助风势。故意装出行动迟缓,躲闪避让的样子,是要引诱敌军追赶。选出精干的士兵,轻装出击,是为了迎击敌军的先锋。加强阵势,激励士兵,是为了攻击拼命地敌军。故意破坏自己阵地的屏障,是用以迷惑敌军。故意遗弃一些物资军械，装出败退的样子，用以引诱敌军上钩。……整夜巡逻，直至天明，并有联络信号互相呼应，从而保证夜里驻扎的安全。把各种军用物资分散储存，可以保证军队取胜。使用精锐部队，是为了防止敌军劫营。

【赏析】

孙膑在此乌巢文章中，对多种情况下的战术，做了详尽的讲述，下面结合实例做些具体分析。军队的编组和指挥，是军队能否充分发挥战斗力的关键问题，只有组织严密，指挥有效，运转灵活的军队才能给敌人形成最大的威慑力。文中谈到，可以按士兵籍贯编组，由本地人任带兵官，这是从当时实际出发的有效原则。当时交通不便，各地区人们交往不多，所以只是同一地区的人们相互熟悉，易于沟通，而且当时人们的乡土观念、宗族观念都很浓。这一切跟当时的经济、社会发展状况是分不开的。这条原则在交通发达，人们交往十分广泛的今天，是肯定行不通的，甚至还会起到相反的作用。

项羽在楚汉之争时，被人们称为楚霸王。他的强大，除了他个人的能力外，还得益于他有一支强大的军队。他的军队之所以强大，就在于他的军队中有一支战斗力坚不可摧的部队——“八千子弟兵”。当项羽刚参加起义军时，他年仅 24 岁。项羽天生神力，力大无比，武艺又好，当地百姓，尤其是跟他年龄相仿的青年农民，都知道他的本领，把他作为自己心目中的偶像崇拜。项羽性格豪爽，深受当地青年拥戴。因此，他参加起义军后，很多青年都投到他的麾下。仅仅几天工夫，就组成了一支 8000 人的队伍，项羽自然而然就成了他们的领袖。这支队伍是项羽的乡亲们自愿结合而成的，全体将士志同道合，情意相投，所以作战时个个都勇猛无比，所向无敌。他带领这支子弟兵很快就攻克几座县城，威震一方，后又南征北战，横扫中原大地。直到最后项羽败退到乌江边上，仅剩的 26 名子弟兵，仍然不舍不弃，浴血奋战，和大队汉军拼杀。最后，这 26 名子弟兵全部英勇战死，项羽也挥剑自刎。上演了十分悲壮的一幕。“八千子弟兵”的故事，有力地印证了孙膑提出的编队原则。

在历史上，像“八千子弟兵”这样，按地区乡里组成，发挥了很大威力的军队，还有很多很多。北府兵、岳家军、戚家军，都是很有名的强兵。说到用兵作战的队形、兵阵，战术运用等等，我们不禁想到历史上一个著名的战例——官渡大战。

官渡之战发生在东汉末年三国鼎立局势形成之前。当时，东汉王朝已经名存实亡，各地、州豪强官吏以镇压黄巾起义为名占据地盘，扩大、发展势力范围，形成了许多大大小小的割据势力。这些割据势力之间连年争战，互相兼并，全国上下出现了军阀混战局面。

当时割据武装集团主要有：河北的袁绍，兖豫的曹操，徐州的吕布，扬州的袁术，江东的孙策，荆州的刘表，幽州的公孙瓒，南阳的张绣等等。在这些割据武装势力中，袁绍与曹操的势力较强。袁绍出身于世代官僚地主家庭，人称“袁氏四世三公”（三公：是指当时掌握最高军政大权的3个官——太尉、司徒、司空，袁氏四代都做这3个官，故称四世三公）。他是东汉末年官僚大地主的代表人物，在公元195年，袁绍经过几番征战，已经占有冀州、青州、并州、幽州，是一支地广兵多、势力较强的割据力量。

曹操也出身于官僚地主家庭。公元184年，他参加了镇压黄巾军起义，后升为西园新军的典军校尉。他曾经参加反对董卓之战，并投靠于袁绍。在镇压黄巾起义的战斗中，曹操组织并发展了自己的武装力量，与袁绍势力分离。至公元196年，曹操已占有了兖州、豫州地区，成为黄河以南的一支较强的割据势力。

曹操与袁绍两大割据集团，到公元199年夏，大致形成了沿黄河下游南北对立的局面。袁绍在败了河北的公孙瓒后，就已将整个河北地区控制在自己的手中，为了进一步称霸中原，袁绍准备南下与曹操决战。当时，袁绍拥军10万，具有较强的实力；曹操不仅兵力不如袁绍众多，且南面有荆州刘表、江东的孙策与他为敌，处于不利的地位。但是曹操客观地分析了袁绍兵多但内部不团结的特点，而且袁绍性格疑忌，骄傲轻敌，常常贻误有利战机的情形，决定以自己所能集中的近万兵力抗击袁绍的进攻。公元200年，袁、曹两军在官渡作战。在这场战斗中，曹操善于捕捉战机，能够根据战场势态的发展灵活地变换战术，以正兵抵挡袁军的进攻，以奇兵袭击袁军的屯粮库，烧毁了袁军的全部粮草，使袁军国心动摇，内部分裂，最后击败了袁军，创造了中国历史上以弱胜强的著名战例。

公元 199 年,袁绍谋划南下进攻曹操的统治中心许昌。袁绍手下的谋士沮授、田丰以为袁军与公孙瓒作战 3 年,军队已相当疲劳,应先“务农逸民”,休养生息,以增强经济与军事力量。他们主张暂时不急于攻打曹操。但是,袁绍的另外两个谋士审配、郭图则力主马上出兵攻曹。袁绍采纳了审配、郭图的意见,挑选精兵 10 万,战马万匹,屯兵黄河北岸,准备伺机渡河,同曹操决战。

袁绍举兵南下的消息传到许昌,曹操手下的一些部将为袁绍表面的优势所吓倒,认为袁军强不可敌。但曹操很了解袁绍,他对将士们说,袁绍野心虽大,但缺少智谋,表面上气势汹汹,而实际上,谋略不足;他疑心重且忌人之能,兵虽多但组织指挥不明,而且将帅骄傲、政令不一,因此,战胜他是有把握的。曹操的谋士荀彧也分析了袁绍军队的情况,认为袁军内部不团结,将帅、谋士之间矛盾重重,并非坚不可摧。曹操与荀彧的分析,增强了曹军战胜袁军的信心。曹操经过对敌我双方兵势情况地分析,决定采取以逸待劳、后发制人的战略方针。他将主力调到黄河南岸的官渡(官渡是夺取许昌的必经之地),以阻挡袁军的正面进攻,同时派卫凯镇抚关中地区,以魏种守河内,防止袁绍从西路进犯;又派臧霸等率兵从徐州入青州,从东方牵制袁绍军队;派于禁屯守黄河南岸的重要渡口延津(今河南延津北),协助扼守白马(今河南滑县东,在黄河南岸)的东郡太守刘延,阻滞袁绍军渡河和长驱南下进攻。

公元 199 年 12 月,正当曹操布置对袁绍作战计划的时候,刘备起兵,占领了曹操征服吕布后占驻的徐州及下邳等地,并派关羽驻守。东海及附近郡县亦多归附刘备。刘军增至数万人,并与袁绍联军打算合力进攻曹操。

曹操为了避免两面作战,打算首先击破刘备。公元 200 年正月,曹操亲率精兵东击刘备,将刘备击败。当刘、曹作战时,袁绍的谋士田丰建议袁绍袭击曹军的后方,袁绍犹豫不决,没有采纳田丰的建议。因此,曹操顺利地击败了刘备,使刘备只身逃往河北投靠了袁绍,然后及时返回官渡继续抵御袁绍的进攻。

公元 200 年正月,袁绍发布声讨曹操的檄文。2 月,袁绍大军开进黎阳(今河南浚县东北),把这里作为指挥部,企图渡河寻求曹军主力决战。袁绍首先派大将颜良白马的东郡太守刘延,夺取黄河南岸要点,以保障主力渡河。颜良率军渡过黄河，直扑白马与刘延交战，刘延在白马坚守城池，士兵伤亡严重。这时，曹操的谋士荀攸向曹操献计说：我军兵少，集结在官渡的主力也只有3、4万人，要对付袁绍众多的兵力，正面交锋恐怕不易得手，应设法分散袁绍的兵力。他提议曹操引兵先到延津，佯装要渡河攻击袁绍后方，这样，袁绍必然分兵向西；然后我军再派轻装部队迅速袭击进攻白马的袁军，攻其不备，一定可以击败颜良。曹操采用了荀攸这一声东击西之计，袁绍果然分兵增援延津。曹操见袁绍中计，立即调头率领轻骑，派张辽、关羽为前锋，急趋白马。曹军在距白马10余里路时，颜良才发现他们。关羽迅速地迫近颜良军，乘其措手不及，刺颜良于万众之中。袁军大乱，纷纷溃散。

袁绍围攻白马失败，并丧失了一员大将，十分恼怒。曹操解了白马之围之后，便沿黄河向西撤退。袁绍率军渡河追击曹操，这时沮授又谏阻袁绍说：军事上的胜负变化应仔细观察。现在最好的办法还是驻黄河北岸，分兵进攻官渡，若能攻下，大军再过河也不为晚；如果贸然南下，万一失败就有全军覆没的危险。袁绍骄傲自负，根本不听他的劝告。沮授见袁绍如此固执，便推说有病向袁绍要求辞职，袁绍不准，还把他统领的军队交给了郭图指挥。

于是，袁绍领军进至延津以南，派大将文丑与刘备率兵追击曹军。曹操命令士卒解鞍放马，又故意将辎重丢弃道旁，引诱袁军。待袁军逼近争抢辎重时，曹操才命令上马，突然发起攻击，打败了袁军，杀了文丑，顺利地退回官渡。

白马、延津两次战斗是官渡大战的前哨战。袁军虽初战失利，但兵力仍占优势。7月，袁绍进军阳武（今河南中牟北），准备南下进攻许昌。这时沮授又劝袁绍说：我方士兵虽多，但不及曹军勇猛。曹操的粮食、物资不如我们多，速战对曹军有利而对我们不利，我们应用旷日持久的办法消耗曹军的实力。但是袁绍仍然不听。袁军于8月逼近官渡，双方在官渡相对峙。

曹军在官渡设防，想寻找时机打击袁军。9月间，曹操向袁绍军发起了一次进攻，但未能取胜。此后，曹操便深沟高垒，固守阵地。袁绍见曹军坚壁不出，便命令士兵在曹军营外堆起土山，砌起高楼，用箭射击曹军。曹营士兵来往行走都得用盾牌遮蔽身体或匍匐前进。曹操发明了一种抛发石块的车子，发射石块将袁军的壁楼击毁。袁军又挖掘地道以攻曹军，曹操则命令士兵在营内挖掘长沟来截断袁军地道。这样双方之间你来我挡地相持了大约3个月。在相持的过程中,曹操产生了动摇,他觉得自己兵少,粮食也不足,士卒极为疲劳;后方也因袁绍派刘备攻击于汝南、颍川之间而不太稳定,这样长期与袁绍周旋相当危险。因此曹操便想退还许昌。他写信给留守许昌的荀彧,征求他的意见。荀彧回信建议曹操坚持下去,他指出:曹军目前处境困难,同样袁军的力量也几乎用尽,这个时候正是战势即将发生转折的时刻,也是用奇之时,不能失去即将出现的战机,这时谁先退却,谁便会陷入被动。曹操听取了他的意见,一方面决心坚持危局,加强防守,命负责供给粮秣的官员想法解决粮草补给问题;另一方面则积极寻求和捕捉战机,想给袁军以有力的打击。

曹操决定以截烧袁军粮食的办法争取主动。他先派人把袁绍将领韩猛督运的数千辆粮车截获烧掉了。不久,袁绍又把1万多车粮食集中在乌巢,派淳于琼等率军守护。沮授鉴于前次粮草被烧,便建议袁绍另派一支部队驻扎在淳于琼的外侧,两军互为犄角,防止曹军偷袭。袁绍觉得此举多余,没有采纳。

袁绍的另一谋士许攸向他献策说:“曹操兵少,集中力量与我军相持,许昌一定空虚,我们可以派一支轻骑日夜兼程袭击许都。这样可以一举拔取;即使许都拿不下来,也会造成曹操首尾不相顾,来回奔命的局面,也可以进而打败他。”袁绍却傲慢地说:“不必,我一定要在此擒住曹操。”他拒绝这一出奇制胜的建议,继续与曹操相持。

恰巧在此时,许攸的家属在邺城犯了法,被留守邺城的审配关押起来了。许攸一怒之下,星夜离开袁营,投降了曹操。曹操热情地迎接他。许攸见曹操重视自己,就向他介绍袁军的情况并献计说:袁绍的辎重粮草有1万多车在故氏、乌巢,屯军防备不严,如果以精兵袭击,出其不意烧掉他的粮草,不出3天,袁绍必定失败。这时,粮食是关系到双方胜败的关键,曹操当时只有1个月的军粮,许攸的建议,正符合曹操寻找战机出奇制胜的重要一招,毫不迟疑地立即实行。他留曹洪、荀攸等守大营,自己亲率步骑5000前往攻打乌巢。

曹军一行一律改穿袁军的服装,用袁军的旗号,夜间从偏僻小道向乌巢进发。途中,他们遇到袁军的盘问,曹军诡称是袁绍为巩固后路调派的援军,骗过了袁军的盘问。到达后，他们立即放火烧粮。袁军大乱，淳于琼等仓促应战。黎明时，淳于琼见曹军人少，就冲出营垒迎战曹军。曹操挥军冲杀，淳于琼又退回营垒坚守。袁绍得知这一情况后，又做出了错误的决策。他不派重兵增援淳于琼，反而认为这是攻下官渡的好机会。他命令高览、张郃等大将领兵去攻打曹军大营。张郃指出这样做很危险，曹操领精兵攻打乌巢，如果乌巢有失，事情就不好办了。张郃主张先救乌巢。但袁绍手下的谋士郭图迎合袁绍的意图，坚决主张攻打曹营，他认为攻打曹营，曹操必定引兵回救，这样，乌巢之围就会自解。于是袁绍只派少量军队救援乌巢，而以主力攻官渡的曹营，曹营十分紧固，一时攻打不下。

曹操得知袁军进攻自己大本营的消息后，并没有马上回救，而是奋力击溃淳于琼的军队，决心将袁绍在乌巢积存的粮食全部烧掉。这时，袁绍增援的骑兵迫近乌巢，曹操左右的人请求他分兵去阻挡。曹操没有分兵，说："等敌人到了背后再报告！"这样，曹军士卒都与敌军殊死决战，最后大破淳于琼军，杀了淳于琼并将其全部粮草烧毁。

乌巢粮草被烧光的消息传到袁军前线，袁军军心动摇。原来反对张郃用重兵救援乌巢主张的郭图等害怕袁绍追究自己的责任，就在袁绍面前说张郃为袁军失败而高兴。张郃遭到了中伤，既气愤又害怕，便与高览一起焚毁了攻战器具，投降了曹操。这使得袁军军心更加不稳，军队不战自乱。这时，曹操趁机率军全面发起攻击，迅速消灭了袁兵 7 万多人，袁绍仓皇退回了河北。官渡之战以曹战胜袁败而告结束。

官渡之战中，曹操之所以能够以弱胜强，首先在于他在谋略上高于袁绍。在袁绍以绝对优势的兵力来进攻他时，他能够客观地分析敌我双方的优势与劣势，制订出以逸待劳，后发制人的作战方针。在具体实施时，也能够抓住要害。这一点可以从曹操选择官渡作为主要战场上看得出来。曹操一开始就把主力布置在官渡，而不是沿黄河处处设防，这是因为官渡地处鸿沟上游，濒临汴水。鸿沟运河西连虎牢、巩、洛要隘，东下淮泗，为许昌北、东之屏障。因此，官渡是袁绍夺取许昌的必争之地。守住了官渡，就能扼其咽喉，使袁不得进，为反攻歼敌创造了条件。其次，曹操的胜利还在于他精通兵法，并能够灵活运用。在白马、延津前哨战中，曹操以佯攻示形于敌，调动袁军并分散了他们的兵力；在白马初战告捷领兵撤退时，能以利诱敌，以卒待敌，最后击败了袁军，顺利地退回官渡。在决战中，曹操善于听取部下的正确意见与建议，懂得在敌强我弱的形势下只有灵活地变换战术，正奇并用才能变被动为主动的道理。因此他积极创造有利于自己的战略态势，在得知袁军将全部粮草聚集在乌巢又疏于防守的信息后，一举烧毁了袁军的全部粮草，为主力部队战胜敌军奠定了坚实的基础。

官渡大战本是曹操处于弱势，而结果却是袁绍全军覆没，这是中国历史上以弱胜强、以少胜多的典型战例，细细分析，在战略、战术方面，可以给人以许许多多启发，更深入地领悟孙膑所论述的作战原则。

强 兵

【原文】

威王问孙子曰："……齐士教寡人强兵者，皆不同道。……有教寡人以政教者，有教寡人以……有教寡人以散粮者，有教寡人以静者，……之教□□行之教奚……"孙子曰："……皆非强兵之急者也。"威王……孙子曰："富国。"威王曰："富国……厚，威王、宣王以胜诸侯[①]，至于……将胜之，此齐之所以大败燕[②]……众乃知之，此齐之所以大败楚人[③]反……大败赵[④]……人于䕒桑而擒氾皋也[⑤]。"

……擒唐□也[⑥]。

……擒□罴……

【注释】

①《史记·孟子荀卿列传》："齐威王、宣王用孙子（膑）、田忌之徒，而诸侯东面朝齐"，可参考。

②齐败燕：指公元前314年齐宣王伐燕事。

③齐败楚：疑指齐与韩、魏等国伐楚取重丘之战。发生在公元前301年齐湣王初立时。

④据《竹书纪年》，魏惠王后元十年（齐威王三十二年，公元前325年）齐败赵于平邑，俘赵将韩举。

⑤“人”上一字尚余残画，似是“宋”字。据史书记载，齐湣王十五年宋为齐所灭。此处所记可能是灭宋以前的某次战役。蓸桑，今江苏沛县。

⑥“唐□”疑即唐昧。《史记·楚世家》记怀王二十八年（公元前301年）“齐、韩、魏共攻楚，杀楚将唐昧，取我重丘而去。”唐昧，他书或作唐蔑。如果“唐□”确系唐昧，则此简与上文“大败楚人”一简所记当为一事。

【译文】

齐威王问孙膑：“……齐国的众多谋士给我讲强兵的道理，各有不同的看法。……有的人提出施行仁政，……有的人让我把粮食发放给百姓，有的人主张保持安定，……”孙膑说：“……这些都不是强兵的最紧要的策略。”威王问：“……”孙膑说：“富国！”威王说：“富国……积蓄起比我以前更雄厚的国力，比宣王更雄厚的国力，借以战胜诸侯。”

【赏析】

在本篇文章中，孙膑借威王之口，提出了不同人对强兵问题的不同看法，例如施仁政以得民心、散发粮食以得民心、保持安定等。由于原文不全，虽无从知道还有些什么观点，但从上文中，可以看出，所有当时的各种主张都提出来了，孙膑都给予以否定，最后提出“富国”的主张，明确而肯定地指出，唯有“富国”才能“强兵”，

"富国"是"强兵"的基础和依靠。孙膑使用排他法对自己的主张进行论证,把其他主张逐一排除。这是一种很巧妙的论证方法,让其观点和主张更加深刻。

一代天骄成吉思汗的蒙古铁骑曾令各国军队闻风丧胆。但蒙古贵族是把他们的强大的版图建立在对各国镇压和争夺之上,他们所到之处杀人无数,在征讨欧洲时,还曾以割下人耳作为报功的凭据,真是前所未闻。他们强占大批农田,似乎想要把世界变成他的牧场。他们的种种的做法,造成各族人民生活贫困、痛苦,所以引起人民的强烈仇恨和反抗。尽管他们在中国大地上连菜刀都作为非法"武器"而加以收缴,但仍不能阻止人民的反抗,强大的蒙古帝国终于在一个相对短暂的时期内灭亡。历史证明,以暴力和掠夺强兵不会维持多久。成吉思汗的教训应该给我们深刻的启示和反省。

用到企业管理中,就是对员工和人才的重视。麦肯锡公司的研究指出:要留住能干的人才,就必须委派得力的人做他的上司。人才的离职很大程度上与其上司有关系。国外一个大型人力资源研究机构曾经对 2 万名刚离职的人员进行了调查,发现许多人离职并非是薪资原因,而与直接上司有关。比如波音公司的 200 名离职人员中,只有 40 人与公司在离职前进行了薪酬谈判,其中 27 人因公司给予加薪而留了下来,这 27 人中有 25 人又在一年后离开了波音。许多人离开公司的一个重要原因是:令人讨厌的上司。落后的监督管理方式才是导致人才离开的重要原因,因此,降低员工流失率,回避跳槽风险,就必须向落后的管理方式开刀。

把舞台让给员工,"强兵"头上无"弱将"。在这个群策群力的时代,优秀干部的重要性可能远超过优秀的领导人,因此,俗语说的"强将手下无弱兵"应该改成"强兵头上无弱将"。在"强将手下无弱兵"的逻辑下,"将"是主体,兵则是用来衬托将的优秀,领导者的主要工作之一是"拉引"他"手下"的部属,使他的部属成为干练之士。但在"强兵头上无弱将"的逻辑下,"兵"是主体,"将"是用来衬托兵的优秀,部属的主要工作是"推挤"他的领导者,使领导者能够卓越。

国外的长青企业的经验证明,企业保持旺盛生命力的秘诀,并不在于有强有力的领袖,而在于有源源不绝的优秀员工。现代企业不能消极地满足于"无弱兵",更要积极地培养"强兵"。前者是指具有良好执行能力的员工;后者则应该具有

“单兵作战”的能力,能够主动地面对挑战、承担责任;当领导者有所偏失时,能勇于表达自己的看法。所以,面对多变诡谲的环境,强兵的重要性与日俱增。如果中小企业要成功转型成为中大型企业,企业领导者必须一改自己强势的霸气,扩大部属出头的空间。

企业要培养强兵的第一步是改变领导者的心态。领导者一定要敢于放下自己要比部属强的想法与姿势。其次,企业要营造一个部属能够建立信心、发挥潜能的环境。第三,企业领袖应该尽量把各种机会让给员工,唯有员工受宠,才能自立自强。部属得到的认可太少,自信与发展就会受限,当然也就难以成为强兵了。

自信,作为一种人格素质,是一名取于变革的员工所应具有的品质。自信的人积极性高、自尊心强,并且勇于冒险。

不仅如此,自信的员工会把激情和价值观融入工作中,自信促使他们出更多超越自我的贡献。自信之人创造的不仅仅是产品与服务,更重要的是孕育了创造产品和服务的业务流程、关系网络以及企业文化。让员工在每一个工作日的每一刻都充满自信,对个人对组织都有重要意义。

然而,即使是最为自信的员工,在面对与日俱增的变革时也会遭遇自我怀疑的危机;此时,你的领导意识和援助之手便成了关键。树立员工自信并非轻而易举、毫无风险,你必须要实实在在地观察员工们的好恶与风格,评估他们的敬业精神与工作成果,并改善员工的工作条件。

十　阵[①]

【原文】

凡阵有十:有方阵,有圆阵,有疏[②]阵,有数[③]阵,有锥行之阵[④],有雁行之阵[⑤],有钩行之阵[⑥],有玄襄之阵[⑦],有火阵,有水阵。此皆有所利。方阵者,所以剸[⑧]也。圆阵者,所以榑[⑨]也。疏阵者,所以吠也。数阵者,为不可掇[⑩]。锥行之阵者,所以决绝[⑪]也。雁行之阵者,所以接射[⑫]也。钩行之阵者,所以变质易虑也[⑬]。玄襄之

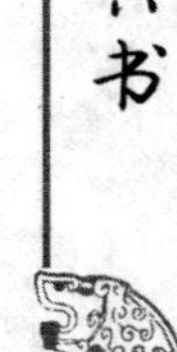

阵[14]者，所以疑众难故也。火阵者，所以拔也。水阵者，所以伥固也。方阵之法，必薄中厚方[15]，居阵在后。中之薄也，将以吠也。重□其□，将以剸也。居阵在后，所以……圆阵之法……[16]疏阵之法，其甲寡而人之少也，是故坚之。武者在旌旗，是人者在兵[17]。故必疏钜间[18]，多其旌旗羽旄，砥刃以为旁。疏而不可蹙[19]，数而不可军[20]者，在于慎。车毋驰，徒人毋趋[21]。凡疏阵之法，在为数丑[22]，或进或退，或击或颏[23]，或与之征，或要[24]其衰。然则疏可以取锐矣[25]。

数阵之法，毋疏钜间，戚而行首积刃而信之，前后相保，变□□□，甲恐则坐[26]，以声坐□，往者弗送，来者弗止，或击其迂，或辱[27]其锐，笲之而无间，斩山而退。然则数不可掇也。

锥行之阵，卑[28]之若剑，末不锐则不入[29]，刃不薄则不剸，本[30]不厚则不可以列阵。是故末必锐，刃必薄，本必鸿[31]。然则锥行之阵可以决绝矣。

雁行之阵，……中，此谓雁阵之任[32]。前列著䧢[33]，后列若貍[34]，三……阙罗而自存，此之谓雁阵之任。

钩行之阵，前列必方，左右之和[35]必钩。三声[36]既全，五彩[37]必具，辨吾号声[38]，知五旗。无前无后，无……

玄禳之阵，必多旌旗羽旄，鼓翟翟庄，甲乱则坐，车乱则行，已治者□，榼榼啐啐[39]，若从天下，若从地出，徒来面不屈[40]，终日不拙。此之谓玄禳之阵。

火战之法[41]，沟垒已成，重为沟堑，五步积薪，必均疏数，从役有数，令之为属枇，必轻必利，风辟……火既自覆，与之战弗克，坐行而北。火战之法，下面衍以芥，三军之士无所出泄[42]。若此，则可火也。陵猋蒋芥，薪荛[43]既积，营窟未谨[44]。如此者，可火也。以火乱之，以矢雨之，鼓噪敦兵[45]，以势助之。火战之法。

水战之法，必众其徒而寡其车，令之为钩楷蓰柤贰辑□绛皆具。进则必遂，退则不蹙，方蹙从流，以敌之人为招[46]。水战之法，便舟以为旗，驰舟以为使，敌往则遂，敌来则蹙，推攘因慎而饬之，移而革之，阵而□[47]之，规[48]而离之。故兵有误车有御徒，必察其众少，击舟颏津[49]，示民徒来。水战之法也。

【注释】

①此是篇题，写在本篇第一简简背。

②疏:稀疏。

③数:密集。

④锥行之阵:前尖如锥的阵形。

⑤雁行之阵:横列展开的阵形。

⑥钩行之阵:左右翼弯曲如钩的阵形。

⑦玄襄之阵:据后文所述当是一种疑阵。

⑧剸:截断。

⑨榑:借为团,结聚。

⑩掇:疑借为剟,割齮。

⑪决绝:突破而切断。

⑫接射:疑指用弓矢交战。

⑬虑:计谋,图谋,指作战的方针、计划。此句之意疑谓钩行之阵宜在改变作战计划时使用。

⑭玄䙰之阵:即玄襄之阵。

⑮方:疑借为旁。薄中厚旁:意谓方阵中心人少,周围人多。

⑯据上文,此处当有论圆阵的简文。“圆阵之法”四字据本篇文例增补。

⑰是:疑借为示。以上二句意谓用旌旗和兵器以显示威武。

⑱钜:借为距。疏距间:加大阵列的间隔距离。

⑲蹙:迫促。

⑳军:包围。

㉑徒人:步卒。趋:疾走。

㉒丑:类,群。数丑:几个小群,指几个小型的战斗单位。

㉓㹠:意义不详。银雀山所出其他竹简中或用作刚毅之毅,疑即《说文》毅字异体。

㉔要:通“邀”。

㉕意谓疏阵可以用来袭取敌人的精锐部队。

㉖坐:指军阵稳定不动。

㉗辱:借为衄,挫折。

㉘卑:借为譬。

㉙末:指剑端。不入:不能突破。

㉚本:指剑身。

㉛鸿:大。

㉜任:作用。

㉝䧢:疑借为貛,兽类,形似猿。

㉞貍:野猫。

㉟左右之和:指军阵的左右两翼。

㊱三声:指军中金鼓笳铎的声音。

㊲五彩:指各种颜色的军旗。

㊳号声:号令之声。

㊴榼榼啐啐:疑指士卒鼓噪之声。

㊵徒:步兵。屈:穷荆"徒来"之语见《孙子·行军》:"尘高而锐者,车来也。卑而广者,徒来也。"

㊶此节文字分前后两段,自此以下至"坐行而北"为一段,说明防御火攻的方法。"火战之法,下而衍以苏"以下为另一段,说明火攻敌军的方法。下文"水战之法"也分两段,前一段似说明防御敌人自水上进攻之法,后一段似说明自水上进攻敌人之法。

㊷无所出泄,无处逃脱。

㊸薪荛:柴草。

㊹营地整治不周密。

㊺敦:劝勉。意谓鸣鼓喧噪,以激励士卒的斗志。

㊻招:箭靶。

㊼此字有残损:可能是"歹"字,也可能是"支"字或"丈"字。

㊽规:疑借为窥。

㊾津:渡口。

【译文】

兵阵的列阵方法有以下10种:方阵、圆阵、疏阵、数阵、锥形阵、雁形阵、钩形阵、玄襄阵、火阵和水阵。以上兵阵各有各的长处,各有各的用法。方阵用来截击敌军。圆阵用以集中兵力防守。疏阵用以制造声势。数阵的作用是使敌军不能分割消灭本方军队。锥形阵用来突破敌军阵地并切断其相互联系。雁形阵用来进行弓弩战。钩形阵在情况发生变化而改变作战计划时使用。玄襄阵用来迷惑敌军,使其难以达到目的。火阵用来攻拔敌军营寨。水阵用来加强防守。

方阵的列法:中心的兵力少,而四周的兵力则必须多而强,将领的指挥位置靠后。中间布兵少是为了便于发号施令。四周兵力多而强,是为了便于截击敌军。指挥位置靠后,是为了……圆阵之法……

(原文缺)疏阵的布列方法是在士兵铠甲不足而兵力又少时用来加强阵势的。要多设旗帜显示其锐不可当,多置兵器表明兵多。因此,布阵时必须加大军兵的行距间隔,在其间多设旗帜羽旄,要把锋利的兵器布置在外侧。要注意疏密适当,既不至于受敌军的牵制,更不至于被敌军包围,做好这一点的关键在于深思熟虑,谨慎施行。战车不能急驶,步兵不要急行。疏阵使用的关键在于,把士兵分编为若干个战斗群,既可前进也可后退,既可进攻也可防守,可以和敌军对战,也可以截击疲弱的敌军。疏阵用得好,可以战胜精锐的敌军。

数阵的列法:不必加大行距间隔,行列要相互靠近,排列有序,兵器要密集而又便于施展,前后要互相保护。……当本方士兵有恐慌情绪时,要停止行动,保持稳定,……当敌军退走时,不要追击;敌军来犯时,不要堵截,可以选择敌军的弱点加以攻击,或挫敌军锋锐,要计算周密,不给敌军任何可乘之机,让敌军在阵前如遇大山一般,只好退走。这样,数阵就坚不可破了。

锥形阵的列法,要使它像利剑一般。其前锋如不锐利,就不能攻入敌阵;其两翼如不锋利,就不能截断敌军;其主体如不雄厚,就不能布成锥形阵。因此,锥形阵的前锋必须锐利,两翼必须轻灵锋利,主体必须兵力雄厚。这样的锥形阵就可以突破敌阵,截断敌军了。

雁形阵的列法，……这就是雁形阵的作用。雁形阵前面排列要像有雍那样，而后面排列则要像善伏的狸猫一样。……这就是雁形阵的作用。

钩形阵的列法，前面必须排成方形，左右两翼相对应必须布成钩形。指挥用的金、鼓、角 3 种发声器要齐全，5 种颜色的旗帜必须齐备，要让自己的士兵能辨别本军指挥的声响号令和指挥旗帜。

……玄襄阵的列法，必须多设各种旗帜，鼓声要密集而雄壮，士兵要表面散乱而实际稳定，战车表面杂乱而实际上排列有序，……让士兵像在茶楼酒馆一样，喧闹杂乱，如同从天而降，从地里冒出来一样，走来走去，络绎不绝，整日不断。这就是玄襄阵的摆法。

火阵的列法是，在沟垒之外，再修筑堑壕，每隔 5 步堆积柴草，要疏密均匀，分派好点火的士兵，让他们准备好点火用的火把，点火时动作要轻灵利落，……如果火烧向本方，那和敌军交战是不能取胜的，必须立即停止行动，向后撤退。用火战的条件是，敌军的位置在下风头，敌军的阵地地势低平，野草丛生，敌军在被烧时无处可逃。具备这些条件时才可用火攻，遇上大风天气，敌军阵地又是野草丛生，柴草堆积，营地戒备又不严密时，也可以用火攻。这时，用火攻造成敌军混乱，再用如雨一样密集的箭射杀敌军，并擂鼓呐喊，督促士兵攻击，以兵势辅助火攻。这就是火战的方法。

水战的列法是，多用步兵而少用战车，要让部下准备好捞钩、缆绳等器具和船只用具。前进时要前后相随，后退时不可拥挤，要适时收缩队形顺流而下，把敌军当为作战目标。水战的关键在于用轻便船只作指挥船，用快船作联络船，敌军后退时就追击，敌军进攻时就收缩队形迎战，要根据形势变化而谨慎指挥进退应敌，敌军移动就加以牵制，敌军结阵就……敌军密集就分割。敌军中常有隐蔽的战车和步兵，要考察清楚敌军有多少人，在攻击敌军船并控制渡口时，要把步兵调到在陆路配合作战。此为水战的作战方法。

【赏析】

本文主要讲述了兵阵的运用。孙膑所处的战国时代，以战车为作战工具，由步兵配合战车作战，骑兵还是在赵武灵王推行“胡服骑射”之后才兴起的一个新兵种，所以“兵阵”在当时显得就特别重要。当时的统兵将领必须会运用各种兵阵。善于运用各种兵阵去进攻或者防御。所以学会运用兵阵就成了一个合格将领的基本要求。可以说，那时的将领如果不会排列和运用各种兵阵就不合格，不称职，就很难在行军作战中取得胜利。正是由于兵阵方略在当时的重要性，所以孙膑才详细地述说了10种兵阵的特点、排阵方法以及一些注意事项和运用的方法，以作为将领们学习的基本教材和用兵手册。就对兵阵的详尽述说而言，孙膑是超群出众的，是无人企及的。当然，随着历史和战争的发展，兵阵的形式和作用也在变化，名称、种类更是千变万化，如果只墨守“十阵法”也不可能取胜的。不过孙膑所述说的排阵原理，运用诀窍，今天仍然很有价值，是宝贵的用兵技巧。现代战争也要构筑阵地，也要讲究堡垒和各种工事、掩体的布设，各种资源的优化配合。这一切与孙膑所说的布阵原理都是相通的，甚至是相同的。例如兵力配置的疏密适当，把士兵分编为若干战斗群，进退灵活，互相支援，互相保护，联络有效，指挥畅达，设置伪装迷惑敌军，选择和利用地形，各军兵种和武器的有效使用等，作战中很重要，从下面几个实例中，可以进一步看出孙膑论述的各点的正确性。

汉献帝建安十三年(公元208年)，曹操领军号称83万人马从江陵顺江东下，浩浩荡荡，向东吴进发，兵到之外，荆州刘琮已望风投降。原在荆州依附刘表的刘备只得领兵退至鄂县樊口。这时，诸葛亮对刘备说：“当下形势危急，请让我去东吴向孙权求救吧！”刘备同意了。诸葛亮到了东吴，在鲁肃的陪同下去紫桑口会见了孙权。诸葛亮对孙权说：“当今天下大乱，您起兵江东，刘备聚军汉南，与曹操争雄天下，现在曹操已大体平定北方，将要进攻东吴，其前锋目前已占据荆州，声势之盛，真可谓威震海内。请您仔细权衡，如果能以吴越之众与曹操抗衡，就可早日与之绝交；否则，便可收拾军马，降归曹操算了。眼下情势已很危急，您需早做决断，再有犹豫，后患将不堪设想啊！”孙权听了这话，心里老大不高兴，便反问诸葛亮道：“果真如你所说，那你们的刘皇叔为何不去投降曹操呢？”诸葛亮见孙权答话有机可乘，便进一步施展起激将计，说道：“古代田横只是区区一名齐国壮士，却宁肯坚守节义，也不甘屈辱，我刘皇叔乃堂堂汉室后裔，英才盖世，海内人士望风景仰，纷

纷表示愿意归附,怎会甘心臣服曹操呢?他已下定决心与曹操抗争到底,即便是被打败了,那也只能归咎于天意!”孙权听了这话,果然被激怒了。说道:“我堂堂孙仲谋,顶天立地,岂能以江东之地、10万兵马,受制于曹操?!我意已决,誓与曹操争一高低!不过,当下要阻挡曹军进攻,非刘备兵马不可,而刘备却是新败之兵,不知能否当此重任?!”诸葛亮眼见自己联吴抗曹的激将计已有端倪,只是孙权心里还多少有些疑虑,便又进一步分析说道:“我刘皇叔兵马虽是新败于长坂坡,但仍有关羽率领的水军精锐1万,另有江夏刘大琦拥有的兵马也不下1万。曹军人数虽多,却是远道征战,已经疲惫不堪,此次追赶刘备,轻骑一天一夜,急行军300里,士卒们气喘吁吁,仍是追赶不上,足见曹军已是强弩之末了。何况曹操的北方兵,不惯于水战,而荆州军民又多是被逼归附,并非心服。因此,只要您派出猛将领兵数万,与刘备兵马协同作战,必可大破曹兵!”听了诸葛亮这番分析,孙权十分高兴,便与张绍、鲁肃等人进一步商议破曹之策。谁知张昭慑于曹军声威,不赞成迎战,在场的还有一些人也附和他。鲁肃心里虽然主战,但见主和派人多势众,便暂时保持缄默,只是私下里向孙权表示了自己的看法,并且建议孙权把都督周瑜从鄱阳召回,共商大计。

应孙权之召,周瑜从鄱阳回来了,听说张昭等人力主和议,心里很是不满。便在孙权面前慷慨陈词,说道:“曹操托名汉相,实是汉贼。你以英武之才,拥有江东地方数千里,兵精粮足,英雄归附.正当横行天下,为汉室除残去秽,怎可轻言请和?何况曹操进犯东吴,无异于是自己前来送死,当然应该迎战。依我分析,现今北方并未完全平静,马超、韩遂还在关西,成为曹操腹背之患;曹军都是北方人,不习水战,要他们抛弃鞍马,改用舟船,与我争锋,已是不利;加上时值隆冬严寒,曹兵不服水土,必多疾病;如此种种,都是曹操用兵之忌,而他却倒行逆施,岂不是自投罗网?有些人只听说曹军有80余万,便诚惶诚恐,倡言主和,殊不知只需仔细筹算,便知曹军号称83万,实有兵马不过15~16万,加上荆州刘琮的7~8万降兵,也不过20余万人,何况荆州兵马是新降之兵,心存狐疑,未必愿为曹操卖命。因此,看来曹兵人数众多,其实并不可畏。我请求挑选精兵5万,前往迎敌!”听了周瑜对敌我双方实力和天时、地利情况的分析,孙权大为兴奋,斥责主和派是“只顾妻子,挟持私虑”，全然不把天下安危放在心上。当即决定先拨3万精兵，准备好船粮战具，交由周瑜率领前往迎敌。

却说周瑜须兵出战，与曹军在赤壁遭遇。这时，曹军士卒因多患疾疫，故与吴军接战，初战不利，不得已，只好退军回至长江北岸，吴军则在南岸扎营。战斗空隙时，周瑜部将黄盖对周瑜建议说：我军面临以寡敌众形势，恐难持久，何不使用火攻取胜呢？周瑜听罢黄盖用计，拍案叫好！当即下令用蒙衔斗舰10艘，载上枯草干柴，灌进桐油，外面用布帷遮盖，舰上插上旗帜。同时又准备一批小船系在大船尾部。然后便上演了周瑜打黄盖的苦肉计，之后黄盖给曹操写信，诈称愿意投降，曹操将信将疑，最后还是答应了。

这天，正是东南风刮得很紧，黄盖率领10艘大舰走在最前面，行至江心时，更是升起风帆，加速前进，其余的船艇也随后跟上。这时，曹操的军士见南船纷纭而至，纷纷出营驻足观看，都说是黄盖领兵前来投降了。说时迟，那时快，当黄盖的船艇进至离北岸曹军战船很近时，突然各船同时起火，火烈风猛，船进如箭，一下子就烧到曹军船上，曹船连在一起，一时无法解脱，不一会儿，便统统烧起来了，熊熊火焰，一直延伸到岸上曹营，曹军人马猝不及防，烧死、溺死的不计其数，余下的也慌忙逃命；曹操则领着一支残兵从华容道上败走，一路泥泞路滑，跌跌跄跄，狼狈不堪。刘备、周瑜率领大军水陆并进，紧追不舍，一直把曹操追到南郡，这时曹操的军马已是死伤大半了。不得已，曹操只得命令曹仁、徐晃坚守江陵，命令乐进坚守襄阳，自己则领兵败回北方了。

上面的战例讲的是在列阵中火攻的重要性，所以说阵法在作战中很重要的，巧妙的阵法，即便是不交战，也可以杀形于无敌之中。

若说水战，关羽水淹七军最为精彩。刘备称汉王的消息传到许都后，令曹操很愤怒，一气之下，就要出兵攻打刘备，司马懿却反对出兵，并为他定下一计，利用孙权欲收回荆州而与孙权订下配合攻打荆州的约定，双方约定，曹军从陆路进攻，东吴从水路配合。于禁带领大军前往樊城增援曹仁，由庞德随于禁出征。有人怀疑庞德心向刘备，庞德便抬棺出征，来表示他的决心。蜀军与庞德打了一仗没有分出胜负，于是第二仗关羽亲自领兵出战，结果大意中了庞德回马一箭。汉军十几天不

出营。于禁见汉军不肯出战，便把七军移过山口，在离樊城北 10 里外，依山扎寨。

关羽听说曹军依山扎寨，便亲自去察看，又叫来向导官，问知曹军扎营之处叫“罾口川”。关羽非常高兴地说：“于禁必定要被我活捉了！”众将士还不明白，关云长说：“鱼进了‘罾口’，还能呆得长久吗？”原来，“罾”是一种捕鱼的板网，“罾口川”的地势又容易被水淹。关羽下令收拾船筏、捞钩等待用。随后几天连降大雨，襄江水泛滥，关羽又派人堵住一些水口。一天晚上，又是风雨大作，庞德坐在帐中，听到帐外声音嘈杂。他出帐一看，大水，汹涌咆哮而来，曹军被淹得惨不忍睹。刹那间，平地水深一丈有余。于禁、庞德等将慌忙爬上小山躲避。天一亮，关公带领兵将，乘坐大船，摇旗擂鼓而来。于禁见无路可逃，便自动投降了。剩下庞德和手下二将及 500 名军兵，但却没有衣甲，站在堤上，关羽下令包围，万箭齐发，将曹军射死大半。二将想投降，被庞德处死，领兵继续抵抗，后来，庞德抢到汉军一只小船，划向樊城。然而，庞德终因势单力薄，被大船撞翻落水而被活捉了。这一仗，曹军不懂地形的利害，结果被关羽利用一场大水所淹，曹操派出的大军顷刻之间土崩瓦解。以上述战例中可以看出，其布阵巧妙，善于使用伪装，迷惑敌军，巧妙利用地形、地物运用火攻、水战来消灭劲敌，这和孙膑所说的布阵用兵的原理相合。仅从这几个战例，我们也可悟出：对孙膑所述说的布阵原理和方法，必须融会贯通，在实战中因时、因地、因势灵活运用，才能克敌制胜。

在企业的核心竞争资源中，人力资源是个重要元素，是企业核心竞争力的基础动力之一。如何有效地配置人力资源、最大程度地发挥人力资源优势，成为企业倾情关注的课题。21世纪理性营销时代的到来，使个人英雄无法再在营销舞台上独唱主角，依靠个人力量叱咤风云、劲舞弄潮的日子一去不返。团队，这个营销时尚名词，开始被越来越多的企业探讨钻研。团队管理，成为企业人力资源管理的新领域。

拳头伤人之所以要比手指伤人或者巴掌伤人疼得多，是因为当拳头攥紧时，整只手上的全部力量都凝聚在拳心，所以力量强大！如果一支军队能够攻城略地百战不殆，它最大的特征就应该是人和。在营销领域，一支优秀的企业团队同样如此，强大的凝聚力，成为他们成就梦想、创造辉煌的制胜法宝。

十　问[①]

【原文】

兵问曰：交和而舍[②]，粮食均足，人兵敌衡[③]，客主[④]两惧。敌人圆阵以胥[⑤]，因以为固，击【之奈何？曰】：击此者，三军之众分而为四五，或傅[⑥]而佯北，而示之惧。彼见我惧，则遂分而不顾。因以乱毁其固。驷鼓同举，五遂[⑦]俱傅。五遂俱至，三军同利。此击圆之道也。

问曰：交和而舍，敌富我贫，敌众我少，敌强我弱，其来有方，击之奈何？曰：击此者，□阵而□[⑧]之，规而离之，合而佯北，杀将其后，勿令知之。此击方之道也。

交和而舍，敌人既众以强，劲捷以刚，锐阵以胥，击之奈何？答曰：击此者，必三而离之，一者延而衡[⑨]，二者□□□□□恐而下惑，下上既乱，三军大北。此击锐之道也。

交和而舍，敌既众以强，延阵以衡，我阵而待之，人少不能，击之奈何？答曰：击此者，必将三分我兵，练我死士，二者延阵张翼，一者材士练兵[⑩]，期其中极[⑪]。此杀将击衡之道也。

问曰：交和而舍，我人兵则众，车骑则少，敌人十倍，击之奈何？答曰：击此者，当保险带隘[12]，慎避广易[13]。故易则利车，险则利徒。此击车之道也。

问曰：交和而舍，我车骑则众，人兵则少，敌人十倍，击之奈何？答曰：击此者，慎避险阻，决而导之，抵诸易[14]。敌虽十倍，便我车骑，三军可击。此击徒人[15]之道也。

问曰：交和而舍，粮食不属[16]，人兵不足恃[17]，绝根而攻，敌人十倍，击之奈何？曰：击此者，敌人既□而守阻，我……反而害其虚。此击争□之道也。

问曰：交和而舍，敌将勇而难惧，兵强人众自固，三军之士皆勇而无虑，其将则威，其兵则武，而理强梁徒[18]，诸侯莫之或待[19]。击之奈何？曰：击此者，告之不敢，示之不能，坐拙而待之，以骄其意，以惰其志，使敌弗识，因击其不□，攻其不御，压其骀[20]，攻其疑。彼既贵既武，三军徙舍，前后不相睹，故中而击之，若有徒与。此击强众之道也。

问曰：交和而舍，敌人保山而带阻，我远则不接，近则无所[21]，击之奈何？击此者，彼敛阻移□□□□□则危之，攻其所必救[22]，使离其固，以揆其虑[23]，施伏设援，击其移庶[24]。此击保固之道也。

问曰：交和而舍，客主两阵，敌人形箕[25]，计敌所愿，欲我陷覆，击之奈何？答曰：击此者，渴者不饮，饥者不食，三分用其二，期于中极，彼既□□，村士练兵，击其两翼，□彼□喜□□三军大北。

此击箕之道也。

【注释】

①此是篇题，写在本篇第一简简背。

②和：军队左右垒门。舍：扎营。意谓两军相对，准备交战。

③敌：相当。意谓双方人力和武器相当。

④客：指进攻的一方。主：指守御的一方。

⑤胥：等待。

⑥傅:借为薄,迫近,接触。

⑦遂:借为队。

⑧参看《十阵》

⑨延而衡:与下文"延阵以衡"同意,指把军阵延长,横着摆开。

⑩材士:材力之士。练兵:精选的士卒。

⑪中极:要害。意谓务期攻敌要害。下文"期于中极"与此同意。

⑫意谓凭据险阻的隘塞之地,恃以为固。

⑬意谓要避开平敞开阔的地形。

⑭抵:挤,推。意谓把敌人压迫到平坦的地带。

⑮徒人:步卒。

⑯属:连续。意谓粮食接济不上。

⑰恃:疑借为恃。

⑱理强梁倢:疑当读为"吏强粮接",吏指军吏。

⑲待:抵御。意谓其他诸侯国都不能抵御。

⑳骀:疑借为担。

㉑以上二句意谓我离敌太远则打不到敌人,离敌过近则无立足之地。

㉒"攻其所必救"之语见《孙子,虚实》。

㉓揆:揣度。意谓揣度敌人的行动意图。

㉔庶:众。移庶:移动中的敌众。

㉕意谓敌人把军队布置成簸箕形的阵势。

【译文】

兵家问道:"双方军队准备交战,两军粮食都很充足,军队数量和装备也相差无几,彼此双方都又惧怕对方。这时,敌军以圆阵固守待战,将如何攻击敌军呢?"孙膑道:"对这样的军队进行攻击,可以把本方军兵分成四五路,有的军兵与敌军刚交战便佯装败逃,似乎很害怕敌军的样子。敌军见我军畏惧,就会毫无顾忌地分兵追击我军。我军就可以乘敌军乱而毁掉其坚固的阵地,随即驱动战车,擂响战鼓,五

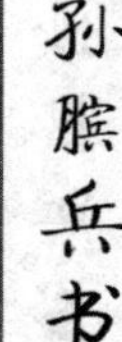

路军兵齐发,全军协同攻击敌军。这就是击破敌军圆阵的办法。"

"两军准备交战,敌方富有,我方贫困,敌军兵多,我军兵少,敌强我弱,敌军用方阵向我方进攻,我军该如何抗击敌军呢?"孙膑说:"抗击这样的敌军,……使集中的敌军分散,一接触就假装败逃,然后伺机从后面攻击敌军,但要注意不让敌军事先察觉。这就是攻破敌军方阵的办法。"

"两军准备交战时,敌军人数既多又强,勇猛、敏捷,并且列成锐阵准备与我军交战,该怎么样对抗敌军?"孙膑说:"抗击这样的敌军,要把本方的军队分成三部分,以便调动、分散敌军。用本方一部分军兵与敌军周旋抗衡,阻滞敌军;第二部分军兵……从而造成敌军将领恐惧,士兵惶惑,上下混乱,敌军必将全军大败。这就是击破敌军锐阵的办法。"

"两军准备交战时,敌军人数多而且强大,布成阵势与我军交战,我军也列阵等待,但我军兵力太少,无法抗击敌军,该怎么办呢?"孙膑说:"抗击这样的敌军,要把本方军队分成三部分,并且要特别选出一部分精兵组成敢死队。用三部分中的两路军兵列成阵势,张开两翼,再用精兵组成的敢死队攻击散军中枢,务求一击必中。这就是击杀敌军统兵将领,击破敌军攻击阵势的办法。"

"两军准备交战时,我军人数多,但战车、骑兵少,敌军战车和骑兵是我军的10倍,该怎么与敌军交战呢?"孙膑说:"和这样的敌军交战,要占据险要地形,利用狭长的隘口,千万要避开开阔平坦的地带,因为开阔平坦地带有利于战车冲击,而险要隘口有利于步兵作战。这就是打败敌军战车的办法。"

"两军准备交战时,我军战车和骑兵多,但步兵少,而敌军步兵多,是我军的10倍,该怎么样与敌军作战呢?"孙膑说:"和这样的敌军交战,千万要避开险阻地带,想方设法把敌军引到平坦开阔地带去决战。敌军步兵虽是我军10倍,但开阔平坦地区便于我军战车和骑兵冲击,这样就可将敌军全部击败了。这就是打败放军步兵的办法。"

"两军准备时,我军粮食不够吃,人员和兵器又补给不上,而且是远离自己的根据地去攻击敌军,而敌军兵力又是我军的10倍,该怎样对敌作战呢?"孙膑说:"对这样的敌军作战,……(原文残缺)"

“两军准备交战时，敌军将领勇猛无畏，敌军兵多而强，阵地十分坚固，全军将士都很勇敢，没有后顾之忧。敌军将领威武，士兵勇敢善战，后方人员强干，粮食供应充足，诸侯中无人敢与之争锋。该如何与这样的敌军抗争呢？”孙膑说：“和这样的敌军抗争，可以公开宣布不敢与其抗争，明白显示出没有能力与其抗争，装出完全对其屈服的样子，从而使我军产生骄傲情绪，松懈斗志，要让敌军看不出我方的真实意图。然后出其不意，攻其无备，趁敌军懈怠和疑虑之际，对敌军发动攻击。敌军虽然又富又勇敢，但全军离开营地，行军迁移，前后不能相互照应，这时，我军可以趁机拦腰截击敌军，很容易将其打败。这就是打败强敌的办法。”

“两军准备交战时，敌军凭借山地险要地形据守，阻止我军前进，我军若离敌军远就无法接触敌军，离敌军近了又没有依托之地，该怎样与这样的敌军交战呢？”孙膑说：“与这样的敌军交战，……要攻击敌军必定要救援的地方，从而牵敌军离开其坚固的阵地，并预先算计好敌军的计划，部署好伏兵和援军，在敌军移动时对其发动攻击。这就是攻击据险固守的敌军的办法。”

“两军准备交战时，敌军和我军列阵相对，敌人摆出箕形阵势。估计敌军的意图，是想让我军落入其包围而使我全军覆没。该怎样与敌军对抗呢？”孙膑说：“对抗这样的敌军，要像口渴的人不喝水，饥饿的人不吃饭一样，不受敌军引诱，不中敌军圈套。用本方三分之二的兵力，去攻击敌军的中枢要害，待敌军……之时，派出精兵去攻击敌阵两翼，敌军必然全军大败。这就是攻破敌军簸箕阵的办法。”

【赏析】

《十问》与前一篇《十阵》有相似的地方：都是临敌作战布阵和战术的概括，只是具体内容不同，《十阵》所论述的是怎样运用兵阵去破敌取胜的方法，而《十问》则是讲述在两军对垒的各种情势下，如何用兵取胜的战术战法。《十问》详尽讲述了在各种情况下用兵破敌的战术原则和具体办法，比如讲“敌强我弱”，一般性的军事著作也就是从双方兵力对比和战斗力强弱作论述的，而这篇文章却又把“敌强我弱”具体划分为 10 种情况，提出 10 个怎么办的问题，而且除第 7 种因竹简残缺不全外，其余 9 种都为很有价值且实用的作战对策，足可以成为将领行军作战的参考。

李世民是一位很有军事谋略的君王，当年他起兵征伐高丽时，在辽东半岛，唐军连胜数仗，锐不可当。高丽派出高延寿、高惠真领兵15万，前去支援。这时，太宗李世民对众将分析敌情说："高延寿领兵前来，把几座城连起来作为堡垒，储足粮草，凭险据守，同时派兵抢夺我军牛马，围困我军，这是他们的上策；如不实行上策，而把安市城内的兵士和百姓全部迁走，乘黑夜全军退走，仍然不失为中策；如果他们自不量力，要和我军一比高下，这便是下策了。我想他一定采用下策。你们等着瞧吧，高延寿必定被我活捉！"太宗话还没说完，已有探马来报，高延寿领兵前来，离城只有40里了。李世民高兴地说道："我早就想到他会这么做，但还担心他在中途停留，不肯早来与其决战，现在要设法引诱他快点来，才好歼灭他。"便召来左卫大将军阿史那社尔，命其带领1000名突厥骑兵，前去诱敌，只准败，不准胜。

阿史那社尔领兵前去，走了30余里便与敌军相遇。敌军见唐军人数不多，于是，阿史那社尔上前与其交战，打了几个回合，便假装败战而逃。高延寿很高兴，笑着对高惠真说道："我听说唐军锐不可当，今一见哪知竟是这般没用，真是名不副实！"便毫无顾忌地催促大军快速前进，直到安市城东南8里，依山布阵。太宗正带领数百人马，在高处瞭望，很远就看见高丽兵来了，便回到大营，派李世勣率领步兵和骑兵1.5万人，与西岭布兵列阵。命令长孙无忌领精兵1万人，在山北面经狭谷，从后面袭击敌军。而太宗自己则带领步兵和骑兵4000人，悄悄登上北山，并和几支军队约定：一听见鼓声，各军一齐出击，和敌军进行"背水一战"。太宗领兵到达北山，望见李世勣在西岭列好阵，和敌军准备交战，两军都迫不及待，战争一触即发。忽然看见敌军阵后尘沙飞扬，太宗料想是长孙无忌已经深入到敌后，这时，太宗命令随从击鼓吹号，把唐军的旗帜高高举起。众唐军一见信号，一起大声呐喊，杀向敌阵。高延寿和高惠真起初还自恃兵多势旺，不慌不忙，打算分兵抵敌。突然有一员身穿白袍的唐将，大叫一声，勇猛地与敌军进行英勇搏斗。

众唐军将士紧跟白袍将军，杀入敌阵，高丽兵顿时乱成一团，纷纷溃散，谁还去听高延寿、高惠真指挥。高丽15万大军被打得落花流水，被杀死2万余人。高丽军队收拾残兵想要固守，又被围攻，并被唐军破坏桥梁，断了退路。高丽军队无奈之下，只好投降了唐朝。那位白袍将军便是被传为神人的薛仁贵。太宗亲自召见，大加嘉勉赏赐。这也是以少胜多的光辉战例。就高丽军而言，放弃险要阵地盲目决战，这是弃长就短，这是愚者的行为。临阵又骄傲轻敌，上了敌人的当，被唐军三路攻击，再加上临战慌乱，没有了战斗力，必然会导致他的失败，而唐太宗知己知彼，诱敌成功，分三路攻击，出敌不意，给予突然痛击，再加上薛仁贵神勇，众唐军将士勇猛，所以一击全胜。高丽统兵将领犯了兵家大忌，而唐太宗用兵巧妙，其结果自然不言而喻了。

以上"李世民安市破高丽"都是巧妙运用阵法和战术成功的战例。当然，对晋军、李世民来说是成功，而对楚军、高延寿来说则是失败。两个战例中涉及的战术原理，使用方法，许多领兵将领都知道，但运用起来却大不一样，这大概就是杰出的军事家与愚者的区别吧！杰出的军事家能够审时度势，不但善于调整和使用自己的军队，而且能够诱使敌军陷入自己设下的圈。而愚笨的人则只知己不知彼，刚愎自用，所以军情发展总是出乎他们意外，而又不能临敌应变，结果只能以失败告终。高延寿只知自己兵多，不知唐军将勇势强，轻易就上了诱敌计。

从这个战例，我们可以深刻地体会到，孙膑述说的战术原理和运用方法，无疑都是正确的，但在实战中，灵活运用才是重要的。

略　甲

【原文】

略甲之法，敌之人方阵□□无□……欲击之，其势不可，夫若此者，下之……以国章，欲战若狂，夫昔此者，少阵……反，夫若此者，以众卒从之，篡卒因之，必将……篡卒因之，必……（以下为散简）……左右旁伐以相趋，此谓钩击。……之气不藏于心，三军之众□循之知不……将分□军以修□□□□寡而民……威□□其难将之□也。分其众，乱其……阵不厉，故列不……远揄之，敌倦以远……治，孤其将，荡其心，击……其将勇，其卒众……彼大众将之……卒之道……

【译文】

（由于这篇简文残缺过多，不能成为一篇完整的内容，无法译出完整的句段，只好译出几个片段的句子。可对文章略有了解）用兵的谋略在于，当敌军列出方阵时，……想要攻击敌军，而敌军的兵势又不可战胜时，在这种形势下，……求战的心情像是发疯一般，在这种情况下，……在这种情况下，让大队士兵尾随，选出精兵沿途袭扰……。从左右两边相向攻击，这就叫作钩击……使其将领孤立，军心动摇……

【赏析】

在此文中，孙膑给我们讲述了在面对敌人作战，怎样根据双方不同的情势，巧妙地运用相应战术，从而战胜敌人。全文和前面两篇讲战术运用的文章主旨是相关联的，即统兵将领要有谋略，要审时度势，因时、因地、因势用兵。这些基本的军事思想，孙膑在许多篇文章中都涉及，可见他对此的重视。让我们看看“东晋灭南燕之战”，或许从中我们可以得到些启示。

淝水之战后，前秦政权为姚苌、姚举建立的后秦所取代。北方原在前秦控制下的各族又建立起十几个割据政权，出现了再度分裂的局面。它们互相争夺，战乱不已。这些割据政权主要有后燕、西燕、南燕、北燕、大夏、西秦、北魏、南凉、后凉、西凉、北凉等。南燕恭容德原是后燕的范阳王，久镇邺城（今河北临漳西南）。公元396年北魏军南下，后燕被截割为南北两部。南部的恭容德屡被魏军所困，于公元398年迁往滑台（今河南滑县）建立南燕，又因滑台四面受敌，于次年将都址迁往广固（今山东益都县西北）。在这些割据政权中，比较强大的政权是北魏。与东晋连壤的是南燕和后秦，东晋在淝水之战后收复了保、兖、青、司、豫、梁6州（今山东、江苏、河南、陕南），但不久因东晋内部争权夺利，这些地方得而复失，为南燕、后秦占领。在不久爆发的孙思起义、桓玄叛乱中，平民出身的刘裕因镇压起义和平息叛乱有功而官至于车骑将军，掌握了东晋朝廷的军政大权。

刘裕当权后，在政治上实行排除异己，强化自己势力的措施；经济上，他迫于农民起义的压力，实行了减轻徭役、田租，以缓和阶级矛盾；军事上以恢复中原为号召，训练军队，积极准备北进。这些措施的实行，使刘裕在东晋政权中的地位得到巩固，东晋的经济实力也逐渐增强。这时，刘裕开始酝酿北伐战争的战略。刘裕将北伐战争的第一个目标列为南燕，欲一举灭南燕，收复失地，进一步提高自己的声望。在灭南燕之战中，刘裕准确地判断敌情，慎重选择了北伐的路线，利用地形之变灵活地变换战术，取得了北伐的胜利。

公元409年，南燕主慕容超派将军慕容兴宗率骑兵攻陷东晋的宿豫（今江苏宿迁），俘宿豫的阳平太守和济阴（今山东定陶西北）太守而去。不久又派将军公孙攻陷济南，俘太守及百姓男女千余人而去。彭城以南的广大民众纷纷筑坞堡自卫，抗击南燕军。刘裕为争取广大民众的支持，提高自己的威望，决定北伐南燕，恢复故地。

刘裕进攻南燕的主张，除得到左仆射孟昶、本骑司马谢裕等少数人的支持外，多数朝臣对灭燕的信心不足。刘裕分析了南燕国土幅员较小，政治腐败及没有长远的战略眼光等弱点，决心北伐灭燕。刘裕制订了沿途筑城，分兵留守，巩固后方，主力长趋北进的作战方针。同年4月11日，刘裕率兵10余万从建康出发，由水路过长江，由淮水至泗水前进。5月，刘裕抵达下邳（今江苏沂北）留下航船辎重，率步骑向琅琊（今山东临沂北）进发。刘裕在所过之处沿途筑建城堡，分兵留守，以防南燕骑兵的袭击和切断后路。不久，晋军到达南燕境内的琅琊。晋军到达时，南燕已风闻晋国北伐军将至，急忙将莒城（今山东莒县）、梁父（今山东泰安）的守军撤走。晋军继续向前开进，欲从琅琊至广固直捣南燕都城。当时，从琅琊至广固有三条路：一是由琅琊经莒城，越大岘山（今山东沂水北）直趋临朐、广固。这是条捷径，水路运输比较方便。但大岘山很险峻，山高70丈，周围20里，其上关口（今穆陵关）仅能通一车，号称“齐南天险”。二是向东北经莒城、东武（今山东诸城）入潍水北上，再转而西趋广固。这条路比较遥远，劳师费时。三是向北越泗水经梁父，转而向东北达广固。这条路山路过长，不利行军，运输困难。刘裕根据南燕鲜卑人战前曾利用其骑兵优势二次攻入东晋冷北地区，仅仅掠掳而去而不攻城占地的事实，判断南燕首领定是没有远计的贪婪之徒，又从南燕弃守莒城、梁父等要地的情况，判断燕军是不准备在大岘山以南作战，而意在让晋军主力深入南燕腹地，以便依托临朐、广固等坚城，在平坦地区同晋作战，以发挥他们的骑兵优势。刘裕通过对南燕的分析，决定走第一条线路。刘裕手下的部将有些疑虑，提出："如果南燕军恃大岘山之险伏击我军，或坚壁清野绝我粮秣，我军孤军深入，恐怕不仅无法灭燕，而且还将败无归路"。刘裕向他们解释道："我已经谨慎考虑过了。鲜卑人贪得无厌，不知深谋远虑，进则专思抢掠，退则吝惜禾苗，他们一定以为我孤军深入，不能持久；他们进不会过临朐，退不会守广固，我敢断定，他们绝不会守险清野。"刘裕的解释，坚定了部将北越大岘山、直捣南燕腹地迎燕军作战的决心。

在南燕，慕容超听说东晋军北上，便召群臣议与晋作战对策。征虏将军公孙五楼向慕容超提出上、中、下三策。他认为，晋军远道而来，利在速战，我军不要与之争锋，宜扼守大岘，阻其深入；旷日持久，挫其锐气；然后选精骑沿海南下，绝其粮道，另命兖州之兵缘山东下，腹背夹击，这是上策。命令各地郡守依险固守，坚壁清野，毁掉田里的庄稼，使晋军无粮可倞，求战不得，旬月之间即可获胜，这是中策。纵敌入砚，然后出城拒战，此为下策。公孙五楼的上策是比较可取的。如采取这一方略，燕军可凭险固守，阻晋军进入南燕腹地，即使退却，也有利于发挥燕军骑兵的作用。这一计策可谓是可攻可守，可以坚持较长时间的作战。但是，慕容超没有采纳。他认为东晋远道而来，一定疲惫，势不能久。而自己据五州（南燕设并、幽、徐、兖、青五州）之地，拥富庶之民，铁骑万群，麦禾千野，为何先除苗徒民，使自己受损失呢？慕容超采纳了公孙五楼的下策，不听手下将领的谏阻，调回莒城、梁父的守军，修筑广固城池，整顿兵马以待晋军。

6 月 12 日，晋军到达东莒，接着兵过大岘山。刘裕见晋军已过险地，高兴地对左右说："现在我们已顺利过了危险地带，士卒深入敌腹地，因拼死作战；原野上到处是成熟的庄稼，我军无缺粮之忧，可以说，胜利离我们不远了。"不久，晋军临近临朐。南燕、东晋军交相争夺水源城，展开了激烈地争夺战。晋军以死力争，夺取了水源。晋军夺得水源后，刘裕布置军队准备与南燕军争夺临朐。6 月 18 日，晋军主力到达临朐城南附近。慕容超出主力骑兵夹击晋军。刘裕针对南燕骑兵在平川作战时所具有的优势，布置晋军以车兵 4000 名在步兵的两翼，以骑兵在车后机动，组成一个步、骑、车兵相互配合的阵势。这种阵势有效地抵御了燕军骑兵对晋军步兵主力的冲击,兵车上的长矛还阻碍了骑兵的进攻。双方激战半日,未见胜负。参军胡潘向刘裕建议出奇兵走偏僻的小道去袭击临朐城。刘裕接受他的建议,派兵奇袭临朐。临朐守城兵力薄弱,被晋军一举攻下。慕容超惊慌失措,率领余部逃到了广固城中,晋军首战告捷。

晋军在临朐取胜后,连夜乘胜发起追击,直逼广固城下。广固城四周绝涧,一时难以攻取。刘裕命晋军修筑长墙围困敌军,同时就地取粮,停止了从后方运送粮草。慕容超不是积极防御,而是一心指望后秦的援兵到来,消极地等待缓兵。晋军一方面对敌展开了强有力的政治攻势,瓦解敌军,一方面利用敌降将张纲善于制造攻城器具的特长,让他设计出新的攻城器具。公元410年2月初,晋军四面攻城,尚书悦寿开门迎降。慕容超率数10名骑兵突围逃走,后被晋军追获,送建康城斩杀。至此,东晋灭南燕之战以晋胜燕亡而告结束。

东晋灭南燕之战,刘裕能够取胜的主要原因,在于他了解敌人,了解自己,同时也了解地形对于己方的利弊。他正确地分析了南燕政权贪婪、知近利而无远虑的特点,料定目标短浅的慕容超不会凭险固守大岘山,果断地选择了一条捷径直入敌国腹地。刘裕在这次战争中,不仅"料敌制胜,计险厄远近",而且做到了孙子所说的"动而不迷,举而不穷"。他善于根据敌情制订相应的作战措施,采取灵活的战术、战法来战胜敌人。刘裕根据南燕骑兵善于在平川地形作战,而晋军步兵在平川作战又容易被骑兵冲垮的情况,将车阵这一古老的作战队形与战法运用到作战中,组成了一个步、骑、车兵相结合的阵势,在作战中有效地抑制了燕军之所长。在两军相持时,刘裕及时运用奇兵袭击敌人薄弱的后方,有力地打击了敌人,为取得最后胜利奠定了基础。反观燕军之所以失败,除了慕容超目光短浅与骄横自负外,另一种重要原因还在于慕容超不懂得如何利用地形的便利克敌制胜。

在企业发展中,企业生存既是战略问题又是战术问题,活得下需要战术指导,活得好需要战略指引,活得久需要将战术与战略融为一体。战略生存着眼于长远,战术生存注重于当下。

企业信息化建设作为企业迈向未来生存的基础性战略举措,已将企业推上了长远的未来生存轨道，这与企业未来生存规律是相一致的，也是不变的抉择。但是，在市场生存日渐艰难的当下，企业不仅要考虑未来生存的要求，更重要的是如何在现实的生存困境中将信息化建设转化为企业生存力，确保企业在执行未来生存战略的当下发展得更稳更好，这样才能把信息化步子走得更实，从而一步步通达未来。所以，当前国内企业信息化建设要以谋求战术生存为主。

企业信息化建设要突出战术生存，就是要按照科学发展观的要求，坚持以信息化带动工业化、以工业化促进信息化，以体制创新和机制创新为动力，紧紧围绕转变经济增长方式，积极推广和应用信息技术，开发利用信息资源，提高企业管理水平，提高集中管控能力，增强企业生存力，以此促进企业持续、快速、健康发展。

以战术生存为主的企业信息化建设，主要体现在六个方面：

一是要加快建设企业综合管理信息系统，强化科学管理和集中控制。大力建设企业综合管理信息系统，整合系统和信息资源，扩大信息共享范围，提高管理水平和集中控制能力。充分运用企业综合管理信息系统，规范管理流程，提高决策与执行效率，使企业持续健康发展。

二是要大力推进主营业务信息系统建设与应用，使主导产业做强做大。要与国际同行先进企业竞争，抓紧建设和完善支撑主导产业发展、集成共享的主营业务信息系统，为做强做大主业提供可靠的信息化保障。要高度重视各种主营业务信息系统的推广应用，进一步提高主营业务自动化、智能化、网络化和自主创新水平，降低生产经营成本，节约资源能源消耗，快速响应市场需求，提升产品服务质量，提高生产效率和经济效益。

三是要大力推进电子商务应用，增强市场生存能力。要以供应链管理为重点，整合上下游关联企业相关资源，建设以产业链为基础的电子商务平台，推进企业间电子商务，带动中小企业的应用。加大大宗原材料和重要物资的网上集中招标采购力度，降低采购成本。搭建面向全球的电子商务平台，充分利用国际国内两种资源、两个市场，提高参与国际分工合作和市场生存的能力。

四是要重视信息基础设施的完善与应用，提升信息化服务水平。不断改善网络基础设施，保障信息系统高效运行。深化办公自动化应用，提高协同办公水平。

普遍应用安全的电子邮件系统、视频会议系统、IP 电话系统等，扩大信息共享范围，提高经营管理效率。建立上下统一的内部门户系统和外部门户网站，加强工作交流和知识管理，规范在线服务。

五是要提高信息安全水平，保障信息系统稳定运行。要严格落实信息安全责任制，健全管理制度，加强检查教育，及时消除隐患，防止发生重特大信息系统事故。建立和完善信息系统安全应急处理机制，加强重特大风险的识别、防范和控制，提高信息系统的灾难恢复能力。按照国家信息安全等级保护要求，完善信息安全保障体系。把日常管理、技术手段和应急机制结合起来，强化网络运行和场地安全，确保重要数据安全和信息系统稳定运行。

六是要加强信息化技术标准和管理规范建设，保障信息集成共享和管理科学高效。参与标准制订工作，要遵循国际标准和国家标准，制订符合企业特点的技术标准。加快信息代码、数据源定义、应用平台和业务流程等标准化建设。推进信息系统开发的标准化，确立统一的系统设计、程序开发和项目管理规范。推进系统间信息交换接口的标准化，实现系统集成。建立健全信息化管理规范体系，确立工作管理、规划计划、项目招投标、项目实施、项目验收、系统运行维护、安全和标准等管理办法及实施细则。要加大对技术标准和管理规范的执行力度。

以战术生存为主企业信息化建设，重在应用、实效、快捷、方便、准确。

总之，企业信息化建设，就是要按照既定的战略路线，结合现在企业所处的环境、资源存量和企业文化，采取一个又一个灵活的战术措施，一步一步地走下去。没有战术生存也就没有整个信息化对于企业未来的战略生存，这个生存过程既是企业成长、发展的过程，也是企业根据环境变化，运用企业文化来整合资源所进行的自我调适过程；既是企业的战略生存，也是企业的战术生存，整个过程就是将企业战略与战术融为一体。

客主人分[①]

【原文】

兵有客之分，有主人之分。客之分众，主人之分少。客倍主人半，然可敌也[②]。负……定者也[③]。客者，后定者也，主人安地抚势以胥[④]。夫客犯隘逾险而至，夫犯隘……退敢刎颈，进不敢拒敌，其故何也？势不便，地不利也。势便地利则民自……自退。所谓善战者，便势利地者也。

带甲数十万，民有余粮弗得食也，有余……居兵多而用兵少也，居者有余而用者不足。

带甲数十万，千千而出，千千而□之……万万以遗我。所谓善战者，善翦断之，如□会挠者也。能分人之兵，能按人之兵，则锱【铢】[⑤]而有余。不能分人之兵，不能按人之兵，则数倍而不足。众者胜乎？则投算而战耳[⑥]。富者胜乎？则量粟而战耳[⑦]。兵利甲坚者胜乎？则胜易知矣[⑧]。故富未居安也，贫未居危也；众未居胜也，少【未居败也】。以决胜败安危者，道也。敌人众，能使之分离而不相救也，受敌者不得相……以为固[⑨]，甲坚兵利不得以为强，士有勇力不得以卫其将，则胜有道矣。

故明主、知道之将必先□，可有功于未战之前，故不失；可有之[⑩]功于已战之后，故兵出而有功，入而不伤，则明于兵者也。

五百一十四……焉。为人客则先人作……兵曰：主人逆客于境……客好事则……使劳，三军之士可使毕失其志，则胜可得而据也。是以按左挟右[⑪]，右败而左弗能救；按右挟左，左败而右弗能救。是以兵坐而不起，避而不用，近者少而不足用，远者疏而不能……

【注释】

①此是篇题，写在本篇第一简简背。客，指战争中攻入他人境内的一方。主人，指在自己土地上防守的一方。分，份量，比例。

②敌：匹敌。意谓主人兵力只有客方的一半，然而可以与之匹敌。《汉书·陈汤传》："又兵法曰：客倍而主人半，然后敌。"

③此句残缺，原文疑当作："主人者，先定者也。"先定，指先做好部署。

④意谓凭据良好地形，利用有利形势，严阵以待。

⑤锱【铢】：据《淮南子·兵略》："故能分人之兵，疑人之心，则锱铢有余；不能分人之兵，疑人之心，则数倍不足。"简文"锱"字残存"金"旁，"铢"字全缺，今据《淮南子》补。锱、铢都是古代两以下的重量单位，比喻分量极重。

⑥算：古代计数用的算筹。意谓如果人多既能取得胜利，那只要数数算筹就可以决定胜负了。

⑦意谓如果财富雄厚就能取得胜利，那只要量一量粮食的多少就可以决定胜负了。

⑧意谓如果武器装备精良就能取得胜利，那么胜负也就太容易知道了。

⑨"以为固"上约缺八字，据《善者》篇的类似文字，以上两句可补足为，"受敌者不得相知，沟深垒高不得以为固。"受敌：受攻击。

⑩"之"字疑是衍文。

⑪挟：击。按左挟右，意谓牵制敌人之左翼，而攻击其右翼。

【译文】

在作战当中有客军和主军之分。进攻的一方为客军，兵力必须比对方多，而处于守势的为主军，兵力较少。当客军兵力是主军兵力的一倍，主军兵力只有客军一半时，可以交战。……客军当然是在主军之后进入阵地的。主军则已占据有利地形，严阵以待客军了。而客军要攻破关隘，越过险阻，才能到达交战地点。进攻关隘……后退就等于自杀，不敢前进抗拒敌军，是什么原因呢？这是因为形势不利，地形不好。当形势有利，地形有利时，士兵自然会……通常所说的善于用兵的人，会让形势和地利有助于自己。

有 10 万大军，哪怕百姓有余粮也不可能保证供给，……养兵时觉得多，而用兵时却觉得少，养兵有余而用兵时兵力又不够。

10 万大军,成千成千地出征,……善于用兵作战的将领,必定善于分割截断敌军,就像……而会解脱的人一样。能分散敌军兵力,善于抑制敌军兵力的将领,哪怕自己的兵力非常少,他用起来也会觉得有富余,而不会分散敌军兵力,不能抑制敌军兵力的将领,即使自己的兵力数倍于敌军,他仍然觉得不够用。兵多就能取胜吗?如果真是这样,那么用抽签算算双方的兵力就可知战争的结果了。富足就能取胜吗?那么量量双方的粮食就可以知道战争的结果了。兵器锐利,铠甲坚固就能取胜吗?那么胜负就很容易预先知道了。所以说,国家富足,不一定就安全,国家贫穷,不一定就有危险;兵多不一定就能取胜,兵少也不一定就会失败。决定胜败与安危的关键在于掌握用兵的规律。敌军兵多,可以使敌军分散而不能相互救援,使敌军……虽然铠甲坚固,兵器锐利,却不能发挥威力,军兵勇敢却不能保卫他们的将领,这样就懂得了作战的规律了。

所以说,英明的君王和懂得用兵规律的将领必定事先……交战之前就有把握取胜,这样的君王和将领就能万无一失;而在交战之中能取胜,出兵之后能建功立业,退兵之时不受损伤的将领,这才是善于用兵的人。

(中间三行散简文字残缺,无法译出)……使敌军疲劳,就可以使敌军全军将士完全丧失斗志,那么,就有战胜敌军的把握了。所以钳制敌军左翼而攻击敌军右翼,就是要使其右翼失败时,左翼不能救援;钳制敌军右翼而攻击其左翼的战法,也是要使得敌军左翼失败时右翼不能相救。这样作战,就是要使得敌军只能动弹不得,避而不战,只敢远避而不敢交锋,造成敌军近处兵力少,不够用,远处的被分散了不能支援……

【赏析】

似乎从标题上看,文章在讲述防御与进攻,但其重点却放在了统兵将领的指挥艺术。从主、客两军的态势又讲到善于利用地形地利;从主、客两军的力量比较,讲到将帅要具有分散敌军兵力、抑制敌军将领等指挥素质,最终进入本文的中心意图——用兵的规律。孙膑用 3 个设问的方式:兵多就能取胜吗?富足就能取胜吗?兵器锐利、铠甲坚固就能取胜吗?接着又用三个一目了然地回答,说明真正的强大决定胜负。在此基础上提出了自己的论点:懂得用兵规律,有足够信心的将领,才是真正会用兵的将领;而在战事开始后有所准备和防御的将领,也只能算刚入门的将领。

公元 208 年(献帝建安十三年),曹操率军 87 万,水陆并进,计伐东吴。诸葛亮分析天下形势,向刘备建议:联合东吴,使南北相持,我军将可从中得利。刘备接受了诸葛亮的献计,当即派他去东吴进行游说。诸葛亮奉命来到江东,几次用计,多番曲折,先是“舌战群儒”,促使孙权与周瑜下定决心与曹军抗争。然而,在这过程中,由于诸葛亮屡屡表现出非凡的智慧与才能,遭到东吴都督周瑜的嫉恨,周瑜决心设计除掉诸葛亮,为东吴根除后患,草船借箭就是因周瑜蓄意谋害他而由诸葛亮导演出的精彩一幕。它生动地说明诸葛亮用兵具有知己、知彼、知天、知地的特点和才能。

却说这一天,周瑜在大营中邀请诸葛亮与众将官一道议事。大家坐定后,周瑜对诸葛亮说:近日即将与曹军会战,水上交锋,先生以为应该用何种武器为先?诸葛亮说:大江之上,两军交锋,应以弓箭为先。周瑜说:先生所言,正与我意相合。只是现在军中箭技甚缺,能否请先生监造 10 万枝箭,以作应敌之需;这是公事所在,还望先生不要推辞哩!诸葛亮明知这是周瑜设计陷害,但他却心中有数,便回答说:都督委派之事,我岂敢推辞,只是不知 10 万枝箭,何时即需备齐呢?周瑜说:10 日之内备齐如何?诸葛亮说:曹操大军,即将到来,若等 10 日,恐怕误了人事哩!周瑜听了有些纳闷,心想:我限 10 日,正要难为于他。他却反说 10 天时间太长,这是何意?便问诸葛亮道:那么,依先生之见,那应是几天完成才好呢?诸葛亮说:只需 3 天,便可向您缴纳 10 万枝箭,以应急需。周瑜听了更是暗暗吃惊,说道:这可是军中无戏言呀!诸葛亮说:我岂敢戏弄您大都督呀!您如不信,我愿立下军令状,3 日之内缴不出 10 万枝箭,甘愿按军令受罚!周瑜听了诸葛亮的话,以为这下诸葛亮是中了自己的计了,大喜过望,当即命令军政司拿来纸笔让诸葛亮签下军令状,并假惺惺地对诸葛亮说:待您完成这件大事,我定当重谢,摆酒为先生庆功!诸葛亮说:今日造箭已经来不及了,从明天算起吧,到第 3 天您来取箭就是了,说罢便告辞而去。诸葛亮走后,当时任周瑜军中赞军校尉的鲁肃吃惊地对周瑜说:诸葛亮

莫不是有诈吧,3天怎能造成10万枝箭呢?周瑜说:管他的,是他自己送死,又不是我逼迫他。今日他当众立下令状,这下便插翅也难逃了!我还要吩咐工匠故意拖延时间,所需要的器材也迟迟不给他备齐,看他如何是好!您与诸葛亮交情甚好,不妨到他那里去探听一下虚实,看他到底怎样造箭。

说罢,鲁肃便来到了诸葛亮住处,诸葛亮一见鲁肃来到,故意装作为难起来,对鲁肃说:子敬(鲁肃的号)呀,您可得救救我哩!3日之内如何能造成10万枝箭啊!鲁肃说:这全是先生自取其祸,教我怎能相救哩!诸葛亮说:事到如此,别的事我也不求您了,只求一件事,借给我20艘船,每艘船配军士30人,船上一律用青布作成幔帐,各扎稻草千余来,分布于幔帐两边,这样,我包管3天后缴纳10万枝箭就是了。只是我的这个要求,请您务必不能告诉都督,不然的话,他又会坏我大事。对于诸葛亮这点微不足道的要求,鲁肃满口答应了,回到周瑜那里真的没有提诸葛亮借船的事,只说孔明根本用不着什么造箭的器材和工匠,一切他自有道理。周瑜听了鲁肃的回报感到十分奇怪,但又想不出怪在哪里,便说:那好吧,看他3天内怎样拿10万枝箭来见我!

却说鲁肃按诸葛亮的要求私自拔出20艘船,每船30人,以及布幔、稻草束等一一备齐,只等诸葛亮调用。却不料第一天并不见诸葛亮的动静,第二天也还是不见动静,直到第三天四更天时,诸葛亮才秘密邀请鲁肃来到船中。鲁肃问道:您叫我到船上来是为什么呀?诸葛亮说:特地请您来一同去取箭哩!鲁肃感到奇怪,问道:到哪里去取箭呀?诸葛亮笑着说:这您就不需多问了,等船开到前面您自然会明白的。说罢,命令士卒用长长的绳索把20艘船连在一起,朝着北岸魏营的方向开去。这天晚上,大雾迷漫,长江之上,更是迎面不辩人影。诸葛亮只是催促船队加速前进,到五更天时,已经靠近曹军水寨了。这时,诸葛亮吩咐军士把船倒过来,头朝西,尾朝东,一线儿摆开,就在船上擂鼓呐喊。鲁肃吓得不行,说道:先生,你这样大吹大擂,假若曹操听到了,出兵来攻,如何是好?诸葛亮笑着说:不碍事,我料他曹操见到大雾迷漫,不辨虚实,必不敢出兵,我们只管喝酒取乐,等天亮雾散,便回营去。

且说曹操营中,听得江上擂鼓呐喊,水军首领毛瑜、于禁慌忙报告曹操。曹操

听到报告，下令道：江上重雾，吴军忽至，必有埋伏，切切不可轻动，可拨水军弓弩手5000人前去以乱箭射之。说着又派人叫张辽、徐晃也各带陆军弓弩手3000人前往江边助射。这样水陆两军弓弩手合计共约万余人，一齐向江中放起箭来。一霎时，箭如骤雨。过了一阵，诸葛亮又教军士把船再换个方向，头朝东，尾朝西，并且更逼近水寨受箭，一面还继续擂鼓呐喊。就这样，一直闹到日出雾散，诸葛亮才下令向江东返航。这时，20艘船上的稻草束上已排满了箭，等到曹操发觉派兵来追赶时，诸葛亮的船已经走了20多里，任你怎样也追不上了。

在返航的路上，诸葛亮对鲁肃说：我叫士兵大略地算计了一下，每艘船约莫受箭5000~6000千枝，不费我们半分之力，已经得了10万余枝箭，明日用它来射曹军，这岂不是很划算吗？鲁肃听了这话佩服得五体投地，问道："先生真是神人呀，您怎么会知道今天有大雾呢？"诸葛亮回答道："为将者用兵打仗，如果不通天文不识地利，不晓阴阳，不看阵图，不明兵势，那岂不是一个庸才？用那样的人带兵是注定要误事的。我在3日前便已算定今日必有大雾，所以才敢在周瑜面前夸下海口，立下军令状哩。"说着说着，船已到岸，周瑜正派500军士在江边等候搬箭，计数的结果竟10万有余，周瑜想害死诸葛亮的阴谋又没有得逞。

从，"草船借箭"一事中，不难看出，诸葛亮正是孙膑所推崇的"有功于未战之前"的智慧者，在一些关键作战问题上，他善于把握，都能做出神妙的部署，因而事事主动，稳操胜券。相比之下，周瑜在政治和军事大局上不识大体，心胸狭窄；在具体用兵上又不精通天文地理，以至为欠东风而一筹莫展。曹操则既不能把握形势，在大冬天用兵征南，犯了许多兵家大忌，注定要失败；在具体用兵上刚愎自用，不晓当地气象的特殊规律，其失败是必然的定局。

善　者①

【原文】

善者，敌人军□人众，能使分离而不相救也，受敌[2]而不如知[3]也。故沟深[4]垒高不得以为固，车坚兵利不得以为威，士有勇力而不得以为强。故善者制险量阻[5]，敦三军，利屈伸，敌人众能使寡，积粮盈军能使饥，安处不动能使劳，得天下能使离，三军和能使柴[6]。

故兵有四路、五动：进，路也；退，路也；左，路也；右，路也。进，动也；退，动也；左，动也；右，动也；默然而处，亦动也。善者四路必彻[7]，五动必工[8]。故进不可迎于前[9]，退不可绝于后[10]，左右不可陷于阻，默然而处，□□于敌之人。故使敌四路必穷，五动必忧。进则傅[11]于前，退则绝于后，左右则陷于阻，默然而处，军不免于患。

善者能使敌卷甲趋远[12]，倍道兼行[13]，倦病而不得息，饥渴而不得食。以此薄敌，战必不胜矣[14]。我饱食而待其饥也，安处以待其劳也，正静以待其动也。故民见进而不见退，蹈白刃而不还踵[15]。

【注释】

①此是篇题，写在本篇第一简简背。善者，指善战者。

②受敌：受攻击。

③不相知：互不知情。

④简文"沟深"二字只残存"水"旁，据文义释。

⑤意谓善战者能审察地形，利用险阻。

⑥柴：陋俗为訾，怨恨。

⑦彻:通达。

⑧工:巧,善。

⑨意谓进军时敌人不能阻挡前进。

⑩意谓退军时敌人不能切断退路。

⑪傅:借为保薄,迫。

⑫卷甲:卷起铠甲。趋远:向远方急进。

⑬一天走两天的路。

⑭"战必不胜"是指敌方说的。

⑮不还踵:犹言不旋踵。意谓冒锋刃而不后退。

【译文】

善于用兵的人,在敌人兵强人多的情况下,能使得敌军兵力分散而不能相互支援,遭到攻击时不能互通情报。所以说,壕沟很深、壁垒很高的阵地算不得坚固,战车坚固、兵器锐利算不上锐不可当,士兵勇猛善战也算不上强大。因此,善于用兵的将领善于审视地形险阻而加以利用,能够指挥全军将士进退自如,敌军兵多时能使其变少,敌军军粮充足时能让其挨饿受饥,敌军稳守不动时能使敌军疲劳,能让得全国民心的敌军离心离德,能使全军团结的敌军互相怨恨。

军事上有四路五动,前进是一条路,后退是一条路,向左是一条路,向右也是一条路;前进是动,后退是动,向左是动,向右是动,按兵不动同样也是动。善于用兵的将领做到四路通达,五动巧妙。因此,当自己的军队前进时会让敌军不能牵制,后退时不会让敌军切断后路,向左向右不会受敌军阻拦,按兵不动时,反过来要使敌军四路全都受困。五动必定有忧虑,前进时必有我军阻挡于前,后退时必定被切断后路,向左向右一定受到阻挡,即使按兵不动,也难免覆灭。

善于用兵的将领,能让敌军偃旗息鼓绕远路,也能使敌军抄近路急行军,能使敌军疲病而得不到休息,又饥又渴而不能吃饭喝水。敌方用这样的军队交战,那肯定是不能取胜了。而我军则是吃饱了等待饥饿的敌军,以逸而等待疲惫的敌军。按兵不动而等敌军动。这样交战,我士卒们定会勇往直前,绝不退缩。

【赏析】

这也是一篇讲述临敌作战的方法与战术的文章，讲得是只有在任何情况下都能克敌制胜的将领，才是会用兵的将领。文章一开头就提出面对强敌时，会用兵的将领能巧妙地寻找有利于己方的机会和地形，让敌军由全局的优势变为局部的劣势，让其处于被动，并战而胜之。

文章不但指出了善于用兵的将领应该具备的水平，而且又指出了应该达到的境界：善于观察和利用地形，机动指挥全军，能使敌军兵力由多变少，由粮足变为粮少，由逸变疲，由团结变为不和等等。这些述说对用兵作战的将领有很好的借鉴作用。

文章进而把用兵的临敌指挥概括为"四路五动"，特别是把"按兵不动"也列为一"动"，很有辩证思想，也是很有见地的说法。"四路五动"，很准确地概括了作战当中的各种运动方式，孙膑就是从这"四路五动"的指挥上来判断将领善于用兵的程度。孙膑把用兵能做到"四路通达，五动巧妙"的将领认定为是真正会作战的将领，并进而将"四路、五动"阐释为让自己的军队进、退、守皆运动自如，并让敌军"四路受困，五动忧虑"。所以说将领在一军中是很重要的，而一个具有高级智慧的人更重要。

东晋时期，刘裕北伐灭南燕、后秦之后，于公元420年6月迫晋恭帝让位，自立为帝，国号为宋，史称刘宋。刘宋政权占领了中国黄河以南的大部分地区，而北方则被鲜卑族拓跋氏建立的北魏政权所占领，形成南北对立的两个政权。而后，刘宋经历了齐、梁、陈等朝代的更迭；北魏则分裂为东、西魏，后变为北齐、北周。沙苑、渭曲之战即发生在北魏分裂后的东、西魏之间。

公元534年，统一了我国北方的北魏分裂为东魏和西魏两个政权。西魏建都长安(今陕西西安)，政权为丞相宇文泰所把持。东魏定都邺(今河北漳南)，政权为丞相高欢所把持。双方为吞并对方，进行过多次的战争。发生于公元537年的沙苑、渭曲之战只是其中的一次。在这次战争中，东魏出动20万大军进攻西魏，西魏军则以7000精骑迎战。由于西魏军统帅宇文泰在处军相敌方面高出东魏高欢一筹，因而西魏军能够以弱胜强，赢得了这场战争的胜利。

公元534年，北魏分裂为东、西魏后，东魏依仗地广人多，军事上占有相对的优势，便出动军队企图占领西魏重要关口潼关，但被西魏击退。此后，东魏二次出军攻战潼关未成。宇文泰对于高欢多次袭击西魏要地愤愤不平便于公元537年8月率军东进，攻占了东晋的军事要地恒农（今河南三门峡市西）。没过多久，东魏高欢就命大将高敖曹领兵3万，由洛阳向西反击恒农；同时自率主力20万，由太原、临汾南下，从蒲坂（今山西永济西）西渡黄河，进袭关中，从而拉开了沙苑、渭曲之战的序幕。从高欢行动的趋向看，他是想分二路向长安方向推进。一路由高敖曹军从洛阳至恒农，夺回恒农后向潼关、渭南方向推进；另一路由高欢亲自带领，从蒲坂西渡黄河，占领军事要道华州，然后向前推进，急速与高敖曹军会合。

西魏宇文泰得知高欢西进的消息，决定尽全力阻止敌军西进。他一面命大将卞熊坚华州（今陕西大荔），阻止魏军西进；一面派人到各地征调兵马，并从恒农抽调出近万人回救关中。东魏高敖曹趁势包围了恒农；高欢军渡过黄河后，即攻华州城，然而华州城坚难攻，于是高欢命军队在距华州北30余里的许原屯驻。

宇文泰军回到渭南后，便欲进攻高欢。部将们认为，各地征调的兵马还未赶到，敌我兵力悬殊较大，还是暂不迎战为好。宇文泰坚持己见。他解释说：现在东魏军远道而来，首攻华州不下，便屯兵许原观望，说明他们军队人数虽多，但没战斗力，也没有苦战克敌的精神，我们趁他立足未稳，地理不熟，趁机迎击。如果让其站稳脚跟，继续西进，逼近长安，那就会动摇人心，形势对西魏将更为不利。宇文泰的解释打消了部将的疑虑。西魏军抓紧做好北渡渭水的准备。

9月底，西魏军在渭水上搭好浮桥。宇文泰亲率轻骑7000人，携带3天的粮秣，北渡渭水。10月1日，宇文泰军进至距东魏军60里处的沙苑（今陕西大荔南）驻扎下来。宇文泰驻军在沙苑扎营后，立即派人化装成许原一带的居民，潜入东魏兵营附近活动，侦察高欢军队的情况。经过侦察，宇文泰证实了自己的判断。在人数的对比上，宇文泰认识到敌军确实强于自己，但东魏军战斗力不强，而且骄傲轻敌。这时，宇文泰部将李弼建议利用10里渭曲（渭河弯曲部分）沙丘起伏、沼泽纵横、芦苇丛生的有利地形，采取预先埋伏，布设口袋，诱敌深入的伏击之计，一举消灭敌人。这个建议正符合宇文泰出奇制胜的想法，于是，宇文泰欣然采纳此建议，决定利用渭曲复杂的地形环境打一场歼灭战。

高欢听说西魏军已进至沙苑，便决定寻找宇文泰所率的西魏军决战。高欢取胜心切，在未做认真部署的情况下便从许原率兵前来交战。西魏国见敌军出动，便依照先前的谋划在渭曲布设了埋伏，并规定伏兵以击鼓为号，以突然袭击的战法，围歼东魏军于既设阵地。

高欢军行进至渭曲附近，大将解律羌举见到渭曲沼泽、沙丘伏起，茂密的芦苇纵横于沼泽地深处，觉得这苇深泥泞的地形不利野战，便向高欢建议留下部分兵力在沙苑与宇文泰相持，然后另以精骑西袭长安。高欢急于寻找宇文泰军决战，没有同意他的意见。高欢提出放火烧芦苇，以火攻的办法攻击西魏军。但是他的部将侯景提出异议说："我们应当活捉宇文泰以示百姓，如果火烧芦苇，把他一起烧死，尸体不好辨认，谁能相信呢?"高欢的另一部将彭乐也附和说："以我军的兵力，几乎是以100个对他们1个，还怕打不赢吗?"在属下盲目乐观与自信面前，高欢利令智昏，放弃了火烧芦苇的主张，下令挥军前进，进入沼泽沙丘搜索宇文泰军。东魏军自恃兵多势众，混乱进深入沼泽地，而且毫无战斗队形。

宇文泰待东魏军进入伏击圈后，擂鼓出击。西魏军从左右两翼猛烈冲击东魏军，将其截为数段。东魏军遭到突然袭击，本来乱糟糟的队形更加乱成几团，在陌生而又复杂的地形中无法展开。东魏军穷于应战，自相践踏；西魏军趁势拼死奋战，杀东魏军6000余人，俘敌8万，东魏军大败溃散，高欢逃至蒲津，渡河东撤。沙苑、渭曲之战以西魏的胜利与东魏的大败宣告结束。

沙苑、渭曲之战在东、西魏众多次的交战中算不上大的战役，但我们仍可以这一次战役中窥视出东、西魏军在复杂地形条件下行军作战，处军相敌方面的长短优劣。从战争的全过程中可以看出，西魏宇文泰在军事部署及"处军""相敌"方面，均深得兵法要领。

在企业的经营管理中，一支训练有素的团队，就等于企业拥有了地利、人和阵势等方面的致胜条件。人是一个团队生命的元素；团队精神是一个企业整体营销核心竞争力的"灵魂"，是企业克敌制胜的法宝，是有效履行企业营销变革战略新层次、新高度、新视野使命的关键因素；是企业经营战略实施系统能力的充分展示，我们要正确地认识和把握人与企业的关系；认真地培养企业骨干人才、核心人才、普通人才的团队精神，全面地提高企业整体营运的领导力、决策力、执行力。

五名五恭

【原文】

兵有五名：一曰威强，二曰轩骄[①]，三曰刚至[②]，四曰助忌，五曰重柔[③]。夫威强之兵，则屈软而待之[④]；轩骄之兵，则恭敬而久之；刚至之兵，则诱而取之；𢘑忌之兵，则薄其前，譟其旁，深沟高垒而难其粮；重柔之兵，则譟而恐之，振而捅之，出则击之，不出则回[⑤]之。

兵有五恭、五暴。何谓五恭？入境而恭，军失其常。再举而恭，军无所粮[⑥]。三举而恭，军失其事[⑦]。四举而恭，军无所食。五举而恭，军不及事。入境而暴，谓之客。再举而暴，谓之华。三举而暴，主人惧。四举而暴，卒士见诈[⑧]。五举而暴，兵必大耗。故五恭、五暴，必使相错[⑨]也。

【注释】

①轩骄：疑是高傲或骄悍之意。

②刚至："至"疑借为侄。刚俊：刚愎自用。

③重柔：极其软弱。

④意谓用示弱的办法对付强敌。

⑤回：围。

⑥军队征集不到粮草。

⑦失其事：误事。

⑧见诈：受骗。

⑨相错：交替使用。

【译文】

敌军有5种类型:第一种是耀武扬威,第二种是高傲骄横,第三种是刚愎自用,第四种是贪婪猜忌,第五种是迟疑软弱。对付耀武扬威的敌军要故意示弱,装出屈服的样子以等待时机;对付高傲骄横的敌军,要装出恭敬的样子而假以时日;对付刚愎自用的敌军,可以用诱敌计而战胜;对付贪婪猜忌的敌军,可以逼其前锋,同时在其侧翼虚张声势加以骚扰,再用深沟高垒使其难于运粮补给;对付迟疑软弱的敌军,可以虚张声势施以恐吓,用小股部队做些试探性的攻击,如果敌军出动就加以攻击,如果敌军不出战就逼其后退。

军队有5种表示宽柔的情况,5种表现强制的情况。表示宽柔分为哪5种情况呢?第一是在进入对方国境立即表示宽柔,敌军就会失去其正常的状态;第二次行动时向敌方表示宽柔,敌军就会无从得到粮食补给;第三次行动时向敌方表示宽柔,敌军就会失利;第四次行动时向敌方表示宽柔,敌军就要挨饿了;第五次进攻向敌方表示宽柔,敌军就无法完成任务了。表现强制又分为是哪5种情况呢?一进入对方国境就表现强制,该国人定会把你当作外来客;第二次行动表现强制,就会引起该国哗然纷乱;第三次行动表现强制,就会引起该国百姓恐惧;第四次行动表现强制,你的士兵在该国就只能得到欺诈了;第五次行动再表现强制,你的军队就将大受损耗了。所以说,5种宽柔、5种强制必须交替地结合使用。

【赏析】

本文章分两部分讲述对待敌国的态度,但这两部分又各有侧重。第一部分讲述两军对垒时,对待不同敌军的相应态度和办法。孙膑把敌军分为5种类型:即耀武扬威、高傲骄横、刚愎自用、贪婪猜忌、迟疑软弱。文章的重点不在于给敌军分类,而在于论述对付这5种敌军的办法。孙膑述说的这些办法针对性很强,述说得很具体。我们可以从实例中,认识和理解孙膑这些论述的价值。

北宋年间,辽将韩匡嗣、耶律沙和耶律哥休率领5万人马,进攻镇州。镇州守将刘廷翰急忙与崔彦进等人共商抵敌之计。刘廷翰分析说:“我军在高梁河大败于辽军,元气大伤,现在辽军又大举进攻,如何是好?”崔彦进献计说:“目前辽军气焰正旺,不能同他们正面交锋。我们不如诈降辽军,诱敌深入,然后打伏击战。”刘廷翰素知耶律哥休很有才干,怕被他识破,汉琼说:“我们可先向他们献上粮草,使他们相信我们的诚意,然后就会接受我们的投降。”

几个人商定后,立即派人到辽军大营献粮投降。韩匡嗣见到粮草后,对宋军的归降深信不疑。耶律哥休提醒韩匡嗣说:“宋军并没同我们交战,却来投降,怕是其中有诈。”韩匡嗣却不以为然地说:“如果宋军佯装投降,又怎么会向我们献出粮草呢?”耶律哥休进一步劝导说:“宋军之所以献粮草,一定是想骗得我们的信任,对他们不加防范。”韩匡嗣根本听不进去,不耐烦地说:“我军在高粱河大败宋军,士气正旺,宋军得知我军又来进攻,自然闻风丧胆。我相信他们投降的诚意,即使他们是诈降,我们也不必害怕。”耶律哥休见韩匡嗣拒不听劝,只好告辞,命令自己的部下不得擅动。而韩匡嗣和耶律沙同宋军约定次日受降,进入镇州城。

刘廷翰听到这消息,十分高兴,立即开始部署作战。他命令汉琼率领 1 万步兵埋伏于城北,负责截断辽军的退路,崔彦进率领 1 万步兵埋伏于城东,正面阻敌。又约边将崔翰、赵延进连夜进兵,前来夹击辽军。次日清晨,刘廷翰下令大开城门,然后亲率部队到城西埋伏。辽军在韩匡嗣和耶律沙的带领下直奔镇州城受降。到了城下,韩匡嗣下令开进城里,部将刘雄武急忙阻止,他说:“宋军既然投降,为什么城外没有一个人?怕是其中有诈。”韩匡嗣也觉得有些奇怪。正在这时,忽听一声炮响,只见刘廷翰、汉琼分别从城东和城西杀了过来。韩匡嗣大惊,拨马便逃,辽军士兵也争先恐后跟着往回逃,却与耶律沙的后队相撞,乱作一团。崔彦进又带兵杀出,截住辽兵的退路。崔翰、赵延进各部也都相继赶到,将辽军团团围住。宋军向辽军射箭,辽军士兵死伤惨重。眼见辽军突围无路,要全军覆灭,耶律哥休率部赶到,韩匡嗣这才杀出重围,捡回一条命来。宋军破辽之战,其用兵策略体现了孙膑所说的对付耀武扬威和骄横高傲的敌军的策略,先是故意示弱,装出屈服投降以等待有利反击的时机,所以一举全胜。

楚汉战争中,韩信在攻克齐国临淄后,又率兵乘胜追击齐王。楚王项羽见此情形,便派大将龙且带着人马去救援齐王。

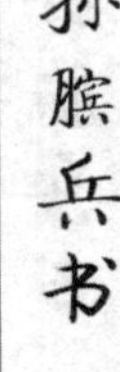

有位谋士对龙且说："汉兵远道而来，而且勇敢善战，势不可挡。齐、楚两国的军队都是在本乡本土打仗，将士们士气不高昂。如果我们坚守城池，不同汉兵交战，同时派人到被汉军占领的地方去鼓动齐人，告诉他们齐国没有灭亡，让他们起来反抗汉军的占领，这样，汉军的粮草维持不了多长时间便会告急，那么他们就不战自垮了。"

谁知龙且是个刚愎自用的人，他认为韩信不足惧，并不是不可战胜，所以他不听从这位谋士的建议，执意要同韩信交战，期望能打败韩信，好向楚王邀功领赏。

楚汉两军在潍河两岸扎营，隔河对峙起来。韩信命令士兵们赶制了1万多个沙袋，并派人在夜里偷偷将沙袋搬到潍水上游阻塞河水，然后率军渡水，敲响战鼓，向楚军发动进攻。

当楚军开始回击后，韩信的部下马上假装败北，逃回岸上。龙且见此情形，以为汉军不堪一击，便下令渡河追击。当大批楚军士兵渡河时，韩信命令士兵搬去上游的沙袋，水流突如其来，汹涌而至，楚军慌作一团。韩信又下令立刻反击，汉军便掉头攻击慌乱中的楚军，龙且在乱军中被杀死，楚军大败。

龙且的失败，证明一个将领若是骄傲自大，刚愎自用不听别人的忠告，则在战争中往往会遭受失败。下面的例子也说明了这一点。

宋仁宗时，都监李士彬下辖10万大军。赵元昊起兵反叛后，曾给他写了书信，并且赠给他许多锦袍、银带。宋军诸将知道后，都心生疑惑，但副都部署夏元亨却说："这是赵元昊的离间之计。李士彬同羌人世代有仇，如果李士彬同他们私通，有人赠送他礼物，怎么会让大家知道呢？"因此，夏元亨对李士彬深信不疑，还摆了宴席请他喝酒，同时重重赏赐。李士彬对此十分感动。

赵元昊见离间计失败，便派人游说李士彬，李士彬毫不犹豫地将来人杀掉了。赵元昊又心生一计，派了一些人诈降李士彬。李士彬没有认真辨别真伪，便相信了。后来他又将此事报告给延州知州范雍，建议把来降之人统统迁到南方去。范雍不以为然地说："与其征剿而擒获敌人，哪比得上招降他们？"不但不听从李士彬的建议，反而下令重赏归降的人，并将他们交由李士彬管辖。

后来，每天都有许多前来投降的人，李士彬只好将他们安置在各个营寨中，两军每次在边境上相遇，赵元昊便命令部将不战而逃，并且让他们对李士彬说：“我们只要一听到将军的名，连胆都给吓破了。”李士彬听了这些恭维的话，变得越来越骄傲了。而且他对部下十分严厉，有时候甚至近乎残酷，许多人对他心怀不满。赵元昊抓住这一良机，又暗地里给李士彬的部将送去许多礼物，并以高官厚禄来引诱他们，这些人也都偷偷接受了，而李士彬对这一切竟一无所知。

公元 1040 年，西夏大军浩浩荡荡地入侵中原，李士彬奉命抵抗。范雍命令李士彬分守 36 个营寨，以阻击敌人的深入。李士彬之子李怀宝说：“如果分兵抵敌，必然势力单薄，容易被各个击破，应当合兵抗击。”李怀宝的意见是正确的，但李士彬却认为，分兵御敌是上司的命令，不得违抗，拒绝了李怀宝的意见。更糟糕的是，先前来诈降的人及被赵元昊收买的部将都成了西夏军内应。李士彬准备亲自上阵杀敌，结果他的部下却把一匹瘦弱的马牵来给他骑。李士彬跃马挥刀冲入敌阵时，被西夏军生擒。

上面的例子可以说明，孙膑把军队分为 5 种类型，是很准确的，针对 5 种情况提出的对付策略也是切实可行的。孙膑的论述，既可供带兵将领作为临敌时分析敌情、确定对敌策略战术之用，又可作为带兵将领作为自律的标准，防止犯这几种错误，防止敌军用以对付本文论述的“五恭五暴”，是论述己方军队进入敌对国家时应持的态度。

这是带兵将领很难处理好的一个问题。任何一支军队进入敌对国家时，都会遇到对方民众自然的猜疑、不信任，甚至是不可避免的敌对情绪。倘若处理得好，可以逐步取得信任，从而站住脚跟；若处理不好，则会加剧敌对情绪，使自己寸步难行，处处挨打。孙膑在这里提的五恭和五暴，实际是两种极端的态度，单纯采取哪一种都是不行的：一味谦恭，会被对方民众视作自觉理亏，软弱可欺，自然对你毫无畏惧，更谈不上尊重；一味凶暴则只会加深仇恨，激发反抗，其结果也同样不妙。孙膑认为，二者应交替使用。我们则可以理解为不卑不亢，不软不暴，掌握适度。既要理直气壮，显示出正义之师的威严，又要对敌国民众表现出应有的尊重和爱护，让他们对进入该国的军队既敬畏又信任。

但是真正做到这些的人又有几个呢？例如董卓以征讨专权的宦官进京护驾的

例子。董卓大军进入京城和中原地区，虽然不是敌对国家，但总是进入了原非他所管辖的地区，虽没有天然的敌对情绪，也总有不了解的一面。董卓本是打着勤王的旗号进兵的，本可得到民众的拥护，但他进入京城，占据中原之后，比原来把持朝政的宦官更凶残，不但威逼皇帝、擅定兴废、淫乱宫廷，更是四处抢掠百姓，滥杀无辜，残暴凶恶，令人发指。所以，董卓很快就激起了各阶层来反抗、讨伐，他的专权没多久就以失败告终。这充分说明，单纯依靠凶暴是不行的。

诸葛亮平南蛮，给人们提供了一个正确的范例。

他带领的蜀兵蜀将，自是比孟获的蛮兵厉害多了，所以屡次战胜蛮兵。但他从不施暴，对俘虏一律释放，并给以种种优待，对普通百姓那就更不用说了。他在宽大的同时，还不忘显示实力，他曾带领孟获观看蜀军兵营、武器、粮草，目的是让孟获知道蜀军的强大，启发他不要作无谓的反抗。诸葛亮的刚柔相济，不但从武力上征服了南蛮，而且从内心收服了蛮邦上下。

上面两个实例，让人们认识到，在“敌对国度”中，该如何行事。就像董卓那样凶残贪婪，虽然是在并非真正的敌国，仍是站不住脚，而像诸葛亮那样，在真正的异国他乡，照样能得到拥护。总之，如何具体掌握“谦”与“暴”，对我们做人处事尤为重要，刚柔并济，谦、暴交替，其中大有学问，值得我们认真揣摩和研究。

兵　失

【原文】

欲以敌国之民之所不安，正俗所……难敌国兵之所长，耗兵也。欲强多[1]国之所寡，以应敌国之所多，速屈[2]之兵也。

备固，不能难敌之器用[3]，陵兵[4]也。器用不利，敌之备固，挫兵也。兵不……明者也。善阵，知背向[5]，知地形，而兵数困，不明于国胜、兵胜者也。民……兵不能昌大功，不知会[6]者也。

兵失民，不知过者也。兵用力多功少，不知时者也。兵不能胜大患，不能合民心者也。兵多悔,信疑者也。兵不能见福祸于未形,不知备者也。兵见善而怠[7],时至而疑[8],去非而弗能居[9],止道也。贪而廉,龙而敬[10],弱而强,柔而刚,起道也[11]。行止道者,天地弗能兴也。行起道者,天地……

【注释】

①强多:勉强增加。

②屈:竭尽。

③意谓设防坚固,但抵挡不住敌人进攻的器械。

④陵兵:被欺凌的军队。

⑤背向:指行军布阵时的所向或所背。

⑥金:时机。

⑦见善而怠:见到有利条件而怠惰不前。

⑧时至而疑:面临良好战机而犹豫不决。

⑨去非而弗能居:抛弃错误,但又不能照正确的去做。

⑩龙而敬:《六韬·文韬·明传》有一段类似的话,“龙而敬”作“恭而敬”。龙、恭二字古通用,但此处上下文为“贪而廉”“弱而强”,而字前后二字义正相反,恭、敬二字义重,疑有误。一说“龙”借为“宠”。

⑪起道:据《六韬·文韬·明传》:“见善而怠,时至而疑,知非而处。此三者,道之所止也。柔而静,恭而敬,强而弱,忍而刚。此四者,道之所起也。”文字与本篇相近。但本篇的“止道”“起道”,从下文“行止道”“行起道”二语来看,似是两种道的名称。疑“止道”指停滞、灭亡之道,“起道”指兴旺、胜利之道。

【译文】

想利用敌国人民所不能接受的东西来纠正该国的习俗……(勉强用自己的短处)去对付敌国军队的长处,就会耗费兵力。想勉强用许多自己国家所缺乏的东西,去对付敌国所富有的东西,那只会使本国军队很快失败。

防御设施抵抗不住敌人的进攻器械,军队就会受到压制。用不锋利的兵器去攻击敌军，一定不能攻破敌军坚固的防御，而只会使本国军队受挫。……将领善于布阵，了解地势的背向，也懂得利用地形，但用兵却屡陷困境，这是因为不明白只有国家昌盛，用兵才能取胜的道理。……用兵不能立大功，是由于不懂得集中兵力作战。

军队得不到民众的支持，是由于不能认识自己的错误。用兵的人使用很多兵力，而建的战功却很少，这是由于不会把握时机。用兵的人不能避免大灾祸，是因为他的行动不合民心。用兵的人常常后悔，这是由于他轻信而多疑。用兵的人在胜利和灾祸尚未出现之时不能预见，是由于不懂得要做好战前准备。用兵的人见到有利条件就松懈，在有利时机到来时又迟疑不决，离开了不利境地仍然不能保持部队稳定，那只能走向灭亡了。虽有贪心但能保持廉洁，虽得宠但能保持恭谨，虽然弱小但能图强，虽然性格软弱但能表现刚强，这是走向兴盛的途径。走灭亡道路的人，天和地都不能让他兴盛。走兴盛道路的人，天地……（也不能使你灭亡）。

【赏析】

本文从反面论证了统兵将领在决策指挥时，应该防止哪些错误，应该把握哪些正确的东西给人以深刻的启示。该文正是在列举了大量导致用兵失利的因素之后，才提出走向兴盛的途径——廉洁、恭谨、图强、刚强，这就更易于为人接受。像本文提到的这类决策指挥错误导致失败的事例，自古至来，不计其数。

东汉末年猛将吕布就曾有过这样的失误。那是在曹操攻打徐州的陶谦未能得逞之时，吕布马上部署兵力，要去进攻曹操。陈宫得知，立即进见，极力谏阻："将军离开兖州，想到哪里去?"吕布说："我想屯兵濮阳，和兖州形成鼎足之势。"陈宫说："这个部署不成！你让薛兰守兖州，他肯定守不住。不如这样：这里西南方 180 里，正是泰山险路，将军可以埋伏 1 万精兵在那里。曹军得知失去兖州，必定赶来，等他们一半人马过去时，便可拦腰出击，保证一击成功！"这本是一条据险设伏的妙计，吕布却说："我屯兵濮阳，另有计谋，你哪里懂得！"他没有采纳陈宫的妙计，坚持派薛兰守兖州，自己领兵去濮阳。

曹操果然如陈宫所料，带兵经泰山险路去夺兖州。当他行军到泰山险路时，郭嘉说："先不能进，恐怕这里有伏兵。"曹操却笑着说："吕布是个没有谋略的莽夫，所以才会让薛兰守兖州，而自己去了濮阳，他怎么会在这里设埋伏呢？"曹操顺利通过泰山险路，派曹仁领一路人马去围困兖州，自己领兵直奔濮阳，进攻吕布。陈宫得报曹兵已逼近，又向吕布献了一计："现今曹兵远道而来，必然疲劳，我们应该速战，不能让曹军恢复体力！"吕布又不肯听，而是狂妄地说："我单戟匹马纵横天下，还担心曹操什么？等他安下营寨，我自会活捉他！"

第二天两军交战，吕布仗恃神勇无敌，打了胜仗，但也未能消灭曹军。吕布回营，只顾庆功劳军，陈宫提醒："西寨是个要紧去处，假如曹操去偷袭，怎么办？"吕布还不当回事他说："曹操今天刚败了一阵，怎么还敢再来？"陈宫又说："曹操是很会用兵的人，应该防备他攻我不备！"吕布这才拔出大将高顺带领兵将去加强西寨防卫。当天夜里，曹操的兵将果然从四面突入西寨，一举夺下吕布的重要营寨，亏得高顺及时领兵到来，一场混战，吕布又闻讯赶来，才打败曹操，夺回西寨。随后，陈宫又献一计：让濮阳城中的一个姓田的富户给曹操送假情报，说吕布残暴不仁，民怨沸腾，他已移兵黎阳，城内只有高顺，兵力单薄，可以连夜进兵。姓田富户并约定暗号，愿做内应。曹操得到情报，十分高兴，立即定下暗号，约定进兵办法。谋士刘晔提醒："吕布虽然没有谋略，陈宫却是计谋很多。只怕其中有诈，不能不防。"刘晔提出兵分三队，一队进城，两队在城外接应，以防万一。曹操同意照办。曹操领兵前进，按约定初更时分进城。起初一切都如约进行，曹操再无疑虑，带头进城。可是，进城之后，曹操直到州衙，一路上不见一人，才知中计。急忙回马，大叫："退兵！"可惜已经迟了！只听州衙内一声炮响，四门烈火轰天而起，金鼓齐鸣，喊声如雷，伏兵四处杀出。亏得典韦拼死力战，曹操才侥幸突出城去，幸免于难。从吕布和曹操两次交锋来看，吕布自恃神勇无敌，但不懂用兵之道，又不肯听陈宫的忠告，以致不能利用有利地形，集中兵力打歼灭战，虽也能多次取胜，却终难成气候，其原因正在于孙膑所指出的将领常犯的错误。曹操虽会用兵，也往往自视过高，屡犯轻敌错误，这次又是只知吕布无谋，而忘了陈宫多计，差点连命都送在濮阳。这不正是孙膑所说的"见到有利条件就松懈"吗？

袁术在东汉末年的群雄中也属于是势力最大的力量之一，他多年据在淮南，地广粮多,后来又从孙策处得到汉朝的传国玉玺作为抵押。因此,他的野心就大大膨胀了。一天,他召集部下文官武将,说道:“当初汉高祖刘邦只不过是泗上的一个亭长,后来却据有天下,当上了皇帝。然而,他的汉朝历经 400 年,至今气数已尽,天下已是动乱不安。我家四代人中出了三位封‘公’的高官,百姓的心意早已归顺我家。现在我准备顺应天意民心,正式登上九五大位。你们众人以为如何?”主薄阎象说:“不行。当年周的历代祖先功德卓著,到了周文王时,已拥有天下 2/3 的地域,却仍然臣服殷朝。明公您的家世虽然尊贵,仍然没有当年周的鼎盛;如今汉王室虽然衰败,也并没有像当年殷纣王那样的暴行。所以说,您登极称帝之事绝不能实施!”袁术大怒说:“我家的‘袁’姓,本是从‘陈’姓演变出来的。‘陈’是大舜的后代。这是‘土’承继‘火’,正是顺应天运。还有谶语传言说:‘代汉者,当涂高也。’我表字公路,正是应了谶语。而今,我又有了传国玉玺,如再不称帝,那就违背天意了。我的主意已定,谁再多说就处斩!”说完之后,就搞了一套登基称帝的仪式和封赏,还派人去催吕布把女儿送来给他做东宫妃子。可是,吕布不仅不肯听命,反而还把他的使臣送到许都交给曹操杀了。袁术闻报不禁大怒,当即派出 7 路人马,由 7 员大将统领,去向吕布问罪。袁术自己带 3 万军兵随后进军。

袁术出动 20 多万人马征讨吕布,每天只能前进 50 里,这些军兵一路抢劫掠夺,祸害百姓。吕布得报,忙请众谋士商议,陈宫和陈珪父子都到了。陈宫说:“徐州的祸事全是陈珪父子招来的,是他们主张把袁术的使臣送去许都,向朝廷讨好以求封赏,现在让灾祸落在将军头上。应该立即斩下他父子二人的头献给袁术谢罪,袁术就会退兵了。”吕布听了陈宫的话,马上下令把陈珪和他

儿子陈登抓了起来。陈登却大笑说:“怎么这样胆小怕事啊?我看袁术那7路军兵,就如同7堆烂草一般,没有什么值得焦急的!”吕布说:“你如有破敌的计策,我就免你的罪。”陈登出了一条计谋:“袁术的军兵虽然很多,只不过是乌合之众,他从来没有亲信。我们如以一部分军队正面防守,再加奇兵配合,一定能胜过他。我还有一计,不但可以保证徐州安全,还可以活捉袁术。”吕布忙问:“是什么计呀?”陈登说:“韩暹和杨奉是汉朝的老臣,只因畏惧曹操才出走,由于无处安身而暂时归附袁术。袁术必定轻慢于他们,他们也不会乐意为袁术效力。如果我们给他们写书信,约他们为内应,再联合刘备作外援,那将必定能捉住袁术了。”吕布说:“那你得亲自去给韩暹、杨奉二人送信。”陈登答应去送。吕布便向许都上表报告,给刘备去信,然后让陈登带了几个随从到下邳路上等候韩。韩领兵到达,下寨完毕,陈登便去求见。韩暹说:“你是吕布的人,来这里干什么?”陈登笑着说:“我是大汉的公卿,你怎么说我是吕布的人?像将军你一直是汉朝的臣子,现在却成了叛贼的臣子,你当日在关中保驾的功劳也化为乌有,我认为将军这样做不值得。再说,袁术生性多疑,将军以后必定被他所害。现在将军如不早想办法,将悔之不及!”韩暹叹息道:“我想回归汉朝,只恨没有门路啊!”陈登取出吕布的书信,韩暹看后说道:“我知道了。您先回去吧,我和杨将军定会反戈一击。你们只看火起就是信号,请吕温侯立即派兵接应。”陈登告辞,回报吕布。

吕布分兵5路迎敌袁术大军,自己领兵出城30里下寨。袁术的一路人马在张勋带领下先到,自知不是吕布对手,便后退20里下寨。当天夜里二更时分,韩暹、杨奉如约行动,分兵到处放火,接应吕布军入寨。张勋的军兵大乱,吕布趁势掩杀,张勋败逃。吕布追到天亮,和袁术部下第一勇将纪灵相遇,两军刚要交锋,韩、杨两军向纪灵杀来,纪灵败走。吕布领兵再追,又与袁术相遇,一阵对骂,两军交战,袁术部将不敌吕布,袁术军兵大乱败走。途中又被关云长截杀一阵。袁术逃回淮南,从此一蹶不振。袁术之败,主要在于他野心太大。妄自称帝,已是大失人心;他的军兵一路上又大肆抢掠,更是民怨沸腾,连部下将领也离心思叛,最后失败也就是必然的了。相反,吕布由于接受了陈登的计谋,抓住了袁术的致命弱点,实施分化瓦解,因而轻易战胜了兵力大占优势的袁术军队。这一败一胜的根本原因都证明了孙膑论述的正确性。

下面再看蜀将猛张飞是怎样诱歼曹操的得力大将张郃的。曹洪统兵到汉中与张飞交战，曹操的得力大将张郃领兵3万，分立3个营寨，都有山险作为依傍。这3个寨一叫宕渠寨，一叫蒙头寨，一叫荡石寨。扎好寨后，张郃从3寨各分出一半军兵去攻打张飞，其余一半军兵守寨。张飞得报，召来副将雷铜商议，雷铜说，“阆中地恶山险，便于设伏。将军领兵出战，我出奇兵相助，就可以擒拿张郃了。”张飞拨了5000精兵给雷铜，让他去埋伏；自己领兵1万，在离阆中30里处与张郃带领的军兵相遇。两军摆开阵势，张飞出马向张郃挑战，张郃也不示弱，挺枪出战。两人打了20几个回合，张郃的后军忽然乱喊起来。原来他们望见北山背后有蜀军的旗幡隐现，便乱了起来。张郃不敢恋战，拨马退走。张飞挥兵掩杀，雷铜又堵住退路，两下夹击，张郃大败而逃。张飞、雷铜领兵连夜追赶，直追到宕渠寨。张郃下令坚守不出。张飞便在离宕渠寨10里处下寨，天天去叫骂挑战。但无论张飞如何叫骂、挑战，张郃只是坚守不出。张郃的3个营寨据险而设，张飞也攻不下来。

两军对峙50多天，张飞索性在宕渠山前扎下大寨，每天饮酒，喝得大醉时，便坐在山前辱骂张郃。刘玄德派去劳军的使者见张飞终日饮酒，便回去向玄德报告。玄德怕张飞酒醉误事，十分着急，而孔明却笑着说：“原来如此！军前恐怕没有好酒，而成都的美酒极多，可以用3辆车子装50瓮酒送到军前，供张飞将军饮用！”玄德忙说：“我这个兄弟向来饮酒多了便出事，军师为什么反而送酒给他呢？”孔明说：“主公不必担心，其中自有奥妙！”孔明让魏延押送美酒到张飞军前，每辆车上都插上一面大黄旗，旗上写着几个大字，“军前公用美酒。”美酒送到军中，张飞拜领。然后吩咐魏延和雷铜各领一支人马，分为左右两翼，只看军中升起红旗，便各自进兵。随后张飞吩咐把酒摆在帐下，命众军士大张旗鼓饮酒。曹军细做报告张郃，张郃亲自到山顶观望，只见张飞正坐在帐下饮酒，还让两名小兵在他面前表演相扑游戏。张郃见状气愤极了：“张飞欺我太甚！”

当天夜里，张郃领兵去张飞处劫营，到其寨前，远远望见张飞帐中灯火通明，张飞正坐在帐中饮酒。张郃一马当先，大喊一声杀入张飞帐中。曹军在山头擂鼓助威。张郃到得寨中，见张飞仍端坐不动，真是喜出望外，一枪刺了过去。枪一刺中，张郃才知不妙,原来那个张飞是个草人。张郃知道中计,连忙勒马退回。说时迟,那时快,张飞帐后连珠炮响,一员大将拦住张郃去路,一声如霹雷般的大吼"燕人张翼德在此等候!"吓得张郃丢魂落魄,慌忙应战。张郃苦斗坚持,只盼蒙头和荡石二寨来救。他哪里知道,那两个山寨已被魏延、雷铜夺去。张郃盼不来救兵,又见山头火起,宕渠寨已失,万般无奈,只好逃奔瓦口关去了。这一仗,张飞一改有勇无谋,用计引出了张郃,使其失去山险据点,又用两路奇兵,断其后路,从而一举破了张郃倚为犄角的易守难攻的三个山寨,获得大捷。而张郃却终于免不了意气用事,中了张飞诱敌之计,招致大败。从这个事例,人们不难领会孙膑的有关论述的高妙,悟出用兵决策的真谛。

将义[①]

【原文】

将者不可以不义,不义则不严,不严则不威,不威则卒弗死[②]。故义者,兵之首也。将者不可以不仁,不仁则军不克,军不克则军无功。故仁者,兵之腹也。将者不可以无德,无德则无力,无力则三军之利不得。故德者,兵之手也。将者不可以不信,不信则令不行,令不行则军不槫,军不槫则无名[③]。故信者,兵之足也。将者不可以不智胜,不智胜[④]……则军无□。故决[⑤]者,兵之尾也。

【注释】

①此是篇题,写在本篇第一简简背。篇末亦有篇题,作"将义"。从文义看,以作"将义"为是。

②卒弗死:士卒不肯效死。

③名:功绩。

④简文胜字及其下重文号疑是抄书者多写的,原文当作:"不可以不智,不智……"一说"不智胜"当读为"不知胜",不知胜即不智。

⑤决:果断。

【译文】

军队的将领不可不公正，不公正就不可能严格治军，治军不严就没有威信，将领没有威信，士兵就不会拼死效命。因此，公正是统兵的首要条件，就像人必须有头一样。军队的将领不能不仁爱，将领不仁爱军队就不会有制胜的能力，军队没有制胜的能力就不能使用。因此，仁爱是统兵的中心事项，就像人必须有腹心一样。军队的将领不能不施恩德，将领不施恩德就没有威力，没有威力的将领就无法发挥全军的威力。因此，恩德是统兵的手段，就像人必须有手一样。军队的将领不能不讲信用，将领不讲信用，他的命令就无法贯彻执行，军令不能贯彻执行，军队就不能集中统一，那军队就不会有声名了。因此，信用是统兵的支点，就如同人必须有足一样。军队的将领不能没有智慧，将领没有智慧，指挥就不果断，军队就不能取胜，因此，果断是用兵的最后一项要求了。

【赏析】

纵观古今，我国评论政治家、军事家的标准便是文武双全，德才兼备，只有武功的将领只不过是一介武夫，只配去冲锋陷阵，对敌拼杀，而不能担起统兵指挥的重任，所以有一句感慨："千军易得，一将难求。"显然，这里所说的难求的"将"，就是指那种智勇双全、文韬武略皆备的统兵将帅。所谓的文武双全，其内含是非常深广的，其"文"当然不是指一般的有学问，而是要有很渊博的军事知识和军事理论素养以及相关的政治、经济、地理、天文、社会等方面的学识，按古人的说法就是"经天纬地"之才。而其"武"也不单是指武艺，更主要的是英勇善战，善于把自己的军事才干用于实战，能够克敌制胜，百战不殆，也就是能够"运筹帷幄，决胜千里"。

然而，仅有这些才干还不足以成为杰出的将领，还必须有德，我国历来非常重视这个"德"字，有"德"之人，才能称之为贤才。而对于一个统兵将领在"德"方面的要求正是本文所论述的"义、仁、德、信、智"中的重要一项。

我国著名的兵法家，历来都十分重视这几个字，只不过提法略异而已，姜太公在《论将》一文中提出"五材"作为将领的美德，并明确回答："所谓五材者，勇、智、仁、信、忠也。”孙子(武)在其兵法的开卷首篇《始计第一》中,就明确指出:“将者,智、信、仁、勇、严也。”诸葛亮在《将材》一文中提出“将材有九”,这九项标准中,除“步、骑、猛”是军事素养方面的要求外,“仁、义、礼、智、信”五项以及最后提出的“见贤若不及,从谏如顺流,宽而能刚,勇而多计”的大将修养,均是德方面的标准。除在《将材》一文中论述将领的品德修养外,诸葛亮还在其《将器》《将善》《将强》等多篇论述将领的文章中,从正反两方面深入透彻地论述将应有的品德修养,如“五强”,要求将领“高节、孝悌、信义、沉虑、力行”等等,都是这方面的要求。孙膑在这篇文章中以生动形象的比喻,深刻地论述了“义、仁、德、信、智”。他把“义”比作“首”,把“仁”比作“腹”,把“德”比作“手”,把“信”比作“足”(可惜“智”一项残缺,不知其所比),他这么一比,不用再多费唇舌,便使人得出结论,这几项是一员称职的将领所不可或缺的。哪一个健全的人也不能没有头,或缺手、缺足、缺肚腹,健全的人不能缺其中的任何一项,同样的道理,合格的将领也不能少任何一项。这种比喻论证,确实言简意赅,很有说服力。

这篇文章不但比喻论证用得好,而且从反面论述其危害也用得很出色。孙膑一一指出不义、不仁、无德、不信、不智的恶果,从而反证“义、仁、德、信、智”是缺一不可的,给人以非常深刻的印象。包括孙膑在内的著名兵法家为什么十分注重“义、仁、德、信、智”这类品德修养呢?因为这些品德修养,确实是一位杰出将领所应具备的,缺了任何一项,都会给统兵用兵带来致命的后果。但只要具备了这些品德修养的将领在统兵用兵时则显出超凡的才能,最终取得战争的胜利。

公元 629 年,代州都督张公谨上书唐太宗,建议攻击突厥,安定北部边境,并且陈述了 6 条理由。太宗觉得张公瑾的奏章不无道理,便命令兵部尚书李靖为行军总管,张公谨为副总管,率军进攻突厥。同年 11 月,唐太宗又下诏,任命并州都督李世勣为通汉道行军总管,李靖为定襄道行军总管,华州刺史柴绍为金河道行军总管,吴州大都督薛万彻为畅武道行军总管,各路人马共有 10 多万,都受李世勣调度,兵分几路进攻突厥。

第二年春天,李靖率领 3000 骑兵从马邑出发,趁夜袭击定襄,取得了胜利,李世勣率军进兵云中,也大败突厥兵。后来,李靖在阴山又击败突厥颉利可汗。颉利可汗战败后，带着几万残兵逃往铁山，派部将执思失力入朝请罪，并请求归附大唐。唐太宗很高兴，派唐俭等一干人前去抚慰，同时命令李靖带着人马去迎接颉利可汗。

颉利可汗表面上已经臣服于大唐，实际上另有打算，他想等草青马肥之时，伺机逃入漠北。李靖受命后，立即率唐军出发，在白道同李世勣会合。李靖分析了颉利的心态后，对李世勣说："颉利虽说吃了败仗，但手中还有大批人马，如果他逃到道路艰难偏远的碛北，就难于追击了。如今皇上派我去迎接他，他一定认为我军不会进攻他。如果我们挑选 1 万精锐骑兵，强行军赶赴颉利所在的阴山，出其不意地袭击突厥兵，一定会擒住他。"李靖又将这个计划告诉给了张公瑾，张公瑾对此十分不解，说："皇上已经下诏同意颉利归降了，唐俭又已经到了颉利的牙帐，我们如果发兵攻打，恐怕不太合适吧？"李靖回答道："这正如同当年韩信出其不意攻取齐地一样。"

当夜，李靖便亲率 1 万精锐骑兵向阴山进发，李世勣带领大军相随。李靖到了阴山，同一些突厥兵遭遇，李靖很快将他们击败，并将俘虏充军。而此时，唐俭已抵达阴山并同颉利见了面，颉利见太宗派人前来抚慰他，便完全丧失了戒备。李靖率领人马悄悄逼近颉利的营帐，他派部将苏定方带领 200 骑兵为先锋，趁着大雾，向颉利大帐靠拢，直到离颉利大帐只有 7 里地的地方时才被突厥骑兵发现。颉利惊闻唐军来袭，慌忙骑上马逃跑。李靖的大队人马很快也赶到了，将突厥兵打得溃不成军，唐俭趁乱脱险而归。

颉利逃走后，准备率残部奔漠北去，但李世勣早已率领大军于碛北等待了。颉利来到碛北，却无法通过，他的部将纷纷投降，唐军不战而胜。从此，从阴山到大漠的广阔地域都归唐朝所有。

公元 619 年，晋北割据势力刘武周率军攻克并州，其部将宋金刚又率部攻陷晋州，夺取龙门，进逼绛州。唐高祖李渊闻讯，立即命令李世民统领关中的所有人马，渡过黄河，在柏壁一带同宋金刚的人马相对峙。

唐军的诸将都请求立即同宋金刚决一死战，李世民却认为，宋金刚军精兵猛将云集，目前士气正旺。但他们是孤军深入，补给困难，军用辎重全靠就地抢掠。如果立即同宋金刚决战，反而正中他的下怀。因此李世民主张先养精蓄锐，不急于出战，使敌人的锋芒受挫。此外，分出一部分唐军去进攻敌人的腹地汾、隰两县。这样的话，宋金刚不出多久便会因为粮草殆尽、腹地受攻而撤军，到那时候再进攻，必然收到很好的效果。

第二年4月，宋金刚果然被迫撤军。李世民见时机已到，立即指挥唐军追击。追到高壁岭时，总管刘弘基劝李世民说："您率领大军追击敌人，到了这里，已经可算立了大功了。现在士兵们已经很疲劳，应当就地休息整顿，等粮草集结好，然后再继续追击敌人也来得及。"李世民说："功业难于建立，却容易丢弃，良机难于得到，却容易失去。如今宋金刚被迫逃走，军心涣散，我们应当乘此良机击溃敌人。如果停止，宋金刚有了喘息整顿的机会，就会重新制定计谋，做好充分准备，那里就无法顺利进攻了。"唐军于是继续追敌。

唐军追上了宋金刚军，李世民指挥军士勇猛杀敌，将宋金刚军杀得一败涂地。刘武周、宋金刚在兵败后，都逃往突厥那里去了。此时，唐军的粮草也已基本上用光，李世民已有两天没有沾食，军中只剩下一只羊，李世民便同士兵们一起分而食之。

"义、仁、德、信、智"虽然是我们做任何事都不可缺少的前提条件，但完全具备这些品德修养的人却很少，李世民可以算得上一位。不说他的文治，单说他的武功，也可称得上一位杰出的军事家了。他从16岁投军便出谋解了雁门关之围，救出隋炀帝，到他辅佐父亲李渊起事，平定诸路群雄，身经百战，可说是战无不胜，攻无不克，其间，他的勇，他的智，他的仁，他的义，他的信，都有充分表现。无疑他可以称得上我国历史上的英明君主，卓越军事家。

上述杰出人物的功绩证明，孙膑提出的"义、仁、德、信、智"，确实是统兵将领所必备的品德修养素质，也应该是选拔将领的标准和统兵将领自我要求、自我修养的信条。不论在战争年代，还是和平年代；不论是改革开放前，还是改革开放后，都是如此。具备这"五字标准"是事业成功的重要保证之一。

新世纪新机遇，给企业家提出的要求越来越高。新挑战和新观念，给企业家带来的不确定因素越来越多，未来的企业家，将是未来经济的真正希望。因此，企业家最基本和最关键的任务就是全方位地提高自身的修养。

将德

【原文】

……赤子,爱之若狡[1]童,敬之若严师,用之若土芥[2],将军……不失,将军之智也。

不轻寡[3],不劫于敌[4],慎终若始[5],将军……而不御,君令不入军门,将军之恒也。

入军……将不两生,军不两存,将军之……将军之惠也。

赏不逾日,罚不还面[6],不维其人,不何……外辰,此将军之德也。

【注释】

①狡:年少而美好。

②芥:草芥。土芥比喻轻微无价值的东西。此数句意谓将帅之于士卒,平时需爱护,敬重,该用的时候又要舍得用。

③不轻寡:不因敌人数量少而轻视它。

④劫:迫。意谓不为强大的敌人所吓倒。

⑤《老子》六十四章:"慎终如始,则无败事",可参考。

⑥还面:转脸。

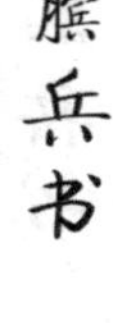

【译文】

……对士兵要像对可爱的孩童一样爱护,要像对严师一样尊敬,而使用士兵又要像使用泥土草芥一样,不惜牺牲将军……这是将军的智慧。

不轻视兵力少的敌军,也不怕敌军的威逼,做事要坚持不懈,直至最后也要像刚开始一样,慎始慎终慎重对待,将军……君王的命令不能在军队中直接传达贯彻,军队中只以统兵将帅的命令为准,这是将军固定不变的准则。

……将军不能和敌军将领共生,自己的军队也不能与交战的敌军共存,这是将军的……这是将军赏赐的恩惠。

奖赏不能超过当日,惩罚也须当面就兑现,赏罚不因人而异,必须一视同仁,……这是将军应有的品德。

【赏析】

此文章作为前一篇的继续和补充,更具体,更细微的讲述了统兵将领的素养。本文论述了带兵必备的几条素养,全都是历代兵法家所强调的内容。但孙膑却有其独特之处。孙膑不但提倡爱兵,而且提出"敬之若严师",这一点是十分难能可贵的。

"爱兵如子","爱民如子",提倡这些信条的不乏其人,但提出把士兵当作严师一般尊敬的,在历史上却罕见,在今天真正树立这一信条的也不见得很多。要知道,在孙膑及其以后的2000余年之中,是把将领官员之流看作当然的"治人"者的,而广大士兵在军中和广大民众在国家中则只不过是"治于人"的"群氓"而已,能"爱之若狡童"已属可贵了,还有几人能"敬之若严师"呢?因为按当时的普遍观点是,士大夫之流的上等人,才是聪明的上等人,而广大群众只不过是些愚昧的下等人,只配供上等人统治驱策,更谈不上提倡把这些愚昧的下等人看作严师,去向他们请教了。正是如此,孙膑能在那个时代提倡"敬之若严师",确实难能可贵。

当然,在那样的时代,如果统兵将领真正如孙膑提倡的那样,把自己部下的将士"爱之若狡童","敬之若严师",这些将士又怎会不舍命为其战斗呢?由此可见,这一主张确是军队强大战斗力之源泉。

李牧是战国时代赵国人,乃著名的抗击匈奴的边防将领。他曾经驻扎在雁门关一带,把收入的租税都用作军费开支,经常杀牛宰羊犒劳士卒,对战士待遇优厚,并下令说:"匈奴人前来抢掠,我军士兵赶快退回。有敢追击匈奴者,斩!"这样过了几年,匈奴人都认为李牧胆小,就是赵兵也私下以为自己的将军太胆小。由于经常得到嘉奖而没有立功报答的机会,所以士兵们都纷纷要求与匈奴人决战一场。李牧见群情激昂,士气饱满,于是选了300辆战车,1.3万匹战马,因战功卓著得过

百金之赏的勇猛战士 5 万人，神箭手 10 万人，加以训练之后，诱使匈奴大举进攻。李牧则摆开阵势，以左右两翼突入匈奴军，往来冲杀，匈奴大败，被杀十几万人马，单于逃走。后来有十几年匈奴不敢再犯边境。

所以说，对士卒越好，士卒的回报便越大；激励和鼓舞士兵的斗志，一旦开战，便能勇猛向前。赵国军队经常被匈奴人打败，李牧却能大获全胜，难道他所指挥的，不是赵国军队吗？军队是一样的，只不过他善于激励和蓄积士兵们的斗志罢了。

奖励能激发士兵的斗志，因为它满足了人们内心普遍存在的一种渴望，即战斗或工作业绩得到认同、肯定和表彰的渴望。现代心理学研究表示，只有当人们意识到自己的行为受到他人重视，有特殊的重大意义时，才能充分调动起主观能动性，潜在的能量才能得到淋漓尽致的发挥和运用。

说到将军的智慧，孙膑强调不因敌军兵少而轻视对方，也不因敌军势大而畏惧对方，必须自始至终谨慎对敌，不到最后胜利绝不松懈。这一点可说是老生常谈了，但真正做到却并不容易，许多领兵将领都是败在胜利之后或败在弱敌之手。隋朝末年，李密曾是各路反王之中势力最大的一路，他在河南攻下兴洛仓之后，又接着打败隋军从东都派来的援军，声威大振。原来的义军首领翟让推举他当了魏公，李密便如皇帝一般，改元永平，分封官吏。这时，赵魏以南、江淮以北，各路义军纷纷前来归附。随后，他的军队又横扫东都外围，逼得很有实力的王世充困守东都内城。隋朝的许多文官武将如秦叔宝、程咬金、罗士信等也前来投效，李密更是实力大增，兵力达到 30 万，在洛口与王世充 10 万大军交战，开始失利，后来大胜。就在这时，义军却发生内讧，李密和翟让都想独掌大权，结果李密以宴请为名，用计杀了翟让及其亲信。这件事，李密虽然成功了，但对义军内部却产生了很大的影响，接着，李密上表隋在东都称帝的越王，表示愿入朝辅政，企图挟天子以令诸侯，其图谋被王世充所阻。李密便在洛口与王世充对峙。李密据有兴洛仓，粮食充足，便开仓赈济百姓。这本是得民心的好事，但李密不加管理，让人随意取走，造成了很多浪费。谋士贾润甫劝谏："国家以百姓作为根本，而百姓以饮食作为第一需要。如今百姓扶老携幼而来，无非是得到粮食维生。但是，如果毫不爱惜，不派人管理，任人随便取用，等到仓中粮米耗尽，谁还肯和您一起完成大业呢？”李密这才稍有醒悟，让贾润甫管理仓库，并参预军机大事。可是，王世充已想好办法对付李密。王世充派人假装和李密讲和，表示愿意用布和李密换粮食。当时东都洛阳城内早已断粮，军兵中不少人逃出来找饭吃，实是李密消灭王世充的大好时机。然而李密毫不知情，便同意与王世充交换。东都得到粮食，军心民心便稳定下来，再无人出逃。这时李密才知中计，可是为时已晚。王世充挑选出精兵，喂饱战马，向李密发动攻击。裴仁基建议不与王世充正面交锋，可派出三万精兵，趁东都空虚，绕道去攻袭东都。李密起初也觉得是好计，但听了单雄信等将的速战主张，又改变了主意。结果出兵交战时，中了王世充的埋伏，一败涂地，最后只得去投靠李渊。

李密与王世充的较量，本是李密大占优势，可是李密却不会把握时机，先是自相残杀，后来又坐失良机，把粮食轻易送给王世充，使王世充得以重整兵力，最后李密又不听裴仁基的妙计和魏征的劝告，轻易出战，终致惨败，永远丧失了成功良机。

孙膑在这篇文章中谈的第三点是兵权问题。他提的“君令不入军门”，就是指的我国许多兵法家所持的“将在外，君命有所不受”的观点，主张将军统兵、用兵的全权。孙膑在前面的文章中对此观点已有论述，这里又再次提出，足见是一个十分重要的问题。在孙膑那个时代以及其后若干年，通讯联络极其不便，即便用换马不换人的最快信使，一日也很难达到千里，在军情紧急之时，要请示批准自是只能贻误战机，因此，将军拥有统兵、用兵全权，就显得尤为重要。在现代通讯如此快捷的情况下，事关全局的问题，前敌指挥当然不该一人擅作决定，但战场的用兵问题，仍然应该由现场指挥及时决断，而不可能、也不允许事事请示，否则将贻误战机。汉朝名将周亚夫就有过“君命不入军门”的事例。

汉文帝后元六年（公元前158年），匈奴大举入侵边境。文帝任命刘礼为将军，驻军霸上；任命徐厉为将军，驻军棘门；任命周亚夫为将军，驻军细柳；共同防备匈奴。文帝亲自去慰问军队时，到达霸上和棘门的军营，都是长驱直入，从将军到下属官兵都是敞开营门恭迎恭送圣驾。但文帝的车驾到达细柳军营时却是另一番景象，周亚夫军中的官兵全都全副披挂，兵器锋锐，张弓搭箭，戒备森严。文帝的前导人马到了军营门口，门军不让入内。前导官员说：“天子就要到了！”军门都尉却说:“我们将军命令说:‘在军中只能听将军的命令,不听天子的诏命。’我们没有得到将军的命令,你们现在不能进营。”不一会儿,文帝到了,门军仍不让进,文帝只好派使臣手持符节给周亚夫下诏:“我要进去慰劳军队。”周亚夫这才下令打开军营大门。守卫军兵又对文帝的车马随从说,“将军有规定,军营里不准驱马奔驰。”天子的随从只得照办,拉紧缰绳,让天子的车驾慢慢行进。文帝到了营中,周亚夫手持武器拱手行礼说:“穿戴盔甲的将士不能跪拜,请陛下允许我以军礼参见。”文帝深受感动,面容庄重严肃地手扶车前横木,向营中官兵致意,并派人向周亚夫致谢说:“皇帝特来慰问将军!”文帝劳军完毕,一出营门,群臣都露出惊讶的表情。文帝却说:“唉,这才是真正的将军呀!在霸上和棘门军营看到的,简直形同儿戏,他们的将军自然很容易遭受袭击且被敌军俘虏。至于亚夫,敌军又怎能侵犯他呢!”周亚夫不仅这一次这样的事例,还曾在实际作战中不听皇帝的诏命。

景帝三年(公元前 154 年),吴、楚等 7 个封国叛乱,周亚夫奉旨领兵前去征讨。周亚夫在荥阳会合各路军队后,吴国叛军正在加紧进攻梁国,梁国向周亚夫求救。而周亚夫却领兵到了昌邑,深沟高垒,坚守不出。梁国天天派人去向周亚夫求救,周亚夫认为坚守对全局有利,便不肯去救。梁国见周亚夫一直不肯去救,便上表报告景帝。景帝派使臣送诏命给周亚夫,让他立即去救梁国。周亚夫拒不执行景帝的命令,仍是坚守不出,只是派出轻装骑兵去断绝吴、楚叛军的运粮通道。吴国军队缺粮,士兵饥饿,急于挑战,周亚夫的汉军仍是不出。夜里,汉军营中受惊,营中军兵互相攻击扰乱,直闹到太尉周亚夫的营帐之外,周亚夫仍是安安稳稳地躺着不起来。时间不长,营中也就安定下来。后来,吴军朝汉军军营东南角奔来,周亚夫却让大家注意防备西北面。结果,吴国精兵果然到了西北角,汉军防个正着,吴军攻不下来。吴军早已挨饿,攻不下便撤走。这时,周亚夫派出精兵追击,把吴军打得大败,吴王濞只带着几千军兵逃跑。汉军乘胜追击,彻底打败了叛军。

周亚夫的两个事例,生动有力地说明了孙膑关于兵权问题的论述完全正确,授予将军全权是十分必要的。

这篇文章谈论的第四点是赏罚问题。“赏罚分明”也可说是一个老生常谈的话题了,其重要性和必要性毋庸赘言,尽人皆知。但孙膑在此强调的却是赏罚的及时和一视同仁，这自有其道理。赏罚及时才能起到赏罚的作用，若不及时，那便有可能徒耗钱财官爵而不能发挥其作用。至于一视同仁则更加重要，赏罚不公，非但不能起到激励或警戒作用，反而会引发不满或更严重的后果。

在唐懿宗年间，岭南西道节度使康承训，奉旨去平定南诏叛军，他不懂指挥，只知一味奏请增兵。皇帝派了八个道的军兵去增援，他仍是一战即败，他派出的 1 万军兵，刚接触敌军便损失了 8000，吓得康承训手足无措。亏得节度副使李行素领兵修好壕沟寨栅，才保住了邕城。邕城被蛮兵围住，诸将请求乘夜去劫敌营，康承训却不同意。经天平军的小校再三力争，他才同意。那名小校召集了军中 300 勇士，夜里用绳子追出城外，悄悄摸到敌寨，有的高声呐喊，有的放火，一齐闯入敌寨，一阵乱砍乱杀，杀死蛮兵 500 有余，众蛮兵大惊逃走。可惜康承训事先没有部署，待敌军逃跑再派兵追击，已是追之不及。康承训打仗不行，邀功却是大行家，当即向朝廷报捷，说是大败蛮兵。

唐朝末年，皇帝昏庸，得到捷报非常高兴，满朝庆贺，加封康承训为检校右仆射。这还不够，更可恨的是康承训不为那位小校及 300 勇士请赏，而是把功劳全归于自己的子弟亲信，真正的功臣却无一受赏。这一来，军中将士大为失望，怨声载道。后来岭南东道的韦宙把真相上报宰相，康承训怕追究罪名，便上表自称有病，由朝廷降职另调完事。

康承训身为统兵将官，赏罚不肯一视同仁，而是谋取私利，闹得军心涣散，自己也得了个不光彩结局。

将军必须具备大公无私的美德，这是一点也不能含糊的。这篇文章从四个方面，论述了将军应有的品德。其实，何止统兵将领，任何行业的领导都不例外。政府官员自不必说，就是企业的厂长、经理们，也应具备这几项品德，才能办好企业。

“什么样的人适合当领导？什么样的人在当领导？正在当领导的人有多少真正适合当领导？对于企业管理、政府管理以及任何组织的管理，这些大概都是需要认真思考的问题。一般而言，我们通常说的领导，是指那些要对被领导者的利益负责的人。从这个意义上讲，当领导的一个必要条件就是要有“公心”，要有为大家的利益考虑的意识和习惯。当一个好的领导，尤其应当如此。然而，有公心，并不意味着没有私心。公心和私心是两码事,并不完全矛盾。没有私心本身并不是当领导的必要条件,关键的问题是必须有公心。一个没有公心的领导,无论如何都不可能是好领导。以有无公心和有无私心而论,我们可以得出如下四种组合:大公无私、假公济私、亦公亦私、不公不私。

往往大公无私,奉公忘我的领导受下属赞颂与崇敬;亦公亦私、公私兼顾的领导通常最受下属爱戴与追随;假公济私、损公肥私者通常令下属畏惧和憎恶;不公不私、只为原则者往往使下属耻笑和寒心。大公无私者,需要超强的自律,是特殊材料铸成的人,多在特定的历史时刻产生。亦公亦私者既要公私兼顾,又要公私分明,拿捏好公私的平衡。假公济私者经常能爬到领导的岗位,一个主要原因应该是,这些人由于私心太重,必定不遗余力地追求利益功名,钩心斗角、投机钻营。而最令人啼笑皆非的则是既无公心,亦无私心的领导者,他们只为某种原则戒律或符号概念而生存,自己没有对成就与幸福的追求,也不关心别人的愿望与诉求。他们之所以能够当领导,也许是因为被认为没有(利己之)私心。

在一些单位内,之所以有少数干部职工存在有干劲不足、信心不佳、工作不力、形象不好的问题,往往与该单位的个别领导干部缺乏"公心"、在处理事务性问题尤其涉及干部职工成长进步问题上不够公正公平有较大的关系。要从根本上克服这种现象、解决这一问题,首先应从领导干部入手,尽心竭力勤作公仆,率先垂范当好"标杆"。做到这一点,领导干部必须在想问题、办事情时要处以"公心",做到"三个坚持":一要坚持公正、公道、公平,大公无私,决不利用手中的权力为个人或小集团谋取私利、中饱私囊;二要坚持从单位利益出发,正确领导和管理公共事务,把实现好、维护好、发展好广大干部职工的根本利益作为一切工作的出发点和落脚点;三要坚持人民的利益高于一切,对损害人民群众利益和事业的行为坚决反对、敢于制止。只有这样,广大干部职工才会对领导产生敬仰,对工作充满激情;只有这样,广大干部职工才能真正看到前途的光明,体验到干有想头、盼有望头;只有这样,广大干部职工才会自觉规范行为,与领导同甘共苦。

将败

【原文】

将败:一曰不能而自能。二曰骄。三曰贪于位。四曰贪于财。【五曰】□。六曰轻。七曰迟。八曰寡勇。九曰勇而弱。十曰寡信。十一【曰】……十四曰寡决。十五曰缓。十六曰怠。十七曰□。十八曰贼[1]。十九曰自私。廿曰自乱。多败者多失。

【注释】

①贼:残暴。

【译文】

统兵将领遭致失败的原因有以下几种:第一种是自己原本没有能力却自以为是;第二种是骄傲自大;第三种是贪图权位;第四种是贪图钱财;第五种是……第六种是轻敌;第七种是反应迟钝;第八种是缺乏勇气;第九种是表面勇敢,实际懦弱;第十种是缺乏信誉;第十一种是……第十四种是优柔寡断;第十五种是行动迟缓;第十六种是懈怠懒惰;第十七种是……第十八种是暴虐;第十九种是自私;第二十种是自己把事情搞乱。将领的毛病越多,失败就越多。

【赏析】

此篇文章论述的仍然是统兵将领的品德修养和指挥素养,但和前面两篇不同,它是从反面为将领设镜,把可能招致失败的种种缺陷、错误一一列出,足以让将领们引以为戒。这篇论述实际是前两篇的继续和补充。孙膑把将领们常犯、易犯和可能犯的错误分门别类地逐条列出,竟达20种之多,可谓十分详尽,十分具体,可见孙膑对此研究很深,分析很细,也说明了他对这个问题的重视程度。孙膑最后警告说:“将领的毛病越多,失败就越多!”细读孙膑所列各项,可说条条都是致命错

误，一条也犯不得。请看下面的例子。

东晋末年，刘裕带兵去征讨向南侵犯的南燕。当时南燕君主是慕容德，在位七年，死后其兄长的儿子慕容超继位。慕容超宠信公孙五楼，而对亲族十分猜忌，曾屡次对他们加以诛戮。他还派部将领兵侵入河南境内，掳掠数千男女；到淮北大肆抢掠，捉走阳平太守和济南太守。

刘裕调集大军，经沂、淮河入泗水，到达下邳后，留下船舰辎重，领兵徒步向琅琊进军。所经过的地方筑城并派人守卫。随从诸将中有些有不同看法，拦住刘裕的马进谏："燕人听说我军远道而来，我料定他们不敢与我军交战，然而，他们如果据守大岘山，实行坚壁清野，我军无处得到粮食，必将陷入进退两难的困境，那将如何是好？"刘裕笑着说："诸君不必害怕！我早已摸透了燕人的脾性，他们生性贪婪，从来没有长远打算，只图近利，只知掳掠。他们退走时舍不得毁掉禾苗，而且，他们会认为我们孤军深入，必定难以持久。所以，他们只需退守广固，便可无事。我据此分析，他们不会据守天险。而且，当我军进入岘山时，他们一定会大出意外，惊惶失措，我们还愁不能攻克敌军吗？我现在就和大家约定，我们只管奋勇上前，一定可以灭掉燕贼！"刘裕催着众军昼夜不停地进军。而南燕皇帝慕容超果然和刘裕所料一样，不听公孙五楼的计谋，放弃大岘山天险，只去加固都城，整备车杖兵马，等着决战。

刘裕带领军兵过了大岘山，仍没有燕兵出现，知道自己所料不错，不禁举起手来指着天说："我军幸亏得到老天爷保佑，能够轻松地过了这处险关，消灭贼虏，便在此一举了！"当时慕容超任命公孙五楼为征虏将军，带领部将及五万步、骑军兵，屯兵临朐。听说东晋大军到达，慕容超又亲自统领四万步兵和骑兵，出来接应。慕容超让公孙五楼到离临朐城 40 里的巨蔑水去守卫。待公孙五楼到达该河岸边时，晋军前锋已经到达，两军相争，燕军抵敌不住，往后退去。晋军有 4000 辆战车，分为左右两翼，徐徐推进，直达临朐城外 10 里，慕容超带领所有军兵前来，两军展开一场恶斗，战了一天，仍是旗鼓相当，未分胜负。刘裕的一名参军向刘裕献计："现在燕军全体出动前来接战，城中必定空虚，将军为什么不派兵抄小路去袭击敌军城池呢？这就是当年韩信破赵用过的妙计呀！"刘裕连声说好，当即派兵数千，由两员部将率领，绕过燕军后面，前去袭击临朐城。此时城内只有老弱残兵守卫，城南有一营垒，也不过军兵千名，遭受晋军突然袭击，哪有抵抗之力。晋军轻易占领了临朐城。

慕容超得知临朐城池已失，大吃一惊，便不顾燕军大队，单人独骑跑了回去。燕军失去主子，顿时大乱，纷纷逃跑，刘裕挥兵追击，吓得慕容超马失前蹄，摔下马来，差点儿被晋军捉住。亏得公孙五楼替他换了一匹马，保护他得以逃脱。慕容超拼命逃跑，跑回广固城中，尚来不及整顿人马，晋军已经追到，突入了外城。慕容超和公孙五楼退入内城死守。晋军猛攻，一时未能攻下，刘裕便下令筑起长围困敌，堡垒高达 3 丈，还有三道堑壕相连。一面派人招降远近人众，选拔贤德之人加以任用，当地汉族和夷族人士都很高兴，很拥护刘裕。慕容超困守孤城，万般无奈，派尚书郎张纲，夜里追出城外，去向秦国求援，救兵没请来，张纲却成了晋军俘虏。刘裕大喜，亲自为张纲解绑，赐酒压惊，张纲便归顺了刘裕。慕容超没盼来秦国援兵，却见到张纲站在晋军的楼车上劝降。燕军大为惊恐，慕容超派人向刘裕求和，刘裕斥退了来使。慕容超无计可施，第二次派尚书令韩范去向秦国求援。秦国自己尚且吃紧，哪里派得出援兵，只派了一名使臣去威胁刘裕，要刘裕退兵，说是如若不退，秦军 10 万铁骑将来攻打晋军。刘裕很清楚这是虚声恫吓，便怒斥来使："你去向你的主子姚兴传话，等我平定青州之后，便要进函谷关了，如果姚兴想早死，那就让他快来吧！"张纲善于制造攻城器具，刘裕便让他设计监造，果然十分巧妙，攻城之时，可以保护自己不受损失便能登城。韩范见孤城难保，也投降刘裕。刘裕让韩范到城下招降守将，城中军兵更失信心，陆续出城投降。刘裕见时机成熟了，便发动了总攻。南燕尚书悦寿见势不妙，便开城迎进晋军。慕容超带领数十人马逃跑，不到一里路，就被晋军捉回。

征服南燕，就刘裕来说是知己知彼，算度准确，用兵得当。而在慕容超来说，却是犯了几大错误，首先是残杀亲族，不得人心；其次是南征掳掠，行为残暴；第三、也是最严重的一条是放弃天险，退守孤城；第四是只图近利，没有远谋，把粮食留给晋军；第五是盲目出战，没有后援；第六是一旦失败，只顾自己逃命，导致全军溃乱……这诸多错误，使他败得很惨。

人们可以从上面的事例中看出，孙膑所列各项，确实是用兵之大忌。当然，孙膑的这些论述，也不仅仅适用于用兵之人，而是对各行各业，从事各项工作的人都适用，一个人在做任何事情时如若犯了类似错误，必定遭致失败，"毛病越多，失败越多"，值得人们自勉。

企业的成败，关键在于领导。领导的成败，关键在于人格的力量。领导者除了职权之外，高尚的人格更是一种无声的命令，它蕴涵着一种伟大而神秘的力量。这种完美的人格力量不仅带领员工创造出巨大的物质财富，而且也给社会带来巨大的精神财富。所以，认识并不断培养企业领导优秀的人格，对深化现代企业制度改革、促进企业健康发展具有现实意义。

企业领导者是企业组织力量的缩影，是企业灵魂——企业文化的代表人物，其一言一行都体现了企业的价值观念。企业领导者只有具有高尚的人格，才能在员工中享有威望，其行为会被大家模仿，其优秀的人格会潜移默化地影响企业员工，成为企业员工默认的行为标准。"物以类聚，人以群分"，企业领导者优秀的品格会吸引具有同类价值取向的人凝聚于企业，并增强他们对企业的认同感和归属感。民心不可法定，与民同利者得民心，得民心者得天下。

企业领导者优秀的人格并非与生俱来、天生自成的，而是通过他们接受各种教育，并在长期执着地追求，终身不懈地磨炼才能形成的。

莎士比亚说过，"品行是一个人的内在，名誉是一个人的外貌。"南宋名将文天祥，写过"人生自古谁无死，留取丹心照汗青"的千古佳句。思想品德修养，是做人的基本功，也是衡量人生价值的首要标准。领导者加强品格修养，就必须在每时每处留心自己所处的品格层次，找到差距，不断地提高自己的修养层次，使自己达到时时处处发自内心地、下意识地"先别人，后自己"的品格修养层次，只有这样才能惊天地，泣鬼神，涤人心。作为一名企业领导，既是企业的管理者、领导者，又是社会资本的支配者和社会财富创造者，其品德修养如何，不仅对自己的人生、对企业的发展至关重要，而且对社会也具有很强的影响力。因此，企业经营管理者应当把思想品德修养作为自己人生的必备素质和发展事业的一项基本要求，"常修为政之德，常思贪欲之害，常怀律己之心"，自觉经受住各种考验，真正达到"经商先做人，做人德为先"的境界。

古人把管理者应具备的思想品格概括为"恭、宽、信、敏、惠"，还讲到，要"富贵不能淫，贫贱不能移，威武不能屈"等等。加强思想品德修养，首要的问题是解决好人生观、价值观问题。人生观、价值观不同就会有不同的答案。改革开放 30 年后的今天，可以说，诚信正义、乐于奉献、积极进取、求真务实、开拓创新、和谐包容已成为新时期人生态度的主流。但是，弥漫于社会生活中的自私自利、贪图享乐、金钱崇拜等扭曲的人生态度，也使得一些人的心态失常、行为失序、生活堕落、人性丧失。把人生价值与商品价值混为一谈，把金钱、财富作为衡量人生价值的唯一标准，认为有钱就是"英雄"，无钱就是"狗熊"，把人与人之间的关系变成赤裸裸的金钱关系，有些人为了金钱，甚至不惜出卖良心、人格和尊严。一个人如果抱着这样的态度来生活，他就会忘掉自己的身份和职责，丧失道德感、羞耻感，最终将会陷入罪恶的深渊。一个企业如果以这样的态度来经营，则会给社会和人类带来极大的危害。

一个企业领导的形象就是企业的形象。一个成功企业领导的良好形象可对社会公众产生强大的神秘感和信赖感，在企业内部也具有强大的吸引力和凝聚力，对员工有着激励和感召作用。作为一个优秀的企业领导者，在改革开放的形势下，工作、生活环境比较特殊和复杂，在遇到天人、群己、公私、义利、苦乐、祸福、荣辱、成败等人生重大问题时，对什么是是非、善恶、美丑、应当和不应当等都要有一个清醒

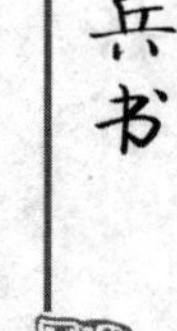

的头脑。物质的富有不等于精神的富有,仓廪实、衣食足,既可以使人知礼节、知荣辱,也可以使人滋生非分之想、淫邪之欲。想成为一名成功的企业家,成为一个有抱负、生活有意义的人,必须努力提高自己的思想境界和道德水平,找准自己的社会定位,塑造好自己的社会形象。形成完善的人格,达到崇高的道德境界。

十年树木,百年树人。提高民营企业家的素质和能力,是一个系统工程,也是一项长期的任务。但只要我们不断加强学习,自觉修养,在工作实践中刻苦磨炼,勇于超越自我,经过坚持不懈的努力,自身的素质和能力就一定会得到较大的提高,企业的生产经营管理就一定会跨上一个新台阶。

企业家的素质直接关系到企业的生死兴衰。据统计,世界上 1000 家破产倒闭的大企业中,有 850 家与企业家决策失误有关。美国企业倒闭的学者阿乐德·曼曾指出,从 30 年代到 80 年代的日本企业倒闭的原因在管理者方面的占 90%。可见,建设一支高素质的民营企业家队伍是保证民营经济快速健康发展的前提。关于企业家素质内涵的阐述有不同的见解。远大公司总裁张跃先生在北大的一次演讲中指出,企业家素质应该包含:一高、二强、三多、四稳。一高:境界高;二强:欲望强、耐力强;三多:多才、多艺、多兴趣;四稳:原则稳固、方向稳当、作风稳健、情绪稳定。企业家是一个完美的人,是承担责任的人。作为承担责任完美的人,这十条都是必需的。中国内地富豪榜的开创者胡润,向全球发布“2003 中国财富品质榜”中推出的财富品质报告认为企业家素质应该包括:诚信、把握机遇、创新、务实、终身、勤奋、领导才能、执着、直觉、冒险。而且其对中国内地 100 名顶级企业家的调查结果显示,中国企业家认为诚信是最主要的品质,把握机遇是第二重要,创新和务实也很重要,而领导才能则排在第七位。可见,企业家的素质中品德修养是比才能更重要的因素。美国普林斯顿大学提出企业家必须具备以下十大能力:创新能力,决策能力,指挥能力,控制能力,协调能力,组织能力,交际能力,表达能力,计划能力,学习能力。经济学家熊彼得则将企业家素质概括为:具有能完全胜任不胜其烦的会议和交涉的特殊的体力和魄力,善于说服他人并能获得支持及具有通过巧妙的交涉操纵他人的谋略和胆识等。

一般而言,企业家的素质包括以下内容:

第一、诚信。北大教授张维迎曾经指出，信誉是基础，如果没有了信誉，法律同样苍白无力。而市场经济实质上是一种契约经济，而由于合同的不完全性，诚信则是契约得以签订和履行的前提。虽然目前一些不具备诚信素质的企业家仍然存在但这些不诚信的企业家已经感到生存的空间越来越窄。诚信表现在对客户的诚信、对合作伙伴的诚信、对社区的诚信、对下属、员工的诚信。

第二、对环境的认知、洞察与适应。企业的发展实质就是对环境的不断适应。要更好地适应不断变化的环境，就必须对环境现状有全面的认知和对未来环境的变化有深刻的洞察。这里的环境既包括外部环境，如国际国内环境、宏观经济环境、产业状况、消费者需求及其变化等，也包括企业的内部环境，如企业的组织结构、营销、财务状况、人力资源素质等。对环境的认知、洞察与适应实质是反映企业家经营理念的变革与战略能力的提升，也就是一种学习能力。

第三、创新的思维、敢于冒险的精神与务实的作风。当一种战略或一种生产方式被行业广泛采用时，它本身将不构成任何竞争优势。同样由于每个企业自身资源的不同以及所处的环境差别，盲目模仿成功企业可能引发毁灭之灾。因此，创新思维就成为企业家必备的素质之一。但创新总是有风险的，这就要求企业家必须具有冒险的精神，同时又具有务实的作风，善于在实践中采取各种措施规避创新带来的经营风险。

第四、良好的个人品质与杰出的管理才能。无论是外部还是内部，企业都将面临许多不同的利益主体，如果都必须通过完备的契约安排来协调彼此的利益，则企业的成本将无比高昂。因此，凭借企业家良好的个人品质与杰出的管理才能建立起来的个人权威与协调机制至关重要。这也是增强企业凝聚力、激发员工创造热情的重要因素。

将　失

【原文】

将失：一曰，失所以往来[①]，可败也。二曰，收乱民而还用之，止北卒而还斗

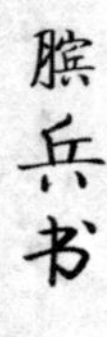

之[2],无资而有资[3],可败也。

三曰,是非争,谋事辩讼[4],可败也。四曰,令不行,众不壹,可败也。

五曰,下不服,众不为用,可败也。六曰,民苦其师,可败也。

七曰,师老[5],可败也。八曰,师怀[6],可败也。

九曰,兵遁,可败也。十曰,兵□不□,可败也。

十一曰,军数惊,可败也。十二曰,兵道足陷,众苦,可败也。

十三曰,军事险固,众劳[7],可败也。十四【曰】,□□□备,可败也。

十五曰,日暮路远,众有至气[8],可败也。十六曰,……可败也。

十七【曰】,……众恐,可败也。十八曰,令数变,众偷[9],可败也。

十九曰,军淮,众不能其将吏[10],可败也。廿曰,多幸[11],众怠,可败也。

廿一曰,多疑,众疑,可败也。廿二曰,恶闻其过,可败也。

廿三曰,与不能[12],可败也。廿四曰,暴露伤志[13],可败也。

廿五曰,期战心分[14],可败也。廿六曰,恃人之伤气[15],可败也。

廿七曰,事伤人,恃伏诈[16],可败也。廿八曰,军舆无□,【可败也。廿九曰】,□下卒,众之心恶,可败也。

卅曰,不能以成阵,出于夹道[17],可败也。卅一曰,兵之前行后行之兵,不参齐于阵前,可败也。

卅二曰,战而忧前者后虚,忧后者前虚,忧左者右虚,忧右者左虚。战而有忧,可败也。

【注释】

①意谓军队行动茫无目的。

②以上两句意谓收用乱民和败卒来打仗。

③本无实力而自以为有实力。

④以上两句的意思是说:在是非问题上总是争执;在谋划大事时,总是辩论争吵,不能做出决定。

⑤士卒长期出征在外,不得休息。

⑥士卒有所挂念。

⑦以修筑军事要塞为事,使士卒劳苦。

⑧至:怨恨。

⑨偷:苟且敷衍。

⑩淮:疑借为乖,不和。众不能其将吏,意谓士卒与将吏的关系不好。

⑪幸:偏爱。

⑫与:亲近,交往。不能:无能之辈。一说与借为举,意谓举用无能之人。

⑬士卒暴露于野外,伤其心志。

⑭临战之前军心涣散。

⑮恃:凭借。意谓所凭借的是敌人的斗志消沉。

⑯做的是伤害人的事,靠的是阴谋诡诈的手段。

⑰夹:疑借为狭。

【译文】

统兵的将领可能出现的过失有以下几种:第 1 种是军队调动不当,可能导致失败。第 2 种是收容散乱的百姓,不进行训练就用去作战,或是收集刚打败仗退下来的士兵,马上又让他们去打仗,或是没有供给保障仍然一意孤行,这些都可能导致失败。

第 3 种是爱争论是非,作计划时争论不休,可能导致失败。第 4 种是命令不能执行,士兵不能一致行动,可能导致失败。

第 5 种是部下不服从、士兵不听指挥,不肯效命,可能导致失败。第 6 种是他的军队使百姓遭受痛苦,可能导致失败。

第 7 种是军队疲惫,可能导致失败。第 8 种是军队思乡想家,可能导致失败。

第 9 种是士兵逃跑,可能导致失败。第 10 种是士兵……可能导致失败。

第 11 种是军队多次受惊吓,可能导致失败。第 12 种是行军的道路难以行走,使士兵常常陷脚,士兵困苦不堪,可能导致失败。

第 13 种是修筑险要坚固的军事设施,使士兵过度疲劳,可能导致失败。第 14

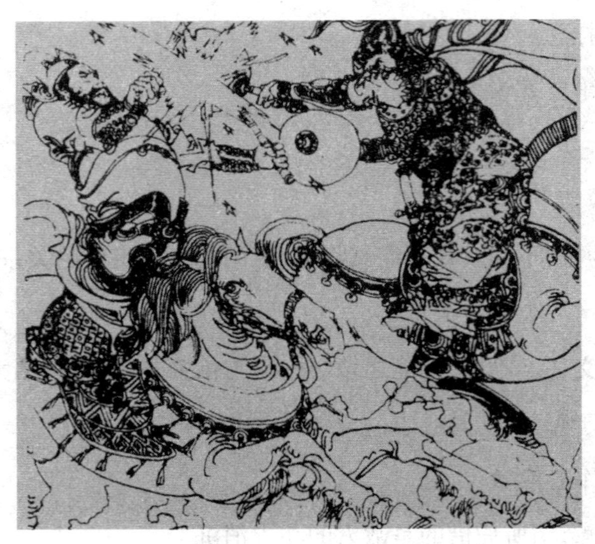

种是……可能导致失败。

第 15 种是天快黑了，行军路程还很远，士兵极其气愤，可能导致失败。第 16 种……可能导致失败。

第 17 种是……士兵恐惧，可能导致失败。第 18 种是军令屡屡改变，士兵偷安应付，可能导致失败。

第 19 种是军队军心涣散，士兵不信任他们的将领和长官，可能导致失败。第 20 种是统兵将领多数存在侥幸心理，士兵懈怠懒惰，可能导致失败。

第 21 种是将领和士兵都多疑，犹豫不决，可能导致失败。第 22 种是将领厌恶听别人指出其过错，可能导致失败。

第 23 种是任用的下级官吏无能，可能导致失败。第 24 种是长期露宿，挫伤士气，可能导致失败。

第 25 种是将领临战分心，可能导致失败。第 26 种是只想凭借敌军士气低落，可能导致失败。

第 27 种是单纯依靠埋伏和施行欺骗去打败敌军，可能导致失败。第 28 种是……可能导致失败。第 29 种是……士兵产生厌恶心理，可能导致失败。

第 30 种是不能用合适的阵势通过狭谷通道，可能导致失败。第 31 种是军队先出发和后出发的士兵，不能在阵前会齐集结，可能导致失败。

第 32 种是作战时由于担心前锋致使后卫空虚，或者由于担心后卫致使前锋空虚，或者由于担心左翼致使右翼空虚，又或是由于担心右翼致使左翼空虚，作战时总是有种种担心，可能导致失败。

【赏析】

这篇文章也是从反面集中论述统兵将领的指挥才干和指挥素养，孙膑在文中把临敌指挥不当可能造成的错误一一列出，令人惊叹的是他竟列出了 32 种之多，可见他搜集了大量资料并加以细心研究。他列举的这 32 种错误都是实战之中发生过的，也是一般将领易犯的。下面我们看几个战例，便可更深刻地领悟孙膑地论述了。

公元前 204 年初，韩信和张耳率领数万汉军东征赵国。赵国闻讯，集结了 20 万大军。准备在井陉口迎击汉军。赵广武君李左车主动请战，他对相国陈余说："韩信挟渡过黄河、生擒魏玉豹、夏说之余威，东征赵国，锐不可当。但井陉口虽险要之地，战车摆不成阵，骑兵列不成队，韩信若是从这里进攻，恐怕难运粮草，辎重之物势必在大军之后。我率领 3 万精兵，抄小道断绝敌人粮草。您在这里挖深沟，筑高垒守卫，一定不要同敌人正面交锋。等汉军进退维谷，粮草断绝；用不了 10 天，韩信、张耳便会自取灭亡。"

可是这位陈余不懂兵法，却自以为是，以为赵军的 20 万之众，一定可以击溃只有几万人的汉军，拒不采纳李左车的计策。

韩信得知陈余拒绝了李左车之计后，立即率军前进，在离井陉口约莫 30 里处扎营。半夜，韩信挑选了 2000 精骑，命他们每人拿一面红旗，从小道迂回至赵军大营边的抱犊山埋伏待命，等赵军倾巢而出追击汉军时，迅速占领敌阵，拔掉赵军旗帜，竖起红旗。接着，韩信又派出 1 万余精兵为先锋，令他们渡过浅水后背水列阵。背水而战，无退路可循，向来是兵家之大忌。赵军得知后，不禁暗喜，而汉军将士也都惊疑不已。

拂晓时，韩信竖起大将旗帜，下令擂响战鼓，向井陉口发动进攻。赵军凭借优势兵力和坚固的阵地同汉军展开激战。韩信指挥汉军佯作败退，撤向背水的阵地。

赵军果然像韩信设想的那样倾巢而出，追击汉军。汉军背水作战，既无退路，又有追兵，于是奋力死战，勇猛杀敌。韩信派出的2000精锐骑兵已趁势占据了赵军阵地。赵军同汉军激战许久不能获胜，想撤回阵地，却见自己先前的阵地上都是汉军的红色旗帜，顿时惊慌失措，以为不敌汉军，便纷纷逃命。汉军前后夹击，全歼赵军。陈余被杀于乱军中，而赵王歇最后成了韩信的阶下囚。

这一场以少胜多的战役，很好地解读了孙膑的《将失》文中提到的观点。韩信善于用兵，准确地分析敌情，部署得当，所以最终转劣势为优势取得了胜利，而不懂兵法又盲目自大的陈余不了解敌情，盲目出战，既没有指挥才能，又不听取李左车的意见，最后惨败！

从以上这个战例，可以更深刻地领会孙膑的正确忠告。而从事其他工作的人们，特别是领导人物，亦应仔细体会孙膑的论述，以避免在自己的工作中出现类似的错误。例如："收容散乱的百姓，不加训练就用去作战。"这一项在工农业生产和商业、服务业等行业中就有类似现象，不经培训就上岗，生产质量自然就没有保障，企业就不能搞好。至于高科技行业，没有相应技术人员，更不会搞好。而我们有不少企业，恰恰就是不大重视这方面的工作，不培训或者培训只是走过场，就靠这样的人员去生产顶岗，结果自然是可想而知。又如："没有保障仍然一意孤行。"这在我国几十年的建设中，也不鲜见。许多企业凭长官意志或盲目模仿，不经科学论证便上马，结果是原料没有保证，技术不过关，产品没有销路，给国家和人民造成千万、亿万的损失。再如："作计划时争论不休"，"命令不能执行"，"不能行动一致"等现象，在现实生活中也屡有出现。许多问题往往在"研究"之中被长期拖延，议而不决，决而不行，一拖数月，数年最后不了了之。还有，不听指挥，不执行决议、政令、命令以及法律、法规，贪污、受贿，公款吃喝，文过饰非，虚报浮夸等，凡此种种，都可能导致他们的事业受损乃至失败。孙膑论述的这几项，请读者对照当今的一些弊端进行思考，想来会起到一些警戒作用的。

雄牝城

【原文】

城在渟泽[①]之中，无亢山名谷[②]，而有付丘[③]于其四方者，雄城也，不可攻也。军食流水，生水也，不可攻也。城前名谷，背亢山，雄城也，不可攻也。城中高外下者，雄城也，不可攻也。城中有付丘者，雄城也，不可攻也。

营军趣舍[④]，毋回名水[⑤]，伤气弱志[⑥]，可击也。城背名谷，无亢山其左右，虚城也，可击也。□尽烧[⑦]者，死壤也，可击也。军食泛水[⑧]者，死水也，可击也。城在发泽[⑨]中，无名谷付丘者，牝城[⑩]也，可击也。城在亢山间，无名谷付丘者，牝城也，可击也。城前亢山，背名谷，前高后下者，牝城也，可击也。

【注释】

①渟泽：小泽。

②亢：高。名：大。

③付丘：疑即负丘，两层的丘。

④营军：安营。趣舍：行军。

⑤回：环绕。名水：指大江大河。

⑥伤气：损伤士气。以上几句之意，疑谓行军安营不要绕着大河走，否则会沮丧士气。

⑦烧：疑借为硗，坚硬贫瘠的土地。

⑧泛水：积水，与流水相对。

⑨发：疑借为沛。沛泽：大泽。

⑩牝：雌。牝城与雄城相对。

【译文】

建在小片沼泽地带的城池，周围虽没有高山深谷，但是有连绵不断的丘陵环绕于城池四周,这种城池叫作雄城,很难攻克,不要攻打。敌军饮用流水,(水源充足,不要攻打)。前临深谷的城池,背靠高山,是雄城,不要攻打。城内地势高,城外地势低的城池是雄城,不要攻打。城内有连绵不断的丘陵的城池是雄城,不要攻打。

军队驻扎的营地四周,没有大河环绕作为屏障,军队士气受挫,斗志低落,对这样的军队可以攻击。背临深谷的城池,其左右两面又没有高山,这是虚弱的城池,可以攻击。……烧光了的,这是死亡了的地区,可以攻击。军队饮用的是不流通的小沟渠的水,是死水,可以攻击。建在大片的沼泽地带的城池,又没有深谷和连绵不断的丘陵作屏障,这种城池叫作牝城,容易攻打,可以攻击。城池前有高山,背临深谷,前高后低,是牝城,可以攻击。

【赏析】

这篇文章专门论述利用地形设防以及攻守问题。孙膑把设防的城池分为两类:易守难攻的为雄城,易攻难守的为牝城,并相应地指出了在哪些地形条件下建的城叫雄城,在哪些地形条件下建的城叫牝城。孙膑的这些论述在军事上有两方面的作用:一是供用兵之人在筑城建垒时作为选择地形的参考,聪明的将领便会选择孙膑说的那些构成雄城的地形条件的地方去筑垒建城;二是在进攻时供用兵之人选择攻击突破点做参考,聪明的将领应该选择那些易攻难守的地方作为攻击突破口,而不能轻易去攻击易守难攻的雄城,以避免进攻受阻或消耗损失过大。当然,这些也不是绝对的,在地形条件不利的地方有时也不是不能设防,而是要想办法避免不利条件易于带来的损失,用自己的努力改变不利条件可能带来的不利。这方面的事例不少。

马谡一意孤行刚愎自用,不听取意见,在没有水源的土山上设营,结果遭了惨败;刘备在森林地带连营七百里,吃了火攻,这是不懂利用地形设防的惨痛教训。所以懂得利用地形设防很重要。

说到在地形有利之处建城筑垒便能达到易守难攻之效,这不难理解。唐太宗御驾东征高丽时,便碰了一个硬钉子,致使全军无功而返。东征开始,唐军每战每捷,又打败了高丽 15 万援兵,士气高涨,便移军攻打安市城。安市城依山而筑,正是孙膑所说的“雄城”，守军据险死守，顽强不屈。前军指挥李世勣过于轻敌，他对太宗说，“这座斗大的孤城，不用担心攻不下来。等攻下城池，便将所有男子全部杀掉，以泄守城敌军侮骂陛下之恨。”这时，太宗还有些犹豫，说道：“朕的想法是先攻建安城，只要建安攻克了，安市便在我军掌握之中了。这正是兵法说的舍坚攻瑕呀！”李世勣又说：“建安在南面，安市在北面，我军的粮饷都在辽东，现在如果越过安市去攻打建安，假如敌军断我粮道，那便如何是好？臣的意见还是先攻安市，安市一攻下，便可大张旗鼓地进军，没有后顾之忧了。”太宗这时只好说：“朕命你任将帅，自然应该用你的计划，但愿你不要误了朕的大事！”太宗话还没说完，已有两人走上前跪奏道：“奴才等人既然委身大国，不敢不竭诚献计，但愿天子早立大功，也可以让奴才能够早日和妻子儿女相见。那安市城池坚固，守军勇敢，人人拼死守卫，一下子很难攻下。而今奴才等带着十多万高丽兵前来，却全军覆没，我国上下人等正因奴才等投降而心惊胆战。那乌骨城的守将老迈无用，如果天子的王师飞临乌骨城下，立时便可拿下！拿下乌骨城后，其他小城便可不战而下，王师再长驱直入，那平壤也就守不住了。”太宗见是新近投降的高延寿、高惠真二人，知道他们做了唐朝官员，想要立功报答主子，所以献了这一计策。太宗觉得他们的计策很好，但长孙无忌却说：“天子亲征，与别的将领不同，必须有万无一失的计谋才能进行，不能冒险希图侥幸成功。现在建安、安市共有敌兵10万以上，如果我军进攻乌骨城，后路被敌军切断，那就不妙了。不如先取安市和建安再进兵稳妥。”太宗也觉得有理，便没有采纳二高的计策。

唐军仍旧围攻安市，李世勣攻打西南城，使用冲车炮石，轰毁了城堞。城中守军便竖起木栅，塞住了缺口，唐军仍攻不进去。江夏王李道宗攻打东南城，他督促众军在城外筑起土山，和城墙一样高。城中守军见状也加高城墙，轮番防御，城里守军和城外唐军一守一攻，一天作战数次，夜里也不停止战斗。李道宗足受箭伤，行路十分困难，便令裨将傅伏爱屯兵在人工土山顶上。谁知凑巧土山崩塌压塌几丈长的城墙，正好傅伏爱又私离防地，众军虽有机会攻进城中，却未得将令不敢擅自行动，坐失良机，反遭从城墙缺口处出来的高丽兵一阵乱击。土山上的唐军被驱散，土山也被夺了过去。此后，唐军连攻数日，终于未能得手。

转眼到了初冬，辽东已是草枯水冻，唐军已是立足不住，太宗只好下诏班师。

高丽军兵依山筑城，凭险坚守，遵循了兵法，所以能经受唐军的猛攻而保城池不失，这便是利用了地形之利。而在唐军来说却是犯了兵家大忌，舍弃攻建安迂回取安市和取乌骨城直捣平壤两条妙计不用，却一味去攻打易守难攻的“雄城”安市，结果徒耗时日，最后无功而返。

把敌军从坚固设防的城池中引出而加以消灭，为夺取城池创造有利条件的战法可谓兵家良计。但是，攻取易守难攻的城堡不止这一种战法，诸葛亮在南征平蛮中攻打十分难攻的三江城用的是让军士人人运土，飞速地在城下堆起土山，趁敌军尚未察觉，就登上城头，一举攻了下来。

诸葛亮和唐军攻安市时用的都是堆土山的办法，但诸葛亮是让敌军没有察觉时一气堆成，因而收到突袭成功的效果；而唐军却是在敌军注视下堆土山，所以敌军当然提早防备了。同样的办法，应用之妙不同，效果便完全不同了。曹操在攻冀州之时，使用的是另一种策略。曹操采纳许攸的计策，派军兵在城外掘壕堑。审配在城上看到，暗笑说：“这是想决漳河水灌城罗！挖深沟可以灌城，现在他们挖得这么浅，有什么用呢？”便不加防备。到夜里，曹操增加 10 倍人力，尽全力挖沟，到天亮时，壕沟已是宽深各两丈了，决漳河水一灌，城中水深即达数丈。城中本已断粮，再这么一淹，更是雪上加霜，城中军兵大批饿死。这时，已投降曹操的辛毗，又用枪挑着袁尚的印章、绶带和衣服，招降城内军兵。守城的审配大怒，把辛毗家属老小一共 80 多口，全部杀死，将头颅掷到城下。辛毗放声痛哭。审配的侄子审荣，一向与辛毗要好，对审配的这种作为很是气愤，便写了一封密信，用箭射到城外，约定献门配合破城。次日黎明，审荣如约打开西门，放曹军入城。冀州就这样被曹操破了。

曹操用水破城，其成功主要归功于许攸计划周密，白天用人少，挖得浅，使对方产生麻痹思想，到了晚上再加人突击，一夜之间挖成又宽又深的壕沟，灌城得以成功。这一计谋收到了出其不意，攻其无备的效果，从而一举成功。如若不然，让守城军兵早早察觉，那就会采取预防措施，结果也就难说了。

上几个事例，不仅加深了我们对孙膑论述的理解，还启发了我们对《孙膑兵书》思想精髓的思考，因时因地制宜活用《孙膑兵书》，既可照孙膑的论述去部署攻防，又可从“难”中找出其弱点，求出破“坚”的策略；或者在不利中找出让其变坚的办法，在不利条件下坚固设防。从这些转化中，体会一个变和活。不仅战争攻防如此，干其他事业也是相通的，只要细细琢磨，便可一通百通。只要灵活运用，问题便可迎刃而解。

度九夺

【原文】

……矣。救者至，又重败之。故兵之大数[①]，五十里不相救也。况近□□□□□数百里[②]，此程[③]兵之极也。故兵[④]曰：积[⑤]弗如，勿与持久。众弗如，勿与接和[⑥]。□弗如，勿与□□。□弗如，勿与□长。习[⑦]弗如，毋当其所长。五度[⑧]既明，兵乃横行。故兵……趋敌数。一曰取粮。二曰取水。三曰取津[⑨]。四曰取途。五曰取险。六曰取易。七曰取□。八曰取□。九曰取其所读[⑩]贵。凡九夺，所以趋敌也。

【注释】

①大数：大要。

②此句有缺文，据文义，原文似当为：“况近者数里，远者数百里”。

③程：衡量。

④兵：指古兵法。

⑤积：委积，指粮草。

⑥接和：与交和同意，两军对垒。

⑦习：训练。

⑧五度：指上文所说“积弗如，勿与持久”等五事。

⑨津：渡口。

⑩读：借为独。

【译文】

…救兵到达，又再次打败敌军。所以，用兵的一项重要原则是，相距50里就不能相互救援了。……有几百里的距离，这样的距离已超过行军救援的极限了。因此兵法说，当储备不如敌军时，不要和敌军打持久战。兵力不如敌军时，不要和敌军周旋。……不如敌军时，不要与敌军……。……不如敌军时，不要与敌军……士兵训练不如敌军时，不要用这样的士兵去与敌军的长处抗争。统军将领如能懂得衡量这五项，并能恰当地把握分寸，那他带的军队就可以纵横驰骋了。所以兵法说：……各种逼迫敌军的办法。第一是夺取敌军粮草。第二是夺取敌军水源，第三是夺取敌军必经的渡口。第四是夺取敌军必经的道路。第五是夺占敌军必经的险要关隘。第六是夺取平坦开阔地带。第七是……第八是……第九是夺取敌军最珍视的东西。以上列举的九项夺取，都可以作为逼迫敌军的办法。

【赏析】

本文论述的是临敌指挥决策问题，“五度”是说明在五种情况下易遭失败，不宜和敌军对阵接战。这五种情况包括己方的军兵之间相距过远，不能互相支援；己方储备不足，不宜和敌军打持久战；己方的士兵训练不足，不足与训练有素的敌军相抗争等等。这些情况都是明显的敌强我弱、实力悬殊的情况，如果贸然接战，那当然很容易遭败，自是应该避免。而“九夺”则是说明可置敌军于死地的战术措施，诸如夺粮、夺水源、夺路、夺险关等等，都是夺取敌军赖以生存的东西或进退机动的通道，抓住敌军的要害，从而把敌军置之死地。这“九夺”确是许多统兵将领行之有效的战术，虽不能说一用就灵，万无一失，但总可以说是成功率较高的办法。

在《南征北战》这部影片里面就既有占山，又有占水。陈毅指挥的华东野战部队，机动灵活地把敌军主力74师一步步引入孟良崮，在此地布局了歼灭敌军的战场，同时又把另一股敌军李仙洲所部引开，使他们不能互相支援。分隔任务完成之后，就在孟良崮展开了歼灭74师的第一战役。作战过程中双方的先头部队都在抢占孟良崮主峰制高点，分别在两面攀登。显然，谁先登上山峰，谁就占据主动。结果，我军终于先登上山顶，在山上占有优势，一下子把登山的敌军先头部队打得死的死、滚的滚，从而占据了主动，后来便牢牢地控制住主峰，任凭敌军炮轰、飞机炸，一次次猛扑，总是寸步不让，为主力及时赶到，聚歼敌军赢得了时间。在敌军74师被歼过程中，敌军师长张灵甫一再要求李仙洲所部第7军增援，蒋介石也下令李仙洲去增援，但李仙洲已被我军引开，难于及时赶到，又被我军阻击，炸坝放大沙河水，使其无法通过，我军全歼74师后，又回师展开第二战役，全歼李仙洲所部敌军。

这一成功战例，不仅有孙膑所说的"不能相互救援"，也有"夺险要关隘"，抢占主峰，控制整个战场，还有"夺取敌军必经的渡口"，炸坝放水，使增援敌军无法通过。《南征北战》证明，孙膑所说的战法原理，不仅适用于古代战争，在现代战争中也是适用的。

东汉建武十一年，东汉大将吴汉与副将刘尚率领3万人马，进攻割据四川一带的公孙述。在攻下广都、武阳等地之后，吴汉、刘尚又率军深入巴蜀腹地。吴汉率领两万人进逼成都，驻扎在离成都10多里的江北，又让刘尚分兵1万驻扎在江南。他们修造了一座浮桥架在江上，以便相互往来。

成都城内的蜀军兵力有10多万，大大优于汉军。公孙述发现，汉军分别屯驻在大江两岸，如果蜀军以优势兵力分头进攻两岸的汉军，势必各个击破，使他们互相不能援救。于是公孙述派部将谢丰、袁吉领兵10万，全力攻打吴汉的大营，又派一万人攻打刘尚。

经过一天的激战，果然奏效，吴汉部寡不敌众，只好将人马撤回军营，却又被谢丰包围了起来，情况十分危急。吴汉召集部将商议对策，他说："现在我们与刘尚将军被包围在两处，如果不合兵一处，势必会被敌人各个击破。我们唯一的出路便是把军队偷渡到江南，成败在此一举了。"诸将纷纷表示听从主将的调遣。

吴汉下令关闭军营的大门，一连三日没有出战，并在营中增设了许多旗帜。到了第四天晚上，蜀军见汉军营中烟火不断，没有出击的迹象，以为吴汉要就地固守，便放松了戒备。

吴汉见时机成熟了，便在夜深人静时偷偷率军渡过江，与刘尚合兵一处。次日早晨，谢丰仍旧分兵抵御江北，自己和袁吉攻打江南。没料到，由于吴汉与刘尚会师，已经在局部改变了众寡悬殊的形势。蜀军对吴汉渡江一事仍未觉察，不敢放松对江北的戒备，兵力无法集中，战事发生了变化。双方大战一天，汉军大获全胜，蜀军死伤数千人马。

在这次作战中，吴汉把握了敌情，分析了战势，认识到了敌强我弱，兵力不及蜀军，所以不和敌军长期周旋，放弃打持久战，而是想办法渡江与刘尚汇合，这遵循了孙膑提到的作战方法，而蜀军轻敌的态度及忽视了作战的险要渡口，让吴汉顺利渡江违背了孙膑所说的作战方法，最后惨遭失败。

孙膑在这里提到了“夺粮”，许多兵家都是用夺粮之策，把敌人置之死地。

《孙子兵书·作战篇》：“善用兵者，役不再籍，粮不三载；取用于国，因粮于敌，故军食可足也。”《草庐经略·卷三·粮饷》也说：“久守则须屯田，进击则谨粮道，深入则必因粮于敌。”因，依靠。深入敌境作战，必须依靠就地征用粮秣。在军事上的因粮于敌，指取之于敌，以战养战。

古代作战，后勤保障主要是粮草。所谓“兵马未动，粮草先行”，就是这个意思。古代交通运输工具落后，深入异国作战，战线过长，交通不便，部队粮秣供应，完全依靠本国运送，是十分困难的。因而，采取“因粮于敌”，取之异国的办法成为古代战争中常为兵家所运用的有效办法。有些人也提出了以“抄掠”“抢夺”的残暴手段来解决军需供应问题，例如《百战新法·饥战》云：“凡兴兵征讨，深入敌地，刍粮乏阙，必须分兵抄掠，据其仓廪，夺其蓄积，以继军饷，则胜。”这无异又会给异国百姓生命财产以严重危害。抗战时期侵略者的“三光”政策，就反映了这种极不仁道的残酷行径。也恰恰说明了非正义战争的反动。这是应该加以批判的。

在现代条件下作战，运输能力已空前提高，但单位时间内的物资消耗也大得多，补给量大大增加。在可能的情况下，通过缴获敌人物资补充自己，仍然是损失少、受益多的有利战策。

夺取敌军的粮、水、路等，或者以粮、水等为诱饵引敌上钩，方法不同，本质一样，都是抓住敌军的要害而把敌军置之死地的有效方法。由此可见，孙膑说的“五度”与“九夺”都是临敌指挥的重大问题，只要能在用兵之时加以适当的运用，便能收到奇效。

企业决策是企业管理者的最重要的工作，也是决定企业能否把握正确轨道稳步前行的必修课。企业决策对于企业的影响和作用有大有小，但都将直接作用于企业能否健康持续发展。不能做出正确决策的管理者，将不会是一个好的管理者，更谈不上卓有成效。因此，企业管理者必须在企业决策工作方面下大功夫，并不断提高正确决策能力、科学决策水平，为企业发展指引方向。如何做好企业决策是一项系统的工程，不是三言两语就能说得清楚，但有一条应该明确的是，做好企业决策首先要懂得取舍之道。那么，企业管理者在企业决策过程中，如何做好取舍呢？

第一、去除琐事，把握方向，着力于搞好企业决策。往往越高级别的企业管理者，其时间将越不受自己控制，如果不能切实注意工作的时间分配，提高时间管理的有效性，就往往陷入应付日常琐事的怪圈，虽然事事亲力亲为，但是效果将不会很好。作为企业的管理者，其最为关键和重要的职能就是把主要精神用于决定企业发展战略，搞好日常决策，把握轨道，为企业管理指引方向，而不是眉毛胡子一把抓，琐事烦事全都管。致力于企业决策，把主要精力、多数时间用于制定发展战略，不断提高决策能力和水平，这才是一个企业管理者的应有之道。

第二、去繁就简，简单管理，提高决策目标的可读性。“简单的是最好的”，这是宇宙不变的法则。作为企业管理者，要懂得简单管理的道理，进一步明确决策目标的可读性，只有这样才能更加有利于决策的执行力度，促进决策向成果的转化。如果管理者喜欢把简单的事情复杂化，以此来提高自己的能力形象，那么，不仅使决策变成雾里看花，水中望月，让人不能清楚地把握决策途径，不能清晰地看到决策的目标，而且决策的变成最大的问题。由于其目标的复杂化和不具有可读性，对员工的目标激励作用也将会大打折扣。去繁就简也是企业决策的一个基本原则，无论程序如何复杂，工具如何深奥，其决策目标都应当是简单清晰的、易于理解的。

第三、运用 SWOT 分析法，分析企业的优势和劣势，明确企业决策的依据。每个企业都有各自的实际情况，如具体的生产经营环境、一定的团队素质、一定的人文环境和市场竞争形势等，这些客观条件使得每个企业都有着自己固有的优势和劣势。SWOT 四个英文字母分别代表：优势（Strength）、劣势（Weakness）、机会（Opportunity）、威胁（Threat）。所谓 SWOT 分析，即态势分析，就是将与研究对象密切相关的各种主要内部优势、劣势、机会和威胁等，通过调查列举出来，并依照矩阵形式排列，然后用系统分析的思想，把各种因素相互匹配起来加以分析，从中得出一系列相应的结论，而结论通常带有一定的决策性，对企业的发展方向能起一定的指导作用。企业管理者在决策时，要充分发挥企业的优势，把握企业的发展机遇，去除企业的劣势。如果不能正确地对自身实力和优劣势情况进行客观评价，那么企业的决策就难以保证其有效性和正确性。“不能争第一，就要争第二；不能争第二，就要退出竞争”，这是企业确保基业长青的基本规律。

第四、去除与企业文化相悖的业务，着力于以企业文化指引企业决策方向。企业文化是一个企业的优秀精神、使命、共同价值观和企业伦理、企业哲学为核心的管理体系，文化管理是企业管理的趋势。企业管理者在做出一项决策时，必须充分考虑这项决策是否与企业文化因素相一致。任何一项决策必须以符合企业理念为前提。如果一项生产经营业务与企业的使命和精神产生背离，那么即使当前这项业务有着丰厚的利润，也应当予以放弃。只有这样，才能确保企业文化的指引和激励作用的发挥，员工们才能真正把企业文化铭刻于心，进而转变为自觉的行动，企业不能说一套、做一套，仅仅盯着一时的得失，而影响了长远的发展。总之，企业决策要去除与企业文化理念相悖的决策，施行与企业文化理念相一致的决策，靠企业文化来指引决策的方向。

积　疏

【原文】

……【积】胜疏，盈胜虚，径胜行[①]，疾胜徐，众胜寡，佚胜劳。积故积之[②]，疏故疏之，盈故盈之，虚【故虚之，径故径】之，行故行之，疾故疾之，【徐故徐之，众故众】之，寡故寡之，佚故佚之，劳故劳之。积疏相为变[③]，盈虚【相为变，径行相为】变，疾徐相为变，众寡相【为变，佚劳相】为变。毋以积当积[④]，毋以疏当疏，毋以盈当盈，毋以虚当虚，毋以疾当疾，毋以徐当徐，毋以众当众，毋以寡当寡，毋以佚当佚，毋以劳当劳。积疏相当[⑤]，盈虚相【当，径行相当，疾徐相当，众寡】相当，佚劳相当。敌积故可疏[⑥]，盈故可虚，径故可行，疾【故可徐，众故可寡，佚故可劳】。……

【注释】

①径：小路，指捷径。行：大道。

②集聚的就使它集聚。

③集聚与分散互相变化。

④不要用集聚对集聚。

⑤集聚和分散相对。

⑥犹言敌积故可疏之。

【译文】

……（兵力集中）胜于分散，战力充实胜于虚弱，走捷径胜于走大路，行动迅速胜于缓慢，兵多胜于兵少，部队安逸胜于疲劳。该集中就集中，该分散就分散，该充实就充实，（该薄弱就薄弱，该走捷径就走捷径，）该走大路就走大路，该迅速就迅速，（该缓慢就缓慢，该兵力多就增加，）该兵力少就减少，该休整就休整，该劳累就劳累。集中和分散可以互相转变，充实和虚弱（可以互相转变，走捷径和走大路可以互相）转变，行动迅速和缓慢可以互相转变，兵力多和兵力少可以（互相转变，安逸和疲劳可以互相）转变。

不要用集中对集中，不要用分散对分散，不要用充实对充实，不要用虚弱对虚弱，不要用迅速对迅速，不要用缓慢对缓慢，不要用兵力多对兵力多，不要用兵力少对兵力少，不要用安逸对安逸，不要用疲劳对疲劳。集中和分散相对，充实和薄弱相（对，走捷径和走大路相对，迅速和缓慢相对，兵多和兵少）相对。安逸和疲劳相对。所以敌人集中可以使它分散，力量充实可以使它虚弱，走捷径可以使它走大路，行动迅速（可以使它迟缓，安逸可以使它疲劳）。……

【赏析】

这篇文章讲述的是矛盾问题，谈到矛盾论，人们都不陌生，现代我们对矛盾的

认识比古代透彻深刻的多，矛盾存在于万事万物中，矛盾在不变地发展变化，旧的矛盾消失了，又会产生新的矛盾，矛盾的转化又有内外因之分，其中内因是根据，外因是变化的条件，等等，这些都是我们现代人对矛盾的认识。这里只能说，孙膑论述的仅是较为原始的唯物辩证思想，不过，在2000多年前能有这样的认识，也是十分难能可贵的。用唯物辩证的观点指导战争，便可产生巨大的效果。因为有了这种观点，便能客观准确地去分析敌我双方的形势，把握敌我双方的力量对比，从而能动地去处理敌我双方的种种矛盾，例如敌强我弱时也可将其转化为我强敌弱，敌快我慢时可以将其转化为我快敌慢等等，总之，懂得了矛盾的存在就可以掌握战争的主动权，促使战争向有利于自己一方转化。

我国的历史名著《水浒传》，故事精彩生动，其中也不乏战胜强敌的战例。当官兵几次围剿失败后，宋朝廷又派出了呼延灼领兵前去进剿，两军初战，呼延灼的先锋之一彭玘便被捉上梁山，呼延灼后退20里下寨。他善用连环马，当夜便传令众军，把3000匹马摆成一排，每30匹马算一连，用铁环连锁，战马都有铁甲保护，箭射不进，枪扎不进，刀砍不入；骑兵披着铠甲，戴着只露双眼的头盔。三千匹战马分成一百队锁好，作战时分三面冲向敌军。第二天两军交锋，猛听一声炮响，呼延灼的铁甲连环马便三面冲向宋江指挥的梁山军，两边的铁骑用弓箭乱射，一队一队全用长枪冲锋而来。宋江一见大惊，忙叫众军放箭，然而，哪里抵挡得住。那些铁甲连环马一齐跑开，横冲直撞，刀枪不入，梁山军一筹莫展。溃不成军，纷纷后逃。宋江慌忙上船，又令水军接应各头领和军兵上船，虽然军兵折损一半，众头领总算安全，仅6人中箭受伤。回到大寨，宋江愁眉不展。吴用劝慰一番，晁盖下令坚守不出。呼延灼大胜回寨，庆贺一番、派人向朝廷报捷。高太尉派使者来慰问嘉奖，呼延灼又乘机要求派“轰天雷”神炮手凌振前来破寨。凌振来后便部署放炮，宋江更是焦急。还是智多星吴用有办法，施了一计，便将凌振捉上梁山，将其收降入寨。但是，仍然没有破铁甲连环马的办法，众头领仍是愁眉不展。

一天，众头领在聚义厅饮酒时，金钱豹子汤隆起身说：“小人不才，愿献一计，除非用这种军器和我的一个哥哥，便无人能破这连环马了。”吴用连忙问：“贤弟，你快说用什么军器？你的哥哥是谁？”汤隆这才不慌不忙地叉手上前说道：“欲破连环马，须用钩镰枪。我家祖传打造军器，我已画出图样，若要打造，现在便可动手。但是，只有我那个姑舅哥哥徐宁会钩镰枪法，那是他家祖传，不教外人。”众人商议一番，便由汤隆去东京骗金枪手徐宁上山。

徐宁入伙之后，不到半个月，训练出六七百名钩镰枪手，宋江大喜，便准备破敌。决战前一天的半夜三更，先把钩镰枪手渡过去分头埋伏好。四更时再渡过去10队步兵，而凌振则带人在高处架上风火炮。徐宁和汤隆各自拿着号带过水泊去准备指挥。到黎明时分，宋江指挥中军人马，隔着梁山水泊，擂动战鼓，摇旗呐喊。呼延灼正在军帐内，听见报告，便让先锋韩滔先出动察看，他自己披挂整齐，手执双鞭，带领铁甲连环马队，杀奔梁山。见梁山军兵只是隔水呐喊，呼延灼便把马队一字摆开。先锋韩滔上前说："正南面有一支步兵，不知有多少贼兵。"呼延灼说："甭管他多少人，你只管把连环马冲过去就是了。"韩滔便带领五百连环马军向南冲去。这时，又看见西南、东南各有一队军兵，在摇旗呐喊。韩滔不明敌情，又回马去向呼延灼报告。呼延灼说："这些家伙长时间不敢出来厮杀，必定有计谋。"说话间，只听北边一声炮响，回头一望，只见北边又拥起三队旗号。呼延灼说："这一定是贼人的奸计。我和你一人带一半人马，你去杀南边的贼兵，我去杀北边的人马。"正要分兵出动，只见西边又出现了四队人马。呼延灼顿时慌了神儿。又听正北方连珠炮响，那是一门母炮连着49门子炮的子母炮，炮声响处，风声大作。呼延灼的军兵一见这等声势，不战已自乱了。呼延灼急忙和韩滔各自领兵四下冲杀。但梁山的10队步兵却不正面接战，官兵冲来他们便退，官兵一退，他们又进。呼延灼看了勃然大怒，便不管不顾，领连环马军，往北边直冲过去。梁山军兵见官军冲来，全都往芦苇丛中四散而走。呼延灼催连环马队急冲而来，停不下来，也便冲进芦苇丛中。只听芦苇丛中胡哨声响，早已埋伏在里面的钩镰枪手，一齐伸出枪钩，先钩倒两边的马脚，中间的铁甲马便咆哮起来。梁山埋伏的挠钩手又钩下官兵官士，将其一个个捆绑起来。呼延灼见中了钩镰枪计，连忙勒马跑向南边去赶韩滔。这时，背后风火炮从天而降，轰得官军大乱，那些连环铁甲马受惊之后，四处乱跑，冲入芦苇丛中，全被梁山军活捉了。呼延灼和韩滔知道中计，便纵马去四面收拾损失殆尽的马军。

结果遭到四处拦截。呼延灼和韩滔被杀得人困马乏，心惊胆战，死命逃跑而去。

梁山英雄之所以能战胜铁甲连环马，就在于抓住了敌军要害，做好了转化工作。铁甲连环马队的优势在于人马都有铁甲保护，成队冲锋，气势非凡，又刀枪箭不入，用常规武器和战法实在很难对付。这种马队的薄弱环节只有人眼和马蹄，射中人眼自然极难，刺砍马蹄也是十分困难的，因为这种马队一百匹相连，集团冲锋，伏在地面刺砍，只会被踏死，然而，任何事物都是相互制约的，任何矛盾都有解决办法。连环铁甲马的克星便是钩镰枪，这种枪能刺能钩，又有长把，正好对付马蹄。吴用又巧妙部署，对马队四处追杀，让其疲于奔命，阵势大乱，以便将其引入钩镰枪手埋伏的芦苇丛中。钩镰枪手用手中武器钩刺两边马蹄，办法高明。梁山好汉们既找到了连环铁甲马的克星，又能巧妙部署，充分发挥钩镰枪的作用。所以能一举战胜似乎无法战胜的铁甲连环马。这一战例，对人们启发很大。

其实，日常生活中也是如此。如果我们善于化解矛盾，机动灵活的从事各项工作，那么许多问题便迎刃而解了。

奇　正[①]

【原文】

天地之理，至则反，盈则败，□□[②]是也。代兴代废[③]，四时是也。有胜有不胜，五行[④]是也。有生有死，万物是也。有能有不能，万生[⑤]是也。有所有余，有所不足，形势是也。

故有形之徒，莫不可名[⑥]。有名之徒，莫不可胜[⑦]。故圣人以万物之胜胜万物[⑧]，故其胜不屈[⑨]。战者，以形相胜者也。形莫不可以胜，而莫知其所以胜之形[⑩]。形胜之变，与天地相敝而不穷[⑪]。

形胜，以楚越之竹书之而不足[⑫]。形者，皆以共胜胜者也[⑬]。以一形之胜胜万形，不可[⑭]。所以制形壹也，所以胜不可壹也[⑮]。

故善战者，见敌之所长，则知其所短；见敌之所不足，则知其所有余。见胜如见日月。其错胜[16]也，如以水胜火。形以应形，正也；无形而制形，奇也[17]。奇正无穷，分也。分之以奇数[18]，制之以五行，斗之以□□。分定则有形矣，形定则有名矣。……同不足以相胜也，故以异为奇。足以静为动奇，佚为劳奇，饱为饥奇，治为乱奇，众为寡奇。发而为正，其未发者奇也。奇发而不报，则胜矣。有余奇者，过胜者也。

故一节痛，百节不用[19]，同体也。前败而后不用，同形也。故战势，大阵□断，小阵□解。后不得乘前，前不得然[20]后。进者有道出，退者有道入。

赏未行，罚未用，而民听令者，其令，民之所能行也。赏高罚下，而民不听其令者，其令，民之所不能行也。使民虽不利，进死而不旋踵，孟贲之所难也，而责之民，是使水逆流也。故战势，胜者益[21]之，败者代之，劳者息之，饥者食之。故民见□人而未见死，蹈白刃而不旋踵。故行水得其理，漂石折舟[22]；用民得其性，则令行如流。

【注释】

①此是篇题，单独写在一简上。

②此处所缺二字疑是“日月”或“阴阳”。

③代：更替。

④五行：指金、木、水、火、土。胜，指五行相克，如水胜火。

⑤万生：各种生物。

⑥有形体的事物，没有不可命名的。

⑦有名称的事物，没有不可制服的。

⑧以万物之胜胜万物，意谓用一物的特性克制另一物，以此驾驭万物。

⑨屈：穷尽。

⑩有形之物没有不可制服的，问题是不知道用什么去制服它。《孙子·虚实》说：“人皆知我所以胜之形，而莫知吾所以制胜之形”，可参考。

⑪敝：敝意谓万事万物相生相克的现象和天地共始终而无穷无敝。

⑫楚和越都盛产竹。古人在竹简上写字。此句意谓万物相胜的现象是写不完的。

⑬犹言皆以其胜相胜者也。

⑭以一种事物去制胜万物,是不可能的。

⑮以上两句的意思是说:用来制胜的原则是一样的,但用来制胜的事物是各种各样的。

⑯错:同措,措置。错胜:犹言制胜。

⑰以上两句意谓:用有形对付有形,是正;用无形制服有形,是奇。

⑱《孙子·势》:"凡治众如治寡,分数是也",梅尧臣注:"部伍奇正之分数,各有所统",可参考。

⑲节:骨节。意谓身上一处有病痛,全身就都不听使唤。

⑳然:借为蹨,践踏。

㉑益:增。指增加兵力。

㉒《孙子·势》:"激水之疾,至于漂石者,势也。"

【译文】

自然界的规律:物极必反,盛极必衰,……朝代的兴衰替代,就如同一年四季的变化交替一般,是正常而必然的现象。一个国家、一支军队,有胜过别人、能取胜的一面,也有不如别人,不能取胜的一面,就如同金、木、水、火、土五行相生相克一样,有生就有死,世间万物都是一样。有能做到的,也有不能做到的,所有的人都是这样。有条件具备而有余的,也有条件不足的情形,形势发展变化就是如此。

凡是有阵形显露的军队,就没有不能识别的;凡是能识别的军队,就没有不可战胜的。所以,圣人会运用万物的长处去制胜万物,而且能不断取胜。用兵作战的人,是靠阵形相互取胜的。阵形没有不能战胜的,只是有人不知道用以战胜的阵形而已。以阵形取胜的变化,就如同天和地相互遮蔽一样是永无穷尽的。

以阵形取胜的办法,用尽楚、越两地的竹子也是写不完的。阵形是用其长处去取胜的。用一种阵形的长处去胜过万种阵形,这是不可能的。所以说,可以给阵形规定一定的式样,但是取胜的阵形却不可能是一成不变的。

善于打仗的人,了解敌军的长处,就能知道敌军的短处;了解敌军不足的方面,就能知道敌军优胜的方面，这种人预见胜利，就如同预见日月升降一样准确容易，这种人取胜的措施，就如同用水灭火一样有效。用阵形对阵形，是常规战法叫作“正”；不用固定的阵形去对付固定的阵形，是非常规战法，叫作“奇”。“奇”和“正”的变化是无穷无尽的，关键在于酌情运用，掌握分寸。要按照出奇制胜的原理，运用五行相生相克的规律去制约敌军。……分析掌握敌情清楚准确，就会有相应的取胜阵形，阵形确定自然就会有阵名了。……用和敌军相同的阵形是不能取胜的，所以必须以变异的阵形出奇制胜，由于这个原因，以静制动是出奇，以逸待劳是出奇，以饱对饥是出奇，以安定对动乱是出奇，以多对少是出奇，暴露的行动是正，隐蔽的行动是奇。出其不意而又不被敌军发觉，就能取胜。所以说，奇招层出不穷的人，就能超出常人不断取胜。

所以身上一个关节痛，其他所有关节也不灵活了，因为所有的关节都属于同一个身体。前锋失败了，后队也就不能发挥作用，因为是同一阵形。所以说，作战的态势，要大阵……小阵……后卫不追逐超越前锋，前锋不能阻挡后卫部队。前进要有道路可以出去，后退要有道路可以进入。

赏和罚并未实行，而众军却肯听令，这是由于这些命令是众军能够执行的。悬出高赏低罚，而众军却不听令，这是由于命令是众军无法执行的。要让众军处在不利的形势下，仍然拼死前进而毫不后退，这是像孟贲那样的勇士也难以做到的；如果因众军不能做到而责怪他们，那就犹如要让河水倒流一样了。所以说，用兵作战的人，要按情势处理：军兵得胜，要让他们得到好处；军兵打了败仗，领兵将领要承担责任，代兵受过；军兵疲劳时，要让他们休息；军兵饥饿时，要让他们能吃上饭。这样就能使军兵遇上强敌也不怕死，踩上锋利的刀刃也不会转身后退。所以说，懂得流水的规律后，就可以做到用流水冲石头去毁掉船只；使用军兵时懂得他们的心理，命令就能贯彻执行得如同流水一样畅通无阻了。

【赏析】

这篇文章主要是军事论述，其最大特点是文章并没有局限于军事战略战术的探讨，而是从宇宙万事万物运行规律的高度去论述用兵的规律，从事物发展变化的根本原理上去探求用兵的规律。从这个意义上说,这篇文章正是《孙膑兵书》的理论基础,也是军事科学在用兵打仗的战略战术方面的理论基础,还是《孙膑兵书》思想的总结。孙膑在文章开头,便用“大地”“四时”变化的道理作为比喻,准确而生动他说明了军事作为一门科学,也像宇宙的万事万物一样,有其运动变化的规律。并列出胜与败、生与死、能与不能等一系列战争中的矛盾,说明战争的进程就是矛盾转化的进程,所谓的用兵之道,就是研究、掌握矛盾转化的规律。杰出的军事家,也就是孙膑所说的“圣人”,就是善于掌握这种运动变化规律,善于因势利导,促使矛盾按自己预计的模式转化,达到他预期的目标。这也就是孙膑说的“以万物之胜胜万物,故其胜不屈”。杰出的军事家,就是按照万事万物运动发展的规律去用兵作战,善于扬长避短、因势利导,所以他们便能不断取胜。

孙膑的论述反映了唯物辩证法的基本观点。唯物辩证法认为,宇宙万物都是在不断的运动之中,并且按照一定的规律发展变化。和形而上学的宇宙观相反,唯物辩证法的宇宙观主张从事物的内部、从一事物对他事物的关系去研究事物的发展,即把事物的发展看作是事物内部的必然的自己的运动,而每一事物的运动都和它的周围其他事物互相联系着和互相影响着。事物发展的根本原因,不是在事物的外部而是在事物的内部,在于事物内部的矛盾性。任何事物内部都有这种矛盾性,因此引起了事物的运动与发展。事物内部的这种矛盾性是事物发展的根本原因,一事物和他事物的互相联系和相互影响是事物发展的第二位的原因。这是现代我们对唯物辩证法的认识。

以此论述和孙膑的论述比较,可以看出二者的基本观点是一致的,只不过孙膑的认识和表述还只是朴素的、初级的,不像、也不可能像现代的论述那么细致、那么深刻、那么周密。然而,孙膑在那个时代,能有这种认识,能做出这种表述,已是难能可贵的了。再说,孙膑能从宇宙万事万物发展的普遍规律入手,来论述用兵的规律,这便是抓住了根本。

用这种观点去回顾前面 20 几篇文章和分析中列举的大大小小上百个战例,自然给人以豁然开朗的感觉。所以说,这篇文章是孙膑全部兵法论述的总结,它是军事指挥员从宇宙发展规律的宏观高度研究和掌握用兵根本规律的必读教材。我们说这篇文章精深，是因为它在从宏观高度论述用兵规律之后，又深入一步，从对敌和带兵两个方面论述了战略战术的根本问题。

在对敌问题上，孙膑以“奇”和“正”的辩证关系，论述了基本的战略战术。他的基本观点是：“奇正无穷，分也。分之以奇数，制之以五行。”所谓“正”，就是常规战法，所谓“奇”，就是出奇的战法，也是非常规战法。孙膑认为“奇”和“正”的变化是无穷无尽的，他主张要根据实际情况运用常规和非常规的战法，更主张按照出奇制胜的原理，运用五行相生相克的规律去制约敌军。这种基本的战略战术思想，在本书前面 20 多篇文章中，已有很充分的表露。

我们之所以说孙膑继承和发展了我国诸多兵法家的优秀思想，原因正在于此，综观整部《孙膑兵书》，其论述都始终贯串着一个根本思路，即“机动灵活，出奇制胜。”这也正是他超越前人、独树一帜的地方。运用这一基本战略战术思想，孙膑又列出以变异阵形对阵、以静制动、以逸待劳、以饱对饥等出奇制胜的策略，并总结说：“奇招层出不穷的人，就能超出常人不断取胜。”

在带兵问题上，他首先以人的关节做比喻，深刻地说明了各个环节都十分重要，任何一个环节出了问题，都会像人的一个关节痛而引起全身痛一样，导致全军受影响。在带兵问题上，他又集中于军队配置和全军团结一致上。关于军队配置，他强调了前锋后卫协调，保持阵形以及进退道路畅通的理论，这是保存自己，战胜敌人的基本要求。

在军队团结一致上，他深入论述了指挥和赏罚问题，深刻地说明赏罚不在多少轻重，而在合理；指挥应该得当，指挥不当，高赏低罚也不起作用。指挥得当，尚未实行赏罚也能起作用。他还特别强调了爱兵思想，指出要关心、体贴军兵。此外，他还提出将领要勇于承担责任，甚至要代兵受过，这一点特别重要，只有这样，才能大得军心，造就一支“遇上强敌也不怕死，踩上锋利的刀刃也不会转身后退”的劲旅。

战争问题最根本的也就是带兵和对敌这两条。带兵即是组织好自己的力量，使其成为锐利无比的矛；而对敌则是运用自己的矛去刺破敌军的盾。用兵的战略战术，总是围绕这对矛盾做文章。孙膑在分别论述了战争的各个方面后，又在这里着重总括论述用兵和对敌的基本思路，有其特别的作用和深刻的用意，值得人们特别注意。

那些真正懂得用兵规律，善于在战争中掌握“奇正”变化，能够机动灵活，出奇制胜的将领，一定能在战争舞台上演出一幕幕威武雄壮的活剧。

三国后期，魏国司马昭大权独揽，凌驾于魏帝之上，征东大将军诸葛诞对此深为不满，司马昭派大军将他围困于寿春城。孙权闻讯，即令文钦、全怿和朱异等将领率部前去解围。结果朱异出师不利，未到寿春便被司马昭歼灭，只有文钦和全怿二将到了寿春城。司马昭见诸葛诞的援兵已到，硬攻寿春恐难得手，便决计以敌制敌，慢慢消耗、离间敌人。

司马昭首先大造谣言，说诸葛诞的援兵已到，而魏军粮草即将用尽，恐怕难以持久了。他派了一批老弱官兵到淮北一带筹集粮草，造成一种补给将尽的假象。诸葛诞得知后大喜，开始大吃大喝，数天过去了，援兵还未到，倒是寿春城中的粮食一下子紧张了起来。诸葛诞手下的偏将蒋班和焦彝主张同魏军速战速决，而文钦极力反对，诸葛诞大怒，想杀掉蒋、焦二将，二人吓得逃出城外，投奔了司马昭。

全怿的侄儿全辉、全仪，因为家庭纠纷，带着母亲从建业跑到司马昭军中，司马昭采纳了钟会的计谋，编造了一封全辉、全仪写给全怿的信，派人送到城内全怿的手中。信中说孙权因未夺取寿春而十分恼怒，要杀尽全怿在建业的家眷。全怿十分害怕，便率部出城投降了司马昭。

寿春城内，诸葛诞与文钦的摩擦也越来越厉害，最后两人火并起来，文钦被杀，他的两个儿子文鸯、文虎出城投降。司马昭派几百名精骑保护着他们环城巡视，借以告诉城内官兵：文钦的儿子我们都不杀，何况别人呢。守城官兵见后，更无心恋战，军心动摇，士气低落。司马昭认为时机已成就，便指挥大军大举攻城，消灭了诸葛诞，占领了寿春城。

司马昭灭诸葛诞的战争告诉我们懂得用兵规律，善于出奇制胜对于一个用兵将领的重要性。司马昭了解了敌军的缺点，利用离间敌人，以致制敌的办法使诸葛诞军队内部自相残杀，矛盾的激化，导致军心涣散，正如孙膑所说，人的一个关节痛，其他所有关节也不灵活了，因为所有的关节属于同一个身体。司马昭的做法还符合孙膑所说的出奇制胜的原理，运用了五行相生相克的规律去制约敌军。以静制动，以逸待劳，以饱对饥，所以取得胜利是必然的。

孙膑所讲述的原理，对从事各行各业的人们，都有指导意义。它告诫我们，做任何事情不能固守成规，不能犯教条主义，不能总是按固有的思路办事，该变则变，一变则通。《孙膑兵书》还带给人们一个启示：只有掌握事物发展的规律，因势利导，机动灵活，出奇创新，才能不断取胜，实现自己的目标。

企业在发展之初，没有自己的风格和经验，学习别人的管理和经验是一种值得提倡的学习态度，但他山之石，未必就能攻玉。简单的奉行拿来主义，往往矫枉过正。尤其是中小企业更要警惕学习的教条主义。

诸多管理培训专家和名人，动辄必谈联想如何如何，华为怎么怎么……如此论调泛滥成灾，但是我们并没有看到过一个企业能照抄复制别人的成功管理模式达到成功，这就是你不可能踏进同一条河流的哲学原理：我的河流是独一无二的，我所管理和运营的企业也是独一无二的，简单教条的学习和复制是大忌。教条主义

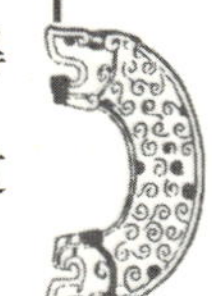

国学经典文库

中華兵書大典

孙武 等著

线装書局

诸葛亮兵书

导读

诸葛亮(公元180~234年),是我国历史上家喻户晓的传奇人物,三国时期著名的政治家、军事家,诸葛亮出生在一个小官僚地主家庭。他的父亲诸葛圭曾任泰山郡丞。亮幼年时,父母相继去世,由叔父诸葛玄抚养。14岁时,因家乡兵患频繁,诸葛亮和弟弟诸葛均跟着叔父离开家乡,到豫章(今江西南昌)避难,后随叔父到荆州投靠刘表。建安二年(公元197年),叔父病故,17岁的诸葛亮就在襄阳城西20里的隆中(今湖北襄阳西),躬耕垄亩,并在此地隐居下来。他于耕作之余,博览群书,精研兵法,静观时势,深思治策,以博学多才和远见卓识而深受世人器重,被称为"卧龙"。

建安十二年,经谋士徐庶推荐,刘备三顾茅庐,拜访诸葛亮,并坦诚表明削平群雄、统一国家的雄心壮志。诸葛亮见刘备志大意诚,便献上自己在隆中长期精心谋划的计策。刘备高兴地说:"孤之有孔明,犹鱼之有水也。"为报答知遇之恩,诸葛亮遂"出山"辅佐刘备,从此登上政治舞台,在长达27年的丞相生涯中,"鞠躬尽瘁,死而后已"。

流传至今的《诸葛亮兵书》,虽然有人推测可能是后人托诸葛亮之名而作,但它所涉及的治国、治军方面的理论,在今天仍具有重要的参考价值,是我们面临新经济时代的得力助手。

第一章　将苑

本章导语

《将苑》,也称《新书》或《心书》,是中国古代论将用兵的专著。全书共50篇,分兵权、逐恶、知人性、将材、将器、将弊、将志、将善、将刚、将骄吝、将强、出师、择材、智用、不阵、将诫、戒备、习练、军蠹、腹心、谨候、机形、重刑、善将、审因、兵势、胜败、假权、哀死、三宾、后应、便利、应机、揣能、轻战、地势、情势、击势、整师、厉士、自勉、战道、和人、察情、将情、威令、东夷、南蛮、西戎、北狄等约五千言。

"将苑"篇主要论述为将的原则。诸葛亮认为,将帅临战既有大智大勇的才华竞比,又有战场上奇谋异计的巧妙博弈。我们所看到的不再是战争的战果与恐怖,而是对于血雨腥风的一份智慧性解读。以史为鉴,足以知道智慧的成功运用,必须以实力作为后盾与保障,只有辨忠贤、用忠勇、退奸佞、纳善言、严法令、明赏罚,才可以知己知彼,百战不殆。

战场上的情况瞬息万变,能否合理分析与巧妙处理战场上的各种可变因素,关键在于"知人性"。能知人性,则善于识别敌人之机诈与谋术,从而有利于识别假象,防患于未然。战机乍现,勇猛出击,势如迅雷,其速之快必使敌不及掩耳。战机消隐,任凭你千方百计,万般挑逗,我如山岳,岿然不动。这样,以我之有知对敌之无知,以我之有备对敌之无备,必然将战场上我方存在的隐患消弭于无形,以保持我方的全胜之势。

兵权

【原文】

夫兵之权者,是三军之司命[①],主将之威势[②]。将能执兵之权,操兵之要势,而临群下,譬如猛虎,加之羽翼而翱翔四海,随所遇而施之[③]。若将失权,不操其势,亦如鱼龙脱于江湖,欲求游洋之势,奔涛戏浪,何可得也。

【注释】

①司命:民间相传为灶神,在此指主宰和灵魂。

②威势:威力和权势。

③随所遇而施之:随所遇之不同情势来区别择用,意即能随机灵活运用。

【译文】

兵权是用来对军队发号施令,以及巩固主将威势的。假如将领能掌握兵权,就能自如地指挥全军,他的军队势必如虎添翼,无所拘束,不论遇到任何问题都能灵活应变。假如将领丧失了兵权和威势,就会像离开江河湖海的鱼龙,想要求得在海洋中自在悠然的气势,在波涛中纵横奔腾,又怎么可能呢?

【赏析】

诸葛亮开篇就指出兵权的重要性。他认为战争的胜利需要靠全军将士的密切配合,而要兵士听从指挥,军队步调一致,将帅就必须掌握兵权,否则将如“鱼龙脱于江湖”,难以施展才能。换言之,勇猛善战、足智多谋的将领,如没有统领千军万马的兵权,就无法自如地指挥部队,部下也难以准确地执行命令。倘使统帅不能操控军中将士,军队的混乱也就不言而喻。试问一支混乱的军队又怎能在战场上所向披靡?这正是诸葛亮置兵权于首要地位的原因。

北宋年间,君王为牵制将帅的权力,有一条不成文的规定:每次将帅出征,都必须按照皇帝亲自绘制的阵图布阵。例如宋太祖、宋太宗每每御驾亲征,大抵都会自定阵图,指挥各地的战事。太祖和太宗出身统帅,领兵征战勉强还能应付,但宋真宗以下的几个皇帝,生长于深宫,根本不懂军事。皇帝自定阵图,其目的只为限制将帅的权力。当时将帅作战多请示朝廷,而群臣对此往往争论不绝。此外,主帅必须与钤辖、都监等聚议,以决定军队的作战策略,然而也是“人人各出意见,议论不一”,以致往往坐失良机。不仅如此,西北边的将帅一年还要被轮换三、五任,以限制其权力,而“兵不识将,将不识兵”的结果,致使士兵缺乏训练,作战时“上下不相附,指令不如意”,所以在与辽、夏、金的作战中,往往以败战告终。

更有甚者,在公元1140年,金朝违背和宋朝的协定,挥兵大举侵犯南宋。岳飞奉命北上,所向披靡,大破金军的“铁浮图”和“拐子马”。正当抗金节节胜利之际,宋高宗却因为害怕岳飞收复中原后,迎回徽宗与自己争位,于是不仅利用宰相秦桧处处牵制岳飞,还以一天12道金牌催促岳飞回京,致使10年抗金的成果毁于一旦。

身为三军统帅的岳飞处处受到昏君的牵制,无法自如地指挥军队,无论对岳飞或宋朝江山来说,都是一种悲哀。完全不懂军情的宋高宗,为了一己之私去干预军队的指挥,不仅使得一代名将岳飞惨死于风波亭,也葬送了宋朝的大好江山。

逐　恶

【原文】

夫军国之弊,有五害①焉:一曰结党②相连,毁谮③贤良;二曰侈其衣服,异其冠带④;三曰虚夸妖术,诡言神道⑤;四曰专察是非,私以动⑥众;五曰伺候⑦得失,阴结⑧敌人。此所谓奸伪悖德⑨之人,可远而不可亲也。

【注释】

①害:祸患、弊端。

②结党:集合小团体。
③谮:诬陷、中伤。
④冠带:帽子和衣带。
⑤虚夸妖术,诡言神道:虚夸,胡乱夸耀。诡言,怪诞的言论。
⑥动:运用言语扰乱、迷惑。
⑦伺候:等待、观察。
⑧阴结:私下勾结。
⑨奸伪悖德:虚伪奸诈、败坏德行者。

【译文】

军队和国家容易出现的弊端,主要有5种:一是集结成党营私勾结、毁谤诬陷忠孝贤良;二是衣着极尽奢华、奇异,不遵循常理;三是虚夸邪术,四处散布荒诞的方术;四是一心打探是非,暗地里以此来迷惑众人;五是窥伺成败得失,私下勾结敌人。这就是所说的虚伪奸诈、败坏德行的小人,要疏远而不可亲近他们。

【赏析】

在这里,诸葛亮明确地指出危害国家和军队的5种弊端,即:结党陷害忠良,使国家丧失栋梁之材;追求豪华奢侈的生活,对事关国家存亡的大事漠不关心;迷信和传播邪术,使民众失去判断力;搬弄是非、迷惑众人,从而动摇军心;勾结敌人,陷国家于危险境地。如果不彻底根除这五种弊端,将会对国家带来巨大损害。因此,诸葛亮认为,国家要兴旺,军队要强大,首先要除去弊端,正本清源。

崇祯元年,以忠贞爱国、英勇善战著称的袁崇焕受到重用,奉命收拾一败涂地的关外战局。当时,后金军队节节胜利,明军早已兵疲将弱,无力扭转战局。但清太宗皇太极想尽快结束双方的对峙,于是决定利用崇祯皇帝多疑的性格除掉明朝这员大将。由于后金大军避开明军重兵把守的宁锦防线,从蒙古绕道奔袭北京,从山海关以西长城的缺口处驰入关内,一路势如破竹,夺下众多边城。袁崇焕听说后金大军已杀入关内,心急如焚,率军星夜回援,在北京城下拼死血战3个时辰,杀后

金兵上千。谁知此时城里正盛传谣言，说袁崇焕私通后金，将敌人引到城下，意欲图谋不轨等等，种种传言引起了崇祯对袁崇焕的怀疑。

皇太极听到消息后，决定再次利用崇祯的疑心，而置袁崇焕于死地。他派出看管敌方俘虏的2名将领，在靠近被俘的明朝管马太监杨春的牢房耳语道："今天撤兵是大汗的计策。袁巡抚有密约，此事可以马上成功。"太监杨春假装睡着，却将两个人的对话牢牢记住。过了两天，杨春竟从严密的看守中逃脱，跑回宫去将此事当面密告崇祯。崇祯联想到袁崇焕秘密与后金和议的谣言，对此一情报毫不怀疑，于是下令将袁召入宫内逮捕，终致自毁长城。

袁崇焕之死，表面上是皇太极利用崇祯皇帝刚愎自用、生性多疑的特点来传播谣言，甚至利用太监传递假情报，使其"离间计"得以成功。但究其根本，乃崇祯宠信宦官，听信谣言而杀害忠良，以至于被皇太极玩弄于股掌之上，尚不自悟。这就是皇太极的"离间计"能够轻易获得成功的一个最重要的内在原因吧！

知人性

【原文】

夫知人之性，莫难察焉。美恶既殊，情貌不一，有温良①而为诈者，有外恭而内欺者，有外勇而内怯者，有尽力而不忠者。

然知人之道有七焉：一曰间②之以是非而观其志，二曰穷之以辞辩③而观其变，三曰咨之以计谋而观其识，四曰告之以祸难而观其勇，五曰醉之以酒而观其性，六曰临之以利而观其廉，七曰期之以事而观其信。

【注释】

①温良：温和善良。
②间：夹杂。
③辞辩：言辞论辩。

【译文】

要辨识一个人的品性，是一件非常困难的问题。善和恶都差之千里，况且内心的真实想法和外显的表情相貌也总不一致。有的人外表温良忠厚，行为却虚伪奸诈；有的人外表恭恭敬敬，内心却满怀险恶；有的人外表威武凶猛，内心却胆怯懦弱；有的人办事看起来尽心尽力，实际上却心怀鬼胎。

考察和辨识一个人的人品有以下7种方法：一是询问他对是非的判别，来观察他的志向是否纯洁；二是用言辞论辩考问他，借以观察他的应变能力；三是向他咨询计谋，借此观察他是否具有真才实学；四是告诉他祸患和困难，借以观察他是否勇敢坚韧；五是用酒灌醉他，借以观察他的真实品性是否表里如一；六是用财物利诱他，借以察看他是否清正廉洁；七是限定时间要求他完成某一件事情，借以察看他是否遵守信用。

【赏析】

诸葛亮在这里指出，任用将领，必须先考察其人品。人的外表和内在可能存在着种种差异，例如有人表面诚实善良，内心却轻薄浮躁；有人看似谦逊敦厚，实则骄傲自大；有人表现得忠诚可靠，其实并不值得信任。因此在对人委以重任时，必须从各个角度多加考察，了解其真实的人格、操守和勇气等，这样才不至于酿成大错。

那么，怎样辨察识别一个人的实际水平呢？

《吕氏春秋》上说："观察一个人，要看他通达时是否骄矜失礼，显贵时是否举荐贤人，富有时对关心他的人持何种态度，听其言则观其行是否相一致。与他接近则观察他的爱好，与他交游就观察他的言行，穷困时他所不喜欢的是哪些，贫贱时他不屑于哪些事，喜悦时能否坚持操守，享乐时验证一下有没有怪癖，愤怒时能否控制情绪的发泄，哀伤时有没有仁人之心，困苦时能否安贫守志。"

正因为诸葛亮深知"知人性"的7种方法，蜀汉立国后政权才得以巩固，并能长期与魏、吴两国形成三足鼎立之势。雄志忠雅的蒋琬、雅性廉素且家不积财的费祎、秉心公亮的董允、老而益笃的陈震、以器业知名于世的郭攸之、心存汉室并智勇足备的姜维、忠心款亮且忧公如家的杨洪、坚贞简亮的邓芝、忠勇严整的王平、少有名行的射援、守节不回的吕凯、公亮志业的李恢，这些德才兼备、品行纯正之士，都是经过诸葛亮多次考察后选拔出来的，他们也同时成为蜀汉政权的中坚力量。

在三国故事里，还有一个诸葛亮锦囊伏叛将的故事。诸葛亮在五丈原临终之际，对杨仪说："魏延必有异志。"并且交给杨仪一个锦囊，嘱咐他："如果魏延造反，临阵之时方可打开，自然会有斩杀魏延的方法。"诸葛亮死后第二天，魏延当夜做了一个头长双角的怪梦，赵直明知是凶兆，但又不敢明言，只好说是"变化腾飞之象"，魏延就以为自己必将飞黄腾达，顿生反心。接着，费祎又用兵权来试探魏延，魏延果然不听诸葛亮之遗命，率兵烧毁栈道，拦住了杨仪、姜维的退路，并且上书后主诬告杨仪造反。在杨仪、姜维率兵从小道逃走后，又率兵围困南郑，并扬言要先取汉中，再攻西川，自立霸业。守城的杨仪、姜维打开武侯留下的锦囊，依计挑衅魏延，嚣张跋扈的魏延在阵前目中无人，狂叫三声"谁敢杀我"，结果终于被受诸葛亮遗命而潜伏在自己身边的马岱斩杀于当场。

诸葛亮生前就已经看出魏延平日居功自傲，蜀军的将领们都忍让着他。而且魏延平时常常满腹牢骚、口出怨言，之所以不敢反叛，只是惧怕自己而已。如果自己归天，让一直看不惯魏延所作所为的杨仪统领全军，魏延必定会造反。因此，已完全考察清楚魏延本性的诸葛亮，才会在自己死前预先定下了斩伏魏延的锦囊妙计。

军队的将帅，是国君的重要辅助，如果不确实地考察一个军人的品行而胡乱任用，所造成的后果是不堪设想的。诸葛亮考察人的品行的谋略和方法，值得我们借鉴和学习。

将　材

【原文】

夫将材有九：道之以德，齐之以礼，而知其饥寒，察其劳苦，此之谓仁将；事无苟免[①]，不为利挠，有死之荣，无生之辱，此之谓义将；贵而不骄，胜而不恃，贤而能下，刚而能忍，此之谓礼将；奇变莫测[②]，动应多端[③]，转祸为福，临危制胜，此之谓智将；进有厚赏，退有严刑，赏不逾时[④]，刑不择贵[⑤]，此之谓信将；足轻戎马，气盖千夫，善固疆埸，长于剑戟，此之谓步将；登高履险，驰射如飞，进则先行，退则后殿，此之谓骑将；气凌三军，志轻强虏，怯于小战，勇于大敌，此之谓猛将；见贤若不及，从谏如顺流，宽而能刚，勇而多计，此之谓大将。

【注释】

①苟免：以不正当的手段求幸免。

②莫测：无法揣测，使人难以了解或理解。

③多端：各种变化的情况。

④赏不逾时：及时行赏，以收激励之效。

⑤刑不择贵：一律依法用刑，不因地位的尊卑而有所不同。

【译文】

将帅依照其才干，可大致分成几种类型：用道德来教化士兵，用法令来治理部队，并能体恤下属的饥饿寒冷、勤劳辛苦，这种将领称为仁将；做事不图眼前避灾自保，不受名利诱惑，能舍生取义，这种将领称作义将；地位尊贵而不骄横，取得胜利却不居功自傲，有才能却又谦和地对待下属，性格刚强又能够忍让，这种将领称为礼将；战术变化奇妙莫测，能应对各种情况，将祸事转变为好事，并在危急关头取得胜利，这种将领叫作智将；对勇往直前的人进行丰厚的奖赏，对退缩的人采用严厉的刑罚，且能及时行赏，又不论地位的尊卑，一律依法用刑，这种将领称作信将；脚步轻快胜过战马，气势豪迈压倒众人，善于安定疆埸，擅长使用剑戟，这种将领称作步将；身手矫健，能登高涉险，骑马射箭就像飞一般，进攻时一马当先，撤退时勇敢断后，这样的将领是骑将；气概威震三军，有盖世的豪气，不轻视小战役，又勇于投身大战役，这样的将领是猛将；看见有才能的人就反思自己的不足，接纳建议虚怀若谷，性格宽厚而又刚毅，行动勇敢而又足智多谋，这样的将领就是大将。

【赏析】

因材施教、识别人才，是统帅必备的智慧。诸葛亮根据不同的标准把将才分为以下7种：仁才、义才、礼才、智才、信才、勇才、大才。这些都是一个善于率兵打仗的良将所需要具备的才能。

汉章帝年间，将领班超奉命西出阳关，凭着于阗国的2.5万名士兵，班超选择莎车国为首先目标。龟兹国王便联合温宿等国，集合5万兵马来解莎车之围。面对敌众我寡的不利形势，班超依旧从容不迫。他让于阗王兵分两路，于阗王率部向东，自己则领兵向西，并借着释放的俘虏四处散播"班超要逃走"的谣言。龟兹王闻讯大喜，亲率1万精骑向西截击班超，又叫温宿王率领8000骑兵向东拦击于阗王。班超见龟兹王已经上当，便下令部众掉转马头，直奔莎车而来。此时于阗王也秘密领兵赶到莎车城下，两军会师，直杀得莎车兵尸横遍野，血流成河，从此一蹶不振。班超以于阗国2.5万军，对战两倍于己的敌人，虽处于劣势，但因善用计谋，终能以少胜多，从而战胜敌人，这正是诸葛亮所说的智才。

战国时，邹忌辅佐齐威王，推行"信赏必罚"的原则，重赏将即墨治理得井井有条的大夫，而对于治理不力，又一贯行贿的大夫处以极刑。在采取这些赏罚措施之后，齐威王开始对曾侵犯齐国的诸国进行报复，大胜而归。此举令齐国的大臣们对齐威王信服有加，个个尽忠职守，齐国也因此日渐强盛。各诸侯国在知道齐威王的奖惩原则后，不敢犯齐达20余年。"信赏必罚、赏罚公平"，不正是诸葛亮所说的信将所应具备的素质吗？

将　器

【原文】

将之器，其用大小不同。若乃察其奸，伺其祸[①]，为众所服，此十夫之将；夙兴夜寐[②]，言词密察，此百夫之将；直而有虑，勇而能斗，此千夫之将；外貌桓桓[③]，中情烈烈[④]，知人勤劳，悉人饥寒，此万夫之将；进贤进能[⑤]，日慎一日，诚信宽大，闲[⑥]于理乱，此十万人之将；仁爱洽[⑦]于天下，信义服邻国，上知天文，中察人事，下识地理，四海之内，视如室家，此天下之将。

【注释】

①伺其祸：伺，发现。祸，灾祸。

②夙兴夜寐：早起晚睡，勤于公事。

③桓桓：威武的样子。

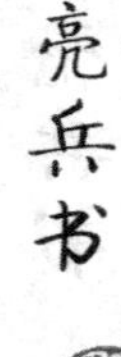

④中情烈烈:小情,指内心。意谓内心热情。

⑤进贤进能:网罗贤才,以为己用。

⑥闲:闲,通"娴",熟练的意思。

⑦洽:融洽。

【译文】

将领的才能,依据他的作用大小而有所不同。如果能够分析察知队伍中的奸细,发现队伍中隐藏的灾祸,让众人信服,这是能统领10个人的将领;能早起晚睡,言辞周密谨慎,这是领导100个人的将领;性格率直而深思熟虑,勇猛威武又善于战斗,这是能统领千人的将领;外貌威武,内心热情,充分了解士卒的辛劳,并能体会部属的饥寒,这是统领万人的将领;推荐有本领的人,选拔有能力的人,始终保持谨慎,重信义且宽宏大量,能够纯熟地处理各种复杂的事情,这是统帅10万人的将领;仁爱和蔼地对待下属,以诚信义气使邻国臣服,上能通晓天文,中能考察人世间的事情,下能识别地理,看待四海之内,就像是自己的家一样,这是可以统率天下的将领。

【赏析】

统帅必须有识别部将才能大小的慧眼。诸葛亮根据将领的才能将其分为6种。统领天下之才,需要仁爱之心,并能上知天文,下晓地理;统率10万之军者,必须求贤若渴,处事冷静,并且宽宏大量;指挥万人的将领,对敌作战勇猛无比,对手下士卒关心体贴;领导千人之将,往往英勇善战;带领百人之将,具有以身作则的美德;指挥10人的将领,必须善于察觉军队存在的问题。根据将领不同的才能,委以不同的责任,才能人尽其用,发挥其最大的才能。三国刘备不正是因为看中诸葛亮有治理天下的才能,才不惜三顾茅庐,请其出山,辅佐自己成就霸业,最终建立蜀国的吗?

在中国的战争史中,许多战役都是因为不能根据将领才能的大小来发挥,甚至错用其人,所以造成许多惨痛的失败。例如,赵王错用只能纸上谈兵的赵括,致使长平大败,70万大军伤亡殆尽,赵国从此元气大伤;在兵出祁山伐魏形势大好的情况下,孔明错用马谡,致使街亭失陷,不得已之下,诸葛亮只好用"空城计"来吓退司马懿。

军事上对将领才能的正确认识极为重要,商业上对人才能力的正确认知也很关键。企业需要多方面的人才,既要有精于谋略、擅长管理的经营人才,又缺少不了精通技术、善于开发新产品的技术专家。

美国的阿普尔电脑公司是电脑业界的后起之秀,公司的创始人史蒂芬·乔布与公司前任总经理麦克·马库拉均精通于电脑技术,但对组织的经营销售则较不擅长,为此公司的发展一直比较缓慢。有鉴于此,公司不惜以年薪200万美元的优厚待遇,重金礼聘约翰·斯库利担任公司的总经理。曾在百事可乐公司担任总经理的约翰·斯库利精通市场营销,百事可乐公司正是因他所采取的严格而有效的经营管理方法,才能在短短的几年时间内缩小与可口可乐公司之间的差距。约翰·斯库利在正式受聘于阿普尔电脑公司后,立即制定一套详细的发展策略和战术计划,使阿普尔电脑公司得到了迅猛的发展。

由此可知,虽然史蒂芬·乔布和麦克·马库拉均精通于电脑技术,甚至可以说是其中的佼佼者,但他们的能力却不足以妥善地经营管理阿普尔电脑公司,只有精于营销管理的约翰·斯库利才能使公司迈向快速发展之路。

将弊

【原文】

夫为将之道,有八弊[①]焉,一曰贪而无厌,二曰妒贤嫉能,三曰信谗好佞[②],四曰料彼不自料[③],五曰犹豫不自决,六曰荒淫于酒色,七曰奸诈而自怯[④],八曰狡言[⑤]而不以礼。

【注释】

①弊:弊病。

②佞:惯于用花言巧语献媚于人。

③自料:估计本身的实力。

④自怯:胆小怯懦。

⑤狡言:奸诈巧辩之言。

【译文】

将领常见的弊端有8种：一是生性贪婪、欲求不满。二是嫉妒品德和能力比自己强的人。三是听信谗言又喜好谄媚邪恶的小人。四是只会评判别人的不足却不能正确估计自身的实力。五是做事迟疑不能决断。六是过分贪图酒色。七是性情虚伪狡诈且胆小怯懦。八是奸诈巧辩而不遵循礼节。

【赏析】

一个人的品行往往是决定事情成败的内在因素。将领统兵打仗，是关系到国家生死存亡的大事，正因为如此，对于将领自身的要求必须严格。

俗话说："将有才智社稷安"，诸葛亮深知为将的重要性，并明确指出了将领的8种不良品行，即贪婪无度、嫉贤妒能、听信谗言、自以为是、优柔寡断、贪图享乐、狡诈虚伪、花言巧语。这些不良品德最终都会导致战争的失败，所以国君或将帅在选择人才时，一定要考察其品行。若让品行不佳的人担任要职，将会给国家和军队带来巨大的损失。将领如此，一国之君亦然，许多国家的灭亡不正是由于君王的品行不端所导致的吗？

秦始皇建立帝国，后秦二世即位，他继承了秦始皇的遗业，动用大批民工，修建耗资巨大的阿房宫。不仅如此，为加强边境兵力、对付此起彼伏的诸侯叛乱和不断来犯的夷狄，更是横征暴敛，徭役十分严重，致使咸阳300里内的百姓民不聊生。当时有不少忠臣认为劳役过重、赋税太多，恐使国家陷入危机，于是进谏停止阿房宫的建造，减少劳役和赋税，以解救危机。但秦二世拒不纳谏，反而宠信宦官赵高，听信谗言，将进谏的3位将军和大臣处死。后来他宠信的赵高，独揽大权，密谋叛乱。最后秦二世被赵高的手下追杀，自杀身亡。

秦二世一心沉溺享乐，听信谗言，杀害忠良，致使奸臣当道，最后导致悲惨的下场。然而他的先祖秦穆公却不同。在秦称侯的时候，秦曾与晋对抗。穆公十二年，晋国发生严重饥荒，但穆公并没有乘机伐晋，反而派人从水陆运送大批粮食到晋国救济灾民。14年后，秦国遭遇饥荒，晋惠公却进攻秦国，并采用诱敌深入之计，使穆公被大批晋军包围。正在危急关头，突然出现300名勇士，拼死突围救出穆公，并俘虏晋惠公。原来这些勇士是以前宰杀穆公失手的刺客，后获穆公宽恕的一批人，今日拼死来救，是为报答穆公的不杀之恩。而穆公死后，竟有100多人愿意为之殉葬。同样是秦朝的国君，遭遇却如此不同，这不能不说是个人品行之差异所产生的不同结果。

将志

【原文】

兵者凶器，将者危任，是以器[①]刚则缺[②]，任重[③]则危。故善将者，不恃强[④]，不怙势[⑤]，宠之而不喜，辱之而不惧，则利不贪，见美不淫，以身殉[⑥]国，一意而已。

【注释】

①器：指军队。
②缺：祸害。
③任重：此指权力欲望太强。
④恃强：倚仗强大的军力。
⑤怙势：凭借权势。
⑥殉：因维护某种事物或追求某种理想而牺牲生命。

【译文】

军队是一种凶器，而将领必须担负重任。军队如果自恃军力强大就容易招致失败，将领如果权力欲望太强就会十分危险。因此一个好的将领是：不依靠强权、不仗势欺人，受宠信的时候不沾沾自喜，受侮辱的时候也不惊慌失措，看见利诱而不贪婪，遇到美色也不产生淫念，只是一心一意准备牺牲自己的生命来报效国家。

【赏析】

诸葛亮在此提出将领的修养问题。诸葛亮认为，一个好的将领必须不仗势欺人，不凌强欺弱，并能以平常心来对待所遭遇之人、事、物，而且富贵不能淫、贫贱不能移、威武不能屈。外界的任何影响都无法动摇其心志，只是坚持报效国家的信念，这样的将领才是国家的栋梁。

诸葛亮六出祁山之时，数次打败司马懿，直至司马懿率魏军残部逃入上方谷安营扎寨。诸葛亮亲自带领人马在五丈原驻扎，并屡派兵士向魏军挑战，但司马懿高挂免战牌应战。此时的诸葛亮深知自己的健康状况已经撑不了多久，而且长期相峙对蜀军不利，只有想方设法让魏军出战，以求速战速决。于是诸葛亮在一个大盒子里放了一套妇女的衣服和头巾，并写了一封书信，信中写道："你是一个统率百万之师的大将，应该披甲戴盔在战场上和我一决胜负，但你现在胆小怕死，躲在洞穴里不敢出来，这和女人没有什么差别。假如你还不敢出战，那就把这套女人的衣服穿上算了。倘若你还是一个男子，那就早日出战与我一决雌雄。"然后派蜀军使者到魏营把书信和装有女人衣服的大盒子送给司马懿。

司马懿收到诸葛亮的书信后，心中虽然十分愤怒，但却微笑着接受了“礼物”，并向来送书信的蜀军使者详问诸葛亮的饮食起居情况，当得知诸葛亮平日“食少事繁”后，司马懿就已完全洞悉诸葛亮送来妇人衣物的用心了。魏营将士在得知诸葛亮以妇人的衣服来侮辱司马懿时，群情激愤，要求立即出兵同蜀军决一死战，但司马懿不仅不同意出战，还执意上书魏主曹睿，并得到天子对自己的支持，使众将再也不敢轻言出战了。果然不出司马懿所料，诸葛亮不久便病丧五丈原，蜀军被迫退兵。

足智多谋的司马懿知道自己责任重大，倘若逞一时之勇、斗一时之气，贸然出战蜀军，将会冒上大风险，还不如等待时机。因此当接到诸葛亮送来的女人衣物时，他并没有因愤怒而失去理智，反而冷静地分析情况，使得诸葛亮在六出祁山的征途上多了一些遗憾。

还有，作为军队的统帅，时时刻刻都要做到“谦虚谨慎”。要想保持“谦虚谨慎”的品质很难，而在胜利或成功之后要保持“谦虚谨慎”的品质更难。在历史上有一些农民革命的领导者在暂时取得的胜利面前，被胜利冲昏了头脑，不能保持“谦虚谨慎”、戒骄戒躁的作风，骄傲自满，骄奢淫逸，脱离人民与群众，最终导致失败的结局。

将善

【原文】

将有五善四欲。五善者，所谓善知敌之形势，善知进退之道，善知国之虚实，善知天时[①]人事[②]，善知山川险阻。四欲者，所谓战欲奇[③]，谋欲密，众欲静，心欲一。

【注释】

①天时：自然界时序的变化。

②人事：人的离合、境遇、存亡等情况。

③奇：出奇制胜。

【译文】

将领应该具备5种才能和4种要求。5种才能就是：能够善于分析敌军的各种企图，能够准确掌握进攻和退兵的规律，能够知道国家的强弱虚实，能够通晓战争中自然界时序的变化和与战争有关之各种人的因素，并能够熟悉高山河流的地理险阻。4种要求就是：用兵作战要出奇制胜，进行谋划要做到万无一失，在复杂的情况下要保持镇定自若，部队将士要众志成城。

【赏析】

战场形势瞬息万变,但只要灵活掌握行军用兵之道,就能运筹帷幄。在这里,诸葛亮指出为将要具备预知敌军的意图、把握进退的节奏、了解国家的实力、掌握作战的时机、熟知地形的运用等5种才能,以及用兵出奇制胜、作战周密谋划、遇事沉着冷静、保持部队齐心等4种要求。这些才能和要求,实际上是从对战争形势的分析能力、用兵之法的把握、军心的稳定、自身实力等几个方面来提出。只有具备这5种才能和满足4种要求的将领,才能在战争中立于不败之地。

春秋时,齐国发兵攻打鲁国(两国都在今山东省境内)。当时,齐国强大,鲁国弱小,双方实力悬殊。可是结果,鲁国却以弱胜强,把齐军打得大败。这次鲁国的胜利,是曹刿谋略思想的一次实际体现。

曹刿是一个深通兵法的爱国者。他得知齐国发兵来犯,鲁庄公准备抵抗,便主动要求面见庄公。他的亲友邻人都劝他;"国家大事,自有那些天天吃肉的大官们管着,你何必瞎操心呢?"曹刿说:"不,那些大官们目光很短浅,他们不会有深谋远见的。"

曹刿见了庄公,首先提出:取信于民,是战前重要的政治准备,也是获得胜利的可靠保证。并且要求作战时允许他一块儿去。

到时候,庄公便叫他同车出发。齐、鲁两军在长勺(今山东省曲阜市北)列阵。战斗即将开始。只见齐军擂鼓进兵。庄公也准备擂鼓迎击。曹刿阻止道:"等一等。"齐军见鲁军方面没有反应,于是又擂一通鼓。齐军擂鼓三次。鲁军总是按兵不动。直到齐军三次鼓罢,曹刿才说:"现在,可以进兵了!"鲁军战鼓一响,同时下令冲杀,士兵们一声呐喊,直扑敌阵,猛不可当。齐军大败,狼狈而逃。

庄公正想下令追击,曹刿却又阻止道:"且慢。"说着,跳下车去,先从地面细看齐军兵车碾过的轨迹,又攀上车前的横木,注意瞭望敌人退走的情形,然后说:"现在,可以追击了!"庄公当即下令。鲁军乘胜前进,把齐军全部赶出了国境。

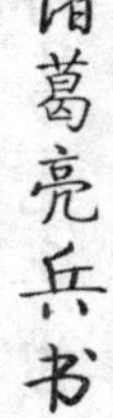

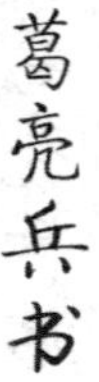

鲁庄公却不明白曹刿为什么这样指挥。曹刿说:"夫战,勇气也。一鼓作气,再而衰,三而竭。彼竭我盈,故克之。"曹刿又说:"齐国这样的大国,不能低估,说不定会设下伏兵,诈败引诱我们。我'视其辙乱,望其旗靡',这才放心追击。"鲁军追出30多里,缴获了大量武器和战车。

军队的精神状态、集体意志在战争中具有重要作用,要取得胜利就必须保持旺盛的士气。曹刿深谙士气久盈必竭的道理,并有效的把握了进攻的节奏,坚持后发制人。待齐军反复冲锋皆不成功,士气随之衰落之际,才一鼓作气杀向敌人,果然以较少的兵力击败强大的齐军,这均归功于曹刿能冷静地分析战事、把握进退的节奏及掌握战争的时机。

将　刚

【原文】

善将者,其刚不可折[1],其柔不可卷,故以弱制强,以柔制刚。纯柔纯弱,其势必削[2];纯刚纯强,其势必亡[3];不柔不刚,合道之常。

【注释】

①刚不可折:折,折断。此句谓为将须意志刚毅,但不能固执。

②纯柔纯弱,其势必削:一味地柔弱必会减损气势。

③纯刚纯强,其势必亡:一味地刚强而不知变通必会招致祸害。

【译文】

善于统兵打仗的将领要能屈能伸,其意志刚强却不可固执己见,性格柔顺却不可软弱。因此能够以弱制强,以柔克刚。如果性格过于柔弱,则部队的威势必会削弱,而过于刚强,则部队的威力必会丧失殆尽,只有刚柔并济才合乎事物的常规。

【赏析】

在这里,诸葛亮把刚强和柔弱都视为战争中所不可缺少的手段。一味地偏重刚强,强调进攻,会使部队的威力丧失殆尽,从而予敌人可乘之机;而一味偏重柔弱,缺乏军队的勇猛善战,同样不能成功。因此,诸葛亮指出"不刚不柔,合道之常"。实际上,历代兵家都主张刚柔相济。刚、强、柔、弱在战争中都有各自的用途,如能完美结合刚、柔、强、弱,必能所向无敌。

《军谶》中提出了"柔能制刚,弱能制强"的观点,《黄石公三略》作了发展。认为"柔者,德也,刚者,贼也,弱者人之所助,强者想之所攻"。这并不是一味只讲以弱制强,而强调刚柔强弱都要得当,做到"柔有所设,刚有所施,弱有所用,强有所加。兼此四者，而制其宜”。

张良的高明谋略，据说来自黄石公所授的三略。张良给刘邦谋划过许多关系到大业成败的重要谋略，其中以弱制强、刚柔并用之例颇多。如：当秦主力与项羽会战时，刘邦决定由南阳入武关攻秦，张良反对硬拼。劝刘邦以重宝招降秦将贾竖。而当贾竖同意投降时，张良又恐士卒不从，乘敌懈怠之机，一举破之。结果直下威阳，擒秦王子婴。后来楚汉相争，汉弱楚强，张良劝刘邦处处退让，以柔制刚，不但避开了鸿门之宴的生命危险，而且取得了汉中、巴蜀之地。接着又火烧栈道。使项羽屡屡上当。刘邦转弱为强，终于以布衣取天下。

孙子也曾说过：“能而示之不能，用而示之不用”。历史上的千古名将，都是懂得刚柔并济之理的。

将骄吝

【原文】

将不可骄，骄则失礼，失礼则人离，人离则众叛。将不可吝，吝则赏不行[①]，赏不行则士不致命[②]，士不致命则军无功，无功则国虚，国虚则寇实[③]矣。孔子曰：“如有周公之才之美，使骄旦吝，其余不足观也已。”

【注释】

①赏不行：部属得不到奖赏。

②致命：效忠听命。

③寇实：使敌人强盛。

【译文】

将领不可骄傲自大，骄傲自大就会失去礼节，失去礼节就会使人心离散，人心离散就会造成众叛亲离。将领也不可吝惜财物，吝惜钱财部属就得不到奖赏，部属得不到奖赏就不愿效命，士卒不愿意效命，那么军队也就不能建功立业，军队不立战功就会导致国家空虚衰弱，国家空虚衰弱就会使敌人的力量强大。孔子说：“即使有圣人周公旦那样的才能和美德，但如果骄傲自大而且吝惜钱财，其余的长处也就不值得一看了。”

【赏析】

骄兵必败！诸葛亮在此明确地指出，作为将帅切不可骄傲自大。将领如果过于骄傲，常常会高估自己的才能，自以为是，并难以接纳他人的意见和建议，甚至会造成众叛亲离的局面，使自己处境孤立。特别是在行军打仗中，如果骄傲自大，就

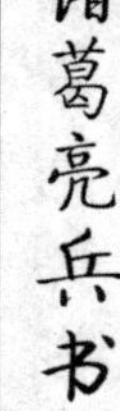

容易低估敌方的实力，做出错误的判断，致使军队陷入危险的境地。同时，将领也不能吝惜钱财。因为在战场上，要依靠士兵的英勇作战来打败敌人，如果不愿奖赏有功兵士，兵士将不愿拼死作战，那么战斗力必会下降，而予敌人可乘之机，给国家带来重大损失。

公元219年，关羽镇守荆州，欲远征樊城，但又对来自后方东吴的威胁始终有所忌惮。东吴名将吕蒙故意借治病为由退回建业，而派名不见经传的青年将领陆逊接替自己。文武双全的陆逊到任后，立刻派使者带着自己的亲笔书信和厚礼去拜见关羽，在信中对关羽大加吹捧，对自己却极力贬低，并再三希望关羽多加关照。关羽本来就不把陆逊放在眼里，收到书信和礼物后，就更加认为陆逊不足为虑，于是把防御东吴的兵力全部调往樊城前线。当关羽进攻樊城胜利在望时，东吴突袭公安、江陵，直逼荆州，关羽败走麦城。一代名将关羽因骄傲自大、疏于防范而导致兵败身亡。

同时，作为军队将领，也要处处谦虚谨慎，否则，也终究难逃失败的命运。洪秀全领导的太平天国革命，进入天京后，也是由于不能谦虚谨慎而遭致失败的。太平天国颁布一套“贵贱宜分上下，制度必判尊卑”的礼制，从天王到普通士兵之间，等级十分森严，君臣上下有天渊之别，甚至连称呼、服饰、仪卫与马等都有明确的规定，不准逾越。诸王出行，官兵必须回避道旁，高呼万岁或千岁，否则就要受到严厉惩处。森严的等级制度，使得太平天国的领袖们“彼此暌隔，猜忌日生。”革命初期那种“寝食必俱，情同骨肉”“敝衣草履，徒步相从”的思想作风逐渐抛弃，代之以对权利、名位和奢侈生活的追求，“为繁华迷惑，养尊处优，专务于声色货利。”洪秀全“僻处深宫，从不出户”，陶醉于“爷、哥、朕、幼坐朝廷”，宗教迷信思想占统治地位，一切信天不信人，说：“朕天生真命主，不用兵而定太平一统”，“认实天情，自然升平。”杨秀清骄傲专横，“自恃功高，一切专擅”，甚至“逼天王亲到东王府封其万岁”，终导致太平天国的内部分裂，后终于在反动势力联合绞杀之下失败了。

将强

【原文】

将有五强[①]八恶[②]。高节可以厉俗，孝弟可以扬名，信义可以交友，沉虑可以容众，力行可以建功，此将之五强也。谋不能料是非，礼不能任贤良，政不能正刑法，富不能济穷厄[③]，智不能备未形[④]，虑不能防微密[⑤]，达[⑥]不能举所知，败不能无怨谤，此谓之八恶也。

【注释】

①五强：五种美德。

②八恶：八种令人厌恶的行为。

③穷厄：穷困潦倒。

④备未形：防患于未然。

⑤微密：指很小的事物。

⑥达：显达。

【译文】

将领有5种美德和8种令人厌恶的行为。高尚的志节能够激励世俗，孝顺父母、敬爱兄长能够扬名立世，恪守信用能够广交朋友，深思远虑能容纳他人，身体力行能够建立功业，这是将领的5种美德。谋划却不能判断正确与错误，讲究礼节却不知礼遇贤士，治理政务却不能严明刑法，富裕却不救济贫穷困厄，没有防患于未然的智慧，也缺乏防微杜渐的远虑，而得志显达却不举荐自己所知的人，失败了却怨天尤人，这就是将领令人厌恶的8种行为。

【赏析】

一军之将应以德服人、以身作则，军队才能上下一心，众志成城。诸葛亮在此论述将领的品德，他认为将领必须具备5种美德：以身作则，可以激励部下；高风亮节，足以美化风俗；讲求信义，可以广结豪杰之士；深思熟虑，可以得到众人的信服；身体力行，可以屡建战功。具有这5种美德的将领能使上下关系和谐，而得到大家诚心诚意地拥戴，为其在战争中获胜创造有利条件。“修身齐家治国平天下”说的就是这个道理。此外，身为将领必须杜绝8种可厌的行为：不能明辨是非、嫉贤妒能、执法不严、不救济贫困、不能预见战争、做事马虎、不举荐贤能、不能承担失败的责任。具有这8种缺陷的将领，无法令部属心悦诚服，更不能上下齐心；自然难以在战争中取胜。

诸葛亮四出祁山时，所带兵马才10余万众，但迎战的魏军却有30余万精兵。战争一触即发，而此时蜀军却有4万人因服役期满须退役回家。4万人一旦离去，蜀军的战斗力势将锐减；但延期服役，老兵们回乡的愿望化为泡影，也将大失军心。正当蜀军将领们左右为难之际，诸葛亮断然决定，下令各部让服役期满的老兵速速返乡，不能因一时的需要而失信于军民，要让老兵们尽快回去和望眼欲穿的父母妻儿团聚。此令一出，老兵们几乎不敢相信自己的耳朵，个个热泪盈眶、激动万分，反而不愿意走了：“丞相待我们恩重如山，如今正是用兵之时，我们要拼死杀敌，以报丞相之恩！”老兵们的激情对在役的士兵更是一种鼓舞，10余万蜀军将士因此士气大振。诸葛亮四出祁山虽未能达到预期的功绩，但设计诱杀魏将张郃以及带军平安归蜀，不能不说是诸葛亮治军有方。

带兵行军打仗固然要具备五德，然而一个领导者要想在激烈的商战中取得成功，又何尝不是如此。美国奇异电器公司的总裁雷振诺德·琼斯在公司生死存亡

的关键时刻走马上任。琼斯经过深思远虑后，果断地将电脑部门弃让他人，并将发展不大的部门全部关掉，用有限的资金去发展前途远大的生产部门。而奇异公司以前从来都没有任用白领女职员的先例，琼斯上任后，有一名女职员致力于推销公司新产品，使该产品畅销不衰，琼斯立刻将她升为所属部门的副总经理。又有一次，琼斯在和一些职员交谈时，发现有一名女同事对公司的发展趋向见解独到，于是力排众议，任命她为董事会中唯一的女董事。琼斯的任人唯贤，赢得了公司所有员工的绝对信任。琼斯更是以身作则，把自己的工作日程安排得满满的，以昂然的斗志激励公司的员工努力工作，最后终于让公司走出困境，步入了坦途。美国奇异电器公司的复活，正是因为拥有雷振诺德·琼斯这个头脑敏锐、身体力行、赏罚有信、能大胆起用能人的将才，终于使公司成为世界上规模最大的电器制造公司。

出　师

【原文】

古者国有危难，君简[①]贤能而任之，斋三日，入太庙，南面而立；将北面，太师进钺[②]于君。君持钺柄以授将，曰："从此至军，将军其裁之。"复命曰："见其虚则进，见其实则退。勿以身贵而贱人，勿以独见[③]而违众，勿恃功能而失忠信。士未坐，勿坐；士未食，勿食；同寒暑，等劳逸，齐甘苦，均危患。如此则士必尽死，敌必可亡。"将受词，凿凶门[④]，引军而出。君送之，跪而推毂[⑤]，曰："进退惟时，军中事不由君命，皆由将出。"若此，则无天于上，无地于下，无敌于前，无主于后。是以智者为之虑，勇者为之斗，故能战胜于外，功成于内，扬名于后世，福流于子孙矣。

【注释】

①简：同"拣"，选拔。

②钺：斧钺，象征权力。由君王授予将领，使之握有生杀大权。

③独见：独断独行。

④凶门：北出门也。古代将军出阵时，从北门出发，并以丧礼处之，以示必死的决心。故后称北门谓之"凶门"。

⑤毂：车轮子。

【译文】

古代在国家危难之秋，国君就选拔有品德才干的人担任将领，来保家卫国。并于出师之前，举行受命仪式。君王在斋戒3日后，进入太庙祝祷，其面南而立，将领则面向北方，太师把象征权力的斧钺献于君主。君主将钺柄授予将领，说："从现在起，军队就由将军全权指挥了。"并训诫将领："作战时，见敌人薄弱就加紧进攻，见敌人强大就全身撤退。不要因为位高权重而看轻他人，也不要独断独行而违背众人的意愿，更不要自恃战功而失去忠诚信义。士卒没有安顿下来、没有饱食，自己不可先行休息、进食，要与士卒们同受寒冷炎热、同享辛勤安逸、同甘苦、共患难。如此一来，士卒们必定竭力效忠，敌人一定可以灭亡。”将领接受命令后，就开凿“凶门”，率军出发。君主送行，半跪在地上，推着车轮说：“前进或后退只要符合时机，军中的全部事情不由君主决定，全听凭将领指挥。”经此仪式后，军队在外就不受天文、地理和君王的牵制。所以，才智之士能竭尽其谋，勇猛之士能竭尽其力，如此一来，当然对外能决胜千里，对内能建立功勋，从而扬名立万，福荫子孙后代。

【赏析】

打“无准备之战”乃兵家之大忌。诸葛亮认为，出师之前必须作好3种准备：首先是战前准备，即授予将帅兵权，让士兵知道将帅具有绝对的权威，从而使“智者为之虑，勇者为之斗”，唯有如此，将帅才能指挥自如。其次，制定具体战术指导，诸葛亮在此提出“敌强我退，敌弱我打，进退唯时，不由军命”的作战方针。最后，诸葛亮认为，为将应当不因身居高位而轻慢属下、低估敌人，不恃才傲物而违众悖群，应与将士同甘共苦，并身先士卒、礼贤下士。此外，主将还要树立绝对权威，使大家信服。只有这样才能“战胜于外，功成于内”。

公元227年，魏国的新城太守孟达秘密联络蜀国，准备起兵反魏。他在给诸葛亮的信中说：“司马懿得知我要反魏，肯定会亲率大军来与我作战。但司马懿未经魏主的同意，是不敢贸然调动部队的。从司马懿的宛城到魏主的洛阳，往返1600余里，要走半个多月；从宛城到我所驻扎的上庸城，有1200里，也要走10多天。所以，我有一个月的时间可以做好充分准备。等司马懿的大军来到，这里早已经沟深栅固了！”然而，司马懿却一反惯例。他听说孟达起兵，立即下令：“赶赴上庸，讨伐叛军！”手下将领提醒他说：“未经朝廷允许，就擅自发兵征讨，恐怕不妥吧？”司马懿却说：“事急从权，顾不得这么多了！”于是兵分8路，昼夜兼程赶赴上庸，才8天时间，司马懿大军已经赶抵上庸城下。此时的孟达还以为司马懿的兵马尚未动身呢！直到发现曹魏大军已到城下，才暗自心惊。防御工事未及整备的上庸城，在魏军优势兵力的威胁之下，顿时军心涣散。孟达的外甥邓贤和部将李辅等开门迎魏军入城，孟达被杀，而手下1万人马也都成了俘虏。

行军打仗，必须有绝对的权力才能调动军队。司马懿正是因为拥有绝对的兵权，才能在未经魏王许可的情况下独断出兵，以迅雷不及掩耳之势取得胜利。由此可见"军中事不由君命，命由将出"的重要性。

择　材

【原文】

夫师之行①也，有好斗乐战，独取强敌者，聚为一徒，名曰报国之士；有气盖三军，材力勇捷者，聚为一徒，名曰突阵之士；有轻足善步，走如奔马者，聚为一徒，名曰搴②旗之士；有骑射如飞，发无不中者，聚为一徒，名曰争锋之士；有射必中，中必死者，聚为一徒，名曰飞驰之士；有善发强弩③，远而必中者，聚为一徒，名曰摧锋④之士。此六，军之善士，各因其能而用之也。

【注释】

①行：指军队编制。

②搴：拔取、夺取。

③强弩：古时作战的利器，一种利用机械力量发箭的弓，威力无穷。

④摧锋：指摧毁敌人的锐气。

【译文】

编制军队时，必须依兵士的才能来分编。喜欢单打独斗、乐于作战的兵士编为一队，取名为"报国部队"；身手矫健、勇冠全军的兵士编为一队，取名为"突阵部队"；健步如飞、行动敏捷的兵士编为一队，取名"前锋部队"；善于骑射、发箭命中率高的兵士编为一队，取名"争锋部队"；箭不虚发、百发百中的兵士编为一队，取名"射击部队"；善于发射强弩，能远射且每射必中的兵士编为一队，取名"摧锋部队"。如此之编制，将使6种优秀士卒得以各展所长。

【赏析】

"人尽其才，物尽其用"，军队中的兵士才能各异，身为将领者必须善于发现并充分利用士卒所具有的特点，将其分别编入不同的小队，使之发挥最大潜力。诸葛亮在此提出择才的问题，他认为要对个别的人才委以不同的职责，才能人尽其才，也才能取得胜绩。历史上，因选人不当、用人失策而造成兵败的例子很多。所以，诸葛亮特别强调"军之善士，各因其能而用之也。"

春秋时期的燕国，地理位置偏僻，国小民寡。在军事上，燕也是一个弱国，曾被齐国打败，对此燕昭王一直耿耿于怀。为了改变处境，燕昭王开始选募人才，四处招贤纳士。正在魏国的乐毅听说后，便投奔燕昭王，燕昭王封其为亚卿。从此之后，乐毅日夜操练军队，演练攻防战术，在短时间内就训练出一支能攻善守的精锐之师。接着乐毅又向燕昭王出谋献计，成功地联合楚、赵、魏三国，准备共同讨伐齐国。由于乐毅如此勇武多谋，燕昭王毅然任命他为上将军，统领全国军队。此时，韩国也主动加入了伐齐的一列。于是，乐毅统率燕、赵、韩、魏、楚5国的联军浩浩荡荡地杀向齐国，在济水把齐军打得落花流水。赵、韩、魏、楚夺取齐国数城并班师回朝后，乐毅又独率燕军精锐长驱直入，一连攻下齐国70余座城池，缴获大量战利品，齐军望风而逃。燕昭王特地把昌国封给乐毅作为领地，封他为昌国君。由于昭王重用勇敢善战、足智多谋的乐毅，故而使燕国走上了国富兵强之路。

一项计划，选派不同的人去执行，会得到不同的结果。所以说，择人是领导艺术中极为重要的方面。

从古至今，对人才的重视一直是获致成功的必要条件。日本“东芝”重用企业家土光敏夫，使“TOSHIBA”品牌历久不衰。日本东芝电器公司在20余年前因为经营方针出现重大失误，负债累累，濒临倒闭。在此关键时刻，东芝公司寄望原日本石川岛造船厂的总经理土光敏夫，希望他能够帮助公司脱离困境。土光敏夫到任后，首先唤起全体员工的士气，他指出，东芝的人才济济，历史悠久，目前的困难是暂时的，一切事在人为，希望就在眼前。紧接着，他又大力推行毛遂自荐和公开招聘制度，想方设法挖掘每个员工的潜力。除此之外，土光敏夫还大力提倡敬业精神，号召员工对公司无私奉献，他自己的座右铭是“每个瞬间，都要集中你的全部力量工作”。土光敏夫每天第一个进办公室，从不请假，也从未迟到，数十年如一日。如今，日本东芝电器公司已跻身世界著名企业之列。

大者如燕国的中兴，源于昭王起用乐毅；小者如东芝的崛起，在于东芝电器公司慧眼识土光。择才的重要性，由此可见一斑。

智 用

【原文】

夫为将之道，必顺天、因时、依人以立胜也，故天作时不作而人作，是谓逆时①；时作天不作而人作，是谓逆天②；天作时作而人不作，是谓逆人。智者不逆天，亦不逆时，亦不逆人也。

【注释】

①逆时：违背时机。

②逆天:不合于天理。

【译文】

为将的原则,一定要顺应自然规律、依据时机和依靠众人的力量来取得胜利。当出现有利的自然条件,但没有合适的时机,而人为地去行动时,这就叫作违背时机。时机出现了,但有利的自然条件没有出现,而人为地去行动,这就叫作违背自然规律。有利的自然条件出现,而且时机产生,但人却不愿意作战,这就叫作违背军心。智者不违背自然规律,也不违背时机,更不违背全军将士的意愿。

【赏析】

时机乃天、地、人诸多要素综合作用的结果,机不可失,时不再来,若能趁机而行,往往能攻无不克。诸葛亮在这里主要论述的是把握时机的问题。中国古人一向强调"天人合一",主张将人的力量和自然环境结合起来。军队行军作战尤应如此,不仅要考察自然条件,掌握天时、地利,还要考察军心的向背。无论是违背自然,还是违背军心都不能取得胜利。必须完美地结合天时、地利、人和,才能立于不败之地,这正是诸葛亮所说的"顺天、因时、依人以立胜也。"

公元前480年秋天,波斯王薛西斯率领舰队,直扑由希腊舰队守卫的萨拉米斯海峡。萨拉米斯海峡位于雅典城西,海峡出口处海面狭窄,最宽处只有1200米。希腊舰队都集中在海峡东端,当波斯大军压境的时候,水手们顿时惊慌起来,纷纷扯起风帆,准备逃走。

雅典海军统帅泰米斯托克利见状,立即阻止士兵逃跑,并向士兵坚定地说:"我们的海军机动灵活,正适合在狭窄的海湾中作战,而波斯人的战舰十分笨重,他们又不了解这里的地形水情。只要把他们引到这里,就一定能打败他们!"接着他便派人前去引诱薛西斯来战。

这天,薛西斯收到秘密使者送来的一封信,信中说:"现在希腊人已成惊弓之鸟,而且内部意见分歧,只要您派兵前来攻击,必可大获全胜。"薛西斯不知是计,立即点行1000艘战舰,向萨拉米斯海峡包围而去。

9月23日拂晓,战斗开始了。1000艘波斯战舰排成一字长阵,向希腊的366艘战舰迫近。但行至海峡口小岛时,阵容庞大的波斯舰队不得不分成两股,从两边通过,这样一来,使得原本整齐的队形顿时混乱起来。此时偏偏又起大风,海面上波涛翻滚,笨重的波斯战舰一时失控,在湾内互相碰撞起来。而希腊舰队则发挥船小灵活的优势,左冲右突,从敌舰侧面紧紧擦过,并折断敌舰的桨叶,使其动弹不得。士兵们又陆续登上敌舰,用长矛利剑击杀舰上的波斯士兵。

这一仗,半数以上的波斯战舰被击沉或者俘获。波斯舰队司令用旗舰尖角撞开其他的波斯战船,狼狈地逃出重围,而站在附近山头观战的波斯王薛西斯,只好眼睁睁地看着自己的舰队覆灭。

在萨拉米斯海战中，希腊战船只有366艘，而敌手波斯却有大型战船1000艘，双方实力相差悬殊。在宽阔的大洋上交锋，希腊人并没有胜利的把握。但希腊将领泰米斯托克利在稳定军心后，巧妙利用萨拉米斯海峡的狭窄水面，将不明海情的波斯战舰引诱过来，使其笨重大船难以发挥效力，再加上大风使波斯战舰失去控制，结果只能听任轻便的希腊小船攻击。由此可见，把握天时、地利、人和是为将者所不可忘的。

不陈

【原文】

古之善理者不师[①]，善师者不陈，善陈者不战，善战者不败，善败者不亡。昔者，圣人之治理也，安其居，乐其业[②]，至老不相攻伐，可谓善理者不师也。若舜修典刑，咎繇[③]作士师，人不干令[④]，刑无可施，可谓善师者不陈。若禹伐有苗，舜舞干羽而苗民格[⑤]，可谓善陈者不战。若齐桓南服强楚，北服山戎，可谓善战者不败。若楚昭遭祸，奔秦求救，卒能返国，可谓善败者不亡矣。

【注释】

①不师：不陈兵出师。

②安其居，乐其业：安、乐，都是使动用法，意谓安居乐业。

③咎繇：舜时掌管刑罚之官，亦称皋陶。

④干令：犯法。

⑤格：服从、归顺。

【译文】

古代善于治理国家的人不使用军队，善于使用军队的人不用摆兵布阵，善于摆阵势的人不轻易作战，善于作战的人不会失败，善于处理败局的人不会灭亡。从前圣人治理国家，使人们安居乐业，长期互不侵犯，这就是所谓善于治理国家的人不使用军队的例子。例如，舜在位时制定刑法制度，任命皋陶担任司法官，人们不冒犯政令，刑法无处施用，这就是所谓善于指挥军队的人不用摆兵布阵的例子。又如大禹率兵讨伐有苗部落，虞舜命令士兵挥舞盾牌和雉羽，有苗部落的民众就归顺了，这就是所谓善于摆兵布阵而不轻易作战的例子。再如齐桓公在南方征服了强大的楚国，在北方降伏了山戎，这就是所谓善于作战而不会失败的例子。再比如楚昭王，遭受大举进攻的灾祸，而到秦国请求救兵，终于能回到国都，这就是所谓善于处理败局就不至于被灭亡的例子。

【赏析】

善于统筹安排、管理策划的统帅，即使不战，也能屈人之兵。诸葛亮在此论述了为君、为将的“不陈”。他指出，一个善于治理国家的统治者，如果把国家治理得井井有条，使人们能够安居乐业，敌人是不敢对这样的国家轻易发动战争的；而一个善于管理军队的指挥者，由于治军有方，军队战斗力强，这样的军队即使不摆开阵势，敌人也无可乘之机；一个善于摆阵的将领，单凭一种气势，就能让敌人屈服；而善于处理败局的人，能处败不惊，并根据时与事的变化，抓住有利的时机，利用一切条件，起死回生。

公元 234 年，吴国趁蜀、魏两国交战之际，兵分两路伐魏。其中，由吴主孙权率领的一路大军直攻合肥，但不料魏军早有准备，很快将其击退。由陆逊率领的另一路吴军奉命攻打襄阳，在孙权所率领之部队失败之后，便陷入孤军深入的危险局面。

陆逊得知孙权兵败的消息后，强自镇定，下令士兵在驻地种菜植豆，自己则整日与将士下棋，一副悠然自得的样子。部下不解，问他为什么不尽快撤兵。陆逊回答：“现在敌强我弱，我们一退兵，敌人就会随后掩杀过来，必定给予我们极大的杀伤力。所以，即使退却也要不受损失才行。”为了达到这个目的，陆逊将所有的军队集结起来，浩浩荡荡地向襄阳进攻，一路上扬言要拿下襄阳城。

魏军万万想不到吴军竟敢向自己进攻，慌忙地在襄阳城外集结力量，摆开阵势，准备与陆逊决一死战。但却久候吴军不至，派密探四处打探后，才知道陆逊在途中突然下令撤退，往江边登上事先准备好的船只，返回江东。等魏军醒悟过来，追到江边时，只见滔滔江水流淌，哪里还有吴军的影子！

吴将陆逊在兵败的情况下，处败不惊，利用计谋让魏军将领一惑于陆逊种菜植豆，二惑于吴军佯攻襄阳，根本没有料到吴军战败后退守已是大势所趋。正是因为陆逊善于处理败局，才使吴军顺利撤退。

将　诫

【原文】

书曰：“狎[①]侮君子，罔[②]以尽人心；狎侮小人，罔以尽人力。”故行兵之要，务揽英雄之心。严赏罚之科，总[③]文武之道，操刚柔之术，说[④]礼乐而敦诗书，先仁义而后智勇；静如潜鱼，动若奔獭，丧其所连，折其所强，耀以旌旗，戒以金鼓，退若山移，进如风雨，击崩若摧，合战如虎；迫而容之，利而诱之，乱而取之，卑而骄之，亲而离之，强而弱之；有危者安之，有惧者悦之，有叛者怀之，有冤者申之，有强者抑之，有弱者扶之，有谋者亲之，有谗者覆之，获财者与之；不倍兵以攻弱，不恃众以轻敌，不傲才以骄人，不以宠而作威；先计而后动，知胜而始战；得其财帛不自宝[⑤]，得其子女不自使。将能如此，严号申令而人愿斗，则兵合刃接[⑥]而人乐死矣。

【注释】

①狎：态度亲近而不庄重。

②罔：无、不。

③总：全面掌握。

④说：同"悦"，喜爱。

⑤自宝：指将财物占为己有。

⑥兵合刃接：指两军交战。

【译文】

《尚书》上说："轻视、侮辱贤德的人，就很难让人尽心尽力；轻视侮辱士卒，就没有人能够尽力。"所以带兵打仗的关键，在于笼络英雄人物的心。严格实行奖赏惩罚的制度，全面掌握文治武功的途径，并施用刚柔相济的方法。喜好《礼》《乐》并笃厚地实践《诗》《书》的道理，先研修仁义而后再培养智慧勇敢。静止的时候就像潜在水底的鱼，行动的时候就像飞奔的獭，摧毁敌人的联合，削弱敌人的锋芒，用旌旗显耀其威力，用锣鼓来统一行动。撤退时有如山移动一样稳固，进攻时就像暴风骤雨一般猛烈，击溃敌人如摧枯拉朽，与敌人交战时则势如猛虎。对敌人紧逼不舍又不使困兽犹斗，并利诱敌人，扰乱敌军部署以制胜。敌人谦卑就要使他们骄傲，敌人亲密就要离间他们，敌人强大就要削弱他们。而自己的士卒，如果处境危险就要设法使他安定，有所畏惧就要使他喜悦，想要背叛就安抚他，有冤屈就要让他陈述，桀骜不驯的要抑制他，弱小的要扶持他，有谋略的要亲近他，喜欢谗言的要详察他，想获取财物的便要给予他。不用数倍的兵力去攻击弱小的敌人，不仗恃士兵众多而轻视敌人，不自恃有才能而骄傲自满，也不因受到宠信就逞威风。要先谋划，然后再行动，确信会胜利再开始作战，缴获敌人的财物而不占为己有，俘虏敌方的子女而不为己所役使。将领若能如此严格申明号令，那么人们就愿意作战，两军交战时兵卒才会乐于奋死效忠。

【赏析】

诸葛亮强调，作为将帅要想在战争中处于不败之地，首先要善于笼络人心，因为战争不仅仅是武力的角逐，更是士气的较量。因此，这就必须要求将帅体恤士卒、奖赏分明，借以提高士气；其次则要求将帅既要"善攻"，更要"善守"，灵活地运用"攻"与"守"两种指挥艺术，给予敌人致命的打击；第三，要求将帅要善于计谋，使敌人的优势变为劣势，为我军创造制胜条件；最后，在行动之前要精心策划，认真地分析双方的实力，在有把握胜利的条件下才去行动。这些都是善战之将所需具备的条件。

公元前202年,汉将刘贾渡淮河入楚地,诱降九江,兵围寿春,韩信西占彭城,项羽四面受敌,不得已只好南撤至今安徽灵璧南一带。刘邦军连连追击,将项羽团团围住。汉军虽有30万大军,但项羽此时尚有10余万兵马和8000名子弟兵,汉军一时也无法取胜。楚军被困日久,兵粮渐尽,其时又正值寒冬,兵士衣着单薄、饥寒交迫。某一晚夜深人静,突然从汉营里传来楚歌。凄凉哀怨的歌声伴着阵阵箫声,楚军将士听到后不禁黯然泪下,想起了家乡和父母妻儿,军心也逐渐涣散,于是三三两两的士兵开始逃离楚营。项羽以为汉军已经完全占领楚地,他无计可施,只能借酒消愁,最终在其爱妾虞姬夫人自刎后,率800余名残兵败将强突重围,自尽于乌江岸边。其实当晚在汉营中唱楚歌的并非楚人,而是汉将张良的攻心之计,让学会楚歌的汉军士兵在各军营里大唱楚歌,目的就是要扰乱犹做困兽之斗的楚军军心。在足智多谋的张良的精心策划下,汉军在楚军军心动摇之际把握了战机,终于克敌制胜。

无论是四面楚歌、霸王别姬、项羽乌江自刎的凄凉结局,或是诸葛亮七擒孟获的千古奇战,都意味着为将为帅者必须掌握人心。项羽因丧失军心而一败涂地,诸葛亮因笼络了人心而长期稳定后方,水能载舟、亦能覆舟,恐怕就是这个道理吧!

戒 备

【原文】

夫国之大务[①],莫先于戒备。若夫失之毫里,则差若千里。覆军杀将,势不逾息[②],可不惧哉!故有患难,君臣旰食[③]而谋之,择贤而任之。若乃居安而不思危,寇至而不知惧,此谓燕巢于幕,鱼游于鼎,亡不俟夕矣!《传》曰:“不备不虞,不可以师[④]。”又曰:“预备无虞,古之善政。”又曰:“蜂蚕尚有毒,而况国乎?”无备,虽众不可恃也。故曰,有备无患。故三军之行,不可无备也。

【注释】

①大务:重大的事情。
②逾息:超越呼吸之间,指形势紧迫。
③旰食:指事情繁忙而不按时吃东西。
④师:率领军队。

【译文】

对国家来说,没有比戒备更重要的事了。这方面如果稍有失误,就会造成严重的损失,导致军队覆没、将领被杀,形势刻不容缓,怎能不使人惧怕!因此在灾祸困难来临时,君臣应勤于谋划政事,选贤任用。如果敌人来了而不知道畏惧,这就好像燕子在帷幕上筑巢,鱼在锅中游,灭亡在即!《左传》上说:“事先没有准备好,就不能率军作战。”又说:“准备好一切来应付意料不到的事情,此乃古代开明的政治措施。”又说:“黄蜂蝎子尚有毒,更何况是国家呢?”没有戒备,即使军队众多也无法依靠。所以说,做好万全准备就可以避免灾祸。因此全军的行动,不能没有戒备啊!

【赏析】

诸葛亮素以谨慎闻名,的确,防微杜渐、防患于未然是行军打仗所必备的。战争将会对一个国家造成巨大的损失,尤其战败的危害更加严重,所以任何国家都必须具有备战意识,即使在太平之世也不能掉以轻心,应随时加强军队训练,培养精兵良将,确保在战争来临时能沉着应战,才不会因措手不及而使国家和军民蒙难。诚如诸葛亮所说“国之大务,莫先于戒备”。历史的经验也表明,虽处太平盛世仍不懈于操练兵马,将使国家拥有一支兵强马壮的军队,防患于未然。而有此军力为后盾,则敌人不敢轻易发动战争,即使战争发生,也能应付自如。

“防患于未然”,是前人留下来的金玉良言,总使我们受益匪浅。1839 年 9 月 3 日,林则徐在虎门进行震惊中外的虎门销烟运动。林则徐深知英国列强不会就此罢休,一定会借助军事上的优势来威胁清朝政府,于是加紧进行抵御英军的准备工作:派人去澳门购买报纸,了解国外的最新情况;招募在外国教会读书的学生,翻译有关世界地理、历史、政治的资料;购买一批西洋大船,并改装部分渔船、充实水军;新建炮台,秘密购买大炮,增强虎门的防御实力;在虎门外海布下铁链和木排,阻止英船进入内海;招募数千壮丁,加紧进行水战训练……1840 年 4 月,英军果然以 30 艘战船入侵广东沿海,肆意掠杀无辜百姓。然而林则徐早有准备,他冷静地指挥清军水师夜袭英船,烧毁英船 11 艘,因此英军大多被烧死、溺死。此后林则徐又乘胜追击,消灭停泊在金门星、老外山外地的 10 余艘英船,彻底摧毁了英军的阴谋。

林则徐对英军的入侵早有防范,做好了充分的应战准备,在他离开广州前,英军始终未能入侵广东沿海。战争是智和勇的惨烈搏击，一次极小的疏忽、失误就可能导致兵败身亡，伊拉克痛失核子反应堆的教训值得人们反思。

习 练

【原文】

夫军无习练，百不当一[①]。习而用之，一可当百。故仲尼曰："不教而战，是谓弃之。"又曰："善人[②]教民七年，亦可以即戎矣。"然则即戎[③]之不可不教，教之以礼义，诲之以忠信，诫之以典刑[④]，威之以赏罚；故人知劝。然后习之，或陈而分之，坐而起之，行而止之，走而却之，别而合之，散而聚之。一人可教十人，十人可教百人，百人可教千人，千人可教万人，万人可教三军，然后教练，而敌可胜矣。

【注释】

①百不当一：一百个未经训练的士兵，抵挡不了一个经过训练的兵员。意谓无法作战。

②善人：有贤德的人。

③即戎：上战场。

④典刑：各种法律规章。

【译文】

军队如果不经训练，就无法作战；若能严加训练，则一人可抵百人。所以孔子说："未经训练就让人们出战，等于让他们去送死。"又说："有贤德的人教育民众只需7年的时间，就可以使百姓上战场了。"所以在出征之前，必须先以礼义忠信教导他们，以刑法赏罚训诫他们，使其明理守法之后，再实行训练。令他们演练阵势、跪坐站立、行进立定、前进后退、解散集合。如此由一人训练十人，十人训练百人，百人训练千人，千人再训练万人，进而训练全军。训练得法之后，就可以战胜敌人了。

【赏析】

所谓"养兵千日，用兵一时"。诸葛亮在此论述如何训练军队，以及加强军队战斗力的问题。军队的威力来自不断的训练。一支训练有素的军队，其力量远远超过了单纯人数的相加。在作战时，他们能听从指挥、相互配合、进退有度，这样的军队是所向无敌的。而军队的训练是多方面的，既要用仁义道德来教导他们忠诚，用规章制度来规范他们的行为，还要透过操练阵势让他们能协调配合等等。种种训练都是为了增强实力，为求战争中能以一挡十，始终处于不败之地。

公元前1037年2月，周殷在牧野展开大战，周武王亲率戎车300乘，甲士4.5

万人及其他各部族的军队，士气旺盛，战力充沛；殷纣王发兵17万（一说70万）仓促应战，这些兵大部分是临时征集的奴隶和战俘，士气低落，战力缺乏。周军以集团方阵的大量战车甲士猛袭，实施中央突破。殷军一触即溃，全军覆没。周军在人数上远不及殷军，但由于训练有素且作战勇敢，所以能使敌方溃不成军。

现代战争史中，也有一个既深知对士兵训练的重要性，又做得相当出色的名将，他就是乔治·史密斯·巴顿将军。当时的美国第二军在突尼斯战场刚被有"沙漠之狐"美称的德国将军隆美尔率军重创，部队官兵的士气和信心都相当低落，纪律松弛、军容不整。巴顿到任后的第二天，首先严格规定军队的作息时间，接着颁布强制性的"着装令"以整顿军容，并不断检查各个营地执行命令的情况。巴顿认为，要把这群"乌合之众"锤炼成无坚不摧的战争利器，残酷无情的训练和严格的军纪是必不可少的。虽然刚开始有一部分官兵觉得反感，但收效却相当明显，第二军很快就恢复了纪律、秩序，以及信心、勇气和强大的战斗力。在1943年3月，这支经过巴顿调教训练的部队，在与德军的战争中取得了辉煌的战绩。

养兵千日、用兵一时，如果没有持之以恒的严格训练，兵到用时就会不堪一击。2000年前的周亚夫明白这个道理，2000年后的巴顿也明白这个道理，这正是他们的军队始终能够战无不胜的重要原因。

军蠹

【原文】

夫三军之行，有探候不审，烽火[①]失度；后期犯令，不应时机，阻乱师徒[②]；乍前乍后，不合金鼓；上不恤下，削敛无度；营私徇己，不恤饥寒；非言妖辞，妄陈祸福[③]；无事喧杂，惊惑将吏；勇不受制，专而陵[④]上；侵竭府库，擅给[⑤]其财。此九者，三军之蠹[⑥]，有之必败也。

【注释】

①烽火：古时在京城或边境设有高台，遇敌人来袭，就举火示警。

②师徒：军队的行程。

③妄陈祸福：依占卜结果妄言吉凶祸福。

④陵：侵犯、欺负之意。

⑤擅给：自作主张给予。

⑥蠹：害虫，在此指祸害。

【译文】

在军队的作战行动中，因不能严密刺探敌情，而导致烽火报警信号混乱；违反军令、延误到达指定位置的时间，不能掌握作战时机，阻乱了军队的行程；军队散漫，前后失控，进退不符合金鼓号令；在上位者不体恤部属，横征暴敛没有限度；谋求私利、一心为己，对部属的饥寒不理不睬；妖言惑众，依占卜结果妄言吉凶祸福；无故喧哗吵嚷，惊扰迷惑官兵心神；勇悍而不听指挥，专横又侵犯上级；侵吞官府仓库钱财，擅自将财物给予他人。以上这九种，是军中的祸害，有此必败。

【赏析】

军队内部隐患不除，必将祸起萧墙，丧失战斗力。诸葛亮在此论述军队容易出现的一些腐败情况：对探查到的复杂敌情不能精确审察、不辨真伪，以致报警混乱；军队组织纪律不严，不能严格遵循军事规定来处理各种问题；为官者不体察下情，一心为己，不关心士兵的疾苦；妖言惑众，乱言吉凶，使军心不稳；恃勇逞强，欺上瞒下，胡作非为，对自己的欲望不加以克制；或者侵吞国家财产，损公肥私。这些势必造成国家财政枯竭，军队上下离心，纪律松弛，部队法令不严，号令难以执行，则战斗力将会大为削弱。军队一旦有了这些弊端而不加以纠正，必然会遭致失败。

公元前 342 年，魏军在主将庞涓的率领下进攻韩国，韩国向齐国求救。于是，齐国派主将田忌、军师孙膑率领大军救韩。但这支齐军在孙膑的坚持下，并没有前往韩国，而是直扑魏国都城大梁。这一招果然奏效，庞涓闻讯后，匆匆从韩国赶回来。等魏军回到大梁，齐军却不战而撤，庞涓跟在后面紧紧追赶。为了解齐军动静，庞涓每天都要查看齐军前一天驻扎过的营地。他发现，齐军营地里的锅灶逐日减少；第一天可供 10 万人吃饭，第二天供 5 万人吃饭，到了第三天只供 3 万人吃饭了。他认为一定是齐军怯懦，士兵纷纷逃亡，因此产生轻敌心态，只挑选 2 万精锐，昼夜兼程追赶，发誓一定要生擒孙膑。一天日暮时分，魏军来到两山夹峙的马陵道，但见前有巨木阻路。庞涓追敌心切，吩咐搬开巨木，燃起火把，照样赶路。这时一个士卒前来禀报，说是前面一棵大树上被剥去一块树皮，上面写有字迹。庞涓上前一看，树上分分明明写着 8 个大字：“庞涓死于此树之下！”他惊觉中计，正欲下令退军，却为时已晚，两旁万箭齐飞而来，火光遍地，喊声冲天。原来孙膑用减灶示弱的办法引诱庞涓上钩，却早已将主力埋伏于此，只待庞涓一到，便将其包围起来。魏军被包围在狭窄山涧之中，脱身不得，自相践踏，死伤大半，庞涓也身中数箭。他眼看无法逃走，不由得仰天长叹道：“终于成就了孙膑这小子的名声。”言毕，自刎身死。

孙膑在引诱庞涓追击自己时，在军灶数量上大做文章，制造庞涓以为自己软弱可欺的假象。而庞涓却对此不辨真伪，错估了形势，在地势险要的地带还一味紧追不舍，终于使自己走进埋伏圈。可见。他的失败正是由于“探候不审”所造成的恶果。

腹 心

【原文】

夫为将者，必有腹心①、耳目②、爪牙③。无腹心者，如人夜行，无所措手足；无手足者，如冥然而居，不知运动；无爪牙者，如饥人食毒物，无不死矣。故善将者，必有博闻多智者为腹心，沉审谨密者为耳目，勇悍善敌者为爪牙。

【注释】

①腹心：比喻亲信。
②耳目：此指代为刺探军情的人。
③爪牙：党羽。

【译文】

作为将领，必定要有亲信、进行侦察的人和勇猛的武将来辅佐自己。没有亲信，就好像人在黑夜中行走，不知如何举手投足；没有进行侦察的人，就像居住在昏暗当中，不知如何行动；没有勇猛的武将，就像饥饿的人吃下有毒的食物，无一能幸存。所以擅长当将领的人，必定要有见多识广又足智多谋的人作为亲信，深思熟虑、严谨周密的人作为侦探，勇敢强悍而又善于同敌人作战的人作为勇猛的武将。

【赏析】

疑人不用，用人不疑，人才应该得到充分的信任和提携。身为将领必须广闻博识，网罗人才，让更多识广聪颖、智慧过人之士为心腹，严谨慎重的机智之人为耳目，勇敢剽悍、勇冠三军之人为帮手，唯有重贤才，才能在战争中获胜。古人有云："是以泰山不让土壤，故能成其大；河海不择细流，故能就其深；王者不却众庶，故能明其德。"（李斯《谏逐客书》）无不说明广罗贤才为我所用的重要性。为将关系一国之安危，更应该多方罗致得力助手。

公元前202年，汉高祖刘邦被项羽打败，荥阳、成皋失守，狼狈逃回汉中后，他调集了一支部队，准备卷土重来，夺回成皋。但他并不直接向成皋进兵，而是听从谋士的建议，引兵向南，在宛、叶一带筑垒固守。项羽闻讯后，仅留下少数兵力留守成皋，率主力部队南下迎战汉军。刘邦死守营垒，并不出战，私下却命令部将彭越深入楚军后方，突袭楚都彭城。项羽听说自己的国都被围，只好放弃对刘邦营寨的攻打，回救彭城。此时，刘邦才下令全军向成皋前进，与另一支赶来的九江兵会合在一起，两支蓄锐多时的军队很快便拿下了成皋。正是由于刘邦麾下有众多的良将和谋士，终于使其在与项羽的较量中战胜对方。在取得天下后，他曾感慨道："夫

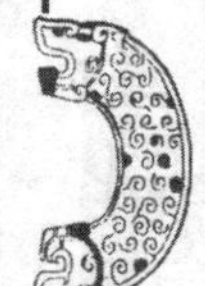

运筹帷幄之中，决胜千里之外，吾不如子房；镇国家，抚百姓，给粮饷，不绝粮道，吾不如萧何；率百万之军，战必胜，攻必取，吾不如韩信。此三者皆人杰也，吾能用之，此吾所以取天下也。”

“疑人不用，用人不疑”这句话，流传千年仍然有生命力，在日常的管理争论中被频繁引用，就表明这 8 个字在日常管理中很重要。

一切信任都是建立在监控基础之上的，没有监控就谈不上信任，没有信任就谈不上授权。没有完全的监控就没有完全的信任，没有完全的信任就谈不上完全的授权。“用人不疑”说的是完全的授权。

“疑人不用，用人不疑”这句话，被监控者经常挂在嘴边，以此作为逃避监控的理论依据，你去查他的账他不高兴，你找他手下谈话了解情况，他不高兴。一个部门就是一个山头，部门工作做得好，你依赖他，部门工作做得不好，你更依赖他，因为只有他，才能搞得定。

“疑人不用，用人不疑”这句话，行使监控责任权者也经常挂在嘴边，以此作为逃避艰苦的监控工作的理论依据。一般来讲，你去监控，你就要比被监控者更了解该部门的工作。数据搜集和分析的方法，不下点苦功是不容易掌握的。

所用的人你没本事去监控，所疑的人你也不可能有本事不用。这是一对辩证的关系。你不能有效地判断属下的工作能力与工作忠诚，那就满眼皆是可疑的人。这时候老谋深算的领导者显示政治手腕的时候到了；这时候也是公司内部口号盛行，拍胸脯盛行的时候。管理问题就上升为政治问题。管理明明是个方法问题，偏偏讨论出管理是个艺术问题。流行的说法是管理是科学与艺术的综合。所以，曾国藩说：“做大事以多寻替手为第一要义。”

谨　候[①]

【原文】

夫败军丧师，无有不因轻敌而致祸者，故师出以律[②]，失律则凶。律有十五焉，一曰虑，间谍明也；二曰诘，谇候谨[③]也；三曰勇，敌众不挠也；四曰廉，见利思义也；五曰平，赏罚均也；六曰忍，善含耻也；七曰宽，能容众也；八曰信，重然诺[④]也；九曰敬，礼贤能也；十曰明，不纳谗也；十一曰谨，不违礼也；十二曰仁，善养士卒也；十三曰忠，以身徇[⑤]国也；十四曰分，知止足也；十五曰谋，自料知他也。

【注释】

①谨候：侦察敌情细心明晰。

②律：规律、规范。

③谇候谨：利用各种途径来获知敌情。谇，质问。

④诺:许诺,答应过的事。

⑤徇:同“殉”,牺牲生命。

【译文】

作战失败,大多是因为轻敌所致。所以行军打仗之前要先遵循几项规律,才能化险为夷。须遵守的规律有15条:一要有远虑,仔细谋划用间探敌计划;二要搜集敌情,利用各种管道来获知情报;三要勇敢,敌众我寡亦不屈服;四要廉正,利益当前亦不为所动;五要赏罚公正;六要忍辱负重;七要宽大,能包容众人;八要守信,许诺的事情必须做到;九要恭敬,要礼遇贤能之士;十要明辨是非,不听信小人的谗言;十一要谨慎行事,不做违背道义的事;十二要笃行仁义,善待部属;十三要尽忠职守,能够牺牲自己的生命去争取国家利益;十四要谨守本分,知足而不越权;十五要随时加以谋划,以求洞悉敌我情势。

【赏析】

掉以轻心乃作战之大忌,如果轻敌自满,再强的优势也会消失殆尽。在古今中外的战争史上,轻敌致祸的战例屡见不鲜。由于轻敌,在战场上的强势顷刻之间就可能变为弱势,主动也瞬间成为被动,一切有利的形势必将迅速分崩离析。要从根本上克服轻敌的弱点,为人将者,必须加强自律。诸葛亮在此列举15种自律的方法,概括起来就是:明察秋毫、威猛不屈、廉洁奉公、赏罚分明、忍辱负重、宽宏大度、重义轻利、礼贤下士、精忠报国、知己知彼。而将帅在待人、待己、为国方面如果能做到公正无私、刚直不阿,军队的凝聚力和战斗力将会不断增强。

15种自律的方法中,第一条即是“虑”。公元756年春天,叛军将领安禄山派崔干进攻唐朝重兵把守的潼关。崔干看到潼关地形险要,易守难攻,决定诱使唐军主力出战,然后予以痛击。为此,他派遣老弱残兵四下劫掠,并到处散布假消息,说崔干的士兵不满4000,战斗力极差,不堪一击。与此同时,唐朝兵马副元帅哥舒翰奉命领兵10万出征,在灵宝与叛军相遇,发现对方阵势零散,便相信了谣言,下令全军大举进攻。双方一交战,叛军就纷纷败下阵来,向山谷隘道退去。唐军不知是计,毫不怀疑,乘胜追入山谷。突然,山上的叛军伏兵一下子冲出来,木石乱下,弓矢纷飞,唐军伤亡惨重。再加上道路狭窄,唐军的武器都发挥不了作用。哥舒翰于是下令用毡车驾马为前驱,企图使叛军溃散。崔干见状,令人推来几十辆草车,放在毡车之前,顺风放起火来,火焰冲天,烟雾弥漫,唐军在混乱中东突西杀,弓箭很快就射光了,却没有杀死多少叛军。当双方在隘道激战时,崔干早已派出精骑,向南绕到唐军的后面,突然发起攻击。唐军腹背受敌,顿时乱成一团。有的丢掉武器逃入了山谷,有的被挤进河中淹死。经过一场烈战,唐军大败,哥舒翰率领数百骑兵落荒而逃,最后10万大军,能退到关内的,只有8000余人。

作为将帅在任何时候都不能掉以轻心,必须明察秋毫,警惕敌人的阴谋,准确判断敌情,不被假象所迷惑,做到“佯北勿从”“饵兵勿食”。哥舒翰作为征战多年的名将却被崔干的诡计所迷惑,没有做到知己知彼,反而轻敌,致使10万大军几乎全军覆没,不能不令人深思。

所以行军作战一定要谨慎,千万不能轻敌。

机　形[1]

【原文】

夫以愚克智,逆也[2];以智克愚,顺也;以智克智,机也。其道有三:一曰事,二曰势,三曰情。事机作而不能应[3],非智也;势机动而不能制,非贤也;情机发而不能行,非勇也。善将者,必因机而立胜。

【注释】

①机形:依据形势而把握战机。

②逆:此指违背情理。

③应:回应,指采取措施。

【译文】

用愚昧而不知用计的人去对抗善用谋略的人,这是违背常理;若用善于谋略的人去战胜愚昧的人,则合乎规律,易如反掌;而才智相当的人进行抗争,就要仰赖于把握时机了。掌握时机有三种方法:一是事情变化,二是形势变化,三是情势变化。事情变化于我有利,却不能采取措施,这不是聪明的表现;形势状况转变却不能决断,这不是贤能的表现;情势有进展却不能顺势行动,这不是勇敢的表现。善于带兵打仗的将领,一定要凭借有利的时机来取得胜利。

【赏析】

两军交战,智者胜。诸葛亮在此强调,一军之将要善于因势利导、克敌制胜。所谓“善战者胜,不善者则亡”,在作战中,能否制胜取决于时机的选择和把握。善于把握时机的将帅,往往能运筹帷幄之中,决胜于千里之外。一旦时机成熟,便伺机而动,刻不容缓,如决堤之水,势如破竹,一泻千里。在这样的将帅指挥之下的军队将勇猛无比、所向披靡。对于时机的把握,诸葛亮认为主要是掌握“事”“势”

"情"三方面。

公元910年,晋、梁两军在柏乡相遇,隔岸对峙起来,晋军老将周德威通过仔细观察,发现梁军人数众多,士气正盛,于是建议晋王李存勖不宜马上进击,而应当与之持久相峙,于是晋王采纳了他的意见。过了一段时间,梁军的士气渐渐衰落。周德威便带领3000精兵前去挑战。梁军官兵早已等得不耐烦了,立即倾巢出动,直扑晋军而来。周德威且战且走,将梁军引至野河旁。守卫野河浮桥的晋军放过周德威,又截住追来的梁军厮杀起来。双方交战许久,不分胜负。晋王李存勖忍不住了,又想与之决战。周德威再次阻止了他,劝他等到梁军饥疲不堪,想撤退时,再以精骑出击。当日,梁军将士激战了一天,滴食未进,实在累极了,便开始向后撤退。周德威看在眼里,一声令下,晋军骑兵猛如闪电冲向梁军。梁军哪还有力气抵挡,很快便被杀得尸横遍野,四散逃命。从此,晋军声威大振,在与梁军的对抗中,由劣势转变为优势。

正如诸葛亮所说"以智克愚,顺也",周德威面对来势汹汹的敌人,善于把握时机,不主张速战,而采用深沟高垒、避战不出的战略,让时间消磨掉敌军的锐气,直到敌军既累又困,既饥又渴,才下令精骑出击,果然大获全胜。

重刑

【原文】

吴起曰:"鼓、鼙、金、铎[①],所以威耳;旌帜,所以威目:禁令刑罚,所以威心。耳威以声,不可不清;目威以容[②],不可不明;心威以刑,不可不严。三者不立,士可怠也。故曰:将之所麾[③],莫不心移;将之所措,莫不前死矣。"

【注释】

①鼓鼙金铎:古代军中用于指挥作战的工具。

②容:指军容。

③麾:通"挥",指挥的意思。

【译文】

吴起说:"鼓鼙金铎,是用来威震士卒耳朵的;旌旗麾帜,是用来威慑士卒眼睛的;禁令刑罚,是用来威服士卒军心的。用声音威震耳朵,所以声音不能不清楚;用军容来威慑眼睛,所以军容不能不鲜明;用刑罚威服军心,所以刑罚不能不严厉。三者如果不确立,士卒必然松懈,没有警戒之心。所以,将领指挥的部队,没有不依令而行的;将领指向的地方,没有不拼死前进的。"

【赏析】

战争的严酷性让从严治军成为必需。诸葛亮在此指出用兵作战必须严明纪律、加强指挥,透过威目、威心、威耳,让士兵能够做到"将之所麾,莫不心移;将之所指,莫不前死矣"。如果治理军队,不能做到威目、威心、威耳,士兵必然会懈怠,造成军纪不严、军心涣散,进而在作战中难以统一指挥和调度。因此,要严肃军纪,训练一支有战斗力的军队,必须透过刑法,申明军令的威严,使将士在战争中能义无反顾,视死如归,勇往直前。

蜀建兴五年,诸葛亮在渭水击败魏军 20 万人,与司马仲达所率领的魏国援军对峙于祁山。汉中之东的街亭是蜀军运输粮食的重要地点,因此街亭的攻防成为这次战争胜败的关键。血气方刚、颇有才气的年轻将领马谡,自告奋勇要求去镇守卫街亭。诸葛亮告诉他要固守街亭要道,但马谡却不能随机应变,认为应该照兵书所说"凭高势下,势如破竹",坚持把大军驻扎在大道边的山上,结果被魏军包围,水源并遭断绝。最后蜀兵大败,马谡和少数兵将好不容易才突出重围,狼狈逃回。建兴六年,蜀军按兵法处斩马谡。虽然旁人爱惜马谡的才能,纷纷向诸葛亮求情,但诸葛亮认为,马谡虽是不可多得的人才,但军法不容私情。马谡被带到刑场时,诸葛亮掩面而泣,但为了严肃军纪,不得不斩。历代兵法收揽人心的一大要诀即是"所爱者有罪必罚""所憎者有功必赏",这是作为将帅的基本修养。"孔明挥泪斩马谡"一事,从小处说是为了严明军纪,从大处看则是为了蜀国的存亡,是为训练一支遵守号令、有战斗力的部队。

善　将

【原文】

古之善将者有四:示之以进退,故人知禁;诱之以仁义,故人知礼;重之以是非,故人知劝;决之以赏罚,故人知信。禁、礼、劝、信,师之大经也。未有纲[①]直而目[②]不舒[③]也,故能战必胜,攻必取。庸将不然,退则不能止,进则不能禁,故与军同亡。无劝戒则赏罚失度,人不知信,故贤良退伏,谄顽登用[④],是以战必败散也。

【注释】

①纲:用来维系网子的总绳,比喻事物最主要的部分。
②目:细微的事务。
③不舒:不能施用。
④谄顽登用:奸佞小人获得重用。

【译文】

古代善于带兵打仗的将领有4种:清楚告知前进和后退的原则,使人们知道军法禁令;用仁义去引导,使人们遵循道义;反复强调对错,使人们得到勉励;用奖赏和刑罚来判断,使人们知道遵守信用。禁令、道义、勉励、信用,是军队的主要纲领,只要主要纲领确立了,其他细微事务也就能够施行了!所以作战必定会取得胜利,向敌人进攻必定能攻克。无能的将领则不然,无法控制军队,前进后退也没有节制,所以只能与兵士们一起灭亡;没有勉励告诫,赏罚便失去意义,士卒也不讲信用。于是贤德的人才隐退潜没,谄媚狡猾的小人被升迁重用,所以作战必定失败逃散。

【赏析】

诸葛亮在此强调作为一个优秀将领应该具备的4种要件:禁、礼、劝、信,即能令行禁止,能辨别是非,能遵守仁义,能赏罚公平。如能真正做到这4点,军队的一切行动自然纲举目张、秩序井然、攻无不克、战无不胜。否则,军队将会不听指挥,人与人之间则变得虚伪狡诈。而当有才能的人隐退时,佞奸的小人就获得重用,将每战必败。

公元前361年,秦孝公即位后力图变革,任命商鞅为左庶长,推行新法,这就是历史上著名的“商鞅变法”。在新法颁布的初期,百姓并不十分信赖,使得新法的推行很不顺利。于是,商鞅在城南放了一根3丈长的木头,并张贴告示:“能把这根木头搬到北门去的人,会得到10金的奖赏。”但百姓们都不相信会有这等便宜事,因此没有人去搬动那根木头。商鞅再次张贴告示:“有人能移动这根木头到北门的,奖赏50金。”于是有个人把木头搬到了北门去,商鞅立刻按告示上面的规定奖赏50金。这样一来,百姓都知道商鞅是个说到做到的人,此后凡有命令,民众们都认真遵循,不敢有所违背。此外新法中规定:按军功大小决定奖赏的多寡,于是每有战事,将士们都奋力拼杀,争先立功。经商鞅变法之后,秦国迅速富强起来。

1987年的某日,一位叫路易斯·伯克的顾客路过格林·文逊的商店,格林是加拿大温哥华市的券商,他的商店专门出售加拿大的六合彩奖券。伯克走进商店购买了几张奖券,不过他并不在意是否会中奖,于是请格林和他的员工代自己填写六合彩的号码,临走时留下了自己的名片,并笑着对大家说:“如果中奖了就打电话告诉我,我会分10%给你们。”可是连伯克自己都没有想到,他竟然中了六合彩的头奖,当格林第一次打电话通知他的时候,他还以为是格林在开他玩笑,直到格林再次用诚恳的口气对他说明,他才明白自己已经成了百万富翁。伯克如数领回了巨额奖金,也履行自己当初的诺言,把奖金的10%分给格林和他的员工们。格林因为恪守券商的信誉,在加拿大商界传为美谈,而他的生意也越做越大。

商鞅、格林·文逊都不是军人,都不懂得带兵打仗,但他们却知道“信用”对成

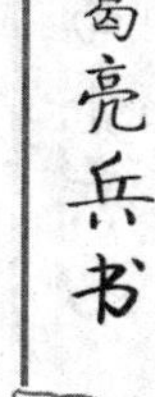

功和失败的影响，由此可知，不守信用的人是难以成就功业的。

审 因

【原文】

夫因人之势[1]以伐恶，则黄帝不能与争威矣。因人之力[2]以决胜，则汤、武不能与争功矣。若能审因而加之威胜，则万夫[3]之雄将可图，四海之英豪受制矣。

【注释】

①因人之势：顺应人心的趋势。
②因人之力：凭借众人的力量。
③万夫：喻人数众多。

【译文】

依据人心向背的趋势去讨伐邪恶，即使如黄帝般的威势也无法与其相比。凭借众人的力量来决定胜负，其所成就的功业，就是商汤、周武王也无法与他争锋。如果能够衡量局势的变化，掌握人心的动向，再壮盛自己的威势，将使群雄归服，霸业可图。

【赏析】

孟子说："得道者多助"，"多助之至，天下顺之……故君子有不战，战必胜矣。"又说："桀纣之失天下也，失其民也；失其民者，失其心也。得天下有道，得其民，斯得天下矣；得其民有道，得其心，斯德民矣！"战争的胜负与民心向背有根本的关系，因此高明的政治家、军事家、谋略家不仅把战争胜负的着眼点局限于战场上，同时也采取一切措施争取民众的拥护。

曹操在东汉末年军阀混战中能够力克群雄、统一北方，与他所采取的措施得到民众的拥护是分不开的。"白骨露于野，千里无鸡鸣"，人民迫于战乱，生活流离失所，曹操将流民安置起来，实行屯田，发展农业生产，使人民生活安顿下来。曹操所率军队号令严明，秋毫无犯。有一次，曹操率军经过一麦田，下令"践麦田者斩"的命令，当自己骑马经过麦田时，由于野鸟突然飞起导致战马受惊，践踏了一片麦子。曹操请求部队执法官对自己进行惩罚，最后"割发代首"，号令三军，以示警诫。此举深得民心。

诸葛亮在此强调民众的力量对战争胜负的影响。在古今中外的战争史上，"道"是决定战争胜负的关键因素，"道"在这里就是指民心的向背、民众的力量。在与一个腐败无道的国家作战时，将会得到民众的支援并取得胜利；反之，如果对一个政治清明、民众安居乐业的国家发动战争,往往会激起民众的反抗而难以成功。因此,在战争中必须审时度势,明察制约战争的这些“因”,才可以威胜敌国,所向无敌,霸业可图,功名可见。

夏朝的统治者桀,一向骄侈淫逸,宠用奸臣,对民众和所属臣国部落,进行无情的压榨和奴役,引起民众的憎恨与反对。民众曾愤慨地诅咒他:“时日易丧,予偕女皆亡”。夏的民心尽失,其统治风雨飘摇,已经走到了尽头。在这样的情况下,商汤制定了灭夏的战略方针。

俗话道:“百足之虫,死而不僵”。夏王朝立国已近400年,即便在面临灭亡之时,仍具有相当的实力。因此,商汤对夏的决战十分慎重,其几经试探和权衡才做出决定。当商汤先停止向夏桀纳贡,以试探其反应时,夏桀即调动九夷之师,准备讨伐商汤。商汤视情况马上“谢罪请服,复入职贡”,稳住夏桀,继续蓄积力量,等待时机。不久传来了夏桀诛杀重臣、众叛亲离的消息,商汤乃再次停止向夏桀的贡奉。这次,夏桀已难以指挥九夷之师。商汤认为伐桀的时机已到,于是果断下令起兵。

公元前1766年,商汤正式兴兵伐夏。战前,他隆重地举行誓师活动,一一列举夏桀残酷剥削压迫民众的种种恶行,申明自己是秉承天意来征伐夏桀,目的在于拯民于水火之中。同时,商汤还宣布严格的战场纪律。这番誓师,大大振奋了商军的士气。

夏桀同商汤军队在鸣条(今河南洛阳附近)一带展开决战。决战中,商汤军奋勇作战,一举击败了夏桀的主力部队,使得夏桀败退,归依于属国三朡(今山东定陶东一带)。商汤乘胜追击,攻灭了三朡。夏桀穷途末路,率少数残部仓皇逃奔南巢(今安徽寿县南),不久病死,夏王朝宣告灭亡。

商汤在夏桀民心尽失、众叛亲离之时,“因人之势以伐恶”“审因而加之威胜”,在夏王朝的废墟上,建立了一个崭新的强盛王朝——商。

兵 势

【原文】

夫行兵之势有三焉:一曰天,二曰地,三曰人。天势者,日月清明,五星合度①,慧孛不殃②,风气调和;地势者,城峻重崖,洪波千里③,石门幽洞,羊肠曲沃④;人势者,主圣将贤,三军由礼,士卒用命,粮甲坚备。善将者,因天之时,依人之利,则所向者无敌,所击者万全矣。

【注释】

①五星合度:五星都在正常轨道上运转,没有异象。

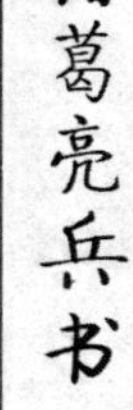

②慧孛不殃:孛,古书上指光芒四射的彗星。殃,灾祸。此句意谓没有灾祸的兆头。

③洪波千里:河流深广而波涛汹涌。

④羊肠曲沃:羊肠、曲沃,指地名。意谓小路曲折迂回。

【译文】

利于带兵打仗的形势有3种:一是自然,二是地理,三是人事。自然形势,是指阳光明媚,月色清朗,五星运行正常,没有彗星出现的不好兆头,而且风调雨顺;地理形势是指城墙高大险峻,河流深广且波涛汹涌,还有石块所形成的天然屏障,以及像羊肠阪、曲沃城那样有利的地形;人事的形势,是指君主圣明、将领有才能,全军遵循礼法、士卒听从命令、粮食充足、武器精良。善于带兵打仗的将领,能凭借自然的时机,利用地理形势,依靠人事便利,因此所到之处没有敌手,进攻时万无一失。

【赏析】

行兵打仗欲取得胜利,应由3个方面来决定:一是天时,二是地利,三是人和。天时,指的是有利于作战的气候条件;地利,指的是有利于我方的地理位置;人和则包括统治、将领、士兵、军士、粮食、武器等的储备情况。即使在现代战争中,这些因素都应该认真地加以考虑,三者的完美结合往往能成为胜利的保障。诸葛亮指出,作为好的统帅,就应该凭借天时,根据地利的险势,充分发挥调动对我方军士将领有利的因素,如此就会所向无敌,战无不胜,以最小的代价获取最大的收益。

战国初期的晋国,国家的大权掌握在智伯、魏恒子、赵襄子、韩康子4个人手中。公元前455年,智伯为了削弱魏、赵、韩3家的实力,假晋王的名义要求他们各拿出100里土地归还国家,韩、魏因惧怕智伯而交出了土地,但赵襄子一口回绝。于是,智伯率领智、魏、韩3家的人马将赵襄子围困于晋阳城中,这场战斗一直进行了两年多,双方都无法取胜。有一天,智伯想到了一条计谋,他命令士兵在晋水的上游修筑一个巨大的蓄水池,再挖一条河道通向晋阳城,并在自己营地外筑起一道拦水坝。雨季很快就来了,当蓄水池蓄满水时,智伯命令士兵挖开堤坝,顿时,汹涌的大水顺着河道涌入了晋阳城,整个城池都被水淹没了。赵襄子看到情势危急,连忙悄悄派人出城联络魏、韩二人,密谋除掉智伯。两天后的深夜,赵、魏、韩共同行动,杀死守堤的士兵,挖开护营的堤坝,晋水顿时灌入智伯的大营,智伯的大军几乎全部葬身水中,而智伯也被魏、韩的士兵杀死。在这场战争中,赵襄子不费一兵一卒,就大获全胜,可见,善于利用一切有利条件是将帅成功的保证。

胜 败

【原文】

贤才居上，不肖居下，三军悦乐，士卒畏服，相议以勇斗，相望[1]以威武，相劝以刑赏，此必胜之征也。士卒惰慢[2]，三军数惊，下无礼信，人不畏法，相恐以敌，相语以利，相嘱以祸福，相惑以妖言[3]，此必败之征也。

【注释】

①望：盼望，这里指崇尚。

②惰慢：懒惰怠慢。

③妖言：怪诞的言语。

【译文】

让有道德才能的人居于上位，让没有本事的人居下位，全军上下关系融洽，士兵敬畏服从，互相议论的是勇敢和战斗，互相崇尚的是凶猛威武，而用刑罚和奖赏来互相劝勉，这是取得胜利的征兆。如果士兵懒惰怠慢，全军多次被惊扰，下属不遵守礼义信用，人们都不畏惧法规的惩处，而用敌人来互相恐吓，互相交谈的是利益，互相嘱托的是吉凶祸福。除此之外，还用怪诞的言语来迷惑人心，这是注定要失败的征兆啊！

【赏析】

战争的胜利与失败，往往在开战之前就能预知。如果将帅能重用贤才，根据他们才能的高低授予不同的职位；能得到士卒的拥护，使全军团结一致；士兵勇敢尚武，将帅同心协力；以赏罚严明来整治军纪军规，这些都是取得胜利的先决条件。相反的，如果士兵懒惰散漫、不守信用、贪生怕死、法纪不严，那就难以服众，再加上军队中谣言传说不止，要想在这样的条件下取得胜利是不可能的。因此，优秀的将领在未战之前先要治军，只有先治己才能后治敌。

让有才能的将领担当重任的重要性，可以从孙权任命儒将陆逊为三军统帅而大败刘备的故事中窥知一二。刘备为报其弟张飞之仇，统率大军讨伐东吴。东吴慑于蜀军的威势，主动献出暗杀张飞的范疆、张达二人，希望刘备能够退兵。但刘备在把范疆、张达凌迟处死并祭奠张飞之后依然怒气未消，他不听马良的劝阻，决定要继续进兵江南灭掉东吴。而此时的东吴在周瑜、鲁肃和吕子明先后亡故后，似乎已经没有能够担当大任的将才了，所以孙权相当惊慌，不知该如何对付大兵压境的刘备，最后起用了阚泽推荐的镇西将军陆逊为大都督。文武兼备的陆逊不仅用破蜀之奇谋妙策使全军上下无不佩服，而且还因此大大提高了东吴将士的士气，士卒们不再惧怕蜀军的声势，将领们也有了要和蜀军一争高下的勇气。全军将士在这位白面书生的指挥下，火烧连营700里，取得了江陵、彝陵的胜利，使得刘备大败而归，不久之后在白帝城归天。东吴有陆逊这样的良将担当要职，战争的胜利是可以预见的。

公元1862年，湘军主帅曾国藩令其弟曾国荃率领湘军主力由北沿长江东下，进攻天京。1861年，曾国荃兵进雨花台，兵部侍郎彭玉麟所率的湘军水师进驻护河口，至此，曾国藩已成功地指挥湘军对天京形成了合围之势。这时的太平天国早已因内部权力的纷争而实力大损，且洪秀全唯一可用的人李秀成并没有东王杨秀清、翼王石达开那样的才干。面对湘军强大的军事围攻，洪秀全只得多次诏令李秀成迅速返回天京救援，而忙于上海战场的李秀成在10月才抵达天京护驾。李秀成同湘军在雨花台激战后不久，天京城外的防御工事就被湘军全部摧毁，身负重任、担任援救天京主帅要职的李秀成原本就没有力挽狂澜的军事才干，也无使全军将士信服的能力，再加上外无援军、内缺粮草，他竟然向洪秀全提出了“弃城远走”这种动摇军心的计划。洪秀全当然不会答应，只能死守。1864年，湘军攻破天京。

太平天国天京的失守，是由多种因素造成的，而洪秀全把重担交给了能力有限的李秀成，这也是失败的重要原因之一。

假　权

【原文】

夫将者，人命之所县[①]也，成败之所系也，祸福之所倚也，而上不假之以赏罚，是犹束猿猱之手，而责之以腾捷；胶离娄[②]之目，而使之辨青黄，不可得也。若赏移在权臣，罚不由主将，人苟自利，谁怀斗心？虽伊、吕[③]之谋，韩、白[④]之功，而不能自卫也。故孙武曰：“将之出，君命有所不受。”亚夫[⑤]曰：“军中闻将军之命，不闻有天子之诏。”

【注释】

①县:同“悬”,维系。

②离娄:人名,古之明目者。

③伊、吕:指伊尹、吕尚(姜太公),都是有谋略的贤臣。

④韩、白:指韩信、白起,都是能征善战的大将。

⑤亚夫:汉代著名将领周亚夫。

【译文】

将领,关系着士卒的性命,操纵着战事的成败与否,也是灾祸抑或幸福的凭借。如果君主不将奖赏和惩罚的权力交给将领,便好像束缚住猿猴的四肢,却要求它轻捷地腾跃;蒙住离娄的眼睛,却要他分辨青黄的颜色,这是不能够做到的啊! 如果把奖赏的权力交给掌权的大臣,惩罚却不由将领做主,则人人贪图私利,谁还有作战的心情呢? 那么,即使有伊尹、吕尚的谋略,韩信、白起的功劳,也不能保护自己。所以孙武说:“将领统军在外,君主的命令,可以不必接受。”周亚夫说:“在军中是只听将领的命令,不听君主的诏令。”

【赏析】

将在外,军令有所不受。古代战争,交用、通信工具落后,君主不可能随时掌握战场上瞬息万变的情况,为了胜利,随着战场情况的变化,前线指挥员必须根据变化了的情况实施指挥。对于君主发布的不适合战场实际情况的命令,战场指挥员不能机械接受。

战争关系到国家的兴衰存亡,人民的生死。可见,一军之将担负的责任非比寻常,他掌握着士兵的生命,并操纵着战事的胜败。因此,要想取胜,必须给予将领绝对的权力,无论奖赏、进退,将领都必须有决定权,即使是一国之君也不能干涉军中事务,这才能保证将领能自如地指挥军队。而作为将领,应该“进不求名,退不避罪”,一切以国家利益为重,能由这样的将领指挥的军队才是无敌之师。

公元629年,唐太宗李世民任命李靖为行军总管,领兵攻打扰乱边疆的突厥。在李靖的频频攻击下,突厥军队损失惨重,颉利可汗只得派人向唐太宗请罪,表示要归顺朝廷。

唐太宗大喜,一边派鸿胪卿唐俭到颉利可汗的驻地铁山去安抚突厥,同时又下令李靖率兵去迎接颉利可汗内附。李靖不相信颉利可汗真心投降,认为这是他收拢残兵败将、养精蓄锐的缓兵之计,一旦羽翼丰满,他还会再次起兵,或逃入漠北继续为患。但既然唐朝的使者已来到颉利可汗的牙帐之中,他一定会放松警惕性,以为唐朝不会再攻击他了。当即决定趁这个机会,选出一万精骑,携带20天的干粮,昼夜奔袭,决定将其彻底消灭。

颉利可汗见唐朝使者到来,以为自己的缓兵之计已经得逞,心中十分高兴,摆开盛宴招待唐俭,戒备也松懈下来了。这时恰好起了大雾,李靖利用大雾的掩护渐渐接近突厥的营帐。待突厥骑兵发觉时,颉利可汗已经来不及整军迎战,只能急忙翻身上马,落荒而逃。剩下的突厥兵措手不及,很快就被唐军消灭了,混乱中唐俭也安然回到唐军营中。

用兵贵在"攻其不备,出其不意",但李靖在攻灭突厥之战中,所付出的代价可能很大,因为唐朝使节唐俭正在突厥人的手中。只是李靖首先考虑的是国家利益,而不在乎自己的行为是否会受到后人的非议。抱着"进不求名,退不避罪"的坚定信念,他果敢地发兵攻袭,果然取得了战争的胜利,使颉利可汗的如意算盘落空。

哀　死①

【原文】

古之善将者,养人如养己子,有难,则以身先之,有功,则以身后之,伤者,泣而抚之,死者,哀而葬之,饥者,舍食而食之,寒者,解衣而衣之,智者,礼而禄之,勇者,赏而劝之。将能如此,所向必捷矣。

【注释】

①哀死:为感恩而拼死效忠。

【译文】

古时善于带兵打仗的将领,对待士兵就像对待自己的孩子一样,遇到困难危险,必身先士卒;有功劳,则退居一旁;见到伤兵,含着眼泪去安抚他:对阵亡士兵,怀着悲痛的心情埋葬他们;对饥饿的士兵,则将自己的食物分给他们;当士兵感到寒冷,就脱下自己的衣服给他们;对有智谋的人,必依礼厚待;对勇敢作战的人,必以重赏勉励。假使将领能够做到这些,必然所向无敌。

【赏析】

统帅是军队的表率。诸葛亮指出,作为一军之将,必须做到以身作则,身先士卒,体恤将士,奖罚分明,并能尊重拼死疆场的亡灵,只有这样才能在军中建立良好的威信,使士兵信服。这样的将帅无论遇到什么样的战斗,全军上下都能团结一心,每战必胜。

据《三国志·吴志·宗室传》中记载,孙策称霸江东之后,在建安四年,曾率兵西袭庐江太守刘勋,在战斗中他身先士卒、奋勇杀敌,不仅很快攻克了庐江,也使得士卒们对这位江东之主更加忠心。此后,每次战斗中士卒们都拼死为其效命,在占领豫章之后，江东声势大振。战斗中身先士卒的孙策的确值得敬佩，但如果说到如何对待在作战中阵亡的英勇将士，就不得不提曹操了。

曹操率兵 15 万讨伐张绣，张绣因惧怕曹操强大的兵力而献城投降。但曹操却因迷恋美色，淫乱张绣之叔张济的妻子邹氏，张绣大怒，深夜带领手下兵丁到曹操所驻守的军帐来杀他。眼看曹操命在旦夕，幸其手下大将典韦被喊杀之声惊醒，赤裸着上身提刀就冲出来保护曹操。典韦奋力杀死 20 余名骑兵，张绣的无数步兵又手持长枪围了过来，典韦身中数十枪依然拼死御敌，张绣的士兵都不敢上前和他拼杀，只能躲得远远地用弓箭射他。之后曹操大寨的后门又冲进来许多张绣的兵士，典韦背后又中数枪，终于大叫数声而亡。曹操手臂中了一箭，而他的长子曹昂、侄儿曹安民都在逃跑途中身亡，但由于典韦以死拒敌，自己才得以逃脱。此后曹操亲自设祭祭奠典韦，他在典韦的灵位前放声大哭，并对诸将说："我的儿子和侄儿虽然都被杀了，但我并不是很伤心，唯一使我悲痛欲绝的是我失去了典韦啊！"将领们听了大为感动。

不久之后，曹操再次和张绣交战，当军队走到淯水时，曹操突然在马上痛哭流涕。他身旁的将士们都很惊讶，曹操对大家解释说："我想起了去年在这里失去了我的大将典韦，实在忍不住就伤心哭泣起来。"说完就命令大军暂时停止行军，曹操大设祭筵，亲自点香哭拜，吊祭典韦的亡魂。之后，才祭奠自己的儿子和侄儿。三军将士看见曹操对死去的将领尚且如此，无不敬佩感叹。

曹操之两祭典韦，是出于真情流露也好，是为了收买人心也好，他既然能够做到这样，那么胜利对于他的军队来说也就不远了。

三 宾

【原文】

夫三军之行也，必有宾客[①]群议得失，以资将用。有词若县流[②]，奇谋不测，博闻广见，多艺多才，此万夫之望，可引为上宾；有猛若熊虎，捷若腾猿，刚如铁石，利若龙泉[③]，此一时之雄，可以为中宾；有多言或中，薄技小才，常人之能，此可引为下宾。

【注释】

①宾客：将领身边协助决策，担任官职的人。

②有词若县流：即口若悬河，形容人很会说话。

③龙泉：剑名，古时锋利无比的宝剑。

【译文】

军队行军打仗，一定要有幕僚一起议论事情的利弊得失，作为将领的参考。有的口若悬河，奇特的谋略深不可测；有的见识广博，又有多方面的才干和技能，这是万众所崇仰的，可以作为上等幕僚。有的勇猛好比熊虎，轻捷就像腾跃的猿猴；刚强如铁石一般，锋芒似龙泉宝剑，这是一时的英雄，可以作为中等幕僚。有洋洋万言但其中有可能说对的，而仅有微薄的技艺与才干，具备普通人的能力，这种人可以作为下等幕僚。

【赏析】

在此，诸葛亮强调在军队中要广罗各种各样的贤才，并根据个人的能力大小，给予他们不同的待遇。智者千虑，必有一失。在战争谋划中，要充分尊重他们的建议、意见来权衡利弊，这样才能有效避免个人独断专横的失误，弥补个人智慧的不足。历史上无数成功将帅的成功，就是因为他们能招募各式各样的人才，发挥众人的智慧，故能取得最终的胜利。

战国时期，曾盛行养士之风，据说，孟子“后车数十乘，从者数百人，以传食于诸侯”。特别是在战国中期以后，各国有权势的大臣都有不少食客。如齐国的孟尝君田文、赵国的中原君赵胜、魏国的信陵君魏无忌、楚国的春申君黄歇、秦国的文信侯吕不韦，所养的食客高达3000人。在他们所养的食客中，有各式各样的人士，只要有一技之长的都被网罗。他们往往为主人出谋策划，经办各种事务，或替主人著书立说等等，辅佐主人成就了不少大事。

三国鼎立之时，曹操也网罗不少贤人将士，为他的霸业立下了汗马功劳。公元215年，孙权率10万大军直逼合肥，当时合肥的守将是以威猛著称的大将张辽。张辽只有士兵7000人，却要对付10倍于他的吴军，士兵个个谈战色变，情况十分危急。此时，曹操派人送来一个木匣，匣内有一封信，信中写道，如果孙权攻打合肥，就由张辽、李典两名将军出去迎战，乐进将军守城。张辽认为孙权趁曹操远征在外，率大军来犯，以为城内空虚，必胜无疑，只要能争取主动，打击他们的锐气，就能守住合肥，而乐进则认为敌众我寡，不应轻易出战应敌冒险。待东吴大军压境，张辽意气慷慨：“现在已是生死关头，待我出城，与孙权决一死战。”说完，立即吩咐备马出城迎敌。李典见状，慨然而起，说道：“既然将军如此，李典难道会因私废公吗？我愿意听从将军指挥，一并出城杀敌！”原来，李典与张辽一向不和，所以之前一直没有作声。

于是乐进守城，张辽与李典一起率领800名精兵乘孙权军队集结未妥之际，突然杀入大营，孙权被打得措手不及，慌忙上马逃窜，吴军死伤惨重。待孙权回过神来，重新集结好部队，准备与张辽一战，而张辽、李典已率800名勇士退回城中。吴军初次迎战，就遭受惨败，大伤锐气，人人都惧怕张辽的威名。后来吴军虽然倚仗人多势众，天天攻城，但已是士气低落，心怀恐惧，攻城也不卖力，一连攻了10多天，合肥依然固若金汤。合肥之所以能够久攻不下，与曹操手下人才济济不无关系。张辽以威武勇敢著称，乐进以有胆有识闻名，李典"有雄气""不与诸侯争功"，三将各有特色，曹操根据三人的长处委以重任，确保合肥不致失守。

世间万物，各有其不同功用，绝对无用的东西是不存在的，关键看你如何使用它。

后应

【原文】

若乃图难于易，为大于细[①]，先动后用，刑于无刑，此用兵之智也。师徒已列，戎马交驰，强弩才临[②]，短兵又接，乘威布信[③]，敌人告急，此用兵之能也。身冲矢石[④]，争胜一时，成败未分，我伤彼死，此用兵之下也。

【注释】

①为大于细：在细微处看出大问题。

②强弩才临：喻战况紧急。

③乘威布信：乘着我军威信宣布遵守信用。

④矢石：古代用来当作武器的箭和石头。

【译文】

处理军中事务，应先从容易处着手，之后再去完成较复杂且困难的工作，治理士兵也是如此，必先激励士气再作战，在不用刑罚的情况下使将士自动守法，这是用兵的明智之处。军队已经列阵完毕，而战况紧急时，乘着我军的声威宣布遵守信用，敌人就会紧急求救，这是用兵的才能。冒着危险向前冲，争夺暂时的胜负，成败还没分出，我军已经损失，敌军已经伤亡，这是用兵的下策。

【赏析】

战争的胜利，本质上是决策的胜利，诸葛亮在这里指出了3种用兵的方法：一是图难于易，为大于细，采取迂回策略，在不与敌人正面冲突的情况下争取最大的胜利，这是用兵的智谋，是最好的策略。实际上，诸葛亮所强调的是一种用兵原则，即避实就虚；二是排兵布阵，以迅雷不及掩耳之势，使敌人疲于应付，不断告急，这是用兵的能力；三是逞一时之勇，死拼硬打，胜败未决而伤亡惨重，这是用兵的下策。在战争中，最好的策略是以智取胜，达到不战而屈人之兵的目的。

公元215年，隋炀帝带领群臣出游到塞北地区，突然遭到突厥骑兵的袭击，被

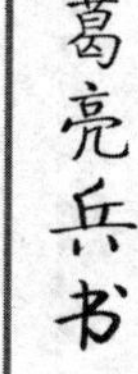

迫退守雁门关。突厥大军随后围堵雁门关，并发起猛烈攻击，形势岌岌可危。隋炀帝急忙下令各地派兵来解雁门之围。年仅16岁的李世民奉召从驻地龙门赶到雁门，他对雁门守将献计说："突厥这次倾全国之兵来袭击我们，是认为隋军仓促应战，短时间内调不来大队兵马，所以才气势汹汹。如果我们让突厥兵知道大队援军已到，便可不战而退敌。"雁门守将认为此话很有道理。第二天，雁门附近突然出现一支队伍。远远看去，旌旗在山谷丛林间忽隐忽现，蔓延几十里不绝；战鼓擂得通通作响，震天动地。到了晚上，又到处是钲鼓之声、火把之光，好像有无数人马正向这里进攻一样。突厥兵一看，以为隋朝大批援军已经到来，使得毕可汗大吃一惊，没有想到隋朝各地援军会来得这么快又这么多，因为怕被前后夹击，所以赶快撤退。实际上隋军根本没有援军！那不过是李世民的疑兵之计罢了。隋军分出1万士卒，一人一旗，拉开距离，来回游走，远远看去，就如同百万大军一样。突厥兵不明内情，上了大当。李世民在隋军兵少城危的情况下，充分利用了突厥性格多疑的特点，布置疑兵之计，不战而胜，故能转危为安。虽然年仅16岁，小将李世民却如此足智多谋，这恐怕与他谙熟兵法是有关系的。

与以上相反，魏将张郃却为了逞一时之勇，酿成大错。公元213年，魏、蜀两军在祁山交战。蜀军在丞相诸葛亮的指挥下连连获胜，正要乘胜追击时，却接到后主刘禅的圣旨，要求他统军回师。魏军诸将立功心切，纷纷主张随后掩杀。只有久经沙场的张郃说："蜀军获胜之后突然退兵，其中定然有诈。"大家纷纷嘲笑他平时勇冠三军，如今却如此胆小。张郃一时怒气上涌，大声喝道："我从军至今，不曾落后，要追就追，怕什么？"随即领轻骑万人前去追赶蜀军。蜀军且战且退，引诱张郃来到一条狭谷之中。突然，山谷两侧燃起大火，箭矢如雨般飞射而来。张郃大呼中计，下令退出谷口，但山上滚落的巨石大木早已将谷口堵住。张郃进退不得，最后被射死在谷中，而随他入谷的魏兵也无一幸免。在两军交锋、尔虞我诈的战场上，时刻保持清醒的头脑是将帅们所应具备的。魏军大将张郃久经战阵，却经不起同僚一激，怒而求战，犯了兵家大忌。

便　利

【原文】

夫草木丛集，利以游逸；重塞[①]山林，利以不意[②]；前林无隐，利以潜伏；以少击众，利以日莫[③]；以众击寡，利以清晨；强弩长兵，利以捷次；逾渊隔水，风大暗昧[④]，利以搏前击后。

【注释】

①重塞：要塞，地势险要之地。

②不意，意料不到。

③日莫：莫，同“暮”，日暮、天黑。

④暗昧：昏暗，不清楚。

【译文】

野草丛生、树木密集的地方，有利于部队移动隐蔽；崇山峻岭、布满关隘的地方，有利于出其不意地展开攻击；树林前方广阔且无障碍的地方，有利于潜藏埋伏；以少量兵力来攻击众多的敌人，应该选择在日落时分；以众多的兵力来攻击少数的敌人，应该在清晨的时候；强弩和弓矢，应该快速地交替使用；敌人靠近悬崖或被江河阻隔，或风大昏暗的时候，就应该前后夹击。

【赏析】

将帅应善于乘自然之利，为我所用。诸葛亮在此论述在战争中如何利用一切有利的自然条件，在不同的条件下采取不同的策略，以打击敌人，隐蔽自己。例如在森林密布，崇山峻岭中隐蔽军队；敌众我寡时，通常在日落时行动；我众敌寡时，则在清晨出击。总之，灵活利用周围可利用的一切，无论山川、河流、大雾、狂风，都能为我所用，这样的军队是最能保护自己、打击敌人的军队。

1882年，法国国王派遣交趾支那海军司令李威利率领所谓“远征军”攻占越南首都河内。当时的黑旗军首领刘永福应越南之请求，率兵进入越南对抗李威利。李威利占据河内，武器精良，刘永福感到强攻难以取胜，于是将部队埋伏在河内城西不远处的纸桥，引诱李威利出城。纸桥的桥面很窄，仅容一个人通行。纸桥周围长有茂盛的树木，足以潜伏刘永福的大队人马。而且从纸桥到怀德的大路两侧都是稻田，同样有利于部队的隐蔽。3月19日，杨思著之部队与法军展开一场猛烈的战斗，杨思著壮烈牺牲，但是刘永福的黑旗军主力部队仍然潜伏在纸桥周围的树林和大路两侧的稻田中，并没有轻举妄动。当李威利错估了形势，认为黑旗军已经溃败，企图直捣黑旗军根据地时，即走进了黑旗军的埋伏圈。此时刘永福才命令部队全力出击，从前后左右对法军形成了围攻之势，在惨烈的白刃战中，法军的炮火优势无法发挥，法军几乎全军覆没，李威利也命丧纸桥。刘永福正是利用了树林稻田有利于部队隐伏的条件，才能痛击装备精良的法军，可见善用各种自然条件的重要性。

苏联的米-24武装直升机因为机身底部装甲较厚，一般轻型武器很难击穿它的缘故，得到了“空中坦克”的美称。但是，在阿富汗战场上，“空中坦克”米-24却失去了它的装甲优势，连连在空中被轻型武器击毁。和苏联作战的阿富汗游击队员，他们的武器并不先进，作战经验也不足。起初，米-24直升机咄咄逼人，多次对游击队造成重创。游击队员从血的教训中得到了经验：必须想办法从上面攻击米-24。阿富汗是个多山的地方，于是游击队员登上高山之巅就隐藏起来，以逸待劳。

当米-24武装直升机飞进射程后，游击队员们立刻从隐蔽的山顶居高临下对正在低空盘旋的直升机驾驶舱猛烈开火。驾驶舱是没有装甲保护的，因此驾驶员很容易就成了游击队员的活靶子，一旦中枪，飞机就失去控制，结果只能在山谷中撞个粉身碎骨。

不同的作战方法，一定要配合不同的地形与自然条件，聪明的阿富汗游击队员利用了高山峡谷的特殊地势，击落了不可一世的“空中坦克”。

当然，在作战过程中，要克敌制胜，处于有利地形，借助有利的自然条件，这些都是取胜的辅助条件，关键是为将者要会带兵、会打仗，能准确地判断敌情，了解地形的险厄远近，一切按战争规律行事。将领要亲爱士卒，纪律严明，赏罚分明，使其甘心情愿赴汤蹈火，与主将同生死。

应　机①

【原文】

夫必胜之术，合变之形②，在于机也。非智者孰能见机而作乎？见机之道，莫先于不意③。故猛兽失险，童子持戟以追之；蜂虿发毒，壮士彷徨而失色。以其祸出不图，变速非虑④也。

【注释】

①应机：见机行事。

②合变之形：掌握瞬息万变的情势。

③不意：出其不意。

④变速非虑：变化之快让人出乎意料。

【译文】

要想制定必胜的战略方针，掌握瞬息万变的战争情势，关键在于把握战机。如果不是有智谋的人，谁又能发现战机而立刻采取行动呢？发现战机，最重要的是出乎敌人的意料。所以当野兽陷入危险境地时，连小孩都可以手持着戟去追逐它，而黄蜂蝎子用毒刺螫人时，壮汉却都徘徊不前、惊慌失色，这是因为人们无法预料它们的灾害，一切变化太快，来不及考虑。

【赏析】

战场上的情况瞬息万变，将领必须根据不断变化的战况灵活地指挥作战。诸葛亮认为一个善于作战的将帅不仅能发现战机，更能把握战机，懂得随着敌情的变化选择作战重点，制定作战方案，实施作战计划，随机应变，出奇制胜，以迅雷之势给予敌人致命打击。

大唐高宗调露元年（公元679年）10月，单于大都护府突厥阿史德温傅举兵反唐，边境狼烟四起。11月，唐高宗任命裴行俭为定襄道行军大总管，率兵讨伐突厥。裴行俭到任后，挑选1500名壮士，每5人一组，分别藏在300辆粮车里面，各带大刀、弓箭，并派一批老弱士兵护送。同时，又选出几千精锐，远远地跟在粮车后面。“粮车”队伍行至半途中，果然遇到突厥兵来劫。押粮的老弱士兵一见突厥兵到，便弃下粮车，四散而走。突厥兵高高兴兴地赶起粮车，来到一处水草肥美的地方，便下马解鞍，来取粮草。不料车中埋伏的唐军突然跳了出来，向毫无防备的突厥兵杀去，突厥兵顿时阵脚大乱，抱头鼠窜。与此同时，埋伏在后面的精锐唐军听到喊杀声，也一拥而上。两支唐军联合在一起，风卷残云般地收拾了这批突厥兵。从此，突厥兵再也不敢靠近唐军的粮车了。

《荷马史诗》中曾描述过古希腊时攻打特洛伊的“木马计”故事。无独有偶，中国唐代也出现了一个“粮车计”。在敌军最意想不到的地方设下了埋伏，无论是在木马里还是粮车中，最终都达到了出奇制胜的效果。

揣　能

【原文】

古之善用兵者，揣其能而料其胜负。主孰圣也？将孰贤也？吏孰能也？粮饷孰丰也？士卒孰练也？军容孰整也？戎马孰逸[①]也？形势孰险也？宾客孰智也？邻国孰惧也？财货孰多也？百姓孰安也？由此观之，强弱之形，可以决矣。

【注释】

①逸：安闲，意谓得到休整。

【译文】

古时善于用兵的将领，会揣度敌我双方各方面的优劣势来判断胜负。哪位君

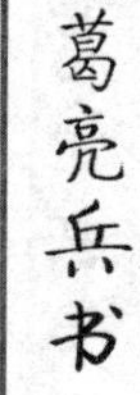

主圣明？哪位将领贤德？哪些官吏有能力？哪方粮草供应充足？哪方士兵训练有素？哪边军队军容整齐？哪方兵马充分得到休整？哪边的地理形势险峻？哪方的幕僚足智多谋？哪方对邻国更具威慑力？哪方的财物储备多？哪方的百姓安定？透过对这些条件的考察，强弱的形势就能断定了。

【赏析】

知己知彼，百战不殆。诸葛亮在此论述开战之前预测战争胜利的各个要素。透过这些因素，往往可以探究战争胜负。例如，哪一国的君主更贤能、将帅素质更高、粮草更充足、士兵更勇敢善战，还有哪一方占据了更有利的天时地利、军队的纪律更严明、武器的装备更精良、部队更训练有素、更具有战斗力等等，综合分析研究所有因素，我们就能判断谁更具备胜利的条件。

从古至今，我国军事上所有正史、野史上的人物，"揣能"达到最高境界者非诸葛孔明莫属。刘皇叔三顾茅庐，精诚所至，金石为开，终于得以聆听卧龙先生的教诲："曹操的势力不及袁绍，然而却能够克制他，并非只因为天时，也是因为曹操的谋略。现在曹操已经拥有了百万之众，挟天子以令诸侯，不能和他争锋。孙权三代人都占据江东，国险而民附，可以求援但不要企图去征服他。"除此之外，诸葛亮还详尽而准确地分析了荆州、益州等军事要地的形势和如何去夺取的办法，并说："诚如是，则大业可成，汉室可兴也。此亮所以为将军谋者也。惟将军图之。"接着，诸葛亮又拿出了西川五十四州的地图："将军欲成霸业，北让曹操占天时，南让孙权占地利，将军可占人和。先取荆州为家，后即取西川建基业，以成鼎足之势，然后可图中原也。"最后，诸葛亮明确地告诉刘备，荆州的刘表和益州的刘璋都不是明主，这两个地方日后肯定会归刘备所有。孔明未出茅庐，已知三分天下，能够如此精确地揣度天下形势，恐怕是前无古人、后无来者吧！

然后，魏将邓艾灭蜀之前也是经过一番认真分析的。据《资治通鉴》和《三国志》记载：公元263年（魏景元四年、蜀炎兴元年），魏将邓艾与钟会分别率兵伐蜀，蜀将姜维与钟会相持于剑阁地区。邓艾向司马昭上书建议说："姜维被钟会牵制在剑阁，现在我率兵从阴平道（甘肃文县至四川平武间的小道）直取绵阳，姜维必然退守，我夺取绵阳以后，可以出敌不意，奔袭成都，平定蜀国。"冬10月，邓艾派他的儿子邓忠率5000精兵，各带斧凿等开山修路工具，修筑栈道，架设桥梁。自己率兵随后跟进。一路上过高山，越深谷，行走非常艰险，沿途又没有人烟，粮秣补给不上。经过20多天，走了700余里，几次陷入绝境。走到江油北面的摩天岭时，碰到悬崖绝壁，不能前进。邓艾对将士们说："'不入虎穴，焉得虎子'我们千辛万苦才来到这里。现在只有前进，绝不能后退。"他下令将武器装备先丢下山崖。然后自己用毯子裹着身体带头滚下山去。诸将也用同样的办法滚下山去。没有毯子的士兵、便用绳索拴在腰间。抓着树藤，一个接一个地前进。越过摩天岭后，邓艾又对将士们说;“我们有了来路却没有归路,江油城中的粮食物资都是我们的,前进就是生存,后退就是死路,大家努力攻取江油城!”于是直奔江油城。蜀将马邈非常惊异,以为神兵来了。不战而出降。邓艾乘胜前进,大破蜀军于绵竹关,杀死诸葛瞻等。蜀后主刘禅随即投降,蜀国灭亡。

清朝的闽浙总督左宗棠说:“有兵不练与无兵同”,他认识到了军事形势的优劣可以从各方面来推测,比如说士卒训练的好坏程度就是其中重要的一点。

轻战

【原文】

螫虫之触,负其毒也;战士能勇,恃其备也。所以锋锐甲坚,则人轻战①。故甲不坚密,与肉袒同;射不能中,与无矢同;中不能入,与无镞②同;探候不谨③,与无目同;将帅不勇,与无将同。

【注释】

①轻战:不畏惧作战。

②镞:箭头。

③探候不谨:侦察不够仔细周详。

【译文】

蝎虫蜇人,全凭着它的毒刺;而士兵之所以勇于作战,是倚仗于充分、精良的装备。所以凭借着锐利的兵器、坚固的铠甲,士兵就不怕作战。铠甲不坚固,就如同裸露着身体;射击敌人却屡射不中,就如同没有射箭一样;射中了却无法使敌人受伤,就如同没有箭头一样;刺探敌情不够仔细周详,就如同没有眼睛一样;将领不英勇作战,就如同没有将领一样。

【赏析】

诸葛亮在此强调备战的问题。备战得越充分,战士作战也就越勇敢,这正是人们常说的有备无患。所以,要想在战争中保证武器的锋利、护甲的坚固、消息的准确、将帅的勇猛,在战争之前就必须切实考虑好所有的因素。否则,敌人来犯时,将因准备不足而遭致失败。用兵者莫不知“无恃其不来,恃吾有以待也”的道理,战场上因防备不周而惨遭失败的例子比比皆是。

1941 年 11 月,日本内海突然热闹起来,无数只“舰艇”在内海露面,电波“嘀嘀嗒嗒”响个不停,甚至东京街头也出现了成群结队的水兵。“日本舰队主力仍在日本内海!”美国情报员向国内报告。然而,这一切都不过是假象而已。11 月 26 日,一支由30艘战舰组成的特遣舰队，从千岛群岛鲜有人迹的单冠湾出发，正神不知鬼不觉地驶向美国在太平洋最重要的海军基地——珍珠港。12月8日上午7时，这天是星期日，珍珠港的大部分美国官兵都还没有从周末狂欢中清醒过来。突然，两个值班美国兵从雷达上看到大批飞机正往基地飞来的信号，他们惊慌起来，急忙向值班军官报告。“见鬼了！”值班军官根本不相信有这样的事情发生，认为他们一定是看走眼了。30分钟后，日军第一批从航空母舰上起飞的飞机呼啸而来，低掠过毫无戒备的机场和港湾，将炸弹倾泻下来。美军终于清醒过来，发出了第一次警报：“珍珠港空袭！这不是演习！”但为时已晚。日本飞机一批一批飞来，在珍珠港上空横冲直撞，美国的飞机根本还来不及起飞，便被炸毁。停泊在岸边的战舰燃起熊熊大火，其中“俄克拉荷马号”已经完全翻覆。轰炸持续了不到两个小时，日军共击沉美军战舰4艘、重创1艘、炸伤3艘、炸沉炸伤其他舰艇10余艘、击毁美国飞机260余架，毙伤美国官兵4500多人。7个小时以后，美国太平洋舰队司令金梅尔收到总参谋部的紧急戒严令，内容警告：“日军可能发动偷袭。”金梅尔愤怒地将电报揉成一团，扔在地上。他一言不发地把目光移向窗口。窗外，美国舰艇残骸还在冒着烟。美军总参谋部直到日军发起攻击时才判断出其战略意图，戒严电令直到空袭后7个小时才送达珍珠港；而负责雷达监视的美国军官竟对大批飞机来偷袭的信号不以为然，可见美军上下皆对战争的威胁掉以轻心。军心如此，在日军偷袭时，手足无措、惨遭失败，也就不难理解了。

现代战争中，突发性的特点越来越突出。高度发达的军事科学和先进的现代武器技术，为战争的发动者或战役、战斗的发起者进行闪电般偷袭提供了条件。因此，平时必须居安思危，严阵以待，提高警惕，加强战备。

地　势

【原文】

夫地势者，兵之助也。不知战地而求胜者，未之有也。山林土陵，丘阜大川[①]，此步兵之地；土高山狭，蔓衍相属[②]，此车骑之地；依山附涧，高林深谷，此弓弩之地；草浅土平，可前可后，此长戟之地；芦苇相参，竹树交映，此枪矛之地也。

【注释】

①大川：指平原。

②蔓衍相属：属，连缀。蔓衍，指互相交错相连。比喻广延伸展，相连不断。

【译文】

地形与地势，是行军作战时的辅助条件。不能准确把握战场的地形、地势就能取得胜利，是从来没有过的。山地、丛林与平原、丘陵，是适合于步兵作战的地理条件。山高路狭、广延相连，是适合于战车骑兵作战的地形、地势；靠着山并挨着河流，树木高大、山谷深幽，是适合弓箭手作战的地形、地势；草浅地平，可以自由进退的地方，是适合长戟军作战的地形、地势；芦苇丛生，竹林树木交错的地方，是适合长枪长矛军作战的地形、地势。

【赏析】

诸葛亮在此提出将领应利用地理优势，为我所用。山地、丛林、平原、丘陵等不同的地势，各有不同的优势，必须制定不同的作战方案和作战计划。孙子也曾说过“地形者，兵之助也”，行军打仗如果能“知天知地”，则“胜乃可全”。

他还把地形分为通形、挂形、支形、隘形、险形、远形六种。这六点是利用地形的原则，是将领的重大责任，不能不认真考查。

善于运用地形，往往对军队作战有莫大帮助。东汉末年，羌人经常骚扰边境，陇西太守马援受命平定塞外诸羌。各部落羌人间知马援到来，便用辎重、树木堵塞通道，企图据险顽抗到底。马援对陇西的地形了如指掌，如今羌人占据有利地形，人数又多，如果硬攻，绝对会吃大亏。于是，他一面命令少部分兵力在正面进行佯攻，以吸引羌人的注意力；一面亲率主力部队在当地汉人向导的指引下，巧妙地利用山谷中的小道作掩护，悄悄地迂回到羌人的大本营后面，然后突然发起进攻。羌人慌忙应战，狼狈逃窜。但羌人对地形更加熟悉，他们迅速重新集结，利用地险山高的有利条件，与马援形成了僵持的局面。马援也并不急于进攻，便在山下扎营驻寨。到了夜晚，马援利用夜幕作掩护，亲率领数百名精锐骑兵，从山后绕到羌人的营地放火，山下的部队又趁机擂鼓呐喊。羌人不知虚实，乱作一团，马援立刻挥军冲杀，大获全胜。此后不久，马援又在氐道县彻底击退羌人，从此陇西就安定下来了。

马援之平诸羌，是发挥地形优势而大获全胜的典范。在军事上，不同的地势有不同的优势，地势是用兵的重要辅助条件之一。除了占据有利的地形外，更为关键的是为将者能够准确地判断敌情，以便做出正确的策略对敌。在分析敌我双方的情况时，对天时、地利情况要有全盘地了解。正所谓“知己知彼，胜乃不殆；知天知地，胜乃可全”。

情　势[1]

【原文】

夫将有勇而轻死[2]者，有急而心速者，有贪而喜利者，有仁而不忍者，有智而心怯者，有谋而情缓者。是故勇而轻死者，可暴也；急而心速者，可久也；贪而喜利者，可遗也;仁而不忍者,可劳也;智而心怯者,可窘[③]也;谋而情缓[④]者,可袭也。

【注释】

①情势:将领性情对作战的影响。
②轻死:不畏生死。
③窘:使陷入两难境地。
④缓:指犹豫不决。

【译文】

将领中有勇猛不怕死的,有急躁又求胜心切的,有贪婪而且短视近利的,有过于仁慈而心软的,有足智多谋而胆怯心虚的,有具备谋略但犹豫不决的。对于勇猛不怕死的,可激怒他;对急躁求胜的,可拖延他;对贪婪好利的,可贿赂他;对仁慈又心软的,可以奔忙劳累他;对足智多谋但胆小的,可围逼窘迫他;对有谋略但犹豫不决的,可以突袭他。

【赏析】

战争中也必须展开心理的攻势。诸葛亮在这里指出对于不同性格的将领应该采取的策略,其目的无非是因人制宜,利用对方性格上的弱点,造成对方一连串的失误,最终为我所用。对有勇无谋、不怕死的人就想法使之暴躁;急躁冒进、急于决战的人就用时间拖延他;贪图小利的人可用财物引诱;仁慈心软的就用民众的事烦扰;有智慧但胆小怕事的人,可以羞辱逼迫他;有谋略但行动迟缓的人可以突袭他。总之,如能利用不同人的性格弱点,采取不同的策略,就能有更大的胜利把握。

东周初期,各诸侯国都乘机扩张势力。楚文王时,楚国势力日益强大,汉江以东小国,纷纷向楚国称臣纳贡。当时有个小国叫蔡国,仗着和齐国联姻,认为有个靠山,就不买楚国的账。楚文王怀恨在心,一直在寻找灭蔡的时机。蔡国和另一小国息国关系很好。蔡侯、息候都是娶的陈国女人,经常往来。但是,有一次息侯的夫人路过蔡国,蔡侯没有以上宾之礼款待,气得息侯夫人回国之后,大骂蔡侯。息侯对蔡侯有一肚子怨气。

楚文王听到这个消息,非常高兴,认为灭蔡的时机已到,派人与息侯联系。息侯想借刀杀人,向楚文王献上一计:让楚国假意伐息,他就向蔡侯求救,蔡侯肯定会发兵救息。这样,楚、息合兵,蔡国必败。楚文王一听,何乐而不为?他立即调兵,假意攻息。蔡侯得到息国求援的请求,马上发兵救息。可是兵到息国城下,息侯竟紧闭城门,蔡侯急欲退兵,楚军已借道息国,把蔡侯围困起来,终于俘虏了蔡侯。

蔡侯被俘之后,痛恨息侯,对楚文王说:“息侯的夫人息妫是一个绝代佳人。”他想用这话刺激好色的楚文王。楚文王击败蔡国之后,以巡视为名,率兵到了息国都城。息侯亲自迎接,设盛宴为楚王庆功。楚文王在宴会上,趁着酒兴说:“我帮你击败了蔡国,你怎么不让夫人敬我一杯酒呀?”息侯只得让夫人息妫出来向楚文王敬酒。楚文王一见息妫,果然天姿国色,马上魂不附体,决定一定要据为己有。第二天,他举行答谢宴会,早已布置好伏兵,席间将息侯绑架,轻而易举地灭了息国。

息侯害人害己,他主动借道给楚国,让楚国灭蔡,给自己报了私仇,却不料,楚国竟不丢一兵一卒,顺手将自己也给消灭了。楚文王的假道伐虢,正是借息侯“借刀杀人”的心理来达到目的。

美国有一位叫詹姆斯·卡什·彭尼的零售商店老板,在经济衰退、生意萧条的年代,利用顾客在购物时爱贪小便宜的心理,借助小老鼠的帮助,发了一笔小财。他把50个玻璃瓶分别放在有50个小洞的木板后面,每个小洞边又分别写上10%、20%、30%、40%等数位,并将它们放在收银台上。当顾客结账时,彭尼就放出一只小老鼠,老鼠钻进哪个小洞,就按那个洞旁边写的百分比打折扣出售货物。一时间,彭尼的商店顾客盈门,大家都希望自己能有好运气得到40%的折扣。其实,聪明狡猾的彭尼很熟悉老鼠的生活习性,它们只喜欢待在有同类的地方。彭尼只需在写着10%或20%的小洞后的玻璃瓶中事先放几粒老鼠屎,老鼠闻到同类粪便的气味,以为里面有同类,自然就会欣然进入。所以,只要彭尼不愿意,顾客永远也无法得到40%的折扣,一般只能得到和当时别的商店一样10%或20%的折扣。

彭尼狡诈的生意经,说明了一个道理,那就是要达到自己的目的,就必须了解对方的特点、弱点,采取相应的策略。

击　势

【原文】

古之善斗者,必先探敌情而后图之。凡师老[①]粮绝,百姓愁怨[②],军令不习,器械不修,计不先设,外救不至,将吏刻薄,赏罚轻懈,营伍[③]失次,战胜而骄,可以攻之。若用贤授能,粮食羡余,甲兵坚利,四邻和睦,大国应援,敌有此者,引而计之。

【注释】

①师老:指军队长期征战。

②愁怨:因生活压迫而内心不满。

③营伍:指军队的编制,这里指部队。

【译文】

古代善于作战的将领,必会先打探敌人的各种情况,然后再采取相应的措施消灭它。只要军队长期征战、粮草断绝、百姓生活窘迫就会有怨恨。而士兵不熟悉军中的法令制度,武器没有修理整治,事前不进行周密的计划部署,外部的救援未到,

将领官吏刻薄无度，轻视或松懈奖赏处罚，阵营部队混乱而没有秩序，取得胜利就自负自大，这样就可以攻打。如果能够任用贤良和有才干的人，粮草充足有余，铠甲坚固、兵器精良，四周

邻国关系和睦，又有大国作为救援，就应该退避开来另作打算。

【赏析】

诸葛亮在此指出，若将领希望在战争中取得胜利，就必须“知彼”。只有在充分了解敌方的情况下，再制定出对策，才能有战胜对手的把握，能取则取之，不能取则退而另谋他途，如果一味地盲目进攻，是很难有好结果的。

在楚晋争霸战中，楚军趁晋军不备，利用晨雾作为掩护，突然迫近晋军营垒布列，以求与晋军速决速胜。此时盟军援兵未到，加之营垒前方有沼泽，楚军逼近，兵车却又无法出营列阵，眼看晋军已陷入十分不利的地位。但晋军新军统帅郤至却认为，楚军有诸多弱点，楚军中军帅子反和左军帅子重关系不好，且楚王的亲兵年老体衰，不精良，而郑军列阵不整，随楚出征的蛮军也不懂阵法，此外，楚军布阵于无月光之夜，实在不吉利。楚军布阵后，阵中士卒喧哗不静，秩序混乱。郤至指出，如此杂乱无序的军队一旦投入作战，必然是互相观望，没有斗志，晋军若乘此机会发动进攻，一定能够将他们击败。因此主张利用楚军的弱点，先发制人，主动进攻楚军。

晋厉公认为郤至所言甚是，于是决心趋利避害，立即与楚军决战。决战前夕，晋厉公在楚旧臣苗贲皇的陪伴下，登高台观察楚军的阵势。苗贲皇熟悉楚军内情，向晋厉公提出建议道：楚军的精锐是在中军的王族部队，晋军据此应该先以精锐部队分击楚的左右军，得手后，再合军集中攻击楚中军，这样一定能大败楚军。

晋厉公和乐书欣然采纳此一建议，及时改变原行阵势，确定了首先击破楚军中薄弱的左、右军，尔后围歼其中军的作战方案。作战中，晋将魏锜用箭射伤楚共王

的眼睛，楚共王中箭负伤的消息很快地传遍楚军，造成人心浮动。晋军乘势猛攻楚军，楚军抵挡不住，阵势大乱，纷纷败退。次日，晋军胜利进占楚军营地，在那里休整3日后凯旋回师。鄢陵之战，以晋军的胜利画下句点。

晋军在此战中表现出高超的作战指挥能力，在了解楚军的阵势和地形特点后，当机立断，及时改变部署，从而一举击败楚军，这正是所谓"先探敌情而后图之"。

在信息时代，信息对经营的重要作用是众人皆知的。"知"的内容和方法都必须符合现代要求。不仅要知道本企业和同行的技术水平、生产能力，更重要的是要洞察经营的外部环境，以便判断正确的经营方向，从而掌握经营主动权，及时抢占"制高点"。国外许多企业家为了扩大"知"的视野和纵深，一方面不惜重金聘请专家，组成"智囊团"，另一方面，勇于不耻下问，向生产第一线上的工人征求意见。

企业经营的对手是来自多方面的。比如，劳动力的数量和质量，价格水准变化，政府制定的法律、税收、内销政策，顾客爱好和变化，技术发展状况，社会态度、社会舆论等等，这些与同行业的竞争交织在一起，形成了一场全方位、大纵深的立体"战争"，企业领导者的处境是八面受压，只要做到知己知彼，再加上灵活运用各种战法，便会高人一等，战而胜之。

整师[①]

【原文】

夫出师行军，以整[②]为胜，若赏罚不明，法令不信，金之不止，鼓之不进，虽有百万之师，无益于用。所谓整师者，居则有礼，动则有威，进不可挡，退不可逼。前后应接[③]，左右应旋[④]，而不与之危，其众可合而不可离，可用而不可疲矣。

【注释】

①整师：今指军容、军纪。
②整：严整，指部队行动整齐。
③应接：指互相呼应。
④应旋：指听从指挥、互相配合。

【译文】

出兵打仗，必须依靠严整军队来取得胜利。如果奖赏惩罚不明确，法规制度不能使人信服，鸣锣不能使士兵停止，击鼓不能让士兵前进，即使拥有上百万的军队，对于作战也没有一点用处。这里所说的严整军队，是指驻扎时遵循礼仪，行动时威风凛凛，前进不能被阻挡，后退不受逼迫，军队前后呼应、互相配合，而且不相互危害，这样的军队可以团结而不被离间，可以用于战斗而不会使之疲惫。

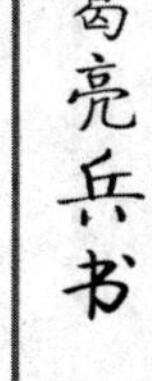

【赏析】

诸葛亮在这里强调能取得胜利的军队是治理有方的军队，其居有礼、动有威、进不可挡、退不可逼。军队上下团结，赏罚严明，令行禁止，敌人无法离间他们之间的关系。这样的军队往往士气旺盛，所向披靡。所以在战争中，要想战胜敌人，首先要治理好自己的部队，使之在士气、行动上先胜人一筹。

孙武斩杀吴王宠姬，司马穰直斩杀齐景公亲信，都使被统御者震惊。

孙武和司马穰直都是历史上著名的大军事家，他们共同的特点是治军从严，执法从严。对违反军纪者绳之以法，起到了以一儆百的作用。吴王西破强楚，北威齐晋，齐景公转败为胜，威震晋燕，光复国土，和两位军事领袖的从严治军有着直接的关系。

刘皇叔三顾茅庐，终于请来了卧龙先生孔明辅佐自己成就霸业，同时听取他的意见招募数千新兵，由其朝夕操练阵法。最初关羽、张飞二人对诸葛亮并不信服，恰在此时，曹操命大将夏侯惇引兵 10 万之众，直扑刘备的新野而来。诸葛亮从刘备手中接过兵符，调度人马迎击曹操的大军。他先命令关羽带领 1000 人马埋伏在博望坡左面的豫山，但不要和来军作战，等到看见南面火起，再出兵焚烧曹军后面的辎车粮草；接着他又命张飞也带 1000 人马，潜伏在博望坡右面安林的山谷中，同样是要等到南面火起后再出击；再令关平、刘封领 500 军士，预备引火之物，在曹军必经的博望坡后面两边等待，夏侯惇大军一到就放火；而命赵云为前军，但只许败不许胜；最后让刘备引一路兵马作为后援。张飞、关羽对这位军师的调度颇感不满，但诸葛亮断然对将士们说："剑印在此，违令者斩！"众人无不悚然，各自领命依计而行，张飞、关羽也只得听从号令。结果，孔明第一次用兵，便以其神妙的布置，立下为后人所津津乐道的"博望坡"之役，把曹军杀得尸横遍野，蜀军上下从此对诸葛亮口服心服。然而，如果有令不能行、有法不能依，士卒作战完全不听从号令，诸葛亮又怎能"运筹帷幄之中、决胜千里之外"呢？

1941 年 2 月，德国和意大利的军队取得了北非地区的军事控制权，这使得英国军队在北非的处境异常困难。英国首相丘吉尔任命蒙哥马利将军去接掌英国第 8 集团军的指挥权。蒙哥马利刚到部队时，看见士气低落、军纪混乱，完全处于准备撤退之势，官兵们对于命令已无心去认真执行。于是他立刻做了 3 件事情：首先是鼓舞士气，让官兵们树立起必胜的信心；其次是总结以往战事的经验教训，分析德、意两军的情况，找到战胜他们的方法；第三是对部队进行重新整顿，严格军纪，加强军事训练，撤换了部分不能胜任的指挥官。同年 8 月，英军和德军展开一次激战，德军损失惨重，被迫撤退。11 月，英军击溃德军，蒙哥马利将军取得了第一次世界大战中著名的阿拉曼战役的胜利。

同样的一支军队，在蒙哥马利进行大刀阔斧的整顿后立刻面貌一新，畅快淋漓地取得了辉煌的胜利。由此可知,严整的军队才是胜利的保证。

厉士

【原文】

夫用兵之道,尊之以爵,赡[①]之以财,则士无不至矣;接之以礼,厉之以信,则士无不死矣;畜恩[②]不倦,法若画一,则士无不服矣;先之以身[③],后之以人,则士无不勇矣;小善必录,小功必赏,则士无不劝[④]矣。

【注释】

①赡:封赏。
②畜恩:不间断地施予恩惠。
③先之以身:以身作则。
④劝:受到鼓舞。

【译文】

带兵的方法在于以高官厚禄使他们受到尊敬。以钱财封赏他们,则兵士无不愿意前来效忠;以礼法相待,用威信统领,则兵士莫不拼死作战;不断地施予恩惠,并公平执法,则兵士无不服从;作战时,将领身先士卒,撤退时,将领以身殿后,则兵士莫不勇往直前。只要小善行都记录下来,小战功也予以奖赏,则兵士莫不受到激励。

【赏析】

古代行军打仗,也要善用"激励机制"。在此强调如何鼓励士兵,增强战斗力。诸葛亮指出,可以用爵位、财物来吸引人才;用礼仪、信用笼络人才;用恩威来征服人才。同时,作为一军之将必须身先士卒,亲为表率。而"小善必录,小功必赏",有才能之人必然深受鼓舞,也才能"士为知己者死",为国效忠。

东汉桓帝延熹二年,段颖任破羌将军。在征讨西羌的路上,他非常关心部下,以仁爱之心对待士卒。如果士卒受伤,他会亲自去探视,为其治疮。征战10余年来,常常以身作则,与士卒同甘共苦。而且对有功的士卒,都能论功行赏。所以全军上下都愿为他而死战到底。

公元917年。晋将李嗣源率军救援幽州,过了现在的北京房山区西北,沿山间小河前进。李嗣源派部将李从珂率3000骑兵为先锋,到达山口时,遇契丹骑兵万余人堵住山口,李从珂将士失色,部队进退两难,在此危急时刻,李嗣源带领百余骑跑到队伍前头,奋勇前进,反复三次攻入敌阵,斩契丹酋长一人。晋军跟随,一齐进

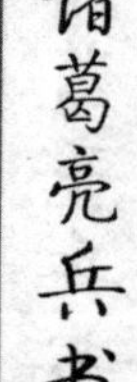

攻,迫敌后退,晋军出得山口。

古代将帅治军,都很重视“身先士卒”。我们现在讲“榜样的力量是无穷的”,“领导的行动是无声的命令”,也是这个道理。兵熊熊一个,将熊熊一窝。将帅身先士卒,实在是一支军队杀敌制胜的法宝。

在现代商战中,公司想要在竞争中获胜,同样需要激励员工,使之真心真意为公司的发展尽力。日本桑得利公司的老板岛井信治郎先生在创业之初相当艰苦,公司员工寝室的卫生条件很差,还不时有臭虫出现。有一天,岛井信治郎听见员工抱怨寝室的臭虫太多,晚上根本无法入睡。当夜,在所有的员工进入梦乡之后,岛井信治郎拿着蜡烛轻轻走进员工的寝室,到柱子的裂缝中、柜子的空隙里为大家抓臭虫。此时恰好有一名员工偶然醒来,看见老板岛井信治郎的举动,激动得热泪盈眶。另外,桑得利公司有位叫作田的员工在进入公司后不久,父亲不幸去世,他不愿意惊动公司的同事,想自己悄悄地把丧事办完。但是他没想到在出殡的那一天,岛井信治郎带着全公司的员工来帮忙,令作田感动万分。所以,桑得利公司的所有员工在工作中都特别卖力,所以公司一直处于良好的发展之中。

自勉

【原文】

圣人则天①,贤者法地②,智者则古④。骄者招毁,妄者稔祸,多语者寡言,自奉④者少恩,赏于无功者离,罚加无罪者怨,喜怒不当者灭。

【注释】

①则天:以天道为准则。
②法地:以自然法则为效法的对象。
③则古:以古代为标准。
④自奉:自我标榜、自我夸耀。

【译文】

古之圣者以天道为法则,贤者以自然法则为效法对象,而智者则以古人为镜。骄傲自大的人易招致毁灭,狂妄无知的人则自找祸端,夸耀其词的人没有信用,自我标榜的人刻薄寡恩,奖赏没有功劳的人会使众人离心,惩罚没有罪过的人会使士卒抱怨,喜怒无常的人则会导致灭亡。

【赏析】

为将贵在有自知之明,要不断地进行自勉。曾子曾说“吾日三省吾身”,可见自警自勉的重要性。特别是为将者,更应注重言行,熟知言行不当的危害。"骄者招毁,安者稔祸",只有讲究信用、先人后己、赏罚分明,做到"不以物喜,不以己悲"才会减少祸患,加强向心力和战斗力。

三国后期,司马懿奉魏主曹睿之命,统领 20 万大军直扑祁山。祁山蜀军大寨中的诸葛亮推断司马懿必先取街亭,因街亭是汉中咽喉要地,街亭若失,蜀军粮道则断,陇西一带将不再稳定。参军马谡请命带兵去守备街亭,虽然先帝刘备在生前曾告诉诸葛亮,马谡此人不可大用,诸葛亮刚开始还有些犹豫,但见马谡胸有成竹、信誓旦旦,于是让马谡立下军令状,派上将王平任其副将,统率 2.5 万精兵去坚守街亭,并嘱咐他们安营扎寨一定要在要道之地。

马谡和王平率兵马到街亭,观察地形后,王平建议在五路总口安营,马谡却坚持要在路口旁边的一座小山上扎寨。王平说:"若屯兵当道,筑起城垣,贼兵总有 10 万,不能通过;今若弃此要路,屯兵于山上,倘魏兵骤至,四面围定,将何策保之?"马谡笑着说:"凭高视下,势如破竹。若魏兵到来,吾叫他片甲不回!"王平又劝他说:"如果魏兵断了山上的水源,那我军就会不战自乱。"马谡反驳说:"置之死地而后生,若魏军真的断我水源,我军必会死战,以一当十,定会大败魏军。"王平无奈,只好带 5000 人马在山下安一小寨,与马谡成犄角之势。

果然不出王平所料,司马懿率军到达街亭后,大笑马谡是个庸才。他一面派大将张郃领兵挡住王平,一面派兵断绝了山上的水源,自己率大军把马谡扎营的小山团团围住。马谡下令军兵向山下进攻,但兵士们看见漫山遍野都是甲明盔亮的魏军,竟然不敢下山;不久,山上滴水皆无,蜀军更加惶惶不安、军心散乱。司马懿眼见时机已到,便下令放火烧山。蜀军一片混乱,马谡杀开一条血路,拼死往山下冲去,幸得山下的王平和前来增援的魏延的接应,才侥幸得以逃命。

街亭失守虽然诸葛亮难辞用人失误,但像马谡这种骄傲自大、夸大其词、狂妄无知的将领,如果不招来祸端,那才是千古奇谈。

正所谓"骄兵必败,哀兵必胜"。

一般说来,作战双方都想求胜,都想在作战中发挥自己的优势。所以,示以"哀兵"之形,往往会造成敌方骄纵轻敌心理,而己方因处于受压迫、受侵凌的地位,必然怀着满腔悲愤求胜争强,则可以积极准备,见机而作,战而能胜。

战 道

【原文】

夫林战之道，昼广旌旗，夜多金鼓，利用短兵，巧在设伏，或攻于前，或发于后。从战之道，利用剑盾，将欲图之，先度其路，十里一场，五里一应，偃戢[①]旌旗，特严金鼓，令贼无措手足。谷战之道，巧于设伏，利以勇斗，轻足之士凌其高，必死之士殿其后，列强弩而冲之，持短兵而继之，彼不得前，我不得往。水战之道，利在舟楫[②]练习士卒以乘之，多张旗帜以惑之，严弓弩以中之，持短兵以捍之，设坚栅以卫之，顺其流而击之。夜战之道，利在机密，或潜[③]师以冲之，以出其不意，或多火鼓，以乱其耳目，驰而攻之，可以胜矣。

【注释】

①偃戢：掩护、收藏。

②舟楫：古代指船。

③潜：隐藏。

【译文】

在森林中作战的方法是，白天遍插旌旗，夜晚多使用锣鼓，利用短小的兵器，巧妙地设置埋伏，有时进攻正面，有时进攻背面。在丛林作战的方法是，利用刀剑盾牌，在交锋之前，先分析敌军路线，10 里设一个大哨，5 里设一个小哨，且必须掩藏好旌旗、锣鼓，再突然袭击使敌人措手不及。谷地作战的方法是，巧妙地设置埋伏，以勇猛出击，身手矫捷的士兵从高处出击，敢于拼命的士卒保卫后方，并摆开强弩向敌人射击，手持短兵器的士兵接替于后，使敌人不能前进，而我军也不攻过去。水上作战的方法是利用船只，必须操练士兵去驾驭，往船上要多张挂旗帜来迷惑敌军，或用凌厉的弓弩阻挡敌人，或手持短兵器去交战，并设置栅栏防止敌人入侵，同时顺着水流的方向去攻击敌人。夜晚作战的方法是，保持行动机密，可以偷偷地派遣军队突袭敌军，也可以多用火把、战鼓扰乱敌人的耳目，只要能迅速攻击敌人，就可以取得胜利。

【赏析】

这里主要列举的是在不同地点所采用的不同作战方法。其关键在于利用作战地方的特点，巧妙地设兵布阵，扬长避短，以其克敌制胜。

公元 817 年 10 月 15 日，风雪漫天，气候出奇的寒冷，受命于唐宪宗的李愬认为讨伐叛军吴元济的时机已经到了。于是，他召集将领，发布了向东进攻的命令，命李祐为先锋、李进诚为后军，自己则为中军统帅，但对目的地却暂时秘而不宣。行至夜晚，李祐的先锋部队进入叛军所占据的张柴村，李祐奉军发起突袭，一举歼灭了这股叛军势力。此时，李愬才宣布继续向东，夜袭蔡州吴元济。行军至了半夜，雪越下越大，风越刮越猛。快到蔡州城下时，李愬看见城外有一个养鹅鸭的大池塘，于是让士兵去驱赶鹅鸭，用棍棒把鹅鸭打得嘎嘎乱叫，以便掩盖及混淆大部队行军所发出的声音。当李愬的大军借着风雪的掩护到达蔡州城下时，吴元济守城的兵士还在梦里浑然不觉。李祐奉先带兵爬入城墙，悄悄杀死守门的士兵，城门被打开后，李愬率领全军长驱直入，最后在吴元济居住的牙城将其擒获。此后，李愬又击溃或招降了吴元济部的残余势力，各地叛军土崩瓦解。

带兵打仗，指挥员必须要侦察了解地形，企业经营者同样也要有很强的地形观念。古人说："不务天时，则财不生；不务地利，则库不盈"，就是讲的自然条件对经营的影响。自然条件、地理条件及各种政治、经济、交通、文化等因素，对于各种经营的成败，有着至关重要的影响。在可能的条件下，经营都要尽量运用地利。

和　人

【原文】

夫用兵之道，在于人和，人和则不劝而自战[①]矣。若将吏相猜，士卒不服，忠谋不用，群下谤议，谗慝[②]互生，虽有汤、武之智，而不能取胜于匹夫[③]，况众人乎？

【注释】

①自战：自己作战。
②慝：暗中伤人。
③匹夫：指普通百姓。

【译文】

带兵作战的方法，关键在于全军团结和睦，若全军团结和睦则不需要劝勉就会自行投入作战。如果将领官吏互相猜疑，士兵们就会不服从指挥，忠诚有谋略的人未被任用，人们私下议论纷纷，而谗言与恶语迭起，则即使有商汤、周武王那样的聪明才智，也无法战胜一个普通的人，更何况是一般的人呢？

【赏析】

在此诸葛亮强调人和的重要性。孟子早就有"天时不如地利，地利不如人和"之语。俗话说"人心齐，泰山移"，可见人和的力量不可低估。历代亡朝灭国之祸多半都是失去"人和"所致。人和，则军士不劝自战，奋勇争先。失去人和，则险象

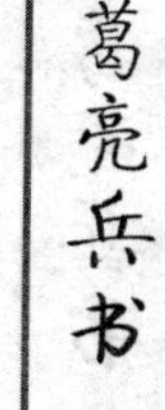

环生,军队上下二心,士卒不服,智谋不用,即使有通天的智慧也不敌匹夫之勇,岂不悲乎?

公元前204年,刘邦被项羽围困在荥阳已经一年,汉军的外援和粮草补给的通道也完全断绝了。在此内外交困的关键时刻,刘邦的大谋士陈平献出了一条绝妙的计谋:"项羽为人心胸狭窄、猜忌信谗,亚父范增、钟离昧、龙且等人才是他所依靠信赖的心腹之人。而且,每次论功行赏时他又吝啬爵位和封邑,所以有很多人不愿再为他效力。如果大王愿舍数万金,使其上下互相猜疑、谗言四起,到那时我军趁机反击,必能大获全胜。"于是,陈平从刘邦那里取得4万金,他用这些钱收买了楚军中的将士,指使他们四处散布谣言,说钟离昧、龙且、周殷这些战功赫赫的大将,因为不能得到项羽的封赏,欲与刘邦联合。谣言传到了项羽的耳中,他果然起了疑心,不再与钟离昧、龙且他们商量军机大事。之后,项羽派往汉营打探虚实的使者也中了陈平的计谋,使项羽对亚父范增也失去了信任,范增又气又恨,终于离开项羽。在陈平设计使刘邦逃离荥阳一年之后,刘邦击败了项羽,建立汉王朝。"和人"之重点在于团结和睦,以及彼此信任。陈平之计,旨在使敌方内部失去团结、互相产生猜忌,从而乘虚而入。

项羽无端猜疑忠心于自己的重将,使得军心不稳,丧失了除掉刘邦的最佳机会,从而放虎归山,终于亡于乌江。

由以上不难得出,作为领导者要做到用人不疑,任贤使能。汉高祖刘邦"性明达,好谋能听",是任贤使能的著名政治、军事统帅,在他麾下,有一个由各类贤士能人组成的强大人才集团:张良是贵族,萧何是小吏,韩信是流氓,陈平是游士,樊哙是狗屠,灌婴是布贩,娄敬是车夫,彭越是强盗,英布是刑徒,陆贾是说客,周勃是吹鼓手,郦食其是狱吏等等,刘邦都能恰当使用,各尽所能。刘邦对麾下论述得天下之道时说:“运筹帷幄之中,决胜千里之外,吾不如子房;镇国家,抚百姓,给饷馈,不绝粮道,吾不如萧何;连百万之众,战必胜,攻必取,吾不如韩信。三者皆人杰,吾能用之,此吾所以取天下者也。”又说:“项羽妒贤嫉能,手下只有一个范增而不能用,此所以为我擒也。”可想而知,刘邦得天下的要诀是任贤使能。

推而广之,政治上、军事上、经济上、文化上、教育上、外交上等各行各业,要在激烈的竞争中获胜,都离不开任贤使能这一具有关键意义的条件。

察情

【原文】

夫兵起而静者,恃其险也;迫而挑战者,欲人之进也;众树动者,军来也;尘土卑而广者,徒来也;辞强而进驱者,退也;半进而半退者,诱也;杖而行者,饥也;见利而不进者,劳也;鸟集者,虚也;夜呼者,恐也;军扰者,将不重也;旌旗动者,乱也;吏怒者,倦也;数赏者,窘也;数罚者,困也;来委谢[①]者,欲休息也;币重[②]而言甘者,诱也。

【注释】

①委谢:低声下气地谢罪求和。

②币重:币,指绢帛之类的馈赠礼物。喻礼物丰厚。

【译文】

战争开始了,却按兵不动,必是倚仗险要的地形地势;靠近并不断挑战,必是想让别人来进攻;无风而树枝摇动,必是敌方战车行进所致;尘土低扬且分布很广,必是步兵来袭;言辞强硬而示意即将来攻,必是将要撤退了;行军忽进忽退,必是要引诱我军追击;拄杖而行,步履蹒跚,必是饥饿无粮;出现有利战机却不进攻,必是疲劳不堪了;敌营上空飞鸟群集,必是营地空虚;夜晚喧哗不止,必是恐惧害怕;军队混乱,表示敌将没有威信;军旗纷乱无序,表示敌军内部混乱;将吏急躁易怒,表示已经厌于征战;奖赏刑罚过于频繁,表示处境困难了;敌军遣使前来谢罪和求和,表示将休兵停战;若重金酬谢且甜言蜜语,必是在劝诱我军。

【赏析】

作战必须要有明察秋毫的眼力和敏锐度。诸葛亮指出,在战争中必须辨明敌情,根据敌军的不同表现来辨明敌人的真实情况,以便制定正确的作战策略,克敌制胜。例如,诸葛亮指出将领可以根据树木、尘土、飞鸟的变化,以及敌军士兵和官吏的表现,来推测敌军的行动和状况,在“知彼”的条件下,制定相应的作战方案,

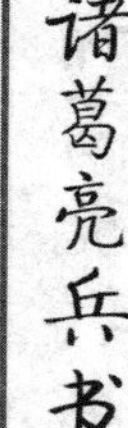

才能有胜利的保证。

魏文帝黄初四年(公元223年),曹丕委任满宠为征东大将军,带领大批人马,与孙权隔江对峙。是年冬季,满宠得悉孙权亲率大军进攻合肥,立即上表请求调集兖州(今山东兖州)、豫州(今安徽亳县)西地兵力前来御敌。这时,孙权发现魏军早有准备,便收兵退回到建康(今江苏南京),魏主曹丕也随后下令满宠迁返兖、豫两州的兵力。满宠立即上书拦阻,说:孙权现在既无内忧,又无外患,劳师动众,日费千金,却不战而退,与理不合,其中必然有诈。臣看孙权是企图骗我撤退防御兵力,以便乘虚进攻。请圣上准予暂留兖、豫二州的兵力,静观其变,以备不测。曹丕立即批准了满宠的建议。果然,10多天后,孙权率军卷土重来。可是由于满宠早有戒备,吴、魏两军经过一场激战,吴军受挫,孙权被迫撤退。

满宠从孙吴军队的行动中判断出其战略意图,并由此知道了魏军可能出现的错误,采取了及早堵塞漏洞,早做戒备的谋略,终于挫败了孙吴军队的突然袭击。

将　情①

【原文】

夫为将之道,军井未汲,将不言渴;军食未熟,将不言饥;军火未然,将不言寒;军幕未施,将不言困②。夏不操③扇,雨不张盖,与众同也。

【注释】

①将情:情,在此指思想、作风。将情,指为将者风范。

②困:困倦。

③操:拿。

【译文】

作为将领,军井里的水没有打上来,就不说口渴;饭还没煮熟,就不喊饿;火没有点燃,就不说寒冷;帐篷没有搭好,就不说困倦;夏天不拿扇子,下雨不撑雨伞,一切都和士兵一样。

【赏析】

将领不仅要以过人的智慧折服人,更应以高尚的德行感化人。诸葛亮一生身先士卒、事必躬亲,本文强调为将的风范,就是要把自己当作普通的成员,不享特权,而做好遵纪守法的模范,不轻言饥饿、寒冷、酷热、困倦,要以一身铁骨和正气来影响众人。

战国时期有位著名的军事家叫吴起,他曾任鲁国的将军,为鲁王打过不少胜仗。后来鲁王不信任他，吴起一怒之下投奔魏国，在魏国被魏文侯封为将军。吴起的闻名，和他治理军队以爱护士兵、和将士们患难与共是分不开的。在魏文侯命令吴起率领大军西征讨伐秦国的途中，吴起和其他普通的士兵一样背着粮袋徒步行走，而把战马让给那些体弱或途中患病的将士们骑行。到了吃饭的时候，吴起每次都是与士兵们坐在一起，围着大锅，和士兵们在同一口锅里舀汤添饭，大家有说有笑，好像自己就是士兵中的一员士卒。夜晚睡觉休息的时候，吴起也还是和士兵们睡在一起，以地为床、以天为被。魏国的将士们很受感动，只要打起仗来，全都为吴起拼死作战。

有一次，一个士兵的背上长了个大疮，因为部队正在行军途中，一时也没有办法找到好的药物来治疗，吴起就亲自为这位士兵把脓疮中的毒汁用嘴吸了出来，治好了士兵的病痛。当年这位士兵的父亲也曾在吴起的军队当兵，吴起也曾亲自为其疗伤，后来他感激吴起的恩德，每次作战都异常勇猛，后来战死沙场。吴起爱惜士兵，与士兵同甘共苦，深得将士们的爱戴，都愿意为他效力卖命。魏、秦两军交战后，魏军因将士作战勇猛，连连获胜、所向披靡，而秦军一败再败，接连失掉了5座城池，魏军大获全胜，吴起也在战后被魏文侯任命为西河郡守将，担负起了魏国西部边陲的守卫重任。

《诸葛亮集·厉士》记载："夫用兵之道，尊之以爵，赡之以财，则士无不至矣；接之以礼，厉之以信，则士无不死矣；畜恩不倦，法若尽一，则士无不服矣；先之以身，后之以人，则士无不勇矣；小善必录，小功必赏，则士无不劝矣。"诸葛亮所说的"先之以身，后之以人"就是要为人师表，处处做出好榜样，只有这样，才能带出一支攻必克，战必胜的队伍。

"先之以身，后之以人"就是作为将帅，要身先士卒，为人师表。

明朝68岁老将邓子龙在抗倭战场上任援朝水师副总兵，新率200名勇士跃上朝鲜战船，支援受困朝鲜官兵与日军搏斗，壮烈牺牲。

因此，只要将帅"先之以身，后之以人"，时时身先士卒，处处为人师表，才能带出一支攻无不克、战无不胜的军队，我们现代指挥员应从"先之以身，后之以人"的治军谋略中受到启迪。

威　令

【原文】

夫一人之身，百万之众，束肩敛息，重足俯听[①]，莫敢仰视者，法制使然也。若乃上无刑法，下无礼义，虽贵有天下，富有四海，而不能自免者，桀纣之类也。夫以匹夫之刑令以赏罚，而人不能逆其命者，孙武、穰苴[②]之类也。故令不可轻，势不可通。

【注释】

①重足俯听:并足战立,垂头听话。
②穰苴:古代军事家。

【译文】

将领统率百万人的军队,士兵们拢肩屏息、并足垂听,没人敢仰脸看将领,这是因为法令制度俨然。如果将领没有刑罚条令,士兵不讲礼节仁义,即使地位显贵而拥有天下,且财力雄厚称四海,最终仍不可避免灭亡的,是夏桀、商纣这样的人。虽是平民,但发号施令、进行奖赏和惩罚,而人们不敢违背命令的,是孙武、穰苴这样的人。所以法律制度不能轻视,将领的威严也不能违背。

【赏析】

诸葛亮强调申明法令的重要性。他指出只有加强法制,才能振军威、扬国威。如不申明法令,即使拥有天下,贵为天子,也难以自保。法令严明,则可威震敌国,拔地攻城。

有时,作为君主或将领,为了显示其威严和无私,以“大义灭亲”之举,发挥他们的表率作用。据《左传·隐公四年》记载:卫国大夫石碏的儿子石厚与公子州吁合谋杀死了卫桓公。于是,“卫人使右宰丑淮杀州吁于濮。石碏使其宰獳羊肩淮杀石厚于陈。”

北魏孝文帝迁都洛阳后,改革鲜卑族旧的风俗习惯,推行汉化政策,遭到了太子元恂等人的反对。太子元恂不好读书,只有15岁,洛阳的炎热他受不了,汉话也说不好,汉人的衣服他穿得很别扭,因此常思北归。迁都洛阳后的第3年,太子元恂趁孝文帝出游嵩山之机,私自召集牧马,准备把不愿迁都的人,带回平城去。中庶子高道悦苦苦劝阻,元恂不仅不听,反将高道悦杀死。尚书陆琇得悉,快马飞告孝文帝。孝文帝返回洛阳,严加斥责,并打元恂一百大板,拘于城西别馆。孝文帝又召集大臣,公布了太子的罪行后,将他废为庶人,送往河间(今河南孟州市西)看管,只给他一些粗茶淡饭以维持生命。元恂心中怀恨,常想伺机逃跑,孝文帝知道后,将其赐死。

孝文帝大义灭亲,杀死了自己的儿子,以扫除其实行改革、推行汉化政策的障碍,其目的在于使自己的统治长治久安。

大义灭亲,不仅是政治家必须具备的政治品德,也是一种高明的统御谋略。古往今来,许多胸怀宽广、雄韬大略的政治家无不善于利用这一谋略,大做文章,达到某种政治目的。作为领导者,在自己的亲属触犯法律时,能够不徇私情,铁面无私,做到在法律面前人人平等,王子犯法与庶民同罪,才能发挥领导的表率作用,树立领导者的形象和威信,才能上行下效,达到举一反三的效果。

美国有一位名闻遐迩的富翁梅考科，他以严格管理公司员工而闻名。他在公司内部设有严格的规章制度，违者必罚，绝不姑息。梅考科创业之初，有过一段特别艰苦的日子，很多人都另谋高就弃他而去，但有位老工人却一直跟随着梅考科，可以说是患难之交。后来公司逐渐步入辉煌，这位老工人却祸不单行，先是妻子病故，留下两个年纪很小的孩子，接着有个孩子又不小心跌伤了腿。老工人心里十分苦闷，只能借酒消愁，结果被工头看见，老工人一时冲动，就和工头大打出手。梅考科在和老工人进行了一次长谈之后，依然坚决地开除了这位和自己有数10年交情的老工人，这使得全公司的员工对梅考科肃然起敬。不过，梅考科不仅私下给了老工人一笔钱，还安排他在自己的一个牧场当管家，这又令众人信服不已。

梅考科的事业之所以能够不断发展，严明的规章制度是其成功的保障。

东　夷①

【原文】

东夷之性，薄礼少义，捍急能斗，依山堑②海，凭险自固。上下和睦，百姓安乐，未可图也。若上乱下离，则可以行间③，间起则隙④生，隙生则修德以来之，固甲兵而击之，其势必克也。

【注释】

①东夷：东边的少数民族。古代将四方边境之少数民族统称夷狄，除东夷外，西边的称西戎，南边的称南蛮，北边的称北狄。

②堑：天然的险阻。

③行间：遣派间谍进行颠覆工作。

④隙：误会。

【译文】

东边少数民族的特性是：轻视礼教、缺少道义，剽悍急躁、擅长争斗，依靠着高山并凭借着海洋，倚仗险要的地形来保护自己，内部上下团结和睦，百姓安居乐业，所以无法图谋攻打。如果上层有叛乱而百姓离心，就可以进行颠覆，使他们产生纷争，再用仁义道德来招抚他们，或用强大的军队去攻击他们，就必然能取得胜利。

【赏析】

夷夏之防，历来是古代中央王朝治国方略之一。“东夷”“南蛮”“西戎”“北狄”这4篇，都是诸葛亮对如何制伏当时给蜀国造成不安定因素的少数民族所制定的策略，对东夷要乱中求胜、对南蛮要速战速决、对北狄要以逸待劳、对西戎要等待

"鹬蚌相争"的时机,这在军事中同样有可以借鉴之处。

公元前314年,燕王受到相国子之及其党羽的愚弄,将王位传给了相国子之。相国子之执政3年,燕国大乱,各宗族的人都十分痛恨子之,燕国将军市被和太子平准备进行谋反。此时,有人劝说齐宣王攻打燕国,但齐宣王并未起兵,只是派人转告太子平,说自己愿意为太子效力。于是太子平和将军市被纠集党羽包围了王宫。但谋反却失败,太子平及将军市被殉难,同时也造成燕国数月的内战,死伤数万人之多,燕国百姓怨声载道。看见时机成熟的齐宣王立刻发兵10万攻打燕国,而燕国的百姓早就对此深恶病绝,齐兵一到,就开城迎接,燕国的3000里疆土就这样被齐宣王轻易得到了。

诸葛亮所提出制伏东夷的策略,其实和齐宣王智取燕国是异曲同工,其中之精髓就是"乱中取胜"4个字罢了。

南　蛮

【原文】

南蛮多种[①],性不能教,连合朋党,失意[②]则相攻。居洞依山,或聚或散,西至昆仑,东至洋海,海产奇货,故人贪而勇战。春夏多疾疫,利在疾战,不可久师[③]也。

【注释】

①多种:多族,意谓繁多。
②失意:不符合自己的意愿。
③久师:长时间作战。

【译文】

南边的少数民族数目繁多,其本性不能被教化,常纵横联合而结成利益团体,失去利害关系就相互攻打。他们居住在山洞中依靠着山峰险阻,有的聚集在一处,有的分散在各处,西方至昆仑山,东方则到达大海,大海中盛产奇货,所以人性贪婪又善于争斗,春夏两季常有疾病瘟疫,适合速战速决,不能持久作战。

【赏析】

建安三年,诸葛亮兵伐南方不毛之地,虽然七擒孟获的故事流传至今,但险山恶水、毒蝎狼虫这些恶劣的条件也使蜀军损失不少,加之远离本土作战,军饷粮草消耗巨大,诸葛亮才总结出了"利在疾战,不可久师"的经验。

汉武帝曾发起对匈奴的讨伐战争,从公元前133年的马邑之战,一直到公元前119年,历时15年之久,虽然最终取得了"漠南无王府"的战争胜利,使匈奴远逃,不再来犯，但为了支援旷日持久的战争，汉武帝动用大量的人力、物力、财力，征募了过量的兵役，耗费了过量的军费，结果导致“海内虚耗、人口减半”的惨烈局面。特别是农民的负担过重，严重影响了政权的稳定。

孙武从战争对人力、物力、财力的依赖关系出发提出的速战速胜方针。孙武认为，旷日持久会使军队疲惫而挫伤锐气，长期在外作战会使国家开支不足，诸侯会乘机进犯，其后果无法挽回。他根据当时战争的实际情况，特别是交通运输、财力物力等条件限制，提出了“役不再籍，粮不三载”的具体要求，是符合当时社会生产力水平要求的，也是孙武以朴素唯物主义观点研究战争的一种表现。

因此可以说，诸葛亮提出的不仅仅是远征南蛮的军事策略，速战速决的作战原则在任何地方、任何时间都是值得借鉴的。

西 戎

【原文】

西戎之性，勇悍好利，或城居，或野处，米粮少，金贝[①]多，故人勇战斗，难败。自碛石以西，诸戎种繁，地广形险，俗负强很[②]，故人多不臣[③]。当候之以外衅[④]，伺之以内乱，则可破矣。

【注释】

①金贝：金银财货。

②俗负强很：习惯于强暴凶狠。

③不臣：不称臣，不臣服。

④外衅：外来的侵扰。

【译文】

西边的少数民族，性情勇猛凶悍、贪图利益，有的筑城居住，有的居住野外，粮草缺少，但金银财宝很多，所以人们生性勇猛善战，很难被打败。从沙漠一直往西，民族种类繁多，地域广阔，地势险要，习惯于强暴凶狠，所以人们多不臣服而有造反之心，应该等到他们受到外来的侵扰，窥测到他们内部发生混乱冲突时，才能攻破他们。

【赏析】

《战国策·燕策二》中记载：“蚌方出曝，而鹬啄其肉，蚌合而钳其喙。鹬曰：‘今日下雨，明日不雨，即有死蚌。’蚌亦谓鹬曰：‘今日不出，明日不出，即有死鹬。’两者不肯相舍，渔者得而并擒之。”诸葛亮所说的“候之以外衅，伺之以内乱，则可

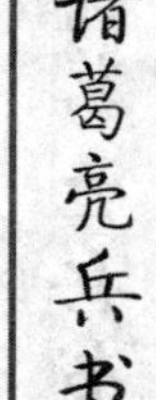

破矣”，其实就含有鹬蚌相争、渔翁得利的想法。凶狠的西部民族很难令其臣服，只能等到他们遭到其他势力挑衅而发生混乱时，才有机会制伏他们。

第二次世界大战时期的苏联，不愿意让英、美支援的波兰流亡政府重新执政，但自己却无法控制流亡政府，而强攻华沙又绝对会是一场惨烈的消耗战。于是，当流亡政府在华沙起义时，本来可以迅速攻至华沙和起义军夹攻德军的苏军却突然停止进攻。在起义军和德军激战的60余天中，数次拒绝了英、美两国要求苏军恢复对德军攻击的请求。最后，起义军弹尽粮绝、全军覆没，德军也损失惨重，华沙几乎成为一座死城，苏军乘机发动进攻，轻易地攻取了华沙。二战结束后，由苏联支援的波兰政府上台执政。

要想去征服一个坚强不屈的民族，也许只有等到其遭遇外患与内忧时，才能趁机而攻破吧！

北　狄

【原文】

北狄居无城郭，随逐水草，势利则南侵，势失[①]则北循，长山广碛[②]，足以自卫，饥则捕兽饮乳，寒则寝皮服裘，奔走射猎，以杀为务，未可以道德怀[③]之，未可以兵戎服之。汉不与战，其略有三。汉卒且耕且战，故疲而怯；虏但牧猎，故逸而勇。以疲敌逸，以怯敌勇，不相当也，此不可战一也。汉长于步，日驰百里；虏长于骑，日乃倍之。汉逐虏则赍粮负甲[④]而随之，虏逐汉则驱疾骑而运之，运负之势已殊，走逐之形不等，此不可战二也。汉战多步，虏战多骑，争地形之势，则骑疾于步，迟疾势县[⑤]，此不可战三也。不得已，则莫若守边。守边之道，拣良将而任之，训锐士而御之，广营田而实之，设烽堠[⑥]而待之，候其虚而乘之，因其衰而取之，所谓资不费而寇自除矣，人不疲而虏自宽矣。

【注释】

①势失：失去有利的情势。

②长山广碛：长山，即阴山。碛，本意为水中之石，在此引申为沙漠。句意为凭借险要的阴山和辽阔的沙漠。

③怀：感化。

④赍粮负甲：赍，抱着；负，背着。句意为背负着粮食与装备。

⑤迟疾势县：县，同“悬”，指差距大。句意为速度的差距大。

⑥烽堠：烽火台。

【译文】

北方少数民族没有固定居住的地方，他们追随丰盛的水草而迁徙，形势有利就南下侵犯，形势不利就北上逃窜，高山连绵，沙漠浩瀚，完全能够自卫。饿了就捕捉野兽喝乳汁，冷了就睡兽皮穿皮袍，奔跑着射击猎物，将捕取猎物作为营生手段，无法用道德去感化他们，也不能用兵马去征服他们。汉朝不与他们作战，有三个理由：汉朝的士兵一边种地一边打仗，所以疲惫又胆怯，北方民族进行放牧狩猎，所以安闲又勇敢，用疲惫对抗安闲，用胆怯抗击勇敢，是无法抗衡的，这是不能作战的第一点原因。汉兵擅长走路，一天可以行走一百里，北方民族擅长骑马，一天的行程是汉兵的几倍，汉兵追逐北方民族需要背负粮食与装备跟随着部队，北方民族追逐汉兵时则驱使战马，运输的方法不同，追逐的方式也不对等，这就是不进行作战的第二点原因。汉兵作战多进行步战，北方民族则多进行骑兵作战，如要争夺有利的地形地势，骑兵快于步兵，快慢悬殊，这是不进行作战的第三点原因。在万不得已的情况下，所以采取守卫边疆的方法。而守卫边疆，应该选择优秀的将领来担任，同时训练精锐的士兵去防御，大规模实行屯田使仓库充实，并设置烽火台用以了解敌情，等到敌人内部空虚时就乘虚而入，趁他们衰竭时去攻取他们，这就是不耗费物资就使敌人自取灭亡，不必兴师动众就使敌人土崩瓦解的方法。

【赏析】

公元620年，秦王李世民在东郡围困住洛阳王王世允，窦建德率领大队人马来救援，在汜水以东的战场展开绵延数里的阵势，士气旺盛。李世民知道窦建德自从山东起义以来，从来没有真正遇到过强敌，而现在看他的士卒们鼓噪不休，说明其军令不严，再观察他驻扎的兵马，又说明他十分轻敌。于是李世民决定暂时按兵不动，等待对方士气衰落、疲劳倦怠的时候再乘虚而入。果然还不到一天的时间，窦建德大军的饮水粮草就出现了困难，李世民便乘对方混乱之机，与程咬金从两面攻击窦建德的大军，一举击溃对方，活捉了窦建德。

诸葛亮之所以不愿和北方的民族作战，就是因为无法用己之短去克敌之长，那么就不如先采取守势，以逸待劳，等到敌人内部空虚时，就能以最小的损失来得到胜利。李世民不和士气正旺的窦建德对阵，而是冷静地以逸待劳，终于趁其内部空虚时轻松地取得了胜利。

第二章　便宜十六策

本章导语

一个国家，如果没有安宁清明的政治环境，则这个国家注定没有战斗力。《便宜十六策》主要是针对这个情况，讲述治军治国的道理。诸葛亮认为，治军治国的关键在于提纲务本，纲举自然目张。作为一国之君，施政的关键是处理好君臣、臣民、君民之间的关系。“和”是天地间事物存在的准则，是万物生存发展的原动力，对国家而言，和谐关系是其繁荣强大的有力后盾。因此，为人君主，务须心胸宽大、爱民如子、开张圣听、察纳雅言、择善而从之，致力于国家的发展及创建一个和谐的环境。

“治国以文为政，治军以武为计”。治军方面，要识人、知人、用人，奖惩严明，做到功必赏，过必罚。亦须做好一切战前准备工作：静以理安、动以理威、以近待远、以逸待劳、以饱待饥、以实待虚、以生待死、以众待寡、以旺待衰、以服待来。如此一来，就可以使军队攻无不克，战无不胜。

治　国

【原文】

治国之政，其犹治家。治家者务立其本，本立则末正矣。夫本者，倡始[①]也，末者，应和也。倡始者，天地也，应和者，万物也。万物之事，非天不生，非地不长，非人不成。故人君举措应天，若北辰[②]为之主，台辅[③]为之臣佐，列宿[④]为之官属，众星为之人民也。是以北辰不可变改，台辅不可失度，列宿不可错缪，此天之象也。故立台榭[5]以观天文，郊祀[6]、逆气[7]以配神灵，所以务天之本也；耕农、社稷、山林、川泽，祀祠祈福，所以务地之本也；庠序[8]之礼，八佾[9]之乐，明堂[10]辟雍[11]，高墙宗庙[12]，所以务人之本也。故本者，经常之法。规矩之要，圆凿不可以方枘，铅刀不可以砍伐。此非常用之事不能成其功，非常用之器不可成其巧。故天失其常，则有逆气，地失其常，则有枯败，人失其常，则有患害。《经》曰："非先王之法服不敢服"，引之谓也。

【注释】

①倡始：开始、开端。

②北辰：北极星。

③台辅：宰相。

④列宿：众星宿，即二十八星宿。

⑤台榭：高台。

⑥郊祀：古时以天为父，以地为母，而在郊外举行祭祀皇天与后土的仪式，即为郊祀。

⑦逆气：避免不祥的气象。

⑧庠序：古代地方所设的学校。

⑨八佾：古代天子专用的舞乐。

⑩明堂：古代帝王宣明政教的地方。

⑪辟雍：周王专为贵族子弟所设的大学。

⑫宗庙：祭祀祖先所设的祖宗庙。

【译文】

治理国家的原则，就像管理家庭一样。治家必须确立好最根本的原则，只有根本确立了，其他枝末细节才会顺利发展。"本"是事物的起源，"末"则是与本相互呼应的事物。万物的起始，就是天地；与之相呼应的，就是万物。世界上一切事物，没有天就不会产生，没有地就不会生长，没有人就不会取得成功。因此君主的举措应顺应天理，就好像天空是以北极星为中心一样，大臣辅佐君主就像三个辅星排列在北极星旁，一般官吏就像天空中其他的星辰，而繁星就像百姓。所以北极星的位置不能变动，三个辅星的排列也不能没有法度，众星在天宇的位置也不能杂乱无章，这是天象。因此，建造高台以观天象的征兆，在郊外举行祭祀神灵的仪式以达到和神灵相遇，这就是致力于上天的根本事业。耕田种地，祭祀地谷之神，在山林、川泽建立祠庙以祈求福祚，这是致力于大地的根本事业。在庠序中学习礼仪，建立八佾乐舞，开设明堂讲授治国的理论，修造宫墙宗庙，祭祀列祖列宗，这是致力于人的根本事业。故所谓"本"，就是永远不变的法度。法度的要旨在于切合所需，一如圆凿不能用方枘来相配，铅刀不能砍伐树木，所以使用不适当的工具或不正确的

方法就无法成就大业。天的规律一反常态，就会产生不祥的征兆；大地的规律出现紊乱，万物就会枯败；人伦失去常理，就必然产生祸乱。因此，经书云：“如果不是古代贤王的礼法道统，我不能妄加遵从”，说的就是这个道理。

【赏析】

对国家而言，所谓“本”就是清明的政治、严明的法度、完整的礼仪，重视并加强这些方面的工作，百姓自然就能安居乐业，而民富国强。与此同时，诸葛亮还要求国家的各个部门要各司其职、有序有法。诸葛亮一生为恢复汉室江山鞠躬尽瘁，在他精心治理下的蜀汉，是三国中最有条理的一国，为后人留下了光辉典范。

诸葛亮为振兴汉室，主要从以下几个方面入手：

和吴——公元 223 年，派使官到吴国，劝孙权断绝与魏的关系，与汉修好。

和夷——刘备死后，益州的豪强雍闿举兵反叛，企图夺取永昌，一些夷族也乘机叛乱。为平定叛乱，公元 225 年，诸葛亮率兵南征，汉军还未到，雍闿即被杀死。诸葛亮进军南中，与雍闿的余部孟获作战。他用“攻心为上，攻城为下；心战为上，兵战为下”的策略，七擒孟获，终于使孟获心服，叹道“诸葛公天威，南人不再反了。”随后，诸葛亮进军滇池，分益州、永昌为四个郡，起用本地夷人和汉人做官，使夷汉关系大为改善，汉国内部也得以稳定。

明法——诸葛亮制定汉科，作为一国之法度。陈寿在《三国志》中曾如此评价：“科教严明，赏罚必信。无恶不惩，无善不显。至于吏不容奸，人怀自厉，道不拾遗，强不侵弱，风化肃然”，又说“开诚心，布公道……邦域之内，咸畏而爱之。刑政虽峻而无怨者，以其用心平而劝戒明也。”

治军——诸葛亮特别重视军队的训练有素。由于汉是小国，不能动用过多的民力，为弥补国小兵少的不足，诸葛亮主张减兵省将，为此他创造了有名的八阵图。西晋马隆曾用八阵图收复凉州，北魏刁雍也曾经采用诸葛亮的八阵图抵御柔然，李靖的六花阵法也来源于八阵图，西晋李兴也说：“推子（诸葛亮）八阵，不在孙吴。”就连他的敌手司马懿也称他是“天下奇才”。

正身——诸葛亮一直以很高的道德标准来约束自己，以“鞠躬尽瘁，死而后已”的精神来效忠汉室。他集汉朝权力于一身，而汉后主并不感到他的威胁，朝臣也不觉得他越权，因而使得国内一直保持着和谐的状态。他虚心纳谏，董和曾因不同意他的意见，与之反复争论十多次，诸葛亮为此表扬董和，要求同僚学习他的忠诚。第一次出兵攻魏，由于错用马谡而招致失败，诸葛亮认为是自己的责任，而“引咎责躬，布所失于天下”，要求同僚“勤攻吾之缺”。而且他从不增置私产，尝云：臣死之后，如查出有多余财产，那就对不起先帝。正是因为他不贪不骄，所以为人所信服。

正是由于诸葛亮立足于正本清源，采取一切良好的措施，因此在他的治理下，汉国内部一直非常稳定。

君臣

【原文】

君臣之政,其犹天地之象[①]。天地之象明,则君臣之道具矣。君以施下为仁,臣以事上为义。二心不可以事君,疑政不可以授臣。上下好礼,则民易使[②];上下和顺,则君臣之道具矣。君以礼使臣,臣以忠事君。君谋其政,臣谋其事。政者,正名也。事者,劝功[③]也。君劝其政,臣劝其事,则功名之道俱立矣。是故君南面[④]向阳,著其声响,臣北面向阴,见其形景。声响者,教令也。形景者,功效也。教令得中则功立,功立则万物蒙其福。是以三纲[⑤]六纪[⑥]有上中下。上者为君臣,中者为父子,下者为夫妇,各修其道,福祚至矣。君臣上下,以礼为本,父子上下,以恩为亲,夫妇上下,以和为安。上不可以不正。下不可以不端。上枉下曲,上乱下逆。故君惟其政,臣惟其事,足以明君之政修,则忠臣之事举。学者思明师,仕者思明君。故设官职之全,序爵录之位,陈璇玑[⑦]之政,建台辅之佐,私不乱公,邪不干正,引治国之道具矣。

【注释】

①君臣之政,其犹大地之象:政、象,关系也。

②易使:易于统治。

③劝功:尽力建功立业。

④南面:古代以坐北朝南为尊位,故天子诸侯见群臣,或卿大夫见僚属,皆南面而坐。

⑤三纲:君臣、父子、夫妇之道。

⑥六纪:诸父、兄弟、族人、诸舅、师长、朋友,是儒家用以确定上下尊卑伦理关系的教条。

⑦璇玑:古代测天文的仪器,在此指纠正政务。

【译文】

君臣相处的原则,就好像天和地的关系。君臣之间的关系如果像天地之间的关系那样明晰,那么正确的君臣关系也就具备了,也就更完美。人君应施仁政,而臣子应尽忠奉主。臣子事君不可有二心,人君亦不可将有违正道的政事交付臣下;上下守礼,则百姓易于统治;上下和顺,则君臣之道具备。君待臣以礼,臣事君以忠,则君王可专心为政,而人臣克尽本分为其效忠。所谓“政”,就是好的名声;所谓“事”,就是尽力建功立业。君主勤于朝政,人臣勤于佐政,则霸业可成。君主向南对着太阳，使他的声威影响更加显著，而臣下向北对着阴面，是为了让君主看清他们的形态和身影。所谓声音就是君主的教导和命令，所谓形影，也就是臣下的功业。教导和命令适当，则臣下的功业就能够建立，而国家也就能从中受惠。

因此“三纲”“六纪”分成上、中、下各种等级。其中以君臣关系最为重要，其次是父子关系，最后则是夫妻关系。君臣、父子、夫妇都各守其道，则福祚必临。君主与臣子之间，必以礼为根本；父母与子女之间，必讲究亲恩；夫妻之间，必以和为贵。处在上位者行为不可不端正，而处下位者行为不可不正直；如果上位者行为不端，则下位者便会起来作乱。所以人君要致力于整顿政事，人臣要尽心事奉。如果君主政治修明，则忠臣功业可成。求学的人想从学于贤师，入仕的人也想跟随英明的君主，因此必须设立各级官职，排列爵位和俸禄的位次，设置纠正政务的谏官机构，并建立三公九卿作为辅佐，使私情不能扰乱公事，奸邪不能干预公正，如此就具备了治理国家的方法。

【赏析】

假如君臣之间各司其职，鞠躬尽瘁，上下以礼相待，使国家的教化深入人心，国家自然就太平强盛。诸葛亮强调以礼、以恩、以和来规范君臣、父子、夫妻间的关系，具有强烈的时代色彩。

诸葛亮作为一代忠臣、辅佐之臣，他与刘禅之间可称“上下顺和”，堪为君臣关系的典范。历代王朝，往往都是一朝天子一朝臣，但诸葛亮能“两朝开济老臣心”，而且至死不渝，的确难能可贵。刘备死前于白帝城托孤，要刘禅“父事丞相”，刘禅在位期间，一直都遵循刘备的嘱托，把诸葛亮当作父亲一样。而诸葛亮在前后《出师表》中，则对刘禅表现出慈父教子的意味。实际上，以诸葛亮的能力和其在蜀国的威望完全可以称帝。刘备在托孤时也曾对诸葛亮说过：“你的才能胜过曹丕十倍，定能安邦定国，成就大业，若是嗣子（刘禅）可辅，则辅之，如其不才，可取而代之。”后来李严就劝诸葛亮受九锡，晋爵称王。但诸葛亮不为所动，自始至终忠于蜀汉，为蜀国的兴衰鞠躬尽瘁，为后世广为传诵。刘禅作为一国之君，虽然天资平庸，没有治国安邦之才，但他对诸葛亮一直非常信任，放手让诸葛亮独揽大权。李邈曾上书进谗，刘禅不但不听，还为此杀了李邈。一个忠心耿耿，一个大胆放手，这样的天子和朝臣真可谓一对值得称颂的典范。

与蜀国和谐的君臣关系相反，吴国的君臣关系却一直比较紧张。孙权对文武大臣都存着戒心，因此用刑特别严峻。在吴国的军队中，除去斩头，几乎没有什么较轻的刑罚。不少武将因畏罪，不得不逃离吴国而投降魏国，这更加深了孙权对文武大臣的不信任感。虽然他曾下令：诸将重罪三次才议罪，但这并安抚不了那些畏罪的人。他迫令带兵守边境的督军机将军交出妻子作保质，如有叛逃，便杀戮保质甚至诛灭三族。同时，孙权又养了一批校事、察战，让他们专门监视文武官吏。太子孙登屡次劝谏,他都不听纳言,大臣们更是畏罪而不敢说话。陈寿说他性多嫌忌,杀人过多,愈到晚年愈盛。孙权死后,孙皓即位,更加残暴,大臣及宗族几乎被他杀光。这样一个相互猜忌的团体,使吴国一直处于非常不稳定的状态,后来,晋武帝司马炎六路出兵攻吴,吴军不战而溃,孙皓投降,吴亡。

视 听

【原文】

视听之政,谓视微形[①],听细声。形微而不见,声细而不闻。故明君视微之几[②],听细之大,以内和外,以外和内。故为政之道,务于多闻。是以听察采纳众下之言,谋及庶士[③],则万物当其目,众音佐其耳。故《经》云:"圣人无常心,以百姓为心。"目为心视,口为心言,耳为心听,身为心安。故身之有心,若国之有君,以内和外,万物昭然。观日月之形,不足以为明,闻雷霆之声,不足以为听,故人君以多见为智,多闻为神。夫五音[④]不闻,无以别宫商,五色[⑤]不见,无以别玄黄。盖闻明君者常若昼夜,昼则公事行,夜则私事兴。或有吁嗟之怨而不得闻,或有进善之忠而不得信。怨声不闻,则枉者不得伸,进善不纳,则忠者不得信,邪者容其奸。故书云:"天视自我民视,天听自我民听。"此之谓也。

【注释】

①视微形:察看微小的事物。

②几:预兆。

③庶士:普通百姓。

④五音:即宫、商、角、徵、羽五种声音。

⑤五色:即青、赤、黄、黑、白五种颜色。

【译文】

为政之道在于能察看细节,倾听不为人知的声音。形体微小就不容易被看见,声音微弱就不容易被听到。因此,英明的君主能够从细微处看到事情的预兆,能够从听到的小言论发现大问题,上下沟通,内外应和。所以,君王处理国家政务的原则,关键在于广泛听取并采纳下属的意见,与百姓一起商量计策,如此必能无所不知、无所不晓。所以《书经》上说:"圣贤人没有固定的意见,完全以天下百姓的意见为自己的意见。"人的意志主宰着身体,因此一国有圣明之君就如同人有意志一样,如果内外相应,则一片祥和。君主如果只看到日月的光明,(而看不见平民百姓的痛苦)就称不上目明;如果只听到雷霆轰鸣的巨响,(却听不到平民百姓的声音)就算不上耳聪。所以,君主要广泛了解各种情况,才是圣明之君。听不出五音,就

无法区别宫音和商音；看不出五色，就无法分辨黑色和黄色。大凡英明的君主，处事都有原则，就像白天、黑夜有规律地互相交替一样，白天处理国家大事，晚上才考虑私事。有时百姓的怨声不能听到，进谏良言的忠良得不到信任。听不到怨声，蒙冤的人便得不到申诉；若不采信忠臣的谏言，作奸犯科之徒就将会受到纵容。所以《尚书》上说："上天以百姓的眼睛为眼睛，以百姓的听觉为听觉。"说的就是这个道理。

【赏析】

诸葛亮在此明确指出一国之君应广闻博见、从谏如流，"以多见为智，多闻为神"，能够广泛地倾听民众的心声，仔细观察百姓的疾苦，在处理国家政务时才能采取"对"的措施，这是成为一个明君的先决条件。假如国君只愿意听取奸臣阿谀奉承、歌功颂德的言辞，而塞忠谏之言，只看得到歌舞升平的华丽表象，又怎能期待国富民强呢？

周朝的世宗皇帝就是一位精明干练的君主，他志气高远，在内政和军事方面都取得了相当的成就。有一次，他和臣子们在大殿上会餐，当时已经是寒冬季节，他对臣子们说："这两天很冷，但我在宫殿里面吃饭，一点儿也不觉得冷，我无功于百姓却坐享其成，实在是惭愧啊！"周世宗不仅能真心了解百姓的疾苦，并常常勉励自己的大臣。另外，他还十分留心农事，在周世宗的大殿上，有一对用木头雕刻成的农夫蚕妇，他希望能借此时刻提醒自己和大臣们心中要有百姓，要时常倾听百姓的声音，多想办法为民众减轻痛苦和负担。

周世宗在其统治期间，虽然大权独揽，但他并不是一个刚愎自用的人，只要是国家事务，他都广泛地听取下属的意见，了解百姓的需求。譬如，他要求群臣极言得失，而且对他们说："你们说了而我不听，是我的错误；请你们说但你们不说，那就是你们的责任！"

正因为周世宗是一位注重视听的君主，他才深知百姓的疾苦。公元 956 年，他废除沿袭多年征收谷帛的不合理制度，而改成等待民间 10 月收获且纺织完毕后开征。公元 958 年，周世宗又依据元稹《均田表》中所说的均平田租办法，制成《均田图》，彻底进行均田赋的改革，使农民的负担大为减轻。综言之，周世宗在位期间，为完成统一大业而连年征战，如此虽然加重民众的负担，但他依照民众的意愿对政治有所改善，加之统一也符合民众的心愿，所以民众劳而不怨，最后终于取得了胜利。

明朝的朱元璋是一个注意听取下属意见的君主。在陈友谅攻占朱元璋的领地，杀死其养子朱文逊，建立国号"汉"并自称皇帝后，又率领大批水军直扑朱元璋所在的应天。当时朱元璋手下的将领们大都慑于陈友谅来势汹汹，有的主张死守城池，有的主张退守钟山，还有的干脆主张献城投降，总之都认为不能和陈友谅决战。此时，刘基对朱元璋说："骄兵必败，陈友谅现在刚打了几场胜仗，自认为天下无敌，根本就不把我军放在眼里，我们应该诱其深入，然后以一路伏兵截击之，另以一路兵断其后路，一定能够击败陈友谅。"朱元璋沉思半晌，决定采用刘基的建议。于是命令康茂才诈降，借以引诱陈友谅深入；命常遇春、冯胜国、徐达在险要之地埋伏；又命胡大海率军直奔信州，以截断陈友谅的后路。陈友谅果然中计，长驱直入，结果被朱元璋的大军前后夹击，丢弃战船数百艘，士卒伤亡不计其数。

兼听则明，偏信则暗，无论是治国还是领兵作战，广泛地听取下属和民众的意见都是有百利而无一弊的。

纳　言

【原文】

纳言之政，谓为谏诤[①]，所以采纳众下之谋也。故君有诤臣，父有诤子，当其不义则诤之，将顺其美，匡救[②]其恶。恶不可顺，美不可逆。顺恶逆美，其国必危。夫人君拒谏，则忠臣不敢进其谋，而邪臣专行其政，此为国之害也。故有道之国，危言危行[③]；无道之国，危行言孙[④]，上无所闻，下无所说。故孔子不耻下问，周公不耻下贱，故行成名著，后世以为圣。是以屋漏在下，止之在上；上漏不止，下不可居矣。

【注释】

①谏诤：直言规劝。

②匡救：纠正。

③危言危行：谨言慎行。

④危行言孙：孙，通"逊"，恭顺也。此句谓行为谦恭，言语谄媚。

【译文】

人君应广纳众议，接受直言规劝。身为国君应有直言进谏的大臣，为人父者要有直言不讳的子女，每当他们的行为不合道德规范时就直言规劝，以使美德得到宣扬，而不好的行为得到补救。恶行不能放任自流，美德则不能抑制诋毁。放任恶行而诋毁美德，国家必然会遭遇危险。君主拒绝接受直言规劝，正直的大臣就不敢向君主进献治国良策，于是奸臣专擅朝政，横行霸道，这是治理国家的一大祸害。所以政治清明的国家，臣下能够行为端正，言语坦直；政治昏暗的国家，臣下则行为谦恭，言语谄媚，君主听不到臣下的意见，而臣下也不敢对君主直言规劝。孔子不耻下问，周公不耻下贱，所以他们能够名声显赫，被后世尊崇为圣人。就好像房屋漏雨，要止住下面之漏雨，就得把屋顶的漏洞堵住，若屋顶上的漏洞不补好，屋内就不能居住。

【赏析】

纳谏的意思是善于倾听不同的意见，然后判断是非，择善而从之，如果择非而从之，那就不能叫纳谏了。纳谏的目的在于采众之长以补己之短，从而更妥善地治理国家。然而自古以来的帝王将相，能够真正做到像诸葛亮所最推崇的圣人孔子、周公那样，始终坚持不耻下问而且正确对待下属直言规谏的，可谓凤毛麟角。

在中国五千年历史中的所有帝王里，最善于纳谏的应该算是唐太宗了。李世民经过"玄武门之变"而登上皇帝宝座之后，罢免了一批保守官僚，起用了魏征等庶族地主的代表人物，同时鼓励大臣们直言进谏。他曾经对自己的大臣说："我少年时就很喜欢弓箭。藏有十多张非常好的弓，自认为再也不会有更好的弓了。近来我把它们拿给做弓箭的工匠们看，结果工匠们说它们都不是好弓。我问其中的缘故，工匠们说，做弓的材料木心不直，自然脉理就邪，弓虽然硬，但射出的箭就不能直。此时我才知道自己过去的鉴别不够完全精确。我是用弓箭定天下的，都还不能完全懂得弓箭的奥妙，更何况天下的事务，我怎么可能都懂得呢？"

唐太宗很清楚自己并非无所不知，无所不能，所以鼓励群臣犯颜直谏。他曾问魏徵，君主怎样才能明，怎么才是暗？魏征回答："兼听则明、偏信则暗"。唐太宗很赞成魏征的意见，因此他时常告诫大臣们，凡是自己下的命令中有不便实施的，都要提出异议。在所有的大臣里，魏征最敢据理力争，甚至有时引起唐太宗的盛怒也继续直谏讲理。有一次，因为魏征当众和唐太宗理论，唐太宗退朝回到后宫还怒气冲天："总有一天我要杀死这个乡下人！"幸好长孙皇后劝道："魏征这样忠直，正说明陛下是一位明主啊！"这么一来，唐太宗才算平息了怒火。

太宗曾虚心地问魏徵，明君和昏君怎样才能区分开？魏征郑重地答道，国君之所以圣明，是因为他能广泛地听取不同的意见；国君之所以昏庸，是因为他偏听偏信。说完这句话之后，他又举了历史上正反两方面的例子加以论证。他说，古代尧、舜是圣君，就是因为他们能广开言路，善于听取不同意见，小人就不能蒙蔽他。而像秦二世、梁武帝、隋炀帝这些昏君，住在深宫之中，隔离朝臣，疏远百姓，听不到百姓的真正声音。直到天下崩溃、百姓背叛了，他们还冥蒙不知。采纳臣下的建议，百姓的呼声就能够上达了。魏征的这些至理名言，深深地铭刻在唐太宗的心里。从此，唐太宗便格外注意虚心纳谏。他不管你是什么人，也不管你提意见的态度如何，只要你的意见是正确的，他都能虚心接受。

当时，唐太宗下令，要把洛阳破败了的乾元殿修饰一番，以备作为到外地巡视的行宫。对于皇帝来说，想要修理一下小小的行宫，本来是小事一桩。可是，有一个小官张玄素，却上了一道奏折，痛陈此举不妥。他说，修了阿房宫，秦朝倒了；修了章华台，楚国散了；修了乾元殿，隋朝垮了。这都是历史的教训。现在，我们唐朝百废待兴，国力哪里比得上当年的隋朝？陛下在国家的破烂摊子上，继续役使饱受战乱之苦的百姓，耗费亿万钱财，大兴土木。陛下没有继承前代帝王的长处，继承的却是百代帝王的弊端。如果从这一点看，陛下的过失远远超过了隋炀帝。这是一道笔锋犀利、击中要害的奏折。但是，小小的张玄素，竟敢把英明的君主唐太宗比作昏聩的暴君隋炀帝，冒犯天威。这不是拿鸡蛋往石头上撞吗？满朝文武都为他捏一把汗。人们都在观察唐太宗的反应。假如不是唐太宗，而是别的皇帝，看到这一大不敬的奏折，当即会雷霆震怒，不仅张玄素人头落地，而且会株连九族。但是，唐太宗不仅没有怪罪张玄素，反而下令召见他。此时的唐太宗想进一步地试一试张玄素的胆量，就直问道，你说我不如隋炀帝，那么，我和夏桀、商纣相比，怎么样呢？要知道，夏朝的桀王和商朝的纣王，都是历史上臭名昭著的暴君。唐太宗这样问，自有深意。不承想，这个张玄素却直截了当地答道，如果陛下真的修了乾元殿，那就和夏桀、商纣一样昏乱。听到这句答语，唐太宗不仅没有发怒，反而被深深地感动了。他想，一个小官，敢于冒死直谏，为了什么，还不是为了他的江山社稷？因此，唐太宗收回了他的谕旨，停止重修乾元殿。并且表扬了张玄素，同时赏给他500匹绢。

对此事一直关注的魏征，听到了这个完满的结局，颇为感触地叹道，张公论事，有回天之力，这都是因为是有高尚道德的君子说的话呀！这个故事，充分地说明了唐太宗的虚心纳谏。

唐太宗还有一个优点，就是知错必改。有一次，他得到了一只精美绝伦的鹞鹰。他一时忘记了魏征平时说的国君不可玩物丧志的话，就兴味十足地把鹞鹰放在臂上，逗着玩。不料，巧遇老臣魏征。唐太宗一时情急，赶忙把鹞鹰藏在怀里。其实，魏征早已把一切看在眼里，却故作不知。走上前去，特意讲起古代帝王追求逸乐之事，旁敲侧击帝王不可玩物丧志。唐太宗担心时间长了，鹞鹰闷死。但是，魏征说得没完没了，唐太宗自知理亏，不敢打断。结果，鹞鹰还是闷死在怀中。

唐太宗是出身于贵族的马上皇帝，他在战场上是一员性格刚猛的勇将，但他最惧怕的就是亡国，而魏征正是一位帮助他避免亡国之祸的忠臣，其谏诤越激烈，越足以证明其忠爱朝廷之心的真切，所以，唐太宗再怎么生气也会听取魏征的意见。公元643年，魏征病故，唐太宗大哭着说："人用铜做镜子，可以正衣冠；用历史做镜子，可以预见兴亡；用人做镜子，可以知道得失。魏征死去，我失去一面镜子了。"直谏难，纳谏更难，魏征等大臣之所以敢于直谏，正因为他们知道唐太宗是一位能够纳谏的明君。

《韩非子·外储说左上》记载："夫良药苦于口，而智者劝而饮之，知其入而已己疾也；忠言拂于耳，而明主听之，知其可以致功也。"《史记·留侯世家》中又记载："且忠言逆耳利于行。"能够纳谏的明君深知忠言之"利于行"，而不能纳谏的昏君只因"逆耳"就不顾亡国的恶果。

察　疑

【原文】

察疑之政，谓察朱紫之色，别宫商之音。故红紫乱朱色，淫声疑正乐①。乱生于速，疑生于惑。物有异类，形有同色。白石如玉，愚者宝之；鱼目似珠，愚者取之；狐貉似犬，愚者畜之；枯蒌似瓜，愚者食之。故赵高指鹿为马，秦王不以为疑；范蠡贡越美女，吴王不以为惑。计疑无定事，事疑无成功。故圣人不可以意说为明②，必信夫卜，占其吉凶。《书》曰："三人占，必从二人之言。"而有大疑者，谋及庶人。故孔子云：明君之治，不患人之不己知，患不知人也；不患外不知内，惟患内不知外；不患下不知上，惟患上不知下；不患贱不知贵，惟患贵不知贱。故士为知己者死，女为悦己者容，马为策己者驰，神为通己者明。故人君决狱③行刑，患其不明。或无罪被辜，或有罪蒙恕，或强者专辞④，或弱者侵怨，或直者被枉，或屈者不伸，或有信而见疑，或有忠而被害，此皆招天下逆气，灾暴之患，祸乱之变。惟明君治狱案刑，问其情辞，若不虑不匿，不枉不弊，观其往来，察其进退，听其声响，瞻其看视。开惧声哀，来疾去迟，还顾吁嗟，此怨结之情不得伸也。下瞻盗视⑤，见怯退还，喘息却听，沉吟腹计，语言失度，来迟去速，不敢反顾，此罪人欲自免也。孔子曰："视其所以⑥，观其所由，察其所安，人焉廋⑦哉！人焉廋哉！"

【注释】

①淫声疑正乐：正乐，正统雅音。句意为靡靡之音扰乱了正统雅音。

②意说为明：依臆测的结果行事。

③决狱：判决诉讼。

④专辞：强辞夺理。

⑤盗视：偷偷摸摸地看。

⑥所以：所作所为的动机。

⑦瘦：隐藏。

【译文】

为政者应明察秋毫，就像看清楚朱、紫等颜色，分辨出宫、商等音律一样。因为粉红、紫两种颜色会混淆朱色，而靡靡之音会惑乱正统雅音。变乱首先发生在政令不及的边远地区，谣言总是因众心困惑而产生。尽管事物的形体与色彩可能相似，但在本质上却千差万别。白色的石头看上去像玉，愚昧无知的人拿它当作宝；鱼类的眼睛看上去就像珠，愚蠢的人就收藏它；狐貉很像狗，愚昧的人就畜养它；枯蒌看上去像瓜，愚蠢的人拿它当食物来充饥。所以赵高指着鹿说是马，秦二世深信不疑；范蠡贡献越国的美女西施，吴王夫差没有疑惑。计划如有疑点，就无法成事；行事过程中如有疑惑，也不可能取得成功。所以圣人不会凭主观臆测来彰显自己的英明，而是求诸于天意，用占卜来预测人和事物的吉凶。《尚书》中说："三个人预测一件事，一定听从其中多数的意见。"如果再有疑惑，就必须征询百姓的意见。所以孔子说：英明的君主治理国家，不担忧臣民不了解自己为政的苦心，而担心自己不了解民意；不担忧外人不了解自己内部的情况，只是担心自己不了解外面的情况；不担忧下位者不了解上位者，只担心地位崇高的人不了解地位低下的人。所以士为知己者死，女为悦己者容，马为鞭策自己的主人奔跑，神为通晓自己的人显灵。君主在判决诉讼时，最担心的是不能明察真相，而累及无辜或纵容罪人，使强者不招供、弱者蒙冤、刚直者被诬陷、有冤屈者不得伸张，而诚信之人被怀疑、忠良之士被陷害，这些都是败德之事，必会招致各种祸乱变故。所以英明的君主在断诉讼、处理刑罚时，若毫无破绽可循，就要观察罪犯的言行举止。如果犯人有敬畏之色，且言辞哀怨，上堂行色匆匆，而迟迟不肯离开庭堂，还不时左顾右盼，反复叹息，这人必是蒙冤不得申诉；如果低头下语，胆怯退缩，喘息不定，竖耳倾听，沉吟作态，语无伦次，上堂姗姗来迟，离时匆匆忙忙，不敢回顾庭堂，这人必是急欲脱罪。孔子说："观察一个人所作所为的动机，和他做事的缘由，以及是否心安理得，则一切都将无所遁形了！"

【赏析】

"察疑"就是强调明君要善于明辨是非，知晓条件情况。作为领导者，对于各种情况要深入并实际地予以了解，不要只立足于个人的狭小天地，要知人、知外、知下、知贱，从而积极地去调整各方面。否则上混下乱，自然朝纲失纪，法度失明，群臣各怀狡诈利己之心，相互怀疑，必然招致祸患。在战争中，作为一军之将，洞察敌方一切行动意图,更是显得十分重要。没有明察秋毫的能力,要想取得战争的胜利,无异于缘木求鱼。

公元208年,曹操占领荆州后,准备一举歼灭东吴。曹操在赤壁和东吴形成对峙状态,曹军沿江建立24座水门水寨,大船像城墙一样在外面排成一排,而曹操手下的水军都督蔡瑁、张允又是深谙水战的骁将。当周瑜正在苦思对敌良策时,曹操派来劝降的说客蒋干前来拜访。周瑜察觉了蒋干此来的目的,于是故意向蒋干展现东吴军队的严整和粮草的充足,并且在酒宴上并假装喝醉,让蒋干和自己同榻而眠,故意让蒋干在书桌上看见一封蔡瑁、张允写给周瑜的信。蒋干不知是计,连夜跑回曹营,把信交给曹操。曹操看罢大怒,立刻把蔡瑁、张允叫来:"我准备让你们立即出战。"蔡瑁回答说:"不行啊,水兵还没有训练好,不能轻易出战。"曹操拍案而起:"恐怕等你们把兵训练好,我的人头早也献给周瑜了吧!"不由分说,立即把蔡瑁、张允斩首。正是由于周瑜明察秋毫,洞察了蒋干的动机后,将计就计,引诱曹操上当,因而取得了赤壁之战的重大胜利。而曹操却由于失察,没能"观其所以,观其所由,察其所安",兵败也就不足为奇。

古语说:"有国之主,不可轻易下结论说:举国上下,竟无一个深谋之臣;满朝文武,没有一个智能之士。关键在于国君了解考察得是否精细,是否确切。"

治 人

【原文】

治人之道,谓道之风化[①],陈示所以也。故经云:"陈之以德义而民与行,示之以好恶而民知禁。"日月之明,众下仰之,乾坤之广,万物顺之。是以尧、舜之君,远夷贡献,桀、纣之君,诸夏[②]背叛,非天移动其人,是乃上化使然也。故治人犹如养苗,先去其秽。故国之将兴,而伐于国,国之将衰,而伐于山。明君之治,务知人之所患皂服之吏[③],小国之臣。故曰,皂服无所不克,莫知其极,克食于民[④],而人有饥乏之变,则生乱逆。唯劝农业,无夺其时,唯薄赋敛,无尽民财。如此,富国安家,不亦宜乎?夫有国有家者,不患贫而患不安。故唐、虞之政,利人相逢,用天之时,分地之利,以豫[⑤]凶年,秋有余粮,以给不足,天下通财,路不拾遗,民无去就。故五霸之世,不足者奉于有余。故今诸侯好利,利兴民争,灾害并起,强弱相侵,躬耕者少,末作[⑥]者多,民如浮云,手足不安。经云:"不贵难得之货,使民不为盗;不贵无用之物,使民心不乱。"各理其职,是以圣人之政治也。古者齐景公之时,病民下奢侈,不遂礼制。周、秦之宜,去文就质,而劝民之有利也。夫作无用之器,聚无益之货,金银璧玉,珠玑翡翠,奇珍异宝,远方所出,此非庶人之所用也。锦绣纂组,绮罗绫縠,玄黄衣帛,此非庶人之所服也。雕文刻镂,伎作之巧,难成之功,妨害农事,辎軿[7]出入，袍裘索襗，此非庶人之所饰也。重门画兽，萧墙数仞，塚墓过度，竭财高尚，此非庶人之所居也。经云："庶人之所好者，唯躬耕勤苦，谨身节用，以养父母。"制之以财，用之以礼，丰年不奢，凶年不俭，素有蓄积，以储其后，此治人之道，不亦合于四时之气乎？

【注释】

①风化：教化引导。

②诸夏：诸侯。

③皂服之吏：地位卑下的小官。

④克食于民：对人民苛刻无度。

⑤豫：预防。

⑥末作：指工商业。

⑦辎軿：豪华的车子。

【译文】

治理国家的方法，就是用仁德来教化民众，并明确地告诉他们为什么要这样做。因此经书上说："用道德仁义来教育百姓，那么百姓就会跟着推行礼仪；明确地告诉百姓什么是好什么是坏，那么百姓就知道哪些行为是法律所不允许的。"因为日月光明，所以天下民众才仰望它；因为天地广阔，所以万物才能依附它。因此，只有像尧、舜那样贤明的君主，才能使遥远的少数民族都臣服；像桀、纣那样的暴君，连自己身边的诸侯也会背叛。这并不是上天改变了民众的心志，而是君主教导民众的不同所导致的结果。因此，统治民众要像培育幼苗一样，首先应剪除可能的夭枝，除掉缺点。而国家的兴盛，寄望于各地官吏能治理得法；国家的衰败，则植根于平民百姓。所以说，平民百姓的破坏力最大，假如不以此前提出发，对人民苛刻残暴，使老百姓饥饿困乏，必然会发生混乱。只有勉励农民耕种，不误农时；只有少征收赋税，才不会耗尽民众的财物。如此一来，国家富裕，民众安乐，这不是很好吗？那些拥有国家或家庭的人，不担忧贫困而去忧虑不安定。所以，尧、虞、舜之为政，是使人皆获利，其合理地利用天时地利，用来防备灾荒之年，而秋季收获的余粮，用来救济贫困的人，所以普天之下财源亨通、路不拾遗、百姓安居乐业。春秋五霸的时候，衣食不能满足的地区，可从财物有余的地区得到补充。而今各地诸侯都贪财好利，好利之风盛行，造成百姓之间相互争夺，各种灾难接连不断，蛮横的人欺负弱者，真正能够安心从事农业耕种的人越来越少，透过各种手段不劳而获的人越来越多，百姓像浮云一样游移四方，民心不稳，生活动荡不安。经书上说："不抬高稀有货物的物价，百姓就不会成为盗贼；不让无用的东西价格攀升，人心就不会混乱。"因此，让每一部门尽职尽责，是圣明君主的政治。从前齐景公在世之时，社会风气异常奢侈，不按照礼法行事。而周秦则法律简约，推崇质朴，教导百姓勤于耕作，从事对百姓有益的事。那些精心制成却没有任何作用的器物，聚敛没有任何益处的财货，像金银璧玉、珠玑翡翠等奇珍异宝，都是出自远方，不是老百姓日常使用的东西。锦绣纂组、绮罗绫縠等彩色绚丽的衣服，也不是老百姓日常能够穿着的。此外，讲求手工巧妙的金石木器之雕刻，往往妨害农业生产。出入都乘坐华丽的车子，身穿昂贵的衣衫，也都不是平民百姓所需。而装饰豪华的大门，修建高耸的围墙，或过度奢侈的坟墓，莫不竭尽财力来炫耀，这也不是平民百姓居住的地方。经书上说："平民百姓喜好的，只有辛勤劳作，对自身要求严格，节俭朴素，以便供养父母。"因此，使用财物有所节制，按照礼节来开支，丰收之年不浪费，饥荒之年就不会艰难，平常积累储蓄，以备来年用度。这种治理百姓的方法，不正像四季气候变化那样自然吗？

【赏析】

诸葛亮强调，治理国家要重视教化民众，让各个部门各司其职，做对百姓有益的事，并要建立各种制度安定民心，鼓励百姓勤于工作。总之，各个部门要严于自律、要节用，否则舍本逐末，损不足以奉有余，自然失民心，导致国家衰弱，祸起萧墙。

汉文帝刘恒是汉高祖刘邦的儿子，8 岁的时候，被封为代王，24 岁做了皇帝。他的母亲是汉高祖的妃子薄姬。薄姬因为害怕吕后，长期和儿子住在封地，不管朝中的事情，他们母子俩没有引起吕后的重视，所以，没有受到吕氏的陷害。

刘恒正式称帝以后，看到老百姓因为受战争残害都很穷，政府收不上来捐税。他想到首先要恢复农业生产。春耕开始的时候，他亲自带领文武百官到首都郊外去耕地、下种。他还叫皇后、皇妃在皇宫的园地里种桑养蚕，为广大农民做出榜样。

汉文帝知道老年人生产经验比较丰富，应当鼓励人们敬老扶幼。于是，他便下了一道命令：政府要关心无儿无女的老年人，关心没有父母的孤儿。政府借钱解决他们生活上的困难，还从政府的仓库里拨出一部分麻布和丝绵，发给他们做衣服。汉文帝实行的各项政策中，最受人欢迎的是减轻刑罚。他首先废除了一人犯法父母妻子同罪的法律，后来又规定了罚钱赎罪的法律，并且还废除了肉刑。

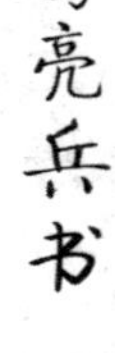

说起废除肉刑，那是汉文帝十三年（公元前 167 年）的事，当时，一位著名的医生，齐国太仓县的县令淳于意，因治病死了人，犯了法，被判处肉刑。那时候的肉刑有三种：在脸上刺字，割掉鼻子，砍去一只脚。因为淳于意是县令，是现任官吏，要到首都长安，由朝廷的司法机关来执行肉刑。

淳于意的小女儿缇萦跟随父亲去长安。缇萦到了长安，便托人写了一封奏章，到宫门口递给了守门人。汉文帝接到奏章，倒很重视。那奏章上写着："我叫缇萦，是太仓县令淳于意的小女儿。我父亲为官清廉，齐地人都称他是清官。他犯罪，受到刑罚是应该的。可是，肉刑是一种可怕的刑罚，刺了字，就终生难以抹掉；割掉鼻子，就不能再安上；以后就是想改过自新，也没有办法了。我情愿给官府当奴婢，替父赎罪，好让他有个改过自新的机会。”汉文帝看了信，觉得小姑娘说得也很有道理，便召集制订法律的官员，要他们用别的刑罚来代替肉刑，后来就改为以打板子来代替肉刑。

有一天，汉文帝出行。浩浩荡荡的车驾队伍刚走到中渭桥，还没出长安城，忽然从桥下蹿出一个人来，这人一见是皇帝的车驾，吓得晕头转向，不但不知躲避，反而向皇帝的乘舆跑去，差一点撞到驾辕的马身上。这马吓得长嘶一声，撒开四蹄奔跑起来。这一下，车错了辙，人喊马叫，中渭桥上乱作一团。费了好大劲，卫士们才制伏了那受惊的辕马。汉文帝又惊又气，命令卫队将领将惊驾的人迅速逮捕，交廷尉去治罪。

廷尉张释之经认真审理，便到皇宫向汉文帝奏报。汉文帝见了张释之，便急切地问：“那个人审得怎么样？”张释之不紧不慢地奏道：“臣已经审过了，那人是一时恐慌，犯了惊动皇上车驾的罪，按照条律，应处以罚金四两。”汉文帝一听，气得大声说：“这个人使我的马受了惊，幸亏这马性子柔和。否则，我不死也得受伤。你这个廷尉却只处他罚金四两。”

张释之连忙磕头，连声说：“圣上息怒，圣上息怒，臣以为，法律是天下通用的，百姓共守的。处以四两罚金是法律规定的。如果当时您让人把他当场杀了，也就杀了。现在交给廷尉处理，就应按法处理。陛下圣明，请您体察是不是这么个道理？”汉文帝思忖半天，点头说：“看来你是对的。”

公元前158年，匈奴起兵，侵犯上郡和云中一带。汉文帝连忙派将领率兵马去抵抗；另外，又派了三位将军带兵保卫长安。将军刘礼驻扎在灞上，徐厉驻扎在棘门，周亚夫驻扎在细柳。

有一天，汉文帝亲自到这些地方去慰劳军队，也顺便视察一下。他先到灞上，刘礼和他部下将领一听皇帝驾到，都纷纷骑着马出营迎接。护送汉文帝的车驾闯进军营，毫无阻拦。接着，他又到了棘门，也同样受到了隆重的欢送。

汉文帝慰问的第三站是细柳军。卫士们来到细柳营军门，见守门的将士们披盔带甲，弓上弦，刀出鞘，完全是大敌当前的样子。卫队的将领对守门的都尉威严地吆喝道：“皇上就要驾到，赶快开门迎接！”

都尉目不侧视，朗声答道：“将军有令，军中只听将令，不受天子诏。”卫队的官员正要同都尉争执，文帝的车驾已经到了。没想到守营的都尉照样拦住。汉文帝只好命令侍从拿出皇帝的符节，派人给周亚夫传话：“皇上要进营劳军。”

周亚夫下令打开营门，让汉文帝的车驾进来。护送文帝的人马一进营门，守门的都尉又郑重地告诉他们：“我们军中有规定：军营内不许车马奔驰。”侍从的官员都很生气，但文帝却吩咐大家放松缰绳，缓缓地前进。到了营前，只见周亚夫全身披挂，威风凛凛地站在汉文帝面前，拱拱手作个揖，说：“臣盔甲在身，不能下拜，请

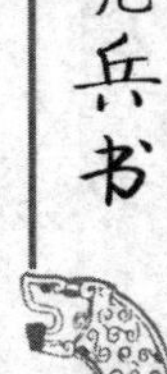

允许我按军礼相见。”汉文帝站起来，扶着车前的横木，向周亚夫表示答礼。

汉文帝派人向全军将士传达了他的慰问，赐下了美酒牛羊，完成慰问仪式后，缓缓离营而去。

在回长安的路上，侍从们议论纷纷，认为周亚夫对皇帝的车驾太没有礼貌。但是，汉文帝却赞不绝口，认为灞上和棘门，就跟小孩闹着玩一样，如有敌人偷袭，不做俘虏才怪呢。像周亚夫这样治军，才是真正的将军，敌人怎敢侵犯他啊！

不久，便提升周亚夫为都尉，负责京城的军事。

汉文帝刘恒是中国历史上一位贤明皇帝，汉朝在这一时期开始出现繁荣局面，与他善于用人、择善而从是分不开的。

爱护百姓，爱惜民力，是每一个当朝者都应该做到的。须知，“水能载舟，亦能覆舟”啊！

举　措

【原文】

举措[①]之政，谓举直措诸枉也。夫治国犹于治身，治身之道，务在养神，治国之道，务在举贤。是以养神求生，举贤求安。故国之有辅，如屋之有柱，柱不可细，辅不可弱；柱细则害，辅弱则倾。故治国之道，举直措诸枉，其国乃安。夫柱以直木为坚，辅以直士为贤；直木出于幽林，直士出于众下。故君选举，必求隐处，或有怀宝迷邦[②]，匹夫同位；或有高才卓绝，不见招求；或有忠贤孝弟，乡里不举；或隐居以求其志，行义以达其道；或有忠质于君，朋党相谗。尧举逸人[③]，汤招有莘，周公采贱，皆得其人，以致太平。故人君县赏当以待功，设位以待士，不旷[④]庶官。辟四门[⑤]以兴治务，玄纁[⑥]以聘幽隐，天下归心，而不仁者远矣。夫所用者非所养，所养者非所用，贫陋为下，财色为上，谗邪得志，忠直远放，玄纁不行，焉得贤辅哉？若夫国危不治，民不安居，此失贤之过也。夫失贤而不危，得贤而不安，未之有也。为人择官者乱，为官择人者治。是以聘贤求士，犹嫁娶之道也，未有自家之女出财产妇。故女慕财聘而达其贞，士慕玄纁而达其名。以礼聘士，而其国乃宁矣。

【注释】

①举措：任用和废置官员。

②怀宝迷邦：怀才不遇。

③逸人：遁世隐居之人

④旷：冷落。

⑤四门：学官名，始于北魏太和二十年，设立“四门博士”。

⑥玄纁：玄、纁是两种染料，引申为聘请贤士的赞礼。

【译文】

擢用和废置官员，重在任用正直贤良，摒弃奸佞邪恶。治理国家就好比修身，其关键在于修身养性；治国的关键，则在于选拔任用贤能。修身养性是为求身体安康，举贤任能则为国家的安定。所以，国家有贤良之士辅助，就如同房屋之有柱子，柱子不能太小太细，辅佐国家者也不能懦弱无能。如果栋梁细，房屋必会倒塌；如果辅佐的人懦弱，国家也会衰亡。由此可知，要治理好国家，就必须重用正直的贤良之士，而摒弃奸佞小人，唯有如此国家才能安定兴盛。房屋的栋梁必须使用圆直坚实的木头，而国家的辅佐也必须由耿直的贤能充任。坚实圆直的木材通常生长在森林之中，而耿直的贤才往往出身于平民百姓。所以，君主若想起用贤能，一定要到卑微的隐居处去寻访。有些人怀才不遇，使他们只能与一般普通百姓一起生活；有些人高超卓绝、贤能孝顺，却得不到起用或不被乡里举用；而有些人忠心耿耿，却受到奸党的诬陷。帝尧重用避世隐居之人，商汤招用有莘氏，周公从地位卑微的人中求贤，他们都找到了旷世奇才，终能实现太平社会。所以君主应该公开宣布奖赏来对待有功之臣，设置高的职位来礼遇贤士，同时不冷落一般的官员。若能广开门路来振兴国家政治，用玄纁来聘用隐士奇才，普天之下同心一意，则没有仁德之心的人就会远避；若轻视地位卑微的人，推崇财色，重用奸佞小人，而忠诚耿直的贤良之士却被流放，玄纁不施行，又怎能获得贤能的辅佐呢？一个国家混乱不稳定，百姓就不能安居乐业，这是没有任用贤能的过错所造成。自古以来，从来都没有不用贤能而国家却没有危险，任用贤能而国家却不安全的先例。如果官职因人而设，国家必会混乱，反之择才任官，则必能治理好国家。所以聘用贤良和婚嫁的道理一样，从来都没有过主动出嫁，还拿出钱财去当人家媳妇的女子。因此，女子是因为得到聘礼而献出自己的贞节，贤能的人是因为喜爱玄纁而去实现自己的声名。用礼仪去聘用贤士，国家才能安宁兴盛。

【赏析】

诸葛亮在此指出了举荐的原则，要以官择人，不要以人择官。在任用官员上要以品行、才干为标准，重用正直贤良的人才，而且要尊敬并善待贤能之士，这样才会不断有能人来辅佐君王，国家才能安定兴盛。王安石《兴贤》云：“国以任贤使能而兴，弃贤专已而衰。”古今中外，凡是大有作为的统帅其周围都是贤士如云，形成一个强大的人才集团；他能礼贤下士，知人善任，使士尽其贤，人尽其能，因而功业显赫。“为人择官者乱，为官择人者治”，这句话在今天仍有重要的借鉴意义。

唐朝之所以能够兴盛，和唐太宗能选拔和任用贤才是密不可分的。唐太宗在位时，就对群臣申明了自己选拔起用贤能的观点：“君主必须至公无私，才能服天下人的心。我和你们每天的吃穿，都是取之于百姓，所以设立官职，就是要为民众做事。那么在选用贤才方面，就绝不能按照关系的亲疏、资格的新旧来决定官职的大小。”他曾经和魏征讨论过用人的问题，他说：“为事择官，切不可轻率。任用了一个好人，别的好人就会一起来；但如果任用了一个坏人，那么别的坏人也会跟进来。”魏征说：“这是对的。现在天下已定，必须选择德才兼备的人。”唐太宗此后一直遵守着这个选拔和任用官员的原则。

唐太宗还要求德彝举荐人才，德彝说：“不是我不留心，只是现在已经没有贤才可推荐了。”唐太宗立刻反驳：“用人就好像用器，应该各取所长。以前同样有过太平盛世，难道说那时的人才是从别的朝代借过去的吗？你自己不能发掘人才，就不要推说是现在没有人才了。”唐太宗相信当世有很多贤能之士，只要随时留心，就能够发现许多文武奇才。公元643年，唐太宗还在凌烟阁画了二十四功臣像，从这些功臣的背景看来，唐太宗在举贤用能方面的确是不拘一格的。

但是到了唐朝的中宗年间，却不再任人唯贤了，而是开始信任并重用宦官。在3000多宦官中，杨思勖、高力士尤受重用。在唐朝的旧制中，宦官品级最高不得登三品，但杨思勖竟然被封为一品的骠骑大将军，后来甚至被封为虢国公。高力士比杨思勖更得宠信，开元末年，臣子们的奏章都得先经过高力士，小事他就直接处理了，大事才告诉唐中宗。当时很多居相为将的人，比如宇文融、李林甫、杨国忠、安禄山、安思顺、高仙芝等等，都是透过贿赂高力士才谋得官职。唐中宗先后任命李林甫和杨国忠为宰相，这二人是善于“迎合上意”的佞臣，不仅完全不指出唐中宗在朝政上的得失，反而在摸清了唐中宗的骄侈心理后，一切顺从他的意愿，让他放心纵欲，得到无止境的满足。此外，他们还四处搜刮民脂民膏，广收贿赂，而对于真正有才能的人却“妒贤嫉能，排抑胜己；杜绝言路，掩蔽聪明。”就这样，唐中宗在用人方面的重大失误，不仅造成了唐朝中期的祸乱，也使得原本统一和平的王朝逐步分裂并充满战乱。

《诗经》中说过，即使是卑贱的牧人和樵夫也应该向他请教。唐太宗和唐中宗两位国君在选拔任用官吏的不同准绳，也带来了不同的后果，前者使国兴，后者使国乱。刘备在无立足之地时请来了诸葛亮，才能三分天下而得其一；刘邦被困汉中时拜韩信为大将，才有灭楚而一统天下的结局。从古至今，国家的兴衰都是和举措是否得当有着密切的联系。

考　黜

【原文】

考黜[①]之政，谓迁善黜恶。明主在上，心昭于天，察知善恶，广及四海，不敢遗小国之臣，下及庶人，进用贤良，退去贪懦，明良上下[②]，企及国理，众贤雨集，此所以劝善黜恶，陈之休咎[③]。故考黜之政，务知人之所苦。其苦有五。或有小吏因公为私，乘权作奸，左手执戈，右手治生，内侵于官，外采于民，此所苦一也；或有过重罚轻,法令不均,无罪被辜,以致灭身,或有重罪得宽,扶强抑弱,加以严刑,枉责其情,此所苦二也;或有纵罪恶之吏,害告诉之人,断绝语辞,蔽藏其情,掠劫亡命,其枉不常,此所苦三也:或有长吏数易守宰,兼佐为政,阿私所亲,枉克所恨,逼切为行,偏颇不承法制,更因赋敛,傍课采利[4],送故待新,夤缘[5]征发,诈伪储备,以成家产,此所苦四也;或有县官慕功,赏罚之际,利人之事,买卖之费,多所裁量,专其价数[6],民失其职,此所苦五也。凡此五事,民之五害,有如此者,不可不黜,无此五者,不可不迁。故书云:"三载考绩,黜陟幽明。"

【注释】

①考黜:考核罢黜。
②明良上下:官员皆不逾越职权。
③休咎:美善和过失。
④傍课采利:中饱私囊。
⑤夤缘:拉拢关系,向上巴结。
⑥专其价数:抬高物价以垄断。

【译文】

君主要政治清明就必须考核官员,升迁那些治绩良好的官吏,罢免那些治绩不佳、品行恶劣的官吏。一个英明的君主,心胸光明上天可鉴,其能够观察知晓是非善恶,遍及四海之内,连地方上的小吏和平民百姓,也都不会遗漏。并招用贤良之才,斥退那些贪财好利、懦弱怕事的人,使上下官员皆不逾越职权,国家得到治理,众才云集。而施行奖、善、黜、恶的政策,必须陈述美、善,或过失之处,以消除隐患。

所以推行“考黜”的政策，务必先了解人民的疾苦。通常人民的疾苦主要是由五个原因所造成：一是有些贪官污吏借职权之便胡作非为、假公济私，他们瞒上欺下，压榨百姓，百姓敢怒不敢言；二是有些官吏执法不公，有人罪行深重，受到的惩处却很轻；有人没有犯罪却蒙受冤枉，甚至杀身丧命；有人犯了罪却得以宽免，这是官吏恃强凌弱，使无辜的人蒙受不白之冤；三是有些官吏包庇罪犯，陷害告发奸情的人，为隐瞒实情，不惜湮灭证据，甚至杀人灭口；四是有些官吏偏袒亲信，打压自己忌恨的人，威逼利诱，执法有所偏颇，还利用征收赋税的机会，获取私利。或者利用旧官去职、新官上任的机会，极力攀附巴结新到任的长官。更有假借微赋之名，谎报储备的数目，将其中的部分据为己有，扩增私产；五是有些县官贪功好利，利用行赏处罚的机会，从中获取利益，或者介入经商活动，为一己私利垄断物价，与民争利，使百姓蒙受损失。这是祸害百姓的五种情况。对于有上述行为的官吏，不能不罢免，而没有这五种恶行的官吏一定要升迁。所以《尚书》上说：“经过三年时间的考核，那些没有治绩的官吏必须罢免，那些治绩显著的官吏应给予提升。”

【赏析】

君主要治理好国家，就必须对臣下们的政绩进行考察，做到任人唯贤、任人唯德、任人唯能，如果贪官污吏得不到罢免和惩罚，政绩显著的官员又得不到升迁和奖赏，必会造成人人离心，士无斗志，最终酿成国家祸患。所以，诸葛亮在此明确指出考核在任官员的原则，对治理地方政绩良好的官员一定要升迁，对政绩不佳、品行恶劣的官员要坚决罢免。

《晋记·总论》中记载：司马氏建立晋朝以后，当时世风日下，是非颠倒。士人学的是老庄，谈的是虚无，做人形同禽兽为通达，仕进以无耻苟得为才能，当官以照例署名为高尚。凡是放弃职事毫不用心的人，都能享受盛名。如果有人真心做事，反而会被嘲笑轻视。朝廷在用人方面，是看什么人给什么官，而不是看什么官该用什么样的人；求官的人，也是只选择有利可图的官职，没有好处的官职就不做。有的大官身兼十几个职务，实际上却是什么事也不管，或者在处理政务上十件事有八、九件都是错误的。而朝廷根本不去考核官员，各级官员的升降完全不依据政绩好坏来决定。直到公元 290 年，晋武帝死后，杨骏、杨皇后夺权，混乱的朝纲终于引发了大乱。

和司马氏的晋朝相比，武则天在统治天下时虽然是以高官厚禄来笼络人心，但她却很看重对官员们政绩的考察。在《通鉴》中就有这样的记载：“虽滥以禄位收天下人心，然不称职者，便黜之，或加刑诛。挟刑赏之柄以驾驭天下，政由己出，明察善断，故当时英贤亦竞为之用。”凡是真正忠心而且政绩优秀的官员，她甚至能从当时酷吏的陷害中把他们保出来，所以始终有一批愿意为她效力的能臣，辅佐她成为历史上成功的皇帝之一。

可见,政治不清明,官府自然腐败,政局自然动荡,治国者应当深思。

中国古代著名的文学家白居易把贤才比做国宝,他说:“古称国之宝,谷米与贤才”。在农业社会里粮食是最重要的物质,古人把人才与谷米等量齐观,足见人才的重要性。任人唯贤是千年政治文明不懈追求的理想境界,更是我们现在提高领导干部队伍执政能力,构建社会主义和谐社会的必然要求。

任人唯贤是一种领导责任。人才的发现、培养、使用是领导工作、管理艺术的一项重要内容,任人唯贤是领导干部义不容辞的责任。任人唯贤是领导作风的体现。用人上的不正之风是危害最大的不正之风,用人是否公正是检验领导作风的直接标尺。领导干部要自觉加强党性锻炼,坚决抵制跑官要官、权钱交易等不良风气,真正做到选贤任能,对那些实绩突出、群众公认的干部进行重点培养和推荐,形成良好的用人导向。对那些不顾大局、不守纪律、闹不团结、德才平庸的人,那些不讲原则、回避矛盾、吹捧逢迎、见风使舵的人,那些争名夺利、弄虚作假、欺上瞒下、不关心群众疾苦的人,那些投机钻营、拉拉扯扯、跑官要官的人,不仅不能推荐,还要认真批评教育。任人唯贤是领导能力的体现。个人的能力再大也有局限,一个成功的领导者必定是知人善任,善于发挥其他人的长处,共同围绕组织目标开展工作的人。

任人唯贤要靠制度保障。唐太宗李世民是一代明君,他起用贤才,纳谏如流,开启了辉煌的大唐盛世。但由于后来的唐朝当政者任用了杨国忠、安禄山等一批奸臣,唐朝逐渐走向衰落,最后哀帝李祝被迫让位于自己的重臣朱温,唐朝灭亡。这说明任人唯贤仅靠领导者的坚持并不可靠,归根结底还是要靠制度来推进、来保障。用科学的选人用人制度保证把人选准用准,是确保选贤任能、防止和纠正用人上不正之风的治本之策。要围绕如何按照公平、公开、公正和择优的原则,搞好对选拔领导干部人选的定性与定量考察,进一步建立健全干部考察、考核体系;围绕强化领导责任,加强对选人用人的监督,进一步完善用人失察责任追究制度;围绕能上能下、加大“下”的力度等重点问题,进行深入研究,畅通干部进退流转渠道;围绕扩大民主、扩大干部选任的民意基础,加大公开选拔、竞争上岗力度,健全群众监督、群众参与干部选任工作的机制,使任人唯贤得到真正的贯彻和落实。

治　军

【原文】

治军之政,谓治边境之事,匡救大乱之道,以威武为政,诛暴讨逆,所以存国家安社稷之计。是以有文事必有武备,故贪血之蠡①,必有爪牙之用,喜则共戏,怒则相害。人无爪牙,故设兵革之器,以自辅卫。故国以军为辅,君以臣为佐,辅强则国安,辅弱则国危,在于所任之将也。非民之将,非国之辅,非军之主。

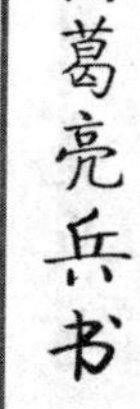

故治国以文为政，治军以武为计。治国不可以不从外，治军不可以不从内。内谓诸夏，外谓戎狄。戎狄之人，难以理化，易以威服。礼有所任，威有所施，是以黄帝战于涿鹿之野，唐尧战于丹浦之水，舜伐有苗，禹讨有扈，自五帝三王[②]至圣之主，德化如斯，尚加之以威武，故兵者凶器，不得已而用之。

夫用兵之道，先定其谋，然后乃施其事。审天地之道，察众人之心，习兵革之器，明赏罚之理，观敌众之谋，视道路之险，别安危之处，占主客之情，知进退之宜，顺机会之时，设守御之备，强征伐之势，扬士卒之能，图成败之计，虑生死之事，然后乃可出军任将，张禽敌之势，此为军之大略也。

夫将者，人之司命，国之利器，先定其计，然后乃行。其令若漂水暴流，其获若鹰隼之击物，静若弓弩之张，动如机关之发，所向者破，而勍[③]敌自灭。

将无思虑，士无气势，不齐其心，而专其谋，虽有百万之众，而敌不惧矣。非仇不怨，非敌不战。工非鲁班之目，无以见其工巧；战非孙武之谋，无以出其计运。夫计谋欲密，攻敌欲疾，获若鹰击，战如河决，则兵未劳而敌自散，此用兵之势也。

故善战者不怒，善胜者不惧。是以智者先胜而后求战，暗者[④]先战而后求胜；胜者随道而修途，败者斜行[⑤]而失路；此顺逆之计也。

将服其威，士专其力，势不虚动，运如圆石，从高坠下，所向者碎，不可救止。是以无敌于前，无敌于后，此用兵之势也。

故军以奇计为谋，以绝智为主，能柔能刚，能弱能强，能存能亡，疾如风雨，舒如江海，不动如泰山，难测如阴阳，无穷如地，充实如天，不竭如江河，终始如三光[⑥]，生死如四时，衰旺如五行，奇正相生，而不可穷。

故军以粮食为本，兵以奇正为始，器械为用，委积为备。故国困于贵买，贫于远输，攻不可再，战不可三，量力而用，用多则费。罢去无益，则国可宁也；罢去无能，则国可利也。

夫善攻者敌不知其所守，善守者敌不知其所攻。故善攻者不以兵革，善守者不以城郭。是以高城深池，不足以为固；坚甲锐兵，不足以为强。敌欲固守，攻其无备；敌欲兴阵，出其不意；我往敌来，谨设所居；我起敌止，攻其左右；量其合敌，先击其实。不知守地，不知战日，可备者众，则专备者寡。以虑相备，强弱相攻，勇怯相助，前后相赴，左右相趋，如常山之蛇，首尾俱到，此救兵之道也。

故胜者全威，谋之于身，知地形势，不可豫言。议之知其得失，诈之知其安危，计之知其寡，形之知其生死，虑之知其苦乐，谋之知其善备。

故兵从生击死[⑦]，避实击虚。山陵之战，不仰其高；水上之战，不逆其流；草上之战，不涉其深；平地之战，不逆其虚；道上之战，不逆其孤。此五者，兵之利，地之所助也。

夫军成于用势，败于谋漏，饥于远输，渴于躬井[⑧]，劳于烦扰，佚于安静，疑于不战，惑于见利，退于刑罚，进于赏赐，弱于见逼，强于用势，困于见围，惧于先至，惊于夜呼，乱于暗昧，迷于失道，穷于绝地，失于暴卒，得于豫计。

故立旌旗以视其目，击金鼓以鸣其耳，设斧钺以齐其心，陈教令以同其道，兴赏赐以劝其功，行诛伐以防其伪。昼战不相闻，旌旗为之举；夜战不相见，火鼓为之起；教令有不从，斧钺为之使。

不知九地[9]之便，则不知九变[10]之道。天之阴阳，地之形名[11]，人之腹心[12]，知此三者，获处其功。知其士乃知其敌，不知其士则不知其敌，不知其敌，每战必殆。故军之所击，必先知其左右士卒之心。

五间[13]之道，军之所亲，将之所厚，非圣智不能用，非仁贤不能使。五间得其情，则民可用，国可长保。故兵求生则备，不得已则斗，静以理安，动以理威。无恃敌之不至，恃吾之不可击。以近待远，以逸待劳，以饱待饥，以实待虚，以生待死，以众待寡，以旺待衰，以伏待来。整整之旌，堂堂之鼓，当顺其前，而覆其后，固其险阻，而营其表，委之以利，柔[14]之以害，此治军之道全矣。

【注释】

①蝨：蠹虫。

②五帝三王：五帝，古代传说中黄帝、颛顼、帝喾、尧、舜五位帝王。三王，传说中远古部落燧人、羲义、神农三位酋长。

③勍：强。

④暗者：愚昧的人。

⑤斜行：寻求捷径。

⑥三光：日、月、星辰三光。

⑦从生击死：能保全自己并击毙敌人。

⑧躬井：亲自打井。

⑨九地：各种地形。

⑩九变：各种随机应变的道理。

⑪形名：各种具体情况。

⑫腹心：指心理活动。

⑬间：间谍。

⑭柔：转化。

【译文】

治军的策略，就是治理边疆、巩固国防、挽救国家动乱局面的方法。其以威严武力为宗旨，消灭暴乱、讨伐叛逆，是维护国家安定的大计。因此，统治国家要有文治也要有武备，就像蛀虫，必须有爪、牙作为自己的工具，高兴时用来游戏，愤怒时用它来互相残害；人没有爪牙这样的工具，所以设置军队作为自己的辅助力量。国家靠军队来保卫，国君以臣子为辅佐，辅助力量强大国家就安全，辅助力量弱小国家就有危险,其关键在于国君任命的将领。不是替百姓考虑的将领,就不是国家的良臣,也不是军队的主帅。

因此,治理国家以文治为原则,治理军队则依据武功为根本;治理国家必须从外部考虑,治理军队则必须考虑内部。所谓“内”就是华夏诸族,而所谓“外”是指戎、狄等少数民族。戎和狄这些少数民族,很难用道理教化他们,用武力征服反而比较容易。总之,有的能以礼感化,有的则必须以武力征服。因此,黄帝在涿鹿附近的原野与蚩尤开战,唐尧与丹朱战于丹水之滨,舜讨伐有苗氏,禹讨伐有扈氏。从三皇五帝这些最圣明的君主来看,他们的道德感化如此,还不免要使用武力,所以说军队是凶器,迫不得已时才使用它。

至于用兵打仗的原则,首先须制定策略,然后才能依计行事。出兵时,必须了解天时、地理等各方面的自然状况,观察士兵作战的心理状态,训练士兵熟练地使用各种武器装备,明确地指出奖励和处罚的有关规定,鼓励士兵英勇作战,观察敌人的战术策略,弄清楚道路的险阻平坦,分辨出安全和危险的地方,分析敌我力量,充分利用进攻和退守的时机,做好防御敌人进攻的准备,加强出征讨伐的力量和声势,激发士兵的士气,认真谋划取胜避败的策略,反复考虑军队可能的伤亡,然后才能任命将帅领兵出战,摆开进攻的阵势,这些都是指挥军队作战的大致方略。

将帅,是军队的主宰、国家的锐利武器,必须先制定计划,然后才展开行动。下达命令时就像洪水暴发,攻击敌人则像鹰隼扑击猎物般迅疾;静止的时候,就像弓弩拉开那样地沉稳不动;行动时,就像机关发动那样快捷,所向披靡,强敌不攻自破。

将帅没有周密的策略,士卒没有必胜的气势,军队上下就不能同心协力,即使有百万大军,敌人也不会害怕。不是仇人不痛恨,不是敌人不攻击。工匠如果没有鲁班那样的眼力,就无法做出技艺精湛的制品;将帅若没有孙武那般的谋略,就不能周密地筹划战争的进程。所以计谋周密,就能迅速歼敌,而擒获敌人就像雄鹰扑击猎物,作战就像河水决堤一泻千里,那么我们的士卒还未劳顿,敌人早已四处逃散,这就是指挥作战的用兵之势。

因此,能征善战的将帅即使遇到任何问题都能镇定自若;善于取胜的将帅即使遇到强敌也毫不畏惧。明智的将帅是先有必胜的把握才开战,而愚昧的将领则是先与敌方交战再求获胜的方法。善于克敌制胜的人会顺着进军的道路进行修补,失败者则为了寻求捷径而迷失方向,这就是顺应和违背事物的本来规律而导致的不同结果。

将帅应为军队树立威严,士兵们全力为军队效力,兵势不轻易动用,一旦动用则势不可挡,就像巨大的圆石从高处坠落,所有遇到的东西都被击得粉碎,无法挽救和阻止。因此前面没有敌人敢阻挡,后面没有敌人敢追击,这就是动用兵势的结果。

所以出兵打仗应以出人意料的计策为谋略，以非凡的智慧为主导，有刚有柔，能弱能强。能夺取胜利并且不怕牺牲，迅速时如疾风暴雨，舒展时如江海广阔无边，稳固时像泰山般岿然不动，神秘莫测如阴阳运行，辽阔如广袤的大地，充实像无边的天空，滔滔不绝如江河奔流，周而复始像日、月、星辰的运转，生与死如春夏秋冬四季之变换，衰落兴旺像阴阳五行相生相克，无穷无尽。

将帅用兵以粮草为本，用兵开始就奇正相合，使用各种器械，积聚各种作战的物资。国家会因此物价上涨而贫困，这是因为军队远途运输军需品，因此进攻敌人不宜连续作战，而要根据自己的实力作战，如果没有计划必将消耗国力。避免无益处的征战，国家必会安定；而避免失败的战争，国家必会获得利益。

擅长进攻的军队会让敌人无从防守，而擅长防守的军队必会让敌人无从进攻。换言之，善于进攻的军队不用武器也能降服敌人，善于防守的军队不倚靠坚固的城池，敌人也无法攻破。所以，有高墙深河的防护不能算是坚固，有穿着铠甲、手持锐利武器的士兵不能算是强大。敌人如果长期坚守，就攻击其毫无防备的地方；敌军要与我军交战，就趁其不备时出击；与敌交战，应该慎选安寨扎营的地方；敌人按兵不动，我军就从两翼攻打他；预料到敌人要聚合兵力，就攻打其关键部位。在不清楚地理优势和交战日期的情况之下，要先多制定几套作战的方案，但专为特殊作战而备的方案要少。并周密考虑以做好准备，而强弱相结合，勇猛和怯懦相助，前后照应，左右偕行，就像常山的蛇一样首尾相连，攻其中段，首尾都来救助，这是救兵的办法。

因此，擅长打胜仗的将帅要保持自己的威严，胸怀韬略，能够凭借不同的地形随机应战，并且不事先告诉别人。能够分析战局，比较敌我双方的优势与劣势。引诱对方出兵，以观察敌军兵力部署的危险性与安全性。并运用各种计谋，判断对方兵力有多少。而采取行动之前，会先了解敌人战斗力的强弱，侦察思考敌方将士的战斗情绪，同时用计试探，以了解敌人的防守情况。

所以行军打仗要从保全自己、击毙敌人为出发点，必须避开敌人防守坚固的地方而攻打敌人防守空虚的地方。在高山丘陵地区作战，不要去仰攻驻扎在高处的敌人；在水上与敌作战，不应逆着水流；在草地荒原中作战，不要进入杂草丛生的地方；在开阔的地方作战，不要放过势单力薄的敌人；在道路上与敌人相遇，不要放过孤军深入的敌人。这五个方面，就是用兵打仗中借着有利地形为辅，以取得作战胜利的有利因素。

行军作战，要取得成功，在于善加运用各种有利的优势，而招致失败在于泄露作战部署。饥饿是因为运输给养道路遥远，士兵自己汲井打水是干渴的表现，劳顿了就会产生烦扰，闲逸了是由于生活平静，长时间不作战士兵就会心生疑惑，贪图小便宜就会产生混乱，后退是由于士兵被处以刑罚，英勇作战是由于给予奖赏，被迫作战的军队必定是弱军，军队强大是由于用势，陷于困境是由于被敌人包围，恐惧是由于首先到达阵地，夜间呼叫是由于惊恐，军队混乱是由于将帅无能，迷失方向是由于找不到道路，穷困是由于陷入绝地，失去军心是由于对待士卒过于残暴，而成功在于事先预谋。

因此，挥舞战旗是为了使全军井然有序，鸣金击鼓是为了形成一种宏大的气势，设立斧钺、严正军纪是为了让全军上下齐心，申明教令是为了统一全军的思想，实施奖赏是为了激发将士战斗的勇气，实施刑罚是为了避免奸伪。白天作战听不到号令，就利用旌旗来指挥部队行动；夜晚战斗看不见信号，就用火光和鼓声来指挥战斗；如果不听命行事，就用军纪迫使他们服从。

不了解各种地形的利弊，就不清楚各种随机应变的道理。如果能了解大自然的变化、地理形势的各种状况和士兵的所思所想，就能够获得成功。了解敌军的情况必知如何制服敌人，不了解敌人的情况将不知道如何战胜敌人，一旦不了解敌军情况，必然屡战屡败。所以军队在进攻之前，必须先探知敌军主将的作战方针。

担任间谍的人，必须是部队的亲信、主帅所器重的人。没有聪明智慧的人不能任用，不是仁义贤能的人不能驱使。善用间谍，便能探知敌方的各种情况，则人民无忧，国家可长保太平。所以，如果想使军队在作战中获胜，必须预先做好准备，万不得已的时候才用武力。部队驻扎时要井井有条，才能确保安全；行军打仗时要纪律严明，才能保持军容威武。不要存着侥幸之心以为敌人不会前来冒犯，而应倚仗我军准备充分，使敌人不敢进犯。作战时，要以近待远，以逸待劳，以饱待饥，以实待虚，以生待死，以众待寡，以旺待衰，以伏待来。整齐的战旗，威武的鼓声，一方面与敌人正面刀枪相接，另一方面挥兵从敌后拼杀，并严守险阻，扎好营寨，汇集各种有利条件，转化各种不利因素，这就是治军的所有道理了。

【赏析】

本章论述治军的原则，治理国家以文为本，治理军队则以武为根。军队行军打仗，策略相当重要。将帅的优劣，关系着军队和国家的安危。优秀的将帅胜不骄，败不馁，恩威并济，出奇制胜。他们往往善于分析战争的利弊，因地制宜，依时就势，扬长避短，治理军队井井有条，知己知彼，针对来犯之敌巧用各种计谋，因势利导，创造胜利的条件，使自己永远立于不败之地。

1643 年，张献忠据守的军事重镇岳州被明军攻占，张献忠急于夺回，但岳州城沟深墙高，易守难攻，起义军又一时难以调集优势兵力。该怎么办呢？他思前想后，最后决定用计夺取。

一天，岳州城墙上守望的明军发现一艘起义军的大船正顺风而来，船上装满了军械粮草。守将立即调派 3000 兵，登上舰船前去拦截。起义军一见明军追来，赶紧转舵逃跑。明军紧追不舍，很快便追上这艘大船。驾船的起义军士兵见状，毁掉船舵，纷纷跳水逃逸。明军登上大船，见到满船军械粮草，十分高兴，但大船船舵已坏,无法行驶,遂将船上物资搬上小船,得意扬扬地回城了。

行不多时,突然从芦苇丛中冲出无数小船,直扑明军船队。装满军械粮草的明军船舰不易驾驶,乱成一团,伤亡十分惨重。剩下的明军士兵只好弃船上岸,企图走陆路回城。岂料岸上也有伏兵,明军再次遭到围攻,只有少数残兵败将逃回城中。经此一役,守卫岳州的明军主力遭到毁灭性的打击,剩下的少数明军无力再战,只好趁夜逃走。起义军不发一矢,大摇大摆地进驻岳州城。

古时作战,如果敌人城高池深,必增加攻城难度,往往得不偿失。最好的办法就是引蛇出洞,将敌人引诱到城外聚歼。张献忠正是运用这方法,以满载物资的大船将岳州城中的明军主力引至埋伏圈里,予以聚歼,而岳州城守军遭削弱后,就再也没有信心坚守了。起义军不用一刀一矢便轻松地占领全城,这与伤亡万千、围攻数月的效果相比,不是天壤之别吗?

《孙子兵法》说:“攻而必取者,攻其所不守也。”诸葛亮在“治军”中也强调此原理。所谓“不守”,包括军事和心理两方面。善战者“以奇计为谋,以绝智为主”。汉代有一位颇具盛名的守边大将,名叫李广,他不仅武艺出众,而且善用计谋。侵扰边境的匈奴人都很怕他。一天,几十名汉军骑兵在边界上巡逻,突然与三个匈奴骑士相遇,对方搭弓放箭,眨眼之间汉军骑兵纷纷中箭落马,只有一名军官负伤逃了回来。李广听罢负伤军官的报告,沉吟良久后说:“这些人一定是匈奴中的射雕人。他们箭法精良,留下来必生后患。”说罢随即上马,带了百余名骑兵直扑出事地点。那几个匈奴兵正悠然回营,听到行人追来,大惊,拨马就要逃走。李广箭无虚发,“嗖——嗖——”两箭,就射倒两人,又一箭再射中剩下那人的坐骑,将其生擒活捉。就在李广完成任务,准备回营时,远方地平线上扬起一片烟尘,几千名匈奴骑兵赶了过来。李广深知这时策马狂奔也难以逃脱,索性下令全部骑兵直向匈奴大军逼近,在离匈奴人仅有二里远的地方,李广下令士卒解鞍下马,若无其事地休息起来。

匈奴人本来就对汉军小股人马敢于远离大营表示怀疑,此时见汉军竟敢逼近,更加惶恐不安,于是列好阵势,却不敢发动攻击,生怕中了埋伏。两军相持了半天,匈奴军中冲出一名骑白马的将领,想来一探虚实。李广翻身上马,领着十几名骑兵迎上前去一齐放箭,那白马将领顿时丧命马下。李广射杀白马将领后,仍从容地拨马转回阵中,又解下马鞍,让战马自由吃草,自己却躺倒在草地上。天色渐渐地黑了下来,匈奴看着李广这些人的奇怪举动,始终不敢轻举妄动。半夜,匈奴以为汉军主力会趁夜包抄过来,便悄悄地撤退走了。

《孙子兵法》里有一句话:“敌虽众,可使无斗。”有的注释家解释为:敌军虽然众多,但不了解我军军情,戒备还来不及,怎么敢与我搏斗呢?李广巧退匈奴兵,用的就是这个计策。可见,战争之事往往不能以常理测度,若能出奇大胆的行动,反而能带来人们意想不到的结果,李广退匈奴就是其中最典型的一例。

赏　罚

【原文】

赏罚之政，谓赏善罚恶也。赏以兴功，罚以禁奸，赏不可不平，罚不可不均，赏赐知其所施，则勇士知其所死；刑罚知其所加，则邪恶知其所谓。故赏不可虚施，罚不可妄加，赏虚施则劳臣[①]怨，罚妄加则直士恨，是以羊子羹有不均之害，楚王有信谗之败。

夫将专持生杀之威，必生可杀，必杀可生，忿怒不详，赏罚不明，教令不常，以私为公，此国之五危也。赏罚不明，教令不从。必杀可生，众奸不禁；必生可杀，士卒散亡；忿怒不详，威武不行；赏罚不明，下不劝功[②]；政教不当，法令不从；以私为公，人有二心。故众奸不禁，则不可久；士卒散亡，其众必寡；威武不行，见敌不起。下不劝功，上无强辅，法令不从，事乱不理；人有二心，其国危殆。

故防奸以政，救奢[③]以俭，忠直可使理狱，廉平[④]可使赏罚。赏罚不曲，则人死服。路有饥人，厩有肥马，可谓亡人而自存，薄人而自厚。故人君先募而后赏，先令而后诛，则人亲附，畏有爱之，不令而行。赏罚不正，则忠臣死于非罪，而邪臣起于非功。赏赐不避怨仇，则齐恒得管仲之力；诛罚不避亲戚，则周公有杀弟之名。书云："无偏无党，王道荡荡；无党无偏，王道平平。"此之谓也。

【注释】

①劳臣：有功之人。

②劝功：努力杀敌立功。

③救奢：杜绝奢侈浪费。

④廉平：廉洁公正的人。

【译文】

赏和罚的道理，在于奖善惩恶。奖赏的目的是为了鼓励臣民建功立业，处罚是为了杜绝邪恶。奖赏必须公平，处罚必须公正。明了受到赏赐的原因，臣民就能明白死的价值。而清楚受到处罚的原因，奸邪的人就会畏惧而不敢胡乱行事。因此，奖励不能没有凭据，处罚不能任意施行。如果把奖赏给予无功之人，则有功的人就会心怀不满；刑罚任意使用，正直的人就会内心不平。所以，有国君因羊肉羹分配不公而亡国（《战国策》记载：战国时代中山国国君设宴赏赐国内名士，以羊肉羹款待众人，名士司马子期因未受赏而怀恨在心，便游说楚国攻打中山国）。而楚王因偏听谗言，最后导致灭国。

将帅操纵着全军的生杀大权，如果滥用使忠良蒙冤、无辜受死，而犯死罪的恶人却存活，或喜怒无常、好恶随性、赏罚不公正严明、朝令夕改、假公济私，这是危害国家的五种祸患。赏罚不公正严明，则会有人不服从朝廷的法令；处死未犯死罪的人，则奸伪并起而无法禁止；姑息犯死罪的人，则士兵逃散；喜怒无常，则威信不得树立；奖罚不严明，部属则不奋力杀敌立功；教育失当，则士兵不遵法令；假公济私，则士卒心生叛变。所以奸邪不能杜绝，国家就不能长保太平；士卒逃散，军队力量就会越来越薄弱；威信不能树立，士兵杀敌就不会拼命；部下不奋力杀敌立功，将帅就失去了强有力的辅佐；法令不得施行，那么混乱的局面就无法治理；士兵有叛变之心，国家就岌岌可危了。

所以杜绝奸邪需要有清明的政治，防止奢侈浪费就要提倡节约，忠诚正直的人可以让他处治狱讼，廉洁公正的人可以让他处理赏罚。在进行赏罚时公平无偏，那么人们就会心甘情愿地听从。大街上有饥饿的人，而马棚里却养着肥马，这可以说是不顾及他人的生命只求自存，苛刻别人而善待自己。所以国君要先募集财物而后实行奖赏，先公布法令而后施行诛罚。那么人人都愿意归顺、尊敬和爱戴他，即使不用命令，众人也会听命于他。如果赏罚不公正，忠臣就会无辜而被诛杀，奸臣就会无功而被重用。赏赐不回避怨仇，所以齐桓公才得到了管仲的鼎力辅助；诛罚不回避亲戚，所以周公才有大公无私、杀死亲兄弟的好名声。《尚书》上说："无偏无私，王道就会开阔坦荡；无私无偏，王道就会平整修远！"说的正是这个道理。

【赏析】

任何一个统治者要想取得丰功伟业，做到赏罚分明是相当重要的。君主赏罚不明，就可能失去江山社稷；战场上的将帅赏罚不明，就可能失掉战争的胜利。奖赏无功之人，惩罚无罪之人，就会造成外佞当道、忠臣蒙冤的混乱局面，导致可怕的后果。因此无论君主将帅，善必赏、恶必罚，这才应该是正确的赏罚原则。

周朝的太祖皇帝曾经过度纵容手下王峻、王殷二人，后来他们因为骄横而被杀。周世宗汲取了这个教训，从此群臣有功，不吝厚赏；如有过失，则当面责问，若还不知改过，一定严惩。周世宗在用法上相当严厉，群臣一旦失职误事，往往被处以死刑，即使是极富才干之人，也很少受到宽恕。有次翰林学士窦仪失职，周世宗大怒欲杀之，幸而宰相范质苦谏，说其罪不当死，周世宗才赦免他。公元954年，周世宗发现左羽林大将军孟汉卿私下多收税赋，就下令其自尽。有朝官上奏说量刑太重，周世宗则说，自己也明白用刑过重，但一定要借此惩戒并向其他大臣宣示：绝不允许扰民。公元957年，周世宗在永福殿的工地上看见有些工役把建殿的木片削来当勺子，而瓦当碗用，他立刻下令斩了负责监工的宦官孙延希。

在梁朝以前的宋、齐两朝，就已经废除了监督诸王的制度，诸王犯了大罪，也只不过进行家教，训诲一下也就算了。梁武帝的六弟临川王萧宏，是个奢侈放纵、贪财无度的人，他利用盘剥，巧取豪夺了很多房屋财产，后来有人告发他谋反，梁武帝亲自到萧宏的住宅逐屋检查。结果看见其30多间库房中，每间都藏有1千万钱，共计3亿钱以上，其他的房间里还堆满了不计其数的布、绢、丝、棉等等杂货。梁武帝一看并没有兵器之类的谋反物品，反而很高兴，从此对萧宏更加信任。萧宏本来很害怕被梁武帝查出赃物而受到惩处，没想到贪赃不仅没有遭到处罚，还得到了加倍的信任。除此之外，梁武帝在对待一般的亲属族人，也一概不用法律，这些人犯了罪，全都能够得到宽恕。但梁武帝在对待平民百姓时却完全相反，百姓一旦违犯了刑法，就会受到极为严厉的惩办，如果该连坐，无论男女老幼都不得幸免，若有一人逃跑，他的全家都会被囚禁充任苦役。

周世宗在赏罚制度上相当分明，始终坚持赏善罚恶的原则，不仅改革了五代以来的不少积弊，也为他开辟统一全国的道路，打下了坚实的基础；梁武帝本来是企图通过放纵皇亲国戚的办法，来改变宋、齐两朝骨肉相残的丑恶现象，但赏罚混乱的结果，却是使得自己成了东晋以来最坏的统治者，赏罚失度，祸由此生。

喜　怒

【原文】

喜怒之政，谓喜不应喜无喜之事，怒不应怒无怒之物，喜怒之间，必明其类[①]。怒不犯无罪之人，喜不从可戮之士[②]，喜怒之际，不可不详。喜不可纵有罪，怒不可戮无辜，喜怒之事，不可妄行。行其私而废其功，将不可发私怒，而兴战必用众心，苟合以私忿而合战，则用众必败。怒不可以复悦，喜不可以复怒，故以文为先，以武为后，先胜则必后负，先怒则必后悔，一朝之忿，而亡其身。故君子威而不猛，忿而不怒，忧而不惧，悦而不喜。可忿之事，然后加之威武，威武加则刑罚施，刑罚施则众奸塞[3]。不加威武，则刑罚不中[4]，刑罚不中，则众恶不理，其国亡。

【注释】

①类：界限。

②可戮之士：指罪大恶极、可杀之人。

③众奸塞：杜绝了一切奸伪罪恶。

④不中：不能产生作用。

【译文】

喜悦和发怒之道，在于不该为不值得喜悦的事情而喜悦，不该为不值得发怒的事情而发怒。喜悦和发怒之间，它们的界限必须划清。发怒时不累及无辜的人，高兴时不放过有罪的人。喜悦或发怒的时候，应该清醒审慎。高兴的时候不能纵容有罪的人，发怒的时候不能错杀无辜的人。喜悦和发怒这两种情绪，不能没有原因。如果仅凭自己的情绪而任意行动，必然会毁掉事业。将帅不能因一己之怒而发动战争，必须使众人的想法一致才能取胜。如果因为一个人的私愤而与敌交战，则一定招致失败。一个人愤怒时不能立即转为喜悦，喜悦时也不能立即转为愤怒。因此，必须以政治外交策略为先，以武力对抗为后。如果以武力为先，即使最初获得胜利，最终也会失败，而首先发怒的人，事后必定反悔，因为一时之愤，却导致自己灭亡是不值得的。所以君子应该威严但不凶恶，虽然心中生气却不发怒，尽管心里担忧但不害怕，即使心中高兴也不狂喜。令人生气的事情发生之后，如果能用权威手段加以处置，便能有利于施加刑罚，进而使邪恶不再产生。如不采取权威手段，则刑罚不能发挥应有的作用，那么一切邪恶将无法杜绝，国家必会走向灭亡。

【赏析】

诸葛亮在此指出，将帅的情绪往往能影响军队进退胜败。将帅常能于一念之间，决定战争形势的变化和军队士兵的命运。

公元前624年，楚国的属国宋国瞒着楚国转而依附晋国，引起楚国的强烈不满。楚军一怒之下，在次年的冬天，令尹子玉率军攻宋，围困宋国国都商丘。宋连忙求救于晋，晋国欲称霸中原，遂迅速发兵救宋。

楚成王见宋都久攻不下，师劳士困，同时晋军又逐渐逼近，大有前后夹击楚军之势，于是想要撤回楚军。而主将尹子玉见宋都迟迟不能攻破，却被大大地激怒了，坚决不肯放过宋国，并坚信楚军最终定能战胜晋军。楚成王见尹子玉信心十足，便答应与晋军一战。

晋国为了激怒尹子玉，故意将楚国的使者宛春扣留，尹子玉得知此事后，暴跳如雷，立即集中所有兵力，准备与晋军决一死战。晋文公见楚军士气正旺，于是下令先退避三舍（古时距离单位，一舍为三十里），到达城濮，会合秦国和齐国的援

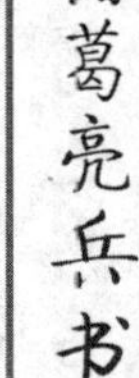

军。尹子玉见晋军后退，不顾士卒久战后的疲劳，下令紧追，进至城濮，两军在城濮展开了一场生死之战。晋军假装退却，并用树枝扬起灰尘，以挡住楚军的视线。尹子玉见此，误以为晋军已溃不成军，于是奋力猛追。这时，两翼的晋、秦、齐三国联军趁机夹击楚军，将它拦腰截断，与此同时，宋军又从后面追来，斩杀楚军无数，楚军大败。尹子玉"怒而致战"，致使楚国大败，损失严重。

俗话说："小不忍，则乱大谋"，说明了失去理智的危害。理智地对待一切事物，是大智的表现。

三国时期，蜀国名将关羽败走麦城，被东吴擒杀。张飞闻讯，悲痛欲绝，严令三军赶制孝衣，为关羽戴孝，逼得手下将官无奈，最后铤而走险，将其刺杀。刘备为报东吴杀害关羽之仇，举兵伐吴。诸葛亮、赵云等人苦苦相谏，都无济于事。这时的刘备已完全失去了理智。结果被吴将陆逊一把火烧得溃不成军，数万军士丧生，刘备本人带着残兵败将退归白帝城，羞愧交加，一命呜呼。蜀军从此一蹶不振了。

由此可见，是否理智地处理事情，有时就成为事情成败的关键。大事是这样，小事也是这样。

然而，在现实生活中，因一时的矛盾，头脑发热，失去理智，酿成惨祸的事实，却屡见不鲜。总而言之，恰当的理智，适宜的克制，合适的行动，是做事时智慧的表现。

治　乱

【原文】

治乱之政，谓省官并职[①]，去文就质也。夫绵绵不绝，必有乱结；纤纤[②]不伐，必成妖孽。夫三纲[③]不正，六纪不理，则大乱生矣。故治国者，圆不失规，方不失矩，本不失末，为政不失其道，万事可成，其功可保。夫三军之乱，纷纷扰扰，各惟其理。明君治其纲纪，政治当有先后，先理纲，后理纪；先理令，后理罚；先理近，后理远；先理内，后理外；先理本，后理末；先理强，后理弱；先理大，后理小；先理身，后理人。是以理纲则纪张，理令则罚行，理近则远安，理内则外端，理本则末通，理强则弱伸，理大则小行，理上则下正，理身则人敬，此乃治国之道也。

【注释】

①省官并职：裁减冗员、精简机构。

②纤纤：微小的错误。

③三纲：指君臣、父子、夫妇的关系。

【译文】

治理乱世的宗旨，是要减少冗员、精简机构，除掉不必要的表面形式而讲求实质。如果遇事优柔寡断，必然被事物所困；对微小的错误不改正，必然会酿成大祸。治理国家，如果不遵守三纲，不整顿六纪，那么自然会导致更大的祸乱。

所以治理国家的人，就好比画圆形不能不用规，画方形不能不用矩，治理本业不能不治末业，从事政治不能放弃原则，若能如此，则各种事业都能成功，各种功业也能保持长久。军队里的变故，纷纷扰扰，错乱不堪，肯定有其原因。如果是杰出的君主整顿纲纪，其方法应当有主有次，先治理三纲，然后整顿六纪；先申明法令，然后付诸实施；先治理眼前紧要的，再治理将来的事；先安定内部，然后再应付外面的事务；先治理根本，然后治理其他细枝末节；先对付强敌，然后歼灭次要对手；先处理大的方面，然后再处理小的方面；先要把自己的各方面处理妥当，然后才去治理别人。所以三纲得到治理，六纪自然清明；法令得到了申明，处罚就可实施；眼前的问题得到了良好的解决，就为长远问题的解决打下了基础；内部得到了治理，对外出必然顺利；根本得到治理，其他细节处理起来就没有阻力；强敌被打败了，弱敌自然会归顺；大的方面得到了整治，小的方面治理起来自然顺利；对上级官员的整治落实了，那么下级官员就能作风正派；自身行为端正，别人就会敬重你，这就是治理国家的原则。

【赏析】

治理国家，必须精兵简政，解决问题要“去文就质”，不要只顾追求形式和表面的东西，而要加强法制，做到圆不失规，方不失矩，本不失末，要抓住问题的关键，标本兼治，分清主次，推己及人，唯有这样国家才能强大，才能凝聚民众和军队的战斗力。

宋朝建国时，宋太祖选练 19.3 万人组成禁军，成为作战的精锐部队。但到了太宗，不断招募禁军，使人数增加到 35 万，真宗时增加到 43.2 万人。仁宗时，对西夏用兵，还大量从各路郡县招募兵士补充禁军，使人数激增到 82.6 万人，全国军队的人数总计达 125.9 万人，变得空前的庞大，宋朝用来养兵的费用，高达全部赋税收入的十之七八。

后来招募的士兵数量过于庞大，所以难以进行常规训练，许多士兵从没听过战鼓，不识战阵。陕西沿路的骑兵，甚至不能披甲上马。从南方调来的禁军，自称不知如何作战，见到敌人就心寒胆战。据说，西夏听说宋兵多为禁军，就举手相贺，认为必胜。最后，禁军由于冗庞而虚弱，不堪一击。宋朝不仅有一个庞大而虚弱的军队，官僚体系由于过分庞大而变得腐败不堪。到宋朝统一后，旧官加上新官，已经成为一个庞大的官僚机构。而真宗以后，由于官员不断增多，机构日趋庞大。而科举取士也越来越多，真宗下诏：“去岁天下举人数逾万人，考之际，谬滥居多。”但就

在这一年，真宗亲试举人，进士、诸科共1800多人。仁宗一朝，共13次科举，取进士4000多人，诸科5000多人。中举者都陆陆续续加入各级官员的行列。科举以外，还有“恩荫”法，皇族宗室和官僚的子孙、亲属、姻亲，甚至门客都可由“恩荫”受官，数量极大。仁宗时，出生不满周岁的婴儿，有的还在襁褓之中，就有官做。在1047年，单是属籍皇族授官的就有1000多人。皇后、皇太后、太皇太后家族也都授官。此外，朝廷还公然卖官，如出钱6000贯给予薄尉官，万贯给殿直官，致使官员越来越多、越来越滥。真宗时，一次裁减各路官吏就高达19.58万多人。没有裁减的，当然数倍于此。真宗以后，官员又不断增加，当时有人指出：“自古滥官，未有如此之多。”

在这样一个庞大的官僚机构中，朝政难以被有效地治理，因而使得官场异常腐朽。由于各地大批的官员没有规定的俸禄，因此贪污行贿成为合法的收入。官员们“以受贿为生，往往致富”。这些宋朝自上而下的大批官员，遇事因循苟且，贿赂成性，奢侈腐化，朝廷面临着巨大的危机，使得宋朝积弱不振，在面对敌人来犯之际，无力抗衡，而屡受内忧外患之苦。如此看来，确实应该精兵简政了。

教　令

【原文】

教令之政，谓上为下教也。非法不言，非道不行，上之所为，人之所瞻[①]也。夫

释己教人[②]，是谓逆政，正己教人，是谓顺政。故人君先正其身，然后乃行其令。身

不正则令不从，令不从则生变乱。故为君之道，以教令为先，诛罚为后，不教而战，是谓弃之。先习士卒用兵之道，其法有五：一曰，使目习其旌旗指麾之变，纵横之术；二曰，使耳习闻金鼓之声，动静行止；三曰，使心习刑罚之严，爵赏之利；四曰，使手习五兵[③]之便，斗战之备；五曰，使足习周旋走趋之列，进退之宜；故号为五教。教令军阵，各有其道。左教青龙，右教白虎，前教朱雀，后教玄武，中央轩辕[④]。大将军之所处，左矛右戟，前盾后弩，中央旗鼓。旗动俱起，闻鼓则进，闻金则止，随其指挥，五阵乃理。正阵之法，旗鼓为之主：一鼓，举其青旗，则为直阵；二鼓，举其赤旗，则为锐阵；三鼓，举其黄旗，则为方阵；四鼓，举其白旗，则为圆阵；五鼓，举其黑旗，则为曲阵。直阵者，木阵也；锐阵者，火阵也；方阵者，土阵也；圆阵者，金阵也；曲阵者，水阵也。此五行之阵，辗转相生，行对相胜，相生为救，相胜为战，相生为助，相胜为敌。凡结五阵之法，五五[⑤]相保，五人为一长，五长为一师，五师为一枝，五枝为一火，五火为一撞，五撞为一军，则军士具矣。夫兵利之所便，务知节度。短者持矛戟，长者持弓弩，壮者持旌旗，勇者持金鼓，弱者给粮牧[⑥]，智者为谋主。乡里相比[⑦]，五五相保，一鼓整行，二鼓习阵，三鼓起食[⑧]，四鼓严办，五鼓就行。闻鼓听金，然后举旗，出兵以次第，一鸣鼓三通，旌旗发扬，举兵先攻者赏，却退者斩，此教令也。

【注释】

①瞻：关注。
②释己教人：放纵自我约束而施政令于人。
③五兵：戈、殳、戟、酋矛、夷矛五种兵器。在此泛指各种武器。
④左教青龙……轩辕：皆为星宿名，为古代战法的名称。
⑤五五：队伍与队伍之间。
⑥粮牧：供应粮草。
⑦相比：互相支援。
⑧起食：开饭用餐。

【译文】

教令的原则，在于上对下进行指导，与法规不符的就不谈论，不合乎道义的事就不去做。上级的行为处事，是百姓所关注的。如果对自己放纵却去教导别人，这是违逆施政；必须先规范自己的行为再去教育别人，这是顺应施政。所以一国之君，首先要端正自己的德行，然后才能向下级发号施令，如果自己不以身作则，则会有人不服从他的命令，而命令如果得不到服从，混乱的局面一定会产生。因此身为一国之君，应该考虑教导在先，施行处罚在后，如果不经教练就让部下参加战争，无异于抛弃他们。用兵打仗的方针，首先要对士兵进行训练，其中有五项法则：第一，要让士兵熟悉战旗指挥的变化，纵横穿插的方法；第二，要让士兵熟悉各种锣声和鼓声，知道听到何种声音应该采取何种行动，何种声音应该停止；第三，要让士兵清楚刑罚的威严、奖赏的好处；第四，要让士兵熟练使用各种武器，充分做好战斗的各种准备；第五，要让士兵熟悉转身、回旋、快跑、慢走的各种行列，知道何时应该前行，何时应该后退。这些称作五教。而教练军队布阵，也有各种方法。左军教部队布置青龙阵，右军教部队排列白虎阵，前军教部队布设朱雀阵，后军教部队摆列玄武阵，中军教部队布列轩辕阵。军中主帅的位置也有讲究，左边排列持矛的士兵，右边布置拿戟的兵，前面布置拿盾的士兵，后面布置拿弓弩的士兵，中央排列战旗、摆设战鼓。看到战旗挥舞，全军就立即开始行动；听到战鼓响起，全军便向前冲锋；听到锣声响起，全军就立即停止进攻，听从将帅的调遣，五阵就能井然有序。布好军阵的方法，要以旗鼓为主导。听到第一阵鼓声，举起青旗，士兵就摆出直阵；听到第二阵鼓声，举起红旗，士兵就摆出锐阵；听到第三阵鼓声，举起黄旗，士兵就摆出方阵；听到第四阵鼓声，举起白旗，士兵就摆出圆阵；第五阵鼓声响起，举起黑旗，士兵就摆出曲阵。直阵就是木阵，锐阵就是火阵，方阵就是土阵，圆阵就是金阵，曲阵就是水阵，这就叫作五行阵法。它们相互转化，互为依存，互相对应，互为胜负。互为依存的就叫作“救”“助”；互为胜负的就称作“战”“敌”。一般布置五阵的办法，以五为一个单位，互相保护。五个人成为一个长，五长成为一师，五师成为一枝，五枝成为一火，五火成为一撞，五撞成为一军，如此一来，军队的组织编制就完备了。行军打仗要想充分发挥威力，必须善于指挥调度，个子矮的士兵使用矛戟之类的武器，个子高的士兵使用弓箭之类的短兵器，身强体壮的人护卫旌旗，勇敢的人敲击锣鼓，身体瘦弱的人从事粮草的给养，聪明的人出谋策划，乡里互相支援，队伍之间互相保护。一鼓敲过，整顿好队伍；二鼓过后演习军阵；三鼓响过之后吃饭用餐；四鼓敲后申明军纪；五鼓敲后全军出发。先听锣鼓声，然后举起各色旗帜。用兵出战，依照顺序行动。鼓声响过三遍之后，旌旗飘扬，对于高举武器向前进攻的士兵应该给予奖赏，对于后退逃跑的士兵应该立即处斩，这就是教令。

【赏析】

君王教导群臣，将军教导士卒，如果能够亲身躬行、身先士卒、以身作则，法令就容易施行，同时要教导士卒能熟悉军队作战的各种号令，掌握好具体的排兵布战的作战技巧，这样就能充分发挥军队的战斗力。

在位 24 年之久的隋文帝，深知要使得群臣和百姓真心服从自己，首先就要端正自己的言行。在《隋书》中说他“躬节俭，平徭赋，仓廪实，法令行，君子咸乐其生，小人各安其业，强无凌弱，众不暴寡，人物殷阜，朝野欢娱，20 年间天下无事，区域之内宴如也”。虽然史家的这种褒辞难免有溢美之处，但也不会离事实太远。正因为隋文帝注重节俭，并以身作则，所以他所推行的节俭政策很快就普遍实施了，豪强官吏都不敢过分作恶，这也是他改善政治和保全国家的一个根本条件。其后的隋炀帝虽然继承了隋文帝积累的巨量民力和财富，却忘记“身不正则令不从、令不从则生变乱”的道理，开始荒淫奢侈的生活和残虐的暴政统治，终于丧失了隋朝的江山。

而1626年，努尔哈赤率领30万大军西渡辽河，兵临宁远城下。当时守城的明朝大将袁崇焕手下只有1万多人马，其中还有一部分人受到高第撤军的影响而士气低落。袁崇焕希望能在宁远和后金的大军决一死战，于是他把全城的将士集合起来，当众刺破手指写了血书，立誓自己要和宁远城共存亡，将士们深受感动，都表示要和他一样奋战到底。1月24日，努尔哈赤命令部队开始向宁远城进攻。袁崇焕亲自站在城头上指挥作战，命令士兵们用弓箭和石头打击敌人。当努尔哈赤的士卒强攻到城墙下，企图挖掘出缺口攻城时，袁崇焕又下令用西洋大炮炮轰对方。经过两天两夜的激战，后金军死伤无数，努尔哈赤本人也中箭受伤，眼看大势已去，后金只得撤军而逃。袁崇焕又率领将士们杀出城去，乘胜追击，再次歼灭后金士卒1万余人。身经百战的努尔哈赤在兵败宁远之后叹息道：“我从25岁带兵作战以来，战无不胜，攻无不克，没想到这个宁远却攻不下来。”半年之后，心情忧郁的努尔哈赤患病而死。

上梁不正下梁歪，隋炀帝本身是一个荒淫无度的君主，怎么能够教导臣子们以清廉来辅佐朝政呢？袁崇焕身先士卒，誓与宁远城共存亡，士卒们自然听从号令、坚守疆土，也才能创造出以一万兵马击败努尔哈赤30万大军的奇迹。

《论语·子路》云：“其身正，不令而行；其身不正，虽令不从。”《六韬·龙韬·奇兵第二十七》：“将不仁，则三军不亲；将不勇，则三军不锐；将不智，则三军大疑；将不明，则三军大倾；将不精微，则三军失其机；将不常戒，则三军失其备；将不强力，则三军失其职。故将者人之司命，三军与之俱治，与之俱乱。得贤将者兵强国昌；不得贤将者，兵弱国亡。”诸葛亮《将苑·励士》：“先之以身，后之以人，则士无不勇矣。”可见，将帅应以身作则，率身励士，上行下效，这样，才能做到强将手下无弱兵。这个谋略不仅应用于军队，而且对治国兴邦、富国强民均有重要的现实意义。

斩断

【原文】

斩断[1]之政，谓不从教令之法也。其法有七：一曰轻，二曰慢，三曰盗，四曰欺，五曰背，六曰乱，七曰误，此治军之禁也。当断不断，必受其乱。故设斧钺之威，以待不从者诛之。军法异等，过轻罚重，令不可犯，犯令者斩。

期会[2]不到，闻鼓不行，悉宽自留，避回自止，初近后远，唤名不应，车甲不具，兵器不备，此为轻军，轻军者斩。受令不传，传令不审，迷惑吏士，金鼓不闻，旌旗不

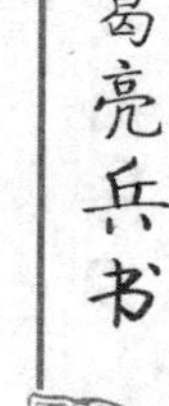

睹，此谓慢军，慢军者斩。食不廪粮[3]，军不省兵，赋赐不均，阿私所亲，取非其物，借贷不还，夺人头首[4]，以获其功，此谓盗军，盗军者斩。变改姓名，衣服不鲜，旌旗裂坏，金鼓不具，兵刃不磨，器杖不坚，矢不著羽，弓弩无弦，法令不行，此为欺军，欺军者斩。闻鼓不进，闻金不止，按旗不伏，举旗不起，指挥不随，避前向后，纵发乱行，折其弓弩之势，却退不斗，宜左或右，扶伤举死，自托而归，此谓背军，背军者斩。出军行将，士卒争先，纷纷扰扰，车骑相连，咽塞路道，后不得先，呼唤喧哗，无所听闻，失乱行次，兵刃中伤，长短不理，上下纵横，此谓乱军，乱军者斩。屯营所止，问其乡里，亲近相随，共食相保，不得越次[5]，强入他伍，干误次第，不可呵止，度营出入，不由门户，不自启白，奸邪所起，知者不告，罪同一等，合人饮酒，阿私取受，大言警语，疑惑吏士，此谓误军，误军者斩。斩断之后，此万事乃理也。

【注释】

①斩断：坚决予以惩处。
②期会：约期集合。
③食不廪粮：对军粮的多寡不加管制。
④夺人头首：古代以获敌头首多少奖励战功，此句意为冒名领功。
⑤越次：超出范围。

【译文】

处罚的原则，在于对不服从教令的人实行制裁。违背军纪的行为主要有七种：第一为轻，第二为慢，第三为盗，第四为欺，第五为背，第六为乱，第七为误，这些都是行军打仗时必须禁止的。应当机立断的事不立做决断，必然会带来祸害。所以军队中设有斧钺等刑具以示军纪的威严，用来处置那些不服从命令的士兵，凡有违令者立即诛杀。军中的法令有不同的等级，有罪的士兵罪过虽轻也要从重处罚。军令不可违抗，违抗的就要处斩。

约定期限集合却不能按时到达，听到战鼓之声响却按兵不动，趁松缓之际自行滞留，为逃避战斗自行停止，先略微脱队而后越离越远，喊其名置之不理，战车、铠甲及各种武器不准备好，这叫蔑视军令，蔑视军令者处斩；接受了命令却不往下转达，或传令模糊使将士产生疑惑，不听锣鼓的号令，不看旌旗的指向，这叫作轻怠军令，轻怠军令者处斩；吃饭不节俭粮食，将军不爱惜士兵，授赏赐不公正，偏爱自己亲近的人，占有别人的东西，借别人的东西不归还，抢走别人在战场上取得的敌人首级，冒充自己的功劳，这叫偷盗军队，偷盗军队者处斩；任意更改自己的姓名，衣着不整齐鲜明，旌旗损坏，锣鼓不齐备，武器的锋刀不磨锐利，器械不坚固，箭杆上没有羽毛，弓弩上没有弦，不执行军法法令，这叫作欺骗军队，欺骗军队者斩首；听到进军的鼓声响起却不进攻，听到后退的锣声又不停止，令旗下指不卧倒，令旗上扬不起身，不听从指挥，躲在队伍后面畏缩不前，横行乱窜，损坏弓弩使它失去作用，后退脱逃没有斗志，不执行军队号令，假托救死扶伤而逃回，这叫作背叛军队，背叛军队者斩首；出征打仗，士兵争先恐后，战车、战马推挤成一团，道路为之阻塞，使得后面的队伍无法前进，而呼唤声嘈杂喧闹，什么也听不清楚，队伍次序杂乱无章，兵刃相互碰撞，长短参差不齐、纵横交错，这叫作扰乱军阵，扰乱军阵者斩首；部队停止前进驻屯扎营，在探访乡里情况的时候，大家互助相倚靠，供给饭食，相互担保不能超过范围。若强行进入其他队伍扰乱秩序，对其呵斥仍不停止。或出入军营，不经过寨门，又不自动坦白。而祸乱产生之后，知情不报与犯案者同罪。此外聚众酗酒，偏袒贿赂的人，假传消息，使将士心中迷惑，这叫作贻误军心，贻误军心者处斩。斩断的政策如得以执行，则各种事情都能治理得有条不紊了。

【赏析】

国家刑律制度的权威性是不容轻视的，士兵不服从军令，官吏不服从法令，都必须进行严厉的惩罚。

1947 年，刘伯承、邓小平率晋冀鲁豫野战军千里跃进大别山。刚到新区时，生活非常艰苦，老百姓听信敌人的反动宣传而不敢接近解放军，所以一些干部战士产生了急躁怕苦情绪和破坏革命纪律的现象，时而骂人、拿东西、吓唬群众等。这严重地影响了军民关系。部队刚开进村，老百姓和商贩们便锁上门，跑到山里躲起来。刘邓便在小姜湾村前草坪上召开整顿纪律的干部会议，向全军颁布了整顿纪律的命令。然而，不久司令部机关里就发生了一起严重破坏群众纪律的事件：机关一位管理员，为了解决办公和生活困难，竟趁主人逃走之机，私自撬开了一家铺子的门，拿了一刀光纸、几支毛笔、几斤粉条和白糖。刘邓获悉，终于忍痛下决心：坚决按军法执行枪毙！同时召开大会以此教育整个部队，以儆效尤。以这次大会为转机，大军全面展开了整顿纪律工作，并积极主动开展群众工作，为群众做好事，逐渐消除了部队与群众之间的隔阂，造成了军民团结、军政团结、全军团结的大好局面，为战胜敌人打下坚实基础。

诸葛亮在本篇中虽然主要列举违犯军令当受处罚的种种情形，但从诸葛亮在治国、治军的政治思路上来看，违犯法令的官吏同样也不可轻饶。“犯令者斩”，本来就是一种治理国家的政策，同时也是顺利实施其他统治政策的保障。

在我国历史上有一位妇孺皆知的人物，他 28 岁中进士，官至龙图阁直学士、枢密副使之职，他的一生刚正不阿、铁面无私、不畏权势、执法如山，他就是被人们称作“包青天”的包拯。当时曹国舅倚仗着自己是皇亲国戚，鱼肉百姓、违法乱纪、横行乡里、强抢民女、草菅人命，作恶多端，罄竹难书。包拯在突破各种阻碍并查明其罪行之后，执法如山，依法定罪，斩了不可一世的曹国舅，威震四海，深得百姓爱戴。后来二国舅庞玉又利用陈州灾荒，置百姓的死活不顾，贪赃枉法大发横财，他不仅贪污、投机盗卖朝廷用于赈灾的粮食，而且乘机收买土地、霸占民女，使得陈州饿殍遍地，民众怨声载道。当受朝廷任命到陈州主持赈灾的包拯离京之前，庞玉的父亲庞太师要送给他一对精巧玲珑的镶金宝长马驹，希望包拯到了陈州后多多关照庞玉，但包拯坚决不接受，并对他说："当奖则奖，当罚则罚。"庞玉的姊姊也仗着自己是皇妃而两次在包拯去陈州的路途上挡住他，一方面请求包拯到陈州后"谨慎处置""手下留情"，另一方面又用权势威胁包拯。然而包拯甘冒死罪地指出："娘娘无理取闹，贻误公务，情实难容。"并命令随从"把銮驾打了，清除道路，人马向前。"包拯到陈州后，毫不留情地按刑律对庞玉进行了处置。

包拯不顾妻子的苦苦哀求，对自己残害百姓的亲侄子也依法下了斩令，然后让妻子回家侍候从小抚养自己长大的嫂子。虽然民间流传关于包拯的故事真真假假，但包拯的确是封建社会中难得的一位清官，正是因为身处要职的他对那些违反刑律的人毫不留情、坚决处置，当时朝廷的某些弊政才得以有所改善。

思　虑

【原文】

思虑之政，谓思近虑远也。夫人无远虑，必有近忧，故君子思不出其位[①]。思者，正谋[②]也，虑者，思事之计也。非其位不谋其政，非其事不虑其计。大事起于难，小事起于易。故欲思其利，必虑其害，欲思其成，必虑其败。是以九重[③]之台，虽高必坏。故仰高者不可忽其下，瞻前者不可忽其后。是以秦穆公伐郑，二子[④]知其害；吴王受越女，子胥知其败；虞受晋璧马，宫之奇知其害；宋襄公练兵车，目夷知其负。凡此之智，思虑之至，可谓明矣。夫随覆陈[⑤]之轨，追陷溺[⑥]之后，以赴其前，何及之有？故秦承霸业，不及尧、舜之道。夫危生于安，亡生于存，乱生于治。君子视微知著[⑦]，见始知终，祸无从起，此思虑之政也。

【注释】

①不出其位：不超出自己的权力范围。
②正谋：正确的谋略。
③九重：九层。
④二子：指百里奚、蹇叔二人。
⑤覆陈：败军。轨，足迹。
⑥陷溺：覆没危险的军队。
⑦著：大的问题。

【译文】

思虑的原则，在于不仅要想到眼前，还要考虑到将来。一个人如果没有长远的打算，一定会有近期的忧虑，所以君子思考问题，从来不超过他的职权范围。所谓“思”，是寻求正确的策谋，而“虑”，是思考一件事成功的计谋。不在这个职位就不去干预其政事，不是自己分内的事就不去考虑其计策。做大事起初都比较困难，而做小事则比较容易。所以，如果想获得好处，一定要想到它的害处；想获得成功，一定要考虑到失败的可能性。九层的楼台再高，也必定有倒塌的时候。所以仰头看高处时不能不留意脚下，注视前方时不能不留意身后。因此，秦穆公讨伐郑国，百里奚和蹇叔两人早已预知一定会失败；吴王夫差接受越王勾践送来的西施，伍子胥就断言吴王必会因此而灭亡；虞君收下晋王送的玉马，宫之奇即知道这样做的危害；宋襄公训练军队，目夷也预言他的失败。能如此明智，都是缜密思考的结果，也都称得上高明。重蹈败军的覆辙，陷入覆没危险的军队的后尘，而仍向前冲者，怎么来得及避免失败呢？所以，秦朝继承霸业，比不上尧舜的治国之道。危险总是产生于安全之中，死亡起始于生存的时候，而祸乱孕育于和平治理之下。君子如果能从微小的事情中看出大问题，且在事情发生之初就能推测结果，则祸患便无从产生，这就是思虑的道理。

【赏析】

千里之堤溃于蚁穴，某些让人并不在意的事情，往往埋伏着极大的祸患。所以，诸葛亮强调在做任何事情时，要以小见大、见微知著，都应从很细微的地方考虑到大的问题，从事情一开始就要充分预料其结局，不能只单看事物美好的那一方面，应从长远的眼光考虑其是否会带来危害，这样才能尽量避免祸害的产生。

公元前 499 年，吴王夫差命大将伍子胥率军征伐越国，最后把越王勾践和其 5000 残兵围困在会稽山。勾践很后悔和吴王交战，于是派文仲去求和，表示愿意献上财宝，并俯首称臣、妻女为奴。但伍子胥对吴王说：“不能这么做！吴、越乃是世仇之国，现在老天把越赐给吴，就必须把越灭掉。”夫差觉得他的话言之有理，便拒绝了勾践的请求。勾践知道吴王拒绝求和后，准备杀妻焚宝，与吴军决一死战。此时文仲又献计，建议让他透过吴国那位贪财好色的权臣伯嚭向吴王说情。于是勾践又让文仲去见伯嚭，并送他很多奇珍异宝和八名美女：“如果能够帮助赦免敝国之罪，一定还会有更丰厚的礼物奉献给你。”伯嚭看见送来这么多礼物，就带文仲去见夫差，并竭力劝说吴王饶恕勾践。这次伍子胥依然一再反对，但夫差终究赦免了勾践，只是要求勾践夫妇必须在吴国住上几年。

勾践夫妇在吴国居住的这段时间里，想尽一切办法取得吴国君臣的信任，他们衣衫褴褛、粗茶淡饭、安分守己、毫无怨言，三年之后，终于使吴王彻底放心了，夫差不顾伍子胥再三提出“放虎归山、后患无穷”的警告，把勾践放回越国去了。

回国后的勾践为了使夫差相信自己的忠心，年年进贡不断。还重金购买了两位绝世美女西施和郑旦，苦心教习她们三年，在她们能歌善舞、善于谄媚之后，就把她们送给吴王夫差，想让吴王沉湎于酒色而不思进取、放松对越国的戒心。伍子胥早就看出了勾践的用心，一再向夫差进言："夏因妹喜而亡，殷因妲己而亡，周因褒姒而亡。美女乃亡国之物，大王万万不可收下！"但此时的夫差哪里听得进伍子胥的忠言呢？还是留西施和郑旦在宫中，终日声色犬马，不理朝政，完全放松了对日益强大起来之越国的警觉性。

又过了两年，夫差想兴兵伐齐，伍子胥表示反对，他认为勾践卧薪尝胆、图谋报复，这才是吴国的心腹大患。但是吴王根本就不听伍子胥的中肯之言，认为越国对自己已经毫无威胁了。果然，在伍子胥死后不久，勾践率军攻打吴国，最后吴王夫差含恨自尽，他在临死前很后悔不听伍子胥的忠告，感叹自己没有脸去见伍子胥。从当初吴王赦免勾践、放勾践回越国，直到勾践进献美女西施和郑旦，伍子胥都看清楚了其中蕴含的祸根，并且一次次地提醒夫差，可是吴王却只贪图眼前的安逸，终日享乐，却不能从勾践的这些作为中，思虑到将来的危害性，终于造成了不可挽回的结局。这怨不得别人，只怨自己。

阴　察

【原文】

阴察[1]之政，譬喻物类，以觉悟其意也。外伤则内孤，上惑则下疑；疑则亲者不用，惑则视者失度；失度则乱谋，乱谋则国危，国危则不安。是以思者虑远，远虑者安，无虑者危。富者得志，贫者失时，甚爱[2]太费，多藏厚亡，竭财相买，无功自专[3]，忧事众者烦，烦生于怠。船漏则水入，囊穿则内空，山小无兽，水浅无鱼，树弱无巢，墙坏屋倾，堤决水漾，疾走者仆，安行者迟，乘危者浅[4]，履冰者惧，涉泉者溺，遇水者渡，无楫者不济，失侣者远顾，赏罚者省功，不诚者失信。唇亡齿寒，毛落皮单。阿私乱言，偏听者生患。善谋者胜，恶谋者分[5]，善之劝恶，如春雨泽。麒麟易乘，驽骀[6]难习。不视者盲，不听者聋。根伤则叶枯，叶枯则花落，花落则实亡。柱细则屋倾，本细则末挠，下小则上崩。不辨黑白，弃土取石，虎羊同群。衣破者补，带短者续。弄刀者伤手，打跳者伤足。洗不必江河，要之却垢；马不必骐骥，要之疾足；贤不必圣人，要之智通。总之，有五德：一曰禁暴[7]止兵，二曰赏贤罚罪，三曰安仁[8]和众，四曰保大定功[9]，五曰丰挠拒谗，此之谓五德。

【注释】

①阴察：暗中访察。

②甚爱：过分吝惜钱财。

③自专：自主支配。

④浅：恐惧。

⑤分：失败。

⑥驽骀：劣马，喻才能平庸之辈。

⑦禁暴：禁绝非正义战争。

⑧安仁：施行仁政。

⑨保大定功：确保江山稳固，不受外敌侵扰。

【译文】

所谓暗中察访，就是要透过比较各种事物来悟出一些道理。外表悲戚则内心一定孤苦，上位者迷惑则下位者必然彷徨，心中有疑虑则忠诚之人得不到任用。心中有疑虑就不能明察秋毫，不能明察秋毫就会扰乱谋略，谋略被扰乱了，国家就会出现危险，国家出现危险，社会就不安定。所以思考问题要从长计议，才能使社会安定，如不深思远虑，必会遭致危险。富有的人能实现志向，贫困的人往往容易错失良机；过分吝啬钱财反而会造成更大的浪费，而过分积累财物反而会失去；用尽钱财购得物品反而无力自主支配，担忧的事情太多就会产生烦恼，而烦恼产生就会懈怠。船底有了破洞，水就会涌进船中；口袋有了破洞，里面的物品就会漏空；山太小动物无法生活，水太浅鱼儿无法生存，树枝太细鸟儿无法在上面筑巢，墙壁不结实房屋会倒塌，河堤一决口洪水会泛滥，跑得太快容易摔跤，稳步行走速度会变慢，站在危险的地方或冰面上心中会害怕，涉足深涧的人容易被淹死，遇到江流就会无法渡江。没有船只难以渡江，失去伴侣总会苦苦思念，赏罚必须明察功过，不诚实的人总是不讲信用。失去了嘴唇，牙齿就会寒冷；毛发脱落，皮肤就会单薄。偏听偏信、心存私心的人就会产生祸患。有谋略的人能够成功，不善谋划的人会失败。用善行规劝邪恶，如同春雨滋润大地。良马易于驾驭，劣马难以控制。有眼不能看的是瞎子，有耳却听不到声音的是聋子。树根枯死，树叶就会凋落；树叶凋落，花朵就会凋零；花朵凋零，就结不出果实。梁柱太细，房屋容易垮塌；树干太细，树梢就会扭曲；不能辨别黑白，就会弃沃土留石头，而把老虎和绵羊视为同类。衣服破了要缝补，带短了要接长。玩弄刀子容易伤手，蹦蹦跳跳容易伤脚。洗刷东西不一定要在江河，只要除掉污垢即可；马匹不一定非要骏马，只要跑得快就行了；贤人不一定非和圣人一样，只要有才能就行。总之，要有五种德行：一是禁止不合乎正义的战争；二是奖励贤才、惩治罪恶；三是施行仁政、团结民众；四是确保江山稳固，不受外敌侵扰；五是防止听信谗言，这些都是所说的五种德行。

【赏析】

“阴察”所强调的就是要透过事物的表象来考察、分析事物隐藏的本质，居安思危，励精图治，任用人才要用其所长，不要千篇一律。君主、人臣要努力加强自身修养，增进自己的辨别能力，少犯错误。

据《百战奇法·忘战》记载：“凡安不忘危，治不忘乱，圣人之深戒也。天下无事，不可废武，虑有弗庭，无以捍御。必须内修文德，外严武备，怀柔远人，戒不虞也。四时讲武之礼，所以示国不忘战；不忘战者，教民不离乎习兵也。”

一个国家，一个民族，在有外敌侵略之时，一般都能充分认识武装力量的重要，全力以赴投入抗击侵略者的斗争。而在相对和平的环境中，又往往忘记武备，不思外患，因而导致国家受难甚至灭亡的例子并不鲜见。唐朝柳宗元《敌戒》云：“敌存灭祸，敌去召过”，就是这个道理。安不忘危作为一种谋略，其意义已经超出了关于战争胜负的含义，它关系到国家、民族的生死存亡。因此。这一谋略，被古往今来的谋略家、政治家所重视，特别被具有战略眼光的国家最高统治者所重视。战争是历史发展中一定阶段的产物，它的产生和消亡都不以人们的意志为转移。只有居安思危，保持警惕，加强武装力量建设，才能在突然事变面前立于不败之地。

公元前221年，齐国灭亡，齐王田建被俘，秦始皇把他迁徙到共（古国名，今河南辉县），不久就死在那里。齐国灭亡的主观原因，是与齐王长期不修武备，安于现状，苟且偷安分不开的。齐王田建在位40余年，年少时，国事决于君王后（齐襄王后）。对中原的兼并战争置若罔闻，且满足于“事秦谨，与诸侯信”，以为这样就可全国。君王后死后，齐王田建仍浑浑噩噩地过日子。齐国朝中有人劝谏齐王，为了社稷，应抓紧武备，弘扬国威。齐王也不采纳，在秦大军压境之时，束手就擒，作为亡国之君被钉在历史的耻辱柱上。“忘战必危”是齐王田建留给后人的沉痛教训。

商汤所建立的商王朝，经历了由兴到衰的几个阶段，直到商纣王即位，又步入危机四起的深渊。这是因为纣王统治下的殷商王朝政治腐败、刑罚酷虐，接连地对外征战用兵，使民众负担沉重，痛苦不堪，而导致整个社会动荡不安，出现了“如蜩如螗，如沸如羹”的混乱局面。

与日薄西山、奄奄一息的商王朝形成鲜明对比的是商的西方属国——周，其国势如日中天、蒸蒸日上。在公刘、古公亶父、王季等人的治理下，周迅速地强盛起来，其势力渐渐伸入江、汉流域。在文王姬昌即位后，任用熟悉商朝内部情况的贤士吕尚，其“阴谋修德以倾商政”，并积极从事伐纣灭商的宏伟计划。

文王从长远着手，为成就周朝“翦商”大业，文王采取了一系列的措施。在政治上，他积极修德行善，裕民富国，广罗人才，发展生产，形成了“耕者九一，仕者世禄，关市讥而不征，泽梁无禁，罪人不孥”的清明政治局面。他的“笃信、敬老、慈少、礼下贤”政策，赢得了民众的支援和拥戴，也巩固了内部的团结。在外交上，他请求商纣“去炮烙之刑”，并争取兴国，竭力孤立商纣。同时，文王还曾公平地处理了虞、芮两国的领土纠纷，还颁布“有亡荒阅”（搜索逃亡奴隶）的法令，保护奴隶主仆们的既得利益。通过这些措施，文王扩大了政治影响，瓦解了商朝的附庸。

当时的商纣王已感觉到周人对自己已构成了严重的威胁，决定兴兵伐周。然而这一拟定中的军事行动，却因东夷族的反叛而化为泡影。于是，纣王忽视了周人的咄咄之势，为平息叛乱，调动部队倾尽全力进攻东夷，结果造成西线兵力的极大空虚。与此同时，商朝内部的矛盾呈现白炽化，商纣饰过拒谏，恣意妄为，残杀王族重臣比干，囚禁箕子，逼走微子。武王、吕尚等人遂把握这个有利战机，乘虚蹈隙，大举伐纣，一战而胜，终结了殷商王朝600年的统治。

商纣王之所以迅速败亡，其原因是多方面的，一来对东方进行长期的掠夺战争，削弱了力量，且造成军事部署的失衡；再者对周人的战略意图缺乏警惕，放松戒备，自食恶果；另外还有作战消极被动、无所作为等等，都注定了商纣王覆亡的命运。但究其根本，原因却在于商纣王不思国危、横行暴敛、严刑酷法，导致众叛亲离。

刘伯温兵书

导读

刘伯温（公元1311年~1375年），名基，字伯温，元朝人。

传说中，刘伯温是一位可与诸葛亮媲美的人物。他辅佐明朝皇帝朱元璋推翻元朝统治，是明朝的开国功臣，也是中国历史上杰出的政治家和军事谋略家。他的军事造诣极深，从青年时代起，便已是一位兵学爱好者与研究者了。

刘伯温一生的经历是曲折而复杂的。他的前半生坎坷崎岖，而后半生其文韬武略绽放出绚烂的光彩。元朝圣顺四年（公元1333年）中进士，做过小官，为官正直清廉。曾反对元末农民起义，效忠于元朝，却未受元朝廷的信任和重用，一再遭受排斥与打击。元末的社会黑暗和腐败统治终令他心生不满，曾多次弃官归田。后来受到反元义军席卷全国的浩大声势所影响，终于觉醒与元朝廷彻底决裂，毅然加入灭元大军朱元璋的队伍。此时他已经50岁了。

朱元璋即帝位后，刘伯温被任为御史中丞；洪武三年，又被授予开国翊运守正文臣、资善大夫、上护军，封诚意伯。在任御史中丞兼太史令时，他主张实行严格的法治，止滥杀、肃纲纪，从军事、民政到赋税都制定出一套法规和制度。由于他"性刚嫉恶，与物多忤"，所以招致一些朝臣的攻击。丞相胡惟庸谗毁他有称帝之野心，后来连朱元璋也对他心生猜疑，甚至褫夺其俸禄，他因此忧愤成疾，抑郁而终，享年65岁。

刘伯温一生著述甚多，传世的有《翊运集》《郁离子》《覆瓿集》《写情集》《春秋明经》《犁眉公集》等。永乐二年，工景汇辑刻成《诚意伯文集》。但有关他的兵书则只发现《百战奇略》。

《百战奇略》的成书时间，大约是刘伯温隐居于青田时。全书收集了从先秦到五代1600多年间散见于史籍中的重要军事资料，按作战双方的军事、政治、经济、自然诸条件，划分为两两相对的问题，然后分别论述。每题均先解题，继而阐明其谋略思想。同时，多引用《孙子兵书》《司马法》《李卫公问对》《三略》《六韬》等兵书上的精辟警语。其中引用最多的是《孙子兵书》，达60多条。正文之后，又选择古代战例与每题论点相合者加以印证，前后照应，相得益彰。因此，虽说书中内容多系辑录而成，但经过作者精心选择和重新建构后面貌一新。加以作者有自己的独到见解，使本书形成一部别具特色的军事理论著作。书中所选战例故事性强，阐述生动活泼，堪称一部军事故事集。

计　战

【原文】

凡用兵之道，以计[①]为首。未战之时，先料将之贤愚，敌之强弱，兵之众寡，地之险易，粮之虚实。计料已审，然后出兵，无有不胜。法[2]曰："料敌制胜，计险厄远近，上将之道也。"

汉末，刘先主[3]在新野，三往求计于诸葛亮[4]。亮曰："自董卓[5]以来，豪杰并起，跨州连郡者不可胜数。曹操[6]比于袁绍[7]，则名微而众寡，然操遂能克绍，以弱为强者，非惟天时，抑亦人谋也。今操已拥百万之众，挟天子[8]以令诸侯，此诚不可与争锋。孙权[8]据有江东[10]，已历三世，国险而民附，贤能为之辅，此可以为而不可图也。荆州[11]北据汉沔[12]，利尽南海，东连吴、会，西通巴、蜀，此用武之国，而其主不能守。此殆[13]天所以资将军，将军岂有意乎？益州[14]险塞，沃野千里，天府之土，高祖因之以成帝业。刘璋[15]暗弱，张鲁[16]在北，民阜国富，不知存恤，智能之上，思得明君。将军既帝室之胄[17]，信义著于四海，总览[18]英雄，思贤如渴，若跨有荆、益，保其岩阻[19]，西和诸戎[20]，南抚夷粤[21]，外结好孙权，内修政治；天下有变，则命一上将将荆州之军以向宛、洛，将军身率益州之众出于秦州[22]，百姓孰敢不箪食壶浆[23]以迎将军者乎？诚如是，霸业可成，汉室可兴矣。"先主曰："善"。后果如其计。

【注释】

①计：计算。指敌我双方利用各种基本条件的计算，做出战略决策。

②法：兵法。本书中的法，都指古代兵书，大部分引自《孙子兵书》。

③刘先主：即三国时蜀帝刘备，字玄德，涿郡涿州市（今河北涿州市）人，东汉景帝之子中山靖王刘胜之后。谥昭烈皇帝，史称先主。

④诸葛亮：三国时著名的政治家、军事家。琅琊都（今山东沂南）人，字孔明。东汉末，隐居邓县隆中（今湖北襄阳西），人称"卧龙"，后应刘备之请出仕，辅佐其建立蜀汉政权，官至丞相，封武乡侯。本篇所引自诸葛亮和刘备讨论天下大势的"隆中对"，出自《三国志·蜀书·诸葛亮传》。

⑤董卓：陇西临洮人（今甘肃岷县），字仲颖。本为凉州豪强。汉灵帝时，任并州牧。公元 189 年，率兵入洛阳，废少帝，立献帝，专断国政，为所欲为。后迁都长安，引起袁绍、曹操等人反抗。后为王允所杀。

⑥曹操：三国时著名的政治家、军事家、诗人。沛国谯县（今安徽亳县）人，字孟德，小名阿瞒。东汉末，在镇压黄巾起义中起家。建安元年，他迎献帝都许（今河南许昌东）。官渡之战大破袁绍后，逐步统一了中国北部。由于实行屯田制度，兴修水利，抑制豪强，加强集权等措施，使其所统治地区的社会经济得到恢复和发展。其子曹丕称帝后，追尊他为武帝。

⑦袁绍：汝南汝阳（今河南商水西南）人，字本初。东汉末年军阀。最初为司隶校尉，各州郡起兵讨伐董卓时被推为盟主，割据幽、冀、青、并四州，成为当时最有势力的军阀。建安五年（公元 200 年）在官渡之战中被曹操打败。

⑧天子：古称统治天下的帝王。这里指汉献帝刘协。

⑨孙权：三国时吴国的建立者。吴郡富春（今浙江富阳）人，字仲谋。东汉末，继其兄孙策据有江东六郡，曾与刘备联合，先后于赤壁、江陵大败曹操和刘备，后称帝，国号吴，都于建业（今江苏南京）。

⑩江东：长江在芜湖、南京间作西南南、东北北流向，习惯上称自此以下的长江南岸地区为江东。

⑪荆州：汉武帝时所置十三刺史部之一。辖境约当今湖北、湖南两省及河南、贵州、广东、广西的一部。东汉时，治所在汉寿（今湖南常德东北）。

⑫汉沔：即今之汉水，汉水有二源，北源称沔水，西源称汉水，两源在陕西南部合流后称汉水或沔水，今通称汉水。

⑬殆：大概、恐怕、也许。

⑭益州：汉武帝时所置十三刺史部之一。约当今四川全境以及云南、甘肃、湖北、贵州部分地区。

⑮刘璋：汉光武帝刘秀之子中山王刘焉之后代，汉末江夏竟陵（今湖北省潜江西北）人，字季玉，继其父为益州牧，据有今四川地区。后刘备率军入川，刘璋出降。

⑯张鲁：东汉末年农民宗教组织“五斗米道”（又称天师道）的首领。沛国丰县（今江苏省丰县）人，字公祺。献帝初，任益州牧刘焉的督义司马，率徒众攻取汉中，建立政权，统治约 30 年。建安二十年（公元 215 年），曹操进攻汉中，他退入巴中（今四川巴中市），不久降曹。

⑰胄：古时称帝王或贵族之后裔为胄。

⑱览：通“揽”，围抱，引申为招引。

⑲岩阻：险要。

⑳戎：古代中原人对西北少数民族的泛称之一。

㉑粤：古代对长江中下游以南地区少数民族的总称。

㉒秦州：古地区名。泛指今陕西、甘肃秦岭以北平原地区，因战国时地属秦国而得名。

㉓箪食壶浆：语出《孟子·梁惠王下》，用竹篮盛着食物，用壶盛着酒。意指百姓慰劳他们所拥护的军队。箪，用竹或苇编制的食器。

【译文】

用兵作战的原则，首重事前的划谋。未战之前，要先清楚了解敌军将领才能的高下、战斗力的强弱、兵力的多少、地势是否险要、粮草是否充足。如果能详察敌我双方的情况，出兵必能胜敌。兵书上说：“分析了解敌情才能制胜。而掌握地势险易、路途远近，这些都是统帅的责任。”

东汉末年，刘备在新野，三次前去向诸葛亮请教统一全国的谋略。诸葛亮说：“自董卓把持政权以来，豪杰四起割据称霸，跨州连郡割据一方者多不胜数。相较于袁绍，曹操名望小、兵力少，但他却能打败袁绍，由弱变强，这不只是掌握天时，还在于发挥人的智谋。如今曹操已拥兵百万，控制了皇帝并假借他的名义向诸侯发布命令，实在难以和他较量啊！孙权占据江东，已历经孙坚及其子孙策、孙权三代了，那里地势险要、城池坚固、百姓归附，又有贤能之士辅佐。因此，只可与其结盟互相支援，不可与之为敌。荆州北面靠汉水、沔水，南方可以尽量利用南海郡的物资，东连吴郡相会稽郡，西通巴郡和蜀郡，是一战略要地。然而荆州牧刘表却守不住，这大概是上天要送给将军的，将军难道没有占领它的打算吗？益州地势险要、沃野千里，是天然富饶之地，汉高祖靠它成就了帝业。然而占领它的益州牧刘璋昏庸无能，北边还有张鲁政权的威胁。这两处虽然人口众多、物产丰富，却不知道对民众加以安抚，那里有才能的人，都企盼着英明的君主。将军是皇室的后代，信义显扬四海，广结天下英雄，求贤的心情如饥似渴，如果能够占据荆、益二州，守住险要的地方，西面与各少数民族友好，南方安抚夷、粤，对外与孙权结盟，对内改革政治，一旦时局发生有利于将军的变化，就命令一员将领，率领荆州的军队，向南阳与洛阳进攻，将军则亲自率益州军队进入秦川，老百姓哪个敢不担着酒和食物来迎接将军呢？果真能这样，那统一的大业就可以成功，汉朝就可以复兴了。”刘备说："太好了！"后来，果然按照诸葛亮的计谋采取行动。

【赏析】

本篇从战略的角度阐述兵家奇谋的精髓就在于计谋，亦即“以计为首”乃是用兵的根本法则。作者认为，与敌交战之前，先要分析研究敌我双方将帅指挥才能的优劣、敌方战斗力的强弱、兵员的多寡、地形的险要与否，以及粮食是否充足等。只有对上述诸多情况加以分析、判断，然后再出兵，如此“知己知彼”，才能无往而不胜。

在信息时代，信息对经营的重要作用是众人皆知的。“知”的内容和方法都必须符合现代要求。不仅要知道本企业和同行的技术水平、生产能力，更重要的是要洞察经营的外部环境，以便判断正确的经营方向，从而掌握经营主动权，及时抢占“制高点”。国外许多企业家为了扩大“知”的视野和纵深，一方面不惜重金聘请专家，组成“智囊团”，另一方面，勇于不耻下问，向生产第一线上的工人征求意见。

在作战中，处于劣势的一方，如果能做到知己知彼，往往会创造出以劣胜优的奇迹。同样，在经济竞争中，经营领导者做到知己知彼，也能摆脱被动，把企业引上通往胜利的坦途。

谋　战

【原文】

凡敌始有谋，我从而攻之，使彼计衰而屈服。法曰：“上兵伐谋。”

春秋[①]时，晋平公欲伐齐，使范昭往观齐国之政。齐景公觞[②]之。酒酣，范昭请君之樽酌[③]。公曰：“寡人之樽进客。”范昭已饮，晏子[④]撤樽，更为酌。范昭佯醉，不悦而起舞，谓太师[⑤]曰：“能为我奏成周之乐[⑥]乎？吾为舞之。”太师曰：“暝臣[⑦]不习。”范昭出。景公曰：“晋，大国也。来观吾政，今子怒大国之使者，将奈何？”晏子曰：“观范昭非陋于礼者，且欲惭吾国，臣故不从也。”太师曰：“夫成周之乐，天于之乐也，惟人主舞之。今范昭人臣，而欲舞天子之乐，臣故不为也。”范昭归报晋平公曰：“齐未可伐，臣欲辱其君，晏子知之：臣欲犯其礼，太师识之。”仲尼闻之曰：“不

越樽俎[⑧]之间，而折冲[⑨]千里之外，晏予之谓也。”

【注释】

①春秋：时代名。因鲁国编年史《春秋》而得名。一般以周平王元年（公元前770年）至周敬王四十四年（公元前476年）为春秋时代。

②觞：古代盛酒器。这里作动词，以酒招待的意思。

③樽酌：樽，本作尊，酒杯也。酌，斟酒、饮酒的意思。

④晏子：即晏婴。春秋时齐国大夫。夷维（今山东高密）人，字平仲。历仕灵公、庄公、景公三世，对齐国政治、外交多有建树，为当时著名的政治家和外交家。战国时人蒐集其言行编辑而成《晏子春秋》传世。

⑤太师：同“大师”，古代乐官名。

⑥成周之乐：成周，古地名，周敬王时徙都于此，位于今河南洛阳东北。因成周系周天子所在地，故成周常为周天子之代称。成周之乐，谓周天子的乐曲。

⑦瞑臣：谓眼睛失明之臣。春秋时晋国著名乐师师旷生而目盲，善辨音律。齐国乐官太师以“瞑臣”自称，乃自谦之意，未必也是盲人。

⑧樽俎：盛酒肉的器具，这里意指筵席。俎，古代祭祀时用以载牲的礼器。

⑨折冲：指抵御敌人。

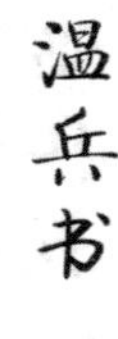

【译文】

大凡作战，必须制定计谋，按照计划进攻敌人，逼敌走投无路，迫使其投降。兵书上说：“最佳的战法是施用计谋战胜敌方。”

春秋时，晋平公想讨伐齐国，于是派大夫范昭到齐国刺探敌情。齐景公设宴招待范昭。酒酣耳热之际，范昭请求用齐景公的酒樽斟酒。齐景公说：“用我的酒樽给客人斟酒！”范昭喝完酒，正欲用景公的酒樽斟酒，晏子却上前撤换酒樽，改用别的酒器为范昭斟酒。范昭又佯装喝醉，借机起舞，并对太师说：“我想听一曲周天子之乐，可否为我演奏，我想随乐而舞。”太师答说：“我不熟悉这些曲子。”范昭离席后，齐景公说：“晋国是个大国，派人探察我国的政局，今天你们激怒了大国的使者，可怎么得了？”晏子说：“依臣看范昭不是不懂礼仪的人，他是故意羞辱我国，所以我不依从他。”太师也说：“成周之乐是天子之乐，只有君王才能随成周之乐而舞。范昭是臣子，却要舞天子之乐，所以我没为他演奏。”范昭回国后向晋平公报告：“齐国不能攻打。我想羞辱他们的国君，立刻被晏子看穿；我想破坏它的礼仪，又被太师识破了。”

孔子听了之后说：“不逾越酒席之间的礼节，而能阻止千里之外的战斗，说的就是晏子啊！”

【赏析】

本篇主要阐述以谋胜敌的战略思想。作者认为，当敌人开始图谋向我发动进攻的时候，就要针对它的企图加以破坏，使其谋划失败而向我屈服。换言之，要以自己的谋略识破敌人的战略企图，破坏其计谋，消弭战争于未发之时。

历代政治家、思想家、外交家，为，没有不特别重视对于军事谋略的研究。历代兵家更把谋略研究放到头等重要的位置。“凡用兵之道，以计为首”刘伯温说。在我国浩瀚的军事典籍中，无论是哪部兵书，哪有不讲谋略的？孙子说：“上兵伐谋，其次伐交，其次代兵，其下攻城。”兵贵精，将贵谋。有勇无谋，只能是一介武夫，为兵家所不屑。以谋制胜，乃军事的最高准则。

间战

【原文】

凡欲征伐，先用间谍觇[①]敌之众寡、虚实、动静，然后兴师，则大功可立，战无不胜。法曰：“无所不用间也。”

周将韦叔裕，字孝宽，以德行守镇玉壁[②]。孝宽善于抚御，能得人心，所遣间谍入齐者，皆为尽力。亦有齐[③]人得孝宽金货者，遥通书疏[④]。故齐动静，朝廷皆知之。齐相斛律光[⑤]，字明月，贤而有勇，孝宽深忌之。参军[⑥]曲严颇知卜筮[⑦]，谓孝宽曰：“来年东朝[⑧]必大相杀戮。”孝宽因令严作谣歌曰：“百升飞上天，明月照长安[⑨]。”百升，斛[⑩]也。文言：“高山不推自溃，槲木不扶自立[⑪]。”令谍者多斋[⑫]此文遗之于邺。祖孝征与光有隙，既闻，更润色之[⑬]，明月卒以此诛。周武帝[⑭]闻光死，赦其境内，后大举兵，遂灭齐。

【注释】

①觇：窥看，引申为侦察之意。

②玉壁：北周的军事重镇，故址在今山西稷山西南。

③齐：即北齐，北朝之一。公元 550 年高欢之子高洋代东魏自立为帝，改国号为齐，史称北齐。

④书疏：即“书翰”，书札之类。这里指情报。

⑤斛律光：北齐朔州（今山西朔县）人，字明月，高车族。出生将门，善骑射，既

贤良又勇敢，官至左丞相。后因周将韦叔裕施离间计，为齐后主疑忌所杀。

⑥参军：古代军官名。汉末曹操以丞相总揽军政大权，其僚属往往用参丞相军事的名义。此后，迄至南北朝，凡诸王及将军成立府署，都置参军作为重要幕僚参谋军事。

⑦卜筮：古时以龟甲占卜吉凶的称卜，以蓍草占卜吉凶的称筮。

⑧东朝：指北齐。因北齐位于北周之东，故称之。

⑨百升飞上天，明月照长安：意思谓斛律光将称帝，并将归顺北周。

⑩斛：量器名。汉至南宋以前，以 10 斗为 1 斛，现 1 斛是 5 斗。

⑪高山不推自溃，槲木不扶自立：谓北齐主溃败在即，斛律光将取而代之。因北齐主姓高，故“高山”是影射北齐主；“槲”与“斛”同音，是影射斛律光。

⑫赍：携带。

⑬既闻，更润色之：祖孝征与斛律光有矛盾，听到北齐参军曲严所编谣言后，他立即向齐后主汇报，并添油加醋地加上这两句：“盲老翁背上下大斧，多事老母不得语。”并解释“盲老翁”指他本人，“多事老母”指齐后主的乳母、女侍中陆令萱。这两句话的意思是：祖孝征被大斧砍倒，陆令萱也无法说话了。言外之意是：齐后主左右无人，斛律光只好当即帝位。

⑭周武帝：即宇文邕，宇文泰第四子，字弥罗突。在位 18 年。公元 577 年，周武帝乘北齐衰落，出兵一举灭齐，统一了黄河流域，为隋统一全国奠定了基础。

【译文】

凡想出兵进攻敌人，务必先派遣间谍窥探敌兵的多寡、虚实、动静，才能出兵制胜。兵书上说：“战争没有不用间谍的啊！”

南北朝时，北周的将领韦叔裕，字孝宽，平时很讲信义，凭借品行节操镇守玉壁城。他善于抚慰和管理百姓，深得士兵的拥戴。凡派到北齐的间谍，都能为他尽力。而他用重金贿赂的北齐人，也常从遥远的齐国送来书信情报。所以北齐的动静，北周朝廷都知道。北齐的丞相斛律光，字明月，贤德而勇敢，连韦孝宽都惧怕他。参军曲严，懂得卜筮之道。他对韦孝宽说：“明年齐国必有大的内乱。”韦孝宽于是命曲严作歌谣说：“百升飞上天，明月照长安。”“百升”就是一斛，暗指斛律光。歌谣又说：“高山不推自溃，槲木不扶自立。”韦孝宽并命令间谍带着许多写有这些歌谣的文字在北齐首都邺城散发。北齐谋臣祖孝征与斛律光不和，看到这些文字，又加油添醋加以夸张传播，斛律光终于因此被诛杀。北周武帝听说斛律光死了，高兴得在全国大赦。后来大举进攻北齐，很快就灭掉了齐国。

【赏析】

本篇从战略的角度阐述使用间谍在战争中的重要作用。文中指出，凡要进攻敌人，首先要派遣情报人员进行战略侦察，在了解敌人的兵力多少、力量强弱、军队动静后再出兵进攻，没有不获得胜利的。

《孙子兵法·用间篇》：“三军之事，莫亲于间，赏莫厚于间，事莫密于间。非圣智不能用间，非仁义不能使间，非微妙不能得间之实。微哉！微哉！无所不用间也。"间谍战，是敌对双方倾力角逐的重要方面和手段。《孙子兵法》十三篇有一篇专门论述用间，把"用间"提到"无所不用"的高度来认识。为了掌握敌情，争取主动，孙武强调重赏间谍，主张"五间俱起，莫知其道"，广开情报来源。《百战奇略·间战》指出，"凡欲征伐，先用间谍，觇敌之众寡、虚实、动静，然后兴师，则大功可立，战无不胜。"现代科学技术愈发展，获取敌情报愈显重要。有时，准确的情报甚至可以决定一场战争的胜负。

要战胜敌人，必须做到"知彼"，明察敌情。要真正做到"知彼"，就必须利用一切手段侦察敌情。同时，还可以利用间谍在敌人内部制造混乱，令对手自相残杀，这时再兴兵讨伐，必然战无不胜。

选战

【原文】

凡与敌战，须要选拣勇将、锐卒，使为先锋，一则壮其志，一则挫敌威。法曰："兵无选锋者北。"

建安十二年，袁尚、熙奔上谷郡。乌桓[①]数入塞为害，曹操征之。夏五月，至无终；秋七月，大水，傍海道路不适。田畴[②]请为向导，公从之。率兵出卢龙塞[③]，水潦，道不通，乃堑山堙谷[④]五百余里，经白檀，历平刚、鲜卑庭，东陷柳城。未至二百里，虏方知之。尚、熙与蹋顿[⑤]、辽西单于[⑥]楼班、右北平单于能臣抵之等，将数万骑逆军。八月，登白狼山，卒[⑦]与虏遇，众甚盛。公辎重[⑧]在后，被甲者少，左右皆惧。公登高，望虏阵不整，乃纵兵击之，使张辽[⑨]为先锋，虏众大溃，斩蹋顿及名王以下，胡、汉降者二十余万口。

【注释】

①乌桓：古族名。亦作"乌丸"，属东胡族一支。秦末，东胡被匈奴击败后，部分迁乌恒山，因以为名。

②田畴：东汉无终人，字子泰，好读书，善击剑。曹操北征乌桓，他随军任司空户曹掾。

③卢龙塞：古代关塞名，在今河北喜峰口一带。古有塞道，自今蓟州区东北经遵化，循滦河河谷出塞，折东趋大浚河流域，是从河北平原通向东北的一条交通要道。

④堑山堙谷：开山填谷。堑，开凿。堙，填塞也。

⑤蹋顿：东汉末辽西郡乌桓族首领。汉献帝初平年间（公元 190~193 年），他合并上谷、右北平、辽东三郡乌桓，组成联盟，曾帮助袁绍破公孙瓒，被绍封为乌桓单于。

⑥单于：即匈奴、鲜卑等族最高首领的称号。

⑦卒：同“猝”，突然的意思。

⑧辎重：军用器械、粮草、营帐、服装等的总称。

⑨张辽：曹操的大将。雁门马邑（今山西朔县）人，字文远。先从吕布，后归曹操。作战勇敢，数有战功。官至征东将军，封晋阳侯。

【译文】

与敌人作战，务必挑选勇敢的将领和精锐的士兵，以组成先锋部队。这样不仅可以壮大自己军队的士气，而且能够挫败敌人的威风。兵书上说：“军队没有精选的先锋，必败无疑。”

东汉建安十二年（公元 207 年），袁尚、袁熙被曹操打败后逃奔上谷郡。当时北方的乌桓人经常入侵汉朝境内危害百姓，曹操决定征讨他们，而在夏季 5 月到达无终县。秋季 7 月的时候，雨大成涝，沿海道路泥泞，车马行进困难，当地人田畴请求做向道，曹操答应了。曹操率领军队出了边塞卢龙。由于雨大，道路不通，曾挖山填谷修了 500 多里路。他们穿过白檀县，经过平刚和鲜卑的境地向东，攻陷了柳城。当曹操的军队到达离柳城只有 200 里的地方，敌人才知道他们到来。袁尚、袁熙以及乌桓首领蹋顿、辽西单于楼班、右北平单于能臣抵之等，急忙率领数万人马迎击曹操的军队。当曹军 8 月登上白狼山时，与敌人相遇，敌人兵多，而曹军的军用器械、粮草都还在后面，穿甲衣的军士也很少，左右将士都十分恐惧。曹操登上高峰远望，见敌军阵形混乱，于是下令部队出击，命张辽为先锋，大溃敌军。这次战役中，蹋顿及其属下的首领被斩，乌桓部族有 20 多万人降汉。

【赏析】

本篇主要论述选拔和编组先锋部队在作战中的重大作用。作者指出，凡与敌作战，必须挑选精兵猛将编组成先锋部队，一来可以助长我军士气，二来可以顿挫敌人威风。首战的胜负，在整个战局中至为重要，而用以开路、引导后卫前进的先锋部队又是战役中的主力。因此首战的成败，取决于有否挑选矫捷的将领和士兵充当先锋部队。这样的战例很多。

公元 576 年，齐军围晋州（即平阳），楼堞都被打坏了，城墙只剩下 7 尺来高，双方打得非常激烈残酷，周守军梁士彦慷慨激昂地对部众说，“死在今日，吾为尔先”。部众见主将身先士卒，指挥有方，皆勇烈齐奋，呼声动地，无不以一当百。

将帅能身先士卒，并以此来鼓舞部下，这样必能无往而不胜。

步　战

【原文】

凡步兵与车骑战者，必依丘陵、险阻、林木而战则胜。若遇平易[1]之道，须用拒马枪[2]为方阵，步兵在内。马军、步兵中分为驻队、战队。驻队守阵，战队出战；战队守阵，驻队出战。敌攻我一面，则我两哨出兵，从旁以掩之；敌攻我两面，我分兵从后以持之；敌攻我四面，我为圆阵，分兵四出以奋击之。敌若败走，以骑兵追之，步兵随其后，乃必胜之方。法曰："步兵车骑战者，必依丘陵、险阻，如无险阻，令我士卒为行马、蒺藜[3]。"

《五代史》[4]：晋将周德成为卢龙节度使[5]，恃勇不修边备，遂失榆关[6]之险。契丹[7]每趋牧[8]于营、平之间，陷新州，德威复取不克，奔归幽州。契丹围之二百日，城中危困。李嗣源[9]闻之，约李存审[10]，步骑七万，会于易州救之。乃自易州北行，逾大房岭，循涧而东。嗣源以养子从珂，将三千骑为先锋，追至山口，契丹以万骑遮其前，将士失色。嗣源以百骑先进，免胄[11]扬鞭，胡语谓契丹曰："汝无故犯我疆场，晋王[12]命我将百万骑众，直抵西楼，灭汝种族。"因跃马奋挝[13]，三入其阵，斩契丹酋长一人。后军齐进，契丹兵却，晋兵始得出。李存审命步兵伐木为鹿角阵[14]，人持一枝以成寨。契丹环寨而过，寨中发万弩[15]齐射之，流矢蔽日，契丹人马死伤塞路。将至幽州，契丹列阵待之。存审命步兵阵于后，戒勿先动，令羸兵[16]曳柴、燃草而进，烟尘蔽天，契丹莫测其多少；因鼓入战，存审乃趋后阵，起而乘之，契丹大败，席卷其众，自北山口遁去。俘斩万计，遂解幽州之围。

【注释】

①平易：谓平坦开阔。

②拒马枪：古代作战时所使用的一种能够移动的障碍物，系以木材做成人字架，将枪头穿在横木上，使枪尖向外，设于要害处，主要用以防御敌骑兵突击，故名拒马枪。

③行马、蒺藜：均是古代作战中的防御工具。

④五代史：即记载后梁、后唐、后晋、后汉、后周五个朝代的史书。有新、旧五代史：《新五代史》，又名《五代史记》，宋欧阳修撰；《旧五代史》，原名《五代史》，宋薛居正等撰。

⑤节度使：唐代官职。唐睿宗景云年间始置，五代因之。节度使总揽一区的军、政、财大权，所辖区内各州刺史均为其下属。

⑥榆关：亦称"渝关"，即今山海关。

⑦契丹：中国古族名兼国名，源于东胡。北魏以来，在今东北辽河上游一带游牧。唐以其地置松漠都督府，并任契丹首领为都督。唐末，为刺部首领阿保机统一契丹各部，建立辽朝（公元 916~1125 年），与五代和宋并立。

⑧趋牧：谓割草放牧。

⑨李嗣源：五代后唐皇帝明宗。沙陀族人，本名邈佶烈，后为李克用收为养子，赐名李嗣源。曾任番汉内外马步军总管。同光四年（公元 926 年），唐庄宗李存勖在兵变中被杀，李嗣源入洛阳称帝，改名蚭。

⑩李存审：后唐名将，本姓符，晋王李克用收为养子，赐姓李。从李存勖破后梁军，与周德威齐名。官至宣武节度使。

⑪胄：古代士卒作战时所戴的头盔。

⑫晋王:这里指李存勖,沙陀族首领李克用之子。唐僖宗中和二年后,李克用因助唐镇压黄巢起义,被封为晋王。后梁开平二年,李克用病死,李存勖即王位;龙德三年(公元932年)称帝,国号大唐,史称后唐。

⑬挞:意指击、打。

⑭鹿角阵:即以形似鹿角的树枝设置的阵地,以阻挡敌人前进。

⑮弩:即用机栝发箭的弓。

⑯羸兵:老弱残兵。羸,瘦也、弱也。

【译文】

凡步兵与战车、骑兵打仗,必须要凭借有山林、草木之险的地形,才能获取胜利。如果碰上平坦的地势,就要用拒马枪列成方阵,让步兵驻守在阵内。自己军队的马军和步兵要分为驻守部队和作战部队。驻队守阵,战队出击;战队守阵,驻队出击。敌人从一方进攻,我方就从两侧出兵包抄;敌人从两侧进攻,我军就分兵从后面击扰他们;敌人从四面进攻,我军就设圆阵,分兵四面奋力攻打。一旦敌人败退了,我军就派骑兵追赶,并让步兵紧跟其后,这是必胜之法。兵书上说:"步兵与成队车马的军队作战,必须依靠山林险要的地形。如果没有险要的地形,就要让士卒做行马、设蒺藜,阻截敌军车马。"

五代时期,晋王的部将周德威任卢龙节度使时,轻敌不修筑边备,因而失去了险要的榆关。当时北方的契丹民族,经常在营州、平州之间放牧,并趁机攻陷了新州。周德威再来夺取,没有攻下,就带领人马逃到幽州。契丹兵紧追不舍,围城200天,情势非常危急。晋王李克用的义子李嗣源闻讯,便约请李存审率领步兵、骑兵7万人,在易州会合,前往援救。他们到抵易州后,又向北走,越过了大房岭,沿着山涧东进。李嗣源派他的养子李从珂为先锋,带3000骑兵来到山口。这时契丹已派上万骑兵堵在山口,晋军将士大惊失色。李嗣源派100名骑兵先行,自己则甩掉头盔,高举马鞭,用北方民族语言对契丹部队喝道:"你们无故侵犯我国边境,晋王命令我统率百万骑兵抵抗,要一直打到你们的西楼,灭掉你们的族类。"他跃马扬鞭,三次闯入敌阵,斩了一名契丹的酋长。这时嗣源身后的晋军一齐向前,契丹兵被打退了,晋军才得以从山口冲出。李存审又命令他的步兵伐树设鹿角阵,让每个人都拿一根树棍围成寨墙。当契丹兵绕寨而过时,寨中上万张弓齐射,飞出的箭多到可以遮蔽太阳,契丹死伤的人马堵塞了道路。当晋军到了幽州城下时,契丹已摆开阵势迎战。李存审命令步兵在后面布阵,指示他们不得先动。又命令一些老弱残兵拖着点燃的柴草前进,致使烟尘遮天蔽日。契丹不知道晋军有多少人马,便擂鼓进击,这时李存审催促后阵的士兵趁机而起。结果契丹兵大败,从北山口席卷而逃。这一仗,晋军杀死契丹兵上万人,解除了幽州之围。

【赏析】

本篇主要阐述指挥步兵作战,必须利用地形地物,同时还必须根据敌情采取不同的战法。作者指出,步兵对车、骑兵作战时,必须依傍丘陵、险要或林木丛生的有利地形;如在开阔地形作战,须用“拒马枪”等障碍物列成方阵,区分部署,轮流战守。同时,对于进攻之敌,不同情况应采取不同的战法。再者,对于败退之敌,应及时追击歼灭。

骑战

【原文】

凡骑兵与步兵战者,若遇山林、险阻、陂泽之地[①],疾行急去,是必败之地,勿得与战。欲战者,须得平易之地,进退无碍,战则必胜。法曰:“易地则用骑。”

《五代史》:唐庄宗[②]救赵,与梁军相拒于柏乡五里,营于野河北。晋兵少,梁将王景仁所将兵虽多,而精锐者亦少。晋军望之色动。周德威勉其众曰:“此汴、宋佣贩[③]耳。”退而告之。庄宗曰:“吾提孤兵出千里,利在速战,今不乘势而急击之,使敌知我众寡,则计无所施矣。”德威曰:“不然,赵人皆(长于)守城而不能野战;今吾之取胜,利在骑兵,平原旷野,骑兵之所长也。今吾军于河上,迫近营门,非吾用长之地也。”庄宗不悦,退卧帐中,诸将无敢入见者。德威乃谓监军[④]张承业[⑤]曰:“王怒老将不速战者,非怯也。且吾兵少而临贼营门,所恃者一水隔耳。使梁得舟筏渡河,吾无类[⑥]矣。不如退军鄗邑,诱敌出营,扰而劳之,可以策胜也。”承业入言曰:“德威老将知兵,愿无忽其言。”庄宗遽起曰:“吾方思之尔。”已而,德威获梁游兵[⑦],问景仁何为,曰:“治舟数百,将以为浮梁。”德威乃与俱见。庄宗笑曰:“果如公所料。”乃退军鄗邑。德威乃遣骑三百扣梁营挑战,自以劲兵三千继之。景仁怒,悉以其军出,与德威转斗数十里,至于鄗南,两军皆阵。梁军横贯六、七里。庄宗策马登高,望而喜曰:“平原浅草,可前可却,真吾制胜之地也。”乃使人告德威曰:“吾当与战。”德威谏曰:“梁军轻出而远来,与吾转战,其来既速,必不暇斋粮糗[⑧];纵其能斋,有不暇食[⑨]。不及日午,人马饥渴,其军必退,退而击之,必获胜焉。”至申时[⑩],梁军中尘起,德威鼓噪而进,梁军大败。

【注释】

①陂泽之地:谓山坡、沼泽之地。

②唐庄宗:即后唐皇帝李存勖。李存勖率兵救赵是在后梁开平四年(公元910年),此时,李存勖尚未称帝,仍为晋王。

③佣贩:即雇佣来的商贩。

④监军:古代军中官名,多为作战中临时差遣。唐代后期在各镇及出征军中,皇帝派宦官为监军,往往与统帅分庭抗礼、贻误战事。明代监军多以御史担任。清代废止。

⑤张承业:唐僖宗时宦官,本姓康,为内常侍张泰养子,改姓张。唐昭宗时被派往晋王李克用处任河东监军。李克用病死后,仍为李存勖的监军。

⑥无类:无一幸免。

⑦游兵：即担任巡哨、侦察及袭击敌人等任务的军队。

⑧粮糗：糗，炒熟的米、麦等食物。粮糗，即干粮。

⑨不暇食：谓顾不上吃饭。

⑩申时：指 15~17 时之间。

【译文】

骑兵与步兵交锋，假如遇到山林险阻和临近沼泽的地形，必须尽快离开，因为这是必败之地，不能在此与敌军交战。与敌军交锋，必须选择平坦而进退自如的地形，才能获取胜利。兵书上说："平坦之地用骑兵。"

五代时，唐庄宗李存勖领兵救赵，与后梁的军队在距离柏乡 5 里的地方对峙，驻扎在野河之北。晋军兵少，而梁将王景仁所统率的军队虽多，但精兵少。晋军看到对方兵多，有些害怕。晋将周德威勉励他的士兵说："他们这些人都是汴宋来的受雇者，容易打败！"周德威又退回到军帐中将情况禀告唐庄宗。庄宗说："率领没有援兵的军队来到千里之外，利于速战。现在如不乘势攻击后梁的军队，等敌人知道我方兵力少时就无计可施了。"周德威说："情况不像您说的那样，赵王的军队能守城而不能在野外作战。我们要取胜，有利的条件是骑兵。因为骑兵只有在旷野上作战，才能发挥它的长处。如今我们的军队驻扎在野河上游，临近敌人的军营，短兵相接，这不是我们的长处。"唐庄宗不悦，回到后账就躺下休息了，众将没有敢入账请见的。周德威没有办法，就对监军张承业说："晋王生气了，我不主张速战，不是胆怯。我军兵少又临近敌人营门，所依恃的仅仅是一水之隔；假如后梁军队得到舟筏渡河，我们就将无一幸免了。不如退兵到鄗邑，引诱敌人出营，袭扰他们使之疲劳，届时就可用计取胜了。"张承业进入后账对唐庄宗说："周德威是员老将，深知兵法，请您考虑他的计策。"庄宗立刻起身说道："我正在思考这件事呢。"不久，周德威虏获了后梁的散兵，审问王景仁有何行动。后梁的士兵说："他造了数百艘船只，想用来搭浮桥。"周德威于是带后梁的士兵一起去见唐庄宗。庄宗笑着说："果然如你所料。"于是下令退军到鄗邑。周德威派 300 骑兵到后梁军营前叫战，自己则带领 3000 名战斗力十足的士兵跟在后面。王景仁听说晋军挑战,勃然大怒,命军队全部出战。周德威与王景仁交战十余里,来到鄗邑的南面,两军都摆开了阵势,后梁的军队横贯六七里。唐庄宗策马到高处察看,高兴地说:"这样开阔的平原,草又矮,可以前进,也可以后退,正是克敌制胜的地方啊!"于是派人告诉周德威说他要亲自出战。周德威又进谏:"后梁军队轻装而出,从远地与我军辗转交战,既然他们来得这么快,必定没有带干粮,纵然能带上,也没时间吃。不到中午,他们的人马就会又饥又渴,到时必然退兵。等他们撤退时再攻击他们,一定可以获得胜利。"到了午后未申时分,后梁军中因军马撤退而尘烟大起。德威立刻命令士兵们击鼓向前进攻,大败后梁军队。

【赏析】

此篇主要论述骑兵打仗利用地形时应注意掌握的谋略思想。骑兵与步兵交锋时,应避开山林、险要或沼泽的地形,因为这些地方不利于发挥骑兵的机动灵活性。与敌人的步兵作战,必须选择平坦开阔之地,使骑兵的前进、后退不受到妨碍,方能取得胜利。因为,进入窄地,出去的道路遥远,致使敌军以弱击强,以少击多,这就使我骑兵陷入覆没的境地。宽涧深谷,林木茂密,就会使我骑兵陷入匮乏的境地。所以地形对骑兵来说很重要。

战争中,任何兵种作战都会受到地形条件的制约。骑兵是古代作战中机动力最强、突击力最猛的兵种。但是,只有在开阔平坦的地形条件下,才能充分发挥骑兵快捷机动、猛烈突击的威力。而山林、险要及沼泽地形,却是妨害骑兵作战能力充分发挥的天然障碍。

舟 战

【原文】

凡与敌战于江湖之间,必有舟楫[①],须居上风、上流。上风者,顺风,用火以焚之;上流者,随势[②],使战舰以冲之,则战无不胜。法曰:"欲战者,无迎水流。"

春秋,吴子伐楚。楚令尹[③]卜战,不吉。司马子鱼[④]曰:"我得上流,何故不吉?"遂战,吴师败绩。

【注释】

①舟楫:船只。楫,划船的桨。

②随势:顺着水流的方向。

③令尹:官名。春秋战国时期楚国所设,为楚之最高官职,掌军政大权。这里是指阳丐,亦即楚公子子瑕。

④司马子鱼:司马,官名,西周始置,主管军政和军赋。春秋、战国时仍沿用未变。子鱼,即楚公子子鲂。

【译文】

凡是与敌人在江河湖泊上作战，一定要利用舟船，占据上风和上游。占上风时顺风，可以借风势用火焚烧敌船；居上游时顺势，能用大战船冲击敌船，这样部署一定能战无不胜。兵书上说："想要与敌人交战，不要迎着水流。"

春秋时，吴王阖闾伐楚，楚国令尹阳丐占卜预测这一战对楚国不利。司马子鱼说："我军占据长江上游，为什么不吉利呢？"于是两军交战，楚军用大战船冲击吴军的战船，吴军势弱，难以抵挡，大败。

【赏析】

本篇主要阐述在江河湖泊等水上打仗时应怎样利用风势、水势等自然条件的谋略。凡与敌人在水上作战，必须依靠舰船，并且要选择上风、上流之处。因为，位于上风，可以利用风势纵火焚烧敌人；占据上流，可用战舰乘流而下冲击敌人。

要说利用风势纵火焚船的战例，最著名的当属三国时期的"赤壁之战"。公元208年，曹操领军83万，从江陵顺江东下，浩浩荡荡，向东吴进发。于是蜀吴两国联合抗曹，因曹军为北方人，不习水中作战，故将大船一一连在一起，蜀吴两国便决定用火攻之，接着上演了黄盖和周瑜的苦肉计，以黄盖诈降。东风大作那天，黄盖领船10艘，奔赴曹营，并在途中燃起大火，顺风而下，把曹船烧成一片灰烬，曹军大败。

车　战

【原文】

凡与步、骑战于平原旷野，必须用偏箱[①]、鹿角车[②]为方阵，以战则胜。所谓一则治力，一则前拒，一则整束部伍也。法曰："广地则用车军。"

晋凉州刺史杨欣失羌戎[③]之和，为虏所没。河西断绝，帝每有西顾之忧，临朝而叹曰："谁能为我通凉州讨此虏者乎？"朝臣莫对。司马督马隆进曰："陛下若能任臣，臣能平之。"帝曰："若能灭贼，何为不任，顾卿方略如何耳！"隆曰："陛下若能任臣，当听臣自任。"帝曰："云何？"对曰："臣请募勇士三千人，无问所从来，率之鼓行而西，禀陛下威德，丑类何足灭者！"帝许之，乃以隆为武威太守[④]。隆募腰开弩三十六钧[⑤]，立标陈试[⑥]，自旦至日申，得三千五百人。隆曰："足矣。"隆于是率其众西渡温水。虏木机能[⑦]等以众万骑，或乘险以遏隆前，或设伏以截隆后。隆依八阵图[⑧]作偏箱车，地广用鹿角车，路狭则为木屋[⑨]施于车上，且战且前，弓矢所及，应弦而倒。转战千里，杀伤以千数。隆到武威，虏人猝跋韩且万能等率万余众归，隆前后诛杀及降附者数万。又率善戎没骨能等与木机能等战，斩之，凉州遂平。

【注释】

①偏箱：亦作扁箱车，是置有木箱的战车，木箱用来置放兵器。作战时，车与车

相连，前后相接，连成方阵，可用于平原旷野上作战。

②鹿角车：绑上削尖的树枝的战车，尖端朝外，以防敌人接近。

③羌戎：古族名。羌，主要分布在今甘、青、川一带。戎，旧时中原人对西北少数民族的泛称。

④太守：官名。本为战国时郡守的尊称，汉景帝时改郡守为太守，为一郡行政最高长官。历代沿置不变。

⑤钧：中国古代重量单位之一，一钧为30斤。

⑥陈试：选拔考核的意思。

⑦木机能：当时羌族一个部落首领。

⑧八阵图：古代作战的一种阵法。八阵，军队的八种形式，相传为黄帝所作，用来破蚩尤的军队。

⑨木屋：用木料制成，四面开孔，置于车上，既便于观察敌情，又可抵御矢石击伤。

【译文】

与敌人的步骑兵在平原旷野上作战，必须用偏箱车和鹿角车组成方阵，依靠这样的方阵，战斗一定胜利。设置方阵，一来能够增强部队战斗力，二来可以用来阻止敌人接近，再者可以整顿秩序、维持军容。兵书上说："在宽阔的地带作战要用战车。"

西晋时，凉州刺史杨欣与西部少数民族羌族不和，凉州被羌人占领，使中原与河西的联系断绝，晋武帝司马炎常为此事忧虑。一次临朝议政，他叹息说道："谁能为我打开通往凉州的道路，讨平这些敌人？"在朝的大臣没有一个应答。这时司马督马隆上前奏道："陛下如果能任用我，定能讨平凉州的叛乱。"晋武帝说："你若能灭掉敌人，怎能不任用呢！但你用什么办法呢？"马隆回答："陛下如果能任用我，应当听由我自己想办法。"晋武帝问："你说的是什么意思？"马隆说："我请陛下允许我招募3000名勇士，但不要管他们是怎么招来的。我率领这些勇士组成的队伍西进，凭借陛下的威风道德，何愁敌人不被消灭呢！"晋武帝答应了他的要求，任命他为武陵太守。于是，马隆开始招募能拉开36钧弓的勇士，并立起靶标让他们试射。从早上到中午，共招募了3500人。马隆说："足够了！"于是马隆率领招募的勇士西渡温水。羌族首领木机能等带领1万骑兵，有的依据险要的地势在马隆军前堵截，有的设埋伏在马隆军后袭击。马隆依据八阵图作偏箱车，在地势开阔的地方用鹿角车，在道路狭隘的地方造木屋放在车上，一边战斗一边前进，弓箭所射达之地敌人应弦倒下。马隆率领这支车队转战千里，杀伤敌人数以千计。当马隆来到武威后，羌族首领猝跋韩且万能等率领万余人前来归降。马隆前后诛杀及降服的敌军竟达数万人。他又带领善戎、没骨能等，与木机能大战，将之斩杀，终于平定凉州。

【赏析】

此篇主要论述战车在对敌作战中的作用。凡与敌之步、骑兵在平原旷野交战，要用偏箱车或鹿角车布列成方阵。这样既能增强部队战斗力，同时也可阻挡敌人的冲击；还可以整饬和约束队伍。

据史载，我国在商周时期已使用战车作战。战国以后，由于社会生产的发展、武器装备的进步及战场条件的变化，只利于在平原旷野地区行动的车兵，逐渐为步、骑兵所代替；战车亦由主要用于冲锋陷阵的进攻装备，变为运输辎重或作为防御作战的障碍物了。此篇正是从防御障碍物的角度，阐述偏箱车、鹿角车在作战中的作用，与战国以前所讲到的战车和车战是不同的。

信战

【原文】

凡与敌战，士卒蹈万死一生之地，而无悔惧之心者，皆信令使然也。士好信以任诚，则下用情而无疑，故战无不胜。法曰："信则不欺。"

三国魏明帝自征蜀，归长安，遣司马懿督张郃诸军。雍、凉劲卒三十万，潜军密进，窥向剑阁。蜀相诸葛亮时在祁山，旌旗利器，守在险要。十二更下，在者八万。时魏军始阵，幡兵适交①，参佐②咸以贼③众强盛，非力不制，宜权停下兵一月，以并声势。亮曰："吾统武行师，以大信为本，得原失信，古人所惜。去者速装以待期，妻子鹄立而计日，虽临征难，义所不废。"皆催令去。于是，去者皆悦，愿留一战；往者奋勇，思致死命。相谓曰："诸葛亮公之恩，死犹未报也。"临战之日，莫不拔剑争先，以一当十，杀张郃，却司马懿，一战大克，信之由也。

【注释】

①幡兵适交：替代的士兵刚刚交接。

②参佐：僚属、部下。

③贼：指魏兵。这里所引史实见(三国志·蜀书·诸葛亮传)，所以这样称魏兵。

【译文】

与敌交战，士兵们踏上九死一生之地，而没有后悔惧怕的心理，这都是诚信使然。将领讲信义并且以诚相待，士兵们就会毫不疑惑地誓死效命，因此才能战无不胜。兵书上说："主将诚信不欺，士兵就会真心效力。"

三国时期，魏明帝亲自率军征讨蜀国。他从洛阳驾临长安，派遣大将军司马懿督统张郃诸军。原来驻扎在雍州、凉州的30万精兵秘密向剑阁进军，当时蜀国丞相诸葛亮的军队正在祁山，蜀军旌旗招展、兵器锐利，防守在险要关口。蜀军换防之际,守在阵地上的只有8万人。当魏军开始布阵时,蜀军替换的士兵刚刚交接。诸葛亮的部将都认为敌兵既多又强盛,没有强而有力的军队是不能战胜敌人的,应该让换防的士兵延迟一个月再撤换,合并两部分士兵以壮声势。诸葛亮说:“我统率部队打仗,一向讲求信用。如果为了眼前的利益而失去信义,是古人最痛惜的事。应该撤离的士兵们都整装待发,他们的妻子儿女正引颈企盼,计算着他们回来的日子。即使我军面临困难,我也不能够不讲信用。”说完便下令催促那些应该换防的士兵全部离开。这样一来,应该离去的士兵都很感动,愿意留下来参战,阵地上参战的将士也都鼓足勇气,一心打算拼死效力。他们互相鼓励说:“诸葛亮先生的恩德就是战死也报答不完!”交战的时候,将士们没有不争先杀敌的。他们以一当十,斩杀张郃、击退司马懿。这一仗之所以大获全胜,就是因为讲信义的缘故。

【赏析】

本篇强调“信则不欺”,说明讲信用的人不会使用欺骗的手段敷衍士兵。刘伯温在论述带兵统将时一再强调必须讲究信用、严密纪律、赏罚分明,认为只有做到“信而不欺”才能使部队上下一心、团结对敌。

打仗如此,企业经营亦同。日本著名的松下公司老板在谈到他的管理经验时有这样一段名言:当你的企业集团“发展到1万名员工时,你就必须退居到后面,并对职工表示敬意和谢意。”高明的领导者就应该做到“信以任诚”。

《司马法·仁本第一》开篇就提到了治理天下的特殊手段就是战争,而要使用这种特殊手段,就要遵守一些原则。其中之一就是“信见信”,即信用人便为人所信任。《孙膑兵法·篡卒》指出,军队战斗力的坚强,在于赏罚必信。《百战奇法·信战》讲的是“信则不欺”,“上好信以任诚,则下用情而无疑,故战无不胜。”《兵器·信》讲了两个方面,一是不欺他国,不欺其民;二是上下信任。

不以信治兵、上下离心,导致兵败身亡的例子也不少。三国张飞,雄壮威猛,骁勇善战,勇冠三军,但他却不体恤士卒,刑杀过分,暴而无恩。最后,在东征发兵之时,死于非命,为部将张达、范疆杀害。

“治兵以信”从古到今都极为重视。以信治兵而胜和不以信治兵而败的例子从正反两个方面给将帅更深刻的启示,那就是用兵打仗,率众御敌,必以信为重。

教战

【原文】

凡欲兴师,必先教战。三军[①]之士,素习离、合、聚、散之法,备谙[②]坐、作、进、退之令,使之遇敌,视旌麾[③]以应变,听金鼓[④]而进退。如此,则战无不胜。法曰:“以不教民战,是谓弃之。”

战国时,魏将吴起[⑤]曰:“夫人常死其所不能,败其所不便。故用兵之法,教戒为先。一人学战,教成十人;十人学战,教成百人;百人学战,教成千人;千人学战,

教成万人；万人学战，教成三军。以近待速，以佚待劳，以饱待饥。圆而方之，坐而起之，行而止之，左而右之，前而后之，分而合之，结而解之。每变教习，乃授其兵，定谓将事。”

【注释】

①三军：春秋时期，大国多设三军，如晋国设上、中、下三军，以中军之将为三军之统帅。楚国则设左、中、右三军。这里的“三军”，是全军的统称。

②备谙：完全熟悉。

③旌麾：古代用羽毛装饰的军旗，主将用以指挥军队作战。

④金鼓：古代作战用以发出信号的器具。金，类似钟或锣一类的器具；鸣金，是停止和后退的信号。击鼓，是进攻的信号。

⑤吴起：战国初期著名军事家，卫国左氏（今山东曹县北）人。善用兵，有谋略。初为鲁将，继为魏将，屡建战功，为魏文侯所重，曾任西河守。文侯死后，遭陷害而逃奔楚国，任令尹，辅佐楚悼王实行变法，促进楚国富强。悼王死后，为旧贵族所杀。他继承和发展了《孙子兵书》，著有《吴子》留传后世。

【译文】

出兵作战之前，必须先训练军队，使兵将学会打仗。平时要教三军士兵练习离合聚散的战法，熟记部队起坐进退的号令，一旦与敌交战，才能根据旗帜的变化采取行动，听鸣金击鼓而知进退，如此必获全胜。

兵书上说：“用未经训练的百姓去作战，等于让他们去送死。”

战国时，魏将吴起说：“人们经常死于他不能胜任的事，败于他不熟悉的事。用兵之法，应以教练和训诫为先。一人学习战法，教会十人；十人学习战法，教会百人；百人学习战法，教会千人；千人学习战法，教会万人；万人学习战法，教会全军。军队作战，要以近待远、以逸待劳、以饱待饥。训练军队，要教士兵懂得圆阵如何变成方阵，坐时如何起立，行进时如何停止，左阵如何变成右阵，前队如何变成后队，分散时如何集合，集合后如何解散。每种变化都学会了，才能发给士兵兵器。必须精通这些，才能称得上是将军。”

【赏析】

本篇主要阐述训练的重要性及训练士卒内容。作者指出，要兴兵作战，必须先进行军事训练。只有平时做好军事训练，使全军掌握疏散、集中的方法，以及懂得停止、行动、前进、后退的命令，才能在实战中按照指挥旗帜的变化而采取相应行动，听到金鼓之声而前进或后退。《军政》说：“因为用语言指挥听不到，所以设置鼓铎；用动作指挥看不到，所以设置旌旗。”金鼓旌旗，是统一全军视听的；全军行动既然一致，那么勇敢的就不能单独前进，怯懦的也不能单独后退，这就是指挥大部队作战的方法。因此，夜间作战多用火光和鼓声，白天作战多用旌旗。之所以变换这些信号都是为了适应士卒的视听能力。如此一来，就能无往而不胜。

姜太公曾对武王说："凡是统率三军，必须有金鼓号令从中节制，这是用以统一全军行动的重要措施。将领必须先行明确告诫官兵，做到三令五申，然后严格按照要求，对兵器操作、战斗动作和旌旗指挥信号的各种变化方法进行训练。所以在训练官兵时总是这样的：先使一人学战，教练完成后，再进行十人合练；十人学战，教练完成后，进行百人合练；百人学战，教练完成后，进行千人合练；千人学战，教练完成后，进行万人合练；万人学战，教练完成后，进行三军之众合练；三军之众学习大战之法，教练完成后，进行百万之众合练。正因如此，才能够集合起训练有素的强大的军队，能够在天下树立起威势。"

众　战

【原文】

凡战，若我众敌寡，不可战于险阻之间，须要平易宽广之地。闻鼓则进，闻金则止，无有不胜。法曰："用众进止。"

晋太元时，秦苻坚[①]进屯寿阳，列阵淝水，与晋将谢玄[②]相拒。玄使谓苻坚曰："君远涉吾境，而临水为阵，是不欲速战。请君少却，令将士得周旋，仆[③]与君缓辔[④]而观之，不亦乐乎？"坚众皆曰："宜阻淝水，莫令得上。我众彼寡，势必万全。"坚曰："但却军，令得通，而我以铁骑数十万向水，逼而杀之。"副亦以为然。遂麾[⑤]兵使却，众因乱而不能止。于是，玄与谢琰[⑥]、桓伊[⑦]等，以精锐八千渡淝水，右军拒张蚝，小退，玄、琰仍进兵，大战淝水南，坚众大溃。

【注释】

①苻坚：十六国时前秦皇帝，氐族，略阳临渭（今甘肃秦安东南）人。他在司徒王猛的辅佐下，先后攻灭北燕、前凉、代国，统一了北方大部分地区，并夺取了东晋的益州。但由于连年用兵，人民负担沉重，加深了境内的阶级矛盾。淝水之战失败后，为羌族首领姚苌所擒杀。

②谢玄：东晋名将，宰相谢安之侄。曾受命组织北府兵以御前秦。淝水之战后他率军收复了徐、衮、青、豫等州。

③仆：自谦词。

④缓辔：放松缆绳，骑马慢行。辔，驾驭牲口的缆绳。

⑤麾：通"挥"，谓指挥。

⑥谢琰：东晋陈郡阳夏《河南太康》人，字瑗度。谢安之子。淝水之战时，任辅国将军，因与从兄谢玄等作战有功，被封为望蔡公。

⑦桓伊：东晋谯国铚县（安徽宿县西）人，字叔夏。初任淮南太守，后迁豫州刺史。淝水之战后，因功升任为江州、荆州十郡、豫州四郡都督。

【译文】

与敌作战，如我众敌寡，则不能在险阻的地形进行战争，而必须在平坦宽阔的

地方进行战事。军队听到鼓声就前进，听到鸣金就收兵，那么战斗没有不胜的。兵法上说：指挥军队打仗，要能控制部队的进退。

东晋孝武帝太元年间，前秦苻坚的军队进兵驻守寿阳，沿淝水沿岸列阵，与东晋将领谢玄相对抗。谢玄派使者对苻坚说："您长途跋涉来到我国境内，临水列阵，是不想速战啊！请您稍稍退却，让两军将士们有一块能够周旋交战的地方，我和您从容地观阵，不也是乐事吗？"苻坚的将领们说："应该把淝水当作屏障，不让他们上岸。我军兵多，对方兵少，可保必胜。"苻坚说："只稍微后退一点，不等他们完全过河，我们便用数万铁骑兵杀向淝水，消灭他们。"苻融也认为他说得对。于是苻坚指挥军队退却，军队因退却造成混乱，无法停止。谢玄与谢琰、桓伊等人趁这个机会，带领 8000 精锐士兵渡过淝水；谢石的兵马进攻张蚝，小有退却，而谢玄、谢琰仍旧进兵，大战于淝水南岸，苻坚的军队溃败。

【赏析】

此篇主要论述在我众敌寡的情况下对敌作战应该掌握的谋略思想。临敌作战，假如我众敌寡，不要在险狭之地与敌决战，必须选择开阔平坦的地方。只有如此，才便于兵力展开，使自己进退开合、灵活机动。

在古代，兵力的多寡，无疑是战胜敌人的基本条件，但地形条件的好坏，也是克敌制胜的重要因素。一个擅长用兵的将领，必须懂得根据兵力和武器的情况，选择适于己而不适于敌的有利地形条件。

比如姜太公在林中作战时，这样说："林间作战的方法，总是率领我军矛戟部队进行的，并且需要分成小股武装。在林木稀疏的地方，要以骑兵为辅，让战车居前，发现有利情况就出击，未见有利情况就停下。在林多险阻的地方，一定要设置四武冲阵，以加强前后防卫。只要我三军将士勇猛作战，即使敌人众多，也必然会被击垮。我军要轮番作战，轮番休息，各自按照所在编组的具体情况进行。"

因此说当我军的兵力处于不利地形时，怎样利用地形条件是至关重要的。

寡 战

【原文】

凡战，若以寡敌众，必以日暮，或伏于深草，或邀于隘路[①]，战则必胜。法曰："用少者务隘。"

《北史》[②]：西魏大统三年，东魏将高欢[③]渡河逼华州，刺史王罴[④]严守。乃涉洛，军于许原西，西魏遣将宇文泰[⑤]拒之。泰至渭南，即遣人造浮桥于渭南。军士斋三日粮，轻骑渡渭，辎重自渭南夹渭而西，十月壬辰，至沙苑，拒齐[⑥]六十余里。高欢率兵来会。候骑[⑦]告齐兵至，泰召诸将议。李弼曰："彼众我寡，不可争也。宜至此东十里，有渭曲可据以待之。"遂追至渭曲，背水东西为阵。李弼为右拒，赵贵为左拒。命将士皆偃[⑧]戈于葭芦之中，闻鼓声而起。日晡，齐军至，望见军少，争进,卒乱而不成列。兵将交,泰鸣鼓,士卒皆起。于谨等以大军与之合战,李弼等率铁骑横击之,绝其军为二,遂大破之。

【注释】

①邀于隘路:将敌人引向险隘之处加以拦击。

②《北史》:记载我国南北朝时期北朝的北魏、东魏、西魏、北齐、北周等朝的历史。本篇战例出自《北史·周太祖本纪》。

③高欢:东魏大臣。曾以大丞相控制北魏政权。公元534年逼走魏孝武帝,另立孝静帝,史称东魏。高欢专权16年。

④王罴:北周霸城人,北魏孝文帝时曾任殿州将军、雍州别驾,西魏文帝时为华州刺史。原本作"王霸",误,据《北史·周太祖本纪》校正。

⑤宇文泰:一名黑獭,鲜卑族,代郡武川(今内蒙古)人。曾为大丞相,专权西魏。死后其子宇文觉代魏称帝,改国号为周,史称北周,追尊宇文泰为文帝。

⑥齐:指齐兵,即高欢的军队。高欢之子高洋于公元550年废东魏孝静帝,自称皇帝,改国号为齐。故称高欢的部队为齐兵。

⑦候骑:探马,担任侦察任务的骑兵。

⑧偃:这里指把兵器放在地上。

【译文】

打仗时,如果以少对多,一定要选在黄昏夜晚的时候,或者让士兵埋伏在草丛中,或者将敌人诱引到地势险要之处,这样必能取胜。兵书上说:"用较少的兵力作战,务必选择险要地势。"

《北史》记载:西魏文帝大统三年,东魏将领高欢渡过黄河逼近华州。华州刺

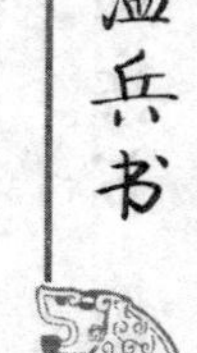

史王罴防守严密。于是高欢率领军队转而渡洛水,驻扎在许原西面,西魏派宇文泰前来抵御他们。宇文泰的军队来到渭河南岸,立即派人从渭河南架浮桥,士兵携带3天的军粮,轻装渡过渭河,粮草军械则从渭河沿河西运。同年10月9日,宇文泰来到沙苑,离高欢的军队仅60多里。高欢带兵前来会战。探马来报齐军进逼的消息后,宇文泰就召集众将商议对策。将领李弼说:“敌众我寡,不能作战。应该把军队带到我军阵地东面10里的地方,那里有渭曲可以据险待敌。”于是宇文泰把军队带到紧靠渭曲的地方,背靠渭水东西布阵。派李弼在右面抗敌,赵贵在左面抗敌。下令将士将武器掩藏在芦苇中,等听到鼓声再冲出战斗。申时(午后3~5点),高欢的军队到了,他们见宇文泰只有少数人马,便争先恐后往前,兵卒散乱不成队伍。两兵快要交战时,宇文泰下令击鼓,埋伏的西魏士兵冲出战斗。这时西魏将领于谨等人也领兵前来助战,李弼等人用铁甲骑兵拦击,将敌军一分为二,终于大败高欢的军队。

【赏析】

本篇阐述在敌众我寡的情况下作战的谋略思想。当我方面临以少数对抗多数的不利情形时,就要想办法利用客观环境,变不利为有利:或利用黄昏时候使敌人不能准确判断我方的兵力,或在草木丛生之处设下埋伏,或在险要的地势截击敌人,这样就能以少胜多、克敌制胜。

一个企业在面临劣势时,也应充分利用客观条件,转劣势为优势。雅科卡刚接手债台高筑的美国克莱斯勒汽车公司总裁职务时,他求助政府担保贷款10亿美元发展新型轿车。消息一传出,美国企业界、舆论界、政府与国会一片哗然,因为靠政府帮助发展经济不合乎自由竞争原则。但雅科卡列举过去美国大公司得到政府担保贷款的例子,并说明如果公司破产后要支付27亿美元的失业保险金;然后再向国会议员指出,公司复苏他们将多得选票,反之则选票尽失。通过对各个层面的分析,他转劣势为优势:政府一改初衷,议员也不再反对,舆论界停止哗然。他为公司开创新局面,自己也成为妇孺皆知的风云人物。

爱　战

【原文】

凡与敌战,士卒宁进死,而不肯退生者,皆将恩惠使然也。三军知在上之人爱我如子之至[①],则我之爱上也如父之极。故陷危亡之地,而无不愿死以报上之德。法曰:“视民如爱子,故可与之俱死。”

战国魏将吴起为西河守,与士卒最下者同衣食。卧不设席,行不乘骑,亲裹赢粮[②],与士卒分劳苦。卒有病疽[③]者,起为吮之。卒母闻而哭之。或曰:“子,卒也,而将军自吮其疽,何哭为?”母曰:“非然也。往年吴公吮其父,其父战不旋踵[④],遂死于敌;吴公今又吮其子,妾不知其死所矣,是以哭之。”文侯以吴起用兵廉平,得士卒心，使守西河，与诸侯大战七十六，全胜六十四。

【注释】

①爱我如子之至：意指将领爱护兵士就像爱他的儿子那样无微不至。
②亲裹赢粮：亲自捆绑、背负粮食。赢，满也。
③病疽：毒疮。
④旋踵：战斗中不退后一步。踵，脚后跟。

【译文】

凡是与敌人作战，士兵宁可冒死前进也不愿求生后退，这都是将领的恩惠使他们这样的。军队中的兵士知道将领爱护自己像爱他的孩子那样无微不至，那么士兵爱戴将领也会像爱自己的父亲那样爱到极点。这样，当军队处于危险境地的时候，没有一个士兵不愿以死报答将领的恩德。兵书上说："对待士兵像对待自己的孩子，士兵一定会同他生死与共。"

魏国将领吴起做西河太守时，总是和最下级的士兵穿一样的衣服、吃一样的饭。睡的时候不设席褥，行军时不骑马。他亲自挑粮食，与士兵分担劳苦。士兵当中有人生了毒疮，他就用嘴替他吸毒脓。这位士兵的母亲听到这件事后便哭了，有人问她："你的儿子不过是个兵士，将军亲自为他吸毒疮，你为什么还哭呢？"士兵的母亲回答说："并不是你说的这样。过去吴公替孩子的父亲吮吸毒疮，他父亲打仗时绝不后退半步，最后战死。现在吴公又为他儿子吸毒疮，我不知道我的儿子会死在什么地方，所以才哭啊！"魏文侯因为吴起带兵廉洁公平，很得士兵拥护，就派他守卫西河。他和诸侯各国大战 76 次，有 64 次都获得了全胜。

【赏析】

战场是流血的地方，打仗是免不了有牺牲的。士兵们凭什么拼死作战呢？军中有句名言"军令如山倒"，严格的纪律的确是士兵行动的准则。然而假如将帅只凭严酷的军令指挥作战，不爱护士兵，不能与他们同甘共苦，那么仅凭军令是不能保证打胜仗的。因此，本文中强调驱使士兵拼死作战的根本力量在于将领对战士的爱。所以他极力赞许吴起这种"与士卒最下者同衣食，坐不设席，行不乘骑，亲裹赢粮，与士卒分劳苦"的将军。认为将领爱兵如子，战士们才会同他生死与共。

公元 1115 年，金太祖完颜旻称帝，国号金。随后，金太祖挥师攻克黄龙府，辽帝耶律延禧闻讯大怒，率领 70 万大军征讨，大有吞灭金国之势。大军压境，而金国兵马仅有辽军的一半，形势十分危急。金太祖深知哀兵必胜的道理，便决定在战前先激励将士们的斗志。

金太祖召集了女真族各部首领前来商讨抗辽的策略。他拔出腰间的佩刀，在自己的脸上划出一道道血痕，然后昂首望天，痛哭道："我完颜旻当初起兵，是为了我们女真人不再受契丹人的压迫，自立一国，免遭外族的凌辱。而今，辽国大军压境，欲置我女真族于死地。要想逃脱厄运，只有两个办法：一是所有女真族人同心

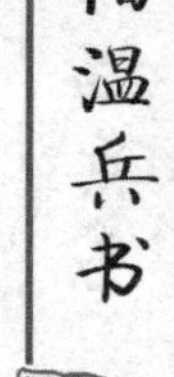

协办，上下一条心，誓死保卫疆土，或许还能求得生存；另一个法子就是杀了我的全家老小，投降辽军，说不定会得到辽国皇帝的饶恕，躲过这场灾难。”各部落首领听罢，都悲愤不已，群情激昂，号啕大哭，纷纷表示：“我们决意跟着您抗击辽军，赴汤蹈火，在所不辞！”

金太祖见将士们慷慨激昂，士气高涨，便布置好作战的部署，摆开了同辽军决战的架势。结果，金军最终以少胜多，挫败了辽军的进攻。

威　战

【原文】

凡与敌战，士卒前进而不敢退后，是畏我而不畏敌也。若敢退而不敢进者，定畏敌而不畏我也。将使士卒赴汤蹈火而不违者，是威严使然也。法曰：“威克厥爱允济。”

春秋齐景公时，晋伐阿、鄄，而燕侵河上，齐师败绩。晏婴乃荐田穰苴[①]，曰：“穰苴虽田氏庶孽[②]，然其人文能附众，武能威敌，愿君试之。”景公乃召穰苴，与语兵事，大悦之，以为将军，将兵捍燕、晋之师。穰苴曰：“臣素卑贱，君擢之闾伍之中，加之大夫[③]之上，士卒未附，百姓不亲，人微权轻，愿得君之宠臣，国之所尊，以监军，乃可。”于是，景公许之，使庄贾往。穰苴既辞，与庄贾约：旦日日中[④]会军门。穰苴先驰至军中，立表[⑤]下漏[⑥]待贾。贾素骄贵，以为将己之军而己为监，不甚急，亲戚左右送之，留饮。日申而贾不至。穰苴则仆表决漏入，行军，勒兵[⑦]，申明约束，既定。夕时，贾乃至。穰苴曰：“何为后期？”贾对曰：“不佞[⑧]，大夫亲戚送之，故留。”穰苴曰：“将受命之日，则忘其家，临阵约束，则忘其亲，援桴鼓[⑨]之急则忘其身。今敌国深侵，邦内骚动，士卒暴露于境，君寝不安席，食不甘味，百姓之命皆垂于君，何谓相送乎？”召军正[⑩]问曰：“军法期而后至者云何？”对曰：“当斩。”贾惧，使人驰报景公，请救。既往，未及返，于是遂斩庄贾以徇[⑪]三军。三军皆震栗。久之，景公遣使持节[⑫]救贾，驰入军中。穰苴曰：“将在外，君命有所不受。”问军正曰：“军中不驰，今使者云何？”对曰：“当斩。”使者大惧。穰苴曰：“君之使不可杀之。”乃杀其仆、车之左驸[⑬]、马之左骖[⑭]，以徇三军。遣使者还报，然后行事。士卒次舍[⑮]、井灶、饮食、问疾、医药，身自拊循[⑯]之。悉取将军之资粮，以享士卒，平分粮食。最比其羸弱者，三日而后勒兵。病者皆求行，争奋出为之赴战。晋师闻之，为罢去；燕师闻之，渡河而解。于是，穰苴乃率众追击之，遂取所亡邦内故境，率兵而归。

【注释】

①田穰苴：春秋时齐国人，本姓田，为大司马，故又称司马穰苴。善于治军，深通兵法。

②庶孽：即庶子，旧时指妾所生之子。

③大夫：古代统治阶级，在国君之下有卿、大夫、士三级。因此，大夫为一般任

官职者之称。秦汉以后，中央要职有御史大夫，备顾问者有谏议大夫、中大夫、光禄大夫等，至唐宋尚存御史大夫、谏议大夫，明以后废。

④旦日日中：即明日中午。

⑤表：古代测日影时所立的标杆。

⑥漏：是古代计时的漏壶。

⑦勒兵：统率部队。

⑧不佞：犹言不才，自谦之词。

⑨援枹鼓：谓拿起鼓槌敲鼓。援，拿起。枹，即鼓槌。

⑩军正：军中执法之官。

⑪徇：示众。

⑫持节：节，符节，即古代使者所持以作凭证之物。

⑬左驸：即车之左面的夹车木。驸，通“辅”，夹车木。

⑭左骖：即左面驾车的马。一车驾三马为骖。

⑮次舍：即宿营。古代行军停驻一地谓之“次”。

⑯拊循：安抚、抚慰。拊，同“抚”。

【译文】

凡与敌军交战，士兵们奋勇前进而不敢后退，是畏惧将帅的威严而不是畏惧敌人；如果胆怯后退而不敢前进，是畏惧敌人而不是畏惧将帅。为将者能使士兵赴汤蹈火而不违抗命令，是威严的作用。兵书上说：“能用威严战胜自己的私爱，就一定会成功。”

春秋齐景公时，晋国征伐齐国的阿城和鄄城，燕国也乘隙侵犯齐国的河上地区，齐军败。齐国的相国晏婴向齐景公推荐田穰苴带兵打仗，他说：“穰苴虽然是田氏妾妃所生，但他懂兵法，文能使众人信服归附，武能使敌人惧怕，希望君王能试用他。”齐景公于是召见穰苴谈论兵事，相谈甚欢，遂任命他为将军，统率齐兵抵抗燕、晋的军队。穰苴说：“臣的地位卑贱，陛下把我从平民百姓提拔起来，官职超过诸大夫，士兵们未必亲附，百姓也不一定信任我。位低权轻必不能服众，请陛下指派您所宠幸且在国内有声望的大臣作为我的监军，那样才行。”齐景公答应他的要求，遂派大夫庄贾前往监军。田穰苴辞别景公，与庄贾相约，翌日中午在军队营门相会。第二天，穰苴先乘车到军中，叫军士立起标杆、设壶滴漏，看日影记时，等待庄贾。庄贾一向娇贵，认为统率自己的军队，而自己又做监军，所以不太着急，亲戚和原来下属官员又为他饯行，留他饮酒。时间到了中午，庄贾还没来到营门。于是穰苴拔掉记时的立木，砍掉记时的滴壶，进入营门，集合兵士申明法纪。安排完毕，已到傍晚时分，这时庄贾才缓缓来到。穰苴问他：“为什么迟到？”庄贾回答：“因亲戚和旧属为我饯行，留下饮酒，所以来晚了。”穰苴说：“将帅接受君王命令的那天起，就要忘掉自己的家庭；临敌征战受条令规章约束，就应忘掉自己的亲人；操起鼓槌击鼓作战的时候，就应忘掉自己。现在敌国入侵已深入境内，国内百姓骚动不安，士兵们奋死困守在边疆，君王为此寝不安席、食不甘味，人们的性命都掌握在您的手里，

还谈什么饯行呢?”于是穰苴召来军中执法官员,问道:“军法上迟到的定什么罪?”执法官答道:“应当斩首。”庄贾害怕,派人急驰向景公报告,请求相救。派出的人离去后,还未返回,穰苴就斩了庄贾,以此宣示警告三军,三军都震惊战栗。过了一段时间,景公派人拿着符节来救庄贾,车马直接驶入军中。穰苴说:“将领在外,君王的命令有的可以不接受。”他又问执法官说:“军营中是不允许车马擅入的,如今对国君派的使者该怎么办?”执法官说:“应当斩首。”使者十分害怕。穰苴说:“国君的使者不可杀。”于是杀了使者的仆人,砍掉使者乘车的左边夹木,杀了左边拉车的马,以此宣示警告三军。让使者回去向景公禀告此事,又继续办理军务。对士兵驻地房舍、挖井炊灶、饮食起居、看病和医药等事情,穰苴都亲自检查慰问。他还把自己的官俸粮饷全部拿出来,供士兵们共同享用,自己与士兵平分粮食。又淘汰身体虚弱的士兵,三天后才带兵出发。那些生病的士兵都请求一同出征,个个奋勇争先参战。听到这个消息,晋军赶紧休战退兵,而燕军也渡黄河北去,解除对齐国的围困。穰苴于是率领士兵追击,收复了过去被晋国侵占的土地,胜利而归。

【赏析】

前篇《爱战》讲爱护士卒的谋略思想,此篇《威战》则讲从严要求的谋略思想。两篇互为补充。文中指出,士卒之所以敢于赴汤蹈火地去杀敌,是为将者执法如山、从严要求的结果。

的确,军队打胜仗须靠强大的战斗力,而强大的战斗力,则靠将领平时严格的管理与训练。因此,对部队从严要求和对士兵的关心爱护,历来都是治军时不可稍有忽略的关键所在。

军队有铁的纪律,才能令行禁止,有战斗力。所谓“兵当先严纪律,设谋制胜在后”,就是这个意思。在我国历史上,宋代的岳家军、明代的戚家军,都是由于赏罚严明,才不畏强敌,勇敢善战的。戚继光从自己的治军经验中提出,赏罚要合乎情理。情理者,众人之心声也。就是说,要奖励的人必须是群众所喜爱、佩服的,要惩罚的人也必须是群众所痛恨、厌恶的;善恶分清,功过分清,才能赏罚严明;或赏或罚,都需要先把道理讲清,使大家知道受赏受罚的原因,就会使众人真正受到教育而不会产生怨恨之心。

纪律当是无私的。罚不避亲,刑不畏贵,法才有权威性,令才有号召力。在我国战争史上,流传着许多执法严明的佳话,孙武演兵斩美姬,司马穰苴辕门立表斩庄贾,周亚夫细柳行军令,曹操割发自刑,孔明挥泪斩马谡等等,都是值得后人学习的。

赏　战

【原文】

凡高城深池,矢石繁下[①],士卒争先登;白刃始合,士卒争先赴者,必诱之以重赏，则敌无不克焉。法曰："重赏之下，必有勇夫[②]。"

汉末大将曹操，每攻城破邑，得靡丽[③]之物，则悉以赏有功者。若勋劳宜赏，不吝千金。无功妄施，分毫不与。故能每战必胜。

【注释】

①繁下：众多而急切地落下。

②重赏之下，必有勇夫：原文见黄石公《三略·上略》云："香饵之下，必有死鱼。重赏之下，必有勇夫。"

③靡丽：亦作"丽靡"，意谓华丽美好。

【译文】

对敌作战，敌方城墙高、护城河深，城上的箭矢密集射下，士兵却争先恐后地登城；两军短兵相接，士兵却奋不顾身争先向前冲，必定用重赏以诱之，那敌人没有不被攻破的。兵书上说："重赏之下，必有勇夫。"

东汉末年，曹操每当攻破敌方城池的时候，得到的所有华丽物品，全都用来奖赏有功劳的将士。如果将士有特殊功劳应当赏赐，他绝不吝惜千金财物；如果将士没有功劳，他连分毫也不给予；所以曹操每次战斗都能取得胜利。

【赏析】

本篇主要阐述奖赏制度在作战中的重要作用。在攻城之战中，士兵们之所以能够身冒矢石而争先登城，不避白刃格斗而争先赴战，都是由于悬以重赏的结果。

设奖行赏，是历代兵家治军都十分重视的一种制度。奖赏的目的，在于激励斗志、鼓舞士气。运用得当，恰到好处，就能激发将士的积极性，提高部队的战斗力。反之，如果赏之不实与过滥，不该受赏的受赏，那么奖赏就可能变成追名逐利、瓦解士气的腐蚀剂。

假如奖赏和处罚有不明确的，那么号令就会有人不服从；假如犯了杀头死罪却让他活下来，那么很多的邪恶就不能禁绝；假如没犯死罪却把他杀了，士兵就会四散逃亡；如果表示愤怒不审慎，威信就不能树立。赏罚不明确，部下就不会努力去杀敌立功；教育不得当，士兵就不会遵守法令；如果以私心干扰公事，人们就会背叛。

罚　战

【原文】

凡战，使士卒遇敌敢进而不敢退，退一寸者，必惩之以重刑，故可以取胜也。法曰："罚不迁列[①]。"

隋大将杨素[②]，御戎[③]严整，有犯军令者，立斩之，无所宽贷。每将对敌，辄求人

过失而斩之，多者百余人，少者不下十数人。流血盈前，言笑自若。及其对阵，先令三百人赴敌，陷降则已，如不能陷阵而还者，无问多少，悉斩之。又令二三百人复进，还如向者。将士股栗[4]，有必死之心，由是战无不胜。

【注释】

①罚不迁列：施用刑罚队伍便不散乱。原文见《司马法·天子之义第一》。

②杨素：隋朝大将。弘农华阴（今陕西华阴）人，字处道，士族出身。初事北周武帝，官至车骑大将军。后从隋文帝，因灭陈有功，官至上柱国，封越国公。他与晋王杨广交厚，曾参与杨广谋篡活动。广即帝位后，改封其楚国公，官至司徒。

③御戎：本指掌驭兵车，引申为治军或统率军旅。

④股栗：意谓两腿发抖，形容过度恐惧。

【译文】

作战时进攻敌人，务必使士卒奋勇前进而不敢后退，如退一步，则惩以重罚，如此才有战胜敌人的可能。兵书上说："施用刑罚，队伍就不会散乱。"

隋朝时，大将杨素带兵执法严酷。有违犯军令者立即斩首，丝毫不得宽恕。每次与敌作战，他总会处决有过失的士卒，多则斩杀百余人，少则不下十余人。鲜血流遍帐前，他却谈笑自若，像没发生事情似的。与敌人对阵时，他都先命令 300 人向敌人进攻，能冲破敌人阵地的防线则罢，如果不能攻破敌人阵地而退回来，则一律斩首。然后又命令二、三百人再次进攻，处罚也一如前次。为此，将士们每每惊恐得大腿直打哆嗦，而抱着必死的决心出战，所以战无不胜。

【赏析】

上篇讲奖赏，此篇讲惩罚。主要阐述惩罚制度在治军中的运用及其谋略思想。与敌作战中，对于那些畏敌不前的加以惩处，能使部队临战敢进而不敢退，赢得胜战。

惩罚与奖赏，是历代兵家治军最常采用的相辅相成的手段。能真正做到赏罚分明，就能提高部队战斗力。赏罚不但要分明、适度，还要适时。唯有如此，才可收到杀一儆百、及时教育士兵的作用，从而达到整肃军纪、提高战斗力的目的。

主　战

【原文】

凡战，若彼为客[1]我为主、不可轻战。为吾兵安，士卒顾家，当集人聚谷，保城备险，绝其粮道。彼挑战不得，转输[2]不至，俟其困敝而击之，必胜。法曰："自战其地为散地[3]。"

《晋书》：后魏武帝亲征后燕慕容德[4]于邺城，前军大败绩[5]。德又欲攻之，别驾[6]韩卓进曰:"古人先决胜庙堂[7],然后攻战。今魏不宜击者四,燕不宜动者三。"德曰:"何故?"卓曰:"魏垂军[8]远入,利在野战,一不可击也。深入近畿[9],致其死地,二不可击也。前锋既败,后阵必固,三不可击也。彼众我寡,四不可击也。官军自战其地,一不宜动。动而不胜,众心难固,二不宜动。城隍[10]未修,敌来无备,三不宜动。此皆兵家所忌,不如深沟高垒,以佚待劳。彼千里馈粮[11],野无所掠,久则三军靡费,则士卒多毙,师老衅生,起而图之,可以捷也。"德曰:"卓别驾之言,真良、平[12]策也。"

【注释】

①若彼为客、我为主:这里所说的"主"与"客",是中国古代常用的军事术语,一般指在本国作战的军队为主军,出国作战的军队为客军。

②转输:转运输送物资,即指后勤保障。

③散地:指在本国境内作战的地区。由于官兵思乡恋土,易于逃散,故称这种作战地区为"散地"。原文见《孙子兵书·九地篇》。

④慕容德:十六国时期,南燕的建立者;鲜卑族人,慕容垂之弟。慕容垂建立后燕,封他为范阳王。后北魏攻占河北,后燕被截成南北两部。慕容德率众南迁至滑台(今河南滑县东南)称王;其后又东取广固(今山东益都东北),占有今山东一带称帝,史称南燕。

⑤前军大败绩:指北魏将拓跋章所率攻邺部队被后燕军击败事。

⑥别驾:官名,汉置。为刺史的佐吏。刺史出巡时,别驾乘驿车随行,故名。魏晋以后承汉制,每州均在刺史之下设别驾,总理众务,职权甚重。

⑦庙堂:古代帝王祭祀和商议军国大事的地方。出战之前,必先议决于庙堂之上,然后攻战。因之又称谋划战事谓"庙算"。

⑧垂军:犹悬军,指远离本土而深入敌境作战的军队。

⑨近畿:指京都附近地区。

⑩城隍:护城壕。

⑪馈粮:运送粮食。馈,送也。

⑫良、平:即张良、陈平,皆为西汉刘邦的重要谋臣。

【译文】

凡对敌作战,假如敌军来犯,我方守城防御,务必不能轻易与敌交战。倘若我方军心稳固,士兵们决心保卫家园,就应当集合众将士占据险要地势防御敌人、保卫城池、断绝敌人的粮道。等到敌人欲战不能,粮草军资又接济不上,而且疲惫不堪时再进攻他们,如此作战没有不胜利的。兵书上说:"在自己的土地上作战,士兵容易因恋家而走散,此即所谓的'散地';在'散地'上作战,不可轻易出战。"

《晋书》记载:后魏的武帝亲自率领大军到邺地征伐南燕慕容德一役,魏的先锋部队大败。慕容德想乘胜追击,别驾韩卓进谏:"古人征战,都先在朝廷谋划决议,然后再出兵攻战。现在我们对来犯的魏军不能轻易攻击,理由有四个;而燕国

军队不应轻易行动，理由也有三个。”慕容德问：“有什么理由呢？”韩卓说：“魏军远道而来，在旷野上作战对他们有利，这是不可轻易攻击的第一个理由；魏军深入我国境内，置于必死之地，一定拼死作战，这是不可轻易攻击的第二个理由；魏军的前锋已经被打败了，它的后军会因为有准备而巩固，这是不可轻易攻击的第三个理由；对方兵多，我们兵少，这是不可轻易攻击的第四个理由。而我国军队在自己的土地上作战，士兵容易逃散，这是我军不应轻易出击的第一个原因；假如我军行动了却没有取胜，军心就会动摇，这是我军不应轻易出击的第二个原因；我国的城池尚未修妥，对敌军来犯没有做好防御准备，这是我军不应轻易出击的第三个原因。这些，都是打仗时应该避免的。与其轻易出击，不如挖深沟、筑高墙，以逸待劳。敌军务必从千里之外运来粮食，因为城外旷野空无一物，没有什么可以掠夺的，时间一久，相信敌军的粮草必然大为耗损，将士死伤众多。再者敌人在外时间长了，弱点就会逐渐暴露出来，那时我军再寻找机会一举进攻，便可以取胜。”慕容德听了韩卓的话相当高兴，赞叹地说：“韩别驾说得有理，像是张良、陈平为刘邦定的计策，真是好计策啊！”

【赏析】

本篇主要阐述在本国内与入侵之敌作战时应该采用的谋略思想。当敌人向我进攻，迫使我在本土上与其作战时，绝不可轻率地与之决战，应当安定士卒情绪，集中人力物资，坚守险要，保卫城池，切断敌人后方补给道路，待敌困疲不堪之时再进击，就一定能取得胜利。

在强敌进攻的形势下，防御者要怎样才能打败进攻之敌而夺取战争的胜利，一向是兵家所关注和探讨的重要问题。在刘伯温看来，就战略防御作战而言，应避免轻率、过早与敌人进行战略决战，而应采取“保城备险”“绝其粮道”的策略，待敌已经疲惫不堪之时，再集中兵力歼灭它。

吴大帝黄武元年（公元222年），蜀汉皇帝刘备亲自率领大军前去攻打东吴，蜀汉大军从长江的巫峡到四川的夷陵，结营扎寨，彼此相连，长达700多里。刘备先派吴班带领几千人在平地扎营，想以此来挑动吴军出战。从将都主张进攻，但东吴的上大将军、右都护陆逊不同意，他说："这当中必定有诈，且看看再说。"吴军久久坚壁不出，刘备知道他的计策行不通，便带了8000名伏兵，从山谷中走了出来。陆逊对诸将说："我之所以不让各位去进攻吴班，就是怀疑其中有埋伏，现在我知道怎样打败刘备了。"于是下令：全军将士在夜里，每人手持一束火把，对蜀汉大军的700多里连营，每隔一营，便攻一营，同时放火，使蜀军首尾不能相救援，这样，一举攻破蜀军40多座营寨。

客 战

【原文】

凡战，若彼为主、我为客，惟务深入。深入，则为主者不能胜也。谓客在重地[①]，主在散地故耳。法曰："深入则专。"

汉韩信[②]、张耳[③]以兵数万，欲东下井陉击赵。赵王及成安君陈余[④]聚兵井陉口，众号二十万。广武君李左车说成安君曰："闻汉韩信涉西河[⑤]，虏魏豹[⑥]，擒夏悦，新喋血阏与。今乃辅以张耳，议欲以下赵。此乘胜而去国远斗，其锋不可当。臣闻千里馈粮，士有饥色，樵苏后爨[⑦]，师不宿饱。今井陉之道，车不得方轨[⑧]，骑不得成列，其势粮食必在其后。愿足下假臣奇兵三万人，从间道[⑨]绝其辎重；足下深沟高垒勿与战。彼前不能进，退不能还，野无所掠，不十日，两将之头可悬麾下[⑩]。愿君留意，否则，必为所擒。"成安君自以为义兵，不听，果被杀。

【注释】

①重地：指深入敌境，远离城邑的地区。

②韩信：汉初名将，淮阴（今江苏清江西南）人。初从项羽，后归刘邦，被任为大将。楚汉战争中，刘邦采纳其策，攻占了关中。后破赵取齐，被封为齐王；不久率军与刘邦会合击灭项羽于垓下（今安徽灵璧南）。汉朝建立后，改封其为楚王。被告谋反，终为吕后所杀。

③张耳：汉初诸侯王，大梁（今河南开封）人。战国末为魏国外黄（今河南民权西北）令，秦末陈胜起义时，他与陈余从武臣北定赵地，武臣为赵王，他为丞相。陈胜起义失败后，他受项羽分封为常山王。后因与陈余有隙，弃项羽而投刘邦，又改立赵王。

④陈余：秦末大梁人。陈胜起义后，他与张耳从武臣占据赵地。武臣被杀后，他与张耳共立旧贵族赵歇为王。后迫走张耳，自为代王。在韩信破赵之战中，不听李左车之策，兵败被杀。

⑤西河：指黄河。

⑥魏豹：汉初诸侯王。战国时期魏国贵族。陈胜起义时立其兄咎为魏王。秦将章邯攻魏，咎被迫自杀，豹逃至楚，借兵攻下魏地20余城，自立为魏王。项羽大封诸侯，改封西魏王。后为韩信所虏杀。

⑦樵苏后爨：打柴割草然后烧火煮饭。樵苏，打柴割草。爨，烧火煮饭。

⑧方轨：两车并行谓之方轨。

⑨间道：偏僻小路。

⑩麾下：古代主将用以指挥军队的旗帜，因此，称将军为麾下。这里指军旗之下。

【译文】

敌我交战，倘若敌方在本土作战，应处在守御的地位；假如我方进入敌方作战，则务必深入敌境。逼近敌军，能使守卫者失去优势，原因是我方士卒处于难返之地，只能拼死作战，而敌方处在防御地位，将士有轻敌心理。兵书上说："深入敌境，军心越稳固，力量越集中，战斗力越强。"

汉时，韩信、张耳率领数万军队，想向东经过井陉山攻打赵国。赵王和成安君陈余聚集军队守卫在井陉山口，守军号称 20 万。广武君李左车向成安君陈余建议："听说韩信渡过了西河，俘获了魏王豹，擒拿了夏悦，鲜血流遍阏与，现在又有张耳辅佐他，准备进攻赵国。他们的军队是乘胜离开自己的国土到远方战斗，锋芒所向锐不可当。我听说，千里之外运送粮食，士卒就会有饥饿之色；现在打柴割草做饭，士卒常常吃不饱。而井陉山路狭窄，战车不能并行、战马不能成列，看样子他们的粮食必定在后面。希望您能援拨精锐部队 3 万人，从小路断绝敌人的军资粮草；并命令部下挖深沟、筑高垒，不与敌人交战。这样一来，将使敌人处于前不能战、退不能还的困境，再加上城外又没有可以掠夺的东西，用不着十天，韩信、张耳两将的头颅就会悬挂在您的旗杆下了。希望您能考虑我的计策。否则，必定被他们擒获。"成安君陈余认为仁义之师不应当用诈谋奇策，遂没有听从李左车的建议，后来果然战败被杀。

【赏析】

此篇主要论述深入敌国境内作战的谋略思想。作者指出，进攻防守本土的敌人，只有深入敌国境内作战，才能战胜敌人。这是由于深入敌境，士卒无路可逃，只有拼死作战；反之，敌人在本国作战易因思乡恋土而逃散。因为孤军深入敌国，将我军置于非战不可.别无出路的境况之中，部队就能宁死而不败北。兵士不怕死，还有什么不可战胜呢？士卒齐心奋战，才能置之死地而后生。

强　战

【原文】

凡与敌战，若我众强，可伪示怯弱以诱之，敌必轻来与我战，吾以锐卒击之，其军必败。法曰："能而示之不能。"

战国，赵将李牧①，常居代雁门②，备匈奴③，以便宜置吏，市租④皆输入幕府⑤，为士卒费。日击数牛享士，习骑射，谨烽火[⑥]，多间谍，厚遇战士，约曰："匈奴入盗，急入收保，有敢扑虏者斩。"匈奴每入盗，辄入收保，不与战。如定数岁，无所亡失。然匈奴以李牧为怯，虽赵边兵亦以为吾将怯。赵王让[⑦]李牧，李牧如故。赵王召之，使人代牧将。岁余，匈奴来，每出战，数不利，失亡多，边不得田畜。于是，复请牧。牧称疾，杜门不出。赵王乃复强起使将兵。牧曰："若用臣，臣如前，乃敢奉命。"王许之，李牧遂往，至，如故约。匈奴来无所得，终以为怯。边士日得赏赐不用，皆愿一战。于是乃具选车，得一千三百乘[⑧]，选骑得一万三千匹，百金之士[⑨]五万人，控弦者[⑩]十万人，悉勒兵习战，大纵畜牧，人民满野。匈奴来，佯败不胜，以数个人委之[⑪]。单于闻之，大卒众来入。李牧多为奇阵，张左右翼以击之，大破之，杀匈奴十余万骑。单于奔走，其后十余岁，匈奴不敢犯赵边。

【注释】

①李牧：战国末赵国名将。长期驻守赵国北部边境，甚得军心，曾率军打败东胡、林胡、匈奴。赵王迁三年（公元前 233 年），因击败秦军有功，被封武安君。后因赵王中秦国反间计被杀。

②雁门：郡名。战国赵武灵王置。辖境相当于今山西河曲、五寨、甯武等县以北，恒山以西，内蒙古黄旗海、岱海以南地区。

③匈奴：中国古族名，亦称胡。战国时游牧于燕、赵、秦以北地区。

④市租：谓收取租税。

⑤幕府：古代将帅出征，所设府署以账幕搭设而成，故称将帅之府署属"幕府"。

⑥烽火：古代边防报警设施。当敌人入侵时，即在边境所筑的高墙"烽火墙"上烧柴或烧狼粪传报敌情。

⑦让：责备。

⑧乘：古代车单位，一车四马为一乘。

⑨百金之士：指能够冲锋陷阵可以得到重金之赏的勇士。

⑩控弦者：指会拉弓射箭的士卒。

⑪委之：即弃之。

【译文】

与敌人交战，如果我方兵多强盛，可以故意显示怯弱，用以引诱敌人前来作战，再用精锐的兵力去迎击，如此敌军必败。兵书上说："实能取胜却故意示弱。"

战国时，赵将李牧长期驻守雁门，防备匈奴进犯。他根据实际情况自行设置官吏，收取的租税都送交军府，作为士卒的费用，一天内还杀几头牛犒赏士卒。他要求将士练习骑马射箭，注意烽火报警信号，并多派间谍搜集情报，对待将士也特别优厚。后来还与将士约定："当匈奴前来侵略时，必须立刻收兵回城防御，有违令擒捉匈奴兵者，一律处斩。"因此，每当匈奴来犯，赵国士兵都退到城内防守，不与敌交战。这种情况持续了数年，赵国边境上没有什么损失。但匈奴却认为李牧胆怯，就连赵国戍边的士兵也认为自己的将领胆怯。赵王因此责备李牧，李牧却依然故我。

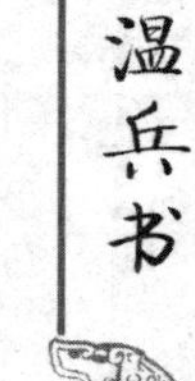

赵王于是便召回李牧，另派人接替李牧为将。新任将领到任一年多，匈奴来犯他便出战，因而多次失利，损失甚巨，也影响边境百姓不能耕田放牧。赵王只好再一次召请李牧出任边将。李牧宣称有病，闭门不出。赵王于是强令李牧出任将军，领兵守卫边境。李牧说："如果任用我，必须允许我像以前那样处理守边事务，那我才敢接受王上的命令。"赵王一口答应。于是李牧前往北部边境，到达后仍像以前那样约束部队。匈奴来犯，毫无所获，还是认为李牧胆怯。守边的兵士每天都得到赏赐，李牧不让他们出战，但他们极欲与匈奴决战。于是李牧开始展开战前准备：挑选战车，得到1300乘；挑选坐骑，得马1.3万匹；选得精兵5万人、弓箭手10万人，让他们全部参加训练、学习战法。然后让百姓出城放牧，边民布满山野。匈奴兵来后，李牧假装战败，数千人被俘虏。匈奴首领单于闻讯，立即率领大军前来劫掠。不料李牧设置奇特的兵阵，指挥左右两翼军队包抄攻击，匈奴军队大败。这一仗，斩杀匈奴10多万骑兵，单于也逃走了。此后10多年，匈奴再也不敢侵犯赵国边境了。

【赏析】

本篇主要阐述在我强敌弱情况下作战的谋略思想。在对敌作战中，如果我军兵多力强，可以佯装弱小，以引诱敌人前来与我决战，我则以精锐部队出其不意地反击，敌人一定会被打败。

战国末年，赵国名将李牧率兵据守雁门一带，抵御匈奴族的侵扰。李牧要求士卒苦练骑射，同时派了许多探子，搜集和刺探匈奴人的军情。但他却又严令部下，见到匈奴人入侵的警报，务必立即避进城堡中，不得随意捕杀匈奴人，违者按军法论处。

因为他不允许部下出击匈奴人，匈奴人便以为他胆小怯战，连赵军将士也产生了这样的看法。

几年过去了，匈奴人越来越确信李牧的怯懦无能了，便逐渐丧失了戒备。而赵国将士早就想同匈奴人好好打上一仗了。李牧一方面布置战车和骑兵进行演习，一方面让边民跟随军队去放牧。匈奴人见到后，便来抢掠。李牧命赵军假装败退，引诱敌人，并有意让几十人被匈奴俘虏过去。

匈奴单于见李牧的军队如此不堪一击，就率军大举入侵，李牧巧设奇兵，歼灭了10多万匈奴部队。

弱　战

【原文】

凡战，若敌众我寡，敌强我弱，须多设旌旗，倍增火灶，示强于敌，使彼莫能测我众寡，强弱之势，则敌必不轻与我战。我可速去，则全军远[①]害。法曰："强弱，形也。"

后汉，羌胡反，寇武都。邓太后[2]以虞诩有将帅之略，迁武都太守。羌乃率众数千，遮诩于陈仓、崤谷[3]。诩即停军不进，而宣言上书请兵，须到当发。羌闻之，乃分抄傍县。诩因其兵散，日夜倍道兼行，日行百余里。令吏士各作两灶，日增倍之，羌不敢逼。或曰："孙膑减灶，而君增之，兵法曰行不过三十里，而今日且行百里，何也？"诩曰："虏众多，吾兵少，虏见吾灶日增灶，必谓郡兵来迎，众多行速，必惮[4]追我。孙膑见[5]弱，吾今示强，势有不同故也。"

【注释】

①远：避免。

②邓太后：东汉和帝刘肇的皇后。和帝死后，她先后立殇帝刘隆、安帝刘祜，临朝执政十余年之久。

③崤谷：即散关，亦称大散关。位于陕西宝鸡西南大散岭上，是从陈仓出陕西进入四川的交通要道，历来为兵家必争之地。

④惮：害怕。

⑤见：同"现"。

【译文】

与敌人作战，如果敌强我弱、敌众我寡，就应当增设旗帜，倍增炊灶的数量，向敌显示自己的军容强大，使对方无法估计我方兵力的虚实强弱，这样敌人必定不敢轻易与我交战。此时，我方趁机迅速撤退，就能避免灾祸。兵书上说："力量的强弱，可以根据形势伪装。"

东汉安帝时，西部少数民族羌族反叛，侵犯武都。执掌朝政的邓太后认为虞诩有将帅的才略，便升迁他为提武都太守。羌人知道后，便率领几千人在陈仓和崤山峡谷地带阻截虞诩。虞诩获悉立刻停止向武都进兵，并刻意散布已经向皇帝上书请求援兵，要等救兵来了再向西进攻的消息。羌人听到这个消息后信以为真，便不再集中兵力拦截，竟分散到附近的州县进行抢夺。虞诩趁敌人分散了兵力，加快速度日夜兼程，一天走了 100 多里。他还下令官兵每人做两个灶，以后每天增加一倍。羌人以为汉兵增多，都不敢进逼。有人问虞诩："孙膑用兵，采用减灶的计策欺骗魏军，而你却逐日增加。兵法上说：每天行军不要超过 30 里，而我们现今每天却走了将近百里，这是为什么呢？"虞诩回答："敌人数量比我们多，命令军士增灶，是为了让敌人误以为是各州郡的部队来增援我们，我军兵士众多，行军速度又快，敌人一定不敢追赶我们。孙膑向敌人显示自己兵弱，我则是故意向敌人显示强大，这是因为作战形势不同的缘故啊。"

【赏析】

本篇主要论述在敌强我弱形势下战胜敌人的战略思想。在敌强我弱的情况下和敌人作战，就要采取各种措施，伪装成强大的样子，使敌人无法正确判断我军的虚实，从而迷惑敌人，化不利为有利。

的确，因为敌我双方处于未知的状态，交战一方的兵力强弱不仅止于实际存在的客观实力，也在于给对方造成的印象。强可以示弱，弱也可以示强，这正是将领迷惑敌人的一种高明方法。

公元115年，虞诩调任武都太守。羌族人得知这一消息后，打算将虞诩堵截在赴任途中。羌人首领率数千兵马来到陈仓、崤谷一带，虞诩只带了极少士兵，看样子敌不过羌兵，所以就停止不前。虞诩故意四处宣扬已急报朝廷搬兵，援军到了再继续前进。羌兵听说后，便分兵四处掳掠，虞诩则趁机抄近道日夜兼程地行军。他命令官兵每人造两个灶，次日增加一倍，第三天再加一倍。羌兵见虞诩的军营中炉灶增多，以为汉军的援兵已到，便不敢贸然攻击。

虞诩的一些部下对此感到迷惑，问他："只听说过孙膑减灶破庞涓，而您却增灶，这是什么原因？"虞诩回答："羌兵看见我们的炉灶日益增加，误认为我军援兵已到，就不敢贸然追击。从前孙膑用减灶之计故意示弱，而我们增灶目的在于故意显示强大。情势不同，运用的策略当然也有所不同。"

骄　战

【原文】

凡敌人强盛，未能必取，须当卑词厚礼，以骄其志，候其有衅隙可乘，一举可破。法曰："卑而骄之。"

蜀将关羽[①]北伐，擒魏将于禁[②]，围曹仁[③]于樊。吴将吕蒙[④]在陆口称疾，诣建业，陆逊[⑤]往见之，谓曰："关羽接境，如何远下，后不堪忧也！"蒙曰："诚如来言，然我病笃[⑥]。"逊曰："羽矜其骄气，凌轹[⑦]于人。始有大功，意骄志逸。又相闻病，必益无备。今出其不意，自可擒制。下见至尊[⑧]，宜好为计。"蒙曰："羽素勇猛，既难与敌，且已据荆州，恩信大布，兼始有功，胆气益壮，未易图也。"蒙至都，权问："卿病，谁可代者？"蒙对曰："陆逊虑思深长，才堪负重，观其规虑[⑨]，终可大任。而未有远名，非羽所忌，无复是过。若用之，当令外自韬隐[⑩]，内察形便，然后可克。"权乃召逊，拜偏将军都督代蒙。逊至陆口，书与羽曰："前承观衅而动，以律行师，小举大克，亦何巍巍！敌国败绩，利在同盟，闻庆抚节[⑪]，想遂席卷，共奖王纲。某不敏，受任来西，延慕光尘，思禀良规[⑫]。"又曰："于禁等见获，遐迩欣叹，以为将军之勋足以长世，虽昔晋文城濮之师[⑬]，淮阴拔赵之略[⑭]，蔑以尚之[⑮]。闻徐晃[⑯]等步骑驻旌，窥望麾葆[⑰]。操猾虏也，忿不思难，恐潜增众以逞其心。虽云师老，犹有骁悍。且战捷之后，常苦轻敌，古术军胜弥警，愿将军广为方针，以全独克。仆书生疏漏，忝所不堪，嘉邻威德，乐自倾尽，虽未合策，犹可怀也。"羽览书，有谦下自托之意，遂大安，无复所嫌。逊具启状，陈其可擒之要。权乃潜军而上，使逊与吕蒙为前部，至即克公安、南郡。

【注释】

①关羽：三国蜀汉大将，河东解县（今山西临猗西南）人，字云长。东汉末，从

刘备起兵于涿郡。建安十九年镇守荆州;二十四年,率军北进,围攻曹操部曹仁于樊城,大破于禁所领七军。不久,因后备空虚,兵败被俘杀。

②于禁:三国魏钜平(今山东泰安南)人,字文则。初从济北鲍信镇压黄巾起义,后归曹操,官至虎威将军,封益寿亭侯。建安二十四年,奉命率军赴樊城援救曹仁,兵败投降关羽。后孙权军袭占荆州,他被放还魏,惭恨而死。

③曹仁:曹操堂弟,字子孝。东汉末,随曹操起兵,官至征南将军,屯兵江陵,以抗东吴。曹丕称帝后,他任大将军。

④吕蒙:三国东吴名将。汝南富陂(今安徽阜南东南)人,字子明。从孙权征战有功,任横野中郎将。赤壁之战后,任偏将军;袭取荆州后,任南郡太守,封孱陵侯,不久病死。

⑤陆逊:东吴名将。吴县华亭(今上海松江)人,字伯言。孙策之婿,出身士族家庭。善谋略。为吕蒙所荐,任偏将军,代蒙屯陆口。袭取荆州后,升任大都督,掌东吴兵权,与吕蒙合谋击败关羽,夺得荆州,官至丞相。

⑥病笃:谓病重。

⑦凌轹:亦作"陵轹",盛气凌人也。

⑧至尊:至高无上的地位。古代多指皇帝,故用作皇帝的代称。这里指孙权。

⑨规虑:谓器识。

⑩韬隐:谓隐藏才能行迹。

⑪闻庆抚节:即可纪念庆贺的事情,这里指关羽围曹仁于樊、败于禁七军。抚节,即手持节钺。

⑫延慕光尘,思禀良规:此为陆逊对关羽的赞美之词。

⑬晋文城濮之师:即指春秋时期晋楚城濮之战。周襄王二十年(公元前632年),晋文公率军与楚将子玉军在城濮(今山东范县西)交战,晋军大胜,从此确定了晋国的霸主地位。

⑭淮阴拔赵之略:汉高帝三年(公元前204年)10月,韩信率兵在井陉口大败赵军,占领赵地。

⑮蔑以尚之:意谓无人能及。此语仍是陆逊对关羽的恭维之词。蔑,无、没有。尚,超过。

⑯徐晃:三国魏名将。河东杨县(今山西洪洞县东南)人,字公明。先从车骑将军杨奉镇压黄巾起义,后归曹操,任右将军,封阳平侯。

⑰麾葆:即古代将帅指挥军队作战的旗帜。这里指代关羽。

【译文】

凡是遇到敌人强盛、我方不能获胜的情况,可以采取卑辞厚礼的策略,使敌人骄傲和松懈。等到敌方出现破绽、我方有机可乘的时候再出击,便能一举破敌。兵书上说:"对强敌可使用谦卑的态度使其骄傲。"

公元219年,蜀将关羽受命北伐,擒获了魏将于禁,并将曹仁围困在樊城。驻守在陆口的吴将吕蒙宣称有病,前往建业,陆逊闻讯前去探望他。陆逊说:"关羽已

经来到我国边境，如果长驱直入，后果实在令人忧虑！”吕蒙说：“情况正像您说的那样，然而我病得很重啊！”陆逊说：“关羽以为自己的功劳盖世，骄矜自负，盛气凌人。最近又有您病重的传闻，关羽一定更加不防备。现在如果出其不意地进攻，肯定能战胜他。若是您拜见吴王，应当好好地商议一下计策。”吕蒙说：“关羽素来勇猛，我国本来就难以与他为敌。况且他已占据了荆州，向百姓广施恩惠和信义；再加上他刚刚战胜了曹操的军队，锐气更加豪壮，不容易对付啊！”吕蒙到了国都，孙权问：“你养病谁能代你防守陆口？”吕蒙回答：“陆逊为人深谋远虑，才能可以肩负重任。从他对国家大事的筹划来看，相信可以授予要职担当大任。而且他现在声誉未显，非关羽所妒忌的人，没有比他更合适的人了。如果任用他，应当隐藏实际的意图，而在暗中查探敌情，必然可以战胜关羽。”孙权听了吕蒙的话，召见陆逊，任他为偏将军，代替吕蒙都督诸军。

陆逊来到陆口，致书关羽，信中说：“您以前看准敌人的破绽，乘机进攻，并以法制整治军队，运用小谋略就取得大胜利，多么了不起啊！敌国军队溃败，我们同盟国也受利。敝国想乘您席卷之势，共同奖励王霸事业。陆逊不才，受命西来驻防，有幸借重您的威德，还望您不吝赐教！”信中又说：“于禁等人被您擒获，远近欢欣鼓舞，都认为将军此次战功，足以久传万世。就是当年晋文公在城濮大败楚军的业绩、淮阴侯韩信率军东下井陉大败赵军的谋略，都无法和您此次战役的成功相比。听传闻，徐晃等人的军队广张旌旗，虎视眈眈。曹操是个狡猾的敌人，对于您给他的打击，一定愤恨交加，甚至不计万难，已经暗地增兵，以逞其能。虽然说曹操的军队长时间驻扎在外，锐气已经减弱，但还是十分骁勇强悍。一般战斗大捷之后，往往容易轻敌，所以古代的将军获胜后反而加强警戒，也希望将军能更加周严思虑，巩固已取得的胜利。我陆逊是一个浅陋的书生，有愧于吴王给我这样高的职务。所幸有您这样一位有威德的将军在附近，衷心愿意和您交往。虽然我的话不一定合乎将军的心意，但我的心情是诚恳的。”关羽看完陆逊的来信后，便轻视陆逊并显现自我得意之态，心里的疑忌也不复存在了。陆逊将所掌握的情况呈报吴王，陈述可以擒获关羽的主要理由。于是孙权秘密地派军队沿江而上，命陆逊与吕蒙为先锋，军队到达后就攻克了公安、南郡。

【赏析】

本篇主要阐述对于强而易骄之敌作战的战略战术。当敌人强大无法战胜时，应当采用“卑辞厚礼”之法，助长敌人的骄傲情绪，待其弱点充分暴露而我有可乘之机时，再出兵击之，就能一举打败它。

李渊太原起兵之后，西攻关中，为了避免强大的瓦岗军来叩关相争，以免腹背受敌、两面作战，在进军途中致书李密，要求连和，李密回信，以盟主自称，“自唯虚薄，为四海英雄共推盟主”，企图在政治上先声夺人，并要求李渊来河内郡面结盟约。李渊接信阅后笑道：“密夸诞不达天命，适所以为吾拒东都之兵，守成皋之厄，更觅韩彭，莫如用密。……使其不虞于我，得入关，据蒲津而屯水丰，阻崤函而临伊洛，东看群贼鹬蚌之势，吾然后为秦人之渔父矣。”

于是李渊回信，书曰：“天生蒸民，必有司牧。当今为牧，非人而谁？老夫年逾知命，愿不及此。欣戴大弟，攀鳞附翼。唯弟早膺图箓，以宁兆民。宗盟之长，属籍见容；复封于唐，斯容足矣！殪商辛于牧野，所不忍言；执于婴于咸阳，非敢为命。汾、晋左右，尚须安辑，盟津之会，未暇卜期。”李渊吹捧李密，假意推李密为盟主、以骄李密之志。一来使李密放松了对李渊的警惕，对李渊进军关中不闻不问，“遂注意东都，无心外略”；二来李渊掩盖了自己的政治野心，以“安辑汾、晋”为借口，隐藏了自己抢先入关的政治企图，并婉言拒绝了去河西郡会盟的要求。

交　战

【原文】

凡与敌战，傍与邻国，当卑辞厚赂以结之，引为己援。若我攻敌人之前，彼倚其后，则敌人必败。法曰：“衢地则合交。”

三国蜀将关羽，围魏曹仁于樊，魏遣左将军于禁等救之。会汉水暴起，羽以舟兵虏禁等步骑三万送江陵。是时，汉帝都许昌，魏武[1]以为近敌，欲徙河北，以避其锋。司马懿谏曰：“禁等为水所没，非战守之所失，于国家人计未有损失，而便迁都，既示敌以弱，又淮、沔之人俱不安矣。孙权、刘备，外亲而内疏。羽今得意，权必不愿也。可谕权，令犄其后，则樊围自解。”魏武从之，遣使结权，遂遣吕蒙西袭公安、南郡，拔之，羽果弃樊而去。

【注释】

①魏武：即曹操。曹操死后，其子曹丕代称帝，是为文帝，国号魏。他追尊曹操为武皇帝，故史称曹操为魏武帝。

【译文】

凡与敌人作战，应当用谦虚的语言和丰厚的礼物与邻国交好，使他们成为自己

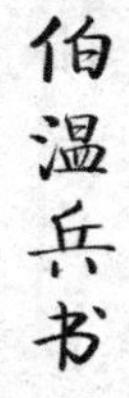

的助力。假若我军攻打敌人的正面,与我交好的诸侯国能够派兵从敌后夹击,那么敌人必败无疑。兵书上说:“在与周围几个诸侯国临界的地方交战,就要结交诸侯国。”

三国时,蜀将关羽将魏将曹仁围困在樊城。魏王派左将军于禁等将领前来援救曹仁,恰逢汉水暴涨,关羽遂用水军俘虏于禁等魏军将领以及3万步兵骑兵,将他们解送到江陵。当时,东汉皇帝的都城在许昌,曹操认为离敌人太近,想把都城迁到黄河以北,以躲避关羽的锋芒。谋臣司马懿进谏说:“于禁等人因汉水暴涨而全军覆没,不是由于作战攻守不力而失败,对国家大局没有什么损失。如果轻易迁都,就是向敌人示弱,还会使淮水、汉水流域的人民惶恐不安。孙权和刘备虽然结盟,表面好像很亲近,其实互相疑忌,关羽现在得胜,孙权一定不高兴。可以通知孙权,在关羽军队背后攻击,那樊城之围自然就会解了。”曹操听从了他的意见,派使臣结交孙权。孙权便派遣吕蒙西袭公安、南郡,攻下了这两个地方,关羽果然放弃樊城退走了。

【赏析】

本篇主要阐述如何开展外交活动以配合军事斗争的谋略思想。在对敌的作战中,必须结交邻国,争取其成为自己的盟友。如此,在我军从正面进攻敌人的时候,邻国军队可以从后侧牵制敌人,才能取得胜利。

形　战

【原文】

凡与敌战,若彼众多,则设虚形以分其势,彼不敢不分兵以备我。敌势既分,其兵必寡;我专为一,其卒自众。以众击寡,无有不胜。法曰:“形人而我无形。”

汉末,建安五年,曹操与袁绍相拒于官渡[①]。绍遣郭图[②]、淳于琼、颜良,攻曹将东郡太守刘延于白马,绍率兵至黎阳[③],将渡河。夏四月,曹操北救延。荀攸[④]说操曰:“今兵少不可敌,若分其势乃可。公到延津,若将渡河向其后,绍必西应之。然后轻兵袭白马,掩其不备,颜良可擒也。”操从之。绍闻兵渡,即分兵西应之。操乃率军兼行趋白马,未至十余里,良大惊,迎战。操使张辽、关羽前登,击破之,斩良,遂解白马之围。

【注释】

①官渡:古地名。在今河南中牟东北。东汉建安五年,曹操以劣势兵力歼灭袁绍主力于此,为统一北方奠定了基础。今尚存土垒遗迹,称中牟台,又名曹公台。

②郭图:东汉颍川(今河南禹县)人,字公则。为袁绍谋士,曾劝绍乘汉献帝东迁,将其挟持于邺,不为绍从。

③黎阳:古津渡名。故址在今河南浚县东的黄河北岸,与白马津相对。

④荀攸:东汉颍阴(今河南许昌)人,字公达。东汉末,曾任黄门侍郎,后为曹操军师,从征屡献计谋,被任为尚书令。后随曹操攻孙权,病死于途中。

【译文】

与敌人作战,如果敌人兵多,就要虚张声势制造假象,分散他们的兵力,使他们不得不分散兵力来防备我。敌人的兵力分散,防守一个地方的兵力必然减少。如此一来,我军兵力集中,以众击寡,没有不战胜的。兵书上说:“诱使敌人暴露形迹,却不要暴露自己的形迹。”

东汉末,建安五年,曹操与袁绍的军队在官渡互相对峙。袁绍派谋士郭图和大将淳于琼、颜良到白马攻打曹操的将领——东郡太守刘延。袁绍亲自领兵到黎阳,准备渡黄河。同年夏四月,曹操想北上援救刘延。荀攸向曹操献计说:“如今我们的兵少,难以抵挡袁绍的军队,只有分散他的兵力后才能战胜。主上带兵到延津口,摆出将要渡黄河、从后面进攻袁绍军队的姿态,袁绍必然分兵向西应战。此时我军乘其不备,再派轻骑袭击袁绍围困白马的军队,就可以擒获颜良了。”于是曹操听从荀攸的计策。袁绍听说曹操的军队将要渡河,果然立即分兵向西迎战。曹操于是领军日夜兼程前往白马。颜良在离白马十多里处发现了曹军,大吃一惊,急忙赶来迎战。曹操派大将张辽、关羽为先锋,大败颜良的军队,并斩杀颜良,解除了白马之围。

【赏析】

本篇主要阐述怎样以“示形”之法战胜敌人的谋略思想。在对敌交战中,倘若敌人兵力众多,就要采用制造假象的“示形”之法,迫使敌人不得不分散兵力处处防备。敌兵一经分散,其每一处的兵力必然薄弱,我方则趁机集中兵力逐一攻破,就会形成以众击寡的有利形势。如此,没有不获胜利的。

东汉时,汉将班超征服了于阗和疏勒之后,又调集了2万人马,准备进攻莎车。龟兹国王听说之后,派了5万大军增援莎车。

当时的形势是,敌军强大,人多势众,正面交锋没有取胜的把握,而万一失利不但莎车没攻下来,就连别的同汉朝友好的国家也会重新回到匈奴的怀抱中。据此,班超想出了一条退敌妙计,出奇制胜挫败强敌。

班超召集了诸将开会,同时请于阗国王参加。他说:“目前的形势是敌强我弱,硬拼必然招致失败。既然这样,我们不如以走为上计,及时撤退。于阗的军队往东撤,其他人跟我往西撤。半夜时,大家以鼓号为令,开始行动。如果听不到鼓声就不要擅自行动,以免被敌人偷袭。”

班超的一番话很出大家的意料。诸将素知班超的勇气和谋略,现在他却遇强敌不敢交锋,反而提出撤退的计划,于是都很不满。班超要撤退的消息很快便在汉军兵营中传开。班超不动声色,又让人有意放跑了几名俘虏,让他们回去充当“信使”。

龟兹国王听说班超要撤军,便急忙部署兵力,派了一支人马埋伏在西路,另一

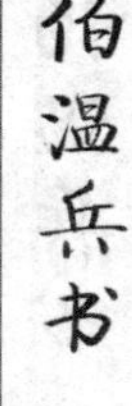

支人马埋伏在东路，企图一举歼灭汉军。这样，莎车的守军只剩下很少的兵力了。班超得知敌人的伏兵已经出发后，便指挥汉军突然袭击莎车。莎车守军一来人少，二来毫无防备，很快便被击溃。莎车国王见势不妙，只好投降了汉军。龟兹国王听说班超征服了莎车国，只好撤兵回国。

势 战

【原文】

凡战，所谓势者，乘势也。因敌有破灭之势，则我从而迫之，其军必溃。法曰："因势破之。"

晋武帝①密有灭吴之计，而朝议多违，惟羊祜②、杜预③、张华④与帝意合。祜病，举预自代。及祜卒，拜预镇南大将军，都督荆州诸事。既至镇，缮兵甲，耀威武，遂拣精锐，拟破吴。西陵都督张政，乃启请伐吴之期。帝报待明年方欲大举。预上表曰："凡事当以利害相较，今此举十有八九之利，而其害一二，止于无功耳。朝臣言破败之形，亦不可得，直是计不出己，功不在身，各耻其前言之失，故守之耳。昔汉宣帝议赵充国所上事⑤，较之后，责诸议者，皆叩头而谢，以塞异端也。自秋以来，讨贼之形颇露之。若今中止，孙皓⑥怖而生计，或徙都武昌，更添修江南诸城，远其居人，城不可攻，野无所掠，积大船于夏口，则明年之计或无所及矣。"时帝与张华围棋，而预表适至。华推枰⑦敛手曰："陛下圣明神武，国富兵强，吴王淫虐，诛杀贤能，当今讨之，可不劳而定。"帝乃许之。预陈兵江陵，遣周旨、伍巢等率兵泛舟夜渡，以袭乐乡，多张旗帜，起火巴山，出于要害之地，以夺贼心。遂虏吴都督孙歆。既平上流，于是湘江以南，至于交、广，吴之州郡，望风归附，预仗节宣诏而绥抚之。时诸将会议，或曰："百年之寇，未能尽克。今入暑，水潦方降，疾疫将起，宜伺来冬，更为大举。"预曰："昔乐毅借济西一战⑧，以并强齐。今兵威已振，譬如破竹，数节之后，皆迎刃而解，无复著手处也。"遂指授群帅，迳造⑨秣陵⑩，所过城邑，莫不束手，遂平孙皓。

【注释】

①晋武帝：即司马炎。咸熙二年（公元 265 年），他取代曹魏称帝，改国号为晋，史称西晋。

②羊祜：西晋大臣。泰水南城（今山东费县西南）人，字叔子。晋武帝时任尚书左仆射，曾参与谋划灭吴。

③杜预：西晋大将，著名学者。京兆杜陵（今陕西西安东南）人，字元凯。晋武帝时，为羊祜所举，祜卒后，代镇襄阳，任镇南大将军，都督荆州诸军事。因灭吴有功，封当阳县侯。博学多才，尤善谋略，时有"杜武库"之称。著有《春秋左氏经传集解》等，并为《孙子兵书》做注解。

④张华：西晋大臣。范阳方城（今河北固安南）人，字茂先，西晋初任中书令，

力排异议，坚定了武帝司马炎灭吴之心。灭吴后，受封广武县侯。

⑤赵充国所上事：赵充国，西汉大将。陇西上络（今甘肃天水西南）人，字翁孙。熟悉匈奴和羌族情况。武帝、昭帝时，率军反击匈奴贵族袭扰，勇敢善战，因功著任后将军。宣帝神爵元年（公元前61年），在与羌族先零部贵族斗争中，曾多次上书提出屯垦戍边的建议，所谓"赵充国所上事"即指此。

⑥孙皓：三国时吴国皇帝。魏咸熙元年（公元264年）即帝位，对内专横暴虐、奢侈荒淫。晋咸宁五年，晋武帝六路出兵攻吴，翌年三月，晋军攻入吴都建业（今南京），孙皓投降称臣。

⑦枰：棋盘。

⑧乐毅借济西一战：周赧王三十一年（公元前284年），燕将乐毅统率燕、秦、楚、韩、赵、魏六国军队攻打齐国，于济西（古济水之西，今山东高唐、聊城一带），大败齐军，并乘胜追击，攻占了齐都临淄。

⑨迳造：谓直往。

⑩秣陵：晋以建业为秣陵，即东吴首都，今江苏南京。

【译文】

作战要审时度势。所说的势，指的是利用有利的情势。只要敌方出现动摇失败的情势，我方就乘机攻击，敌军一定溃败。兵法上说："依赖有利的情势击破敌人。"

晋武帝有消灭吴国的计划，但朝中大臣们却与他意见相左，只有羊祜、杜预、张华与武帝的想法谋合。羊祜病重后，曾举荐杜预替代自己。羊祜死后，武帝任命杜预为镇南大将军，都督荆州诸军事务。杜预一到任，即修缮兵器和铠甲，壮大军队的声威，挑选精锐的士兵，准备攻打吴国西陵都督张政。就绪后，便上奏请示伐吴的日期。武帝批示待来年再考虑大举攻吴的大事。杜预上表："凡事都应权衡利害。现在攻吴，十之八九对我有利，十之一二仅限于无功罢了，没有大害。从前朝臣议论破灭吴国的计策，是无法实现的。这一次因为伐吴策略不是他们所谋划，胜利了功劳自不在他们，而他们又不愿意承认自己以前的意见错误，所以力主防守。汉宣帝时，赵充国上表也遭到非议，但事情奏效后，汉宣帝责备那些持不同意见的人后，他们都叩头谢罪，因而杜绝了异端邪说。自入秋以来，我国要征伐吴国的事已张扬出去，如果现在中止了伐吴的计划，那孙皓会因恐惧而想出对策，或许会迁都武昌，整修加固江南诸城，并将城里的居民疏散到远方。届时我军攻城不下，又得不到粮草，而孙皓如果再将大船集结在夏口，我军势将进退不得。由此来看，明年实施攻吴的计划，恐怕要落空了。"武帝收到杜预上表时，正与张华下围棋。张华推开了棋盘，拱手对武帝说："陛下圣明威武，国富兵强。而吴王荒淫残暴，诛杀贤能之人，现在讨伐他，可轻而易举获胜。"于是武帝同意杜预的奏章。杜预立即陈兵江陵，派周旨、伍巢等将领带奇兵乘船夜渡长江，袭击乐乡，同时命晋军多树立旗帜，火烧大巴山（在今湖北松滋西南15里），从要害之地出击，扰乱敌人军心，还俘获了吴国都督孙歆，平定长江上游地区，以及湘江以南直至交州、广州等地，吴国的

州郡都望风归降，杜预派人拿着节仗宣读晋帝的诏书予以安抚。此时晋军诸将众会讨论此事，有人说："吴国是盘踞100多年的敌国，恐怕无法全部攻克。现在正值酷暑，雨水连绵，疾病和瘟疫将起，应当等到冬季再大举进攻。"杜预则认为："从前乐毅凭借济西一战吞并了强大的齐国。现在我国的兵威已经大振，势如破竹。"于是命令众将直接攻打吴国首都秣陵，所经过的城镇，敌军无人能抵，最后终于平定了孙吴。

【赏析】

本篇主要阐述怎样充分利用有利情势击敌的谋略思想。在作战指导上所讲的"势"，就是利用击敌的有利情势的问题。只有抓住敌人可被击败的有利情势，把握时机进攻，才能击败敌人。

所谓"乘势"，实际上也是阐述如何正确选择战机的问题。作战时机，特别是决战时机，是否选择得恰当有利，直接关系到作战的成败。因此，正确把握战机的问题，历来为兵家所重视。

昼　战

【原文】

凡与敌昼战，须多设旌旗，以为疑兵[①]，使敌莫能测其众寡，则胜。法曰："昼战多旌旗。"

春秋，晋侯伐齐。齐侯登山以望晋师。晋人使斥[②]山泽之险，虽所不至，必旆而疏陈之[③]。使乘车者左实右伪，以旆先，舆曳柴而从之[④]。齐侯见之，畏其众也，遂逃归。

【注释】

①疑兵：即以伪装布设的兵阵，用以诱敌就范。

②斥：谓侦察、探测。

③必旆而疏陈之：山泽险要之地，虽然军队无法到达，也要树起大旗，在稀疏之地布设假目标以为疑兵。旆，大旗也。

④舆曳柴而从之：用车拖着树枝跟在大旗之后，以迷惑敌人。舆，本谓车箱，这里指车。曳，牵引、拖。

【译文】

与敌人在白天作战时，必须多设旌旗、壮大军容，以此作为疑兵，使敌人无法度测我军多少，那战斗一定会胜利。兵法说："白天作战要多设置旌旗。"

春秋时，晋平公讨伐齐国。齐侯灵公登上巫山，窥望晋军情况。晋军派士兵到山林沼泽等险峻之地侦察，虽然队伍不到，也虚设旌旗，做出摆开战阵的样子。又命令战车部队在战车上左侧站真人，右侧立假人，旌旗在前，战车拖着柴草树枝跟在后面。旌旗沙尘蔽空，好像有无数兵马。齐侯见了，害怕晋兵人多势众，就率领部队逃了回去。

【赏析】

本篇主要阐述白天作战设法迷惑敌人的谋略思想。白天对敌打仗，要多设旗帜作为“疑兵”以迷惑敌人，让敌人判断不出我军兵力多寡，这样就能取得胜利了。

三国时期，张飞为掩护刘备，退到灞陵时，张飞身边仅剩下几十人跟随了，而曹军人多势众，气势汹汹地扑了过来。张飞急中生智，命士兵们砍下一些树枝缚在马尾上，在附近的树林中跑来跑去，扬起许多灰尘。张飞自己立马横枪站在桥上，对追来的曹军猛地喝道：“我是燕人张翼德，谁敢上前与我决一雌雄？”曹军都知道张飞勇冠三军。又发现他身后的树林中尘土飞扬，怀疑有伏兵，所以谁也不敢贸然出击。张飞巧施疑兵计阻止了曹军的追击，使刘备得以顺利抵达夏口，以图东山再起。

夜　战

【原文】

凡与敌夜战，须多用火鼓，所以变乱敌之耳目，使其不知所以备我之计，则胜。法曰：“夜战多火鼓。”

春秋，越伐吴。吴人御之笠泽，夹水而阵。越为左右两军，乘夜或左或右，鼓噪而进；吴兵分御之。越为中军潜涉[①]，当吴中军而鼓之，吴师大乱，遂败之。

【注释】

①潜涉：偷渡。

【译文】

与敌人夜间作战，必须多用火光和鼓声来扰乱敌人的视听，使他们不知用什么方法防御我军，就一定会胜利。兵书上说：“夜战多用火光和鼓声。”

春秋时，越王勾践讨伐吴国。吴王夫差派军队在笠泽抵御越军，军队在长江两岸设阵。越军派出左、右两军，到了夜晚，两军轮番鼓噪前进，吴军只得分兵抵御他们。越军的中军则偷偷地渡江，向吴军的中军擂鼓冲杀，吴军大乱，终于被越军打败。

【赏析】

本篇主要阐述夜间作战设法迷惑敌人的谋略思想。在夜间同敌人作战，要用火光和鼓声来扰乱敌人的听觉和视觉，使其无法把握我军的真实情况而想出对策，这样就能获胜了。

宋太宗雍熙三年，辽军向南进犯宋朝，直逼代州。代州知州张齐贤闻讯，立即

派人前往并州，请大将军潘美率领大军来代州助战。不料，张齐贤派去的信使中途被辽军截获。张齐贤正忧心忡忡，一筹莫展，潘美派出的使者到了，说是潘美惊闻辽军攻逼代州后，即率军离开并州向代州赶来，但走了 40 多里后，却接到朝廷的密旨，因为宋军在君子馆一役中刚刚失利，朝廷严令潘美不得轻易出战，潘美只好率军撤回并州了。而这时辽军骑兵已经率先抵达了代州，形势十分严峻。

得知援军无望，张齐贤反倒冷静了下来。他估计，辽军一定只知道潘美已率宋军出并州前来助战，而不知道他又奉旨撤回了。于是，张齐贤让潘美的使者暂且留下，住在驿馆内。他派了 200 余宋兵，每人手持一面旗帜，背上一捆干柴，连夜悄悄来到代州西南 30 里处，竖起旗帜，点燃干柴。同时，他又派出 200 步兵，埋伏于土磴寨，伺机而动。

辽军见代州西南突然火光冲天，许多宋军旗帜在火光中闪现，以为是潘美的援军赶来了。辽军慌忙拔营向北撤退，渐渐离土磴寨近了。埋伏在土磴寨的宋军突然杀出，呐喊着向辽军冲过去。辽军遭到突袭，一时间竟不知所措，很快便被宋军击溃。宋军活捉了辽国一名王子，一位帐前舍利，500 余士兵。辽军对代州的围困就这样被解除了。

备　战

【原文】

凡出师征讨，行则备其邀截，止则御其掩袭，营则防其偷盗，风则恐其火攻。若此设备，有胜而无败。法曰："有备不败。"

三国，魏大将军吴鳞征南，兵到精湖，魏将满宠率诸军在前，与敌夹水相对。宠谓诸将曰："今夕风甚猛，敌必来烧营，宜为之备。"诸将皆警。夜半，敌果遣十部来烧营，宠掩击破之。

【注释】

①满宠：三国魏将。山阳昌邑（今山东巨野南）人，字伯甯。从曹操征战功著，官至奋威将军。曹丕即位后，率军南征破吴有功，拜伏波将军，晋封南乡侯。

【译文】

出兵征伐敌人，行军时要防备被敌人拦腰截击，驻扎时要防备敌人突然袭击，安营扎寨后要防备敌人偷营劫寨，有大风时则要防备敌人用火攻。如能处处做好防备，便只有胜利而没有失败。兵书上说："有了防备，就能立于不败之地。"

三国时魏国大将吴鳞南征吴国，来到精湖。魏将满宠率领众将前锋，与吴军隔水对峙。满宠对众将说："今天晚上风很大，敌人必定用火烧我们的营寨，应当严加防备。"因此全军处于戒备状态。到了半夜，吴军果然派十个分队前来烧营，满宠率领魏军突然发劲攻击，把吴军打得大败。

【赏析】

此篇主要论述部队行军宿营时防敌突袭的谋略思想。大凡出兵征战，要做到行军时防敌途中截击、停止时防敌突然袭击、宿营时防敌偷袭劫杀、有风时防敌火攻烧营。只要认真做好准备，就能获胜。

三国时，司马懿率领大军征伐蜀国。司马懿派手下偏将军郑文去诈降诸葛亮，说自己与前将军秦朗同领一支军队，而司马懿只重用秦朗，看不起自己，心中有气，所以投奔蜀国。诸葛亮没说什么，便将郑文收留下来了。

第二天，秦朗率军来到蜀军大营前叫阵，指名要郑文出来应战。诸葛亮令郑文出阵，二人战不几合郑文就将秦朗斩于马下。郑文得胜回营，不料诸葛亮却拍案大喝，命令刀斧手把郑文推出帐外斩首，众将都不知道是什么缘故。只听诸葛亮说："刚才这个人不是秦朗，你竟敢欺骗我！"郑文只好承认，他刚才所斩的只是秦朗的弟弟秦明。诸葛亮又说："司马懿让你来诈降对不对？你如果想活命，就赶紧给司马懿写一封信，与他约定时间来袭击我们的大营。"郑文不得已，只好照诸葛亮的命令去做。果然，司马懿如约领兵前来偷袭蜀军大营，结果中了蜀军埋伏，大败而逃，将军秦朗也丧命于乱军之中。

粮　战

【原文】

凡与敌垒相对持，两兵胜负未决，有粮则胜。若我之粮道，必须严加守护，恐为敌人所抄。若敌人饷道，可分遣锐兵以绝之。敌既无粮，其兵必走，击之则胜。法曰："军无粮食则亡。"

汉末，曹操与袁绍相持于官渡。袁遣军粮使淳于琼等五人将兵万余人送之，宿绍营北四十里。绍谋臣许攸[①]贪财，绍不能足，奔归操。因说操曰："今袁绍有辎重万余乘，而乏严备，今以轻兵袭之，燔[②]其积聚，不过三日，袁氏自败矣。"左右（疑

之），荀攸、贾诩[3]劝操乃留曹洪[4]守，自将步骑五千人，皆用袁军旗帜，衔枚[5]缚马口，夜从间道出，人皆束薪[6]，所历道有问者，语之曰："袁公恐曹操抄掠后军，遣军以益备。"闻者信以为然，皆自若。既至，围屯，大放火，营中大乱，大败之，绍弃甲而遁。

【注释】

①许攸：南阳（今河南南阳）人，字子远。初随袁绍，官渡之战时，弃绍投操，并献计烧袁军乌巢（今河南延津东南）粮囤之策，为操采纳，曹操官渡之战因而获胜。其后，许攸因恃功自傲被杀。

②燔：焚烧。

③贾诩：武威姑臧（今甘肃武威）人，字文和。董卓入洛阳，诩任讨虏校尉。卓败，先后依附李傕、段煨，后归附曹操，封都亭侯。曹丕即位后，官至太尉。

④曹洪：曹操堂弟，字子廉。东汉末，从曹操起兵征战，官至都护将军。曹丕时，任骠骑将军，封野王侯。

⑤衔枚：枚，一种形如筷子，两端有带，可系在颈上的一种装具。古时行军，常令士卒衔在口中，以防喧哗。

⑥束薪：背一捆柴草。

【译文】

与敌人交战对垒，胜负未定时，谁有粮食就能获得胜利。对于我军运粮的道路，务必严加守护，以防被敌人截断；对敌人的粮饷，要派精锐的士兵去截断它。敌人没有粮食，军队必定撤走，这时发动攻击一定获胜。兵书上说："军队没有粮食就会灭亡。"

东汉末年，曹操与袁绍对峙于官渡。袁绍派淳于琼等 5 人做军粮使，领兵万余人护送军粮，在离袁绍军营北 40 里的地方宿营。袁绍有一个谋臣叫许攸，为人贪财，因不被袁绍重用，就投奔曹操。许攸向曹操献计道："如今袁绍有军用粮草器物万余车，但防守不严。如果用轻装部队袭击他们，焚烧他们积囤的粮草器物，过不了三天，袁绍就会不攻自败。"于是曹操听从荀攸、贾诩的建议，留下曹洪守营，自己亲率步兵骑兵 5000 人，全部换上袁军的旗帜，人衔枚、马缚口，趁夜晚从小路进军，每人都背一捆柴。路上碰到有人查问，便对他们说："袁公怕曹操抄掠后军，特派军队加强防守。"听者信以为真，泰然处之。曹操到了袁绍囤粮的地方，立即放火。袁军营中惊慌混乱，被打得大败，袁绍只得弃甲而逃。

【赏析】

本篇重点阐述军粮供应对于取得战争胜利的重要作用。当敌我双方对垒相持，而胜败难分之时，谁有足够的粮食供应，谁就能坚持到最后胜利。为此，作战指出，一方面要严加防护自己的运粮道路，使之畅通无阻，一方面要派出精锐部队切断敌人的运粮道路，待敌人粮供一断，必定弃垒逃走。

古人云："民以食为天"，这是亘古不变的真理。战争同样离不开粮食，部队饱食，才有力量对敌作战。可见，粮食是战争赖以进行必不可少的物质条件之一。因此，在古代战争中，高明的将帅都十分重视粮食供应。

公元前154年，汉景帝为平定七王之乱，派周亚夫率军东攻吴、楚。周亚夫见吴、楚联军兵势强大，一时难以取胜，就采取了"以梁委之，绝其粮道"的谋略，于是进驻昌邑，坚壁不出，避而不战，听任吴、楚联军进攻梁军，以便利用梁地拖住敌人。后周亚夫的军队进攻下邑，仍深沟高垒，坚壁固守。等到吴、楚联军兵疲粮尽而不得不撤退时，率军乘胜追击，大破吴、楚联军。

导战

【原文】

凡与敌战，山川之夷险，道路之迂直，必用乡人引而导之，乃知其利，而战则胜。法曰："不用乡导[1]者，不能得地利。"

汉武帝时，匈奴比岁[2]入寇，所杀掠甚。元朔五年春，令卫青[3]将三万骑出塞，匈奴右贤土[4]以为汉兵不能至此，遂醉卧帐中。汉兵夜至，围右贤王，虏大惊，独与其爱妾一人、骑兵数百，溃围夜逃此去。汉遣轻骑校尉[5]郭成等追四百里，弗及，得虏稗将十余人，男女万五千余口，畜马数百万。于是，青率兵而还。至塞，天子使使者持大将军印，即军中拜青为大将军，诸将皆以兵属，立号而归。皆用校尉。张骞[6]以尝使大夏，留匈奴久，导军，善知水草处，军得以无饥渴。

【注释】

①乡导：熟悉当地地形的人。

②比岁：连年。

③卫青：西汉名将。河东平阳（今山西临汾西南）人，字仲卿。汉武帝卫皇后之弟。本为平阳公主家骑，因其姊子得选入宫，为汉武帝所重用，官至大将军，封长平侯。多次率军击败匈奴贵族对汉朝北部边境的攻掠，战功卓著。

④右贤王：本谓"右屠耆王"，匈奴官名。冒顿单于时，除自领中部外，又设左、右屠耆王，分领东西二部，由单于子弟担任。"屠耆"，匈奴语，意谓汉语"贤"，故汉族称其左、右屠耆王为左、右贤王。

⑤轻骑校尉：统率骑兵的武官。

⑥张骞：西汉杰出的外交家。汉中城固（今陕西城固）人。官至大行（掌礼宾），封博望侯。曾奉汉武帝之命两次出使西域，为加强中原和西域少数民族的联系，对发展与中亚各国友好往来、促进经济文化交流贡献良多。

【译文】

进入敌境作战，遇到山川险要、道路迂回的情况，必须用当地人做向导引路，才

能知道什么地理条件对我军有利，如何作战才能取胜。兵书上说："不用熟悉地形的人为向导，就不能得到地利。"

西汉武帝时，北方的匈奴连年入侵，杀人掠物，不计其数。元朔五年春，武帝命大将卫青率领3万兵马出边塞御敌。匈奴右贤王认为汉兵不会到达这里，醉卧帐中。不料汉军夜间赶到，将他们包围起来，右贤王大吃一惊，只带爱妾一人、骑兵数百人，突破包围，连夜向北逃去。汉军派轻骑校尉郭成等人追杀了400多里，没有追上。这一仗虏获了匈奴副将数十人、男女5000多人、牲畜几百万匹。战争结束后，卫青领兵而回。到边塞时，汉武帝派使者带着大将军印，在军中拜卫青为大将军，各将领都被委派军权，回朝后都被任命为校尉。张骞曾出使大夏国，途中被匈奴扣留很久，这次随卫青出征匈奴，以匈奴人为向导，这些向导熟知塞外地理条件，以及水草分布的情况，才使汉军没有遭受饥渴之苦。

【赏析】

此篇强调深入敌境时使用向导对于作战的重要作用。与敌人作战时，对于作战地区的地形条件，诸如地势的平坦或险要、路程的迂远或直近，只有以当地人做向导，才能了解和掌握。也只有充分利用有利地形，才能获胜。

战争总是在一定的空间地域进行。作战地区的地形条件如何，对作战双方都极具影响。因此，避开不利的地形，而利用有利的地形，历来为兵家所重视。在利用地形上，要做到趋利避害，以当地人做向导，这在侦察手段和侦察技术落后的古代作战中，便成为取胜的法宝。

对于作战地区的地形条件怎样，只有以当地人做向导，才能了解和掌握；也只有在充分利用地形条件时，打起仗来才能获胜。

西汉元朔五年（公元前124年），大将军卫青奉汉武帝之命，率领骑兵反击匈奴右贤王入侵的战争，汉军之所以能够比较顺利地取得作战的胜利，就一定意义上讲，是有熟悉匈奴地理情况的张骞起了重要向导作用的结果。张骞是西汉著名外交家，汉武帝建元三年（公元前138年），他奉命第一次出使西域，中途竟被匈奴扣留长达十一年。在此期间，他注意了解和掌握匈奴的自然地理情况和风物人情。回国之后，于元朔五年参加了卫青所指挥的反击匈奴入侵的作战，为大将卫青实施正确作战指导，提供了真实可靠的匈奴地形条件情况，使汉军虽深入荒漠之中，却能"知水草处，军得以不乏"（见《汉书·张骞传》），从而确保了汉军自卫反击作战的完全胜利。

知　战

【原文】

凡兴兵伐敌，所战之地，必预知之。师至之日，能使敌人如期而来，与战则胜。知战地，知战日，则所备者专[①]，所守者固。法曰："知战之地，知战之日，则可千里而会战。”

战国，魏与赵攻韩[②]，韩告急于齐。齐用田忌[③]将而往，直走大梁。魏将庞涓[④]闻之，去韩而归魏。孙膑谓田忌曰：“彼三晋[⑤]之兵，素悍勇而轻齐，齐号为怯，善战者因其势而利导之。兵法：‘百里而趋利者，蹶[⑥]上将；五十里而趋利者，军半至。’使齐军入魏地为十万灶，明日为五万灶，又明日为三万灶。”涓追三日，大喜曰：“我固知齐军怯，入吾地三日，士卒亡者过半矣。”乃弃其步军，与精锐骑兵，倍道兼行[⑦]逐之。孙膑度其行，暮当至马陵，道狭而旁多阻隘，可伏兵。乃斫大木，白而书之曰：“庞涓死此树下。”于是，令齐军善射者万弩，夹道而伏砍木下。涓追至，见白书，乃钻火烛之，读其书未毕，齐军万弩齐发，魏军大乱。涓自知智穷，兵败，乃自刎。

【注释】

①所备者专：指有充分准备。

②魏与赵攻韩：公元前340年，魏与赵进攻韩国，韩向齐求救，齐派田忌和军师孙膑救援，为马陵之战的直接起因。

③田忌：一作“田期”“田思期”，战国初齐将。曾率兵先后于桂陵、马陵大败魏军。

④庞涓：战国时魏将。早年与孙膑同学兵法。魏惠王时任将军，罗织孙膑罪行，施以膑刑（削掉膝盖骨）。后率兵攻韩，为孙膑所破，自杀而死。

⑤三晋：春秋末年，晋国的韩、魏、赵三家分晋，成为韩、魏、赵三国，故称三家为三晋。这里是指魏与赵。

⑥蹶：挫败。

⑦倍道兼行：兼程赶路。

【译文】

举兵攻讨敌人，必先得知战场的一切情况。在军队到达的那天，让敌人也如期到来，在这种情况下和敌人作战，一定会取得胜利。因为得知与敌人交战的地点和时间，准备工作必定齐全，而防守必然坚固。兵书上说：“知道战斗的地点和时间，就可以在千里之外与敌人会战。”

战国时，魏国与赵国联合进攻韩国，韩国向齐国告急求救。齐国派大将田忌领兵前往救援，齐军直奔魏国都城大梁。魏将庞涓得知，赶紧离开韩国，领兵回到魏国。田忌的军师孙膑建议：“三晋之兵向来强悍猛勇，看不起齐国，认为齐军很胆小。善于作战的将领应该因势利导夺取胜利。《孙子兵书》说：‘每天赶100里路去争利，可能令主将挫败；赶50里去争利，可能只有一半的部队到达。’按这个道理，让齐军进入魏国之后，第一天可设10万个灶，第二天减少为5万个灶，第三天减为2万个灶。”田忌采纳了这个建议。庞涓率领军队追赶齐军，一连走了三天，看到齐军的炊灶逐渐减少，高兴地说：“我早就知道齐军胆小，才进入我国三天，兵力就减少了一半多。”于是丢下步兵，只带精锐部队，加倍兼程追赶齐军。孙膑推算庞

涓的行军路线及速度，料定庞涓当夜会到达马陵。马陵道路狭窄，两旁都是险阻之地，可以埋伏人马。于是派人砍去一棵大树的树皮，在上面写下："庞涓死在这棵树下"。再命令齐军善于射箭的上万名弓弩手埋伏在路的两旁。当晚庞涓到达马陵，看见大树露白的地方写着字，便令人点上火把照看，还没等他看完上面的字，埋伏在两旁的齐军万箭齐发，魏军乱成一团。庞涓知道自己走投无路，便拔剑自杀而死。

【赏析】

本篇强调掌握作战地点和作战时间的重要意义。在出兵之前必须分析敌人的动向，预先知道作战地点，同时调动敌人按照我方预计的时间、地点前来作战，这样便可掌握战场的主控权，从而战胜敌人。

《孙子兵书》上说："知己知彼、百战百胜。"要想使敌人按照我方预计的时间、地点行动，必须先摸清敌人的特点。孙膑之所以能计算出敌人的行军路线和时间，是因为他对自己的对手有充分的了解。他非常清楚庞涓骄傲轻敌、急于求胜的弱点，于是采用减灶示弱、诱敌深入的作战方针，把魏军引向了地形险阻、易于设伏的马陵道，精确地计算出敌军进入伏击圈的时间。经过这样精心的计划和周密的部署之后，齐军就完全掌握了战场的主控权。也正因如此，孙膑才能在预计的时间和地点，打了一场非常漂亮的歼灭战。

斥　战

【原文】

凡行兵之法，斥堠[①]为先。平易用骑，险阻用步。每五人为甲，人持一白旗，远则军前后左右，接续候望。若见贼兵，以次递转告主将，令众预为之备。法曰："以虞待不虞者胜。"

汉宣帝时，先零诸羌叛，犯边塞，攻城邑，杀长吏。时后将军赵充国，年七十余，上老之，使问谁可将者，充国曰："百闻不如一见，兵难预度。臣愿驰至金城，图上方略[②]。然羌戎小夷，逆天背叛，灭亡不久，愿陛下属之老臣，勿以为忧。"上笑曰："诺。"充国至金城，须兵满万骑，欲渡河，恐为虏所遮，即夜遣三校[③]，衔枚先渡，渡辄营阵，会明，遂以次尽渡。虏数十百骑来，出入军傍。充国曰："吾士马新至，困倦不可驰逐。此皆骁骑难制，又恐为其诱兵也。击虏以殄灭[④]为期，小利不足贪。"令军中勿击。遣骑候望，四望狭中，亡虏。夜半，兵至洛都，召诸校司马，谓曰："吾知虏戎不能为矣。使虏发数千人守杜四望狭中，兵众岂得入来！"充国常以远斥堠为务，行必为战备，止必坚营壁，尤能持重，爱士卒，先计而后战。遂平先零。

【注释】

①斥堠：侦察、候望；亦指侦察敌情的士兵。

②图上方略：谓根据当场情况，制定作战方案上报。

③三校：校，古代军队编制单位。汉武帝时设八校：中垒、屯骑、步兵、越骑、长水、胡骑、射声、虎贲，每校兵数不等，少者700人，多者1200人。统带一校的军官称校尉。三校，也可理解为三支部队。

④殄灭：灭绝、消灭。

【译文】

行军作战的原则，必须先进行侦探。在平坦的地方用骑兵，险阻崎岖不平的地方用步兵。侦探每5人为一甲，每人拿一面白旗。由近到远，以前后左右各军轮流执行侦测的工作。一旦发现敌人的兵马，便依次层层转递消息禀告主将，使全军早有防备。兵书上说："以万全的准备来巩固军队，而乘敌不意、攻其不备，必能稳操胜算。"

西汉宣帝时，羌族先零人起兵叛乱，侵犯边疆，攻陷城池，杀死官吏。当时西汉名将赵充国年逾70，汉宣帝认为他年事已高，便询问有谁可代他领兵西征。赵充国回答说："百闻不如一见，兵家战事很难预先猜测。老臣愿意领兵急驰至金城，实地考察后再上奏破敌策略。羌族是一个小小的外族，如今违背天意背叛朝廷，不久必然灭亡，请陛下将征西重任交给我，不要为此事忧虑。"汉宣帝笑着说："好吧。"赵充国来到金城，带领骑兵万人出征。想渡过黄河，又怕被羌人阻遏截击，便在夜里派出三支军队衔枚先渡河，渡河后立即安营立寨。等到天亮后，汉军依照次序全部渡过河去。他们发现有几百名羌族骑兵在附近出没。赵充国对自己的将士说："我们的兵马刚到，都疲乏了，不能出营交战追赶他们。这些羌人骁勇善战，很难对付，恐怕是敌人的诱兵之计。我们的目的是全歼羌人，不应贪图小利。"他命令军队不要出击。同时派出侦骑兵侦察敌情，发现四望峡中没有羌兵。半夜时，汉军来到洛都。赵充国召集众属将，对他们说："我知道羌人不会有什么作为了。倘若他们派数千人守卫在四望山，在狭路上多派军马守卫，我们还能来到这里吗？"赵充国领兵打仗，总是视远处侦探为首要大事。行军时必定做好随时战斗的准备，驻扎时必定加强防守军营，尤其不轻易让士兵作无谓的牺牲，而且均先订好策略才作战。最后，终于平定了先零的叛乱。

【赏析】

本篇主要强调实施战术侦察的重要意义，以及侦察人员的编组和传递情报的方法。作者认为，只有通过侦察，明了敌人的情况，才能使自己有充分的准备，从而确保战争的胜利。

战争准备，不仅在战前要探查敌情，进行周密的战略谋划，而且在战争实施过程中，仍要持续加强敌情侦察，随时掌握敌情动态，做好各种应敌准备，唯有如此，才能立于不败之地。

诸葛亮也是一位善于观察敌情的人，他说：发动进攻之后敌人仍很镇静，那必定有险诈的行为；敌人被逼近，却出来挑战，那是想诱我前进；树林摇动，必定是车

队来了；尘土扬得不高但很广，那一定是步兵来了；敌人言辞强硬，声称要进攻，那是要退却了；敌人半进半退，那一定是在诱惑我；敌兵手拄着拐杖行军，是太饥饿了；看见有利可图但不前进，那一定是太劳累了；飞鸟在军营聚集，营房一定很空虚。

泽 战

【原文】

凡出军行师，或遇阻泽①、圮毁②之地，宜倍道兼行速过，不可稽留也。若不得已，与不能出其地，道远日暮，宿师于其中，必就地形之环龟③，都中高④四下为圆营，四面受敌。一则防水潦之厄，一则备四围之寇。法曰："历沛⑤圮，坚环龟。"

唐甘露元年：突厥⑥阿史德温傅反，诏吏部尚书右卫大将军裴行俭⑦为定襄道行军大总管讨之。军次单于⑧界北，暮已，立营，堑壕既周，行俭更命徙营高岗。吏曰："吏士安堵，不可扰。"不听，徙之。比夜，风雨雷霆暴至，前设营所，水深丈余，莫不骇叹，因问何以知风雨也，行俭笑曰："自今但依我节制，毋问我所由知也。"

【注释】

①阻泽：即沼泽之地。

②圮毁：被水冲毁、坍塌之地。

③环龟：即四周低中间高，形似龟背之地。

④都中高：意指居于四周低、中间高之地。

⑤沛：有水草的低洼地。

⑥突厥：我国古代北方地区的一个游牧民族，兴于金山（今阿尔泰山）南部，初属柔然统治，6世纪中叶，击败柔然，建政权于今鄂尔浑河流域，占有东至辽河，西抵里海（一说至咸海），南到阿姆河南，北越贝加尔湖的辽阔地区。隋初，分裂为东突厥和西突厥。

⑦裴行俭：唐朝名将。绛州闻喜（今山西闻喜）人，字守约。曾任吏部侍郎、礼部尚书、检校右卫大将军、定襄道行军大总管等职。善用兵，因战功卓著，晋封闻喜县公。

⑧单于：这里指"单于都护府"。唐高宗麟德元年（公元664年）改云中都护府置，治云中古城（今内蒙古和林格尔西北），统漠南突厥部落诸州事，辖境相当今内蒙古阴山、河套一带。

【译文】

军队行军作战，假如遇到沼泽地和被大水冲毁坍塌的地方，应日夜兼程地赶路，迅速通过，不可拖延滞留。倘若实在走不出这样的地形，或天色已晚，必须驻留扎营，就必须就地形四面屯守，选择地势较高之处设置圆形营寨，使前后左右四面都能受制约。这样安营的目的,一则防备大水的危害,一则防备四周来犯的敌人。兵书上说:“处沼泽地,要坚持四周低、中间高,形似龟背之地的营垒。”

唐朝甘露元年,突厥族阿史德温傅叛乱。朝廷诏令礼部尚书右卫大将军裴行俭为定襄道行军大总管,领兵讨伐。行俭的军队驻留在单于都护府的边界,到了晚上,营寨已立,营外的沟堑也已挖好。而行俭却变更命令将军营迁徙到高冈上。有将官说:“将士们已经安居,不可再调动他们。”裴行俭不听,坚持让军队移营。到了夜里,突然风雨雷霆大作,先前设置军营的地方,水深一丈多,众将士莫不惊叹。有人问裴行俭怎么知道当天晚上会有风雨,裴行俭笑说:“从今以后,只管听从我的调遣,不要问我是怎么知道的。”

【赏析】

此篇主要指明在沼泽地区行军、宿营应该运用的战略战术。行军作战要尽量避开沼泽或是易受水冲的地域,若不得已要在这种地带宿营时,一定要选择那种形似龟背、四周低、中间高的地方宿营,并要围绕高地四面设置环形营垒,这样一则可以防水淹,二来可以四面迎敌。否则沼泽地区的地势低洼,容易被水淹,相当不利于作战。

公元219年的7月,关羽率兵攻打魏国的樊城。樊城是一座位于汉水流域的重要军事要镇,历来是兵家必争之地。为了守住樊城,魏丞相曹操听说关羽前去攻城,立刻派出左将军于禁和先锋庞德前去助守。于禁和庞德带领7队人马驻扎在樊城以北,与城中的守将曹仁互为呼应。

关羽的大军很快渡过了汉水下游的襄江,包围了樊城,并打败了于禁和曹仁的两面夹击,迫使魏军躲在城中不敢出战。

这时候正是秋季,樊城地区一连下了十几天大雨,汉水猛涨,漫过了堤坝。使樊城泡在了大水中。关羽看到这种情景,决定先放过曹仁,水攻于禁。于是,他命令手下的军卒,立刻赶制大小船只和木筏,并派人先把汉水的决口堵住。

等到时机成熟,关羽下令,扒开堵口。向水中的魏军发起了进攻。结果,于禁和庞德的七路人马被杀得大败。于禁被擒投降,庞德不降被杀。关羽大获全胜。这就是有勇有谋的关羽“水淹七军”的历史故事。

争战

【原文】

凡与敌战,若有形势便利之处,宜争先据之,以战则胜。若敌人先至,我不可攻,候其有变则击之,乃利。法曰:“争地勿攻。”

三国,魏青龙二年,蜀将诸葛亮出斜谷[1],并田[2]于阑坑。是时,魏将司马懿屯渭南,郭淮[3]策亮必争此原,宜先据之,议者多谓不然。淮曰:“若亮跨渭登原,连兵北山,隔绝陇道,摇荡民心,此非国之利也。”懿善之,淮遂屯北原。堑垒未成,蜀兵

大至,淮遂逆击之。后数日,亮盛兵西行,淮将皆以为欲攻西围[④],淮独以亮见形于西,欲使兵众应之,必攻东耳。其夜,果攻阳遂,有备不败。

【注释】

①斜谷:山谷。位今陕西眉县西南终南山,南北走向,南口叫褒,北口叫斜,故又称褒斜道。

②并田:在此做动词,意谓屯田。

③郭淮:三国魏将。阳曲(今山西太原)人,字伯济。魏文帝时,任雍州刺史,封射阳亭侯。明帝时,任征西将军,都督雍凉诸事,长期驻守关右,后升任车骑将军,封阳曲侯。

④西围:魏军营垒之称。

【译文】

与敌人交锋,倘若遇到对自己军队有利的地形,应当抢先占据它,如此必能稳操胜算。倘若敌人抢先一步占据了有利的地形,我军就不要急于进攻,应待敌人内部发生变化,再出兵进攻才能获得胜利。兵书上说:"兵家必争之地,如果敌人先占领,就不要再去攻打。"

三国时,魏国青龙二年,蜀将诸葛亮领兵出斜谷攻魏。当时,魏国大将军司马懿正领兵驻扎在渭水南岸。魏将郭淮预料诸葛亮必然争夺北原,故主张魏军应抢先占领。但共同议事的人都不以为然,郭淮分辩道:"如果诸葛亮的军队跨过渭水,占领了北原,将出现祁山南北部是蜀军的局面,我们通往陇西的道路便会隔绝。那样,肯定会全国民心动摇,对国家不利。"司马懿认同他的话,于是派郭淮屯兵北原。郭淮到达北原后,还没等营垒沟堑修成,诸葛亮的大军便蜂拥而至,郭淮立即率兵迎击。过了几天,诸葛亮的军队浩浩荡荡地向西进攻,郭淮的部将都以为诸葛亮要去攻西围,唯独郭淮认为这是诸葛亮的计策,故意做出向西进军的姿态,诱使魏军前去应付,真正的目的是攻打东面的阳遂。当天夜里,诸葛亮果然攻打阳遂,由于早有准备,魏军才没有吃败仗。

【赏析】

本篇强调占领有利地形对作战的重要性。在对敌作战时,凡是有利地形,应当抢先敌人占领,唯有如此,才能立于不败之地。然而一旦有利地形为敌所占,则不可盲目进攻敌人,务必等待敌情发生变化时再行攻击。

地形条件的好坏,是直接影响战局的重要客观因素。占领有利地形,就有可能打胜仗;失去有利地形,相对就容易打败仗。因此,古今中外的著名将领,无一不强调要先占领有利地形作战。三国时期,曹操在赤壁中了黄盖的苦肉计而遭失败后,仓皇北逃。刘备、诸葛亮率军穷追不舍。到了华容,诸葛亮察看地形后决定巧计破敌。华容有两条通路,一条是小道,路面崎岖,险要而狭窄;另一条是大路,平坦而宽畅,但比小道远50余里。

曹操率残部到了华容,拿不定主意该走那条路好。他派探子上山观察,探子回来禀报说小道上有好几处炊烟,并且有汉军的旗帜,大路上没有任何动静。

曹操思忖道:诸葛孔明足智多谋,精于用兵,他必然知道"虚则实之,实则虚之"之理。如今他是有意反兵法而用之,让士兵们在小道上烧火生烟,目的是想诱使我走大道好中其埋伏。于是他下令从华容小道撤退。

不料,走小道恰恰中了诸葛亮的反兵法而用兵之计。原来,诸葛亮知道曹操也是通晓兵法之人,要引诱他走华容小道,就必须让他相信,华容小道上的伏兵是故意暴露给他看的,意在促使他走大路,而真正的伏兵在大路上,曹操定会偏偏选择小路撤退——小道上的伏兵却恰恰是真的。

地 战

【原文】

凡与敌战,三军必要得其地利,则可以寡敌众,以弱胜强。所谓知敌之可击,知吾卒之可以击,而不知地利,胜之半也。此言既知彼又知己,但不得地利之助,则亦不能全胜。法曰:"天时[①]不如地利。"

晋安帝讨南燕[②],慕容超[③]召群臣议拒晋师。公孙五楼曰:"晋师劲果,所利在速战,初锋勇锐,不可击也。宜据大岘,使不得入,旷日延时,沮其锐气。可徐拣精兵二千骑,循海而南,绝其粮道;别遣段晖率诸州之军,缘山东下。腹背击之,此上策也。各命守宰依险自固,较[④]其资储之外,余悉焚荡,芟除[⑤]粟苗,使敌来无所资,坚壁清野,以待其衅,中策也。纵贼入岘,出城迎我,下策也。"超曰:"京都富盛,户口众多,非可以一时入守。青苗布野,非可卒芟。设使芟苗守城,以全性命,朕所不能。据五州[⑤]之强,带山河之固,战车万乘,铁马万群,纵令过岘,至于平地,徐以精兵蹂之,必成擒也。"慕容镇[⑦]曰:"若如圣旨,必须平原十里而军,军垒成,用马为便,宜出岘,逆战而不胜,犹可退守。不宜纵敌入岘,自贻窘逼。昔成安君不守井陉之险,终屈于韩信;诸葛瞻不守马阁之险,卒擒于邓艾[⑧]。臣以天时不如地利也,阻守大岘,策之上也。"超又不从。而摄莒、梁父二戍,修城隍[⑨],拣士马,蓄锐以待之。其夏,晋师已次东莞,超遣其左军段晖等步骑五万,进据临衢。俄而,晋师渡岘,慕容超惧,率兵四万就段晖等。于临衢战败,超奔广固,数日而拔,燕地悉平。

【注释】

①天时:指天候、节气等自然条件。

②南燕:十六国之一。东晋隆安元年,北魏拓跋皂率兵击败后燕,燕相慕容德率众从邺(今河北临漳西南)迁至滑台(今河南滑县)称燕王,后又迁至广固称帝,占有今山东和河南一部分,史称其国为南燕。

③慕容超:慕容德之侄。晋义熙元年(公元405年)即帝位。他不恤政事,信用奸佞,不得民心。义熙六年二月,被东晋刘裕军所俘,送至建康(今南京)斩首,在

位仅6年。

④较:通“校”,查对、计点。

⑤芟除:引申为铲除、除去。芟,除草。

⑥五州:南燕分其境为幽、并、青、徐、兖五州。

⑦慕容镇:南燕将,曾任车骑将军。慕容超称帝后,加任其为开府仪同三司、尚书令。

⑧邓艾:三国魏将。义阳棘阳(今河南新野东北)人,字士载。初为司马懿掾属、尚书郎,曾建议屯田两淮,广开漕渠,并著有《济河论》加以阐述。后任镇西将军,与蜀将姜维相拒。

⑨隍:谓无水的护城壕。

【译文】

与敌军作战,三军必须占据有利的地形,才能够以少胜多、以弱胜强。常言道:知道敌人的战斗力,也知道我军的战斗力,但不知道地形对我是否有利,取胜的概率只有一半。此说意谓:虽然知己知彼,但若得不到地利之助,也不能取得全胜。兵书上说:“占天时不如占地利。”

公元409年,东晋刘裕讨伐南燕。南燕王慕容超召集群臣议论抵御晋军的策略。大将公孙五楼说:“晋军强劲凶猛,利在速战。他们刚刚出师,勇锐难当,不可迎击。我军应据守大岘山,使敌军不能攻打进来。这样拖延时间,就可以逐渐消磨敌军锐气。我军可充分利用这段时间,挑选2000骑精兵,沿山路向南,截断晋军的粮道;另派大将段晖统率诸州的军队,顺大岘山东下,对晋军形成腹背夹击之势,这是上策;或者命令守卫者凭险固守,查对军资仓储,除军需外,剩余的全部焚烧销毁,割掉粮谷禾苗,使晋军来到后得不到粮草。这样坚壁清野后,等待敌军出现破绽再出击,这是中策;放敌军进入岘山,我军出城迎战,那是下策。”慕容超却说:“我国京都富裕昌盛,户口众多,不可能迅速把他们迁到固守的城内;青苗遍布四野,一时也难以全都铲除;若是芟除青苗,死守城池,借以保全性命,我无法这么做。我国有五州土地,周围有险固的山河作屏障,战车万辆,装甲骑兵无数,纵然放晋军过岘山,到了平原地带,我们再用精兵攻击,他们一定会被我们擒获。”谋臣慕容镇见慕容超不用公孙五楼之策,便又进言:“诚如陛下所言,必须在距大岘山10里的平原上安营立寨。军营建成,用骑兵最方便。所以我军应出大岘山迎战敌军。如果战事不顺利,还可退守。但不应放敌人进入大岘山,使自己陷入被动。当年成安君陈余不坚守险固的井陉口,终于被韩信打败;诸葛瞻不在险峻的马阁坚守,最后被邓艾擒获。臣认为天时不如地利,扼守大岘山是诸策中的上策。”慕容超还是不听。他命令莒、梁父的驻军修筑护城壕,挑选、训练士兵和战马,养精蓄锐,等待晋军。那年夏天,晋军攻破东面,慕容超派他的左军段晖等统率5万步骑,进据临朐。不久,晋军渡过了大岘山。慕容超害怕,率4万兵马支援段晖,在临朐战败,慕容超只得逃奔广固,没几天,广固也被晋军攻下,南燕的土地全被晋军占领了。

【赏析】

本篇从战略的角度进一步强调军事地理与战争的关系，明确指出充分利用有利地形，是实现“以寡敌众、以弱胜强”的重要条件。作者认为，仅仅从兵力对比上知道敌人和我军均可交战，这仅有一半胜利的可能性，而唯有得“地利之助”，才有取得全胜的把握。

地形，是用兵的重要辅助条件。分析判断敌情，夺取胜利，考察地形的险易，计算距离的远近，这是高明贤能的将帅应该掌握的规律。懂得这些并以指挥作战的，必定胜利；不懂得这些而指挥作战的，必定失败。

战争总是在一定的空间进行的。因此，任何战争无一不受地理条件的影响。得“地利”者得胜利，失“地利”者必遭失败。

山 战

【原文】

凡与敌战，或居山林，或在平陆，须居高阜。恃于形势，顺于击刺，便于奔冲，以战则胜。法曰：“山上之战，不仰其高。”

战国，秦伐韩，韩求救于赵。王[①]召廉颇[②]而问曰：“可救否？”曰：“道远路狭，难救。”又召乐乘[③]而问曰：“可救否？”乐乘对如颇言。又召赵奢[④]问，奢曰：“道远路狭，譬如两鼠斗于穴中，将勇者胜。”王乃令奢将，救之。兵去赵国都三十里，垒，不进，而令军中曰：“有以军事谏者死。”秦军武安，有一人谏，奢立斩之。坚壁，留二十八日不行，复益增垒。秦间来入，赵奢善食而遣之。间以报秦将，秦将大喜，曰：“夫去国三十里，而军不行，乃增垒，非救赵地也。”赵奢既遣秦间，乃卷甲而趋之，二日一夜至。秦闻之，悉甲而至。军士许历请入谏，赵奢内[⑤]之。许历曰：“秦人不意赵师至此，其来气盛，将军必厚集其阵以待之。不然，必败。”奢曰：“请受教。”历曰：“请受刑。”奢曰：“须后令[⑥]至邯郸。”历复请曰：“先据北山者胜，后至者败。”赵奢曰：“诺。”即发万人趋之。秦兵后至，争山不得上，奢纵兵击之，大破秦军，遂解其围。

【注释】

①王：指赵惠文王，名何，赵武灵王庶子。

②廉颇：赵国名将。赵惠文王拜其为上卿。作战勇敢，屡败齐、魏等国。赵孝成王时，任相国，封信平君。

③乐乘：战国赵将。本燕国将领乐毅之后，因燕王不听其计，出兵攻赵失败被俘而留赵，被封为武襄君。

④赵奢：战国赵将。初任田部吏，主治国赋。后任将军，善用兵，因率军救韩大破秦军有功，被封为马服君。

⑤内:同“纳”,使进入。

⑥须后令:谓待后令。后令是对前令“有以军事谏者死”而言。赵奢率军离开邯郸30里止军不进,乃是用以麻痹秦军的一种计谋,因恐人谏而破坏此谋,故出前令。现在即将交战,须得谋策,不能再用前令,故云“须后令”。赵奢采纳许历的建议打败秦军,回到邯郸后,不但未治其罪,相反地,赵惠文王还将许历晋升为国尉。须,待也。

【译文】

与敌人交战,无论是在山地、森林、平原还是陆地,都必须占据高点。占据了高点,可以利用地形和地势顺势向下出击,便于冲锋,作战一定胜利。兵书上说:“在山区战斗,要占据最高的地势。”

战国时,秦国征讨韩国的阏与,韩国向赵国求救。赵王召见大将廉颇,问他:“可以救吗?”廉颇回答:“路程遥远,道路狭隘,不易援救。”赵王又召乐乘,问道:“可以救吗?”乐乘的回答和廉颇一样。赵王又召大将赵奢相问,赵奢说:“道路遥远险隘,就像两只老鼠在洞穴中打架一样,哪个勇敢,哪个就能获胜。”于是,赵王下令赵奢领兵救韩。赵奢带军队在离赵国都城邯郸30里的地方停下来,修筑营垒,不再前进,并在军中下达命令:“有敢为战事进谏的,处死刑。”这时秦军担心赵国救韩,为了牵制赵国兵力,便派兵驻扎在武安。赵奢军中有一人进谏,赵奢立即将他斩首。赵奢坚守营垒28天不往前走,还增筑营垒。秦国派来刺探军情的间谍,赵奢用美食款待他们,再送他们回去。间谍把赵军的情况通报秦将,秦将喜出望外地说:“赵军离开都城30里就停止不走,还增筑营垒,显然是不敢救阏与了,阏与不再是赵地。”赵奢送走秦军间谍后,立即指挥军队卷起盔甲,轻装迅速向阏与前进,本来需时两天的路程一夜的时间就赶到了。秦军知道这个消息后,全副武装迎战。有个名叫许历的下级军官请求赵奢允许他进谏,赵奢让他进入军帐中。许历说:“秦军没有料到我军来得这么快,秦军士气很旺盛,将军您要严阵以待,不然肯定吃败仗。”赵奢说:“听你的指教。”许历说:“请按您的军令将我处刑。”赵奢说:“到邯郸以后等待命令吧!”许历又说:“秦赵两军,先占据阏与北面小山的获胜,后到的必失败。”赵奢说:“就听你的!”随即派一万人急奔山头。秦兵后到,赵奢指挥军队居高临下,攻击秦军,秦军大败。韩国阏与之围终得以解除。

【赏析】

本篇主要论述的是临敌作战中,必须先控制高点。在作者看来,大凡与敌人打仗时,不管是在山林地带,还是平原旷野,都要抢占高点,使自己处于居高临下的有利形势。如此,即可以发挥兵器的击刺作用,也便于向敌人猛烈冲杀,利于取胜。

谷 战

【原文】

凡行军越过山险而阵，必依附山谷，一则利水草，一则附险固，以战则胜。法曰："绝山依谷。"

后汉将马援[①]为陇西太守，参狼羌[②]与塞外诸种为寇，杀长吏。援将四千余人，击之，至氐道县。羌在山上，援军据便地[③]，夺其水草，不与战，羌遂穷困。豪[④]帅数十万户亡出塞外，诸种万余人悉降。羌不知依谷之利，而取败焉。

【注释】

①马援：东汉将领。茂陵（今陕西兴平东北）人，字文渊。王莽时为新城大尹（太守），莽败，依附于割据陇西的隗嚣。后归刘秀，曾参加攻灭隗嚣、击败先零羌等战争。官至伏波将军，封新息侯。

②参狼羌：汉代时羌族的一种，主要分布于武都郡（今甘肃武都地区），故又称武都羌。

③便地：谓有利地形。

④豪：参狼羌的首领。

【译文】

部队行军越过险要的山区安营扎寨时，营寨必须依附山谷。一来可得水草之利，二来有山险可依，这样交战一定胜利。兵书上说："通过山地，要靠近山谷。"

后汉时，将军马援为陇西太守。参狼羌与塞外一些少数民族入侵，杀地方长官。马援率领四千人马到氐道县进攻。羌人驻扎在山上，马援的军队占据了水草丰茂的地方，断绝羌人所需的水草，不与羌人作战，就使羌人陷入困境。参狼羌及部族数十万户只得逃往塞外，其余少数民族有万余人投降。这是因为羌人不知道依附山谷的有利条件，才会失败。

【赏析】

本篇主要论述在山地作战中怎样选择谷地设营的谋略思想。凡是行军越过险要山地而设营与敌对阵时，必须依附山谷，好处是：一有水草可资利用；二有险要地势可为依傍，这样作战就能取得胜利。

因而说占据有利的地形对行军作战来说是很重要的，尤其是我军深入敌境，更要明察地理形势，以便军队有依势的地方，并信赖险要巩固阵势。

攻　战

【原文】

凡战，所谓攻者，知彼者也。知彼有可破之理，则出兵以攻之，无不胜。法曰："可胜者，攻也。"

三国魏曹公遣朱光为庐江太守，屯皖，大开稻田，又令间人[①]招诱鄱阳贼师，使作内应。吴将吕蒙曰："野田肥，若一收熟，彼众必增，如是数岁，操难制矣。宜早除之。"乃具陈其状。于是，孙权亲征，一朝夜[②]至，问诸将计策，诸将皆劝作高垒。蒙曰："治垒必历日乃成，彼城备已修，外救必至，不可图也。且乘雨水以入，若淹留[③]经日[④]，必须尽还，还道艰难。蒙窃[⑤]危之。余观此城，不甚固。以三军锐气，四面攻之，不移时可拔，及水未涨而归，全胜之术也。"吴主权从之。蒙乃荐甘宁[⑥]为外城都督，率兵攻其前，蒙以精锐继之。侵晨[⑦]进攻，蒙手执枹鼓[⑧]，士卒皆腾踊[⑨]自升，食时破之。既而张辽至夹石，闻城已拔，乃退。权加蒙功，即拜庐江太守。

【注释】

①间人：即间谍。
②朝夜：犹昼夜。
③淹留：淹留，亦作"奄留"，谓停留、久留。
④经日：谓一日或数日，这里指数日。
⑤窃：犹私，这里用作表示个人意见的谦词。
⑥甘宁：巴郡临江（今四川忠县）人，字兴霸。初附刘表，后归孙权。作战勇敢，为孙权所重，官至西陵太守、折冲将军。
⑦侵晨：谓天刚亮。
⑧枹鼓：谓以槌击鼓。
⑨腾踊：谓跳跃。

【译文】

两军交战，向敌军展开攻势的一方，都是由于了解敌方的情况。了解敌方可被我攻破的条件，再出兵进攻，没有不胜的。兵书上说："可以获得胜利，才能发动进攻。"

三国时，魏曹操派遣朱光做庐江太守，驻扎在皖县。朱光大面积种植稻田，又命间谍招诱鄱阳一带因作战失败归回乡里的人，为魏军做内应。吴国将领吕蒙说："皖地肥沃，如果稻谷收成好，魏军粮草充足了，兵马一定会增加。这样数年之后，曹操的军队就难以对付了，应当早一点除掉他们。"他具体地向孙权陈述了双方军队的情况。于是，孙权亲征皖县，一天一夜就到了。孙权向诸将询问计策，诸将都劝孙权修筑壁垒，围困皖县。修筑壁垒需用几天时间才能建成，吕蒙说："魏军也在城内做了防守准备,其他地方的魏军也一定会来救援,这样一来,这座县城就不能攻下了。况且我们是乘雨水之季入城,如果停留数日,上涨的江水必将退尽,那时回军的道路就会很艰难,我觉得太危险了。我看这座城不甚坚固,凭我军的锐气四面攻城,用不了多久就可以攻取,还能趁着江水未涨之机回军,这是全胜之策。"孙权听从了吕蒙的计策。吕蒙推荐甘宁做登城都督,领兵打头阵,自己则带领精军锐队继后。天刚亮时开始进攻,吕蒙亲自用鼓槌击鼓,士兵们都争先恐后向城里进攻,到了早饭时间,城就被攻下了。不久,魏将张辽领兵来到夹石,听说皖城已破,就退了回去。孙权嘉勉吕蒙的功劳,当即拜他为庐江太守。

【赏析】

刘伯温在此篇主要论述采取进攻方式作战所应该运用的战略战术。进攻作战是以"知彼"为基本条件。一旦了解到敌人有被打败的可能,就要适时地发动进攻,如此方能战无不胜。

吴起说:"用兵必须审察敌军的虚实,从而打击他们的薄弱要害之处。敌人远来刚到,部队的一切安排尚未就绪的,可以攻击;刚吃完饭,但还未进入战备的,可以攻击;敌军狂奔逃跑时,可以攻击;敌军过度劳累,可以攻击;未占领有利地形的,可以攻击;已丧失有利战机,士兵无所适从的,可以攻击;经过长途跋涉,走在队伍后面的敌军还未来得及休息的,可以攻击;敌军涉水渡河,只过了一半的,可以攻击;敌军经过险要的山道或狭窄的小路,可以攻击;敌军旗帜散乱动摇的,可以攻击;阵势多次变动,可以攻击;将领脱离了士卒的,可以攻击;军心惶恐动摇的,可以攻击。凡是遇到类似这样的敌人,挑选我精锐部队向它冲击,再以后备兵力继续投入战斗,迅速猛烈地攻击,不必迟疑。"

吴起说,遇到上述情况,我方发动攻击,即可获得全胜。

守　战

【原文】

凡战,所谓守者,知己者也。知己有未可胜之理,我且固守,待敌可破之时,则出兵以攻之,无有不胜。法曰:"知不可胜,则守。"

汉景帝[①]时,吴楚七国反[②],以周亚夫[③]为太尉,东击吴楚七国。因自请于上曰:"楚兵剽轻[④],难以争锋,愿以梁委之,绝其食道,乃可制也。"上许之。亚夫至,会兵荥阳。吴方攻梁,梁急,请救于亚夫。亚夫率兵东北走昌邑,坚壁而守。梁王使使请亚夫,亚夫守便宜,不往救。梁上书于景帝,帝诏亚夫救梁,亚夫不奉诏。坚壁不出,而使弓高侯[⑤]等将轻骑,绝吴楚兵后食道。吴楚兵乏粮,饥欲退,数挑战,终不出。夜,亚夫军中惊乱,自相攻击,至于帐下,亚夫坚卧不起。顷之,自定。吴奔壁东南陬[⑥],亚夫使备西北。已而,吴兵果奔西北,不得入。吴楚兵饥,乃引兵退。亚夫出精兵追击,大破之。吴王濞弃其军,与壮士数千人亡走,保于江南丹徒。汉兵

因乘胜追击，尽获之，降其郡县。亚夫下令曰："有得吴王者，赏千金。"月余，越人斩首以告。凡相攻守三月，而吴楚悉平。

【注释】

①汉景帝：即西汉皇帝刘启。他在位时，继续推行文帝的"与民休息"政策，并进行"削藩"，平定了吴、楚等7诸侯国的叛乱。旧史家将他与文帝并提，称为"文景之治"。

②吴楚七国反：指汉景帝前元三年（公元前154年），吴王刘濞联合楚王刘戊、赵王刘遂、胶东王刘雄渠、胶西王刘卯、济南王刘辟光、淄川王刘贤等，以诛晁错为名，发动叛乱。后为中央政府先后平定。

③周亚夫：西汉名将。汉初大将周勃之子。初封条侯，文帝时，他受命驻军细柳（今陕西咸阳西南），在防御匈奴贵族进攻的斗争中，军功卓著，治军严整。景帝时，因率军平定吴楚7国叛乱有功，升任丞相。

④剽轻：谓勇猛轻捷。

⑤弓高侯：即韩王信之子颓当。汉文帝十四年（公元前166年），颓当自匈奴归汉，被封为弓高侯。弓高，县名，在今河北阜城南。

⑥陬：角落也。

【译文】

战争中所说的防御，是出于了解自己的情况。知道自己的力量一时不能战胜对方，就应当固守，等到有了打败对方的时机，再出兵进攻，如此没有不胜的。兵书上说："知道自己不能取胜就要防守。"

西汉景帝三年，吴楚等7国叛乱。汉景帝派太尉周亚夫率军东进，攻打吴楚等7国叛军。行前，周亚夫向汉景帝请求说："楚兵剽悍轻捷，难与他们正面交锋。我想暂时把梁国舍弃给他们，然后断绝他们的粮道，这样才能战胜敌人。"景帝答应了。周亚夫领兵启程后，聚兵荥阳。这时吴楚联军正攻打梁国，梁国危急，请求周亚夫援救。周亚夫坚持原定作战方略，领兵向东北进发。在昌邑深沟高垒进行防守。梁孝王几次派使者请周亚夫援救，周亚夫自作主张，不发兵相救。梁孝王为此事上书景帝，景帝下诏命周亚夫救援梁国。周亚夫没有执行诏命，仍坚守营垒不出战，派弓高侯等将率领轻骑，绕到吴楚联军的后面，断绝其粮道。吴楚军中缺粮，意欲撤退。他们多次挑战,周亚夫命令军队不得出战。一天夜晚,周亚夫军队中惊慌骚乱,士兵们自相攻击,竟至周亚夫帐下,周亚夫镇定自如,高卧不起,不一会变乱就自行平定了。吴楚联军又采用"声东击西"的办法,做出直奔周亚夫军营东南角的样子。周亚夫识破了敌人的用心,命令加强军营西北部的守备。不久,吴楚军队果然来攻军营的西北角,但未能攻入。吴楚因军中缺粮,只好撤兵退却。周亚夫派精兵追击,大败敌军。吴王刘濞舍弃了他的大队人马,只带数千壮士逃走,逃到江南的丹徒进行防守。汉兵乘胜追击,俘虏了吴国全军,降服吴国所属的郡县。周亚夫下令道:"能抓到吴王的人赏千金。"仅一个多月的时间,越人来报已将吴王斩首。周亚夫与吴楚军队之间攻守7个月,吴楚的叛乱全部被平定。

【赏析】

本篇主要阐述采取防御方式作战的谋略思想。刘伯温认为,采取防御作战,是以"知己"为基本条件,亦即在知道自己力量尚未达到战胜敌人的时候,就应该采取防御方式以消耗、疲惫敌人,待敌人有可能被打败的时候,再"出兵以攻之",没有不获胜的。从双方力量对比的角度出发,能攻则攻,不能攻则守。易言之,必须依据不同情况,采用不同作战方式及根据事态的发展变化而适时转换作战方式,以符合战争实际情况和作战需要。

先　战

【原文】

凡与敌战,若敌人初来,阵势未定,行阵未整,先以兵急击之,则胜。法曰:"先人有夺人之心。"

春秋,宋襄公[①]及楚人战于泓,宋人既成列,楚人未既济。司马子鱼[②]曰:"彼众我寡,及其未既济,请急击之。"公弗许。既济未成列,子鱼复请,公复未之许。及成列而战,宋师败绩。

【注释】

①宋襄公:春秋时宋国国君,名兹父。齐桓公死后,他与楚争夺霸主,一度为楚所拘。其后,与楚军战于泓水,因其空讲"仁义",不听劝谏,结果被楚军打败受伤,不久因伤重而亡。

②司马子鱼:司马,官名,掌管军政和军赋。西周始置,春秋、战国时沿用。子鱼,人名,即宋襄公庶兄公子目夷,与《舟战》战例中的"司马子鱼"非一人。

【译文】

与敌人交战,倘能趁敌人刚刚到达,阵势还没摆好,队伍尚未及整顿之际发动进攻,必获全胜。兵书上说:"先发兵攻打敌人,有威慑敌人心理的作用。"

春秋时,宋襄公率领军队与楚国军队在泓水交战。宋兵已经摆好阵势,楚兵还未全部渡过泓水。司马子鱼进谏说:"楚军兵多,我军兵少,趁他们没有全部过河时,请主上下令快速攻击。"宋襄公不同意。当楚兵已经过河,但尚未摆好阵势之际,子鱼又请出击,宋襄公还是不同意。等到楚兵排好阵势,两军交战,宋兵果然被打败。

【赏析】

本篇特别强调在战役战术上必须先发制人。对于立足未稳的来犯之敌,应当"先以兵急击之",使敌人措手不及,这样可以迅速瓦解敌人的斗志,从而取得战争的胜利。

在具备先发制人的条件下,不敢先敌发起攻击,将贻误战机并可能导致作战的失败。

在军事上运用先发制人的典型事例固然很多,很典型,但政治上先发制人的运用更多,更普遍。像人们经常讲的"先入为主""恶人先告状"等等,都是体现政治上先发制人的精粹表述。像一些阴谋家惯用"打棍子、扣帽子"的方法,利用舆论工具向正直的人们发起突然袭击,使对方尚未弄清事实真相之时,已身陷囹圄,失去自由,失去申辩的机会和还击的能力,也是先发制人方法的具体运用。

后　战

【原文】

凡战,若敌人行阵整而且锐,未可与战,宜坚壁待之,候其阵久气衰,起而击之,无有不胜。法曰:"后于人以待其衰。"

唐武德中,太宗围王世充[①]于东都,窦建德[②]悉众来救。太宗守武牢[③]以拒之。建德阵汜水东,弥亘数里,诸将皆有惧色。太宗将数骑登高以观之,谓诸将曰:"贼起山东,未见大敌。今渡险而嚣,是军无政令;逼城而阵者,有轻我之心也。我按兵不动,待彼气衰,阵久卒饥,必将自退,退而击之,何往不克!"建德列阵,自辰至午时[④],卒饥倦,皆列坐,又争饮水。太宗令宇文士及[⑤]率三百骑,经贼阵之西,驰而南。诫曰:"贼若不动,尔宜引归;如觉其动,宜率东出。"士及才过,贼众果动。太宗曰:"可击矣。"乃命骑将建旗列阵,自武牢乘高入南山,循谷而东,以掩贼背。建德遽率其阵,却止东原,未及整列,太宗轻骑击之,所向披靡。程咬金[⑥]等众骑缠幡[⑦]而入,直突出贼阵后,齐张旗帜,表里俱备[⑧],贼众大溃,生擒建德。

【注释】

①王世充:新封(今陕西临潼东北)人,字行满。隋炀帝时,曾任江都郡丞、通守等职,镇压过农民起义军。大业十四年(公元 618 年),炀帝死后,他在洛阳拥立越王杨侗为帝;次年,废杨侗,自称皇帝,国号郑。唐武德四年(公元 621 年),为李

世民所败，降唐。

②窦建德：隋末河北农民起义军首领。大业七年（公元611年）率众起义，投高士达任军司马。高阵亡后，他继为领袖，称将军，拥众十余万。大业十三年，在河间之战中，歼灭隋将薛世雄部三万余人，声势大振。次年，称夏王，建都乐寿（今河北献县），国号夏，据有今河北大部地区。

③武牢：即虎牢。因唐讳虎，故改虎牢为武牢。故址在今河南荥阳市汜水镇。该处地势险要，向为军事要地。

④自辰至午时：即从7~13时，亦即上午时间。

⑤宇文士及：武川（今河南南阳北）人，字仁人。隋炀帝之婿。炀帝死后，他归附李渊父子，因从讨王世充等有功，晋封郢国公，官拜中书令。

⑥程咬金：唐初大将，后改名知节。济州东阿（今山东东阿）人。隋末从李密参加瓦岗军，任内军骠骑。密败，归王世充；后归唐任秦王府左三统军，后任左领军大将军，封卢国公。

⑦缠幡：谓扎束旗帜，以壮兵势。缠，扎束。幡，旗帜。

⑧表里俱备：谓内外齐击。

【译文】

遇到敌军队伍整齐、士气旺盛的时候，不可与之交战，应当坚守营垒等待时机。等到敌人因长时间列阵，士气减弱，再奋力攻击，必可获胜。兵书上说："两军交战，待敌士气衰退后再进攻，较为有利。"

唐朝武德三年（公元620年），李世民在东都围困王世充。窦建德率领军队相救，李世民带兵驻守武牢阻拦。窦建德在汜水东岸列阵，绵延数里，唐军众将见了都面有惧色。李世民带领几名随骑登高远望敌营，对众将说："窦建德从山东起兵，没遇过强敌。现在他们渡过险地而士兵鼓噪，这说明没有严明的号令；而他们近城列阵，说明有轻视我军的心理。我们按兵不动，等待他们士气衰退、士兵饥饿，必定自行撤退，届时我们再出击，必能获胜。"窦建德的军队列阵，从清晨到中午，士兵们因饥饿疲倦都坐了下来，又互相争夺饮水。李世民看到这种情形，便命宇文士及带领300骑兵，绕过窦建德军队阵地西侧向南急驰。行前，李世民告诫宇文士及说："你们经过敌阵时，如果敌人没有动静，就要停止前进，迅速退回来。如果发现敌人行动了，就带领骑兵转而向东。"宇文士及刚从敌人阵地西侧经过，敌兵果然惊动了。李世民说："可以出击！"立即命令随从骑兵树起大旗，摆开阵势，从武牢山上顺山脊行进至南山，然后顺着山谷向东，袭击敌军背后。窦建德急忙带军撤退，在东部高地停下来，还没整顿好队形，李世民就率轻骑部队冲杀过来了，所向披靡！这时程咬金等人率领的骑兵也卷起旗帜冲进敌阵，直冲向敌军后阵，张开旗帜，里外夹攻，敌军大败，活捉了窦建德。

【赏析】

本篇主要阐述在战斗中采取后发制人的谋略思想。对于行阵严整气锐的来犯

之敌，不可轻易与之决战，应当采取后发制人之策“坚壁待之”，等敌人阵久气衰、众兵疲累松懈之时再攻击，如此没有不胜的。

《老子·道德经》：“将被翕之，必固张之。将欲弱之，必固强之。将欲去之，必固与之。将欲夺之，必固予之。”

其意思是说，当敌处于强盛之时，或对手的狰狞面目尚未完全暴露或未被世人所识破之时，不是急于去与之较量，而是等待时机，采取措施以骄纵敌志，待敌懈怠失警之时，待世人更加清醒、朋友积极支持之时，再采取行动，战而胜之。

东周时期的郑庄公克段于鄢的故事几乎尽人皆知。郑庄公对同胞兄弟共叔段企图里应外合、篡夺政权的阴谋本已觉察，而他不但不予制止，反而许之封地筑城，对共叔段一系列准备工作置若罔闻。其母姜氏请求封其弟共叔段于京地。公子吕谏阻，庄公却故作姿态说：“母亲姜氏希望这样，不满足她的要求就不得安宁。”有人报告说，并叔段正招兵买马，训练卒乘，他故意说共叔段为郑国操练兵马，劳苦功高；有人禀报说，共叔段占领了京城附近的两个小城。公子吕请庄公出兵讨伐，他却说，“多行不义必自毙，子姑待之。”直到共叔段和其母的阴谋充分暴露，郑庄公才说：“可以收拾他们了。”然后周密布置，在共叔段与其母姜氏举事之时采取果断措施，挫败共叔段的夺权阴谋，逐共叔段出国，流放姜氏于城颍（今河南临颍县西北）。

具备先机制敌的条件而不适时击敌，这是保守，不具备先机制敌的条件而轻率击敌，这是冒险。这两种做法，极易失败，兵将必须加以注意。

奇战

【原文】

凡战，所谓奇者，攻其无备，出其不意也。交战之际，惊前掩后，冲东击西，使敌莫知所备，如此则胜。法曰：“敌虚[①]则我必为奇。”

三国，魏景元四年，诏诸军征蜀。大将军司马文王[②]指授节度[③]使，邓艾与蜀将姜维相缀连[④]。雍州刺史诸葛绪邀[⑤]维，令不得归。艾遣天水太守王颀等直攻维营，陇西太守牵弘邀其前，金城太守杨欣诣甘松。维闻钟会诸军已入汉中，退还。欣等蹑[⑥]于强川口，大战，维败走。闻雍州已塞道，屯桥头，从孔函谷入北道，欲出雍州后。诸葛绪闻之，却还三十里。维入北道三十里，闻绪军却还，从桥头过，绪趣截维，较一日不及。维遂东还守俞阁。钟会攻维未能克。

艾上言：“今敌摧折，宜遂从阴平由邪径[⑦]经汉德阳亭趣涪，去俞阁西百里，去成都三百余里。奇兵冲其腹心，俞阁之守必还，赴涪，则会方轨[⑧]而进；剑阁之军不还，则应涪之兵寡矣。军志[⑨]曰：‘攻其无备，出其不意。’今掩其空虚，破之必矣。”艾自阴平道行无人之地七百余里。凿山通道，造作桥阁[⑩]。山高谷深，而甚艰难；粮运将匮，频至危殆。艾以毡自裹，推转而下。将士皆攀木缘崖，鱼贯而进。先登至江油，蜀守将马邈降。蜀卫将军诸葛瞻自涪还绵竹，列阵待艾。艾遣其子惠唐亭侯忠等出其右，司马子綦等出其左，忠、綦战不利，并退还，曰：“贼未可胜。”艾怒曰：“存亡之分，在此一举，何不可之有？”乃叱忠、綦等，将斩之。忠、綦驰还，更战，大破，斩瞻，进军到雒。刘禅[11]遣使请降，遂灭蜀。

【注释】

①虚：指敌人有弱点。

②司马文王：司马文王即司马昭，司马懿之子。带兵灭蜀后自称晋公，后改晋王。他死后不久，儿子司马炎代魏称帝，建立晋朝，追尊司马昭为文王。

③指授节度：统领指挥。

④缀连：接触、牵制。

⑤邀：拦截。

⑥蹑：跟踪追击。

⑦邪径：险僻小路。

⑧方轨：两车并行。指钟会、邓艾两军同时进兵。

⑨军志：为我国迄今为止发现最早的一部兵书，早已散佚。

⑩桥阁：指栈道和桥梁。

⑪刘禅：蜀后主。字公嗣，小字阿斗。刘备之子。昏庸无能，炎同元年魏军逼近成都，他出降，后被封为安乐公。

【译文】

两军对阵，所说的“奇”就是指趁敌人毫无防备的时候攻打，出乎他们意料。交战时声东击西、前后惊扰敌人，使对方不知如何防备，这样才能取胜。兵书上说：“发现敌人有弱点，就要采取出奇制胜的方法战胜敌人。”

三国时，魏景四年，元帝曹奂下令诸将征伐蜀国，指派大将军司马昭做总指挥。司马昭命征西将军邓艾继续牵制姜维；命雍州刺史诸葛绪拦截姜维的部队，使他不能归蜀。邓艾又派天水太守王颀等直接攻打姜维的营地，陇西太守牵弘在姜维的军前截击，金城太守杨欣前往甘松，防止姜维从西部逃走。姜维听说钟会等人的军队已经进入汉中，意图领兵撤退。杨欣等人跟踪追击到强川口，两军大战，姜维败走。姜维又得知雍州刺史诸葛绪已屯兵桥头，堵住了退路，便想从孔函谷进入北道，从雍州军队后面回府。诸葛绪得知姜维的打算，立即退兵30里。姜维进入北道30里之后，听到诸葛绪返回拦截，差一天没赶上，于是行军向东，退回俞阁据守。进入汉中的钟会攻打姜维，未能取胜。

邓艾上书说：“现在敌人受挫，应该从阴平走小路出击汉中、德阳亭。那里距离俞阁西100里，离成都300里，我军以奇兵冲击蜀国的腹地，守在俞阁的姜维一定来救涪关，钟会的大军就可以同时进军；如果姜维不来救援，那么援救涪关的兵力就少了，很容易攻破。兵书上说：‘攻其不意，出其不备’就是这个道理。我军若是乘敌人空虚时进攻，必然能战胜对方。”

邓艾亲自率领军队从阴平出发，走了700里的无人之地。一路上凿山开路、修筑栈道桥梁，军队才得以通行。由于山高谷深，前进艰难，粮食又很缺乏，几次陷入困境。邓艾为了鼓舞军队的士气，亲自用毡毯把自己裹起来，让士兵推着滚下山。魏军将士攀越树木，爬过山崖，一个接一个登上了山。到了江油，蜀军守将马邈投降。蜀国护卫将军诸葛瞻得到情报后，从涪关退到绵竹，摆开阵势等待邓艾。邓艾派他的儿子惠唐亭侯邓忠从右侧出击，派司马子綦从左侧出击。邓忠、司马子綦出战，未能取胜，他们一同退回军营，对邓艾说："打不过敌人。"邓艾大怒："生死存亡在此一举，还说什么不能取胜！"叱骂两人之后要将他们斩首。邓忠、司马子綦立即返回阵地，奋勇再战，终于大败诸葛瞻。邓艾斩了诸葛瞻，进军到雒。刘禅派人请求投降，于是灭了蜀国。

【赏析】

本篇主要论述了出奇制胜的战略战术。"攻击无备，出其不意"是著名军事家孙子提出的名言，其强调突然对敌实施攻击，要求采取巧妙的战术，在敌人意想不到的时间和地点，发起突然袭击，能取得常规战术不能奏效的胜利。

当初魏军分三路攻打蜀国，镇西将军钟会率领魏军主力攻入汉中以后，顺着阳平关这条入蜀的道路前进，企图一举夺取剑阁，进逼成都。但由于蜀将姜维带领主力凭险抵抗，使钟会的计划受阻。这时邓艾却选择了一条蜀军万万没有想到的进攻路线。这条道路虽然艰险难行，迂远不利，但却绕开了蜀军的主力，能够出其不意、攻击不备，恰好成了直取成都的捷径。《孙子兵书·军争篇》曾说"以迂为直，以患为利"，这在邓艾的作战例中得到了很好的体现。

在当今政治、外交、商业场合，出奇制胜的策略常常也能收到奇效。在二次世界大战中，罗斯福总统的私人秘书萨克斯曾受爱因斯坦等科学家的委托，劝说总统抢在德国之前制造原子弹，但罗斯福对此不感兴趣，于是萨克斯便说了一则历史故事：当年富尔顿建议拿破仑将法国战舰上的桅杆砍掉，装上蒸汽机，把木板换成铜板，但拿破仑却认为没有风帆船不能走，木板换成钢板更容易沉没，于是便将富尔顿当作疯子赶走。讲完后萨克斯说：历史学家认为如果拿破仑接受了建议，19 世纪的历史将会重写。这一出奇制胜的说服术终于使罗斯福改变了主意。

1988 年美国一架波音 737 客机出了事故，一名空中小姐为此丧生。事后公司并没有对灾难避而不谈，而是主动宣传此事，并解释说：飞机飞行已有 20 年之久，大大超过保险系数，但在严重事故之后飞机能安全降落，足见波音飞机的良好性能。新型飞机已解决了金属疲劳问题，因而更安全。这个宣传不仅没有损害公司形象，反而赢得用户信任，使订货量超过平时的一倍。

正　战

【原文】

凡与敌战，若道路不能通，粮饷不能进，惟计不能诱，利害不能惑，须用正兵[①]。

正兵者，拣士卒，利器械，明赏罚，信[2]号令，且战且前，则胜矣。法曰："非正兵，安能致远。"

宋檀道济[3]为高祖北伐，前锋至洛阳，凡拔城破垒，俘四千余人。议者谓应戮以为京观。道济曰："伐罪吊民，正在今日。王师以正为律，何必杀人。"皆释而遣之，于是戎夷感悦，相率归之者众。

【注释】

①正兵：指经过选拔，装备精良、训练有素，采取"且战且前"、步步推进的正规作战部队。

②信：通伸，申明也。

③檀道济：南朝末人，晋末从武帝攻后秦、陷洛阳，又从文帝攻北魏，屡建奇功。后因功高震主，为文帝所忌杀。

【译文】

与敌军交战，假如道路不通，粮饷又接济不上，用计谋不能引诱敌人出战或移营，用利害又不能迷惑敌人，那就必须用正规的、正面迎敌的战法。即挑选精锐的士兵，准备锋利的武器，赏罚严明，申明号令。作战时稳扎稳打，步步为营地向敌人逼近，才能取得胜利。兵书上针对这种情况说："不用正规战法，岂能远征！"

南朝宋时期，檀道济奉高祖之命出兵北伐，部队先锋攻至洛阳，攻克城池堡垒，俘虏了 4000 余人。此时有人提议应该将俘虏斩首示众。道济反对说："现在正是讨伐有罪以慰百姓的绝佳时机！天子的军队以仁义为依归，何必杀人？"于是将所有战俘释放遣回，西方的戎族和东方的夷族为此深受感召而心悦诚服，都争相率众归降。

【赏析】

本篇主要指出了在何种条件下采取正规战法作战的谋略思想。在道路不能畅通、粮饷不能前运、计谋不能诱敌、利害不能惑敌等情况下，只有使用装备精良、训练有素的军队，采取"且战且前"的正规战法，步步向前推进，才能深入敌方，夺取胜利。

因此行军打仗中，倘若我军处于不利的境地，那么只有训练有素的军队才能取得胜利。因为一支训练有素的军队其战斗力是无坚不摧的，即使情况不利，也能勇往直前，直到胜利。

虚 战

【原文】

凡与敌战，若我势虚，当伪示以实形，使敌莫能测其虚实所在，必不敢轻与我

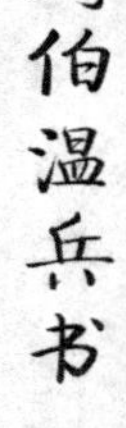

战，则我可以全师保军。法曰：“敌不敢与我战者，乖其所之也。”

三国，蜀将诸葛亮在阳平道[①]，魏延[②]诸将并兵东下，亮惟留万余守城。魏司马懿卒二十万众拒亮，与延军错道径前，当亮军六十里，堠[③]还，白懿云：“亮城中兵少力弱。”亮亦知懿军垂至[④]，恐与己相逼，欲赴延军，相去又远，势不能及，将士失色，莫知其计。亮意气自若，敕命军中皆偃旗息鼓[⑤]，不得妄出；又令人开四门，扫地却洒。懿尝谓亮持重，而复见以弱势，疑其有伏兵。于是率众北趋山。明日食时，亮与参佐[⑥]拊手[⑦]笑曰：“司马必谓吾怯，将有强伏，循山走矣。”堠还白，如亮言。懿后知之，深以为恨。

【注释】

①阳平道：即阳平关，故址在今陕西勉县西。为汉中盆地西边门户，当川陕交通要冲。

②魏延：三国时蜀将。义阳（今河南桐柏东）人，字文长。初以部曲随刘备入蜀，以勇著称，屡有军功，累官至征西大将军，封都亭侯、西郑侯等。诸葛亮死后，与杨仪争权，兵败被杀。

③堠：即侦堠，侦察兵。

④垂至：谓将要来到。

⑤偃旗息鼓：放倒旗帜，停止敲鼓。意指隐蔽行踪，秘密活动。

⑥参佐：谓僚属、部下。

⑦拊手：谓拍手、鼓掌。

【译文】

与敌军作战，倘若自己的势力虚弱，应故意伪装成有实力的样子，使敌人不能探测虚实，不敢轻易与我军交战，如此我军就可以保全。兵书上说：“敌人想与我交战又不能交战，那是因为利用敌人弱点的缘故。”

三国时，蜀国诸葛亮领兵伐魏，兵屯阳平。他派魏延等众将向东进军，只留下1万多军队守城。魏国司马懿率领了20万军队前来迎战诸葛亮，与魏延的军队错开了道路，很快来到距诸葛亮的军队只有60里远的地方。魏军侦探向司马懿报告说：“诸葛亮城中兵少势弱。”这时诸葛亮也知道了司马懿的军队马上就要来到，担心与自己交战。他想调回魏延的军队反攻司马懿，但距离太远，肯定来不及。蜀军将士个个大惊失色，不知道如何是好。诸葛亮此刻镇定自若，命令士兵放倒旗帜、停止敲鼓，不得随便出城；又命令士兵大开四面城门，在门前扫地洒水。司马懿曾经对人说过：“诸葛亮谨慎持重。”现在突然见到蜀军表现出弱势，遂怀疑城内有伏兵，于是率领军队向北离去。第二天吃饭时，诸葛亮对部下拍手大笑说：“司马懿一定认为我故意表示怯弱，设有伏兵，才会顺着北山退走了！”这时蜀军探子回报，事情发展正如诸葛亮所料想的一样。司马懿后来知道了真实情况，十分后悔。

【赏析】

本篇主要论述在敌我力量对比上，我方处于弱势的情况下，怎样摆脱被动、争取主动的谋略思想。在与敌交锋时，倘若我军力量虚弱，就应该以“示形”之法，伪装成力量雄厚的样子，使敌人摸不透我方的真实情况，不敢轻易出兵与我交战，而我“可以全师保军”，伺机再战。

《百战奇法·弱战》：“凡战，若敌众我寡，敌强我弱，须多设旌旗，倍增火灶，示强于敌，使彼莫能测我众寡、强弱之势，则敌必不轻与我战，我可速去，则全军远害。”《孙子兵法、势篇》：“强弱，形也。”是说，弱而示强，或强而示弱，都是用来迷惑敌人的示形之法。战争不仅是力量的竞赛，同时也是智慧的竞赛。在一定物质力量的基础上，要战胜对手，就必须发挥主观能动作用，依据战场不同情况，采取不同的示形方法，达到欺敌、惑敌直至胜敌之目的。

“伪示以实形”，实际上是一种以假乱真、迷惑敌人的方法，这在古代战争中，往往是处于弱势的一方，用以保存自己、伺机击败敌人的一种战略战术。

实 战

【原文】

凡与敌战，若敌人势实，我当严兵以备之，则敌人必不轻动。法曰：“实而备之。”

三国蜀先主为汉中王，拜关羽为前将军，假节钺[①]，屯江陵。是岁，羽留兵屯公安、南郡，以备吴，而率兵攻魏将曹仁于樊。曹公遣于禁等救仁。秋，大雨，汉水泛滥，禁所督七军皆没，禁降羽，庞德[②]被诛。梁、郏、陆浑群盗或遥受羽印号，为支党。羽威震华夏[③]。

【注释】

①假节钺：假，授予。节钺，仪仗器具，指符节和斧钺。古代以节钺授予将军，

作为加重权力的标志。

②庞德：南安獂道（今甘肃陇西东南）人，字令明。初随马腾、马超，后归曹操，官至立义将军。

③华夏：中国之古称。初指我国中原地区，后泛指整个中国。

【译文】

与敌交战，如果敌人势力强盛，我方应当整肃部队防范他们进攻，敌人就不敢轻举妄动。兵书上说："充实自己的实力以防备敌人攻击。"

三国时，蜀国先主刘备为汉中王，拜关羽为前将军，授予他符节、斧钺，驻军在江陵。那一年，关羽留下一部分部队驻扎在公安、南郡，防备吴国的进攻，自己则率领一部分部队到樊城去攻打魏将曹仁。曹操派遣于禁等人去救曹仁，正好遇上秋天下大雨，汉水泛滥暴涨，于禁所统领的七军全部被水淹没。于禁投降关羽，庞德被擒杀。梁县、郏县、陆浑县等地有一些人接受了关羽对他们的印命和指挥，成为关羽的势力。从此关羽的军威震动了整个中原。

【赏析】

本篇主要论述对实力雄厚之敌应采用的战略战术。作者认为，对于"势实"的敌人，应该严阵以待，周密防备。如，敌人才不敢轻举妄动。

公元前203年的韩信破齐之战以及公元625年的李靖颉利可汗之战都体现了"以严待懈"的战法。据《史记·郦生陆贾列传》论载，楚汉三年（公元前204年），齐王田广为防汉军进攻而屯重兵于历下（今山东济南）。刘邦派郦生以威胁利诱说齐，使齐王许降汉，撤除历下重兵。齐王日与郦生纵酒为乐。韩信听说郦生说齐王成功，乘其懈，率军袭破历下，进占临淄。

公元630年，李靖率3000骑自马邑（今山西朔县）趋恶阳岭（今内蒙古和林格尔县南），颉利可汗大惊，帐部数恐。李靖潜令间谍离间其心腹，夜袭定襄，破之，颉利可汗脱身遁碛口（今内蒙古固阳县西北，乌拉特中后联合旗之东），走保铁山（今内蒙古固阳县北）。颉利可汗遣使者谢罪，请举国内附。李靖往迎之，太宗又派唐俭等前往安抚，颉利军心懈怠。李靖督兵疾进，大破颉利。颉利被俘虏。

轻　战

【原文】

凡与敌战，必须料敌[①]，详审而后出兵。若不计而进，不谋而战，则必为敌人所败矣。法曰："勇者必轻合[③]，轻合而不知利。"

春秋晋文公与楚战，知楚将子玉刚仇褊急，文公遂执其使宛春以挠之。子玉怒，遂乘晋军，楚军大败。

【注释】

①料敌:探察研判敌情。探察敌将的才能、敌军的部署、兵力的强弱以及采行的战略等。

②轻合:轻取冒进。

【译文】

与敌交战,一定要先探察敌情,详细考察研究判断之后才可出兵。如果不衡量彼此情况,未经事先谋划就交战,必为敌人所败。兵书上说:“只凭血气之勇作战必定鲁莽行事,轻率与敌人交战,如此胜负难以预料。”

春秋时,晋文公与楚国交战,知道楚将子玉性格刚直偏激,便故意捉住楚军派来的使者宛春,以挑逗、激怒子玉。子玉发怒,便进攻晋军,结果楚军大败。

【赏析】

此篇主要阐述轻率出战的危害性。凡是对敌作战,“必须料敌详审而后出兵”。倘若不研究敌情就轻率前进,不制定周密计划就贸然作战,必定会被敌人打败。

《孙子兵法·行军篇》中,有“敌情察知法”,凭借对敌方各种征侯的观察,达到“知彼”的目的。敌近而静者,恃其险也。距对手虽近然而却保持镇静,这是因为有恃仗。远而挑战者,欲人之进也。距离对手虽远却前往挑战,是要诱使敌人交战。辞卑而益各者,进也。对手使用谦卑之词,这是有自信心的表现。辞强而进驱者,退也。对手自诩其强,这是因为缺乏自信。半进半退者,诱也。对手对我方进而又退,退而又进,这是企图引诱我方。见利而不进者,劳也。看到明显有利却不进取,是疲劳的表现。夜呼者恐也。在夜间大声呼叫,是因为其心惶恐。军扰者,将不重也。组织无秩序,是指挥者无能,威令不行的表现。旌旗动者,乱也。旗帜乱动,是内部混乱的表现。

继《计战》之后,本篇再次阐明了从敌情出发,进行战争谋划的重要性,剖析了“不计而进,不谋而战”的危害性,并且提出了“料敌详审而后出兵”的重要作战原则。

重战

【原文】

凡与敌战,须备持重,见利则动,不见利则止,慎不可轻举也。若此,则必不陷于死地[①]。法曰:“不动如山。”

春秋晋将栾书[②]伐楚,将战,楚晨压晋军而陈,军吏患之,裨将范丐趋进曰:“塞井夷灶,阵于军中,而疏行首。”书曰:“楚师轻挑,吾持重固垒以待之,三日必退,退

而击之,必获全胜。”终败楚师。

【注释】

①死地:意指地形复杂的危亡境地。与《孙子兵书·九地篇》所提出的“死地”概念不尽相同。

②栾书:即栾武子,春秋晋国宗室,卒谥“武子”。景公时,曾于安革打败齐军。后晋厉公无道,书与荀偃使人杀厉公,改子悼公。

【译文】

与敌作战,务必慎重。有胜利的把握再出击,没有胜利的把握就按兵不动,千万不可轻举妄动。如此,就不会陷入全军覆没的危险境地。兵书上说:“军队不轻举妄动,就会稳如大山。”

春秋时,晋国将领乐武子带兵征伐楚国,战争一触即发。然而,楚军却在清晨时分迫近晋军并摆好阵式,晋军上下忧心不已。此时偏将范丐立刻进言:“不如填井减灶,在军队中排好阵形,同时疏散前军。”乐武子说:“楚军轻举妄动,我军应该固守城垒,以待敌之虚。三天后敌军一定退兵,我们再乘机发动攻势,必能大获全胜。”后来,楚军果然败北。

【赏析】

本篇主要指出了慎重用兵的重要意义。这里所谓的“重战”,是取用兵“须务持重”之义。作者认为,用兵打仗必须慎重,不可轻举妄动,只有“见利则动,不见利则止”,才能避免陷己于危亡之地。

《孙子兵法·谋攻篇》曰:“故明主虑之,良将修之,非利不动,非得不用,非危不战。”大意是:所以高明的国君要考虑这件事,不是有利益不变动,不是有收获不用兵,不是受危迫不打仗。

“见利则动,不见利则止”,实质是讲用兵打仗必须依据客观情况而决定动止,情况有利时就发动攻击,情况不利时就停止攻击。

利　战

【原文】

凡与敌战,其将愚而不知变,可诱之以利。彼贪利而不知害,可设伏兵以击之,其军可败。法曰:“利而诱之。”

春秋,楚伐绞[①],莫敖[②]屈瑕曰:“绞小而轻,轻则寡谋。请无捍采樵者[③]以诱之。”从之。绞获三十人。明日,绞人争出,趋楚徒于山中。楚人坐其北门,而伏山下,大败之。

【注释】

①绞:绞国,春秋时诸侯国之一,位于今湖北郧阳区西北。楚伐绞之战发生在周桓王二十年(公元前700年)。

②莫敖:楚国的官名,春秋初掌管全国军政大权。周桓王二十一年(公元前699年),因莫敖屈瑕率兵攻罗,兵败自杀,此后莫敖地位逐渐下降,终为令尹代替而执掌全国大权。

③请无捍采樵者:古代行军作战中,必设采樵(打柴)之役徒,而采樵之时又必派兵卒保卫之。屈瑕提出的"请无捍采樵者",乃是诱敌之计,就是用不拿武器、徒手,不设保卫的采樵之人来引诱绞人上当。

【译文】

与敌人交战,倘若敌方将领愚蠢而不知权变,就可用小利诱之;他们因贪小利便不顾忌后果,我方再埋伏兵袭击,必定可击败敌军。兵书上说:"对于喜欢小利的敌人,要用利诱手段。"

春秋时期,楚国讨伐绞国。楚国的莫敖屈瑕说:"绞国小而浮躁,浮躁就少于谋略,请派一些士兵到山上假装砍柴而不保护他们,用来引诱绞国出兵。"楚王听从了他的计策。绞国就这样抓走了30名在山上砍柴的楚兵。第二天,绞国人争着到楚国士兵砍柴的山上去捉俘虏。楚国人守住了绞国的北门,又在山下设下埋伏,大败绞国。

【赏析】

本篇与后面的《饵战》,都是讲述在作战中如何"设饵诱敌"的谋略思想。对"愚而不知变""贪利而不知害"之敌,"可诱之以利",击之以伏兵,这样必可败敌。《孙子兵法·势篇第五》:"善动敌者,形之,敌必从之;予之,敌必取之;以利动之,以卒待之。"可见,这一谋略是一种调动敌人的诱敌之法。用小利调动敌人,用重兵伺机攻敌。孙武主张军队行动,应势险而节短。"以利动之,以卒待之"是做到势险节短的手段。《孙子兵法·计篇第一》诡道十二法中已经提出过"利而诱之"的谋略手段,此处从"动敌"角度说得更具体一些,指出在调动敌人之后,要"以卒待之"。因此"诱敌于利"是诈敌的一种谋略,在诸多战例中都可以体现。

害战

【原文】

凡与敌各守疆界,若敌人寇抄我境,以扰边民,可于要害处设伏兵,或筑障塞以邀之,敌必不敢轻来。法曰:"能使敌人不得至者,害之也。"

唐时,朔方总管沙吒忠义为突厥所败,诏张仁愿[①]摄御史大夫代之。既至,贼

已出。率兵蹑击[②]，夜掩其营，破之。始，朔方军与突厥以河为界，北崖有拂云祠，突厥每犯边，必先谒祠祷祀，然后引兵渡而南。时，默啜[③]悉兵西击突厥施[④]沙葛，张仁愿请乘虚取漠南[⑤]，河北筑三受降城[⑥]，绝虏南寇路。谕议：唐休景[⑦]以为西汉以来，皆北守河，今筑城虏腹中，终为所有。仁愿固请，中宗许之。表留岁满以助其功。咸阳人二百逃归，但仁愿擒之，尽斩城下，军中股慄。役者尽力，六旬[⑧]而三城就。以拂云为中城，南直朔方；西城南直灵武；东城南直榆林。三垒相距，各四百余里。其北皆大碛[⑨]也。斥地[⑩]三百里远，又于牛头朝那山北，置烽堠[⑪]千八百所。自是突厥不敢逾山牧马，朔方复无寇。岁省费亿计，减镇兵数万。

【注释】

①张仁愿：唐将。华州下绺（今陕西华县西北）人。初为洛州长史，后为朔方军大总管。因与突厥作战有功，官至左卫大将军、同中书门下三品，封韩国公。

②蹑击：跟踪追击。

③默啜：或作墨啜。东突厥可汗，亦即阿波干可汗，名环。骨咄禄之弟。唐武后至玄宗间，屡扰唐朝边境，四出扩张，大掠西北各族，拓地万余里，有兵40万，成为颉利可汗之后最强盛的时代。后被部下杀死。

④突厥施：古族名，原属西突厥。唐武后时渐强，迁牙帐（即官署）于碎叶川（今吉尔吉斯共和国楚河流域）为“大牙”，以伊丽水（即今新疆伊犁河流域）的牙帐为“小牙”。唐代宗后，则隶属葛逻禄。

⑤漠南：指蒙古高原大沙漠以南地区，自汉代以后常称之为漠南，亦作“幕南”，今内蒙古地区即属漠南。

⑥三受降城：即东、中、西三受降城。东受降城，位今内蒙古托克托东南；中受降城，位今内蒙古包头市西之黄河北岸；西受降城，位今内蒙古乌拉特中联合旗西南之黄河北。

⑦唐休景：京兆始平（今陕西兴平东南）人。唐武后时，任西州都督、凉州都督、右肃政御史大夫等职。唐中宗时，任辅国大将军、同中书门下三品，封宋国公。

⑧六旬：一旬十日，六旬即六十日。

⑨碛：与大漠同，即大沙漠。

⑩斥地：即拓地，扩充地区。

⑪烽堠：即烽火台，古代边防用烽燧报警而建筑的高土台。

【译文】

敌我双方各自把守边界，倘若敌方进犯我边界、掠扰我边民，可在要害之地埋下伏兵，或者修筑障碍拦击敌人，敌人就不敢再轻易进犯。兵书上说：“若要使敌人不敢向我进犯，必须占据要害之处，增设防备设施。”

唐朝时，朔方军总管沙吒忠义被突厥军队打败，皇帝任命张仁愿代理御史大夫讨伐突厥。张仁愿率领部队到边关时，敌人已经走了，他便领兵跟踪追击，半夜时攻破敌人营地，大败敌军。从前，朔方军与突厥部队以黄河为界，黄河北岸有座拂云祠，突厥将领每次进犯唐朝边境时，一定都会先到拂云祠祈求神明保佑，然后才率军向南进攻。张仁愿到此时，突厥可汗默啜领兵向西攻打其他部落，张仁愿向皇帝请求允许他率兵趁敌人内部空虚之时夺取蒙古高原大沙漠以南一带土地，在黄河以北修筑三座受降城，断绝敌人向南进军的道路。唐休景认为，自西汉以来，汉人都是在黄河南岸防守，现在到敌人腹地去修受降城，最终还被敌人占有。张仁愿坚持请求在黄河北岸筑城，中宗答应了。张仁愿上表要求把到期该回乡的士兵留下来帮助修城。有200个咸阳人逃跑回家，张仁愿捉住他们，全部在城下斩首。因此，全军震慑，修城的人非常卖力，60天3座城便修好了。把拂云城当作中受降城，向南直通朔方镇，西受降城直通灵武镇，东受降城直通榆林镇。3座受降城各距400里，而北面是大沙漠。此外，另开拓荒地300里远，又在牛头朝那山北，设置边防哨所1800个。从此以后，突厥兵再也不敢越山南侵，朔方一带再无敌寇侵扰，每年节省了上亿军费，削减了几万镇守边疆士卒。

【赏析】

本篇主要讲述防御作战中怎样利用地形或筑垒设障的谋略思想。这里所说的“害”，是取“要害处”之义。作者认为，对于入侵、骚扰之敌，可在边境险要之处预设伏兵，或是在要害之处筑垒设障，以阻截敌人进犯。这样，敌人就不敢轻易来犯了。

1841年4月，英国侵略军攻入广州，清军不战自溃。英军得手后，连日四处骚扰，奸淫掳掠，无恶不作。广州北郊三元里附近103乡的村民，在当地绅士的号召和联络下，纷纷拿起武器，组成义军，同侵略者展开斗争。义军用北帝庙中的一面三星旗作令旗，相互约定，一村有事，各村支援，共同抗敌。

一天凌晨，一队义军将英军诱出了炮台。大约600余英军分左右两路向三元里一带进犯。三元里人民早已做好了战斗准备。由于英军使用的是洋枪洋炮，而义军的武器只是大刀长矛，若正面交锋，义军必败无疑。所以，英军向前步步逼近时，义军便向山岗退去；英军停止追击，义军则鸣锣击鼓，向敌人进逼。英军见状再次进攻，不料义军又退步。这样一步一步将英军引诱到了牛栏岗附近。义军在牛栏岗早设下了埋伏，敌人一进入伏击圈，义军伏兵突然杀声震天，漫山遍野都是，英军发现中了埋伏，已经晚了。

午后，乌云密布，大雨将至，英军似乎预感到不妙，便再次向义军发起进攻。但义军却仍不同敌军正面交锋。不久，大雨倾盆而下，淋湿了英军枪炮的火药，枪无法打响。义军不失时机地从两翼包抄过来，手拿大刀、长矛、铁锹、锄头等各种武器向英军杀去。英军抵挡不住，落荒而逃，而义军穷追不舍，将60余名英军包围在水田中，杀死杀伤30多人。此后英军派出了两个水兵连，带着“雷管枪”前去增援，才将余下的英军救回。三元里人民取得了抗击侵略者的巨大胜利。

安战

【原文】

凡敌人速来气锐，利于速战；我深沟高垒，安守勿应，以待其敝。若彼以事挠我，求战，亦不可动。法曰："安则静"。

三国，蜀将诸葛亮卒众十余万出斜谷，垒于渭水之南。魏遣大将司马懿拒之，诸将欲往渭北以待之，懿曰："百姓积聚[①]皆在渭南，此必争之地也。"遂率军而济，背水为垒[②]。因谓诸将曰："亮若勇者，当出武功，依山而东。若西上五丈原，则诸军无事矣。"亮果上五丈原。会有长星坠亮之垒，懿知其必败。时期廷以亮率军速入，利在急战，每命懿持重，以俟其变。亮数挑战，懿不出。因遗懿以巾帼[③]妇人之饰，懿终不出。懿弟孚[④]书问军事，懿复曰："亮志大而不见机，多谋少决，好兵而无权，虽持兵十万，已堕吾昼中，破之必矣。"与之对垒百余日，会亮病卒，诸将烧营遁走，百姓奔告，懿出兵追之。亮长史杨仪[⑤]反旗鸣鼓，若将向懿者。懿以归师不之迫，于是杨仪结阵而去。经日，行其营垒，观其遗事，获其图书[⑥]、粮食甚众。懿审其必死，曰："天下奇才也！"辛毗[⑦]以为尚未可知。懿曰："军家所重，军书密计、兵马粮食，今皆弃之，岂有人损其五脏而可以生乎？宜急追之。"关中多蒺藜[⑧]，懿使军士二千人著软材平底木屐前行，蒺藜著屐。然后马步俱进，追到赤岸，乃知亮已死。时百姓为之谚曰："死诸葛走生仲达。"懿笑曰："吾能料生，不能料死故也。"

【注释】

①百姓积聚：意指人口集中、物产丰富。百姓，这里指人力。积聚，指物力。

②背水为垒：指靠渭水扎营。

③巾帼：古代妇女的头巾和发饰，后为妇女的代称。

④孚：即司马懿之弟司马孚，字叔达，与其兄懿同佐魏明帝曹睿，官至尚书令。

⑤杨仪：襄阳（今湖北襄樊）人，字威公。诸葛亮以其为长史，协助处理军务和筹划粮秣。亮死后，自恃诛杀魏延功大，因职低不满，与尚书令蒋琬争权，而获罪入狱自杀。

⑥图书：指作战地图和文书。

⑦辛毗：三国魏将。阳翟（河南禹县）人，字佐治。初从袁绍，后归曹操，任丞相长史。魏文帝时，任侍中；明帝时，封颖乡侯。

⑧蒺藜：一种带刺的草本植物，部队经此丛生之地，会影响行军作战。

【译文】

敌人养精蓄锐从远道来攻打我军，此时速战对斗志旺盛的敌军有利。面对这样的敌人，我方应当深沟高垒，安稳地坚守阵地，不要急于应战，以待敌方锐气消磨。如果他们制造事端挑衅，激怒我方应战，我方也应不为所动。兵书上说："安守营垒就能从容自如。"

三国时期，蜀国诸葛亮率领10多万兵马从斜谷出兵攻打魏国，在渭水南岸扎营。魏国派大将司马懿率兵抵抗。魏国一些将军想到渭水北面等待蜀军，司马懿说："人力和军资都在渭河南岸，这是兵家必夺之地。"于是率领部队渡过渭水，背着渭水建了营寨。他对部下将领们说："如果诸葛亮是有勇气的人，应当从武功出兵，顺着山势向东进军。如果向西到五丈原，我们就没有危险了。"诸葛亮果然西上五丈原。这时正好一颗星坠落在诸葛亮军营中，司马懿预料他们必败。当时魏明帝因诸葛亮率领部队远道而来，利在速战，因而经常下令司马懿谨慎稳重，等待蜀军发生变化再出击。诸葛亮屡次向司马懿挑战，司马懿都不出战。诸葛亮便派人给司马懿送去妇人衣饰，嘲笑司马懿像妇人一样怯懦，司马懿还是不出战。司马懿的弟弟司马孚来信询问军情，司马懿回复说："诸葛亮志向远大却抓不住机会，多于谋划而少于决断，喜欢用兵而不知权变，虽然拥有10多万军队，但已逃不出我的谋划，打败他们是迟早的事。"司马懿与诸葛亮对垒百余日，后来诸葛亮病逝，蜀军将领烧了营垒逃跑，老百姓向司马懿报告此事，司马懿出兵追击蜀军。诸葛亮手下长史杨仪见司马懿来追，急忙调过旗帜，擂响战鼓，做出要向司马懿反击的样子。司马懿因为他们是撤退的部队，按"归师勿遏"的兵法，没有上前迎战。于是杨仪从容撤退。第二天，司马懿进军经过蜀军驻扎的旧营，察看蜀军留下来的东西，得到蜀军许多地图、文件、粮食。司马懿认定诸葛亮一定死了，说："诸葛亮真是天下少有的人才呀！"辛毗认为还不一定。司马懿说："军人所看重的军书、密计、兵马、粮食，现在全都遗弃了，难道一个人的五脏都损坏了，还能够活下来吗？应马上追击他们。"关中地区道路有许多蒺藜，司马懿命2000士兵穿上软木平底木鞋在前边开路，使蒺藜全扎在木鞋上。然后，骑兵步兵同时进军，追到赤水岸边，才知道诸葛亮确实死了。当时老百姓做民谣唱道："死诸葛亮吓跑活司马懿。"司马懿听后笑着说："这是我只能预测活人，不能预测死人的缘故呀。"

【赏析】

本篇主要讲述防御作战的谋略思想。对于远来气锐、急于决战的进攻之敌应当凭借深沟高垒，固守待敌，既不为其进攻所动，也不要为其挑战所扰。只有采取"安守勿应，以待其敝"的方针，才能在最后时刻战胜敌人。

面对强敌进攻，在自己尚不具备速战取胜条件的情况下，采取"安守勿应，以待其敝"的防御作战方针，无疑是相当正确的。因为，只有避敌之锐，才能保存自己；只有凭垒固守，才能消耗、疲惫敌人，为最后歼灭敌人创造条件。

公元378年（东晋孝武帝太元三年），前秦符丕率军7万攻东晋军事重镇襄阳（今湖北襄阳市）。东晋将领朱序以为有汉水相隔，民船已靠到南岸，秦军无船，就无法渡河。因而，对秦军大举进攻不以为意，不加戒备。秦将石越率5000骑兵浮渡汉水后，朱序不知所措，才急忙收军固守中城。秦军久攻中城不下，被迫退后扎营。朱序又被胜利冲昏头脑，不但没有加强防卫，反而放松了戒备。最后襄阳落人敌手，朱序也当了俘虏。

可见在战争中，即便己方有强大的军队，但如果骄其志，傲视敌人，从而不加防备，必会失败的。

危 战

【原文】

凡与敌战，若陷在危亡之地，当激励将士决死而战，不可怀生[①]，则胜。法曰：“兵士甚陷，则不惧。”

后汉将吴汉[②]讨公孙述，进入犍为界，诸县皆城守。汉攻广都，拔之。遣轻骑烧成都市桥，武阳以东诸小城皆降。帝戒汉曰：“都城十万余众，不可轻也。但坚据广都，待其来攻，勿与争锋。若不敢来，公须转营迫之，须其力疲，乃可击也。”汉不听。乘利遂自将步骑二万余人，进逼成都，去城十余里，阻江北为营。作浮桥，使别将刘尚将万余人屯于江南，相去二十余里。帝大惊，责汉曰：“比敕公千条万端，何意临事悖乱？既轻敌深入，又与尚别营，事有缓急，不复相及。若贼兵出缀公，以大众攻尚，尚破，公即破矣。幸无他者，急率兵还广都。”

诏书未到，述果遣其将谢丰、袁吉将众十万余出攻汉，使别将万余人劫刘尚，令不得相救。汉与大战一日，兵败，走入壁。丰围之。汉召诸将励之曰：“吾与诸将逾险阻，转战千里，所在斩获，遂深入敌地。今至城下，而与尚二处受围，势既不接，其祸难量，欲潜师[③]就尚于江南御之。若能同心协力，人自为战，大功可立；如其不然，败必无余。成败之机，在此一举。”诸将皆曰：“诺。”于是飨士秣马[④]，闭营三日不出。乃多立幡旗，使烟火不绝。夜衔枚引兵，与尚合军。丰等不觉，明日乃分兵拒江北，自将兵攻江南。汉悉兵迎战，自旦至晡[⑤]，遂大败之。斩谢丰、袁吉。于是率兵还广都，留刘尚拒述。且状以闻，而深自遣责。帝报曰：“公还广都，甚得其宜。述必不敢略尚而击公。若先攻尚，公从广都五十里悉步骑赴之，适当值其危困，破之必矣。”于是，汉与述战于广都、成都之间，八战八克，遂军于郭中[⑥]。述自将数万人出城大战，汉使护军高午、唐邯将锐卒数万击之，述兵败走，高午奔阵，刺述杀之。旦日城降，斩述首传送洛阳，蜀遂平。

【注释】

①不可怀生:不能使他们怀有侥幸生还的希望。

②吴汉:字子颜。建武十一年奉光武帝旨讨伐公孙述。公孙述,字子阳,曾为蜀郡太守。后起兵,建都成都称帝。

③潜师:暗中率领部队。

④飨士秣马:犒劳士兵,喂好战马。飨,用酒肉款待。秣,喂养也。

⑤自旦至晡:从早上一直到黄昏。旦,早上。晡,黄昏。

⑥郭中:外城。

【译文】

与敌人交战时,倘若我方陷入危亡的境地,应当激励将士拼死作战,不能使他们怀有侥幸生还的希望,这样就能取胜。兵书上说:"让士兵明白自己陷入十分危险的境地后,他们就不知道畏惧了。"

东汉将领吴汉征讨公孙述。他带领部队进入犍为郡时,见郡内各县据城防守。吴汉进攻广都并攻下它,又派轻骑去成都烧了市桥,于是武阳以东各小县都投降了。光武帝告诫他说:"敌人在成都城内驻有10万士兵,不可轻视。你只要坚守广都城,等待公孙述来攻打,不要与他争胜。如果他们不敢来,你应该转移营地接近他们,待他们疲惫时才可以进攻。"吴汉不听光武帝的话,乘胜亲自带领步兵、骑兵2万人向成都逼进。在离成都10余里的地方,依靠岷江天险在江北安下营寨,又在江上架起浮桥,另派将领刘尚带10万人在江南岸扎营,两座营地相距20多里。光武帝知道后大吃一惊,他写诏书责备吴汉说:"我再三告诫,你岂能擅自妄为?你已经轻敌深入,又与刘尚分立两营,如果出现危急情况,谁也救不了谁。假如敌人派一小部分兵力牵制住你,再用大部分兵力进攻刘尚,刘尚一旦失败,你马上会被攻破。现在幸好还没有出现意外,你赶快领兵后退回广都。"

这份诏书还没有送到,公孙述果然派他的部将谢丰、袁吉带领1万大军出城进攻吴汉,又命令另一个部将率领1万多人袭击刘尚的兵营,使他们之间无法相互援助。吴汉与谢丰大战一天,被谢丰打败逃回营中。谢丰的部队包围了他。吴汉召集部将激励他们说:"我与各位将军越过千难万险,转战千里,所向披靡,才深入到敌人腹地。现在已到了敌人都城之下,而我们和刘尚两处都被包围,不能互相支援,后果将不堪设想。我准备暗中率领部队到刘尚营中与他们会合,共同抵御敌人。如果大家能齐心协力,人人奋力作战,便能建立大功;如果不能这样,那我们肯定会被打败。成功的关键就在这一次行动。"众将齐声说:"好。"吴汉便犒劳士兵,喂饱战马,关闭营门三天不出战。又在军营里面插上许多旗帜,使营内烟火不断。到了深夜,命令士兵衔枚牵马,偷偷前去和刘尚的部队会合。谢丰等人毫无察觉。第二天,谢丰派部分军队前去阻挡江北敌人,自己率领一部分人马攻打江南刘尚的军营。吴汉带领全军迎战,从早上一直打到黄昏,把敌人打得大败,斩了谢丰、袁吉。吴汉又率领部队回到广都,留下刘尚阻挡公孙述,并写奏章向光武帝报告作战

情况，同时痛责自己的过失。光武帝批示："你退回广都，这是得当的做法，公孙述必然不敢丢开刘尚向你进攻。如果他们先攻打刘尚，你从50里远的广都带领全部步兵骑兵赶到那里，正是他们最疲惫困顿的时候，他们肯定会战败。"

吴汉就和公孙述战于广都、成都之间，八战八胜，并率军进驻到成都的外城。公孙述亲自带领数万人出城与吴汉作战。吴汉命令护军高午、唐邯带领精锐士兵几万人迎击敌人。公孙述败走，高午冲入敌营刺死公孙述。第二天早上，成都城投降。吴汉砍下公孙述的头颅送到洛阳，终于平定蜀地。

【赏析】

一般将领作战时一心只想着攻城略地、战胜敌人，殊不知战争涉及诸多因素，战场上的情况瞬息万变，倘若不事先估计预测成败等各种情况，就会陷入危险的境地。但刘伯温认为，当部队陷入危险境地时，将领应该激励士兵抱定必死的意志，奋勇杀敌，变被动为主动，而不可贪生怕死，只有这样才能转危为安。

因为在己方陷入险境的时候，再作后悔和反省已经是没有必要了，关键的是安定军心，保持士兵的斗志，让其拼死作战，奋勇杀敌，才可能有胜利的希望，否则将完全陷于被动局面，很容易被敌人击败，所以说士气很重要。

死　战

【原文】

凡敌人强盛，吾士卒疑惑，未肯用命，须置之死地[1]，告令三军，亦不获已[2]。杀牛燔车，以享战士。烧弃粮食，填夷井灶，焚舟破釜，绝去其生虑，则必胜。法曰："必死则生。"

秦将章邯[3]已破楚将项梁[4]军，以为楚地兵不足忧，乃渡河击赵，大破之。当此时，赵歇为王，陈余为将，张耳为相，兵败，皆走入巨鹿城。章邯令王离、涉闲围巨鹿，章邯军其南，筑甬道[5]而输之粟。楚怀王以宋义[6]为上将，项羽[7]为次将，范增[8]为裨将，救赵。诸别将皆属焉。宋义行至安阳，留四十余日不进，遣其子宋襄相齐，自送之无盐，饮酒高会[9]。项羽曰："今国兵新破，王坐不安席，扫境内而专诸将军，国家安危，在此一举。今不恤士卒而徇其私，非社稷[10]之臣。"项羽晨朝宋仪，即其帐中，斩之，下令军中曰："宋义与齐谋反，楚王阴令羽诛之。"是时，诸将皆慑服，莫敢支吾[11]，皆曰："首立楚者，将军家也。今将军诛叛乱。"即共立羽为假上将军[12]，使人追宋义子襄，及之齐，杀之。使桓楚报命于楚怀王，因命项羽为上将军。当阳君、蒲将军皆属焉。项羽以杀宋义，威震楚国，名闻诸侯。乃遣当阳君、蒲将军率二万众渡河救巨鹿。战少利，陈余复请兵，项羽乃悉兵渡河，沉舟，破釜甑[13]，烧庐舍，持三日粮，以示士卒必死，无还心。于是至，则围王离，与秦军遇，九战绝其甬道，大破之，杀苏角，虏王离。当是时，楚兵冠诸侯。诸侯皆从壁上观。楚战士无不以一当十。楚兵呼声动天地，诸侯人人惴恐。于是，大破秦军。

【注释】

①死地:致死无生还之境地。

②亦不获已:意思是说明这是不得已的做法。

③章邯:秦将,官至少府。秦末,镇压过陈胜、项梁领导的农民起义军。后在巨鹿兵败投降项羽,被封为雍王。楚汉战争中,被韩信所杀。

④项梁:秦末农民起义领袖之一。下相(今江苏宿迁西南)人。楚国贵族出身,楚将项燕之子。后在定陶(今山东定陶北)与秦军作战中战死。

⑤甬道:谓两旁筑有墙垣的通道,以保证运输的安全。

⑥宋义:故楚令尹。秦末农民起义爆发后,从项梁起义。后楚怀王熊心以其为上将军,号卿子冠军。率军北上救赵滞留安阳不进,为项羽所杀。

⑦项羽:秦末农民起义领袖。名籍,字羽。胆识超人,于安阳杀死滞留不进的宋义,率军北进于巨鹿打败秦军主力。秦亡后,自立为西楚霸王。后在楚汉战争中,于垓下被刘邦击败,突围至乌江,自刎而死。

⑧范增:项羽谋士。参加秦末农民起义时,年已70,初从项梁,后佐项羽,颇有谋略,被项羽尊为亚父。后因刘邦施反间计,为项羽所疑而忿离死于归乡途中。

⑨饮酒高会:谓举行盛大酒宴。

⑩社稷:古代帝王、诸侯所祭祀的土神和谷神,后作国家的代称。

⑪支吾:抵触、抗拒。

⑫假上将军:因尚未得到正式任命而暂署上将军之职,故称"假上将军"。

⑬釜甑:均为炊具。釜,一种敛口、圆底,或有两耳的锅,有金属制和陶制两种。甑,类似现代的蒸锅,底部有许多透蒸汽的孔格。

【译文】

两军交战,如果敌军强盛,而我军士兵心中怀疑是否能取胜,不肯奋力作战,则将处于必死的境地。此时必须明白告诫全军:不打胜仗就没有生路。然后杀牛,把战车当柴烧煮肉,以此来犒赏将领和士兵。还烧毁并丢掉粮草,填平水井炉灶,焚弃战船,砸碎饭锅,断绝士卒生还的希望,如此就一定能取胜。兵书上说:"置之死地而后生。"

秦朝大将章邯打败项梁的部队后,认为楚军不必忧虑,便渡过黄河进攻赵国,大败赵国。当时赵王为赵歇,陈余为将军,张耳为国相。兵败后,他们逃到巨鹿城。章邯和秦将王离、涉闲包围了巨鹿。章邯的部队驻扎在城南,修筑甬道运送粮食。楚怀王任命宋义为上将,项羽为次将,范增为副将前往救赵。所有救赵的别将都听从宋义指挥。宋义行军至安阳,40余天不前进,还派他的儿子宋襄到齐国去做国相,亲自送到无盐,在那里摆酒席,大宴宾客。项羽说:"现在楚军刚刚打了败仗,怀王整天忧虑不安,把全国所有的兵力都交给你,国家的安危,取决于此次的军事行动。而你不体恤士卒,却为自己谋私,实非栋梁之臣!"第二天早晨,项羽去朝见,便在宋义军帐中杀了他,并向部下下达命令说:"宋义与齐国勾结谋反,楚王密令我杀

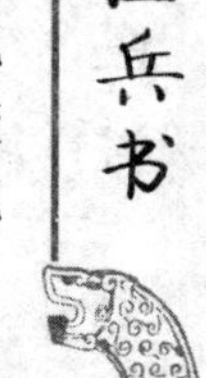

死他。”这时，诸侯都被他镇服了，没人敢有异议，都说：“最先扶起楚王的，是将军。现在您又诛平了叛乱。”当即拥立项羽为代理上将军，派人追杀宋义的儿子宋襄，又派人向楚怀王报告，楚怀王任命项羽为上将军，当阳君、蒲将军归他统领。项羽因为杀了宋义，声威震动楚国，各国诸侯都知道了他的名字。于是项羽派当阳君、蒲将军率领2万余人渡河去救巨鹿，未能取胜。陈余又请项羽增兵。项羽率领全部人马渡河，渡河之后，命令部队把船沉入河底，捣坏锅盆，烧毁帐篷，只带3天的粮食，并向士兵表明，如不能取胜便战死，绝不生还。到了巨鹿，项羽军队包围了王离，断绝了他们的甬道，打败了他们，杀死了秦将苏角，俘虏了王离。当时，救赵的楚兵无不以一当十，呼喊之声，震天动地，一起救赵的其他诸侯，人人惊服，于是大破秦军。

【赏析】

本篇主要讲述将帅对缺乏信心、未肯用命的士兵应采取的处置措施。凡此情形，必须“置之死地”，以“绝去其生虑”，令其抱定必死的决心。只有如此，才能奋勇杀敌，死里求生。

“陷之死地而后生”，是历代兵家常常采用的激励部队奋勇杀敌的一种战略战术。这一谋略，其实就是让部队死里求生，为孙武首倡，因为战争是充满危险的死生之地，要有不怕死的精神，军队的战斗力才能无比强大。

在特定条件下，此法是可行的。但就根本而言，士卒的勇敢精神，是由战争的性质和士卒的军事素质决定的。唯有良好的军事素质，部队才有强大的战斗力。

生　战

【原文】

凡与敌战，若地利已得，士卒已阵，法令已行，奇兵已设，要当割弃性命而战，则胜。若为将临阵畏怯，欲要生，反为所杀。法曰：“幸生则死[①]。”

春秋时，楚子伐郑，晋师救之，与战于敖鄗之间，晋赵婴齐使其徒先具舟于河，欲败而先济[②]，故将士懈，士不可胜。

【注释】

①幸生则死：想要侥幸求生反而必死。

②济：这里指渡河逃跑。

【译文】

与敌军交战，我军已占据有利地形，部队已摆好阵势，军令已颁布，奇兵也已埋伏妥当，最重要的是不惧生死去战斗，就能取胜。如果将领在阵前畏缩胆怯，企图侥幸活命，反而会被敌人杀死。兵书上说：“作战时想侥幸求生的人，必定被杀死。”

春秋时，楚庄王讨伐郑国，晋军前去援助，与楚军战于敖、鄗山之间。晋国大夫赵婴齐派人先在黄河上准备了船只，若失败就先渡河逃跑，因而将士懈怠，终致失败。

【赏析】

本篇主要阐述将帅的勇怯与作战成败的关系。在已具备对敌作战的各种客观条件之下，获取战争的胜利，关键在于将帅是否能够果敢地指挥部队"割弃性命而战"；倘若将帅"临阵畏怯"、贪生怕死，失败是必然的。

出兵征战，是国家的大事，是生死存亡的命脉所系，而其要害全在于将帅。将帅是国家的支柱，是先王认为举足轻重的人物。因而要任命将帅，就不能不审慎考察。所以说，打起仗来，既不可能使双方都大获全胜，也不可能使双方都遭致惨败。只要军队超越国境进行活动，不出十天的期限，倘若不能消灭敌国，自己就必然兵破将亡。

战争实力的较量，不但是物质力量的对比，也是精神力量的对比。在具备一定客观物质条件的基础上，能否充分发挥人的勇敢精神，就成为夺取战争胜利的关键因素。

饥　战

【原文】

凡兴兵征讨，深入敌地，刍粮乏阙[①]，必须分兵抄掠，据其仓廪，夺其蓄积，以继军饷，则胜。法曰："因粮于敌，故军食可足也。"

《北史》：北周[②]将贺若敦[③]率兵渡江取陈，湘州陈将侯瑱[④]讨之。秋水泛滥，江路遂断，粮援既绝，人怀危惧。敦于是分兵抄掠，以充资费。恐瑱等知其粮少，乃于营内多聚土，覆之以米。召侧近村人，佯有访问，随即遣之。瑱等闻之，以粮为实。敦又增修营垒，造庐舍，示以持久。湘、罗之间，遂废农业。瑱等无如之何。初，土人乘轻船[⑤]，载米粟及笼鸡鸭，以饷瑱军。敦患之，乃伪为土人船，伏兵甲于中。瑱兵望见，谓饷船至，逆水争取，敦甲士遂擒之。又敦军数有叛者，乘马投瑱，填辄纳之。敦乃取一马，牵以趋船，令船中人以鞭鞭之。如是者再，马畏船不敢上。后伏兵于江岸，使人乘畏船马，诈投瑱军，瑱即遣兵迎接，争来牵马。马既畏船不上，伏兵发，尽杀之。后实有馈饷及亡奔瑱者，犹恐敦设诚诈，兵不敢受。相持岁余，瑱不能制。

【注释】

①刍粮乏阙：粮草缺乏。刍，喂牲口的草。阙，通"缺"。

②北周：北朝之一。公元 557 年，宇文泰之子宇文觉代西魏称帝，国号周，建都长安（今陕西西安），史称北周。公元 577 年灭北齐，统一了中国北方。公元 581 年

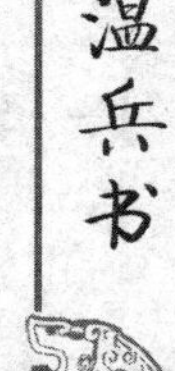

为隋所代。共历五帝，祚二十五年。

③贺若敦：北周将领。河南洛阳(今河南洛阳东北)人。善骑射，多计谋，累官骠骑大将军、开府仪同三司，晋爵为公。后恃功怀怨而自杀。

④侯瑱：陈朝将领，字伯玉，作战勇敢。在梁朝时，因平定侯景叛乱有功，曾任豫州刺史。陈文帝时，官至太尉。

⑤轻船：轻型小船。

【译文】

出兵征讨敌人，深入敌人腹地，粮草必然不足，所以要将部队分成几路掠夺粮食，占据敌人粮仓，夺取敌人积蓄的粮食，用以接济我方军饷，就一定能取胜。兵书上说："从敌人那里就地补给粮食，军粮就可充足。"

据《北史》记载：北周将领贺若敦率领军队过江围攻陈国，驻军湘州的陈国将军侯瑱率军阻击他们。此时正值秋水泛滥之际，水路交通断绝，粮食不足，众人因而感到恐惧。贺若敦便分派出几个部队四出掠夺，用以供应部队支出。他怕侯瑱等人知道自己粮少，就在军营内堆积土山，把粮食覆盖在上面，又召集附近村子的百姓到军营中，假装有事询问，让他们看看"粮山"之后，又打发他们走。侯瑱听到这个消息，以为贺若敦军营中粮食确实很多。贺若敦又增修了一些工事，修造屋舍，表示要长期驻扎。湘州、罗田一带百姓由于害怕打仗，农业生产都废弃了，侯瑱一点办法也没有。当双方交战之初，当地一些百姓乘着小船，装上粮食和鸡鸭笼子送给侯瑱部队。贺若敦对此也很担心，就安排假扮当地百姓的船只，在船中埋伏了士兵，向侯瑱军营驶去。侯瑱的士兵见了，以为又是老百姓送粮来了，便逆水争着来接船，全被贺若敦船中的士兵擒获。贺若敦的士兵常有叛变者骑马归降侯瑱，侯瑱便收留他们。贺若敦于是命人牵一匹马上船，同时叫船上的人用鞭子抽打马，几次训练下来，马儿因惧怕被打而不敢上船。后来贺若敦在江岸设了伏兵，派人骑上这匹怕上船的马假装向侯瑱投降。侯填派兵出来迎接。这些士兵都争着上岸牵马，但马儿因害怕被打而不敢上船。与此同时，埋伏的士兵冲出，将侯瑱的兵士全部杀死。后来再有真的送食物的船及向侯瑱投降的兵士，侯瑱因怕是贺若敦派来的诈兵，均不敢接收。双方相持一年多，侯瑱始终不能取胜。

【赏析】

本篇主要阐述深入敌国作战时怎样解决后续供应的谋略思想。远离本土深入异国作战，由于战线过长、交通不便、运具落后等原因，部队粮秣供应，完全依靠本国运送，无疑是十分困难的。因此，采取"因粮于敌"，取之异国的办法，便成为古代战争中常为兵家所运用的有效办法。

在战争中大多出境征伐别国的军队都采用了"以战养战"的方略，无论是中国古代的蒙古国横扫欧亚，还是法西斯德国'闪电'欧洲，或是美国入侵伊拉克都把占领地当作供给基地。但这一做作是不人道的，总会以失败而告终。

饱 战

【原文】

凡敌人远来，粮食不继。敌饥我饱，可坚壁不战，持久以敝之，绝其粮道。彼退走，密遣奇兵，邀其归路，纵兵追击，破之必矣。法曰："以饱待饥。"

唐武德初，刘武周[1]据太原，使其将宋金刚[2]屯于河东。太宗往征之，谓诸将曰："金刚垂军千里入吾地，精兵骁将皆在于此。武周自据太原，专寄金刚以为捍蔽[3]。金刚虽众，内实空虚，虏掠为资，意在速战。我当坚营待其饥，未宜速战。"于是，遣刘江等绝其粮道，其众遂馁，金刚乃遁。

【注释】

①刘武周：唐初地方割据者。河间景城（今河北沧州西）人，后徙居马邑郡（今山西朔县）。隋炀帝时，任鹰扬府校尉。隋末，乘乱杀马邑太守王仁恭，自称太守，遣使北附突厥，被立为定杨可汗，不久称帝。唐初，与宋金刚等率兵南下，入据太原，以拒唐军。后被李世民击败，北走突厥被杀。

②宋金刚：原为隋末河北农民起义力量之一，活动于易州（今河北易县）。后被窦建德所败，归附刘武周，为刘武周妹夫，号称宋王，谋与武周入图晋阳，南下与唐争天下。后为唐军击败，与武周同逃突厥被杀。

③捍蔽：屏障。

【译文】

敌军如果远道来攻，粮食必然供给不足。敌人缺粮，我军粮食充足，就可以坚守自己的营垒不出战，用时间来拖垮敌人，还要设法断绝他们的粮食来源。等敌人撤退时，可先派伏兵阻挡其退兵之路，然后命令部队追击他们，这样一定能攻破敌军。兵书上说："储备充足的粮食，再去对付缺粮的敌人。"

唐朝武德初年，刘武周占据了太原，派遣他的部将宋金刚驻军于黄河东岸。唐太宗亲自率军讨伐。李世民对将领们说："宋金刚从千里之外率军深入到我方境内，精锐的士兵、勇猛的将领全部集中在这里；刘武周自己据守太原，把宋金刚当成唯一的屏障。宋金刚驻兵虽多，但缺乏粮食，只靠掠夺的财物维持部队生存，他们希望速战。这种情况下，速战对我方不利，我军应当坚守营垒，等待其粮食吃光后，再与他们交战。"于是，太宗派遣刘洪等人去断绝了宋金刚的粮道。宋金刚见部队缺粮，便率众逃逸。

【赏析】

本篇主要阐述在敌饥我饱的态势下如何对敌作战的谋略思想。对于悬军深入而又粮供不继的进攻之敌，应当依靠自己充足的粮源，采取坚壁不战、持久疲敌的

方针，等待敌人粮尽必退之机，纵兵追击，必能打败敌军。

劳　战

【原文】

凡与敌战，若便利之地，敌先结阵而据之，我后去趋战，则我劳而为敌所胜。法曰："后处战地而趋战者劳。"

晋，司空刘琨[①]遣将军姬澹[②]率兵十余万讨石勒[③]。勒将拒之，或谏曰："澹兵马精盛，其锋不可当，且深沟高垒，以挫其锐，攻守势异，必获万全。"勒曰："澹军远来，体疲力竭，犬马乌合，号令不齐，一战可擒也，何强之有！援又垂至，胡可舍去？大军一动，岂易中还[④]！若澹乘我之退，顾身无暇，焉得深沟高垒乎！此谓不战而自取灭亡之道。"遂斩谏者，以孔苌为前锋都督，令三军后出者斩。设疑兵于山上，分为二伏。勒率兵与澹战，伪收众而北。澹纵兵追之，伏发夹攻，澹大败而退。

【注释】

①刘琨：晋将。中山魏昌（今河北定州市南）人，字越石。西晋惠帝时，因平定东平王司马楙有功，封广封侯，官至加威将军。滑帝即位后，官拜司空，任大将军，都督并、冀、幽三州诸军事。后为石勒所败，并被杀。

②姬澹：亦作"箕澹"。北魏代县（今河北蔚县东北）人，字世雅。官信义将军。

③石勒：十六国时后赵建立者。羯族，上党武乡（今山西榆社北）人，字世龙。青年时为奴，后与汲桑等人聚众起义。投前汉刘渊为大将。晋元帝大兴二年（公元319年）自称赵王，建立政权，史称后赵。其后灭前赵，称帝，建都襄国（今河北邢台），不久病死。

④岂易中还：意谓怎么容易中途退还。

【译文】

与敌交战时，如果敌军先占据有利的地形，并已列好阵势；我军后到与他们交战，将因劳顿而被敌方战胜。兵书上说："居后赶到交战地点与敌军作战的部队常因劳顿易败。"

晋朝时，司空刘琨派遣将军姬澹率领十余万人征讨石勒，石勒领兵抵抗。有人进谏："姬澹部队精锐而强盛，难以与之抗衡。我军应挖深沟、筑高墙，坚守营寨里面，以此摧毁他们的锐气，使双方攻守的形势转变，一定能获得全胜。"石勒说："姬澹的部队从远处而来，筋疲力尽，是一群乌合之众。他们号令不一致。我们可以一战取胜，他们有什么强盛的地方？我方援军将至，怎能舍弃这个机会离开呢？如果姬澹乘我军后退之际进攻，我们自顾不暇，又怎么能去挖深沟、垒高墙呢？这是人们所说的不打仗就自取灭亡的道理啊！"于是杀了进谏的人，命孔苌为前锋都督，下令谁在进攻时落后就斩首，并在山上设疑兵，派两支部队埋伏。石勒亲自率领部队与姬澹作战，交战中假装兵败率众后退。姬澹命令全军追击。石勒的伏兵冲出来，前后夹击，姬澹大败而退。

【赏析】

本篇主要阐述占领有利地形对于争取战场主动权的重要意义。作者明确指出，在对敌作战中，如果有利地形先为敌人所占领，我后去奔走应战，那么，我便处于疲劳状态而易被敌人打败。

佚　战

【原文】

凡与敌战，不可持己胜而放佚[1]，当益加严厉以待敌，佚而犹劳。法曰："有备无患。"

【注释】

①放佚：谓放荡安闲，这里作放松警惕解。佚，通逸。

【译文】

与敌人交战，不可依恃自己取胜就骄傲自满而松懈怠惰，应当更加约束警戒，防御敌人的攻击。兵书上说："做好充分准备才能不遭到意外的失败。"

【赏析】

本篇讲述打胜仗后怎样才能防止松懈情况的谋略思想。在胜仗之后，不可凭恃胜利而放松警惕，应当更加严阵以待，处佚犹劳。唯有这样，才能做到有备无患。

战争的历史证明：胜仗之后，往往是人们容易放松警惕的时候；而放松警惕，则极易为敌所乘而导致失败。

胜　战

【原文】

凡与敌战，若我胜彼负，不可骄惰，当日夜严备以待之。敌人虽来，有备无害。法曰："即胜若否。"

秦二世[1]时，项梁使沛公[2]、项羽别攻城阳，屠之。西破秦军濮阳东。秦收兵入濮阳。沛公、项羽乃攻定陶，因西略地至雍丘，大破秦军，斩李由，还收外黄。项梁益轻秦，有骄色。宋义进谏于梁曰："战胜而将骄卒惰者败。今君稍惰矣，而秦兵日益，臣为君畏之。"梁弗听。而使宋义于齐。义道遇齐使者高陵君显[3]，曰："公将见

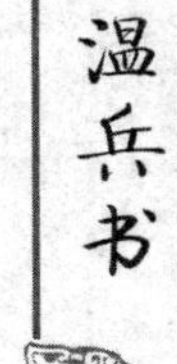

武信君[④]乎?”曰:“然。”曰:“今武信君必败。公徐行则免死,疾行则及祸。”秦果悉兵益章邯,击楚军,大败之,项梁死。

【注释】

①秦二世:秦始皇次子,名胡亥,秦朝第二代皇帝。公元前210年即帝位,至前207年秦亡,在位共3年。

②沛公:即刘邦。沛县(今江苏沛县)人。初时起兵于沛,故称沛公。

③高陵君显:显,人名,封于高陵,故称高陵君。高陵,在今山东胶南西南。

④武信君:项梁自号。

【译文】

与敌作战,如果我方取胜敌方失败,千万不能骄傲懈怠,应当日夜严守,防备敌人再次进攻。如此一来,即使敌人来攻,我方将因有所防备而不受威胁。兵书上说:“胜利之后要像没打胜仗时去防备敌人。”

秦二世时,项梁派沛公刘邦、项羽分别去攻打城阳,屠杀民众;再向西进军,在濮阳东打败了秦军,迫使秦军收兵退入濮阳城。刘邦、项羽又去攻打定陶,没有攻下,便向西进攻到雍邱,大败秦军,杀死李由,回军时又攻下了外黄。项梁这时更加轻视秦军,面有骄色。宋义向项梁进谏说:“胜利后,将军骄傲、士兵懈怠的部队必定失败。现在您日渐怠惰,而秦兵却日益增加,我很替您担忧。”项梁不听从宋义的建议,反而派他出使齐国。宋义在半路上遇见了齐国使者高陵君,对他说:“您想去见武信君项梁吗?”高陵君回答:“是。”宋义说:“从现在的形势看,武信君必败,您慢点走可以免死,走快了就要遇上杀身之祸。”后来秦王朝果然把所有部队都派遣来增援章邯,大败楚军,项梁战死。

【赏析】

本篇进一步阐述胜仗之后怎样才能防止骄惰的谋略思想。在对敌作战中,如果打了胜仗,不可骄傲和懈怠,应当日夜加强战备以防敌人袭击。这样,即使敌人来袭,也不能得逞。

“骄兵必败”,这是军事作战的至理名言。古往今来的战例证明,未有将帅骄傲而不失败的。尤其是在打了胜仗之后,如不能正确看待胜利,往往容易骄傲,由骄傲而产生懈怠,由懈怠而放松警惕,最后必然反胜为败。所以,胜仗之后,能否保持“即胜若否”的思想和态度,是衡量将帅是否具有深谋远略的重要标志。

败　战

【原文】

凡与敌战,若彼胜我负,未可畏怯。须思害中之利,当整砺[①]器械,激扬[②]士卒,候彼懈怠而击之，则胜。法曰：“因害而患可解也[3]。”

晋末，河间王颙[4]在关中，遣张方讨长沙王。方率众自函谷入屯河南，惠帝遣左将军皇甫商拒之。方潜军破商，遂入洛阳。商奉帝命讨方于城内，方军望见乘舆，于是稍怯，方止之不可得，众遂大败，杀伤满街巷。方退壁于十三里桥，人情挫衄[5]，无复固志[6]，多劝方夜遁。方曰：“兵之利钝[7]是常事，贵因败以为成耳。我更前作垒，出其不意，此兵法之奇也。”乃夜潜进，逼洛阳城七里。商既新捷，不以为意。忽闻方垒成，乃出战，遂大败而退。

【注释】

①砺：磨刀使锐利。

②激扬：激励。

③因害而患可解也：在不利情况下寻找有利因素，就可以解除祸患。

④河间王颙：即司马颙，司马孚（司马懿弟）之孙，字文载，封河间王。太安二年（公元 303 年），为争夺政权，派张方率军攻入洛阳。

⑤挫衄：损伤。

⑥固志：指获胜的信心。

⑦利钝：成败。

【译文】

与敌人交战，倘若敌方取胜我方失利，千万不能胆怯畏惧，应当思考在不利情况下寻找有利条件，整顿军备、修理器械，激励士兵斗志，等待敌人斗志松懈时再进攻，就有取胜的可能。兵书上说：“寻找不利形势下的有利因素，就可以转败为胜。”

晋代末年，河间王司马颙在关中驻军，派张方去征讨长沙王。张方率领部队从函谷关东出，驻扎在河南，晋惠帝派皇甫商迎战。张方袭击皇甫商，占据了洛阳城。皇甫商奉旨进攻洛阳城中的张方。张方的部队看见皇帝的车驾，心里有些害怕，纷纷逃窜，张方无法制止，溃不成军，满街都是死伤的士兵。张方只好将部队撤退到十三里桥处驻扎。逃跑的许多人都受了伤，也失去了取胜的信心，不少人都劝张方连夜逃走。张方说：“胜败是兵家的常事，要紧的是能转败为胜。我们再前进扎营，出其不意地攻击敌人，这正是用兵的奇法。”于是张方乘夜回军前进，在逼近洛阳七里远的地方驻扎下来。皇甫商刚取得胜利，没有把对方放在眼里。忽然听说张方军队已然扎营备战，便慌忙出城迎战，结果战败，只好退走了。

【赏析】

本篇着重阐述败仗之后怎样防止畏缩气馁的谋略思想。作者认为，在不利之中也存在有利因素：失败之后，如果认真吸取教训，一方面“整砺器械”，做好再战的物质准备，另一方面注重“激扬士卒”，做好再战的精神准备。在此基础上进行正确的指挥，选择有利时机，“候彼懈怠而击之”，这样就能变不利为有利，转败为胜。

公元前279年，齐国田单率军被燕军围于即墨，他采取了一系列战胜燕军的策略。其中之一说是用“哀兵之计”。他宣传说：“我最怕燕军俘虏齐军士兵后，把他们的鼻子割掉，再把他们放到攻击部队的前头，那样即墨就要被击破了！”燕军听说了，果真这样做，令人将俘虏的鼻子全割掉，推到阵前恐吓齐军。城中军民看到被俘士兵割去鼻子，异常愤怒，死守不屈。田单又派出间谍说：“我最怕燕军挖即墨城外的坟墓，那会使城中军民人人寒心，失去斗志。”燕将骑劫不仅下令挖掉齐人的坟墓，还焚烧骸骨，威逼齐人投降。城中齐国军民见此情景，悲痛涕零，义愤填膺，决心同燕军决一死战。田单看到高昂的士气到了可以发挥作用的时候了，带领军民大举反攻，燕军溃败，齐军很快收复所有失地。

“胜骄败馁”是战争中的一般规律，也是军事学中亟需要解决的问题。高明的将领不能因一时的成败而模糊了洞悉形势的能力，在任何情况下都务必保持清醒的头脑，并以自己正确的思想行动为将士做出表率。

进　战

【原文】

凡与敌战，若审知敌人有可胜之理，则宜速进兵以捣之，无有不胜。法曰：“见可则进。”

唐李靖[①]为定襄道行军总管，击破突厥，颉利可汗[②]走保铁山，遣使入朝谢罪，请举国归附。以靖往迎之。颉利虽外请朝谒，而内怀迟疑。靖揣知其意。时诏鸿胪卿[③]唐俭德等慰谕之。靖谓副将张公谨曰：“诏使到彼，虏必自安。若万骑斋二十日粮，自白道[④]袭之，必得所欲。”公谨曰：“上已与约降，行人在彼，奈何？”靖曰：“机不可失，韩信所以破齐也[⑤]。如唐俭德辈何足惜哉。”督兵疾进，行至阴山，遇其斥堠千余，皆俘以随军。颉利见使者，大悦，不虞官兵。李靖前锋乘雾而行，去其牙帐[⑥]七里，虏始觉，列兵未及阵，靖纵兵击之，斩首万余级，俘男女十余万，擒其子叠罗施，杀义成公主。颉利亡去，为大同道行军副总管张宝相擒以献。于是，斥地自阴山北至大漠矣。

【注释】

①李靖：唐初名将。京兆三原（今陕西三原东北）人。本名药师。精兵法，善谋略。隋末任马邑郡丞。唐高祖时，任行军总管。太宗时，任兵部尚书、尚书右仆射等职，先后率军击败东突厥、吐谷浑，封卫国公。有《李卫公兵法》残文传世。

②颉利可汗：东突厥最高统治者。名咄苾，为民可汗少子。在位期间，屡扰唐朝边境，贞观四年（公元630年），被唐将俘送长安（今陕西西安）。

③鸿胪卿：鸿胪寺主官，主要执掌祭祀礼仪。

④白道：阴山山路，在今内蒙古呼和浩特西北。田路上有一段土色灰白，故名之。

⑤韩信所以破齐也：即汉高祖三年，刘邦派郦食其说齐归汉，齐王为之所动，撤除屯守历城防御汉军进攻的重兵。这时，韩信听从辨士蒯彻的建议，乘齐无备一举袭破历城，进至临淄，齐王败走高密。

⑥牙帐：即颉利可汗官署处所。

【译文】

与敌人作战，假如发现有战胜敌人的机会时，尽快发兵攻打，必然胜券在握。兵书上说："见到有利战机就要及时进攻。"

唐朝时，李靖任定襄道行军总管，打败了东突厥后，东突厥颉利可汗逃到铁山据守，派遣使者到唐朝请罪，全国归附大唐。唐太宗派李靖前去接收。颉利可汗在表面上要求投降，内心却犹疑不决。李靖看出了他的心思，当时太宗又派遣鸿胪卿唐俭德等人对颉利可汗进行安抚。李靖对副使张公谨说："皇帝派的使者到了那里，颉利可汗一定会安心。如果我们充足准备20天的粮食，派1万骑兵，从白道袭击他们，一定能取得胜利。"张公谨回答说："皇帝已接受了他们的投降，况且我们的使者也在那里，我们一行动，敌人加害于他们怎么办？"李靖说："有利战机不可错失，这是韩信能打败齐国的主要原因。像唐俭德这些人有什么可惜的呢？"于是便督促士兵急速进军。当部队来到阴山时，遇上1000多个突厥巡逻士兵，全部被俘虏并随部队一起前进。颉利可汗见到使者后，心中十分高兴，便不再担心唐朝部队的进攻。李靖的先锋部队乘着大雾前进，到离颉利可汗军帐7里远时，颉利可汗才发觉。他的部队未列好阵势，李靖便下令唐军大举进攻。这次战斗共斩敌人首级1万余颗，俘虏10余万男女，并擒获颉利可汗的儿子叠罗施，杀死义成公主。颉利可汗逃跑后，被大同道行军副总管张宝相虏获献给朝廷。从此，开拓了从阴山向北一直到大沙漠一带的大片土地。

【赏析】

本篇主要阐述在何种条件下可以采取进攻方式作战的谋略思想。在确知敌人有可能被打败的条件下，就应当迅速地向敌人发动进攻。这样就没有不稳操胜算的。

"见可则进"这句话中所说的"可"既指力量对比，也含时机选择。所谓把握良机，就是选择最佳地点，最佳时间，最佳气氛，不失时机地利用外部环境进行攻击，以取得战争的胜利。也就是说，一旦在形势上，我方已具备击败敌人的条件时，就要不失时机地发起进攻。

退　战

【原文】

凡与敌战，若敌众我寡，地形不利，力不可争，当急退以避之，可以全军。法曰

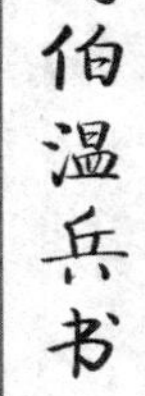

“知难而退。”

三国,魏将曹爽[①]伐蜀,司马懿同行出骆谷[②],次于兴势。蜀将王平乘夜袭击,懿令坚卧不动,平退。懿谓诸将曰:“费祎[③]据险拒守,进不获战,攻之不可,宜急旋军,以为后图。”爽等遂退。祎果驰兵趋三岭[④]争险,爽等潜师[⑤]越险,乃得退。

【注释】

①曹爽:曹操之侄孙,字昭伯。魏明帝时,官至武卫将军。明帝病重之时,拜其为大将军,假节钺,都督中外诸军事,录尚书事,与司马懿受诏同辅齐王曹芳。后因与司马懿争权被杀。

②骆谷:在今陕西周至县西南,谷长四百余里,地势险要,是关中通往汉中的交通要道。

③费祎:蜀将,字文伟。蜀后主时,任黄门侍郎。为诸葛亮所重,拜其为参军、司马。亮卒,祎为后军师。蒋琬秉政后,祎任大将军,录尚书事。

④三岭:即沈岭、衙岭及分水岭,均在今陕西周王西南之骆谷中。

⑤潜师:秘密调动部队。

【译文】

与敌人作战,如果敌方兵多于我,地理形势不利于我,武力不能取胜,就应当尽速撤退,以躲避敌人,保全整个部队。兵书上说:“意识到难以取胜就赶快撤退。”

三国时,魏国将领曹爽率兵进攻蜀国,司马懿与曹爽一起从骆谷进攻蜀地汉中,在兴势驻军。蜀将王平夜间率兵袭击魏军,司马懿命令魏军留守营中不准出动。王平部队撤离后,司马懿对部下说:“费祎占据险要之地把住关口,我们出战不一定有交战机会,所以不要急于向他们进攻,应当先撤下队伍,再想方法进攻。”于是曹爽等人便领兵向后撤退。费祎听到这个消息后,果然率兵飞快地抢占了骆谷附近三岭的险要地形。曹爽撤退时,悄悄越过这些地方,终于成功撤退。

【赏析】

本篇主要阐述在何种条件下应该采取退却方式作战的谋略思想。在敌众我寡、地形不利,且难以力争的条件下,应当迅速退却避免与敌决战,这样就可以保全自己的军队。

本篇与《进战》篇,从两个方面阐明采取进攻和退却两种不同的作战方式,其要旨是“见可则进”“知难而退”。敌情、地形条件不同,作战方式亦不同。从实际情况出发,能进则进,不能进则退。

挑　战

【原文】

凡与敌战,营垒相远,势力相均,可轻骑挑攻之,伏兵以待之,其军可破。若敌用此谋,我不可以全气[①]击之。法曰:"远而挑战,欲人之进也。"

十六国[②],姚襄[③]据黄洛,苻生[④]遣将苻黄眉[⑤]、邓羌[⑥]等率步骑讨襄。襄深沟高垒,固守不战。邓羌曰:"襄性刚愎,易以挠动,若长驱一行,直压其垒,襄必忿而出战,可一战而擒也。"黄眉从之,遣羌率骑三千,军于垒门。襄怒,尽锐出战。羌伪不胜,率骑而退,襄追之于三原。羌回拒襄,而黄眉至,大战,斩之,俘其众。

【注释】

①全气:尽全军之士气而作战。

②十六国:西晋末年,各少数民族的上层人物乘各族人民起义之际,纷纷起兵先后建立之政权。主要有成汉、二赵(前、后)、三秦(前、后、西)、四燕(前、后、南、北)、五凉(前、后、南、北、西)和夏十六国,史称"十六国"时期。

③姚襄:羌族首领。南安赤亭(今甘肃陇西)人,字景国。姚弋仲之第五子。晋穆帝永和八年(公元352年),其父死,他率众归东晋,驻谯城(今河南夏邑北)。次年叛晋,进屯盱眙(今江苏盱眙北),自称大将军、大单于。后移驻许昌(今河南许昌东),欲谋取关中。被前秦苻黄眉所杀。

④苻生:前秦苻健的第三个儿子,字子长。东晋永和十一年(公元355年),健死,苻生即帝位,改元寿光。在位两年,为苻坚所杀。

⑤苻黄眉:前秦苻健之兄的儿子。最初仕健为卫大将军。苻生即位后,受封广平王。后因谋杀苻生事泄被杀。

⑥邓羌:前秦将领,苻生时任建节将军;苻坚时,官至车骑将军、并州刺史。

【译文】

与敌人交战,倘若敌我双方军营相距较远,又势均力敌,可派轻骑兵前往向敌人挑战,并在路上预设伏兵,等敌人来战时袭击他们,就可以破敌。倘若敌人用这种战术对付我军,我军不可用全部兵力出击。兵书上说:"从远方来挑战,是想引诱对方进攻,以便寻找时机取胜。"

十六国时期,姚襄占据黄洛镇,苻生派将军苻黄眉、邓羌等人率领步、骑兵讨伐。姚襄筑深沟高垒,坚守不战。邓羌对苻黄眉说:"姚襄生性主观自负,容易被挑动,如果我们派一支部队直攻姚襄军营前,姚襄一定大怒出战,届时可一举擒住他。"苻黄眉听从这个建议,派邓羌率领3000骑兵,在姚襄军营前驻扎。姚襄一见果然大怒,率领全部精锐部队出来迎战。邓羌假装被打败,领着骑兵向后撤退。姚襄追到三原,邓羌调头与姚襄交战,苻黄眉也率兵赶到,与邓羌一起大战姚襄。最后杀死了姚襄,俘虏其兵士。

【赏析】

本篇主要阐述对于依据堡垒固守不战之敌应采用的战略战术。凡对"营垒相远,势力相均",且固守不战的敌人,可以用轻装骑兵前去挑逗,引诱敌人出战,我再以伏兵袭击,如此,就可以击败敌军。然而,当敌人用"挑战"之法引诱我时,我军

不可全部出战，以免中敌诱伏之计。

楚穆王伐郑。郑穆公一面派人求救于晋，一面派兵拒敌，并嘱咐据坚固守，不主动出战。楚军连日挑战，郑兵只是不理。楚军副将艻贾对斗越椒说，要乘晋兵未到之前诱郑兵出战而将其击败，拖延下去对我不利，并说了诱敌计。斗越椒下令，让士兵到村落掠夺粮食。自己坐在帐中终日饮酒作乐。

郑国不见楚兵搦战，心生疑虑，公子坚派人打探。探者说，楚兵四处掠夺粮食财物，斗越椒一天到晚在营中鼓乐饮酒，酒后就谩骂郑国人都是酒囊饭袋，根本不敢打仗。郑国公子坚听了这个消息，心想，楚兵四处掠夺，其营必然空虚；楚将终日酗酒，部队必然懈怠；今晚去劫营，一定能获全胜。公子庞和乐耳也同意他的分析和决定。当夜三人分三队，次第而进，将到楚营，远远望见灯烛辉煌，笙歌嘹亮。呼啸一声，杀进营去。楚营乐人四散奔走，唯斗越椒果坐不动，上前一看，却是个草人。公子坚方知中计，急待回军，为时已晚。斗越椒与劳贾前后夹击郑军。公子坚三人都成了俘虏。郑穆公也投降了楚国。

致　战

【原文】

凡致敌来战，则彼势常虚；不能赴战，则我势常实。多方以致敌之来，我据便地而待之，无有不胜。法曰："致人而不致于人。"

后汉建武五年，光武诏耿弇[①]，悉收集降附，结部曲[②]，置将吏。弇率骑都尉刘歆、泰山太守陈俊将兵而东。张步[③]闻之，使其将费邑军历下，又令兵屯祝阿；别于泰山、钟城列营数十以待之。弇渡河先击祝阿，拔之，故开围一角令其众得奔归钟城。人闻祝阿已溃，大恐，遂空壁亡去。费邑分兵，遣其弟费敢守巨里城。弇进兵先胁巨里，严令军中趣修攻具。后三日悉力攻巨里城。阴纵生口亡归，以弇期告邑。邑至日果自将精兵来救。弇谓诸将曰："吾所以修攻具者，欲诱致之耳。野兵不进，何以城为！"则分兵守巨里，自帅精锐上冈阪[④]，乘高合战，大破之，斩邑。既而取首级以示巨里，城中惧，费敢亡归张步。弇悉收其积聚，纵兵攻诸未下者，平四十余营，遂定济南。

【注释】

①耿弇：东汉初将领。扶风茂陵（今陕西兴平东北）人，字伯昭。更始间，率上谷郡兵归刘秀，任大将军。因战功进建威大将军，封好田寺侯。建武五年率军击灭齐地割据势力张步。

②部曲：本为古代军队编制之称，后又为家仆之称。这里指军队。

③张步：东汉初地方割据势力。琅邪不其（今山东即墨西南）人，字文公。刘秀兵起，张步亦乘机拥众据齐地，自立为五威将军。刘秀建立东汉政权后，曾派使持节授步为东莱太守，但步杀使自立齐王，成为东汉初期盘踞山东济南一带的地方

割据势力。建武五年为耿弇击败投降,后欲叛被杀。

④冈阪:在这里作山顶或至高点解。山脊为冈,山坡为阪。

【译文】

诱使敌人前来作战,设计对其不利的情势,使敌无法立即摆好阵式作战。我军则处于有利的形势,已做好万全准备应战,并优先取得绝佳的地势,必然可以大获全胜。兵书上说:“主动引敌出战,不要被动地去应战。”

后汉建武四年,光武帝下令耿弇率领骑都尉刘歆、泰山太守陈俊等人领兵向东讨伐张步。张步听到消息后,派遣将领费邑率兵到历下驻军防守,又命令部分军队到祝阿驻扎,并从泰山郡到钟城驻扎数十座军营等待耿弇到来。耿弇渡过黄河后攻下了祝阿。在围攻祝阿时,故意留下一个缺口,让祝阿城里的敌人逃走。钟城人听说祝阿城已被攻下,非常恐慌,便丢下空城全部逃跑了。费邑分出一部分兵力给弟弟费敢,让他守巨里城。耿弇部队围住巨里,命令军中修理攻城用具,扬言三天后全力攻城,暗中却把俘虏放回去,让俘虏把耿弇攻城的日期向费邑禀报。到了第三天,费邑果然率精兵来救巨里。耿弇对众将领说:“我之所以下令修攻城器械,是想引诱敌人交战,现在有众多敌兵驻在野外,不去消灭他们,还攻城干什么呢?”于是派一部分兵力围住巨里,牵制敌人;自己率领精锐部队登上山坡,利用高地与敌人会战,大败敌军,杀了费邑。然后砍下费邑的头,拿给巨里城的敌人看。城里的敌人十分恐惧,费敢奔投张步。耿弇收聚了巨里城里全部钱粮,然后对还没攻下来的城邑大举进攻,削平了敌人40多座军营,济南终于平定。

【赏析】

本篇主要阐述如何争取战场主动权的谋略思想。刘伯温在此指出,调动敌人前来,就会使“彼势常虚”,处于被动不利地位;我不受敌人调动,就会使“我势常实”,处于主动有利地位。在对敌作战中,只要千方百计诱敌前来,而我占据有利地形,就没有不胜利的。

1643年5月，李自成决定先取关中，再攻山西，然后直逼北京。李自成亲率百万大军北上河南，陈兵汜水、荥阳，准备派遣精锐出武关进取西安。这时，明王朝为了挽救败局，组织更大规模的军事镇压，擢任孙传庭为兵部尚书，总督陕西、山西、河北、河南、湖南、四川、贵州及江北军务，调兵遣将，东进河南，与起义军进行决战。孙传庭军镇守潼关，制造了3万辆“火车”，专门对付李自成军中最厉害的骑兵。潼关地势险要，易守难攻，且敌人早有设防，若在潼关决战，必然要付出巨大的代价。因此，李自成决定，先诱敌深入到农民军占领区。以自己的优势和主动，出其不意地发起攻击，一战必胜，再及其余。敌人果然中计。孙传庭把农民军在交战中这种有组织、有计划的战略退却，看成是自己的胜利，从而进一步被诱进了包围圈。9月初，双方主力在郏县、汝州相遇。李自成对郏县之敌围而不战，派出一支精锐部队出其不意地断其粮道，使敌军心涣散，孙传庭见势不妙，即兵分三路：一路留守汝州，另二路自己亲自率领去运粮草。他一离营，军心更乱。李自成乘机发动进攻，敌人溃不成军，这一仗歼敌4万多，缴获兵器物资无数。起义军穷追400里，在孟津与孙传庭亲率去运粮草的两路军队相遇。孙传庭失魂落魄，渡过黄河，退缩潼关。10月初，起义军攻破潼关，孙传庭在战斗中被杀死。

远　战

【原文】

凡与敌阻水相拒，我欲远渡，可多设舟楫，示之若近济，则敌必并众应之，我出其空虚以济。如无舟楫，可用竹木、蒲苇[①]、罂缶[②]、瓮[③]囊、枪杆之属，缀为排筏，皆可济渡。法曰：“远而示之近。”

汉初，魏王豹[④]初降汉，复以亲疾请归，至国，即绝其河关，反与楚约和。汉王遣郦生往说豹，不听。汉以韩信为左丞相击豹，豹陈兵蒲阪，塞临晋，信乃益，为疑兵，陈船欲渡临晋[⑤]；而引兵从夏阳，以木罂渡军，袭安邑。魏王豹惊，卒兵迎战，信遂虏豹，定魏。

【注释】

①蒲苇：蒲，指菖蒲，生长在水边，叶子长而宽。苇，指芦苇。

②罂缶：均为小口大腹的陶制容器。在无船渡河的情况下，可以将其与竹木、蒲苇连缀一起，作为渡河用的飘浮工具。

③瓮：也是一种如罂状的盛器。

④魏王豹：即魏豹，魏国贵族子弟，被楚怀王立为魏王。后从项羽入关，被徙至河东郡（治安邑），封为西魏王。刘邦定三秦，豹叛楚归汉；不久又叛汉归楚。汉高祖八月为韩信击败被俘，后在荥阳被杀。

⑤临晋：即临晋关，一名蒲关，亦名河关，又名临津关。在今山西永济市西、陕西朝邑县东的黄河西岸。宋时改为大庆关。

【译文】

凡与敌军隔河相对抗，我方想从远处偷渡，可以多准备船只，让敌人以为我们要从近处渡河，敌人必定集合全军来阻击，我军可乘机从敌军防守空虚的远处渡过河去。如果没有船只，可用竹子、树木、蒲草、芦苇、罂缶、瓮囊、枪杆等物，连缀一起组成排筏渡河。兵书上说："想从远处渡河，就要装出从近处渡河以迷惑敌人。"

汉朝初年，西魏王魏豹投降于汉王刘邦，不久又以母亲有病为借口请求回归封地。到了封地，他马上关闭河关，反而与楚国签订和约。汉王派使者去说服魏豹作汉臣，魏豹不听。汉王任命韩信为左丞相讨伐魏豹。魏豹把大量兵力驻守在蒲阪，把通往临津关的道路封锁；韩信多设疑兵，排列许多船只，做出要从临津关强渡黄河的样子，实际上却率领部队从夏阳乘木罂渡河，偷袭安邑。魏王豹大吃一惊，急忙率领部队阻击韩信。后来韩信俘虏了魏豹，平定河东郡。

【赏析】

本篇讲述了采取"远而示近"的佯动战法奇袭歼敌的谋略思想。凡是与敌人隔水相对，要远渡击敌，就必须伪装成就近渡河的样子，引敌注意，然后乘其远处空虚之隙，迅速渡河攻击敌人。倘若缺少渡河船只时，可用竹木、蒲苇、罂缶等器材扎成排筏作为渡河工具，攻其不备，突然进攻敌人，出奇制胜。

近　战

【原文】

凡与敌夹水为阵，我欲攻近，反示以远，须多设疑兵，上下远渡①，敌必分兵来应，我可以潜师近袭之，其军可破。法曰："近而示之远。"

春秋，越人伐吴，吴人御之笠泽②，夹水而阵。越人为左右阵，夜鼓噪而进，(吴帅分以御之。越子以三军潜涉，当)吴中兵而鼓之。吴军大败，遂至灭亡。

【注释】

①上下远渡：从河的上游和下游同时渡河。

②笠泽：地名.在今太湖附近。

【译文】

与敌人隔河列阵，我方如想从近处进攻敌人，就应示敌从远处攻击。还应多设疑兵，从河的上游和下游同时渡河，必会使敌人分散兵力阻击我军，我军可暗中从近处渡河袭击，敌军必然可破。兵书上说："想从近处进攻，就要做出从远处进攻的样子以迷惑敌人。"

春秋时期，越国人征伐吴国，吴国人在笠泽(今太湖附近)与越军隔水列阵。

越军的左、右两队，趁夜鸣鼓喧嚣，佯示要渡河发动攻击，吴军将领分兵抵抗。越兵则另遣主力部队偷偷渡河直袭吴国中军。吴军大败，以至灭亡。

【赏析】

本篇讲述了“近而示远”以佯动战法奇袭歼敌的谋略思想。在与敌人隔河对之时，打算从近处突击敌人，就要多设疑兵，伪装成远渡以吸引和分散敌人的兵力，相这样，我军就可以从近处偷袭敌人。

在韩信的背水一战中就体现了这一谋略：公元前204年初，韩信和张耳率领数万汉军东征赵国。赵国闻讯，集结了20万大军。准备在井陉口迎击汉军。赵广武君李左车主动请战，可是这位陈余不懂兵法，却自以为是，以为赵军的20万之众，一定可以击溃只有几万人的汉军，拒不采纳李左车的计策。

韩信得知陈余拒绝了李左车之计后，立即率军前进，半夜，韩信挑选了2000精骑，命他们每人拿一面红旗，从小道迂回至赵军大营边的抱犊山埋伏待命，等赵军倾巢而出追击汉军时，迅速占领敌阵，拔掉赵军旗帜，竖起红旗。接着，韩信又派出一万余精兵为先锋，令他们渡过低水后背水列阵。背水而战，无退路可循，向来是兵家之大忌。赵军得知后，不禁暗喜，而汉军将士也都惊疑不已。拂晓时，韩信竖起大将旗帜，下令擂响战鼓，向井陉口发动进攻。赵军凭借优势兵力和坚固的阵地同汉军展开激战。韩信指挥汉军佯作败退，撤向背水的阵地。赵军果然像韩信设想的那样倾巢而出，追击汉军。汉军背水作战，既无退路，又有追兵，于是奋力死战，勇猛杀敌。韩信派出的2000精锐骑兵已趁势占据了赵军阵地。赵军同汉军激战许久不能获胜，想撤回阵地，却见自己先前的阵地上都是汉军的红色旗帜，顿时惊慌失措，以为不敌汉军，便纷纷逃命，汉军前后夹击，全歼赵军。

水　战

【原文】

凡与敌战，或岸边为阵，或水中泊舟，皆谓之水战。若近水为阵者，须去水稍远，一则诱敌使渡，一则示敌无疑。我欲必战，勿近水迎战，恐其不得渡。我欲不战，则拒水阻之，使敌不得济。若敌率兵渡水来战，可于水边，伺其半济而击之，则利。法曰：“涉水半渡可击。”

汉，郦生说齐下之，齐王日与生纵酒为乐，而罢守备。蒯通[①]说信，遂渡河，袭破齐。齐王以郦生卖己，烹之而走高密，请救于楚。楚遣龙且将兵救齐。或曰：“汉兵远斗穷寇，战锋不可当也。齐楚自居其地，战，兵易败散。不如深壁。令齐王使其信臣招所亡城，城人闻王在楚求救，必反汉。汉二千里客居齐，齐城皆反之，其势无所得食，可毋战而降也。”龙且曰：“吾知韩信为人，易与耳。寄食于漂母，无资身之策；受辱于胯下，无兼人之勇，不足畏也。今君救齐不战而降之，有何功？若战而胜，齐半可得。何为而止？”遂进兵与汉军夹潍水而陈。信夜使人囊沙壅水[②]上流，引兵半渡，击龙且，佯不胜，还走。龙且喜曰："吾固知信怯。"遂追之。信使人决壅囊，水大至，龙且军大半不得渡，即急击杀龙且，水东军散走，齐王广亡去，信追北至城阳，虏广。楚卒皆降，遂平齐。

【注释】

①蒯通：本名为彻，因与汉武帝刘彻同讳，后为史家改书为"通"。蒯通，范阳（今河北徐水北固城）人，汉初重要谋士和说客。

②壅水：谓堆土阻塞水流。

【译文】

凡与敌人交战，在河岸列阵，或在水上攻打，都叫作水战。在河边设阵应离河岸远一些列阵，一方面引诱敌人渡水进攻，另一方面敌人不会怀疑有伏兵。我方与敌人交战，不可在河边迎敌，因为敌人不敢渡河。如果不想交战，就应占据河边有利地势阻挡，使敌人无法渡河。如果敌人渡河交战，可在河边待敌渡河过半再袭击他们，如此我军即可获胜。兵书上说："敌人涉水渡河过半时，可以袭击他们。"

汉时，郦食其已说服齐王田广归降刘邦，齐王每日与郦生饮酒取乐，撤除对汉兵的防备。这时，蒯通说服韩信继续攻齐。韩信率兵渡过黄河攻入齐国境内。齐王田广认为是郦食其出卖了自己，于是将他放到油锅里炸死后逃到高密向楚王项羽求救。楚王派龙且领兵救齐。楚军中有人对龙且说："汉兵远离国土，一定会全力作战，锐不可当。齐楚二军在自己国土打仗，士兵容易走散，不如深沟高垒，坚守不战。再叫齐王派他的亲信臣子去招抚已经失陷的城邑中的人，那里的百姓听说齐王还活着，楚兵又来救援，必然反汉。汉兵到两千里远的齐国作战，齐国各个城邑反叛他们，汉兵势必无法得到粮食，不用战斗就可以降服他们。"龙且说："我早就知道韩信容易对付，曾向洗衣服的老太太要过饭，说明他没有养活自己的本领；曾经从淮阴屠中少年的胯下钻过，说明他没有超乎常人的勇敢，不值得惧怕。况且我来救齐，不经过战斗就使韩信投降，有什么功劳？倘若经过交战而胜，我还可以得到半个齐国作为封地，为什么要停止进攻呢？"于是两军交战。龙且与韩信隔潍水列阵。半夜时，韩信派人准备1万多个沙包将潍水上游堵住，率领一半部队渡河袭击龙且。交战时假装不能取胜，且战且走。龙且十分高兴，说："我本来就知道韩信怯战！"于是渡河追击韩信。韩信立即撤去上游堵水的沙袋，让大水冲下来。这时龙且的军队还有一大半没渡过河来，韩信立刻向楚军反击，杀死龙且。留在潍水东岸的士兵都逃散了，齐王田广也逃跑。韩信追敌军到城阳，俘虏了田广。楚国士兵全部投降，遂平定了齐地。

【赏析】

本篇主要讲述了临水对敌作战时应注意把握的谋略思想。在与敌人隔水对峙时，应根据不同情况和企图，采取不同的战略战术。如果不打算与敌人决战时，可近水设阵，凭水阻击敌人渡河；如果打算与敌决战时，则应离河稍远设阵，以此诱敌渡河，待敌渡过一半时即发起攻击。

在抗日战争期间，国民党军队企图以山河之险，断其桥梁，把我军扼杀在泸定桥。但我军凭着顽强的毅力，突破敌人的重重设防，最终渡过了大渡河。可见如果在作战中，敌军以水险阻击，只要意志坚定，一定能取得胜利。

火　战

【原文】

凡战，若敌人近居草莽，营舍茅竹，积刍聚粮，天时燥旱，因风纵火以焚之，选精兵以击之，其军可破。法曰："行火必有因。"

汉灵帝中平元年，皇甫嵩[①]讨黄巾[②]，汉将朱俊[③]与贼波才[④]战，败。贼遂围嵩于长社。贼依草结营，会大风，嵩敕军士束炬[⑤]乘城，使锐卒间出围外，纵火大呼，城上举燎应之。嵩因鼓而奔其阵，贼惊乱奔走。会帝遣曹操将兵适至，合战，大破之，斩首数万级。

【注释】

①皇甫嵩：东汉安定朝那（今甘肃平凉西北）人，字义真。汉灵帝时为北地太守。黄巾起义爆发时，任左中郎将，后官至太尉，封槐里侯。

②黄巾：东汉末年农民起义军，以黄巾裹头，故称"黄巾军"。

③朱俊：东汉会稽上虞（今浙江上虞）人，字公伟。曾任刺史、谏议大夫等职。后因镇压黄巾起义，被封为西乡侯，官至河南尹、中郎将。

④波才：黄巾起义军将领。东汉中平元年在颍川（今河南禹县）起义，大败汉军右中郎将朱俊，后因缺乏作战经验，为皇甫嵩所败而牺牲。

⑤炬：即用苇秆扎成的火炬。

【译文】

与敌人作战，倘若敌方在杂草丛生的田野地带驻军，用茅草、竹木作营房，囤积粮草，应趁天气干旱时借助风力火攻他们，再派出精锐士兵进攻，就可以打败敌军。兵书上说："作战时放火烧敌军要借助一定条件。"

汉灵帝中平元年，皇甫嵩去征讨黄巾军。汉廷另一大将朱俊与黄巾军波才的部队交战，被打得大败，波才将皇甫嵩包围在长社。当时波才部队在靠近草木的地方安营，正值刮大风，皇甫嵩于是命令士兵带着草捆登上长社城墙，又派一些精壮士兵寻机冲出包围，于波才军营外放火，并大声呼喊，率领士兵冲向敌阵，波才的士兵惊慌失措，到处逃窜。这时正好汉灵帝派曹操率领部队支援，两军会合出战，大破波才军，歼敌1万多人。

【赏析】

本篇主要阐述在什么条件下应当采取火攻的谋略思想。对于在草莽地带扎营的敌人,或是对敌之粮草囤所,可利用干旱天气,“因风纵火以焚之,选精兵以击之”,就可以打败敌人。

缓战

【原文】

凡攻城之法,最为下策,不得已而为之。所谓三月修器械,三月成距堙者,六月也。谓戒为己者,忿躁不待攻具而令士卒蚁附,恐伤人之多故也。若彼城高池深,多人而少粮,外无救援,可羁縻[①]取之,则利。法曰:“其徐如林。”

十六国,前燕将慕容恪[②]击段宠[③]于广固,围之。诸将请恪急攻,恪曰:“军势有宜缓以克敌。若彼我势均,外有强援,恐有腹背之患,则攻之不得不速。若我强彼弱,外无救援,当羁縻守之,以待其敝。兵法:十围五攻,正谓此也。宠党尚众,未有离心。今凭阻坚城,上下戮力。尽锐攻之,数旬可拔,然杀吾士卒必多矣。当持久以取耳。”乃为壁垒以守之,终克广固。

【注释】

①羁縻:犹言束缚、牵制,这里作围困解。

②慕容恪:鲜卑人,字玄恭。从父征伐,镇守辽东。后辅兄为隽乃炜,封太原王,累官大司马,总摄朝政,量才授任,颇有政绩。

③段龛:辽西鲜卑人,段兰之子。晋穆帝永和七年,龛以青州归降东晋,被授任镇北将军,封齐公,镇守广固。后为前燕将慕容恪所攻,被执遇害。

【译文】

用攻城的方法去应对敌人是最下策,是在万不得已时才使用的方法。这是因为修造器械、堆筑距堙等耗时费力,倘若急躁而不待攻具造成,就命士兵攻城,恐将伤亡惨重的缘故。假如敌人死守坚固的城池,兵多粮少,外无援兵,可采取拖延战术围困他们,这样就可以取胜。兵书上说:“采取缓战围困敌人时,部队行列仍需整齐密集如树林。”

十六国时,前燕将军慕容恪在广固讨伐段龛,将段龛围在城里。慕容恪部下将领请求下令攻城,慕容恪说:“打仗的形势有放慢攻城以获胜的。如果敌我双方实力相当,敌人有强大援助,我方恐有腹背受敌的危险,那就必须尽速攻城。如果我方实力胜敌,敌人没有外援,就应牵制他们,等待敌军出现弱点。兵书上说:‘包围敌人十次,通常只能进攻五次’,说的正是这种情况。目前段龛的兵多,没有叛离之心,又占据险要地势和坚固城池,上下齐心合力。我们用全部精兵攻打他们,几十天时间才能把城攻下来,但那样我方士兵死伤一定很多。所以应当以持久战来取胜。”慕容恪于是下令修筑营垒做好长期围困的准备,最后终于攻下了广固城。

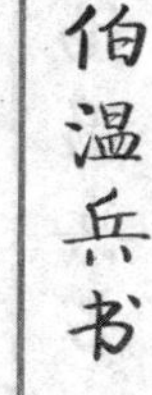

【赏析】

本篇主要讲述攻城作战中的谋略思想。作战的方法有很多种，攻城之法是最下策。因为修造攻具、堆筑“距堙”，费时费事；如果不待攻具造成，就命令士卒攻城，势必增加伤亡。同时，作者指出，在攻城作战中，对于城防坚固、兵多粮少且外无援兵守城之敌，可采用长围久困的战法。

速　战

【原文】

凡攻城围邑，若敌粮多人少，外有救援，须速攻之，则胜。法曰：“兵贵神速。”

三国蜀将孟达[①]降魏，遂领新城太守，未几，复连吴附蜀，以叛魏。司马懿潜军进讨，诸将言达与蜀交结，宜观望而后可。懿曰：“达无信义，此其相疑之时，当及其未定，促[②]而决之。”乃倍道兼行，至新城下。吴、蜀各遣将救达，懿乃分兵拒之。初，达与诸葛亮书曰：“宛去洛八百里，去吴一千二百里，闻吾举事，表上天子，比相往返时，一月间也，则吾城已固。诸将足办，吾所在深险，司马公必不自来。诸将来，吾无患矣。”及兵到，达又告亮曰：“吾举事八日，而兵至城下，何其神速也。”上庸城三面阻水，达于外为木栅以自固。懿渡水，破其栅，直造城下。旬有六日，李辅等斩达首，开门以降。

【注释】

①孟达：字子度，一字子敬。初事刘璋，后归刘备，为宜都太守。后叛蜀降魏，被任为新城太守。蜀建兴五年（公元 227 年），诸葛亮伐魏，曾致书诱达为援，为魏所疑，达惧，复叛魏，不久为司马懿所杀。

②促：通趋，急速也。

【译文】

作战时围困敌人城池，如果城内敌人粮多兵少，外部又有救援部队，应快速进攻，方能取胜。兵书上说：“用兵贵在行动快速。”

三国时期，蜀国将领孟达投降了魏国，被任命为新城太守。不久，他又联合东吴归附蜀国，背叛了魏。司马懿便暗中领兵前去征讨。司马懿部进谏，孟达与蜀国刚刚接触，应当观看情况再行动。司马懿说：“孟达不讲信义，现在正是他们相互猜疑的时候。像河水涨潮一样，在水还没有漫到堤上的时候就要把堤决开，如此便可以免受大水之害。”于是魏军日夜兼程，很快到达新城之下。这时，吴蜀双方都派兵救孟达，司马懿便分兵去抵挡他们。当初孟达在写给诸葛亮的信中曾说：“宛城距洛阳 800 里，距东吴 1200 里。听说我起兵，司马懿向天子报告，等皇帝批回来，要一个月时间，那时我的城池已修护巩固。诸将协助我，我所守的地方又十分险要，想必司马懿不会亲自前来。其他将领来，我没有什么可担忧的。”等到司马懿的部队来到城下，孟达又写信给诸葛亮：“我起事才八天，魏军便来到我城下了，想不到这么快！”上庸城三面被水包围，孟达在城外设置木栅栏加强防守。司马懿部队渡河破坏栅栏，一直攻到城下。又过了十来天，孟达部将李辅等人杀了孟达，打开城门向司马懿投降。

【赏析】

本篇主要讲述了在什么条件下，攻城作战应采用速战速决的谋略思想。作者指出，围攻城邑，对于兵少粮多、外有援军的守城之敌，应当采取速攻战法。

在攻城作战中，究竟要采取缓攻或是速攻，必须根据敌我双方力量对比的实际情况而定。若是敌人粮多且有外援，其兵力虽少，但利于凭恃坚城持久固守。对于此种守城之敌，进攻者如果缓攻久拖，兵力虽优，但极易兵疲，反为敌人所乘。如果以优势兵力，应乘敌外援未到之前，采取速战速决，如此方易取胜。

倘若错失良机，将会给对方喘息的机会。为此吃了败仗的例子有：

公元618年7月，唐军进攻薛举，但在浅水原被打败。薛举想乘胜追击，一举攻克长安，却病死在路上，其子薛仁杲继位为“秦帝”，驻军于折服。

11月，李世民统帅唐军再次出击薛仁杲，在高墌遭遇了薛仁杲部将宗罗睺率领的10万大军。宗罗睺屡次挑战，李世民却坚壁不出。唐军将领纷纷请战，李世民不允，他认为唐军7月在浅水原曾吃了败仗，目前士气不旺；而敌人却是依仗胜利而骄横，很轻视唐军，所以唐军最好闭垒不出战，待敌人骄横过度，再奋起击之，可一举得胜。

两军对峙了60多日，薛军粮草殆尽，其将梁胡郎投降了唐军。李世民派部将梁实率一支人马驻在浅水原，以便诱敌出战。宗罗睺果然率精兵前来攻击，而梁实据险而守，不予迎击，以挫敌人锋芒。宗罗睺军中缺水，人马乏饮已经好些日子，所以急于进攻，意欲速战速决。李世民认为时机已到，便令右武侯大将军庞玉在浅水原南面列阵吸引薛军兵力，李世民则亲率主力部队自浅水原北面直捣薛军后方。宗罗睺引兵回战，唐军里外夹击，李世民率精骑数十人冲陷敌阵，霎时喊声动地，宗罗睺所部溃不成军。伤亡数千人。李世民又乘胜率领2000骑兵追击。薛仁杲在城下设阵，但薛军已如强弩之末，一些将领纷纷降唐。薛仁杲被围困数日之后，也

被迫投降李世民。

整　战

【原文】

凡与敌战，若敌人行阵整齐，士卒安静，未可轻战，伺其变动以击之，则利。法曰："无邀正正之旗。"

三国，魏司马懿征公孙渊①。懿泛舟潜济辽水，作围，弃城而向襄平。诸将曰："不攻城而作围，非所以示众。"懿曰："贼坚营高垒，欲以老吾军也。攻之，正堕其计。贼大众在此，其巢穴空虚。我直指襄平，必人怀内惧。惧而求战，破之必矣。"遂整阵而过。贼见兵出其后，果邀之。乃纵兵逆击，大破之。

【注释】

①公孙渊：三国时襄平（今辽宁辽阳）人。魏明帝时，任辽东太守、大司马，封乐浪公。景初元年叛魏自立为燕王。次年，被司马懿所杀。

【译文】

凡与敌人作战，如果敌方行列整齐，士兵安静，就不要轻易进攻，要等待他们出现混乱时再攻打，这样才有利。兵书上说："不要拦击军容严整的部队。"

三国时，魏国大将军司马懿受命征讨公孙渊。司马懿率领部队乘船偷偷地渡过辽河，在辽隧围住公孙渊军。后来又放弃对公孙渊军的包围，率领军队去进攻襄平。司马懿的将领说："不去攻城只是包围，不足以显示军威。"司马懿说："贼兵城池坚固，坚守不战，是想把我们的部队拖垮。如若攻城，正好中了他们的奸计。现在敌人大部分兵力都集中在这里，而老巢却很空虚。我军直指襄平，他们内心一定十分害怕。心中害怕就会出城与我们作战，这样一定能打败他们。"于是率领严整的部队，越过敌城奔向襄平。公孙渊军见魏军进攻自己的后方，果然仓皇赶来拦击。司马懿率兵大举反击，大败公孙渊部队。

【赏析】

本篇主要阐述对于阵势严整之敌作战应采取的谋略思想。在与敌人交锋的时候，如果敌人行阵整齐、士卒镇定，就不能轻率与之交战，要等待其发生变化、出现混乱时，再乘机攻击它，这样，就有利于战胜敌人。

乱生于内，形于外。设谋乱敌，最有效之法莫过于钻进敌垒内，乘机搅浑水。不管是敌人自乱，还是致敌混乱，都需要指挥员密切注视战场态势，不失时机地实施"乱而取之"的谋略。否则，即使敌有乱势，也不可能攻而取之。

乱 战

【原文】

凡与敌战，若敌人行阵不整，士卒喧哗，宜急出兵以击之，则利。法曰："乱而取之。"

唐段志玄从刘文静拒屈突通于潼关，文静为通将桑显和所败，军营已溃，志玄率二十骑赴之，击杀数十人而还；还为流矢中足，虑众心动，忍而不言，更入贼阵者再三①。显和军乱，志玄无势因而复振，通兵大败。

【注释】

①更入贼阵者再三：还一再冲进敌阵杀敌。

【译文】

与敌人作战，见敌方行列凌乱，士兵吵嚷不休，应当急速出兵突击，如此就一定能取胜。兵书上说："敌人混乱之际，就是进攻的大好时机。"

唐时，段志玄随刘文静到潼关去讨伐来犯的屈突通军，激战之中，敌将桑显和大败唐军，段志玄率领20名骑兵赴战，杀敌数10人后返营。和敌人交战之时，段志玄的脚为流矢所伤，他担心为此影响军心，所以忍痛不说，还一再冲进敌阵杀敌。几回合下来，通军的阵形便开始混乱，终为士气复振的唐军所败。

【赏析】

本篇主要阐述怎样选择有利战机击敌的谋略思想。对敌作战时，倘若敌人处于阵势不整、士卒混乱的时候，应当不失时机迅速出兵攻击，必能取得胜利。

乱而取之，包含有待机、乘机的内容。在复杂的战场上，敌军或因深入我境，抢掠财物致乱；或因天时突变，误入迷途致乱；或因被暂时的胜利冲昏头脑，忘战无备致乱；或因部队久困断粮，疲惫或争抢食物致乱，等等。然而，也有设计乱敌军，乘隙袭取的。

秦晋淝水之战中，晋军前锋都督谢玄，针对秦军大都是沿途收拢的和新招募来的杂牌军，内部不稳，纪律松懈，主将骄而无谋等弱点，用激将法让秦军后撤，待晋军渡过淝水一决胜负。秦军主帅苻坚企图趁晋军半渡淝水之际发起进攻，同意后撤。没想到前面的军队一撤，便阵势大乱，加上降将朱序反戈大呼："秦军败了！"后边的士卒便闻声而逃。晋军乘势追杀，大败秦军。"投鞭断流"的苻坚，由此留下风声鹤唳、草木皆兵的笑谈。

公元284年（周赧王三十一年），燕昭王用乐毅为上将军，统领燕、秦、魏、韩、赵、楚六国之兵以伐齐，败齐师于济水以西（今山东省高唐县、聊城市一带），乐毅率燕军长驱进围临淄。谋士剧辛劝乐毅说，燕军不应深入，应先占领齐国边城。乐

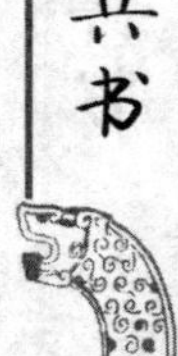

毅则认为，“齐滑王无道，今军皆破亡，若因而乘之，齐民必叛其王。”齐国已失去民心，今齐军主力被歼，国内正处于混乱之中，若乘胜直捣齐都临淄，一定可以灭齐。如果放弃这个机会，齐滑王将重整旗鼓，就很难攻取了。乐毅拒绝了剧辛建议，长驱直入，齐国大乱。燕军兵不血刃而占临淄。齐王出走，乐毅大胜。这两例都是运用了乱而取敌的谋略。

分 战

【原文】

凡与敌战，若我众敌寡，当择平易宽广之地以胜之。若五倍于敌，则三术为正，二术为奇；三倍于敌，二术为正，一术为奇。所谓一以当其前，一以攻其后。法曰：“分不分为縻军①。”

梁将陈霸先②、王僧辩③讨侯景④军于张公洲。高旌巨舰，截江蔽空，乘潮顺流。景登石头⑤望之，不悦。曰：“彼军士有如是之气，不可易也。”帅铁骑万人，鸣鼓而前。霸先谓僧辩曰：“善用兵者，如常山之蛇⑥，首尾相应。贼今送死，欲为一战。我众彼寡，宜分其势。”僧辩从之，以劲弩当其前，轻锐蹂其后，大阵冲其中。景遂大溃，弃城而走。

【注释】

①縻军：庞大而无法分成独立作战之小部队的军队。

②陈霸先：即陈武帝，南朝陈的建立者。梁时曾任太守、刺史等职。梁元帝承圣元年（公元 552 年），起兵与王僧辩讨平侯景叛乱后，镇守京口（今江苏镇江），不久杀辩，迎梁敬帝重定，自为相国，封陈王。后代梁称帝，国号陈。

③王僧辩：南朝梁将。太原祁（今山西祁县）人，字君才。侯景叛乱时，受诏入朝，以大都督讨景，与陈霸先破景于石头城，累功任太尉，封永宁郡公。后因从北齐主高洋谋立贞阳侯萧渊明为帝，被陈霸先袭杀。

④侯景：怀朔镇（今内蒙古包头东北）人，字万景。先属北魏尔朱荣，继归东魏高欢，拥众 10 万，镇守河南。梁中大同二年（公元 547 年）降梁，封河南王。次年，勾结梁宗室萧正德举兵叛乱，攻入建安（今南京），自立为汉帝。后被陈霸先、王僧辩等消灭。

⑤石头：即石头城，又名石首城，故址在今南京市清凉山。该城背山面江，南临淮口，当交通要冲，六朝时为建康的军事重镇。

⑥常山之蛇：这里比喻用兵的灵活机动、部队的协调统一。

【译文】

与敌人交锋时，假如我方兵力多于敌人，应该选择平坦宽阔之地为战场，以战胜敌人。假如我方兵力是敌人的 5 倍，就要用 3 倍的兵力正面进攻敌人，用 2 倍的兵力以特殊战术与敌交战。如果我方兵力是敌人的 3 倍,就要用 2 倍的兵力正面进攻敌人,而用和敌人相当的兵力以特殊战术与敌交战。此即所谓,用一部分兵力去阻挡敌人前部,用一部分兵力去进攻敌人后部。兵书上说:“应把部队分开时却不分开,就会影响部队的战斗力。”

南北朝时,梁将陈霸先、王僧辩前往张公洲去讨伐叛乱的侯景部队。陈、王部队的巨大船舰堵截了长江,高悬的战旗遮蔽了天空。船队随着潮水顺流而下。侯景登上建康城城楼,看到这个场面,很不高兴地说:“他们部队有这般气势,我们可不能轻视!”于是率领 1 万多精壮骑兵,敲着战鼓冲向敌阵。陈霸先对王僧辩说:“善于用兵的人,应把部队指挥得像常山的蛇一样,首尾能互相配合。敌人现在与我们决战,我方人多,敌方人少,应把部队分开,分头去袭击他们。”王僧辩同意他的意见。陈霸先便命令一部分士兵用强劲的弓箭射侯景前军,阻挡他们前进,同时命令轻便精锐的骑兵反复冲击侯景后军,而主要兵力冲击侯景部队的中间部分。于是侯景大败,弃城逃走了。

【赏析】

这里主要讲述在我众敌寡情况下,实施分兵击敌的作战谋略思想。与敌作战,假如兵力对比为我众敌寡时,在利用地形方面,要选择平坦宽阔的地形战胜敌人;在兵力部署方面,以主力担任正面进攻(“为正”),另以一部实施侧后袭击(“为奇”),亦即“一以当其前,一以攻其后”。

军队部署既定,就构成了阵形,阵形既定,就会被人识别,既被认识,就可能被击破,所以每次战斗都采取相同的战法,是不能够取胜的,必须采用不同的战法才能出奇制胜。因此,静是动的奇,佚是劳的奇,饱是饥的奇,治是乱的奇,众是寡的奇,被敌察觉了的行动是正,未被敌人发觉的是奇。出敌不意的行动,使敌措手不及,就可取胜。使用多种多样出奇制胜的办法,就能取得更大的胜利。

合　战

【原文】

凡兵散则势弱,聚则势强,兵家之常情也。若我兵分屯数处,敌若以众攻我,当合军①以击之。法曰:“聚不聚为孤旅。”

开元时,吐蕃入寇,报新城之役,晨压官军,众寡不敌,王忠嗣策马而进,左右驰突,如此无不辟易②,出而复合,杀数百人,贼众遂乱。三军翼而击之,吐蕃大败。

【注释】

①合军:集合、统整部队。

②辟易:退避、骇退。

【译文】

军队兵力分散力量就薄弱，兵力集中力量就强大，这是兵家所知的道理。假如我方有数处驻军驻守，敌人集中全力向我发动进攻，应该聚集各处驻军联合反击他们。兵书上说："军队应当聚合却无法聚集，就要成为孤军。"

唐开元时，吐蕃为报新城之仇而侵边。吐蕃大军压境，唐军将士皆惊恐失措。此时唐将王忠嗣策马冲向敌阵，左右两翼的兵力也联合起来援救，气势如虹，贼众莫不退避。但见唐军分而复合，严整有序，杀敌数百人，一时之间敌军阵脚大乱。唐军继而又兵分三路，分别狙击贼众据点，大败吐蕃。

【赏析】

此篇主要讲述集中兵力与敌作战的谋略思想。刘伯温指出，"兵散则势弱，聚则势强"，这是用兵的一般原则。在防御作战中，对于以优势兵力向我进攻之敌，也应当集中兵力去迎击它。

同时采用分进合击的战术，同等重要，运用分进合击谋略，要知彼知己，了解天时地利；在集中兵力时，要神速秘密；分进时要防止被敌各个击破，合击时要防止敌逃出合击圈。分进合击既是进攻战的基本谋略，也是防御战常用的谋略。进攻战，如果兵力特别强大，可以同时对几处敌人进行几个分进合击；如果兵力只相对强大，就要对敌先弱后强，一个一个地去分进合击。防御时，当敌对我进行一个大的分进合击时，我应看准时机跳出合击圈，集中兵力对敌分进较弱的一路实行小的分进合击，胜利后再击其余部，各个击破，才能获得全局的胜利。

怒　战

【原文】

凡与敌战，须激励士卒，使忿怒而后出战。法曰："杀敌者，怒也。"

汉，光武建武四年，诏将军王霸、马武讨周建于垂惠。苏茂将兵四千余救建。先遣精骑遮击[①]马武军粮，武往救之。建于城中出兵夹击武。武恃霸援，战不甚力，为茂、建所败。过霸营，大呼求救。霸曰："贼兵势盛，出必两败，努力而已。"乃闭营坚壁。军吏皆争之。霸曰："茂兵精锐，其众又多，吾吏士心恐，而与吾相恃，两军不一，败道也。今闭营坚守，示不相援，彼必乘势轻进。武恨无救，则其战当自倍。如此，茂众疲劳。吾乘其敝，乃可克也。"茂、建果悉兵出攻武，合战良久。霸军中壮士数十人，断发请战。霸乃开营后，大吒，出精骑袭其后。茂、建前后受敌，遂败走之。

【注释】

①遮击：拦击。

【译文】

与敌人交战，应当激励士兵，激起他们仇敌之心后再作战。兵书上说：“战士努力杀敌，是因为他们被激怒了。”

东汉建武四年，光武帝命令王霸、马武到垂惠去讨伐周建。苏茂带领4000多名士兵前去救援周建。他先派精锐骑兵拦击马武的军粮。马武前去抢救，周建又从城里派兵与苏茂一起夹击马武。马武仗着有王霸军队的援助，所以并不尽力作战，遂被苏茂、周建打败。他退兵经过王霸军营前大呼求救，王霸说：“贼兵势力强大，如果出营迎战，我们会被打败。你还是拼命作战吧！”于是关上营门，坚守营中不出战。这时王霸军中的官兵都急着要去救马武，王霸说：“苏茂、周建的军士都是精兵锐卒，人数众多，而我方官兵心中恐惧，在这种情况下两军对峙，我方军队没有汇集一起，这是自取灭亡的做法。现在我们关闭营门坚守，表示不去援助马武，苏茂等人一定乘胜轻率进攻；马武心中怨恨我们不去援救，打起仗来一定会全力以赴，这样苏茂的军队就会疲劳。我军乘他们疲惫之时再出击，一定可以打败他们。”苏茂、周建果然率领全部兵力攻打马武，双方长时间会战。这时王霸军中有几十名壮士断发表示置生死于度外，坚决请求出战。王霸这才下令打开营门，全军出击，派精锐骑兵袭击苏茂、周建军队的后部，苏茂、周建前后受到夹击，于是大败而逃。

【赏析】

刘伯温在此主张“怒战”，似乎犯了兵家的大忌。老子曾说“善战者不怒”，孙子也说“忿速，可侮也”，意思是说急躁易怒，就可能中敌人之计，并且把它当作“用兵之灾”来看待。但我们必须注意到，这里所说的“怒战”绝不是意气用事的战争，而是在关键时刻激励士兵的勇气，改变自己不利的处境，取得战争的胜利。刘伯温指出，在一般情况下，士兵不会尽全力去作战，只有在紧急情况下他们才会受到激励拼死奋斗，实际上这等同于“置之死地而后生”的意思。所以关键不在怒与不怒，而在于主将能否正确地分析形势，能否掌握恰当的作战时机，能否妥善地将士兵的“怒气”导往正确的方向。高明的统帅往往能正确把握敌我双方的激愤情绪，达到战胜敌人的目的。孙子一方面对敌人要“怒而挠之”，即敌人易怒，就设法激怒它，从而把它引向轻举妄动的境地加以消灭。另一方面又说“杀敌者，怒也”，这正是看到了问题的不同面。

《晋书·高祖宣帝纪》载，汉建兴十二年（公元234年），诸葛礼明攻魏，进军到五丈原（今陕西周至西南）。魏将司马懿率军渡渭水，筑垒抵御。孔明几次挑战，司马懿都坚守不出，孔明就派人送去妇女头巾侮辱他，企图借此激怒司马懿，促其出战，但司马懿却始终按兵不动。足智多谋的诸葛亮企图“以怒致战”，而司马懿却不为所动，“激怒思变”。真可谓棋逢对手，将遇良才。

气　战

【原文】

夫将之所以战者，兵也；兵之所以战者，气也；气之所以盛者，鼓也。能作士卒之气，则不可太频，太频则气易衰；不可太远，太远则力易竭。须度[①]敌人之至六七十步之内，乃可以鼓，令士卒进战。彼衰我盛，败之必矣。法曰："气实[②]则斗，气夺则走。"

春秋，齐师伐鲁。庄公将战，曹刿[③]请从，公与之同乘，战于长勺。公将鼓之，刿曰："未可。"齐人三鼓。刿曰："可矣。"鼓之，齐师败绩。公问其故？刿对曰："夫战，勇气也。一鼓作气，再而衰，三而竭。彼竭我盈，是以败之。"

【注释】

①度：距离。
②气实：士气高昂。
③曹刿：春秋时鲁国谋士。齐鲁长勺之战，他辅佐鲁庄公战胜齐军。

【译文】

将领交战所信赖的是士兵，士兵战斗所凭借的是气势，士兵气势高昂所凭借的是战鼓。敲击战鼓能振作士兵的斗志，但战鼓不可击得太频繁，频繁击鼓容易使士兵斗志衰落；击鼓时也不可距离敌人太远，太远也容易使士兵斗志过早消尽。应该距敌60~70步内的距离，敲击战鼓，号令军队前进与敌作战。待敌人士气衰减，我军士气正旺，一定能战败他们。兵书上说："士气高涨时与敌人作战，士气衰减时就赶快撤退。"

春秋时期，齐国进攻鲁国。鲁庄公与齐国决战，曹刿请求庄公允许他随行。庄公与他同乘一辆战车，出战于长勺。作战开始，庄公正要击战鼓进攻，曹刿阻止他说："现在还不行。"等到齐人已击过三遍战鼓了，曹刿这才说："我们可以击鼓了。"鲁庄公敲起战鼓，大败齐国军队。战后庄公问曹刿为什么在敌人击三遍鼓后我方才击鼓。曹刿回答说："战斗所凭借的是士兵的勇气，击一次鼓士兵的斗志便振奋起来，再击一次鼓那斗志就衰减了，击三次鼓士气就消减光了。敌兵斗志衰竭，我方斗志正高昂，所以攻破了他们。"

【赏析】

这里主要讲述部队士气在作战中的重要意义以及发挥士卒勇敢精神应注意的谋略思想。将领指挥作战靠的是部队旺盛的士气，而部队旺盛的士气则是靠击鼓。但是，击鼓要适度，不可过于频繁，过频则士气易衰；要发挥士卒的冲击力，不可距离太远，太远则力量竭。只有在距离适当、敌人气衰力竭之时发起攻击，才能获取胜利。

逐战

【原文】

凡追奔逐北[①]，须审真伪。若旗齐鼓应，号令如一，纷纷纭纭[②]，虽退走，非败也，必有奇也，须当虑之。若旗参差而不齐，鼓大小而不应，号令喧嚣而不一，此真败却也，可以力逐。法曰："凡从勿怠，敌人或止于路，则虑之。"

唐武德元年，太宗征薛仁杲[③]，其将宗罗侯拒之，大破于浅水原。太宗帅骑追之，直趋高无围之。仁杲将多临阵来降，复还取马，太宗纵遣之。须臾，各乘马至。太宗具知仁杲虚实，乃进兵合围。纵辩士[④]喻以祸福，仁杲遂降。诸将皆贺，因问曰："大王破敌，乃舍步兵，又无攻具，径薄城下，咸疑不克，而卒下之，何也？"太宗曰："此权道[⑤]也，且罗侯所将，皆陇外人，吾虽破之，然斩获不多。若缓之，则皆入城，仁杲收而抚之，未易克也；迫之，则兵散陇外，高无自虚，仁杲破胆，不暇为谋，所以惧而降也。"

【注释】

①追奔逐北：追击驱逐败逃的敌人。北，败逃。

②纷纷纭纭：意指敌人众多。

③薛仁杲：唐初割据陇西自称秦帝的薛举之子，勇力善射，性悍好杀，即父位称帝。武德元年，兵败降唐，后被杀。

④辩士：谓能言善辩之士。

⑤权道：谓临机应变之法。

【译文】

凡是追击战败逃跑的敌人，应仔细观察他们是真败还是假败。假如敌人军旗整齐、战鼓互相呼应、全军号令一致，虽然队伍交错行动，但整齐有序，虽是向后撤退，但并不是因为被打败而逃走，而是采用计谋策略，我方必须详细分析后再采取行动。如果他们旗帜杂乱不齐，鼓声时大时小，无法互相应和，号令混乱不一致，这是真的失败而怯战，我方可全力追击。兵书上说："追击逃跑的敌人要保持警戒，发现敌人在半途中停下来，就应设法探知其意图。"

唐朝武德元年，唐太宗率兵征讨薛仁杲。薛仁杲部将宗罗侯率兵相阻，被唐太宗在浅水原打得大败。唐太宗亲自带兵追击，一直追到高无，将薛仁杲部队团团围住。薛仁杲的部将，有不少人在阵前向唐军投降。然后，又要求回去取战马，太宗把他们全打发回去。不一会儿，这些人都骑着马回到唐营。唐太宗从中了解到薛仁杲部队的虚实，便增兵加强对高无城的包围，又派善于辞令的说客向薛仁杲说明利害关系，于是薛仁杲便投降了。太宗部下众将都来祝贺，并问道："大王攻破了高

无城,没用步兵,又不用攻城器械,一直进攻到敌人城下。当时大家怀疑不能取胜,而最终还是把城攻了下来,这是什么原因呢?"太宗回答说:"只是随机应变。宗罗侯率领的部队,都是陇外人,我虽然打败他们,但是斩杀和俘虏的人并不多。如果我们进攻得慢些,他们就会全部跑到高无城里,薛仁杲便会收拢和安抚他们,那就不容易攻下高无城了。但我们紧追不舍,这些败兵就会向陇外逃窜,致使高无城里空虚。薛仁杲见状必然胆战心惊,没有时间考虑我们的策略,就害怕得向我们投降了。"

【赏析】

这里作者主要阐述追击作战中应注意的谋略思想。追击敌人,务必察明敌人是真败还是假败。对于非败而退之敌,应审察其行动,勿中其"奇";但对真正溃败之敌,则应全力追击,务求歼灭。总之,先明察敌情再决定作战行动,是重要的作战指导原则之一。

《东周列国志》第五十一回载,公元前606年,楚庄王意欲重整先祖霸业,对内改革,对外征战。自恃智勇无双,对庄王有忌恨之心的斗越椒迫不及待地伺机谋反,乘庄王北伐之机,举兵占领郢都,随即拦截庄王归路。庄王回师途中,进至漳澨与叛军相遇,双方初战,庄王部队损失不小。庄王心生一计:假退兵,暗地把大军四下埋伏,以一队兵引诱敌人,让其拼命追击,待其疲惫不堪时,聚而歼之。斗越椒果然以为对方败阵而逃,便率部追击,等发现中计时已悔之晚矣。他中箭身亡,叛军大部被歼。庄王遂凯旋郢都。

南北朝时,公元580年,杨坚命于仲文率兵支援韦孝宽作战。于仲文军至蓼陡,距梁都睢阳(今河南商丘西南)约7里路,与檀让率领的数万人马相遇。于仲文将精锐部队埋伏在阵后,以部分老弱残兵出阵挑战。檀让见阵前全是些弱兵瘦马,立即冲杀过来。这些老弱残兵刚一接战,便转身败走,檀让紧追不舍。途中,两边伏兵骤起。檀让措手不及,阵容大乱,檀让领残部逃往成武。所以对诈败的敌人要谨慎对待。

归 战

【原文】

凡与敌相攻,若敌无故退归,必须审察,若力疲粮竭,可选轻锐蹑之[①]。若是归师,则不可遏也。法曰:"归师勿遏。"

汉献帝建安三年,曹操围张绣[②]于穰。刘表[③]遣兵救之,绣欲安众守险,以绝军后。操军不得进,前后受敌,夜乃凿险伪遁,伏兵以待。绣悉兵来追,操纵奇兵夹攻,大败之。谓荀彧[④]曰:"虏遏吾归师,而与吾死地,吾是以胜矣。"

【注释】

①蹑之：意指跟踪追击溃逃之敌。

②张绣：东汉时武威祖厉（今甘肃靖远西南）人。董卓部将张济之侄。济死，他继领其众，屯据宛城（今河南南阳），后降曹操，不久复叛。建安三年五月，被曹操打败；次年，曹操征袁绍时，他再度降操，任扬武将军。后从攻乌桓死于途中。

③刘表：东汉末山阳高平（今山东角鱼口东北）人，字景升。东汉远支皇族。初平元年（公元190年），任荆州刺史，据有今湖南、湖北地区。后为荆州牧。表病死后，其子刘琮降归曹操。

④荀彧：曹操谋士。颍川颍阴（今河南许昌）人，字文若。出身士族，初附袁绍，后归曹操。曾建议迎献帝都许昌，为曹操采纳，不久任尚书令，参与军国大事。后因反对曹操称魏公而失宠，被迫自杀。

【译文】

在与敌军交战过程中，假如发现敌军在没有任何原因的情况下撤退，必须详察分析原因。假如是因为部队军力衰竭或是因粮食断绝而撤军，我方可以挑选轻便精壮士兵去追击。假如敌军是全军撤离回国，就不能去拦击。兵书上说："撤退回国的部队不要予以正面拦击。"

汉献帝建安三年，曹操在穰城围住了张绣，刘表派兵赶来救援，断绝了曹操部队后退之路。张绣在前方稳守险要地势不出战，曹操部队无法前进，前后受到敌军夹击。于是曹操令士兵于夜间在险要地段凿开一条地道，假装逃走，并在半路设伏兵，等待张绣来攻。张绣果然率领全军追击，曹操命伏兵起而夹击，大败张绣。战后曹操对荀彧说："敌人拦击我们后撤的部队，把我们置于进退不得的死地，我们是靠这点取胜的。"

【赏析】

此篇继《逐战》之后，再次阐明追击作战中应注意掌握的谋略思想。对于退归之敌，必须察明其原因后，再决定是否追击。凡因兵疲粮尽而败退的"归师"，可派精锐部队跟踪追击之；但对其保存实力或其他原因而主动撤退的"归师"，则不可轻率地予以拦击。

不　战

【原文】

凡战，若敌众我寡，敌强我弱，兵势不利；彼或远来，粮饷不绝，皆不可与战，宜坚壁持久以敝之，则敌可破。法曰："不战在我[①]。"

唐武德中，太宗率兵渡河东讨刘武周。江夏王李道宗[②]，时年十七，从军，与太

宗登玉壁城观贼阵。顾谓道宗曰："贼恃其众，来邀我战，汝谓如何？"对曰："群贼锋不可当，易以计屈，难以力争。今深沟高垒，以挫其锋。乌合之徒，莫能持久，粮运将竭，当自离散，可不战而擒也。"太宗曰："汝见识与我相合。"果后食尽，夜遁，追入介州，一战败之。

【注释】

①不战在我：战与不战决定在我，表示处于主动地位。

②李道宗：唐宗室。武德元年（公元 618 年）封略阳郡公。拜为灵州总管。贞观初，升任礼部尚书，改封江夏王。

【译文】

交战时，如果敌众我寡、敌强我弱，则战争形势对我不利；或者敌人虽从远方来，但粮饷却源源不断，都不可与他们交战。应该长时间坚守军营拖垮对方，方可打败敌军。兵书上说："战与不战，皆操之在我。"

唐朝武德年间，唐太宗率领部队渡过黄河向东讨伐刘武周。江夏王李道宗当时年仅 17 岁，随同部队出征。他与太宗一起登上玉壁城城楼观察刘武周部队军营。太宗回头对道宗说："贼兵仗恃他们人多，邀我军出战，你说该怎么办？"道宗回答："敌人军势正旺，锋芒不可阻挡，应用计谋消磨他们的锐气，难以用兵硬拼作战。我军现在深沟高垒，坚守不战，坐待敌人兵疲。贼兵是一群乌合之众，不能长时间坚持。等到粮食运输断绝，他们会自行混乱离散，那时，不用交战就可擒住他们了。"太宗说："你的看法和我相同。"后来刘武周的部队果然军粮用尽，想趁着天黑逃走。太宗率兵追到介州，两军打了一仗，刘武周部队败逃。

【赏析】

这里主要阐述在敌强我弱的不利形势下，应该采取持久作战的谋略思想。凡在敌众我寡、敌强我弱的不利形势下，对于远道而来，且粮饷供应充足的进攻之敌，不可与它进行决战，应当凭垒固守，持久作战，以消耗和疲惫敌人。如此，就可以打败敌人了。

需要指出的是，这里所说的"不战"，是从把握决战时机而言，并非指不与敌人作战。

必　战

【原文】

凡兴师深入敌境，若彼坚壁不与我战，欲老我师，当攻其君主，捣其巢穴，截其归路，断其粮草。彼必不得已而须战，我以锐卒击之，可败。法曰："我欲战，敌虽深沟高垒，不得不与我战者，攻其所必救也。"

三国，魏明帝景初二年，召司马懿于长安，使将兵往辽东讨公孙渊。帝曰：“四千里征伐，虽云用奇，亦当任力，不当稍计，役费。度渊以何计得策？”懿曰：“弃城预走，上计也；拒大军，其次也；坐守襄平，此成擒耳。”曰：“三者何出？”懿曰：“唯明君，能量彼我，预有所弃，此非渊所及也。”曰：“往还几日？”对曰：“往百日，还百日，攻百日，以六十日为休息，一年足矣。”遂进兵。渊遣将帅步骑数万，屯辽隧，围堑二十余里。诸将欲击之，懿曰：“此欲老吾兵，攻之，正堕其计。此王邑所以耻过昆阳也[①]。彼大众在此，巢穴空虚，直抵襄平，出其不意，破之必矣。”乃多张旗帜，欲出其南，贼尽锐赴之。懿潜济以其北，弃贼直趋襄平；贼将战败，懿围襄平。诸将请攻之，懿不听。陈圭[②]曰：“昔攻上庸，旬日之半，破坚城，斩孟达。今日远来，而更安缓，愚窃惑之。”懿曰：“达众少而食支一年；吾将士四倍于达，而粮不淹月[③]，以一月较一年，安可不速？以四击一，正令失半而克，犹当为之，是以不计死伤，而计粮也。况贼众我寡，贼饥我饱，而雨水乃尔，攻具不设，促之何为？自发京师，不忧贼攻，但忧贼走。今贼粮垂尽，而围落未合，掠其牛马，抄其樵采，此故驱之走也。夫兵者诡道，善因事变。贼凭恃其众，故虽饥困，不肯束手，当示无能以安之。若求小利而惊之，非计也。”既而雨霁[④]，造攻具攻之，矢石如雨，粮尽窘急，人相食，乃使其将王建、柳甫请解围，当君臣面缚。懿皆斩之。渊突围而走，懿复追及梁水上，杀之，辽地悉平。

【注释】

①此王邑所以耻过昆阳也：更始元年（公元23年），义军攻打宛城（今河南南阳），王莽派大司空王邑会同严尤等率军42万去救宛城。义军根据刘秀建议，采取坚守昆阳（今河南叶县），迟滞、消耗南下之王邑军，掩护主力攻取宛城，然后伺机内外夹击歼灭敌人的作战方针。王邑凭借其优势兵力，拒绝严尤“及进大兵”先取宛城的建议，指挥数10万大军强攻昆阳，结果在义军内外夹击之下，几乎全军覆没，仅王邑、严尤等少数人逃回洛阳。

②陈圭：三国下邳（今江苏睢宁西北）人，字汉瑜。初随陶谦，后从吕布，与其子陈登合谋离间吕布与袁术的关系，并建议吕布派其子赴许昌见曹操，因陈说吕布之短，劝操速加攻灭。吕布被诛后，陈圭与父归附曹操。

③淹月：滞留一月，或经历一月。

④霁：雨止。

【译文】

率领部队深入敌人境内作战，假如敌人坚守营垒不与我方交战，想拖垮我方，我方应把部队分成几部分向他们进攻。有的摧毁他们的大本营，有的截住他们回归的道路，有的截断他们的粮草供应。在这种情况下，他们不得已必然与我方交战。那时，我方再用精锐士卒进攻他们，就可以打败敌人。兵书上说：“我方想与敌人作战，敌人虽然躲在坚固的深沟高垒中，然而不得不与我方交战，是因为我方攻击了他们的要害。”

三国时,魏明帝景初二年,明帝把司马懿从宛城召来长安,命他率兵到辽东郡去征讨公孙渊。明帝说:“到4000多里远的地方去征战,虽然说以奇兵取胜,也要花费许多气力,如果计策不当,要花费很多钱财。你估计公孙渊会采用什么样的对策?”司马懿说:“放弃襄平城逃跑,是上策;抵挡大军入境,是中策;坐守襄平城等待我们进攻,被我们活捉,则是下策。”明帝说:“公孙渊会用这3种计策中的哪一种?”司马懿说:“只有聪明人,才能衡量敌我双方不同形势,事先决策放弃襄平,但这不是公孙渊所虑之事。”明帝说:“来回需要多少日子?”司马懿回答:“去100天,回来100天,攻战100天,60天休息,1年时间足够了。”于是进兵辽东。公孙渊派部下率领几万步骑兵驻扎在辽隧,并在军营周围挖了20余里长的防护壕。司马懿的部将们想去攻打他们。司马懿说:“这是想把我们部队拖垮。我们如果进攻,正中了他们诡计。这也是王邑耻于放弃昆阳坚持硬攻而失败的原因。如今公孙渊部队驻扎在此,老巢正空虚,如果我军一直攻到襄平,敌军意想不到,攻破他们自足必然的。”于是司马懿部队多打旗帜,使敌人误认为要从营南进攻。公孙渊果然把精锐部队带到营南迎战。司马懿偷偷绕过敌军,直奔襄平。他的部队打败了襄平守将后,便围住襄平城。魏将请求攻城,司马懿没答应。陈圭说:“当初我们攻打上庸城,10天之内,就硬攻破了坚固的城池,杀死孟达;现在我们从远处赶来,却安安稳稳、慢慢吞吞的,我有点不明白。”司马懿说:“那次战役孟达兵少,而粮食却可吃一年;我军将士是孟达的4倍,粮食却支撑不了1个月。用1个月与1年相比,怎么能不速攻呢?用4倍于敌的力量向他们进攻,纵使兵力损失一半而克敌,也应当进攻。那时不计较杀死多少敌人而是计较粮食可撑多少时间。而现在是敌众我寡,贼饥我饱,雨水又大,我们也没有准备好攻城器械,为什么要急忙进攻?从京师出发,一路上我们并不担心贼兵向我们进攻,只害怕贼兵逃跑。如今贼兵粮食快消耗尽了,而我们对他们的包围还没聚合;我们抢夺他们的牛马,抄掠他们的柴草,是故意驱赶他们逃跑啊!兵不厌诈,我们的策略要善于根据敌情变化而变化。贼兵凭恃人多,所以现在他们虽然饥饿困顿,但并不肯投降,我们应当向他们表示我们没有能力攻城,从而使他们安心。如果贪求眼前小利而惊扰他们,那是下策。”不久雨停了,魏军修造好攻城器械,攻打襄平,城上的箭和石块像雨点似的落下来。城里粮食很快吃光了,饿得人吃人。公孙渊于是派王建、柳甫为使者到司马懿军中来请求撤除包围,并说要君臣自缚前来请罪。司马懿没答应,斩了王建、柳甫。公孙渊突围逃走,司马懿又派兵追到梁水边上,杀死他,于是平定了辽东郡。

【赏析】

本篇主要阐明在深入敌国作战的条件下,如何迫使坚壁不战的敌人与我决战的谋略思想。凡是深入敌境作战,对于坚壁不战的守敌者,应该采用“攻其必救”的战法,调动敌人出战。“君主”与“粮草”既是敌人的要害部位,又是敌人必救的地方,只有攻其所必救,才能调动敌人聚集而歼之。

避 战

【原文】

凡战，若敌强我弱，敌初来气锐，且当避之。伺其疲敝而击之，则胜。法曰：“避其锐气，击其惰归。”

汉灵帝中平五年，凉州贼王国[1]围陈仓[2]，以皇甫嵩讨之。董卓请速进，嵩曰：“百战百胜，不如不战而屈之。是以善用兵者，先为不可胜，以待敌之可胜。陈仓虽小，城固备未易拔。王国虽强，攻陈仓不下，其众必疲，疲而击之，全胜之道也。”围攻之，终不拔，其众疲敝解去。嵩进兵追击之。卓曰：“穷寇勿迫，归师勿遏。”嵩曰：“不然。”乃独追击而破之。卓由是有惭色。

【注释】

①王国：东汉汉阳（今甘肃天水西北）人。汉灵帝中平三年（公元 186 年）起兵反汉，自号“合众将军”，为韩遂、马腾等人共推为主。后在围攻陈仓之战中兵败逃亡。

②陈仓：古县名，秦置。在今陕西宝鸡东，当关中、汉中之冲，向为兵家必争之地。

【译文】

与强敌交战，倘若敌人刚出师，锐气旺盛，我方实力比不上对方，难以与他们对敌，就应避开敌方锋芒，等到敌方疲劳困顿时再寻找机会攻击他们，这样就可取胜。兵书上说：“避开敌人锐气，等他们松懈和退归时再攻击他们。”

汉灵帝中平五年，凉州王国包围了陈仓，汉灵帝命皇甫嵩去征讨。董卓请求极速进兵。皇甫嵩说：“百战百胜，不如不用交战就使敌人屈服。所以善用兵的人，先做好不能取胜的准备，然后再寻找战胜敌人的机会。陈仓城虽小，但防备严密，不容易攻下。王国围住陈仓，强攻不下，他的士兵一定疲劳，疲劳之后再进攻他们，这才是取得全胜的方法。”王国围攻陈仓，始终攻打不下，他的士兵果然因疲惫不堪而解除了包围。皇甫嵩便率兵追击。董卓说：“按兵法说，不要追击走投无路的敌人，不要去阻击往回撤退的部队。”皇甫嵩说：“不尽然。”于是独自率兵追赶，大破王国，董卓因此感到惭愧。

【赏析】

这里强调在敌强我弱情况下应该运用“避锐击惰”的战略战术。在敌强我弱的情况下作战，对于初来而锐气十足的进攻之敌，应当避免与其决战，要等待其士气发生变化而出现力疲气衰的时候，再去打击它，这样才能取得胜利。

围　战

【原文】

凡围战之道，围其四面，须开一角，以示生路。使敌战不坚，则城可拔，军可破。法曰："围师必缺。"

汉末，曹操围壶关[①]，攻之不拔，操曰："城拔皆坑之。"连月不下。曹仁言于曹操曰："围城必示活门，所以开其生路也。今公告之必死，使人人自为守。且城固而粮多，攻之则士卒伤，守之则延日久。今顿兵坚城下，攻必死之虏，非良策。"操从仁言，乃拔其城。

【注释】

①壶关：亦名壶口关，在今山西长治东南，因壶口山而得名。曹操围壶关之战，发生在汉献帝建安十一年（公元 206 年）。

【译文】

战争中包围坚守城池的敌军时，要在包围城邑的四面，预留一角，使敌人有后路可退。这样会使敌人斗志不坚，被围之城就可以攻破，敌军就可以打败。兵书上说："围困敌军一定要留有缺口。"

东汉末年，曹操围住壶关，没有攻下。曹操下令说："将来攻下壶关，把全城人都活埋了。"一连几天还是攻不下来。曹仁对曹操说："围住敌人城池一定要留下一个缺口，给城里人留下一条生路。现在您下令说攻破壶关要活埋城里的人，使城里每个人都拼死守城。况且这座城城墙坚固，粮食又多，硬攻会有很多士兵死伤，包围也要拖延很长的时间。我们在这座坚固的城下滞留、强攻拼命死守的敌人，这策略不好。"曹操接受了他的意见，留出活门，最后才攻下了壶关。

【赏析】

这里阐明了围城作战中应注意掌握和采用的战略战术。在围城作战中，即使有四面包围敌人的优势兵力，也要虚留缺口，示敌以生路，目的是为了动摇敌人固守坚城的决心，待其争出而击之，这样，既可以攻克敌人城池，又可以歼灭敌人。

这一谋略的基本要求是对已被围之敌要故意留下缺口，在缺口的前面设伏。古代作战，包围城池的情形很多。对于攻城一方来讲，应考虑到，守城军民被敌军围困之时，如果城攻破，其后果不堪设想，故而往往下定与城池共存亡的决心死守，这样就难以破城。所以《虎铃经》认为"逼而为之者，逾数旬不变，非克敌之术"。应当如《六韬·虎韬·略地》中指出的"为之置遗缺之道"，也就是后世兵家常说的"围战之道，围其四面，须开一角，以示生路"（《百战奇法·围战》）。

声战

【原文】

凡战,所谓声者,张虚声[①]也。声东而击西,声彼而击此,使敌人不知其所备,则我所攻者,乃敌人所不守也。法曰:"善攻者,敌不知其所守。"

后汉,建武五年,耿弇与张涉相拒。涉使其弟兰将精兵二万守西安,诸郡太守合万余人守临淄,相去四十余里。弇进兵画中,居二城之间。弇视西安城小而坚,且兰兵又精;临淄虽大,而易攻,乃敕诸将会,俟五日攻西安。兰闻之,日夜为备。至期,弇敕诸将夜半皆蓐食[②],会明至临淄。护军荀梁等争之,以为宜速攻西安。弇曰:"西安闻吾欲攻之,日夜备守;临淄出其不意,至必惊扰,攻之,则一日可拔。拔临淄,则西安孤。张兰与涉隔绝,必复亡去,所谓击一而得二者也。若先攻西安,不卒[③]下,顿兵坚城,死伤必多。纵能拔之,兰帅兵奔还临淄,并兵合势。观人虚实,吾深入敌地,后无转输[④],旬日之间,不战而困。诸君之言,未见其宜。"遂攻临淄,半日拔之。入据其城,张兰闻之,果将兵亡去。

【注释】

①虚声:不实的消息。

②蓐食:谓丰厚的饮食。这里指战前令士卒饱餐。

③卒:同“猝”,这里作“马上”或“立即”解。

④转输:谓转运输送物资。这里指后勤供应。

【译文】

两军交战,所谓声战,就是虚张声势。声东而击西,声彼而击此,使敌人不知从哪里防备。这样一来,我们所要进攻的地方,正是敌人忽略而未及防备之处。兵书上说:“善于向敌人进攻的将领,会让敌人不知道应该防守哪些地方。”

后汉时,建武五年,耿弇与张涉两军对峙。张涉令其弟张兰率领精壮士兵2万守西安,同时命齐地诸郡太守合兵1万余人守临淄,两军相距40余里。耿弇率兵进驻画中,居于临淄、西安二城之间。耿弇察看地形、分析敌情,见西安城虽小但却坚固,张兰士兵精锐;临淄虽大,但却容易攻打。于是召集诸将,下令5天后进攻西安。张兰听到这个消息后日夜不停地进行防御工事。到了预定的时间,耿弇命令部下饱餐,等到天亮,已经率领部队来到临淄。护军荀梁等人与耿弇争论说,应该马上进攻西安。耿弇说:“西安城里的人听说我们想攻打他们,日夜防备守护。现在如果我们转攻临淄,临淄守敌肯定惊扰混乱,一天内必可攻下。攻下临淄以后,西安就会孤立。张兰因与张涉之间交通断绝,一定会逃走,这就是所谓的一举两得。反之,如果进攻西安,肯定久攻不下,且在这座坚固的城下用兵,我方士兵死伤一定很多。即使能攻下来,张兰也会率领部队逃回临淄,集结两处兵力。作战要观察分析敌我双方长短,我们部队深入敌境,后方无法按时转运输入粮草,10天之内,即使不交战我们也会陷入困境。你们的提议,不利现况。”于是率兵进攻临淄,半天就攻下来,轻而易举便进驻临淄城里。张兰听到战报,果然率兵逃走。

【赏析】

这里作者强调在进攻作战中应该采用“声东击西”的战略战术。采用“声东击西”之战略进攻敌人,可以使敌人不知从哪里进行防守,从而为我歼敌创造可乘之隙。

“声东击西”战略,实际上是佯动误敌的一种有效手段。采用此法,可以使敌人就范,进而达到出其不意、攻其无备的作战效果。

西汉景帝时,吴、楚等7国发生叛乱,汉将周正夫驻昌邑,坚守不战。吴军采取“声东击西”之策,佯攻城东南角,实际上是要攻西北角。周亚夫看出了吴军谋略,令部队严守西北城。不一会,吴军果然攻西北角。久攻不下,士气衰落,退兵而去。周亚夫乘机出精兵追击,大败吴军。

东汉光武帝初年为统一地方割据势力,派岑彭征讨南郡(湖北江陵)的秦丰。岑彭领3万兵马与秦丰在河南邓县对峙,战事长期没有进展。刘秀派人来责备岑彭。岑彭在前不得进、后遭谴责的情况下,急中生智,夜间集结兵力,声言要向西进攻山都(湖北襄阳西北),并故意释放俘虏。让他们把这一消息透露给秦丰。秦丰得知消息调集全军西进山都。岑彭乘机东渡沔水(汉水),秦丰闻讯回师,途中,被岑彭击溃。

和　战

【原文】

凡与敌战，必先遣使约和。敌虽许诺，言语不一。因其懈怠，选锐卒击之，其军可败。法曰："无约而请和者，谋也。"

秦末，天下兵起，沛公西入武关，欲以二万人击蛲关[①]，张良曰："秦兵尚强，未可轻。闻其将多屠、贾子[②]，易以利动。愿且留壁。"使人先行，为五万人具食，且日益张旗帜为疑兵，而使郦生、陆贾[③]啖[④]以利。秦将果欲连和，沛公欲听之。良曰："此独其将欲叛，恐士卒不从，不如因其懈怠击之。"沛公乃引兵出击秦军，大破之。

【注释】

①蛲关：关隘名。故址在今陕西商县西北，因临尧山而得名。自古为关中平原通往南阳盆地的交通要道。

②贾子：即商人子弟。贾，昔指设肆售货的商人。

③陆贾：汉初政论家。楚人。从刘邦定天下，常使诸侯为说客。官至太中大夫。著作有《新语》等。

④啖：意谓引诱、利诱。

【译文】

与敌人交战，战前可先派使者与敌方讲和。敌人虽然答应，但他们内部意见不一致。此时，我们乘敌斗志松懈之际，挑选精壮士兵发起攻击，必可打败敌人。兵书上说："请求停战但没有签订相约，是一种计谋。"

秦朝末年，天下纷纷起兵反秦。沛公刘邦率兵向西，攻下武关后，想用 2 万人去攻蛲关。张良说："秦兵强盛，不应轻敌。我听说秦军将领大多是好利之徒，容易用钱财收买，希望主上留下来坚守营垒。"刘邦留下来之后，派一部分部队继续前进。为预防发生特殊情况，并准备足够 5 万人的粮食，部队行军每天还增加旗帜来扰乱敌人耳目。同时派郦生、陆贾用钱财去引诱秦军将领，秦军一些将领果然同意联汉反秦。刘邦本欲听信，张良却说："这只是那些将军想叛秦，恐怕士兵不一定依从。我们应当利用秦军斗志松懈的机会向他们进攻。"沛公便趁机率兵攻打秦军，秦军溃败。

【赏析】

这里主要阐明运用"和谈"手段配合对敌作战的谋略思想。刘伯温指出，在与敌人作战时，必须先和敌人议和，以此来麻痹敌人，然后选派精锐部队，乘其懈怠而击之，这样就能打败敌人。

受战

【原文】

凡战，若敌众我寡，暴来围我，须相察众寡、虚实之形，不可轻易遁去，恐为尾击[①]。当圆阵外向，受敌之围，虽有缺处，我自塞之，以坚士卒心，四面奋击，必获其利。法曰："敌若众，则相众而受敌。"

《北史》：魏晋泰元年，高欢讨信都校尉[②]尔朱兆[③]。孝武帝永熙元年春，拔邺。尔朱光[④]自长安，兆自并州，度律[⑤]自洛阳，中远[⑥]自东郡，同会于邺，众二十万，夹洹水而军。欢出顿紫陌，马不满二千，步不满三万，乃于韩陵为圆阵，连牛驴以塞归路，将士皆为必死。选精锐步骑从中出，四面击之，大破兆等。

【注释】

①尾击：被敌人从后追击。

②校尉：古代军职之称，略次于将军。西汉始置，为专掌特种军队的将领。唐以后则用为低级武职之号。

③尔朱兆：鲜卑族。北魏秀容部首领尔朱荣的从子，曾任平远将军。荣死后，他据晋阳叛魏进攻洛阳，俘虏了孝庄帝。后为高欢击败自杀。

④尔朱光：尔朱荣从祖兄之子，官至左卫将军。高欢起兵进攻尔朱兆，他自长安率兵赴援尔朱兆，为欢所杀。

⑤度律：即尔朱度律，尔朱荣从父之弟。与尔朱兆攻入洛阳后，兆还晋阳，度律留镇洛阳，为高欢所追杀。

⑥中远：即尔朱中远。尔朱荣的从弟。孝庄帝时，任清河太守。尔朱兆进攻洛阳时，他率兵配合，后为高欢所败，逃往南朝梁，死于江南。

【译文】

作战时，如果敌方人多，我方人少，敌人突然包围我们，我方应当详细察看敌人的兵力及虚实情况，不可轻易退走，以防被敌人尾随追击。应当把队伍摆成圆形阵势面向敌人，来迎战敌人的包围。如果敌人留有缺处，我方应自行堵塞，用以坚定士卒必战求生之心，从四面反击敌人，一定能取得胜利。兵书上说："如果敌方人多，就要四面对敌作战。"

南北朝时，北魏永熙元年，高欢出兵征讨尔朱兆。这年春天，高欢攻下了邺城。这时尔朱光从长安，尔朱兆从晋阳，尔朱度律从洛阳，尔朱中远从东郡带兵来邺城与高欢会战，共20余万人夹洹水摆开阵势。高欢驻兵在紫陌，骑兵不足2000，步兵不足3万，在韩陵下结成圆阵。高欢令人把牛、驴连在一起堵塞在退路上，将领、士兵都认为此战必死。高欢挑选了一些精壮的步兵和骑兵，从圆阵中冲出，攻击四面的敌人，把尔朱兆等人打得大败。

【赏析】

此篇主要阐明处于被围情况下应该采取的战略战术。凡是在敌众我寡、我将被围的情况下，不可轻易逃走，以防敌人尾随追击。应当察明敌情后，布列圆形阵势以迎击敌人的围攻。纵然敌人包围我时虚留缺口，我军应给予堵塞，以坚定士卒的战斗决心。然后伺机四面奋起反击，这样一定能获得胜利。

降 战

【原文】

凡战，若敌人来降，必要察其真伪。远明斥堠[①]，日夜设备，不可怠忽。严令偏稗[②]，整兵以待之，则胜，不然则败。法曰："受降如受敌。"

后汉，建安二年，曹操讨张绣于宛，降之。既而悔恨复叛，袭击曹操军。杀曹操长吏[③]及子昂，操中流矢[④]。师迁舞阴，绣将骑来，操击破之，绣奔穰与刘表合。操谓诸将曰："吾降绣，失在不便取质[⑤]，以致于此。诸卿观之，自今以后，不复败矣。"

【注释】

①斥堠：处在前线探视侦察敌情的士兵。

②偏裨：部下。

③长吏：旧称地位较高的官员。

④流矢：乱箭。

⑤质：人质。

【译文】

两军交战，敌人前来投降时，一定要考察其真伪。在远处安排侦察人员，日夜防备敌人，不能有一点怠慢疏忽。同时命令部下严阵以待，防止敌人进攻，这样就能取胜，反之必然失败。兵书上说："对待前来投降的敌人，要像对待前来交战的敌人一样谨慎。"

东汉建安二年，曹操到宛城去讨伐张绣。张绣投降曹操，后来又反悔叛变。他袭击曹操的部队，杀死长吏和曹操的长子曹昂。曹操也中了乱箭，于是曹军退到了舞阴。张绣带领骑兵来追，为曹操所败，张绣只好投奔刘表。曹操对部下说："我收降张绣，错在没有以他的妻子为人质，才出现了这样的情形。诸位为证，从今以后，我再也不会打这样的败仗了。"

【赏析】

本篇强调，接受来降的敌人，必须要像对待敌人进攻一样，保持高度的警惕。因为兵不厌诈，作为一个将领，在复杂多变、真假并存的战争中，只有时时刻刻保持

高度的警觉性，才能识破敌人的诡计，从而处于不败之地。

现代战争，敌我双方机动能力都大大提高，战场观察、情报分析能力也非冷兵器时代可同日而语，但无论部队装备如何发展，谋略运用仍然不失其作用，只不过新的条件有所变化而已。

天　战

【原文】

凡欲兴师动众，伐罪吊民①，必任天时。非孤虚向背也。乃君暗政乱，兵骄民困，放逐贤人，诛杀无辜，旱蝗水雹，敌国有此，举兵攻之，无有不胜。法曰："顺天时而制征讨。"

东齐，后主纬②，隆化三年，擢用邪佞陆令萱③、和士开④、高阿那肱，穆提婆、韩长鸾⑤等，宰制天下，陈德信、郑长颙、何洪珍参预机权。各领亲党，升擢非次。官由财进，狱以赂成，乱政害人。使旱蝗、水潦、寇盗并起；又猜嫌诸王，皆无罪受损。丞相斛律光及弟荆山公羡，并无罪受诛。渐见伏溺之萌，俄观土崩之势。周武帝乘此一举而灭之。

【注释】

①伐罪吊民：讨伐罪魁祸首，拯救受难百姓。

②后主纬：公元 550 年，高欢之子高洋代东魏称帝，改国号为齐，史称北齐，又称东齐。后主纬，即高纬，武成帝高湛之子。后为北周所灭。

③陆令萱：北齐天统间左丞相穆提婆之母。因其为齐后主乳母，而得胡太后所溺爱，被封为郡君，号称"太姬"。自此独擅威福于宫中，卖官鬻爵，聚敛无厌，致使朝政日非，民怨沸腾。

④和士开：北魏中书舍人和安之子，北齐武成帝高湛之幸臣。齐后主时，官至尚书令，封淮阳王。

⑤韩长鸾：北齐后主时，官至领军大将军，袭父爵高密郡公。时与高阿那肱、穆提婆均为齐后主所宠，号称"三贵"。

【译文】

凡是想出兵证伐有罪的统治者，拯救受罪的老百姓，一定要顺应天时。倘若敌国出现国君昏庸、政治混乱、军队骄横、百姓贫困，贤能的大臣遭到放逐，无辜者被任意诛杀，或出现旱灾、虫灾、水灾、雹灾等情况，出兵攻打他们，必获全胜。兵书上说："顺应天时去讨伐敌人，就可以制胜。"

东齐隆化元年，后主高纬临朝，提拔重用奸佞邪恶小人，诸如陆令萱、和士开、高阿那肱、穆提婆、韩长鸾等，任由他们主宰统治天下；又让宦官陈德言、郑长颙、何洪珍等人参与朝廷机要大政。他们在朝廷培植亲信党羽，不按正常次序提拔官员。

法律废弛，用钱买官位，案情靠钱定案，朝政昏暗，百姓受难。于是水旱灾害不断，盗贼横行。当权者猜忌诸王，许多亲王无罪受害。丞相斛律光及其弟荆山公斛律羡也都无罪被杀。眼看东齐出现土崩瓦解的现象，周武帝乘此机会一举将它消灭。

【赏析】

这里作者主要阐述发动战争时机的选择。进攻敌国，必须选择有利时机，不能单靠占卜来确定进攻的时日和吉凶。刘伯温认为，当敌国出现"君暗政乱"和"旱蝗冰雹"等人祸天灾的时候，就是发动战争的有利时机。

人 战

【原文】

凡战，所谓人者，惟人士而破妖祥[①]也。行军之际，或枭[②]集牙旗[③]，或杯酒变血，或麾竿毁折，惟主将决之。若以顺讨逆，以直伐曲，以贤击愚，皆无疑也。法曰："禁邪去疑，至死无所之。"

唐武德六年，辅公祏[④]反，诏赵郡王李孝恭[⑤]等讨之。将发，与将士宴集，命取水，水变为血，在座皆失色。孝恭自若，曰："毋疑，此乃公祏授首[⑥]之征也。"饮而尽之，众心为安。先是，贼将拒险邀战，孝恭坚壁不动，以奇兵绝其粮道，贼饥，夜薄[⑦]李孝恭，孝恭坚卧不动。明日，以羸兵[⑧]扣贼营挑战，别选骑以待。俄而羸却，贼追北且嚣，遇祖尚[⑨]，薄战，遂败。赵郡王乘胜破其别阵，辅公祏穷走，追骑生擒之。

【注释】

①妖祥：本谓吉凶的征兆，这里指妖灾怪异等不吉利的现象。

②枭：鸟名，俗称猫头鹰。旧传枭食其母，故常以喻恶人或不祥之兆。

③牙旗：古代将帅之旗，因旗杆以象牙装饰，故名。

④辅公祏：隋末农民起义军首领之一。隋大业九年（公元613年）与杜伏威一道起义。唐朝建立后，伏威归唐，公祏则据丹阳（今江苏扬州）称帝，国号宋。不久，被唐将李孝恭所擒杀。

⑤李孝恭：唐宗室。曾任山南道招慰大使、扬州大都督等职。因辅佐李渊父子定天下有功，武德三年（公元620年），受封赵郡王。贞观初年，改封河间王，官至礼部尚书。

⑥授首：被杀。

⑦薄：逼近、靠近。

⑧羸兵：谓老弱残兵。羸，瘦、弱。

⑨祖尚：即卢祖尚。光州乐安（今河南光山西北）之富户。隋末，趁农民起义之机，据扬州起事称刺史，后以州归附唐朝，官至交州刺史。

【译文】

战争中所凭借的靠人力，是要靠人破除迷信。行军作战的时候，有时恶鸟落于牙旗上面，有时杯中的酒变成血，有时主将旗杆折毁，遇到这类情况时主将要做出决断。如果是正义之师讨伐反叛、惩罚邪恶势力，用贤能的人为将去讨伐愚佞之辈，便没有什么可忌讳的。兵书上说："除去邪佞和疑惑，军士就会放心地去拼死战斗。"

唐朝武德六年时，辅公祐反叛，皇帝命赵郡王李孝恭等人去讨伐。部队将要出发，将士们聚餐，孝恭命令人去取水，水取来后变成了血，在座的将士皆大惊失色。李孝恭从容镇静地说："不用疑虑，这是辅公祐将要被杀头的征兆。"说完一饮而尽，众人这才心安。两军对垒，辅公祐的将领依据险要地势向唐朝部队求战，李孝恭坚守于营垒之中不出兵，并另派一支部队断绝了敌人的粮道。辅公祐的士兵缺粮，夜间来攻打李孝恭军营，李孝恭安卧在营中不动。第二天，李孝恭派一些老弱残兵到敌营前挑战，另外又挑选一些骑兵做好战斗准备。不一会儿，老弱残兵从阵地上退了下来，辅公祐的士兵追来，遇见祖尚的部队，双方开战，辅公祐的士兵被打得大败。赵郡王李孝恭并乘胜攻破辅公祐别处的军营，辅公祐大败而逃，没多久就被唐朝骑兵活捉了。

【赏析】

这里主要阐明了在行军作战中怎样破除迷信、发挥人的作用的谋略思想。所谓"人战"，就是破除迷信、坚定部队斗志的问题。在出师过程中，凡遇到各种怪异现象，主将务必破除迷思，以稳定军心。只要所进行的是"以顺讨逆、以直伐曲"的战争，都要坚信不疑地去战斗。

兵者，诡道也，虚虚实实，无有定规。兵不厌诈，也就是说，要用各种手段迷惑、欺骗敌人。或以虚为实，或以实为虚。或以虚为虚，使敌反以为实，或以实为实，使敌反以为虚。运用之妙，不一而足。

有一则寓言故事叫"狼来了"，告诫人们不要说假话。但在敌我双方的生死斗争中，"狼来了"是一种正常的谋略现象。运用"虚虚实实"的谋略，实际上就是"狼来了"现象。运用和识破这一谋略是谋略家重视的问题。对于敌方的"虚虚实实"，我则时刻不能松懈；在实施这一谋略时，则应力图使敌方麻痹懈怠，真假不辨。

难　战

【原文】

凡为将之道，要在甘苦共众[①]。如遇危险之地，不可舍众而自全，不可临难而苟免[②]。护卫周旋[③]，同其生死。如此，则三军之士，岂忘己哉？法曰："见危难，毋忘其众。"

魏,曹操征孙权还,张辽、乐进、李典将七千余人屯合肥。操征张鲁,教[4]与护军薛悌书,题其函曰:“敌至乃发。”俄而,权帅众围合肥,乃发此教曰:“若孙权至者,张、李将军出战,乐将军守城护军,勿与战。”诸将皆疑。辽曰:“公远征在外,敌至此,破我必矣,是以指教。及其未合,逆击之,持其盛势,以安众心,然后可守也。胜负之机,在此一举,诸君何疑?李典意与辽同。于是,辽夜募敢从得八百人。椎牛享士,明日大战。平旦,辽披甲出战,先登陷阵,杀数十人,斩二将,大呼自名[5]冲击突至权麾下。权大惊。众不知所以,走登高,权以长戟自守。辽叱权下战,权不敢动。乃聚兵围辽数重。辽左右突围,直前急击,围解,辽将麾下数十人得出。”余众呼号曰:“将军其舍我耶?”辽复还入围,援出余众,权军无敢当者。自旦至日中,吴人夺气[6]。辽修守备,众乃安心悦服。权攻合肥,旬日,城不得拔,乃退。辽帅诸将追击,几复获权。

【注释】

①甘苦共众:与部属同甘共苦。

②苟免:苟且偷生。

③护卫周旋:左右护卫随侍在侧,负责保护将领的安全。

④教:古代王公大臣向下属发布的指示。

⑤呼自名:呼喊自己的名字。

⑥吴人夺气:吴国军队丧失了志气。

【译文】

身为将领，重要的是要与部下同甘共苦。倘若遇到危险，不能舍弃大家而保全自己；不能在面临艰难时苟且偷生。要设法保护部下与敌人周旋，与士兵同生死、共患难。如果能够这样，三军将士岂会忘记将军呢？兵书上说："遇到困难危险时不要忘了部下。"

三国时，魏主曹操东征孙权归来，命令张辽、乐进、李典率领7000士兵驻守合肥，自己带兵去征张鲁。临走时，曹操给护军薛悌一封教令，封皮上写着："敌人到时再打开。"曹操走后不久，孙权便率领部队包围了合肥。曹营将领打开这封教令，上面写着："如果孙权领兵前来，张辽、李典两位将军出战，乐进守合肥保护军营，不要与敌人交战。"将军们都很疑惑。张辽说："曹公出征远方，等赶回来救援，敌人早就已经攻下合肥了，所以才用教令来指导我们。现在趁敌人还没与我军交战，应该主动反击，挫败敌人的锐气，稳住我方军心，这样才可以守住合肥。胜败关键，在此一举，各位还有什么疑虑的呢？"李典的想法也和张辽一致。于是张辽连夜招募800名敢死队员，夜间杀牛犒赏壮士，准备明天大战。翌日天一亮，张辽便披甲上阵，身先士卒冲向敌阵，杀死数十名敌人，连斩两员大将，又大声呼喊着自己的名字，一直冲到孙权旗下。孙权一看大惊失色，东吴将领也不知所措，都向高处逃去。孙权站在高地上用长戟保护自己。张辽大声喝骂孙权，叫他下来。孙权动也不敢动，调来将士把张辽团团围住。张辽左右突围，向前猛冲，突破敌人的包围圈，带领几十名部下脱身而出。这时，还没有突围的战士们大声喊道："将军难道要舍弃我们吗？"张辽听见后又冲回包围圈，救出其余这些人，孙权的队伍中没人敢抵挡。从早上一直战到中午，吴国军队都丧失了志气。张辽领兵回城之后，修整护城设备，大家这才安下心来，对张辽也心悦诚服。孙权进攻合肥，打了10来天都没攻下，只好退兵。张辽又率领将士追击，差一点就捉住了孙权。

【赏析】

这里作者指出，决定战争胜负的因素众多，其中关键的一点就是将士之间能够同甘共苦、上下一心。如果能够做到这一点，那么诸如人数悬殊、装备不良、地势不利等诸多客观不良因素都可以得到克服。尤其在危难之时，将领必须身先士卒。反之，如果将领临阵逃脱，这样的军队必定失败。因而有人说："没有懦弱的士兵，只有懦弱的将军"。统帅的品格修养、精神意志会直接影响到部下的战斗力，古今中外莫能例外。

历史上有不少著名的例子都证明了这个真理：纸上谈兵的赵括不仅志大才疏，而且贪婪自私，凡君王有所赏赐，统统据为己有；对下属士兵更是颐指气使，他首次出战就全军覆灭，这绝非偶然。而汉代名将李广身先士卒，与将士同甘共苦，为后世留下"桃李不言，下自成蹊"的美誉。在孙权10万大军围攻合肥的紧急关头，张辽虽然仅有7000余人，却能战胜强大的敌人，其根本原因也正在于主将临危不惧、身先士卒，才使整个部队有志竟成、奋勇杀敌。

易战

【原文】

凡攻战之法,从易者[①]始。敌若屯备数处,必有强弱众寡。我可远其强而攻其弱,避其众而击其寡,则无不胜。法曰:"善战者,胜于易胜者也。"

《北史》:周武帝伐齐之河阳[②],宇文弼[③]曰:"河阳,要冲,精兵所聚,尽力攻围,恐难得志,彼汾之曲[④],城小山平,攻之易拔。"武帝不纳,终无成功。

【注释】

①易者:较易攻克的军队。

②河阳:故址在今河南孟州市西。北齐时在此筑南城、北城、中为单城三城,成为军事重镇。

③宇文弼:鲜卑族,洛阳(今河南洛阳)人,字公辅。博学多才。北周时任内史都上士。隋代周后,任尚书左承一、礼部尚书等职。

④汾之曲:即汾水之弯曲处。这里指晋州(今山西临汾)一带。汾,即汾水。

【译文】

攻城作战应选择敌人兵力最少、最容易取胜的环节去攻打。如果敌人分别在几处驻军,必定有强、弱、多、寡的区别。我方可以避开敌方兵力较强的地方,进攻敌方兵力较弱的地方;或避开敌方人多的地方,进攻敌方兵力少的地方,这样就没有不能取得胜利的状况。兵书上说:"善于作战的将军会选择敌人最易攻打的地方进攻。"

据《北史》记载:周武帝到河阳去讨伐北齐。宇文弼说:"河阳处于交通要道,齐国精兵全都集中在这里,即使我们全力攻打,恐怕也难以达成目的。不如去攻河曲,那里城小,山势也不高,容易攻取。"但周武帝未采纳宇文弼的意见,所以始终未能攻下河阳。

【赏析】

本篇主要阐明了如何选择首攻目标的谋略思想,并提出"从易者始",即从弱处先攻打的重要作战原则。刘伯温指出,对于屯备数处而又有强弱众寡之分的敌人,应当采取避强击弱的战略战术,选择弱者、寡者先打,就一定能夺取胜利。

面对多路强敌,先拣弱敌歼之,再歼其他,成为战争史上战胜强敌的有效战法。先歼其弱敌,不仅可以鼓舞士气,又可震慑敌人,便于扩大战果。避敌锐气,击敌惰归,其实也是先打弱敌,再歼强敌的战法。

离 战

【原文】

凡与敌战，可密候邻国君臣交接有隙，乃遣谍者以间之。彼若猜贰①，我以精兵乘之，必得所欲。法曰：“亲而离之。”

战国周赧王三十一年②，燕上将乐毅③并将秦、魏、韩、赵之师伐齐，破之，湣王④出奔于莒。燕军闻齐王在莒，合兵攻之。楚将淖齿将分齐地，因为齐相欲与燕将分齐地，乃执湣王数其罪而诛之。复坚守莒城、即墨，以拒燕兵，数年不下，乐毅并围之，即墨大夫战死，城中推田单⑤为将军。顷之，昭王薨⑥，惠王立。为太子时与毅有隙。田单闻之，乃纵反间，曰：“乐毅与燕新王有隙，畏诛，欲连兵王齐，齐人未附，故且缓攻即墨，以待其事。齐人惟恐他将来，即墨残矣。”燕王以为然。乃使骑劫代毅。毅遂奔赵。燕将士由是不和。单乃诈以卒为神师而祀之。列火牛阵⑦，大破燕军，复齐七十余城，迎襄王⑧自莒入临淄。

【注释】

①猜贰：犹猜疑、互不信任。

②周赧王三十一年：即公元前284年。周赧王，周显王之孙，名延，公元前314年即位。此时周已分裂为东、西周，赧王虽名为周天子，实为战国七雄所挟制。至公元前256年周为秦所灭，在位59年。

③乐毅：战国时燕国大将。燕昭王时，任上将军。因率军伐齐有功，封昌国君。

④湣王：即齐尽王，又作齐闵王、齐湣王。田氏，名地，齐宣王之子。在位40年。曾与秦昭王并称东、西帝。

⑤田单：战国齐将。齐湣王时，为临淄市掾。齐襄王时，因在即墨防御战中破燕有功，被封为安平君。

⑥薨：谓死。周代，天子死称崩；诸侯死称薨。唐代，二品以上官员死称薨，五品以上官员死称卒，六品以下至平民死称死。

⑦火牛阵：即战国齐将田单在即墨之战击败燕军围攻时所采用的一种战术。他将千余头牛，披上画以五彩龙纹的外衣，在牛角上缚以尖刀，牛尾捆上浸泡油脂的苇草，趁夜暗点燃苇草，令牛猛冲燕军营阵，并以5000士卒随牛后冲杀，结果大败燕军，收复失地。

⑧襄王：即齐襄王。齐湣王之子，名法章。尽王被楚将淖齿杀死后，法章隐藏姓名，在莒太守家做用人，后淖齿离开莒地，法章自言为湣王子，因而被莒人共立为王。

【译文】

与敌人交锋，应当密切注意敌国君臣之间的矛盾，并派间谍去离间他们。敌国君臣如果互相猜疑，我方应派精锐兵力趁机进攻，一定能达到目的。兵书上说："敌人君臣之间的关系密切，要设法离间他们。"

战国周赧王三十一年，燕昭王派上将军乐毅率领燕国和秦、魏、韩、赵等国军队去讨伐齐国，攻破了齐国国都临淄。齐湣王逃到莒城。燕国军队听说齐王逃到莒，便集合众兵向莒进攻。楚将淖齿想与燕将平分齐国土地，便先去捉齐湣王，数说他的罪过并杀了他。齐国将士坚守莒城和即墨，与燕国军队对抗。燕国军队用几个月时间却没把这两座城攻下，乐毅就对莒和即墨进行围困。这时，齐国即墨大夫战死，城中人推举田单为将军。不久，燕昭王死了，燕惠王继位。燕惠王与乐毅不和。田单听说这件事后，就派间谍去离间说："乐毅与燕国新国王不和，害怕被新王诛杀，想依靠各国兵力在齐为王。齐人现在还没归附他，所以他现在缓攻即墨，以等齐国士人归附他。齐国人只怕其他将军再来，那时即墨就要被攻破了。"燕王信以为真，就派骑劫去替代乐毅。乐毅于是逃往赵国。燕国将士之间从此不和。田单又让一个士卒伪装成神师，向他行祀礼。然后摆起火牛阵，大破燕军，接连收复齐国失去的70余座城池，把齐襄王从莒城迎到临淄来。

【赏析】

这里主要阐述以离间的策略手段破坏敌人内部团结，进而战胜敌人的谋略思想。这一计谋，在政治、军事、经济等领域被广泛使用。古人用离间计，有离间君王的，有离间亲属的，有离间贤能的，有离间其侍从的，有离间其说客的，有离间其友好邻邦的，等等。在与敌交战中，应当随时注意捕捉和利用敌国君臣之间的矛盾，派遣间谍进行离间，扩大和加深敌人内部矛盾，然后以精锐部队乘机攻之，就能达到战胜敌人的目的。

饵 战

【原文】

凡战，所谓饵者，非谓兵者置毒于饮食，但以利诱之，皆为饵兵也。如交锋之际，或乘牛马，或委财物，或舍辎重，切不可取之，取之必败。法曰："饵兵勿食。"

汉献帝建安五年，袁绍遣兵攻白马，操击破之。斩其将颜良，遂解白马之围，徙其民而西。绍渡河追之，军至延津南。操勒① 兵驻营南坡下，令骑解鞍放马。是时，白马辎重就道。诸将以为敌骑多，不如还保营。荀攸曰："此所谓饵兵，如之何去之！"绍骑将文丑与刘备将五、六千骑前后至。诸将曰："可上马。"操曰："未也。"有顷②，骑至稍多，或分趣辎重。操曰："可矣！"乃皆上马，纵击，大破之。

【注释】

①勒：勒令，命令。

②有顷：又过了一会儿。

【译文】

在战争中所说的饵兵，不是指打仗时把毒药放在饮食中让敌人中毒，凡是用财利引诱敌人上当的方式，皆谓之饵兵。比如在两军交锋时，有时敌人故意放出牛马，有时丢下一些财物，有时舍弃钱物粮草，这些东西万万不可拾取，取了一定失败。兵书上说："敌人用来作诱饵的东西不要拾取。"

汉献帝建安五年，袁绍派兵进攻白马，曹操打败他们，杀死了袁绍部将颜良，解除了白马之围，接着率领当地百姓向西撤退。袁绍领兵追击他们，一直追到延津南。曹操命士兵在南山坡下安营扎寨，并命骑兵解开马鞍放马。当时，曹操军队运输补给的车队正在白马。曹操部下都认为敌人骑兵众多，不如撤回军营保住营寨。荀攸说："我们是作诱饵来引诱敌人的，怎么能撤走呢！"这时，袁绍的将领文丑和刘备率领五、六千名骑兵一前一后赶到。将领们说："可以上马攻击敌人。"曹操说："还不到时候。"又过了一会儿，敌人骑兵逐渐多了。又有人报告说："敌兵分头去抢辎重了！"曹操说："可以出击了。"于是，全部骑兵上马反击，大败袁军。

【赏析】

此篇主要阐述作战中怎样才能警惕和防止中敌"饵兵"之计的谋略思想。所谓"饵兵"，就是"以利诱之"的一种战法。强调在交战中，对于敌人放出的牛马、委置的财物、舍弃的辎重，切不可拾取，因为一旦争着去拾取，必然为敌所乘而导致失败。

利与害紧密相关。有其利必有其害，反之亦然。然而利有大小，害有轻重，必须全面考虑，详加权衡，利大害小方可行，利小害大则不为。孙子语："智者之虑，必杂于利害。"。强调在军事行动之前，一定要周密考察利与害两个方面，尽量减少盲目性，不干或少干蚀本生意。

在利与害并存的战场上，对敌怎样利而诱之，诱而歼之，对己怎样趋利而避害，是一个古老而又现实的课题。现代战争，仍然是一种利害冲突，如何把握利与害的辩证关系，运用"利而诱敌"的谋略，都必须引起军事家们高度重视。

疑　战

【原文】

凡与敌对垒，我欲袭敌，须丛聚草木，多张旗帜，以为人屯[①]使敌备东而我击其西，则必胜。或我欲退，伪为虚阵[②]，设留而退，敌必不敢追我。法曰："众草多障者，疑也。"

《北史》：周武帝东讨，以宇文宪[③]为前锋。守雀鼠谷，帝亲临围晋州，齐主闻晋州被围，亦自来援，时陈王纯[④]屯千里径[⑤]，大将军永昌公椿[⑥]屯鸡栖原，大将军宇文盛[⑦]守汾水关，并受宪节度。宪密谓椿曰："兵者，诡道。汝今为营，不须张幕，可伐柏为庵，示有所处。兵去之后，贼犹至疑。”时齐主分兵向千里径，又遣众出水关，自帅大军与椿对。椿告齐兵急，宪自往救之。会军败，齐追逐还师，夜引还。齐人果以柏庵[8]为帐幕之备，遂不敢进。翌日始悟。

【注释】

①人屯：有大队人马驻防。

②虚阵：虚无的阵形，用以欺敌。

③宇文宪：周文帝宇文泰之第五子，武帝宇文邕之弟。因累战功封齐王。

④陈王纯：即陈惑王宇文纯，宇文泰之第九子。官至上柱国。

⑤千里径：地名，在平阳（晋州治所，今山西临汾）北，是通往太原的要隘之一。

⑥永昌公椿：即宇文椿，宇文泰之侄孙，封永昌公。周武帝时，任大将军；宣帝时，任大司寇。

⑦宇文盛：宇文泰之第十子。周武帝时，封越国王，授任相州总管。周静帝时为太保，后为隋文帝杨坚所杀。

⑧庵：草房。

【译文】

凡是与敌军对垒，我军计划袭击敌军，应多堆聚草和树枝、多悬挂旗帜，造成有军队驻扎在该处的假象，使敌人于此守备而我方从别处进攻，如此就一定能取胜。如果我方想撤退，就把伪装的军营留在那里，部队悄悄退走，敌人一定不敢来追。兵书上说：“堆积许多草木作障碍，是故设疑阵。”

南北朝时期，周武帝讨伐北齐时，任命宇文宪为前锋，驻守雀鼠谷。当时，陈惑王宇文纯在千里径驻军，大将军永昌公宇文椿驻军在鸡栖原，大将军宇文盛守汾水关，都受宇文宪指挥。宇文宪私下对宇文椿说：“用兵打仗，要讲求诡诈。你这次安营，不要使用帐幕，可以砍些柏树搭成小草屋，向敌人显示我方要在这里长久驻军的假象。等我们部队从这里撤走之后，敌兵经过仍会疑心这里仍有我军。”当时齐后主高纬分派部分兵力向千里径进攻，又派遣部分军队攻打汾水关，自己则率领大部分军队与宇文椿对垒。宇文椿向宇文宪报告北齐兵急攻，宇文宪亲自领兵营救，正遇上打了败仗被齐兵追赶的宇文椿的军队，连夜带领他们回到自己的驻地。北齐的士兵果然以为柏树搭的小草屋是周兵驻扎的营地，便不敢进军，直到隔天才明白是怎么一回事。

【赏析】

此篇主要阐明了设置疑阵迷惑敌人的谋略思想。要进袭敌人时，可采用“丛聚草木、多张旗帜”的办法，使敌人误以为是屯兵，以引诱敌人，待其兵力分散时，乘机击之，一定能取胜。如要退却时，则设置假营阵以惑敌，使其摸不清虚实，不敢轻率追击。这样，就可以安全撤退。

公元 218 年，刘备领兵 10 万围汉中，曹操闻报大惊，起兵 40 万亲征。定军山一役,蜀将黄忠计斩曹操大将夏侯渊。曹操大怒,亲统大军抵汉水与刘备决战,誓为夏侯渊报仇。蜀军见曹兵势大,退驻汉水之西,西军隔水相拒。刘备与孔明至营前观察两岸形势,谋划破敌之策。孔明见汉水上游有一带土山,可伏兵千余。回营后命赵云“引500人,皆带鼓角伏于土山之下。或半夜,或黄昏,只听我营中炮响。炮响一声,擂鼓一番。只不要出战。”孔明自己却隐在高山上观察敌军动静。第二天,曹兵到阵前挑战,见蜀营既不出兵,也不射箭,叫喊了一阵便回去了。到了深夜,孔明见曹营灯火已灭,军士们刚刚歇息,使命营中放炮为号,令赵云的五百伏兵鼓角齐鸣,喊声震天。曹兵惊慌,疑有蜀兵劫寨,赶忙披挂出营迎敌。可出营一看,并不见有什么蜀兵劫寨,便回营安歇。待曹兵刚刚歇定,号炮又响,鼓角又鸣,呐喊又起。一夜数次,一连三夜,弄得曹兵彻夜不得安宁。曹操的谋士们认为,这是诸葛亮的疑兵计,建议曹操不要理睬。曹操却认为,如果多次皆假,却有一次真来劫营,我军不备,岂不要吃大亏。于是传令退兵三十里,找空阔之处安营扎寨。其实,他正是中了诸葛亮用的疑兵之计。

穷　战

【原文】

凡战,如我众敌寡,彼必畏我军势,不战而遁,切勿追之,盖物极则返①也。宜整兵缓追,则胜。法曰:“穷寇勿追②。”

汉,赵充国讨先零羌,羌见充国兵至,羌虏在所久屯聚,懈驰,望见大军,弃辎重,渡湟水,道隘狭,充国徐行驱之。或曰:“逐利行迟③。”充国曰:“此穷寇不可追也,缓之则走不顾,急之则还死战。”诸校④曰:“善。”虏赴水溺死者数百,余皆奔溃。

【注释】

①返:同“反”。

②穷寇勿追:对于穷途末路的敌人,不要追逼得太急。

③逐利行迟:追逐敌人利于迅速行动,而现在行动太迟缓。

④校:校尉。

【译文】

在打仗中,倘若我方兵力多于敌人,对方一定惧怕我军,不敢应战便逃跑。对这类敌人,不要急着追赶他们,因为物极必反。应该率领队伍慢慢追赶,这样就能取胜。兵书上说:“对于穷途末路的敌人,不要追逼得太急。”

汉朝时,赵充国讨伐先零羌,部队到了敌兵驻扎的地方。羌人长期住在这里,士兵都麻痹松懈,看见汉朝的军队到来,便丢下军备物资,渡过湟水,向狭窄险要的地方逃跑。赵充国带领部队缓缓前进追赶他们。有人对赵充国说:“追赶敌人应该行动迅速,现在行动太迟缓了。”他回答说:“这是一些走投无路的敌人,不能追得太急，慢慢追赶他们就不会回头与我们作战，若是追急了，他们就会调过头来和我军拼死作战。”校尉们说：“对。”羌人渡河时淹死了几百人，其余的都溃散了。

【赏析】

刘伯温指出，不战而退的敌人意在保存实力。一般来讲，他们的斗志都是不强的，但倘若追得太急，敌人反而会狗急跳墙，拼命抵抗，这样一来反而会增强他们的战斗力。这就是“物极必反”的道理，用赵充国的话来说就是“急之则还死战”，所以对他们宜采取“徐而驱之”的战法，在长途追击中消耗敌人，使之进一步丧失战斗力。

当然“穷寇勿追”也不是绝对的。对于那些负隅顽抗、纵之后患无穷的敌人，则一定要彻底消灭，而不能让他们喘息过后，反咬一口。物极必反的思想反映了辩证法中矛盾转化的规律。它广泛地运用于军事、政治斗争及经济竞争中。要正确处理攻守、进退、强弱、虚实、优劣、真假、奇正、治乱、静哗、劳逸、分合、勇怯等矛盾转化关系，就务必正确把握“物极必反”的哲理。

风　战

【原文】

凡与敌战，若遇风顺，致势而击之；或遇风逆，出不意而捣之，则无有不胜。法曰：“风顺致势[①]而从之，风逆坚阵以待之。”

《五代史》：晋都排阵招讨使杜重威等，与契丹战于阳城，为虏所困，而军中无水，穿井辄崩；又东北风大起，虏顺风纵火，扬尘以助其势。军士皆愤怒大呼曰：“都招讨何以用兵，令士卒枉死？”诸将请战，杜重威曰：“俟风少缓，徐观可否。”李守贞[②]曰：“风沙之内，彼众我寡，莫测多少，但力战者胜，此正风力助我也。”即呼曰：“诸军齐击贼！”张彦泽召诸将问计，或曰：“虏得风势，宜待风回。”彦泽亦以为然。右厢副使乐元福[③]谓曰：“今军饥渴已甚，待风回，吾属为虏矣。且敌谓我不能逆风以战，宜出其不意，急击之。此诡道也。”符彦卿等乃将精骑，奋力击之，逐北二十余里，契丹主奚军走十余里，追兵击之，得一橐驼[④]，乘之遁去，晋军乃定。

【注释】

①致势：随顺情势的有利之处。

②李守贞：五代后晋将领，曾任同平章事、节度使等职，后降契丹。

③乐元福：五代晋阳（今山西太原南）人。后唐时任都指挥使，后晋时任刺史，后汉、后周时，任节度使。

④橐驼：即骆驼。

【译文】

与敌人交锋，倘若遇到顺风，要顺着风势去进攻敌人；倘若遇到逆风，要出其不

意去袭击敌人，如此没有不胜的。兵书上说："顺风时要利用风势去进攻敌人，逆风时要坚守阵地等待时机反击敌人。"

据《五代史》记载：后晋都排阵招讨使杜重威等人与契丹在阳城作战，被契丹军包围了。当时军营中没有水，凿井就崩塌，恰逢大刮东北风，敌人顺风放火，又扬起沙尘以张声势。后晋士兵都愤怒大叫说："都招讨怎么这样用兵？叫我们士卒白白送死！"诸将都要求出战，杜重威说："等风势缓和些，再看看可不可以出兵。"李守贞说："在大风沙中，虽然敌众我寡，但双方谁也弄不清对方到底有多少人，在这种情况下，谁努力作战谁就能取胜。这正是风力帮助我们啊！"于是他高呼："大家一齐向贼兵进攻！"张彦泽召集将领们商量对策，有人说："敌人占上风，应该等风转向后再作战。"张彦泽也表认同。马军右厢副排阵使乐元福说："现在我军士兵又饥又渴，等风向转变时，我们大概全被敌人俘虏了。我想敌人一定认为我军不能逆风作战。应该出其不意，快速向他们进攻，这是奇计。"符彦卿等于是率领精锐骑兵，全力向敌人反攻，追赶败逃的敌人 20 余里。契丹首领乘着奚军跑了 10 余里，后晋部队在后面追击。他弄到一头骆驼，骑着它逃跑了，后晋军心才安定下来。

【赏析】

这里主要阐述如何利用风向作战的谋略思想。倘若遇到顺风天气，就要乘着风势进攻敌人；倘若遇到逆风天气，则可乘敌麻痹松懈，出其不意地袭击敌人。如此，就没有不成功的。

元朝末年，朱元璋率军进攻盘踞在江州的陈友谅。两军在鄱阳湖上展开了水上大战。但陈友谅犯了一个致命的错误，将几百艘战船连在一起。因为朱元璋的战船小，在陈友谅的大船面前的确处于劣势。朱元璋手下的将领郭兴看见敌船相连，不由地联想到从前周瑜火烧曹操的战舰的典故来，于是他提出了火攻的建议，朱元璋听罢拍手称妙，当即下令做好准备。

郭兴命令士兵扎束很多草人，手持武器，安置在7条船上，并在船上装满了火药。7条"火船"乘东北风顺风疾行，飞快地向陈友谅的战舰驶去，即将进逼敌船时，郭兴下令将船中的草人、火药点燃。7条船顿时变成了火龙，并很快烧着了敌船。

由于陈友谅的数百艘战船紧紧地连在一起，无法逃脱大火的蔓延，很快便被大火吞噬。陈友谅军卒烧死、淹死的人数过半，朱元璋因此大获全胜。

雪战

【原文】

凡与敌人相攻，若雨雪不止，视敌无备，可潜兵击之，其势可破。法曰："攻其所不戒。"

唐遣唐邓节度使李愬[①]讨吴元济[②]。先是愬遣将将二千余骑巡逻，遇贼将丁士良，与战，擒之。士良，元济骁将，常为东边患。众请刳[③]其心，愬许之。士良无惧色，遂命解其缚，士良请尽死以报其德，愬署为捉生将[④]。士良言于愬曰："吴秀琳据文城栅，为贼左臂，官军不敢近者，有陈光洽为之主谋也。然光洽勇而轻，好自出战，请为擒之，则秀琳自降矣。"铁文及光洽被执，秀琳果降。延光洽问计，光洽答曰："将军必欲破贼，非得李祐[⑤]不可。"祐，贼健将也，有勇略，守兴桥栅，每战常轻官军。时祐率众割麦于野。愬遣史用诚以壮士三百伏林中，秀琳擒之以归。将士争请杀之，愬独待以客礼，时复与语，诸将不悦。愬力不能独完，乃械祐送之京师。先密奏曰："若杀祐，则无成功。"诏以祐还愬，愬见祐大喜，署为兵马使，令佩刀出入帐中，始定破蔡之计。令祐以突骑三千为前锋，李忠义副之，愬以监军将三千为中军，李进诚以三千殿为后军。令曰："但东行六十里。"夜至张柴村，尽杀其戍卒，敕士少休。令士卒食乾糗[⑥]，整羁靮[⑦]、鞍铠[⑧]、弓刃。时大雪，旗旆[⑨]折裂，人马冻死者相望，人人自谓必死。诸校请所之，愬曰："入蔡州取吴元济。"众皆失色，相泣曰："果落李祐奸计。"然畏愬，莫敢违。夜半，雪愈盛。分轻兵断贼郎山之援；又断洄曲及诸道桥梁，行七十里至悬瓠城[⑩]。城旁皆鹅鹜池[⑪]，愬击之以乱声。初，蔡人拒命，官军三十余年[⑫]不能至其城下，故蔡人皆不为备。祐等攀城先登，众从之。杀守门者，而留击柝者[⑬]，纳其众城中。鸡鸣雪止，遂执元济，槛送京师，而淮西[⑭]悉平矣。

【注释】

①李愬：唐洮州临潭（今甘肃临潭）人，字元直。唐宪宗时，任节度使。因讨割据淮西的吴元济有功，晋封凉国公。

②吴元济:唐沧州清池(今河北沧州东南)人,淮西节度使吴少阳之子。其父死,因其袭位未准,遂割据蔡州对抗唐廷。后为唐将李愬乘虚袭破所俘。

③刳:剖开而挖空。

④捉生将:唐、五代时武官称号,因能活捉敌人而名。

⑤李祐:字庆之。初为吴元济部将。后被唐将李愬所俘降,任神武将军、右龙武统军、尚书右仆射等职。

⑥乾糗:即干粮。

⑦羁靮:马络头。

⑧鞍铠:即马鞍和铠甲。

⑨旆:古代旌旗末端状如燕尾的下垂饰物。这里泛指旌旗。

⑩悬瓠城:古城名,又作"悬壶"。在今河南汝南,唐代为蔡州州治。因城北汝水屈曲如垂瓠(瓠,通"壶")而得名。

⑪鹅鹜池:即悬瓠池。鹜,家鸭。故鹅鹜池俗称"鹅鸭池"。

⑫三十余年:从唐德宗贞元二年(公元786年)吴少诚据蔡州起,王宪宗元和十二年(公元817年)吴元济被平定止,吴氏割据蔡州达三十二年。

⑬击柝者:即打更人。柝,旧时巡夜用的报更木梆。

⑭淮西:唐代方镇名,全称淮南西道。唐肃宗初年置,辖蔡、陈、许、光、申等五州。

【译文】

进攻敌人,假如下雪不止,敌人没有防备,可派兵进袭,这样就能攻破敌军。兵书上说:"要在敌人没有戒备时向他们进攻。"

唐朝派遣唐邓节度使李愬前去讨伐吴元济。李愬先派将领率领2000余名骑兵去巡逻,遇见敌将丁士良,双方交战,唐军活捉了丁士良。丁士良是吴元济的一员勇将,曾在李愬东部边界为患。李愬部下要挖出丁士良的心,李愬答应了。行刑时,丁士良面无惧色,李愬便命人为他松绑,并且饶恕了他。丁士良深受感动,表示要拼死报答恩德,于是李愬留下他,封他为捉生将。丁士良向李愬建议:"吴秀琳据守在文城栅,他像吴元济的左臂一样,唐朝官军之所以不敢靠近他,那是因为有陈光洽替他出主意。陈光洽虽然勇猛但是轻率,喜欢亲自出战,请允许我去把他擒来,那么吴秀琳自然投降。"于是铁文及陈光洽真被他活捉过来,吴秀琳果然投降。李愬向陈光洽请教攻打吴元济的办法,陈光洽回答:"将军您想攻破贼人,非得李祐帮助不可!"李祐是吴元济的猛将,有勇气也有谋略,驻守兴桥栅,打仗时总是轻视官军。当时李愬正率领士卒在野外割麦子。李愬派史用诚率领300名壮士埋伏于树林中,吴秀琳活捉了李祐。李愬的官兵都争着要杀李祐,李愬却用待客之礼接待李祐,并不时地与他交谈。李愬部下诸将领心中很不高兴。李愬眼看保全不了李祐,便将李祐戴上刑具押送京师。李愬提前向皇帝密奏说:"如果杀了李祐,就无法取得蔡州。"于是皇帝下诏把李祐交给李愬处理。李愬看到诏书后十分高兴,任命李祐为六院兵马使,并允许他带刀出入自己的军帐。这时才确定了攻打蔡州的策略。李愬命李祐率领3000名突击人员为前锋，李忠义为副将；李愬自己率领3000名壮士作为监军居中；李进诚率领3000士卒充当后军在后边压阵。李愬下令："早晨起来向东进军。"从文城栅出发，走了60里，晚上到了张柴村，把村中的敌兵全部杀死。命令士兵稍做休息，吃些干粮，整理马笼头、马鞍、铠甲、弓箭和刀剑等。当时正下大雪，旌旗都被风撕裂了，冻死的人马随处可见，人人都认为不是战死也被冻死。部下将领问李愬部队要到什么地方去，李愬说："到蔡州活捉吴元济。"众人听后脸色都变了，流着眼泪互相议论："果然中了李祐的圈套。"然而大家都怕李愬，没人敢违抗命令。半夜时雪下得更大了，李愬派部分军队去堵截朗山敌人的援军，又断绝了洄曲和通往蔡州各条道路上的桥梁，前进了70里到达了悬瓠城。城外是一片鹅鸭池塘，李愬命士兵惊打池中的鹅鸭，让鹅鸭的叫声掩盖部队的行军声。当初蔡州抗拒朝廷到现在已30多年，官军没到过蔡州城下，所以蔡州人都没有作防备。李祐等将领率先攀上城墙登上城楼，众兵卒随后跟上。登城之后，杀死守城门的敌兵，仅留下打更人让他继续打更以麻痹城里的人，并打开城门放李愬部队进入城中。天亮时，雪停了，李愬军队活捉了吴元济，用囚车押送京城，淮西从此平定。

【赏析】

这里主要阐述利用下雪天气奇袭敌人的谋略思想。刘伯温指出，如果遇到下雪不止的坏天气，并且经过侦察发现敌人没有战斗的准备，就可以秘密派兵实施偷袭，必能打败敌人。

气候条件，是影响军事行动的重要因素。风雪交加的恶劣气候，既不利于军事行动，也往往是人们极易麻痹松懈的时候。因此，在这样的气候下作战，既要防止自己丧失警惕而为敌人所乘，又要寻机乘敌之隙而袭击敌人此。

养战

【原文】

凡与敌战，若我军曾经挫衄[①]，须审察士卒之气。气盛则激励再战，气衰则且养锐，待其可用而使之。法曰："谨养勿劳，并气积力。"

秦始皇问李信[②]曰："吾欲取荆[③]，度用几何人？"对曰："不过二十万人。"及问王翦[④]，曰："非六十万不可。"王曰："王将军老矣，何怯也！"乃命信及蒙恬[⑤]将二十万人伐荆。翦不用，遂谢病归频阳。信与蒙恬攻楚，大破之，乃引兵西，与蒙恬会城父。荆人因随之，三日不顿舍，大败信军，入两壁[⑥]，杀七都尉[⑦]，信奔还。王怒，自至频阳，见王翦，强起之。对曰："老臣悖乱，大王必不得已用臣，非六十万人不可。"王从之。翦遂将兵，王送至灞上。荆人闻之，悉兵以御翦。翦坚壁不战，曰休士卒洗沐，而善饮食抚循之，与士卒同甘苦。久之，问："军中戏乎？"对曰："方投石[⑧]超距[⑨]"翦曰："可用矣。"荆人既不得战，乃引而东。翦追击，大破之。至蕲[⑩]

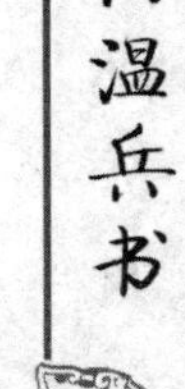

南，杀其将军项燕[11]，荆兵遂败走，翦乘胜略定城邑。

【注释】

①挫衄：失败。衄，损伤。

②李信：秦将。曾率兵击败燕军，俘燕太子丹。

③荆：古代楚国的别称，因其原建国于荆山（今湖北南漳西）一带，故名。另一说秦称楚为荆，是因避庄襄王之讳子楚。

④王翦：秦将，频阳人。曾先后率兵攻破赵国、燕国和攻灭楚国，因功晋封武成侯。

⑤蒙恬：秦国名将。其先祖本齐国人，自祖父蒙骜起世代为秦名将。秦统16国后，他率兵击退匈奴进犯，并奉命修筑长城，守边多年，使匈奴不敢再犯。后为秦二世所迫而自杀。

⑥两壁：壁，即壁垒，这里指李信军的两个营垒。

⑦都尉：古代军中要职，战国始置。是比将军略低的武官，相当于参谋武官。

⑧投石：以木机投掷石块，或以手飞石，远者为胜。这里指军事训练。

⑨超距：犹跳跃。这里指跳越障碍的训练。

⑩蕲：古地名。故址在今江苏宿县南。

⑪项燕：战国楚名将。为秦将王翦所围而自杀。

【译文】

在战争中，如果我方部队曾被敌人打败，应该细心观察士卒的斗志。斗志高昂就应激励他们再战，斗志衰减就应令他们休养生息以蓄养士气，等斗志高昂时再使他们战斗。兵书上说："要让士卒休养，不使他们过度劳累，应积存力量，以提高斗志。"

秦始皇问李信说："我想攻取楚国，你估计得用多少人？"李信回答说："不超过20万人。"等问到王翦时，王翦回答："非60万人不可。"秦王说："将军老了！怎么这么胆小呀？"便命李信及蒙恬率领20万人去攻打楚国。不用王翦，于是王翦便称病回到老家频阳。李信与蒙恬率兵进攻楚国，把楚军打得大败。李信领兵向西到城父与蒙恬会合。楚人紧紧跟在后面追击，三天三夜没停顿，大败李信，攻入李信蒙恬两座军营当中，杀死7名都尉，李信逃回秦国。秦王大怒，亲自到频阳，强令王翦为将。王翦回答说："臣年老糊涂，大王如果一定要用我为将的话，非60万军队不可。"秦王答应了他的要求。王翦率兵出征，秦王亲自送他到灞上。楚人听说这件事后，便集中全国兵力来抵抗。王翦坚守在军营中不出战，每日让士卒休息，令士卒洗澡，供给他们好的饮食，安抚他们，按他们的意愿办事，与士卒同甘共苦。过了很长时间，王翳问部将说："部队中做游戏吗？"有个部将回答说："正在掷石块看谁掷得远。"王翦说："这些士卒可以使用了！"楚国部队见无法与秦兵交战，便向东撤离，王翦乘机追击，大破楚军。攻到蕲水之南，杀死楚国大将项燕，楚兵大败而逃，王翦乘胜追击，占领许多城邑。

【赏析】

本篇主要阐述休整部队、提高士气的谋略思想。当部队遭到挫折以后，务必根据部队士气如何而决定战否。士气旺盛时，就激励其再战；士气衰落时，就休整部队，待其气盛之时，再用以对敌作战。

世间事物，有张有弛，张弛适度，方有生机。部队作战也不例外，既要注意发展部队连续作战的作风，又要注意适时休整部队、养精蓄锐，才能使部队保持旺盛的士气和强大的战斗力。

畏　战

【原文】

凡与敌战，军中有畏怯者，鼓之不进，未闻金先退，须择而杀之，以戒其众。若三军之上，人人皆惧，则不可加诛戮，重壮军威。须假之以颜色，示以不畏，说以利害，喻以不死，则众心自安。法曰："执戮禁畏，大畏则勿杀戮，示之以颜色，告之以所生。"

《南史》[①]：陈武帝[②]讨王僧辩，先召文章与谋。时僧辩婿杜宠[③]据吴兴，兵甚众，武帝密令文帝速还长城，王栅备之。宠遣将杜泰乘虚掩至，将士相视失色，帝言笑自若，部分[④]益明，于是众心乃定。

【注释】

①《南史》：记载南北朝时期南朝宋、齐、梁、陈四朝代的历史书，唐李延寿撰，80卷。

②陈武帝：即陈霸先。陈武帝讨王僧辩之战，发生在梁敬帝绍泰元年（公元555年）。

③杜宠：南朝梁将，王僧辩之婿。曾任扬州刺史等职，后为陈茜所杀。

④部分：部署、安排。

【译文】

凡是与敌交战，部队里有贪生怕死的、听到鼓声裹足不前的、钲声未响就急着撤退的，对情节严重者必须严格执行军法，以达到杀一儆百之效。假如全军人人皆惧战，则不可妄加杀戮。必须和颜悦色开导，告以求生之道，讲明利害关系，明确政策，这样，军心自然安定。兵书上说："执法的目的是防止畏缩惧战，假若人人惧怕执法就起不了作用，必须晓以大义，告知不会战死的方法，才能稳固军心。"

《南史》记载：武帝陈霸先进攻王僧辩，先召见文帝一起商定国家大计。当时王僧辩女婿杜宠据守吴兴，兵力强盛。陈霸先密令文帝返回长安，设置木栅防范。不料，杜宠派部将杜泰乘虚偷袭，陈国将士大惊失色，可是文帝却像平时一样谈笑

自如,部署兵力严加防守,于是大家的情绪便迅速地安定下来了。

【赏析】

本篇阐述治军必须严明的谋略思想。在与敌交战中,对畏惧不前或临阵脱逃的士卒,必须择其甚者处以死刑,以收杀一儆百之效。但是,如果全军普遍存在畏敌情绪,就不可单用杀戮的办法。因为,杀不胜杀,多杀势必削弱实力,挫伤军威士气。在此情况下,将帅要和颜悦色地做好开导工作,讲明勇怯的利害关系,晓谕他们以求生的方法。这样,部队情绪自然就会安定。

在临战状态下,对于严重畏敌怯战的士兵,执行军法是必要的。但是不可任意杀戒。基本上,士卒勇敢和不怕死的精神,是靠平时严格的教育训练培养出来的。

书　战

【原文】

凡与敌对垒,不可令军士通家书,亲戚往来,恐言语不一,众心疑惑。法曰:"信问通,则心有所恐;亲戚往来,则心有所恋。"

蜀将关羽屯江陵,吴以吕蒙代鲁肃[①]屯陆口。蒙初至,外倍修恩德,与羽厚结好。后蒙[②]袭收公安、南郡,而蜀将皆降于蒙。蒙入据城,得羽及将士家属,皆抚慰,令军卒不得干历[③]人家,有所取求。蒙麾下士,与蒙同汝南人,取民一笠[④],以覆官铠,虽公,蒙犹以为犯军令,不可以乡里故,废法,乃泣而斩之。于是,军中震剽,道不拾遗。蒙旦暮使亲近存恤耆老[⑤],问所不足,疾病者给医药,饥寒者与衣粮。羽还,在道路,每使人相问,蒙辄厚遇之。周游城中,家家致问。羽人还,私相参问,咸贺家门无恙,相待过于平时,故羽士卒皆无斗志。会权又至,羽西走漳乡,众皆降,羽被杀。

【注释】

①鲁肃:三国时吴国名将,临淮东城(今安徽定远东南)人,字子敬。出身士族。赤壁之战,与周瑜坚决主战,为孙权所采纳,因而取得赤壁之战的胜利。瑜死后,肃任奋武校尉,后改任横江将军,督领全军,并继续推行联刘抗曹政策。

②蒙:即吕蒙,字子明。少依孙策部将邓当,邓死,代领其部属,从孙权攻占各地,任横野中郎将,后随周瑜等大破曹操于赤壁。

③干历:侵犯、扰乱。

④笠:即笠盖,一种以竹篾编成的笠形遮雨覆盖物。

⑤耆老:泛指老年人。

【译文】

与敌交战,应禁止士兵与家人通信,或与亲戚往来探望,唯恐说法不一,致使众兵心生疑惑。兵法上说:“作战时允许士兵书信往返,则心中惧战;亲友来往探望,会因心生眷恋,不肯奋力作战。”

蜀将关羽驻军于江陵时,吴国派吕蒙代替鲁肃驻军于陆口。吕蒙刚到陆口时,表面上与关羽友好,暗中却用兵攻取了公安和南郡,守卫两地的蜀将都投降吕蒙。吕蒙进驻荆州城,俘获关羽及其部下将士家属,加以安抚及照顾,并下令吴军官兵不得干扰居民、不得求取其财物。当时吕蒙部下一个士兵,与吕蒙都是汝南人,他拿百姓家一顶斗笠用来遮盖公家的铠甲,虽然是为公,吕蒙认为他触犯了军令,不因为是同乡而徇私,于是流着泪斩了他。这样一来,军中士兵十分恐惧,从此以后连丢在路上的东西都没有人敢拾取。吕蒙整天不断地派亲信去慰问、救济城中的老年人,问他们还缺少什么。生病的给予治病送药,饥寒的给予衣服和食物。关羽部队回荆州走在路上时,派人到城中探问,吕蒙都热情接待,让他们到城里到处走动,到每个战士家中去探问。关羽派的使者回去后,士兵们私下都来询问消息,他们都祝贺那些士兵们家中平安无事,还说吕蒙对他们比关羽好,所以关羽的士兵都丧失斗志。恰巧这时孙权又率兵到南郡,关羽战败,向西逃走,其余百姓全部投降孙权,关羽被杀。

【赏析】

本篇主要论述对敌作战期间禁绝士卒与亲友通信或往来,以防军心动摇的谋略思想。在与敌对峙中,倘若允许士卒通传书信、与亲友往来,会因为言语不一而动摇军心,因依恋亲眷而涣散士气。因此,作者主张在对敌作战期间,“不可令军士通家书,亲戚往来”。

《百战奇略·书战》云:“凡与敌战对垒,不可令军士通家书,亲戚往来;恐语言不一,众心疑惑。法曰:信通问,则心有所恐;亲往来,则心有所恋。”

“书亲绝”指在战争时期,一般要禁绝士卒与亲人随便互相通信,禁绝士卒与亲人随便互相往来,以防止军事秘密泄露,断绝士卒思家想亲的念头,禁止谣言产生和传播,避免军心动摇,以便全军团结一心去争取胜利。

军心、士气是构成部队战斗力的主要因素。一般说来,军心旺盛、士气高涨,部队就容易胜利;反之,则容易失败。

变战

【原文】

凡兵家之法,要在应变[1]。好古知兵,举动必先料敌。敌无变动,则待之;乘其有变,随而应之,乃利。法曰:“能因敌变化而取胜者,谓之神。”

五代,梁末,魏博兵乱[2],贺德伦降晋[3]。庄宗[4]入魏,梁将刘鄩[5]乃军于莘县,增垒竣池[6],自莘及河,筑甬道[7]输饷。梁帝诏鄩出战。曰:“晋兵未易击,俟进彼取,苟得机便[8],岂敢坐滋患害?”帝遣使问鄩决胜之策,对曰:“臣无奇谋,但人给十

斛粮，尽乃破敌。”帝怒曰：“将军留米将疗饥耶？”又遣中使督战。鄩谓诸校曰：“大将专征，君命有所不受，临敌制变，安可预谋？今揣彼自气盛，难可轻克，诸君以为如何？”众皆欲战，刘默然。乃复召诸将列军门，人给河水一杯，因命饮之，众未测其意，或饮或辞。鄩曰：“一杯之难若是，滔滔河流可既胜乎？”众皆失色。时庄宗以兵压鄩营，亦不出。帝又数遣人促之，鄩以万人薄其营，俘获甚众。少顷，晋兵继至，鄩退；复战于故元城，庄宗与李嗣源、李存审夹击，鄩兵大败。

【注释】

①应变：适应战争局势而变化。

②魏博兵乱：魏博，即魏博镇，治魏州（在今河北大名北），唐朝在此设节度使，五代因之。后梁大将杨师厚雄踞魏博。乾化三年，梁末帝朱友贞为削弱魏博镇势力，乘杨师厚病死之机，将该镇一分为二，以平卢节度使贺德伦为天雄军节度使坐镇魏州，以宣徽使张筠为昭德节度使坐镇相州（今河南安阳）。此举激起魏博镇兵强烈反对而酿成兵变。兵变者挟持刚到任的贺德伦投降了晋。

③晋：这里指唐朝末年的封建军事割据势力之一，五代后唐的前身。唐僖宗年间，沙陀族首领李克用因助唐镇压黄巢起义，被任为河东（治晋阳，在今山西太原南）节度使，封晋王。后其子李存勖即王位，仍称晋。

④庄宗：即李存勖的帝号，而其此时尚未称帝。

⑤刘鄩：五代后梁大将。密州安丘（今山东安丘）人。曾任左龙武统军、镇南军节度使等职。后因在魏州之战失败，被梁末帝朱友贞所杀。

⑥增垒竣池：增设营垒，疏通护城河。这里指整修城防。

⑦甬道：即两旁筑有墙垣的通道。

⑧机便:指有利时机。

【译文】

兵家的用兵策略,最重要的就是随机应变,用兵的关键在于了解敌我双方的真实情况。在采取军事行动之前,必须先准确估计敌方情况,敌方如无变化,要耐心等待战机;一旦敌方情况发生变化,要立即采取应变措施,方能取胜。兵书上说:"能根据敌方变化而采取正确措施取得胜利的将领,才称得上用兵如神。"

五代梁朝末年,魏州发生兵乱,贺得伦投降了晋王。晋王李存勖率领部队赶到魏州。梁将刘鄩驻军在莘县,增修营垒,深挖护城河,又从莘县到黄河边上修了一条甬道输送粮食。梁末帝下诏使刘鄩出战,刘鄩说:"晋军不容易攻打,我军应等候有利时机再进攻。假如有适当时机,我怎能坐失良机,养病贻患呢?"梁末帝又派使者向刘鄩询问取胜的策略。刘鄩回答说:"我没有什么特殊的谋略,只要给每个士卒十斛粮食,保证可打败敌军。"梁末帝大怒:"你要这么多米是怕将来挨饿吗?"又派人到刘鄩军中督战。刘鄩对手下将领说:"大将出征,皇帝的命令有的可以不接受。与敌交战,根据敌情变化策略,一些事情怎能事先预料?现在我揣测敌军士气正旺,难以轻易攻克,你们看该怎么办?"众将都跃跃欲试,刘鄩却默不作声。后来又把众将集合至军营前,每人给一杯黄河水,命令他们喝下去。众人不知他的意图,有人喝下去,有人推辞。刘鄩说:"一杯河水难于下咽到这种地步,滔滔的黄河水能喝尽吗?"众人听后都大惊失色。当时李存勖的部队挑战刘鄩的军队,刘鄩不出战。梁末帝又屡次派人催促他出兵,刘鄩派1万人进攻晋兵,俘虏了许多晋兵。不久,后晋军相继到来,刘鄩撤退到元城附近与后晋军交战,李存勖与李存审联合夹击刘鄩,梁兵大败。

【赏析】

此篇主要论述因变制敌、灵活用兵的谋略思想。指导作战的法则,最关键的是能够适应变化的情况而克敌制胜。用兵作战,首先必须侦察和判明敌情后再采取行动。在敌情无变化时,要耐心等待其变化;在敌情已经发生变化时,要根据情况,采取相应的对策。这样才有利于取胜。

好　战

【原文】

夫兵者,凶器也;战者,逆德[①]也。实不获已而用之。不可以国之大、民之众,尽锐征伐,争讨不止。终至败亡,悔无所追。然兵犹火也,弗戢[②]将有自焚之患。黩武穷兵[③],祸不旋踵[④]。法曰:"国虽大,好战必亡。"

隋之炀帝,国非不大,民非不众,嗜武好战,日寻干戈,征伐不休。及事变,兵败辽城[⑤],祸起萧墙[⑥],岂不为后世笑乎?吁,为人君者,可不慎哉!

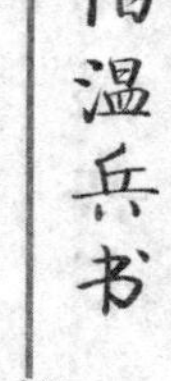

【注释】

①逆德:违背道德。

②戢:收敛。

③黩武穷兵:即穷兵黩武,好战不止,滥用兵力。

④祸不旋踵:很短的时间,灾祸就接二连三的到来。旋踵,转足之间,形容非常迅速。

⑤事变,兵败辽城:隋大业七年以后,隋炀帝三次入侵高丽,在现在的辽宁被打败。这里的"辽城"并非实指。

⑥萧墙:门屏也,古代宫室用来分隔内外的当门小墙。《论语·季氏》有"吾恐季孙之忧,不在颛臾而在萧墙之内",后世常用"萧墙之患"比喻内部潜藏的祸害。这里是指隋大业十四年,宇文化及发动兵变,将隋炀帝杀死一事。

【译文】

武器是杀人的凶器,战争是违反道德的行为。只有在迫不得已的情况下才能使用它。不能凭借国家大、百姓多,就用全部兵力进攻别国,征战不休。这样最终会导致灭亡,到那时后悔也来不及了。发动战争就像玩火一样,如果不及时收敛,就会有烧死自己的危险。一味好战不止,灾祸将会很快降临。兵书上说:"国家虽然很大,但喜好战争必然灭亡。"

隋朝炀帝时,国土版图不能说不大,百姓不能说不多,但他喜欢发动战争,日夜征战不停。等到战争形势发生变化,隋军在辽城被打得大败,导致宫廷发生政变,这事怎能不被后世耻笑呢?身为国君的人,用兵难道能不慎重吗?

【赏析】

中国大多数兵家都是反对一味地"穷兵黩武"。老子就曾说过:"兵者,不祥之器",孙子也主张"不战而屈人之兵"。刘伯温承继这个优良传统,明确提出反对"好战"的思想,认为战争是一种"逆德"的行为,只有在迫不得已的情况下才能使用武力。在阐述这个思想时,作者将是否"好战"提高到关乎国家的生死存亡的高度来加以认识。认为如果统治者进行的是不义的侵略战争,那么不管他的军事力量有多么强大,最终也只能是自取灭亡。

即使在今天,"国虽大,好战必亡"的思想仍然对我们有深刻的启示意义。美国兰德公司政治学研究部主任乔纳森·波拉克就明确推崇这种"万不得已时方可用兵"的战略思想(见《孙子与美国军事思想》),那些至今仍然热衷于以武力解决问题的国家对此必须加以深思。

忘战

【原文】

凡安不忘危，治不忘乱，圣人之深戒也。天下无事，不可废武；虑有弗周，无以捍御。必须内修文德，外严武备，怀柔远人[①]，戒不虞[②]也。四时讲武之礼，所以示国不忘战，不忘战者，教民不离乎习兵也。法曰："天下虽平，忘战必倾。"

唐玄宗[③]时，承平[④]日久，毁戈牧马，罢将销兵，国不知备，民不知战。乃安史之乱[⑤]，仓卒变生于不图，文士不足以为将，市人不足以为战。而神器几危[⑥]，旧物[⑦]几失。吁，战岂可忘哉！

【注释】

①怀柔远人：怀柔，招来安抚。远人，边远地区的人。

②戒不虞：防备出现意外。

③唐玄宗：唐明皇李隆基。他在位前期励精图治，出现了历史上著名的"开元盛世"。后期日渐荒淫，致使朝政腐败，终于酿成"安史之乱"，唐朝从此一蹶不振。

④承平：太平之治相承。

⑤安史之乱：公元755年冬，统制平卢、范阳、河东的三镇节度使安禄山在范阳起兵叛乱，次年称帝。后来部将史思明杀死其子安庆绪继续叛乱。直至公元763年叛乱方被平息。

⑥神器几危：国家差点灭亡。神器，国家政权。几，几乎。

⑦旧物：指国家的土地。

【译文】

和平时期不忘战争的危险，太平时期居安思危，这是圣人深深引以为戒的事情。所以天下太平的时候，不能荒废军备。假如平时对国家安危考虑不周，出现动乱就无法应付。所以平时对内要施行仁德，对外要做好战争的准备。对边远地区应该实行怀柔政策使其归附，以防止意外出现。一年四季进行阅兵讲武的仪礼，就是表示国家不忘战争的危险。既然不忘战争，就要教诲百姓练兵习武。兵书上说："即使天下太平，但忘记有战争的危险，那么国家就会倾覆。"

唐玄宗即位时，天下太平的日子已经很久了。当时刀枪入库，马放南山，军队也被解散，国家没有战备，百姓不知道作战。等到突然爆发安史之乱，文官不能充当将军，百姓不会使用武器，国家几乎灭亡，大片土地也遭沦丧。唉，难道可以忘记战争吗？

【赏析】

刘伯温尽管明确地反对"好战"，但他并没有书生气十足地主张完全放弃军备，而是从保持国家的长治久安出发，强调"安不忘危，治不忘乱"。中外无数历史事实证明：只有"有备"，才能"无患"，假如居安时不思危，定然后患无穷。

戚继光兵书

导读

战争是一种社会历史现象。我国历史上抵御外侮、反抗压迫的许多气势恢宏的战争和战役，表现了历史的智慧，也留下不少值得后人记取的经验。在明朝后期的抗倭斗争中，戚继光的名字不得不提，他不仅是抵御倭寇的民族英雄，也是一位才华卓著的军事家。在我们敬仰他的同时，更应该研究他所留下的思想精华，并于现时代发扬光大。这是于己于人都有百利而无一害之事，也是对他最好的纪念。

戚继光(1528~1588 年)，明山东蓬莱人，字元敬，号南塘，晚号孟诸。嘉靖三十四年(1555 年)调任浙江都司佥事，赴浙御倭寇，守宁波、绍兴、台州，后改守台州、金华、严州。嘉靖三十七年(1558 年)招募金华等地农民、矿工三千余人，严加训练，建“戚家军”。分为水师、步兵、骑队等，备有火器，纪律严明，战斗力强，嘉靖四十年(1561 年)破倭于台州。次年援闽，连破横屿、兴化诸倭。嘉靖四十二年(1563 年)再度入闽，获平海卫大捷，歼倭寇两千余人。因功迁都督同知、福建总兵官。后赴粤，助俞大猷抗倭。隆庆元年(1567 年)被张居正调往北京，镇守蓟州，屡败蒙古诸部，进左都督。

戚继光不但战功显赫，而且文武兼备，才华卓著。他在抗倭、镇北之余，还大量写作，主要的军事著作有《纪效新书》《纪兵实纪》等。

《纪效新书》十八卷，在继承、借鉴古代阵法、战法的基础上，针对当时的敌情(倭寇)、地形(江南水网地带)、火器等特点，创造性地制定出以十二人为基础的“鸳鸯阵”与“三才阵”。已接近于近代散兵群、散兵行的形式，鲜明地标志着冷兵器与火器并用时代的特点。

在战法上，也有了开进、展开、野战进攻、合围、逐次抵抗(交互掩护撤退)等近代战法和行军、宿营、侦察、警戒等各种战斗勤务，以及物资保障等。所有这些，都在前代兵法基础上有所创新。特别是他的军事训练思想，有着超越时代的永恒价值。

本卷节选《纪效新书》中主要章节，以及戚继光的其他作品，并配以古今中外实战战例，为读者详细讲解戚继光之治军及用兵思想；再辅以生动的案例，为读者活用这些思想做一个提示。

第一章　旷世兵书——《纪效新书》

本章导语

一般认为十八卷本的《纪效新书》成书于嘉靖三十九年(1560 年)前后，是戚继光早年在东南沿海抗倭时所作。

十八卷本每卷一篇，篇名分别为：《束伍》《操令》《阵令》《谕兵》《法禁》《比较》《行营》《操练》《出征》《长兵》《牌筅》《短兵》《射法》《拳经》《诸器》《旌旗》《守哨》《水兵》。

中国古代兵书按内容可分为权谋、形势、阴阳、技巧四类。最著名的《武经七书》讲的主要是权谋（当然也含有治军），即用兵谋略。清人许乃钊评论戚继光的兵书："语语可为孙吴注脚而不袭韬钤一字。至其说理精微处，直与阳明语录并传。盖非躬行心得者，不能体之深而言之切也。"任何高明的谋略，如果没有训练有素的军队将之付诸实施，都等于零。因此，军队是否训练有素，是关系到实施谋略、达到作战目的的大问题。《纪效新书》的价值就在于它较好地解决了这个问题。它阐述了如何训练一支能够完成作战任务的军队，这正是此前任何一部兵书所不及的。

卷一·束伍[①]篇

【原文】

治众如治寡，分数是也。分数者，治兵之纲也。束伍者，分数之目也，故以束伍为第一。由此而十万一法，百阵一化[②]，咸基[③]于此。

【注释】

①束伍：编制军队。

②化：简化。

③咸：都。

【译文】

治理众人的道理和治理几个人的道理是一致的，都在于训练。练兵是治军的纲领，而编制军队又是练兵的首要前提，所以要以编制军队为第一要务。这样即使十万之众也是遵循一种制度，一百种阵法也可简化为一种，这都是基于军队的编制。

原选兵

【原文】

兵之贵[①]选，尚矣，而时有不同，选难拘一。若草昧之初，招徕之势，如春秋战国用武日久，则自是一样选法。方今天下承平，编民忘战，车书混同，卒然之变，自是一样选法。大端创立之选，势在广揽、分拣，等率均有所用。天下一家，边腹[②]之变，将有章程，兵有额[③]数，饷有限给，其法惟在精。

【注释】

①贵:重视
②边腹:边疆或内地。
③额:名额。

【译文】

选兵历来为人们所重视。但不同的时代,选兵的标准是不同的,并没有一个固定不变的准则。例如在战争频繁的春秋战国时代,选兵是一种准则。但是当今天下太平已久,老百姓都忘记了怎样打仗,突然之间要应对战争,选兵就应该遵循另外一种准则。一般来说,在创立之时,选兵应该广泛招揽、分别选用,各类人才总有用武之地。国家统一,而边疆或者内地发生战事,因为将领有制度约束,士兵有名额限制,军饷的供给也是有限,这个时候选兵就应该遵循"精"的原则。

【赏析】

戚继光通过一系列的抗倭斗争,总结经验,明确指出:要战胜敌人,就必须有一支精兵;如果无兵而议论打仗,就如同一个无臂膀之人与手执利剑者格斗一样,取胜是绝对不可能的。

当时明朝政府在抗倭战场上的士兵,主要有两种:一是外省来的客兵,另一种是浙兵。客兵中有两广的狼士兵,山东的箭手,湖广的漕卒,河南的毛兵以及川兵。这些客兵远离浙江,等奉命开到前线,倭寇早已大肆抢掠,开洋而去;待他们返回本省,倭寇又乘机而来。至于那些留下来的客兵,享受着优厚的待遇,却骄横异常,很难管教,甚至相互火并,有的还伙同倭寇一起残害百姓,甚至比倭寇更坏。以至于老百姓非常愤慨地说:

"宁遇倭贼,毋遇客兵;遇倭犹可逃,遇兵不得生。"

而当地的浙兵由于受到军官的盘剥,生活困苦,缺吃少穿,打起仗来,更是"身无甲胄之蔽";平时由于毫不训练,"手无素习之艺";"战无号令";"望贼奔溃,闻风胆破"。这种情况使戚继光感到非常棘手:要靠这样的兵战胜倭寇,那是非常困难。

嘉靖三十五年(1556年)十一月,戚继光向浙江军政当局建议创设兵营、训练士兵。第二年的二月,戚继光再次上书建议练兵。他所陈述的理由是中肯的。他说:"守不忘战,将之任也;训练有备,兵之事也。"这样才能克服当前士兵中存在的弱点,即"军书警报,将士忧惶。徒将流寄杂兵(客兵)应敌,更取福广舟师驱而陆战。兵无节制,卒鲜经练,士心不附,军令不知。"他主张自行招募,认为"十室之邑,必有忠信;堂堂全浙,岂无材勇;诚得浙士三千,亲行训练,比及三年,足堪御敌。"

当时的总督的胡宗宪看了戚继光的这个建议之后,把它扔到地上,大声斥责道:"浙江人如果能够训练的话,我自己早就练了,还等你来?"虽然胡宗宪最终还是勉强接受,但没有给以积极支持,他根本不相信能练成如戚继光所设想的那样的军队。直到嘉靖三十六年(1557年)底,才将兵备佥事曹天佑所部3000士兵拨归戚继光。戚继光带领这3000士兵,平时则加强训练,有战事则领兵作战。

为了训练一支纪律严明、作战勇敢的军队,戚继光决定从兵员开始进行整顿。

嘉靖三十六年(1558年),义乌发生矿夫和乡团大规模械斗。浙江处州,是明代银矿丰富的地方,聚居大批农民出身的矿夫,义乌县南的保山富于银矿,这一年,处州的矿夫流徙到保山开矿,和义乌势家大族陈大成为首的乡团发生武装冲突。械斗进行了三次,规模越来越大,所聚人员各有数千人之多,双方伤亡不计其数。

戚继光从这场械斗中看到,即使乡团作战也比官军勇猛,他提出要到义乌招募农民和矿夫为新兵,加以训练,让他们把自相火并的力量用到消灭倭寇的斗争中去。

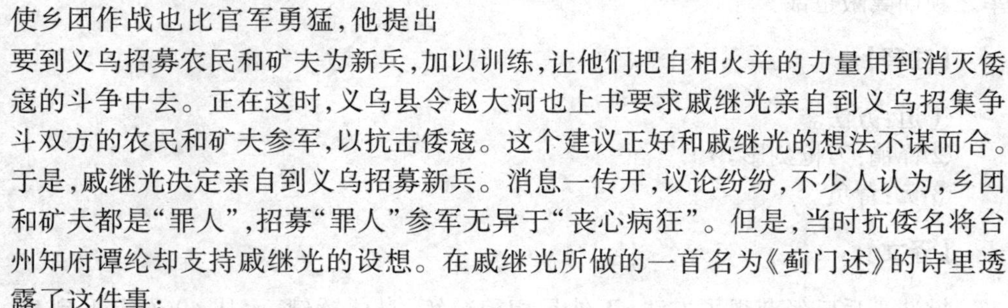

正在这时,义乌县令赵大河也上书要求戚继光亲自到义乌招集争斗双方的农民和矿夫参军,以抗击倭寇。这个建议正好和戚继光的想法不谋而合。于是,戚继光决定亲自到义乌招募新兵。消息一传开,议论纷纷,不少人认为,乡团和矿夫都是“罪人”,招募“罪人”参军无异于“丧心病狂”。但是,当时抗倭名将台州知府谭纶却支持戚继光的设想。在戚继光所做的一首名为《蓟门述》的诗里透露了这件事:

檄募婺越士,知交苦相留。

当日主此盟,唯有谭郡侯。

戚继光于第二年,即嘉靖三十八年(1559年)来到义乌募兵。但是,募兵很不顺利,他贴了一张布告,题为《谕以君父水土之恩》,号召农民、矿夫丢掉前隙,共同起来保卫家乡,抗御倭寇。布告贴出之后,并没有人来应募。后来了解,双方的头目和农民、矿夫都在观望。戚继光一面向他们说明在这里募兵的原委,一面晓以爱国的民族大义。其实,不论是乡团首领陈大成还是矿夫首领王如龙都不存心和戚继光为难,他们历来对这位抗倭将领抱有敬佩之心。所以,听戚继光陈明募兵原委以后,陈大成和王如龙都各自率领乡亲和矿夫前去应募,两支相为仇敌的队伍都成为戚家军的骨干,为抗倭事业做了杰出的贡献。

戚继光从应募的人员中挑选了四千多名,带回绍兴,经过两个月的严格训练,建立了一支军纪、法度比较熟练的部队。从此，戚家军开始了英勇的抗倭斗争。

嘉靖三十九年(1660年)二月初八，戚继光将与倭寇勾结的海盗王直擒获，轰动朝野。此后，“戚家军”于东南沿海抗倭战争中英勇善战，师出必胜，享誉天下。

一个优秀的将军需要一支训练有素的军队来实现他的战略战术意图；一个卓越的企业则需要一个卓越的团队来帮助它占领市场和获得利润。员工是企业的基本要素，一个企业的发展很大程度取决于企业的员工。一个企业的员工素质对于企业而言是至关重要的。一个素质良好的员工可以在企业突然发生不可预知的危机时，和企业一起共同努力，渡过险滩，使企业能更好地发展。

原授器

【原文】

选兵既得其道[①]矣，其法不过相貌精健，而四十上下皆健也，二十以上皆健也，所用之器，必长短相杂，刺卫兼合。而我之选士，若无分辨，一概给之，则如藤牌宜于少壮便健，狼筅长牌宜于健大雄伟，长枪短兵宜于精敏有杀气之人，皆当因其材力而授习不同。苟一概给之，则年近四旬，筋力已成，岂能以圆径二尺之牌、而跪伏委曲、蛇行龟息、以蔽堂堂七尺之躯；伸缩进退出没、以纵横于锋镝[②]耶？若狼筅长牌等，授之以少年健儿，则筋力未成，岂能负[③]大执重，若老成之立于前行，以为三军之领袖翼蔽也哉？

【注释】

①道：方法。
②锋镝：刀枪剑影。
③负：背负。

【译文】

挑选士兵已经获得了方法，不外是相貌精练，身体矫健，而从40岁上下到20岁以上的，都有健壮之士，他们所用的兵器，有长有短，可用于刺杀的，又可用于防卫的。我现在挑选的士兵，就不能不根据材力的不同加以区别，然后再授予兵器，比如藤牌适合于年少健壮的人，狼筅长牌适合于高大健壮的人，各种长短兵器则适合精敏有杀气的人。如果不加区别就随意授予兵器，那么年近四十、腿脚已经僵直之人，又怎么能够手持直径二尺的盾牌，弯腰、屏住呼吸、蜿蜒前进以保护七尺高的身躯呢？又怎么能够进退自如，出没无常，驰骋于刀枪剑影之中呢？如果把狼筅长牌授予年少健壮的人，他们由于筋力尚未形成，又怎么能够背负大而重的兵器，象老兵一样站立在队伍的前面，作为防护三军的主力呢？

【赏析】

倭寇在入侵的初期，可以算得上战无不胜，主要原因就在于他们战术的优势和武器的精良。倭寇能极其熟练地使用双刀,并且和近旁的伙伴保持密切的联系,互为呼应,协同作战。史载:“倭寇临阵,惯用双刀,手舞双刀,刀长五尺余,手腕运动,开锋甚长。其刀飞,通身如雪,无间可击。”

倭贼所用的双刀,其实是一长一短配合使用。明人周楫的《西湖二集》卷 34《胡少保平倭战功》中讲道:“原来倭寇交战时,左手持着长刀杀战,却不甚便利,其右手短刀甚利,官兵与他交战,只用心对付他左手长刀,却不去提防他右手短刀。所以虽用心对他长刀之时,而右手暗暗掣出短刀,人头已落地矣。胡宗宪细细访知此弊,下令军士专一用以对付他右手短刀,因此得利。”同类记述还有很多。同时,倭寇最善整磨刀身,使之经常保持光亮锋利,作战时可以立断坚韧,在日光照耀下闪闪发光,也给明军造成了极大的心理威慑效应。最喜欢采用的作战队形是所谓“蝴蝶阵”。郑若曾《筹海图编》卷二云:“倭夷惯为蝴蝶阵,临阵以挥扇为号,一人挥扇为号,众皆舞刀而起,向空挥霍,我兵仓皇仰视则从下砍来。”

由于官军屡战屡败,朝廷不得不调集武艺高强的少林僧兵和勇猛剽悍的土司兵与倭寇作战,但也无济于事。

戚继光不愧为一位精研覃思、雄才大略的杰出人物。针对倭寇善于各自为战以发挥长刀优势的特点,他从民间武艺中吸取了大量技艺,创制了“长短兵迭用”的“鸳鸯阵”法,以集体的“齐勇”来对付单个倭寇。

鸳鸯阵的基本阵法是以 12 人为一队,最前面的一人是队长,次两人持牌,一持长牌,一持圆牌。长牌圆牌面积大,可防敌人的倭刀、重矢,并掩护后面的队伍继续前进。其他 9 人的配备是这样的:再次两人持狼筅(用竹做的一种武器),再次 4 人持长枪,再次两人持短兵器,最后一人为火兵即炊事兵。这个阵法在作战时“二牌并列,狼筅各跟一牌,长枪每二支,各分管一牌一筅。短兵防长枪进的老了,即便杀上。筅以救牌,长枪救筅,短兵救长枪”。这种阵法,不但行动灵活,并有较大的杀伤力。

鸳鸯阵队列的根据,是按士兵的体质不同,编成一个战斗小组。如力气大有胆识的可以持牌,身体健壮的可以持狼筅,按士兵各自的特长,持不同的兵器,这样可以充分发挥士兵的战斗力。这种阵法,还可以因时变化,一队可以分成两队,叫两仪阵,人分成两队,兵器也随人各分成两队。还可以由两仪阵再变成“三才阵”,队长居中,两边配以两狼筅、两短兵,左右两翼各有一牌、二长枪。这样一个队列,就是把纵队变化成横队,12 个人同时在一条战线上展开。

鸳鸯阵后来又配上鸟铳手、弓弩手、火箭手,组成步兵大营,下分前、后、左、中、右五营,如遇敌人的大部队,前营正面出击,左右两营由两侧配合,中营居中指挥,后营是预备部队,或作伏兵,或作支援、策应。

戚继光所招募的士兵大都属于淳朴可靠的青年农民,而“鸳鸯阵”的战术,也是针对这些士兵的特点而设计的。他曾明确地指出,两个手持狼筅的士兵不需要特别的技术,体力过人就足以胜任。而这种狼筅除了扫倒敌人以外,还有隐蔽的作用而可以使士兵壮胆。

士兵入伍以后,即按鸳鸯阵中所定位置一一编好,不得任意改变,违者严罚。

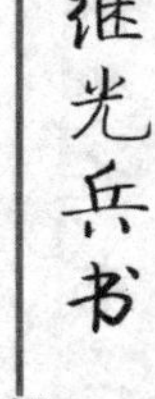

每哨、每官、每总也都在军中占有特定的位置,整个军队军纪严明,便于指挥,联成一气,进退犹如一人。

嘉靖三十七年(1558 年),在胡宗宪的指挥下,明军对舟山附近的倭寇发起进攻。戚继光奉命前往温州狙击倭寇。在瓯江北岸,戚继光率军将倭寇阻截了下来。但是倭寇根本不把戚继光放在眼里,明军将领败在他们手下的已经不胜其数。于是众倭寇挥舞着双刀向明军恶狠狠地扑来,气势着实嚣张。戚继光的军队本是新军初练,不免有些畏惧。但是戚继光不为所动,沉着下令士兵摆开鸳鸯阵准备迎战。藤牌手和大枪手听令做好了迎敌准备。

倭寇看到明军阵前列开了一排排的藤牌手,可是他们并不把这些放在眼里。根据以前的经历,他们知道,藤牌手一手使藤牌,另一手使刀,根本不如他们双刀来的灵活迅猛。冲锋的倭寇满以为只要一阵猛冲,明军就会立刻崩溃逃窜。可是就在他们双刀还够不着藤牌的时候,突然明军从藤牌后面伸出一杆长枪来,直刺倭寇的胸口。逢此突变,倭寇当时即被刺倒数十人。后继的倭寇冲上来全力与长枪交锋,却冷不防,藤牌手的单刀又从近处夹击上来。倭寇一时不知如何应对,难以抵抗,伤亡惨重。倭寇头目见势不妙,一声呼哨,带队纷纷撤退。明军顿时士气大振,各哨一齐杀出,大获全胜。

但是败退的倭寇并没有意识到明军的新式战术,以为只是一时大意所致,如果认真对付,戚继光是没有什么了不起的。于是他们重新集结队伍,认真地派兵布阵,再一次向戚继光的部队杀来,妄图一洗前耻。可是他们又一次在藤牌前败下阵来。他们的双刀失去了往日的威风,在戚家军的藤牌、长枪和单刀面前挥舞双刀的倭寇只有被屠戮的命运。这时他们才意识到他们惯用的双刀遇到了克星,他们也第一次感受到了明军的可怕。

华佗是东汉末年著名的医学家,他精通内、外、妇、儿、针灸各科,医术高明,诊断准确,在我国医学史上享有很高的地位。

《华佗传》里记载这样一个故事:州官倪寻、李延同时请华佗看病,他们两人都说是头痛发烧,身体不适的感觉也是一模一样。华佗为他们诊断病情之后,给倪寻开的是通导的药,但是给李延开的却是发散剂。二人不解,责问华佗。华佗回答说,你俩相同的,只是病症的表象。倪寻的病是由内部积食引起的,因此要用泻药,而李延的病是因外感风寒引起的,所以用的是发散剂。你俩的病因不同,自然得对症下药,用不同的药方治疗。两人按方服药,果然药到病除。这就是"对症下药"。

后来,"对症下药"这一成语,就用来比喻要善于区别不同的情况,正确地处理各种问题。

"因材施教"一词,源于朱熹对孔子教学实践的概括,他说:"孔子教人,各因其材"。孔子是一个伟大的教育家,同时也是一个循循善诱的师长。他常教导学生要言行一致,不可巧言令色。有一天,子路对孔子说:

"先生所教的仁义之道,真是令人向往!我所听到的这些道理,应该马上去实行吗?"

孔子说:"你有父亲兄长在,他们都需要你去照顾,你怎么能听到这些道理就去实行呢!”孔子恐怕子路还未孝养父兄,就去杀身成仁了。

过了一会儿,冉有也来问:“先生! 我从您这里听到的那些仁义之道,就应该立即去实行吗?”

孔子说:“应该听到后就去实行。”

这下站在一边的公西华被弄糊涂了,不由得问孔子:

“先生! 子路问是否闻而后行,先生说有父兄在,不可以马上实行。冉有问是否闻而后行,先生说应该闻而即行。我弄不明白,请教先生?”

孔子说:“冉有为人懦弱,所以要激励他的勇气。子路勇武过人,所以要中和他的暴性。”

子路性子急躁,问“闻斯行诸?”孔子说“有父兄在,如之何闻斯行之”,劝他三思而后行;冉有性情和缓,问同样的问题——“闻斯行诸?”孔子就教他“闻斯行之”,不要犹豫。这就叫“因材施教”。

无论是戚家军的“原授器”篇,华佗的“对症下药”,孔子的“因材施教”,都是同一个主张:即“具体问题具体分析”。这一观点与我们每一个人都并非陌生,但是在实际生活中真正能运用它的却寥寥无几。须知事物虽有同,却也有异。只看到同,一干事情俱用一种方法是一种处事之道;既看到同,也看到异,各事物差别处理,又是一种处事之道。自然,前者比后者省事得多,但是,这也恰恰是造成平庸与卓越之差别的根源所在。

原束伍

【原文】

夫营阵之法,全在编派伍什队哨之际。计算之定,若无预于营阵。然伍什队哨之法则或为八阵,或九军、七军、十二辰,古人各色阵法皆在于编伍时已定,一加旌旗立表,则虽畎亩[①]之夫,十万之众一鼓而就列者,人见其教成之易,而知其功出于编伍者,鲜[②]矣! 故营阵以伍法队哨为首,乃以束伍贯诸篇,庶使知次第也。

【注释】

①畎亩:耕田。

②鲜:很少。

【译文】

行军打仗的关键就在于如何编制军队。编制军队的方法有八阵、九军、七军、十二辰等。古人在编制军队的时候已经确定好了各种阵法,只要旌旗一挥,即使是耕田的农夫,而且有十万之众,也会听着战鼓声响而马上列好队形。人们表面上只是看到训练士兵好像很容易,却很少有人能够知道这实际上是出自编制军队的人的功劳。所以,训练军队要以编制军队为首要任务。以“束伍”作为此书的开篇,

就是为了让士兵们知道军队的秩序。

【赏析】

经济、文化、科技甚至军事技术都遥遥领先的明朝为什么会在十七世纪败在几乎还处于半野蛮状态的满洲军队手下，这是个让人想破头的问题。

以下是明代正规军的装编表，节录于《皇明经世文编》：

每一营（5000人）其用霹雳炮3600杆，合用药9000斤，重八钱铅子90万个……步枪、大连珠炮（无法知道类似今日何种武器，可能是机枪，或是连发多管火箭）200杆，合用药675斤……手把铳400杆……盏口将军160门（盏口将军是明代对野战重型炮的称呼）……另外有1000人为骑兵……

整理以后，会发现明代的部队十分机械化——一个5000人的营有：1000骑兵、3600步兵（全配火器）、400炮兵（每人一把防身用手枪，管160门野战重炮，及“大连珠炮”200门）。

丰臣秀吉学习织田信长，使用只占日正规军1/10的火枪队统一全国后，以为这样就天下无敌，立刻攻入朝鲜，结果遇上了上述编制的明军时，才发现日军的火器太小儿科了。同样的，后金（清）最初面对的明军亦是如此；但没有火器，只有刀剑的后金怎么入主中原建清朝？别以为这个装编表是后人追记的，这是1550年左右的曾铣所谈，当时的皇帝为世宗，正被蒙古及倭寇所困扰，五十年后丰臣秀吉进犯朝鲜，七十年后努尔哈赤才建后金。

说明一下：“霹雳炮”是一种前膛装填，类似步枪的手持武器。所谓盏口将军是指炮的口径有盏口（大酒盅）那么大，明朝自制军械中还有“碗口将军”，为更重型的火炮。大连珠炮是多个霹雳炮式的身管装在一起，点燃引线就一齐击发，形成密集火力。当时的火炮十分笨重，400炮兵就要管理几百门火炮，必然是有配套的畜力牵引设备。

当然，这样的装备不是所有明军都能普及。明朝的军制十分复杂，概念上最精锐的部队是京师的京营，分为“五军营”“神枢营”和“神机营”三大营，其中神机营专门使用火器（其建立还是永乐年间征交趾，从那边学得火器之法。火药的发明国还要辗转从越南人手里向西方学习火器，可叹），在明朝中后期人数保持在七八万左右。上述装备表应该是神机营特有的。其他的明军则是冷兵器和火器混用。如明朝新兵营的操典，规定军人两分习刀矛，六分习弓弩，两分习火器，一般明军的装备就应该是这个比例。而清军在入关前的装备，和他们的祖先金兀术没啥区别。

在承德、故宫，有不少清朝博物展览，从多尔衮到顺治时代的留下的御用武器、亲军武器，不过是弓箭、刀矛，甚至有狼牙棒。但是有一个深刻印象：这些武器都十分沉重粗大，一个现代的健壮男子多半别想使动，挨一下更不得了。比如箭镞有小孩的手掌那么大，铁剑则根本是一根大铁棒，真是野蛮人的装备啊。

人数方面，明朝军队之多在中国历史上是数一数二的。朱元璋刚建国的时候，全国军队达180万人，后来永乐到正统时期甚至超过200万，正统以后保持在120万的水平。相对全国五六千万人的人口水平，明朝实在有点穷兵了。

提两个例子做比较：幅员辽阔得多，边事也频繁得多的唐朝，天宝之前人口大致与明朝相当，军队在50~60万之间。天宝后全国持续内战，人口下降到明朝水平的2/3左右，全国军力也就80~100万，且其中一半左右为藩镇私兵。可见明朝的军力是多么庞大。它的敌人后金，满八旗军人在萨尔浒之战前不过四万，战后全面扩编也只有六七万，直到入关之前加上汉军旗、蒙古旗，共有十二三万。

装备和人数有这样巨大的优势，问题出在哪里呢？先不说政治，明朝军事力量的致命伤是他的军制和战略思想。

朱元璋建军的思想是军队国家化（实际上是“朱家化”）和文官治军。全国的军事力量以卫所为基本单位，每卫数千人，每所数百人，分驻地方。这一点模仿唐朝的府兵制。地方卫所之外，在京师集中了一百多卫，编为三大营，称京军，作为国家的战略力量。凡有大的出征一般是是由京军执行。京军的人数在明朝前期高达50~80万人，装备精良，以保持中央对地方的优势。另一大特点是重床架屋的分权管理。军队的军籍属于五军都督府管，各省有自己的都指挥使作为长官，负责平时训练组织。中央政府的兵部负责人事、参谋和调遣，一有兵事，则由兵部派出总兵官去指挥都指挥使和卫所兵作战，作战完毕则交出军权。这样，都指挥使、都督府和总兵，都无法全面控制，有指挥权的平时不和军队在一起也无固定下属，军权牢牢控制在国家机器手里。所谓“将不专兵，兵不私将”。朱元璋吸取前朝军将拥兵自重的教训，搞的这一套分权制度可谓用心良苦，确实明朝大部分时间没有多少将领能拥兵叛乱，但带来的严重后果是运转效率的低下，指挥官不参与军队的训练和管理，在冷兵器时代必然严重影响军队的战斗力。

总兵官一般是都督府官或国家的爵臣，还勉强能算武官，像刘挺，是行伍出身，已经算是总兵官里武官气息很浓的了。总兵派驻地方后，很多由于战事的持久和备边，成为半固定的地方军事长官，于是朝廷又设立巡抚，去总领军民两事。一个大地区往往有多位巡抚，于是又派出总督去统领。遇有重大战事，往往设立战区，于是又派出经略，作为总指挥官。像熊廷弼、洪承畴都做过辽东经略。打得无可奈何了，寄希望于一柱擎天，就派出督师统帅诸军，督师一般由大学士做。从巡抚以上，都是文官统军，这样多层次低效率的结构，再加上文官多不知兵，明军的指挥水准可想而知。

与军制紧密相连的还有兵源和养兵问题。明朝初期的兵源很杂，除了起义军的班底，还使用大批的征服地区降人、罪犯，成祖更是引进北方归附的蒙古骑兵。后来为了保持庞大的军队，明军主要的来源是所谓的“垛集军”。就是把大批人民划为军籍，世代相传。明初朱元璋和朱棣多次杀戮和征服，属于他们对头的大批人户就成为垛集军的来源。这些军户的生活是相当悲惨的。强制的军事屯田，世代不得脱籍，军饷微薄，战时做炮灰，平时做苦力，逃亡则采取连坐，强制亲戚家人相代。明初庞大军队的军饷主要来源于军事屯田的产出，朱元璋曾经得意地说：“养兵百万，不费人民一粒米”，照他的俭朴，这话还有一定道理，但到了后来的皇帝，对人民还是一样的横征暴敛，不过是把该正常支出的军费换为自己的享乐费用，代价是军人的困苦罢了。这种又要马儿跑，又要马儿不吃草的做法，其严重后果到明朝中期就显露出来。首先是军队训练荒废,战斗力严重下降。

其次,管理军人的将领权臣因为同时要管理生产,就大肆贪污捣乱,谎报军籍以支饷,用国家发饷的军人做私活。军人不堪虐待,大批逃亡。情况最好的京营,在武宗时军籍上有38万人,实兵才只14万人,其他都逃亡或被权臣隐占。以后的情况越来越糟。而更严重的其他卫所,成化时有一武官上任,本所军籍二百多人,逃得只剩一人!明朝有班军制度,即大宁(河北)、河南、山东、中都(凤阳),定时轮番选派十多万军人到京师集中训练。这本是一项积极的军事制度,可是到了明朝中叶以后这一帮饿鬼的手下,班军多半被罚做苦工,修陵墓、宫室等工程都拿他们当不要钱的劳动力,多有被折磨死和饿死的。弄得这几个重地的卫所,逃班军如逃鬼途。军队流失的同时,军官数却急剧膨胀,明初在京军官不过数千,到中叶由于冒领军功和牵连关系,军职数几乎突破十万。而明初马上定天下,武臣的地位还很重,到了正统以后日益重文轻武,军事由文臣统领,武臣为跑腿而已,社会风气更是严重歧视。“五军府为赘疣,弁帅如走卒,卫所兵丁,虽一诸生可以役使”。一个社会把军人轻贱到这个程度。遇有战乱,能指望他们保家卫国吗?

接下来再说说明军的战史和战略思想。朱元璋建军之初,主要是对付元军和起义军之间的混战,尤其是与陈友谅。天下无敌的蒙古骑兵,到元末由于自己玩得太过分,战斗力已经大大衰颓,但是瘦死的骆驼比马大,能够把他们打回漠北,明军还是很有能力的。这其中主要的功劳是徐达、常遇春等人领导的起义军班底,确实是一支虎狼之师。朱本人领导的对陈友谅、张士诚的战争,多用水师和步兵在南方作战,这就奠定了明军步兵化的特质。与陈友谅的战争也打得十分危险,双方多次相持,而明军的战术多半是筑城坚守。后代论古代建筑史有一句话:“汉墓唐塔朱打圈”,这个打圈,就是讲明一代特精于筑城。后来朱元璋修的南京城就复杂坚固无比,一直到太平天国还让湘军头痛。明朝空自握着百万大军和精良的火器,却在北方修筑废弛千年的长城,辽东的防御更是堡台林立,可见依城而战的思想已经深入到明军的骨髓中,也只有这样他们打得最好。

明初到中叶有两大战役影响深远。一是朱棣对抗建文帝的靖难之役。朱棣的军队多是北方骑兵,有名的精兵朵颜三卫则根本就是蒙古铁骑。而南军则是严格按前述朱元璋的原则组织的。南军开始进攻,无法保持自己的传统优势,与北军作战屡战屡败。他们的指挥开始还有耿炳文这样朱元璋时期的宿将,后来打不过朱棣,换了齐泰、黄子澄这一帮文臣,由“天下文宗”大学士方孝孺做统筹,更是一溃千里。朱棣的胜利对于明军是有积极影响的,他把国都迁到北京,建立了庞大的京军,保持积极进攻的势头,六伐蒙古,三征安南,同时拥有强大的骑兵并建立了火器营。

明军的进攻精神就全部是由朱棣创立的,也只有在这个时期发挥得最好。这一积极影响,完全被另一次重大战役所抵销,即英宗时代的土木堡之役。

朱棣之后的仁宣两朝,战略思想回到了朱元璋的老路上,并不积极地开疆拓土,而是满足于守成,对周边诸国保持宗主国和仲裁人的态度,一般人家不招惹,自己是不会去生事的。他们的注意力主要放在国内、权力的稳固上。

英宗时代的明军由于前述的痼疾，已经开始腐朽，最先烂的就是指挥系统。土木堡之战发动了五十万京营的精锐之师去攻击瓦剌，却由太监王振担任总指挥，他的指挥根本不是军事行动，而是一次盛装表演。军队路过他的家乡，他想回去显一下，就命令大军通过他家附近，后来想起田里的麦子会被踏烂，又急忙下令改道——这样荒唐的指挥把军队绕得乱七八糟，正在土木堡乱哄哄的时候被二三万瓦剌骑兵突然袭击，五十万军竟然全军覆没，连皇帝都被捉了，实乃明朝战史上最大的耻辱，比辽东亡国的战争还要可耻。从此以后，京营为之一空，后来重建的京营人数少得多，也没有什么战斗力，明军的进取精神也为之衰落。

一支优秀的军队背后一定有良好的制度在约束，否则就是一群乌合之众，毫无战斗力可言。成功的企业背后也一定有规范性与创新性的企业管理制度在有条不紊地运作，否则就是一盘散沙，毫无竞争力可言。

卷二·紧要操敌号令简明条款

【原文】

斗众如斗寡，形名是也，故万人一心，形名之效。苟[①]士不悉吾令，而徒以手足为强者，又其次也。教梃之夫，可斗名艺，形名定也。束伍既明，即当练习吾令，故以号令篇第二。

窃观古今名将用兵，未有无节制号令，不用金鼓旗幡，而浪战百胜者。凡旗帜，各兵认定各总哨颜色，但本总旗立起，即便收拾听令。若旗左点则即左行，右点即右行，前点即前行，后点即后行，随旗所指而往。本总旗收卷在地，即各听令立定；如旗不起，脚下即是信地，虽天神来叫移动，也不许依从擅动。

凡新兵初集[②]，束伍既完，即摘出此卷，每兵即与一本，使之诵熟，以知号令，方可言场操[③]也。

【注释】

①苟：假如。

②集：集结。

③操：操练。

【译文】

与众人作战如同与几个人作战，都应该听从一样的号令，这样，即使上万人也可以同心应战。倘若士兵们不知道我的号令，而只是凭借拳脚逞强，这是不行的。队伍既然已经编制完毕，就应该练习如何听从我的号令，所以我把“号令”作为第二篇来讲。

纵观古今名将用兵，他们没有哪个号令不一，不用金鼓旗幡就可以百战百胜的。对于旗帜，每一个士兵都应该地认清楚自己所在营哨的旗帜。只要看见本营

哨的旗帜竖立起来，就要马上收拾自己的装备听候命令。如果军旗向左挥动就要立即向左前进，向右挥动就要向右前进，向前挥动就要向前前进，向后挥动就要向后撤退。如果本大营的军旗收了起来，就应该停下来听从命令。如果大旗没有竖起，就是天神下令移动，也不许擅自移动。

一般新兵集结，编制完毕，就要拿出这一卷，授予每一个士兵，让他们认真背诵，以便熟知号令，这样才可以进行下一步的操练。

【赏析】

公元前 512 年，吴国国内稳定，府库充足，军队精悍，雄心勃勃的吴王阖闾想西征楚国。伍子胥向阖闾提出，这样的长途远征，一定要有一位精通韬略的军事家指挥，才能够取胜。因此，他向吴王推荐了还在隐居著书的孙武，称赞孙武是个文能安邦、武能定国的盖世奇才。可是孙武自从来到吴国以后，一直隐居著书，默默无闻，吴王连孙武这个名字都不曾听说，又怎么能够相信孙武的才能呢？尽管伍子胥费尽口舌，甚至一天早上就推荐了七次，可是吴王仍然无动于衷。伍子胥见光凭口说打动不了吴王，便将孙武写的兵书拿来，呈给吴王看。

吴王看罢孙武的兵书，连连称好，让伍子胥快快把孙武找来。孙武见到吴王以后，吴王阖闾对孙武说："你的兵书寡人已经逐篇拜读完，实在是耳目一新，受益匪浅，但不知实行起来如何，可否用它小规模地演练一下，让寡人见识见识？"

孙武回答说："可以。"吴王又问道："你打算用什么样的人去演练扩？"孙武答："随君王的意愿，用什么样的人都可以。不管是高贵的还是低贱的，也不论是男的还是女的，都可以。"

吴王想给孙武出个难题，便要求用宫女来演练。孙武也同样答应了。于是吴王下令将宫中美女180名召到宫后的练兵场，交给孙武去演练。孙武把180名宫女分为左右两队，指定吴王最为宠爱的两位美姬为左右队长，让她们带领宫女进行演练，同时指派自己的驾车人和陪乘担任军吏，负责执行军法。

分派已定，孙武站在指挥台上，认真宣讲操练要领。他问道："你们知道自己前心、后背和左右手的方向吗？向前，就是目视前方；向左，视左手；向右，视右手；向后，视后背。一切行动，都以鼓声为准，你们都听明白了吗？"宫女们回答："听明白了。"

安排就绪，孙武便击鼓发令。然而这些没有见过训练的宫女却掩口嬉笑，根本不去辨别前后左右。孙武说："约束没有让大家明白，号令没有能够让大家熟悉，责任应该由将帅来负责。"孙武再次击鼓发令，尽管孙武三令五申，宫女们口中应答，内心却感到新奇好玩，她们不听号令，捧腹大笑，队形大乱。孙武变了脸色，说道："申令不熟，罪在将帅；现在已经三令五申，仍然不服从，罪在吏士，传我命令，将左右队长斩首。"

吴王见孙武要杀掉自己的爱姬，马上派人传命说："寡人已经知道将军善于用兵了。没有这两个美人伺候，寡人吃饭也没有味道，请将军赦免她们吧！"孙武严肃地说："将在军中，君命有所不受。"当即把两个队长斩首示众，另派两名宫女为队长，继续练兵。当孙武再次击鼓发令时，众宫女再也不敢怠慢，前后左右，进退回旋，全都合乎规矩，阵形十分齐整。

孙武派人请吴王阖闾检阅，但因爱姬被杀，吴王心中不快，便托辞不来，孙武便亲见吴王。

他说："令行禁止，赏罚分明，这是兵家的常法，为将治军的通则。对士卒一定要威严，只有这样，他们才会听从号令，打仗才能克敌制胜。"

听了孙武的一番解释，吴王阖闾怒气渐散，遂拜孙武为大将。

孙子这一招，不可谓不"险"，但分析当时的情况，也必然是"有惊无险"。首先，军事操练只能成功，不能失败；孙子的军事才华毋庸置疑，唯独孙子不能控制的是——那群女兵是否会严格执行军令。宫中美人嬉笑惯了，不严不足以行军令，必要时须杀一儆百；选有影响力的人为对象，才能收到立竿见影的效果，那多半就是吴王的爱姬了。而吴王要称雄天下，必不会为一爱姬自阻前程。阖闾不是昏君，他渴望得到卓越的将领辅佐的心愿会远远超出对美女的爱惜。

一个团结协作、富有战斗力和进取心的团队，必定是一个有纪律的团队。同样，一个积极主动、忠诚敬业的员工，也必定是一个具有强烈纪律观念的员工。可以说，纪律，永远是忠诚、敬业、创造力和团队精神的基础。对企业而言，没有纪律，便没有了一切。

卷三·临阵连坐军法篇

【原文】

旗鼓既习，斯谓之名，一众人之目矣，而心则未也，于是申之以连坐赏罚以威其

心，故军法篇为第三。

凡战间贼[①]遗财宝、金银、布帛、器械之类，此诱我兵争财，彼得乘机冲杀，往往坠此套中。今后临阵，遇有财帛，如违令图财，致兵陷没，或贼冲突得脱，抢财物之兵不分首从[②]，总哨官俱以军法斩。

凡临阵退缩，许甲长割兵耳，队长割甲长耳，哨官哨长割队长耳，把总割哨官哨长耳。回兵，查无耳者，斩。若各故纵，明视退缩，不肯割耳者，罪坐不肯割耳之人，退缩之犯不究。

凡伏兵，遇贼不起及起早者，领伏兵队长通斩，各兵扣工食给恤，仍通捆打。如正兵见奇兵、伏兵已起，不即回应者，同例。凡每甲，一人当先，八人不救，致令阵亡者，八人俱斩。

凡当先者，一甲被围，二甲不救；一队被围，本哨各队不救；一哨被围，别哨不救，致令陷失者，俱军法斩其哨队甲长。凡阵亡一人，本甲无贼级者，各扣工食一月，给亡者之家优恤[③]。

【注释】

①贼：敌人。

②首从：带头的和跟随的。

③优恤：优厚的抚恤。

【译文】

士兵们通过演练号令统一了行动，但是纪律还没有得到训练。接下来就要宣布军纪以及违令者将要收到的处分，使士兵们严格遵守军纪而不敢违抗，所以将军法作为第三篇。

战斗之中，敌人往往会抛撒金银财宝、布帛兵器，这是在引诱我军士兵争夺钱财，敌人好乘机向我军冲杀。今后如果在战争中遇到敌人抛撒财物，有人胆敢违令贪图钱财，而导致战败，或者使敌人得以逃脱，凡是抢夺财物的士兵，不管是带头的还是跟随的，总哨官都要依照军法斩首。

凡是临阵退缩的，允许甲长割后退士兵的耳朵，队长割后退甲长的耳朵，哨官割队长的耳朵，把总割哨长的耳朵。收兵回营之后，检查出没有耳朵的人，予以斩首。如果有人纵容属下，眼见有人退缩而不肯割人耳朵，那么就要连坐并罚，但是退缩的人不予追究。

如果伏击敌人，而遇到敌人的时候没有及时冲杀的或者过早冲杀的，领兵的队长就要依照军纪斩首，士兵则要扣其口粮，并要捆绑起来鞭打。如果大队人马看到奇兵和伏兵已经开始冲杀，而不立即响应的，如同上述惩罚。每一队士兵，如果一个士兵奋勇冲杀，而其他人不去相救致使阵亡，那么全队都要予以斩首。

凡是冲锋在前的人，一甲被围困，而二甲不去营救；一队被围困，而本哨各队不去营救，致使被围者阵亡，依照军纪要将哨队甲长斩首。凡是阵亡一人而本甲没有斩杀一个敌人，那么每一个士兵都要扣罚一个月的口粮，对于阵亡者的家属要予以优厚的抚恤。

【赏析】

戚继光到浙江抗倭之初，胡宗宪将曹天佑部的3000士兵拨归戚继光训练。经过一年半的严格训练，这支队伍看起来军容也还整齐。由于戚继光打仗时身先士卒，指挥有方，加上军令严肃，捷报频传。但是，虽然经过戚继光的严格教育，这支军队的军纪仍然令人担心。

戚继光率领这支军队在取得乌牛大捷之后，收兵记功时，一个士兵提着一颗血淋淋的人头前来报功。戚继光见被杀者双目圆瞪，心中正在纳闷之时，另一个士兵看见那颗血淋淋的人头，突然放声痛哭道："这是我的弟弟呀！刚才负伤并未死去，为什么要杀他啊！"还有一个士兵，竟然将一个十五六岁的无辜少年杀死，前来报功。戚继光极为愤怒，把两个冒功者统统杀了，并连坐犯罪者的队长。而后，戚继光又安抚被杀者的家属，脱下自己的军服裹殓被杀者，率领所属的官兵进行祭奠，这样才挽回了影响，使得士卒倍感振奋，军纪也开始好转。

戚继光指出，军队要取得战争胜利应有严明的纪律。为此，他制定了一系列的纪律条款，要求"人人知我之令"。他殷切期望将官要严以律己，以身作则，与士兵同甘苦、共荣辱，处处起表率作用。他经常告诫将士，朝廷建立军队本是保护百姓的，如果你们祸害他们，触犯了军令，天理难容，必受处罚。戚继光在山东抗倭期间，登州卫所部分将官勾结地方豪强，私设赌场，聚众赌博闹事，危害平民百姓，严重败坏了军纪和社会风气。戚继光随即令巡捕严厉查办，并指示："如果豪强有势之家，该卫难于拿处者，即便速呈……有司拿缉。"并要求该卫指挥使对查处情况详细报告。随之，戚继光在阅读报告后亲批："看得详报招由，法虽已的，但棍伙结党败俗，情极可恶……仰卫务要拘获人犯，逐一完足，速招解夺，转会发落。"由此批示，足见戚继光除恶务尽的态度和严肃军纪的决心。

嘉靖四十年(1561年)夏，数万倭寇乘坐数百艘船从浙江宁波，台州、温州沿海登陆，疯狂劫掠，各地震惊，台州则是倭寇进攻的核心。4月19日，倭寇16艘船只经象山从奉化县西风登岸，开到宁海县的团前。这路倭寇的目的是吸引松门、海门的明军主力，然后乘虚突袭台州。戚继光早就预想到倭寇会这么做，但由于侵犯宁海的倭寇越聚越多，宁海告急，就命令把总楼楠等率领一支军队前往台州，百户胡守仁等率领一支军队驻扎在海门，协助唐尧臣防守，他自己则率领军队攻打宁海的倭寇。

倭寇在得知戚继光率军前往海宁之后，认为台州必然空虚，遂分兵三路进犯台州：一路倭寇乘坐三艘大船共500人，22日由桃渚东北里浦登陆，欲犯桃渚；一路倭寇乘坐八艘大船共计600人，进入新河；一路倭寇乘坐18艘大船共计2000余人，进犯健跳。

戚继光分析倭寇的情况：认为桃渚、健跳的倭寇尚不甚紧迫，只是入侵新河的倭寇已经逼近所城，必须迅速予以围歼。

4月24日，倭寇抢劫新河城外各地。由于城内精兵大都出征，留守者人心惶

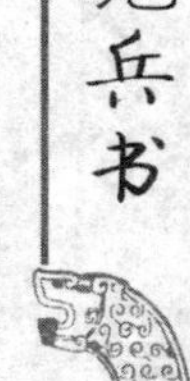

惶。戚继光的夫人挺身而出，发动妇女也穿上军装，登上城墙，配合士兵坚守。当天夜里，700多名倭寇突袭戚继光家属所住的新河所，唐尧臣率领军队奋勇抵抗。城上遍插旗帜，喊声和施放鸟铳的声音连成一片，守城的将士奋力拼杀，数次击退了倭寇的疯狂进攻。

25日，戚继光收到新河的情况报告，下令楼楠、胡守仁帅所部兵马迅速驰援。26日，倭寇再次逼近新河城下，妄图一举攻克。但是戚继光的援兵突然出现于城下，双方立刻展开激战。倭寇猝然受到攻击，力不能敌，慌忙退守至守城南寺前桥鲍主簿家的院内。由于鲍主簿家房舍坚固，利于倭寇防守，明军没有立即攻打，而是在新河南岸摆开阵式，等待倭寇。下午，倭寇离开鲍主簿家大院。明军立即进行围攻，用鸟铳绞杀倭寇。倭寇不能抵挡，大部被歼，残部逃往温岭放下。新河战斗至此结束。

当新河激战正酣之际，戚继光率军向北开进，抵达离宁海30里的梁王铺时，宁海的倭寇闻讯逃跑。这时，唐尧臣派人送来了信，告诉戚继光新河倭寇已被击退，但侵犯桃渚的数千倭寇则烧掉船南逃了，打算乘虚袭击台州，已经到达精进寺，形势非常危急。戚继光知道这一情况之后，分兵三路，急忙赶回台州。这里距离府城尚有70余里，戚家军26日前往海宁的时候只携带了3天的干粮，而此时已是第5天了，军中早已断粮。但戚家军仍于次日拂晓，急行军奔赴府城，并决定在城内吃饭。

27日中午，戚家军在空腹奔跑70里之后，先敌到达府城。城门已经关闭，倭寇已经进至花街，距城只有二里地。士兵们没有吃饭，不免有些怨言，但是戚继光还是决定立即进剿花街倭寇，并对士兵晓以大义，要求他们为了包围台州百姓“亟须灭贼，而后会食”。士兵们听后个个摩拳擦掌，决心消灭倭寇之后再吃饭。

倭寇排成一字大阵迎战，戚继光命令前锋炮手，一阵鸟铳射过去，火弹乱飞，倭寇纷纷逃避，戚家军整理军队，继续前进。这时，一名倭寇首领左手持矛，右手挥刀，前来向明军挑战。戚继光当时就脱下身上穿的银铠甲说：“谁能杀了这个贼寇，我就把这副铠甲送给他，作为奖赏。”壮士朱钰应声而出，冲过去一铳打断了敌人的长矛，又击飞了敌人的战刀，并砍下了他的头颅。接着，又一连劈倒七个倭寇。

倭寇急忙命右哨兵冲上来，把总丁邦彦、哨官陈高远率领的戚家军左哨拦住厮杀。倭寇左哨也冲了上来，把总陈大成、哨长王如龙率戚家军右哨迎战，戚继光压阵指挥。只见旗帜飘扬，鼓角声声，戚家军奇兵、伏兵一齐冲杀过来。不到半个时辰，倭寇已经支持不住，纷纷溃败，戚家军趁势掩杀过去。倭寇一见，使出惯用伎俩，把抢来的金银珠宝漫天抛撒，企图诱惑戚家军停止追击。

倭寇哪里想到，戚家军军令森严，与明军其他部队明显不同。他们根本不看满地的金银财宝，只是奋勇地追杀。倭寇见此情景，绝望地哀叫：“完了，完了！”吓得魂飞魄散，四处奔逃。

南宋名将岳飞曾说过：文官不贪财，武将不怕死，则天下太平，国富民乐。的确，一支怯懦的军队难逃失败的命运。同样，一支贪婪腐败的企业团队往往会陷入万劫不复的境地。企业运作过程中资金周转频繁，诱惑很多，陷阱也很多，当团队成员贪婪地接受诱惑的时候,随时可以让企业步入陷阱。

卷四・论兵紧要禁令篇

【原文】

号令既繁[1],人无所措[2],故复分此别卷,其可以少从缓也,以次旗鼓号令之余,故以禁令篇为第四。

【注释】

①繁:多。

②无所措:不知所措。

【译文】

号令太多了,人们反而不知所措,所以在这里挑出其中重要的示予大家。因此,将“禁令”作为第四篇。

不许说话

【原文】

凡军中要紧的第一件,只是不许喧哗说话。凡欲动止进退,自有旗帜金鼓。若无令许说话,但开口者,都要著实重处;夜间尤是切禁[1],千万千万。

【注释】

①切禁:严禁。

【译文】

军队之中,最重要的事情就是不许喧哗说话。军队前进后退自有旗帜金鼓来指挥。如果没有命令允许开口说话,说话的人一定要严加惩处。尤其是在夜间,一定要严禁说话,切记切记。

【赏析】

嘉靖四十二年(1563 年),倭贼攻占兴化府,又乘机攻占平海卫(在蒲田县东 90 里)。消息传到北京,朝野震惊。倭寇攻破府城,这还是第一次。明军视敌如虎,不敢进攻,让倭寇在城内横行两个多月,这也太有失天朝大国的风度了。皇帝大怒,下诏罢免福建巡抚游震得,改由谭纶担任,总督福建军务,统一指挥福建抗倭斗争。又提拔俞大猷为福建总兵,协助谭纶扫荡倭寇。又下令戚继光火速支援

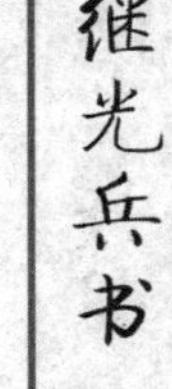

福建。

攻占兴化的倭寇，在城中作恶两月，听说戚继光又要来福建，吓得于嘉靖四十二年（1563年）一月底，匆匆离开兴化，逃往东南方，屯居崎头。平海卫都指挥欧阳深率兵拦截，不幸中伏牺牲。倭寇乘胜攻占平海卫。俞大猷受命担任福建总兵官，在漳州招收农民武装6000人，赶来平海卫与广东总兵刘显军会师，驻扎五侯山，与倭营对峙，等候戚家军共同破敌。

四月十三日，戚家军抵达福清，平海卫倭寇探得戚继光已到，其中一半吓得从海上逃跑，剩下3000多强悍狡诈的倭寇移往渚林南边的许家村，扎营死守。十九日，戚家军抵达东营扎寨，戚继光立即改装到前沿阵地，探访敌情，接着拜访俞大猷、刘显，取得了联系。第二天，巡抚谭纶到达渚林，会集三大营，商量作战部署。决定由戚家军担任中哨冲锋，俞大猷部为右哨，刘显部为左哨，三路军马分头行动，合力狙击。

5月12日，深夜四更天，戚家军以哨总胡守仁为前锋，戚继光督后队，悄然行军。走到五党山一侧时，下令原地休息，等待月落，到黎明时进攻。月亮西移，天渐渐暗下去，再到后来，雾上来了，并且越来越浓。戚继光自语道："天助我也。"于是下令部队开始出发。在大雾掩护下，戚家军将士个个口衔箭枚，寂寂无声，悄悄逼近倭巢，而后四面包抄，将倭寇围了起来。这时睡梦中的敌人丝毫没有察觉。

忽然一阵震天的鼓声响起，进攻开始了。戚家军跨过壕沟，砍破栅栏，奋勇直前，向倭营猛攻。倭寇们被鼓声震醒，迷迷糊糊起来，戚家军就冲了进去。有100多倭寇骑兵比较利索，骑着马挥着倭刀冲了出来，但是还没靠近，就被明军用鸟铳打得狼狈不堪，十几个倭寇滚落马下，有的战马受到惊吓，四处乱窜。倭寇吹起角螺号，命令步兵出战，但是仓促之间队伍难以组织。戚家军近战神速，眼见倭寇想集结队伍反扑，立即扑上前去，双方展开肉搏战。

近距离作战是戚家军的特长，他们组成"鸳鸯阵"，与倭寇展开搏斗，12个人像个整体。持狼筅的，持长矛的，持盾的各得其用，长短配合，很容易杀死敌人。敌人的弓箭和长枪，盾牌可以挡住，敌人冲过来，狼筅可以抵挡；进攻更便利，狼筅就是很好的杀敌武器，长枪长，可以刺中远处的敌人，刺不中时，持短兵刃的可以冲上去。这种"鸳鸯阵"弄得敌人十分头痛，他们节节败退。

正恶战间，右边俞大猷部，左边刘显部一齐杀到，三路合围，倭寇更是只有招架之功，没有还手之力。他们逃到许家村大巢里，准备死守。明军追到许家村大巢，将其团团围住，在四面放火。最后，倭巢被攻破，倭寇或被烧死，或被杀死，狼狈逃命的也堕崖而死，几乎全军覆没。明军收复了平海卫。

第二天，大军胜利进入兴化。平海卫大战的捷报传达北京，明世宗十分高兴，特地举行了一次隆重的告谢郊庙的典礼。为何皇帝对这次胜利表示出这么大的重视呢？原来，明朝自以为是天朝大国，对日本一些小国是瞧不起的。但堂堂大国疆土，却被倭寇任意骚扰，居然还攻入兴化府城，并且那么大的福建，竟无人敢对倭寇用兵，眼睁睁地看他们烧杀抢劫，而后从容退出府城。这真是明政府的一大耻辱。这次胜利给明政府挽回许多面子。另一个原因是这次胜利收复了广大地区，也挫折了倭寇的嚣张气焰。所以明政府才特别重视。戚继光也因为此次战功卓著，晋升围都督同知，世荫千户，并提升为总兵官。

此战，明军偷袭成功，全赖士兵平时训练有素，行军途中寂寂无声，无人胆敢大声说话；又依靠浓雾掩护，故直到明军杀到倭寇阵前，倭寇才察觉到大事不妙，匆忙组织抵抗，但是已经来不及了。明军毫不留情地将其一举歼灭。

军法无情

【原文】

凡古人驭①军，曾有兵因天雨取民间一笠以遮铠（即甲也）者，亦斩首示众。况砍伐人树株，作践人田产，烧毁人房屋，奸淫作盗，割取亡兵的死头，杀被掳的男子，污被掳的妇人，甚至妄杀平民假充贼级，天理不容，王法不宥②者，有犯，决以军法从事抵命。此谆谆真正化诲，你若不听，军法无情，慎③之慎之！

【注释】

①驭：治理，统率。

②宥：饶恕。

③慎：谨慎，小心。

【译文】

古人治军，曾经有因为下雨天士兵拿百姓斗笠遮蔽铠甲而被斩首示众的事情。何况砍伐百姓树木，糟蹋百姓田产，烧毁百姓房屋，奸淫妇女，偷盗财物，割取阵亡将士的首级，杀戮俘获的男子，侮辱俘获的妇女，甚至妄杀无辜百姓冒充敌人首级，这真是天理不容，王法难恕。如果犯有这样的罪行，一定要依照军法严厉惩处。我现在对你们谆谆告诫，谁如果不听，军法无情，可要小心啊！

【赏析】

自古以来战功卓著的将帅都常常以忠君报国为己任，以守为卫边为职责；领兵唯亲民爱兵，治军惟恩威并用。

春秋时期，名将吴起擅长用兵，而且廉洁正直，能够得到士卒的拥护。魏文侯便让他在西边守护黄河西岸的魏国土地，同时抵御韩国和秦国的入侵。吴起曾连拔虎狼之邦——秦国的五座城池，威震天下。

吴起治军号令严明，军纪森严，赏罚严明，任贤用能。尤其难能可贵的是，他处处以身作则，为人表率，和普通士兵吃相同的饭菜，穿一样的衣服，行军时不骑马，不乘车，背负干粮，坚持与士卒一起步行。

吴起统率魏军攻打中山国时，有一个士兵身上长了毒疮，辗转呻吟，痛苦不堪。吴起巡营时发现后，毫不犹豫地跪下身子，把这位士兵身上毒疮中的脓血一口一口

地吸吮出来,解除了他的痛苦。

士兵的母亲听说了这件事,大哭。别人说:“你儿子仅仅是个普通士兵,却得到将军为你儿子吮血,应是光荣之事,为什么还要哭呢?”士兵的母亲说:“不是这样呀,前几年吴将军为他的父亲吮吸疮口,结果他的父亲直到战死也决不回首。今日吴将军又为他的儿子吮血,我真不知我儿子要死在哪里了,我因此哭。”

南宋抗金名将——岳飞治军严谨。有一次,他儿子岳云在骑马冲山坡的时候,因为战马失足,摔倒在地。岳飞知道了,狠狠责打了岳云。别的兵士看到主将对自己的儿子也这样严格,就格外认真操练了。

还有一次,有个兵士擅自用百姓一束麻来缚柴草,被岳飞发现,立刻按军法严办。岳家军行军经过村子,夜里都露宿在路旁。老百姓请他们进屋,没有人肯进去。岳家军中有一个口号,叫作:“冻死不拆屋,饿死不掳掠。”

岳飞对待将士要求十分严格,又关心爱护。兵士生病,他常常亲自替他们调药;部下将领出征的时候,他就叫妻子慰问他们的家属;将士在战争中阵亡,就抚育他们的子女;上级赏给他的财物,一概分配给将士,自己家里丝毫不留。

经过这样的训练和体恤部下,岳家军将士士气旺盛,作战勇猛。岳飞在作战之前,总是先召集将领,一起商量作战方案,然后才出战。因此打起仗来,每战必胜,从没有打过败仗。金军将士见到岳家军,没有一个不害怕,他们中间流传着一句话:“撼山易,撼岳家军难。”

明朝抗倭英雄戚继光以“岳家军”为榜样,教育士兵严守纪律,勇猛杀敌,爱护百姓,锻炼成一支闻名天下的“戚家军”。

戚继光经常告诫自己的士兵要时时刻刻想到上报朝廷,下护百姓。他说:“国家养兵是用来杀贼的,贼是要杀老百姓的,百姓们当然希望你们勇敢杀贼。如果你们既能杀贼又守军法,不扰害百姓,百姓怎能不拥护你们呢?你们当兵之日,虽刮风下雨,袖手高坐,也少不得你一日军饷费用。这些都是官府征派地方百姓办纳来的。你在家哪个不是耕种的百姓?你思量在家种田时办纳的苦楚艰难,即当思今日食银之意义。又不用你耕种担作,养了一年,不过望你一二阵杀胜。你不肯杀贼保障百姓,养你何用?就是军法漏网,天也假手于人杀你!"

古之名将治军大都遵循恩威并用、宽猛相济的原则。而现代西方企业用人之道也讲:前面有金子,后面有老虎。即"诱"字当前,"逼"字在后。一个合理的管理制度既有严肃性也有人性化的一面,将两者结合起来,才是优秀的管理。一个成功的管理者,必然是恩威并施。

卷五·教官兵法令禁约篇

【原文】

此篇之中,亦有兵士当知者。但士卒者,愚人也,繁以号令而无所遵,不如无令而气壮,故明以教官兵之法为第五。

俗谚有军中立草为标[1],况朝廷堂堂名分?凡有属下者,既知恶属下抗违不能行事,即知己身不可又效属下之人复抗在上头目,决恃不得乡曲故交,军机乃国家重务,情难掩法。敢有亲识相容、故违明抗,容者、犯者通以军法重治。[2]

【注释】

①标:标准。

②重治:严厉惩罚。

【译文】

军队之中也会有一些士兵是有知识的,但是大部分却都是不识字的粗俗之人,号令太多,他们就不知如何遵从,所以还不如不用号令,而使他们士气昂扬就好。所用我将第五篇用作阐明"教官兵之法"。

俗话说:"军营之中立一根草就可以作为标准,更何况还有堂堂朝廷的名分"。凡是有属下的军官都非常不满士兵违抗命令不听从指挥,既然这样就不应该仿效自己下属的做法违抗上级的指令。绝对不能凭借同乡故人的关系徇情枉法。要知道军事问题对国家至关重要,人情是不能掩盖军法的。如果有谁胆敢凭借亲戚关系纵容违抗军令,无论是纵容者还是违令者通通要以军法严惩。

【赏析】

春秋末期齐国著名军事家田穰苴,以严法治军,克敌制胜而知名于世。因曾居官大司马,故历史上多以司马穰苴称他。

齐景公时,燕、晋联兵侵齐。晋国出兵攻打阿(今山东东阿县)、鄄(今山东定

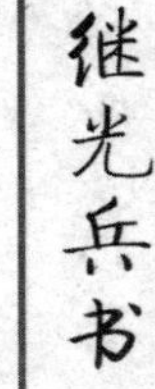

陶区)。燕军则进入河上地区。齐兵屡败,景公甚为忧虑。相国晏婴便把还是平民的田穰苴推荐给景公。景公破格用为将军率军拒敌。穰苴考虑到自己出身微末,骤为大将,将士必不服。军令难行,便请求景公派一德高望重的大臣作监军。于是景公便派最受宠信的大夫庄贾作监军。当下约定明日正午在军门集会,整点出兵,各不相误。

次日午前,穰苴先到营中,使人催促庄贾。是日,庄贾的亲朋好友都为他设酒送行;庄贾也自恃景公宠信,留连欢饮;使者连催,全不在意。穰苴等到日影西移,便登坛号令,申明纪律。

日已平西,庄贾始徐驱而来,穰苴俨然端坐,问:"监军为什么违期迟到?"庄贾拱拱手说:"亲朋备酒送行,所以晚到。"穰苴勃然拍案,正色说:"做大将的,从接受任命时起,就要忘掉家庭;临阵决战,就要舍生忘死;赏功罚罪,就要忘掉私亲。如今大敌压境,举国忧心,怎能安闲饮乐?若临敌应战,岂不误事!"便问军政司,违期迟到当得何罪。答曰:"当斩"。穰苴便喝令刀斧手,将庄贾捆绑了,牵出辕门斩首示众。

庄贾的随从人等急去景公处报信求救。景公即派另一宠臣梁丘据疾车传谕赦令。穰苴说:"将在外,君命有所不受。"又问军政司营中驰车当得何罪。军答道:"当斩"。吓得梁丘据抖作一团,连称奉命而来。穰苴说:"虽然君主使臣不可杀,但军法不可不执行。"乃下令毁掉车子,砍杀驾车马匹,代替使臣受法。于是大小三军,无不畏服。

司马穰苴整军之后,齐军面貌立刻改观,成了纪律严明,军容整肃,令行禁止,悉听约束的能战之师。然后,他立即率师出发,奔赴前线。在军旅中,他对士卒们的休息、宿营、掘井、修灶、饮食、疾病、医药,都亲自过问和安抚,把供给将军的全部费用和粮食,都用以犒赏士卒,自己与士卒吃一样的伙食。对体弱士卒特别亲近。很快就取得了将士们的信任。三天后部署调整军队时,病兵都要求同行,士卒都争着奋勇参战。

晋军得知这个消息,就撤兵走了。燕军得知这个消息,也回渡黄河而取消了攻齐计划。司马穰苴率齐军乘势追击,歼灭部分敌军,全部收复了已失去的齐国城邑和土地。然后率兵回来。未到国都就解散军队,废除军令,誓盟之后进入城邑。齐景公和诸大夫都到城郊迎接,举行慰劳部队的仪式后回到住所。随后接见穰苴,提升为掌管全国军事的大司马。田氏家族在齐国也日益受到尊敬。

田穰苴在研究前人经验的基础上,结合自己的军事实践,总结成了《司马穰苴兵法》,但未编结成书。到了战国齐威王时,才派人整理成《司马兵法》1 卷 5 篇,流传至今,成为中国古代军事史的宝贵遗产。

戚继光在治军过程中也遇到了这样的问题,他同样是法不避亲,但是比起田穰苴来却更具人情世故。

嘉靖三十二年(1553 年)六月,戚继光被调到山东前线,督率登州、文登、即墨 3 营 25 卫所,备御倭寇。当时山东沿海卫所士兵仅及原额的一半,又多是老弱,纪律松弛,号令不严,战斗力之差可想而知。戚继光知道,用这样一批毫无纪律的骄将惰兵去应敌，是必败无疑的。因此，他一上任，便从“振饬营伍，整刷卫所”着手，进行整顿。但军中已成习性，人们对年仅26岁的戚继光并不以为然。

在将校中，有一位戚继光的远房舅父，自恃长辈，拒不服从命令。为了整肃军纪，惩罚这种无纪律的恶行，戚继光当众处分了他的远房舅父。当晚，戚继光又以外甥的身份，把这位舅父请来，赔礼道歉，请他原谅。那位远房舅父深为感动，跪地而前，说道：“现在我知道你秉公执法，今后再也不敢违抗你的将令了。”

这件事传扬开去，官兵们私下议论：“戚将军执法不讳私亲，说明他秉公断事；先按国法从事，而后自己赔罪道歉，说明他敬长谦让。连自己的舅父都以法行事，何况是其他部下呢？如果再不约己守法，将会自招惩处了。”

经过戚继光的一番整顿，军中的风气顿改。

卷六·比较武艺赏罚篇

【原文】

号令既明，刑赏以悉[①]，坐作进退，当与攻杀击刺同教[②]矣。而比较不可无法，不知较艺之习而任比较之责，则花法入而正法昧矣，故为比较篇为第六。

【注释】

①悉：熟悉。

②教：教授。

【译文】

号令已经明确，赏罚也已经熟悉，接下来就应该教授士兵攻杀刺击的本领。相互较量要依从一定的原则，不知道较量武艺的原则，而负责士兵的武艺比试，那么士兵学到的只是图有其表的武艺，而真正的本领却没有学到。所以这里将“比较”作为第六篇。

武艺

【原文】

凡比较[①]武艺，务要俱照示学习实敌本事，直可对搏打者，不许仍学习花枪等法，徒支虚架，以图人前美观。

【注释】

①比较：比试。

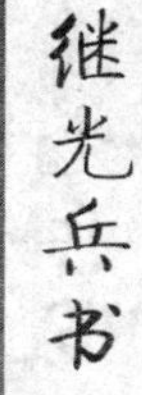

【译文】

凡是比试武艺，一定要学习那些在实战中可以用到的，可以直接相互搏击对打的，不许学习那些图有其表，只能供人欣赏的武艺。

赏罚

【原文】

各总哨队伍官长，俱以分数施行赏罚，一分①以上责成各伍长，二分以上责成各教师队长，三分以上责成哨官，四分以上责成把总。

【注释】

①一分：第一等级。

【译文】

各个哨队的军官要按等级不同实施赏罚，第一等级要责成各个伍长，第二等级责成各教师队长，第三等级以上责成哨官，第四等级以上责成把总。

【赏析】

曹操，东汉末年的丞相，后被封为魏王，是三国时期著名的政治家、军事家。曹操带兵军纪十分严明，并且自己也以身作则，带头遵守，因此，他的军队很有战斗力，很快就消灭了多股强大的军阀割据势力，统一了中国北方。

曹操看到中原一带，由于多年战乱，人民四处流散，田地荒芜，就采纳部将的建议，下令让军队的士兵和老百姓实行屯田。很快，荒芜的土地种上了庄稼，收获了大批的粮食。有了粮食，老百姓安居乐业了，军队也有了充足的军粮，为进一步统一全国打下了物质基础。看到这一切，大家都很高兴。

可是，有些士兵不懂得爱护庄稼，常有人在庄稼地里乱跑，踩坏庄稼。曹操知道后很生气，他下了一道极其严厉的命令：全军将士，一律不得践踏庄稼，违令者斩！

将士们都知道曹操一向军令如山，令出必行，令禁必止，决不姑息宽容。所以此令一下，将士们小心谨慎，唯恐犯了军纪。将士们操练、行军经过庄稼地旁边的时候，总是小心翼翼地通过。有时，将士们看到路旁有倒伏的庄稼，还会过去把它扶起来。

有一次，曹操率领士兵们去打仗。那时候正好是小麦快成熟的季节。曹操骑在马上，望着一望无际的金黄色的麦浪，心里十分高兴。

正当曹操骑在马上边走边想问题的时候，突然"扑刺刺"的一声，从路旁的草丛里窜出几只野鸡，从曹操的马头上飞过。曹操的马没有防备，被这突如其来的情况吓惊了。它嘶叫着狂奔起来,跑进了附近的麦子地。等到曹操使劲勒住了惊马,地里的麦子已经被踩倒了一大片。

看到眼前的情景,曹操把执法官叫了来,十分认真地对他说:“今天,我的马踩坏了麦田,违犯了军纪,请你按照军法给我治罪吧!”

听了曹操的话,执法官犯了难。按照曹操制定的军纪,踩坏了庄稼,是要治死罪的。可是,曹操是主帅,军纪也是他制定的,怎么能治他的罪呢?

想到这,执法官对曹操说:“丞相,按照古制‘刑不上大夫’,您是不必领罪的。”

“这怎么能行?”曹操说,“如果大夫以上的高官都可以不受法令的约束,那法令还有什么用处?何况这糟蹋了庄稼要治死罪的军令是我下的,如果我自己不执行,怎么能让将士们去执行呢?”

“这……”执法官迟疑了一下,又说:“丞相,您的马是受到惊吓才冲入麦田的,并不是您有意违犯军纪,踩坏庄稼的,我看还是免于处罚吧!”

“不!你的理不通。军令就是军令,不能分什么有意无意,如果大家违犯了军纪,都去找一些理由来免于处罚,那军令不就成了一纸空文了吗?军纪人人都得遵守,我怎么能例外呢?”

执法官头上冒出了汗,他想了想又说:“丞相,您是全军的主帅,如果按军令从事,那谁来指挥打仗呢?再说,朝廷不能没有丞相,老百姓也不能没有您呐!”

众将官见执法官这样说,也纷纷上前哀求,请曹操不要处罚自己。

曹操见大家求情,沉思了一会说:“我是主帅,治死罪是不适宜。不过,不治死罪,也要治罪,那就用我的头发来代替我的首级(即脑袋)吧!”说完他拔出了宝剑,割下了自己的一把头发。

赏罚奖惩是谋众的一个重要内容。“赏罚孰明”是《孙子·计篇》中提出的,是校七计中的一校,很多兵法书都讲了这个问题。《吴子·励士》说:“有功而进飨之,无功而励之。”孙膑在答威王问时说:“赏者,所以喜众,令士不忘死也;罚者,所以正乱,令民畏上也。”

《吴子·治兵》篇中也有类似的记载:魏武侯问吴起:“军队不在乎数量多吗?”吴起回答说:“如果法令不明,赏罚不信,敲钲不能收兵,击鼓不能前进,这样的军队,虽然有百万之众,又有什么用处呢?”

这些都是说赏罚的重要。

公元前202年2月,刘邦即帝位,接着就论功行赏。5月,刘邦在洛阳南宫摆酒大宴群臣。刘邦问群臣:“你们都说实话,我为什么能够夺取天下?项羽又为什么会失掉天下?”群臣所说不一。

最后刘邦说:“你们只知其一,不知其二。运筹于帷幄之中,决胜于千里之外,我不如子房(张良);镇国家、抚百姓、供军需、给粮饷,我不如萧何;指挥百万大军,战必胜,攻必克,我不如韩信。这三个人都是人中豪杰,我能有他们,所以我能够得天下。项羽只有一个范增还不能重用,因此最后败在我手中。”从上面的这段对话中可以看出,刘邦认为张良、萧何、韩信是他最得力的功臣,这三人被称为“汉初三杰”。

后来，刘邦论功封赏时，由于群臣争功，所以一年多也定不下来。刘邦最后定萧何为首功，封他为侯，食邑也最多。很多功臣因此愤愤不平，说他们都身经百战，而萧何只不过发发议论，做做文字工作而已，毫无战功，为什么他的食邑反而比我们多？

刘邦对大臣们说："你们知道猎狗吗？打猎的时候，追杀野兽时猎狗用来指示行踪，放狗追兽的是人。如今诸位只是能猎获野兽，相当于猎狗的功劳。至于萧何，他能放出猎狗，指示追逐目标，那相当于猎人的功劳。况且你们只是一个人追随我，多的也不过带两三个家里人，而萧何却是全族好几十人跟随我，这些功劳怎么能抹杀呢？"大家都无言可答。

诸侯分封完毕，接着是排位次。群臣都说："平阳侯曹参身受七十余处战伤，攻城略地，功劳最多，应排第一。"

刘邦已经压过大家一次，重封了萧何，对排位次的事也就不好再说什么，不过他心里仍然认为萧何应该排在第一位。这时，关内侯鄂君说："在楚汉相争的五年中，陛下有好几次都是全军溃败，只身逃脱，全靠萧何从关中派出军队来补充。有时，就是没有陛下的命令，萧何一次也派遣几万人，正好补充了陛下的急需。不仅是士兵，就是军粮也全靠萧何由关中供应，才保证了军队的粮食。陛下有好几次败退把山东都丢了，幸亏有萧何坐镇关中，陛下才能重新振作。这些都是创立汉家天下流传后世的大功劳，怎么能把像曹参等人只是一时的战功列在万世之功的前面呢！我认为：萧何应排第一，曹参第二。"

这番议论，正中刘邦下怀，于是把萧何排为第一，准许他穿鞋带剑上殿，并封了萧何的父子兄弟十多人。

上级驾驭属下，靠的就是赏功罚过，任能罢庸。这一方法的关键在于，赏罚要名副其实。上级在授予下属官职的时候要慎重，奖赏钱财的时候也要仔细考虑。任用一个人，就要考察他最终的办事结果；授权给一个人，要以他的能力作为依据。对国家有功的人，就是赏赐千金，授予侯爵，也不要吝啬；对于那些于国家无任何功劳的，就是一个小小的微笑，一条破裤子都不要轻易给予。

卷七·行营野营军令禁约篇

【原文】

凡操中法令旗鼓既习①，将来必试敌而调发，所不免②也，故即以行营篇为第七。

【注释】

①既习：已经学习。

②免：避免

【译文】

操练中的旗鼓法令现在已经都学习过了，将来上了战场遇到敌人还是要慢慢磨合的，这是不可避免的，所以我将行营篇作为第七篇。

扎野营说

【原文】

野外屯扎，对垒列营，画地以守于前，樵苏以继于后，夜防警袭，昼结行阵，其役也劳[1]，其事也险[2]。使吾气常锐，战守兼举，吁，岂易易哉！

在野宿，亦与在城相同，比在城更加谨慎。第一肃静为主，凡有平时喧嚷者，捆打四十，连坐。遇传号令、下营阵止起之际，耳只听金鼓号头，眼只看旗帜，决不许口发一言，但有喧嚷出声者，拿治如前临阵割耳，回兵查，若因而误[3]事者，斩首示众。

【注释】

①劳：劳累。

②险：凶险。

③误：耽误。

【译文】

野外扎营，夜晚要防备敌人偷袭，白天要结好阵列，这是非常劳累的事情，也是非常凶险的事情。要使我军势气总是锋锐，进攻防守都可以从容应对，难道是很容易的吗？

野外宿营，与在城中一样，只是要更加谨慎。最重要的事情是要肃静，凡敢有喧哗者，要捆绑起来鞭打四十。遇到号令，耳朵要听清楚金鼓号令，眼睛要看清楚旗帜，绝对不允许发出声音，一旦有谁敢喧哗，就要拿到军前割掉他的耳朵。如果因此而耽误了大事，就要斩首示众。

【赏析】

嘉靖四十一年（1562年）八月二十九日，戚家军奉命进军福清，围剿那里肆意横行的倭寇。戚继光在初步了解了敌情之后，单枪匹马直上大乌岭，侦察敌情，制订作战方案。接着又召集福建、浙江主客兵各路将领，歃血盟誓，协调戚家军和友军内部的关系，然后布置杀敌。九月初一，戚继光兵分三路：一路由戴冲霄统率，领兵六支，由锦屏山进攻；另一路为伏兵，命令施明赐、童子明率兵埋伏林木岭，预防倭寇偷袭。同时，又命令福建将领率兵扎营伏田原岭、渔溪、上径等地，切断敌人退路。戚继光自己率领一路人马，进攻锦屏山。

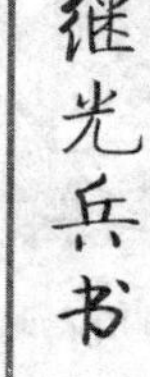

戚继光率军入城时，受到当地百姓夹道欢迎，哭着请求戚家军立即剿杀敌寇。戚继光非常理解百姓的急切心情，但恐怕众人中混有敌人的奸细，便故意说："我率军远道而来，必须休整几日，相机而动，并非一时可得。"倭寇听此消息，自然放松了戒备。当天晚上二更天，戚继光率军偷袭倭寇的一个据点——杞店，等他们将倭寇巢营团团围住之时，敌人还在蒙头大睡。壮士朱钰直冲敌营，将大门打开，倭寇方才惊醒。戚家军在呐喊声中冲进敌营，倭寇，晕头转向，根本来不及反抗，就全部被杀死了。

杞店一战胜利后。戚继光又率军回锦屏山驻扎。到了五更时分，大约有700名倭寇，骑兵在前，步兵随后，准备偷袭明军营寨。戚继光已事先得到消息，便在山口埋伏下精兵强将迎击敌人。倭寇进入戚家军的埋伏圈后，战鼓一响，明军伏兵火铳一齐开火，大批敌人纷纷倒下。倭寇想要逃跑，又被事先放置好的蒺藜等物刺破脚掌，行动异常迟缓。

戚继光听到鼓铳声后，指挥大军围困敌军。倭寇拼死突围，并抛出大把碎金，想以此引诱明军拾金，好乘机溜走。戚家军全然不顾，奋勇杀敌，倭寇纷纷败退，戚家军边战边追，乘胜直捣牛田倭寇大寨，牛田倭寇慌忙列阵迎战。王如龙率明军冲在前面，吴惟忠、胡大受、张谏等率部分兵两翼，包抄过去。戚家军势不可挡，猛扑而来，倭寇抵挡不住，四处逃散。戚继光率军一鼓作气，连破牛田、上薛、闻读等倭巢。

这时，戴冲霄率领的一路人马也赶了上来，两路人马成掎角之势，夹击溃敌。一路呐喊着杀去，直追至新塘，倭寇鬼哭狼嚎，拼命逃窜。明军分头追敌，又在阵中竖立白旗为信号，以规劝胁从分子，有数千人纷纷扔掉刀枪前来投降。戚家军屡战屡胜，除瓦解敌寇数千名外，还生擒倭寇10名，杀敌688人，其余被烧死者不计其数。

盘踞西林、木岭的倭寇，见牛田大营倭寇溃败，闻风丧胆，不敢迎战，聚集残寇往上径桥逃去。阻守上径桥的一名福建参将，没料到戚继光会如此神速取得了胜利，毫无防备，竟被疯狂败退下来的数千倭贼一下子冲散了队伍。幸亏戚家军及时赶到，他们才得以获救，但残余倭寇却找机会跑掉了。

这股败退下来的倭寇，逃到了泉州惠安县的南辋。由于当地百姓异常穷困，抢不到食物，地势平坦更无险可凭。倭寇估计浙江兵不会久留福建，于是又返回莆城县南20里的林墩，筑营死守。林墩四面临河，直通海港，既容易把守又利于撤退。倭寇知道胁从分子不可靠，便不让他们住进林墩，只让他们到外面充当哨探。固守在林墩的4000多名倭寇，都是阴险毒辣的亡命之徒。

九月十二日，戚继光率师出发，在烽头、江口安营扎寨。为防止倭寇听到消息后逃跑，戚继光命把总张谏、叶大正、金科、曹南金率兵1600人，于十四日五更前必须赶往宁海桥设下埋伏，堵截敌寇。到时如果敌人尚未逃跑，一听到战鼓声响，即配合大军夹击。戚家军为麻痹敌人，开进莆田县城。戚继光表面上从容宴请宾客，装作要休息几日的样子，一面积极准备战斗所需物品。

当天半夜，乘居民熟睡，戚家军快速整队，开往林墩，行军十五里来到西洪，月明如昼。戚继光命士兵坐等月落，好乘黎明前的黑暗，再走五里，直捣敌巢。

但是，戚继光没想到他们上了向导的当，那个向导原来是倭寇的奸细。向导故意将戚家军带上西洪小路，却把黄石大道留着让倭寇逃跑。西洪小道坑坑洼洼，异常难走，当戚家军走完最后的五里路时，东方已经发白。敌人发觉了戚家军的进攻意图，便砍断了小桥。戚家军冲了好几次，都被倭寇凭借险要地势打退。就在这时，事先埋伏在宁海桥的张谏、叶大正、金科、曹南金等部1600人，听到战鼓声赶来会战，前后夹击，倭寇受挫，才退回巢中，戚家军终于冲过河去。

敌寇营盘离水很近，街道狭窄又不通畅，长兵器施展不开。于是双方短兵相接，刀来枪往，倭寇大败，相互践踏，有1000多人落水而亡，余寇匆忙往黄石方向败退。戚家军英勇追击，一直追到窑兜，胁从分子四散奔逃，戚继光放过他们，独自率军紧追一股真倭寇。真倭寇被追急了，逃进一家窑灶厂死守，明军爬上屋顶，用草木夹杂火药火烧敌人，倭寇大乱。戚家乘势攻入，一举歼灭了残寇。这一仗，生擒倭寇26人，杀敌960人，还有数千倭寇被烧死、淹死，救出被俘百姓2120人，戚家军杀敌960人的哨官周能等69名壮士也英勇就义。戚家军凯旋，官绅百姓，出城10里迎接。

十月三日，戚继光率军到达福清。由于操劳过度，又加上渡水时着了凉，戚继光病倒了，与数百名伤病员在县城中调理。到了十月五日，东营地方来报，最近有300名倭寇登陆并窜至葛塘屯据，县丞陈永恳请戚继光前去击敌，戚继光立即应允。

次日黎明，戚继光命陈大成等率二支人马埋伏在上径桥，阻截溃敌。然后分兵四路，由戚继光亲自督率击敌。陈永劝戚继光先养病，不必亲自前往，但戚继光仍坚持带病出征。大约离城刚刚10里，哨探来报，又来了300多名倭寇，已经到了牛田，离戚家军很近。于是，戚继光决定先消灭这一支倭寇。

戚家军赶到牛田，倭寇正守在营寨之中。吴惟忠率兵往里冲杀，倭寇拼命抵抗，凶恶异常，官军败退下来。戚继光抱病大喊一声："大敌都被我们全歼，难道还拿不下这几个逆贼吗！"说着催马冲上前去。退阵的兵士在戚继光的激励之下，重新又冲了上去。这时，其余三路将士也赶到了，四面呼应，终于大败敌寇。倭寇退回营中死守，抛瓦抵抗。吴惟忠带伤勇往直前，大队明军一齐拥入，立歼顽敌，巷中尸体累累。其余倭寇躲在巢中，被放火烧焦。经过审讯俘虏，查阅敌人书信，得知这支倭寇头目就是著名倭寇首领双剑潭。

双剑潭悍勇善战，多年来横行海上，在倭寇之中一呼百应。这次他们是应原来屯据福清之倭寇邀请，前来攻打福州的。倭寇准备来1万人，由双剑潭和杨松泉各率300精锐打头阵。双剑潭，这个罪恶深重的寇匪，终于难逃戚家军的正义之剑。

杨松泉部倭寇在葛塘听到炮响，往上径桥奔来，陈大成等率伏兵追杀至桥上。由于桥面太窄，双方兵力施展不开，不少倭寇被挤掉河中淹死了，明军也有一些伤亡。陈大成撤回桥下，倭寇立即砍断桥梁。这股倭寇虽然没有全军覆没，但也被吓得趁夜逃往海上。

不几天，登岸的倭寇越聚越多。他们一打听，得知原来福清之倭已被戚家军全歼，又听说双剑潭等也被杀死，吓得魂不附体，胆战心惊地说："戚家军真如猛虎一般！我们已经不敢侵犯江浙一带了，你们又何苦追杀万里！"从此，戚继光就在倭寇中得了个"戚老虎"的绰号，倭寇每每谈"虎"色变，闻风丧胆。先后登陆的1万多倭寇，听说戚继光在此，不敢妄为，悄悄逃往南方。

戚家军这次援闽作战，转战千里，四战皆胜，但自己也有不少伤亡。再加上水土不服，有一半兵将病倒，能战者只有3000。当时天气寒冷，冬衣未备，戚继光就让福建官员打扫战场，重修城墙，固守数月，自己先回浙江养息士卒，然后再来福建同倭寇大战。十一月初，戚家军起程回浙。

军队扎营，必背山面水，进可攻，退可守；开店选址，要知道"客流"就是"钱流"。在车水马龙、人流熙攘的热闹地段开店，成功的概率往往比普通地段高出许多。因为川流不息的人潮就是潜在的客源，只要你所销售的商品或者提供的服务能够满足消费者的需求，就一定会有良好的业绩。

卷八·操练营阵旗鼓篇

【原文】

号令既习，刑赏俱明[①]，于是列于场肆[②]而教以坐作进退之法，为营阵之制[③]，以施于用，故以操练篇为第八。

【注释】

①明：明确。

②场肆：兵场。

③制：制度。

【译文】

号令已经知晓，赏罚也已经明确，接下来就要将士兵们陈列于兵场，教授他们进退的方法，结营布阵的制度，以及如何在实际中运用。所以，将操练作为第八篇。

战胜追贼防伏之法

【原文】

夫倭性人自为战，善於抄[①]出我后，及虽大败，随奔随伏[②]，甚至一二人经过尺木斗壑亦藏之，往往坠其计中。辛酉之役，一月十捷，我兵损不及六七人，议者谓非兵之巧，乃贼之拙，此倭不如别倭之有伏也。殊不知将前法已曾教熟于平时，故如花街之捷，战追四十里而保全胜者，非贼之无伏，我有搜守之法而伏无所用也。

其法：如贼徒一战而败，贼遂奔北，我兵追上，凡遇林木人家、过溪转角之处，每量林木屋垣湾曲大小，即留一队或一哨守其必出之口，而他兵一面径跑追上。每遇一处，即留一处。又或村落极大者，即通行围止，听人进搜，无贼高声为号，又复前追。其麦田茂草之地，又皆可伏之所，我兵每一哨内即留一队，分投下路星散麦田草中搜打喊叫。故每战多於麦田中搜获生擒，此非避[③]我者，正贼之伏[④]也。

【注释】

①抄：抄袭。
②伏：伏击。
③避：躲避。
④伏：仗击。

【译文】

倭寇善于打仗，善于抄袭我军后路，当他们被打败的时候，一边撤退，一边却又伺机埋伏，甚至一两个人在经过树木和沟壑的时候都会隐藏起来，伺机反扑，我军往往中计。辛酉之役，我军一月之内打了十次胜仗，兵力损失不到六七个人。有人说这并非我军用兵巧妙而是这群倭寇太笨了，他们不如其他的倭寇那样善于伏击。这些人不知道，战前我早就已经制定出了一套对付倭寇这个诡计的办法。所以花街大战，我军追击倭寇四十里而获得大胜，并非倭寇没有设伏，而是我军搜守有方，倭寇的诡计才没能得逞。

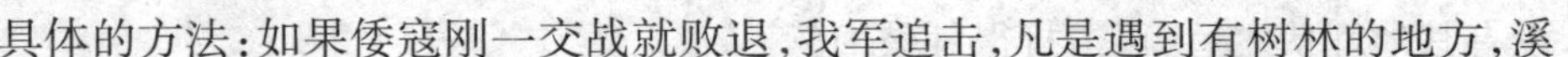

具体的方法：如果倭寇刚一交战就败退，我军追击，凡是遇到有树林的地方，溪

水拐角的地方，根据情况留守一部分兵力守住伏兵的出口，而其他人则继续追击。每遇到一处，就留守一部分兵力。如果遇到大的村庄，马上包围搜捕，若是没有倭寇就高声呼叫告知，于是继续追击。在麦田和杂草茂盛的地方，或者可以设伏的地方都要留守一部分兵力搜捕。所以每次战斗中往往会在麦田中搜获很多隐藏的倭寇，这些倭寇不是为了躲避我军的追击而是为了伺机伏击我军。

交锋之法

【原文】

兵在各伍牌后遮①严缓步前行，执牌在前，只管低头前进；筅枪伸出牌之两边，身出牌之后，紧护牌而进。听擂鼓、吹天鹅声喇叭，交战。执牌者专以前进为务，不许出头看贼，伍下恃赖牌遮其身，只以筅枪出牌之前戳杀为务。如不上前，队长牌兵之责。如队长牌兵被害，伍下偿命。

其两翼之兵先大张其势，望外开行，俟将战，急於贼之两边，各令一半自外围戳而来，各令一半伏住；俟贼到正面，兵俱将牌立定不动，两奇兵急合，贼必分兵迎我两来。奇兵俟贼四顾夺气，正面兵即拥牌夹战。如胜负未分，前力已竭，又即点鼓，第二层由前层空内间出，如图接应对敌。

闻金得胜而止，依退法退回。知贼已无别伏，方才打得胜②回营。

【注释】

①遮：隐蔽。

②得胜：得胜鼓。

【译文】

士兵们在各个小队的盾牌之后隐蔽身体，缓步前进。手执盾牌的士兵在最前面只管低着头向前走；狼筅长枪在盾牌的两旁伸出，身子隐蔽在盾牌的后面，紧紧跟着盾牌前进。听到擂鼓，和天鹅声响的喇叭，就与敌人交战。执牌者的职责在于前进，不许探出头来看敌人，其余的士兵依靠着盾牌护身，只管用狼筅长枪绞杀敌人。如果队伍不前进就是队长和执牌者的责任，如果队长和执牌者被杀害，其余的士兵就要偿命。

我军两翼的兵力向外展开前进。临战之时，火速从侧翼包围敌人。用一半的兵力狙击，另一半则稳住阵脚。等敌人攻击我正面军队的时候，士兵们应该用盾牌坚守阵地。此时，我军两翼的兵力作为奇兵开始进攻敌人侧翼，敌人就会分兵抵抗。我军奇兵四面围攻敌军，打击他们的势气；而正面军队则拥牌坚守，挫敌锐气。如果此时胜负还没有决出，就马上击鼓，由第二防线的士兵出击应对。

直到听见鸣金获胜的号令才能停止，并且要依照撤退的步骤撤退。确定敌人没有其他埋伏之后，再击打得胜鼓回营。

【赏析】

春秋时期，晋文公在国内大举改革，在一班贤臣的辅佐下，晋国一天天强大了，便逐出向中原地区发展。这时候，齐国已衰落，南边的楚国强大起来，黄河以南的大片土地都成了楚国的势力范围，楚成王还不断将自己的势力向北渗透。这样一来，晋、楚两国的矛盾和冲突就变得突出了。

楚国于周襄王十八年(公元前634年)，借宋国投靠晋国为名，发兵攻宋。宋成公派使到晋国求救，晋文公召集群臣商量对策。大将军先轸说："现在能与晋国抗衡的只有楚国，主公想实现霸业，就一定要战败楚国。"狐偃等人也同意先轸的意见，还说："楚国不久前把曹国拉过去；又与卫国结成亲家，他们三国现在正是关系最好的时候，曹、卫两国在主公落难时闭门不纳，甚是无礼。我们以此为名出兵去攻打这两个国家，楚国一定会相救，这么一来宋国的围就能解了，我们仇也报仇了，岂非一举两得吗?"这个办法得到大家的赞同，晋文公决意出兵。

周襄王二十年(公元前632年)，晋国出兵攻打曹国、卫国。晋国人多势众，军法严明，没几天就攻下了这两个小国，可是楚国还是围着宋国不肯撤兵。晋文公感到十分难办，他和先轸说："若不援救宋国，它势必和我们一刀两断；若去救它，又不免与楚国有一场恶战。只靠我们自己的力量，不一定能打败楚国，最好能联合齐、秦两国一同攻楚。只是齐国、秦国素来与楚国无隙，怎样才能使他们帮我们呢?"先轸说："这又何难？让宋国拿出贵重礼物贿赂齐国、秦国，请这两国帮宋说情，请楚国退兵。假如楚国不同意退兵，两国君主就会认为不给他们面子。那时我们联合他们去攻楚国，准保可成。"

过了几天，齐、秦两国的使者正在楚国大将军成得臣面前帮宋国说情。只见有人来报告说宋国仗着晋国的势力，把曹国、卫国的土地都夺了。成得臣大怒之下说道："宋国表面上要求讲和，却攻占我们的保护国，眼里哪有楚国？这是讲和的样子吗?"齐、秦两国使节弄了个没趣，只得离去。晋文公早就派人等候在半路上，把两位使臣请至晋军大营之中，摆宴款待，向他们说："楚国将领真狂妄呀，当面羞辱二位。我们马上就要对楚开战，望你们两国多多协助。"两位使臣立即同意。

楚成王已听说晋国、齐国、秦国联盟，感到军力有些单薄，就派人通知成得臣退军，并和他说："晋侯在外奔走多年，现在有六十多岁了，极有经验，我们未必斗得过，不如尽快收兵吧。"成得臣回答说："攻下宋国只不过是早晚的事了，现在撤军太可惜。请主公再给我几天时间，战胜了宋国就班师回朝。"

成得臣为早点儿取胜，加强了攻势。宋国军民知道晋国正在帮助宋国抗楚，便坚定了反抗意志，更加拼命抵抗，楚军暂时也攻不进城去。这时晋文公乃设计使曹国、卫国写信与楚国断交，并将成得臣的使者扣下。这一下把个火暴脾气的成得臣气得七窍生烟，命三军立即解除对宋国的包围。集中兵力要与晋军拼个你死我活。

这时晋军的力量稍弱于楚军，且远离本土作战。但已占领曹、卫两国当作前进的基地，况且与齐国、秦国已结成联盟，实力也有所加强。当晋、楚两军直接对垒，刚要开战时，狐偃和晋文公说："当初您在楚为客时曾和楚王说，一旦交战，晋军必当退避三舍,如今可不能失信啊。”晋公听罢不语。身边的将领都纷纷反对。狐偃却说:“成得臣虽然猖狂,但楚王的恩情我们不能忘记。我们退避三舍,只是对楚王表示谢意,不是怕成得臣啊。”大家听狐偃说得有道理,便同意了。

楚军看晋退兵,认为晋军害怕了,就在后面追来。晋军兵将奉命撤退。见楚军这样盛气凌人,不由得下定决心,一定要战败楚军。晋兵一退就是90里,待扎下营寨,成得臣派人下的战书也到了。第二天两军对阵,自是仇人相见分外眼红,都想一举打垮对手。

战斗开始,晋军主帅先轸令三军中的下军去攻由陈、蔡联军组成的楚军的右军。这是楚军的薄弱环节,晋军一个冲锋就将陈、蔡联军打散了。接着先轸又令上军主将狐毛假充中军主帅,迷惑楚军。楚左军主将斗宜申望见晋军主帅旗,就指挥兵士冲杀过来。狐毛抵挡几下,诈败而逃。斗宜申哪知是计,紧紧追来。眼看就要追到,忽听阵阵鼓声,晋军主帅先轸亲率精锐部队拦腰杀出,狐毛也率队反攻,两边夹攻,楚军顿时大乱。成得臣见势头不好,急命收兵。全军才幸免覆没。

楚军战败的消息传到了楚成王那里,他本来就对成得臣一意孤行不满,现在又见伤亡惨重,不禁大骂道:“随他出征的战士阵亡这样多,他还有什么脸回国!”成得臣听到这话羞愧万分,不得不自杀了。

晋军大胜的消息传至洛邑,周襄王派使慰劳晋文公。晋文公将俘获的一千名楚兵和一百辆战车献给周王。周襄王又赐给晋文公红色弓箭和黑色弓箭各一百张。在周朝时期,天王赐弓箭给诸侯,是种极高的奖赏,表示赐予这个诸侯自由征伐其他诸侯的权力。晋文公在诸侯中威名赫赫,他借此时机,会合诸侯,歃血为盟,当了霸主。

行军作战最怕后路被抄,因为此处往往最是薄弱,极易突破。在竞争激烈的商战中,卓越的企业往往能够在庞大的市场面前找准竞争对手的薄弱之处,紧抓特定用户群,推出针对性更强的产品,迅速占领一片市场,等到对手察觉的时候,那时早已是固若金汤了。

卷九·出征起程在途行营篇

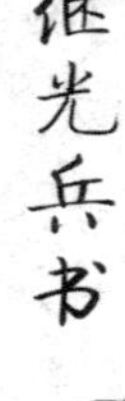

【原文】

前哨有五方旗一副、高招一副,有事方开。见林木,开青旗;阻水泽[①],开黑旗;遇兵马,开白旗;山险,开黄旗;烟火,开红旗,过所见之物,即卷其高招。如道可一路行,立一面;二路行,立二面;三路行,立三面;四路行,立四面;抬营行,立五面。后部挨队递[②]相传开。

凡塘报哨见贼,急则磨红旗,缓则磨黄旗,众则磨青旗,少则磨白旗,无路可行则磨黑旗。一层既磨,各层照前一时俱磨,一层退至一层,如贼不来,复又立定。如贼再追,一层又退二层,只退至营前。断不许见贼磨旗之后,不论贼之追不追来,一齐拥众径回,如此军法示众。

如贼自塘马腰内突出，与我兵忽遇，不及下营者，即下急营，我兵即时於所行之地立定，近贼者不必抽间队，尽数备敌，先铳平列打贼，次挨牌短兵出战。其无贼处，一面照操拨人应援，一面安立钉牌拒马，为一字阵。别部应发援兵者，或包水港沟渠，若贼可望见者，止守营，不许遣接奇兵，恐贼乘之；如贼不见之处，虽有险隘沟渠，正我兵出奇必胜之利，亦须相险设智，别渡[3]精锐一二百人，绕出不意，必可取胜。此上策也。

【注释】

①泽：沼泽。

②递：传递。

③别渡：另外派遣。

【译文】

前面的部队有五种颜色的军旗，一般只举一幅旗。行军途中遇到树林，就把青色的军旗高举；遇到沼泽，就把黑色的军旗高举；遇到其他军队，就把白旗高举；遇到山势险要的地方，就把黄旗高举；遇到烟火，就把红色的旗高举。一旦走过，就把相应的军旗收起来。如果道路只可以行军一列，就举一面旗帜；如果可以行军两列，就举两面旗帜；可行军三列，就举三面旗帜；可行军四列，就举四面旗帜；拔营行军的时候，就举五面旗帜。后面的部队依次传递。

如果前方哨兵发现敌人，形势危急，就挥动红旗；形势不甚危急，就挥动黄旗；敌人人数众多，就挥动青旗；人数不多，就挥动白旗；前方无路可行，就挥动黑旗。前面的士兵挥动军旗，后面的就跟着依次挥动。如果敌人没有来进攻，停止摇动军旗。如果敌人进攻我军，我军应该后退有序，层层撤退。绝对不允许遇见敌人，挥动军旗之后，不论敌人是否进攻，一窝蜂地后撤，否则军法严惩。

如果敌人忽然从半道杀出，于我军相遇。来不及列阵抵抗的，就地迎战。我军就地稳住阵脚，与敌人接近的部队，不必调集后面部队，应该先以鸟铳射杀敌人，等到敌人冲到我军藤牌兵前面的时候，短兵出击与敌肉搏。没有收到敌人攻击的部队，一方面应立即发兵支援，另一方面在阵前抛撒竹钉防止敌人奇兵来袭。其他前来支援的部队，如果敌人可以观察到，就应该坚守阵营，不能出击，防止敌人乘虚而入。那些敌人观察不到的地方，虽然地势险峻，却是我军出奇兵取胜的时候。根据地势，派遣精兵一二百人，绕道敌人后方，出其不意，一定可以获得胜利。这是用兵的上上之策。

【赏析】

孙膑和庞涓本是同学，拜鬼谷子先生为师一起学习兵法。同学期间，两人情谊甚厚，并结拜为兄弟，孙膑稍年长，为兄，庞涓为弟。

有一年，当听到魏国国君以优厚待遇招求天下贤才到魏国做将相时，庞涓再也耐不住深山学艺的艰苦与寂寞，决定下山，谋求富贵。

孙膑则觉得自己学业尚未精熟，还想进一步深造；另外，也舍不得离开老师，就表示先不出山。

于是庞涓一个人先走了，临行前对孙膑说："我们弟兄有八拜之交，情同手足。这一去，如果我能获得魏国重用，一定迎取孙兄，共同建功立业，也不枉来一回人世。"

两人长时间紧握双手，最后洒泪而别。

庞涓到了魏国，见到魏王。魏王问他治国安邦、统兵打仗等方面的才能、见识。庞涓倾尽胸中所有，滔滔不绝地讲了很长时间，并保证说："若用我为大将，则六国就可以在我的把握之中，我可以随心所欲统兵横行天下，战必胜，攻必克，魏国则必成为七国之首乃至最终兼并其余六国！"

魏王听了，很兴奋，便任命他为元帅、执掌魏国兵权。庞涓确有本领，不久便侵入魏国周围的诸侯小国，连连得胜，使宋、鲁、卫、郑的国君纷纷来到魏朝贺，表示归属。不仅如此，庞涓还领兵打败了当时很是强大的齐国军队。这一仗更提高了他的声威与地位，魏国君臣百姓，都十分尊重他、崇拜他。而庞涓自己，也认为取得了盖世大功，不时向人夸耀，大有普天之下、舍我其谁的气势了。

可是庞涓知道，他的同学齐国人孙膑，本领比他强。而这一期间，孙膑仍在山中跟随先生学习。他原来就比庞涓学得扎实，加上先生见他为人诚挚正派，又把秘不传人的孙武子兵法十三篇细细地让他学习、领会，因此，孙膑此刻的才能远远超过庞涓了。

魏惠王也听到孙膑的名声，有一次跟庞涓说起孙膑。庞涓派人把孙膑请来，跟他一起在魏国共事。哪儿知道庞涓存心不良，背后在魏惠王面前诬陷孙膑私通齐国。魏惠王十分恼怒，把孙膑办了罪，在孙膑的脸上刺了字，还剜掉了他的两块膝盖骨。

幸运的是，齐国有一个使臣到魏国访问，偷偷地把孙膑救了出来，带回齐国。

齐国大将田忌听说孙膑是个将才，把他推荐给齐威王。齐威王也正在改革图强。他跟孙膑谈论兵法后，大为赏识，相见恨晚。

公元前354年，魏惠王派庞涓进攻赵国，围了赵国的国都邯郸。第二年，赵国向齐威王求救。齐威王想拜孙膑为大将，孙膑忙推辞说："不行，我是个受过刑的残疾人，当了大将，会给人笑话。大王还是拜田大夫为大将吧。"

于是，齐威王就拜田忌为大将，孙膑为军师，发兵去救赵国。孙膑坐在一辆有篷帐的车子里，帮助田忌出主意。

孙膑对田忌说："现在魏国把精锐的兵力都拿去攻赵国，国内大多是些老弱残兵，十分空虚。咱们不如去攻魏国大梁。庞涓听到了，一定要放弃邯郸，往回跑。我们在半道上等着，迎头痛击他一顿，准能把他打败。"

田忌依计行事。庞涓的军队已经攻下邯郸，忽然听说齐国打大梁去了，立刻吩咐退兵。刚退到桂陵（今河南长垣西北）地方，正碰上齐国兵马。两下里一开仗，庞涓大败。

齐国大军得胜而归，邯郸之围也解除了。

公元前 341 年,魏国又派兵攻打韩国。韩国也向齐国求救。那时候,齐威王已经死了,他的儿子齐宣王派田忌、孙膑带兵救韩国。孙膑又使出他的老法子,不去救韩,却直接去攻魏国。

庞涓得到本国的告急文书,只好退兵赶回去,齐国的兵马已经进魏国了。

魏国发动大量兵力,由太子申率领,抵抗齐军。这时候,齐军已经退了。庞涓察看一下齐军扎过营的地方,发现齐军的营盘占了很大的地方。他叫人数了数做饭的炉灶,足够十万人吃饭用的。庞涓吓得说不出话来。

第二天,庞涓带领大军赶到齐国军队第二回扎营的地方,数了数炉灶,只有能够供五万人用的了。

第三天,他们追到齐国军队第三回扎营的地方,仔细数了数炉灶,只剩了两万人用的了。庞涓这才放了心,笑着说:"我早知道齐军都是胆小鬼。十万大军到了魏国,才三天工夫,就逃散了一大半。"他吩咐魏军没日没夜地按着齐国军队走过的路线追上去。

一直追到马陵(今河北大名县东南),正是天快黑的时候。马陵道十分狭窄,路旁边都是障碍物。庞涓恨不得一步赶上齐国的军队,就吩咐大军摸黑往前赶去。忽然前面的兵士回来报告说:"前面的路被木头堵死啦!"

庞涓上前一看,果然见道旁的树全砍倒了,只留下一棵最大的没砍,细细瞧去,那棵树的一面还刮去了树皮,露出一条树瓤来,上面影影绰绰还写着几个大字,因为天色昏暗,看不清楚。

庞涓叫兵士拿火来照。有几个兵士点起火把来。趁着火光一瞧,那树瓤上面写的是:"庞涓死于此树下。"

庞涓大吃一惊,连忙吩咐将士撤退,但为时已晚。四周射出的箭,像飞蝗似的冲魏军飞来。一时间,马陵道两旁杀声震天,到处是齐国的兵士。

原来这是孙膑设下的计策,他故意天天减少炉灶的数目,引诱庞涓追上来。他算准魏兵在这时辰到达马陵,预先埋伏着一批弓箭手,吩咐他们只等树下有火光,就一齐放箭。庞涓走投无路,只得拔剑自杀。

齐军乘胜大破魏军,把魏国的太子申也俘虏了。

打这以后,孙膑的名气传遍了各诸侯国。他写的《孙膑兵法》一直流传到现在。

千里奔袭,有时可出其不意,攻敌不备;但有时候也会被敌人以逸待劳,聚而歼之。作为军队的统帅一定要小心谨慎,能够料敌情于战前。企业进军海外,也是机遇与挑战并存。海外市场与国内差异很大,无论是政治形势、经济制度、风俗习惯等等,都要认真研究,以规避风险,把握机遇。

卷十·长兵短用说篇

【原文】

器械不利[①],以卒予敌;手无搏杀之方,徒驱之以刑,是鱼肉乎吾士也。器习利

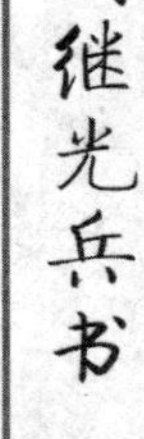

而无号令金鼓以一其心，虽有艺，与徒手[2]同也。三军既熟悉吾令，则当精乎艺。艺与法令当并行而不悖者，故以长短兵说为第十。

夫长器必短用，何则？长枪架手易老，若不知短用之法，一发不中，或中不在吃紧处，被他短兵一入，收退不及，便为长所误，即与赤手同矣，须是兼身步齐进。其单手一枪，此谓之孤注，此杨家枪之弊也，学者为所误甚多。

其短用法，须手步俱要合一，一发不中，缓则用步法退出，急则用手法缩出枪捍。彼器不得交在我枪身内，彼自不敢轻进；我手中枪就退至一尺馀，尚可戳人，与短兵功用同矣，此用长以短之秘也。

至若[3]弓箭火器，皆长兵也，力可至百步者，五十步而后发；力可至五十步者，二十五步而后发，此亦长兵短用之法也。长则谓之势险，短则谓之节短，万殊一理[4]。

【注释】

①利：精良。
②徒手：空手。
③至若：至于。
④理：道理。

【译文】

兵器装备如果不够精良，那是将自己的士兵送给敌人去杀戮；没有搏杀的本领，只是用刑法逼迫士兵冲锋，那是让士兵等着被敌人绞杀。武器精良，搏杀技术精湛，但是却没有以金鼓来统一队伍的号令，虽然手握兵器，实际上与空手是一样的。三军将士已经将我的号令熟记于心，那么武艺也要精湛才行，武艺和法令是要并举的，彼此并不矛盾。所以我将长短兵器作为第十篇。

那么将长兵器作短兵器用是怎么回事呢？手握长枪容易劳累，如果不知道它的短用方法，那么一枪刺出去却没有击中，或者没刺在要害部位，这时就很容易被敌人的短兵器乘虚而入，而长枪又一时收不回来，士兵就会被长枪所连累，变得与徒手一样。手里只拿一杆单枪很是冒险，这是杨家枪法的弊病所在，很多学习的人因此深受其弊。

长兵器的短用方法，一定要手和步法紧密配合，一枪未中，情形不甚危急，可以通过步法后退；如果情形危急，就要用手及时缩回枪杆。敌人的兵器不能够突破我长枪的攻击范围，他们就不敢轻易冒进。我手中的长枪后退一尺，也可以攻击敌人，这样就与短兵器的用处相同了。这就是长枪短用的秘诀。

至于弓箭、火器都属于长兵器，可以射击百步远的，在距离五十步的时候就射击；可以射击五十步远的，在距离二十五步的时候就射击；这也是长兵器短用的秘诀。长兵器有远距离作战的优势，短兵器有近距离作战的优势，二者看似不同，其中的道理却是相通的。

【赏析】

马拉松平原坐落在雅典东北42公里的爱琴海边，面朝阿提克海峡，背后群山环抱。马拉松平原，长九公里，中间最宽处约有3公里。公元前490年9月的一天，一支波斯大军在这里登陆，打破了马拉松平原惯常的寂静。600艘波斯战舰把海湾挤得水泄不通，岸上是3万波斯大军筑起的一座庞大的营垒。波斯大军已经在这里停留了许多天，波斯人的运输船往返穿梭，源源不断地从小亚细亚的基地运来人马，军械和给养。

在紧靠马拉松平原的一座山顶上，是雅典军队的营地。雅典士兵可以居高临下俯视整个平原，观察波斯军队的一举一动。两支军队这样对峙有好多天了，山下的波斯人也并不急于攻击雅典军队，因为拖的时间越长，波斯海军运来的部队就越多，要知道在爱琴海对岸的小亚细亚，还有10万波斯军队等着被送过来。山上的雅典营地里，气氛却十分紧张，人人都是一脸的凝重。雅典军队只有区区1万人，而这是雅典除去卫戍部队以外的全部家底。除了斯巴达以外，其他希腊国家都拒绝援助雅典，而斯巴达的两千援军还要等好几天才能到达。

这个时候的波斯兵主要是轻骑兵，只有将领披甲，他们的装备是一副弓箭和一柄长刀。波斯骑兵借鉴游牧民族的游击战术，主要依靠弓箭杀伤敌人，战斗时波斯骑兵一般会迂回到敌人的侧后方发起攻击，等到敌军阵形散乱时才会排成密集队形冲击敌人。

而希腊军队的主力是重装步兵，他们的装备包括青铜打造的头盔，胸甲和肩甲，躯干的其他部位着鳞片甲；一面浅碟形圆盾直径约一米，表面是一层青铜蒙皮；主要兵器是一支长约3米的矛，辅助兵器是一柄六十公分长的短剑。

面对这样一支数量庞大，战术成熟的军队，希腊军队颇有螳臂拦车之感。值得雅典人庆幸的是，在他们的军队中有一位杰出的军事家，他将力挽狂澜，领导雅典军队史无前例地击败波斯大军。他就是米提亚德。

米提亚德此前曾经将大流士围困于多瑙河畔，虽然后来大流士侥幸逃脱，米提亚德也成为波斯帝国头号通缉犯，但是米提亚德在崇拜英雄的雅典人心中声威大震。米提亚德曾经作为藩属参加过波斯的军事行动，对波斯军队的组织和优劣了如指掌。

波斯军队虽然人多势众，但他们大多数是被胁迫参战的藩邦士兵，士气低落，协同作战的能力差，局势危急时往往会丧失斗志，溃不成军。从战术角度来看，波斯的弓箭无法穿透希腊步兵的盔甲，而波斯步兵方阵只有一层盾牌防护，如果前排被希腊密集阵突破，后面的轻装步兵根本无法和希腊长矛对抗。

米提亚德众望所归，被推选为战役总指挥。雅典方面参战的1.1万人全部是重装步兵，他们按照惯例在马拉松平原的西侧排出八行纵深的密集方阵。前四排士兵持矛水平向前，后排的长矛叠在前排长矛之上，而后四排则将矛竖立。希腊的密集阵战术对士兵的身体素质和战术素养要求非常高，一个全副武装的步兵需要负重40公斤，进行长距离的奔跑和高强度的冲刺。一个希腊方阵必须在任何情况

下保持队形紧密，步调一致，这需要长时间的队列训练才能达到。希腊密集方阵的正面攻击锐不可当，其弱点在侧面，因而往往需要散兵或骑兵在两翼保护。

当时正值雨季，马拉松平原只有中间地势较高，没有积水，两边都是泥沼地。为了使雅典的阵线不被波斯骑兵从两翼迂回，米提亚德决定不惜削弱中央方阵的力量，将雅典阵线向两侧延伸，使两边的泥沼地成为天然屏障。这样重新部署以后，雅典的步兵方阵在中央只有四行纵深，而两翼仍然保持八行的厚度。

雅典步兵列阵完毕以后，米提亚德立刻下令冲锋，这时雅典军队距离波斯阵线大约有 1500 米。通常希腊密集方阵先是稳步前进到敌军弓箭射程以内，然后开始高速冲向敌阵。为了不给波斯军队足够的时间组织和调度，米提亚德一开始就命令士兵跑步前进，然后逐渐加快速度，距敌 300 米时全速冲刺。希腊步兵表现出极高的训练水平，他们背负着沉重的武器装备，一路狂奔，而阵形丝毫不乱。

波斯人看到兵力较少，且没有骑兵掩护的雅典步兵远远地冲了过来，就好像是看着一群扑火的飞蛾在自取灭亡。等到雅典人冲到三百米距离时，波斯兵弓箭齐射。密如飞蝗的箭一波接一波地落在高速奔驰的雅典方阵之上，如同雨打芭蕉一般，在雅典步兵的盔甲和盾牌上纷纷弹开，不能造成任何伤害。没等波斯人放出几轮弓箭，雅典步兵就已经冲到近前。希腊方阵密集如林的长矛带着巨大的动能猛烈冲击波斯人的盾牌，在一片震耳欲聋的金属碰撞声中，两支军队搏杀到一起。

不出米提亚德所料，波斯人两翼的盾牌防线根本承受不住希腊密集阵的猛烈冲击。波斯方阵的队形比希腊方阵疏松许多，为的是给轻装步兵足够的空间弯弓射箭。这样波斯前排每一个持盾的队长必须承受希腊两个纵列 16 名步兵的合力冲击。波斯的盾牌防线在如此猛烈的撞击下顿时崩溃，很多人被希腊长矛连人带盾刺穿。前排的波斯队长们力战以后全部阵亡，而将他们身后的轻装步兵暴露在雅典人的长矛之前。失去盾牌保护的波斯步兵们毫不畏惧地拔出弯刀上前格斗，他们三五成群，拼命用弯刀拨开雅典人的长矛，企图靠近肉搏；与此同时，他们后面的步兵仍然在坚持不懈地放箭。但雅典人的密集阵前四排的长矛重迭向前，波斯人即使能拨开第一排长矛，也很难躲过接踵而来的后三排长矛的攒刺。这样波斯步兵前仆后继浴血奋战，但始终无法靠近一步。波斯骑兵本想迂回到雅典阵线后面，但雅典方阵的两翼几乎是紧贴着平原两边的泥沼地，波斯骑兵根本没有机动的空间。无奈之下，他们只好以紧密队形冲击雅典人的方阵，但由于缺乏盔甲保护，结果也是纷纷倒在雅典方阵的矛下。面对雅典人无坚不摧的凌厉攻势，波斯士兵的战斗意志开始动摇。

波斯阵线中央是由身经百战的波斯老兵组成，战斗力相当强劲，而攻击他们的雅典中央方阵又只有四行纵列，冲击力不足，战局在这里胶着起来。波斯步兵一度突破了雅典人的阵线，迫使雅典的中央方阵集体后撤以保持完整队形。但是波斯的两翼此时已呈溃逃之势，雅典的两翼开始向中央包抄过来，夹击波斯的中央方阵，而后退的雅典中央方阵也乘机杀了回来。会战到这个时候波斯军队败局已定。

波斯主帅达提斯看到大势已去，下令撤退。波斯士兵放弃阵地，拼命逃向海边的波斯战舰，雅典士兵在后面紧紧追赶，将许多腿脚不够快的波斯兵刺个透心凉。

雅典人追到海边以后并没有停住，他们开始分散开来攻击停泊在岸边的波斯战舰，企图将其付之一炬。波斯士兵在逃生欲望的驱使下拼命反抗，而雅典人本次战役的伤亡大多发生在这里，包括雅典军政长官卡利马什，以及十位将军中的两位都在此牺牲。最终波斯人在损失 7 艘战舰以后，大部队得以安全撤退。此役波斯军队共阵亡 6400 人，而雅典方面仅仅阵亡 192 人。双方阵亡数字的悬殊差距充分体现了希腊密集阵对波斯方阵的压倒性优势。

斯巴达的两千援军一直到战役结束以后才到达，他们列队在战场绕行一周，观看雅典士兵的战果，战场上波斯人尸横遍野让斯巴达战士们惊叹不已。

马拉松之战对希腊人来说无疑是改变命运的一战。马拉松之战以后，雅典在希腊半岛威名远扬，成为希腊联盟的盟主。

哈勒尔最大的胜利就是在上个世纪 60 年代初购进称为“配方四〇九”(Formula409)的一种清洁喷液批发权。到 1967 年时，“配方四〇九”已经占有 5%的美国清洁剂产品市场，以及几乎一半的清洁喷液区域市场。这是一项很舒服的专卖权，也带来很舒服的生活。哈勒尔既不用顾虑股东(公司在他严密掌握中)，又不用担心强大的竞争对手(喷液市场并不很大)。

“宝洁”公司于 1837 年设立于辛辛那提，当时威廉·普罗克特(william Procter，来自英国的蜡烛制造商)和他的堂兄弟詹姆斯·甘布尔(James Gamble，来自北爱尔兰的肥皂制造商)认为两人的生意性质相近，就一起设立了一间办公室和后园“工厂”——一个铸铁底面的木壶，用来把脂肪炼成油脂。即使在当时，该公司也是把产品行销网络撒得越广泛越好。

当哈勒尔建起他的“配方四〇九”生意时，“宝洁”已经采用“象牙肥皂”配方近 10 年之久。

“宝洁”为了保护自己的优势，就必须推出一种竞争性产品，借此开辟新的生意领域。1967 年，它开始试销一种称为“新奇”(Cinch)的清洁喷液。

“宝洁”在创造、命名、包装和促销“新奇”这项产品时，曾投入大量的资金，进行耗费巨大的市场研究。“宝洁”在科罗拉多州丹佛市进行这项产品的试销时，也是采取声势浩大、郑重其事的方式进行。在这场竞争中，“宝洁”显然因为规模大而占优势。

但是，“规模大”却也有不利的一面。小公司可以迅速行动，可以一面打一面跑，它不会陷入规模大的泥淖中。就在“宝洁”一步一步展开行动时，哈勒尔听到了风声，并且得悉丹佛市被选为第一个测试的市场。

哈勒尔所采取的战术完全适合本身公司的小型规模。他很巧妙地从丹佛市场撤出“配方四〇九”。当然他不能直接从超级市场货架上搬走，因为这样“宝洁”就会发觉，但他可以中止一切广告和促销活动。当某一商店销完“配方四〇九”时，推销员所面对的是无货可补局面。这是一种游击战：用静悄悄而又迅速的行动去扰乱敌人。这种战术发生了作用。新奇清洁喷液在试销中表现极佳，宝洁公司在丹佛市负责产品试销的小组，现在可以回到辛辛那堤总部得意扬扬地声称：“所向披靡，大获全胜。”由于虚荣心作祟，再加上对“宝洁”信心十足，使他们完全没有意

识到哈勒尔的策略。

当“宝洁”开始发动全国推销攻势时，哈勒尔开始采取报复措施。他用的策略是设法打击“宝洁”高级主管的信心。他借着操纵丹佛的市场而使宝洁公司对“新奇”抱着很高的期望，现在则要使实际销售情况远不如当初的想象。因此，他把16盎司装和半磅装的“配方四〇九”，一并以一块0.48美元的优待零售价销售，比一般零售价降低甚多。这纯粹是一种削价战——哈勒尔并没有充分的资金长期支撑，但却可以使一般的清洁喷液的消费者一次购足大约半年的用量。他用大量的广告来促销这种优惠商品。

因此，当“宝洁”还在使用传统的新产品行销策略、辛辛那提总部派出大军来配合展开全国性广告攻势时，“配方四〇九”的使用者，用商业术语说，已经“不在市场上”，他们不需要再购清洁喷液。唯一留在市场上的是新使用者，这种人的需求最极其有限。最后，“宝洁”从货架上撤回这项新产品，尽管它在试销阶段曾大获全胜。

哈勒尔赢得很险，所有的小公司通常都是如此，尤其是面对“宝洁”这种强劲的对手时。可是，哈勒尔深知大公司的心理。他知道这种公司都自信，他知道这种公司都会相信花大钱对新产品进行的市场测试结果。他判断“宝洁”会因为规模太大，而不去密切注意他的动静。“宝洁”是一头大象，精灵古怪的小猴子很容易听到它的脚步声而先躲开。

市场的竞争，从某种意义上来说就是对顾客的竞争，如果充分利用自身的优势，打败名牌，即使是处境困难的企业，也能摆脱山重水复疑无路的困境，走上柳暗花明又一村的坦途。

哈勒尔的战术与自己公司的规模完全适合，他打的是一场游击战，小型公司也有小型公司的优点，这一点被他充分利用，而“宝洁”仗着自己的财势、声誉，不注意对市场细微环节的调节，以致在这场交锋中失利。

大公司有大公司的劣势，它难以对市场细微环节进行调节；小公司有小公司的优势，它嗅觉敏锐而应变灵活。大象不能够察觉到猴子的动静，而猴子却可以听到它的脚步。因此二者的竞争关键就在于如何扬长避短。如若策略运用得当，完全可以收到四两拨千斤的效果。

卷十一·藤牌总说篇

【原文】

千古有圆长二色，其来尚矣，主卫[①]而不主刺。

国初，木加以革，重而不利步。以藤为牌，近出福建，铳子虽不能隔，而矢石枪刀皆可蔽，所以代甲胄之用，在南方田塍泥雨中，颇称极便。其体须轻坚密，务使遮蔽一身上下四旁，无所不备。用牌之间，复有所谓标者，所以夺人之目，而为我之疑兵所赖以胜人者也。

牌无标，能御而不能杀。将欲进步，然后起标，勿轻发以败其事。腰刀用於发标之后以杀敌，非长利轻泛，则不能接远。

其习牌[2]之人，又须胆勇、气力轻足、便捷少年，然后可授之以此，置於行伍之先，为众人之藩蔽，卫以长短之器，为彼之应援。以之临敌，其众可合而不可离，可用而不可疲，进退左右，无所不利，此藤牌之功用[3]也。

【注释】

①卫：防御。

②牌：藤牌。

③功用：功劳用途。

【译文】

盾牌自古以来有长圆两种，它是用来防御的而不是用来进攻的。

明朝初期，盾牌是用木头加皮革做的，非常沉重，不利于行军。近来福建有用藤条做成的盾牌，虽然不能抵挡鸟铳，但是弓箭、石头、长枪、大刀却都可以防御。在南方的田塍泥雨中很是方便。藤牌轻且坚密可以用来防御全身。在藤牌之中还有标枪从中配合，这也是我军取胜的一个因素。

只有藤牌而没有长枪，就只能防御，而不能进攻。藤牌手将要前进的时候，标枪收起，不要轻易投掷以免坏事。腰刀在标枪之后，也是用来杀敌的，但是由于不是长兵器不能够远距离作战。

执藤牌的士兵，一定要有勇气，气力十足，身手敏捷。他们在队伍的最前沿保护整个队伍免受攻击。后面的士兵以长短兵器作为他们的支援。在打仗的时候，藤牌手士兵一定要紧密聚集而不能彼此分开。他们保障队伍顺利地进退左右，这正是他们的功劳。

【赏析】

第一次世界大战期间，英军第一次使用坦克作战，是在1916年的索姆河战役中。1916年6月，英法联军在法国索姆河地区对德军发起进攻。英法联军兵分两路，英军沿北岸攻向巴波姆，法军则直接进攻培隆。然而，由于德军工事火力完备，进攻屡屡受挫。数日的激战交战各方死伤严重，英军损失42万人，法军损失20万人，德军损失60万人。就在英法联军的进攻遭到德军一次次的抗击时，英军的首批49辆坦克经过长时间的运转，抵达索姆河战场，除17辆因途中机件出现故障留下待修外，其余的32辆悄悄地驶进攻击地域。

6月15日凌晨，大雾笼罩索姆河畔，此时，德军士兵正在酣睡之中。然而，睡梦中的德军士兵突然被“轰轰隆隆”的巨大响声惊醒。原来，英军的32辆Ⅰ型坦克趁着茫茫大雾，轰隆隆地开进德军所在阵地。沉睡中的德军被坦克的开进声惊醒后，即刻被眼前的庞然大物惊呆了。只见它们横冲直撞，壕沟、铁丝网对这些怪物毫不起作用。慌乱中的德军士兵抓起枪来猛烈扫射，只听见子弹“嗖嗖”地响，但

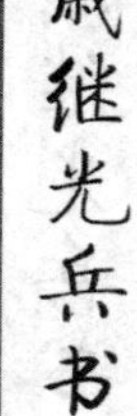

是，这些钢铁怪物却刀枪不入，反而更加凶猛地向前开进。见此情景，德军士兵顿时乱作一团，有的丢下枪就跑，有的边跑边开枪射击，逃跑不及的被铁怪物碾成肉饼，没来得及跑开的，成了怪物履带下的一堆肉泥。转眼间，德军便溃不成军，横尸遍野，坚守几天的战线全部崩溃。这是坦克诞生后，首次使用于战场的情景，也是世界上第一支坦克部队首次取得的胜利。

首次使用坦克的英军在索姆河交战中尝到了甜头以后，便加快了坦克的批量生产，也使英国成为第一次世界大战中第一个使用坦克的国家，并以使用坦克数量多、战场使用最广而为以后的坦克发展和使用提供了十分有益的经验。

继索姆河战役后，英军在康布雷战役中，再次显示了坦克的威力。

1917 年 11 月 20 日～12 月 6 日，英军和德军在康布雷（法国北方北部省一城市，位于斯海尔德河畔）地域进行的一次交战。

11 月 20～29 日，英军首次大规模使用坦克，对德军发动进攻，根据战役意图，英国第 3 加强集团军，不经炮火准备，在步兵、航空兵和炮兵的协同下，在长达 12 公里的正面（斯海尔德河和迪诺尔运河之间）上以坦克突击突破德第 2 集团军的防御，占领康布雷，向瓦朗谢讷发展进攻。为了实施突破，集团军编成 2 个梯队：第一梯队包括步兵第 3、第 4 军（6 个步兵师）和坦克第 3 军（3 个坦克旅，每旅辖 3 个营，共有 476 辆坦克），第二梯队包括骑兵第 3 军（3 个骑兵师）。有 1000 多门火炮和约 1000 架飞机对战役实施炮火保障和航空兵保障。在突破地境德国第 2 集团军有 3 个步兵师和 224 门火炮。德军防御全纵深达 9 公里，由 3 道各筑有 2 至 3 条战壕的阵地构成。1 1 月 20 日 6 时 10 分，英军坦克在炮火的掩护下，伴随着步兵，向德军阵地发起冲击。坦克群每 3 辆组成一组，呈三角队形向前冲击；1 辆（先头）在前，2 辆（主力）在后，间隔 100～120 米。坦克上载有填塞德军战壕用的束柴，以便坦克通过战壕。步兵尾随坦克排主力呈三线队形前进，第一线负责夺取战壕，第二线负责封锁战壕，第三线负责增援。

英军坦克和步兵的突然冲击使德军军心瓦解。11 时 30 分，英军占领了德军第一、第二阵地；16 时占领了德军第三阵地。英军在全线向纵深推进了 8～10 公里，只有居民点弗莱斯克耶尔没有占领，因为英军坦克在那里遭到了德军密集炮火的阻拦。进攻的头一天，英军实际上已突破德军防御，同时还俘虏 8000 多人，缴获 100 门火炮和 350 挺机枪。但由于在组织坦克与步兵协同方面有不少缺点，英军未能扩大战果。为此，英军又将 2 个骑兵师投入战斗（11 月 21 日），仍未取得积极效果。德军又调集几个新锐师。战斗转为持久战。德军广泛地利用调往危急方向上的车载野战炮和高射炮来对付英军坦克。

11 月 29 日英军停止前进。11 月 30 日～12 月 6 日，德军对敌方近 12 个步兵师，1700 门火炮和 1000 多架飞机构成的突出部实施反突击。反突击之前，进行短促的炮火准备。结果德军收复大部分失地，俘虏约 9000 人，缴获 716 挺机枪，148 门火炮和 100 辆坦克。英军将 73 辆坦克投入战斗，才得以制止敌人的反突击和推进。

在康布雷战役中，双方的有生力量和技术装备都受到巨大损失，并且未分胜负。同时,康布雷战役是大规模使用坦克的第一个范例,对于军事学术的发展有重大影响。步兵与坦克协同动作原则和对坦克防御原则的形成,诸元炮兵射击方法的产生,均与这次战役有着密切的关联。

坦克的初战获胜,不仅使其名声大震,而且,其他一些国家也都开始重视起来,并不断进行研制和生产。因为英法是盟友,所以,法国自然成了生产和制造坦克的第二个国家。法军经过多次研制,改进后生产出了名为“雷诺 FT-17”坦克。该坦克是一个轻型坦克。它装备了旋转式炮塔,因而受到许多国家的喜爱。1918 年 7 月,雷诺坦克首次参战便大显神威。

盾牌的功用在于保护自己,免于或减少被攻击的可能。在当今这个信息时代,“金库”固然重要,“资料库”亦很重要,如果客户资料被泄漏,可能会使业务受损;而企业战略资料泄密,则可能招致竞争对手的遏制。因此企业要务必更加重视金融信息的安全,在技术、管理等方面加强安全控制,构建信息安全的盾牌,切实保证信息的安全。

卷十二·短兵长用说篇

【原文】

夫钗钯棍枪偃月刀钩镰,皆短兵也。短兵利①在速进,一入长兵之内,则惟我短兵纵横,长兵如赤手同矣。藤牌、腰刀,本短中之短也,而必用标枪,亦即短兵长用之法也。夫藤牌用标,非取以杀人,盖彼以枪器持定,我牌无故不得进,故用标一掷,彼以顾标而动,我则乘势而入;彼若不为标所动,则必为标所伤,我亦有隙②可入。短兵长用之法,千古奇秘,匪欺人也。

【注释】

①利:优势。

②隙:机会。

【译文】

钗钯棍枪偃月刀钩镰,这些都是短兵器。短兵器的优势在于迅速地推进。一旦近距离接近长兵器,短兵器就可以任意挥砍。而持长兵器的敌人就如同赤手空拳一般。藤牌和腰刀是短兵器中的短兵器,需要与标枪配合,这也是短兵器常用的方法。我军藤牌和标枪相互配合,并不是为了击杀敌人,而是因为敌人用长枪阻止了我军前进,这时我军投掷标枪,敌军就会因为应付标枪而队形大乱,我军就可乘机冲杀。如果敌军队伍没有混乱,那么也将被我军的标枪杀伤一部分,我军也会有机会杀入敌军阵营。这就是短兵器长用真正的方法。

【赏析】

1942 年 9 月 13 日，德军开始向斯大林格勒城发动进攻。保卢斯第 6 集团军担当主力，从城北实施猛烈突击。霍特第 4 装甲集团军则从城南推进，策应保卢斯在城北的主攻。14 日，德军从城北突入市区，与守卫该城的苏第 62 集团军展开了激烈的巷战。15 日，德军对马马耶夫高地实施重点突击。该高地是斯大林格勒地势最高的一块地方，从这里可以俯瞰和控制全城，崔可夫中将的第 62 集团军司令部就设在这里。经过一天激战，德军占领了马马耶夫高地，但在 16 日，苏近卫第 13 师渡过伏尔加河进入斯大林格勒，突然向德军发起反冲击，又夺回了该高地。9 月 25 日，德军占领了市中心，27 日冲进了北部工厂区，并重新占领了马马耶夫高地，但在 29 日又被苏军夺回。以后的战斗更加激烈。

苏军元帅崔可夫对于此次巷战讲到：“我们的部队在这里经受了从残酷和顽强程度来说都是历史上绝无仅有的恶战”。守卫斯大林格勒城南粮仓的近卫步兵第 35 师师长杜比扬斯基在给崔可夫的战报中说：“情况在不断变化着。原先，我们在粮仓的上面，德国人在下面。我们刚刚把德国人从下面赶出来，他们却又钻到了上面”。

德第 6 集团军的一位叫汉斯·德尔的军官在《进军斯大林格勒》一书中写道：“敌我双方为争夺每一座房屋、车间、水塔、铁路路基，甚至为争夺一堵墙、一个地下室和每一堆瓦砾都展开了激烈的战斗。其激烈程度是前所未有的，甚至第一次世界大战也不能相比。我们早晨攻占了 20 公尺，可是一到晚上，俄国人又夺了回去。”

9 月 28 日，苏军最高统帅部决定将斯大林格勒方面军改称顿河方面军，司令员为罗科索夫斯基中将；东南方面军改称斯大林格勒方面军，司令员为叶廖缅科上将；近卫第 1 集团军扩建为西南方面军，司令员图瓦京中将。副最高统帅朱可夫大将和总参谋长华西列夫斯基上将奉命秘密拟制反攻计划。斯大林格勒在 10 月份一个月中，一直进行着激烈的巷战。巷战用一种瞬息万变的方式进入了全面胶着状态。一间房、一个车间、一座水塔、一段铁路路基，甚至一堵墙、一个地下室和一堆瓦砾，都能引发激烈的争夺战。火车站在双方易手达 13 次之多。德军以极大的代价攻下的残墙断垣，到夜间又被苏军抢了回来。对死亡的恐惧早被抛到九霄云外。势均力敌的双方面对面地拿着机枪扫射，子弹打光了就拼刺刀，刀断了就拉响手榴弹同归于尽。敌我距离不再是用米来丈量，而是用尸体。就算德军已经占领了十月革命工厂的一半厂房，但另一半厂房里，苏军的生产照旧进行。坦克和装甲车一下流水线马上就开火。

随后，苏军又有 6 个以上的满员师经伏尔加河进入斯大林格勒。德军逐屋战斗，从地面和地下的废墟中找路前进，所以也被称为“老鼠战争”。

这场会战已经变成了一个面子问题。对斯大林来说，是决不能让这座以自己名字命名的城市落入德军之手的。他亲自下令叶廖缅科上将，要求在任何情况下都要坚守该城。每一座房屋，只要有苏联军人，哪怕只有一个人，也要成为敌人攻不破的堡垒。而对希特勒来说,斯大林格勒的精神价值已超过了其战略价值,非要攻陷它不可。当新任陆军总参谋长蔡茨勒将军小心地向他指出第6集团军北翼漫长的顿河战线面临着危险,建议将第6集团军撤到顿河河曲。希特勒严厉地回答说:"德国士兵到了哪里,就要守到哪里!"

到11月初,德军始终未能完全占领斯大林格勒。眼看天气又要冷下来,希特勒要求几乎没有多少越冬物资储备的保卢斯在冬天来临之前拿下斯大林格勒。11月11日,保卢斯在斯大林格勒城区内,向苏军据守的阵地发动了最后一次大规模进攻。德军以5个步兵师、2个装甲师和2个工兵营在宽5公里的正面上发起强攻。战斗队形高度密集。只要前进400米,德军就能到达伏尔加河突围。可就在这400米宽的战线上,双方士兵都杀得如痴如醉。他们在瓦砾间摔跤,拳打脚踢,手抓牙咬,犹如恶兽撕搏了4天4夜,直到阵地上只剩下污秽不堪的双眼血红的其状如鬼的苏联士兵为止。异常激烈的战斗,双方伤亡惨重。德军虽然在该城南部到达了伏尔加河,但部队已疲惫不堪,保卢斯被迫于次日停止了进攻,修整部队。而几天后,苏军就发起了全线大反攻。

1943年1月31日,德第6集团军司令员保卢斯元帅,步兵第4军军长普费费尔中将、第51军军长库尔茨巴赫中将、第295师师长科尔费斯少将等23位将官,2000名校级以下军官和9万名士兵被俘,约14万人死亡,只有3万余伤患者事先陆续空运撤出。而被俘的9万多人也大部分死于苏军战俘营,能活到战后的,不过几千人而已。斯大林格勒会战后,德军完全丧失了苏德战场的战略主动权,正如德国陆军总参谋长蔡茨勒将军所说的:"我们在斯大林格勒损失25万官兵,那就等于打断了我们在整个东线的脊梁骨。"

巷战的结果是德军最终遭遇失败,失败的原因自然很多,但其中最为重要的一个战术原因在于德军顽固坚持城市攻坚战,弃长扬短,以野战之王坦克和苏军打起巷战。反观苏军,他们在城内顽强抵抗。两军相遇勇者胜,城内苏军以无比顽强的意志,顶住了风头正盛的德军进攻,有时一座楼,一个厂房双方会反复争夺几十次。而且他们的近战战术相当出色,士兵被划分成配备齐全的独立战斗分队,每队有三四辆坦克和一连士兵。城内苏军拖住第六集团军,为斯大林调兵反攻赢得时间。

兵器虽长短各异,但各具功用,临阵杀敌须长短结合才能充分发挥作用。企业经营核心两件事:开源、节流。开源意在将来,是企业的长兵器;节流省在当下,是企业的短兵器。在这个微利时代,省下即赚下,合理降低成本,创造管理利润至关重要。卓越的企业会通过对成本管理的现状进行分析,发现企业成本管理的"黑洞",实施成本改善降低措施,努力扩大利润空间。

卷十三·射法篇

【原文】

《列女传》云:怒气[①]开弓,息气[②]放箭。盖怒气开弓,则力雄而引满;息气放箭,则心定而虑周。量力调弓，量弓制矢，此为至要也。故荀子曰：弓矢不调，羿不能以必中。孟子谓羿之教人射，必至於彀。学者亦必至於彀[3]，射家要法。

【注释】

①怒气：深呼吸。
②息气：呼气。
③彀：靶心。

【译文】

《烈女传》记载：怒气开弓，息气放箭。大概是因为深呼吸之后拉弓，就会积聚很大的力气将弓拉满；呼出空气之后放箭，人的心理就会因为平静而各方面考虑周全。根据力气来调节弓箭，根据弓来制作箭镞，这是至关重要的。所以荀子曾说：后羿如果没有将弓箭调节好，就不能够射中。孟子说后羿教人射箭，一定要射中车轮的正中，即射中靶心。学习射箭就一定要努力射中靶心，这就是射箭的要领所在。

养马

【原文】

凡马，须要平日适饲养，时调[1]度，踪蹲听令，进止触物不惊，驰道不削，前两脚从耳下齐出，后两脚向前倍之，则疾且稳，而人可用器矣。故马者，人之命。塞马惯战，数倍中国居常调度之功也。

【注释】

①调：调教。

【译文】

战马一定要平时饲养好，时时加以调教，使战马听从指挥，不会被什么东西惊吓到。奔跑的时候，两脚从耳朵下方一起跃出，后脚向前跟进，这样才会又快又稳，士兵也才可以驾驭。所以，战马的好坏往往关系到士兵的生命安危。塞外的战马习惯于征战，远胜于内地，就是因为它们平时训练的好。

【赏析】

匈奴原本是活跃在蒙古草原上，自有文字记载以来就存在的古老民族。公元50年左右，时值汉朝，部分匈奴归顺汉，其余（即北匈奴）终于无法承受汉朝军队不断强力的打击，于公元1世纪左右开始了他们的迁移。

匈奴这次的迁移历时达200余年，其过程已经很难考证，史料记载也是相当模糊。但是在公元3世纪末，这个原本已经消失了的民族突然又出现在人们的视野内，这群在野地游荡 2 世纪之久的荒野之狼，最终以飓风般的姿态改写了整个西方历史！

匈奴人有“马背上的王者”之称，每个战士从儿时就开始进行骑射训练，成为使用长矛的好手和骑射专家。根据历史记载，马镫就是匈奴人发明的，这个不起眼的简单装置，可以让他们在马背上腾出双手来操纵长矛和弓箭。匈奴人的弓在当时也非常先进，是由金属、野兽的筋骨和植物纤维所构成的复合弓，这种弓在相当长时间内远比欧洲人使用的笨重的木质弓轻便灵巧，它使匈奴人可以在马背上向各个方向连续放箭。

公元 360 年左右，匈奴人突然进入了欧洲人的视野，随后在称为巴兰比尔王的领导下开始了他们的征服战争，第一个目标便是当时称为阿兰的突厥人国度。当时的阿兰国堪称强国，阿兰王倾全国之兵与匈奴军战于顿河沿岸却遭惨败，阿兰王被杀阿兰国灭，阿兰余部最终臣服于匈奴。匈奴在西方史书第一次出现即伴随着阿兰国的灭亡，整个西方世界为之震动。

灭亡阿兰国后，匈奴在顿河流域附近逗留了几年，然后在他们年迈的国王巴兰比尔的带领下继续开动他们极具毁灭性的铁蹄，踏向西方。在他们的面前，是东哥特和西哥特——两个势力强大的日耳曼部落联盟，再继续往西，便是西方世界的中心——罗马。

公元 375 年，匈奴大军进入东哥特领地，早已得到风声的东哥特于边界线上摆开阵势迎面阻击。东哥特的军队以步兵为主，数量相当庞大，看上去也是密密麻麻，好不壮观。匈奴铁骑自天地交接处如潮水般涌来，铺天盖地的骑兵，一眼看不到边际，大地为之震动。东哥特人哪见过这等阵势，匈奴骑未近便已军心大乱！又听到天上突然传来异响，如风、似雨……抬头看时只见漫天如蝗之飞矢，东哥特人接二连三倒地，尚未短兵相接，东哥特败象已露。匈奴人用箭也不是一般，其准头高，射程极远，杀伤力极强，箭头用锋利的金属或坚硬的动物骨头作成。据说匈奴人有时会在作战前事先将箭头沾上马粪，被这种沾上马粪的“脏箭”射伤的人轻则伤口发炎，重则染上破伤风！匈奴骑兵可边快速冲锋边施放箭矢，而且能保持较高的精确度，这些功夫在西方的骑士中是不可多见的。东哥特军就这样被狂殴暴打一顿败退而去，接下去，匈奴军在东哥特领地纵横驰骋，所到之处如秋风扫落叶般。年迈的东哥特王赫曼瑞克愤而自尽，东哥特人部分投降了匈奴人，其余逃进西哥特人的地盘。

东哥特灭国后，匈奴人接着继续向西，西哥特人以德聂斯特河为险，布兵据守，试图击匈奴军于半渡。匈奴军一边在河对岸作势佯攻，大部却从上游乘夜偷渡再回攻。这边西哥特人在河岸构筑防御工事备战正酣，却不料被拦腰一顿痛打，兵败如山倒之余西哥特人也是溜字当头。西哥特一部数十万人马渡过多瑙河逃入罗马帝国境内。

这之后，多瑙河附近肥沃的匈牙利平原暂时停止了匈奴人西进的脚步，他们占据了乌拉尔山和喀尔巴阡山之间的整个草原在那里居住了下来。此时的匈奴仍然是由各部落组成的松散联盟，部落首领之间的争执拖住了他们前进的脚步。但是这个局面并没有维持多久，公元 433 年，阿提拉成为匈奴各部落的领袖，建立了强有力的中央集权。

阿提拉时期的匈奴帝国是匈奴史的最后一章，也是最辉煌的一章。他使罗马人蒙羞，使日耳曼人丧胆，他和他的匈奴铁骑被罗马人和日耳曼人称为“上帝之鞭”。

公元 445 年，阿提拉掌权后，马上发动了针对北欧和东欧的大规模战争。盎格鲁——撒克逊人为躲避匈奴人，逃亡到英伦三岛，许多日耳曼和斯拉夫人的部族战败，纷纷投降。

巩固了东北方后，阿提拉在 447 年大举进犯东罗马帝国，东罗马帝国军队接连战败，匈奴的骑兵一直深入到达达尼尔海峡和希腊的温泉关，严重威胁到东罗马帝国首都君士坦丁堡（今伊斯坦布尔）的安全。东罗马帝国皇帝被迫与匈奴人签订和约，除了马上向匈奴支付赔款 6000 磅黄金，年贡也由 700 磅黄金涨到 2100 磅。

阿提拉又用武力使东哥特人和其他蛮族俯首帖耳，在东起伏尔加河，西至莱茵河，南抵多瑙河的广袤土地上建立起一个庞大的帝国。在阿提拉统治的二十年里，匈奴的首都布达城是欧洲的政治中心，欧洲各国派出的使者云集此处，争先恐后地献上自己的贡品，表示臣服。

1945 年，德国人阿迪·达斯勒创建了阿迪达斯。达斯勒是个制鞋匠，还是位痴迷的业余田径运动员，同时也是位推崇工艺、品质和热衷于创新的企业家和发明家。他倾听运动员的意见，亲自参加田径比赛，坐在板凳上和选手们分析他们对运动鞋的需求。“功能第一”是公司的主旋律，“给运动员们最好的”成为公司的口号。

从一开始，阿迪达斯就以产品创新为发展的动力。阿迪·达斯勒是许多技术突破的始作俑者，共获得超过 700 项的专利。在阿迪达斯，诞生了世界上第一双冰鞋，第一双多钉扣鞋，一种特殊的轻质跑鞋，胶铸足球钉鞋。阿迪达斯的旋入型鞋钉是个革命性的概念，人们甚至认为它为德国足球队 1954 年获得世界杯冠军立下了汗马功劳。

从创始人阿迪·达斯勒为 1928 年奥运会田径运动员制作第一双钉鞋开始，阿迪达斯就与奥运结下不解之缘。第二十八届奥运会将再一次向全世界证明阿迪达斯对运动事业的贡献以及在产品革新方面的领先地位。

据悉，奥运会期间，雅典最高气温将高达 38 摄氏度，这对于每一位运动员都将是一项严酷的考验。高温作战，很容易导致运动员的疲劳、萎靡不振，并直接降低效率。

阿迪达斯花费了多年时间来研究人体舒爽系统。在和体温调节专家的共同努力下，他们通过在专门测试环境温度的房间内运用红外线照相机和通风渠道等检验方式来制作革新产品的材质和结构，Clima Cool 系列产品由此而来。这项技术为运动员提供了一个前所未有的竞争优势，那就是该系列产品在运动过程中始终保持通风、干爽、舒适。

运动 Clima Cool 技术的服装通过散热排湿系统，使热量和汗水远离人体。三维结构的散热系统引导空气在人体表面流通。通过对照运用红外线照相机和感官器材绘制的人体热量和汗腺排列区域图,设计者们将这项有效技术放置在运动员最需要调解身体温度的位置。

在今天,许多运动服装技术都着眼于为运动员的行动提供全方位的自由,For motion 则超越了这一点,它通过支持运动员的肌肉系统,帮助他们在运动中保持正确的身体姿势,从而有效地提高运动效率。阿迪达斯的研究人员发现:服装在关键位置对肌肉的压缩将帮助提高运动员的运动效率,For motion 技术就围绕这一理论依据展开,比如将莱卡的材质运用于大腿接近膝盖的部位,这样就能够围绕腿部产生更多的能量。美国名将格林、新科百米飞人科林斯都将穿着 For motion 竞争田径场上那块最耀眼的百米金牌。

在上届奥运会上,阿迪达斯首次推出连体泳衣,澳大利亚小将索普因此成为悉尼泳道中最亮的新星。如今,连体泳衣有了升级版:经过阿迪达斯、无数游泳专家和索普三年多的共同研发,全新的 Jet concept 连体泳衣应运而生。运用了特别材质的 Jet concept,在水中的表现就像一架航行中的喷气式飞行。其流线型的设计是模仿飞机机身和机翼上的凹槽而成,从手臂下侧一直延伸到后背,并最大限度地覆盖至臀肌,致使水流能流畅地划过背部,将阻力减至最低。

Demolishek Ⅱ是一项运用于脚尖和脚跟部位的技术,它能帮助田径运动员保持速度。突破短跑速度的极限在于充分利用运动员的能量和速度。Demolisher Ⅱ帮助短跑运动员减少在运动过程中的损失。Demolisher Ⅱ实际是一个坚硬的钉盘,它给予运动员脚尖部位足够的支持,帮助其保持疾速的运动状态,但同时也保证鞋子的轻便灵活。这个钉盘由三个部分构成:轻巧的底盘、被抬升的用以支撑的架构和一组被改装过的拥有几何结构的钉子。为了加强稳定性、为运动员提供最强的抓地性能,阿迪达斯增加了钉子的数量,并重新安排他们的位置和运用各式各样的高度来创造一个稳定的钉盘。

阿迪达斯的不断革新,为选手们发挥高水平给予了技术上实质的支持。而阿迪达斯品牌在那些登上重大比赛领奖台的运动员身上频频出现,则激发了更多潜在消费者——周末探险者和业余运动员的需要。上述运动员的品牌偏好逐渐渗透到一般普通健身者群中,而这却是一个最大的消费群体。可以认为,阿迪达斯的品牌发展一直与技术革新保持着紧密的联系。

强悍的匈奴人依靠着强弓劲马驰骋欧亚大陆所向披靡。企业或是个人的成功也同样需要找准你的"强弓劲马"。阿迪达斯的成功就在于从一开始就认准了"技术",用最新的"技术"创造最好的"功能"成了成功的基础。这一例子给我们的启示在于,找准自己的"强弓劲马",并用心练习,成功也就不再遥远。

卷十四·拳经捷要篇

【原文】

此艺不甚预于兵,能有馀力,则亦武门所当习。但众之不能强者,亦听其所便

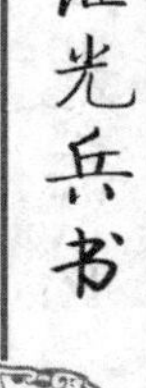

耳。于是以此为诸篇之末第十四。

拳法似无预於大战之技，然活动手足，惯勤肢体，此为初学入艺之门也。故存於后，以备一家。学拳要身法活便，手法便利，脚法轻固，进退得宜，腿可飞腾，而其妙也，颠起倒插；而其猛也，披劈横拳；而其快[①]也，活捉朝天；而其柔也，知当斜闪。

故择其拳之善者三十二势，势势相承[②]，遇敌制胜，变化无穷，微妙莫测。窈焉冥焉，人不得而窥[③]者，谓之神。俗云：拳打不知，是迅雷不及掩耳。所谓不招不架，只是一下；犯了招架，就有十下。博记广学，多算而胜。

【注释】

①快：迅捷。
②承：连贯。
③窥：察觉。

【译文】

拳脚之术对于行军打仗并没有太大的益处，但是如果有余力的话，也是行伍之人应该学习的。然而终究很难借此提升军队整体的战斗力，士兵们可以根据自己的情况练习，不必强求。所以将这一篇作为最后一篇。（注：《纪效新书》原本十四篇，后又增加了四篇。）

拳脚之术似乎与战争全局并没有太大的关系，但是由于它可以活动手足，锻炼身体，所以可以作为新兵的入门训练。学习拳法，身体要灵活，手法麻利，脚法轻盈，这样才能进退自如得当，双腿飞腾。武艺的妙处在于颠起倒插；它的威猛在于披劈横拳；它的迅捷在于活捉朝天；它的柔性在于知当斜闪。

所以挑选拳法中的精华三十二势，每一个招式相接连贯，遇到敌人的时候施展起来可以变化无穷，而其中的微妙不是寻常人可以察觉的。俗话说：拳头打过来却不知道，那是出拳人挥打地极快。拳脚之术要多多学习，打仗的时候取胜的机会才会更大一些。

【赏析】

在抗倭战争中功绩最为卓著的戚继光并不是一个在理想上把事情做得至善至美的将领，而是最能适应环境以发挥他的天才的将领。他之所以能获得成功的要点，在于他清醒的现实感。他看清并适应了当时的政治，而把军事技术作为必要的辅助，这是在当时的环境里唯一可以被允许的方案。至于在一个以文人治国的农业国家之内，谁想要极端强调军事效率，提倡技术的发展，而导致军人和文官的并驾齐驱，哪怕他能举出无数动听的理由，在事实上也是绝对办不到的。

在戚继光之前，在军队中受到重视的是个人的武艺，能把武器挥舞如飞的士兵是大众心目中的英雄好汉。各地的拳师、打手、盐枭以至和尚和苗人都被招聘入伍。等到他们被有组织的倭寇屡屡击溃以后，当局者才觉悟到一次战斗的成败并非完全决定于个人武艺。戚继光在训练这支新军的时候，除了要求士兵娴熟技术以外，就充分注意到了小部队中各种武器的协同配合，每一个步兵班同时配置长兵器和短兵器。

以藤牌、毛竹、铁叉作为标准武器，表现了戚继光的部队仍然没有脱离农民气息。但如果认为他不了解火器的功效，那是不符合实际的。他在实战中运用过火器，和将领讲解火器的利弊，并在奏折中提到了火器的重要性。然则终戚继光的一生，他仍然以上述的鸳鸯阵法作为主要的战术。这倒不是由于他因循守旧，而是牵涉到很多不易解决的复杂因素。

让战术全面现代化的建议，曾经被名将俞大猷提出过。他明确地指出，倭寇的特长是娴习陆战，水战的技术反而低劣。俞大猷主张，以有效的战船和火炮歼灭倭寇于海上，根本不让他们有登陆的机会。在战术原则上，在他所著的书里也明白指出："海上之战无他术，大船胜小船，大铳胜小铳，多船胜寡船，多铳胜寡铳而已。"他给总督的禀帖中，曾经请求把陆军军费的一半用来配备水师。但纵使俞大猷的声望和战绩都十分卓著，这些有益的建议却始终没有被采纳，因而壮志未酬，赍恨以殁。

但俞大猷本人也不可能理解，他的建议，所牵涉的问题和将要引起的后果已经超出军备问题而及于政治。他要求亲自率领"闽广大船数百艘，兵数万"，如果一旦成为事实，有关各省的财政就要从原来小单位之间的收支而被集中管理。与之相应，这些后勤机构的人员必须增加，而且必须一扫苟且拖沓的办事作风，保证规格和数字的准确，才能取得预期的行政效率以与现代化的军事技术相配合。而且和他们往来的各个机构，也必须同样地注重实际。然而当时那个庞大的国家，在本质上无非是数不清的农村合并成的一个集合体，礼仪和道德代替了法律，对于违法的行为作掩饰则被认为忠厚识大体。各个机构之间的联系，从来也没有可咨遵守的成文条例。俞大猷当然更不可能预见到，在未来的好几个世纪之内，上面这些情况在我们这个以农业经济为基础的国家里竟不能发生根本的改变。现代化的技术和古老的社会组织断然不能相容，要不是新的技术推动社会组织趋于精确和严密，那就是松散的社会组织扼杀新的技术，二者必居其一。

这种个人力量所不可抗拒的社会因素，使俞大猷的计划根本不可能实现，相比之下，戚继光的方案就比较现实。他没有去触动整个的国家体制，而只是脚踏实地，做他职责范围内力所能及的事。他从 1559 年开始招募了 3000 名士兵。两年之后，兵员增加一倍，1562 年更扩大为 10000 人。可是他的部队从来也没有一个后勤司令，也没有一个固定的军需处和兵工署。在整个国家机构之中，也没有委派过向他的部队作后勤供应的专职人员。他部队中的装备和武器，来源于各府县的分散供应。这种情况自然不能保持武器的质量。在戚继光的著作中，就明确提到各地所造的鸟铳铳管常有炸裂的危险，以致使士兵提心吊胆，不敢双手握铳以作精确的瞄准。有的火炮，铅弹与口径的尺寸不合；有的火炮，则导火线无法点燃。有鉴于俞大猷的壮志难伸和火器的实际情况，戚继光所拟订的战术仅仅把火器的应用限制在有限的范围内。他说："火器为接敌之前用，不能倚为主要战具。"在练兵的后期，他规定 12 个人的步兵队配备鸟铳 2 枝，一局（相当于一连）的鸟铳手，必定要有一局的步兵"杀手"协同作战。

依照俞大猷使军队现代化的计划，要求兵精械利，把原来两个士兵的军饷供应一个士兵，以部队的质量来代替数量。戚继光的看法则不同。我们的军队是一支全能性的军队，也是一支长久性的军队。它经常的任务是面对内部的叛逆而非外部的侵略者，具体地说，就是镇压内地农民和边区的少数民族。地区间的人口过剩、灾害频繁、农民的流离失所、官吏的苛刻暴虐，都可以迫使暴动随时发生，而以我国幅员之大，这种所谓造反作乱的地点也极难预测，所以这个任务就不是一支高效率的机动部队所得以完成的。在多数情况下，官军会被造反者死死吸住，造反者熟悉当地的地理民风，官军往往会因之陷入被动而使质量的优势无从发挥。因此，数量的多寡就成为决定胜负的因素。除此以外，俞大猷计划中所创建的精锐部队，他们领取优厚的军饷，又不能和社会上的其他部门对流，那么这样一个浮游在社会上的军事团体非但不能解决上述的社会问题，相反还会引起新的社会问题。再往下推求，俞大猷要求建立现代化的海军以拒敌于国门之外，作战的目的，则在消灭国际贸易，也和世界历史趋势相反。

戚继光的募兵原则是只收农民而不收城市居民。他认为来自市井的人都属于狡猾无赖之徒。这种观点，虽然有它的片面性，但揆诸实际，在城市中有固定职业的人是极少自愿从军的。士兵为社会所普遍轻视，其军饷也相当微薄，城市中的应募者绝大多数只是把兵营当作解决食宿的救济所，一有机会就想另谋高就。这样的士兵如何能指望其奋勇杀敌以至效死疆场？所以戚继光订立了一条甄别应募者的奇特标准，凡属脸色白皙、眼神轻灵、动作轻快的人一概摒诸门外。因为这种人几乎全是来自城市的无业游民，实属害群之马，一旦交锋，不仅自己会临阵脱逃，还会唆使周围的人一起逃跑，以便一旦受到审判时可以嫁祸于这些言辞钝拙的伙伴。在这个标准下招收来的兵员，都属于淳朴可靠的青年农民，而“鸳鸯阵”的战术，也是针对这些士兵的特点而设计的。他曾明确地指出，两个手持狼筅的士兵不需要特别的技术，臂力过人就足以胜任。而这种狼筅除了扫倒敌人以外，还有隐蔽的作用而可以使士兵壮胆。

戚继光的求实精神还表现于使革新不与传统距离过远，更不大事声张。他的部队保留了古老而朴素的农村作风，有时也和卫所内来自军户的部队并肩作战。他们日常的军饷，大体和在农村中充当短工的收入相等，但另设重赏以鼓励士气，一个敌军的头颅，赏额高达白银 30 两。

戚家军所取得的胜利记录无出其右者。从 1559 年开始，这支军队曾屡屡攻坚、解围、迎战、追击，而从未在战斗中被倭寇击溃。除了部队的素质之外，主帅戚继光卓越的军事指挥才能和事必求实的精神是决定胜利的首要因素。

卷十五·布城诸器图说篇

【原文】

夫南方田水界地雨湿，不可用车，我兵卒然遇敌，缓急无家可依，贼皆洞见，知我无拒御之备，是敢尽力向我，一遇奔溃，全军退走。

其布城之法，不惟缓急可恃，且足张疑[①]，使贼忽然举目无中生有，眼前皆是遮映造次，便不得知我立此主何意，且不得便知我布裹虚实。外既立有拒马蒺藜以为御，而复有布城遮映，至有误为真城者，缓急之间便不敢轻易近我营垒。如果贼人嘹料其情，我已备之久矣。鸟铳俱向城而伏。贼如来敌，必须先取去我蒺藜拒马。攻取之间，彼外不能视内，而我可由布城视外，便打铳戳枪射弩，无不便宜。一丝之限，足类金汤。如贼亦打铳，我则将各兵绵被再搭一床於布城上，又可御[②]铅子矣。

【注释】

①张疑：迷惑。

②御：抵御。

【译文】

南方到处是水田，土湿路泥，不适合兵车行走。我军突然与敌军遭遇，没有兵车掩护，敌人就可以观察到我军的所有情况，一旦知道我军没有防御工事，就会全力进攻我军，我军往往很难抵挡以致溃败。

布阵的方法关键在于如何充分迷惑敌人，使敌人不知我军虚实，不知道我军的部署意图。在营垒前面竖立抵御骑兵的蒺藜，然后用布帛包裹遮挡，让敌人以为这是一座城堡，不敢轻易进攻我军营垒。等到敌人已经探察清楚我军情况的时候，我军早已经做好了战斗的准备。士兵们手持鸟铳埋伏在城堡上。敌人如果来攻打的时候，首先要清除抵御骑兵的蒺藜。开战的时候，敌人不能看见我军的内部情况，而我军却可以从布城看到敌人的动向，用鸟铳、弓箭射击敌人，非常地便利，如同坚固的城堡一样。如果敌人也使用鸟铳向我军射击，我军士兵就把棉被和木床搭在布城上抵御敌人的子弹。

【赏析】

倭寇在浙江受到戚家军的沉重打击之后，逐渐向南扩散，使得福建、广东一带的倭寇越发猖獗。特别是福建，北自福宁，南到漳泉，沿海数千里，都是倭寇的营地。福建巡抚游震请求朝廷火速派兵支援。嘉靖四十一年（1562 年）七月，胡宗宪派戚继光为上将，率领其部下 6000 人，同时派督府中军都司戴冲霄 1600 人协助，前去福建增援。

在福建境内的倭寇营地非常多，其中最为集中的有两处：一是宁德境内的横屿，这里是倭寇占据多年的老巢；另一处是福清境内的峰头，新来的倭寇多屯集在这个地方，连营数处，相互支持。戚继光率部南下，正好途经横屿。他听说福清的官军与倭寇对垒相持不下，而宁德局势日益紧张，遂决定先克横屿，再去福清。

横屿是一座小岛，隔 10 里浅滩和大陆相望。这片浅滩潮来成海，潮退就成了泥淖。倭寇在岛上已经三年了，加筑了城墙，堆起了堡垒，严加设防，且经常乘小船外出抢劫。离海岸 10 多里有个名叫章湾的村子，是倭寇在陆上的一大据点。村民

大部分都被倭寇胁迫，成了倭寇的向导和哨探，明军稍有动静，他们马上就知道了。这帮倭寇自觉保险，气焰十分嚣张，在此为患已有二三年，致使“宁德一路，上下三百余里，三年渺绝人踪”。宁德县城已经废弃，而官军又不敢进攻。

这一年的八月，戚继光率领戚家军到了宁德。戚继光探测了敌情和地形，预先进行部署。首先下招抚令，免除胁从者的罪刑，使得章湾等地多数胁从分子投降，分化瓦解了倭寇，孤立了横屿的敌人。倭寇派遣李十板、张十一两人假装投降，暗作奸细。但李、张二人见戚继光一心一意要除倭寇，对被迫胁从的百姓却以诚相待，深受感动，便报出了他们的身份，心甘情愿为明军效劳。

八月七日，戚继光先派两支军队分别驻扎在金垂渡和石壁岭，防止敌人逃跑，自己带领大部人马进军章湾。戚家军进村之后，不杀一个人，不烧一间房。曾经被迫跟随倭寇的居民前来跪在地上请求治罪，戚继光说：“你们既然离开倭贼，就是中国的百姓。我既诚心让你们回来，一定给你们一条自新之路，决不会因为从前的过错而断绝你们的从善之心。”这些人听后深受感动，表示愿为官军效力。经他们相劝，又有1000多胁从分子离倭归来。这样一来，横屿之倭便被孤立了。

但是横屿地势艰险，用步兵攻打则难于渡海，用水师进攻船又容易搁浅。即使陆军涉渡成功，登岸之后恐怕已经是筋疲力尽了，再进行仰攻的话，取胜的机会把握很小。为此戚继光命令每一个士兵割取野草一捆，决定趁退潮的时候，陆军用以草填泥的办法，涉渡泥滩，消灭敌人。

一起安排妥当之后，等到了第二天五鼓，戚家军开赴前线。戚继光留下王如龙率兵两支屯兵在港尾一带海岸边，截杀漏网之贼，然后用激将法进行战前动员。戚继光召集部下军官说：“从这里往横屿，现在是落潮，到了对岸就会涨潮。因此，必须全歼敌寇，才能在对岸等候落潮而回，否则就无退路了。如果没有这样的胆力，就不要到对岸去作战，我实在不忍心丢弃你们。”

众将的情绪激动起来，纷纷说道：“我们不远千里而来，为了什么？难道能面对倭贼而心示胆怯吗？”

戚继光进一步激众将说：“只怕力不从心啊。”

诸位将领的情绪更加激动，个个摩拳擦掌，跃跃欲试。戚继光看士气已经鼓得足够了，就大声说：“要真是如此，我应该为诸位擂鼓助威！”

戚继光一声令下，戚家军列成鸳鸯阵式，冲向浅滩，每人携草一捆，铺在泥滩上。壮士们光着上身，在阵阵军鼓声中，艰难地匍匐前进。每走百步，稍喘口气，待队伍齐整再继续前进。就这样终于排除艰险，越过浅滩到达对岸。

此时，岛上的倭寇早在沿山南麓一带布好阵势，还有大批倭寇屯据木城死守。戚继光命吴惟忠率部攻木城，陈子銮、童子明率部杀向敌阵，陈大成率部沿山脚绕到敌人背后，准备前后夹击。戚家军背水大战，倭寇也知不战即死，因此拼命抵抗。双方展开恶战，直杀得地动山摇，难解难分。

虎将王如龙在对岸遥看形势危急，大喊一声，挥师杀过滩去。王如龙的部队一到，合力夹击，倭寇支撑不住，全线溃退。明军乘胜追击，刚过午后，岛上倭寇已被消灭得干干净净，此次共斩杀2600名敌寇。被倭寇占据多年的横屿岛，终于被戚家军一举光复。

第二天，戚家军凯旋回到宁德，暂作整顿。当时，福建地方后勤供应不上，戚家军物质生活十分艰苦。士兵驻扎在野外，八天盐米未进。八月十五是中秋节，为鼓舞士气，克服生活的困苦，戚继光召集数百名官兵，口授所作凯歌。一唱千和，还以合拍的鼓声伴奏，歌中唱道：

万人一心兮，泰山可撼。
惟忠与义兮，气冲斗牛。
主将亲我兮，胜如父母。
干犯军法兮，身不自由。
号令明兮，赏罚信。
赴水火兮，敢迟留？
上报天子兮，下救黔首。
杀尽倭奴兮，觅个封侯。

这一天夜里虽然没有酒，戚继光却和众将士以歌代酒，共赏明月，气氛非常活跃。他们为中秋而歌，也为胜利而歌。

当危机降临时，我们必须做出迅速的反应来挽回损失。一般而言，“主动出击是最好的防御”这一原则总是适用的。能够迅速采取行动、果断承担责任的企业能起到力挽狂澜、化干戈为玉帛的神奇作用；而拙劣的危机处理方式则可能会加剧事态恶化，最终造成无法估量的损失。因此，危机管理的关键是捕捉先机，在危机危害前对其进行控制。

卷十六·旌旗金鼓图说篇

【原文】

名将所先，旗鼓而已。近见东南人不知兵旗，无法制，率如儿戏。或轻难视远，或重难执驰，方色混杂，不可辨认。而临阵分合，更与旗无干[①]，听兵用手逼唇为哨声，却以旌旗为摆队之具，金鼓为饮宴之文。至有大将名胄，而亦乌合纵横，一听兵士纷沓[②]，一队数色，一阵数令，以胜负付之自然，以进退付之无可奈何，吁，可胜叹哉！予故不得已而绘此烦文，以取讥罪，谅之谅之。

【注释】

①干：旗杆。
②纷沓：杂乱。

【译文】

名将用兵，以军旗和战鼓为先。现在，东南人不知道军旗和战鼓，行军打仗也没有统一的制度，就如同儿戏一般。有的军旗轻小，远处就看不到了；有的则很重，士兵很难拿着奔跑,各种颜色的军旗相互混杂,很难分辨。临时集结的军队,甚至军旗都没有杆子,士兵们打口哨作为信号。这些人把军旗作为摆队的道具,将战鼓作为喝酒用餐时的娱乐。就算有所谓的大将,如此的乌合之众,步调杂乱,军服颜色各异,号令繁杂,进退不能听从号令,不用打仗就可以预见胜负结果了。唉,这怎么可能打胜仗呢!所以我不得不冒着讥讽的罪名写下这一篇文章,还请大家谅解。

【赏析】

公元1130年,金兀术率10万人马一直打到明州(今浙江宁波市)。他原想活捉宋高宗,彻底消灭南宋王朝。但由于不断遭到南宋军民的抵抗,金兀术只好回师北上。

这天,金兀术率军向镇江进发,镇江只有南宋将领韩世忠带领的8000人守卫。金兀术自恃有10万之众,不把韩世忠的几千人马放在眼里。第二天,金兀术指挥金兵驾着战船向宋军的船队冲击。从中午打到晚上,金兵不但未能冲破宋军防线,反而损兵折将,金兀术下令收兵。

初战取胜,韩世忠没有沉浸在胜利的喜悦中,而是在深思明天如何应敌。韩世忠的夫人梁红玉自幼习文练武,不仅武艺高强,而且很有韬略。她对韩世忠说:“敌众我寡,恐怕难以持久。明天再交战时,我在船楼上面,竖旗击鼓,将军看到我旗指到哪里,就向那里进攻。要想法把金兵赶进黄天荡,把他们困死在那里。”韩世忠认为夫人的意见很好,就采纳了她的意见。

第二天,宋、金之战又开始了。梁红玉身穿戎装,英姿飒爽,站在中军楼船上。每当金兵的船冲过来时,梁红玉就猛击战鼓。箭随鼓声齐发,箭矢疾飞,金兵纷纷落入江中,还有不少金兵的战船起火。金兀术下令战船向左边驶去,梁红玉忙把旌旗指向左边,并用力击鼓。韩世忠见了,忙率领战船向左,拦住金兀术的去路。金兀术的女婿、龙虎大王驾船直冲韩世忠的战船而来。宋军将龙虎大王打落江中,将其活捉。金兀术慌了手脚,连忙下令向南驶去。梁红玉又擂响战鼓,将旌旗指向南边。韩世忠率领船队向南驶去,拦住了金兀术的战船。金兀术一见韩世忠,吓得心惊胆颤,急忙下令调头向一条岔河驶去。

这条岔河正是韩世忠和梁红玉故意留给金兀术的,它直通黄天荡。黄天荡是个断头港,形状像只大鸭梨,梨柄就是这条岔河,是黄天荡唯一的出入通道。韩世忠和梁红玉就是要把金兵赶进黄天荡,把他们困死在黄天荡。韩世忠见金兵中计,命令士兵把几十条战船炸沉,把这条岔河堵得严严实实,让金兀术插翅难飞。

金兀术进入黄天荡后,发现是个断头港,急得六神无主。他怎么也想不出一个好主意,最后,金兀术只好派使者去见韩世忠。金兀术的使者对韩世忠说:“我们元帅情愿归还所有抢来的金银珠宝,只求韩将军能放我们一条生路。”韩世忠一听就火冒三丈:“金兀术毁我江山,掠夺我财宝,残杀我百姓,他要想走,就把头留下。”金国使者吓得连气也不敢喘,溜回黄天荡去了。

金兀术被困在黄天荡,整天唉声叹气,担心自己会葬身在这里。一天,金兀术的一位谋士提出了向当地人悬赏求计的主意。金兀术派士兵上岸,用重金向当地村民悬赏求计。当地有个商人，为了钱财竟充当了汉奸。他对金兀术说：“黄天荡北面有条小岔河可直通秦淮河。日久淤塞，已经不通了，只要挖通了就可以出黄天荡了。”金兀术一听大喜，连夜派兵前去挖掘那条小岔河。为了逃命，金兵拼命挖河。不到一夜功夫，金兵就把几十里长的故河道挖通了。被困在黄天荡48天的金兀术，见到这条挖通的小岔河，高兴得手舞足蹈，连夜下令开船，逃出黄天荡，来到了建康城。韩世忠发现黄天荡北面有金兵逃跑，他急忙带领部队追击。没有逃走的金兵，都被韩世忠俘虏，但金兀术和大部分金兵逃脱了。

困死金兀术于黄天荡的计划功亏一篑，韩世忠后悔莫及。梁红玉安慰韩世忠道：“这次敌我兵力悬殊，能俘虏成千上万的金兵也算是一大胜利。更何况事已如此，再后悔也没有用了。再说，金兀术这次元气大伤，大宋的江山可望稳固了，你应该高兴才是啊！”听了梁红玉的一席话，韩世忠的心才稍微得到了宽慰。

梁红玉竖旗击鼓退金兵，表现了这位巾帼英雄的机智和勇敢，成了千古佳话。

旗帜是军队的灵魂，而对于商家来说，品牌是企业的标识。人们可以通过品牌透视出一个企业的经营策略、价值观、经营哲学。公司的“核心”是将其提供的可见价值和企业文化整合为一个品牌，并不断地回答：如果公司的品牌消失了，消费者将失去什么？当今的市场竞争，往往直接就是牌子的竞争——打响自己的牌子，消灭别人的牌子。卓越的企业凭借无形的品牌创造着有形的财富，这种方式无疑是最省事、最牢靠、最长远的决策。

卷十七·守哨篇

【原文】

守[①]是攻之策，自古名将必先斥堠[②]。但此等事不过卫所之行移，非教战士之技，不能编次诸篇之间，故为附卷。

为军务事照得风汛迫临，海警叵测[③]。捍御之方，惟在战守。操练标下官兵临机调发外，但查各卫所城守无法，每遇寇至，则仓惶失措，或致掩袭不备，甚者守御无法，无警之时昼夜耗人精力，及至五更，往往倦怠失事。是皆已往之咎，而事豫则立，正宜先机分布。

夫守城之法，惟蓄养精力有余，而贼来贵在远知预备。其远知预备之责，又在陆路。但伏路官军，亦多因袭旧套，虚应故事，缓急之间，全无实赖，均合示授方略号令，以严责成。

【注释】

①守：防守。
②斥堠：考虑。
③叵测：难预测。

【译文】

防守是为了进攻，自古以来名将作战必定首先要考虑。但是这样的事情本来不过是卫兵的调防而已，并不是训练士兵的战术，不能都编写在正文之中，所以将这一篇作为附录篇章。

守卫的职责就是要探察敌人何时来临，海警通常是很难预测的，防御的办法只能是随时准备战斗。除了主力部队临时随机调动外，城内各卫所要做好守备，但他们却没有章法可言。每每遇到倭寇来侵犯，就张皇失措，导致敌人偷袭时毫无防备。有的甚至不知如何守卫，没有敌情的时候也白天晚上地调遣人马，以至士兵劳累，等到五更天的时候，往往极度疲劳以至于出现纰漏。这些都是以往常犯的过失，所谓凡事预则立，我们应当依据情况，提前调整好部署。

守卫城池的办法在于：养精蓄锐，以逸待劳，当敌人还在远处的时候就事先得到了情报，做好了防范的准备。打探敌情的责任在于哨兵。但是这些人又只是依照老办法道听途说，关键时候，这些消息根本靠不住。所以要统一向他们颁布方略号令，让他们严格执行自己的任务。

【赏析】

公元756年唐玄宗逃出长安后，安禄山叛军攻进长安。郭子仪、李光弼听到长安失守，不得不放弃河北，李光弼退守太原，郭子仪回到灵武。原来已经收复的河北郡县又重新陷落在叛军手里。

叛军进潼关之前，安禄山派唐朝的降将令狐潮去进攻雍丘（今河南杞县）。令狐潮本来是雍丘县令，安禄山占领洛阳的时候，令狐潮就已经投降。雍丘附近有个真源县，县令张巡不愿投降，招募了1000来个壮士，占领了雍丘。令狐潮带了四万叛军来进攻。张巡和雍丘将士坚守60多天，将士们穿戴着盔甲吃饭，包扎好创口再战，打退了叛军300多次进攻，杀伤大批叛军，使令狐潮不得不退兵。

第二次，令狐潮又集合人马来攻城。这时候，长安失守的消息已传到雍丘，令狐潮十分高兴，送了一封信给张巡，劝张巡投降。

长安失守的消息在唐军将士中传开了。雍丘城里有六名将领，原来都是很有声望的人，看看这个形势，都动摇了。他们一起找张巡说："现在双方力量相差太大，再说，皇上是死是活也不知道，还不如投降吧。"

张巡一听，肺都气炸了。但是表面上装作若无其事，答应明天跟大伙一起商量。到了第二天，他召集了全县将士到厅堂，把六名将领喊到跟前，宣布他们犯了背叛国家、动摇军心的罪，当场把他们斩了。将士们看了，都很激动，表示坚决抵抗到底。

叛军不断攻城，张巡组织兵士在城头上射乱箭把叛军逼回去。但是，日子一长，城里的箭用完了。为了这件事，张巡怎么不心焦呢！

一天深夜，雍丘城头上黑魆魆一片，隐隐约约有成百上千个穿着黑衣服的兵士，沿着绳索爬下墙来。这件事被令狐潮的兵士发现了，赶快报告主将。令狐潮断定是张巡派兵偷袭，就命令兵士向城头放箭，一直放到天色发白，叛军再仔细一看，才看清楚城墙上挂的全是草人。

那边雍丘城头，张巡的兵士们高高兴兴地拉起草人。那千把个草人上，密密麻麻插满了箭。兵士们粗粗一点，竟有几十万支。这样一来，城里的箭就不用愁啦！

又过了几天，还是像那天夜里一样，城墙上又出现了"草人"。令狐潮的兵士见了又好气，又好笑，认为张巡又来骗他们的箭了。大家谁也不去理它。

哪儿知道这一次城上吊下来的并不是草人，而是张巡派出的五百名勇士。这五百名勇士乘叛军不防备，向令狐潮的大营发起突然袭击。令狐潮想组织抵抗已经来不及了。几万叛军失去指挥，四下里乱奔，一直逃到十几里外，才喘了口气停下来。

令狐潮接连中计，气得咬牙切齿，回去后又增加了兵力攻城。张巡派他的部将雷万春在城头上指挥守城。叛军看到城头出现了一个将领，就放起箭来。雷万春没防备，一下子脸上中了六箭。他为了安定军心，忍住了疼痛，动也不动地站立着。叛军将士认为张巡诡计多端，这一次一定又放了个什么木头人来骗他们。

后来，令狐潮从间谍那里得知，那个中箭后屹立不动的"木人"就是将军雷万春，不禁大吃一惊。令狐潮在城下喊话，请张巡见面。张巡上了城头，令狐潮对他说："我看到雷将军的勇敢，知道你们的军纪确实严明。但是可惜你们不识天命啊！"

张巡冷笑一声回答说："你们连做人的道理都不懂，还谈什么天命！"说着，就命令将士出城猛冲过去。令狐潮吓得掉转马头没命地逃跑，他手下的 14 个叛将，都被张巡将士活捉了。

打那以后，令狐潮屯兵在雍丘北面，不断骚扰张巡的粮道。叛军经常有几万人，张巡的兵不过一千多，但是张巡瞅准机会就出击，总是打胜仗。

20 世纪 80 年代早期，惠普公司工程部经理理查德·海克邦发现了台式和办公用打印机这个很有前景的市场机会，并说服惠普公司的高层迅速抓住这个机会。他所采取的举动和所做的决策，成就了惠普公司，并使惠普打印机从零开始，最终发展到数十亿美元的市场。

击打点阵打印机和菊花轮式打印机都过于笨拙，既缓慢又噪音大，而且还太过零乱以致难以调理。但很难想象的是，正是这种打印质量很恶劣的打印机却在 20 世纪 80 年代占据了台式打印机的统治地位。并且，当时的 NEC、爱普森和松下还都靠着这种老掉牙的技术赚取着大把大把的利润。但是，同时期飞速发展的个人电脑却将最终需要打印彩色和更高分辨率的图像，而这恰恰是击打点阵打印机和菊花轮式打印机做不到的。

1981 年，海克邦注意到佳能公司出品的廉价喷墨式打印机，他便敏锐地感觉到有一个好机会来了：他很聪明地猜到了新型打印机一定能够占领打印机市场。然而，当时的竞争者们却不愿意放弃或是挪动他们的现有位置，这自然导致他们不太可能冒着失去现有市场份额的风险去采用一种未被证实的技术。

就这样，海克邦没有发动直接的进攻，而是试图用新型的、相对廉价的激光和

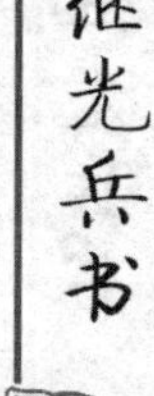

喷墨式打印机,对竞争者们的阵地形成包围之势。海克邦从日本的照相机和打印机生产商佳能那里得到了这项技术(很遗憾,佳能没能看到这项技术的前景),并在1982年将它的计划呈给了当时的CEO约翰·杨(John Young)。杨对这个计划很是支持,放手让海克邦去闯,就这样,惠普的一个新纪元开始了。

1984年的3月,海克邦正式推出了第一台惠普彩色打印机。两个月后,这个研发团队又推出了美国第一台喷墨打印机。尽管这个产品还远不够完美,但是惠普还是雄心勃勃地申请了技术专利,从而给竞争者设置了进入的壁垒。

惠普战略取得成功的一个关键因素还在于迅速建立了一个基数庞大的客户群,因为这些客户们从此开始严重依赖于惠普打印机的外围设备(如打印筒、纸张和电线),而这些外围设备的利润是极为丰厚的。事实上,一台打印机的售出就意味着一个长期购买合同的签订,因为大多数的外围设备是不能在品牌之间通用的,所以,迅速销出大量的打印机其实就让惠普公司在打印机的使用年限之内锁定了绝大多数客户将来的采购。举例来说,一个惠普的喷墨打印筒售价为25美元,利润率竟有60%之高,而一般的顾客一年需要更换好几个这样的打印筒。

此外,打印机业务还帮助惠普公司摇身一变,成了一个高产能的生产商领导者,并为公司建立新的利润丰厚的产品线铺平了道路。

侦察人员可以给战地指挥官或是商业领袖提供及时的信息,从而便于采取迅捷的行动。不过,并不是每一个情报侦察员都具备惠普的海克邦那样的远见。关键就在于敏锐的情报意识,意识比技术更重要。创造竞争优势就要充分利用信息,选择和占有可靠信息,更充分地存储和处理信息,从而做出具有超前意识和准确预测能力的决策。

卷十八·治水兵篇

【原文】

夫福船高大如城,非人力可驱,全仗风势;倭舟自来矮小,如我之小苍船,故福船乘风下压,如车碾螳螂,斗船力而不斗人力,是以每每取胜。

夫海沧[①]稍小福船耳,吃水七八尺,风小亦可动,但其力功皆非福船比。设[②]贼舟大而相并我舟,非人力十分胆勇死斗,不可胜之。

夫苍船最小,旧时太平县地方捕鱼者多用之,海洋中遇贼战胜,遂以著名。若使径逼贼舟,两艘相联,以短兵斗力,我兵决非长策,多见误事。但若贼舟甚小,一入里海,其我大福、海沧不能入,必用苍船以追之。三色之中,又此为利近者。

大端[③]天若风动势顺,则沧不如福,苍不如沧;若风小势逆,则福不如沧,沧不如苍[④]。

【注释】

①沧:沧船。

②设:假设,假如。
③大端:一般情况。
④苍:苍船。

【译文】

福船,如同城楼一样高大,不是凭借人力可以驱动的,它完全以风为动力。倭寇的船一般很小,同我军的小苍船一样,所以我军的福船乘着风势向其冲撞,那就如同车轮碾压螳螂一样,这时比拼的是船的威力而不是人的气力,所以我军往往取胜。

海沧船要比福船稍小,吃水七八尺深,风小的时候也可以驱动,但是它的力量无法同福船相比。如果倭寇的船也很大与我沧船不相上下,那么我军就要凭借奋勇拼杀才能取胜,苍船最小,以前是太平县渔民捕鱼用的小船,由于在海上击败过倭寇,所以很有名。如果以苍船逼近敌人短兵相接,就要比拼双方的力气,这不是我军的长处,往往会遭遇失败。但是倭寇的船很小,一旦进入内河,我军的大福船和沧船就都没有办法了,这时只能用苍船追击。这三种船中只有苍船适合于近距离作战。

一般而言,如果风大又是顺风,那么沧船不如福船,苍船不如沧船;如果风小又是逆风,那么福船就不如沧船了,沧船不如苍船。

【赏析】

1592 年春天,日本的丰臣秀吉借口朝鲜拒绝帮助日本攻打中国,调集近 20 万大军,700 艘战船,经过周密计划和部署,悍然发动了对朝鲜的侵略战争。

丰臣秀吉派遣侵朝的将领,如小西行长、加藤清正、小早川隆景、黑田长政、毛利辉元、宇喜多秀家、锅岛直茂、岛津义弘等人,个个是重臣名将。构成侵朝日军主体的也大多都是安土桃山时代从乱世中冲杀出来的武士,掌握了较为先进的军械技术(如火枪),本身又具备丰富的战斗经验,更兼军力上具有压倒优势,光是初期动员的总兵力就达 33 万,而投入朝鲜战场的将近 20 万。

而反观朝鲜是个崇文抑武的社会,国家武备松弛,官场腐败成风,士兵缺乏训练,军事力量非常薄弱。朝中东人党和西人党又斗得厉害,内部很不团结。因此在初期作战中,朝军连连失利,而日军势如破竹,进展之快,连日军自己都感到意外。

朝鲜封建统治集团由于朋党之争,对侵略者无力组织抵抗,数量不多的政府军接连失利。日本人击溃了朝鲜的一支 8000 人的部队的抗击,夺取了全宁山口。此时小西行长和加藤清正已经会师,以大军团开始强攻忠州,日军娴熟的攻城技巧令朝军防不胜防,第二天就被攻破了城池,忠州一失,汉城(京城)实际上已经没有防御力了。日军迅速逼近汉城(京城)。朝鲜有些地方官吏弃地而逃,国王李昖惊慌失措,仓皇放弃首都,先奔平壤,继而逃往鸭绿江边的义州。7 月初,日本人兵不血刃占领汉城,此时距日军登陆仅仅过了 20 天。

战争初期日军能够迅速取得胜利,实际上和日军的铁炮威力有莫大的关系。

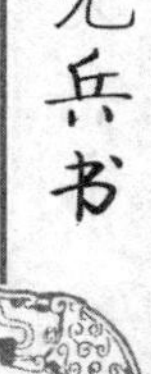

据弗洛伊斯记载，尽管朝鲜东莱城在听说釜山失陷后，充分准备了应付日军铁炮的措施，制作木盾和撒播铁蒺藜，但是都无法阻挡日军的铁炮。在柳成龙的回忆录里更是详细描述了日本铁炮的威力，他写道，朝鲜军的弓矢发射后数十步就坠地，而日军铁炮却能杀伤己方士兵；在被包围的弱势情况下，日军的铁炮能够贯穿密集的朝鲜军，一枪击伤三四人，造成朝鲜军的崩溃；在第一次平壤攻防战中，日军铁炮竟能越过城楼最高处射进城内，打中城楼柱子的射入达数寸。

但是同日本陆军的接连胜利相反，日本水军却是连连受挫，因为他们所面对的是全罗道的水军节度使李舜臣。李舜臣出生于1545年，他原来只是一个小县城的狱吏。因为他刚毅勇敢、足智多谋，被首相破格提升为全罗道左水使，扼守朝鲜海峡，他早就看出了日本想吞并朝鲜的狼子野心，他非常重视训练水师，并特别改进了传统的龟船。

龟船是朝鲜人很早就发明的一种战船，船身装有硬木制成的形似龟壳的防护板，故叫龟船。李舜臣改进了龟船的结构和设备，把船身造得更大。每艘船身长10余丈，宽1丈多，甲板之上有厚木制成的顶盖，并且裹上铁板，可以掩护船上水军避免敌人火器投射，顶盖上和甲板旁，装着许多尖锐的大钉和铁钩，使敌人不敢攀登，船头上安装着一个大龙头，上穿两个大炮眼，头尾都装有金属尖杆，必要时可用来冲击敌船。船身前后左右有74个枪眼，射手可以伏在内部施放火器。船身两侧又各设10只大桨，全部划动，急驰如飞。加上船身很大，可以装载很多饮水和粮食，这使龟船更适于水面久战了。

这年5月1日，李舜臣得知玉浦港停靠着50余艘日本兵船，船上的士兵大都上岸抢劫百姓财物去了，他立即指挥90多艘龟船去偷袭日军。日军虽然从未见过这种战船，但却不以为然，认为这没有什么大不了的。日军士兵用火绳枪予以还击。但是由于朝鲜战船已经迅速靠近日本战舰。这样一来，本来射程较远的日本火绳枪在龟船前面无法发挥威力，而朝鲜人的近距火炮却因为火力大能够烧毁船只，此消彼长，日军在海上就连吃败仗。

日军顿时慌了神，当他们仓皇跑上船，准备起锚逃离时，已经来不及了。原来朝鲜人为了让日本人用橹的船无法逃难，用带坚固的钩子的铁索从上投下，使日本船无法逃跑。

“开炮！”李舜臣一声令下，千百道火龙扑向日船。“轰轰……”日船上百花齐放，烟火缭绕。在强烈的炮火下，日军抱头乱窜，鬼哭狼嚎，转眼间40余艘日船被炸毁、击沉，士兵伤亡不计其数。不可一世的日军舰队就这样被李舜臣的“大乌龟”们吞没了。

玉浦海战的胜利，粉碎了丰臣秀吉从海路侵略朝鲜沿海地区的计划，侵略军、后勤物资的运送也处于瘫痪状态，陆军的进攻也因此受到阻滞。

5月29日，李舜臣的舰队开到泗川附近的露梁海面，遇到了龟井兹矩率领的12艘日舰。龟井因为惧怕李舜臣的威名，弃船登山，在陆地上摆开半月长蛇阵。适逢退潮，对朝鲜水军不利。于是朝鲜水军假装撤退。日军以为他惧阵脱逃，就驾船追击，不料，刚离岸不久，李舜臣就让龟船掉头向日军猛攻。霎时，枪炮齐鸣，火焰纷飞，日船又被大乌龟吞没了。

接着，在唐浦，李舜臣又率领龟船攻击日军阵地。他先用“擒贼先擒王”的战术，俘获日船21艘，后又巧妙地运用引蛇出洞的策略，用3艘龟船伪装侦察地形，引诱敌人，主力船只则预先埋伏在山脚下。日船果然倾巢出击。进入伏击圈，结果遭到前后夹攻，26艘日船全被焚毁。战斗中，李舜臣左臂受伤，血流不止，但他屹立船头，指挥若定。

7月，觉察到海上威胁的丰臣秀吉派嫡系将领胁坂安治率领大批水军从熊川开赴朝鲜海域，其来岛水军也跟从出阵，企图稳固日军的海上运输线。李舜臣探知后，与李亿祺的水师合兵一处，出击拦截。李舜臣先派出少数不起眼的板屋船出阵诱敌。胁坂安治见朝军船小兵少，便将日军船队列阵为左中右三翼，一齐猛攻过来。朝军的板屋船掉头撤退，日军紧追不舍。

当日军进入闲山岛海面时，埋伏在闲山岛北侧的朝鲜龟船水师突然杀出，一举将日军右翼来岛水军的阵势击破。胁坂安治急令中路和左翼的战船上前夹击。李舜臣发挥龟船高速灵活的特点，突破日军战船的包围圈，以擒贼擒王之势，一举突入胁坂安治的本阵。龟船万炮齐发，胁坂安治的本阵顷刻崩溃，不得不掉转船头逃跑，日军大溃。李舜臣乘胜追击，击沉日军战船73艘。

此役日军伤亡惨重，将士被杀及溺水死者数千，连来岛水军的当家来岛通总也势穷自杀，在毛利元就时代名扬一时的海贼大名来岛家不久便彻底退出了历史舞台。这一战在朝鲜史称“闲山岛大捷”，后来美国人马汉在写他那部著名的《海权论》时，就把朝日闲山岛之战作为一个海军经典战例引用在了书里。此役过后，朝鲜水军又向连接日本和朝鲜的日军重要据点釜山发动猛攻，日本水师畏惧李舜臣，龟缩于港内不出。朝鲜水军夺取了制海权。

战船器用说

【原文】

夫水战於舟，火攻为第一筹①固然也。其火器之属，种目最多，然可以应急用者甚少，何则？两船相近，立见胜负，其诸器或有宜於用，而制度繁巧、一时仓忙不能如式掷放，致屡发而无用。今屡试屡摘，合以众情共爱而数用无异者，止有二种，一远一近，至矣足矣！愈淫巧②繁多，愈无实用③，记之记之！

【注释】

①筹：筹划，选择。
②淫巧：精巧。
③实用：实际用途。

【译文】

水上作战，火攻虽然是第一选择，火器的种类也很多，但是真正战时可以使用的却没有多少。为什么呢？因为敌我双方的战船一旦相互靠近，胜负很快就会在短时间内决出。而火器有的或许适合使用，但是操作麻烦，一时间根本来不及投掷、射击，以至于每次使用都没有好的效果。经过多次的筛选，适合于水战的火器只有两种（飞炮和鸟铳），一个用来远攻，一个用来近战，这两个就足够了。那些操作复杂的火器，越是精巧复杂，越是没有什么实战用途，一定要记住！

【赏析】

1942 年初，日本联合舰队还沉浸在珍珠港胜利的兴奋狂喜之中。在日本看来，美国的经济潜力虽大，但转入战时规定还需要一个过程，其预计美国 1943 年夏季才可能组织反攻。而日本完全有时间进一步推进战线，扩大防御圈。控制澳大利亚就是这一战略的反映。日本陆、海军一致认为澳大利亚将是英美借以反攻的最大据点，但由于深陷于中国，日本陆军根本无力出兵登陆澳大利亚，而可行的选择将是切断其与珍珠港的联系。

1942 年 2 月初，日军占领了澳大利亚东北的俾斯麦群岛的拉包尔基地，3 月初占领了新几内亚的莱城、萨拉莫阿。按计划随后即应对图拉吉和新几内亚东部的莫尔比兹港实施登陆。但由于美国航母的活动，这一计划就被推迟了。直到 4 月底，第 5 航空战队（翔鹤号和瑞鹤号）、第 5 巡洋舰队（妙高号和羽黑号）从印度洋归来，进驻珊瑚海。但实际上，前来迎击的美第 17 和 8 特混舰队已先于日军机动编队进入珊瑚海，于是就发生了海战史上有名的珊瑚海海战。

1942 年的初，太平洋对盟军是一片黯淡的景象，但还是发生了一些对于战争进程有重要意义的事情。1942 年 1 月 20 日，日本伊 124 号在达尔文港布雷时被击沉。美军随后用潜水作业船从伊 124 号上捞出了密码本。之后的几个月中，随着情报的积累，尤其是空袭东京后，日本帝国做出了过分的反应，几乎把联合舰队都派了出去了，珍珠港的情报处开始逐渐破译日本的电码，并用分散的情报逐渐绘制出联合舰队的进攻矛头。这一天机是在太平洋战争初期美国海军能够与联合舰队周旋的最为重要的基础。尽管通过破译密码，已知日军即将对莫尔比兹港实施登陆，同时其先遣队将先占领图拉吉，并基本掌握了日方投入的兵力。尼米兹决心阻止日军登陆莫尔比兹的行动。美国海军拥有第 8 特混舰队列克星顿号和第 17 特混舰队约克城号航母，另有 8 艘巡洋舰和 13 艘驱逐舰。由弗莱彻统一指挥，两只舰队 5 月 1 日进驻珊瑚海。

第一场战斗在 5 月 3 日开始，当弗莱彻海军接到日军正在图拉吉登陆的消息时，他的约克城号仍然在巴特卡普角以西一百多英里的海面上。“这是我们等了一个月的消息，”他写道。他立即中断加油，命令以每小时二十六海里的速度，向北驶往所罗门群岛中部。5 月 4 日拂晓，约克城号航空母舰到达瓜达卡纳尔岛西南约一百英里的海面，航空母舰战斗机驾驶员看了旧的《全国地理》杂志的介绍，向图拉吉附近海面上的敌人部队发动了一系列袭击，摧毁了水上飞机，发回了有多少敌舰被击沉的夸大报告，弗莱彻兴高采烈地向珍珠港报告了胜利喜讯，随后美舰队也向西莫尔比兹港进发。

5月6日，在密云的掩护下，弗莱彻同格雷斯海军上将的重型巡洋舰和列克星顿号会合，一同加了油。珍珠港的最新情报表明，有两艘航空母舰提供空中掩护的入侵莫尔比兹港的部队，将于第二天穿过卢伊西亚德群岛。弗莱彻于是向西直驶珊瑚海。弗莱彻并不知道他在那天下午已被一架到处搜索的日本水上飞机发现了。得知两艘美军航空母舰正前往截击入侵莫尔比兹港的日本舰队的消息后，在拉包尔井上海军中将的司令部里几乎引起了恐慌。司令部紧急命令运输船停止前进。高木上将率领的以翔鹤号和瑞鹤号为主力的机动部队收到警报时正在瓜达卡纳尔以南加油，等到他准备好将距离缩小到可以发动空袭的时候，舰队碰到了厚厚的云雾。于是，他决定继续加油，待黎明再去追逐。5月7日4时许，由于已得知美舰队的大致方位，日军机动编队派出12架舰载机分为6组搜索敌人。5时45分，向南搜索的日机报告："发现敌航空母舰、巡洋舰各1艘"。

6时至6时15分，先后从瑞鹤号起飞零式战斗机9架、轰炸机17架、鱼雷机11架，从翔鹤号起飞零式战斗机9架、轰炸机19架、鱼雷机13架。共78架日机，向所发现的目标飞去。但到达目标上空才发现并不是美军的航母编队，而是6日下午与弗莱彻舰队分手的美国油船。

日突击机群飞临该舰队上空，发现不是航空母舰，则于附近海面反复搜索两个小时，仍未找到其他目标。其中的鱼雷机未进行攻击，9时15分开始返航，而36架俯冲轰炸机则于9时26分至40分间才很不情愿地对最初发现的目标进行了攻击。西姆斯号被击中3颗250公斤的炸弹，其中有2颗在机舱爆炸，不到60秒钟就沉没了。尼奥肖号被击中7颗炸弹，载着大火在海上漂了几天后沉没。这时弗莱彻的美航母主力与油船分手后正在向西行驶，以期拦截日军的登陆舰队，但美舰队同样犯了同样的错误：没有发现敌方主力。黎明之后两个小时，列克星顿号上的一架巡逻机发回报告"发现了两艘航母和四艘重巡洋舰"。弗莱彻以为这是日军的航母部队，则决定以其全力实施攻击。

由列克星顿号派出俯冲轰炸机28架、鱼雷机12架、战斗机10架，由约克城号派出俯冲轰炸机25架、鱼雷机10架、战斗机8架，共计93架舰载机先后飞向目标。飞到目标后，才发现是两艘轻巡洋舰和两艘炮艇，这是日军登陆的掩护部队，由于密码错误，被夸大成一支突击部队。但美军终于发现了被夸大了的舰队中值得攻击的目标：祥凤号航母。93架美国战斗机和轰炸机经过半个小时的轮番进攻，祥凤号已中了13颗炸弹和7条鱼雷。井泽下令弃舰。几分钟后，祥凤号沉没，海面上只有一团黑烟和一片油污在珊瑚海扩散开来，标志着日本帝国海军在这里丧失了第一艘轻型航母。

5月7日上午，美日双方攻击舰队刚好处于相互攻击范围的边缘，但双方由于技术原因而没有发现对方，相互错过了先发制人的时机。美军犯的错误更为危险，因为其出击的舰载机偏离了其主要威胁达90度以上，但美军取得的战果也更大——敲掉了一艘航母；联合舰队犯的错误很可惜，因为他们至少知道他们的主要目标大致位置。但由于天气原因并没有发现目标，等到返航时才发现美舰队，但这些战机已抛掉了炸弹，并遭到美野猫战斗机的拦截。

在暮色中，几架迷失方向的日本飞行员错误地试图在约克城号上降落。但由于识别信号不对，被高炮手发现将其中的一架击落入海，另外几架慌忙逃入黑夜中。这使弗莱彻也意识到，日海军航母就在附近，而决定这场海战结果的航空母舰之间的决斗必定在第二天进行。

5 月 8 日双方海军的侦察机都在日出前出发了。命运注定搜索的飞机几乎将同时发现彼此的目标。8 时 15 分，美军飞行在最北边的侦察机发回报告：敌人的航空母舰特遣舰队在列克星顿号东北约 175 英里的海面上仍以每小时 25 海里的速度向南行驶。仅仅几分钟以后，美国航空母舰的无线电台收到了日本人兴高采烈的报告，显然表明他们自己也被发现了。随后约克城号和列克星顿号共起飞 15 架战斗机、46 架轰炸机和 21 架鱼雷机共 82 架飞机扑向日本舰队。

一小时零三刻钟以后，美突击机队发现翔鹤号和瑞鹤号正向东南方向行驶，两艘航空母舰之间相距八英里，各由两艘重型巡洋舰和驱逐舰护航。正当美国人利用宝贵的几分钟，在团团积云里组织进攻的时候，翔鹤号趁机出动了更多的战斗机，瑞鹤号则躲进下着暴雨的附近海面。面对严密防卫着的敌人舰队的航空母舰，美国飞行员乱了阵脚，鱼雷机和俯冲轰炸机被日军零式战斗机冲散，且缺乏配合，鱼雷射进海里，偏离目标很远，轰炸是盲目的。只有两颗炸弹击中翔鹤号，翔鹤号飞行甲板上因燃油泄漏而起火。

10 多分钟以后，美军的列克星顿号上的飞机赶来了，但难于发现厚厚的云层底下的敌舰。使进攻受到进一步的挫折。只有 15 架轰炸机好不容易发现了一个目标，但它们只有 6 架野猫式战斗机保护，很容易被日军零式战斗机冲散，鱼雷进攻再次失败，轰炸机又只投中一枚炸弹。

所剩的 43 架美军飞机返航时，却发现日本对手能够发动更有效的进攻。尽管有雷达，列克星顿号的战斗机指挥官在敌机处于东北方向 70 多英里的空中时就能知道它们的到来，并起飞战队机进行截击。但日军第 5 航空队的 69 架舰载机在尚未受拦截之前已经分成了 3 个攻击队。日鱼雷机队首先飞临美舰约克城号。由于该舰灵活地进行规避，日机的攻击未见成效。但是，在环形警戒序列中的两艘航空母舰都在自行进行规避的结果，使这两舰之间的距离迅速拉大、警戒舰只也随之一分为二，从而削弱了对空防御，给日机以可乘之隙。

日机对约克城号左舷投射 8 条鱼雷，均被该舰避开。在随后轰炸机队开始对约克城号俯冲投弹。有一颗 800 磅的炸弹击中了该舰舰桥附近的飞行甲板，但该舰仍能继续战斗。日鱼雷机队攻击列克星顿号时，成功地运用了夹击战术，从该舰舰首的两舷、15~70 米高度、1000—1500 米距离投射鱼雷。列克星顿号由于吨位较大，转弯不灵活，日机投射的 13 条鱼雷中有 2 条击中该舰左舷，使其锅炉舱有三处进水。列克星顿号正在拼命规避鱼雷时，日轰炸机队又开始对其进行攻击，又有 2 颗炸弹命中目标。

这场遭遇战只持续13分钟，日本人飞走的时候，兴高采烈地报告他们替前一天祥凤号的失败报了仇，毫不含糊地击沉了一艘“大型航空母艘”和一艘“中型航空母舰”。实际上，列克星顿号尽管由于被鱼雷和炸弹击中，产生7度横倾，但该舰调整燃油之后，恢复了平衡，继续接纳返航的飞机着舰并为战斗机加油。但由于燃油泄漏，列克星顿号舰内突然发生爆炸，并引起大火，火势迅速蔓延，以至无法控制。

下午15时左右，舰长下令全体舰员离舰。17时许，费尔普斯号驱逐舰奉命对其发射5条鱼雷，列克星顿号于17时56分沉没。已经降落到该舰的36架飞机也随之沉入大海。美第17特混舰队约克城号上虽然尚有轰炸机和鱼雷机27架、战斗机12架，但已入夜，弗莱彻无意再战，遂率队撤离战场。第二天，瑞鹤号的飞行员为追击美舰再次进行侦察巡逻时。海上只有列克星顿号的残骸了。

珊瑚海海战是海战史上第一次航母之间的较量，也几乎是太平洋战争中最公平的一役，其中基本反映出双方的战斗力。从战术得失来看，美方被击沉一艘大型航空母舰列克星顿号、一艘油轮、一艘驱逐舰、66架飞机、死亡543人，另一艘航母约克城号受伤；日本损失一艘轻型航母、77架飞机、死亡1074人、另一艘航母受伤。从数字的角度，日本联合舰队显然取得了珊瑚海海战的战术上的胜利。

众所周知，以往的近代海战，都是双方军舰接近到较近距离之内，而后用舰炮解决问题。珊瑚海海战则全然不同，双方的军舰，没有开炮或者发射鱼雷，也没有进入对方的视线之内，而是从上百海里以外的远距离用航母所携带的舰载机作战。对于这样的交战，在世界海战史上尚属首次，可是并不是偶然，而是航空技术与兵器发展的必然结果。这种海战为太平洋战争指出了方向。

既然如此，谁能更快地更深刻地认识这一新的特点，相应地改进自己的作战力，谁就有可能在交战中取得较多的主动权，从随后的发展看，显然联合海军发现这一点时已经为时已晚了。

兵器越是精巧复杂，越是没有什么实战用途的。营销也是一样，纷繁复杂的营销模式往往会使销售链条过于冗长，分销环节过于复杂，产品在流通环节中滞留、周转的时间过长，这不仅影响产品的销售速度，多级的销售网络以及价格差，还会增加企业市场管理的难度。从根本上缩短了营销链条的戴尔直销模式为它带来了庞大的财富，这就是弃繁就简的功效。

第二章　大战之道——戚继光兵书补遗

本章导语

戚继光在长期紧张的军事生活中，总是挤出时间学习，从未中断过。他勤奋读书，是为了将其所得运用于练兵、作战的实践，然后把经验总结起来，再去指导实

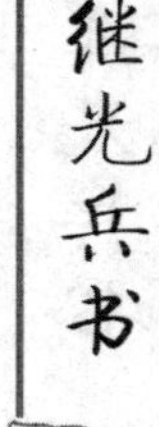

践。从他的言论和著作中可以看出，他对古代兵法非常熟悉，运用得非常巧妙，所涉及的知识领域非常广泛，许多见解也非常精辟。他学习古人不因循守旧，善于吸取其精华，保留、发展有用的东西，大胆地创造过去没有的东西，使之切合实战的需要，把当时的军事科学大大地向前发展了一步。

戚继光的著作，流传下来的有《纪效新书》《练兵实纪》和诗文集《止止堂集》。还有戚祚国等编写的《戚少保年谱》中，也保存了他的一些军事文书和诗文。而戚继光的重要军事著作则是《纪效新书》和《练兵实纪》。如戚继光自己所说，他的练兵作战，"在南则《纪效新书》，在北则《练兵实纪》。"《明史·戚继光传》也言道："继光更历南北，并著声。在南方战功特盛，北则专主守。所著《纪效新书》《练兵实纪》，谈兵者遵用焉。"他不仅有功于当世，更给后世留下了宝贵的军事学术著作。从《纪效新书》到《练兵实纪》，记录了戚继光军事思想发展的历程。这两部书包含了从单兵教练到大军统率的全部训练内容，它是古代兵书中比较完备而又有实效的两部军事训练专著。

以下节录传世文献中的内容，对《纪效新书》中所未论及的戚将军之军事思想作一补充，故名名"戚继光兵略补遗"。

算定之战

【原文】

大战之道①有三：有算定之战，有舍命之战，有糊涂之战。何谓算定之战？得算多，得算少是也。何谓舍命之战？但云我破②着一腔血报朝廷，贼来只是向前便了，却将行伍等项，平日通不知整饬是也。何谓糊涂之战？不知彼、不知己是也。

【注释】

①道：方法，战法。

②破：凭借。

【译文】

战争的打法可分为三类：算定之战，舍命之战，糊涂之战。什么叫作算定之战呢？它指的是战前就计划好了战斗的具体策略。什么是舍命之战呢？它指的是仅凭着一腔热血去报效朝廷。敌人来了，只管往前直冲，却不知道如何派兵布阵、整饬军队。什么是糊涂之战呢？它指的是既不知道敌情究竟如何，也不知道己方实力怎样。

【赏析】

吴平是福建漳州诏安县梅岭人，初从倭寇劫掠广东潮州，不久自结党羽，势力渐盛。嘉靖四十三年(1564 年)夏天，广东总兵官俞大猷率部消灭侵扰潮惠一带的倭寇后，吴平陷于孤立，于秋天假意投降，十一月被安置在福建梅岭。但不久之后，他又公开招纳海盗、流氓，聚众万余，修造战船百余艘，扼守闽粤海上要冲，抗拒朝廷海禁，行劫于滨海诸州县。

嘉靖四十四年(1565年)二月，戚继光会同俞大猷出兵讨伐吴平。戚家军水陆并进，迅速攻占梅岭。吴平率残部败退入广东境内。四月，戚继光部下傅应嘉和俞大猷部下汤克宽合击吴平残部于大潭澳，击沉贼船20余艘。六月，吴平退据闽粤交界的南澳岛，在与饶平隔海相望的深澳附近临海的山坪上，安营扎寨，取名吴平寨。寨西南海面上，有猎屿、虎屿作屏障，寨后三面环山，高峰峻岭，林密坑深，入港处水道狭窄，小船只能依次而入，是个易守难攻的地方。

矮寨王吴平也颇有军事知识。他选驻这个地方之后，指挥喽啰，筑堡建城，构筑工事，还在营寨至猎屿，猎屿至西炮台一带海底，各填乱石，布设暗礁，防止明军渡海登陆。这样一来，明军剿灭吴平的战斗变得异常凶险。军队大规模的渡海极易遭到攻击，如果渡海侥幸成功，一旦登陆，经过渡海的部队又可能遭遇以逸待劳的敌军的攻击。因此，如果战前的准备不足，战术有误，那将会给明军造成极大的损失。

在吴平盘踞南澳数年前，已有澄海人许朝光，率义军驻扎在后宅宫前村后的山坡，建起了许公城。吴平为独霸海岛，借许公邀请饮宴之机设下反间计，杀了许公骁勇的儿子，火并许朝光。许公兵败逃走，投奔了俞大猷。

俞大猷在许朝光协助下，从饶平港出发，向吴平寨进攻。吴平以逸待劳，当官船进入他的设防区时，万箭齐发，铳炮猛轰。俞军战船被水中石堤卡住，进退艰难，无法登岸，因而相持数月，不分胜负。

戚继光得报敌情之后，率军离开潮州韩江，驶向南澳海面助战。八月十五日，戚家军水军进抵南澳，击沉敌船5艘，敌军船只全部退守港口。戚家军于是以渔舟载石沉塞港口，兵船环列猎屿和宰猪、竹栖等处，封锁南澳岛，切断了贼军海上逃路。是夜，他想转战南方七个年头的戎马生活，百感交集，写下七绝《督兵过潮州渡》：

汗血炎方七春，又随残月过江律，
行藏莫遣沙鸥识，一片浮云是此身！

吴平的党羽杨声，见官军封锁海面，跟着矮寨王，只有死路一条，更与亲信谋划劫寨投官军。不料事情泄露，吴平派人擒杨声，杨声夺舟而逃，贼军追至猎屿海面，遇到戚军探兵都司傅应嘉，双方大战。贼军大败，有两贼船被擒获，吴平另一党羽涂礼也投降了。

九月十六日，戚家军陆兵乘船到柘林集结。戚继光乘小船出海，亲自察看南澳地形，决定将登陆点放在敌军防守不严且地形较为平坦的龙眼沙，并对渡海、登陆进行周密部署。

九月二十二日，戚继光亲督陆兵载栅木浮舟渡海，在南澳岛龙眼沙登岸，随即修建木栅城，巩固阵地。次日，吴平妄图乘明军登岸立足未稳，派遣约2000敌军设伏，以小股人马诱战，戚继光深知海盗擅长伏击，所以在击退小股敌人之后，并没有

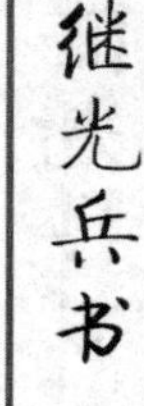

进行追击。

二十五日，吴平出银3000两，亲选精锐3000人进行疯狂反扑。戚继光下令迎战，并当众散发劝告胁从分子放下武器的檄文。戚家军乘敌军心动摇之际，乘势攻击，大获全胜。吴平率残部隐伏林间，依仗木城土堡负隅顽抗。适逢俞大猷率军分乘大小船只300余艘赶到，明军声势大振。而戚继光也进一步巩固了登陆阵地。

戚继光和俞大猷召集两军将士商讨下一步协同作战的方案。当时，吴平已经将注意力集中到了陆地上，他非常惧怕明军袭击他的老巢，而放松了对宰猪澳、大沙澳的防守。针对这种情况，会议决定由俞大猷率领福建和广东水兵，扼守各澳口，防止敌人逃窜，戚继光则率领陆军从海上迂回到敌人后侧，攻取敌营。

部署已定，但以后连日大风，无法进兵。十月初四，风停。当夜，戚继光下达了第二天进军的命令。

十月五日拂晓，戚继光率陆兵，俞大猷率水师，水陆并进，展开猛烈攻势。陆兵中军首先在宰猪澳、大沙澳分别登陆，直取吴平本寨，左军继取后巢，右军继取土围。吴平亲自到本寨大石上指挥，战斗异常激烈。戚家军攻势凌厉，吴平难以抵挡，便率军退居木城负隅顽抗。戚家军四面包围，明军将士已是越战越勇，势不可当，士兵们砍掉栅栏蜂拥而入。敌军为明军的气势所震撼，无心抵抗，只得四处逃窜。吴平眼见败局已定，仅率700余众驾小船20余只死战逃脱。戚俞联军取得围剿吴平的胜利。

此战，明军事前充分了解敌情，准备充足，部署得当，所以才能够一举成功。而吴平对于明军判断多有失误，一再遭受打击。此战明军共擒斩敌军1500余人，烧死淹死5000余人，解救被俘民众1800余人。吴平军被彻底荡平。

之后，吴平率残部流窜潮州、饶平、雷州、廉州一带。戚家军紧追不舍，多次败敌。

吴平被迫逃出广东，退入安南国（今越南）。嘉靖四十五年（1566年）在安南沿海为追击的明军消灭，吴平本人投海自杀。

兵法有云：知己知彼，百战不殆。大战之前，哪一方谋划的越多，哪一方取胜的把握就越大，自古名将戎马征战莫不以此为准则。而今商场真如古之战场，市场行情跌宕起伏变化莫测，若事先没有充分的调研工作，盲目立项上马，妄图豪赌一场、赚个满盆金银，十之八九难能成功，慎之慎之！

灵活用兵

【原文】

善用兵者，因敌情转化，因变用权，因人异施，因情措法[①]，其形莫窥[②]。

【注释】

①法：策略，方法。

②窥：固守，遵循。

【译文】

善于用兵的人，会根据敌情做出部署，会根据变化而运用权力，会根据人物采取措施，会根据情况而施加策略，而并不遵循某个固定的模式。

【赏析】

汉王三年（公元前204年）之下半年，楚汉之争进入了一个全面的高潮时期。地处山东的齐国曾经因为内乱和项羽的攻击导致实力大减，面对楚汉相争的局面一直谨慎的保持中立的态度。但是齐国雄厚的人力物力资源加上重要的战略地位，使其成为楚汉双方力量消长的关键。在双方都精疲力尽之际，谁能控制齐国，胜利的天平无疑就将大大偏向于它。

汉王三年六月，刘邦拜韩信为相国，令其进攻齐国。刘邦的意图除了实现对西楚的战略迂回，战略包围，对西楚进行反攻外，还有一点是预防韩信、张耳在赵国势力膨胀，尾大不掉。所以夺两人兵权，又分开两人，用无兵权的张耳镇守赵国，使韩信带剩余的赵军进攻齐国。

当时，齐、楚联军号称二十万，龙且军中多楼烦（北方部落）骑兵，相当精锐，机动力颇强。韩信所部不过数万，加上破齐后所收编的降卒，总数也不会超过十万。而且还必须留下若干兵力据守历下、临淄等城，所以能集中在潍水西岸上的兵力就可能更少。

在这段时间，郦食其因为向刘邦出了馊主义（建议刘邦分封诸侯，被张良所止）而戴罪立功游说齐王投降刘邦。郦食其不负所望，说服齐王降汉，“广叛楚，与汉和，共击项羽”。

形势突然巨变，变得对西楚极端不利，因为彭越后方的捣乱，项羽在主战场一直未能突破刘邦的防线。而保持中立的齐和汉联合从北方，东北方威胁着西楚都城彭城的侧后，使西楚大后方处于随时沦陷的局面，局势很不乐观，西楚危矣！

汉王四年（公元前205年）十月，“信引兵东，未渡平原，闻汉王使郦食其已说下齐，韩信欲止。”此时，范阳辩士蒯通蛊惑韩信偷袭齐国曰：“将军受诏击齐，而汉独发间使下齐，宁有诏止将军乎？何以得毋行也！且郦生一士，伏轼掉三寸之舌，下齐七十余城，将军将数万众，岁余乃下赵五十余，为将数岁，反不如一竖儒之功乎？”于是，韩信偷袭已经投降、毫无戒心、解除防范的历下华无伤、田解军，随后又攻占齐国都城临淄。

对于韩信偷袭“友邦”，历来指责其贪一时之功，是私欲膨胀的结果。但实际上，显然刘邦是做两手准备，一手通过武力；一手通过外交。对外交是否可以成功是个未知数，自然不能因为派了使者而放弃武力进攻（武力压迫也是外交可以成功的一个条件）。再者韩信攻齐，将在外君令有所不受。战机瞬息万变，刘邦自然明白放权于将的必要性。所以刘邦没有授命韩信停战，算不上牺牲郦食其。

然而，韩信破齐占领齐国都城临淄后，仅是击破毫无防备的齐军，并没有歼灭其有生力量。“齐王广东走高密,相横走博,守相田光走城阳,将军田既军于胶东。”另外有齐将田吸于千乘扎住。但是齐军惊魂未定,不敢贸然反攻,只能先派人到楚都去请求支援,以借助楚军的力量收复失地。汉方因需要抽出很大一部分兵力去追剿西部残留的齐军,也不宜在这时与齐军决战。所以在主战场上,双方暂时处于相互窥视对方动向的对峙状态。

在韩信偷袭齐国后,早有准备的西楚国立刻把援救齐国反击汉军作为一个全局性的战略。由于项羽在西边的主战场与刘邦对峙,只好派西楚的头号大将龙且以及周兰带10万大军援救齐国。

汉四年(公元前205年)十一月,龙且带领援军于高密汇合田广军,扎住潍水东岸与西岸的韩信军隔河对峙。此时的形势对齐楚联军显然是有利的。韩信刚占领齐国,田氏势力尚强,西南的博阳有田横军,东南城阳有田光军,东北胶东有田既军,对韩信成夹击之势。韩信占领的齐郡,济北郡虽然在汉军控制中,但是潜伏势力依然蠢蠢欲动。

当龙且拟定作战计划时,军中有人劝他说,汉军远离本土而来拼死作战,其锋芒锐盛不可阻挡,齐、楚军队是在自己地域内作战,士卒容易逃散。因此,不如采取深沟高垒固守不战之策,叫齐王派遣其心腹大臣去招抚失陷的城邑。这些失陷的城邑知道自己的国王还在,且有楚军前来救援,就一定会反叛汉军。汉军因客居在别国土地上,必定会造成缺少粮食的不利态势,这样,就可以不经交战而擒获他们了。

但龙且不以为然地说:“我一向了解韩信的为人,他是容易对付的。如今若是援救齐国不经交战而迫降了韩信,我还有什么战功可言?如果同他交战而又能战胜他,齐国的一半土地可就成为我的封地了。”于是,率军前进,与汉军相隔潍水而摆开了阵势。

齐楚联军主动出战,面临种种危机的汉军更是求之不得,老谋深算,善于出奇兵的韩信此次依然不例外,他连夜派人制作了大批袋囊装满沙子,堵住了潍水上游,这样上游积满河水,形成一个巨大的水库。此时已经是十一月份的冬天,山东半岛上进入冬季,潍水河处于枯水期,本来就干涸的河流,被沙包堵住上游的水流,下游显得非常的清浅。但是龙且对河流突然变浅毫无怀疑。韩信带领大军直接蹚水过河进攻潍水东岸的齐楚联军,然后佯败逃回。龙且见此心中得意:“韩信果然容易对付,连半渡而击这样简单的军事常识都不知道,正好杀他个措手不及。”龙且趁韩信渡半的时候进攻汉军,果然韩信败走。

龙且又高兴地说:“我本来就知道韩信是个胆小怕战的懦夫。”于是龙且身先士卒,一马当先,带着部队渡河进攻汉军。先头部队刚过河,早有准备的韩信下令放开上游的沙包,河水顿时倾泻而至,把齐楚联军分成两半,大部分联军无法渡河而待在东岸。诈败的汉军开始反击追到西岸的楚军,以几倍的优势兵力大败心惊胆寒的龙且军,曹参、灌婴并擒获副将周兰。东岸的齐楚联军士气全失,向南方逃跑。

韩信抓紧战机,一直追击到城阳,虏齐王田广,守相田光,田章。此时,汉军大获全胜，曹参东进，平定胶东的田既军；灌婴西向进攻自立为齐王的田横，田横战败逃奔至定陶的彭越。

韩信乘胜追击俘获了全部楚军，最终平定了齐国。

这场战争中，韩信对水的运用简直是到了无所不用其极的地步。首先，利用截断水流佯装偷袭，继而诱引敌军渡河，再冲散并分流敌军。可以想象，龙且当时一定觉得韩信是有谋无勇，知道通过截断潍水偷袭，但是却不敌自军的武力。然而这正在韩信的掌握中，他把水战的谋略完全隐藏在了偷袭的谋略之中。

潍水之战是楚汉时期一场重要的转折性战役，此战汉大将军韩信不但消灭了齐楚仅余的一支有生力量，斩段西楚之右臂，并且占领三齐之地，实现迂回到西楚后方，并对其形成战略包围的有利局势。可以说此战扭转了楚汉之间的根本局势。项羽再无能力灭汉，已经处于完全被动的防御状态；而刘邦则进入全面战略大反攻。

兵道之无形如水之无形，取胜之法全在于临敌应变。南宋名将岳飞曾讲过：运用之妙，存乎一心。对于整个市场来说，变化的是行情走势，不变的是游戏规则；就个体商户而言，不变的是利润的追求，变化的是经营模式和运作方式。卓越的企业会根据市场行情的变动，选择最适合自己的经营之道。

攻守皆备

【原文】

御戎之策，惟战守两端①。自古防寇，未有专②言战，而不言守③者；亦未有专言守，而不言战者，二事难以偏举。

【注释】

①两端：两个方面。

②专：注重。

③守：防守。

【译文】

抵御敌人的策略，在于进攻和防守两个方面。自古以来，没有只注重进攻，而不讲究防守的；也没有只注重防守，而不讲究进攻的。进攻和防守，二者不能偏执一方。

【赏析】

公元1351年，轰轰烈烈的红巾军农民大起义爆发，以反抗元王朝的腐朽的民族歧视和残酷的阶级压迫。起义爆发后，得到了全国各地人民的积极响应，长江、淮河流域等广大地区的农民纷纷举行起义。农民起义沉重地打击了元王朝的反动

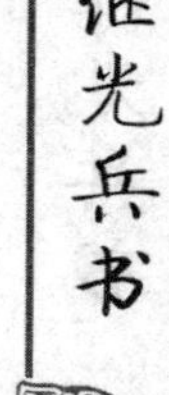

统治，元朝的军事优势被削弱以至丧失了。农民军则从胜利中得到发展壮大，农民革命形势日益高涨。如火如荼的农民起义造就了杰出的领袖人才，朱元璋就是他们中间的主要代表。他出身贫农，曾因贫困难为生计而入皇觉寺为僧，农民起义爆发后，他投入濠州的郭子兴起义军，在对元兵的长期作战过程中，朱元璋表现了杰出的军事才能，成为脱颖而出的农民起义领袖人物。朱元璋也富有敏锐、长远的政治眼光，善于重用地主阶级知识分子，运用地主阶级的统治经验进行比较清明的政治建设，赢得了很大的政治优势。经过多年的经营，朱元璋的势力越来越大，成为当时一股举足轻重的政治势力，而朱元璋本人，也在这个过程中完成了由农民军领袖向封建地主阶级统治者的转变。

朱元璋的军事战略的基本构思是：先统一富庶的江南地区，进而统一全中国。当时北方红巾军的发展壮大，牵制了大批元军，这为朱元璋向江南发展提供了非常有利的时机。他逐步消灭了元朝在江南的残余部队和多个地方割据势力，迅速发展壮大起来。到公元1358年，他已占领了江苏大部、浙江和安徽各一部的广大地区。但朱元璋并不以此为满足，于是开始了进行统一江南的作战。

当时，全国的形势发生了很大的变化。这表现为：在北方，刘福通领导的红巾军在元朝政府军和各地拥元地主武装势力的联合进攻下遭到失利。但是元朝统治者内部矛盾正日益激化，军事上的暂时胜利对元朝反动统治来说，不过是回光返照而已。在南方，已形成了陈友谅、张士诚、方国珍等几个武装集团。陈友谅与张士诚都有相当大的军事实力，足以与朱元璋相抗衡，其中占据江西地区的陈友谅集团，在南方诸集团中兵力最强，野心最大，处心积虑地想消灭朱元璋，因而同朱元璋的矛盾最深。

朱元璋根据当时形势和自己处于陈友谅和张士诚两大势力之间的处境，向刘基征询攻守之计。刘基提出先打陈友谅，后打张士诚的谋略，他向朱元璋分析说：张士诚专意保守现有地区，不足为虑。相反陈友谅正“劫主（挟持徐寿辉）胁下”，又处于上游地区，应该先翦灭他。等到陈友谅被平定后，张士诚势孤力单，也可以一举消灭。然后再出兵中原，灭掉元朝，建立起帝王之大业。朱元璋采纳了刘基这一建议，正式确定了先陈后张，统一江南，然后北上灭元，统一全国的战略方针。

朱元璋按照这一方针，集中兵力先攻打陈友谅，而对张士诚则采取守势，控制江阴等战略要点，以防张军向西发展，并拉拢方国珍，以牵制张士诚。应天之役，就是朱元璋这一战略方针实施过程中的第一回合。

同朱元璋看待陈友谅一样，陈友谅也把朱元璋视作为自己的主要对手，从而积极筹划消灭之。公元1360年农历闰五月初一，陈友谅率舟师十万，越过朱军所据的池州（今安徽贵池），攻取太平，夺占采石。陈友谅进驻采石，踌躇满志，便杀死徐寿辉，自立为皇帝，国号汉，改元大义。初五，他约张士诚夹攻朱元璋。

当时，陈友谅兵力上对朱元璋占有很大的优势，陈军的舟师尤为强大。在陈友谅优势兵力大举东下面前，朱元璋的部下，有的主张举城投降，有的主张退守钟山（今南京紫金山），也有的主张先决一死战，打不赢再跑。朱元璋采纳了刘基“伏兵伺隙击之”的建议，决定先在应天与陈友谅决战。他为了防止陈友谅与张士诚联手，陷己于两面受敌的困境，并利用陈友谅求战心切，骄傲轻敌的心理，决定巧妙用间，诱敌深入，设伏聚歼，击败陈军。

为此，朱元璋先让陈友谅的老友、元朝降将康茂才写信给陈友谅诈降，表示愿为内应，并约定在江东桥（今南京江东门附近）会合，以呼“老康”为暗号。

在巧妙用间的同时，朱元璋按照设伏聚歼陈军的既定方针，根据应天（今南京）的地形条件做出如下的军事部署：命令常遇春、冯国胜、华高等率兵三万埋伏于石灰山（今南京幕府山）之侧；命令徐达等率兵列阵于南门外；因获悉陈友谅打听新河（今南京城西南）地形，遂派遣赵德胜率兵横跨新河筑虎口城；派遣杨璟率兵进驻大胜港（今南京城西门三十里）；命令张德胜、朱虎率舟师出龙江关（今南京兴中门外）；朱元璋自率主力埋伏于卢龙山（今南京狮子山）。并规定作战信号：陈军入伏击圈，举红旗；伏兵出击，举黄旗。命令各军严阵以待。在此之前，朱元璋派遣将军胡大海自婺州（今浙江金华）、衢州率兵西攻信州（今江西上饶），对陈友谅的侧后实施威胁和牵制。

陈友谅收到康茂才的诈降信后，信以为真，便顾不得等待张士诚的出兵配合，于五月初十率军自采石进抵大胜港。待到江东桥连声呼唤“老康”不答应，方知上当受骗，被动中仓促派遣士卒万人登岸立栅。

朱元璋在卢龙山上看到陈军进入伏击圈，遂乘其登岸立营未固之际，举起黄旗，发出出击信号。一时间鼓声震天，伏兵四起，水陆夹击。陈军遭此突然打击，阵势大乱，争相登舟而逃。此时正值江水退潮，陈军的巨舰搁浅，移动不得。陈军士卒被杀和落水而死者甚多，被俘二万余人。陈军诸将见情势危急，纷纷向朱军投降。朱军缴获巨舰百余艘。陈友谅本人乘坐小舟侥幸逃回江州（今江西九江）。此时，张士诚守境观望，未敢出兵助陈。朱元璋挥师乘胜追击，夺回安庆、太平，并占领了信州、袁州（今江西宜春）等地。这场关系到朱元璋集团存亡生死的应天之战，终于以朱元璋的大获全胜而告结束。

应天之战的失败，使得陈友谅集团的内部矛盾更加激化，将士对陈友谅离心离德，政令军令也无法得到贯彻执行。朱元璋利用陈友谅的这些弱点，不断向西扩张自己的势力范围。仅仅在公元 1361 一年之间，就相继攻克了蕲州、黄州、兴国、黄梅、广济、乐平、抚州等地，实力日益得到加强，基本扭转了陈强朱弱的战略格局。

1363 年 4 月 23 日，陈友谅乘朱元璋率军北援安丰（今安徽寿县）红巾军、江南兵力薄弱之隙，挥师号称 60 万，取道水路，围攻洪都（今南昌）。守将朱文正奋力固守，并派人赴应天告急。朱元璋闻讯后，令朱文正继续坚守，以疲惫消耗陈军；于七月初六亲率舟师 20 万救援洪都，十六日进至鄱阳湖口。朱元璋为把陈军困于湖中，先部署一部兵力扼守泾江口和南湖嘴，切断陈军归路；又调信州之兵守武阳渡（今南昌东），威胁陈军侧后；亲率主力进入鄱阳湖，与陈军决战。陈友谅围攻洪都 85 天不克，惊闻朱元璋来救，遂撤围移师鄱阳湖迎战。七月二十，两军在康郎山水域相遇。次日，朱元璋见陈友谅联巨舰当前，令右丞徐达、参政常遇春等分率舟师迫近陈军，先发火炮，再射利箭，继以短兵相搏，毁陈军巨舰 20 余艘，杀伤陈军数万人。二十二日，陈友谅率全部巨舰出战。朱军因舟小，仰攻不利。下午，东北风起，朱元璋采纳部将郭兴的建议，改用火攻，命敢死士驾驶装满火具的小舟，偷袭陈军。顿时风急火烈，焚陈友谅巨舰数百艘，陈军大败，死者过半，陈友谅弟友仁、友贵等重要将领被烧死。陈军连战皆败，不敢再战。朱元璋为控扼长江水道，乘夜移军左蠡。陈友谅也移舟泊于渚矶。相持三日，陈军左、右金吾将军见大势已去，相继投降朱元璋，陈军士气更趋低落。朱元璋乘机致书陈友谅劝降。陈为泄愤，尽杀俘虏。朱元璋则放还全部俘虏，并医伤悼死，以分化瓦解陈军。为阻止陈军逃遁，朱元璋下令移军湖口，命常遇春等率舟师横截湖面，又令一部在长江两岸修筑寨栅，并置火筏于江中。八月二十六，陈军因粮食奇缺，将士饥疲，遂冒险向湖口方向突围，又陷入朱军的包围。朱军乘机四面猛攻，陈军混乱溃逃，在泾江口复遭朱军伏兵截击，陈友谅中箭身死。平章陈荣于次日率残部5万余人投降，太尉张定边同陈友谅子陈理逃回武昌。次年二月，陈理投降。

此后，张士诚势力已不足为惧，朱元璋为统一江南、进而建立明王朝奠定了基础。在此角逐中，由于确定了打击敌人的先后次序，做到有守有防，才使得朱元璋最终脱颖而出，称雄天下。

战有攻守，攻为取利，守为护利。对于一个企业而言，不可能总是处于扩张的态势，那样会精力耗尽；但也不可能总是出于守势而不思进取，那样最终会被后来者所淘汰。形势有利，适度地扩张可以获得利益；形势严峻，坚持经营可以度过寒冬。“在稳健中寻求发展，发展中不忘稳健”便是李嘉诚的座右铭。

集中兵力

【原文】

十指分凿[①]，不如合拳独进。尝见两广用兵，每贼满一二万，必用汉土兵二十万。贼虽甚寡，而我兵必甚众；贼虽甚弱，而我兵甚精，故每战必克[②]。

【注释】

①凿：用力敲打。
②克：胜利克敌。

【译文】

十根指头分别用力，不如合成一个拳头力大。以前见过两广发生的战事，每次敌人有一二万人的时候，我方一定会动用汉军和当地土著士兵共计二十万。敌军人数少，而我军人数多；敌军实力弱，而我军实力强，那么每次作战就会取得胜利。

【赏析】

戚继光率兵消灭了嘉靖四十一年（1562年）冬天入侵福建的倭寇，收复了兴化、寿宁、政和之后，进驻福宁州。自此，戚继光开始常驻福建，担负保卫福建沿海的抗倭重任。嘉靖四十二年(1563 年)四月,从平海卫逃回日本的数千名倭寇,都带回了大量抢夺来的金银财宝,使其余倭贼十分眼红。他们纠合 27000 多人,计划当年冬天先出发 15000 人,余者次年春天再去,打算在福建沿海全面进攻,重点则在仙游,最终攻占福州。

十月,倭寇新的攻势开始了。他们北从福宁州的烽火门,南到泉州府的福全千户所,纷纷登陆。倭寇原指望可以洗劫一阵,再向福州进发,但由于戚继家军驻防在沿海一带,使倭寇的梦想难以实现。从十月三日至十日的八天时间,戚继光沉着指挥水陆各路人马,同倭寇展开战斗,共计 10 余次,连连取胜。

其中规模最大的上径桥之捷,是在戚继光的直接指挥下取得的。当时,戚继光分析敌情,断定敌人意在深入内地,南去兴化、泉州,与已登陆之倭寇会合,上径桥是他们的必由之路。于是,戚继光命胡守仁率军在八日深夜赶到上径桥附近的渔溪埋伏。倭寇果然往上径桥奔来,一拥而上。可惜胡守仁点炮太早,戚家军伏兵杀出时,虽当场有数百倭寇落水而死,但余寇还是慌忙退下桥去。戚家军一阵砍杀,杀敌数人,残寇从小路奔至惠安的东沙,抢了渔船往海上逃命。戚家军水陆连胜 12 战,共计击毁倭寇大小战船 28 艘,歼敌 3000 多名,给倭寇以沉重的打击。

十一月上旬,倭寇集中 2 万多兵力围攻仙游县,城中军民在知县陈大有、典史陈贤等率领下,坚守城池,等待援兵。

嘉靖四十二年(1563 年)十一月,朝廷任命戚继光为总兵,镇守福建七府一州,并兼管浙江金华、温州二府,都督水陆军马战船,这一任命使得戚继光更有效地担负起闽、浙一带的抗倭重任。戚继光考虑到自己的军队尚未集中,兵力不到倭寇的一半,不能进剿,遂决定先取守势,确保仙游,等待兵力集中之后,再进行围剿。于是,戚继光一面派人催促浙兵速到闽应战,同时与谭纶一起做了决战前的周密部署:一是加强仙游方面的防御力量,预先派亲兵 200 名入城协助守城,并不断增援城中炮火矢石;二是布疑兵以分散敌人兵势。

戚继光首先调署守备胡守仁、把总蒋伯清等率兵在离仙游城不远的铁山据险扎寨,与敌对垒,又从各营中挑选敢死勇士 500 人,不时侵袭倭寇;二是与谭纶率大队人马驻扎在俞谭铺和沙园一带,故意鸣炮击鼓,军队来往不息,引起敌兵疑心,分散其攻城之力;三是命署守备耿宗元等率兵一支随监军汪道昆往福州,保卫省会,防备福宁登陆的倭寇突然袭击;四是派兵堵塞仙游之倭通往泉州、漳州的道路,截断仙游倭寇与外面的联系;五是对于继续赶来会合的小股倭寇,分别消灭,以孤立攻击仙游的倭寇。戚继光之所以这样部署,是因为他所率领的军队全是浙兵,驻守福建采用轮班守卫的办法。他手中现有人数不足,下班兵马又未到达,与倭寇无法决战。

戚继光所设疑兵之计,曾一度使倭寇犹豫不决,但贼寇久不见援兵到来,攻城之势更加猛烈。十二月六日,倭寇聚集精兵强将,对仙游城发动猛攻,险些攻破仙游城。十二月二十三日,王如龙等率浙江兵赶到,明军势力大增,士气高涨。巡抚谭纶亲自到大营之中填写令票,委托戚继光全权指挥。

第二天,戚继光召集诸位将领,部署作战方略。当时,围攻仙游的倭寇兵力 2

万多人，分屯东、西、南、北四门。明军仅 1 万余人，若四门同时攻打，以寡战多，很难取胜。戚继光决定集中优势兵力，打击敌人。遂命守备王如龙等率中左路人马，署守备胡守仁等率中右路人马，两路人马合力夹击南面倭寇。又命把总陈濠等率右奇兵攻击东面倭寇，游击李超等率左奇兵攻打西面倭寇，牵制敌人以防止他们增援南面倭寇，保证王如龙、胡守仁的胜利。等到王如龙、胡守仁得胜之后，再配合进攻。同时又命令吕从周等率标兵一支同都司郭成所率的 400 苗兵屯扎铁山，设置疑兵以牵制北面之敌。把总金科等率中军大营之兵，准备接应。

十二月二十五日，各路军马分道出发，进入指定地点。恰逢大雨，倭寇竟然没有察觉。次日清晨，又是弥天大雾，对面不见人影，各路军马乘雾直奔敌营。此时此刻，倭寇正集中兵力攻城，他们制造出八座比城墙还高一丈余的吕公车，车身三面围着数层竹木绵毡，以防枪弹。每车可容 100 多人，车上架飞桥，可翻越城墙。眼看城池难守，在此危急时刻，王如龙率部赶到，直冲倭寇南面据点。敌人只顾攻城，加上又有大雾，直到明军离城不远了，倭寇才发觉情况有变，急忙停止攻城，迎战明军。王如龙率军猛冲上去，胡守仁率部也及时赶到，两路人马合力击敌，倭寇大败，退入营中死守。戚家军拔掉营外木栅，劈墙而入，放火焚烧敌营。倭寇鬼哭狼嚎，疲于奔命，死四五百人，余寇慌忙往东面敌营逃窜。

南面倭寇被歼之后，王如龙、胡守仁各自依计而行，分头冲杀。胡守仁所部乘胜往东面敌营追杀过去，陈濠急忙率领右奇兵协同作战。由于仙游城的东门集中了倭寇的精锐兵将，而且那里多设埋伏，战斗打得十分吃力。右奇兵中的童子明所部不幸中敌埋伏，全部壮烈牺牲。但其余各部拼死搏斗，终于攻破了倭寇的东面巢穴。王如龙所部在南面得手之后，乘胜往西面杀去，会同李超率领的左奇兵进攻西面倭寇营盘。西面的倭寇听说南面巢穴已被攻破，吓得魂飞魄散，不敢迎敌，据寨防守。王如龙率军如猛虎般扑了过来，不一会儿攻破西面巢穴。

倭寇东西两营数千漏网之寇，拼命突围北逃，企图与北面巢穴的倭寇会合。戚继光亲督金科等率领中军大营兵马，奋起直追，大败敌寇，攻破倭寇的北面巢穴。倭寇全线崩溃，丢下无数尸体，狼狈逃窜，危急中的仙游城终于获救。仙游残余倭寇 1 万余人向南逃窜，明军随后追击。

此次仙游之战，明军虽然整体上兵力少于倭寇，但戚继光善于集中兵力，在局部战役中造成以众击寡之势，成功地粉碎了倭寇对仙游的围攻。谭纶在评价此次作战时说：“用寡击众，一呼而辄解重围；以正为奇，三战而悉收全捷……概自东南用兵以来，军威未有如此之震，军功未有如此之奇者也！”

分散兵力容易被各个击破；集中兵力，进可歼敌，退可固守，这是自古用兵的不变原则。多元化的经营战略虽然可以使企业分散风险，但是同时也使企业进入了自己所不熟悉的业务领域，操作不当亦会遭受挫折。而集中于核心业务，方能使企业游刃有余，立于不败之地。

曾国藩兵书

导读

曾国藩(1811~1872年),字伯涵,号涤生。原名子诚,中进士之后,主考官穆彰阿改为"国藩",死后被追赠为太傅,谥文正,故又有曾文正公之称。

曾国藩的军事思想大致可归纳如下:

首先,他十分注意精兵整军。他认为"兵贵精,不贵多",主张大量裁减兵员,精简军备。他看到当时的八旗与雇佣兵已经腐败到无可救药的地步,认为即使"孔子复生,三年不能改其恶习",所以他坚决主张建立新军,通过严格训练,使之成为能"赴火同行,蹈汤同往"的主力军。

其次,因他以儒臣身份从戎为将,曾国藩主张"以礼治兵"。他认为"带勇之人,用威莫如仁,用威莫如礼",又认为"攻守之要,在人而不在兵"。他认为制胜的关键在于士兵的斗志和将领的谋略。

再者,在选择将领的标准上,曾国藩不仅主张要具有"勤、恕、廉、明"等品德,而且主张"取人之士,以有操守而无官气,多条理而少大言为要"。他强调将领要有知行合一的精神,而不是仅会坐镇指挥,强调要抓住关键及机会而不是空谈议论说大话。这就是他所强调的"身、心、眼、手、口"五到,这在我国军事思想史上不仅具有创新意义,对旧式军队官僚的毛病也是一剂良方。他将军事训练归结为"操、演、巡、点"四个方面,是这个理论主张的实际总结。

另外,在战略上,他主张扼守要地,巩固后方,积极进攻,各个击破。在太平军占领江南大部分地方后,他提出以湖北、湖南为基地,扼据长江中下游,然后进取江西、安徽,最后夺取江浙战略要地。在具体战术上则主张集中兵力、以攻为守,并预留后路。这些战略主张事后证明的确具有远见。在安庆之战后,太平军日益由主动变为被动,而清军反由被动变为主动,这其中除了太平军内部的矛盾之外,还与曾国藩的战略主张有很大的关系。

卷上　曾国藩疏奏、书信兵法思想

本章导语

本章由曾国藩兵法思想的部分奏章、批牍和书简组成,其中包括了曾国藩主要用兵作战的原则和策略。

曾国藩的军事谋略,是以孙子兵法为基础,只是渗入了特殊的顽固性,其军事谋略的中心是:"结硬寨,打死仗。"

曾国藩不用入营已久的老兵,也不用五品以上的旧军官,专门招募容易受骗的农民为兵,任书生为军官。前者吃苦耐劳,天性服从;后者受儒学影响,以居敬、存诚为修养之道。由这些人担任将领,可借着维护传统文化、留佛老、崇孔孟、传经书、存私有等名义为旗号,加上血缘网络,构成铁血班底,专与太平军相抗衡。曾国藩用兵还有另一特点,那就是只用湖南兵;特别是湘乡、宝庆两地农民,终年劳累,吃穿无着,眼前只有两条路,一是造反,一是当兵。曾国藩要人替他卖命,其兵饷是很可观的,薪俸四两五钱银子,侥幸者还可搏一功名,捞个一官半职,所以他们从军踊跃,湖南人士的"敢战"一度蔚为风气。

湘军经过曾国藩的严格训练,培养了"硬"和"死"的特质。战术中他的谋略原则是:坚扎营、慎拔营、勤察地、主客明,分述如下:

第一、坚扎营。曾国藩根据太平军兵多将勇、纪律严明的特点,确定"内线作战"策略。他规定麾下兵官每到一处,军营必须筑墙挖壕,扎营之地要顶上宽平、背山面水、柴水方便,扎营阵形应成两个三角形的合体,一营要开两门,前门正大,后门隐僻,这是曾氏扎营要领。

第二、慎拔营。曾国藩求稳忌迅,拔营行军规定日行40里,少者20—30里,行军时以70%兵力备战,30%负责辎重行装,行军前有一小分队先行探路,每营派一军士押尾垫后。

第三、勤察地。曾国藩十分重视察看地形,在军事史上因有"湘军派"之名。他规定察看地形要轮流进行,小径小溪、一丘一壑,都要细细察明,选择专门人才,轻骑窃察,并绘图呈上,开战之前让将领了然于心。

第四、主客明。曾国藩以"以稳为静"的作战风格见长,喜"主"忌"客"。他认为"以主待客"才能对付气盛的太平军。"主"气常静,"客"气常动,"客"气先盛而后衰,"主"气先微而后壮,便可攻城;也主张城外屯兵,筑垒自固,挖壕困敌。

上述四项原则,是贯彻曾国藩谋略思想的始终。在太平军强、湘军弱的形势下,他做出这个谋略决断是正确的,在稳和静的后面,还藏着一个"忍",集中体现出封建王朝垂死挣扎的顽固性。太平天国失败有许多原因,对于曾国藩采用稳扎稳打、持久的谋略缺少对策,也是原因之一。年轻气盛的陈玉成、李秀成都未能识破这一点。

议汰兵疏[①]

【原文】

奏:为简练军实[②],以裕国用事,臣窃维天下之大患,盖有二端:一曰国用不足,一曰兵伍不精。兵伍之情状各省不一:漳泉[③]悍卒[④],以千百械斗为常;黔蜀冗兵[⑤],以勾结盗贼为业。其他吸食鸦片,聚开赌场,各省皆然。大抵无事则游手恣睢[⑥],有事则雇无赖之人代充,见贼则望风奔溃,贼去则杀民以邀功。

奏章屡陈,谕旨屡饬[⑦],不能稍变锢习[⑧]。

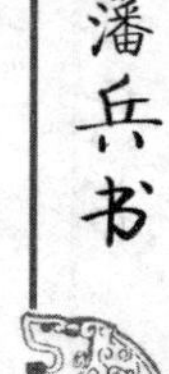

【注释】

①议汰兵疏:议论关于裁减绿营兵的奏章。
②简练军实:精省军队,减少开支。
③漳泉:漳州、泉州,都在今福建省。
④悍卒:凶悍的士兵。
⑤冗兵:闲散混杂的队伍。
⑥恣睢:游手好闲,惹是生非。
⑦谕旨屡饬:圣旨多次下达进行告诫。
⑧锢习:根深蒂固的恶习。

【译文】

臣下启奏:关于精减军队用度,用来充实国家开支的问题,臣私下认为国家最大的祸患,大概有两个方面:一是国库开支不足,二是军队不精干。现在各省的军队情形不一:漳州、泉州等地的士兵大多很凶悍,成百上千的人械斗是常有的事;贵州、四川等地的闲散混杂士兵则常常勾结土匪强盗。其他像吸食鸦片、聚众赌博等等情形,大致各省也都是如此。军队中的士兵大都无事时游手好闲,惹是生非;有事之时就雇用无赖之徒滥竽充数,见了敌人望风而逃,敌人走了就杀害百姓邀功请赏。各地的奏章屡屡陈述,皇上圣旨也屡次告诫,但上述根深蒂固的恶习仍然难以改变。

【赏析】

曾国藩在这里揭露了一个旧时代的普遍现象:官军往往作威作福、外强中干,平时抢劫斗殴,无恶不作,打仗时看见敌军却望风而逃,甚至兵匪一家互相勾结。战事之后则残杀百姓,并以此谎报战绩,邀功请赏。因此自古以来老百姓惧怕官兵甚于土匪,尤其是豪雄争霸、军阀混战的年代,更是人人遭殃。南北朝时南朝宋将领刘牢之统率的“兵府兵”凶暴无比,他们抢劫财物远胜强盗;自称“汉皇帝”的侯景更是残忍得令人发指。他的军队攻破广陵时,士兵们将城内来不及逃走躲藏的男女老少抓起来,半个身子埋在地下,然后兵士跑马射箭,最后 8000 多人全部惨遭虐杀!鲁迅先生痛感于中国历史上这样的悲剧不断重演,称历代中国老百姓“一直生活在暂时做稳了奴隶和想做奴隶而得不到的时代”。每个王朝临近垮台的时候,我们都可以看到大量兵匪凌虐百姓的事实,而这正是激起民众反抗,促使统治者迅速灭亡的重要原因。

同时,曾国藩在这则短文中还提出了一个治理国家的谋略,即应削减军费开支,裁减军队,以发展生产,休养生息。这就是所谓的“偃武修文”,也是战后创造太平盛世的一种策略。

商朝末期,周武王起兵讨纣,灭商朝,建立周朝,定都镐京。为恢复和平生活,周武王采取了一系列措施:“偃武修文,归马于华山之阳,放牛于桃林之野……”

“归马”“放牛”是把战时征用的牛马放归于农牧业生产。同时，又进行了一系列政治革新，制定爵位、分封土地、选贤任能、依才置吏、注重教化、使民富足、崇尚美德。因而武王“垂拱而天下治”，王朝一度大为壮盛。周武王堪称历史上文武兼备的军事家和政治家。

孔子提出“有文事者必有武备，有武事者必有文备”，主张文武不相离，反映了他对文治武功辩证关系的精深见解。公元前500年，孔子陪同鲁定公与齐景公会盟于齐鲁界上的夹谷山前。鲁定公头脑比较简单，没有考虑采取必要的武力保护措施。孔子向定公说明了有文事者，必有武备，文武之事不可相离的道理，又讲了宋襄公不修武备而失霸权的例子，请定公命左右司马率兵随行。到了会盟之地，孔子探知齐国部队在周围驻扎甚多，亦命左、右司马提高警惕，随时准备战斗，又命大夫兹无还率兵车300乘，离会盟10里下寨。

齐国大夫犁弥对齐景公说，孔子知礼而无勇，不懂战事。明日会盟，我们用300莱夷人假扮乐工，趁其不备，拿下鲁侯君臣，杀散他们随从，鲁国命运就攥在我们手里了。

第二天，齐鲁两国君相4人登坛会盟。齐景公使300莱夷人上前奏本土之乐。鲁定公吓得变了脸色，孔于却无惧色，先让齐王去夷狄之乐，齐王自知理亏，只好让莱夷人退下；又要齐王对侮辱鲁侯的乐队领队绳之以法，齐王不肯。孔丘怒不可遏，按剑张目说：两国通好即兄弟，鲁国的执法官也就等于齐国的执法官。举袖大呼左、右司马，二将飞驰上坛，于男女乐队中各揪出一领队当即斩首，余人惊走不迭。齐景公骇然。鲁定公起身下坛。

会盟不欢而散，齐景公谴责了无知的大夫犁弥。为挽回影响，缓和矛盾，齐王接受晏婴建议，退还了齐顷公时侵占的鲁国领土。

汉高祖刘邦夺取天下后，平定了韩信、彭越、英布等诸侯王的叛乱。由于汉高祖是靠武力发迹，因此便很自然地重视武力而不思文教，为了改变这种局面，儒生陆贾时常提起诗书文教的重要，汉高祖不悦道：“老子骑着马得了天下，讲究诗书有什么用？”陆贾说：“皇上骑着马得了天下，难道还能骑着马治理天下吗？打天下当然要用武力，治天下就不能不用文教。文武并重，才是长久之计。”于是汉高祖接纳陆贾的建议，开始重视文教和儒生。往后几年，陆贾写了12篇文章，说明从古至今为国君者成功及失败的道理。汉高祖看了深知文教的重要，并极力推行，汉朝的国力很快得到恢复和发展。后来，陆贾又向陈平提出了“天下安注意相，天下危注意将。将相和则士务附，士务附则天下虽有变而权不分”的战略方针。可见，“治天下”要“文武并举”，不可偏废。

元末明初叶子奇撰写《草木子》，其中一段指出元朝亡国的原因：“伤武备以修文德，两尽其道，古之教也。元朝自平南宋之后，太平日久，民不知兵。将家之子，累世承袭，骄奢淫逸，自奉而已。略之不讲，但以飞觞为飞炮，酒令为军令，肉阵为军阵，讴歌为凯歌，兵政于是不修也久矣，及乎天下之变，孰能为国爪牙哉？此元之所以不振也。”由此说明武备的重要。

对“偃武修文”必须贯彻实施。在闭塞的封建社会里，历经了长期战乱之后，国家应当要积极地发展生产，重视文教，推举儒生，这个时期，习武和修文相较，修文无疑是重心。但在休养生息后，过分重视偃武，或习武与修文无法平衡，国家又将面临新的灾祸。因此，"文治武功"与"有备无患"等谋略，应要相辅互补，否则会有和平年代不习武的荒唐结论。在这份奏章中，曾国藩正是针对此点提出他的谋略思想。

财用之不足

【原文】

至于财用之不足，内外臣工[①]人人忧虑。自庚子以至甲辰[②]五年之间，一耗于夷务[③]，再耗于库案[④]，三耗于河决[⑤]，固已不胜其浩繁[⑥]矣。乙巳[⑦]之后，秦豫[⑧]两年之旱，东南六省之水，计每岁欠收，恒在千万以外。又发帑数百万，以振救之，天下财产安得不绌[⑨]？

【注释】

①臣工：朝廷大臣。

②庚子、甲辰：指庚子年和甲辰年，分别为 1840 年和 1844 年。

③耗于夷务：指鸦片战争失败后订立《南京条约》等一系列不平等条约所支付的赔款。

④库案：国库贪污案件。

⑤耗于河决：指用于防洪的开支。

⑥浩繁：开支巨大。

⑦乙巳：即乙巳年(1845 年)。

⑧秦豫：陕西、河南。

⑨绌：穷尽。

【译文】

至于财政费用不足，朝廷内外大臣都很忧虑。从庚子年到甲辰年五年之间，国家财政一是消耗于外族事务，二是消耗于国库的贪污，三是消耗于治理洪水。开支本来就不胜其烦。乙巳年之后，陕西、河南又连续两年大旱，东南六省又遭水患。总计每年歉收都在千万之上；再内支出国库银钱几百万救灾，财政怎能不穷尽呢？

【赏析】

关于"耗于夷务"，我们众几个不平等条约中就可见一斑了：《北京条约》规定中国赔偿英、法各 800 万两白银；《马关条约》赔偿日本 2 亿两；《辛丑条约》赔款的本利将近 10 亿两！而无耻的清政府竟还公然宣称："量中华之物力，结与各国之欢心！"

清朝懦弱的统治者丝毫没有抵抗的决心，对敌人的致命弱点视而不见：比如中日战争初期，日本虽然歼灭了北洋海军，但其陆海军已经倾其全力孤注一掷，日本外务大臣陆奥宗光承认日本“国内军备殆已空虚”，假如中国坚持抵抗，结局一定会有改观。然而投降派的屈服退让却助长敌人的气势；镇南关一仗更令中国人感到痛心。

明明是中国人胜了，慈禧却派李鸿章同法国人交涉，协议和谈条件。后来，中法两国在天津签订了《中法会订越南条约》。对于中国人来讲，这个条约又是一个耻辱。清政府不仅承认法国为越南的“保护国”、两国各派人员勘定边界等有损中国利益的条款，甚至答应今后修铁路也要跟法国人商量。这样，中国人在战场上打赢了，在谈判桌上却失败了。

镇南关大捷是鸦片战争以来中国对外战争中最大的胜利。战后，晚清政府同法国签订的条约第一次做到了对外战争不赔款，但法国达到了完全占有越南的目标。

一个曾经有过灿烂辉煌历史的民族就这样断送在腐败无能的统治者手中，真是令人心痛不已饬：告诫。!

国家岁入之数与岁出之数而通筹之

【原文】

宣宗成皇帝[①]每与臣下言及开捐[②]一事，未尝不咨嗟太息，憾宦途之滥杂，悔取财之非计[③]也！臣尝即：国家岁入之数与岁出之数而通筹[④]之，一岁[⑤]本可余二三百万，然水旱偏灾尧汤不免。以去年之丰稔[⑥]，而江浙以大风而灾，广西以兵事而缓[⑦]，计额内之歉收已不下百余万。设更有额外之浮出[⑧]，其将何以待之？今虽捐例暂停，而不别求一久远之策，恐将来仍不免于开捐。以天下之大，而无三年之蓄，汲汲乎惟朝夕之图而贻君父之忧，此亦为臣子者所深耻也。当此之时，欲于岁入常额之外，别求生财之道，则搜括一分，民受一分之害，诚不可以妄议矣。至于岁出之数，兵饷为一大宗。臣尝考：本朝绿营[⑨]之兵制，窃见乾隆四十七年增兵之案，实为兵饷赢绌[⑩]一大转关，请即为我皇上陈之。

【注释】

①宣宗成皇帝：即道光皇帝。

②开捐：指出钱买官。清中叶以前为临时捐纳。鸦片战争以后为弥补巨大的财政亏空，将捐款作为正式的财政收入，规定京官从郎中以下、外官自道台以下都可以按规定价格购买。

③取财之非计：不是国家生财的正道。

④通筹：通盘筹算，整体考虑。

⑤岁：年。

⑥丰稔：丰年。

⑦以兵士而缓：因为战事而缓收赋税。

⑧额外之浮出：发生突然的事变。

⑨绿营：始于明代的一种兵制。清人入关以后，规定各省汉族兵用绿旗，称绿营兵或绿旗兵。有马兵、步兵、水师。

⑩赢绌：增减。

【译文】

道光皇帝每次和我谈起开捐买官一事时，常常叹息不已，感叹这不是国家取财的正道，官员良莠不齐，官场因此而混乱。我考虑到，国家每年的收入和支出如果能通盘筹算，本来可以剩余200—300万，但水旱灾害就算是唐尧商汤之类的圣王也不能避免的。以去年为例，江浙因大风而成灾，广西因战事而减税，就算是丰收年，总计因天灾减少的收入已不下百万；如果再有意外事情发生，还有什么办法应付呢？现在虽然开捐的事暂停，但如果不另谋长久之计，充实国库，恐怕将来仍免不了重新开捐。国家这么大，如果没有3年的积蓄可预备急用，只顾眼前打算，却将国君的忧虑置之脑后，这是做臣子深以为耻的事。当前若想在每年国库正常收入之外再谋求生财之道，多取一分，百姓就会多受一分祸害，确实不能恣意妄为。说到每年的支出，军饷是一项大开支。我曾考察过我朝的绿营兵制，偶然见到乾隆四十七年关于增兵的方案，实在是军饷增减的关键，请允许我为皇上详细陈述这件事。

【赏析】

曾国藩作为一位将领，他知道打仗就要银两，但他并不像许多贪得无厌的军官只顾搜刮民脂民膏。他清楚地知道在正常赋税之外，“搜刮一分，民受一分之害”。

中外无数统治者生前横征暴敛、荒淫无度，死后大墓大棺陪葬。西汉末年，学者桓谭的《新论》曾记载国家收支的一般情况：大司农从百姓身上赋敛的钱，一年为40亿，半数用作官员薪俸，半数供朝廷使用。少府从园地工商收来的税钱，一年有13万，全部供皇帝私用。除朝廷所谓“公用”外，光是皇帝私人开支就占全国总收入的三分之一！这几乎是中国历代王朝的通例（汉元帝时，“都内积钱40亿，水衡积钱25亿，少府积钱18亿”，都是皇室的收入）。明代为了应付朝廷巨大开支和“剿贼”所需，一再增加“兵饷”，先后共搜刮1670余万钱。崇祯皇帝甚至明确下令：“不集兵无以平贼，不增赋无以饷之，其累吾民一年。”结果“饷已尽而贼未平”，于是又追加“剿饷”。向各级官吏层层索求，盘剥无度，弄得“农怨于野，商叹于途”，最后皇帝终于自取灭亡。历史上的通则是：一个朝代越接近灭亡，其当权者越是拼命聚敛财富、挥霍无度。法王路易十六积欠40亿国债，却依然变本加厉地搜刮挥霍，一次宴会要耗费千万余元！仅凡尔赛宫一年喝的葡萄酒便要耗费79万法郎！不仅法王穷奢无度，连王后安唐妮的各种手镯就值700—800万法郎！然而巧取豪夺、横征暴敛的结果是把法王路易十六与王后送上了断头台。

为此，曾国藩指出，要治理好国家必须要发展生产、富国强兵。在中国历史上，“富国强兵”之策不仅是加强国防和军队建设，在当时的历史条件下，也须加强中央集权，发展农业生产，鼓励耕战，改革政治、经济、军事制度，实行变革等政治措施，因而是一项根本性国策。

《六韬·上贤》曰：“相不能富国强兵，调和阴阳，以安万乘之王，正君臣，定名实，明赏罚，乐万民，非吾相也。”《六韬》还指出：中央政府必须掌握农、工、商这三个经济命脉；并认为只有发展农、工、商业，使国力充足，军事实力才能强盛，国家长治久安才有可靠的物质基础。只有举国上下致力生产，才能国富兵强，否则“兵势不行，敌国乃强”。

空名坐粮

【原文】

自康熙以来，武官即有空名坐粮①，雍正八年因定为例：提督空名粮八十份，总兵②六十份，副将而下以次而减，下至千总③五份，把总④四份，各有名粮。又修制军械，有所谓公费银者；红白各事⑤，各有所谓赏恤银者，亦皆取给于名粮故。自雍正至乾隆四十五年以前，绿营兵数虽名为六十四万，而其实缺额常六七万。至四十六年增兵之议起，武职坐粮另行添设，养廉⑥、公费赏恤另行开销正项。向之所谓空名者，悉令挑补实额，一举而添兵六万有奇⑦，于是费银每年二百余万。此臣所谓饷项赢绌一大转关者也。是时，海内殷实，兵革不作，普免天下钱粮已经四次，而户部尚余银七千八百万。

【注释】

①坐粮：领粮饷，不劳而获。

②总兵：又称总镇，为绿营兵之高级武官，权职仅次于提督。

③千总：清代绿营兵制，属下级武职，居守备之下。

④把总：明代为京营兵三大营的领兵官之一；清代绿营兵制，营以下为汛，置把总分领，位在千总之下。又京师巡捕五营亦置把总。

⑤红白各事：即婚丧嫁娶。

⑥养廉：清代官吏的固定薪俸之外，按职务等级每年另给的银钱。雍正以后数额固定，与正俸没有什么区别。

⑦奇：剩余、多余。

【译文】

自康熙皇帝以后，武官就有立空名吃粮饷的陋习。雍正八年，因袭前朝习惯而成为常例。提督吃空名粮饷的份额为 80 份，总兵 60 份，副将以下依次减少，下至千总 5 份，把总 4 份。总之，都有空名粮饷可吃。另外制造修理兵器，有所谓公费银粮；婚丧嫁娶有所谓奖赏和抚恤金，这些都是靠空名粮饷发给。从雍正到乾隆四十五年以前，绿营兵的数量虽然号称 64 万，但实际上缺额 6 万—7 万。从乾隆四十六年起，有了增加绿营兵数量的动议以后，武官吃空的粮饷又另外添设，养廉、公费、奖赏和抚恤都作为正项另行开销。过去领粮饷的空名额，命令全部挑选兵丁补充，成为实额。这一下又增加兵员 6 万多人，于是每年花费银钱 200 多万。这就是我所说的军饷增减的一大转折点。当时国内富裕充足，没有战争，普遍免除百姓钱粮已有 4 次，而户部还有剩余的银两 7800 万。

【赏析】

从雍正到乾隆四十五年以前，绿营兵的数量虽然号称 64 万，但实际上缺额 6 万~7 万。这 6 万~7 万人便是立空名吃粮饷的人。为何会有如此现象产生呢？只能用两个字来回答，那就是权利。掌握在手中的权力，并不是一个可以随意使唤的奴婢，绝对的权利导致绝对的腐败，绝对的腐败导致身败名裂。因此，为官者要不贪不恋心静如水。此当首推有“宋良将第一”之称的曹彬。

曹彬（931~999 年），真定灵寿（今河北灵寿）人。父曹芸，五代时曾任成德军节度都知兵马使。曹彬出身将门，从小读兵书，练习武艺，为人诚实，办事谨慎。后周太祖郭威的贵妃张氏，是曹彬的姨母，周太祖受禅登基后，召曹彬隶其义子柴荣帐下供职，擢为河中军兵马都监，掌管军务。曹彬虽是皇亲国戚，但从不以此为资本，而是谦虚谨慎，恪尽职守。河中军节度使王仁镐因曹彬是帝戚，对他尤加礼遇，非常客气。而曹彬对各位将领彬彬有礼，他对待自己的工作兢兢业业。

曹彬为将注意自己的将德修养，能严于律己，宽以待人，仁敬和厚，位居将相，却不自傲，深得朝廷官吏和社会人士的称颂和赞扬。史书称他“仁恕清慎，能保功名，守法度，唯彬为宋良将第一”。

清代吃缺额的陋习距今已有 200 多年，但这样的情况到今日看来却一点也不陌生，因为我们身边经常可以看到这种尸位素餐的现象。

如何治之呢？握有权力的人要严于律己，不能违背良心而做没有道德的事情。

抽裁冗兵

【原文】

高宗[①]规模巨集远，不惜散财，以增兵力。其时，大学士阿桂即上疏陈论[②]，以为国家经费骤加不觉其多，岁支则难为继。此项新添兵饷岁近三百万，统计二十余年，即须用七千万，请毋庸概增[③]，旋以廷臣议驳[④]。卒[⑤]从增设至嘉庆十九年。

仁宗睹帑藏之大绌[⑥]，思阿桂之远虑，慨增兵之仍无实效，特诏裁汰。于是各省次第裁兵一万四千有奇。宣宗[⑦]即位又诏抽裁冗兵，于是又裁二千有奇。乾隆之增兵一举而加六万五千，嘉庆、道光之减兵两次仅一万六千。国家经费耗之如彼，其多且易也；节之如此，其少且难也！

【注释】

①高宗:指乾隆皇帝。

②陈论:陈述评论。

③毋庸概增:不要过分增加。

④议驳:议论后予以驳回。

⑤卒:最后。

⑥大绌:指银钱耗费过多。绌:不足,减损。

⑦宣宗:道光皇帝。

【译文】

乾隆皇帝的谋划规模宏大,不惜耗费巨资以增加兵力。当时大学士阿桂就上疏陈述评议过此事。他认为国家的用度猛然增加一些并不会让人觉得太多,但每年支出就很难继续下去。比如这一项兵饷开支每年接近 300 万,如果统计 20 几年,就需要 7000 万。阿桂大学士上书恳请不要这样过分慷慨地增加兵饷,但不久朝廷大臣议论后,驳回了他的奏议。于是此项粮饷一直增加到嘉庆十九年。

嘉庆皇帝见国库银钱消耗太多,便想到阿桂的深谋远虑,感慨增加兵员之后仍然没有效益,特此下令裁减。于是各省相继裁减兵员 1.4 万人。道光皇帝即位后又下诏裁减冗杂的兵员,于是又裁减 2000 多人。乾隆皇帝增兵,一下子就增加了 6.5 万人,而嘉庆、道光两次裁减兵员才 1.6 万人。国家耗费经费是这样多且容易,而节约一些却这样少而且困难啊!

【赏析】

曾国藩看到军饷的增加既多且容易,而要减少则是既少且艰难,但他并不知道为什么会这样,或是知道而不愿说、不敢说。其实道理很简单:根本原因就在皇帝一人身上。

帝王既是天下之王,那么整个国家的最高主宰就是他一个人,全国的财富成了他的私产。国事既等于家事,则内政外交、经济军事也都是皇帝一个人说了算数。

秦始皇是秦王朝的建立者,杰出的政治家。在战国时期,各诸侯国割据混战的局面,严重阻碍了社会经济的发展。随着封建经济的迅速发展,广大人民迫切要求结束分裂割据、诸侯混战的局面。当时秦国自商鞅变法后,日益富强起来,逐渐具备了统一的条件。秦王政(即后来的秦始皇)在位时,先后兼并了魏、赵、韩、齐、楚、燕 6 个封建诸侯王国;完成统一大业,建立了我国历史上第一个统一的中央集权的封建国家。疆域东到海,南到珠江流域,西到甘肃,北到黄河河套以北沿明山至辽东,建都咸阳。秦王政统一全国不仅对当时社会经济文化的发展起了巨大的积极作用,而且对我国以后历史的进展与民族的融合也具有深远的影响。统一全国后,秦始皇实行了很多有利于经济、文化发展和巩固统一的措施。废分封制,分全国为 36 郡,郡以下设县;他自称始皇帝,国家一切重大事务由皇帝决定,中央和

地方的重要官吏直接由皇帝任免；统一法律、度量衡、货币和文字；拆毁战国时各国边邻地区的关塞堡垒；并修建驰道、直道和在今云南、贵州地区“略通五尺道”，以加强全国陆路交通；又派兵北击匈奴，筑长城，南定百越（指居住在浙江、福建、两广等地区的越族人民。越人部族林立，互不相属，故有百越之称），戍守五岭。为了加强专制统治，销毁民间兵器，焚烧过去各国的史书和民间所藏的儒家经典及诸子书籍。在秦始皇的专制主义统治下，严刑苛法，租役繁重，再加上连年用兵，使广大人民痛苦不堪，所以他去世后不久，就爆发了陈胜、吴广领导的农民大起义。

还有，隋炀帝一声令下能使 8 万多人为他拉龙船；慈禧太后一发威，建海军的钱只能用来修建颐和园。不管有多少人反对，仍然无济于事。其实，像阿桂这样明智的建议，只要稍有智力的人都知道是有道理的，但因为不合皇帝之意，结果依然被否决。虽说中国历来也有权力制约，也有律例，也有谏臣，然而，又有几个人敢违背皇帝的旨意？即便有，只要一道圣旨将其革职，那么这种人不仅失去说话的权利，恐怕连性命都难保了。

当量为简汰

【原文】

臣今冒昧之见：欲请汰兵五万，仍复乾隆四十六年以前之旧。

骤而裁之，或恐生变。惟缺出而不募补，则可徐徐行之而万无一失。医者之治疮疤甚者，必剜其腐肉而生其新肉。今日之劣弁羸兵[①]，盖亦当量[②]为简汰，以剜其腐者；痛加训练，以生其新者。不循此二道，则武备之弛殆[③]，不知所底止。自古开国之初恒[④]兵少，而国强其后，兵愈多而力愈弱，饷愈多则国愈贫。北宋中叶兵常百二十万，南渡以后养兵百六十万，而车益不兢[⑤]。明代养兵至百三十万，末年又加练兵十八万，而孱弱日甚。我朝神武开国，本不藉[⑥]绿营之力，康熙以后绿营屡立战功，然如三藩准部[⑦]之大动，回疆金川之殊烈[⑧]，皆在四十六年以前。至四十七年增兵以后，如川楚之师、英夷之役[⑨]，兵力反远逊于前。则兵贵精而不贵多，尤为明效大验也。八旗[⑩]劲旅亘古无敌，然其额数常不过二十五万。以强半翊卫[⑪]京师，以少半[⑫]驻防天下，而山海要隘往往布满。国初至今未尝增加，今即汰绿营五万，尚存汉兵五十余万，视八旗且将两倍。权衡乎本末[⑬]，较量乎古今，诚不知其不可也。近者广西军兴纷纷征调外兵，该省兵二万三千，士兵一万四千，闻竟无一人足用者。粤省如此，他省可知，言念及此，可胜长虑。

【注释】

①劣弁羸兵：品格低劣、身体病弱的士兵。弁：武官称弁，清代专指管理杂务的武官。羸：瘦弱。

②量：考虑、斟酌。

③弛殆：废弛危险。

④恒:常。

⑤军益不兢:军队战斗力日益下降。

⑥藉:借。

⑦三藩准部:清封明代降将耿仲明为靖南王、尚可喜为平南王、吴三桂为平西王,称为三藩。后因反清皆为清政府平定。准部,指蒙古准噶尔头目噶尔丹等人勾结沙俄叛乱。后经康熙、乾隆多次出兵才平息叛乱。

⑧回疆、金川之殊烈:回疆:指新疆(南疆)布拉敦兄弟(皆回族首领,故曰"回疆")叛乱自立为国(又称"大小和卓叛乱"),后被清军讨平。金川:指乾隆时大金川土司莎罗奔入侵小金川,后为清军征讨。殊烈:特殊的功勋。烈:功业。

⑨川楚之师,英夷之役:川楚之师指白莲教支派混元教在湖北、四川等地起义,后被清兵镇压。英夷之役指鸦片战争中清军与英军的战斗。

⑩八旗:满族首领努尔哈赤于明万历年间首创,初期兼有军、政、农(牧)三能,后为专门的兵籍编制。以旗色为标志,分正黄、正白、正红、正蓝,后增镶黄、镶白、镶红、镶蓝,所以称八旗。后又有汉军八旗。

⑪强半翊卫:强半,大半。翊卫,辅助守卫。

⑫少半:小半。

⑬本末:这里指全局与局部,即裁员的利弊。

【译文】

现在臣下冒昧建议:请裁减兵员5万,仍然恢复乾隆四十六年以前的状况。然而,突然一下子大幅裁员,会担心生出变故,因此实行兵员空缺后不征集补充的办法,就可以慢慢实行而万无一失。医生治脓疮,必须先挖掉腐烂的皮肉,敷药之后,再让新肉生长。那些品格低劣、体格瘦弱的士兵应该裁减,这些都是腐肉;而让新肉生长的办法就是加强训练。如果不从这两方面下手,那么军务废弛腐败还不知要到什么程度为止。自古以来,各朝建立之初,都是军队很少,但国家却很强盛。然而到后来却是军队越多,力量越弱;粮饷越多,国家越穷。北宋中期军队的兵员常常保持在125万人,南渡以后增加到160万人,但战斗力却日益下降。明朝养兵多至130万,后期又增加18万,而明军的实力却越来越弱。大清开国建业本来就没有靠绿营兵的力量,康熙以后绿营兵虽然屡次立功,但在平定三藩和准噶尔叛乱中立功的,以及在南疆和大小金川建立特殊功勋的,都是乾隆四十六年以前的军队。到次年增加兵员以后,像湖北、四川与白莲教作战的军队,像中英战争中与英军作战的部队,战斗力反而远不如从前。如此看来,兵贵精而不贵多的道理十分明显。无敌天下的八旗军,人数经常保持在25万之内。用其中一大半守卫京城,一小半驻防全国,整个国家的山河要塞都被八旗军驻防。从开国到现在,即使没有增加兵力,现在裁减5万绿营兵,也还有汉兵50多万,和八旗军相比仍有两倍之多。权衡全局利益与局部利益,对比古代与现在,确实找不出不能裁减兵员的理由。最近广西绿营兵有纷纷征集外地兵的做法。该省军队编制2.3万人,而外地士兵就有1.4万,听说竟没有一个能用。广西如此,其他省份也就可想而知了。讲到这里

就应该为长远的利益考虑。

【赏析】

“兵贵精而不贵多”是历代将领共有的一种观点与信念。高明的将帅都主张“兵贵精而不贵多”，强调应充分运用计谋，以计谋代替战争，发挥以一人顶万人的作用。

前燕攻齐广固之战就是一个计妙兵精的战例。十六国时，前燕将军慕容恪讨伐段宠，将其困于广固城里。当时军中有人劝慕容恪迅速攻城，慕容恪则认为，用攻城的方法对付敌人是最下策，非不得已不用之。此时敌人虽城高池深，但兵多粮少，外部没有强大的援助，应当紧紧地围困之，再慢慢地攻取，这比直接、迅速攻城效果要好得多。慕容恪还指出，当前段宠的兵将很多，又占据险要地势和坚固城池，上下齐心合力。如果此刻使尽全部兵力拼死强攻，也许几十天后能攻下城来，但那时己方的伤亡未必少于敌人。于是慕容恪下令于城外修筑营垒，做好长期围困的准备。广固城内的齐军因内无粮草，外无援兵，不久就兵败城破。

海湾战争，伊拉克军队和美军为首的多国部队，在数量上只是均势，可质量上的差距就决定了伊军的败局。

以上所举战例，都说明了精兵强将在战争中的决定性作用。

战争越发展，科学技术越发展，兵在精不在多的谋略越重要。

裁汰之法

【原文】

臣闻各省之兵，稍有名者，如湖南之镇筸①、江南之寿春②、浙江之处州③，天下不过数镇。裁汰之法：或精强之镇不动，而多裁劣营；或边要之区不动，而多裁腹地；或营制太破归而并之；或泛防太散撤而聚之，是正在兵部之精审，督抚之体察，未可卤莽以从事耳。诚使行臣之说，缺出不补，不过六年，五万可以裁军。以一马二步④计之，每年可省饷银一百二十万，十年以外于经费大有裨益⑤。此项银两不轻动用，督抚岁终奏解户部，另行封存，专备救荒之款，永塞开捐之路。养兵，为民也；备荒亦为民也；塞捐以清仕途，尤爱民之大者也。一分一毫，天子无所私利于其间，岂非三代公心，贤于后世搜刮之术万万者哉！

【注释】

①镇筸：地名，即今湖南凤凰县。
②寿春：今安徽寿县。
③处州：今浙江丽水。
④一马二步：指一名马兵、二名步兵的费用。
⑤裨益：增益补缺。裨：增加。

【译文】

我听说，各省绿营兵中稍有名气的不多，比如湖南镇筸兵、江南寿春兵、浙江处州兵等，全国也不过这几个地方。裁减的方法就可以不动精干的军营而裁减低劣的军营，也可以不动边防和要塞地方的军队而多裁减内地的军队，可以将营防设施太破旧的军队合并，也可将太分散的军队合并。总之，要靠兵部官员精心审定，各省提督、巡抚认真考察，不能鲁莽行事。如果认真照这个建议实行，兵员出缺后不补，用不了6年时间，5万军队就可以裁减完毕。以一名马兵、二名步兵所需的费用计算，每年可以节约粮饷120万。实行10年对国家经费开支一定大有好处。这项节省下来的银两不能轻易动用。提督、巡抚每年年终将款项押送户部，户部单独封存起来，作为救灾的储备款。这样就能从此堵住开捐买官的路子。养兵是为了百姓，备蓄也是为了百姓，而堵塞开捐之路以使官场清廉，尤其是爱民的最好办法。皇帝在此没有一分的私利可图，夏商周三代圣君的公益之心不足比后代那些搜刮百姓的办法要贤明万万倍吗？

【赏析】

中国历史上几百个皇帝除了所谓秦皇、汉武、唐宗、宋祖等几个少数帝王外，又有多少是出色的人物？尽管他们之中有的是暴君、有的昏庸无道，但依然是操控万民生死大权的权威。

“君圣臣忠”是儒家的君臣理想规范，但臣子篡位者比比皆是，帝王之家互相残杀者层出不穷。项羽与刘邦争霸，项羽要杀掉刘邦的父亲，而刘邦竟说，你要杀我的父亲煮成肉汤，那就分一碗给我喝吧。梁武帝立萧纲为太子，致使诸弟之间酿成深仇。后来侯景作乱，武帝的侄子萧止德把侯景引入都城，他不仅自称皇帝，还与侯景约定，攻城之后要杀掉叔父武帝和堂兄弟萧纲。

曾国藩幻想用裁减兵员的粮饷来赈济灾民，并由专人及专门机构来保管，但这只能是一种空想。曾国藩以前的历朝做不到，曾国藩所处的时代就更做不到，所以大清王朝日益走向衰亡之路。

曾国藩提到“以治为胜”的谋略，《吴子·治兵第三》曾记载：“武侯问曰：‘兵何以为胜？’起对曰：‘以治为胜。’”以治为胜是军队靠严格治理以获取胜利的谋略。如何才能“以治为胜”？吴起认为主要有三个方面：第一、军队要令行禁止，像“父子之兵”那样，军令一出，全体遵行；第二、治军要“教戒为先”；第三、将领要有果敢决心。

从历代兵家所总结的治军经验来看，其有实用价值的治军方法是：明确目标，制定标准；居安思危，常备不懈；教戒为先，严格训练；信赏必罚，严明军纪；身先士卒，为人师表；广集良才，任贤使能；爱兵爱民，以恩悦人；以和为贵，团结为重；富国强兵，军国大计；改进装备，精良武器；敢冒风险，改革军制；著书立说，理论先道。

此外，从其论述中可以看出，曾国藩主张“为民”“爱民”“天子无私利”“塞开捐之路”等措施，强调以治待乱《孙子兵书·军争篇》云：“以治待乱，以静待哗，此治

心者也。”治,包括内容很广,国家治可求安,军旅治可求胜。战争胜负,最终决定一个国家的政治经济实力。国家政局不稳,动乱不堪,经济凋敝,在外患来临之时,就不可能取胜。两国交战,治者胜,乱者败,古之常理。一个国家、一支军队的“治”,非朝夕之功,而是靠日积月累。

练之道

【原文】

若夫训练之道,则无视乎皇上精神之所属。臣考本朝以来,大阅之典举行凡二十余次。或于南苑,或于西厂,或于卢沟桥、玉泉山。天弧[①]亲御,外藩从观,军容一肃,藩邪破胆。自嘉庆十七年至今,不举大阅者四十年矣。凡兵以劳而强,以逸而弱。承平日久,京营之兵既不经战阵之事,又不见银蒐狩[②]之典,筋力日懈,势所必然。伏求皇上于二一年之后行人阅之礼,明降谕旨,早示定期。练习三年,京营必大有起色。外者营武,势难遽遍[③],求皇上先注意数处,物色将才,分布天下要害之地。但使七十一镇之中,有十余镇可为腹心,五十余万之中,有十余万可为长城[④],则缓急[⑤]之际,隐然[⑥]可恃。天子之精神一振,山泽之猛士云兴,在我皇上加意而已。昔宋臣庞籍[⑦]汰庆历兵八万,遂以大苏边储。明臣戚继光[⑧]练金华兵三千人,遂以荡平倭寇[⑨]。臣书生愚见,以为今日论兵,正宜法此二事。谨抄录乾隆增兵,嘉庆、道光减兵三案进呈。伏乞饬下九卿科道[⑩]详议。斯[⑪]道甚大,臣鲜阅万,不胜悚惶待命之至。谨奏。

【注释】

①天弧:天子。

②蒐狩:本意为打猎,尤其是大规模的围猎,后常用于指军队检阅或作战。

③遽遍:短时间普遍做到。

④长城:这里代指中坚力量。

⑤缓急:指突然发生的事变。

⑥隐然:无形之中。

⑦庞籍:北宋大臣。单州成武(今山东)人。曾为延州知府,有力抗过西夏的侵扰。后为宰相,实行裁兵措施。

⑧戚继光:字元敬,号南塘。山东登州(今山东蓬莱)人。明代著名将领。他募金华矿工 3000 人加以训练,成为战胜日本海盗的戚家军骨干。

⑨倭寇:日本海盗。

⑩九卿科道:清代以都察院、大理寺、太常侍,光禄寺、鸿胪寺、太仆寺、通政司、宗人府、銮仪卫为九卿。这里指有关部门官员。

⑪斯:追。

【译文】

至于说到训练的道理，那全靠皇上御驾观看，以提高军队的士气及评估训练的成果。据臣下的考察，大清立国以来，已经进行20多次大规模的阅兵典礼。有的在南苑，有的在西厂，或是在卢沟桥，或是在玉泉山举行。检阅时天子亲自御驾观看，外地藩镇都随同前往。整肃的军容，使外邦藩镇们震慑。但自从嘉庆十七年到现在，已有40多年没有进行过这样大规模的阅兵典礼了。大凡军队以劳动而强大，因安逸而弱小。太平时间长了，京城军营的官兵既没有经历打仗的阵势，又没有见过阅兵的仪式，意志体力都日益松懈。请求皇上3年之后举行一次盛大的阅兵典礼，请明传圣旨，及早规定日期。训练2年，京城的军队必然大有起色。至于外省军队，势必难于短时期内普遍做到，请皇上先注意从各地物色将才，将他们分派到全国的要塞地方。只要在全国71个镇中选10多个镇作为心腹，在50多万军队中选出10多万作为中坚力量，那么，在突然发生事变的时候，无形中就有了依靠。皇上精神振奋了，天下猛士必然会云集而至，这只要皇上重视就行了。北宋大臣庞籍裁减庆历年间8万兵，边关却治理得井井有条。明代名将戚继光训练3000金华兵，便可以扫平倭寇。依我一介书生之愚见，现在谈论军事正适合效法上述二人的做法。因此，我很恭敬地抄录乾隆皇帝增兵和嘉庆、道光皇帝裁兵的三个方案呈上。请求皇帝命令各部大臣详细评议这件事。这事关系重大，本人阅历又浅，只能惶恐地等待皇上圣裁。谨此专呈这份奏书。

【赏析】

当大清王朝岌岌可危的时候，曾国藩幻想用皇帝亲自检阅军队的行动来挽救这个风雨飘摇的政权，他认为只要皇帝精神振奋了，什么事情就都好办了。如果事实真如他所期望的那样，大清帝国也不会在他死后30多年便灭亡了。

曾国藩在中国历史上还算幸运，因为他毕竟还捞到了显赫的名声。“文死谏，武死战”，这在中国数千年的历史上是一个通例。刚直敢言的谏官不是受刑罚就是被砍脑袋。正直博学的司马迁在雄才大略的汉武帝手上受了宫刑，这并不是因为他犯了什么罪，而只是提了几条和皇帝不同的意见。中国历史上最有名的谏官是包拯，他胆子大到在朝廷上激烈争辩，甚至把唾沫溅到了仁宗皇帝脸上。但仁宗居然没有治他的罪，还勉强接受他的意见。这很令那些鼓吹中国封建社会也有“民主”，也有“权力制约”的人自豪。可是我们要问：为什么独独包拯有这样的幸运？一来仁宗时代已经危机四伏，再不清除积弊难免有宝座动摇的危险。当然，我们不否认他是有所作为的一位帝王，不然也就没有“庆历新政”了。从包拯本人看，他对宋家王朝忠心耿耿，尽管他言辞激烈，却很留意说话的分寸，绝不会使仁宗下不了台阶。比如他在弹劾张贵妃的伯父张尧佐时，知道仁宗迷恋贵妃，不愿因接受众大臣的意见使她伤心，于是婉言提出是否将张尧佐调出京城外任，以缓和舆论，使仁宗既保住了面子又缓和了君臣间的尖锐冲突。然而包拯也并非事事挺身而出，当苏舜钦等人因为在宴会上发表过于激烈的言论，牵连到一大批改革派人士而获

罪时，包拯只是冷眼旁观，不久就提出请调外任的请求，以回避朝廷里的紧张对立。

中国文化是一种礼教文化，而礼仪的规范是详上而略下：臣对君的礼节周详而繁琐，而君对臣应守的礼则简略而疏阔。其他如子对父的礼、生对师的礼也具有同样的特点。这种礼教文化形成的传统就是：对于大众而言，只有义务，没有权利。这与古希腊把法律当作公民权利的维护者的传统正好相反。智者吕哥弗隆曾说："法律只是人们互不侵犯对方权利的保证"，拉丁文的："Jus"一词既表示法律，又意指权利。而在中国，就是崇尚"法"的法家也不谈个人权利，他们将国家的权力（实际上是君权）视为"公"，而把个人权利视为"私"，认为"立法令者，以废私也"。

论兵

【原文】

安庆之围[①]也，林翼[②]计曰："用兵之道，全军为上，得地次之。"[③]今日战功破敌为人，复城镇为下。古之围者必四面无敌，又兵法十则围之[④]。若我兵困于一隅，贼必以弱者居守，而旁轶横扰[⑤]，乘我于不及之地[⑥]，此危道也。然不围城则无以致贼而求战，故分三军，一军围，二军战。

【注释】

①安庆之围：清军将领曾国藩、胡林翼奉兵合力围攻太平军占领的安庆，采取围而不攻、静待时机的策略，使太平军将领陈玉成的速战速决战术屡屡受挫，最后城陷军灭。

②林翼：胡林翼（1821—1861 年），字贶生，号润芝。道光十六年进士。后充江南副考官，并任湖北巡抚。攻克武昌后赐头品顶戴。死后谥文忠。

③用兵之道，全军为上，得地次之：用兵的原则是，能使敌人全军降服是上策，而占领土地则差一些。

④十则围之：十倍于敌人就可以包围他。

⑤旁轶横扰：从旁包围，左右夹击。

⑥不及之地：来不及防守的地方。

【译文】

在讨论包围安庆的时候，胡林翼一献计说："用兵的原则，是以战胜敌军为上策，占领土地则次之。"现在评论战功应该以歼灭敌人为最大功劳，而以收复城镇为次。古时候的包围战，都是四面没有敌人的。兵法上说，有十倍于敌人的兵力就包围它。如果我军被围困在一个角落，敌人肯定以次要力量防守，而以兵力从旁包抄形成左右夹击之势，将我军置于死地，这是最危险的了。但如果不包围安庆城就不能调动敌人与我们作战。所以应该将兵力分为三部分，用三分之一的兵力包围安庆城，用三分之二的兵力进攻敌人。

【赏析】

曾国藩这段文字虽然很短,但含义极深。有一点值得注意:即作为率军作战的将领,必须要重视智慧和谋略的运用。

计谋又称“点子”,周朝的姜子牙、春秋的管仲、秦汉的张良、三国的孔明都可以称作古代军事领域的点子大师,他们的高度智慧使其在历史上建立了丰功伟业,不仅成为中国众所皆知的名人,也受到国外有识之士的高度赞誉。

诸葛亮出兵祁山,一举夺取了安定、南安、天水三郡和翼城,并收降了姜维,正准备大举伐魏,不料马谡在街亭失守,魏军扼住了汉中要塞,诸葛亮征魏大计受挫。诸葛亮对街亭失守十分痛惜,挥泪杀掉了马谡,并决定撤兵回国。

为了防备魏帅司马懿的追击,诸葛亮派关兴、张苞到武功山一带设疑兵,命姜维率领大军先行,诸葛亮亲自断后。姜维率军离开后,诸葛亮正准备启程,探马便报告司马懿已经带着魏军逼近了。蜀军主力已离开,城中只剩下几千名伤病士兵和几十名文官,情况十分危急。

诸葛亮同司马懿多次较量,深知他用兵谨慎而多疑,便吩咐部下不要惊慌,告诉大家他自有妙计退敌。

诸葛亮让士兵们撤去城头的旗帜,大开城门,又让几名老兵在城门口扫地,自己则坐在城楼上焚香弹琴,一副若无其事的样子。司马懿到了城下,见到这种情景,弄不清楚诸葛亮用的是什么计,恐怕设有伏兵,忙下令退兵。

司马昭不以为然地说:“诸葛亮一定是身边无兵将了,他这么做是为了迷惑我们,我们应该攻进城去。”可是司马懿已经多次吃过诸葛亮用计的苦头,疑心其中必定有诈,便急急退了兵。

诸葛亮见魏军人马已经走远,便带领人马迅速地撤退了。过了不久,司马懿回过神来了,又命令部队掉头往回赶。等他们到了城下,早已不见诸葛亮的踪影。

在经济领域内同样需要好的点子。时间就是金钱,其实一个好的主意等同于金钱。高明的点子常常带来巨额的财富。综观那些中外著名的经营家,他们往往也是功夫高深的点子专家:李嘉诚在60年代香港经济起飞初期购买土地的点子,为他成为香港首富奠定了基础。曾宪梓将“金狮牌”领带改为“金利来”的点子不仅避免了客户的忌讳(香港话“狮”与“输”音近),而且使他创造了世界名牌,从一介书生变成香港富豪。

反之,一个坏的主意却可以使人前功尽弃:全球饭店业大亨希尔顿正经营旅馆之后开厂。后来他听说在得克萨斯州开采石油可以发财之后,鬼迷心窍地放弃了自己熟悉的行业,跑到德州去冒险。到了那里才发现凭他那2.7万美元要投资石油业简直是痴心妄想。这个鬼点子使他失望之余,不得不到一家连桌子上都睡满了人的三流旅馆过夜。于是这才重操旧业,在那里买下地皮,开了希尔顿旅馆,从此奠定了他辉煌事业的基础。如果他当初死守那个开采石油的点子,也许将会一贫如洗。

统领湘勇张道运兰禀职营与吉中各军击贼获胜由[①]

【原文】

各营稳扎稳打，自然立于不败之地。与悍贼[②]交手，总以能看出他的破绽为第一义。若在贼者全无破绽，而我昧焉[③]以往，则在我者必有破绽被贼窥出矣！该道[④]身经数百战，于此等尚宜留心细察也。

【注释】

①统领湘勇张道运兰禀职营与吉中各军击贼获胜由：张运兰为曾国藩副将，领过湘军骨干老湘营，为镇压太平军的骨干分子之一。同治三年死于赴福建任按察使的途中。张运兰统领老湘营和吉中各营在吉安附近与太平军作战，是清咸丰六年至八年间的事情。

②悍贼：指敌军强悍，不易打败。

③昧焉：冒冒失失，糊里糊涂。

④道：即张运兰。

【译文】

各营军队稳扎稳打，自然能使自己立于不败之地。与强悍的敌人交战，第一要紧的是要看出他的破绽。如果敌人完全没有破绽显露，而我们还冒冒失失地前去交战，那么，我们必定会有破绽被敌人看出。张运兰虽然身经百战，但对于这一点还是应该细心审察。

【赏析】

在这里，曾国藩阐述“结硬寨，打死仗”的军事原则，推崇对敌作战首先应注意如何先使己方立于不败之地，再乘敌之隙的谋略思想。他指出必须“稳扎稳打”，以看出敌军的破绽，趁对方没有设防，或者兵力薄弱，或者不及救援，或者没有准备之时，突然进击。

要耐心地等待敌之“隙”，积极地寻找敌之“隙”，巧妙地创造敌之“隙”，以便我方乘隙而入，大败敌人。

曾国藩所说的“看出他的破绽”与孙武所说的“避实击虚”“出其不意”“攻其无备”“进冲其虚”“乘人不及”“攻其不守”，以及孙膑所说的“必攻不守”等都是乘敌之隙的表现方式。

敌人犯错误，造成“破绽”“虚”，我方可等待机会利用之。更重要的是我方应积极创造敌之“虚”。兵者诡道也，刻意制造敌之错误，制造各种假象，掩盖我方真相，造成敌人的错觉，使敌人陷于判断错误和行动错误的苦境，使我方得以出其不意，攻其不备，争取胜利。

公元 989 年 7 月，宋太宗命令定州路都部署李继隆发镇、定二州军护送千辆运粮车，支援宋威虏军。辽朝裕悦耶律休格获悉，便率精骑数万前来迎击。北面缘边巡检尹继伦率步骑千余巡行塞上，遇到辽军，但耶律休格却丝毫不以为然，径直向李继隆大杀过去。尹继伦对部下说："辽将视我如鱼肉一般，骄傲懈怠。他若能获胜而回，就会乘胜赶我北去；不胜，也会牵制于我，侵害我们。为今之计，我应卷甲衔枚暗袭其后。乘敌只顾前攻，忘记后备之隙，战而胜之，我可自保；即使不胜，也是忠义。岂能束手待毙？"部下听罢，个个摩拳擦掌。尹继伦下令秣马厉兵；天黑以后，率部各持短兵器暗暗追随于辽军之后。追赶数十里后，天尚未明时到达唐州徐河，追上辽军。当时辽军正在吃饭，尹继伦当机立断，率部出其不意地从背后杀来。辽军惊恐万分，乱作一团，一员大将当即毙命。耶律休格此时大惊失色，便"弃匕箸走"，又为"短兵中其臂"，骑马狂逃。辽兵因此更加混乱，争相溃逃，自相踏践死者无数。李继隆与镇州副都部署范廷召，奉部追击，越过徐河十余里，大获全胜。定州副都部署孔守正亦奉所部击辽军于曹河之斜村，斩辽帅大盈等。

这是宋军利用敌将之误而战胜之例。

曾国藩强调的"以能看出他的破绽为第一义"还包含有乘敌不及的谋略思想。乘敌不及，《孙子兵书·九地篇》原句是"乘人之不及"。孙武说："古之善用兵者，能使敌人前后不相及，众寡不相恃，贵贱不相救，上下不相扶，卒离而不集，兵合而不齐。"孙武认为，用兵作战的原则就是趁敌人措手不及。古代兵书认为："必胜之术，合变之形，妙在于乘。乘者，乘人之不及，攻其所不戒焉耳。"这就是说，必胜的战术，并非敌有可乘之机，而是应该乘机而动，即不失时机打击敌人。如果不能"乘人之不及"，那么，能取胜的机会再多也无济于事。

关于如何乘敌，《吴子·料敌》列举了 13 种情况，除这 11 种情况之外，又列举 8 种"不卜而战"的机会。后来的兵书又列举 10 种情况："骄可乘，劳可乘，懈可乘，饥可乘，渴可乘，乱可乘，疑可乘，怖可乘，困可乘，险可乘。"《投笔肤谈·达权第三》也说："故加兵者，必先自备其不虞，然后能乘人之不备。"而后也列举 10 种乘敌之机："乘疑可间，乘劳可攻，乘饥可困，乘分可图，乘虚可惊，乘乱可取，乘其未至可挠，乘其未发可制，乘其既胜可劫，乘其既败可退。"

虽然这些并不能全部概括进攻敌人的时机，但它可以告诉将帅，应随时注意发掘敌人的可乘之机，以便乘敌不及，战而胜之。

人们的大脑反应事物，有一个观察、思考、判断的过程。在这个过程中，以有备对无备，以镇定对惊慌。战争史上，人们利用大脑反映问题的"时间差"，来改变战场形势的事例是不胜枚举的。

第一次世界大战，苏军一支游击队欲炸毁德军严守的一座桥。游击队先在奶牛场挥舞红旗，使牛群受惊托奔。德军见状，忙若追牛，游击队乘机炸毁了大桥。

曾国藩"以能看出他的破绽为第一义"的谋略思想还包含以严待懈的策略。唐名将李靖在《李卫公问对》中论用兵说："以近待远，以逸待劳，以饱待饥"，此略言其概尔。善用兵者，推此三义而有六焉：以诱待来，以静待躁，以重待轻，以严待

懈……”“严”与“懈”，指临战车队的纪律与战略之情势。治兵有严有松，作战有警有懈，兵严警而有备，是可战之师；兵松弛而懈怠，是可乘而攻之师。“以严待懈”之谋，即是以我军的严警，待敌军的懈怠，伺机击敌的进攻谋略。其中亦可辅使令敌松懈的计谋，创造攻击“懈”敌的战机。

统领湘勇张道运兰禀
牛角岭与贼苦战失隘旋后由

【原文】

兵法最忌形见势绌[①]四字。常宜隐隐约约、虚虚实实，使贼不能尽窥我之底蕴[②]。若人数单薄，尤宜知此诀。若常扎一处，人力太单，日久则形见矣。我之形既尽被贼党觑[③]破，则势绌矣。此大忌也。必须变动不测，时进时退，时虚时实，时示怯弱，时示强壮。有神龙矫变[④]之状。老湘营昔日之妙处，全在乎此。此次以三百人扎牛角岭，已是太呆，正蹈形见势绌之弊，除夕曾函止之。十一日五旗失隘[⑤]后，再以第三旗扎此，则更呆矣。仰[⑥]即熟思审度。不可扎则竟撤之，聚合一处，俟[⑦]贼至则并力决战，得一胜而锐气全复矣。如虑贼抄我军后路，即退保乐平，亦无不可，不必定有进而兵退也。凡交战，胜负决于须臾之顷。彼此在八里以外，即已不能相救应，若雨雪泥泞，则四里以外，已不能相救应矣。又将卒之精神心血，只有此数，若刻刻兢业[⑧]、夜夜提防，不过旬日，即有疲倦不继之势。既疲而用之，则有暮气，必不得力。譬如水以屡没而浑浊，必须澄定片时，乃能再见清水也。本部堂前此之不欲扎牛角岭者，正恐其不能救应，恐其太疲而浑浊耳。他处可以类推。

【注释】

①绌：不够、不足。
②底蕴：详细的内容。
③觑：窥伺。
④矫变：强壮、勇武而富于变化。
⑤隘：险要的地方。
⑥仰：古代公文中上级命令下级的惯用语，有切望的意思。
⑦俟：等待。
⑧兢业：小心谨慎，认真负责。

【译文】

兵法上最忌讳作战前让敌人看出我军的形迹和破绽。应该隐隐约约、虚虚实实，使敌人看不清我军底细。假如我军数量少，尤其应懂得这个诀窍。假如部队长期驻扎在一处，人数又少，时间长久就会被敌人看出形迹。我们的“形”既然被敌人看破，那么胜负之情势就会一面倒。这是兵法上的大忌！军队部署应该经常变化，使敌不测。时进时退，时虚时实，有时显示怯懦，有时显示强壮，像神龙一样多变。老湘营过去的妙处全在于这一点。这次将300人驻扎牛角岭之阵法太呆板了，正是犯了形现势穷的毛病，我在除夕之时曾去制止过。11日第五旗失利后，再将第三旗驻扎在这里就更呆板了。希望将领们能深思熟虑、审时度势。如果不能驻扎就撤在一起，等敌人到了再并力决战，只要取得一次胜利，就可以完全恢复部队的锐气。如果顾虑敌人包抄我军后路，那么退守乐平也无不可，大可不必有进无退。与敌交战，总是在短时间内便决定了胜败。彼此距离在八里以外，就不能互相救应。如果是雨雪天气，道路泥泞，那么，彼此距离四里以外便无法互相救应了。另外，官兵的精力也是有一定限度的。如果时时刻刻兢兢业业，日日夜夜谨慎防备，不过10余天，便会出现疲倦不支的情形。兵员疲劳之后，就会暮气沉沉，必然不得力。例如水，因为多次汲取便会浑浊，必须沉淀一段时间才能再见到清水。前次我不想驻扎牛角岭的原因，正是怕他们不能互相救应，怕他们太疲倦而像水浑浊了一样。其他事情亦可以类推。

【赏析】

曾国藩在这里，强调了"坚扎营，慎拔营"的谋略原则，同时亦强调灵活多变的战略思想，反对"形见势绌"。在他看来，临敌作战、用兵打仗，"必须变动不测，时进时退，时虚时实，时示怯弱，时示强壮"，应该"有神龙矫变之状"。

孙子认为，用兵作战是一种诡诈的行为，有作战能力，却装作没有作战能力；要用兵，却装作不用兵；要向近处行动，却装作要向远处行动；要向远处行动，却装作要向近处行动；用小利来引诱敌人；乘其混乱战胜敌人；敌人力量充实，就要防备他；敌人力量强大，就要避开他；激怒敌人，然后挫败他；卑辞示弱，用以骄纵他；敌人闲逸，设法让他疲惫；敌人团结，设法离间他。"攻其无备，出其不意"，这就是军事家取胜的秘诀，可意会不可言传。

所谓"兵以诈立"，"兵以分合为变"。兵以分合为变，指分散或集中使用兵力，视情况而变。与"集中优势兵力，各个歼灭敌人"有异曲同工之妙。在战场上，己方兵力的集中与分散，应视敌情的变化而变化。在敌强我弱的情况下，要造成我优敌劣之势，必须设法分散敌军，而要分散敌军，就是以自已的小分散，造成敌人的大分散，才能在以己之集中对敌之分散，造成以少胜多的局势。

以上这些都是曾国藩所谓"有神龙矫变之状"，灵活多变战略思想的范例。

吴延华禀奉委管带新立之湖北标新仁营勇由[①]

【原文】

该员既奉委带新仁营，仰既悉心训练[②]，杀贼立功，以副委任[③]。为将之道，谋勇不可强几[④]，廉明二字，则可学而几也。弁勇之于本管将领，他事尚不深求，惟银钱之洁否，保举[⑤]之当否，则众目眈眈[⑥]，以此相伺；众口啧啧[⑦]，以此相讥。惟自处于廉，公私出入款项，使阖营[⑧]共见共闻，清洁之行[⑨]，已早有以服弁勇之心。而于小款小赏，又常常从宽，使在下者恒得沾润膏泽，则惠足使人[⑩]矣。明之一字，第一在临阵之际，看明某弁系冲锋陷阵，某弁系随后助势，某弁迴合力堵，某弁见危先避。一一看明，而又证之以平日办事之勤惰虚实，逐细考核。久之虽一勇一夫之长短贤否，皆得以识其大略，则渐几于明矣。得廉明二字为之基，则智、信、仁、勇诸美德，可以积累而渐臻。若不从此二字下手，则诸德亦茫无把握。

【注释】

①吴廷华禀奉委管带新立之湖北抚标新仁营勇由：其意是关于吴廷华奉命新组建的湖北抚标新仁营管带一事的批复。抚标：清代称巡抚直接管辖的绿营兵为抚标。

②仰既悉心训练：希望尽心尽力地训练军队。仰：希望。

③以副委任：所尽的责任符合担当的职务。

④强几：勉强求得。

⑤保举：推荐用人。

⑥眈眈：瞪大眼睛监视。

⑦啧啧：咂嘴的声音，这里表示交头接耳的议论。

⑧阖营：全营。

⑨清洁之行：清明廉洁的行为。

⑩惠足使人：恩惠足以驱使别人。

【译文】

该员既然奉命管理新仁营，希望能全心全意、尽心尽力地训练军队，杀敌立功，才能不负所托。做将领的原则，谋略武勇虽不可强求，但“廉明”二字则是可以透过学习能办到的。士兵对于自己的将领其他方面没有过多的要求，但对他在金钱方面是不是清白、推荐用人方面是否公正，则是众目睽睽地加以关注，交头接耳地不断私下议论。所以为官的清明廉洁、个人的公私款项让全营士兵都看得清清楚楚、行事光明磊落，才能让士兵心服口服。而对于小的款项和奖赏要常常从宽处理，使下属都能得到一些好处，那么这些士兵就会知恩图报，任随驱使。而“明”字的体现就是，在临阵的时候要看清楚：哪个士兵能冲锋陷阵，哪个是随后助阵；哪个士兵勇于围追堵截，哪个又会临阵逃脱。把这些情况都看清楚，又用平时的表现情形加以印证，这样逐人逐事细致考察，时间长了，对每个人的优缺点有大致的了解，这样就接近“明”了。有了“廉明”两个字作基础，智、信、仁、勇这些美好的品德可以透过锻炼积累而获得。如果不从这两个字着手，那么其他品德根本就不必谈了。

【赏析】

曾国藩在此提出恩威并施的治军谋略。恩威并施可以提高统御能力。所谓统御能力是军事统帅对其部属的统辖，不是凭借个人的特权和组织赋予的权力，而是靠说服、指导和影响，统一他人的意愿，为实现集体目标共同努力。

现代管理者必须以高尚的道德和良好的思想品格以及较高的群众威望，赢得部属的信赖，从而获得恩威并施的统御效能。

现代管理者，遇事必须及时拿出有效的办法，并善于体察部属的思想变化，化解人际关系的冲突，从而获得全体部属的敬佩和信赖，形成统辖部属的一种实际权力。这种“实际权力”是维系一个组织和激发唤起部属活力的心理和行为的影响因素。对于一位没有权力和有名无信的管理者来说，是无法实现其职责和使命的。但是，由“德”所赢得的统御权力毕竟是一种感染和影响力，它不是由于职务直接产生的力量，也不是上级一纸命令可以授予的。除了其地位、职务产生的影响力之外，更重要的是现代管理者的行为能力及其素质，亦即常说的威信。威信是来自于管理者的德、识、才、学诸方面的良好素质。它是部属在对其崇敬和信赖的基础上产生的一种甘愿接受对方控制和支配的心理因素，是从管理者个人的内在潜力和人格特点中自然渗透出来的，完全是靠自身的思想意识、道德品质、生活作风及知识、才能、感情等多种因素获得的。

管理者不仅要有威信、有威望，还要有威严，使部属心生敬畏之感，从心理学角度来说，就是既有崇敬的心理，也有畏惧的心理。施德时宽仁大度，感人至深；施威时，号令如山，言出必行，二者必须交替结合使用，才能发挥正常的管理效能。

四川试用知府冯卓怀禀
本调大营差委自川启程日期由

【原文】

该守已于七月初八日，自万县启行，八月内，即由长沙驰赴大营。阅禀至为忻慰。皖南军事吏事，均有乏才之患。该守如回，籍时[①]物色贤能之上，即邀同来营，相助为理[②]，多多益善。取人之式[③]，以有操守而无官气，多条理而少大言为要。办事之法，以“五到”为要。五到者：身到、心到、眼到、手到、口到也。身到者，如作吏则亲验命盗案[④]，亲巡乡里；治军则亲巡营垒，亲探贼地是也。心到者，凡事苦心剖析，大条理、小条理[⑤]、始条理、终条理，理其绪而分之，又比其类而合之[⑥]也。眼到者，著意看人，认真看公牍也。手到者，于人之长短，事之关键，随笔写记，以备遗忘也。口到者，使人之事，既有公文，又苦口叮嘱也。

该守[⑦]前在四川，循绩[⑧]大著，以该守已试之效[⑨]，参以本部堂[⑩]之所论，用以访求人才，当可拔十得五。《中庸》[⑪]所谓取人以身，朱子[⑫]所谓以类求之，胥于是[⑬]乎在。仰即博采[⑭]速来，无稍延缓。

【注释】

①籍时：借此机会。

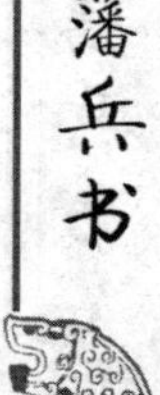

②理：治理军务。

③式：标准。

④亲验命盗案：亲自审验命案、盗窃案等重大案件。

⑤大条理、小条理：全部和局部。理其绪而分之，理出头绪加以分解。

⑥比其类而合之：按照类别加以综合分析。

⑦该守：即指四川知府冯卓怀。

⑧循绩：政绩。

⑨已试之效：已经取得的政绩。

⑩本部堂：指曾国藩。曾国藩曾任兵部等部的侍郎之职，清代各部尚书、侍郎称为部堂，故有此称。

⑪中庸：《礼记》中的一篇，因其以不偏不倚的中庸之道为最高道德标准，故为宋代理学家推重。

⑫朱子：朱熹（公元1130—1200年），宋代著名理学家。字元晦。徽州婺源人。朱熹阐发二程（程颢、程颐）的学说，集理学之大成，后世将之并称程朱。

⑬胥于是：道理都在这里。

⑭博采：指广招人才。

【译文】

试用知府冯卓怀已于7月初八从万县启程，8月就可以从长沙赶到大营来。获此消息后我很高兴。安徽在军界和政界一直缺乏人才。该知府回来时，可借此机会物色一些有才德的人，邀请他们到军营管理军务，人越多越好。选人的标准应该具有德行而没有官气，最重要的是要通达事理少说大话。办事的方法以“五到”为要。五到是身到、心到、眼到、手到、口到。身到是：如果身为官吏，要亲自审理验证命案和盗窃案等重大案件，亲自到乡里巡视；如果是军官要亲自巡视营房，亲自探察敌军驻地的地形。心到是：凡事都要用心分析，事情的全局与局部、开头与结尾既能理出头绪加以分析，又能分门别类地加以综合。眼到是：既要认真批阅公文，又注意观察人。手到是：对于他人的优缺点、事情的关键，能随时记下来，以防遗忘。口到是：命人办事，既要有书面公文，又要苦口婆心地交代清楚。

这位知府在四川政绩卓著。以他试用时期取得的政绩，再参考我的论述，用来访求人才，就可以选十得五。《中庸》说看人要观察他的行为，朱熹说用物以类聚的观念寻找人才，道理都是一样，我希望该知府能尽速广招人才，不可延迟。

【赏析】

这段文字所提倡的“五到”有其目的与特定内涵，至今对后人仍有重要的启迪。

能够做到“身到、心到、眼到、手到、口到”的官员，在曾国藩的时代是凤毛麟角，即使在今日，也是寥寥无几。

曾国藩在这里提出“察人”与“知人”的谋略思想。魏征在《群书治要·体论》中说：“善为政者，务在择人而已。”意思是，善于治理政事的人，最重要的就是选择使用人才。《便宜十六策·举措》也说:“举措之政,谓举直措诸枉也,夫治国犹于治身,治身之道,务在养神;治国之道,务在举贤。是以养神求生,举贤求安。”这一谋略认为为政的关键在于选拔和使用正直的贤能之士,选拔正直贤能之士治理国家,就像修身一样,修身的关键在于养精蓄锐;而举贤任能则是为了国家的长治久安。

汉高祖刘邦可以说是选贤任能的典范。首先,处虚服而无智,熟知百官之要。每当有人才投效于门下,他都要以诚相见,虚心求教,好像自己一无所知、一无所能似的。在接待和求教过程中,仔细观察来者的人品,准确把握其秉性、特长,做到熟知其要。其次,择长而授任,善使众能也。如:运筹帷幄用张良,出奇制胜用陈平,率军作战用韩信,抚民治国用萧何,安定社稷用周勃,甚至连樊哙也能发挥其匹夫之勇,使鸿门宴化险为夷。再次,将将而授权,故能使众为也。刘邦善将是众所周知的。他善将的诀窍除上述择长授任外,还在于授权。百官既定名分后,各授予相应职权,以保障他们行使职能。其执下治军方略,让他们根据实际情况谋划之,绝不从中掣肘。

“访求人才”“察人”不但要知好人、能人,还要善于察奸。察奸之术源于《韩非子·内储说左上》,由于该书是以君王的统治术为主题,因而有许多篇章便在论述如何看透臣下的内心。

《韩非子》的察奸术,有观听法、一听法、挟智法、倒言法以及反察法等。

所谓观听法,就是不要片面根据一件事实,而要全面性的综合判断。“观听不参则诚不闻”,此言大意是:如果看到的和听到的不符,就不能了解真情。这如曾国藩指出必须将“已试之效”与“所论”相结合,“以访求人才”一样。人往往有这样的弊病,对喜好的事乐于接受,对嫌恶之事则加以排拒。如果所“观”之事令其愉快,那么有关此事负面的评价就不愿去“听”。如果所“听”的令人欣喜,那么有关此事的恶劣现实面也不愿意去“观”了。了解君主这个弱点的奸邪及佞臣,往往口出蜜言,或者只让君主看到他所喜好的一面。

所谓“一听法”,是指识破隐蔽在群体之中的“滥竽充数”者。“不一听则智愚不分”。这种方法,是说若不一一听取每个人的意见,便不能察知每个人的能力。《韩非子·内储说左上》举一个寓言以为例证:齐宣王使人吹竽,由于喜爱合奏,于是经常任宫中召三百人合奏。南郭处士自称是吹竽名手,也参与合奏,并得到丰厚俸禄。宣王死,湣王继位。新王不喜听合奏,命乐人们独奏,南郭处士迅即逃之夭夭。这种方法,不一定仅限于“分别听取每个人的意见”,而应被因时制宜地巧妙应用。

所谓“挟智法”,就是佯作不知以试验对方。韩阳侯有一天故意把一片剪下的指甲握在手中假装遗失,严厉地命令道:“剪下的指甲如果丢失是不吉利的,无论如何也要找到!”于是近侍们在房间里到处搜寻,却始终一无所获。一名近侍悄悄剪下自己的指甲交出来,道:“找到了,在这儿呢!”韩阳侯就这样知道了谁是说谎者。《韩非子》对这种称为“挟智法”的察奸之术做了这样的说明:“挟智而问,则不智者至;深智一物,为隐皆变。”“挟智”就是虽然加道却佯装不知,也就是说,“佯作不知

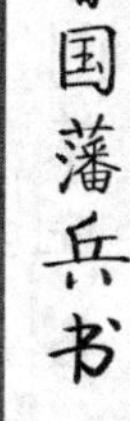

而询问，则得以明白不知之事；熟知一事，则得以明白其他隐晦之事。”如果使人觉察到我们已经知道，对方就会采取相应的对策，只有以为我们不知道，对方才会无所戒备地显露出其真实形态。

所谓“倒书法”是以谎言考验对方。“倒”，就是颠倒，“倒言”，就是倒错其言，用与事实相反的话来看透对方心理的方法。燕国有一位相国名叫子之。有一次，他正与部下交谈，突然说：“刚才从门口跑出来的是匹白马吗？”显然，这是个谎言。“没有，没有什么马跑出去呀！”“没有看见呀。”大家异口同声地加以否认。但是，其中一位却走到门外去观看，接着又回来报告说：“确实有一匹白马跑了出来。”子之由此知道左右谁是不诚实之人。

所谓“反察法”是说从相反的立场寻找动机。《韩非子》中说：“事起而有所利，其尸主之；有所害必反察之。”如果发生某种事件，起主要作用的是因此受益之人。在有人迫害的情况下，也可以据此推测是受益者所为。《韩非子》中记载：韩喜侯入浴，在浴盆里发现小石子。韩喜侯唤来近侍询问：“负责浴室的官员被免职，有递补的人选吗？”“有的。”“召他进来。”韩喜侯严厉责问道：“为何在浴盆里放石子？”那人见无法隐瞒，只好招认说：“因为只要负责的官员被免职，小人就可以取而代之。所以才……”不仅限于主观的分析，还能同时站在对手的立场上找寻其动机，这是识破、驾驭对手的一种方法。

在古代社会中，统治者和部属之间、统治集团内部人与人之间互相利用、互相猜忌、互相倾轧的关系层出不穷，统御者为了确保自身的利益，往往会由之衍生出许多洞察他人心理的谋略方式。

督带常胜军吴道煦禀进剿九洑州请预定派何营含攻先赐咨行等情由

【原文】

据禀均悉：三该军但[①]有文书期会，永无到防之日。何必预为裁定[②]？何必专文密订？何必早定派营，守九洑州、七里州等处？无论中国、外国，无论古人、今人，无论大官、小官，有才、无才，危急之际[③]、言而无信，便一钱不值矣。

【注释】

①但：只。
②裁定：判断、决定。
③际：时刻。

【译文】

我根据禀报了解：这支军队接到公文通知的派遣命令后，从没有一次按时到达防区。既然如此，何必要预先谋定军事行动呢？何必要用专门文书密封呢？何必要早早指定派哪支军队防守九洑州、七里州等地呢？无论是在中国还是在外国，无论是古人还是现代人，无论是大官还是小官，有才能还是没有才能，在危险的时候，说话而不守信用，无论有多周严的战略、多精良的士兵，都变得一文不值了。

【赏析】

曾国藩在此强调以“信”带兵、信则不欺的谋略思想。曾国藩认为：“言而无信，便一钱不值”。

以“信”治兵，除了必须要服从调遣、听从整体安排，准时到达防区与作战地点外，在对待部属，无论是对人还是对事，都要谦虚公正，不抱任何偏见、成见，也不受闲言闲语的干扰。

公元前256年，齐威王即位，其在位的9年中，一切朝政都委托大臣管理，自己从不过问。9年后，威王忽然召见即墨的大夫说：“自从你担任即墨的大夫以来，几乎每天都接到诽谤你的报告。可是经我派人调查即墨的情况：田野不断开拓、人民的生活富足，衙门的事务也处理得有条不紊，使我国的东方边境，没有任何危险的事情发生。这表示你尽心治理即墨，从未贿赂我身旁的众臣。”随后，威王赏赐他1万户的封地作为奖励。

齐威王排除众人对即墨大夫的诽谤干扰，并重赏即墨大夫，从而使齐国逐渐地强盛起来。

现代社会中，无论是政府机构，还是企业的领导者，都要取信于人，这样，自己的下属才能听从指挥，服从约束；如不能取信于人，便无法发挥团队效能。

以“信”治兵，还必须做到信赏、信罚。赏罚，历来是统治者非常重视的问题。在政治、经济、军事等各个领域，只要有统御和被统御的关系存在，这个谋略就有它的存在意义。《孙子兵书》开篇就在“五事”“七计”中提出“赏罚孰明”的问题。据《韩非子·外储说》记载：晋文公问狐偃，他给士卒和百姓很多好处，加缓刑罚、补不足等，不知能不能使军队勇于作战？狐偃明确回答：不足为战。晋文公又问：“然则何如足以战乎？”狐偃回答：“信赏必罚，其足以战。”即该赏者一定要赏，该罚者也一定要罚。后来，晋文公依狐偃之言，执法严明，在战场上取得了一次又一次的胜利。信赏必罚，是古今兵家极为重视的统御谋略之一。吴子说：“若法令不行，赏罚不信，金之不止，鼓之不进，虽有百万何益于用？”可见，吴子也把“信赏必罚”看作是对敌作战、欲求制胜的首要条件之一。

覆林秀山

【原文】

接到惠函并地图，练勇说籍悉一切[①]。地图莫精于康熙内府图[②]，其准望勾弦[③]，皆命星官[④]亲至各处，按诸天度测量里差[⑤]。乾隆内府图，又拓而大之，亦甚精当。盖出齐次风宗伯[⑥]之手。近时阳湖董孝廉方正[⑦]，依此二图定为一本。李申耆

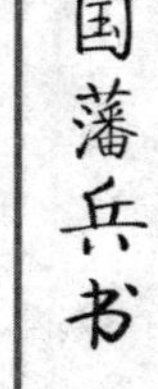

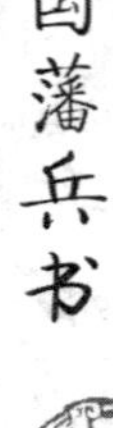

先生付诸剞劂[⑧],外间传本万善于此。洪稚存太史图,纸幅太隘[⑨],考安亦粗,即东西易位,在所不免,未可以据以为行军指南也。

【注释】

①练勇说籍悉一切:关于你训练士兵的意见我都了解。勇:指士兵。悉:了解。

②内府图:内府刻印的地图。内府为皇帝仓库,后通称皇宫的物品为内府之物。

③准望勾弦:指地图坐标。

④星官:掌管天文地理的官员。

⑤按诸天度测量里差:按地球经纬度测量土地距离。

⑥齐次风宗伯:即礼部尚书齐次风。宗伯本为古代六卿之一,所掌典礼同于后代礼部所掌之职,故后世称礼部尚书为宗伯或大宗伯。

⑦董孝廉方正:即孝廉董方正。孝廉本为汉代选举官吏的两种科目名称,后来俗称举人为孝廉。

⑧付诸剞劂:用雕版印刷书借。剞劂:刻刀。剞为曲刀,劂为曲凿。因版刻要先用刀刻字,故泛称书籍雕版为剞劂。

⑨隘:指纸张太小。

【译文】

收到你寄来的信件和地图,获悉关于你训练部队的所有意见。目前的地图没有比康熙内府刻印的地图更精确的。那份地图的地理坐标,都是皇帝命令专管天文地理的官员,亲自到各地按照经纬度测量之后,再修正误差才绘制出来的。乾隆时内务府又将地图按比例进行了放大,也很精确。这些地图都是礼部尚书齐次风亲手绘制的。近代阳湖举人董方正,以此二图为版本绘为一本,由李申耆先生雕版印刷。社会上流传的地图都没有这个完善。洪稚存的翰林院太史图,因为纸幅太小,而且没有认真考核,甚至连东西移位的地方也无法避免,不能作为行军指南。

【赏析】

曾国藩的时代比康熙年间晚了 100 多年,但是绘制地图的技术却赶不上百年前,真是发人深省。

中国历代皇帝中,康熙是唯一对西方科学投入热情、花费精力的帝王。他学习数学和使用科学仪器,还经常反复学习欧几里得几何中的重要命题,以便掌握更好的求证法。他曾亲口告诉来华的外国传教士,他曾将欧几里得的书从头到尾读了 12 遍以上。在一段时间之内,他每天利用 2~3 个小时的时间与耶稣会教士们讨论阿基米德与欧几里得。如果有一道难题他无法理解,他会三番五次地向教士们请教。这种对西方科学的罕见热情、专心致志与持之以恒的努力,使他的眼界比此前的任何一位帝王更宽阔。所以在他那个时代能绘制出中国历史上最精确的地图也就不足为奇了。

遗憾的是，康熙并没有成为彼得大帝，甚至他准备任命教士为朝内大臣的主张也因保守派的极力反对而停罢。自康熙以后，清政府闭关自守的倾向益强。乾嘉学派大师俞樾的观点反映出当时大多数中国人对西方科学的看法。他说："洋人巧器，亦呼为鬼工，而罗为安之，其自信知识在脑不在心。盖为人穷工极巧，可见心窍不开，在彼国为常，在中国则为怪也。"

早在孔孟时代，中原士大夫即持华夏中心论，认为中原华夏文明是最优秀的文化，其他边远少数民族地区都是低下的蛮夷文化。孟子明确地说，只有听说用华夏文明改变蛮夷地区文化，没有听说用蛮夷来改变华夏。清代康熙中叶以后的大多数士大夫正是继承这种思想，顽固地反对西方文化。同治年间，大学士倭人在反对京师创建学习外国文化科学技术的同文馆时，曾经说："读书人讲礼义，学圣人是为了报效国家，如果不读圣贤书，反而跟着洋人跑，会使歪风邪气猖狂。"在这种心理支配下，不仅中国士大夫产生盲目的排外心理，甚至连民众也普遍存有偏执狭隘的心理。曾国藩之子曾纪泽某一年乘小火轮返回家乡湖南，竟引起湖南官绅群起攻击，风波延续了几年。洋务派人士郭嵩焘乘火轮回家乡，家乡人竟然将那个他们视为怪物的洋机器烧毁！

正是这种根深蒂固的盲目排外心理使中华民族吃尽了苦头。从乾隆二十二年(1757 年)起，清朝政府鉴于国内人民与外国人交往日益频繁，担心交往的扩大会给自己的统治带来威胁，开始实行闭关锁国的政策。政府一方面限制中国人出洋贸易和居住，严格控制出洋船只的大小与装载货物的品种和数量，以及水手和客商的人数，一方面还规定了严格的往返期限。中外贸易活动只限于广州一个口岸通商，外商的贸易及其他事务的交涉，都必须和清政府特许的行商进行，不得和官府与民众直接交往；外商在华必须住在城外指定的商馆，不得擅自出入城市；对外贸易的品种和数量也有相应的严格限制。清政府的闭关锁国的政策，窒息了中国的对外贸易和航海事业，妨碍了中国向西方学习先进的思想文化和科学技术，对国家发展的负面影响不可估量。自此中国与西方的差距越拉越大。鸦片战争以后，列国打破了中国的国门，闭关锁国政策被迫取消。

同样面对外来文化的强烈冲击，中国近邻日本却采取与中国大不相同的态度：首先他们摆脱自我中心的文化意识，承认西方文明更为先进，然后"赶上或超过西洋文明的水准，而且不达目的誓不罢休"。19 世纪中期，日本封建统治危机日益加深，欧美列强的入侵又使日本面临沦为半殖民地的危险，阶级矛盾和民族矛盾极其尖锐。60 年代，农民起义和市民暴动风起云涌，资产阶级和新兴地主的政治代表，即下层武士领导的推翻德川幕府封建统治和反抗外国侵略，要求实行改革的"尊王攘夷"运动迅速展开。在农民和城市贫民武装起义的支持下，1868 年 1 月，倒幕派发动政变，宣布"王政复古"，迫使将军德川庆喜把政权交给天皇睦仁，成立了以天皇为首的中央政府。接着，天皇明治政府宣布了《五条誓文》和《维新政体书》。这两个文件是明治政府初期的改革纲领。根据这个表达地主资产阶级政治和经济要求的纲领，从 1868—1873 年间，明治政府在政治、经济、社会、文化等各个方面采取措施进行改革，确立以天皇为首的中央集权制，振兴工业、发展农业，扶植资本主

义，取消封建等级制，改革教育制度，注意培养人才，加强与外国往来学习西方科学技术等，为日本资本主义经济的发展开拓了道路。因此，“明治维新”成了日本从封建主义社会转变为资本主义社会的转折点，标志着日本近代史的开端。

日本史学家吉田茂在《激荡的百年史》中概括：“在领导者决定开放门户，汲取西方文明之后，一般国民不仅没有抵抗，反而采取欣然引进西方文明的态度。”正是这样普遍的社会思潮，促使当时的日本与中国完全朝向不同的道路发展。

与张石卿制军

【原文】

奉惠书，未即笺复[①]。比闻简调山东，自以密迩畿辅[②]，重资鸿筹，作镇海岱[③]。惟两湖吏治方就整饬[④]，军政亦有起色，遽尔[⑤]移节东征。不独文武方振之纲，莫为赓续[⑥]，即南北绅庶，亦若失所依倚。

弟自今岁以来，所办之事，强半皆冒侵官越俎[⑦]之嫌，只以时事孔[⑧]艰，苟利于国，或益于民，即不惜攘臂[⑨]为之，冀[⑩]以补疮痍[⑪]之万一，而扶正气于将歇。拣勇之举，亦非有他，只以近日官兵在乡，不无骚扰，而去岁丁勇有奸淫掳掠之事，民间倡道谣言，反谓兵勇不如贼匪之安静。国藩痛恨斯言，恐民心一去，不可挽回，誓欲练成一旅，秋毫无犯，以挽民心而塞民口。

每逢三八[⑫]操演，集诸勇而教之，反复开说至千百语。但[⑬]令其无扰百姓。自四月以后，闲令塔将[⑭]传唤营官，一同操演，亦不过令弁委前来，听我教语。每次与诸弁兵讲说至一时数刻[⑮]之久，虽不敢云“说法点顽石之头”，亦诚欲以苦口滴杜鹃之血。练者其名，训者其实，听者甚逸，讲者甚劳。今各弁固在，具有天良，可覆按而一一询也。国藩之为此，盖欲感动一二[⑯]，冀其不扰百姓，以雪兵勇不如贼匪之耻，而稍变武弁漫无纪律之态。

迨六月初提军[⑰]到省，谓防堵不宜操兵，盛暑不宜过劳，遂切责[⑱]塔将，而右护[⑲]清将。而中丞[⑳]亦疑弟子宜干预兵事。会弟与老兄有举塔劾清[㉑]之折，同时并发，而尊处又有礼斥塔将何不操练。提军遂疑兄与弟并力排之，皆挟私见而非公忠也。岂其然哉！岂其然哉！嗣后兵勇相争，弟虽常持正义，而每抑勇而伸兵，自谓寸心无私，可见谅于人人。逮初六日，兵哗之变出，论者或谓是有指嗾[㉒]，或谓早伏阴机[㉓]，何不预为之所。君子直道而行，岂肯以机械崄巇与人相竞御哉[㉔]！惟弟本以乡绅，半涉官事，全恃虚声以弹压匪徒。一有挫损，则宵小[㉕]得以窥伺，而终恐难一律以抽掣[㉖]。

【注释】

①笺复：回信。

②密迩畿辅：靠近京城。

③重资鸿筹，作镇海岱：钱多粮足，地理位置十分重要。筹本，计算工具，这里

代指粮物。海岱,东海泰山之间,地理位置十分重要。

④整饬;整顿。

⑤遽尔:突然。

⑥赓续:持续。

⑦越俎:即越俎代庖的略语,原意是说祭祀官代替厨师,比喻超越职权。

⑧孔:很。

⑨攘臂:振臂。

⑩冀:希望。

⑪疮痍:创伤,比喻民间疾苦。

⑫每逢三八:指每十天中的第三天和第八天。

⑬但:只。

⑭塔将:指塔齐布将军。

⑮一时数刻:一、两个小时。古代将白昼分为十二个时辰,故每一时辰为两个小时。

⑯一二:这里代指军中一些人。

⑰提军:指鲍起豹提军。

⑱切责:严厉斥责。

⑲右护:袒护。

⑳中丞:指中丞骆秉章。

㉑举塔劾清:推荐塔齐布,弹劾德清。

㉒指嗾:指使教唆。

㉓阴机:阴谋。

㉔以机械崄巇与人相竞御:用阴险欺诈的态度和手段待人,使人互相防备。机械,指巧诈。

㉕宵小:小人。宵,通“小”。

㉖抽掣:掣肘,干扰。

【译文】

收到来信还未及时回复。听说你调到山东,靠近京城,钱多粮足,地理位置十分重要。只是你刚刚完成整治湖南、湖北官吏的任务,军政的整顿才有些起色,突然带兵东征,不仅刚振兴的军政难以继续,就是四乡绅士民众也仿佛失去依靠。

自今年以来,我办的几件事,大多数是冒着侵犯其他官员的利益和职权的嫌疑。由于局势十分艰难,只要有利于国民,即使招致责难也要做,这是为了挽救社稷日渐衰颓的正气,为国家尽点力。我在这段时间训练湖南士兵并没有别的目的,只因最近一些官兵常常在乡下扰民,去年湘勇也曾发生过奸淫抢劫的事情。民间谣言四起,说官军反不如土匪,使他们的生活不得安宁。我痛恨这些谣言,也怕民心一旦离散便难以挽回,因此决心要练一支对百姓秋毫无犯的部队,以挽救民心,堵塞谣言。

所以每十天中的第三天以及第八天，我便要把部队集中起来进行训练、教育。反复向官兵说明纪律的重要，严令他们不得侵扰百姓。4月份以后，有时也叫塔齐布将军传令军官一起操练，让他们听听我的训话。我每次都向他们讲解一两个小时，虽不敢说我的教育肯定能扭转他们的思想，但我诚心诚意想借着苦口婆心的劝说感化他们。操练名义上是军事训练，实际上是思想教育。听得人很轻松，讲得人却很累。那些受过教育的士兵现在都在，他们接受我的教育之后，个个禀性良善，不信的话可以一个一个去调查。我这样做得目的是为了让他们受些感化，以后不再侵扰百姓，使官兵不如土匪的耻辱得到洗雪，稍稍改变士兵毫无纪律的现状。

到6月初，鲍起豹提军到省，认为不该这样练兵，他说酷暑盛夏练兵容易使士兵过于疲劳，并严厉指责塔齐布将军参与这件事，袒护不参加操练的清军将领。骆秉章中不信任我，认为我不该干涉军队的事。正好又遇上我和你同时向皇上进呈推荐塔齐布，弹劾德清的奏折，接着你又发函批评塔齐布将军不操练，于是鲍起豹便怀疑我们两人合作排挤他。这种人不从国家利益出发，而是抱着私人成见处事，真是岂有此理。此后凡是清兵和乡勇发生纠纷，我虽然有主持公道之心，却常是压制乡勇而偏袒清兵，但我自认为并没有一点私心，只是迫于时势，怕被别人排挤，不得不如此处置。到了初六这天，长沙发生兵变，到处议论纷纷，有人说兵变有人唆使，有人说这是预先策划好的阴谋。既然如此，为什么不早做预防？大凡正人君子都应光明正大，岂能钩心斗角相互防范呢？我只是一名士绅，半途奉命从政，全靠一点虚名镇压叛匪。一旦遇到挫折，无耻小人就暗中窥伺，唯恐天下不乱，一律采取扯后腿拆台的态度。

【赏析】

曾国藩所处的时代，内忧外患令有识之士痛心疾首。在亘古未有的外来势力压迫下，中国人本来应该一心向外，御敌强国，但像湘军与清兵、汉臣与清将那样的争斗却屡见不鲜。在兵不如匪的情况下，曾国藩忠心耿耿地为主子操劳可说是到了呕心沥血的地步，但却不断受到谣言中伤，确实令他痛心万分。

曾国藩在这里论述了争取民心的重要性。所谓"民心不可违"，善于统奉军队的人，往往能因此而做到战无不胜，败而不亡。制胜之方，其实并不全赖战争。远古时候，黄帝是以其仁德获得人民的拥戴，统辖四方；商汤王、周武王之得天下，也是在不得已时才誓师伐桀、纣；黄帝、汤武并不是一开始征伐就得到天下人拥戴。即使是在战争中暂时失败，只要能把握住机会，同样也会有反败为胜的可能；楚昭王不就曾在与阖闾的抗衡中反败为胜吗？

施行仁德、重视民心而轻征战是古人的传统观点，这种思想在先秦时期特别突出。然而战争的确会造成民不聊生，连年战争之后往往会出现"白骨露于野，千里无鸡鸣"的景况。以武制胜，胜不可久，常常会出现你征我讨、永无尽期的局面。有鉴于此，古人崇尚以仁示德，反对以武扬威。在当代，全世界人民都渴望有一个长治久安的和平环境，尤其是受到核武器威慑的情况下，更是激发人们的和平意识，人们再也不愿经受两次世界大战的灾难，不愿再看到两次世界大战的惨象。这种愿望及要求，与中国古人何其相似！

战争有胜必有败。在不得不面对战争时，首先当求胜，而且应当做到不但敢于取胜，更要善于取胜。“善胜”之法，上策是不战而胜，即既不需要布阵，也不需要誓师；下策才是动干戈、任征讨。不战而胜需要斗谋斗智，而且在战争进程中，哪怕暂时处于不利，甚至是失败的情况下，只要有信心、有勇气，即使需要忍辱负重，也会寻得反败为胜的机会。越王勾践不就成功地以“卧薪尝胆”之精神最后击败了猖狂一时的吴王夫差吗？中国的抗日战争，在蓄谋已久的日本侵略军的强大攻势下，中国军队连连失利，锦绣河山不到一年的时间大半沦入敌手；当时的情景曾使许多人茫然，甚至对抗战能否取胜抱持着怀疑态度，然而不屈的中国人民艰苦抗战，终于战胜了不可一世的日本侵略军。

不义不取，是自古以来的一种传统。孟子曾认为为了义可以舍生，即所谓“舍生取义”，历代的志士仁人，为了“义”，生命可以牺牲，家室可以不要；为了“义”，甚至还可以灭亲。可是“义”有公私之别，大公无私的义举历来受人颂扬。然而生活之中也有为私义而不惜一切的人，为私义者，总是结党营私，彼此袒护，从而使许多不法行为受到包庇，让许多不法之徒脱逃法网。这种为私义的行为受人鄙弃。再者，义有真伪，真义可以感动人心，如关羽作为“义”的化身，为了义，“身在曹营心在汉”，也为了义而公然放走曹操，他的行为被视为真“义”的典范。而有些“义”往往使人受到蒙蔽，如当今一些青年人，为了所谓的哥儿们义气而肆意所为，往往触犯法律而不知，真是可悲可叹。

再说行军作战，若是正义之举、顺乎天道，自然就能获取民心，得到百姓的支持；不义之师则是逆乎天理，失道寡助。日本发不义之师侵略中国，虽然猖獗一时，却终究失败。90年代，伊拉克入侵科威特，其行不义，结果也是以失败而告终。非正义之师，其行必败。“善师者不阵，善阵者不战，善战者不败，善败者不亡”，这是奉军作战应当遵循的古训。

与文任吾

【原文】

国藩回籍，侍养数日，已于廿七日驰抵衡城。窃念今日大局，若非练兵万人，合成一心，断[①]无以制此贼之死命。近时所调之兵，天涯一百，海角五十，卒与卒不习，将与将不和，此营既败，彼营掉臂[②]而不顾，哆口[③]而微笑。各营习见夫[④]危急之际，无人救应，谁肯向前独履[⑤]危地，出万死之域，以博他人之一微笑。以是相率为巧，近营则避匿不出，临阵则狂奔不止，以期于终身不见贼面而后快。言念及此，可为浩叹[⑥]，此贼有平时哉。

鄙意欲练勇万人，呼吸相顾，痛痒相关，赴火同行，蹈汤同往，胜则举杯酒以让功，败则出死力以相救。贼有誓不相弃之死党，吾官兵亦有誓不相弃之死党。庶[⑦]可血战一、二次，渐新吾民之耳目，而夺逆贼之魂魄。自出省以来，日夜思维，

目今之急，无逾于此，惟饷需不赀[8]，省中库存无几，不得不籍吾乡殷实之家，捐赀[9]佐饷，助我一臂之力，而壮众士之行。务折阁下转告寿珊、仙舸诸君，不惜齿牙余芬，道达区区[10]之意。于贵邑义士君子之前，求将夏间允捐之数，即日催齐于九月间解到衡州，至幸至祷。吾乡夙称仁里，有屈原贾生之遗风，岂乏高义薄云天、忠肝贯金石之人。傥[11]不以国藩为浮伪，而慨然佽助[12]，则国藩所祷祀求之，而不可得焉者也。所有捐输[13]，议叙开一简明章程，以期人人一见然，务恳广为传播，如收有数千或一万之数，望阁下约诸友亲解来衡，以叙私悃[14]，日内仍当遣一委员到贵邑，以便帮催此事。原以义声动人，如或吝于佽助，即亦不敢相强，惟阁下善为裁酌。

【注释】

①断：副词，绝对，一定。
②掉臂：甩着臂膊走，形容不顾而去。
③哆口：纷纷指责。
④夫：语气词。
⑤履：踩踏。
⑥浩叹：大声叹息。
⑦庶：幸，希冀之词。
⑧不赀：不可计量。
⑨赀："资"的异体字。
⑩区区：自称的谦词。
⑪傥：同"倘"，倘若。
⑫佽助：帮助。
⑬捐输：捐献财物。
⑭悃：欢乐。

【译文】

我回家乡，休养了几日，已于27日赶到衡州。我私下考虑当前的局势，若不训练上万人的军队，上下同心，绝不能将此叛贼置于死地。近期调来的部队，天涯100，海角50，士兵与士兵之间彼此不熟悉，军官与军官之间亦不和谐。这支营队打了败仗，其他营队则旁观不予支援，甚至在一旁张口嘲笑。各个营队已形成恶习，在危急关头互不救应。这样，谁肯奋勇向前，单独深入危险之地出生入死，最终却取得他人的嘲笑呢？所以军队争相投机取巧，当敌人进攻到营地时则躲藏起来不出战，临阵打仗时逃脱唯恐不速，都期望一辈子见不到贼影才痛快。说到这里，实在令人叹息。正因为这样，叛贼才有平时这样的猖狂。

我的意见是招募万名士兵加以训练，使他们同生死、共患难、赴汤蹈火，在所不辞。打了胜仗大家都能举杯庆贺互让功劳，打了败仗大家都能拼死挽回劣势。叛贼有誓不相弃的死党，我们官军也应有誓不相弃的死党。到那时，就可以与叛军血战一、二次，逐渐使人民的耳目为之一新，而使叛贼胆战心惊、丧魂失魄。自从离开省城以来,我日夜都在思考,当前最急迫的事便是军饷的缺乏。省城库存不多,不得不向家乡的富裕人家多方筹集,以助我一臂之力,并支援出征的将士南下。请您一定转告寿珊、仙舸诸君,不惜多费口舌,转达我的微薄谢意。在贵处义士君子面前,请求将他们在夏季答应的那一部分捐款,尽快如数催齐,于9月份押送到衡州,真诚地感谢和为您祈祷。咱家乡历来是礼仪之邦,有屈原和贾生的遗风,哪能缺少义气高于云天,忠肝能穿金石之人。但假如他们不认为我是虚伪之人而愿意给予慷慨帮助,那则是我祈祷恳求而不容易得到的结果。有关捐赠,准备拟定一份简明章程,以便人们看后一目了然。诚恳地请求人们广为传之。如能收到数千或一万之资,希望阁下约好诸位朋友亲自押解到衡州来,并叙我们的欢乐。日内我仍将派一委员到您那里,帮您催办这件事。但要以仁义打动人心,如果他们吝啬资财不愿对我资助,切不可强迫。请阁下酌情裁处。

【赏析】

曾国藩在此提出了两个重要的军事谋略,一是团结一致,群策群力;一是军饷问题。

要做到"合成一心",官兵之间必须同甘共苦。《淮南子·兵略训》说:"将必与卒同甘苦,俟饥寒,故其死可得而尽也。"《黄石公三略·上略》曰:"夫将帅者,必与士卒同滋味而共安危,敌乃可加。……与之安、与之危,故其为可合而不可离,可用而不可疲。以其恩素蓄,谋素合也。故曰:蓄恩不倦,以一取万。"《经武要略》曰:"与士卒同甘苦,得群心谓之众,失群心谓之寡。"另外,《练兵实纪》《兵经百字》等书,都对"同甘共苦"有许多论述。可见,作为一种治军率众的谋略,此一问题为历代兵家所重视。

两军相敌,争战厮杀,虽然决策定计权在将帅,但战争最后胜利,仍然靠全体官兵奋战。军队的基础在士兵,没有全体士兵的奋战,再高明的决策也难以实现,任何战争也无法取胜。

这个谋略的要义在于:加强军队间的团结,军士之间、将帅与士卒之间同甘苦、共安危,并以此情分感化士卒,以达到促使士卒自觉地投入战斗,愿与之生、与之死,拼命与敌人作战的目的。

与士卒同甘共苦,上下一心,可以取信于士卒,以一人之心,争取万人之心,精诚团结,英勇作战,历史上这一类的战例很多,因而历代将帅都把它当作治军作战的基本原则之一。

公元450年,沈璞守盱眙(今江苏盱眙),南朝宋将臧质兵败,要求入城。幕僚认为,城里地狭人多,若再接纳败军,恐造成负担,故主张闭门不受。沈璞却说:"舟楫之计,固已久息,敌人的残害,古今未有,屠剥之苦,众所共见,就是那些幸存者,也要被驱赶到北国去做奴婢,臧质的士卒当然害怕啊!"因此,沈璞认为应该同舟共济,共同退敌。于是开门接纳败退的部队,合兵一处,共守盱眙。魏军进攻,三旬不下,只好烧掉攻具而退。

显然,这和当今社会在治军问题上所强调的"同舟共济"有很大不同。我们强

调的是将帅士卒根本利益的一致性，人与人之间，情同手足。要求每个人树立全局观念、整体观念，严格执行命令，树立密切协同的思想，形成完整的战斗力，以克敌制胜。

覆江岷樵[1]中丞

【原文】

来示，论兵勇短长，最为切当。仆于二月间，复魁太守书有云：“岳王复生，或可换孱兵之筋骨，孔子复生，难遽变营伍之习气。”虽语涉诙谑[2]，实痛切之言也。今欲图谋大局，万众一心，自须别开生面，斩新日月，专用新招之勇，求忠义之士将之，不杂入营稍久之兵，不用守备以上之将。国藩之意，盖与阁下若符契耳。添勇六千之说，昨因令弟达川，带勇一千进省，即令其先将此勇赶紧赴皖，以备阁下爪牙之需。其余五千，须俟船炮办齐，水陆并进，乃可有济。省申诸友及璞山[3]之意，皆欲急急成军以出。国藩思此次由楚省召勇东下，一以为四省合防之计，一以助阁下澄清之用，必须选百练之卒，备精坚之械，舟师则船炮并当，陆路则将卒并愤，作三年不归之想，为百战艰难之行，岂可儿戏成军！仓卒一出，人尽乌合，器多苦窳[4]。船不满二百，炮不满五百，如大海簸豆，黑子著面，纵能迅达皖省：究竟于事何补。是以鄙人愚见，总须备战舰二百号，又辅以民船，载货者七八百，大小炮千余位，水勇四千，陆勇六十，夹江而下，明年成行，与麾下相遇于九江、小孤之间，万始略成气候。否则名为大兴义旅，实等矮人观场，不值方家[5]一哂[6]耳！明知阁下盼望此勇甚切，然速而无益，不如迟而有备。且阁下初到庐江，办宜将吏治民事，略为整顿，即陆路堵御，本境剿匪，有随身带往之勇，有达川绩往之勇，有李少荃[7]旧练之勇，亦尚足资捍卫。想卓裁定，以为然也。

【注释】

①江岷樵：名忠源，湖南新宁人，湘军将领。因镇压太平军有功，后外迁至知府、湘北巡抚等职。太平军攻克安徽庐州时投水自尽。

②诙谑：滑稽而略带戏弄之意。

③璞山：即王鑫，璞山为其表字。曾国藩在整治团练之事时，曾协助共理。

④苦窳：粗劣。

⑤方家：原指深于道术之人，后指精通某种学问和艺术的专家。

⑥哂：讥笑。

⑦李少荃：即李鸿章，少荃为其字。安徽合肥人，道光进士，授翰林院编修。曾为曾国藩幕僚。

【译文】

来信说到官兵与湘勇的优点和缺点，甚为精辟恰当。我于二月间，给魁荫亭太守的信中说："岳飞如复生，或许可以使这些软弱散漫的士兵脱胎换骨，但假如孔子再生，却难以迅速改变军队中的恶习。"虽然这些话说得有些戏谑，但实在是切中时弊的肺腑之言。目前要谋划大局，必须万众一心，才能别开生面，改换天地；只使用新招收的乡勇，选拔忠义的绅士、文生作为他们的统帅，纯洁队伍，不混杂入伍稍久的士兵，也不使用过去守备以上的军官。我的想法和阁下的意见完全相符合！需要增加6000湘军的事情，昨天因为令弟达川带兵1000员进省，当时即已命令他将这支部队迅速带赴安徽，以满足您的急需。其余5000，须等船炮办齐，水陆并进，才能对您有所支援。省内诸位朋友和王鑫的意思，都是想赶紧编组军队出师。我认为此次从湖南招募楚勇东下，一方面是为了4省的共同防御，另一方面也为帮助阁下清剿逆贼，因此，必须挑选训练有素的士兵，配备优良的武器装备，水师要船炮齐备，陆军则须将士斗志昂扬，做好3年不归的心理准备和经历数百次艰难战斗的物资准备，岂能像儿戏一样随便组建军队，仓促出兵呢？如若士兵都是乌合之众，武器装备少又粗糙，船不足200，炮不够500，那么只能是沧海一粟，大面积上的一个黑点，不值得注意，即使能迅速到达安徽，对战事又有什么帮助呢？按照我粗浅的意见，总得准备战舰200艘，还要有民船和载货船七、八百艘辅助，大小炮千余门，水兵4000，陆军6000，沿江而下。明年办完启程，与您在九江和小孤山之间会师，那时才有可能成大气候。否则，看起来像大兴仁义之师，实际等于矮人看戏，不值得行家一笑！明知您急切地盼望湘军增援，但仓促出师又没有好处，不如延迟一段时日，等准备充分之后再出师。况且您初到庐江，也应该将官吏和民事稍微整顿一下，即使是陆地上需要防御逆贼、境内需要剿匪，您有随身带去的部队，又有达川随后带去的湘勇，还有李鸿章过去训练的部卒，依靠这些部队也足以保卫庐江了。我想让您裁决，也会做出相同决定的。

【赏析】

曾国藩在这封信里再三强调军队上下要团结一致、"万众一心"，以"图谋大局"的谋略思想，另一方面又提出军队武器装备问题，强调军队的粮饷供应。

只有团结一心，才能增强自己的战斗力，以争取战争的胜利。《六韬·文韬·文师》云："同天下之利者得天下，擅天下之利者失天下。"就是强调团结一心、上下一致，以争取克敌制胜的观点。两军相敌，争战厮杀，虽然决策定计权在于将帅，但要取得战争的最后胜利，仍然要靠全体官兵奋勇作战。军队的基础在士兵，没有全体士兵的奋勇作战，再高明的决策也难以实现，任何战争也无法取胜。因此，孙武把"上下同欲"当作用兵打仗能获取胜利的重要谋略之一，总结了治军作战的重要规律。

公元前周赧王年间，燕昭王用乐毅为上将军，联合6国之军一同伐齐。燕昭王与乐毅意见统一，方略一致，乐毅在前线征战，燕昭王不但赏赐乐毅家衣物，并派人带大批礼物送给乐毅，立为齐王，以示信任。乐毅不受，回书向燕昭手表示誓死效忠。燕军仅花费半年时间，连夺齐70余城，仅剩两座城池未攻下。

公元前279年，乐毅伐齐将要取得最后胜利时，燕昭王薨逝，燕惠王即位。当惠王为太子时，即对乐毅心有不满。齐国田单乘机施行离间计，使燕惠王派骑劫代替乐毅。乐毅知道燕惠王居心叵测，怕回国后被杀，向骑劫交出兵权后便投奔了赵国。燕军将士因此愤愤不平，军心涣散，齐国转败为胜。这一段历史，从正反两个方面说明了：临敌作战，"上下同欲者胜，上下不同欲者败。"

兴王璞山

【原文】

仆于十六日到家，身染小恙，比已全愈。每念天下大局，极可伤痛。桂东之役，三厅兵寻杀湘勇于市，足下所亲见也。江西之行，镇筸[①]兵杀湘勇于三江口，伤重者十余人。七月十三、八月初六，省城两次兵噪，执旗吹号，出队开仗，皆以兵勇不和之故。七月二十四，临庄诸君遇难，亦以镇筸云贵兵见贼逃溃，危败不救遂致，斯痛！盖近世之兵，孱怯极矣。而偏善妒功忌能，懦于御贼，而勇于扰民。仁心以媚，杀己之逆贼，而狠心以仇胜己之兵勇。其仇勇也，又更胜于仇兵。曩[②]者己酉新宁李沅发[③]之变，乡勇一跃登城，将攻破矣，诸兵以鸟枪击勇坠死，遂不能入。近者兵丁杀害壮勇之案，尤曾见叠出，且无论其公相仇杀，即各勇与贼事殷之际，而各兵一不相救，此区区之勇，欲求成功，其可得邪。不特勇也，即兵与兵相遇，岂闻有此营已败而彼营冒险往救者乎？岂闻有此军饿死而彼军肯分一粒往哺者乎？仆之愚见以为，今日将欲灭贼，必先诸将一心，万众一气，而后可以言战。而以今日营伍之习气，与今日调遣之成法，虽圣者不能使之一心一气，自非别树一帜，改弦更张，断不能办此贼也。鄙意欲练乡勇万人，概求吾党质直[④]而晓军事之君子将之。以忠义之气为主，而辅之以训练之勤，相激相劘[⑤]，以庶几于所谓诸将一心，万众一气者，或可驰驱中原，渐望澄清。

【注释】

①镇筸：地名，在今湖南省凤凰县南。

②曩：以往，从前。

③李沅发：太平军毕再浩的旧部，后投降清罩，一八四九年在湖南新宁再次起义。

④质直：正直，质朴而率直。

⑤劘：磨。

【译文】

我于十六日到家，身体患了点小病，现今已经痊愈。每当想起天下大事，就十分痛心。在桂东打仗时，三厅兵在街上寻杀湘军的情形，您是亲眼看到的。在江西打仗时，镇筸兵在三江口杀伤湘军，重伤者就有 10 多人。7 月 13 日、8 月 6 日，省城发生两次士兵哗变，竟然执旗吹号，列队打仗，都是因为官兵和湘军不团结的缘故。7月24日临庄众人遇难，也是因为镇筸、云南、贵州等官兵，见了敌人就逃，看到我军危急而不救援所造成的惨痛结果！现在的官兵，懦弱胆小极了，但偏偏善于妒功嫉能，与敌人作战胆怯，骚扰百姓却那样勇敢。残杀异己比杀敌还狠，仁义之心早已泯灭。没有哪种仇恨胜过仇恨自己的官兵和乡勇，而且对乡勇的仇恨比对官兵更厉害。如过去的己酉年（即1849年），李沅发在新宁县叛乱，乡勇们奋力登城攻战，城将要被攻破时，官兵反而用鸟枪向攻城的乡勇射击，不少乡勇坠城而死，无法接近城池。官兵残杀乡勇的事件，层出不穷。无论是各军共同对敌，或各种军队与太平军激烈战斗的时候，各路官军对乡勇从不救应。这样的军队，要想靠他们取得成功，怎么可能呢？不单单对乡勇的态度是这样，就是官兵与官兵之间也是如此。难道谁曾听说过这一营战败了而另外一个营冒险前往救援的？谁曾听说过这支军队快饿死了，而另一支军队肯从自己的粮食中分出一粒米给对方吃的？可以说，从来就没有。因此，以我之浅见，要消灭太平军，首先要各将领同心同德，士兵们万众一心，然后才能谈到打仗的问题。根据现在部队所存在的邪气恶习和部队调动的办法，即使是圣人也难以指挥。要让官兵上下一心，非要独树一帜，改变旧的制度和办法不可，如不这样，绝不能消灭叛贼。我的意思是需要训练乡勇万人，一概从我们的士绅、文生中选拔，让品德高尚又通晓军事的人去统率，灌输部众忠君报国的思想，同时辅以艰苦严格的军事训练，相互激励和磨炼，即所谓诸将同力、万众一心。这样的军队才有希望驰骋中原，荡平敌寇。

【赏析】

曾国藩在此所论述的仍是军队的团结问题。他强调只有“诸将一心，万众一气，而后可以言战”。

曾国藩这个理论极为重要。《将苑》也指出：“用兵之道，要在人和。人和，则不劝而自战矣。若将吏相猜，士卒不服，忠谋不用，群下谤议，谗慝互生，虽有汤、武之智而不能取胜于匹夫，况为人乎。”“人和”的重要性，这里讲得很明白，但如何做到“人和”呢？这就必须先从将帅做起。

一是要推功于人，揽过于己。西汉名将卫青，在这方面堪称楷模。据《汉书》记载，卫青不仅英勇善战，而且有大将的品德和气度。他曾亲奉骑兵，七次出击匈奴，屡获大胜。然而，他从不居功邀封，总将功劳归于汉武帝与众将，因而深得部属的爱戴。

二是严于责己，知错即改。在这方面，战国时的廉颇最具代表。廉颇起初曾居功自傲，影响团结，但由于他后来能幡然省悟，向蔺相如“负荆请罪”，终于使得“将相和”，两人还因此成了“刎颈之交”。

三是折节容下，宽以待人。据《三国志·吴书》载：三国时的周瑜，不仅是一位足智多谋的军事统帅，而且是一位豁达大度的谋略家，并非《三国演义》中，那个心胸狭窄、不能容人的形象。而程普则是东吴一员战功卓著的老将，由于年高资深，被人尊称为“程公”。程普初时自恃不凡，不把年轻的周瑜放在眼里。当周瑜被任命为东吴全军的统帅，程普更是不服气，还多次寻衅侮辱周瑜。但周瑜从不计较，

一直非常尊重程普，并主动前往程府探视相请教，终于使老程普感动得说："与周公瑾交，若饮醇酒，不觉自醉。"

四是相互协作，荣辱与共。明代的戚继光非常重视官兵之间、士卒之间相互救助的行为与情谊，并将其明定为一条令予以推行。他在《纪效新书·阵令篇》中规定："凡每甲一人当先，八人不救，致令阵亡者，八人俱斩。一甲被围，别甲不救；一队被图，本哨各队不救；一哨被图，别哨不救，致令失陷者，具法斩其哨、队、甲长。"相关这类近乎连坐性质的条文，还有许多，其目的就是让大家自觉地从整体利益出发，互相救援，团结一心，共同杀敌。

可见，部属间的和睦互助与协调一致，不是凭空得来的。"和"，乃是将领自身修养与统率艺术高度结合的产物。"和"，来之不易，影响巨大，以和为贵，获得团结与友谊，比什么都重要。

兴魁荫亭[①]太守

【原文】

国藩以前月下旬，于寓中设审案局，十日内已戮五人。世风既薄，人人各挟[②]不靖[③]之志，平居造作谣言。幸四方有事而欲为乱，稍待之以宽仁，愈嚣然自肆，白昼劫掠都市，视官长蔑如也。不治以严刑峻法，则鼠子[④]纷起，将来无复措手之处，是以，壹意残忍，冀回颓风于万一。书生岂解好杀，要以时事所迫，非是则无以锄强暴，而安我孱弱之民。盖与阁下为政，夙心颇相契合也。前信已封未发，适接来书，盖多至论。就现在之额兵练之，而化为有用，诚为善策。然习气太盛，安能更铸其面目，而荡涤其肠胃？恐岳王复生，半年可以教成其武艺；孔子复生，三年不能变革其恶习。故鄙见，窃谓现在之兵，不可练之而为劲卒。新募之勇，却可练之，便补额兵。救荒之说，自是敝邑与贵治急务，然公帑既难于四颁，而民间又无可多捐，虽有善者，亦不过补救十一。侦探本当今第一急务，张制军北去时，曾与弟约，每日一信，今去已久，仅接二书。下游消息，亦未细叙。初六得江西信，知粤匪于十一破九江，十七陷安徽，廿五又去安庆，而东下矣。湖南去贼日远，籍可少息。

【注释】

①魁荫亭：即咸丰时湖南宝庆知府魁联。

②挟：心里怀着怨恨。

③不靖：不安定。

④鼠子：鄙视他人的言词，犹如说"鼠辈"。

【译文】

我上个月下旬在寓所设立了审案局，10 天内杀了 5 个人。由于社会风气的刻薄，世人又各自抱着不可告人的目的，对我凭空捏造了许多谣言。恰好此时各处闹事，贫农会党又欲叛乱，对他们稍加宽仁，他们的气焰则更加嚣张，竟蔑视长官，肆无忌惮于光天化日之下在城市里劫掠。对这些人不使用严刑峻法痛加诛戮，则将会有更多和他们一样的人出现，将来就无从下手处置他们了。所以，我坚持对他们实行残酷镇压，以达到扭转一点社会颓风败俗的目的。并不是我这个书生爱开杀戒，完全是形势所迫，不这样做就不能够铲除强暴，安定懦弱的庶民百姓。我与您同时从政，夙愿是相同的。前一封信写好了，但尚未寄出，刚好又收到您的来信，就多谈一些。如果就以现在国家的军队，经过训练把他们变成素质良好而有用的兵勇，那是最好不过的办法。然而，他们的腐败习气已经过于严重，岂能重新改变他们的面貌，从本质上洗刷他们内在的污浊呢？岳飞若能复生，用半年的时间或许能把这支军队的武艺训练好；但若使孔子复生，花费3年的时间也改变不了他们的恶习。所以，以我之见，现有的士兵因陋习已根深蒂固，是无法训练成有战斗力的军队，而新招收的兵勇却可以练好以代替现有的武备。关于救荒的问题，是我这里和你那里的当务之急，但公款既难于四处颁用，而民间又无法征收捐税，虽有善良的人给予捐款，也只能补救极小部分。搜集军情本来应是当前的第一要紧大事，张制军在北去时曾和我约定，每天通一封信，现在已经过去了很长时间，仅接到他的两封来信。关于长江下游的情况也写得不详细。本月初六我收到从江西来的一封信，获悉太平军于11日攻破九江，17日安徽失陷，25日占领安庆后东下。太平军离湘南越来越远，借此机会正可以稍做休息。

【赏析】

曾国藩在此主张以重刑治理乱世，坚持严刑峻法。

的确，所谓治乱世用重典，矫枉必须过正。“矫枉过正”较早见于《越绝书》，作“矫枉过直”。《盐铁论》也有此语，作“挠枉者过直”。唐朝的学者颜师古注道：“桥，与矫同。枉，曲也；正曲曰矫。言矫秦孤立之败，而大封子弟，过于强盛，有失中也。”

《后汉书》在评论马武等所谓“中兴二十八将”的功绩和汉光武帝纠正前汉封赏功臣过重的缺点时也说：“故光武鉴前事之违，存矫枉之志。”这一句下面，又有注道：“矫，正也；违，失也；枉，曲也。”孟子曰：“矫枉者过其正。”

但是，《后汉书》武英殿本（清朝乾隆年间的校印本），却在这个原注之下，加注道：“今本《孟子》无此语。”大概，早先的《孟子》中是有“矫枉过直”和“矫枉者过正”等语的，而后来以至现存的《孟子》，则已失传了有关的章句。因此，孟子最初说这句话的含义是不可考了，而后来的人则都把它用作“过火”“过分”，比喻纠正某种缺点或偏差而做得过了头的意思。

在一个国家或一个团体、部门，当某一不良风气或不良习惯出现时，作为领导者，要纠正这一个偏差，采用不偏不倚的中庸办法，常常无法达到预期的目的。急切解决问题的领导者，常采用矫枉过正的方法。采用这个方法，如同要弄直一根弯了的竹竿或扁担，如果只是把弯了的竹竿或扁担压到正直或水平位置，是难以达到目的的。只有把弯了的竹竿或扁担压到与弯度相反的水平或垂直线之外，待弯了的竹竿或扁担慢慢弹回，才有可能使其达到“正”“直”的标准。

与储石友[①]

【原文】

弟移驻衡城，公私平顺。每念天下大局，不堪再有失坏。意欲练勇六千，概求吾党忠义朴诚之士统领，而一归江岷樵调度，以为澄清海宇之具，而纾君父宵旰[②]之忧。昨阁下禀来，即令魏崇德归湘，补招一百，合成一营，茶陵安仁之事，经塔副将[③]一战成功。其善后事宜，搜捕余匪：妥抚难民，请阁下与周守备妥为办理。诸勇在外，须约束严明，秋毫无犯，至要，至要。待安仁一案办理完毕之后，即与周守备，带勇同来衡城，商议一切。在外无事，每日仍须认真训练。将来到衡，恐为日不多即须东征，不得多加操练之功也。

【注释】

①储石友：名玫躬，字石友，咸丰四年进攻宁乡时兵败被杀。

②宵旰：古代用以形容帝王勤于政事。

③塔副将：即塔齐布，字智宁，满州镶黄旗人，清军参将，屠杀太平军的刽子手。

【译文】

弟自从移防衡州以来，公事私事都很顺心。每当思虑到天下的大局时，我认为无论如何都不能再让国家的领土丧失了。我的意思是要训练湘勇 6000 人，一律选拔绅士中有忠肝义胆、诚实正直的人去奉领，统一归江忠源指挥，作为扫除天下叛贼的工具，以解除皇上为国家安宁日夜操劳的忧虑。昨天收到阁下的来信，便立即命令魏崇德回湘乡，补招 100 名乡勇，编为一个营。茶陵安仁的事情，经过塔齐布副将军指挥，一战取得成功。有关善后事宜，如搜捕残余的土匪、安抚群众百姓，请您和周守备妥善地办理。军队在外，要严加约束，做到纪律严明、秋毫无犯，这是最重要的。等安仁一案办好之后，您立即和周守备共同把军队带到衡州来，以便商议一切有关事宜。在外无事时，每天仍然需要抓紧时间认真训练军队。将来到衡州，恐怕没有多少日子就要东征，那就没有更多的时间、工夫来训练军队了。

【赏析】

曾国藩在此强调了军队必须纪律严明、与民秋毫无犯，坚持从严治军的谋略思想。

纪律是军队的生命，无纪律的军队无异于一群乌合之众，在军事活动过程中，只有维护民众的利益，才能赢得民众的支持，立于不败之地。

在元末起义军中，朱元璋的军队纪律最为严明。朱元璋认为，只有“惠爱加于民，法度行于军”，才能得到民众的信任和支持，也才能夺取战争的最后胜利。在攻破和州后，朱元璋被郭子兴任命为和州总兵官，他上任后发现官府、军队中有掳掠民女的现象，当即召集将领道：“掳人妻女，使民夫妇离散。军无纪律，何以安众？凡军中所得妇女，当悉还之。”第二天，他把和州城中的男子和所掳掠的妇女叫到州府前，让他们相认，如果是夫妇的，可以离去。朱元璋采取的这个措施使人民“家室得完，人民大悦”，为其日后的发展奠定了良好的基础。

《史记·淮阴侯列传》载：秦朝末年，项羽听说刘邦夺取了关中，并派兵守关，以拒绝其他诸侯军，非常恼怒，准备攻打刘邦。项羽的季父项伯与刘邦的谋士张良是故交，于是项伯连夜把这一危急情况告诉了张良。刘邦对项伯说，他的军队进入关中，军纪严明，“秋毫无所害”，“除秦苛法，与秦民约法三章耳”，所做的一切都是为了迎接项羽的到来，故不必担忧。

在元末起义军中，朱元璋的军队纪律最为严明。朱元璋认为，只有“惠爱加于民，法度行于军”，才能得到民众的信任和支持，也才能夺取战争的最后胜利。在攻破和州后，朱元璋被郭子兴任命为和州总兵官，他上任后发现官府、军队中有掳掠民女的现象，当即召集将领道：“掳人妻女，使民夫妇离散。军无纪律，何以安众？凡军中所得妇女，当悉还之。”第二天，他把和州城中的男子和所掳掠的妇女叫到州府前，让他们相认，如果是夫妇的，可以离去。朱元璋采取的这个措施使人民“家室得完，人民大悦”，为其日后的发展奠定了良好的基础。

卷下　曾国藩治兵语录

本章导语

《曾国藩治兵语录》的条目基本上都选自近代名将蔡锷所编的《曾胡治兵语录》。

《曾胡治兵语录》辑录于1911年，蔡锷作序，每篇章后都写有按语。书中的曾就是曾国藩，胡是胡林翼。胡林翼字贶生，号润芝，湖南益阳人。其父原是嘉庆进士，十分推重程朱理学，因此胡林翼从小便受到理学的熏陶。他和曾国藩是同一时代的人。1854年他以道员衔率黔军到湖北，与湘军一道反攻武昌。两年后升任湖北巡抚，全力支援曾国藩围剿太年军。

蒋介石非常推崇《曾国藩兵书》，在他担任黄埔军校校长时，曾加以增补，并将该书定为教材。该书的兵法思想，对现代中国军官、将领，以及现代战争史都具有极大的影响。

《曾国藩治兵语录》，主要涉及军事人才的选拔、选拔的标准，以及治军打仗的一些原则。在曾国藩看来，好的将领必须具有“勤、恕、康、明”的品德。同时，他主张“以礼治军”，认为“带勇之人，用恩莫如仁，用威莫如礼”。他认为士兵的斗志和将领的谋略往往决定战争的胜负。他极为重视军事训练和纪律教育；在临敌作战

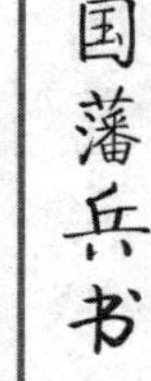

方面，他主张应扼守要地，巩固后方，积极进攻，各个击破；主张集中兵力，戒除浪战。认为将领应身先士卒，军事上主张扎硬寨、慎战，同时也主张抓住战机主动出击，讲奇正，重计谋。

尊贤使能

【原文】

拣选将材，必求智略深远之人，又须号令严明，能耐劳苦，三者兼全，乃为上选。

求人自辅[①]，时时不可忘此意。人才至难[②]，往时在余幕府[③]者，余亦平等相看，不甚钦敬，洎[④]今思之，何可多得？弟当常以求才为危，共闾冗[⑤]者，虽至亲密友，不宜久留，恐贤者不愿共事一方也。

取人之式，以有操守而无官气，多条理而少大言为要。办事之法，以五到为要。五到者，身到、心到、眼到、手到、口到也。身到者，如作吏则亲验命盗案，亲巡乡里[⑥]，治军则亲巡营垒，亲探贼地是也。心到者，凡事苦心剖析。大条理、小条理、始条理、终条理，理其绪而分之，又比其类而合之也。眼到者，注意看人，认真看公牍[⑦]也。手到者，于人之长短，事之关键，随笔写记，以备遗忘也。口到者，使人之事既有公文，又苦口叮嘱也。

第一戒个骄字，心根之际若有丝毫骄矜，则在下之营官必傲，士卒必惰[⑧]，打仗必不得力矣。第二守个廉字，名位日尊，岂有怕穷之理？常使在下之将官多占些便益，士卒多沾些恩泽，则人人悦服。切不可处处打算，惹人谈论。得了名，就顾不了利。莫作名利双收之望，但重名扬万古之志。

【注释】

①辅：辅助、帮助。
②至难：特别困难。
③幕府：古代军队中将帅办公的地方。
④洎：到，及。
⑤闾冗：重要。
⑥乡里：乡下。
⑦公牍：公文。
⑧惰：怠惰、散漫。

【译文】

挑选将才，要找具有深远智慧谋略的人，而且要号令严明，能耐劳苦，这三个条件都具备，就是最好的人选。

要求别人辅佐自己，时时刻刻不能忘记这些道理。获得人才是非常困难的，过去有些人做我的幕僚，我只是平等对待，对他们不是很钦敬，今天看来，这些人是多么地不可多得。你应该常常把寻求人才作为重要的任务，至于那些无能之辈，即使是至亲密友，也不应久留，这主要是担心有才的人不愿与他们共事。

择取人才的方式，以有节操而没有官气、条理清晰而又不说大话为关键。办事的关键是要做到“五到”，即身到、心到、眼到、手到、口到。所谓身到，就是作为官吏对命案、盗案必须亲自勘验，并亲自到乡村巡视；作为将官就必须亲自巡视营地，亲自察看敌情。心到，就是凡事都要仔细分析它的大条理、小条理、起初的条理和结束时的条理，既要理清它的头绪而与其他事做一区别分析，又要归纳它的特点，类比近似的事理。眼到，就是要专心地观察人、认真地读公文。手到，就是对人的才能长短、事情的关键所在，动作笔记，以防止遗忘。口到，就是在命令人做事时虽然已有公文，仍要苦口叮嘱。

为人将领第一要戒“骄”字，心里如果有丝毫骄矜之气，那么他手下的营官必然傲气十足，士兵怠惰，打仗不肯出力。第二要守“廉”，自己的地位一天比一天高，哪还有怕穷困的道理？要经常让自己的手下将官多获利，德泽也要施于众将士，如此就会人人心悦诚服，千万不要处处为自己打算，引发人们的议论。既然有了名，就无法再去顾及利，不要有名利双收的奢望，但必须有名传万古的志向。

【赏析】

曾国藩在此论述选择将才的原则。对他的这些观点，蔡锷是这样评价的：“古人论将有五德，曰：智、信、仁、勇、严。说得非常精要，要求也特别高。西方人谈论将领时，总要称‘天才’。换句话说，将领需要天赋的智慧与勇敢。而曾国藩、胡林翼都主张作为将领必须要有良心和血性。真可谓中肯之论，同时也是他们独到的看法。

“咸丰、同治年间，太平军攻陷东南十余省，东南半壁，沦陷殆尽。两公原本是一介书生，都是翰林出身，一个是清宦，一个是僚吏，对于统兵打仗，他们连做梦都没有想过，他们平时所做的事，与行军打仗没有丝毫关系。只因有良心血性，而使他们的才干，发挥得淋漓尽致，军功卓著，恩泽全国。他们的功勋、行事、言论，可与古今的名将相媲美，而且毫不逊色。”

“这难道不是精诚所至，金石为开吗？假如他们二人与一般人并无二致，那么，他们最多也不过做一名显赫的官员，或者做一个小有名气的作家，随着岁月的流逝而湮灭，如何能够从军队中奋起，平定国难，建立旷世奇功呢？”

“以上各节，言辞大多十分沉痛，都是悲叹人心沉沦，志节不振作。眼下，时局的险恶、祸患的剧烈程度，大概 10 倍于咸丰、同治时期。我们身为军人，若不确立宏大的志向，以救国为目的，以为国捐躯为归宿，就不足以救同胞出苦海，使国家走上正常发展的道路。我们必须把这颗赤诚之心，奉献给九死一生的战场，义无反顾，才可能于事有补。如果大家果真能下定决心，百折不挠，那么千灾百难皆可迎刃而解。假如我们这些做将校的人，都以居高官、受厚禄，安享荣华富贵为追求的目标，士兵则以获取虚名和军饷为追求的目标，那么，曾、胡二人必定要痛哭于九泉之下了。”

正是基于对将才的器重，所以每到一地，曾国藩即广为寻访、延揽当地人才，如在江西、皖南、直隶等地他都曾四处求才。他的幕僚如王必达、程鸿诏、陈艾等人都是透过这种方法求得的。与捻军作战期间，曾国藩在其所出“告示”中特别列出“寻访英贤”一条，以布告远近：“本部堂久历行间，求贤若渴，如有救时之策，出众之技，均准来营自行呈明，察酌录用。”“如有荐举贤才者，除赏银外，酌予保奖。借一方之人才，平一方之寇乱，生民或有苏息之日。”薛福成就是在看到告示后，上《万言书》，进幕府，并成为曾国藩兴办洋务的得力助手的。

同时，曾国藩还特别注意人才的互相吸引，认为“得一而可得其余”。他曾举例说：求才“又如蚨之有母，雉之有媒，以类相求，以气相引，庶几得一而可得其余”。蚨，即青蚨，是类似昆虫的一种小动物。“生子必依草叶，大如蚕子。取其子，母即飞来，不以远近……以母血涂钱八十一文，以子血涂八十一文，每市物，或先用子钱，或先用母钱。皆复飞归，轮转无已。”“雉之有媒”，是说猎人驯养的家雉能招致野雉。物以类聚，人以群分，曾国藩以青蚨子母相依不离、家雉能招致野雉，比喻征求人才时须重人才互相吸引，使之结伴而来，收“得一可及其余”之效。

礼贤下士

【原文】

窃[①]疑古人论将，神明变幻，不可方物[②]。几于百长并集，一短难容。恐亦史册追崇之词，初非预定之品，要以衡[③]材不拘一格[④]，论事不求苛细。无因寸朽而弃连抱[⑤]，无施数罟以失巨鳞[⑥]，斯先哲[⑦]之恒言，虽愚蒙[⑧]而可勉。

【注释】

①窃：私下。
②方物：想象。
③衡：衡量。
④格：标准。
⑤连抱：数人联手才能抱住，比喻树木粗大。
⑥数罟以失巨鳞：数，密的意思。罟，渔网。巨鳞，大鱼。
⑦先哲：古代贤德之人。
⑧愚蒙：愚昧而幼稚。

【译文】

我私下怀疑古人评论将才的做法，它们往往神明变幻，不可想象。几乎要把所有的优点都集中在一人身上，一点短处都不能容忍。恐怕这是史书上的溢美之词，并非是选拔将才之初定下的标准。其实，选拔将才最主要的是不拘一格，评论事体不能过于苛求。不能因为一点点短处就不用极有才干的人，不能因为织有细密的渔网就漏掉了大鱼。这是从前圣贤常常说的话，即使是愚昧不开窍的人，也可以经过劝道而醒悟。

【赏析】

古代人选拔人才最注重的就是“德”，“太上立德”一语就明显反映了这点。于是对那些极有才干的人百般挑剔，只要有一点缺点就常常弃之不用。对那些平庸的官员，只要觉得他有忠孝之类的仁德，哪怕他政绩平平、毫无建树也会认为是个人才，这种人还常常成为不倒翁似的三朝元老。

知人善任

【原文】

今日所当讲求，尤在用人一端。人材有转移[①]之道，有培养之方，有考察之法。人材以陶冶[②]而成，不可眼孔太高，动[③]谓无人可用。

求人之道，须如白圭[④]之治生，如鹰隼[⑤]之击物，不得不休[⑥]。又如蚨[⑦]之有母，雉之有煤，以类相求，以气相引。庶几得一而可及其余。

人非大贤，亦断难出此两失之外。吾欲以“劳苦忍辱”四字教人，故且戒官气而姑用乡气之人。必取遇事体察，身到心到口到眼到者。赵广汉[⑧]好用新进少年，刘晏[⑨]好用士人理财，窃愿师之。为政之道，得人治事，二者并重，得人不外四事，曰广收、慎用、勤教、严绳[⑩]，治事不外四端，曰经分论合[⑪]、详思约守[⑫]。

专从危难之际，默察朴拙[⑬]之人，则几矣。

人才非困厄[⑭]则不能激，非危心深虑则不能达。

天下无现成之人才，亦无生知之卓识，大抵皆由勉强磨炼[⑮]而出耳。《淮南子》曰：“功可强成，名可强立。”董子曰：“强勉学问，则闻见博，强勉行道，则德日进。”《中庸》所谓：“人一己百，人十己千。”即强勉功夫也。今世人皆思见用于世，而乏才用之具。诚能考信于载籍[⑯]，问途于已经，苦思以成其通，躬行[⑰]以试其藏，勉之又勉，则识可渐通，才亦渐立；才识足以济世，何患世莫己知[⑱]哉？

【注释】

①转移：指潜移默化。

②陶冶：引申为培育造就人才的意思。铸冶、熔铸。

③动：动辄。

④白圭：周代人，善观时变，有治国之才。曾对人说，他治理生产、管理国家大事就像伊公、吕望，用兵则如孙子、吴子一般。

⑤隼：又叫鹘，飞得很快，善于袭击其他鸟类和小动物，属性凶猛。

⑥休：停止。

⑦蚨：一种昆虫，似蝉但略大，每产子必依单间。《搜神记》云：“南方有虫，名

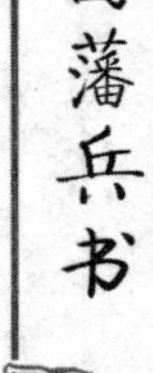

青蚨，大如蚕子。取其子，母即飞来。以母血涂钱八十一文，以子血涂钱八十一文，每市物，或先用母钱，或先用子钱，皆复飞归，轮转无已。”

⑧赵广汉：汉朝蠡吾人，字子都，汉宣帝时曾任颍川太守，不畏权贵，颇受世人称誉。

⑨刘晏：唐代治国理财的行家，官至宰相。

⑩绳：纠正、约束、制裁。

⑪经分论合：指办事要有条理，不要杂乱无章。

⑫详思约守：指临事要三思而行，要深思熟虑。

⑬朴拙：比喻一言行直率，毫不掩饰，不为世俗所欢迎的人。

⑭厄：阻塞、不通。

⑮磨炼：磨砺，在艰难困苦的环境中锻炼自己。

⑯载籍：古代典籍。

⑰躬行：亲身实践。

⑱莫己知：即莫知己，没有人知道自己。

【译文】

今天应当讲究与追求的，尤其是在用人方面。人才有潜移默化的方法，有培养之途，也有考察之法。人才是锻炼出来的，眼光不要太高，动辄就说没有可用的人才。

求人才的方法，要像白圭治理生产和管理政务那样能善观时变，要像鹰隼袭击猎物那样，不得到绝不罢休。又要像青蚨之有母、野鸡之有媒，以类相求，同气相引，这样，就可以由得到一个人才而得到其他许多人才。

若不是非常贤能的人，是很难避免这两种缺点的，我打算用“劳苦忍辱”这四个字教人，所以尽可能不用具有官气之人而用较有乡土气的人。务必要找到那种遇事亲自体察、身到、心到、口到、眼到的人。赵广汉喜欢用初出茅庐的年轻人，刘晏喜欢用读书人来理财，我愿意向他们学习。

为政之道，必须并重搜罗人才和治理好事务这两者。搜罗人才须注意四个方面：一是广泛搜罗；二是必须谨慎；三是要经常加以教育；四是对他们的过错要严加责罚。处理事务也要注意四个方面：一是经分；二是论合；三是详思；四是约守。

在特别危难时，暗中观察朴实无华、不善言辞的人，这种方法是最好的。

人才若不是处于艰苦的环境中，便不会奋发有为；没有经历必须危心深虑之事，就不能显达。

天下没有现成的人才，也没有生来就具有远见卓识的人。人才大多是在艰难困苦中努力磨炼出来的。《淮南子》说：“功劳可透过努力来建立，名声可透过努力来获取。”董仲舒说：“努力地做学问，知识就会广博；努力按理行事，道德修养便会天天进步。”《中庸》说：“别人花一分工夫，你要花上百分，别人花十分工夫，你要花上千分。”就是要人多多努力。现在的人都企盼为世所用，却缺乏拯救社会的才略。如果真正能从古代典籍中加以考证，再向那些过来人学习，苦苦思索以求融会贯通，并亲身去实践，以验证其效果，不断努力，那么就可以慢慢通达识变，才识就得以逐渐地培养起来。才识若足能有益于社会，又何必担心世上的人不知道你呢？

【赏析】

蔡锷对于曾国藩上述的论述是这样评价的："曾国藩认为身居高位的人应该以知人晓事为职责，而且以他能否知人晓事来判断他们是君子还是小人。虽然是有感而发，但所持的观点却非常公允，并不是一时的愤激之词。用人是否得当，取决于是否真正了解人；办事能力的优劣，取决于对事情的理解是否透彻。不了解人，便不能任用人；不明白事理，又怎么能办事呢？君子与小人的区别，以能否利人济物为判断的标准。如果委任的人不称职，所办的事措置失当，以致影响大局，即使当事人并无其他私心杂念，最终都难以得到宽恕。"

"古代贤德之人在用人时，内举不避亲，外举不避仇，其光明正大，足以成为百世的楷模。曾国藩推荐左宗棠，弹劾李次青，并不因为个人的恩怨而影响推荐和弹劾，一代名臣的宽广胸怀，千古不朽。"

无论从事任何事业，人才是第一重要因素。历来成就大事业的人，都是从人才入手。不知人不善任者必然失败。东汉末，袁绍、曹操在官渡对峙时，袁绍的实力比曹操雄厚数倍。文有田丰、沮授等这样很有智谋的人，武有张郃、高览这样的虎将，袁绍都不能恰当使用。起兵时，田丰、沮授都认为不合时宜，袁绍不听，却信用审配、郭图等人的错误意见。交战中，曹操粮尽的情报被许攸获取，许攸向袁绍献计袭许昌，袁绍不听，反而疑他是曹操的奸细。许攸一气之下投向曹营，张郃、高览也被曹操招降。最后，袁绍兵败身死。

尚志崇仁

【原文】

君子有高世独立之志，而不与人以易窥[①]，有藐万乘[②]却[③]三军之气，而未尝轻于一发。

君子欲有所树立，必自不妄[④]求人知始。

古人患难忧虞[⑤]之际，正是德业长进之时，其功在于胸怀坦夷[⑥]，其效在于身体康健。圣贤之所以为圣贤，佛家之所以成佛，所争皆在大难磨折之日，将此心放得实，养得灵[⑦]，有活泼泼之胸襟，有坦荡荡之意境，则身体虽有外感[⑧]，必不至于内伤。

【注释】

①窥：看，看出。

②藐万乘：轻视帝王。

③却：打退。

④妄：狂乱，随便。
⑤虞：担心，忧虑。
⑥坦夷：平坦，无挂碍。
⑦灵：机敏。
⑧外感：外来影响，指外界的干扰压迫等。

【译文】

真正的君子有独立远大的志向，但不轻易让人看出；有蔑视帝王、退却三军的气概，但不轻易显示。

君子如果要想有所建树，必须暗自努力，不故意张扬，也不轻易求人。

古代的人在身处患难之际，正是品德事业进步的时候，艰难的环境反而锻炼了他们宽广的胸怀，困苦的磨炼反而强健了他们的肌体。圣贤之所以能成为圣贤，佛家之所以能够成佛，关键就在于他们遇到巨大磨难的时候，能排除一切干扰，锻炼自己的思想，使之更为敏锐清晰，他们有乐观坦荡的胸怀，有包容万物的意境，所以虽有外在的干扰压迫，但绝不损伤他们高洁的心灵。

【赏析】

自古以来一切成就伟大事业的人，都是具有伟大的抱负、远大的志向、宽广的胸怀和蔑视一切权威的勇气，越是艰难困苦的环境越能激励他们的意志。他们犹如泰山顶上的青松，即使在石缝中也能傲然挺立，茁壮成长。

是什么力量支撑他们，使他们具有超凡的勇气和毅力呢？正是曾国藩所说的“高士独守之志”。曾国藩这里的“志”当然有他特定的内涵，但一个封建时代的官吏敢于说出“藐万乘”这样的话，的确是需要极大胆量的。他当然不敢有篡夺皇权的野心，但曾国藩能历经大难之后仍然不倒，成为所谓力挽狂澜的中兴名臣，这与他具有坚定的意志和大无畏的气概有关。

人们往往以为能经受这些考验的“斯人”都是帝王将相或特殊的伟人，殊不知时势造英雄，有时候时代的巨浪也会把一些默默无闻的人推上历史舞台大放异彩。中国第一个农业包送到户的农民严宏昌就是一位平民英雄。当时贫穷曾逼得他新婚不到一个月就和母亲、妻子及妹妹一起走上讨饭的路，饥饿与屈辱逼得这位年轻人和18位农民兄弟做出了石破天惊的举动，19位不怕死的青年毅然在包送保证书上按下了他们鲜红的手印。结果背水一战的决死行动使全村农民在第一个收获季节就尝到了甜头，粮食由上年度的1.8万公斤猛增到6.6万公斤！如果没有过人的胆识，这一年也许他们就得逃荒。正是他们英勇无畏的行动使无数兄弟得到解救。

早在20世纪70年代，一位美国专栏作家就深深感慨地说：“中国人只要有一半机会的时候，就可以创造伟大的奇迹。”然而这样的机会在历史上何其有限！然而我们不能等待恩赐。机会不会降临到永远在等待的人，它只垂青那些具有冒险精神的志士，还有那些具有“藐万乘、却三军”之气概的英雄。

勇于创新

【原文】

大抵人才约有两种，一种官气较多，一种乡气较多。官气多者，好讲资格，好问样子。办事无惊世骇俗之象，言语无此妨彼碍[①]之弊。其失也，奄奄无气，凡遇一事，但凭书办[②]家人之口说出，凭文书写出，不能身到心到口到眼到，尤不能苦下身段，去事上体察一番。

乡气多者，好逞才能，好出新样，行事则知己不知人，言语则顾前不顾后，其失也，一事未成，物议先腾[③]，两者之失，厥咎[④]惟均。

【注释】

①此妨彼碍：指说话做事不偏激，不引人议论。

②书办：管文书的通称。

③物议先腾：众人的讥议。

④咎：过错。

【译文】

大凡人才有两种：一种官气较多，一种乡土气较多。官气较多的人，喜欢讲资格，摆架子。办事没有惊世骇俗的现象，说话也不出格、循规蹈矩，不足之处是太过文弱，没有朝气。遇事但由身边的人传达自己的意思，或者写在书信中，不能做到身到、心到、口到、眼到。尤其是不能不辞辛劳，亲自去实践体察一番。

乡土气多的人，好表现自己，好逞能，好出新花样。做事不替别人着想，言语间不知轻重，只知顾前不知顾后，这是其短处。事还没办成，就引起人家非议。如此看来，官气较多与乡土气较多的这两种人的不足之处都差不多。

【赏析】

曾国藩对于人才既不赞同官气重的人，也不喜好乡土气重的人，他认为两种人的不足之处都差不多，但事实上官气重的人比所谓乡土气重的人要有害得多。

曾国藩指责的“官气”不仅指好讲资格，也包括办事四平八稳。他这种观点对今天的企业管理也极为有用。只会做“好人”的人是个会成功的。凡事但求四平八稳，只做“好人”的管理者有以下几种类型：

一、怕遭部属反抗，干脆一开始就什么都不说。

二、说再多次也没有人会遵守，最后因为没有耐心而放弃。

三、没有智慧。明知道白费力气，却不断犯同样的错误。

四、有些主管会拿董事长当挡箭牌，然后指使部属和后辈要服从命令。这就像母亲常对孩子的唠叨一样：“快去写功课！不然你爸爸回来就知道了！”“不准看电

视!”“不写功课就别想吃零食!”这种方法很笨而且没有效果,但仍不断地被拿来使用。

会精打细算的小孩,可能为了要得到零食,表面上“假装”很用功,背地里却趁着父母不注意就偷懒,没耐性的小孩或许会说:“我才不要吃零食呢!”然后把父母的话当作耳边风,照样玩乐或看电视。

在某种程度上,让孩子读书必须靠反复的催促,但有时不妨和孩子一起回到“为什么要读书?”这个原点上,重新认识其原本的目的、主旨和意义。

“增加销售量!”“降价、节省经费!”“每天交报告!”“不要无故请假、迟到!”等等,每个方针、目标、规定,都各有其原本的主旨。

公司领导者绝口不提这些事是不行的;但如果老把这些话挂在嘴边,可能又会引起部属的反感,最后干脆听而不闻。

此外,在权威、威逼的压力下,部属们会很有技巧地应付,但背地里却想尽办法挣脱束缚。

所以,有时要和部属回到事情原本的目的、主旨和意义上去探讨:

“为什么要增加销售量?”

“为什么要降价?”

“为什么每天要交报告?”

“无故请假会有什么不良的后果?”

记住!千万不要重蹈覆辙去做那些没有效率的事。

每个人都是赤裸裸地来到这个世界,所以不受金钱和地位的束缚,而也确实不为任何名利拘碍,才是轻松过日子的秘诀。

德才兼备

【原文】

带兵之人,第一要才堪[①]治民,第二要不怕死,第三要不汲汲[②]名利,第四要耐受辛苦。治兵之才,不外公、明、勤。不公不明,则兵不悦服,不勤,则营务巨细,皆废弛不治,故第一要务在此。不怕死,则临阵当先,士卒乃可效命,故次之。为名利而出者,保举稍迟则怨,稍不如意则怨,与同辈争薪水,与士卒争毫釐,故又次之。身体羸弱者,过劳则病,精神短乏者,久用则散,故又次之。

四者似过于求备,而苟阙[③]其一,则万不可以带兵。故吾谓带兵之人,须智深勇沈之士,文经武纬[④]之才。数月以来,梦想以求之,焚香以祷之,盖无须臾或忘诸怀。大抵有忠义血性,则四者相从以俱至,无忠义血性,则貌似四者,终不可恃。

带兵之道,勤恕廉明,缺一不可。

余谓德与才,不可偏重,譬之于水,德在润[⑤]下,才即其载物溉田之用,譬之于木,德在曲直[⑥],才即其舟揖栋梁之用。德若水之源,才即其波澜;德若木之根,才即其枝叶。德而无才以辅之,则近于愚人;才而无德以主之,则近于小人。世人多不甘以愚人自居,故自命每愿为有才者;世人多不欲与小人为缘,故观人每好取有德者,大较然[⑦]也。二者既不可兼,与其无德而近于小人,毋宁无才而近于愚人。自修[⑧]之方[⑨],观人之本,皆以此为冲可矣。

【注释】

①堪:可以,能够。

②汲汲:喻指心情急切,努力追求。

③阙:空虚。

④文经武纬:直线为经,横线为纬。这里意指具有文韬武略的治世之才。

⑤润:浸润,滋润,不干枯。

⑥曲直:有理和无理,分清是非。

⑦大较然:大致这样。

⑧自修:自我修养。

⑨方:方法。

【译文】

带兵的人,第一要有治理百姓的才能,第二要不怕死,第三要不急于求得名利,第四要不怕辛苦。治兵的才能,不外乎公、明、勤这三个方面,如果办事不公正、赏罚不明,士兵就不会心悦诚服;如果不勤于职责,军营里的大小事务便会堆积如山,难以治理而出现混乱。所以,最重要的就是要公正、勤快。另外,领兵作战的将领若是不怕死,与敌人对阵时,才会身先士卒,士兵才能为你效命。这是第二重要之事。带兵之人,如果为了自己的名利,那么保举功劳时稍不及时、官场稍不如意,便有怨恨之心,与同僚比薪水高低、与士卒斤斤计较,这是较下等的带兵之人。如果身体不健康,稍有操劳,便精神疲惫,稍微操练过度,就精疲力竭,这是更下等。

上面所说的四个条件,看来似乎过于求全责备,但如果缺乏其中一点,千万不能让他带兵。我认为带兵的人,必须足智勇兼备,有文韬武略的人。几个月来,我不仅梦中在求,还焚香祷告,没有一刻忘记过。如果有了忠义血性,则上述四个条件便会相继而来;没有忠义血性,即使表面上看来已具备了这四个条件,最终仍是不可依赖的。

带兵的道理,"勤、恕、廉、明"这四个方面,缺一不可。

我认为才与德,两者缺一不可。用水来比喻,它的品德是滋润万物,它的才是浮载物品、灌溉田地;用木头来比喻,曲正是它的品德,作为舟楫和栋梁之用就是它的才。如果德是水的根源,那么才就是水的波澜;如果德是树木的根,那么才就是树木的枝叶。一个人有德而无才,便为愚人;一个人有才而没有德,则为奸狡小人。世上的人大多不承认自己愚笨,所以常常自称愿意成为行才的人。世上的人大多不希望自己成为小人,所以常常以德取人。大致情况就是这样。既然德与才不可兼得,那么与其没有品德而归于小人,还不如没有才能而归为愚人。自我修养的方法、识人的办法,都可以从此入手。

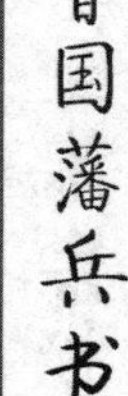

【赏析】

曾国藩强调,作为一员将领,必须德才兼备。

将领是全军的核心,既须品行与能力可服众,又须身体力行,这样在率军作战中才能无往而不胜。古罗马恺撒大帝因其独断专横被刺杀之后,他的儿子亚历山大继承了王位。亚历山大也是一个权力欲望极强的人,但他的做法与其父不同。他先设法得到元老院成员的支援,然后才带兵四处征战。从他二十岁继王位至他三十三岁死时,几乎一直带兵在外,在当时的客观环境条件下,出征他国是极不容易的事,尤其是到离本土甚远之地作战,士兵都有很多怨言。当他手下有近两万士兵到了退役期限时,军心动摇,然而亚历山大并不想放弃远征计划,这时他对那些将退役的士兵讲了一番远征所带来的益处,说:"远征给你们带来了荣誉、财富,而我自己除了一身的伤痕,什么也没有得到!"说完后当众把自己满身的伤痕展现给士兵们看,士兵们感动不已。部分退役的士兵虽然走了,却引来更多的接替者,亚历山大的队伍反而比之前更强大,更有战斗力了。亚历山大身为国王兼任全军统帅,每次作战时都是冲锋在前,因此在极其艰难的条件下取得一个又一个战役的胜利。苏联红军骑兵统帅布琼尼带领骑兵在草原上取得了无数重大战役的胜利,被苏联人视为"神将"。其实,布琼尼也是靠身先士卒、冲锋在前的精神取胜。

不过,仅有表率精神还不算是真正的大将风度。项羽带兵作战总是一马当先,在垓下被困之时,还能力斩数将以显示他的勇猛,但他最终还是失败了。美国"神将"巴顿将军,每次作战时都率先挺进,凭着一股士气取得胜利,但他却因两次严重殴打士兵而在军界引起了轩然大波,要不是富兰克林等人的保护,恐怕难免受罚。

由此可知,大将之才除了能身先士卒之外,还须在品行上做士卒的榜样。汉代名将李广即因体恤士兵,得到士兵"乐效死力"而名垂青史。在他因蒙冤自刎之后,全军上下及百姓知李广者无不失声恸哭。

能征善战

【原文】

治军之道,总以能战为第一义,倘围攻半岁,一旦被贼冲突,不克抵御或致小挫,则令望堕于一朝。故探骊之法,以善战为得珠[①]。能爱民为第二义,能和协[②]上下官绅为第三义。愿吾弟兢兢业业,日慎一日,到底不懈,则不特为兄补救前非,亦可为吾父增光于泉壤[③]矣。精神愈用而愈出,不可因身体素弱,过于保惜;智慧愈因而愈明,不可困境遇偶拂指[④],遽尔[⑤]摧沮。

【注释】

①探骊之法,以善战为得珠:据《庄子·列御寇》载,骊龙之珠,价值千金,想要获得它,必须潜入九重深渊,值骊龙睡熟时于其颔下摘取。这里比喻要想取得战争

的胜利，就必须冒险犯难，以深入探求。

②和协：和谐、协调。

③泉壤：即九泉之下，指人死后埋葬的地方，古人挖墓坑汲水，故称之。

④拂：拂逆、违背。

⑤遽尔：立即、马上。

【译文】

治军以能战为最重要，倘若攻城攻了半年，不小心与敌人冲突，结果竟无法御敌或受了小小的挫折，自己的名望就会毁于一旦，所以善战就是要探源得珠，冒险深入敌境以求取胜利。第二重要是能爱民。第三重要是能让上下官绅和睦相处。希望你兢兢业业，一天比一天谨慎，始终不懈，这样，不但是为我补救以前的过失，也可以为先父在九泉之下争光。精神是越用越多的，不能因为向来身体瘦弱，就过分注重保养；智慧在越困苦的情况下就越明达，不能因为偶遭拂逆，就心情沮丧。

【赏析】

曾国藩在此直截了当地将"能战"视为治军的关键。实践是体验真理的标准，作为将才来说，就是要能作战，能克敌制胜。

军队取胜的关键在于将帅得人，能激发士卒士气。在曾国藩看来，将帅能"爱民"、能"和谐上下"关系、能体恤士兵的疾苦并做到赏罚分明，就能激发士卒士气。这种观点正确无疑。"飞将军"李广得朝廷赏赐皆分与士兵，士兵中家有疾苦者李广都设法予以帮助，从而李广的部众皆愿意与之同生死。李广率军作战自然就能战无不胜。

古代能征善战的将领之所以能得士卒"乐效死力"，不仅在于将帅能体恤士卒，而且将帅能设法排除一切干扰，从而上下齐心协力。赵奢之所以百战百胜，一则是他得赏赐皆分与士卒，二则是他善于排除军队中妨碍团结的杂音。赵奢的儿子，虽然能从军事理论上使赵奢折服，但赵奢在作战中只取赵括之所长而已。能征善战的将帅所率领的军队之所以能百战百胜，关键就在于其善于吸取各家之所长。

唐太宗便是古代最善于用人的皇帝之一。他在位二十三年（公元 627—649 年），这一时期的封建政治较为清明，社会经济的恢复和发展较快，社会秩序也较安定，在历史上把这一时期叫作"贞观之治"。能出现如此的盛世，这与唐太宗能知人善任、用其所长是分不开的。魏征敢于犯颜直谏，常常谏议治国施政的得失，指责唐太宗的过错。总是知无不言、言无不尽。他向唐太宗先后陈谏二百多事，唐太宗总是把他作为一面镜子，言听计从。让他做了多年的谏议大夫。房玄龄、杜如晦沉智善谋，审时度势，善于处理内政，唐太宗就用他们二人同为宰相。李靖熟读兵法，精通韬略，善于统兵征战，唐太宗就让其领兵征战，南平吴，北破突厥，西定吐谷浑，为唐朝立下汗马功劳。

唐太宗不仅能用人所长，而且还注意引导臣下僚属们正确地评价人物，多看别人的长处，学习别人的长处。有一天，他宴请房玄龄、魏征、李靖、温彦博、戴胄、王

珪等六位大臣。当大家酒兴正浓的时候，太宗对王珪说：“你善于识别和评价人才，今天不妨对在座的房玄龄等人评论一番，说说你和他们相比，有什么突出的长处。”王珪评论说：“要论孜孜奉国，知无不为，我不如玄龄；要论犯颜切谏，生怕您赶不上尧、舜，我不如魏征；要论才兼文武，出将入相，我不如李靖；要论敷奏详明，办事公平，我不如温彦博；要论处繁理剧，长于决断，我不如戴胄。至于在激浊扬清，疾恶如仇这方面，我和他们五位比起来，也有一日之长。”房玄龄等人都觉得王珪的评论恰如其分。太宗也完全赞同王珪的看法，勉励大家要虚心向别人的长处学习，互相取长补短。

博采众长，不仅能在战争中掌握胜败的关键，即使在现今市场经济条件下，要想使企业在激烈的竞争中立于不败之地，也必须采各家之长，从而避免不必要的失误。

我们可以肯定地说，如果将军事上的“任人”方式用之于管理企业上，无疑会使企业生产持续、稳定地向前发展。而企业领导者应以古人治军的方式为鉴，发展企业的生产。唯有知此，企业才能长盛不衰。

赤胆忠心

【原文】

无兵不足深忧，无饷不足痛哭。独举目斯[①]世，求一攘[②]利不先、赴义恐后、忠愤耿耿者，不可亟得；或仅得之，而又屈居卑下，往往抑郁不伸[③]，以挫[④]以去以死，而贪饕[⑤]退缩者，果脓首[⑥]而上腾，而富贵，而名誉，而老健不死，此其可为浩叹者也。

今日百废莫举[⑦]，千疮并溃[⑧]，无可收拾。独赖此耿耿精忠之守衰，与斯民相对于骨岳血渊[⑨]之中，冀其塞绝横流之人欲，以挽回厌乱之天心，庶几万一有补。不然，但就时局而论之，则滔滔者吾不知其所底也！

【注释】

①斯：这、此。

②攘：夺。

③伸：伸展、舒心，引申为得志。

④挫：挫折，不得志，遭受屈辱，怀才不遇。

⑤饕：古代传说中一种凶恶贪食的怪兽，这里比喻凶恶贪婪之人。

⑥脓首：马昂首疾驰。

⑦举：兴起。

⑧千疮并溃：指千疮百孔，满目疮痍，局势险恶。

⑨骨岳血渊：比喻因战乱而死的人很多，骨积成山，血流成河。

【译文】

没有兵士不值得忧虑,没有军饷也不值得痛哭。只是我举目望这世界,想找一个见利不争先,赴义唯恐落后,忠心赤胆的人,却不能很快找到;即使能幸运找到一个,却又屈困居于下层,郁郁不得志,最终因为遭受挫折而离去,并因此抑郁而终。而贪婪退缩的人,却能飞黄腾达,享受荣华富贵和美名,并且健康长寿,这真是令人深感叹息的事情。

目前百废待兴,局势险恶,难以整顿、收拾。只有依赖自己的耿耿忠心,发动广大人民群众直接面对这骨山血渊、尸横遍野的惨况,期望着以此塞绝横流的人欲,挽回厌倦混乱的天心,或许还有弥补的可能性。否则的话,仅就现在的局势而论,还不知要乱到什么时候才是尽头呢!

【赏析】

臣待君以忠,君待臣以义。这忠义二字是密不可分的。战场形势瞬息万变,君主与军队统帅、主帅与部帅之间,如果缺乏忠义,那后果是不堪设想的。但是,忠义的运用,首先要从居上位者开始做起,也就是要在重视对方才能的基础上,用人不疑,待之以义,如此对方才会报之以忠。这样的例子,在历史上可谓不胜枚举。

春秋时期,有一天晋国派了一位使者到齐国。负责的官员问齐桓公:“要怎么款待使者?”齐桓公说:“问管仲。”又有一位官员请教其他政务,齐桓公又说:“问管仲。”宫中的小丑感到不解,笑着对齐桓公说:“什么事情都去问管仲就能解决的话,那做君主的岂不是太享受了吗?”齐桓公回答说:“你这个小人物懂什么,居上位的人那么辛苦地寻找人才,就是希望得到人才而用之,自己也才可以享福。如果一个君主忘了善用人才,一个人拼命地工作,什么事都靠自己,好不容易发掘的人才,也就无事可做了。所以寡人发现管仲这个人才以后,把齐国交给他治理,就用不着辛苦了。”不久之后,齐桓公成为春秋五霸之一。

以和为贵

【原文】

祸机之发,莫烈于猜忌,此古今之通病。败国亡家丧身,皆猜忌之所致。诗称:不忮不求[①],何用不臧?忮求二端,盖妾妇穿窬[②]兼而有之者也。

凡两军相处,统将有一分龃龉[③],则营哨必有三分,兵夫必有六七分。故欲求和衷共济,自统将先办一副平怒之心始。人之好名,谁不如我?同打仗不可讥人之退缩,同行路不可疑人之骚扰。处处严于治己,而薄于责人,则唇舌自省矣。

日中则昃[④],月盈则亏,故古诗花未全花月未圆之句,君子以为知道。故余治兵以来,每介疑胜疑败之际,战兢恐惧,上下悚惧者,其后常得大胜。当志得意满之候,各路云集,狃[⑤]于屡胜,将卒矜慢[⑥],其后常有意外之失。

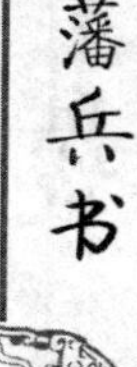

【注释】

①不忮不求:忮,忌恨、陷害。求,贪。
②穿窬:指穿壁越墙进入别人家里窃取财物。
③龃龉:本义指牙齿参差不齐,比喻为意见不合。
④昃:太阳偏西。
⑤狃:因袭、拘泥,习以为常,习惯而不以为意。
⑥矜慢:骄傲、自满、怠慢。

【译文】

祸机的引发,没有比猜忌更严重的,这是从古到今的通病。败国亡家丧身,都是由猜忌所引起的。《诗经》中说:“不猜忌不贪婪,有什么事做不好呢?”猜忌和贪婪,同时具备了妾妇和盗贼都有的特点。

两军相处,若是统帅有一分不合,那么营官和哨官之间必定有三分不合,士兵与夫役之间则必定有六、七分不合。所以要和衷共济,统帅必须先有平和宽恕之心。人都喜欢好名声,世界上又有谁例外?所以一起打仗,不可讥笑别人退缩;一起走路,不可怀疑别人会骚扰自己。处处严于约束自己,宽以待人,就不会有口舌之争了。

太阳升至正中,就会向西偏,月亮圆满了,就会开始亏缺,因此君子认为古诗中“花未全开月未圆”一句,包涵了丰富的哲理性。所以,自从我治军以来,每当对胜败狐疑不定、战战兢兢,全军上下不安的时候,后来常常获得大胜。而当我志得意满之时,各路大军云集,对打胜仗已习以为常,将士们都骄傲自满,结果往往遭到意外的失败。

【赏析】

在这几段语录中,曾国藩指出,军队内部必须保持和谐、宽松的人际关系,上下级之间、将领之间、将帅与兵士之间都应和睦相处。

要和睦相处,首先做将帅的必须宽容,应以和为贵,以赢得下属的信任。

“贵和”“重人”是古圣先贤所推崇的治国根本。“贵和”就是以和为贵,在和谐中求得和平,从而使天下太平。“重人”就是以人民为责,尊重人民的意志,让人民过着安居乐业的日子。孟子曾说过“民为贵,社稷次之,君为轻”。这种“民为贵”“君为轻”的思想正是“重人”思想的直接体现。

所谓和,即同心同德。同心同德是成语,源于《尚书》。周武王伐纣时,曾在牧野召开誓师会,他在会上宣读誓辞中有这样几句话:“受(纣)有亿兆夷人,离心离德;予(我)有乱臣(善于治乱的臣子)十人,同心同德。”正因为此,周灭了殷。

所谓和,现今理解为共识基础上的团结一致,这是事业成功的关键;面和心不和,心不往一处想,任何事情都难于办成。高明的统帅为战胜敌国,常用反间计等破坏敌国上下左右之间的团结,造成可乘之隙,《韩非子·十过》中说的秦穆公攻破戎王的故事就是如此。戎王派由余出使秦国,秦穆公发现由余是个能臣,认为敌国的能臣就是秦国的祸害,问内史廖如何办?廖说:"可以给他们送去一些歌女,必然造成他们不和。他们内部不和,就有办法了。"于是,穆公派廖给戎王送去了歌女,戎王很是喜欢,每天饮酒听歌。由余劝谏,戎王不听,结果矛盾加深,君臣不和,由余便离开戎王到秦国去了。穆公于是派兵攻打戎王,一战而胜。

心和为要,这是君主治国的关键,也是领导者搞好一个地区、一个单位工作的关键一环。领导者之间、上下级之间、群众之间,都要提倡心和,提倡团结合作,互谅共进,这样,再大的困难,再苦的环境都能战胜。

中国历代统治者,凡英明君主都很重视人民的力量,唐太宗就曾以水与舟的关系来比喻人民与统治者之间的关系,认为"水能载舟,亦能覆舟"。

由此我们可以这样说:"贵和"与"重人"是统一的,贵和必然重人,只有重人才能真正达到"和"的目的。

虚怀若谷

【原文】

胸怀广大,须从平淡二字用功,凡人我①之际,须看得平②;功名之际,须看得淡,庶几③胸怀日阔。

做好人,做好官,做名将,俱要好师,好友,好榜样。

【注释】

①人我:人与人之间,与人交往。
②平:心平气和。
③庶几:这样。

【译文】

胸襟宽阔广大,必须从平淡这两个字下功夫。与人交往,要有平常之心;对于功名,要看得淡。这样,胸怀就会日渐开阔。

做好人、做好官、做名将,都要有好的老师、好的朋友与好的榜样。

【赏析】

曾国藩认为:作为军中将领,如果一味贪功,一心只想个人升官发财,如何能让士卒效力呢?因此,行军打仗之际,固然必须追求胜利,但同时应该把"功劳"二字看得淡然一些。

曾国藩强调的"功名之际,须看得淡",的确是至理名言。所谓"海纳百川,有容乃大;壁立千仞,无欲则刚。"这是近代民族英雄林则徐用以自勉的一幅堂联。后半联的意思是:一个人只有不为任何私欲所蛊惑,才能刚强坚定,像悬崖峭壁那样

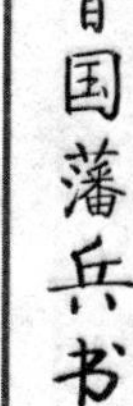

峻峭高洁，为人们所景仰。在这方面，《三国演义》中关羽的事迹是值得称道的。

关羽一生似乎和“关”字结下了不解之缘。民间传说他原本并不姓关，因为年轻时打抱不平，杀了恶霸和赃官逃至潼关时，被守关将士盘问，随口指关为姓，才改姓关。在《三国演义》里，他为了脱离曹营，追随刘备，过五关，斩六将，可谓彪炳千秋的壮举。但是，这些都是有形的“关”；实际上他在曹营，还过了五道无形的“关”，其意义甚至超过了过关斩将。

这五道无形之关，第一关是金钱关。曹操受降关羽后，即在许昌拨一宅第与他居住，又备了绫锦及金银器皿相送。此后赐锦袍、赠玉马，礼物源源不断，至丰至厚。第二关是地位关。关羽初时受封为偏将军，后因立功又封汉寿亭侯。曹操以客礼待之，可谓尊崇之极。第三关是美女关。曹操先让关羽与年轻貌美的两位嫂子共居一室，诱使他乱伦。后见他秉烛立于户外，通宵达旦，知不得逞，又拨美女十人给他，但关羽皆令其去服侍两位嫂子。第四关是生活关。曹操待关羽极为厚礼、热情，自他到曹营后，总是三日一小宴，五日一大宴地款待他，但终究只得到关羽感念之情而留不住其义重之心。第五关是人情关。除了曹操如此用情，还使张辽用情，想尽心机要以人情打动关羽，让他留下。但是机关算尽，关羽到底还是挂印封金，决然离去。

关羽过这五关真是了不起，如果和刘备当时“孤穷”的处境相比、依附别人到处流亡的情景相较，那就更可贵了。岂仅如此，关羽早就表示，如果刘备真死了，他也要“从之于地下”。所以，他这种“义薄云天”的精神历来受到人们的赞誉及尊敬。民间故事里有一篇《画竹明志》，指关羽身在曹营，心怀刘备，于是画一幅竹子赠给曹操。那画面上利箭般的墨叶，正构成一首狂草字迹的无言诗：“不谢东君意，丹意犹立名，莫嫌孤叶淡，终久不凋零。”既表现关羽的忠诚，又显出他的儒将风度。

后人以自己的智慧赋予他们崇拜的“武圣”无限高尚的道德光彩。直到今天，关羽在民间仍受到万般崇敬，海外华侨更把他视为守护神。在日本、韩国、台湾、东南亚等汉字文化圈以及分散于世界各地的唐人街，举凡华人所到之处，关羽莫不受到颂扬。即使是当年被他背弃的曹操，也告诫部下要学习他“财贿不以动其心，爵禄不以移其志”的高尚品德。

以勤为先

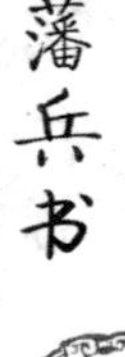

【原文】

练兵之道，必须官弁昼夜从事，乃可渐几于熟，如鸡伏卵，如鉴炼丹，未可须臾稍离。

天下事未有不由艰苦中得来，而可大可久者也。

百种弊端，皆由懒生。懒则弛缓，弛缓则治人不严，而趣功不敏。一处弛则百处懒矣。

治军之道，以勤字为先。身勤则强，逸则病；家勤则兴，懒则衰；国勤则治，怠则乱;军勤则胜,惰则败。惰者暮气[①]也,常常提其朝气为要。

治军以勤字为先,由阅历[②]而知其不可易。未有平日不早起,而临敌忽能早起者;未有平日不习劳,而临敌忽能习劳者;未有平日不能忍饥耐寒,而临敌忽能忍饥耐寒者。吾辈当共习勤劳,始之以愧厉[③],继之以痛惩[④]。

自古圣贤豪杰,文人才士。其志事不同,而其豁达光明之胸,大略相同。吾辈既办军务,系处功利场中,宜刻刻勤劳,如农之力穑[⑤],如贾[⑥]之趋利,如篙工[⑦]之下滩,早作夜思,以术有济。而治事之外,此中却须有一假冲融气象,二者并进,则勤劳而以恬淡出之,最有意味。

用兵最戒骄气惰气。作人之道,亦惟骄惰二字误之最甚。扶危救难之英雄,以心力劳苦为第一义。

带兵之道,廉、明、勤三个字,缺一不可。廉则银钱为苟,自有以服兵勇之心;明则是非清,赏罚公道;勤则营务整顿,在下之人自不懒惰弛怠。此三者,明字不可强而至,廉字、勤字则勉强做得到。

【注释】

①暮气:本指日暮之气,引申为精力衰退、疲惫不堪,振作不起来。

②阅历:亲身经历。自己亲眼所见、亲耳所听或亲自做过,由此而积累的知识。

③愧厉:惭愧、惕厉、警惕、戒惧。

④痛惩:严加惩戒。

⑤穑:收获谷物,这里指农活。

⑥贾:商人。

⑦篙工:船工。

【译文】

训练军队的方法,必须是官兵昼夜苦练,战术才能越来越熟练,就像母鸡孵小鸡,炉火炼金丹一样,一刻也不能停歇。

天下的事情,没有不经过艰难困苦,就能壮大长久的。

所有的弊端,都是从懒惰产生的。懒惰,就会迟缓;迟缓,治人就不严,处事就不迅速。一个地方迟缓,就会处处懒惰。

治理军队的原则,首先是要勤劳。身体勤劳,就会强健,贪图安逸则会生病;全家勤劳则家业兴盛,懒惰则衰败;全国勤劳则天下大治,懈怠便会大乱;全军勤劳则能打败敌人获取胜利,懒惰便会失败。懒惰,会让士兵变得暮气沉沉,应当常常以鼓舞军队的朝气为重要任务。

治军以"勤"字为先,从我的经历中就可以证明这个真理。没有平时不早起而临敌时忽然能早起的人;没有平时不习惯劳苦而临敌时忽然能习惯劳苦的人;没有平时不能忍饥耐寒,而临敌时忽然能够忍饥耐寒的人。我们都应当习惯勤劳,开始时要使不勤劳的人惭愧并惕厉之,继而对这种人要痛加惩戒。

圣贤豪杰、文人才士,他们的志向不同,但豁达光明的心胸却相同。我们既然

办理军务，就是处在功利场中，应当时时勤劳，就如农民忙于收割庄稼，商人忙于买卖赚钱，船工忙于撑船下河滩。白天做事，晚上反省，以追求事业成功。在处理具体军事事务以外，更应在其中辅以谦冲自牧的气象，如果治事与谦冲两者同时并进，那么勤劳中透着恬淡，这是最具意味的。

用兵最忌讳的是骄气和懒惰，"骄惰"这两个字所造成的危害也最大。作为挽救危局的英雄，应该把习于劳苦视为首要任务。

带兵之道，廉、明、勤这三个字，缺一不可。廉洁，就不会贪图银钱，士兵们自然心服；见识高明，就不会混淆是非，实施赏罚也会正直公道；勤劳则军务整肃，士兵自然不敢懒惰误事。这三个字中，明不能强求，廉和勤则是可以靠个人努力而达到的。

【赏析】

曾国藩在此强调只有严格治军，使士兵能吃苦耐劳，并且具有强壮的体魄，才能临敌不乱，克敌制胜。同时，作为将领，必须以身作则，不辞勤苦辛劳，廉洁奉公，处事明察秋毫，严正公平。

只有不辞辛劳、以勤为先、以身作则，才有良好的示范，无论是行军打仗，还是当今企业管理，都应如此。

此外，要有危机感，危机意识是推动企业生产发展的动力。不论是个人或是企业，遭遇困境的时刻，也正是发挥最大潜能的时刻。因此，即使遭遇到了最艰苦的处境，也不要沮丧，应拿出超乎平常的斗志，勤劳努力，冲破难关。日本著名的三多利酒厂，在威士忌酒非常畅销的时候，另外推出了啤酒。该公司的佐治董事长，在公司运作非常顺利、员工意气勃发时，感受到了危机，为了突破危机以促使自己更加勤奋而推出新产品。

公司营运一兴盛，员工就容易得意忘形，把创业时的辛劳忘得一干二净。佐治董事长看见了当时的情况，产生危机意识。他觉得，如果员工误认为这种骄蛮的态度，能够使生意继续维持盛况，公司将来一定会遭遇严重的危机。

当时刚就任董事长不久的佐治，表现不甘于成为平凡企业家第二代的态势。为了要让已习惯安逸的员工重新振奋起精神，他决心要以严谨的态度来经营事业。佐治的父亲乌井信治郎也是推出赤红葡萄酒而取得成功的人，在企业逐渐步入好景时，又开始从事极具冒险性的威士忌生产。乌井信治郎之所以会如此，可说是因为他勤奋及不安于现状的个性使然，且随时保持不断向前的上进心。他相信要开拓事业的新天地，必须公司上下一致保持紧凑的步伐，勤奋努力，全心全意地投入工作，也唯有如此，才能创造公司永续的经营。

人究竟是喜欢劳动还是爱好享乐？这个问题经常被讨论。就像"人究竟是性善或性恶"的问题一样，是见仁见智的问题。但就现实的心理学来说，发现这二者都存在。在人的潜意识深处，不但具有爱好劳动的本性，同时也具有爱好享乐的欲求。此外，人的心中有善的本性，也同时会有恶的倾向。

人的内心深处共同存在着既想要劳动（自我实现），又想要享乐（生理欲求），即善良与邪恶并存的本性，所以会表现出时而劳动时而享乐，时好时坏的行为举止。当企业经营顺利时，员工就会以比较轻松的态度来工作，久而久之便沉湎于安乐而开始松懈。

诚以待人

【原文】

古来名将，得[1]士卒之心，盖有在于钱财之外者。后世将弁[2]，专持粮[3]重饷[4]优，为牢笼[5]兵心之具，其本为已浅矣，是以金多则奋勇蚁附，利尽则冷落兽散。

军中须得好统领营官。统领营官，须得真心实肠，是第一义。算路程之远近，算粮仗之缺乏，算彼己之强弱，是第二义。二者微有把握，此外良法虽多，调度虽善，有效有不效，尽人事以听天命而已。

【注释】

①得：获得、得到。

②将弁：指将领。弁，古代军队中的低级军官，这里指将领。

③粮：粮草。

④饷：军饷，军中所发薪金。

⑤牢笼：笼络。

【译文】

自古以来的名将，能够得到士卒衷心拥戴，主要原因并不在于依靠钱财。后世一些将领，专门依靠丰厚的钱粮来笼络士兵，这样军心不巩固，所以钱多时人人奋勇，犹如蚂蚁一般地涌来归附于你，等到了无利可图时就会作鸟兽散。

军中必须有好的统领和营官，作为统领营官，最重要的是要有诚恳待人之心。计算路程的远近、粮食和器械的多寡、敌我的强弱，这些东西是第二重要的。这两点倘若没有什么把握，即使有许多好的办法、好的调度，也无法掌握战争成败的关键，只能略尽人事，听天命而已。

【赏析】

治国须得民心，治军则须得军心，这是取得成功千古不易之理。

治军如此，就当代企业管理而言亦然，管理者必须真心以诚待人，获得员工之心。特别是当企业面临困境时，一味地鞭策部属拼命努力是行不通的，因为这种做法并未深入部属的心中，得到的也只是表面的敷衍罢了。面临这种状况时，最重要的就是领导者的意识改革。从领导者改变的决心做起，部属才能随之改变。

人与人之间的情感交流非常微妙。你的心里在想些什么，对方很容易感应到。因此，要使部属付出诚意，领导者必先付出自己的诚意。然而，大多数的领导者都

不明白这个道理，往往只一味地要求部属付出，自己却不率先表现自己的诚意。

有一本描述鱼类的生态书这样记述：鱼类大多数是成群地游着，当鱼群之中有任何一尾鱼感到有危机而不安地离开鱼群时，其他的鱼全部都会感染到不安的情绪，接着，其他的鱼就会跟着游开。带头的鱼看见其他的鱼都跟来，会开始探究不安的原因，不会忽左忽右地探测危机的所在。但是，如果他在离开鱼群之后，发现其他的鱼并没有随之而来，他便会再回到鱼群之中。

有位名叫赫尔所特的生理学家，把淡水鲤鱼从鱼群中取出后，以手术取出前脑。没有前脑的鲤鱼在水中边看边吃边游水，看起来并没有什么不对，只有一点不一样，就是当他离开鱼群之后，其他的鱼没有跟来，而他也毫不在意，仍旧悠哉悠哉地游来游去。

即使在鱼的世界里，也有一种相互信任的关系。鱼群会先看看前导者的选择和诚意。人也是一样，领导者若没有诚意、决心若是不够坚决，就无法带领部属。

当你了解尊重人性的思想后，你便会明白，这是一个永远不变的经营理念。能够带动部属、激励部属的主管，通常都是非常能了解部属心情的人。部属和自己一样，具有梦想和希望，也具有强烈的自尊心。要使部属发挥能力，用责骂的方式只会引起部属的反感。部属需要的是一个值得信赖的领导者，这领导者要具有身为领导者的责任感，勤奋努力、以身作则、爱护部属，如此才能有好的经营效果。

不能担负责任、不勤劳努力，却任意斥责部属的领导者。只会引起部属的反抗，无法提高实质的效率，更会让部属和自己的关系恶化。领导者要了解身为领导者的责任，从自身做起，才能博得部属的信任，也才能为自己开创一条康庄大道。因此，在面对艰难困苦时，要冲破难关，唯有领导者自己率先端正行事作风，才能收到带动部属的成效。

以仁为本

【原文】

带兵之道，用恩莫如用仁，用威莫如用礼。仁者，所谓欲立立人，欲达[①]达人是也。待弁兵如待子弟之心，当望其发达，望其成立，则人知恩矣。礼者，所谓无众寡无大小无敢慢[②]，泰而不骄也。正其衣冠[③]，尊其瞻视，俨然人望而畏之，威而不猛也。持之以敬，临之以庄[④]，无形无声之际，常有凛然难犯之象，则人知威矣。守斯二者，虽蛮陌[⑤]之邦行矣。何兵之不可治哉！

吾辈带兵，如父兄之带子弟一般，无银钱，无保举，尚是小事，切不可使之困扰民[⑥]而坏[⑦]品行，因嫖赌洋烟[⑧]而坏身体。个个学好，人人成材，则兵勇感恩，兵勇之父母亦感恩矣。

爱民为治兵第一要义，须日日三令五申，视为性命根本之事，毋视为要结粉饰[⑨]之文。

【注释】

①达:显贵。

②慢:轻慢、怠慢。

③正其衣冠:使衣服帽子端正整齐。

④庄:庄重、严肃。

⑤蛮陌:古代称南方的少数民族地区。

⑥扰民:扰乱、搅扰百姓。

⑦坏:败坏。

⑧洋烟:即鸦片烟。

⑨粉饰:本义为女子化妆;这里指表面虽然好看,但却无实质效用。

【译文】

带兵之道,用施恩的方法不如用仁的方法,用立威的方法不如用礼的方法。仁就是自己想要建树,让别人也建树;自己想要发达,也让别人发达;对待部下,就像是对待自己的子弟一样,一心希望他们能够发达,能够建功立业,这样,他们就知道感恩戴德了。礼就是无论人多人少,无论职位、年龄的大小,不敢有所怠慢,安泰但不骄横;衣冠整齐,举止严肃,令人望而生畏,威严但不凶暴。做事恭谨有礼,对待部下庄重,在不知不觉之中,常常保持凛然难犯的样子,这样,部属就能感觉你的威严。如果能够做到这两点,即使是蛮夷之国都能归顺,还会有什么军队不能治好呢!

带兵就像父亲带儿子、兄长带弟弟一样,没有钱财,没有得到保举,都是小事,千万不能纵容他们扰乱百姓、破坏品行,因为嫖娼、赌博、吸食鸦片烟而损坏身体。如果他们个个好学向上,人人都成材,那么不仅他们感恩戴德,他们的父母也会感恩不尽。

爱护百姓是治兵的第一关键,必须每天三令五申,看作是军队的生命和根本,不可将之视为只是一种表面好看的文饰。

【赏析】

蔡锷对曾国藩这些论述,评论道:"带兵就像父兄带子弟这一语,最是仁慈贴切。如果心里能永远这样想,则古今的带兵格言,虽千言万语,都可付之一炬。父兄对待子弟,担心他们愚昧无知,于是谆谆教诲他们;担心他们饥寒苦痛,则关心爱护他们;担心他们放荡,没有好的品行,就严厉惩罚责备他们;担心他们没有好的前途,就刻意培养他们。无论是宽还是严,是爱还是憎,是喜欢还是讨厌,是奖赏还是惩罚,都出于至诚,没有虚伪,因此做起来至公无私。如果能做到这些,那么部下爱戴长官,也肯定与子弟爱戴他们的父兄一样。"

因为只有爱兵,才能得到士兵的拥戴,以得军心,临敌作战才能克敌制胜。同时,用兵本来就是为了安民。如果骚扰侵害百姓,就违背了用兵的本意。士兵来自

百姓，军饷也是老百姓出的，追本探源，又怎能忍心扰害百姓呢？在地方驻军，举凡采办粮草、征发民工、侦察敌情，替军队做向导，均需要百姓帮忙，如果得罪百姓，招致反抗，便是自作自受。至于对外用兵，也不可把无端的祸乱强加在无辜的百姓身上，以致上背天意，下招民怨。

曾国藩为一介书生，走上带兵打仗之路，自然选择传统的以仁带兵的方法，事实也证明他的方法极为成功。同时曾国藩极为重视安民、爱民，他称“用兵之道，以保民为第一义”，又自号其家曰八本堂，八本之一是“行军以不扰民为本”。他在《劝诫州县》中说：“惟农夫则无一人不苦，无一处不苦。农夫受苦太久，则必荒田不耕；军无粮，则必扰民，民无粮，则必从贼；贼无粮，则必变流贼，而大乱无了日矣！所以，必须重农以厚生。”又在《劝诫营官》中说：“所恶乎贼匪者，以其淫掳焚杀，扰民害民也。所贵乎官兵者，以其救民安民也。若官兵扰害百姓，则与贼匪无殊矣。”所以，必须“禁骚扰以安民”。

的确，不管是指挥军队，还是当今的企业管理，都应以仁为本，尊重部下、爱护部下，才能获得部下的爱戴。但现今不少企业管理者面对激烈的竞争或企业危机时，往往因为追求业绩而忽视部属的心情，对于部属采取强硬的手段，压迫部属无论如何都要努力达到业绩。大多数的人都以为若不这样就不能突破困境。

如果这么做能够振奋部下士气，业绩因此而增加就没有问题。然而，人心却没有那么单纯。例如，主管要的只是眼前的利润，主管愈是压迫部属，部属就愈容易产生反抗的情绪，只是敷衍了事，虚与委蛇。

为什么会产生这种状况呢？这就是主管忽视了人性、人心所造成的。经营者或管理者虽具有危机意识，却只热衷于业绩的增加，认为部属有责任提高业绩，于是拼命地驱策部属不眠不休地工作。忘了部属也有人格与人性、人心，也有期待，也有梦想，也有欲望，拼命压榨部属只会得到反效果。

以社会心理学的观点来看，所谓的集团是处于危机下的一种依存心理，大家需要的是一个强而有力，精明、能干的领导者。在这样的需求状态下，经常会出现一位有权威的领导者出来带领大家。

但是，并非有权威的领导者，都可以无往不利。因此，身为领导者如何赢得部属的信任显得尤其重要。然而，大部分的主管都无视于部属的期待，只是一味地要求部属努力实现自己的期望。这样的主管极易引起部属的反感与不满，无法努力实现自己的目标。

在非常情况下，领导者以权威态度对待部属，在严加苛责的情形下，部属还能致力于提高业绩，领导者应该感到高兴，但这却不是件容易的事。或许大多数人会认为具有权威性的严苛做法，不适用于现代这个民主时代，但事实绝非如此。即使是在威权主义盛行的封建时代，像这样忽视人性的做法也是行不通的。

推心置腹

【原文】

鄙意用兵之道，最重自立，不贵求人，驭将之道，最贵推诚，不贵权术。我湘淮各军，若果纪律严明，节概凛然，华尔[①]亦必阴相许可。凡附强不附弱，人与万物之情一也，中国与外夷之情一也。以自立为体，以推诚为用，当可渐为我用。纵不能倾情倾意，为我效死，亦必无先亲后疏之弊，若无自立推诚二者为本，而徒以智术笼络，即驾驭同里[②]将弁且不能久，况异国之人乎？

用兵久则骄惰自生，骄惰则未有不败者。勤字所以医惰，慎字所以医骄，二字之先，须有一诚字以立之本。立意要将此事知得透，辨得穿。精诚所至，金石亦开，鬼神亦避，此在己之诚也。

人之性也直，与武员之交接，尤贵乎直。文员之心，多曲多歪，多不坦白，往往与武员不相水乳，必尽去歪曲私衷，事事推心置腹，使武人粗人，坦然无疑，此接物之诚也。以诚为之本，以勤字慎字为之用，庶几免于大戾[③]，免于大败。

军营宜多用朴实少心窍[④]之人，则风气易于纯正。今大难之起，无一兵足供一割之用，实以官气太重，心窍太多，漓朴散醇[⑤]，真意荡然，湘军之兴，尽官气重心窍多者，在所必斥。历岁稍久，亦未免沾染习气，应切戒之。

将领之浮滑者，一遇危机之际，其神情之飞越，足以摇撼军心；其言语之圆滑，足以淆乱是非。故楚军历不喜用善说话之将。

今日所说之话，明日勿因小利害而变。

军事是极质[⑥]之事，二十三史，除班马[⑦]而外，皆文人以意为之，不知甲仗为何物，战阵为何事，浮词伪语，随意编造，断不可信。

凡正话实话，多说几句，久之人自能共亮其心。即直话亦不妨多说，但不可以讦[⑧]为直，尤不可背后攻人之短。驭将之道，最贵推诚，不贵权术。

【注释】

①华尔：人名。清咸丰时太平军声势甚张，苏松太道吴煦募兵士练洋枪，用美国人华尔领之，号洋枪队。后华尔死，英人戈登继统，其众改称常胜军。

②同里：同乡。

③戾：罪过。

④心窍：心眼、心计。

⑤漓朴散醇：指心机太重缺少淳朴厚道。

⑥质：朴质。

⑦班马：汉代史学家班固、司马迁。

⑧讦：斥责别人的过失，揭发别人的隐私。

【译文】

我认为用兵之道，最重要的是自立，而不是依靠别人。驾驭将官的方法，最重要的是推诚，而不是要权术。湘淮各军，如果真的纪律严明、气节凛然，美国人华尔的心中也必会赞许。依附强大而不依附弱小，这在人与万物都是一样的，中国与外国也是一样的。以自立为根本、以诚恳为待人之道，渐渐地就能使他人为我所用。即使不能让他们全心全意为我效死力，也必然不会有先亲近而后疏远的弊病。如果不以自立和推诚这两条为根本，而光用智谋和权术去笼络别人，即使是驾驭来自同乡的将官也无法长久，何况再去驾驭外国人呢？

用兵的时间久了自然会产生骄惰之心，产生骄惰之心，没有不失败的。"勤"字就是用来医治怠惰的，"慎"字就是用来医治骄傲自满的。不过，在这两个字的前面，还须有一个"诚"字作为根本。一定要下定决心，把这事了解透彻，看得彻底。精诚所至，金石为开，鬼神也会回避，其关键在于自己要立诚意。

人之情性本来就是直爽的，与武官交往，更要重视直爽。文官的心，曲折隐晦，大多不坦白，因此，往往与武官不能水乳交融。必须去除私心，与人坦然相对，事事推心置腹，使性格质朴粗犷的武官心中不生疑虑，这就是待人接物的诚意。以诚为根本，辅以勤、慎二字施行运用，大约就可以避免犯下大的过错和大的失败。

军营中应当多用朴实无华、没有心计的人，这样风气就容易纯正。如今，国家有了大难，却无一兵一卒可以供调遣使用，这实在是因为官气太重、心计太多，淳朴之心荡然无存，真心实意缺失不存。湘军组建起来之后，凡是官气重、心计多的人，一律不用。但是，随着时间的推移，也难免沾染上不良习气，一定要严加防范。

将领若是轻浮圆滑，一遇到危险的时候，就会神情慌张、动摇军心；而他们狡猾的言辞又足以混淆是非，所以楚军历来不喜欢任用能言善辩的将领。

今天说的话，不可明天就为了小小的利害冲突而变卦。

军事是非常实在的事情，二十三史中，除了班固与司马迁所著者以外，其余的著作都是文人凭主观想象撰写的，他们不知道兵器是什么东西，也不知道打仗是怎么一回事，只会以浮华的辞藻、不实在的语言随意编造，根本不值得相信。

凡是正话和实话，多说几句，久而久之，人们自然都能理解你的心意，即便直话也不妨多说几句，但千万个可以将攻讦别人的语言当作直话，尤其不可以在背后攻击别人的短处。驾驭将领的办法，最重要的是展现诚心，而不是玩弄权术。

【赏析】

对曾国藩的上述论述，蔡锷是这样评价的："君子之道，最重要的是以忠、诚二字倡道天下。每当天下大乱时，人们都放纵物欲，彼此都行使奸诈的手段，相互吞并，以阴谋诡计来争夺胜负；自己想尽办法谋求安全，而把别人置于最危险的境地。怕难避害，不肯出一点点力来拯救天下的危难。忠诚的人奋起匡正时乱，不惜牺牲自己的利益，为天下百姓谋福利。除去虚伪的恶习，崇尚朴实，自己历尽危难，而不要求别人也和自己一样去经受患难；不惜牺牲自己的生命，把赴死看成是远游他乡一样，无所顾忌。于是，大家都以他们为榜样，也都以苟且偷生为耻，以躲避国事为可羞。我们家乡的几个君子，之所以鼓舞了大家，经历九年的备战，平定了大乱，这岂不是朴实与推诚的效果吗？"

"凡说话不切中要领，又不承担责任的人，他的部下就肯定不会服气。我国的人心，就断送在一个'伪'字上。人心的虚伪，已足以断送我们国家、种族而绰绰有余。职位高的人以虚伪驱使部下，部下就以虚伪应付上司，同辈之间也是以虚伪相交往，没有真诚，以致使虚伪渐渐成了习惯。人们只知道虚伪的好处，不知道虚伪的危害。人性是善良的，怎么会喜欢虚伪呢？这是因为不虚伪，便不能够生存，因此，不得不走上虚伪的道路。虚伪的人，人们固然不会以其虚伪为耻，诚实的人，大家也不知道他是诚实的，而战战兢兢的彼此怀疑，于是，由伪生疑、由疑而生嫉妒。一旦产生了嫉妒心，那么无数的罪恶行为都会随之产生，所有的伦理道德都可以被弃之不顾。虚伪的危害实在是太大了！"

"军队要发挥作用，全仗万众一心，亲密无间，相互间不能有丝毫芥蒂，而且尤其需要有一个"诚"字来团结和维系大家。不然，就像一盘散沙，不用作战自己就崩溃了。社会上崇尚虚伪，它的危害是隐伏的，作用性也较慢，军队若崇尚虚伪，它的危害就非常明显，招来的祸害也快，而且更严重。"

"我们既然做了军人，就应当不遗余力地摒弃虚伪，将这种劣根性铲除干净，不让它留一点余孽，这样，才可以谈治军，才可以为将，才可以当兵。只有诚才可以破除天下的伪，只有实才可以破除天下的虚假。李广误把石头当作老虎而射之，结果箭羽都没入石头之中；荆轲赴秦刺秦王，长虹贯穿太阳，这些都是精诚所导致的。"

真诚不是智慧，但是它常常放射出比智慧更诱人的光泽。有许多凭智慧千方百计也得不到的东西，凭着真诚，却轻而易举就得到了。

以真诚待人，并不是为了要别人也以真诚回报。如果动机是以自己的真诚换回别人的真诚，这本身已不够真诚。真诚是晶莹透明的，它不应该含有任何杂质，真诚是一种高尚。

赏罚分明

【原文】

凡善将兵者，日日申诫[①]将领。训练士卒，遇有战阵小挫，则于其将领，责之戒之，甚者或杀之。或且边泣且教，终日絮聒不休。正所以爱其部曲，保其本营之门面声名也。不善将兵者，不责本营之将弁而妒他军之胜矣，不求部下之自强而但恭敬上司、应酬朋辈以要求名誉，则计更左[②]矣。

古人用兵，先明功罪赏罚。

救浮笔者莫如质，积玩[③]之后，振之以猛。

医者之治瘠痈[④]，甚者必剜其腐肉，而生其新肉。今日之劣弁羸兵[⑤]，盖亦当为简汰[⑥]，以剜其腐肉者，痛加训练，以生其新者。不循此二道，则武备之弛，殆不知

所底止。

太史公所谓循吏[⑦]者，法立令行，能识大体而已。后世专尚慈惠，或以煦煦[⑧]为仁者当之，失循吏之义矣。为将之道，亦以法立令行，整齐严肃为先，不贵煦妪也。

立法不难，行法为难，凡立一法，总须实实行之，且常常行之。

九弟[⑨]临别，深言御下宜严，治事宜速。余亦深知驭车驭吏，皆莫先于严。特恐明不傍烛[⑩]，则严不中礼耳。

吕蒙诛取铠之人[⑪]，魏绛戮乱行之仆[⑫]。古人处此，岂以为名，非是无以警众耳。

近年驭将，失之宽厚，又与诸将相距遥远，危险之际，弊端百出，然后知古人所云"作事威克厥爱，虽少必济[⑬]，反是乃败道耳。"

大君以生杀予夺之权，授之将帅，犹东家之钱银货物，授之店中众伙。若保举太滥，视大君之名器[⑭]，不甚爱惜。犹之贱售浪费，视东家之货财，不甚爱惜也。介之推[⑮]曰："窃人之财，犹谓之盗，况贪天之功，以为己功乎？"余则略改之曰："窃人之财，犹谓之盗，况假人君之名器，以市[⑯]一己之私恩乎？"余忝[⑰]居高位，惟此事不能力挽颓风，深为愧惭。

窃观自古人乱之世：必先变乱是非，而后政治颠倒，灾害从之。屈原之所以愤激沉世而不悔者，亦以当日是非淆乱为至痛。故曰："兰芷[⑱]变而不芳，荃蕙[⑲]化而为茅[⑳]。"又曰："固时俗之从流[㉑]，又孰能无变化？"伤是非之日移日淆，而几不能自主也。后世如汉晋唐宋之末造[㉒]，亦由朝廷之是非先紊[㉓]，而后小人得志，君子有遑遑[㉔]无依之象。推而至于一省之中，一军之内，亦必其是非不揆[㉕]于正，而后其政绩少有可观。

当罚之任，视乎权位。有得行有不得行。至于维持是非之公，则吾辈皆有不可辞之责，顾亭林[㉖]先生所谓匹夫，与有责焉者也。

【注释】

①申诫：告诫。

②更左：更差。

③积玩：积累，久而久之。这里指积累成为恶习而不在意。

④瘠痈：已经腐烂化脓的毒疮。

⑤劣弁羸兵：军队中的老弱病残兵。

⑥汰：淘汰。

⑦循吏：好的官吏。

⑧煦煦：恩惠的样子。

⑨九弟：指曾国荃。

⑩傍烛：看得非常清楚。

⑪吕蒙诛取铠之人：吕蒙，三国时期东吴大将。他占据荆州时，下令军中不准骚扰百姓。他的一个同乡却不顾命令，取了老百姓的一顶斗笠遮盖铠甲。为了严肃军纪，吕蒙不顾同乡之情，毅然挥泪斩之。

⑫魏绛戮乱行之仆:魏绛,春秋时晋大夫,任中军司马,行使军法。晋侯的弟弟杨千乘坐战车在军营中乱行,魏绛不畏权势,下令杀了驾车的人。

⑬威克厥爱,虽少必济:意指树立的威信胜过纵容、溺爱士兵,人数虽少,也能战胜敌人。

⑭名器:本指钟鼎宝器,这里指权位、名号。

⑮介之推:春秋时人,随同晋文公重耳流亡十九年,晋文公饿了,无处找寻食物,介之推就将自己屁股上的肉割来煮汤奉上。后来晋文公归国,行赏时忘了介之推,介之推与其母亲隐居于山中。晋文公请他不出,遂放火烧山。他坚持不出,终被烧死。

⑯市:换取、谋取。

⑰忝:辱、有愧于;常用作谦词。

⑱兰芷:都是香草名。

⑲荃蕙:香草名奇香袭人。

⑳茅:恶草,喻指不肖、品德不好。

㉑从流:喻指趋炎附势;随从上面的变化,如流水一样。

㉒末造:指各朝代的末年、末代。

㉓紊:乱。

㉔遑遑:心神不定的样子。

㉕揆:准则。

㉖顾亭林:即顾炎武,亭林是其号。明末著名的思想家。

【译文】

凡是善于带兵打仗的人,会天天告诫将领。训练士兵,遇到战阵上有小的挫折,对领兵之将,要斥责并警告、训诫他,甚至杀掉他。或者边哭泣边教训,整天喋喋不休。这么做,正是为了爱惜部下,保护自己队伍的门面和名声。不善于带兵的人,不责备带队的将士,而去妒忌别的队伍超过自己,不要求部下自强,而只是一味地恭维上司,与朋友们过多应酬,以求得名誉,这样的想法、作为就差得更远了。

古人用兵,首先明白确定立功有赏、有罪受罚的原则。

挽救浮华之弊的最好措施,便是质朴,长期的恶习积存之后,必须采取刚猛、强硬的措施予以纠正。

医生在治疗毒疮时,遇到已经化脓溃烂的地方,必须把腐肉割去,以便能让新肉生长。今天的老弱残兵,也应当进行淘汰,好比割去腐肉一样;然后进行严格的训练,以促使新的力量产生。如果不采取这两种办法,武备的松弛,就不知道要到什么地步了。

太史公司马迁所说的循吏(即良吏),只不过就是法立令行,能顾全大局而已。后世专门崇尚仁慈恩惠,或者把施舍小恩小惠的人当作良吏,这就失去良吏的本义。为将之道,也要以法立令行、整齐严肃为首要任务,而不看重小恩小惠的施予。

方法不难,难的是依法行事。只要订立一项法令,一定要实实在在执行,而且

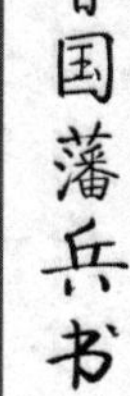

必须持之以恒。

九弟临别，强调驾驭部下应当严，理事应当快。我也深知驭军驭吏，最重要的莫过于严。我担心的只是自己的见识有限，以致严得不合情理，不合法度。

吕蒙杀了用斗笠遮盖铠甲的人，魏绛处死驾车乱于军的人。古人这样做难道是为了沽名钓誉吗？只是假如不这样处置，就无法警示部下。

近些年来，我管理部将太宽厚了，又与诸将相隔遥远，当面临危险时，弊端百出。现在我才明白古人所说的“办事威严才能成功，溺爱则会招致失败；如果威严，则人数虽少，也能取胜”的道理，反之，如果光讲慈爱，只会招致失败。

君主把生杀的大权，交给将帅，好比东家把自己的财产交给店中的伙计。如果保举将帅过滥，就会不爱惜君主给予的名号和权位。这就好比店中的伙计把财货贱卖浪费一样，也是不爱惜东家的财货。介之推说：“窃取别人的钱财，就称为盗贼，何况是贪天之功呢？”我则把这句话稍加改变：“窃取别人的财物，尚且被称为盗贼，何况是假借君主所给的权位、名号，来谋取一己的私恩呢？”我身居高位，却不能改善此种不良风气，实在是非常惭愧。

据我观察，自古以来大乱的时代，必定是先混淆是非，然后政治颠倒，灾害也就随之产生。屈原之所以激愤投江而不后悔，也是因为对当时的是非颠倒感到万分痛心。所以说：“兰芷已变得不芳香了。荃蕙竟变成茅草！”又说：“随时俗而从流，又怎么能没有变化呢？”屈原悲伤是非越来越混淆，几乎到了无法自立的地步。后世如汉、晋、唐、宋的末年，也是因为朝廷先混淆是非、颠倒黑白，然后小人才能得志，使君子有惶惶不安、无所依托之感。由此推想到一省之中、一军之内，也必定因为是非不正，然后才使其政绩没有什么可值得赞赏的。

赏罚这种事，要看自己权力地位的大小高低，有的行得通，有的行不通。至于维护是非的公正，则是我们大家不可推卸的责任，这就是顾亭林先生所说的匹夫有责。

【赏析】

法律面前，人人平等，大智大慧的圣人先哲们，早已用他们的表达方式，阐述了类似的思想。虽然孔子“刑不上大夫”的观点在后代流传甚广，但许多军事家在战争中实践了“赏罚不明，军成不立”的道理。在现实中，往往是“刑要上大夫”的，就是孔子自己，做了鲁国的首席司法官，不也把少正卯处死了吗？连孔子的学生们也很疑惑，觉得这跟他一贯的主张不合，子贡请教说：“那个少正卯可是鲁国大大的名人啊，先生您竟把他给杀了！”可见少正卯具有一定的社会地位，按当时人们的思维，“刑”是“上”不到他身上的。孔子指出少正卯有五种罪恶，而这“五恶”是连盗贼也不会犯的，犯了其中一恶，就该被“君子”杀，少正卯犯了五恶，不可不杀。

有人因此感叹说：“仁人佥士，凡明主能诛之；闻人高士，非大圣人不知其当诛也。”意思是：平常人犯了罪，一般的贤明君主就知道该不该杀；而名人犯了罪，只有大圣人才能判断是否该杀。

这种感叹，在当今提倡“法制”的社会似乎不会再发生。因为不管是“名人”

"贵人""高人""矮人",在法律的准绳前,是否犯罪?该当何罪?一目了然,昭然若揭。

执行法律,首先要从立法者做起。三国时期诸葛亮错用马谡,失了街亭,折了兵马,诸葛丞相不但将当事人马谡按军法处死,还自动申请连降三级。以他开国元勋的老资格,刘阿斗敬之如父,本不愿批准降级,但诸葛亮硬是坚持降了自己三级。固然现在大多数的"官"是好的,但的确存在一部分拼命捞"实惠"的贪官污吏,他们当领导者,不要说没有直接责任,就是自己捅了娄子,也绝不承认;不要说像诸葛丞相一样自动请罪,就是像马谡一样甘心老老实实受罚,也难以做到。相比之下,马谡只不过"空谈误国",是战斗经验不足的问题,但究竟是一名战士,误事之后又毫不推诿,引颈受刑,何等大气,何等磊落!而某些人虽不是犯错的战士,却是损公肥私的"蛀虫",被揪出来后,又软又滑,企图"滑"将过去,其嘴脸不是令人觉得厌恶吗?

治军要赏罚分明,加强对军队的约束。在这方面,曾国藩可谓六亲不认,如湘军初建时,纪律涣散,尤其是靖港之败,湘勇大批溃敌,即使在湘潭之役中获得胜利的水陆勇也到处抢劫,携私潜逃。曾国藩对这点看得很清楚。因此,他自岳州、靖港、湘潭之役后,立即着手整顿湘军,凡溃散之勇不再收回,溃散营哨的营官哨长也一律裁去不用,连自已的弟弟也在被裁撤之列。经过整顿,水陆各勇仅留5000多人。

湘军经过这次的整顿之后,更加兵精械足,"规模重整,军容复壮",水陆两师达二万之众。

当时湘军中,以治军严明著称的彭玉麟,可以说是得曾国藩峻法之真传,以至于民间有"彭打铁"之雅号。

湘军诸将在曾国藩的严格教诲下,"虽离曾国藩远去,皆遵守约束不变"。曾国藩在湘军中把封建伦理观念同尊卑等级观念结合,将军法、军规同家法、家规结合,用父子、兄弟、师生、朋友等亲友关系调和上下尊卑关系,减少内部的摩擦及抵触,使下级与士兵乐于尊重官长、服从官长,为官长卖命。

破釜沉舟

【原文】

兵者阴事也。哀戚[①]之意,如临亲丧;肃敬之心,如承大祭;庶为近之。今以羊牛犬豕而就屠烹,见其悲啼于割剥之顷,宛转于刀俎之间,仁者将有所不忍,况以人命为浪博轻掷之物,无论其败丧也?即使幸胜,而死伤相望、断头洞胸、折臂失足、血肉狼藉日陈吾前,衣矜之不遑,喜于何有?故军中不宜有欢欣之象。有欢欣之象者,无论或为和悦[②],或为骄盈,终归于败而已矣。田单[③]之在即墨,将军有必死之心,士卒无生还之气,此所以破燕也。及其攻狄也,黄金横带而骋乎淄渑之间,有生之乐,无死之心,鲁仲连[④]策其必不胜,兵事之宜惨戚,不宜欢欣,亦明矣。嘉庆季

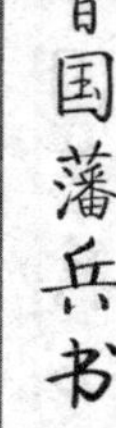

年，名将杨遇春屡立战功，他语人曰："吾每临阵，行间觉有热风吹拂面上者，是日必败；行间若吹冷风，身体似不禁寒者，是日必胜。"斯亦肃杀之义也。

田单攻狄，鲁仲连策其不能下，已而果三月不下。田单问之仲连，曰："将军之在即墨，坐则织蒉，立则仗锸，为士卒倡[5]。将军有死之心，士卒无生之气，闻君言，莫不挥涕奋臂而欲战，此所以破燕也。当今，将军东有夜邑之举，西有淄上之娱，黄金横带而骋乎淄渑之间，有生之乐，无死之心，所以不胜也。"

余尝深信仲连此语，以为不刊之论。同治三年，辽宁克复后，余见湘军将士骄盈娱乐，虑其不可复用，全行遣撤归农。到四年五月，余奉命至山东、河南剿捻，湘军从者极少，专用安徽之淮勇。余见淮军将士，虽有振奋之气，亦乏忧危之怀，窃用为虑，恐其不能平贼。《庄子》云："两军相对哀者胜矣。"仲连所言以忧勤而胜，以娱乐而不胜，亦即孟子"生于忧患死于安乐"之指也。其后，余因疾病疏[6]请退休，遂解兵柄[7]，而合肥李相国，卒用淮军削平捻匪，盖淮军之气尚锐。忧危以感士卒之情，振奋以作三军之气，二者皆可以致胜，在主帅相对而善用之已矣。余专主忧勤之说，殆知其一而不知其二也。聊志[8]于此，以识吾见理之偏，亦见古人格言至论不可举一概百，言各有所当也。

攻城攻垒，总以敌人出来接仗，击败之后，乃可乘势攻之。若敌人静守不出，无隙可乘，则攻坚徒[9]损精锐……用兵人人料必胜者，中即伏败机，人人料必挫者，中即伏生机。庄子云："两军相对，哀者胜矣。"

【注释】

①哀戚：悲伤、肃杀。
②和悦：和蔼。
③田单：战国时期齐国的大将。燕攻齐，连下70余城，只有田单所守的即墨城没被攻破。后来田单用计大败燕军，并收复70余城。
④鲁仲连：战国时期齐国隐士，不愿为官，喜欢为人排解危难。
⑤倡：榜样。
⑥疏：上疏，即上呈皇帝的报告。
⑦兵柄：兵权。
⑧志：记。
⑨徒：白白地。

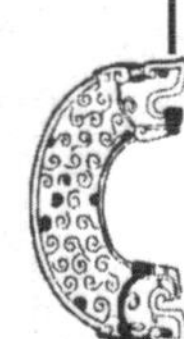

【译文】

用兵，是阴杀之事。悲伤哀痛，如同亲生父母去世；严肃恭敬，又如同面临大祭，这才符合用兵之道。现在如果把牛、羊、狗、猪赶到屠宰烹煮的地方，听到他们将被杀时的悲啼，看到他们在刀与案板之间的挣扎，有仁爱之心的人尚且于心不忍，何况是把人的生命当作可轻易抛弃的东西，不管他是因失败而丧生？即使侥幸获胜，但士卒死伤累累、断头洞胸、四肢不全、血肉模糊、狼藉一片的惨景每天横陈于我的眼前，悲哀同情还来不及，又有什么可高兴的呢？所以，军队中不应该有欢乐欣喜。有欢乐欣喜，则无论是因为和乐喜悦，或者是因为骄傲自满，最终都会导致失败。田单防守即墨城的时候，将士都有拼死一战的决心，所以能够攻破燕国。后来，攻打狄国时，田单身佩黄金横带而驰骋于淄渑之间，将士有求生的欲望，却没有死战的决心，所以，鲁仲连预测田单一定会失败。用兵应该有凄惨悲戚的心情，不应欢乐欣喜的道理是很明显的。嘉庆末年，名将杨遇春屡立战功。他曾对人说："我每到作战时，行军中感到有热风拂面，这一天肯定打败仗；如果行军中感觉到有冷风，身体好像承受不了寒冷，这一天必定打胜仗。"这也是用兵主肃杀的意思。

田单攻打狄国时，鲁仲连预料他无法成功，后来果然3个月没能攻下城池。田单向鲁仲连询问原因，鲁仲连说："将军在即墨的时候，坐下纺织草筐，站起来手拿铁锹，作为士卒的榜样。你有拼死的决心，士兵有视死如归的勇气，一听到你的号令，没有人不挥臂流泪准备作战的，这就是你能打败燕国的原因。现在，你东有夜邑的进奉，西有淄上的欢娱，佩黄金横带驰骋在淄渑之间，只感到有生的快乐，却没有拼死作战的决心，所以你无法取胜。"

我也曾经十分相信鲁仲连的这番话，认为是千真万确，不可更改的道理。同治三年，收复辽宁之后，我看到湘军将士骄傲自满，纵情逸乐，担心他们不能再用来打仗，就遣送他们全部回乡。到了同治四年五月，我奉命到山东、河南清剿捻军，跟随我的湘军极少，只好专用安徽的淮军。我见淮军虽然士气振奋，却缺乏忧患意识，暗暗担忧，恐怕淮军不能平定捻军。《庄子》说："两军相对哀者胜。"鲁仲连所说的因为忧勤而取胜，因为娱乐而失败，也就是孟子所说"生于忧患死于安乐"的意思。之后我因为身体有病，上疏请求退休，于是解除兵权。然而，合肥的李相国，最终指挥淮军平定了捻军，这是因为淮军士气还很旺盛。以忧患意识来激发士卒的士气，以昂扬的斗志振作三军士气，这两种方法都可以取胜，只在于主帅审时度势，善加运用罢了。我只主张忧勤这一说法，大概是只知其一而不知其二。姑且记在这里，用来提醒我见解的偏颇，也可以反映古人的格言至论也不能举一概百，每一种说法都是针对具体情况而言的。

进攻敌人的城池和营垒，总要等敌人出来应战，把他们击败之后，才可以乘势进攻。如果敌人静守不出，无机可乘，那么，进行攻坚战就是白白地损耗我军精锐……打仗时，人人都料定必胜，其中暗伏着失败的可能；人人都料定必受挫折，其中潜伏着胜利的机会。所以庄子说："两军相对，哀者胜。"

【赏析】

曾国藩在此反复讲述哀兵必胜的道理，既然哀兵必胜，欢兵必败，因此，平时行军打仗，就不应该有欢乐的气氛。曾国藩的这个思想，既是对历史经验的总结，同时也是他在率兵打仗中常常运用的。历史上哀兵必胜的事例是相当多的。

公元前279年，齐国田单率军被燕围于即墨，他采取了一系列战胜燕军的策略。其中之一说是用"哀兵之计"。他宣传说："我最怕燕军俘虏齐军士兵后，把他们的鼻子割掉，再把他们放到攻击部队的前头，那样即墨就要被击破了！"燕军听说了，果真这样做，令人将俘虏的鼻子全割掉，推到阵前恐吓齐军。城中军民看到被俘士兵割去鼻子，异常愤怒，死守不屈。田单又派出间谍说："我最怕燕军挖即墨城外的坟墓，那会使城中军民人人寒心，失去斗志。"燕将骑劫不仅下令挖掉齐人的坟墓，还焚烧骸骨，威逼齐人投降。城中齐国军民见此情景，悲痛涕零，义愤填膺，决心同燕军决一死战。田单看到高昂的士气到了可以发挥作用的时候了，带领军民大举反攻，燕军溃败，齐军很快收复所有失地。

所谓置之死地而后生。战争中为了以少胜多，故意将军队置于危亡之地，以断绝士兵侥幸偷生的念头，往往能增强悲壮肃杀的气氛，激发其斗志，更加奋勇杀敌，克敌制胜。

孙武说，死地，是"疾战则存，不疾战则亡者，为死地"。孙武认为，为了战争的胜利，有时要把部队置于死亡绝地，反而能胜利而保存军队。处在无法避免的争战厮杀的情况之下，不战则必死，战则可能不必死的环境中，就会激发部队拼死奋斗的情绪，以必死的决心努力拼杀，以求我胜而敌败。

所以当我们下定决心，不怕牺牲去做一件事的时候，往往会取得意想不到的效果。究其实质，这也是哀兵必胜的一种表现。

制敌贵诈

【原文】

凡出队有宜速者，有宜迟者，宜速者我去寻敌，先发制人者也。宜迟者，敌来寻我，以主待客者也。主气常静，客气常动，客气先盛而后衰，主气先微而后壮。故善用兵者，每喜为主，不喜作客。休祁诸军[①]，但知先发制人一层，不知以主待客一层，加之探报不实，地势不审，敌情不明，徒能先发而不能制人。应研究此两层，或我寻敌，先发制人；或敌寻我，以主待客，总须审定乃行，切不可于两层一无所见，贸然出队。

师行所至之处，必须多问多思，思之于己，问之于人，皆好谋之实迹也。昔王璞山带兵，有名将风，每与敌遇，将接仗之前一夕，传各营官齐集，与之畅论敌情地势，袖中出地图十余张，每人分给一张，令诸将各抒己见，如何进兵，如何分支，某营埋伏，某营并不接仗，待事单后，专派追剿。诸将一一说毕，璞山乃将自己主意说出。每人发一传单，即议定主意也。次日战罢，有与初议不符者，虽有功亦必加罚。其平日无事，每三日必传各营官熟论战守之法。

一曰：扎营宜深沟高垒，虽仅一宿，亦须为坚不可拔之计，但使能守我营垒，安如泰山，纵不能进攻，亦无损于大局。一曰：哨探严明，离敌既近，时时作敌来扑营之想，敌来之路，应敌之路，埋伏之路，胜仗追击之路，一一探明，切勿孟浪[②]。一曰：痛除客气，未经战阵之兵，每好言战，带兵者亦然，若稍有阅历，但觉我军处处瑕隙，无一可恃，不轻言战矣。

用兵以渡水为最难，不特渡长江大河为难，即偶渡渐[③]车之水，丈二之沟，亦须再三审慎，恐其半渡而击，背水无归，败兵争舟，人马践溺，种种皆兵家所忌。

隘路打胜仗，全在头敌，若头敌站脚不住，后面虽有好手，亦被挤退。

凡用兵之道，本强而故示敌以弱者，多胜；本弱而故示敌以强者，多败。敌加于我，审量[4]而后应之者，多胜；漫无审量，轻以兵加于敌者，多败。

打仗之道，在围城之外，节太短，势太促，无埋伏，无变化，只有队伍整齐，站得坚稳而已。欲灵机应变，出奇制胜，必须离城甚远，乃可随时制宜。凡平原旷野开仗与深山穷谷开仗，其道迥别。

凡与贼相持日久，最戒浪战[5]。兵勇以浪战而玩，玩则疲，贼匪以浪战而猾，猾则巧；以我之疲战贼之巧，终不免有受害之一日。故余昔在营中诫诸将曰："宁可数月不开一仗，不可开仗而毫无安排算计。"

能战虽失算亦胜，不能战虽胜算亦败。

悬军[6]深入而无后继，是用兵大忌。

危急之际，尤以全军保全士气为主。孤军无助，粮饷不继，奔走疲惫，皆散乱必败之道。

凡善弈者，每于棋危劫急之时，一面自救，一面破敌，往往因病成妍[7]，转败为功，善用兵者亦然。

凡危急之时，只有在己者靠得住，其在人者皆不可靠。恃之以守，恐其临危而先乱，恃之以战，恐其猛进而骤退。

凡用兵须蓄不竭之气，留有余之力。

【注释】

①休祁诸军：防守休宁、祁门二县的军队。

②孟浪：鲁莽。

③渐：沾湿、浸渍。

④审量：审时度势、周密思考。

⑤浪战：轻率出战。

⑥悬军：无后援的孤军。

⑦妍：美好。

【译文】

出兵作战，有时应当迅速，有时应当缓慢。应当迅速时，就是我军主动挑战敌人作战，先发制人；应当缓慢时，则是指敌人寻我作战，我军以主待客。主气常静，客气常动，客气是先盛而后衰，主气是先弱而后壮。所以，善于用兵的人，总是喜欢做主，不喜欢做客。休、祁各军，只知道先发制人，而不知以主待客，再加上所得到的情报不确实，地形、地势不清楚，对敌情也不够了解，因此只能先发起攻击而不能制约敌人，应当仔细研究这两层内容，或者我方寻敌作战，先发制人；或者敌方寻我作战，我军以主待客。总要考虑成熟以后再行动，切不可对这两层内容毫无把握就贸然出兵。

行军所到之处，一定要多询问、多思考。独立思考、广泛询问别人，都是精于谋

略的实际表现。过去王璞山带兵，有名将之风。每当与敌军遭遇，在交战的前一天晚上，他都要传令各营的长官集合，与他们畅谈敌情地势，还从衣袖中拿出十多张地图，分给每人一张，让他们各抒己见，诸如如何进兵、如何分派兵力，某营埋伏、某营并不参战，等到战斗结束后专门负责追剿敌人。等大家都说完，璞山再将自己的意见说出来，每人发一份传单，上面写的就是已经议定的主意。第二天战斗结束后，如果发现谁的所作所为与当初议定的意见不相符合，即使有功也必然受到处罚。平日无事时，璞山第二天必传召营官仔细讨论战守的方法。

一是扎营应当深沟高垒。即使只住一宿，也必须把营寨建得坚不可摧，只要能把营寨守得安如泰山，即使不能进攻，也无损于大局。一是哨探必须严明。既然离敌军很近，就要时刻提防敌人前来偷袭，对敌人来袭的道路、我军阻击敌人的道路、可以设埋伏的道路，以及打胜仗后追击敌人的道路，都要很快侦察清楚，千万不能粗心大意。一是要清除“客气”，即那种侃侃而谈，华而不实的作风。没有经历过战斗的士兵，经常喜欢主战，带兵的将领也是如此。如果稍微经历过战争的磨炼之后，就会觉得我军处处都有弱点，没有哪一个地方可以依恃，于是就不敢轻易地主战了。

用兵作战时以渡河为最难，不仅是横渡长江、黄河时为难，即使是偶尔渡越能淹没车辆的河或者阔不过一丈二尺的小沟，也必须再三考虑，唯恐在渡过一半时被敌军偷袭，背水作战，没有退路，败兵争夺舟船、人马相互践踏溺水，凡此种种，都是兵家所忌讳的。

在狭窄的险路上打胜仗，关键在于要打垮敌人的先锋部队，如果敌人的先锋部队被打垮，即使后面有精兵强将，也会被挤退。

凡用兵之道，实力很强却让敌人感到弱小者，常常获胜；实力很弱却让敌人觉得强大者，常常失败。当敌方进攻时，我方审时度势后再应敌的话，则常常获胜；若是不假思虑而轻率进攻敌人的话，便要经常遭遇失败了。

作战之道，如果被包围在城池外面，距离城池太近，形势过于急促，没有埋伏，又没有变化，就只有让队伍整顿整齐、驻扎牢固。想要随机应变、出奇制胜，必须要离城较远，才能因地因时制宜。在平原旷野之处作战与在深山穷谷之中作战，运用的方法是截然不同的。

凡是与敌人相持日久，最要戒备的是轻率出战。兵勇因为轻率出战而不认真作战，不认真就会疲乏；敌人因为我军轻率出战而变得狡猾，狡猾就会巧妙。疲乏的我军与巧妙的敌人作战，最终有受害的一天。所以过去我在营中经常告诫诸将：“宁可几个月不打仗，也不可毫无安排算计地展开战斗。”

善于作战的人，即使失算也能获胜；不善于作战的人，即使算计得再好，也会遭到失败。

孤军深入而没有后援，是用兵的大忌。

在形势危急的时候，最重要的事是使军队保持士气。孤军无援、粮饷不继、奔走疲惫，都是致使军心散乱的必败之道。

凡是善于下棋的人，每当遇到棋势危险又急迫的时候，若能一面寻求自救，一面考虑破敌的方法，往往会转败为胜。擅长用兵的人也是如此。

凡危急的时候，只能依靠自己的力量，其他人都是靠不住的。依靠别人据守，恐怕面临危急的时候，他们先慌乱起来；依靠他们去作战，恐怕他们不是冒失猛进，就是慌乱地退兵。

凡是用兵打仗，都应当尽力保持士气不衰，留有余力。

【赏析】

总结曾国藩关于战守的论述，归纳如下：

第一是讲究主客及其变化，如他批评江南大营之所以失败，是因为他们对于"内外主客形势全失"。

向荣、和春只注意金陵一隅，而不顾金陵上游的争夺。在江北的和州、无锡一带不占领，安庆、庐州更不在他们的考虑之内；在江南，对与江南大营毗邻的皖南地区，本应着力加强控制，以巩固大营的后方，但他们全然不顾。这叫作全失内外之势。

与此同时，向荣、和春又根据朝廷的旨令，"援浙、援闽、援皖、援江北，近者数百里，远者二三千里，援军回驰，转战不归"，被太平军各个击破。如冯子材率5000人援救江北大营，被全歼于小店；在六合、浦口之役中，李若珠部5000余人全部被歼于扬州；张国梁大败于浦口、周天培全军覆灭。仅这两次战役，共损失"兵勇一万数千名，精锐失之过半"。这叫作全失主客之势。

江南大营的内外，主客之势之所以全失，曾国藩认为，这是因为向荣等"不能从大处落墨，空处着笔也"。

第二是讲求作战的奇正运用。兵法云：兵不厌诈。曾国藩深知"诈"在运兵的重要性。如同治三年，曾国藩率部队追击捻军。一天夜晚，兵驻周家口（今江西万载县），湘军护卫仅千余人，捻军突然来袭。湘军感到恐慌，惊惧不已。幕府文书钱应博急忙向曾国藩说："现已半夜，大战肯定不行，突围恐怕危险重重。但若我按兵不动，佯伪不知，彼必生疑，或许不战自退。"曾国藩于是高卧不起，钱应博亦镇静若常，曾国藩的卫兵见统帅若无其事，也都平静下来，恢复常态。捻军见状，果然怀疑曾国藩布有疑兵，徘徊不定，不敢冒进，最终匆匆撤去。

第三是反对作战时急躁冒进，讲究稳扎稳打。曾国藩认为，两军对垒烈如弈棋。他说："善弈棋者，常于棋危劫急之时，一面自救一面破敌，往往因病成妍，转败为功。善用兵者亦然。"既要自救，又要破敌，曾国藩的方针是着着稳慎，下稳慎棋。

正因为稳慎，曾国藩极力反对浪战，极力反对不知敌我、不知深浅的轻浮举措。他说："未经战阵之勇，每好言战，带兵者亦然。若稍有阅历，但觉我军处处瑕隙，无一可恃，不轻言战矣。"不轻言战，即不打无准备之仗。他称赞李续宾，说他"用兵得一'暇'字诀，不特其下日从容整理，即其临阵，亦回翔审慎，定静安虑。"又说："迪安善战，其得诀在'不轻进，不轻退'六字。"曾国藩统兵吉安前线时说："凡与贼相持日久，最戒浪战。"曾国藩在金陵前线时，又嘱咐说："总以'不出场浪战'五字为主。"曾国藩所说的浪战，是指胜负不分情况下的战争，即或有小胜，或仅小挫，浪

战都会带来严重恶果，士卒不但因浪战而疲困，且因浪战而对战事抱持一种轻率态度。与其如此，不如坚而守之。弁勇身心强健，斗志昂扬，一战可胜。这是战争中求胜快与慢的问题，不浪战，或坚守不战，似乎胜之甚慢，实际上，养足精力，看准时机，战而必胜，虽慢实快；否则，欲速则不达。曾国藩稳慎中求进取的战略，可说是其战略思想的核心。

正因为稳慎，曾国藩强调“扎营宜深沟高垒”，主张“守垒安如泰山”，关于进军，他说：“用兵之道，可进而不可退，算成必兼算败”，因此须“洗清后路，脚跟已稳而后进”。关于战役，他主张“宜先守后战，脚跟站定，庶免震撼之虞”。他常采用围城打援之法，静待城中敌人疲弊，然后一战克之。如攻太湖、攻安庆、攻金陵，均用此法。

从稳慎的观点出发，曾国藩还提出了“以静制动”的原则。他认为：“守城尤贵于静”。他评述双方将领的特点道：“林启容之守九江、黄文金之守湖口，乃以消寂无声为贵。江岷樵守江西省城，亦禁止拆列矩。己无声而后可听人之声，己无形而后可伺人之形。”曾国荃围攻安庆时，曾国藩反复开导他“慎以图之”，“总作一坚守不战之计”，“不分心攻城，专主坚守后涂”。为何如此？他的理由是：“贼以积劳之后远来攻扑，我军若专守一‘静’字法，可期方稳。”故围城者必须“神不外散，力不旁分”。他甚至认为，挂车河一带的多隆阿部也应作“坚守之计，任贼诱敌搦战，不与交仗，待其过数日之后，相机打之”。因为援军“军行太速，气太锐，其中必有不整不齐之处，唯有一‘静’字可以胜之”。

奇正相生

【原文】

凡用兵，主客奇正，夫人而能之，未必果能知之也。守城者为主，攻者为客；中途相遇，先至战地者为主，后至者为客；两军相持，先呐喊放枪者为客，后呐喊放枪者为主，两人持矛相格斗，先动手戳第一下者为客，后动手格开而即戳者为主。中间排队迎敌为正兵，左右两旁抄出为奇兵屯宿重兵，坚扎老营与贼相持者为正兵，分出游兵，飘忽无常、伺隙狙击者为奇兵；意有专向，吾所恃以御寇者为正兵，多张疑阵，示人以不可测者为奇兵；旌旗鲜明，使敌不敢犯者为正兵，羸马疲卒，偃旗息鼓，本强而故示以弱者为奇兵；建旗鸣鼓，屹然不轻动者为正兵，佯败佯退，设伏而诱敌者为奇兵。忽主、忽客，忽正、忽奇，变动无定时，转移无定势，能一一区而别之，则于用兵之道思过半矣。

练兵如八股[①]家之揣摩[②]，只要有百篇烂熟之文，则布局立意，常有数径可寻，而腔调亦左右逢源。凡读文太多，而实无心得者，必不能文者也。用兵亦宜有简练之营，有纯熟之将领。阵法不可贪而无实。

此时自治毫无把握，遽求成效，则气浮而乏[③]，弟内不可不察。进兵须由自己做主，不可因别人之言而受其牵连。非特[④]进兵为然，即寻常出队开仗亦不可受其牵制。应战时，虽他营不愿而我营亦必接战；不应战时，虽他营催促，我亦且持重不进[5]。若彼此皆牵率出队，视用兵为应酬之言文，则不复能出奇制胜矣。

打仗不慌不忙，先求稳当，次术变化；办事无声无息，既要精到，又要简捷。

俭以养廉，直而能耐。

兵者，不得已而用之。常存一不敢为先之念；须人打第一下，我打第二下。

战阵之事，须半静半动：动如水，静如山。

军事不可无悍鸷[6]之气，而骄气即与此之相连。不可无安详之气，而惰气即与之相连。有二气之利，而无其害，有道君子，尚难养得恰好，况我勇乎？

久战之道，最忌势穷力竭四字。力则指将士之精力言之，势则指大局大计及粮饷之接济，人才之继否言之。贼以坚忍死拒，我亦当以坚忍胜之。惟有休养士气，观衅而动，不必过求速效，徒伤精锐，迨瓜熟蒂落，自可应乎奏功也。

夫战勇气也，再而衰，三而竭，国藩于此数语，常常体念。大约用兵无他妙巧，常存有余不尽之气而已。孙仲谋[7]之攻合肥，受创于张辽[8]；诸葛武侯[9]之攻陈仓，受创于郝昭[10]，皆初气过锐，渐就衰竭之故。惟荀罃[11]之破拔偪，气已竭而复振；陆抗之拔西陵，预料城之不能遽下，而蓄养锐气，先备外援，以待内之自毙。此善于用气者也。

【注释】

①八股：明清科举制度的考试文体，段落有严格规定，每篇由破题、承题、起讲、入手、起股、中股、后股、束股等组成。从起股到束股的四个部分，其中有两股相互排比，共为八股。内容空泛，形式死板。

②揣摩：反复琢磨、思考。

③乏：困乏。

④非特：不但、不仅。

⑤进：进军。

⑥悍鸷：剽悍锐利，快疾，如迅雷不及掩耳。

⑦孙仲谋：即三国时期吴王孙权。

⑧张辽：三国时曹操手下大将。

⑨诸葛武侯：诸葛亮，三国时蜀国丞相。

⑩郝昭：三国时期魏国的将领。

⑪荀罃：春秋时期晋国著名将领。其部下荀偃等率军攻打逼阳，久攻不克，请求班师。荀偃不同意，并限令他们七日之内攻下逼阳，不然按军法论处。于是荀偃等将领身先士卒，冒着矢石率军攻城，最终克之。

【译文】

凡用兵打仗，历来就有主军和客军，战术则有奇正之分。对此，人们虽然能够谈论它，却不一定能够真正明白其中的道理。守城的军队是主，攻城的军队是客；驻守营垒的军队是主，进攻营垒的军队是客；两军中途相遇，先到作战阵地的军队

是主,后到的军队是客;两军对垒,先呐喊放枪的军队为客军,后呐喊放枪的军队为主军;两人持矛相斗,先动手刺对方的人是客,后动手格开对方的矛再刺中对方的人是主。中间列阵迎敌的军队叫正兵,从左右两侧进攻的军队叫奇兵;屯宿重兵、坚扎军营与敌人相持的军队为正兵,分出机动部队,飘忽不定,伺机狙击敌人的叫奇兵;目标清楚,自己有所凭借抵御敌人的叫作正兵,多布疑兵,让敌人无法弄清底细的叫作奇兵;旌旗鲜明,使敌人不敢侵犯的叫作正兵,羸马疲卒、偃旗息鼓,其实强大却故意显露弱势的叫作奇兵;树起大旗、擂响战鼓,屹然立于阵前不动的叫作正兵,佯装败退、设下伏兵,引诱敌人中计的叫作奇兵。忽为主军,忽又为客军,这些变化都能一一加以区别,那么对于用兵之道就掌握大半了。

练兵就像八股专家一样应反复琢磨,只要烂熟百篇文章,那么结构、立意,常有熟路可循,具体操作时也会左右逢源。凡是读书太多,实际上无心得的人,肯定是不能作文的人。用兵也应该有简练的军营,有纯熟的将领,阵法不可贪多却无实际之用途。

这种时候自己处理自己的事务都还毫无把握,立刻追求成效,就会志气浮动而困乏,你心中不可不明白这一点。进兵必须自己做主,不可因别人的言论而受到牵制。不但进兵这样,连平常开仗也不能受人牵制。应战时,别的军营即使不愿出战,我的军营一定要接战;不应战时,即使其他军营催促,我营也应暂且坚持不进兵。如果彼此都是互相应付出兵,把用兵看成写应酬文章,那就无法出奇制胜了。

打仗要不慌不忙,先要保证安全,然后再寻求变化。不露声色地去办事,既要精确,又要快捷。

带兵的人,要以勤俭来养廉洁,必须正直,能忍耐。

军队是不得已时才动用的。心里要常常想着不敢先动:必须敌人先打第一下,我才打第二下。

打仗时,必须做到半动半静:动时如流动的水,静时如肃穆的山。

打仗时不能没有剽悍锐利的气概,但由此容易产生骄气;不能没有安详的气度,但懒惰也随之产生。必须保存上述两种气的好处而没有其害处,即使是有操守的君子,也很难做得恰到好处,更何况是普通的士兵呢?

打持久战最忌讳的就是“势穷力竭”。力,是指将士的精力;势,则是指大局、大计划、粮饷的补充,以及人才的后继。敌人靠坚忍之气拼死抵抗,我军也只有靠坚忍之气来战胜敌人。只有充分休养士兵,相对而动,不必急于求胜,白白消耗精锐,等到时机成熟,就能轻易地获得胜利。

打仗靠的是勇气,一鼓作气,再而衰,三而竭,对这几句话,我经常细细体会。大约用兵并没有什么其他的奥秘,只不过是保存那用之不竭的勇气而已。孙权攻打合肥时,受挫于魏将张辽;诸葛亮打陈仓时,受创于魏将郝昭。这是由于起初气势太盛,后来慢慢衰竭造成的。只有荀罃攻克逼阳时,原本竭尽的士气又再次振作;陆抗攻打西陵时,便料到一时难以攻破城池,因而养精蓄锐,先安排好外援,等待城中敌人力竭自亡。这都是善于利用士气的人啊。

国学经典文库

中華兵書大典

孙武 等著

线装書局

司马兵书

导读

《司马兵书》是我国先秦时期的一部非常重要的兵书。

据《史记·司马穰苴列传》记载,"齐威王使大夫追论古者《司马兵法》,而附穰苴于其中,因号曰《司马穰苴兵法》。"这可以看成是《司马兵书》一书在形式上辑次成书的一个重要标志。从目前的研究结果看,《司马兵书》的基本内容大致由以下三个部分组成:第一,古代王者《司马兵书》,即西周时期供武职人员学习遵循的法典性兵学著作,这是全书的主体核心内容。第二,春秋后期齐国的著名军事家司马穰苴的兵学观点以及他对古代王者《司马兵书》的诠释诸内容。第三,战国中期齐威王统治时的稷下大夫们在追论古代王者《司马兵书》的时候,依照战国时代新的战争特点而加入的一些兵家语言。从这个意义上讲,我们认为《司马兵书》是一部以古为主、综合古今的混合型兵书,其内涵跨越了好几个历史阶段。

尽管《司马兵书》一书内容混糅复杂,文字风格各有不同,但成书后却依然受到人们的普遍重视与青睐,以至于在北宋神宗元丰年间,被列为《武经七书》之一,颁行武学,成为将校的必读之书。目前,该书版本不下六七十种,并且先后流传到日、法等国家。这些现象表明,《司马兵书》一书是一部长期享有军事权威著作的声誉经典名著,与《孙子兵书》《吴子兵书》等书一样,是中国古代军事文化宝库中的璀璨瑰宝。

《司马兵书》的内容十分丰富,具体涵盖有关战争的基本理论、治军原则以及诸多军制、军令、军礼的论述。与《孙子兵书》《吴子兵书》《六韬》等其他先秦兵书略有不同的地方是,此书对军事理论、军事典章制度的论述较为重视和充分,而对

具体的作战方法问题则相对较少涉略。总之,《司马兵书》一书的思想内容集中反映在以下四个方面:一、崇仁尚礼的战争观念;二、慎战与备战并重的战争指导思想;三、“军容”整肃的治军理论;四、“相为轻重”的作战指导原则。

《司马兵书》散佚已久,现仅存《仁本》《天子之义》《定爵》《严位》《用众》五篇。本卷以《续古逸丛书》影宋本《武经七书·司马法》为底本进行注释和翻译,底本中个别明显的错讹衍脱之处,则据其他版本作了校改,并在注释中加以说明。

卷上

仁本第一

【原文】

古者,以仁为本[①]、以义治之之谓正[②],正不获意则权[③]。权出于战,不出于中人[④]。是故杀人安人,杀之可也;攻其国,爱其民,攻之可也[⑤];以战止战[⑥],虽战可也。故仁见亲[⑦],义见说[⑧],智见恃[⑨],勇见方[⑩],信见信[⑪]。内得爱焉[⑫],所以守也;外得威焉[⑬],所以战也。

战道[⑭]:不违时[⑮],不历民病[⑯],所以爱吾民也;不加丧,不因凶[⑰],所以爱夫其民也[⑱];冬夏不兴师,所以兼爱其民[⑲]也。故国虽大,好战必亡;天下虽安,忘战必危。天下既平,天子大恺[⑳],春蒐秋狝[㉑];诸侯春振旅[㉒],秋治兵[㉓],所以不忘战也。

古者,逐奔不过百步[㉔],纵绥不过三舍[㉕],是以明其礼也;不穷不能而哀怜伤病[㉖],是以明其仁[㉗]也;成列而鼓[㉘],是以明其信也;争义不争利,是以明其义也;又能舍服[㉙],是以明其勇也;知终知始[㉚],是以明其智也。六德[㉛]以时合教,以为民纪之道[㉜]也,自古之政也。

先王[㉝]之治,顺天之道,设地之宜[㉞],官民之德[㉟],而正名治物[㊱],立国辨职[㊲],以爵分禄[㊳]。诸侯说怀,海外来服[㊴],狱弭而兵寝[㊵],圣德之治也。

其次,贤王[㊶]制礼乐法度,乃作五刑[㊷],兴甲兵以讨不义。巡狩省方[㊸],会诸侯,考不同[㊹]。其有失命、乱常、背德、逆天之时[㊺]、而危有功之君,遍告于诸侯,彰明有罪。乃告于皇天上帝日月星辰[㊻],祷于后土四海神祇山川冢社[㊼],乃造于先王[㊽]。然后冢宰[㊾]征师于诸侯曰:“某国为不道,征之,以某年月日师至于某国,会天子正刑[㊿]。”冢宰与百官布令于军曰:“人罪人之地,无暴神祇[51],无行田猎,无毁土功[52],无燔墙屋,无伐林木,无取六畜[53]、禾黍[54]、器械。见其老幼,奉归勿伤[55];虽遇壮者,不校勿敌[56];敌若伤之,医药归之。”既诛有罪,王及诸侯修正其国[57],举贤立明,正复厥职[58]。

王霸[59]之所以治诸侯者六:以土地形诸侯[60],以政令平诸侯[61],以礼信亲诸侯,以

材力说诸侯[62]，以谋人维诸侯[63]，以兵革服诸侯，同患同利以合诸侯，比小事大[64]以和诸侯。

会之以发禁者九[65]：凭弱犯寡则眚之[66]，贼贤害民则伐之，暴内陵外则坛之[67]，野荒民散则削之[68]，负固不服则侵之[69]，贼杀其亲则正之[70]，放弑其君则残之[71]，犯令陵政则杜之[72]，外内乱、禽兽行[73]则灭之。

【注释】

①以仁为本：以仁爱作为宗旨。本，本源、根本的意思。

②以义治之之谓正：义，原义为妥当、恰当，现引申为合乎礼法规定的有关行为规范。正，正当的手段和途径。

③权：原义为权衡。用以称量物体的轻重。这里指权变，特殊的方法和手段。

④中人：中和仁慈。中，中庸、中和。人，古同“仁”，仁爱、仁慈的意思。

⑤攻其国，爱其民，攻之可也：意思指假如攻打敌国的宗旨是为了保护帮助该国的民众，那么这类军事行动是可以被接受和认可的。

⑥以战止战：通过战争的手段制止战争，从而实现和平。

⑦仁见亲：仁爱为人们所亲附。见，被、为；亲，依从、亲附。

⑧说：同“悦”。指心悦诚服的意思。

⑨恃：依靠、依赖。

⑩方：通“仿”“放”，效法、仿效的意思。底原指“身”，似误，今据《武经七书讲义》校改。

⑪信见信：以诚实守信而为人们所信任。第一个“信”字为名词，是诚实的意思；次“信”字为动词，指信任。

⑫内得爱焉：指在内部获得民众的爱戴。爱，爱戴、拥护。

⑬外得威焉：指在国外拥有强大的威慑力量，掌握着发言权。威。威力、威慑。

⑭战道：指用兵打仗的一般原则。

⑮不违时：不违背农时的季节。

⑯不历民病：不让民众遭受苦难。历，经历、遭受的意思。《广雅·释言》云：“历，逢也。”病，痛苦、苦难。

⑰不加丧，不因凶：指不趁敌国国君新死之际去发兵攻打，也不利用敌国发生饥荒时兴师进攻。这都是古代“军礼”中的重要原则。

⑱爱夫其民：指爱护关心敌国的民众。其，指示代词，此指敌对一方。

⑲兼爱其民：不加区别地爱护敌我双方的民众。兼爱，指爱无高低之分，一视同仁。

⑳天子大恺：子，底本作“下”，疑误。今据《武经七书直解》校改。恺，同“凯”，古代欢庆胜利的军乐，这里指凯旋奏捷。

㉑春蒐秋狝：指春秋以前各种军事训练与演习的主要方式，一般指在农闲的时候以田猎的形式进行，称之为“蒐狝”。其中春季田猎练兵为“蒐”；秋季田猎演习

为"猕"。《左传·隐公五年》:"春蒐,夏苗,秋弥,冬狩,皆于农隙以讲事也。"

㉒春振旅:"振"训"整",指整军。一般在春季进行,故曰:"春振旅"。《国语·齐语》:"春以蒐振旅。"

㉓秋治兵:一般指在秋季举行的颁授兵器的实战演习。《国语·齐语》:"秋以猕治兵。"

㉔逐奔不过百步:指追击败退的敌人不要超过一百步的距离。按,这是古代大方阵作战的特殊要求,大方阵作战一定保持队形整齐,做到旅进旅退,如果追击敌人超过百步,就不易保持队形整齐,所以要求逐奔不过百步。

㉕纵绥不过三舍:跟踪追击主动退却的敌人不超过九十华里。绥,未交战却退兵叫作绥。三舍,指九十里。古代行军一舍为三十里。

㉖不穷不能而哀怜伤病:不要去逼迫已经丧失战斗力的敌人,可怜同情敌方的伤病人员。即《左传·僖公二十二年》载宋襄公语:"君子不重伤。"

㉗仁:底本作"义",疑误。今据《武经七书汇解》校改。

㉘成列而鼓:等待敌人部署好阵势后,再击鼓进行攻击。这是古代"军礼"的又一项重要原则,故宋襄公尝言:"不鼓不成列。"

㉙舍服:赦免投降的敌人。舍,古同"赦"。

㉚知终知始:指洞察认识战争的起因以及最终的结局。

㉛六德:即指"礼""仁""信""义""勇""智"等六种懿德嘉行。

㉜民纪之道:指普通民众据以行动的基本准则。

㉝先王:指远古时代的圣王,如唐尧、虞舜等。

㉞设地之宜:因地制宜。设,符合、合乎。《广雅·释诂二》:"设,合也。"

㉟官民之德:任用民众中德才兼备的人担任官职。官,名词用作动词,以……为官。

㊱正名治物:指设官分职,各司其事。

㊲立国辨职:立国,指分封诸侯;辨职,指区分职权范围。

㊳以爵分禄:指根据爵位的高低而给予不同的俸禄。

㊴说怀:指"悦怀"。海外来服:指中原以外的藩邦各国前来纳贡。如肃慎氏向周室贡献楛矢。

㊵狱弭而兵寝:指消弭讼狱,停止战争。

㊶贤王:指仅次于圣王的贤明之君,如历史上的夏禹、商汤、周文王、周武王等人。

㊷五刑:即古时候的墨(刺面)、劓(割鼻)、腓(也称刖刑,挖去膝盖骨或斩足)、宫(阉割去势)、大辟(斩首)等五种刑罚。

㊸巡狩省方:巡狩,指天子巡视各诸侯国了解各种基本情况。省,底本作"者",似误,今据《讲义》校改。

㊹会诸侯,考不同:会见诸侯,考察其是否有违犯礼制法度的地方。

㊺失命、乱常、背德、逆天之时:指违抗命令、玩忽职守、违背伦常、破坏法度、亵

渎道德、悖逆天时等罪行。

㊻皇天上帝日月星辰:这里通指天上的一切神灵。皇天,指至高无上的自然神;上帝,指至高无上的人格神。

㊼后土四海神祇山川冢社:这里泛指地上的一切神灵。后土,土地神;四海神祇,指四方群神;山川,山神与水神;冢社,指祭祀土地的社坛场所。

㊽造于先王:指祭祀祖庙,卜求先王的旨意。造,是指一种祭祀的名称。

㊾冢宰:周代官名,百官之长,官位与后世的宰相相同。

㊿会天子正刑:指会同天子对有罪的诸侯实施讨伐,以明正典刑。

51无暴神祇:不允许侵犯亵渎对方的神祇。暴,亵渎,侮辱。神祇,天神曰神,地神曰祇。

52土功:土木工程,指建筑物。

53六畜:泛指牛、马、羊、猪、狗、鸡等家禽家畜。

54禾黍:通指粮食作物。禾,谷子。黍,糜子与黍子的总称。

55见其老幼,奉归勿伤:指对敌国的老人儿童要妥为保护,不得伤害。这也是"军礼"的一项重要原则。《淮南子·氾论训》:"古之伐国,不杀黄口,不获二毛。"

56不校勿敌:凡不做抵抗者不要当作敌人去对待。校,同"较",较量、抵抗的意思。

57修正其国:指不绝其祀,而仅仅是帮助进行整顿,使其崇礼尚义,回归正道。

58正复厥职:指整顿、恢复其各级机构、官职的意思。

59王霸:王,这里是指天子。霸,同"伯",指诸侯之长,如齐桓公、晋文公等人。

⑥以土地形诸侯：指通过分封土地来控制诸侯。形，即“型”，控制、规范的意思。

⑥平诸侯：指约束、抑制诸侯。平，这里是抑平、制衡的意思。

⑥以材力说诸侯：依靠任用贤能使得众诸侯亲附于自己。说，同“悦”。材力，指有能力之人。

⑥谋人：指有深谋远虑的有志之士。一说，谋人指“方伯”（如齐桓、晋文等）的意思。

⑥比小事大：亲近小国，事奉大国。

⑥会之以发禁者九：召集各诸侯来颁布九条禁令。按，以下九条禁令又见于《周礼·夏官·大司马》，统称为“九伐之法”。

⑥凭弱犯寡则眚之：指凡以强凌弱、以大侵小的诸侯，当受到削弱限制的严厉惩罚。凭，同“淜”，欺凌。眚，减省。

⑥坛：同“墠”，清除空地，这里是指废除其君另立贤者。

⑥野荒民散则削之：凡是使土地荒芜、民众流离失所的诸侯，其爵位一定被削贬。

⑥负固不服则侵之：指依恃险阻，不顺从王命者应当受到惩罚。管仲兵临楚境，成召陵之盟，就是这方面的史例。

⑦正之：指绳之以法。《周礼·夏官·大司马》郑玄注：“正者，执而治其罪。”

⑦残之：指诛杀的意思。

⑦杜之：指封锁、孤立的意思。《周礼·大司马》郑玄注：“杜塞使不得与邻国交通。”

⑦外内乱、禽兽行：在家族内外淫乱逆伦，其做法和禽兽一样。

【译文】

远古时候，人们用仁爱作根本，以合乎情理的方法来治理国家，这是很正常的途径。如果用正常的方法达不到预期目的，那么就采取特殊的行为手段。特殊的手段表现为战争，而不是表现为中和与仁爱。所以，假如杀掉坏人而使好人得到安宁，那么杀人是可以的；假如进攻别国是出于爱护该国民众的目的，那么攻打是可以的；假如用战争的手段来制止战争，那么进行战争也是可以的。因此说，要施行仁爱来获得人们的亲近，推行正义来获得人们的取悦信服，依靠智慧来赢得人们的钦仰，凭借勇敢来争取人们的效法，借助诚实来博取人们的信任。这样，对内就能得到民众的爱戴，从而可以守土卫国；对外就能保持强大的威慑，从而可以战胜敌人。

用兵的基本原则是：不要违背农时，不要让民众遭受苦难，这样做是为了爱护自己的民众；不乘敌人国丧时前去进攻，也不趁敌国发生饥荒时起兵征伐，这样做是为了爱护敌国的民众；在严寒的冬天和酷热的夏季不兴师出征，这样做是为了爱护敌我双方的民众。因此说，国家即使强大，乐兵好战也一定灭亡；天下即使太平，

安恬忘战也必有危险。假如天下已经太平,天子已凯旋奏捷,但也仍然要在每年的春秋两季进行田猎以操练部队,演习战阵。各国诸侯也要在春天整顿军队,在秋天训练部队,这样做的目的就是为了让人们时刻不忘备战。

古代作战,追逐投降败退的敌人不超过一百步,追击主动退却的敌人不超过九十里,这是为了表明礼让的精神;不过分追赶已经丧失战斗力的敌人,同时爱怜敌方的伤病人员,这是为了表明仁慈的基本原则;等待敌人布阵就绪后再发动攻击,这是为了表明公平诚信的态度;恪守大义而不追逐小利,这是为了表明崇高的正义;赦免已经投降的敌人,这是为了表明真正的勇敢;洞察掌握战争的起因和结局,这是为了表明超人的智慧。根据以上六德按时开展综合教育,作为民众行动的基本规范准则,这是从古至今的为政之道。

过去的圣王治理天下,能顺应自然变化的基本规律,因地制宜,任用民众中德才兼备的人担任重要官职。并确定官职名分。以治理各项事务,分封诸侯,区分其职权,按照爵位的高低给予数额不等的俸禄。这样,诸侯就都会心悦诚服,海外的邦国也就倾心归附。讼止狱息,兵革不起,这才是最为完美的圣王之治。

略低于圣王一等的贤王政治是这样的:贤王通过制定礼乐法度的形式来管教民众,设置五等刑罚来惩治罪犯,动用军队来讨伐不义之人。君王亲自巡视诸侯各国领地,访察地方,会合诸侯考核其政治得失。如果发现诸侯国君中有违抗命令,破坏纪律,亵渎道德,逆天行事,嫉功害贤这样的人,便及时通告于各国诸侯,并公布他的罪状,同时上告于皇天上帝日月星辰,祈祷于后土四海等地上神灵,申诉请示于宗庙祖先。然后由冢宰向各诸侯国发布征调军队的命令:“某某诸侯国暴虐无道,现在决定出兵征讨它。各诸侯国的军队应于某年某月某日抵达某地。随同天子对犯罪的诸侯明正典刑。”然后冢宰又与百官向全军宣布作战的原则以及战场基本上的纪律:“大军进入罪犯辖境后,不许亵渎神灵,不许举行围猎,不许破坏建筑,不许焚烧房舍,不许砍伐树木,不许擅自掠取牲畜、粮食和器具,见到老幼者要妥善并尽力护送回家,不得加以伤害;即使遇上青壮年,只要他们不进行抵抗,也不要以敌人对待。对受伤的敌人,应该给予医药治疗,然后将他们释放回去。”在惩办了罪犯后,贤王和诸侯还要帮助整顿那个国家,选贤举能,册立明君,调整恢复其各级官职。

王霸者统辖管理诸侯的方法大致有六种:通过封土裂疆的途径来控制诸侯,凭借政策法令来约束诸侯,依靠礼义诚信使得诸侯亲近自己,借助任贤使能而让诸侯悦服自己,重用深谋远虑的智士以维系诸侯间的关系,依赖强大的军事实力慑服诸侯。因此,要能够与各国诸侯共患同利合为一体;大国亲近小国,小国侍奉大国,做到同舟共济,和睦相处。

会合诸侯颁布以下九条禁令:凡是恃强欺弱以众凌寡的,就限制削弱它;虐杀贤良残害民众的,就出兵讨伐它;对内暴虐对外侵略的,就坚决废黜它;使田野荒芜民众逃散的,就削贬其君主的爵位;仗恃险固拒不服从王命的,就出兵讨伐打击它;悖逆人伦残杀骨肉至亲的,就坚决惩罚他;驱逐或弑杀国君的,就严厉处置他;违抗

命令、凌侮王政的，就孤立制裁他；内外淫乱、厚颜无耻、其做法和禽兽一样的，就彻底诛灭他。

【赏析】

本篇主要论述战争观及其相关的问题。在古代兵书中最早提出了“以战止战”的思想。《司马法》认为，古时候的社会“以仁为本，以义治之”，没有战争。但是当“仁本”和“义治”不能奏效时，就用战争手段加以解决。因此“杀人安人，杀之可也；攻其国爱其民，可也；以战止战，虽战可也”。即用战争手段去诛杀为非作歹的人，虽行杀伐也可行之；如果出于爱护和解救该（诸侯）国人民于水火之中，那么进攻那个（诸侯）国家也是允许的；为了伸张仁和义，采用战争的方式去制止邪恶的战争也是允许的。

然而战争也是不可随意进行而要遵守一定战争纪律的：“不违时，不历民病，所以爱吾民也，不加丧，不因凶，所以爱夫其民也。冬夏不兴师，所以兼爱民也。”这就是说在农忙的时候，在民众患流行病时，不要进行战争，以保护本国民众的利益；敌人中有国丧、有灾荒，也不要进行战争，以不损害敌国民众的利益；寒冬和酷夏季节不要进行战争，以保护双方民众的利益。如果不遵守这些原则而毫无休止地发动战争，那就是好战。“故国虽大，好战必亡；天下虽安，忘战必危。”所以各诸侯要在春天整治军队，秋天进行实战演习，以此表示不忘战备。

远古时期圣王治理天下，“顺天之道，设地之宜”，即顺应自然法则，开发土地资源，任用有德的官员，按官职治理政务，行使职权，分享俸禄，诸侯人心喜悦，海外归顺，“狱弭而兵寝”，这种官司消除而战事不起的理想社会，就是人们所说的有德之君的天下大治。

讨伐有罪过的诸侯也同样要发布军队纪律：“无暴神祇，无行田猎，无毁土功，无燔墙屋，无伐林木，无取六畜”，也就是军行之处，不得毁坏神庙，不得进行捕猎，不得破坏建筑，不得焚烧房屋，不得砍伐林木，不得强抢六畜、谷物和用具，将老弱护送回家，不要伤害无敌意的青壮年，如果他们受伤了就要给予医治。一旦将无道国君问罪后，就帮助该国整治，选用该国的贤臣，册立清明的国君，恢复他们的政权机构。

天子要召集各国诸侯，“会之以发禁者九：凭弱犯寡则眚之，贼贤害民则伐之，暴内陵外则坛之，野荒民散则削之，负固不服则侵之，贼杀其亲则正之，放弑其君则残之，犯令陵政则杜之，外内乱禽兽行则灭之。”即宣布违反九项禁令而一定要进行讨伐的誓约：如果诸侯欺凌弱国而又侵犯寡国者，就减其封地；如果虐待贤臣而又危害民众者，就兴师讨伐；如果对内暴而又对外侵凌者，就另立新君；如果田园荒芜而民众离散者，就削其爵位；如果依险固守而不肯臣服者，就适度进攻他；如果谋害亲人致死者，就明正典刑；如果放逐和杀害君主者，就虐杀之；如果违犯王命而触犯国家政治者，就闭塞之；如果在家族内外淫乱者，就攻灭其国。

（这九项禁令与《周礼·夏官·大司马》的九伐之法虽然相同，但因自春秋以

来的周王室日益衰微，这些禁令已没有多大约束力，违犯者众多，周天子对他们也没有办法。不过有些强大的诸侯国在要侵犯或兼并其他小国时，却借这些禁令作为进行讨伐的理由。）

天子之义第二

【原文】

天子之义[①]，必纯取法天地[②]，而观于先圣[③]；士庶[④]之义，必奉于父母，而正于君长[⑤]。故虽有明君，士不先教[⑥]，不可用也。

古之教民，必立贵贱之伦经[⑦]，使不相陵。德义不相逾，材技[⑧]不相掩，勇力不相犯[⑨]，故力同而意和也。古者，国容不入军，军容不入国[⑩]，故德义不相逾。上贵不伐[⑪]之士，不伐之士，上之器[⑫]也。苟不伐则无求，无求则不争。国中之听，必得其情；军中之听，必得其宜，故材技不相掩[⑬]。从命为士上赏[⑭]，犯命为士上戮[⑮]，故勇力不相犯。既致教其民，然后谨选而使之。事极修[⑯]，则百官给[⑰]矣。教极省，则民兴良[⑱]矣。习惯成，则民体俗[⑲]矣。教化之至也。

古者，逐奔不远，纵绥不及[⑳]，不远则难诱，不及则难陷[㉑]。以礼为固，以仁为胜[㉒]。既胜之后，其教可复[㉓]，是以君子贵之[㉔]也。

有虞氏戒于国中[㉕]，欲民体其命[㉖]也。夏后氏[㉗]誓于军中，欲民先成其虑也。殷誓于军门[㉘]之外，欲民先意以待事也。周将交刃而誓之[㉙]，以致民志也。

夏后氏正其德也，未用兵之刃[㉚]，故其兵不杂[㉛]；殷义也，始用兵之刃矣；周力也，尽用兵之刃矣。

夏赏于朝，贵善也；殷戮于市[㉜]，威不善也；周赏于朝，戮于市，劝君子惧小人也。三王彰其德一也[㉝]。

兵不杂则不利[㉞]，长兵[㉟]以卫，短兵[㊱]以守。太长则难犯[㊲]，太短则不及；太轻则锐，锐则易乱[㊳]；太重则钝，钝则不济[㊴]。

戎车[㊵]，夏后氏曰钩车，先正也；殷曰寅车，先疾也；周曰元戎[㊶]，先良也。旂[㊷]，夏后氏玄首，人之势也；殷白，天之义也；周黄，地之道也。章[㊸]，夏后氏以日月[㊹]，尚明也；殷以虎，尚威[㊺]也；周以龙，尚文也。

师多务威则民诎[㊻]，少威则民不胜[㊼]。上使民不得其义[㊽]，百姓不得其叙[㊾]，技用不得其利，牛马不得其任，有司陵之[㊿]，此谓多威。多威则民诎。上不尊德而任诈慝，不尊道而任勇力[51]，不贵用命而贵犯命，不贵善行而贵暴行，陵之有司，此渭少威。少威则民不胜。

军旅以舒为主[52]，舒则民力足。虽交兵致刃[53]，徒不趋，车不驰[54]，逐奔不逾列[55]，是以不乱。军旅之固，不失行列之政[56]，不绝人马之力，迟速不过诫命[57]。

古者，国容不入军，军容不入国。军容入国，则民德废[58]；国容入军，则民德弱[59]。故在国言文而语温，在朝恭以逊[60]，修己以待人，不召不至，不问不言，难进易

退[61];在军抗而立[62],在行遂而果[63],介者不拜[64],兵车不式[65],城上不趋[66],危事不齿[67]。故礼与法,表里也;文与武,左右也。

古者贤王,明民之德[68],尽民之善,故无废德,无简民[69]。赏无所生,罚无所试。有虞氏不赏不罚,而民可用,至德[70]也。夏赏而不罚,至教[71]也。殷罚而不赏,至威也。周以赏罚,德衰也。赏不逾时[72],欲民速得为善之利也;罚不迁列[73],欲民速睹为不善之害也。大捷不赏,上下皆不伐善[74]。上苟不伐善,则不骄矣;下苟不伐善,必亡等[75]矣。上下不伐善若此,让之至也。大败不诛,上下皆以不善在己。上苟以不善在己,必悔其过;下苟以不善在己,必远其罪。上下分恶[76]若此,让之至也。

古者戍军[77],三年不兴[78],睹民之劳也。上下相报[79]若此,和之至也。得意则恺歌[80],示喜也。偃伯[81]灵台[82],答民之劳,示休也。

【注释】

①义:适当,得当。

②纯取法天地:完全按照天地自然规律处世行事。

③观于先圣:是指借鉴参照古代圣人的做法,以古代圣人为己效法的楷模。

④士庶:士,先秦时期最低一级贵族。庶,庶人,即平民。此处士庶合称,泛指民众。

⑤正于君长:就正于统治者,指顺从执行各级长官所提出的要求和规范。

⑥教:教育训练。此处的"教"包含有两层意思:就思想道德而言,谓之教育;就身体技能而言,谓之训练。两者相辅相成,不可或缺。

⑦伦经:人伦道德的规范、原则。

⑧材技:才能,技艺。材指素质,属于内涵;技是指能力的体现,是外在的。

⑨勇力不相犯:谓孔武有力、血气方刚的人不敢违抗命令。勇,勇气;力,力量。

⑩国容不入军,军容不入国:朝廷的礼仪法度不能用于军队,军队的规章制度也不能用于朝廷。国,此处指朝廷。容,礼仪、法度。《礼记·杂记》郑玄注:"容,威仪也。"

⑪伐:夸耀、自我标榜的意思。

⑫上之器:君主所器重的宝贵人才。器,古代以钟鼎等礼器显示贵族的身份,谓之器,引申为器重之义。

⑬不相掩:意谓不被掩盖,不被埋没。

⑭上赏:最高的奖赏。

⑮上戮:最重的惩罚,指被处以死刑。戮,诛杀、处死。

⑯极修:指一切都被安排得井井有条,有条不紊。修,整治、有序的意思。

⑰给:满足、充分的意思,这里引申为恪尽职守。

⑱兴良:去恶向善的意思。

⑲体俗:意谓依照良好的习俗行事。体,身体力行的意思。

⑳逐奔不远,纵绥不及:参见前《仁本》"逐奔不过百步,纵绥不过三舍"注文。

绥,底本作“缓”,似误。今据《讲义》校改。

㉑难陷:指难以进行设伏打击。

㉒以礼为固,以仁为胜:指依靠礼义来巩固军队,依靠仁爱来克敌制胜。按,此句是《司马法》全书军事思想的主线,也是我们今天认识其思想体系、学术价值及其历史地位的一把钥匙。

㉓其教可复:指仁义教化可以得到恢复和推行。

㉔贵之:贵,珍贵,器重。此处是形容词意动用法,以……为贵。

㉕有虞氏戒于国中:虞舜时代在国都内举行约誓仪式。有虞氏,传说中的古部落名,其首领为舜,都于蒲坂(今山西永济东南)。戒,告诫、约誓,引申为军队誓师。

㉖体其命:指理解和执行君主的命令。

㉗夏后氏:古国名,即中国历史上第一个世袭王朝——夏朝,其开创者为夏禹及其子启,都于安邑(今山西运城西北)。

㉘殷誓于军门:殷,朝代名,即商朝,商汤为开国君主。商代中叶,盘庚迁都于殷(今河南安阳),故商亦称为殷。传至帝辛(纣王)时为周所灭。军门,即营垒出入之门。

㉙周将交刃而誓之:周,朝代名,周武王伐纣灭商后所建立的王朝。以公元前770年周平王东迁雒邑(今河南洛阳)为标志,划分为西周和东周两个阶段。交刃,战场交锋。

㉚未用兵之刃:意谓用仁德服人,而没有直接使用武力去征服。

㉛其兵不杂:由于不动用武力进行征服,故兵器仅是一种摆设,种类自然不会复杂。《老子·八十章》:“虽有甲兵,无所陈之。”其意与本句相近。

㉜戮于市:在闹市区执行死刑,陈尸示众,即所谓“弃市”。《礼记·王制》:“刑人于市,与众弃之。”

㉝三王彰其德一也:意谓夏、商、周三代先王勉励人们去恶从善的宗旨是一致无异的。一,统一、一致。

㉞兵不杂则不利:意谓各类兵器如果不妥善搭配使用就发挥不了作用。杂,掺杂搭配使用。利,锋利,引申为发挥作用。

㉟长兵:长柄武器,如戈、矛、戟之属。

㊱短兵:短柄武器,如剑、匕首之类。

㊲犯:使用。

㊳乱:不治,混乱。此处可理解为毁折。

㊴不济:派不上用场,耽误作战。济,满足、富有效果的意思。

㊵戎车:战车。先秦时期,战车是作战的主力。一车一般以四马挽拉,也有用二马或六马挽曳的。

㊶元戎:一种制作精良的大型战车。

㊷旂:泛指旌旗。旗帜是古代作战时用以指挥、联络的主要工具之一,亦称为“形”。

㊸章:徽章。肩上的标记为徽,胸前和后背的标记为章。主要用于标明士卒所隶属的部伍及其在军阵中的行列与位置。

㊹以日月:意谓以太阳与月亮为图案。

㊺尚威:象征崇尚孔武、威严。

㊻诎:同"屈",受拘束、受压抑的意思。

㊼少威则民不胜:意谓缺乏权威,没有威信,则不能指挥士兵去战胜敌人。民,此处是指士卒。古代军政合一、兵民一体,所以民有时也就是指兵士。

㊽义:合宜、适宜、恰当的意思。

㊾百姓不得其叙:指没有能给贵族安排恰当的官职。百姓,在春秋以前通常是特指各级贵族。

㊿有司凌之:谓主管者盛气凌人欺压下属。

51任勇力:一味地恃勇逞强。

52军旅以舒为主:指进攻的速度宜徐缓,这正是早期大方阵作战的基本特点。

53交兵致刃:兵器相击,喻指战场上敌对双方激烈地进行交锋。

54徒不趋,车不驰:步兵不快跑,兵车不奔驰。徒,徒卒,即步兵。

55逐奔不逾列:意为即便是追击逃跑的敌人时,也不逾越规定的行列。

56行列之政:指行列的部署。这里行是纵的队形,列是横的队形。

57迟速不过诫命:进攻行动的快慢节奏不违背上级所颁布的指令。

58民德废:指民众的礼让谦敬的风气废弛不振。

59民德弱:指士气涣散,斗志松懈,文弱无用,失其刚强威猛之气概。

60恭以逊:意谓恭敬谦逊、礼让厚道。

61难进易退:指朝见时礼节隆重,告退时礼节简单。

㊷抗而立:昂首挺立、威仪凛然之貌。

㊸在行遂而果:意谓在战阵上要做到行动果断坚决。

㊹介者:身着铠甲,头戴胄盔的人。

㊺式:即"轼",车舆前面扶手的横木。此处用作动词,指低头抚轼,以表示敬意。

㊻趋:小步快走。古人以此向对方表示恭敬的态度。

㊼危事不齿:指面临危急,无论老幼少长,都应该挺身而出,而不必讲究年龄大小。齿,喻指年龄。

㊽明民之德:指努力彰显民众的美德。

㊾简民:指倨傲不羁的刁民。

㊿至德:最完美的德治。

71至教:最完美的教化。

72赏不逾时:指及时颁行奖赏。

73罚不迁列:意谓就地执行惩罚。

74伐善:指自我标榜,夸耀战功,这是一种追名逐利的表现。

75亡等:亡,无。等,等同、类比。意谓在荣誉面前,能够做到不互相攀比,不斤斤计较。

76分恶:指主动引咎自责,共同承担错误。

77戍军:意为服兵役。戍,征戍、服役的意思。

78三年不兴:指不到三年不征发一次。兴,发动,此处是征发、征调的意思。

79相报:互相报施,即相互体恤和关怀。报,报答、报施。

80得意则恺歌:得意,如愿以偿,指获胜凯旋。恺歌,即凯歌,庆祝胜利的乐曲或颂歌。

81偃伯,指停止争霸战争。偃,止息,停止的意思。

82灵台:古代观测天象的建筑场所。这里是指战争胜利后在灵台祭天,在感谢上苍保佑自己取胜的同时,也表示与万民同乐。

【译文】

天子的正确行为准则,必须纯正地取法天地,并借鉴古代明主的法度。普通人正确的行为准则,必须敬奉父母的教导,并遵循君主长辈的规诫和指导。因此,即使世上有贤明的君主,但如果对普通民众不先加以教育训练,也是无法加以使用的。

古代对民众的教导,必定是先确立制定贵贱上下的伦常规范,以确保贵贱尊卑之间不相侵凌。做到:德和义两者互不逾越,有才技之人不致被埋没,孔勇刚强的人不敢违犯命令。这样,大家就会力往一处使,心往一处想了。古时候,朝廷的礼仪法度不用于军队,军队的规章制度也不用于朝廷,所以德和义两者就不会互相逾越了。君主敬重任用不自我标榜的人,因为不自我标榜的人,正是君主所需的宝贵

人才。很显然，如果一个人能做到不自我标榜，就表明他自己没有奢求，而没有奢求就肯定不会争名夺利。朝廷大事上如采纳他们的意见，就一定能掌握真实情况；军队事务上如采纳他们的意见，就一定能妥善处理好各种问题。这样，有能力的人就不致被埋没了。以服从命令为军人的最高奖赏，以违抗命令为军人的最高惩罚，做到这一点，那么有勇力的人就不敢违犯命令了。在对民众进行了这些教育之后，再慎重地选拔任用他们。如将各项事务都处理妥善适宜，那么各级官吏也就恪尽职守了。教育内容简明易学，那么民众就会翕然好学，积极向上。习惯一旦养成，民众就会依照旧俗行事。这就是教育上的最佳效果。

古代作战，追击溃败的敌人不过远，追逐主动退却的敌人不逼近。不过远就不易被敌人所诱骗，不逼近就不会陷入敌人的埋伏。以礼制为规范，军队就能得到巩固；以仁爱为宗旨，就能够战胜敌人。战争取得胜利之后，对民众的教化就可以推行。因此，贤德之君十分重视这种方法。

虞舜的时候在国都中举行誓师，这是想让民众理解支持君主的决定；夏代在军中举行誓师仪式，这是想让部队上下事先在思想上做好准备；殷商时代在军门外举行誓师大会，这是想让军队事先了解作战意图以便展开行动；周朝时在两军交锋厮杀前进行誓师，这是为了激励军士的战斗意志。

夏代的君主依靠仁德匡正天下，未曾任用武力，所以当时的兵器种类并不复杂；殷商用义夺取天下，开始使用武力；周代凭借武力夺取天下，于是就使用各种各样的兵器。

夏代在朝廷上进行奖赏，这是为了鼓励好人；商代在集市上进行诛戮，这是为了警惧坏人；周代在朝廷上进行奖赏，在集市上进行杀戮，这是为了劝勉好人，惧骇小人。三王鼓励人们改恶为善的精神实质是完全一致的。

兵器不掺杂使用就没有威力。长兵器是用来掩护短兵器的，而短兵器则是用来逼近格斗抵御的。兵器过长则使用不便，太短了就攻击不到敌人。太轻就脆弱，脆弱就容易折断；太厚重就不锋利，不锋利就派不上用场。

兵车，在夏代称为钩车，注重行驶的平稳；在殷代称为寅车，注重行动的迅疾；在周代称为元戎，注重结构的精良。旗帜，夏代用黑色，表示像人一样威武；殷代用白色，表示像天穹那样洁白；周代用黄色，表示像大地那样厚实。徽章，夏代以日月为标志，表示光明；殷代以猛虎为标志，象征威武；周代以蛟龙为标志，体现文采。

治军上太过威严，士气就会受到压抑；反之，如果缺乏威严，就难以指挥兵士克敌制胜。君主使用人力不得当，任用官吏不适宜，有技能的人无法发挥其作用，牛、马等物资不能合理加以使用，主管者又强横地强迫人们服从，这就叫作过于威严。过于威严，士气就会受到压抑。君主不敬重有德行的人而信任奸邪之徒，不尊道敬义而任意恃勇逞强，不提倡服从命令的行为而默许违抗命令的做法，不赞许善行而放任残暴行径，这必然导致坏人侵凌主管官吏，这叫作缺乏威严。缺乏威严，那就不能约束和指挥兵士去战胜敌人。

军队行动，首要注重的是从容不迫，从容不迫，才能保持战斗力旺盛。即使是

在战场交锋厮杀的时候，也要做到步兵不奔跑，兵车不疾驶，追击敌人不逾越行列，这样才不至于扰乱战斗队形。军队的强大和稳固，在于不打乱行列的部署，不用尽人员、马匹的力量，行动的快慢节奏不超出上级的指令要求。

古代，朝廷的礼仪法度不适于军队，军队的规章制度也不适于朝廷。如果把军队的规章制度应用在朝廷，那么民众的礼让风气就会废弛；反之，如果将朝廷的礼仪法度应用在军队，那么部队的士气就会涣散削弱。因此，在朝廷上，必须做到谈吐言词文雅、语气温和。在朝廷做事应是恭敬谦逊、严以律已、宽以待人。君主不召见就不来，不问话就不发言。入朝时晋见礼节隆重，下朝时辞退礼节简单。而在军队中，则要做到昂首直立；在战阵上，要做到行动果断。穿着铠甲时遇尊贵者毋须跪拜，身乘兵车时见上级不必行礼，在城上值更时用不着小步急走以示恭敬，遇有危险时都可挺身而出勿需讲究长幼尊卑。所以说，礼和法两者互为表里，文与武如同人的左右手，不可偏废。

古代圣明贤德的君主，总是表彰民众的美德，鼓励民众的善行。所以没有败坏道德的事情，也没有不遵守法令的奸民，奖赏用不着推行，惩罚也不需要实施。虞舜时代既不用赏也不用罚，而民众却都能乐于为君主所用，这就是最高尚的德治。夏代用赏而不行罚，这乃是最美妙的教化。商代仅仅施罚而不用赏，这乃是最强大的威严。周代赏罚一并使用，这表明在当时道德已经走向衰微。行赏不要过时，这是为了使民众尽快得到做好事的利益；施罚要就地执行，这是为了让民众立即看到做坏事的害处。大胜之后不颁布奖赏，这样，上下各级就都不会夸耀战功了。假如君主不夸功，就不会骄傲；如果官兵不夸功，也就不相互攀比。从上到下像这样不矜夸争功，可以说是谦让到了极致。打了大败仗后不行诛戮，这样，上下各级就都会把过失往自己的身上揽。君主假如认为过失在自己身上，这一定痛加悔过，改正错误；下属假如认为过失在自己这边，就一定下决心不再犯类似的错误。从上到下像这样勇于承担错误，也算得上是最好的谦让风气了。

古代对于戍守边防的士兵，［服役一年后］三年之内不再征调，这是由于看到了他们的辛苦的缘故。上下之间这样的互相体恤和爱护，就是最和睦的表现。打了胜仗后就高奏凯歌，这是表达喜庆的心情。战争结束后高筑灵台，慰问民众，这是表示休养生息的开始。

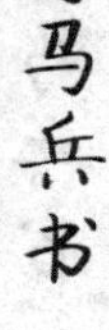

【赏析】

本篇主要论述治军问题。要治理好军队，必须先进行教育，同时还要申明军法，建立约束，严明赏罚。

《司马法》认为："士不先教，不可用也。"即士卒不预先进行教育，是不能用来进行作战的。如果把民众教育好了，就可慎重地选拔并使用他们。如果官员选择好了，百官之事就能办好。

古时候打仗时，要求追击逃敌时不要太远，跟踪逃敌时不要迫近。不远追就不会上敌人引诱之当，不迫近就不会中敌人之埋伏。

有虞氏打仗前要在国中誓师，希望民众体察首领的命令。夏代打仗前要在军中誓师，让官兵做好准备。殷代打仗前要在军门外誓师，让士兵先了解意图后再参加战斗；周代在打仗前要举行宣誓仪式，以激励士卒的战斗意志。

《司马法》指出："兵不杂则不利。长兵以卫，短兵以守；太长则难犯，太短则不及；太轻则锐，锐则易乱；太长则钝，钝则不济。"军队在进行作战或训练时，军队装备的兵器不配套就不能发挥作用。长兵器用作掩护，短兵器用来卫体，兵器太长或太短都不能有效杀伤敌人，太重或太轻都不便操作。

《司马法》认为，自古以来治理国家和治理军队要用不同的方法，"国容不入军，军容不入国"，指的是不能把国家和朝廷的一套礼仪规章搬用于军队，也不能把军队的一套礼仪规章搬用于国家和朝廷。因为"在国言文而语温，在朝恭以逊……在军抗而立，在行遂以果，介者不拜，兵车不式"，各有不同的特点和要求。把军队的这一套用于国家和朝廷，民众礼让的风气就会废弛；把国家和朝廷的这一套用于军队，军人的尚武精神就会削弱："军容入国则民德废，国容入军则民德弱。"

统兵打仗要明赏罚。行赏要及时，使民众迅速看到"为善之利也"。惩罚不离开阵列，使民众迅速看到"为不善之害也"。如果"大捷不赏"，那么上下都不会争着立功。如果"大败不诛"，那么上下就不知道过失在谁了。

统兵打仗要知道民众的劳苦，服兵役超过三年就不要再征发了。得胜回朝要高奏凯歌，以示喜悦，在灵台祭天后交回兵权，以报答民众的劳苦，并表示不再用兵了，让百姓有安居之心。

卷中

定爵第三

【原文】

凡战，定爵位[①]，著功罪[②]，收游士[③]，申教沼，询厥众[④]，求厥技，方虑极物[⑤]，变嫌推疑[⑥]，养力索巧[⑦]，因心之动[⑧]。

凡战，固众相利[⑨]，治乱进止[⑩]，服正成耻，约法省罚，小罪乃杀[⑪]，小罪胜，大罪因。

顺天，阜财[⑫]，怿众[⑬]，利地[⑭]，右兵[⑮]，是谓五虑。顺天奉时；阜财因敌；怿众勉若[⑯]；利地，守隘险阻；右兵，弓矢御，殳矛[⑰]守，戈戟[⑱]助。凡五兵五当[⑲]，长以卫短，短以救长。迭战则久，皆战则强。见物与侔[⑳]，是谓两之[㉑]。

主固勉若[㉒]，视敌而举。将心，心也；众心，心也。马牛车兵[㉓]、佚饱[㉔]，力也。教惟豫，战惟节[㉕]。将军，身也；卒[㉖]，支也[㉗]；伍[㉘]，指拇也。

凡战，智也；斗，勇也；陈，巧也[29]。用其所欲，行其所能[30]，废其不欲不能，于敌反是[31]。

凡战，有天，有财，有善。时日不迁[32]，龟胜微行[33]，是谓有天。众有有[34]，因生美[35]，是谓有财。人习陈利，极物以豫[36]，是谓有善。

人勉及任[37]，是谓乐人。大军以固，多力以烦[38]，堪物简治[39]，见物应卒，是谓行豫[40]。轻车轻徒，弓矢固御，是谓大军。密静多内力[41]，是谓固陈。因是进退，是谓多力。上暇人教，是谓烦陈[42]。然有以职[43]，是谓堪物。因是辨物[44]，是谓简治。

称众，因地，因敌令陈；攻战守[45]，进退止[46]，前后序，车徒因[47]，是谓战参[48]。

不服、不信、不和、怠、疑、厌[49]、慑、枝[50]、柱[51]、诎、顿、肆[52]、崩[53]、缓，是谓战患。

骄骄、慑慑、吟旷[54]、虞惧、事悔[55]，是谓毁折[56]。

大小、坚柔[57]、参伍[58]、众寡[59]、凡两[60]，是谓战权[61]。

凡战，间远，观迩[62]，因时，因财，贵信，恶疑。作兵义，作事时[63]，使人惠，见敌静，见乱暇，见危难，无忘其众。居国惠以信，在军广以武[64]，刃上果以敏[65]。居国和，在军法，刃上察[66]。居国见好，在军见方[67]，刃上见信。

凡陈，行惟疏，战惟密，兵惟杂。人教厚，静乃治[68]，威利章[69]，相守义，则人勉。虑多成则人服，时中服厥次治[70]。物既章[71]，目乃明。虑既定，心乃强。进退无疑，见敌无谋，听诛。无诳其名[72]，无变其旗。

凡事善则长，因古则行[73]。誓作章[74]，人乃强，灭厉祥[75]。灭厉之道，一曰义，被之以信，临之以强，成基一天下之形[76]，人莫不说，是谓兼用其人[77]。一曰权[78]，成其溢，夺其好[79]，我自其外，使自其内。

一曰人，二曰正，三曰辞[80]，四曰巧，五曰火，六曰水，七曰兵[81]，是谓七政。荣、利、耻、死，是谓四守[82]。容色积威[83]，不过改意[84]。凡此道也。

唯仁有亲。有仁无信，反败厥身[85]。人人、正正、辞辞、火火[86]。

凡战之道，既作其气，因发其政[87]。假之以色[88]，道之以辞。因惧而戒，因欲而事，蹈敌制地，以职命之[89]，是谓战法。

凡人之形[90]，由众之求，试以名行，必善行之。若行不行.身以将之。若行而行，因使勿忘。三乃成章[91]，人生之宜，谓之法。

凡治乱之道，一曰仁，二曰信，三曰直，四曰一，五曰义，六曰变，七曰专[92]。

立法，一曰受，二曰法，三曰立，四曰疾，五曰御其服[93]，六曰等其色[94]，七曰百官宜无淫服[95]。

凡军，使法在已曰专，与下畏法曰法[96]。军无小听[97]，战无小利，日成行微[98]，曰道。

凡战，正不行则事专[99]，不服则法，不相信则一。若怠则动之，若疑则变之，若人不信上，则行其不复。自古之政也。

【注释】

①定爵位：指确定军职爵位。

②著功罪:指明确赏罚规定。著,显明,昭明。

③游士:春秋战国时期游历各诸侯国,通过向统治者出谋划策来寻求施展才能的机会,从而实现自己政治理想或追逐高官厚禄的士人。

④询厥众:向大众征询建议。上古时期受原始军事民主制的影响,统治者遇有立君、迁都或战争等大事时,向普通贵族和平民征求意见。

⑤方虑极物:指反复仔细思考,弄清事情的来龙去脉。方,并列,这里引申为多方、反复。极,穷究。

⑥变嫌推疑:指分辨是非,推究解释疑问,从而卸掉思想包袱。

⑦养力索巧:意思指积蓄军事实力,探求破敌制胜的巧计奇谋。

⑧因心之动:根据民众的心愿来采取军事行动。

⑨相:视,观察。这里是辨别、分辨的意思。

⑩进止:指进退举止。这里引申为军队的前进或后退都必须服从命令,听从指挥。

⑪杀:即"刹"。煞住、停止,这里可以理解为及时制止的意思。

⑫阜财:增殖财富,繁荣经济。

⑬怿众:取悦人心。怿,喜欢、悦服。众,民众、部属。

⑭利地:利用地利。这里指,古代兵家多重视利用地利。

⑮右兵:注重改善武器装备。

⑯勉若:意思是努力顺应民众的意愿。

⑰殳矛:殳,一种棍棒类兵器:矛,一种带两面刃金属尖刺兵器。

⑱戈戟:戈,一种装有镰状横刃金属头的兵器。戟,一种合戈、矛功能为一体,不但可用于击刺,而且能用于钩啄的兵器。

⑲五兵五当:意思指五种兵器有五种不同的用途。五兵,即上述弓矢、殳、矛、戈、戟。

⑳侔:匹配,相等。这里是对齐、仿效的意思。

㉑两之:是指平衡、对称。

㉒主固勉若:指主帅要不断地顺应众人的愿望,以巩固军心。

㉓马牛车兵:指挽拉车辆的马、牛,各种兵器。它们均是构成军事实力的有机组成部分。

㉔佚饱:安逸和饱食,这里喻指部队休整良好,后勤补给充足。

㉕战惟节:意思是用兵作战重在指挥得当。节,节制、指挥的意思。

㉖卒:古代军队的一级编制单位。通常以一百人为一卒,但也有以二百人为卒的,如齐国(参见《国语·齐语》和《管子·小匡》)。

㉗支:同"肢",指人体的四肢。

㉘伍:古代军队最低一级编制单位,通常以五人为一伍。

㉙陈,巧也:意思是指布列阵势,所推崇的是巧妙变化,灵活机动。陈,即"阵"。

㉚用其所欲,行其所能:指设法实现自己的愿望,做自己所能办到的事情。

㉛于敌反是：对于敌人，就要反其道而行之。意指让敌人无法实现自己的意愿，去做自己不情愿做的事情。

㉜时日不迁：指不错失任何有利的时机。

㉝龟胜微行：占卜一旦到胜利的预兆就要秘密地展开行事。龟胜，用龟甲占卜获得吉兆。微行，十分机密地行事。

㉞众有有：指民众殷实富有。

㉟因生美：由于民众富足而造成国家强盛。此处有藏富于民的意思。

㊱极物以豫：意指武器装备精装而且预先做好充分的准备。

㊲人勉及任：谓人人均受到勉励，能够积极去完成上级所赋予的作战命令。

㊳多力以烦：指兵力充足而且训练有素。多力，实力雄厚。以，连接系词，而。

㊴堪物简治：意谓选拔任用各类人才去管理军中的一切事物。

㊵行豫：意谓行动事先做好准备。

㊶密静多内力：指兵力集中，军心稳固，实力强大。

㊷烦陈：意谓训练有素。

㊸然有以职：指各项事务都有专人具体执掌。职，专职。

㊹辨物：指分辨事务的轻重缓急，然后有条不紊地加以妥善处理。

㊺攻战守：它们是三种基本的作战样式。一般而言，攻城称为“攻”；野战称为“战”；城市防御作战称为“守”。

㊻进退止:指三种具体的作战方式:前进、退却、停止进攻。

㊼车徒因:指兵车与步兵相互配合、协同。

㊽战参:指作战中必须加以考虑关照的问题。

㊾厌:满足,自满。意谓骄傲自大。

㊿枝:同“支”,肢解、涣散的意思。

(51)柱:挫折,驳倒。此处引申为互相指责,互相拆台。

(52)肆:意谓肆无忌惮、妄自行动。

(53)崩:大乱,分崩离析。

(54)吟旷:呻吟叹息,喧嚣吵闹。

(55)事悔:指因临事不谨慎而铸成大错,结果只好是徒事悔恨。

(56)毁折:毁灭、毁坏的意思。

(57)坚柔:刚柔。指战法上主动进攻(刚)或稳固防守(柔)。

(58)参伍:指军队编组的基本方式。

(59)众寡:指兵力上的多少对比及其正确运用。这是古代兵法中的重要范畴之一。

(60)两:意谓比较对勘、综合平衡。

(61)战权:指作战中的权宜机变。

(62)间远,观迩:侦察远处的敌情,观察近处的态势。间,伺候,刺探。

(63)作事时:指行动要把握时机。

(64)在军广以武:意谓治军既要宽厚又要威严。广,博大兼容,引义为宽厚、宽容。

(65)刃上果以敏:指面临战阵一定做到果断坚决、机敏灵活。

(66)刃上察:指临阵对敌讲究的是能明察情势。

(67)居国见好,在军见方:指治理国家要能为民众所拥戴,治理军队要能为广大士兵所敬重。见,被,为。好,喜欢,这里引申为拥戴。

(68)静乃治:将士沉着镇静,就一定能保持队形的森严整齐。

(69)威利章:指军令严肃而且鲜明准确。

(70)时中服厥次治:一定指人人心悦诚服,那么就可以确保事情依次办妥。

(71)物既章:旗帜鲜明的意思。物,旗帜。

(72)无诳其名:诳,底本作“谁”,误。今据《汇解》校改。名,金鼓。

(73)因古则行:遵循古人的方法就能获得成功。

(74)誓作章:指战斗誓词鲜明有力。誓,约誓,战斗誓词。

(75)灭厉祥:消灭一切妖魔鬼怪,指消灭一切敌人。厉,恶鬼。祥,妖祥。

(76)成基一天下之形:指造就一统天下的形势。基,疑应为“其”,音近而误。一,统一。

(77)兼用其人:指争取敌国人士为自己所用。

(78)权:权谋、诡诈之道。

⑲夺其好:夺取敌人的关键要害,使之陷于彻底被动之中。

⑳辞:言辞。此处可引申为是政治宣传。

㉑兵:武器装备。文中是强调要注重改善武器装备,从而使自己在这方面对敌占有绝对优势。

㉒四守:指荣誉、利禄、耻辱、诛戮是四种使人们遵守法纪规章的有效方法。

㉓容色积威:容色,和颜悦色;积威,厚威,严厉冷峻的意思。

㉔不过改意:指不论是和颜悦色,还是严厉冷峻,其目的都是为了使人们改恶从善。

㉕有仁无信,反败厥身:意思指如果只讲仁义而不讲信义,最终来会祸及自身。

㉖火火:火,疑此处有"怒"的含义,意即善制其怒。

㉗既作其气,因发其政:指一旦鼓舞起士气,便随之颁布法律、法规。

㉘假之以色:指以和颜悦色的态度打动士兵,使他们遵从命令。

㉙以职命之:指根据将士的不同职位给他们分派战斗任务。

㉚形:同"型",指规范、准则。

㉛三乃成章:意谓经过多次反复以形成一定的规范准则。三,多次。

㉜专:专断,集权。

㉝御其服:指规定各级服制。按,古代册封官爵,往往要根据一定的等级赐以冠、带、衣、履等等,称为"服"。后世对官员的衣服和车马也有严格的规定,这就是所指的"舆服制度"。

㉞等其色:指用颜色(如黄、紫、红、绯、青、黑等)来严格区分不同的等秩。

㉟淫服:混淆服制。淫,混乱失次,僭越。

㊱与下畏法曰法:主将和部众一样畏法受其约束的称做法。

㊲小听:细言,即现今所指的小道信息。

㊳日成行微:意思是讲,制订计划要立足于克日成功,展开行动要求做到隐蔽莫测。

㊴正不行则事专:指在正常方法行不通的情况下就要采取专断的措施。

【译文】

凡是用兵作战,首先要做到:确定军职爵位,明确赏罚规定,收揽各方游士,申明军队教令,征询民众的意见,招募技能出众的人才。反复思考,摸清事情的来龙去脉,分辨是非,推究疑问,积蓄力量,索求巧计,依照民众的意愿来采取行动。

大凡作战,要做到稳定军心,明辨利害,整治混乱,申明进退原则,服膺正义,激发廉耻之心,简约法令,慎省刑罚。小罪就要加以制止,如果让小罪得逞,那么大罪恶也就会随之而来了。

要顺应天时,广积财富,取悦民心,利用地利,重视武器装备的建设,这就是作战所必须考虑的五件事情。顺应天时,就是要巧妙利用天候季节;广积财富,就是要善于利用敌人的资源财富;取悦人心,就是要顺应大众的意愿;利用地形,就是要

占领狭隘险峻的地域；重视兵器，就是要在作战中使用弓矢御敌，用殳矛守阵，戈戟等兵器联合使用，互为辅助。五种兵器有五种用途：长兵器是用来掩护短兵器的，短兵器则是用来弥补长兵器的短处的。五种兵器轮番使用可以持久，一齐使用就能发挥强大的威力。当发现敌人使用新式兵器时，就要仿效其制造，从而同敌人保持力量上的平衡。

主帅既要顺应众人意愿，巩固军心，又要观察敌情，随机行事。将军的心是心，士众的心也是心，应该同心协力。马、牛、战车、兵器，休整良好，供应充足，合在一起，就构成军队的战斗力。教育训练重在平时，作战打仗重在指挥。军队中，将军好比是人的躯干，卒好比人的四肢，伍如同是人的手指[彼此间必须保持协调一致]。

凡是指挥作战，讲究的是智慧韬略；近敌格斗，注重的是勇武坚强；布军列阵，推重的是巧妙灵活。要努力去实现自己的意图，同时要在力所能及的前提下行动，不要去做违背自己意志和力所不及的事情。对于敌人，则要反其道而行之。

通常作战，应该具备“有天”“有财”“有善”诸项条件。遇到好时机不要错过，占卜到胜利的预兆就要秘密行动，这就叫作“有天”。民众富足，国力充实，这就叫作“有财”。士卒训练有素，阵形优势明显，武器装备精良并且预有准备，这就叫作“有善”。

人人都能够勉强去完成战斗任务，这叫作“乐人”。军队强大而阵势巩固，兵员充足而训练有素，选拔各类人才来管理各类事务，洞察种种情况以应付突然变动，这叫作预有准备。兵车轻捷，步兵精锐，弓箭足以坚固防御，这就是强大的军队。兵力集中，军心镇定，力量充实，这就是巩固的阵势。在这样的情况下做到进退有序，就叫作富有战斗力。主将从容不迫，士卒操练娴熟，这就是训练有素。各项事务都有专人管理，这就叫作事有所司。在这样的基础上分辨清事物的轻重缓急，这就是简明而实用的管理。

正确衡量兵力，巧妙利用地形，根据敌情部署阵势，掌握攻、战、守的不同要领，把握进、退、止的时机，注意前后左右的配合和战车步兵间的协同，这些都是临战前应该考虑好的事情。

对上级不服从，不信任，彼此间不和睦，玩忽职守，猜疑丛生，骄傲自大，惧怕敌人，军心涣散，互相拆台，丧失斗志，疲劳困顿，肆意妄为，分崩离析，军纪松弛，所有这一切，都是作战的隐患。

骄傲自大，畏葸恐惧，士卒呻吟吵闹，部队忧虞自扰，临事不审度而事后反悔，这些都是造成军队覆灭的原因。

制造声势或大或小，采用战法或刚或柔，实行编组或参或伍，投入兵力或多或少。都一定衡量利害得失而适当处置，这就是作战上的权变之道。

大凡作战，要侦察远方的敌情，观察近处的事态。要利用天时，凭借财力；要崇尚诚信，防止猜疑。兴兵要合乎正义，行事要把握时机，用人要施以恩惠。遇见敌人必须镇静，面对混乱必须从容，碰到危难不要忘掉部卒，治国要广施恩惠且讲究

信用，治军既要宽厚又要威严，面临战阵则要果敢敏捷。治理国家务求和睦相安，管理部队务求严明法纪，临敌对阵务求明察敌情。治国要能为民众所爱戴，治军要能为士卒所敬重，临阵要能为大家所信赖。

一般布阵，行列要疏散，接敌作战时队形要密集，兵器要掺杂配合使用。士卒训练有素，沉着冷静，就能够保持阵形的严整。命令鲜明准确，上下恪守信义，就能使人人奋勇杀敌。谋划屡次取得成功就能使部众信服，人们心悦诚服，事情就可以逐次办妥。旗帜鲜明，部众就能够看得清晰；谋略既经确定，信心就会增强。对那些进退行动中冒冒失失，遇上敌人无谋辱师的人，要给予惩罚。不要随意乱用金鼓，不要轻易更改旗帜。

凡是从事正义事业就能够长久，遵循古法就能够顺利。战斗誓词鲜明有力，士气就会振足旺盛，进而消灭所有敌人。消灭敌人的方法，一是依靠道义，即用诚信感化对手，用武力震慑敌人，造成一统天下的形势，使人们无不心悦诚服，这叫作争取敌国之人为已所用。二是利用权谋，即设法促成敌人的骄傲自大，夺取敌人的要害，用兵力从外部打击它，并促使敌人自掘坟墓，自我灭亡。

一是广罗人才，二是信奉正义，三是注重宣传，四是讲求技巧，五是善用火攻，六是擅长水战，七是改良兵器，这就是七项军政大事。荣誉、利禄、耻辱、死亡，这是四种约束人们遵纪以上守法的手段。或是温颜悦色，或是严格冷酷，两者的目的都是为了让人改恶从善。以上所有这些都是治军的方法。

只有仁慈爱人，人们才能亲近拥戴自己。假如光讲究仁爱而不讲究信义，就会祸及自身。要做到知人任人，正己正人，审以辞令，疾恶如仇。

基本的作战原则是，既然已经激励起士气，就要跟着颁布纪律。对待士卒，要和颜悦色；教导士卒，要言辞诚恳。要针对其畏惧心理而加以告诫，利用其名利欲望而加以驱使。进入敌境后要控制住有利地形，并按照将士的职位给他们分别指派任务。这就是通常的战法。

大凡要求人们执行的规章制度，应当来源于人们的共同需求，同时要通过一段时间的试行来考察它是否名实相副。一经制定，必须坚决地加以执行。如果应该执行而没能做到，将帅就要率先身体力行。如果一切都做到了，就要让部众牢记住这些准则。经过多次反复执行，就能形成具体制度。凡是符合人们意愿的规章制度，就叫作"法"。

凡是整治混乱的方法，一是仁慈，二是守信，三是正直，四是统一，五是道义，六是权变，七是集权。

确立法制，一是要人人遵守，二是要法度严明，三是要不可动摇，四是要雷厉风行，五是要规定各级服制，六是要用颜色区别不同等级，七是要使百官按规定着装，不得随意混淆。

治理军队，凡是法令出自将帅个人好恶的，称为专制；主将和广大部众一样畏法受其所约束的，才能称为法。在军队中不能传播小道消息，作战时不能贪图眼前利益，制定计划要能够克日成功，行动时要求做到隐蔽莫测，这些都是治军的原则。

战斗中，正常的办法行不通就要采取专断手段，拒绝服从命令就要绳之以法，互不信任就要统一认识，军心如果散漫就要加以鼓舞，士卒如果心存困惑就要设法加以改变，士卒如果不信任上级，更要使命令得到坚决贯彻而不轻易改变。以上所有这一切，都是自古以来治军作战的方法。

【赏析】

本篇主要论述战争和战争指导的各种问题。

《司马法》认为，凡是要进行战争，首先要创造良好的政治条件。为此要“固众相利，治乱进止，服正成耻，约法省罚。”即要求做到团结民众，开展政治教育，统一上下意志，激励军心士气，以及严明法纪，省刑减罚等。

为了夺取战争的胜利，还要考虑“顺利、阜财、怿众、利地、右兵”这五个方面，即顺应天道，增加财富，和悦部队，利用有利地形，据险以守，使用精良的兵器进行攻战。所谓善于使用精良的兵器是指：用弓矢御敌，用矛殳守卫，用戈戟辅助。如果恰当地使用这些兵器，就能取得胜利。

凡进行战争，就要善于使用谋略权变；凡战斗，就需要勇敢；凡布阵，就要用巧妙的阵形迷惑敌人。对官兵要“用其所欲，行其所能”，避免让其做不愿做和不能做的事情。

凡是出现不服从、不信任、不和睦、懈怠不振、猜疑、厌战、畏敌、闹别扭、斗志受挫、萎靡困顿、肆意任性、分崩离析、纪律松弛等现象，都是导致战争失败的祸患，必须消除。如果上述“不服、不信、不和、怠、疑、厌、慑、枝、柱、诎、顿、肆、崩、缓”的祸患不消除，那就会在战争中失败。

统率军队作战的将领，必须权衡战争规模的大小，敌我双方的实和虚，队伍的编成，参战人数的多少，是集中还是分散等问题。这种对敌对双方“大小，坚柔，参伍，众寡，凡两”等方面的分析，是“知彼知己，百战不殆”所必须考虑的问题。

国君在朝理政要多施恩惠并要言而有信，在军中豁达而通晓武事，杀敌时果敢而机敏；治国能上下和睦，治军时能执法如山，作战时能深察敌情；在朝时受民众拥戴，在军中能为士卒表率，临阵时得到士卒的信赖。这样的国君定能治国安邦。

统兵的将领对处于混乱状态的部队要进行整治。整治的方法一是要有仁爱之心，二是要以诚信相待，三是要以理服人，四是要有统一的要求，五是要做法得当，六是要灵活处置，七是要权力集中。如果能从上述“仁、信、直、一、义、变、专”作为整治军队的切入点，那么军队一定会化乱为治，战斗力就会强大起来。

凡是统兵作战，如果用正常的战法不能奏效，便要采取特殊的战法：对不服从命令者要绳之以法；对于不信服的人要统一其认识；对于懈怠的人要使他振作起来；对于存有疑心的人要设法使他消除疑心；对于不信任上级的人，要将命令贯彻始终，使之坚信不疑。这就是：“正不行则事专，不服则法，不信则一，若怠则动之，若疑则变之，若人不信上，则行其不复”的古今不易之道理。如果战争指导者对上述问题都处理得当，那么就能夺取战争的胜利，否则就要失败。

卷下

严位第四

【原文】

凡战之道，位欲严[1]，政欲栗[2]，力欲窕[3]，气欲闲，心欲一。

凡战之道，等道义，立卒伍[4]，定行列，正纵横[5]，察名实[6]。

立进俯[7]，坐进跪[8]。畏则密，危则坐[9]。远者视之则不畏，迩者勿视则不散[10]。位，下左右[11]，下甲[12]坐，誓徐行之，位逮徒甲[13]，筹以轻重[14]。振马噪[15]，徒甲畏亦密之，跪坐、坐伏[16]，则膝行而宽誓之[17]。起，噪，鼓而进，则以铎止之。衔枚[18]，誓，糗[19]，坐，膝行而推之。执戮禁顾[20]，噪以先之。若畏太甚，则勿戮杀，示以颜色[21]，告之以所生，循省其职[22]。

凡三军，卒[23]戒分日[24]，人禁不息[25]，不可以分食。方其疑惑[26]，可师可服。

凡战，以力久，以气胜[27]。以固久，以危胜[28]。本心固，新气胜[29]。以甲固，以兵胜。凡车以密固，徒以坐固[30]，甲以重固，兵以轻胜。

人有胜心，惟敌之视；人有畏心，惟畏之视。两心交定，两利若一[31]。两为之职[32]，惟权视之。

凡战，以轻行轻则危，以重行重则无功，以轻行重则败，以重行轻则战。故战相为轻重[33]。

舍谨甲兵[34]，行慎行列[35]，战谨进止[36]。

凡战，敬则慊[37]，率则服[38]。上烦轻，上暇重[39]。奏鼓轻，舒鼓重[40]。服肤轻，服美重[41]。

凡马车坚，甲兵利，轻乃重[42]。

上同无获[43]，上专多死[44]，上生多疑[45]，上死不胜[46]。

凡人，死爱[47]，死怒，死威，死义，死利。凡战之道，教约人轻死[48]，道约人死正[49]。

凡战，若胜，若否[50]，若天，若人[51]。

凡战，三军之戒，无过三日；一卒之警，无过分日；一人之禁，无过瞬息[52]。

凡大善用本[53]，其次用末[54]，执略守微[55]，本末惟权[56]。战也。

凡胜，三军一人，胜[57]。

凡鼓[58]，鼓旌旗[59]，鼓车，鼓马，鼓徒，鼓兵，鼓首[60]，鼓足，七鼓兼齐[61]。

凡战，既固勿重[62]，重进勿尽[63]，凡尽危。

凡战，非陈之难，使人可陈难[64]；非使可陈难，使人可用难[65]；非知之难，行之难[66]。

人方有性[67]，性州异，教成俗，俗州异，道化俗[68]。

凡众寡[69]，既胜若否[70]。兵不告[71]利，甲不告坚，车不告固，马不告良，众不自多[72]，未获道[73]。

凡战，胜则与众分善[74]。若将复战，则重赏罚。若使不胜，取过在己[75]。复战，则誓以居前[76]，无复先术[77]。胜否勿反[78]，是谓正则。

凡民，以仁救[79]，以义战，以智决[80]，以勇斗，以信专[81]，以利劝[82]，以功胜[83]。故心中仁，行中义，堪物智[84]也，堪大勇也，堪久信[85]也。让以和，人以洽[86]，自予以不循[87]，争贤以为人[88]，说其心，效其力。

凡战，击其微静[89]，避其强静[90]；击其倦劳，避其闲窕[91]；击其大惧[92]，避其小惧[93]。自古之政也。

【注释】

①位欲严：指讲职责要力争加以严格准确。

②政欲栗：指号令、纪律要皆尽可能森严，能让人感到畏惧。

③力欲窕：意谓行动要做到灵敏。

④立卒伍：指建立军队的各级编制。

⑤正纵横：指端正区划行列的纵横。

⑥察名实：指搞清名号及其所包含的实质内涵。

⑦立进俯：用立姿前进时要俯身低头。

⑧坐进跪：以坐姿前进时要耸起身体，以便随时转为立姿。这里指，古时的“坐”是指双膝着地，臀部靠在足上的一种姿势。

⑨危则坐:意思指遇有危急情况之时,当采用坐姿,以安定军心。银雀山汉简《十阵》曰:“甲恐则坐”“甲乱则坐”。

⑩迩者勿视则不散:意思指当敌人忽然临近之时,不让士卒四处看望,士卒就不会因为惧怕而溃散。

⑪下左右:这三字语焉不详,疑有错讹。《汇解·纂序》云:“士卒行列之位。”所释尚较合理,可以参考。

⑫下甲:屯兵的意思。《战国策·韩策》引张仪游说韩王辞曰:“大王不事秦,秦下甲据宜阳。”注:“下甲,犹言屯兵。”

⑬位逮徒甲:指具体确定徒卒和甲士在军阵中的位置。

⑭筹以轻重:指妥善筹措安排各类兵器的轻重配置。筹,筹措、安排。

⑮振马噪:这里指战车震晃颠荡,戎马惊恐嘶鸣。

⑯跪坐、坐伏:采取由跪姿变坐姿、由坐姿变卧姿等各种不同姿势。

⑰膝行而宽誓之:指主将在阵中膝行向前温和告诫和鼓励士卒。

⑱衔枚:枚之形状如短筷,横衔口中,从而来防止发出喧哗之声。

⑲粮:干粮,此处是指用餐。

⑳执戮禁顾:通过执行杀戮来禁止士卒临阵畏怯,顾盼不前。

㉑示以颜色:对士卒和颜悦色。

㉒循省其职:指竭尽全力去完成任务。

㉓卒:底本作“人”。据同篇下文“一卒之警,无过分日”之文意,“人”当为“卒”之误,所以校改。

㉔分日:半日。《公羊传·庄公四年解诂》云:“分,半也。”

㉕人禁不息:意思指对个别人下达的禁令,要立即加以执行。

㉖方其疑惑:指理解部众的顾虑和困惑。方,比拟,此处引申为设身处地给以理解。

㉗以气胜:借助士气旺盛来争取胜利。《左传·庄公十年》载:“夫战,勇气也。”

㉘以危胜:指凭借经受危险来取胜。《孙子兵法·九地篇》:“夫众陷于害,然后能为胜败。”其说与本句相同。

㉙新气胜:意思指朝气蓬勃就能够克敌取胜。《司马法》佚文:“新气胜旧气。”

㉚车以密固,徒以坐固:指车阵作战时,采取密集队形就可坚固,从而取胜;步兵作战,采用坐阵,便于防守,从而坚固阵势。

㉛两利若一:指对两方面的利弊得失予以全盘的考虑。

㉜两为之职:指对利害两方面情况的全面把握。职,职掌,此处引义为掌握。

㉝战相为轻重:意思指作战就是敌对双方互相使用不同的兵力的较量。这是《司马法》重要的作战指导思想,其本质含义是主张集中兵力。以强击弱,予敌以歼灭性的打击。

㉞舍谨甲兵:指军队驻扎时一定要注意兵器甲胄的放置,以便遇有突发情况时

能够马上取用,投入战斗。谨,谨慎从事的意思。

㉟行慎行列:意思指行军时应注意队形的整齐,做到“其徐如林”(《孙子兵法·军争篇》)。

㊱战谨进止:指战场交锋之时要注意前进与停止的节奏。

㊲敬则慊:意思指将帅能做到恭敬谦和则可使士兵尊重爱戴自己。

㊳率则服:意思指将帅处处身为表率就能使得士卒信赖遵从。

㊴上烦轻,上暇重:将帅急躁烦乱则行事难免轻率,将帅悠闲沉着则遇事即可稳重。

㊵奏鼓轻,舒鼓重:奏鼓,指节奏紧凑的鼓音。

㊶服肤轻,服美重:服,军服。肤,简陋、单薄。

㊷轻乃重:劣势于是就转化为优势。

㊸上同无获:将帅若热衷于下属的随声附和,便会一事无成。

㊹上专多死:指将帅如果热衷于搞个人专断,用兵打仗就一定多有死伤。专,专断。

㊺上生多疑:意思指将帅若一味保全自己,企求生还,便往往会疑虑重重,进退失据。

㊻上死不胜:将帅如果光知道死打硬拼,就无法克敌取胜。

㊼死爱:指为报答恩爱而捐躯牺牲。

㊽教约人轻死:指法令约束士兵不惧怕战死沙场。教,教令、法规。约,约束。轻,不在意,等闲视之。

㊾道约人死正:意思指道义感化引导广大士卒为正义事业而流血牺牲。

㊿若否:若,或者。

51若天,若人:指顺应天时,顺从民心。

52瞬息:立刻,马上。

53大善用本:指从事战争,最上乘的境界是运用谋略制胜。

54其次用末:指不得已才动用斩将搴旗、战胜攻取的手段。

55执略守微:指既掌握总揽全局,又牢牢抓住微小的环节。

56本末唯权:意思指通过权衡分析,来选择本末不同的方法。

57三军一人,胜:全军上下团结像一人,其用兵作战就无往而不胜。

58鼓:战鼓。古代作战的重要指挥工具,用以指挥部队进攻前进。

59鼓旌旗:指挥旌旗。

60鼓首:《直解》云:“使首四顾,左顾左,右顾右,前顾前,后顾后。”即为“鼓首”的意思。

61七鼓兼齐:指上述七种用鼓指挥的要领和细则,都必须事先规定齐全。

62既固勿重:意思指在兵力强大雄厚的情况下,没必要过于持重迟滞,以导致错过战机。

63重进勿尽:指兵力虽雄厚占有优势,但在实施进攻的时候也不适宜一次性投

入全部力量。

64使人可陈难：意思指使士卒习于阵法并不简单。

65使人可用难：指使将上真正掌握灵活运用阵法的奥妙有困难。

66非知之难，行之难：意思指不是懂得阵法难，而是实战中灵活运用阵法困难。

67人方有性：指不同地区的人有其不同的气质禀赋。方，一定范围的地区。

68道化俗：指通过道德教化来改变各个地方的风俗习惯，即“移风易俗”。

69众寡：兵力的对比和使用，此处引申为动用军队作战。

70既胜若否：意思指即使获胜，也应该如同没有打胜仗那样谨慎戒骄。

71告：求。

72众不自多：意思指不致力于扩充军队的数量，赢得军事上的优势。

73未获道：指未能真正驾驭用兵的规律。

74与众分善：指主帅与广大官兵共同分享胜利的果实，而不是独据其功。

75取过在已：意思指不文过饰非，不推诿搪塞，而是自己主动承担过错。

76誓以居前：举行誓师仪式来激励将士，以此做到率先垂范，以身作则。

77无复先术：指不再重复以前使用过的作战方法，从而避免墨守成规。

78胜否勿反：意思指不论胜负怎样，都不要违背上述“取过在已”“与众分善”“誓以居前”“无复先术”等基本原则。

79以仁救：指用仁爱去解救广大民众的危机困难。

80以智决：指依靠智慧来判断民众行为的好坏。

81以信专：专，专一，意为专心致志，团结一致。

82以利劝：用利益(如赏赐)这个杠杆鼓励广大民众来英勇奋战。

83以功胜：指通过颁赏功爵鼓舞民众去积极取胜。

84堪物智：善于用智慧判断事物的是非曲直。

85堪久信：指善于用诚信来长时间地赢得人心所向。

86洽：和睦融洽。

87自予以不循：意思指自已主动地承担错误。

88争贤以为人：指主动谦让，将贤德的名声让给别人。

89击其微静：指敢于进攻那些兵力弱小而故作镇静的敌人。微，细小，这里指兵力弱小。

90避其强静：意思指要避免与实力强大而又沉着冷静的敌人作正面交锋。

91避其闲窕：指努力避免同休整良好、心理状态泰然自若之敌进行交锋。

92击其大惧：意思指要进攻那些真正处于害怕恐慌状态的敌人。

93避其小惧：意思指避免去进攻那些已经有所戒备之敌。

【译文】

通常讲究的作战原则是，职责要尽可能明确，号令要尽可能严格，行动要尽可能迅捷，士气要尽可能沉淀，意志要尽可能统一。

惧战死,而道义感化士卒为正义而牺牲。

一般作战,无论胜败与否,都取决于是否顺应天时,顺从民心。

作战中,对全军下达的命令,三天之内就要求执行;对百人小部队下达的命令,半天之内就要求执行;对个别人下达的禁令,要求其马上加以执行。

进行战争,最佳的途径是用智慧取胜,而战胜攻取、斩将搴旗则为下策。要掌握全局,抓住细节,通过权衡比较,来决定是用智慧取胜,还是用攻战制敌?这就是驾驭战争的高明艺术。

作战的胜利,是因为全军上下团结一致如同一人的缘故。

通常的作战鼓点,有指挥旌旗的,有指挥兵车的,有指挥战马的,有指挥步兵的,有指挥兵器使用的,有指挥队形的,有指挥起坐行动的。这七种鼓点都必须规定齐全。

通常作战,兵力强大厚实就不必过于持重迟滞。但即便是兵力雄厚,实施进攻时也不要一次性投入全部的力量,力量消耗殆尽将会带来危难。

一般作战,不是布阵困难,却是让官兵们熟习阵法困难;不是让官兵们熟习阵法困难,却是让他们真正掌握灵活运用阵法的奥秘困难。总之,不在于懂得阵法难,而在于实际运用阵法难。

不同地方的人有不同的气质禀赋,秉性气质各州自有其差别。教化可以造成一定的风俗,习惯也是各州有所不同,而道德的教化却可以改变各地的风俗习惯。

动用军队作战,打了胜仗要像未曾打胜仗一样:不骄纵不松懈。大凡不讲求兵器锋利,不讲求盔甲坚韧,不讲求战车牢固,不讲求马匹优良,不努力扩充军队的,那就意味着没有掌握用兵的要领。

大凡作战,打了胜仗就应该同大家分享荣誉。如果还要再次进行战斗,就应该重申相关的赏罚规定。假使作战失败,就要自己主动承担错误。再次作战时,要举行誓师仪式以鼓励部众,同时做到身先士卒,不重复运用先前的战法。不论胜败都不要违反这个做法,这就是正确的原则。

对待民众,应该用仁爱解救他们的危难,用道义鼓励他们去参战,用智慧判断他们的是非,用勇敢统率他们去战斗,以诚信使他们团结一致,要用利益鼓励他们去奋战,用功爵鼓舞他们去制胜。总之,思想要合乎仁爱,行为要合乎正义,能够用智慧判断事物的是非,能够以勇气担当大任,能够以诚信长久地赢得民心。谦让和蔼,上下关系因而融洽。把过错归于自己,把贤名让给他人,这样就能使部下心悦诚服,乐于为自己效劳。

作战的一般原则是,进攻兵力较弱而故作镇静的敌人,避开兵力强大而沉着冷静的敌人。进攻疲惫不堪的敌人,避开休整良好的敌人。进攻畏惧恐慌的敌人,避开已做好防备的敌人。这是自古以来治军作战的谋略。

【赏析】

本篇主要论述作战指挥艺术和灵活运用作战原则的问题。

通常的作战方式是，要根据人们的德才情况而授予相应的职位，建立各级编制，规定行列次序，调整纵横队列，核查名实是否相符。

站着进者必俯其身，坐着进者必跪其膝，存有畏惧心理时，队形要密集；遇上紧急情况时，要采用坐阵。远处的敌人一旦观察清楚，就不至于心怀畏惧；对近处的敌人则当视而不见，以便集中精力进行战斗。士卒在阵中的位置，当按左、右序列排列。屯兵集结时应采用坐阵，从容地下达命令，规定好每个甲士和徒卒的具体位置，并妥善兼顾主力和偏师之间的兵力配置。如果车震马噪，士卒畏惧，也应该使队形集拢密集，采用跪、坐、卧等各种不同的姿势，而做将领的则应该膝行前去温和地告诫士卒。如果需起身投入进攻，就高声呼喊，擂鼓前进；如果要停止行动，就鸣金铎。当衔枚、誓师、就餐时，均宜采用坐阵，必须移动时，则用膝挪动。执行诛戮来严禁临阵畏葸，顾盼不前，大声命令士卒冲锋向前。但如果士卒畏惧太严重，那就不能再行施杀戮，而应该和颜悦色地告诉他们杀敌求生的方法，促使他们各尽其职，完成任务。

凡是统辖部队，对小部队下达命令，半天以内就要执行；对个别人下达的禁令，要立即执行，甚至不等吃饭就要落实。要理解自己部属的忧虑和困惑，从而确保部队整治，士卒服从。

大凡作战，依靠实力持久，凭靠士气取胜；依仗行阵坚固持久，凭借经受危险取胜。真心求战就稳固，朝气蓬勃就取胜。用盔甲防护自己，用兵器战胜敌人。一般车战稳固取胜在于阵形密集，步战稳固取胜在于采用坐阵。铠甲坚固在于厚重，兵器胜敌在于轻锐。

士卒报有胜敌的信心，这时就仔细观察敌情是否可打；士卒怀有畏敌的心理，这时就了解他们畏惧的真正原因。把求胜之心和畏惧心理都考察清楚，全盘考虑各方面的利弊得失，而对战场情势的全面把握，关键在于做主帅的权衡机断。

一般作战，用小部队对付敌人小部队会有危险，用大部队对付敌人大部队就很难成功，用小部队去对付敌人大部队就会造成失败，用大部队对付敌人小部队就可以决战。所以说，作战就是双方兵力的对比和较量。

驻扎时应注意戒备森严，行军时应注意行列整齐，战场交锋时应注意进退有节。

在一般作战中，将帅谨慎恭敬就能让士卒尊重，将帅以身作则就能使士卒服从，将帅急躁烦乱就会行事轻率，将帅镇定沉着就会遇事持重。鼓点急是让士卒轻捷向前，鼓点缓是让士卒轻缓前进。服装粗陋则军容萎靡，服装华丽则军容壮观。只要兵车坚固，甲胄兵器精良，那么劣势也就可以转变为优势。

将领热衷于下属随声附和，就会一事无成；将领热衷于个人专横武断，作战就必然多有伤亡；将领一味地贪生怕死，就会疑虑重重，进退失据；将领仅仅知道死打硬拼，就不能够克敌取胜。

士卒拼死效命的情况，有出于感恩戴德的，有出于一腔热血的，有出于受胁被迫的，有出于仗恃正义的，有出于贪图利益的。作战的规律是，法令约束士卒不恐

“凡战之道，位欲严，政欲栗，力欲窕，气欲闲，心欲一”，“凡战之道，等道义，立卒伍，定行列，正纵横，察名实”。即要求统兵将领在指挥军队作战时，要居帅位而威严，军令如山使士卒寒栗而不敢违犯，行动要轻快而敏捷，指挥要沉着而不慌乱，意志要专一而不分心，对官兵按统一军令要求而不分官阶高低，编成严整的战阵而不紊乱，确定官兵在战阵中的位置而不轻易变换，队列纵横整齐而分清，战阵的布列要名实相符而无差错。

“凡战，以力久，以气胜；以固久，以危胜；本心固，新气胜；以甲固，以兵胜；凡车以密固，徒以坐固，甲以重固，兵以轻胜。”即凡是参战的军队，实力雄厚便能持久，士气高昂便可取胜；阵形稳固便能持久不衰，处于危地便能争胜；军心一致便必胜无疑，一鼓作气便乘锐而胜；官兵作战时以甲胄护卫身体，以精良的兵器取胜；战车布列的密度适当，步兵的战姿便于冲击，铠甲精良坚实，兵器轻便灵巧的军队，一定能取胜。

“凡战，以轻行轻则危，以重行重则无功，以轻行重则败，以重行轻则战。故战相为轻重。合谨甲兵，行慎行列，战谨进止。”此处的重和轻如同《孙子兵法》中的强和弱、众和寡、实和虚相对比的含义一样。《司马法》认为：凡是在作战中，以少击少就有危险，以众击众就无功可言，以少击多就会被打败，以多击少就会获胜。所以作战时要分析双方兵力的多少。要求部下在驻营时要严密看护兵器铠甲，行进时要谨慎队伍行列的严整，作战时要关注官兵的行进和驻止，这样才能保持军队的战斗力不受意外的消耗。但是军队的轻重是可以转化的，凡是“马车坚，甲兵利”的军队，即使是兵力处于少数，也会转化为战斗力强的军队，即“轻乃重”。同时，在作战中兵力处于优势地位的军队，也不要一味盲目依恃兵多势众。以重击轻时，也要“重进勿尽”，不要把所有的兵力都一次投入而不留后备，因为这样做是非常危险的。

“凡战，击其微静，避其强静；击其疲劳，避其闲窕；击其大惧，避其小惧。”即要求统兵作战的将领，要因敌而制胜，对势处微弱而毫无声息的敌军，就一举而攻击之；对势处强大而镇静无哗的敌军就避而不战；对疲惫劳乏的敌军就将其歼灭，对闲逸轻松的敌军也避而不战；对大惊大惧害怕作战的敌军，就乘其恐慌而攻之；对有所戒惧而蓄谋待战的敌军，更要避而不战。这是自古兵家立于不败之地的战法。

统兵作战的将领在进行作战时要讲究阵法，这也是不容忽视的事。《司马法》说：“非陈（同阵）之难，使人可陈难；非使可陈难，使人可用难；非知之难，行之难。”也就是说，布列战阵并不难，而是使人熟练阵法难；使人熟练阵法并不难，而是使人运用阵法于实战难；懂得阵法并不难，而是使人付诸实行难。善于布阵而又善于使官兵都能运用阵法作战的统兵将领，才能称得上是指挥艺术高超的将领。

用众第五

【原文】

凡战之道，用寡固[1]，用众治[2]。寡利烦[3]，众利正[4]。用众进止，用寡进退。众以合寡，则远裹而阙之[5]，若分而迭击[6]。寡以待众，若众疑之，则自用之[7]。擅利则释旗，迎而反之[8]。敌若众，则相众而受裹[9]；敌若寡若畏[10]，则避之开之[11]。

凡战，背风[12]背高[13]，右高左险[14]，历沛历圮[15]，兼舍环龟[16]。

凡战，设而观其作[17]，视敌而举。待则循而勿鼓[18]，待众之作[19]。攻则屯而伺之[20]。

凡战，众寡以观其变[21]，进退以观其固[22]，危而观其惧[23]。静而观其怠[24]，动而观其疑[25]，袭而观其治[26]。击其疑，加其卒[27]，致其屈，袭其规[28]，因其不避[29]，阻其图[30]，夺其虑[31]，乘其惧。

凡从奔勿息[32]，敌人或止于路则虑之。

凡近敌都[33]，必有进路；退，必有反虑[34]。

凡战，先则弊[35]，后则慑[36]，息则怠[37]，不息亦弊，息久亦反其慑[38]。

书亲绝[39]，是谓绝顾之虑[40]。选良次兵[41]，是谓益人之强。弃任节食[42]，是谓开人之意[43]。自古之政也。

【注释】

①用寡固:用较少的兵力作战,一定注意营阵的稳固。

②用众治:用较多的兵力作战,必须讲求行政管理,做到整治不乱。

③寡利烦:指兵力寡少情况下,以战术变化、出奇制胜为利。

④众利正:指兵多将广有利于布阵,与敌人展开正面较量。

⑤远裹而阙之:指对敌实施包围时要虚留缺口,以便伺机歼灭之,即所谓"围师必阙"。

⑥分而迭击:指分兵轮番攻击。

⑦若众疑之,则自用之:意思是指兵力寡少时装出好像有很多兵力似的来欺骗迷惑敌人,并运用权谲诡诈的战法打击它。

⑧擅利则释旗迎而反之:假如敌人已经占有主动有利的态势,就卷起军旗,假装败退,诱敌出击,尔后再伺机出动打击。

⑨相众而受裹:意思指在遭遇优势之敌情况下,当察明虚实而暂受敌围,然后再徐图对策。

⑩若寡若畏:意思指兵力寡少而又行动谨慎。

⑪避之开之:避开敌人,虚留缺口,再乘空隙打击之。

⑫背风:逆背风向。古代兵阴阳家以逆背风向为用兵要则。

⑬背高:背托高地。也是古代屯驻或布阵的一个原则。

⑭右高左险:右侧倚托高地,左侧依恃险阻。

⑮历沛历圮:历,通过。沛,水草丰沛的沼泽地带。

⑯兼舍环龟:兼舍,昼夜兼程开进。环龟,四周有险可守、中间隆高的地势。

⑰设而观其作:指摆好阵势来观察了解敌方的反应。

⑱循而勿鼓:按兵勒卒,暂时不对敌主动发起进攻。

⑲待众之作:指等待敌人的下一步具体行动。

⑳攻则屯而伺之:意思指一旦敌人主动前来进攻,则应集结兵力伺机攻破。

㉑众寡以观其变:指动用数量不等的兵力前去试探敌人,来观察其反应。

㉒进退以观其固:指通过忽进忽退的方式,来观察掌握敌人阵势稳固与否。

㉓危而观其惧:给敌人造成危险,从而来观察了解敌人是否恐惧不安。

㉔静而观其怠:指按兵不动,来观察敌人是否懈怠,捕捉可乘之机。

㉕动而观其疑:意思指进行战术性佯动,来观察敌人是否疑惑上当。

㉖袭而观其治:指通过小规模的战术袭击,来观察敌人是否整治不乱。

㉗加其卒:意思指乘敌人仓促无备之时实施进攻。

㉘袭其规:用突然而凌厉的打击扰乱敌人的作战部署。

㉙因其不避:指巧妙利用敌人冒进的过错。

㉚阻其图:意思指粉碎敌人的战略企图。

㉛夺其虑:指克制敌人的计划。

㉜从奔勿息：指追击逃跑之敌不可有片刻的歇息，以防止其保存实力或伺机反扑。用俗话说，就是痛打落水狗。

㉝敌都：敌方的重要城邑。

㉞反虑：有关撤兵退却的考虑和方案。反，同"返"，此处是后退的意思。

㉟先则弊：意思指过早行动会使得部队疲惫困顿不堪。先，提前，过早。弊，疲惫、士气衰竭。

㊱后则慑：指过迟行动会使部队心理恐惧怯战。

㊲息则怠：意思指只注意休整会使得部队懈怠。

㊳息久亦反其慑：指如果一味休整，也会造成适得其反的结果，使士兵产生怯战的心理。

㊴书亲绝：指禁止所有的亲友间书信往来，来隔绝将士与外界的任何联系。

㊵绝顾之虑：指断绝将士思家恋土的念头，来保证最大程度的思想集中，奋勇杀敌。

㊶选良次兵：指选拔人才，配备兵器。

㊷弃任节食：舍弃不必要的辎重装备，从而减少随身携带的军粮。

㊸开人之意：意思指激发士卒破釜沉舟、忘我死战的信心。

【译文】

通常作战的规律是，用小部队作战，要注重阵营的稳固；用大部队作战，要讲求整齐不乱。兵力寡少利于战术多变出奇制胜，兵力众多利于堂堂正正正面交战。兵力强大要能进能止，稳重如山；兵力较小要能进能退，出没无常。以优势兵力同劣势之敌交战，就对其实施包围并虚留缺口，同时分兵轮番进行攻击。以劣势兵力对付优势之敌，则要虚张声势迷惑敌人，并用权变诡诈的战法打击敌人。假如敌人已占领有利的地形，就卷起旌旗，佯装败退以诱敌出击，然后再伺机反攻。假如敌人兵力众多，就当查明情况并准备在被围条件下作战。假如敌人兵力寡少但行动谨慎，就先行避开它，为其虚留生路，然后乘隙消灭它。

用兵作战，要逆背风向背靠高地，右边倚托高地左边依恃险阻，遇上沼泽地带和崩陷地段宜迅速离开，选择外低内高、有险可守的地形驻屯部队。

通常作战，要事先摆好阵势以便观察敌人的反应，并根据敌情变化，采取相对应的措施。如果发现敌人已经做好战斗准备，我们就要按兵勒卒，暂时不发起进攻，而等待敌人的下一步行动。若敌人主动发起进攻，就要集结兵力寻求破敌的机会。

一般作战，应该用数量不等的兵力去试探敌人，来观察其不同的反应；应用忽进忽退的行动，来观察其阵势是否稳固；通过逼近威胁的手段，观察敌人是否恐惧；通过按兵不动的方式，观察敌人是否懈怠；进行佯动，看敌人是否齐整；进行袭击，看敌人是否齐整。在敌人犹豫不定的情况下发起攻击，乘敌人仓促无备的时候发起攻击，从而使敌人陷于困境。要通过袭击打乱敌人的部署，并利用敌人冒险轻进的错误，粉碎它的企图，制止它的计划，并乘其军心畏惧不稳之际一举加以歼灭。

大凡追击溃败的敌人，不要松懈停止。如果敌人在途中停下来，这时就应考虑它这样做的企图究竟是什么？

大凡在迫近敌人都邑的时候，就一定要预先研究好进军的路线。后退的时候，也一定要事前考虑好后撤的方案。

通常作战，过早行动会使得军队疲惫，过晚行动会使得军心恐惧，只注意休整会使军队懈怠，总不休整则会导致军队疲困，但一味休整，也反而会产生怯战心理。

要杜绝亲友之间任何书信往来，这样才能断绝士卒恋家的念头。选拔勇敢善战的人才，准备好精良的兵器，这样才能提高军队的战斗力。舍弃笨重的装备，少携带粮食，这样才能激发起士卒死战的决心。所有这些，都是自古以来治军作战的方法。

【赏析】

本篇主要论述统兵作战的将领，要善于观敌、料敌，做到知彼知己，临机应变，夺取战争的胜利。

《司马法》说，统兵作战的基本原则是，“用寡固，用众治。寡利烦，众利正，用众进止，用寡进退。众以合寡，则远裹而阙之。若分而迭击，寡以待众。”统兵的将领如果兵力少就要注意阵势的稳固；兵力多就要整治战阵；兵力少则适合于小股多次频繁扰敌，兵力多就可以同敌人进行堂堂正正的正面交锋；兵力多就要注意进攻或驻止的关键，兵力少就要重视进攻和退却的时机；以众击寡就可以在较远的距离上将敌包围并留有缺口，以寡击众就采取分批轮番袭扰的战法。因此，兵力多少的不同，战法也不同。

《司马法》说，“凡战，设而观其作，视敌而举。待则循而勿鼓，待众之作。攻则屯而伺之。”凡是统兵作战的将领，先要以少量兵力佯动，看看敌人的反应再作出相应的举措。如果敌人在我少量兵力佯动之后仍然待机不动，那么我也将计就计，作待机不动的状态而不急于发起进攻，以等待敌人的后续动作。如果敌人在我少量兵力佯动之后就发起进攻，那么我也屯聚兵力伺机出战。

《司马法》说，“凡战，众寡以观其变，进退以观其固，危而观其惧，静而观其怠，动而观其疑，袭而观其治。击其疑，加其卒，致其屈，袭其规，因其不避，阻其图，夺其虑，乘其惧。”统兵作战的将领，要先以兵力多少的变化观测敌人的应变，以进攻和退却的佯动观测敌阵的稳固状况，迫近处于危地的敌军而观测其恐惧程度，按兵不动而待其懈怠，进行佯动而观测其是否犹豫，对其进行突袭以观测其战阵是否严整。打击处于犹豫和仓促状态的敌军，使其处于被动挨打之势；袭扰敌军的部署，攻击逃避不及的敌军。阻止敌军作战企图的达成，破坏敌军作战计划的实施，利用敌军的恐惧心理，打败敌人。

这些都是知彼知己，临机应变，夺取战争胜利的指挥艺术。

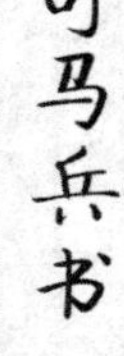

郑若曾兵书

导读

《筹海图编》是明代筹划海防的一部专著，明郑若曾所辑，共十三卷。

郑若曾（1503～1570年）字伯鲁，号开阳，昆山（今属江苏）人。此人注重实用之学，凡天文、地理、赋额、兵机等，无所不究。倭患起，绘辑沿海形势图十二幅，后来曾作为胡宗宪的幕僚参与抗倭，在胡宗宪的支持下，“增其所未备”，于嘉靖四十年（1561年）增辑成《筹海图编》一书。

《筹海图编》十三卷，图文结合。凡沿海地理形势，中日历来的交往，倭寇劫掠沿海的历史，倭寇入侵的时间和途径、武器装备、战略战术，明代的海防设置、军队部署、海防方略、海战器具、治军原则、粮饷筹措、对外政策以及平倭之功绩、死倭之节烈等，均有论述，内容十分丰富。

该书特别注重地理形势，注重敌情研究，尤详辑御海之策，论列“共为异同”以备抉择。在政治与军事的关系上，它提出了“政事为急，甲兵次之”，主张选任廉洁官吏，惩办贪官，减轻赋役，使百姓安居乐业，断绝倭寇入侵的社会基础，故“良吏优于良将，善政优于善战”。在军事上，它提出了军民互相配合，海陆策应，攻防结合的多层次大纵深的沿海防御方略。认为“海防必宜防之于海”，“哨贼于远洋”，“击贼于近洋”，沿海各省“协谋会捕”，并在海上要害之处设置多层防线，击敌于将至；要在海岸要害之处设防，内地支援沿海，此地支援彼地，进行堵截，击敌将登；要严守要害城镇，坚壁清野，攻守结合，守城与救援结合，击敌于疲困，歼敌于城下，并详列守城的具体办法。为贯彻执行海防方略，该书还详辑了选兵、择将、军事训练以及屯田、垦荒、利用盐利来筹措粮饷的主张。该书重视选兵、择将、军事训练。认为在兵额粮饷有限的情况下，选兵“惟在精”；以胆气为主，精神力貌兼收，第一可用的是“乡野老实之人”。择将要不拘资格，不限门第，“一切可为海防之裨者，皆招致之”；注重从历经战阵的行伍中选拔。练兵首要是“练心”，使“人心齐一”；练艺，要练实战的真本领，杜绝“花法”。主张练乡兵，寓兵于农。还主张以屯田、垦荒、利用盐利等办法筹措粮饷，反对加重百姓的负担。它注重地理形势，认为“不按图籍不可以知阨塞，不审形势不可以施经略”，海防设置“必因地定策，非出悬断”。

《筹海图编》是迄今为止中国最早最详备的海防专著。它系统总结了明初以来沿海防卫和抗倭斗争的经验教训，对当时的抗倭斗争具有指导意义，也为后人筹划海防提供了借鉴。本书还保存了许多有价值的地图资料，在军事地理学史上亦占有重要地位。

卷之十一　经略一

叙寇原

【原文】

主事唐枢云："天下学未大明，人心不正，以致有是。诸[①]同志欲为得为能为，宜再订印[②]功夫的当[③]，以簿书[④]正祭器[⑤]，先从天下人心上倭寇灭尽，然后天人合发，以定万化之机。"

此言人心乃治乱之原。凡论御寇者，皆详于治法，而略于治人。惟此推究本源，度越群见，似迂而实切，故首列之。

《御海策要》云："为民御乱，莫若绝斯民从乱之心。今之海寇动计数万，皆托言倭奴，而其实出于日本者不下数千，其余则皆中国之赤子、无赖者，人而附之耳。大略福之漳郡，居其大半，而宁绍往往亦间有之。夫岂尽为倭也！倭有时可使之无遗种[⑥]，而其杂以土人也，则吾之攻杀者有限，而民之附益者无穷，几何而有宁日哉！故愚以为，今之当事者，当一面督兵截杀，以治其流，一面重抚百姓，以治其本。钱粮非上供至紧者，悉与奏免，而一切军门用度，皆奏请无碍官物以充之，无令尽责诸民。而其不容或已者，则严为会计，使吏胥粮里人等，无有指一科十之弊。则斯民不惟身得安生，而其心且有父母孔迩之怀[⑦]，固将可杀而不可使之为乱矣。今日郊野之间，皆嚣然丧其乐生之志。夫民不乐生，其又将何所不至哉？此今日不可不为之计者也。"

兵部尚书胡世宁[⑧]云："自古盗贼起于民穷，民穷出于赋役之繁重、官吏之贪酷，而官吏贪酷又其致盗之大本也。盖使官吏循良，则部檄虽有征敛，而亦为之周旋善处，民之被害亦轻。官吏贪酷，则朝廷虽有宽恩善政，而亦被其停废尅削，民之受祸不减。故盗贼之兴，多由贪吏，而亦最恨贪吏。观方腊之乱[⑨]，所杀官吏备极惨毒，此其验也。故自古明君、良臣，平日既以选用良吏为弭盗之本，临难亦以委用良吏收平盗之功。唐太宗尝言，去奢省费，轻徭薄赋，选用廉吏，使民衣食有余，则自不为盗。而龚遂之治渤海[⑩]，贾琮之平交趾[⑪]，皆是道也。近时盗贼所在充斥，实由昔日权奸弊政及守令乘机侵尅之所致。今朝廷累下恩诏，悉更旧弊，而盗贼犹未革心者，惟以平日贪庸之吏，扬扬犹在民上，而其一二离职者，则又归作富翁，而坐享吾民之膏血，或反升要职，而更为贪吏之营窟，故无以服盗贼之心，而散其胁从之党。为今计者，宜简命风力宪臣，出询民瘼[⑫]，而凡旧日贪官暴吏，不拘见任、去官，悉皆重按其罪以快吾民之愤，穷追其赃以代吾民之赋。而又选用循良[⑬]之吏，委以便宜，宽其文法，仿龚遂、贾琮故事，使得推诚布德，散其徒党。而一二渠魁及奸民乘间生乱稔恶难有者，轻则就委守令设法擒捕，重则选委将帅调兵剿除，则盗贼平而患永绝矣。计不出此，而欲因循荏苒，袭用旧人，行旧政，吾恐盗贼难保其不至于滋蔓也。”

主事唐枢云：“备倭之法，防海之禁，斤斤[14]明于国初。然寇未尝绝，何也？夷夏有无之互以通也。承平日久，市舶之官势胜流职[15]，于是为私通之计。自天顺末以来安之，而海上亦无盗警。凡商于海者，武具而力齐，虽有小寇无所容于其间。嘉靖初，市舶罢流臣，严其私请，商市渐阻。浙江海道副使傅钥申禁于六年，张一厚申禁于十七年。六年之有禁，而胡都御史琏出。十七年之禁流延，而有浙江巡按杨九泽之疏，乃有朱都御史纨之出视，抚设而盗愈不已，何也？寇与商同是人也。市通则寇转而为商，市禁则商转而为寇。始之禁禁商，后之禁禁寇。寇势盛于嘉靖二十年后。是时居有定处，隐泊宫前澳、南纪澳、双屿澳而已。又人有定伙，名酋不上六七。许栋、李光头就擒，张月湖、蔡未山死，陈思眄为王直所杀，王万山、陈太公、曹老又皆不闻矣。又况入有定时，登岸虏人致其巢，责令以赀赎，后乃盘踞内地，随在成居[16]。而恶少[17]继发徐明山者，三十二年前之禅诠约步遨[18]于浙之西东，而莫之识也。当夫壬子前，盗形已具，沿海有司为禁益严，内外商物不得潜为出入，内地人素与交识者，因负其赀而不偿，夫然后壬子之变作矣。”

此言海寇之患，其始由于流官严禁海商，其后成于内地奸民负商赀本。

都御史章焕[19]题内一款云：“倭夷安从至哉？有首乱，有胁从，有导引，明乎此而后贼可理也。故外贼易见，内贼难知。今以海外蛮夷而深入内境，道路之纡曲[20]，民间之虚实，官府之动静，纤息必知者，谁为之也？又其始至千人四布无一知者，及鸣号而须臾毕集，贼固善匿，匿之谁也？此东南之大变也。夫吾民重困欲为盗久矣，然时有见执之患。自贼间入[21]而为之用，进有望外之获，退无盗贼之形，海滨无关隘阻诘[22]，柔舻轻舟往来甚捷，此贼之由通也。与贼连衡[23]，与良民杂居。贼未至皆良民也，贼至则良民去，奸民留，贼去又皆良民也。此祸之所以难测也。兵人其地，以为居民，询贼情，问道路，悉为所误。当此时以为奸民戮之，然有良民也；以为良民舍之，然有奸民也。故兵多惑乱而妄行，故倭夷有由入也，乱贼有由炽也，兵行有由误也，良民有由扰也，城郭有由惊也，奸萌有由自也。故奸党不消，则贼患不止。故安攘之计，莫要于安反侧[24]。夫反侧之初良民也，横征暴敛迫之耳。故奸民不可以形治也。治倭寇以兵，治反侧以诚。故内贼为急，外贼次之；政事为急，甲兵次之。诚得良吏而分治之，行宽大，布恩信，问疾苦，时拊循[25]，明示不校[26]，反侧者回心矣。此龚遂所以治渤海之盗也。且今良民安居而乐业，彼将反本[27]而呼天[28]，捐亲戚，背乡井，冒危险，岂其情哉？是散贼党而伐贼谋也，倭夷安从人哉？故良吏优于良将，善政优于善战。不然兴师百万，能驱倭夷，不能驱奸民；奸民在，贼可以复入，师不可久留，是行奸民之计也。且天下宁独倭夷可为乱哉？故反侧为要。夫反侧者反间[29]之因也，敌情所由得也，善致之则为我用，不善致之则为贼用，此尤兵家之要。微乎微乎，不可以尽言者也。”

太守严中云：“海商原不为盗，然海盗从海商起，何也？许二、王直辈通番[30]渡海，常防劫夺，募岛夷之骁悍而善战者，蓄于舟中，泊于双屿[31]、列表[32]。滨海之民，以小舟装载货物，接济交易。夷人欺其单弱，杀而夺之，接济者不敢自往，聚数舟以为卫。其归也，许二辈遣倭一二十人持刃送之。倭人还舟，遇船即劫，遇人即杀，至其本国，道中国劫夺之易，遂起各岛歆慕[33]之心，而入寇之祸不可遏矣。”

此言海商初无纠倭入寇之念，因防他盗渐至乎此，其后遂即真大受援患矣。

都督万表[34]云：“向来海上渔船出近洋，打鱼樵柴，无敢过海通番，近因海禁渐弛，勾引番船纷然往来海上，各认[35]所主，承揽货物装载，或五十艘、或百余艘成群。合党分泊各港，又各用三板、草撇、脚船不可胜计，在于沿海，兼行劫掠，乱斯生矣。自后日本、暹罗诸国无处不到，又诱带日本岛倭奴，借其强悍以为护翼[36]。徽州许二住双屿港，此海上宿寇[37]，最称强者，后被朱都御史[38]遣将官，领福兵，破其巢穴，焚其舟舰，擒杀殆半，就双屿港筑截，许二逸去。王直，亦徽州人，原在许二部下管柜，素有沉机[39]勇略，人多服之，乃领其余党改住烈港，渐次并杀同贼陈思眄、柴德美等船伍，遂致富强。以所部船多，乃令毛海峰、徐碧溪、徐元亮分领之，因而海上番船出入关无盘阻。而兴贩之徒[40]，纷错[41]于苏杭：近地人民自有馈时鲜[42]，馈酒米，献子女[43]者。自陷黄岩，屠霏霾，而其志益骄。其后四散劫掠，不于馀姚，则于观海，不于乐清，则于瑞安。凡通番之家，则不相犯，人皆竞趋之。杭城歇客[44]之家，贪其厚利，任其堆货，且为之打点[45]护送：如铜钱用以铸铳，铅以为弹，硝以为火药，铁以制刀枪，皮以制甲，及布帛、丝棉、油麻、酒米等物。”

此言海寇起于中国边海奸民违禁取利，初通西番，后及日本为寇。心腹毛海峰、徐碧溪、徐元亮者，乃其魁首，而许二、王直又魁中之尤也。歼厥渠魁，非策之至要而功之无上者欤？

海道副使谭纶[46]云：“片板[47]不许下海，禁革双桅大船，乃屡朝明例，以销祸未萌，意至深远。柰何沿海灶丁[48]假以采办，私造大船，违禁下海，始则取鱼，继则接济，甚则通番。十数年来，富商大贾牟利[49]，交通番船满海间。有朱秋崖任事之臣，力行禁捕。而大家灶户，浮议[50]横生，不曰小民无以聊生，则曰国课必致亏损。加之监鹾[51]宪臣，偏护灶户，过抑边官，摘拾小愆[52]，节次[53]论劾，海道备倭勘斥相继，遂至避祸迁就，海禁愈隳，养成大祸，莫有敢言者。往年倭寇劫掳渔船，逼为党羽，既得其船以张声势，又驱其人以为向导。苏松之寇半皆胁从，捕获有赃尤多灶户。必须申明严禁，仍乞特敕巡盐御史钤束[54]灶户，止于额。设海边场荡采办煎盐，遵照节题事例，小船编号，朝出暮入，循涂载卤，不许造大船人洋采捕，招惹倭夷，仍立连坐之法，以稽私出之弊。如有纵容下海为盗者，运司场官并得坐罪。”

此言渔户灶丁但当用小船，不当容其打造大船，通番引寇。

【注释】

①诸：各位。

②订印：订正印证。

③的当：稳当。

④簿书：指官署中的文书簿册。

⑤祭器：祭祀时所陈列的各种器皿。

⑥遗种：指人或动植物的后代。

⑦孔迩之怀：很是思念。

⑧胡世宁（1469~1530年）：字永清，号静，仁和人。弘治六年进士，嘉靖中累拜兵部尚书。有《胡端敏奏议》。

⑨方腊之乱：这里是北宋末年方腊领导的浙江农民起义。

⑩龚遂之治渤海：龚遂，西汉山阳南平（今山东邹县）人，字少卿。宣帝时，渤海和附近各郡饥荒，农民纷起反抗。他任渤海太守，在郡开仓借粮，奖励农桑，百姓停止反抗。

⑪贾琮之平交趾：贾琮，西汉聊城人，字孟坚。灵帝时，交趾民不堪贪官压榨，起兵反抗。朝廷以贾琮为刺史。他到任后蠲免徭役，选拔良吏，便迅速平定叛乱。

⑫民瘼：民众的困苦。

⑬循良：官吏秉公执法。

⑭斤斤：明察。

⑮势胜流职：指权势强于流官。

⑯成居：一同生活到老。

⑰恶少：品行劣质的年轻男子。

⑱遨：游。

⑲章涣：吴县（今江苏苏州）人，字懋宪，嘉靖十七年进士，历官至都御史。

⑳纡曲：迂回弯曲。

㉑间入：乘隙而入。

㉒阻诘：阻挡盘查。

㉓连衡：结盟。

㉔反侧：不安分。

㉕拊循：安抚。

㉖不校：不计较。

㉗反本：复归本行业。

㉘呼天：向天呼叫来求助，形容非常痛苦。

㉙反间：指潜入敌方刺探情报、机密，从而进行扰乱、颠覆活动的人。

㉚通番：和海外往来。

㉛双屿：今浙江舟山普陀区的六横岛和佛渡岛。

㉜列表：即烈港，今浙江舟山金塘岛沥港镇。

㉝歆慕：羡慕。

㉞万表（1498～1556年）：字民望，号鹿园，定远人。官至南京中军都督府佥书。

㉟认：认领。

㊱护翼：庇护。

㊲宿寇：惯匪。

㊳朱都御史：即朱纨。朱纨（1494～1549年）字子纯，号秋崖，长洲人。正德十六年进士，嘉靖中累擢右副都御史，巡抚南赣。倭寇起，改提督浙闽海防军务，巡抚浙江。著有《茂边纪事》《辟余集》。

㊴沉机：指深谋远虑。

㊵兴贩之徒：从事商业的人。

㊶纷错：纷繁杂乱。

㊷时鲜：应时的美味。

㊸子女：美女。

㊹歇客：住宿的客人。

㊺打点：收拾，打理。

㊻谭纶：（1520～1577年）字子理，号二华，宜黄人。嘉靖二十三年进士，以兵备副使剿倭于福清、仙游、同安、漳浦诸处，历官至兵部尚书。有《谭襄敏公奏议》。

㊼片板：一块板，一只船。

㊽灶丁：煮盐的工人。

㊾牟利：谋取利益。

㊿浮议：没有依据的议论。

51监鹾：监盐。

52小愆：指小的过失。

53节次：逐一。

54钤束：约束。

【译文】

主事唐枢说："天下的学问没有完全明明白白地深入于人心，人心不正，才致于有此种情况。各位同志想要做、可以做、能够做的应当是在印证订正方面下适当功夫，用制度来矫正行为，先从天下人心上将倭寇彻底消灭干净，然后天人一齐行动，以完成教化万民的大事。"

此是说人心乃是根治祸乱的根本。凡是论述防御贼寇的人，都对治理国家的方法讲得很细,而对治理人心讲得简略,只有这个论述探究根源,超过一般的认识,似乎迂阔而实际很贴切,所以首先把它列出。

《御海策要》说:"为百姓防御祸乱,不如消除百姓追随犯乱的思想。现在海上的贼寇动不动算起来就有数万人,都假称倭寇,而其实出自日本的不过数千,其余的则都是中国普通百姓和无赖之徒加入而依附他们的。大概福建漳州府的占其中一大半,而宁波绍兴府的也往往有夹杂其中的,哪里全是倭寇呢?倭寇有时可以把它全部消灭,而他们中间夹杂着当地人就难办了,因为我们的剿杀是有限度的,而依附百姓的增加是无穷的,什么时候才能有安定的日子呢?因此我认为,今天掌权的人,应当一方面统率军队进行堵截剿杀,以治其流,另一方面应很好地安抚百姓,以治其源。征收的钱粮假如不是供给皇帝最紧要的,全都上奏朝廷予以免除,而一切军队的费用,都奏请朝廷用多余的官家的东西充当,不要完全由老百姓负担。而其中不能停征的钱粮就要严加监督和管理,使征收钱粮的官吏没有指一课十的弊病,那么老百姓就不仅自身生活安定,而且有对父母的深切怀念,就是杀他们也不能使他们作乱。现在郊野之间,饥饿的人们都忧愁得不想活了。老百姓不乐意活着,他们又将什么事干不出来呢?对于这些如今不能不想出对策。"

兵部尚书胡世宁说:"自古以来盗贼兴起原于百姓穷困,百姓穷困原于赋税徭役繁重、官吏贪婪残酷,而官吏贪婪残酷又是导致盗贼出现的根本原因。如果官吏奉公守法,有关部门虽有横征暴敛的文书,也会进行周旋,妥善处理,老百姓受害也会轻一些;官吏贪婪残酷,朝廷虽有宽恩厚德,好的政令,也会被贪官废止和打折扣,百姓受的祸患不会减少。所以盗贼的兴起,多是由贪官污吏造成的,而他们也最恨贪官污吏。看方腊起兵犯乱,所杀官吏极其残暴狠毒,就是明证。因此自古以来明智的君主、良好的大臣,平时既选用好的官吏作为消除盗贼的根本,临至灾难到来时,又委派好的官吏获取平息盗贼的战功。唐太宗曾说过:'去掉奢侈,节省费用,减轻徭役,减轻赋税,选择廉洁官吏,使百姓衣食充足有余,就自然不会去做盗贼。'而龚遂治理渤海、贾琮平定交趾动乱,都用的是这种办法。最近一段时期盗贼遍地都是,实在是由于过去弄权作恶的奸臣、腐败的政治以及当地官员乘机侵吞克扣百姓所造成。现在朝廷连续颁布降恩的诏书、过去所有弊政全都更改,而盗贼还没有革心洗面的原因,只是平时的贪官污吏还扬扬得意地在老百姓的头上做官,而他们当中有一二离开职位的则又回到家里当上富翁,坐享我百姓的膏血,有的反而晋升要职,重新为贪官经营藏身避患之地,所以没法使盗贼心服而解散他们胁从的党羽。为如今形势谋划,应当选拔任用有魄力的御史,出外察询百姓的疾苦,凡是过去的贪官污吏,不管是现在任职的还是去职的,全都查办他们的罪过,以使愤怒的民心痛快;追尽他们的赃款赃物,以代替民众应缴的赋税。而且又要选拔任用奉公守法的官吏,给予他们便宜行事的权力,放松对他们的法制约束,效仿龚遂、贾琮以往的事例,使得他们以诚待民,施行德政,解散盗贼的党徒。而一两个盗贼大头目及奸民,乘机作乱,罪恶深重,难以宽恕的,势小的则委派当地官员设法逮捕,势力大的则选择委任将帅调兵剿灭,这样盗贼就被平息而永远杜绝祸患。不如此想办法而要因循守旧一天天过去，沿用老人，实行以前的政策，我担心难保盗贼不至于滋生蔓延。”

主事唐枢曾说：“防御倭寇的办法，防御海洋的禁令，建国初期已经明确，但倭寇未禁绝，为什么呢？是因为外夷和华夏有和没有的东西应当互相交换。天下太平时间长了，掌握海外贸易的官员势力大过地方官，于是为私通外夷做准备。自天顺末年以来天下安定，海上没有盗贼报警。凡在海上贸易的，具备武器而且齐心协力，海上虽有小股盗贼也无容身之地。嘉靖初年，罢掌管海外贸易的市舶司官员，对请求私自出海严加限制，海上的贸易逐渐受阻。浙江海道副使傅钥于嘉靖六年申请实行海禁，张一厚于嘉靖十七年申请海禁。嘉靖六年有禁海令，而都御史胡琏出视海防。十七禁令的延伸，而有浙江巡抚杨九泽的上疏，因而有都御史朱纨出视沿海，设立巡抚，而盗贼之乱愈加不止，为什么？盗贼和商人是同一个人，买卖通畅盗贼就转而成为商人，买卖被禁止商人就转而成为盗贼。起始的禁令是禁止商人，后来的禁令是禁止盗贼。盗贼势力强盛于嘉靖二十年以后。这个时期，他们居住有一定的地方，船只隐蔽地停泊在宫前澳、南纪澳、双屿澳等地。人有一定帮伙，有名的头头不到六七名，许栋、李光头被活捉，张月湖、蔡未山死了，陈思眄被王直杀，王万山、陈太公、曹老又都悄无声息了。又况且入侵有一定时间，登岸后掳夺人口到他们的巢穴，责成家属拿钱赎回。以后就盘踞在内地，随处定居。而品行恶劣年轻的徐明山继续发难，嘉靖三十二年前游荡在浙东浙西一带，而没有谁认识他。当嘉靖三十一年前的时候，盗贼已经成形，沿海官吏实行的防卫措施更严，内地和海外商品无法偷偷地运出和输入，内地平时与海盗商人有交往的人，因而不还欠他的钱，于是嘉靖三十一年倭寇猖狂入侵的事件便发生了。”

这是说海寇的祸患，开始是由于官吏严格禁止海上的商人，随后形成规模是在于内地的奸民欠商人的本钱。

都御史章焕说：“倭寇来自哪里呢？有作乱的头头，有胁从，有向导，明白了这些以后，贼寇就可以治理了。所以外来的贼寇容易发现，内部的盗贼难以知晓。现在海外的倭寇深入内地，道路的迂回曲折，民间的虚实情况，官府的行动举措，非常细小的事情都知道，谁为他们提供的呢？另外，他们开始来的千把人，分布在四面八方，没有一个人知道，但等到信号一响却能迅速聚齐。贼寇固然善于藏匿，藏匿他们的是谁呢？这就是东南沿海的大事变。我们的老百姓困苦严重，想要做盗贼是由来已久的了，然而时时有被抓捕的忧患。自倭寇乘间侵入而被他们所利用，出去抢掠有意外的收获，退回隐藏无盗贼的形迹，沿海没有关口险隘阻挡盘查，轻轻摇动的小船往来十分迅速，这就是倭寇畅通无阻的原因。与倭寇勾结，与良民混杂居住。倭寇未来都是良民，倭寇来了良民离开，奸民留下，倭寇走了又都是良民。这就是祸患难以预料的原因。军队到达这样的地方，以为是居民，了解贼情，询问道路，全都被他们所误导。当这个时候，以为是奸民，把他们杀掉，然而这里面有良民；以为是良民，不管不问，然而里面有奸民，所以军队多被弄得糊里糊涂而胡乱行动。所以倭寇因此而入侵，乱贼因此而猖獗，军队行动因此而被延误，良民因此而

受侵扰,城镇因此而受惊乱,图谋不轨的人因此而萌生。所以勾结倭寇的奸党不被消灭,倭患不会止息。所以排除祸患,安定天下的计策,没有使不安分的百姓安定下来更重要的了。不安分的百姓开始是良民,横征暴敛迫使他们不安分。所以对奸民不可以采用镇压来治理。治理倭寇用军队,治理不安分的百姓用诚心。所以解决内部盗贼最紧急,外来贼寇是次要的;政治治理最为紧迫,动用军队是次要的。假如能得到好的官吏而令他们分别进行治理,实行宽大政策,布施恩信,询问疾苦,时时进行安抚,明确地表明不计较过去,不安分的百姓就会回心转意。这是龚遂治理渤海的方法。况且今天良民安居乐业,不安分的百姓将回归本业,而向天欢呼;抛弃亲戚、背井离乡、冒犯危险,哪里是他们情愿的呢?这是瓦解贼党、打破贼寇作乱的智谋,倭寇怎能入侵呢?所以好的官吏胜过好的将领,好的政策胜过善于作战。不然动用军队百万,能驱逐倭寇,不能驱逐奸民;奸民在那里,倭寇可以再入侵,军队不能长久留在那里,因此是按奸民的图谋行事。况且天下难道只有倭寇可以作乱吗?所以使不安分的百姓安定下来最为重要。对于不安分的百姓可以拉过来为我们作间谍,由此而得知敌情。妥善地把他们拉拢过来就可以为我所用,不能妥善地把他们拉过来就会被敌人所利用,这尤其是兵家至关重要的事。微妙啊,微妙啊!不可能用言语全部表达。"

太守严中说:"海商原先并非盗贼,然而海上的盗贼是由海商引起的,为什么?许二、王直这些人渡海与海外往来,为防备抢劫掠夺,招募日本骁勇强悍善战的人,养在船中,停泊在双屿、列表等岛屿,沿海的百姓驾小船装载货物,接济他们,同他们进行贸易。外国人欺负他们势单力弱就杀掉他们,夺取货物。这些接济的人不敢单独前去,聚集数只船以进行防卫。他们回来时,许二等人派遣倭人一二十拿着兵器护送。倭人回船时,遇到船就劫,遇见人就杀,回到日本大谈特谈在中国抢劫掠夺容易,于是引起各岛的羡慕之心,因而入侵中国的祸患就不可遏制了。"

这是说海商开始没有纠集倭寇入侵中国的想法,因为防备其他国寇渐渐成了这个样子。这之后真的大受倭患之害。

都督万表说:"以前出海的渔船都到近海打鱼、砍柴,没有敢渡大海与外国往来的。近年来因出海的禁令渐渐松弛,他们就勾引外国的船只纷纷往来海上,各认自己的主顾,承揽货物,装载船上,或者五十艘,或者百余艘成群,各个团伙分别停泊在各港口,又在沿海各用三板、草撇、脚船等无数,同时进行抢劫掠夺,祸乱就这样发生。从此以后,暹罗、日本各国,没有他们不去的地方,又引诱带领日本岛的倭奴,凭借他们的强悍,以为庇护。徽州的许二住在双屿港,他是海上的惯匪,被称为最强的,后被都御史朱纨派遣将领率领福建的军队攻破巢穴、焚毁舰船,将其同伙几乎擒杀一半。朱纨还派兵到双屿港截击,但许二逃掉。王直也是徽州人,原来在许二部下当管柜,平时就有深谋远略而且勇敢,人们多服从他。此时带领许二的余党改住在烈港,逐渐杀掉他的同伙陈思眄、柴德美等,吞并了他们的船只、队伍,于是变得富有强大。因所属部下船多,就让毛海峰、徐碧溪、徐元亮分别率领。因而海上的外国船只出入关口没有盘问阻挡,而经商的纷纷杂乱地聚在苏松一带,附近的老百姓自有赠送应时美味的，赠美酒好米的，献上美女的。从攻陷黄岩，屠掠霏霸，王直心意更加骄横。这之后四处劫掠，不在余姚，就在观海，不在乐清，就在瑞安。凡是与海外有来往的人家就不触犯，人们都争着奉迎他。杭州的旅店，贪图厚利，任由他们堆放货物，而且为他们贿赂官府，护送出境。如铜钱用来制造铳炮，铅用来作弹丸，硝用来制火药，铁用来制造刀枪，皮革用来制造铠甲以及布帛、丝绵、油、麻、酒、米等东西。”

这是说海上的贼寇是由于沿海的奸民违犯禁令，谋取厚利引起的。他们开始是与西番交往，后来勾结日本成为盗贼。核心人物毛海峰、徐碧溪、徐元亮是魁首，而许二、王直又是他们当中最恶劣的人物。铲除这些魁首不是最好的计谋、最大的功劳吗？

海道副使谭纶说：“一只船不允许下海，禁止、革除双桅大船，这是各朝明明白白的惯例，以便把祸患消灭在还未萌芽的状态，意义特别深远。无奈沿海的煮盐工借采办盐卤的名目，私自建造大船，违犯禁令出海，开始是捞捕鱼虾，接着就接济盗贼，甚至与海外往来。十数年来，富裕的大商人为谋取利益，在整个沿海与外国的船只交往。朱秋崖是称职的大臣，竭力进行禁止和搜捕，而有钱的人家和煮盐户横生议论，不说普通百姓无法赖以生存，就说必然导致国家税额减少。加之监督盐业的御史偏袒庇护煮盐户，过分压抑沿海的官吏，挑剔他们的小毛病，逐一弹劾，海上防备倭寇的官员相继被勘查斥责，以至于他们为免受灾祸临头，敷衍迁就，出海禁令愈加毁坏，酿成大祸，没有敢言语的。往年倭寇劫掠渔船，逼迫他们作党羽，既得到他们的船只以张扬声势，又驱使这些人做向导。苏州府、松江府的倭寇一半都是胁从；捕获有赃物的，多是煮盐户。必须重申严格的禁令，仍然请求专门命令巡盐御史，约束煮盐户，限制煮盐户的数量。只在海边低洼场地采办盐卤煎盐，遵照历次题本的成例，将小船编号，早出晚归，沿着滩涂装载盐卤，不许造大船，到远海去采集捕捞，勾结日本人。仍然要建立连坐法，以稽查私自出海的弊病；如果有纵容下海做盗贼的，盐运司和盐场的官员一并受惩罚。”

这是说渔户、煮盐户只应当用小船，不许他们营造大船，与海外交往，勾引倭寇。

【赏析】

本卷下分19个专题，主要论述剿灭倭寇的谋略、将士训拔、军事训练、粮饷供给、赏罚公平、严明军纪等问题。

“叙寇原”题指出：倭寇能在沿海劫掠，不仅有汉奸的勾引，还有一些百姓依附。百姓中的一部分人所以依附倭寇，主要是由于“赋役之繁重，官吏之贪酷”造成的。“朝廷虽有宽恩善攻，而亦被其（指贪官）停废克削，民之受祸（仍）不减”，故百姓便被迫铤而走险。因此，“选用良吏为缉盗之本，临难亦以委用良吏收平盗之功”；对贪官“皆重按其罪，以快吾民之愤”；对奸民贪官要“设法擒捕”；“治倭寇则以兵”；对百姓要“行宽大，布恩信，问疾苦”，使其“安居而乐业”。

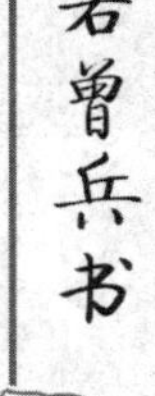

《筹海图编》在本卷其他各专题中指出：要剿灭倭寇，必须要选择"谋勇出众"，"能冲锋破敌"，武艺精熟的人担任剿倭将领，才能统军建功；要把有缺额的军队补足名额，要像戚继光那样练兵教战；要优待军属，抚恤伤残；要足粮饷、清屯种，让官兵能全力抗倭；要严军纪明赏罚，使官兵能奋勇杀敌，使"人心思奋"。只有这样做，才能荡平倭寇，保卫海疆。

卷之十二　经略二

御海洋

【原文】

总督尚书胡宗宪[①]云："防海之制，谓之海防，则必宜防之于海，犹江防者必防之于江，此定论也。国初，沿海每卫各造大青及风尖、八桨等船一百余只，置[②]出海指挥，统率官军，更番出洋哨守，海门诸岛皆有烽墩，可为停泊。其后弛出洋之令，列船港次，浙东于定海[③]，浙西于乍浦[④]，苏州于吴淞江口及刘家河[⑤]。夫乍浦之地，海滩浅阁，无山岙避风之处，前月把总[⑥]周易等，所领战船，被贼烧毁，仅遗十余只，近又报为飓风击碎，不若海中洋山[⑦]，殿前[⑧]窝集，反可泊船也。吴淞江口及刘家河，出海纡回，又非泊船防海处所。议者欲分番乍浦之船以守海上洋山，苏松之船以守马迹[⑨]，定海之船以守大衢[⑩]，则三山品峙，哨守相联，可扼来寇。而又其外，陈钱[⑪]诸岛，尤为贼冲三路之要。兵部原题，副总兵[⑫]俞大猷统领战船，住札海上，防贼截杀，则如陈钱乃其所当屯泊。而提督军门[⑬]及海道[⑭]等官，每于风汛时月，相参巡察。有警，则我大船、火器冲截，贼入，使不得越过各岛，则彼毒无所施。衅孽不作，而内地安堵矣。"

此言哨船当泊于外洋山岛，大义与督察赵侍郎[⑮]疏同。

又云："直隶与浙江名虽异地，而实则一家，若不设官总理，则彼此自分门户，贼一入内地，随风南北，可以互犯，故必共守陈钱，分守马迹等三道，而后贼无遁情，兵可夹击。必得总兵官正副二员，分驻金山[⑯]、临山[⑰]要会之地，先守陈钱，以春秋分任，更番出入，而参将[⑱]分画三道马迹等三山，各督信地，则人易为守，而守无弗力[⑲]矣。"

此言总参当分任哨责。

通政唐顺之云："御倭上策自来无人不言御之于海，而竟罕有能御之于海者，何也？文臣无下海者，则将领畏避潮险，不肯出洋；将领不肯出洋，而责之小校水卒，则亦躲泊近港，不肯远哨。是以贼惟不来，来则登岸，残破地方，则陆将重罪，而水将旁观矣。臣窃观崇明诸沙[⑳]、舟山诸山[㉑]，各相连络，是造物者特设此险，以迂海贼入寇之路，以蔽吴淞江、定海内地港口也。国初设县置卫，最有深意，而沈家门[22]分哨之制，至今可考。合无春汛紧急时月，苏松兵备暂驻崇明，宁绍兵备或海道内推择一人暂驻舟山，而总兵、副总兵常居海中，严督各总[23]，分定海面，南北会哨，昼夜扬帆，环转不绝，其远哨必至洋山，马迹。”

此言海中远哨、近哨。

又云：“国初防海，规划至为精密，百年以来，海烽久息，人情怠弛，因而隳废[24]。国初海岛便近去处，皆设水寨，以据险伺敌[25]。后来将士惮于过海，水寨之名虽在，而皆是海岛移置海岸。闻老将言，双屿、列港、峿屿[26]诸岛，近时海贼据以为巢者，皆是国初水寨故处。向使[27]我常据之，贼安得而巢之？今宜查出国初海防所在，一一修复。及查沿海卫所，原设出哨海船额数，系军三民七成造者，照数征价，贴助打造福船之用。”

此言水寨、哨船旧制当复。

兵部尚书杨博云：“平倭长策不欲鏖战于海上，直欲邀击于海中，比之制御北狄守大边而不守次边[28]者，事体相同，诚得先发制人之意。国初更番出洋之制，极为尽善。至于列船港次，犹之弃门户而守堂室，浸失初意。宜复祖宗出洋之制。”

此言旧制原御寇于海中。

南京工部尚书马坤等题：“乞聚船于马迹山，以为诸路水军老营；仍于扬山[29]设水营，以扼贼入乍浦、川沙洼[30]，由吴淞江口入苏、松[31]之路：于大衢山设水营，以扼贼入宁波、台、温[32]之路。专设海上总兵，特造出海大舰。如古拏飞舰、飞虎舰、戈船、楼船将军[33]之制。仍大申出洋之令，修复大青、风尖、八桨等船，以便行使。”

此见与赵工侍御寇远洋大同小异。

在京各衙门会议云：“倭奴长技利于陆，我兵长技利于水。历查连年用师，凡得捷俱在海战，利害较然明矣。海中陈钱、大衢、马迹、扬山诸岛，为贼南犯必由之路。先该督察侍郎赵文华，条陈会议海防长策[34]，首列此条。今又该南京工部尚书马坤、左通政何云雁题相同合。咨新任总督令总兵官速集太仓、崇明、嘉定、上海沙兵及福、苍、东莞等船[35]，分为二哨，专守扬山、马迹。又将绍兴、温、台捕鱼及下八山[36]采捕福、苍、东莞等船，分为二哨，专守普陀、大衢。其陈钱山为浙直分路之始，所宜更番共守。”

此言御寇远洋之策为是。

《丙辰会试策》云：“诸将海战而胜者常十一，其内地战败者常十八，何勇于海而怯于内也？其故有四：士卒入海，人无还心，皆殊死战，无所逃难，一也；洪艟巨舰，易以凌贼，势便，二也；毒药火器，且战且焚，三也；贼载水而饮，开口待卤，势不能持久，四也。而其后不能御贼者亦有四：犯不测之险，以命博[37]贼，而常赏不酬劳，其怠心，一也；海中无人，易以为解，二也；既不能赏，易于姑息，将不能驱，三也；海波不常，或利或否，四也。议者皆言，益修战具，反其四失：守马迹、殿前诸山，以控吴[38]；守大衢诸山，以卫越[39]；守陈钱诸岛，以制贼往来之冲；夹击互救，三道鼎峙，贼不足防矣。”

此言海战利弊。

南京兵部尚书张时彻云："今之水战正能要[40]击去贼，而于来者未能遏其锋。夫来贼锐而去贼惰，击惰易而攻锐难，人情所习知也。然击来贼者，譬之扑火于方燃[41]之始，火灭则栋宇可以无虞；击去贼者，收燎于既烬之后，此其利害则有间[42]矣。自海上用师，击来贼者仅一二见，而要去贼者亦不过文[43]其纵贼不追之罪耳。今若以击来贼之赏，优于追去贼之赏，以纵来贼之诛，严于纵去贼之诛，而当事者同心僇力[44]，急如救焚，尽遏海外方来之寇，则边鄙又何不宁耶！"

此言海战以击来贼为奇功。

总兵俞大猷云："倭贼自彼岛入寇，遇正东风，径由茶山[45]入江，以犯直隶，则江内正兵之船可以御之。遇东北风，必由下八山、陈钱、里西[46]、倒球、干邪、清水、马迹、蒲岙[47]、丁兴[48]、长途[49]、衢山、扬山、普陀、马墓[50]等岙经过，然后北犯南直隶，西南犯浙江。请于浙江共设楼船二百只、苍船一百只，分伏于前项海岙，往来巡探攻捕，名之曰游兵，而远遏之于大洋之外。"

此言当设哨船于浙直外洋。

又云："大洋以外，欲就诸山随处结营，随班分哨，常得胜势，似足以赖。然万里风涛，不可端倪，白日阴霾，几如黑夜，故有相遇而不可击，亦有未必相遇者。"

此言外洋御贼之难。

主事黄元恭云："或者曰：'我兵长于水战，短于陆战，而倭奴则长于陆，短于水，故御之莫要于海中陈钱、马迹、大衢、殿前、扬山当倭奴往来之冲。诚设总兵官驻陈钱，参将三员分驻马迹、大衢、殿前、洋山、常川[51]督哨，御其来而邀其去，贼殆尽歼而鱼矣。'愚窃谓，其策甚善而难行。盖海栖经月必有飓风，巉崖剑峰，难于碇泊。癸丑[52]春，参将俞大猷围王直于马迹，蛟龙惊炮而起，几至覆没，师旋贼逸。乙卯[53]秋，浙直会兵大衢、殿前，邀贼归路，疾风暴雨大作，飘没舟师以千万计。是以乘危幸功者也。夫大海无际，何独称四山为贼由之冲？盖航海者必昼行夜止，依山宿泊，自倭东南而来，望中惟此四山，相去各一二日程，始至陈钱必泊，次泊马迹，次泊大衢，次泊殿前、洋山，若驿传驻跸[54]。然固非若子午谷[55]，东西莫适，必由隘中行者。贼诚知山有兵，东西南北何所不适。虽失所依泊，然与犯戒兵之必死，宁冒风涛之不测。且闻长老云：'起椗扬帆，舍山泊而适大洋，此避飓风之妙术，而岂谓必死地哉？知戎地而不避，有生途而不趋，贼必不然矣。然则御其来而邀其去不可为欤？曰：依此四山，但严会哨应援之令，潜师伺之，万无不中。若设官显驻，是示趋避之标耳。故是策也，宜潜不宜露，宜邀其归，不宜伺其来，盖归路可计日候风信故也。"

此言陈钱诸山但可设伏，以击去贼。

副使茅坤云："方其海寇之舳舻[56]相望，必由通海之门户而入于苏松之吴淞江、刘家港之类是也。古人云：'守险者必先设险于险之外守之。'其所谓海战之重兵，如各参将所提闽、广募兵之类，当设战舰，备火攻，而谨斥堠，以迎击于淞海之上。贼未泊岸，则当夹水而阵，以遮击[57]之；贼既及岸，则当随其贼艘所泊之处而直捣之。此则海上格斗之兵也。将之最猛、兵之最精者，可以当之。"

此言当御寇于海中将近港岸之处，与陈钱、马迹远攻之说异。

御海策云："备倭之术，不过守御二者而已，未闻泛舟大海，远征岛夷。虽以元世祖[58]之威，伯颜孛木儿[59]之勇，艨冲千里，旌旗蔽空，一遇飓作，万人皆为鱼鳖，此其明验也。而况沙石起伏，洲渚驱阻，风候向背，潮汐高下，波涛汹涌，至到浅深，彼皆素所谙练，以我之迷而蹈彼之危，能为必胜哉？"

此与前说相反。

海道副使谭纶云："陈钱、马迹、洋山在内海之外，止可出哨，不能设守。盖恐粮饷易匮，声援莫及，不如荆川[60]备倭之说为善。且自来水寨设在沈家门，遇有缓急，战守兼得耳。"

此言设险远洋不如守近洋为稳便。

都指挥戴冲霄云："浙洋诸山沈家门居定海之东，相去二潮，乃宁绍之外户也。陈钱、马迹、大衢、洋山尤为穹远，乃沈家门之外藩也。外藩设而门户固，门户固而后堂室安。故有识者咸欲设险于陈钱四山，以扼来寇。以愚观之，沈家门水寨乃信国公[61]之所设，其才识高远人所素让，岂见不及此，故舍远而就近哉？必其身亲相视，四山太远，孤悬海中，难于声援，不若沈家门与定海哨报易及，策应易施，熟思审计，夫是之处耳。不然大海渺茫，风潮难犯，水兵官可籍以躲闪，万一四山失备，致寇直捣，追咎无及，反致悞矣，不若守之近海，易于综核。太祖之所以听从信国，或者在于此耶！太祖神明先见，毫发不爽[62]，信国公若有疏谬，肯遽[63]听信之而已乎？"

此说与谭副使所论相似，而推原旧制当守，尤为有见。

知府严中云："外洋御寇岂不是上策，但在将官有难于奉行者，何也？海中无风之时绝少，一有风色，天气即昏，面对不相见矣；须十分晴明，方能瞭远。岁在己

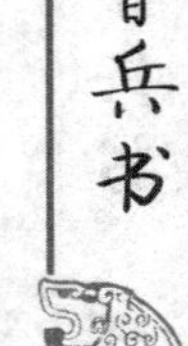

末[64]，飓风大作，四百战船一齐覆没。利害如此，将官出哨岂敢远浮大洋，必寻岙内收泊，令一二小舟行探耳。若迎风而上，遇敌归报，贼使顺风，瞬息数百里，报至贼亦至矣。若顺风而去，遇敌归报，甚难，甚难。况遇贼被杀，将官不知，此常事也。故谓海战为可恃者，必其未尝亲至海洋者也，若见海洋，自知此说之难行，而以固海岸为不易之定策矣。"

此说以固海岸上策，与唐荆川以固海岸为第二义不同。

又云："海防不设险于海岸，而设险于海中山沙，犹论北方边务者不可但守近边，须远守于边墙之外，其见同也。昔者，余子俊[65]尝因修外边费财甚多，其后边墙反易坏而难守，何也？离内地太远，照顾之力自有所不逭[66]也。且如北边之制，每城垛相去六尺，一军守之，积而至于六百丈之远，不过守以千人而已。虏来攻城，动以数万计，六百丈之间，只此千人，如何相策应而御乎？此与水兵哨船出海太远，声援不及，备御甚难，同一义也。国初信国公不肯设险于险之外，岂其智不及此哉！可以悟矣。"

此见与谭副使、王知州相似。

海道副使谭纶又云："今之谈海事者，往往谓御之于陆不若御之于海，其实大海茫茫，却从何处御起？自有海患以来，未有水兵能尽歼之于海者，亦未有能逆之使复回者。不登于此，必登于彼，即十得其一二，彼亦视为不幸而遇风者耳。侥幸之心固自在也。若陆战一胜即可尽歼，贼乃兴惧[67]，不复犯我。此水战、陆战功用相殊。而将官则力主海战为是者，以海战易于躲闪，陆战则瞬息生死势不两立，且万目共睹，不能作弊。当事者宜坐照之[68]，勿堕将官术中，自失长算可也。"

此言与荆川之见不合，然将官闪避情弊洞烛[69]无遗矣。

宁波生员陈可愿云："吾昔使日本，经历海中诸山，注意观之。陈钱乃孤山突出极东大洋，水深不可下椗，又无岙可泊，惟小渔舟荡桨至此，即以舟拖阁[70]滩涂，采捕后仍拖下水而回。欲以此为期会之地，恐不便也。马迹、大衢、洋山则不然。盖马迹有小潭可以泊舟，但有龙窟，不可放炮，遇敌难战。此山虽在陈钱之西，离大衢尚远，贼舟西来，一过陈钱即是马迹，以此为会哨之地可也。大衢与长涂相对，其西有礁无岙，不可以泊舟，且亦有龙窟，宜避之。其东面有衢东岙[71]者，可容广、福船四十只，但水震荡不宁，舟泊于此，久则易坏。不如以大舟藏于长涂之北，而以哨舟泊于衢东岙，遇警举号，招广、福船剿之，岂非长久之计乎？但大衢在北，长涂在南，相离不过半潮之远，潮从东西行，两山束缚，其势甚疾，哨船、战船遇潮来与落时，皆难横渡，候潮平然后可行，策应亦有不便者。"

御海洋之策，有言其可行者，有言其不可行者，将以何者为定乎？曾[72]尝亲至海上而知之。向来定海、奉、象[73]一带，贫民以海为生，荡小舟至陈钱、下八山取壳肉、紫菜者，不啻万计。每岁倭舶入寇，五岛[74]开洋，东北风五六昼夜至陈钱、下八，分䑸以犯闽、浙、直隶。此辈恒先遇之，有被杀者，有被掳为乡[75]导者。因此诸山旷远萧条，无居民守御，贼得以深入。总督胡公与赵工尚[76]之议所由建也。国初以来，从来无人发此。自二公上疏之后，罔不羡[77]其精思卓识。然事理虽长而未经试练。嗣后将官遵而行之，始觉其间有不便者。何也？离内地太远，声援不及，接济不便，风潮有顺逆，艍船[78]有便否，蛟龙之惊，触礁之险，设伏击刺之难，将官之命危于磊卵[79]，无惑其争执为难行也。然自御海洋之法立，而倭至必预知，为备亦甚易，非若乙卯以前，倭舶[80]岸人犹未觉其为寇也。苟因将官之不欲，而遂已之，是因咽而废食也，乌可哉！如愚见，哨贼于远洋而不常厥居[81]，击贼于近洋而勿使近岸，是之谓善体二公立法之意，而悠久可行矣。

【注释】

①宗宪：胡宗宪（？~1565年），字汝贞，号梅林，绩溪人。嘉靖十七年进士，嘉靖三十四年为浙江巡按御史，后升总督。

②置："置"底本脱，此据赵文华《嘉靖平倭祇役纪略·条陈海防疏》加。

③定海：今浙江镇海。

④乍浦：今浙江平湖东南乍浦镇。

⑤刘家河：今江苏太仓东北浏河。

⑥把总：参将之下的武职官员。

⑦洋山：今浙江嵊泗东南之大洋山。

⑧殿前：在今嵊泗马迹山北，北鼎星附近。

⑨马迹：今浙江嵊泗西南马迹山。

⑩大衢：今浙江岱山东北衢山岛。

⑪陈钱：今浙江嵊泗东嵊山。

⑫副总兵：总兵官的副职。

⑬提督军门：明中叶以后巡抚多兼提督军务衔，亦间有总兵加称提督的。明代叫总督、巡抚为军门，因巡抚多兼提督军务衔，所以称提督军门。

⑭海道：明代在沿海地区设置的督察官。

⑮赵侍郎：工部侍郎赵文华。

⑯金山：即金山卫，在今上海金山东南。

⑰临山：即临山卫，在今浙江余姚西北。

⑱参将：明低于总兵官的武官。

⑲弗力：不得力。

⑳崇明诸沙：今上海崇明及其附近岛屿。

㉑舟山诸山：今浙江舟山及其附近岛屿。

㉒沈家门：今浙江舟山普陀沈家门。

㉓各总：各备倭把总。

㉔隳废：废弃。

㉕伺敌：等候敌人到来，予以攻击。

㉖峿屿：今金门。

㉗向使：假使。

㉘次边：明朝为防止北方鞑靼内犯，通常建置两道边墙（防线），外边的称大边或外边，靠近内地的称次边或内边。

㉙扬山：即洋山，今指浙江嵊泗东南的大洋山。

㉚川沙洼：在今上海南汇东北。

㉛苏、松：苏州府和松江府。

㉜台、温：台州府和温州府。

㉝筝飞舰、飞虎舰、戈船、楼船将军：筝飞舰、飞虎舰、戈船、楼船，都为战船。戈船将军、楼船将军，汉置，汉武帝命杨仆为楼船将军。

㉞条陈会议海防长策：即赵文华《条陈海防疏》。

㉟福、苍、东莞等船：福，指福船，是当时的主要战船；苍，指苍山船，比福船小，也是当时主要战船；东莞船，广船的一种。

㊱下八山：今指浙江嵊泗境内。

㊲愽：同"博"。博，通"搏"。

㊳吴：今指江苏、上海大部及浙江、安徽一带的古吴国之地。

㊴越：今指江苏、安徽南部、江西东部、浙江北部等古越国之地。

㊵要：通"邀"，中途拦截。

㊶底本作"然"，系"燃"的异体字。

㊷间：差别，不同。

㊸文：掩饰，遮掩。

㊹僇力：尽力，同"戮力"。

㊺茶山：今上海崇明岛东南长江口外的余山。

㊻里西：今指浙江嵊泗东枸杞岛上。

㊼倒球、干邪、清水、蒲岙：均在浙江嵊泗境内。

㊽丁兴：今指浙江嵊泗东南的南鼎星岛。

㊾长涂：今指浙江岱山的大长涂山。

㊿马墓：今指浙江舟山定海区西北的马目。

51常川：接连不断。

52癸丑：此处指明嘉靖三十二年（1553 年）。

53乙卯：这里指嘉靖三十四年（1555 年）。

54驻跸：古代帝王出行，途中停留暂住为驻跸。此处为经过暂住的意思。

55子午谷：陕西长安南秦岭山中的南北谷道，过去为川陕间的要道。

56舳舻：首尾相连的船只。

57遮击：截击。

58元世祖：元代皇帝，名忽必烈（1215～1294 年），1260～1294 年在位。他建立元朝，攻灭南宋，统一全国，还多次进攻邻国。

59伯颜孛木儿：元将领，但《元史》未见此人，或指灭宋的元军统帅伯颜。

60荆川：学者对唐顺之的称谓。唐顺之（1507～1560 年），字应德，武进人。嘉靖八年(1529年)会试第一。倭患起,视师南畿、浙江,主张御倭海上,并亲督兵船出海,几挫倭寇。官至右佥都御史,死于出海抗倭途中。学识广博,著有《荆川集》,辑有兵书《武编》。

(61)信国公:还明将领汤和。汤和(1326~1395年),字鼎臣,濠州人,与朱元璋同乡。从朱元璋征战,多立战功,被封为中山侯,洪武十七年(1378年)正月晋封为信国公。洪武十七年奉命巡视沿海,筑卫所城五十九,以防倭。

(62)不爽:不差。

(63)遽:遂,就,于是。

(64)己未:明嘉靖三十八年(1559年)。

(65)余子俊:(1429~1484年)字士英,青神人。景泰二年(1451年)进士。他在任都御史时,曾修筑东起清水营西抵花马池一千七百七十里边墙,加强了边防。

(66)不迨:达不到完不成。

(67)兴惧:产生恐惧。

(68)宜坐照之:应该深刻地注意到这一点。

(69)洞烛:明察。

(70)阁:同"搁",放置。

(71)衢东岙:据文当在岱山北的大衢山上,不见今图。

(72)曾:《筹海图编》的辑者郑若曾的自称。

(73)奉、象:浙江奉化、象山。

(74)五岛:日本九州西的五岛列岛。

(75)乡:通"向"。

(76)总督胡公与赵工尚:胡公,胡宗宪;赵工尚,即赵文华,原为工部侍郎,后为工部尚书,故称赵工尚。

(77)罔不羡:没有不羡慕。

(78)舶:当为"泊"。泊,船停靠岸。

(79)磊卵:众卵累积,动辄破碎,比喻危险。

(80)舶:当为"泊"。

(81)不常厥居:不经常屯驻。

【译文】

浙直福建总督尚书胡宗宪说:"防卫海疆的制度,称之为海防,是一定应该在海上进行防御的,就像江防必须在江上进行防御一样,这早已经成了定论。建国初,沿海的各个卫都建造大青以及风尖、八桨等船一百多只,设有出海指挥使,统率官兵,轮流出海哨探防御,沿海门户各岛屿上都有烽火墩台,而且可供船停泊。后来,出海的制度废弃了,船只便都依次停泊在港口,浙江东部的停泊在定海,浙江西部的停泊在乍浦,苏州的停泊在吴淞江口和刘家河。乍浦这个地方,水浅滩多容易搁浅,没有可以避风的山岙。上个月,把总周易等率领的战船被贼寇烧毁,只剩下十

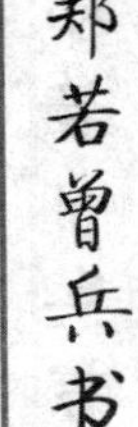

几只，最近又报告，剩下的也被飓风击破，不如海中的洋山、殿前隐蔽安全，反而可以停泊船只。吴淞江口以及刘家河，出海道路曲折，也不是停泊战船、防御海疆的地方。有人议论，想分别用乍浦的战船轮流守卫海上的洋山，苏州的战船轮流守卫马迹，定海的战船轮流守卫大衢。这样，三座山品字形相峙，哨探防守相互联络，便可以扼制来犯的倭寇了。然而洋山等外面的陈钱诸岛，尤其是贼寇入犯三路的要塞。兵部原来曾经题奏，副总兵俞大猷统领战船，驻扎在海上，防御、阻截贼寇，那么，像陈钱就是他应当屯泊的地方。而提督军门以及海道等官吏，每当倭寇进犯的汛期，要相互轮流巡察。遇到紧急情况，我大船、火器进行冲击、阻截。贼寇入侵，使它不能越过各岛，烧杀劫掠就无法进行。罪孽的事做不了，内地就安定了。"

这是说巡哨船只应当停泊在外洋山岛，大意与督察工部侍郎赵文华的奏疏相同。

又说："直隶与浙江虽然名义上是两个不同的地区，而实际上就是一家。假如不设置官吏统一管理，彼此间各自为政，贼寇一旦进入内地，随着风向或南或北，直隶、浙江可以任意进犯。因此必须共同守卫陈钱，分兵守卫马迹、洋山、大衢等三道要塞，而后，贼寇便无法逃脱，我军可进行夹攻。必须选任正、副总兵官二人，分别驻守在金山、临山等险要地势，先防守陈钱，分别负责春汛、秋汛，轮流出海，而参将分别筹划马迹等三道岛屿的防御，各自负责一定的疆域。这样人们就容易进行防守，而防守就没有不起作用的了。"

这是说总兵和参将要分别担任哨守的责任。

通政唐顺之说："防御倭寇的上策从前人们都说要在海上防御，然而很少有能在海上防御的，为什么呢？文臣不能下海，那些将领畏惧风浪，躲避艰险，不肯出海；将领不肯出海，而被责令出海的小校水卒，也就躲避艰险，停泊在附近港口，不肯远出巡哨。所以，倭寇除非是不来，一来便登岸，摧毁破坏地方，那么陆路的将领就被处以重罪，而水路将领却旁观无事。就臣的观察，崇明诸沙洲、舟山诸岛屿，各自互相联络。这是造物之神特意设置如此险要地形，来延缓倭寇入侵的道路，以屏蔽吴淞江、定海内地的港口。建国之初在这些地方设置县和卫所，最有深远意义，而沈家门分别巡哨的制度，直到现在还可以考察出。何不在春汛紧急之时，整饬苏州府和松江府的兵备道员暂时驻崇明，整饬宁波府和绍兴府的兵备道员或者在海防道内推举、挑选一人暂时驻舟山，而总兵、副总兵经常驻泊在海上，严格督促把总，分别守定海面，南北巡哨相会，昼夜扬帆不止，如此轮流不断，其远哨一定能到达洋山、马迹。"

这是说海中的远哨、近哨。

又说："建国初期防御海疆的规划是相当精密的，百年以来，海上长久没有报警的烽火，人情懈怠、松弛，因而毁破了。建国初，凡是附近容易到达的海岛，都设有水寨，用来凭借险要，待机歼敌。后来将士惧怕渡海航行，水寨的名称虽然存在，但都从海岛迁移到了海岸。听老兵说，双屿、烈港、浯屿诸岛屿，近来被倭寇占据作为巢穴的，都是建国初期水寨的故地。假如我们始终占据着，倭贼又怎能占领并作为巢穴呢？现在应该查出建国初期海上设防的地方，一一进行修复，并查出沿海卫所原设的出海船只数目，凡是军出钱三份民出七份建造的，按照数目征收上来，用以补贴建造福船的经费。”

这是说水寨、哨船的旧制度应该予以重建。

兵部尚书杨博说：“平定倭寇的良好策略不是要在海边鏖战，而是要在海中拦截，就如抵御北方的戎狄，防守第一道边墙而不防守第二道边墙的事一样，确实深得先发制人之意。建国初期轮番出海的制度，确实是尽善尽美。至于把船依次排列在港口内，就像舍弃门户而守堂室一样，渐渐失去了原来的用意。应该恢复祖宗出海的制度。”

这是说旧制度原本在海中抵御倭寇。

南京工部尚书马坤等题奏：“请把战船集中在马迹山，当作各路水军的老营；依旧在洋山设水寨以扼守倭寇入侵乍浦、川沙洼由吴淞江进入苏州府、松江府的道路；在大衢设建水营，以遏住倭寇进入宁波、台州、温州的道路。专门设置海上总兵，特地制造出海的大型战船，如古代拏飞舰、飞虎舰、戈船、楼船将军等形制。仍要严明出海巡视的命令，修复大青、风尖、八桨等战船，以便使用。”

这种见解与工部侍郎赵文华在远洋御寇的观点大同小异。

在京各衙门共同议事说：“倭寇擅长的技艺有利于陆战，我军擅长的技艺有利于水战。遍查连年来的用兵作战，凡是取得胜利的均是在海战中，利害关系一比较便知晓了。海中的陈钱、大衢、马迹、洋山等岛屿，是倭寇向南侵犯我国的必由之路。原先督察工部侍郎赵文华逐条陈述大家商议的海防良策，把这一条列在首位。现在又有南京工部尚书马坤、左通政何云雁的题奏与此相吻合。于是新任总督命令总兵官迅速集结太仓、崇明、嘉定、上海的沙兵以及福船、苍山船、东莞船等，分为二哨，专门守卫洋山、马迹。又将绍兴、温州、台州的捕鱼船以及下八山采集海物、捕鱼的福船、苍山船、东莞船等，分为二哨，专门守卫普陀、大衢。陈钱是浙江与直隶相交的地方，更应轮流共同防御。”

这是说在远洋防御倭寇的策略是正确的。

丙辰年的会试策中说：“众多将领所进行的海战得胜的比例是十比一，而他们在内地作战失利的常常有十分之八，为什么在海上作战勇敢而在内地怯懦呢？其原因有四个：士卒进入海洋，人人没有返回的心理，都殊死战斗，没有可以躲避危险的地方，这是一；巨大的艨艟战舰，易于居高临下对敌，形势便利，这是二；毒药和火器，一边攻击敌人，一边焚烧敌船，这是三；倭寇食用随船载来的淡水，张嘴等待吃喝，势必不能持久，这是四。然而，后来不能抵御贼寇的原因，也有四个：冒不可预测的风险，用性命与敌人相搏，而平常的奖赏不能慰藉其劳苦，其思想变得懈怠，这是一；大海中无人监督，比较容易推脱责任，这是二；既然不能正确地行赏，便容易姑息，将领不能驱使士兵作战，这是三；海中的风浪变化莫测，有时有利，有时不利，这是四。计议的人们都说，要增修作战器具，弥补这四方面的缺陷，守卫马迹、殿前诸岛，用以扼守吴地；守卫大衢等岛用来守卫越地；守卫陈钱等岛，用来控制倭寇往来的要塞;夹击敌人,互相救援,三路守军鼎足相峙,防御倭寇便绰绰有余了。"

这是说海战的利弊。

南京兵部尚书张时彻说:"如今的海战仅仅能攻击逃去的贼寇,而对于来犯的贼寇却不能遏止其锋芒。来犯的贼寇势气正盛,而逃去的贼寇则容易懈怠,打击懈怠的敌人容易而攻击锐气正旺的敌人困难,这是人们所熟知的常情。然而攻击来犯的贼寇就像扑灭刚刚开始燃起的烈火,火一灭整座房子便可以平安无事;打击离去的贼寇,就像收拾即将燃尽的火灰,这中间的利害就有差别了。自从海上用兵以来,进击来犯贼寇的仅见到一两次,而攻击逃去贼寇的也只不过是掩饰其纵容贼寇、不去追击的罪过罢了。如今,如果对攻击来犯贼寇的赏赐,优厚于对追击逃去贼寇的赏赐,对纵容来犯贼寇的惩罚,严于对纵容离去贼寇的惩罚,而当事人同心协力,急如救火,完全遏制住海外刚来的贼寇,那么沿海地方又有什么不安宁的呢!"

这是说海战要把攻击来犯的倭寇作为奇功。

总兵俞大猷说:"倭寇从他们的海岛出发侵入,遇上正东风,直接由茶山进入长江,进犯直隶,那么江内作为正兵的战船可以抵御它。遇上东北风,必然从下八山、陈钱、里西、倒球、干邪、清水、马迹、蒲岙、丁兴、长涂、衢山、洋山、普陀、马墓等山岙经过,然后向北进犯南直隶,向西南进犯浙江。请在浙江设置楼船二百只,苍船一百只,分别埋伏在前面提到的海岛山岙处,来回巡逻、哨探、攻击、追捕,称他们为游兵,而远远地把倭寇遏制在大洋之外。"

这是说应该在浙江和直隶的外洋设置巡哨的船只。

又说:"大洋之外,要靠近各海岛随地驻营,分成几班轮流巡哨,常常赢得胜势,似乎可以依赖了。然而万里风浪波涛,不可预测始末,白天水气烟尘,几乎就像黑夜一样,所以有时虽然与敌相遇却不能进击,有时也未必能够与敌人相遇。"

这是说在外洋御寇的困难。

主事黄元恭说:"有人说:'我兵长于水战,不擅陆战,而倭寇则擅于陆战,不擅长水战,因此抵御倭寇最重要的是在海中陈钱、马迹、大衢、殿前、洋山等倭寇往来的要塞。假如设置总兵官驻在陈钱,三员参将分别驻在马迹、大衢、殿前、洋山,连续不断地督促巡哨,抵御来犯的倭寇,邀击离去的倭寇,倭寇差不多要全被消灭了。'我私下认为,这一计策很好,但难以执行。一般来讲,在海上不出一个月便会遇上飓风,岸高峰陡,难以下碇停泊。癸丑年春天,参将俞大猷在马迹包围了王直,蛟龙被炮声惊动而起,几乎把船弄翻,军队只好撤回,贼寇却逃走了。乙卯年秋天,浙江和直隶的军队在大衢、殿前会合,截断了贼寇的归路,当时疾风暴雨大作,数以万计的水兵葬身大海。这是想乘敌之危而侥幸成功的例子。大海茫茫无边,为什么只说这四个岛是贼寇往来的要冲呢?一般来说,航海的人们总是白天航行而夜间停航,靠着山岙停泊过夜。从倭国向东南来,一眼望见的便是陈钱等四个岛,相距各一两天的航程,开始到陈钱必然停泊,其次停泊于马迹,再次停泊于大衢,再次停泊于殿前、洋山,就好比在驿站暂住一样。因此不像子午谷,东西都不能走,必须从中间狭窄处经过。贼寇确知岛上有兵把守，东西南北何处不能航行呢？虽然失去了依靠停泊之处，但与其冒犯守备的官兵，死路一条，宁肯冒狂风波涛不测之险。而且听长老讲：‘起碇扬帆，不停泊于山岙而开往大洋，这是躲避飓风的巧妙方法’，怎能说是死地？知道有兵把守而不避开，有获生的路却不走，贼寇必然不会这样做。那么抵御来犯的倭寇和袭击离去的倭寇就是不能办到的了吗？回答说：依托这四个岛，只要严厉执行哨探相会，彼此应援的命令，潜伏军队等待贼寇，万万没有不成功的道理。如果设置将官，公开驻军，这是明示给贼寇躲避的信号，因此，这样的计策，应该暗地里执行而不应该暴露，应该袭击归去的倭寇，而不适宜袭击来犯的倭寇，因为倭寇返回的日期风候是可以算定的。”

这是说陈钱等岛只可以设下伏兵，以邀击归去的倭寇。

副使茅坤说：“当海上的倭寇船只接连而来，必定经过长江的入海口入侵苏州府、松江府的吴淞江、刘家港这类地方。古人说：‘据守险要的人必须在险要之外再构筑险要工事而防守。’所谓进行海战的重兵，如各位参将所率领的从福建、广东招募的士兵等，应当设置战舰，预备火攻，而且仔细侦察，以迎击贼寇于吴淞江的海面上。贼寇未靠岸则应该夹水列阵，截击它；贼寇已登岸，就应当尾随贼船所停泊的地方，径直进击。这就是海上格斗的军队。最勇敢的将领，最精锐的士兵，可以担任这项任务。”

这是说应在海中靠近港口、岸边的地方抵御倭寇，与在陈钱、马迹等远处攻击敌人的说法不同。

《御海策》上说：“防御倭寇的方法，不过防守和抵御二种罢了，没有听说过在大海中荡舟，去远征海岛的倭夷的。即使以元世祖忽必烈的威名，伯颜孛木儿的骁勇，舰船千里，旌旗蔽日，一旦遇见飓风大作，万人都葬身鱼腹，这是很明显的证据。况且海沙礁石是明是暗，大洋岛洲该走该停，风向的顺逆，潮汐的涨落，波涛汹涌，所到之处的水势深浅，倭寇平素都很熟悉，以我迷惘之军而进入他们那样危险的境地，能够做到必胜吗？”

这与前种说法相反。

海道副使谭纶说：“陈钱、马迹、洋山在内海的外边，只可以去巡哨，不能够驻兵防守。那样做担心粮饷容易匮乏，支援不能达到，不如唐荆川的备倭之说更为妥当。而且水寨从来是设在沈家门的，这样遇有紧急情况，或战或守，可以兼得。”

这是说在远洋设险不如在近海防御更为稳妥、方便。

都指挥戴冲霄说：“浙江海中诸岛沈家门位于定海的东面，离定海有两次潮汐的路程，是宁波、绍兴两府的外部门户。陈钱、马迹、大衢、洋山距离更是遥远，是沈家门的外部藩篱。外部设置藩篱，门户就牢固了，门户牢固，堂室就安宁了。所以有远见的人都要在陈钱等四岛设险防守，以扼制来犯的倭寇。在我看来，沈家门水寨是信国公汤和设置的，汤和才识高远，素来被人们推崇，他怎能看不到这点，故意舍远而就近呢？必定是他亲自察看了地形，认为四岛太远，孤悬在海外，难以进行声援，不如沈家门与定海哨探消息容易报告，策应也容易实施，经过深思熟虑，审慎

计划，认为这二地是妥善之处。不然的话，大海茫茫，风潮难犯，水军将官可以以此为借口躲躲闪闪，万一四岛失于防备，致使倭寇直捣内地，再追究责任也来不及了，反而导致失误，不如在近海防守，容易多方面进行考察。太祖之所以听从信国公汤和的计策，或者就在于这点。太祖神明有先见，丝毫没有差错，信国公如有疏忽、谬误，能够听信他的吗？”

这种说法与海道副使谭纶所论述的相似，而且推论到旧的制度应当恪守，是尤其有见识的。

知府严中说：“在外洋抵御倭寇怎能不是上策呢，但对于将官来说，有难以执行的地方，为什么呢？海上没有风的时候很少，一旦有风，天气顿时昏暗，面对面也见不到；必须在十分晴朗的时候，才能瞭望远方。已未那年，飓风大作，四百只战船一次全部覆没。利害关系如此，将官出海巡哨哪敢在大洋上飘荡，必然寻找山岙处停泊，命令一二只小船进行哨探罢了。哨探的小船如果是逆风而上，遇到贼寇回来报信，贼寇顺风使船，瞬息间能行数百里，报信的到了贼寇也到了；如果是顺风而去，遇到贼寇回来报信，太难，太难了。况且遇到贼寇被杀，将官不知道，这是常发生的事。所以，说海战是可以依赖的，必定是他没有亲自到过海洋，如果见过海洋，自然知道这种说法难以实施，而把固守海岸作为不可改变的定策。”

这种说法把固守海岸作为上策，与唐荆川把固守海岸放在第二位的说法不同。

又说：“海防不在海岸设险而在海上岛屿设险，就像论及北方边防不可只守近处的边墙，必须在边墙的外面防守，其见的是相同的。以前余子俊曾因修外面的边墙，耗费了非常多的钱财，以后这些边墙反而容易损坏而难以防守，为什么呢？离内地太远，自然就无力照顾到了。假设北方的边防制度，每个城垛相距六尺，由一个军卒守卫，在长达六百丈的距离内，也不过由千人防守罢了。胡虏来攻城，动不动就用数万人，六百丈之间，屈屈这一千人，怎样相互策应而抵御敌人呢？这和水兵的巡哨船出海太远，声援不及，防御守备很困难，是同一个道理。建国初期信国公汤和不肯在险外设险，哪里是他的智谋想不到这点呢？由此可以领悟了。”

这种见解和谭副使、王知州的见解相似。

海道副使谭纶又说：“现在议论海防事宜的人，常常说在陆上御敌不如在海上御敌，其实大海渺茫，却又从哪里开始防御呢？自从倭寇为患以来，没有水兵在海上全歼倭寇的，也没有能迎头阻击使它又返回的。不在此处登岸，必在彼处登岸，即使歼灭其十之一二，他们也认为是不幸遇到风浪的原因。侥幸的心理因此自然存在。如果是陆上作战，一旦取胜，便可全歼，贼寇于是产生恐惧，不敢再进犯我。这是水战、陆战功用的不同。可是将官却力主应当进行海战，是因为海上作战容易躲避，陆地作战则瞬息之间关乎生死，势不两立，而且又在众目睽睽之下，不能作弊。当事人应当充分明了这一点，不要上将官的当，自己失去长远的考虑就行了。”

这种说法和唐荆川的见解不同，然而却将将官避敌、作弊的情况暴露无遗。

宁波府生员陈可愿说：“我以前出使日本，曾经路过海上诸岛，注意观察它们。陈钱是一座孤岛，突立在东方很远的大海中，周围水深不可以下碇，又没有山岙可供停泊，小渔船荡桨到这里，就将船拖到滩上停放，采集、捕捞之后仍旧拖下水返回。要把它作为定期会哨的地方，恐怕是不适合的。马迹、大衢、洋山则不是如此。马迹有小潭可以停泊船只，但是有龙窟，不可以放炮，遇到敌人难以作战。这个岛虽然在陈钱的西面，距离大衢还远，贼寇船只西来，一过陈钱便是马迹，把它作为哨船相会的地方是可以的。大衢与长涂相望，它的西边有暗礁，没有山岙，不能用来停泊船只，而且也有龙窟，应避开它。它的东边有衢东岙，可以容纳广船、福船四十只，但水面震荡不宁，船只停泊在这里，时间长了便容易毁坏。不如把大船藏在长涂的北面，而把巡哨船只停泊在衢东岙，遇到紧急情况发出信号，招来广船、福船进行围剿，这难道不是长远之计吗？但是大衢在北边，长涂在南面，相距不到半次潮汐远，潮水从东向西涨落，受两山束缚，水势很急，哨船、战船遇到潮来或潮落时，都难以横渡，等潮平后才可航行，策应也有不方便的地方。”

在海上进行防御的计谋，有人说是可行的，有人说是不可行的，将以哪种说法做定论呢？我曾亲自到海上，知道这件事。向来定海奉象一带贫苦的百姓以大海为生计，荡起小船到陈钱、下八山去采集贝类、紫菜的不下万计。每年倭寇船只入侵，从五岛开洋，东北风，五六昼夜便到陈钱、下八山，然后分开船队侵犯福建、浙江和直隶。这些百姓常常先遇到倭寇，有的被杀，有的被掠去做向导。因为这些岛屿十分遥远，人烟稀少，没有居民守御，所以倭寇能够深入。总督胡宗宪与工部尚书赵文华的提议便是由此而出的。从建国之初到如今，从来没有人发表过这样的见解。自从二位上疏后，没有不羡慕他们的精密构思和远见卓识的。然而，道理虽好却没有经过试练。此后将官遵照去执行，才开始觉得这中间有不妥当的地方。为什么呢？距离内地遥远，声援不及，接济不方便，风潮有顺逆，下碇停泊有便与不便，蛟龙的惊起，触礁的危险，设伏出击的困难，将官的生命危如累卵，无怪乎他们争执认为难行了。可是自从海上防御敌人的方法确定以后，倭寇一到必定事先知道，进行准备也很容易，不像乙卯年以前，倭寇船只靠岸了人们还没有察觉到他们的入侵。假如因为将官不乐意，便停止执行，这是因噎废食，怎么可以呢？看来，在远洋哨探贼寇而不长期驻守，在近海攻击贼寇而不使他们靠岸，这才称得上善于体会二位建立此法的意图，而可为长久的打算。

固海岸

【原文】

通政唐顺之云："贼至不能御之于海，则海岸之守为紧关第二义。贼新至饥疲，巢穴未成，击之犹易，延入内地，纵尽歼之，所损多矣。然自来沿海戍守，莫不以拥城观望，幸贼空过，谓可免罪，而不顾内地之残破。内地戍守亦幸贼所不到，而不肯策应沿海。今却不然，宜分定沿海保护内地，内地策应沿海地方。沿海力战损兵折将，宜坐内地不能策应之罪。内地残破，沿海幸完，宜坐沿海纵贼之罪。又如，同是一样沿海地方，贼由宁、绍登岸，宁、绍却不残破，而残破温、台；贼由温、台登岸，温、台却不残破，而残破宁、绍。自来则坐地方残破者之罪，今却不然，宜并坐贼所从人其沿海。文武将吏有能连次鏖战，抵遏贼锋，阻贼下船，不得登岸深入者，虽无首级，以奇功论，一准平倭事例。如此则人知谨于海岸之守，不敢幸贼空过以觊免[①]。门户常扃[②]，堂奥[③]自安矣。"

此言沿海之兵与内地之兵宜相策应。

主事唐枢云："国初汤信国[④]经理海防，北起乍浦，南迄蒲门[⑤]，萦纡[⑥]二千余里，设九卫[⑦]及诸所、诸巡司，总有百城，又营、寨、烽堠，彼此联络，援应接济，血脉贯通。谷都司[⑧]、焦侍郎[⑨]嗣为葺润[⑩]，已甚周密，至今绝好。能任事者只图自守其城，其附近地方有事及乡村杀掠，坐视不理，殊非立法本意。"

此言与唐荆川所见吻合。

太常寺卿魏校[⑪]云："晋溪[⑫]在三边欲分军守边，邃菴[⑬]闻而讶之，使人往问，晋溪答曰：'三边数千里，欲一一守之，虽尽天下之兵不能也，只是择要害处，为达虏[⑭]素所入寇之路，把截则可耳。'晋溪威令素行，凡达入寇，众军争相救援，无不擒获，边境稍安。"

此言北边设险之法。愚谓海防亦然，则兵不费而寇可遏。

镇抚蔡汝兰云："环海兵船之设，其法不为不善，其备不为不周矣。迩年倭寇往来，兵船未收全功者，必有说焉。夫茫茫巨洋，极目无际，虽与要害之处联舰设备，而疾风怒涛不时，亦必择善地而停泊焉，岂得扬帆起碇，常出洋口，而能尽阻贼船之不入，尽遏贼船之不归哉？但能于大数内打得分数中几分耳。必欲其尽收全功，以为经久不易之图，在于水陆夹攻尽之矣。夫倭寇之发艅犯我也，每徒止备一月行粮，而漂泊二月者有之；每船可载百徒，而满载二百者有之；及其抵岸，困惫莫甚。使得焚舟登陆，夺险鼓势，养锐蓄精，然后出我兵以临之，近者十日，远者一月，方得与贼相望，反主为客[⑮]，转佚为劳，岂能得志与彼哉？为今之计，宜于春汛、小汛先期一月，将各道兵士督发各海口要害之处，如在嘉湖[⑯]者，出三关[⑰]；在绍兴者，出龛山[⑱]，出临山，出观海，出三江[⑲]；在宁波者，出定海，出昌国[⑳]，出象山；在台州[㉑]者，出海门[㉒]，出新河[㉓]，出松门[㉔]；在温州者，出楚门[㉕]，出盘石[㉖]，出金乡[㉗]等处，安营操练，与兵船相表里，以为防守万全之计。设或贼船潜入海口，则水兵星罗于其外，陆兵云布于其内。其将至也，击其困惫；既至也，击其先登；既登也，击其无备。以疲惫仓遑[28]之贼，而当我养盛豫备之兵，一鼓成擒，可不血刃而收其全功矣。春汛之期，不过三月将终，四月将半。小汛之期，不过九月将终，十月将半，过此则非风汛所利，而倭警不必防矣。今宜于每年三月、九月初，将各道统兵官，分与信地，令其督领部兵，出沿海兵船停泊之处，安营操练防守，贼至即击。春汛至五月终，小汛至十月终，方令撤兵归道。严立限期，通行浙、直、广、福提督、总参衙门，永为遵守，则防御周而贼无返棹[29]，先声播而贼无伺志[30]矣。"

【注释】

①觊免：希望予以免除处罚。

②常扃：经常关闭。

③堂奋：堂屋的深处，文中指内地。

④汤信国：指信国公汤和。

⑤蒲门：今浙江苍南南蒲城。

⑥萦纡：迂回曲折。

⑦九卫：指海宁、临山、观海、昌国、定海、海门、松门、盘石、金乡等九卫。

⑧谷都司：指担任浙江都指挥使的谷祥。

⑨焦侍郎：即户部侍郎焦宏。正统七年（1442 年），他受命往浙江备倭，在浙任职七年，增设城堡戍卒，使沿海防卫得到加强。

⑩葺润：整修。

⑪魏校（1483～1543 年），字子才，昆山人。弘治十八年进士，官至太常寺卿。

⑫晋溪：即王琼。王琼（1459～1532 年），字德华，号晋溪，太原人。成化二十年进士。嘉靖七年至十年（1528～1531 年）总制陕西三边军务，节制陕西、延绥、宁夏、甘肃四抚，固原、榆林、宁夏、甘肃、临洮五镇。

⑬邃菴：此指杨一清。杨一清（1454～1550 年）字应宁，号邃菴，云南安宁人。成化八年进士。嘉靖四年（1525 年）入阁，六年任内阁首辅，八年致仕。

⑭达虏：指袭扰内地的北方鞑靼，下文的"达"字亦指鞑靼。

⑮反主为客："主"指在本土作战防守的一方，"客"指进入异地作战进攻的一方。反主为客，就是在本土的防守者成了他地进攻的他人。

⑯嘉湖：浙江的嘉兴府和湖州府。

⑰三关：指海盐、乍浦（今指浙江平湖东南）、澉浦（今指浙江海盐南）三关。

⑱龛山：今指浙江萧山东北。

⑲三江：今指浙江绍兴北。

⑳昌国：今指浙江象山南。

㉑台州：台州府，治所在今浙江临海，辖境相当于今临海、黄岩、仙居、温岭、天台、宁海、象山等县市。

㉒海门：今浙江椒江。

㉓新河：今指浙江温岭东北。

㉔松门：今指浙江温岭东。

㉕楚门：今指浙江玉环北。

㉖盘石：今指浙江乐清西南。

㉗金乡：今指浙江苍南东南。

㉘仓遑：仓皇。

㉙返棹：返回的船只。

㉚伺志：窥测的志向。

【译文】

通政唐顺之说："贼寇到来，不能在海上有效的抵御，那么海岸防御就成了第二位意义的紧要关隘了。贼寇刚到时饥饿疲乏据点没有建立，攻击他还比较容易，等到进入内地，纵然能全部消灭它，损失必然很多。然而从来沿海卫戍的军队，没有不拥城自保，互相观望的，侥幸贼寇从他那里空过，以为可以免罪，却不顾内地遭受摧残破坏。内地卫戍的军队也侥幸贼寇不到他那里，而不愿意支援沿海。今后却不能这样，应该分别规定沿海要保护内地，内地要支援沿海。沿海如力战损兵折将，应定内地不能策应之罪；内地遭受摧残破坏，应定沿海纵容贼寇之罪。再如，同是一样的沿海地方，贼寇从绍兴、宁波登岸，宁波、绍兴却未遭摧残破坏，而温州、台州遭到摧残破坏；贼寇由温州、台州登岸，温州、台州却未遭到摧残破坏，而宁波、绍兴遭到摧残破坏，以前都是定遭受摧残破坏地区将官的罪，如今却不能这样，应当一并定贼寇经过的地方将官的罪。文官、武将有能连续鏖战，挫败了贼寇的锋芒，阻止贼寇下船，使贼寇不能下船登岸深入的，虽然没有获得首级，也要以奇功对待，完全按照平倭事例，给予奖赏。如此的话，人们便知道谨慎地防守海岸，不敢侥幸贼寇空过而希望免去处罚。门户既然经常关闭，堂奥自然就平安了。"

这是说沿海的军队与内地的军队应当相互策应。

主事唐枢说："建国初期，信国公汤和负责海防事宜，北起乍甫，南至蒲门，蜿蜒二千余里，设置九个卫及诸多的千户所、巡检司，共有城池一百座左右，又有营、寨、烽堠，彼此相互联络，援应接济，就像血脉一样贯通。都指挥使谷祥和户部侍郎焦宏随后进行修整，已经相当周密，现在仍然完好。可是担当重任的将吏却只图防御自己的城池，其附近地方有事及乡村被烧杀抢掠，则坐视不管，这绝不是信国公等立法的本意。"

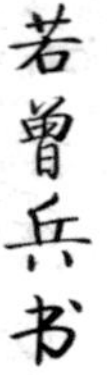

这种说法与唐荆川的见解相互吻合。

太常寺卿魏校说："王晋溪在总制三边军务时，要分别派兵守卫边墙，杨邃菴听到后感到惊奇，派人去询问。"王晋溪回答说："陕西三边的边防有数千里，要想处处设防守卫，即使用尽天下的兵也办不到，只能选择要害地方，即鞑靼平时入犯之路，进行阻截就可以了。"王晋溪平素在军中很有威信，他的命令没有不执行的，凡是遇到鞑靼入犯，众军争着互相救援，没有不擒获的，边境逐渐获得安定。

这是说北部边防设险的方法。我认为海防也当如此。如此军队不需多用而敌寇可以被遏止。

镇抚蔡汝兰说："周边沿海兵船的设置，其方法不是不严善，其防备不是不严密。但近年倭寇不断侵犯，兵船没有取得全胜，一定有原因。茫茫大海，一望无边，虽然在要冲地方众多舰船联合设守防御，但疾风怒涛不时发作，也必须先择妥善的地方停泊，哪能扬帆起碇，常常出海，而完全阻截住贼船，使它不能进入，完全遏制住贼船，使它不能返回呢？不过是能在众多贼船中攻击其几分之几罢了。一定要取得全胜，作为经久不变的谋略，就在于水陆夹攻，尽歼倭寇。倭寇乘船来侵犯我，每人只准备一个月的粮食，而有时要漂泊两个月；每船可装载一百人，可有时满载二百人；等他们到达岸边，已经非常疲惫困乏。假如倭寇得以焚舟登岸，夺取险要，鼓起士气，养精蓄锐，然后我才出动军队攻击它，近的要十天，远的要一个月，才能够与敌相遇，我军由守转为攻，由佚变为劳，哪能取得对敌胜利呢？应在的计策，应在春汛、小汛前一个月，将各路兵马派往各海口要冲地方，如在嘉兴、湖州的，出三关；在绍兴的，出龛山、临山、观海、三江；在宁波的，出定海、昌国、象山；在台州的，出海门、新河、松门；在温州的，出楚门、盘石、金乡等地，安下营寨，操练兵马，与兵船相为表里，作为防御的万全之计。如果倭寇潜入海口，那么水兵就在外星罗棋布，陆兵在内密布积云。倭寇将要到时，乘其困乏疲惫进行攻击；到达后，在其刚登岸时进行攻击；登岸后，乘其无备进行攻击。疲惫仓皇的倭寇，来进攻我养精蓄锐、准备充分的军队，一战便会被擒获，我可以兵不血刃地取得全胜。春汛的时间，不过在三月下旬到四月中旬，小汛的时间，不过在九月下旬到十月中旬，错过这个时间，便没有风汛的便利，也就不必提防倭寇进犯了。如今应在每年的三月、九月初，指定给各路统兵将领以一定防区，命令他们带领本部兵马，到沿海兵船停泊的地方，安下营寨，操练兵马，进行防守，贼寇一到，立即攻击。春汛到五月底，小汛到十月底，才可命令撤兵返回各地。要严格确定期限，整个浙江、直隶、广东、福建的提督、总兵、参将衙门，永远遵照实施。如此才能防守周密而倭寇有来无回，威名远扬而且倭寇不敢窥犯。"

勤会哨

【原文】

广、福、浙三省，大海相连，地画有限，若分界以守，则孤围受敌，势弱而危。戢捕之谋，能不有赖于相须[①]乎！曾考入番罪犯，多系广、福、浙三省之人通伙流劫。南风汛，则勾引夷船由广东而上，达于漳、泉[②]，蔓延于兴、福[③]；北风汛，则勾引夷船由浙江而下，达于福宁[④]，蔓延于兴、泉。四方无赖又从而接济之，向导之。若欲调兵剿捕，攻东则窜西，攻南则遁北；急则潜移外境，不能以穷追；缓则旋复合䑸，有难

于卒殄[5]。此夷船与草撇船之大势也。又人一种奸徒，见本处禁严，勾引外省：在福建者，则于广东之高、潮[6]等处造船，浙江之宁、绍[7]等处置货，纠党入番；在浙江、广东者，则于福建之漳、泉等处造船、置货，纠党入番。此三省之通弊也。故福建捕之，而广、浙不捕不可也；广、浙捕之，而福建不捕亦不可也。必严令各官，于连界处会哨。如，在福建者，下则哨至大城千户所[8]，与广东之兵会，上则哨至松门千户所[9]，与浙江之兵会；在浙江者，下则哨至流江[10]等处，与烽火[11]之兵会；在广东者，上则哨至南澳[12]等处，与铜山[13]之兵会。遇有倭患，互为声援，协谋会捕。贼势岂有不孤穷，而海患岂有不戢宁者哉？

福建五寨：烽火门水寨设于福宁州地方，以所辖官井[14]、沙埕[15]、罗浮[16]为南北中三哨。其后官井洋添设水寨，则又以罗江[17]、古镇[18]分为二哨。是在烽火、官井当会哨者有五。

小埕[19]水寨设于福州府连江县[20]地方，以所辖闽安镇[21]、北茭[22]、焦山[23]等七巡司为南北中三哨。是在小埕寨当会哨者有三。

南日[24]水寨设于兴化府莆田县[25]地方，以所辖冲心[26]、莆禧[27]、崇武[28]等所司为三哨，而文澳[29]港哨则近添设于平海[30]之后。是在南日当会哨者有四。

浯屿[31]水寨设于泉州府同安县[32]地方，上自围头[33]以至南日，下自井尾[34]以抵铜山，大约当会哨者有二。

铜山水寨设于漳州府漳浦县[35]地方，北自金山[36]以接浯屿，南自梅岭[37]以达广东，大约当会哨者有二。

由南而哨北，则铜山会之浯屿，浯屿会之南日，南日会之小埕，小埕会之烽火，而北来者无不备矣。

由北而哨南，则烽火会之小埕，小埕会之南日，南日会之浯屿，浯屿会之铜山，而南来者无不备矣。哨道联络，势如常山[38]，会捕合并，阵如鱼丽[39]，防御之法无踰[40]于此。

浙江六总[41]浙海诸山其界有三：黄牛山[42]、马墓[43]、长涂[44]、册子[45]、金塘[46]、大榭[47]、兰秀[48]、剑山[49]、双屿[50]、双塘[51]、六横[52]、韭山[53]、塘头[54]等山，界之上也；滩山、浒山[55]、羊山[56]、马迹[57]、两头洞[58]、渔山[59]、三姑[60]、霍山[61]、徐公[62]、黄泽[63]、大小衢[64]、大佛头[65]等山，界之中也；花脑[66]、求芝[67]、络华[68]、弹丸[69]、东库[70]、陈钱[71]、壁下[72]等山，界之下也。此倭寇必由之道也。海防莫急于舟师。旧制边海卫所各造战船，有七百料[73]、五百料、四百料、二百料、尖舤[74]之殊。向因贼舟不大，七百料停造久矣。其余五百料之类，亦以不便海战，改造福清等船，复调发广东横江、乌尾船，雇税[75]苍沙民船。又有小哨草撇船、军驾八桨船、装火器出奇埋伏划网船。四参六总分哨守各洋港。参将，原设二人，分守浙东西。后分为四：曰杭嘉湖，曰宁绍，曰台州，曰温处。把总，原系指挥，四人。今因地方多事，卫所窎远，分而为六：曰定海，曰昌国，曰临观，曰松海，曰金盘，曰海宁。裁去备倭总督而各把总以都指挥体统行事，辖诸卫。每值春汛，战船出海，初哨以三月，二哨以四月，三哨以五月。小阳汛亦慎防之。每年六、七、八月，风渐险恶，正月、十一二月不常，舟皆不可行。三月至五月，东北风多倭来便易。十月小阳汛，亦可渡海，寇有停泊海岛，乘间而至者。故春秋二汛皆当严为预防也。其南哨也，至镇下门[76]、南麂[77]、玉环[78]、乌沙门[79]等山，交于闽海而止。其北哨也，至洋山、马迹、滩浒、衢山等处，交于直海而止。陈钱为浙、直分䑸之处，则交相会哨，远探穷搜。复于沈家门[80]列兵船一枝，以一指挥领土：马墓港列兵船一枝，以一指挥领之：舟山驻扎把总，兼督水陆。贼若流突中界也，则沈家门、马墓兵船北截过长涂、三姑，而与浙西兵船相为犄角；南截过普陀、清龙洋、韭山，而与温台兵船相为犄角。贼若流突上界也，总兵官自烈港[81]督发舟师，北截之于七里屿[82]、观海洋[83]，而参将自临山洋[84]督兵应援：南截之于金塘、崎头洋[85]，而石浦[86]、梅山港[87]兵船为之应援。是故今日之设险自内达外有三：会哨于陈钱，分哨于马迹、羊山、普陀、大衢，为第一重；出沈家门、马墓之师，为第二重；总兵督发兵船为第三重；备至密也。所患者海气溟濛，咫尺难(辨)[辨]，风涛歘忽[88]，安危叵测，兼之潮汐有顺逆，哨报有难易，奸将往往藉以规避。吾何从而综覆[89]之哉？自海上用师以来，击来贼者仅一二见，而要去贼者不过文其故纵之愆[90]。识者谓，宜以击来贼之赏，优于追去贼之赏；纵来贼之罚，严于纵去贼之罚。风汛时月，正副总兵不拘警报有无，而亲出海洋，严督各总，僇力[91]用命，以遏海寇于方来，则何边鄙不宁之有？

福浙直海洋浙东地形与福建连壤，浙西地形与苏松连壤，利害安危各有辅车相依之势。故上命浙江巡抚总督浙、直、福，分哨各官互为声援，而不许自分彼己。画地有限，责任相联。此庙谟[92]之所以为善，而海防之所以为固也。愚考海中山沙，南起舟山，北至崇明，或断或续，暗沙连伏，易于阁浅。贼舟大者不能东西乱渡。如遇东北风也，必由下八、陈钱、马迹等山，以犯浙江，而流突乎苏松；如遇正东风也，必由茶山[93]西行，以犯淮、扬[94]，而流突乎常、镇[95]；如遇正北风也，必由琉球[96]以犯福建，而流突乎温、台[97]。三途穹远，瞭望难及，须总兵官拨游兵把总领哨千百户等船，往来会哨以交信票为验。其在浙江也，南则沈家门兵船哨至福建之烽火门，而与小埕兵船相会；北则马墓兵船哨至苏州洋之羊山，而与竹箔沙[98]兵船相会。其在苏松也，南则竹箔沙兵船哨至洋山[99]，而与浙江之马墓兵船相会；北则营前沙[100]兵船哨至茶山，而与江北之兵船相会。诸哨络绎，连

如长蛇，群力合并，齐如扛鼎，南北夹击，彼此不容，岂惟逐寇舶于一时，殆将靖寇患于无穷矣。

闽县知县仇俊卿云："国初沿海相近地方，转相哨报，势合情联。承平既久，人多好逸，事机渐疏。即以东南沿海直隶[101]与各省相近之势言之。浙之海宁等处，则北与直之金山[102]、崇明等界相接；其蒲、壮[103]等所则南与闽之流江、烽火等寨相接。闽之铜山[104]、玄钟[105]等澳则又南与广之柘林寨[106]、蓬莱驿[107]相接。向来各省自分彼此，不相哨报，缓急难备。今欲与各省相近卫寨，转相会哨，往来络绎，使万里海洋无悬料叵测之患。其会哨官军舡只，须各给字号牌票，以防姢细[108]混杂为奸，并注到销日期，以杜偷玩。"

又云："兵法：'地有所必争'，言其险要也。尝闻海寇往来，其大舡常躲匿外洋山岛之处，小舡时出而为剽掠。在浙常于南麂山住舡，双屿港出货，若东洛[109]、赭山[110]等处，则皆其别道也。在闽常于走马溪[111]、旧浯屿[112]住舡，月港[113]出货，若安海[114]、崇武[115]等处，则皆其游庄也。自浙迤北则极于料角[116]，而属于直隶。自闽浙南则湾于南澳而属于广潮。中间所泊所经之处，可以得其槩[117]也。"

【注释】

①相须：互相配合。
②漳、泉：漳州府和泉州府，分别治今福建漳州和泉州。
③兴、福：兴化府和福州府，分别治今福建莆田和福州。
④福宁：福宁州，治今福建霞浦。
⑤殄灭：灭绝。
⑥高、潮：高州府和潮州府，分别指今广东高州和潮州。
⑦宁、绍：宁波府和绍兴府，分别指今浙江宁波和绍兴。
⑧大城千户所：驻所今指广东饶平东南。
⑨松门千户所："松"当为蒲，蒲门千户所驻今浙江苍南蒲城。
⑩流江：今指福建福鼎东南。
⑪烽火：今指福建霞浦东偏南。
⑫南澳：今指广东南澳岛。
⑬铜山：今指福建东山东北。
⑭官井：今指福建霞浦南。
⑮沙埕：今指福建福鼎沙埕镇。
⑯罗浮：今指福建霞浦东。
⑰罗江：今指地待考。
⑱古镇：今指福建霞浦东。
⑲小埕：今指福建连江东北。
⑳连江县：今指福建连江。
㉑闽安镇：今指福建福州东。

㉒北茭:今指福建连江东北。
㉓焦山:今指福建长乐东。
㉔南曰:今指福建莆田东南南日岛。
㉕莆田:今指福建莆田。
㉖冲心:似今福建莆田东南北高镇的冲沁。
㉗埔禧:今指福建莆田东南忠门镇的莆禧。
㉘崇武:今指福建惠安东南崇武。
㉙文澳:今指地待考。
㉚平海:今指福建莆田东南平海镇的平海。
㉛浯屿:今指福建厦门东之金门。
㉜同安县:今指福建同安。
㉝围头:今指福建晋江南。
㉞井尾:今指福建漳浦东偏北。
㉟漳浦县:今指福建漳浦。
㊱金山:今指地待考。
㊲梅岭:今指福建诏安东南。
㊳常山:指常山之蛇,击其首则尾至,击其尾则首至,击其中则首尾俱至。
㊴鱼丽:春秋时由郑国大夫元之创立的一种阵法。
㊵踰:"逾"的异体字。
㊶浙江六总:定海、昌国、金乡、临观、海宁、松门六备倭把总。
㊷黄牛山:今指慈溪市北大海中。
㊸马墓:今指浙江舟山定海区西北的马目。
㊹长涂:今指浙江岱山的大长涂山。
㊺册子:今指浙江舟山定海区册子岛。
㊻金塘:今指浙江舟山定海区金塘岛。
㊼大榭:今指浙江宁波北仑区大榭岛。
㊽兰秀:今指浙江岱山南的秀山岛。
㊾剑山:今指浙江岱山的小长涂山。
㊿双屿:今指浙江舟山普陀区的六横岛和佛渡岛。
(51)双塘:在六横岛上。
(52)六横:今指六横岛。
(53)韭山:今指浙江象山东韭山列岛。
(54)塘头:疑为今指浙江象山东南的檀头山。
(55)滩山、浒山:今指浙江嵊泗西滩浒山。
(56)羊山:今指浙江嵊泗西南大洋山。
(57)马迹:今指浙江嵊泗南马迹山。
(58)两头洞:在今指浙江岱山岛上。

(59)渔山:今指浙江岱山西大鱼山。
(60)三姑:今指地待考。
(61)霍山:今指浙江岱山大鱼山山西的东霍山。
(62)徐公:今指浙江嵊泗西南的徐公岛。
(63)黄泽:今指浙江岱山北黄泽山。
(64)大小衢:今指浙江岱山北衢山岛和小衢山。
(65)大佛头:今指地待考。
(66)花脑:今指浙江嵊泗东北花鸟山。
(67)求芝:今指浙江嵊泗东北求子山。
(68)络华:今指浙江嵊泗东北绿华岛。
(69)弹丸:今指地待考。
(70)东库:今指浙江嵊泗东北东库山。
(71)陈钱:今指浙江嵊泗东嵊山。
(72)壁下:今指浙江嵊泗东北壁下山。
(73)料:载重计量单位,每料重为一石。
(74)尖舦:舰船名,与多橹快船相似。
(75)顾税:雇赁。
(76)镇下门:今指浙江苍南霞关。
(77)南麂:浙江平阳东南南麂岛。
(78)玉环:今指浙江玉环。
(79)乌沙门:今指浙江乐清北西门岛。
(80)沈家门:今指浙江舟山普陀沈家门。
(81)烈港:今指浙江舟山金塘岛沥港镇。
(82)七里屿:今指浙江宁波镇海东北七里峙山。
(83)观海洋:今指浙江慈溪观城北海域。
(84)临山洋:今指浙江临山以北海域。
(85)崎头洋:今指浙江宁波峙头以北海域。
(86)石浦:今指浙江象山石浦镇。
(87)梅山港:今指浙江宁波东梅山岛上。
(88)欻忽:迅疾貌。
(89)覆:当为覈。
(90)愆:罪过。
(91)僇力:尽力。
(92)庙谟:朝廷对国事的谋略。
(93)茶山:今指长江口外余山。
(94)淮、扬:淮安府和扬州府,分别治今江苏淮安和扬州。
(95)常、镇:常州府和镇江府,分别治今江苏常州和镇江。

⑯琉球：今指日本西南琉球群岛。
⑰温台：温州府和台州府，分别指今浙江温州和临海。
⑱竹箔沙：今指上海崇明岛上。
⑲洋山：意指羊山。
⑳营前沙：在今上海崇明岛上。
⑩直隶：指明代南直隶，即南京及其周围的卜四府、四州。
⑩金山：指金山卫，在今上海金山东南。
⑩蒲壮：蒲门千户所和壮士千户所。
⑩铜山：今指福建东山东北。
⑩玄钟：今指福建诏安东南。
⑩柘林：今广东饶平东南柘林。
⑩蓬莱驿：今地待考。
⑩妈细：奸细。
⑩东络：今地待考。
⑪赭山：在浙江宁海西南杭州湾内。
⑪走马溪：在福建东山境内。
⑪旧浯屿：今指福建厦门东金门岛。
⑪月港：今指福建海澄。
⑪安海：今指福建晋江西南。
⑪崇武：今指福建惠安东南。
⑪料角：今指江苏启东北。
⑪槩："概"的异体字。

【译文】

广东、福建、浙江三省大海互相连接在一起，海域划分有一定的界限，假如只按照划分的海域进行防守，就会单独对敌，势力薄弱而危险，搜捕敌人的谋划能够不互相配合吗？我曾经考察到外国的罪犯，他们大多是广东、福建、浙江三省的，合伙到处剽劫。在南风的汛期里，就勾结夷船由广东北上到达漳州、泉州，从而延伸到兴化、福州；在北风的汛期，就勾结夷船由浙江南下到达福宁，进而延伸到兴化、泉州。各地的无赖之徒又追随他们，给予接济，为他们做向导。假如要调兵进行剿捕，你攻东边，他们就逃往到西边，你攻南边，他们就逃往到北边；情况危急他们就暗自转移到外地，使你不能穷追，形势缓和他们很快又聚合成船队，使你难于彻底消灭。这就是倭船和草撇船的大体形势。还有一种奸猾的匪徒，看到海禁严了，就与外省勾结在一起。在福建的就在广东的高州、潮州等地造船，到浙江的宁波、绍兴等地买货，然后再纠集同党去外国；在浙江、广东的，就在福建的漳州、泉州等地造船、买货，然后纠集同党去外国。这是三省的通病。所以福建搜捕他们，广东、浙江不搜捕是不可以的；广东、浙江搜捕，福建不搜捕也是不行的。必须严格命令各省的官员，哨守一定要相会于省与省的接合部。比如在福建的兵船，南下就要哨守到大城千户所，与广东哨守的兵船相会，北上就要哨守到蒲门千户所，与浙江的兵船相会；在浙江的兵船，南下就要哨守至流江等处，与福建烽火门的兵船相会；在广东的兵船，北上就要哨至南澳等地，与福建的铜山兵船相会。遇到倭寇入侵，互相声援，同仇敌忾进行追捕，倭寇势力哪有不孤弱窘迫的，而海上的祸患哪有不平息的呢？

福建五寨烽火门水寨设在福宁州地方，以它管辖的官井、沙埕、罗浮为南、北、中三哨，此后官井洋添设了水寨，就又以它管辖的罗江、古镇分为二哨，所以在烽火门、官井洋巡哨应当相会的地方有五个。

小埕水寨设在福州府连江县地方，以它所辖闽安镇、北茭、焦山等七个巡检司为南、北、中三哨。因此小埕水寨巡哨应该相会的地方有三个。

南日水寨设置在兴化府莆田县地方，以它所管辖的冲心、莆禧、崇武等千户所、巡检司为三哨，而文澳港哨是近来添设的，在平海的后面。所以在南日巡哨应当相会的地方有四个。

浯屿水寨设置在泉州府同安县地方，北上自围头以至于南日，南下自井尾以到达铜山，大约巡哨当相会的有两个地方。

铜山水寨设置在漳州府漳浦县地方，北面自金山同浯屿相连，南面从梅岭可以到达广东，大约巡哨应当相会的有两个地方。

由南向北进行哨守，铜山兵船和浯屿兵船相会，浯屿和南日相会，南日和小埕相会，小埕与烽火相会。这样，对由北面来的敌情就都有了提防。

由北向南进行哨守，烽火门兵船与小埕兵船相会，小埋与南日相会，南日与浯屿相会，浯屿与铜山相会。这样，对由南面来的敌情就都有了防备。哨守互相策接，形势就像常山之蛇那样互相救应；同时并行而又联合搜捕，阵势就像鱼丽阵那样没有缝隙。防御敌人入侵没有比这更好的战法了。

浙江六总　浙江海域内的众多岛屿有三个地界：黄牛山、马墓、长涂、册子、金塘、大榭、兰秀、剑山、双屿、双塘、六横、韭山、塘头等岛，地界在前面；滩山、浒山、洋山、马迹、两头洞、渔山、三姑、霍山、徐公、黄泽、大小衢山、大佛头等岛屿，地界在中间；花脑、求芝、络华、弹丸、东库、陈钱、壁下等岛屿，地界在后面。这些岛屿是倭寇入侵必要经过的路径。海防没有比水军更紧迫了。过去的法度是沿海各个卫所都造有七百料、五百料、四百料、二百料、尖快船等不同形制的战船。因为倭船从来都比较小，所以七百料的战船停止建造已经很长时间了。其他像五百料这类战船，也因为不便于进行海战却改为建造福清等战船。此外还调用广东的横江、乌尾等战船，雇用浙江、直隶民间用的苍船、沙船，又有供哨探所用的草撇船，军驾八桨船，装备鸟铳等火器、埋伏起来出奇袭击敌人的划网船。四参将、六把总分别哨守各自的海域和港口。参将，开始设为二人，分守浙东和浙西。后来分为四：称杭嘉湖参将、宁绍参将、台州参将、温处参将。把总本来是指挥使，四人。现在因为各地敌情较多，卫所之间相距窎远，分为六个，称为定海把总、昌国把总、临观把总、松海把总、金盘把总、海宁把总。裁掉备倭总督一职，各把总以都指使的职权管理事务，统辖各个卫所。每当春汛到来的之时，战船扬帆出海，第一次巡哨在三月，第二次巡哨在四月，第三次巡哨在五月，农历十月的小阳汛也要当心进行防御。每年六、七、八月风潮渐渐险恶。正月、十一二月风潮不常，帆船都很难航行。三月到五月多东北风，倭寇渡海来犯我国方便容易。十月小阳汛也可以渡海，倭寇有的停泊在我国沿海岛屿而乘间入侵。因此春汛和秋汛都应该严加预防。浙江向南巡哨到镇下门、南麂、玉环、乌沙门等岛屿，同福建的海上巡哨相遇为止；向北巡哨到洋山、马迹、滩浒、衢山等岛屿，同南直隶的海上巡哨相遇为止。陈钱岛是浙江和直隶船队巡哨分界的地方，应该相互会合巡哨，侦察远方，彻底搜索。再在沈家门安排一支兵船，由一员指挥统领；在马墓港安排一支兵船，由一员指挥统领；把总驻扎在舟山，统领水军和陆军。贼寇如果窜犯到中界，那么沈家门、马墓港的兵船向北过长涂、三姑进行拦截，而和浙西的兵船构成犄角之势；向南过普陀、青龙洋、韭山进行堵截，而与温台的兵船相互构成犄角之势。贼寇如果侵犯上界，总兵官督统舟师从烈港出发，向北在七里屿、观海洋一带拦截敌人，而参将从临山洋出发督兵策应，向南在金塘、崎头洋一带堵截敌人，而石浦、梅山港的兵船由南面进行应援。所以，今天设置的防卫险要之处有三层：会合哨守在陈钱岛，分别哨守在马迹、洋山、普陀、大衢是第一层；沈家门、马墓港出发进行防守的兵船是第二层；总兵督统的兵船出征是第三层；防备特别严密。所担心的是海上烟气溟蒙，咫尺之内就很难辨认，风涛迅猛，安危叵测，加上潮汐有顺逆，报警有难易，奸猾的将领拿这些做借口逃避责任。我们如何进行全面的监督考察呢？自从海上作战以来，攻击前来进犯敌人只见一两次，而邀击劫掠后回去的敌人只不过是掩饰故意放跑敌人的罪过。有识之士认为，应该对攻击来犯敌人的奖赏比追击撤回敌人的奖赏优厚，对放纵来犯敌人的惩罚比放纵撤回敌人的惩罚严厉。在汛期的日子里，正、副总兵不管有没有警报，都要亲自出海，严格督促各把总协力拼命，在海寇刚刚到来的时候，就把它遏制住，那么沿海哪里有不安宁的呢？

福浙直海洋　浙江南部的地理形势和福建地区相接，浙江北部的地理形势和直隶的苏州府和松江府地区相接，彼此的利害安危唇亡齿寒。所以皇上命令浙江巡抚总督浙江、直隶和福建军务，分别哨守的将官要互相策应，而不许互分彼此。地域划分有界限，责任相互连在一起。这就是朝廷对海防谋划所以周到，而海防所以巩固的原因所在。我曾考察过海中的岛屿沙洲，南起舟山，北至崇明，断断续续，暗沙连绵起伏，容易搁浅。倭寇的大船不能任意到处航渡，假如遇到东北风，必定经由下八山、陈钱、马迹等岛屿侵犯浙江，而流窜到苏州府和松江府；假如遇到正东风，必然由茶山西行，侵犯淮安府和扬州府，流窜到常州府和镇江府；假如遇到正北风，必然经由琉球，侵犯福建，而流窜到温州府和台州府。这三条航路相距遥远，彼此难以互相瞭望，需要总兵调遣游兵把总、领哨千百户等战船，来回哨守相会以交换信票为做证明。至于在浙江，南面的沈家门兵船巡哨至福建的烽火门，而与福建的小埕的兵船相会；北面的马墓兵船巡哨至苏州洋的洋山，而与竹箔沙的兵船相会

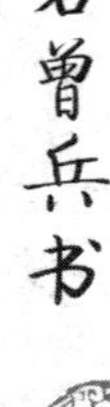

合。至于在苏松，南面的竹箔沙兵船巡哨至洋山，而与浙江的马墓兵船相会合；北面的营前沙兵船巡哨至茶山而与江北的兵船相会合。各哨守战船连绵不绝，连在一起如同一条长蛇；各地防御力量联合在一起，行动一致如同举起重鼎；南北夹击，谁都不容许敌人进犯，何止是一时把倭寇的船只驱逐出去，几乎将永久地平息沿海的倭患。

闽县知县仇俊卿说："建国初期，沿海相邻较近的地方哨探情况相互通报，态势相合，情况相联。太平时间久了，人们都会贪图安逸，防御之事渐渐疏忽。就拿东南沿海直隶与各省相近的形势来讲吧！浙江的海宁等地，北面与直隶的金山、崇明等地界相接；浙江的蒲门、壮士等所，南又与福建的流江、烽火门等水寨相接；福建的铜山、玄钟等水寨又南与广东的柘林寨、蓬莱驿相接。从来各省相互分得很清楚，哨探的情况不互相转报，有了紧急情况就难以防备。现在要赋予各省相互距离较近的卫所、水寨，辗转相互会合哨守的任务，往来连续不断，使万里海洋没有不可预测的祸患。其中会合哨守的官军战船要各给字号牌票，以便防止奸细混入，而且还要填写上会哨日期，来杜绝偷懒耍滑，玩忽职守。"

又说："《兵法》中讲：'有的地方一定要争'，意思是指这个地方险要。曾听说过，海寇出没沿海，它的大船常常躲藏在外洋岛屿那里，小船不时出来剽掠。在浙江经常在南麂山驻泊船只，在双屿卸货，像东洛、赭山等地方，就是他们其他的渠道。在福建常常在走马溪、旧浯屿停泊船只，在月港卸货物，像海安、崇武等地方，就都是他们的流动住处。从浙江往北远到料角嘴，属于直隶。自福建渐渐向南拐至南澳，属于广东的潮州。这中间所停泊和所经过的地方，大抵情况就是如此。"

【赏析】

本卷下分"御海洋""固海岸""严城守"等 12 个专题，论述了加强海防的军事谋略、剿灭倭寇的措施、备倭御倭的外交手段（有些是引用当时军政要员的说法与看法）。

"御海洋"专题指出：总督尚书胡宗宪曾经说过："御海之制，谓之海防，则必宜防之于海，犹江防者必防之于江，此定论也。"国初（即明初），沿海卫所大建战船，遇有敌情便出海作战；平时出海巡守，海门诸岛都设有烽燧墩台，敌人无法穿越各岛，上岸劫掠，所以"衅孽不作，而内地安堵矣"。唐顺之认为：沿海诸岛，可谓天险，能迟滞或堵截倭寇上岸劫掠之路，可屏蔽内地各港口。如今要加强海防，就要严格督促各备倭把总，"分定海面，南北会哨，昼夜扬帆，环转不绝，其远哨必至洋山、马迹"。此外，还要在沿海海岛便近去处，修复已经名存实亡的水寨，备足哨船，才能达到御敌于海洋的目的。

通政使唐顺之在"固海岸"中说："贼至不能御之于海，则海之守为紧关第二义"。如果倭寇一旦登上海岸，就要乘"贼新至饥疲，巢穴未成，击之犹易"，若是让他们"延入内地，纵尽歼之，所损多矣"。因此，必须规定"沿海保护内地，内地策应沿海地方"。"文武将吏有能连次鏖战，抵遏贼锋，阻贼下船，不得登岸深入者"，当

“以奇功论”赏。

“严城守”载总督尚书胡宗宪的话说：“凡贼围城，必须选募勇敢，夜斫其营，或夜举铳炮，使贼惊疑，其围自解。”守城，一要坚壁清野，不让敌人有栖息之所；二是必须严加防守，派兵坚守往来要路。

剿倭捕倭之策，在于分析判断倭寇劫掠的路线，先“哨之于洋”，次“剿之于近洋”，若要在海中歼灭倭寇，则我要做好各种准备，做到“吾以众而待其寡，以逸而待其劳，以饱而待其饥，以备而待其所未备”。如果倭寇接近海岸，那就要选择“总要之处为水寨、陆寨，以扼其冲，以遏其入；其余港堡，坚营清野，贼进不得攻，退无所掠，计自穷矣”。由此可见，御海洋，固海岸，严城守，是《筹海图编》海防论的核心所在。

阵纪

导读

《阵纪》,是明代的一部著名军事著作。作者何良臣,字际明,号惟圣,浙江余姚人。早年曾发奋读书,以诗文著称乡里。后来投笔从戎,由幕僚而为偏裨将,最后升为游击将军。

何良臣生活的时代,正是明王朝内外交困的时期。东南沿海倭寇猖獗,北方蒙古族铁骑不断南下,内地农民起义此伏彼起。尤其是窜扰东南沿海的倭寇,兽蹄所至,人口被劫掠,财物被抢光,房屋被焚毁,富庶的东南沿海"朱殷千里",半壁河山几乎没有宁土。

《阵纪》全书共四卷,二十三类,六十六篇。就其内容而言,包括了军队建设和作战指导的各个方面。很强的针对性和鲜明的时代性是此书的两个显著特点。

针对明代军队士兵不经挑选、管理松懈、军纪涣散、部队缺乏训练的现状,作者在《阵纪》一书中用了大量篇幅论述了招募士兵的原则、条件与方法;强调了应该严格管理,严格要求,严格训练,严明军纪;在作战指导上应该奇正变化、因势利导、灵活用兵,同时用了不少笔墨阐述了特种地形和天候条件下的战法和军兵种战法。这是本书的第一个特点。

本书的第二个特点是具有鲜明的时代性。中国古代武器装备和军事技术的发展,从宋代开始逐渐发生了重大变化,其中最重要的就是火器登上战争舞台,宣告中国军队进入了冷兵器和火器并用的时代。随着历史的发展,到了明代,火器在军队装备中所占的比例越来越大,火器在作战中的作用也越来越突出。大量火器投入战场,导致军队的编制体制、军事训练和作战方法等方面发生了较为显著的变化。《阵纪》一书在继承中国古代优秀军事理论遗产的同时,又适时反映了这一新的时代特点,阐述了火器大量应用于战争后所带来的一些新的理论课题,从而使《阵纪》成为冷兵器和火器并用时代关于军队建设和作战指导上一部具有代表性的军事理论著作。

正是由于《阵纪》所具有的以上两个特点,使得《阵纪》在问世之后受到了人们的重视。《四库全书总目提要》评论说,"明代谈兵之家,自戚继光诸书外,往往捃摭陈言,横生鄙论","惟良臣当嘉靖中海滨弗靖之时,身在军中,目睹形势,非凭虚理断,攘袂坐谈者可比,在明代兵家,犹为切实近理者矣"。明代成逊为《阵纪》一书所做的序言中也说:"《阵纪》若干篇,凿凿足当实用,非徒拾前人咳唾,堇堇盗浮声也者。"

卷一

募选

【原文】

募非握机[①],无以合[②]众;众非精选,无以得用。所以倏忽[③]而能合千百万者,必握[④]其机也;以数百卒而能横行敌境者,善用其命也。善握机,能应变于仓卒;善用命,能出锐于不穷。故募贵多,选贵少,多则可致贤愚,少则乃有精锐。

最喜诚实,独忌游闲,不在武技勇伟,而在胆气精神。宜于乡落田农,深畏市井狡猾、衙门玩法、崛强偏拗、宿留女相[⑤]、阔论迂谈、胆小力弱之辈。于是首取精神胆气,次取膂力便捷,须二十岁以上,四十岁以下者选之。但四十以上,胆气精力日渐衰惫,不任[⑥]劳苦,是为老兵。然虽衰惫,而有武技兼人[⑦],手足利捷,曾经战斗,惯识夷情者,又当别选为司教、司战。乖觉晓事,诚慎细密,备谙山川进退险易者,宜充哨探巡察。胆力倍人,精神出众,而智识过一队者,立为伍队之长。更于伍队长内,拣选材艺伎俩堪作千百夫长者,为一营之司率。负出群异众之才,果敢凭凌之气者,宜即举为偏裨将、部曲侯。捷能飞檐走壁,而杀人放火;技能奇巧异人,而骇世惊俗;术能窥天测地,而预知吉凶之类,俱应选入中军,为心膂之用。

大率其选务精,而其用在胆。伶俐而无胆者,临敌必自利;有艺而无胆者,临敌忘其技;伟大而无胆者,临敌必累坠;有力而无胆者,临敌心先怯;俱败之道也。噫!日有短长,月有盈缩,一卒之才,乌有全具。苟无全具,须于四种之内选之,分其类教之。而我之号令明严,进退有制,而卒之艺高技熟,乐奉指麾,则胆自张,气自振矣。吴子[⑧]谓:"短者持矛戟,长者习弓弩,强者掌旌旗,勇者司金鼓,弱者给厮养,智者为主谋。"虽未尽选兵之详,大略亦是。

今之选卒,多以三百斤铁石器,令其试力,然亦一说也。但徒试其力,而不观其精神,是粗砺钝汉耳。臣谓能举铁石器,而更观其耳目伶俐、手足便捷者为中选。年齿膂力、耳目手足如式、而胆艺过者为上选。身躯伟大,而胆气武技倍者为头领。年齿相若,耳目手足如式,而力不能举重涉远者为下选。中有勤于学艺,敢于作气者,即是用命之士,又当复选于中上之上。或无学无才,无谋无识,而谬夸张大,云有秘能神术者,是为误军之奸。无艺无力,抑亦衰年,托分情书[⑨],弄喉掉谎,来求录用者,是为乱纪之卒。独乡野之人,惧官畏法,诚信易于孚感[⑩],而且不敢度测我笼络之术,即绳以重威,使其入伍,便畏军法,继以恩信。彼既畏法,便知感恩。畏法感恩,心自制服。制得其心,则士可用,此承平[⑪]选士不易之规也。

设若一时有急,或当乱离,欲驱老幼,用乌合,集市人,而能必胜克敌者,另是一段机宜,与前之募选远异。大抵不出致之以死地,而使其人自为战也;重诱以爵赏,而使其慕战乐斗也；激发以忠义，而启之以怨仇也；悚[12]告以利害，而悟之以多方也。此当与知兵豪杰心会意符，而变化之耳，似不可对迂生庸将争口舌之利钝焉。惟束伍以致其节，因力以授其器，信必以服其心，分门以教其技，此四语无分有急、承平，但欲用兵，便不可缺其一。

【注释】

①机：枢纽，关键。
②合：整合。
③倏忽：迅速。
④握：掌握，把握。
⑤女相：女色，指妓女。
⑥任：胜任。
⑦兼人：超过别人，一人抵得上两人。
⑧吴子：指吴起（？～前381年），战国时著名军事家。今有《吴子》传世。
⑨情书：求情书信。
⑩孚感：信服感动。
⑪承平：和平时期。
⑫悚：危言耸听。

【译文】

招募兵士假如不得要领，就不能整合全军；全军兵士如果不是经过精心挑选而来，就难以用于作战。因此要想在很短的时间内迅速集结人数多达千百万人的大军，必须掌握其中的要领；使用数百名士兵就能在敌国境内纵横驰骋不可阻挡，是由于善于指挥使士兵拼死效命奋勇战斗。善于把握要领，就能从容应对突然发生的事变；善于让士兵拼命作战，就能不断地派出精锐部队打击敌人。所以招募士兵最重要的是多，选拔士兵最重要的是少。多才能网罗各种各样的人才，少才能组成精锐之师。

选拔士卒最好的是忠诚老实，最应淘汰的是游手好闲；不一定要武艺高超身材魁梧，而应注重他的胆识气概和精神。应该选拔那些在乡村田野辛勤耕作的农民，极力将那些城市中的无赖恶少、出入衙门轻视法令、蛮横不驯固执偏见、放荡不羁寻花问柳、高谈阔论不务实际、胆小如鼠无缚鸡之力的人拒于军队大门之外。这样，招募士兵的首要标准就是胆量气概精神，其次是体力充沛动作灵活。必须在年龄二十岁以上、四十岁以下的人中拣选。只要是四十岁以上的人，一般胆量勇气和精力都日渐衰弱疲惫，不能胜任艰苦烦劳的事务，所以被认为是老兵。这些人虽然体弱疲惫，但其中如果有武艺超人、手足轻捷便利、曾经亲身经历过战斗、熟悉边境情况的，又应该特别选拔出来掌管军队的训练和作战。灵敏机智能晓事理、诚实谨慎周密细微、熟悉山川险隘进退形势的人，应当让他充任侦察巡逻，胆量力气过人、精神出众而智谋见识又超过全队的人，可以叫他充任伍队之长。还要在伍队长内，挑选那些武艺能力足以担任千百夫长的人，作为一营的指挥官。身有出类拔萃的才能，又具有勇武果断的性格和压倒敌人的胆气的人，应当立即推举为偏将、裨将、部曲侯。行动迅捷能飞檐走壁，可以深入敌后杀人放火；技能奇特巧妙异于常人，能够惊世骇俗；拥有观察天地风云变幻的策略，且能预知吉凶等等之类的人才，都应该选拔到大将帐下，作为心腹在关键时刻使用。

总体说来选拔士兵务必精干，而使用时要注重他们的胆量勇气。聪明伶俐而没有胆量的人，面对敌人必定会千方百计企图自保性命；身怀武艺而没有胆量的人，面对敌人必定会因为胆怯而忘掉杀敌的技艺；身材魁梧高大而没有胆量的人，面对敌人必定行动缓慢而成为军队的累赘；有力气而没有胆量的人，面对敌人必定先就内心害怕。这些都是导致失败的原因。啊！每天日照时间有长有短，月亮有圆有缺，一个士卒的才能，不可能样样全都具备。如果不是样样具备，那就必须在伶俐、有技艺、身材高大、有力气这四种人中选拔，然后将他们分门别类进行教育训练。假如我军号令严明，前进后退有节制，而兵士的武艺高强，技能娴熟，乐于听从指挥，那么胆量自然就会增强，精神自然就会振奋起来了。吴起说："身材短小的让他持矛戟，身材高大的让他练习弓弩，强壮的让他执掌旌旗，勇敢的让他掌管金鼓，体弱的让他负责做饭放牧，拥有谋略的让他出谋划策。"这些论述虽然没有详尽选拔士兵的全部内容，但大概地说却就是这样。

现在选拔士兵，大多是用三百斤的铁石器，让他比试一下力气，这只是选拔士兵的一种办法。这种办法只能考察士兵的力气，而不能观察他的精神，因此以此选拔士兵得到的不过是只有几分力气的笨汉而已。我认为能举动铁石器，再观察他耳目伶俐、手脚轻便敏捷，如此之人是中等的人选；年龄体力、耳目手足都符合标准，而胆量武艺都超过一般人的，如此之人是上等的人选；身材高大，而胆量勇气和武艺都倍于常人的，如此之人可选拔为小头目。年龄相差不多，耳目手足也符合标准，但体力不能举起重物和进行远程跋涉的人，为下等人选。下等人选之中有勤于学习武术，敢于振作胆气的人，便是服从命令能够拼死作战的人，又应当复选为中上的人选。那些没有学问没有才能，没有谋略没有胆识，而自吹自擂，自夸自己有秘能神术的人，是误军之奸；既无武艺又无体力，或者是年老体衰，走后门拉关系，卖弄口舌编造谎言，前来请求录用的人，是乱纪之卒。惟独乡间田野之人，畏惧官府害怕法令，忠诚老实最易被恩德感动，并且不敢对我笼络人心的方法妄加猜测。假如用严刑威迫他们，让他们当兵入伍，他们就会害怕军法，然后再用恩德信义笼络他们。他们既畏惧军法，又知道感恩戴德。畏惧军法又感恩戴德，自然就会心悦诚服。能让他们心悦诚服，那么就可以使用，这是和平时期选拔士卒不可更改的原则和方法。

如果碰到紧急情况，或者正当动乱离散的时候，要驱使老幼民众参加战斗，使用未经训练的乌合之众，集中城镇市民，而能够夺取胜利击败敌人，那又是另外一种情况了，与以上所讲的招募士兵的方法完全不同。大概而言不过以下几种方法：将他们置于死地，让他们为了自己的生存而各自为战；用丰厚的财物和官爵进行厚赏，引诱士兵乐于搏斗；用忠义来激发士兵，启发士兵对敌人的仇恨和愤怒；故意用生存利害、危言耸听来警告士兵，想方设法让他们了解危险的处境。所有这些都只能是懂得用兵作战的将领心领神会，根据当时的情况而不断变化，灵活使用，而不能同那些迂腐的谋士和平庸的将领们去辩论其中的奥妙与利弊。束缚队伍使部队听从指挥，依据士兵的体能分发武器，信赏必罚以使士兵心悦诚服，分门别类教练士兵武艺，这四句话不论是遇到紧急情况，还是和平时期，只要是用兵作战，便缺一不可。

束伍

【原文】

凡束[①]伍之法，在疾而条理，严而简便。设或兵士募齐，随即过堂，唱名便选，选定就编伍队。每队用蓝旗押下，记其本管营伍，本身籍甲、年貌、疤记、尺寸、觔力[②]、住居、习艺，分投填注，牌册明白。次日，兵士各领腰牌、衣甲、旗帜、器械。官目各领腰旗、符号、声色、马匹，或布古人已成之阵，或演自我新变之图[③]。

谨其出入，必由营门，而士卒不得与邻营他伍私相通好，所谓能使畎亩[④]之夫，一鼓就列者，即此理也。伍列既定[⑤]，禁令已出，伍长必识五人之情性音声，队长必察一队之胆力强弱。自偏裨将以至于伍队长，由上而下，各以结状甘结于大将军处。结云：并不致其有懒惰、怯弱、嫖赌、为非、逃脱、顶替等情，犯者甘与同罪。少有犯禁违令，即时处以重刑，更严连坐[⑥]，使其心知畏法相信也。士畏我法，令乃行矣。令既行，则随手指麾，驱之特易。故曰：伍定而后令行，令行而后教戒，教戒而后阵坚，阵坚而后节制自重。

伍编而分列，分列而阵成。但编列之义，古今诸将，用各不同，然不外乎前、后、左、右、中。若出五法，便似无源之水，取之即竭也。周制[⑦]以五人为伍，二十五人为两，四两为卒，五卒为旅，二千五百人为师，一万二千五百人为一军。小国一军，次国二军，大国三军，天子六军。而臣之编法，五人为伍，五伍为队，五队一百二十五人为哨，五哨六百二十五人为总，五总三千一百二十五人为营，五营一万五千六百二十五人为镇。大约用一万八千人成一镇也，以二千三百七十五人为奇零[⑧]之用，余皆仿此。其杂队易伍，奇正相变之时，每彻[⑨]二而存三，分三而合二。

授器之要，因其短长；编列之宜，随其地势。每以枪、筅、弓、弩、标、铳为长兵，刀、镰、钗、钯、牌、斧为短器。其错杂利钝，须教以不泥。故令年力稍大而有胆气者习长牌，年力壮健进退庄重者习狼筅，年少利便手足轻捷者习藤牌，年壮伟大杀气精神者习长枪，骁勇活泼而运转飞腾者习短器，形小体轻而坚健伶俐者习鸟铳药弩，老实本分力能肩负而甘为下人者为火兵[10]，以火兵而殷勤学艺自致精锐者，亦必举为头目。所以步队有火兵以供本队饮食，骑队有汲养以赡本队水草，车乘有典轭掌爨[11]以司进退食息。其各兵器械，当刻本营本队本兵姓名于上，以油漆罩之，无使模糊混杂，庶遗弃可稽。仍置短柄黑伞一把，装之以囊，背袋一个，以绳二条跨于两肩，腰间系紧，且不碍于用艺。其鞋袜、号衣、盔甲、短刀、碗箸、干粮、茶脯及救急药饵、盐、梅之类悉贮于内。或漆竹筒，少可带酒，以解倦也。须坐卧不离身畔，以备率然调遣，最忌任意饮水，恐堕毒奸，亦虑陡[12]生疾病。

伍束、列编、授器之后，当即戒以不浮，和以同义。吴子谓："教之以礼，励之以义，使有耻也。"夫人有耻，必知进死为荣，退生为辱，大足以战，小足以守。惟其心能和，其气能激，则士不劝而自战，不守而自固矣。为将用兵之道，已得大半。故《法》曰："不和于军，不可以出阵；不和于阵，不可以进战。"务令将吏与军士情同父子，义若弟兄，疾病相扶，患难相救，寒暑、饥饱、苦乐均之。不得倚强梁而凌卑弱，恃先进而欺后来。必遵教令以习艺，必知忠义以自持。一入伍，使其便识生死必共之情，是为不浮而同义也。

军能戒以不浮，和以同义，则自无科克虚空之弊耳。然科克之弊，起自奔趋承奉，乞誉求名，既得患失，钻刺应酬之事不已故也。伍队虚空之弊，始自塘报、健步、巡绰、哨探、差遣、跟随之役占多故也。当事者不筹良策，惟行禁裁，殊不知此项不但不可裁，而抑亦不可少用。然则如之何而处之也？必以召募精能之辈，另置奇零杂流之队可也。议者又欲省费，势必取诸卫所[13]军余，及府州县民快代之。夫军余民快[14]之来者，多包顾积年，熟于玩法，且其效用不敌募卒十之一，而其工食尤不减于募卒之需，况深重军情，大不利于积玩，为国省费，讵在此乎？至如庸将贪饕[15]，故意虚空，复有纳班卖假之弊，甚于科克之咎者。是以知实伍之法，苟非同志英杰，诚通上意，明察下情，相胥而振，恐终不能致充足而得实用矣。且伍不实，则教不行；教不行，则进退自相縻絷[16]。未有伍不实，教不行，进退縻絷，而能变化不测，应命于无穷者也。以是而知实伍为用兵之至要。

【注释】

①束：整束，管理。

②觔：斤的异体字。

③图：阵形。

④畎亩：田地，田间。

⑤定：排定。

⑥连坐：古代的一种刑法。一人犯罪，其家属、亲族、邻居等都要被牵连受到处治。

⑦周制：周朝的制度。

⑧奇零：剩余的，不成整数的。奇为单数，零为余数。此处指由主将掌握的机动兵力。

⑨彻：同"撤"。

⑩火兵：即负责部队饮食的炊事兵。

⑪轭：马具。爨：又作"灶"，烧火煮饭。

⑫徒：突然。

⑬卫所：明代军队的编制单位。一般设在要害地区，大约五千六百人为卫，其指挥官称指挥使。下辖千户所、百户所。

⑭军余民快：指兵痞和游手好闲之人。

⑮饕：特别贪食。

⑯縻絷：本为牵牛绳和绊马索，此处指互相牵制束缚。

【译文】

凡是管束部队的方法，在于迅速而有条理，严格而简便易行。如果应募的士兵到齐，便应随即过堂，念名后便进行挑选，选定之后就编定伍、队。每队用蓝旗押下，登记其所属的营、伍，他本人的籍贯、户口、年龄、相貌、身上的疤记、身高尺寸、举重能力、居住地址和所习武艺，分别填写，身份凭证和名册要一清二楚，明明白白。第二日，士兵各自领取自己的腰牌、衣服盔甲、旗帜、兵器器械。低级军官各自领取自己的腰旗、符号、锣鼓旗帜、马匹，随后带领所属士兵或者布设古人早已有过的队形，或者演练自己新创的阵形。

必须严格控制士兵出入营房，出入营区时必须要经过营门，士兵不要和邻营其他伍、队私相通好。所说的能让原来在田间劳作的农夫在击鼓一次之后就排成整齐的队伍，就是这个道理。一伍之内的队列排定之后，禁令已经发出，伍长必须能够识别同伍之内五人的性情声音，队长必须明察队内各个士兵胆量和力气的强弱大小。从偏将、裨将，一直到伍长、队长，从上而下，各自向大将军签订保证书，保证书上写道：决不让士兵中有懒惰、怯弱、嫖赌、为非作歹、临阵逃脱、冒名顶替的事情发生。如果有此种事情发生，甘愿与犯罪者同罪。假如出现违犯禁令的情况，就即时处以重罚，同时还要实行严格的连坐法，使士兵们畏惧和相信军法。士兵畏惧法令，命令才能得到执行。命令既能得到执行，那么士兵就会听从指挥，使用起来就非常容易了。因此说："伍列排定而后命令得到执行，命令得到执行而后教练训诫，教练训诫而后阵势稳固，阵势稳固而后军容自然就会整肃难犯。"

伍编定而后分列成队，分列成队而后阵势形成。就编定队列形成阵势而讲，虽然古代和现在将领们的方式各有不同，但不外乎分为前、后、左、中、右五个部分。如果离开了这五种方法，那么阵势的排列就成了无源之水，取之便会立即枯竭。周朝的制度是以五人为伍，二十五人为两，四两为卒，五卒一旅，二千五百人组成一师，一万二千五百人组成一军。小的诸侯国只有一军，中等诸侯国有二军，大的诸侯国有三军，周天子是六军。而我的编制方法是，五人为一伍，五伍为一队，五队共一百二十五人为一哨，五哨共六百二十五人为一总，五总共三千一百二十五人为一营，五营共一万五千六百二十五人为一镇。但实际一镇大约由一万八千人组成，多出的二千三百七十五人是机动兵力，其余的都依照这一方法办理。当变换阵形、奇兵和正兵相互转化之时，便撤去前、后、左、中、右中的两部分而保留三部分，然后再将所保存的三部分与撤去的两部分合并起来。

武器分发的标准，是依据士兵身材的高矮长短配备不同的兵器；编列阵形的恰当方法，是随着地形的不同而布列不同的阵势。通常情况下以枪、筅、弓、弩、标枪、火铳作为长兵器，以刀、镰、钗、钯、盾、牌、斧作为短兵器。这些长短兵器的互相配合，一定要在训练中灵活运用，而不能固执不变。所以应该让年龄和体力稍大而又有胆气的士兵，练习使用长牌；年龄和体力健壮、进退举止庄重的士兵练习使用狼筅；年龄不大行动灵敏手足轻捷的士兵，练习使用藤牌；年富力强身材高大而又精神旺盛富有杀气的士兵，练习使用长枪；骁勇活泼而又活动灵便能跳跃飞腾的士兵，练习使用短兵器；身材短小轻盈而又强健伶俐的士兵，练习使用鸟铳和药弩；为人老实本分，两肩有力能负重而又甘居人下的士兵，可让他充当伙夫，伙夫之中有勤奋学习而达到武艺精练的士兵，也一定要推举为头目。所以说步兵中有伙夫来供给本队的饮食，骑兵中有负责汲养的士兵以供应本队的水草，车队中有掌管车具和饮食的士兵，以负责部队的进退及饮食休息。每个士兵的器械，都应当把本营本队及士兵本人的名字刻在上面，再涂上油漆罩盖，来防止字迹模糊和器械混乱，这样在器械丢失后就可以追究有关人员的责任。还要置办一把短柄黑伞，装入囊中。背包袋一个，用两条绳索系在双肩之上，在腰间系紧，并做到不妨碍行动和战斗。士兵的鞋袜、号衣、盔甲、短刀、碗筷、干粮、茶块以及救急用的药丸、食盐、话梅之类物品全部贮藏在背包袋中。有时还要携带一个漆竹筒，装入少量的酒，以备解除疲倦时使用。这些物品必须时刻带在身边，以防突然调遣。行军作战中最忌讳的是任意饮水，以防坠入敌人施毒奸计，也防备饮食不洁突然染上疾病。

整束队伍、编定队列、发放兵器之后，应该立即教戒士卒不要虚浮，用共同的思想维护部队的团结。吴起说："用礼仪教育士兵，用道义激励士卒，使士卒懂得光荣和耻辱。"士兵知道什么是荣辱，必然了解以前进而死为荣，以后退求生为耻，这样大到足以能够作战，小也必须能够防卫。只要士兵的思想能团结一致，勇气能够激发起来，那么部队不用劝勉就能各自为战，不用加强防备就自然得到稳固了。因此，作为将帅指挥用兵的方法，便已得到一大半了。所以《吴子》说："士兵不和睦团结，便不能出列阵形，阵形不协调顺畅，便不能前进交战。"必须让将吏和士兵在感情上如同父子，在道义上好象兄弟，生疾病时相互扶持，患难中彼此救助，冷暖饥饱苦乐同享。不能依仗强横而欺凌弱小，依仗自己早入伍而欺侮新兵。必须遵守军纪以学习武艺，必须知道应以忠义标准立身处世。士兵一入伍，就要让他知道同其他人生存与共的道理，这就是力戒不虚浮而用共同的思想维护团结的含义。

假如军队中能教育士兵力戒虚浮，用共同的思想维护团结，那么自然就不会发生克扣士兵粮饷、坐吃空额的弊病。克扣军饷的弊端，大多产生于奔走奉承、乞求名利、害怕自己既得利益失去、投机钻营、官场应酬等等；军队中坐吃空额的弊端，一般产生于紧急军情报告、徒步往来传递情况、巡查缉捕、放哨侦察、差遣外出、跟随长官等等所占兵员过多。有关官员没有筹划出好的办法来加以控制，只是一味地禁止和裁减，殊不知这些事项不但不能裁减，而且也不能少用。既然这样又应该怎么办呢？一定要招募精明强干之才，此外组建机动的杂役部队。有的人又提出节省军费开支，这样势必会吸收各个卫所中的兵痞，以及各府州县的游民来代替。而这些加入的兵痞及游民，大多是老于世故、熟知各种玩弄法令门径的人，况且使用他们的效果和作用抵不上募兵的十分之一，而所花的经费又丝毫不比募兵少，更何况在遇到重大紧急军情时，这些老于世故熟知各种玩弄法令门径的人又产能使用。为了节省一点开支，难道必须用这一办法吗？至于庸将贪婪得很，故意虚报空额侵吞军饷，藏污纳垢弄虚作假的弊端，比克扣士兵军饷更为恶劣。由此可知部队充实兵员的办法，假如不是志向相同的英雄豪杰，既能了解上级的意图，又能明察下面的情况，等待时机进行整顿，或许不能达到充实部队而得到实效的目的。假如部队兵员得不到充实，那么训练就不能进行；训练不能进行，那么军队的进退就会受到牵制束缚。从来没有军队缺额，不经训练，进退受到牵制的军队，而能够变化万端，可以从容应付各种使命的。因此可知充实队伍是治理军队最重要的环节。

教练三篇

【原文】

世称[①]练兵，而不知练兵之法者多也。苟不得其法，虽朝督暮责，无益于用。善练兵者，教艺有师，教战有率；列不攒挤[②]，亦不迂疏。前看心，后看背，左右看两肩，此系整行齐伍之要言[③]。短兵有长用，长兵有短用，长短因其宜，举手无不利，此是教艺用器之切语。以形色之旗教其目，以金鼓之声教其耳，以进退之节教其足，以长短之利教其手，以赏罚之信教其心，此即五教不易之大纲。五教既熟，器具亦精，乃使其意气和顺，情性逸闲。鼓而进，金而止，同其心，一其气，指之前，麾之后，顾之左，应之右，散之无方，聚之不可。计其梆铃、板钹[④]、笳角之节，鼙箎、锁叭、哱罗[⑤]之音，起火、坐炮、卧笛之号，悉皆变队易伍，出伏用疑，分合奇正，进退远近，无穷不测之密令也。他如动静启息，解结徐疾，错杂纷纭，方圆曲直，轻重众寡，斜锐广狭，昼夜风雨，行坐卧立，履峻临险，每变皆习，习之既久，必致允协[⑥]，而得其神化。虽散处乡间田野，自是不失矩度，率然遇变，亦能以仓卒当之。

其法以十人学战，而教成百人；百人学战，而教成千人；千人学战，而教成万人；万人学战，而教成三军。于是，严禁令，宽赦宥，开发人之志意，杜塞人之奸回。尉子[⑦]谓明乎禁舍开塞之道者，此也。教练经月，而有武艺不精，进退不熟，变号不识者，治之以法，教师、司战、伍队长连坐有差。三限不精熟者，重按以令，仍扣月饷，

以赏能者，教师、司战、伍队长同罪，千把总、偏裨将连坐有差。必使其历深溪也不烦舟楫，凌山坑也不待钩梯，所谓径其绝地，拔其恃固，独出独入，而人莫之能止。敌在山，缘而上攻；敌在渊，没而下从。其奋击也如怒霆，其轻迅也如飙风，致之于死亡之地，而人莫敢自为之计。能如是，乃可称教练之卒，用兵之雄[⑧]。

前之所以教练武艺，节制行列者，总为张胆作气之根本。兵无胆气，虽精勇，无所用也。故善练兵者，必练兵之胆气。夫人之胆有大小，其大小不可预知；气有勇怯，其勇怯不能凭识。人而胆小，虽勇弗用；胆不以气，虽大弗张。是以气为一身之用，死生荣辱系焉。能作其气，而张其胆，则胆与气俱用之矣。然非绝技，不能卫张胆之身，所谓暴虎冯河者，徒恃其胆力也。设若两军初交，有人重被枪刃而先蹶[⑨]，一军之气挫矣，虽千百人有胆气者见之，亦必馁抑。假使千百人负胆气者，更精武艺，而节制素行，自谓无所往矣。无所往则固，而胆气自十倍于常时。将必骋其艺[⑩]，奉其制，凭其胆，奋其气以登凌，其一人之先蹶者，亦必忘其伤，振其怒，随千百人以决进。故善练兵之胆气者，必练兵之武艺。

军而无阵，犹人之无四维[⑪]，虎之无山谷，不可以一日存也。阵而定整，出有节也，入有制也，予有权也，夺有衡也。负胆气者，不得独先而致蹶；精武艺者，不得恃技而乱冲。其进也，齐勇合一，如奔潮之人钱塘；其止也，如崇山深林，使敌敢望而不敢进；其变也，分如掣电，合如乌云，聚散率然，倏忽万状；其退也，前忽为后，后忽为前，虎正龙奇，旋坤转乾。故善练兵之武艺者，必练兵之阵法。是以阵法为武艺之纲纪，而武艺为胆气之元臣，而我之号令又为阵法之司率也。戚继光曰[⑫]："操手足之号令易，而操心气之号令难；有形之操易，而不操之操难。"斯言最当。如武场演跳，进退分合，纵认真教习，不过谓之筌蹶[⑬]，其无方之应变，实出武场教习之外。所谓将之所麾，莫不从移，将之所指，莫不前死，能必令其无难，方可称练锐之卒。故使士卒熟识我之阵法，而莫待其预测我之用变化也。

平时学艺，器械须重；临阵，器械宜轻；此为练手之力。学战必以重铠，使其负重利便，则临战身轻。古者练足囊沙[⑭]，日渐加重，每跑里许，不令气喘，是得捷趋之法也。大凡人之气力，日用则强，日惰则脆。故不令其安闲自疲，抑不使其劳顿太过。水兵宜习陆战，陆军须惯水情，习惯既便，人舟则知水用，登陆不泥变分。况水陆之战，其机则同。他如车骑之用，数变正奇，马步之出，妙在首尾，三者迭更，翼前伏后，若使应变熟娴，器艺利便，视听一齐，就可取胜，原无异巧神术也。吴子谓："治兵之要，教戒为先；为国之道，先戒为宝。"故人常死其所不能，败其所不便也。知兵者能深思必自得，不观北人乘马，南人架舟，习之也。苟能分科督教，其艺自精，其习相成。艺精习成，犹耳目手足之从心，自然浑化，无所梗滞矣。

昔汤以良车七十乘，必死六千人，戊子战于郕，胜之于巢门⑮；武王以虎贲三千人，简车三百乘，甲子渡于汜，胜之于牧野⑯；齐桓公⑰以锐车三百，教卒万人，威行海内，天下莫当；晋文公⑱造五两之士五乘，锐卒千人，先接诸侯，莫之能难；阖庐⑲选多力者五百人，利止者三千人，以为前阵，与荆⑳五战而五胜之，东征庳庐，西伐巴蜀，北迫齐鲁，令行中国。以王霸之兵，亦未尝不以选练至精而能致用。今之时将，兵不知选，选不知练，练不知精，精不知令，而欲驱骄脆疲老不堪之卒，将应命率然以克敌者，不亦难哉！

【注释】

①称：称赞，称许，认可。

②攒挤：聚集，拥挤。

③要言：要领，重要之言。

④梆：梆子。钹：一种与镲相似的打击乐器。

⑤觱篥：簧管乐器。又作筚篥、悲栗。哱罗：古代军中的一种号角。

⑥协：协调。

⑦尉子：即尉缭，战国中期军事家。今有《尉缭子》一书传世。

⑧雄：英雄，雄杰。

⑨蹶：绊倒，倒下。

⑩骋：尽情施展，不受拘束。

⑪四维：四面墙壁，古代也将礼、义、廉、耻称为四维。《管子·牧民》："四维张则国令行"，"四维不张，国乃灭亡"。

⑫戚继光(1528~1587年)：我国著名民族英雄，明代军事家，曾率军平定倭寇。著有兵书《纪效新书》和《练兵实纪》。

⑬筌：竹制捕鱼器具。蹏：同"蹄"。《庄子·外物》："筌者所以在鱼，得鱼而忘筌；蹄者所以在兔，得兔而忘蹄。"后引申筌蹄比喻为达到某种目的而采取的手段。

⑭练足囊沙：练习足力在腿部绑上沙袋。

⑮汤：又称武汤、成汤，商王朝的建立者。良车：轻捷坚固的战车。先秦时将战车称为乘，一乘由四马驾驭，配甲士三人，步卒七十二人。郕：古国名，今指山东宁阳东北。巢：古国名，今指安徽巢县一带，传说商汤曾将夏桀放逐于南巢，即此。

⑯武王：西周王朝的建立者。虎贲：勇士。简车：战车。汜：古水名，源于河南

巩县东南，流经荥阳汜水镇西，北注入黄河。牧野：地名，今指河南淇县南。武王曾在此击败商纣。

⑰齐桓公（？~前643年）：春秋时齐国国君，在位期间任用管仲进行改革，国富兵强，“九合诸侯，一匡天下”，成为春秋时的第一位霸主。

⑱晋文公（前697~前628年）：春秋时晋国国君，在位期间改革内政，增强国力，成为春秋时期的第二位霸主。

⑲阖庐（？~前496年）：春秋末年吴国国君。在位期间任用伍子胥、孙武等人，一度攻破楚国，势力强大一时。

⑳荆：指楚国。

【译文】

世人都认同练兵重要，但不知晓练兵方法的人很多。假如不掌握练兵的方法，即使是从早到晚不停地督促责罚，也于事无补。擅长练兵的人，教授武艺必有老师，训练作战必有统率官员，队列既不拥挤，也不松散。前面看心，后面看背，左右两面看两肩，这是整齐队伍行列的要旨。短兵器有短兵器的用处，长短器有长兵器的用处，长短兵器都要依据不同的情况灵活地加以使用，这是教练武艺使用兵器的切要之言。用彩色的旗帜训练视力，用金鼓的声音训练听力，用前进后退的命令训练步法，用赏罚的威严训练士兵的思想，这就是训练耳、目、手、足、心五种训练不可更改的纲领。这五种训练熟练，兵器也精锐，然后使士兵意气和睦顺畅，情绪安定悠闲，击鼓则进，鸣金则止，统一士兵的思想，统一部队的士气，指挥他们向前，号令他们向后，照顾左翼，策应右翼，既不能过分分散，也不能过分拥挤。梆铃、板钹、笳角的节奏，觱篥、锁叭、哱罗的音调，起火、坐炮、卧笛的信号，都是变换队列阵形、布设伏兵使用疑兵、分散与集中、奇兵与正兵、进退远近等变幻无穷、神妙莫测的密令。其他如动静行止，分解结合，迅速缓慢，错杂纷纭，阵形排列的方圆曲直，轻重多少，斜直宽狭，昼夜风雨，行坐卧立，经历山陵身在险境，每种情况都要进行练习，练习的时间长久，必能进入步调一致、动作协调的境界，而得到出神入化的效果。即便是散处于乡村田野，也不会失去平时的规矩尺度；遇到突发事变，也能在仓促之间应付自如。

训练部队的方法是先用十人练习作战，再由这十人教练百人；由百人练习作战，然后教练千人；由千人练习作战，然后教练万人；由万人练习作战，而后教练全军。在教练部队的过程中，应严格各种禁令，宽容赦免各种过错，激发士兵的志气，杜绝士兵的奸恶。尉缭子所说的应明白禁止、宽免、开辟、堵塞的方法，讲的就是这个道理。经过一个月的训练之后，如果有武艺不精练、进退不熟谙、不能识别号令变化的士兵，要按军法处置，而负责训练的教师、掌管训练的官员和伍队长，都要连带受到轻重不同的处分。在三个月的期限内仍然武艺不精熟的士兵，应按照军令严加治罪，并扣除其领取的月饷，用来奖励那些武艺精熟的士兵，负责训练的教师、官员及伍队长同罪，千把总、偏将副将也连带受不同程度的处分。经过训练，一定要使士兵在渡过大河深溪时不依赖船只，登山时不依仗钩梯，即所说的让士兵处于险恶而没有出路的绝地，除去士兵平时赖以生存的各种条件，而能够独往独来，纵横敌境，敌人却难以阻止。敌人在山上，能攀缘仰攻；敌人在水中，能潜入水中追击。奋击敌人时如同雷霆震怒，行动轻捷迅疾如同狂风迅猛。把士兵们置于死亡之地，而士兵们却不敢自谋活命之计。能像这样，才可称得上是训练有素的士兵，善于指挥军队的英雄。

以上所论述的教练武艺、节制行列，是增强胆量振作士气的基础和根本。兵士假如缺乏胆量勇气，虽然武艺精熟，身体健壮，也无从得到发挥。所以善于练兵的人，必须训练士兵的胆量。人的胆略有大小，其大小不可能事先就了解；士气有强弱，其勇怯不能凭空就知晓。一个人假如胆量小，即使有勇气也没有用处；不靠勇气增大胆量，胆量虽大也难以发挥。所以勇气对一个人具有极其重要的作用，生死荣辱都系在它上面。能够振作勇气，增强胆量，那么胆量与勇气就能得到应用和发挥了。可是没有超绝的技艺，不能保护增强胆量的身体，所说空手与猛虎搏斗，徒步渡过大江大河，仅仅凭恃胆量和力气是不可以的。好比两军刚开始交战，有人被枪刺伤而先倒下，全军的士气都会受到挫伤。即使是千百个有胆识的人看到，也必然会气馁。假使有千百个有胆量勇气的士兵，再加上精通武艺，并且军纪平素就严明，由此自然就可以无往而不胜。无往不胜就坚如磐石牢不可摧，而胆量和勇气一定会比平时高出十倍。将帅应当因势利导，充分发挥武艺，奉行节制，凭借胆识，振奋勇气，率众冲锋。即使其中有一人先受伤倒下，也一定会忘记自己的伤痛，振作自己的愤怒，跟随大部队奋勇决战。因此善于训练士兵胆量勇气的人，必须训练士兵的武艺。

出师用兵假如不布列阵势，好比人的住房没有四面的墙壁，老虎没有山谷一样，连一天也不可能生存下去。阵势稳定而严整，出去时有束缚，进入时有节制，奖赏时有权力，惩罚时有准则。有胆量有勇气的士兵，不得未得到命令就擅自单独挺进而导使失败；精通武艺的士兵，不能依仗自己的技艺而胡冲乱闯。前进的时候，齐心协力步调一致，如奔涌的潮水进入钱塘江；停止的时候，如高山深林森然屹立，使敌人望而生畏不敢进犯；变换队形的时候，分散如同闪电一样迅疾，集中像乌云一样笼罩，分散集中轻快飘然、瞬息万状；后退的时候，前锋突然变为后卫，后卫突然变成前锋，各部位置颠倒转换，正兵变为奇兵，奇兵变为正兵。因此善于训练士兵武艺的人，必须训练士兵的阵法。所以阵法是武艺的纲纪，而武艺是胆量和勇气的基础，而我的号令又是阵法的主宰。戚继光说："训练手足的号令容易，而训练精神勇气的号令却极为困难；有形的技艺训练容易，而无形的精神训练却极为困难。"这句话非常精辟恰当。比如武场操练，进退分合，尽管十分认真地教练演习，也不过像渔具兔网一样是死的，而那种没有固定规则的临机应变的方法，却要大大超出在武场上教练演习的内容之外。所谓将领挥动指挥旗帜，士兵无不按令行动；将领下令发动进攻，士兵无不冒死冲锋，能让他们毫无困难不折不扣的执行命令，才能称得上是训练有素的精锐之师。所以应让士卒熟悉知晓我的阵法，而不要让他们预先猜测我在运用之中的变化。

平常训练武艺，所用的器械分量应当重些；临战对敌的时候，所用的器械分量应当轻些，这是为了练习士兵手上的力量。训练作战必须身穿重的盔甲，使士卒在背负重物的情况下行动灵活便利，那么在临敌作战时身体就会轻盈敏捷。古人在练习脚力时往往在腿上绑上沙袋，每天逐渐增大重量，奔跑一里多，照样心平气和，这是训练轻捷快速的方法。一般来讲，人的力气经常使用就会增加，总不使用就会衰弱，所以不能让士兵安闲而自致疲惫，也不能使他们过于劳累。水兵应当练习陆上作战，陆军也必须了解水性。养成习惯，上船就能在水中作战，登上陆地便不会拘泥于队形的变化分合。何况水战和陆上作战，其要领是相同的。其他如车兵骑兵的使用，正兵与奇兵的相互变化，骑兵和步兵的出击，奥妙在于首尾呼应，车、骑、步兵轮番出去，保护先锋两翼，伏兵设于后部。假如能熟练应付各种变化，武器便利，武艺精熟，号令统一，就能够取得胜利，这其中本来就没什么奇异神秘的法术。吴起说："治理军队的要旨，是把教育训练放在首位；治理国家的方法，预先加以警戒防备最为重要。"因此人们常常是没有才能而导致死亡，没有灵活机动因利乘便而遭受失败。懂得用兵作战的人能深思熟虑一定会心领神会。难道没看到北方的人乘马，南方的人驾船，是习惯使然吗？假如能分门别类进行专门训练，他们的武艺自然会精熟，习惯也会逐渐养成。武艺精熟习惯养成，如同耳目手足听从心的指挥，便会自然协调，浑然一体，就不会有什么梗塞阻碍了。

以前商汤用轻捷坚固的战车七十辆，胸怀必死之心的士卒六千人，戊子时在郕展开激烈战斗，将夏桀击败于巢门。周武王用勇士三千人，兵车三百辆，甲子时渡过汜水，在牧野打败商纣王。齐桓公用轻锐战车三百辆，训练有素的士兵一万人，声威震动海内，天下无人能够抵挡。晋文公用配属一百二十五人的特大战车五辆，精锐士兵一千人，和诸侯作战，没有人能够阻挡。吴王阖庐挑选力大强壮的士卒五百人，腿脚轻便的士卒三千人作为前锋，和楚国交战，五战五胜，东征晋国，西伐巴蜀，北攻齐、鲁，号令通行于中原各国。成就王霸之业的军队，也未曾不是经过选拔训练达到精锐的程度才能使用。如今一般的将领，士兵不知道挑选，挑选不知道训练，训练不知道精巧，精巧不知道严明军纪。在如此情况下而企图驱使骄横、软弱、疲惫、衰老不堪一击的士兵，去应对突然爆发的战争以求克敌制胜，难道不是一件非常困难的事情吗？

致用

【原文】

人莫不有贤愚，才莫不有奇拙[①]，识莫不有浅深，事莫不有穷竭。善用人者，必尽用其贤愚；善用才者，必尽驭其奇拙；负远识者，必预得其浅深；善料事者，先已判其穷竭。固亦有假人之长，以补其短；用人之才，以发其气。所谓天下无粹白之狐，而有纯白之裘[②]者，取诸众白也。惟大将军能致其所长，而必益之以长，因其所短，而故适宜其短，乃能统率贤不肖之志，则其力自并，而其用自神。顾欲得贤而才，静而大，识天时地利人事之用，明分合进退盈虚之情，而复能礼下豪俊，举让同列者，令其总揽计谋，赞应仓卒，揆度[③]天道，绥保万民，太公所谓心腹一人。采行能，公赏罚，酌安危于未萌，决嫌疑于可否，太公所谓谋士五人。校[④]灾祥，明去就，验谶推时[⑤]，司占审候，太公所谓天文三人。远近险易，山泽斥卤[⑥]，形势利害，无失其所，太公所谓地利三人。考历代之兴亡，究术家之同异，制械选兵，教战作气，太公所谓兵法九人。预备蓄储，通达饷道，量寡计多，损益出入，太公所谓通粮四人。执锐披坚，风驰霆击，力能攫虎，乱敌部伍，太公所谓奋威四人。旗鼓令下，鬼慑神疑，倏忽进退，三军一齐，太公所谓伏旗鼓三人。高固壁垒，深险堑沟，任重持难，严我守御，太公所谓股肱四人。考校艺文，博论今古，拾主将之遗，补主将之过，释已成之仇，弭未然之祸，太公所谓通才二人。施卓异之事，行诡谲之谋，应变无穷，非人所测，太公所谓权士三人。察颜观色于军中，因往知来于四境，太公所谓耳目七人。犯险难，攻轻锐，而心无所疑，恃威武，勤激劝，而使人奋励，太公所谓爪牙五人。播主将之德能于远近，挫敌人之声势于无形，太公所谓羽翼四人。开阖敌情[⑦]，伺察奸变，因其所来，即以为间，太公所谓游士八人。能为谲怪之事以误人，依托鬼神之灵以惑众，太公所谓术士二人。治金疮于阵上，疗疾病于营中，太公所谓方士三人。计营垒之增减，算资粮之缺饶，太公所谓算法二人。《六韬》之《王翼篇》[⑧]，则以七十二人各尽所长，分统轻重，为股肱羽翼之佐也。然太公之书，真伪固未可考，但尽人之才，以致其用，似不失为王者之略耳。

今之为将，不坐于自满，则病于蔽忌，如格外之贤，无以自见，设当有事，势如拉朽。于是而知得致用之机权者，必无敌于天下。故军中宜有储将队、材士队、异术队、秘技队、胆勇队、羞过队、激恩队、敢死队、恨敌队、乞降队、亡命队，须另致一军，驭以诚信，为不时之使，必令其名实相称，无孤置队之义，则幸食自销，实用自得，又不可以省费为说也。

军中惟为使之才尤难，而一言之得失，则三军解结死生系耳。有因隙立端，详言足意者，必能使人听；泛从古昝[⑨]，隐喻今非者，必能使人悦；辨析至理，诂释[⑩]德义者，必能使人信；启闭利害，喜怒疾徐者，必能使人行。欲其行也，至易而不难；欲其信也，至切而似实；欲其悦也，至效而弗妄；欲其竟也，至简而不烦。四者俱得，乃可为使于敌。他如蛇行蜮[⑪]伏者，可使为报探；贫穷愤怒者，可使立功名；勇悍过人者，可使陷阵突围；弓弩中的者，可使潜射敌首；武技绝伦者，可使应危御急；过犯亡命者，可使后殿先驱；巧辩饶辞、利口便舌者，可使为激劝；精谙世故、熟识高低者，可使为门吏；清介不苟者，可使主分财；持正不屈者，可使为犯难；因显知微者，可使察敌情；博见闻、多智略、精异技、妙神术者，可使为隐辅；骁猛能格敌、恪密而沈审者，可使为心膂。

吴子谓："一军之中，有虎贲之士，力能扛鼎，足轻戎马，搴[⑫]旗取将者，选而别之，爱而贵之，是谓军命。"又曰："利用五兵，材力健疾，志在吞敌者，必加其爵列，可以决胜。”《淮南子》曰：“鼓不与于五音，而为五音[13]主；水不与于五味[14]，而为五味调；大将不与于五官[15]之事，而为五官督。”唯其为五官之督也，则分统各有所司，而长短各有所便，其艺能之机窍，轻重之设施，所谓术业诚有专攻也。使各任其所专攻，则弱者自强，怯者自勇，虚者自盈，疲者自锐，且瞽人[16]听聪，聋人视明。聋瞽不废，况专攻者乎？

【注释】

①拙：拙劣

②裘：皮衣。

③揆度：考察，推算。

④校：检查，预测。

⑤验谶推时：检验预兆，推演天时。谶，利用宗教迷信中的隐语和预言，作为吉凶的符验和征兆。

⑥斥卤：指盐碱沼泽地。

⑦开阖敌情：指侦察了解敌情。

⑧《六韬》：中国古代著名兵书，为《武经七书》之一，旧题吕尚撰。《王翼》是其中的一篇。

⑨古咎：古人的错误。

⑩诂释：解释。

⑪蜮：一种动物，传说在水中能含沙射人。

⑫搴：拔取。

⑬五音：宫、商、角、徵、羽五种音阶。

⑭五味：酸、甜、苦、辣、咸五种味道的总称。

⑮五官：周制一军设伍、两、卒、旅、师五级军官。

⑯瞽人：眼睛失明之人。

【译文】

人有贤明与愚笨，才能有奇异与拙劣，见识有高明与浅显，事情总是有终结的时候。擅长用人的将领，一定能完全发挥贤明与愚笨之人的作用；擅长用才的将领，一定能完全驾驭奇才与拙才；见识高明的将领，一定会预先了解别人见识的深浅；擅长判断事物的将领，在事情发生之前就能料定事情的结局。本来也有借人的长处，来弥补其短处，用人的才能，来振奋其勇气。所说的天下没有纯白色的狐狸，却有纯白皮的狐皮大衣，其原因是从众多的狐皮中提取白色的毛皮编织而成。大将军只有求得别人的长处，而又能发挥其长处，能因势利导，适应别人的短处，而加以使用，才能统一贤能和愚笨者的意志。这样众人的力量自然就会合并到一起，在使用时自然也就得心应手，运用自如。既能得到贤明而有才能、镇静而大度、了解天时地利人事的作用、明白分合进退虚实变化的情况，又能礼贤下士、辞谢功劳推举同事的人，可以叫他总揽出谋划策、应对突发事变、观察推测天候变化、安抚保护民众，这也就是姜太公所说的"心腹一人"；采纳有德行有才能人的建议，公正无偏地执行赏罚，在事变尚未萌生时就能估量出安危，对困惑难解的问题做出决断，这就是姜太公所说的"谋士五人"；分析灾难吉凶，以决定行动方案，考查符验征兆推算天时历法，预测天象吉凶，这就是姜太公所说的"天文三人"；路途的远近险易，山岭沼泽盐碱荒地，地形的有利不利，选择安营扎寨的地址时不会造成失误，这就是姜太公所说的"地利三人"；考察历代的兴衰，研究各家学说在治兵用兵方法上的不同，制造兵器，选拔士兵，教练战斗，鼓舞士气，这就是姜太公所说的"兵法九人"；预备积蓄储存军需物资，通达粮道，计量需求的多少，掌握损耗补充支出收入，这就是姜太公所说的"通粮四人"；冲锋陷阵，披甲执兵，像风驰电击一样迅猛，力能擒捉猛虎，打乱敌人的阵形队伍，这就是姜太公所说的"奋威四人"；旗鼓令下，连鬼神都被震慑疑惧，进退飘忽，全军上下步调一致，这就是姜太公所说的"伏旗鼓三人"；加高坚固营垒，加深壕沟增强险隘，担当重任坚守阵地，严密守卫加强防御，这就是姜太公所说的"股肱四人"；考核校定军中文书，博古论今，弥补主将遗漏的方面，纠正主将的过失，解除已经结成的仇怨，消除尚未形成的隐患，这就是姜太公所说的"通才二人"；解决卓绝奇异的事物，施行诡诈权谲的计谋，应付突发事变的办法无穷无尽，不是一般人所能测度，这就是姜太公所说的"权士三人"；能够在军中观察了解各种情况，知道四面八方的各种情况，这就是姜太公所说的"耳目七人"；能冒着危险艰难，进攻敌人轻装的精锐部队，而心里没有丝毫的迟疑畏惧，凭恃声威武勇，勤于激励劝勉士卒，而使人人奋勇自励，这就是姜太公所说的"爪牙五人"；能够宣扬传播主将的恩德于远近地区，在无形之中挫败敌人的声势，这就是姜太公所说的"羽翼四人"；通过敌人兵力的分散与集中知晓敌情，观察窥伺敌人的奸谋变化，利用敌人前来的使节，成为我的间谍，这就是姜太公所说的"游士八人"；能用诡谲奇怪的事物来误导敌人，能依托鬼神的灵验来迷惑大众，这就是姜太公所说的"术士二人"；能在阵中治疗刀剑创伤，在军营中治疗疾病，这就是姜太公所说的"方士三人"；计量营垒的多少，估算物资粮饷的盈余，这就是姜太公所说的"算法二人。"《六韬》一书的《王翼篇》，论述的就是使这七十二人各尽所长，分别掌管不同的事务，作为主将的辅佐股肱羽翼。尽管姜太公这本书，是真是假本来已不能核实清楚，但是其中论述的让各类人才各尽其能，以便发挥不同的作用，仍不失为成就王霸之业的智谋。

如今担任将领的人，不是由于自满而产生过失，就是由于愚昧而产生弊端，从而导致具有突出才能的贤明之士，不能得以表现和发挥自己的才能。如果发生变故，形势就像摧枯拉朽一样不可收拾。因此而知能够得到使用各种人才关键枢纽的人，一定能无敌于天下。所以军中应该有将领预备队、才士队、异术队、秘技队、勇士队、羞过队、激恩队、敢死队、恨敌队、乞降队、亡命队，一定将这些人另外组建一军，来诚信驾驭他们，来供关键时刻使用。一定让这支部队名实相符，不要让它有名无实，那么滥竽充数侥幸饱食军费的现象自然就可消除，而实际的效果自然而然就能得到,这样也就不必谈论什么节省军费开支了。

军队中担任使节的人才特别难得,有时使节一句话的得失,就可能关系到全军的生死存亡。可以借机发挥,言尽意详,必定能让人听从;用古人的过错来隐喻今天的得失,一定能让人心悦诚服;辨析道理,训释德义,一定能让人信服;陈述利害,喜怒快慢有节,必定能让人行动。要让人行动,方法容易而不困难;让人相信,言语真切而看上去像是真的;让人心悦诚服,说话可靠而且不虚妄;让人听从,方法简单而不麻烦。这四种才能都具备,才能够叫他充任使节前往敌营。其他如果能像蛇一样行动或一样隐伏的人,可以叫他侦察探听敌情;因贫穷而愤怒的人,可以叫他建立功名;勇敢强悍过人的人,可以叫他冲锋陷阵突破敌人包围;箭术高超弹无虚发的人,可以叫他在暗中射击敌军将帅;武技卓绝的人,可以叫他应对危急情况;曾经犯过错误逃离部队而想改正的人,可以叫他担任后卫和先锋;能言善辩、巧言利舌的人,可以叫他鼓励劝勉士兵;熟悉世情、了解军中各种管理条令的人,可以叫他担任把守营门的官吏;清廉耿直不谋私利的人,可以叫他主管财物;操守坚定威武不屈的人,可以叫他担负艰难任务;能根据表面现象而看到事物本质的人,可以让他探察敌情;见闻广博、足智多谋、精通奇异的技艺、擅长鬼神秘术的人,可以叫他担任谋士;骁勇猛烈能击败强敌、谨慎周密而沉着明察的人,可以让他作为心腹。

吴起说:“一军之中,有能征惯战的勇士,臂力能举起重鼎,足力快如战马,拔取敌人军旗,斩获敌将首级。对他们应选拔出来另作一队,爱护和尊敬他们,这就叫军队的生命。”又说:“能熟练使用各种兵器、身体强健、动作迅捷、志在吞灭敌人的将士,一定要给以加官晋爵,这样才可以同敌决战制胜。”《淮南子》说:“鼓声不属于宫、商、角、徵、羽这五个音符,但却是五音的主宰;水不属于酸、甜、苦、辣、咸五味,但却是五味的调剂品;大将不干预伍、两、卒、旅、师五级军官所管理的事务,但却是这五级军官的统帅。”正因为主将是各级军官的统帅,而各级军官又分别掌管各自的事务,各种人才都能处在相应的位置上,根据他们的才能的大小,所担负的任务也各有轻重不同,这就是所说的术业有专攻。如果每个人都能发挥出他的特长,那么弱者就会变为强者,怯者就会变得勇敢,空虚者就会更加充实,疲惫者就会变得精锐。盲人的耳朵灵敏,聋子的眼睛明亮,盲人、聋子都不抛弃,何况是那些受过专门训练而有专长的人呢!

赏罚

【原文】

天子设绂冕[①]以尊贤,制斧钺[②]以诛恶,其赏至重,而其罚至深。能行诛于贵显,下赏于微贱,则威自伸,而明不翳[③]。故杀及权幸,赏及牛童者,谓无论贵贱,不预恩仇,示至公也。《管子》曰:“明赏不费,明刑不暴,赏罚明,则德之至者矣。”又曰:“用赏贵诚,用刑贵必。诚则人知感,必则人知畏。”《尉子》谓:“发能中利,动则有功者，感其诚，畏其必也。”礼贤不遗贱，赏功不厌多者，虚其心，重其报也。所以重连坐之刑，信崇赏之令，行诛大之权，厚下士之礼，则军不治而自整，艺不教而自精也。苟[4]功不能赏，罪不能诛，事是而不能立，事非而不能废，则令不畏刑矣，劝不信赏矣。进自不齐，退亦无制。使不齐无制，而能统众用兵者，未之有也。

善不可废，恶不可赏。废一善则众善衰，赏一恶则众恶归。赏罚不可以疏[5]，亦不可以数[6]。数则所及者多，疏则所不得者众。赏罚不可以重，亦不可以轻。赏轻则人心不劝，罚轻则人心忘惧；赏重则人心侥幸，罚重则人心无聊。然小功不赏，则大功不立。若赏及无功，罚加无罪，行赏于人而心怨恨，加罚于人而心不甘者，下将叛背也。所以不令士卒轻刑而忽赏。轻刑则将威不行，故严刑罚，以明必死之路；忽赏则上恩不重，故信庆赏，以开必得之门。是以赏罚出自主将，必持至公，无容军中私议。凡赏有功，而有干请不赏者斩；凡罚有罪，而有干请不罚者诛。以我之耳目见闻已真，而信赏必罚；其所不见闻者，莫不阖化[7]，安得容其干请不赏不罚者耶？故曰，军中无二令，亦不得市私恩、借公议也。

敌势轩然如决积水于千仞[8]之上，巍然如转圆石于万丈之巅，天下皆度吾兵之不敢进，而吾之士卒，无不齐勇负气，虽死伤过半而蚁进不止者，无他术焉，刑赏信也，必死故也。卒之所以能必死者，感上义之素隆也。而我之所以能令其必感者，为积恩之不倦，威令之素行也。故曰，施积恩者，不可与战。然亦有军势迫穷，恐人离散，故数赏以安之；人力倦乏，已不用命，故数罚以督之，俱无济于事，是以赏罚须行于平日也。

能以威德服人，智谋屈敌，不假杀戮，广致投降，兼得敌之良将者，为不世功；兵不赤刃，军不称劳，而得敌之土地数千里，人民数十万者，为不世功；矢石锋交，突人敌阵，辄斩敌将及部曲之长，因而摧破敌营，以致大胜，多获敌之粮草头畜者，为奇特功；敌势强盛，我军力竭，心怖欲走，有能急出奇兵，遏斩欲走之长，反兵死战，因而决溃大敌者，为奇特功；得敌之山川险易、进退利钝之情，因而斩关夺帜、屠城捣垒、威慑远境者，为上功；伏路出奇，生擒敌首及奸细人员，因得机情，而偷营斫[9]寨，致敌自扰，而我兵乘进者，为上功；别部受敌因危，有能引军力救，各保无虞，及夺回被掳，扶救伤残者，为中功；敌至境内，而高垒深沟，坚利甲兵，仅能固守，不致人民伤死者，为中功；奋力抵敌，或因救护而致重伤，或带重伤而复得敌级，并获敌中利用器具之类者，为下功；三数人共擒一敌，或共斩三五级，或人各得一二级者，为下功。

自偏裨以下，得不世功者，乃大将之望，当即表闻，拜左右副将、储将、材官以至部曲长；得奇特功及上功者，亦即表闻，授以偏裨；得中下功者，重赏而复记录。缉得军中与敌相通机事情实者，所犯腰斩，伍队官目连坐有差，其家私妻子俱赏缉者。有能访举贤士、谋士、异士，或即得其机略，因而以致胜者，劳所举之人以千金外，酌彼士才之大小，功之高下，而授之以官。士卒背后有伤，以败兵事论，虽伤不恤。伏路塘探[10]在外，而贼陡至，伏者已疏掩覆，探者致误驰报，法所当斩。或探伏者自谓探伏已失，罪不可逃，乃拼死直抵贼营，能建奇功者，免死复赏。赏罚之例，多载《战令》《军范》二篇，故不绪叙，略其所原者，姑记之，而复少定其赏格云。

【注释】

①绂冕：绂，系印章或佩玉用的丝带，其颜色依官位品级的高低而有差异。冕，大夫以上贵族戴的礼帽。

②斧钺：本为兵器。钺，形状像斧。后用以代指刑具、法律。

③翳：蒙蔽。

④苟：假如。

⑤疏：少，稀疏。

⑥数：多，频繁。

⑦阇化：潜移默化。阇，同“暗”，秘密、不显露。

⑧轩然；高涌貌。仞：古代长度单位，一般以七尺或八尺为一仞。

⑨斫：砍，击。

⑩塘探：指侦探敌情的岗哨。

【译文】

皇帝设置绂冕是为了尊贤使能，制造斧钺是为了惩治邪恶。对贤能的奖赏应该十分厚重，对邪恶的惩罚应该十分严厉。惩罚能上及权贵，赏赐能下达卑贱，那么威信就自然能够树立，而双眼就不会被蒙蔽。所以惩罚触及权臣宠信，奖励施及马夫牛童，是说不分贵贱，不被恩仇所限制，表示赏罚的公正无偏。《管子》说：“明确奖励而不花费太多的财物，公开刑罚而不残酷暴虐，奖赏和刑罚公平严明，那么实行德政的目的就达到了。”又说:“实行奖赏贵在有功必赏,实行刑罚贵在有罪必罚。有功就赏就会使人知道感谢,有罪必惩就会让人知道畏惧。”《尉缭子》说:“出兵就能得到利益,行动就能获得成功,原因就在于士兵感激有功必赏,畏惧有罪必罚。”礼遇贤能不遗忘地位卑微之人,奖赏有功不怕人数众多,是为了感化众人,以便得到他们的报答。因此严厉连坐的刑罚,严守奖赏有功的法度,行使诛杀位高而违法者的大权,推崇下士的礼节,那么军队不加治理就会自然整肃,武艺不用操练就会自然精熟。如果有功不能赏,有罪不能罚,对的事情不能树立,错误的行为不能制止,那么就是命令士兵也不会害怕刑罚,劝勉士兵也不会相信奖赏,前进时自然不能步调一致,后退时又没有节制。既不能行动一致又没有节制,而就能统率军队取得战争胜利的事情,是从来就没有过的。

善举不能废弃,邪恶不能奖赏。废弃一件善行,就会使繁多的善行衰微;奖赏一件邪恶,就会使众多的邪恶集汇。赏罚不应该太少,也不应该太滥。太滥受到赏罚的人就会过多,过少就会有很多应该得到赏罚的人得不到赏罚。赏罚不能过重,也不能过轻。奖赏过轻就不能使人心受到激励,惩罚过轻就会让人不害怕刑罚;奖赏太重就会让人心生侥幸,惩罚太重就会让人心生怨恨。但是假如小功不加奖赏,那么大功就难以建立。假如无功受赏,无罪惩罚,那么不该得到的人得到奖赏,其他的人就会心中怨恨;惩罚了不该惩罚的人,那么他心中一定不服,这样下面将会背叛,所以不能让士兵轻看刑罚而忽视奖赏。士兵轻视刑罚那么将帅的命令就难以推行,所以严厉刑罚,是向士卒表明违犯命令是必死之路;忽视奖赏那么将帅的恩德就不被士卒重视,所以信守奖赏,是开启争取立功之门。因此赏罚都应由主将掌握,必须保持公正无偏,不准许军中私下议论。凡是奖赏有功,如有人请求不给予奖赏的,应处斩;凡是惩罚有过,如有人请求不给惩罚的,应诛杀。由于我的耳闻目见都是真实的,而能信赏必罚,那么没有亲自听见和见到的人,也会受到潜移默化而遵循法令,因此怎能允许他们请求不加奖赏和不加惩罚呢?所以说军队中只能有一种法制,不能用赏赐来换取别人对自己的感激,也不能假借公众议论来废止刑罚。

敌势如同决开千丈高山之上的积水那样汹涌而下,好像转动万丈高山之上的圆石一样锐不可当,天下人都以为我军不敢向敌发动进攻,但我的士兵没有不齐心奋勇前进,虽然死伤过大,依然像蚂蚁一样成群前进而不停止,没有用其他的办法,是由于赏罚明确,士兵怀抱必死之心的原因。士卒之所以能抱着必死的决心,是感激将帅的恩德向来恩厚。而我之所以能让士兵心存感激之情,是由于平常就不断地积累恩德,威令一向得到贯彻执行。因此说,将帅能一直不断地对士兵实施恩泽的军队,是不能与它交战的。可是也有在形势处于困迫危急的情况下,恐怕士卒离散逃亡,因此用频繁的赏赐来安抚他们;部队疲倦匮乏,已不服从命令,因 此屡屡惩罚以督促他们;这些都无济于事。所以赏罚必须在平时就加以贯彻实行。

能用声望恩德征服人心,以计谋使敌人屈服,不使用屠杀手段,而能招使众多的敌人投降,并能得到敌军的良将,这是不世的功勋;兵不血刃,军队没经受劳顿,而能获得敌国数千里土地，数十万民众，是不世的功勋；双方矢石交锋，冲入敌人队中，斩杀敌军将领及部队官长，因此攻破敌人营垒，以致取得重大胜利，取得了大量敌军粮草牲畜，是特等功劳；敌人势力强盛，我军力量衰弱，士兵心怀恐怀准备逃走，这时有能迅速出动奇兵，阻止并诛杀打算逃走的士兵头目，随后回兵同敌人死战，从而击溃强大敌人，是特等功劳；能了解敌境山川险要与平坦的地形，得到了敌军进退利弊的情报，因而攻克关隘夺取敌军旗帜，攻破敌人城池摧毁敌人营垒，声威震慑远方，是上等功劳；埋伏在路旁出动奇兵，活捉敌军首领及奸细人员，因而得到重大情况，并偷袭敌人营寨，导致敌人内部混乱，使己方乘机发动突袭，是上等功劳；其他部队被敌围困形势紧急，有能率军拼力救援，使部队都能转危为安，又能夺回被敌俘虏的士兵，扶持救助伤残的士兵，是中等功勋；敌军进入境内，而高筑营垒深挖沟堑，修造整顿兵器，仅能加强防御，使民众没有受到伤亡，是中等功劳；奋勇抵抗敌人，或因救援保护别人而受重伤，或身受重伤而还能斩杀敌人，并缴获敌军重要军械兵器，是下等功劳；三几个人一起活捉一名敌人，或共同斩杀三五个敌人首级，或每人各得敌人一两个首级，是下等功劳。

从偏将副将以下，创下不世功勋的，乃是担任大将的人才，应该马上奏报朝廷，拜为左右副将、储将、材官以及部曲长；立下奇特功勋以及上等功勋的，也应当立即奏报朝廷，授给偏将、副将之职；立下中等下等功劳的，应给予重赏并将其功劳记录在案。缉拿军中与敌人私自互相交通泄露重大情报而情况属实的，犯罪者应处以腰斩，同伍队的官员应连带受到不同的处分，罪犯的财产及妻子都赏给缉捕之人；有能够查访推荐贤能、谋士、奇异人才，或得到他们的谋略，因而导致获得胜利的，除奖赏推荐之人千金之外，根据被推举之人才能的大小，功劳的高下，酌情授予官职；士兵背后有伤，以败坏军事论处，虽然受伤也不给予抚恤；在外面埋伏侦察敌情的伏路塘探，如果敌人突然到来，埋伏的士兵不能迅速出击攻击敌人，侦探耽误上报，按法令应当处斩；或者有的侦察埋伏的人员自已意识到已经失职，罪责难逃，于是拼死直冲敌营，能建立奇功的，免去死罪还可以受到赏赐。赏罚的制度，都记载在《战令》《军范》两篇之中，所以在此不展开叙述，略去原文所记，姑且重复记上几条，以确定赏罚的制度。

节制

【原文】

臣谓[①]，无能用众也；非奇正，不能斗众也。节制行，则分合自闲[②]，分合闲则奇正自变。故节制之兵，或不能大胜，亦不致大败，何也？解绫不搀越[③]，凌翼各轻利[④]，左右角犄，前后顾应，曲直方圆，无不绳正；动静死生，系乎旗鼓，离合聚散，不失行伍。似勇而不勇，似怯而不怯，似治而不治，似乱而不乱。纷纭浑沌，驻足成阵，面面受敌，威无不振。所以有制之兵，勇者不敢独先也，怯者不敢私后也，只以火角幢幡[5]为变化密号耳。故其进也，使敌不可遏；其退也，使敌不可阻；其分合也，使敌不可测；其攻掠也，使敌不可防。此又节制而任战势者也。

孙子曰："善战者，立于不败之地，而不失敌之败也。"然非节制，何能立于不败之地？又曰："无邀正正之旗，勿击堂堂之阵。"堂堂正正者，节制之师也。节制之师，孙子且畏，况今之时将乎？荀子曰"王者之军制，将死鼓[6]，驭死辔[7]，百吏死职，士大夫死行列。鼓而行，金而止。以顺命为上，有功次之。令不进而进，犹令不退而退，其罪惟均"者，谓死其制也。吴子曰："兵以治为胜，所以居则有礼，动则有威；进不可御，退不可追；前却有节，左右应麾，虽绝成阵，虽散成行，投之所往，天下莫当。"谓有其节也。有其节，死其制，则强弱一其力，巧拙一其心，生死一其令，以无为守其正。故明王不烦征讨，而四夷自宾；将军不烦杀戮，而威德自重。

兵法师合而交绥[8]，师退而不逐者，谓两军各有节制，重防失覆者也。虑其佯北所诱，故奔逐不百步，恐为敌计所陷，故纵绥不三舍[9]。所以知战道者，必先图不知止之败，恶在乎必往。若势必欲往也，须翼我进衢，闲我军退，谨束前后，胜乃不溃。孙子曰："避其朝锐，击其惰归，此治气者也。以治待乱，以静待哗，此治心者也。以近待远，以逸待劳，以饱待饥，此治力者也。"治心、治气、治力，三者固用兵之切要。然非节制素行，则治字无处着落矣。又曰："昼用旗幡，夜必火鼓。"若夫山川委曲，林树丛密之乡，旗幡不能遍观，虽昼亦用火鼓，而更遣骁卒轻骑八方哨探焉。凡出军操演，围猎扬兵，或传几路进发，行止寝食之间，兵不得离伍，伍不得离队，队不得离哨，哨不得离营，营不得离镇。设或停歇市镇郊原，虽粪土污湿之处，自依次序而止，不得取便搀越，所谓行由路，集成营，遵节制也。摆列若远，偶传急令，首尾难到，则令伍队长高声传会，去而复转。伍队断滞者诛，兵卒助言者斩。更不得与别营人马挤杂混行，防有敌奸诈劫。唯善兵者，勇怯之用素分，动静之备必具。

嘉隆年间[10]，浙直之南，山海多事。其四方调募之兵，非无胆力技艺超绝者，但其稍与贼合，如韲蟹泥[11]，观者无不丧魄。何也？盖缘节制不明，人心不一。以无制之卒，而用不齐之心，则进退自不应麾。固有负胆先登者死之，以致一军悚惧而自败，此将之过也。调集之兵卒，皆无制；应募之辈，尽系游闲。平时则重累资粮，临战则先为通北，欲其劄[12]定脚跟，犹不可得，又何能望其取胜？此将之过也。弓弩可以致远，矛筅利于接战，火器称为无敌，法颇善矣。及其鼓发，互相喧嚣，遗兵灭火，各务其逃，徒骑混杂，迷失队伍，军弃其将，号息其鼓，虽有斗心，犹犬之犯虎，此将之过也。臣谓斯时将乏贤明，兵集无制。兵无制矣，而为将者又不能握淮阴用市合之机[13]。设若一人蹶蹶，万夫寒心，纵有绝技骁勇，何益于用？虏云"撼山易，撼岳家军难"，谓其散漫有制，而更握战机者也。死诸葛走生仲达[14]，谓其节制素行，故不敢轻侮之也。使有明将，而得精兵，教阅经年，销尽武场套子，如出猎行营，登山涉水，寝食晦冥之际，每习至精，率然遇警，必能使其驻足阵成，举手便战，施不尽之号，出无穷之变，或伏或起，或正或奇，曲折相连，首尾顾应，绝而不离，却而不散，似整不整，似乱不乱，所谓合亦成阵，散亦成阵，行亦成阵，坐亦成阵。敌固不知我之所以退，抑亦不识我之所以进，是为有制之兵也。将震惊天下，使智者亦不得窥测我之所从来，况山海之寇乎？惜乎四合之徒，万人万心，既无良将制练，且多中制挠之，将未得兵之情，而兵未达将之令，辄欲驱之赴死，战而不蹶者，未之有也。故云扰十数年，余寇虽殄灭，而民力竭矣。于是而知兵不在多，而在精。兵精而无节制，战未可恃也。将不贵勇，而贵良。将良而上不信任，事未可为也。

【注释】

①谓：认为。

②闲：同“娴”。熟练，运用自如。

③搀：混杂。越：超越。

④轻利：轻捷便利。

⑤幢幡：旗帜。

⑥将死鼓：古代将领依靠鼓声指挥作战，至死也要坚守岗位，不能离开战鼓。

⑦驭死辔：驾驭战车的人到死也不能放开马缰。

⑧交绥：各自后撤。绥，退军。

⑨纵绥不三舍：追击后退的敌军不足九十华里。舍，古代行军三十里为一舍。

⑩嘉隆：即嘉靖、隆庆。嘉靖为明世宗年号，隆庆是明穆宗年号。

⑪臡蟹泥：有骨头的肉酱和蟹酱。

⑫劄：“扎”的异体字。

⑬淮阴：指汉代淮阴侯韩信。韩信（？~前196年），我国著名军事家，淮阴人。初属项羽，后归刘邦，被任为大将，为灭项建汉屡立奇功。汉朝建立后被封为楚王，后降为淮阴侯，因谋反的罪名被捕杀。用市合之机：指在井陉之战中，韩信“驱市人而战”，用“陷之死地而后生”的方法获胜一事。

⑭诸葛：即诸葛亮，三国时著名政治家、军事家。仲达：即司马懿，字仲达。诸葛亮最后一次出兵伐魏时，由于魏将司马懿坚壁不战，诸葛亮积劳成疾病逝五丈原。蜀军长史杨仪尊照诸葛亮临终前的嘱咐率军撤退，司马懿率军追击，杨仪返旗鸣鼓，司马懿以为诸葛亮没死，于是就引军退回。这也是“死诸葛走生仲达”典故的由来。

【译文】

我认为如果军队没有分散与集中，便无法使用人数众多的兵力；没有奇兵和正兵，就无从指挥人数众多的军队同敌战斗。军纪和训练得以实行，那么分散与集中就自然熟练；分散与集中熟练，那么奇兵与正兵就自然会互相变化。因此军纪严明、训练有素的军队，即使不能取得大胜，也不会遭到重大的失败。这是为什么呢？部队驻防和行进都井然有序，互不超越，两翼各自都很轻捷便利，左边和右边互为犄角，前面和后面相互照应，部队排列成曲、直、方、圆各种阵形，都无不按照规定行动；行动住止死亡生存，都由旗帜锣鼓来指挥，分散与聚合，都不失去原来的秩序。

似乎勇敢而不勇敢，似乎胆怯而不胆怯，似乎整治而不整治，似乎混乱而不混乱。表面上纷然杂乱浑沌迷蒙，部队一驻防下来就排列成阵形，四面八方都可以阻挡敌人，声威处处都能振作。所以纪律严明训练有素的军队，勇敢的士兵不敢抢先前进，胆怯的士兵不敢私自后退，只是按照火角旗帜作为自己行动变化的秘密口令。前进时，敌人不能遏击；后退时，敌人难以抵挡；分散集中，敌人不能预测；快速进攻，使敌人难以防御。这是训练有素而能利用战场形势的军队。

孙子说："善于用兵作战的人，总是立于不败之地，同时不放过任何击败敌人的机会。"但假如不是军纪严明，训练有素，又怎么能使自己处于不败之地？孙子又说："不要去阻截旗帜整齐、部署周密的敌人，不要去攻击阵容严整、实力强大的敌人。"所谓的旗帜整齐、部署周密、阵容严整、实力强大，就是军纪严明、训练有素的军队。这样的军队，就连孙子都感到恐惧，更何况现在那些才能平庸的将领呢！荀子说："成就霸王之业的军队的制度，将领应死守战鼓，驾驭战车的驭手应死握缰绳，各级官吏应死于职守，士大夫应死于行列中。击鼓便发动进攻，鸣金便立即停止行动，把遵从命令放在首位，其次才是杀敌立功。命令不准前进而前进，如同命令不许后退而后退，其罪责是一样的。"这就叫作死于法制。吴子说："军队以法治最为重要。所以居住时要有纪律，行动时要有威势，进攻时不可抵挡，后退时难以追击，前进后退有秩序，或左或右听从指挥，部队虽被切断仍保持阵形，虽然被冲散仍成行列。把部队指派到哪里，天下无人能够阻挡。"这就叫军队有纪律。军队既有纪律，官兵又能死于制度，那么无论强弱都能同心，无论巧拙都能齐力，不论生死都能统一口令，以顺其自然治理军队。所以贤明的君主不用兴师讨伐，四方的少数民族自然就会臣服；将帅不一定要进行屠戮，威望恩德自然就会建立起来。

兵法说：两军对垒不经交锋而各自退却，军队后退而不追击。这是说两军各有节制，严防追击时遭到潜伏而导致全军覆没，害怕敌人佯装败退以诱骗自己。因此追击败逃的敌人不超过一百步，以防中敌计谋，追击主动退却的敌人不超过九十里。所以通晓作战原则的将领，必先想到不知道停止追击所造成的失败，而决不必定前往追击。如果形势决定必须追击，则应保护我军前进的交通要道，熟谙我军后退的路线，小心约束前后部队，这样才能保证胜利而不致溃败。孙子说："避开敌人早上出发时的锐气，等待敌人晚上士气懈怠衰竭归营时再打它，这就是掌握军队士气的方法。以自己的严整对付敌人的混慌，用自己的沉着对付敌人的躁动，这就是掌握军队心理的方法；以我首先接近战场的部队对付远道而来的敌人，以我军的安逸休整对付行走疲劳的敌人，以自己饱食的军队对付困饿的敌人，这就是掌握军队战斗力的方法。"把握部队心理、把握部队士气、把握部队战斗力这三方面，固然是用兵的要点，但假如不是平时就军纪严明，训练有素，那么"把握"两字便无处着落了。孙子又说："白天用旗帜指挥，夜间必须用火光和鼓声号令。"如果是山川迂回曲折，树林茂密繁盛的地方，旗帜不能全部看到，即便是在白天也得使用火光和鼓声，而且还要派遣骁勇的士卒和轻装骑兵在四面八方站岗放哨和侦察敌情。大凡出兵演习操练，出外围猎显示军威，或者传令几路进发，行进和屯驻、宿营和用餐之间，士卒不得离开自己所在的伍，伍不得离开自己所在的队，队不得离开自己所在的哨，哨不得离开自己所在的营，营不得离开自己所在的镇。如果部队停歇在市镇郊野，即使是处于粪土泥洼之地，也要依照前后顺序而停止下来，不要为了寻找方便之处而互相超越。这就是所说的行军必由道路，集中必成营阵，遵守号令军纪的意思。假如队伍排列过远，突然下达紧急命令，首尾难以迅速传达，就令伍队长高声传达，去后再返转回来。伍队耽误命令的处死，士兵传错命令的斩首。还不得与其他营人马拥挤混杂前进，以防敌人奸细蒙混进入。只有擅长用兵的人，对勇敢与怯弱的使用才能平时就区分开来，行动和驻扎的准备提前就做好。

嘉靖、隆庆年间，浙江、直隶的南部，山区和沿海战火烽起。朝廷从四面八方调集招募的士兵，其中不缺少有胆量、力气大而武技超绝的人，但刚与倭寇交战，便如同肉泥蟹酱任人宰割，在旁边看到的人无不丧魂落魄。这是什么原因呢？大概是由于纪律不严，号令不明，人心不整。用缺乏军纪和训练的士卒和人心涣散的军队，其前进或后退自然不会听从指挥。一旦其中有人依仗胆量先行同敌打仗而死，就会造成全军震慑畏惧而自行溃败，这是将领的错误。征调的士兵，都是既无军纪又缺乏训练；招募而来的士兵，都是些游手好闲之辈。这些人平时耗费大量物资军饷，临战之时则首先奔走逃命。想让他们立定脚跟，尚且不能做到，又怎么能指望他们去夺取胜利呢？这是将领的过错。弓弩可以射到远处，矛筅有利于短兵相接，火器称得上是没有敌手，这些武器是颇为完善的。但一旦鼓声响起，士兵互相喧闹叫嚷，丢弃兵器，灭掉火器引线，各自只顾逃命，步兵和骑兵乱成一团，队伍失去联系，军队抛弃其将领，鼓角号令止息，在这种情况下，即使一部分士兵还有战斗的心思，也如同是狗进犯老虎，这是将领的过错。我认为现在的将领缺乏贤明，征募的士兵没有军纪。士兵没有军纪，而担任将领的人又不能掌握淮阴侯韩信指挥乌合之众的方法，如果一人受伤倒下，一万人都会心惊胆战，即使有绝技骁勇，又有什么用处呢？当年金军说："撼动大山容易，而撼动岳家军困难。"说的是岳飞能够控制散漫的士兵，又能把握战机。死去的诸葛亮吓走活着的司马懿，是说诸葛亮军纪一向严整，因此司马懿不敢轻易欺侮蜀军。如果有贤明的将领，而又能得到精兵，教练经过一年，尽除武场演练的程序套路，如出猎行军宿营，攀登高山，涉过大河，安寝就食，昏暗阴晦，每一种情况都训练娴熟，即使突然遇敌，也必定能让部队立足便布成阵势，举手便能战斗，不断发出口令，变化无穷，或者潜伏或者出击，或者用正或者用奇，曲折连接，前后照应，被截断而不乱，退却而不散，似乎整齐而不整齐，似乎混乱而不混乱，所谓集中起来也可以成阵，分散开来也可以成阵，行进时也可以成阵，静止下来也可以成阵，敌人根本不知道我怎么样后退，也不知道我如何进攻，这就是有纪律的军队。如此的军队将会震慑天下，即使是有智慧的人也不能窥测我军是从何处而来，更何况是那些山贼海盗呢！遗憾的是从四方召募而来的士兵，一万人一万种心思，既缺乏良将约束训练，朝廷又多有遥控干扰，将帅不熟悉士兵的情况，而士兵又未能了解将帅的命令，于是想驱赶他们赶赴战场效命拼死，这样交战而不失败，是从来没有的。所以说倭寇扰乱数十年，残余的贼寇虽然被消灭，但民众的力量也随之衰竭了。由此可知军队不在众多,而贵在精良。军队精良而没有纪律,作战不可能取得胜利。将领最宝贵的不是勇猛,而是贤能。将领贤能而没有得到朝廷的重用,事情不可能获取成功。

卷二

奇正虚实

【原文】

伍束而后阵定[1],阵定而后节制行,节制行而后进止熟,进止熟而后奇正生,奇正生而后变化不竭,惟变化不竭者,乃能致胜于无形。《淮南子》曰:“奇正相应,若水、火、金、木之代为雌雄。”斯言是矣。故静为躁奇,治为乱奇,饱为饥奇,佚为劳奇,而轻疾悍敢,若灭若没,无不是奇也。孙子谓:“善出奇者,无穷如天地,不竭如江河。”要知善用正者,亦如天地之无穷,江河之不竭耳。又曰:“善用奇者无不奇,善用正者无不正。”正此谓也。世之谈兵者,执以旁击为奇,埋伏为奇,后出为奇;选锋[2]为正,先合为正,老营为正。有等庸将派定伍队,正者只做正兵,奇者只做奇兵,皆非也。善用奇正者,不但使敌人不识我之奇正,如三军之众,偏裨之多,亦不得预测我之孰为奇、孰为正也。故当敌处,即为首,为正,为前冲;在左右,即为伏,为奇,为辅翼;在后,即为尾,为殿,为策应。然亦有首内之尾,正内之奇,冲内之伏,尾内之首,奇内之正,殿内之冲,又以辅翼策应,内易正,正而奇,奇也。于是奇正之变,只以听号视旗,辨别火鼓,为率然之出,无不可以为首,无不可以为尾,无不可以为伏翊,无不可以为奇正。所谓立定阵成,举号即战,乌有一定之则,而拘于方色前后也耶?故曰:存亡死生,在袍[3]之端。

既知奇正相变之术,便可得敌人虚实之情,奇正所以致敌之虚实也。敌实用正,敌虚用奇,理势然也。敌意吾正,以奇击之;敌意吾奇,以正击之;敌意吾出奇内之正,而吾出正内之奇也;敌意吾出正内之奇,而吾出奇内之正也;敌意吾以奇正必变,吾故奇奇而正正之也。所谓形之者以奇,示敌非吾正也;胜之者以正,击敌非吾奇也。故善用兵者,必使敌人不识我之孰为正,孰为奇。是以我常实,而敌常虚;我常致人,而不为人所致。但敌之意我,而吾何能知其意我也?故曰:端末未见,人莫能知。能因敌转化,动而辄随者,发机于无穷之源,乃可谓之得敌意,乃可谓之善奇正。

李靖[4]曰:“凡兵却者,旗参差而不齐,鼓大小而不应,人喧嚣而不一,此真败而非奇也。”臣谓以为不然。善用兵者,正使旗之参差,鼓之不应,语之喧嚣,退如山堕,走若潮崩,似果败矣。敌必欺凌,倏忽变号,出却内之正,用正外之奇,敌虽有见，亦必堕我之所不齐。靖曰：“旗齐鼓应，号令如一，虽却非败，必有奇也。”臣意亦以为不然。如节制之师，进退有度，虽败[⑤]必整，虽退亦治，乃息鼓偃旗，反前为后，似奔不奔，似骤不骤，势似出伏，敌必可售。兵法所谓以诈而施等类，则有幸与不幸焉，以诈而当节制，则必知其是听矣。是以得节制奇正之用者，神于人。故能形人，而我则无形也，乌在乎真败不真败间生测度哉？

李靖曰：“善用兵者，教正不教奇。”似亦误矣。奇而不教，则号无以别，变何以施？孙子谓“奇正相生，循环无端”，安有不教而能相生无端者耶？唐太宗问曰：“奇正素分之欤，临时制之欤？”靖曰：“按《曹公新书》[⑥]，己二而敌一，则一正而一奇；己五而敌一，则三正而二奇，此大略耳。士卒未习吾法，偏裨未熟吾令，则必以二五之术，使其各认旗鼓，迭相分合，此教战之法也。教阅既成，众知吾法，听将所指，如驱群羊，孰有一一二三为奇正之别哉？”又曰：“素分者，教阅也。临时制变者，不可胜穷也。”卫公此际，似得孙子用奇正之理。然又既言乌有先后旁击之拘，又谓大众所合为正，将所自出为奇，却（不）［又］凿[⑦]矣。惟无不正，无不奇，斯言乃得。

靖曰：“非正兵无能致远，非奇兵无能制胜。”乃有治力、前拒、束部伍迭相为用之说。此又指车营为正兵，步骑为奇兵也，似非无不正、无不奇之本义耳。又曰：“正而无奇，守将也；奇而无正，斗将也；奇正皆得者，国之辅也。”更又凿矣。殊不知奇正原不可分，惟临时因用，始有奇正之名。若以用正用奇，奇正皆得，而分守将、斗将、国辅之别，则臣不敢服也。观其说屡变，其意数更，似谈兵者流，非用兵之杰，否则伪书耳。惟末引握机握奇无二法，在学者兼通，稍为可解，他如用兵之道，先正而后奇，先仁义而后权谲，二语极当。

法云：有正无奇，虽整不烈，无以致胜也；有奇无正，虽锐无恃，难以控御也。所以正兵如人之身，奇兵如人之手，伏兵如人之足。有身而后有手足也，三者不可缺其一。三者能俱用，而旗鼓秘之，是为神化。故三分其一为奇伏，然伏出于奇者也，奇又出于正者也。善用伏者，自无处不伏耳，岂独以丛林草木陵阜间可伏耶？不观孔明之八阵[⑧]，外有游奕[⑨]二十四阵，则伏备其中矣。然非奉节制，齐心力，识奇正，而神出没者，未可使为伏。如敌人伏内，伏必胜也。敌当我头而来，伏易为也，恐其不入我伏，而反伏我后。敌或搜捕更严，抑亦先伏待我，不大胜必大败矣。故用伏之难如此。不若与大队同出，无得离远，遇可伏处，得令便伏，以待我兵少却可也。否则抄于敌后，瞰[⑩]彼兵交，即鼓噪乱其根本，捣其怠弛，或冲其心腹，可也。至于伏前伏后，伏左伏右，伏远伏近之机，须因敌因地而设施之，固不可以遥度定制。故善用兵者，自能使正之整治，使奇之分移，使伏之出没，如神如鬼，如山如雷，虽圣智对面，亦莫测我之所在。况敌之蒙昧，未若圣智者哉！世之庸将，尚不识何以为奇，何以为正，何以为伏，又乌能出无朕之化[⑪]、发不尽之机耶？此可与知兵者意会心符，似不能以形声相授。

主将所持不直，卒心日离，吏士不和，上下有隙，是谓气虚，岂独以兵疲食少为虚哉！主明将贤，上下同欲，感激既深，意气俱起，是为气实，岂独以兵强积广为实哉！故胜在得机，败在失气。气实则斗，气虚则走。胜兵非常实，败兵非常虚。虚实之气，系乎人心。是以明将常得，而暗将常失也。明战畏其实，偷营虑其虚。群鸟集其上，烟岚[⑫]疏其中，鼓铎[⑬]之音不节奏者，空营也，旁必有伏，无伏者遁也。当谨我聚散，止我号火，速出伏中，以免覆我。设有旌旗乱而阵数移，将离卒而心恐悸，道险狭而渡半涉，敌远来而地未得，疲奔命而炊未食，失利便而行未息，敌已虚也。当选锐分兵，相继袭击。所以见敌之虚，而急攻其危者，得其虚之用也。见敌之实，而急避其锐者，得其实之用也。然亦有虚虚实实之情，隐然未见者，我则虚者反其实，而应之者以虚也；实者反其虚，而应之者以实也。此又握虚实之窍，而致用之以神。

【注释】

①阵定：排定阵势。

②选锋：指由精锐士兵组成的突击队、敢死队。

③枹：同“桴”，鼓槌。

④李靖（571～649年）：唐初军事家。字药师，京兆三原（今陕西三原）人，精通兵法，因功封为卫国公。今有《唐太宗李卫公问对》一书，为《武经七书》之一。

⑤败：战败。

⑥《曹公新书》：三国时期的政治家、军事家曹操所著兵书，今已佚。

⑦凿：死板，呆板。

⑧孔明：即诸葛亮。八阵：是诸葛亮创制的一种阵法即“八卦陈”。由五军阵演变而来，其具体排列是由东西南北及东北、西北、东南、西南八个方阵组成一个大

阵，大将居中。

⑨游奕：即游弋，指八阵之外的机动兵力。

⑩瞰：俯视，观察。

⑪无朕之化：即变化神妙，不着形迹。朕，征兆、迹象。

⑫烟岚：混沌的雾气。

⑬铎：古乐器，铃的一种。

【译文】

队伍节制而后才能排列阵势，排列阵势而后才能号令禁止，号令禁止而后才能进止谙熟，进止谙熟而后才能产生奇正，奇正产生而后才能变化无穷。只有变化无穷，才能不露形迹地取得胜利。《淮南子》说："奇兵和正兵互相转换，如同水、火、金、木一样相克相胜。"这句话是正确的。所以用镇静对轻躁是奇，用整治对混乱是奇，用饱食对饥饿是奇，用安逸对疲劳是奇。再如轻装速行，凶猛勇敢，出没无形，无一不是奇。孙子说："擅长使用奇兵的将领，其出奇制胜的战法就如同天地一样变化无穷，好像江河一样奔流不息。"应当知道，擅长使用正兵的将帅，也能像天地一样变化无穷，像江河一样奔流不竭。孙子又说："擅长使用奇兵的人无处不奇，擅长使用正兵的人无处不正。"正是讲的这个道理。世上谈论兵法的人，拘泥于以侧翼攻击为奇，以埋伏为奇，以后发制人为奇；以使用选锋为正，以先行交战为正，以统帅所在的大本营为正。有如此一些平庸的将领，调动部队打仗时，正兵只当正兵使用，奇兵只作奇兵使用，这都是不正确的。善于使用奇兵和正兵的人，不但使敌人无法辨识自己的奇正，就连自己的三军将士，众多的偏将副将，也不能预测我方哪一部是奇，哪一部是正。所以正面与敌交战的，就是先锋，就是正兵，就是突击部队；在左右两侧的，就是伏兵，就是奇兵，就是侧翼辅助的部队；在后面，就是尾部，是后卫，是策应的部队。但是先锋之内也有尾部，正兵之中也有奇兵，突击的部队中也有伏兵，尾部的部队也有先锋，奇兵之中也有正兵，后卫之内也有突击部队。还可以将侧翼和策应的部队，内部奇正互相变化，把正兵变为奇兵，把奇兵变成正兵。这样奇兵和正兵的变化，只能听号令观旗帜，分辨火光分别鼓声，如常山之蛇一样地出击，无处不可以为先锋，无处不可以为后尾，无处不可以为伏兵和侧翼，无处不可以为奇兵正兵。所说的一旦停止前进便可布成阵势，发出口令便可开战，哪里有固定不变的准则，而拘泥于旗帜的颜色及位置的前后呢？因此说，部队的存亡，士卒的生死，全在于鼓槌上面。

既然熟悉了奇正互相变化的方法，就可以探知敌人的虚实情况。奇正之变正是为了知晓敌人的虚实。敌人兵力充实，我则用正兵对付；敌人兵力虚弱，我则用奇兵制胜，这是道理和形势的必然要求。敌人认为我用正兵，我便出奇兵袭击；敌人认为我用奇兵，而我却用正兵发起攻击；敌人以为我会出动奇兵中的正兵，而我却出动正兵中的奇兵；敌人以为我会出动正兵中的奇兵，而我却出动奇兵中的正兵；敌人以为我会将奇兵和正兵互相变换，而我却仍旧奇兵是奇兵，正兵是正兵。

所说的向敌人显示出用奇的形迹，就是向敌人表明我不会用正兵，而战胜敌人的却是正兵，袭击敌人的并不是我的奇兵。所以擅长用兵的将帅，一定不能让敌人看破我军哪一队是正兵，哪一队是奇兵。这样，我就是时刻保持兵力充实，而使敌人经常处于虚弱状态；我就能随时调动敌人，而不被敌人所调动。但如果敌人已经猜测到我军的虚实，而我又如何才能知道敌人已经猜测到我军的虚实呢？所以说，在微小的迹象尚未显现时，人们是难以知道的。只有根据敌情的变化而变化，随着敌情的变化而相应改变我军的计划和部署，生发出无穷无尽源源不断的变机来，才可以说是知晓了敌军的意图，才可以说是善于使用奇兵和正兵的方法。

李靖说："凡是军队退却时，旗帜参差不齐，鼓声或大或小互不应和，士兵喧闹而不整齐，这是真正的败退而不是使用奇兵。"我以为并非如此。善于用兵的将领，正是让旗帜参差不齐，鼓声互不应和，部队声音嘈杂喧哗，后退如山崩，逃跑像退潮，看上去好比真的失败了。在此种情况下，敌人必定会加以逼迫追击。这时突然变换号令，出动退却军队中的正兵，使用正兵以外的奇兵，敌人即使发现，也必然会坠入我故意杂乱不齐之计而被打败。李靖说："旗帜整齐鼓声应和，号令统一，虽然退却但并不是失败，必定会使用奇兵。"我认为也不尽然。比如纪律严明训练有素的军队，无论是进是退都有法度，即使失败也必会整齐划一，即使后退也必会井然有序，于是停止击鼓，放倒旗帜，变前锋为殿后，看上去像奔跑又不是奔跑，像疾行又不是疾行，摆出一副有埋伏的架势，敌人必定会上当受骗。兵法上所说的用诈术应对同一类人，有幸而不会上当受骗的，也有不幸而会上当受骗的。用诈术而抵挡有抵制的敌人，那么敌人就必然会唯令是从，听任自己调动了。因此能够掌握节制而又掌握奇正妙用的将领，比一般人更加神秘莫测。所以能诱骗敌人暴露形迹，而自己则无迹可寻，又何必在真败不真败之间进行推测呢？

李靖说："擅长用兵的人，只教练正兵的运用而不教练奇兵的变化。"这一说法似乎也是不正确的。用奇兵而不预先加以教练，那么届时口令就无法辨别，变化又怎能得以实行呢？孙子说，奇正相生，就如同循环变化既没有开端也没有终结，哪有不进行教练而能够使奇正相生而没有始终的呢？唐太宗曾问道："奇兵和正兵是平时就划分出来的，还是临时决定的呢？"李靖回答说："按照《曹公新书》上的说法，如果我有两人对付敌人一人，就把我军分为一正一奇；自己有五人而对付敌人一人，那么三人为正兵两人为奇兵，这是大概的分法。士兵没有练习我的方法，偏将副将没有知晓我的号令，那么就必须用上述二倍于敌、五倍于敌的方法加以教习，使士兵各自熟悉旗帜金鼓，反复训练分散与集中的变化，这就是教练作战的方法。教练和检阅完成以后，士兵们知道了我的阵法，听从将领的指挥，像驱赶羊群一样随心所欲，怎么还用再教一正一奇和三正二奇的差别呢？"李靖还说："奇正的平时划分，是为了教练和检阅。临时的掌握和变化，却是不可穷尽的。"李卫公这时似乎通晓了孙子运用奇正的奥妙。但是既讲没有先出为正、后出为奇、正击为正、旁击为奇的束缚和限制，又说集中兵力合击敌人为正兵，将领派出部分兵力击敌为奇兵，这又太过于刻板了。只有无处不是正兵，无处不是奇兵，这才深得运用奇正的奥妙。

李靖说："不用正兵就不能远程行军，不用奇兵就不能夺得胜利。"于是又有保持军队战斗力、设置各种障碍保障营垒安全、用军纪约束管理部队三者交互使用的说法。在这里李靖又把车营指作正兵，把步兵和骑兵当作奇兵，似乎不符合无处不是正兵、无处不是奇兵的本来意义了。他还说："只知使用正兵而不知运用奇兵，不过是一员守将；只知使用奇兵而不知运用正兵，不过是一员斗将；只有将奇兵和正兵运用自如的将帅，才是国家的辅佐。"这就更加刻板了。殊不知奇兵和正兵原本是不可分开的，只是临战时依据情况不同而分别使用，才有了奇兵和正兵的名称。假如以使用正兵、使用奇兵、奇兵正兵都能运用，来划分守将、斗将、国家辅佐的差异，那么我是不敢认可的。观察李靖的说法多次变化，其意思前后自相矛盾，似乎是纸上谈兵的言论，而不是善于用兵的将帅，否则《李卫公问对》这部书就是伪书。只有后面所引握机、握奇没有不同的方法，全靠学习兵法的人触类旁通，这一观点还可以讲得通。另外如指挥交战的方法，应先使用正兵而后运用奇兵，先施行仁义而后运用权谋，这两句话极其精当。

兵法上说：只有正兵而不运用奇兵，阵势虽然整肃，但对敌人的冲击却不够凶猛，打仗就无法取得胜利。只有奇兵而不使用正兵，虽然攻势锐利，但却没有正兵做后盾而后劲不足，难以控制整个战局夺取整个战斗的胜利。所以正兵如同人的躯干，奇兵如同人的双手，伏兵如同人的两脚。有了躯干然后才有手足，三者缺一不可。三者都能运用，同时运用的秘密都隐藏在旗帜鼓声的变化之中，这才是出神入化。所以用三分之一的兵力作为奇兵和伏兵，但是伏兵来源于奇兵，而奇兵又出自正兵。善于设置伏兵的人，自然是无处不可设置埋伏，又岂止是在丛林、草木、丘陵地带才能设埋伏呢？没有看到诸葛亮的八阵，外围有游奕的二十四阵，而伏兵就隐藏在其中吗？但如果不是军纪严整，齐心合力，知晓奇正的运用，而神出鬼没的，就不能用为奇兵。如敌人进入埋伏圈内，伏兵必定能够取胜。敌人向我迎面而来，我方就容易设置埋伏。只是唯恐敌人不进入我的伏击圈，反而在我军后面布设埋伏。敌人或者严密搜索，或者是先设埋伏等我入伏，我军不能大胜一定大败。所以使用伏兵是如此困难，干脆与主力部队同时出动，不要距离太远。遇到可以埋伏之处，得到命令就埋伏下来，等待我军稍微后退敌军追击时即可出击取胜。否则就抄敌后路，看到敌军已同我军交锋，即鼓噪大喊，扰乱敌军大本营，乘其懈怠松弛时发起突击，或者直冲其心腹要害之地，便能获得胜利。至于伏兵是在前还是在后，埋伏在左还是在右，埋伏在远处还是在近处，必须根据敌情和地形而便宜施行，万不可遥控指挥和预先制定。所以善于指挥作战的人，自然能使正兵的整肃有秩序，使奇兵的分散移动，使伏兵的出现隐没，好似鬼神一样飘忽不定，像山岳一样沉稳安静，像雷电闪击一样迅捷猛烈，即便是圣人智者站在对面，也不会臆测到我在何处。何况敌人蒙蔽愚昧，远不如圣人智者聪明呢？世上平庸的将帅，尚且连如何为奇兵，怎样用正兵，何以用伏兵都不知道，又哪里能施展出不露行迹的变化，生发出无穷无尽的机变呢？这个道理只能靠懂得用兵的人心领神会，似乎不能用动作语言进行传授。

主将执法不公正,士兵一天天离心离德,官吏之间不和睦,将帅和士卒有嫌隙,这就叫气虚,何止是士兵疲惫粮饷缺乏才叫虚呢?君主明智将帅贤能,上下同心同德,深怀感激君主将帅的恩德,意志和士气就会风发,这就是气实,又何止是兵力强大粮食丰富才是实呢?因此制胜的关键在于把握住战机,而溃败的原因在于士气低落,气实就敢于战斗,气虚就会逃走。制胜的军队并不是兵势常实,失败的军队也未必是兵势常虚。兵势的虚实,在于人心。因此聪明的将帅常常能得到人心,而愚昧的将帅则常失去人心。公开交战最可担心的是敌军兵力充实,偷袭敌人营寨却害怕敌营空虚。群鸟集于营寨之上,烟雾在营寨中飘扬,锣鼓的声音没有节奏,这是一座空营,旁边必有敌军埋伏,没有埋伏就是敌人已经逃跑了。这时我军的集中与分散应特别小心,停息号角和火光,疾速甩掉敌人的埋伏圈,避免敌伏兵消灭我军。假如旌旗混乱,阵势多次移动,将帅离开部队而士兵心怀恐惧,道路险阻狭窄,而渡河只渡过一半,敌人远道而来又未占据有利地形,疲于奔命还没顾上吃饭,失于有利形势仍旧不停止行进,这说明敌军已虚弱了。在此种情况下应当挑选精锐分别出击,接连不断地进攻。所以看见敌人虚弱,而向其危急之处迅速进攻,就是得到利用敌虚的高谋之处。看到敌军兵力充实,而急忙避开敌人的锐气,就是得到了对付敌实的妙法。但是也有虚虚实实的情况,隐藏而难以知晓。在这种情况下我则把自己虚弱之处造成充实的假象,并用虚来对付敌人;把自己充实的地方装作虚的假象,并用实来对付敌人,这就是掌握虚实的窍门,而在运用中达到了出神入化的境界。

众寡

【原文】

用众,宜整[①]宜治宜分,则利于平易,便于正守,妙在进止抽移[②]。所谓如山如林,如风如云,正正填填[③],雷霆怒天者,用众之势也。用寡,宜固宜轻宜锐,则务于隘阨,避之于易,变化不厌烦数。所谓进不可当,退不可追,齐力一心,死且不北者,用寡之势也。故曰用众者,进而止之;用寡者,进而退之。所以识众寡之用者胜。吴子曰:“以一击十,莫善于阨;以十击百,莫善于险;以千击万,莫善于阻。”是故善用众者必务易,用少者必务隘,犹宜于日暮,伏于必由[④],巧在偷袭击虚,利在未舍半涉耳。

众寡之用,法固称难,而更当识众寡之治也,求众寡之情也,审众寡之敌也。孙子谓治众如治寡者,无所不任人也。是以任力者劳,任人者逸。善任人者,总其纲则万目张,握其纪则万目起,虽治千百万众,何以劳为?故曰:任人者多而不劳。《管子》谓:“民诚而信令也,其民虽少无畏;民伪而不从令也,其民虽众为寡。”所以将众而用寡者,势不齐也;将寡而用众者,用力谐也。然究其诚与伪,势不齐,用力谐,皆由在上者政令作之化之而已矣。如孙武以三万胜,吴起以五万雄[⑤],管仲以七万霸,汤、武以万人王[⑥]。兵非不可用也,民非不可附也,不得其所以用之附之之方,虽多抑奚为哉!故善用兵者不务多,善附民者求诸己。

我寡敌众,忽被彼围,须乘其围势未坚,行列未定,急出武勇,挫其来气,谬用谲怪,示以神异,风突电驱,敛翼转势,一击乱之,敌众不治。兵人敌境众寡不当,相持且久,被围已厚,常令并气勿乱,待其少懈,从其兵厚而不治处突出。大抵围师必阙,阙之前面,多有险伏。兵厚处必敌根本地也,观其不治,便可冲之,不但得出,更乱其营,所谓一击而百万破矣。此又在用者审势相机,亦未可执围师必阙一语。如敌入我境而被围者,又不同也。敌众我寡,人心必惧,进退之间,或不用命,无得漫行杀戮,防有变也。宜从容自好颜色,开以必生之机,示以必死之路,则畏心销释,战气自生。战气生也,则众寡未可为不敌。然众寡之势,莫以土地广大、兵马繁盛就为众也,但分守处多,便无处不寡矣。即如虏漫九边[⑦],各有部统,势似不多,群虏心合,便觉众强。故善用兵者,能分合彼此之势,使其各丑异心,自相攻杀,则众寡可乘之势,因而两用之矣。

【注释】

①整:严整。

②抽移:抽调转移。

③填填:严整貌。

④伏于必由:埋伏在敌人必经的路上。

⑤吴起以五万雄:指吴起在魏国时,曾率领五万军队击败秦五十万大军,一时威震天下。

⑥汤、武以万人王:商汤、周武王都是依靠万人的兵力而分别击败夏、商而称王天下。

⑦九边:明代北方九个军事重镇的总称。明初为防备蒙古的侵扰,在东起鸭绿江、西至嘉峪关的漫长边境线上,相继建立起了辽东、大同、宣府、延绥(榆林)、宁夏、甘肃、蓟州、太原、固原九个军事重镇,派驻重兵把守。此处泛指边境地区。

【译文】

统率人数众多的部队,应当严整、治理和分散,有利于在平坦开阔的地形上展开军队,便于正面防守,妙处在于部队的前进停止和抽调转移。所谓静如山林巍然矗立,动如风云迅疾飘忽,旗帜整齐、部置周密、阵容严整实力强大,如电闪雷鸣震慑天下,就是运用人数众多的军队的声势和威力。指挥人数少的军队,应该稳固轻捷而又锐利,特别要占据险峻狭窄的地形,避开平坦开阔的地形,灵活机变不厌其烦。所说的前进不可阻挡,后退不可追击,全军上下齐心合力,即使战死也不逃走,这是指挥少数部队的气势。所以说,指挥众多的军队,能够在进攻中审时度势;使用少数部队,能够在前进中适时而退。因此懂得众多和少数军队不同用法的将领必定能获得胜利。吴起说:“以一击十,没有比占据狭隘地形更为有利的了;以十击百,没有比占据险要地形更为有利的了;以千击万,没有比占据险隘地形更为有利的了。”所以善于使用人数众多的军队必须务求利用平坦广阔的地形,指挥数量寡少的军队必须务求利用狭隘险峻的地形,尤其是适合在日落时分埋伏在敌人必由之路,巧妙地偷袭敌人虚弱之处,最有利的时机是在敌人尚未扎营和渡河渡过一半的时候。

统率众多或少数的军队,其方法固然难以把握,但更应该懂得对众多或少数部队的管理与训练,了解众多或少数部队的情况,审察敌人的众多或寡少。孙子所说的“管理人数繁多的部队同管理人数较少的军队一样”,意思是无处不任用人才。因此,只知道用力气就会疲惫,善于使用人才就会悠闲从容。擅长用人的将领,举其纲,就会万目张;握其纪,就会万目起。即使是治理千百万的大众,又怎么会疲惫不堪呢?所以说,任用人才治理再多的军队也不会疲劳。《管子》说:“民众诚实而服从命令,民众虽少却无所恐惧;民众奸诈而不服从命令,民众虽多却好比寡少一样。”所以指挥人数众多的军队但是真正能使用的人却很少,是因为人心离散而不统一;指挥数量不多的军队却能收到众多军队的功用,是由于全军上下齐心合力。然而民众的诚实与奸诈,人心的离散与齐心协力,根源都在于上面的人利用号令来引导和教化。如孙武用三万人获得胜利,吴起用五万人而称雄战国,管仲利用七万人成就霸业,商汤和周武王用万人称王天下。军队并不是不可使用,民众并不是不可归附,如果没有得到使用军队和让民众归附的办法,即使人数再多,又有什么用处呢?所以擅长用兵的人不追求军队众多,让民众依附的方法是靠自己的政令教化。

我军兵力弱小而敌军人数众多,突然被敌人包围,必须乘敌人的包围圈尚未巩固、行阵未定之时,迅速出动威武勇敢的士兵,挫败敌人的气势,故意使用荒谬怪异的手段,显示神妙奇异的景象恐骇迷惑敌人,如同风雨雷电突袭驰逐,收缩两翼转变阵势,集中力量扰乱敌人部署,敌人虽然众多也会失败。部队进入敌境,敌众我寡相差悬殊,双方对峙相持了很长时间,我军已被敌人重重包围,应令我军保持沉着不要慌乱,等待敌人松弛懈怠时,即从敌人兵力厚实而缺少防备处突围而出。一般说来包围圈必定留有缺口,缺口的前面大多是地形险峻可以设置埋伏的地方。兵力厚实之处必定是敌人的指挥中枢所在地,观察到敌人松懈之时,便可发起冲击,不但能够突围而出,还能打乱敌人阵营,这就是所说的一击便可以打破百万大军的包围。这又在于指挥者察看时机,而不能固守围师必阙这一教条。如果敌人进入我境而将我包围,作战的方法又各有不同。敌军人多势众而我军兵力薄弱,人心必定慌恐,前进和后退之时,有些人或许不服从命令拼命杀敌,在此情况下不要大量处死违令的士兵,以防士兵喧哗。应该神态从容,镇定自若,向士兵指明必定能生存下去的机会,展示必定死亡的道路,那么士兵的畏惧之心就会消除,作战的胆略自然就会产生。作战的勇气产生,那么弱小的我军就未必不能阻挡众多之敌。然而众寡的形势,并不是以土地广大、兵强马壮就是众多。如果是分兵把守的地方多,便无处不是少数了。就像敌人侵扰北方边境地区一样,他们各有统领,势力看上去似乎不多,但是由于他们齐心合力,便觉得势力很大。所以擅长用兵的人,能分散敌人的力量集中我军的兵力,促使敌人互相猜忌互相怀疑,自相进攻和残杀,那么众寡两种不同的情况,就都能够加以利用了。

率然二篇

【原文】

所谓率然[①]之势者,言其首尾顾应,斯须不离,腰不可断,首不可击,尾不可摧。故曰率然如常山之蛇。所以善用兵者,无不率然。何也?盖缘兵体将意,将合兵情,教因情措,阵因地列,气自势张,势从机发,如心之役身,身之运臂,臂之使指,动静率然,随心所使。虽风气有南北之殊,其应变无一定之理,大要在节制素明,教戒有自者,必利急中之用。是以三军行止,必严队列,慎行伍,谨甲兵,哨远近。如一伍一队一哨一营一阵之中,或昼或夜,但系火角铳炮齐鸣,即是有急,恐令不及下,随听遇警之处,队、伍、营、哨之长,以二而三,以六而四,立定阵脚,举手便杀,左右邻队,就是奇兵,进退迭更,人自为战。有惊营喧嚷,误举火炮者,须令静待,其乱自止,如有制之兵。隅落固密[②],连坐令严,自无此咎。纵营内有奸,亦不能动。

臣谓军中率然遇急之势易为,而天下率然有变之势难措[③]。何也?军中遇急,其节制机权,在于能将而已。能将之善任战者,率然如风之陡发,如云之陡合,如转圆石溃积水于万丈之上,使人莫识其来,莫知所御,是谓握率然之用。故能握率然之用者,必能应变于不挠,而又能以率然制敌于不测。法曰:恩与身先,兵雄天下。以是而知军中率然遇急之势易为也。天下有变,其冰消瓦裂之势,以前古鉴之,则有五危:曰乱民也,曰罪弃也,曰荒淫也,曰四夷也,曰权篡也。乱民之所起,起自饥荒,衣食迫之;罪弃之所起,起自贪墨[④],杀人无罪,高才不用于时;荒淫之所起,起自君上好奢,佞幸用事;四夷之所起,起自战守不明,控御无制;权篡之所起,起自威权日与,树党交私。有一则国贫,有二则国乱,有三则国危,有四则国分,有五则国灭。一者,五之渐也。设或有一,则五随之矣。苟不幸而生此率然遭变之世,虽贤智之才,班布而起,恐亦不能以率然为捍御。将有驱不教之民,以勤王事者出焉,或喻之以必生,或绳之以必死,或激之以忠孝,或重之以功名,犹未识其所应之机,能为必胜否?以是而知天下率然有变之势难措也。惟明君良将,能虑患于未形,措置于有道,自足以弥率然之变耳。

昔吴起以飨[⑤]赐激劝之法,行之日久,秦众犯西河[⑥],魏士闻之,不待将令,介胄而奋击之者以数万计。今也,将吏惫于监司中制之烦,士卒疲于科克工役之苦,偏裨困于谋求奔走之劳,则士气何由而作,教戒何由而施?以故将乏良能,兵无练锐,纵竭尽民膏以养兵将,实无益于率然。惜乎!臣于是而知斯时也,非商君之变法,不可以言守国,非尉子之连刑,不可以言治旅。

【注释】

①率然：常山之蛇名。常山，本为恒山，在今山西浑源南。西汉时为避汉文帝刘恒讳，改为常山。

②隅落固密：角落坚固严密。言军容严整，无隙可乘。

③措：措置应付。

④贪墨：贪图财物。杜预注："墨，不洁之称。"

⑤飨：设宴款待。

⑥西河：地名，战国时魏置，一称河西。辖今陕西东部黄河西岸地区。

【译文】

所说的如常山之蛇那样的阵势，是说军队的首尾互相策应，时刻也不能分开，腰部不会被切断，头部不会被打击，尾部不会被摧毁。所以说首尾呼应如同常山之蛇。因此擅长用兵的人，在统率军队时无不像常山之蛇那样前后呼应机动灵活，这是为什么呢？大概是由于士兵能体会将领的意图，将领能知晓士兵的情况，训练根据具体情况而实施，阵形根据地形而排列，士气的振作来自形势，形势的有利来自把握战机。如同大脑役使身体，身体运动双臂，双臂指使手指，动静灵活，随心所欲。虽然南与北的风俗习惯有不同，应对突然事变的方法也没有固定的准则，但主要的是军纪严明，训练和教练有方，有利于紧急情况下使用。所以部队无论是行军还是驻营，必须严整队列，审慎行伍，严谨兵器，警戒远近。如一伍一队一哨一营一阵之中，不论是白天还是夜晚，只要是火角铳炮之声齐鸣，就是有紧急情况。为了防备主将来不及下达命令，允许听到警报之处的队长、伍长、营长、哨长，将两队变为三队，六队变为四队，站定阵脚，举手便杀，左右相邻的军队就是奇兵，轮番上前攻击，士兵各自为战。有惊营喧哗、误发火炮报警的情况发生，必须下令部队沉着等待，混乱自然就会停止。正如军纪严明训练有素的军队，每一处角落都坚固严密，连坐法度严格，自然不会有这种惊营和误发警报的错误发生。即使是营内有奸细混入，也不能动摇我军阵营。

我以为军队中突然遇到紧急情况容易控制，而国家突然发生变故的局面难以应对。为什么呢？军中遇到紧急情况，其处理应付之权，不过在于贤能的将领而已。贤能的将帅善于指挥打仗的，行动突然如暴风突起，像乌云突聚，如同在万丈之高的山顶上向下滚动圆石、决开积水一样，使敌人不知我从何而来，不知道应该如何抵挡，这就叫掌握了灵活机动方法的妙用。所以能掌握灵活机动妙用的将帅，一定能应对突然事变而不受阻挠，又能在不可臆测中用突然行动制服敌人。兵法上说："对士兵施以恩惠，作战时身先士卒，这样的军队可以称雄天下。"由此而知军队中突然遇到紧急情况容易处理应付。

国家发生变故，其局势就好比冰消瓦解。以前代的历史来借鉴，有五种危险：一叫作乱民，二叫作罪弃，三叫作荒淫，四叫作四夷，五叫作权篡。乱民出现的原因，是由于饥荒，因为饥寒交迫被迫起来反抗；罪弃出现的原因，是由于官员贪财，杀人者无罪，有卓越才能的人不被任用；荒淫产生的原因，是由于君主喜好奢侈，奸佞宠幸之人把持了朝政；四夷侵扰产生的原因，是由于作战与防守的计策不明确，掌握和驾驭缺乏制度；权篡产生的原因，是由于权力日益旁落，大臣结党营私。以上五种情况有一种国家就会贫困，有两种国家就会发生混乱，有三种国家就会危险，有四种国家就会分裂，有五种国家就会灭亡。一种，是五种的开端。如果出现上述一种情况，那么其他的几种情况就会随之而来。如果不幸而出生在这种突然遭到事变的时代里，即使有贤智之士，布告天下号召起而响应的，恐怕也不能统率军队保卫国家。即使有驱使未经训练的民众的人挺身而出救援皇帝，或者用必生之道来劝谕民众，或者用必死之法来命令他们，或者用忠孝来勉励他们，或者用功名来厚赏他们，仍然不能知道是否能够应付突然事变而必定取胜。由此可知天下突然发生变故的局势是难以应对的。只有明君良将能防患于未然，有办法防微杜渐，自然就能够消除突然发生的事故了。

以前吴起使用款待、赏赐的办法鼓励士兵，实行了很长一段时间后，秦军大举进犯魏国的西河地区，魏国士兵获悉，不等待将领下令，就穿上铠甲奋起还击的士兵，以数万计算。现在，将吏被监军官员及朝中的干涉搞得疲惫不堪，士兵被克扣粮饷和大量劳役摧残得苦不堪言，偏将副将为谋求高升奔走请托弄得筋疲力尽，这样士气又怎么能得到振作，教育训练又怎么能得到实施？所以将领缺乏才能，士兵没有训练，纵然是竭尽民脂民膏，用来给养军队，也实在无益于应对突然事变。遗憾呀！我因此知道在当今社会，不实行当年商鞅那样的变法，是不能议论守卫国家的；不实行当年尉缭子那样的连坐刑法，是不能议论治理军队的。

技用

【原文】

古者旌旗幡帜，幢葆旐旞[1]，不过束伍司方[2]，使士卒别认[3]本部之进退，为分合之指麾耳。故曰所麾从移，所指从死者是也。原无异巧之术。后世绘诸像者，诡道也。出生克者，厌法[4]也。嗣而画熊彪狮吼以彰其猛，雕鹗鹰隼以彰其击，星辰日月以彰其明，云龙风怪以彰其不测。故伍有伍旗，队有队旗，门有门旗，角有角旗。变队旗，杂伍旗，官旗，将旗，司命豹尾，高照转光，坐纛[5]号带，金鼓清道之制，大小方色虽殊，而名则曰旌旗也。他如五方五帝旗，二十八宿旗，三百六十日神旗，雷门十二将旗，四时八神旗，司地十二祇旗，支干丁甲旗，八卦九星旗，司天司煞，异名谲像之类，不可悉数。克土以青，克火以皂，克金以红，克水以黄，克木以白。又如坐罪人于白旗，杀罪人于黑纛，得敌刳心以祭旗，取血以衅[6]鼓者，总不外多方误[7]人，悚彼观望，示致其灵，以彰我威耳。能兵之士，当自识之。然旌旗不可不多用也，旌旗不多，则威仪不严；威仪不严，则军容不整。故曰多用旌旗，蔽我队伍，使敌不得

登高望我动静虚实也。且旗为进导之司，尤能遮蔽矢弹，如南夷惯用毒弩边箭，鸟铳药标，到身即死。是以南将多用健士，麾旗当先，翼兵驰进，盖缘弩箭弹标，著旗即下，自不及伤人也。用法以旗杆过人二尺，椆木为之，旗用好绸，上至枪筒，下及枪钻，少尺余，以两手托开，阴阳拿住，左右伏身，盘旋转绕，鼓紧急趋，先于高招，锋交即止，以让短兵。

军中响器，则有铜鼓、挠鼓、鼙鼓、杖鼓、鼛鼓、鼖鼓、鼍鼓[8]之类，用虽不同，大抵壮逢鼖[9]之势，彰震天之威，故出军有衅鼓之法耳。其大金錞钲、铙铎、号笛、笳管、觱篥、锁叭、哮罗、板钹、梆铃者[10]，齐心听、别昼夜，用变率然之号，而奇正进退因之以分合焉。长六尺者曰角，五尺者蠡，蠡角之用，亦皆神出没，一三军也。许洞曰："大将出师十万，宜有大角二十四具，大鼓二十四面。"似亦泥矣。如深入敌境，欲彰其威盛者，更须多用，何必数拘。

凡射之理，开弓须雄而引满，发矢须静而虑周。故曰心清也，情逸也，性静也，身正也，力闲也，审固也。所谓从容闲逸，射必中的。又曰镞不上指，必无中理；指不知镞，同于无目。镞须至坚，杆宜挺直，弓须软硬适宜，而收贮最畏潮湿。学射以十步立标，标眼如钱大，平胸满射，能三矢中二，移远五步。又能不离左右，即于二十步立标，标眼如酒盅面大，平胸满射，能三矢中二，移远五步。又能不离左右，即于三十步立标，标眼如烧饼大，平胸满射，能三矢二中，移远五步。又能不离左右，即于四十步立标，标眼如碗面大，平胸满射，能三矢中二，移远五步。又能不离左右，即于五十步立标，标眼如碟面大，平胸满射，能三矢中二，移远五步。又能不离左右，即于六十步立标，标眼比碟大一围，平胸满射，能三矢中二，移远五步。又能不离左右，即于七十步立标，标眼比碟大二围，平肩满射，能三矢中二，移远五步。又能不离左右，即于八十步立标，标眼大八寸，平肩满射，能三矢中二，移远五步。

又能不离左右，即于九十步立标，标眼大一尺，平肩满射，能三矢中二，移远五步。又能不离左右，即于百步立标，标眼大尺许，平肩满射为率。标之高下，须以远近相称，虽立百步，不过高六尺是也。武场比射，以八十步立（把）[靶]，亦高六尺，广二尺许，三矢中二为善射。但力能至百步者，当短五十步而发；力能至五十步者，当短二十五步而发。能如是，乃得射之妙机。马射必以离把十五步而及者为熟，又能以每把必发分骔[11]，对镫抹鞦[12]者为精奇。

夺险守隘，非弩[13]莫克；邀彼方张，非弩不可。弩之称利，古人尚之，何独不重于今世？此可于有志于边事者筹之也。如绞车弩，能射七百步；大合蝉弩，能射五百步；蹶张弩，能射三百步。群鸦弩，发十矢；飞枪弩，发一矢，诸葛亮名之曰元戎，陇人呼之为摧山。他如三弓趴子弩、八牛床子弩、雌黄桦梢弩、大连环弩、跳镫弩、小合蝉弩、自犯弩、大黄参连弩、大木单弩、黄肩弩、擘张弩、毛葫芦毒药弩、傜僮濡缕毒弩、八担弩、双弓弩、神劲弩、马黄弩、叠竹弩、角弓弩、伏远弩、神机弩、木鹤弩、匽子弩、神臂弩、麻阳弩、蝎尾弩、神水弩、克敌弩、二意角弓弩、无敌流星弩、一字弩、静塞弩、竹竿弩、交趾弩、强弩、积弩、漆弩、小黄石弩、火弩、台弩、床弩、腰弩、连弩、竹耕戈之类[14]，不止数十种。然弩虽一名，其制其用各异。如伏弩者，药非至毒，未必能杀人；镞非至坚，未必能透甲。矢及即死，方可称弩；万弩一机，乃得弩用。故善伏弩者，站头高下自准，而矢勿令其虚发，更药须至急，机须至幽。用机之妙，妙在旋下。其旋下者，得机之用也。敌少不必下机，敌或尝我，而大队在后，亦不必下机，敌进大半而发者，为之神击，镞及马倒，人乃自毙，纵胡马骁雄，必不能当我半寸之镞。故知用弩之功，不在火下，犹宜潜袭，最便山林，欲以轻骑往来，利于小弩、小黄、腰弩、神臂。若将守壁据危，须用绞车、合蝉、蹶张、自犯、比手弩。以五十步立把，高五尺，广尺许，三箭中二者为善射，能及飞走之目者称精奇。弓弩虽短兵之长用，但矢尽弓解，即为人困。故习射者必精刀剑，弓解则有接济之兵矣。学弩者必熟[15]杈镰，矢尽则有利用之具矣。此在锐意练兵者，宜加意焉。

学艺先学拳，次学棍。拳棍法明，则刀枪诸技，特易易耳，所以拳棍为诸艺之本源也。如宋太祖之三十六势长拳、六步拳、猴拳、囮拳，名虽殊，而取胜则一焉。温家之七十二行拳、三十六合琐、二十四弃探马、八闪番[16]、十二短，此又善之精者。吕红之八下，绵张之短打，李半天、曹聋子之腿，王鹰爪、唐养吾之拿，张伯敬之肘，千跌张之跌，他如童炎甫、刘邦协、李良钦、林琰[17]之流，各有神授，世称无敌，然皆失其传，而不能竟所奥矣。杌杈棍长一丈二尺，精者能入枪破刀。惟东海边城与闽中俞大猷之棍[18]，相为表里，法有不传之秘。少林棍俱是夜叉棍法，故有前中后三堂之称。前堂棍名单手夜叉，中堂棍名阴手夜叉，类刀法也，后堂棍名夹枪带棒，牛山僧能之。谚曰："紫薇山棍为第一，张家棍为第二，青田棍又次之。赵太祖[19]腾蛇棒为第一，贺屠钩杆、西山牛家棒皆次之，其孙家棒又出自宋江诸人之遗法耳。"大抵练兵教艺，切须去了走跳虚文，但动棍须把得坚，交棍妙在下起。棍人必须上压，一打一揭欲我疾。阴手阳手令人疑，大剪小剪神变用。大门小门藏正奇，使拔剃滚杀起磕，俱得其妙，乃可称棍。俞大猷《剑经》曰："待其旧力略过，新力未发，而急乘之。”似得用艺之秘矣。棍法之妙，亦尽于大猷《剑经》，在学者悉心研究，酌其短长，去其花套，取其精微，久则自可称无敌也。

能杀人于二十步之外者，六合枪法也。复有马家长枪、沙家竿子、李家短枪之名。长短能兼用，虚实尽其宜，锐进不可挡，速退不能及，而天下称无敌者，惟杨氏梨花枪[20]也。所以行有守，立有守，守内暗藏攻杀之机。枪锋须短利而轻，以不过两为率。杆须腰硬，根粗梢称。南方以竹为杆，堪称省便。北地风高易裂，须得丝觔缠扎乃可，否则以桐木代之犹胜。凡学枪，先以进退身法步法与大小门阇、阇串手法演熟。继以六真八母、二十四势的厮杀，使手能熟，心能静，心手与枪法混而化溶，动则裕如，变不可测。但施于阵上，则伸缩腾挪之机，少称不便，故花法不必习，习亦无用也，此在学者自妙而运用之。惟山东樊氏，深得其传，惜乎老矣。较比之时，先看单枪，试其手法身法，进退步法，阇串不宜甚大，尺余便好，复以二十步外立木把，高五尺，阔八寸，上分目、喉、心、腰、足五孔，孔大寸许，内悬圆木球。每一人执枪立二十步外，听鼓声擂紧，翻然擎[21]枪，飞身向前戳去，以得孔内木球于枪尖为熟，五孔木球俱得为精。若二人比艺，即不离封、闭、捉、拿、守五法而已。惟能守者力自闲，有隙便进，是得用枪之诀。

筅[22]之出入，颇称不便，似非利器也。所可恃者，能作步卒之藩篱耳。然非长枪短兵，夹持而进，则所谓能御而不能杀者也。故学筅者，必以老成有力，而筋骨已硬之人，谓其无活跳闪赚之势，如精锐轻凌之兵，又不必以重赘之器为利用焉。筅之竹节须密而称，旁枝须坚而粗，筅刃须长而利，以火熨之，或曲或直，四面扶疏[23]，如刺如戟，炙以桐油，敷以毒药。较阅之时，先令其自使，观其手法步法，六势成熟，然后与长枪对比，枪哄不动，又能护我短兵，进战搪架敌器不入为精。

藤牌宜坚大而轻，使人蹲下，可以遮一身有余。凡学牌，先从八势，曰：赖扎衣势，斜行势，仙人指路势，滚进势，跃起势，低平势，金鸡闯步势，埋伏势。八势既精，自得其巧。是以觅牌如壁[24]，闪牌如电，遮蔽活泼，起伏得宜，全身藏尽，视听外驰，更须翻滚不露头足，此用牌之要说耳。然非标子，无以用也，故学牌者先学标。每带弃标数枝，启手时，左挽牌，右持标，步动标起，近敌便投。标去敌必闪顾，则牌随隙滚进，使敌措手不及为精。设若敌不为标所动，亦必为标所伤矣。故曰标者牌之疑兵。又所虑者，恐进标而抽刀不迭，此用牌之大病也，习者慎之。较比牌标之法，悬银钱三个于三十步内，滚牌进标，如临敌势。标中银钱者，以银钱赏之；三限不中者，罚而复责。惟三标百试不差者为奇异。长牌主御，驻则成营，行则蔽队，仅可作营队之藩卫也。所谓壮士气，齐步伍，退如山，进如堵[25]。然非长短之兵，杂而用之，则不可恃。长短之兵，若非牌蔽，又不能以骋其利。故曰得长短刚柔之用者不败也。牌须高广过人，可以搪前遮后，护足止马，但铅子竟人，无以为御。戚继光曾以丝绵数层制度牌上，名曰刚柔牌，以拒鸟铳，终不能挡，总不若练荆花铠法为妙，铅子著[26]之自下，但人鲜得其制法耳。

军中诸技，惟刀剑法少传，若能滚人，使长短兵不及遮拦，便为熟矣。如日本刀，不过三两下，往往人不能御，则用刀之巧可知。偃月刀头大且重，使有力者用之，而更能精熟三十六正刀，二十四闪伏，则诸兵仗当之者，无不屈也。马上双刀，须长而轻，后过马尾，前过马头为要。剑用则有术也，法有剑经，术有剑侠。故不可测，识者数十氏焉。惟卞庄之纷绞法，王聚之起落法，刘先主之顾应法，马明王之闪电法，马超之出手法[27]，其五家之剑，庸或有传，此在学者悉心求之，自得其秘也。如凤嘴刀，三尖两刃刀，斩马刀，镰刀，苗刀，糜西刀，狼刀，掉刀，屈刀，戟刀，眉锋刀，雁翎刀，将军刀，长刀，提刀之类，各有妙用，只是要去走跳虚文，花套手法，始得用刀之实。故曰不在多能，务求精熟。设或不精，反为所累。所以秘技有神授，如无真授，未可强为。授之不精，未可称技。精而不能变，犹为法之所泥。

短兵者，为接长兵之不便[28]，然亦有长用也。马杈有突越之势，绰钯有闪赚之机，然杈不出阴阳，钯不离五路。如燕尾杈、虎尾杈、五龙钯、三股杈、钯尾鞭、丈八鞭、双钩枪、连珠铁鞭、鹰爪飞挝、开山斧、锉子斧、钩镰戟枪、铁搅、钩竿、天篷铲、捣马枪、蒺藜椎、鸦项枪、拐突枪、鱼肚枪、狼牙棒、豹尾鞭、芦叶枪、流星椎、杈尾椎、杈竿、抓枪、铁锏、桀钁[29]、掷远、铁梧、环子枪、抓子棒、紫金标、八尺棍之类，不可悉数，各有专门。但身法、手法、步法，皆由拳棍上来，其进退腾凌顺逆之势，俱有异样神巧杀着，学之得精，俱可制敌。然非密授，不可强施。外如花刀花枪，套棍滚杈之类，诚无济于实用，虽为美看，抑何益于技哉？是以为军中之切忌者，在套子武艺；又所恨者，在强不知而为知。

鸟铳出自外夷，今作中华长技，妙在打眼圆中，神在火门急迅，利在药细子坚，中在腹长照准。装药竹筒、火绳、信鳌、匙锤、通杖、油单，须随身悬带，有临场遗失，药不燥干，即连坐以法。火门损坏，药弹短少，即禀修添。较演以八十步立五尺木，广二尺许，上悬铁片如人头大，中悬铁片如心腹大，三发二中其头腹为熟，三发三中为精。但不敢连发五七铳，恐内热火起，且虑其破，惟倭铳不妨。今有以竹木代之，堪称轻便，又在制者得其巧，则得其妙用矣。其所畏者，药炼荆花铠、南岛油漆兕条甲、湿布幔耳。

火箭古称神器，而南北俱宜，功不在鸟铳之下。但军中久无制之妙者，若造作失制，放手无法，徒费而无所恃也。大抵纸间矾油以避湿，药须极细而筑实，线眼用铁杆打成，自然更要至中而至直。如筒长七寸，眼须五寸许，箭杆要直，翎宜劲，羽去颈二寸称平，此其诀也。比试以八十步立(把)[靶]，平去能中为精，歪斜起落不入(把)[靶]者，治其兵，连坐其长。造法不精，责其匠。然亦有用强弩绞车豁竹射送者妙，其火则后出少而前出多，故利于烧积聚耳。

子母炮者，妙在惊虏之马，惊虏之营，乱虏之伍，夺虏之气。须药线不误，放手惯熟为神。所畏者母炮未发而子炮先声，则伤本处人矣。或至半途而炮发，或至敌营而火息，则炮无益于用矣。故线似螺蛳旋转，令不相见。赛贡铳[30]者，竹木俱可为之，长三小尺，而铅子合口约重半斤，平卧地上，以垫头高下得宜放之，且不用木马，故神于佛狼[31]，妙于发贡[32]，亦军中之利技耳。

火之得用者，如火砖[33]、火球、火盗、火妖、诸般火兽、异样火禽、星鸢、烽豕、火鹞、云龙、烟球、药桶、神彪、火瓶、牌铳、牌箭、游龙、号鸦、灰瓶、火船、毒烟、毒火、绿油、鲵油、合炮、火楼、火骑、飞炬、火堑、火牌、十子铳、九龙枪、大蜂王、大将军、覆地雷、绞江龙、绞地龙、轰山炮、混天炮、流星炮、净江龙、攻戎炮、旋风炮、天坠炮、虎蹲炮、五梢炮、七梢炮、天机炮、返复枪、自犯炮、追魂箭、迷魂炮、一把连、三只虎、风尘炮、浮萍火、单梢炮、双梢炮、大窝蜂、小窝蜂、十丈枪、七筒箭、打阵炮、插翅虎、荔枝炮、石榴炮、地涌枪、千里胜、连声炮、葫芦火、冲锋马、木石炮、拄腹炮、火鞭箭、铁火床、蒺藜球、先锋炮、火龙刀、火龙枪、火焰枪、二虎追、火龙口、逐人枪、虎尾炮、漫天雾、毒药火、飞天喷筒、毒烟喷筒、神机火枪、旋风五炮、缠身火龙、惊风牝猪、飞蛇逐马、猛虎离山、五色障烟、飞空神砂、独脚旋风炮、霹雳行火球、交锋弃马、群虎啸风、火龙争胜、游鼠惊马、百鹰获兔、众虎奔羊、一母领十四子炮、旋风狼牙炮、月落星随炮、五雷裂山炮、大装囊、燕尾炬之类，制巧而名殊，用同而药似，变而神异，用则夺魄者，约百余种，制式用法俱载《利器图考》。须因敌异用，因地异施，举放燃线，不疾不徐，得法为妙，顾宜预制于军中，以备率然秘用可也。歌曰："用阵须兼车步骑，用器应分南北利，用才若识致贤愚，水火得宜无不济。"

昔伍员[34]教阖闾以舟师之战，大翼[35]者当军车，小翼者当轻车，突冒者当冲车，有楼者当楼车，走舸者当骠骑，而后退钩进拒之法以著。故水战利便利用之器具，则有水平、拍竿、皮船、木罂、浑脱、丫篙、望斗镳、阴阳钻、燕尾牌、虎头牌、发贡、佛狼、喷筒、火箭、鸟铳、药弩、掷远、飞标、火砖、灰桶、绿油、硝黄、械筏、蒲筏、排筏、浮囊、水袋、飞统一组织絙[36]之类。水战利走利斗之应宜，则有蒙冲、斗舰、游艇、天艎、绝海、飞江、楼船、走舸、海鹘、艅艎、下濑、戈船、沙船、渔船、梭船、网船、鹰船、巨舰、横海、追云、潢龙、沧兕、四轮舸、两轭舟、八卦六花船、鸳鸯浆、子母舟、破敌舸、高把梢船、开浪船、蜈蚣船、八浆船、大头船、尖尾船、大福船、苍山船、艟矫船、两头船、草撇舡、沧海舡、广东船、水虎捷、水虎翼、叭喇唬、混江龙、犁云虬、飞海龙、赤天艘、铁海青、四跳三櫓[37]之名，率皆古今水战之长技，有用而捷者，有用而顿者，其风涛顺逆之势，港汊大小之宜，江海浅深之用，此在明将审势相机，因时变用，不可拘也。然不佐助以火，弗易有功，故军中大利用者，必在水火。大为害者，亦在水火。若非水火，又无以见崩天裂地之势，却在用之得宜与不宜耳。

阵而无车，犹身之无甲。故车者为军之羽翼，始于轩辕[38]，盛于三代[39]，用以陷坚阵，要强敌，遮走北也。昔太公制武卫大扶胥[40]者，轮高八尺，以二十四人推之，可陷大阵也。武翼大扶胥者，差小于武卫，轮高五尺，以一十八人推之，可比锐师也。提翼小櫓扶胥者，又差小于武翼，用以独轮。大黄参连弩扶胥者，又稍大于小櫓，伏以飞凫电影，皆可以摧坚破强，迎遏大势。嗣而[41]武王制戎车，宣王[42]制元戎，楚子[43]制两乘，晋人[44]制五乘，卫青[45]制武刚车，马隆[46]制偏箱鹿角车，马燧[47]制冒战车，卫绛[48]制如意车，黄怀信[49]制万全车，王大智[50]制雷电车。洪武四年[51]，亦令造独辕车，永乐、宣[52]德中，曾益其制。近如谭司马[53]奏造两辕车于京营，蠢重失制，运转艰难，诚无益于用也。迄皆靡费，惜乎。他如狻猊轩、神兽车、横阵车、翼虎车、自行车、必胜车、火厢车、云轩车、行炮车、霹雳车、镜辒车、旋风炮车、各样大小弩车、各样大小炮车、刀车、枪车、撞车、绞车、驰车、阙车、冲车、辎车、火车、油车、弃车、飞车、象车、天梯车、离合车、蹲狮车、伏虎车、帐幕车、三辕车、轻车、小戎、木牛、流马、骑寇、牌车、流车[54]之类，皆古人用之，历能霆击风驰，何往而非取胜，独不用于今时，何也？岂匠不能制，而地不宜用哉？岂制之非良，而用之不得其法哉？不能变通其用者，必以山水形势不便为说。今之山水，即古之形势，其宜与不宜，不待辨而自明矣。

昔者以弩卫车，今则益以烈火，弩有毒药，火有神方，而车有异制，其功固十倍于古人，又昭然可见也。当事者不言因用之无方，而谓车之无益于用，误矣哉！然则黄帝、太公而下，诸将用车制胜者，皆虚语耶？独不观卫青出塞，以武刚车自卫，黠[55]虏不得骋其雄；李陵以步卒五千，横行虏地，战气日锐，若非轻车，何以骋[56]战气？若非毒弩，何以褫[57]虏魂？矢尽食绝，而应援不至，要皆数耳，非用车弩之罪也。识者谓胡虏之勇悍，胡骑之轻剽，非车无以当御，故制虏先制马，制马必以车。又谓破虏非难，在车制战守有法。则用车之验，顾非不给之事矣。戚继光曾与臣论将驱大车陷坚阵之法，欲以牛骡驴马代人之劳，势颇难当。臣谓用力于前，故不为妙，设有巧思者能发机于后，或中或傍，仍以机前用火，是善发其势，斯为无敌也。大率制车以朴素浑坚、活泼机变、构思宜巧、法则宜新是也。若一时有急，能令市上及农间小大轻重之车，稍易制度，俱可赴战，此又得用车之至窍者矣。

飞楼望远、插板陷坑、飞桥、钩桥、转关、钮铻、谁何、刁斗、辘轳、地涩、天罗、地罗、武落、织女、穿环、暗门、泥櫑、木櫑、风扇、竹牌、砖櫑、石櫑、地笋、铁屋、剑刃、储胥、挡蹄、捉马、毡帘、皮幔、麻搭、唧筒、狗脚、木篦、篱笆、垂钟板、拐子木、夜叉櫑、鹿角木、木女头、木马子、铁蒺藜、铁菱角、铁撞头、狼牙拍、铁飞钩、阑杆棒、霹雳棒[58]之类，率皆攻守之具，悉令备置于军中可也。如布城软壁，用于南方，则野战固有所恃；用于北鄙，而虏马亦为之惊疑。或军行失道，则以指南车子午针定其南北，欲还本境，乃放老马引道于前。军围八面，欲知其进退，当令城内八方凿井，深二丈许，取新瓮以薄皮鞔[59]口如鼓，使聪耳者于井中枕瓮而听，去城五百步，悉知之矣。或令少壮者枕大空葫芦，卧幽静处，人行二十里外，东南西北皆知之，名之曰瓮听，曰地聪。器具屡有异名，如以铁蒺藜为鬼箭，以掷远为飘石，以伏弩为耕戈，以火砖为满地锦，以竹片代衔枚，以木城为壁垒之类，不可悉数。为将者固宜识之。凡制器具，务在精奇，三军生死相关，家国存亡所系，不可因中制而避嫌省费也。须令匠作自制营中，切勿推于有司，致误大事。所谓负大计者，不避小嫌，不惜小费，军中之乐，以围猎观进止之节耳。然赏罚之令必严，将帅之仪必整。如戏剧音乐之类，亦必雄壮慷慨，教以激烈。凡无益于军用者，不可有也。

平时用技称十分精熟，而对敌之际，能用出五分者不败，能用出六七分者必胜。多有当场便忘了平素手段，况生死之际乎？且如长短器械错杂，阵头一齐拥进，起手就戳便砍，虽转手回头，尚不可得，岂容活泼动跳做作进退身势手法耶？所以虚花武艺，一些用不得在阵头上，正谓此耳。练兵者若曾亲经战阵，当识诸此。然艺虽倍精于敌，又不可失势也。势一失，恐无隙复乘矣，无隙乘则胜败却未可定。

【注释】

①幢:旗帜。葆:车盖。旐:旗帜,上画龟蛇。旝:旗帜。

②司方:指示方向、方位。

③别认:识别辨认。

④厌法:即厌胜。古代的一种巫术,自称能用诅咒将人或物制服。

⑤司命豹尾,高照转光:均为旗帜名;坐纛:军中大旗。

⑥衅:古代的一种祭祀仪式。在战争中常用俘虏的血涂在战鼓上。

⑦误:迷惑。

⑧鼗鼓:长柄摇鼓。鼍鼓:用鳄鱼皮蒙的鼓。

⑨逢:鼓声。鼞:也是鼓声。

⑩镎、钲、铙、铎:以上均为古乐器。

⑪騣:鬃的异体字。

⑫鞦:同鞧。套车时拴在驾辕牲口屁股周围的皮带等。

⑬弩:古代重型兵器,一种利用机械力量射箭的弓。

⑭绞车弩、大合蝉弩、蹶张弩、群鸦弩、飞枪弩、元戎、摧山、三弓趴子弩、八牛床子弩、雌黄桦梢弩、大连环弩、跳镫弩、小合蝉弩、自犯弩等等,都指弩的名称,因其发射方式、作用、产地、构造、形制的不同,而名称各异。

⑮熟:熟习。

⑯六步拳、猴拳、囮拳、行拳、合琐、探马、闪番等:均指拳术的名称。

⑰吕红、绵张、李半天、曹聋子、王鹰爪、唐养吾、张伯敬、千跌张、童炎甫、刘邦协、李良钦、林琰:都是明以前的拳术名家,其生平已不可考,拳术已经失传。

⑱俞大猷(1504~1580年):明代抗倭名将,与戚继光齐名,著有武术著作《剑经》。

⑲赵太祖:即宋太祖。

⑳六合枪法、马家长枪、沙家竿子、李家短枪、杨氏梨花枪等,均为明以前枪法名称。早已失传,其正确套路已不可考。

㉑擎:举起。

㉒筅:明戚继光所发明创造的一种兵器,又称狼筅。以竹或铁制成,长一丈五尺,重七斤,利刃在顶,附枝节多层。

㉓扶疏:枝叶茂盛而分披的样子。

㉔筧:高危的样子。

㉕堵:墙壁。

㉖著:附着,击中。

㉗卞庄之纷绞法、王聚之起落法、刘先主之顾应法、马明王之闪电法、马超之出手法;均为古代的刀剑法。

㉘接长兵之不便:指短兵器可用在长兵器不便发挥作用时使用,以补其短。

⑳棨镫:属短柄兵器,用于仪仗队的一种两刃斧。

㉚赛贡铳:明代发明的一种火器,因威力赛过发贡和鸟铳,而得名。

㉛佛狼:即"佛郎机",葡萄牙人制造的一种火炮,明万历以后传入中国。

㉜发贡:古代重型火炮,利于攻城及攻击众多之敌,宜攻高而不宜攻下。

㉝火砖:用于水战的一种抛掷火具。

㉞伍员(? ~前484年):即伍子胥。春秋时吴国大夫,名员,字子胥。本楚人,因父、兄被害而奔吴,帮助阖闾夺取王位。整军经武,致吴富强,称霸东南。

㉟大翼及下文的小翼、突冒、有楼、走舸等:均为战船名。

㊱水平以下至飞组:均指水战所需的各种器械装备。

㊲蒙冲以下至四跳三櫓等:均为各种战船名称。

㊳轩辕:即黄帝,姓公孙,名轩辕,后被尊奉为中华民族的祖先。

㊴三代:统指夏、商、周三个朝代。

㊵武卫大扶胥及下文的武翼大扶胥、提翼小櫓扶胥、大黄参连弩扶胥等:均为战车名称。

㊶嗣而:后来。

㊷宣王:即周宣王。

㊸楚子:楚王。子,古代一级爵位,在"伯"后"男"前。

㊹晋人:指晋文公。

㊺卫青(? ~前106年):西汉武帝时抗击匈奴的将领。

㊻马隆:西晋时一名大将。

㊼马燧:唐德宗时将领。

㊽卫绛:生平不详。然据《宋史·魏胜传》记载,魏胜曾制如意车。魏胜,南宋将领。

㊾黄怀信:北宋大将。

㊿王大智:生平不详。

(51)洪武:明代开国皇帝朱元璋年号。

(52)永乐:明成祖年号。宣德:明宣宗年号。

(53)谭司马:即谭纶(1520~1577年),明代大将。

(54)狻猊轩以下至流车:均指各种战车名称。

(55)黠:聪慧,狡猾。

(56)骋:放开。

(57)褫:解下,脱去,剥夺。

(58)飞楼望远以下至霹雳棒:均指古代攻守城池时使用的器具名称。

(59)靴:补。

【译文】

古代军队运用各种各样的旗帜,就是为了约束队伍指示方向,使士兵识别辨认

本人所在部队的进退,作为部队分散集中的统领罢了。所以说摇动旗帜士兵就会跟着移动,旗帜前指士兵就会冒死前进,就是这个意思。这本来没有奇特巧妙的方法。后世在旗帜上绘画各种图像,只是一种诡诈的手法,阴阳家的相生相克,是方士的一种巫术。后来又在旗帜上画上熊、彪、狮等猛兽图像,以显示勇猛;画上雕、鹗、鹰、隼等猛鸟,以显示擅长袭击;画上星、辰、日、月,以显示擅长明察;画上云龙风怪等,以显示变化莫测。所以一伍有伍旗,一队有队旗,门有门旗,角有角旗,改变队形的旗帜,混合各伍的旗帜,官旗、将旗、主帅旗、禁行旗、夜间指挥旗、大旗、锣鼓清道旗等等,大小形状颜色虽有所不同,但总的可以叫作旌旗。其他的如五方五帝旗,二十八宿旗,三百六十日神旗,雷门十二将旗,四时八神旗,司地十二祇旗,支干丁甲旗,八卦九星旗,司天司煞旗,各种奇名异象的旗帜,数不胜数。用青色旗帜克土,用黑色旗帜克火,用红色旗帜克金,用黄色旗帜克水,用白色旗帜克木。又如关押罪犯用白旗,处死罪人用黑旗,活捉敌人剖腹挖心来祭旗,用鲜血染红战鼓等等,都不外乎用多种方法迷惑敌人,使敌人望而生畏,显示其神灵,彰显我军声威罢了。擅长用兵的人,应该认识到这一点。但是旌旗不能不大量使用。旌旗数量不多,那么威仪就不严,威仪不严,那么军容就不整。因此说多用旌旗,隐蔽我军队伍,使敌人无法登高观望我军的动静虚实。并且旌旗还是指挥前进的先导和工具,尤其能阻挡弓箭弹丸。如南方少数民族惯于运用毒药箭弩,鸟铳梭镖,一旦被击中就会毒发而死。所以南方将领在作战中都使用强健的士兵,挥动旗帜,一马当先,掩护部队奔驰进前。大约是因为弩箭弹丸梭镖,射中旗帜便掉落坠地,自然不能伤人。旌旗制作的方法,是旗杆高过人二尺,用桐木制成。旗面有顶好的丝绸,其高度上至枪筒,下至离枪托一尺多的地方。运用时以双手托开,正反手握住,左右士兵伏下身体,旗帜盘旋转绕,鼓声紧急时迅疾前进,两军一旦交锋就停止下来,以让短兵相接。

军队中的响器,有铜鼓、挠鼓、鼙鼓、杖鼓、鼕鼓、鼗鼓、鼍鼓等等,用处虽然不同,总的来讲是为了壮大自己的威势,显示惊天动地的威力,因此出军之时有祭祀战鼓的仪式。大金錞钲、铙铎、号笛、笳管、觱篥、锁叭、哮啰、板钹、梆铃等等器具,

是统一全军的耳目、分别昼夜,用以发出突然变化的号令,而奇兵正兵前进后退都依据此而进行不断的分合变化。长达六尺的叫角,五尺的叫蠡,蠡角的用处,也都是使部队的行动神出鬼没,统一全军的。许洞说:“大将率兵十万出征,应配备大角二十四具,大鼓六十四面。”这种说法似乎太过拘束了。比如深入敌境,要显示自己的威猛强盛,必须大量使用,又何必要拘束一定的数量呢?

所有射箭的要点,开弓时都必须强劲拉满,发箭时必须情绪冷静而集中精力。因此说射箭要心思清纯,情绪安逸,性情沉稳,身体端正,用力和缓,审视牢固。所谓从容悠闲,射必须击中目标。又说箭头拉不到手指处,就不会击中目标;手指碰不到箭头,就没有目标胡乱发射。箭头必须非常坚固,箭杆应该挺直,弓须软硬适当,而收藏则最怕潮湿。练习射箭以十步的距离立靶,靶孔如铜钱大小,将弓平肩满射,三箭能有二箭射中,再将靶移远五步。还能不偏离目标左右,即在距离二十步的地点立靶,靶孔如酒杯口大小,平胸满射,三箭能有二箭射中,再将靶移远五步。还能不偏离目标左右,即在距离三十步的地点立靶,靶孔如烧饼大小,平胸满射,三箭能有二箭射中,再将靶移远五步。还能不偏离目标左右,即在距离四十步的地点立靶,靶孔如碗面大小,平胸满射,三箭能有二箭射中,再将靶移远五步。还能不偏离目标左右,即在距离五十步的地点立靶,靶孔如碟面大小,平胸满射,三箭能有二箭射中,再将靶移远五步。还能不偏离目标左右,即在距离六十步的地点立靶,靶孔比碟面大一圈,平胸满射,三箭能有二箭射中,再将靶移远五步。还能不偏离目标左右,即在距离七十步的地方立靶,靶孔比碟面大二圈,将弓平肩满射,三箭能有二箭射中,再将靶移远五步。还能不偏离目标左右,即在距离八十步的地方立靶,靶孔直径长八寸,平肩满射,三箭能有二箭射中,再将靶移远五步。还能不偏离目标左右,即在距离九十步的地方立靶,靶孔大一尺,平肩满射,三箭能有二箭射中,再将靶移远五步。还能不偏离目标左右,即在距离一百步的地方立靶,靶孔大一尺多,以平肩满射为标准。靶的高下,必须同远近距离相对称,即使在百步距离立靶,靶也不能高过六尺。武场比试射箭,在距离八十步的地方立靶,也高六尺,宽二尺多,三箭能有二箭射中靶心的为善射。如果力量仅能射到一百步远,应当缩短五十步远发箭;力量能射到五十步远,应当缩短二十五步距离发箭。能如此,才算是掌握了射箭的奥妙。骑兵射箭能在距离十五步的地方射中目标为精熟,又每箭必能分开马鬃、侧过身体向后发射射中目标的,才算是精通。

夺取险地把守关隘,没有劲弩不能成功;袭击士气正旺的敌人,没有劲弩不可能取胜。弓弩称为利器,古人都十分推崇,为何独独在现在不被人们重视?这一点可以同有志于边防的人进行筹议。如绞车弩,射程能达到七百步;大合蝉弩,射程能达到五百步;蹶张弩,射程能达到三百步;群鸦弩,能一次发射十箭;飞枪弩,发射一箭,诸葛亮称它为“元戎”,陇西的人称它为“摧山”。其他还有三弓姤子弩、八牛床子弩、雌黄桦梢弩、大连环弩、跳镫弩、小合蝉弩、自犯弩、大黄参连弩、大木单弩、黄肩弩、擘张弩、毛葫芦毒药弩、徭僮濡缕毒弩、八担弩、双弓弩、神劲弩、马黄弩、叠竹弩、角弓弩、伏远弩、神机弩、木鹤弩、匮子弩、神臂弩、麻阳弩、蝎尾弩、神水弩、克敌弩、二意角弓弩、无敌流星弩、一字弩、静塞弩、竹竿弩、交趾弩、强弩、积弩、漆弩、小黄石弩、火弩、台弩、床弩、腰弩、连弩、竹耕戈等等，不下数十种。这些武器虽然名称都叫弩，但其形制和用法却有所不同。比如伏弩，如果药不是最毒，不一定能杀死人；箭矢如不十分铎利，不一定能穿透铠甲。箭矢射中人就死亡，才可称为弩。万种弩一齐发射，才算是得到弩的妙用。所以擅长使用弩的人，弩的高低要准确，而不要让箭矢虚发，更换火药要疾速，扣动扳机要幽密。使用扳机的妙处，妙在向下转动。向下转动，才是掌握了运用扳机的方法。敌人来的少时不必扣动扳机，敌人如果用少数兵力试探诱骗我军，而其大队人马在后面，也不必扣动扳机。敌军有大半已进入射程之内再扣动扳动，叫作神击，箭镞击中战马应声而倒，敌人就会毙命。敌人骑兵即使骁勇强壮，也必然不能挡住我仅长半寸的箭镞。因此可知使用弓弩的作用，不在火攻之下。尤其是适应于暗中偷袭，最便于在山林地形下使用。要用轻装骑兵往来交战，利于使用小弩、小黄弩、腰弩、神臂弩；假如想坚守营垒据守险隘，必须用绞车弩、合蝉弩、蹶张弩、自犯弩、比手弩等重型弩。训练用弩的方法是，以距离五十步处立靶，高五尺，宽尺余，三箭能有两箭射中目标的为善射，能射中飞走活动目标的为精奇。弓弩虽然是短兵器作为长兵器使用，但如果矢尽弓断，就会成为人的累赘。所以学习使用弓弩的人必须精通刀剑，万一弓断就有其他兵器接济御敌。练习用弩的人必须通晓杈镰，万一矢尽就有器具可以使用了。这些对于锐意练兵的将领，应当特别加以注意。

学习武艺要先学习拳术，其次学习棍法。拳棍的用法知晓明白，那么刀枪等各种技艺就特别简单容易了。因此拳术棍法是各种技艺的本源和基础。例如宋太祖赵匡胤创立的三十六式长拳、六步拳、猴拳、化拳，名称虽然有所不同，但制胜的目的则是一样的。温家的七十二行拳、三十六合琐、二十四弃探马、八闪番、十二短等，这些拳术套路又都是好中之好的。吕红的八下，绵张的短打，李半天与曹聋子的腿术，王鹰爪和唐养活的擒拿，张伯敬的肘法，千跌张的跌术，其他如童炎甫、刘邦协、李良钦、林琰等等，各自有神奇的拳术，世称无敌于天下，只是这些现今都已失传，而不能探求它们的奥秘了。扒杈棍长一丈二尺，精通杈棍的人能以此击败刀枪。只有东海边城与福建俞大猷的棍法，不相上下，互有长短，招法有不轻易授予的秘密。少林棍都是夜叉棍法，所以有前、中、后三堂的说法。前堂棍名叫单手夜叉，中堂棍名叫阴手夜叉，类似刀法，后堂棍名叫夹枪带棒，牛山寺庙中的僧人使用此棍十分高明。谚语说："紫薇山棍为第一，张家棍为第二，青田棍为第三。宋太祖腾蛇棒为第一，贺屠钩杆、西山牛家棒都次之，至于孙家棒，又出自宋江等人遗留下来的方法。"总的说来训练士兵学习武艺，应该切记住去掉不合实际没有用处的花架子，但动棍要握得稳固，两棍相交时最妙的是自下而上，棍切入时必须自上而下压力，上打下揭是要让我的动作疾速，正手反手让人疑，大剪小剪变化如神，大门小门隐藏着正招奇招，拔剃滚杀起磕等各种动作俱能得其巧妙，才能称得上善于用棍。俞大猷的《剑经》上说："等待对手旧力刚过，新的力量还未发出，迅疾出棍压制对方。"似乎是深得用棍的奥秘。棍法的妙处，也尽载于俞大猷所著的《剑经》一书之中，学习者应悉心研究，斟酌其中的差良，去掉其中华而不实的套路，吸取其中的精华，长期练习自然就能称得上无敌天下。

能在二十步以外杀人的，是六合枪法。又有马家长枪、沙家竿子、李家短枪等名称。长短都能使用，虚实尽得其宜，奋进锐不可当，速退敌人不能追及，而称天下无敌的，只有杨氏梨花枪法。所以行进中有防守，站立之时有防守，防守之中暗藏进攻杀机。枪的矛头必须短小精锐而轻便，以不超过一两重为标准。枪杆的腰部必须坚硬，根部要粗，及枪尖逐渐变细。南方以竹为枪杆，特别省事方便。北方风大易破碎，必须用丝筋缠扎才行，否则便用椆木取代竹木就更好。凡是学习使用枪法，先要把进退身法步法和大小门逮、逮串手法演练精熟。接着操练六真八母、二十四势断杀，使手能熟，心能静，心手与枪法融合为一体，动作得心应手，变化不可预测。但在战斗中施展，那么伸展、收缩、飞腾、躲闪的变化，就稍有不便，因此华而不实的套路不必练习，练习也没有什么用处，这在于学习的人自己领会其中的奥妙而加以运用。只有山东樊氏，深得枪法的秘诀，可惜年纪已老。考较比试之时，先看单枪，考试其手法身法，进退步法，逮串不宜太大，一尺多便行了。然后在二十步外立一个木靶，高五尺，宽八寸，上面分目、喉、心、腰、足五个孔，孔大寸余，孔内悬挂一圆木球。每人手执枪立于二十步外，听到鼓声急速，翻转身体端起枪，飞身向前刺去，以枪尖刺中孔内木球为精练，五孔木球都能刺中为精熟。如果两人比赛，便不过封、闭、捉、拿、守五种方法罢了。只有善于防守的人力气悠闲，有空隙便进，这才是掌握了用枪的窍门。

手持狼筅出入，很不方便，似乎不是一种锐利的兵器。所能依赖的，是它能作为步兵的屏障而已。但是假如没有各种长枪和短兵器夹持狼筅而前进，就是所说的只能防守而不能进攻。所以学习使用狼筅的人，必须是老成持重强壮有力，而筋骨已经成熟定型的人，这是由于他们没有活蹦乱跳的习惯。如果是精锐轻灵敏捷的士兵，就不必让他们使用这样笨重而累赘的兵器。筅所用的竹节必须稠密而均匀，旁枝必须坚硬而粗壮，筅的锋刃必须尖长而锋利，用火熨烤，或者弯曲或者挺直，四面茂盛而分开，如枪刺如戟戈，用桐油涂烤，抹上毒药。检阅考试之时，先让士兵自己使用，观察他的手法步法，六种招势熟练完成，然后再与长枪比试，枪挑不动，又能保护我军使用短兵器的士兵，交战时能挡架敌人兵器使其难以击中我军士兵为精熟。

藤牌应当坚固面大而重量轻，使人蹲下后，能够遮掩全身有余。凡是学习使用藤牌，应先从八种姿势入手，这八势叫作：赖扎衣势、斜行势、仙人指路势、滚进势、跃起势、低平势、金鸡闯步势、埋伏势。八势既已通晓，自然能得到妙用。因此盾牌竖起像墙壁，动如闪电，遮掩身体活泼灵巧，站立蹲下颇合时宜，全身都隐藏在后，视线听力不受影响，还要在翻滚中不露出头足，这是使用盾牌的要点。然而没有标枪配合，盾牌就没有什么用处。所以学习使用盾牌者应先学习投掷标枪。每个盾牌配备投掷的标枪数枝。投标时，左手挽住盾牌，右手把持标枪，脚步移动标枪提起，接近敌人便投掷标枪。标枪飞来敌人必定躲闪，那么盾牌就乘着间隙滚进，使敌人措手不及为精练。如果敌人不躲闪标枪，就必定被标枪击伤。所以说标枪是盾牌的疑兵。唯一可忧虑的是标枪投出后来不及抽出大刀，这是使用盾牌的一大缺漏，练习者对此应加注意。考较盾牌标枪的方法，是在距离三十步的地方悬挂银钱三枚，滚动盾牌投掷标枪，如同与敌作战，标枪击中银钱的，将银钱奖赏给投标者；三次投掷没有击中目标的，给予处罚再监督练习。只有三标百次都能击中的为奇异。长牌负责防御，驻扎时就成为营壁，行进中则可掩护队伍，仅仅能用作宿营和行军的屏风。所谓壮大士气，整齐队伍，退却时如一座山峰，前进时像一堵墙壁。但是如果没有使用长短兵器的士兵，夹杂配合使用，就不能依恃。长短兵器如没有盾牌的掩蔽，也不能发挥其威力。因此说能得到长短兵器不同方法的人就不会打败仗。盾牌必须高和宽都超过人，能够阻挡前面遮掩身后，保护双脚阻止战马，只是铅制的子弹可以直接射穿盾牌，无法进行防御。戚继光曾用数层丝绵缠绑在牌上，名叫刚柔牌，以抵挡鸟铳，最终还是阻挡不住子弹的射击，总不如编制荆花铠甲的方法好，铅子弹一旦碰上就坠落地下，只是很少有人知道荆花铠甲的制造方法。

军中各种技术，只有刀剑的用法很少传授。如果能滚入，使长短兵器来不及遮掩阻拦，便算是精练了。比如日本刀，不过三两重，但人们往往不能抵御，用刀的妙处由此可知。偃月刀头大而重，如果是有力气的人使用它，又能精通熟练三十六正刀势，二十四种闪伏的方法，那么各种兵械器杖，无不被它制服。马上双刀，必须长而轻便，后面超过马尾，前面超过马头为适当。用剑有方法，记载方法的有剑经，讲究技术的有剑侠。所以剑法剑术深不可测，懂得用法的有数十人。只有卞庄的纷绞法，王聚的起落法，刘备的顾应法，马明王的闪电法，马超的出手法，这五家的剑法，也许有留传下来的。学习者虚心学习，自然能得到其中的秘诀。再如风嘴刀、三尖两刃刀、斩马刀、镰刀、苗刀、縻西刀、狼刀、掉刀、屈刀、戟刀、眉锋刀、雁翎刀、将军刀、长刀、提刀等等，各有妙用。只是要去掉不合实用的花架式，才能得到用刀的实效。所以说，不在于掌握多种技能，而应务求精通熟练。如果不精练，反而会被拖累。因此秘技有神授，如果没有真正的授予，不可强求学习。传授不精，不能称为技艺。精而不能变化，就是被固定的套路约束了。

各种短兵器，是为了弥补长兵器的缺陷，但也有长兵器的用处。马杈有突出的优势，绰钯有躲闪的机宜。但是杈不出正反两种招数，钯离不开刺、砍、叉、挡、拉五种招法。比如燕尾杈、虎尾杈、五龙钯、三股杈、钯尾鞭、丈八鞭、双钩枪、连珠铁鞭、鹰爪飞挝、开山斧、锉子斧、钩镰戟枪、钩竿、天篷铲、捣马枪、蒺藜椎、鸦项枪、拐突枪、鱼肚枪、狼牙棒、豹尾鞭、芦叶枪、流星椎、杈尾椎、杈竿、抓枪、铁锏、桀钁、掷远、铁梧、环子枪、抓子棒、紫金标、八尺棍等等，数不胜数，各有专门的使用方法。但是其身法、手法、步法，都是由拳术棍法演变而来，其进退跳跃的招式，都有不同的神巧杀着，学习精练，都可以克制敌人。但假如没有高手传授秘诀，不能勉强使用。其他如花刀花枪、套棍滚杈之类，实在无益于实用，即使好看，对技艺又有什么益处呢？所以军队中应该切忌的，是套路武艺；所应痛恨的，是强不知而为知。

鸟铳来源于外国，现在成为中国擅长的技术，巧妙在于子弹射穿目标，神奇在于火门疾速击发，有利在于火药细小而子弹坚硬，射击命中在于枪身长而准星精确。装药的竹筒、火绳引信、引信盒子、舂药的锤子、通条、擦枪的油壶等，都要随身携带在腰上，如果临战丢失、火药不干燥，即用连坐法加以惩治。火门损坏，火药子弹缺少，应向上报告修理增添。操练时在距离八十步的地方立一木板，高五尺，宽二尺余，上面悬挂一如人头大的铁片，中间悬挂一如腹部大小的铁片。三次射击的二次击中头部、腹部铁片的为精练，三次射击三次击中的为通晓。只是不要连续发射五七次，以防止铳内过热起火，并防止铳筒破碎，只有日本铳没有这种顾虑。现在有用竹木替代铜铁为铳的，十分轻便，加上制造的人得到其中的秘诀，就能得到铳的巧用。铳所惧怕的，是用药水冶炼过的荆花铠甲、南岛油漆犀牛甲和潮湿的布帘。

火箭在古代被称作神器，无论南方北方都适用，其功用不在鸟铳之下。但是军队中已很长时间没有制作精妙的了，假如制造不符合制度，使用不得法，只是白白浪费而不能依赖。大概而言要用矾纸油纸包裹以避免受湿，火药必须极细而筑紧，装火绳引信的小孔要用铁杆打成，自然要在最中间并且最直。如筒长七寸，孔须五寸左右，箭杆要直，箭尾羽翎应挺拔，羽离颈二寸匀称平直，这是制造火箭的窍门。比试时在距离八十步的地方立靶，平射能中靶为熟练，箭矢起落歪斜不中靶的，应处罚这名士兵，连带处分他的官长。制造的方法不精巧，惩治制造的工匠。但也有用强弩、绞车、劈开的竹子射送火箭的，十分巧妙，发射时火焰从后尾喷射的少，在箭的前面喷射的多，所以利于焚烧敌人的军饷粮草。

子母炮的妙处，在于惊吓敌人战马，惊扰敌军阵营，打乱敌人队伍，打击敌人士气。在使用时火药和引绳的安装点燃要准确无误，操作和发射精熟最为重要。所害怕的是母炮尚未爆炸而子炮就炸响，这样就会伤及本处人马。或者在飞行半途中就爆炸，或者落在敌营引火熄灭，这样炮就没有什么用处了。所以火线要像螺丝旋转，不要让两根火线相接。赛贡铳，竹木都可制造，长三小尺，铅子装填约半斤重，将铳平卧地上，垫头高低合适，然后燃放，并且不必使用木马炮架，因此比佛狼机炮更神奇，比发贡铳更巧妙，也是军队中的锋利武器。

火之能被应用于火战的，有火砖、火球、火盗、火妖、各种火兽、各样的火禽、星鸢、烽豕、火鹞、云龙、烟球、药桶、神彪、火瓶、牌铳、牌箭、游龙、号鸦、灰瓶、火船、毒烟、毒火、绿油、鲵油、合炮、火楼、火骑、飞炬、火堑、火牌、十子铳、九龙枪、大蜂王、大将军、覆地雷、绞江龙、绞地龙、轰山炮、混天炮、流星炮、净江龙、攻戎炮、旋风炮、天坠炮、虎蹲炮、五梢炮、七梢炮、天机炮、返复枪、自犯炮、追魂箭、迷魂炮、一把连、三只虎、风尘炮、浮萍火、单梢炮、双梢炮、大窝蜂、小窝蜂、十丈枪、七筒箭、打阵炮、插翅虎、荔枝炮、石榴炮、地涌枪、千里胜、连声炮、葫芦火、冲锋马、木石炮、拄腹炮、火鞭箭、铁火床、蒺藜球、先锋炮、火龙刀、火龙枪、火焰枪、二虎追、火龙口、逐人枪、虎尾炮、漫天雾、毒药火、飞天喷筒、毒烟喷筒、神机火枪、旋风五炮、缠身火龙、惊风牝猪、飞蛇逐马、猛虎离山、五色障烟、飞空神砂、独脚旋风炮、霹雳行火球、交锋弃马、群虎啸风、火龙争胜、游鼠惊马、百鹰获兔、众虎奔羊、一母领十四子炮、旋风狼牙炮、月落星随炮、五雷裂山炮、大装囊、燕尾炬等等，制作精致、名称不同，作用一样而火药也相似，变化无穷而神妙奇异，使用就能让人丧魂落魄的火器，大概有百余种，形式用法，都记载在《利器图考》一书中。必须依据敌人的情况而选取不同的火器，根据地形的差别而采用不同的方法。发射火器点燃引线，不快不慢，以掌握方法为妙。所以应该事先在军中制订出方法，以备在突发情况下秘密使用。歌谚说："布阵须兼车步骑，用器应分南北利，任人须知贤和愚，水火得当无不济。"

以前伍子胥曾教阖闾用水军作战，大翼船好比陆战的军车，小翼船如同轻车，突冒船如同冲车，楼船如同楼车，走舸如同骠骑兵，然后确定后退、前进、钩住和抗拒敌船的方法，名声卓著。水战使用的武器装备，有水平仪、拍竿、皮船、木罂、浑脱、丫篙、望斗镳、阴阳钻、燕尾牌、虎头牌、发贡铳、佛狼机炮、喷筒、火箭、鸟铳、药弩、掷远、飞标、火砖、灰桶、绿油、硝黄、械筏、蒲筏、排筏、浮囊、水袋等等。水战利于行进便于战斗的各种战船，则有艨艟、斗舰、游艇、天艎、绝海、飞江、楼船、走舸、海鹘、艅艎、下濑、戈船、沙船、渔船、梭船、网船、鹰船、巨舰、横海、追云、潢龙、沧兕、四轮舸、两轭舟、八卦六花船、鸳鸯浆、子母舟、破敌舸、高把梢船、开浪船、蜈蚣船、八浆船、大头船、尖尾船、大福船、苍山船、两头船、草撇船、沧海船、广东船、水虎捷、水虎翼、叭喇唬、混江龙、犁云虬、飞海龙、赤天艘、铁海青、四跳三樯等，大都是古今水战中的长技，有使用而制胜的，有使用而导致失败的。水战中风向波涛顺逆的形势，港汊大小的合适，江海浅深的利用，这都在于将领审时度势，根据不同的情势而灵活变化，不能束缚于一定的标准。但是水战如不用火攻辅助，不容易取得成功。所以作战中能起很大作用的，必在于水火；能造成很大危害的，也在于水火，假设没有水火，不能造成天崩地裂的声势。所以利用水火作战的关键在于方法恰当与不得当。

排列阵势假如没有战车，就像士兵没有铠甲，所以战车是军队的羽翼。它始于黄帝之时，盛行于夏、商、周三代，被用来攻陷坚固的阵势，邀击强大的敌人，拦截失败逃跑的敌人。过去姜太公制造了一种名叫武卫大扶胥的战车，车轮高八尺，用二十四人推行，可以攻陷强大的阵势；武翼大扶胥战车，比武卫大扶胥稍小，车轮高五尺，用十八人推行，能比得上精锐的部队；提翼小橹扶胥战车，比武翼大扶胥稍小，使用一个轮子；大黄参连弩扶胥战车，比提翼小橹扶胥战车稍大，上面安装上飞凫电影两种弓箭，都可以摧毁坚固壁垒和击破强敌，抵挡声势强大的敌人。后来周武王制造出戎车，周宣王制造出元戎车，楚国君主制造出两乘车，晋国制造出五乘车，卫青制造出武刚车，马隆制造出偏箱鹿角车，马燧制造出冒战车，卫绛制造出如意车，黄怀信制造出万全车，王大智制造出雷电车。洪武四年朝廷下令制造独辕车，永乐、宣德年间，曾改进其制作方法。最近如谭纶上奏请求在京营中制造两轮车，笨重不合要求，运行转动艰难，无益于实战，到头来浪费了大量钱财，实在可惜。其他像狻猊车、神兽车、横阵车、翼虎车、自行车、必胜车、火厢车、云轩车、行炮车、霹雳车、飙辒车、旋风炮车、各种大小弩车、各种大小炮车、刀车、枪车、撞车、绞车、驰车、阙车、冲车、辎车、火车、油车、奔本、飞车、象车、天梯车、离合车、蹲狮车、伏虎车、帐幕车、三辕车、轻车、小戎、木牛、流马、骑寇、牌车、流车等等，都是古人已用过的，历来都能如风飞驰似雷霆怒击，无往而不胜，而唯独不能在现在使用。这是为什么呢？难道是工匠不能制造，而地形不适合于使用吗？难道是制作不精锐，而在使用时又不得其法吗？不能根据具体情况变通使用战车的人，必定会以山水形势不便于使用战车来加以反对。现今的山川，也就是古代的山水，是否适合于使用战车，不用辨认就已通晓明白了。

以前以弓弩护卫战车，现在则增加了各种火器。弓弩涂上毒药，火器有神秘的方法，而战车也有不同的形制，其功用固然高出古代战车的十倍，这一点是显而易见的。有关人员不说自己承袭前人使用战车的方法不当，而说战车无益于实战，这实在是大错特错了啊！如果是这样的话，那么黄帝、姜太公以下，诸位将领使用战车取胜的事例，难道都是虚假的吗？为什么没有看到卫青出塞，以武刚车自卫，匈奴骑兵不能纵横驰骋逞其英雄呢？李陵统领五千名步兵，在匈奴人的地盘上横行无阻，作战的气势日渐锐利，如果没有轻型战车，士气又怎么能得以发挥呢？如果没有毒弩，又如何能让匈奴人丧魂落魄呢？后来由于弹尽粮绝，而接头的部队又没有赶到，才失败了。这是上天决定的，而不是使用车弩造成的罪过。有见识的人说，北方少数民族威猛强悍，其骑兵轻捷勇猛，没有战车不能抵御。所以制服他们必须制服战马，制服战马必须使用战车。又说击败北方少数民族并不困难，关键在于使用战车进行作战和防守的方法得当。因此看来使用战车夺取胜利，并不是不能办到的事。戚继光曾同我讨论驱动大车攻陷坚阵的方法，他打算用牛骡驴马代替人力拉车前进，那么气势就难以抵挡。我以为在车前用力拉动战车，不是巧妙的办法。如果有奇妙的构思，能从车后推动战车前进，或从中间或从侧边推动战车前进，再在战车的前面使用各种火器，这才是擅长发挥战车的威力，才能所向无敌。大概而言战车的制造应以朴素简单、厚重坚固、转动灵活方便、构思巧妙、使用方法新奇为标准。假如一时遇到危急情况，能让城市中及农村平时使用的各种轻重大小车辆，稍加改造，都能用于战斗，这又是精通了使用战车的最大诀窍。

飞楼望远、插板陷坑、飞桥、钩桥、转关、㮩㮧、谁何、刁斗、辘轳、地涩、天罗、地罗、武落、织女、穿环、暗门、泥檑、木檑、风扇、竹牌、砖擂、石檑、地笋、铁屋、剑刃、储胥、橛蹄、捉马、毡帘、皮幔、麻搭、唧筒、狗脚、木篦、篱笆、垂钟板、拐子木、夜叉檑、鹿角木、木女头、木马子、铁蒺藜、铁菱角、铁撞头、狼牙拍、铁飞钩、阑杆棒、霹雳棒等等，都是攻城守城的器械，应将这些全都置备在军中。如用布作城墙用棉作壁垒，用于南方，那么野战就有所依恃；用于北方边境，敌人战马也会由此受到恐吓。有时行军途中迷失方向，就用指南车、子午针确定南北；要回到原来的地方，就把老马放在前面引路。敌军从八面包围，想了解敌军的进退声响，应当下令在城内八个方向掘井，井深二丈左右，用新缸以薄牛皮蒙住缸口如同鼓，使耳朵灵敏听力好的人在井中伏缸而听，离城五百步地方的动静，都能够听得到。或让年少健壮的人，枕着大空葫芦，卧在幽静的地方，人在二十里外的活动，以及东南西北四个方向的动静都能听到，这叫作瓮听，叫作地聪。一些器具常有不同的名字，比如把铁蒺藜称为鬼箭，把掷远称为飘石，把伏弩称为耕戈，把火砖称为满地锦，用竹片代替衔枚，用木城作壁垒等等，不可计数。担任将领的人自然应当了解这些。凡是制造各种器具，必须讲求精妙奇巧，它与军队的生死休戚相关，同国家的存亡密切相连，不可因朝廷的干涉而躲避嫌疑节省费用，必须命令工匠在军营中制造，切不能推给地方有关部门，导致贻误大事。所谓担负重大使命的人，不躲避小的怀疑，不吝啬小的费用，军队中的娱乐，以围猎来观察部队进止的纪律。但是赏罚的命令必须严明，将帅的仪容必须整肃，如戏剧音乐之类的娱乐活动，也必须是雄壮慷慨，能教育培养士兵激昂振奋，凡是不利于治理军队的东西，都不能允许存在。

平时掌握的技能十分熟练，而临阵对敌之时能发挥出五分水平的，就不会导致失败；能发挥出六七分水平的，就定能取胜。很多人在武场比试时就忘记了平时练习的内容，更何况是在生与死的严重关头呢？并且长短兵器械具交杂在一起，队伍一致向前拥进，起手便刺，抬头便砍，就是转手回头，尚且不可能办到，怎么能容得下活泼乱跳、摆开进退的架势手法呢？因此虚套花哨的武艺，一点也不能用到战场上，说的正是这个意思。练兵的人如曾经亲身经历过战斗，应当意识到这一点。虽然武艺比敌人高出一倍，也不能失去有利的形势。有利的形势一失，恐怕就再也无隙可乘了。无隙可乘，那么谁胜谁败就很难预料了。

卷三

阵宜

【原文】

天之积卒[①]，阵之宗[②]也，内外方圆，左右顾应，曲折参连，互隐奇正，备而简，固而整，虽神圣握兵，不外乎是。故伏羲氏观积卒而立五军九营，谓顺静临险，或不可测，遂名之曰师卦阵也。申[③]奇正之用，明进退之理，而兵家节制，昭然始见。轩辕[④]氏又发积卒之秘，变师卦之体，立天地风云，衡轴冲之义，而成握奇阵也。其主持在两轴，其司[⑤]变在四衡，智巧之端，始根于是。吕望[⑥]变轩辕之制，画为九区，方诸井字，而作三才五行阵也，其用相生，井然条理，实正兵之经纬。周公[⑦]立伍两卒旅师军之法，以六军为正，奇兵在正军之外，从兵又在奇兵之外，而立农兵阵也。此为伍法，车骑徒因用之，则其功固不在师阵、握机之下矣。

郑子元按周制，以偏为前，以伍承偏之后，一军二十五车，列方势，而名鱼丽阵也。其巧在弥缝，其胜在周密。楚武王[⑧]以山泽车少人多，五十人为两，百人为卒，十五乘为偏，偏后别有游阙，以三军为正列，左右二广为亲戎，而列荆尸阵也，若有制则不败，其胜负抑在人耳。晋荀吴[⑨]法周制而为前拒、左右角，每伍分五方而立，每两每卒亦分五方而立。地险则舍车为步，步如车布，五车为队，队之布如卒。二十五车为偏，偏之布如队，五偏为阵，阵之布如偏。故车法起于步法，步法不外车法，因而作祟卒阵也，大抵因地行权，得用步之妙。吴阖闾[10]以步兵三万为三军，一军分百行，一行卒百人，列成方势，以白为中，以赤为左，以黑为右，惟取相生之义，不施诡谲，不练戎车，故不敢抗于中国。后巫臣教吴以偏乘之法，以罪人居先，三军居后，以步卒居先，戎车居后，与楚战于鸡父[11]，乃称鸡父阵也。拙在百行，后亦无制，然罪与步先，亦摧陷[12]之始。

管仲更周制，以三万人、六百乘、一军各五旅，小戎各四十乘，别有卒万人、车二百为奇兵，而分先驱、申驱、启、胠[13]、广、戎、驷乘、大殿八名。欲使人相畴[14]，福相共，居同乐，行同和，死同哀，而立内政阵也。条达虽轩然，而制亦不简，何能旬月而治齐？观其人孟门，登太行，张武军，封少水，一战而服三十余国者，恐非此图。司马穰苴废管仲五偏，而行周公丘乘，复黄帝之握奇，以万二千五百人，取十之三为奇兵，布之中垒；十之七为正兵，布之外营，而曰握奇营阵也。体方用圆，参错泥变，守之仅可，其能战乎？齐孙武因伏羲师卦内外俱圆，黄帝握奇内圆外方，乃变而为内外俱方，取河洛经纬之义，八八相乘为六十四，奇正分合，大小包容，复配以鸟蛇龙虎，而为乘之阵也。本易作图，聚散琐屑，轻重不分，变化易竭，当勿以此阵而累孙子之名。战国巧士，以象棋三十二子倍之，或方或圆，内外四层，而为象棋阵也。得发机超距[15]之源，尽进战退守之术。

韩信以三十万人分为五军，孔将军居东南而为左，费将军居西南而为右，自将前军居汉王之先锋，绛侯、柴将军又居汉王之后，而有垓下阵也。值项氏自恃侮人，施之则可，若遇智者，信必苦其捣左右胁矣。

诸葛亮乃原握奇，因乘之，推河洛之方圆，寓井田之遗制，分四奇四正。以西北乾位，故名天阵；西南为坤位，故名地阵；东南巽位，故名风阵；东北艮位，故名云阵；东方属青，而为龙阵；西方属白，而为虎阵；南方属火，而为鸟阵；北方属水，而为蛇阵。大将居其中，握四阵为余奇，别有游骑二十四阵，以系八阵之后。大抵阵队相包，奇正数别，伸缩翕张，进退有节，为方、为圆、为曲、为直、为锐，或滚、或归、或前、或后，合而为一，列而有九，变之无穷，触处为首，名之曰八阵图也。昭泄幽微，委曲周备，极明作阵之理，得非三代之遗才乎？惜后之庸将，不识其去留盈缩，妄捏形势，失其本来，故世俗相传，舛谬甚矣。

晋马隆[16]循卫、李，选士三千二百人，配车一百二十八乘，三百人为游奕，依孔明八阵而为四层。路广，车上以木为拒马向外，结营而行，名鹿角车营；路狭，更施木屋，以蔽矢石，木屋拒马以低为式，治力前拒，兼束部伍，且战且进，故曰扁箱车阵也。能损益，即便利，尚可成出塞之营耳。

李靖六花，本孔明八阵而变，其中隅落[17]钩联，曲折相对，无不参综古法，步骑与车，三者相兼而用，以车曰驻队，步曰战锋，居前为正，骑曰战队，又曰跳荡，居后为奇，遂名六花七军阵也。总不若后之五形分变为妙，故随其地势，去其中营，而变为曲、直、方、圆、锐五图，而名之曰六花曲阵也、六花直阵也、六花方阵也、六花圆阵也、六花锐阵也。若遇险阻，仍用七军，向背得法，作偃月营。其征辽也，乃结束七军为四团，方扬高祖之制，为四门斗底阵也，此即行营之法。其征突厥时，因乘之，阵法复变六花为十二，以四奇八正，首尾相因，行止相随，生死同义，名曰十二将兵阵也，此即牙角相制之意。其定边时，杂蕃汉之兵用之，外营十二阵皆步，而骑各包步卒之中，一奇各当一正，一正不离一奇，一阵受敌，各自为战，奇正相混，使人不知，所谓无不是奇，无不是正，名曰十二辰阵也。此即多方误人之术。

宋太宗以车四千三百二十乘，骑三万六百五十匹，步卒一十四万九百三十人，布为五军，各以二行为表里，中以三阵相从为辅弼，故五军而有七阵焉，则曰平戎万全阵也。迂繁累坠，恐为分合所滞。宋真宗之常阵，有先锋队，策先锋前队，东西拐子马，后有拒后阵，内有无地分兵队，大约与万全阵小异也。

凡用步兵，欲以寡斗众、弱胜强者，无如吴起之进止队，李陵之驰骤队，韩信之轻凌队，张巡之聚散队，李牧之蓄锐势，岳飞之任机势，杨素之摧陷势，吴璘之三叠阵，戚继光之鸳鸯阵，及臣之连环、因之二阵而已。然皆参古法今而作，其用变取胜，各有神异，在学者变通之耳。能将握步根本，练之精，出之熟，变之神，自可驱步卒横行而无敌也。故善作阵者，无一定之形，必以地之广狭险易，即据方、圆、曲、直、锐而因之可也，又从敌之众寡强弱治乱而因之可也。至于我之多少重叠，或为犄角，或分五行，或列三才，却在随时布演，务须首尾相顾，必应表里，阵队能容，形名故别，冲之不乱，撼之不动，斯为有得。是以出正兵不外三叠法，出奇兵不外夺前蚊二势耳。地窄只用一伍，地广便用十伍、百伍、千伍、万伍亦可也。地窄只用战队，地广则加翼队、包队、伏队、应队亦可也。

夫兵以进轻退重、进易退难，所以非鸣金不退。苟退一如进法，各以前队之兵稍稍退立于后队之后，更番止齐，尽如迎战之势，以备敌之乘我。故止而齐，齐而整，浑沌而不乱，纷纭而条理，是为有制。世称孔明八阵曲而繁，管子内政直而简，其说似矣。但言曲而繁者，尚不知其何以为繁曲；言直而简者，尚不知其何以为简直，惟以声字相传，讹舛不(辩)[辨]，漫浪妄谈，何可为式？须将古人已成之制，苦心求之，巧思变之，务令前后左右，动无不利，而后因时立宜，举其可用之法，行之可也。若谓吾胸中自能行出千百万阵，不必方效前哲，即我作始亦可也。或不能变用古法，而吾胸中又无自得之妙，只仅仅循守节制，以方、圆、曲、直、锐五势，因地用之，纵不大胜，必无大溃也。谈兵者若欲执一图，穿凿附会，妄立繁曲直简，谓吾必胜古人，足以应敌于无穷，恐终不免为李希烈[18]之缚。

阴符家每好穿凿，或假知兵之名而妄作阵图，为害深矣，豪杰之士固宜识之。如风后[19]之握机阵者，宋人所作，独孤及附会而记之也。穰苴之握奇营者，元人许洞[20]之所作也。孙武之方阵、圆阵、牝阵、牡阵、雁行阵、罘置阵、车轮阵、冲方阵、常山阵者，皆唐人裴绪[21]所作。嗣而王氏分配八阵，李筌[22]附之，而有天覆、地载、风扬、云垂、龙飞、虎翼、鸟翔、蛇蟠之名，张烨[23]配而为新变风扬阵、新变云垂阵、新变龙飞阵、新变鸟翔阵、新变虎翼阵、新变蛇蟠阵，去天地二阵而为六焉。再作太乙曲阵、太乙直阵，又并诸八阵，乃配天地风云鸟蛇龙虎，而复加之符咒，诡凿甚矣。更以五行分配曲、直、方、圆、锐焉，又复变八阵六阵为钩连盘曲焉。又作十二将兵，以配周制车乘焉。又作当头阵法焉，又作满天星阵焉，又作八翼阵焉，又演马隆偏箱车阵焉，又演李靖六花阵焉，又广六花七军阵为五花阵焉。

许洞曰："敌为弯阵，应以飞鹗；敌为直阵，应以重霞；敌为突阵，应以长虹；敌围四面，应以八卦。"是虽作阵应敌之一端，但势在一面，四隅无兵，而中军无握奇，外列无伍法，恐为智者出奇兵以捣心胁也。他如许洞之穿凿者，不可类数，大抵负诞好奇，不究根本，形势日巧，实用日拙，若乃执而行之，不免为武安君[24]之所侮。穰苴谓位欲严，政欲栗，力欲窕，心欲一，正纵横，察名实。吴子谓贤者居上，不肖者处下，则阵自定矣。若徒以形名机巧为宗，而不信二子之说，犹未得作阵之秘也。况可以奇名巧势为穿凿哉？臣是以知二子得作阵之旨。

凡作阵，须安而静，出而理，轻而简，重而治，变化前后，率然进止，车骑相因，终以继始。故曰营阵静治以为固，甲兵坚利以为雄。又曰车列得式，骑出有翼，徒步凭陵，水溃雷击。然兵必杂以短长，行列欲其疏朗，士卒能以不浮，战斗自致齐一。且列不可疏，疏则难应；亦不可密，密则难用。大约步兵一人，占地两步；骑兵一人，占地四步。故阵因地势而立众寡之则，幡图神怪以彰杀伐之威，步杂车马而变奇正之用。若夫用步贵知变动，用车贵知地形，用骑贵知别径奇道。善用兵者，不外三才而用阵焉。阵头不宜远过，阵尾必识变更，阵腹最须实整，阵翼务使轻凌。太公曰："临敌必置冲阵，复以车骑，分为乌云。"臣谓冲阵者，战阵也，正兵也；乌云者，翼队也，奇兵也。乌之聚散无常，云之行止不测。以乌散云合，而变化无端，故取义为乌云阵焉。有冲阵，则有营阵矣。营阵者，大队也。冲阵出自营阵之中。学兵者观此，可见用阵之则。李靖曰："车徒当教以正，骑队当教以奇。"殊不知车徒原不泥于奇，骑队亦可以为正。曹孟德用三骑之法，每回军转阵，则战骑当后，游骑当先，以陷骑为应变，此更悉自备之意得矣。

戚继光曰："列阵无难，使人各识我阵为难；人之各识我阵亦未为难，使人之能用我阵为难。所谓非知之难，行之难也。"斯语似能作阵者矣。臣谓虽能作阵用阵，而不知驻扎营阵之吉凶，善之半也。故门宜向阳，以受生气，不饮死水，无营死地，无居地柱，无息地牢，无处天灶，无栖龙头[25]，无当大谷之口，恐敌所冲，犹防决水。无止大山之端，虑敌所围，不利水草。大将所处，必从九天，青龙华盖[26]，常坐我前。地无草木，不集禽兽，不可营也。古城古社[27]，窑灶丘墓，不可营也。焦石砂砾，水道逆行，不可营也。必得水泉清澈为上，黄黑浊者，即投胶矾[28]澄之。水停不流，虑有污毒；源在敌所，无得轻食；水流有黑脉，散而不定者，食之必死；水多粪草人兽尸骸者，食之必病。须从傍凿井，宜得甘泉。所谓军井者，指旋凿之井也。水流而盈减倏忽者，上有壅囊之谋；水止而陂沮洳限于路者，下有泽淖之陷；水要在敌，而无甲士守者，或有阴伏之奸。

【注释】

①积卒：积卒星座，由十二颗星组成。

②宗：本源。

③申：表达。

④轩辕：即黄帝，我国古代传说中的帝王，被尊奉为中华民族的祖先。

⑤司：掌控。

⑥吕望：即姜太公，西周开国功臣，助武王灭商。

⑦周公：即周公旦，周武王之弟。武王死后摄政，"内弭父兄，外抚诸侯"，平定叛乱，"灭国者五十"，巩固了周朝的统治。

⑧楚武王：楚国国君，前740~前690年在位。

⑨荀吴：即中行穆子，晋卿。

⑩阖闾（？~前496年）：春秋末期吴国国君，一作阖庐，名光。

⑪鸡父：地名，今河南固始东南。春秋末期吴为争夺淮水流域，曾在此大败楚军。

⑫摧陷：摧垮攻陷。

⑬胠：本原为从旁边打开。此处指右翼。

⑭畴：类别，种类。这里指伙伴、朋友。

⑮超距：距现在很远，即指远古。

⑯马隆：西晋名将，字孝兴。279年率军击败攻占凉州（今甘肃武威）的鲜卑军。

⑰隅落：角落。

⑱李希烈：唐德宗时节度使，后叛唐称帝，被部下毒死。

⑲风后：传说为黄帝丞相，精通兵法。

⑳元人许洞：许洞为宋朝人，而不是元朝人。

㉑裴绪：唐朝人，生平不详。

㉒李筌：唐朝人，著有兵书《太白阴经》。

㉓张烨：明朝人，著有兵书《太乙统宗宝鉴》。

㉔武安君：即白起（？～前257年），战国时期著名军事家，一称公孙起。因功被秦封为武安君。在长平击败赵国纸上谈兵的赵括，坑杀赵降卒四十余万人。

㉕天灶：大山谷口。龙头：山脉的顶端。

㉖青龙：旗帜名，将之旗。华盖：原为帝王车盖，后大将出征也用华盖，作为大将所在的标志。

㉗古社：破旧的神庙。

㉘矾：一种矿物质，可沉淀泥浊杂质，放入水中，水即可澄清。

【译文】

天空的积卒星座，是阵形的本源。列兵布阵要内方外圆，左右互应，曲折相连，奇兵和正兵相互变化，严密而简明，坚固而齐整，即使神仙圣人用兵，也不能脱离这个原则。所以伏羲氏依照积卒星座而设立五军九营阵，以为顺险相临，不可预测，遂命名为师卦阵。表达了奇正变化的方法，明白了前进后退的原理，而兵家对军队的节制约束，在这里第一次可以明显看到。轩辕氏又挖掘积卒星座的奥妙，改变师卦阵的结构，设立天、地、风、云、天衡、地轴、天冲的要义，从而形成握奇阵。这种阵的中心主持在两轴，掌控阵形变化的在四衡，智谋和巧妙的发端，就根源在这里。姜太公改变轩辕的体制，划分为九个部分，仿照井字形，而建立了三才五行阵，奇正互相变用，队列井然而有序，这其实是使用正兵的规则。周公建立了伍、两、卒、旅、师、军的军队编制体制，以天子六军为正兵，奇兵在正兵的外围，诸侯的部队又在奇兵之外，从而创立了农兵阵。此阵为军队的编制方法，车兵、骑兵、步兵都据此而组建编制，因此其功用也一定不比师卦阵、握机阵差。

郑国的大夫子元根据周朝制度将偏师部署在前面，让伍队跟在偏师的后面，一军有二十五车，列成方阵，而叫作鱼丽阵。其巧妙在于弥补空隙，其高明在于部署周密。楚武王由于楚国地形多是山泽险要，战车少而士兵多，于是以五十人为一两，一百人为一卒，十五辆战车组成一偏，偏后另有机动部队，以三军为正兵，左右二广为亲兵车队，从而摆列成荆尸阵。如果制度完善就不会失败，但胜败的关键仍然取决于人。晋国的荀吴效法周朝的制度，而将部队分为前拒、左右角，每伍分五方而立，每两每卒也分为五方而立。地形险阻时就舍去战车变为步兵，步兵的布列与车兵相同；五车为队，每车队的布列同步兵一样；二十五车为偏，偏的布列如车队；五偏为阵，阵的布列同偏一样。所以战车的布列方法起源于步兵的布列方法，步兵的布列方法也不外乎战车的布列方法，因此而创立崇卒阵，大体上是根据地形变化而采取的权宜措施，深得使用步兵的奥妙。吴王阖闾将步兵三万人分为三军，一军分成百行，一行有士兵百人，布列成方阵，以白色为中军，以红色为左军，以黑色为右军，取其五行相生相克之义，不施行诡诈权谋，不训练战车，因此不能同中原

各诸侯国相互抗争。后来巫臣教吴国实行排列车阵的偏乘之法，把罪犯排列在阵前，三军排列在后，把步兵排列在阵前，战车排列在后，同楚国在鸡父展开决战，于是把这种阵势称为鸡父阵。此阵的笨拙之处在于把一军分为百行，阵的后部也不完善，但是罪犯与步兵在前面，是后世摧垮攻陷敌人坚阵方法的发端。

管仲改便周朝制度，用三万人，六百辆战车，一军各五旅，小型战车各四十辆，另有步兵万人，车二百辆为奇兵，而分为先驱、申驱、启、胠、广、戎、驷乘、大殿八部分，企图让士兵相亲相爱，有福同享，居住同乐，行军同和，战死同悲，因而创立了内政阵。此阵虽然排列有条有理颇为壮观，但编制方法却不简明，又怎么能在十天半月的时间内就达到整齐划一的目的呢？观察他领兵攻入孟门，登上太行山，炫耀兵力的强盛，在少水筑坛祭天，一战而使三十余国俯首臣服，恐怕不是利用这一阵法就能获得如此辉煌的战绩。

司马穰苴废除管仲的五偏之法，而推行周公的井田排阵法，恢复黄帝的握奇阵，将一万二千五百人，抽出十分之三作为奇兵，部署在中军；十分之七作为正兵，布置在中军之外，而叫作握奇营阵。此阵形状是方阵，使用时成为圆阵，阵形参差错乱不能灵活变通，用它来防御尚可，但能用它来进攻作战吗？齐国的孙武依据伏蒙的师卦阵，内外都成圆形；黄帝的握奇阵，内圆外方，于是变化而成内外都是方形的阵势，取河洛所出太极图的含义，纵横各排八阵共计六十四阵，其中奇兵、正兵、分散、集中、大阵、小阵互相包容，再配上鸟、蛇、龙、虎各种名称，而组成乘之阵。此阵是按照《易经》布列，集中与分散繁杂琐碎，轻重不分，变化容易穷尽，实在不应该用这个后人假造的阵法而损害孙子的威名。战国时的巧士，按象棋的三十二子再增加一倍，或方或圆，内外四层，而创立了象棋阵。这种阵法发掘了远古排兵布阵的本源，穷尽了前进交战与后退防守的战术方法。

韩信把三十万部队分为五军，孔将军统领部居东南为左翼，费将军统领部居西南为右翼，韩信自率前军居于汉王刘邦的先锋地位，绛侯、柴将军又位居于汉王之后，从而形成了垓下阵。当时正值项羽骄傲轻敌，实施此阵正适合，如果碰上了有智谋的人，韩信必然饱尝敌人直捣自己左右两翼的苦头。

诸葛亮于是还原握奇阵，依据乘之阵，推演河洛阵的方圆，包括了井田制的遗意，分成四奇四正。以西北为乾位，所以叫天阵；西南为坤位，所以叫地阵；东南为巽位，所以叫风阵；东北为艮位，所以叫云阵；东方属青色，而为龙阵；西方属白色，而为虎阵；南方属火，而为鸟阵；北方属水，而为蛇阵。大将处于中央，掌握四阵，作为奇兵。另有游骑二十四阵，安排在八阵之后。大体上阵与队互相包含，奇兵与正兵有多种区别，伸展、收缩、合拢、张开、前进、后退都依令而行，变成方形、变成圆形、变成曲形、变成直形、变成锐形、或成滚阵、或成归阵、或成前冲阵、或成后冲阵，合起来为一阵，分列开来就是九阵，变化无穷，与敌接触处即成阵首，这个阵的名字就叫作八阵图。高明幽妙，周密完备，十分明白布阵的原则，诸葛亮莫非是三代遗传下来的旷代奇才吧？可惜后世的平庸将领，不知道八阵的除去、保留、扩充和收缩，没有根据地妄加捏造阵形，失去其本来面目，所以世代相传，错误荒谬日趋严重。晋代马隆沿用卫青、李陵的方法，选拔士卒三千二百人，配备战车一百二十八乘，以三百人为游奕，依据诸葛亮八阵把兵力分为四层。道路宽阔时，就在车上架设木拒马向外，结成营阵行进，叫鹿角车营；道路狭窄时，将车上的拒马换成木屋，以阻挡弓箭飞石射击。木屋和拒马，要以低平为准，保持战斗力抗拒前面的敌人，兼顾约束部队，一边战斗一边前进，所以叫作扁箱车阵。能依据具体情况增加或减少，就会便利，还可结成出塞的营阵。

李靖的六花阵，原来是由诸葛亮的八阵演变而来，其中角落相连，委曲相对，无不是参考古代阵法而成。步兵、骑兵和车兵，三者互相配合使用，把车兵叫作驻队，步兵叫作战锋队，居阵前为正兵；骑兵叫战队，又叫跳荡队，居于阵后为奇兵，于是称为六花七军阵。但总不如后来的五种阵形分合变化那样奇妙，所以依据地形的不同，取消中营，而变成曲阵、直阵、方阵、圆阵、锐阵五种阵形，而称为六花曲阵、六花直阵、六花方阵、六花圆阵、六花锐阵。如遇到险要的地形，仍然采用七军阵，面对和背向的地形恰当，作成偃月营阵。李靖在讨伐辽东时，便将七军集中收缩为四团，仿效发扬隋高祖杨坚的制度，作四门斗底阵，这就是行军营阵的方法。他在讨伐突厥时，承袭了乘之阵的编队方法，阵法又变六花阵为十二，其中四奇八正，首尾相接，行进驻止相随，生与死同义，名叫十二将兵阵，其中有左角右角左牙右牙四阵，这即是牙角相互制约的意义。他在平定边境少数民族时，将少数民族兵和汉族士兵混合编组使用，外营十二阵都是步兵，而骑兵都包含在步兵之中，每一方阵中的一队奇兵与一队正兵相对应，一队正兵不离开一队奇兵，一阵受到敌人攻击，阵中每名士兵各自为战，奇正混合在一起，使敌人不能辨认，这就是所说的无处不是奇兵，无处不是正兵的意思。这种阵名叫十二辰阵，这就是千方百计迷惑敌人的方法。

宋太宗将战车四千三百二十辆、战马三万零六百五十四、步兵十四万零九百三十人，编组成五军，前后左右各军都排列为两行互为表里，中军分为三阵互为辅助，所以五军而成七阵，称为平戎万全阵。这种阵繁杂累赘，恐怕不便于分散与集中使用兵力。宋真宗的常阵，有先锋队、策先锋前队、东西拐子马，后面有拒后阵，阵内有无地分兵队，与平戎万全阵大同而小异。

凡是使用步兵，要以寡击众，以弱胜强，都不如吴起的进止队、李陵的驰骤队、韩信的轻凌队、张巡的聚散队、李牧的蓄精养锐、岳飞的把握战机利用形势、杨素的摧坚陷阵势、吴璘的三叠阵、戚继光的鸳鸯阵，以及我的连环、因之两阵。但是这些都是参考古法效法如今阵法而做成的，运用变化取得胜利，各有其神奇之处，在于学习者变通罢了。有才能的将领能掌握使用步兵的根本原则，训练精通，使用娴熟，变化神妙，自然可以驱使步兵纵横天下而难遇敌手。因此擅长布列阵势的人，没有固定的阵形，必须依据地形的广阔狭窄险要平坦，依照方阵、圆阵、曲阵、直阵、锐阵而灵活运用就行了，又根据敌军的众寡强弱治乱而加以利用就行了。至于我军兵力的多少重叠，或布成犄角，或分为五行，或列为三才阵等等，都在随时布列操练，务必首尾相连，内外呼应，阵队互相包容，阵形与名称本来有所区别，受到冲击而不混乱，震撼而不动摇，这才是掌握了要领。因此使用正兵不外乎三叠法，出动奇兵不外乎使用阵前两翼击敌两种方法而已。地形狭隘时只布列一伍，地形宽阔就是用十伍、百伍、千伍、万伍也是可以的。地形狭窄时只使用战队，地形广阔时则将翼队、包队、伏队、应队全部都投入战斗也是可以的。

用兵打仗前进时轻捷后退时迟重，前进容易而后撤困难，所以没有鸣金部队就不能后退。一旦后退其方法应同进兵时一样，各将前队的士兵稍稍退到后队之后，轮番后撤，后退一次便停止下来整齐队伍，与迎战的形势完全相同，以防备敌人乘我后退时发动攻击。所以停止而整齐，整齐而严整，旗帜挥动而不混乱，队伍交错而有条理，这才是军纪严明训练有素。世人都说诸葛亮的八阵法曲折而繁琐，管仲的内政阵质朴而简明，这种说法似乎是对的。但是说他曲折而繁琐的人，却不明白其为什么繁杂而曲折；说他质朴而简明的人，却不知道其为什么简单而质朴，只是以讹传讹，不辨真伪，漫无边际妄加谈论，怎么能当作评价这两种阵法的准则呢？必须将古人已成的阵法，苦心探求其奥秘，深思以变化，务必让阵的前后左右，动则有利，然后再根据当时的情况而采取适宜的对策，选择可以使用的方法，加以实行就行了。假如以为自己胸中自能布出千百万种阵势，不必去仿效前代的圣贤，即从自己创立新的阵法也是可以的。或者是不能变用古代阵法，而自己心中又没有得到自创的妙法，而仅仅是遵守用军纪政令指挥部队的方法，依据方阵、圆阵、曲阵、直阵、锐阵五种阵势，按照地形而进行运用，纵然不能大胜，也必定不会大败。谈论兵法的人如果只是执守一种阵图，穿凿附会，妄自确立繁曲直简，以为自己必定超过古人，足以应付无穷的敌人，恐怕最终难免遭到李希烈那样被俘虏的下场。

阴符家们总是喜好穿凿附会，或者假托自己懂得兵法之名，而妄自制作阵图，造成的祸害深远啊。豪杰英雄，对此应该加以辨别。比如号称是风后的握机阵，是由宋朝人所作，原为唐独孤及穿凿附会记载下来的；号称是司马穰苴的握奇营阵，是宋朝许洞所制作的；号称是孙武的方阵、圆阵、牝阵、牡阵、雁行阵、罝阵、车轮阵、冲方阵、常山阵，都是唐朝人裴绪所制作的。后来王氏布置八阵，李筌随声附和，因而产生了天覆、地载、风扬、云垂、龙飞、虎翼、鸟翔、蛇蟠等名称，张烨又依据此而制作了新变风扬阵、新变云垂阵、新变龙飞阵，新变鸟翔阵、新变虎翼阵，新变蛇蟠阵，去掉了天、地两阵而成了六阵。再加上他做得太乙曲阵、太乙直阵，又合并成了八阵，又给各阵配上天、地、风、云、鸟、蛇、龙、虎之名，更加上各种神符咒语，就更加虚妄谬误了。还将火、水、木、金、土五行分别与曲、直、方、圆、锐相配，又把八阵六阵变为钩连盘曲，又作十二将兵阵以配合周朝车乘阵法，又作当头阵法，又作满天星阵，又作八翼阵，又演变马隆扁箱车阵，又演变李靖六花阵，又扩大六花七军阵为五花阵。

许洞说："敌人布成弯阵，应用飞鹗阵来抵御；敌人布成直阵，应用重霞阵来应付；敌人布成突阵，应用长虹阵来抵御；敌人包围四面，应用八卦阵来应付。"这些虽然是布列阵势应对敌人的一种方法，只是将兵力布置在一个方向，四角没有兵力，而中军也没有机动部队，外层部队的排列没有依照伍法，恐将会被聪明的敌人派出奇兵直捣腹心。其他像许洞这样穿凿附会的阵形,不可计数,大多都是荒诞好奇,不讲究布阵的根本,而注意外表的日益奇巧,越来越难以实用。如果拿来在战争中实用,终究难免会被白起那样的敌手所侮辱战败。司马穰苴说职位一定要分明,政令一定要严整,行动一定要敏捷,意志一定要一致,队列一定要整齐,赏罚一定要详察。吴起说贤能的人在上,平庸的人在下,那么阵势就自然安定了。如果排兵布阵只以外表名称的奇巧为宗旨,而不相信司马穰苴和吴起两人的说法,就没有掌握布阵的秘诀。更何况是用怪诞的名称和奇巧的形式来穿凿附会呢?所以我知道司马穰苴和吴起两人深得布阵的奥秘。

凡是布列阵势,必须安定而肃静,出而有秩序,轻捷而简明,稳重而严整,前后变化,进止灵活,战车与骑兵互相配合,后面紧接着前面。所以说营阵以安静整治为坚固,铠甲兵器以坚硬锋利为有力。又说,战车的布列应得法,骑兵出击应有翼侧保护,步兵应根据丘陵,如同大水溃堤雷电闪击那样不可阻挡。但是兵器的长短必须互相配合,行列的布列要宽阔明朗,士兵能够举动慎重,战斗中就自然齐心协力。行列的布列也不能过于疏散,疏散就难以互相应援;也不能过于密集,密集就难以施展兵器。大约一名步兵,需要占地两步;骑兵一名,需要占地四步。所以阵势依据地形而确定多少的原则,旗帜画上神灵鬼怪的图像是为了显示杀戮的声威。步兵和战车、骑兵混编是为了变化运用奇正。至于使用步兵贵在知道变动,使用战车贵在熟悉地形,使用骑兵贵在知道岔路捷径。擅长用兵的人,不外乎遵照三才排兵布阵,阵的前锋不能离开大阵太远,阵的尾部必须知道变化,阵的中心必须坚实严整,阵的两翼必须轻便机敏。姜太公说:"临敌必布设冲阵,再使用战车、骑兵,分为鸟云阵。"所谓冲阵,就是战阵、正兵;乌云阵,就是翼队、奇兵。鸟的聚散无常,云的行止不定,因为鸟散云合,而变化多端,所以取名为乌云阵。有冲队,就有营阵。所说的营阵,就是大队。冲阵来自营阵之中。学习用兵的人通晓了这一点,就可以知道布阵的规则。李靖说:"战车、步兵应当教练正兵的方法,骑兵应当教练奇兵的方法。"殊不知战车、步兵不拘束于充当正兵,骑兵也可以当正兵使用。曹操运用三种骑兵的方法,每当回军转阵,就让战骑在后,游骑当先,以陷骑作为照应,这就更掌握用兵自卫的旨意了。

戚继光说:"列阵不难,使人都知道我的阵势困难,人都各自了解我的阵势也不困难,使人能使用我的阵势困难,这就是所说的知道不难,而实施起来困难。"这句话似乎是能够布列阵势。我认为即使能布阵用阵,而不了解驻扎营阵的吉凶,只是懂得了善于用阵的一半。所以阵门应向阳,以便接受生气,不饮不流动的死水,不在死地驻营,不居住山地,不在盆地休戚,不处在大山谷口,不驻止在大山之端。不面对谷口,以防被敌人冲击,特别是防备敌人决水积水淹灌。不停止在大山之端,防止被敌围困,失去水草便利。大将所处之地,必须高不可测,青龙华盖旗,常树立在前。地上不长草木,没有禽兽聚集,不能安营。古城垒破寺庙,破窑灶废墟坟墓之地,不能驻营。焦石沙砾,水流逆行之处,不能安营。必须上有清澈的水流,水色焦黄黑浊,应投入胶矾澄清。水停不流,可能被污染有毒;水的源头在敌人一方,不得轻意饮用；水中有黑脉，散而不定，饮用必死；水中多粪草人兽尸体，饮用必定生病。必须从旁边凿井，可以得到甘泉。所谓的军井，是指临时开掘的水井。水流忽增忽减不定，上游必有敌人用土袋截流的策略，水停止流动，河陂潮湿阻碍道路，下面必有沼泽沉陷；河水要塞在敌人一方，而没有士兵设防，可能有暗中埋伏的奸谋。

战令

【原文】

尉子之重刑令也，所统千人以上，有战而北[①]、守而降、离地逃众，命曰国贼，身戮家残，去其籍，发其坟墓，暴其骨于市，男女公于官[②]。所统百人以上，有战而北、守而降、离地逃众，命曰军贼，身死家残，男女公于官。是故以守而破陷，则一军上下受诛；以战而败北，则一军贵贱皆斩。又曰："能杀士卒之半者，威加海内；杀其十之三者，力加诸侯；杀其十之一者，令行士卒。"儒者论兵，以尉子惨刻。殊不知尉子者，无天无地，独出独入，诚所谓一人之将也。善兵者，能会其意而去留之，得作战之机[③]矣。

今也，民骄备弛，战士困苦，而中制太过，将乏贤能，令轻[④]刑赏。臣谓非尉子之法，无能新军政，启疲弊也。乃减加其差等而为之令，使战令必行，则士卒自畏。士卒畏主将之刑，则偏裨畏君上之死矣。故上阵有保领牵制之法：军士保领伍队长，出战无失；伍队长保领千百夫长，出战无失；千百夫长保领偏裨将，出战无失；偏裨将保领左右将军，出战无失。各投保状于大将军处，保云并无遗失蹶伤自利不顾等情。凡阵上蹶一左右将军者，所辖下偏裨将、千百夫长、伍队目俱斩；蹶一偏裨将者，所统下千百夫长、伍队目俱斩；蹶一千百夫长，所部下伍队目俱斩；蹶一伍队长，所领下军士俱斩。如是则千万人为一体，而上下同一心。所谓以有本[⑤]之兵，用必死之气，势固崩山而倒堤也。

令出战而军士畏缩者，许伍队长割其耳；伍队长畏缩者，许千百夫长割其耳；千百夫长畏缩者，许偏裨将割其耳；偏裨将畏缩者，许左右将军割其耳。回兵之日，验无耳者悉斩。军士见敌众大，心先怖慑，不遵旗鼓，令进意将旁顾径北[⑥]者，许伍队长即时杀之；伍队长有如是者，许千百夫长即时杀之；千百夫长有如是者，许偏裨将即时杀之；左右将军有如是者，惟听大将军即时斩杀。临战行诛法与平时远异，如一伍之长不能诛五人之不用命，与无五人同；一队之长不能诛五伍之不用命，与无五伍同；千百夫之长不能诛伍队长之不用命，与无伍队长同；偏裨将不能诛千百夫长之不用命，与无千百夫长同；左右将军不能诛偏裨将之不用命，与无偏裨将同；大将军不能诛左右将军之不用命，与无左右将军同。大将临敌而死，则左右副、偏裨官、千百总、伍队长，以至中军近卒、力士技士、储将谋士，悉应斩之。余惟稍远吏士，有军功者免死。所以凡战而亡其将吏头领者，所辖并士卒皆死；将吏弃其士卒而逃者，亦许诸士卒捕而杀之，不捕者同罪。

阵亡一卒，而得敌二人者，本队免死。亡一而得三四者，赏之。亡一而得敌十数者，赏而复升其本队队伍之长。亡一二而不得敌者，本队队伍长并军士悉斩之。抵敌负伤而不死者，以其全队月粮赏不死之卒。亡卒而失其骸[⑦]者，全队家产通给亡者之家。亡五十卒而得敌百人者，偏裨将、千把总、伍队长得以免死；亡五十人而全无斩获者，偏裨将、千把总、伍队长尽诛之。如左右将军以身保其立功赎罪，而能奋死陷阵得敌，百功以上者免之，因而大溃敌阵者赏而复升。出而无功，虽左右将军保者亦斩，其各将领财产，尽给予死者之家。至于阵上回报首级一节，法所当禁，何也？一报首级，即起争心，而伍自乱，敌必乘我乱也。更无得取敌所遗财物，一取财物，自相夺攘，而队不肃，敌必乘我疏也。只应雷击风行，使敌无所措备。敌溃之后，令监军者纪其某阵当某敌，某部胜某方，某队进趋，某伍少却，功罪应否明白，乃发刀斧找取，则心自一，而功自均也。不但心一功均，抑可免私杀平民报功之惨。故有前军回报功级者斩之，除四夷外，则中国之战，又不必以孜孜[⑧]首级为计也，固在任机权者，临战应宜之耳。

未战之前一二日，士卒敢有畏战逃者，捕而杀之。伍队长不能捕者俱斩，仍将同伍同队之卒，各打百棍。若有知其逃情而不先首者亦斩，有能首而密伏所逃之路，擒捕其逃者，即以所犯之粮并所犯家资赏之。不实并诬者反坐。如果陡病不能赴战者，听本营官吏伍队长验人中军调理，诈者坐法，诬其作者亦坐。或一卒一伍一队奋勇抵敌，而同伍邻伍同队救应稍迟，致损奋勇伍队头目者，同伍邻伍同队头目以至军士悉斩之。或一部一营拼死鏖战，而诸部别营疏于备援，致溃鏖战之阵而损将失事者，诸部别营大小头领俱斩之，其偏裨将、千把总之分布策应，原其地之远近连坐有差。卒能奋力陷阵，而复得敌之头领者，当即举其为千把总；或得其谋士及正副敌将者，当即拜其为偏裨将。敌未入彀[⑨]而伏兵先起，敌已越彀而伏兵未发，因而致误机事者，领伏头目俱斩，各兵捆打，仍扣月粮。奇正之兵见伏已起，而不急应者同罪。凡塘报、夜不收、哨探[10]之类，为人欺惑传送不真，因而误事者斩。哨探发行，不知敌至者斩。哨探不以敌情实告主将，而反与同辈宣露者斩。哨探既真，远近已的，多寡已明，险易已得，惟听主将分道发遣，无许负气先登，贪功先动，若如期不到、未令先行、临敌先退者俱斩。大将庸于料理，分措失宜，隐贤蔽能，引用不肖，以致覆军折将者，监军官奏斩其头，没其三世。监军官偏执己私，不和大将，致误国事者罪同。

分营列垒，各有汛地。上自左右将、偏稗官，下至材官、储将、技士、亡命以及伍队士卒，惟视听主将进退合分号令，各不得越界往来，私相言语。设有犯禁，即治以法，临敌违令者，横门斩之。故曰内无干令犯禁，则外无不获之奸矣。阵定而足数移、头数顾、行伍挤拶[11]、稀密不均、前后紊次、旌旗乱摇、金鼓不节者，所犯与队伍长俱斩之。故举号差错，则掌号者罪；行阵失序，则偏裨官亦坐；临敌而误号，则掌号者斩；临战而失序，则偏裨将亦及。其有出越行伍，争前滞后，不尊将令，擅出擅入者斩之。阵列已成，从左右将已至监军官而下，俱毋得乘车马入营，违者斩之。更不许私抽营内一人一骑役用，抗者斩之。无主将符契[12]至，而擅发兵者斩之；符契既至，而不即发兵者斩之。失旌旗金鼓符节，或为敌所窃者，全队斩之。奸淫敌境及沿途妇女，或匿妇女在营，并凌虐所过人民者，全队斩之。进退不遵金鼓、旗幡、火角、号令者斩之。倡言敌人威势，以悚其众者斩之。巫祝私为军士卜其行军之吉凶，所问与巫者俱斩之。主将进退密令未出、攻伐机事未行，而有先闻者，告与所闻者俱斩之。结党毁谤、诡言妖异者斩之。私察是非、因以索利者斩之。漏得失机事于敌人、匿奸细缘由于境内者斩之。嫉蔽贤良、使才士不得见用于缓急者斩之。更令、稽令、失令、玩令[13]者斩之。违主将急时之令者斩之。

守城破陷，悉斩守者。围敌溃围，悉斩围者。宜战不战，悉斩战者。当援不援，悉斩邻队。遇急不举烽号，及先举而后断续不应者死之。军行在途，粮草迟到，所过而误支给，则司饷者死之。出军在道，若见前队遗落器械银钱等物，许所见本队队伍长收贮，待营定则禀所管偏裨，以召失主认领，妄认及隐匿者俱斩，后队见而不收者，亦打百棍。隐匿临阵死亡士卒资财者斩。吏士受赃、定罪纪功不实者斩。临敌自做伤残，欲避战斗之险者斩。临战失去衣甲器械，或质为宿倡赌饮之资者斩。敌有弃械解甲乞降而辄杀者斩。获得敌人私书，即宜密送主将，或先开读及先与本官看者斩。敌使入军，非主司辄与语者斩。擒获敌人及来降者，即时领见主将，不得辄问敌中事宜，因而漏泄者斩。行军出战、樵采牧汲不遵号令者斩。忽见怪异飞走之物人营，能捕获者，急送主将，设有私自藏匿、传告于人者斩。测度军中事宜者斩。出师在道，虽值飘风骤雨，无令军士栖止忠臣、孝子、义士、节妇之家，违令者斩。军临敌境，有妄杀老少、发毁冢墓、抢掠资财、焚烧庐舍、践禾伐木者斩。夜深无故号呼、惊营动众者斩。邻队邻伍知其惊营而不静待，亦故附其号呼者俱斩。营中无故火起，烧其军幕器具，斩其发火之伍，仍没其家，除主将传令某队救火外，余皆不得辄离职掌，擅动者斩。五兵[14]不利，衣甲不精，以致临战不堪施用者斩。倚其利口巧舌，搬弄是非，以至军士不协者斩。妄言神鬼梦寐祸福，动惑吏士者斩。

窃人货物为己财、夺人首级为己功者斩。指麾令出，有低眉俯首、结舌不应、而作难色者斩。倔强使令，出言怨上者斩。不守禁约，高声喧笑，旁若无人者斩。托疾谲病，以避艰难，扶伤舁[15]死，因而欲远者斩。大将与左右偏裨聚议密事，有逼帐瞩垣窃听者斩。探敌不的，报敌不详，多少失数，远近罔[16]实者斩。司劳掌赏，私厚所亲，故薄所怨，以致人心不平者斩。刁斗不振，更筹失遗，号火灭息者斩。非犒设而无故致醉狂呼者斩。令者将之大柄，所谓内畏重刑，则外无坚敌，故不得不重也。然临斩机宜，务使三军心服乃是。

【注释】

①北：败北。

②公于官：罚为官府奴隶。

③机：机宜，要旨。

④轻：忽视。

⑤本：规矩，军纪。

⑥旁顾径北：左顾右盼，径直逃走。

⑦骸：尸骸，尸体。

⑧孜孜：勤勉，不知疲劳。

⑨彀：牢笼，圈套。此处指伏击圈。

⑩塘报、夜不收、哨探：均为派出在外的侦察人员。

⑪拶：压紧。

⑫符契：调动军队的符节、凭证。

⑬更令：改变命令。稽令：延误命令。失令：丢失命令。玩令：玩弄蔑视命令。

⑭五兵：弓矢、戈、矛、殳、戟五种兵器。一说矛、戟、钺、楯、弓矢。此处泛指各种兵器。

⑮舁：抬。

⑯罔：不。

【译文】

尉缭子曾在《重刑令》中说："指挥千人以上的将领，如战斗时打了败仗，防守城池时投降敌人，又擅自离开战场弃军而逃的，叫作国贼。对这种人，要处死其本人，籍没其家产，撤销其官爵，挖掘其祖坟，并曝尸于集市，把其全家男女都收入官府充当奴隶。指挥百人以上的军官，如战斗时打了败仗，守城时投降敌人，擅自离开战场弃众而逃的，叫作军贼。对于这种人，也要处死本人，籍没家产，全家男女收入官府充当奴隶。"因此守卫城池而被敌人攻破沦陷，那么一军上下应全部处死。交战而失败的，那么一军贵贱应全部斩杀。还说："能杀死一半的兵士，声威可以震惊天下；能杀死十分之三的士卒，力量可以征服诸侯；能杀死十分之一的兵士，命令可以在士兵中贯彻执行。"读书人谈论军事，都认为尉缭子残忍刻毒。殊不知尉缭子这样的人,可以不受天地的约束,能够独往独来,实在可以称为千古名将。擅长用兵的人,能领会尉缭子的意思而加以删除和保留,就能把握治军用兵的要点了。

现在的民众骄惰战备废弛,士兵困顿,而朝廷对军队的牵制太多,将领中缺乏贤能之士,治理军队忽略刑罚和奖赏。我以为在这种情况下如不使用尉缭子的方法,就不能革新军政,消除疲弱的积弊。于是对尉缭子所论述的法度进行增减而制定新的法令,使作战的命令必能得到执行,那么士兵就自然惧怕。士卒畏惧主将处罚,那么偏将裨将就会畏惧因违背命令而被君主处死。所以上阵有互相担保牵制的法令,士兵保证伍队长在出战时不遭受伤亡,伍队长保证千百夫长在出战时不受伤亡,千百夫长保证偏将副将在出战时不受伤亡,偏将副将保证左右将军在出战时不受伤亡,各级军官都向大将军立下保证书,保证书上写道,保证不发生遗弃兵器倒毙受伤,只顾自己活命而不顾他人安危等事情。大凡在战斗中损失一左右将军,那么其下辖的偏将副将、千百夫长、伍队长都要斩首;损失一位副将,所下辖的千百夫长、伍队长都要处死;损失一千百夫长,所管理的伍队长都要斩首;损失一伍队长,所统帅的士兵都要处死。这样千万人就会成为一体,而上下同心。所谓使用有规矩的士兵,利用拼命死战的士气,其阵势必然会排山而倒海。

下令出战而士卒惧缩不前,准许伍队长割下他的耳朵;伍队长退缩不前,允许千百夫长割下他的耳朵;千百夫长惧缩不前,允许偏将副将割下他的耳朵;偏将副将惧缩不前,允许左右将军割下他的耳朵。回兵之时,检查出没有耳朵的人,全部处死。士兵看见敌军人多势众,心里就先畏惧震惊,不遵循旗鼓指挥,下令进攻还在左右观望甚至径直逃走的,准许伍队长立即杀掉他;伍队长有像这样的,允许千百夫长立即杀掉他;千百夫长有像这样的,准许偏将副将立即杀掉他;左右将军有像这样的,听凭大将军即时斩杀他。临战之时行使诛杀的法令与平时大不相同:如果一伍的头目，不能诛杀五个不服从命令的部属，就与没有这五人一样；一队之长不能斩杀不遵从命令的五伍部属，那就与没有这五伍相同；千百夫长不能诛杀不服从命令的伍队长，那就与没有伍队长相同；偏将副将不能诛杀不服从命令的千百夫长，那就与没有千百夫长相同；左右将军不能诛杀不服从命令的偏将副将，那就与没有偏将副将相同；大将军不能诛杀不服从命令的左右将军，那就与没有左右将军相同。大将在战斗中死亡，那么左右副将、偏裨将、千百夫长、伍队长，以至中军亲兵、力士技士、储将谋士等，都应处死。其余只有距离较远的官吏士兵、建立了战功的人才免死。所以凡是战斗而失去其将帅首领的，所属军官及士卒都应处死；将吏丢弃其士兵而逃跑的，也允许各士兵捕捉而杀死他，不前往捕捉者与逃跑的将吏同罪。

死亡一名士兵，而俘虏敌人二人，本队其余士兵免除死罪；阵亡一名士兵，而俘虏三四名敌人，给予奖赏；阵亡一名士兵，而俘虏敌人十几人，赏赐全队士兵并提升其本队队长伍长的官职；伤亡一二名士兵而没有俘虏敌人，其本队队长伍长及士兵全部斩杀；抵抗敌人负伤而未死亡的，将其全队一个月的赏赐奖赏这名受伤未死的士兵；士兵战死而遗失其尸体，要将全队所有人的家产，全部交给战死士兵的家属；伤亡五十名士兵，而杀死或俘虏一百名敌人，偏裨将、千百夫长、伍队长得以免除死罪；伤亡五十名士兵，而没有斩杀俘虏一名敌人，偏裨将、千百夫长、伍队长全部斩首。如果左右将军以自身性命担保让其立功赎罪，而能拼命死战攻陷敌阵俘斩敌人，建立百次功劳以上的免去以前罪过。因此而大败敌人的，给予奖赏并让其官复原职。进击而未能立功，即使左右将领担保也予斩杀，其各位将领的财产，全部给予死亡士兵的家属。至于在战斗中回报取得敌人首级一事，法令应当禁止，这是为什么呢？因为一报首级，士兵便会兴起争夺之心，而队伍自然就会混杂，敌人必定会乘我混杂而进行反击。更不得拾取敌人所遗弃的财物，如果一拾取财物，就会自相抢夺，而队形就会不严整，敌人必定会乘我疏散不整的阵势而进行反击。只应当像雷击风行一样迅速攻击，使敌人来不及防御。敌人失败之后，下令监军的官员记录某一阵应对的是某一敌，某一部战胜的某一方；某一队奋进，某一伍后退，功与罪应十分明白，再派出刀斧手找取敌人头颅，这样全军士兵的心自然会统一，而功劳自然会公平合理。不只是心意统一功劳公平，还可以免除私自杀死平民百姓以报请功劳的惨事发生。因此有前面的部队向后用首级报功的斩首，除对四方少数民族外，在中原地区作战，就不必以孜孜求敌人的首级为计了，根本在于把握机权的人，临战之中采取适宜的措施罢了。

在还没有交战之前的一二天，士卒有人胆敢害怕作战逃跑的，应逮捕而后处斩，所在伍队长不能将其捕捉，与逃跑者一起斩首，并将其同伍同队的士兵，每人各打一百棍。如有知道其逃跑的情况而不能预先报告的也要斩首，有能预先报告并秘密埋伏在其逃跑的道路上，擒捕逃跑者，便将逃跑士兵的粮饷以及其家财赏赐给他，告发不实及诬告者应受到处罚。如果突然生病不能参战，由本营官吏、伍队长检查属实后收入中军调理医治，假装生病的应受军法处置，别人诬告他是装病的也要受到处治。

或一兵一伍一队奋勇抵抗敌人,而同伍的士兵或是相邻的队伍救援策应缓慢,以致正在奋勇作战的队伍头目受到伤害,同伍邻伍同队的头目以至士兵,全都斩杀。或一部一营同敌人拼命鏖战,而其他的部营疏于防备应援,导致正在鏖战的部队溃散,将领伤亡而失败的,诸部别营的大小头目全部处斩,偏裨将、千夫长分布在各地策应,根据其距离的长短,连带受到程度不同的惩处。士兵能奋力攻克敌阵,并俘获敌军将领,应立即推荐为千把总,或者俘虏敌军谋士及敌军正副将军,应立即授予偏将副将官职。敌人尚未进入伏击圈,而埋伏的部队就发动攻击,敌人已经越过伏击圈,而埋伏的部队没有发动攻击,因此导致贻误战机造成失败的,带领部队埋伏的头目全都处斩,担任埋伏的士兵都应捆绑杖打,并扣除当月军饷。奇兵和正兵看到埋伏的部队已向敌发动进攻,而不立即策应的罪行相同。凡是塘报、夜间巡逻、哨探之类的侦探人员,被敌人欺骗迷惑,传送的情报不真实,因此贻误大事的处死。哨探被派出动后,不知敌人来到的处斩。哨探不将敌人实际情况报告主将,反而在士兵中传播泄露的斩首。哨探已探明敌情,远近距离已确定,敌人多少已明确,地形的险阻平坦已了解,只能听从主将分道派遣,不许凭恃勇敢私自发动进攻,贪功首先行动。如约定的期限不能赶到,尚未下令便自先行动,临敌先退的全部处斩。大将不能妥当处理军务,举措失当,压制贤能,任用无才无德之人,以导致军队覆败折损将领的,监军官奏请将其斩首,并抄没其三代家产。监军官固执己见,与大将不和,以致贻误军国大事的,罪行相同。

部队安营扎寨布设壁垒,各部都有自己的驻地防区,上自左右将、偏裨官,下至材官、储将、技士、敢死队以及伍队士兵,只有根据主将的号令进退分合,每个人都不准越过本营界限往来行走,私下交谈。如有违犯禁令者,立即按军法惩治。临敌而违反命令,应在军营大门处处死示众。所以说:“内部没有冒犯法令违背禁令,那么外面就没有捉不到的奸细。”阵形排定之后而脚多次移动,头数次回顾,行伍拥挤,稀密不均,前后次序紊乱,旌旗胡乱摇摆,金鼓不按节奏敲击,违犯者与其伍队长全部斩首。所以发出口令出现差错,那么掌管号令者要受到处罚;行列没有秩序,那么偏稗官也要受到惩罚;临敌时号令发错,那么掌管号令的处死;临战而没有秩序,那么偏裨将也要受到处罚。有越出自己行列队伍,争先抢道阻碍后队前进,不遵守将令,私自出入的处死。阵列排定之后,从左右将以至监军官以下,都不得乘车马入营,违犯的处死。更不准许私自抽调营中的一人一骑供自己使用,违抗的处死。没有主将的调兵符契到达,而擅自发兵的处死;调兵符契已到,而不立即发兵的处死。丢失旌旗金鼓符节,或被敌人偷去,全队处斩。奸淫敌人境内及沿途妇女,或将妇女藏匿在军中,并欺凌虐待沿途的民众,全队处死。宣扬敌人的威势,以恐吓众人的处死。占卜的巫祝私自给士兵占卜行军的吉凶,问卜与占卜的全都处死。主将有关进退的密令没有发出,攻伐的机事尚未进行,而有先听到消息的,那么泄露消息与听到消息的全部处死。结党毁谤,诡言妖异的全部处死;私自纠察别人的是非,因而勒索财物的处死。泄露丢失机密军情给敌人,隐匿奸细情由在境内的处死。嫉妒压制贤良,使有才能的人在紧急关头得不到任用的处死。改变命令、延误命令、丢失命令、轻视命令的处死，违背主将紧急命令的处死。

防守城池而被敌人攻陷，防守的官兵全部处死。包围了敌人而让敌人突围逃出，包围的人全部处死。应当交战而不交战，应当交战的全部处死。应当支援而不支援，相邻的部队应全部处死。遇到紧急情况而不发出警报烽火信号，以及前面发出了信号而后面陆陆续续不呼应的处死。军队行军途中，粮草迟到，或在支给所过部队的粮草时发生错误，就斩杀掌管粮饷的官兵。军队行进的道路上，如看到前面部队丢失的器械银钱等物品，允许看到的队伍长收藏，待扎营安定后，报告主管的偏裨将，以召失主认领，慌认及隐藏拾到的物品不报的全都处死。后面的部队看见丢失的物品而不收拾的，也责罚一百棍。隐藏阵亡士兵财产的处死。官吏收受贿赂，定罪纪功不公平真实的处死。临敌时自己故意伤残身体，企图逃避战斗艰险的处死。临战时失去衣甲器械，或者典押作为嫖妓、赌博饮酒费用的处死。敌人有丢下兵器解下盔甲请求投降而擅自将其杀死的处死。取得敌人的私信，应立即秘密送呈主将，有先自打开阅读以及首先交给本队官员观看的处死。敌军使者来到军中，不是主管官员而擅自同他交谈的处死。俘获了敌人以及有前来投降的，应及时领见主将，不得擅自询问敌军情况，因此而泄露敌情的处死。行军出战，砍柴放牧打井，不遵守号令的处死。忽然看到怪异飞走的物体进入军营，能擒获的应迅速送交主将，如有私自隐藏传告给别人的处死。猜测军中事宜的处死。行军途中，虽遇到狂风暴雨，不得让士兵停留在忠臣、孝子、义士、节妇家中，违犯命令的处死。军队进入敌境，有滥杀老幼，挖掘坟墓，抢掠财物，焚烧房屋，践踏禾苗砍伐林木的处死。夜深人静时无缘无故呼喊叫嚷，扰营惊众的处死。相邻的队伍知道惊营，而不镇静对待，也故意附和呼叫的全都处死。营中无故起火，烧毁了营帐器具，发火之伍的士兵全部处死，并抄没其家产。除主将传令某队救火外，其余的人都不得擅自离开自己的岗位，擅自活动的处死。各种兵器不锋利，衣甲不精良，以致临战时不堪使用的处死。凭借利口巧舌，搬弄是非，以至士兵之间不团结的处死。妄言神鬼托梦祸福吉凶，迷惑动摇军心的处死。偷窃别人的财物据为己有，抢夺别人斩杀的敌人首级作为自己的功劳者处死。旗帜挥动命令发出，有低眉俯首，结舌不应，而面呈难色的处死。骄傲不服从命令，出言怨恨上级的处死。不遵守禁令，高声喧笑，旁若无人的处死。佯装疾病，以逃避艰难，不救死扶伤而想远远离开的处死。大将同左右偏裨在一起讨论重大问题，有逼近营帐贴着墙壁偷听的处死。探听敌情不正确，报告敌情不详细，敌军多少不准确，敌军远近不真实的处死。掌管奖赏犒劳，私自厚赏亲近之人，故意薄待自己所怨恨的人，致使人心不平的处死。报更的鼓声不振，计算时间的更筹遗漏，信号火光熄灭的处死。不是犒劳而无故饮酒致醉狂喊乱叫的处死。军纪是将帅的大权，所说的畏惧内部的重刑，外面就没有坚不可摧的敌人，所以不得不严厉。但是临时实行惩罚的关键，在于条必使全军将士心悦诚服。

战机

【原文】

得[①]战之机者，藏形于无，游心于虚，故圣人常务静以待敌之有形。所以放乎九天之上，蟠[②]乎九渊之下，以其无形可见也。深间不能窥，智者不能谋，以其无隙可乘也。不袭堂堂之寇，不击填填之旗，欲待其形之先见也。见敌之有形矣，乃任我之气势，或击其先动，或乘其衅生。敌将坚壁，我则突其未成，急趋其可攻。敌欲冲我，我则绝其必返[③]，先备其所从。敌长则截之，敌乱则惑之，敌薄则击之，敌疑则慑之，敌恃则夺之，敌疏则袭之。若惊鸟之忽起，若飓风之陡发，倏忽上下，莫之止遏。如雷霆之震击，如暴雨之倾注，左右前后，莫之所御。是故有风雨之行，故能威绝域[④]之民。有飞鸟之举，故能服恃固之国。有雷电之战，故能独行而无敌。是以善战者，必以盛而乘衰，以实而击虚，以疾而掩迟，以饱而制饥。应之以不穷，投之以不测，飘往忽来，莫知所之；独出独人，莫知所集。其合如云，其变如龙，若从天降，若出地中，犹水之扑火无不息，汤之沃雪无不融。既其退也，敌不知我之所守；其进也，敌不知我之所攻。若夫水性至柔，而能触崩；丘陵性专，而触成也。市合至危，而能必胜劲敌，以死而易生也。苟能指士卒之进退，如驱群羊；麾偏裨之赴战，如纵鹰犬，使其上云巅而不知其为高，入丛林而不知其为碍，蹈重渊而不知其为深者，乃可称任战，乃可称将兵。

深入敌境，而无一人动静者，必有埋伏绝我归也。须令劲勇为搜捕，继强弩以翼之，发轻骑以应之。急守粮道，设犄角，坚整大阵，数出奇兵，振其先声，为左右逐掠。敌若空虚，急乘我之机势，地势相远，彼此力均，不可挑战，恐费奔趋之劳。敌若有隙，必速压之，无使其复备也。我可以往，彼可以来之地，必先居高通饷，其势乃佚，其战则利。孙子谓先处战地，而待敌者佚；后处战地，而趋战者劳。所以善战者能致人，而不为人所致。尉子谓敌地大而城小者，必先收其地；城大而地窄者，必先攻其城；地广而人寡者，则先绝其厄；地窄而人众者，则筑大堙[⑤]以临之。故作战必因地势之便。率与敌遇，乃因地而发令焉，而复用其险阻、山林、水泉、丘墓之利也。地易远旷，以车骑相因；草木蒙蔽，以步卒接战；长林茂陵，以奇伏迭出；深峡隘口，止众用少；逾水涉涧，益以火弩；高下相悬，未可逼近。昼多旌旗，夜多火鼓。风雨雪雾，变以笳角。以寡击众，务于隘塞，必于暮夜，伏于丛茂，要于险阻。以众击寡，务于广漫，利于旦辰，分守要津，绝彼运道。若驱水火，须知攫后捕前。偶际晦冥，必识相机邀袭。与敌分险相拒，犹当塞谷备衢[⑥]，广我战道。处山之左，急备山之右；处山之右，急备山之左。我地险悖，动有挂碍，可以往，不便于返者，当谨我归路。敌若无备，分兵击之；敌若有备，不可出也。遣发哨探，密布埋伏，务得虚实远近，众寡之情，然必选精锐诚实，不以庸卒。伏兵诡谲，情状万端，若指以山谷蒙翳处伏藏之伏，为伏不过寻常之伏耳，是岂能应命于不穷哉？故善伏者，敌虽巧智，无能测识我之所伏，乃为伏也。是以用伏之微，非神化乎兵术者，未可与语伏。

《淮南子》谓："敌躁我静，必罢其力；敌先我动，必观其形。别其邪正，以制其命；审其所处，或极其因。敌或反静，先出我奇；敌谨后节，即与推移。敌有所积，必有所亏；敌若左转，覆其右陂。故能先弱敌而后战者，费不半而功自倍。"《管子》曰："不明于敌人之情，不可约也；不明于敌人之将，不先军也；不明于敌人之士，不先阵也；士卒未附，教习未精，敌情未得，不可以言战也。"是故文王⑦不能使不附之民；先轸⑧不能战不教之卒；王良、造父⑨不能以弊车不作之马趋疾而致远；后羿⑩、逢蒙不能以枉矢弱弓射远而中微。所以善兵者，必使其兵利也，甲坚也，力治也，令信也，机得也。乃量彼己之势，而后握必胜之权，故士卒倚其必胜，而自轻斗。

魏文侯⑪曰："有师甚重，既武且勇，皆大险阻，右山左水，深沟高垒，守以强弩，退如山移，进如风雨，粮食又多，难与长守，则如之何？"吴起曰："大哉问！非车骑之力，圣人之谋也。能备千乘万骑，兼之徒卒，分谍⑫五军，军各一衢，五军五衢。敌人必惑，莫之所加。严阵坚守，以固其兵。急行间敌，以观其虑。彼听吾说，解而去之；不听吾说，斩使焚书，分为五战，战胜勿追，不胜疾走，如是佯北，安行勿斗，一结其前，一绝其后，两军衔枚，或左或右，而袭其处，五军交至，必有其利，此击强之道也。"臣谓吴起击强之术，乃以五军交至，而必有其利。管仲必胜之道，乃以卒附教精，兵甲坚利，而明敌人之情，敌人之将，敌人之士而后战也。刘安握战之机，乃罢敌力，观敌形，因敌势而与之推移，谓先弱敌而后战者，费不半而功自倍。三子论兵，其窍则一，其用则不同耳。吴子雄而锐，管子重而坚，刘子巧而无定。巧而无定者，谈兵者也。谈兵者每作其形势，难其机权，神其应变，直欲雄视千古。用兵者必尽诸人事，虑其垂成，触处机随，故无往而不利。所以谈兵与用兵之才远异，如能谈而又能用者，臣不敢让管、吴也。

【注释】

①得：掌握。

②蟠：盘曲。这里有潜藏的意思。

③返：退路。

④绝域：遥远的地方。

⑤堙：土山。

⑥衢：通道。

⑦文王：即周文王。商朝周族部落首领。在位时励精图治，为后来其子武王灭商建周奠定了根基。

⑧先轸（？～前627年）：又名原轸，春秋晋国人。在晋楚城濮之战中，指挥晋军大破楚军。

⑨王良：春秋时晋人，以善于驾驭车马著称。造父：周穆王时人，也以擅长驾驭车马而著称。

⑩后羿：据传是夏代东夷族首领，擅长射箭。又传说尧时十日并出，猛兽长蛇

泛滥成灾，后羿射去九日，射杀兽蛇。

⑪魏文侯（？～前396年）：战国时魏国国君。任用李悝为相，吴起为将，进行改革，国力强壮，称雄当时。

⑫谍：通“牒”，簿册。这里指编成。

【译文】

掌握了作战要旨的将领，能想尽办法隐藏自己的形迹和意图，能用尽心思制造假象迷惑敌人，所以圣人总是致力于安静沉稳以等待敌人暴露出兵力的虚实和意图。所以遨游于九天之上，潜伏于九渊之下而不被发现的原因，是由于其没有形迹能够发现；潜伏很深的间谍不能窥探，富有智谋的人难以应付，是因为无隙可乘。不偷袭阵容严整实力强大的敌人，不攻击旗帜整齐、部署周密的敌人，以等待敌军首先行动暴露出其兵力虚实和作战意图。一旦敌人虚实和意图暴露，便任用我军的气势，或攻击敌人首先行动的部队，或乘其破绽出现发动袭击。敌军想要坚壁防御，我就乘其壁垒未成时发动突击，迅速袭击能够进攻的部位。敌军想要冲击我军，我就切断敌军的退路，事先防备敌人可能攻击的地方。敌军排成长阵，就从中截断分割它；敌军混乱，就迷惑它；敌军薄弱，就攻击它；敌军畏惧，就威慑它；敌军有所依赖，就剥夺它；敌军防备疏忽，就攻击它。好比受惊的鸟突然飞起，像飓风突然发生，忽上忽下，无法遏止；像雷霆电击，如暴雨倾注，左右前后，无法抵挡。因此有风雨那样的行动，就能震慑边远地区的民众；有飞鸟那样的举动，便能征服凭恃险固的国家；有雷电那样的战斗，便能横行天下而无敌手。因此擅长作战的人，必定用强盛攻击薄弱，用坚实攻击虚弱，以快速而掩袭迟缓，以饱食制服饥饿。以变化千万的方法应对敌人，以不可测识的战术投入战斗，飘忽往来，使敌人不知我来自何处；独往独来，使敌人不知道我如何聚集。集中兵力如同风合，变换阵形如神龙变化，像从天而降，如从地下而出，像水扑火无不熄灭，热汤浇雪无不融化。当后撤时，敌人不知我在何处防御；当前进时，敌人不知我从何处进攻。水的性质十分柔弱，但却能崩溃堤坝；丘陵的性质坚固，但却能用作抵御；使用乌合之众十分危险，但却必能战胜强敌，是因为用死亡换取了生存。如能指挥士兵进退，像驱赶驯服的群羊；调动偏裨参战，如同放纵凶恶的鹰犬，让他们上云端不恐惧其高，入丛林而不被阻挡，蹈深渊而不顾忌其深的，才能称得上善于作战，才可称得上善于指挥士兵。

深入敌人境内，而没有一点动静，这说明敌军必定有埋伏，企图截断我军的归路。必须命令强劲勇敢的士兵前往搜索，并用强弩随后跟进以保护，派出轻装骑兵进行策应。迅速派兵保守粮道，设立犄角，坚固大阵，不断派出奇兵，先声夺人，在左右两翼扫荡逐掠。敌人假使空虚，应立即利用我的优势攻击敌人；双方相距甚远，敌我力量均等，不能前往挑战，以免在奔驰中消耗体力；敌人如果有机可乘，必须迅速以重兵压之，不要让敌人有所准备。我军可以前往，敌军也可以到来的地形，必须抢先占领高地打通粮道，才能造成以逸待劳的形势，作战就能取胜。孙子说："先占据战地等待迎击敌人的就主动安逸，后到达战场仓促应战的就被动疲劳。所以擅长指挥作战的人，能调动敌人，而不被敌人所调动。"尉缭子说："敌人土地广大而城市狭小，要先占领它的土地；城市广大而领土狭小，要先攻占它的城市；土地广大而人口稀少，就要切断它的险要之处；土地狭小而人口众多，就构筑土山居高临下攻其城市。"因此作战必须利用地形的便利条件。突然同敌遭遇，便依据地形而下达命令，并利用险峻、山林、水泉、坟墓等有利条件。地形平坦开阔空旷，就使骑兵战车互相配合作战；草木茂盛蒙蔽，就用步兵作战；树林广密丘陵连绵，就不断使用伏兵奇兵；山峡幽深山口狭窄，应让大部队停止下来而用少数部队出击；渡过河流越过溪涧时，应增加火弩；敌我高低相差悬殊，不能逼近仰攻敌人。白天应多使用旌旗，夜晚要多使用火鼓，风雨雪雾天气时应用笳角指挥部队。以少击众，务必凭借险阻地形，必须是在天黑时分，埋伏在丛林茂密之处，在险阻之地袭击敌人。以众击少，务必在广阔无边的地形，有利于天亮时分发动攻击，还要分兵把守重要隘口，切断敌人运粮的通道。如果使用水攻火攻，必须知道在前面搏斗在后面擒敌。偶然遇到阴晦昏暗的天气，必须知道要相机邀击袭击敌人。与敌人分别占据险峻之地相互对峙，应特别注意堵塞山谷把守要道，扩大我军作战的场地。驻扎在山的左侧，应快速防备山的右侧；驻扎在山的右侧，应快速防备山的左侧。我军所处的地形险隘，行动有阻挡，可以前往，而不便于返回，应当小心我的归路。敌人假如没有防备，就分兵发动攻击；敌人如果已有防御，便不能出击。派遣哨探，暗设埋伏，必须通晓敌军虚实远近多少等情况，但是必须选择精锐诚实的士兵，不能使用平庸的士卒。运用伏兵诡诈权谲，方法千变万化，假如仅以山谷草木蒙蔽可以隐蔽埋伏的地方来布设伏兵，这种使用伏兵不过是常见的伏兵罢了，又怎能应对无穷无尽的使命呢？所以擅长使用伏兵的人，敌人虽然灵敏机智，也不能臆测我在何处埋伏，这才是擅长使用伏兵。因此使用伏兵的微妙，不是用兵之术达到出神入化地步的人，是不能同他议论使用伏兵的。

《淮南子》上说："敌军轻躁我军安静，必须使敌军力量衰疲；敌军先于我军行动，必须观察熟悉敌军虚实等情况，分辨敌军的正兵奇兵，以制服敌人。观察敌人所处的地形，或知晓敌人依恃的条件。敌军假如安静，就先派出我的奇兵；敌人注意防备后面，我军就随之改变进攻方向。敌军有所积蓄，也必定有不足。敌军假如向左转动阵势，我就集中力量袭击其右侧。所以能先削弱敌人而后再交战，花费的力气不用一半而却能收到成倍的功效。"《管子》上说："不了解敌人的情况，不能同敌约战；不熟悉敌人的将领，不能先兴师出征；不了解敌人士兵的情况，不能先布列阵势。士卒没有亲近依附将领，训练没有精熟，敌情尚未了解，不能谈论交战。"因此就是周文王那样贤能的人也不能驱使尚未归附的民众，像先轸那样的人不能指挥未经训练的士兵作战，王良、造父那样的人不能让破车劣马奔驰远方，后羿、逄蒙那样的人不能以弯曲的箭和无力的弓而远射击中很小的目标。因此擅长治军用兵的人，必须使兵器锐利，盔甲坚固，战斗力得到保持，命令得到服从，战机得以把握，再衡量敌我双方的力量对比，然后把握必胜的权谋。所以士兵依恃其有必胜的把握，就自然会不怕牺牲奋勇战斗。

魏文侯问吴起："有一支敌军兵多势重，既训练有素，又作战勇猛，背后靠高山，前面临险隘，右面依着山，左边靠着水，挖掘有很深的壕沟，修筑有很高的壁垒，派有强大的弩兵防守，部队后撤时稳如山移，前进时快如风雨，粮食又很充足，很难与它长期相持，碰到这种情况该怎么办呢？"吴起回答说："大王提的这个问题十分严重呀！这不能单靠车骑的力量，而要靠圣人的谋略才能取胜。如能准备战车千辆骑兵万人，加上相应的步兵，编为五支部队，每支部队为一路，五支部队分成五路行动，敌军必然迷惑，不知我军将要从何处进攻。在此种情况下敌军必定稳固阵势，严加防守，以稳定它的部队。此时要立即派出使者前往敌营，以审察敌人意图。假如敌人听从我们劝说，我们就立即撤兵退回；如果敌人不听从劝说，杀死我派去的使者，焚毁我的书信，就兵分五路与敌交战。打胜了不要追击，打败了迅速撤回，像这样假装败逃，退走时应从容镇定，不要同敌纠缠，一支部队从正面牵制，一支部队截抄敌军后路，两支部队士兵口中衔枚隐匿行动，从左右两侧，袭击敌人据守的地方。五支部队先后赶到，必定形成有利的形势，这就是攻击强敌的方法。"我以为吴起攻击强敌的战术，就是以五支部队先后赶到投入战斗，而必定形成有利的形势；管仲所论述的必胜的方法，就是让士兵亲附训练精熟，兵器铠甲坚固锋利，并精通敌人的情况、敌人的将领、敌人的士兵，而后再进行决战；刘安在《淮南子》中所论述的把握战机的方法，就是使敌人力量衰疲，观察敌军的虚实，根据敌军的形势而采取相应的策略，就是说先削弱敌人而后交战，这样就会事半而功倍。他们三人论兵的窍门是一样的，但运用的方法则有不同。吴起的方法勇猛而尖利，管仲的方法谨慎而稳重，刘安的方法灵活巧妙而不稳定。灵活巧妙而不定，是从理论上谈论用兵方法的人所强调的。从理论上谈论用兵方法的人，总是制造各种各样的形势，把计谋权变看得十分困难，把应变的策略说得神乎其神，一心想让自己的理论称雄千载。实际上用兵的人必定注重军队的管理，考虑的是怎样才能夺取胜利，在作战时随时根据情况而变化对策，所以能无往而不利。所以谈兵与用兵的才能相差很远，如既能谈兵而又能用兵，管仲和吴起就属于这样让我不敢轻易谈论的人。

卷四

摧陷

【原文】

必死不如乐死，乐死不如甘死，甘死不如义死。夫一人必死，足敌十夫；十夫必死，足敌百夫；百夫必死，足敌千夫；千夫必死，足敌万夫；万夫必死，天下莫当，况义死者乎？设有义死之辈出，世固难敌矣。百人一心，则能陷千人之阵，乱千人之伍；千人齐刃，则能覆三军之众，杀万人之将；万人并力，则四海震惊，无敌可向。吴子曰：有一死贼，伏于旷野，千人捕之，莫不枭视狼顾[①]者，何也？盖恐死贼突至，奋命伤人。所谓一人挺刃，万人避之，非万人皆不肖也，必死与必生之心不同。今能使千万众之气如一死贼，而誓不俱生，则进不可当，退不可拒，虽有谋者，亦难克也。

故善摧敌之坚，陷敌之势者，能使三军负必死之气也。善用必死之气者，当法诸杨素，方诸淮阴，考诸窦轨[②]可也。素每临战，必令弱卒赴敌，陷阵则已，不能陷者悉斩之，又令复进，不能陷者更悉斩之，则将士惟知进退皆死，所向无不胜焉。信之背水[③]，亦置军于不能退走之地，谓无所往矣。无所往，则知非死战不能生，非疾斗不能出，自是并其力，齐其气，奋其命，一其死，而决之战。轨时赴敌，有部将稍却者俱斩之，拔队中小校以代，自率铁骑以殿，乃令之曰："鼓发而有不进者，自后杀之。"士闻鼓声，无不争驰以进斗。所以严刑为作气之基，作气为摧陷之本，摧陷为决胜之权。故善决胜者，必仗诸摧陷；能摧陷者，必振其死气；善作气者，必极其烦刑。

法曰：刚柔皆得，地之利也。又曰：携手若使一人，不得已也。然死地有特致之者，有误至之者。死气有令作之者，有自振之者。恐其乱目也，禁妖祥之事；恐其惑心也，去狐疑之思。乃焚其货财，忘其生路，使人人竖发裂眦[④]，不待命令，而皆自为之战。所以发令之要，在必信从；作气之机，存乎心法。且兵无常勇，亦无常怯，气使之耳。气强则勇，气懦则怯。气勇则战胜，气怯则战北。勇怯强懦，其由甚微。善作气者得乎机，善用机者决诸势。势莫为敌所用，而我常用敌之势也；气莫为敌所夺，而我常夺敌之气也。故其攻击也，若迅雷飘风；其摧陷也，若崩溃倒决；其搏执也，若鸷鸟拿攫，使敌莫测我之所从来，莫御我之所忽及。吴子谓战斗之场，止尸之地，是以喻之如坐漏船中，伏烧屋下。若能厉气，舍死当敌之锋，则敌之勇者不及怒我，智者不及谋我，我反生而敌必死耳。所谓必死则生，幸生则死。能令人之必死者，励士[⑤]之功也；能使令人之必从者，教戒之法也。故曰令以恩信行，气以振作勇。又曰士人尽力，我则甚陷则不惧。

【注释】

①枭视狼顾：枭，指猫头鹰，在夜间捕食时先窥察左右动静。狼在奔跑时因害怕而常向后看。因此用枭视狼顾来形容人因有所顾忌而瞻前顾后。

②窦轨：唐初将领，曾随李渊起兵，屡立战功。治军以严厉著称。

③信之背水：指韩信在井陉之战中以背水列阵战胜赵军。

④竖发裂眦：竖发，怒发冲冠。眦，眼角。裂眦，眼角因瞪得太大而裂开，言其极怒。

⑤励：激励。

【译文】

为了遵守命令而死不如为了高兴而死，高兴地战死不如心甘情愿地去战死，心甘情愿去战死不如为了道德而战死。一人拼命死战，足以抵抗十人；十人拼命死战，足以抵抗一百人；一百人拼命死战，足以抵抗千人；千人拼命死战，足以抵抗万人；万人拼命死战，就会天下无敌，更何况是为了道义而拼命死战呢？假使有为道义拼命死战的士兵大批涌现，那么天下一定难以抵挡了。百名士兵一条心，就能打败千人的阵势，打乱千人的队伍；千名士兵一齐举起武器，就能覆灭敌人全军，杀死敌军万人之将；万名士兵集中力量，就能使四海震惊，所向无敌。吴起说，有一名亡命之徒，隐藏在旷野之中，用一千人去围捕，这些人无不胆战心惊瞻前顾后，这是为什么呢？可能是害怕亡命之徒突然出现，拼命伤人的缘故。所说的一人挺刃而进，万人躲避，并不是这一万人都怯弱无能，而是因为一人怀抱必死的决心而万人心存必生的心情不同。如能使千万人的气概，都像一个亡命之徒那样，而都发誓必死，那么前进便不能阻挡，后退就难以抵挡，虽然敌人有智谋，也难以战胜。

因此善于摧垮敌人坚阵、摧毁敌军气势的人，能让三军将士抱定必死的决心和勇气，善于利用必死的决心的人，应当效法杨素，仿效韩信，考察窦轨就可以了。杨素每次临战，必先命令胆小的士兵攻击敌人，攻陷敌阵便罢，不能攻陷敌阵全部处死，然后再派兵进攻，不能攻陷敌阵的，依旧全部斩首，这样将士知道前进或可获生，而后退却只有死路一条，因此能够拼死杀敌，所向无不利。韩信的背水列阵，也是将军队置于不能后退的死地，让士兵走投无路，走投无路就知道不死战不能求得生存，不迅速战斗就不能找到出路，于是自然就会集中兵力，一齐鼓起勇气，奋勇杀敌，拼死作战，以决战取胜。窦轨每当同敌交战时，部将中有稍微后退的全部斩首，提拔部队中的小头目来代替被杀的将领，而自己则带领铁骑兵在后面督战，并向他们下令说："鼓声响起而有不向前进攻的，从后面杀掉他。"这样士兵一听到鼓声，无不争先恐后前进搏斗。所以严厉刑罚是鼓舞士气的基础，鼓舞士气是攻陷敌阵的根本，攻陷敌阵是决战取胜的关键。所以善于决战取胜的将领，必定依仗攻陷敌阵；能够攻陷敌阵，必须鼓舞士兵必死的勇气；善于鼓舞士兵必死的勇气，必须实行极为严厉的刑罚。

兵法上说："强和弱的士兵都能发挥作用，在于对地形的恰当利用。"又说："能使全军携手奋战就如一个人一样，是由于把部队置于死地逼使他们不得不这样做的缘故。"但是死地有故意进入的，有误入死地的；必死的士气有靠命令振作的，有自己振奋起来的。唯恐迷惑士兵的耳目，所以应禁止占卜等迷信活动；唯恐迷乱士兵的思想，所以应除去犹疑不定的举动。然后焚毁财物，让士兵忘记苟且求生之心，使每个人都能怒发冲冠，睁圆双眼，不等待命令，而都能人自为战。因此发布命令的原则，在于信赏必罚；鼓舞士气的关键，存在于心法。况且士兵不可能总是勇敢，也不可能总是胆小，是由勇气主宰的。气强就会勇敢，气懦就会胆怯；气勇就会取胜，气怯就会战败。勇怯强懦，其产生的缘由十分微妙。善于鼓舞士气的在于掌握机宜，善于利用时机的取决于形势。形势不能被敌人所利用，而我常能利用敌人的形势；士气不被敌人所剥夺，而我常能剥夺敌人的士气。所以向敌人发动进攻时，如同风雷那样飘疾迅猛；攻陷敌阵时，如同山崩水溃那样不可抵挡；搏击捕捉敌人时，如同鸷鸟捕获猎物那样不能躲避，使敌人不能预测我从何处而来，不能抵御我军的突然打击。吴起说战斗的场所，是停放尸体的地方。因此把它比喻成坐在漏水的船中，隐藏在燃烧的房屋下，如能激励士气，舍生忘死以面对敌人的锋刃，那么敌军勇敢的人尚来不及向我发怒，敌军有智谋的人尚来不及计算我，我军反而能够生存而敌人必定死亡。所说的拼命死战反而会生存，侥幸求生不敢拼命死战反而会死亡。能让人拼命死战，是由于鼓励士气的结果；能让人必定服从命令，是因为教育训练得法。所以说命令因为恩威才能推行，士气依靠振作才勇猛。又说士兵能够尽力，我军处境虽然十分危险也不害怕。

因势二篇

【原文】

得机略者，不逼人之穷，不攻人之锐[①]，不启人之未及。必因其盛而致之弛，击其虚而待其疲，取其无备而疾袭其迟。是以用兵之术，惟因字最妙。或因敌之险以为己固，或因敌之谋以为己计，或因其因而复变用其因，或审其因而急乘其所以因。则用因而制胜者，不可言穷矣。敌虽有智，吾必知其不能逃我之所因也。

吴子谓占将察才，因形用权，则不劳而功举。故敌处高燥，不利水草，因而困之；敌便水草，已处卑下，因而灌之；敌居不便，出入艰难，粮道远绝，因而凌之；敌地广大，食匮[②]兵少，四守失隘，因而急之。敌将贪利，可贿可啖[③]；上骄下怨，可间可离；愚昧轻信，可慑可诱；喧嚣不整，可薄可欺；乘劳务利，可袭可击。虑进疑退，众必失依；人有归志，将不能禁；开险塞易，其军必迷。若夫敌人疲怠，饥渴惊疑，前队未营，后军未涉，偶值晦冥，风雨忽作，故可因敌之势以致胜也。我勇且谋，士卒死战，进如骤雨，发如飘风，故可因我之气以决胜也。阙山狭路，大阜深涧，龙蛇盘磴，羊肠狗门，险堕飞鸟，守在一人，故可因地之利以必胜也。三者得一，敌已挫亡；俱得用者，所向莫当。

所以善用兵者，必因敌用变也，因人而异施也，因地而作势也，因情而措形也，因制而立法也。故曰能者用其自为用也，不能者用其为己用也。用其自为用，则天下莫不可用；用其为己用，则所得者鲜矣。

举不轻，势不逆，以一匹夫而能施德义，协人心，信刑赏，新政令，使人不敢逆其命令，而必为之致用者，惟伊尹、吕望、孙武、穰苴[④]、管仲、吴起、韩信、孔明之辈能之。且轻举者必败也，逆势者必亡也。善兵者当窥识数子之不逆势，不轻举，而又能致人于必用之处，是得用因之根本矣。所谓因人之势以伐恶，则黄帝不能与争威；因人之力以决图，则汤武不能与争胜。故能得其因而乘其因者，则万军之将可擒，而四海之英雄可制也。

言兵者，动辄夸淮阴能驱市人，用乌合，谓其致胜有神术焉，此不通乎用兵之本甚矣。淮阴所处之时，有可驱之势，有可合之机，故因其时，顺其势，而鼓舞之、迁误之、激烈之、率然之、死陷之，使人人无不怒目攘臂，齐勇皆战者，何也？盖六国恨秦仇之深，万姓怨秦法之惨，傲然若焦热，倾焉若苦烈，鸡犬不相宁，贵贱不相僇[5]，不独人心去秦，而天亦厌秦久矣。忽起兵山东，项、刘[6]继峙，淮阴适际其时，辄握其略，独开孙子九地[7]之窍，乃因势而驱用之，握机而死致之，是易于启发耳。假使彭、黥而亦识此窍，则淮阴又未可恃以必能也。臣是以知淮阴生于斯世，欲废兵本，外节制，抗监司，驱市合，以战而必胜，以攻而必取，吾断未敢为之许。所以因时顺势而利导之者，能者之事也；悖人逆天而抗时势者，妄者之事也。信固得其时、顺其势而为能者之事矣。学兵之士，当究其时事之可否难易而得失其人，幸勿为豪杰所欺笑焉。

孙子曰："胜可为也。敌虽众，可使无斗。策之而知得失之机，作之而知动静之理，形之而知死生之地，角之而知有余不足之处。"故策者欲因其得失也，作者欲因其动静也，形者欲因其死生也，角者欲因其有余不足也。使深涧不能窥，故因其间以为我用也；智者不能谋，故因其谋以为我计也；勇者不能斗，故因其勇以为我力也。所以能因敌转化，用敌于无穷；因形措胜，用形于不竭者为之神。

【注释】

①锐：锐气十足，士气正旺。

②匮：缺少，不足。

③啖：同"啗"，吃，引义为利诱。

④伊尹：商初谋臣，曾辅佐商汤灭夏。吕望：西周谋臣，即姜太公。穰苴：即司马穰苴，春秋时一名大将。

⑤僇：赖，托。

⑥项、刘：即项羽和刘邦。

⑦九地：即《孙子兵法·九地篇》中提到的散地、争地、交地、衢地、重地、圮地、围地、死地。

【译文】

熟悉了谋略权变方法的将领，不逼迫穷困的敌人，不进攻士气正旺的敌军，不让敌人通晓尚未掌握的我军情况。必须根据敌军的锐气，而想方设法让它松懈下来，要在敌人虚弱时攻击它必须待到敌人困顿不堪；攻击敌人无备而应在敌人迟钝时迅速发动攻击。所以用兵的方法，只有"因"字最是巧妙。或者是利入敌方的险阻，作为自己的坚固屏障；或者根据敌人的企图，来确定自己的计谋；或为利用敌人所依仗的条件，而想方设法改变其条件然后再加以利用；或者审察敌人依恃的条件，而后迅速利用敌人所依恃的条件。诸如此类利用"因"而取得胜利的，是不能说完的。敌人虽有智慧，我也必定知晓敌人不能逃出被我所利用的困境了。

吴子说观察敌人的将领判断其才能，根据敌人显露出来的情况而采取相应的计谋，那么就不必花费什么力气就能取得胜利。因此敌军处于高而干燥之地，缺乏饮水和草料，可以因而围困它；敌军便于水草，但处于地势低洼之地，可以因而用水淹没它；敌军驻居之处不便，出入困难，粮道迂远断绝，可以因而逼迫它；敌人土地广大，粮食匮乏兵力不足，四面防守缺乏险隘，可以因而疾速消灭它；敌军将领贪财好利，可以收买、引诱它；敌军将领骄横士兵怨恨，可以用间离散它；敌军将领愚昧轻信，可以震慑可以诱惑它；敌军营内喧闹军容不齐，可以薄击可以欺侮；敌军乘着疲惫追求财利，可以突袭可以攻击；前进和后退犹疑不定，敌军士兵必会无所适从；士兵有归心，将领不能禁止；打开险隘而堵塞平坦地形，敌军必定迷惑。假如敌人疲惫松懈，饥渴交加，惊疑不定，前面的部队没有扎营，后面的部队没有渡过河流，正遇上天昏地暗，风雨突然大作，我军可以依据敌军的这种不利形势而取得胜利。我军将领既勇敢而又有谋略，士兵拼死作战，前进时如骤雨，出击时如狂风，可以依靠我军的士气以决战取胜。山口险要道路狭隘，山大沟深，道路曲折如龙蛇盘绕，小径狭窄似羊肠狗门，地形险要能使飞鸟坠落，只由一人防守就能使万夫莫开，可以利用这种有利的地形以取得必然的成功。能够得到利用敌人不利的形势、依靠我军的士气和利用有利的地形这三种情况中的一种，敌人就会受挫败亡；能够全部利用这三种情况，就会所向披靡。

因此善于用兵的人，必定能根据敌人的情况而改变对策，根据不同的敌人而采用不同的措施，根据地形而布列阵势，根据当时的情况而部署兵力，根据不同的法度而制订法令。所以说有才能的人能使用自己创造的方法，没有才能的才使用别人已使用过的方法。运用自己创造的方法，那么天下就没有什么不能被自己利用，运用别人已使用过的方法，那么他能得到的自然不多。

举动不镇定，形势不违逆，以一个普通人的身份，而能够实行恩德仁义，协调众人之心，严明刑罚奖赏，革新政治法令，使民众不敢违背他的命令，而必定被他所利用的人，只有伊尹、吕望、孔武、穰苴、管仲、吴起、韩信、孔明这样一些人才能做到这一点。轻举妄动的自然失败，违背形势的必定灭亡。擅长用兵的人，应当窥测认识到这几人的不违逆形势、不轻举妄动而又能将敌人调动到自己需要的地方，是得到了利用条件这一方法的根本。所谓能利用民众的心愿讨伐邪恶的敌人，就是黄帝这样贤明的人也不能同他争夺威势；利用士兵的力量以决定胜负，就是汤武这样圣德的君主也不能同他争夺胜利。所以能靠自己的力量并能利用敌人的条件，那么万军之将可以捕获，四海之内的英雄都能制服。

议论兵法的人，动不动就夸耀淮阴侯韩信能驱动集市上的行人，使用乌合之众，说他取得胜利有神奇的方法，这是太不懂得用兵的根本准则了。淮阴侯韩信的时代，有能够驱使市人的时势，有可使用乌合之众的机宜，因此利用时机，顺应形势，而振作他们，愚弄他们，激励他们，灵活地指挥他们，把他们置于死地，使人人无不怒目奋臂、齐心奋勇作战，这是为什么呢？大概是由于六国积怨秦国的仇恨太深，百姓积怨秦朝的法令太残酷。秦朝的法令残忍的使民众好似处在热锅上炙烤，使民众倾家荡产好比在苦水中煎熬，普天之下鸡犬不得安宁，无论贵贱都无所依恃，不只是民心叛离了秦朝，就连上天也已厌恶秦朝很久时间了。突然陈胜吴广在东方起兵灭亡秦朝，项羽和刘邦接着对峙，韩信恰好遇上了这样的时代，运用自己的谋略，独自一人掌握了孙子关于运用九种地形作战的诀窍，便依据当时的时势而驱使这些乌合之众，掌握权变而将他们置于死地，最后夺取了胜利，这是由于容易启发和激励士气。如果彭越、黥布等人也知道这一诀窍，那么韩信未必能依靠这一点而成为才能超越他人的人。我因此而知韩信如果出生在当今的这个时代里，要丢弃用兵的根本方法，忽略平时军队的军纪和训练，对峙监军官员的监察，驱赶市人乌合之众，作战而必能取胜，进攻而必能攻取，我是断然不敢赞同和相信的。所以利用时机顺应时势，而因势利导，是有才能的人处理事情的方法；悖逆人情而违背天道，而对抗时势的，是狂妄之人处理事务的方法。韩信固然是了解了利用时机顺应形势，而做了有才能的人所做的事情。学习兵法的人，应当考察时机和事情能否办到及其难易的程度，并衡量其人的得失，千万不要盲目照搬而被天下的英雄豪杰所羞辱耻笑啊！

孙子说："胜利是可以争取得到的，敌人虽然人多势众，可以让它不能作战。通过分析判断来知晓敌军作战计划的优劣得失，通过挑逗敌军来了解敌人活动的规律，通过佯动示形掌握制敌死地的关键所在，通过战斗侦察来了解敌人兵力的虚实强弱。"所以分析判断是为了利用敌军的利害得失，挑衅敌军是为了掌握敌军活动的规律，佯动示形是为了了解制敌死地的关键，战斗侦察是为了探测敌人兵力的虚实强弱。使潜伏很深的间谍不能窥视，并能利用敌方的间谍为己所用；使有计谋的人不能谋我，并能利用敌人的计谋作为自己的计谋；使勇敢的人不能战斗，并能借助敌人的勇猛作为自己的力量。所以能依据敌情变化自己的对策，用变幻无穷的办法利用敌人所依赖的条件，依据敌人暴露的情况采取相应的战法取胜，示形动敌无穷无尽，如此才叫作出神入化。

车战一篇

【原文】

法[①]曰:车与步战于易[②],则一车能当卒八十人;战于险,则一车能当步卒四十人。车与骑战于易,则一车能当十骑;战于险,则一车能当六骑。大约车用得法,十乘能胜千人,百乘能当万卒。虽曰步不胜骑,骑不胜车,然有骑无车,则一骑不能当一卒也。务使步不离车,骑不远毂[③],进退有制,循环反复,得用车之法也。

凡车利结营,犹便涉远,宜于广易阳燥,不利于卑湿洼洳[④]。所以贵高而贱下,进止须从其道焉。其犯坚众也,必先走其雷电,继以小戎,急出驰车,或突或冲,火乱其西,弩射其东,半骑半徒,伏奇从锋,晦冥不便,谨壁勿攻。车营被围,急击有七:敌之行伍未定,前后未收,急出轻车击之;士卒无常,旌旗乱动,急出武刚击之;不坚行阵,人马纵横,急出火车击之;进退疑怯,三军互惊,急出弩车击之;远来乱合,暮不能去,急出冲车击之;吏贪务掠,令不能止,急出骁骑击之;敌阵既整,辎积又多,围厚不解,急出神兽车、离合车、霹雳车三方击之。出车有制,驰骤得机,敌虽万匝,克之必矣。所以欲挡胡马之冲,非车壁不可;欲挫胡马之锐,非车击不可;欲逐套卫[⑤]之虏,非车攻不可;欲弥隙塞罅[⑥],而却胡马之不入,非车守不可;欲出塞开边以建不世之业,非车行不可。然用车之要,总不外治力前拒,整束部伍而已。旷野最宜鹿角,广地则便军车。是以知战车必不宜少,又乌可不用耶?故知节制奇正之用者,必不舍是。欲应变于仓促间,远伐于数千里者,亦不舍是。故曰非车无以致远,非车无以行制。惟善用车战者,不限南北,无拘山水,无论轻重,不泥[⑦]分合,实在用者之何如耳,不可以车为无益于军用也。

【注释】

①法:指兵法。

②易:平易,此指平坦的地形。

③毂:车轴可以穿过的圆木,周围与辐条连接。此处代指战车。

④洼洳:泥泞。

⑤套卫:指现在宁夏、内蒙古河套地区。

⑥罅:漏洞,缺口。

⑦泥:拘泥。

【译文】

兵法上说:战车与步兵在地势平坦的地方交战,一辆战车抵得上步兵八十人;在险隘的地形上作战,一辆战车抵得上步兵四十人。战车同骑兵在平坦的地形上作战,一辆战车抵得上十名骑兵;在险隘的地形上作战,那么一辆战车抵得上六名骑兵。普遍而言如果使用战车方法妥当，十辆战车就能战胜千名步兵，一百辆战车就能抵挡万名步兵。虽说步兵不如骑兵，骑兵不如战车，但是如果有骑兵而无战车，一骑便不能阻挡一名步兵。应务必使步兵不脱离战车，骑兵不远离战车，进退有节制，循环往复，才算是掌握了使用战车的方法。

凡是战车都利于结阵驻扎，尤其便于长途跋涉，适宜于开阔平坦向阳干燥的地势，不利于低下潮湿泥泞的地形，因此注重高地而避开低洼，前进和驻止都必须有一定的道路可行。在进攻强大而众多的敌人时，必须先使用大战车像雷电那样迅速出击，接着以小战车跟进，然后快速出动轻便战车，或奔突或攻击，用火扰乱敌人西面，用弩射击敌人东面，一半骑兵一半步兵，伏兵和奇兵随着前锋出击。天气阴晦昏暗，不便于战车行动，应谨守营垒不要发动攻击。车营被敌人包围，迅速出击突围的方法有七种：敌人阵形排列未定，前后没有集中，应迅速派出轻便战车进攻敌人；敌军士兵反常，旌旗胡乱摇动，应迅速派出武刚车攻击敌人；敌人阵势不坚定稳固，人马纵横杂乱，应迅速派出火车进攻敌人；敌军前进后退惊疑不定，士兵互相惊乱，应迅速派出弩车进攻敌人；敌人远道而来就立即向我发动攻击，天黑还不能离去，应疾速派出冲车进攻敌人；敌人将领贪财只顾抢掠，命令也不能制止，应迅速派出骁勇的骑兵攻击敌人；敌人阵势已经严整，粮草又多，包围的兵力雄厚难以解围，应迅速派出神兽车、离合车、霹雳车从三个方向攻击敌人。出动战车有制度，奔驰冲突掌握住时机，敌人虽困顿万重，也必定能制胜敌人。所以想抵挡北方游牧民族骑兵的冲击，非布列车营不可；想挫败北方游牧民族骑兵的锐气，非使用战车攻击不可；要驱逐河套一带的少数民族，非使用战车攻击不可；要弥补边境线上的空隙缺口，而阻拦北方游牧民族战马使其不能南下入关，非使用战车防御不可；要远出塞外开拓疆土，以建立不世的功业，非使用战车行进不可。然而使用战车的关键，总不外乎保持战斗力、在前面设置拒马等各种障碍物抵挡敌人接近和整饬约束部队而已。广阔的原野最宜于使用鹿角，开阔的地形则便于使用战车。因此可知战车一定不能少，又怎么能不用战车呢？所以知道使用奇兵正兵的人，必定不会舍弃战车不用；要对付仓促之间的变故，到数千里外进行讨伐，也不能舍弃战车不用。所以说没有战车不可能到达远方，没有战车不可能行使拘束。只有善于使用战车作战的人，不局限于南北，不拘泥山水，不论轻重，不拘束分散集中，其实在于怎样使用战车，不能够以为战车对战斗毫无益处。

骑战

【原文】

骑者，军之伺候[①]，便于奔冲，利于速斗，踵[②]我败军，绝彼粮道，击便寇也。然顿之则老，宜于平易，畏于险阻林谷陂洳，无令自苦。是以用骑而必避之道有八焉：敌人佯走，反我轻车，夹我毒弩，骑之致败一也；追北长驱，逾险不止，奇伏或起，直绝我后，骑之致败二也；地势四守，陷如天牢，往人虽易，退不可逃，骑之致败三也；茂林丛木，大谿深谷，驰骤縶缧[3]，战道窘促，骑之致败四也；欲进而隘窄难从，既出而迂远难到，彼之寡弱可以击我之众暴，骑之致败五也；大阜在前，高山在后，左右夹以阸塞，敌处表里，战必艰难，骑之致败六也；既进而不能退，队远而不能收，敌又据我根本，扼我阵头，骑之致败七也；沮泽洼洳，草秽蕃蔓，敌或现隐，扑我聚散，骑之致败八也。

用骑而取胜之法亦有四焉：敌人初至未列，率然摧其先部，击其左右，捣其心腹，谓之突冲；敌或整治，冀有斗心，必谨吾翼骑，倏忽往来，进如霆震，合如风云，扬尘鼓烟，令白日昏，疑以神兽，杂以小戎，密更号令，变化不穷，谓之术击；敌处平易，结阵不固，据无险阻，卒无战心，当急令骁骑薄猎前后，翼击两旁，断其粮道，以骤袭弛，以夜为昼，其心必恐，其败不救，谓之乘乱；敌暮欲归无制[4]者，其众必杂，令我铁骑十而为队，或伏或驰，散而星布，起如鸟飞，继以毒弩，按号发机，敌虽百万，其势必疲，谓之威劫。

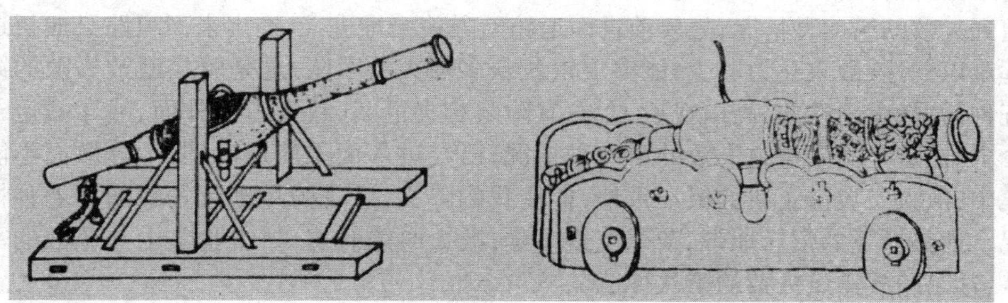

骑战之机，不外乎八险四利，而分合聚散，犹宜条理。然非杂以车徒，进退无本，终是势孤，恐为智者所苦。故曰轻凌之队、奇伏之队、跳荡之队、突冲之队、踵军之队、游奕之队者，为其驰骤便捷，利于邀击奔趋，而不宜于正守老顿也。太公曰：“骑与步战于易，则一骑能当步卒八人；战于险，则一骑能当步卒四人。大约十骑走百卒，百骑走千人耳。”惟马之所处，必乘水草之便，适饥饱之宜，冬欲其温，夏欲其凉，勤剔毛鬣，谨其四下，齐其进止，惯其奔冲，调戢[5]视听，使无惊骇，人马相亲，然后可使。衔辔鞍勒[6]，必令固完。况马之为病，不伤于驰逐始末，即伤于饮食失宜。吴子曰：“日暮道远，必数上下，宁劳于人，慎勿劳马，常令有余，备敌覆[7]我。”能明此者，横行天下。

【注释】

①伺候：窥伺探候。

②踵：掩护。

③縶缧：捆缚，束缚，拘禁。

④无制：没有制度、章法，秩序杂乱。

⑤戢:掩藏遮掩。

⑥衔:马嚼子。辔:驾牲口用的缰绳。鞍勒:马鞍和笼头。

⑦覆:袭击。

【译文】

骑兵,在军队中就像侦探一样,是用来窥视敌人乘敌之隙的,利于奔冲驰突,便于速战速决,可以用来掩护我方败退的军队,断绝敌人的粮道,邀击游动轻便的敌人。但是一旦安顿下来就容易疲惫劳顿,适宜于在平坦广阔的地形上作战,恐惧险阻、树林、山谷、沼泽、低洼的地形,不要让它陷入这种地势之中自讨苦吃。因此使用骑兵必须避开的情况有八种:敌人佯败退走,用轻捷战车反击我军背后,这是骑兵遭致失败的第一种情况;长驱直入追击败退的敌人,越过险要而又停止,敌人骑兵伏兵突起,直接切断我军后路,这是骑兵遭致失败的第二种情况;地势四面险阻,陷入像天牢一样的地势,进入时虽然容易,败撤时却难以逃出,这是骑兵遭致失败的第三种情况;树林茂密,沟大谷深,奔驰冲击受到拘束,战场狭窄局促,这是骑兵遭到失败的第四种情况;想要前进而道路险隘狭窄难进,已经出来而道路又曲折遥远难以到达,敌人兵力弱少,能够攻击我众多强大的军队,这是骑兵遭致失败的第五种情况;大山在前,高山在后,左右有险阻相夹厄塞,敌人占据外面,战斗必定十分艰难,这是骑兵遭致失败的第六种情况;已经进入而不能退出,队伍分散而不能集中,敌人又攻占了我的根本重地,扼住我的阵头,这是骑兵遭致失败的第七种情况。地势低下的沼泽地带,杂草茂盛蔓延,敌人时隐时现,扑击我集中和分散的军队,这是骑兵遭致失败的第八种情况。

使用骑兵而取得成功的方法也有几种:敌人刚刚赶到尚未布好阵势,突然出动摧毁敌人的先头部队;攻击敌人的左右两翼,直捣敌人的心腹要害部位,这叫作突袭冲击,敌人如果阵容整肃有条有理,士兵有希望交战的决心,必须使我军两翼的骑兵提高警惕,迅速往来游动不定,进攻时如雷霆震怒,聚合时如风云变幻,扬起尘土吹动烟雾,让白天昏暗,用神兽火器迷惑敌人,把小型战车夹杂在部队之中,秘密变更号令,变化无穷,这叫作用神妙的方法打击敌人;敌人处于平坦广阔的地形,结成阵势尚不稳固,没有险隘可以拒守,士卒没有作战的心思,应当迅速下令骁勇的骑兵在其前后逼迫袭扰,在其两侧发动攻击,切断敌人粮道,以迅猛的攻势打击懈怠的敌人,把夜晚当作白昼,敌军人心必定震慑,其败亡一定无法挽救,这叫作乘敌混乱打击敌人;敌人在天黑打算归营时没有节制,其部众必定混乱,命令我铁骑十人为一队,或伏击或冲击,分散时如满天星辰散布,出击时如同飞鸟成群结队,跟着使用毒弩,按照号令发射弓箭,敌人虽有百万大众,其势必定衰竭疲惫,这叫作用强大的威力袭击敌人。

骑兵作战的要旨,不外乎上述八种危险四种有利的情况,但是分合聚散,特别需要有条有理。不过如果不以车兵步兵相配合,前进和后退就失去了根本,终究会势单力孤,恐怕是有智慧的人所困扰苦恼的。因此说轻凌之队、奇伏之队、跳荡之队、突冲之队、踵军之队、游奕之队等等，由于它们奔驰疾速轻捷，利于邀击奔趋，而不适宜于进行正面防守和长期驻屯。姜太公说："骑兵与步兵在平坦的地势作战，那么一名骑兵能抵挡八名步兵；在险峻的地形作战，那么一名骑兵能抵挡四名步兵。大约十名骑兵可以击走百名步兵，百名骑兵可以击走千名步兵。"只有战马应处之地，必须依靠水草的便利，饥饱应当适宜有度，冬季要让马温暖，夏季要让马凉爽，勤于剪除毛鬃，注意保养四足。整齐战马的进止，让其习惯于奔驰冲击，训练战马的耳目视听，使它不要受到惊吓。人和马互相亲近，然后才能用于交战。缰绳马鞍，必须稳固完好。而且战马之所以会生病，不是在从早到晚的奔驰追逐中受伤，就是由于饮食失当而受伤。吴起说："天黑路远，骑手必须经常下马以减少马的负担。宁可让人劳累一些，也不能让马劳顿。应经常让马保持充沛的体力，以防备敌人突然袭击我。能明了这一道理，便可以驰骋天下。"

步战

【原文】

大率[①]步兵先立老营[②]为守[③]，然后分兵数处以听指麾。因变奇正，虽杂骑队出战，亦必迭更[④]。迭更之术，叠阵法也。故进必轻凌，退必持重，变必率然，乃得用步之要。其次务险，其次务隘，务险隘者握用寡之机也。

法曰：步兵不能当车骑之蹂躏，必依丘陵林木险阻以为固，广易则用拒马、储胥、剑刃、蒺藜。倘一时拒马不便，即伐木为鹿角营。守者为驻队，战者为锋队，枪筅镰牌，因势而出，布伏突奇，必火必弩。若能稍间车骑，变以乌云，动即令人无措。故教步战之法，起号即阵，举号即战，而变号则易奇正，临战而忘教习者斩之，遇险而畏进趋者斩之。偶值形势险阻，须因地而为方、圆、曲、直、锐之营以自待也，只勿失积卒、握奇之旨。如韩信之用死地，李嗣源之救幽州，张睢阳之聚散掩击，岳武穆[⑤]之野战更番，杨素[⑥]之立陷阵令，李靖之作六花营，吴璘[⑦]之用三叠法，戚继光之变鸳鸯势，俱当为步战之纪。而臣之连环、因之二图，间以车骑，亦可谓之有制。

然喊声欲齐而震，鼓声欲重而沉，战气欲扬而锐，死心欲必而刚，艺必求其精练，兵必杂其短长。《司马法》曰："兵不杂则不利，故长兵以卫，短兵以守。太长则难犯，太短则不及。太轻则锐，锐则易乱；太重则钝，钝则不济。"学者能因其机，适其宜而通变之，是得步战之妙。步兵抵暮，须列布城，设拒马，环储胥，以为营壁。伍队长旗上，宜悬铁线灯笼，灯外有罩，罩外以油布为之，或更夜徙，抑备袭偷。如举号罩起，一望尽为火城，敌虽有见，亦必惊悚。其传箭支更[⑧]，又在因时立制，但夜营以至静至幽为本[⑨]。

【注释】

①大率：大概。

②守：基地。

③老营：指大本营，主将所在之处。

④迭更：指更迭、更换，指部队轮番出击。

⑤岳武穆：即抗金名将岳飞，武穆为其死后谥号。

⑥杨素：隋朝名将。据史载，杨素在作战中“先令一二百人赴敌，陷阵则已，如不能陷阵而还者，无问多少，全部斩之。又命令三二百人再进，还如向法。将士股栗，有必死之心，由是战无不胜，称作名将”。

⑦吴璘（1102~1167 年）：南宋抗金大将，带领宋军在川陕地区大败金军。

⑧传箭支更：古代计算时间的一种方法。

⑨本：根本。

【译文】

总体而言，步兵应先建立中军营帐以为基地，然后把部队分为数处，以听从中军主将的指挥调动。应依据情况变化奇兵正兵，即使夹杂骑兵出战，也必须轮流更换。轮流更换作战部队的方法，就是叠阵法。因此进攻必须轻捷疾速，后退必须谨慎持重，变化必须突然灵活，这样才算是掌握了使用步兵的关键。其次是务必占据险阻地形，占据险隘地形是以少击众的关键。

兵法上说，步兵难以阻截车兵、骑兵的蹂躏奔冲，必须根据丘陵树林险要地形作为坚固屏障，在广阔平坦的地形上就用拒马、木栅、刀剑、蒺藜之类的障碍物阻挡敌军。假如在短时间内难以使用拒马，应立即砍伐树木构筑鹿角营寨。负责防守的为驻队，投入战斗的为先锋队，长枪、狼筅、钩镰、盾牌等各类器具，应根据形势而出动使用，布设伏兵和突袭的奇兵，必须使用火攻和弓箭。如果能在步兵之间配置车骑，即变化为乌云阵势，一旦发动进攻便令敌军措手不及。因此训练步兵作战的方法，就是发出口令立即布列阵势，下达命令就出兵交战，而一旦变化号令就奇正互换。临战而忘记训练时的内容者处斩，遇到危险而害怕前进赴战的斩首。如果碰到险峻阻隘的地势，必须根据地形而排列为方形、圆形、曲形、直形、锐形的营阵，严阵以待敌，只是不要抛弃积卒阵、握奇阵的主旨。比如韩信置之死地而后生的战法，李嗣源营救幽州的战法，张巡守卫睢阳时分散集中掩护敌人的战法，岳飞在野战中轮番攻击的战法，杨素建立陷阵令的方法，李靖创立六花营阵的方法，吴璘使用的三叠阵法，戚继光变化使用鸳鸯阵势的方法，都应当是步兵作战的纲纪准则。而我所创造的连环阵法，是依据三叠阵、鸳鸯阵演变而来，其中配备了车兵和骑兵，也可以说是高明的方法。

但是在步战时要使呐喊声整齐而洪亮，鼓声要沉重而稳健，战斗的士气要高昂而锐气，战死的决心必须坚毅而刚强，武艺技能必须要求精通熟练，兵器必须长和短夹杂配合使用。《司马法》说：“兵器不掺杂使用就没有威力，所以长兵器是用来保护短兵器的，短兵器是用来近身格斗防卫身体的。兵器过长则不便使用，太短就打不到敌人，重量太轻就会脆弱，脆弱就容易折毁；太厚重就不锐利，不锐利就没有杀伤力。”学习步战的人能掌握这一关键，并应据具体情况灵活变通，便是领悟了步战的秘诀。步兵在到天黑时，必须布列成城池一样的营垒，设置拒马，以木栅环绕，作为营寨的壁垒。伍队长的旗帜上，应悬挂铁丝灯笼，灯外有围罩，罩外以油布做成。或者在夜间迁徙营地，以防备敌人偷袭驻营。如发出政令取下灯罩，一眼望去尽是一座火城，敌人看到之后，也必定惊疑害怕。至于使用令箭计算时间，又应根据不同节气设立制度，只是夜间宿营应以沉静幽暗为根本。

水战

【原文】

江上之战，必处上游。水上之御，宜栅[①]中流。或因风纵火，或因霪[②]用灌，或囊沙决堤[③]，或顺逆故用，毋自处不便，毋自当逆风。舟宜坦而旋转便，器宜捷而火弩先，分更宜速，栅寨惟坚，旗帜须多张而数变，战士须轻佻[④]而素练，此水战之机也。将须达其机，审其利，不得其利，必为所害也。故处水之军，绝水必远水。客绝水而来，勿迎之于水内，欲战者无附于水而迎敌，无自处其下而当客。所以视生据隘，察其所来。凡与敌遇于大水之泽，且止其傍，急令登高瞭望，必揣水情，得其广隘浅深，乃可决策。敌若涉水，半渡薄击。我不欲战，拒水阻之；我必欲战，故去水稍远。上雨水沫至，我欲涉者，必待其定也。敌船鼓噪而矢石不交者，兵器必少也；敌鼓促急而徐疾失度者，众必疑惧也；敌令小舟往来不定者，必有谋议也；敌既进而复退者，探而欲袭也；敌泊而扬帆者，欲出我不意也；敌火夜明，喧呼不绝者，恐而少备也；敌火数明，静寂无声者，治器欲战，不战即走也；敌近村落，而不登劫者，心有所怯也；敌未困穷，而求降请缚者，必有所图也。他如敌鼓无韵为伪声，敌兵不动为偶势，此庸将之所不筹，而智者必反其所计。

习水战之令，临汛[⑤]官兵，无得脱衣夜卧，无得擅离本船，凡角掌一号，炮放一声，鼓擂一通，吏士皆严肃器具，听令而去。角掌二号，炮放二声，鼓擂二通，吏士各就本部旗旛，鱼贯摆列。角掌三号，炮放三声，鼓擂三通，大小战船，依次进发，左右前后，无得搀越。临战而亡教习号令者诛之；迟行缓到及退缩不至者，斩其捕盗；遇浅稽迟者，斩其攀招手；虽先到而不直射敌船，或傍擦及使风不正者，斩其舵工、缭手[⑥]；前船与敌交锋，而诸船不助，致敌突走，或陷先战之船者，傍观后到，捕盗、舵工俱斩之；敌船故弃物件于水，兵士恋于捞取而不追战，许捕盗割其耳，回兵之日诛之，同船隐者连坐；一船胜敌，而诸船攒挤争功，不务分头追杀者，以军法治其捕、舵，同力胜者，不在令内也。

洋海之战，所虑风涛不时，又虑迷失向往，当以斗建[⑦]为正，加四时定之[⑧]，知所进退矣。或昏晦之际，则以指南车子午针分其南北。故处水上之占验，与诸占家稍异者，似宜记之。如日晕主风，月晕主雨，风雨必从晕厥处来；星光闪烁不定，及云起四下散如烟雾者，皆主大风；云若车形，及海猪乱起，发风必猛；东风急而云起愈急者必雨，最难晴；夏秋之际，海沙云起，即有飓风霪雨；水陆际青色，风雨连朝夕；水面浮黑灰，风雨时下来；海燕成群飞，白肚主风黑肚雨；日没后起胭脂红，及云若鱼鳞者，皆主不风即雨也。单日起风单日止，双日起风双日止；风起早晚和，须防来日多；昼起之风虑其久，夜起之风防其暴；夜闻九通遥鸟叫，一声风，二声雨，三声四声断风雨；虾笼得鲱鱼，风水作不止；水蛇盘在青芦稍，大水直至蛇盘处，望上水稍漫，望下水即至。

【注释】

①栅：栅栏，此处作动词用，即设置栅栏。

②霪：霪雨，同淫雨，连绵不断而过多的雨。

③囊沙决堤：在河水上游注沙袋阻断河水，待敌人从下游渡河时，冲开堤坝淹没敌人。

④轻佻：轻捷。

⑤汛：河流定期的涨水。此处指军队戍守之地。临汛，意为临战形态。

⑥缭手：拉帆手。

⑦斗建：北斗星斗柄所指的星辰。在我国斗建方位大体上在北方上空，所以在夜间以斗建来判断方向。

⑧加四时定之：斗建不仅指示方向，还代表季节。《鹖冠子·环流》："斗柄东指，天下皆春；斗柄南指，天下皆夏；斗柄西指，天下皆秋；斗柄北指，天下皆冬。"因此用斗建和四个季节来确定方向。

【译文】

在江上作战，必须占据上游；在水上进行防守，应在江河中游布置木栅。或者利用大风纵火，或者利用久雨水涨用水淹没敌人，或者用沙袋截断河流然后突然决堤放水，或者顺水逆流灵活使用。不要自处不便之地，不要自当逆风之处，战船应平坦而旋转灵便，兵器应敏捷而火弩应设置在前面，分散和变换舰队队形应疾速，木栅营寨必须坚固，旗帜必须多挂而经常变化，战士必须行动敏捷而训练有素，这是水上作战的要旨。将帅必须通达水战的时机，明察有利的形势。假如不能占据有利的形势，必定会受到失败。因此处置水上作战的原则，是横渡江河之后必须远离水边扎营，敌人横渡江河而来，不能在水上去迎击敌人，要交战不能紧靠水边而迎击敌人，不能自处敌人下游而抵挡敌人。因此应据高向阳把守险隘，观察敌军所来的方向。凡是同敌军遭遇于大河湖泽之地，应暂且驻扎在岸边，迅速下令登高瞭望，必须弄清水情，知晓河流的宽窄深浅，然后才可做出决策。敌人如徒步渡过河流，应待敌一半渡过而另一半正在渡河时发动攻击。我军不想同敌交战，应占据岸边阻止敌人渡河。我军要想同敌交战，应离开水边稍远的地方列阵。上游下雨有水沫漂来，我军如果打算渡河，一定要等待水势平稳后再渡河。敌船大声鼓噪而不发射矢石，这表明敌人的兵器必定不多；敌人鼓声急促而慢快失去节奏，这表明敌人士兵必定疑惑畏惧;敌人命令小船不断往来穿梭,这说明敌人一定有阴谋诡计;敌人已经前进而又后退,这是试探我之虚实而企图袭击我军;敌船已经停泊但船帆却高高扬起,这是企图出我不意发动攻击;敌船夜间火光明亮,士兵嘈杂叫呼不断这是恐惧而且防备不足;敌舰灯火多次闪亮,而船上却清静无声,这是敌人整治兵器打算交战,否则便是要退走;敌人接近村落,而不登岸掳掠,是心中有所恐惧;敌人尚未走投无路,便向我请求投降,必定有所图谋。其他如敌人鼓声没有一定节奏不是真的要进攻,敌人按兵不动是要对峙,这都是平庸将领不能策划,而聪明的将领必定会采用相反的策略击败敌人。

练习水战的号令,负责警戒的官兵,不可以脱衣睡觉,不能擅自离开本船。凡是吹响第一声号角,放响第一次炮声,击响第一遍鼓声,官兵都要整齐行装武器用具,听从号令起立。吹响第二次号角,放响第二次炮声,击响第二遍鼓声,官兵都要各自召集本部旗帜之下,鱼贯排列好队形。吹响第三次号角,放响第三次炮声,击响第三遍鼓声,大小战船,依照顺序前进,左右前后,不能抢先超越。临战而忘了平时教练演习号令的人,应当处斩;行动迟缓迟到以及退缩不到的,应当斩杀其头目;船只搁浅而不能准时赶到的,应当杀死撑篙手;虽然先到而不立即向敌船发动攻击,或同敌船擦肩而过以及掌舵不正的,应当处死舵手及掌帆手;前面的船只同敌军交锋,而其他船只不前去援助,导致敌船突围而走,或者使首先投入战斗的船只被敌摧破沉毁的,在一旁观望及后到船上的头目和舵手,都应斩首;敌船故意把财物抛弃到水中,士兵贪恋财物只顾捞取,而不追击敌人,允许头目割掉士兵的耳朵,回兵之后再将其斩杀,同船中隐藏不报的连带受到惩治;一艘船只战胜敌人,其他船只拥挤上去争夺功劳,不去奋力分头追击敌人,按军法惩治其头目、舵手,合力胜敌的,不在受罚之内。

在海上作战,最让人担心的是狂风巨浪随时而起,以及迷失方向,应当以北斗星判定方向,再按春夏秋冬四季判定方位,便可以知道进退了。或者遇到阴晦昏暗的天气,便用指南车子午针分辨南北。因此在海洋上观察气象,与一般观察天象的各种方法稍有不同,似乎应当记住。好比太阳周围有光圈,表示将要起风;月亮周围有光圈,表明将要下雨,风雨必定从日、月周围光圈的缺口处来;星光闪烁不定,以及云涌起又四下分散如同烟雾,都预示要刮大风;云彩如同车的形态,以及涌起滚轴状的黑色云团,必定会刮起猛烈大风;东风劲吹并生起云团,风越刮越急,必定有雨,天气最难晴朗;夏秋之际,风潮涌起,即会出现飓风和久雨连绵的天气;水边呈现出青蓝色,风雨一定会从早到晚连续不断;水面呈现黑灰色,风雨会时常下来;海燕成群飞起,露出白色的肚子预告有风,露出黑色的肚子预示下雨;日落后天边出现胭脂样的红色,以及云层状如鱼鳞,都表示不是起风便会下雨。假如是单日起风要到单日才能停止,双日起风双日才能停止。风起早晚相应和,须防来日风更多。白天起风应防备其持久,夜晚起风应预防其狂暴。夜晚听到九逍遥鸟的叫声,叫一声表明起风,叫两声预示下雨,叫三声四声预示风雨停。捕虾的笼得到了鱼,预示风雨下不止。水蛇盘在青芦梢,预示大水直至蛇盘处,向上望大水弥漫,向下望大水立至。

火战

【原文】

惟善用水火者，有震天之威，故力不费而功倍之耳。法曰行火必有因，烟火必素[①]具。因者，因天时之风燥，因敌处之荒芜也。具者，具我之火器，无所不备于军中也。若得其天时，值敌之所处，乃用我之所素具。是以用火之法，考时审日，必得其风，顺纵烟尘，必取其便，发火自幽，致敌无救，绝守去路，勿令其逃。如自犯火、覆地雷、霹雳火、轰山炮[②]之类，悉皆神击，所谓发一机以杀百万者也。此固出塞之天兵，而亦守边之秘事。然中国之用，又无往不宜，如古之名将，雄战势，大战功，使敌无所措备、无所抵抗者，实无出于水火之利也。故火器有陆用、水用、战用、守用、伏用之不同，火制有飞火、烈火、法火、毒火、神火[③]之各异。其势在火，其机在器。孙子谓月在箕、壁、翼、轸[④]为风起之日，固亦无可据验。能乘天燥，复得地机，发其上风，火具神巧，便可称善用火战者。若拘以孙子五火四宿，未可谓其得火之用也。

火之最难其法者，在种火走线。如地雷埋地数尺，远广数里，水雷入水丈余，沉伏港汊，但药线入土即潮，入水即烂，又乌能旬日数月不湿？俟火机一动而即发之耶，况竹筒油蜡之类，悉不能挡水，此非巧过李载者，不得其秘也。其烧积燔营，放箭打炮，不过是迟速便滞，宜与不宜，巧法手法耳，何足道哉！所以善制火者，有不传之秘；善用火者，有心得之巧。凡火发于内，则早应之于外。万一火发于外者，又当随时应之，无待于内发也。火发而敌不动者，必有恃也，或空营也，宜少待勿攻，看其火势，内外极盛，乱则从之，静则自避。如我人敌境，偶经蓊蔚之所，又在燥时，且值暮矣，必先削去营前丛茂。设若燔上风，当令我军寂然不动，亦以火烧营前之草，使两火相遇，草尽火灭。彼见火发，而我军安静，疑不敢进，惧而必惊，惊而必退，急令毒弩神器，按黑伏[⑤]于必由之路，授以密号，八面角起，鼓噪乱击，使敌莫知所逃，是谓以敌火而反其敌用者也。

【注释】

①素：平时。

②自犯火、覆地雷、霹雳火、轰山炮：均为明代火器名称。

③飞火、烈火、法火、毒火、神火：指用各种不同的原料配制而成的火药火器。

④箕、壁、翼、轸：均为二十八宿中的星宿。古代天文学家认为月亮运行到这四颗星宿的位置时，将会刮起大风。

⑤伏：埋伏。

【译文】

只有擅长运用水战火攻的人，才能产生惊天动地的威力，因此不需花费什么力气，而能收到成倍的功效。兵法上说："使用火攻必须有一定的条件，发火的器具必须平时准备好。"所指的一定的条件，就是利用风向和干燥的气候，利用敌人处在树林草木之中。发火的器具，就是我所应有的各种火器，军中无不置备。要是得到有利的天时，又适逢敌人正好处在树林草木之中，便可以使用我平时就预备好的火器。因此使用火攻的方法，应考察天时气候，一定得到风向，顺风点燃烟火，必须采取方便的方法，发火时要保守秘密，使敌人不能救援，扼守敌人的退路，不要让敌人逃跑。如自犯火、覆地雷、霹雳火、轰山炮之类，都是威力巨大的火器，所谓拨动一下扳机，就可以攻击百万之敌。这固然是远出塞外的天兵，也是守卫边关的机密。不过在中原地区使用，也是无往而不宜。比如古代的名将，增强作战的声势，扩大作战的效果，使敌人措手不及，无法抵抗，都离不开利用水火的功用。因此火器有陆用、水用、进攻用、防守用、伏击用的不同，火器的种类有飞火、烈火、法火、毒火、神火的差别，火攻的威力在火，而要点在于发火的器械。孙子说月亮在箕、壁、翼、轸四颗星的位置时是起风的日子，这本来已无法检验。能够利用天气干燥之机，又能得到有利的地形，在上风处纵火，火器又很神奇巧妙，便可以称得上是擅长使用火攻的将领。假如拘泥于孙子火人、火积、火库、火队、火辎这五种方式和月亮在箕、壁、翼、轸位置时发起火攻，那么就不能说他是通晓了火攻的妙用和方法。

在运用火攻方法上最困难的，在于点火和引线。比如地雷埋藏地下数尺深，相距数里路远，水雷入水一丈多，沉浮在港汉之中，但是药线入土就潮湿，入水就腐烂，又怎么能在十天乃至数月之内不潮湿腐烂？又怎么能等到一点火机，就能马上爆炸呢？更何况竹筒油蜡之类的东西，都不能抵御水的侵蚀，这如果不是奇巧胜过李载，是不能掌握其中的秘诀的。至于那些焚毁积蓄粮草和营垒，放箭打炮，只不过是疾速、迟缓、方便、阻滞、适宜不适宜，制造方法和使用方法一类罢了，又有什么值得说的呢！所以善于制造火器的人，有不轻易传授给别人的窍门；善于使用火攻的人，有自己体会得来的妙法。

大凡在敌营内部发火，就应迅速在敌营外面接应。假如火在敌营外发生，应当随时呼应，而不必待到火在敌营内部发起。火发后而敌军按兵不动，必是有所依赖，或是一座空营，应该稍微等待不要急于进攻，观察火势，敌营内外火势猛烈时，假如敌营紊乱，就顺势发动攻击；如果敌人安静不动就自动撤退。如果我军进入敌境，偶然经过草木繁盛地区，又正值干燥之时，而且正是天黑时分，必须首先铲除营寨前的杂草树木。如果敌军在上风处放火，应当令我军安然不为所动，也放火烧掉营前草木，让两股火势相遇，草被烧尽后火便自然灭掉。敌人看到火起，而我军安静毫无动静，就会疑惑而不敢进攻，畏惧而必然惊恐，惊恐就必然会撤走。这时应迅速下令我军携带毒弩神器，乘黑埋伏在敌人退走的必由之路上，授给密号，八面号角响起，即大声鼓噪，乘敌惊乱而发动攻击，使敌人不知该逃到何处，这就叫用敌人的火攻反过来进攻敌人。

夜战

【原文】

夜战之法，或伏或邀，或聚或散；发号即行，起炮便战；金之而止，鼓之而进；掌笛队分，吹角阵变；务于精少，必得向导；益以火鼓，乱[①]敌部伍；一徐一疾，动静按机，敌莫知我之去处，亦莫识我之分移。敌如静固，故致其疲。敌将乱躁，直入不疑。

凡夜以车为壁，以步为守，以骑为候。筹箭暗支[②]，灯炬有制，须素令各卒熟认本营本队字号。设或进退分合，忽然举火，则辨别明如白昼，错误者斩之。须虑大风暴雨忽作，故阵于爽垲[③]，以防水冲。急出候骑，严备掩袭，及观道路险易之情，敌人必走之径。若与对垒，或去营百步，每方燃火数堆，暗地可见敌之向往，风雨则以松节揽把为视。设欲迁移，预立空营数处，营外各有伏也。大抵夜营宜静，在智者必息火鼓，其所以备防之策，又无处不周匝。

古之名将，每务夜袭，谓其锐寡可以破坚众，疑伏足以慑方张。所以用兵之妙，妙在夜战。然夜战之卒，非亡命不可也，非神术不可也，非积盗[④]不可也，非强梁无赖不可也，非骁悍不可也，非果敢不可也，非变通不可也，非绝技泼胆不可也。能识是机，握是窍，敌之勇也无所恃其勇，敌之固也无所恃其固，敌之众也无所恃其众。风亦可进，雨亦可驰，冥亦无碍，晦亦自宜。其制胜也，必使敌之无以逆料[⑤]，抑使敌之无所不疑。

【注释】

①乱：扰乱。

②筹箭暗支：暗中传递时间信号口令。

③垲：地势高而且干燥。

④积盗：惯盗，习惯于夜间活动。

⑤逆料：预料。

【译文】

夜晚作战的方法，或是伏击或是邀击，或是集中或是分散。发出口令就行动，炮声响起就交战，锣声响起便停止，鼓声敲起就前进，吹响笛声队伍就分开，吹响号角阵形就变化。必须使用少而精的兵力，必须得到向导的引导。增加火光鼓声虚张声势，打乱敌军队伍军心。行动有疾有缓，行动与静止都要见机而行，使敌人不知道我在何处发动进攻，也不知道我军怎么分散和转移。敌军假设镇定稳固，应让它疲劳；敌军将领惊慌失措，应直冲敌阵不必迟疑。

大凡夜间宿营应以战车环绕成营壁，以步兵守卫营垒，用骑兵侦察敌情，暗中传递各种联络信号口令,火炬灯光有一定的制度,必须在平时就让士兵各自熟识本营本队的标志旗号。如果进退分合,忽然发出火光信号,就能像白天一样辨别清晰,分辨错误的应处斩。必须考虑到大风暴雨忽起,因此要在干燥高地驻营,以防被雨水冲击。还要疾速派出侦察,严防敌人偷袭,以及观察道路险阻平坦的情况,敌人必经的道路。假如同敌军对垒,又要在离营百步之外,每方点燃数处火堆,暗中可以观察到敌军的动向。风雨天气则使用松节火把照明。如果迁移营垒,应事先设立数处空营,营外各置埋伏。大抵夜间宿营应安静,有智谋的将领在夜营时必定熄灭火鼓,用来防备敌人的方法,又无不周密完备。

古代著名的将领,总是注重夜袭,认为夜袭可以用少而精锐的部队击破强大而众多的敌军,疑兵和伏兵足以震慑士气正旺的敌人。所以用兵之妙,妙在夜战。但是进行夜战的士兵,不是勇敢不怕死的人不行,不是具有神技秘术的人不行,不是习惯于夜间行动的人不行,不是强横无赖的人不行,不是勇猛强悍的人不行,不是果断勇敢的人不行,不是能随机应变的人不行,不是武技超群胆大的人不行。能认识到这一关键,把握这一窍门,那么敌人即使勇敢,也难以依懒其勇敢;敌人即使巩固,也不能依靠其坚固;敌人即使众多,也不能依恃其众多。刮风也能够前进,下雨也可以驰骋,昏暗也不能阻挡,阴晦也能够适宜。出奇制胜,必定能使敌人难以预料我从何处进攻,又能使敌人怀疑我在任何地方都可能发动攻击。

山林泽谷之战

【原文】

孙子曰:处山之军,绝山依谷,视生处高,无登战隆。又曰养生处实,军无百疾,大抵好高而恶下,贵阳而贱阴也。所以山战宜居高阜,近水草,通粮道,握形势,以便击刺[①]。故山上之战,不仰其高焉。凡屯于高山,而四面受敌者为战隆,则为敌所栖[②]矣。屯于地中窊[③],而四面山高者为天井,则为敌所困矣。在智者固不为人所羁栖,亦不为敌所囚困。前后险峻,山水深大之处为绝涧。周围险阻,急难退出者为天牢。草木蒙密,不便驱驰者为天罗。泥途坑阱,车骑陷没者为天陷。两山相夹,涧道回狭,一人守之,万夫难越者为天隙,行军遇此,必亟去而远。敌若遭之,相机绝击。两山夹近者为隘形,我若先居,必须塞满隘口,作阵列以待。若敌先盈塞,阵而待我,不可从之。如隘处未盈,行列未就,急击勿疑。

太公有林战之法,以弓弩为表,戟楯为里,矛戟相与为伍。树木疏处,战车居前,以骑为辅,更战更息,各按其部。臣谓林战,则车骑必为之困矣,矛戟又何能施之?必须速谨出入,各奋短兵。斩木开道,便利我行。毒弩烈火,迭进互更。审向察道,妙在晦冥。左右前后,远索敌情。半伏半击,犷獠[④]腾凌,敌虽有见,莫得我形。故林战与丛战相侔,其利害相半也。军纪以为当避,苟或遇之,胜在人耳。昼益旌旛,夜益笳鼓,无畏其强,必虑其火。

法曰:处斥泽之军,惟绝斥泽,亟去无留。或交军于斥泽之中,必依水草,而背众树。臣谓若交兵于斥泽,则胜负未可为也,莫如翼出骁骑,展开道衢,整阵结伍,且战且行,必谨游殿[5],以备敌情。敌若强梁,急据高阜,两军角之,必有利路,其坚舍环龟[6]之说,未可即处。

地狭山高,左右壁陡,率与敌遇,两不便走,故彼不能来,我不得往,吴起谓之谷战,虽众不能用也。须巧设伏奇,利在急出,选我轻足之卒,必登高陵;必死之士,以开前径。或分车步,四旁伏定。敌必坚守营阵,不敢轻为进止。乃急出旌旛,移营谷外,半隐半出,更番挑之,且击且掳,继以骁骑,列强弩而冲,接短兵而斗。臣谓行军而值山林泽谷险阻,是谓伏奸之地,控制之所,须疾过无缓。设或陡然遇敌,必观其治乱而击之也。如不可击,只能谨我部伍,齐我进退,敌便不能为我乱耳。

兵法以处陆之军,右当背乎高阜,死地当在军前,生地当在军后。然亦有故置死地于军后者。曰丘陵堤防,必虑其阳,而右背之,是太凿矣。惟善兵者自不拘执。何也?精锐之兵,势不可御,其镇静如山林,其流利如江汉,其威烈如雷霆,虽历羊肠、过锯齿、缘高山、人深谷、涉大泽,渡重渊,而亦必不败者,谓人人无不腾凌张胆,一绝乎疑虑,堂堂然决战而去,所以致之死地亦胜也,致之险地亦胜也,致之陷地亦胜也。不能用兵者,虽处生地亦必死,虽处安地亦必危,虽处胜地亦必败。何也?人事不齐也。故曰天时不如地利,地利不如人和。惟能尽诸人事者,自得地利之用[7],自合天时之宜。

【注释】

①击刺:攻击敌人。

②栖:指鸟停留在树上。

③窊:低洼。

④犷:粗野,强悍。獠:壮勇,勇猛。

⑤殿:殿后,后卫。

⑥坚舍环龟:《司马法・用众》作"兼舍环龟"。环龟,指四周有险可守、中间隆高的地形。《武经七书汇解・司马法直解》:"环者,四围固;龟者,四下中隆。"

⑦用:妙用。

【译文】

孙子说:部队在山地行军作战的原则是,穿过山地必须沿着山谷行军,驻营时应在居高向阳的地方,不要从正面仰攻敌人已占领的高地。又说,驻扎在靠近水草的地区,军需供应充足,将士百病不生,总之驻军喜欢干燥的高地,而厌恶潮湿的洼地,重视向阳之处,鄙视阴湿之地。因此在山地作战应占据地势高的地方,靠近水草,畅通粮道,控制有利地势,以便攻击敌人。所以在山地作战,不能正面向上仰攻。凡是屯驻于高山之上,而四面被敌人包围,这种情况称为战隆,那么就会被敌人所拘禁。屯兵在中央低下的地方,而四面是高山环绕,这种情况称为天井,那么就会被敌人所围困。对于有智谋的人来讲,当然不会被敌人拘禁在山上,也不会被敌人围困在低洼之地。前后都是险峻的地形、山高水深之处为绝涧。周围地形险阻,在危急情况下难以迅速退出的地形为天牢。草木繁盛茂密,不便于纵横驰骋的地形为天罗。道路充满泥泞陷阱,战车和马匹容易失陷的地形为天陷。两山相夹,中间的小道狭窄曲折,一人把守万人难以逾越的地形为天隙。行军时遇到这些地形,必须迅速离去避开。如果敌人遇到这种地形,应伺机予以致命打击。两山相夹而相距很近的地形为隘形,如果我军先占据,必须堵塞隘口,排列阵势严阵以待;如果敌人首先堵塞隘口,排列阵势等待我军,不能发动攻击;如果隘口尚未堵塞,敌军的阵势尚未布成,可以迅速发起攻击不要犹豫不决。

姜太公有林战战法,将弓弩布设在外面,戟楯布设在里面,将我使用矛戟的士兵混合编组为不同的小分队。树木稀少的地方,将战车配置在前面,以骑兵辅助作战,轮番出战,轮番休息,各部都应按编组行动。我以为在森林中作战,战车与骑兵必定会被林木困扰,矛戟又怎么能施展得开呢?必须迅速小心出入,各自使用短兵器,砍伐树木开避道路,以便利我军行军。毒弩烈火,交互使用更迭前进。辨明方向,查明道路,妙在昏暗黑夜时行动。在左右前后四面,远距离搜查敌情,一半埋伏一半出击,勇猛迅疾,敌人虽然有所发现,也不可能得知我军实情。因此林战与丛战大体相似,其利弊各占一半,作战原则认为应当避免。如果遇到了这种地形,取胜的关键在于人的正确处置。白天应增加旌旗,夜晚应该增加号角锣鼓,不害怕敌军强大,但务必防备敌人使用火攻。

兵法说,处置盐碱沼泽地带行军作战的方法,应当迅速通过盐碱沼泽地,赶快离开不能停留,如果在这种地带同敌人交战,必须占据水草,而背靠树林。我认为好比敌人在盐碱沼泽地作战,那么是胜是败难以预料,不如在两翼派出精锐骑兵,打开道路,整顿阵形,集结队伍,边战边行,必须加强侦察和后卫,以熟悉敌情。敌军假如强大骄横,应急速占据高地。两军交战时,务必有便利的道路。驻扎在包低内高有险可守之地的说法,不能轻易相信依照处理。

地势狭窄山峰高耸,左右两边都是陡峭的山壁,突然与敌遭遇,双方都不便于通过,所以敌人不能来,我也不能往,吴起称这种情况为谷战,即使军队众多也难以使用。必须巧妙布设伏兵和奇兵,利于迅速撤出,选择行动迅捷的士兵,一定要抢先登占高地;敢于拼死作战的士兵,开拓前进的道路。或者是把战车和骑兵分开隐伏在四周。这样敌军必定坚守营阵,不敢贸然行动。于是我军迅速打出排列整齐的旗帜,把军营转移到山谷之外,一半部队隐伏,一半部队出击,轮番向敌军挑战,一边冲击一边掳掠,接着使用精骑、布列强弩攻击敌阵,再用短兵同敌格斗。我以为行军途中遇到山林沼泽峡谷险阻地形,这叫作埋伏之地,容易被限制围困的处所,必须疾速通行不能迟疑。如果突然在这种地形同敌遭遇,必须观察敌军是整治还是混乱再决定是否向敌发起攻击。如不能攻击,只能整饬我的队伍,统一我军进退,敌军便不能让我军发生混乱。

兵法认为处置陆军作战的准则是,右边应当背靠高地,死地在军队前面,生地在军队后面。但也有故意把死地置于军队后面的。还说,在丘陵河堤处扎营,必须选择向阳的一面,而右面背向丘陵堤防。这些观点太死板了。擅长用兵的人自然会不受这些拘限。为什么呢?精锐的部队,势不可挡,沉默时如山林巍然,行动时如江河奔腾汹涌,威武猛烈如雷霆震怒,虽然经过羊肠小道,通过坎坷不平的道路,攀缘高山,进入深谷,涉过大泽,渡过深渊,也必然不会失败,其原因在于人人无不胆量猛增勇气飞涨,没有丝毫的迟疑和恐惧,威武雄壮地去同敌人决战,所以处在死地也能胜利,处在险地也能胜利,处在陷地也能胜利。不会用兵打仗的人,即使处在生地也必定死亡,处在安地也必然危殆,处在胜地也必然失败。这是为什么呢?这是由于全军上下不能团结齐心,动作不能整齐一致。所以说,天时不如地利,地利不如人和。只有能让部队团结齐心,步调一致,自然就可以得到地形的妙用,自然就能符合天候的时机。

风雨雪雾之战

【原文】

风雨雪雾之际,最难用兵,此智者之所深畏,而勇者之所怯出[①]也。惟能握其机,而善储其事[②]者,又在此际为必胜。何也?疾风暴雨之时,人皆为我不能战;大雪重雾之际,人皆谓我不能攻,其备必弛,其心必懈。若乃储其事,握其机,斟酌阖辟[③],悬千金万户爵[④],而复信[⑤]之以必死之刑,置之以必死之地,将欲率众寡而众寡用命,驱强弱而强弱一心,自是一当百也。以一当百,则无不可胜者矣。

但今之时将,无能知此术耳。人言戚继光能之,臣每究其浙闽用兵方略,不过稍识其毫末,若谓其能集古今名将之大成,应机宜以不测,则臣未敢以心许[⑥]之也。所谓用兵之势如转圆[⑦],决胜之机如发弩[⑧]。圆者无一定之方,弩者有抹电之迅,然又不可无一定之主,抑未可以必迅为之[⑨],实在智者随时化变,应形于不穷也。如营阵定而雨不止,马没蹄,车陷轴,步蹴躃[⑩],滞进退,妨驰逐,此士卒之灾也。其死生呼吸,系乎能将。是以安营必得高燥,先浚水渠,密守界道,正防有此。方进战而当地险,又值怪风陡作,雨注如倾,飞沙障天,怒霆夺魄,此战斗之灾也。霎时胜败,要在得机。风顺纵火,乘势捣之。逆则扎定阵基,虑其迫我,须严令固垒,止众勿进,此亦用寡之时也。俟天变少间,审势相机,敌若备严,谨守勿出,如我治彼乱,以轻锐乘之,而大阵不得妄动也。敌或顺势迫我,须令骁骑先驰径道,从夜焚毁其积聚,扑杀其老幼,敌见根本有失,势必退崩,取乱击之,此其大概也。

如山寇海夷[⑪],惯在飓风忽作,注雨不止,重雾不开,大雪深厚之际为得志。何也?盖南军守以木寨,战以散卒,阵无壁车,出无候骑,以脆弱步兵,遭此天变,自顾且不暇,何能遍守其险阻?设或备御少疏,寇必乘疏掩懈,猿攀蚁附而入,况道路素知,人即得志不已也。胡马[⑫]之来,关鄙重隔,而声息先闻,一当雨雪,彼且不利长驱,犹易为防戒耳。惟大风重雾,亦其乘势仗昧折墙夺险时也。善守者宜识之,然亦有因其时反其势以致胜者也。故曰能握其机，而善储其事者，又在此际为必胜。

【注释】

①怯出：害怕出战。

②善储其事：善于处理和筹划问题。

③斟酌阖辟：再三权衡所应采取的对策。斟酌，权衡，考虑。阖辟，同捭阖，原指战国纵横家分化拉拢游说之术，此处意为运用计谋手段。

④悬千金万户爵：以千两黄金、万户侯的爵位悬赏。悬，悬赏。

⑤信，同"申"，申明。

⑥心许：从内心里表示赞同。

⑦转圆：转动圆石。

⑧发弩：发射弓箭。

⑨抑未可以必迅为之：不能一味追求疾速。

⑩蹴蹐：两足盘旋而行，意指道路泥泞，行走艰难。

⑪山寇海夷：指倭寇。

⑫胡马：北方少数民族军队。胡，我国古代对北方少数民族的称呼。

【译文】

风雨雪雾的时候，用兵作战最为困难，这是聪明者深感害怕，而勇敢者所畏惧出战之时。但是只要能把握有利的时机，而又善于处理和筹划事务的人，又可以在这种不利的气候条件下夺取胜利。这是为什么呢？狂风暴雨大作之时，一般人都认为我不能进行战斗；大雪纷飞浓雾弥漫之际，一般人都以为我不会发动进攻，所以其防备必然松弛，其心理必然懈怠。在此种情况下如果认真计谋，把握战机，权衡利弊，以千两黄金、万户侯的爵位悬赏全军，然后再三声明严格的军纪，将部队置于必死之地，这样，统率的军队不论是多还是少，都会服从命令拼死作战；指挥的士兵不论是强还是弱，都会齐心协力奋勇杀敌，于是自然可以一人抵挡敌人一百人。以一人能够抵挡百名敌人，那么就没有不能战胜的敌人。

可是当今的将领，没人能懂得和知晓这一方法。人们都说戚继光能做到这一点，但我常研究他在浙江、福建指挥作战的方略，发现他只不过是稍稍知道一些表面而已。如果说他能集古往今来名将之大成，顺应时机以应对不测事故，那么我就不能从内心里表示认可了。所谓用兵作战的形势如同在高山之巅向下转动圆石，决战取胜的时机如同发射箭弩。圆石没有一定的方向，弓矢有闪电一样的迅速。但是用兵作战又不能没有一定的方法，也不可只一味追求迅疾快速。而重点在于足智多谋的人随机应变，适应不断变化的各种实际情况。好比营垒阵势布列安定后，而大雨连绵不停，雨水淹没了马蹄，车轮陷入泥水，步兵行走困难，既迟滞前进和后退，又阻碍了奔驰追逐，这些都是士兵的灾难。士兵的生死命运，系于将领身上。所以安营扎寨，必须选择在高地干燥之处，首先开凿疏浚水渠，秘密把守边界

道路，正是为了防止这种灾难发生。正当准备进战便遇到了险隘的地形，又恰逢狂风突然大作，大雨倾盆而下，尘沙飞扬弥天障目，雷震怒击夺人魂魄，这是战斗的灾难。在此种情况下，很短的时间内就可以决定胜负，关键在于把握时机，处于顺风时放火烧敌，并乘势向敌发起冲击；处于逆风时则应稳固自己的阵脚，防备敌人逼迫我军，必须严令巩固营垒，使部队停止下来不要前进。这种天候也是以寡击众的有利机会。等到天气稍微发生变化时，观察形势寻找战机，如果敌军防备周密，便严加防守不要出击。如果我军严整而敌军混乱，便出动轻装精锐乘机攻击，而自己的大部队不能草率行动。敌人如果顺势逼迫我军，必须命令我精锐骑兵抄小道奔驰敌后，乘黑夜焚毁敌军的粮草，扑杀敌军老幼，敌人看到后方腹地有失，必然会退却崩溃，我就可乘其混乱击败敌人。这是在风雨雪雾天气下打仗的大概方法。

但是像山贼倭寇，习惯在飓风忽起、大雨倾盆、浓雾不开、大雪深厚的天气下取得胜利，这是为什么呢？概而言之是由于南方的军队用木寨防守，使用散兵作战，布阵时缺乏战车环卫，出动时没有派出骑兵侦察敌情，以脆弱的步兵，遭遇到这样的恶劣天候，自顾尚且来不及，又怎么能防守每一处险隘呢？假若防备稍有疏忽，倭寇必定会乘我疏忽懈怠发动袭击，像猿猴攀爬、蚂蚁依附一样蜂拥而入。况且他们平时就了解道路，一旦进入就能不断取得胜利。北方的敌骑前来进攻，道路遥远，关山重隔，其消息事先就能得知。万一遇到雨雪天气，不利于他们长驱直入，还是容易加以防备的。只有大风浓雾之际，也是他们乘着大风依赖浓雾遮蔽前来翻越城墙取得险隘之时，善于防守的人应该认识到这一点。但也有利用这种气候，反其道而取得胜利的。因此说，能掌握有利的战机，并善于进行筹划谋算的将领，又必然能在这种条件下夺取胜利。

陈规兵书

导读

《陈规兵书》即《守城机要》，一卷，宋陈规撰。

陈规（1072～1141年），字元则，密州安丘（今属山东）人。明法科及第出身，历任安陆县令、德安和顺昌知府、枢密院直学士、庐州知府兼淮西安抚使等职。规力主抗金，精研守城之术，北宋末南宋初曾独守德安孤城多年，巧思百计，多次取得守城作战的胜利。其后，又在顺昌储粮备战，配合刘汴大破金兵，取得顺昌保卫战大捷。绍兴十年（1140年），金军攻陷宋都汴梁后，陈规撰《"靖康朝野佥言"后序》，总结了汴京失陷的守城教训，提出改革传统的城池防御体系，"可则因，否则革"，在此基础上，深入地论述了城池防御的原则、方法、战术和技术。

《守城机要》是陈规的另一部重要著作，思想、内容与《"靖康朝野佥言"后序》大体相同，但论述更为通俗、简明，全书共分二十四条款，对他有所改革、创新的城池防御体系和方法做了全面、扼要的论述，相当于一部守城条例。

【原文】

城门旧制，门外筑瓮城[①]，瓮城上皆敌楼，费用极多，以御寻常盗贼，则可以遮隔箭凿[②]，若遇敌人大砲[③]，则不可用。须是除去瓮城，止于城门前离城五丈以来[④]，横筑护门墙，使外不得见城门启闭，不敢轻视，万一敌人奔冲，则城上以砲石向下临之。更于城门里两边各离城二丈，筑墙丈五六十步[⑤]，使外人乍人，不知城门所在，不可窥测；纵使奔突入城，亦是自投陷阱。故城门不可依旧制也。

护门墙，只于城门十步内横筑高厚墙一堵[⑥]，亦设鹊台，高二丈[⑦]，墙在鹊台上，高一丈三尺，脚厚八尺，上收三尺[⑧]，两头遮过门三二丈，所以遮隔冲突。门之启闭，外不得知。纵使突入墙内，城上砲石雨下，两边羊马墙[⑨]内可以夹击。

城门贵多不贵少，贵开不贵闭[⑩]。城门既多且开，稍得便利去处[⑪]，即出兵击之，夜则斫其营寨，使之昼夜不得安息，自然不敢近城立寨。又须为牵制之计，常使彼劳我逸。又于大城多设暗门，羊马城[⑫]多开门帘[⑬]，填壕作路，以为突门[⑭]。大抵守城常为战备，有便利则急击之。

城门旧制，皆有门楼，别无机械[⑮]，不可御敌。须是两层，上层施劲弓弩，可以射远；下层施刀枪，又为暗板，有急则揭去，注巨木石，以碎攻门者[⑯]。门为三重，却后一门[⑰]，如常制，比旧加厚；次外一重门，以径四五尺坚石圆木，凿眼贯串以代板，不必用铁叶钉裹[⑱]；又外一重，以木为栅，施于护门墙之两边。比之一楼一门，大段济事[⑲]。

城门外壕上，旧制多设钓桥[⑳]，本以防备奔冲，遇有寇至，拽起钓桥，攻者不可越壕而来，殊不知正碍城内出兵。若放下钓桥，然后出兵[㉑]，则城外必须先见，得以为备；若兵已出复拽起桥板，则缓急难于退却，苟为敌所逼逐，往往溺于壕中。此钓桥有害无益明矣。止可先于门前施机械,使敌必不能入。拆去钓桥,只用实桥[22],城内军马进退皆便,外人[23]皆惧城内出兵,昼夜不敢自安。

干戈板亦名兼板,旧制用铁叶钉裹,置于城门之前,城上用辘轳车放[24],亦是防遏冲突。其碍城内出兵[25],则与钓桥无异。既于城门里外安置机械,自可不用干戈板,以为出兵快便之利。

城身[26],旧制多是四方,攻城者往往先务攻角,以其易为力也[27]。城角上皆有敌楼、战棚[28],盖是先为堤备[29],苟不改更,攻城者终是得利。且以城之东南角言之,若直是东南角攻,则无足畏,砲石[30]力小,则为敌楼、战棚所隔,砲石力大,则必过入城里。若攻城人于城东立跑,则城上东西数十步,人必不能立;又于城南添一砲,则城上南北数十步,人亦不能立,便可进上城之具。此城角不可依旧制也。须是将城角少缩向里[31]。若攻东城,即便近北立砲,若攻南城,则须近两立砲,城上皆可用砲倒击其后。若正东南角立砲,则城上无敌楼、战棚,不可下手。将城角缩向里,为利甚不可忽也!

女头墙[32],旧制于城外边[33]约地[34]六尺一个,高者不过五尺,作“山”字样。两女头间留女口一个。女头上立狗脚木[35]一条,挂搭皮、竹篦篱牌[36]一片,遮隔矢石,若御大跑,全不济事。又女头低小,城外箭凿[37]可中守御人头面。须是于城上先筑鹊台,高二丈[38],阔五尺。鹊台上再筑墙,高六尺,厚二尺。自鹊台向上一尺五寸,留方眼一个,眼阔一尺,高八寸;相离三尺,又置一个;两眼之间,向上一尺,又置一个,状如“品”字;向上作平头墙。敌上登城,只于方眼中施枪刀,自可刺下。方眼向下,自有平头墙[39],即是常用篦篱牌挂搭,不必临时施设也。更于鹊台上靠墙,每相去四寸,立排叉木[40]一条,高出女墙[41]五尺,横用细木夹勒两道或三道。攻城者或能过“品”字眼,亦不能到平头墙上,更兼墙上又有排叉木限隔,若要越过排叉木,必须用手攀援,则刀斧斫之,枪刃刺之,无不颠仆。守者用力甚少,攻者必不得志也。

马面[42],旧制六十步立一座,跳出城外[43]不减二丈,阔狭随地利不定,两边直觑城脚。其上皆有楼子[44],所用木植甚多,若要毕备,须用毡皮挂搭,然不能遮隔大砲,一为所击,无不倒者。楼子既倒,守御人便不得安。或谓须预备楼子,随即架立。是未尝经历攻守者之言也。楼子既倒,敌必以砲石弓弩并力临城,则损害人命至多,亦不可架立。今但只于马面上筑高厚墙,中留“品”字空眼,以备觇望,又可通过枪刀;靠城身两边开两小门,下看城外,可施御捍之具。墙里造瓦厦屋[45],与守御人避风雨,遇有攻击,便拆去瓦厦屋,靠墙立高大排叉木[46],用粗绳横编,若造笆[47]相似。任其攻击,必不能为害。

城不必太高,太高则积雨摧塌,修筑费力。城面不可太阔,太阔则砲石落在城上,缓急[48]击中守御人。城面通鹊台[49]只可一丈五尺或一丈六尺,高可三丈或三丈五尺。沿边大郡城壁,高亦不过五丈,阔不过二丈而已。

羊马墙,旧制州郡或无之,其有者,亦皆低薄,高不过六尺,厚不过三尺,去城远近,各不相同,全不可用。盖羊马城[50]之名,本防寇贼逼逐人民入城,权暂安泊[51]羊马而已,故皆不以为意,然捍御寇攘,为利甚薄。当于大城之外,城壕之里,去城三丈一云去城二丈，筑鹊台，高二尺一云高二三尺，阔四尺；台上筑墙，高八尺一云高及一丈，脚厚五尺一云厚及六尺，上收三尺；每一丈留空眼一个，以备觇望。遇有缓急，即出兵在羊马墙里作伏兵，正是披城[52]下寨，仍不妨安泊羊马。不可去城太远，太远则大城上抛砖不能过，太近则不可运转长枪。大凡攻城，须填平壕，方可到羊马墙下。使其攻破羊马墙，亦难为入，入亦不能驻足。攻者止能于所填壕上一路直进，守者可于羊马墙内两下夹击，又大城上砖石如雨下击，则是一面攻城，三面受敌，城内又有一小砲可施。凡攻城器械，皆不可直抵城脚。攻计百出，皆有以备之也。

羊马墙内，须酌量地步远近，安排叉木，作排叉门[53]；分布安排人兵，易于点检，兼防奸细入城。

城郭，旧制只是一重，城外有壕，或有低薄羊马墙者。使善守者守之，虽遇大敌，攻计百出，亦可退却。或不经历攻守者，忽遇大敌围城，无不畏怯，须是先为堤备。当于外壕里修筑高厚羊马墙，与大城两头相副[54]，即是一壕两城。更于大城里开掘深阔里壕，上又筑月城[55]，即是两壕三城[56]。使攻城者皆是能者，亦无可攻之理。大抵城与壕水，一重难攻于一重。至若里城里壕，则必不可犯。计羊马墙与里城、里壕之费，亦不甚多，若为永久之计，实不可缺。

修筑里城，只于里壕垠上[57]增筑，高二丈以上，上设护险墙[58]。下临里壕，须阔五丈、深二丈以上。攻城者或能上大城，则有里壕阻隔，便能使过里壕，则里城亦不可上。若此则不特可御外敌，亦可潜消内患[59]。里城里壕，费用不多，不可不设，庶免临急旋开筑也[60]。

修城，旧制多于城外脚下，或临壕栽了叉木，名为鹿角[61]，大为无益。若城中人出至鹿角内，壕外人施放弓弩，鹿角不能遮隔；若乘风用火，可以烧毁。不如除去为便也。

今来修城制度，止是在外州郡[62]城池。若非京都会府[63]，须于城内向里，量度远近，再于外修筑一重[64]，其外安置营寨，向里更筑一重作官府。若此，岂特坚固而已哉，内外之患，无不革尽。

攻城用云梯[65]，是欲蚁附[66]登城。今女头上既留“品”字眼[67]，又有排叉木，又有羊马墙，重重限隔，则云梯虽多，无足畏也。

攻城用洞子[68]，止是遮隔城上箭凿，欲以搬运土木砖石，填垒壕堑，待其填平，方进攻具，或欲逼城挖掘[69]。今既有羊马墙为之限隔，则洞子亦自难用。

对楼[70]则与城上楼子高下相对。鹅车[71]稍高，向前瞰[72]城头，向下附[73]城脚。天桥[74]与对楼无异，止是于楼上用长板作脚道，或折迭翻在城上，皆是登城之具。今羊马墙既有人守，自可两边横施器刃。敌人别用撞竿[75]与其他应急机械，自不足畏。大凡攻城用天桥、鹅车、对楼、火车[76]、火箭[77]，皆欲人惊畏，有以备之，则不能害。

攻城多填幔道[78]，有至三数条者，高与城等，直逼城头。今羊马墙中既有人拒敌，又大城上抛掷砖石，自然难近大城。更照所填幔道，于城内靠城脚急开里壕，垠上更筑月城，两边栽立排叉木[79]；大城上又起木棚，置人于棚上；又于欲来路上，多设签刺[80]。使能登城，亦不能入城；或能入城，亦不能过里壕；纵过里壕，决不能过月城。以幔道攻城者，百无一二[81]。今所备如此，亦何足畏！凡攻城者有一策，则以数策应之。

攻城用大砲，有重百斤以上者[82]，若用旧制[83]，楼橹[84]无有不被摧毁者。今不用楼子，则大砲已无所施。兼城身与女头皆厚实，城外砲来，力大则自城头上过，但令守御人靠墙坐立[85]，自然不能害人；力小则为墙所隔。更于城里亦用大砲与之相对施放，兼用远砲[86]，可及三百五十步外者，以害用事首领[87]，盖攻城必以驱掳胁从者在前，首领及同恶者在后。城内放砲，在城上人[88]照料偏正远近，自可取的。万一敌砲不攻马面，只攻女头，急于女头墙里栽埋排叉木[89]，亦用大绳实编，如笆相似，向里用斜木撑抢[90]，砲石虽多，亦难击坏。砲既不能害人，天桥、对楼、鹅车、幔道之类，又皆有以备之，则人心安固，城无可破之理。

攻守利器，皆莫如砲。攻者得用跑之术，则城无不拔；守者得用砲之术，则可以制敌。守城之砲，不可安在城上，只于城里量远近安顿[91]，城外不可得见，可以取的[92]。每砲于城立一人，专照斜直远近[93]，令砲手定放[94]。小偏则移定砲人脚[95]，太偏则移动砲架，太远则减拽砲人[96]，太近则添拽砲人，三两砲间，便可中物。更在砲手出入脚步[97]，以大砲施[98]小砲三，及三百步外。若欲摧毁攻具，须用大砲；若欲害用事首领及搬运人，须用远砲[99]。砲不厌多备。若用跑得术，城可必固。其于制造砲架精巧处，又在守城人工匠临时增减[100]。制造砲梢[101]，须及时月，夏以六月，冬以十一月、十二月，采取栎木、檀木，皆一生笋长成[102]，少枝节者，置沟渠中，淹浸百余日或半年，取出去皮阴干，用檼木[103]上下自根至梢按捺，如张盘新弓[104]相似。取略无损者，然后用麻索、生皮相间系扎，以防阴晴缓慢[105]。日晴则皮紧索缓，阴雨则索坚皮缓。若此系扎，可保无失。

用砲摧毁攻具，须用重百斤以上或五七十斤大砲[106]。若欲放远，须用小砲[107]，只黄泥为团，每个干重五斤，轻重一般，则打物有准，圆则可以放远。又泥团到地便碎，不为敌人复放入城，兼亦易办。虽是泥团，若中人头面胸臆，无不死者；中人手足，无不折跌也。

城被围闭，城内务要安静。若城外有人攻击，城内惊扰，种种不便。须是将城内地步[108]，分定界分[109]，差人巡视。遇有人逼城[110]，号令街巷，不得往来。非籍定系上城守御及策应人[111]，不得辄上城；在城上人，不得辄下城。过当防闲[112]，不特可免惊惶，亦可杜绝不虞[113]。

【注释】

①瓮城：为保护城门而在城门外侧或内侧附筑的环形或方形小城。

②箭凿：箭矢投枪之类。

③砲："炮"的本字，这里指抛石机。

④离城五丈以来：距城墙五丈以内。

⑤丈五六十步:即丈量达五六十步的长度。

⑥十步内:宋代五尺为一步,十步等于五丈。与前文第一段所述“离城五丈以来,横筑护门墙”相同。

⑦鹊台高二丈:疑误,似应为“二尺”。

⑧上收三尺:意思指墙体自下而上收分,顶厚三尺。

⑨羊马墙:主城墙与护城墙之间增设的低矮障墙。

⑩闭:此处不是指通常的关闭城门,而是指阻塞城门。

⑪去处:宋时俗语。去的地方、场所,这里指有机可乘的地方。

⑫羊马城:指羊马墙。

⑬门窦:门洞。窦,孔穴、洞穴。

⑭突门:突击之门。

⑮机械:这里指城门上暗设的机关和器械。

⑯又为暗板,有急则揭去,注巨木石,以碎攻门者:指在门楼的底层设活动暗板,旁边预备大木和石块,当敌人冲进门道的紧急时刻,揭去暗板,用大木和石块向下砸击敌人。

⑰却后:最后。

⑱铁叶:铁皮。

⑲大段:俗语,意思指为远为。

⑳钓桥:也作吊桥。可以拉起、放下的活动桥。

㉑出兵:这里指城内守军突然出击。

㉒实桥:不能活动的固定桥。

㉓外人:这里指城外的敌人。

㉔用辘轳车放:辘轳,即绞车;车放,车用作动词,指转动绞车的动作,意近(用水车)车水。

㉕出兵:也指城内守军忽然出击。

㉖城身:即城,这里指城墙环绕之城邑主体的平面状态。

㉗易为力:即容易显效。

㉘战棚:城上搭建的棚屋,可以遮掩矢石。

㉙盖是先为堤备:此句系指攻城者预有策略。堤备:提防严加戒备。

㉚砲石:抛石机发射的石弹。

㉛将城角少缩向里:指建筑城墙时,将城墙角稍微向里收,变方角为圆弧形的角。

㉜女头墙:城墙顶部外沿的雉堞。女头,雉堞上凸起的墙垛;女口,雉堞上下凹的垛口。

㉝城外边:指城墙顶部外边沿。

㉞地:地步、地段,意指距离、间隔。

㉟狗脚木:类同狗脚的木棍。

㊱篦篱牌：即篦篱笆，用以遮挡矢石的遮蔽物。《武经总要前集·守城》："篦篱笆以荆柳编成，长五尺，阔四尺，漫以生牛皮，背施横竿，长六七尺。用于战棚上则以木马倚之，在女墙外以狗脚木挂之。"

㊲箭凿：箭矢投枪一类。

㊳鹊台高二丈：应为高二尺之误，

㊴方眼向下自有平头墙：对照前文"向上作平头墙"之语，可知"向下"乃"向上"之误。

㊵排叉木：密集竖列的木棍或木柱。古代建筑上有"排叉柱"的术语，意思指密集排列的木柱。

㊶女墙：这里即指平头墙。通观本段全文，可知所论系以平头墙取代女头墙，因此，平头墙应是筑于城墙顶部外沿原来修筑女头墙的地方。

㊷马面：建于城墙外侧，凸出于城墙，能对城墙进行侧射防范的敌台。

㊸跳出城外：凸出于城墙外侧。

㊹楼子：小楼屋。

㊺瓦厦屋：以瓦盖顶的廊屋。

㊻排叉木：这里指密集竖列的木柱。

㊼笆：篱笆。

㊽缓急：情势急迫，这里指守城人慌乱无准备。

㊾鹊台：这里指城墙顶部女墙或平头墙的基脚。

㊿羊马城：即羊马墙。或称墙，或称城，其意相同。

51安泊：安顿停留。泊，本为停船靠岸，引义为停留，这里指围栏羊马。

52披城：紧挨着城墙。

53安排叉木，作排叉门：排叉木是密集竖列的木棍或木柱，在这里用于纵向隔断羊马墙内的空间，实即木隔栅；其上设排叉门，即用密集竖列的木料扎缚成的简易门，供人员过往。

54两头相副：指羊马墙和大城（主城墙）互相辅佐。

55月城：这里指在主城墙之内修建的又一道城墙，即下文所说的"里城"。

56两壕三城：这是陈规设计的城池新体制，即由外壕（护城河）、羊马墙、大城（主城墙）、里壕、月城（里城）五道抵御工事组成。

57垠：边，岸。这里指里壕的内岸。

58护险墙：当即里城顶上的女墙。

59潜消内患：自然而然地消除了内部隐患。意思指由于加强了防范，对内也能起到安定人心、消除隐患的作用。

60旋开筑：匆忙开工修筑。旋，旋即，借指急急忙忙。

61临壕栽了叉木，名为鹿角：都印《三馀赘笔》："军中寨栅埋树木外向，也名曰鹿角。"由此可知所指"叉木"即外向木桩。

62外州郡：指京城以外的郡府。

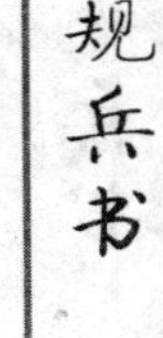

⑥③京都:即京城。会府:人口、商旅汇集的繁华都市。

⑥④须于城内向里,量度远近,再于外修筑一重:似指修筑里城,意谓在城内量出一定地段,外围修建一道城墙。

⑥⑤云梯:用以攀登城墙的高大梯子。

⑥⑥蚁附:又作"蚁傅",比喻兵士攀登城墙如蚂蚁般附着于墙壁上。

⑥⑦今女头上既留"品"字眼:实指陈规自己所设计的平头墙,见前文第八段。

⑥⑧洞子:遮掩攻城战士抵近城池的活动棚具,通常以木为架,用生牛皮蒙覆,下设轮子。人藏其中,随人行而前进,可以遮挡城上矢石打击。

⑥⑨逼城挖掘:抵近城墙挖掘墙根基。

⑦⑩对楼:一种大型攻城器械,用大木修造,外蒙生牛皮,下设轴轮,高度与城墙相当或稍高,内分若干层,乘载兵士,靠人推进,抵近城墙,兵士可在楼上与敌交战,并由楼顶登城。

⑦①鹅车:又称饿鹘车,一种破坏城墙的攻城器械。其结构是在车上安装一对立柱,柱间设置活动轴,轴上安装一根长木柄,柄的顶端安装耙钩或铁铲,推车及城,靠杠杆作用操作耙钩或铁铲扒落城头女墙,将城墙挖出缺口。

⑦②瞰:俯视。

⑦③附:靠近。

⑦④天桥:攀登城墙的攻城器械,形如对楼,顶上设有长板或折叠梯,搭住墙头,兵士借以登城。

⑦⑤撞竿:用以撞毁城门城墙的攻城器械,一般是在车上安装用粗大圆木制成的撞杆,杆端或设铁头,推车及城,然后撞之。

⑦⑥火车:用以焚烧城门城楼的攻城器械,一般用两轮车,车中设炉,炉上安大铁锅,满盛油脂,用炽炭烧得沸腾,推至城门楼下,并在城门楼下堆积薪柴,纵火焚烧,敌人从城头泼水灭火,油遇水,火焰更高。

⑦⑦火箭:纵火器械,即在箭矢前端绑缚纵火物,点燃后用弓弩射向目标。纵火物初为浸染油脂的麻藁等物,后发展为用火药球。

⑦⑧幔道:攻城者用土石堆筑的通向城顶的斜坡道。

⑦⑨两边栽立排叉木:似指在里壕的两边即一边靠主城墙一边靠里城墙栽立密集的木桩,形成隔栅。

⑧⑩签刺:竹木尖桩。

⑧①百无一二:一百次中也没有一两次,比喻概率很低。

⑧②有重百斤以上者:指抛石机抛射的石弹重逾百斤。

⑧③若用旧制:指按旧制度建城。

⑧④楼橹:泛指城上楼屋。

⑧⑤令守御人靠墙坐立:当是命令守城士兵挨着雉堞女墙蹲坐。

⑧⑥远砲:射程比较远的抛石机。

⑧⑦用事首领:即指挥攻城的敌军首领。

⑧⑧在城上人：指在城墙上负责观察弹着点，指挥城内抛石机校正射击偏差之人。照料偏正远近：即观察弹着点方向是偏还是正，距离是远还是近。

⑧⑨栽埋排叉木：排叉木是密集竖列的木棍或木柱，栽埋排叉木即栽立木桩。

⑨⓪撑抢：向相反的方向支撑。

⑨①量远近安顿：指依据所估量的射击距离安置抛石机。

⑨②城外不可得见，可以取的：意谓城外的人看不见城内的抛石机，而城内的抛石机可以瞄准城外的目的物。

⑨③斜直：方向的偏或正。

⑨④定放：确定发射。每架抛石机由一名砲手负责掌握方向，并发号施令，指挥拽砲人一齐拉拽抛射杆（砲梢）末端的索绳。这被称为定放，掌其事者又被称为定砲人。

⑨⑤小偏则移定砲人脚：意思指定砲人移动脚步，对抛石机的发射方向进行微调。

⑨⑥拽砲人：发射抛石机时拉拽抛射杆（砲梢）末端索绳之人。拽砲人越多，发射的力量越大，射程越远。

⑨⑦出入脚步：来往活动的范围。

⑨⑧施：加、加上。

⑨⑨远砲：射程较远的抛石机，这里即指前文所说可及三百步之外的小砲。

⑩⓪增减：损益，引义为修改、义进。

⑩①砲梢：抛石机的最核心部件——抛射杆。

⑩②一生笋长成：似谓一次性长成。宋时将第一次卖身为婢者称为"一生人"（陆游《老学庵笔记》卷六），依此例，"一生笋"似指第一次抽生之竹笋，则"一生笋长成"即谓由第一次抽生之笋（或苗）直接长成。

⑩③檃木：即檃栝，矫正曲木的工具。

⑩④张盘新弓：古代制弓用多段木、竹合成弓干，并傅角被筋，靠檃栝矫正形体，然后用丝绳缠绕固定，这个过程称为"盘弓"。

⑩⑤阴晴缓慢：麻和皮两种材料随温度和湿度的变化会膨胀或收缩，温度和湿度则主要决定于天气。此句即指麻索和皮条随天气的阴晴变化而膨胀、收缩，或松或紧。

⑩⑥、⑩⑦砲：这里都指抛石机所发射之弹。

⑩⑧地步：指地段。

⑩⑨界分：指区界。

⑩逼城:这里指敌人逼攻城池。逼,逼近。

⑪非籍定系上城守御及策应人:不是登记在名册上规定要上城守御以及协助配合的人员。籍,登记名册。策应,协同呼应,配合行动。

⑫过当防闲:采取严格的防备、限制措施。

⑬不虞:未意料不到的事。

【译文】

依照修建城门的旧制度,城门外修筑瓮城,瓮城上面都建有敌楼,费用很大,用以防御一般的土匪强盗,还可以遮挡箭矢枪刃,如果遇到敌人使用大型的抛石机,就没有用了。应该拆除瓮城,只在城门前五丈以内的地方,横筑一道护门墙,使人从外面看不见城门的启闭,不敢轻易接近,一旦敌人向城门奔突冲击,就从城上用砲石向下打击敌人。再在城门里面两侧各距城墙二丈的地方,修建一堵长五六十步的屏墙,使外来的人猛然进入,不知道城门在什么地方,无法窥探到城中虚实,即使敌人冲进城,也是自投陷阱。所以,修筑城门不能再沿用旧的制度。

护门墙,只在城门前十步内横向筑一堵高而厚的墙,也有"鹊台"式基脚,高二尺,墙体筑在"鹊台"之上,高一丈三尺,墙脚厚八尺,墙体自下而上收分,墙顶厚三尺,墙两端超过城门二三丈,用以抵挡敌人直接向城门冲击。城门的启闭,在护门墙外不可得知。即使敌人冲入护门墙内,城上砲石雨点般打下,两侧羊马墙内的伏兵也可以从旁夹击。

城门宜多设,不宜设置太少,应能够开启,不宜堵死。城门多而且能够开启,一有可乘的机会,就出兵攻击敌人,夜间则偷击敌人营寨,使敌人昼夜不得安息,自然就不敢靠近城池安营扎寨。还应当运用牵制敌人的策略,经常使敌人处于疲惫状态,而我却休息安逸。再在主城墙上多置些暗门,在羊马墙上多开些门洞,填平城壕,修筑道路,以形成突击之门。守城一般要时常为进攻做准备,一有机会就快速出击。

按修建城门的旧制度,城门上都有门楼,而不再设置别的机关和器械,难以抵御敌人的进攻。应当将门楼建成两层,上层布置强劲的弓弩,可以射远;下层安放刀枪等兵器,并安装一块活动暗板,当敌人冲进门道的危急时刻,揭去暗板,向下倾注巨大的木头和石块,以砸击攻打城门的敌人。城门修成三重,最里的一道门如通常的城门,但比原先加厚;其外一道门,以直径四五尺的坚硬石料和圆木,凿眼贯串以代替木板门,没有必要再用铁皮钉裹;再外一道门,用木料做成栅栏,设于护门墙的两端。这比起一层楼一重门,远为实用。

城门外护城河上,按传统大多建有吊桥,原本是用以防御敌人的奔袭冲击,遇到敌军到来,将吊桥拉起,敌人就不能越过护城河向城门冲来,殊不知这正阻碍了自己从城内出击。如果放下吊桥,然后出兵,则城外敌人必然先发现而得以预有准备;如果出兵后又拉起吊桥,则情势急迫时我军难以撤退回城,一旦被敌人追赶逼迫,往往掉落护城河中淹死。可见,吊桥有害无益是显而易见的。只能先在城门前设置机关器械，使敌人无法进入。拆除吊桥，只用固定桥，这样，城内兵马出入进退都方便，城外敌人害怕城内守军出击，昼夜不敢安歇。

干戈板也称为兼板，按传统用铁皮钉裹，设置于城门之前，从城上用绞车起放，用处也是防阻敌军冲突，但它也妨碍了城内守军向外出击，这与吊桥没有什么区别。既然在城门里外都安放了机关器械，自然就可以不用干戈板，以利出兵迅速方便。

城的形状，按传统大多是四方形，攻城者往往先攻打城角，因为攻打城角容易奏效。城角上都建有敌楼、战棚，攻城者因而预有对策，如果不加以变更改变，攻城者终归是得利。就以城的东南角为例，假如敌人只是对着东南角攻，倒也无所谓，因为敌人的抛石机发射的石弹力量过小，就会被城角上的敌楼、战棚挡住，发射的石弹力量过大，就必然会跨过城墙飞入城里。但是，如果攻城的敌人在城东面架设抛石机，那么城上[东南角]沿东西方向的几十步内，就没办法站人；又在城南面增设一架抛石机，那么城上[东南角]沿南北方向的数十步内，也不能站人，于是敌人就可以推进登城器械。因此，城角不能按照旧制构筑。应当将城角稍向里退缩。这样，如果敌人从东面攻打，即使靠近北城墙架设抛石机，假如敌人从南面攻打，在靠近西城墙的地方架设抛石机，城上都可以用抛石机反击其后背。假如敌人正对城东南角架设抛石机，则城上没有敌楼、战棚，就无从找到攻击的目标。将城角向里收缩，好处实在不容忽视！

女头墙，按传统在城墙顶部外沿相互间隔六尺建一个墙垛，最高不超过五尺，形状像“山”字，两个墙垛之间留一个垛口。每个墙垛上竖立一根“狗脚木”，悬挂一块用皮、竹制成的篦篱牌，用以遮挡矢石，如果要预御大型的抛石机，则全不实用。而且，墙垛低小，城外射来的箭矢投枪，能够击中守城人的头脸。应当在城墙上先修筑“鹊台”，“鹊台”高二尺，宽五尺。再在“鹊台”上建墙，墙高六尺，厚二尺。从“鹊台”向上一尺五寸的墙上，留一个方孔眼，孔眼宽一尺，高八寸；[平行]相距三尺的地方，再置一个方孔眼；在两个孔眼之间向上一尺的地方，又置一个方孔眼，三个孔眼状如“品”字；然后向上砌成平顶墙。敌人攀登城墙，只要从方孔眼中用刀枪向外刺击，自然就可以将敌人刺落城下。方孔眼之上，自有平顶墙掩护，它就相当于通常悬挂的篦篱牌，却不必临时施建。再在“鹊台”上紧贴平顶墙，每相隔四寸，立一根排叉木，高出平顶墙五尺，横向用细木夹缚两道或三道。攻城者如果能越过“品”字形孔眼，也爬不到平顶墙上，况且平顶墙上还有排叉木挡隔，如果要翻越排叉木，就必须用手攀援，守城人就可以用刀斧砍斫，用枪刃刺杀，敌人没有不掉落城下摔死的。守城人用的力气不多，而攻城者却肯定达不到目的。

马面敌台，按传统每隔六十步修建一座，凸出于城墙外不少于二丈，台的宽窄随地形条件而不同，从台的两边可以一直看到城墙脚下。台上都搭建有小楼屋，所用木料很多，如要完全具备防守功能，还得用毛毡、皮革挂搭在楼屋上，但也不能抵挡大型的抛石机，一被大抛石机击中，没有不倒塌的。楼屋一倒，守卫的人就不安全。有人说，应当预备楼屋[材料]，随即架设。这是没有经历过攻守城战斗的人说的话。楼屋既倒，敌人必然会集中抛石机和弓弩一齐向城上打来，杀伤人员极多，这也致使楼屋无法架设。现在只要在马面敌台上建筑一圈高大厚实的围墙，中央留下“品”字形孔眼，用作瞭望，并可使用刀枪向外击刺；接近城墙的两边围墙上各开一个小门，向下可以看到城墙外侧，并能够施用守御器械。围墙里面修造以瓦盖顶的廊屋，供守御的人躲避风雨，遇有敌人攻城，就拆掉廊屋，贴墙竖立高大的排叉木，用粗绳横向编缚，如同编造篱笆一样。如此，任凭敌人攻击，自然不能带来伤害。

城墙不必太高，太高了容易被积蓄的雨水浸塌，修筑又费力。城墙的顶面不可太宽，太宽了抛石机发射的石弹落在城上，忙乱无备就会击中守城人。城墙项面连女墙或平头墙鹊台只能宽一丈五尺或一丈六尺，高度可以为三丈或三丈五尺。沿边境一带大州郡的城墙，高度也不超过五丈，顶宽不过二丈而已。

羊马墙，按旧制度有的州郡城邑没有，即使有羊马墙，也都底而薄，高不过六尺，厚不过三尺，与主城墙的远近，各不相同，[在防御上]完全没有用。羊马墙或羊马城这个名称，源于它本是为预防寇贼驱赶人民入城，而用以短时间内关拦羊马而已，所以都不把它当作一回事，用它来防御敌人的侵袭，作用很小。应当在大城墙之外，护城河之里，距大城墙三丈一说二丈的地方，先筑“鹊台”，台高二尺一说高二三尺，宽四尺；再在“鹊台”上筑墙，墙高八尺一说高达一丈，墙脚厚五尺一说厚达六尺，墙顶厚三尺；墙上每隔一丈留一个孔眼，用于瞭望。遇到敌兵临城的危急情况，就派部队驻在羊马墙内作为伏兵，伏兵在羊马墙内正好挨着大城墙安营，仍然不妨碍关拦羊马。羊马墙不可以离大城墙太远，太远了从大城墙上抛掷砖石就过不了羊马墙，太近了则在羊马墙内无法挥动长枪。通常攻打城池，必须先填平城壕，才能到达羊马墙下。即使敌人攻破羊马墙，也难进入羊马墙内，进入了也无法站住脚。攻城者只能从填平的城壕上一路向前进攻，而守城者可以在羊马墙内从两边进行夹击，同时大城墙上砖石如雨点般打下，因此，一面攻城，三面受敌，而且城内还有一种小抛石机可以施展威力。所有的攻城器械，[由于受羊马墙阻碍]都不能直接抵达城墙脚下。这样，无论攻城的方法怎样变换，就都有办法应对了。

在羊马墙内，必须酌量适当的地段距离，安设排叉木进行隔断，隔栅上设排叉门；按地段部署安排人员、兵士，以便于清点检查，还能防止奸细混入城内。

城郭，旧制只有一重城墙，城外有护城河，有的有低矮的羊马墙。让善于守城的人来防守，虽然遇上强大的敌人，攻城的手段极多，也能够将它击退。倘若没有经历过攻守城战斗的人，突然遭到强大的敌人围城，没有不畏惧恐怖的，所以必须预先做好防范准备。应当在护城河之里修筑高大厚实的羊马墙，与大城互为辅助。这是一道壕沟两道城墙。再在大城之内挖掘深而宽的里壕，其内又筑月城，这样就是两道壕沟三道城墙。即使攻城者都是能人，也没有轻易就被攻破的道理。大致上城墙与城壕，一重比一重难以攻打。至于里城和里壕，必然更加难以攻打。修筑羊马墙和里城、里壕的费用，也不会很多，假如为长远考虑，实在是不可缺少。

修筑里城，只在里壕的岸边上增筑，高二丈以上，顶部设女墙。里城下面的里壕，须宽五丈、深二丈以上。攻城者假设能攻上大城，则还有里壕阻碍，即使能越过里壕，也爬不上里城。如此，则不但可以抵御外敌，也能够自然而然地消除内患。里城和里壕，修筑费用不多，不可不设置，以免临到紧急时才匆忙开工修建。

修建城池，传统上大多在城外墙脚下，或者护城河边上树立外向木桩，称为“鹿角”。很没有益处。如果城中人外出到鹿角以内，护城河外面的敌人施放弓弩，鹿角不能挡隔；如果敌人乘风放火，可以将鹿角烧毁。不如将鹿角拆除更为有利。

如今所说的筑城制度，只限于京城以外的州府城池。如果不是京城和繁华的都市，应当在城里量出一定的地段，外围修一道墙，墙外设营驻兵，墙里再修一道围墙作官府。这样，岂止是城池牢固而已，内部隐藏的隐患和外敌侵扰的忧虑，也将完全消除。

攻城使用云梯，是要士卒像蚂蚁一样爬上城墙。现在平头墙上既留有“品”字形孔眼，又竖立有排叉木，主城墙外还有羊马墙，重重障碍阻隔，即使敌人的云梯再多，也没有什么可惧怕的。

攻城使用移动式掩护棚具，只是为了遮挡城上的箭矢投枪，靠它掩护士兵搬运土木砖石，填塞城壕，待城壕填平，然后推进攻城器械，或者靠它掩蔽士兵抵近城墙挖掘墙基。如今既然有羊马墙抵挡，这种棚具自然也就难以发挥作用了。

对楼与城上的楼屋高度相当。鹅车比对楼稍高，向前俯视城头，向下可靠近城脚。天桥与对楼没有什么差异，只是在楼顶上用一块长板作登城跳板，或在楼顶上设折叠梯，可以翻搭在城头上，它们都是登城的器械。现在羊马墙内既然有人防守，自然就可以从两边用器械、兵刃进行打击。至于敌人使用撞竿，以及其他临时应急的器具，自然也都不恐怕。一般攻城使用天桥、鹅车、对楼、火车、火箭，都是要使人感到畏惧害怕，有了防备的办法，就不会造成伤害。

攻城经常堆土筑起登城坡道，有的多达数条，高度与城墙相当，直逼向城头。如今羊马墙内既然有军队防御敌人，主城墙上又向下抛掷砖石打击敌人，敌人的登城坡道自然难以逼近主城墙。再对着敌人所筑登城坡道的方向，赶紧在城内靠城墙脚开掘里壕，在里壕内岸修筑里城，在里壕的两边栽立排叉木；又在主城墙上架设战棚，在战棚顶上布置人防守；同时在敌人前来的路上，多栽插些竹木尖桩。即使敌人能够登上主城墙，也进不了城；或许能够入城，也不能越过里壕；即使越过了里壕，也绝对翻不过里城。用登城坡道攻城，在一百次攻城作战中也没有一两次。现在防备如此周密，又有什么可怕的呢！只要攻城者有一种办法，就用好几种办法去对付它。

攻城使用的大抛石机，有的发射的石弹重达百斤以上，如果按旧制度筑城，城上的楼屋没有不被摧残的。如今城墙上不修建楼屋，敌人的大抛石机便没有了攻击的目标。加之城墙和雉堞都很厚实，城外的抛石机打来，力量过大石弹就从城墙上空飞过，只要命令守城兵士靠着雉堞墙蹲坐，石弹自然不能伤人；力量太小，石弹就被城墙所挡住。而且，守城者在城内也用大抛石机与敌人进行对攻，兼用射程较远的抛石机，可攻击到三百五十步以外的距离，用以杀伤敌人的指挥官，因为敌人攻城必定把掳掠、胁迫来的人驱赶在前面，而首领和帮凶处在后面。城内施放抛石机时，设人在城墙上观察弹着点，校正射击偏差，自然可以击中目标。假如敌人的抛石机不攻击马面敌台，而只攻击雉堞城垛，就赶紧在雉堞墙内侧密集栽立木桩，用粗绳编缠牢固，如篱笆相像，里面再用斜木支撑，如此，砲石再多，也难以击坏。敌人的抛石机既然不能伤害到人，天桥、对楼、鹅车、幔道（登城坡道）之类攻城器械和攻城方法，又都有防守的办法，这样则城内人心安定，城池就不会有被敌人摧毁的道理。

攻城和守城最厉害的武器，都是抛石机。攻城者了解了使用抛石机的技术，则城没有攻不破的；守城者掌握了使用抛石机的技术，就能够制敌取胜。守城用的抛石机，不可架设在城墙上，只能在城里选择恰当位置安置，城外的人看不见抛石机，而抛石机可以瞄准城外的目标。为每架抛石机在城墙上设一人，专门观察弹着点的方向是偏还是正、距离是远还是近，指挥砲手进行校正，然后才可以发射。假设方向稍偏，定砲人就移动脚步略微调整；假设方向太偏，就移动抛石机架进行调整；如果射得过远，就减少拽砲人；如果射得过近，就增加拽砲人：打上二三发，便能够击中目标。又在定砲人的活动范围内，一座大抛石机另配置三座可抛射三百步以外的小抛石机。如要摧垮敌人的攻城器械，必须用大抛石机；如要杀伤敌人的指挥官及搬运器材的人，必须用远射程的抛石机。抛石机不怕多预备。假设抛石机使用得法，城池就一定可以稳固。至于制造抛石机架的精妙奇巧之处，又在于守城人和工匠临时根据情况进行修改、改进。制造抛石机的抛射杆，务必随时令月份，夏天在六月，冬天在十一月、十二月，采选一次性长成、少枝节的栎木和檀木，放置在沟渠中，浸泡百多天或半年，取出去皮晾干，用檼栝从根至梢上下按压，如同盘弓一样。然后选取毫无损伤的木料，用麻索和生皮条相间系扎，以防捆绑材料因天气变化而或松或紧。晴天皮条紧绷而麻索松缓，阴雨天麻索坚紧而皮条松缓。如此系扎，可以确保无失。

用抛石机摧垮敌人的攻城器械，务必使用一百斤以上或五七十斤重的大石弹。如果要射得远，就必须使用小弹丸，只用黄泥团成球，每个泥团晾干后重五斤，轻重一致，打击目标就准确，泥团浑圆才可以发射得远。而且，泥团落地便碎裂，不会被敌人又用来抛打入城，加之用黄泥作弹丸也容易办到。虽然只是泥团，但打中人的头部和胸部，没有不被打死的；打中人的手脚，没有不折断筋骨、颠仆倒地的。

城池被围困，城内必须要保持安静。假如城外有敌人攻打，城内惊慌混乱，会给防守带来种种不便。应当将城内的地域，划分、设定区界，派人巡察。遇有敌人攻城，就传令各街巷，人员不得来往走动。不是登记在册规定要上城防守以及协助配合的人员，不得轻易登上城墙；在城墙上的人员，也不得随便走下城墙。采取严格的防备、限制措施，不仅可以避免惊慌失措，也可以防止意外事情发生。

【赏析】

本卷主要论述陈规对德安城的改造。德安府城是南宋荆湖北路的一座中小型城池，占地面积不大，全城原周长 7 里，墙高 2.25 丈，其横截面底宽约 3 丈，顶宽 1.5

丈，女墙1838垛，战棚48处，角楼4座，城门和门上城楼各8座，瓮城8座（墙高1.5丈，各偏开1—2道瓮城门），距城外3丈多处有5—10丈的涢水环绕，形成天然的护城河。陈规针对金军作战的特点，对德安城做了如下改造：

1.将原女墙改为平头形女墙

陈规认为：德安城原构筑的女墙、垛口，只能“遮隔矢石，若御大砲，全不济事”。经过改造后的平头女墙高6尺，厚2.1尺，墙面每隔一定距离开设一个1尺见方的射孔，上下两排，上排距顶1尺半，下排距上排1尺半，两排成品字形布列，两孔口间相隔3尺。这种女墙既能有效地防止金军用抛石机发石击砸，又可通过射孔射击敌军。

2.增加城门的防御设施

陈规指出：德安城门旧制，“以御寻常盗贼则可以遮隔箭镞，若御敌人大砲（抛石机）则不可用”。改造的设施有三：一是在城门顶上建双层城楼，上层居高开阔，即便瞭望，又便射敌，下层士兵可用刀枪同敌近战；二是废去瓮城，改筑护门墙，里外各一道，以迟滞敌军的进攻；三是增设暗门，当敌军突破门外护墙时，阻止敌军突入门内。

3.建筑重墙、重壕

陈规主张在一墙一壕的德安城外与护城河之内，建筑一道羊马墙，又在城内建筑一道障碍性壕沟，在壕沟内侧的适当位置再建筑一道内墙，使德安城成为二壕三墙的环形防御带，以加大其防御层次和纵深。陈规设计改造的羊马墙距主墙2.7丈，墙的根部先建筑成带形台基，基高2.7尺，长宽各9.6尺；台上筑墙，底宽3.6尺，高9尺，顶宽3尺；在距墙基2.4尺和4.2尺处，各开一排1尺见方的射孔，成品字形排列，其作用与平头女墙的射孔相同。

4.改建城墙的四角

陈规指出：“城身旧制多是四方，攻城者往往先用攻角，以其易为力也。城角上皆有敌楼、战棚，盖是先为堤备，苟不更改，攻城者终是得利。”因此，在陈规主持下，德安城的四角由直角改为弧形角。东北角为内凹圆弧，其余三角为外凸圆弧。这种弧形城角便于两面守军互相策应，能从侧后杀伤攻城敌军，扩大了击敌之面。

此外，陈规还在四面城墙多开二三道门，平时伪装不用，战时便撤去伪装，守军可迅速破门而出，攻敌不备，战而胜之。经过改造的德安城，终于有效地打退李横叛军的多次进攻。

黄石公兵书

《素书》导读

《黄石公兵书》包括《素书》和《三略》。

《素书》又名《黄石公素书》，是古代一部阐发修身治国用兵之道的兵书。关于《素书》的作者和成书年代，历史上曾有不同的说法。北宋张商英在《素书序》中说，《素书》是黄石公编撰，并传授给张良；张良未得传授于人，却把它随同自己一起埋葬了，直到五百多年后，晋动乱中，有人盗发张良坟墓时，才被清理出来。从那时起，《素书》开始流传，到北宋末，已经八百多年了。对于张商英的这种说法，自明代以来，学者多有辩驳，认为不可信，并认为《素书》实际上是张商英取《黄石公三略》之本旨，以广其说，又撷取儒道两家文辞，杂采仙经佛典俚语以及有生命力的民谚汇集而成的一部军事著作。

《素书》在北宋以前的史书中未见记载，最早记载则是在北宋以后。今有明《道藏》本、《兵垣四编》本、《广汉魏丛书》本、清《子书百家》本、《四库全书》本等多种刊本、抄本传世。

今本《素书》一卷六篇虽为后人所伪托，但《四库全书总目提要》认为“其言颇切理”，书中不乏有可资借鉴的思想内容。

《素书》虽只有一千三百余字，但在治国方略上，它围绕“道、德、仁、义、礼，五者一体”这一命题而展开，主张“潜居抱道，以待其时”，修德行仁，遵义尚礼。在军事思想方面：首先，重视设权定谋。指出“设变从权，所以解结”；“务善策者无恶事，无远虑者有近忧”。在考虑计谋时，不仅要做到“博谋”，即多谋，而且要做到“预定谋”。“长莫长于博谋”，“患在不预定谋”。它特别强调军事计谋的保密性，认为“阴谋外泄者败”。其次，重视民心民意在战争中的作用。认为“民怨伤国”，“民困国残”。其三，重视人才的选拔和正确使用。认为“安在得人，危在失人”，“得人者昌，失士者亡。国将霸者士先归，邦将亡者贤先避”。在战争中，主张根据各种不同人才的特点进行合理的战斗分工，以扬长避短，人尽其能，用其所长，“各随其材而用之”。其四，主张赏罚分明。指出“赏不服人，罚不甘心者叛。赏及无功，罚及无罪者酷”，“小功不赏，则大功不立”。它还强调要居安思危，“畏危者安，畏亡者存”。这些思想是作者在吸收儒道两家思想的基础上，对《三略》中军事思想的进一步发挥，对后世产生了较深刻的影响。

原始

【原文】

夫道[1]、德、仁、义、礼，五者一体也。道者，人之所蹈[2]，使万物不知其所由。德者，人之所得，使万物各得其所欲。仁者，人之所亲，有慈惠恻隐之心，以遂其生成。

义者，人之所宜，赏善罚恶，所以成功立事。礼者，人之所履，夙兴夜寐，以成人伦之序。夫欲为人之本，不可无一焉。

贤人君子，明于盛衰之道，通乎成败之数[③]，审乎治乱之势[④]，达乎去就之理。故潜居抱道，以待其时。若时至而行，则能极人臣之位；得机而动，则能成绝代之功；如其不遇，没身而已。是以其道足高，而名扬于后世矣。

右第一章，言道不可以无始。

【注释】

①道：本意指道路、过程。引义为法则、准则。这里指自然万物生成的本原、本体。

②蹈：履行，实行。

③数：自然道理。

④势：事物发展的必然趋势。

【译文】

道、德、仁、义、礼，这五种道德规范是相互联系在一起的一个整体。"道"是指人们的言行所必须遵循的法则、准则，也是自然万物所产生的基源，但是，人和自然万物并不知道这一点。"德"是指人们按照"道"的法则行事所应具有的品质，它使一切事物都能得以实现各自所应有的愿望。"仁"是指人们相互之间的亲密的仁慈关系，它使人们之间相互产生一种仁慈的同情心，从而使大家都能得到较好的生存和发展。"义"是指人们的言行符合"道"的规范，切合事宜、时机，并按照这种要求来奖赏有功的人，惩罚做坏事的人，这样就能建功立业。"礼"是指人们在社会生活中所应遵循的各种社会规范和道德规范、等级制度和道德准则等。人们从早到晚，时时刻刻都必须遵守这种行为规范，如此就会真正建立起父子有亲，君臣有义，夫妇有别，长幼有叙，朋友有信的人伦秩序。所以，要真正建立起做人的基本原则，道、德、仁、义、礼这五个方面是缺一不可的。

高明的贤人君子往往会清楚天下兴盛衰则的发展规则；懂得事情成功和失败的基本道理；认真审视天下治乱的发展趋势；从而预测到哪些事情可以做，哪些事情不可以做的规律。因此，在没有有利时机到来时，就能隐匿深藏，遵守事物的发展规则，等待有利时机的到来；当有利时机到来时，就立即行动，这样就能够得到人臣的最高职位；如果得到有利的时机而马上行动，那就能够成就天下独一无二的最伟大的成绩。相反，如果得到有利的时机而没有马上行动，从而错过了有利的时机，或没有遇到有利的时机，那就不可能有什么作为了。所以，"道"是多么的高大，人们的言行遵守"道"，就能够有很高的声望，并能在后代人中永久的流传。

正道

【原文】

德[1]足以怀远，信足以一异，义足以得众，才足以鉴古，明足以照下，此人之俊[2]也。行足以为仪表，智足以决嫌疑[3]，信可以使守约，廉可以使分财，此人之豪[4]也。守职而不废，处义而不回，临难而不苟免，见利而不苟得，此人之杰也。

右第二章，言道不可以非正。

【注释】

①德：道德。
②俊：俊杰。
③嫌疑：疑惑难明的事理。
④豪：才智过人的人。

【译文】

一个人的道德品质足以使远方的人心悦诚服，他的信用足以使别人坚信不疑而无二心，他的言行完全符合道德标准而得到许多人的支持，他的才智足以借鉴古代圣贤的作为，他的聪明足以洞察属下的要求，这种人可以称得上是聪明过人的人。他的所作所为足以为人们的表率，他的智力足以决断疑惑难明的事理，他的信义可以使人践约不渝，他的廉洁可以使他分理财物，这种人可以称得上是才智过人的人。他忠于职责而不玩忽职守，在利害相迫时依然义无反顾，面临困难之事发生而不苟且偷安、轻易避开，见到有利可图而不随便取为己有，这种人可以称得上是最杰出的人了。

求人之志

【原文】

绝嗜[1]禁欲，所以除累。抑非损恶，所以攘过[2]。贬酒阙[3]色，所以无污。避嫌远疑，所以不悮[4]。博学切问，所以广知[5]。高行微言，所以修身。恭俭谦约，所以自守。深计远虑，所以不穷。亲仁友直，所以扶颠[6]。近恕笃行，所以接人。任材使能，所以济务。瘅[7]恶斥谗，所以止乱。推古验今，所以不惑。先揆后度，所以应卒。设变致权，所以解结。括囊[8]顺会，所以无咎。橛橛[9]梗梗[10]，所以立功。孜孜淑淑[11]，所以保终。

右第三章，言志不可以妄求。

【注释】

①嗜：嗜好。

②禳过：禳，祭祷消灾。禳过，向神祈祷消除自己的过错。

③阙：通“缺”。亏损，空缺。

④悮：同“误”。错误，过失。

⑤广知：扩充知识，补充自己的所见。

⑥扶颠：扶，搀扶、支持。颠，倒，引义为灭亡。

⑦瘴：憎恨。

⑧括囊：封闭口袋，比喻缜密，不随便说话。

⑨橛橛：橛，指小木桩。橛橛，指大木桩。

⑩梗梗：梗，草木的直茎。梗梗，指草木的主干。所指的是大丈夫的气节。

⑪淑淑：淑，美好。淑淑，美之又美，善之又善。

【译文】

禁绝人们过分的嗜好和欲望，就能够消除人们自身的拖累。控制坏事发生，减少罪恶的出现，就能够不必祭祀鬼神，就可以消释自己的过失。减少自己的酒量，远离女色，就能够不被细菌污染、耗精害神与伤害自己的身体。避开身边大臣们的猜疑，远离掌握大权的人的怀疑，就能够不受惑于奸人的乱说。不断丰富自己的学识，切磋彼此的论点，就能够扩充自己的知识，补充自己的所见。不屈从权奸之人，不张扬自己的言语，就能够努力提高自己的品行修养。恭己自恃，克勤克俭，谦虚谨慎，严格约束自己，就能够保持自己的品节而以免陷于不义的行动。从高处深处定计预策，并从长远永久方面考虑问题，就能够在考虑重大问题时，不会出现难以预料的困难而束手无策，穷于应对。任用亲近的仁人志士，使用友好的正人君子，就能够扶持危乱的局面，使其不至于走向灭亡。亲近以仁慈之心待人的人、以专一之志力行的人，就能够较好地团结人。任命各有特殊才能的人，使用多才多艺的人，就能够有利并有益于成就天下大事。怨恨罪恶之人和他们的恶行，痛恨谗佞与谗言，就能够扼制发生动乱。推求古人的思想、言行和得失，检验当今的思想、言行和得失，就能够不至于陷入困惑与遭受蒙蔽。先要猜谋、筹划事物发展的道理，然后再计算利害得失，就能够应对突然发生的事故。善于运用变化的法则去处理事物的突变，就能够顺利地消释事物发生过程之中的关键。慎重地对待问题，不轻易表态，以等待应该说话的时机，并能顺应君主的愿望，就能够不出错误，避免祸患。忠良的将相谋臣依赖着自己的力量，并团结仁人志士，才不至于被谗臣暴君所动摇，并且要有刚直不阿的气节，高风亮度的品质，才不至于被谗臣昏君所阻挠和侵扰，这样就能够建功立业。加之不断地努力不懈、勤之又勤地工作，不断地改善自己，善之又善地忠于职守，这样就能够永久保持自己的晚节以寿终天年。

本德宗道

【原文】

夫志心笃[①]行之术：长莫长于博谋。安莫安于忍辱。先莫先于修德。乐莫乐于好善。神莫神于至诚。明莫明于体物。洁莫洁于谨身。吉莫吉于知足。苦莫苦于多愿。悲莫悲于精散。病莫病于无常。短莫短于苟得。幽莫幽于贪鄙。孤莫孤于自恃。危莫危于任疑。败莫败于多私。

右第四章，言本、宗不可以离道德。

【注释】

①笃：决心，决意。

【译文】

一般而言，凡是要按照自己的意志、决心行事的谋略，大致有如下几种：最好的谋略，就在于广泛地咨询各方面的见解、从精微处进行决策谋划。最大的安全，就在于安身立命，能忍受各种侮辱，以保全国家的安全。最先要做的事情，就是要修养道德，实施德政。最大的爱好，就是要追求尽善尽美，做到善始善终，死无遗憾。最大的变化之妙，就是要以最中肯的话语，最正确的道理让人信服。最大的聪明，就是要知道观察万物，按事物的规律去办事。最大的清洁，就在于保持自身的清白。最大的吉祥，就是要擅长满足已经得到的那些欲望。最大的痛苦，就在于追求那些超越现实而又无法实现的多种意愿。最大的悲哀，就在于伤了人的感情、人的意识，从而极大地耗散人的精力。最大的病痛，就在于情绪上变化无规律。最浅薄的见识，就在于见识短浅，非义而取得财物、名望和地位。最大的阴险和卑鄙，无过于对君主溜须拍马、自己贪得无厌了。最大的孤独，就在于自以为是，目空一切。最大的危险，就在于想任用人而又处处猜忌人，并不相信人。最大的失败，就在于以私害公、以权谋私和偏私阿曲的行为了。

遵义

【原文】

以明示下者闇[①]。有过不知者蔽。迷而不返者惑[②]。以言取怨者祸。令与心乖者废。后令谬前者毁。怒而无威者犯。好众辱人者殃。戮辱所任者危[③]。慢[④]其所敬者凶。貌合心离者孤。亲谗远忠者亡。近色远贤者惛[⑤]。女谒[⑥]公行[7]者乱。私人[8]以官者浮。凌下取胜者侵。名不胜实者耗。略己而责人者不治。自厚而薄人者弃。以小过弃大功者损。群下外异者沦。上下相违者毁,上下相怠者无功,上下相易者轻。既用不任者疎[9]。行赏吝色者沮。多许少与者怨。既迎而拒者乖。薄施厚望者不报。贵而忘贱者不久。念旧怨而弃新功者凶,恶旧念新者亡。

用人不得正者殆,强用人者不畜[10],为人择官者乱。失其所强者弱。决策于不仁者险。阴谋外泄者败。厚敛薄施者凋。战士贫游士富者衰。贿赂公行者昧。闻善忽略者不善,记过不忘者暴。所任不可信、所信不可任者浊。

牧人[11]以德者集。绳人[12]以刑者散。小功不赏,则大功不立。小怨不赦,则大怨必生。赏人不服者恨,罚人不甘者叛。赏及无功、罚及无过者酷。听谗而美、闻谏而仇者亡。能有其有者安,贪人之有者残。

右第五章,言遵而行之者也义。

【注释】

①闇:“暗”的异体字。暗,指愚昧不明。

②惑:迷惑。

③危:危难,危险。

④慢:轻侮。

⑤惛:糊涂。

⑥女谒:官名。始置于春秋战国时,为国君掌管传达。宋以后废弃。这里指女性专擅弄权。

⑦公行:春秋时官名,掌管君主出行的兵车行列车。这里指掌管朝政的专擅弄权者。

⑧私人:因私交、私利而依恃于自己的人。

⑨疎:疏的异体字。疏,疏远。

⑩畜:容留,收留。

⑪牧人:牧,放牧牲畜。牧人,指放牧牲畜的人。古代时把官吏治民比作牧人牧牲畜。因此,这里是指治民之官。

⑫绳人:绳,纠正。绳人,指以法律标准来衡量人的过错。

【译文】

把一切都明白无误地告诉下属,这实际上是愚昧不明的表现。忠奸不分,是非不明,上情不能下达,下情不能上达,有了这些错误都不知晓,这是由于权奸之人堵塞了言路,蒙蔽视听导致的。沉迷于某种嗜好而不知道改正,这说明他已经疑惑不清了。由于言语过失而引起怨恨,必定会招来无穷无尽的灾祸。假如君主发出的法令与民心相违叛,就应该立即停止执行。后发布的法令纠正了先前法令中的错误,那就应该彻底废弃先前发布的命令而不执行。只知道对下发怒而又没有制服人的威力,人家就敢于触犯他。好当众侮辱人,这种人就会遭殃。对所任用的人无故地进行残杀和侮辱,这样的君主就非常危险了。以慢易轻侮的态度,对待他应该

尊敬的公卿将领，他必定是一个凶恶残暴之人。表面上装得关系很亲密，实际上怀着两样的心的人，此种人，他必定是一个非常孤立的人。亲近而听信谗臣、疏远并残害忠臣的君王，必定会招致国家的灭亡。整日亲近女色而疏远贤人，这必定是一个昏庸而糊涂的君王。让一个有心计的女人把持朝政、专擅大权，这就必然会引起宫廷政变、国家紊乱。任用一个唯唯诺诺的庸人，把他作为自己的权力的代理人，此种人只能成为一个随波逐流的人，对国家没有任何好处。只知道欺侮在下位的人并夺取其利益与权利而占有之，以之作为胜利而显耀的人，必定会发生侵犯其民、侵犯他国的行为。名声和荣誉不符合事功的真实情况，那就损害了名声和荣誉的威信了。对自己的错误省略不谈，而对别人则是求全责备，要求很高，这种人是不能治理好国家的。一切只知道为了满足自己的欲望，而对别人则毫不关心，这种人最终是会被人抛弃的。抓住别人一些小的错误不放，并以他的小过失来否定他的大功勋，这种人必定会丧失人心，遭受不应有的损失。一个国家的臣下和民众都向往着别的国家，这样的国家与君主就会灭亡了。君臣上下之间相违背，就必然会毁坏国家；君臣上下之间都不想干事，这就不可能有什么功勋；君臣上下之间不断地变化，这样的国家就要很快地灭亡了。已经使用贤者而又不信任他，并不任命他为将相以主持军政大计，这就会加速贤者疏远自己，使他们最终离开自己而去。在论功行赏时，处处都表现出吝啬的样子，这就会使有功的人灰心丧气了。在赏赐时，只在口头上许诺给得多，但在实际上却给得很少，这就会造成许多的怨气。已经把人家迎接前来协助作战，却又拒绝人家的协助，这是违叛常理的做法。给别人很少，却想得到别人很多的回报，最终必定会得不到任何的回报。只看重富贵而有权力的人，而忘记地位卑贱的人，这种人即使取得了尊贵的地位也不会长久。始终不忘记别人过去对自己的怨恨而看不到人家现在取得的功绩的人将会有凶险，厌恶故旧而只知趋奉新贵的则将灭亡。

起用人时，不使用正直的人，那是十分危险的。自恃强大而容纳不下别人，这就会留不住有才能的人。自己不用有才能的人，这就等于把有才能的人留给别的国家，这实际上是在替别的国家挑选人才，这就会给自己造成祸乱。失去所依靠的强盛的国家，而去依靠那些力量很弱小的国家，这样就会削减自己的力量。给那些残忍无情的人运筹决策，那是有杀身灭族之祸的危险。向外界泄露了计谋，必然导致失败。对民众横征暴敛，而却很少为民众发放救济灾患的粮物，这就会使一个国家慢慢地衰败下去。奋力拼死于战场的战士们得不到应有的生活保障而处于贫苦状态，而那些摇唇鼓舌于樽俎之间的游士、谋士们却能得到高官厚禄而过着富足的生活，这样，国家的力量和军队的作战能力就将要衰落了。一个国家出现行贿并成为公开的活动，这就说明这个国家的君主已经到了十分愚昧无知的状态了。听到忠言好事而忽略不管就不会再有好事出现。始终记住别人的短处而抓住不放松，这必然是一个凶残无度的昏君所为。对任用的人却不信任，对信任的人却不任用，这必然是一个处于乱世的、昏头昏脑的君王。

管理国家的人能够施行德政和德治，就能够把贤人志士团结到自己的身边来；如果专用严刑酷法来惩罚人，那必然会把贤人志士驱赶到别的国家去而消弱自己的力量。对于立小功的人员不及时给予奖励，那么，就没有人乐意去建立大功了；

对于小怨小仇不及时忘记,那大仇大怨就一定会产生。赏赐不能悦服人心,就会引起人们的怨恨;惩罚不能震慑军心,必然会造成众叛亲离的崩溃局面。对立功的人不及时赏赐,相反却赏赐那些没有立功的人;对犯罪的人不及时进行惩罚,相反却惩罚那些立功的人:这是残忍的酷吏企图滥用刑罚以镇压人心。君主听到阿谀诬陷的话而觉得是美滋滋的,听到直言规劝的忠告而表示恶狠狠的,这样的国家自然会灭亡。能够拥有他应该拥有的,他一定会心安理得,人身自然会安全;如果贪图别人应该有的而自己不应该有的,那必然会狠如虎狼,以残暴的手段来满足自己的愿望,这自然没有好下场。

安礼

【原文】

怨在不舍小过,患在不预定谋[1]。福在积善,祸在积恶。饥在贱农,寒在惰织。安在得人,危在失事。富在迎来,贫在弃时。上无常躁[2],下无疑心。轻上生罪,侮下无亲。近臣不重,远臣轻之。

自疑不信人,自信不疑人。枉士无正友,曲上无直下。危国无贤人,乱政无善人。爱人深者求贤急,乐得贤者养人厚。贤士去,召不归国,亡之先兆;君行善政,贤臣先出。得人者昌,失士者亡。国将霸者士先归,邦将亡者贤先避。地薄者大物不产,水浅者大鱼不游,树秃者大禽不栖,林疏者大兽不居。

山峭者崩,泽满者溢。弃玉取石者盲,羊质虎皮者辱。衣不举领者倒,走不视地者颠。柱弱者屋坏,辅弱者国倾。足寒伤心,人怨伤国。山将崩者下先隳,国将衰者人先弊。根枯枝朽,人困国残。与覆车同轨者倾,与亡国同事者灭。

见[3]已生者慎将生,恶其迹者宜须避。畏危者安,畏亡者存。夫人之所行,有道则吉,无道则凶。吉者,百福所归;凶者,百祸所攻。非其神圣,自然所钟[4]。务善策者无恶事,无远虑者有近忧。

重可使守固,不可使临阵;贪可使攻敌,不可使分阵;廉可使守主,不可使应机:五者[5]各随其材而用之。

同志相得,同仁相忧;同恶相党,同爱相求;同美相妒,同智相谋;同贵相害,同利相忌;同声相应,同气相感;同类相依,同义相亲;同难相济,同道相成;同艺相规,同巧相胜。此乃数之所得,不可与理违。

释己而教人者逆,正己而化人者顺。逆者难从,顺者易行;难从则乱,易行则理。详体而行,理身、理家、理国,可也。

右第六章,言安而履之之谓礼。

【注释】

①谋:计谋。

②躁:浮躁不安,喜怒无常。

③见:发现,看见。

④钟:专注。

⑤五者:从上文看应为三者。此处恐有讹误。

【译文】

惹人怨恨,在于不肯放过别人的小过失;遭受灾难,在于没有预先策定计谋。享受幸福的生活,在于平时多做善事;受到灾祸,在于平时做得坏事过多。民众没有饭吃,在于国家小看农业生产;民众天寒没有衣服穿,在于平时懒惰,没有纺织布帛。国家安定,在于取得人心,得到民众的拥护;国家发生乱事,在于权贵弄权,官僚失职。国家富足,在于增产节约,生聚有方;国家贫困,在于放弃农业生产,违背农时。君主不是常常浮躁不安,喜怒无常,下面的臣属就不会存有猜忌、不安的心理。作为下属的臣相如果轻视君王,这样必然会产生罪恶;而作为君主如果不与下属的臣相亲近,那也就没有人敢亲近他了。如果亲近自己的一些臣相都得不到重用,那么在朝廷之外的远方藩臣们就会轻视他了。

自己猜疑自己的人,就会对任何人不相信。自己相信自己的人,就不会无故的猜疑别人。那些行为不合正道的人,就不可能有正直的朋友;君主是一个喜欢吹牛拍马的人,那么他就不可能有正直的臣子。一个将要灭亡的国家,不可能有贤人志士;一个政治动乱的国家,也不可能有能力很强的人。对有用的人才十分珍惜,而且对他们有深厚的感情,这表示他求贤似渴;得到有用的人才而感到无限的快乐,他对人才一定会给予较好的待遇。贤人志士跑到别处去,再也召不回国,这是一个国家快要灭亡的预示;君主实行善政,贤人志士就会主动出来帮助君主治理好国家。因此,一个国家得到好的人才就会昌盛;失去了人才就会灭亡。国家将要取得霸主的地位,那么有识之士就会自动的回到自己的国家来;国家衰微并不断走向灭亡,那么贤人志士就一定要先出走他国。在贫穷的土地上,不可能生长大量的农作物;在清浅的河水中,不可能有大鱼生存;在光秃秃的树林中,不可能栖息着大量的飞禽;在稀疏的树林中,不可能有雄狮猛兽存活。

险峻的山峰,必定会发生崩裂;充满水的河流,水必定会向外流淌。丢弃美玉而拾取岩石的人,只能是有眼无珠不明事理的盲人;本身是羊,却披着虎皮装作老虎,这种人必然要受到别人的侮辱。穿衣服时,头不是从衣服的领子下面往上伸,而是从领子上面往下钻,他一定是一个倒行逆施的人;走路从来不看自己脚下面的地,而是头抬得高高的,往空中仰视的人,他一定会摔跟头。房屋的柱子软弱无力,房屋必然要塌下来;治理国家的是平庸无能的人,这个国家必然要垮掉。一个人的脚受到了寒气必定要伤害到心,人们产生怨心就会伤害到国家的安全。山崖将要崩裂时,必定是下面的岩石早已毁坏;一个国家将要灭亡,必定是在用人上出现了问题。如果一棵大树的根已枯萎了,那它的枝叶自然就会跟着腐烂下去;如果一个国家的人民已陷入了困境,那么这个国家就自然会遭到残败。跟着前面已经翻倒了的车子而走同一条道路的车子,必然会再翻倒;与快要灭亡的国家而共事的国家,也一定要遭到同样的命运。

发现已经发生的变故,就要谨慎地注视着将要发生的更大的变故,以便于及时加以解决;厌恶以前已经发生过的劣迹,就应该立即避开它,以防止它再发生。平时保持一种忧患意识，时刻考虑到危亡的发生，这样就能使国家获得安全；时刻害怕国家政权的灭亡，这就会使国家政权得到生存。一个人的所作所为，如果行之有道，那就必然吉利，行之无道，那就必然招致灾祸。有了吉利，无数的幸福就会来临；遭致灾祸，就会有多种的灾祸来临。这不是有什么神灵在做主宰，而是事物发展变化的自然道理所导致的。所以，善于计谋和决策的人，他不会遇到什么不好的事情；没有长远谋虑的人，必然会有眼前的祸患。

对于稳重的将士，就让他们去防守，而不要让他们去冲锋陷阵；对于那些贪图钱财的将士们，就让他们到第一线去攻击敌人，不要让他们固守在阵地上；对于那些廉洁的将士，就让他们守在君王的身边，不要让他们去应变突然发生的事变。这就是说，对于这五种人，要依据他们的不同才能而加以合理地任用。

有共同志向的人在一起就可以互相交流，相得益彰。志向相同而又在一起共事的人，他们不仅能互相爱护，而且能够互相为君王和国家的内乱与外患而共同担忧。共同作恶的人在一起，就会结成朋党。爱好相同的人在一起，就会相互帮助。相貌美好的人在一起，就会相互产生嫉妒。聪明的人在一起，就会相互图谋，明争暗斗。富贵相同的人在一起，就会相互残杀。利益相同的人在一起，就会相互猜忌。意见相同的人在一起，就会相互感应。类别相同的人在一起，就会相互依存。思想行为同一个标准的人在一起，就会相互亲近。共同患难的人在一起，就会相互帮扶。走共同道路的人在一起，就会相互理解。有同样技艺的人在一起，就可能相互比试高低。有相同技巧的人在一起，就可能相互取胜。这一切都是自然之理，天下的人是不可能违背这样的自然之理的。

因此，抛弃自己的言行，而去教育别人如何去做，这是违背自然之理的；自己先按照自然之理去做了，再去教育别人去做，这样就顺从了自然之理。如果你违背了自然之理，就不可能理解一切事物的发展变化；顺从了自然之理，你就很容易地理解一切事物的发展变化。由于你没有理解一切事物的发展变化，这就会导致天下大乱；正因为你熟悉了一切事物的发展规律，做什么事就会很顺利，必然会使天下大治。从这里可以看出，无论是修身、理家，还是治理国家，都一定要顺应自然之理，而不可背叛它。

《三略》

相传为黄石公所撰。故又称《黄石公三略》。黄石公何许人也？后人“上穷碧落下黄泉”也无从寻觅。然而托用其名的《三略》，恰是中国古代的一部著名兵书。

《三略》全书约3800多字，分上、中、下三卷，即三篇谋略，所以人们便把它称作《三略》。《三略》与《孙子兵法》《孙膑兵法》《六韬》等兵书相比，虽同属兵书，但有其不同之处。首先，《孙子兵法》等兵书侧重于军事战略的论述，主要从制胜破敌的角度出发，探讨作战的手段，而《三略》则侧重于政治战略的论述，主要从治国强国的角度出发，探讨取胜的政治谋略。即如《中略》所说的那样：“《上略》设礼赏，别奸雄，著成败。《中略》差德行，审权变。《下略》陈道德，察安危，明贼贤之咎。”其次，《孙子兵法》等兵书以作者自己论述，直接表达对战争和军事的思想认识及

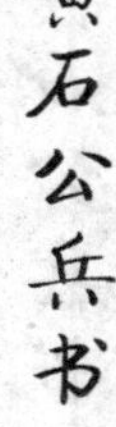

结论性的观点,具有创造性的价值。《三略》则较多采用古代军事谚语和兵书中的语句,表达作者的思想观点,尤以征引的《军谶》和《军势》中的语句较多。但《三略》的理论观点却有许多精到之处,所以仍然受到后世兵家的重视,并在宋代被列为《武经七书》之一,作为兵学者的必读兵书之一。

上略

【原文】

夫主将之法,务[1]揽英雄之心,赏禄有功,通志于众。故与众同好靡[2]不成,与众同恶靡不倾。治国安家,得人也;亡国破家,失人也。

【注释】

①务:务必。
②靡:否定词,相当于"无"。

【译文】

统领将帅的方法,在于收揽英雄的归心,赏赐有功之人爵位,让众人都明了自己的心意。因此能和众人目标相同,没有不成功的,和众人憎恶的目标相同,敌人没有不失败的。治理国家安定家族,主要在于得到人;国破家亡,是因为失去了人。

【原文】

《军谶》曰:柔能制刚,弱能制强。柔者德也刚者贼[1]也。弱者人之所助,强者怨之所攻。柔有所设,刚有所施,弱有所用,强用所加,兼[2]此四者而制其宜。

【注释】

①贼:祸害。
②兼:结合。

【译文】

《军谶》上说:柔能克制伏刚,弱能克制伏强。柔,是一种美德;刚,是一种祸患。弱者,是人们救济的对象;强者,是人们憎恨的对象。柔而有所防备,刚而有所施舍,弱的时候加以运用,强的时候有所增益,把这四个方面结合起来,就能依照情况的变化运用恰当。

【原文】

端[①]末[②]未见，人莫能知。天地神明，与物推移，变动无常。因敌转化，不为事先，动而辄随。故能图制无疆，扶成天威，匡正八极，密定九夷。如此谋者，为帝王师[③]。

【注释】

①端：原由，来由。

②末：树梢，末尾。

③师：老师。

【译文】

事物的本末没有显示出来的时候，常人是不会知道的。天地神明，通过万物的变化显现出来，事物是变化无常的。只能依照敌方的转化而改变，不要首先发乱，而要依照敌人的行动采取恰当的对策。这样才能图谋制胜，辅佐君主取得天下的霸业，一统天下，安定四方。这样谋划的人，可以成为帝王的老师。

【原文】

故曰：莫不贪强，鲜[①]能守微；若能守微，乃保其生。圣人存之，动应事机，舒之弥四海，卷之不盈怀；居之不以室宅，守之不以城郭，藏之胸臆，而敌国服[②]。

【注释】

①鲜：少。

②服：臣服。

【译文】

所以说：没有人不贪图强盛的，却很少有人能够掌握细微之处的道理。若是能够掌握细微之处的道理，就可以保身了。圣人掌握了这个道理，行动的时候就可以抓住时机，舒展开来就能遍布四海，收拢起来却不能满怀；没有必要用房舍来安置它，没有必要用城池去守卫它。把它藏在自己的胸怀之中，就能使敌国屈服。

【原文】

《军谶》曰：能柔能刚，其国弥[①]光；能弱能强，其国弥彰。纯柔纯弱，其国必削[②]；纯刚纯强，其国必亡。

【注释】

①弥：更加。

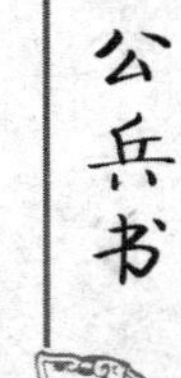

②:削弱。

【译文】

《军谶》上说:能柔能刚,国家就会更加光大;能弱能强,国家就会更加彰显:单独用柔用弱。国家就会削弱;单独用刚用强,国家一定会灭亡。

【原文】

夫为国之道,恃[①]贤与民。信贤如腹心,使民如四肢,则策无遗[②]。所适如支体相随,骨节相救,天道自然,其巧无间。

【注释】

①恃:凭借。
②遗:遗露。

【译文】

治理国家的关键,在于依赖贤人和群众。信任贤士如同自己的心腹,使用民众就好比自己的四肢一样,那么政令就不会有什么遗漏了。行动起来就会如同四肢和躯干一样谐调,各个关节都互相策应,像天道的运行一样自然,没有一点人工的迹象。

【原文】

军国之要,察众心,施百务。危者安之,惧者欢之,叛者还之,冤者原之,诉者察之,卑者贵之,强者抑之,敌者残之,贪者丰之,欲者使之,畏者隐之,谋者近之,谗者覆之,毁者复之,反者废之,横者挫之,满者损之,归者招之,服者居之,降者脱之。

获困守之,获阨塞之,获难屯之,获城割之,获地裂之,获财散之。

敌动伺之,敌近备之,敌强下之,敌佚去之,敌陵待之,敌暴绥[①]之,敌悖义之,敌睦携之,顺举挫之,因势破之,放言过之,四网罗之。

得而勿有,居而勿守,拔而勿久,立而勿取,为者则已,有者则士,焉知利之所在!彼为诸侯,己为天子,使城自保,令士自取。

世能祖祖,鲜能下下。祖祖为亲,下下为君。下下者,务耕桑不夺其时,薄赋敛不匮其财,罕徭役不使其劳,则国富而家娭[②],然后选士以司牧之。夫所谓士者,英雄也。故曰:罗其英雄,则敌国穷。英雄者,国之干;庶民者,国之本。得其干,收其本,则政行而无怨[③]。

【注释】

①绥:安抚。
②娭:同“嬉”,玩乐,玩耍。
③怨:怨恨,怨言。

【译文】

统军治国的要点，在于体察众人的心思，采取相应的对策。处境危险的使之安全，心怀恐惧的使之欢快，背叛的加以招抚，含冤受屈的要予以昭雪平反，上诉的要审察，地位卑微的使他变得尊贵，强横不法的加以扼制，敌对的加以清除，贪婪的加以厚赏，有欲望的加以利用，怕人揭短的就予以隐藏，善于谋划的要接近，喜欢说谗言的抛而不用，受诋毁的要反复加以核实，凡是谋反的要予以铲除，蛮横的挫其锐气，自满的加以抑制，倾心归顺的加以招安，已被征服的加以安置，已经投降的加以开脱。

获得牢固的城池要加以守备，获得险恶的加以阻塞，获得了难攻的地方加以屯守，获得城池加以分赏，获得土地加以分封，获得财物加以赏赐。

敌人的行动要加以窥探，敌人接近要加以戒备，敌人强大就卑而待之，敌人安逸就避开其兵锋，敌人来犯要严阵以待，敌人凶暴就更要安抚民众，敌人悖乱就伸张正义，敌人和睦就分化离间。顺应敌人的举措来打击它，根据情势的变化来破坏它，散布假情报造成它的过失，四面包围将它歼灭。

胜利了不将功劳归于自己，获得财物不要自己独占，攻打城池不能旷日持久，立其国的人为君不能取而代之。决策出于自己，功劳归于将士，须知这才是真正的利益之所在啊！别人都是诸侯，自己才是天子，让各个城邑自我保护，让官吏贤士自行征收赋税。

世人能以礼来祭祀祖先，很少能爱护自己的百姓；能够以礼来祭祀祖先是亲亲之道，能够爱护自己的百姓是为君之道。爱护百姓的君主，重视农桑，不违农时，轻徭薄赋，不夺民财，没有徭役，不让百姓劳累。这样国家富有，百姓安乐，然后选取贤士来管理他们。这里所说的士人，就是英雄。所以说：网罗了敌国的英雄，敌国就会陷入困境。英雄，那是国家的栋梁；百姓，那是国家的根本。得到了它的栋梁，获取了根本，就能够政令畅通，百姓毫无怨言。

【原文】

夫用兵之要，在崇礼而重禄。礼崇则智士至。禄重则义士轻死。故禄贤不爱财，赏功不逾时，则下力并而敌国削。夫用人之道，尊以爵，赡[①]以财，则士自来；接以礼，励[②]以义，则士死之。

【注释】

①赡：供养，供给。
②励：鼓励。

【译文】

用兵的要旨，在于崇尚礼节和厚给俸禄。崇尚礼节，那智谋之人就会归附；厚给俸禄，那忠义之人就会视死如归。因此给予贤士俸禄时不应吝啬钱财，赏赐有功之臣时不能推延时日。这样，部属们就会同仇敌忾，敌国就削弱了。用人之道，在

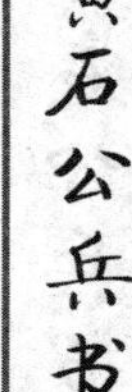

于封赏爵位来尊崇他，给予厚禄来赡养他，贤士自然就会来归附；以礼相待，用大义来鼓舞他，将士就会以死相报。

【原文】

夫将帅者，必与士卒同滋味而共安危，敌乃可加，故兵有全胜，敌有全囚。昔者良将之用兵，有馈箪醪[①]者，使投诸河，与士卒同流而饮。夫一箪之醪不能味一河之水，而三军之士思为致死者，以滋味之及己也。

《军谶》曰：军井未达，将不言渴；军幕未办，将不言倦；军灶未炊，将不言饥。冬不服裘，夏不操扇，雨不张盖。是谓将礼。与之安，与之危，故其众可合而不可离，可用而不可疲，以其恩素蓄，谋素合也。故曰：蓄恩不倦，以一取万。

【注释】

①箪醪：箪，竹制或苇制的圆形盛器。

【译文】

将帅一定要与士兵同甘共苦，同生共死，才能和敌人作战。这样才会有全胜，敌人才有大败。从前的良将用兵，有人送给他一坛酒，他让人倒在河中。与士卒同流而饮。一坛酒不能使整条河水都有酒味，而三军将士都想以死相报，是因为将帅与自己同甘共苦。

《军谶》上说：军井没有打好，将帅不说口渴；帐篷没有搭好，将帅不说疲劳；饭菜没有烧好，将帅不说饥饿。冬天不穿裘衣，夏天不拿扇子，下雨不打伞。这就是做将帅的对自己基本要求。与士卒同甘苦，共患难，因此军队才会万众一心，不可分离，南征北战而不感到疲倦。这是将帅平日里积蓄恩惠、上下一心的缘故。因此说，不断地施恩惠给士卒，就可以赢得千万人的拥戴。

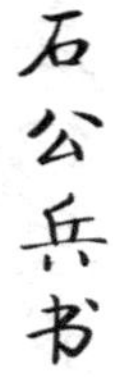

【原文】

《军谶》曰：将之所以为威者，号令也；战之所以全胜者，军政也；士之所以轻战者，用命也。故将无还令，赏罚必信，如天如地，乃可御人；士卒用命，乃可越境。

夫统军持势者，将也；制胜破敌者，众也。故乱将不可使保军，乖众不可使伐人。攻城则不拔，图邑则不废；二者无功。则士力疲弊。士力疲弊，则将孤众悖[①]；以守则不固，以战则奔北，是谓老兵。兵老则将威不行，将无威则士卒轻刑，士卒轻刑则军失伍，军失伍则士卒逃亡，士卒逃亡则敌乘利，敌乘利则军必丧。

《军谶》曰：良将之统军也，恕己而治人。推惠施恩，士力日新，战如风发，攻如河决。故其众可望而不可当，可下而不可胜。以身先人，故其兵为天下雄。

《军谶》曰：军以赏为表，以罚为里。赏罚明，则将威行；官人得，则士卒服：所任贤，则敌国震。

《军谶》曰：贤者所适，其前无敌。故士可下而不可骄，将可乐而不可忧，谋可深而不可疑。士骄则下不顺，将忧则内外不相信，谋疑则敌国奋[②]。以此攻伐，则致乱。

【注释】

①悖:悖乱。

②奋:得势奋起。

【译文】

《军谶》上说:将帅之所以有威严,是因为号令;作战之所以大获全胜,是由于军政整饬;士兵之所以视死如归,是由于听从号令。所以将帅要令出必行,赏惩必信,就像天地不可更改一样,才可以驾驭士卒。士兵听从命令,才能攻城作战。

指挥军队、把握态势的是将帅,夺取胜利、击破敌人的是士兵。因此治军无方的将帅不能让他统率三军,离心离德的士卒不能用来进击敌国。这样的军队,攻打城池难以取胜,图谋市镇难以占领,两件事都劳而无功,反而军力疲惫。军力疲惫就会使将领更加孤立。用这样的军队守卫则阵地不保,用来作战则士卒溃散。这就叫作帅老兵疲。帅老兵疲的话,将领就没有威信。将领没有威信,士卒就不怕刑罚。士卒不怕刑罚,军队必然混乱。军队混乱,士卒就必然逃亡。士卒逃亡,敌人必然趁机而入。敌人趁机进攻,军队必然大败。

《军谶》上说:良将指挥军队,用恕己之道来治理部下。广施恩惠,军队的战斗力就会日新月异,作战就像狂风一样,进攻就像洪水决堤一样。因此这样的军队,能让敌人望风生威而不敢抵挡,让敌人只能束手投降而不敢存有取胜的奢望。将帅身先士卒,所以士兵就能称雄天下。

《军谶》上说:治军应当以奖赏为表,以惩罚为里。赏惩分明,则将帅的威望才能建立。选官用人得当,士卒才会诚服。任贤用能,敌国就会惧怕。

《军谶》上说:贤士归附的国家,一定会所向无敌。因此,应该对贤士以礼相待,而不能简慢,将士可以令其愉快,而不能使其担忧,谋划可以深邃,而不可以犹豫。将士骄横,下属就不会诚服;将帅担忧,内外就互不信任;谋划迟疑,敌国就会趁机得势。这样的军队去打仗,一定会导致祸乱的。

【原文】

夫将者,国之命也;将能制胜,则国家安定。《军谶》曰:将能清,能净,能平,能整,能受谏,能听讼,能纳人,能采言,能知国俗,能图山川,能表险难,能制军权。故曰:仁贤之智,圣明之虑,负薪之言,廊庙之语,兴衰之事,将所宜闻。

将者能思士如渴,则策从焉。夫将拒谏,则英雄散;策不从,则谋士叛;善恶同,则功臣倦;专己,则下归咎;自伐,则下少功;信谗,则众离心;贪财,则奸不禁;内顾,则士卒淫。将有一,则众不服;有二,则军无式;有三,则下奔北;有四,则祸及国。

《军谶》曰:将谋欲密,士众欲一,攻敌欲疾[①]。将谋密,则奸心闭;士众一.则军心结;攻敌疾,则备不及设。军有此三者,则计不夺。将谋泄,则军无势;外窥内,则祸不制;财入营,则众奸会。将有此三者,军必败。

将无虑,则谋士去;将无勇,则吏士恐;将妄动,则军不重;将迁怒,则一军惧。《军谶》曰:虑也,勇也,将之所重;动也,怒也,将之所用。此四者,将之明诫[②]也。

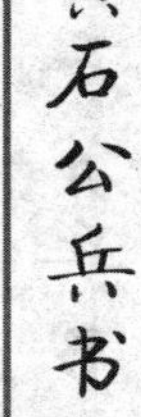

【注释】

①疾:迅速。
②诫:训诫。

【译文】

将帅是国家命运的掌握者。将帅能够获胜,国家就安定。《军谶》上说:将帅能清廉,能沉静,能公平,能严肃,能接受谏言,能明断是非,能容纳他人,能听取意见,能了解各地的风俗,能精通地理形势,能明晓险关要隘,能把握三军的局势。因此说,贤能的人的睿智,君主的远虑,民众的议论,官员的意见,以及天下兴衰的往事,都是将帅应当明了的。

将帅若能求贤若渴,有谋略的人就会归顺他。将帅不听从属下的意见,杰出的人才就会离去,不采纳谋士的良言,谋士就会离开。善恶不分,功臣就会灰心。一意孤行,属下就会归咎于上。自我炫耀,属下就不愿多建战功。听信谗言,军队就会离心离德。贪图钱财,就会奸邪不止。贪恋女色,士卒就会放纵。将帅如果有上面的一条,将士就不会诚服;有了两条,军队就没有法纪;有了三条,全军就会溃败;有了四条,就会给国家带来灾难了。

《军谶》上说:将帅的谋划要保密,士兵的志向要统一,攻城略地要迅速。将帅的谋划保密,奸细就无机可乘。士兵的志向统一,军心就团结一心。攻城略地疾速,敌人就来不及防备。做到这三点,军队的行动计划就不会失败了。将帅的谋划泄密,军队的有利态势就失去了。奸细知道了内情,军队的祸患就无法制止了。不义之财进入军营,种种坏事就出现了。将帅有了这三条,军队一定会大败。

将帅谋虑浅短,谋士就会离去。将帅怯懦无勇,将士就会恐惧。将帅轻举妄动,军心就不稳。将帅迁怒于人,全军上下就会畏惧。《军谶》上说:深谋远虑,坚定勇敢,这是将帅的高贵品质。适时而动,当怒则怒,这是将帅用兵的学问。这四个方面,都是将帅应该作为训诫的。

【原文】

《军谶》曰:军无财,士不来;军无赏,士不往。《军谶》曰:香饵之下,必有悬鱼;重赏之下,必有死夫。故礼者,士之所归;赏者,士之所死。招其所归,示其所死,则所求者至。故礼而后悔者,士不止;赏而后悔者,士不使。礼赏不倦,则士争死。

《军谶》曰:兴师之国,务先隆恩;攻取之国,务先养民。以寡胜众者,恩也;以弱胜强者,民也。故良将之养士,不易于身,故能使三军如一心,则其胜可全。

《军谶》曰:用兵之要,必先察敌情。视其仓库,度其粮食,卜其强弱,察其天地,伺其空隙。故国无军旅之难而运粮者,虚也;民菜色者,穷也。千里馈粮。民有饥色;樵苏后爨[1],师不宿饱。夫运粮千里,无一年之食;二千里,无二年之食:三千里,无三年之食,是谓国虚。国虚则民贫,民贫则上下不亲。敌攻其外,民盗其内,是谓必溃[2]。

【注释】

①爨:烧火做饭。

②溃:崩溃。

【译文】

《军谶》上说:军队没有财物,贤士就不会来归顺。军中没有奖赏,将士就不勇往直前。《军谶》上说:香喷喷的鱼饵下面,一定会有上钩之鱼。厚重的奖赏之下,一定会有敢死之人。所以,礼遇是谋士归附的原因,厚赏是将士敢死的原因。以礼相待来招抚谋士,用厚赏招抚敢死的将士,那么那些人就会纷纷归顺了。因此以礼相待而又反悔的,谋士就不会来了。用厚赏招抚而又反悔的,将士就不会为己所用。只有礼遇和赏赐始终如一,谋士和将士才会争相投奔。

《军谶》上说:打算打仗的国家,一定要先厚施恩惠。打算攻取别的国家,一定要与民休息。能以少胜多的,是厚施恩惠的原因。能以弱胜强,是得到民众拥护的原因。所以,良将像对待自己一样对待士卒,这样就能全军上下一心,在战争中百战百胜。

《军谶》上说:用兵的要点,在于首先察明敌情。看看它的仓库,揣度一下它的粮食,推算它的强弱,调查它的气候和地形情况,寻找薄弱环节。所以,国家没有战争而运送粮食的,国势空虚;民众面带菜色,百姓困苦。从千里之外运粮,百姓就会饥饿。临时砍柴做饭,军队就没有隔宿之饭。千里之外运粮,表明国家空缺一年的粮食。二千里之外运粮,表明国家缺两年的粮食。三千里之外运粮,表明国家缺三年的粮食。这正是国势空虚的表现。国势空虚,百姓就会贫穷。百姓贫穷,上下就不可能团结。敌人在外虎视眈眈,内乱丛生,这一定会使国家崩溃。

【原文】

《军谶》曰:上行虐则下急刻。赋敛重数,刑罚无极,民相残贼,是谓亡国。

《军谶》曰:内贪外廉,诈誉取名,窃公为恩,令上下昏,饰躬正颜,以获高官,是谓盗端。

《军谶》曰:群吏朋党,各进所亲,招举奸枉,抑挫仁贤,背公立私,同位相讪[①],是谓乱源。

《军谶》曰:强宗聚奸,无位而尊,威无不震,葛藟[②]相连,种德立恩,夺在位权,侵侮下民,国内哗喧,臣蔽不言,是谓乱根。

《军谶》曰:世世作奸,侵盗县官,进退求便,委曲弄文,以危其君,是谓国奸。

《军谶》曰:吏多民寡,尊卑相若,强弱相虏,莫适禁御,延及君子,国受其咎。

《军谶》曰:善善不进,恶恶不退,贤者隐蔽,不肖在位,国受其害。

《军谶》曰:枝叶强大,比周居势,卑贱陵贵,久而益大,上不忍废,国受其败。

《军谶》曰:佞臣在上,一军皆讼,引威自与,动违于众。无进无退,苟然取容。专任自己,举措伐功。诽谤盛德,诬述庸庸。无善无恶,皆与己同。稽留行事,命令不通。造作奇政,变古易常。君用佞人,必受祸殃。

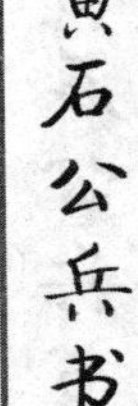

《军谶》曰：奸雄相称，障蔽主明；毁誉并兴，壅塞主聪。各阿所私，令主失忠。

故主察异言，乃睹其萌；主聘儒贤，奸雄乃遁；主任旧齿，万事乃理；主聘岩穴，士乃得实。谋及负薪，功乃可述[3]；不失人心，德乃洋溢。

【注释】

①讪：诽谤，讥刺。

②葛藟：葛藤。

③述：史书有所记述。

【译文】

《军谶》上说：君主残暴无道，下面的官吏就会苛责，横征暴敛，滥用刑法，百姓就会不断地揭竿而起，这就是亡国先兆。

《军谶》上说：内心贪婪但外表廉洁，用欺诈的手段获得名声，假公济私，上令下昏，假装正直、谦恭来骗取高官厚禄，这就是窃国的根源。

《军谶》上说：官吏结党营私，各自引进自己的亲信，网罗奸邪之徒，压制仁人义士，背弃公德，谋取私利，同僚之间，互相攻讦。这就是大乱的根源。

《军谶》上说：世家大族相聚为奸，没有职位却非常尊崇，威风所至，无人不惧。他们彼此相互勾结就如同葛藤一样盘根错节，用小恩小惠收买人心，志在夺权，欺辱百姓，国内怨声载道，群臣却隐瞒实情，不敢直言。这就是大乱的根源。

《军谶》上说：世世代代为奸作恶，侵蚀官员的权威，一举一动，都为的是谋取私利，歪曲文法，威胁天子的权威。这就是国家的奸贼。

《军谶》上说：官多民少，尊卑不分，恃强凌弱，无力制止，君子也受到牵连，国家必然会蒙受其难。

《军谶》上说：喜爱好人却不任用，厌恶坏人而不贬斥，有才有德的人被迫隐居，品行恶劣的人却反而当权执政，国家就必然会蒙受其害。

《军谶》上说：宗族势力强大，互相勾结，窃取要位，欺上瞒下，日益强盛，君主又不忍心铲除，国家一定会受到败坏。

《军谶》上说：佞臣受到重用，军队就会离心离德。倚仗权势炫耀自己，动辄违反众人的意愿。没有进退的原则，一味讨好君主。刚愎自用，炫耀自己。诽谤有德能的人，诬陷有功之臣。不分善恶，只求符合自己的意愿。积压政务，使上下政令不通。干预朝政，变乱古制。君主喜欢用这样的佞人，国家一定会遭到祸患。

《军谶》上说：奸雄互相吹捧，蒙蔽君主，使其是非不分。诽谤和吹捧同时兴起，堵塞君主的视听，使其善恶难分。各自庇护自己的手下，使君主失去忠臣。

所以君主能够明察不同的说法，就能看到事物的萌芽；君主任用儒士贤才，奸雄就会远遁；君主任用古旧耆老，政事就能井井有条；君主任用山林、土穴中的隐士，才能得到真正有才学的人；君主能够倾听黎民百姓的意见，才能建立可以流传史书的功业；君主举动不失民心，才能德泽旋及天下。

【赏析】

《三略》是中国古代第一部专讲战略的兵书，以论述政治战略为主，兼及军事战略。该书问世以来，受到历代政治家、兵家和学者的重视。

《上略》多处引用《军谶》上的话，详细地阐述了作为一个将领，用兵打仗的关键和方法。此书注重以礼和赏两个方面，来激励将士作战，把士兵当作一个个的"人"，而不是当作简单的作战工具，具有很高的人道主义精神。

中略

【原文】

夫三皇无言而化流四海，故天下无所归功。帝者，体天则地，有言有令，而天下太平。群臣让功，四海化行，百姓不知其所以然。故使臣不待礼赏有功，美而无害。王者，制人以道，降心服志，设矩[①]备衰，四海会同，王职不废，虽有甲兵之备，而无斗战之患。君无疑于臣，臣无疑于主，国定主安，臣以义退，亦能美而无害。霸者，制士以权，结士以信，使士以赏。信衰则士疏[②]，赏亏则士不用命。

【注释】

①矩：规矩，法制。

②疏：疏远。

【译文】

三皇没有任何言论，他们的教化就传播四海，因此天下的人不知道把功劳归功于何人。所说的帝，效法天地而生，有言教有命令，天下由此而太平。群臣之间相互推让功劳，四海之内都得到教化，而百姓却还不知其所以然。所以任用大臣不需要凭借礼法和奖励，就能做到君臣之间相互赞美而不侵害。所说的王，用道来驾驭民众，使民众心悦诚服，设立规矩和法制来防备衰退，四海内的诸侯按时朝见，天子的法度实行而不废弃。虽然有了军备，但是没有战争的祸患。君主不猜疑大臣，大臣也不猜疑君主。国家稳定，君主的地位牢固。大臣适时功成身退，君主之间也能和睦相处而没有猜忌。所说的霸，用权术驾驭谋士，用诚信来交好谋士，靠奖励来任用谋士。失去信任，谋士就会疏远；缺乏奖励，谋士就不会用命效力。

【原文】

《军势》曰：出军行师，将在自专。进退内御，则功难成。

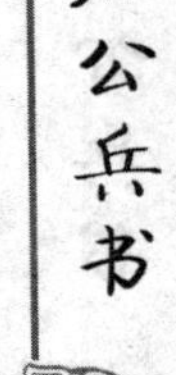

《军势》曰：使智，使勇，使贪，使愚。智者乐立其功，勇者好行其志，贪者邀趋其利，愚者不顾其死。因其至情而用之，此军之微权也。

《军势》曰：无[1]使辩士谈说敌关，为其惑众；无使仁者主财，为其多施而附于下。

《军势》曰：禁巫祝，不得为吏士上问军之吉凶。

《军势》曰：使义士不以财。故义者不为不仁者死，智者不为暗主[2]谋。

【注释】

①无：通“勿”。

②暗主：昏庸的君主。

【译文】

《军势》上说：出兵作战，贵在将领有专断指挥的权力。军队的进退若是都受到君主的干涉，事情就难以成功。

《军势》上说：任用智者、勇者、贪者、愚者的方法：有智谋的人喜欢建立功业，勇敢的人喜欢实现自己的志向，贪财的人喜欢追求俸禄，愚蠢的人不珍惜性命。都要根据他们的性情来任用，这就是用人的微妙权术。

《军势》上说：不要让能说会道的人讲述敌人的优势，因为这将迷惑众人；不要让忠厚的人掌管钱财，因为他会屈从下属的要求而浪费钱财。

《军势》上说：禁止巫祝，不能让他们为将士占卜行军的吉凶。

《军势》上说：任用侠义之士不能靠钱财。因为侠义之士是不会替不仁不义的人去卖命的，聪明的人不会为昏聩的君主出谋划策。

【原文】

主不可以无德，无德则臣叛；不可以无威，无威则失权。臣不可以无德，无德则无以事君；不可以无威，无威则国弱，威多则身蹶[1]。

故圣王御世，观盛衰，度得失，而为之制。故诸侯二师，方伯三师，天子六师。世乱则叛逆生，王泽竭，则盟誓相诛伐。德同势敌，无以相倾，乃揽英雄之心，与众同好恶，然后加之以权变。故非计策无以决嫌定疑，非谲奇[2]无以破奸息寇，非阴谋无以成功。

【注释】

①蹶：跌倒。

②谲奇：诡诈。

【译文】

君主不能缺失道德，缺失道德，大臣就会背叛；不可以缺失威严，缺失威严就会失去权力。大臣不能缺失道德，缺失道德就没有侍奉君主的权力；不可以缺失威严，缺失威严就会国家衰微，但威严过多又会害了自己。

所以，英明的君主治理天下，观察世道的兴衰，衡量政治的得失，然后制定典章制度。规定诸侯管辖两军，方伯管辖三军，天子管辖六军。世道混乱的时候，叛党逆贼丛生，天子的德泽枯尽了，诸侯就结盟相互攻战。诸侯之间势均力敌，没有办法战胜对手，就招揽英雄的心，与众人同仇敌忾，然后再运用权术。因此不出谋划策，就没有办法决定嫌疑；不诡诈出奇，就没有办法平定贼寇；不秘密谋划，就没有办法取得胜利。

【原文】

圣人体天，贤者法地，智者师古。是故《三略》为衰世作。《上略》设礼赏，别奸雄，著成败。《中略》差[①]德行，审权变。《下略》陈道德，察安危，明贼贤之咎。故人主深晓《上略》，则能任贤擒敌；深晓《中略》，则能御将统众；深晓《下略》，则能明盛衰之源，审治国之纪。

人臣深晓《中略》，则能全功保身。夫高鸟死，良弓藏；敌国灭，谋臣亡。亡者，非丧其身也，谓夺其威，废其权也。封之于朝，极人臣之位，以显其功；中州善国，以富其家；美色珍玩，以说其心。

夫人众一合而不可卒离，威权一与而不可卒移。还师罢军，存亡之阶。故弱之以位，夺之以国，是谓霸者之略。故霸者之作，其论驳也。存社稷、罗英雄者，《中略》之势也。故世主秘[②]焉。

【注释】

①差：比较。

②秘：保密，秘而不宣

【译文】

圣人能够体察天道，贤人能够取法地，智者能够以古为师。因此《三略》一书，是为衰微的时代而作的。其中《上略》设置礼赏，辨别奸雄，揭示成功之道。《中略》区分德行，明察权变。《下略》陈述道德，考察安危，揭示残害贤良的罪过。因此，君主深晓《上略》，就能任用贤能的人，制伏敌人；通晓《中略》，就能驾驭将领、统率众人；通晓《下略》，就能明白盛衰的根源，审察治理国家的纲纪。

大臣通晓《中略》，就能明哲保身。那高鸟死了，良弓就要收藏起来了；敌对的国家灭亡了，谋臣也就要消亡了。所谓的消亡，不是杀掉他，而是夺取他威严，废除他的权力。把他分封在朝堂之上，位极人臣，来表彰他的功绩；在中原之地封给他肥沃土地，来使他家庭富有；赐给他美女珍玩，使他心情愉快。

军队一旦编成，是没有办法仓促解散的。兵权一经授予，是没有办法马上收回的。战争结束，将帅班师回朝，这是君主权位生死存亡之时。所以，削弱他的地位，剥夺他的兵权，这是霸者驾驭将帅的方略。因此，霸者的行为是驳杂不纯的。保全社稷，收罗英雄，这是《中略》所论述的权变，历代做君主的，对此都是匠心独运、秘而不宣的。

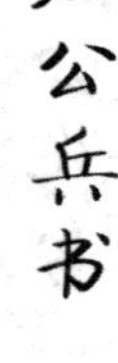

【赏析】

《三略》一书，是为衰微的时代而作的。《上略》设置礼赏，辨识奸雄，揭示成功之道；《中略》区分德行，明察权变；《下略》陈述道德，考察安危，揭示残害贤能的罪过。

君主通晓此书，对自己的江山社稷有很大的帮助；作为大臣，通晓这本书之后，也能知道如何明哲保身，不遭到君主的残害。俗话说“狡兔死，良狗烹；飞鸟尽，良弓藏；敌国破，谋臣亡”，历史上只有少数几个人能逃脱功高震主的命运，唐朝诗人刘禹锡对此深为感叹：“将略兵机命世雄，苍黄钟室叹良弓。遂令后代登坛者，每一寻思怕立功。”

下略

【原文】

夫能扶天下之危者，则据天下之安；能除天下之忧者，则享天下之乐；能救天下之祸者，则获天下之福。故泽及于民，则贤人归之；泽及昆虫，则圣人归之。贤人所归，则其国强；圣人所归，则六合同。求贤以德，致圣以道。贤去，则国微；圣去，则国乖[①]。微者危之阶，乖者亡之征[②]。

【注释】

①乖：不顺利。
②征：征兆。

【译文】

能够拯救天下危险的人，就能取得天下的安宁；能够解除天下忧愁的人，就能安享天下的欢乐；能够解救天下于祸患的人，就能获得天下的福祉。所以恩泽惠及民众，就会有贤人归顺；恩泽惠及昆虫，就会有圣人辅佐。贤人所归附的君主，他的国家一定强大；圣人所辅佐的君王，天下就能一统。使贤人归附的是德行，使圣人辅佐的是道。贤人离开，国家就开始衰败；圣人离开，国家就会混乱。国家衰败，是走向危险的阶梯；国家混乱，是亡国的先兆。

【原文】

贤人之政，降[①]人以体；圣人之政，降人以心。体降可以图始，心降可以保终。降体以礼，降心以乐。所谓乐者，非金石丝竹也；谓人乐其家，谓人乐其族，谓人乐其业，谓人乐其都邑，谓人乐其政令，谓人乐其道德。如此君人者，乃作乐以节之，使不失其和。故有德之君，以乐乐人；无德之君，以乐乐身。乐人者，久而长；乐身者，不久而亡[②]。

【注释】

①降:使……服从。
②亡:灭亡。

【译文】

贤人执政,能使人从行动上驯服;圣人执政,能使人从心灵上驯服。从行动上驯服,可以开始创业;从心灵上驯服,可以善始善终。使人从行动上服从凭的是礼,使人从心灵上服从凭的是乐。所说的乐,不是金石丝竹,而是使人们爱护自己的家庭,使人们喜爱自己的家族,使人们喜爱自己的职业,使人们喜爱自己的城郭,使人们拥护国家的政令,使人们乐于讲究道德。君主这样就用乐来节制人们,使他们不迷失理智。所以有德之君依靠音乐来使人快乐;无道之君,用音乐来使自己快乐。使人们快乐的君主,国家能够长治久安;用音乐来使自己快乐的君主,国家将要灭亡。

【原文】

释[1]近谋远者,劳而无功;释远谋近者,佚而有终。佚政多忠臣,劳政多怨民。故曰:务广地者荒,务广德者强。能有其有者安,贪人之有者残。残灭之政,累世受患。造作过制,虽成必败。

舍己而教人者逆,正己而化人者顺。逆者乱之招,顺者治之要[2]。

【注释】

①释:放下。
②要:关键。

【译文】

放下内政而谋划对外扩张的,一定劳而无功;放弃对外扩张而专注内政的,安逸却有所成就。实行安逸的策略,就会有很多忠臣;实行劳民伤财的策略,就会有很多怨恨的民众。所以说,一心要扩张土地的,内政必定荒芜;致力于修德的,一定会强盛。能够保住自己所拥有的就安逸,贪图他人所拥有的必然受害。残酷暴虐的统治,世世代代都要受害。事情超过了限度,即使一时成功,最终也难免失败。

不改正自己的行为而教育他人的属于违叛常理,先改正自己而后教育他人的才合乎常理。违叛常理是混乱的先兆,合乎常理是治理国家的要点。

【原文】

道、德、仁、义、礼,五者一体也。道者,人之所蹈[1];德者,人之所得;仁者,人之所亲;义者,人之所宜;礼者,人之所体。不可无一焉。故夙兴夜寐,礼之制也;讨贼报仇,义之决也;恻隐之心,仁之发也;得己得人,德之路也;使人均平,不失其所,道

之化[②]也。

【注释】

①蹈：遵循，实行。
②化：教化。

【译文】

道、德、仁、义、礼，这五个方面是一个整体。道，这是人应该遵守的法则；德，这是人应该拥有的情操；仁，这是人应该亲近的柔情；义，这是人应该做的合宜事情；礼，这是人应该遵守的行为规范。这五个方面缺一不可。因此夙兴夜寐，这是礼所限制的；讨贼报仇，这是义的决断；恻隐之心，这是仁的发挥；修己安人，这是德的规定；使人均平，各得其所，这是道的教化。

【原文】

出君下臣名曰命[①]，施于竹帛名曰令，奉而行之名曰政。夫命失，则令不行；令不行，则政不正；政不正，则道不通；道不通，则邪臣胜；邪臣胜，则主[②]威伤。

【注释】

①命：命令。
②威：威严。

【译文】

出自君主而到达大臣的指示这就是"命"，把它书写在帛纸上叫作"令"，遵循执行命令就叫作"政"。"命"有了失误，那么"令"就不能推行；"令"没有推行，那么"政"就产生误差；"政"产生了偏差，那么道就不通；道不通，那么奸邪的佞臣就得势；奸邪的佞臣得势，那么君主的威严就会受到损害。

【原文】

千里迎贤，其路远；致不肖，其路近。是以明王舍近而取远，故能全功，尚人，而下尽力。

废一善，则众善衰；赏一恶，则众恶归。善者得其祐[①]，恶者受其诛，则国安而众善至。

众疑无定国，众惑无治民。疑定惑还，国乃可安。

一令逆则百令失，一恶施则百恶结。故善施于顺民，恶加于凶民，则令行而无怨。使怨治怨，是谓逆天；使仇治仇，其祸不救。治民使平[②]，致平以清，则民得其所而天下宁。

【注释】

①祐：庇护。

②平:公平。

【译文】

千里之外迎接贤人,路途非常遥远;招引不肖之徒,路途却非常接近。因此英明的君主能够舍近而求远,才能保全功业,尊崇贤人,而大臣也往往能尽心竭力。

废弃一个贤人,那么许多贤人都隐退了;奖赏了一个恶人,那么许多恶人都来了。贤人得到保护,恶人受到惩罚,就会国家安定,贤人归顺。

民众对政令有所猜忌,国家就不会得到安定;民众都对政令感到迷惑,社会就得不到治理。要使民众对政令的疑虑消除,国家才可以安定。

一项政令违背民意,那么其他政令也就无法推行;一项恶政得到实施,无数恶果也就结下了。所以对顺民要实施仁政,对恶民要实施酷政,这样才会政令畅通,民众也就没有怨言了。用民众怨恨的政令来治理心怀怨恨的民众,叫作违背天意;用民众所仇恨的政令来治理心怀怨恨的民众,灾难就无法制止了。治理民众要做到公平,而要实现公平,政治就必须清明。这样,民众便会各得其所,天下也就安定了。

【原文】

犯上者尊,贪鄙者富,虽有圣王,不能致[①]其治;犯上者诛,贪鄙者拘,则化行而众恶消。清白之士,不可以爵禄得;节义之士,不可以威刑胁。故明君求贤,必观其所以而致焉。致清白之士,修其礼;致节义之士,修其道。而后士可致,而名可保[②]。

【注释】

①致:达到。

②保:保全。

【译文】

犯上作乱的人受到尊重,贪鄙的人富足,这样的话,即使圣明的君王,也不能把国家管理好。犯上作乱的人被斩首,贪鄙的人被拘押,这样教化推行,各种奸邪的事情就会消除了。清白之人,是不能用爵禄来得到;节义之士,是不能用刑法来威胁的。所以英明的君王求取贤人,一定要考察他是什么样的人。对于清白的人,要讲究礼;对于节义之士,要依靠道义。这样,贤人才能归顺,而君主的名声也可以得到保全。

【原文】

夫圣人君子,明盛衰之源,通成败之端[①],审治乱之机,知去就之节[②]。虽穷不处亡国之位;虽贫不食乱邦之禄。潜名抱道者,时至而动,则极人臣之位;德合于己,则建殊绝之功。故其道高而名扬于后世。

【注释】

①端：开始。
②节：时节。

【译文】

圣人君子能够明白盛衰的根源，通晓成败的端倪，观察治乱的时机，知晓去就的时节。即使穷困，也不会贪图亡国的高位；即使困苦，也不会苟取衰乱之邦的厚禄。隐姓埋名却还有经世济国之道的人，时机到来时一举成功，便可以位极人臣；君王的志向和自己的相同，就可以建立殊世的功绩。所以，他们谋略高明而留传于后世。

【原文】

圣王之用兵，非乐之也，将以诛暴讨乱也。夫以义诛不义，若决江河而溉爝火[①]，临不测而挤欲堕，其克必矣。所以优游恬淡而不进者，重伤人物也。夫兵者，不祥之器，天道恶之，不得已而用之，是天道也。夫人之在道，若鱼之在水，得水而生，失水而死。故君子者常畏惧而不敢失道[②]。

【注释】

①爝火：小火把。
②道：天道。

【译文】

圣明君王的用兵，不是因为他喜欢作战，而是用来诛灭暴乱。用正义征讨不义，就像断开江河来浇灭小火把一样，就像在无底深渊旁边去推下一个摇摇欲坠的人一样，其赢得胜利是必须的。所以悠闲恬淡而不急于进攻，是害怕伤害人民和财物。那兵器，是不祥之物，天道憎恶它，不得已才用的，这是顺乎天道的。人和天道的关系，就好比鱼儿和水一样；得到水就能存活，失去水就要死去。因此说君子常常心存敬畏而不敢失去天道。

【原文】

豪杰秉职，国威乃弱；杀生在豪杰，国势乃竭；豪杰低首，国乃可久；杀生在君，国乃可安。四民用虚，国乃无储；四民用足，国乃安乐。

贤臣内，则邪臣外；邪臣内，则贤臣毙[①]。内外失宜，祸乱传世。

大臣疑主，众奸集聚。臣当君尊，上下乃昏；君当臣处，上下失序。

伤贤者，殃及三世；蔽贤者，身受其害；嫉贤者，其名不全；进贤者，福流子孙。故君子急于进贤而美名彰焉。

利一害百，民去城郭；利一害万，国乃思散[②]。去一利百，人乃慕泽；去一利万，政乃不乱。

【注释】

①毙:死亡。

②思散:人心涣散。

【译文】

豪强把持朝政,国家的威望就会走向衰弱。杀生之权掌握在豪强的手中,国家的威望就衰竭了。豪强俯首,国家才可以长久。杀生之权掌握在君王的手中,国家才会得到安定;百姓贫困,国家就没有储备;百姓富有,国家才会安乐。

重用贤臣,那么奸臣就被排斥在外了;重用佞臣,那么贤臣就被置于死地了。亲疏不当,祸乱就会流传到后世。

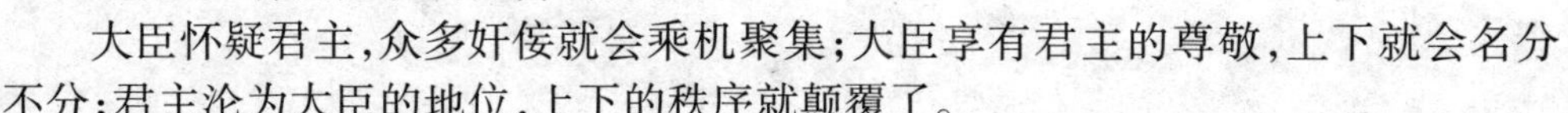

大臣怀疑君主,众多奸佞就会乘机聚集;大臣享有君主的尊敬,上下就会名分不分;君主沦为大臣的地位,上下的秩序就颠覆了。

伤害贤人的,灾难会延及子孙三世;埋没贤人的,自身受其害;嫉妒贤人的,名声不得保全;举荐贤人的,子孙都会受到他的恩惠。所以君子都热心于推荐贤人而使自身的名声显扬于世。

使一人获利而使百人遭害,民众就会离开城郭;使一人得利而使万人受害,全国就会人心涣散。除掉一人而让百人得利,人们就会感慕他的德泽;除掉一人而让万人得利,政治就不会发生动乱。

【赏析】

《下略》主要讲述的是国家治乱的源头。根据《下略》,君主就能明白盛衰的源头,审察治理国家的纲纪。

能够拯救天下危险的人,就能得到天下的安宁;能够除掉天下所忧愁的人,就能安享天下的乐趣;能够解救天下于祸患的人,就能获得天下的福祉。只有视天下为己任的人,才能够明白人民的心声,从而制定出符合人民利益的政令,与民休息,使人民和自己的利益相一致,然后,天下才能得到安定,国富民强,达到大治。

武经总要

导读

《武经总要》是宋代官修的一部综合类兵书，在宋代具有很大的影响，在整个中国古代军事思想史中也占有一定的位置。

宋康定年间(1040～1041年)，仁宗赵祯鉴于“武备懈弛”，为选拔和培养军事人才，提高将帅的军事理论水平，命曾公亮、丁度组织一批学者编纂此书。此书于庆历四年(1044年)编撰完成，宋仁宗亲自为之作序。

《武经总要》全书分前后两集，每集二十卷，共四十卷。前集第一卷至第十五卷，主要论述选将、选能、料兵、用兵、行军、攻城、守城、作战、军纪、阵法等内容，附有部分阵图；其余五卷介绍了边防的地理、地形、历史沿革等情况。后集二十卷中，前十五卷介绍历代有代表性的比较典型的战例，后五卷辑录了历代的阴阳占卜资料，论述“兵阴阳”，多属迷信之谈。

《武经总要》中北宋以前的军事理论，多选材于《孙子》《吴子》《六韬》《司马法》《尉缭子》以及先秦诸子的军事论述；关于军队训练、部伍营阵、攻守战具、军法奖罚等制度则多取材于唐代杜佑《通典》所引用的《李靖兵法》以及唐李筌的《太白阴经》等书，反映了北宋初期至仁宗时期军事思想的变化。

《武经总要》阐述了宋初所确立的以“安内”为首、防将甚于防敌和以文制武、“将从中御”的指导思想，认为军队用兵的目标，首先是对内，其次才是对外。但是，经过多年的战争实践，宋朝廷的军事思想有所变化，开始意识到加强武备对于抵御外敌侵扰的重要性，重新肯定了用兵要“贵知变”“不以冥冥决事”，应以符合实际为原则这一兵家的优秀传统思想，进而重视将帅的作用，并且还规定了一系列选将的标准。《武经总要》既吸收了前人的军事理论成就，也较为完整地论述了北宋前期的军事制度、军事训练的历史沿革，以及武器装备的制造与使用、兵要地理的特点和价值，甚至阴阳星占等内容，在我国兵学史上占有重要地位。书中由于保存了大量的古代科学资料，故而从一个侧面反映了我国在北宋时期科学技术的发展水平。

前集卷之一

选将

【原文】

传曰：有必胜之将，无必胜之民。又曰：君不择将，以其国与敌也。由是言之，可不谨[①]诸？古者国家虽安，必常择将，择将之道，惟审其才之可用也。不以远而遗,不以贱而弃,不以诈而疏,不以罪而废。

故管仲[②]射钩,齐威公[③]任之以霸[④];孟明[⑤]三败,秦缪公[⑥]赦之以胜[⑦];穰苴[⑧]拔于寒微,吴起[⑨]用于羁旅;张仪[⑩]之游荡,乐毅[⑪]之疏贱,孙武[⑫]之瓦合[⑬],白起[⑭]之世旧,韩信[⑮]之懦怯,黥布[⑯]之徒隶;卫青[⑰]人奴,去病[⑱]假子[⑲];诸葛亮[⑳]不亲戎服,杜预[㉑]不便鞍马;谢艾[㉒]以参军摧石虏,邓禹[㉓]以文学扶汉业;李靖[㉔]用于罪累,李勣[㉕]收于降附。是岂以形貌阀阅[㉖]计其问哉!而庸人论将,常视于勇。夫勇者,才之偏尔,未必无害。盖勇必轻斗,未见所以必取胜之道也。

大凡将以五才为体[㉗],五谨为用[㉘]。所谓五才者,一曰智,二曰信,三曰仁,四曰勇,五曰严[㉙]。非智不可以料敌应机,非信不可以训人率下,非仁不可以附众抚士,非勇不可以决谋合战,非严不可以服强齐[㉚]众。所谓五谨者,一曰理[㉛],二曰[㉜]备,三曰果[㉝],四曰诫[㉞],五曰约[㉟]。理者,理众如理寡;备者,出门如见敌;果者,见敌不怀生;诫者,虽克如始战;约者,法令省而不烦[㊱]。明君知此十者,而犹惧取人之难,则必设九验之言词以考之,为九术之科例[㊲]以复之。所谓九验者,远使之,以观其忠;近使之,以观其恭;繁使之,以观其能;卒然问焉,以观其智;急与之期,以观其信;委之以货财,以观其仁;告之以危,以观其节;醉之以酒,以观其态;杂之以处,以观其色[㊳]。又曰:二人交争,则知曲直;二人论议,则知道德;二人举重,则知有力;二人忿斗,则知勇怯;二人俱行,则知先后;[二]人治官,则知贪廉。

所谓九术者,一日道之以德,齐之以礼,知其饥寒,悉见其劳苦之谓仁将;二曰事无苟免,不为利挠[㊴],有死荣而无生辱之谓义将;三曰贵而不骄,胜而不逸,贤而能下,刚而能忍之谓礼将;四曰奇变不常,动静无端,转祸为福,因危立胜之谓智将;五曰进之有重赏,退之有严刑,赏不逾时,刑不择贵之谓信将;六曰足轻戎马,力越十夫,善用短兵,长于射之谓步将;七曰临高历险,驰射若飞,进则先行,退则为殿之谓骑将;八曰气凌三军,志轻强虏,怯于小战,勇于大敌之谓猛将;九曰见贤思齐,见善若不及,从谏如流,宽而能刚,简[㊵]而少傲之为大将也[㊶]。然而伎能有长短,局力[㊷]有大小,器而使之,如钧[㊸]石之权[㊹]不可以称锱铢[㊺],斗筲[㊻]之量不可以代(庾)[㊼][庾]斛[㊽]。

若兵法所谓论除谨[㊾],动静时,吏卒办,兵甲治,正行伍,连阡陌,明鼓旗,此尉之官尔。前后知险易,见敌知难易,发斥[㊿]不亡遗,此候之官尔。隧路塞,行辎治,赋物均,处军辑[51],井灶通,此司空之官尔。收藏于后,迁舍不离,无浮舆[52],无遗辎,此舆之官尔[53]。然此五者之于大将也,若车之有众材,各司其任,未足以宰制一车之用也。故曰先语察事,劝而与食,实长希言,赋物平均,此十人之将也;切切截截,垂意肃肃,不用谏言,数行刑戮,刑必见血,不避亲戚,此百人之将也;讼辩好胜,嫉贼侵凌,斥人此刑,欲整一众,此千人之将也;容貌作作[54],言语时出,知人饥饱,习人剧易[55],此万人之将也;战战栗栗,日戒一日,近贤进谋,使人知节,言语不慢,忠心诚毕,此十万人之将也[56];温良实长,用心无两,见贤进之,行法不在,此百万人之将也。此伎能、局力之所以异也。

凡将有五危、六败、十过、十五貌情之不相应者,又不可不察。所谓五危者,必死可杀,必生可虏,忿速可侮,廉洁可辱,爱民可烦,此五者用兵之灾也[57]。何谓六败?一曰不量众寡,二曰本乏刑德,三曰失于训练,四曰非理兴怒,五曰法令不行,六曰不择骁果。所谓十过者，有勇而轻死者，可暴也；有急而心速者，可久也；有贪而好利者，可遗也；有仁而不忍人者，可劳也；有智而心怯者，可窘也；有信而喜信人者，可诳也；有廉洁而不爱人者，可（悔）［侮］也；有智而心缓者，可袭也；有刚毅而自用者，可事也；有懦而喜用人者，可欺也[58]。所谓十五貌不与中情相应者，有严而不肖者，有温良而为盗者，有貌恭肃而中心欺慢者，有外廉谨而内无至诚者，有精精[59]而无情者，有湛湛[60]而无成者，有好谋而不决者，有如果敢而不能者，有悾悾[61]而不信者，有恍恍惚惚[62]而反忠实者，有诡激[63]而有功效者，有外勇而内怯者，有肃肃[64]而反易人者，有嗃嗃[65]而反静悫[66]者，有势虚形劣而外出无所不至无所不遂者。是以择将之主，澄其心如水鉴[67]，平其诚如权衡，使真伪不能寓于察视，大小不能移其称可，然后可以得人而不惑。得之不惑，然后可以任之不疑。管子曰：（直）［王］者不能知人，害霸也；知人而不能用，害霸也；用而不能任，害霸也；任而不能信，害霸也；既信而又使小人参之，害霸也。是知能信在于能任，能任在于能用，能用在于能知，则知人之道可不重欤。

【注释】

①谨：谨慎。

②管仲（？～前645年）：名夷吾，字仲，春秋初期杰出的政治家、军事谋略家。后辅佐齐桓公主持国务，对齐国的经济、政治、军事各方面进行了大胆的改革，又在改革基础上形成一套图霸战略，最后以“尊王攘夷”为旗帜，终于辅助齐桓公建立了霸业。

③齐威公：有误，应为“齐桓公”。齐桓公（？～前643年），春秋时齐侯，五霸之一。名小白。

④“管仲”句：据《左传》，春秋初期，齐国内乱。齐公子纠派管仲率兵截击公子小白。小白被管仲射中带钩后佯装死去，管仲误认为实，驰报公子纠。小白昼夜兼程赶回齐都，即位为君，即齐桓公。他不计前嫌，任管仲为相，终成春秋霸主。

⑤孟明：春秋秦国人，名视，字孟明。他领兵讨伐晋，先后二次失败。但秦穆公信任不移，第三次讨伐晋，渡河焚舟，打败晋军。

⑥秦缪公（？～前621年）：春秋时期，重用谋臣百里奚、蹇叔、由余等人，使秦国疾速壮大起来，终成春秋霸主。

⑦“孟明”句：据《左传》，春秋时期，秦穆公派孟明讨伐郑、晋，连续失利。但秦穆公不以为意，仍旧继续派他领兵伐晋，最终取得胜利。

⑧穰苴：即司马穰苴。春秋末期齐国人，生卒年不详。其先人陈公子完奔齐，改姓田氏，穰苴系其后裔。因其曾任大司马之职，故又称司马穰苴。穰苴精通兵法，“文能附众，武能威敌”，严于治军，执法不避权贵。燕、晋侵齐时，经晏婴举荐而任将军之职，受命率军御敌。他依法斩监军庄贾，全军震恐，争相赴战，很快即收复了失地。后因受谗被解职。

⑨吴起（？～前381年）：战国时卫国（今山东曹县北）人。是战国时期著名的军事家和政治家。他初拜曾参为师，后弃儒学武，研读兵法，被任为鲁将，大破齐国。继任魏将，屡立战功。后遭陷害，逃遁楚国，辅助楚悼王进行变法，促使楚国富

强。楚悼王死，吴起被旧贵族杀害。

⑩张仪（？～前309年）：魏国人，战国时期纵横家。相传与苏秦同师事鬼谷子，苏秦游说六国合纵以抗秦。张仪相秦惠王，以连衡之策说六国，使六国背纵约而共同侍秦。秦惠王死，武王立，六国诸侯闻仪不为武王所信任，皆复合纵以抗秦。仪离秦去魏为相，一年后去世。

⑪乐毅：生卒年不详。战国燕将。他好研习兵书，后被燕昭王授予上将，总领五国之兵伐齐，攻占七十余城，以功封于昌国号昌国君。

⑫孙武：生卒年不详。乐安（一说山东惠民，一说山东广饶）人，古代著名军事家。前512年，孙武经好友伍子胥举荐，晋见吴王阖庐，献出兵法十三篇，得到吴王的赏识，被任为将军。吴楚战争之后，孙武的活动，史书记载不详。

⑬瓦合：临时凑合。

⑭白起（？～前257年）：又名公孙起，秦国眉（今陕西眉县东北）人。战国后期著名将领。一生从事于秦国对外的兼并战争，每战都胜，曾创造了我国先秦军事史上最大的歼灭战战例——长平之战。

⑮韩信（？～前196年）：江苏淮阴人，汉初著名的军事将领。在楚汉战争中，他战功最大，为兴汉三杰之一。曾参与整理汉以前兵家著作，并著有兵书三篇，惜已失传。

⑯黥布（？～前195年）：即英布。因犯法而被黥面，故又称黥布。秦末率骊山刑徒起事，归附项羽，封九江王。汉初后因韩信、彭越相继被杀，恐怕起兵，失败被杀。

⑰卫青（？～前106年）：西汉杰出将领。他善骑射，胆略兼备，有将帅之才。在对匈奴作战中五战五捷，被封为长平侯。

⑱去病（前140～前117年）：即霍去病，河东平阳（今山西临汾）人，西汉杰出将领。以善骑射、敢深入、勇于力战而闻名于世。

⑲假子：即养子。

⑳诸葛亮（181～234年）：字孔明，东汉徐州琅玡阳都（今山东沂南）人。他少怀大志，关心天下大事。二十七岁时开始辅佐刘备创立基业，后为蜀国丞相，是我国古代历史上卓越的政治家和杰出的军事战略家。

㉑杜预（222～284年）：西晋军事家，曾任镇南大将军，都督荆州诸军事，为灭吴立下功劳。平生博学多才，于政治、经济、军事、历法等均有研究和著述，人称“杜武库”。

㉒谢艾：疑为谢玄。谢玄（343～388年），东晋阳夏（今河南太康）人。字幼度，谢安侄。淝水之战中，以精兵八千大败苻坚，以功封康乐县公。

㉓邓禹（2～58年）：东汉新野人。刘秀起兵至河北，邓禹辅佐他运筹帷幄、争夺天下，后拜为大司徒。全国统一后，论功行赏，邓禹位居第一，受封为高密侯。

㉔李靖（571～649年）：本名药师，京兆三原（今陕西三原东北）人，唐初著名军事家。精通兵法，降唐后颇受重用，先后率军击溃东突厥、吐谷浑等，战功卓著，被封为卫国公。

㉕李勣（594～669年）：本姓徐，名世勣，字懋公，曹州离孤（今山东东明东北）

人,唐初杰出将领。原系瓦岗军重要将领,后归唐,赐姓李;为避李世民讳,去世字改单名。自幼勇武而有谋略,在唐王朝统一全国战争中屡立战功。

㉖阀阅:封建时代有权势有地位的家族或家庭,此处指门第出身。

㉗体:根本,主要方面。

㉘用:功用。

㉙“一曰智”句:语本《孙子兵法·计篇》。

㉚齐:使……整齐一致。

㉛理:指挥有道。

㉜备:常备不松懈。

㉝果:勇敢无所畏惧。

㉞诚:持身严谨。

㉟约:简明扼要。

㊱“一曰理”句:语出《吴子·论将》。

㊲科例:品级,类别。

㊳“九验”句:语本《六韬·龙韬·选将》。

㊴挠:困扰,扰乱,打扰。

㊵简:约束严整。

㊶“九术”句:语本《将苑·将材》。

㊷局力:度量气力。局,器量、度量。

㊸钧:古代重量单位,三十斤为一钧。

㊹权:秤,秤锤。

㊺锱铢:比喻极其微小的数量。

㊻斗筲:均为容器。这里是比喻容量少,也用来形容才识浅薄。

㊼庾:露天的谷仓。

㊽斛:古量器名,容量单位,十斗为一斛,南宋末年改五斗为一斛。

㊾除谨:授职要严谨。

㊿斥候:古代侦察兵。

51辑:车厢,泛指车。

52浮舆:多余而无用的车辆。

53“论除谨”句:语出《淮南子·兵略训》。

54怍怍:羞惭,羞愧。

55剧易:艰难。

56“赋物”句:语本《将苑·将器》。

57“五危”句:语出《孙子兵法·九变篇》。

58“十过”句:语出《六韬·龙韬·论将》。

59精精:精而又精,这里意为精明干练。

60湛湛:清澈的样子,这里引义为浑厚。

61悾悾:诚挚的样子。

62恍恍惚惚:神志不清,精神恍恍惚惚,这里可理解为犹豫动摇。

㊾诡激：奇异的辩论。诡，奇异；激，言语直白而急。
㊿肃肃：严正的样子。
⑥⑤嗃嗃：严厉的样子。
⑥⑥悫：诚恳。
⑥⑦水鉴：指以水为镜。

【译文】

史书上说：有肯定打胜仗的将帅，没有肯定打胜仗的民众。还说，君主如果不谨慎地选择将帅，就等于把国家送给敌人。由此来说，能不小心地对待这个问题吗？国家虽然安定，务必经常选择将帅；选择将帅的方法，就是要审察他的才能是否可以任用。不因为关系不密切而遗忘他，不因为出身低贱而抛弃他，不因为心思诡诈而疏远他，不因为犯罪而废除他。

所以，尽管管仲射中齐桓公的衣带钩，齐桓公仍任用他而成就霸业；孟明接连战败，秦缪公赦免他而取得了胜利；司马穰苴出身寒门而被提拔，吴起在客居异国时被起用；张仪乃游说之人，乐毅出身微贱，孙武系避难至吴，初被推荐之人，白起系[国君的]世交旧谊，韩信生性怯弱；黥布出身徒隶，卫青是奴隶之身，霍去病是养子；诸葛亮不穿军服，杜预不用鞍不骑马；谢艾以参军的身份击败了石虏，邓禹以文学匡扶了汉朝大业；李靖因获罪而被起用，李勣则是在投降者中被收用的。这些人怎么能以外形相貌、出身门第来看待和认识呢？而平淡无奇的人评论将帅，经常看到其勇敢之处。勇敢只是才能的一部分，不一定没有害处。因为勇敢的人必定会越轻于格斗，就看不到一定能够取得胜利的方法。

一般而言，将帅要以“五才”为根本，以“五谨”为功用。所谓“五才”，一是智谋，二是诚信，三是仁义，四是勇敢，五是严厉。不讲智谋就不能判断敌情、把握战机，不讲诚信就不能说服人、带领人，不讲仁义就不能接近民众、安抚士兵，缺乏勇敢就不能够定下作战决心与敌交战，不严格就不能够征服边民、统一民众。所谓“五谨”，一是指挥有方，二是常备不懈，三是勇敢无畏，四是持身严谨，五是简明扼要。指挥有方，就是统率大部队如同指挥小部队一样。常备不怠，就是出了营门就如同遇到敌人一样警惕戒备。勇敢无畏，就是遇到敌人要有不考虑个人生死的果敢精神。持身严谨，就是虽然胜利了，但如同战斗开始一样小心。简明扼要，就是法令简明易懂而不搞繁文缛节。贤明的君主了解了这十个方面，如果还是畏惧选取人才的艰难，就一定要设置“九验”的标准进行考验，用“九术”的类别进一步考察。所谓“九验”，就是把考验的对象派到偏远的地方执行任务，以考验其是否忠诚；把他留在身边工作，以考验他对上级是否尊崇；频繁地使用他，以了解其才能；突然提出问题以考验他的能力和智慧，限定时间完成任务以考验他是否守信遵时；委托他管理货物钱财，以考验他是否廉洁；告诉面临的危险，以考验他的气节和操守；用酒使他喝醉，以考验他举止是否失态，言语是否无礼；使其居住在混杂之处，以考验他的喜好。可以说，两个人当面争辩，才能辨识出正确与错误；两个人商议研究，才能了解事物发展规律；两个人在一起举重，才能知道谁有力；两个人愤怒地争斗，才能认清谁勇敢、谁懦弱；两个人在一起行走，才能分得出先后；两个人都当

官，才能知道谁贪婪谁廉洁。

所谓“九术”，是用道德进行教育，以礼仪实现一致，了解士兵饥寒，体察士兵劳累疾苦的，称做仁义之将。二是做事不苟且求免，不被利益所困扰，为有意义的死而感到光荣，为无意义的生而感到羞辱的，称做忠义之将。三是富贵而不骄傲，胜利而不放纵，贤明而让下属发挥才能，刚直而能忍耐的，称为礼义之将。四是灵活多变而不固定，战法计谋没有穷尽，把灾害转变为幸福，借危难而取得胜利的，称做智谋之将。五是对勇敢进攻的给予奖赏，对畏惧后退的给予严惩，奖赏不超过一定时间，惩罚不排除显贵的，称做信用之将。六是熟练驾驭战车战马，力大无比，善用刀剑，擅长弓弩的，称做步将。七是临高不乱，历危不惊，纵马疾行，驰射有如飞鸟，进击则冲锋在前，后撤则走在最后的，称做骁骑之将。八是气势上凌驾三军，心理上轻视敌人，畏惧小的战斗，大敌当前却勇猛无比的，称做勇猛之将。九是见到贤能的人就想向他看齐，见到好的就感到自己的不足，乐于接受别人不同的意见，宽宏大量而能坚持原则，约束严谨而不傲慢的，称做大度之将。然而技艺才能有长有短，度量气力有大有小，不能不加区分地都予以器重和使用。这道理就像称千钧之石的秤不能用来称极微小的东西、盛酒的器具不可以用来称量藏粮的谷仓一样。

如兵法所说，授予官职要谨慎，部队动静要合宜，官吏兵士要能干，兵器衣甲要精良，训练军队，开垦农田，严明号令，这是尉官的职责；知晓前后左右地形的险易状况，了解敌人的实力情况，派出的侦察兵没有逃亡的，这是侯官的职责；堵塞通道，整治装备，均衡财赋，修理兵车，挖水井、垒锅灶，这是司空的职责；行军时殿后收容扫尾，大军转移时不掉队，没有多余的车辆，没有遗弃的装备，这是舆官的职责。以上五个方面与大将的关系，就像战车与本身各个部分的关系一样，它们各有各的用处，没有哪一部分能够主宰这辆车的用途。因此说，先与他交谈，审察相关情况，给予鼓励并与他一起进食，平均分配赋税财物，这是十人之将；恳切诚挚，语气严肃，有自己的主见，敢于大胆地实行刑戮，每次用刑必须见血，不回避亲戚，这是百人之将；诉讼争辩，争强好胜，痛恨敌人侵凌，总是想让自己的部众整齐划一，这是千人之将；容貌谦恭和气，应该说话的时候才说话，知道士卒的饥饱，熟悉别人的艰难，这是万人之将；战战栗栗，一天比一天谨慎，接近贤人，善纳良谋，使用士卒有节制，说话不怠慢，忠正诚恳，这是十万人之将；温和贤良，一心为公，看到贤士就接纳，执行法令尚公正，这是百万人之将。他们之间的技能、度量、气力都是有差别的。

一般而言，将帅有五种危险的弱点、六种失败的原因、十种缺点、十五种外表和内情不符又不可不明察的情况。所谓五种危险的弱点是，只知死拼，会被诱杀；一味求生，会被生擒；急躁易怒，经不起挑逗；廉洁自爱，则受不了侮辱；体贴民众，会导致烦劳，这五方面是用兵的灾难。什么是六种失败的原因呢？一是不衡量敌我兵力的多少，二是奖惩不分明，三是训练不利，四是没有理由地生气、发怒，五是法令得不到施行，六是不选择骁勇之士。所谓十种缺点是，勇敢而轻于牺牲的，可以激怒而战胜他；急躁而急于求成的，可经持久作战拖垮他；贪婪而好利的，可以贿赂他；仁慈而流于姑息的，可以袭扰疲惫他；聪明而胆小怕事的，可以威胁他；诚信而轻信别人的，可以欺骗他；廉洁而过于刻薄的，可以轻侮他；多谋而犹豫不决的，可以突然袭击他；坚强而刚愎自用的，可以用言词奉承他；怯弱无能而好依赖别人的，可以愚弄他。所谓外表和内情不符的十五种情况：有的外似贤良而内实不肖，有的外似善良而实为盗贼，有的外似恭敬而内实不逊，有的外似谦谦而内不至诚，有的外似精干而内无才学，有的外似浑厚而内不诚实，有的外多计谋而内不果断，有的外似果断而内无作为，有的外似老实而内无信用，有的外似动摇而内实忠诚，有的言行过激而做事却有功效，有的外似勇敢而内心恐惧，有的神情肃穆而实际平易近人，有的外貌严酷而内心温和厚道，有的外表虚弱、貌不惊人而受命出使没有到不了的地方，没有完不成的任务。因此选择将帅的君主，他的心思应当像水那样清澈明净，他的用意应当像秤那样平衡公正，使真伪不能逃出他的观察审视，大小不能离开他的称量，然后才可以得到人才而不感到疑惑。得到人才而不感到疑惑，然后才可以做到用人不疑。管子说：君主不能识别人才，有损霸业；能识别人才而不能任用人才，有损霸业；能任用人才而不能予以重任，有损霸业；能予以重任而又不信任他，有损霸业；信任他而又让小人掺杂其间，有损霸业。所以，能信任人才在于能予人才以重任，能予人才以重任在于能使用人才，能使用人才在于能识别人才。这样说来，知人之道能不予以重视吗！

【赏析】

“选将”题认为：“国家虽安，必常择将；择将之道，唯审其才之可用也。”如果将才可用，则“不以远而遗，不以（贫）贱而弃，不以（诡）诈而疏，不以罪而废”；齐景公破格录用出身寒微的司马穰苴而大败燕晋之兵，李世民任用戴罪的李靖而成大业。选拔将帅的标准则为“智、信、仁、勇、严”。

将职

【原文】

将者，民之司[①]命，国家安危之主[②]，三军之事专达焉。兵法曰：辅周[③]则国强，辅隙[④]则国弱[⑤]，盖言其才不可不周，用事不可不周知也。故将在军，必先知五事、六术、五权之用，与夫九变、四机之说，然后可以内御士众，外料战形。苟昧于兹，虽一日不可居三军之上矣。

所谓五事者，一曰道，二曰天，三曰地，四曰将，五曰法。道者，令民与上（下）同意也。故可（以）[与之死，可]与之生，而民不畏危。天者，阴阳、寒暑、时制也。地者，远近、险易、广狭、死生也。将者，智、信、仁、勇、严也。法者，曲制、官道、主用也[⑥]。所谓六术者，制号政令，欲严以威；庆赏刑罚，欲必以信；处舍收藏，欲周以固；徒举进退，欲安以重，欲疾以速；窥敌观变，欲潜以深，欲伍以参；遇敌决战，必道吾所明，无道吾所疑。所谓五权者，无欲将而恶废，无急胜而忘败，无威内而轻外，无见其利而不顾其害，凡虑事欲熟而用财欲泰[⑦]。所谓九变者，（圮）圮地无舍，衢地合交，绝地无留，围地则谋，死地则战。涂有所不由，军有所不击，城有所不攻，地

有所不争，君命有所不受[⑧]。所谓四机者，张设轻重，在于一人，谓之气机。道狭路险，名山大塞，十夫所守，千夫不过，谓之地机。善行间谍，分散其众，使其君臣相怨，上下相咎，谓之事机。车坚舟利，士马闲习，谓之力机[⑨]。此五事、六术、五权、九变、四机者，皆良将之所要闻，而兵家之所先务也。

古之言将者，曰静[⑩]以幽[⑪]，正[⑫]以治[⑬]；能清能静，能平能整；不内顾，不迁怒；乐而不忧，深而不疑。凡将之自治如此，然而事有常患，为将之灾。夫鉴凶门而出，临死而不为生，将之勇矣，然而尚死者不胜，必死者可杀。战谨进止，临生而不为死，将之审矣，然而上生者多疑，必生者可虏。策不再计，勇不留决，战如风发，刃上果以敏，将之决矣，然而忿速者可侮。获财散之，清不可污，将之廉矣，然而廉洁者可辱。恕已以治人，推惠而施恩，将之仁矣，然而爱人者可烦。养士不以异材，与之安，与之危，将之公矣，然而上同者无获。自予[⑭]而不循，将之专矣，然而上专者多死而下归咎。惟善自治者，使柔有所设，刚有所施，弱有所用，强有所加，虑必杂于利害，而后能远兹患也。

兵法曰：视卒如婴儿，故可与之赴深溪；视卒如爱子，故可与之俱死。厚而不能使，爱而不能令，乱而不能治，譬如骄子，不可以用[⑮]。此爱之不可独任，明也。兵法曰：十卒而杀其三者，威振于敌国；十杀其一者，令行于三军[⑯]。然而，卒未亲附而罚之则不服，不服者难用，此威之不可独任，又明也。惟善御众者，附之以文，齐之以武，而后所为无不从移，所措无不从死，发号施令人乃乐闻，兴师动众人乃安斗。黄石曰：士卒可下，而不可使有骄[⑰]。谦以接士，故曰可下；制之以法，故曰不可骄：其此之谓乎！

夫善用兵者，能愚[⑱]士之耳目，而使之无知。易[⑲]其事[⑳]，革其谋，使人无识[㉑]。易其居，(迁)[迂]其途，使人不得虑[㉒]。(师)[帅]与之期，如登高而去其梯。(师)[帅]与之深入诸侯之地，而发其机，若驱群羊，驱而往，驱而来，莫知所之[㉓]。聚三军之众投于险，可合而不可离，可用而不可疲。盖可使由之、不可使知之之道也。古之良将，不以己贵而贱人，不以独见而违众。故冬不被裘，夏不张盖，所以同寒暑；度险不乘，上陵必下，所以同劳佚；军食熟然后敢食，军井通然后敢饮，所以同饥渴；合战必立矢石所及，所以同安危[㉔]。

夫将拒谏则英雄散，策不从则谋(事)[士]叛，将自臧[㉕]则下少功。如此而望智者为之虑、勇者为之斗，则安可得哉？夫上之用下也，使智、使勇、使贪、使过；下之为上也，死爱、死怒、死威、死义、死利。危者安之，惧者欢之，叛者还之，冤者原之，诉者察之，卑者贵之，强者抑之，敌者残之，贪者丰之，欲者使之，畏者隐之，谋者近之，谗者覆之，毁者复之[㉖]。不强不能，不使不欲；能受谏、能听诤、能纳人、能采言。故曰：将主之法，务在览[㉗]英雄之心，盖谓此矣。

夫智莫大于弃疑，事莫大于无悔[㉘]；进退无疑，见敌无谋，虑必先事也。若一言不信，则三军之心惑；一事不当，则三军之听疑；一法不举，则三军之志惰；一惠不周，则三军之情懈。如此赏罚岂明，而威岂行哉？故刑上极，赏下通，听诛，无诳其名，无变其旗[㉙]，示公而不改法也。夫令素行于民则民服，令不素行则民不服。故令素信者，与众相得也。

凡兵之败道有六，皆将之过。谓势均，以一击十，曰走；卒强吏弱，曰弛；吏强卒弱，曰陷；大吏怒而不服，遇敌怼[30]而自战，将不知其能，曰崩；将弱不严，教导不明，吏卒无常，陈兵纵横，曰乱；将不能料敌，以少击众，以弱击强，兵无选锋，曰北。此六者，将之不可不察也[31]。军之所患者三：不知军之不可以进而进，不知军之不可以退而退，是谓縻军[32]；不知三军之事而同[33]三军之政，则军惑；不知三军之权而同三军之任，则军疑。三军既疑既惑，是谓乱军引胜[34]。此三者又不可不察也。

兵法曰：知可与战不可与战者，胜；知吾卒之可击，而不知敌之不可以击者，胜之半；知敌之可击，而不知吾卒之不可以击者，胜之半；知敌之可击，知吾卒之可击，而不知地形之不可以战者，胜之半。知彼知己，百战不殆；不知彼而知己，一胜一负；不知己，不知彼，每战必败。

兵法曰：上下同欲者胜。故善用兵者，如携手而使人，人人不得已也。兵法曰：以虞待不虞者胜。故战如守，行如战，有功如幸。兵法曰：将能而君不御者胜。故不受命于主有三：可杀而不可使处不全，可杀而不[可]使击不胜，可杀而不可使欺百姓。此三者，将之胜败之先得也。夫上将料敌之极，计险阨远近。至于天时审得，地形审便，车马审强，众寡审悉，士卒审(谏)[练]，器械审利，居处审安，堠望审察，军用审足，进退审宜，动而不迷，举而不穷：良将之百举自胜，得此道也。

夫将不可愠而致战。合于利而动，不合于利而止。非利不赴，非得不用，非危不战，故不敢不重也。兵法曰：上烦轻，上暇重。子路问于孔子曰："子行三军，则谁与?"子曰："必也临事而惧，好谋而成。"荀卿曰："百事之成也，在恭；其败也，在慢。故恭胜怠则吉，怠胜恭则灭。计胜欲则从，欲胜计则凶。恭谋无旷，恭事无旷，恭吏无旷，恭众无旷，恭敌无旷，是之谓五无旷。然后可以为天下之将，而通于神明。"善用兵者，造次必于是，颠沛必于是，岂有败者哉！

【注释】

①司：掌握。
②主：主宰。
③辅：车的辅木。周：周密，相依无隙。
④隙：不严密，相依有缝隙。
⑤"辅周"句：语本《孙子兵法·谋攻篇》。
⑥"五事"句：语本《孙子兵法·计篇》。
⑦"六术"句：语出《荀子·议兵》。
⑧"九变"句：语本《孙子兵法·九变篇》。
⑨"四机"句：语本《吴子·论将》。
⑩静：沉着冷静。
⑪幽：深隐难测。
⑫正：公正，公平。
⑬治：治理严明。
⑭自予：自负。
⑮"视卒"句：语出《孙子兵法·地形篇》。
⑯"十卒"句：语本《尉缭子·兵令下》。

⑰"士卒"句:语出《三略·上略》。

⑱愚:蒙蔽。

⑲易:变更。

⑳事:部署。

㉑识:识破。

㉒虑:图谋。

㉓"能愚"句:语出《孙子兵法·九地篇》。

㉔"故冬不"句:语出《淮南子·兵略训》。

㉕臧:通过不正当的途径取得财物。

㉖"危者"句:语出《三略·上略》。

㉗览:通"揽",收揽、笼络。

㉘"智莫"句:语出《荀子·议兵》。

㉙"故刑上"句:语出《六韬·龙韬·将威》。

㉚怼:怨恨。

㉛"夫势均"句:语本《孙子兵法·地形篇》。

㉜靡军:羁绊、束缚军队。

㉝同:干预,干涉。

㉞乱军引胜:自乱其军,自取灭亡。

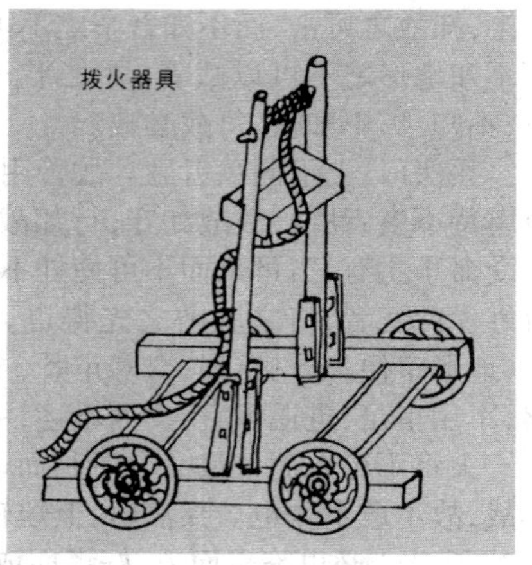

【译文】

将领是掌握人民生死命运的人,是国家安危的主宰,是三军事务的统领。《孙子兵法》所说辅佐周密得当则国家就安宁强大、辅助有缺陷则国家必定衰弱,就是强调为将才干不能不全面、处理事情不能不全面。所以将领在军中,一定要先知道"五事""六术""五权"的用途,以及"九变""四机"的设置,然后才可以对内统领士众,对外预测战争形势。如果对此一无所知,那么就是一天也不可让他掌控统领三军大权。

所谓"五事",一是道,二是天,三是地,四是将,五是法。道,即是让民众和统治者心同意和,这样就可以叫他们出生入死而不害怕危险。天,即是指昼夜晴阴、冬寒暑热、四季节令。地,即是指远近、险易、广狭、死地和生地。将,即是指智谋、诚信、仁爱、勇敢、威严。法,即是指体制、编制、法规法令。所谓"六术",就是确定制度,发布号令,一定要严而有威;奖赏有功,惩治有过,一定要诚而有信;安排宿营、储藏粮草,一定要周全而牢固;大军行动,无论进退,一定要稳当持重,一定要敏捷迅速;侦察敌人,观其变化,一定要潜隐深入,一定要相互佐证;遇到敌人,进行决战,一定要走自己清楚明白的路线,不要走自己迷惑不清的路。所谓"五权",就是不要总想着被任职而不考虑被免职,不要老满足于已经得到的胜利而忘记还有可能失败，不要只知道向自己的部下要威风而轻视对敌人备御，不要只看到有利的一面而不顾及其存在的危险，思考问题一定要深思熟虑，使用资财一定不要吝惜。所谓“九变”，就是为在地形复杂不利的地方不要扎营，在四面旷达的地方要注意多与诸侯结交，在既无进路又无退路的地方不要久留，在易被围困的地方要善出奇策，在令人绝望的地方要拼死一战。有的道路不要走，有的敌军不要打，有的城邑不要攻，有的地方不要争，有的国君命令不要执行。所谓“四机”者，掌握士气的兴败，在于将领一人，这叫“气机”。道狭路险，地势险要，十人守关，千人也不能通过，这叫“地机”。善于使用间谍离间敌人，反复骚扰敌人以分散其兵力，使其君臣相互抱怨，上下相互责难，这叫“事机”。车船坚固，士兵熟习战阵，马匹能熟练驰骋，这叫“力机”。总之，“五事”“六术”“五权”“九变”“四机”，都是优秀将领所必须了解而兵家所必须首先研究的。

以前谈到为将时，要求做到清静简易，幽深难测，平正无偏，这样才能致治；能清能静，能平能整；对内不徇私，遇事不迁怒于人；乐观而不烦恼，长期相处而不怀疑。凡是将军自治要达到这样的程度。然而事情在其发展过程中总有忧患，这是将军的祸患。从凶门出去，死到临头而没有贪生怕死，这就是勇将，不过一味崇尚死是不能接受的，一意死拼则会被杀。作战要注意进止，可以求生就不要轻易去死，这是将领必须审查的，然而求生存就会遭到别人的猜疑，一味贪生又会被擒获。策略不可能有两次谋划，勇敢不能长时间停留，对敌作战犹如风暴一样猛烈，杀敌要的是果敢机敏，这需要将帅的决断，然而急躁易怒的将帅容易中敌人轻侮之计。获取财物就将它散发出去，要做到清净不污，这是将领的廉洁，然而廉洁的人容易受到侮辱。以自己之心推想别人之心以治人，推广、布施恩惠，这是将帅的仁义，然而将帅爱民，就可能被动烦劳。收养各类人才要兼收并蓄，与他们同甘苦、共患难，这是将帅的公正，然而自己没有主见而又不愿意听取别人建议，终将一无所获。自信而又不循规蹈矩，这是将帅的专断权，然而将帅过于专断就会导致战争中死、伤的人增加，从而遭到士兵的责备。只有善于自我克制的将帅，才能使刚柔各有用处，强弱各扬其长。考虑问题必须照顾到利与害两个方面，因此才能远避祸患。

兵法上说：对待士兵就像自己的婴儿，所以才可以与他一同赴深溪；对待士兵就像自己的爱子，所以才可以与他一起去死；如果只厚待而不能指使他，只溺爱而不能命令他，违法乱纪而不能惩处他，他们就会像被娇惯坏了的孩子一样，根本无法使用。这是爱抚不可以单独使用的明证。兵法上说：十个士兵杀了其中三个，就将威慑敌国；十个士兵杀了其中一个，军令就能在三军中畅行无阻。但是士兵没有完全归附就给予惩罚，他们就会不服，不服就很难用他们。这是威严不可单独使用的明证。只有善于管理部众的将帅，用仁义笼络他们，用刑罚约束他们，然后不管做什么他们才会跟随，不管采取什么措施他们才会拼死效力；将帅发号施令，人们才会乐意听从；部队兴师动众，大家才会尽力作战。黄石公说：对士卒可以谦和，但不能使他有骄气。要谦逊待人，所以说可以在士卒之下；用法令来约束他，所以说不能让他们有骄气。这里说的是不是就是这个道理呢？

擅长用兵的将帅，能蒙蔽士卒，使其一无所知。变更部署，改变计策，使人们无法识破。驻防变换，行军迂回，使人们不得图谋。主帅赋予部属任务，断其归路，就像登高而抽去梯子一样。将帅令士卒深入诸侯国内，就像击发弩机射出的箭矢一般勇往直前。对士卒如同驱赶羊群，赶过去赶过来，他们不知要到哪里去。聚集全军置于险境，要让他们聚集在一起而不宜分开，可以使用他们而不能让他们疲惫。先前的优秀将帅，不因为自己尊贵而蔑视别人，不以自己的意见而违背大家的意愿。因此他们冬天不穿皮衣，夏天不用车盖，能够与士卒同冷热；经过险要之外不乘马车，爬高山时徒步行走，所以能够与士兵同劳逸；食物熟了以后再吃，水井打通以后再喝水，所以能够与士兵同饥渴；交锋时一定站在弓箭、飞石能够射到的地方，所以能够与士兵同安危。

假如将帅拒绝纳谏，那么英雄人物就会流散；不用奇策妙计，那些出谋划策的谋士们就会背叛他；将帅贪污纳贿，士兵们就会降低建立军功的欲望。如此而指望有智慧的人为他出谋献策，勇敢的人为他冲锋陷阵，怎么可能呢？将帅用士兵，要使智慧的人乐于立功，勇敢的人实现志向，贪婪的人追逐利益，有过失的人不怕死；士兵为将帅，愿意为慈爱而死，为愤怒而死，为威严而死，为仁义而死，为功利而死。这样一来，地位危险的感到安心，恐惧的感到欢欣，背叛的能够回来，受冤的能够平反，上诉的能够调查，卑下的可以高贵，强大的受到控制，敌对的受到摧残，贪婪的能够富足，有贪欲的可以驱使，胆小的可以归隐，有智谋的应该接近，进谗言的应该审察，受伤的要恢复；不要勉强他做不能做的，不要指使他要不想要的；能够受谏，能够听取诤言，能够容纳人才，能够采用建议。所以说，将帅的关键在于收揽人心。

最高的智慧莫过于放弃狐疑，最大的事情莫过于举措无悔。所以会进退没有顾虑，见敌人而不惊恐，是因为在事情发生之前已有充分考虑。如果将帅有一句话不守信用，那么三军上下就会心中疑惑；如果将领有一件事处理不妥，那么三军上下就会不再相信自己的耳朵；如果有将帅一条法令不能实行，那么三军上下就会斗志松懈；如果将帅有一点恩惠分配的不周到，那么三军上下就会热情顿减。这样的话，赏罚怎么能够分明？威严又怎么能够推行？所以，刑罚无上不及，赏赐无下不达，听受处罚，不过问他的姓名，不更换他的旗帜，这是向大家表明自己公正而未改动法令。平时认真贯彻法令，则民众就服从；平时不认真贯彻法令，民众就会不服从。因此，执法行令向来讲究信用，就会得到民众的拥护。

凡是用兵失败，原因主要有六个方面，都是将帅过错造成的。凡是形势均同而以一击十的，叫作“走”；士兵强悍，军官懦弱的，叫作“弛”；军官强悍的，士兵怯弱的，叫作“陷”；偏将怨怒而不服从指挥，遇到敌人私自率军出战，主将又不了解他们的能力，叫作“崩”；将帅懦弱又无威严，治军没有章法，官兵关系紧张，布阵杂乱无章，叫作“乱”；将帅不能正确判断敌情，以少击众，以弱击强，作战又没有选锋，叫作“北”。以上六点，都是造成失败的原因，将帅不可不认真加以审察研究。对军队有害的情况有三种：不了解军队不可以前进而硬让军队前进，不了解军队不可以后退而硬让军队后退，这叫作束缚军队；不了解军队的内部事务，而去干预军队的行政，就会使得将士迷惑；不懂得军事上的权宜机变，而去干涉军队的指挥，就会使将士疑虑。军队既迷惑又疑虑，那么诸侯列国乘机进犯的灾难也就到来了。这就是所谓自乱其军，将胜利拱手送给敌人。这三个问题，也是君主、将帅不可不仔细考察的。

兵法上说：知道可以打或不可以打的，能够胜利；只知道自己的士兵可以出击，然而却不知道敌人不可以打，胜利的可能性只占一半；知道敌人可以打，但却不知道自己的士兵不可以出击，胜利的可能性只占一半；既知道敌人可以打，也知道自己的士兵可以出击，但却不熟悉地形不可以作战，胜利的可能性也只有一半。所以说，既了解敌人，又了解自己，百战不殆；不了解敌人，但了解自己，一胜一负；既不了解敌人，也不了解自己，每战必败。

兵法上说：全军上下意愿一致的，能够胜利。所以擅长用兵的将帅，能使全军携起手来像一个人一样，这是因为客观形势迫使部队不得不这样。兵法上说，以有备对敌无备的，能够胜利。所以作战像防范那样严密，行军像战斗那样勇猛，立有战功像受到君王宠爱一样。兵法上说：将帅有指挥才能而君主不加牵制的，能够胜利。所以有三种情况可以不接受君主的命令：宁可被杀也不可以叫他停留在不安全地方；宁可被杀也不可以叫他进攻不可能战胜的敌人；宁可被杀也不可以叫他去欺压民众。这三方面是关系到将帅胜败与否的前提。上将要尽最大可能地预测敌情，要衡量路途的险要、远近。此外，天时一定要得到，地利一定要便利，车马一定要坚强，众寡一定要清楚，士卒一定要训练有素，器械一定要锋利，住所一定要安全，瞭望哨一定要细察，军队装备一定要充足，进退一定要适宜。这样，行动起来就不会迷惑，战术变化也不至于困窘。优秀的将帅之所以会百战百胜，就在于他懂得这其中的奥妙。

将帅不可以因一时气愤而出战，符合国家的利益才用兵，不符合国家的利益就停止。没有好处不行动，不能有所得不用兵，不到万不得已不开战，所以不敢不持重。兵法上说：最大的烦恼是因为轻视敌人所致，最大的闲暇是因为重视敌人而得。子路问孔子说："您如果用兵打仗，那么会和谁一起共事呢?"孔子说："一定要找人共事的话，那就是面临任务知道戒备小心、善于谋划并能成功的人。"荀子说："任何事情的成功都在于谨慎，而其失败则在于怠慢。所以谨慎胜过怠慢就平安，怠慢胜过谨慎就会有灭顶之灾。计谋胜过欲望则顺利，欲望胜过计谋则危险。谨慎谋划而不荒废，谨慎做事而不荒废，谨慎为官而不荒废，谨慎对待民众而不荒废，谨慎对待敌人而不荒废，这叫作'五无旷'。能做到这些，就可以做天下的将帅了，用兵打仗就会达到出神入化的境界了。"擅长用兵的将帅，成功必然经过这个过程，受挫折也必然经过这个过程，怎么还会失败呢?

【赏析】

"将职"题认为：将帅的职责在于辅佐国君保卫国家的安全，统领军队打败敌人。因此将帅必须文武兼备，多才多能，谋划要周密细致。

军制

【原文】

古者天子六军,诸侯大国三军,次国二军,小国一军。夏商而上,制度无载,不可得而记也。周官以一卿为大司马[①],掌制军诰禁;又有小司马、军司马官,皆用大夫;又有兴司马、行司马官,皆用士。是谓建其正,立其二,设其考,陈其众,以相督摄,以相辅承,而武官之例备矣。凡制军,国中自六尺以及六十,野自六尺及六十有五,皆征之。一乡万有二千五百家,家出一人,故五人为伍[②]而属之比长[③],五伍为两[④]而属之闾胥[⑤],四两为卒[⑥]而属之族(师)[帅][⑦];五卒为旅[⑧]而属之党长[⑨],五旅为师[⑩]而属之州长[⑪],五师为军[⑫]而属之命卿[⑬]。是谓五有长,两有司马,卒有长,(师)[旅]有帅,军有将焉。居守征行以相部曲[⑭],而帅营之法备矣。

齐威公[⑮]用管夷吾之说,制国五家为轨[⑯],则五人为伍,有轨长以帅之;十轨为里[⑰],则五十人为小戎,里有司以帅之;四里为连[⑱],则二百人为卒,有连长以帅之;十连为乡[⑲],则二千人为旅,有乡长(人)以帅之;五乡为一帅[⑳],则万人为军,有五乡之帅以帅之。故有中军之军,高子之军,国子[㉑]之军焉。蒐旅狝治[㉒],略本周法,亦大国三军之制也[㉓]。战国以前,军士在于闾里,有事焉而简稽,有时焉而教习,于功暇日农作而居家。未有留屯坐食[㉔]番上[㉕]长征[㉖]之法,是以其所处军置吏之名,一随于乡党。惟出师行营,则以部队裨、校之号,一切为殊。汉以后,大改三代之军,始有州郡教士、京都校卒,而掌兵兴众不任乡党之吏矣。初诏郡国选有材力之民,籍为材官[㉗]、骑士[㉘],使守尉、令丞典领课试,以备征讨。京师则有虎贲、羽林[㉙]之士,多者千人,就选材高者迁为将监,而属在光禄[㉚];又有南(官)[宫]、北(官)[宫]卫士,有令丞[㉛]一人掌之;左、右剑戟士,有都(侯)[候]丞一人掌之,而属在卫尉[㉜];又有越骑、屯骑、步兵、长水、射声五校士各七百人,设置员吏稍尊有司马,稍尊有校尉[㉝],而属在北军中候。皆闲时宿卫,有征则行。

自高帝至建安,虽士员官号更易废置不常,而汉之营法具此也。魏晋已降,军号尤繁,处置统隶,大约如汉。逮于西魏,始立诸府。府不备百人,有郎将主之,隶在二十四军。军一开府将之,每二开府属一大将军,凡十二大将军,分属六柱国。隋则每府有队、副、旅、帅、校、尉、鹰扬郎将、副郎将。步卒有步兵校尉,骑士有越骑校尉,杂典兵马,而征防上免,内听命于十二卫。卫二将军,一大将军判[㉞]之。唐(正)[贞][㉟]观以后,上府至千二百人,中府至千人,下府八百人。十人为火,火有长,备六驮马;五十人为一队,立队正;三百人为一团,置团校尉;而府有折冲[㊱]、左右果毅[㊲]知府并判府事。内属诸卫,则如隋制。凡武士成丁人军,六十而免。应宿卫者離为三番[㊳],其征人[㊴]、防人[㊵]亦有迭次。起西魏大统,至唐天宝,凡名军防乡、团卫士、武士,皆谓此也。

宋沿唐末五代之制,并号禁军,黥面[㊶]营处,衣食公上,草教日阅,无得番休。大凡百人为都,五都为营,五营为军,十军为厢,或隶殿前,或隶两侍卫司。自厢都指挥使而下,皆节级有员品。每都立军使都头兵马使,则古之队正之任也。每营立指挥使,则古之旅(师)[帅]之任也。每军立都指挥使、都虞候[42],则古之师帅之任也。每军、每厢、每第立都指挥使,则古之军将之任也。各有副箑[43]以贰其政。其两河、关西诸州,则别募(藩)[蕃]汉丁壮,差置将职,以效内军。至其戍守征伐,则古有大将、元帅、大总管,今谓招讨使[44]、都部署是也。古有副将、副元帅、副总管,今谓招讨副使、副部署钤辖是也。古有跳荡[45]、左右虞(侯)[候],今谓之先锋、策先锋、殿后、策殿后是也。古有校尉已下兵职,今谓都(鉴)[监]、队将之类是也。立军制吏,古有率同,其名虽殊,其任则一。凡莅师者亦当参考前制,以为今事之式法焉。

【注释】

①司马:古代官名。始设于西周,春秋战国沿用。掌管军政和军赋。

②伍:军队编制。五人为一伍。

③比长:同“伍长”。古代军制以五人为伍,户籍以五家为伍,每伍有一人为长,叫“伍长”。

④两:军队编制。五伍为一两。

⑤闾胥:居民的一种组织单位的小官吏。

⑥卒:军队编制。四两为一卒。

⑦族帅:统率一旅的首领。原作“旅师”,误。

⑧旅:军队编制。五卒为一旅。

⑨党长:居民组织的领袖。五百家为一党。

⑩师:军队编制。五旅为一师。

⑪州长:居民组织的领袖。二千五百家为一州。

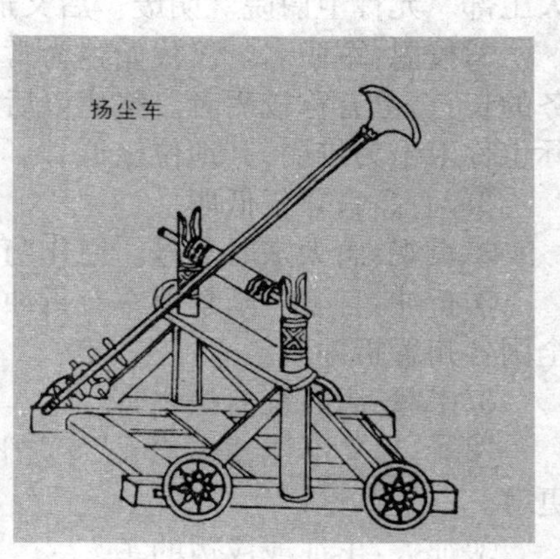

⑫军:军队编制。五师为一军。

⑬卿:高级官名,爵位名,在公之下,大夫之上。

⑭部曲:军队编制单位。这里引义为军队的组织或行列。后也作为军队或士兵之代称。

⑮齐威公:应为齐桓公。

⑯轨:居民组织。

⑰里:居民组织,先秦以二十五家为里。

⑱连:居民组织,四里为一连。

⑲乡:居民组织,一万二千五百户为一乡。

⑳帅:地方的长官。

㉑高子、国子:两人都是齐国的上卿,各率领五乡,为左右军。

㉒蒐:春天打猎。狝:秋天打猎。

㉓“齐威公”句:语本《管子·小匡》。

㉔当屯坐食:轮流驻扎,不劳而食。

㉕番上：唐代府兵定期到京城担任宿卫之称。

㉖长征：远地征讨。

㉗材官：古代步兵称谓。

㉘骑士：古代骑兵称谓。

㉙羽林：禁卫军名。汉武帝时选陇西、天水等六郡良家子宿卫建章宫，称建章营骑，后改名羽林骑，取为国羽翼、如林之盛的意思。隋以左右屯卫所领兵为羽林。唐置左右羽林军。元羽林将军为扈从执事官。明亲军有羽林卫。

㉚光禄：古代官名。可分为光禄卿和光禄大夫。秦设郎中令，掌管宫殿门户。汉武帝时改名光禄勋，居宫中。唐以后成为专管皇室祭品、膳食以及招待酒宴之官。

㉛令丞：古代官名。历代中央最高机关及某些下属机关的主官。

㉜卫尉：官名。秦时设置，汉时为九卿之一，掌管宫门警卫，后改称中大夫令，旋复旧名。魏、晋、南北朝多沿置。隋时改掌军器仪仗帐幕之事。唐宋因之，后并人工部。元称卫尉院。明废。后又加前后二率。唐时为东宫武官之一。

㉝校尉：军职名。汉代始建为常职，其地位略次于将军。掌管少数民族地区事务的长官，也有称校尉者。隋唐以后迄清为武散官的名号，地位逐级降低。明清之际也称卫士为校尉，其地位极低。

㉞判：高官兼任低职。

㉟贞观：唐太宗时年号。原作“正”，误。

㊱折冲：官名。隋禁卫军有折冲、果毅及武勇、雄武等郎将官。唐有折冲都尉，全国各州置折冲府。

㊲果毅：唐时统府兵之官。

㊳離：其义不详，疑为“離”字之讹。三番：番，古代兵制。士兵轮流更换，以次更替。

㊴征人：出征或戍边的军人。

㊵防人：守卫之士兵。

㊶黥面：古代的一种刑法，用刀刺刻犯人的面颜，再涂上墨，也叫“墨刑”。

㊷都虞候：西魏宇文泰始设虞候都督，后因设虞候之官，职掌不尽相同。隋为东宫禁卫官，执掌侦察、巡视。唐代后期有都虞候，为军中执法的长官，五代时都虞候为侍卫亲军的高级军官。宋代沿置，位次于都指挥使和副都指挥使。此外又有将虞候、院虞候等低级武职。

㊸簉：副的，附属的。

㊹招讨使：古代官名。掌招抚征讨事宜。唐时置军事招讨使，兵罢即废。五代有行营南面招讨使、北面招讨使，又置都招讨使。宋以大臣充任，不常置。元招讨使多置于边防要地。明代为土官武职。

㊺跳荡：古代用于执行特殊任务的精良部队的称呼。多用于冲锋陷阵，以扰乱敌方阵脚。

【译文】

古代天子执有六军，诸侯大国有三军，次一等国有二军，小国只有一军。夏商之前的军事制度没有记载，没有任何依据可以记录。周代的官制规定，以卿的身份担任大司马，掌管制军、诰禁；另外又有小司马、军司马官，都用大夫担任；又有兴司马、行司马官，都用士担任。这就是所说的建置主官，下分二职，设置考核制度，分列众多机构，目的是为了互相监督、互为辅助，武官的条例就完备了。大凡制军，在城里自六尺到六十尺，乡野自六尺到六十五尺都要征收。一乡有一万二千五百家，每家出一人，所以五人编为一伍，将其委托给比长；五伍编为一两，将其委托给闾胥；四两编为一卒，将其委托给族师；五卒编为一旅，将其委托给党长；五旅编为一师，将其委托给州长；五师编为一军，将其委托给命卿。这就是说，每五有一比长，每两有一司马，每卒有一党长，每师有一帅，每军有一将。驻扎、出征自行统领，带领部队的法令也得以完备。

齐桓公采纳管仲的主张，管理国家以五家为轨，那么五人为伍，由轨长来统率他们；十轨为里，五十人为小戎里，由司来统率他们；四里为连，二百人为卒，由连长来统率他们；十连为乡，二千人为旅，由乡长来统率他们；五乡为一帅，万人为军，由五乡的首领来统率他们。所以有中军之军、高子之军、国子之军。整治军旅、狩猎治国，基本上都是源于周朝的法典，也都是大国三军的制度。战国以前，当闾里有事时军士就要进行检阅、考核，有时也进行教导、学习，工作闲暇时就在家里从事农业耕作。这时还没有轮流驻扎、定期到京城宿卫或远地征戍的规定，所以军对设官置吏，名称都是源于乡党。只有出师、扎营时才以部队的禆、校作为称谓，这是有所区分的。汉代以后对以前朝代的军事制度作了很大的改革，开始出现了州郡教士和京都校卒的设置，掌管武器、发动部队不再由乡、党官吏来担任了。先前下诏各郡国挑选有才能和气力的百姓，登记为材官、骑士，让守尉、令丞主管操课、操练，以备征讨。京师有虎贲、羽林之军，多的有千人，挑选那些能力强的担任将监，享受光禄的勋阶；又有南宫、北宫卫士，由令丞一人掌管；左右剑戟卫士由都候丞一人掌管，将其委托给卫尉；又有越骑、屯骑、步兵、长水、射声五校士各七百人，设置员吏稍稍高级的有司马、校尉，归属北军中候。他们都是余暇时宿卫，有征讨任务则出征。

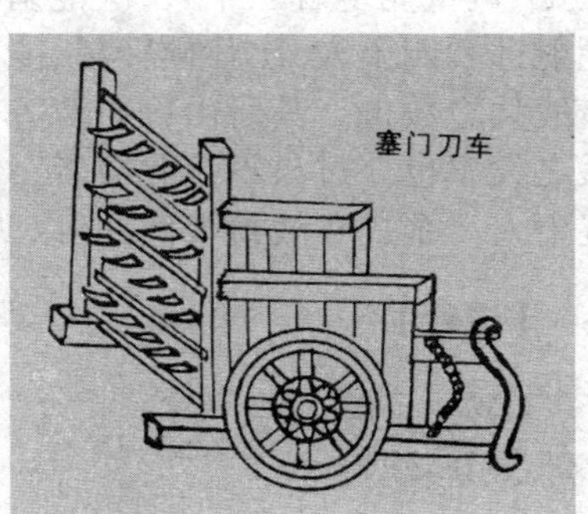
塞门刀车

从汉高祖到汉献帝，虽然官吏名称的变动、废置没有规律，但汉朝的军营法令基本上完备了。魏晋以来，军官的名称尤其复杂，不过其处理、安置、统领、隶属都和汉朝相差无几。直到西魏，才开始设立诸府。府不满百人，由郎将负责，置于二十四军之下。每军一个开府，由一名将领负责，每两个开府归属一大将军，十二个大将军分属六个柱国。隋朝时每府有队、副、旅、帅、校、尉、鹰扬郎将、副郎将。步兵部队有步兵

校尉，骑士有越骑校尉，负责兵马，出征或驻防由朝廷随时任免。他们对内听命于十二卫，每卫设二名将军，由一名大将军兼任。唐贞观以后，上府达到一千二百人，中府达到千人，下府达到八百人。十人为一火，火有长，配备六驮马；五十人为一队，设立队正；三百人为一团，设置团校尉；府有折冲及左右果毅校尉知府，并且判决府事。至于内部所属诸卫，则类似隋朝体制。凡武士成年以后入伍，六十岁免除服役。应征宿卫的分为三番，另外征人、防人也按序更迭。从西魏大统至唐朝天宝年间，凡是军队防乡、团的卫士和武士都是如此的。

宋朝沿袭唐末五代的制度，并且称为禁军，都需黥面并生活在军营中，衣服、饮食由国家供给，每天都要训练、检阅，得不到休息。一般是百人为一都，五都为一营，五营为一军，十军为一厢，也有的直接隶属殿前，有的隶属两侍卫司。自厢都指挥使以下，都设有不同品级的官员。每都设立军使都头兵马使，也就是以前的队正。每营设立指挥使，也就是以前的旅师。每军设立都指挥使都虞候，也就是以前的师帅。每军、每厢、每第设立都指挥使，也就是以前的军将。他们各有副手分担政务。至于两河关西诸州，另外招募各民族成年男子，分别任命将职来效力内军。至于戍守、征伐，则以前有大将、元帅、大总管，现在称为招讨都使、都部署。以前有副将、副元帅、副总管，现在称为招讨副使、副部署钤辖。以前有跳荡、左右虞候，现在称为先锋、策先锋、殿后、策殿后。以前有校尉以下军职，现在称为都监、队将。组建军队，安排官吏，和以前大概差不多，称谓虽然不一样，但是职责都是一样的。凡是统领军队的，都应当参考前代的制度，作为现今行事的模式。

料兵

【原文】

夫大将受任，必先料①人，知其材力之勇怯、艺能之精捅，所使人各当其分②，比军之善政也。古法，马步三军每军一万二千五百人，总三万七千五百人。近代营阵法，或以二万人为率③。今按④古法，马军每将三百人，其差次则先以善骑者，次以(跻)[矫]健者，末以善用短兵者，总六千人。步军每将五百人，其差次先以强力、疾足、负重能走者三千人，次能射远、趋二百里者三千人，次能射亲者四千人，次但能射远者四千人，次壮硕轻勇、能格斗者一万人，总二万四千人。将校并居内，为马步战兵之数也。其所由曹司⑤、车御⑥、火长⑦、收入⑧、工匠，别计七千五百人，此合兵之大率也。过与不及此数者，约而损益之。或有蕃健，则以蕃将统押，每将一百五十人。蕃戎斗战善聚散，必以队少为利也。

【注释】

①料：了解。
②分：职责。
③率：标准，规格，准则。
④按：根据，按照。

⑤曹司：古代分科办事的官署中的官吏。
⑥车御：驾驭战车的兵员。
⑦火长：古代军队十人为一火，一火之长为火长。
⑧收入：专管拘捕之人。

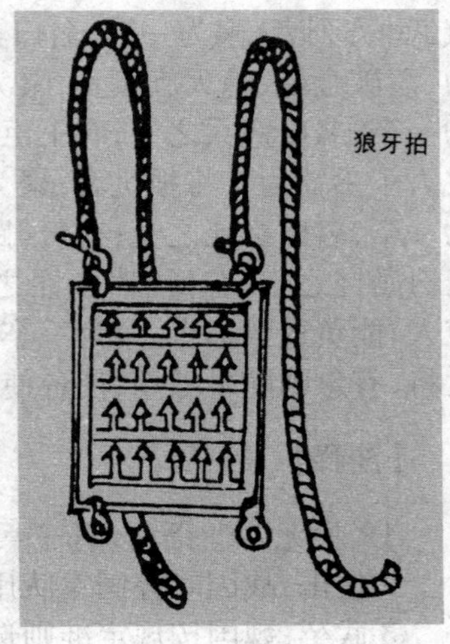
狼牙拍

【译文】

大将受领重任后，一定要首先了解部属，知道他们才能勇力的高低强弱，技艺是否精通，以使被任用的人都能称职，这是优良的管理军队的办法。古代兵法规定，马步三军每军一万二千五百人，总共是三万七千五百人。宋代之前的营阵法，也有的规定以二万人为标准。如今根据古代兵法，马军每位将领统率三百人，其挑选士兵的原则是，首先是善于骑马的，其次是身手矫捷的，最后是擅长使用短兵器的，总共六千人。步军每位将领统率五百人，其选拔士卒的原则是，首先挑选脚力好、能够快速奔走且能背负重物的三千人，其次挑选能够射远并且能行军二百里的三千人，再次挑选能够[铁面无私]射杀亲人的四千人，再次挑选只能射远的四千人，最后挑选身体强壮勇敢、善于格斗的一万人，总共是二万四千人。将校也一并统计在内，作为马步军的数目。另外还有曹司、车御、火长、收人、工匠，总共七千五百人，这是综合起来的大概数字。超过或不到这个数字的，可以略微予以增加或减少。还有少数民族军队，则由少数民族将领统率，每位将领统率一百五十人。少数民族士兵作战机动灵巧，聚散不定，每队的人数少一点才有利于作战。

【赏析】

"料兵"题指出：选拔士兵必须"知其材力之勇怯，艺能之精粗，所使人各当其分"。骑兵的选拔要"先以善骑者，次以矫健者，末以善用短兵者"；步兵的选拔要"先以强力疾足负重能走者，次能射远趋二百里者"；加上其他杂役人员，大约由25500人组成一军。

选锋

【原文】

夫士卒疲勇，不可混同为一。一则勇士不劝，疲兵因其所容，出而不战，自败也。故兵法曰：兵无选锋曰北[①]。昔齐以伎击[②]强，魏以武卒[③]奋，秦以锐士[④]胜，汉有三河侠士、剑客奇才，吴谓之解烦[⑤]，齐谓之决命[⑥]，唐则谓之跳荡，是皆选锋之别名也。兵之胜术，无先于此。

凡军众既具，则大将勒诸营，各选精锐之士，须(跻)[矫]健出众、武艺轶格者，部为别队。大约十人选一，万人选千，所选务寡，要在必当择腹心健将统押。自大将亲兵、前锋奇伏之类，皆品量配充。此色之外，又有大勇、敢死、乐伤者，聚为一卒，名曰冒刃之士；有锐气、壮勇、强暴者，聚为一卒，名曰陷阵之士；有奇表、长剑、接武[7]齐列者，聚为一卒，名曰勇锐之士；有(枝)[拔]距[8](神)[伸]钩[9]、强梁[10]多力、溃破金鼓、绝灭旌旗者，聚为一卒，名曰勇力之士：有逾高绝远、轻足善走者，聚为一卒，名曰寇兵之士；有王臣失势、欲复见功者，聚为一卒，名曰死斗之士；有死将之人子弟欲为其将报仇者，聚为一卒，名曰死愤之士；有贫穷忿怒、欲快其志者，聚为一卒，名曰必死之士；有赘(跻)[婿][11]人(广)[虏][12]、欲掩迹扬名者，聚为一卒，名曰励钝之士；有胥靡[13]免罪之人、欲逃其耻者，聚为一卒，名曰幸用之士；有材技兼人、能负重致远者，聚为一卒，名曰待命之士。由是集而别之，礼而厚之，属之于大将，有急则随事呼用，使各使所能，无不尽力致效也。

【注释】

①“兵无”句：语出《孙子兵法·地形篇》。

②伎击：战国时齐国军队用于突击决战的前锋精良士兵。伎，同“技”。

③武卒：魏国按规定准则选拔的步兵。

④锐士：秦国精兵名，后泛指精良的士兵。

⑤解烦：全称为“解烦兵”，三国吴所建的军队名号。寓战无不胜、能解困危之意。后来泛指善战的精兵锐卒。

⑥决命：北朝齐国军队用于突击决战的前锋精锐部队。

⑦接武：步履相接，形容步伐稳健整齐。武，足迹。

⑧拔距：古代用以锻炼士卒体力一种军事游戏，这里形容臂力过人。拔，原作“枝”，误。

⑨伸钩：指力气较大，能把弯钩伸直。

⑩强梁：强横，凶暴。

⑪赘婿：指就婚于女家的男子，古人认为这是一种耻辱。

⑫人虏：被敌人俘获的人。虏，原作“广”，误。

⑬胥靡：刑徒，囚犯。

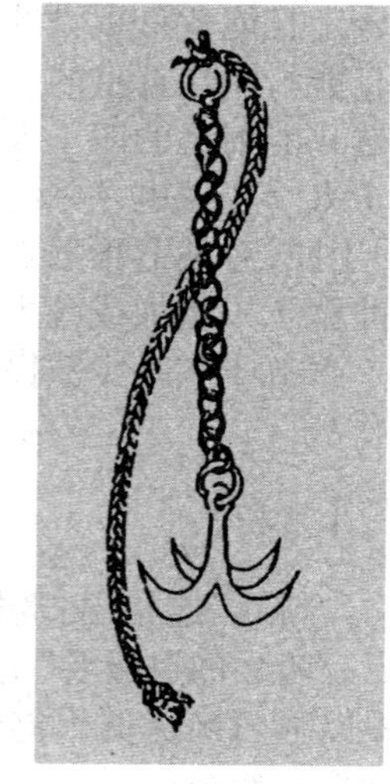

【译文】

士兵中有的疲沓，有的勇猛，不能将他们混杂在一起。原因之一是勇士不能受到激励，疲兵因为受到优容，虽然出征却不参战，这样会不战自败。因此兵法说：军队没有“选锋”就要败北。以前齐国凭借技击而得以强大，魏国凭借武卒而得以振兴，秦国凭借锐士而取得胜利，汉朝有所谓的三河侠士、剑客奇才，三国吴称之为解烦，北朝齐称之为决命，唐朝则称之为跳荡，这些都是选锋的别名。军事上取胜的要诀，没有比这更重要的了。

凡是部队已经集聚，那么大将统率各营，就要命令各部选出精锐士兵，他们必须是矫健出众、武艺高强的，单独编成一队。挑选的比例大约是十人选一，万人选千，所选的士兵必须要精干，关键在于务必挑选能干的心腹将领统率。大将的亲兵和用来出奇设伏的前锋，都要根据需要配备。除此之外，还要将那些特别勇猛、舍生忘死、以战伤为荣的勇士聚为一部，称为冒刃之士；将那些锐气十足、健壮勇猛、强横凶暴的聚为一部，称为陷阵之士；将那些外表奇异、善用长剑、步伐稳健、在队列中行动整齐的聚为一部，称为精锐之士；将那些臂力过人能伸直铁钩、强壮凶悍、力气很大、能破敌鼓、能断敌旗的聚为一部，称为勇力之士；将那些善于爬高行远、腿脚灵便善于奔走的聚为一部，称为寇兵之士；将那些失势贵族、想要重新立功以恢复原有地位的聚为一部，称为死斗之士；将那些已死将领的子弟、想为已死将领报仇的聚为一部，称为死愤之士；将那些不安于贫穷、想施展抱负而实现其志向的聚为一部，称为必死之士；将那些曾被招赘、被俘虏而想掩盖过去以求扬名的聚为一部，称为励钝之士；将那些曾是囚徒、服过劳役、已被免罪而想逃避这种耻辱的聚为一部，称为幸用之士；将那些才能与技艺过人、能负重物走远路的聚为一部，称为待命之士。根据以上标准，将这些人召集起来加以分别，用不同的礼节款待他们，让他们直接接受大将的统率，万一有紧急情况发生，便可随时呼叫使用，使他们各尽所能，他们就会没有不尽力报效的。

【赏析】

"选锋"题认为：对于经过选拔合格的士卒，还要进一步按士卒个人的特长，分别组成"冒刃之士""陷阵之士""勇锐之士""勇力之士""冠兵之士""死斗之士""死愤之士""必死之士""励钝之士""幸用之士""待命之士"。经过如此严格选拔而组建的各特种分队，必须以礼相待，给予丰厚的俸禄，以便将帅在有急事时，能够随时"呼用，各使所能而无不尽力致效也"。

选能

【原文】

夫总兵之任，务搜拔众材，以助观听，以咨筹略。春秋战国之际，虽九九[①]之伎，鸡鸣狗盗[②]之士，无不延见收养，以为己用。其藏器草莱[③]、奋迹麾下者，盖不乏矣。故大将有受任，则与副佐讲求人材。有异能者，无问势之大小、贵贱，皆置在幕府，以备役用。其或杖策挟术自干于军门，亦询视其颜色，察验其所来所履，可则明试而录之。凡沉谋秘略，出于人上者，可使佐谋；巧词善说，能移人意者，可使游说；历聘四方，知风俗人情之隐者，可使佐术；得敌人门庐请谒之情者，可使为间；知山川险易、形势利害、井泉刍牧、道途(迁)[迂]直者，可使导军；巧思出人，能烁[④]金剡木为器械者，可使佐攻[⑤]；材力(跻)[矫]健，能猿腾鹘击、逾沟越垒、来往无迹者，可使密觇[⑥]；能占风候气、视月观星，揲(著)[蓍]转式[⑦]、(违)[达]于休咎[⑧]者，可使佐谲[⑨]。凡此色类，非可悉数，但负一能，军中有以用之，不可弃也，由智将之所(栽)[裁]量尔。其待遇资给，则随色为差次。

【注释】

①九九：算术乘法名，以一至九每二数顺序相乘。这里指细术末技的意思。

②鸡鸣狗盗：战国时，齐国孟尝君被秦国扣留。他的一个门客装作狗夜里潜入秦官，偷出本已献给秦王的狐白裘，转献给秦王的爱姬，才得释放。孟尝君深夜到函谷关，城门紧闭，他的另一个门客学公鸡叫，骗开城门，才得脱险逃回齐国。后来用“鸡鸣狗盗”比喻微不足道的技能。

③草莱：草茅，引申为在野的、未出仕的。

④烁：通“铄”，熔化金属。

⑤攻：制作。

⑥觇：观看，观察。

⑦揲蓍：亦称“揲蓍草”，即数蓍草，古代占卜的一种方式。蓍，原作“箸”，误。转式：运转卜具，亦为古代问卜的一种方式。

⑧休咎：吉凶。

⑨谲：欺诈。

【译文】

统领军队的职责，在于一定要搜罗挑选各类人才，来帮助自己观察、了解敌情，商议、筹划谋略。春秋战国之时，即使是具有细术末技的人和那些鸡鸣狗盗之徒，也无不被延揽收养起来，以为自己所用。那些或隐居草野、或显身帷幄的人才，从来是不缺乏的。所以，大将每当受领重任，总是要与自己的副将讨论研究、寻求人才。凡是有特殊才能的人，不管他的权势大小、地位贵贱，都安置在幕府以备使用。对于那些胸怀策谋、身有技能而自荐于军营的人，也要询问、观察他的气质，考察、检验他的经历，可以的话就公开考试而录用他。凡是深谋秘计，韬略过于常人的，可以叫他帮助自己出谋划策；能言善辩、善于说服他人的，可以叫他四处奔走游说；曾经走访天下、了解各地风俗人情的隐居者，可以叫他帮助自己出主意；掌握敌人住所和进出情况的，可以叫他充当间谍；了解山川险易、地势利害、泉源牧场、道路迂直的，可以叫他做部队的向导；心灵手巧，能熔金削木、制造器械的，可以叫他辅佐自己制作战守械具；身手矫健，行动迅捷，能像猿猴跳跃、像雄鹰搏击，过沟越垒，往来不留痕迹的，可以叫他秘密侦察敌情；能占风候气、观测天象，问卜算卦、预测吉凶的，可以叫他辅助自己搞些欺骗活动。类似上述不同种类的人，不能一一列举，只要能具备一方面的才能，就要让他在军中发挥作用，不能废弃他，这全在于明智的将帅进行考察和衡量。至于他们的地位和待遇，则要根据分类加以区别对待。

【赏析】

“选能”题认为：将帅还要善于选拔有特殊才能的人，留在幕府中当参谋，并按其才能等级给予俸禄。

后集卷之十

兵贵有继

【原文】

后汉[①]初，张步[②]据齐地十二郡，汉将耿弇[③]讨之，壁于临淄[④]。步与（第三篮）［三弟蓝］、弘、寿及大彤渠帅重异等兵，号二十万，至临淄大城东，将攻弇。弇先出淄水上，与重异遇。突骑欲纵，弇恐挫其锋，令步不敢进，故示弱以盛其气，乃引归水城，陈兵于内。步气盛，直攻弇营，与弇裨将[⑤]刘歆等合战。弇升王宫（怀）［坏］台望之，视歆等锋交，乃自引精兵以横突步阵于东城下，大破之。

吕布[⑥]从东缗兴，陈宫[⑦]将万余人来与曹公[⑧]战。时兵皆出取麦，在者不能千人，屯营不固。曹公乃令妇人守陴[⑨]，悉将兵（距）［拒］之。屯西有大堤，其南林木幽深，布疑有伏兵，乃相谓曰："曹公多诈，勿入伏中。"引军南屯十余里。明日复来，曹公隐兵堤里，出半兵堤外，布益进，乃令轻兵[⑩]挑战。既合，伏兵乘堤，步骑并进，大败之。

魏大将军曹休[⑪]，从皖口[⑫]深入，与贼战。贾逵[⑬]度贼无东关之备，必并军于皖，乃部署诸将水陆并进，行（三）［二］百里，得生贼，言休战败，孙权遣兵断夹石。诸将不知所出，或欲待后军。逵曰："休军败于外，路绝于内，进不能战，退不得还，安危之机，不及终（百）［日］，（战）［贼］以军无后继，故至此。（合）［今］疾进，出其不意，所谓'先人以夺其心'，贼见吾兵必（矣）［走］。若待后军，贼已断险，兵多何益！"乃兼道进军，多设旗鼓为疑兵，贼见逵军，遂退。

蜀将姜维[⑭]围狄道，魏将陈泰[⑮]等进军，度高城岭潜行，夜至狄道西南高山之上，多举烽火，鸣鼓角，城中见救者至，皆愤勇。维谓救兵当须集众乃发，而卒闻已至，谓有奇变宿谋，上下震惧而去。

【注释】

①后汉：指东汉。

②张步（？～32 年）：新莽末琅邪不其（今山东青岛）人，字文公。初据本郡聚众数千人反莽，自号五威将军。后更始将刘永承制封其为辅汉大将军，后归降光武帝。

③耿弇（3～58 年）：东汉初扶风茂陵（今陕西兴平东北）人，字伯昭。新莽败亡后，劝父归附刘秀，率众击斩王郎大将，并建议刘秀由北向南，发幽州兵，据河北以夺取天下，后任建威大将军，屡建战功。

④壁：设置军营。临淄：今山东临淄北，因城临淄水得名。

⑤裨将:副将,偏将。

⑥吕布(? ~198 年):东汉末五原九原(今内蒙古包头西)人,字奉先。擅长骑射,号为飞将。后自号徐州牧,连年与袁术、刘备、曹操混战,终为曹操斩杀。

⑦陈宫(? ~199 年):东汉末东郡(治今河南濮阳西南)人,字公台。初投曹操,后投吕布,后为曹操擒杀。

⑧曹公:即曹操(155~220 年),东汉末沛国谯县(今安徽亳州)人,字孟德,小名阿瞒。曹嵩之子。少机警,任侠放荡,不治产业。后任骑都尉,先后击败袁术、吕布等,统一北方。善用人,主张"唯才是举";重视生产,实行屯田;善诗文,通晓兵法,开建安文风。

⑨陴:城上的低墙。

⑩轻兵:小股或少量部队。

⑪曹休(? ~228 年):三国时沛国谯县(今安徽亳州)人,字文烈。曹操族子。董卓之乱起,休时十余岁,丧父,独与一客渡江到吴。操起兵,千里往归,常从征伐,数有功,后擢升征东大将军、大司马,封长平侯。

⑫皖口:今安徽怀宁县东北山口,当皖河入长江之口。

⑬贾逵(约 75~约 228 年):三国时河东襄陵(今山西临汾东南)人,字梁道(一作安道)。东汉末举茂才,后进爵阳里亭侯,加建威大将军。

⑭姜维(202~264 年):三国时天水冀县(今甘肃甘谷东)人,字伯约。本仕魏,后归蜀,数出兵攻魏,均无功而返。邓艾灭蜀后降于钟会,后图谋复汉,为乱兵所杀。

⑮陈泰(? ~260 年):三国时颍川许昌(今河南许昌东)人,字玄伯。陈群之子。魏青龙中,除散骑侍郎。后入为尚书右仆射,死后追赠谥号司空。

【译文】

东汉初期,张步割据故齐地十二郡自立为王,汉将耿弇率军前往讨伐张步,并在临淄大城驻下营寨。张步和他的三个弟弟张兰、张弘、张寿以及大彤渠帅重异的军队,号称二十万,来到临淄,准备从城东攻击耿弇。耿弇先出城到淄水上游观察地形,和重异部相遇。突击骑兵想要攻击重异,耿弇担心如此一来会打击重异的锐气,使得张步不敢前来交战,因此想故意示弱以增大张步的骄气。于是,他立即退回城内,利用淄水,在城内设兵防御。张步果然骄气十足,直接攻进耿弇的大营,和耿弇的副将刘歆等人交锋。耿弇则登上故齐王宫中的旧台观察战况。当他看到刘歆等人已和张步交战时,立即亲率精锐之师杀出,在临淄城东拦腰截阻张步的军队,将张步打得大败。

[东汉末年,]吕布从东缗兴兵,他的部将陈宫率领一万余人来攻击曹操。当时,曹军士兵都出去收麦子了,营中剩下不足千人,形势十分危急。曹操于是命令营中妇女在营墙内防御,自己率领余下的所有兵卒前去抵挡敌人。曹营西部有一道大堤,大堤南侧有一大片苍郁繁茂的树林,幽暗深邃,吕布怀疑林中藏有伏兵,就对左右的侍从说:"曹操很狡诈,我们不要中了他的圈套。"于是他率军向南退了十多里,扎下营寨。第二天,他又率军前来,曹操把军队分作两部分,一部分埋伏在堤

内,一部分到堤外迎敌。吕布见此情形,便挥兵大胆前进,曹操就派一股小部队前去挑战。当双方已经开始战斗,曹军藏在堤内的伏兵便借助大堤,居高临下,步、骑并进,突然发起袭击,从而大败陈宫。

[魏太和二年,]魏国大将军曹休从皖口长驱直入,与吴军作战。贾逵顾虑到吴军在东关没有设防,一定是将军队全部调到皖口了,于是立即部署诸将水陆并进,[向东关方向]急行军三百里。[途中,魏军]活捉了一名吴军士兵,说曹休已被孙权打败,孙权派兵切断了夹石口的退路。诸将听到这一消息后,都不知所措,有的想等待后援部队的到来。贾逵说:"曹休的部队已被战败,我们的退路又被袭断,进不能战,退不得还,生死存亡之机不足一日即可决定,敌人以为我军没有后援,所以才前来截击我们。现在,如果能快速前进以出其不意,也就是像古人所说的那样,'先人以夺其心',敌人看到我们之后必定会撤走。如果等待后续部队到来,而敌人已占据险要关口,兵再多有什么用呢?"于是,贾逵指挥部队昼夜兼程,继续进军,并沿路设置许多旌旗战鼓作为疑兵,吴军见状,果然撤军退走了。

[魏正元二年,]蜀将姜维围攻狄道,魏将陈泰等人率部前往救援,越过高城岭,一路上隐蔽行军,于夜间到达狄道西南方向的一座高山上。魏军点起许多火把,擂响战鼓,被围困在城中的士兵见救兵到来,个个勇气倍增。姜维原以为,魏军要发救兵,必须首先调集部队[,不会那么快就来],现在听说救兵突然来到,以为战事发生了突然变化,魏军有深谋远图,因而上下震惊恐慌,撤军而走。

兵无继[1]必败

【原文】

唐契丹李尽忠[2]、孙万荣叛,有诏王孝杰[3]起自衣为清边总管,统兵十八万讨之。孝杰军至夹石谷遇贼,道险虏甚众,孝杰率精锐之士为先锋,且战且行,及出谷,布方阵以捍贼。后军总管苏忱晖畏贼众,弃甲而遁。孝杰既无后继,为贼所乘,营中溃乱,孝杰堕谷而死,士卒被杀殆尽。时张说[4]为节度管书记,驰奏其事。则天问孝杰败亡之状,说曰:"孝杰忠勇敢死,深入贼军,以少御众,但为后援不至,所以致败。"

【注释】

①继,原作"计",误。

②李尽忠(?~696年):唐契丹族首领,大贺氏窟哥之孙。接受唐封为右武卫大将军,承袭其祖松漠都督之职。后占据营州(今辽宁朝阳)反唐,旋卒。

③王孝杰(?~697年):唐京兆新丰(今陕西临潼东北)人。后任清边道总管讨契丹,身先士卒,因无后继,兵溃败坠谷死。

④张说(667~731年):唐河南洛阳人,字道济,又字说之。武则天时,对策贤良方正,授太子校书郎,后以先请讨太平公主功,任中书令,封燕国公。文冠一时,亦能诗,时朝廷重要文诰多出其手,有《张燕公集》(一称《张说之文集》)二十五卷。

【译文】

唐朝武则天执政时，契丹李尽忠与孙万荣反叛朝廷，武则天下诏起用并无功名的王孝杰为清边道总管，统领十八万大军讨伐契丹。王孝杰的部队走到夹石谷时和契丹兵遭遇。山路险要，契丹兵人数众多，王孝杰统帅精锐部队为先锋，且战且退，撤出夹石谷，在谷口设方阵抵御契丹兵。这时后军总管苏忱晖见契丹兵人数众多，十分畏惧，竟然临阵逃跑。王孝杰已经没有了后续部队，契丹兵乘机进攻，营中大乱失败，王孝杰掉下悬崖摔死，手下士兵几乎被杀光。当时张说在军中任节度管书记，飞驰回京报告朝廷。武则天向他询问王孝杰败亡的状况，张说回答道："王孝杰忠诚勇敢不畏死，深入敌军，能在众寡悬殊的情况下奋勇交战，只是因为没有后援，才导致失败。"

兵多宜分军相继

【原文】

东魏大将高欢[①]大举以伐西魏，将(度)[渡]蒲津[②]。其将薛琡曰："西贼连年饥馑，但宜分兵诸道，勿与野战。(北)[比]及来年麦秋，人众尽应饥死，西贼自然归降，愿无渡河也。"侯景[③]亦曰："今者兵众极大，万一不(提)[捷]，卒难收敛，不如分为二军，相继而进，前军若胜，后军全力，前军若败，后军承之。"高欢皆弗听，遂有沙苑之败。

【注释】

①高欢(496~547年)：东魏渤海(今河北景县西)人，字贺六浑。先世迁徙怀朔，习鲜卑俗。后起兵攻进洛阳，都邺(今河北临漳西南)，史称东魏，前后执政十六年。

②蒲津：黄河津渡名。一称蒲坂津。以东岸在蒲坂得名。在今山西永济市蒲州镇西南与陕西大荔县东北古黄河上。

③侯景(503~552年)：南北朝时怀朔镇(今内蒙古固阳西南)人，或云雁门(治今山西代县)人，字万景。羯族。北魏北镇戍兵。后自立为帝，国号汉。最终在失败逃亡时被部下所害。

【译文】

东魏大将高欢率军大举进攻西魏，准备渡过蒲阪津，手下大将薛琡向他建议说："西魏年年饥荒，只适宜将兵力分配到各要道驻扎，不要和敌人交兵野战。等到明年麦秋时节，西魏上下将会饥饿而死，到那时他们自然会来归附，所以，希望您不要渡河。"侯景也说："现在军队如此庞大，万一失败，将会无法收拾，不如将大军分作两部分，相继而进，互为救援，如果前队获胜，后队就全力向前，如果前队战败，后队也可以作为接应。”高欢拒不采纳两人的建议，因而才有沙苑之战的惨败。

救兵

【原文】

春秋时，楚伍员与申包胥友（炮）[1]，其亡[2]也，谓申包胥曰：“我必复[3]楚国。”申包胥曰：“勉之。子能复之，我必能兴之。”及昭王在随，申包胥如秦乞师曰：“吴为封豕长蛇[4]，以荐食[5]上国。”立依于庭墙而哭，日夜不绝声，勺饮不入口七日，秦师乃出。申包胥以秦师至，秦子蒲、子虎帅车五百乘以救楚，子蒲曰：“吾未知吴道。”使楚人先与吴人战，而自稷会之，大败（天）[夫]概王于沂。

【注释】

①伍员（？～前484年）：春秋时人，名员，字子胥。楚国大夫伍奢次子，伍尚之弟。因父、兄为昭王所杀而投吴，助吴王阖闾整军经武，攻伐楚国。后渐被吴王疏远，终被赐剑自杀。申包胥：或称包胥、王孙包管、棼冒勃苏。春秋时楚国人。封于申。吴攻楚，他至秦求救，次年败吴军。楚王将赏其功，不受而去。炮：衍字。

②亡：逃跑，流亡。

③复：同“覆”，倾覆、颠覆。

④封豕长蛇：大猪与长蛇。喻贪暴者。

⑤荐食：不断吞食，不断吞并。

【译文】

春秋时期，楚国伍员和申包胥两人十分要好。伍员准备投奔吴国前，对申包胥说：“我一定要颠覆楚国。”申包胥回答说：“那你就好好干吧。你能颠覆楚国，我就一定能拯救楚国。”后来[，伍子胥果然带领吴军破楚入郢]，昭王逃往随地。申包胥到秦国请求救兵，说：“吴国贪婪，有如大猪长蛇，正在蚕食吞并我楚国。”说完，就靠在秦国宫内的墙上放声大哭。他哭声日夜不停，七天七夜不吃不喝，秦人只好立即派出军队救援。申包胥与秦师一起回到了楚国，秦国公子子蒲、子虎两人共带领战车五百乘前往救楚。子蒲说：“我们不熟悉吴国的道路。”因而让楚军先和吴军交战，而自己则从稷出兵与楚军会合，结果在沂这个地方大败吴国的夫概王。

分军必败

【原文】

汉初，黥布反[1]，（淮）[渡]淮击楚，楚发军与战徐、僮间。楚为三军，欲以相救为奇兵，或说楚将曰：“布善用兵，人素畏之，且兵法自战其地为散地。今别为三军，

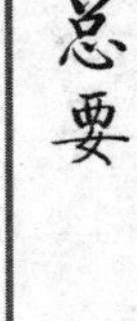

彼败吾一军,余皆走,安能相救?”楚将不听。布破其一军,二军散走。[遂]西与高帝兵遇于蕲西,大战,帝军散走。

后汉初,渔阳[2]太守彭宠[3]反,自将一万余人攻幽州[4]刺史朱浮[5]于蓟[6]。光武使将军邓隆军(路)[潞]南,浮军雍[奴],[隆]遣吏奏状,帝读檄,怒,[谓]使者曰:“营相去百里,其势岂得相及!比若还,(此)[北]军必败矣。”宠果盛兵临河以拒隆,又别发轻骑二千袭其后,大破之。隆军去朱浮远,遂不能救,引而去。

吴汉[7]讨公孙述[8],乃进军攻广都,拔之。光武戒汉曰:“成都十余万众,不可轻也。但坚据广都待其来攻,勿与争锋,若不敢来攻,公转营迫之,须其力疲,乃可击也。”汉乘利,(逐白)[遂自]将步骑二万余进逼成都;去城十[余]里,阻江北为营,作浮桥;使副将刘尚将万余人屯于江南,相去二十余里。帝闻大惊,使(贵)[责]汉曰:“公既轻敌深入,又与尚别营,事有缓急,不复相及。贼若出兵缀公,而以大众攻尚,尚破,公即败矣。急引兵还广都。”诏书未到,述果使其将谢丰、袁吉攻汉,使别将攻尚。汉败人壁,丰围之。汉乃召诸将励之曰:“(人)[吾]与刘尚二处受围,其(福)[祸]难量,欲潜师就尚于江南,并兵御之。若能同心一力,人自为战,大功可立,如其不然,败(以)[必]无余。”于是飨士秣马,(闲)[闭]营三日不出,乃多立幡旗,使烟火不绝,夜衔枚引兵与尚合军。丰等不觉,明日,分兵拒水北,自将攻江南。汉悉兵迎战,自辰至晡,遂大破之,斩谢丰、袁吉,于是引还广都,留刘尚拒述。帝报曰:“公还广都,甚得其宜,述必不敢略尚而击公也。若先攻尚,公从广都悉步骑赴之,破之必矣!”自是汉与述战于成都、广都之(问)[间],八战八克。

蜀先主引兵东下伐吴。魏文帝[9]闻备立栅连营七百余里,谓群臣曰:“备不晓兵权,岂有七百里营可以拒敌者乎?(包)[苞]原隰险,阻而为军者,为敌所擒,此兵家之忌也。缓急不相救,一军溃,则众心恐矣。”数日,果闻备败。

梁将王僧(辨)[辩][10]讨侯景,与陈霸先[11]会于日矛湾,进克姑熟,次蔡洲。景登石头城,望官军之盛,不悦,密谓左右曰:“彼军上者如是紫气,不易可当。”因率铁骑万人,声鼓而进。霸先谓僧(辨)[辩]曰:“善用兵者,如常山之蛇,首尾相应。贼今送死,欲为一战,我众彼寡,宜分其势。”僧(辨)[辩]然之,乃以强兵劲弩攻其前,轻锐(躁)[噪]其后,大兵冲其中。景遂夜溃,弃城而遁。

魏末,贼莫折后帜,所在寇掠郡县。州人李贤[12],率乡兵与泾州刺史史宁[13]讨之。后帜列阵以待,贤谓宁曰:“贼结聚岁久,徒众甚多,数州之人,皆为其用。我若总为一军并力击之,彼既同恶相济,理必总卒于我。势既不分,众(其)[寡]莫敌。我(便究)[难救]首尾[14],无以制之。今若令诸军分为数队,多设旗鼓,掎角而前,以胁诸栅,公(既)[别]统精兵,直指后帜,(披)[按]甲而待,莫与交锋。后帜欲前,则惮公之锐。诸栅欲出,则惧我疑兵。令其进不得战,退不得走,以待其懈而击之,必破。后帜一败,则众栅不攻自(援)[拔]矣。”宁不从,屡战(类)[频]北。贤(方)[乃]率数百骑(经)[径掩]后帜营,收其妻子、童仆五百余人,并辎重等属。后帜与宁战胜,方欲追奔,忽遇贤,(方)[乃]弃宁而与贤接战,遂大败,后帜单骑奔走。

前秦苻坚[15],遣将吕光[16]领兵伐龟兹。光军其城南五里为营,深沟高垒,广设疑兵,以木为人,被之以甲,罗之垒土。龟兹(玉)[王]帛(绳)[纯]婴城自守,乃倾国(时寞)[财宝],请诸国来救。温宿、尉须等国(五)[王],合七十余万众以救之。

胡便弓马,善矛(预)[搠],铠如连锁,射不可人,众甚惮之。诸将(岁)[成]欲每营结阵,按兵拒之,光曰:“彼众我寡,营又相远,势分力散,非良策也。”于是迁营相接,阵为勾(鏁)[锁]之法,精骑为游军,弥缝其阙⑰。战于城西,败之。帛纯遁走,(至侯)[王侯]降者三十余国。

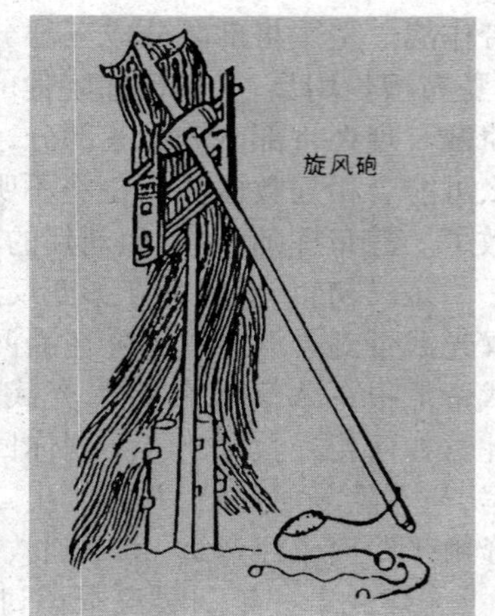

【注释】

①反:反叛。

②渔阳:今北京市密云西南。

③彭宠(? ~29 年):新莽末南阳宛(今河南南阳)人,字伯通。少为郡吏,后附刘秀,封建忠侯,赐号大将军。后以功高赏薄,起兵反,自立为燕王,终为人所害。

④幽州:东汉魏晋州,辖境有今北京、天津、河北以及山西、辽宁一带。

⑤朱浮:东汉初沛国萧(今安徽萧县西北)人,字叔元。新莽失败后从刘秀破王郎,历任太仆、大司空。后以好陵折同僚,被赐死。

⑥蓟:今北京城西南隅。

⑦吴汉(? ~44 年):东汉初南阳宛(今河南南阳)人,字子颜。曾为亭长,后归顺刘秀,屡建战功,被列为云台二十八将之一。

⑧公孙述(? ~36 年):西汉末右扶风茂陵(今陕西兴平东北)人,字子阳。后称帝,国号成家,建元龙兴。终被刘秀大将吴汉征服,兵败身亡。公孙氏全被夷灭。

⑨魏文帝(187~226 年):即曹丕。三国时魏国创建者。沛国谯县(今安徽亳州)人,字子恒。曹操次子。曾三次征吴无功。卒谥文帝。有《魏文帝集》。

⑩王僧辩(? ~555 年):南朝梁太原祁县(今属山西)人,字君才。以勇略称。

⑪陈霸先(503~559 年):南朝陈创建者。

⑫李贤(503~569 年):北朝时西魏、北周将领。陇西成纪(今甘肃静宁西南)人,字贤和。以功授抚军大将军。久任原州刺史,甚得民心,授骠骑大将军。

⑬史宁(? ~563 年):北朝时西魏、北周名将。建康表氏(今甘肃高台西)人,字永和。后除凉州刺史,破柔然,联突厥大败吐谷浑。继任荆州刺史。

⑭我便救尾:语意不清。

⑮苻坚(338~385 年):十六国时前秦国君。略阳临渭(今甘肃秦安东南)人,字永固,一名文玉。氐族。后自立为大秦天王。任用汉族士人王猛等,抑制豪强,鼓励农耕,兴修水利,提倡儒学等,终于统一中国大部。后被羌族首领姚苌擒杀。

⑯吕光(338~399 年):十六国时略阳(治今甘肃天水东)人,字世明。后凉建立者。

⑰阙:军阵中两部之间的缝隙。

【译文】

西汉初年,黥布发动叛乱,率军渡过淮河进攻楚国,楚国发兵与叛军在徐、僮一

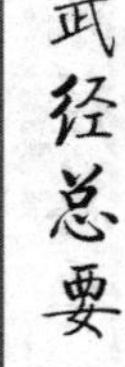

带作战。楚军将部队分成三部分，企图互相救援，作为奇兵。有人对楚将建议道："黥布擅长用兵，人们都知晓他的厉害，而且兵法说在自己的领土上作战军队容易溃散。现在将部队分为三部分，叛军只要击败其中一军，其他两支就都会溃散，怎么可能会相互救援呢？"楚将不听，黥布打败其中一支部队，其他两支部队果然都逃散了。黥布挥师西进，和刘邦的军队在蕲西相遇激战，刘邦大败，军队都溃散了。

东汉初年，渔阳太守彭宠反叛，亲自率领一万多人马前去进攻幽州刺史朱浮。汉光武帝刘秀派将军邓隆在潞河南岸屯驻，朱浮则驻扎在雍奴，邓隆派使者去向光武帝汇报军队部署的情况，光武帝读罢奏书，不禁大怒，说："两营相距上百里，这样扎营如何相互救援？等不到你回去，我军注定要失败。"彭宠果然指挥大军进逼河岸，与邓隆隔河对峙，并且派出二千名轻骑兵绕道袭击邓隆的背后，汉军大败。邓隆由于距离朱浮过远，得不到救援，只好引军败走。

［建武十一年，］吴汉奉诏讨伐公孙述，［并于次年正月］进拔广都。光武帝刘秀发诏书告诫吴汉说："成都有敌军十余万人，不可轻视。只须坚守广都，等待敌军来攻，不要和敌军争一时的高低。敌军如果不敢前来进攻，你就移动部队逼迫他，等到他们精疲力尽时，才可出击。"吴汉没有听从刘秀的告诫，而是凭借有利的形势，亲自率领两万多步、骑兵追击敌军，进逼成都。汉军在离城十几里远的嘉陵江北岸驻营，并且造作浮桥，准备渡江攻打成都；吴汉又让副将刘尚率领一万余人在江南岸驻扎，两军相距二十余里。刘秀知道这一情况后，不禁大吃一惊，立即派使者前往责备吴汉："你既然已经轻敌深入，又和刘尚分立两营，战事稍有变化，就将无法相互救援。敌军如果出兵牵制你，而用大队人马去攻打刘尚，刘尚被打败，那么你也就败了。望你速速率军撤回广都。"结果，诏书还没有送到，公孙述果然派手下大将谢丰、袁吉前来攻打吴汉，而另派一名将领攻击刘尚。吴汉被击败，退入营垒防御，谢丰指挥蜀兵将汉军紧紧围困起来。吴汉召集诸将鼓励道："我们和刘尚两处都被敌军包围，它的严重后果很难预料，我准备悄悄地把部队拉到江南，与刘尚合为一军，共同抵抗敌军的进攻。大家如果能同心协力，各自为战，那么就可以建立大功，否则，我们就将全军覆没。"这样，吴汉让全军士兵吃饱，战马喂足，紧闭营门，养精蓄锐，三天不出战。然后，在营寨内多立旗帜，使军中烟火不断，乘夜色衔枚出兵，与刘尚会师。谢丰等人没有察觉，第二天分兵在北岸继续围困吴汉军，自己则亲自率军攻击南岸的刘尚。汉军全部出动，迎战蜀军，战斗从早晨一直持续到中午，最后大败蜀军，并将谢丰、袁吉斩首。于是，吴汉率军撤回广都，留下刘尚继续抵御公孙述。刘秀了解情况后，派使者告诉吴汉说："你回到了广都城，这样做很对，公孙述一定不敢越过刘尚而前来进攻你。他如果攻击刘尚，你就从广都城率领步、骑兵全力以赴前去救援，这样就一定能打败他们。"自此以后，吴汉和公孙述在成都与广都之间接连打了八仗，汉军八战八捷。

［魏黄初三年，］刘备率兵东下攻打吴国。魏文帝听说刘备扎营七百余里后，对群臣说："刘备不懂军事，怎么可能扎七百里长的营寨来与敌人作战呢？在地势低洼潮湿险要复杂的地势上驻军的人，一定会被对方俘虏，这是兵家之大忌。战事一有变化，前后不能相互援救，一部溃败，就会全军震恐。"几天之后，果然传来刘备失败的消息。

［梁太清六年二月，］梁将王僧辩讨伐侯景，与陈霸先在日矛湾会师，进而攻克姑熟城，在蔡州驻兵。侯景登上南京城头，见官军气势强盛，心中十分不快，私下里对左右心腹说："敌军气势如此强盛，其上空紫气缭绕，恐怕不易抵挡。"于是，他率领一万铁骑，击鼓进军。陈霸先对王僧辩说："擅长用兵的人，部署队伍如同常山的蛇一样，首尾相互救应。如今，敌人前来送死，打算与我一决雌雄，我军兵力强大而敌军弱小，应当进一步分散他们的力量。"王僧辩赞同他的意见，遂用精锐善战的部队进攻敌人的先头部队，用轻骑兵骚扰敌人的后队，用主力部队冲击敌人的核心。侯景当夜败溃，弃城而逃走。

魏末，起义军莫折后帜所到之处，掳掠郡县，州人李贤率领乡兵和泾州刺史史宁讨伐义军。莫折后帜列阵以待，李贤向史宁建议："敌军聚集的时间长，人数多，好几个州的人都被其利用。我军如果汇集各路军队一同作战，敌人既然已经是臭味相投，一定会相互支援，按理说也一定会集中精兵来对战我军。形势既不分明，众寡也不相敌，我军难以首尾相救，实在无法战胜敌人。现在，如果将我军分为几个部分，多设旌旗金鼓，互为犄角，进逼敌人，威胁敌人的营寨，然后您率精兵直指莫折后帜的大营，但却按兵不动，不和敌人交战。后帜想前进会害怕你的精兵，其他各营想出战则畏惧我军的疑兵，他们这样进不得战，退不能走，我们就可以等待敌人松懈时发动进攻，一定会将后帜打败。后帜一败，其他各营敌军就会不攻自退。"史宁没有采纳李贤的建议，屡次和义军交战而屡次被义军击败。于是，李贤率领数百名骑兵，绕过莫折后帜军队，袭击其后营，劫掠了义军的数百名家属以及一批军用物资。后帜和史宁交战，胜利后正想追击，突然与李贤相遇，就放弃史宁而和李贤交战，结果遭到大败，匹马单骑而逃。

前秦苻坚派大将吕光率军攻打龟兹国。吕光在离龟兹城南五里的地方驻营，深挖沟，高砌墙，广设疑兵，用木头制造假人，将假人穿上铠甲，陈放在营垒上。龟兹王帛纯，据城自守，不得已而拿出了全国的财宝［作为礼物，］敦请各国发兵救援，温宿、尉头等国国王，发救兵七十余万前来救援龟兹。胡人习于骑射，善用矛搠，铠甲如同连锁，箭无法射进去，前秦兵都非常害怕。吕光手下诸将，都想分兵结阵，按兵不战，以抵御胡人。吕光说："敌众我寡，如果分兵结阵，每营相离太远，力量分散，这不是上策。"于是，吕光便集中兵力，布下勾锁之阵，以精良骑兵作为游军，来弥补各部分衔接的地方，与敌人战于龟兹城西。吕光大获全胜，帛纯逃遁，胡人向前秦军投降的达三十多国。

分敌势破之

【原文】

项籍[①]围汉王于（营）［荥］阳[②]，汉将纪信诈降，而汉王得出走入关，收兵欲复东。辕生说汉王曰："汉与楚相（距）［拒］荥阳数岁，汉常（屡）困，愿君王出武关，项羽（兵）［必］领兵南走，王深壁［勿战，］（泠）［令］（守）荥阳、成皋间且（休得恩）［得休息］，使韩信[③]等［得安］辑河北赵地，连燕、齐，君王乃复走荥阳未晚也。如

此，则楚所备者多而力分，汉得休息，复与之战，破楚必矣。”汉王从其计，出军宛、叶间。项羽闻汉王在宛，果引兵南，汉王深壁不战。

晋武帝欲灭吴，以羊祜都督荆州诸军事，祜上疏曰：“蜀平之时，天下皆谓吴当并(之)[亡]，自此来十三年，是谓一周。今不于此平吴，而更阻兵相守，不可长久。今若引梁、益之兵水陆俱下，荆、楚之众进临江陵，平南、豫州直指夏口，徐、扬、青、兖并向秣陵，鼓旆[4]以疑之，多方以误之，以一隅之吴，当天下之众，势分形散，所备皆急。巴、汉奇兵出其空虚，一处倾坏，则上下震荡；吴缘江为国，无有内外，东西数千里，以藩篱自持，所敌者大，无有宁(悉)[息]。孙皓与下多忌，将疑于朝，士(国)[困]于野，无有保世之计、一定之心；平常之日，犹怀去就，(中)[终]不能齐力致死，已可知也。军不逾时，必可勉矣。”帝纳之，终以此胜吴。

后魏贺拔岳讨(方侯)[万俟丑奴]，贼兵寻弃岐州，北走安定。尔朱天光方自雍至[岐]，天光与岳合势，宣言：“今气候已热，非征讨之时，至秋凉更图进取。”贼寇闻之，遂以为实，分遣诸军散营(众)[农]于岐州北百里[细川]，使太尉侯元进据险设栅。岳知其势分，密与天光严备，昧旦[5]，攻围元进栅，拔之，即擒元进，自余(援抚)[诸栅]悉降，又轻骑追(配)[贼]寇，及之于平凉，一战擒之。

贞元九年，朝廷筑盐州城，虑为吐蕃掩袭，诏剑南节度使(常)[韦]皋发兵深入吐蕃，以分其势。皋命(火)[大]将(重)[董]勔、张芬出西山及南道，破峨和城、通鹤军，焚定廉城，凡平堡栅五十余所，城之，二旬而毕。其后，(赞)[赞]普北寇灵、朔，又令皋出兵深入[蕃界]。[皋]乃令陈(泊)[洎]等出三奇路，崔尧臣出龙溪石门路，仇冕等趋吐蕃维州城，邢(毗)[玭]等趋(鸡栖)[栖鸡]、老翁城，高倜等趋故松州，韦良金等出[南道]雅、(功)[邛]、黎、雋路，王有道等过大渡河入蕃界，陈孝(孙)[阳]等进攻昆明城、诸(齐)[济]城。自八月出军齐人，至十月破蕃兵十六万，生擒六千，斩首万余级，转战千里，蕃军连败。

唐末，朱全忠[6]遣氏叔琮等将兵五万攻李克用[7]，人自太行，魏博都将张文恭人自磁州新口，葛从周以(充)[兖]、郓兵会成德兵人自土门，(洛)[洺]州刺史张归厚人自马岭，义武节度使王处直入自飞孤，权知晋州侯言以慈、隰、晋、绛兵人自阴地。叔琮入天井关，进兵昂车，沁州刺史蔡训以城降。河东都将盖璋(诸)[诣]侯言降。叔琮拔泽州，刺史李存璋弃城走。叔琮进攻潞州，昭义节度使孟迁降之。河东屯将李审(违)[建]、王周将步军一万、骑二千诣叔琮降。叔琮进取晋阳，出石会关，营于洞涡驿。张归厚引兵至辽州，辽州刺史张鄂降，别将白奉国会成德兵自井陉入，拔承天军，与叔琮烽火相应。叔琮等引兵抵晋阳城下，数挑战，城中大恐；李克用登城备御，不遑[8]饮食。时汴军既众，刍粮不给，久雨，士卒疟(病)[痢]，全忠乃召兵还。

【注释】

①项籍(前 232~前 202 年):即项羽。西楚霸王。秦末下相(今江苏宿迁西南)人,名籍,字羽。战国末年楚国名将项燕之后。少时学书、剑皆无所成,然胸怀反秦大志。后领导反秦武装主力,取得钜鹿之战的胜利,杀秦降王子婴,自立为西楚霸王。

②荥阳:今河南荥阳市东北。

③韩信(? ~前 196 年):秦末淮阴(今江苏淮阴南)人。早年家贫,后因萧何保荐,拜为大将,善于以少胜多,战功显著,为汉代著名军事家。

④鼓旆:振动旌旗。

⑤昧旦:黎明,拂晓。

⑥朱全忠(852~912 年):即朱温。后梁太祖。五代时后梁建立者。907~912 年在位。宋州砀山(今属安徽)人。先投黄巢起义军,后叛降朝廷,终自立,国号梁,史称后梁。

⑦李克用(856~908 年):唐末沙陀部人。以功为河东节度使,从此割据一方。

⑧遑:闲暇,空闲。

【译文】

项羽将汉王刘邦围困在荥阳,汉将纪信[冒充刘邦]诈降,刘邦才得以逃出荥阳,进入关中。刘邦收集逃散的士卒,打算再次向东方进兵,辕生对他说:"汉与楚在荥阳相持数年,您一次又一次地被围困,这次希望您能从武关出兵。这样,项羽一定会领兵向南去堵截您,而您则深沟高垒,坚壁固守,不与敌人交锋,让荥阳、成皋一带暂时得以休整,然后令韩信出兵平定河北原赵国旧地,使之与原燕国、齐国的境土相连接,这时您再去荥阳也不晚。假如真的这样做了,楚军就会因设防过多而分散兵力,汉军则可以养精蓄锐,然后再与其交战,一定会打败楚军。"刘邦听从他的建议,当即出兵宛、叶之间。项羽听说汉王在宛城,果然挥师南下,刘邦则坚守壁垒,根本不与楚军交锋。

晋武帝准备消灭东吴,以羊枯负责荆州方面的一切军事事务。羊祜向晋武帝上疏说:"蜀国被消灭的时候,天下都认为东吴也应当同时被灭亡,从那时到现在已经十三年了,整整是一个循环了。如今,不借此机会消灭东吴,而是派兵凭险固守,这样做绝非长久之计。现在,如果发梁州、益州之兵水陆并进,荆州、楚地一带的部队进军江陵,平南将军胡奋、豫州刺史王戎则挥师直指夏口,徐州、扬州、青州、兖州的部队一齐会师秣陵,广布旗帜,多设疑兵,想方设法迷惑、误导敌人,以东吴占据的一隅之地抵挡我全国的军队,必然会因形势危急而导致军心涣散,其所有设防势必处处告急;再发我巴、汉奇兵向敌空虚之处进击,只要攻破一处,吴就会举国上下,恐惧动荡;吴沿长江建国,没有内外之分,东西数千里,以长江作为藩篱进行守御,需要对付的敌人过于强大,不可能有安宁的时候。再说,孙皓和他手下的那些大臣相互猜忌,如此将领被猜疑于朝中,谋士被困顿于草野,人人都没有保全国家的计策和坚定不移的信念,平时就怀有弃此就彼的想法,终究不可能齐心协力为国家效死，这已经是很明白的了。用兵不可错失战机，希望您一定努力去夺取成功。”晋武帝采纳了羊枯的意见，终于用他谋划战胜了吴国。

后魏时，贺拔岳讨伐万俟丑奴，而万俟丑奴没多久就放弃岐州向北逃窜到安定。尔朱天光恰好从雍州赶到岐州，与贺拔岳合兵一处，声称：“如今天气已经热起来，不是征讨作战的时候，不如到秋天凉爽的时候再说。”敌人听到这番话后，信以为真，便将诸路人马分散到岐州以北的百里细川耕种屯田。万俟丑奴让太尉侯伏侯元进据险设栅布防。贺拔岳了解到敌人兵力已经分散，秘密地和尔朱天光加强战备，严阵以待。黎明时分，他们率两路兵马一同进攻元进的营寨，很快就将元进的大营攻破，并且生擒元进，其余营寨的敌人全被招降。他们又派轻骑追击万俟丑奴，在平凉地方赶上了他，结果一战而将丑奴擒获。

唐朝贞元九年，朝廷修筑盐州城，考虑到吐蕃会袭击该城，遂下诏命令剑南节度使韦皋发兵深入吐蕃境内，来分散敌人的兵力。韦皋命大将董勔、张芬从西山出兵，奔赴南道，攻破峨和城和通鹤军，又火烧定廉城，一共平定了五十多所堡垒营栅，然后在那里修筑城池，用了二十天的时间就告完工。[贞元十七年，]吐蕃赞普侵犯灵、朔二州。朝廷又命令韦皋出兵深入吐蕃境内。韦皋命令陈洎等出三奇路，崔尧臣出龙溪石门路，仇冕等趋吐蕃维州城，邢玼等趋吐蕃栖鸡、老翁城，高调等趋故松州城，韦良金等出雅、邛、黎、路，王有道等过大渡河进军吐蕃境内，陈孝阳等进攻昆明、诺济两城。自从八月出兵，唐军一齐进入吐蕃境内后，到十月即击败吐蕃军十六万多人、活捉六千余人、杀死一万多人，转战千里，相继大败吐蕃军。

唐朝末年，朱全忠派氏叔琮等人率军五万从太行山进发攻打李克用，魏博都将张文恭从磁州新口进军，葛从周合兖、郓兵与成德兵会师从土门进军，洺州刺史张归厚从马岭进军，义武节度使王处直从飞狐进军，代理晋州知府侯言以慈州、隰州、晋州、绛州兵从阴地进军。氏叔琮攻入天井关，进军昂车，沁州刺史蔡训举城投降。河东都将盖璋则到侯言处向侯言投降。氏叔琮攻克泽州，刺史李存璋弃城逃走。氏叔琮又攻击潞州，昭义节度使孟迁投降。河东屯将李审建、王周率步兵一万、骑兵二千到氏叔琮营投降。氏叔琮进军晋阳，由石会关出兵，在洞涡驿扎营。张归厚领兵进逼辽州，辽州刺史张鄂投降。另一位将领白奉国会合成德兵从井陉关进入，攻拔承天军，和氏叔琮的部队烽火相应。氏叔琮等人挥师直攻晋阳城下，一再挑战，城内大为恐惧；李克用亲自登城指挥守御，连吃饭都顾不上。当时，汴州的军队人数很多，粮草供给不上，同时又长时间下雨，许多士兵身患疟疾或痢疾，朱全忠于是下令撤兵。

上速

【原文】

春秋时，舒鸠[①]人叛楚，令尹子木[②]伐之，及离城[③]。吴人救之。子木遽以右师先，子强、息豆、子捷、子骈、子孟帅左(帅)[师]以退。吴人居其间七日。子强曰：“久将垫隘[④]，隘乃擒也。不如速战！请以其私卒诱之，简师[⑤]陈以待我。我克则进，奔则亦视之，乃可以免。不然，必为吴擒。"从之。五人以其私卒先击吴师。吴师奔，登山以望，见楚师不继，复逐之，传诸其军。简师会之，吴师大败。遂围舒鸠，灭之。

宋华登[6]以吴师救华氏，齐乌(救)[枝]鸣[7]戍宋。厨人(仆)[濮]曰："《军志》有之：先人有夺人之心，后人有待其衰。盍及其劳且未定也，(我请)[伐诸]，(军君)[若]入而固，则华氏众[矣]，悔无及也。"从之。齐师、宋师败吴师于鸿口[8]。

蜀将孟达[9]降魏，魏朝以达领新城[10]太守，达复连吴固蜀，潜图中国，谋泄。时司马懿秉政，恐达速发，为书给以安之。达得书犹豫不决，懿乃(且)潜军进讨。诸将皆言达与二贼交结，宜审察而后动。懿答曰："达无信义，此其相疑之时也，当及其未定促讨之。"乃倍道兼行，八日到其城下，吴、蜀各遣其将向西城安桥、木兰(寨)[塞]以救达，懿分诸将拒之。初，达与诸葛亮书曰："宛去洛八百里，去(吴二)[吾一]千[二百]里，闻吾举事，当表上天子，比相反覆，一月间也.则吾城已固，诸军足办。(吴)[吾]所在深险，司马公必不自来。诸将来，吾无患矣。"及兵到，达又告亮曰："吾举事八日而兵至城下，何其神速也！"懿造城下，八道攻之，旬有六日，达甥刘贤、将李辅等开门出降，遂斩达。

后秦姚苌[11]与苻登[12]相持，苌将(荀)[苟]曜有众万人，密引苻登。苌与登战，败于马头原，收众复战。姚硕德谓诸将曰："上谨于轻(敌)[战]，每欲以计取之。(令)[今]战既失利而更[前]逼贼，必有(申)[由]也。"苌闻而谓硕德曰："登用兵迟缓，不识虚实，今轻兵直进，(遥居)[径据]吾东，必(荀)[苟]曜(孺)[竖]子与之连结也。事久(庶)[变]成，其(富)[祸]难测。所以速战者，欲使(孺)[竖]子谋之(永)[未]就，好之未深，散败其事耳。"进战，大败之。

武后初，徐敬业[13]举兵于江都，称康复皇家，以樗(屋)[厔]尉魏思温为谋主。问计于思温，对曰："明公既以太后幽系少主，志在康复。兵贵拙速，宜早渡淮北，亲率大众，直入东都。山东将士，知公有勤王之举，必以死从。此则指日克期，天下必定。"敬业欲从其策，薛璋又诉曰："金陵之地，王气见矣，宜早应之。兼有大江，其险足以自固。请且收取常、润等州，以为王霸之业，然后率兵北上，鼓行而前，北则退有所归，进无不利，实为(莨)[良]算也。"敬业以为然，乃自率兵四千人，南渡以击润州。思温密谓社(永)[求]仁曰："(无)[兵]势宜合不可分。今敬业不知并力渡淮，率山东之众以(合)[向]洛阳，无能为也。"果败。

李靖征萧铣[14]，集兵于夔州，铣以时属秋潦[15]，江水泛涨，三峡路险，必谓靖不能进，遂休兵不设备。九月，靖乃率师而进，将下峡，诸将皆请停兵待水退，靖曰："兵贵神速，机不可失。今兵始集，(锐)[铣]尚未知，若乘水涨之势，倏忽[16]至城下，所谓疾雷不及(俺)[掩]耳，此兵家上策。纵使彼知我，仓促召兵，无以应敌，(此兵家上策)[必成擒也]。"铣果大惧而降。

唐庄宗[17]命将征蜀，以康延孝为先锋、排阵斩(砍)[斫]使，破凤州，收固镇，克兴州，取蜀三招讨兵于三泉，所俘皆喻而释之，自是昼夜兼行。王衍[18]自利州奔归成都，断(桔)[吉]柏津以绝追军。延孝复造浮梁以渡，进收绵州。王衍复断绵江浮梁而去。水(泛)[深]无舟楫可渡，延孝谓招(讨)[抚]使李岩曰："吾悬军深入，利在速战。乘王衍破胆之时，人心离沮，但得百骑过鹿头关，彼即迎降不暇。欲俟

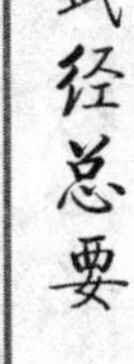

修缮津梁，便留数日，若王衍坚闭近关，析吾兵势，傥延旬浃[19]，则胜负莫可知也，宜促骑渡江。”因与李岩乘马浮江，于时得济者仅千人，步军溺死者千余人。延孝既济，长驱过鹿头关，进据汉州，遂平蜀。

后唐明宗[20]将如汴州，至荥阳，宣武节度(事)[使]朱守殷[21]疑惧，孙晟劝守殷(及)[反]，守殷遂乘[城]据守。帝遣范延光喻之，延光曰：“若不急攻，则汴城坚矣。愿得骑兵五百，臣先赴之，则人心必骇。”明宗从其请。延光自酉时至夜半，驰二百余里，(奄)[掩]至城下，与贼交斗。翌日，守陴[22]者望见乘(兴)[舆]，乃相率开门，延光乃入，与贼巷战，尽歼其党。

建隆元(千)[年]，李筠[23](友)[反]谋已决，枢密使吴延祚(曰)[白]太祖曰：“潞城[24](严)[岩]险，且有太行之阻，贼若保之，未可以岁月破。筠素轻锐，若速举兵击之，彼必出关，但离巢穴，即成禽矣。”上从其言，遂亲(往)[征]。次荥阳，西京留守向拱劝上济决河[25]，逾太行，乘其未集诛之，(挡)[傥]稽[留][26]旬浃，恐贼愈滋，攻之难为力矣。赵普[27]亦曰：“兵尚拙速，不贵巧迟。倍道兼行，掩其未备，可一战而克也。若使坚壁固守，老我师徒，馈运险坚……决。”上纳之。六月己巳朔，上至泽州[28]，召控鹤左(相)[厢]都指挥使[29]马全义(间)[问]计策，全义请并力急攻，且曰缓之恐生变。上命诸军奋击，亲帅卫兵继之。辛巳，克其城。

【注释】

①舒鸠：春秋时群舒国之一，在今安徽舒城。

②令尹：春秋战国时楚国执政官，兼任有将、相全权。子木：楚臣屈建。

③离城：舒鸠城。

④垫隘：羸弱困苦。

⑤简师：简选士众。

⑥华登：宋大夫。后亡投吴。

⑦乌枝鸣：齐大夫。

⑧鸿口：古地名。在今安徽睢阳东。

⑨孟达(？~228年)：三国时蜀汉将领。字子敬。任宜都太守时以不发兵救关羽，致关羽毁败，因而惧罪降魏。魏文帝死，颇不自安，遂叛，为司马擒袭杀。

⑩新城：郡名。三国魏置，治今湖北房县。

⑪姚苌(330~389年)：十六国后秦的建立者。字景茂，南安赤亭(今甘肃陇西西)。羌族人。

⑫苻登(343~394年)：十六国前秦国主。字文高，略阳临渭(今甘肃天水东北)人。氐族，苻坚族孙。后被后秦姚兴攻杀。

⑬徐敬业：又称李敬业。唐朝名将英国公李勣孙。李勣本名徐世勣，因功而被赐姓李，为避太宗讳，故单名勣。孙敬业谋反，武则天恢复其本姓。

⑭萧铣(583~621年)：后梁宣帝曾孙。隋大业十三年称帝，此战降唐，被杀于长安。

⑮秋潦：秋天多雨天气。

⑯倏忽：疾速。

⑰唐庄宗(885~926 年):后唐开国皇帝。923~926 年在位。沙陀族,李克用长子,名存勖。颇多谋略,后为伶人郭从谦所擒杀。

⑱王衍(? ~926 年):前蜀皇帝。918~925 年在位。王建幼子,字化源,原名宗衍。颇知学问,善浮艳之词。此役降后为庄宗所杀。

⑲旬浃:浃旬。满十天。也指较短的时日。

⑳唐明宗(867~933 年):后唐皇帝。沙陀族,代北(今山西代县)人。本名邈佶烈,后为李克用养子,改名李嗣源。勇猛善战,长于骑射,人称"李横冲"。晚年为政苛暴,上下离心。后忧死。

㉑朱守殷(? ~927 年):后唐官吏。初事庄宗,后事明宗。

㉒陴:女墙,城墙上的矮墙。

㉓李筠(? ~960 年):宋并州太原(今山西太原)人,初名荣。性骁勇,善骑射。宋太祖代周自立,以检校太尉加兼中书令。

㉔潞城:今山西潞城。

㉕决河:疑为黄河之讹。

㉖稽留:停留。

㉗赵普(922~992 年):宋幽州蓟县(今北京城西南)。陈桥兵变的主要策划人,以佐命功授谏议大夫。为赵匡胤统一天下出谋划策,多有贡献。死后追封真定王,谥忠献。

㉘泽州:今山西晋城。

㉙控鹤左厢都指挥使:宋代禁卫军官名。厢,军队编制单位。都指挥使,厢一级统兵官。

【译文】

春秋时候,舒鸠人反叛楚国,令尹屈建率军前往攻打,到达离城。吴人前来救援舒鸠。屈建急忙让右翼部队先出动,子强、息亘、子捷、子骈、子盂则率领左翼部队撤退,吴人处在楚两军之间达七天的时间。子强说:"时间拖得长了将会疲惫虚弱,疲惫羸弱就会被擒获,不如快打。我请求率领家兵前去引诱他们,你们选择精兵,布下阵势等着我。我打胜了你们就前进,我打败了就看情况办,这样才可以避免被俘。否则,必然被吴人俘获。"大家采纳了他的建议。于是,五个人就带领他们的家兵向前进攻吴军,吴军败退。他们登上山顶眺望,见楚军没有后继,就返身逼近楚军。楚军精选过的部队与家兵会合作战,吴军大败。楚军乘机包围舒鸠,将其消灭。

华登率领吴军援救华氏家族。齐国的乌枝鸣在宋国戍守。厨邑大夫濮说:"军志有这样的话:'先发制人可以打击敌人的士气,后发制人要等待敌人的士气衰竭。'何不乘他们疲劳而且没有稳定下来而发起攻击呢?假如等到敌人已经近来而且站稳脚跟,华氏的人可就多了,到那时后悔也来不及了。"乌枝鸣听从了他建议。就这样,齐军和宋军最后终于在鸿口打败了吴军。

蜀将孟达投降魏国之后,被任命为新城太守。[魏文帝死后,孟达心内很是不安,]遂秘密与吴蜀两国联系,企图叛魏降蜀,[但因不慎],阴谋暴露。当时,魏国

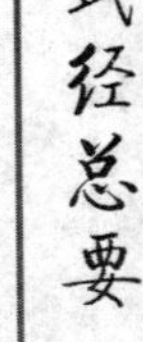

正值司马懿执掌大权,他怕孟达很快起事,就写了封信给孟达,以求先稳住他。孟达收到司马懿的信后,迟疑不决,司马懿遂秘密出兵前往讨伐。部将们都说孟达与吴蜀勾结,应当查实情况以后再行动。司马懿回答说:“孟达没有信义,这正是他们上下互相猜疑的时候,应当趁其尚未安定下来赶快讨伐。”于是,他统率部队日夜兼程,只用了八天就赶到了孟达的城下。吴国和蜀国分别出兵向西城安桥和木兰塞进发,以救援孟达,司马懿分兵抵抗。当初,孟达写信给诸葛亮说:“[司马懿驻扎在宛城,]而宛城距离洛阳八百里,距离我新城一千二百里。他听说我要起义,应当先给朝廷上表章,等这样一来一回,差不多需要一个月的时间。到那时,我的城池防御早已经牢固了,所有部队早已经准备好了。我这里边远险要,司马懿不会亲自来的。至于其他众将领来,我就没有什么可担忧的了。”等到魏军兵临城下,孟达又告诉诸葛亮说:“我起事才八天,司马懿就兵临城下,怎么会这么迅速呢!”司马懿来到新城城下之后,分兵从八个方向昼夜攻城。十六天以后,孟达的外甥邓贤和部将李辅等人[不得已而]打开城门投降,司马懿遂擒斩孟达。

后秦姚苌与前秦苻登相持不下,姚苌的部将苟曜有兵约一万人,私下与苻登勾结。姚苌与苻登交战,在马头原被打败,立即收集部众准备再战。他的弟弟姚硕德对众将说:“皇上一向谨慎,不肯轻战,现在既败之后却更反向前进逼敌人,必定有他的道理。”姚苌知道后对姚硕德说:“苻登用兵迟缓,不识虚实,现在轻兵挺进,占据我东方,必定是苟曜那小子在和他暗中勾结。事情拖得太久,变乱就会酿成,造成的后果无法预测。所以要速战速决,目的是要趁他们计划还没有确定下来,关系还没有深厚密切,就破坏掉他们的变乱阴谋。”于是,率兵进战,大败前秦军。

武则天执政初期,徐敬业起兵江都,声称要重建李唐皇朝的天下,以盩厔县尉魏思温为出谋划策的人。敬业向魏思温询问对策,魏思温回答说:“明公您是以太后禁闭皇帝而起兵的,志在恢复大唐皇朝。而兵贵神速,所以应该赶紧渡过淮河,亲自统领大军,向北进入洛阳。山东将士,知道您行动的目的在于勤王,必定会誓死相从。如此,确定下日期,天下就必然会平定。”敬业准备采取他的计策,这时薛璋说:“金陵这个地方,帝王气象已经显示出来,应当早一点顺应它。再说,那里还有长江,其险要足以自固。因此,希望您首先攻占常、润等州,以为王霸之业。然后,率兵北上,击鼓前行,如果失败也有个退守的地方。如此进兵,没有不顺利的,这实在是最好的打算。”敬业认为薛璋说得对,于是亲自带领四千人,南下以攻击润州。魏思温私下里对杜求仁说:“兵势宜合不宜分。现在敬业不知道集中兵力渡过淮河,率领山东的人马向洛阳进军,他不会有什么能为了!”不久,敬业果然很快就失败了。

[武德四年八月,]李靖讨伐萧铣,将兵力集中于夔州。萧铣以为当时正是秋天多雨季节,江水泛滥暴涨,三峡路途险阻,李靖肯定不会进兵,因而休兵罢战,不做准备。九月,李靖领兵东进,将下三峡,众将都请求暂停行动,等水退下去再说。李靖说:“兵贵神速,机不可失。现在,大兵刚刚集中起来,萧铣还不知道,若能乘江水暴涨之时,迅速抵达萧铣城下,这就是所谓的迅雷不及掩耳,实乃兵家上策。纵然萧铣知道我要袭击他,仓促之间召集兵马,也将无法对敌,必然被我俘获。”

唐庄宗李存勖命令众将征伐前蜀,以康延孝为先锋、排阵斩斫使。大军破凤州、收固镇、攻克兴州，一路上进展顺利，并在三泉俘获了前蜀的大量兵士，但在知晓以利害祸福之后，将他们全都释放了，随后昼夜兼行，继续前进。王衍从利州逃回成都，阻断吉柏津以绝追军。康延孝重新架设浮桥，把部队渡过河去，并进攻绵州。王衍又破坏了绵江的浮桥逃走。绵江水深，没有船只可渡，康延孝对招抚使李岩说："我们孤军深入，利在速战。乘王衍已经破胆、部下人心沮丧离散之机，只要有一百名骑兵度过鹿头关，敌人就会应接不暇。假如等浮桥修缮好，就要停留几天，而此时王衍只要坚守附近的关隘，离散我军兵势，拖延上十天八天，那么谁胜谁负就很难说了。所以，应当催促大军赶紧渡江。"于是，康延孝与李岩遂乘马渡江，当时能够渡过去的只有千把人，而步军被淹死的有一千多人。延孝既然得以渡过绵江，便率军长驱直入，越过鹿头关，进攻汉州，从而平定前蜀。

后唐明宗准备前往汴州，到达荥阳后，玄武节度使朱守殷心中感到既疑虑又恐惧，判官孙晟劝守殷反叛，守殷遂上城据守。明宗派范延光前去说服他，范延光说："如果不赶快攻打，那么汴州就会变得城池坚固。希望您给我骑兵五百名，让我先去和他交战，我一去，他们必将人心震骇。"明宗答应了范延光的请求。延光从下午五时至半夜，急驰二百余里，突然赶到守殷城下，即开始攻城。第二天，城上的守兵见到明宗来到，先后开门投降，延光遂进入城内，与叛军进行巷战，结果将叛军全部歼灭。

宋太祖建隆元年，李筠谋反的决心已定，枢密使吴延祚对太祖说："潞城四周山岩高耸，地势险阻，而且有太行山的阻隔，叛军如果坚守，短时间内不一定能将其攻克。李筠一向轻捷勇锐，假如火速派兵前往攻打，他必然会出关迎战，而他一旦离开自己的巢穴，就容易将其俘获了。"太祖采纳了他的意见，遂亲自率军前去征发。大军到达荥阳后，西京留守向拱劝太祖渡黄河，越太行，乘叛军尚未聚集之机将其击灭，认为如果拖延上几天，恐怕叛军势力更盛，更加难以消灭了。赵普也说："用兵尚拙速，不尚巧迟。倍道兼程，趁其未加防备而发动突然袭击，可以一战将其消灭。如果让他坚持固守，使我军师老兵疲，辎重粮食补给失去保障，[后果就很难说了]。"太祖听从了他的意见。六月，太祖到达泽州，召见控鹤左厢都指挥使马全义询问破敌计策，全义请求集中兵力火速攻城，并且说如果迟缓推延，恐怕发生不测。太祖命令各路兵马奋力出击，并且亲自率领自己的亲兵作为后继。很快，即将潞城攻克[，李筠赴火而死]。

示缓

【原文】

秦伐韩，赵令赵奢[①]将[兵]救[②]之，去邯郸三十里而令军中曰："有以军事谏者死。"秦军鼓噪勒兵，武安屋瓦尽震。军中候有一人言急救武安，奢立斩之，坚壁留二十八日不行，复益增垒。秦间[③]来，奢善食遣之。间以报秦将，秦将大喜，曰："夫(夫)[去]国三十里而军不行，乃增垒，阏与非赵地也，必矣。"奢既已遣秦间，乃卷甲而趋之，二日一夜至，令善射者去阏与五十里而军。军垒成，秦人斗之，悉甲而至，奢纵兵击破之，遂解阏与之围。

曹操征张绣[④]，荀攸[⑤]曰："绣以游军仰食于刘表[⑥]，表不能供也，势必离；不如缓以待之，可诱而致；若急之，势必相救。"操不从，遂进军与绣战，表来救之，操败。

曹操既克邺[⑦]，袁尚、袁熙遂奔辽东，有众数千。时辽东太守公孙康恃远不服。曹公破乌桓[⑧]，或说公遂征之，尚、熙可擒。公曰："吾方使康斩送其（有）[首]，不烦兵矣。"公引兵还，康果斩尚、熙，（傅）[传]送其首。诸将（惑）[或]问："公还而斩熙、尚，何也？"公曰："彼素畏尚、熙，吾急之则并力，缓之则相图，其势然也。"

【注释】

①赵奢：战国时赵将。初任赵之田部吏，主治国赋，国赋平，民富而府库实。后率军大破秦军，解阏与之围而归。赵王赐号马服君。

②救：救援。

③间：间谍。

④张绣（？～207年）：东汉末武威祖厉（今甘肃靖远西南）人。汉末凉州大乱，起兵从董卓，迁建忠将军，后降曹操，立有战功。

⑤荀攸（157～214年）：东汉末颍川颍阴（今河南许昌）人，字公达。被曹操用为军师，屡进良谋。

⑥刘表（142～208年）：东汉末山阳高平（今山东金乡西）人，字景升。汉宗室。少知名，为"八俊"之一。后为荆州刺史，封成武侯。

⑦邺：今河北临漳北。

⑧乌桓：我国古民族名。亦称"乌丸"。东胡别支。秦末匈奴冒顿强盛，灭其国，避徙至乌桓山以自保，遂称乌桓。

【译文】

战国时，秦国攻打韩国，韩国向赵国求救，赵君命赵奢为将，率兵往救。赵奢在离邯郸城三十里的地方驻扎，并下令说："军中敢议论军事而提意见的人立即处死。"秦军击鼓呐喊，部署部队，武安的屋瓦都被震动起来了。当时，赵军中有一人建议火速救援武安，赵奢立即将此人处死。赵军在原地停留二十八天，不仅没有前进，反而不断加固堡垒。秦军疑惑不解，派人前来侦察，赵奢用好酒好菜相待，然后打发他们回去。秦军的探子将赵军的情况报告给秦将，秦将听后非常高兴，说："在本国作战，行军三十里后即不再前进，却加固堡垒，阏与不是赵国的土地了，这是一定的了！"赵奢刚把秦军的探子放回去后，立即聚集部队直奔秦军而来，两天一夜就到达阏与。他命令善于射箭的士卒在离阏与五十里的地方修建营垒，营垒刚刚修好，秦军即前来挑战，赵奢率领全军赶到，统率部队攻击秦军，秦军大败，于是解除了阏与之围。

曹操讨伐张绣，荀攸建议道："张绣所带领的是一支流动作战的军队，后勤供给依仗刘表，而刘表不能供应他给养，这支部队势必人心涣散。你不如慢慢等待，然后设法引诱张绣前来[，然后寻机消灭他]。假如把他逼急了，刘表一定前去救援。"曹操没有采纳荀攸的建议，进军和张绣交战，刘表前来救援，曹军果然被打败。

曹操已经攻占邺城，袁尚、袁熙逃奔到辽东，仍有部众数千人。当时，辽东太守公孙康以为辽东距曹操较远，因而不肯服从曹操。曹操击败乌桓，有人劝说曹操乘机征伐袁尚、袁熙二人，以为必定能将他们擒获，曹操回答道："我正想让公孙康将二人杀掉，把二人的脑袋送来，不用打扰士卒了。"曹操率部回师的途中，公孙康果然将二袁的脑袋送了来。众将对此困惑不解，问道："您已经回师，而公孙康却将二人杀掉，这是什么原因？"曹操说："公孙康平时就惧怕二人，假如我逼得他们太急，他们就会联合起来；我放慢进攻的节奏，他们之间就会内讧争斗，这是当时形势的必然结局。"

示弱

【原文】

春秋时，楚武王侵随[①]，使薳章求成(马)[焉]，军于瑕以待[②]之。随人使少师董成。鬥伯比[③]言于楚子曰："吾不得志于汉东也，我则使然。我张吾三军而被吾甲兵，以武临之，(后)[彼]则惧而协以谋我，故难间也。汉东之国随为大，随张必弃(国小)[小国]，小国离，楚之(离)[利]也。少师侈[④]，请(羸)[羸]师以张之。"王毁军而纳少师。少师归，请追楚师，随侯将许之。季梁[⑤]止之曰："天方授楚，楚之(羸)[羸]，其诱我也，君何急焉？君姑修政而亲兄弟之国，庶免于难。"随侯惧而修政，楚不敢伐。

楚师次于句(筮)[澨][⑥]，使(卢)[庐]戢(黎)[梨]侵庸，及(亭)[庸]方城[⑦]。庸人逐之，囚子杨窗。三宿而逸，曰："庸师众，群蛮聚焉，不如复大师，且起王卒，合而后进。"师叔曰："不可。姑又与之遇以骄之。彼骄我怒，而后可克。先君蚡(胃)[冒]所以服陉、隰[⑧]也。"又与之遇，(遇)[七]遇皆北，惟裨、儵、鱼人实逐之。庸人曰："楚不(早)[足]与战矣。"遂不设备。楚子乘馹[⑨]，会师(子)[于]临品[⑩]，分为二队：子越自石溪，子(具)[贝]自仞，以伐庸。秦人、(色)[巴]人从[楚]师，[群蛮从]楚[子]盟。遂灭庸。

战国赵将李牧[⑪]常居代(郡)、雁门备(贼兵)[匈奴]，以便宜置吏，市租皆输入幕府，为士卒费，日击数牛飨士；习骑射，谨烽火，多设间谍，厚遇战士，为约曰："单于为盗，(意)[急]人堡，有敢捕(盟)[虏]者斩。"(贼兵)[匈奴]每人，烽火谨，辄入堡，不敢战。如是数岁，亦不亡失。然(贼兵)[匈奴](请)[皆以]牧为怯，赵王让牧，牧如故。王怒，使人代将。岁余，(败兵)[匈奴]每来，出战数不利，失亡多，复遣牧。牧至[边]，如故约。(纪其)[匈奴]数岁无所得，终以为怯。边士日得赏赐[而不用]，皆愿一战。于是，乃且选兵车得千三百乘，[选]骑[得]万三千匹，百(全)[金]之士五万，控弓弩者千万人，悉勒习战；大纵畜牧，人众满野。(荀败)[匈奴]小(人)[入]，佯走不胜，以数(千)[十]人委之。单于闻之，大率众而来，牧多为奇阵，张左、右翼击之，破杀(贼兵)[匈奴]十余万骑，单于奔走，十余岁不敢近边。

韩、魏相攻，齐相田忌[⑫]率兵伐魏。魏将庞涓[⑬]闻之，释韩而归。齐孙子[⑭]谓田

忌曰："彼三晋之兵，素皆悍勇而轻齐，[齐]号为怯。善战者因其势而利导之。兵法：'百里趣利者蹶上将，五十里趣利者半至。'(乃)使齐军人魏地为十万灶，明日为五万灶，又明日为三万灶。"庞涓行三日，大喜，曰："我固知齐卒怯，人吾地三日，士卒亡者过半矣。"乃弃其步兵，与其轻锐倍日并行(遂)[逐]之。孙子度其行，暮当至马陵，马陵道(挟)[狭]而旁多阻隘，可伏兵，乃(砍)[斫]大树，白而书之曰："庞涓死此树下！"于是令万弩夹道而伏，(其日)[期曰]："暮见火举而俱发。"庞涓夜至(砍)[斫]树下，见白书，乃举火烛之。读书未毕，齐军万弩俱发，军大乱，庞涓乃自刎。

前汉韩王信反，亡走(败兵)[匈奴]，与(贼兵)[匈奴]谋攻汉。高帝自往击之，至晋阳，使人觇(贼兵)[匈奴]，冒顿匿其壮士、肥牛马，但(是异)[见老]弱及羸畜。使者十辈来，皆言(贼败)[匈奴]可击。帝使刘敬复往使(贼寇)[匈奴]，还报曰："两国相击，此宜夸矜，见所长；今臣往，徒见羸(胔)[瘠][15]、老弱，此必欲见短，伏奇兵以争利。愚以为(贼兵)[匈奴]不可击也。"是时，汉兵已逾句(汪)[注]三十余万众，兵已行，帝怒，以为沮吾军，械(击)[系]敬广武，遂往。至平城，(贼兵)[匈奴]果出奇兵，围高帝[于]白登，七日然后得解。

后汉末，孙策[16]攻陈登于匡琦城。贼初到，旌甲覆水，群下咸欲引军避之，登乃闭门自守，示弱不战，将士衔枚，寂若无人。登[乘]城观形势，知其可击，乃申命士卒，(众)[宿]整兵器，昧爽[17]，开南门，引军(指)[诣]贼营，步骑抄其后。贼周章，方结阵，不得还船。登纵兵乘之，[贼]遂大败。

陈霸先讨杜龛，以侯安都[留台](君)[居]守，齐军乘虚入据石头，游骑至于(关)[阙]下。安都闭门(兵)[偃]旗帜，示之以弱，且令城中曰："有登陴看贼者斩！"及夕，贼收军还石头。安都夜令士卒密营御敌之具。明晨，贼骑又至，安都率甲士三百人，开东西掖门与战，大败之。贼乃退，不敢[复]逼台城。

后周末杨坚[18]作相，尉迟迥拒命，坚遣将于仲文率兵定关东，次蓼堤。迥将檀让，拥众数万人。仲文以羸师出战，让悉众来拒，仲文伪北，让军颇(不)[骄]。于是遣精兵左右翼击之，大败让军，进攻梁郡，迥守将刘子宽(乘)[弃]城遁走。(此下删"晋末孙恩作乱"一节)

隋末，贼(师)[帅]孟让[有]众十余万，屯盱(贻)[眙]。炀帝[19]遣王世充拒之，[而羸师示弱，]保都梁山，不与战，乃宣言士卒亡叛，使贼中闻之。让果大笑曰："王世充文法[小]吏，何能为将？吾当生缚之。"于是进攻其栅。世充与战，佯不胜，让益轻之，乃分兵虏掠。世充知其可击，令军中夷灶(散)[撤]幕，设方阵，四面[外向]，(而)[毁栅]出战，大破之，虏男女十万余口，让仅以身免。

五代周世宗伐江南，大将张永德请行效命。师至寿春，刘仁赡坚壁不下。永德出疲兵居前禅之，伏精兵于便地，每战佯不利，北退三十里，伏兵悉起，前后夹攻，大败之，仁赡仅免。

本朝太宗时，契丹[20]与西贼相结窥边，上密授成算于府州折御卿，使为之备。至是，虏将韩德(城)[威]万余众，诱党项勒浪等族，自振武入寇，御卿大败之于子河(仪)[汊]。勒浪等族乘败之乱，诈为府州兵，蹑其后，虏众死者十六七。奏至，上召其使问(伏)状，因笑谓左右曰："北寇小丑，轻进易退，常戒边将，勿与争锋，待其深入，即分奇兵，断其归路，从而击之，必无遗类[21]，果如我言。”左右呼万岁。四遣内侍往匿地形，观其勒浪等族，既与虏有隙，悉(疑)[移]塞内附。

【注释】

①随：随国，春秋时一小国。

②待：等待。

③跱伯比：楚臣。

④侈：浪费，夸大。引义为骄傲。

⑤季梁：随臣。

⑥句澨：古地名。位于楚国西界，今湖北均县西。

⑦方城：指方城山，在今河南叶县南。

⑧蚡冒：楚武王父。陉、隰：古地名。均在河南新郑附近。

⑨潪：古时驿站专用的车。

⑩临品：古地名。楚地。在今湖北均县境。

⑪李牧(？~前229年)：战国赵国将军。常驻扎赵北边境，甚得军心。后赵王中秦反间计，捕杀之。

⑫田忌：战国初齐将。曾向齐威王推荐孙膑为军师。后被诬欲谋反，一度奔楚。

⑬庞涓(？~前342年)：战国时魏国将领。早年与孙膑同学兵法，后对膑施以毒刑。在对齐军作战中骄傲轻敌，兵败马陵(今山东郯城境)而自杀。

⑭齐孙子：即孙膑。战国时军事家。齐国阿(今山东阳谷东北)人。孙武之后。曾与庞涓同学兵法，后被庞涓处以膑刑(去膝盖骨)，故称孙膑。齐威王任为军师，先后大败魏军于桂陵、马陵，逼使庞涓自杀。

⑮瘠：瘦弱。

⑯孙策(175~200年)：东汉末吴郡富春(今浙江富阳)人，字伯符。孙坚长子。先归附袁术，后讨江东，封吴侯，势力逐渐壮大。最终为人暗杀。

⑰昧爽：黎明，拂晓。

⑱杨坚(541~604年)：即隋文帝。其父为北周大臣，封隋国公。581年代周自立，国号隋。

⑲炀帝(569~618年)：即杨广。604~618年在位。在位期间，征敛苛酷，兵役繁重，穷奢极欲，致使民怨沸腾，造成了全国性的农民大起义。后在江都被缢死。

⑳契丹：我国古民族名。为东胡族的一支，居今辽河上游西拉木伦河一带，以游牧为主。北魏时自号契丹，分属八部。唐于此置松漠都督府，以契丹首领为都督。公元907年，耶律阿保机统一各部，建契丹国，自称皇帝。后改国号为辽。

㉑遗类：遗漏的东西。

【译文】

春秋时，楚武王侵略随国，先派薳章前往求和，楚军驻扎在瑕地等候结果。随侯让少师主持和谈。鬥伯比对楚武王说：“我们在汉水以东不得志，是我们自己导

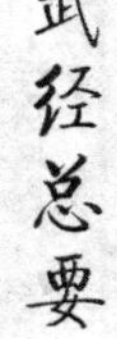

致的。我们扩大自己的部队，整顿装备，以武力威胁那些小国，那些小国就会因为害怕而联合起来对付我们。汉水以东各国，随国最大，随国如果强盛起来，就必然会抛弃那些小国。而小国之间万一离心，对楚国就将是很有利的。少师这个人很自傲，请君王以衰弱疲惫的军队来困惑他们，让他们更加自高自大。”楚王采纳了鬥伯比的建议，隐藏了楚军的精锐部队，而把病弱年老的士兵摆了出来，然后接待了少师。少师回去以后，建议随君追击楚军，随侯刚准备接受他的建议，季梁制止道：“楚国现在正是得势的时候，他们用年老病弱的部队引诱我们上钩，国君您有什么可着急的呢？你不如姑且修明内政，处理好和兄弟国家的关系，这样做或许能避免灾难。”随侯听后感到害怕，于是开始修明政治，而楚国果然不敢轻易前来侵扰。

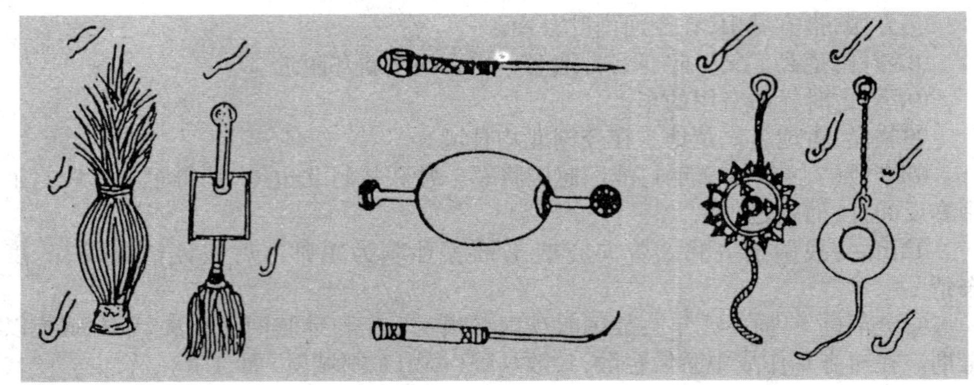

楚国出兵伐庸，大军到达句澨驻下营寨，派庐戢黎前去攻击庸国，到了庸国的方城。庸人赶走了楚军，囚禁了庐戢黎属官子扬窗。过了三个晚上，子扬窗逃了回去，说：“庸国的军队人数众多，蛮人都集中在那里，不如再发大兵，同时出动国君的直属部卒，合兵以后再进攻。”师叔曰：“不行。姑再与他们交锋，以使他们骄傲。他们骄傲起来，然后我们就可以打败他们。先君蚡冒就是这样使陉隰人归顺的。”楚军就再次与庸人交战，结果七战皆败，而蛮人中只有裨、鲦、鱼人追击楚军。庸人说：“楚军已经经不起一战了。”因而不再设防。楚王乘坐驿站的传车，在临品与前方部队会师，然后把所有部队分为二支：子越从石溪出发，子贝从仞地出发，以攻击庸人。秦军、巴军紧随其后，蛮人屈服只好与楚王结盟，于是就消灭了庸国。

战国时，赵国将领李牧常年在代郡、雁门郡驻守，防守匈奴的进攻。李牧依据当地的具体情况设置管理市场的官吏，获得的租税全部悉数收归军队，作为士兵日常开支的费用，每天都要宰杀几头牛来犒赏士兵，让士卒练习骑马射箭。除此之外，还设置了许多烽火台，派出了许多侦察敌情的间谍，并且给士卒以优厚的待遇。他与将士们约定说：“匈奴单于前来侵掠，赶紧进入堡垒防守，有人胆敢捕杀敌人，立即斩首。”因此，每当匈奴前来侵略时，士兵们都躲进堡垒，点起烽火，而不敢和敌人交战。这样过了几年，边疆也没有什么损失。可是，匈奴却认为李牧这是软弱无能。赵王了解这一情况后责怪李牧，然而李牧还和以往一样，赵王非常生气，便撤了他的职，另外派人接替他。此后，匈奴频繁地前来侵略，而赵军每次出战都很不利，损失很大，赵王只好又恢复了李牧的职位。李牧到任后，依然像以往那样行事，接连几年也没有什么起色，赵王始终以为他懦弱。然而，士兵们因为每天都得奖赏和优待，[非常感动，]都愿意拼死一战。于是，李牧就挑选出战车一千三百辆，战马一万三千匹，精锐的士卒五万人，擅长射箭的士兵十万人，命令他们加紧操练，演习阵法，并且大规模的放牧战马，一时间边境上人畜满山遍野。不久，匈奴一支小部队前来侵扰，李牧命令部下假装战败，并且故意让敌人掳去数十人。匈奴单于知道这一情况后，遂率部大举进犯。李牧调兵遣将，布下奇阵，又分兵从左右两翼包抄敌人，向匈奴发起反攻，结果击溃、斩杀匈奴十余万骑兵，单于狼狈逃跑，此后十几年之间不再敢靠近汉朝边界。

韩、魏两国交战，齐相田忌率兵伐魏以救韩。魏将庞涓听说以后，停止了对韩国的进攻而急忙回国。军师孙膑对田忌说："魏军平素凶狠善战，因此轻视齐军，认为齐军胆小怯懦。擅长用兵的人应该根据敌情敌势而以小利引诱敌人。兵法上讲：'奔走上百里而争利，将会损失上将；奔走五十里而争利，将只有一半的人马能够到达目的地。'应当命令齐军进入魏国境内之后，第一天垒十万个锅灶，第二天减少到五万个，第三天减少到三万个。"[田忌采纳孙膑的建议，命令齐军一切照办。]庞涓尾随齐军追了三天，看到这一情形后十分高兴，说："我本来就知道齐国的士卒胆小怯战，齐军进入我国境内三天，士卒已逃走了一多半了。"于是，他扔下步兵，只率骑兵轻装前进，日夜兼程地追赶齐军。这天，孙膑料想到庞涓在傍晚时分会赶到马陵，而马陵道一带地形狭窄险要，两边都是高山，可以布设伏兵，就削掉路旁一棵大树的树皮，在白色的树干上写下一行字："庞涓死于此树之下！"然后命令一万多善射的弓箭手埋伏在马陵道的两侧，命令他们在当天傍晚看到火光一亮，就立即射箭。庞涓当天晚间果然赶到此处，见路旁剥皮的树干上有字，就让士兵点起火把照亮，但他还没有读完树干上的字，齐军即万弩齐发，魏军登时大乱，庞涓见事已至此，遂自刎而死。

西汉时，韩王信叛乱，逃亡到了匈奴，与匈奴合谋攻汉。汉高祖刘邦亲自率兵前往讨伐。汉军到达晋阳后，刘邦派人前去侦察匈奴的虚实。匈奴冒顿单于把精锐的部队和肥壮的牛马都隐蔽起来，只让汉军使者看到老弱病残部队和牲畜。结果，汉军的十几批使者都异口同声地说匈奴可以攻击。刘邦又派刘敬再次出使匈奴，刘敬回来后报告说："两国交战，应当张大声势，显示自己的长处。而现在我在匈奴军中看到的只是老弱病残的人，这一定是匈奴故意暴露自己的弱点，事先埋伏好奇兵以围困我们。我认为不能贸然进攻。"这时，汉军已有三十多万人越过句注山，大军已经上路了，刘邦认为刘敬这是在动摇军心，因而大怒，把刘敬抓起来关押在广武，于是，汉军继续行进，抵达平城。事情果然不出刘敬所料，匈奴发动伏兵攻打汉军，刘邦被围困在白登山长达七天之久才得以脱围。

东汉末年，孙策在匡琦城围攻陈登。孙策刚到时，兵众强大，水面上都是东吴的战船，陈登手下众将都打算率军离城以躲避孙策的锐气，而陈登却立即关闭城门自守，故意装出力量弱小、不敢交战的样子，城中的将士默不作声，全城寂静得像没有人防御似的。陈登又登上城头观察形势，以为是进攻的时候了，立即下命令集合队伍，做好战斗准备。黎明时分，陈登打开匡琦城南门，指挥部队直攻敌营，而以步兵骑兵偷袭敌人的后路。敌将周章正准备迎战陈登，不能回到船上。陈登挥军乘机进攻，于是大获全胜。

陈霸先征伐杜龛，任命侯安都镇守台城，北齐的军队乘机占领石头镇，前哨抵达台城城下。侯安都关闭城门，偃旗息鼓，故意装出兵力不足的样子，又在城中下军令道："胆敢登上城墙观看敌军者立即处死！"到了晚间，北齐军收兵回石头镇。安都命令士卒在夜间秘密制造铠甲之类的防范器具。第二天早晨，敌人的骑兵又来了，侯安都统领全身披挂整齐的士卒三百人，打开城的东、西旁门，出城与敌人交战，大获全胜。齐军立即撤退，不敢再进逼台城。

后周末年，杨坚为后周宰相，尉迟迥拒不服从他的命令，杨坚派大将于仲文率军平定关东，军队屯驻在蓼堤。尉迟迥手下将官檀让有几万人的队伍，于仲文以病弱老残的部队出战，檀让率全军迎击，于仲文诈败，檀让的部队颇不以为意。这时，于仲文派精锐部队从左右两侧夹击敌人，檀让大败。于仲文又率军围攻梁郡，守将刘子宽悄悄地弃城逃跑了。

隋朝末年，孟让率领的起义军有十多万人，在盱眙驻营。隋炀帝派王世充率军前往抵御，世充以老弱病残的士兵向义军示弱，保守都梁山不与义军交战，并且散布出谣言说士卒背叛，故意让义军知道这一假情报。孟让听后果然很高兴，大笑说："王世充只不过是个小小的文官，他怎么能带兵打仗呢？我必将活捉他。"于是，孟让进攻世充的营房。王世充与其交战，佯败，孟让越发怠慢隋军，于是分兵抢掠。王世充知道进攻的机会来了，就命令部队平掉锅灶，撤掉帐幕，布置成四面外向的阵势，然后毁掉营栅出战，结果大破义军，活捉义军男女十万多人，只有孟让一人得以逃脱。

五代时，周世宗进攻江南，大将张永德请求随军效力。部队抵达寿春城，守将刘仁赡坚壁自守，两军僵持不下。张永德命令军中患病的士卒在前方挑战，而把精锐部队埋伏在便利的地方，准备伏击敌军。双方每次交战，张永德总是佯败后退，刘仁赡率军紧紧追赶。大约向北追赶了三十里，伏兵四起，张永德指挥大军前后夹击，结果大获全胜，只刘仁赡自己得以逃脱。

本朝太宗时期，契丹和党项互相勾结，窥探边境虚实，太宗秘密授计给所在府州的折御卿，吩咐他做好防守的准备。后来，契丹将领韩德威率一万多人，引诱党项勒浪等部从振武侵犯边关，被折御卿在子河汊打得大败。而勒浪等族的人，则乘契丹杂乱之机，假称是府州兵，跟在后面追击，契丹人死者十之六七。捷报到达后，太宗召见折御卿的使者，询问有关此战的情况，然后笑着对身边的人说："北方的小丑，轻于冒险进攻，也容易败散退走，所以我经常训诫边境诸将，不要草率和敌人交战，等到敌人孤军深入时，再分派奇兵，出其不意地切断他们的退路，然后向敌人发动进攻，一定不会有丢掉的，情况果然不出我的意料。"太宗身边的人都高呼万岁，称赞皇帝英明。太宗又先后四次派宦官前赴敌酋隐匿的地方观察地形，宦官们看到勒浪等部落与契丹有矛盾，于是[建议朝廷将他们]移居塞内，从而使勒浪全部归顺宋朝。

示强

【原文】

春秋，楚将子元以车六百乘伐郑，师于桔扶之门，又自纯门及(达)[逵]市。县门不发，效楚言而出。子元曰："郑有人焉。"[诸]侯救郑，楚[师]夜遁。郑人将奔桐丘，谍告曰："楚幕有乌。"乃止。

楚大饥，戎伐其西南。庸(入)[人]帅群蛮以叛楚，麇人率百濮将以伐楚。于是申息之北门不启。楚人谋(徒)[徙]于(板)[阪]高，芀贾曰："不可。我能往，寇亦能往，不如伐庸。夫麇与百濮，(为)[谓]我饥不能师，故伐我也。若我出师，必惧[而归]。百濮离居，将各走其邑，谁暇谋人。"乃出师，旬有五日，百濮乃罢。自庐以往，振禀同食。

后汉虞诩[1]为武都太守，以讨叛羌。羌乃率众数千，遮诩于陈仓、崤谷。诩即停军不进，而上书请兵。羌闻之，乃分抄旁县。诩因其兵散，日夜进道，(行)兼[行]百余里，令吏士各作两灶，日增倍之，羌不[敢]逼。或问："孙膑减灶，而君增之，兵法日行不过三十里，以戒不虞，而今日且二百里，何也？"诩曰："贼众多，吾兵少，徐行则易为所及，速进则彼所不测。贼见吾灶日增，必谓郡兵来迎，众多行速，必惮追我。(追)孙子见弱，吾今示强，势不同故也。"到郡，兵不满三千，而羌众万余，攻(因)[围]赤亭数十日。诩乃令军中使强弩勿发，而潜发小弩。羌以为矢力弱，不能至，并(女)[兵]急攻。诩于是使二十强弩共射一人，发无不中，羌大震，退。诩因出城(夺百)[奋击]，多所杀伤。明日，悉陈其众，令从东郭门出，北郭门入，贸易衣服，回转数周。羌不知其数，(便)[更]相恐动。诩计贼当退，乃潜遣五(日)[百]余人于浅水设伏，候其走路。贼果[大]奔，因掩而大破之。

赵石勒[2]以荆州监军郭敬[3](勉)[寇]晋襄阳。勒令敬退屯樊城，戒之，使偃藏旗帜，寂若无人。[曰]："彼若使人观察，则告之曰：'[汝宜]自(受)[爱]坚守，后七八日，大(旗)[骑]将至，相(禁)[策]，不复得走[矣]。'"敬使人浴马于津，周而复始，昼夜不绝。伺谍还告晋南中(即)[郎]将周抚，[抚]以为勒大军至，惧而奔于武昌。敬遂入襄阳。

【注释】

①虞诩：东汉陈国武平（今河南拓城南）人，字升卿。刚正之性终老不改。迁尚书令，后免官。

②石勒（274～333 年）：十六国后赵建立者。公元 319～333 年在位。羯族。父、祖皆为部落小帅。投附刘渊，改姓石氏。以襄国（今河北邢台西南）为据点，扩展势力。灭前赵，即皇帝位，改元建平。后病死。

③郭敬：十六国时邬县（今山西介休东北）人，字季子。石勒曾充其家田客，后被石勒擢为上将军，为荆州监军。

【译文】

春秋时期，楚将子元率领六百辆战车进攻郑国，进入桔扶门，继而又进入纯门，到达郑国大路旁边的市场。郑人将内城城门悬而不闭，并派使者模仿楚人的语言而出。子元说："郑国有人才啊。"而这时［也有消息说］诸侯都发兵援救郑国，楚军只好连夜逃走了。郑人原来想逃到桐丘，探子报告说："楚军的营帐上已有乌鸦栖息。"由此就放弃了逃跑的念头。

春秋时，楚国发生了大饥荒，戎人乘机进攻楚国的西南部。这时，庸人统领各族也背叛了楚国，而麇人率领百濮等族则即将攻打楚国。楚国只得紧闭中地、息地的北门，拒不交战。楚国朝野上下都认为应该将都城迁移到阪高，芀贾说："不行。我们能去，敌人也能去。如这样做，还不如攻击庸人。麇人和百濮以为我们饥荒，根本不能出兵，所以前来攻打我们。如今，假如我们出兵，他们必然因畏惧而退兵。他们居住分散，必然各自回到自己的住地，谁还会顾得上算计别人呢！"于是，楚人立即出兵。结果，只过了十五天，百濮就撤走了。楚军庐地出发，每到一地就打开粮仓，让将士们一起食用。

东汉时，虞诩被任命为武都太守，奉命前往讨伐背叛汉朝的羌人。羌人［得到消息后，］便率众数千，在陈仓、崤谷一带阻击汉军。虞诩［在进军途中知道这一情况后，］立即命令军队停止前进，上书朝廷请求援兵。羌人听说后，遂分兵抄掠附近的县邑。虞诩则乘机命部下昼夜兼程，每天行军一百多里，并命令士兵每人当天垒两个锅灶，此后每天以两倍速度增加锅灶，结果使羌人不敢追击。有人问虞诩道："当初孙膑减灶，而您却增灶，兵法要求一天行军最多只能走三十里，以防不测，而您现在一天行军将近二百里，这是因为什么呢？"虞诩回答说："敌众我寡，走慢了容易被追上，走快了则可以让敌人无法窥测我们的情况。敌人见我军锅灶一天比一天多，就会认为有地方兵前来与我们会合。我军人一天比一天多，而且行军速度又快，敌人就一定轻易不敢追赶。当年孙膑示弱，今天我们示强，完全是由于形势不同的缘故。"虞诩到达武都时，军队不足三千人，而羌人达数万人，围攻赤亭已达十几天。虞诩于是命令军中使用强弩的士兵不要射击，而是暗中用射程近的小弓箭。羌人以为虞诩军的箭没有力量射不到自己，便合力急攻。虞诩见时机已到，命令军中二十张强弩齐射一人，发无不中。羌人大惊，急忙退军。虞诩乘机出城，追杀一百多所里，杀伤了很多羌兵。第二天，虞诩把城中所有的人都拉出城来，吩咐这些人从城东门出去，再由城北门进来，并且每次都更换衣服。这样接连转了好几圈，羌人不知道虞诩军中到底有多少部队，因而人人害怕，军心开始紊乱。虞诩估计敌人一定撤退，便偷偷地派五百多名士兵在浅水一带埋伏，等到羌人路过这里时发动袭击。不出所料，羌人果然撤退到浅水一带，汉军乘势发起进攻，从而大获全胜。

后赵石勒，以荆州监军郭敬侵略东晋的襄阳城。石勒命令郭敬退到樊城扎营，告诫他，要他偃旗息鼓，使城内好似没有人一样，并且说："晋军如果派人来侦察，就告诉敌军的探子说：'你们好好在那里坚守吧，七八天以后，我们的大队人马就要来到了，我思量，到那时你们可能想走也不可能了。'"郭敬派人在河中给马洗澡，周而复始，昼夜不停。敌军探子把这些情况回去告诉了东晋驻守襄阳的南中郎将周抚，周抚认为石勒的大队人马就要到了，心中恐慌，遂逃往武昌。郭敬则[兵不血刃，]顺利地进入襄阳城。

示闲暇

【原文】

汉景帝时，(贼人)[匈奴]大人上郡。天子使中贵人从李广[①]勒兵击(贼兵)[匈奴]。[中]贵人将十骑出猎，见射(调)[雕]三人，与战，被射伤。中贵人走广，广曰："必是(贼兵)[匈奴]射雕者也。"广乃从百骑往驰三人，令其骑张左右翼，而广身射彼三人，杀其二人，生得一人，果射雕者也。遥见(贼兵)[匈奴]有数千骑，见广，以为诱骑，惊上山阵。广所从百骑皆大恐，欲还驰走，广曰："吾去大军数十里，今若走，(寇兵)[匈奴]追射我立尽；(各)[若]我留，(贼兵)[匈奴]必以我为大军之诱，必不敢击我。"广令诸骑曰："前，未到(汉兵)[匈奴]阵二里所止，皆下马解鞍。"其骑曰："贼多且近，即有急，奈何？"广曰："彼(阵)以为我走，今皆解鞍，示不走，用坚其意。"(寇)[贼]骑遂不敢击。有白马将出护其兵，于是广上马与十余骑奔射，杀之，复还其骑中解鞍，令士皆纵马卧。是时会暮，(贼兵)[匈奴]终怯之，不敢击。向夜半时，(贼兵)[匈奴]以为汉有伏军于旁，皆引兵去。诘朝，广乃归其大军。

曹操军临汉中，蜀将赵云[②]将数十骑轻行，猝与操大军遇，遂前突其阵，且斗且却。操军追至营，云更大开门，偃旗息鼓，操兵疑有伏，引去。

蜀诸葛亮屯阳平，遣魏延[诸军]并兵东下，亮惟留万人守城。魏将司马懿[③]率二十万众拒亮。亮在城中，兵力弱，将士失色。亮是时意气自若，(勒)[敕]军中皆偃旗(弘)[息]鼓，不得[妄]出庵[④]幔，开四门，扫地却洒。懿疑其有伏，于是引军北趣山。亮谓参佐曰："司马懿谓吾有强伏，循山走矣。"候(暹)逻还白，如亮所言。宣王后知，深以为恨。

前凉张重华以谢艾为军师[将军]，率[步]骑三万，进军临河。后赵石(李)[季]龙将麻秋以三万众拒之。艾乘轺车，冠白帢，鸣鼓而行。秋望而怒曰："艾年少书生，冠服如此，轻我也。"命黑矟、龙(瀼)[骧]三千人驰击之。艾左右大扰，或劝艾乘马，艾不从，乃下车据(明来)[胡床]，指麾处分。贼以为有伏发也，惧不敢进。又遣将缘(何)[河]截其后，秋军乃退，艾乘胜奔击，遂大败之。

东魏高仲密叛，以北豫州附魏，宇文泰[⑤]率军应之。至洛阳，与东魏高欢战于(招)[邙]山，赵贵为左军，若(干)[于]惠为右军。欢兵萃左军，赵贵等战不利。会日暮，欢进兵攻惠，惠击之，皆披靡。至夜，惠引去，欢骑复来追之。惠徐下马，顾命厨人营食，食讫，谓左右曰："长安死，此中死，有以异乎？"乃建旗鸣角，收败军徐还。欢追骑惮惠，疑有伏兵，不敢逼。

唐吐蕃陷瓜州，王君㚟[⑥]死，河西汹惧。以张守珪[⑦]为瓜州刺史，领余众方复州城，贼又暴至，略无守御之具。守珪曰："彼众我寡，又创痍之后，不可以矢石相持，

须以权道制之也。”乃于城上置酒作乐，以会将士。贼疑城中有备，不敢攻城而退。守珪统兵击败之。

本朝李谦溥[⑧]初事周，为闲厩[⑨]，使知隰州，与太原接境。谦博至，则设城隍，严兵备。不旬日，并人果以数十骑来寇城。时盛暑，谦博服稀绤[⑩]，摇羽扇，引二小吏登城，徐步按视［战具］。贼知是谦溥，勒兵不敢动。谦溥遣死士百人，短兵坚甲，夜缒而出，薄贼营鼓噪，营中（天）［大］扰，［悉众］遁去。

【注释】

①李广（？～前 119 年）：西汉陇西成纪（今甘肃秦安北）人。以军功显名。匈奴称为“汉飞将军”，避讳之不敢入界。

②赵云（？～229 年）：三国时常山真定（今河北正定）人，字子龙。本属公孙瓒，后为刘备主骑。曾以孤军抗曹操大军，备叹称“子龙一身是胆”。

③司马懿（179～251 年）：三国时河内温（今河南温县西）人，字仲达。多谋略，善权变。魏文帝死，遗诏与曹真、陈群辅佐朝政。后上尊号曰宣皇帝。

④庵：圆形草屋。

⑤字文泰（507～556 年）：北朝时代郡武川（今内蒙古武川西）人，字黑獭。后专军国大政，授大将军，进位丞相。军纪严明，知人善任，提拔李弼、独孤信等于戎伍之中。锐意改革，颁行均田制，创立府兵制度，奠定了北周基础。

⑥王君㚟（？～727 年）：唐瓜州常乐（今甘肃安西南）人，字威明。骁勇善骑射。初以战功累除右卫副率。后大破吐蕃悉诺逻军，升右羽林军大将军，封晋昌伯。

⑦张守珪（？～739 年）：唐陕州河北（今山西平陆西南）人。初从军北庭（今新疆吉木萨尔北），御突厥有功，以战功任瓜州刺史。

⑧李谦溥（915～976 年）：宋初并州盂县（今属山西盂州市）人，字德明。历仕后晋、后汉、后周。先后任兵马都监、刺史等职。

⑨闲厩：即闲厩使。掌管舆辇牛马之官。

⑩絺裛：细、粗葛布。

【译文】

西汉景帝时，匈奴大举侵伐上郡。汉景帝派宫中太监跟随李广率军与匈奴作战。随军太监单独率十名骑兵出外打猎，看到三个射雕的匈奴人，与之交战，太监被射伤，逃了回来，李广说：“这一定是匈奴射雕的人。”于是，李广率领一百名骑兵前去，命令手下的骑兵分两翼包抄敌人，自己亲自用箭射那三个人。结果，杀死了二个，活捉了一个，一问果然是匈奴射雕的人。此时，李广忽然看到远处有数千名敌人的骑兵，敌人也看到了李广，以为这是汉军诱惑自己的部队。敌人非常吃惊，急忙上山准备战斗。跟随李广来的骑兵都十分害怕，打算骑马逃回大营，李广说：“我们距离大营数十里，现在如果逃跑，敌人前来追击射杀，我们就都完了；假如我们留下来不逃，敌人必定会把我们当作是诱惑他们的小部队，就不敢追击我们。”李广对战士们命令道：“向前进，在距离敌人不到二里的地方停下来，大家都下马卸鞍。”有骑兵问道：“敌人众多，而且距离又那么近，万一有什么紧急情况，可怎么办呢？”李广回答道：“敌人严阵以待，已经做好作战准备，认为我们一定会逃跑，现在我们都解鞍下马，表示不走，会让敌人坚信我们是在诱敌的想法。”敌军骑兵果然不敢进击。敌骑中有一骑白马的将领出来监护自己的部队，李广当即和十来个骑兵上马向前驰射，将其射死，然后又回来，解鞍下马，命令战士把马放开，躺在地上。这时天正好黑下来，敌人始终感到奇怪，不敢向前进攻。快到半夜时，敌人认为在李广部队两旁设有汉军的伏兵，因此撤退了。直到天亮时，李广他们才回到大营。

三国时，曹操的大军进犯汉中，蜀将赵云率几十名骑兵出巡，忽然和曹操的大队人马相遇，赵云当即率众向前突击曹军，然后且战且退。曹军追到赵云的大营，赵云进入营内干脆大开营门，偃旗息鼓。曹军因怀疑蜀军有伏兵，[也不敢向前，只好]引军退去。

蜀相诸葛亮屯兵阳平，派大将魏延率主力部队东进，只留下一万人守城。魏国司马懿率领二十万军队直奔阳平而来。诸葛亮身在城内，兵力弱小，将士们都大惊失色，而诸葛亮却镇定自若。他吩咐军中偃旗息鼓，士兵一律不许走出营房，然后打开四面的城门，派老弱士卒洒水扫地。司马懿怀疑诸葛亮设有伏兵，便率军奔北山而去。诸葛亮对身边的谋士们说：“司马懿以为我布下了很多的伏兵，所以只好沿山逃走。”等到蜀军哨兵回来报告，果然像诸葛亮说的那样。司马懿后来知道这一情况，深深地感到遗憾。

前凉张重华拜谢艾为军师将军，率领骑兵三万，沿黄河边进军。后赵石勒手下大将麻秋率三万人马前来阴击。谢艾乘坐一辆车子，头戴一顶白帽，击鼓进军。麻秋看到谢艾如此装束，气愤地说：“谢艾年小，一身书呆子气，他竟敢这样装束，也太轻视我了。”麻秋于是命手下精锐黑稍、龙骧兵三千人奔袭谢艾。谢艾军中大混乱，有人劝谢艾弃车乘马，谢艾没有照搬做，而是下车坐在一把椅子上，继续指挥战斗。敌人认为前凉会有伏兵发起攻击，因而恐惧不前。谢艾又派手下将官率兵沿黄河前进，前去截断敌人的退路，麻秋的部队立即撤退，谢艾乘胜追击，将麻秋打得大败。

东魏将领高仲密以北豫州叛附西魏，西魏宇文泰领兵前去接应。西魏军行至洛阳，在邙山与东魏的高欢展开大战，赵贵为左军，若于惠为右军。高欢集中兵力攻打西魏军左翼，赵贵等人失利。到傍晚时分，高欢又进兵攻击若于惠右翼，若于惠也被攻败。当天夜间，若于惠领兵撤退，高欢的骑兵又来追击。形势十分危急，而若干惠却干脆慢慢下马，回头命令厨师做些吃的东西。吃完后，他对左右说：“在长安死和在这里死相比，有什么不一样吗？”说完，就命令部下树起大旗，吹响号角，收集被打散的士兵，然后慢慢撤回去了。高欢的追兵担心若干惠有伏兵，所以不敢紧逼。

唐朝时，吐蕃攻陷瓜州，王君㚟战死，河西地区惊惶害怕。唐朝任命张守珪为瓜州刺史，让他统领剩下的士卒修复瓜州城。恰在这时，吐蕃突然又来了。当时城里几乎没有什么守御器械，张守珪对众人说：“敌众我寡，我军又刚刚遭受重击，不能和敌人长久相持，必须用计谋打败敌人。”于是，他便在城头一边饮酒，一边奏乐。吐蕃兵怀疑城中已有准备，不敢攻城，只好撤军，张守珪乘机率军击败敌人。

李谦溥当初在后周当官，担任闲厩使一职，后又被任命为代理隰州刺史。隰州和太原接境，李谦溥一到，就修建城池，加强战备。结果不到十天，并州方面有几十名骑兵果然前来侵扰。当时正值盛夏，李谦溥身穿葛布，手摇羽扇，领着两名下级官员登上城头，缓缓地漫步巡视。并州人知晓他就是李谦溥，因而不敢随便进军。李谦溥派了一百名敢死之士，手持短兵，身穿坚甲，乘夜色用绳子悄悄地追出城外，逼近敌人的营垒大声呐喊，敌营中顿时大乱，所有人全都逃跑了。

素教

【原文】

春秋时，晋侯将[①]伐虢[②]。大夫士蒍曰："不可。虢公骄，若骤得胜于我，必弃其民，无众而后伐之，欲御我，谁与？夫礼乐慈爱，战所蓄也。夫(人)[民]让事乐和，爱亲哀丧而后可用也。虢勿蓄也，亟战将饥。"后为晋所灭。（此下删"晋文公蒐于被庐"一节）

【注释】

①将：准备。
②虢：春秋燕邑。在今河北任丘西北。

【译文】

春秋时期，晋侯打算攻打虢国。晋大夫士蒍说："不行。虢公君蛮横无礼，如果和我国交战而突然获胜，就必定抛弃他的人民。没人支持他，然后我们再去进攻，即使他想抵抗，有谁会跟着他呢？礼、乐、慈、爱，这是战争所应当事先准备的。人民谦让和谐，对亲属爱护，对丧事哀痛，才可以使用他们。虢国平时抛弃这些，一旦穷兵黩武，百姓会气馁的。"虢国后来果真被晋国消灭。

素备

【原文】

萧衍[①]为雍州刺史，日招聚骁勇以万数。因命按行城西空地，将起数十间屋为止舍，多伐材(忻)[竹]，沉于檀溪，积茅若山阜，皆未之用。中兵(三)[参]军吕僧珍[②]独悟其旨，因私具橹数百张。及兵起，悉取檀溪村竹(怀)[材]为船舰，葺之以茅，并立(辨)[办]。众军将发，诸将须橹甚多，僧珍乃出先所具，每船付二张，争者乃息。武帝以僧珍为辅国将军，出入卧内。

唐王忠嗣[③]在朔方，每至(玄)[互]市时，即高(佑)[估]马价以诱之。诸蕃闻之，竞来求市，(宋)[送]辄买之，故蕃马益少，而汉军益壮。及在河陇，又奏请朔方、河东戎马九千匹以实之，其军又壮。迄于天宝（未）[末]，战马（蕃）悉赖其用（马）[焉]。

端拱初，虏自大石路南侵。张齐贤预简厢军④千人为（五）[二]部，分屯繁峙及崞县，下令曰："代西有寇，则崞县之师应之；代东有寇，则繁峙之师应之；比接战，则郡兵集矣。"至是，果为繁峙兵所败。复降诏褒美。

【注释】

①萧衍（464~549年）：即梁武帝。字叔达，南兰陵（江苏常州西北）人。齐高帝萧道成同族。博学多才，少时与沈约等七人共游，号为"八友"。后乘齐内乱，起兵代齐自立，国号梁。萧衍重用士族，笃信佛教。后因侯景之乱困饿而死。

②吕僧珍（454~511年）：南朝梁东平范县（今河南范县东南）人，字元瑜。世居广陵（今江苏扬州）。起自寒微。后参与萧衍起兵反齐之事。梁初为左卫将军、总知宿卫。

③王忠嗣（705~749年）：唐太原祁县（今属山西）人，家居华州郑县（今陕西华县），初名训。开元初，父战死，玄宗养于宫中，赐名忠嗣。及长，威武有大略。被引为河西兵马使，勇猛善战。后遭人陷害，贬汉阳太守。

④厢军：也称"厢兵"。两宋诸路州郡之兵。

【译文】

萧衍做雍州刺史的时候，每天招募善战的兵众，天天都有一万余人应招。招募来的军队奉命前往雍州城西空旷地带，建造几十间房为军营，砍倒了大量的竹木沉在檀溪里，积攒的茅柴像一座座小山那么高，但都还没有使用。中兵参军吕僧珍，自己知晓了萧衍这一做法的真实意图，于是暗地里准备了几百张船桨。等到起兵时，萧衍命令部队将沉在檀溪中的竹木全部捞上来，用以建造船舰，然后用茅草覆盖起来，结果很快就办妥了。等到部队要出发时，各路军队所需要的船桨特别多，这时，吕僧珍就把事先准备好的船桨拿出来，每船配备两支桨，争抢船桨的来杂乱局面才平息下来。梁武帝萧衍因此而任命吕僧珍为辅国将军，准许他可以自由地出入自己的内室。

唐朝时，王忠嗣在朔方郡扎营，每到边镇贸易时，就故意抬高马的价格来引诱蕃兵。诸蕃听说这件事，都争先恐后地来要求贸易，而只要蕃兵把马送来，王忠嗣就一律买下。因此，蕃兵战马日益减少，而唐军战马却越来越多。后来王忠嗣调到河陇任职时，又向皇帝报告，请求把朔方、河东两郡的九千匹战马调来充实，因此他部队更加强大。一直到天宝末年，举凡要用战马，都依赖王忠嗣调配提供。

端拱初年，辽人从大石路发兵南侵。张齐贤事先从厢兵中挑选出一千名善战的士兵，分为二部，分别驻扎在繁畤和崞县两地，然后颁发军令说："假如敌人从代州西部进攻，驻扎在崎县的部队就前去接应；假如敌人从代州东部进攻，驻扎在繁畤的部队就前去接援。到两军交战时，地方部队就会集到那里了。"后来，果然如张齐贤所预测的那样，敌人被驻扎在繁畤的部队击败，朝廷因此而再次下诏嘉奖了他。

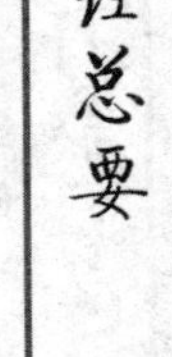

先设备取胜

【原文】

春秋时，城濮之役，晋无楚备[①]，以败于邲[②]。（邲）[鄢]之役，楚无晋备，以（则）[败]于鄢。自鄢以来，晋不失备而加之以礼，重之以睦，是以楚不能报。

吴子欲因楚丧而伐之，使公子掩馀、公子烛庸帅师围潜，使延州来季子聘于上国，遂聘于晋以观诸侯。楚莠尹然、工尹麇帅师救潜。左司马沈尹戌帅都君子与王马之属以济师，与吴师遇于穷。令尹子常以舟师及沙汭[③]而还，左尹郤宛、工尹寿帅师至于潜，吴师不能退。

楚师济于罗[④]汭，沈尹赤会楚子，次于莱山。薳射师、繁扬之师先入南怀[⑤]，楚师从之。及汝清，吴不可人，楚子遂观兵于坻箕之山。是行也，吴甲设备，楚无功而还。

周末，荆人伐陈，吴救之，军行三十里，夜不见星。左史□相谓大将子期曰："雨十日夜，甲辑兵聚，吴人必至，不如备之。"乃为阵。吴人至，见荆有备而返。左史曰："其返覆六十里，其君子休，小人为食。我行三十里击之，必克。"从之，遂破吴军。

魏大军南征吴，到精湖，大将满宠帅诸军在前，与敌隔水相对。宠令诸将曰："今夕风甚猛，贼必来烧营，宜为之备。"诸军皆惊。夜半，贼果遣十部来烧营。宠掩击，破之。

晋将罗尚遣广汉都尉鲁元、牙门张显等，潜率步骑三万袭蜀贼李特营。特素知之，乃缮甲砺兵，戒严以待之。元等至，特安卧不动，待其众半入，发伏击之，杀伤者甚众，遂害鲁元、张显等。

北燕（马）[冯]跋据辽东，其弟（方）[万]泥阻兵以叛。跋遣将冯弘与将军张兴讨之，克期出战。弘曰："贼明日出战，今夜必来惊[我]营，宜备之。"乃（戒严仍）[密严]人课草十束，伏兵以待之。是夜，（方）[万]泥果遣壮十千余人斫营。众火俱起，伏兵邀击，俘斩无遗，遂平（方）[万]泥等。

【注释】

①备：防备。

②邲：今河南郑州市东。

③沙：古代河水的名称。在今安徽怀远东北。汭，水流会合成迂回弯曲的地方。

④罗：水名。

⑤南怀：与后文之汝清均楚界之古地名。

【译文】

春秋时，晋、楚两军在城濮激战，晋军的防范不如楚军，晋军在邲被楚军打败。

晋楚两军在鄢陵交战，楚军的防备不如晋军，楚军在鄢陵被晋军击败。自从鄢陵一战后，晋军对外严加防备，对内加强管理，重视了上下的团结，所以楚军无法实施报复。

吴国想利用楚国有丧事的机会进攻楚国，命公子掩馀、公子烛率领军队围攻潜邑，又派延州来季子到中原各国游说。季子先到了晋国，以视探各国的态度。楚国莠尹然、工尹麇两人率兵援救潜邑，左司马沈尹戌率领留在都城的亲兵和王马的部属补充先头部队，在穷地和吴军遭遇。楚令尹子常率兵乘船到了沙汭就折回来了，左尹郤宛、工尹寿率军到达潜邑，吴军没有了退路。

楚军在罗汭渡河，沈尹赤和楚王会合，屯驻在莱山。射和繁扬的部队先进入南怀，楚军大部队跟进，到达汝清，但无法进入吴国，楚王就在坻箕之山检阅部队。这一次行动，由于吴国已经做好准备，楚国无功而回。

东周末年，荆人侵犯陈国，吴人派军救援。荆国的部队在漆黑的夜晚行军，一夜走了三十里，荆国左史□相对大将子期说：“假如下上十天十夜雨，甲兵集聚，吴人必定会来，不如做好防御的准备。”于是荆军严阵以待。吴军来到之后，见荆军已有防御，就回去了。左史说：“吴军退回，一共走了六十里路，他们的将领已经很疲惫，士兵也想吃饭。我军只走三十里去追击敌人，一定会得胜。”荆人接受了左史的建议，于是吴军大败。

魏国大军南征吴国，部队到达精湖，大将满宠率领各路军队为先锋，与敌人以一水之隔相对峙。满宠吩咐诸将说：“今夜风很大，敌人必然会前来放火烧营，应该及早地做准备。”诸将听后都感到十分惊讶。半夜时分，敌人果然派了十部前来烧营。满宠指挥军队掩杀，取得大胜。

晋将罗尚派广汉都尉鲁元、牙门将张显等带领步、骑兵三万人，偷偷地去袭击四川起义军李特的大营。李特平素知道晋军将会前来偷袭，就缮甲砺兵，严阵以待。鲁元等人到达时，李特安卧不动，等晋军有一半人已经进入大营时，突然发动伏兵进行攻击，晋军损失惨重，鲁元、张显等人全部被杀。

北燕冯跋占领辽东，他的弟弟万泥率军反叛。冯跋派大将冯弘和将军张兴两人前去讨伐，双方约定日期会战。冯弘说：“叛军明天出战，今天夜里一定会来偷营，应该强加戒备。”于是，冯弘、张兴暗中严加戒备，命令每个士兵准备十捆干草，埋下伏兵等待对方的偷袭。当天晚上，万泥果真派壮士一千多人前来偷营。一时间大火俱起，伏兵发起进攻，将叛军全部杀死或擒获，从而平定了万泥等人的叛乱。

戒不备

【原文】

贞元初，沼李元谅[①]从浑瑊[②]与吐蕃愈盟于平凉。元凉谓瑊曰："本奉诏令营于潘原堡，以应援侍中。窃思潘原去平凉六七十里，蕃情多诈，倘有急变，何由应赴？请次侍中为营。"瑊以违沼，固止之。元谅竟与瑊同进，瑊营距盟所二十里，元谅营次之，壕栅深固。及碱赴会，乃戒严部伍，结阵营中。是日，虏果伏甲，乘瑊无备窃发。时士大夫皆朝服就执，军士死者十七八。瑊单马奔还，(郡)[群]虏追蹑，瑊营将李朝彩不能整众，多已奔散。瑊至，空营而已，赖元谅之军严固。瑊既入营，虏皆散去。是日无元谅军，瑊几不免。元谅乃整军，先遣辎重，次与瑊俱申号令，严其部伍而还，时谓元谅有将帅之风。

【注释】

①李元谅：唐安息人。勇鸷有谋。德宗时与李晟收京师，京师平，让功于晟。贞元初因备吐蕃劫盟，赐姓名。后节度陇右，西戎惮之。

②浑碱（736~799 年）：唐铁勒九姓浑部人，本名进。世为唐将。十一岁入朔方军，勇冠三军，迁中郎将。安禄山反，从郭子仪定河北，复两京，擢武锋军使。屡破吐蕃。官至中书令，通《春秋》《汉书》，著有《行纪》一篇，已佚。

【译文】

唐朝贞观初年，太宗命李元谅跟随浑瑊去平凉与吐蕃结盟。元谅对浑瑊说："本来诏令让我在潘原堡驻营，以便接应您。我私下里思虑，潘原堡离平凉六七十里，吐蕃人又性情多疑狡猾，万一有危急情况发生，如何能相互支援呢？不如让我在您的后面扎营，以作为接应。"浑瑊以李元谅违反诏令为由，坚决反对，而李元谅则还是坚持与浑瑊共同进军。浑瑊的军营距离结盟地点只有二十里，李元谅的军营紧挨浑城大营，外用深沟和坚栅严密防御。等到浑瑊前去赴盟的时候，李元谅命令部队严阵以待，在营中做好作战准备。会盟这天，吐蕃兵果然乘浑瑊营没有戒备之机发动伏兵进攻。当时，文官们都穿着朝服就被俘虏了，被杀死的士卒十有七八。浑瑊匹马逃回，吐蕃兵在后面紧紧追赶。浑瑊营中的守将李朝彩不能整理军队，士兵大多溃散了。浑瑊逃回时，自己的营寨已经成为一座空营。幸好依赖李元谅的部队严整固守，浑瑊既已进入营内，吐蕃兵也就都散去了。当时，假如没有李元谅的部队在，浑瑊几乎无法逃脱。于是，李元谅整顿部队，让后勤部队先走，然后和浑瑊一起严明军纪，指挥部队严整有秩序地撤了回去，当时人都认为李元谅有将帅风范。

李筌兵书

导读

《李筌兵书》即《太白阴经》，亦称《神机制敌太白阴经》，系唐代一部综合论述古代军事理论的兵书。全书十卷、九十九篇，约八万字。

作者李筌，号达观子。约是唐玄宗至代宗间(713～779年)人，生卒年月及里籍均不可考。据载，李筌早年好神仙之道，曾隐居于嵩山之少室山(位于今河南登封北)，后出仕任荆南节度判官、邓州刺史(一说任荆南节度副使、仙州刺史)，晚年或仕或隐，尚难确考，唐僖宗时道士杜光庭《神仙感遇传》称李筌"竟入名山访道，后不知其所也"。

该书在广泛综合唐以前历代兵书典籍及其他有关著作论兵思想的基础上，凡是人谋筹策、攻防器械、屯田战马、营垒阵图、军仪典章、公文程式、人马医护等军事问题，都有所论述和探讨，并首次将风角杂占、奇门遁甲等类内容纳入兵书范围，堪称唐代首部内容丰富的综合性兵学专著。

该书主要军事思想是：在战争问题上，认为战争目的是"存亡继绝，救乱除害"，以实行"道德仁义"之政。强调战争的胜负取决于人事而不是"天道鬼神"。作者以唯物的观点指明："凡天道鬼神，视之不见，听之不闻，索之不得，指虚无之状，不可以决胜负，不可以制生死。"认为战争指导者只要做到"任贤使能""明法审令""贵功赏劳"，充分发挥人的主观能动作用，就一定能赢得战争胜利。在国防问题上，作者积极主张"富国强兵"的国防战略。他以朴素的辩证观点阐述了国家的贫富、强弱不是固定不变的思想，指明只要是执国政者实行切合实际的方针政策，做到"乘天之时，因地之利，用人之力"，就可以使国家由贫变富、由弱变强。在治军问题上，主张选拔将帅要知人善任，做到先考察而后任用，认为"先察后任者昌，先任后察者亡"。强调治军以法，赏罚严明，切实做到"赏无私功，罚无私罪"；"赏一功而千万人悦，刑一罪而千万人慎"，从而提高和增强部队战斗力。在作战指导上，作者依据孙子"兵者，诡道也"的论断，进一步提出了"非诡谲不战"的以谋胜敌的指导原则。以上这些颇具唯物论和辩证法的思想，不仅是对前人论兵思想成果的重要继承，而且更是在唐代新的历史条件下对古代军事理论的深化与发展，对后世很大的影响。

卷一 人谋上

天无阴阳篇

【原文】

经[1]曰:天圆地方,本乎阴阳[2]。阴阳既形,逆之则败,顺之则成。盖敬授[3]农时,非用兵也。

夫天地不为万物所有,万物因天地而有之;阴阳不为万物所生,万物因阴阳而生之。天地不仁,以万物为刍狗[4]。阴阳之于万物有何情哉?

夫火之性自炎[5],不为焦灼[6]万物而生其炎;水之性自濡[7],不为漂荡万物而生其濡。水火者一其性,而万物遇之,自有差殊;阴阳者一其性,而万物遇之,自有荣枯。若水火有情,能浮石沉木,坚金流土[8],则知阴阳不能胜败存亡、吉凶善恶明矣。

夫春风东来,草木甲坼[9],而积廪[10]之粟不萌;秋天肃霜,百卉具腓[11],而蒙蔽之草不伤。阴阳寒暑为人谋所变,人谋成败,岂阴阳所变之哉?

昔王莽[12]征天下善韬钤[13]者六十三家,悉备补军吏。及昆阳之败[14],会大雷风至,屋瓦皆飞,雨下如注。当此之时,岂三门[15]不发、五将[16]不具耶?亭亭白奸[17],错太岁[18]、月建[19]营内,为贼所逼,营中豪杰皆遁。伯松曰:"今日'反吟[20]',不可出奔。"俄而,贼至,伯松被杀,妻子被虏,财物被掠。桓谭[21]《新论》曰:"至愚之人,解避恶时,不解避恶事。"则阴阳之于人有何情哉?

太公[22]曰:"任贤使能,不时日而事利;明法审令,不卜筮而事吉;贵功赏劳,不禳祀而得福。"无厚德而占日月之数,不识敌之强弱而幸于天时,无智无虑而候于风云,小勇小力[23]而望于天福[24],怯不能击而恃龟筮[25],士卒不勇而恃鬼神,设伏不巧而任向背。凡天道鬼神,视之不见,听之不闻,索之不得,指虚无之状,不可以决胜负,不可以制生死。故明将弗法[26],而众将不能已也。

孙武[27]曰:"明王圣主,贤臣良将,所以动而胜人,成功出于众者,先知也。先知不可取于鬼神,不可求象于事,不可验之于度,必求于人。"吴子[28]曰:"料敌有不卜而战者,先知也。"范蠡[29]曰:"天时不作,弗为;人事不作,弗始。"天时,为敌国有水旱灾害、虫蝗、霜雹、荒乱之天时,非孤虚[30]向背之天时也。太公曰:"圣人之所生也,欲正后世,故为谲书[31]而奇胜,于天道无益于兵也。"夫如是,则天道于兵有何阴阳哉?

【注释】

①经:旧时对儒家典范著作的尊称,后也泛指诸家有代表性的典籍。

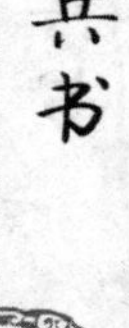

②阴阳:中国哲学的一对范畴。其初始意义是指日光的向背,向日为阳,背日为阴。后引义为气候的寒暖等。

③敬授:恭敬传授。

④刍狗:古代祭祀时用草扎成的狗。

⑤自炎:自然燃烧发热。

⑥焦灼:焚毁,灼伤,烧伤。

⑦自濡:自然浸湿滋润。

⑧坚金流土:从前句“浮石沉木”句式含义看,此句当作“流金坚十”。谓使金属化为液流、使泥土变成坚石。

⑨甲坼:草木种子发芽时外壳裂开。

⑩积廪;犹“积仓”。贮存谷物的粮仓。

⑪百卉具腓:语出《诗经·小雅·四月》。百卉,各种花草。腓,枯萎。

⑫王莽(前45~23年):西汉末年“新”王朝的建立者。汉元帝皇后侄,字巨君。公元8~23年在位。

⑬韬钤:本为古代兵书《六韬》与《玉钤篇》的并称,后泛指兵书,或借指用兵策略。

⑭昆阳之败:指王莽军在昆阳(今河南叶县)被绿林起义军反击而惨遭溃败。事见《汉书·王莽传下》和《后汉书·光武帝纪上》。

⑮三门:古时占验家立休、生、伤、杜、景、死、惊、开为八门,而以休、生、开三门为吉,余为凶。故以“三门”指休门、生门、开门,取其吉义。

⑯五将:古时称北极星周围的天目、文昌等五个星座。说见《后汉书·高彪传》唐李贤注。这里代指王莽之军将。

⑰亭亭白奸:指奇门遁甲的“推亭亭白奸法”,其内容见本书卷九《遁甲》篇和卷十《杂式》篇所介绍的《推亭亭白奸法》。

⑱太岁:本谓我国古代天文学中假设的岁星,又称“岁阴”或“太阴”。旧时迷信者认为太岁出现的方向,均不可兴造、移徙、嫁娶、远行,犯者必凶。

⑲月建:旧历每月所建之辰。

⑳反吟:亦作“返吟”。古时术数家以人的生辰八字附会人事,而推算吉凶福祸的一种迷信说法。以木星与太阳相对谓“反吟”日,以木星压太阳为“伏吟”日。其内容见本书卷十《杂式》篇中的《推伏吟返吟法》。

㉑桓谭(?~56年):东汉哲学家、经学家。字君山。官至议郎给事中。有著作《新论》二十九篇,早佚,今传《新论·形神篇》收入南朝齐梁间僧祐《弘明集》卷五中。

㉒太公:指姜太公吕尚。这里所引太公所言“任贤使能”以下数语,见于《尉缭子》之《战威》和《武仪》,但均未明确系太公所言。

㉓小勇小力:小,这里通“少”,谓缺少或缺乏。

㉔天福:上天所赐之福。

㉕龟筮：即卜筮。古时一种占卜预测吉凶活动。用龟甲占测称"卜"，用蓍草占测称"筮"，视其象与数情况以定吉凶。

㉖弗法：弗，不。法，取法、效法。

㉗孙武：我国春秋末期著名军事理论家，吴国将军。有著作《孙子兵法》十三篇传世。这里所引孙武所言"明王圣主"诸语，出自《孙子兵法·用间篇》，但与原文略异。

㉘吴子：即吴起（？～前381年）。战国时期著名军事家，与孙子齐名。这里所引吴起之言，出自《吴子·料敌》，但与原文略异。

㉙范蠡：春秋末期军事谋略家、政治家，越国大夫。这里所引范蠡之言，出自《国语·越语下》，但与原文略异。

㉚孤虚：古代方术用语。一种以天干与地支相配而占测日时吉凶的迷信活动。凡占得孤虚日，认为不吉利、主事无成。

㉛谲书：这里指专讲诡道以奇制胜的兵书。

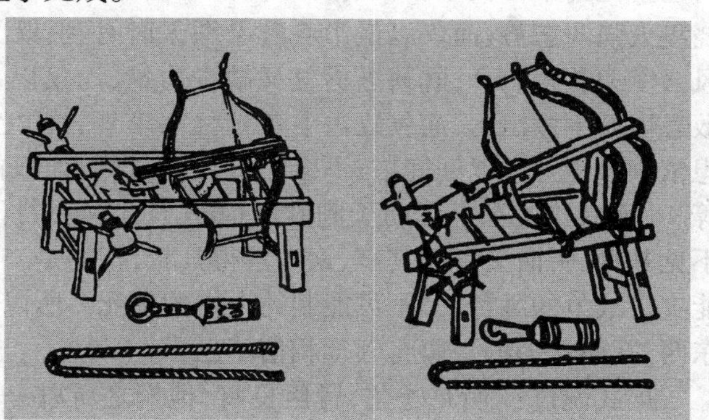

【译文】

经典上说：天是圆的，地是方的，它根源于阴阳二气。阴阳既已形成，那么，违反它就要失败，顺应它就会成功。谦恭谨慎地向百姓传授农时，为的是使其掌握农作物种植和丰收的节气时令变化，而不是用以兴兵打仗的。

天地不是因为有了万物才存在的，而万物却是因为有了天地才出现的；阴阳不是因为有了万物才存在的，而万物却是因为有了阴阳才产生的。［《老子》说：］"天地是不讲什么仁慈的，对万物就好像对待'刍狗'一样而任其自生自灭。"因此，阴阳对于万物来讲又有什么情感而言呢？

火的性质是自然燃烧发热，但不是为了烧灼万物才发生这种性质；水的性质是自然浸湿而滋润，但不是为了漂荡万物才发生这种性质。水与火都有其一成不变的性质，而万物遇到它们却各有不同的情况。阴与阳也有一成不变的性质，而万物遇到它们却各有荣枯之别。倘若水火有情感的话，那么，就能使石头浮出水面，使木头沉于水底，使金属化为液流，使泥土变成坚石［，但事实并非如此］。可见，阴阳不能决定国家的胜负存亡、事物的吉凶善恶，这是显而易见的事情。

春风从东面吹来，地里的草木种子就会发芽破土，但储藏在仓库中的粮食却不能萌芽；秋天的严霜袭来，各种花卉都会遇寒而凋落枯萎，但得到遮蔽保护的草木却未受到伤害。这表明，阴阳寒暑自然条件的作用是随着人的谋略的实施而改变的，而人的谋略的成功与失败，哪里是阴阳寒暑所能改变的呢？

以前，王莽征召天下善于兵法韬略的人有六十三家，全都编配在军中担任军吏，但到昆阳作战失败之际，恰逢巨雷狂风大作，屋瓦全飞，暴雨如注。当此之时，王莽军队的失败难道是其三门不发、五将不具吗？实乃其迷信于推亭亭白奸法，错以太岁、月建占卜时日错误所造成的严重后果。古时有个叫张伯松的人，正值战乱而离家住在军营中，因为贼寇迫近，营中的豪杰勇士都逃跑了，但张伯松却说："今天是'反吟'日，不益于出奔外逃。"不一会儿，贼寇来到，结果张伯松被杀，其妻子儿女被虏，财物被抢掠一空。桓谭在其所著《新论》一书中说过："最愚笨的人只知道躲避险恶的时日，而不知道躲避险恶的事情。"[张伯松因为禁忌阴阳时日结果被杀，]可见阴阳对于人又有什么情感呢！

姜太公曾说："选任贤才使用能人，不择吉日良辰而事情也会顺利完成；严肃法制申行号令，不用占筮卜卦而事情也会吉祥如意；尊贵有功优赏功劳，不必祭祀祈祷也会得到幸福快乐。"没有深厚高尚的德行，而仅以占卜日月星辰变化之数；不知晓敌人强弱态势，而仅以侥幸心理希图天时有利；既无深谋又无远虑，而仅以观测风云变幻获得启示；既缺乏勇气又缺少力量，而仅以主观愿望祈求于上天赐福；临敌恐惧而不敢出击，而仅以占卜龟筮之法求得吉凶之兆；士兵没有勇敢精神，而只想依赖求神拜鬼以期庇佑；不会巧妙设置伏兵，而仅能任凭阴阳向背之说摆布，等等。[所有这些都是无助于制胜因而是不可取法的。]大凡天道鬼神之类，是视而不见其物，听而又不闻其声，索而不得其状，指的是一种虚无缥缈的东西；它既不可能决定战争的胜负，又不可能制约人们的生死。所以，明智的将帅从来不取法这些东西的，而众多的平庸将领却相信不已。

孙武说过："明君圣主，贤臣良将，他们之所以一出兵就能打败敌人，其功业超出众人之上的，就在于他们能预先通晓掌握敌情。而要事先了解敌情，不可用求神问鬼的方法来获取，不可拿相似的事物做类比推测来得到，不可以日月星辰运行的度数作验证，而必须从那些熟悉敌情的人那里去得到。"吴起说："了解和判断敌情，有不经占卜吉凶而能同敌人进行交战的，那是由于事先熟悉掌握敌情的缘故。"范蠡说："天时对我不利，不可以兴兵打仗；人事对我不利，不可以兴兵打仗。"这里所说的"天时"，是指敌国发生水旱、虫蝗、霜雹和兵荒马乱等天灾祸难所造成的有利时机，而不是方术家们所说的什么"孤虚向背之天时"。姜太公说："智慧超凡的能人之所以产生，是为了治理天下以扶正后世。因此，他们撰写了主张用诡诈之道以出奇制胜为内容的兵书典籍，而天道则对于用兵打仗是没有好处的。"依此看来，天道对于用兵打仗又有什么阴阳向背可言呢？

地无险阻篇

【原文】

经曰：地利者，兵之助[①]，犹天时不可恃[②]也。

昔三苗氏,左洞庭[③],右彭蠡[④],德义不修,禹[⑤]灭之。夏桀[⑥]之居,左河济[⑦],右太华[⑧],伊阙[⑨]在其南,羊肠[⑩]在其北,修政不仁,汤[⑪]放之。殷纣[⑫]之国,左孟门[⑬],右太行[⑭],常山[⑮]在其北,太河[⑯]经其南,荒淫怠政[⑰],武王[⑱]杀之。秦之地,左崤函[⑲],右汧陇[⑳],终南[㉑]、太华居其前,九原[㉒]、上郡[㉓]居其后,刑政苛酷,子婴[㉔]迎降于轵道[㉕];姚泓[㉖]面缚于灞上[㉗]。吴之居,五岭[㉘]在其南,三江[㉙]在其北,左沧浪[㉚],右衡山[㉛],刑政不修,吴王[㉜]终于归命;陈主[㉝]卒于长城。蜀之分,左巫峡,右邛僰,南有泸溪[㉞]之障,北有剑阁之险,时无英雄,刘禅[㉟]不能守;李势[㊱]不能固。

由此言之,天时不能祐无道之主,地利不能济乱亡之国。地之险易,因人而险,因人而易;无险无不险,无易无不易。存亡在于德,战守在于地,惟圣主智将能守之,地奚[㊲]有险易哉?

【注释】

①地利者,兵之助:语出《孙子兵法·地形篇》,"利"原文作"形"。

②恃:依赖

③左洞庭:地理上常以左为东、以右为西。洞庭,即今洞庭湖。

④彭蠡:即彭蠡泽,位于今江西鄱阳湖北。一说即鄱阳湖。

⑤禹:传说中古代部落联盟领袖。一说名文命,鲧之子。

⑥夏桀:夏朝末代君主。因暴虐荒淫,被商汤所灭。

⑦河济:河,黄河。济,济水。

⑧太华:即太华山。今陕西华山。

⑨伊阙:古关名。位于今河南洛阳南之伊阙山上。

⑩羊肠:古地名。位于今河南林县一带。

⑪汤:商朝的开国之君。

⑫殷纣:商朝末代君主,又称帝辛。

⑬孟门:古隘道名。位于今河南辉县西。

⑭太行:即今太行山。

⑮常山:本名恒山,西汉时因避文帝刘恒名讳而改。为五岳中的北岳。位于今河北曲阳西北。

⑯太河:即大河,古指黄河。

⑰怠政:怠惰朝政,不理朝政。

⑱武王:指周武王。西周王朝建立者。周文王(昌)之子。

⑲崤函:崤,崤山,今秦岭东段之支脉。函,指古函谷关,位于今河南灵宝东北,因其关在谷中深险如函而得名。

⑳汧陇:汧,指汧山,位于今陕西陇县西南。陇,指陇山,六盘山南段之别称。位于今陕西陇县西北至陕、甘边境。

㉑终南:即终南山。秦岭主峰之一,位于今陕西西安南。

㉒九原:郡名,秦置。唐时治所在今内蒙古五原南。

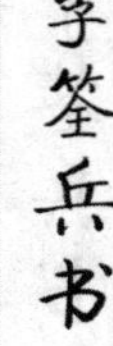

㉓上郡：郡名，战国魏置。隋时治所在今陕西富县。

㉔子婴：秦始皇之孙，秦二世胡亥之兄子。

㉕轵道：古亭名。亦作“枳道”。位于今陕西西安东北。

㉖姚泓：东晋十六国时期后秦国皇帝。姚兴之子。416~417年在位。

㉗灞上：古地名。亦作“霸上”或称“霸头”。位于今陕西西安东。

㉘五岭：即越城、都庞、萌渚、骑田、大庾五岭之总称。位于今湖南、江西、广东、广西四省交界地区。

㉙三江：古代各地众多水道之总称，故因地不同而所指不一。这里指江浙的吴淞江、钱塘江、浦阳江。

㉚沧浪：指水呈青苍色。这里借指东海。

㉛衡山：山名。位于今湖南衡山西北。

㉜吴王：指三国时期吴国末帝孙皓。吴为晋灭后，孙皓被晋武帝封为“归命侯”。

㉝陈主：指南朝陈后主陈叔宝。陈为隋灭后，陈叔宝被俘至洛阳，隋文帝封其为“长城公”。

㉞泸溪：即泸水。指今金沙江在四川宜宾以上，云南与四川交界处一段。

㉟刘禅(207~271年)：三国蜀汉后主。刘备之子，字公嗣，小字阿斗。223~263年在位。蜀为魏灭后，被封为“安乐公”。

㊱李势：东晋十六国时期成汉皇帝，李寿之子，344~346年在位。

㊲奚：疑问词。何，什么。

【译文】

经典上说：有利的地形，是用兵打仗的辅助条件；但地形也如天时一样，是不可单纯依靠它的。

以前，三苗氏部族所居地区之大，西起洞庭湖，东达彭蠡泽，但它不修仁义道德，而被大禹所灭。夏桀所居的地方，左有黄河、济水，右有太华山，伊阙在其南，羊肠在其北部，但他治国不施仁政，最终被商汤所放逐。商纣王的国家，左有孟门关，右有太行山，常山在其北，黄河经其南，但因他荒淫无道，不理朝政，终于被周武王所逼而自杀。秦国的土地，左有崤山、函谷关，右有汧山、陇山，终南山和太华山居在其前，九原和上郡居其后，但由于其国施行酷刑暴政，最终造成其主子婴于轵道亭投降了刘邦。十六国时期的后秦据有与秦国相似的地利条件，但因为其帝姚泓不善国政，即位后仅二年，就被东晋军俘虏于灞上。三国时期的吴国所在地区，五岭在其南，三江在其北，左临东海，右靠衡山，但因为其国严刑酷法，朝政不修，终于被西晋所消亡，吴王孙皓投降称臣，被晋武帝封为归命侯。南朝陈后主陈叔宝占有与东吴相同的地利条件，但因其昏庸腐败，国势衰败，最终被隋军所虏而死于北方长城。三国时期蜀国的分界是，左临长江巫峡之险，右靠临邛、僰道之地，南有泸溪作屏障，北有剑阁为险关，可由于当时国无英雄人物执政，后主刘禅最终没能守住国家而为曹魏所消灭。十六国时期的成汉国皇帝李势据有与蜀汉同样的地形条件,但因其骄傲荒淫,不理国事,也未能固守住国家,终为东晋所灭。

从以上这些史实可以说明,天时不能护佑荒淫无道的君主,地利不能帮助混乱将灭的国家。地势的险要或平易,是依据不同人的利用才能发挥其险峻或平易的作用的;地形没有绝对的险峻与不险峻,也没有绝对的平易与不平易。国家的安危取决于君王的德行之好坏,战争的攻守方式则取决于地形之险易,只有圣明的君主和智慧的将帅才能守卫住自己国家的领土。地形条件对用兵作战所起的辅佐作用,哪有绝对的险要与平易之区别呢?

人无勇怯篇

【原文】

经曰:勇怯有性[1],强弱有地。秦人劲,晋人刚,吴人怯,蜀人懦,楚人轻,齐人多诈,越人浇薄[2],海岱之人壮,崆峒[3]之人武,燕赵[4]之人锐,凉陇[5]之人勇,韩魏[6]之人厚。地势所生,人气所受,勇怯然也。

且勇怯在谋,强弱在势。谋能势成,则怯者勇;谋夺势失,则勇者怯。

既言秦人劲,申屠[7]之子败于蜣关[8],杜洪之将北[9]于泜水[10],则秦人何得而称劲?吴人怯,吴王夫差兵无敌于天下,败齐于艾陵[11],长晋于黄池[12],则吴人何得而称怯?蜀人懦,诸葛孔明撮[13]巴蜀之众,窥兵中原,身为僵尸[14]而威加魏将,则蜀人何得而称懦?楚人轻,项羽破秦,虏王离、杀苏角,威加海内,诸侯俯伏[15],莫敢窥视,则楚人何得而称轻?齐人多诈,田横[16]感五百死士,东奔海岛,及横死,同日而伏剑[17],则齐人何得而称诈?越人浇薄,越王勾践以残亡之国,恤孤老之众,九年灭吴,以弱攻强,以小取大,则越人何得而称浇薄?燕赵之人锐,蚩尤[18]败于涿鹿,燕丹[19]死于易水[20],王浚[21]缚于蓟门[22],公孙[23]戮于上谷,则燕赵之人何得而称锐?凉陇之人勇……

所以,勇怯在乎法,成败在乎智。怯人使之以刑则勇,勇人使之以赏则死;能移人之性、变人之心者,在刑赏之间。勇之与怯于人何有哉?

【注释】

①性:天性。

②浇薄:人情风气轻薄不朴实。

③崆峒:山名。位于今甘肃平凉西。亦泛指甘肃西部。

④燕赵:本为战国时期燕国和赵国的并称,这里指其所在地区,即今河北北部及山西西部一带。

⑤凉陇:凉,指凉州。汉代时辖境约当今甘肃、宁夏和青海湟水流域。陇,指陇右地区,泛指陇山以西地区,约当今甘肃六盘山以西、黄河以东一带。

⑥韩魏:这里指战国的韩、魏二国的辖地,约当今山西东南部和河南中、北部。

⑦申屠:复姓。

⑧蛲关:古关名。故址在今陕西蓝田东南,故又名蓝田关。

⑨北:败北,溃逃。

⑩泧水:即戏水。位于今陕西临潼东,源出骊山,流入渭水。

⑪艾陵:地名。位于现今山东莱芜东北。

⑫黄池:地名。位于现今河南封丘西南。

⑬撮:汇集,集中。

⑭身为僵尸:意指死亡。这里指蜀相诸葛亮第五次领兵北攻曹魏而病死于五丈原军营事。

⑮俯伏:俯首伏地。多表示畏惧屈服或极端崇敬。

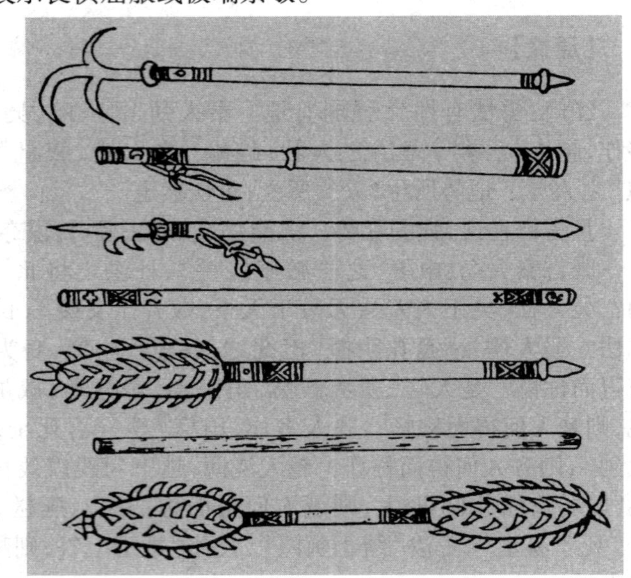

⑯田横:本战国齐贵族,秦末随从兄起兵重建齐国,并在楚汉战争中自立为齐王。汉朝建立后,他不愿向汉称臣,乃率党徒五百人逃往海岛,后在被刘邦召往洛阳途中自杀身死。

⑰伏剑:以剑自刎。

⑱蚩尤:传说中上古东方九黎族首领。后与黄帝战于涿鹿(位于今河北涿鹿东南),失败被杀。

⑲燕丹:战国末燕国太子丹,燕王喜之子。曾派壮士荆轲入秦刺杀秦王未成。后秦军攻破燕国,其父将他斩杀献给秦国。

⑳易水:位于今河北西部,是今大清河上游支流,因源于易县境而得名。

㉑王浚:西晋散骑常侍王沈之子。官达宁北将军、青州刺史。后被石勒执杀于蓟县(位于今北京城南)。

㉒蓟门:即蓟州区城门。

㉓公孙:指公孙渊,字文懿。三国时期魏国的地方割据者,后被魏将司马懿率军斩于上谷(今北京延庆)的梁水之上。

【译文】

经典上说:勇敢和懦弱都是由人的天性决定的,刚强和柔弱都是由所居地域确定的。秦地人强劲,晋地人刚烈,吴地人胆怯,蜀地人怯懦,楚地人轻狂,齐地人多为狡诈，越地人轻薄不重，海岱地区的人健壮，崆峒地区的人勇武，燕赵地区的人劲锐，凉陇地区的人悍勇，韩魏地区的人忠厚。地理情况所产生的影响，为人的天性气质所接受，通常认为的勇敢和怯懦就是这样产生的。

士兵的勇敢或怯懦取决于将帅谋略的成败，军队的强感或弱小取决于整个形势的好坏。智谋高明，有利形势便会形成，在此情况下，懦弱的人也会变得勇猛；谋略笨拙，有利情形就会丧失，在此情况下，勇敢的人也会变得懦弱。

上面既然说秦地人强劲，可是申屠之子战败于峣关，杜洪之将败北于戏水，这又怎能说秦人是强劲有力呢？说吴地人胆怯，可是吴王夫差的军队天下无敌，在艾陵打败了齐国军队，又北上黄池夺取霸主而位居晋国之上，这又怎能说吴人胆怯呢？说蜀地人懦弱，可是诸葛亮集中巴蜀之众，以兵窥视威胁中原地区，在他身死而为僵尸之后，仍然施加于魏将司马懿而使其不敢轻举妄动，这又怎能说蜀人怯弱呢？说楚地人狂妄，可是项羽击败秦军，擒获了王离，击杀了苏角，震慑海内，诸侯俯首听命而不敢违抗，这又怎能说楚人轻狂而不足道呢？说齐地人多有狡诈，可是在田横感召下的五百敢死之士，随他东奔海岛之上，待到田横自杀身死之时，这五百壮士也在同一天以剑自刎而死，这又怎能说齐人狡诈不诚实呢？说越地人轻薄不重，可是越王勾践以残破灭亡之国，爱护体恤孤残老弱的百姓，励治图强而九年后灭亡吴国，取得了以弱攻强、以小取大的胜利，这又怎能说越人轻薄不重呢？说燕赵之人劲锐，可是蚩尤在涿鹿被黄帝战败，燕太子丹死在易水岸边，西晋将领王浚在蓟县城门被后赵石勒俘虏，三国时期称霸于辽东的公孙渊在上谷被魏将司马懿所杀，这又怎能说燕越之人劲锐呢？说凉陇之人悍勇……

因此，人的勇敢或怯懦的关键在于法令严明，成功或失败的要点在于智谋优劣。对怯懦的人施以刑罚，就可以使他们变得勇猛；对勇敢的人给以赏赐，就会使他们拼死作战。能够变动人的天性，改变人的思想的，就在于正确地实施刑罚和奖赏。勇敢和怯懦对于人来说，哪有什么天性沉稳而不能改变的呢？

主有道德篇

【原文】

经曰：古者三皇，得道之统，立于中央，神与化游，以抚四方[①]，天下无所归其功。五帝[②]则天法地，有言有令而天下太平，君臣相让其功。

道德废，王者出，而尚仁义；仁义废，伯[③]者出，而尚智力；智力废，战国出，而尚谲诈[④]。圣人知道不足以理则用法[⑤]，法不足以理则用术，术不足以理则用权，权不足以理则用势。势用则大兼小，强吞弱。周建一千八百诸侯，其后并为七国[⑥]。七国连兵结难，战争方起。七国之君非疏道德而亲权势。权势用，不得不亲；道德废，不得不疏，其理然也。

唯圣人能反始复本，以正理国，以奇用兵，以无事理天下[⑦]。正者，名法也；奇者，权术也[8]。以名法理国，则万物不能乱；以权术用兵，则天下不能敌[9]；以无事理天下，则万物不能挠，不挠则神清。神清者，智之原；智平者[10]，心之府。神清智平，乃能形物之情。人主[11]知万物之情，裁而用之，则君子、小人[12]不失其位。

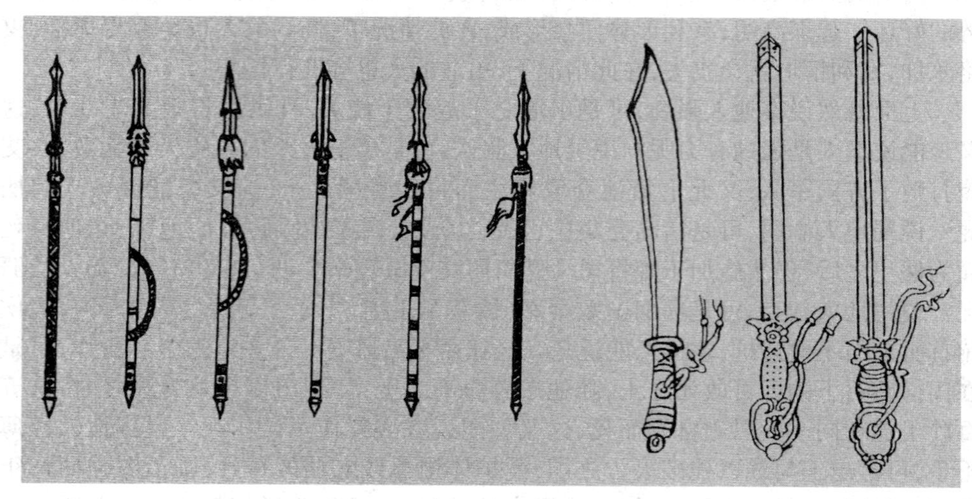

夫德厚而位卑者，谓之过；德薄而位尊者，谓之失。宁过于君子，无失于小人。过于君子，则人阙[13]其理；失于小人，则物罹[14]其殃。故曰：人不鉴于流水，而鉴于止水，以其清且平也。人主之道清平[15]，则任人不失其才，六官[16]各守其职。四封[17]之内，百姓之事，任之于相；四封之外，敌国之事，任之于将。语曰："将相明，国无兵[18]。"舜以干戚[19]而服有苗[20]，鲁以頖宫而来淮夷[21]。以道胜者，帝；以德胜者，王；以谋胜者，伯；以力胜者，强。强兵灭，伯兵绝，帝王之兵，前无敌。人主之道，信其然矣！

【注释】

①古者三皇……以抚四方：语本《淮南子·原道训》。三皇，传说中的远古三位皇王。大体有六说，其中一说三皇为伏羲、神农、燧人。实际都是象征性人物。

②五帝：传说中的上古五位帝王。大体有四说，其中一说五帝为黄帝（轩辕）、颛顼（高阳）、帝喾（高辛）、唐尧、虞舜。

③伯：通"霸"。

④谲诈：狡诈。

⑤法：法令。

⑥七国：本篇原作"六国"，疑误，今据史改。

⑦以正理国，以奇用兵，以无事理天下：语出《老子·五十七章》。前一"理"字原文作"治"，后一"理"字原文作"取"。正，正规、正确。奇，奇谋异策。无事，在上者不要人为制造事端烦扰百姓，引义为以静制动。

⑧⑨“正者，名法也；奇者，权术也”“以名法理国，则万物不能乱；以权术用兵，则天下不能敌”：语出《尹文子·大道下》。正，原作“政”。理，原作“治”。政，通“正”。名法，中国古代名家和法家的合称，名家主张正名辨义，法家主张以法治国。

⑩智平者：此句原无“平”，疑脱。今据钱熙祚校记和依下文“神清智平”句补。

⑪人主：人君，君主。

⑫君子、小人：君子，这里泛指德才出众的人。小人，泛指见识浅窄或品德不端的人。

⑬阙：通“缺”。

⑭罹：罹患不幸。

⑮清平：清澈平静

⑯六官：本指周代的六卿之官或隋唐以后中央政权的六部之官，这里泛指各种官吏。

⑰四封：四境。

⑱兵：战争。

⑲干戚：亦作“干鏚”。本指古代盾和斧两种兵器，这里借指武力讨伐。

⑳有苗：即三苗。

㉑淮夷：指古代居于淮河流域的部族。

【译文】

经典上说：远古时代的三皇，确定了圣道德治的传统，他们屹立于天地的中央，其精神与自然的造化融为一体，依靠其圣道德治来安定四方；但是，天下的人们都不知道把那良好社会风气的形成归功于谁。五帝之时，遵循天地的自然准则，既言传身教，又设置法令约束，因此天下太平安定，君与臣之间相互谦让功劳。

然而，到了后代，三皇五帝所确立的道德废弛了，出现了“王者”，他们崇尚以仁义治国；仁义废弛后，出现了“霸者”，他们崇尚以智力争霸；智力废弛后，出现了“战国”纷争的局面，各国崇尚以诡诈争战。在此状况下，智慧超凡的圣人懂得用道德感化而不足以治理国家时，就采取法令；当法令不足以治理国家时，就采取术略；当术略不足以治理国家时，就采取权谋；当权谋不足以治理国家时，就采取势力。依靠和利用势力，结果就造成了以大国兼并小国、以强国吞灭弱国的混战局面。西周时代所分封的一千八百个诸侯国，后来便兼并成七个国家。这七个国家接连用兵而结仇问难，战争从此就兴起不衰。七国的君主并非伊始就疏远道德而亲近权势的。因为，权势一经使用，就不得不亲近它；道德一旦废弛了，就不得不远离它。这是势所必然之理。

唯有圣人才能够返其初始复其本原的治国方法，做到以“正”治国，以“奇”用兵，以不忧劳百姓之法治理天下。所谓“正”，就是指名分和法度；所谓“奇”，就是指权谋和术略。以名分和法制管理国家，万物就会井然有序而不杂乱；以权谋和术略用兵打仗，军队就会所向克捷无敌天下；以不烦扰百姓之法治理天下，万物就不

会处于被骚扰的状态。万物不被骚扰，神志就会清醒；神志清醒的，就是智力的根源；智力正常的，就是思想的府库。神志清醒，智力正常，才能考察事物的本来原质。治理国家的君主知道了各种事物的特点，并依据具体情况加以选择利用，如此，君子和小人才能不会失去其各自所处的位次。

大凡道德高尚未被任用而地位低下的，这就叫作君主的过失；道德低下却被任用而地位尊贵的，这就叫作君主的过失。与其因为没有任用君子而犯过错，也不要因为任用小人而致失误。在任用君子问题上犯过错，百姓就会得不到更好治理；在任用小人问题上有失误，事物就会遭到严重的灾祸。因此说，人们无法把流水当作镜子，而只能用静止的水面当作镜子，这是因为静止不流的水清澈而平稳的缘故。君主治国之道能就不流动的水那样清澈平静的话，那么，在用人问题上就不会淹没人才，各种官吏也都会各尽其职。四海之内的百姓之事，委以宰相来处理；四海之外的敌国之事，委任将领去对付。谚语说得好："将相贤明，国无战争之祸。"大禹凭借武力而征服了地处南方的三苗部族，鲁国用兴办学校施以教育感化而使淮夷归附。用道来取胜的人，可以称帝；用道德来取胜的人，可以称王；用谋略来取胜的人，可以称霸；用势力来取胜的人，可以称强。强者的军队终归要被消灭，霸者的军队终归也要灭绝，唯有帝者和王者的军队，才能所向披靡。作为君主的治国安邦之道，相信一定是这样的啊！

将有智谋篇

【原文】

经曰：太古之初，有柏皇氏[①]，至于容成氏[②]，不令而人自化，不罚而人自齐，不赏而人自劝，不知怒，不知喜，俞然若赤子[③]。庖牺氏[④]、神农氏教而不诛。轩辕氏[⑤]、陶唐氏[⑥]、有虞氏[⑦]诛而不怨。盖三皇之政以道，五帝之政以德。

夏商衰，汤武废道德，任智谋。[⑧]秦任商鞅[⑨]、李斯[⑩]之智而并诸侯。汉任张良[⑪]、陈平[⑫]之智而灭项籍[⑬]。光武[⑭]任寇恂[⑮]、冯异[⑯]之智而降樊崇[⑰]。曹公[⑱]任许攸[⑲]、曹仁[⑳]之智而破袁绍[㉑]。孙权[㉒]任周瑜[㉓]、鲁肃[㉔]之智而败魏武[㉕]。刘备[㉖]任诸葛亮[㉗]之智而王西蜀。晋任杜预[㉘]、王濬[㉙]之智而平吴。苻坚[㉚]任王猛[㉛]之智而定八表[㉜]之众。石勒[㉝]任张宾[㉞]之智而生擒王浚[㉟]。拓拔[㊱]任崔浩[㊲]之智而保河朔[㊳]之师。宇文[㊴]任李穆[㊵]之智而挫高欢[㊶]之锐，梁任王僧辩[㊷]之智而戮侯景[㊸]。隋任高颎[㊹]之智而面缚陈主[㊺]。太宗[㊻]任李靖[㊼]之智而败颉利可汗[㊽]。

有国家者，未有不任智谋而成王业也。故曰：将军之事，以静正理[㊾]，以神察微[㊿]，以智役物[51]，见福于重关[52]之内，虑患于杳冥[53]之外者，将之智谋也。

【注释】

①柏皇氏：传说中的上古帝名。

②容成氏：相传为黄帝时大臣，发明历法。

③俞然若赤子：俞然，安然的样子。赤子，这里指婴儿。

④庖牺氏：又作“包牺氏”。即伏羲氏。传说中远古的三皇之一。相传其始画八卦，又教民渔猎，取牺牲以供庖厨，因称“庖牺”。

⑤轩辕氏：即黄帝。

⑥陶唐氏：即唐尧，古帝名。帝喾之子，姓伊祁，名放勋。初封于陶，后徙于唐，故名“陶唐”。

⑦有虞氏：即虞舜，古帝名。传说舜受尧禅，都蒲阪（故址在今山西永济西之蒲州镇）。

⑧夏商衰，汤武废道德，任智谋：钱熙祚于此句末校注称：“此处似有脱误。张刻本云：‘夏商周室弱，春秋战国废道德，任智谋。’亦以意改。”

⑨商鞅（？~前338年）：战国时期著名政治家、军事家。公孙氏。因其出生于卫国，又称卫鞅。后人秦为秦孝公所重用，主持变法，使秦富强起来。

⑩李斯（？~前208年）：秦代政治家。他建议对六国采取各个击破的战略，对秦始皇统一六国起了重要作用。

⑪张良（？~前186年）：秦末汉初谋略家，字子房。刘邦的重要谋臣，在楚汉战争中为刘邦战胜项羽，有所贡献，因以封留侯。

⑫陈平（？~前178年）：汉初名臣。秦末兵起，他从项羽，后归刘邦，任护军中尉，为刘邦战胜项羽多所献策。

⑬项籍（前232~前202年）：秦汉之际著名将领、楚军统帅。名籍，字羽。战国时楚国名将项燕之子。秦末，从叔父项梁起兵反秦，梁战死后，继领楚军，成为灭秦的主力军之一。秦亡后，自立为西楚霸王。

⑭光武：即刘秀（前6~57年）。东汉开国皇帝，著名军事统帅。字文叔。25~57年在位，谥号光武，史称“光武帝”。

⑮寇恂（？~36年）：东汉开国大将。

⑯冯异（？~34年）：东汉开国大将。

⑰樊崇：新莽末的农民起义军首领之一。

⑱曹公：即曹操（155~220年）。汉魏之际杰出军事家、政治家、诗人。字孟德，小名阿瞒。东汉末，官至丞相，封魏王，谥号武王。

⑲许攸：字子远。东汉末，先从袁绍，后官渡之战时投归曹操，并献偷袭火烧袁绍囤粮基地乌巢之策，成为曹操官渡之战打败袁绍的重要战略一着。后恃功自傲，为操所杀。

⑳曹仁（168~223年）：字子孝。曹操堂弟。官至大将军。

㉑袁绍（？~202年）：字本初，东汉末，曾任司隶校尉。后在军阀混战中，成为据有冀、青、幽、并四州的最大割据势力。官渡之战中，被曹操打败，不久病死。

㉒孙权（182~252年）：三国时期吴国皇帝，军事统帅。字仲谋，孙坚子。229~252年在位。谥号大皇帝。

㉓周瑜(175~210年):三国时期吴国军事家。字公瑾。曾任建威中郎将、前部督等职。文武兼备,擅长谋略。

㉔鲁肃(172~217年):三国时期吴国名将。字子敬。曾任奋武校尉、横江将军等职。治军严整,以善谋略著称。

㉕魏武:即魏武帝曹操。

㉖刘备(161~223年):三国时期蜀汉开国皇帝,军事统帅。字玄德。221~223年在位。谥号昭烈皇帝,史称"先主"。

㉗诸葛亮(181~234年):三国时期杰出军事家、政治家。字孔明,号卧龙。辅佐刘备建立蜀汉政权。官至军师将军、丞相,封武乡侯。

㉘杜预(222~284年):西晋著名军事统帅兼学者,字元凯,官至镇南大将军、都督荆州诸军事。因博学多谋,时有"杜武库"之称。有《春秋左氏经传集解》等多种著作。

㉙王濬(206~285年):西晋名将。字士治。官至抚军大将军。以多谋善战著称。

㉚苻坚(338~385年):东晋十六国时期前秦皇帝,军事统帅。氐族,字永固,一名文玉。357~385年在位。

㉛王猛(325~375年):东晋十六国时期前秦名将。字景略。官至车骑大将军、都督中外诸军事、丞相等。

㉜八表:八方之外,指极远之处。

㉝石勒(274~333年):东晋十六国时期后赵皇帝,著名军事统帅。羯族。319~333年在位。

㉞张宾(?~322年):字孟孙。后赵石勒的重要谋臣。

㉟王浚:西晋将领。字彭祖。官至骠骑大将军、都督幽冀诸军事。后为石勒采用张宾计谋所俘杀。

㊱拓拔:亦作"拓跋""托跋"。北魏皇族姓。这里指北魏明元帝拓跋嗣。

㊲崔浩(?~450年):北魏名臣,军事谋略家。历仕北魏明元帝拓跋嗣、太武帝拓跋焘两朝,长于谋略,官至司徒。

㊳河朔:地区名。泛指黄河以北。这里指北魏所辖黄河以北地区。

㊴宇文:指宇文泰(507~556年)。西魏著名军事统帅、丞相。鲜卑族。其子宇文觉取代西魏建立北周后,追尊其为文帝。

㊵李穆:字显庆。西魏大丞相宇文泰的心腹将领,官至大将军。

㊶高欢(496~547年):东魏军事统帅、丞相。其子高洋取代东魏建立北齐后,追尊其为神武帝。

㊷王僧辩(?~555年):南朝梁名将。官至太尉、车骑大将军。

㊸侯景:字万景。原为东魏大将,降梁后受封为河南王。后勾结梁宗室萧正德举兵叛乱,为梁将陈霸先、王僧辩等所消灭。

㊹高颎(?~607年):隋代著名宰相,军事谋略家。

㊺陈主:指陈后主陈叔宝(553~604 年)。南朝陈末代皇帝,字元秀。582~589 年在位。

㊻太宗:指唐太宗李世民(599~649 年)。唐高祖李渊次子。625~649 年在位。

㊼李靖(571~649 年):唐代著名军事家。官至兵部尚书、尚书右仆射,封卫国公。

㊽颉利可汗:唐初东突厥最高统治者。名咄苾,启民可汗之子。

㊾正理:治理,整治。

㊿察微:明察细微。

51役物:役使外界事物为我所用。

52重关:重重难关。

53杳冥:幽暗,深远。

【译文】

经典上说:太古初期,从柏皇氏直到容成氏,这时候没有必要通过法令而人们自然得到教化,没有必要通过惩罚而人们自然行动统一,没有必要通过奖赏而人们自然劝勉努力,人们不知道愤怒,不知道喜乐,安然如同初生的婴儿一样。到了庖牺氏和神农氏时期,他们推行教育感化而不随便诛杀之策;轩辕氏、陶唐氏和有虞氏时期,他们虽然实施诛杀之策,但人们对此并无任何怨言。这都是由于三皇为政以道、五帝为政以德的缘由。

从夏、商开始,用道德治世的局面就衰落了,商汤和周武王开始废弃了道德而利用智谋。春秋、战国以后,秦国运用商鞅、李斯的智策兼并了六国诸侯,汉高祖刘邦运用张良、陈平的智谋灭亡了项羽,光武帝刘秀运用寇恂、冯异的智谋收降了樊崇,曹操运用许攸、曹仁的智谋打败了袁绍,孙权运用周瑜、鲁肃的智谋击破了曹操,刘备运用诸葛亮的智慧称帝于西蜀,晋武帝司马炎运用杜预、王濬的智谋平定了东吴,苻坚运用王猛的智谋驯服了八方之外的民众,石勒运用张宾的智谋生擒了晋将王浚,拓跋嗣运用崔浩的智谋,保全了河朔的军队,宇文泰运用李穆的智谋战败了高欢的精锐部队,梁朝武陵王运用王僧辩的智谋斩杀了叛乱分子侯景,隋文帝杨坚运用高颎的智谋灭陈生擒了后主陈叔宝,唐太宗李世民运用李靖的智谋打败了东突厥颉利可汗。

大凡拥有国家的人,没有不通过运用智谋而能成就帝王之业的。所以说,将帅的本领,在于以沉着的心态去治理乱世,以神睿的眼光去明察秋毫,以巧妙的智慧去遥控事物,能于重重难关之内预见幸福光明,能于昏暗幽远之外预料祸患危险,这就是将帅的智谋。

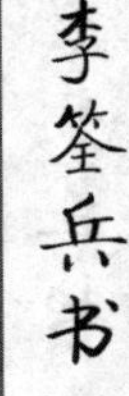

术有阴谋篇

【原文】

经曰:古之善用兵者,必重天下之权而研诸侯之虑[①]。重权不审,不知轻重强弱之称;揣情不审,不知隐匿变化之动静。重莫难于周知[②],揣莫难于悉举[③],事莫难于必成。此三者,圣人能任之。

故兵有百战百胜之术,非善之善者也,不如不战而屈[④]人之兵,善之善者也。夫太上[⑤]用计谋,其次用人事[⑥],其下用战伐。用计谋者,荧惑[⑦]敌国之主,阴移谄臣以事佐之;惑以巫觋[⑧],使其尊鬼事神;重其彩色文绣[⑨],使贱其菽粟[⑩],令空其仓庾;遗之美好,使荧其志;遗之巧匠,使起宫室高台,以竭其财,役其力,易其性,使化改淫俗[⑪],奢暴骄恣,贤臣结舌[⑫],莫肯匡助[⑬];滥赏淫刑[⑭],任其喜怒,政令不行,信卜祠鬼,逆忠进谄,请谒公行[⑮],而无圣人之政;爱而与官,无功而爵,未劳而赏,喜则赦罪,怒则肆杀,法居而自顺,令出而不行;信蓍龟卜筮、鬼神祷祠[⑯],谗佞奇技[⑰]乱行于门户,其所谓是者皆非,非者皆是,离君臣之际,塞忠谠[⑱]之路。然后淫之以色,攻之以利,娱之以乐,养之以味,以信为欺,以欺为信,以忠为叛,以叛为忠,忠谏者死,谄佞者赏,令君子在野、小人在位,急令暴刑,人不堪命。所谓未战以阴谋倾之,其国已破矣。以兵从之,其君可虏,其国可隳[⑲],其城可拔,其众可溃。

故汤用此而桀放,周用此而纣杀,越用此而吴国墟,楚用此而陈、蔡举,三家[⑳]用此而鲁国弱,韩、魏用此而东周分[㉑]。

儒生[㉒]之言皆曰:兵强大者必胜,小弱者必亡。是则小国之君无伯王[㉓]之业,万乘[㉔]之主无破亡之兆。昔夏广而汤狭,殷大而周小,越弱而吴强,所谓不战而胜者,阴倾[㉕]之术,夜行[㉖]之道,文武之教。圣人昭然[㉗]独见,忻然[㉘]独乐,其在兹乎!

【注释】

①虑:思虑企图。

②周知:遍知。

③悉举:全面掌握。

④屈:屈服。

⑤太上:最上,最好。

⑥人事:本篇指人为制造的动乱之事。

⑦荧惑:迷惑。

⑧巫觋:泛指以装神弄鬼替人祈求为职业的巫师。古代称女巫为“巫”,男巫为“觋”。

⑨文绣:泛指刺绣。

⑩菽粟:豆和小米。泛指粮食。这里代指农业生产。

⑪淫俗:不正的风俗。

⑫结舌:不敢讲话。

⑬匡助:辅助,辅佐。

⑭淫刑:谓滥用刑罚。

⑮请谒公行:请谒,请求谒见。公行,公开进行。

⑯祷祠:祈祷祭祀。

⑰奇技:过于奇巧而无益的技艺与制品。

⑱忠谠:忠诚正直。

⑲隳:毁坏。

⑳三家:指春秋时期鲁国大夫孟孙氏、叔孙氏、季孙氏三家,鲁昭公五年(前537年)四分公室。

㉑韩、魏用此而东周分:前367年,周威公去世,其少子根与太子朝争立,韩、魏乘机以武力支持公子根叛立于巩,从此周分裂为东、西两个小国。

㉒儒生:泛指读书人。

㉓伯王:同"霸王"。

㉔万乘:万辆兵车。后代指帝王、帝位。

㉕阴倾:暗中颠覆。

㉖夜行:本指夜间行动,引义为隐秘行动。

㉗昭然:明白的样子。

㉘忻然:喜悦愉快的样子。

【译文】

经典上说:古代擅长用兵的人,必定重视天下的权谋而研究诸侯的思虑企图。重视权谋但研究不够详细周密,就不知道权衡事物的轻重和力量的强弱;估量情势但分析不够详细周密,就不能了解在隐蔽藏匿和瞬息万变中的敌情动态。重视权谋,没有比周密了解敌情更难的了;估量情势,没有比全面掌握敌情变化更难的了;用兵之事,没有比一定要获得胜利更难的了。以上这三条,只有智慧超凡的圣人才能够做得到。

因此,用兵打仗虽百战百胜,但并非是高明中最高明的,不如未经交战就能使敌人屈服,这才是用兵打仗高明中最高明的。用兵的最好方法是运用计谋战胜敌人,其次是运用外交手段策动敌国内乱,最下等的方法是使用武力攻击征伐。运用计谋的方法,是指迷惑敌国的君王,暗中移送阿谀奉承的佞臣去侍奉辅助他;用男女巫师来困惑他,使之迷信鬼神;让他看重于刺绣华美的服装,而轻视农业生产,从而造成其仓库空虚;送给他美女珍玩,来消磨他的意志,腐蚀他的思想;送给他能工巧匠,使他大造宫殿楼台,以此来竭尽其财富,消耗其国力,改变其性情,使其变得荒淫鄙俗、奢侈残暴、骄横放纵,使贤臣不敢讲话,没有人肯于辅佐帮助他;使他滥施赏赐、滥用刑罚,任其喜怒无常,政令不能推行,迷信占卜,祭祀鬼神,排斥忠臣,

进用谄佞，托人送礼走后门之风公然盛行，完全失去圣明君主之政；让他喜爱谁就给谁官职，没有功勋也晋封，没有辛劳也奖赏，高兴时就赦免罪行，发怒时就肆意杀人，法律束之高阁而凭借自己意志行事，命令虽然发出却不能认真执行；使他迷信蓍龟占卜吉凶之术，迷信鬼神祷告祭祀活动，使阿谀逢迎之徒和奇技淫巧之人任意出入其门户，他所说的正确都是不正确，而错误都是正确，从而离散其君臣间的关系，阻塞其忠臣进用之路。然后再用美色使他荒淫无度，用财物使他利欲熏心，用乐舞使他迷恋娱乐，用美味诱使他养尊处优，从而使他黑白颠倒，把诚信当作欺诈，把欺诈当作诚信，把忠贞当作叛逆，把叛逆当作忠贞，致使忠心直谏的人被处死，谄媚奸佞的人受赏赐，使君子隐居在野、小人当权在朝，严刑酷法盛行，百姓不堪忍受。以上种种情形，就是所说的未经交战而暗中运用计谋使其政权颠倒，他的国家实际上已经破败不堪了。这时，再出兵进攻之，就可以擒获他的国君，摧毁他的国家，攻克城邑，击败他的军队。

因此，商汤运用了这种计谋而放逐了夏桀，周武王运用了这种计谋而迫使商纣王自杀，越王勾践运用了这种计谋而使吴国破灭，楚国运用了这种计谋而使陈、蔡两国投降，孟孙、叔孙、季孙三氏使用了这种计谋而致使鲁国走向衰败，韩、魏两国运用了这种计谋而使周朝破裂。

一般读书人的说法都认为：兵力强大的国家必定胜利，兵力弱小的国家必定破裂。按照这种说法，小国的君主不可能建立霸王之业，而拥有万乘兵车的大国君主就没有败亡的时候了。[其实，这是不符合历史实际的论调。]以前，夏朝的地域宽阔而商汤的土地狭小，殷商的兵力强大而周的兵力弱小，越国力量衰弱而吴国力量强大。[然而，结果却是国小力弱的商汤、周和越国，最终打败了国大力强的夏、商和吴国。]这就是所说的不经交战而能取胜的缘故，乃是运用了暗中颠倒的计策，秘密行动的途径，文武结合的手段之结果。智慧超凡的圣人对此之所以具有明确的独立见解，并且怡然而独乐于此道，其原因其他就在这里！

数有探心篇

【原文】

经曰：古者，邻国烽烟[①]相望，鸡犬相闻，而足迹不接于诸侯之境，车轨不结于千里之外。以道存生，以德安形，人乐其居。

后世浇风[②]起而淳朴散，权智用而谲诈生，邻国往来用间谍，纵横之事用睪括[③]之人矣。徐[④]守仁义，社稷邱墟[⑤]；鲁尊儒墨，宗庙泯灭。非达奥知微[⑥]，不能御敌；不劳心苦思，不能原事[⑦]；不悉见情伪，不能成名；材智不明，不能用兵；忠实不真[⑧]，不能知人。是以鬼谷先生[⑨]述《捭阖》《揣摩》《飞箝》《抵巇》[⑩]之篇，以教苏秦[⑪]、张仪[⑫]，游说于六国，而探诸侯之心。于是术行焉。

夫用探心之术者，先以道德、仁义、礼乐[⑬]、忠信、诗书[⑭]、经传[⑮]、子史[⑯]、谋略、成败，浑而杂说，包而罗之，澄其心，静其志，伺人之情有所爱恶去就，从欲而攻之。阴虑阳发，此虚言而往，彼实心而来，因其心察其容，听其声考其辞，言不合者，反而求之，其应必出。既得其心，反射其意，符应[17]不失，契合无二，胶而漆之，无使反复，如养由[18]之操弓，逢蒙[19]之挟矢，百发无不中，正犹设置罦[20]以罹[21]鱼兔，张其喙[22]，磔[23]其腰，虚其胁[24]，必冲纲而挂目[25]，亦奚有孑遗[26]哉？

夫探仁人之心，必以信，勿以财；探勇士之心，必以义，勿以惧[27]；探智士之心，必以忠，勿以欺；探愚人之心，必以蔽，勿以明；探不肖之心，必以惧，勿以常；探好财之心，必以贿，勿以廉。

夫与智者言，依于博，智有涯[28]而博无涯，则智不可以测博；与博者言，依于辨[29]，博师古[30]而辨应今[31]，则博不可以应辨；与贵者言，依于势，贵位高而势制高，则位不可以禁势；与富者言，依于物，富积财而物可宝，则财不足以易宝；与贫者言，依于利，贫匮乏而利丰赡[32]，则乏不可以赒丰[33]；与贱者言，依于谦，贱人下而谦降下，则贱不可以语谦；与勇者言，依于敢，勇不惧而敢刚毅，则勇不可以慑刚；与愚者言，依于锐，愚质朴而锐聪明，则朴不可以察聪。此八者，皆本同其道，而末异其表。同其道，人所欲听；异其表，听而不晓。如此则不测浅、不测深，吾得出无间[34]、入无朕[35]，独往而独来，或纵而或横，如偃[36]枯草，使东而东，使西而西；如引停水[37]，决之则流，壅[38]之则止，谋何患乎不从哉？

夫道贵制人，不贵制于人。制人者，握权；制于人者，遵命也。[39]制人之术，避人之长，攻人之短；见[40]己之所长，蔽己之所短。故兽之动，必先爪牙；禽之动，必先觜距[41]；螫虫[42]之动，必以毒；介虫[43]之动，必以甲。夫鸟兽虫豸[44]尚用所长以制物，况其智者乎！

夫人好说道德者，必以仁义折之；好言儒墨者，必以纵横御之；好谈法律[45]者，必以权术挫之。必乖[46]其始，合[47]其终，摧其牙，落其角，无使出吾之右[48]。徐以庆吊之言忧喜其心，使其神不得为心之主。长生、安乐、富贵、尊荣、声色、喜悦，庆言也；死亡、忧患、贫贱、苦辱、刑戮、诛罚，吊言也。与贵者谈，言吊则悲；与贱者谈，言庆则悦。将其心，迎其意，或庆或吊，以惑其志。情变于内者，形变于外，常以所见而观其所隐，所谓恻隐探心之术也。虽有先王之道、圣智之术，而无此者，不足以成伯王之业也。

【注释】

①烽烟：烽火台报警之烟。

②浇风：浮薄的社会风气。

③檃括：亦作“檃栝”。本指矫正弯曲竹木等使之平直或成形的器具，此处引申为狂诈善辩。

④徐：指周代到春秋时期的徐国。该国“偃王仁而无权，不忍斗其人”（见《后汉书·东夷传》），后为楚国所灭。

⑤邱墟：废墟，荒地。

⑥达奥知微:通达奥妙,知晓隐微。

⑦原事:事物的原本面貌。

⑧忠实不真:钱熙祚校记云:"张刻本'真'作'明'。《文渊阁》本作'忠直不伸'。"

⑨鬼谷先生:相传战国时期楚国人。其姓名说法不一,因隐于鬼谷(位于今河南登封东),故自号"鬼谷先生"。今所传《鬼谷子》一书,旧题周楚鬼谷子撰。

⑩《捭阖》《揣摩》《飞箝》《抵巇》:皆为《鬼谷子》一书的篇名。

⑪苏秦:战国时期纵横家。字季子。曾任齐相,主张六国联合攻秦。

⑫张仪(? 一前310年):战国时期纵横家。《史记》本传称其"始尝与苏秦俱事鬼谷先生,学术"。曾任秦相,游说各国与秦连横,以瓦解齐楚联盟。

⑬礼乐:礼仪和音乐。

⑭诗书:指《诗经》和《尚书》。亦泛指书籍。

⑮经传:儒家典籍经与传的统称。

⑯子史:子,先秦诸子百家的著作。史,记述历史的著作。

⑰符应:符合适应。

⑱养由:春秋时期楚国大夫养由基的省称。《左传》称其善射能战。

⑲逢蒙:夏朝人。善于射箭,能"尽羿之道"(《孟子·离娄下》)。

⑳罝罦:捕鸟兽的网。

㉑罹:罹难。

㉒喙:即鸟兽的嘴。原作"会",于文义不通,故据《述古堂》抄本改。

㉓磔:原作"殜",无此字,疑为"磔"字形近而误刻,故改。磔,截断、割裂,引义为束缚。

㉔虚其胁:原文颠倒作"胁其虚",今据《述古堂》抄本改正。虚,虚空,谓虚悬于空中。胁,肋也。

㉕冲纲而挂目:纲,本指提网的总绳,这里义同"网"。目,对"纲"而言,谓网目、网眼。

㉖孑遗:遗留,残存。

㉗惧:恐惧,威胁。

㉘涯:边际。

㉙辨:通"辩"。

㉚师古:效仿古代。

㉛应今:与"师古"相对,顺应如今。

㉜丰赡:丰富,丰足。

㉝赒丰:周济富有。

㉞无间:没有间隔或阻碍。

㉟无朕:没有迹象或预兆。

㊱偃:倒伏。

㊲停水：指静止不动的水。

㊳壅：堵塞。

㊴“夫道贵制人，不贵制于人。制人者，握权；制于人者，遵命也”诸句：语本《鬼谷子·谋篇》“事贵制人，而不贵见制于人。制人者，握权也；见制于人者，制命也”。李筌改“事”为“道”，十分重要，它揭示了战争主动权这一指导规律问题。

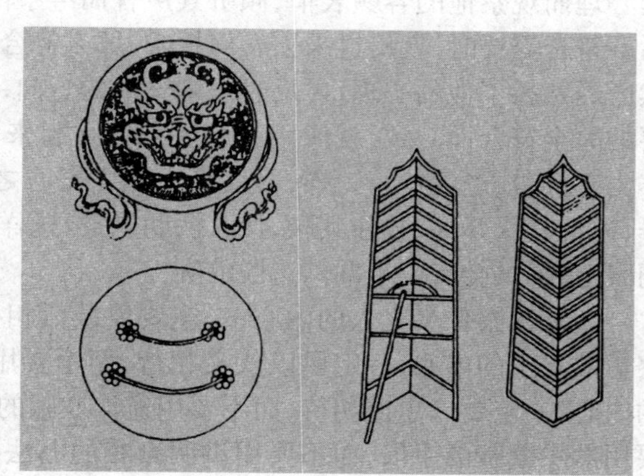

㊵见：同“现”。显现。引义为发挥。

㊶觜距：禽鸟的嘴和爪甲。

㊷螫虫：尾部有毒针可刺人的虫类。

㊸介虫：有甲壳的虫类。

㊹豸：本指无足之虫，后也泛指虫类。

㊺法律：古代多指刑法、律令。

㊻乖：叛离，反常，不一致。

㊼合：相同，一致。

㊽右：古代以右为上、为贵、为高。

【译文】

经典上说：古代时候，毗邻国家边防报警的烽烟可以相互看见，鸡鸣狗叫之声可以相互听到，然而彼此人们的足迹却不曾踏进他国的境界，车辆行进的轨迹也不曾留在千里之外。各国凭借道义求得生存，凭借德行安定形势，百姓因此而安居乐业。

到了后代，浮薄的社会风气兴起，敦厚质朴的风气消失了，权术和智谋被运用，而欺骗和狡猾也就随之出现，邻国之间在交往中相互使用间谍，合纵连横的外交事务则用狡猾善辩的人来担任。在这样的形势下，徐国仍然固守仁义之道，结果被楚国败灭，国家变成废墟；鲁国因为仍然尊崇儒家和墨家学说，国家也遭到了败灭。如果不通晓权术和智谋的深奥精妙之理，就不能抵挡敌人的攻击；不劳心苦思地研究问题，就不能探析事物的本来面目；不全面地考察事情的真伪，就不能成就功名；军事才能和智谋不够精明，就不能用兵打仗；忠厚诚挚的品质不够真切，就不能知人善任。所以，鬼谷子先生曾撰述了《捭阖》《揣摩》《飞箝》《抵巇》等篇章，用它来教导苏秦、张仪，让他们游说于六国之间，以探察各国诸侯内心的奥秘。于是，探心之术便从此流传起来。

凡是采用探心之术的人，首先要用道德、仁义、礼乐、忠信、诗书、经传、子史、谋略、成败等各方面内容掺杂在一起加以说教，包罗各种问题，用以澄清被探者的思想，平静被探者的心志，从而观察出被探者的内心情况：喜爱什么，厌恶什么，远离什么，接近什么，然后顺应其欲望来攻取其人。暗地里那样思考而表面上却这样显露出来，你这里用虚言假语去探问他，他那里却是真心实意来回答，这样便可依据其心理而观察他的容颜表情，倾听其声音而考察他的辞意表达；如果被探者所说的话不符合需要时，就反过来去发问探求，那么符合需要的情形一定会显现出来。既然已经熟悉了他的心理，再反过来观察他的意向，这样就能使被探者的回答与所需要的完全符合而一致，就像用胶和漆把他粘起来一样。不会使其反复变通。如同养由基操弓、逢蒙持箭一样，百发而无不中靶心之理；这正像设置罗网捕捉鱼兔一样，迫使其张开嘴，扎住其腰，使其两肋悬空，这样它们必定死命撞网而被牢牢套在网眼上，怎么会有一个漏网逃脱的呢？

大凡探察仁义之人的内心，一定要以诚信相待，而不要用财物贿赂的办法；探察勇敢之士的内心，一定要以侠义相待，而不要用恐惧威胁的办法；探察智谋之士的内心，一定要以忠诚相待，而不要用诡诈欺骗的办法；探察愚朴之人的内心，一定要用欺哄蒙蔽的手段，而不要用讲明真相的办法；探察不好之人的内心，一定要以恐惧威胁手段，而不要用通常待人的方法；探察贪财之人的内心，一定要以财物贿赂的方法，而不要用清正廉洁的办法。

大凡同智谋之士交谈，要依仗广博的知识，人的智慧是有限的，而广博的知识是无限的，所以，智谋之士就不可能探究知识广博之人；同知识广博之士交谈，要凭借善辩的能力，广博知识者是师承古人，而能言善辩者却适应现实需要，因此，知识广博之士就不可能应付善辩之人；同地位高贵的人交谈，要凭借有力的权势，尊贵的人所处地位虽高，权势却可以制约高位，而地位高贵的人却不可能禁制权势之士；同家财富有的人交谈，要依靠珍奇的宝物，富有者积累的是财富，珍奇宝物是更为宝贵的，而财富却不足以换取珍奇的宝物；同生活贫穷的人交谈，要凭借物质利益，贫穷人缺少的是财物，物质利益可以使人富裕，而贫穷的人却不可能周济富有的人；同地位卑贱的人交谈，要凭借谦逊礼让，卑贱人所处地位低下，而谦虚礼让是自降身份，因此，卑贱的人就不可能与谦让之人同日而语；同勇敢凶猛的人交谈，要凭借英勇果敢，勇猛的人只是无所畏惧，而英勇果敢乃是刚毅，因此，勇猛的人就不可能震慑刚毅的人；同愚钝笨拙的人相谈，要凭借思维敏捷，愚笨的人本质淳朴，而思维敏锐者一定聪明，因此，淳朴的人就不可能发觉聪明的人。以上这八种与不同人的交谈方法，从根本上讲都是同一个道理，而只是细节末枝上的表象各不相同罢了。所说的同一个道理，是说投其所好而让人们喜爱听；所谓表象有异，是让人们听了而不晓其真实用意。如此，被探之人就不能揣测我的知识是深或浅，我却能得以出无阻碍、入无预兆，任我独往独来，或采取合纵之谋或采取连横之策，就像狂风吹倒枯草一样，让它向东倒就向东倒，让它向西倒就向西倒；又像疏导静止的湖水一样，决开堤坝水就流动，堵塞堤坝水就静止。如此，所行之谋略还担心什么不能成功吗？

用兵之道贵在扼制敌人，而不贵在被敌人所扼制；扼制了敌人的，就掌握了战争的主动权；被敌人所扼制的，就只能俯首听命被敌人所摆布。扼制敌人的方法，就是避开敌人的优势，而攻击敌人的缺点；发挥自己的优势，而克服自己的缺点。因此，野兽发动攻击时，必先张牙舞爪；猛禽发动攻击时，必先张嘴舞爪；螯虫发动攻击时，必然以毒刺蜇人；甲虫发动攻击时，必然依赖其甲壳。鸟兽虫豸类动物尚且知道利用其自身的优势来制服它物，更何况有智慧的人呢！

对于喜爱谈论道德的人，一定要以仁义之理折服他；对于喜好谈论儒墨学说的人，一定要以合纵连横之策驾驭他；对于喜好谈论刑法律令的人，一定要以权谋术略打败他。这种人开始时必然背离你的愿望，但最终可使他与你的意愿相符合，这就如同拔掉野兽的牙齿，砍掉动物的犄角一样，不要让他高出于我之上。然后再慢慢地用一些喜庆或悲哀之语使其心情或喜或忧，使其心志不安六神无主。长生、安乐、富贵、尊荣、声色、喜悦，这些都属于喜庆的吉利话，死亡、忧患、贫贱、苦辱、刑戮、诛罚，这些都属于悲伤的不吉利话。同地位高贵的人谈话，说不吉利的话，就会使他悲伤；同地位卑微的人谈话，说吉利的话，就会使他欢喜。投合他的心志，奉迎他的意愿，或以吉庆之话，或以悲哀之语，用这种方法以达到迷惑其心志的目的。内心感情发生变化的，外形表现也将随之变化。因此，通常可以根据人的外形表现的变化来观察其内心隐藏着的东西，这就是所说的窥测隐秘、探察内心的方法技巧。虽然有先王的道德、圣贤的方略，而没有测隐探心之术的人，也是不足以成就霸主之功业的。

政有诛强篇

【原文】

经曰：夫国有乱军者，士卒怯弱，器械柔钝[①]，政令不一，赏罚不明，不预[②]焉。

所谓乱军者，豪家[③]、权臣、阍寺[④]、嬖昵[⑤]为之军吏[⑥]，权军[⑦]之势，擅将之威，公政[⑧]私行，私门公谒[⑨]，上发谋，下沮议[⑩]，上申令，下不行。猛如虎，狠如狼，强不可制者，皆谓之乱军，各宜诛之。文宣[⑪]诛少正卯[⑫]于两观[⑬]而鲁国清，田穰苴[⑭]斩庄贾[⑮]于表下[⑯]而军容[⑰]肃，魏绛[⑱]戮杨干[⑲]而诸侯服，项籍斩宋义[⑳]而天下怖。夫诛豪者，益其威；戮强者，增其权。威权生于豪强之身，而不在于士卒之庸[㉑]。

豪强有兼才[㉒]者，则驾而御之，教而导之，如畜鸷鸟[㉓]，如养猛虎，必节其饥渴，翦其爪牙，绊其足，揳其舌，呼之而随，嗾[㉔]之而走，牢笼[㉕]其心，使驯吾之左右。豪强无兼才者，则长其恶，积其凶，纵其心，横其志，祸盈于三军，怨结于万人，然后诛之，以壮吾气。

故曰：不善人者，善人之资。为将帅者，国之师，不诛豪强，何以成三军之威哉？

【注释】

①柔钝：柔软不锐利。即指武器装备不精良。

②不预：本谓没有事先预告或说明，这里引义为不言而喻。

③豪家：豪门大家，豪强者。

④阍寺：本指阍人和寺人，古代宫中掌管门禁的官。后世借指宦官。

⑤嬖昵：皇帝所宠爱亲密的人。

⑥军吏：军中的将帅官佐，也泛指军中各级官长。

⑦权军：把持军队。

⑧公政：公务政事。

⑨公谒：公开谒见。

⑩沮议：非议，异议。

⑪文宣：即孔子。唐玄宗开元二十七年（739 年）八月，追赠孔子为文宣王。

⑫少正卯（？～前 498 年）：春秋时期鲁国大夫。

⑬两观：本指宫门前两边的望楼，这里特指春秋时鲁阙，即孔子诛杀少正卯处。

⑭田穰苴：春秋后期齐国大夫，军事家。田姓，名穰苴，因其官任大司马，故又称"司马穰苴"。

⑮庄贾：春秋后期齐国大夫，齐景公宠臣。

⑯表下：指标竿之下。古代测日影时所立的标杆称"表"。

⑰军容：军队礼仪法度、风纪阵威。

⑱魏绛：即魏庄子。春秋时期晋国大夫。曾任中军司马、新军之佐、下军之将。

⑲杨干：春秋时期晋悼公之弟。《史记·魏世家》称，杨干乘车扰乱军队行列，为主管军法的中军司马魏绛所侮辱。《左传·襄公三年》称"魏绛戮其仆（即杨干的驾车人）"。

⑳宋义：秦末故楚令尹，曾任楚军上将军。

㉑庸：平庸，平常。

㉒兼才：兼备各种才能。

㉓鸷鸟：凶猛的鸟，像鹰鹯之类。

㉔嗾：教唆，指使。

㉕牢笼：约束，控制。

【译文】

经典上说：大凡国家产生纷乱军队的情况，都会造成士卒怯懦软弱，武器装备不精良，政制法令不统一，赏惩制度不严明。这是不言而喻的事情。

这里所说的"乱军者"，是指豪强、权臣、宦官和皇帝的宠信之人担任军队的官吏。他们掌控军队的形势，专擅将帅的权威，以公务政事谋取私利，将私人家门变成公开谒见的场所，对上发出的策略，私下散布非议，上面三令五申，下面拒不实施。他们凶猛如同虎豹，凶狠如同豺狼，强横跋扈而不受束缚者，都是所谓扰乱军队的人，都应当斩杀铲除。例如，孔子斩杀了乱政的少正卯于宫廷门旁，从而使鲁国得到清静安宁；田穰苴诛杀庄贾于测日影的标杆之下，从而使军队的法纪军威得到整肃；魏绛羞辱了乘车扰乱军队行列的杨干，从而使各个诸侯震慑；项羽斩杀了不恤士卒而徇其私的上将军宋义，从而使天下受到震恐。斩杀豪门大族者，能够增强军队的阵势；戮杀强横跋扈者，能够加强军队的权力。军队威势、权力的失落，根源于那些横行霸道的豪强者本身，而不在于士兵这些平常人身上。

对于那些既是豪强而又具备其他才干的人，则要驾驭控制他，教育开化他，好比畜养凶鸟，又像饲养猛虎一样，必须节制其饮食饥渴，剪掉其锐爪利牙，捆住其腿脚，卡住其舌头，使其做到呼之而来，斥之则去，紧紧扼制其心性，将其训练成紧随左右的工具。但对那些没有什么才能的豪强者，就要采取助长他们罪恶、积累他们凶暴、纵容他们野心、骄满他们意志的办法，待他们的灾难遍及三军，怨恨结于万众的时候，再把他们杀掉，借以壮大我们的军心士气。

因此说，不为善行的乱军恶人，乃是行善好人的资助条件。身为将领的人，统领着国家的军队，不斩杀铲除豪强恶势，依赖什么来树立三军的威势权力呢？

【赏析】

本卷主要论述天地阴阳等自然因素，不能决定战争的胜败、国家的存亡，只有依靠人谋才能取得战争的胜利。这些论述具有朴素的唯物主义思想，这在古代是难能可贵的。

1.《太白阴经·天无阴阳篇》曰："天圆地方，本乎阴阳，阴阳无形，逆之则败，顺之则成，盖敬授农时，非用兵也。"意思是说：天圆地方（中国古代认为天是圆的，地是方的），是由阴阳变化形成的，天地形成后，违反它的就会败亡，顺应它的就能成功，这是对农业耕作要适应时令说的，不是指用兵作战说的。

2.《太白阴经·天无阴阳篇》曰："凡天道鬼神，视之不见，听之不闻，索之不得，指虚无之状，不可以决胜负，不可以制生死。"《太白阴经·天无阴阳篇》进一步阐述说：所谓天道鬼神之类，想看也看不见，想听也听不到，想找也找不着，统兵打仗想要指望这些无影无踪不可言状的东西，是不能决定胜负的，也是不能保障自己的生存和置敌人于死地的。所以只有依靠人事，"任贤使能"，才能取得战争的胜利。

3.《太白阴经·地无险阻篇》曰："地利者兵之助，犹天时不可恃也……天时不能祐无道之主，地利不能济乱亡之国；地之险易，因人而险，因人而易；无险无不险，无易无不易；存亡在于德，战守在于地。"意思是说，地利虽然可以作为用兵的辅助条件，但是如同天时一样不可依赖地利取胜……天时不能保佑无道的君主，地利不能济助乱亡之国；地形没有绝对的险峻易守，全在于将领会不会利用，善守的将领可以使难守之地变为险峻难攻之地，善攻的将领可以使险峻难攻之地变为易于攻取之地；所以没有绝对的无险与有险之分，也没有绝对的不易与易之别；生死存亡在于以德服三军之众，能战善守的统兵将领在于会用地利。

《太白阴经·人无勇怯篇》曰："（人的）勇怯在谋，强弱在势，谋能势成，则怯者勇；谋夺势失……所以勇怯在乎法，成败在乎智；怯人使之以刑则勇，勇者使之以赏则死。"意思是说，人没有天生的勇敢和怯懦之分，也与生长的地方无关，全在于培养锻炼和使用是否得当罢了。士卒的勇敢和怯懦在于将领的谋略运用是否成功，战斗力的强大与薄弱在于将领的态势营造是否有利，谋略成功、态势有利，那么怯懦的人就会变成勇敢的人，否则就会相反……所以士卒的勇怯在于军法的严明还是松弛，作战的胜利还是失败在于将领智谋的程度；刑赏能使怯懦变成勇敢，使勇敢者变得舍生忘死。

卷二 人谋下

善师篇

【原文】

经曰：兵非道德仁义者，虽伯有天下，君子不取[①]。

周德既衰，诸侯自作礼乐，专征伐，始于鲁隐公[②]。齐以技击[③]强，魏以武卒[④]奋，秦以锐士[⑤]胜，说者[⑥]以孙吴[⑦]为宗。唯荀卿[⑧]明于王道[⑨]而非之，谓齐之技击是亡国之兵，魏之武卒是危国之兵，秦之锐士是干赏蹈利[⑩]之兵，至于齐桓、晋文[⑪]之师，可谓人其域而有节制矣。“故齐之技击不可遇魏之武卒，魏之武卒不可敌秦之锐士，秦之锐士不可当桓、文之节制，桓、文之节制不可当汤、武之仁义。”[⑫]

故曰：“善师者不阵，善阵者不战，善战者不败，善败者不亡。”[⑬]黄帝独立于中央而胜四帝[⑭]，所谓善师者不阵地。汤、武征伐，陈师誓众[⑮]，放桀擒纣，所谓善阵者不战也。齐桓南服强楚，使贡周室，北伐山戎[⑯]，为燕开路，所谓善战者不败也。楚昭王[⑰]遭阖闾之祸，国灭出亡，父兄相与奔秦请救，秦人出兵，楚王反国，所谓善败者不亡也。

凡兵所以存亡继绝[⑱]，救乱除害[⑲]。故伊吕[⑳]之将，子孙有国，与殷周并下至末代。苟任诈力贪残[㉑]，孙吴、韩白[㉒]之徒，皆身被诛戮，子孙不传于嗣[㉓]。盖兵者，凶器；战者，危事。阴谋逆德，好用凶器。非道德忠信，不能以兵定天下之灾，除兆民[㉔]之害也。

【注释】

①取：取法。

②鲁隐公：春秋初期鲁国君主，惠公之长庶子，名息姑。

③技击：战国时齐国精兵之名号。

④武卒：战国时魏国精锐步兵的名号。

⑤锐士：战国时秦国精兵之名号。

⑥说者：主张此说的人。

⑦孙吴：春秋时孙武和战国时吴起二人的并称。

⑧荀卿（约前313～前238年）：战国后期著名思想家、教育家。名况，时人尊称为"卿"。汉代人因避免宣帝刘询名讳，而改称其为孙卿。有著作《荀子》传世。

⑨王道：我国古代儒家一种以仁义掌管天下的政治主张，与兵家、法家所主张的以武力、刑法、权势进行统治的"霸道"相对。

⑩干赏蹈利：追求奖赏和厚禄。

⑪齐桓、晋文：即春秋初期的齐桓公和晋文公，二君先后称霸中原。

⑫"故齐之技击不可遇魏之武卒"以下四句：语出《荀子·议兵》。

⑬"善师者不阵"以下四句：出自《汉书·刑法志》。

⑭黄帝独立于中央而胜四帝：语本《孙子兵法·行军篇》："凡此四军之利，黄帝之所以胜四帝也。"中央，指中原大地。四帝，指当时四方的部落领袖。

⑮陈师誓众：陈，同"阵"，陈师，谓布列兵阵。誓众，犹誓师，谓告诫众人。

⑯山戎：我国古代北方的部族名，又称"北戎"，属匈奴的一支。

⑰楚昭王：春秋后期楚国君主。楚平王之子，名壬。前515～前489年在位。

⑱存亡继绝：语出《縠梁传·僖公十七年》。意指使灭亡之国复存，灭绝之嗣得续。

⑲救乱除害：制止暴乱，消除灾患。救，遏止、阻止。

⑳伊吕：即商初之伊尹和周初的吕尚之并称。

㉑任诈力贪残：任，运用。诈力，诡诈与暴力。贪残，贪婪而残暴。

㉒韩白：即汉代名将韩信与秦代名将白起的并称。

㉓嗣：后嗣，即子孙后代。

㉔兆民：古称天子之民，后泛指众民、百姓。

【译文】

经典上说：用兵打仗而不讲道德仁义的，即使可以称霸于天下，也是为仁人君子所不齿的。

周王朝的道德观念衰败以后，各国诸侯私自制礼作乐，专门从事征战讨伐，这是从鲁隐公在位期间开始的。齐国凭借其拥有"技击"而强盛，魏国凭借其拥有"武卒"而奋起，秦国凭借其拥有"锐士"而制胜，主张此说的人都把孙武、吴起的观点尊为宗旨。但是，只有荀卿明白圣王以仁义治国之道，而否定孙吴之说。他认为，齐国的"技击"是灭亡国家的军队，魏国的"武卒"是损害国家的军队，秦国的"锐士"是追求赏赐利禄的军队。至于说到齐桓公、晋文公的军队，才可以称得上是攻入他国境内而行动有所节制的军队。"因此，齐国的'技击'不可以抵挡魏国的'武卒'，魏国的'武卒'不可以抵挡秦国的'锐士'，秦国的'锐士'不可以抵挡齐桓公、晋文公的有节制的军队，齐桓公、晋文公的有节制的军队又不可以抵挡商汤、周武王的仁义之师。"

所以说："善于治军用兵的人，不用布列营阵就能取得胜利；擅长布列营阵的

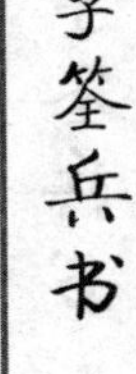

人，不用直接交战就能取得胜利；擅长指挥打仗的人，不会被敌人打败；善于处理败局的人，不会被敌人灭亡。”黄帝独自占据中原大地而战胜了周围四帝，这就是所说的擅长治军用兵的人，不用布列营阵就能取得胜利的史例。商汤、周武王统领军队征伐夏桀、商纣时，布列营阵、举行誓师大会，结果放逐了夏桀、逼死了商纣，这就是所说的擅长布列营阵的人，不用直接交战就能夺取胜利的史例。齐桓公挥军向南征服了强大的楚国，逼使楚国向周王室纳贡，又向北征伐战胜了山戎部族，为燕国开通了通路，这就是所说的擅长指挥打仗的人，不会被敌人战败的史例。楚昭王当政时遭到吴王阖闾军队入侵之祸，国破军败，而他自己出逃，其父兄也与他一同逃到秦国请求救援，秦国应请出兵击败吴国入侵军，使楚昭王得以返回本国继续执政，这就是所说的善于处理败局的人，不会被敌人毁灭的史例。

但凡军队都是用来使灭亡之国复存、断绝之嗣得续，遏止国家的暴乱，消除民众的祸患的。所以，伊尹、吕尚这样的将帅以仁义辅君，他们的子孙享有封国领地，与殷商、周朝一起留传直至末代子孙。倘若不循仁义而专门运用诡诈与暴力，进行贪婪而残酷的战争，结果将会像孙武、吴起、韩信、白起之类，都身遭杀害，子孙不能继位传嗣。可见，军队是施行暴力的凶险工具，战争是带有破坏性的危险的事。崇尚诡诈阴谋、悖逆仁义道德的人，喜欢利用军队这个凶险工具为害作乱。所以，不是讲道德忠信的人，就不能利用军队来平定天下祸患，消除百姓的灾难。

责和篇

【原文】

经曰：先王之道，以和[①]为贵。贵和重人，不尚战也。

《春秋左氏传》曰：“君若以德绥[②]诸侯，谁敢不服？君若以力，楚国方城[③]以为城，汉水以为池，虽军之众，无所用也。”是故晋悼公使魏绛和戎[④]，以正诸华[⑤]，八年之间，九合诸侯，如乐之和，无所不谐，羌戎[⑥]亦归。晋惠公[⑦]内[⑧]不侵不叛之臣，于是有崤之师[⑨]。譬如捕鹿，晋人角之，戎人掎之。[⑩]

夫有道之主，能以德服人；有仁之主，能以义和人[⑪]；有智之主，能以谋胜人；有权之主，能以势制人。战胜易，和胜难。[⑫]《语》[⑬]曰：“先王耀德不观兵。兵戢而时动，动则威；观则玩，玩则无震。”[⑭]故有衣冠之会，未尝有歃血之盟；有革车之会，未尝有战阵之事。[⑮]

兵者，不祥之器，不得已而用之。古先帝王所以举而胜人，成功出于众者，先文德[⑯]以怀之；怀之不服，饰玉帛以啗[⑰]之；啗之不来，然后命上将，练军马，锐甲兵，攻其无备，出其不意。所谓叛而必讨，服而必柔。既怀既柔，可以示德。《书》曰：“戒之用休[⑱]，董之用威。”夫如是，则四夷[⑲]不足吞，八戎[⑳]不足庭[㉑]也。

【注释】

①和：本谓适中，恰到好处。这里谓和平无事。

②绥:安抚。

③方城:即方城山,位于今河南叶县南。一说为楚长城。

④晋悼公使魏绛和戎:事见《史记·魏世家》。晋悼公,春秋中期晋国国君。晋襄公曾孙。前572~前557年在位。

⑤以正诸华:正,治理。诸华,犹"诸夏",本指周室分封的中原各个诸侯国,后泛指中原地区。

⑥羌戎:也称"西戎"。泛指我国古代西北地区的少数部族。

⑦晋惠公:春秋初期晋国国君。名夷吾。前650~前637年在位。

⑧内:"纳"的古字。接纳,采纳。

⑨有崤之师:即春秋时晋秦两军的崤山之战。此役发生在前627年,结局是晋胜秦败。事见《左传·僖公三十三年》。

⑩譬如捕鹿,晋人角之,戎人掎之:此三句出自《左传·襄公十四年》。角,执其角;掎,拖其后足。引义为当面迎击曰"角",从后牵制曰"掎"。

⑪和人:使民众和顺。

⑫战胜易,和胜难:原作"见胜易,知胜难"。钱熙祚校注指出:"文渊阁本作'战胜易,和胜难'。"述古堂抄本同此。依《贵和》题旨,似以文渊阁本更为切题,故从改。

⑬《语》:指《国语》。

⑭"先王耀德不观兵,兵戢而时动,动则威;观则玩,玩则无震"诸句:出自《国语·周语上》。耀德,显扬德化。观兵,炫耀武力。兵戢,犹"戢兵",停止军事行动。时动,本指按一定时令行动。这里指选择有利时机行动。玩,轻慢而松懈。

⑮"故有衣冠之会"以下四句:语本《穀梁传·庄公二十七年》。衣冠,本指衣和冠,古代因只有士大夫以上者可以戴冠,故代指缙绅、士大夫。在本篇借指诸侯国。

⑯文德:与"武功"为对文。指礼乐教化。

⑰啗:利诱。

⑱休:美善、美德。

⑲四夷:古代华夏族对四方少数民族的统称。

⑳八戎:八方之戎,指中原以外周边的少数民族。

㉑庭:通"廷",指朝廷。

【译文】

经典上说:古代明君治国之道,是以和平安定为珍贵。大家珍贵和平,重视人的生命,就不再推崇战争了。

《春秋左氏传》上说:"君王假如用仁德来安抚诸侯,那么,诸侯有谁还敢不驯服呢?君王假如动用武力进行征服,楚国有方城山作城墙,以汉水作为护城河,那么,君王的军队虽然众多,也没有用得着的地方。"所以,晋悼公派遣魏绛为使与山

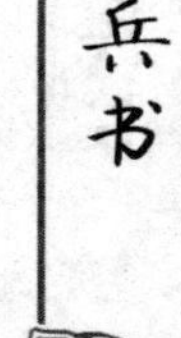

戎讲和而使之归顺，晋国得以治理诸夏而成为中原霸王，八年时间，九次汇集诸侯盟会，好像诸种乐器一起合奏，而没有不和谐之音。从此，地处西北的羌戎等少数民族也都归顺了。晋惠公执政期间，由于实行仁德之政而接纳了那些不侵扰不反叛的臣属国，于是才有崤山之战而大败秦军的胜利。就如同捕捉野鹿一样，晋国人在前抓住了它的角，各部戎人在后拖住了它的腿，晋戎合力终于把鹿按倒擒住。

凡是有道德的君主，能够用恩德去驯服别人；有仁义的君主，能够用仁义去团结别人；有智谋的君主，能够用策略去战胜别人；有权势的君主，能够用势力去掌控别人。用战争取胜容易，用和平取胜困难。诚如《国语·周语上》所说："古代的圣明君王总是彰明其仁德而不炫耀其武力。军队平时按兵不动，而等待有利时机才出动，一旦出动就要显示出强大威力；假如平时炫耀武力，就会使军队习以为常而松懈，军队松懈了就会丧失其威震四方的力量。"因此，有过诸侯和好的聚会，而未必有过诸侯歃血为盟；有过带军队兵车的集会，而未必有过布阵交战之事。

战争，是不吉利的东西，只有在逼不得已的情况下才使用它。古代的圣明帝王之所以能够一举而打败敌人，其成功超出于一般人之处，就在于其首先用礼乐教化去温柔安抚它；如果怀柔安抚而不能使它驯服时，再以玉帛宝物去引诱它；如果运用引诱而不能使它归附时，然后才任命高明的将帅，训练军马，精良武器，采取"攻其无备，出其不意"的谋略，一举战胜敌人。这就是所说的对反叛者必须进行征伐，对顺服者必须加以温柔。既温柔安抚又能使之归顺，这就充分显示出君主的仁义道德。《尚书》说得好："要用美好的德政去教征人们，用强盛的威力去督察天下。"假如能做到这样，那么，四面的夷族就不难以兼并归顺，八方的戎族就不再敢分庭抗礼了。

庙胜篇

【原文】

经曰：天贵持盈[1]，不失阴阳、四时之纲纪[2]；地贵定倾[3]，不失生长、均平之土宜[4]；人贵节事[5]，调和阴阳，布告时令[6]，事来应之，物来知之，天下尽其忠信、从其政令。

故曰：天道无灾，不可先来；地道无殃，不可先倡；人事无失，不可先伐。四时相乖[7]，水旱愆和[8]，冬雷夏霜，飞虫食苗，天灾也；山崩川涸，土不稼穑[9]，水不润下[10]，五果[11]不树，八谷[12]不成，地殃也；重赋苛政，高台深池，兴役过差[13]，纵酒荒色[14]，远忠昵佞[15]，穷兵黩武，人失也。上见天灾，下睹地殃，傍观人失。

兵不法天不可动，师不则地不可行，征伐不和于人不可成。天赞其时，地资其财，人定其谋，静见其阳，动察其阴，先观其迹，后知其心，所谓"胜兵者先胜[16]而后求战，败兵者先战而后求胜"。故曰："未战而庙算[17]胜者，得算多矣。未战而庙算不胜者，得算少矣。多算者胜，少算者不胜，而况于无算乎？以此观之，胜负见矣。"

【注释】

①持盈：意谓保守圆满的盛业。

②纲纪：本谓大纲要领或法度纲常，此处可作法则、规律解。

③定倾：意指使危险的局面或即将倾覆的国家转危为安。

④土宜：不同性质的土壤对不同的生物各有所宜。

⑤节事：意指行事有节制以使合乎标准。

⑥时令：犹“月令”。古时按季节变化而制定的有关农事的时令。

⑦相乖：原作“相乘”，于文义不通。疑“乘”字为“乖”形近而误刻，故改。相乖，谓相违逆。

⑧愆和：违失和顺。

⑨稼穑：耕种和收获。也泛指农业劳动。

⑩润下：水性就下以滋润万物。这里可作“灌溉”解。

⑪五果：指桃、李、杏、栗、枣。也泛指各种水果。

⑫八谷：指八种谷物。但不同著作所指不一。也泛指各种谷物。

⑬过差：过分，失度。

⑭荒色：沉迷于声色。

⑮呢佞：亲密奸佞。

⑯先胜：首先创造取胜的条件。

⑰庙算：庙，即宗庙。古代君主兴师命将时，先要在宗庙里举行仪式，并召开军事会议研究战争形势，分析利害得失，制定作战方略。兵家把这一战争谋划程序称为“庙算”。

【译文】

经典上说：天道贵在能保持圆满盛业，不扰乱阴阳寒暑、四季节气变化的规律；地道贵在能扭转危倾局面，不失去生长万物、均衡发展的特点；人事贵在能节制政事，调和阴阳，发布时令，做到事情来了能够应对自如，事物产生明白怎么回事，使天下人都能竭尽忠诚信义，自觉遵守国家的政令行事。

因此说，对于没有天灾降临的敌国，不能首先向它发动进攻；对于没有地殃祸及的敌国，不能首先向它举兵征战；对于没有人事失误的敌国，不能首先向它进行讨伐。四季节气变化违背自然规律，水涝、旱灾交替发生，冬季打雷、夏季降霜，蝗虫漫天乱飞而吞食秧苗，这就是天灾。高山塌陷，江河干枯，土地不能耕种，庄稼无法灌溉，各种果树不能结果，各种谷物没有收成，这就是地灾。统治者实行繁重苛税，残暴统治；大兴土木，修造楼台城池，过度地役使民力；放纵沉湎于酒色，疏远忠臣而亲近奸佞；穷兵黩武，肆意发动战争，这就是人失。如此，上可以看见苍天降临的灾害，下可以目睹大地发生的祸殃，旁可以观察君主人为的失误。[这都是向敌国发动进攻的有利时机。]

可是，用兵不根据天道，是不可以出动军队的；军队不根据地道，是不可以行军作战时；征战不合于人意，是不可能取得成功的。上天提供有利时机，大地资助充足财物，人能制定正确策略；敌人静止时能窥见其行动企图，敌人行动时能洞察其阴谋诡计，首先观察敌人的行动踪迹，然后就可以了解其用心企图，这就是[《孙子兵法·形篇》]所讲的："胜利的军队总是首先创造取胜的条件，然后再寻求同敌人进行决战；而失败的军队却总是首先同敌人决战，然后再企图侥幸取胜。"所以，《孙子兵法·计篇》又说："未同敌人交战前而在庙堂预谋取胜的，是因为谋划周密而取胜条件充分；未同敌人交锋前而在庙堂预谋不能获胜的，是因为谋划不周全而取胜条件缺失。谋划周密而胜利条件充分就能取胜，谋划不周而胜利条件缺少就不能取胜，更何况不做谋划而毫无胜利条件呢？由此来看，那么胜与负的结局也就一目了然了。"

沉谋篇

【原文】

经曰：善用兵者，非信义不立，非阴阳不胜，非奇正不列，非诡谲不战。谋藏于心，事见于迹，心与迹同者败，心与迹异者胜。

"兵者，诡道[①]也。能而示之不能，用而示之不用。"心谋大，迹示小；心谋取，迹示与。惑其真，疑其诈，真诈不决，则强弱不分，湛然[②]若玄元[③]之无象，渊然[④]若沧海之不测。如此，则阴阳不能算，鬼神不能知，术数[⑤]不能穷，卜筮不能占，而况于将乎？

夫善战者，胜败生于两阵之间，其谋也策不足验，其胜也形不足观。能言而不能行者，国之害；能行而不能言者，国之用。故曰：至谋[⑥]不说，大兵[⑦]不言，微乎神乎！故能通天地之理，备万物之情。

是故贪者利之，使其难厌[⑧]；强者卑之，使其骄矜[⑨]；亲者离之，使其携贰[⑩]。难厌则公正阙[⑪]，骄矜则虞守[⑫]亏，携贰则谋臣去。周文[⑬]利殷而商纣杀，勾践[⑭]卑吴而夫差[⑮]戮，汉高离楚而项羽亡。是故屈诸侯者以言[⑯]，役诸侯者以策。

夫善用兵者，攻其爱[⑰]，敌必从；捣其虚[⑱]，敌必随；多其方[⑲]，敌必分；疑其事。敌必备。从随[⑳]不得城守，分备[㉑]不得并兵[㉒]；则我佚[㉓]而敌劳，敌寡而我众。夫以佚击劳者，武之顺；以劳击佚者，武之逆。以众击寡者，武之胜；以寡击众者，武之败。能以众击寡，以佚击劳，吾所以得全胜矣。

夫竭三军气，夺一将心，疲万人力，断千里粮，不在武夫行阵之势，而在智士权算[㉔]之中。弱兮柔兮，卷之不盈怀袖[㉕]，能制阖辟；[㉗]方寸之心[㉘]，能易成败。智周万物而不殆，曲成[㉙]万物而不遗，顺天信人，察始知终，则谋何虑乎不从哉？

【注释】

①诡道：指用兵的诡诈行为原则。

②湛然：清澈的样子。

③玄元：古人认为天地未分时的混沌一体之气。也泛指天宇，天空。

④渊然：深沉的样子。

⑤术数：以种种方术观察自然界可注意的现象，来臆测人的气数和命运。

⑥至谋：最好的策略。

⑦大兵：指大的战争或大的军事行动。

⑧难厌：难以满足。

⑨骄矜：骄傲自满。

⑩携贰：怀有二心。

⑪公正阙：公正，公平正直。阙，通"缺"。

⑫虞守：犹"备守"，守备、防御。

⑬周文：即周文王，姬姓，名昌。

⑭勾践（？～前465年）：春秋末期越国国君。越王允常之子，又称"菼执。"前497～前465年在位。

⑮夫差（？～前473年）：春秋末期吴国国君。吴王阖闾之子。前495～473年在位。

⑯言：离间。

⑰攻其爱：攻击敌人爱重之处。

⑱挎其虚：攻击敌人空虚之处。挎，冲击、攻击。

⑲多其方：多方向攻击敌人。

⑳从随：被动地跟从随后。

㉑分备：分散兵力处处防守。

㉒并兵：集中兵力。

㉓佚：通"逸"。安逸。

㉔权算：谋划运策。

㉕怀袖：犹"怀抱""怀藏。"

㉖寰海：海内，四海。引义为天下。

㉗键：门的插销。阖辟：闭合与开启。

㉘方寸之心：指心脏。因心脏处于胸中方寸间，故称。

㉙曲成：多方设法而使有所成就，或谓委曲成全。

【译文】

经典上说：擅长用兵打仗的人，不以信义待人就不能建立起威望，不遵循阴阳变化规律就不能取胜，不懂得奇正之术就不会排列战阵，不运用诡诈之道就不能与敌交锋。谋略蕴藏于心中，战事显现在外部，如果心中的谋略与外部的表象相一致时，作战就要失败；如果心中的谋略与外部的表象不一致时，打仗就能胜利。

［诚如《孙子兵法》所讲，］"用兵作战之事，是以实施诡诈为原则的。因此要做

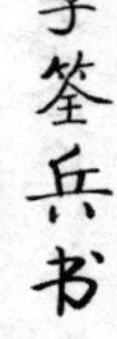

到:能打时却向敌人伪示不能打,要打时却向敌人伪示不想打。”内心谋划大的战斗计划,而表面上却显示为小计划;内心谋划着要进攻敌人,而表面上却显示给予敌人。以假乱真使敌人蒙惑,实行诡诈使敌人猜忌。由于真伪不明,敌人就无法探清我军力量的弱强。这样,就可以使我军隐蔽得像清澈的天空一样没有形迹,像深沉的大海一样深不可揣测。如能做到这样,那么,即使运用阴阳之术也无法判断,求助于鬼神也难以明了,使用各种方术也不能识破,用卜筮算命也占不出吉凶,更何况对一般将领而言呢?

大凡擅长指挥作战的人,其胜与败的结局都是发生在两军对垒的交锋之中。然而,他们的谋略计策是隐蔽而不能有征兆的,他们的取胜条件是敌人所不能察看到的。能说会道而不能身体力行的人,是国家的灾患;能够身体力行而不善辞令的人,是国家有用之才。所以说,最好的谋略计策是不能随便说出的,重要的军事行动是不能向外泄露的。这是微妙而神秘的啊!因此,要能做到通晓天地变化的规律,全面通晓万物的情状。

因此,对于贪婪的敌人,要用利益引诱他,使其贪欲难以满足;对于强大的敌人,要用卑词麻痹他,使其更加骄傲自满;对于内部团结的敌人,要用离间手段消毁他,使其内部离心离德。敌人贪心不足就缺少公正廉明,骄傲自大就势必放松防备,离心离德就会使谋臣出走。周文王用利诱惑殷商,最后灭商迫使纣王投火自焚;越王勾践卑事吴国,最后灭吴迫使夫差自杀身亡;汉高祖刘邦离间楚军,最后灭楚迫使项羽乌江自刎。所以,征服诸侯要用离间手段,役使诸侯要用谋略计策。

擅长用兵打仗的人,要攻占敌人所爱重的要害之处,这样敌人必然要从之而援;要攻击敌人兵力空虚的重要部位,这样敌人必然要随之而来;要从多方对敌人展开进攻,这样敌人必然要分散兵力;要用隐真示假之法使敌人产生迷惑,这样敌人必然要处处设防。敌人被动随从就不能筑守城池,敌人分兵防备就无法集中兵力,从而就会造成我军安逸而敌人疲惫、敌人兵寡而我军兵众的有利形势。以安逸之兵攻击疲劳之敌,这是用兵打仗的顺利之举;以疲劳之兵攻击安逸之敌,这是用兵打仗的不利之举。以优势兵力攻击寡少之敌,这是用兵打仗的取胜之道;以寡少兵力攻击优势之敌,这是用兵打仗的取败之道。能够做到以优势兵力攻击劣势之敌,以安逸之师进攻疲劳之敌,那么,我军便可以取得完全胜利啦。

能够竭尽敌军之锐气,动摇敌将之信心,疲敝敌军万众之体力,切断敌军千里之粮道,都不取决于武勇之将行军排阵的形势,而取决于智谋之士的谋划运筹之中。而谋划运筹如同细弱柔软之物啊,把它卷藏起来的时候而装不满胸怀;又如同深沉神秘之物啊,把它舒展开来的时候则可以经略天下。五寸长短的销簧可以控制门的开闭;方寸之心谋可以改变战争成败。智谋周全则万物不会受到危害,随机应变则万物不会被泄漏,利用天道而取信于民,观察其始而预料其终,那么,谋略还害怕有什么不能实现的吗?

子卒篇

【原文】

经曰：古者，用人之力，岁不过三日，籍敛不过什一①。公刘好货②，居者有积仓③，行者有裹粮④；太王⑤好色，内无怨女⑥，外无旷夫。文王作刑⑦，国无冤狱；武王行师，士乐其死。

古之善率人者，未有不得其心而得其力者也，未有不得其力而得其死者也。故国必有礼信亲爱之义，然后人以饥易饱；国必有孝慈廉耻之俗，然后人以死易生。人所以守战，至死不衰者，上之所施者厚也，上施厚则人报之亦厚。且士卒之于将，非有骨肉之亲，使冒锋镝⑧、突干刃⑨，死不旋踵⑩者，以恩信养之，礼恕⑪导之，小惠渐⑫之，如慈父育爱子也。故能救其阽危⑬，拯其涂炭⑭；卑身下士，齐勉甘苦，亲临疾病；寒不衣裘，暑不操扇，登不乘马，雨不张盖；军幕⑮未办，将不言坐；军井⑯未通，将不言渴；妻子补绽⑰于行间，身自分功⑱于役作⑲；箪醪之馈，必投于河⑳；挟纩之言，必巡于军。㉑是以人喜金铎㉒之声、勇鼓鼙㉓之气者，非恶生而乐死，思欲致命㉔而报之于将也。

故曰："视卒如婴儿，故可与之赴深溪；视卒如爱子，故可与之俱死。厚而不能使，爱而不能令，乱而不能理，譬如骄子不可用也。"㉕"是故令之以文，齐之以武，是谓必取。"㉖语曰："夫妻谐可以攻齐，小夫怒可以攻鲁。"㉗王翦、李牧、吴起、田穰苴竟如此而兵强于诸侯也。

【注释】

①什一：亦作"十一"，谓十分之一。

②公刘：古代周族祖先后稷的三世孙，为周代的创业之主。好货：指公刘喜爱和注重财货，借指其注重发展生产。旷夫：指找不到妻子的单身汉。

③积仓：指以仓廪储存的粮食。

④裹粮：指外出携带的干粮。

⑤太王：即周代古公亶父，尊号为"太王"，周文王的祖父。

⑥怨女：指找不到丈夫的老处女。

⑦文王作刑：文王，即周文王。作刑，制定刑律。

⑧锋镝：本指刀刃和箭镞，借指兵器，也指战争。

⑨干刃：指盾与刀，皆为古代常用之兵器。因以通称兵器。也代指战争。

⑩旋踵：旋转脚跟，转身向后。借指畏惧退缩。

⑪礼恕：礼仪法度和忠恕道义。

⑫渐：滋润。

⑬阽危：危险，险要。

⑭涂炭：蹂躏，摧残。

⑮军幕：行军扎营的帐幕。

⑯军井：军中所用水井。

⑰补绽：缝补破衣。

⑱分功：犹“分工”。

⑲役作：力役劳作。

⑳箪醪之馈，必投于河：典出《三略·上略》。箪醪，用容器装的酒。馈，赠送，馈赠。

㉑挟纩之言，必巡于军：典出《左传·宣公十二年》。挟纩，本谓披着棉衣，亦以喻指受人抚慰而感到温暖。

㉒金铎：即铎。古代乐器名。大铃之一种。古代宣布政令或遇战事时用之。

㉓鼓鼙：古代军中用的大鼓和小鼓。

㉔致命：谓牺牲生命。

㉕“视卒如婴儿”以下八句：语出《孙子兵法·地形篇》，与原文略异。

㉖“是故令之以文，齐之以武，是谓必取”诸句：语出《孙子兵法·行军篇》。令，教令、教育。文，指政治、道义。齐，整饬、规范。武，指军法军纪。

㉗“夫妻谐可以攻齐”二句：尚未查到出处。或为唐以前流行的俗话或谚语。

【译文】

经典上说：古代时候，君王使用百姓人力劳作，每年不超过三天时间，征收百姓田税数额，也不超过十分之一。周代始祖公刘喜欢财货，故使留在家里的人有仓储粮谷，行军打仗的人能携带粮饷。太王古公亶父喜欢女色，故使内居没有找不到丈夫的怨恨女，外出没有找不到妻子的单身汉。周文王制定刑律，国家无冤案发生；周武王出兵征伐，将士心甘情愿赴死沙场。

古代擅长统御部众的人，没有不赢得人们衷心拥护而能得到人们效力的，也没有不得到人们效力而能得到人们情愿赴死的。所以，国家必须首先充满礼仪信义和亲情爱心之风，然后人们才会忍饥挨饿以换取温饱生活；国家必须首先形成尊长爱幼和廉洁知耻习俗，然后人们才能甘愿捐躯以换国家的生存。因此，人们能够坚守攻战而至死斗志不衰的原因，就在于统治者给予他们以丰厚的利益；统治者所给的利益丰厚，那么人们回报他的也就自然也丰厚。况且士兵对于将帅来说，并没有骨肉之亲，要想使他们临战能冒着枪林弹雨，突破剑枪刀从，奋勇杀敌而至死不后撤，那么，平时就要用恩德信义培养他们，用礼仪忠恕训导他们，用小恩小惠抚慰他们，就像慈父养育爱子一样。所以，将帅要切实做到：在士兵遇到危险时能够解救他，在士兵遇到摧残时能够拯救他；要谦恭礼让而礼贤下士，要与众互勉而同甘共苦，要亲自慰问有病的士兵；严寒天气自己不穿皮衣，酷暑天气自己不用扇子，行军登高时不乘坐马匹，下雨天气也不打伞遮雨；军营帐幕没有搭好，将帅不说坐下休息；军用水井没有凿通，将帅不说口渴喝水；将帅的妻子在军营给士兵缝补衣服，将帅本人也亲自分工从事各种工作；要把人们赠送的一箪水酒，一定倒入河里［与士卒同流而饮］；要把人们慰问的温暖话语，一定传遍全军［与士卒同受鼓舞］。因此，士兵们喜闻临战的金鼓之声，而听到战鼓声响就勇气倍增的原因，不是由于厌恶活着而乐意去死，而是想要用牺牲生命来报答将帅平时给予他们的深恩厚爱。

因此，诚如《孙子兵法》所讲："将帅对待士卒就像对待自己的孩子一样，那么士兵就可以和将帅共赴危难：将帅对待士兵就像对待自己的爱子一样，那么士兵就可以与将帅同生共死。如果对士兵厚待而不能使用，溺爱而不能教育，违法而不能惩治，那么就如同娇惯了的子女一样，是不可以用来对敌作战的。""所以，要用宽厚仁恩的'文'的手段去培养教育他们，用威刑法纪的'武'的手段去约束整饬他们，如此就是攻必取、战必胜的军队。"又如俗话所讲的："一个国家内的夫妻和睦相处，就可以团结一致地攻击齐国；平民百姓怨恨仇敌，就可以同仇敌忾地进攻鲁国。"战国时期秦国的王翦、赵国的李牧、魏国的吴起和春秋时期齐国的田穰苴等将帅，都是采用文武相兼、恩威并重的办法，而把军队管理得强于其他诸侯国的军队。

选士篇

【原文】

经曰：统六军[①]之众，将百万之师，而无选锋，浑[②]而杂用，则智者无所施其谋，辨者[③]无所施其说，勇者无所奋其敢，力者[④]无所著[⑤]其壮，无异独行中原[⑥]，亦何所取于胜负哉？故《孙子》曰："兵无选锋，曰北。"[⑦]

夫选士以赏，赏得其进；用士以刑，刑慎[⑧]其退。古之善选士者，悬赏于中军[⑨]之门。有深沉谋虑出人之表者，以上赏而取之，名曰"智能之士"。有辞纵理横[⑩]、飞箝捭阖[⑪]，能移人之性、夺人之心者，以上赏而礼之，名曰"辩说之士"。有得敌国君臣问间请谒[⑫]之情性者，以上赏而礼之，名曰"间谍之士"。有知山川、水草、次舍[⑬]、道路迂直者，以上赏而礼之，名曰"乡导之士"。有制造五兵[⑭]、攻守利器，奇变诡谲者，以上赏得而厚之，名曰"技巧之士"。有引五石之弓[⑮]、矢贯重札[⑯]，戈矛剑戟便于利用，陆搏犀兕[⑰]、水攫鼋鼍[⑱]，佻身[⑲]捕虏、搴旗摭鼓[⑳]者，以上赏得而抚之，名曰"猛毅之士"。有立乘奔马、左右超忽[㉑]，逾越城堡、出入庐舍而亡[㉒]形迹者，上赏得而聚之，名曰"趫捷[㉓]之士"。有往返三百里不及夕[㉔]者，上赏得而聚之，名曰"疾足[㉕]之士。"有力负六百三十斤行五十步者，上赏得而聚之；或二百四十斤者，次赏得而聚之，名曰"巨力之士"。有步五行[㉖]、运三式[㉗]，多言天道、阴阳、诡谲者，下赏得而存之，名曰"技术[㉘]之士"。

夫十士之用，必尽其才、任其道。计谋使智能之士，谈说使辩说之士，离亲间疏使间谍之士，深入诸侯之境使乡导之士，建造五兵使技巧之士，摧锋捕虏、守危攻强使猛毅之士，掩袭侵掠使趫捷之士，探报计期使疾足之士，破坚陷刚使巨力之士，诳愚惑痴使技术之士。此谓任才之道，选士之术也。三王[㉙]之后，五伯[㉚]之辟[㉛]，得其道而兴,失其道而亡。兴亡之道,不在人主[32]聪明文思[33],在乎选能当其才也。

【注释】

①六军:周制天子所统军队的编制序列,后因以为国家军队的统称。

②浑:用同"混"。

③辨者:谓能言善辩之士。

④力者:指力气大的人。

⑤著:显著。

⑥中原:原野之中。此泛指天下。

⑦选锋:指经过选拔而组成担负先锋作战任务的精锐部队。北:败北、败走。

⑧慎:本谓谨慎、慎重,引申为劝惩、警戒。

⑨中军:古代行军作战分左、中、右或上、中、下三军。三军统由主帅所在的中军发号施令。

⑩辞纵理横:擅长辞令善于理辩。

⑪飞箝捭阖:飞箝,亦作"飞钳",辩论的一种方法。捭阖,犹"开合",本指战国时期纵横家一种分化拉拢的游说之术,后亦泛指分化拉拢。

⑫问间请谒:问间,打探间隙。请谒,请求谒见。

⑬次舍:行军宿营之地。

⑭五兵:指古代的五种兵器,亦泛指各种兵器。

⑮五石之弓:指拉力为五石重才能拉开的弓箭。石,计算重量的单位,通常一石为一百二十斤。

⑯重札:多层铠甲叶片。重,重复、多层。札,指用皮革或金属制成铠甲叶片。

⑰犀兕:即犀牛和兕兽。

⑱鼋鼍:鼋,大鳖,俗称癞头鼋。鼍,亦称"鼍龙"或"猪婆龙",即扬子鳄。

⑲侊身:单独,只身。

⑳搴旗摭鼓:搴旗,拔取敌方旗帜。摭鼓,夺取敌人战鼓。

㉑超忽:迅速的样子。

㉒亡:义同"无"。

㉓跻捷:矫健敏捷。

㉔夕:傍晚。

㉕疾足:足力矫健,奔跑飞快。

㉖步五行:以五行推算命运。

㉗运三式:运用三式(指遁甲、太乙、六壬)来占卜吉凶福祸。

㉘技术:这里指方术或法术。

㉙三王:通常指夏、商、周三代之君王。

㉚五伯:即"五霸"。通常指春秋时期的五个霸主。

㉛辟:开辟,开始。

㉜人主：即人君、君主。

㉝文思：才智与道德。

【译文】

经典上说：指挥六军之众，率领百万之师，对敌作战而没有精锐先锋部队，仅将各种士卒混杂使用，那么，容智聪慧的人无法施展其计谋，能言善辩的人无法施展其口才，勇敢无畏的人无法奋发其英勇，身强力大的人无法表现其身强体壮。这实际上与一个人独自闯荡天下没有两样，他对战争的胜负又有什么可取的地方呢？所以《孙子兵法》说："用兵作战，没有精良的先锋部队而失败的，叫作'败北'。"

选拔勇士要靠奖赏，通过奖赏而使其奋勇赏赐；使用勇士要靠刑罚，通过刑罚而使其不敢后退。古代擅长选拔勇士的将帅，都在中军营门张贴悬赏之令。对于那些深藏不露而谋虑超出常人之上的人，以上等奖赏来录用他们，命名他们为"智能之士"。对于那些善于辩辞、分化拉拢而能改变敌人目的，扰乱敌人心志的人，以上等奖赏来礼遇他们，命名他们为"辩说之士"。对于那些能够获得敌国君主与大臣之间嫌隙、往来情况的人，以上等奖赏来礼待他们，命名他们为"间谍之士"。对于那些掌握山川、水草、宿营之所、道路曲直情况的人以上等奖赏来礼待他们，命名他们为"向导之士"。对于那些能够制造各种兵器、攻守器具以利于神奇变幻、实施诡诈作用的人，以上等赏赐来厚待他们，命名他们为"技巧之士"。对于那些能够拉开六百斤强力的弓箭而射穿多层铠甲片叶，能够熟练地使用戈、矛、剑、戟，在陆地上能搏击犀牛兕兽，在水中能捕捉大鳖和鳄鱼，或者能够只身捕获俘虏、夺得敌人军旗战鼓的人，以上等奖赏得而抚慰他们，命名他们为"猛毅之士"。对于那些骑术娴熟，乘坐飞马可以左右迅捷奔突，跨越城堡、出入营垒而不留形迹的人，以上等奖赏得而集中起来，命名他们为"跻捷之士"。对于那些能够往返三百里路而不到一天时间的人，以上等赏赐得而集中起来，命名他们为"疾足之士"。对于那些力大能背六百三十斤重而行走五十步的人，以上等奖赏得而聚集起来，或者能扛二百四十斤重的人，以次等奖赏得而集中起来，命名他们为"巨力之士"。对于那些能够运用五行、三式之术、善言天道、阴阳之说以施行诡诈诳骗惑众的人，以下等奖赏得而保存起来，命名他们为"技术之士"。

对于上述这十种人才的任用，必须尽量利用其才能，充分利用其长处。例如，进行谋划运筹时，使用"智能之士"；外交谈判游说时，使用"辩说之士"；对敌实施离间时，使用"间谍之士"；深入敌国作战时，使用"向导之士"；制造各种兵器时，使用"技巧之士"；挫败敌人锐气，擒获敌人俘虏，防守危险地方，攻击强盛敌人时，使用"猛毅之士"；偷袭侵掠敌人时，使用" 跻捷之士"；约期传递情报时，使用"疾足之士"；对敌攻坚作战时，使用"巨力之士"；诳惑愚傻之人时，使用"技术之士"。以上这些就是任用人才应该掌握的原则，选拔人才应该运用的方法。从夏、商、周三代君王之后，到春秋五霸称雄之始，凡是通晓了选士用人之道的就会强盛起来，而没有掌握选士用人之道的就会走向衰败。此种国家兴盛与衰亡之道，不在于君主

的聪明才智怎样，而在于其选拔人才能够做到人当其才、才尽其用。

励士篇

【原文】

经曰：激人之心，励士之气；发号施令，而人乐闻；兴师动众，而人乐战；交兵接刃，而人乐死。①其在以战劝战，以赏劝赏，以士励士。

木石无心，犹可危②而动，安而静，况于励士乎？古先帝③王伯④有天下，战胜于外，班师校功⑤，集众于中军之门。上功赐以金璋紫绶⑥，锡⑦以锦綵⑧，衣以缯帛⑨，坐以重裀⑩，享以太牢⑪，饮以醇酒⑫；父母妻子皆赐纹绫⑬，坐以重席⑭，享以少牢，饮以酎酒⑮。大将军捧赐，偏将军捧觞⑯。大将军令于众曰："战士某乙⑰等，奋不顾身，功超百万，斩元戎⑱之首，搴大将之旗，功高于众，故赏上赏。子孙后嗣，长称卿大夫⑲之家；父母妻子，皆受重赏，牢席有差。众士咸知。"

次功赏以银璋朱绶、纹绫之衣，坐以重席，享以少牢，饮以酎酒；父母妻子，赠以缯帛，坐以单席⑳，享以鸡豚㉑，饮以醨酒㉒。偏将军捧赐，子将军㉓捧觞。大将军令于众曰："战士某乙等，勇冠三军，功经百战，斩骁雄㉔之首，搴虎豹㉕之旗，功出于人，赐以次赏。子孙后嗣，长为勋给之家㉖；父母妻子，皆受荣赏㉗，牢席有差。众士咸知。"

下功赏以布帛之衣，坐以单席，享以鸡豚，饮以醨酒；父母妻子，立而无赏，坐而无席。子将军捧赐，卒捧觞。大将军令于众曰："战士某乙等，戮力行间㉘，劬劳㉙岁月，虽无搴旗斩将，实以跋涉疆场，赐以下赏。子孙后嗣，无所庇诸㉚；父母妻子，不及坐享㉛。众士咸知。"

令毕，命上功起，再拜大将军，让㉜曰："某乙等，忝列王臣㉝，敢不尽节㉞？有愧无功，叨受㉟上赏。"大将军避席㊱曰："某乙等不德，谬居师长，赖尔之功，枭悬㊲凶逆，盛绩美事，某乙等无专善㊳。"退而复坐。命次功再拜上功。上功曰："某乙等无谋无勇，遵师长之命，有进死之荣，无退生之辱。身受殊赏，上光父母，下及妻子，子其勉旃㊴。"退而复坐。命下功再拜次功。次功坐受曰："某乙等少猛寡毅，遵师长之命，决胜负于一时。身受次赏，上光父母，下及妻子，子其勉旃。"下功退而复坐。

夫如是励之，一会㊵则乡勉党㊶，里勉邻，父勉子，妻勉夫；二会则县勉州，师勉友；三会则行路㊷相勉。闻金革㊸之声，相践而出㊹，邻无敌国，邑㊺无坚城，何患乎不勉㊻哉？

【注释】

①"发号施令……而人乐死"诸句：语出《吴子·励士》。

②危：高险，高耸。

③先帝：远古君主或前代已故君主。

④王伯:即“王霸”。
⑤校功:论功行赏。校,比较;考论。
⑥金璋紫绶:亦即“紫绶金章”。璋,通“章”。金章,金印。紫绶,紫色丝带。
⑦锡:赐予,授予。
⑧锦綵:色彩艳丽的丝织品。
⑨衣以缯帛:衣,这里作动词。穿,着。缯帛,丝绸的总称。
⑩重裀:双层的坐卧垫褥。裀,通“茵”,褥垫或毯子之类。
⑪太牢:古代祭祀,凡具备牛、羊、豕(猪)三牲祭品的称为“太牢”,仅具羊、豕二牲者称“少牢”。
⑫醇酒:味道醇厚的上等美酒。
⑬纹绫:一种薄而细、纹如冰凌、光滑如镜面的丝织品。
⑭重席:层叠的座席。
⑮酎酒:经过多次酿成的好酒。
⑯觞:盛满酒的杯。也泛指酒器。
⑰某乙:称人或自称的代词。
⑱元戎:指主将或主帅。
⑲卿大夫:即卿和大夫。后泛指高级官员。
⑳单席:指单层的坐垫。
㉑豚:小猪。也泛指猪。
㉒醨酒:滤酒。过滤去糟的酒。
㉓子将军:唐代武官名。隶属于大将军之下而掌握布列行阵、金鼓及部署卒伍的副将或偏将。
㉔骁雄:威猛骁勇之将。
㉕虎豹:这里比喻勇猛凶暴之将。
㉖勋给之家:功勋之家。
㉗荣赏:犹“重赏”。
㉘行间:行伍军阵之间,也指战场。
㉙劬劳:劳累,劳困。
㉚庇诸:庇护,保护。诸,在这里作代词,相当“之”。
㉛坐享:为前文“坐以单席,享以鸡豚”两句的缩称。指享受单席鸡豚的待遇。
㉜让:这里指谦让、推辞。
㉝忝列王臣:愧为君王之臣子。忝,羞愧、有愧于。列,等列、列为。
㉞尽节:尽心竭力,保全节操。
㉟叨受:享受。叨,本指用嘴衔物,引义为享受到。
㊱避席:古人席地而坐,离席而立以示敬意谓之“避席”。
㊲枭悬:斩首悬挂示众。
㊳专善:犹“专美”。谓独享美名。

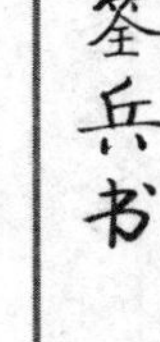

㊴勉旃：努力。多用于劝勉时。旃，语助词，“之焉”的合音字。
㊵一会：犹“一次”。这里喻一次赏功会。
㊶乡勉党：这里的“乡”和“党”，皆为古代一种地方行政区划名和基层组织。
㊷行路：行路人，引申为陌生人。
㊸金革：本谓军械装备，这里喻指战争。
㊹相践而出：相继而出。相践，犹“相踵”。足踵相继。
㊺邑：古代有时称京城，国里都，有时称封地、采邑等。
㊻勉：钱熙祚校注云：“张刻本此‘勉’字作‘勇’。”勉，这里指尽力、努力。

【译文】

经典上说：要激励人们的决心，鼓舞士卒的勇气。做到发号施令，能使人们乐于服从；兴兵打仗，能使人们乐于参战；冲锋陷阵，能使人们乐于效死。这其中的原因在于用奋勇杀敌的精神去激发士卒作战，用奖赏军功的办法去鼓励士卒立功，用先进士卒为榜样去鼓励其他士卒。

木头和石块原本是没有思想意识的，可是将其放在高危之处时尚且能够滚动，置于平坦地方时则又能够静止不动，何况是鼓励有血有肉有思想的将士呢？古代先帝圣王称霸于天下，在将士外出打了胜仗、班师回朝论功行赏之时，都把部队召集于主帅所在的中军营门之前，举行隆重的颁奖仪式。凡是荣立头等功的，赏给他们紫色丝带的金印，赏给他们色彩艳丽的丝织品，赏赐他们穿华美丝绸衣裳，让他们坐在铺有双层坐垫的席位上，享用牛羊猪三牲全备的宴席，饮用味道淳朴的上等好酒；其父母妻儿都赐给纹如冰凌、光如镜面的丝织品，让他们坐在铺有两层坐垫的座位上，享用备有羊猪二牲的宴席，饮用多次酿造的酎酒。由大将军亲自捧着赐物赏给荣立头等功的士卒，由偏将军亲自举杯向他们一一敬酒。然后，大将军向众人发布号令说：“战士某某等人，在战场上奋不顾身，其战功超过百万之众，他们斩了敌人主帅的首级，夺了敌军大将的军旗，功勋高于众人之上，所以给予头等赏赐。他们的子孙后代将永远袭称‘卿大夫之家’，其父母妻儿都受到重赏，只是所享用的饮宴和座席有些区别罢了。请大家都要知晓这一点。”

对荣获二等战功的士卒，赏赐给他们配有红色丝带的银印和彩色丝绸衣裳，让他们坐在铺有双层坐垫的席位上，享用具有羊猪二牲的宴席，饮用多次酿成的酎酒；他们的父母妻儿赐给丝绸，让他们坐在铺有单层坐垫的席位上，享用摆有鸡、猪肉食品的宴席，饮用经过滤去糟的醨酒。由偏将军亲自捧着赏物给予荣立二等功的士兵，由子将军亲自举杯向他们分别敬酒。然后，大将军向众人发布号令说：“战士某某等人，他们勇冠三军，身经百战而立功，砍了敌人骁将的首级，夺了敌人猛将的军旗，其功勋高出一般人，所以授予他们二等奖赏。他们的子孙后代将永远称为‘勋给之家’，其父母妻儿都受到荣耀和赏赐，只是所享用的饮宴和座席位次有些区别罢了。请大家都要了解这一点。”

对荣立三等功的士卒，赏赐给他们普通的布帛衣裳，让他们坐在铺有单层坐垫的席位上，享用摆有鸡、猪肉食品的宴席，饮用经过滤去糟的酾酒；其父母妻儿站立在旁边而没有赏赐之物和座席饮宴。由子将军手捧赏物赏予荣立三等功的士卒，由士兵举杯向他们分别敬酒。然后，大将军向众人发布号令说："战士某某等人，他们效力于行伍军阵之间，长年累月不辞辛苦，虽然没有夺旗斩将之功，确实有跋涉疆场苦战之劳，所以应当赐予三等赏赐。他们的子孙后代没有荫袭庇护，其父母妻儿没有饮宴和座席。请大家都要知晓这一点。"

大将军分别向众人发号施令之后，又命令荣立头等功的士兵起立再次谢过大将军，并谦让地说道："我们某某等人，愧为君主的臣子，怎敢不尽心竭力以保全节操呢？但惭愧没有建立功勋却受到如此头等奖赏。"大将军听后离席起立说："我某某等人无德不才，错居统帅之位，全靠你们的功劳，消灭凶顽叛逆，如此伟大战绩和美好事迹，我等不应独占美名。"授予头等功的士兵退回原席坐下。大将军又命授予二等功的士卒再拜头等功授予者；头等功授予者说道："我们某某等人，无勇无谋，遵循大将军的命令，唯有奋勇前进而拼死杀敌之荣，没有畏敌怯战而后退求生之辱。如今身受特殊赏赐，上光耀父母，下荣及妻儿。咱们大家一起努力吧！"授予二等功的士卒退回原位坐下。大将军又命授予三等功的士卒再次拜谢二等功授予者，二等功授予者坐在原位上接受拜谢，并说道："我们某某等人，缺少勇猛刚毅，遵守大将军的命令，在决定胜负的战场上一时打了胜仗，如今竟身受二等奖赏，上光耀父母，下荣及妻儿。咱们共同努力吧。"于是，荣立三等功的士卒退回原位坐下。

假如像这样奖赏士兵，那么，一次这样的论功行赏会，就可以使同乡人激励到同党人，同里人激励到近邻人，父母鼓励儿子，妻子激励丈夫。两次这样的论功行赏会，就可以使同县人激励到同州人，师长激励到朋友。三次这样的论功奖赏会，就可以使过路的陌生人互相激励。这样，士兵们一听到金鼓之声，就会争先恐后地相继出战，使毗邻没有匹敌的国家，使都邑没有坚固的城防，还用担心将士不努力战斗吗？

刑赏篇

【原文】

经曰：有虞氏画衣冠、异章服[①]，以刑辅缪[②]，而奸不犯，其人醇[③]。汤武凿五刑[④]，伤四肢，以缪辅刑，而奸不止，其人淫[⑤]。有虞非仁也，汤武非暴也，其道异者，时也。

古之善治者，不赏仁，赏仁则争为施而国乱；不赏智，赏智则争谋而政乱；不赏忠，赏忠则争为直而君乱；不赏能，赏能则争为功而事乱；不赏勇，赏勇则争为先而阵乱。夫莅众[⑥]以仁，权谋以智，事君以忠，制物以能，临敌以勇，此五者，士之常。赏其常则致争，致争则政乱，政乱则非刑不治。故赏者，忠信之薄[⑦]，而乱之所由生；刑者，忠信之戒，而禁之所由成。刑多而赏少，则无刑；赏多而刑少，则无赏。刑

过则无善，赏过则多奸。

王者，以刑禁、以赏劝，求过而不求善，而人自为善。赏，文也；刑，武也。文武者，军之法，国之柄。明主首出，庶物[8]顺时，以抚四方，执法而操柄[9]，据罪而制刑，按功而设赏。赏一功而千万人悦，刑一罪而千万人慎；赏无私功，刑无私罪，是谓军国之法，生杀之柄。故曰：能生而能杀，国必强；能生而不能杀，国必亡。能生死而能赦杀[10]者，上也。

刑赏之术[11]，无私常公于世以为道。其道也，非自立于尧舜之时，非自逃于桀纣之朝。用得之而天下治，用失之而天下乱。治乱之道，在于刑赏，不在于人君。过此以往[12]，虽弥纶[13]宇宙，缠络万品[14]，生杀之外，圣人错[15]而不言。

【注释】

①画衣冠、异章服：犯人穿着画有特殊图文为标志的不同衣冠代替刑罚，因称之为“画衣冠、异章服”。

②缪：通“剹”，借为“戮”，杀戮。

③醇：指人的道德风尚纯厚质朴。

④五刑：指秦以前的墨、劓、（剕）、宫、大辟五种刑罚。

⑤淫：淫乱邪恶。

⑥蒞众：治理民众。蒞，亦作“莅”，临视、治理。

⑦薄：通“簿”。指登记，记录。

⑧庶物：众物，万物。

⑨操柄：掌握权柄。

⑩赦杀：免罪将要被杀的人。

⑪自“刑赏之术……用失之而天下乱”诸句：本诸《尹文子·大道下》，个别文字略异。

⑫自“过此以往”至文末诸句：本诸《尹文子·大道下》，个别文字略异。

⑬弥纶：普遍包络。

⑭擅长万品：万品，犹万物、万类。

⑮错：通“措”。即舍弃，置而不用。

【译文】

经典上说：上古虞舜时代，只给罪犯穿戴有特殊图形或颜色标志的衣帽，以此类刑罚来辅助单纯的诛戮，然而民众没有犯法的，那时候的人是纯厚质朴的。商汤和周武王制定了五种刑罚，犯法者遭到肢体伤害，用此类杀戮办法来辅助刑罚，结果作奸犯法者却屡禁不止，那时候的人是淫乱作恶的，虞舜并非是仁慈，商汤和周武王也不是残酷，他们实施统治的原则方法不同，是时代不同的结果。

古代擅长治理天下的人，不赏赐仁爱者，因为赏赐仁爱就会使人们争着去行施舍而导致国家紊乱；不奖赏智慧者，因为赏赐智慧就会使人们争着出谋划策而导致政治混乱;不奖赏忠直者,因为奖赏忠直就会使人们争着去做忠直而导致君王混乱;不奖赏有才者,因为奖赏才能就会使人们争着建立功名而导致事业混乱;不奖赏勇猛者,因为奖赏勇猛就会使人们争着向前领先而导致阵势紊乱。治理民众要用仁爱,运用权谋要用智慧,侍奉君主要用忠信,处理事务要用才能,临敌陷阵要靠勇敢。以上这五点,本是将士通常应当做到的事情,奖赏这些本应做到的事情,就会引起争执。引起争执就会使政治混乱,政治混乱了非用惩罚则不能加以整治。所以,奖赏这东西,既是对忠信的载录,又是混乱由此发生的根源;刑罚这东西,既是忠信者引以为戒的东西,又是禁令得以发生效用的保证。刑罚多了而赏赐少了,刑罚就没有作用;奖赏多了而刑罚少了,奖赏也没有效用。刑罚过滥,就没有善良之辈;奖赏过滥,就会使奸邪增多。

身为国君的人,要通过刑罚达到禁止犯罪的目的,通过奖赏起到劝人为善的效用。实行中宁可要求过严而不求完整,那么,人们也会自觉为善。奖赏,是"文"的办法;刑罚,是"武"的手段。文武二者结合,乃是治军的法纪,治国的权柄。英明的君主一出现,能使万物都顺应时代,以此安抚天下四方;他执掌法规而操纵权柄,根据罪行的轻重而规定刑罚,按照功绩的大小而设置奖赏。执行中做到奖赏一个有功之人,能使千万人欢悦鼓舞;惩罚一个犯罪分子,能使千万人小心警惕。奖赏中没有凭借私人感情而获得的功劳,刑罚中没有因为私人怨恨而受到的罪名。这才是统军治国的法规,决定人们生杀的权柄。因此说,既能使人生活又能加以斩杀,这样的国家必定强盛;能够让人生活却不能加以斩杀,这样的国家必定破灭。能够使将死者生活下去,又能做到赦免被诛的人,这才是最高明的办法。

实施刑赏制度,应该没有私心,并且要经常公诸社会,以此作为统军治国的原则和方法。这种方法,不是自然确立于唐尧虞舜的时期,也不是自行离失于夏桀商纣的朝代。刑赏制度运用妥当,天下就会得到治理;运用失当,天下就会变得混乱。天下的治与乱的基本方法,在于刑赏制度能否正确实施,而不在于君主本身如何。自古至今,虽然还有许多充满宇宙、包罗万象的事物,但除了掌握和运用好生杀大权之外,圣人对其他事物都可以弃而不论。

地势篇

【原文】

经曰:善[①]战者,以地强、以势胜,如转圆石于千仞之窳[②]者,地势然也。

千仞者,险之地;圆石者,转之势也。地无千仞,而有圆石置之窳塘[③]之中,则不能复转;地有千仞,而无圆石,投之方稜偏匾[④],则不能复移。地不因险,不能转圆石;石不因圆,不能赴深谿。故曰:兵因地而强,地因兵而固。

夫善用兵者,高邱勿向,背邱勿迎[⑤];负阴抱阳,养生处实,则兵无百病。[⑥]是故诸侯自战于地,名曰"散地"[⑦];入人之境不深,名曰"轻地";彼此皆利,名曰"争地”；彼我可往，名曰“交地”；三属诸侯之国，名曰“衢地”；深入背人城邑，名曰“重地”；山林、沮泽、险阻，名曰“圮地”；出入迂隘，彼寡可以击吾众，名日“围地”；疾战则存，不战则亡，名日“死地”。故散地无战，轻地无留，争地无攻，交地无绝，衢地合交[⑧]，重地则掠，圮地则行，围地则谋，死地则战。

是故城有所不攻，计不合也；地有所不争，未见利也；君命有所不听[⑨]，不便事也。

凡地之势，三军之权[⑩]，良将行之，智将遵之，而旅将[⑪]非之，欲幸[⑫]全胜，飞龟舞蛇[⑬]，未之有也。

【注释】

①善：善于。

②豁：深峭的山谷。

③窊塘：低下的泥塘。

④方稜偏匾：方稜，方正而有棱角的石头。偏匾，扁平不圆的石头。匾，同“扁”。

⑤高邱勿向，背邱勿迎：语本《孙子兵法·军争篇》。邱，同“丘”，指山地、丘冈。迎，与“逆”义同。

⑥负阴抱阳，养生处实，则兵无百病：语出《孙子兵法·行军篇》，“负阴抱阳”原作“贵阳而贱阴”。

⑦“是故诸侯自战其地者……死地则战”诸句：语出《孙子兵法·九地篇》。

⑧合交：原文误作“无合”，今据《孙子兵法》改。

⑨“城有所不攻”“地有所不争”“君命有所不听”三句：语出《孙子兵法·九地篇》，“不听”原作“不受”。

⑩权：这里谓重或轻重所在，引义为纲领、要点。

⑪旅将：指众多平庸将帅。旅，众、众多。

⑫幸：侥幸。

⑬飞龟舞蛇：使龟蛇飞舞起来。这里用以比喻企图侥幸取得胜利是不可能的。

【译文】

经典上说：擅长指挥作战的人，凭借有利地形条件增强自己的力量，凭借有利地理形势夺得作战的胜利，如同圆石从千仞高的山谷之上向下滚动一样势不可挡，这是由于险峻的地理态势导致的。

千仞的高山，这是峰高谷深的地理条件；圆形的石头，自山顶向下便有滚动的趋势。地面上没有千仞的高山，而把圆石放在低洼泥塘之中，它就不能再滚动起来；虽有千仞高山而无圆石置于其上，而投之以方正有棱或扁平不圆的石头，它也不可能移动起来。地形不险，不能使圆石滚动；石头不圆，不能滚动到深谷。所以说，军队凭借有利地形条件而增强力量，地势凭借军队守卫而成为坚固阵地。

擅长用兵打仗的人,敌人占领高山就不要去仰攻,敌人背靠高地就不要正面去攻击;部队扎营要选择向阳而避阴之地,要靠近水草地区,以利军需供应充实,这样,部队将士就不会发生各种疾痛。所以,诸侯在本国境内作战的地区,叫作“散地”;进入别国境内不深的地区,叫作“轻地”;我军得到有利,而敌人得到也有利的地区,叫作“争地”;敌我双方都可以往来的地区,叫作“交地”;处在多国交接而先到达就可以获得诸侯列国援助的地区,叫作“衢地”;深入敌国腹地而背靠众多城邑的地区,叫作“重地”;山林险阻、水网沼泽等难以通行的地区,叫作“圮地”;进军的道路狭隘,退兵的道路迂折,而敌人可用少数兵力攻击我众多兵力的地区,叫作“围地”;疾速奋战就能生存,不迅速奋战就会覆灭的地区,叫作“死地”。所以,处于散地就不适应作战,处在轻地就不适宜停留,遇到为敌人抢先占领的争地就不要牵强进攻,遇上交地就不要断绝联络,进入衢地就应当结交诸侯,深入重地就应掠取粮草,遇上圮地就要疾速通过,陷入围地就要设计脱险,处于死地就应奋勇求生。

因此,有些城邑之所以不去攻取,是因为不符合预定的战略目标;有些地方之所以不去争夺,是因为争夺这些地方没有什么益处;国君命令有的所以不施行,是因为施行了不利于取得作战胜利。

凡是利用地形所造成的态势,是全军胜败的纲要所在,能征善战的优秀将帅都实行它,足智多谋的聪明将帅都遵守它;而众多的平庸将领却违叛它,企图侥幸赢得战争的完全胜利,这就如同叫龟蛇这种爬行动物飞跃舞动起来一样,这是从来不可能有的事情。

兵形篇

【原文】

经曰:夫兵[①]之兴也,有形有神[②]。旗帜金革[③]依于形,智谋计事[④]依于神。战胜攻取,形之事,而用在神;虚实变化,神之功,而用在形。形粗而神细,形无物而不鉴,神无物而不察。形诳而惑事其外,神秘而圆事其内。观其形不见其神,见其神不见其事。

以是参之,曳柴扬尘[⑤],形其众也;减灶灭火[⑥],形其寡也;勇而无刚,当敌[⑦]而速去之,形其退也;斥山泽之险,无所不至,[⑧]形其进也;油幕冠树[⑨],形其强也;偃旗卧鼓,寂若无人,[⑩]形其弱也。故曰:兵形[⑪]象陶人之埏土[⑫],凫氏[⑬]之冶金,为方为圆,或钟或鼎。金土无常性[⑭],因工以立名;战阵无常势[⑮],因敌以为形。

故兵之极,至于无形;无形则间谍不能窥,智略不能谋。因形而措胜于众,众不能知;人皆知我所以胜之形,莫知吾所以制胜之形。形不因神,不能为变化;神不因敌,不能为智谋。故水因地而制形,兵因敌而制胜也。

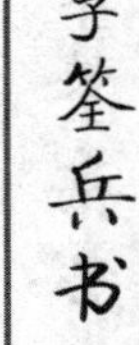

【注释】

①兵:兵器,兵卒。这里指战争。

②有神:指战争有感官不能直接觉察到的内在无形的精神。

③金革:军械装备。

④计事:计议大事或出谋划策。

⑤曳柴扬尘:古代一种诱敌的作战方法。即以车拖拉柴木起尘,造成众军奔驰的假象用来诱惑敌人。

⑥减灶灭火:亦为古代一种诈敌战法。即以减灶示弱之法诱使敌人上当。

⑦当敌:面对敌人。

⑧斥山泽之险,无所不至:"我"原文作"虽"。斥,探测、侦察。山泽,山林和川泽,也泛指山野。

⑨油幕冠树:油幕,涂了油彩的帐幕。冠,覆盖。

⑩偃旗卧鼓,寂若无人:"寂"原文作"安"。放倒军旗,停止鼓声。

⑪兵形:用兵作战的方式方法。

⑫陶人之埏土:语出《荀子·性恶》。陶人,指烧制陶器的匠人。埏土,以水和土制作陶器。

⑬凫氏:周代职掌冶金制钟的官名。

⑭常性:通常指事物的本性或一定的规律性。这里指固定形态。

⑮常势:固定不变的形势或态势。

【译文】

经典上说:战争的发生运作,有其外在表现状态的"形",也有其内在深藏的"神"。军队的旗帜、武器和装备,是依恃于"形"而存在;将帅运筹帷幄的智慧计事,是依恃于"神"而功用。

战胜敌人占领城邑,是"形"的事情,但其效用却存在于"神";运用虚实变化之策,是"神"的功能,但其作用却表现在"形"。"形"所表现是粗大有状而容易看见,"神"所反映是细密无形而不容易发现;"形"没有什么事物而不能反映,"神"没有什么事物不可审察。"形"以诳骗迷惑的方式服务于外,"神"以隐秘周全的方式服务于内。能够看到其外"形"表现的,不能看见其内在"神"的智谋;能够看见其内在"神"的智谋的,不能看见其外"形"的表现。

用上述这种观点来检验战争的实践情况可以看到:用战车拖着柴木飞驰而扬起尘埃,是示形军队众多之状以疑惑敌人;采用逐天减少锅灶之法,是示形士卒日益减员之状以欺骗敌人;交战中虽然勇敢但不坚强持久,面对敌人而迅速撤退,是示形后退之状以诱惑敌人;探察山林川泽之险,没有不到之处,是示形进攻之状以迷惑敌人;用油漆过的军用帐幕覆盖在树丛之上,是示形阵容强大之状以诳骗敌人;放倒军旗,停敲战鼓,寂静如同无人,是示形兵力弱小之状以诱骗敌人。所以说，用兵作战的方式方法，就像制陶工匠以水和泥、制钟之人冶炼金属一样，可以把陶器做成方的或者做成圆的，可以把金属铸成钟或者铸成鼎。金属和泥土是没有固定形状的，它是根据人工制成的样子来命名的；与敌交战对阵也是没有固定不变的形势的，它是根据敌情的变化决定作战方式方法的。

因此，作战中的示形之法运用到极其巧妙的时候，就可以达到不显露任何形迹；不露任何形迹时，纵然有深藏的间谍也窥探不到我军的企图，再聪明的敌人也想不出对付我军的谋略方法。根据敌情变化而灵活运用战术，即便把制敌取胜的办法摆在众人面前，众人仍然不能看出其中的奥秘；人们只能了解我用以战胜敌人的作战方式方法，但却不能知道我是怎样灵活运用这些方式方法取胜的。作战方式方法的"形"如果不依赖于"神"的智谋的灵活运用，就不能产生变化不同的各种战法；"神"的智谋如果不根据敌情的实际来制定，就不能成为制敌取胜的有效计策。所以，正如水流是随着地势的不同而变化其形状一样，用兵打仗也是依据不同的敌情而制定其取胜的方针策略的。

作战篇

【原文】

经曰：昔之善战者，如转木石[1]；木石之性，圆则行，方则止。行者，非能行，而势不得不行；止者，非能止，而势不得不止。

夫战人[2]者，自斗于其地则散，投之于死地则战。散者，非能散，势不得不散；战者，非能战，势不得不战。行止不在于木石，而制在于人；散战不在于人，而制在于势。此因势而战人也。

夫未见利而战，虽众必败；见利而战，虽寡必胜。利者，彼之所短，我之所长也。见利而起，无利则止。见利乘时，帝王之资。故曰时之至，间不容息[3]，先之则太过，后之则不及。见利不失，遭时不疑；失利后时，反受其害。疾雷不及掩耳，卒电不及瞑目，赴之若惊，用之若狂。[4]此因利之战人也。

夫战者，左川泽，右丘陵，背高向下，处生击死[5]，此平地之战人也。

逼敌无近于水，彼知不免，致死拒我，困兽犹斗[6]，蜂至有毒[7]，况于人乎？令其半济而击之……蔑有斗心。[8]敌逆水而来，迎之于水内，此水上之战人也。

左右山陵，谿险狭，与敌相遇，我则金鼓蔽山[9]，旗帜依林[10]，登高远斥[11]，出没人马。此山谷之战人也。

势利者，兵之便；山水平陆者，战之地。夫善用兵者，以便胜，以地强，以谋取。此势之战人也。如建瓴水于高宇之上[12]，砉然[13]而无滞霤[14]；又如破竹，数节之后，迎刃自解，无复著手。

【注释】

①木石：即木头和石头。

②战人:谓指挥部队对敌作战。

③间不容息:喘息的时间都没有。形容时间短暂急促。

④疾雷不及掩耳,卒电不及瞑目,赴之若惊,用之若狂:出自《六韬·龙韬·军势》,"卒电"原作"迅电"。疾雷,急遽发出的雷声,通常用以形容事情来得突然。卒电,义同"迅电",突然闪电。瞑目,闭目,合上眼睛。

⑤处生击死:据于生地而攻击处于死地之敌。

⑥困兽犹斗:谓被围困的野兽仍然搏斗。比喻处在绝境之中仍作竭力挣扎。

⑦蜂虿有毒:语出《左传·僖公二十二年》。虿,蝎子一类毒虫。

⑧"令其半济而击之……蔑有斗心"诸句:语本《左传·定公四年》。半济,渡河渡过一半。蔑,无、没有。斗心,犹"斗志"。

⑨金鼓蔽山:金鼓之声响遍山野。形容兵阵之盛。金鼓,指古代用以指挥作战的锣鼓,击鼓进兵,鸣金(敲锣)收兵。蔽,覆盖,遮盖,这里可作"响彻"解。

⑩旗帜依林:旗帜遍插林中。形容兵阵之壮大。

⑪斥:观望,侦察。

⑫建瓴水于高宇之上:语本《史记·高祖本纪》。谓从高屋脊上倾倒瓶中之水。形容居高临下、难以抵挡之势。瓴,陶制容器,形似瓶。

⑬砉然:象声词。常用以形容急促的破裂声、折断声、开启声、高呼声等。

⑭滞霤:雨水停留在屋檐上。霤,屋檐水,也指屋檐。

【译文】

经典上说:以往擅长用兵打仗的人,指挥作战就像用手转动木头和石头一样灵巧自如。木头和石头具有的特点是,圆形的就容易滚动,方形的就容易静止。能够滚动的木头和石头,不是因为它们自身会滚动,而是一种形态使其不得不滚动;能够静止的木头和石头,不是因为它们自身会静止,而是一种态势使其不得不静止。

统率部队打仗,当战斗在自己国土上进行时,士卒由于怀乡恋土就容易涣散;把部队投置于死地作战时,士卒由于没有退路就会拼命死战。士卒的涣散,不是因为他们本能就离散,而是形势迫使其不得不离散;士卒的拼命,不是因为他们乐意拼命死战,而是形势逼迫使其不得不拼命。木头和石头的滚动或静止,原因不在木头和石头本身,而在于控制它们滚动或静止的人;士卒的离散或拼命死战,原因不在士兵本身,而在于制约其离散或死战的态势。这就是依据形势而指挥部队作战的原则。

没有看到有利条件就同敌人交战,即使兵力众多也一定要失败;见到有利条件而与敌人交战,即使兵力寡少也一定会胜利。所讲的有利,是指捕捉到了敌人之短处,而发扬了我军之优势。见到对我军有利就兴兵作战,对我军不利就按兵不动。见到有利条件而恰当地把握住有利时机,这是君王事业赖以成功的资本。所以说,有利时机的到来,其短暂急促都不容有喘息的时间,先于有利时机而行动就太过头了,后于有利时机而行动就来不及了。见到有利条件不要失去,遇到有利时机不要疑缓;假如失去有利条件,错过有利时机,反而会遭到危害。[只有做到见利不失、遇时不疑,才能使部队行动起来]像迅雷不及掩耳、闪电不及闭目那样猛烈疾速,开进时如同惊马飞驰,战斗时如同猛兽奔跑。这就是根据有利条件和时机而指挥部队作战的原则。

对敌作战的时候,左边根据河流沼泽,右边根据丘陵山地,背靠高地而面向平地,据守生地而攻击处于死地之敌,这就是在平原地区指挥部队作战的准则。

进逼敌人不要逼近到水边,[如果逼近到水边,]敌人知道不免于一死,就会拼命抵御我军。被围困的野兽犹在搏斗挣扎,黄蜂和蝎子尚用毒刺蜇人,更何况于人呢?假如让敌人渡河而渡过一半时再进攻他们,这样,前边过了河的感到可以逃脱,后边尚未过河的思慕着急渡过,敌人就会争相逃跑而无斗志了。对于逆水向我而来的敌人,要迎战并将其击灭于水中。这就是在水上指挥部队作战的战法。

左右两边全是山岳,沟壑深险狭窄,在这里与敌人相遇时,我军就让金鼓之声响彻山野,旗帜插遍林中,[以示兵阵之盛;]要登高远望侦察敌情,使人马不断神出鬼没。这就是在山谷地带指挥部队打仗的战法。

所说的形势有利,是指对军队作战的便利;山水平陆,是指军队作战所凭借的地形。善于用兵打仗的人,就是凭借有利形势战胜敌人,凭借地形增强自己力量,依靠智慧计谋夺取胜利。这就是依靠有利形势指挥部队作战的准则。这如同从高屋脊上往下倾倒瓶水一样,哗啦一声直泄而下,没有什么可以阻挡;又像刀劈竹子一样,破开数节之后,整个竹子便迎刃自开,不再需要动手用力了。

攻守篇

【原文】

经曰:地所以养人,城所以守[①]地,战所以守城。内得爱[②]焉,所以守也;外得威焉,所以战也。守不足,攻有余。[③]力不足者守,力有余者攻。

攻入之法,先绝其援,使外无救,料城中之粟,计人日之费,粮多人少,攻而勿围;粮少人多,围而勿攻。力未屈、粟未尽,城尚固而拔者,攻之至[④];力屈、粟殚[⑤],城坏而不拔者,守之至也。

夫守城之法,以城中壮男为一军,壮女为一军,男女老弱为一军。三军无使相遇[⑥],壮男遇壮女,则费力[⑦]而奸生;壮女遇老弱,则老使壮悲[⑧]、弱使强怜;悲怜在心,则使勇人更虑、壮夫不战。

故曰:善攻者,敌不知所守;善守者,敌不知所攻。微乎微乎,至于无形;神乎神乎,至于无声,故能为敌之司命[⑨]。

【注释】

①守:守卫。

②爱:爱戴,拥护。

③守不足,攻有余:此二句本《孙子兵法·形篇》"守则不足,攻则有余"。

④攻之至:进攻作战中较好的。至,达到极点之谓,多用以形容事物之尽善尽美。

⑤殚尽:竭尽。

⑥相遇:相逢,相遇。这里指男女混合编一起。

⑦费力:耗费精力。

⑧老使壮悲:老年人会使壮年人产生悲伤。

⑨司命:谓主宰命运,亦指关系命运者。

【译文】

经典上说:土地是用来养育百姓的,城池是用来防守土地的,战斗是用来保护城池的。对内得到民众的爱戴拥护,才可以守土卫国;对外保持强大的震慑力量,才可以战胜敌人。实施防守,是由于兵力不足;采取攻击,是因为兵力有余。换言之,兵力不足的就防范,兵力有余的就进攻。

攻击敌人的方法是,首先要断绝敌人的增援,使其得不到外部的救兵,然后估量敌人城中的存粮数,计算其每人每天的消耗量,如果城中粮多人少,就迅速攻城而不困顿;如果城中粮少人多,就采取围困而不攻击。对于兵力尚未衰竭、粮食尚未用尽、城防仍然坚固的敌人,而能把敌城攻克下来的,这是进攻作战中最好的战绩;兵力已经屈竭、粮食已经用尽、城池已经损坏,却没有被攻下城来的,这是防范作战中最好的战绩。

防御城邑的方法是,将城中的青壮年男子编组为一军,青壮年女子编组为一军,男女中的老弱者编组为一军。不要使这三军不同类型的人相互掺和混杂编在一起,因为青壮年男子与青壮年女子相遇一起,就容易耗费精力以导致发生奸淫之事;青壮年女子与老弱者相遇一起,老年人就会使青壮年产生悲哀,弱小者就会使强壮者产生可怜,悲哀和可怜之情存在于人们心中,就会使勇猛的人顾虑重重,强壮的人不愿打仗。

因此说,擅长进攻作战的军队,能使敌人不知道该如何防守;善于防御作战的军队,能使敌人不知道该怎么样进攻。微妙呀,微妙,以至于没有任何形迹可以看见;神奇啊,神奇,以至于没有丝毫声息可以听到!所以,我军就能成为敌人命运的主宰者。

行人篇

【原文】

经曰:君择日登坛拜大将军[①],缮甲兵、具卒乘;[②]出则破人之国,败人之军,杀人之将，虏人之俘。

嬴粮[3]万里行于敌人之境，而不知敌人之情，将之过也。敌情不可求之于星辰，不可求之于神鬼，不可求之于卜筮，而可求之于人[4]。

昔商之兴也，伊尹[5]为夏之庖人；周之兴也，吕望为殷之渔父[6]；秦之帝也，李斯为山东之猎夫[7]；汉之王也，韩信为楚之亡卒[8]；魏之伯也[9]，荀彧[10]为袁绍之弃臣；晋之禅也[11]，贾充[12]任魏；魏之起也[13]，崔浩家晋[14]。故七君用之，而帝天下。

夫贤人出奔，必有佞臣持君之衡[15]。是以失度佐有扈[16]，孤功专驩兜[17]，成均权三苗[18]，推移佞桀[19]，崇侯谄纣[20]，优旃惑晋[21]。故曰："三仁去而殷墟，二老归而周炽，子胥死而吴亡，范蠡存而越伯，五羖入而秦喜，乐毅出而燕惧。"[22]

将能收敌国之人而任之，以索其情，战何患乎不克？故曰：罗其英，敌国倾；罗其雄，敌国空。"它山之石，可以攻玉。"[23]

夫行人之用事[24]有二：一曰因敌国之人来观衅[25]于我，我高其爵、重其禄，察其辞、覆其事[26]，实则任之，虚则诛之；任之以乡导[27]。二曰吾使行人观敌国之君臣左右执事[28]，孰贤孰愚？中外近人，孰贪孰廉？舍人谒者[29]，孰君子孰小人？吾得其情，因而随之，可就吾事。

夫三军之重者，莫重于行人；三军之密者，莫密于行人。行人之谋未发，有漏者、与告者[30]，皆死；谋发之日，削其藁[31]、焚其草[32]，金其口、木其舌[33]，无使内谋之泄。若鹰隼[34]之人重林[35]无其踪，若游鱼之赴深潭无其迹，离娄俛首[36]不见其形，师旷倾耳[37]不聆[38]其声。微乎，微乎！与纤尘[39]俱飞，岂饱食醉酒、争力轻合[40]之将，而得见行人之事哉！

【注释】

①君择日登坛拜大将军：这里指任命将领或委以重任。

②缮甲兵、具卒乘：语出《左传·隐公元年》。缮，修补。甲兵，指武器。具，备也、足也。卒乘，指战士。古代步兵曰兵，车兵曰乘。

③嬴粮：携带粮食。

④而可求之于人：人，原作"天"。钱熙祚校注云："'天'字似误。"钱说为是。据以改。

⑤伊尹：又称"伊挚"。商初任相。在夏桀时，曾经做过厨师（即"庖人"）。

⑥吕望为殷之渔父：吕望，即姜太公。渔父，老渔翁。

⑦李斯为山东之猎夫：李斯，战国时楚国人，后仕秦为客卿，佐秦始皇定天下后任丞相。山东，战国、秦汉时称崤山或华山以东地区为山东。猎夫，打猎人。

⑧韩信为楚之亡卒：韩信，汉初军事家。在秦末起义反秦斗争中，初属楚王项羽，因不被重用，而舍弃离开项羽投归刘邦，终为大将。亡卒，逃兵。

⑨魏之伯也：魏，指三国时期的曹魏。伯，通"霸"，谓称霸。这里指曹操称霸。

⑩荀彧（163~212 年）：三国时期曹操主要谋士。字文若，出身士族。初从袁绍，后弃绍归属曹操。官达尚书令。

⑪晋之禅也：晋，指西晋。禅，古代以帝王之位让人称“禅”。这里指晋武帝司马炎取代曹魏。

⑫贾充（217～282年）：西晋大臣。字公闾。曹魏时官至大将军司马、廷尉。晋取代魏后，官达司空、侍中、尚书令。

⑬魏之起也：魏，指南北朝时期北朝的北魏，是鲜卑族拓跋嗣所建。

⑭崔浩家晋：崔浩（？～450年），北魏大臣，军事谋略家。字伯渊。官到司徒。因其出任北魏前，家居晋地清河（位于今山东临清东北），故李筌称其“家晋”。

⑮必有佞臣持君之衡：佞臣，奸邪谄上之臣。持，把持，操纵。衡，此处指称重的衡器，这里喻指权柄。

⑯失度佐有扈：失度，佞臣名。佐，辅佐，引义为左右。有扈，古代国名。

⑰孤功专驩兜：孤功，佞臣名。专，专擅，专断。驩兜，相传为尧舜时的部落首领。

⑱成均权三苗：成均，佞臣名。权，弄权。三苗，古国名，说见孔传。

⑲推移佞桀：推移，夏桀时代的佞人。桀，即夏桀。

⑳崇侯谄纣：崇侯，名虎，殷纣王时诸侯，佞人。纣，即商纣王。

㉑优旃惑晋：优旃，春秋时期的晋国优人。他曾助晋献公夫人骊姬杀害太子申生，故有“优旃惑晋”之说。

㉒“三仁去而殷墟，二老归而周炽，子胥死而吴亡，范蠡存而越伯，五羖入而秦喜，乐毅出而燕惧”句：语出汉扬雄《解嘲》，但“范蠡”原作“种蠡”（即文种、范蠡二人合称），“越”原作“粤”，二字互通。三仁，指殷商末期的微子（名启，纣王同母兄）、箕子（纣王叔父）、比干（纣王叔）三位仁人。二老，指周之伯夷、吕望二位长者。子胥，即伍子胥，名员，字子胥。五羖，指春秋时秦国大夫百里奚。乐毅，战国时期燕国名将。

㉓它山之石，可以攻玉：本指别的山上的石头，可以用来打磨玉器，比喻别国（处）的贤才，也可以作为本国君王的辅佐。

㉔夫行人之用事：行人，本为古代担负外交使命的使者的通称，本篇则指派往他国的间谍。用事，执行任务。这里指侦察任务。

㉕观衅：窥探敌人的间谍。

㉖覆其事：考察其行之事。覆，审察、查核。

㉗乡导：向导。乡，通“向”。

㉘执事：主管事务。执，主持、执掌。

㉙舍人谒者：舍人，古代官名。《周礼》地官司徒的属官，掌理宫中财物收支之事。战国时期国君或王公贵官的亲密左右者也称舍人。谒者，古代官名。春秋、战国时始置，秦汉沿置。掌管接待、传达任务。

㉚与告者：被告诉的人。与，被也。

㉛削其藁：销除其文稿。削，削除、销毁。藁，同“稿”，这里指文稿。

㉜焚其草：焚烧其笔记。草，指草稿或笔记。

㉝金其口、木其舌：金口木舌，原指木铎（即以木为舌的铜铃），古时施行政教时，振木铎以警示万民，后借指为宣扬圣人教导的话。此处转意为守口如瓶、恪守机密。

㉞鹰隼：鹰和雕。也泛指猛禽。

㉟重林：重叠的山林，指密林幽深处。

㊱离娄俛首：离娄，相传为黄帝时人，眼力极强，能于百步之外望见秋毫之末。俛首，低头。俛，同“俯”。

㊲师旷倾耳：师旷，春秋时期晋平公的太师（乐官之长），为中国古代著名音乐家。盲人，两耳辨音力极强。倾耳，侧着耳朵静听。

㊳聆：聆听。

㊴纤尘：细微纤小的灰尘。

㊵轻合：轻率交战。

【译文】

经典上说：国君挑选良辰吉日，设坛拜授大将军，修缮武器装备，充实步兵车兵，一旦统兵出战，就能攻破敌国，击败敌军，斩杀敌将，擒获敌人。

携带粮食行军万里而深入敌国境内，却不了解敌人的情况，这是身为将帅者的失误。敌人情况的获取，不能求之于日月星辰，不能求之于神仙鬼怪，不能求之于占卜问卦，而可以求之于人［，即从熟悉敌情的人那里去获取］。

以前，商代的崛起，是因为成汤有了曾在夏朝为厨师的伊尹的辅佐；周代的崛起，是因为武王有了曾在商朝为渔夫的吕望的辅佐；秦始皇的称帝，是因为有了曾在楚国为猎夫的李斯的辅佐；汉高祖刘邦的称帝，是因为有了曾从楚王项羽而后逃离的韩信的辅佐；魏武帝曹操的称霸，是因为有了曾从袁绍而后弃离的荀彧的辅佐；晋武帝司马炎的取代曹魏，是因为有了曾为曹魏重臣的贾充的辅佐；北魏拓跋嗣的称帝，是因为有了家居晋朝的崔浩的辅佐。上述不同时代的七个君主，都是因为任用了了解敌方情况的贤才的辅佐，而得以称帝统治天下的。

凡是贤能之人弃国外逃，一定是因为有了奸臣操纵君主权柄的结果。所以，历史上出现了失度左右有扈国，孤功专擅驩兜氏，成均弄权三苗国，推移佞媚于夏桀，崇侯谄谀于商纣，优旃惑乱于晋国等奸臣操纵君权而造成贤才受害、国家危亡的史例。因此［汉代扬雄《解嘲》］说：“微子、箕子、比干三位仁人受迫害离去后，导致殷商化为废墟而消亡；伯夷、吕望二位长老依附后，而使周朝兴旺昌盛起来；伍子胥被吴王夫差害死后，吴国就灭亡了；范蠡身在越国，越王勾践就称霸于中原；五羖大夫百里奚由楚入秦后，从而使秦国人欢欣鼓舞；乐毅被逼迫出逃后，而燕国就惧怕齐国军队了。”

将帅如果能够收揽敌国的人才而加以任用，利用他们获取敌人的情报，怎么还用担心有攻不败的敌人呢？因此说，网罗敌人的英才，就会造成敌人倾覆；网罗敌人的雄才，就会造成敌国空虚。这就是《诗经》上所讲的：“借助别的山上的石头，可以用来打磨玉器。”

借用间谍执行任务，有两种途径办法：一是利用敌国所派间谍前来刺探我国情报的时机，我以高官爵、厚利禄收买他，审察他的言辞，考核他的行事，假如符合实际，就任用他来为我服务；如果虚假有诈，就立刻把他杀掉。如能任用他时，就用他作为我军的向导。二是我直接派遣间谍去敌国观察其君臣左右执政具体事务的人，哪个贤明、哪个愚笨？朝廷内外为君臣所亲近的人，哪个贪婪、哪个廉洁？执掌宫中财用之政的舍人和掌管君主传达任务的谒者，哪一个是君子、哪一个是小人？通过间谍侦察使我取得了敌国的有关情报，根据其具体情况而采取相应计策，这样便能成就我的事业了。

三军中最重要的事情，没有比利用间谍窥探敌情这件事更重要的了；三军中最机密的事情，没有比派遣间谍潜入敌国这件事更机密的了。利用间谍的计策尚未实行，如有泄露机密的人和被告知秘密的人，都要诛杀不赦。派遣间谍的计谋付诸实施之日，要销毁其手稿，焚毁其笔记，要责成间谍守口如瓶，不得使内部谋划之事泄漏出去。要做到像鹰隼飞入密林深处而无踪影，像游鱼潜入深潭底部而无形迹。这样，即使有双目视力极强的离娄低头俯看，也看不见它的形迹；即使有两耳听力特好的师旷侧耳静听，也听不到它的声音。微妙啊，微妙！它微妙到和微小的灰尘一同飞散而无踪迹一样。这种利用间谍窥探敌情的计策，哪里是那些酒足饭饱、只知轻率交战的将领所能懂得的事情啊！

鉴才篇

【原文】

经曰：人禀元气[1]所生，阴阳所成。淳和平淡，元气也；聪明俊杰，阴阳也。淳和不知权变[2]，聪明不知至道[3]。

夫人柔顺安恕[4]，失于断决，可与循节[5]，难与权宜[6]；强悍刚猛，失于猜忌[7]，可与涉难[8]，难与持守[9]；贞良畏慎[10]，失于狐疑[11]，可与乐成[12]，难与谋始[13]；清介[14]廉洁，失于局执[15]，可与立节[16]，难与通变；韬晦[17]沉静，失于迟回[18]，可与深虑，难与应捷[19]。

夫聪明秀出之谓英，胆力过人之谓雄。[20]英者，智也；雄者，力也。英不能果敢，雄不能智谋，故英得雄而行，雄得英而成。

夫人有八性不同：仁、义、忠、信、智、勇、贪、愚。仁者好施，义者好亲，忠者好直，信者好守，智者好谋，勇者好决，贪者好取，愚者好矜[21]。

人君[22]合于仁义，则天下亲；合于忠信，则四海宾[23]；合于智勇，则诸侯臣；合于贪愚，则制于人。

仁义可以谋纵[24]，智勇可以谋横[25]。纵成者王，横成者伯[26]。王伯之道，不在兵强士勇之际，而在仁义智勇之间。此亦偏才[27]，未足以言大将军。若夫[28]能柔能刚，能翕能张[29]；能英而有勇，能雄而有谋；圆而能转，环而无端；智周乎万物，而道济于天下。[30]此曰通才[31]，可以为大将军矣。故曰：“将者，国之辅，辅周则国强，辅隙则国弱”[32]，是谓“人之司命，国家安危之主”[33]，不可不察也。

明主所以择人者，阅其才通而周，鉴其貌厚而贵，察其心贞而明，居高而远望，徐视而审听，神其形[34]，聚其精[35]，若山之高不可及，若泉之深不可测，然后审其贤愚以言辞，择其智勇以任事，乃可任之也。

夫择圣以道，择贤以德，择智以谋，择勇以力，择贪以利，择奸以隙，择愚以危。事或同而观其道，或异而观其德，或权变而观其谋，或攻取而观其勇，或货财而观其利，或捭阖[36]而观其间，或恐惧而观其安危。故曰：欲求其来，先察其往；欲求其古，先察其今。先察而任者昌，先任而察者亡。昔市偷自鬻于晋，晋察而用之，胜楚[37]；伊尹自鬻于汤，汤察而用之，放桀。智能之士，不在远近[38]。仁人不因困阨[39]，无以广其德；智士不因时弃[40]，无以举其功；王者不因绝亡，无以立其义；霸者不因强敌，无以遗其患[41]。

明主任人不失其能，直士[42]举贤不离于口。无万人之智者，不可据于万人之上。故曰：“不知军中之事，而同军中之政者，则军士惑矣；不知三军之权，而同三军之任者，则军士疑矣。三军既惑且疑，则诸侯之难至矣。”夫如是，则君不虚王，臣不虚贵；所谓君道[43]知使臣，臣术知事君者。

【注释】

①元气：古代指天地未分前的混沌之气。也指人的精气或精神。

②权变：随机应变。

③至道：最高的原则，极为精深的道理。

④安恕：安分宽恕。

⑤循节：循规蹈矩，遵循规矩。

⑥权宜：应对某种变化情况而采取的适当措施。

⑦猜忌：猜测妒忌。

⑧涉难：经历危难。

⑨持守：守成。

⑩畏慎：戒惕谨慎，谨小慎微。

⑪狐疑：犹豫不决。

⑫乐成：乐于成功，乐于享受成果。

⑬谋始：谋划之始。

⑭清介：清正耿介。

⑮局执：狭隘固执。

⑯立节：树立名节。

⑰韬晦：本谓收敛光芒，借指不显露锋锐和才能。

⑱迟回：迟疑徘徊。

⑲应捷:应对突然事件。

⑳夫聪明秀出之谓英,胆力过人之谓雄:此二句出自三国魏刘劭《人物志·英雄第八》,两“之谓”原作“谓之”。秀出,美好出众。

㉑矜:自大自恃,骄傲自夸。

㉒人君:君王,帝王。

㉓宾:服从,归顺,驯从。

㉔纵:“合纵”的节缩语。

㉕横:即“连横”的节缩语。

㉖伯:通“霸”,称霸。

㉗偏才:具有某一方面才能的人。

㉘若夫:至于。

㉙能翕能张:翕,收缩、收合,引义为弯曲。张,张开、伸张。

㉚智周乎万物,而道济于天下:出自《周易·系辞上》,“智”原作“知”。知与智通。智周,智慧遍及万物。济,成也、利也。

㉛通才:学识广博而具备多种才能的人。

㉜“将者……辅隙则国弱”诸句:语出《孙子兵法·谋攻篇》。

㉝人之司命,国家安危之主:语出《孙子兵法·作战篇》,“人”字原作“民”,此为作者李筌避免唐太宗李世民名讳而改。

㉞神其形:神,神采,指人的外在形貌表现状态。形,指人的形体外貌。

㉟聚其精:聚,聚合、聚集。精,精气、精神,指人的内在精神面貌。

㊱捭阖:犹“开合”。本谓战国时期纵横家分化、拉拢的游说之术,后也泛指分化、拉拢。

㊲昔市偷自鬻于晋,晋察而用之,胜楚:此语出自汉袁康《越绝书·外传记·范伯传》。“自鬻”原作“自衒”(“衒”谓沿街叫卖)。市偷,意思指市中之窃贼,非为专指具体人。自鬻,自卖其身,义同“自衒”。

㊳远近:这里指人际关系的疏远和亲近。

㊴困阨:困窘,困难。

㊵时弃:谓为时人所丢弃。

㊶遗其患:摆脱其灾患。

㊷直士:正直之士。

㊸君道:为君之准则、原则。

【译文】

经典上说:人是秉承元气而产生,依赖阴阳所成长的。淳朴温和而浑厚恬淡的性格,来自元气;聪明睿智而俊秀杰出的才华,源于阴阳。淳朴温和的人一般不知道运用权谋机变,聪明睿智的人一般不懂得遵守最高原则。

温柔和顺、安分宽恕的人,往往失之于缺乏果断;对这类人,可以同他一起循规蹈矩，却难以和他一起随机应变。凶悍桀骜、刚强勇猛的人，往往失之于猜疑妒忌；对这类人，可以与他一起共赴危难，却难以和他一起保守成业。忠贞善良、戒惕谨慎的人，往往失之于犹豫不决；对这类人，可以同他一起享乐成功，却难以与他一起始谋创业。清正耿直、廉洁不贪的人，往往失之于拘泥固执；对这类人，可以同他一起树立名节，却难以与他一起因变制宜。韬光养晦、沉着不露的人，往往失之于迟疑徘徊；对这类人，可以同他一起深谋远虑，却很难与他一起应付突变。

聪明过人叫作英才，胆力出众叫作雄才。英才，体现的是智慧；雄才，体现的是勇力。单有英才不能勇敢行事，单有雄才不能运用智慧，所以英才只有加上雄才方能勇敢行事，雄才只有加上英才方能获得成功。

人有八种不同的品性，即仁、义、忠、信、智、勇、贪、愚。仁爱的人喜好施舍济人，义气的人喜好亲近人，忠诚的人喜好耿直不阿，诚信不欺的人喜好守信，聪明睿智的人喜爱才略，勇敢的人喜好坚决果断，贪婪的人喜好索取财货，愚钝的人喜爱自夸自恃。

君主的行为符合仁义的，天下人就亲近他；符合忠信的，四海之内就顺服他；具有智勇的，诸侯各国就臣服他；属于贪愚的，君主就会受人控制。

仁义之人就可以谋求联合各国，智勇之人就可以谋求单独结盟。联合各国取得成功的可以称王，单独结盟取得成功的可以称霸。称王称霸的方法途径，不在于兵强士勇这一点，而在于仁义智勇这些方面。这亦仅仅指的是具有某一方面专长的“偏才”，还不足以说是大将军应当具备的条件。至于说能刚能柔，能屈能伸，既具备英才又具有勇力，既具备雄才又具有谋略，好比沿着圆环旋转没有尽头一样，其智慧遍及万物，而其所行之道则有利于天下，那么，这样的人才堪称是学识广博具备多能的“通才”，唯有此类“通才”方可全担任大将军之职。所以［《孙子兵法》］说：“将帅，是国家的辅助之才。辅助得周全，国家就一定强盛；辅助有缺陷，国家就一定衰弱。”这就是说：“［懂得用兵之道的将帅，］是民众生死命运的主宰者，国家安危存亡的决定者。”对此，是不可不认真进行考察研究的。

英明的君主选任人才时，要审查他的才智［看是否］渊博而周密，鉴别他的容貌［看是否］忠厚而尊贵，考察他的思想［看是否］忠贞而明确。鉴别人才要站得高才能看得远，要稳便地观察而详审地听取。要看其外在形貌是否神采焕发，察其内在精神是否聚集凝重，其［德高］如同高山那样不可攀及其顶，其［智深］如同深泉那样不可探测其底。然后通过言谈来审察他是贤良还是愚钝，通过办事来择定他是否具有智谋和勇力。如此，才可以最后确定是否任用他。

挑选圣人要根据道义，挑选贤才要依据德行，挑选智者要依据智谋，挑选勇士要依据胆力，考察贪者要使用利诱，识辨奸佞要利用间隙，考察愚者要利用危难。情况相同者要观察他们处事的道义，情况不同者要观察他们处事的德行。有的要用权变机宜去观察他的策略运用，有的要用攻城取地去观察他的勇敢精神，有的要用货物钱财去观察他对利诱的态度，有的要用合纵连横去观察他使用间谍的结果，有的要用恐惧事件去观察他对安危的态度。因此说，要想探求他的未来情形，首先要考察他的以往所为；要想探求他的过去情况，首先要考察他的现今表现。对人才首先考察清楚尔后再任用的就昌盛；反之，首先任用尔后再进行考察的就衰亡。很久以前，某一窃贼自卖其身于晋国，晋国经过考察后任用了他，结果就战胜了楚国。伊尹自卖其身于商汤，商汤审察后任用他为相，结果就放逐了夏桀。有智谋有才能的人，不在于为人所疏远或者所亲密。仁德的人不是因为环境困厄不堪，是无法广布其仁德的；才智的人不是因为被时人所丢弃，是无法创建其功业的；称王的人不是因为身处灭亡之地，是无法树立其道义的；称霸的人不是因为有强敌之相逼，是无法摆脱其灾难的。

英明的君主任用贤才，不丢掉让他充分发挥才能的机会；正直的人臣推荐贤人，能够切实做到始终如一念念不忘。没有高出万人的智谋的人，是不能位居万人之上的。因此[《孙子兵法》这样]说："不熟悉军队的内部事务，而去干预军队行政管理的，就会使将士产生疑惑；不懂得作战上的权宜机变，而去干扰军队指挥权限的，就会使部队心存疑虑。全军将士既疑惑又心存疑虑，那么诸侯列国就会乘机侵犯。祸患也就随之而来了。"假如按照上述选择人方法行事，那么，为君的就不会失去其君主地位，为臣的就不会失去其尊荣富贵。这就是平常所说的，为君之道在于知道使用臣下，为臣之术在于懂得辅佐君主。

【赏析】

本卷主要论述与战争胜败相关的诸多问题。诸如：善师、贵和、庙胜、沉谋、子卒、选士、励士、刑赏、地势、兵形、作战、攻守、行人、鉴才等。这些问题都是以在战争中先后出现的次序，逐一展开的，它们前后相衔相续，如剥笋壳，由表及里，直至腹心，具有严密的逻辑顺序，并以大量的历史事例，作为论述的佐证和所得结论的根据，出语如行云流水，排炮连射，极为精彩。

1.《太白阴经·善师篇》曰："善师者不战，善战者不败，善败者不亡。"意思是说，善于用兵者能做到不战而胜，善于作战者能做到战而不败，善于应付败局者能做到败而不亡。从前黄帝独居于中央而胜四帝，可谓"善师者不阵"；商汤和周武王摆列战阵举众誓师而放逐夏桀、擒杀殷纣，可谓"善阵者不战"；齐桓公贡服周室而北伐犬戎，可谓"善战者不败"；楚昭王被吴王阖闾攻灭后，请求秦国出兵而复国，可谓"善败者不亡"。

2.《太白阴经·贵和篇》曰："先王之道，以和为贵；贵和，重人，不尚战也……叛而必讨，服而必柔，既怀既柔，可以示德。"意思是说，从前先王以和为贵，不崇尚战争……只对叛逆者实施讨伐，对顺服者实施怀柔，显示以德服人的胸怀。

3.《太白阴经·庙胜篇》指出：凡是要进行战争，就要先要进行"庙算"，这样才能百战不殆。

4.《太白阴经·沉谋篇》指出：善于统兵作战的将领，要善于运用奇正之变，以谋略取胜。

5.《太白阴经·子卒篇》指出：善于统兵作战的将领必须善待士卒，以"礼、信、亲、爱”善待士卒，就能“得其心，得其力”，就能取胜。

6.《太白阴经·选士篇》指出：善于统兵作战的将领，必须善于选拔有各种技能的人参加军队。诸如有“深沉谋虑”的“智能之士”，有能纵横捭阖的“辩说之士”，有能离间敌国君臣和窥知敌国内情的“间谍之士”，有熟悉地形和道路的“乡导之士”，有善造兵器的“技巧之士”，有健强体魄善于使用各种兵器和特殊技能的“猛毅之士”，有善于骑奔马而逾越城堡的“矫捷之士”，有行走快疾的“疾足之士”，有力负重物的“巨力之士”，有懂得阴阳诡谲的“技术之士”。能有多才多艺的人参加军队，就能取得战争的胜利。

7.《太白阴经·励士篇》指出：善于统兵作战的将领，必须善于采取“激人之心，励士之气”的各种举措，这样就能取得“发号施令使人乐闻，兴师动众使人乐战，交兵接刃使人乐死”的效果。

8.《太白阴经·刑赏篇》指出：善于统兵作战的将领要注重刑赏。做到“赏一功而千万人悦，刑一罪而千万人慎”，奖赏不能徇私情而赏及无功之人，刑罚不可因私怨而刑加无罪之人，这是军队和国家的大法，掌握生杀大权的威柄，不可差之毫厘。

9.此外，《太白阴经》还在“地势篇”中，要求善于统兵作战的将领要善于利用地势。在“兵形篇”中要求善于示形，要像烧制陶器工匠那样把陶土捏成方形圆形等多种形状，要像冶金师那样把金属熔液铸成大钟大鼎等多种器皿，这样就能“因敌而制胜”。在“作战篇”中要求捕捉有利的战机，捕捉战机要“间不容息，先之则太过，后之则不及”，其疾速如“疾雷不及掩耳，卒电不及瞑目，赴之若惊，用之若狂”，这些都是捕捉有利战机而制胜的关键。在“攻守篇”中要求能攻善守，进攻时先要断绝守敌的外援，待敌人“力屈、粮殚、城坏”时，一举而攻之；防御时动员勇壮老弱并力防守，就能击退敌人的进攻。在“鉴才篇”中要求在选募人才时，要按“仁、义、忠、信、智、勇、贪、愚”八个标准进行，通过各种细致而全面考察后才能录用。

卷三 杂议类

授钺篇

【原文】

经曰：国有疆场[①]之役，则天子居正殿命将军，诏之曰：“联以不德，谬承大运[②]，致寇敌侵扰，攻掠边陲，日旰忘食[③]，忧在寤寐[④]。劳将军之神武，帅师以应之。”将军再拜受诏。乃令太[⑤]史卜，斋[⑥]三日，于太庙拂龟[⑦]，太史择日以授钺；君人太庙，西面立，亲操钺以授将军，曰：“从此以往，上至于天，将军制之。”复操斧柄授将军，

曰:“从此以往,下至于泉,将军制之。”将军既受命,跪而答曰:“臣闻国不可从外治,军不可从内御;二心不可以事君,疑志不可以应敌。臣既受命专斧钺[8]之威,臣不愿生还,请君亦垂一言之命于臣!君不许臣[9],臣不敢将。”君许臣,乃辞而行。

三军之事,不闻君命,皆由于将出,临敌决战,无有二心。若此,无天于上,无地于下,中无君命,傍无敌人。是故智者为之虑,勇者为之斗,气厉青云[10],疾若驰骛[11],兵不接刃,而敌降伏,战胜于外,功立于内。于是,将军乃缟素避舍[12],请于君,君命舍之。

【注释】

①疆场:战场。

②大运:此处谓天命,上天的旨意。

③日旰忘食:天色已晚仍顾不上吃饭。

④寤寐:犹“日夜”。寤,醒时之谓;寐,睡时之谓。日醒夜睡,故以借指日夜。

⑤太史:古代史官名。

⑥斋:斋戒。古人在祭祀前沐浴更衣、整洁身心,以示虔诚。

⑦于太庙拂龟:太庙,帝王的祖庙。拂龟,以烧红的铜棍钻刺龟甲(或兽骨),然后根据龟甲呈现的裂纹以预测吉凶。

⑧斧钺:即斧和钺,皆为古代兵器。也作为执法权力的象征,多用于君主任命将领的仪式。

⑨君不许臣:此句钱熙祚校注指出原脱。为使前后文义完整相接,今据钱注依《六韬·龙韬·立将》补。

⑩气厉青云:士气高昂。厉,振奋。

⑪疾若驰骛:行动迅速就像飞马奔腾。疾,快、迅速。驰骛,飞驰、奔腾。

⑫缟素避舍:缟素,白色丧服。避舍,避开家舍,谓不住家里。

【译文】

经典上说:国家遇到战争之事,皇帝就在正殿亲自授拜将帅,并下诏令说:“我以无德之人,错承天意而继承皇位,致使敌寇侵扰,攻掠我国边界。为此,我废寝忘食,日夜忧虑。现在有劳将军的神明威武,指挥军队去应战入侵之敌。”将军再次叩拜而接受诏书。于是,皇帝命令太史官占卜,斋戒三天,然后到祖庙钻刺龟甲,由太史官挑选吉日再举行颁授斧钺仪式。到了吉日那天,皇帝进入祖庙后,面向西站立,亲自拿着钺授予给将军,说:“从此往后,上至于天,一切军中事务全由将军统制。”接着,又拿着斧柄授给将军,说:“从此往后,下至于泉,一切军中事务都归将军辖制。”将军既然已经接受任命,跪拜而答谢国君说:“臣听说,国家事务不可受外部势力干预挟持,作战事宜不可由朝廷内部遥控牵制。胸怀二心不能忠贞侍奉君主,意志不坚定不能专心应付敌人。臣既然接受任命而掌控了军事大权,[不获胜利]臣是不愿活着回来的。请求君王下一道将指挥全权授予臣下统辖的命令!

君王不答应臣的这一请求，臣不敢担任主帅之职。”国君于是许以全权，将军于是辞别国君，带领军队出征。

自此，军中一切指挥事宜，不再听命于国君，所有命令都由将军发布。面对敌人展开决战，全军上下团结协力。如此，由将军指挥作战，就能上不受天时限制，下不受地形阻碍，中无朝廷君命牵制，旁无敌人敢于抵挡。所以，有智谋的人都愿为他策划，有勇力的人都愿为他战斗，士气昂扬如青云凌空，行动疾速如飞马奔腾，兵未交战而敌人已经降伏。战争获胜于境外，功名显扬于朝内。于是，将军为了悼念战死的将士，身穿白色丧服而离家住在军营，并向君王请命处置，君王于是下令将军脱去丧服，回到自己家里。

部署篇

【原文】

经曰：兵有四正、四奇[①]，总有八阵，或合为一，或离为八；以正合，以奇胜，余奇为握奇。聚散之势，节制之度也。

一万二千五百人为一军[②]，一万二千象十有二月，五百象闰余。[③]穷阴极阳[④]，备物成功[⑤]。征无义，伐无道，圣人得以兴，乱人得以废。兴废、存亡、昏明之术，皆由兵[⑥]也。

司马穰苴曰：“五人为伍，十伍为部。”[⑦]部，队也。一军凡二百五十队，每十队以三为奇。风后[⑧]曰：“余奇握奇。”故一军以三千七百五十人为奇兵[⑨]，队七十有五；外余八千七百五十人，部队一百七十五，分为八阵，阵有一千九十三人，七分五铢[⑩]，队有二十二火人[⑪]，为一阵之部署。今举一军，则千军可知矣。

【注释】

①四正、四奇：指八阵的布列由四正兵和四奇兵构成。八阵的名称，旧注云“天、地、风、云”为“四正”，“龙、虎、鸟、蛇”为“四奇”。握奇，古代兵家布列方阵谓阵数有九，四方为四正，四隅为四奇，合为八阵。八阵之中心奇零者称为“余奇”，由大将掌握，以应付八阵之急处。可见，余奇是由大将直接控制的机动兵力。

②一万二千五百人为一军：指先秦军队编制中军一级单位的兵力员额数。

③一万二千象十有二月，五百象闰余：象，取象、象征。闰余，指农历一年与一回归年相比所多余的时日。周代军队编制及其兵力员额的确定是“因农事而定军令”，故军之一万二千象征一年的十二个月，所余之五百象征闰年时多出的一月。

④穷阴极阳：指秋冬年末之时，引申为一年到头。

⑤备物成功：准备充分物质条件，战争就能取得成功。

⑥兵：这里指军事、战争。

⑦“五人为伍，十伍为部”：本篇所引司马穰苴这两句话，见于唐杜佑《通典·

兵一》。

⑧风后：传说为上古黄帝的大臣。中国古代记述八阵的兵书《握奇经》，相传其经文三百八十字（一本三百六十字）为风后所撰。本篇所引风后所言“余奇握奇”，出自《握奇经》“余奇为握奇”句。

⑨“故一军以三千七百五十人为奇兵……则千军可知矣”诸句：除“七分五铢，队有二十二火人”外，余皆见于《通典·兵一》所引司马穰苴语。

⑩七分五铢：五铢，本谓五铢钱，汉武帝元狩五年（前118年）始铸，每枚重五铢，币面篆有“五铢”二字。但在这里借指为“一”，故“七分五铢”乃谓“七分之一”之义。以本篇所讲的“一千九十三人”与总数“八千七百五十人”之比，或以“队有二十二”与总队数“一百七十五”之比，所得比值皆与“七分之一”基本吻合。

⑪火人：即一火之人数。火，指古代兵制单位，一火为十人。

【译文】

经典上说：用兵排阵分为四正、四奇，总共为八阵，有时合并为一阵，有时分列为八阵。战斗中，用“正兵”与敌正面交锋，用“奇兵”迂回侧击攻击。八阵之中心的奇零之兵，是由大将直接掌握的机动兵力，称为“握奇”。这种用兵布阵或集中为一阵或分散为八阵的态势，是将帅指挥调动兵力时所应遵守的法度。

古代兵制以一万二千五百人为一军，这“一万二千”象征正常年份的十二个月，“五百”则象征闰年多出的闰月。这样，积日累月直到年终岁末，经过长期准备而为胜利创造了条件。讨伐不讲正义的敌人，讨伐荒淫无道的敌国，使圣明的君王得以强盛，使作乱的贼人遭到废亡。国家的兴废存亡，人君的昏庸或英明，都决定于战争的性质和作用。

司马穰苴说：“五人组成一伍，十伍组成一部。”这里的“部”，就是队。古代一军共有二百五十个队，用兵布阵时，每十个队中就以三个队为奇兵。风后说：“余奇，就是由主将居中控制的机动兵力。”因此，一军中以三千七百五十人为“握奇”，共合七十五个队；此外所余的八千七百五十人，共合一百七十五个队，分为八阵，平均每阵有兵一千零九十三点七五人，各占七分之一，约合二十二队、一百一十火（每队为五火，一火为十人）。这就是一阵的兵力部署情况。今举一军部署为例，就可以知晓千军兵力怎么部署了。

将军篇

【原文】

经曰：三军之众[①]，万人之师，张设轻重[②]，在于一人。不可不察也。

一人大将军，智信仁勇、严谨贤明者任。二人副将军，智信仁勇、严毅平直者任，一人主军粮，一人主征马。四人总管[③]，严识军容[④]者任，二人主左右虞候[⑤]，二人主左右押衙[⑥]。八人子将[⑦]，明行阵[⑧]、辨金革[⑨]、晓部署者任。八人大将军别奏[⑩]，十六人大将军傔[⑪]；一十六人总管傔；八人子将别奏，一十六人子将傔，忠勇、骁果[⑫]、孝义、有艺能者任。一人判官[⑬]，沉深谨密、计事精敏者任，濡钝[⑭]勿用。一人军正[⑮]，主军令、斩决罪隶[⑯]及行军、礼仪、祭祀、宾客、进止。四人军典，谨厚、明书算者任。

【注释】

①“三军之众”以下四句：语出《吴子·论将》，“万人”《吴子》原作“百万”。

②张设轻重：此句原是对士气盛衰的掌握驾驭。这里是泛指军中事务的轻重缓急的处置安排。故张设谓部署、安排。轻重，指军务的轻重缓急。

③总管：古代地方高级军政长官。北周始置，隋及唐初因之。亦指出征作战的统军主帅，如隋及唐初有行军总管或行军大总管。

④严识军容：严识，谓甚为通晓。军容，古指军队的礼仪法度、风纪阵威及武器装备。

⑤虞候：古代军中掌握侦察、巡视的官。西魏宇文泰始置，隋唐因之。

⑥押衙：唐代掌领仪仗侍卫之武官。本为“押牙”，后“牙”讹变为“衙”。

⑦子将：唐代武官名。隶于大将之下，掌布列行阵、金鼓及部署兵力的副将或偏将。

⑧行阵：指挥军队，布列阵势。

⑨金革：军械和装备。

⑩别奏：助手一类属官。

⑪傔：侍从官。

⑫骁果：威猛果敢。

⑬判官：军政长官的僚属，辅佐军政事宜。

⑭濡钝：软弱愚钝。

⑮军正：古代军中执法之官。

⑯罪隶：原指古时罪人家属之男性没入官府为奴者，后也泛指罪人。

【译文】

经典上说：三军的诸多将士，万人的雄师强旅，其军务部署安排上的轻重缓急，全赖于将帅一人的决断与处置。因此，[出任将帅的人选条件问题，]是不能不认真加以考察研究的。

三军部队设主帅大将军一人，要由具备智信仁勇的品性和严谨贤明的才干的人来担当。副将军二人，要由具备智信仁勇、严格坚毅、公平正直的人来担当，其中一人主管粮草供应，一人主管战马征用。总管四人，要由通晓军队礼仪法度、风纪阵威和武器装备的人来担当，其中二人主管左、右虞候执行侦察、巡视任务，二人主管左、右押牙执行仪仗、侍卫任务。子将八人，要由懂得排列阵势、明辨军械装备、

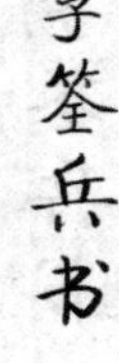

通晓兵力部署的人来担任。大将军别奏八人,大将军侍从官十六人;总管侍从官十六人;子将别奏八人,偏将侍从官十六人,以上这些别奏、侍从官,都要由具有骁勇果敢、尽孝守义、技艺才能的人来担任。判官一人,要由沉着老练、严谨周密、谋事精细敏锐的人来担任,不用那种软弱愚钝的人。军正一人,主管军令的发布,处斩罪犯以及行军、礼仪、祭祀、宾客往来、部队进止等事宜。军典四人,要由谨慎敦厚、通晓军事书算的人来担任。

阵将篇

【原文】

经曰:古者,君立于阳,大夫[①]立于阴。是以臣不得窥[②]君,下不得窥上,则君臣上下之道隔矣。

夫智均不能相使,力均不能相胜[③],权均不能相悬[④];道同则不能相君[⑤],势同则不能相王[⑥],情同则不能相顺。情异则理,情同则乱。故大将军以智,裨将[⑦]以勇,以智使勇,则何得而不从哉?

一人偏将军,勇猛果敢、轻命[⑧]好战者任。二人副偏将军,无谋于敌,有死于力,守成规而不失者任。四人子将,目明旌旗,耳察金鼓,心存号令,宣布威德者任。二人虞候,擒奸摘伏[⑨],深觇非常[⑩],伺察动静,飞符走檄[⑪],安忍[⑫]好杀,事任惟时[⑬]者任。二人承局[⑭],差点均平[⑮],更漏[⑯]无失,纠举必中[⑰]者任。六人偏将军别奏,一十二人偏将军傔;六人副偏将军别奏,十二人副偏将军傔;八人虞候,兼充子虞候[⑱],并忠勇、骁果、孝义、艺能者任。一人判官,主仓粮财帛、出纳军器、刑书公平者任。二人军典,明书记、谨厚者任。

【注释】

①大夫:这里指为臣者。

②窥:暗中图谋,觊觎。

③相胜:相互战胜、制约,抑制。

④相悬:钱熙祚于"悬"下校注云:"张刻本作'援'。"相悬,差别很大,相去悬殊。

⑤相君:并立为君王。

⑥相王:并立称王。王,在这里作动词,是称王的意思。

⑦裨将:副将。

⑧轻命:轻视生命,不怕牺牲。

⑨擒奸摘伏:擒拿奸细,去除隐伏之敌。

⑩深觇非常:臆测突发事件。觇,窥视、窥探。非常,突如其来的变故。

⑪飞符走檄:疾速传送兵符和文书。符,兵符,古代调兵遣将的一种凭证。檄,

文书。

⑫安忍：安于做残酷的事，残忍。

⑬事任惟时：办事能按时完成。惟时，遵循时限。

⑭承局：古代军中承办具体事宜的低级军吏。

⑮差点均平：差点，分派、调派，指对军务的分派。均平，公允平正。

⑯更漏：即漏壶，一种计时器。古代用漏壶滴漏计时，夜间凭漏刻传更报时，故称“更漏”。

⑰纠举必中：督察举发一定要切合实际。

⑱子虞候：子，小、副。古人常以“子”名官。子虞候，意为小虞候或副虞候。

【译文】

经典上说：古代时候，君王在上处于君位，大夫在下处于臣位。因此，为臣的不得觊觎君位，在下者不得图谋在上者的位置，君主与臣子、上级与下级的行为标准是截然不同的。

智谋相当的人不能相互奴役，力气相当的人不能互相取胜，权谋相当的人不能相去悬殊。目标一致的人不能并立为君，势力相同的人不能并立称王，情况相同的人不能彼此和顺。情况不同的人在一起就容易得到治理，情况相同的人在一起就容易造成紊乱。因此，为大将军者靠的是智慧，为副将军者靠的是勇猛；用智慧去指挥勇猛，勇猛的副将怎么能不听从呢？

军中还设偏将军一名，要挑选勇猛果敢、拼命好战的人来担任。副偏将军二人，要选择对敌作战虽无策略，但却能拼力死战、恪守命令而不失误的人来担任。子将四人，要选择眼明能够辩别旌旗徽号、耳聪能够分辨金鼓声响、心里牢记行军作战号令、善于广泛传播军威德义的人来担任。虞候二人，要选择擅长捕捉奸细摘除潜藏的敌人，探测察觉突发的变故，侦察敌军的内部动静，迅速传送兵符和文书，非常残忍而好杀成性，承办事务且能按时完成的人来担任。承局二人，要选择差派军务平允公正，守夜报更不出错误，督察举发必合事实的人来担当。偏将军别奏六人，偏将军侍从官十二人；副偏将军别奏六人，副偏将军侍从官十二人；虞候八人并兼充子虞候。以上都要选择忠诚勇敢、勇猛刚毅、尽孝守义、兼备技能的人来担任。判官一人，主管粮草财帛、收发兵器，要选择执法公平正直的人来担任。军典二人，要选择通晓书牍记录、谨慎敦厚的人来担任。

队将篇

【原文】

经曰：智者之使愚也[1]，聋其耳，瞽[2]其目，迷其心，任其力，然后用其命。如驱群羊，驱而往，驱而来，莫知所之[3]。与之登高，去其梯；入诸侯之境，废其梁[4]。役

之以事，勿告之以谋；语之以利，勿告之以害，则士可以得其心而主其身。如此，则死生聚散听之于我，是谓良将。

一人队将[5]，经军阵、习战斗、识进止者任。一人队管，一人队头，二人副队头，主文书、酬功赏、知劳苦、明部分[6]、行列疏密，并责成于副队头，公直明晓者任。一人秉旗[7]，二人副旗，并勇壮者任。一人桴鼓[8]，主昏明[9]发警、进退节制，气勇志锐者任。一人吹角[10]，主收军退阵、谨守节制，懦怯[11]忠谨者任。一人司兵[12]，主五兵[13]锐利、支分[14]，器仗[15]明解者任。一人司仓[16]，主支分财帛、给付军粮，清廉者任。一人承局，主杂供差料[17]，无人情、恶口舌[18]者任。五人火长[19]，主厨膳饭食、养病、守火[20]、内衣[21]、资樵采，战阵不预，仁义者任。

【注释】

①智者之使愚也：智者，有智慧，聪明的人，这里指良将。愚，愚钝的人，这里指士卒。

②瞽：眼瞎。

③之：这里作动词，谓往、至。

④梁：桥梁道路。

⑤队将：秦汉之际始置之杂号将军。

⑥部分：部署，安排。

⑦秉旗：古代执旗之官。

⑧桴鼓：这里指负责鸣鼓的士卒。

⑨昏明：昏，黑夜。明，白昼。

⑩吹角：指号角官。

⑪懦怯：软弱，胆小怕事。

⑫司兵：掌管军械兵器的武官。

⑬五兵：指古代的五种兵器（五种包括，其说不一），也泛指各种兵器。

⑭支分：处置，安排，分派。

⑮器仗：武器的通称。

⑯司仓：指主管仓库收支的小吏。

⑰差料：差派工料。

⑱恶口舌：本谓恶毒言语，这里指敢于恶言直对不怕得罪人。

⑲火长：唐代府兵中的基层单位的小队长。

⑳守火：守护灶火。

㉑内衣：缝补衣服。

【译文】

经典上说：有智慧的人使用愚笨的人，要让他们的耳朵像聋子什么也听不到，要让他们的眼睛像瞎子什么也看不见，要诱骗他们的思想使其什么也不知道，要发挥他们的体力而使其只知道效命。[将帅指挥士卒]要如同驱赶羊群一样,任凭赶过去,又赶过来,使他们不知道要到什么地方。又像让他们登上高处然后撤掉梯子,使他们没办法下来;让他们深入诸侯之境然后毁掉桥梁,使他们没有退路。役使他们去做事情,但不告诉他们做事的目的企图;讲给他们有什么利益,但不告诉他们有什么弊处。这样,就可以赢得士兵的思想,控制他们的体魄。如果能做到这样,那么士兵的生死聚散,就会完全听命于我的调遣,这才是通常所说的优良将领。

设队将一人,要挑选经过阵法训练、熟悉对敌作战、识别进止号令的人来担当。队管一人,队头一人,副队头二人,主管公文书信往来、奖赏酬劳有功之人、了解士卒劳苦情况、明了军务安排部署和布阵队列稀疏,并能责成副队头去掌管,要选择公平正直、明达事理的人来担任。秉旗一人,副旗二人,都要选择勇敢健壮的人来担任。击鼓官一人,主管昼夜击鼓报警、指挥部队前进后退,要挑选有勇气有锐志的人来担任。号角官一人,主管收兵撤阵,用号角声指挥部队,严格遵守调度,要挑选虽然软弱胆小但却忠诚谨慎的人来担任。司兵一人,主管各种兵器的修建,使之锐利可用,并能按时分发到人,要挑选对各种兵器性能熟悉了解的人来担当。司仓一人,主管分配财物、供给军粮,要选择清正廉洁的人来担任。承局一人,主管杂物供应和差派工料,要挑选不讲私人情感、敢于恶言直对的人来担任。火长五人,主管厨房伙食、病人休养、看护灶火、缝补衣服、储备柴草,但不参加战斗,要挑选讲仁慈道义的人来担任。

马将篇

【原文】

经曰:夫戎马[①],必安其处所,适其水草,节其饥饱。冬则温厩,夏则凉庑[②]。刻剔[③]鬃毛,谨落蹄甲[④]。狎[⑤]其耳目,无令惊悚[⑥];习其驱驰[⑦],闲[⑧]其进止;人马相亲,然后可使。鞍、勒、辔、衔[⑨],必先坚完[⑩],断绝必补。

凡马不伤于末,必伤于始;不伤于饥,必伤于饱。日暮道远,必数上下[⑪],宁劳于人,慎无劳马,常令有余[⑫],备敌覆我。能明此者,可以横行八表。

凡马军[⑬],人支[⑭]两匹,一军征马[⑮]二万五千匹;其无马者[⑯],亦如五支,令以两匹为率[⑰]。

一人征马副大将,军中择善牧养者任。二人征马总管副偏将,军中择善牧养者任。八人征马子将军,军中择明闲[⑱]牧养者任。五十人征马押官[⑲],定见军中择善牧养者任。五百人群头,善乘骑者任;一云百人群头,毉[⑳]亦群头中择取。一千人马子,军外差;又云五百人马子,毉马在内。

【注释】

①戎马:军马、战马。

②庌:本谓廊屋,义同"庑"。这里指马棚。
③刻剔:剔除。引申为剪刷或梳理。
④谨落蹄甲:细心修理蹄甲更换铁掌。
⑤狎:熟悉,习惯,驯服,温驯。
⑥惊悚:惊慌恐惧。
⑦驱驰:追逐奔驰。
⑧闲:通"娴"。娴熟,熟练。
⑨鞍、勒、辔、衔:即马鞍子、马笼头、马缰绳、马嚼子。
⑩坚完:坚固完好。
⑪必数上下:意思是骑在马上的人必须经常下马步行,以减轻战马的劳累。
⑫有余:让战马保有余力。
⑬马军:骑兵部队。
⑭人支:每人分配。
⑮征马:战马。
⑯无马者:步兵部队。
⑰率:标准、限度。
⑱明闲:明,明白,懂得。闲,通"娴",熟悉。
⑲押官:押送马匹的官吏。
⑳毉,同"医"。这里指兽医。

【译文】

经典上说:战马,必须有安定的处所,适时给它饮水喂草,节制其饮食饥饱。冬天要让马厩温暖,夏天要使马厩凉爽。要经常剪刷梳理它的鬃毛,细致地修理其蹄甲更换铁掌。要训练战马的耳目听视感官,不让它受到声色刺激时惊慌害怕;要让战马经常练习奔驰追逐,让它非常熟悉前进与停止的信号;要做到人与马相互亲密熟悉,然后才可以使用它进行对敌作战。鞍子、笼头、缰绳、嚼子等战马装具,必须预先做到坚固完好,如有断裂破损一定要补齐。

大凡马匹,不是受伤于使用的末尾,就是受伤于使用的初始;不是受损于过度饥渴之时,就是受损于过度饱食之际。遇到天色已晚而路途遥远时,马上的骑手必须经常下马步行,宁愿使士卒多受些困苦劳累,也千万不可以让战马劳累受伤,要经常使战马保持足够的体力,以此防备敌人突袭而覆亡我军。能够懂得这些道理的人,就可以横行八方而匹敌于天下了。

但凡是骑兵部队,每人配备两匹马,一个军共配备战马二万五千匹;而步兵部队,则是五人以配备两匹马为标准。

骑兵军中设征马副大将一人,要从军中挑选善于饲养管理军马的人员担任。设征马总管副偏将二人,从军中挑选善于军马放牧饲养的人来担任。征马子将军八人,从军中选择懂得和熟悉军马放牧饲养的人来担任。征马押官五十人,一定要从军中挑选善于放牧饲养军马的人员担任。群头五百人，挑选善于骑马的人来担任；另一说法是群头一百人，兽医也从群头中选用。马子一千人，主要应对军马事务以外的差遣；又有一种说法是马子五百人，治疗马病的兽医也包括在内。

鉴人篇

【原文】

经曰：凡人，观其外，足知其内。七窍[①]者，五脏[②]之门户。九候三停[③]，定一尺之面；智愚勇怯，形一寸之眼；天仓金匮[④]，以别其贵贱贫富。夫欲任将，先观其貌，后知其心。

神有余法[⑤]：

容貌堂堂，精爽清澈，声色不变其志，荣枯不易其操。是谓神有余。

形有余法[⑥]：

头顶丰停[⑦]，腹肚浓厚，鼻圆而直，口方而棱，颐额[⑧]相临，颧[⑨]耳高耸，肉多而不余[⑩]，骨粗而不露，眉目明朗，手足红鲜，望下而就高，比大而独小。是谓形有余。

心有余法[⑪]：

遏恶扬善，后己先人，无疾人[⑫]以自贤，无危人以自安，好施阴德[⑬]，常守忠信，豁达大度，不拘小节。是谓心有余。

鉴头、目、鼻、口、舌、齿法：

虎头高视，富贵无比。犀头崒嵂[⑭]，富贵郁郁。象头高广，福禄居长。鹿头侧长，志气雄强。龟头却缩，喉丰酒肉。獭头横阔，志气豁达。驼头鸿蒙[⑮]，福禄千钟[⑯]。蛇头平薄，财物寥落[⑰]。骆[⑱]头尖锐，贫厄无计。兔头蔑颉[⑲]，志气下劣。狗头尖圆，泣泪涟涟。

眉直头昂，富贵吉昌。眉薄而晞[⑳]，少信多欺。发欲细密，须欲粗疏，眼目光彩明净者，贵。眼鼻成就[㉑]者，魂魄强美。眉目指爪[㉒]者，好施。眼鼻口小者，多虚少实。眼鼻口大者，有实无虚。眼中赤脉[㉓]贯瞳子[㉔]者，兵死[㉕]。鸡眼卷头，不淫即偷。羊目直视，能杀妻子。猪目应瞪，刑祸相仍[㉖]，亦主小贵。蜂目豺声，常行安忍。蝼蛄[㉗]目，心难得。鱼目，多厄。猴目，穷寒。鹰视狼顾[㉘]，常怀嫉妒。牛头虎视，富贵无比。

鼻圆隆实，富贵终吉。鼻孔小缩，悭贪[㉙]不足。蜣螂[㉚]鼻，少意智。

野狐须，无信期[㉛]。羖羊[㉜]须，多狐疑。

口如马喙[㉝]，心难信制。口如鸟嘴，穷寒客死[㉞]。口如河海，富贵自在。唇如点朱，才学代无[㉟]。

舌红且厚，神识自守[㊱]。吐舌及鼻，有寿复贵。

锯齿食肉；平齿食菜；疏齿猛毅；密齿淳和；细齿长贫，名曰鬼齿。

鉴额[㊲]、耳、胸、背、手、肚、黑子[㊳]、面形[㊴]法：

燕颔封侯[40]。腮尖乏肉，意志不足。

耳轮厚大鲜明者，贵而且寿；小薄者，贱而且夭。

虎项圆粗，富贵有余。鹤顶了了[41]，财物乏少。颈粗短者，富贵；细长者，贫贱。

胸背如龟，富贵巍巍。胸长而方，智勇无双。

手足尖浓、指密而厚者，富贵。手如鸡足，智意褊促[42]；手如猪蹄，智意昏迷；手如狙[43]掌，勤劳伎俩[44]。

肚如垂壶，富贵有余。牛腹贪婪；狗腹穷寒；蝦蟆腹懒；蜥蜴腹缓。

凡人声，欲深且实，不欲浅而虚。远而不散，近而不亡，浅而非壮，深而不藏，大而不浊，小而不彰，细而不乱，幽而能明，余响澄澈[45]，有若笙簧[46]，宛转流韻，能圆而长。虎声，将军；马声，骁勇。雄声雌视者[47]，虚伪人也；气急而声重者，真实人也。

凡黑子，欲得大而明，生隐处吉，露处凶。

凡人面欲圆，胸欲方，上欲长，下欲短。

凡人胸欲厚，背欲负，五岳[48]成，四渎[49]好。头高足厚，颈短臂长，似虎似龙。所谓行住坐卧，饮食音声，似非一处也。

鉴头骨、玉枕[50]、额文[51]法：

脑头高耸起，将军。[illegible]，三关玉枕[52]，万户侯[53]，近下将军[54]。[illegible]，车轮玉枕，封侯。[illegible]，三星枕，封王。[illegible]，偃月枕，封三公[55]。[illegible]，四方枕，封侯。[illegible]，十字枕，封二千石[56]。[illegible]，酒樽枕，二千石、三公。[illegible]，上字枕，封侯。[illegible]圆枕，封侯。

[illegible]，额上有北字文，将军。[illegible]，额上有两立文，二千石。[illegible]，眉间有四立文，封侯。[illegible]，眉间有八字龙文，将军。[illegible]，眉间有三偃月文，封侯。[illegible]，额上有覆月文，将军。[illegible]，眉上有文通发，将军。[illegible]，眉间有土字文，封侯。[illegible]，眉间有文字文者，兵死。

凡人色欲正，不欲邪，白如凝脂[57]，黑如傅漆[58]，紫如烂椹[59]，黄如蒸粟[60]，赤如炎火，青如浴蓝[61]，皆三公将相也。

【注释】

①七窍：两眼、两耳、口、两鼻孔。

②五脏：心、肝、脾、肺、肾五种内脏器官。

③九候：各种征候或特征。九，泛指多数，可作"各种"解。三停（《傅子》原作"三亭"，停、亭，互通），相法术语。相面者以人体及面部各分三部，称上、中、下三停，认为三停齐等为福贵相，否则为贫贱相。

④天仓金匮：皆为相士术语。

⑤神有余法：鉴别精神旺盛的方法。有余，本谓有剩余，在这里可作"旺盛"解。法，方法、原则。

⑥形有余法：鉴别体力充沛的方法。

⑦丰停：丰大挺直。

⑧颐额：下巴与额头。

⑨颧：颧骨，眼睛下方两腮上面突出的颜面骨。

⑩不余:原作“有余”。钱熙祚校注指出:“文渊阁本作‘不余’。”从前文看,“肉多”本已是“有余”之义,再继之以“有余”,显然与文义不通。故据钱氏校注改。

⑪心有余法:意谓鉴别思想充实的方法。

⑫疾人:伤害别人。

⑬阴德:暗中做的有德于人的事情。

⑭崒嵂:高耸貌。

⑮鸿蒙:原作“蒙鸿”。从前后文义看,疑为“鸿蒙”之互乙,所以校正。鸿蒙,也作“鸿濛”。迷漫广大貌。

⑯千钟:形容极多。钟,古代容量单位,一钟为十斛。另说六斛四斗为一钟。

⑰寥落:稀少,稀疏。

⑱骆:这里指骆马,即白毛黑鬃之马。

⑲蔑颉:细小而强直。颉,人颈强直貌。

⑳晞:通“希”,与“稀”义同。稀疏。

㉑成就:肥大凑近。

㉒指爪:原作“指瓜”,文义不通。指爪,手和脚。

㉓赤脉:红血管。引申为红线。

㉔瞳子:即瞳仁。泛指眼睛。

㉕兵死:死于兵刃。

㉖相仍:相继,接连不断。

㉗蝼蛄:俗称“蝲蝲蛄”或“土狗子”。生活在泥土中,昼伏夜出。

㉘鹰视狼顾:形容目光犀利,为人狠戾。

㉙悭贪:吝啬而贪婪。

㉚蜣蜋:亦作“蜣螂”。一种全身黑色的甲虫,俗称“屎壳郎”。

㉛信期:犹“信用”。

㉜羖羊:黑色的公羊。也泛指公羊。

㉝喙:鸟兽等的嘴。

㉞客死:死于他乡异国。

㉟代无:当代所无,冠绝当代。

㊱自守:自保,自坚其操守。

㊲颔:下巴。

㊳黑子:指黑痣。

㊴面形:脸面形状。

㊵燕颔封侯:东汉名将班超自幼即有立功异域之志。相士说他长得“燕颔虎劲”,有封“万里侯”之相。

㊶了了:清楚明白。

㊷褊促:犹“褊急”,气量狭窄,性情毛躁。

㊸狙:猕猴。

㊹伎俩：这里指技能、本领。

㊺澄澈：亦作“澄沏”。水清见底之谓。

㊻笙簧：指笙。管乐器名。簧，为笙中之簧片。这里指笙的乐音。

㊼“雄声雌视者……真实人也”诸句：语出傅玄《傅子》。雄声，雄壮声音、大的声音。雌视，眯缝着眼睛看人。

㊽五岳：我国五大名山的总称。通常指东岳泰山、南岳衡山、西岳华山、北岳恒山、中岳嵩山。

㊾四渎：古为长江、黄河、淮河、济水的合称。这里泛指大河。

㊿玉枕：玉枕骨。人脑后的隆起的骨头。

(51)额文：人的额头皱纹。

(52)三关玉枕：与下文的“车轮枕”“三星枕”“偃月枕”“四方枕”“酒樽枕”“上字枕”“圆枕”，均指人脑后隆骨的象形。

(53)万户侯：食邑万户之侯。后用以泛指高爵显位。

(54)下将军：指春秋时期上、中、下三军的下军统帅职。

(55)三公：古代中央三种最高官衔的合称。不同时代其官职名称及所辖权力有所变化。周以太师、太傅、太保为三公（一说司马、司徒、司空），西汉以丞相、太尉、御史大夫为三公。唐宋虽承东汉之制，以太尉、司徒、司空为三公，但已非实职，其权力减小。明清承周制，但只用作大臣的最高荣誉。

(56)二千石：汉代郡守所享受的俸禄为二千石（即月俸一百二十斛）。世因称郡守为二千石。

(57)凝脂：凝固的油脂。常用以形容洁白柔润的皮肤或器物。

(58)傅漆：涂漆。

(59)烂椹：熟透的桑葚。

(60)蒸粟：蒸熟的小米饭。

(61)浴蓝：浸染的蓝色。

【译文】

经典上说：但凡一个人，观察他的外貌长相，就可以了解他的内心世界。眼、耳、口、鼻七窍，是人体心、肝、脾、肺、肾五脏的门户。人的面部上中下三停及其各种特征，就决定了一个人面相的好坏；一个人是聪明还是愚笨，是勇敢还是懦弱，都从一寸之眼中显现出来；人的天庭、金匮怎样，可以分辨出一个人的贵贱贫富。所以，要想任命将帅，首先要观察他的外貌长相，然后就可以掌握他的内心特点。

鉴别精神旺盛之人的准则方法：

相貌堂堂，仪表不凡；神清气爽，声音清亮。外界之歌舞声色不能改变其理想，世事之荣枯顺逆不能改变其气节。这就是所说的精神旺盛人的特点。

鉴别体魄健康之人的原则方法：

头顶丰满宽阔，腹肚浑厚庄重，鼻子圆润挺直，嘴巴方正有棱，下巴和额头高低相邻，颧骨和耳朵高高耸起，全身肉多而不肥胖，骨骼粗壮而不显露，眉清目秀明亮有光，手脚红润细嫩新鲜，与身体矮小的人相比是高个，与身材高大的人相比则显矮小。这就是所说的体魄健康人的特点。

鉴别思想充实之人的准则方法：

抑恶而扬善，先人而后己，不以损伤别人而泄露自己贤德，不以危害他人来保证自己安逸，喜好积德施舍，对人恪守忠信，思想豁达大度，行为不拘小节。这就是所说的思想充实人的特点。

鉴别头颅、眼睛、鼻子、嘴巴、舌头、牙齿的准则方法：

虎头高视，是富贵无比之相。犀牛高耸，是富贵茂盛之相。象头高宽，是福禄长久之相。鹿头狭长，是志气雄强之相。龟头却缩，是酒囊饭袋之相。獭头横宽，是志气豁达之相。驼头宽大，是多福多禄之相。蛇头平薄，是财物稀少之相。马头尖锐，是贫困无计之相。兔头细直，是志气劣下之相。狗头尖圆，是泣泪不止之相。

眉毛笔直而头颅高昂，是富贵吉祥之相。眉毛淡薄且疏松稀少，是少信多诈之相。头发细密、胡须粗疏、眼睛光彩有神明亮清净的人地位显贵。眼睛鼻子长得肥大靠近的人精神强盛。眉毛眼睛手脚长得秀美的人喜好施舍。眼睛鼻子嘴巴小的人多虚伪而少实在；眼睛鼻子嘴巴大的人有实在而无虚伪。眼中有红线贯穿瞳孔的人将死于刀刃。眼似鸡眼头发卷曲的人不是淫乱就是偷盗。双目形似羊眼直视的人能够杀妻灭子。目如猪眼相瞪溜圆的人刑祸接连不断，但有时也能预示着会有小的富贵。双目像蜂眼而声似狼嗥的人残忍好杀。眼睛长得像蝼蛄眼的人其心难以争取。目似鱼眼的人多遭灾害。目如猴眼的人穷困贫寒。像鹰眼视物、狼眼左顾右盼的人常怀嫉妒心理。脑袋长得像牛头、双目虎视眈眈的人高贵无比。

鼻子圆滑而隆起厚实的人终生富贵吉祥。鼻孔窄小紧缩的人既吝啬而又贪得无厌。鼻子长得像屎壳郎鼻子的人缺少心计主见。

胡须长得像野狐须的人不遵守信用，胡须长得像公羊须的人猜忌多疑。

口如马嘴的人其心难以信信，口如鸟嘴的人贫寒客死他乡，口阔似河海的人一生富贵自在。唇如点朱的人才学绝冠当代。

舌头红润而且厚实的人神智自保，伸舌能够舔鼻的人长寿而又富贵。

牙齿似锯的人常常食肉，牙齿平齐的人往往吃菜，牙齿稀疏的人勇猛刚毅，牙齿紧密的人淳朴平和。牙齿微细的人长期贫困，这种牙齿称作“鬼齿”。

鉴别下巴、耳朵、胸部、背部、手掌、肚子、黑痣、脸形的原则方法：

下巴像燕颔虎劲的人可以封侯。腮尖少肉的人意志毅力不够。

耳轮鲜明厚大的人富贵且长寿，耳轮平薄微小的人贫贱且短命。

脖子如虎颈一样粗圆的人富贵有余。头顶似鹤顶赤红明显的人缺少财物。脖颈粗短的人富贵，脖子细长的人贫贱。

胸背如龟的人富贵崇高。胸长且方的人智勇双全。

手脚尖厚、指头紧密而厚实的人富贵。手指如鸡爪的人气量狭窄而性情急躁。手形似猪蹄的人神志不清而意志慌乱。手掌像猴掌的人勤劳而有生产技能。

肚子形像垂壶的人富贵有余，肚子形似牛腹的人贪得无厌，肚子形似狗腹的人穷困贫寒，肚子形似蛙腹的人懒散怠惰，肚子形似蜥蜴腹的人行动缓慢。

凡是人的声音，要深沉而强实，不要浅显而羸弱。声音远播而不散开，近传而不消失，浅显而不强壮，深沉而不隐藏，宏大而不混浊，微小而不张扬，细腻而不慌乱，幽暗而能听清，余音清脆有如笙簧奏乐，婉转流韵既圆润又明畅。声如虎吼的人是将军，声似马鸣的人最骁勇。声音雄壮而眯眼看人的人，是虚伪的人；气息急促而声音厚重的人，是实在的人。

大凡黑痣，要长得大而明显，生在身体隐蔽之处的就吉祥，长在身体显见之处的不吉祥。

凡是人的脸面要圆，胸部要方，上身要长，下身要短。

大凡人的胸部要长得厚实，背部要能负载重量，这样就可以成功地翻越大山，圆满地涉过大河。头高脚厚、颈短臂长的人，如虎似龙般威猛有力。这就是所说的人的行、住、坐、卧、饮食、音声，似乎都不是一样的。

鉴别头骨、玉枕骨、前额皱纹的准则方法：

头颅高高耸起，是将军之相。彡，此为三关形玉枕骨之状，是万户侯之相，职近下将军。◎，此为车轮形枕骨之状，是封侯之相。ஃ，此为三星形枕骨，是封王之相。◡，此为偃月形枕骨之状，是封三公之相。□，此为四方形枕骨之状，是封侯之相。✚，此为十字形枕骨之状，是封二千石之相。ᓀ，此为酒樽形枕骨之状，是封二千石、三公之相。上，此为上字形枕骨之状，是封侯之相。○，此为圆形枕骨之状，是封侯之相。

ıl，此为前额上的北字形皱纹之状，是将军之相。ıl，此为前额上的两竖形皱纹之状，是二千石之相。ıııı，此为两眉之间的四竖形皱纹之状，是封侯之相。八，此为两眉之间的八字形皱纹之状，是将军之相。彡，此为两眉之间的三偃月形皱纹之状，是封侯之相。⌒，此为前额上的覆月形皱纹之状，是将军之相。八，此为眉毛上方的皱纹直通头发之状，是将军之相。土，此为两眉之间的土字形皱纹之状，是封侯之相。八，此为两眉之间的文字形皱纹之状，这种人将死于兵刃之下。

凡是人的面色，最好是呈现正色，而不要邪色，要白色如同凝脂，黑色如同涂漆，紫色如同熟椹，黄色如同蒸粟，红色如同炎火，青色如同浸蓝。这些纯正面色，都是官拜三公和将相之面相。

相马篇

【原文】

经曰：相马[1]之法，先相头耳。耳如撇竹[2]，眼如鸟目，獐脊、麟[3]腹、虎胸，尾如垂帚。次相头骨，棱角成就，前看后看侧看，但见骨侧狭见皮，薄露鼻衡[4]，柱[5]侧高低，额欲伏[6]。立蹄攒聚[7]，行止循良[8]，走骤轻躁[9]，毛鬣[10]轻润，喘息均细。擎头[11]

如鹰，龙头高举而远望，淫视[12]而远听。前看如鸡鸣，后看如蹲虎，立如狮子，辟兵[13]万里。颔鼻中欲得受人拳，名曰太仓。太仓宽，易饲。胸臆[14]欲阔，胸前三台骨欲起，分段分明。鬣欲高，头欲方，目欲大而光，脊欲强壮有力，腹胁[15]欲张，四下[16]欲长。耳欲紧小，小即耐劳。目大胆大，胆大则不惊。鼻欲大，鼻大则肺大，肺大则能走。肷[17]欲小，小则易饲。肋欲得密。口欲上尖下方。舌欲薄长，赤色如朱。齿欲膠瓣[18]分明，牙欲去齿二寸。腹下欲广且平方。牙欲白，则长寿。望之大，就之小，筋马[19]也。前视见目，傍视见腹，后视见肉，骏马也。齿欲齐密，上下相当，上唇欲急[20]而方，下唇欲缓而厚，口欲红而有光，如穴中看火，千里马也。臆间欲广一尺以上，能久走。头欲高，如剥兔；龙颅突目[21]，平脊大腹，髀肉[22]多者，行千里。眼中紫缕[23]贯瞳子者，五百里；上下彻者，千里。

凡马不问大小肥瘦，数[24]肋有十二、十三，四百里；十四、十五，五百里。旋毛[25]起腕膝上者，六百里；腹脊上者，五百里。项辕[26]大者，三百里。目中有童人[27]如并立并坐者，千里。羊须中生，距[28]如鸡者，五百里。耳本[29]下角长一二寸者，千里。头如渴乌[30]者，千里。马初生无毛，七日方得行者，千里。尿过前蹄一寸已上[31]者，五百里；尿举一足如犬者[32]，千里。腹下有逆毛者，千里。兰孔[33]中有筋皮[34]及毛者，五百里，眼上孔是也。蹄青黑赤红，白硬如蚌，有陇道[35]成者，软口叉吻[36]头厚者，硬口叉浅者，不能食。眼下无伏虫及骨者，咬人。目小多白，惊。后足欲曲腕，耳中欲促。凡马后两足白者，老马驹；前两足白者，小马驹。

马有五劳[37]：卸鞍不骣[38]者，筋劳；骣而不起者，骨劳；起而不振者，皮劳；振而不喷者，气劳；喷而不尿者，血劳。筋劳，绊之却行[39]三十步，差[40]。骨劳，令人牵之从后笞[41]之起而已。皮劳，以手摩两鞍下汗出，差。气劳，长缰牵之得尿者，差。血劳，高系勿令头低而食，差。马口，春青色、夏赤色、秋白色、冬黑色，皆死。此名入口病也。

【注释】

①相马：观察马的优劣。

②撇竹：本指中国画中的画竹笔法，即画竹叶时亦如写字之用撇法，故名撇竹。这里用以形容马的两耳形似撇竹叶一样。

③麟：大鹿。

④鼻衡：犹“鼻梁”。

⑤柱：这里指马的脊柱。

⑥伏：下伏。

⑦攒聚：聚集，丛聚。这里指马站立不动时四蹄呈前后两两整齐并拢之姿。

⑧循良：善良温顺。

⑨走骤轻躁：马奔驰飞奔起来，既轻快又骄躁。

⑩鬣：马的鬃毛。

⑪擎头：举起头；抬起头。

⑫淫视:流转眼珠斜看。淫,游离,引申为流转。

⑬辟兵:驱逐敌兵。辟,驱除、排除。

⑭臆:胸部。

⑮腹胁:肚子和肋骨。

⑯四下:马的四肢。

⑰肷:牲畜腰两侧肋与胯之间的虚软处,也指人的腰部。

⑱腭瓣:上腭与牙瓣。

⑲筋马:筋骨强壮而不过于肥壮的马。

⑳急:收紧,紧缩。

㉑突目:眼睛突出。

㉒髀肉:大腿上的肉。

㉓紫缕:紫色线。

㉔数:这里作动词,指计算。

㉕旋毛:聚生作漩涡状的毛。

㉖项辕:马颈负辕之处。项,颈。辕,车前驾牲畜用的直木。

㉗童人:犹"童子",未成年的孩子。瞳孔有看人而呈像的功能。本篇认为,马眼中呈现有如小孩并起并坐影像者是千里马。

㉘距:雄鸡、山雉等腿后突出像脚趾的部分。也泛指脚。

㉙耳本:耳根。本,根也,基本。

㉚渴乌:底本原作"渴鸟"。鸟,系"乌"形近而误刻。故改。渴乌,本古代吸水用的曲筒,这里用以比喻马头的形状。

㉛已上:同"以上"。

㉜尿举一足如犬者:原作"尿举如一足大者",于理不通。故据《述古堂》抄本改。此句意思是,马撒尿时抬起一腿像狗撒尿那样。

㉝兰孔:眼孔。

㉞筋皮:筋骨和皮肉。

㉟陇道:犹"田埂",田间稍稍高起的小路。这里用以比喻马蹄上的起伏沟棱。陇,通"垅",田埂。

㊱叉吻:犹"叉嘴",谓嘴角交错。叉,交叉、交错。吻,嘴唇、嘴角。

㊲五劳:指马有五种因过度劳累而生病的情形。

㊳骒:马卧地打滚。

㊴骨劳:本篇原误作"筋劳",今据《齐民要术·养牛马驴骡》校改。

㊵却行:倒退而行。

㊶差:病除,病愈。

㊹笞:鞭打。

【译文】

经典上说：观察马匹好坏的方法，首先要看它的头部和耳朵。好马的耳朵形状像撇竹叶，眼睛像鸟目，身子似獐子的脊背、大鹿的腹肚、老虎的胸部，尾巴像悬垂的扫帚。其次要看马的头骨。好马的头骨是棱角分明的，无论从前面看、从后面看、从侧面看，但见其骨侧狭呈现一层皮，微露鼻梁，脊柱两侧高低有致，前额下伏。马站立时四蹄前后两两整齐并拢，行止温顺驯良，飞奔轻盈狂躁，鬃毛轻软柔润，呼吸均匀轻细。抬起头来宛如雄鹰欲飞，又似龙头高举而远望，流眼斜视而远听。从前面看，马似雄鸡鸣唱；从后面看，马如猛虎蹲坐；昂首傲立时像狮子一般威风凛凛，大有驱除敌兵于万里疆场之状。马的下巴至鼻子之间，最好要有一拳之宽，这部分名叫"太仓"。太仓宽就容易喂养。马的胸部要广阔，胸前的三台骨要突起，分段要清楚分明，马鬃要高长，马头要方正，马眼要大而有光，马背要强健有力，马腹和马肋要张大，马的四腿要修长，马的耳朵要偏小，耳朵小的马就能吃苦耐劳。眼睛大的马胆量就大，胆大的马就不恐慌。马的鼻子要大，鼻子大则肺叶大，肺叶大的马就能跑路。马的腰部要小，腰小的马就容易饲养。马的肋骨要长得紧密，马的嘴要上尖下方。马的舌头要薄而长，颜色要像朱红。马的牙齿要腭瓣分明，槽牙（臼齿）要距离门齿二寸远。马腹下部要宽广而且平方。马的牙齿要洁白，牙齿洁白的马就长寿。远看大而近看小的马，称是"筋马"。从前面看可以看清其眼睛，从旁边看可以看清其腹部，从后面看可以看清其腱肉的马，称为"骏马"。马的牙齿整齐紧密，上下相等对称，上唇紧缩而方正，下唇平缓而厚实，嘴红而有光彩，如同洞中观火一样的马，这是"千里马"。马的胸部要宽广在一尺以上，此类的马能够长时间奔跑。马头要高如同剥兔一样，形似龙颅双眼突出，脊背平坦，腹部宽大，腿部多肉的马，能行千里。眼中有紫线贯穿入瞳的马，能行五百里；紫线从眼睛上部完全贯穿到下部的马，才是千里马。

凡是马匹，不管其大小肥瘦，数其肋骨有十二、十三根的马，能日行四百里；肋骨有十四、十五根的马，可日行五百里。腕和膝部长有卷曲之毛的马，可日行六百里。脖颈负辕之处宽大的马，能日行三百里。眼珠中呈现有如小孩并起并坐影像的马，能一日行千里。须如羊须且中生距如鸡趾的马，能日行五百里。耳根下角长一二寸的马，能一日行千里。头如渴乌（即曲筒）形状的马，能日行千里。初生无毛，出生七天后方能行走的马，能日行千里。撒尿时尿水越出前蹄一寸以上的马，能日行五百里；撒尿时抬起一条后腿就像狗撒尿一样动作的马，能日行千里。腹下长有逆毛的马，能日行千里。兰孔中生有筋皮和毛的马，日行五百里，兰孔就是眼孔。蹄子黑红，或者白硬如蚌壳，上有垅埂形状的马，软口叉嘴头部厚实的马，硬口叉浅的马，不能吃食。眼下没有伏虫之物及不露骨的马，最好咬人。眼小且眼球多白的马，容易受惊。马的后腿要弯曲到腕部，马的耳朵要短促。凡是两个后蹄为白色的马，都是老马驹；两个前蹄为白色的马，则为小马驹。

马匹有五种因过度劳累而致病的情况：卸掉马鞍而马不卧地打滚，是筋劳病；

打滚而不起来的,是骨劳病;虽能起来而精神不振的,是皮劳病;精神虽振而不喷响鼻子的,是气劳病;喷响鼻子而不撒尿的,是血劳病。对于筋劳的马,拉绊它倒行三十步,病状就消除了。对于骨劳的马,叫人从前面牵着而后面鞭打使其起来,病状就消除了。对于皮劳的马,用手按摩其背着鞍处的两侧部位使其出汗,病状就消除了。对于气劳的马,用长缰绳牵着它溜达让它撒出尿来,病状就消除了。对于血劳的马,要用缰绳将其拴在高处不让它低头吃到草料,病状就消除了。马的嘴巴,如果春天显青色,夏天显红色,秋天显白色,冬天显黑色,这样的马都会死掉。此类病名叫做"入口病"。

誓众军令篇

【原文】

经曰:陶唐氏以人[①]戒[②]于国中,欲人强其命也。有虞氏以农教战,渔猎简习[③],故人体之。夏后氏[④]誓众于军中,欲人先其虑也。殷人誓众于军门之外,欲人先意以待事也。周人将交白刃而誓之,以致人意也。夏赏于朝,赏善也。殷戮于市,戮不善也。周赏于朝、戮于市,兼质文[⑤]也。夫人以心定言,以言出令,故须振雄略、出劲辞,锐铁石之心,凛[⑥]风霜之气,发挥号令,申明军法。

【注释】

①人:这里通"仁",仁爱。

②戒:告诫。

③简习:演习,训练。

④夏后氏:指禹受舜禅而建立的夏王朝。

⑤质文:其资质具有文德。

⑥凛:凛列。

【译文】

经典上说:上古的唐尧时期以仁爱告诫于国中,目的是让人们都坚定地为国卖命。虞舜时期以农耕为本而教习战阵,训练人们捕鱼打猎,因此众人都身体力行于耕战渔猎。夏禹时期于军中举行誓师大会,目的是让众人于战前先有思虑谋划。商代人于军门之外誓师,目的是让众人首先定下决心意志以等待战事。周代人在即将与敌展开白刃格斗之际誓师,是为了调动广大将士的杀敌意志。夏朝在朝廷上赏赐,是奖赏善人。商朝在集市上杀人,是杀戮恶人。周朝既赏善于朝廷,又杀恶于集市,是同时兼有赏善惩恶目的的一种文德。人是以心志来决定言辞的,以言辞来颁布命令的。因此,必须振奋将士们的雄心胆略,发出强劲有力的誓师之辞,强化拼死战斗的铁石心肠,形成风霜凛冽的肃杀气氛,以达成发挥号令、申明军法之目的。

【原文】

誓众[①]文

某将军某乙告尔[②]六军[③]将吏士伍等：圣人弦木为弧[④]，剡[⑤]木为矢，弧矢之利，以威不庭。兼弱攻昧，取乱侮亡。[⑥]今戎夷[⑦]不庭，式干[⑧]王命，皇帝授我斧钺，肃将天威[⑨]，有进死之荣，无退生之辱。用命赏于祖[⑩]，不用命戮于社[⑪]。军无二令[⑫]，将无二言[⑬]。勉尔乃诚[⑭]，以从王事[⑮]，无干典刑[⑯]。

【注释】

①誓众：犹"誓师"，告诫众人。后亦指军队出征作战前的战斗动员。

②尔：你们，你。

③六军：本为周天子所统率的军队编制，后因以为国家军队的统称。

④弦木为弧……以威不庭：弦木为弧，加弦于弯木上做木弓。不庭，不朝于王庭者，与朝廷分庭抗礼的叛逆者。

⑤剡：削。

⑥兼弱攻昧，取乱侮亡：兼并弱小的国家，攻击昏昧的诸侯，夺取动乱的政权，轻慢亡国的君主。

⑦戎夷：即戎和夷。古代部族名，亦泛指周边的少数民族。

⑧式干：犹言"干法"。冒犯王法。式，准则、法度。干，冒犯、违犯。

⑨肃将天威：恭敬地奉行上天的惩罚。肃，恭敬。将，奉行。天威，上天的威严，引申为上天的惩罚。

⑩祖：这里指宗庙。

⑪社：这里指土地庙。

⑫二令：异令，虚假之令。

⑬二言：异言，虚假之言。

⑭乃诚：诚意，忠诚。

⑮王事：王命差遣要办的大事。

⑯典刑：泛指刑罚。

【译文】

某将军某某告诫全军将吏士伍等人知晓：圣人加弦于弯木的上面做成木弓，削尖木棒做成箭矢，依赖此种弓箭之锐利，来震慑不臣服的人，兼并弱小的国家和攻击昏昧的诸侯，夺取动乱的政权和轻慢亡国的君主。如今，周边戎夷部族不臣服朝廷，肆意冒犯我帝王的命令，现在皇帝授予我军权，我要恭敬地奉行上天的惩罚，大家唯有进攻而战死的荣耀，绝无后退而偷生的耻辱。卖命效力的人将在祖庙前受到奖赏，不卖命效力的人将在土地庙前被处死。军队没有虚假之令，将帅没有虚假之言。我劝勉你们要忠诚为国，努力完成王命差遣的征伐之事，不要违犯国法军令。

【原文】

军令

经曰：师众以顺为武，有死无犯为恭。[1]故穰苴斩[2]庄贾。魏绛戮[3]杨干，而名闻诸侯，威震邻国。令之不行，不可以称兵[4]。三令而不如法者[5]，吏士之罪也；申明而不如法者，将之过也。先甲三日[6]，悬令于军门，付之军正[7]，使执本[8]宣于六军之众。有犯命[9]者，命军正准令按理而后行刑，使六军知禁而不敢违也。

一，漏军事者，斩；漏泄军中阴谋及告事者[10]，皆死。

一，背军走者，斩；在道、及营、临阵同。

一，不战而降敌者，斩；背顺归逆[11]同。

一，不当日时后期者[12]，斩；诈事会战[13]同，阴雨雪水火不坐[14]。

一，与敌人私交通[15]者，斩，籍没[16]其家；言语[17]、书疏[18]同。

一，失主将者，斩；随从则不坐。

一，失旌旗、节钺[19]者，连队[20]斩；与敌人所取同。

一，临难不相救者，斩；为敌所急不相救者同。

一，诳惑讹言，妄说阴阳、卜筮者，斩；妄说鬼神灾祥[21]以动众者同。

一，无故惊军者，斩；呼叫奔走，妄言烟尘[22]者同。

一，遗弃五兵、军装者，斩；不谨固[23]检察者同。

一，自相窃盗者，斩，不计多少。

一，将吏守职不平[24]，藏情相容[25]者，斩；理事曲法[26]者同。

一，以强凌弱，樗蒲[27]忿争，酗酒喧竞[28]，恶骂[29]无礼，于理不顺者，斩；因公宴集[30]醉者不坐。

一，军中奔走军马者，斩；将军已下并步入营乘骑者同。

一，破敌先掳掠者，斩；入敌境亦同。

一，更铺失候[31]，犯夜失号[32]，擅宿他火[33]者，斩，恐奸得计。

一，守围[34]不固者，斩，罪一火主吏[35]。

一，不伏[36]差遣及主吏役使不平者，斩；有私及强梁[37]者同。

一，侵欺百姓，奸居人[38]子女[39]及将妇人[40]入营者，斩；恐伤人，军中慎子女气。

一，违将军一时一命，皆斩。

【注释】

①师众以顺为武，有死无犯为恭：师众，师旅，指军队。顺，服从军法军令。武，武勇。有死，宁死，有牺牲精神。恭，对上恭敬。

②斩：斩首。

③戮：谓羞辱。见《国语·晋语七》韦昭注："戮，辱也。"

④称兵:举兵。动用武力发动战争。
⑤三令而不如法者:三令,再三命令告诫。如法,按照法令行事。亦谓守法。
⑥先甲三曰:提前三天公布军令以使官兵知晓。
⑦军正:古代军中执法之官。
⑧执本:手持政令文本。
⑨命:命令。
⑩告事者:暴露军情的人。这里当指被告诉而知情的人。
⑪背顺归逆:这里的“顺”与“逆”,是指正义与不义。
⑫不当日时后期者:不当日时,没有遵守规则的时限。后期,延误期限。
⑬诈事会战:谎报军情而与敌交战。
⑭坐:犯罪,判罪。
⑮私交通:暗中勾结、勾通。
⑯籍没:登记所有的财产加以籍没。
⑰言语:言辞语言。这里指口头语言。
⑱书疏:书札,书信。
⑲节钺:符节和斧钺。古代将帅受命后作为加重指挥权力的标的物。
⑳连队:指整个部队。
㉑灾祥:指吉凶灾变的预兆。
㉒烟尘:边境烽烟和沙场扬起的尘土。这里借指有敌情。
㉓谨固:谨慎严密。
㉔守职不平:履行职责不公平。
㉕藏情相容:隐瞒真情,相互包庇。
㉖理事曲法:处理事务歪曲破坏法律。
㉗樗蒲:古代一种博戏,后世亦以指赌博。
㉘喧竞:喧闹相争。
㉙恶骂:恶语谩骂。
㉚宴集:宴饮集会。
㉛更铺失候:值更换岗错过时间。
㉜犯夜失号:违禁夜行,违背号令。
㉝他火:其他火队。火,古代兵制单位,十人为火。
㉞守围:防范营垒。
㉟主吏:主管军吏。
㊱伏:通“服”。服从。
㊲强梁:强横凶暴之徒。
㊳居人:居民。唐人因避免唐太宗李世民名讳而改“民”为“人”。
㊴子女:本指男和女,这里指女子。
㊵将妇人:携带妇女。将,带领、携带。

【译文】

经典上说:军队以服从国法军令为武勇,以宁死不犯国法军令为尊敬。所以,春秋时的齐将司马穰苴因斩杀了违犯军令的庄贾、晋将魏绛羞辱了违犯军令的杨干而名闻诸侯,威震邻国。军令不能正常推行,不可以兴兵作战。再三命令告诫而不遵守军令的,这是官兵的罪过;仅仅宣明军令而不依法行事的,这是将帅的错误。先于打仗前三天,将军令张贴于军门之上,并转交给执法官,让他手拿军令文本向全军将士郑重宣布。凡有违犯军令的,都要命令执法官依照军令条文核实情况后执行刑罚,从而让全军将士都熟知禁令而不敢违犯了。

一,泄漏军情的人,处死;暴露军队密谋的及被告诉而知情的人,都要处以死刑。

一,背叛军队而逃走的人,处死;此种人无论是发生在行军路上,还是发生在到达宿营地或者是临敌对阵之时,都以同罪处死。

一,不战斗就投降敌军的人,处死;背叛正义而归附邪逆不义的人,以同罪处死。

一,没有按照规定时限而延期迟到的人,处死;谎报军情而与敌人交战的人,以同罪处斩;但因受雨雪、水火所阻而延期迟到的,不予治罪。

一,与敌人暗中勾结串通的人,处死,并没收其全部家产;用言语或书信等方式通敌的人,以同罪处死。

一,作战中失去主将的人,处死;但随从人员则不予治罪。

一,丢失军旗、符节、斧钺的人,连同整个卫队都处以斩刑;给予敌人所需要之物的人,以同罪论斩。

一,对遇难者不相救的人,处死;对被敌人围攻处于危急状态者不相援救的人,以同罪论。

一,以假话欺骗和谣言惑众的人,乱言阴阳五行、占卜算卦的人,都处以斩刑;胡说鬼神迷信、吉凶灾变来煽动群众的人,以同罪论斩。

一,无缘无故惊扰军队的人,处死;呼叫奔走、妄言敌情的人,以同罪处死。

一,遗弃各种兵器和装备的人,处死;对兵器装备不小心保管、不严格检查的人,以同罪处死。

一,军中互相偷盗的人,处死,且不论偷盗的物品多少。

一,将官履行职责不公平,隐瞒实情相互包庇的人,处死;处理事务时歪曲和破坏军法的人,以同罪处死。

一,军中凡是发生以强欺弱、赌博争斗、酗酒喧闹、无礼谩骂、违背通常行为准则的人,处死;但因公参加宴饮集会而醉酒的人,不治罪。

一,任马匹在军营中狂奔乱跑的人,处死;将军都已下马步行,而那些仍然骑马进入营区的人,以同罪处死。

一,击破敌军营垒而带头抢掠的人,处死;深入敌境而带头抢掠的人,也以同罪处死。

一，值更换岗错过时间，违禁夜行违背号令，擅自住宿于其他营铺的人，都要处斩。这是为了防止奸细乘机混入所采取的措施。

一，防守营垒而没有守住的人，处死，但仅治罪一火的头目。

一，不服从上级差遣和主官役使士卒不公平的人，处死，有徇私包庇强横凶暴之徒的人，以同罪处死。

一，欺压百姓、奸淫民女以及携带妇女进入营地的人，处死。这是为防止伤风败俗和谨防军中女人气息所采取的措施。

一，公开违抗将帅规定的一定时限和一种命令的人，都要处死。

关塞四夷[①]篇

【原文】

经曰：关塞者，地之要害也。设险守固，所以乖蛮隔夷[②]，内诸夏而外夷狄[③]，尊衣冠礼乐之国[④]，卑毡裘毳服之长[⑤]。是以荒要侯甸，从此别[⑥]矣。

【注释】

①关塞四夷：关塞，边关要塞。四夷，周边少数民族。

②乖蛮隔夷：把周边少数民族与中原地区分隔开来。乖，义同“隔”，隔绝、分离。蛮与夷，为古代对少数民族的泛称。

③内诸夏而外夷狄：诸夏，指周代分封的中原各个诸侯国，亦泛指中原地区。夷狄，古称东方部族为夷，北方部族为狄；亦常用以泛称除华夏族以外的各族。

④衣冠礼乐之国：古代我国中原诸侯之国。衣冠，本指衣和冠，古代唯士以上阶层戴冠，因用以指士以上的服装，代称缙绅、士大夫阶层。这里借指文明礼仪之国。

⑤毡裘毳服之长：毡裘，毳服，皆为古代北方游牧部族以皮毛制成的衣服。长，谓君长，指古代我国北方游牧部族的首领。

⑥别：区别。

【译文】

经典上说：关塞之义，是指地理位置上的要害之所。设置险隘以牢固防御，是为了隔离蛮夷，使关塞以内为华夏各族所居住，关塞以外则为夷狄少数部族所居住，从而使华夏文明礼仪之邦得以尊贵，使周边游牧民族君长受到卑微。因此，荒僻边远地区与以王畿为中心的中原地区，就是以关塞为限而加以分别的。

【赏析】

《太白阴经·杂仪类》中，有授钺、部署、将军、阵将、队将、马将、鉴人、相马、誓众军令等9个篇目，分别对命将出征、赐钺授权、军队编成、统率三军、选拔阵将、选拔队将、选拔马将、鉴选人才、相验马匹、宣誓出征、宣布军令等，做了详尽的论述。

卷四 战具类

攻城具篇

【原文】

经曰：善守[①]者，藏于九地之下；善攻者，动于九天之上。人所不见，谓之九地；见所不及，谓之九天。是故墨翟[②]萦带为垣[③]，公输[④]造飞云之梯[⑤]无所施其巧。所谓“善守者，敌不知其所攻；善攻者，敌不知其所守。守而必固者，守其所不攻；攻而必取[⑥]者，攻其所不守。”孙武子曰：“具器械，三月而后成；拒城闉，三月而后已。”[⑦]其攻守之具，古今不同，今约便事[⑧]而用之。

轒辒车[⑨]：四轮车。上以绳为脊，犀皮蒙之，下藏十人；填隍[⑩]推之，直抵城下，可以攻掘，金木火石[⑪]所不能及。

飞云梯：以大木为床[⑫]，下置六轮，上立双牙，有栝[⑬]。梯节[⑭]长一丈二尺，有四桄[⑮]，相去三尺；势微曲，递互相栝，飞于云间，以窥城中。其上城梯[⑯]，首冠双辘轳[⑰]，枕城而上。

炮车[⑱]：以大木为床，下安四轮，上建双陛[⑲]，陛间横栝，中立独竿，首如桔槔[⑳]状，其竿高下、长短、大小，以城为准。竿首以窠[㉑]盛石，大小、多少随竿力所制，人挽其端而投之。其车推转，逐便而用之。亦可埋脚[㉒]着地而用。其旋风[㉓]四脚，亦随事用之。

车弩[㉔]：为轴转车。车上定十二石弩弓[㉕]，以铁钩连轴，车行轴转，引弩持满弦挂牙上。弩为七衢[㉖]，中衢大箭一，簇[㉗]长七寸、围五寸，箭笴[㉘]长三尺、围五寸，以铁叶为羽；左右各三箭，次差[㉙]小于中箭。其牙一发，诸箭皆起，及七百步。所中城垒，无不崩溃，楼橹[㉚]亦颠坠[㉛]。

尖头木驴[㉜]：以木为脊，长一丈，径一尺五寸，下安六脚，下阔而上尖，高七尺，可容六人。以湿牛皮蒙之，人蔽其下，共舁[㉝]直抵城下。木石金火不能及，用攻其城。

土山：于城外堆土为山，乘城[㉞]而上。

地道：凿地为道，行于城下，因攻其城。每一丈建柱，以防崩陷。复积薪于柱间而烧之，柱折城崩。

板屋：以八轮车，车上树高竿，上安辘轳，以绳挽板屋止[35]竿首，以窥城中。板屋高五尺，方四尺，有十二孔，四面列布。车可进退，围城而行。于营中远望，谓之巢车[36]，状若鸟巢。

木幔[37]：以板为幔，立桔槔于四轮车上，悬逼城堞[38]，使趫卒[39]蔽之蚁附[40]而上，矢石所不能及。

火箭[41]：以小瓢盛油贯矢端，射城楼橹板上，瓢败油散，后以火箭射油散处，火立焚。复以油瓢续之，则楼橹尽焚。

雀杏：磨杏核中空，以艾[42]内火[43]实之，系雀足，薄暮群放之，飞入城中栖宿，积聚庐舍，须臾火发。

蜀馒[44]：铁錾[45]。蜀馒，短柄馒也；铁錾，凿井錾城也。

【注释】

①守：防守。

②墨翟（约前468~前376年）：春秋战国之际思想家、政治家，墨家的创始人。曾学习儒术，因不满儒家烦琐的礼教，而另立新说，聚徒讲学，成为儒家的主要反对派。现存之《墨子》五十三篇，是研究墨翟和墨家学说的基本材料。

③萦带为垣：本谓以革带环绕作城垣。亦用以形容城池垣环水抱险要坚固。

④公输：即我国古代著名建筑工匠鲁班。姓公输，名般，春秋时鲁国人，因“般”与“班”同音，故俗称鲁班。

⑤飞云之梯：简称“云梯”。古代攻城作战时用以攀登城墙的长梯。

⑥取：取胜。

⑦“具器械”以下四句：语出《孙子兵法·谋攻篇》。

⑧便事：便于行事。这里指利于作战之事。

⑨辒辒车：古代用于攻城的四轮战车。

⑩隍：无水的护城墙。

⑪金木火石：金，金属箭矢；木，滚木；火，火把；石，礌石。

⑫床：这里指物之底座或底盘。

⑬栝：机栝，亦作“机栝”。本谓马上发矢的机件，引义为机关。

⑭梯节：原文无“节”，怀疑漏刻。今据《通典·兵十三》补。

⑮桄：原文作“棁”，疑形近而误刻。今据《通典·兵十三》校正。桄，这里指梯上的横木。

⑯上城梯：原文脱“梯”，今据《通典·兵十三》补。

⑰辘轳：利用轮轴原理制成的起重装置。

⑱炮车：即抛石车。《通典·兵十三》作“抛车”。

⑲胜：原文作“陛”，疑音同形近而误刻。今据《通典·兵十三》校改。胜，本指大腿，这里借指立柱。

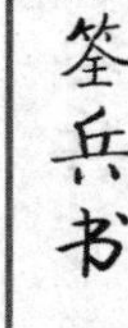

⑳桔槔:俗称“吊杆”。

㉑窠:巢穴。

㉒埋脚:埋,原文作“理”,疑系“埋”字形近而误刻。今据《通典·兵十三》校改。

㉓旋风:犹言“旋转”。

㉔车弩:装置弩弓用以发矢的战车。

㉕十二石弩弓:指拉力为十二石(石,古代一百二十斤为一石)的弓箭。

㉖七衢:特指弩弓设置的七个箭槽。衢,本谓道路,引义路径。这里借指箭槽。

㉗簇:箭头。

㉘苛:箭杆。

㉙次差:犹“次等”,第二等。

㉚楼橹:古代军中用以观望敌人和实施攻守的木制无顶盖的高台,建置于地面或车、船之上。

㉛颠坠:坠落,倒塌,损坏。

㉜尖头木驴:原文误作“尖头轳”,今据述古堂抄本和《武经总要》卷十校改。

㉝舁:扛,抬。这里可作“推”解。

㉞乘城:登城。

㉟止:原作“上”,于文义不通,疑为“止”字形近而误刻。

㊱巢车:古代一种用以瞭望敌军的兵车。其形似鸟巢,唐代称之“板屋”。

㊲木幔:古代一种装有木板作掩击的攻城车。幔,帷幔。

㊳城堞:城上的矮墙。

㊴趫卒:矫捷敏健的士卒。

㊵蚁附:形容士卒像蚂蚁似的爬梯攻城。

㊶火箭:箭杆附有燃烧物的一种箭矢。

㊷艾:即艾蒿。其叶晒干后制成艾绒,可作引火物。

㊸内火:内,“纳”的古字,内火,放入火种。

㊹镢:类似镐头的掘土工具。这里指小铁凿。

㊺錾:小凿。

【译文】

经典上说:擅长防守的人,隐藏自己的兵力如同深藏于地下,让敌人无法察觉;擅长进攻的人,展开自己的兵力好似从天而速降,使敌人猝不及防。人们所看不到的地方,称之为“九地”;虽能看到却达不到的地方,称之为“九天”。所以,墨翟用革带围绕作城垣以模拟守城战术,竟使公输般所造的攻城云梯无法施展其机巧。这就是所说的:“擅长防守的人,能使敌人不知道该怎样进攻;擅长进攻的人,能使敌人不知道应如何防守。防范而必定牢固不动的,是因为扼守的是敌人所无法攻取的地方;进攻而必能取得胜利的,是因为进攻的是敌人所不曾防范的地方。”孙武曾说过:“准备攻城作战用的器械,要三个月才能完成,而堆筑用于攻城的土丘,又要三个月才能竣工。”用于进攻和防守的器械,古今是不同的,现在简要介绍如下,以便于在作战中加以运用。

辒辒车:就是在四轮车的顶端之上,用绳索做脊背,以犀牛皮盖起来。其下可以藏匿十人,用以运土填平护城壕,尔后推车直达敌人城下,可以用来攻打和挖掘城墙,敌人即使用金属箭矢、滚木、火烧、礌石,都不能穿透毁损它。

飞云梯:是用粗大木料做成底座,下面安装六个车轮,上面竖起两根粗壮不高的木桩,木桩上装有转轴机关。梯子每节长一丈二尺,又有四根横木,横木之间相距三尺;各节梯子呈弯曲折叠状态,节与节之间有转轴递相联结,伸展开来可以直立于空中,用以观察敌人城中情况。也可以作为登城梯,即是在梯子的最顶端装置两个绞索转轮,将梯子搭在城墙上便能登上城墙。

炮车:是用粗大木料做成底座,下面安置四个车轮,上面竖起两根木柱,两根木柱中间架一根横木转轴,横木转轴中间再架一根长杆,杆形如桔槔(俗称“吊杆”)状,其杆的高低、长短、大小,以城墙的高矮情形为准。杆头做成巢用以装载石块,石块的大小和多少,要根据长杆所能承受的力量来装填。人拉长杆的另一端而向敌人抛出石块。这种车可以随意推动转弯,听便人们使用。也可以将车的四轮埋在地下固定使用。该车可以旋转四轮,亦可以依据情况需要而转动方向使用。

车弩:这是一种车轴与车轮同时转动的兵车。车上安装一具拉力为十二石的弩弓,用铁索钩将其联结在车轴上,车行轴转时即可牵动弩弓拉满弓弦而挂在弩牙上成待发之势。弩弓上架有七个箭槽:中槽为一支大箭,箭头长七寸、宽五寸,箭杆长三尺、周长五寸,用铁叶做箭羽;左、右两边各有三支箭,略微小于中槽的大箭。弩机一启动,诸箭齐发,射程远及七百步。为该箭所射中的城垒,没有不崩溃的,被射中的楼橹高台也会倒塌损坏。

尖头木驴:此战具是用木料做成屋脊,木长一丈,直径一尺五寸,下面安置六只轮脚。屋形呈下宽而上尖,屋高七尺,里面可容纳六人。用湿牛皮蒙在外面,人员藏在下面,共同推之而直抵敌人城下,即使敌人使用滚木、礌石、铁箭、火把,都不能摧毁它,而我军则可用它来攻城。

土山:在敌人的城外靠墙堆土为山,用来登上敌人城墙。

地道:挖掘地道,达到敌人城墙之下,用以攻陷敌城。地道挖通后,每隔一丈就立木柱支撑,以防地道塌陷,并在木柱周围堆积柴草,然后再点燃柴草,将所立木柱烧断,敌人的城墙就会塌陷。

板屋:以八轮车所制。车上竖起[两根]高竿,高竿顶端横木上安装一个辘轳,用绳索吊装板屋升至高竿顶端,用来观察敌人城中情况。板屋高五尺,方四尺,有十二个瞭望孔分布在板屋四面。此车可进可退,绕城而行实施观察,也可以在营垒中用以向远处眺望。此车称为“巢车”,以其形如鸟巢而得名[,亦即今天所说的“板屋”]。

木幔:是以木板做成的帷幕。在四轮车上立起吊杆,然后悬吊起木幔使之靠近

敌人城上的矮墙，让矫健敏捷的士卒躲避于木幔后面，像蚂蚁附壁一样攀登城墙而上。这样，敌人的箭矢、礌石都不能伤到他们。

火箭：用小葫芦瓢盛油穿在箭头上，射到敌人城墙的木板瞭望台上，葫芦瓢破碎而油喷洒在木板上，然后再用燃烧着的火箭射向油散之处，就会立即着火，接着再以穿以油瓢的箭继续射向着火处，就会将敌人的木制眺望楼全部烧损。

雀杏：把杏核磨制掏空，内装艾绒引火物，绑在麻雀脚上，到了傍晚时候，将脚上绑有燃着艾绒的杏核的成群麻雀放出，它们飞入敌人城中栖息，聚集在房屋顶上，房屋不一会就将起火燃烧。

蜀镬：这是一种铁凿子。蜀镬，则是短把的铁凿子，它可以用来凿井以及凿城墙。

守城具篇

【原文】

经曰：善守者[①]，藏于九地之下；善攻者，动于九天之上。人所不见，谓之九地；见所不及，谓之九天。禽滑釐[②]问墨翟守城之具，墨翟答以六十六事，皆繁冗[③]不便于用。其后，韦孝宽[④]守晋州，羊侃[⑤]守台城，皆约[⑥]《封胡子》[⑦]技巧之术。古法非不妙，然非今之用也。今述便于用者如左方[⑧]面：

浚隍[⑨]：深开濠堑也。

增城：增修楼橹也。

悬门：悬木板以为重门[⑩]。

突门：于城中对敌营自凿城内为暗门，多少临时[⑪]，令厚五六寸勿穿。或于中夜[⑫]，或于敌初来，营列未定，精骑从突门跃出，击其无备，袭其不意。

涂门：以泥涂门扇，厚五寸，备火。又云"涂栈"，以泥门上木栈棚也。

积石：积炮石[⑬]，大小随事。

转关桥：一梁为桥，梁端著横栝。拔去栝，桥转关，人马不得渡，皆倾水中。秦用此桥，以杀燕丹[⑭]。

凿门：为敌所逼，先自凿门，为数十孔，出强弩射之，长矛刺之。

积木：备垒木[⑮]，长五尺，径一尺，小或六七寸。抛下打贼。

积石：备垒石[⑯]于城上，不计大小，以多为妙，充抛石。

楼橹：城上建堆楼[⑰]，以板为之，跳出[⑱]为楼橹。

笓篱战格[⑲]：于女墙[⑳]上挑出，去墙三尺，内着横栝，前端安辖[㉑]，以荆柳[㉒]编之，长一丈，阔五尺，悬于椽[㉓]端，用遮矢石[㉔]。

布幔：以复布[㉕]为幔，以弱竿[㉖]横挂于女墙外，去墙七八尺，折抛石之势，则矢不复及墙。

木弩：以杨、柘[㉗]、桑为弩，可长一丈二尺，中径[㉘]七寸，两稍[㉙]三寸，以绞车[㉚]张之,发如雷吼,以败队卒。

燕尾炬:缚苇草为炬,尾分为两歧[31],如燕尾状。以油蜡灌之,加火从城上坠下,使骑木驴而烧之。

松明炬:以松木烧之,铁索坠下,巡城点照,恐敌人乘城而上。

脂油烛炬:然[32]灯秉烛[33]于城中四冲要路、门户,晨夜[34]不得绝明,以备非常。

行炉[35]:常镕铁汁炉,舁[36]于城上,以洒敌人。土瓶[37]盛汁抛之,敌攻城不觉。

游火[38]:铁筐盛火,加脂蜡,铁索悬坠城下,烧孔穴掘城之人。

灰杂糠粃[39]:因风于城上掷之,以眯敌人之目,因以铁汁洒之。又云"眯目"[40],因风以粃糠灰掷之,使不得视。

连梃[41]:如打禾枷状,打女墙上城敌人。

叉竿:如枪刃,布两歧,用叉飞云梯上人。

钩竿:如枪[42],两边有曲钩,可以钩物。

天井:敌攻城为地道来反[43],自于地道上直下穿井邀之。积薪井中,加火熏[44]之,自然焦灼。

油囊:盛水于城上,掷出火车[45]中,囊败火灭。

地听[46]:于城中八方穿井,各深二丈,令人头覆戴新瓮[47],于井中坐听,则城外五百步之内有掘城道者,并闻于瓮中,辩方所[48]远近。

铁菱:状如蒺藜[49],要路、水中着之,以刺人马之足。

陷马坑:坑长五尺,阔一尺,深三尺,坑中埋鹿角[50]、竹签,其坑十字[51]相连,状如钩锁[52]。复以刍草[53]苇木,加土种草实[54]令生苗,蒙覆其上,军城、营垒、要路设之。

拒马枪[55]:以木径二尺,长短随事,十字凿孔,纵横安栝,长一丈,锐其端,可以塞城门、要道,人马不得奔前。

木栅:为敌所逼,不及筑城垒,或山河险隘,多石少土,不任版筑[56],且建木为栅。方圆高下随事,深埋木根,重复弥缝,其阙内重加短木为阁道,立外柱,外重长出四尺为女墙,皆泥涂之。内七尺又立阁道,内柱上布板为栈,立阑干竹[57]于栅上。悬门[58]、拥墙[59]、濠堑、拒马防守,一如城垒法[60]。

【注释】

①善:善于。

②禽滑釐(厘):战国初期人。始受业于子夏,后学于墨子,精研攻防城池之术。这里所说"禽滑釐问墨翟守城之具,墨翟答以六十六事",见于《墨子》卷十四、十五。

③繁冗:繁杂冗长。

④韦孝宽(509~580年):西魏、北周名将。名叔裕,字孝宽。善用兵,有战功。官至北周大司空、上柱国。

⑤羊侃:底本误作"王侃"今据史改。羊侃南朝梁人。官至刺史、都官尚书。

⑥约:求取。

⑦《封胡子》:书名。《汉书·艺文志》著录在"阴阳家"类,称"《封胡》五篇"。封胡,传说为上古黄帝之将。

⑧如左方:古代文献典籍一般是自右向左的竖刻版印刷,故"如左方"是今"如下"之义。

⑨浚隍:深挖的护城墙。

⑩重门:双重城门。

⑪临时:《通典·兵五》作"临事",皆可。临时,根据暂时情况。

⑫中夜:半夜。

⑬炮石:抛石机所用之石。

⑭燕丹:战国时燕国太子丹,燕王喜之子。

⑮垒木:犹"滚木",用以滚击敌人。

⑯垒石:犹"滚石",用以投击敌人的巨石。

⑰堠楼:观望敌情的岗哨。

⑱跳出:超越,突出。

⑲笓篱战格:古代城墙上用以遮蔽敌人矢石的防范设施,一般用竹或荆柳枝条编织而成。笓,同"箆"。笓篱,即竹篱。

⑳女墙:城墙上呈凹凸形的小墙,亦称"城垛"。

㉑安辖:安装金属键以防横栝脱落。

㉒荆柳:荆树条和柳树条。

㉓椽:即椽子。放在檩子上用以支撑房顶的条木。

㉔矢石:箭头和垒石。

㉕复布:多层布。

㉖弱竿:细小竹竿。

㉗柘:木名。木质密致坚韧。

㉘中径:弩弓中间到弦之最大距离部位。

㉙两稍:弩弓的两端末梢部位。

㉚绞车:一种起重装置,通常作牵引用。

㉛两歧:两个分岔或分为两支。

㉜然:"燃"的古字。

㉝秉烛:持烛以照明。

㉞晨夜:清晨与黑夜。

㉟行炉:可以移动的小火炉。

㊱舁:扛,抬。

㊲土瓶:陶土制造的瓶子。

㊳游火:可以移动的火。

㊴灰杂糠粃:灰土掺杂着糠皮和瘪谷。

㊵眯目:杂物入目使视线不明。

㊶连梃:古代一种守城兵器,其形状如打禾连枷。
㊷如枪:如,原作"有",疑误。今据《通典·兵五》校正。
㊸来反:往返,来回。
㊹熏:灼烧,火烫。
㊺火车:古代一种装载燃烧物的战车。
㊻地听:古代一种用以侦听敌人动态的方法。
㊼瓮:一种小口大腹的陶制盛器。
㊽辩方所:辩,通"辨"。辨别,方所,方向处所。
㊾蒺藜:带刺的草本植物的果实。
㊿鹿角:用带枝杈的树木削尖埋在营地周围,以抵挡敌人进攻。以其形似鹿角,故名。
51十字:《通典·兵五》作"亞字"("亚"的繁体字)字。因亞字的中空部分刚好呈十字形,故本篇作"十字"也通。
52钩锁:弯曲的锁链。
53刍草:饲草。
54草实:草的果实,也就是草籽。
55拒马枪:古代一种用以抵御敌人骑兵、马队进攻的防范设施。
56版筑:造土墙。
57阑干竹:即"竹阑干"之倒。阑干,即阑杆。
58悬门:古代城门所设的门闸。平时挂起,有警时放下,以便加固防守。
59拥墙:《通典·兵五》作"壅墙"。拥,通"壅",堵塞、阻挡。
61城垒法:城池营垒防御设施的方法。

【译文】

经典上说:擅长防守的人,隐蔽自己的兵力如同深藏于地下,令敌人无法察觉;善于进攻的人,展开自己的兵力好似从天而降,使敌人猝不及防。人们所看到的地方,叫作"九地":虽能看到却达不到的地方,叫作"九天"。禽滑釐向墨翟请教防御城邑的器械问题,墨翟以六十六件器械回答他,这些都是繁琐冗长而不便于采用的。其后,北周的韦孝宽防御晋州,南梁的羊侃防御台城,都是取用于《封胡子》一书中所载的防御技巧的方法。古代方法不是不巧妙,但不是现在都能适用的。如今只介绍便于守城使用的器械和方法如下:

浚隍:就是深挖开掘的护城河和堑壕。

增城:就是增修用来瞭望敌情和实施攻守而建立于城墙上的无顶盖的高台。

悬门:就是悬吊用木板制作的双层城门。

突门:就是在我方城内正对敌营方向,从内自凿城墙做成暗门,凿多少个则根据暂时需要而定。要使暗门在城墙内留五六寸厚的墙壁不要穿凿。或者在半夜时分,或者在敌人初来立营布阵未稳之时,我用精锐骑兵从凿开的暗门突然跃出,攻

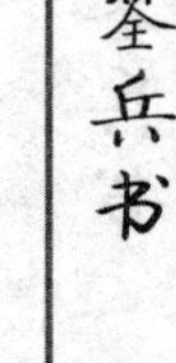

其无备、出其不意地给敌人以突然侵袭。

涂门：就是用泥涂抹在城门扇上，泥厚要五寸，用以防御敌人火攻。这又叫作"涂栈"，即用泥涂抹在安装于城门上的木栈棚上。

积石：就是堆积抛石机用来抛射的石头。石头的大小，要根据具体情况和实际需要而决定。

转关桥：就是在护城河上架起一座桥梁，桥端安置一个能够横向控制的机关。拔掉此机关，桥就随同机关同时旋转，行到桥上的人马无法通过，都要倾落于水中。战国时期秦国就是运用这种转关桥，杀死了燕太子丹。

凿门：就是为了防御敌人逼近城池，预先在城门上自凿数十个洞孔，从洞孔中出强弩射击敌人，出长矛刺杀敌人。

积木：就是准备好垒木（即滚木）。垒木要长五尺，直径一尺，或小一点的直径也得六七寸。用来从城上抛下打击敌人。

积石：就是准备好垒石（即滚石）堆放在城墙上。垒石不论大小，以多为好。用以充当抛石打击敌人。

楼橹：就是在城上建造的用以瞭望敌情的堠楼（即哨楼）。用木板建造且突出于城墙的是为楼橹。

笓篱战格：它置于城墙上的女墙（即呈凹凸形状的小墙）之上而挑出墙外，距城墙三尺，里边装有横向控制的机关，前端安装金属键以防脱落回滑。这种笓篱战格是用荆树条和柳树条编织而成，长一丈，宽五尺，悬挂在椽子一端，用来遮避敌人的箭矢、抛石。

布幔：就是用多层布制成的幕幔。用细竹竿横挑挂在城墙上的女墙外面，距离城墙有七八尺。用以挫折减煞敌人抛石的撞击之势，使敌箭不能射到城墙之上。

木弩：就是用杨木或柘、桑木做成的弓弩。其长可为一丈二尺，弓弩的中央距弦之间为七寸，弓弩的两端末梢距弦各为三寸，用绞车拉开弓弩，发射时其声响如同雷鸣，用它可以击败成队的敌人。

燕尾炬：就是把芦苇和干草捆扎起来做成的火炬，其尾端分为两岔，如同燕子尾巴的形状。用油脂、蜂蜡浇灌之后，加火点着从城上扔下去，便可使火炬跨在敌人用以攻城的尖头木驴上而燃烧起来。

松明炬：就是将松木点燃后，用铁索系着坠落到城下，以便部队巡视城墙时得到照明，目的是防御敌人乘黑爬上城来。

脂油烛炬：就是将点燃的油灯、蜡烛放在城中四冲要路和各家门户，让其从黑夜到清晨都不得熄灭，用以防御突然事变的发生。

行炉：就是常用以熔化铁水的炉子，抬着它在城墙上面行走，随时用铁水淋洒攻城的敌人。用陶瓶装上铁水抛下去，敌人攻城时不容易发觉。

游火：用铁筐装上火，再加上油脂和蜂蜡，然后用铁索悬坠到城下，焚烧躲在洞穴中挖掘城墙的敌人。

灰杂糠粃：用灰土掺杂着糠秕之物，顺风于城上向下抛撒，用来迷乱敌人的眼睛，接着再以铁水洒向敌人。这种方法又叫作“眯目”，就是顺风用秕糠灰土抛向敌人，可让敌人迷目而视线不清。

连梃：此类器械形如打谷连枷状，用以击打爬上矮墙的敌人。

叉竿：此类器械形如长枪尖刃，分为两岔，用以叉挑云梯上的敌人。

钩竿：此类器械形如长枪，枪头两边有弯钩，可以用来钩取物件。

天井：当敌人挖地道往来攻城时，我于敌人地道的正上方，垂直向下挖井以截断敌人。然后再于所挖的井中堆积柴草，点火熏灼敌人，这样敌人自然会被烧焦。

油囊：此物用来装水于城上投掷到敌人装载燃烧物的攻城“火车”上，油囊破碎，水出火灭。

地听：就是在城内四面八方凿井，井深各两丈，让人头戴新制的瓮器，坐在井中静听。这样，即使城外五百步以内有挖城墙、掘地道的敌人，都能从瓮中听到其动静，辨别出方向处所和距离远近。

铁蒺：此物形如刺蒺藜，把它放在交通要道和水中，可用从刺伤敌军人足马脚。

陷马坑：此坑长五尺，宽一尺，深三尺，坑中埋设形似鹿角的带枝尖木和锋利的竹签。各坑呈“十”字形相互连接，状如带钩的锁链一样，再用饲草、芦苇、树木加土后种以草籽使其长出草苗，蒙盖在陷马坑上。军阵营垒四周和交通要道都要布置此种陷马坑。

拒马枪：此物用直径二尺的大木一根，其长短则根据具体情况和需要而定，在大木上凿成十字交叉的洞孔，然后再纵横交叉安装上木棍，此木棍长一丈，两端削尖。可用于堵塞城门、要道，使敌军人马不能奔驰向前。

木栅：就是在被敌人所逼迫，来不及构筑城垒之时，或者处于山河险隘而多石少土的地段，无法垒土筑墙之时，就要栽立木桩建成木栅。此木栅或方或圆、或高或低，要根据情况和需要确定。要深埋木桩的根部，用双层木桩交错弥缝，其空隙内里之处再加置短木架成栈道。树立于外层的木柱要比里层木柱高出四尺而做成女墙（城垛）。木栅都用泥涂抹。在外柱内距七尺的地方再立内柱铺以木板成为栈道，并树立竹栏杆于木栅之上。其悬门、壅墙、堑濠、拒马枪等防守器物，都好像城池营垒的防御布设的方法。

水攻具篇

【原文】

经曰：以水佐[①]攻者强。水因地而成势，为源高于城，本大于末[②]，可以遏而止，可以决而流。故晋水可以灌晋阳[③]，汾水可以浸平阳[④]。先设水平[⑤]，测其高下，可以漂城灌军，浸营败将也。

水平槽：长二尺四寸，两头、中间凿为三池，池横阔一寸八分，纵阔一寸，深一寸三分。池间相去一尺五分[⑥]，中间有通水渠，阔三分，深一寸三分。池各置浮木，木

阔狭微小于池匡[⑦],厚三分[⑧],上建立齿,高八分,阔一寸七分,厚一分。槽下为转关脚[⑨],高下与眼等。以水注之,三池浮木齐起,眇目[⑩]视之,三齿齐平,以为天下准[⑪]。或十步,或一里,乃至十数里,目力所及,随置照板、度竿[⑫],亦以白绳计其尺寸,则高下丈尺分寸可知也。

照板:形如方扇[⑬],长四尺,下二尺黑,上二尺白,阔三尺,柄长一尺,大可握。

度竿:长二丈,刻作二百寸、二千分。每寸内刻小分,其分随向远近高下立竿,以照板映之,眇目视之三浮木齿及照板黑映齐平,则召主板人[⑭]以度竿上分寸为高下,递相往来[⑮],尺寸相乘[⑯],则山冈、沟涧、水源高下可以分寸度[⑰]也。

【注释】

①佐:辅助。

②本大于末:本,指水的干流。末,指水的支流。

③晋水可以灌晋阳:语出《水经注》"智伯遏晋水以灌晋阳"。"晋阳"原误作"安邑",今据《水经注》校改。晋水,源于晋阳(位于今山西太原西南)西南的悬瓮山,东流经晋阳而入汾水。

④平阳:故址在今山西临汾西南。

⑤水平:即"水平槽"。古代测定水平面的仪器。

⑥池间相去一尺五分:一尺五分,原文作"一尺四寸",然三池两距之和大于槽长二尺四寸,显然错误。故从《通典·兵十三》校改。

⑦池匡:原文作"池空",疑误,今据《通典·兵十三》校改。匡,乃"框"之古字。这里指水平槽之水池内框。

⑧厚三分:浮木的厚度为三分。

⑨转关脚:带有转动机关的脚架。亦即支撑水平槽的支架。

⑩眇目:本指一目失明,这里指闭上一只眼睛。

⑪天下准:唯一标准。

⑫照板、度竿:全为测量时标示目标的一种工具。

⑬方扇:古代仪仗名。为方形之扇。

⑭召主板人:指挥手持照板的人。召,招呼、告诉。引义为指挥。主,主持,手持的意思。

⑮递相往来:将照板沿度竿分划上下移动。

⑯相乘:相加。引申为计算。

⑰度:丈量,计算。

【译文】

经典上说:用水辅佐部队进攻,其攻势就能加强。水流是随着地形的高低而形成一定的形势,水的源头高于城墙,干流大于支流,就可以堵塞河道使水流静止而增高水位,尔后便可以决堤而让大水奔流而泻。所以,堵塞晋水可以冲灌晋阳城,决放汾水可以浸淹平阳城。首先安设水平仪，测量要冲淹地区的高低，然后便可以利用水流漂没城邑、冲灌敌军，浸没敌营、打败敌将了。

水平槽：此仪器长二尺四寸，槽的两头和中间，要凿成三个水池，每个水池横宽为一寸八分，纵宽一寸，深一寸二分。水池之间相距一尺五分，中间凿有通水渠，渠宽三分，深一寸三分。每池各放设一块浮木，浮木的宽窄略小于水池的内框，其厚度为三分，在浮木上面安置一个齿形立柱，高八分，宽一寸七分，厚一分。水平槽的下面装置带有转动机关的脚架，脚架的高低，要与人直立时的眼睛高度等齐。将水注入水槽，三个水池中的浮木便同时漂浮起来，用一只眼睛看过去，三块浮木的齿形立柱成一水平线，这便成为测量目标高低的唯一标准。或者十步远，或者一里远，乃至数十里远，只要视力所能达到的地方，便可随意安放照板、度竿，也可以用白色绳子依据度竿分划计算所测高低的尺寸，那么，该地区的高低丈尺分寸就可以知道了。

照板：其形状如同一面方形扇，长四尺，下二尺部分涂成黑色，上二尺部分涂成白色，板宽三尺；手柄长一尺，粗细大小适于手握。

度竿：长二丈，刻成二百寸、二千分；每寸内刻上较短的以分为单位的分划。这种带有分划刻度的度竿，随意在所确定的方向和远近高低的地方树立起来，再用照板映衬在度竿后面，测量人员用一只眼睛观看三个浮木齿柱和照板上黑白分齐线成为一线时，就指挥手持照板的人以度竿上的分划为高低而上下移动照板，所得尺寸相加，那么，山冈、沟涧、水源的高低，就能用度竿上的寸分刻度准确地推算出来了。

火攻具篇

【原文】

经曰：以火佐攻者明[①]。因天时燥旱，营舍茅竹，积刍穗[②]军粮于枯草、宿莽[③]之中，月在箕、壁、翼、轸[④]之夕，设五火[⑤]之具，因南风而焚之。

推月宿法[⑥]：

周天[⑦]三百六十五度四分度之一，二十八宿[⑧]四方分之。月二十八日夜一周天，行二十八宿，一日一夜行一十三度少强，皆以月中气[⑨]，日月合为宿首。

角十二度、亢九度、氐十五度、房五度、心五度、尾十八度、箕十一度，东方七宿共七十五度；

斗二十六度、牛八度、女十二度、虚十度、危十七度、营室[⑩]十六度、东壁[⑪]九度，北方七宿共九十八度；

奎十六度、娄十二度、胃十四度、昴十一度、毕十六度、觜二度、参九度，西方七宿共八十度；

东井[⑫]三十三度、舆鬼[⑬]四度、柳十五度、星七度、张十八度、翼十八度、轸十七

度，南方七宿共一百一十二度。

雨水[14]：正月中，日月合宿营室八度，于辰在亥[15]，为娵訾[16]，于野卫[17]，分并州，于将登明[18]。

春分：二月中，日月合宿奎十四度，于辰在戌，为降娄，于野鲁，分徐州，于将河魁。

谷雨：三月中，日月合宿昴三度，于辰在酉，为大梁，于野赵，分冀州，于将为从魁。

小满：四月中，日月合宿参四度，于辰在申，为实沈，于野魏，分益州，于将为传送。

夏至：五月中，日月合宿东井二十五度，于辰在未，为鹑首，于野秦，分雍州，于将为小吉。

大暑：六月中，日月合宿星四度，于辰在午，为鹑火，于野周，分三河[19]，于将为胜光。

处暑：七月中，日月合宿翼九度，于辰在巳，为鹑尾，于野楚，分荆州，于将为太乙。

秋分：八月中，日月合宿角四度，于辰在辰，为寿星，于野郑，分兖州，于将为天罡。

霜降：九月中，日月合宿氐十四度，于辰在卯，为大火，于野宋，分豫州，于将为太冲。

小雪：十月中，日月合宿箕二度，于辰在寅，为析木，于野燕，分幽州，于将为功曹。

冬至：十一月中，日月合宿斗二十一度，于辰在丑，为星纪，于野吴越，分扬州，于将为大吉。

大寒：十二月中，日月合宿虚五度，于辰在子，为玄枵，于野齐，分青州，于将为神后。

假如正月雨水，一日夜半，月在营室八度，至后二日夜半，行十三度少强，即至东壁五度；至后三日夜半，行十三度少强，即至奎九度。顺行二十八宿，每日夜行十三度少强，二十八日一周天，其晦朔[20]二日，月不见，他皆仿此。《玉门经》[21]曰："倍月加日，从营室顺数，即知月宿所在。"假令正月五日，倍月成二，加五成七，从营室顺数七宿至毕。他皆仿此。然东井三十三度、觜二度，恐将不定，故为通算[22]以决之，而用五火之具：

火兵：以骁骑夜衔枚[23]，缚马口，人负束薪[24]、藁草[25]，藏火，直抵贼营，一时举火[26]，营中惊乱，急而乘之；彼静不乱，弃而勿攻。

火兽：以艾蕴火[27]置瓢中，开四孔，系野猪、獐鹿项下，爇[28]其尾端，望敌营而纵之，使奔彼草中，器败火发。

火禽：以胡桃剖令空，开两孔，实艾以火，系野鸡足，针其尾而纵之，飞入草中，器败火发。

火盗：选一人勇捷，语言、服饰与敌同者，窃号逐便，怀火偷入营中，焚其积聚。火发，乘乱而出。

火矢：以臂张弩射及三百步者，以瓢盛火冠矢端，以数百端，候中夜齐射入敌营中，焚其积聚。火发军乱，乘便急攻。

【注释】

①明：明显。这里谓用火辅助进攻的效果明显。

②刍穗：刍，饲草。穗，本谓稻麦等谷物的果实聚集部分，这里指喂牲畜的饲料。

③宿莽：经冬不死的草，楚人称之"宿莽"。

④箕、壁、翼、轸：皆为中国古代星宿名，为二十八宿中的四个。

⑤五火：火兵、火兽、火禽、火盗、火矢。

⑥推月宿法：推测月亮在星宿中运行位置的方法。

⑦周天：即观测者所看到的天球的大圆一周为周天。我国古代把周天分为365.25°，现代则把周天分为360°。

⑧二十八宿：指我国古代天文学家把周天黄道（即太阳和月亮所经天区）的恒星，按东、北、西、南四方之序，分成二十八个星座（即星宿），每一方为七个星座，其名称是：东方为角、亢、氐、房、心、尾、箕；北方为斗、牛、女、虚、危、室、壁；西方为奎、娄、胃、昴、毕、觜、参；南方为井、鬼、柳、星、张、翼、轸。

⑨中气：我国古代历法以太阳历二十四气配阴历十二月，阴历每月有二气：在月初的叫节气，在月中以后的叫中气。如立春为正月节气，雨水为正月中气。

⑩营室：即北方七宿中的"室宿"，以其状像营室，故称。

⑪东壁：即北方七宿中的"壁宿"，因其在天门之东，故称。

⑫东井：即南方七宿中的"井宿"，因其在玉井之东，故称。

⑬舆鬼：南方七宿中的"鬼宿"的别称。

⑭雨水：我国农历二十四节气之一，亦即正月中气。

⑮于辰在亥：谓其时辰在亥时。当为二十一点至二十三点。

⑯娵訾：为十二分星位次名称之一。中国古代为了观测日、月、五星的位置和运动，把黄赤道带自西向东划分为十二个部分，称为"十二次"。

⑰于野卫：卫，指卫国。我国古代星占学的迷信观点认为，人间的祸福与天上星象有联系，并因此根据天上星辰的十二位次（后亦根据二十八宿）将地上的州、国分为十二个区域，使两者相互对应，且根据某一天区星象的变异来预测、附会相应地区的吉凶。此种划分，在天称为"十二分星"，在地称为"十二分野"。

⑱于将登明：旧时星命家的六壬术（即运用阴阳五行进行占卜吉凶的方法之一），称日月相会之十二处有十二月将神。登明，为正月将神名。

⑲三河：汉以河内（位于今河南武陟西南）、河南（位于今河南洛阳东北）、河东（位于今山西夏县西北）为三河。

⑳晦朔:晦,为农历每月之月末一日;朔,为农历每月之初一。

㉑《玉门经》:书名。未见著录。

㉒通算:总体推算。

㉓衔枚:横衔枚于口中,以防喧哗或叫喊。枚,形如筷子,两端有带,可系于颈上。

㉔束薪:捆扎的柴木,一捆薪柴。

㉕藁草:稻草或麦草。

㉖举火:点火。

㉗蕴火:包藏着火。

㉘爇:点燃,焚烧。

【译文】

经典上说:用火辅佐部队进攻,其效用特别明显。在天气闷热干旱之时,根据敌军营房多用茅草竹木搭盖而成,或者敌军囤积草料和军粮于枯草野莽之中等情况,我军要在月亮运行到箕、壁、翼、轸四星宿之夜,准备好五种火攻的器具,乘着南风刮起之势向敌人实施火攻而焚烧它。

推测月亮在星宿中运行位置的方法:

一周天为三百六十五度零四分之一度,二十八宿分列于四方。月亮经二十八个昼夜运行一周天,行经二十八宿,平均每个昼夜行十三度多一点,都以月中气,而日月交合所在的星宿为宿首(在一周天的三百六十五度零四分之一度中):

角宿占十二度、亢宿占九度、氐宿占十五度、房宿占五度、心宿占五度、尾宿占十八度、箕宿占十一度,以上为东方的七个星宿,共占七十五度。

斗宿占二十六度、牛宿占八度、女宿占十二度、虚宿占十度、危宿占十七度、营宿占十六度、壁宿占九度,以上为北方的七个星宿,共占九十八度。

奎宿占十六度、娄宿占十二度、胃宿占十四度、昴宿占十一度、毕宿占十六度、觜宿占二度、参宿占九度,以上为西方的七个星宿,共占八十度。

井宿占三十三度、鬼宿占四度、柳宿占十五度、星宿占七度、张宿占十八度、翼宿占十八度、轸宿占十七度,以上为南方的七个星宿,共占一百一十二度。

雨水:为正月中气,日月合宿在营宿八度,其时辰在亥时,在天上的分星方位名为娵觜,在地上的分野区域是卫国,其地处于并州,月将神名为登明。

春分:为二月中气,日月合宿在奎宿十四度,其时辰在戌时,在天上的分星方位名为降娄,在地上的分野区域是鲁国,其地处于徐州,月将神名为河魁。

谷雨:为三月中气,日月合宿在昴宿三度,其时辰在酉时,在天上的分星方位名为大梁,在地上的分野区域是赵国,其地处于冀州,月将神名为从魁。

小满:为四月中气,日月合宿在参宿四度,其时辰在申时,在天上的分星方位名为实沈,在地上的分野区域是魏国,其地处于益州,月将神名为传送。

夏至:为五月中气,日月合宿在井宿二十五度,其时辰在未时,在天上的分星方位名为鹑首，在地上的分野区域是秦国，其地处于雍州，月将神名为小吉。

大暑：为六月中气，日月合宿在星宿四度，其时辰在午时，在天上的分星方位名为鹑火，在地上的分野区域是周朝，其地处于三河。月将神名为胜光。

处暑：为七月中气，日月合宿在翼宿九度，其时辰在巳时，在天上的分星方位名为鹑尾，在地上的分野区域是楚国，其地处于荆州，月将神名为太乙。

秋分：为八月中气，日月合宿在角宿四度，其时辰在辰时，在天上的分星方位名为寿星，在地上的分野区域是郑国，其地处于兖州，月将神名为天罡。

霜降：为九月中气，日月合宿在氐宿十四度，其时辰在卯时，在天上的分星方位名为大火，在地上的分野区域是宋国，其地处于豫州，月将神名为太冲。

小雪：为十月中气，日月合宿在箕宿二度，其时辰在寅时，在天上的分星方位名为析木，在地上的分野区域是燕国，其地处于幽州，月将神名为功曹。

冬至：为十一月中气，日月合宿在斗宿二十一度，其时辰在丑时，在天上的分星方位名为星纪，在地上的分野区域是吴越，其地处于扬州，月将神名为大吉。

大寒：为十二月中气，日月合宿在虚宿五度，其时辰在子时，在天上的分星方位名为玄枵，在地上的分野区域是齐国，其地处于青州，月神将名为神后。

倘若是正月中气雨水，那么，这一天夜半，月亮是在营宿八度，到第二天夜半，月亮运行十三度多一点，就到了壁宿五度；到第三天夜半，月亮又运行十三度多一点，就到了奎宿九度。如此依次顺行二十八宿，平均每昼夜运行十三度多一点，二十八天就运行了一周天。每月之月末和月初两天，月亮将隐没不现。其他各天的运行都以此类推。《玉门经》上说："月份数加倍后再加日期数，从营宿依次顺数[，即从北到西到东到南之顺序]，就知道月亮所在星宿的方位了。"假设是正月五日，月数加倍成二，再加日数五而成七，从营宿开始依次顺数七个星宿而到毕宿，这就是月亮所在星宿的方位了。其他都仿照这样推算。然而，井宿三十三度、觜宿二度，恐怕不好确定，所以要通过总体推算来决定它，而且要据此运用五种火攻器具和方法于作战之中：

火兵：就是用勇猛的骑兵在夜间让其口衔枚以防出声，马口缚罩以防嘶鸣，骑手背负一捆柴草，身藏火种，直抵敌营，一齐点火烧营。敌营假如惊惧慌乱，立刻乘机猛攻；敌营倘若平静不乱，就要弃而不攻。

火兽：就是用艾草包着火种放在葫芦瓢中，瓢开四个孔，系在野猪或獐鹿脖子下面，用火点着它们的尾巴，对着敌营方向而驱赶它们，使其突入敌人粮草之中，瓢破火就点燃起来。

火禽：就是用剖空的核桃，挖开两个孔，把包着火种的艾叶填充到里面，然后将其系在野鸡足上，用针扎野鸡尾部而驱纵它，使其飞入敌人存放军粮的枯草丛中，核桃破裂火就点燃起来。

火盗：就是挑选一个勇敢迅捷的人，其语言、服饰都与敌人相同，以其盗用敌人的暗号，乘便怀揣火种而潜入敌营中，烧毁敌人囤积的粮草，乘其混乱而逃出。

火矢：就是挑选那些以臂拉开强弓、射箭可达三百步远的士兵，用瓢装火穿在

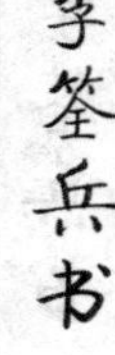

箭头上，以数百支这样的箭，等到半夜时候一齐射入敌营中，烧毁敌人的粮草物资，火烧起来敌军混乱不堪，我军就乘机向敌人发起猛烈进攻。

济水具篇

【原文】

经曰：军行，遇大水、河渠、沟涧，无津梁舟楫，[①]难以济渡。太公以天艎大船[②]，皆质朴[③]而不便于用。今随事应变，以济百川[④]。

浮罂[⑤]：以木缚瓮[⑥]为筏[⑦]，瓮受二石[⑧]，力胜一人。瓮阔五寸[⑨]，以绳钩联，编枪于其上，令形长而方；前置板头，后置稍[⑩]，左右置棹[⑪]。

枪筏[⑫]：枪十根为一束，力胜一人。四千一百六十六根四分枪[⑬]为一筏，皆去锋刃，束为鱼鳞，以横栝而缚之。可渡四百一十六人半[⑭]。为三筏，计用枪一万二千五百根，率[⑮]渡一千二百五十人，十渡则一军毕济。

蒲筏[⑯]：以蒲九尺围[⑰]，颠倒为束，以十道缚之，似束枪为筏。量长短多少，随蒲之丰俭[⑱]载人。无蒲，用芦草，法亦如蒲筏。

挟絙[⑲]：以善游者系小绳，先挟浮渡水，次引大絙于两岸立一大橛，急张定絙，使人挟絙浮渡。大军可为数十道，豫多备。

浮囊：以浑脱羊皮，吹气令满，紧缚其孔，缚于胁下，可以渡也。

【注释】

①津梁：桥梁。舟楫：本指船和桨，亦泛指船只。

②太公以天艎大船：事见《六韬·虎韬·军用》（又见同书《军略》）。太公，指姜太公吕尚。天艎，《六韬》作“天潢”，又名“天舡”，古代作战渡水用的一种木制大船。

③质朴：本谓朴实淳厚，这里指船大厚实。

④百川：江河湖泽的总称。

⑤浮罂：古代作战时用于渡河的漂浮工具。一种陶制（也有木制）的小口大腹容器。

⑥瓮：即口小大腹的陶制盛器。

⑦筏：渡河用的竹排或木排。

⑧二石：石，旧时计算重量的单位，一石为一百二十斤。二石，为二百四十斤。

⑨五寸：原作“五尺”，疑误，《通典·兵十三》作“五寸”为是，指瓮与瓮之间的隔距。故根据以校改。

⑩稍：义同“梢”，船舵梢部。

⑪棹：船桨。

⑫枪筏：即用枪杆扎成的排筏。

⑬四分枪:“四分”二字疑为衍文,《通典·兵十三》无此二字。

⑭半:疑为衍文。《通典·兵十三》无此字。

⑮率:大概,一般,凡是。

⑯蒲筏:用蒲草扎成的排筏。

⑰围:这里作量词。相当“条”“根”。

⑱丰俭:指数量的多少。丰,盛多,丰富。俭,薄少。

⑲挟絙:渡河所握持的粗绳索。

【译文】

经典上说:军队行进中,遇到大水、河渠、沟涧,没有桥梁和船只,是难以渡过的。姜太公使用的天艎大船,都是质地厚重而不便于使用。下面所介绍的,则是能够随机应变而用以渡过江河湖泽的工具。

浮罂:即用木棒绑在瓮上作为筏子,一个能装二石粮米的瓮,其浮力可载渡一人。每个瓮与瓮间相距五寸,用绳索联结起来,将编联一起的枪杆放在联结起来的瓮上,使其成为长方形,前面装置木板船头,后面安上舵,左右两侧安上桨[,浮罂就做成了]。

枪筏:将每十根枪捆成一束,一束之浮力可载承一人。用四千一百六十六根枪扎成一个大排筏,每根枪都去掉枪头,一束束编扎成鱼鳞形状,再用横木将其捆扎牢固。这样一只排筏一次可载渡四百一十六人。扎成三只这样的排筏,共需枪杆一万二千五百根,一次可载渡一千二百五十人,以此载渡十次,那么,一军一万二千五百人,就完全渡过去了。

蒲筏:用一根长九尺的诸多蒲草,呈颠倒状态捆成一束,再把捆好的十束蒲草用绳索绑在一起,其捆绑方法就像捆扎枪筏的方式一样。一般要根据蒲草的长短多少,和捆扎的蒲筏大小而确定所载的人数。没有蒲草时,也可以用芦苇替代,其方法也如同捆扎蒲草排筏一样。

挟絙:挑选善于游泳的人,让其身系小绳先游过河去,再用小绳将粗大绳索牵引过去,接着在河的两岸相对各立一根大木桩,快速把粗绳索拉紧而固定在两根大木桩上,然后让众人依次挟持大绳索浮水渡河。倘若军队人数众多,可以设置数十道挟絙,这需要事先多做准备。

浮囊:用剥下的整张羊皮制成的皮囊,充气使其鼓起,再扎紧吹气孔,绑在人的腋下部位,可以用它来泅水渡河。

水战具篇

【原文】

经曰:水战之具,始自伍员[①]以舟为车、以楫为马。汉武帝平百粤,凿昆明之池，置楼船将军。[②]其后，马援[③]、王浚[④]各造战船，以习江海之利。其船阔狭长短，随用大小，胜人多少[⑤]，皆以米为率。一人重米二石，则人数率可知。其楫棹[⑥]、篙橹[⑦]、楼席[⑧]、緪索[⑨]、沉石[⑩]、调度[⑪]，与常船不殊。

楼船[⑫]：船上建楼三重[⑬]，列女墙、战格[⑭]，树旗帜，开弩窗、矛穴，置抛车、垒石、铁汁，状如城垒。晋龙骧将军王浚伐吴，造大船，长百二十步[⑮]，上置飞檐[⑯]、阁道，可奔车驰马。忽遇暴风，人力不能制，不便于事。然为水军，不可不设，以张形势。

蒙冲[⑰]：以犀革蒙覆其背，两厢[⑱]开掣棹孔[⑲]，前后左右开弩窗、矛穴，敌不得近，矢石不能败。此不用大船，务于速进，以乘人之不备，非战船也。

战舰：船舷[⑳]上设中墙半身，墙下开掣棹孔。舷五尺，又建棚，与女墙齐，棚上又建女墙，重列战格，人无覆背，前后左右树牙旗[㉑]、幡帜[㉒]、金鼓[㉓]，战船也。

走舸[㉔]：亦如战船。舷上安重墙[㉕]，棹夫[㉖]多，战卒少，皆选勇士精锐者充。往返如飞，乘人之不及，兼备非常救急之用。

游艇[㉗]：小艇，以备探候[㉘]。无女墙，舷上置桨床，左右随艇大小长短，四尺一床。计会进止，回军转阵，其疾如飞。虞候居之，非战舶也。

海鹘：头低尾高，前大后小，如鹘之状。舷下左右置浮板，形如鹘翅。其船虽风浪涨天，无有倾侧。背上、左右张生牛皮为城，牙旗、金鼓如战船之制。

【注释】

①伍员：即伍子胥，名员。春秋时吴国大夫，军事谋略家。

②汉武帝平百粤，凿昆明之池，置楼船将军：事见《汉书·武帝纪》和《汉书·食货志下》。百粤，也作"百越"。我国古代长江以南越人的总称。楼船将军，西汉杂号将军，因统领楼船征南越而得名。

③马援（前14~49年）：东汉初名将。字文渊。官达伏波将军，封新息侯。

④王浚（206~286年）：西晋大将。字士治。官达抚军大将军。

⑤胜人多少：原文漏刻。今据《通典·兵十三·水平及水战具附》补。句意指船只所能承载人数的多少。

⑥楫棹：短桨称楫，长桨称棹。

⑦篙橹：撑船的竹竿或木杆。

⑧楼席：船帆。

⑨緪索：粗绳索。

⑩沉石：俗称"压船石"。

⑪调度：安排，调遣。

⑫楼船：古代一种多用于作战的有楼层的大型战船。

⑬三重：三层。

⑭战格：即战栅，为防范性障碍物。

⑮百二十步：原文作"二百步"，疑误。今据《资治通鉴·晋纪一·武帝泰始八年》记载校改。

⑯飞檐：也作“飞檐”。我国传统建筑檐部形状之一。即屋檐上翘，像飞举之势，常用于亭、台、楼、阁、庙宇、宫殿等建筑上。

⑰蒙冲：古代水上作战时用以迅速袭击敌人的小型战船。

⑱厢：原文作“相”，疑音同而误。今据《通典·兵十三·水平及水战具附》校正。

⑲掣棹孔：谓划桨孔。掣，控制，举，拿。引义为划动。棹，船桨。

⑳船舷：船的两边。从船尾向船首看时，其左侧叫左舷，右侧叫右舷。

㉑牙旗：即旗杆上饰有象牙的大旗，多为主将、主帅所建，亦用作仪仗。

㉒幡帜：旗帜。

㉓金鼓：这里指作为指挥部队进退的工具。古代作战，通常是击鼓前进，鸣金收兵。

㉔走舸：轻便疾速的战船。

㉕重墙：两层墙。

㉖棹夫：船夫。

㉗游艇：本指供游人水上游玩的小船，这里指用于水上侦察、巡视的小船。

㉘探候：探察。

【译文】

经典上说：水上作战的用具，始于伍子胥用舟船作车、以船桨当马。汉武帝平定百粤，开凿昆明池训练水军，设置楼船将军统率作战。其后，又有东汉名将马援、西晋将领王浚各自制造大批战船，用来训练水军掌握在江河湖海行驶作战的有利条件。这种战船的宽窄长短，根据实际需要而确定船的大小。船上载人数量多少，都是根照其载米数量的多少为计算标准。船上载乘一人要占二石米的吨位，这样，一船能载乘的人数就可以知道了。这种战船的船桨、撑竿、船帆、绳索、沉石、调度，与通常的船只没有什么分别。

楼船：此船上建有三层楼，修列有墙垛、战棚，树立旗帜，在墙上开有弩弓射箭窗口和长矛击刺的孔洞，在楼上安设有抛石车、垒石、铁水，类似陆地上的城池堡垒。西晋龙骧将军王溶征伐东吴，所造的大楼船长一百二十步，船上修造的飞檐、阁道，可容车马奔驰。这种大船于水上一旦突然遇上暴风，靠人力是无法控制的，所以这种船不便于操作使用。然而，建立一支水军队伍，不可不造这种大船，以便用来显示军队震势。

蒙冲：这种船是用犀牛皮蒙覆在船背上，船体两侧开凿划桨孔，其前后左右都开有弩窗和矛孔。这样，敌人既不能接近它，矢石也不能伤及到人。这种船不需用大型的，务求其进袭速度要快，以乘敌人之疏忽无备，而不是用以向敌人展开正面攻击的战船。

战舰：此船的船身两侧设有半身高的矮墙，墙的下面开有划桨孔。在船内距船帮五尺的地方，又建置木棚，与矮墙一样高；在木棚上又建矮墙，且设置多层木棚，

墙内人员头顶上面没有覆盖物；船的前后左右都树有主帅牙旗和其他旗帜，设有金鼓等指挥工具。这就是对敌实施正面进攻的战船。

走舸：此船也如战船的设置一样。船体两侧设置多层墙，但内载船夫多，战士少，都是挑选勇敢之士和精锐士卒充当。此船往来于水上如飞鸥，能乘敌人措手不及而实施打击，同时具有应付突然事变的救急作用。

游艇：这是一种轻便的小船，以备侦察敌情之用。船上不设矮墙，船体两侧设有安装船桨的座架，左右两侧的船桨座架数量则依船的大小长短而定，通常是每隔四尺一座。此艇随机进退行止，回军转阵时，其行动迅疾如飞。这是主管侦察、巡逻的虞候所乘坐的船，而不是对敌实施正面攻击的战船。

海鹘：这种船的船头低，船尾高，前面大，后面小，其形如同鹘鸟之状。船帮左右两侧下面各置浮板，形似鹘鸟的翅膀。此船即便遇上风浪滔天，也不会偏斜倾覆。船顶和左右两侧都张挂生牛皮作为防御掩蔽物，船上设置的主帅牙旗和金鼓等指挥工具，如前面所介绍的战舰之制。

器械篇

【原文】

经曰：工欲善其事，必先利其器。[1]器之于事，如影之随形、响之应声，其相须[2]如左右手。故曰：器械不精，不可言兵[3]；五兵[4]不利，不可举事[5]。上古庖牺氏[6]之时，剡木为兵[7]；神农氏之时，以石为兵，《尚书》“砮石中矢镞”[8]。黄帝之时，以玉为兵；蚩尤之时，铄金[9]为兵，割革为甲，始制五兵，建旗帜，树夔鼓[10]，以佐军威。

纛[11]：六面，大将军中营建，出引六军。古者天子[12]六军，诸侯[13]三军；今天子一十二卫[14]，诸侯六军。故有六纛以主之。

门旗[15]：二面，色红，八幅[16]，大将军牙门[17]之旗，出引将军前列。

门枪[18]：二根，以豹尾为刃榼[19]，出居红旗之后，止居帐前，左右建。

五方旗[20]：五面，各具方色。大将军中营建，出随六纛后，在营亦于六纛后建。

严警鼓[21]：一十二面，大将军营前，左右行列各六面，在六纛后。

角[22]：一十二枚，于鼓左右列，各六枚，以代金[23]。

队旗[24]：二百五十面，尚色图禽[25]与本阵同，五幅。

认旗[26]：二百五十面，尚色图禽与诸队不同，各自为识认；出居队后，恐士卒交杂[27]。

阵将[28]门旗：各任所色，不得以红，恐纷乱大将军。

阵将鼓：一百二十面，临时惊敌所用。

甲[29]：六分[30]，七千五百领[31]。

战袍[32]：四分，五千领。

枪:十分,一万二千五百条,恐扬兵缚筏。[33]

牛皮牌[34]:二分,二千五百面。马军以团牌[35]代,四分支[36]。

弩[37]:二分;弦,六分[38];副箭[39],一百分。二千五百张弩,七千五百条弦,二十五万只箭。

弓[40]:十分;弦,三十分[41];副箭,一百五十分。弓,一万二千五百张;弦,三万七千五百条;箭,三十七万五千只。

射甲箭[42]:五万只。

生钑[43]箭:二万五千只。

长垛箭[44]:弓袋、胡鹿[45]、长弓袋,并十分,一万二千五百副。

佩刀[46]:八分,一万口。

陌刀[47]:二分,二千五百口。

棓:二分,二千五百张。

马军及陌刀,并以啄锤、斧钺代,各四分支。

搭索:二分,二千五百条,马军用。

【注释】

①器:器具。

②相须:相互依赖。相互配合。

③言兵:谈论打仗。兵,这里指用兵打仗。

④五兵:各种兵器。

⑤举事:这里指起兵之事。

⑥庖牺氏:即伏羲氏。

⑦剡木为兵:剡,削。兵,兵器。

⑧《尚书》"砮石中矢镞":钱熙祚校注云:"此伪孔氏《禹贡》传文也。"据此可知,这里所称之《尚书》当指《孔传古文尚书》。砮石,可做箭矢的石头。矢镞,一种轻疾锐利的箭矢。

⑨铄金:熔化金属。

⑩夔鼓:以夔兽皮制作的鼓。典出《山海经·大荒东经》。

⑪纛:古时军队或仪仗队的大旗。

⑫古者天子:古者,指周代。天子,指周天子。下文中的"今天子",指唐代皇帝。

⑬诸侯:指周天子所封的各诸侯国。下文"诸侯六军"句中的"诸侯",乃指唐代的各节度使。

⑭一十二卫:唐代前期隶属皇帝的中央军事机构,即左右卫、左右骁卫,左右武卫、左右威卫、左右领军卫、左右金吾卫。此十二卫统领全国的府兵。

⑮门旗:军阵、军营门前所立的旗帜。

⑯八幅:门旗的宽度。古制一幅为二尺二寸。

⑰牙门:古时驻军,主帅或主将帐前树牙旗作为军门,称为“牙门”。

⑱门枪:古时高级官员出行时的仪仗之一。

⑲刃榼:本指刀鞘,这里指枪刃的装饰物。

⑳五方旗:古代用青、赤、白、黑、黄五种颜色分别代表东、南、西、北、中五个方向的旗帜,常用于军中,相传为黄帝时所设。

㉑严警鼓:用于严密警戒的鼓。

㉒角:军用号角。

㉓代金:代替金属制器。

㉔队旗:古代军中用以标志某支部队名目或数量的旗帜。

㉕尚色图禽:崇尚的颜色和禽兽图形。

㉖认旗:古代行军时主将所有作为表识的旗帜,旗上有不同标识,以便于士卒分辨。

㉗交杂:互相混杂。

㉘阵将:部将的别称,或谓领兵作战的将领。

㉙甲:铠甲。古代作战时的护身服装。

㉚六分:这里指铠甲数应为一军人数(一万二千五百)的十分之六,下文所提到的“四分”“十分”“二分”等,皆以此推测。

㉛领:用于计算衣服、铠甲的量词。犹言件、张。

㉜战袍:古代战士穿的长衣,也泛称军衣。

㉝扬兵缚筏:扬兵,兴兵打仗。缚筏,捆绑渡水排筏。

㉞牛皮牌:指用牛皮制作的盾牌,作战时用以掩护身体。

㉟团牌:即圆形盾牌。团,圆也。

㊱四分支:按四分支取。

㊲弩:古代一种用机械发射箭矢的弓,又称“弩机”。

㊳弦,六分:六分,原作“三分”,钱熙祚校注:“按下文当作‘六分’。”此说为正确。故据以校改。

㊴副箭:副,这里作量词。多用于表器物的成对或成套。副箭,谓一对箭,故“一百分”副箭,其实际箭数当为“二十五万只”。

㊵弓:依靠人臂力拉弦射箭的弓。

㊶弦,三十分:三十分,原作“三”。钱注:“依下文当作‘三十分’。”此说为是。故据以校改。

㊷射甲箭:指一种可以射穿铠甲的箭。

㊸钺:一种箭头较薄而阔、箭杆较长的箭。

㊹长垛箭:一种远射箭。

㊺胡鹿:亦作“胡簶”等,藏矢器具。

㊻佩刀:佩带于腰间的刀。

㊼陌刀:长刀。

【译文】

经典上说：工匠要想做好他的工作，必须首先要有锋利的工具。工具对于工作来讲，好比影子跟随形体、音响回应发声一样，它们二者相互依存配合就像人的左右手。所以，武器装备不精良，不可以谈论用兵打仗；各种兵器不锋利，不可以倡议起兵举事。上古的庖牺氏时期，削尖木棒作为兵器；神农氏时期，使用石块作为兵器，就是《孔传古文尚书》中所说的“用砮石做箭镞”；黄帝时期，用玉石作兵器；蚩尤时期，熔化金属做成兵器，裁割皮革做成铠甲，开始制造各种兵器，建立旗帜，设置战鼓，用以增强军威。

纛：有六面。于大将军所在中营树立；部队出发行军时则在前面引导六军。在西周时代，天子辖有六军，诸侯辖有三军；如今，皇帝有十二卫，节度使则有六军。因此，建置六纛（六面大旗），用以指挥六军。

门旗：有两面。为红颜色，旗宽八幅，此为大将军帐前所树的牙旗，部队出发行军时则在将军前列引导。

门枪：有二根。用豹尾做枪刃下的装饰物。部队出发行军时，此门枪排列在红色门旗的后面，停止而宿营时，则立于大将军帐前，左右两边各树一根。

五方旗：有五面。各有代表东、南、西、北、中五个方位的青、赤、白、黑、黄五种颜色。五方旗是在大将军所在的中营树立；部队出发行军时，五方旗随在六纛之后，宿营时也是树立于六纛之后。

严警鼓：有十二面。它是设于大将军营前，左右两边各排列六面，但位于六纛之后。

角：有十二枚。是在严警鼓的左右两边各置六枚，用以代替金属制器发号施令。

队旗：有二百五十面。旗的颜色和所画禽兽图形，与本阵阵旗相同。这种旗宽五幅。

认旗：有二百五十面。旗的颜色和所画禽兽图形，队与队都不相同，各自为识别本队的标记。部队出发行军时，认旗排在各队之后，唯恐各队士卒相互混杂。

阵将门旗：此种旗可以各任所选颜色，但不得用红色，怕它纷扰混乱大将军的红色门旗。

阵将鼓：有一百二十面。此鼓临战时用以惊扰敌人。

甲：按十分之六配备，一军计有铠甲七千五百领。

战袍：按十分之四配备，一军计有战袍五千领。

枪：按十分配备，一军计有枪一万二千五百条，以备兴兵打仗时捆绑渡水排筏之用。

牛皮牌：按十分之二配备，一军计有牛皮牌二千五百面：骑兵用圆牌代替，按十分之四支取。

弩：按十分之二配备；弦，按十分之六配备；副箭，按一百分配备。这样，一军计

有二千五百张弩，七千五百条弦，二十五万只箭。

弓：按十分配备；弦，按三十分配备；副箭，按一百五十分配备。这样，一军计有弓一万二千五百张，弦三万七千五百条，箭三十七万五千只。

射甲箭：有五万只。

生钑箭：有二万五千只。

长垛箭：其弓袋、胡鹿、长弓袋，共按十分配备，一军计有一万二千五百副。

佩刀：按十分之八配备，一军计有佩刀一万口。

陌刀：按十分之二配备，一军计有陌刀二千五百口。

棓：按十分之二配备，一军计有棍棒二千五百条。

骑兵所用的陌刀和棓，都用啄锤、斧钺代替，各按十分之四支取。

搭索：按十分之二配备，一军计有搭索二千五百条，由骑兵部队使用。

军装篇

【原文】

经曰：军无辎重[①]，则举动皆阙[②]。士卒以军中为家，至于锥刀[③]，不可有缺。

驴：六分，七千五百头，鞍络[④]自副[⑤]。

幕[⑥]：一万二千五百口，竿、梁、钉、橛、锤自副。

锅：一分，一千二百五十口。

干粮：十分，一人一斗二升，一军一千五百石。

麸袋[⑦]：十分，一万二千五百口，韦皮[⑧]缝可绕腰，受一斗五升。

马盂[⑨]：十分，一万二千五百口，皆坚木为之，或熟铜，受三升。冬月可以暖食。

刀子、锉子、钳子、缵子、药袋、火石袋、盐袋、解结锥、砺石[⑩]，各十分，一十一万二千五百事[⑪]。

麻鞋：三十分，三万七千五百緉[⑫]；摊子[⑬]、鞠韄[⑭]湁子[⑮]，各十分，三万七千五百事。

袴帑[⑯]、抹额[⑰]、六带[⑱]、帽子、毡帽子，各十分，六万二千五百事。

毡床[⑲]：十分，一万二千五百领。

皮裘、皮袴[⑳]：各三分，七千五百领，或诈为蕃兵[㉑]用。

柳罐[㉒]、栲栳[㉓]：各二分[㉔]，五千口。

皮囊：十分，一万二千五百事。[㉕]

锹、锤、斧、锯、凿：各二分，一万二千五百事。

镰[㉖]：四分，五千张。

切草刀：二分，二千五百张。

布行槽[㉗]：一分，一千二百五十具。

大小胡瓢[㉘]：二分，二千五百枚。

马军鞍、鐟[29]、革带:各十分[30],三万七千五百具。

人药:一分,三黄丸、水解散、疟痢药、金枪刀箭药等五十贴。

马药:二分。

披毡、披马毡、引马索:各十分,计三万七千五百事。马军无幕,故以披毡代。

插楗[31]:十分,一万二千五百具。

绊索:二十分,二万五千条。

皮毛皮条:三十分,三万七千五百条,备收贼杂使用。

右各队备办公廨军装,并须赍行贮备使用,勿令临时有缺。

【注释】

①辎重:随军运载的军用器械、粮秣、被装等物资。

②阙:通"缺"。

③锥刀:锥子和刀子。这里指细微的物件。

④鞍络:鞍子和笼头。

⑤自副:自行配套。副,这里作量词,用于成对成套之物。

⑥幕:帐幕;帐篷。

⑦麸袋:装粮袋。

⑧韦皮:去毛熟制的皮革,俗称"熟皮"。

⑨马盂:大型的圆形盛物器具。

⑩砺石:磨刀石。

⑪事:这里作量词,一件。

⑫緉:古代计算鞋数的量词。

⑬摊子:不详其物。

⑭韄韄:经查各种字辞书,未见此二字,故既不知其读音,也不详其为何物。

⑮澁子:不详其物。澁,据《中华大字典》载称:"澁,色人切,音澀,缉韵。"

⑯挎帑:挎,原文作"挎",疑形近而误刻,故修改。挎帑,挎囊,犹"挎包"。帑,囊袋。

⑰抹额:束在额上的头巾。

⑱六带;不详其物。

⑲毡床:犹"毡席",毡制的铺垫用具。

⑳皮裘、皮袴:即皮衣皮裤。裘,毛皮上衣。袴,亦作"裤",裤子。

㉑蕃兵:周边少数民族士兵。

㉒柳罐:用柳条编成的汲水器。

㉓栲栳:用柳条编成的盛物器具。

㉔二分:原文误作"三分",钱熙祚校注:"依下数当作'二分'。"此说为是。故以校正。

㉕"皮囊"条:原文作"皮囊袋亦得,锹、锤、斧、锯、凿各二分,一万二千五百

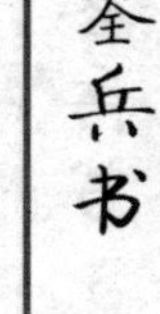

事”。钱熙祚在“各二分”后注:“已上张刻本但有‘皮囊十分’四字。按:‘皮囊袋亦得’句当属上条。”钱说为是。又从原条前后文义看,末句“一万二千五百事”,实为一语双关句,它既是“皮囊十分”的实际数字,又是“锹、锤、斧、锯、凿各二分”条的实际数字。故据钱说校改并将“皮囊十分,一万二千五百事”作为单独一条置前。

㉖镰:同“镰”。即镰刀。

㉗布行槽:用于行军作战时盛放饲料的布制槽子。

㉘胡瓢:以成熟的葫芦制作的瓢。

㉙辔:驾驭马匹的缰绳。

㉚各十分:原文漏刻“各”,今据钱熙祚校注补。

㉛插楗:犹“插销”。楗,关门的木闩。

【译文】

经典上说:部队没有军需物资装备,进行军事行动就什么都缺乏。士兵以军队为家,以至于锥刀等细小物件,也都不可缺少。

驴:按十分之六配备,一军共有驴七千五百头,鞍子和笼头自行配套。

幕:为一万二千五百项,用来支撑帐幕的竿、梁、钉、橛、锥自行配备。

锅:按十分之一配备,一军共有锅一千二百五十口。

干粮:按十分配备,每人为一斗二升,一军共有一千五百石。

麸袋:按十分配备,一军计有盛粮袋一万二千五百条,用熟皮缝制而可以缠绕于腰间,每条可盛粮食一斗五升。

马盂按十分配备,一军计有马盂一万二千五百个,都是用硬木或熟铜制作的,每个容量为三升。冬天使用可以保暖食物。

刀子、锉子、钳子、钻子、药袋、火石袋、盐袋、解结锥、磨刀石,各按十分配备,一军共有十一万二千五百件。

麻鞋:按三十分配备,一军计有麻鞋三万七千五百双;摊子、鞔鞢、湁子,各按十分配备,一军计有三万七千五百件。

挎帑、抹额、六带、帽子、毡帽子:各按十分配备,一军计有六万二千五百件。

毡床:按十分配备,一军计有毡床一万二千五百领。

皮裘、皮裤:各按十分之三配备,一军计有皮裘、皮裤七千五百领,有时用于假扮蕃兵。

柳罐、栲栳:各按十分之二配备,一军共有柳罐、栲栳五千个。

皮囊:按十分配备,一军计有皮囊一万二千五百件。

锹、锤、斧、锯、凿:各按十分之三配备,一军共有一万二千五百件。

镰:按十分之四配备,一军计有镰刀五千把。

切草刀:按十分之二配备,一军计有切草刀二千五百把。

布行槽:按十分之一配备,一军计有布行槽一千二百五十具。

大小胡瓢:按十分之二配备,一军计有葫芦瓢二千五百枚。

骑兵鞍、辔、革带：各按十分配备，一军计有三万七千五百具。

人药：按十分之一配备；三黄丸、水解散、疟痢药、金枪刀箭药等为五十帖。

马药：按十分之二配备。

披毡、披马毡、引马索：各按十分配备，一军计有三万七千五百件。骑兵没有幕帐，因此用披毡代替。

插樓：按十分配备，一军计有插樓一万二千五百具。

绊索：按二十分配备，一军计有绊索二万五千条。

皮毛皮条：按三十分配备，一军计有皮毛皮条三万七千五百条，以备捆绑所收贼寇等杂用。

以上诸条为各队备办官署所要筹备的军用物资装备的配备比率及实际数量，都必须携带行军、储备于军中以供使用，不得在临到用时有所缺少。

【赏析】

本卷主要论述攻城战、守城战、水战中使用的各种战具和战船。将在“事例战例剖析”中以例举形式解读。

唐李问对

导读

《唐李问对》,又称《李卫公问对》《唐太宗李卫公问对》《李靖问对》,或简称《问对》。它是中国古代著名的一部兵书,内容为记录唐太宗和李靖关于军事问题的问答。全书总共分为上、中、下三卷,凡九十八次问答,一万余字。它和《孙子兵法》《吴子》《司马法》《尉缭子》《六韬》《黄石公三略》一起,于北宋神宗元丰三年(1080年),被收入《武经七书》之中,作为武学必读书颁行国中。

《唐李问对》不仅是我国古代军事科学园地中的一枝奇葩,而且在现在仍具有不可忽视的学术价值。一、它是隋唐时期兵学文化的主要载体之一,是今人了解和认识隋唐时期军事思想及发展脉络的重要史料。二、它内容丰富,论点新颖。书中对中国古典兵学中诸如奇正、虚实、主客、攻守、形势等许多重要范畴做了精辟的论述,这对中国古代兵学理论的丰富、完善和发展具有重大的意义。三、它侧重探讨战役战术的问题,反映出中国古典军事学术研究,开始不仅重视战略的问题,而且重视战役战术层面的问题。四、它或多或少修正了《孙子兵法》"舍事而言理"的传统,转向"事理并重",即结合战例阐发兵学基本原理。所有这些都表明,《唐李问对》在古代兵书中具有鲜明的个性和独特的价值。

卷上

【原文】

太宗[①]曰:"高丽数侵新罗[②],联[③]遣使谕,不奉诏,将讨之,如何?"靖[④]曰:"探知盖苏文[⑤]自恃知兵,谓中国无能讨,故违命。臣请师三万擒之。"太宗曰:"兵少地遥,以何术[⑥]临之?"靖曰:"臣以正兵。"太宗曰:"平突厥[⑦]时用奇兵,今言正兵,何也?"靖曰:"诸葛亮七擒孟获[⑧],无他道也,正兵而已矣。"太宗曰:"晋马隆[⑨]讨[⑩]凉州[⑪],亦是依八阵图[⑫],作偏箱车[⑬]。地广,则用鹿角车营[⑭];路狭,则为木屋施于车上,且战且前。信乎,正兵古人所重也!"靖曰:"臣讨突厥,西行数千里,若非正兵,安能致远?偏箱、鹿角,兵之大要;一则治力,一则前拒,一则束部伍;三者迭相为用。斯马隆所得古法深矣!"

太宗曰:"朕破宋老生[⑮],初交锋,义师[⑯]少却。朕亲以铁骑自南原驰下,横突之,老生兵断后,大溃,遂擒之。此正兵乎,奇兵乎?"靖曰:"陛下[⑰]天纵圣武,非学而能。臣按兵法:自黄帝[⑱]以来,先正而后奇,先仁义而后权谲。且霍邑之战,师以义举者,正也;建成[⑲]坠马,右军少却者,奇也。"

太宗曰:"彼时少却,几败大事,曷谓奇邪?"靖曰:"凡兵,以前向为正,后却为奇。且右军不却，则老生安致之来哉?《法》曰:‘利而诱之，乱而取之[20]。’老生不知兵，恃勇急进，不意断后，见擒于陛下。此所谓以奇为正也。”太宗曰:“霍去病[21]暗与孙、吴合，诚有是夫！当右军之却也，高祖失色，及朕奋击，反为我利。孙、吴暗合，卿实知言!”

太宗曰:“凡兵却皆谓之奇乎?”靖曰:“不然。夫兵却，旗参差而不齐，鼓大小而不应，令喧嚣而不一，此真败却也，非奇也。若旗齐鼓应，号令如一，纷纷纭纭，虽退走，非败也，必有奇也。《法》曰:‘佯北勿追[22]。’又曰:‘能而示之不能[23]。’皆奇之谓也。”太宗曰:“霍邑之战，右军少却，其天乎?老生被擒，其人乎?”靖曰:“若非正兵变为奇，奇兵变为正，则安能胜哉?故善用兵者，奇正在人而已。变而神之，所以推乎天也。”太宗俛首。

太宗曰:“奇正素分之欤，临时制之欤?”靖曰:“按曹公《新书》[24]曰:‘己二而敌一，则一术为正，一术为奇;己五而敌一，则三术为正，二术为奇。’此言大略尔。唯孙武云:‘战势不过奇正，奇正之变，不可胜穷。奇正相生，如循环之无端，孰能穷之[25]?’斯得之矣，安有素分之邪?若士卒未习吾法，偏裨[26]未熟吾令，则必为之二术;教战时，各认旗鼓，迭相分合。故曰:‘分合为变。’此教战之术尔。教阅既成，众知吾法，然后如驱群羊，由将所指;孰分奇正之别哉?孙武所谓‘形人而我无形[27]’，此乃奇正之极致。是以素分者，教阅也;临时制变者，不可胜穷也。”太宗曰:“深乎，深乎！曹公必知之矣。但《新书》所以授诸将而已，非奇正本法。”

太宗曰:“曹公云:‘奇兵旁击。’卿谓若何?”靖曰:“臣按曹公注《孙子》曰:‘先出合战为正，后出为奇。’此与旁击之说[28]异焉。臣愚，谓大众所合为正，将所自出为奇;乌有[29]先后旁击之拘哉?”太宗曰:“吾之正，使敌视以为奇;吾之奇，使敌视以为正;斯所谓‘形人者’欤?以奇以正，以正以奇，变化莫测，斯所谓‘无形者’欤?”靖再拜曰:“陛下神圣，迥出[30]古人，非臣所及。”

太宗曰:“分合为变者，奇正安在?”靖曰:“善用兵者，无不正，无不奇，使敌莫测。故正亦胜，奇亦胜。三军之士，止知其胜，莫知其所以胜。非变而能通，安能至是哉?分合所出，唯孙武能之。吴起而下，莫可及焉。”太宗曰:“吴术若何?”靖曰:“臣请略言之。魏武侯问吴起两军相向。起曰:‘使贱而勇者前击，锋始交而北，北而勿罚，观敌进取。一坐一起，奔北不追，则敌有谋矣。若悉众追北，行止纵横，此敌人不才，击之勿疑[31]。’臣谓吴术大率多此类，非孙武所谓以正合[32]也。”

太宗曰:“卿舅韩擒虎[33]尝言，卿可与论孙、吴，亦奇正之谓乎?”靖曰:“擒虎安知奇正之极，但以奇为奇，以正为正尔！曾未知奇正相变，循环无穷者也。”太宗曰:“古人临阵出奇，攻人不意，斯亦相变之法乎?”靖曰:“前代战斗，多是以小术而胜无术，以片善而胜无善;斯安足以论兵法也?若谢玄之破苻坚[34]，非谢玄之善也，盖苻坚之不善也。”太宗顾侍臣检《谢玄传》，阅之曰:“苻坚甚处是不善?”靖曰:“臣观《苻坚载记》曰:秦诸军皆溃败，唯慕容垂[35]一军独全。坚以千余骑赴之，垂子宝劝垂杀坚，不果;此有以见秦军之乱。慕容垂独全，盖坚为垂所陷明矣。夫为人所陷而欲胜敌，不亦难乎?臣故曰无术焉，苻坚之类是也。”太宗曰:“《孙子》谓‘多算胜少算'，有以知少算胜无算[36]。凡事皆然。"

太宗曰："黄帝兵法，世传《握奇文》[37]，或谓为《握机文》，何谓也？"靖曰："奇，音机，故或传为机，其义则一。考其词云：'四为正，四为奇，余奇为握机。'奇，余零也，因此音机。臣愚，谓兵无不是机，安在乎握而言也？当为余奇则是。夫正兵受之于君，奇兵将所自出。《法》曰：'令素行以教其民者，则民[38]服从。'此受之于君者也。又曰：'兵不豫言，君命有所不受[39]。'此将所自出者也。凡将，正而无奇，则守将也；奇而无正，则斗将也；奇正皆得，国之辅也。是故握机、握奇，本无二法，在学者兼通而已。"

太宗曰："阵数有九，中心零者，大将握之，四面八向，皆取准焉。阵间容阵，队间容队；以前为后，以后为前；进无速奔，退无遽走；四头八尾，触处为首；敌冲其中，两头皆救；数起于五，而终于八[40]。此何谓也？"靖曰："诸葛亮以石纵横布为八行[41]，方阵之法即此图也。臣尝教阅，必先此阵。世所传《握机文》，盖得其粗也。"

太宗曰："天、地、风、云、龙、虎、鸟、蛇，斯八阵何义也？"靖曰："传之者误也。古人秘藏此法，故诡设八名尔。八阵本一也，分为八焉。若天、地者，本乎旗号；风、云者，本乎幡名；龙、虎、鸟、蛇者，本乎队伍之别。后世误传，诡设物象；何止八而已乎？"

太宗曰："数起于五，而终于八，则非设象，实古制也。卿试陈之。"靖曰："臣按黄帝始立丘井之法[42]，因以制兵。故井分四道，八家处之，其形井字，开方九焉。五为阵法，四为闲地；此所谓数起于五也。虚其中，大将居之，环其四面，诸部连绕；此所谓终于八也。及乎变化制敌，则纷纷纭纭，斗乱而法不乱；混混沌沌，形圆而势不散；此所谓散而成八，复而为一者也。"太宗曰："深乎，黄帝之制兵也！后世虽有天智神略，莫能出其阃阈[43]。降此，孰有继之者乎？"靖曰："周之始兴，则太公[44]实缮其法：始于岐都，以建井亩；戎车三百辆，虎贲三千人，以立军制；六步七步，六伐七伐[45]，以教战法。陈师牧野[46]，太公以百夫致师，以成武功，以四万五千人胜纣七十万众。周《司马法》，本太公者也。太公既没，齐人得其遗法。至桓公[47]霸天下，任管仲[48]，复修太公法，谓之节制之师。诸侯毕服。"

太宗曰："儒者多言管仲霸臣而已，殊不知兵法乃本于王制也。诸葛亮王佐之才，自比管、乐[49]；以此知管仲亦王佐也。但周衰时，王不能用，故假齐兴师尔。"靖再拜曰："陛下神圣，知人如此，老臣虽死，无愧昔贤也。臣请言管仲制齐之法：三分齐国，以为三军；五家为轨，故五人为伍；十轨为里，故五十人为小戎；四里为连，故二百人为卒；十连为乡，故二千人为旅；五乡一师(帅)[师]，故万人为军。亦犹《司马法》一(帅)[师]五旅，一旅五卒之义焉。其实皆得太公之遗法。"

太宗曰："《司马法》，人言穰苴所述，是欤，否也？"靖曰："按《史记·穰苴传》，齐景公时，穰苴善用兵，败燕晋之师，景公尊为司马之官，由是称司马穰苴，子孙号司马氏。至齐威王，追论古司马法，又述穰苴所学，遂有司马穰苴书数十篇。今世所传兵家者流，又分权谋、形势、阴阳、技巧四种，皆出《司马法》也。"

太宗曰："汉张良[50]、韩信[51]序次兵法，凡百八十二家，删取要用，定著三十五家。

今失其传，何也？”靖曰：“张良所学，太公《六韬》《三略》是也。韩信所学，穰苴、孙武是也。然大体不出三门四种而已。”太宗曰：“何谓‘三门’？”靖曰：“臣按：《太公·谋》八十一篇，所谓阴谋，不可以言穷；《太公·言》七十一篇，不可以兵穷；《太公·兵》八十五篇，不可以财穷。此三门也。”太宗曰：“何谓‘四种’？”靖曰：“汉任宏[52]所论是也。凡兵家者流，权谋为一种，形势为一种，及阴阳、技巧二种；此四种也。”

太宗曰：“《司马法》首序蒐狩[53]，何也？”靖曰：“顺其时而要之以神，重其事也。《周礼》最为大政；成有岐阳之蒐，康有酆宫之朝[54]，穆有涂山之会[55]；此天子之事也。及周衰，齐桓有召陵之师[56]，晋文有践土之盟[57]；此诸侯奉行天子之事也。其实用九伐之法[58]以威不恪，假之以朝会，因之以巡狩，训之以甲兵。言无事兵不妄举，必于农隙，不忘武备也。故首序蒐狩，不其深乎？”

太宗曰：“春秋楚子二广之法云：‘百官象物而动，军政不戒而备[59]。’此亦得周制欤？”靖曰：“按左氏说，楚子乘广三十乘，广有一卒；卒，偏之两[60]。军行右辕，以辕为法；故挟辕而战[61]，皆周制也。臣谓百人曰卒，五十人曰两；此是每车一乘，用士百五十人，(此)[比]周制差多耳。周一乘步卒七十二人，甲士三人。以二十五人为一甲，凡三甲，共七十五人。楚山泽之国，车少而人多。分为三队，则与周制同矣。”

太宗曰：“春秋荀吴伐狄，毁车为行[62]，亦正兵欤，奇兵欤？”靖曰：“荀吴用车法耳，虽舍车而法在其中焉。一为左角，一为右角，一为前拒，分为三队；此一乘法也，千万乘皆然。臣按曹公《新书》云：‘攻车七十五人，前拒一队，左右角二队；守车一队，炊子十人，守装五人，厩养五人，樵汲五人，共二十五人。攻守二乘，凡百人’。兴兵十万，用车千乘，轻重二千，此大率荀吴之旧法也。又观汉魏之间军制：五车为队，仆射一人；十车为师，卒长一人；凡车千乘，将吏二人[63]。多多仿此。臣以今法参用之，则跳荡，骑兵也；战锋队，步骑相半也；驻队，兼车乘而出也。臣西讨突厥，越险数千里，此制未尝敢易。盖古法节制，信可重焉。”

太宗幸灵州回，召靖，赐坐。曰：“朕命道宗及阿史那社尔等讨薛延陀[64]，而铁勒[65]诸部乞置汉官，朕皆从其请。延陀西走，恐为后患，故遣李勣[66]讨之。今北荒悉平，然诸部蕃汉杂处，以何道经久，使得两全安之？”靖曰：“陛下敕自突厥至回纥[67]部落，凡置驿六十六处，以通斥候[68]，斯已得策矣。然臣愚以谓，汉戍宜自为一法，蕃落宜自为一法，教习各异，勿使混同。或遇寇至，则密敕主将，临时变号易服，出奇击之。”太宗曰：“何道也？”靖曰：“此所谓‘多方以误之’之术也。蕃而示之汉，汉而示之蕃，彼不知蕃汉之别，则莫能测我攻守之计矣。善用兵者，先为不可测，则敌乖其所之也。”太宗曰：“正合朕意，卿可密教边将。只以此，蕃汉便见奇正之法矣。”靖再拜[69]曰：“圣虑天纵，闻一知十，臣安能极其说哉？”

太宗曰：“诸葛亮言：‘有制之兵，无能之将，不可败也；无制之兵，有能之将，不可胜也[70]。’朕疑此谈非极致之论。”靖曰：“武侯有所激云尔。臣按《孙子》有曰：‘教道不明，吏卒无常，陈兵纵横，曰乱[71]。自古乱军引胜，不可胜纪。夫教道不明者，言教阅无古法也；吏卒无常者，言将臣权任无久职也；乱军引胜者，言己自溃败，非敌胜之也。是以武侯言：兵卒有制，虽庸将未败；若兵卒自乱，虽贤将危之；又何疑焉？”太宗曰：“教阅之法，信不可忽。”靖曰：“教得其道，则士乐为用；教不得法，虽朝督暮责，无益于事矣。臣所以区区古制皆纂以图者，庶乎成有制之兵也。”太宗曰：“卿为我择古阵之法，悉图以上。”

太宗曰：“蕃兵唯劲马奔冲，此奇兵欤？汉兵唯强弩犄角[72]，此正兵欤？”靖曰：“按《孙子》云：‘善用兵者，求之于势，不(贵)[责]于人，故能择人而任势。’[73]夫所谓择人者，各随蕃汉所长而战也。蕃长于马，马利乎速斗；汉长于弩，弩利于缓战。此自然各任其势也，然非奇正所分。臣前曾述[74]蕃汉必变号易服者，奇正相生之法也。马亦有正，弩亦有奇，何常之有哉？”太宗曰：“卿更细言其术。”靖曰：“先形之[75]，使敌从之，是其术也。”太宗曰：“朕悟之矣！《孙子》曰：‘形兵之极，至于无形[76]。’又曰：‘因形而措胜于众，众不能知[77]。’其此之谓乎？”靖再拜曰：“深乎！陛下圣虑，已思过半矣。”

太宗曰：“近契丹[78]、奚[79]皆内属，置松漠[80]、饶乐[81]二都督，统于安北都护[82]。朕用薛万彻[83]，如何？”靖曰：“万彻不如阿史那社尔及执失思力[84]、契苾何力[85]，此皆蕃臣之知兵者也。臣尝与之言松漠、饶乐山川道路，蕃情逆顺，远至于西域部落十数种，历历可信。臣教之以阵法，无不点头服义。望陛下任之勿疑。若万彻，则勇而无谋，难以独任。”太宗笑曰：“蕃人皆为卿役使。古人云，以蛮夷攻蛮夷，中国之势也。卿得之矣。”

【注释】

①太宗：李世民(599～649年)，唐高祖李渊的次子。627～649年在位。武德九年(626年)发动玄武门之变，立为太子，继帝位。他任贤纳谏，是我国历史上杰出的封建君王。

②高丽、新罗：朝鲜半岛上的古国。

③朕：秦以前泛指“我的”或“我”，自秦始皇起专用做皇帝自称。

④靖：本名李药师(571～649年)，京北三原(今陕西三原东北)人。精兵法，李唐开国元勋。

⑤盖苏文：又号盖金，姓泉氏，任高丽国的莫离支(相当于唐朝兵部尚书)后，联合百济，屡攻新罗。

⑥术：战术。

⑦突厥：我国古代的一个民族，六世纪时游牧于金山(今阿尔泰山)一带。隋开皇二年(582年)分为东、西两部。唐贞观三年(629年)十一月，唐太宗命兵部尚书李靖为定襄道行军总管，与各部唐军出击东突厥。次年平定。

⑧七擒孟获：蜀汉建兴三年(225年)三月，诸葛亮采用部将马谡“攻心为上”的策略，对彝族首领孟获七擒七纵，最后使之甘心归顺。

⑨马隆：字孝兴，西晋平陆人。咸宁五年(279年)春，晋武帝(司马炎)以马隆

为讨虏护军、武威太守，征讨鲜卑首领树机能。马隆根据山地作战的特点，结成偏箱车阵，且战且前，推进千余里。十二月同树机能军主力决战，斩树机能，平定了凉州。

⑩讨：底本作“计”，今据《武经七书讲义》校改。

⑪凉州：汉置，治陇（今甘肃秦安东北故陇城）。三国魏移治武威。晋因之。

⑫八阵图：诸葛亮创制的一种攻防并用的阵法。它用纵横排列的六十四个战术单位合成一个大方阵，阵后设二十四队游骑，机动配合大方阵的作战。这是我国冷兵器时代最典型的集团方阵。

⑬偏箱车：有扁平车厢的战车或设置一箱的小车。据《明经世文编·战阵议》卷七十四释马隆偏箱车所述，当以后者为是。

⑭鹿角车营：即以偏箱车首尾相接，围作一圈，架刀枪于车上，锋刃向外，以为防范之物。因其形似鹿角，故称鹿角车营。

⑮宋老生：隋炀帝将帅。隋大业十三年（617年）八月，李渊率兵轻骑进攻霍邑（今山西霍县），引诱隋守城虎牙郎将宋老生出城作战。宋老生兵败，旋被擒杀。

⑯义师：正义的军队。这里是李世民对自己军队的称许之词。

⑰陛下：古人对君主的尊称。

⑱黄帝：传说中中原各族的共同祖先。

⑲建成：李渊的长子。早年跟随其父起义反隋。李渊称帝后，被立为皇太子。“玄武门之变”中被李世民用箭射死。

⑳取：俘获。

㉑霍去病（前140～前117年）：西汉武帝时名将，官至骠骑将军，封冠军侯。曾六次出击匈奴，解除了西汉初年以来匈奴对西汉王朝的威胁。他虽然没有学过孙、吴兵法，但用兵作战多与《孙子》《吴子》的准则相吻合。

㉒佯北勿追：语出《孙子兵法·军争篇》。佯，假装。北，败北，失败。

㉓能而示之不能：语出《孙子兵法·计篇》。示，显示。

㉔曹公《新书》：又名《孟德新书》，是曹操所著的军事论著，今已失传。《问对》所引《新书》文句，多出自曹操的《孙子注》。二书是否原即一种，待考。

㉕战势不过奇正……孰能穷之：语出《孙子兵法·势篇》。

㉖偏裨：偏将与裨将。部将的总称。

㉗形人而我无形：语出《孙子兵法·虚实篇》。形，泄露形迹。

㉘说：底本作“拘”，疑误。今依《武经七书讲义》校改。

㉙乌有：没有。

㉚迥出：远远超过。

㉛魏武侯问吴起……击之勿疑：参见《吴子·论将》。

㉜以正合：语出《孙子兵法·势篇》。

㉝韩擒虎（538～592年）：隋代大将，河南东垣（在今河南新安东）人。开皇九年（589年）率兵攻入建康（今南京），俘陈后主。因功晋升上柱国。

㉞谢玄之破苻坚：晋太元八年(383年)八月，前秦苻坚亲率百万大军从长安分三路进发，企图一举灭掉东晋。东晋王朝命谢玄为前锋都督率兵八万抗击秦军。淝水一战大破秦军。

㉟慕容垂(326~396年)：鲜卑族，昌黎棘城(在今辽宁义县西北)人。前燕时封为吴王，后投奔苻坚，帮助苻坚灭了前燕。淝水之战苻坚败北后，他趁机恢复燕国，定都中山(今河北定县)，史称后燕。

㊱多算胜少算，少算胜无算：见《孙子兵法·计篇》，略有出入。算，策划。

㊲《握奇文》：古代兵书名，即《握机文》，亦作《握机经》《幄机经》。

㊳令素行以教其民，则民服：素，平时。民，民众，这里指士兵。

㊴君命有所不受：语出《孙子兵法·九变篇》。受，银雀山汉墓竹简《孙子兵法》佚文中为"行"。

㊵阵数有九……而终于八：参见《握奇经》。

㊶诸葛亮以石纵横布为八行：据史籍记载，诸葛亮的八阵图遗迹有三处：一在四川奉节南江边；一在四川金堂弥牟镇；一在陕西勉县东南诸葛亮墓东。

㊷丘井之法：原指商周时期的一种土地制度，即井田制度。李靖在这里乃是借井字等分为九个方块表明五阵向八阵的变化。

㊸阃阈：门槛。引申为范围、边境的意思。阃，底本作"閫"疑误，今据《武经七书讲义》校改。

㊹太公：周代齐国的始祖。姜姓，吕氏，名望，一说字子牙，西周初年官太师，也称师尚父。辅助武王灭商有功，封于齐。有太公之称。

㊺六步七步，六伐七伐：意谓方阵作战，部队前进六七步，击刺六七下即止步看齐，以保持队形。伐，击刺。

㊻牧野：古地名。在今河南淇县西南。

㊼桓公(？~前643年)：春秋时齐国君。姜姓，名小白。齐襄公弟。襄公被杀后，从莒回国取得政权，任用管仲进行改革，国力富强，成为春秋时第一霸主。

㊽管仲(？~645年)：即管敬仲。春秋初期政治家。名夷吾，字仲，颍上(颍水之滨)人。他被齐桓公任命为卿后，在齐国进行了多方面的改革，使齐国力大振。还帮助齐桓公以"尊王攘夷"相号召，使之成为春秋时第一霸主。

㊾乐：乐毅。中山国灵寿(在今河北平山东北)人。燕昭王时任亚卿。燕昭王二十八年(前284年)，率军击破齐国，连下七十余城。燕惠王继位后，中齐反间计，改用骑劫为将，他出奔赵国，后死于赵。

㊿张良(？~前186年)：汉初大臣。字子房。传为城父(在今河南郏县东)人。秦末农民战争中，聚众归刘邦，为其主要谋士。

51韩信(？~前196年)：汉初诸侯王。淮阴(在今江苏清江西南)人。初属项羽，继归刘邦，被任为大将。楚汉战争中，他帮助刘邦消灭了项羽。汉朝建立后，因人告其谋反而被吕后所杀。著有《兵法》三篇，今佚。

52任宏：汉成帝时人，任步兵校尉时曾受命校理兵书。

(53)蒐狩：春冬打猎。

(54)酆宫之朝：酆宫，在今陕西长安南沣河以西。周文王伐崇侯虎后，自岐迁都至此。周武王迁都镐京（今陕西西安西南）后，酆宫不改，仍为全国的政治文化中心，所以周康王常在这里朝会诸侯。

(55)涂山之会：涂山，在今安徽怀远东南八里淮河东岸。周穆王因田猎曾在此会盟过诸侯。

(56)召陵之师：召陵，在今河南禹县。鲁僖公四年（前656年），齐桓公会合鲁、宋、陈、卫、郑、许、曹各诸侯国的军队侵蔡，蔡军战败，于是伐楚。楚国派大夫屈完与诸侯结盟于召陵，齐国与诸侯国的军队因而败退。

(57)晋文有践土之盟：晋文，即晋文公，名重耳，春秋时晋国君。鲁僖公二十八年（前632年），晋楚城濮之战，晋国获胜，周襄王亲自犒赏晋军。晋文公在践土（在今河南荥阳东北）修建王宫，迎襄王，与诸侯会盟；从此，晋确立霸权，成为盟主。

(58)九伐之法：制裁诸侯违背王命行为的九种办法。

(59)百官象物而动，军政不戒而备：语出《左传·宣公十二年》。物，古代军中彩色旗帜，用以标示各级军官的地位和职司。戒，通诫。

(60)楚子乘广三十，广有一卒；卒，偏之两：语出《左传·宣公十二年》。原文分为两处：一处是“其君之戎分为二广，广有一卒，卒偏之两”；另一处是“楚子为乘广三十乘，分为左右”。《唐太宗李卫公问对》将两处引文合二为一，因而产生歧义，战车之数与徒兵之数纠缠不清。本段翻译仍按原文不变。

(61)军行右辕，以辕为法；故挟辕而战：车战时，配属每乘战车的步兵，在各自战车的右侧展开，行动以车辕方向为准则，随车战斗。

(62)荀吴伐狄，毁车为行：见《左传·昭公元年》荀吴伐狄事。前541年，晋中行元帅荀吴率军伐狄（古代北方少数民族），采纳魏舒在山地作战应临时改车兵为步兵的建议，因而大卤（今太原）一战，战败狄军。

(63)五车为队……将吏二人：《孙子十家注·作战篇》曹操注言：“阵车之法，五车为队，仆射一人；十车为官，卒长一人；车十乘，乘将吏二人。”仆射，官名。

(64)道宗及阿史那社尔等讨薛延陀：道宗，姓李，字承范，唐朝宗室，曾为任城（今山东济宁）王，后改江夏（今湖北武昌）王。阿史那社尔（？~655年），姓阿史那，名社尔，突厥处罗可汗次子。曾经取得半国，自号都布可汗。因失败于薛延陀、西突厥，于贞观十年（636年）率众降唐，封左骁卫大将军，居灵州（在今宁夏灵武西南）。后率唐军击败高昌、龟兹等国，屡立大功。薛延陀，古族名和国名，由薛部和延陀部合并而成。初属突厥。唐太宗封其头领为真珠毗伽可汗。贞观二十年（646年）发生内乱，多弥可汗攻唐，为唐所败。次年，唐在其地设府州，隶属燕然都护府。

(65)铁勒：古族名，亦称高车。五世纪时，北魏太武帝迁徙东部铁勒数十万于漠南，渐习农耕。突厥兵起后，分属东、西突厥。其散处于漠北者，有十五部，以薛延陀、回纥为最著。唐贞观二十三年（649年），东部铁勒内属，太宗于其地分设州府，并置燕然都护府以统之。

⑯李勣(594～669年):唐初大将。本姓徐,名世勣,字懋功,后赐姓李,因避免唐太宗讳,故名李勣。贞观三年(629年)与李靖出击东突厥,因功改封英国公,守并州(今山西太原)十六年。

⑰回纥:古族名和国名,今维吾尔族的祖先。唐初为"九姓铁勒"之一。贞观四年(630年),唐灭东突厥后,回纥与薛延陀同为漠北两雄。贞观二十年(646年),回纥配合唐军灭了薛延陀,占有其地和部众。至天宝年间,其辖境东起兴安岭,西至阿尔泰山,最盛时曾至中亚费尔干纳盆地。

⑱斥候:观望敌情的哨所,也指侦察敌情的士兵。

⑲再拜:底本作"拜舞",今从《武经七书讲义》校改。

⑳"有制之兵"六句:语出诸葛亮《兵要》。与原文稍异。

㉑教道不明……曰乱:语出《孙子兵法·地形篇》。与原文稍异。

㉒犄角:北方方言,兽角。如羊犄角、牛犄角。这里指前后夹击敌人。

㉓善用兵者,求之于势,不责于人,故能择人而任势:语出《孙子兵法·势篇》。责,责备、苛求。人,指部属。择人,选择人才。任势,利用有利的作战形势。

㉔述:底本作"部",今从《武经七书讲义》校改。

㉕形之:以假象迷惑敌人。

㉖形兵之极,至于无形:语出《孙子兵法·虚实篇》。

㉗因形而措胜于众,众不能知:语出《孙子兵法·虚实篇》。措,放置。

㉘契丹:古族名,古国名。源于东胡。北魏以来,在今辽河上游一带游牧。唐以其地置松漠都督府,并任契丹首领为都督。唐末,迭剌部首领阿保机统一契丹及临近各部,建立辽朝。宋宣和七年(1125年)为金所灭。

㉙奚:古族名,属东胡族,原居辽河上游,柳城西北。汉时为匈奴所破,保乌丸山,因称乌桓。

㉚松漠:今河北围场及内蒙古克什克腾盟地方。兴安岭多松,滋生遍及原麓,故名。唐初置松漠都督府,以处契丹。

㉛饶乐:今内蒙古赤峰市。唐初置饶乐都督府,以处奚。

㉜安北都护:唐置。治所在今乌拉特旗西。以处铁勒诸部。

㉝薛万彻:敦煌人,隋汲郡太守薛世雄之子,后与兄万均共归唐,以功授统军,晋爵武安郡公。贞观二十二年(648年)正月以青丘行军总管率军由海道进攻高丽。

㉞执失思力:唐初少数民族将领,原为突厥族酋长。

㉟契苾何力(?～676年):契苾,古族名,属铁勒诸部。何力,人名。契苾首领哥楞(自号易勿真莫可汗)之侄。唐贞观六年(632年)十一月,与母率部众千余人投唐,历任葱山道副大总管,辽东道行军大总管,封郧国公。

【译文】

唐太宗说:"高丽多次侵伐新罗,我派使臣去晓喻息兵,但高丽不听受诏令,因此我将发兵讨伐，你看如何？"李靖说："根据侦察人员的情报得知，盖苏文凭借自己会用兵，说中国没有能力去讨伐他，因此敢违抗诏令。请给我三万士兵，把他擒来！"太宗说："用这样少的兵力，走这么远的路程，你用什么战术去对付他呢？"李靖说："臣用正兵作战。"太宗说："先前你平突厥时，是用奇兵取胜的，现在你说征高丽要用'正兵'，是何道理？"李靖说："诸葛亮七擒孟获，没有其他方法，只是用正兵作战罢了。"太宗说："西晋泰始年间，马隆讨平凉州树机能等人的反叛，也是依照八阵图的战法，作偏箱车。战地广阔，就用鹿角车营；道路狭窄，就做成木屋，放在车上，一面战斗，一面前进。诚然，正兵是古人所重视的。"李靖说："臣征讨突厥时西行数千里，倘若不用正兵，怎能从事这样的远征呢？使用偏箱车、鹿角营，是用兵的要则：一则可以提高战斗力；二则可以抵御敌人的正面攻击；三则可以约束自己的队伍。三种方法交叠使用。这就说明马隆对古人兵法的研究已经非常精深了。"

太宗说："我在霍邑战败宋老生的战斗中，初次交战时，我军稍稍后撤。我亲自指挥精锐的骑兵从南边高地上飞驰而下，横冲宋老生的部队，宋老生的部队被切为两段后，立即战败，于是就生擒了宋老生。这是正兵呢？还是奇兵呢？"李靖说："陛下天生崇高英勇，不是学了兵法才能用兵的。我依据兵法上的观点来解释：自黄帝以来，用兵作战都是先用正兵而后用奇兵，先用仁义而后用诡诈。何况霍邑之战，陛下仗义兴师，此是正兵；而建成坠马，右军稍退，这是奇兵。"

太宗说："在霍邑作战的时候，右翼军稍稍后退，差点坏了大事，怎么还能说是用奇呢？"李靖说："但凡用兵，从正面向前攻击的便是正兵；故意后退以迷惑敌人的便是奇兵。况且若无右翼军的后退，那么宋老生怎么会被引诱出来呢？《孙子兵法》说：'以利为饵，引诱敌军进攻，趁乱反击，从而俘获敌军。'宋老生不懂兵法，仅凭勇力冒进，谁料您从侧背杀来，把他的军队截为两段，从而被陛下所俘。这就是所指把奇兵当作正兵的战法。"太宗说："霍去病用兵经常与孙、吴兵法的原理不谋而合，看来真有其事。当右翼部队后退时，先父高祖皇帝大惊失色，等到我从敌人侧后突袭得手后，形势反而变得对我们有利了。这也是同孙、吴兵法不谋而合的。你分析的精准极了。"

太宗说："凡军队撤退，是否都可以说成用奇呢？"李靖说："不是这样。军队撤退时，假如它的旌旗参差不齐，鼓声混乱不应和，号令喧嚣不统一，这就是真的败却了，这便不是用奇；如果它的旌旗整齐，鼓声应和，号令统一，仅仅表面上假装混乱，虽然退走，但不是败北，一定是在用奇。《孙子兵法》上说：'不要追击假装逃跑的敌军。'还说：'能打却故意显示不能打。'说的都是用奇。"太宗说："霍邑之战，右军稍稍退却，难道不是天意吗？宋老生被我所抓获，难道不是人谋吗？"李靖说："那次战争如果不是正兵变为奇兵，奇兵变为正兵，使宋老生奇正难辨，我军又怎能取得胜利呢？所以擅长用兵的将领，用奇用正全在各人的谋划罢了。奇正变化达到了神鬼莫测的地步，因此人们常常把它归结为天意。"太宗点头表示赞许。

太宗说："奇与正，是平时划分好的，还是临时制定的呢？"李靖说："按曹公《新书》上说：‘假如我军兵力是敌军兵力的二倍，就各以一半的兵力分别担任正兵和奇兵；如果我军兵力是敌军兵力的五倍，就以五分之三的兵力担当正兵，五分之二的兵力担当奇兵。’这不过是一种概略的说法罢了。只有孙武说：‘作战的基本方法不过奇、正两种，奇和正的配合、变化，却是无穷无尽的。奇和正互相转化，就好比圆环一样循环无尽，谁能找到它的尽头呢？’这样说就对啦！怎么会有平时就分好的呢？倘若士卒对于我的战法不熟悉，将佐对于我的号令不熟练，那么就教练他们奇、正两种战法。教战的时候，各认旗鼓，反复分合。因此说：‘分合为变。’这就是教战的方法。教练和检阅已经完成，大家都了解了我的用兵方法，军队就如羊群一样，任凭将帅驱使，谁还分辨奇正的区别呢？孙武所讲的‘使敌人暴露而我不露形迹’，这才是运用奇正达到了最高境界。因此，平时分奇正，是在教练中实行的；临战时作奇正之变，是无穷无尽的。”太宗说：“深奥啊！深奥啊！曹公一定知道奇正的秘诀。然而曹公《新书》只不过是用来教授诸将的教材罢了，根本不是奇正变化的真正内涵。”

太宗说：“曹公说：‘从旁边攻敌不备的兵是奇兵。’你以为这种说法怎么样呢？”李靖说：“我按曹公注《孙子》所讲：‘先出与敌人合战的是正兵，后出战的是奇兵。’这与‘旁击’之说又不相同了。我以为，主力与敌人正面交战的就是正兵，将领自己临时捕捉战机，出奇制胜的便是奇兵。何必受先后和旁击的束缚呢？”太宗说：“我的正兵，使敌人以为是奇兵；我的奇兵，使敌人认为是正兵。这大概就是孙子所说的‘形人’吧？我能以奇兵变为正兵，正兵变为奇兵，奇正变化叫人无法臆测，这便是孙子所说的‘无形’吧？”李靖向太宗再拜说：“陛下的悟性超凡入圣，远出古人之上，更不是我所能赶得上的。”

太宗说：“分而合，合而分，奇正之法显示在什么地方呢？”李靖说：“凡是擅长用兵的将帅，没有不用正兵的，也没有不用奇兵的。是奇是正，让敌人不能臆测，所以他们指挥作战，正兵也胜，奇兵也胜。至于他们所指挥的官兵，只知道他们的胜利，却不知道取胜的奥妙。假如不把分合变化融会贯通的话，哪能达到这样的境界呢？分合变化所产生的妙用，只有孙武一人能够做到。从吴起以下，都不能赶上他。”太宗说：“吴起的用兵之术怎样？”李靖说：“请让我简略地予以解释。从前魏武侯问吴起：‘若是两军骤然相遇，我想探明敌情，用什么办法呢？’吴起回答说：‘派地位低而且勇敢的官兵向前攻击，初次交锋时只准败，不准胜，失败也不加处罚，借以观察敌军的种种表现。如果敌人一举一动都有节制，而且见到我军败北也不来追，那么这个将领便是有计谋；假如敌人全部出来追击，而且士卒行动随便，队伍纵横杂乱，那便是敌将无能，攻击他不必疑惑。’我说吴起用兵之术大多属于这一类，不是孙武所讲的以正兵迎敌，以奇兵取胜的方法。”

太宗说：“你的舅舅韩擒虎以前说过，只有你才能够和他一起讨论孙、吴兵法。你们讨论的也是奇正变化的问题吗？”李靖说：“擒虎哪里懂得奇正变化的奥妙呢？不过是仅仅知道奇兵就是奇兵，正兵就是正兵的区别罢了，从来不了解奇正相互变化、循环无穷的道理。”太宗又说：“古人临阵运用奇兵，在敌人意料不到的情况下进行讨伐,这也是奇正相变的方法吗?”李靖说:“前代的战斗,将帅们多是以自己小的战术战胜不懂战术的人,片面的优势战胜没有优势的人,这怎么能说得上是兵法呢?就拿谢玄在淝水击破苻坚来讲吧,根本不是谢玄的高明,而是苻坚的无能。”太宗回顾侍臣,叫他们检出《谢玄传》,看后说:“苻坚的确是处置不当。”李靖说:“我在《苻坚载记》上看到:前秦各路军队都溃败了,只有慕容垂一军完整无损。苻坚收集千余骑兵投奔慕容垂,慕容垂之子慕容宝劝父亲杀死苻坚,结果没有达到目的。由此可以看出,秦军内部是多么的杂乱!只有慕容垂一军完整无损的事实,就足以说明苻坚遭受了慕容垂的暗算。一个人为自己的部下所暗算,却想要打败敌人,那不是很困难吗?因此我说不学无术,就是如同苻坚这样的人啊!”太宗说:“《孙子兵法》上说,多谋划胜少谋划,由此而知,少谋划就能胜无谋划。凡事都是这个道理。”

太宗说:“轩辕黄帝的兵法,世人传为《握奇文》,也有人说是《握机文》,究竟应该是如何的呢?”李靖说:“‘奇’音‘机’,所以有人传为‘机’字,它们的意思是相同的。考其言词,说:‘四方为正兵,四方为奇兵,中央的余奇之兵,是大将掌控的机动部队,所以名之为握机。’‘奇’,意思是余零,因此‘奇’字之音‘机’。我很愚陋,自认为用兵没有不用计谋的,怎么可以说是‘掌握机谋’呢?应该为‘余奇’之‘奇’,而不是‘机谋’之‘机’。正兵,是执行君主交代给的战略意图的部队;奇兵,是将帅自己按战场实际情况灵活运用的兵力。《孙子兵法》上说:‘平常认真执行君主的命令,并以此教育士兵,士兵就会服从。’这是受之于君的正兵。《孙子兵法》上又说:‘军事不能预先说定,君主的命令有时候也不能接受。’这是对主帅见机行事而说的。凡属将帅,只知道用正兵而不知道用奇兵的,便是防御型的将领;只知用奇兵而不知用正兵的,便是战斗型的将帅;奇正都得其法的,才是国家的辅佐之臣。因此说握奇与握机,本无二法,关键在于学者能够融会贯通罢了。”

太宗说:“阵数共有九个:外有四正四奇,中央一阵为余零之兵,由主将掌握。四方四隅之阵皆向中阵看齐取准。大阵包小阵,大队包小队。或以前为后,或以后为前;因为节制周密,因此前进没有快跑的,后退没有急走的,进退都是一致的。四头八尾,敌人如攻其中之一,此一军便是首,其余的都是尾;敌人如击其中部,两头都来救援。布阵的数目最初是五个,后来演变成八个,这是什么道理呢?”李靖说:“诸葛亮在沙滩上用石头纵横布置,分为八行,作为方阵之法,就是这种阵图。我教练官兵,一定先从这种阵图开始。世间所传的《握机文》,仅是简单的说法而已。”

太宗说:“天、地、风、云、龙、虎、鸟、蛇,这八阵是什么意思?”李靖说:“这是世人传说的错误。古人把这种阵法秘藏起来,因此诡异地假设天、地、风、云、龙、虎、鸟、蛇八个名称罢了。八阵本为一体,区分为八。所指天地,本是规定的旗号;风云,本是规定的幡名;龙虎鸟蛇,本是队伍序列的不同。后世误传,诡异地假设物象,其实旗号帜别的种类很多,何止八种呢?”

太宗说:“阵数起于五,而终于八,却不是你所说的假设物象,实在是古代的阵法,你试为我说明。”李靖说:“我考查黄帝最早建立的丘井之法,八家为井,十六井为丘。后人沿袭这个制度而制定为兵阵之法。因此一井分为四道，八家人住在这一井田内。其形状像一个‘井’字，分开则为九个方块。以前、后、左、右、中五处为阵地，以四个边角为闲地，这就是所指‘数起于五’。主将居中，四周部队环绕，左、右、前、后和四个边角共为八阵，这就是所谓数‘终于八’。临到应用的时候，变化阵法以制服敌人，战斗时就像纷纷乱乱，实则阵法不乱，又好似混混沌沌，实则队形圆转循环而阵势不散。这就是散而分之，成为八个小阵；复而合之，成为一个整体大阵。”太宗说：“黄帝设定的兵法，是多么深燧啊！后世的人，即使有天才神算，也不能超出他的范围。由他以后，还有谁能继承他的兵法呢？”李靖说：“周朝开始兴起的时候，姜太公确实继承并补充了黄帝的兵法。周代的祖先在陕西岐山建都，实行井田制；战车三百辆，勇士三千人，建立军事编制；确定了六步七步、六伐七伐的战斗方法。后来周军开到商郊牧野列阵，太公就以每百个士兵编成的军队投入战斗，从而确立了武功，用四万五千人战胜了商纣王的七十万大兵。周代的《司马法》，本是太公的兵法。太公死后，其子孙相继为齐侯，所以齐国人得其遗法。直到齐桓公任用管仲为相，称霸天下.再撰修太公兵法，称之为节制之兵。于是，天下诸侯都服从节制。”

太宗说：“儒家只说管仲只不过是一霸者之臣而已，但不知道他的兵法起源于王道之治。蜀相诸葛亮有辅助帝王的才干，他在南阳隐居的时候，曾自比管仲、乐毅。因此知道管仲也是王佐之才。但是，当时周室已经衰败，周王不能任用管仲，所以管仲辅佐齐桓公兴师，以匡正天下。”李靖再拜说：“陛下超凡入圣，竟有如此的知人之明！老臣幸逢陛下，即使死了，也无愧于先贤。我请陛下让我说明管仲当时治理齐国的法度。管仲把齐国居民一分为三，军队也相应编成三个军。五家为一轨，所以五人为一伍；十轨为一里，所以五十人为一小戎；四里为一连，所以二百人为一卒；十连为一乡，所以二千人为一旅；五乡为一师，所以一万人为一军。这也就是来源于古《司马法》：一师有五个旅，一旅分为五个卒。其实，这些都是姜太公的遗法。”

太宗说：“人人都说《司马法》是春秋时期齐国人司马穰苴的著述，是不是这样？”李靖说：“我按《史记·穰苴传》所载：齐景公时，田穰苴擅长用兵，曾经战败燕晋两国联军的进攻，齐景公尊他为大司马之官，从此人们都称他为司马穰苴，他的子孙也因此以司马为姓。到齐威王时，齐威王命大夫追论古司马法，并把田穰苴的学说加以论述，于是有司马穰苴书几十篇。今世所传的兵家著述，又分为权谋、形势、阴阳、技巧四种。这些都是出自《司马法》的。”

太宗说：“汉朝张良与韩信整理古代兵法，当时有一百八十二家，去掉芜杂伪造的，取其切实可用的，定为三十五家。如今这三十五家也失传了，这是为什么呢？”李靖说：“张良所学的，是太公的《六韬》和《三略》；韩信所学的，是司马穰苴书和孙武的兵法，但是大体不出三门四种而已。”太宗说：“什么叫三门？”李靖说：“经我研究，《太公谋》八十一篇，所谓阴谋不可用言语穷究其意蕴；《太公言》七十一篇，不可用兵阵穷究其奥妙；《太公兵》八十五篇，不可用财货穷究其术数。《谋》《言》

《兵》就是所谓的三门。”太宗说：“什么叫四种？”李靖说：“汉成帝时，步兵校尉任宏将编著的兵书分为四类：权谋为一种，形势为一种，以及阴阳、技巧各为一种，这就是所说的四种。”

太宗说：“《司马法》开头便叙述春冬打猎的事，是何种原因呢？”李靖说：“顺应天时以讲武备，并邀请神灵，是为了郑重其事。《周礼》认为，这是周朝最大的政治活动。周成王时，有岐阳之田猎；周康王时，因为田猎而朝会诸侯于酆宫；周穆王时，因田猎而会诸侯于涂山。这是天子分内的事情。及周室衰败，齐桓公称霸诸侯，就有召陵的会师；晋文公称霸诸侯，又有践土的盟誓。这是诸侯代为奉行天子之事。其实运用周王规定的九伐之法，对不恪守周王之命的诸侯加以震慑。假借朝会之名，因袭巡狩之礼，推行训练甲兵之事。说明国家无事，不得妄动干戈；而巡狩朝会，必须在农闲时间进行，是为了不忘戒备。因此《司马法》首序蒐狩，其意义不是很深远吗？”

太宗说：“按《春秋左氏传》所记载，楚庄王的兵法有二广的制度。其规定是：‘百官按各种形象色彩不同的旗帜而行动，军政不等待上级的戒令而先做好准备。’这也是来自周朝的制度吗？”李靖说：“按《春秋左传》所说，楚庄王的乘广制度是：每一广有战车三十，配步兵一卒；每一卒为一百人，分为二偏，五十人为一偏。步兵在战车右边行动，以车辕为基准，夹在战车队列中作战。这些都是周朝的体制。我说，旧制百人为一卒，五十人为一两；每车为一乘，配备士卒一百五十人，数目比周制差多了。周制一乘配备步兵七十二人，甲士三人。以二十五人为一甲，有三甲，共计七十五人。楚国是个山林和沼泽遍布的国家，车少而人多。将一百五十人分为三队就与周制分为三甲一样了。”

太宗说：“春秋之时，晋国中行元帅荀吴伐狄于大卤，不用车乘，而用步兵，是正兵还是奇兵？”李靖说：“荀吴在大卤之战中还是用的车战之法。他虽然摒弃了车乘而用步兵，但车战的战术仍在其中。他用一队为左侧卫，一队为右侧卫，一队为前卫，分为三队，这是一乘的战术。即使千万乘，也都是依此来推。我根据曹公《新书》上的说法，‘战车一乘共七十五人，其中有前卫一队，左右侧各一队；辎重车一队，内有炊事兵十人，保管员五人，饲养员五人，打柴担水的五人，共二十五人。这样，战车和辎重车二乘，恰好共有士卒一百人。’因此，兴兵十万，就要动用轻车一千，重车一千，这大概是荀吴旧式的编制。再看汉魏之间的军法：五车为一队，设仆射一人统领；十车为一师，设卒长一人率领；凡战车千乘，设正副两个将领统帅。其余大多效仿这种制度。我用现在的军制参酌施行：有冲锋陷阵的骑兵队，有步骑各半的战锋队，还有步兵战车协同出击的驻队。我西征突厥时，跨越几千里险要之地，这种制度，也不敢改变，因为这是古代各兵种相互配合的制度，确实值得重视。”

太宗驾幸灵州回宫，召李靖入见，赐座后说：“我令江夏王李道宗和左骁卫大将军阿史那社尔等讨伐薛延陀，而铁勒诸部请求设置汉官来治理，我都给予了答复。薛延陀部向西逃跑了，恐为后患，所以又派李勣去讨伐。如今漠北一带都平定了，只是汉蕃杂处，你看用何种方法来长期治理他们，才能使得蕃汉两全、相安无事呢?”李靖说:“陛下命令自突厥至回纥的部落间设置驿站六十六处,以联络边防将士,这是很妥当的策略。但是我的建议是汉族的边防战士宜于用一种方法操练,蕃族的各个部落宜于用另一种方法训练,教练的方法各不相同。假如遇到敌寇来了,就密令主将临时变换编号服装,出奇兵击败他们。”太宗说:“这是什么道理?”李靖说:“这就是用多种方略使敌人陷于错误的方法。蕃兵的编号、服装用汉兵的来表示,而汉兵的编号、服装用蕃兵的来表示,使敌人不知我蕃汉的分别,那么他们就无法揣测我攻守的计划了。擅长用兵的人,总是先创造一种深不可测的形势,使敌人的行动违背他们的设想。”太宗说:“你说的正合我的想法。你可以秘密地去教练边将。只要用这种方法,蕃汉就足以看出奇正方法的精妙了。”李靖再拜说:“圣上的思维,是上天给予的,听说一件事,就能类推十件事。我怎能详尽地解释其中的无穷奥妙呢?”

太宗说:“诸葛亮曾说:‘训练有素的部队,即使统兵将领无能,也不会打败仗;缺乏训练的部队,哪怕是能干的将领作统领,也不会打胜仗。’我怀疑这种说法不太合理。”李靖说:“诸葛亮的这句话,是用来激励官兵加强训练的。《孙子兵法·地形篇》中说:‘将帅怯懦而没有威严,部队训练缺乏明确的准则,下级军官和士兵无章可遵,布阵横七竖八,这就叫作混乱。’自古致使自己混乱而将胜利送给敌人的战例不知有多少。所谓‘教导不明’,就是说练兵没有运用古法;所谓‘吏卒无常’,就是说军官没有长久任职;所谓‘乱军引胜’,就是说自己内部失败,不是被敌人打败的。因此诸葛亮说士卒有严格军法,虽是平庸将领指挥,也未必失败;假如士卒自身混乱,虽有贤能将领指挥,也很危险。这又有什么值得怀疑的呢?”太宗说:“训练部队的方法,确实不容疏忽。”李靖说:“训练方法正确,官兵就会乐于为我所用;训练方法不正确,即使从早到晚地监督和责备,对于战事也没有任何好处。我之所以把学到的古代教练士兵的方法,不惮其烦地全都以图示的形式编纂起来,目的在于使我们的部队成为‘有制之兵’。”太宗说:“你替我选择古代阵法,并详尽绘图让我看。”

太宗说:“蕃兵作战,只用骏马奔腾冲击,这是奇兵吗?汉兵作战,只用强弩首尾射击,这是正兵吗?”李靖说:“孙子曾经讲过:‘擅长用兵的将帅,讲究用有利的战争态势取胜,而不单纯督责士兵去死打硬拼,因此选拔适当的人才,才能充分利用有利的态势。’这里所说的选择人才,就是根据蕃汉各自的长处而让他们从事战斗。蕃兵长于用马,马利于速战;汉兵善于用弩,弩利于缓战。这是蕃汉士兵各自利用自己的优势,不是奇正的分别。我前面曾经讲过,蕃汉兵必须互相变号易服,那便是奇正相生的战法。骑兵有时用作正兵作战,步兵有时用作奇兵作战,哪里会有一成不变的道理呢?”太宗说:“你再把变号易服方法的运用仔细说明一下。”李靖说:“让蕃兵临时变号易服,使敌人误认为是汉兵,而以与汉兵作战的方法和我作战,我却以蕃兵作战的方法出奇制胜的击败敌人。这就是‘先形之,使敌从之’的古法。”太宗说:“我知道了!孙子说:‘示形用诈达到了至高境界的时候,敌人就看不出我军的一点迹象。’又说:‘因为伪装佯动运用得好而取胜,即使把胜利摆在众人面前，众人也不知道我是怎样取胜的。'大概就是说的这种做法吧？"李靖再拜说："深刻啊，陛下超人的思虑，真是想到家了！"

太宗说："近来契丹和奚都来归附，设置松漠、饶乐两都督，划归安北都护统管。安北都护一职，我想让薛万彻担任，你看如何？"李靖说："薛万彻不如阿史那社尔和执失思力、契苾何力。这几位都是蕃将中懂得用兵的人。我曾经和他们谈过松漠、饶乐二地的山川道路及蕃情顺逆；远的地方，还谈到西域部落十几种，他们说得明明白白，是可以相信的。我教他们阵法，没有不点头信服的。请陛下任用他们，不必疑惑。至于薛万彻，他有勇无谋，难以独当大任。"太宗笑着说："这些蕃人都被你役使过了。古人说：'用蛮夷之人去制服蛮夷之人，这是中国政策的形势所决定的。'看来你已经明白了这个要旨。"

【赏析】

本卷主要论述作战用兵中的奇正变化问题，对奇正变化的论述深刻，分析透彻，提出"善用兵者，无不正，无不奇，使敌莫测，故正亦胜，奇亦胜"，"奇正，在人而已，变而神之，所以推乎天也。"书中还用奇正变化的观点，阐述进退、攻守、众寡、将帅、营阵、训练等军事领域中矛盾范畴的问题，发展了《孙子兵法》中的奇正学说。

1.太宗曰："凡兵却皆谓之奇乎？"

李靖曰："不然。夫兵却，旗参差而不齐，鼓大小而不应，令喧嚣而不一，此真败却也，非奇也；若旗齐鼓应，号令如一，纷纷纭纭，虽退走，非败也，必有奇也。《法》曰'佯北勿追'，又曰'能而示之不能'，皆奇之谓也。"

唐太宗问道：凡是部队实施退却，都能说它是奇兵吗？

李靖说：不能这样说。如果部队实施退却时，旗帜参差不齐，鼓声忽大忽小而又互相不呼应，号令喧嚷而不统一，这是真正的败兵，不是兵法运用中的奇兵；如果部队实施退却时，人马纷纭，似乱而不乱，虽然看上去好像是败退，但实际上不是真正败退，是运用奇兵之法也。《孙子兵法》说，假装败退的敌人切不要去追击；又说，能打装作不能打的，也是运用奇兵之法，不要上当受骗。李靖说：善于用兵的统帅，在作战中用奇还是用正，全在于指挥员的临战指挥调度，使奇正变化让敌人感到神秘莫测，这就是奇正变化的运用，已经达到顶级的境界了。

2.太宗曰："吾之正，使敌视以为奇；吾之奇，使敌视以为正。斯所谓'形人者'欤？以奇为正，以正为奇，变化莫测，斯所谓'正形者'欤？"

李靖再拜说：陛下神智圣武，远远超过了古人的论述，臣下更是望尘莫及了。

3.太宗曰："分合为变者，奇正安在？"

靖曰："善用兵者，无不正，无不奇，使敌莫测。故正亦胜，奇亦胜。三军之士，止知其胜，莫知其所以胜。非变而能通，安能至是哉？分合所出，唯孙武能之。吴起而下，莫可及焉。"

唐太宗说：军队在战场上进行分合变化时，奇正表现在哪些方面呢？

李靖回答说：善于用兵作战的将帅，无处不是正，无处不是奇，使敌人莫测高

深。所以,用正兵也能取胜,用奇兵也能取胜。全军上下,只知道取胜了,但不知道是怎样取胜的,如果不是将帅通晓奇正的变化,怎能取得这样的效果呢?奇正变化的奥妙,只有孙武能做得到,吴起以后的人都赶不上他。

李靖还举例说,像隋朝将领韩擒虎,只知道奇兵就是奇兵,正兵就是正兵,并不知道奇正相互变化、循环无穷的道理。

因此,李靖回答太宗关于《握奇文》的问话时说:凡是统兵的将领,只会用正兵而不会用奇兵的,不过是墨守成规的将领;只会用奇兵而不会用正兵的,不过是浮躁好斗的将领;既会用正兵又会用奇兵的,就成为国家的栋梁了;奇正两者是不可截然分开的战法,关键是在于学习兵法的人能够融会贯通罢了。

4.太宗曰:"诸葛亮言:'有制之兵,无能之将,不可败也;无制之兵,有能之将,不可胜也。'朕疑此谈非极致之论。"

靖曰:"武侯有所激云尔……又何疑焉?"

唐太宗说:诸葛亮讲过,有严明军纪节制的军队,即使将领没有指挥才能,也是不可以打败的;没有严明军纪节制的军队,即使将领具有指挥才能,也是不能够打胜仗的。我怀疑这种说法,并不是全面的论断。

李靖说:武侯说的这些话是有所感而发的……这是不用怀疑的。

5.太宗曰:"教阅之法,信不可忽。"

靖曰:"教得其道,则士乐为用;教不得法,虽朝督暮责,无益于事矣。臣所以区区古制皆纂以图者,庶乎成有制之兵也。"

唐太宗说:"教育训练的方法,确实是不可以忽视的。"

李靖说:教育训练得其法,士卒就会乐于听从命令;教育训练不得其法,即使是起早贪黑不停地督促责令,也是无益于事的。所以我把古人练兵的制度一条条地编纂成阵图,是希望把军队练成有严明纪律节制之师。

卷中

【原文】

太宗曰:"朕观诸兵书,无出孙武;孙武十三篇,无出虚实。夫用兵,识虚实之势,则无不胜焉。今诸将中,但能言避实击虚,及其临敌,则鲜识虚实者。盖不能致人,而反为敌所致故也。如何?卿悉为诸将言其要。"靖曰:"先教之以奇正相变之术,然后语之以虚实之形可也。诸将多不知以奇为正、以正为奇,且安识虚是实、实是虚哉?"

太宗曰:"'策之而知得失之计,作之而知动静之理,形之而知死生之地,角之而知有余不足之处[①]。'此则奇正在我,虚实在敌欤?"靖曰:"奇正者,所以致敌之虚实也。敌实,则我必以正;敌虚,则我必为奇。苟将不知奇正,则虽知敌虚实,安能致之哉？臣奉诏，但教诸将以奇正，然后虚实自知焉。”太宗曰：“以奇为正者，敌意其奇，则吾正击之；以正为奇者，敌意其正，则吾奇击之。使敌势常虚，我势常实。当以此法授诸将，使易晓尔。”靖曰：“千章万句，不出乎‘致人而不致于人’[②]而已。臣当以此教诸将。”

太宗曰：“朕置瑶池都督[③]，以隶安西都护[④]。蕃汉之兵，如何处置？”靖曰：“天之生人，本无蕃汉之别。然地远荒漠，必以射猎而生，由此常习战斗。若我恩信抚之，衣食周之，则皆汉人矣。陛下置此都护，臣请收汉戍卒，处之内地，减省粮馈，兵家所谓治力之法也。但择汉吏有熟蕃情者，散守堡障，此足以经久。或遇有警，则汉卒[⑤]出焉。”

太宗曰：“《孙子》所言治力何如？”靖曰：“以近待[⑥]远，以逸待劳，以饱待饥。此略言其概尔。善用兵者，推此三义而有六焉：以诱待来，以静待躁，以重待轻，以严待懈，以治待乱，以守待攻。反是，则力有弗逮。非治力[⑦]之术，安能临兵哉？”太宗曰：“今人习《孙子》者，但诵空文，鲜克推广其义。治力之法，宜遍告诸将。”

太宗曰：“旧将老卒，凋零殆尽，诸军新置，不经阵敌。今教以何道为要？”靖曰：“臣常教士，分为三等：必先结伍法[⑧]，伍法既成，授之军校[⑨]，此一等也；军校之法，以一为十，以十为百，此一等也；授之裨将，裨将乃总诸校之队，聚为阵图，此一等也。大将军察此三等之教，于是大阅，稽考制度，分别奇正，誓众行罚。陛下临高观之，无施不可。”

太宗曰：“伍法有数家，孰者为要？”靖曰：“臣按《春秋左氏传》云：先偏后伍[⑩]；又《司马法》曰：五人为伍[⑪]；《尉缭子》有束伍令[⑫]；汉制有尺籍伍符[⑬]。后世符籍，以纸为之，于是失其制矣。臣酌其法，自五人而变为二十五人，自二十五人而变为七十五人，此则步卒七十二人，甲士三人之制也。舍车用骑，则二十五人当八马，此则五兵五当之制也[⑭]。是则诸家兵法，唯伍法为要。小列之五人，大列之二十五人，参列之七十五人。又五参其数，得三百七十五人。三百人为正，六十人为奇。此则百五十人分为二正，而三十人分为二奇，盖左右等也。穰苴所谓五人为伍，十伍为队，至今因之，此其要也。”

太宗曰：“朕与李勣论兵，多同卿说，但勣不究出处尔。卿所制六花阵法[⑮]，出何术乎？”靖曰：“臣所本诸葛亮八阵法也。大阵包小阵，大营包小营，隅落钩连，曲折相对[⑯]。古制如此，臣为图因之。故外画之方，内环之圆，是成六花，俗所号尔。”太宗曰：“内圆外方，何谓也？”靖曰：“方生于正，圆生于奇。方所以矩其步，圆所以缀其旋。是以步数定于地，行缀应乎天。步定缀齐，则变化不乱。八阵为六，武侯之旧法焉。”

太宗曰：“画方以见步，点圆以见兵。步教足法，兵教手法，手足便利，思过半乎？”靖曰：“吴起云：‘绝而不离，却而不散[⑰]。’此步法也。教士犹布棋于盘，若无画路，棋安用之？孙武曰：‘地生度，度生量，量生数，数生称，称生胜。胜兵若以镒称铢，败兵若以铢称镒[⑱]。’皆起于度量方圆[⑲]也。”

太宗曰：“深乎，孙武之言！不度地之远近，形之广狭，则何以制其节乎？”靖

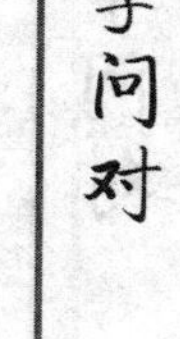

曰："庸将罕能制其节者也。'善战者，其势险，其节短，势如彍弩，节如发机[20]。'臣修其术：凡立队，相去各十步，驻队去前队二十步，每隔一队立一战队。前进以五十步为节。角一声，诸队皆散立，不过十步之内。至第四角声，笼枪跪坐。于是鼓之，三呼三击，三十步至五十步以制敌之变。马军从背出，亦五十步临时节止。前正后奇，观敌如何。再鼓之，则前奇后正，复邀敌来，伺隙捣虚。此六花大率皆然也。"

太宗曰："曹公《新书》云：'作阵对敌，必先立表[21]，引兵就表而阵。一部受敌，余部不进救者斩。'此何术乎？"靖曰："临敌立表，非也。此但教战时法尔。古人善用兵者，教正不教奇，驱众若驱群羊，与之进，与之退，不知所之也[22]。曹公骄而好胜，当时诸将奉《新书》者，莫敢攻其短。且临敌立表，无乃晚乎？臣窃观陛下所制破阵乐舞[23]，前出四表，后缀八幡，左右折旋，趋步金鼓，各有其节，此即八阵图四头八尾之制也。人间但见乐舞之盛，岂有知军容如斯焉？"太宗曰："昔汉高帝[24]定天下，歌云：'安得猛士兮守四方！'[25]盖兵法可以意授，不可以语传。朕为破阵乐舞，唯卿已晓其表矣，后世其知我不苟作也。"

太宗曰："方色五旗[26]为正乎？幡麾折冲[27]为奇乎？分合为变，其队数曷[28]为得宜？"靖曰："臣参用古法，凡三队合，则旗相倚而不交；五队合，则两旗交；十队合，则五旗交。吹角，开五交之旗，则一复散而为十；开二交之旗，则一复散而为五；开相倚不交之旗，则一复散而为三。兵散，则以合为奇；合，则以散为奇。三令五申，三散三合[29]，复[30]归于正，四头八尾[31]，乃可教焉。此队法所宜也。"太宗称善。

太宗曰："曹公有战骑、陷骑、游骑[32]，今马军何等比乎？"靖曰："臣按《新书》云：'战骑居前，陷骑居中，游骑居后。'如此则是各立名号，分为三类尔。大抵骑队八马，当车徒二十四人；二十四骑，当车徒七十二人。此古制也。车徒常教以正，骑队常教以奇。据曹公，前后及中，分为三覆[33]，不言两厢，举一端言也。后人不晓三覆之义，则战骑必前于陷骑、游骑，如何使用？臣熟用此法，回军转阵，则游骑当前，战骑当后，陷骑临变而分；皆曹公之术也。"太宗笑曰："多少人为曹公所惑！"

太宗曰："车、步、骑三者一法也，其用在人乎？"靖曰："臣按春秋鱼丽阵[34]，先偏后伍，此则车步无骑，谓之左右拒[35]，言拒御而已，非取出奇胜也。晋荀吴伐狄，舍车为行，此则骑多为便，唯务奇胜，非拒御而已。臣均其术：凡一马当三人，车步称之，混为一法，用之在人。敌安知吾车果何出，骑果何来，徒果何从哉？或潜九地，或动九天[36]，其知如神，唯陛下有焉，臣何足以知之？"

太宗曰："太公书云：'地方六百步，或六十步，表十二辰。'其术如何？"靖曰："画地方一千二百步，开方[37]之形也。每部占地二十步之方，横以五步立一人，纵以四步立一人。凡二千五百人，分五方，空地四处，所谓阵间容阵者也[38]。武王伐纣，虎贲各掌三千人，每阵六千人，共三万之众。此太公画地之法也。"太宗曰："卿六花阵，画地几何？"靖曰："大阅：地方千二百步者，其义六阵，各占地四百步，分为东西两厢，空地一千二百步为教战之所。臣尝教士三万，每阵五千人，以其一为营法[39]，五为方、圆、曲、直、锐之形，每阵五变，凡二十五变而止。"

太宗曰："五行阵[40]如何？"靖曰："本因五方色立此名。方、圆、曲、直、锐，实因地形使然。凡军不素习此五者，安可以临敌乎？兵，诡道[41]也，故强名五行焉，文之以术数相生相克之义。其实兵形象水，因地制流，此其旨也。”

太宗曰：“李勣言牝牡、方圆伏兵法。古有是否？”靖曰：“牝牡之法，出于俗传，其实阴阳二义而已。臣按范蠡[42]云：‘后则用阴，先则用阳。尽敌阳节，盈吾阴节而夺之[43]。’此兵家阴阳之妙也。范蠡又云：‘设右为牝，益左为牡，早晏以顺天道[44]。’此则左右早晨，临时不同，在乎奇正之变者也。左右者，人之阴阳；早晏者，天之阴阳；奇正者，天人相变之阴阳。若执而不变，则阴阳俱废。如何？守牝牡之形而已。故形之者，以奇示敌，非吾正也；胜之者，以正击敌，非吾奇也。此谓奇正相变。兵伏者，不止山谷草木伏藏。所以为伏也，其正如山，其奇如雷，敌虽对面，莫测吾奇正所在。至此，夫何形之有哉？”

太宗曰：“四兽之阵[45]，又以商、羽、徵、角[46]象之，何道也？”靖曰：“诡道也。”太宗曰：“可废乎？”靖曰：“存之所以能废之也。若废而不用，诡愈甚焉。”太宗曰：“何谓也？”靖曰：“假之以四兽之阵及天、地、风、云之号，又加商金、羽水、徵火、角木之配，此皆兵家自古诡道。存之，则余诡不复增矣；废之，则使贪使愚之术从何而施哉？”太宗良久曰：“卿宜秘之，无泄于外。”

太宗曰：“严刑峻法，使人畏我而不畏敌，朕甚惑之。昔光武以孤军当王莽百万之众[47]，非有刑法临之，此何由乎？”靖曰：“兵家胜败，情状万殊，不可以一事推也。如陈胜、吴广败秦师，岂胜、广刑法能加于秦乎？光武之起，盖顺人心之怨莽也；况又王寻、王邑反不晓兵法，徒夸兵众，所以自败。臣按《孙子》曰：‘卒未亲附而罚之，则不服；已亲附而罚不行，则不可用[48]。’此言凡将先有爱结于士，然后可以严刑也。若爱未加而独用峻法，鲜克济焉。”太宗曰：“《尚书》[49]言：‘威克厥爱，允济；爱克厥威，允罔功[50]。’何谓也？”靖曰：“爱设于先，威设于后，不可反是也。若威加于前，爱救于后，无益于事矣。《尚书》所以慎戒其终，非所以作谋于始也。故《孙子》之法万代不刊。”

太宗曰：“卿平萧铣[51]，诸将皆欲籍伪臣家以赏士卒，独卿不从，以谓蒯通[52]不戮于汉；既而江汉归顺。朕由是思古人有言曰：‘文能附众，武能威敌。’其卿之谓乎？”靖曰：“汉光武平赤眉，人贼营中案行。贼曰：‘萧王[53]推赤心于人腹中。’此盖先料人情本非为恶，岂不豫虑哉！臣顷讨突厥，总蕃汉之众，出塞千里，未尝戮一扬干[54]，斩一庄贾[55]，亦推赤诚存至公而已矣。陛下过听，擢臣以不次之位，若于文武，则何敢当？”

太宗曰：“昔唐俭[56]使突厥，卿因击而败之。人言卿以俭为死间，朕至今疑焉，如何？”靖再拜曰：“臣与俭比肩事主，料俭说必不能柔服，故臣因纵兵击之，所以去大恶不顾小义也。人谓以俭为死间，非臣之心。按《孙子》，用间最为下策。臣尝著论其末云：水能载舟，亦能覆舟。或用间以成功，或凭间以倾败。若束发[57]事君，当朝正色，忠以尽节，信以竭诚，虽有善间，安可用乎？唐俭小义，陛下何疑？”太宗曰：“诚哉！非仁义不能使间，此岂纤人[58]所为乎？周公大义灭亲[59]，况一使人乎？灼无疑矣！”

太宗曰:“兵贵为主,不贵为客;贵速[60],不贵久。何也?”靖曰:“兵,不得已而用之,安在为客且久哉?《孙子》曰:‘远输则百姓贫[61]。’此为客之弊也。又曰:‘役不再籍,粮不三载[62]。’此不可久之验也。臣较量主客之势,则有变客为主、变主为客之术。”太宗曰:“何谓也?”靖曰:“因粮于敌[63],是变客为主也;‘饱能饥之,佚[64]能劳之,是变主为客也。故兵不拘主客迟速,唯发必中节[65],所以为宜。”太宗曰:“古人有诸?”靖曰:“昔越伐吴[66],以左右二军鸣鼓而进,吴分兵御之。越以中军潜涉不鼓,袭败吴师,此变客为主之验也。石勒与姬澹战[67],澹兵远来,勒遣孔苌为前锋,逆击澹军,孔苌退而澹来追,勒以伏兵夹击之,澹军大败,此变劳为佚之验也。古人如此者多。”

太宗曰:“铁蒺藜[68]、行马[69],太公所制,是乎?”靖曰:“有之,然拒敌而已。兵贵致人,非欲拒之也。太公《六韬》言守御之具尔,非攻战所施也。”

【注释】

①策之……不足之处:策,本指占卜吉凶,引申为分析、侦察。作,动作,指触动、挑动。动静之理,进退的规律。角,较量,角量,这里指试探性进攻。

②致人而不致于人:致,招致、招引,这里指调动、驱使。

③瑶池都督:唐置,治庭州之莫贺城,后改为金满县,即今新疆阜康。

④安西都护:唐置,治交河城,在今新疆吐鲁番西二十里。

⑤汉卒:底本原作“虞卒”,疑误。今据《武经七书讲义》抄本校改。

⑥待:等待。

⑦力:底本原作“之”,疑误。今据《汇解》《四库全书》抄本校改。

⑧伍法:古代训练队伍的基本方法。周代军制五人为伍,历代多相沿袭,把五人一伍作为军队编制与训练的基本单位。

⑨军校:军,我国古代军队中最大的编制单位,历代人数多少不一。军之一部为校。

⑩先偏后伍:古代的一种作战队形。其法是偏车(车二十五乘为一偏)在前,步卒在后,步卒利用车辆的间隔作战。

⑪五人为伍:今本《司马法》并无此句,但其《定爵》中有“参伍”之说。参伍,即队列编制,三人为参,五人为伍。唐杜佑《通典》第一百四十八卷有“司马穰苴曰:五人为伍,十伍为队”。

⑫束伍令:是《尉缭子》第十六的篇名。其中有“束伍之令曰:五人为伍,共一符,收于将吏之所”。意思是说,约束部队的法令规定:士卒五人编为一伍,共一份花名册,收存在将吏那里。

⑬尺籍伍符:尺籍,书写军令的尺书;伍符是伍内相互保证的凭证。

⑭五兵五当:五兵,即弓矢手、殳手、矛手、戈手、戟手五种士兵。弓矢、殳、矛是长兵器,掩护短兵器;戈、戟是短兵器,补充长兵器之缺点。李靖认为,在用骑兵而不用车兵作战时,以八马为一伍,相当于步卒二十五人,是伍法在车、步、骑不同编

制内的不同运用。

⑮六花阵法：根据诸葛亮八阵图演变而成的阵法。它由方阵变为内圆外方，由八阵为六阵。六阵加上中军共为七军，故又名七军阵。中军为奇兵，共七队为一阵，其队形通常没有变化；外围六军的正兵，分为左右虞候各一军，左右厢各二军，每军以七队编成一阵，共四十二队。依据地形，阵式可作方、圆、曲、直、锐各种阵形的变化。

⑯隅落钩连，曲折相对：即指六花阵内各小阵之间互相衔接、呼应而无破绽；各小阵接合与交叉的地方互相对称、策应，秩序井然。隅，指阵的各个攻守正面；落，指阵的各角，即各小阵的衔接部；曲折，指小阵间的交叉和队形转换。四隅四落是方，弯曲相对为圆，所以说"外画之方，内环之圆，是成六花"。

⑰绝而不离，却而不散：语出《吴子·治兵》。意为军队虽遭阻隔，阵形仍旧不乱；队伍虽在退却，行列仍旧整齐。

⑱地生度……败兵若以铢称镒：语出《孙子兵法·形篇》。镒、铢，古代的重量单位。一镒为二十四两（一说二十两），一铢为一两的二十四分之一。一镒有一铢的五百多倍，相差悬殊，这里比喻双方实力差别极大。

⑲圆：底本作"国"，疑误。今据《四库全书》抄本校改。

⑳善战者……节如发机：语出《孙子兵法·势篇》。节，调节。彍弩，拉满的弓弩。弩，用机械射箭的弓。发机，触发弩机。

㉑表：标识，标志。

㉒"驱众若驱群羊"以下四句：语出《孙子兵法·九地篇》。

㉓破阵乐舞：唐朝宫廷乐舞，原名《秦王破阵乐》，系李世民为秦王时所创的军中之乐。

㉔汉高帝：姓刘，名邦，字季。西汉高祖。

㉕安得猛士兮守四方：汉高祖刘邦所作《大风歌》中的一句歌词。

㉖方色五旗：方，方位、方向。色，颜色。意谓按东、南、西、北、中五方，分为青、赤、白、黑、黄五色旗帜。

㉗幡麾折冲：幡、麾都是古代军中用以指挥或作为标识的旗帜。冲，战车。折，挫折，引申为击退。

㉘曷：怎么。

㉙三合：底本"合"字前无"三字"，疑脱。今据《武经七书讲义》及《四库全书》抄本校补。

㉚复：底本"复"字前有一"然"字，疑衍一字，今从《武经七书讲义》删去。

㉛四头八尾：指八阵图。

㉜战骑：对敌冲锋的骑兵。陷骑：利用战骑的战果，突入敌阵的轻骑兵。游骑：待命应援、担负警戒的骑兵。

㉝三覆：指曹操把骑兵分为前、中、后三部分，作战时灵活运用，序列可以互变。

㉞鱼丽阵：春秋时郑庄公所创。郑国有左拒、中军、右拒三军，一军有五偏（二

十五乘车为一偏），一偏有五队，一队五车。把五偏部署在五方，即成方阵。各偏以兵车居前，步卒居后，弥补偏间的缝隙（接合部）。把左拒、中军、右拒排成倒品字形的队势，成为兵车和步卒配合的一种鱼网状的队形。

㉟左右拒：是指左右两翼抵御敌人的部队。

㊱或潜九地，或动九天：语出《孙子兵法·形篇》。

㊲开方：古代指边长一千二百步的正方形。

㊳“每部占地二十步”等七句：数字疑有错误。译文根据原文意义做出推断，仅供参考。

㊴营法：六花阵中进行示范训练的一阵，李靖在校阅时，中间空出四十八万平方步作为教场，两面各四十八万平方步分列六军。一军演练营法，另五军则演练方、圆、曲、直、锐五种阵形。

㊵五行阵：以金、木、水、火、土五行表示方位的战阵。

㊶诡道：诡诈的行为。

㊷范蠡：春秋末政治家。字少伯，楚国宛（今河南南阳）人。越国大夫。曾帮助越王勾践刻苦图强，灭亡吴国。后游齐国，称鸱夷子皮。到定陶（在今山东定陶西北），改名陶朱公，以经商致富。

㊸后则用阴，先则用阳。尽敌阳节，盈吾阴节而夺之：语出《国语·越语下》。与原文稍异。

㊹设右为牝……以顺天道：语出《国语·越语下》，与原文稍异。

㊺四兽之阵：以四兽命名的战阵。

㊻商、羽、徵、角：古代五声（亦称五音）中的四声（另一声为宫）。古人用四声代表四方，并象征四兽。商为西方，属金，代表虎；角为南方，属火，代表鸟；徵为东方，属木，代表龙；羽为北方，属水，代表龟。

㊼光武以孤军当王莽百万之众：23年，绿林义军进迫宛城（在今河南南阳），不断取得胜利。王莽派王寻、王邑率军四十二万（号称百万）反扑，包围昆阳（在今河南叶县北）。王凤等率义军八九千人奋战坚守，刘秀等突围求援。各地义军进援昆阳时，刘秀乘莽军轻敌懈怠，率精兵三千集中突破敌军中坚，杀死王寻。城内守军也乘胜出击，内外夹攻，歼灭了王莽主力。

㊽“《孙子》曰”以下四句出自《孙子兵法·行军篇》，与原文稍异。

㊾《尚书》：亦称《书》《书经》。儒家经典之一。

㊿“威克厥爱”四句：克，胜过、胜于。厥，其。允，诚然、确实。罔，无、没有、不能。

(51)萧铣（583~621年）：后梁宣帝曾孙。于唐武德元年（618年）在巴陵（今湖南岳阳）称帝，不久迁都江陵，出兵攻唐巴、蜀地，有兵四十万。武德四年（621年），唐高祖李渊派李靖、李孝恭围江陵。萧铣投降，被斩于都市。

(52)蒯通：即蒯彻。汉初范阳（今河北定兴北固城镇）人。楚汉战争中，他曾在齐地劝说韩信背叛刘邦自立，但未成功。刘邦称帝后欲杀蒯通，蒯通采用实话直陈的方式避开了这场杀身之祸。后为齐相国曹参的幕宾，参议政事。

㊾萧王：即刘秀。更始皇帝曾封他为萧王。

㊿杨干：春秋晋国人，晋悼公之弟。悼公四年（前569年），会诸侯于鸡泽（在今河北邯郸东北），时魏绛为中军司马，杨干于曲梁（今河北永年治）乱了军阵，按军法当斩，因是悼公之弟，魏绛遂杀其驭手代罪。悼公怒，对羊舌赤说："必杀绛厂言毕，魏绛至。"他将请罪书交给悼公后，欲拔剑自刎，被人阻止。悼公读后，不仅没有治罪魏绛，反而与之食，使佐新军。

55庄贾：春秋齐国人，齐景公之宠臣。因犯军令，被司马穰苴斩杀。

56唐俭：唐初晋阳（今山西太原）人。贞观三年，突厥可汗颉利在李靖的打击下，被迫派使臣向唐朝谢罪称臣。李世民派唐俭出使突厥。当唐俭到达铁山后，突厥放松了警惕，被李靖趁机一举歼灭。唐俭后官至兵部尚书。

57束发：古代男孩到成童时束发为髻，因此古人以束发为成童代称。此处指青少年。

58纤人：人格卑下的人。

59周公大义灭亲：周公，西周初年杰出的政治家，姬姓，周武王之弟，名旦，亦称叔旦。因其采邑在周（今陕西岐山北），故称周公。曾辅佐武王灭商。武王死后，成王年幼，由他摄政，其兄弟管叔、蔡叔、霍叔等人不服，遂联合纣王之子武庚和东方夷族反叛。周公果断出师东征，平定叛乱。诛杀管叔，放逐蔡叔，使西周统治转危为安。故被称作大义灭亲。

60速：速胜。

61远输则百姓贫：语出《孙子兵法·作战篇》。

62役不再籍，粮不三载：役，兵役。籍，登记、征集。再，第二次。三，多次。载，运输、运送。

63因粮于敌：语出《孙子兵法·作战篇》。因，依靠、凭借。

64佚：安逸。

65中节：合乎法度，恰到好处。

66越伐吴：越、吴均为先秦时期重要诸侯国。前478年，越王勾践出兵伐吴，吴王夫差在笠泽（水名，在今江苏苏州之南）之北岸布阵进行抵御，越军用左右两翼佯动，虚张声势，分散吴军兵力，以中军偷渡突袭，大败吴军。

67石勒与姬澹战：石勒（274~333年），字世龙，羯族，上党武乡（在今山西榆社北）人，十六国时期后赵的建立者。姬澹，字世稚，代（今河北蔚县）人，晋侍中太尉刘琨部将。晋愍帝建兴四年（316年）秋，石勒围乐平（在今山西昔阳西南），乐平郡太守韩据向刘琨求救，琨命姬澹率步骑二万为前锋同石勒作战。石军一面控制险要，预设两层埋伏，一面派出少数轻骑兵出战佯败诱敌，姬澹中计入伏，大败。

68铁蒺藜：亦称"渠答"，古代军用障碍物，一种用尖锐的铁片连缀而成、形如蒺藜的多刺钉。

69行马：古代军事上的防御性设施之一。将木螳螂与剑刃结合起来装置在战

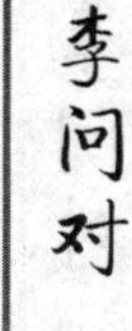

车上，主要用来阻止车骑的通行。将多个行马联结起来，亦可防御步兵的进攻。

【译文】

太宗说："我读了许多兵书，内容没有超出孙武的。《孙子》十三篇的论述，也没有超出'虚实'两个字。假如用兵的人能识别虚实的形势，就没有不胜利的。如今各位将领中，只能口头上说一说避实击虚，一到面临敌军，就很少知道运用虚实了。这大概是他们不能调动敌人，反而被敌人所调动的原因。如何？你悉数给将领们讲讲虚实的要旨。"李靖说："先教给他们奇正相互变易的方法，然后再告诉他们虚实的形态，这样就可以了。如今的各位将帅中大都不知道以奇为正、以正为奇，又如何能认识有时虚就是实、有时实就是虚呢？"

太宗说："《孙子兵法》说：'侦察、分析敌人的各种情况，便知道敌人作战计划的长短得失；挑逗敌人，便知道敌人行动的规律；用假象迷惑敌人，便知道敌人占据的地势是否有利；进行试探性战斗，便知道敌人兵力部署的虚实强弱。'如此看来，是奇正的运用在于我、虚实的部署在于敌吗？"李靖说："奇与正，用来应付敌人的虚与实。敌方的坚强处，则我必用正兵攻击它；敌方的虚弱处，则我必用奇兵袭击它。倘若将领不知奇正，那么即使明白敌方虚实，又怎能对付它呢？我应当谨遵皇上的命令，只要教会诸将奇正之法，尔后他们对于虚实就自然明白了。"太宗说："我用奇兵作正兵，假如敌人察觉是奇兵，那么我就索性用正兵攻击他；我用正兵作奇兵，假如敌人察觉是正兵，那么我就干脆用奇兵攻击他。如此就会使敌势常虚，我势常实。你应用这种方法教导诸将，使他们容易清楚。"李靖说："说到千言万语，总不外乎'调动敌人而不被敌人调动'罢了。我当用这种方法教育各位将帅。"

太宗说："我设置瑶池都督，隶属安西都护。那个地方的番兵和汉兵应怎样处置？"李靖说："天生的百姓，本来没有番汉的区别。但是番人生长在边远的荒漠地带，必然以射猎为生存的方式，因而惯于战斗。如果我们推恩讲信安抚他们，周济他们衣食，这些番人也就变成了汉人。陛下设置这一都护，我请求把汉籍守边的士兵移住内地，以减省运粮的费用，这就是兵家所说的培植人力的方式。只选择熟悉番情的汉族官吏分散守备堡寨，这就足以经久。一旦出现变故，汉兵也可以随时战斗。"

太宗说："《孙子兵法》上所说的培植战斗力的方法如何？"李靖说："以自己的沉着战场等待敌人的远道而来，以自己的从容休整等待敌人的劳累奔波，以自己的粮足食饱对待敌人的断粮饥饿。这就是《孙子兵法·军争篇》中培植战斗力的大概意义。擅长用兵的人，把这三条推而广之，分为六点：用诱饵等待敌人自投罗网，以沉稳等待敌人的轻浮急躁，以持重等待敌人的轻举妄动，以严谨等待敌人的松懈懒散，以整治严明等待敌人的纪律混乱，以防备等待敌人的进攻。违犯了这些策略，战斗力就会难以保持。不懂得培植战斗力的方法，怎么能指挥部队与敌交战呢？"太宗说："如今学习《孙子兵法》的人，只能死记条文，很少能够理解推演它的意义。你所说的培植战斗力的方法，应该遍告诸将明白。"

太宗说:“旧将老卒,已是凋零将尽啦,如今这些新建置的军队,大都没有临阵作战,用什么方法教练他们是最要紧的呢?”李靖说:“我教练官兵,常分为三等:首先进行五人为伍的伍法教练;伍法教练完成后,再进行更大编组的军校训练。这是第一等。军校训练的方法,是把一个单位当成十个单位,十个单位当成百个单位,从小到大,由低级向高级进行推演训练。这是第二等。最后副将总合指挥各队,聚成兵阵,共同进行教练。这是第三等。大将军审察这三等的教练,然后综合副将教练的士兵而进行大检阅。考核各项制度、用兵奇正,并举行誓师、执行赏罚。陛下居高临下观看,发现各项措施有不完整的,就不准行,命令继续教练,直到达标为止。”

太宗说:“古代伍的编组方法有数家,哪一家比较重要呢?”李靖说:“《春秋左氏传》上说,先偏后伍;《司马法》上说,五人为伍;《尉缭子》上有束伍令;汉朝的制度有尺籍伍符;后世的符籍是用纸做的,于是这种制度就不存在了。我按古法酌情变通办理:教练单位,五人变为二十五人,二十五人变为七十五人。这就与古代步卒七十二人、甲士三人的制度相符合。倘若不用车战,而用骑兵,则二十五人配八匹马,这就与《司马法》五兵配五马的制度相同。依照以上所说的情况而言,各家的兵法,只有伍法最为重要。小的编组为五人,大的编组为二十五人,就是五伍;三倍之,为七十五人;五倍之,则为三百七十五人。这三百七十五人中,以三百人为正,六十人为奇。这里则是一百五十人分为二正,三十人分为二奇,左右兵力相等。司马穰苴所说的五人为伍,十伍为队,到今还在沿用,这就是伍法的基本状况。”

太宗说:“我和李勣讨论兵法,他所说的与你所说的一样,不过他不能穷根究底。你所创造的六花阵法,出自哪一种战法?”李靖说:“我的六花阵法,源自诸葛亮的八阵图法:大阵包小阵,大营包小营;各阵营之间都是互相衔接,曲折相错,没有破绽。古时的制度如此,我创制阵法便是以它为依据。外面画成方形,里面画成圆形,这就成了六花的形状,俗名叫作六花阵。”太宗说:“你所画的内圆外方,如何解释?”李靖说:“方产生于严正齐整的事物,圆产生于奇异灵活的事物;方像曲尺一样使步法棱角分明,圆像圆规一样使队列旋转自如。地方而天圆,所以步法以地为准,而队列与天相应。步法一定,队列规整,所以虽变化而不至混乱。八阵变为六阵,也是诸葛武侯的旧法。”

太宗说:“画出方形来考察士卒脚步的动作方式,画出圆形来考察士卒兵器的操作方法。教步法在于教脚的动作,教兵器操作在于教手的动作。外方内圆的队形,便利于训练步伐与操作兵器。这种想法,应该是对的吧?”李靖说:“吴起讲过:‘即使部队到了绝境,仍然不会分离;即使正在退却,还是不会散乱。’这是平常教导步法熟练的目的。教导士兵就像在棋盘上弈棋一样,假若棋盘上没有画出路线,那么,棋怎么下呢?孙子说:‘根据作战地形的险易、广狭、死生等情形来做出利用地形的判断,依据对地形的判断来得出战场容量的大小,根据战场容量的大小来估算双方可能投入兵力的数量,依据双方可能投入兵力的数量来进行衡量比较,根据双方力量的对比来判断战争的胜负。取胜的军队,好似以一镒比一铢,占压倒优势；而失败的军队，好似以一铢比一镒，处于绝对劣势。'这些都是从度和量、方和圆的道理推测出来的。"

太宗说："深刻啊，孙武的言论！倘若不审度地域的远近、地形的广窄，又怎么能够控制住进攻的节奏呢？"李靖说："平庸无能的将帅，很少懂得进攻的节奏。'擅长用兵的人，他造成的兵势险要，他进攻的节奏短促。险峻的兵势就像拉满的弓弩，短促的节奏就像触发弩机。'我学习孙子的战术：凡属一线队伍，彼此距离各十步；二线部队同一线部队相隔二十步。每隔一队就安排一个冲锋队。前进时，以五十步为节制。号角一声，各队都散开，但不超过十步。到第四声号角时，各步兵部队就荷枪跪坐。于是击鼓，三呼三击鼓，在三十至五十步的距离应付敌人的变化。骑兵部队从背后冲出，离敌五十步停止。前正后奇，看敌情怎样。再击鼓，就变为前奇后正，以迎候来攻的敌军，并寻找机会摧毁他最虚弱的部位。六花阵大致都是如此的。"

太宗说："曹公《新书》说：'排阵对敌，一定要先立一种标帜，以指挥部队依据标帜列阵。如果我军有一部分受到敌人的攻击，其他部队不前进救援的，便要斩首。'这是什么方法呢？"李靖说："靠近敌人再立标帜，是不正确的。这不过是教练部队作战的一种方法而已。古代擅长用兵的将领，教正法而不教奇法。驱使士卒，如同驱赶群羊一般：叫他们前进就前进，叫他们后退就后退，至于要到哪里去，是不必让他们知道的。曹操骄横而好胜，当时的将帅们对《新书》接受还唯恐不及，哪里会有人敢说不是之外呢？何况靠近敌人再立标帜，未免太晚了吧！我看陛下你所创作的破阵乐舞，前面竖起四个标帜，后面点缀八面旗幡，舞蹈的人或左或右，进退回旋，随着金鼓之声或快或慢地前进，都依照一定的节拍。这就是八阵图四头八尾的制度。人们只看见乐舞的盛况，哪里知道军容就是这样的呢？"太宗说："从前汉高祖刘邦平定天下，曾有《大风歌》：'怎么能得到勇猛的人才得以守卫边疆呢？'兵法有许多地方是只可意会、不可言传的。我所创作的破阵乐舞只有你知道它所表示的深意，后人怎么能够知道我并不是随便创作这首乐舞的呢！"

太宗说："按照东、南、西、北、中五个方位，分别使用青、赤、白、黑、黄五色旗帜布阵，这是正兵吗？应用各种旌旗来灵活指挥部队，这是奇兵吗？部队在进行集中和分散的变化时，用多少队数配置才算是合适呢？"李靖说："我参用古人的方法，凡三队合一，旗帜就靠拢而不混合；五队合一，两旗就互相交叉；十队合一，五旗就互相交叉。吹响角声，五交之旗就分开，一队分散而为十队；分开二交之旗，就一队分散为五队；分开相互靠拢而不交叉之旗，就一队分开为三队。兵散，就以合为奇；兵合，就以散为奇。然后三令而五申，三散而三合，复归于正，这时四头八尾的阵法教练便可以开始进行了。这就是训练阵法所妥当的方法。"太宗对此表示赞许。

太宗说："曹公《新书》上说：有三种不同的骑兵，名叫战骑、陷骑、游骑，与现在的马军编制相比，情形如何？"李靖说："我看曹公《新书》说：'战骑在前面，陷骑在中间，游骑在后面。'这样是各立名号，把骑兵分为三类而使用它。大致骑兵队八匹马，相当于随车步兵二十四人；二十四匹马，相当于随车步兵七十二人。这是古时候的军制。随车步兵常教以正兵的方法，骑兵队常教以奇兵的方法。根据曹公的用兵策略，骑兵分为前、中、后三部分，不像现在的两翼军。这里不过是举其一例而言。后世的人不知曹公马军序列互变的道理，只知道战骑一定在陷骑、游骑的前面，怎样使用，就不知晓了。我经常使用这种方法，倘若回军转阵的时候，就让游骑在前面，战骑在后面。陷骑一队，临时应变而分开使用它。这便是曹公的战术。”太宗笑道：“多少人都被曹公迷惑了。”

太宗说：“战车、步兵、骑兵三个兵种的战法其实是一样的，但具体运用起来是否因将领的不同而不同呢？”李靖说：“我依照春秋时郑庄公所作鱼丽阵来解释，前面用车，后面步兵跟进，这就是只用战车和步兵而无骑兵，叫作左右拒，此取防御的态势而已，不是出奇取胜的策略。晋国中行元帅荀吴率军伐狄，放弃战车而用步兵。在这种情况下，以骑兵多而较便利，只想以奇取胜，不是取抵御态势。我对这两种战术加以比较：一马当三人，一车也当三人，混合而为一法。这种战术，随将领自己灵活运用。敌人怎能知道我的车、马、步兵的变换是从何而来的呢？军队的行动，有时如同深藏于九地之下，有时好像行于九天之上；高深莫测，智谋如神。只有陛下您才会具有，我哪里能理解这些奥妙呢？”

太宗说：“太公书上说：‘布设方阵，边长六百步或六十步见方，用十二时辰表示它。’这种方法怎么样呢？”李靖说：“将地画成长宽各一千二百步的大正方形。在这个大正方形中，按东、西、南、北、中五个方位画出五个小正方形，东西南北四方留出四块空地。在五个小正方形中，横向每五步站一人，纵向每四步站一人。五个小阵各五百人，合成一个大阵，.共二千五百人。这就是所说的‘阵间容阵’的布阵方法。武王伐纣，虎贲各掌三千人，每阵六千人，共计三万之众，这是太公画地布阵的方法。”太宗说：“你的六花阵画地多少？”李靖说：“在大规模的检阅操练时，画地为长宽各一千二百步的正方形，其中布置六个方阵，每阵占地长宽四百步，分为东西两厢，空地一千二百步为教练之所。我曾教练三万人，每阵五千人。以其中一阵五千人作安营演习；其余五阵之兵，作战演习，为方、圆、曲、直、锐的队形，每阵五次变换队形，五阵则为二十五变而止。”

太宗说：“五行阵如何？”李靖说：“本是根据东、南、西、北、中五方主色青、赤、黑、白、黄定名的。方、圆、曲、直、锐，其实根据地形使之如此。部队假如平时不教习这五种队形，怎么能临阵对敌呢？用兵打仗是一种诡诈的行为，所以故弄玄虚，强名为五行，以术数相生相克之义来装饰它。其实兵形像水，水随地形决定流向。这些就是五行阵的意旨。”

太宗说：“李勣曾说过牝牡方圆伏兵法，古代有没有这种兵法？”李靖说：“牝牡之法，出于世俗的传闻，其实不过阴阳二义而已。我按范蠡书上讲的：‘后则用阴，先则用阳。……耗尽敌方的阳气，补足我方的阴气，从而夺取它。’这就是兵阴阳家的奥妙。范蠡又说：‘设右为牝，益左为牡，早晚以顺天道。’牝，是雌性鸟兽，牡，为雄性鸟兽；以牝喻阴，以牡喻阳。早，日出之时，晏，日入之时；或早或晚，要顺天时。左右早晚，临时各有不同，在于奇正之法互相变化。左右是人的阴阳，即右为阴，左为阳；早晚是天的阴阳，即早为阳，晚为阴；奇正是天人相变的阴阳。假如拘泥左右早晚而不知变化，那么天人的阴阳之理都丢失了。如果是这样，就会只剩下牝牡的形式罢了。因此用假象困惑敌人，是以奇兵显示给敌人，而不是把正兵泄露给敌人；战胜敌人，是以正兵攻击敌人，而不是用奇兵攻击敌人。这就是奇正相互变通的策略。'兵伏'，不仅是指在山谷草木中隐藏，同时也指正兵像山一样稳重，奇兵像雷霆一样迅猛，敌人虽在对面，也不能测度我奇兵正兵之所在。倘若用兵奇正达到了这样的境界，还有什么形迹可寻呢？"

太宗说："龙、虎、鸟、龟四兽之兵阵，又用商、羽、徵、角来象征它，这是什么原理？"李靖说："这是兵家之诡道。"太宗说："可以把它废除吗？"李靖说："仅保存其名，实际上就是把它废弃了；若是宣布废除，反而更加诡诈。"太宗说："为什么这样说呢？"李靖说："假借龙、虎、鸟、龟之名和天、地、风、云之号，又加上同商金、羽水、徽火、角木相配，这都是自古以来兵家的诡诈之道。保存这些名目，就无人再会增加诡诈的名堂了；假若明令禁止，那么那些驱使贪婪、愚昧之徒的办法又何以得之实施呢？"太宗思索了一会说："你应该保守这个秘密，不要向外人透漏。"

太宗说："严厉其刑，深峻其法，使部下畏我而不畏敌。我对这句话很感困惑。东汉光武帝刘秀在昆阳之战中以三千人对抗王莽百万之众，他并没有对部下实行严刑峻法，竟然夺取胜利，这是为什么呢？"李靖说："兵家胜败，万千情况，各有不同，不可凭一件事情而加以推断。例如陈胜、吴广领导的义军战胜秦王朝的军队，难道是陈胜、吴广的刑法比秦军更严重吗？光武帝的崛起，是因为他顺应了怨恨王莽的民心。何况王莽的大司徒王寻和大司空王邑都不懂兵法，徒然夸耀兵多，因而自取灭亡。我按《孙子兵法》上说的：'将帅在士卒没有亲近依附的时候处罚士卒，士卒就不会心服，不心服就难以指挥他们作战；士卒对将帅已经亲近依附而不实行处罚，这样的军队就不会有战斗力。'按照孙子的这句话，凡属将领，先要结爱于所属的官兵，然后才可以对部下用严刑峻法。倘若对部属还没有恩惠，只用严刑酷法，那是很少能够济事的。"太宗说："《尚书》上说：'威胜于爱，命令必然行得通；爱胜于威，事情一定办不成。'这句话是什么意思？"李靖说："爱要施行在先，威要施加在后，不可把它们颠倒过来。若是首先施威，然后施爱来加以补救，那便是无济于事。《尚书》中的这几句话，是针对事件的结局教人戒慎的，并不是针对事件的开端教人谋划的。所以孙子爱先威后的法则，千秋万代都是不可能改变的。"

太宗说："你平定梁王萧铣的时候，各将领都想抄萧铣部下文武官员的家产赏给官兵，唯独你不肯，就好比汉高祖不杀蒯通，以收揽人心，因而江汉一带，望风归顺。我由此想起了古人的两句话：'文能附众，武能威敌。'这话似乎是针对你说的啦！"李靖说："汉光武帝平定赤眉起义的时候，到赤眉军营中去巡视检阅，义兵互相谈论说：'萧王待人推心置腹，赤诚相见，其实是光武帝事先就料到人性本来不是恶的。我不久前讨伐突厥时，所率的兵，有汉兵，也有番兵，出塞千里之外，未曾杀一个像扬干、庄贾之类的人，也是推赤诚、存至公而已。陛下您听到的是过誉之词，特别把我越级晋升到最高的职位，若是说我能文能武，实在不敢当！"

太宗说："从前唐俭出使突厥时，你乘机把突厥击败，有人说你以唐俭为死间。对此，我到今心里还有点困惑。这是怎么回事？"李靖再拜说："我与唐俭并肩以事陛下，当唐俭出使突厥时，我料想他一定不能说服突厥人，因此我乘突厥松懈之际，纵兵攻击他，就是要去掉国家的一个大患，顾不得保全唐俭生命的小义了。人说我以唐俭为死间，不是我的本心。按孙子所说，用间是下策。我在《孙子兵法·用间篇》末尾，曾经批注说：'水能载舟，亦能覆舟；有人用间而成功，有人用间而溃败。'一个人长大成人，从政事君，在朝廷中正大光明，以忠心尽节操，以信誉竭真诚，虽有高明的间谍来离间君臣关系，又有什么作用呢？像唐俭这件小事，乃是小义，陛下何必困惑呢？"太宗说："确然！不是实行仁义的人不能使用间谍，这难道是卑贱的人所能做到的吗？周公大义灭亲，何况一个使者唐俭呢？我如今完全明白了！"

太宗说："用兵战斗，最好采用主动，避免被动；用兵贵在神速，不贵持久。为什么呢？"李靖说："兵是迫不得已才使用的呀，哪能行远、后到、被动作战，并且旷日持久呢？《孙子兵法·作战篇》中说：'把粮草从国内运到老远的地方去，就会拖得民穷财竭。'这就是远征为客军的毛病。《孙子兵法》又说：'兵员不宜再三征集，粮草也不能多次运送。'这就是用兵不宜持久的经验。不过我比较主客的情势，却有变客为主、变主为客的策略。"太宗说："什么是主客变易的策略？"李靖说："《孙子兵法·作战篇》中所说的'从敌方取得粮草'，是变客为主的办法。《孙子兵法·虚实篇》中所说的'敌人安逸，能使他们疲惫；敌人饱足，能使他们饥饿'，是变主为客的办法。因此用兵不拘束主客迟速，只要合乎主客变易的法度，就算适宜。"太宗说："古人有这样的战例吗？"李靖说："春秋时，越王勾践讨伐吴国，以左右两翼鸣鼓进军，吴王夫差分兵抵御。可是越王以中军偷渡，不击鼓，击败吴军。这是变客为主的证验。石勒与姬澹战于乐平郡，姬澹军队远来，石勒遣孔苌为前锋，迎击澹军。孔苌伪装退却，引诱姬澹来追；石勒以伏兵夹击澹军，澹军大败。这是变劳为逸的证明。古人这类战例很多。"

太宗说："铁蒺藜和行马，据说是由姜太公创建的，是这样吗？"李靖说："是的，但那只是单纯为了防备敌人而已。用兵作战，贵在能够调动敌人加以击破，而不仅仅是为了阻止和顶住敌人。姜太公《六韬》中所说的铁蒺藜、行马，只是用于防守的工具，而不是主动进攻打仗时所使用的东西。"

【赏析】

本卷基本是上卷主题的延续与引申，并得出兵书的"千章万句，不出乎'致人而不致于人'"的结论。

1.太宗曰："朕观诸兵书，无出孙武。孙武十三篇，无出'虚实'。夫用兵，识虚实之势，则无不胜焉。今诸将中，但能言背（避）实击虚，及其临敌，则鲜识虚实者，盖不能致人，而反为敌所致故也。如何？卿悉为诸将言其要。"

靖曰："先教之以奇正相变之术，然后语之以虚实之形可也。诸将多不知以奇

为正，以正为奇，且安识虚是实，实是虚哉？”

唐太宗说：我所看过的各种兵书，没有超过《孙子兵法》的。《孙子兵法》十三篇，没有超过“虚实篇”的。用兵作战，真正能明察敌我虚实形势，就没有不打胜仗的了。现在的将领中，只是表面上能说避实击虚，一旦同敌人交锋，就发现很少有人真正能明察战场的虚实情势了。不但不能调动敌人，反而被敌人所调动。你看我说得对吗？你可以为诸将讲解明察虚实的要领。意思是说，先教他们学会使奇正互相变化的方法，然后再教会他们识别虚实的各种情形，就能容易领悟贯通了。将领们如果大多不懂得把奇兵变为正兵，把正兵变为奇兵，那又怎么能识破敌人的虚处却是实处，实处又反而是虚处呢？

2.靖曰：“奇正者，所以致敌之虚实也。敌实，则我必以正；敌虚，则我必以奇。苟将不知奇正，则虽知敌虚实，安能致之哉？臣奉诏，但教诸将以奇正，然后虚实自知焉。”

意思是说：运用奇正的相互变化，是为了明察和对付敌人虚实变化的。如果遇到敌人兵力坚实的战阵，那么我就用正兵对付它；如果遇到敌人兵力虚弱的战阵，那么我就用奇兵对付它。如果将领不懂得奇正变化的奥妙，即使知道了敌阵的虚实所在，又怎么能调动敌人就范于我的部署呢？我将尊奉陛下的旨意，但求先教会诸将运用奇正的方法，然后他们就自然会懂得识别虚识的道理了。

3.太宗曰：“以奇为正者，敌意其奇，则吾正击之；以正为奇者，敌意其正，则吾奇击之。使敌势常虚，我势常实。当以此法授诸将，使易晓尔。”

靖曰：“千章万句，不出乎‘致人而不致于人’而已。臣当以此教诸将。”

唐太宗说：把奇兵变成正兵使用，敌人仍用对付奇兵的办法对付我们，那么我们就用正兵去打击它；把正兵变成奇兵使用，敌人仍用对付正兵的办法对付我们，那么我们就用奇兵去打击它。这样，我们就能使敌人的态势始终都是虚的，使自己的态势始终都是实的。应该把这种方法传授给将领们，使将领们容易懂得奇正变化与避实击虚关系的奥妙。

李靖说：千章万句，不外乎调动敌人而不被敌人调动罢了。我一定用这条根本道理去教育诸将。

4.太宗曰：“《孙子》所言治力何如？”

靖曰：“‘以近待远，以佚待劳，以饱待饥’，此略言其概尔。善用兵者，推此三义而有六焉：以诱待来，以静待躁，以重待轻，以严待懈，以治待乱，以守待攻。反是，则力有弗逮。非治力之术，安能临兵哉！”

唐太宗问道：《孙子兵法》所说的“治力”是怎么回事？

李靖说：《孙子兵法》中以我们临近战场的先机等待敌人远道而来，以我们的休整等待敌人的疲惫，以我们的饱食等待敌人的饥饿，这只是概略地说“治力”的大意。善于用兵的将领，可以从三条中推演出六条：以假象诱惑等待敌人落入圈套，以冷静耐心等待敌人的急躁冒进，以沉稳持重等待敌人的轻举妄动，以严整备战等待敌人的懈怠松弛，以整治有序等待敌人的混乱无章，以全力固守等待敌人前

来进攻。反之，军队的战斗力就不能保持。不懂得《孙子兵法》保持战斗力的"治力"之术，怎么能带兵打仗呢？

卷下

【原文】

太宗曰："太公云：'以步兵与车骑战者，必依丘墓险阻[1]。'又《孙子》云：'天隙之地，丘墓故城，兵不可处[2]。'如何？"靖曰："用众在乎心一；心一在乎禁祥去疑[3]。倘主将有所疑忌，则群情摇；群情摇，则敌乘衅而至矣。安营据地，便乎人事而已。若涧、井、陷、隙之地[4]及如牢如罗[5]之处，人事不便者也，故兵家引而避之，防敌乘我。丘墓故城，非绝险处，我得之为利，岂宜反去之乎？太公所说，兵之至要也！"

太宗曰："朕思凶器无甚于兵者，行兵苟便于人事，岂以避忌为疑？今后诸将有以阴阳拘忌失于事宜者，卿当叮咛诫之。"靖再拜谢曰："臣按《尉缭子》云：'黄帝以德守之，以刑伐之[6]，是谓刑德，非天官时日之谓也[7]。'然诡道可使由之，不可使知之。后世庸将泥于术数，是[8]以多败，不可不诫也。陛下圣训，臣即宣告诸将。"

太宗曰："兵有分有聚，各贵适宜。前代事迹，孰为善此者？"靖曰："苻坚总百万之众，而败于淝水，此兵能合而不能分之所致也。吴汉[9]讨公孙述，与副将刘尚[10]分屯，相去二十里，述来攻汉，尚出合击，大破之，此兵分而能合之所致也。太公云：'分不分，为縻军；聚不聚，为孤旅[11]。'"太宗曰："然苻坚初得王猛[12]，实知兵，遂取中原；及猛卒，坚果败，此縻军之谓乎？吴汉为光武所任，兵不遥制，故汉果平蜀，此不陷孤旅之谓乎？得失事迹，足为万代鉴！"

太宗曰："朕观千章万句，不出乎'多方以误之[13]'一句而已。"靖良久曰："诚如圣语。大凡用兵，若敌人不误，则我师安能克哉？譬如弈棋，两敌均焉，一着或失，竟[14]莫能救。是古今胜败，率由一误而已；况多失者乎！"

太宗曰："攻守二事，其实一法欤？《孙子》言：'善攻者，敌不知其所守；善守者，敌不知其所攻。[15]'即不言敌来攻我，我亦攻之；我若自守，敌亦守之。攻守两齐，其术奈何？"靖曰："前代似此相攻相守者多矣，皆曰'守则不足，攻则有余'[16]。便谓不足为弱，有余为强，盖不悟攻守之法也。臣按《孙子》云：'不可胜者，守也；可胜者，攻也[17]。'谓敌未可胜，则我且自守；待敌可胜，则攻之尔。非以强弱为辞也。后人不晓其义，则当攻而守，当守而攻。二役既殊，故不能一其法。"

太宗曰："信乎，有余不足，使后人惑其强弱！殊不知守之法，要在示敌以不足；攻之法，要在示敌以有余也。示敌以不足，则敌必来攻，此是敌不知其所攻者也；示敌以有余，则敌必自守，此是敌不知其所守者也。攻守一法[18]，敌与我分为二事：若我事得，则敌事败；敌事得，则我事败。得失成败，彼我之事分焉。攻守者，一而已矣；得一者百战百胜。故曰：'知己知彼，百战不殆[19]。'其知一之谓乎？"靖再拜曰：

“深乎，圣人之法也！攻是守之机，守是攻之策，同归乎胜而已矣。若攻不知守，守不知攻，不惟二其事，抑又二其官；虽口诵《孙》《吴》，而心不思妙；攻守两齐之说，其孰能知其然哉？”

太宗曰：“《司马法》言：‘国虽大，好战必亡；天下虽安，忘战必危[20]。’此亦攻守一道乎？”靖曰：“有国有家者，曷尝、击[21]其阵而已，必有攻其心之术[22]焉；守者，不止完其壁、坚其阵而已，必也守吾气而有待焉。大而言之，为君之道；小而言之，为将之法。夫攻其心者，所谓知彼者也；守吾气者，所谓知己者也。”太宗曰：“诚哉！朕尝临阵，先料敌之心与己之心孰审，然后彼可得而知焉；察敌之气与己之气孰治，然后我可得而知焉。是以知彼知己，兵家大要。今之将臣，虽未知彼，苟能知己，则安有失利者哉？”靖曰：“孙武所谓‘先为不可胜’[23]者，知己者也；‘以待敌之可胜’者，知彼者也。又曰：‘不可胜在己，可胜在敌。’臣斯须[24]不敢失此诫。”

太宗曰：“《孙子》言三军可夺气之法：‘朝气锐，昼气惰，暮气归。善用兵者，避其锐气，击其惰归[25]。’如何？”靖曰：“夫含生禀血，鼓作斗争，虽死不省者，气使然也。故用兵之法，必先察吾士众，激吾胜气，乃可以击敌焉。吴起‘四机’[26]，以气机为上。无他道也，能使人人自斗，则其锐莫当。所谓朝气锐者，非限时刻而言也，举一日始末为喻也。凡三鼓而敌不衰不竭，则安能必使之惰归哉？盖学者徒诵[27]空文，而为敌所诱。苟悟夺之之理，则兵可任矣。”

太宗曰：“卿尝言李勣能兵法，久可用否？然非朕控御，则不可用也，他日太子治[28]若何御之？”靖曰：“为陛下计，莫若黜勣，令太子复用之，则必感恩图报，于理何损乎？”太宗曰：“善！朕无疑矣。”太宗曰：“李勣若与长孙无忌[29]共掌国政，他日如何？”靖曰：“勣，忠义臣，可保任也。无忌佐命大功，陛下以肺腑之亲，委之辅相，然外貌下士，内实嫉贤，故尉迟敬德[30]面折其短，遂引退焉；侯君集[31]恨其忘旧，因以犯逆。皆无忌致其然也。陛下询及臣，臣不敢避其说。”太宗曰：“勿泄也，朕徐思其处置。”

太宗曰：“汉高祖能将将，其后韩、彭[32]见诛，萧何[33]下狱，何也？”靖曰：“臣观刘、项皆非将将之君。当秦之亡也，张良本为韩报仇，陈平[34]、韩信皆怨楚不用，故假汉之势自为奋尔。至于萧、曹[35]、樊[36]、灌[37]，悉由亡命，高祖因之以得天下。设使六国之后复立，人人各怀其旧，则虽有能将将之才，岂为汉用哉？臣谓汉得天下，由张良借箸之谋[38]，萧何漕挽[39]之功也。以此言之，韩、彭见诛，范增[40]不用，其事同也。臣故谓刘、项皆非将将之君。”

太宗曰：“光武中兴，能保全功臣，不任以吏事，此则善于将将乎？”靖曰：“光武虽藉前构，易于成功。然莽势不下于项籍，寇[41]、邓[42]未越于萧、曹，独能推赤心，用柔治，保全功臣，贤于高祖远矣！以此论将将之道，臣谓光武得之。”

太宗曰：“古者出师命将，斋三日，授之以钺[43]，曰：‘从此至天，将军制之。’又授之以斧，曰：‘从此至地，将军制之。’又推其毂[44]，曰：‘进退唯时。’既行，军中但闻将军之令，不闻君命。朕谓此礼久废，今欲与卿参定遣将之仪，如何？”靖曰：“臣窃谓圣人制作，致斋于庙者，所以假威于神也；授斧钺又推其毂者，所以委寄以权也。今

陛下每有出师，必与公卿议论，告庙而后遣，此则邀以神至矣！每有任将，必使之便宜从事，此则假以权重矣！何异[45]于致斋推毂邪？尽合古礼，其义同焉，不需参定。”上[46]曰：“善！”乃命近臣书此二事，为后世法。

太宗曰：“阴阳术数，废之可乎？”靖曰：“不可。兵者，诡道也，托之以阴阳术数，则使贪使愚，兹不可废也。”太宗曰：“卿尝言：天官时日，明将不法，暗者拘之。废亦宜然。”靖曰：“纣[47]以甲子日亡，武王[48]以甲子日兴。天官时日，甲子一也，殷乱周治，兴亡异焉。又宋武帝[49]以往亡日[50]起兵，军吏以为不可。帝曰：‘我往彼亡。’果克之。由此言之，可废明矣。然而田单[51]为燕所围，单命一人为神，拜而祠之。神言：‘燕可破。’单于是以火牛出击燕，大破之。此是兵家诡道。天官时日，亦由此也。”

太宗曰：“田单托神怪而破燕，太公焚蓍龟而灭纣，二事相反，何也？”靖曰：“其机一也。或逆而取之，或顺而行之，是也。昔太公佐武王，至牧野遇雷雨，旗鼓毁折，散宜生[52]欲卜吉而后行。此则因军中疑惧，必假卜以问神焉。太公以谓腐草枯骨无足问，且以臣伐君，岂可再乎？然观散宜生发机于前，太公成机于后，逆顺虽异，其理致[53]则同。臣前所谓术数不可废者，盖存其机于未萌也，及其成[54]功，在人事而已。”

太宗曰：“当今将帅，唯李勣、道宗、薛万彻，除道宗以亲属外，孰堪大用？”靖曰：“陛下尝言勣、道宗用兵，不大胜亦不大败；万彻若不大胜，即须大败。臣愚思圣言，不求大胜亦不大败者，节制之兵也；或大胜或大败者，幸而成功者也。故《孙子》云：‘善战者，立于不败之地，而不失敌之败也[55]。’节制在我云尔。”

太宗曰：“两阵相临，欲言不战，安可得乎？”靖曰：“昔晋师伐秦，交绥而退[56]。《司马法》曰：‘逐奔不远，纵绥不及[57]。’臣谓绥者，御辔之索也。我兵既有节制，彼敌亦正行伍，岂敢轻战哉？故有出而交绥，退而不逐，各防其失败者也。孙武云：‘勿击堂堂之阵，无邀正正之旗[58]。’若两阵体均势等，苟一轻肆，为其所乘，则或大败，理使然也。是故兵有不战，有必战；夫不战者在我，必战者在敌。”

太宗曰：“不战在我，何谓也？”靖曰：“孙武云：‘我不欲战者，画地而守之，敌不得与我战者，乖其所之也[59]。’敌有人焉，则交绥之间未可图也。故曰不战在我。夫必战在敌者，孙武云：‘善动敌者，形之，敌必从之；予之，敌必取之。以利动之，以本待之[60]。’敌无人焉，则必来战，吾得以乘而破之，故曰必战者在敌。”

太宗曰：“深乎，节制之兵！得其法则昌，失其法则亡。卿为纂述历代善于节制者，具图来上，朕当择其精微，垂于后世。”靖曰：“臣前进黄帝、太公二阵图，并《司马法》、诸葛亮奇正之法，此已精悉。历代名将，用其一二而成功者亦众矣。但史官鲜克知兵，不能纪其实迹焉。臣敢不奉诏，当纂述以闻。”

太宗曰：“兵法孰为最深者？”靖曰：“臣尝分为三等，使学者当渐而至焉。一曰道，二曰天地，三曰将法。夫道之说，至微至深；《易》[61]所谓‘聪明睿智神武而不杀’[62]者是也。夫天之说，阴阳；地之说，险易。善用兵者，能以阴夺阳，以险攻易；孟子[63]所谓‘天时地利’[64]者是也。夫将法之说，在乎任人利器；《三略》所谓‘得士

者昌'、管仲所谓'器必坚利'[65]者是也。"

太宗曰:"然。吾谓不战而屈人之兵[66]者,上也;百战百胜[67]者,中也;深沟高垒[68]以自守者,下也。以是较量,孙武著书,三等皆具焉。"靖曰:"观其文,迹[69]其事,亦可差别矣。若张良、范蠡、孙武,脱然高引,不知所往,此非知道,安能尔[70]乎?若乐毅、管仲、诸葛亮,战必胜,守必固,此非察天时地利,安能尔乎?其次,王猛之保秦,谢安之守晋,非任将择才,缮完自固,安能尔乎?故习兵之学,必先由下以及中,由中以及上,则渐而深矣。不然,则垂空言,徒记诵,无足取也。"太宗曰:"道家忌三世为将者,不可妄传也,亦不可不传也,卿其慎之!"靖再拜而出,尽传其书与李勣。

【注释】

①以步兵与车骑战者,必依丘墓险阻:出自《六韬·犬韬·战步》。

②天隙之地,丘墓故城,兵不可处:此段不见今本《孙子》,大意可见《孙子兵法·行军篇》。

③禁祥去疑:语出《孙子兵法·九地篇》。祥,反训词。这里指用妖义、预兆义。

④涧、井、陷、隙之地:概指妨碍部队展开、不便军事行动的几种地势。

⑤如牢如罗:即《孙子兵法·行军篇》中所说的"六败之地"中的"天牢""天罗"。天牢,是对山险环绕、易进难出的地势的形象描述,言其好比牢狱一样。天罗,指荆棘丛生,军队进入后如陷罗网无法摆脱的地势。

⑥黄帝以德守之,以刑伐之:详见《尉缭子·天官》。

⑦非天官时日之谓也:天官,即天文星象。古人把星座按人间的官位命名,区别尊卑,故名天星为天官。时日,古人迷信,通常根据星象时日的某些征候判断能否出兵作战,所以有"兵忌日"之说。

⑧是:底本作"吴",疑误。现今根据《四库全书》抄本《武经七书讲义》校正。

⑨吴汉(?~44年):字子颜。汉光武帝时任大司马,封广平侯。率军征伐蜀,在成都近郊,八战八捷,消灭了割据益州的公孙述。

⑩刘尚:吴汉的副将,任武威将军。在歼灭公孙述的战役中,率军万余屯驻江南,策应吴汉主力攻打成都,结果被敌切断。吴汉利用夜暗转移兵力,与刘尚会合,所以大破公孙述。

⑪分不分,为縻军;聚不聚,为孤旅:详见《六韬》。

⑫王猛(325~375年):字景略,北海剧(在今山东寿光东南)人。十六国时前秦政治家,博学,通兵书。辅佐苻坚统一了北方大部地区,官至丞相。临终前曾告坚不适宜攻晋,坚不听,秦军后果有淝水之败。

⑬多方以误之:语出《左传·昭公三十年》,是伍子胥向吴王阖闾进献的"疲楚误楚"之计中的内容。

⑭竟:大抵,通常,一般。

⑮善攻者,敌不知其所守;善守者,敌不知其所攻:详见《孙子兵法·虚实篇》。

⑯⑰详见《孙子兵法·地形篇》。

⑱法：底本作“决”，疑误。今根据《武经七书讲义》及《四库全书》抄本校正。

⑲知己知彼，百战不殆：语出《孙子兵法·谋攻篇》。殆，危险，引义为溃败。

⑳国虽大……忘战必危：语出《司马法·仁本》。虽，即使。安，底本作“平”；忘，底本作“亡”，疑误。今根据宋本《司马法》改正。

㉑曷尝：何尝。

㉒攻其心之术：语出《三国志·蜀书·马良传》附《马谡传》裴松之注引《襄阳记》。原文为：“夫用兵之道，攻心为上，攻城为下；心战为上，兵战为下。”

㉓“先为不可胜”及以下三句：均出自《孙子兵法·形篇》。

㉔斯须：很疾速的时间，一会儿。

㉕朝气锐……击其惰归：语出《孙子兵法·军争篇》。

㉖四机：率军作战的四个主要问题，即气机、地机、事机、力机。详见《吴子·论将》。

㉗诵：底本作“谓”，似误。今从《武经七书讲义》及《四库全书》抄本校改。

㉘太子治：唐太宗第九子，名治，字为善。初封晋王，643 年立为太子，650 年即位，庙号高宗。

㉙长孙无忌（？~659 年）：唐初大臣。字辅机，河南洛阳人。太宗长孙后之兄。武德九年（626 年）决策发动玄武门之变，帮助太宗夺取帝位。贞观二十三年（649 年）受命辅佐高宗。后因反对高宗立武则天为后，被流放黔州，自缢而死。

㉚尉迟敬德（585~658 年）：唐初大将。名恭，朔州善阳（今山西朔县）人。隋末从刘武周为将，后降唐。曾击败王世充军，并参加镇压窦建德、刘黑闼起义军。玄武门之变，助李世民夺取帝位。历任泾州道行军总管、襄州都督等职。晚年笃信方术，杜门不出。

㉛侯君集（？~643 年）：唐初大将。豳州三水（今陕西旬邑）人。初从李世民作战，晋升至左虞候、车骑将军。太宗即位后历任右卫大将军、兵部尚书等职位。后与太子承乾谋反，被杀害。

㉜彭：即彭越（？~前 196 年），汉初诸侯王。字仲，昌邑（在今山东巨野西南）人。常渔钜野泽中。秦末聚众起义。楚汉战争时，将兵三万余归刘邦，略定梁地（在今河南东南部），屡断项羽粮道。不久率兵从刘邦击灭项羽于垓下（在今安徽灵璧南）。汉朝建立后，因被告发谋反，为刘邦所杀害。

㉝萧何（？~前 193 年）：汉初大臣。沛县（今属江苏）人。曾为沛县吏。秦末助刘邦起义，攻进咸阳。楚汉战争中，他举荐韩信为大将，自己留守关中，输送士卒粮饷，支援前线，对汉朝的建立起了重要作用。后协助汉高祖消灭了韩信、陈豨、英布等异姓诸侯王。

㉞陈平（？~前 178 年）：汉初阳武（今河南原阳）人。陈胜起义，他投魏王咎，为太仆。后从项羽入关，任都尉。旋归刘邦，任护军中尉。刘邦多用其谋略。惠帝、吕后时任丞相，但不治事。吕后死，他与周勃定计，诛杀诸吕，迎立文帝，担任丞相。

㉟曹：即曹参（？~前190年），沛县（今属江苏）人。曾为沛县狱吏。秦末从刘邦起义，屡立战功。汉朝建立后，曾任齐相九年。后继萧何为汉惠帝丞相，有“萧规曹随”之称。

㊱樊：即樊哙（？~前189年），沛县人。年少时以屠狗为业。初随刘邦起义，以军功封贤成君。灭秦后，范增拟在鸿门宴上谋略杀害刘邦，他直入营门，怨斥项羽，刘邦始得走脱。汉初，任左丞相。其妻吕须为吕后妹，因得吕后信任。

㊲灌：即灌婴（？~前176年），睢阳（在今河南商丘南）人。初以贩卖丝绸为业。秦末从刘邦起义，转战各地。后随韩信击破齐军，攻杀项羽。刘邦称帝，任车骑将军。后与陈平、周勃共平反吕氏叛乱，迎立文帝，任太尉，不久为丞相。

㊳借箸之谋：一次张良与刘邦共饭时，借用刘邦的筷子指画大计。

㊴漕挽：运输粮饷，水运曰漕，陆运曰挽。

㊵范增（前277~前204年）：居鄛（在今安徽桐城南）人。秦末农民战争中，劝项梁立楚王族后裔为楚怀王。后为项羽谋士，被尊为亚父。他屡劝项羽杀刘邦，但项羽不听。后项羽中刘邦反间计，削除其权力。他愤而离去，在途中病死。

㊶寇：即寇恂（？~36年），东汉上谷昌平（今属北京）人，字子翼。世为地方豪强。刘秀占有河内，他被封为太守，负责转运军需，并与冯异镇压绿林军苏茂、贾强等部。后历任颍川、汝南太守。

㊷邓：即邓禹（2~58年），东汉初南阳新野（在今河南新野南）人，字仲华。初从刘秀镇压河北的铜马等部农民起义军。后入河东镇压绿林军王匡、成丹等部。刘秀即位后，又渡河入关，所部号称百万，不久为赤眉军所打败。

㊸钺：古代兵器，或用作礼器。

㊹毂：车轮的圆心部分，有圆孔，可以插轴。

㊺异：底本作“与”，疑误。现在据《四库全书》抄本及《武经七书讲义》《直解》校改。

㊻上：底本作“靖”，显误。现在依《四库全书》抄本及《武经七书讲义》《直解》校改。

㊼纣：也称帝辛。商代最后的君主。后被周武王败于牧野（在今河南淇县西南）自焚而亡。

㊽武王：西周王朝的建立者。姬姓，名发。继承其父文王遗志，联合西南各族，率兵东攻。牧野之战，取得胜利，于是灭商，建立西周。

㊾宋武帝（363~422年）：即刘裕。南朝宋的建立者。元熙二年（420年）代晋称帝，国号宋。

㊿往亡日：凶险不祥的日子，也称天门日，旧历每月都有。古人迷信，认为这天诸多禁忌。

(51)田单：战国时齐将。燕将乐毅破齐时，他坚守即墨（在今山东平度东南）。齐襄王五年（前279年），他用火牛阵击败燕军，一举收复七十余城，被齐襄王尊奉为相国。

㊷散宜生：西周初年大臣。与闳夭、太颠等同辅周文王。文王被纣囚禁，他们把有莘氏之女、骊戎之马献给纣，使文王得以释放。后来辅助武王灭商。

㊸理致：思理意致。

㊹成：底本没此字，疑漏。今据《四库全书》抄本、《武经七书讲义》《直解》诸本校改。

㊺善战者，立于不败之地，而不失敌之败也：语出《孙子兵法·形篇》。失，失掉，放过。

㊻晋师伐秦，交绥而退：事见《左传·文公十二年》的记载，但为秦师伐晋，而非晋师伐秦。绥，甲士登上战车时手拉的绳索。

㊼逐奔不远，纵绥不及：语出《司马法·天子之义》。奔，逃跑。

㊽勿击堂堂之阵，无邀正正之旗：语出《孙子兵法·军争篇》，但前后两句顺序有所颠倒。邀，截击，阻拦。正正，整整齐齐的样子。堂堂，强大的样子。

㊾我不欲战……乖其所之也：语出《孙子兵法·虚实篇》。乖，违背。

㊿善动敌者……以本待之：语出《孙子兵法·势篇》。

61《易》：亦称《周易》或《易经》，儒家重要经典之一，内容包括《经》和《传》两部分。

62聪明睿智神武而不杀：语出《易·系辞上》。聪，无所不知；明，无所不懂；睿，无所不通；智，无所不闻；神，变化莫测；武，能够勘定祸乱；不杀，不依靠武力征服天下，而是以德服人，使远近均来归附。

63孟子：名轲（约前390~前305年，一说前372~前289年）。战国中期著名的儒家学派代表人物，思想家、政治家、教育家。邹（在今山东邹城东南）人。受业于子思之门人。著有《孟子》七篇。其学说丰富和发展了孔子的思想，在后世产生过非常深远的影响，有儒家"亚圣"之称。

64天时地利：语见《孟子·公孙丑下》。

65器必坚利：《管子》原文为"所谓攻战之器，必欲坚利者"。用于作战的武器一定要坚锐锋利。

66不战而屈人之兵：语出《孙子兵法·谋攻篇》。

67百战百胜：语出《孙子兵法·谋攻篇》。

68深沟高垒：语出《孙子兵法·虚实篇》，但原文是"高垒深沟"。

69迹：推究，考求。

70尔：如此，这般。

【译文】

太宗说："太公讲过：'以步兵与战车、骑兵作战的时候，一定要凭借丘陵、墓穴和险阻的地形，以抵御敌人。'又《孙子》说：'两旁断崖绝壁的隘路，坟墓地带，无人住的古城村落，军队不可驻扎。'这两种说法如何？"李靖说："用兵在于心志专一，心志专一在于禁止谣言和消除疑虑。如果主将心里有了疑忌，那么部下就会心志

摇撼，敌人也会钻这个空子来进攻。扎营驻军之地，只不过取其便于军事行动罢了。若是绝涧、天井、天陷、天隙的地形和像牛圈、鸟网的地势，都是不利于军事行动的，因此用兵的人都要避开它，以防备敌人乘便攻击。至于丘陵、旧城并非绝对凶险之处，我们占据是有利的，怎么反而要放弃它呢？太公所讲的，对于用兵，是非常重要的。”

太宗说：“我想，没有比战争更凶险的事了。军事行动，假定便于作战就行了，岂可让忌讳来迷惑军心？今后诸将如以阴阳拘束忌讳而败坏事宜的，你应再三警告他们，决不允许！”李靖再拜并谦虚地说：“我按《尉缭子》上说的‘黄帝以德守卫江山，以刑讨伐暴乱’，这就叫作刑德，不是阴阳家天官时日的说法。但是使用这些诡诈之道，可以使人盲目执行，却不可叫人知道底细。后世平庸之将，拘泥于阴阳术数，信以为真，所以多失败，不可不告诫他们。陛下的旨意，我立刻向诸将宣告。”

太宗说：“用兵应当分就分，应当合就合，贵在适合机宜。前代的事迹中，谁在分合上做得好呢？”李靖说：“秦王苻坚总百万之兵，而败于淝水之上。这就是兵能合而不能分所致。汉光武帝命吴汉讨伐公孙述，与副将刘尚分开屯兵距离二十里。公孙述进攻吴汉，吴汉夜间移师与刘尚会合出击，大破公孙述军。这就是兵能分能合所致。太公说：‘当分而不能分的军队，叫作縻军；当合而不能合的军队，叫作孤旅。’”太宗说：“对！苻坚最初得到王猛辅助，王猛善于用兵，由此取得中原广大地区。到王猛死了以后，苻坚果真失败了。苻坚投入淝水之战的军队，估计就是太公所说的‘縻军’吧？吴汉为光武所信任，光武帝不直接掌握军队，所以吴汉果真把蜀地平定了。估计这不是太公所说的‘孤旅’吧？汉光武之得和苻坚之失足可以为万代的借鉴。”

太宗说：“我看兵书，千言万语，超不出‘多设谋略使敌人失误’一句话而已。”李靖想了很长时间才说：“真如陛下所言。大凡用兵，若是敌人的指挥没有失误，那么我军怎能得到胜利呢？比如下棋，双方势均力敌，任何一方一着的失误，最后往往无法拯救失败。这就说明，古往今来军事上的失败，大抵是由于关键的一着失误而已，更何况多次失误呢？”

太宗说：“攻守两件事，其实是不是一个要领呢？《孙子兵法》说：‘擅长进攻的人，敌人就不知道如何去防守；擅长防守的人，敌人就不知道如何去进攻。’孙子却不曾说过敌人来攻击我，我也去攻击敌人；我自己防守，敌人也防守。在攻守双方势均力敌的情况下，应该怎么办呢？”李靖说：“前代像这样相攻相守的事情很多。人们都说在这种情况下，‘进攻，就会兵力有余；防守，就会兵力不足’。因而就说兵力不足便是弱，兵力有余便是强。这是他们不懂攻守之法，误解了孙子的‘守则不足，攻则有余’。我按《孙子兵法》所说：‘不能战胜敌人时，我就自守；可以战胜敌人时，我就进攻。’其意是讲，敌人不可战胜，则我暂且自守；等待敌人可以战胜时，就去攻击他。这不是依据强弱来说的。后世的人，不懂得它的含义，应当进攻的时候反而防守，应当防守时反而进攻。把攻守两种战法截然对立起来，因此不能把两者有机地统一起来。”

太宗说："有余和不足的说法诚然可信，但使人迷惑的，认为有余便是强，不足便是弱。岂不知防守的要领，在于显示我方力量不足的假象以迷惑敌人；攻击的要领，在于显示我方力量有余的真相以震慑敌人。显示力量不足，敌人一定来攻，却使敌人不知怎样进攻；显示力量有余，敌人必然自守，却使敌人不知怎样防守。攻和守的策略，对于敌我双方来说，只能产生两种结果：倘若我方得手，敌人便会失败；倘若敌人得手，我方便会失败。一得一失，一成一败，故敌我双方军事指导的优劣高下就在这里区分出来了。总之，攻和守，都是克敌制胜的一种方法，通晓了这样的方法，便可以百战不殆了。因此说，知道了敌之虚实强弱，又知道我之虚实强弱，即使战斗百次千次，也不致发生失败。这就是要懂得攻守之法的道理所在。"李靖再拜说："圣哲所说的意义，十分深远！进攻是防守的关键，防御是进攻的策略；二者的目的都在于争取胜利而已。假如知攻而不知守，或知守而不知攻，如此就是把攻和守不但分为互不相关的两件事情，而且分为互不联系的两种职能。这样，即使口里能背诵孙吴兵法，心里也不会思考攻和守的妙用；至于攻守并重的道理，又怎能会知道呢？"

太宗说："《司马法》上说：'国家即使强大，假如好战，也必定灭亡；天下即使安定，假如忘战，也必然危险。'这也是攻和守的一种道理吧？"李靖说："主持国政的人，何尝不讲究攻守之道呢？所指的攻，不只是攻击敌人的城池和军阵而已，还必须有一套攻心的方法；所说的守，也不只是完善自己的壁垒，巩固自己的阵地而已，还一定要保持自己的士气而有所等待。攻心和守气，大而言之，是做君主的道理；小而言之，是做将军的方法。攻心是所谓知彼的一面；守气是所谓知己的一面。"太宗说："诚然不错！我以前临阵的时候，先估算敌我的心思，看谁想得事密，尔后敌方的情况就可以知道；考察敌我的士气，看谁能保持高昂，尔后我方的情况就可以明了。所以，知彼知己是用兵的关键。现在的将领们，即使不能知彼，假如能知己的话，怎又会发生失利的事呢？"李靖说："孙子所说的'先创造让自己不被敌人战胜的条件'，这是知己；'来等待敌人可以被我战胜的时机'，这是知彼。他还说：'创造使自己不被敌人战胜的条件，则关键是在自己；暴露弱点造成被我战胜的时机，则关键在敌人。'我一刻也不敢忘掉这一训诫。"

太宗说："《孙子兵法》说三军可以夺气的方法是：'早晨士气旺盛，白昼士气怠惰，日暮气竭思归。擅长用兵的人，避开敌人的锐气，当敌人怠惰和思归时才去进攻它。'此说怎样？"李靖说："人是含有生机、禀受气血的，他一旦被鼓舞而从事斗争，即使到死，也不醒悟。这是士气使他这么干的。因此用兵的方法，一定要首先考察我方的官兵，激发出他们一种必胜的气概，才可以去进攻敌人。吴起所说的'四机'，以'气机'为上，没有别的道理，就因为它能够使人人自己奋战，那就锐不可当了。所谓朝气旺盛，不是限于时间而言的，而是举一天的早、中、晚作比喻而已。一连三次击鼓，但敌人的士气并不衰竭，那么又怎能叫他出现惰气和归气呢？有些学兵法的人，只知道背诵空文，却被敌人所欺骗。假设能够领会孙子所说'夺心'、'夺气'的道理，就可以领兵打仗了。"

太宗说："你曾经说李勣通晓兵法，久后还可以继续任用他吗？但若不是我控制驾驭他，就不可以任用。你看以后太子执政，如何掌控驾驭他呢？"李靖说："为陛下打算，你不如先罢免李勣的官职，叫太子执政时再起用他，那时他就会感恩图报。陛下看于理有损没有？"太宗说："很好！我已经无忧虑了。"太宗又说："我命李勣与长孙无忌共执国政，你看如何？"李靖说："李勣，是忠义之臣，我可以担保他任事。无忌辅佐陛下创业有大功，又同陛下有如同肺腑的亲戚关系，可以叫他担任宰相。但是他外貌虽是谦恭下士，内心却是嫉贤妒能，所以尉迟敬德当面指责他的短处，后来致使敬德引退了。侯君集恨他忘旧，因而被指控为犯上逆德。这些都是无忌造成的。陛下询问我，我不敢隐藏事实，避而不谈。"太宗说："不要泄漏，让我慢慢思考怎样处置。"

太宗说："汉高祖能统帅将领，后来韩信、彭越被杀，萧何又被下狱。是何种原因造成的？"李靖说："我看刘邦、项羽都不是统帅将领的君主。当秦朝走向灭亡的时候，张良本来是想替韩国报仇，陈平、韩信都怨恨楚霸王不重用他们，所以他们三人都借着刘汉的势力，为自己奋发找出路。至于萧何、曹参、樊哙、灌婴，都是由于被迫亡命投奔刘邦，刘邦凭借这些人得了天下。倘若六国后代都重新建立国家，人人思念故国旧主，那么，即使刘邦有能够统帅将领的雄才，他们又怎会听任刘邦的驱使呢？所以我说，刘邦得天下，是由于张良的借箸之谋，萧何的漕挽补给之功。从此方面说，韩信、彭越被杀，范增不用，其道理是相同的。所以，我说刘、项都不是统帅将领的君主。"

太宗说："汉光武帝中兴，能够保全功臣，不让功臣继续担任官吏，这是不是擅长将将呢？"李靖说："汉光武帝虽然依赖其前朝西汉皇族的身份，易于成功，然而王莽的势力不下于项羽，寇恂、邓禹的才能也没有超过萧何、曹参。可是由于光武帝特别能够用赤心待人，用柔术治事，因此他保全了功臣，这比高祖贤明多啦！我说光武帝懂得了统领将佐的要点。"

太宗说："古时候出兵打仗，任命主将，君主要斋戒三日，把斧钺交给主将，说：'从这里到天上，都由将军你掌握！'又把斧交给主将，说：'从这里到地下，都由将军你掌握！'还亲自推动主将所乘兵的车轮，说：'军队进退按时机行事。'出发以后，军中只听见将军的命令，听不见君主的命令。我说这种古礼久已废弃，如今想与你一同，参照古礼，建定一套出兵遣将的仪式，如何？"李靖说："我个人认为，古时的圣主规定出师命将的制度，先斋戒告于太庙，就是要假借神灵的威严；授将军以斧钺而又推其车轮，就是要给予主将指挥军队的大权。如今陛下你每次在出师之前，总是先与公卿议论，并告于太庙，而后发兵；这便是假托威严于神灵，意思已经很周密啦！每次任命主将，都让他们按机行事；授予主将指挥军队之权已经很重啦！又与斋戒和推车轮有什么不同呢？这都与古礼完全相合，意义一样，不必再修订出师遣将的仪式了。"太宗说："好！"于是吩咐近臣把这两件事记录下来，作为后世的准则。

太宗说："阴阳术数，可不可以废弃它？"李靖说："不可废弃。用兵本是一种诡

诈行为，假借阴阳求术数，可以指挥贪婪和愚昧的人，这就是不可把它废弃的原因。”太宗说：“你曾经说过：天官时日，明智的将领从不会以它为法则，只有愚昧的将帅才会受它的拘束。所以，废弃它不用是应该的。”李靖说：“商纣王以甲子日而亡，周武王以甲子日而兴，论天宫时日，甲子是相同的，可是商朝乱而周朝治，兴亡各不相同。又如宋武帝刘裕，于丁亥日纵兵攻打南燕的都城。丁亥日被定为‘往亡日’，军吏认为往亡日不可出兵。宋武帝说：‘我往他亡。’坚持出兵，果真攻下燕都，俘获了南燕君主慕容超。由此说来，天官时日，可以废掉，理由是很明显的。但是，它也有特殊的用途。田单被燕军围困于即墨，形势紧急。他指定一人装神，叫部下礼拜并供奉他。这位假神说：‘燕军可破。’于是田单以火牛出击，大破燕军。这次战役就是运用了兵家诡道。天官时日和假神相同，也可被兵家用作诡道。”

太宗说：“田单假借鬼神而破燕，太公焚毁占卜用的蓍草和龟甲而亡纣。他们二人的做法相反，却都能取胜，是什么道理呢？”李靖说：“他们的机谋都是一致的，只是一个从反面去采用它，一个从正面去实施它。以前姜太公辅佐武王伐纣，到了牧野，遇到迅雷骤雨，旗折了，鼓毁了。散宜生想要占卜，得到吉兆而后再进军。这是因为将士有了困惑恐惧心理，他想假托占卜问神来巩固军心。太公却认为占卜用的腐坏的蓍草和干枯的龟甲，不值得向它请问，而且作为臣下的武王去讨伐他的君主，只能一举成功，岂能下次再来？然而散宜生发出假借占卜的机谋在前，太公完成焚烧蓍龟的机谋在后，二者运用计谋的形式虽截然相反，但以此安定军心的思理意致却是一样的。我前面之所以说术数不可以废弃，是因为在事件发生之前保留这种机谋，有它的妙用。实际上事业的最后成功，全靠人为。”

太宗说：“当今将帅，只有李勣、李道宗和薛万彻而已。除李道宗系宗室亲属以外，谁可以大用？”李靖说：“陛下曾说李勣、李道宗用兵，不大胜，也不会大败；薛万彻若不大胜，就要大败。我想陛下所说，不求大胜、也不会大败的，这是有节制的用兵；有时大胜、有时大败的，这是侥幸而取胜的。因此孙子说：‘擅长用兵的将领，自己立于不败的地位，而不舍弃使敌人失败的机会。’节制的方法，只在自己掌握而已。”

太宗说：“两军对阵，想不交战，如何才能做得到呢？”李靖说：“以前秦、晋两国的军队作战，双方仅仅接触一下就败退了。《司马法》上说：‘追击逃跑的敌人不要追得太远，跟踪退却的敌人也不要靠得过近。’我认为‘绥’就是御马的缰绳。我军既有节制，而敌军队伍整齐，双方岂敢轻易交锋？因此有时双方刚刚出兵，一接触就退却了，而且退却了也不追击，因为双方各自防止失败。孙武说过：‘不要攻击阵容整齐、实力强盛的敌军，不要阻截旗帜整齐、部署严密的敌军。’两军势均力敌，倘若稍一轻举妄动，为敌人所乘，那可能就会大败，道理是如此的。因此，用兵有时不战，有时必战；不战决定于我，必战决定于敌。”

太宗说：“不同敌人作战，重点在于自己，这又是什么意思呢？”李靖说：“孙子说：‘我军不想打，随便画定一块地方就可以防御，敌人不得同我交战，是因为诱惑敌人改变了进攻的方向。’倘若敌人将领中有能人存在，那么在双方初步接触的时

候,还不可以企图攻击他。因此说‘不战在我’。关于‘必战在敌’,孙子也说过:‘善于调动敌人的将领,用假象糊弄敌人,敌人就一定会上当受骗;给敌人一点便宜,敌人必然来取;用小利调动敌人,以自己预先布置的兵力待机掩护敌人。’倘若敌人将领中没有能人,就一定会来战斗,我就可以乘机把他击破。因此说‘必战者在敌’。”

太宗说:“节制之兵的道理很深啊!得其要领的就昌盛,失其要领的就破灭。你为我把历代善于节制用兵的将领的事迹编纂起来,并绘制成图呈送上来,我当选择其中的精微部分,留传后世。”李靖说:“我先前曾经将黄帝和太公的两种阵图,以及《司马法》和诸葛亮奇正之法呈给了陛下,这些已经很精准详尽了。历代名将,运用其中的一两种而成功的很多。但是史官很少有懂得军事的,因此不能记载其实际作战的情形。我岂敢不遵循陛下的指示,自当编纂呈上。”

太宗说:“兵法哪一家最精深?”李靖说:“关于兵法,我曾经把它分为三等,以便让学习的人循序渐进,逐步达到精深的境地。这三等一是‘道’,二是‘天地’,三是‘将法’。所说的‘道’,那是最为精妙的理论,也就是《易经》中所说的‘无所不闻,无所不见,无所不知,无所不通,变化莫测,勘定祸乱而借用于刑威’的那种最高智慧。所谓‘天’,是指阴阳寒暑;所谓‘地’,是指远近险易。擅长用兵作战的将领,能以阴柔制服阳刚,能立足于不利地形战胜占据有利地形的敌人。这也就是孟子关于上应天时、下顺地利的说法。所说的‘将法’,关键在于选用人才和完善武器装备。《三略》所说的得到贤能就昌盛,管仲所说的武器装备必须坚固锋利,指的就是这个道理。”

大宗说:“不错!我认为,不战而降服敌人的军队,是上策;百战百胜,是中策;深沟高垒,坚守自己的阵地,是下策。用这个准则来比较衡量,孙武所著兵法中,三种方法都已具有了。”李靖说:“阅读他们的文章,追寻他们的事迹,就可以区别他们的高下了。像张良、范蠡、孙武,超凡脱俗,功成名就后清高地退隐,人们不知他们的去向,如果不是通达大道,哪里能够这样呢?比如乐毅、管仲、诸葛亮,战必胜,守必固,如果不是观察天时地利,哪里能够这样呢?其次,王猛之保前秦,谢安之守东晋,如果不是选任有才能的将帅,完善军备,固守城池,哪里能够这样呢?因此学习兵法,一定要由下等策略达到中等策略,再由中等策略达到上等策略,渐渐地达到精深的境地。不然的话,就不过是徒托空言,死记硬背,没有什么可取的。”太宗说:“道家忌讳家传三世为将的,可见兵法的奥妙不可妄传,也不可不传。你对此要特别谨慎!”李靖向太宗再拜而出,把他的兵书都传授给了李勣。

【赏析】

本卷主要论述了攻与守的辩证关系,认为“攻是守之机,守是攻之策”,是“同归乎胜”的两个方面。

1.太宗曰:“攻守二事,其实一法欤?《孙子》言:‘善攻者,敌不知其所守;善守

者，敌不知其所攻。'即不言敌来攻我，我亦攻之；我若自守，敌亦守之。攻守两齐，其术奈何？"

靖曰："前代似此相攻相守者多矣，皆曰'守则不足，攻则有余'。便谓不足为弱，有余为强，盖不悟攻守之法也。臣按《孙子》云：'不可胜者，守也；可胜者，攻也。'谓敌未可胜，则我且自守；待敌可胜，则攻之尔。非以强弱为辞也。后人不晓其义，则当攻而守，当守而攻。二役既殊，故不能一其法。"

唐太宗说：进攻和防守虽然是两件事，其实它们是一种方法吧？《孙子兵法》说，"善于进攻的部队，敌人不知道怎样去防守它；善于防守的部队，敌人不知道怎样去进攻它，但却没有讲敌人进攻我，我也去进攻它；我若是防守，敌人也防守。双方相攻相守，那用什么办法取胜呢？"

李靖说：以前像这样论述相攻相守的例子是很多的。都说"守则不足，攻则有余"。于是就有人说这里的"不足"就是力量薄弱，"有余"就是力量强大，其实这是完全没有领会攻守的方法。我按照《孙子兵法》"不可胜者，守也；可胜者，攻也"的说法去领会它的原意是，还没有战胜敌人的可能时，我暂时采取防守的措施；待到出现战胜敌人的可能时，就采取进攻的措施，并不是专门指军事实力强弱而说的。后人不通晓它的含意，以致在应该进攻时反而去防守，在应该防守时反而去进攻。把进攻和防守两种战法截然分开，不能把二者统一起来。

2.太宗曰："信乎，有余不足，使后人惑其强弱！殊不知守之法，要在示敌以不足；攻之法，要在示敌以有余也。示敌以不足，则敌必来攻，此是敌不知其所攻者也；示敌以有余，则敌必自守，此是敌不知其所守者也。攻守一法，敌与我分而为二事。若我事得，则敌事败；敌事得，则我事败。得失成败，彼我之事分焉。攻者一而已矣，得一者百战百胜。故曰'知彼知己，百战不殆。'其知一之谓乎！"

靖再拜曰："深乎，圣人之法也！攻是守之机，守是攻之策，同归乎胜而已矣。若攻不知守，守不知攻，不惟二其事，抑又二其官，虽口诵《孙》《吴》，而心不思妙，攻守两齐之说，其孰能知其然哉？"

唐太宗说：确实如此。"有余"，"不足"使后来许多人发生误解和迷惑，都以为是指兵力的强弱而说的。殊不知防守的方法，关键是在于对敌人伪装兵力不足；进攻的方法，关键是在于对敌人显示兵力有余。如果对敌人伪装兵力不足，那么敌人就会必定前来进攻，这就使敌人不知道它不该进攻；如果对敌人显示兵力有余，那么敌人就必定会进行防守，这就使敌人不知道它不该防守。攻守虽然对敌人和自己都是同一的方法，但从敌我双方来说又是分为进攻和防守的两个方面。如果我方运用得当，那么敌方就会失败；如果敌方运用得当，那么我方就会失败。得失成败的结果如何，就可以分出敌我作战指导的高下优劣。进攻和防守，是一件事情的两个方面，能够把它统一起来运用，就能百战百胜。所以说"知彼知己，百战不殆。"就是讲要知道一件事情有两个对立方面的道理吧！

李靖再说：深奥啊，古代圣人的兵法！进攻是防守的转机，防御是进攻的准备，二者的目的都是为了要夺取战争的胜利。如果在进攻中不知道同时要进行防守，

在防守中不知道同时要准备进攻，这不仅把进攻和防守割裂开来，而且又把进攻和防守互相孤立起来。这样，虽然在嘴边上诵读《孙子兵法》和《吴子》，但在脑子里却还是不知道运用的奥妙，那么对进攻和防守两种方法之间互相渗透和互相补充的道理，又怎么能会知道其所以然呢？